甘 肃 地 方 志

甘 肃 省 志

·文 物 志·

（远古—2010）

上 册

甘肃省地方史志编纂委员会
《甘肃省志·文物志》编纂委员会 编纂

文物出版社

图书在版编目（ＣＩＰ）数据

甘肃省志．文物志：全三册／甘肃省地方史志编纂委员会编. ——
北京：文物出版社，2018.11
ISBN 978-7-5010-5682-8

Ⅰ．①甘… Ⅱ．①甘… Ⅲ．①甘肃－地方志②文物工
作－工作概况－甘肃 Ⅳ．①K294.2

中国版本图书馆CIP数据核字(2018)第212955号

甘肃省志·文物志（全三册）

编　　者：甘肃省地方史志编纂委员会
　　　　　《甘肃省志·文物志》编纂委员会

责任编辑：贾东营　秦　　彧　刘永海　刘良函
责任印制：陈　　杰

出版发行：文物出版社
社　　址：北京市东直门内北小街2号楼
网　　址：http//www.wenwu.com
邮　　箱：web@wenwu.com
经　　销：新华书店
制版印刷：天津图文方嘉印刷有限公司
开　　本：787mm×1092mm　1/16
印　　张：153.25
版　　次：2018年11月第1版
印　　次：2018年11月第1次印刷
书　　号：ISBN 978-7-5010-5682-8
定　　价：1800.00元（全三册）

甘肃省地方史志编纂委员会

主　任：何　伟

副主任：李德新　马　森　滕继国　张永贤　石培文　张军利

委　员：（按姓氏笔画为序）

丁巨胜　马占元　马虎成　马学礼　王　军　王正林

王奋彦　王国志　王海燕　石为怀　朱　涛　李志勋

李秀娟　李明生　李振宇　李清凌　杨建武　杨建新

张云戟　张正龙　张伟文　张旭晨　张安疆　张智军

陈　波　赵凌云　郝宗维　贾廷权　高志凌　黄泽元

崔景瑜　康　军　彭鸿嘉　潘胜强　戴　超　臧秋华

甘肃省地方史志办公室

主　任：张军利

副主任：郝宗维　李振宇　张正龙

《甘肃省志》

主　编：张军利

副主编：郝宗维　李振宇　张正龙　石为怀

《甘肃省志·文物志》编纂委员会

编委会

顾　问：樊锦诗　初世宾　苏国庆　杨惠福　郎树德　刘自福

主　任：马玉萍

常务副主任：魏文斌

副主任：王旭东　贾建威　白　坚

委　员：（排名不分先后，按姓氏笔画为序）

马小华　仇　健　王　旭　王志勇　王国庆　王树华

王　辉　王　强　史　勇　杜永强　何双全　李天铭

李永平　李进贤　李海霞　杨永生　吴正科　汪小娟

汪永虎　张德芳　陆杰仁　陈世忠　陈兴喜　苟福源

赵　平　赵剑飞　贺延军　贺养州　柴生璋　唐晓军

敏彦文

《甘肃省志·文物志》编辑部

主　编：魏文斌

副主编：何双全　唐晓军　贾建威　李永平　史　勇　杜永强

总 序

甘肃省副省长 甘肃省地方史志编纂委员会主任 何 伟

总
序

修志问道，以启未来。地方志是传承中华文明、发掘历史智慧的重要载体，具有存史、资政、育人的重要价值。继本世纪初我省第一部社会主义新方志《甘肃省志》出版之后，经过多年努力，又一部全面反映甘肃改革开放伟大历程的鸿篇巨制《甘肃省志》续志陆续付梓。这是我省文化建设的又一重大成果，值得庆贺！

篆修方志是中华民族所独有的优秀文化传统，两千年延绵不断，代代相续，数万卷典籍浩如烟海，熠熠生辉，忠实记载了中华民族的发展历程，为人们在继承与创新中开拓美好未来提供着重要历史借鉴。地处黄河上游的甘肃作为华夏文明的发祥地之一，历史悠久，物华天宝，地灵人杰，这里也曾诞生过数百部地方志书，记载传承着陇原各族儿女开疆拓土、改善民生、创造文化、谱写历史篇章的辉煌业绩。盛世修志。新中国成立后到 20 世纪后期，承平既久，海内晏清，全国上下兴起编纂社会主义新方志的热潮。1985 年 5 月，甘肃省人民政府制定全省修志规划，启动《甘肃省志》编纂。经过全省 80 多个部门数千名党政领导、专家学者和社会人士 20 多年艰苦努力，基本完成全志编纂。业已完成的《甘肃省志》，是我省第一部社会主义新通志。全志上起先秦，下讫 20 世纪后期，凡 72 卷、

5000 多万言、3000 多幅图片，是甘肃有史以来卷帙最为浩繁、内容最为丰富的创修通志。该志以辩证唯物主义和历史唯物主义为指导，采用新观点、新方法和新体例，统合古今，突出当代，全面记述甘肃自然地理和社会因革演变的发展历程，举凡舆地沿革、山川形胜、物产矿藏、税赋徭役、书院学校、职官人物、金石艺文、民族风俗、气候灾异等情无不穷搜毕罗，堪称"甘肃之全史"和甘肃历史百科全书。《甘肃省志》的刊行，不仅为传承历史、垂鉴后世留下了宝贵的文化遗产，而且在资治教化、服务现实、促进经济社会发展中发挥着重要作用。

历史在前进，时代在发展。《甘肃省志》截稿后，甘肃又走过了改革开放 40 年的辉煌历程。在中国共产党的正确领导下，中共甘肃省委、甘肃省人民政府团结带领全省各族人民高举中国特色社会主义伟大旗帜，以马克思列宁主义、毛泽东思想、邓小平理论、"三个代表"重要思想、科学发展观、习近平新时代中国特色社会主义思想为指导，认真贯彻落实中央各项大政方针政策，全面落实习近平总书记视察甘肃重要讲话和"八个着力"重要指示精神，牢牢把握发展这个执政兴国的第一要务，励精图治，奋发图强，艰苦创业，全省社会面貌发生了历史性巨变，开创了经济社会持续健康发展的新局面。全省生产总值由 1978 年的 64.73 亿元增加到 2017 年的 7677.0 亿元；一般公共预算收入由 20.53 亿元增加到 815.6 亿元；固定资产投资由 9.30 亿元增加到 5696.3 亿元；粮食总产量由 510.55 万吨增加到 1128.31 万吨；工业增加值由 34.66 亿元增加到 1769.7 亿元；农村居民人均可支配收入和城镇居民人均可支配收入分别由 101 元和 408 元达到 8076.1 元和 27763.4 元。教育、科技、文化、卫生等社会事业全面推进。经过 40 年来的持续发展，全省经济建设、政治建设、文化建设、社会建设和生态文明建设迈出了新步伐，呈现出政治安定、经济繁荣、文化发展、生态向好、社会进步的可喜景象。

记录伟大时代，续写壮丽史章，是历史赋予我们的光荣使命。根据国务院统一部署，2004 年 2 月，甘肃省人民政府制定全省第二轮修志规划，启动《甘肃省志》续志编纂。《甘肃省志》续志是我省历史上规划的第一部断代体省志，上限一般与《甘肃省志》各卷下限衔接，下限断于本世纪初叶。编纂工作仍由省上各有关部门、相关学术机构和社会人士承担。出于前后两志体例统一的考虑，同时遵循续志编纂的通例，《甘肃省志》续志继续采用横排门类、纵述沿革，卷类相从、以卷为志的大编目体式，在主要卷目与前志基本对应的同时，于不同层面增设了反映新的社会门类和新兴产业的卷目或篇章。全志仍由《概述》《大事记》、各专志、《人物志》和《附录》等 72 卷组成。《甘肃省志》续志的编纂借鉴第一轮修志的成功经验，吸收方志理论研究的最新成果，顺应时代发展变化，既继承传统，又积极创新，多角度、全景式反映历史面貌，力求使该志成为一部全面、系统、客观、准确记述历史的具有较高学术价值、文化价值和社会价值的资料性文献。与其他史籍明置褒贬以寓惩戒的方式不同，志书向以辑录资料为第一要旨，即所谓"述而不作"，寓观点于资料之中。《甘肃省志》续志尊崇治志所重的"实录"精神，记述改革开放的当代史实，档案资料系统完备，采访资料时近迹真，加之编纂人员钩沉提要，取精用弘，注重以资料反映消长，彰明因果，体现规律，力求达到资料性与思想性、科学性的统一，使该志质量力争有新的提高。志书编纂过程中，数千名参编人员不辱使命，黾勉以之，殚精竭虑，忘我工作，为按期完成任务、保证志书质量付出了艰辛努力，他们的业绩将和这部志书一道载入史册。希望各级地方志工作部门和广大修志工作者进一步增强责任感、使命感，提高政治站位，牢固树立政治意识、大局意识、核心意识、看齐意识，坚持编纂社会主义新方志的指导思想，继续发扬爱岗敬业、艰苦奋斗、默默奉献的精神，以对党、对人民、对历史高度负责的态度，

再接再厉，恪尽职守，全面完成《甘肃省志》续志编纂任务，不断推出更多更好的优秀志书，为促进全省经济社会平稳健康发展和社会和谐进步做出新的贡献。

"欲知大道，必先为史。"孔子辑五经为世所重，汉兴收篇籍先典攸高。方志内容宏富、包罗万象，是一地一方的信息总汇和百科全书，就辅翼治道而言，其借鉴意义和参考价值为其他史籍所不及。历代前贤常常览方志而察形势，经国济世。革命先辈每每借方志而知地情，成就大业。习近平总书记2014年2月在北京首都博物馆考察时强调，要"高度重视修史修志""把历史智慧告诉人们，激发我们的民族自豪感和自信心，坚定全体人民振兴中华、实现中国梦的信心和决心。"从历史经验中汲取营养，从地志史籍中察知地情，是每一个为政创业者应有的思维品格，也是各级决策者顺应历史潮流、把握时代脉搏、认准前进方向的重要途径。新的历史时期，肩负领导责任的各级干部尤其应善于从历史经验中汲取营养，重视读史用志，通过方志这一地情信息宝库深入了解当地历史，把握当地特点，发现地方优势，理清发展思路，做出科学决策，推动当地各项事业健康发展。

地方志事业是社会主义文化建设的重要组成部分。2006年5月，国务院颁布《地方志工作条例》，以政府法规确立了地方志工作在经济社会发展全局中的地位和作用，地方志工作进入法制化、科学化发展的新阶段。2009年1月，甘肃省人民政府以国务院《地方志工作条例》为依据，制定了《甘肃省地方志工作规定》，对全省地方志工作作出了进一步规范。2015年8月，国务院办公厅印发《全国地方志事业发展规划纲要（2015—2020年）》，对全国地方志事业作出了规划部署。2016年5月，甘肃省政府办公厅印发《甘肃省地方志事业"十三五"发展规划》，对"十三五"期间全省地方志事业的总体目标、主要任务、保障措施、组织领导等作出了具体规划安排。

各级党委、政府要充分认识地方志工作服务各项事业发展的功能和作用，认真抓好国务院《地方志工作条例》和《甘肃省地方志工作规定》的贯彻施行，切实提高依法治志的水平。要抓紧抓好《全国地方志事业发展规划纲要（2015—2020年）》和《甘肃省地方志事业"十三五"发展规划》的贯彻落实，认真谋划好、实施好本地方、本部门的地方志工作，全面完成全省地方志工作各项规划任务。要加强组织领导，把地方志工作纳入经济社会发展规划及各级政府工作任务之中，做到认识到位、领导到位、机构到位、编制到位、经费到位、设施到位、规划到位、工作到位，为地方志工作创造良好条件。

翻开历史画卷，我们充满自豪，一代又一代陇原儿女拼搏进取，在这片热土上谱写了光辉灿烂的篇章；展望未来前景，我们满怀信心，决胜全面建成小康社会，开启全面建设社会主义现代化国家新征程，建设幸福美好新甘肃的光荣使命激励我们砥砺前行。让我们以党的十九大精神为指引，深入学习贯彻习近平新时代中国特色社会主义思想，全面落实习近平总书记视察甘肃重要讲话和"八个着力"重要指示精神，树牢"四个意识"，坚定"四个自信"，动员带领全省各级党组织、广大党员和各族人民，更加紧密地团结在以习近平同志为核心的党中央周围，不忘初心，牢记使命，高举中国特色社会主义伟大旗帜，万众一心，奋发进取，努力同全国一道全面建成小康社会，开启全面建设社会主义现代化国家新征程，用智慧和汗水创造无愧于历史、无愧于时代、无愧于人民的业绩，为加快建设经济发展、山川秀美、民族团结、社会和谐的幸福美好新甘肃而努力奋斗！

是为序。

2018 年 5 月

序

甘肃省文物局局长　马玉萍

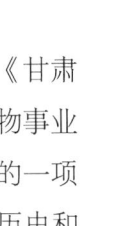

序

　　经过长期酝酿和不懈努力，甘肃省首部文物专业志——《甘肃省志·文物志》正式与学术界和广大读者见面。这是甘肃文物事业发展史上的一件大事，是华夏文明传承创新和文化强省建设的一项重要成果，同时也弥补了甘肃省地方史志的缺环与空白，对历史和全省文物博物馆事业有了一个交代。

　　国内外对于甘肃文物的关注起自清末民国。随着 1900 年敦煌藏经洞的发现和民国时期开发西北呼声的高涨，原本尘封于西北一隅的甘肃文物逐渐为世人所知、所重，基于敦煌文献和石窟艺术的敦煌学日渐发展成为国际显学。以安特生、夏鼐等为代表的中外学者的田野工作使甘肃成为史前考古学的高地。国立甘肃科学教育馆的成立（1939 年）、《甘肃省古物保管办法》的颁行（1941 年）和国立敦煌艺术研究所的设立（1944 年），标志着甘肃文物保护管理工作步入正轨、成为政府行为。中华人民共和国成立后的六十年间，甘肃文物事业获得长足发展，取得较为辉煌的成就。百余年时光在历史长河中不过沧海一粟，甘肃文物事业既有过辉煌的成绩和丰硕的成果，随着经济社会变迁，也不断遇到问题、困难和挫折。《甘肃省志·文物志》作为专志，比较全面、系统、客观地记载了全省不

可移动文物和可移动文物资源的概况与特色、优势，如实记叙了甘肃文物事业的历史沿革，集中体现了文物保护利用、文物考古和博物馆建设管理领域各专项工作的主要脉络和代表性成果，相对完整、准确地反映了全省文物工作全貌。编修《甘肃省志·文物志》在甘肃历史上尚属首次，是重大的文化任务和艰巨的系统工程，全体编修人员为此付出了辛勤的劳动。尽管本志尚有不足之处，仍不失为一部较为权威的行业资料性著述。

存史咨政是方志的基本作用。文物的特殊性决定了其自身就是地方历史文化变迁的实物见证，文物保护利用工作亦为守护传承地方历史文化的题中应有之义。《甘肃省志·文物志》编修过程中，省文物局及全体编修人员深入学习领会习近平总书记关于文物保护的系列重要论述和指示批示精神，以党的创新理论为指导，本着"尊重历史，详今略古，服务当代"和"实事求是，秉笔直书"的原则，力求学术性与可读性、连续性与阶段性、记事与记人的统一。既遵循"以类系事、事以类从"和"横排竖写"及"纵不断线、横不缺项"的传统志体，又按照编纂社会主义新方志要求，紧密结合全省文物事业实际开展编修工作。全志分为不可移动文物、可移动文物和文物事业三编，以文物类型和文物事业为纲，以时间年代为轴；以文为主，综合运用述、志、录、图、表多种体裁并辅以大量照片，图文并茂，较好地容纳了近代以来特别是中华人民共和国成立后全省文物事业的大量史料和史实，为社会各界知晓甘肃文物博物馆方面的省情省力、开展相关领域学术研究提供了重要基础性资料。

甘肃得天独厚的文物资源，是促进全省经济社会发展和提升甘肃文化影响力的支撑性文化资源。甘肃拥有举世闻名的丝绸之路文化和独一无二的敦煌文化，彩陶、汉简、石窟寺、长城等文物资源丰度居全国之首，素有"彩陶故乡"、"石窟艺术之乡"美誉。甘肃在文物保护科技、文物保护利用国际交流合作、博物馆建设管理等领域长期居于国内外前列。在"一带一路"倡议深入实施的时代背景下，甘肃文物工作正面临着前所未有的发展机遇。《甘肃省志·文物志》的问世，必将为全面建设小康社会征途中的甘肃文物事业创新与发展提供有益的历史借鉴。希望全省文物系统紧紧围绕党的十九大报告提出的"加强文物保护利用和文化遗产保护传承"的要求，充分利用本志，加强对广大文物工作者的史情教育，发扬甘肃文物工作的优良传统，协调推进改革、创新和发展，不断提高全省文物工作整体水平，争取更大的成绩。

甘肃省全国重点文物保护单位分布图(古遗

属肃北蒙古族自治县

玉门关及长城烽燧遗址（河仓城遗址）

瓜州

玉门关及长城烽燧遗址（当谷燧）

破城子遗址

居延遗址（大湾城遗址）

居

玉门关及长城烽燧遗址（玉门关遗址）

敦煌市⊙

玉门市⊙

酒

悬泉置遗址

泉

锁阳城遗址

市

金塔⊙

阿克塞哈萨克族
自治县⊙

火烧沟遗址

嘉峪关

肃州区

肃北蒙古族自治县⊙

骆驼城遗

属肃南
裕固族
自治县

果园—新城墓群

高台

临泽

西河滩遗址

张

许三湾城
及墓群

黑水国遗址

掖

肃南裕固族
自治县

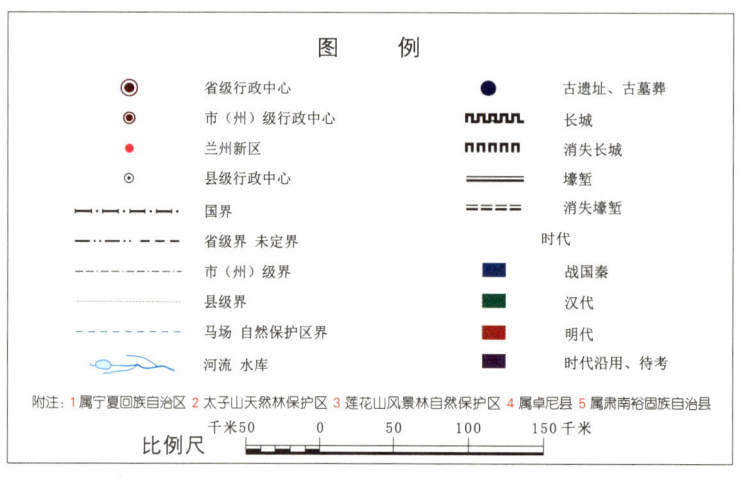

图　例

◉	省级行政中心	● 古遗址、古墓葬
◉	市（州）级行政中心	⅏⅏⅏ 长城
●	兰州新区	⅏⅏⅏ 消失长城
⊙	县级行政中心	━━━ 壕堑
	国界	＝＝＝ 消失壕堑
	省级界　未定界	时代
	市（州）级界	■ 战国秦
	县级界	■ 汉代
	马场　自然保护区界	■ 明代
	河流　水库	■ 时代沿用、待考

附注：1 属宁夏回族自治区　2 太子山天然林保护区　3 莲花山风景林自然保护区　4 属卓尼县　5 属肃南裕固族自治县

千米50　　0　　　50　　　100　　　150千米

比例尺

肖水金关遗址)

地湾城遗址)

甘S（2018）019号

属肃北蒙古族自治县

酒

⊙瓜州

敦煌市⊙
东千佛洞石窟

西千佛洞 ●
●莫高窟
榆林窟
⊙玉门市

泉

市

阿克塞哈萨克族
自治县⊙

⊙肃北蒙古族自治县

⊙金塔

嘉峪关市
●
酒泉市
肃州区

万里长城
⊙嘉峪关
文殊山石窟

属肃南裕固族
自治县

高台

临

张

肃南裕固族
自治县
张掖
甘州
西来寺

掖

马蹄寺石窟

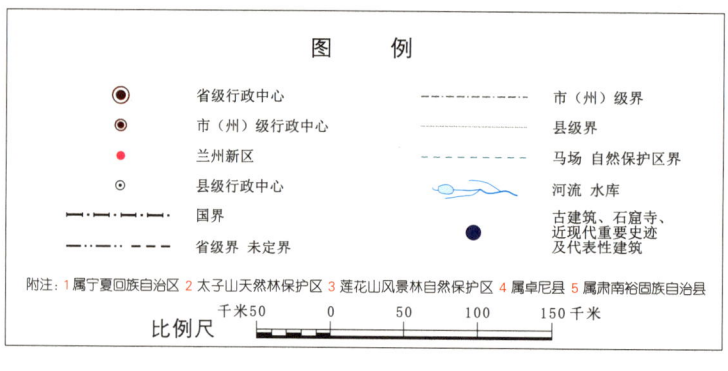

图　例

⊙ 省级行政中心　　　　—·—·—·— 市(州)级界

⊙ 市(州)级行政中心　　　———— 县级界

● 兰州新区　　　　　　—————— 马场 自然保护区界

⊙ 县级行政中心　　　　〜〜〜 河流 水库

——·—— 国界

—··—··— 省级界 未定界　　● 古建筑、石窟寺、
近现代重要史迹
及代表性建筑

附注：1属宁夏回族自治区 2太子山天然林保护区 3莲花山风景林自然保护区 4属卓尼县 5属肃南裕固族自治县

千米50　　0　　50　　100　　150千米

比例尺

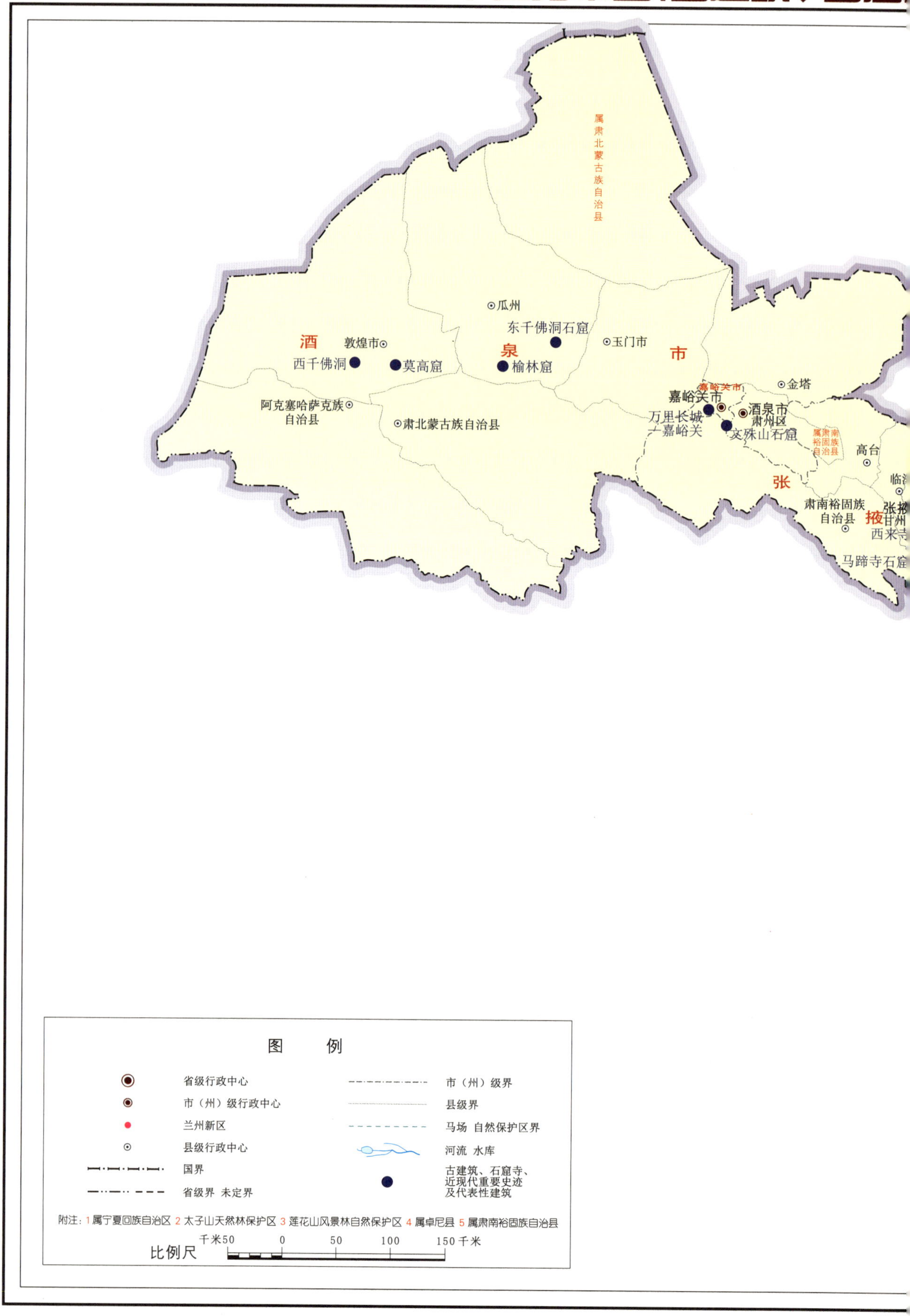

会馆（民勤会馆、山西会馆）
大佛寺
山丹
寺塔
圣容寺塔
甘肃中牧
山丹马场
永昌

武 威
金昌市
金川区
民勤
瑞安堡

金 昌 市
永昌钟鼓楼
永昌

属肃南裕固
族自治县
护国寺感应塔碑（西夏碑）
大梯山石窟

武威市
凉州区
武威文庙

威

市
古浪

天祝藏族
自治县
永登

景泰
黄
河
属靖远县

白
白银市
白银区
平川区

庆

环县
华池
东华池塔

鲁土司衙门旧址
兰
红古区
红城感恩寺

兰州新区
靖远
银
州

阳

庆城

庆阳市
西峰区
合水
湘乐砖塔

兰州市
兰州黄河铁桥
皋兰

定西市
安定区
会宁
会宁红军会师旧址

镇原
北石窟寺
宁县
正宁

平凉市
崆峒区
延恩寺塔
泾川
南石窟寺
凝寿寺塔
罗川赵氏石坊

炳灵寺石窟
积石山保安族
东乡族撒拉族自治县
临夏回族自治州

东乡族
自治县
广河
榆中

静宁
平

庄浪
云崖寺石窟
陈家洞石窟
崇信
凉
王母宫石窟
灵台

鲁恭姬造像碑

临夏
和政
临洮

通渭
渭源
陇西

秦安文庙
天
华亭武康王庙
张家川回族
自治县

拉卜楞寺
甘南藏族自治州
合作市

夏河

2
漳陵桥
西

甘

大像山石窟
漳县
武山
水帘洞石窟

秦安
甘谷
天水市
清水
麦积区
玉泉观

兴国寺

鲁恭姬造像碑

临潭
卓尼

南

木梯寺石窟
岷县

伏羲庙
后街清真寺
胡氏古民居建筑
仙人崖石窟

市
藏
族
自
治

哈达铺会议旧址
腊子口战役旧址
宕昌

礼县
西和
表积山石窟
两当

水

市
徽县

玛曲
黄
河

俄界会议旧址
茨日那毛泽东旧居
迭部
舟曲

州

西峡颂
摩崖石刻
成县

陇
南

《新修白水路记》摩崖

陇南市
武都区
康县

文县

市

甘肃省省级文物保护单位分布图（古遗址

属肃北蒙古族自治县

酒　　　泉

⊙瓜州

⊙敦煌市

⊙玉门市　砂锅梁遗址　市

缸缸洼遗址●　●火石梁遗址

⊙金塔

赵家水磨遗址

嘉峪关市

嘉峪关市　●酒泉市
　　　　　肃州区

阿克塞哈萨克族⊙
自治县

肃北蒙古族自治县⊙

属肃南裕固族
自治县

⊙高台

临泽

张　掖

张掖

甘州

掖

肃南裕固族
自治县

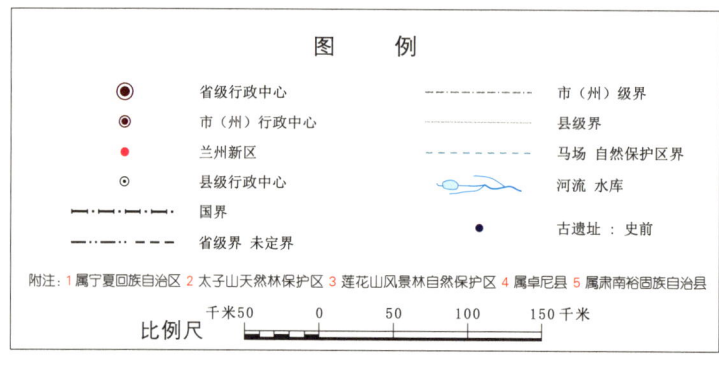

图　　例

◉	省级行政中心	—·—·—·—	市（州）级界
◎	市（州）行政中心	··········	县级界
●	兰州新区	— — — —	马场　自然保护区界
⊙	县级行政中心	〜〜〜	河流　水库
—··—··—	国界		
—·—— — —	省级界　未定界	●	古遗址：史前

附注：1 属宁夏回族自治区 2 太子山天然林保护区 3 莲花山风景林自然保护区 4 属卓尼县 5 属肃南裕固族自治县

千米50　　0　　50　　100　　150 千米

比例尺

甘肃省省级文物保护单位分布图(古遗址:ᵃ

属肃北蒙古族自治县

瓜州 ⊙

巴州古城 ●

晋昌郡城址 ●● 旱湖脑遗址

三个墩遗址及墓群 ●

酒 敦煌市 ⊙

寿昌城遗址 ● 沙州城遗址 ● **泉**

阳关遗址 ● 冥安县城址及墓群 ●

玉门市 ⊙ **市** 西三角城遗址 ●

浪柴沟遗址 ● 金塔 ⊙

阿克塞哈萨克族 ⊙ 自治县

嘉峪关市

肃北蒙古族自治县 ⊙ 嘉峪关市 ⊙ 酒泉市 ⊙

酒泉古城 ● 肃州区

属肃南 裕固族 自治县 高台 ⊙

酒泉垦城城址 ● 临

干骨崖遗址及墓群 ● 草沟井城址 张掖 甘州 西灰山

及墓群 **张** 东

羊蹄沟城址 ●

掖

肃南裕固族 自治县

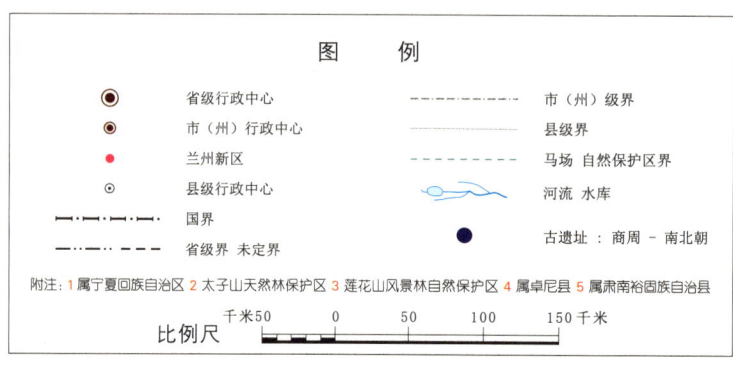

图　例

◉ 省级行政中心	—·—·—·—	市(州)级界
⊙ 市(州)行政中心	————	县级界
● 兰州新区	————	马场 自然保护区界
⊙ 县级行政中心	〜〜	河流 水库
—··—··— 国界	●	古遗址:商周－南北朝
—··— — — 省级界 未定界		

附注:1 属宁夏回族自治区 2 太子山天然林保护区 3 莲花山风景林自然保护区 4 属卓尼县 5 肃肃南裕固族自治县

千米50　　0　　50　　100　　150 千米

比例尺

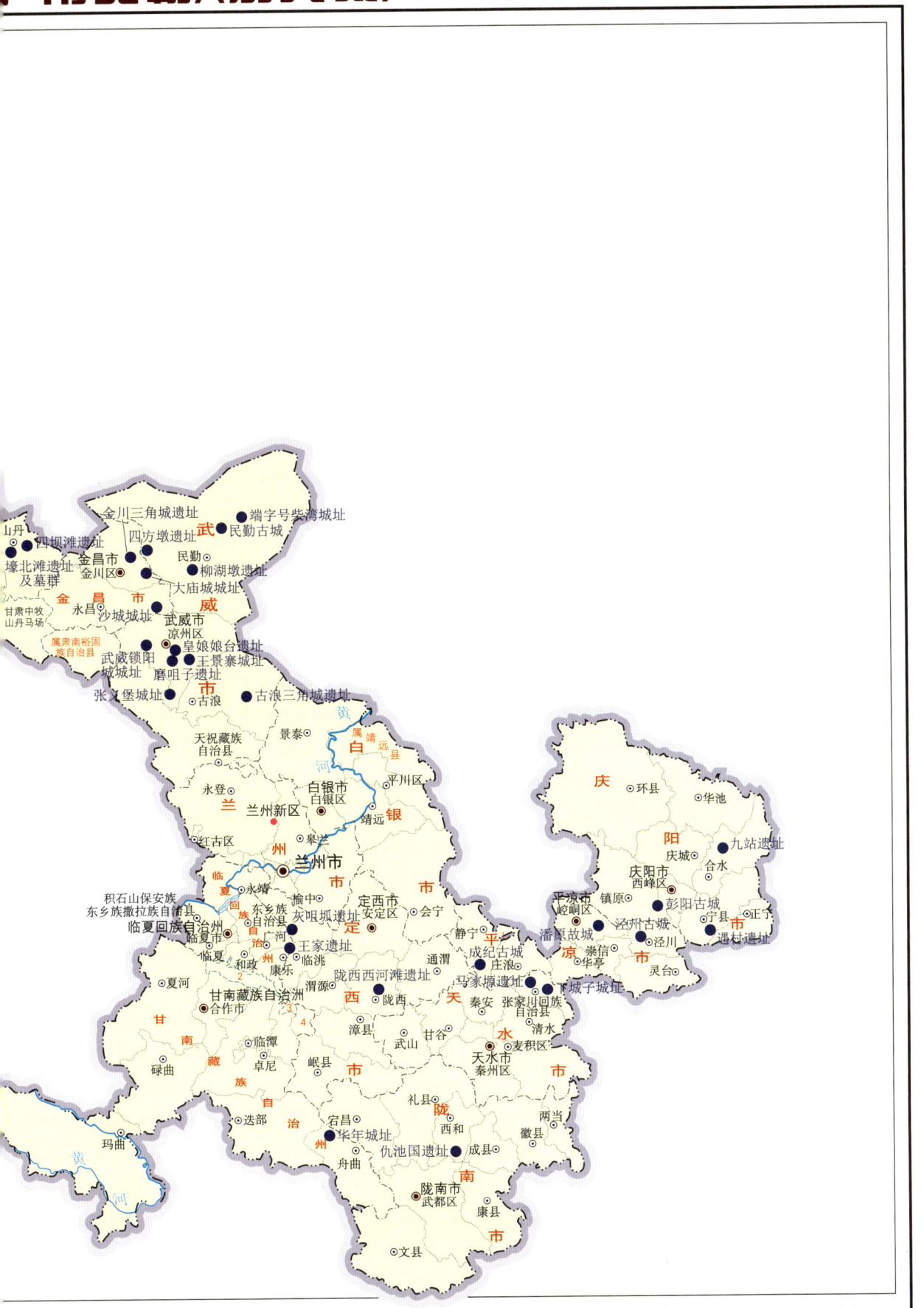

金川三角城遗址　端字号柴湾城址
山丹　四坝滩遗址　四方墩遗址　武　民勤古城
壕北滩遗址　金昌市　民勤
及墓群　金川区　柳湖墩遗址
金　昌　永昌　大庙城城址
甘肃中牧　沙城城址　武　威
山丹马场　武威锁阳　凉州区
属肃南裕固　武威锁阳　皇娘娘台遗址
族自治县　城址　王景寨城址
张义堡城址　磨咀子遗址
市　古浪　古浪三角城遗址
天祝藏族　景泰　黄　属靖
自治县　白　远县
永登　白银市　庆
兰州新区　白银区　平川区　阳　环县　华池
兰　靖远　银
州　兰州新区　靖远　九站遗址
红古区　皋兰　庆城
积石山保安族　榆中　定西市　合水
东乡族撒拉族　临　东乡族　灰咀坬遗址　会宁　静宁　平　镇原　西峰区　彭阳古城
临夏回族自治州　夏　自治县　王家遗址　成纪古城　凉　潘原故城　泾州古城　正宁
临夏市　回　广河　临洮　庄浪　崇信　泾川　遇村遗址
临夏　族　陇西西河滩遗址　通渭　华亭　灵台
和政　康乐　渭源　陇西　马家塬遗址　下城子城址
甘南藏族自治州　西　天　秦安　张家川回族
合作市　陇西　自治县　清水
甘　漳县　武山　甘谷　水　麦积区
南　临潭　岷县　天水市
藏　卓尼　秦州区　市
族　礼县　陇
自　迭部　宕昌　华年城址　西和　徽县　两当
治　玛曲　仇池国遗址　成县
州　舟曲　南
陇南市　市
武都区　康县
玛曲　文县

甘肃省省级文物保护单位分布图(古遗址:[

属肃北蒙古族自治县

⊙瓜州

酒   ⊙敦煌市   **泉**   ⊙玉门市   **市**   金塔

石包城遗址●

阿克塞哈萨克族⊙
自治县

嘉峪关市◉
酒泉古城门

酒泉市◉
肃州区

●肃北蒙古族自治县
●党城遗址

属肃南
裕固族
自治县

●明海城遗址

高台

临泽

张   **掖**   张掖◉
甘州

肃南裕固族
自治县   西武当

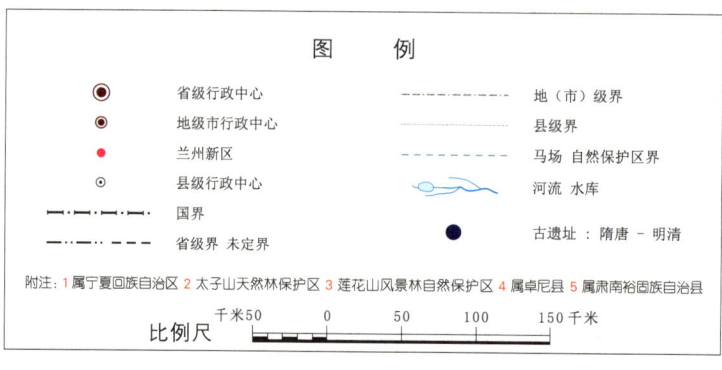

图　　例

◉ 省级行政中心	— · — · — · —	地(市)级界
◉ 地级市行政中心	————	县级界
● 兰州新区	– – – – –	马场 自然保护区界
⊙ 县级行政中心	∿	河流 水库
—·—·— 国界		
—··—··— 省级界 未定界	●	古遗址：隋唐－明清

附注：1 属宁夏回族自治区 2 太子山天然林保护区 3 莲花山风景林自然保护区 4 属卓尼县 5 肃南裕固族自治县

比例尺   千米50　　0　　50　　100　　150 千米

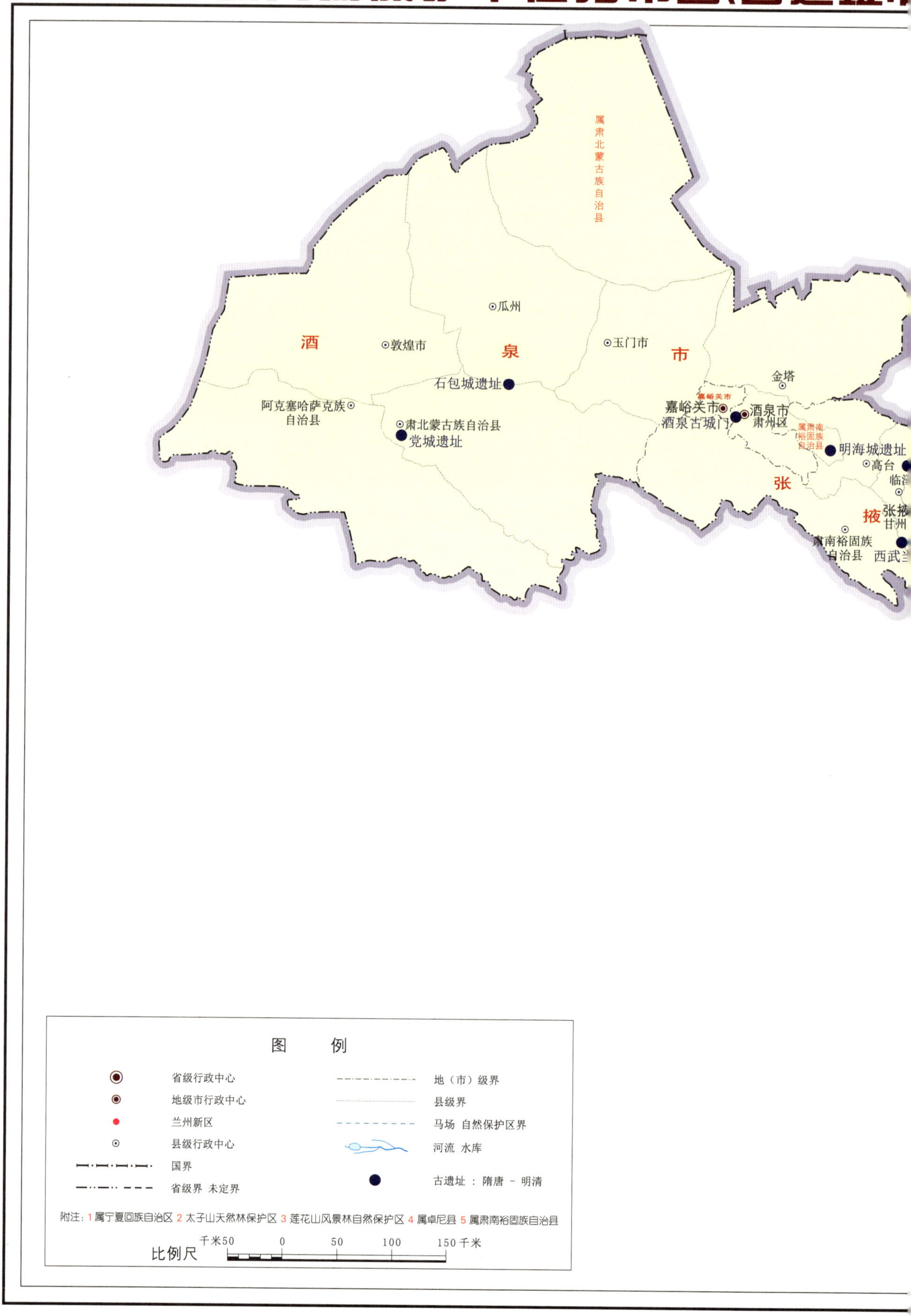

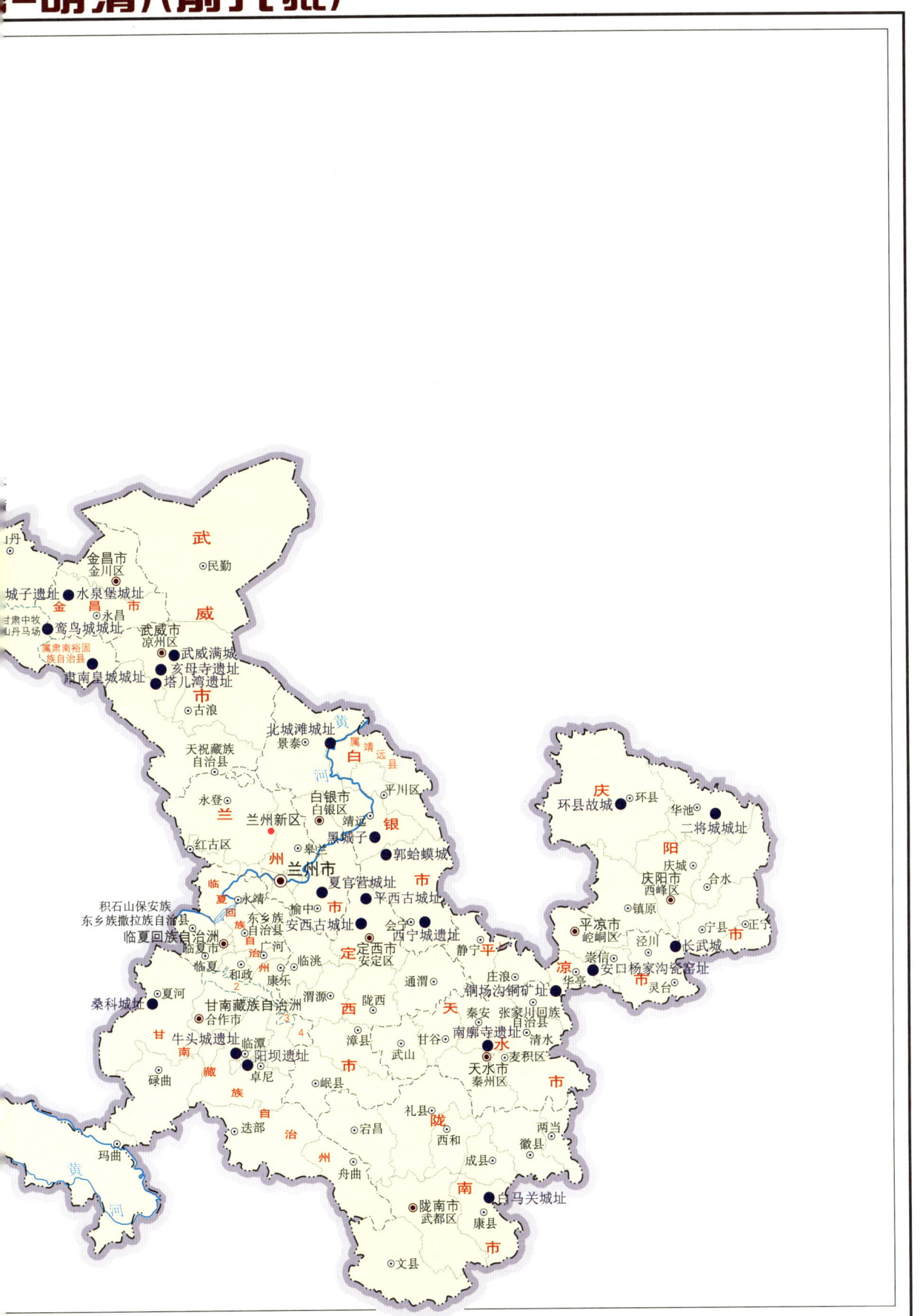

武

金昌市
金川区

⊙民勤

城子遗址 ● 水泉堡城址

金 永昌
昌

甘肃中牧
山丹马场 ● 鸾鸟城址 武威市
凉州区

肃南裕固 市
族自治县

● 武威满城

肃南皇城城址 ● 亥母寺遗址

● 塔儿湾遗址

⊙古浪

北城滩城址 黄

景泰⊙ ● 属靖远县

白

天祝藏族
自治县

平川区

永登⊙

兰 白银市 靖
白银区 远

兰州新区
● 黑城子

州 红古区 ● 银

● 郭蛤蟆城

兰州市

积石山保安族 临 ● 夏官营城址

东乡族撒拉族自治县 ● 平西古城址

东乡族 市

临夏回族自治洲 自治县 榆中⊙

临夏市 广河 ● 安西古城址

临夏 和政 ● 会宁 ● 西宁城遗址

康乐 定 静宁 平

渭源⊙ 陇西 西 庄浪⊙ ● 铜场沟铜矿址 凉

桑科城址 ● 夏河 通渭 秦安⊙ ● 张家川回族
自治县

甘 牛头城遗址 ● 合作市 市 甘谷⊙ 南廓寺遗址 ● 清水

南 临潭⊙ ● 阳坝遗址 漳县⊙ 武山 天

藏 卓尼⊙ 岷县 天水市

碌曲⊙ 族 秦州区

自 礼县⊙ 两当 徽县 陇

治 西和 成县

玛曲⊙ 黄 州 舟曲

河 陇 ● 白马关城址

南 陇南市
武都区 康县

市 ⊙文县

——— (金昌市 永昌)

民勤区域:
环 庆
环县故城 ● ⊙环县 华池

● 二将城城址

阳
庆城

庆阳市 区 合水

西峰区

⊙镇原

平
平凉市 泾川⊙ ● 长武城

⊙崆峒区

凉 崇信 ● 安口杨家沟瓷窑址

市 华亭 ⊙灵台

甘肃省省级文物保护单位分布图（古墓葬

属肃北蒙古族自治县

⊙瓜州　　●长沙岭墓群

酒　　　祁家湾墓群●⊙ 敦煌市 佛爷庙─新店台墓群

泉　　　　　　　　　　●冥水墓群　⊙泉子墓群

　　　　　　　　　踏实墓群　　玉门市　　市

●南湖、西土沟、山水沟墓群

　　阿克塞哈萨克族⊙　　　　　　　　　　　金塔⊙ ●大坡梁－天泉寺墓群（
　　　　自治县　　　　　　　　　　　东关外墓群●　　●大坡梁－天泉寺墓群（
　　　　　⊙肃北蒙古族自治县　　　嘉峪关市⊙　　●酒泉市⊙ 属肃南
　　　　　　　　　　　　　　　　嘉峪关市　●肃州区　裕固族
　　　　　　　　　　　　　　　崔家南湾墓群●　　　　　自治县　　●崔家南湾墓
　　　　　　　　　　　　　　田南干渠北石滩墓群　　　　　西五个疙瘩墓群
　　　　　　　　　　　　　　　下河清墓群●　　　●上深沟堡墓群
　　　　　　　　　　　　　　　　　乱古堆墓群●　　　　⊙高台
　　　　　　　　　　　　　　　　　　　　　　　　　　临泽
　　　　　　　　　　　　　　　　　●西柳沟墓群　　　张　　　张扪
　　　　　　　　　　　　　　　　　　　　　　　　掖　　甘州
　　　　　　　　　　　　　　　　肃南裕固族砖包城
　　　　　　　　　　　　　　　　　　自治县　　王什

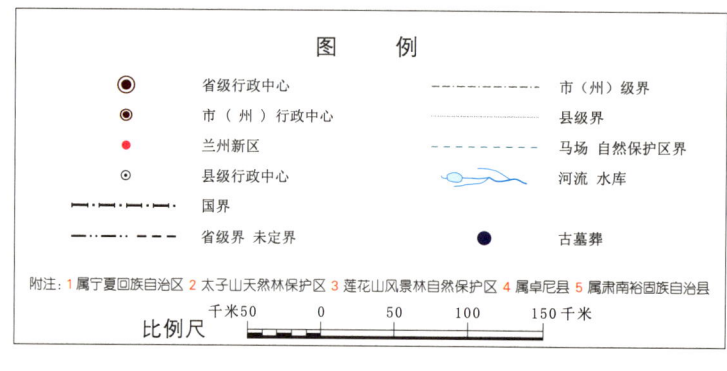

图　　例

⊙　省级行政中心　　　　　-·-·-·-·-·-·-·-　市（州）级界

⊙　市（州）行政中心　　　───────　县级界

●　兰州新区　　　　　　　- - - - - - - -　马场　自然保护区界

⊙　县级行政中心　　　　　〰〰〰　河流　水库

-·-·-·-·-·　国界　　　　　　　●　古墓葬

-··-··-··-　省级界　未定界

附注：1属宁夏回族自治区 2 太子山天然林保护区 3 莲花山风景林自然保护区 4 属卓尼县 5 属肃南裕固族自治县

比例尺　　千米50　0　　50　　100　　150千米

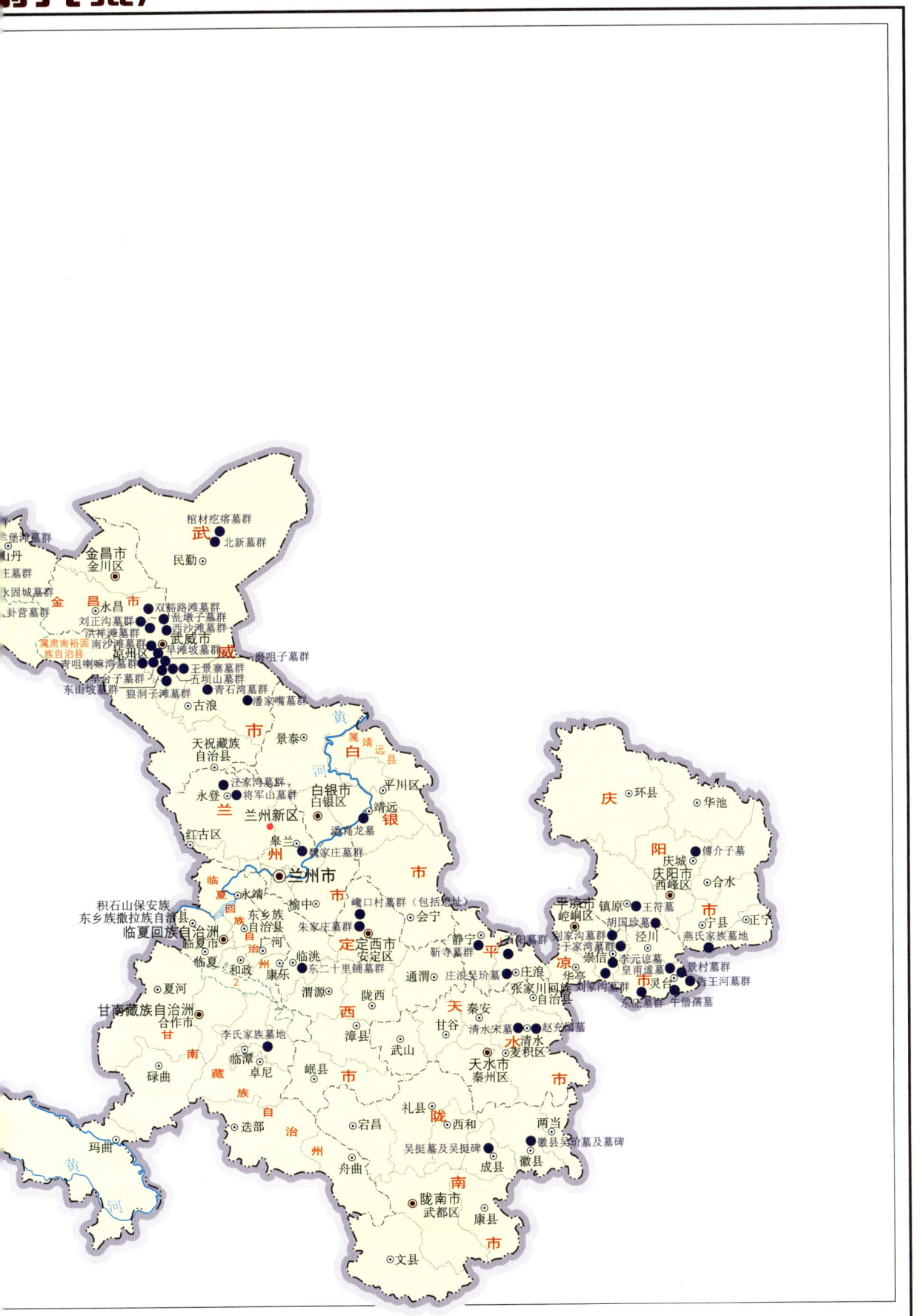

甘肃省省级文物保护单位分布图（古建筑

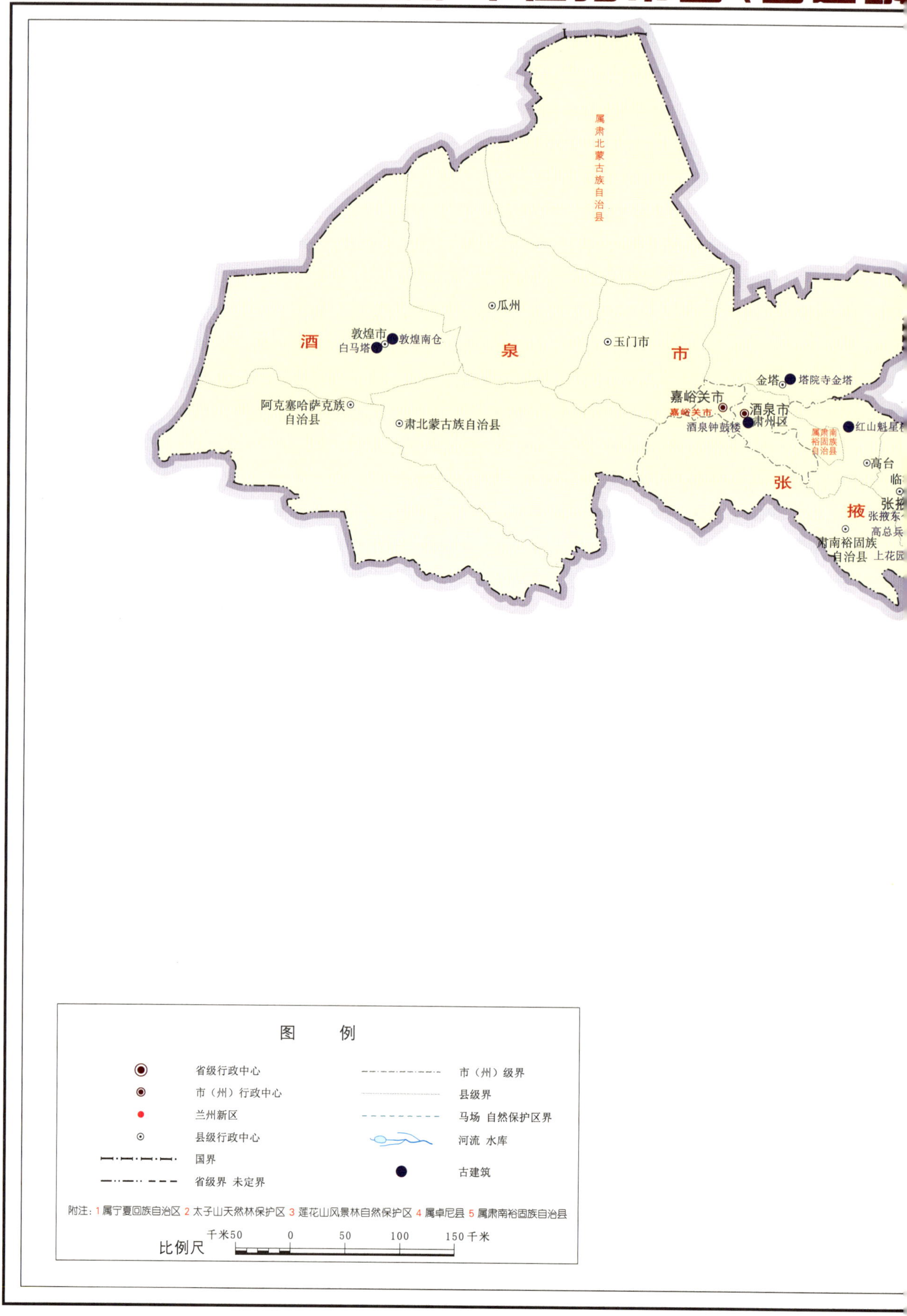

属肃北蒙古族自治县

⊙瓜州

酒

泉   ⊙玉门市   市

敦煌市 ●敦煌南仓
白马塔

金塔● ●塔院寺金塔

阿克塞哈萨克族
自治县⊙   ⊙肃北蒙古族自治县

嘉峪关市
◉   酒泉市
嘉峪关市   ◉肃州区   ●红山魁星
酒泉钟鼓楼   属肃南
裕固族
自治县   ⊙高台
临

张   张掖东
高总兵
掖   ◉张掖
肃南裕固族
自治县 上花园

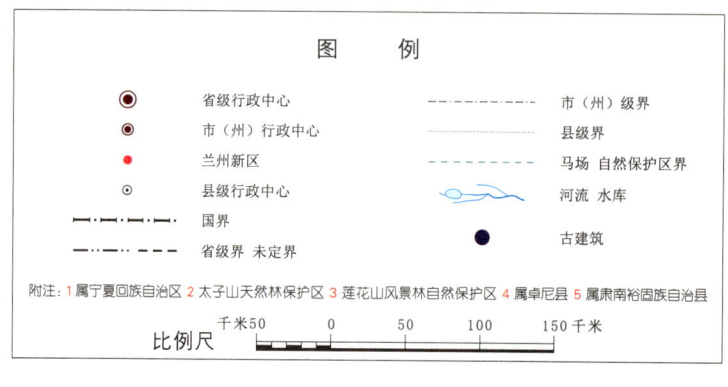

图   例

◉   省级行政中心   ─·─·─·─·─   市（州）级界
◎   市（州）行政中心   ──────────   县级界
●   兰州新区   ─ ─ ─ ─ ─   马场 自然保护区界
⊙   县级行政中心
━·━·━·━   国界   河流 水库
─··─··─ ─ ─   省级界 未定界   ●   古建筑

附注：1 属宁夏回族自治区 2 太子山天然林保护区 3 莲花山风景林自然保护区 4 属卓尼县 5 属肃南裕固族自治县

千米50   0   50   100   150 千米
比例尺

东镇大庙

武

金昌市
金川区

二分大庙双楼

民勤　镇国塔

民勤圣容寺

金　永昌　北海子塔

昌　下双大庙及魁星阁

威

市　海藏寺　武威市
凉州区

大云寺及唐钟

三义殿　财神阁

市　古浪　景泰

黄

白

河　属靖远县

天祝藏族
自治县　银

兰　天堂寺　平川区　兴隆山古建筑群　庆

东大寺　永登　海德寺　白银市　环县塔　环县　脚扎川万佛塔

州　红古区　白银区　阳　白马造像塔　华池　双塔寺造像塔

白塔山白塔　皋兰　高家祠堂　金天观
甘肃举院　曹照寺大殿　合水塔儿湾造像塔

积石山保安族　兰州府文庙大成殿　庄严寺　白衣寺塔及白衣菩萨殿　庆城　周旧邦木坊　合水

东乡族撒拉族自治县　临　永靖　兰州禅院　兰州府城隍庙　西峰区　塔儿庄塔

临夏回族自治州　夏　自治县　榆中　平凉市　镇原　肖金塔

临夏市　回　兴隆山卧桥　会宁　静宁文庙　崆峒区　平凉隍庙　辑宁楼

临夏　和政　康乐　临洮　定西市　凉空塔　华亭　盘龙寺大殿　泾川　正宁

夏河　安定区　静宁清真寺　平　华亭　崇信　泾川隍庙　宁县

甘南藏族自治州　2　渭源　保昌楼　通渭　天　张家川回族　政平书房

合作市　临潭　漳县　威远楼及宋砖　陇西　秦安　水　甘谷文庙大成殿　灵台

甘　卓尼　3　洮州卫城　武山　甘谷　甘谷升宅院　连腾霄宅院　贾家公馆

南　岷县　山咀庄白塔　武山官寺　石作瑞宅院　哈锐宅院　麦积区　冯国瑞宅院

藏　碌曲　4　天水市　张庆麟宅院

玛曲　族　迭部　宕昌　礼县　秦州区　纪信祠

自　两当文庙大殿

黄　治　舟曲　西和　栗川白塔　两当

河　州　棕藩文昌帝君庙　成县　徽县

陇南市　福津广严院

武都区　南

康县

文县文昌楼　市

文县

甘肃省省级文物保护单位分布图(石窟寺)

属肃北蒙古族自治县

瓜州

敦煌市　酒　泉　玉门市　市

阿克塞哈萨克族自治县

五个庙石窟　七个驴岩画　昌马岩画　昌马石窟　黑山岩画　金塔　嘉峪关市　嘉峪关市　酒泉市　肃州区　属肃南裕固族自治县

大黑沟岩画　肃北蒙古族自治县　灰湾子岩画

高台　临

张

阿尔格力太岩画

张　掖　甘

榆木山岩画　肃南裕固族自治县

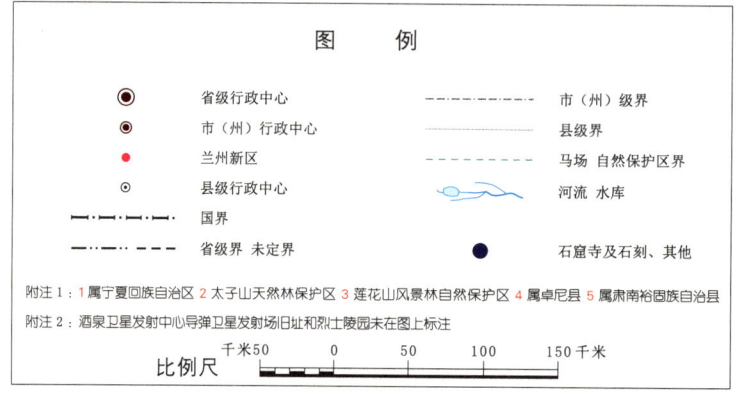

图　例

- ◉ 省级行政中心
- ◉ 市(州)行政中心
- ● 兰州新区
- ⊙ 县级行政中心
- ▬▬ 国界
- ▬▬ 省级界　未定界
- ------- 市(州)级界
- ───── 县级界
- - - - - 马场 自然保护区界
- ～～～ 河流　水库
- ● 石窟寺及石刻、其他

附注1：1属宁夏回族自治区　2 太子山天然林保护区　3 莲花山风景林自然保护区　4 属卓尼县　5 属肃南裕固族自治县
附注2：酒泉卫星发射中心导弹卫星发射场旧址和烈士陵园未在图上标注

千米50　0　50　100　150 千米

比例尺

武

金昌市
金川区

民勤

北山岩画

金昌市

永昌

肃中牧
丹马场

西宁王圻都公神道碑

武威市
凉州区

威

亦都护

属肃南裕固
族自治县

高昌王世勋碑

古浪

天祝藏族
自治县

景泰

黄

河

属靖
远县

市

白

平川区

法泉寺石窟

红山寺石窟

靖远县

永登

兰州新区

寺儿湾石窟

银

红古区

白银市

皋兰

白银区

下川水车

兰州市

泰和铁钟及接引寺铜佛造像

积石山保安族

市

榆中

市

会宁

东乡族撒拉族

东乡族

自治县

自治县

临夏回族自治州

广河

临夏市

临洮

定西市

安定区

静宁

平

临夏

和政

康乐

渭源

首阳山舜庙碑

陇西

通渭

庆

环县

华池

张家沟门石窟

保全寺石窟

阳

莲花寺石窟

明慕刻黄庭坚云亭宴集诗碑

重建宋润韩二公祠堂记碑

天庆观老子过德经幢

慈云寺女真文铁钟

西峰区

庆城

庆阳市

合水

崆峒山法轮寺
陀罗尼经幢

镇原

石空寺石窟

玉山寺石窟

普照寺贞元铜钟

平凉市

治平寺天圣铜钟

宁县

市

灵台

永天观之碑

崆峒山

建沟石佛群

华亭

泾川

修筑新安江城墙及署衙记碑（牛公碑）

哥舒翰纪功碑

天

崇信

凉

水

李将军碑

甘南藏族自治州

合作市

甘

2

南

藏

族

自

治

州

临潭

卓尼

碌曲

岷县

玛曲

黄

河

4

漳县

华盖寺石窟

武山

二郎山明代铜钟

赵孟頫书赵世延家庙碑

礼县

王仁裕神道碑

宕昌

西和

丈地均粮碑

舟曲

陇南市

武都区

万象洞石刻题记

文县

州

甘谷

张家川回族
自治县

庄浪

市

平

市

秦安

清水

麦积区

天水市

秦州区

陇

成县

西和

两当

徽县

大佛寺石窟

永昌明昌铁钟

南

康县

市

甘肃省省级文物保护单位分布图(近现代

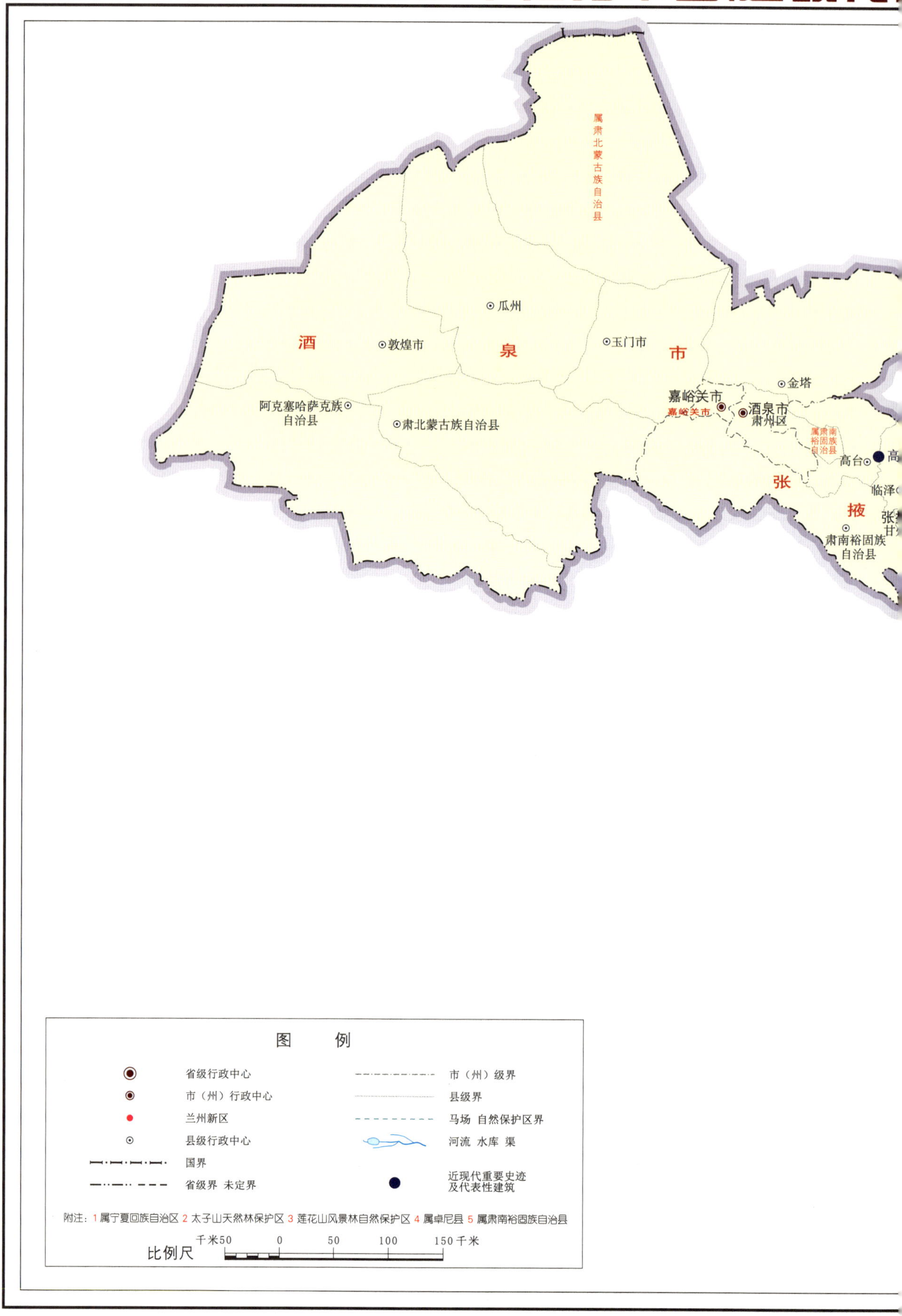
属肃北蒙古族自治县
瓜州
酒
泉
市
敦煌市
玉门市
金塔
嘉峪关市
嘉峪关市
酒泉市
肃州区
属肃南裕固族自治县
阿克塞哈萨克族自治县
肃北蒙古族自治县
高台
临泽
张
掖
肃南裕固族自治县
图 例
省级行政中心
市（州）行政中心
兰州新区
县级行政中心
国界
省级界 未定界
市（州）级界
县级界
马场 自然保护区界
河流 水库 渠
近现代重要史迹及代表性建筑
附注：1 属宁夏回族自治区 2 太子山天然林保护区 3 莲花山风景林自然保护区 4 属卓尼县 5 属肃南裕固族自治县
比例尺
千米50 0 50 100 150 千米

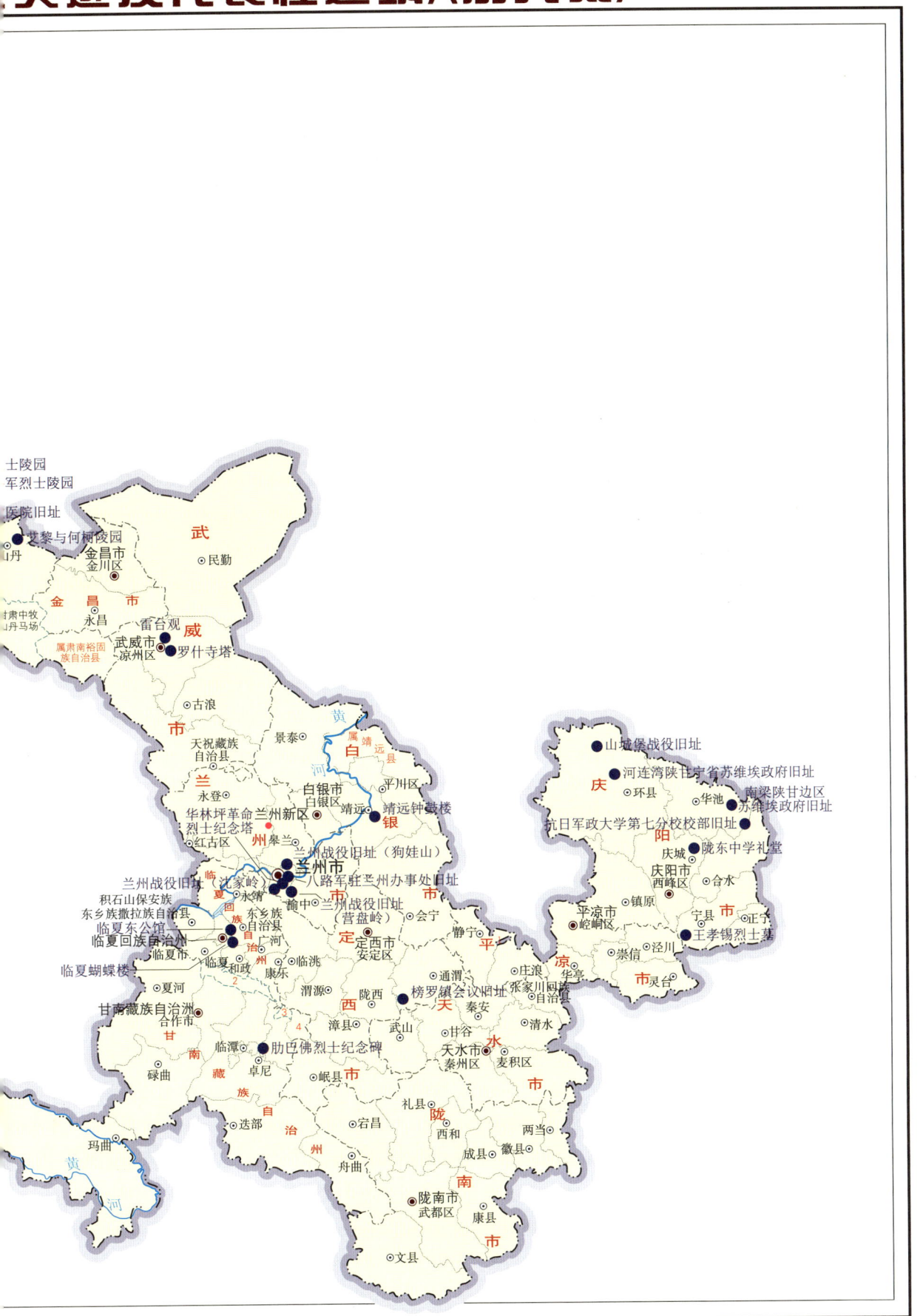

士陵园
军烈士陵园
医院旧址
●艾黎与何柯陵园
●山丹
武
金昌市
金川区
●民勤
甘肃中牧
山丹马场
金 昌 市
●永昌
属肃南裕固
族自治县
雷台观
武
威
武威市
凉州区 ●罗什寺塔
●古浪
天祝藏族
自治县
●景泰
黄
兰
河
白
属靖远县
平川区
●永登
白银市
白银区
华林坪革命 兰州新区
烈士纪念塔
红古区
●靖远 靖远钟鼓楼
银
州皋兰
兰州战役旧址(狗娃山)
兰州市
八路军驻兰州办事处旧址
兰州战役旧址
临夏 (沈家岭)
(营盘岭)
市
兰州战役旧址
积石山保安族
●榆中
市
东乡族撒拉族自治县
●会宁
临夏东公馆
东乡族
临夏回族自治州
自治县 ●静宁
临夏市 ●广河
临夏蝴蝶楼
临夏和政
定
●庄浪
2
康乐
●临洮
定西市
安定区
西
●通渭
榜罗镇会议旧址
●渭源
陇西
●秦安
3
山城堡战役旧址
河连湾陕甘宁省苏维埃政府旧址
庆
●环县
华池●
南梁陕甘边区
抗日军政大学第七分校校部旧址 苏维埃政府旧址
阳
●庆城
陇东中学礼堂
庆阳市
西峰区 ●合水
平凉市 ●镇原
●崆峒区
宁县
王孝锡烈士墓
●正宁
●崇信 ●泾川
平
凉
天
市
华亭
张家川回族
自治县
清水
灵台
甘
南
4
甘南藏族自治州
合作市
甘
●漳县 ●武山 ●甘谷
西
天水市
秦州区 麦积区
肋巴佛烈士纪念碑
●临潭
南
●卓尼
藏
●岷县
族
●碌曲
●礼县
陇
自
●宕昌
西和 ●两当
治
●迭部
州
●舟曲
成县 ●徽县
南
●玛曲
黄
河
陇南市
武都区 ●康县
市
●文县

秦安大地湾遗址

广河齐家坪遗址

临洮马家窑遗址

敦煌悬泉置遗址

敦煌汉长城遗址

敦煌小方盘城遗址（玉门关）

敦煌大方盘城遗址（河仓城）

瓜州县锁阳城遗址及墓群（汉至唐）

高台骆驼城遗址

敦煌莫高窟全景

永靖炳灵寺石窟

天水麦积山石窟

永昌圣容寺塔

张掖大佛寺大佛殿

嘉峪关

天水伏羲庙先天殿

夏河拉卜楞寺全貌

永登鲁土司衙门大牌坊

兰州黄河铁桥

会宁三军会师纪念塔

凡 例

一、《甘肃省志·文物志》（远古—2010年）以马克思列宁主义、毛泽东思想、邓小平理论、"三个代表"重要思想、科学发展观、习近平新时代中国特色社会主义思想为指导，坚持辩证唯物主义与历史唯物主义方法论，存真求实，全面系统记述甘肃省境内文物资源和甘肃文物事业发展历程。力求做到科学性、资料性相统一。

二、《甘肃省志·文物志》（以下简称本志）是二轮《甘肃省志》的重要组成部分，系一、二轮合编。本志上迄事物发端，下限原则上为2010年底。所收录国保和省保不可移动文物名录及其保护范围及建设控制地带，以甘肃省人民政府2010年年底前公布文件为准。

三、本志采用国家规范的现代汉语语体文、记述体，述而不论。事以类分，类为一志，横排门类，纵述始末。

四、本志文字除附录及个别特定意义的繁体字外，其余一律采用2013年6月5日中华人民共和国国务院公布《通用规范汉字表》中的简化字。

五、本志分上、中、下三册。正文设章、节、目三个层级。全志设31章117节，共160余万字。本志采用述、记、志、传、图、

表、录等体裁，以志为主，志前设序、概述，正文后设大事记、附录、索引、后记。

六、数字的使用遵循中华人民共和国国家标准《出版物上数字用法》（GB/T15835-2011）。计量单位，遵循中华人民共和国国家标准《量和单位的规定》（GB/3011-3102），标点符号的使用遵循中华人民共和国国家标准《标点符号用法》（GB/T 15834-2011）。专业术语均为本行业标准专业用语。

七、本志纪年，1949年以前采用朝代纪年，并括注公元纪年；1949年以后采用公元纪年。

八、志文中的机构、职务、地名等，均以当时的称谓为准。机构、职务名称首次出现时用全称，并括注简称，之后一般用简称。同一地方古地名和志书下限时地名不同或同一地名原管辖区域与志书下限时管理区域不同时，在古地名后括注志书下限时地名。

九、本志入志资料来自各种年鉴、档案、报刊、文献资料。数据以统计部门公布的统计资料为准，其他采用本单位和有关单位经核实无误的数据。

十、附录收入法规辑录、文献辑录等不宜放入正文的其他内容。

十一、文物分类中相互交叉重合之部分，采取详略互见方法，在最能反映该文物属性和特点的章节中详述。

十二、本志收录的馆藏可移动文物以各级文博单位藏品为主，不包括其他行业博物馆和私人博物馆收藏品。

{上 册}

总 目

{ 中 册 }

总　目

总
目

甘肃省志

文物志

总　目

总　目

总　目

总　目

甘肃省志

文物志

概　述

　　甘肃省位于中国西北部，简称甘或陇。介于北纬32°11′~42°57′，东经92°13′~108°46′之间，东接陕西，南邻四川，西连青海、新疆，北与宁夏、内蒙古两自治区毗邻，并与蒙古人民共和国接壤。东西蜿蜒1655公里，南北相距530公里，全省土地总面积42.58万平方公里，辖兰州市、嘉峪关市、金昌市、白银市、天水市、武威市、张掖市、平凉市、庆阳市、定西市、陇南市、酒泉市、临夏回族自治州、甘南藏族自治州14个市（州）86个县（市、区）。

　　"甘肃"一词最早出现于西夏统治河西时设置的甘肃军司（驻甘州，今张掖市甘州区）。唐代曾在此设置过"陇右道"，又因省境大部分在陇山（六盘山）以西，故又简称陇右或陇。元代设甘肃行省，取甘州（今张掖）和肃州（今酒泉）二地的首字而成，始成行政区划。明清以降，皆沿用甘肃之名。

　　甘肃地处黄土高原、青藏高原和内蒙古高原三大高原交汇地带，地形狭长，地貌复杂，山地、高原、盆地、平川、沙漠和戈壁交错分布。从东南到西北包括北亚热带湿润区到高寒区、干旱区的各种气候类型。甘肃地处东西方经济文化交流的咽喉要道和中原农耕文明、北方游牧文明交汇线上，是中原联系西北乃至中西亚的咽喉和纽带，自古以来就是民族、宗教交汇融合之地，历史悠久，文化多元，是中华文明的重要发祥地和中华民族的重要文化资源宝库。

史前时期，甘肃地区气候温润，河流纵横，草木茂盛，约在 20 万年前的旧石器时代，就有先民在甘肃活动。新石器时代，境内黄河、渭河、泾河流域并一直向西推进到河西地区留存数量众多、分布密集的古文化遗址，形成完整的发展序列，充分证明甘肃是中华文明的重要发祥地之一，在统一多民族国家历史发展中具有重要地位。

庆阳地区是研究探索周文化起源发祥的重要区域。史籍记载，夏太康年间，周先祖不窋"失其官而奔戎狄之间"，率领周部落避开混乱的中原，迁居"戎狄之间"（今庆城县），拓荒垦田，陶复陶穴，削土筑城，务修礼乐，开创了中华农耕文明的先河，印证了《史记》"周道之兴自此始，故诗人歌乐思其德"的记载。经过 4000 多年的变迁，今庆城县县城旧址仍然保持了削土为城的独特古城风貌，是甘肃省省级历史文化名城。

随着秦人在陇东南一带的崛起，以气吞山河之势统一全国，结束了氐、戎等少数民族部族在甘肃的青铜时代。西周时期，秦受周王封赐立基于甘肃东部。公元前 770 年，秦襄公被封为侯，秦正式立国，在西汉水上游（今礼县一带）建

立了都邑和聚落，在甘肃东南部苦心经营 300 余年，发展壮大，称霸西戎，进而向东发展兼并六国，一统天下。早期秦文化带有浓厚的商文化风格，经过与西戎和周文化的融合逐渐发展成熟，形成兼容并蓄的特点，国家制度建设初步完善，形成颇具规模的祭天系统和陵园制度，还在今天的天水、甘谷一带设置了邽县、冀县，首开中国古代郡县制地方行政管理体系之先河，是甘肃历史上建立最早的两个县。这一历史进程在清水李崖、礼县大堡子山、甘谷毛家坪遗址和张家川马家塬墓地的考古发现中得到印证。

秦帝国建立后，实行郡县制，在甘肃境内设有陇西、北地两郡，郡治分别在狄道（今临洮县）和义渠（今宁县）。汉代秦兴，开疆拓土，击匈奴，凿西域，通丝路，修长城，固边塞，国力强盛。举世闻名的丝绸之路于西汉时期最终开通，沟通了中西文化的千年交流，甘肃是中西交通的孔道和门户，自然成为中原王朝经略西域的前沿阵地。为保障丝绸之路的畅通，汉帝国从政治、军事等多方面采取一系列重要措施，汉武帝时大规模移民实边，"列四郡，据两关"，从令居（今永登）往西到敦煌以西地区修建了长达 1000 多

公里的汉塞城郭烽燧，建立了完整的军事防御体系和行政管理体制，使甘肃全境纳入中原王朝的有效统治。百年来，甘肃出土的6万多枚汉简与丝绸之路的兴盛有着直接关系，更是反映汉代历史的"百科全书"，并借此兴起了国际性显学"简牍学"。

魏晋南北朝时期，中原王朝动荡不安，河西偏安一隅，"五凉"政权相对稳定，中原士族西迁，西域商贾东进，河西一带经济文化交流频繁，出现空前繁荣景象。五胡十六国时期，西部凉州是中原传统文化继续繁荣的三个中心之一，"五凉文化"（汉族张氏建立的前凉、氐族吕氏建立的后凉、鲜卑秃发氏建立的南凉、汉族李氏建立的西凉、匈奴沮渠氏建立的北凉）经由北魏重新引入中原地区，成为隋唐盛世文化的源头之一。这一时期，佛教沿丝路一线东渐，在汉代传播的基础上，持续传入中国，并被广大民众逐渐接受，开凿了莫高窟、麦积山、炳灵寺、马蹄寺、天梯山、北石窟、南石窟等多处石窟寺，形成了甘肃富有特色的石窟寺遗存。河西中西部高台、酒泉、嘉峪关、敦煌等地区发现的大量魏晋壁画墓，堪称"地下画廊"，画像砖所画内容极为丰富，为研究魏晋时期的政治、经济、军事、文化、民族、民俗、气候等提供了真实可靠的图像资料。

隋唐时期，统一多民族国家继续发展，大一统格局再度形成，历"贞观之治"、"开元盛世"，达到中国封建社会辉煌的巅峰。河西走廊成为中原王朝联系西域各国和中亚、西亚、非洲、欧洲的重要通道，武威、张掖、敦煌、天水等成为经济文化繁荣的国际性贸易城市，整个河陇地区农桑繁盛、士民殷富，东西方文明在甘肃大地交流融合，开创了华夏文明新篇章，《资治通鉴》有"是时中国强盛，自安远门西尽唐境万二千里，闾阎相望，桑麻翳野，天下称富庶者无如陇右"的记载。

宋辽金西夏时期，这里为宋夏、宋金、金夏对峙拉锯之地，长年征战，丝路中断，经济凋落。需要强调的是，西夏立国近200年间，甘肃河西地区为其所辖，经济文化有一定程度的恢复与发展，榆林窟西夏时期的壁画艺术水平达到了一个新的高度，在武威设置陪都凉州府，留存至今的"凉州重修护国寺感应塔碑"对研究西夏历史及文字具有重要价值。

元代创立行省制度，至元十八年（1281年），甘肃正式设省。中国历史上第一次出现了甘肃省的行政区划。1247年，西凉王阔端与西藏宗教领袖萨迦·班智达在今凉州举行了具有重大意义的"凉州会谈"，从此西藏纳入中央政府管辖。明清时期，陆上中西交通贸易有所恢复，连接中原与边地的"茶马互市"兴盛。近代以来，甘肃逐渐走向荒僻，左宗棠曾向清政府奏称"甘肃地处边陲，土旷人稀，瘠苦甲于天下"。甘肃的凋敝落后可见一斑。

在中国共产党领导下，中国人民争取民族独立的征程中，甘肃谱写了重要华章。大革命时期，甘肃就有中国共产党领导的革命活动。1934年11月，陕甘边区苏维埃政府在华池县荔园堡诞生。中国工农红军长征进入甘肃后，突破天险腊子口，先后召开哈达铺会议、榜罗会议，1935年9月，中国工农红军第一方面军长征经甘肃到达陕北，1936年10月，第一、二、四方面军主力在会宁胜利会师，标志着长征胜利结束。陇东革命根据地作为陕甘宁边区的重要组成部分，对中国革命的胜利做出了杰出贡献。

一部中华文明史，甘肃占有重要地位。新石器时代，中华民族的人文始祖伏羲、女娲和黄帝相传诞生在甘肃，故有"羲轩桑梓"之称。周人崛起于庆阳，秦人肇基于天水。一条丝路，甘肃成为东西方文化的交汇点和开放区，经济、文化持续兴盛一千余年。随着自然条件、气候的恶化和海上丝路的兴起，甘肃渐失交通要道重要地位，日益衰落。复杂的地理形势和多样化的自然条件，形成了甘肃多元、交融的文化类型，一部甘肃史，就是一部浓缩的丝绸之路发展史。千百年来，中华民族的文化血脉在纵横数千里的甘肃大地包容并蓄，吐故纳新，形成了独特的精神气质和文化特点。

二

根据甘肃省第三次全国文物普查结果，截至2010年底，甘肃省共有各类不可移动文物16895处，包括古遗址、古墓葬、古建筑、石窟寺与石刻、近现代重要史迹及代表性建筑，以及其他遗迹遗存等。其中全国重点文物保护单位72处，省级文物保护单位517处，县（市、区）级文物保护单位3146处。敦煌莫高窟、嘉峪关关城为世界文化遗产，敦煌、武威、张掖、天水4座城市为国家级历史文化名城，肃州区、临夏市、夏河县、会宁县、庆城县、灵台县、陇西县、兰州市8个城市为省级历史文化名城，宕昌县哈达铺镇、榆中县青城镇、永登县连城镇、古浪县大靖镇为国家级历史文化名镇，另有省级历史文化名镇（村）19座。

特殊的自然环境，重要的地理位置，多样的民族民俗，统一多民族国家发展的历史进程，使甘肃文物在具有与中华文明一体相连的共性特征的同时，又独具风格，表现出鲜明的地域特色、远古特色、丝绸之路特色、佛教艺术特色、长城边塞特色和民族特色。甘肃类型多样、特色鲜明的文物资源真实记录了华夏文明演进、丝绸之路兴衰与陇原社会变迁的历史进程。其一，甘肃是华夏文明的重要发祥地，境内史前文化遗址多达7000处，形成了完整的发展序列，以甘肃发现地命名的古文化类型有10多个，其中属新石器时代的主要有大地湾文化、马家窑文化、齐家文化，属青铜器时代的有辛店文化、寺洼文化、四坝文化、沙井文化等。距今约8000年的大地湾一期文化是中国农业文明的源头，诞生了世界上最早的彩陶，马家窑文化更将中国彩陶文化推向巅峰。其二，周先祖以农耕发迹于庆阳地区，秦帝国初兴于甘肃东南部，初创了中国封建帝国的政治、文化和礼仪制度，众多周秦时期遗址、墓葬考古研究是中华探源工程的重要内容。其三，甘肃自古就有拱卫中原、护翼宁青、保疆援藏的重要战略地位，保存有战国至汉、明时期修筑的长城3654公里，数量仅次于内蒙古自治区，其中明长城居全国之首。历代长城沿线分布有大量的关隘城堡，其中敦煌的玉门关和阳关扼丝路古道之咽喉，高台骆驼城和瓜州锁阳城为国内保存最

完整的汉唐城址，是丝绸之路甘肃段长距离交通运输、军事保障性重要节点城市，嘉峪关更是气势雄伟，堪称"天下第一雄关"。其四，古丝绸之路由东向西贯穿全境，是古代东西方文化交融的重要通道，甘肃出土的6万多枚汉简和沿河西走廊分布的210处汉唐古城遗址是研究古丝绸之路的宝贵史料和资源，密布于陇原大地的200余座石窟寺完整地反映了佛教中国化的全过程，为甘肃赢得了"石窟艺术之乡"的美誉。敦煌地区更是古代世界四大文明体系汇聚交融之地，敦煌艺术是人类的宝贵财富和不同文化交流的杰出范例。其五，甘肃现存近现代史迹及代表性建筑1800多处，保存了中国革命和建设事业发展过程中的重要历史记忆。

1. 古遗址

甘肃省第三次文物普查登记的不可移动文物中，古遗址共有10550处，超过文物总数的60%，其中303处被公布为全国重点文物保护单位和甘肃省省级文物保护单位。甘肃古遗址数量众多，内涵丰富，在全国占有重要地位。

甘肃的旧石器时代遗址主要分布于庆阳、平凉、天水、兰州、酒泉等地区。1920年，法国古生物学家桑志华在庆阳县城北（今华池县境）的辛家沟遗址发现一块完整的石核，这是中国出土的第一块旧石器，拉开了甘肃旧石器时代考

古的序幕。1976年，泾川牛角沟"泾川人"的发现，打破了甘肃旧石器时代考古"只见器物不见人"的困局。1984年在武山县鸳鸯镇西南骨头沟发现"武山人"完整头盖骨，是甘肃旧石器考古史上又一重大发现。又陆续发现了泾川大岭上遗址、华池赵家岔—辛家沟遗址、庆城巨家塬遗址、庄浪长尾沟遗址、环县楼房子遗址、肃北霍勒扎德盖遗址等30多处遗址，充分证明早在20万至1万年的旧石器时代，先民就在甘肃地区繁衍生息。

距今8000年左右，甘肃进入了新石器时代。甘肃新石器时代文化谱系延绵近6000年，其历史跨度之长、影响范围之广、文化类型之丰、交变承续之紧、艺术成就之高、遗址数量之多，当数中国乃至世界之最，以在甘肃首发地命名的文化类型就有十多个，使甘肃获得了"彩陶之乡"的美誉。甘肃史前文化分别属于大地湾一期文化、仰韶文化、马家窑文化、常山下层文化、齐家文化等，发现的文化遗址多达数千处，其中大地湾遗址、师赵村遗址、西山坪遗址、石岭下遗址、马家窑遗址、边家林遗址、半山遗址、林家遗址、牛门洞遗址、青岗岔遗址、张家台遗址、常山遗址等，皆为代表性遗址，反映了甘肃新石器时代文化特别是空前繁盛的彩陶文化发展的不同阶段。秦安大地湾遗址从距今约8000年前连续不断延续至距今5000年前，属新石器时代早期大地湾一期文化和仰韶文化，发现了世界上最早的栽培稷，出土了中国最早的彩陶，宫殿式建筑及中国最早的地画，出现了中国最早文字符号，这一切表明，当时的甘肃已处于华夏文明的初夜。继承仰韶文化发展起来的马家窑文化，处于新石器时代父系氏族阶段，是甘肃本地兴起的新石器时代文化，按时间顺序分为石岭下、马家窑、半山、马厂四个类型，遗址遍布陇原大境，将史前彩陶文化发展推向了巅峰阶段。继起的齐家文化在地域上由陇东向西达到了河西走廊一带，受西亚文化向东传播的影响，齐家先民开始铸造并使用青铜器，将中国远古史前文明的脚步带入青铜时代，代表性遗址有齐家坪遗址、皇娘娘台遗址、秦魏家遗址、大何庄遗址、姬家川遗址、磨沟遗址等。甘肃地区的青铜时代文化有辛店文化、寺洼文化、西城驿文化、四坝文化、沙井文化等，发现遗址达数百处，主要有辛店遗址、张家嘴遗址、寺洼遗址、西城驿遗址、四坝滩遗址、东灰山遗址、干骨崖遗址、火烧沟遗址、沙井柳湖墩遗址、三角城遗址等，都是这些文化类型的典型代表。这一时期甘肃主要处于氐羌、西戎等西部少数民族的占领之下，大部分属游牧文化遗存。陇东南兴起的周、秦农耕文化和中西部地区游牧文化交融互动，形成了甘肃多族群与多元文化汇聚融合的格局。

从西汉武帝开始，河西走廊正式纳入中原王朝的版图，开始大规模筑塞建城。从汉到魏晋，500多年的时间内，甘肃社会相对安稳，经济持续发展，留下了众多的建筑遗存。尤其是大量古城遗址，无不叙述着昔日的辉煌。河西地区遗存至今的汉唐时期古城址有120多座，就其类型，既有郡城、县城、乡城等行政城市，又有都尉府、侯官府等军事城堡。就其时代，最早者为距今约2500年前由游牧部落建造属沙井文化的金川三角城，更有大量汉唐明清时期的城址，时代序列完整。河西四郡城无疑是最重要的城池，武威、张掖、敦煌现为国家级历史文化名城。汉代在河西共设置四个关，除众人皆知的玉门关、阳关外，还有肩水金关和悬索关，地面遗址留存至今的只有玉门关和金关遗址。瓜州锁阳城和高台骆驼城、许三湾城等汉唐古城遗址均打上了深深的时代络印。特别是金塔居延遗址和敦煌悬泉置遗址的发现和发掘，先后出土汉简6万多枚，为中国20世纪文化史上的四大发现之一，随着研究的深入，在国际上兴起了一门举世瞩目的显学——简牍学。宋元时期，少数民族割据政权形成，丝绸之路中断，甘肃成为边关要塞，遗留下众多堡、寨、烽燧等军事遗存。武威白塔寺遗址为元代阔端太子为西藏佛教领袖萨班所建，

是祖国统一西藏的历史见证。明朝重返河西，但主要是以军事防御为目的，大规模筑长城、修城堡，嘉峪关是明长城西端起点，嘉峪关以西便是荒凉的关外。

2. 古墓葬

甘肃古墓葬共计2130处，其中82处被公布为全国重点文物保护单位和甘肃省省级文物保护单位。东西方文化的交汇、交融形成了甘肃境内古墓葬的独特之处。

甘肃新石器时代墓葬主要分布于黄河支流洮河、大夏河、渭河、大通河、祖厉河、泾河一带，主要属仰韶文化和马家窑文化，以秦安大地湾、临洮马家窑、广河半山等遗址内公共墓地，以及广河地巴坪、景泰张家台、兰州土谷台、花寨子、王保保城、永昌鸳鸯池等墓地为典型代表，反映了甘肃新石器时代文化发展的序列。永靖秦魏家和大何庄墓地、武威皇娘娘台墓地等揭示了齐家文化内涵，临潭陈旗磨沟墓地的发掘，发现了独特的竖穴偏洞式葬俗，引起了学界的高度重视，为齐家文化研究提供了新材料。庄浪徐家碾墓地、永昌西岗柴湾岗墓地、玉门火烧沟遗址内墓地分别为寺洼文化、沙井文化和四坝文化墓葬的典型代表，揭示了甘肃青铜时代的文化发展脉络。灵台白草坡西周墓地、张家川马家塬战国墓地的发掘，是周秦王朝着力经营陇东

概述

7

地区的历史见证，同时显现了这一地区与欧亚内陆地区文化的交流和联系。

礼县秦公大墓、秦人第一陵园——西垂陵区的发现，揭开了"西犬丘"的千古之谜，诠释了秦人由东西迁，在西垂发祥、到雍城发展、于咸阳壮大、进而统一六国，一统天下的历程，填补了秦史研究的空白。汉至魏晋时期，实行厚葬之风，墓葬地表多起高大封丘，墓室多用砖室墓，普遍随葬明器，奉行"事死如生"的丧葬习俗，考古发掘的重要墓葬如武威雷台、磨嘴子和旱滩坡，天水放马滩、张掖甲子墩、敦煌佛爷庙湾——新店台、酒泉市果园——新城等墓群。魏晋壁画墓，从敦煌到高台均有分布，丰富的壁画内容反映了该时期河西经济、文化的繁荣景象。隋唐及以后，墓葬的形制和大小皆因时代和墓主身份地位的不同而差异显著，如高台唐代骆驼城和许三湾墓群、武威元代高昌王和西宁王墓、漳县元代汪氏家族墓、兰州明代肃王墓等，皆代表该阶段甘肃地区墓葬的特点。这些墓葬出土了大量珍贵文物，丰富了研究相应朝代的研究史料。著名历史学家、中国先秦史学会理事长李学勤先生在《遥望星宿——甘肃考古文化丛书》总序中写道："中国历史文化早期的一系列核心疑问和谜团恐怕都不得不求解于甘肃。"

从两汉魏晋到十六国、五凉时期，

延至隋唐，甘肃古墓葬规模之大、时间跨度之长、分布范围之广、保存之完好、形制之复杂，为国内稀见。其中，武威雷台汉墓出土的铜奔马被确定为"中国旅游"标志。嘉峪关魏晋墓出土的彩绘砖上的"驿使图"，被原国家邮电部确定为"中国邮政"标志。2001年，庆城唐代游击将军穆泰墓发掘出土文物90多件，以彩绘陶俑为主，做工精细，形象逼真，价值极高，其中大部分被定级为珍贵文物。

3. 古建筑

甘肃的古建筑遗存丰富，最早可上溯到新石器时代，下至明清，包括城垣、街镇、佛塔、钟楼、桥梁、宅院、牌坊、台基、寺院、宫观、祠庙、民居、会馆、书院等多种类别。经第三次文物普查及专项调查，甘肃古建筑共有1432处，其中被公布为全国重点文物保护单位和甘肃省省级文物保护单位的73处。

新石器时代仰韶文化大地湾遗址中，发现了成规模、有系统的原始建筑群，其中F901房址建筑面积达420平方米，地面全部用料礓石铺成，由前室、后室、左右侧室及门前棚廊式建筑组成，开创了中国宫殿式建筑之先河。进入历史时期，甘肃现存形体最大的古建筑为长城及烽燧。甘肃境内的长城分秦、汉、明三代，总长度3654公里，位居全国第二位，分布在11个市（州）38个县（市、区），其中秦长城修建于战国时期，全长 850 多公里，尤以今临洮杀王坡、尧甸、渭源庆坪、上盐滩、关门、陇西福星、云田、通渭四洛坪、榜罗镇、第三铺、寺子川、静宁红寺、高界、镇原城墙湾、环县城子岗、长城原、华池城梁盖等点段保存最好。汉长城全长 1000 余公里，以敦煌西北的玉门关及其附近的长城塞垣保存最完好、气势最雄伟。明长城全长 1738 公里，基本保存完好，西端起点嘉峪关为万里长城全线中保存最完整、规模最宏大的关城，享有"天下第一雄关""边陲锁钥，长城主宰"的美誉。山丹境内汉、明长城相伴并存，古垒烽燧、驿站古道连绵不断，被誉为"中国长城露天博物馆"。

隋唐时期的甘肃木构古建筑经历代兵燹战乱，多已无存，唯永昌唐代圣容寺塔完整幸存，为研究和了解唐代佛塔建筑提供了实据，弥足珍贵。建于五代、宋、夏、金、元时期的建筑，除砖塔外，木构建筑保存下来者寥寥无几。建于宋代的平凉崆峒山建筑群，包括皇城建筑群和雷声山建筑群两部分，主要体现了道教建筑风格和艺术成就，为宋代建筑瑰宝。张掖大佛寺始建于西夏时期的皇家寺院，至今仍完好保存大佛殿、藏经殿、土塔等古建筑，其中大佛殿为中国最大的卧佛殿，内塑木胎泥塑巨型卧佛。建于元代的秦安兴国寺，承袭了宋代传统建筑技法，

具有鲜明的时代特征，为研究元代建筑不可多得的实物例证。这些建筑，时代特征鲜明，建筑技法高超，具有极高的艺术和研究价值，是中国古代建筑中的瑰宝。

甘肃明清建筑数量较多，有城垣、会馆、寺庙、道观、钟鼓楼、宅院、桥梁、牌坊等，大多保存完好。如明代洮州卫城，城池、瓮城、马面、角墩、烽火台均保存完好，为明代军事建筑的典型代表。建于明代的张掖山西会馆，为明清山西晋商货行天下时的见证。文庙以有西北"学宫之冠"美誉的武威文庙和秦安文庙为代表。寺院建筑中，以天水伏羲庙、崇信武康王庙、张掖西来寺、永登红城感恩寺、天水南郭寺、武威海藏寺、天祝天堂寺、民勤圣容寺等最为典型。甘南藏式寺院建筑以中国藏传佛教格鲁派六大寺院之一的夏河拉卜楞寺为代表，另有卓尼禅定寺、贡巴寺、碌曲郎木寺、合作米拉日巴佛阁等亦较有名。清真寺建筑则以天水后街清真寺和静宁清真寺为代表，既保持了中国传统建筑特色，也留存了民族宗教建筑所特有的韵味。道观建筑最著名的是号称道家第一名山的平凉崆峒山古建筑群，另外，天水玉泉观、兰州金天观等也誉名陇上。钟鼓楼有陇西威远楼、宁县辑宁楼、永昌鼓楼、张掖镇远楼、酒泉鼓楼、古浪大靖财神阁等，或造型浑厚，或造型精巧，或风格独特，成为当地历史地

标建筑。永登鲁土司衙门旧址是中国西北地区现存最完整的官府建筑。牌坊建筑以正宁罗川赵氏石坊和庆城县周旧邦木坊最为独特。天水秦州区南、北宅子以及澄源巷、务农巷、陆家巷、石家巷等处成片明清及民国时期的古民居建筑，为中国西北地区现存最大的古民居建筑群，代表了甘肃古代民居建筑艺术的最高水平。这些建筑均为甘肃优秀传统建筑例证，在中国建筑史上亦占有一定地位。唐代及其以后的佛塔建筑，在甘肃保存较多，为佛教在甘肃传播、兴盛的见证，在甘肃古代建筑发展史上占有重要地位。材质有砖、石、木、土等多种类型，修建年代始于唐，迄于民国。永昌圣容寺塔为甘肃唯一的唐代佛塔建筑，也是甘肃现存古建筑之最早者。五代有宁县凝寿寺塔和塔儿庄塔。宋代有宁县湘乐砖塔，华池东华池塔、白马造像塔、脚扎川万佛塔、双塔寺造像塔，环县砖塔，西峰肖金塔，合水塔儿湾造像塔，徽县栗川砖塔等。元代有武威百塔寺，仅余最大一座塔的塔基遗址，为西藏正式归属中国中央政权管辖的见证遗物，意义重大。明清时期有平凉崆峒区延恩寺塔、民乐圆通寺塔、兰州白衣寺塔等。这些古塔，造型各异，特征明显，作为中国优秀建筑的重要组成部分，反映了中国古塔建筑的高超技艺及甘肃地区佛教建筑艺术的杰出成就。

4. 石窟寺及石刻

佛教沿丝路东渐，与中国本土文化在甘肃地区碰撞、传播、交融，走向兴盛与辉煌，经历了漫长的本土化过程。正是基于这种特殊的宗教文化背景，甘肃是中国佛教石窟建筑、壁画及造像艺术延续时间最长和最集中的地区，在中国石窟寺建筑、壁画与造像数量和艺术品位上占有无可替代的地位。

据统计，全省目前共有石窟寺及石刻类文物 760 处，其中 16 处属全国重点文物保护单位。伴随汉代疆域的西拓和丝路的开通，佛教由西域东渐至甘肃地区，以敦煌为起点，经酒泉、张掖、武威、永靖等地，再到天水、庆阳等地，形成了一条堪称世界上独一无二的规模壮观的石窟文化与艺术长廊，为甘肃赢得了"石窟艺术之乡"的美誉，至今保存有大小石窟共有 200 余处、洞窟 2500 多个、造像 16000 余身、壁画 56000 余平方米。甘肃石窟最早开凿于十六国北凉时期，历经北朝、隋、唐、宋、元、明、清，历代开凿不息。十六国时期开始营建的石窟主要分布在河西地区，如莫高窟、文殊山石窟、马蹄寺、天梯山石窟、炳灵寺、麦积山石窟等，均在这一时期发端；北朝开窟造像之风迅速向东传播并遍布甘肃全境，莫高窟、麦积山、水帘洞石窟、北石窟寺、南石窟寺等最具代表性；隋唐以降，甘

甘肃省志 文物志

肃石窟发展达到了顶峰，莫高窟、榆林窟、炳灵寺、北石窟寺、大像山石窟等为极盛时期的典型之作。这是甘肃地区佛教石窟艺术发展的总体时间和空间格局，需要指出的是，北魏时期开始，随着皇室对佛教的信仰和大力提倡，在平城（今山西大同）、洛阳等政治中心大力开窟建寺，造像凸显中原风格，并向西影响了甘肃石窟艺术。同时，通过巴蜀通道也传来了南朝佛教艺术的技法和样式。西域之风、中原气度、南方技法在甘肃汇聚，谱写了辉煌的中国石窟艺术华章。

就甘肃重点石窟而言，世界文化遗产莫高窟是中国也是世界上现存规模最大、历时最长、内容最丰富的艺术宝库，自公元4世纪至14世纪持续营建达千年之久，共保存洞窟735个，壁画45000平方米，塑像2000多身。麦积山石窟，被誉为"东方雕塑艺术馆"，以细腻灵动的泥塑著称，造像风格既有西部之风，又有北魏时期云冈、龙门佛教造像的"秀骨清像"风格和南朝佛教造像艺术韵味，独具世俗情趣，散花楼的"薄肉塑"伎乐天技法独特。榆林窟俗称万佛峡，以其精美的壁画、雕塑成为敦煌石窟艺术的重要组成部分，特别是艺术成就极高的西夏精美壁画是莫高窟壁画内容的重要补充。炳灵寺石窟规模宏丽，艺术精湛，尤以石雕造像见长，169窟西秦建弘元年

（420年）墨书题记是中国目前发现最早的石窟题记，为石窟分期和断代提供了直接资料，该窟众多造像、壁画题材如维摩诘、释迦多宝并坐、"西方三圣"等是目前中国石窟寺相关内容的最早遗存。马蹄寺石窟群由金塔寺、千佛洞、上中下观音洞和马蹄寺南北二寺7部分组成，迤逦于祁连山脉北麓，其中金塔寺的大型高浮雕飞天古朴典雅，为全国所仅有。天梯山石窟开凿于十六国时期，开创了中国石窟发展史上的"凉州模式"，是佛教在中国本土化的最早见证。北石窟寺始建于公元6世纪初，以北朝和唐代洞窟为代表，特别是165窟内高达8米的七佛造像是印度、犍陀罗七佛造像的延续，带有明显的云冈造像风格。武山水帘洞石窟群的拉梢寺保存有亚洲最高的露天摩崖浮雕大佛，佛高36米，雕琢精致奇巧，其摩崖题记为研究北朝时期石窟造像艺术和石窟分期断代研究的重要史料。甘肃石窟保存了大量雕塑、壁画、建筑艺术珍品，是集佛教、道教、儒家文化及历史、地理、民俗于一体的综合艺术体系，是甘肃最具品位和魅力的文物品牌。

甘肃古代石刻文物种类丰富，包括岩画、摩崖、碑、碣、墓志铭、经幢、造像塔等。甘肃岩画主要分布在河西走廊地区和白银市，属贺兰山到黑山岩画带。陇南文县和甘南玛曲县亦有零星分布。刻

凿数量最多、分布最集中者有嘉峪关黑山岩画、肃北马鬃山和大黑沟岩画、玉门昌马岩画、阿克塞青崖子沟岩画、肃南榆木次岩画、永昌北山岩画、景泰姜窝子岩画、靖远吴家川岩画、平川野麻滩岩画等，数量达数十处。甘肃岩画分布地域广泛，题材内容丰富，表现形式多样，风格粗犷凝练，属中国北方岩画体系的重要组成部分，有留在石头上的诗史长卷之称。甘肃摩崖石刻以汉代三大颂碑之一的成县西狭颂最为有名，历代传颂，至今保存完好，有很高的考古研究和书法鉴赏价值。徽县《新修白水路记》摩崖、张家川河峪摩崖石刻和武都区万象洞石刻题记等也具有一定的代表性。全国重点文物保护单位武威重修护国寺感应塔碑，又称西夏碑，碑石两面分别以汉文和西夏文镌刻，为西夏时期留存至今的最为重要的佛教石刻，为西夏文和西夏学的研究提供了珍贵的实物，可谓铭心绝品。国际性显学西夏学因此碑的发现而肇始，奠定了甘肃在西夏学研究领域的重要地位。甘肃的碑、碣、墓志铭分布广泛，数量洋洋大观。内容或纪事，或歌功颂德，或记述墓主生平，极具史料和研究价值，如合作唐代李将军碑、临洮唐代哥舒翰记功碑、宁县梁五代牛公碑、正宁北宋承天观之碑、礼县宋代王裕仁神道碑、礼县元代赵孟頫书赵世延家庙碑等。宗教

石刻文物中以泾川南石窟寺碑、泾川唐代大云寺出土佛舍利石棺、天水石马坪唐墓出石棺床、庆城县天庆观老子道德经幢最具代表性。

5. 近现代重要史迹及代表性建筑以及其他遗迹遗存

1840 年鸦片战争以来，中国历史进入各族人民反帝反封建的近代阶段。辛亥革命爆发后，秦州地区率先响应起义，拉开了甘肃近现代史的序幕。1921 年中国共产党成立，甘肃各族人民在反抗压迫、争取自由独立的道路上有了指路明灯，许多共产党员、革命志士英勇奋斗，前赴后继，血染陇原，谱写了无数感天动地可歌可泣的事迹。甘肃大地上遗留下了众多红色遗迹、遗物，成为甘肃近现代历史发展进程中的重要见证物。

根据第三次全国文物普查资料，甘肃现有近现代重要史迹及代表性建筑1879 处，其中 6 处属全国重点文物保护单位，26 处为甘肃省级文物保护单位。早在第二次国内革命战争时期，在共产党人领导下发动了"两当兵变"和"靖远兵变"，在当地留下了革命火种，为中国工农红军长征途中最后落脚大西北奠定了群众基础。1935 年，红一方面军开始长征，进入甘肃后召开了著名的俄界会议，突破天险腊子口，摆脱了国民党军队的追击，先后召开哈达铺会议、榜罗会议，

最终确定了红军长征落脚点。1936年，一、二、四三大主力红军在甘肃会宁会师，标志着二万五千里长征的胜利结束。这一时期，甘肃遗留下了大量与红军相关的战斗遗址、会议旧址、居住旧址等遗迹遗物，承载了甘肃光荣的革命历史，如两当兵变旧址、会宁红军会师旧址、哈达铺会议旧址、俄界会议旧址、榜罗会议旧址、南梁陕甘边区革命政府旧址、腊子口战役旧址、红堡子红军战斗旧址、西路军永昌战役遗址、高台红西路军烈士陵园、界石铺红军长征旧址、河连湾陕甘宁省苏维埃政府旧址、山城堡战役旧址等。抗日战争时期，甘肃作为大后方，为抗战的胜利做出了重大贡献，留下许多革命史迹和重要建筑，如抗日军政大学第七分校校部旧址、国民革命军第八路军办事处旧址等。解放战争期间，甘肃是中国人民争取解放、开展革命斗争最为激烈的地区之一，也是中国西北地区的主战场之一，革命事迹以兰州战役旧址、陇右工委地下印刷所、华林坪革命烈士纪念塔等为标志。

甘肃近现代史上保存了一批地域特色鲜明、时代特征明显、类型风格多样的建筑，包括桥梁、民居、塔楼、道观等。桥梁建筑中以渭源灞陵桥和兰州黄河铁桥为代表，前者为全国罕见的古典纯木结构悬臂梁式拱桥，享有"渭水第一桥"盛誉；后者为黄河上始建最早的铁桥，为

德国人设计建造，成为兰州市的地标建筑。靖远黄河铁桥为黄河上建立的最早的铁路、公路两用桥，亦有一定的知名度。民国时期的传统民居建筑以凉州区秦氏民居、陆氏民居和贾坛故居，山丹县靳氏民居等为典型代表。民居建筑有1938年修建的民勤瑞安堡，为国内保存最完整的堡寨式地主庄园建筑，集民宅和防御工事为一体，融实用性和艺术性为一身，充分体现了甘肃古代传统建筑艺术与近现代建筑设计理念相结合的独特风格。临夏东公馆与蝴蝶楼、通渭中学木楼等，也为研究甘肃地区民国时期的木构建筑提供了重要例证。秦安南下关清真寺、临夏八坊十三巷80号院、临潭西道堂、张家川宣化冈拱北代表了民国时期甘肃地区伊斯兰教建筑的风格，具有鲜明的民族地域特征。砖塔建筑以凉州区民国时期重建的罗什寺塔最为有名。这些建筑或具有时代特征，或具有民族特征，或具有地域特征，皆为甘肃近现代建筑中的典型代表。

除上述五大类不可移动文物外，甘肃还有一些其他类不可移动文物，也具有一定的代表性，如崆峒区北宋治平寺天圣铜钟、灵台金代明昌铁钟、庆城金代慈云寺女真文铁钟、宁县金代普照寺贞元铜钟、康县明代茶马古道、岷县明代二郎山铜钟、渭源清末民初水磨群、迭部清代多儿水磨群、西固区清代下川

水车等。此外，甘肃还有丰富的 20 世纪遗产、工业遗产、文化线路、文化景观、乡土建筑等新品类的文化遗产，如酒泉卫星发射中心导弹卫星发射场旧址和烈士陵园、引大入秦工程、庄浪梯田、数量众多的 1958 年大炼钢铁旧址及黄河母亲雕像等，这些遗存也是甘肃不可或缺的珍贵文化遗产资源。

三

2001 年至 2004 年，甘肃作为全国四个试点省之一，开展了"文物调查及数据库管理系统"建设项目，对全省文物系统管理的可移动文物进行了有史以来第一次全面系统的调查，调查后首次建立了全省珍贵文物数据库，编印了全省一级文物图录和二、三级文物目录。根据调查结果，全省共有各级各类文物收藏单位 113 家，其中文物系统所属文物收藏单位 100 家，包括博物馆 64 个、纪念馆 4 个，初步形成了以省博物馆为龙头，市（州）博物馆为骨干，县（区）博物馆为支撑，行业和民办博物馆为补充的、具有甘肃特色的丝绸之路博物馆体系。全省文物系统文物收藏单位共保存各类文物 42 万多件，其中珍贵文物 110985 件（套），包括一级文物 3240 件（套）（含国宝 30 件）、二级文物 11386 件（套）、三级文物 96299 件（套）。文物总量在全国并不占优势，但珍贵文物数量位居全国前列，这与甘肃 80% 以上的馆藏文物来源为历年考古发掘出

土文物有直接关系。就单个博物馆收藏的文物数量而言，文物数量最多的博物馆是甘肃省博物馆 65638 件（套），文物数量最多的市级博物馆是武威市博物馆 43127 件（套），文物数量最多的县级博物馆是敦煌市博物馆 9384 件（套）。

由于特殊的历史和自然特点，甘肃馆藏文物中，史前文化彩陶、青铜车马器、漆木器、简牍纸张、敦煌文书、魏晋画像砖、金银器等类型文物，精品荟萃，最具特色。

1. 彩陶

彩陶是甘肃可移动文物的大宗和特色。甘肃是国内保存彩陶类器物数量最多、品类最全、品位最高的省份，素有"彩陶之乡"美称。距今约 8000 年大地湾一期文化中发现了彩陶，为中国彩陶之滥觞，与西亚两河流域的古代彩陶同为世界上最早出现的彩陶，可以说明，甘肃也是世界上彩陶文化的起源地之一。经过仰韶、马家窑、常山下层、齐家、四坝、

辛店、沙井等自成链条的不同文化发展阶段，甘肃的彩陶文化一直延续了5000多年，形成了一部完整的中国彩陶文化发展史。

在传承上，大地湾一期文化和仰韶文化前期（半坡和庙底沟类型）的彩陶，与中原地区属于同一系统，自仰韶文化晚期即石岭下类型开始，彩陶体现出一定的地域特色。进入马家窑文化时期，彩陶的地域特色彰显，纹样上完成由旋涡纹到四大圆圈纹的演变，色彩以红黑彩为主，地域上越陇山抵河西，形成独特的发展体系，成为甘肃特有的彩陶文化。马家窑文化彩陶种类繁多、布局严谨、图案绚丽、打磨光亮，达到了史前彩陶艺术的巅峰，代表了中国彩陶艺术灿烂辉煌的最高成就。进入青铜时代，虽然彩陶色彩单一、纹样趋简、画风自由，逐渐衰落，但辛店、寺洼、四坝、沙井等文化时期的彩陶地方特色明显，不乏精品，尤其是人形及动物造型彩陶生动活泼，别致有趣，有的还装饰有绿松石等宝玉石，十分精致。

早在1923年至1924年，瑞典人安特生在临洮发现彩陶，并在洮河、湟水流域进行了考古发掘，构建了研究中国上古史的理论框架，他被出土的大量精美彩陶所震撼，在1925年出版的《甘肃考古记》中写道，"此次甘肃考古，足迹所涉，几及甘省大半。所得结果，颇出意

料所及。盖不仅器物丰盈之仰韶纪遗址，为吾人所获，而多数前古未闻之重要葬地，亦竟发现。其中完整之彩陶瓮多件，类皆精美绝伦，可为欧亚新石器时代末叶陶器之冠。"1944年，中央研究院夏鼐、向达、阎文儒等学者到甘肃进行了为期21个月的西北史地考察，经过夏鼐、裴文中等人的研究考证，完成了中国新石器时代文化谱系的梳理与构建。中华人民共和国成立后，随着甘肃各地考古发掘工作的全面展开，大量彩陶发掘出土，进一步细化了文化类型的分类，衔接了各文化类型间的传承线路与范围。甘肃省博物馆共收藏有彩陶6000多件，在国内博物馆中首屈一指，此外，兰州、临夏、天水、庆阳等市州博物馆和永靖、榆中、永登等县级博物馆中彩陶藏量也比较大，全省国有文物收藏单位收藏的彩陶总量过万件，多为各时期的代表和精品器物。据不完全统计，目前甘肃民间收藏彩陶的数量也在3万件以上，加上流失到省外国外的甘肃彩陶，从甘肃出土的彩陶总数应该不少于10万件。

甘肃彩陶精品众多，不胜枚举。1950年积石山县三坪村出土的旋涡纹彩陶瓮（现藏中国国家博物馆），高达49.3厘米，是马家窑文化彩陶的代表之作，被尊称为"彩陶王"，其精美绝伦的造型和图案，让观众叹为观止；秦安大地湾遗址出土的

仰韶文化庙底沟类型人头形器口彩陶瓶，造型以葫芦瓶流畅的线条与垂发秀美的人头像相结合，极具艺术性；甘谷县西坪遗址出土的仰韶文化石岭下类型鲵鱼纹彩陶瓶，极其完整，所绘鲵鱼纹饰艺术水平高超，是甘肃馆藏彩陶中唯一一件国宝级文物。另外，仰韶文化半坡类型猪面纹细颈彩陶壶、马家窑文化马家窑类型旋涡纹彩陶尖底瓶、涡纹彩陶瓶、水波纹彩陶瓶、弧线纹四系带盖彩陶罐、菱形网纹曲柄彩陶铃、波纹彩陶斗等，已成世人熟知的彩陶精品。这些彩陶不仅是甘肃史前文化的物证，更是精美的原始艺术瑰宝，表明甘肃是中华文明的主要发源地，是名副其实的"彩陶之乡"。

2. 青铜器

欧亚内陆地区早期农耕文化、游牧文化在甘肃碰撞交流，使之成为中国发现青铜文化类型最多的省份之一。甘肃早期青铜器类型多样，风格特异，史前、西周、春秋战国、两汉时期多有发现。1976年出土于东乡县林家马家窑文化遗址的青铜刀，是中国目前发现最早的青铜器，是中国历史进入青铜时代的证明。广河齐家坪、永靖大何庄、武威皇娘娘台、玉门火烧沟、民乐东灰山、金川三角城等遗址、墓葬中均有青铜器出土，说明早在齐家、四坝、沙井等文化时期已开始使用青铜器。这些青铜器形式单一，数量较少，但

年代久远，是中国青铜冶炼、制造、传播、交流的源流。1969年至1972年对灵台县西屯乡白草坡西周墓地的考古发掘出土了成套的青铜礼器，主要出自属西周前期的军事贵族潶伯和伯之墓，青铜器器类齐全，形制典雅庄严，铸造精良，纹饰瑰奇，有铭文的多达26件，为盛周时期青铜器的标准器。20世纪末，礼县大堡子山秦公陵区的发现，使一大批春秋时期秦国青铜器重见天日，成为甘肃青铜器的又一特色。其中发掘的一座乐器坑幸未被盗，坑内埋藏有3件大型青铜镈、3件铜虎（附于镈）、8件甬钟，以及2组10件石磬，均保存完好，其中最大的一件青铜镈钟上铸有"秦子做宝龢钟"等26字铭文，对研究秦公大墓墓主人身份提供了重要史料。1969年，武威雷台汉墓中出土了99件铸造精湛的大型车马仪仗铜俑队，包括后被定为中国旅游标志的铜奔马，是迄今发现数量最多的东汉车马仪仗铜俑队，气势宏大，技艺精绝，显示了汉代群体铜雕的杰出成就，为中国青铜文化的谢幕画上了完美句号。

3. 简牍绢纸

独特的地理气候和文化背景，使得简牍纸张成为甘肃享有盛誉的特有文物品类。20世纪初，英籍匈牙利人斯坦因在敦煌汉长城烽燧下发掘出789枚汉简，拉开了甘肃简牍问世之序幕。1930年，

瑞典人贝格曼在甘肃居延地区发现汉简1万多枚（现藏台湾），轰动世界，与殷墟甲骨文、敦煌藏经洞文书、故宫明清档案一并被学术界称为20世纪中国四大考古发现。国际性显学简牍学由此肇始并兴盛。接踵而来的欧美、日本等国探险家在甘肃境内展开各种探险活动，部分汉简流失域外。中华人民共和国成立后，先后有武威仪礼简、武威医药简、武威王杖诏令简、居延新简、甘谷汉简、天水秦简、玉门汉简、武威晋简、武威西夏文木牍、敦煌悬泉汉简等重要发现，影响深远，震撼学界。特别是居延新简和敦煌悬泉置43000余枚汉简的集中出土，震惊中外。甘肃陆续出土30多批次6万余枚简牍，涵盖了战国秦、两汉、魏晋、唐与西夏等朝代，其中尤以汉简数量最多，约占国内出土汉简总量的82%以上，数量居全国之首。同时敦煌悬泉置等遗址发现了少量帛书，成为甘肃古代简牍文书资料的有益补充，具有同样重要的价值。这些简牍数量多，保存完好，内容丰富，包括了当时社会的政治、经济、军事、科技、医学、文化等方方面面，不仅具有极高的科学、历史与艺术价值，而且是研究两汉书体演变和书法艺术的第一手资料，对中国后世书法影响深远。

古代纸张在甘肃馆藏文物中数量不多，但誉满神州，意义重大。由于甘肃地区气候干燥，在西汉墓葬、遗址中，多次发现纸张残片。已出土西汉时期的旱滩坡纸、肩水金关纸、马圈湾纸、居延纸、敦煌纸，都是"蔡伦纸"之前的遗物，以确凿的证据推翻了蔡伦造纸说。但这些纸都较粗糙，不适宜书写。1987年兰州伏龙坪东汉墓中出土的东汉纸为最早用于书写的纸。天水放马滩纸为西汉初期遗物，将中国造纸术的发明时间提前了近300年，为研究中国纸张的起源和书写材料提供了宝贵资料。另外，悬泉置遗址出土的书信帛书、武威磨嘴子汉墓出土的绢地柩铭，书写工整，保存完好，是研究汉代社会和书法的珍稀资料。

4. 漆木器

甘肃干燥的气候条件，为漆木器的保存提供了有利的条件，全省共收藏了1000余件精美漆木器。河西汉墓中出土的漆器有武威磨嘴子、高台骆驼城、永昌水泉子等墓葬，主要有漆式盘、瑞兽纹铜扣漆樽、弦纹波纹漆葫芦、弦纹斜条纹漆葫芦、漆箸等，色泽鲜艳，保存完好；东南部主要在陇南成县尖川和天水放马滩墓葬中出土了漆器，对管窥汉代发达的漆器和技艺高超的漆器工艺水平提供了宝贵实物。

木器是甘肃馆藏文物的一大特色，不仅数量多，而且类型丰富，造型精美，保存较好。1972年武威磨咀子等地出土

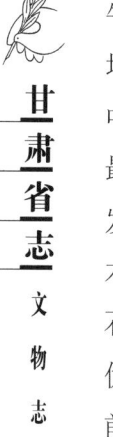
了大型彩绘木轺车马、彩绘木六博俑、木马（牛、羊、鸡、鸭、狗）、木鸠杖、木牛车俑、木屏风、彩绘木连枝灯、木制坞堡、木斗帐、木版画等木器精品。其中以大型彩绘木轺车马、彩绘木六博俑最具代表性，堪称绝品。此后历年考古发掘中多有木器出土，累积甚多。如秦木板地图、汉转射、木版画、黄羊夹、"万石"仓印、汉筥、魏晋木连枝灯、木尺、伏羲女娲图棺板画、牛车出行图棺板画、前秦垂帐人物图木版画、唐门楼图木版画、生肖木版画、五代彩绘木缘塔、西夏印木经版画、武士木版画、五仕女木版画、木缘塔、木桌、彩绘人物木版画等。特别是天水放马滩战国晚期墓地出土的7幅木板地图，是中国目前所知时代最早的地图实物，比出土于长沙马王堆汉墓的帛质地图早了半个多世纪，即使从世界范围看，也是罕见的古地理图。甘肃出土的木器文物基本为陪葬明器，在时间上，从西汉早期开始，经魏晋、十六国、隋唐，至宋夏，以汉最为丰富；在制作上，或雕刻，或彩绘，或雕绘结合，色彩明快，造型简洁，形象生动；在书写上，或手抄，或绘画，或模印；在类型上，或为各式俑，或为牛车马车工具，或为梳、盒、案、鸠杖等生活用具，或为犁、斗等生产工具，或为狗、鸡、猴、牛等动物，或为独角兽、天马等神兽、棺板等丧葬用品，不一而足，为我们展现了千年前人们的生活细节，有着极高的研究和艺术价值，在全国独树一帜。

5. 敦煌文书

1900年，在莫高窟第16窟甬道发现了藏经洞（第17窟），数以万计的古代文书经卷得以面世。这些古代文书总数超过五万件，年代上起东汉，下至元代，即2~14世纪，其中汉文写本在3万件以上，另有少量刻印本，有纪年者近千件，现知最早的为西凉建初元年（405年），最晚的为宋咸平五年（1002年），大部分写于中唐至宋初，95%以上为佛典和其他宗教文献，其余为经、史、子、集、官私档案、医药天文、诗词俗讲等。除汉文文献外，还有藏文、于阗文、突厥文、回鹘文、粟特文、梵文等多种文字写本，如藏文《吐蕃历史文书》、古突厥文《摩尼教忏悔文》、于阗文《于阗沙州纪行》均负有盛名。敦煌遗书是研究中古时期中国、中亚、东亚、南亚的历史学、考古学、宗教学、人类学、社会学、语言学、文学史、艺术史、科技史、民族史的重要史料，具有极高的文物价值和文献研究价值，因此其发现被称为20世纪世界上最伟大的发现之一，敦煌学由此奠基，并逐步发展成为国际性显学。敦煌文书面世后，在1907~1914年间，英国人斯坦因，法国人伯希和，日本人桔瑞超、吉川小一郎，俄国人奥登堡等先后来到敦煌，通过各种手段将大批敦煌文书运往国外。根据目前掌握的情况，敦煌文书散藏于世界各地，大宗收藏机构有中国国家图书馆16000多件，敦煌研究院、英国国家图书馆和大英博物馆13000多件，法国国家图书馆5700多件，俄罗斯科学院东方学研究所圣彼得堡分所10800多件。甘肃作为敦煌文书的源地，收藏和研究颇丰，成为特色珍藏。全省共藏敦煌文书4100余件，包括后来莫高窟中寺土地庙和洞窟前发现文书，其中汉文写经700件，藏文经3300件。主要收藏于敦煌研究院、甘肃省博物馆、甘肃省图书馆、敦煌市博物馆、西北师范大学、甘肃中医学院、高台县博物馆、永登县博物馆、安定区博物馆、靖远县博物馆等十余家单位。甘肃藏敦煌文书以甘肃省博物馆藏写于公元4世纪中叶的《法句经卷下》最早，最晚的则到宋初，时间跨度长达700年，以隋唐文书最多，以北朝文书独具优势，仅有纪年题记的北朝写本就有八九件，敦煌研究院和敦煌市博物馆的藏品中，有相当大一部分是出自土地庙的北朝文书，多出自北魏经生之手，书法自成一体，属汉隶到唐楷的过渡体，极具书法艺术研究价值。从文书的内容和类别看，以佛经居多，如《佛说祝毒经》《佛说阿那律经》《百喻经卷上》《敦煌新本〈六祖坛经〉》等。

在非佛经文书中，有驰名海内外的彩色书画卷，如《紫微宫星图》《占元气书》《地志》等；有独一无二的社会文书珍品，如《唐代奴婢买卖市券副本》《腊八燃灯分配窟龛名数》等；有极具校勘价值的史部、集部早期写本，如《三国志·步骘传》《文选·运命论》等。另外，唐代文书中，有多件出于宫廷，如敦煌市博物馆藏《大般涅槃经卷五》、高台县博物馆藏《金刚般若波罗蜜经并序》、甘肃省博物馆藏《大般涅槃经后分卷第四十二》等，其纸张、书法、墨色、形制等各方面均无可挑剔，堪称唐经之精品。藏文文书主要是写经，包括卷轴式的《大乘无量寿经》和梵夹式的《般若经》，也有少部分为社会文书。敦煌文书是中国活字印刷术发明以前的手写本和刻本，是世界考古史上空前的古典文献大发现，可谓"片纸只字，皆珍宝也"。国内除中国国家图书馆外，数甘肃藏敦煌文书数量最多、价值最高，许多珍品堪与海内外的其他珍品相媲美，尤其是隋唐以前的早期写本较为集中，这一点是境外收藏难以比拟的。

6. 彩绘画像砖

河西地区魏晋墓出土的彩绘画像砖，为甘肃可移动文物的又一特有珍藏。1944年西北科学考察团在敦煌发掘过一批魏晋墓，为收藏的开端。20世纪60~70年代，先后在敦煌佛爷庙、新店台，酒泉果园和

嘉峪关新城等处，发掘了一批魏晋墓葬，出土了大量画像砖。其中嘉峪关 5 号墓出土的画像砖所绘"驿使图"，为中国最早的古代邮驿使形象，1982 年中华全国集邮联合会第一次代表大会召开时，原国家邮电部以"驿使图"为邮票图案发行了一枚纪念小型张，"驿使图"自此成为中国邮政的"形象大使"。加上此后对高台县等地魏晋墓的考古发掘，藏品总数达到数千件之多，主要收藏在甘肃省博物馆、甘肃省考古研究所、敦煌市博物馆、酒泉市博物馆、高台县博物馆等国有文物收藏单位。这些画像砖地域特征明显，反映的题材内容十分宽泛，有传说故事，如李广射虎、伯牙抚琴、子期听琴等；有神禽灵兽，如羽人、神马、河图、神雀、洛书、麒麟、辟邪、白象四神等；有动物，如骆驼、猎犬、青羊、骏马等；有农牧生产，如农耕、下种、耕犁、耙糖、收割、打场、放牧等；有日常生活，如梳妆、进食、宴饮、起居、出巡、奏乐、博弈、舞蹈、狩猎、屠宰、庖厨、酿造、宰杀、切肉、揉面、烧火、烤羊肉串、井饮、蒸馍、烤饼、炊具等，几乎囊括了社会生活的各个方面。画面反映最多的是农牧业，放牧、屠宰、狩猎场面都画得十分详细，甚至连每道程序都无一疏漏，这说明农牧业在当时经济发展中的重要作用，也为研究魏晋时期农牧业提供了珍贵的第一手

图像资料。在制作上，或在青砖上直接作画，或在砖面白垩打底后作画。在画面上，多为一砖一画，也有几砖一画，以连环画形式表现一个主题，同时又能独立成画。在艺术风格上，表现手法形象活泼，构图巧妙生动，线条奔放飞动，表现出强烈的时代气息，填补了中国魏晋绘画史的空白。这些画像砖是河西地区社会和经济生活的真实写照，具有很高的历史、艺术和研究价值。

7. 金银器

金银器类文物，在甘肃的可移动文物中占有重要地位。甘肃地处丝绸之路枢纽和黄金通道，出土的金银器多与当时的政治、经济、文化交流有关，形成独特风格。玉门四坝文化火烧沟遗址中出土的金鼻环等，为甘肃收藏的最早金器，经秦汉、唐宋，至明清，历代均有出土。礼县大堡子山秦公大墓出土了一大批独具特色的金饰片，其造型多样，纹饰繁杂，有长方形口唇纹、盾形兽面纹、挚鸟形等数十种，边缘均有铆做的穿孔，应为棺木、时期墓葬中出土金器最多的墓葬之一。可惜由于 20 世纪 90 年代的疯狂盗掘，大多流失世界各地。经国家有关方面十年追索，2014 年原藏于法国吉美博物馆的 32 件及戴迪安所收藏的 24 件大堡子山流失金饰片成功返回中国并收藏于甘肃省博物馆。张家川马家塬战国墓地也出土了

大量金银饰片，主要为车乘上所贴饰片，造型各异，工艺精湛，有的用金银或铜饰片将车轮全部覆盖，艳丽奢华，反映了当时被秦国羁縻怀柔的西戎贵族的奢华生活。这种金银饰片，在漳县、秦安县、清水县、甘谷县等陇东南地区的战国墓中多有发现。魏晋时期的金银器，以西和县出土的三国曹魏"归义"氐侯印、晋"归义"羌侯印、晋"归义"氐王印等金印最具代表。这类金印是曹魏或西晋中央政府颁赐给氐、羌少数民族部落酋长的，是统一多民族国家发展历程中民族团结进步的历史见证。张掖出土的萨珊王朝银币、靖远出土的西式神祇纹鎏金银盘，是汉魏—隋唐时期丝绸之路畅通、东西文化交流频繁的见证。泾川大云寺佛塔地宫出土的舍利金、银棺，反映了盛唐皇宫金银制作工艺的最高水平；肃南大长岭唐墓中出土了一批金银，其中银匜、单錾带盖银绿松石金罐，为甘肃出土的

具有欧亚内陆风格的典型遗物，具有极高的历史、科学、艺术价值。武威吐谷浑慕容家族墓、漳县元代汪世显家族墓、兰州明代彭泽夫妇墓、兰州白衣寺塔等出土的佩戴金银饰品具有不同时代的明显特征。元代八思巴文虎头银符牌极其珍贵。甘肃珍藏金银器，或体现贸易交流，或表现时代特征，或反映社会生活，或代表工艺技术，均具有重要价值。

除上述各类可移动文物外，齐家文化玉器、石刻造像、青铜佛像、刺绣织品、标本化石等亦为甘肃特色藏品，正文中将有专门章节介绍。另外，甘肃省图书馆藏文溯阁《四库全书》善本，张掖市大佛寺藏明代官版经书，甘肃省文物考古研究所藏西汉张掖都尉棨信帛书，敦煌研究院藏元代官员纱帽，永登县鲁土司衙门文管所藏明代官服等，无不质地精美，保存完好，同样为弥足珍贵的甘肃馆藏代表文物。

四

早在中华民国时期，甘肃文物事业已有一定基础，特别是甘青宁地区史前考古、敦煌石窟保护研究等领域的成就为国内外所瞩目，博物馆事业在西北地区亦发轫较早。但受客观环境制约，民国时期的甘肃文物事业既得不到官方重视，也缺乏统一管理和科学规划，大量珍贵文物未能得到妥善保护和有效管理，文物事业发展也极不平衡。陕甘宁边区时期，陇东地区的文物事业在中国共产党和边

区政府的重视下得到了一定程度的发展，积累了初步的保护管理经验，成为新中国甘肃文物事业的先声。

中华人民共和国成立后，甘肃文物事业的发展与社会主义革命建设和改革开放的发展进程风雨同舟、共历沧桑，在不同历史时期走过了不平凡的历程。60多年来，在国家文物行政部门的正确指导下，在省委、省政府的高度重视和大力支持下，在社会各界的广泛参与下，甘肃文物工作者艰苦创业、砥砺前行，奋发图强、开拓创新，取得了较为丰硕的成绩，为传承弘扬优秀传统文化、守护中华民族精神家园、提升甘肃的文化影响力、服务经济社会发展做出了应有贡献。

1. "十七年"时期

中华人民共和国成立初期，人民政府即接管、接收了国立敦煌艺术研究所、国立甘肃科学教育馆等文博单位。西北军政委员会、甘肃省人民委员会、甘肃省人民政府先后就甘肃文物工作发出《重视文物的保护与管理的通知》（1950年）、《关于注意保护古文物的通知》（1956年）、《关于当前文物保护管理工作的意见》（1962年），确保了文物工作的延续性。在文物管理工作方面，1952年甘肃省人民政府批准成立省文物管理委员会，1964年甘肃省文化局增设文物科，省级文物行政管理体系初步形成。在文物保护基础工作方面，1958~1960年，甘肃省人民委员会组织开展了第一次全省文物普查，历时两年，共发现各类文物点1000余处；1957年和1960年甘肃省人民委员会先后公布两批甘肃省省级文物保护单位共465处（1963年重新公布为136处）；1961年敦煌莫高窟等6处文物保护单位被国务院公布为中国首批全国重点文物保护单位，全省不可移动文物保护体系初步建立。在文物考古工作方面，甘肃省文物管理委员会、甘肃省文化局文物工作队、甘肃省博物馆文物队先后配合兰新铁路、刘家峡水库等国家重点建设工程开展考古调查，并进行了武威磨咀子汉墓群、皇娘娘台遗址、敦煌莫高窟南区等20余项考古发掘，取得了重要考古成果。在文物保护维修方面，国家先后拨款实施了莫高窟洞窟及危崖体、嘉峪关关城维修加固等工程。在博物馆建设方面，1959年国庆10周年前夕，甘肃省博物馆新馆落成并举办了"甘肃省十年建设成就展"。

2. "文化大革命"时期

"文化大革命"时期，甘肃文物事业经历重大挫折。据1976年初统计，全省已经过普查的80处甘肃省省级文物保护单位中，"文化大革命"期间有21处遭到严重破坏，其中11处灭失。"文化大革命"初期的"破四旧"风潮中，一些文博单位的群众革命组织自发保护文物，甘肃省

博物馆、敦煌文物研究所等单位还组织专业人员参加文物挑选活动，抢救保存了大批珍贵文物。在动荡局势下，国务院、甘肃省革命委员会先后发出《关于炳灵寺石窟防护的通知》《关于加强文物保护工作的通知》《关于全面检查石窟保护情况的通知》等文件，对十年内乱中保护文物发挥了一定作用。"文化大革命"中后期，甘肃文物事业在逆境中艰难前进，逐步恢复和开展工作，1972~1976年，甘肃省文化局组织开展第二次全省文物普查，进行了14项考古调查与发掘，省博物馆部分珍贵文物入选《中华人民共和国出土文物展览》远赴欧美国家展出，文物保护维修、革命文物调查与征集、文物干部培训等工作取得一定成绩。1973年，甘肃省革命委员会政治部、甘肃省文化局在兰州召开全省文物工作会议，落实党中央关于保护文物的方针政策，动员恢复全省文物工作。同年，甘肃省文化局文物科升格为文物处，全省文物行政管理工作得到加强。

3. 改革开放时期

"文化大革命"结束后，甘肃文物事业逐步回到正轨，特别是中共十一届三中全会以后，甘肃文物事业在恢复中快速发展。1981年，邓小平视察敦煌莫高窟，指出"敦煌文物天下闻名，是祖国的文化遗产，一定要想方设法保护好。"甘肃省人民政府于1985年、1990年、1996

年、2003年、2008年先后五次召开全省文物工作会议，对全省文物事业科学发展发挥了重要指引作用。20世纪80年代以后，省政府恢复甘肃省文物管理委员会，全省重要文博单位陆续建立或机构升格，部分价值重要、具有较大影响力的世界文化遗产或全国重点文物保护单位保护管理机构由省级文物行政部门直属管理，确保了文物保护、管理和研究工作统一、高效开展。特别是20世纪90年代初，中央有关领导指出甘肃是文物大省，应当加强文物行政管理机构，促成了1992年甘肃省文物局的成立和全省文物行政管理机构的进一步建立健全，使甘肃文物事业进入全新发展阶段，取得了较为显著的成绩。

文物事业法治环境逐步形成。1989年前，甘肃文物事业发展以《文物保护法》及其实施条例和国家文物行政部门、省政府颁行的部门规章与规范性文件为主要法制依据。1989年1月，甘肃省人大常委会颁布实施《甘肃省实施〈中华人民共和国文物保护法〉办法》；2002年，甘肃省人大常委会颁布全省首部针对一处文物保护单位的地方性文物专项法规《甘肃敦煌莫高窟保护条例》。2002年，《中华人民共和国文物保护法》修订后，2005年甘肃省人大常委会颁布实施《甘肃省文物保护条例》。2008年，甘肃省人民政府以政府令形式公布实施《甘肃省文物重大安全事故行政责任追究规定》；同年，甘肃省政府办公厅印发《麦积山石窟保护管理办法》、《炳灵寺石窟保护管理办法》、《榆林窟保护管理办法》，嘉峪关、酒泉、张掖、天水等市人民政府相继公布实施《嘉峪关市新城魏晋壁画墓群保护管理办法》、《果园墓群保护管理办法》、《锁阳城遗址保护管理办法》、《玉门关遗址保护管理办法》、《悬泉置遗址保护管理办法》、《张掖大佛寺保护管理办法》、《高台骆驼城许三湾遗址及墓群保护管理办法》、《肃南马蹄寺石窟群保护管理办法》、《武山水帘洞石窟拉梢寺保护管理办法》。2009 年，山丹县和武威市凉州区人民政府先后公布实施长城保护管理办法。

文物安全工作体系不断完善。在加强地方文物法规体系建设的同时，针对全省文物安全形势相对严峻的客观实际，逐步建立完善了责任落实的文物安全工作体系。在各级党委政府的领导下，在公安、文物等职能部门的密切协作下，先后召开多次全省文物安全工作会议，开展多次声势浩大的严打斗争和文物安全专项治理行动，破获一批重大文物案件，收缴大批涉案文物，从严惩处一批盗窃、盗掘文物的罪犯，有效降低了文物案件发案率，遏制了文物犯罪回潮势头。预防为主，通过确定风险等级，不断加强文博单

位安防设施建设。努力构建覆盖全省的文物保护网络，逐步形成了"专管"与"群管"相结合的文物保护体系；进一步完善"三级责任、四级保护"的野外文物保护网络并逐级签订责任书。2006 年，甘肃省文化厅、甘肃省文物局联合印发的《甘肃省文物安全突发事件应急预案》，是全国文物系统首个文物安全突发事件应急预案，进一步增强了预防和应对突发事件、确保文物安全的能力。

文物保护基础持续加强。1982~2006 年，国务院先后公布五批全国重点文物保护单位，甘肃省共有 67 处入选。1981 年，甘肃省人民政府重新公布甘肃省省级文物保护单位共 230 处；1993、1996、2003 年又先后公布三批省级文物保护单位；2006 年，省政府对前五批省级文物保护单位进行了调整和重新公布。1986 年，武威、张掖、敦煌入选国家级历史文化名城。1987 年，莫高窟、万里长城——嘉峪关被列入《世界遗产名录》，成为中国首批世界文化遗产。全省文物保护单位"四有"（有保护标志、有记录档案、有保护范围和建设控制地带、有专职管护机构或人员）工作稳步推进。省政府为全省所有全国重点文物保护单位划定公布了保护范围和建设控制地带，制作竖立了保护标志说明；完成了全省前五批全国重点文物保护单位记录档案；为大部分省

级文物保护单位制作竖立了保护标志碑。截至 2010 年底，全省共成立专门文物管理机构 49 个，文物保护小组 436 个。甘肃省自 1995 年起开展文物保护单位保护规划编制工作，2003 年省政府公布实施的《大地湾遗址保护规划》是甘肃省公布实施的第一个文物保护规划。2005 年，由中国建筑设计院历史研究所、美国盖蒂保护研究所、澳大利亚遗产委员会和敦煌研究院等"三国四方"共同参与编制《敦煌莫高窟保护总体规划》通过国家文物局评审，这是中国首个依据《中国文物古迹保护准则》编制的文物保护规划。

文物保存状况显著改善。据不完全统计，改革开放三十多年来，甘肃省先后组织实施了近 500 项各类规模不等的文物保护维修工程，比较重要的有麦积山石窟保护加固、夏河拉卜楞寺修缮、张掖大佛寺及木塔修缮、武威文庙修缮、莫高窟北区岩体加固、全省中小石窟加固维修、高台骆驼城遗址防洪、永登鲁土司衙门旧址修缮、天水伏羲庙保护维修、武威白塔寺遗址保护加固等工程。坚持"先救命，后治病"原则，集中有限财力首先抢救维修濒危病险文物，基本做到了全国重点文物保护单位安全无险情，重要省级文物保护单位得到有效保护。以丝绸之路跨国联合申报世界文化遗产为契机，不断加大甘肃省申遗备选点文物本体保护和周边环境整治力度，将保护维修重点向丝绸之路沿线及其他旅游线上文化内涵比较丰富、周边基础设施较为完善、旅游发展潜力较大的文物保护单位倾斜，使之达到开放条件，促进旅游业发展。加强文物保护维修工程管理，甘肃省文物局相继制定了《甘肃省文物修缮保护工程管理实施细则》、《文物保护维修工程管理办法》，确保了工程质量；加强文物保护维修工程勘察设计、施工和监理单位资质管理，在培育文物保护工程市场、引进竞争机制方面进行了有益尝试。

文物考古研究成果丰硕。据不完全统计，改革开放以来，以甘肃省文物考古单位为主，先后组织开展了 70 多项主动性考古调查与发掘项目，比较重要的有秦安大地湾遗址、敦煌马圈湾遗址、敦煌悬泉置遗址、河西汉塞、武威塔儿湾遗址、礼县大堡子山秦公墓地、西峰南佐遗址、武威白塔寺遗址、高台骆驼城遗址及墓葬、莫高窟北区、玉门花海毕家滩墓地、酒泉西河滩遗址、兰州红古下海石遗址、张家川马家塬战国墓地、临潭磨沟齐家文化墓地等考古项目，其中敦煌悬泉置遗址考古发掘被评为 1991 年度全国十大考古新发现，张家川马家塬战国墓地、礼县大堡子山遗址考古发掘入选 2006 年度全国十大考古新发现，临潭磨沟齐家文化墓地考古发掘入选 2008 年度全国十大考古新发现。以环青藏高原古代游牧民族文化、早期秦文化调查等为代表的一批围绕重大学术研究课题的专题性考古调查与发掘项目，取得了多项重要考古成果，进一步丰富了甘肃考古学文化内涵，为华夏文明探源提供了宝贵资料。20世纪90年代以后，随着社会主义市场经济体制的逐步确立和国家西部大开发战略的实施，甘肃成为交通、能源等国家重大基本建设项目云集的大"工地"，甘肃考古工作坚持既有利于文物保护又有利于经济建设的原则，以高度的责任心和使命感积极配合相关工程开展考古调查及文物抢救保护与发掘工作，最大限度地保护了一批珍贵文化遗产。经过半个多世纪的努力，甘肃考古工作以古人类化石及旧石器、新石器~青铜时代文化、周秦文化、秦汉墓葬、长城及烽燧遗址、石窟寺、魏晋十六国时期墓葬、西夏文化等领域的成果最为丰硕和具有代表性。围绕这些领域，甘肃考古工作者深入研究，发表和出版了一批较有影响的考古发掘报告和研究论著。据不完全统计，近20年来，敦煌研究院、甘肃省博物馆、甘肃省文物考古研究所等文博单位发表考古发掘简报200多篇，出版考古报告与研究著作50余部。围绕重大考古发现，甘肃省还举办了多次考古学术会议，在国内外考古界产生较大影响。

博物馆事业蓬勃发展。20世纪80年代末，全省博物馆总数即超过60个，绝大多数地州市级博物馆和部分县级博物馆新馆陆续建成开馆，八路军兰州办事处纪念馆、嘉峪关长城博物馆、兰州地震博物馆等专题博物馆、纪念馆的开放丰富了甘肃省博物馆体系。省博物馆和市县级博物馆推出一批富有甘肃地域特色、反映甘肃文物优势和特点的陈列展览，为社会主义精神文明建设做出了重要贡献。20世纪90年代以后，全省博物馆数量持续增加，博物馆品类日渐丰富，博物馆藏品保管和陈列展示条件显著改善。截至2010年底，全省博物馆总数达142个，其中文化系统博物馆管理的博物馆（纪念馆）131个，行业博物馆8个，民办博物馆3个。全省共有国家二级博物馆4个、三级博物馆9个。全省80多个博物馆、纪念馆被确定为甘肃省爱国主义教育基地、国家安全教育基地或科普教育基地。以省博物馆为龙头、以市州级博物馆为骨干、县区级博物馆为支撑、行业和民办博物馆为补充的具有甘肃特色的丝绸之路博物馆体系初步形成。自2003年起，甘肃省文物局先后制定实施了《甘肃省各级博物馆初步设计方案审核论证暂行办法》《甘肃省各级博物馆陈列展览方案审核论证暂行办法》等博物馆管理制度，使全省博物馆建设逐步走上科学化、规范化轨道。为满足人民群众日益增长的精神文化生活需求，全省各级各类博物馆的工作重心逐渐由文物收藏保管向陈列展示转变，陈列展览内容更加丰富多彩，主题更加鲜明突出，展览形式更加灵活多样，更加注重艺术手法和高科技、新材料的合理应用，陈列展览的科学性、观赏性、趣味性都有了较大提高。敦煌研究院在中国历史博物馆举办的《敦煌艺术大展》（2000年）和甘肃省博物馆新馆建成后的《甘肃彩陶展》《甘肃丝绸之路文明展》《甘肃古生物化石展》三个基本陈列（2006年）先后荣获全国博物馆十大陈列展览精品奖。2006~2008年，秦安、通渭、会宁、高台、肃南、灵台6个县级博物馆完成了全国县级博物馆展示服务提升项目。自2008年起，甘肃省文物系统管理的博物馆纪念馆和各类全国爱国主义教育基地开始陆续向公众免费开放，当年共有39个博物馆纪念馆免费开放，2009年又有19个博物馆纪念馆免费开放。实行免费开放以来，全省博物馆接待观众量是免费开放前的近三倍，产生了较好的社会效益。2002~2004年，甘肃作为全国四个试点省之一，实施了全国馆藏文物调查及数据库建设项目，完成了全省11万余件（套）馆藏珍贵文物调查及图文数据采集，建成了全省馆藏珍贵文物数据库和覆盖全省的两级三层文物信息网络，为全省博物馆藏品管理利用信息化奠定了基础。

文物学术研究与科研成绩斐然。甘肃文物学术研究工作立足实际、突出重点、发挥优势，成绩显著，初步形成了以敦煌学、简牍学、长城学等世界性显学为主导，以史前文化、早期秦文化、丝绸之路文化、黄河文化、伏羲文化、石窟文化、彩陶文化、革命历史文化、民族民俗文化为特色的文物学术研究体系，取得了一批重要的学术研究成果，据不完全统计，仅甘肃省文物局直属文博单位近20年来就公开出版学术著作360余部，其中30余部获得国家及省级学术奖项。1991年，中国文物研究所（现中国文化遗产研究院）、中国社会科学院历史研究所、甘肃省博物馆、甘肃省文物考古研究所在兰州联合举办首届中国简牍国际学术研讨会。1987年和1990年，敦煌研究院两次举办敦煌学国际学术研讨会，以扎实的学术研究成果向世界敦煌学界显示了中国敦煌学研究的成就，在很大程度上破除了"敦煌在中国，敦煌学研究在外国"的偏见。20世纪90年代以前，甘肃文博界已在文物科技保护领域崭露头角，"敦煌莫高窟壁画保护"等7项研究成果荣获全国科学大会奖等国家及省部级奖项，"喷锚粘托"技术、应用PS—C材料加固风化砂岩石雕技术、起甲壁画修复技术等成果在省内外石窟岩体加固、石窟寺及土遗址保护加固、古代壁画保护等领域得到广泛应用，取得显著效果，在文物科研领域逐步形成特色和优势。20世纪90年代以后，以敦煌研究院为龙头的甘肃文物科研力量，在石窟寺和土遗址保护、壁画和塑像修复、馆藏文物修复保护等领域形成了明显优势，取得了突出成绩，在国内乃至国际上居于领先地位，成为甘肃文物事业的亮点之一。据不完全统计，自中华人民共和国成立特别是近20多年来，甘肃文物系统承担国家及省级文物科研课题100余项，其中20余项研究成果荣获国家及省部级奖励，甘肃文物系统专家学者在国内外刊物上发表文物保护科技论文近400篇，出版文物保护科技著作10余部，相继建成了古代壁画保护国家文物局重点科研基地、甘肃省古代壁画和土遗址保护工程技术研究中心、国家古代壁画保护工程技术研究中心等一批国家级及省级文物科研基地。长期以来，甘肃文博界研发的文物科技保护成果在省内外文物保护修复领域得到广泛应用，取得了良好实效。在不可移动文物保护领域，敦煌研究院充分发挥壁画保护、土遗址加固等方面的技术优势，先后组织实施了中央援藏三大重点文物保护工程中布达拉宫、罗布林卡、萨迦寺病害壁画保护修复工程，新疆交河故城土遗址抢险加固工程，宁夏银川西夏王陵实验性加固保护工程等。在馆藏文物保护修复领域，先后组织实施

了省内馆藏青铜器、水陆画、木质文物、画像砖、简牍、书画等珍贵文物的科技保护与修复工作，使一大批珍贵文物得到了有效保护，培养了文物保护修复专业技术力量。进入21世纪后，甘肃充分运用现代信息技术促进文物保护和管理工作，敦煌研究院与国内外科研机构密切合作，利用先进的数字化技术，在石窟壁画、彩塑的数据采集和虚拟展示方面取得了较大突破，石窟壁画塑像数字化存储与展示应用走在全国前列，敦煌莫高窟洞窟实景虚拟漫游、多媒体展示和主题数字电影已经达到实用程度，馆藏珍贵文物数据采集工作全面完成，建成了省级文物数据中心，建成开通了"甘肃文物"网站。

国际交流合作广泛开展。中华人民共和国成立后，作为向世界宣传甘肃、宣传中国的友好使者，越来越多的甘肃文物走出国门。20世纪五六十年代，甘肃文物赴外展览以敦煌文物最具代表性。改革开放以来，甘肃文物外展的内容、领域和地域不断拓展，以敦煌艺术、石窟艺术和丝绸之路文化为代表的具有浓郁地域特色的文物展览备受欢迎。据不完全统计，六十多年来，由甘肃省文博单位独立举办或与外省、外单位合作举办的文物外展近50次，足迹遍及美国、英国、法国、日本等国家及台湾、香港等地区，文物外展的数量、质量和组织水平不断提

高，为弘扬中华优秀传统文化，提升甘肃在国际上的文化影响力起到了积极的推动作用。在甘肃文物走出国门的同时，许多国家和地区的政要、学者及知名人士也纷纷前往陇原大地参观考察文物古迹和文物陈列展览，开展文化交流活动，为甘肃了解世界，世界了解甘肃开辟了新的渠道。改革开放以来，甘肃始终坚持充分吸收国内外文化遗产事业发展的先进经验和优秀成果为我所用，与国外文物科研机构开展了多渠道、多形式的文物保护合作，相继与美、日、澳、英等国文物科研机构建立了友好合作关系。自20世纪80年代末期开始，敦煌研究院、甘肃省博物馆、麦积山石窟艺术研究所、炳灵寺文物保护研究所等文博单位相继与美国盖蒂保护研究所、美国梅隆基金会、美国西北大学、日本东京文化财研究所、日本奈良文化财研究所、日本筑波大学、日本东京艺术大学、日本大阪大学、英国伦敦大学考陶尔德艺术学院等国外知名文物科研机构建立了长期交流合作机制，在壁画制作材料分析、壁画病害研究、壁画修复材料筛选和工艺研究、壁画数字化存储与再现技术、莫高窟区域环境监测、彩塑保护修复等领域开展了广泛深入地合作研究，不仅取得了丰硕的科研成果，也为甘肃培养了一批急需的文物保护科技人才。近年来，甘肃文博界与国际的

学术交流日益频繁，多次举办以敦煌学、简牍学、丝绸之路古遗址保护等为主题的国际学术交流活动，甘肃省与日本秋田县在互派专业人员交流研修和联合考古发掘方面进行了卓有成效的合作。

机构队伍建设不断加强。1986年，省政府恢复省文物管理委员会。从1984年开始，全省重要文博单位陆续建立或提升级别，1984年敦煌文物研究所升格为厅级建制的敦煌研究院，增设了甘肃省文物考古研究所、甘肃省文物古建筑工程队、秦安大地湾文物保管所、榆林窟文物保管所，甘肃省博物馆、麦积山石窟艺术研究所分别升格为副厅级和县级事业单位。1992年成立甘肃省文物局，1996年5月甘肃省人民政府恢复省文物管理委员会，调整了成员单位，统筹规划全省文物事业发展大计，协调解决影响和制约全省文物事业发展的困难与问题。截至2010年底，全省共有8个市和14个县（市、区）陆续成立单独建制的文物行政管理机构，有专门文物管理机构49个，文物考古、文物保护维修等科研机构34个，全省文博系统从业人员3000余人，其中专业技术人员780余人，具有高、中级专业职称的人员410余人，5人享受国务院特殊津贴，13人入选全省领军人才。20世纪90年代以来，甘肃省文物局依托省内外高校和科研院所，不断

加强文博队伍教育培训工作，委托西北师范大学成人教育学院先后举办三届文博专业大专班和博物馆专业本科函授班，甘肃省文物考古研究所与西北师范大学从1995年开始联办简牍学研究生班并设立历史文献学硕士点，敦煌研究院与兰州大学敦煌学研究所从1999年开始合作共建敦煌学博士点，甘肃省博物馆与南开大学和西北民族大学于2002~2004年联办文物与博物馆学研究生进修班。从2006年开始，甘肃省文物局对全省各市县文物（文化）局长、博物馆长、文管所长进行系统培训，1992~2003年，甘肃省文物局分批选派全省文物系统业务干部参加由国家文物局组织的博物馆陈列设计、古陶瓷鉴定、古玉器鉴定、古代书画鉴定、文物安全防范管理、丝绸纺织品保护等专题培训班。2005年，甘肃省文物局制定《甘肃省文博系统教育培训五年规划纲要》（2006—2010年），从2006年开始对全省各市县文物（文化）局长、博物馆长、文管所长分批进行轮训，有效提升了基层文物保护管理队伍整体素质。

千百年来，在不同文明和多元文化的交流融合之中，甘肃因其独特的文化区位而逐渐形成了具有丝绸之路特色、具有国际影响的文物资源宝库。随着"一带一路"倡议的提出和深入实施，地处丝绸之路经济带黄金段的甘肃，正面临着前所未有的发展机遇。全省文物保护利用工作站在新的历史起点上，肩负着保护传承中华优秀传统文化的历史使命，承担着服务国家战略、促进全省经济社会发展的时代重任，同时以高度的文化自信担当着向世界传播文化遗产保护中国声音、展示文化遗产保护中国力量的文化责任。全省文物系统将深入学习贯彻党的十九大精神，以习近平新时代中国特色社会主义思想为指引，在省委、省政府的领导下，为加强全省文物保护利用和文化遗产保护传承不断做出新的贡献。

第一章　古人类化石与旧石器时代遗存

GAN SU SHENG ZHI WEN WU ZHI

　　旧石器时代属于考古学上石器时代的早期阶段，共历时二三百万年，从距今约300万年前开始，延续到距今1万年左右止，是以使用打制石器为标志的人类物质文化发展阶段。地质时代属于上新世晚期更新世。

　　甘肃省位于蒙新高原、青藏高原和黄土高原的交汇区，是人类南来北往、西去东迁的交通孔道。1976年在泾川牛角沟发现的一20岁左右的女性青年个体头盖骨化石，被称为"泾川人"，在人类进化系统上处于晚期智人的地位，距今约4万～3万年，属于第四纪晚更新世晚期。1984和1987年在武山县鸳鸯镇西南大林山下的大沟中分别发现一男性青年个体和35岁左右的壮年女性个体的头盖骨化石，绝对年代分别为距今38400±500年、38000±500年，属于晚期智人，被称为"武山人"。2003年又在陇西火焰山遗址中发现了一件人头盖骨化石，石化程度比较深，尚未进行研究。以上是甘肃目前发现的几例古人类化石，表明至少距今4万年左右，甘肃就有了人类的活动。其中在"武山人"发现地点还发现了一些打制的旧石器标本，包括石片、石核、石球、尖状器等，表明他们已经制作并使用简单的石器。

　　根据第三次全国文物普查显示，甘肃目前已发现的旧石器时代遗址或地点30多处。主要分布在甘肃中东部地区的黄土地带；河西地区发现的地点较少，主要在河西走廊西部的瓜州和肃北。其中瓜州的桥湾遗址伴出有陶片，应该晚至新石器时代。1920年6月，法国神甫桑志华在华池辛家沟发现旧石器时代中期遗存，成为中国最早发现的旧石器地点。20世纪60年代以后，甘肃文物工作者和地质工作者陆续在甘肃中东部地区发现了一些旧石器时代地点和遗址，主要有：庆阳巨家塬（1963年发现），镇原姜家湾、

31

寺沟口遗址（1965 年发现）、黑土梁遗址（1977 年发现）、上刘沟口遗址（1987 年发现），环县刘家岔（1978 年发现），楼房子遗址（1963 年发现），泾川大岭上遗址（1976 年发现），庄浪双堡子沟（1982 年发现）、庄浪长尾沟门（1985 年发现）、赵家滑沟（1988 年发现）、徐家城（2009 年发现），秦安大地湾地点（1986 年发现），肃北霍勒扎德盖地点（1989 年发现），陇西火焰山遗址（2003 年发现）等。1989 年肃北霍勒扎德盖石器地点的发现，填补了河西走廊旧石器时代文化的空白，为开展中国西部内陆干旱地区的旧石器考古，展示了广阔前景。根据对石器的研究显示，甘肃的旧石器从早期、中期到晚期和新旧石器过渡时期都有，基本可以建立起甘肃旧石器时代的年代序列。其中泾川大岭上遗址为最早，属于旧石器早期遗存，其下层地点发现的石器类型有砍砸器、刮削器、大尖状器均可与陕西蓝田人遗址发现的石器对比，尤其是大尖状器，为蓝田文化的主要特色。这种石器类型在中国北方许多旧石器地点都有发现，表明大尖状器系列是华北及其邻区旧石器早期文化的一个重要特征。陇西火焰山遗址发现的石器根据通常的分类计有尖状器、刮削器、手斧、盘状器、雕刻器、石叶等，明显较其他遗址的石器种类丰富且出现手斧、雕刻器等，显示其技术的进步，属于新旧石器过渡的遗存。

上刘沟口遗址与石制品共生的脊椎动物化石有披毛犀、蒙古野马、牛、鹿等。巨家塬一带动植物比较繁盛，在低洼地带，有比较丰富的水域，由于有喜暖的纳玛象存在，说明气候较为温暖湿润。环县楼房子文化遗物中骨器有 4 件，其中 1 件比较完整，形如铲状，前部扁尖，作刮削或挖掘用；各种类型的石制品约有 150 件，包括刮削器、砍砸器、尖状器、石球、石核、石片等。其中刮削器种类比较多，可分为直刃刮削器、双刃刮削器、复刃刮削器、圆头刮削器、圆盘形刮削器等。刘家岔遗址出土的文化遗物中，除有加工痕迹的鹿角外，主要是石制品。经过整理共得 1022 件标本，其中经二次加工的石器有 487 件。石制品中数量最多的是石核，有 402 件，石片 120 件、刮削器 417 件、尖状器 37 件、雕刻器 4 件、砍斫器 4 件、石球 21 件、有敲砸痕迹的砾石 4 件。还发现 1 件角器，由鹿角制成。庄浪徐家城发掘出土石制品 5500 余件、动物化石近 600 件和磨制骨器 1 件。该遗址的发掘为甘肃省提供了一个系统发掘的旧石器遗址案例，其深入研究将有助于建立甘肃中部旧石器文化序列。通过与陇东及周边地区的旧石器材料进行对比，有助于探讨其与邻近区域旧石器文化之间的关系及古人类的迁徙模式。多数旧石器遗存伴出哺乳动物化石，据此可以研究所处的自然环境，有些遗址上部还有常山下层、庙底沟等新石器遗存，显示了这些地点从旧石器到新石器时期的持续发展。

第一节　古人类化石

泾川牛角沟·合志沟遗址

牛角沟遗址位于泾河北岸，泾明乡白家村东庄东沟前段牛角沟，东临白家赵塬坪，西距东庄200米，南临北山路，隔泾河与吊堡子村相望，北靠白家塬，上塬与荔堡镇相接。东西70米，南北100米，遗址分布面积7000平方米。牛角沟为泾河左岸的一条冲沟，离河床约400米，与较大的东沟汇合后向南汇入泾河。石器地点正好处在两沟汇合的三角地带。1976年在牛角沟高约40米的坡面台地内曾经出土一不完整的头盖骨化石，出土时已经裂开多块，包括右额骨鳞部一小片、右顶骨的大部、较完整的右颞骨、枕骨的大部和左顶骨的一小部。标本呈淡褐色，有一定程度的石化。颅外骨缝包括矢状缝、人字缝和顶颞缝等。前二者的缝纹比较复杂。顶孔有两个。顶孔间区不凹陷。矢状缝在顶骨间区段已经愈合。由于此段骨缝一般是在20~30岁愈合的，因此确定该头骨属于一青年个体。颞骨鳞部上缘呈弧形，与现代人的无差别。颧弓仅保留根部。由颧弓根部、颞乳突部都比较纤细，头盖骨表面比较光滑，肌脊附着处不明显，枕部较圆钝，颅容量似乎较小等特征来看，有可能属于女性个体。两星点

和人字点在头盖骨上完整保存，可测出两星点间距为10.7厘米，星点至人字点间距为9.1厘米。这两个数值不大，在女性中比较多见。在乳突上方，头颅的侧壁平坦而陡立，这一特征与山顶洞人102号头骨有某些相似。根据以上主要特征，1984年2月经中国科学院古脊椎动物与古人类研究所认真研究论证，泾川人头盖骨代表一个20岁左右的女性青年个体；在人类进化系统上处于晚期智人的地位，所显示的人种方面的特征与蒙古人种相符，被命名为"泾川的晚期智人化石"。

合志沟在泾川县城南约5公里，是泾河右岸的一条冲沟，遗址也位于冲沟的上段，在合志沟采集到一些石制品和哺乳动物化石。两个地点的地质年代均属第四纪晚更新世。发现的哺乳动物化

泾川牛角沟遗址

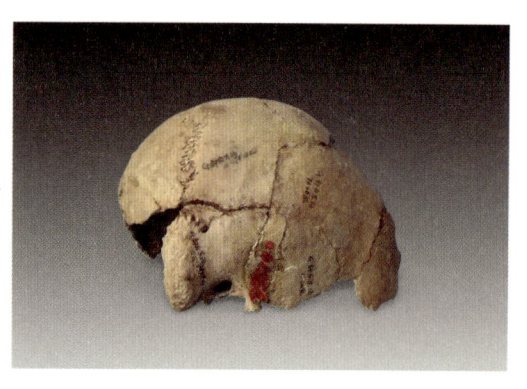
泾川人头盖骨化石

石有真马、鹿、披毛犀、牛科（属种未定）、中华鼢鼠等。其中灭绝种只有1种，其余都是现生种。它们的性质与北方晚更新世萨拉乌苏动物群一致。两遗址采集到石制品共88件。其中石核12件、石片39件以及石器37件。原料以石英岩为主，脉石英等为次。它们均产自当地的河流砾石层。石核均为锤击法打击。以牛角沟的石核为好，虽然看不到修理台面的痕迹，但保留的片疤，有不少长而形状规整，打片技术已达到一定的水平。在39件石片标本中，锤击石片有25件，两极石片有14件。有的以砾石面为台面，有的以片疤为台面，看不到修理台面的痕迹。合志沟遗址发现的几件石片形状窄长而薄，它们代表比较进步的打片技术。用砸击法产生的两极石片一般以脉石英为原料，石片两端有剥落碎屑痕迹。

两遗址出土的石器分为砍砸器、刮削器、尖状器和石球等类型。它们多半用石片加工而成，这部分石器的尺寸比较小，也有用砾石加工而成的，尺寸较大。各类石器均采用石锤直接打击的技术进行加工。在各类石器中，刮削器的数量和式样最多。加工一般比较粗糙。尖状器数量少，加工比较细致。刮削器和尖状器中有一些的刃缘很厚，用陡直打击技术加工而成。石球是一种用锤击法打成的多面体，与蓝田、匼河、丁村的石球接近，与许家窑出土的经过"对敲"工序而形成的正球体石球不同。泾川县发现的这几处旧石器遗址都与内蒙古的萨拉乌苏遗址时代（年代为距今50000~37000年）相近，泾川旧石器时代遗址距今约为4万~3万年，属于第四纪晚更新世晚期。

1993年牛角沟遗址被甘肃省人民政府公布为省级文物保护单位，树立有文物保护标志碑，由泾川县博物馆负责日常保护，并保存有记录档案。

武山人化石

1984年由当时的核工业部133地质队在武山县鸳鸯镇西南大林山下的大沟中发现出土。化石保存有较完整的头盖骨，包括基本完整的额骨、顶骨及一小部分颞骨。出土人类化石的地层为晚更新世的杂色黏土。由于化石发现地在武山县境内故命名为"武山人"，标本由甘肃省博物馆征集并收藏。经研究，武山人颅骨属

武山人化石狼叫凸遗址

于一男性青年个体。经与欧洲人种、大洋洲人种、尼罗格人种和国内广西柳江人、广东马坝人、山顶洞人等对比，它更接近中国的智人化石，是旧石器时代晚期居民的代表之一。1986年，经兰州大学地理系碳十四实验室测定，绝对年代为距今38400±500年，相当于第四纪晚更新世的中期。经进一步横向对比，在颅骨上获得的几组数据，反映武山人与柳江人、马坝人较接近，与山顶洞人较疏远。这也许表明武山人比山顶洞人略为原始，碳十四年代测定的结果也与此相符（山顶洞人年代距今约1.8万年）。结论是武山人化石是目前甘肃境内发现的年代较早的古人类遗骸，代表着比山顶洞人原始的早期蒙古人种类型。1987年4月，第二次

全国文物普查时，在距发现武山人化石约1.2米处一称为狼叫凸的黄土冲沟中又发现一件古人类头骨化石，经鉴定是一中年女性的头骨，也归属于智人阶段。颅骨最宽14.7厘米、长16.8厘米、高16.9厘米、下颌骨高6.6厘米、宽11.5厘米、长10.9厘米、重685克，为一35岁左右的壮年女性个体。经碳十四测定距今38000±500年。现藏武山县博物馆。同时发现的还有人的肋骨以及旧石器标本，包括石球、尖状器等，文化特征与环县刘家岔、泾川合志沟、牛角沟等遗址十分接近，时代为旧石器时代晚期。

1988年11月该遗址被武山县人民政府公布为县级文物保护单位，树立有文物保护标志碑，由武山县文物局和武山县博物馆负责遗址的管护工作，保存有记录档案。

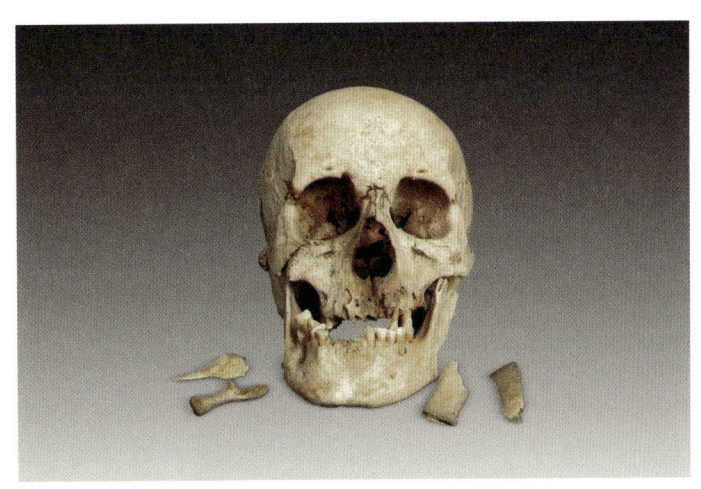
武山人头盖骨化石

第二节　旧石器时代遗存

大岭上遗址

　　位于泾川县太平乡梅家山村，距县城约8公里，海拔1386米。地质时代属于中更新世。1976年由平凉博物馆刘玉林等发现。遗址南北长约300米，东西宽200米，分布面积约60000平方米。遗址内地层明显，沟沿清晰可见，岩石层厚1米、砾石层厚1米、红土层厚2米、黄土层厚3米，从下至上依次暴露。在距地表深3米的黄土层发现有刮削器等石器。石器产于灰褐黄色粉砂质亚黏土夹古土壤条带中。出土旧石器的地点有两处，垂直距离30余米。上层地点出土石器10件，下层地点出土石器、石制品19件。上层地点加工较好、易鉴定的有5件，其中砍斫器1件、小尖状器2件、刮削器2件。加工最好的是尖状器，制作工艺已经相当复杂，经过多次加工（单向、双向、多向打击）而成。从器形和加工手段看，

与中国华北的北京中国猿人遗址文化接近，揭示其在文化系统上有相互承袭的关系。三种石器的共同特点是比下层出土的要小，加工也比下层地点的精细。反映上层地点的石器工具较之下层要进步一些，地层的叠加关系也证实这一看法。下层地点的19件石器中加工比较好的只有7件，包括大尖状器1件、砍斫器3件、刮削器3件。余者为粗制的石片和石核（母石）。大尖状器很有特点，器形大，长（或高）14厘米、宽11.8厘米；制作工艺是依器形而采用双向加工，即一侧的边缘修整后，将石器翻转，再沿另一边修整，由下向上渐成尖状，用时尖端向下。砍斫器也比较大，长为13.5厘米，形状近于圆形，第二步加工痕迹清楚。刮削器较小，侧刃部非常锋利，其作用是配合大尖状器、砍斫器工作，因此器形小于后者。下层地点的石器类型除未发现石球外，砍斫器、刮削器、大尖状器均可与陕西蓝田人遗址发现的石器对比，尤其是大尖状器，为蓝田文化的主要特色。这种石器类型在中国北方许多旧石器地点都有发现，表明大尖状器系列是华北及其邻区旧石器早期文化的一个重要特征。大岭上的大尖状器形式比蓝田的要简单，

大岭上遗址

蓝田的形式又比较特殊，与山西丁村和匼河所发现的大三棱尖状器还不完全相同。尽管三者之间在器形上相互有些差别，但石制品本身在技术上差别不大，可以放在同一文化系统内。因此，大岭上遗址属于旧石器时代早期文化遗存，是目前甘肃唯一的一处旧石器时代早期地点。

姜家湾、寺沟口遗址

姜家湾地点位于西峰镇西约 18 公里的巴家咀水库西岸，遗址处在姜家湾的东坡头（东经 107° 29′，北纬 36° 43′），属镇原县太平乡南塬村。根据群众的报告，庆阳北石窟寺文物保管所于 1965 年在这里采得旧石器数 10 件，并有人工痕迹的鹿角和几件零星的动物化石。东西长约 200 米，南北长约 200 米，面积约 4 万平方米。寺沟口地点位于蒲河与茹河交汇处的沟沟村北龙牙坬（东经 107° 32′，北纬 35° 38′），东北至西峰镇约 20 公里，与姜家湾遗址相距仅 10 公里，也属镇原县太平乡，为柳咀村所辖。两个地点相距 10 余公里，地层剖面相似，时代相当，同属于旧石器时代中期。两个地点都没有经过正式发掘，1974 年中国科学院古脊椎动物与古人类研究所和甘肃省博物馆才组成考古调查组进行调查。1965 年以来先后采集到石制品 39 件，包括石核 10 件，石片 4 件，刮削器 17 件，砍伐器 3 件，石球 1 件，有敲砸痕迹石块 4 件。根据群

姜家湾遗址

寺沟口遗址

众提供的出土化石线索，1974 年，甘肃省博物馆等部门在出产化石的地层中，发现了几件人工打制的旧石器。两个地点发现的化石大多是残破的骨片，经谢骏义等鉴定有披毛犀、似蒙古野马、真马、扁角鹿、鹿亚科、牛亚科等。由于材料零碎，不能代表当时动物群的真实面貌。已发现的动物化石都是华北萨拉乌苏动物群成员，但某些成员的性质与山西丁村动物群更为接近。这两个地点发现的石制品共 48 件。原料以石英岩和硅质岩为主，其他有脉石英、燧石、灰岩、火成岩等。在姜家湾遗址中与哺乳动物化石和旧石器同时发现的还有一件人工痕迹的鹿角，长 12.8 厘米、底端直径 3.2~2.5 厘米，尖

端有人工打击成尖的痕迹，可能作为挖掘工具使用过。从旧石器标本的特征上看，要比华北旧石器时代晚期的文化原始些，因此发现者认为应为旧石器时代中期。

赵家岔、辛家沟地点

分别位于庆阳县城北35公里处的赵家岔和55公里处的辛家沟。中国最早发现的旧石器地点。1920年6月由法国神甫桑志华于黄土层和黄土底部砾石层中发现了3件旧石器标本。依照目前的分类，一件为多面体石核，另两件是刮削器。这是中国第一批有正式记录的旧石器，时代为旧石器中期。首次发现的旧石器材料虽然仅有3件标本，但在当时意义非常重大，打破了自1882年以来德国地质学家李希霍芬提出来的中国北方不可能有旧石器的看法。此后，各种文献资料将此发现笼统称为"庆阳旧石器"。为了搞清旧石器的确切产地，1974年6月，中国科学院院士贾兰坡亲自来甘肃陇东

赵家岔洞洞沟遗址

实地考察。考察后确认最早在中国大地上发现旧石器的地点，是在距庆阳县城北约25公里的赵家岔，现属华池县上里原乡银坪村。此后，天津自然博物馆的黄维龙查阅了桑志华留在中国的史料《十年行程录》中的有关记述认为，该地点是在华池县的郭嘴子村辛家沟。另一个争议是关于赵家岔地点的文化年代问题。由于发现的年代比较久远，材料又零星，因此各家根据对文献的理解，有的将其归入旧石器时代中期，有人又把它归为旧石器时代晚期，目前比较权威的记录是在1986年编辑出版的《中国大百科全书·考古学》卷中，仍将该遗址归入旧石器时代中期。遗憾的是，所有提到该地点的文献均是在与各地地点对比过程中提及，并未描述其来源。甘肃省博物馆张行实地考察后结合文献记载认为，根据桑志华的野外记录，赵家岔和辛家沟两个地点并不在一个层位上，后者发现地距黄土层顶仅为7.3米，不排除辛家沟地点偏晚的可能性。关于中国最早发现的旧石器地点在地理位置和文化年代归属问题上还有一些疑点，有待进一步工作后释疑。

黑土梁遗址

位于镇原县平泉镇八山行政村南500米北徐自然村庙岭。地质时代为晚更新世，文化年代为旧石器时代晚期。东至宋沟，南依北徐庙咀，西通前山，北接

黑土梁遗址

洪沟。遗址地处沟底，林木茂盛，土呈黑色，堆积6米厚，面积约5万平方米。1977年，庆阳地区科委在镇原县进行土壤普查工作时采集到马类牙齿和犀牛骨骼化石。根据这一线索，1978年8月，甘肃省博物馆与庆阳地区博物馆组成的考察组再次前往该地考察，并进行试掘，在发现脊椎动物化石的黑土层中，又发现打制相当好的石球1枚和其他石制工具10件。出土哺乳动物化石和旧石器的地层为暗灰蓝色黏土，厚6~7米。采集到的化石有普氏野马、披毛犀、牛、鹿、獾等。从化石名单看，除了披毛犀外，其余全是现生的种类。由于黑土梁遗址没有正式发掘，初步认为该动物群接近中国华北晚更新世的萨拉乌苏动物群。该遗址发现人工打制的石制材料共11件，除1件石球系钙质结核制成的外，其余10件全由石英岩制成。其中石核有5件，可分为多面石核和柱状石核两类；石片有2件，均由锤击法产生，一件由灰白色石英岩

制成的石片边刃比较锋利，有人工使用过的痕迹；凹刃刮削器1件，刃口上有经过多次修理和使用的痕迹；盘状刮削器2件；石球1件，加工较好，通体被打琢得很圆，直径8.8厘米，重878克，它的大小和豫西三门峡及山西匼河、丁村等地出土的石球大致相同，但加工更为精细。黑土梁遗址发现的11件石制品中，具第二步加工的石器仅有4件，材料不是很丰富，加之没有系统工作，对其文化性质的认识有待于进一步的发掘和研究。

上刘沟口遗址

上刘沟口遗址位于镇原县平泉镇南徐行政村上山自然村西北500米处泾河北岸的支流浅洞河北岸阶地上。东至上山，南与沈山相望，西依上刘，北靠湾湾。东西长约500米，南北宽约400米，面积约20万平方米，重点区在浅洞小溪畔沟坡路的东、西。地质年代应为晚更新世的中晚期。1987年第二次全国文物普查时发现，庆阳地区博物馆对遗址进行了初步发掘。在第四纪灰黄色的河床淤积层中，采集到人工打制的尖状器1件、石片1件，与石制品共生的哺乳动物化石有鹿、马、牛、羊等，计有10余件标本。1987年，庆阳地区博物馆再次前往调查，该点上部为黄土，下为黏土，灰绿色沉积物；砾石、化石和石器均埋在沉积物及砾石上部；采集到的标本有脊

上刘沟口遗址

巨家塬遗址

椎动物化石披毛犀、蒙古野马、牛、鹿等。石制品人工痕迹明显，系用锤击法打制。原料为硬度比较大的燧石和石灰岩岩石，它们采自距遗址不远的河床中。根据出土旧石器的地层情况、石器标本的特征以及共生的哺乳动物化石分析，遗址的年代应该属于旧石器的时代晚期。对比甘肃其他旧石器地点，该遗址距今约3万年。

2003年上刘沟口遗址被庆阳市人民政府公布为市级文物保护单位，树立有市级文物保护单位标志碑，由镇远县博物馆负责日常管护工作，并保存有四有档案。

巨家塬遗址

位于西峰区东北17.5公里温泉乡巨家塬行政村东庄自然村东部。遗址东、南、北三面临沟，西面靠塬；地势北高南低，东至盖家川河西岸，南至李家川沟底，西至东庄磨子山沟底，北至红崖沟沟底，分布面积约6万平方米。当地群众称此地为"龙骨沟"。遗址地层从上到下依次为马

兰黄土、浅灰黄土亚砂土、绿色淤泥层、黄褐色粉沙土、灰绿色淤泥层、灰黄色细砂土、浅红色黏土，采集的石器和化石均埋藏于灰绿色淤泥层中。1963年该遗址发现，属于黄土高原中最大的董志塬河谷盆地地区。当年经中国科学院地质研究所丁梦麟等发掘，在中灰绿色淤泥层中发现了古生物化石和具有人工打击痕迹的石核及石片，并有不少类似骨器形状的骨片。1974年10月，中国科学院古脊椎动物与古人类研究所教授贾兰坡和省、市有关部门的负责人对遗址进行了再次发掘考察，采集了一些旧石器标本。动物化石有纳玛古象、披毛犀、马（未定种）、普氏野马、野驴、赤鹿、河套扁角鹿、普氏羚羊、转角羊、原始牛等。从巨家塬所发现的化石来看，与内蒙古鄂尔多斯的萨拉乌苏动物群的主要种属大致相同，与河南新蔡及河北迁安的动物群也基本相当，地质时代为更新世晚期。那时巨家塬一带

动植物还比较繁盛，在低洼地带，有比较丰富的水域，由于有喜暖的纳玛象存在，说明气候较为温暖湿润。该遗址出土旧石器标本 15 件。其中石核 2 件，比较好的一件是由石英岩打制成的多面体石核；石片 4 件，打击点清楚而集中，长大于宽，既有单刃的，又有双刃的，石片角较小；砍斫器 1 件；刮削器 6 件，为小型的刮削器，加工比较简单，但类型变化较大；尖状器 1 件，器身较小，由黑色石英岩制成，加工的痕迹偏重于器身的一侧，即把石片的一端修琢成尖，而将另一端的一侧截去，成雕刻器的形式，又可称为雕刻—尖状器；石锤 1 件。从出土的石器标本分析，它们与内蒙古萨拉乌苏旧石器文化比较接近，文化年代应为旧石器时代晚期。巨家塬遗址地层剖面清楚，化石和石器标本丰富，是陇东地区发现的一个最完整的地层剖面，也是地质地理和考古界划分地层的一个标准地点，它对研究中国旧石器时代有重要的科学价值。

1981 年 9 月巨家塬遗址被甘肃省人民政府公布为第四批省级文物保护单位，遗址树立有省级文物保护单位标志碑，由庆阳市文化局负责日常管护工作，并保存有完整的四有档案。

楼房子遗址

位于环县曲子镇西约 18 公里。北靠柏林沟，南为县乡公路，西接小王山，东接刘家峁。遗址在柏林沟内约 1 千米处东侧沟边水壕内，面积约 90 平方米。西北大学地质学系黄土科研组王永焱等于 1963 年在甘肃陇东地区进行野外考察时，曾在柏林沟二级阶地上的灰绿色淤泥砾石层中采集到大批哺乳动物化石和文化遗物，并系统采集了孢粉分析样品。地质年代为第四纪晚更新世。发现的哺乳动物化石主要有：最后鬣狗、虎、披毛犀、野马、野驴、猪、加拿大马鹿、北京斑鹿、河套大角鹿、普氏羚羊、恰克图转角羚羊、盘羊、原始牛等；分属 17 个属种，共采集了 2000 余件哺乳动物化石。它们都是中国北方第四纪晚更新世"萨拉乌苏动物群"中常见的类型。楼房子化石层的孢子花粉分析结果为草本及小灌木的花粉占 73%~90%；乔木植物花粉占 4.3%~18.3%。表明当时该地区的植被是以草本为主，气候比较寒冷，但是还是有一定数量的森林存在，因此生存的动物种类较多。文化遗物中骨器有 4 件，其中 1 件比较完整，形如铲状，前部扁尖，作刮削或挖掘用；各种类型的石制品约有 150 件，包括刮削器、砍砸器、尖状器、石球、石核、石片等。其中刮削器种类比较多，可分为直刃刮削器、双刃刮削器、复刃刮削器、圆头刮削器、圆盘形刮削器等，主要用于切割动物的皮肉和刮削树枝制成棍棒等。楼房子遗址中的一些动物骨骼，

楼房子遗址

刘家岔遗址

如头骨、肢骨或角枝化石上，可见被烧烤后发黑、焦黄的颜色。最突出的标本是一件披毛犀头颅，约有二分之一部分没有保存，剩余的部分骨骼焦黑、焦黄，为烧烤的痕迹。推测当时人类已经知道熟食肉类。该遗址出土的骨器、石器的器形和打制方式与宁夏水洞沟、山西许家窑旧石器遗址相类似，属于同一文化类型，时代为旧石器时代晚期，距今约4万年。旧石器遗址周围及清林沟从沟口到马阴山西侧均为新石器遗址及周汉、宋代遗址，西侧小队山峁上为汉墓群，出土过玉璧等多种玉器，滩地中有汉绳纹瓦、宋瓷等残片。该遗址东西长约1000米，南北宽约800米，面积约80万平方米。

1981年9月楼房子遗址被甘肃省人民政府公布为第四批省级文物保护单位。由环县博物馆负责日常的管护工作。遗址树立有省级文物保护单位的保护标志碑，环县博物馆保存有完整的四有档案。

刘家岔遗址

位于环县虎洞乡半箇城村龚家塬社的刘家岔龙骨拐沟内，东距县城35公里。南北长约40米，东西约70米，面积约2800平方米。东南距法国人桑志华1920年发现旧石器的赵家岔地点约70公里。1978年6月~7月，甘肃省博物馆、庆阳地区博物馆、环县文化馆等部门对遗址进行了发掘工作，开挖面积约150平方米，获得一批脊椎动物化石和旧石器标本。脊椎动物化石有：鸵鸟、鼢鼠、虎、披毛犀、普氏野马、野驴、河套大角鹿、赤鹿、普氏羚羊、扭角羊、原始牛、猪等，其中灭绝动物有披毛犀、河套大角鹿、原始牛3种，其余均为现生种类。刘家岔动物群与中国内蒙古鄂尔多斯的萨拉乌苏动物群最为接近，地质年代为晚更新世。化石动物群中以披毛犀的数量最多，其次是河套大角鹿，它们都有相当数量的幼年个体出现，可能是当时古人类狩猎的对象。从动物化石分析，当时该地区为一种稀树草原景观，气候较现在湿冷。刘家岔遗址出土的文化遗物中，除有加工痕迹的鹿角外，主要是石制品。经过整理共得1022件标本，其中经二次加工的石器有487件。石制品中数量最多的是石核，有402件；还有石片120件、刮削器417件、尖状器37件、雕刻器4件、砍砸器4件、石球21件、有敲砸痕迹的砾石4件。还发现1件角器，是由鹿角制成，角柄和主枝远端被截断，主眉枝远端表面光滑，估计是古人用以挖掘使用的。这件骨器无论是从外形还是其使用价值来看，都与新石器时代的原始农具"鹿角鹤嘴锄"十分接近，应该属于这类农具的原始类型。刘家岔遗址的文化年代属于旧石器时代晚期较早的一个阶段。

1981年9月刘家岔遗址被甘肃省人民政府公布为第四批省级文物保护单位，由环县博物馆负责日常的管护工作。遗址树立有省级文物保护单位的保护标志碑，环县博物馆保存有完整的四有档案。

南峪沟、桃山嘴遗址

南峪沟遗址位于泾川县飞云乡南峪村下庄社南峪沟内，东接二郎沟，南上塬是窑店镇太平村三连咀，西上坪是下庄村，北上坪是南峪村村部。遗址地处沟底地段，南北长约500米，东西宽约200米，分布面积约10万平方米。距地表深6米的山沟断面地层明显，上为黄土层；下为灰绿色土层和料姜石层，厚2米；底部为红色土层，厚1米。桃山嘴遗址位于飞云镇黑河支沟马家河渠的上段，石器与化石出土于飞云村坷珑社的桃山嘴头，与龟山相对峙，北距飞云镇仅2公里。1976年6月发现。1980年10月，平凉地区博物馆与甘肃省博物馆再次作了复查，采集到一批旧石器标本和伴生的脊椎动物化石，确定这两处遗址同属旧石器时代晚期。南峪沟遗址出土旧石器标本18件，其中石核4件、锤击石片2件、刮削器11件、石球1件。刮削器中以凸刃和凹刃为主。石球是两遗址中的唯一的1件，由灰白色石英岩砾石制成，上面有清楚的人工打制痕迹，疤痕短浅，无一定方向，整个轮廓呈球形，直径10.3厘米，重1390克，较华北地区旧石器时代遗址中常见的石球要大一些。桃山嘴遗址出土旧石器标本43件，

南峪沟遗址

其中石核 3 件、石片 6 件、刮削器 29 件、尖状器 5 件。刮削器以复刃、凹刃、凸刃为主。尖状器由厚石块制成，器形较厚，但加工比较精细。尤其是歪尖尖状器和小厚尖尖状器特征明显，类似环县刘家岔遗址的尖状器。两遗址石器标本的共同特点是：原料基本上都是石英岩砾石；打制方法主要是锤击法，偶尔也采用砸击法；石器除用石片制作外，用石块制作的占有一定比例，一般由劈裂面向背面加工；石器大小不等，一般较厚，类型以刮削器为主，约占全部石器的 87%，此外还有尖状器和石球等。两遗址出土的古脊椎动物化石如下：南峪沟仅有 2 种，鸵鸟和鼢鼠；桃山嘴发现 5 种，分别是鼢鼠、真马、犀牛、赤鹿和牛。化石中除赤鹿鉴定到种外，其他只能鉴定到属，有的仅能到科。这些动物种类都属于现生种，但化石的石化程度比较深，结合地层堆积情况，这些化石的时代应该属于第四纪晚更新世。从动物化石分析，当时泾川一带已经属于寒温带，生态环境为稀树草原景观。

双堡子沟遗址

双堡子沟遗址位于庄浪县南湖镇双堡村南双堡子沟内。双堡子沟是庄浪河左岸的一条小支沟，沟内常发育有高、低二级阶梯，沟长约 15 公里，发源于六盘山（陇山）西麓，自东而西贯通柳梁乡全境，在南湖镇南 3 公里处注入庄浪河，属黄土高原沟壑地貌。遗址以双堡子沟内小桥为中心，东到村东北的大塬地，西至双堡子沟与庄浪河交汇处。遗址东西长 1000 米，南北宽 30 米，分布面积 3 万平方米。1982 年，平凉地区博物馆馆长刘玉林首先调查发现 I 号地点，I 号地点位于双堡子沟内；同年，甘肃省文物考古研究所谢骏义和平凉地区博物馆刘玉林再次前往考察，在双堡子桥以下 0.5 公里的搭连崖下发现了 II 号地点。1986 年和 1988 年，甘肃省文物考古研究所谢骏义和庄浪县文化馆丁广学等又先后两次考察了上述两个地点，采集到一批石制品和最晚鬣狗、蒙古野驴、普氏野马、牛角、羚羊角等化石。2005 年，美国加州大学、兰州大学、甘肃省文物考古研究所和甘肃大地湾文物保护研究所组成联合考古队对双堡子沟遗址进行了拉网式考察，确认含石器的地层

双堡子沟遗址

为更新世晚期。在含石器的层位采集的土样，经兰州大学地理系碳十四实验室测定，距今25250±290年。两个地点同为旧石器时代晚期。考古队在两地点的河沟堆积沙砾及马兰黄土中采获人和动物化石以及石制品10多件。刮削器最多，有一高背刮削器加工较为典型，由白色石英岩制成，长30.9毫米，宽21.0毫米，高16.2毫米，腹面平坦，背面隆凸，周边有腹面向背面通体加工成陡刃，刃口角50~80度，类似高背盘状刮削器与庆阳环县刘家岔旧石器时代遗址发现的同类石器相似，只是这件标本背部更高，刃角更大。在双堡子沟Ⅰ号和Ⅱ号地点之间，河沟里常可见到脱了层的石制品，人工痕迹清楚；在沟上游采集到一块脱层人头骨，尚未定论。看来，在旧石器时代晚期，人类在这里的活动已很频繁。遗址东北大塬地一带分布有常山下层文化遗址，采集有泥质和砂质陶片。双堡村中有清代堡子两座，故该地名称"双堡子"，堡子平面呈三角形和不规则方形。双堡子沟遗址为旧石器时代。

1993年3月由甘肃省人民政府公布为第五批省级文物保护单位，树立有文物保护标志碑，由庄浪县博物馆负责日常管护工作，并保存有记录档案。

长尾沟门遗址

长尾沟门遗址位于庄浪县朱店镇中

长尾沟门遗址

街村西北1公里水洛河西岸长尾沟门一带。北到大庄乡东南部，南到长尾沟口，东至小塬山，西到面山。遗址东西宽100米，南北长1000米，分布面积10万平方米。1985年，庄浪县博物馆丁广学在文物普查时注意到这一带有石器材料。1986年甘肃省文物考古研究所谢骏义与庄浪县博物馆丁广学作了调查，确认这些石制品主要来自长尾沟口的小塬上附近；1988年省、县文物工作者再次调查，发现长尾沟地点实际上包括了该沟口的左右两侧，右侧叫面山根（长尾沟Ⅰ号地点），左侧叫小塬上（长尾沟Ⅱ号地点）。2005年，兰州大学和美国加州大学联合考古队在遗址西面距地表深20米的断面上发现1件石英岩打制细石器。小塬上剖面保存最完整，出露最好，有厚约15米的黄土层，在下层杂色砂土砾石层中发现旧石器、小蜗牛等，并在该剖面下方发现脱了层的人类头骨化石，鉴定为晚期智人。

在距地表 5 米的黄土层及其下部的沙砾层中，采集有羊角、羚羊角、牛角、象肢骨化石及白色石英凹刃刮削器等。遗址土样经兰州大学地理系碳十四实验室测定，距今 27100±600 年，属旧石器时代晚期。长尾沟两地点发现的石制材料有 20 余件，其中以白色石英岩制成的凹刃刮削器加工最好。该石器由石块制成，被加工的刃口主要集中在石块较薄的一个侧边，刃缘由一段凹刃和另一段相衔接的直刃组成，又可称为直刃刮削器。类似石器在庆阳环县刘家岔旧石器时代遗址也发现过。遗址上部有新石器时代文化层，厚 0.8~1.8 米，采集仰韶文化庙底沟类型泥质和夹砂红陶片，纹饰主要为细绳纹，彩陶纹样多见勾连纹、花瓣纹等，可见器形有曲腹钵、重唇口尖底瓶。为旧石器时代晚期遗址。

2003 年 7 月长尾沟门遗址被甘肃省人民政府公布为第六批省级文物保护单位，树立有文物保护标志碑，由庄浪县博物馆负责日常管护工作，并保存有记录档案。

赵家滑沟沟口地点

位于庄浪县柳梁乡双堡子沟与赵家滑沟交汇处的沟口。西距双堡子 I 号旧石器地点约 2 公里。该地点系 1988 年甘肃省博物馆等部门在考古调查时发现。出土的石制品共有 10 件，包括石核 1 件，原料为淡灰色石英岩，在石核的正背面都有剥片后残留的疤痕，发现者认为是一件

多台面石核。石片共 2 件，1 件由黑色石英砂岩制成，另一件由白色脉石英制成，器形较小，呈倒扇面形，从石片上观察，可能是用锐棱砸击法产生的，远端锐薄，有使用过的痕迹。堪称工具的石器共 7 件，全部为刮削器，依据刃口可分为单刃、双刃、聚刃和多刃等。其中单刃的有 2 件，由白色脉石英制成，器身大小不一。双刃 1 件，由白色石英岩制成，体形为不等腰梯形，长度为 5.3 厘米，器物的刃缘一边稍凹，另一边稍凸。聚刃刮削器 2 件，较小的 1 件长度为 2 厘米，由白色脉石英砸击石核制成，器形呈四边形，器身较厚小；另一件较大，长度为 3.6 厘米，器形近似于倒梯形，纵断面呈四边形。多刃刮削器 2 件，其中一件长度为 2.5 厘米，重 4.2 克，原料为灰白色脉石英，体型略小；另一件比较大，长为 3.2 厘米，由白色石英岩小长石块制成，器形为不等边五边形，加工精细，类似细石器的石镞。

由于在赵家滑沟沟口剖面的黏土层

赵家滑沟沟口地点

中曾发现过披毛犀化石，距此不远的双堡子I号地点找到过最后斑鬣狗化石，推断该地点的地质年代为晚更新世。作为文化遗物的旧石器，主要是刮削器，如单刃、双刃、凹刃等都是中国北方常见的类型，与双堡子I号地点的文化遗物有些类似，文化年代应属于旧石器时代晚期。

徐家城遗址

徐家城遗址

徐家城遗址位于庄浪县万泉乡徐家城村南水洛河北岸二级阶地上，距水洛河与清水河交汇处约500米，遗址面积约1000平方米。2009年6~7月中国科学院古脊椎动物与古人类研究所与甘肃省文物考古研究所在葫芦河流域进行旧石器考古调查时发现该遗址，并于该年7~8月进行考古发掘。本次发掘布1米×1米的探方15个，以自然层与水平层相结合的方法自上而下逐层发掘。文化层根据遗物密集程度以2~10厘米为一个水平层进行发掘。遗址地层共分7层，剖面厚度近7米。地层简要描述如下：1.耕土层；2.近现代扰土层，包含近现代砖瓦片；3.土黄色粉砂层，含少量石制品；4.黏土质粉砂层，含大量石制品及动物化石；5.棕红色砂层，夹黄色粉砂土块，含少量文化遗物；6.棕黄色砂层，无文化遗物；7.沙砾石层，无文化遗物。发掘出土野外编号标本6000余件，其中石制品5500余件、

动物化石近600件、磨制骨器1件以及大量筛选所得的石质碎屑和碎骨。石制品类型主要有石锤、石砧、石核、石片、石器、碎屑等以及较多经人工搬运的砾石。经初步观察，石制品特征如下：1.原料多选自河滩砾石，以脉石英、花岗岩为主；2.剥片主要采用硬锤锤击法，多利用砾石的砾面和打击面为台面进行剥片，修理台面很少；3.加工石器采用硬锤锤击修理，加工方向以正向加工为主；4.石器类型比较丰富，刮削器和尖状器是主要类型，此外砍砸器、凹缺器、锯齿刃器、钻等也占有一定比例；5.石器毛坯以石片等片状坯材为主。遗址内石制品分布密集，大型、小型石制品与动物化石相间分布，无明显的定向、分选迹象；筛选获得大量的石质碎屑；以及存在部分拼合标本，这些迹象表明了遗址的原地埋藏性质。在第4层中下部，发现了一个由砾石、石制品、动物化石共同组成的密集分布面，

其上分布有较多的砾石；其间分布着较多的石制品和动物化石，形成一个厚约20厘米的密集分布区。此面西北高、东南低，朝向主河道。推测其为当时的生活面，古人类利用从河滩搬运至此的砾石在此生产石片、加工石器，并处理和食用动物。该遗址发现一件磨制骨锥头，长约3厘米，尖部较钝。动物化石十分破碎，经初步鉴定主要种类有牛亚科、马科等。根据遗址所处的地貌部位和石制品特征，推测该遗址的年代为晚更新世晚期。该遗址的发掘为甘肃省提供了一个系统发掘的旧石器遗址案例，其深入研究将有助于建立甘肃中部旧石器文化序列。通过与陇东及周边地区的旧石器材料进行对比，有助于探讨其与邻近区域旧石器文化之间的关系及古人类的迁徙模式。该地区处于干旱与半干旱区的边缘，是环境的敏感地带，其环境信息与文化遗物综合分析有助于阐释人类的适应性生存行为。甘肃中部地区是中国新石器时代遗址发现较多的地区，文化序列比较完整，而这一地区旧石器晚期文化遗存的不断出现，为解决旧石器时代向新石器时代的转变以及农业起源都大有裨益。

王家遗址

位于东乡县锁南镇南1.5公里的下王家村南约100米。在淡灰色粉砂质黏土中发现旧石器、烧骨及炭屑等，明显是古人类活动过的遗址面。经初步采集共获石制品7件，计有石片5件、石器2件。5件石片用锤击法打制，长宽大致相等，器身小而薄，其中2件由白色石英岩制成，另外3件则由角页岩制成。王家遗址发现的2件石器都是加工相当精致的刮削器。较大的一件由角页岩制成，标本的一侧为十分平直的岩石解理面，另一侧由破裂面向背面，被加工成一条连续的圆弧状刃口，刃缘规整，弧长14.2厘米。这件标本与早年在山西蒲县薛关发现的半月形刮削器相当接近，只是东乡标本形状是歪向一端的半圆形。另一件石器较小，长约1.8厘米，被鉴定为小拇指盖状刮削器。由近五边形的白色石英岩制成，除两个相邻的边为岩石的原始面外，其余的三个边都是由石片的一个面向另一个面加工成圆弧状的凸形刃口。刃缘规整，加工精细，与山西峙峪和甘肃刘家岔遗址发现的短身圆头刮削器（即拇指盖状刮削器）近似，只是东乡王家这件标本加工更为精细，器形更为

王家遗址

规整。在该遗址面上采取的土样经兰州大学地理系碳十四实验室测定，为距今14490±150年。出土文化遗物的上部发现一种哺乳动物化石——蒙古黄鼠。综合出土石制品的加工特征、地层堆积情况和已经获得的碳十四数据，王家遗址的时代应该属于旧石器时代末期，距今约15000年。

霍勒扎德盖地点

位于肃北蒙古族自治县马鬃山区明水乡政府北约60公里，西距新疆维吾尔自治区仅10公里，是马鬃山北麓通向新疆、内蒙古以及蒙古人民共和国的交通要道。1989年，甘肃省文物考古研究所进行马鬃山岩画调查时，在霍勒扎德盖地表以下1米的灰黄—灰白色细砂层中发现了打制石器。发现的石制材料仅有3件，2件为石片，1件为石叶。加工比较好的一件石片由白色燧石打制而成，长约4.4厘米，半锥体突出，台面经过修理，远端的一个侧边有明显使用痕迹，石片背面有剥落小石片留下的疤痕，是用锤击法直接打制而成的。另一件石片由黑色硅质岩类打制而成，器身很薄，长约4.3厘米，台面经过细致的修理，也是用锤击法直接产生的。该地点发现的石叶是一件很有特色的旧石器，它由白色燧石制成，略呈长方形，长为4.7厘米、宽2.5厘米，形态规整，断面呈梯形。从形态特征看，与宁夏灵武水洞沟旧石器遗

址发现的某些长石片有类似的地方。这件器物发现时已经折断为两段，其中的一段正镶嵌在地层之中，另一段已脱离原层而掉落在其下不足1米的剖面表层，从而指示了这批石制品的原生层位。由于这个地点发现的材料很少，又没有正式发掘，因此给断代工作带来一定难度，但是因为有石叶的存在，时代不会太早。地点周围也没有发现任何新石器时代的遗存，所以根据石制品的性质，结合地层的堆积状态，时代约为旧石器时代末期。

大地湾地点

大地湾位于秦安县五营乡邵店村东，是一处新石器时代遗址。1986年，在F901房址修建保护厅开挖井桩过程中，在距地表16.9~17.5米处的褐黄色含钙质团块的地层中发现一件旧石器标本。该层承载力强，夹蜗牛层，是一层较明显的马兰黄土古土壤层，地质年代为第四纪晚更新世。石器虽然仅有1件，但出自新石器时代遗址地下10余米处，故显得非常重要。经鉴定，石制品为锤石，为棱角大致被磨蚀的扁平淡紫红色石英砂岩砾石。器形呈不等边六面形，长、宽、厚分别是10.4厘米、11.5厘米、6.7厘米，重552克。各个面基本上保留着原来的砾石平面，尤以背面最为平坦。顶面稍凸，四周边棱特别是右边棱及右上角有因敲砸而产生的许多小坑凹疤痕。应该是标本在

曾经作为锤石（石锤或石砧）制作砸击石片时留下的。锤石的顶面、背面及部分侧面，有因长期侵染而形成的石锈，说明埋藏该锤石的地层含钙量很高。由于未发现其他文化材料和可资依据的古生物化石，这件旧石器标本的文化年代较难确定，只能由其埋藏的地层来判断。经对比在秦安邵店村有与井桩地层相似的剖面，上部为较为松散的黄土状堆积，含新石器时代文化层，应该属于全新世。其下为距地表约8~9米深，含有褐色古土壤层的马兰黄土堆积，从地层情况和兰州大学资源环境学院陈发虎曾做过的碳十四年龄，应该属于晚更新世，而含旧石器标本的地层又在其下，时代应更早一些，属于晚更新世早期的堆积。绝对年龄距今5~10万年，相对应的文化年代约为旧石器时代的中晚期。2006年，甘肃省文物考古研究所、兰州大学等合作对大地湾遗址进行了小面积发掘，发掘探方命为Dadiwan 06，本次发掘发现了距今6万年以来的石英打制技术制品，根据发掘显示，大地湾新石器文化之前较为完整的黄土—古土壤沉积序列，保存了晚更新世中晚期到全新世持续的考古文化录，具有重要的意义。

火焰山遗址

位于陇西县南安乡，沿渭河北岸东西方向陆续有文化遗物出土，主要集中在火焰山一带，大致范围在10平方公里

火焰山遗址

左右。2003年3月间，甘肃省博物馆自然部根据群众线索发现，并于当年、2004年、2005年赴遗址现场采集了部分石制品。出土器物种类比较多，既有打制的旧石器，又有磨制的新石器工具。其中打制工具以大型砾石砍砸器、石片和细小的砂岩、石灰岩、石英岩片组合为特色。此外，还有相当数量的工具是用毛坯做成的，有锤击石片、断片、长石片、小石块等。无论哪类工具都是经过认真的加工，形制比较规整，刃口多锐，刃缘匀称，小石片疤浅平。根据通常的分类计有尖状器、刮削器、手斧、盘状器、雕刻器、石叶等。石制品的原料主要来自附近河床的砾石、砂岩、硅质灰岩、灰岩砾石等。不多的磨制石器工具，原料以页岩为主也有石灰岩、细粒砂岩磨制的。在遗址接近地表的耕作层中发现有磨制石器和残留的破碎陶片。遗址中还发现了一件人头盖骨化石，石化程度比较深，尚未进行研究。

共生的哺乳动物化石有牛、马、羊、狗等，石化程度不一。遗址中有少量被火烧过的动物骨骼。出土众多文化遗物的地层上部为全新世的耕作层，由于农事活动石制品多脱离原层位，但混杂的磨制石器比下部的多些。下部地层为松散的黄土堆积，与耕作层为连续沉积，内有植物的根系、种子以及少量炭屑，出土了大量的打制石制品以及动物化石、人类化石。这套地层应该属于甘肃中部地区常见的马兰黄土顶部，时代为晚更新世末期。从石器、动物骨骼、烧骨和灰烬层的特征分析，火焰山遗址的古人生活活动包括狩猎，并使用火来加工猎物。该遗址具有较明显的新石器时代特征，同时又有大量的打制工具，应该划为新、旧石器过渡时期。

主要参考文献

1. 何汝昌：《甘肃环县楼房子晚更新世孢粉组合》，《西北大学学报》（自然科学版）1977 年第 1 期。

2. 薛祥煦：《甘肃环县楼房子晚更新世哺乳动物化石及古文化遗物》，王永炎《黄土与第四纪地质》，陕西人民出版社，1982 年。

3. 丁梦麟、高福清、安芷生等：《甘肃庆阳更新世晚期哺乳动物化石》，《古脊椎动物与古人类》1965 年第 1 期。

4. 刘玉林：《甘肃泾川发现旧石器》，《化石》1976 年。

5. 谢骏义、张鲁章：《甘肃庆阳地区的旧石器》，《古脊椎动物与古人类》1977 年第 3 期。

6. 张映文、谢骏义：《甘肃泾川南峪沟与桃山嘴旧石器时代遗址的发现》，《考古与文物》1981 年第 2 期。

7. 王永焱等：《黄土与第四纪地质》，陕西人民出版社，1982 年。

8. 甘肃省博物馆：《甘肃环县刘家岔旧石器时代遗址》，《考古学报》1982 年第 1 期。

9. 甘肃省博物馆、庆阳地区博物馆：《甘肃镇原黑土梁发现的晚期旧石器》，《考古》1983 年第 2 期。

10. 刘玉林、黄慰文、林一璞：《甘肃泾川发现的人类化石和旧石器》，《人类学学报》1984 年第 1 期。

11. 中国大百科全书出版社编辑部编：《中国大百科全书·考古学》，中国大百科全书出版社，1986 年。

12. 谢骏义：《鸳鸯大沟人类化石》，《史前研究》1987 年第 4 期。

13. 刘玉林：《甘肃泾川大岭上发现的旧石器》，《史前研究》1987 年第 1 期。

14. 谢骏义、张振标、杨福新：《甘肃武山发现的人类化石》，《史前研究》1987 年第 4 期。

15. 谢骏义：《甘肃西部和中部旧石器考古的新发现及其展望》，《人类学学报》1991 年第 1 期。

16. 张行：《试论泾渭河流域旧石器文化以及与邻区的关系》，《考古与文物》1994 年第 3 期。

17. 张行：《甘肃古生物化石与旧石器时代考古》，甘肃文化出版社，2001 年。

18. 谢骏义等：《甘肃庄浪双堡子旧石器地点》，邓涛等编《第八届中国古脊椎动物学学术年会论文集》，海洋出版社，2001 年。

19. 谢焱、丁广学、谢骏义：《甘肃庄浪赵家滑沟沟口的地层与石器初步研究》，《第九届中国古脊椎动物学学术年会论文集》，海洋出版社，2004 年。

20. 张宏彦：《泾水上游旧石器时代遗存的年代与分期研究》，《西北大学学报》（哲学社会科学版）2005 年第 1 期。

第一章　古人类化石与旧石器时代遗存

第二章　古遗址

　　甘肃省位于中国西北部的黄河上游地区，东邻陕西，西通新疆和青海，南接四川，北临宁夏回族自治区、内蒙古自治区与蒙古人民共和国，既是东西文化交流的要道，又是南北文化传播的必经之路。黄土高原与内蒙古高原、青藏高原在这里交汇，境内地形复杂多样，分属黄河流域、长江流域及内陆河流域。中、东部大多为黄土覆盖，黄河及其支流洮河、渭河、泾河、湟水等流经其间，适宜史前农业的发展。河西走廊有石羊河、黑河、疏勒河等内陆河形成广袤绿洲，宜农宜牧。独特的地理位置和多样化的自然条件，孕育了绚丽多彩的甘肃古代文化。因此，今陇原大地留存有不可胜数的古文化遗址。

　　甘肃是中国最早开展考古工作的地区之一。1923年至1924年，瑞典学者安特生在临洮辛店、马家窑、寺洼山、广河齐家坪及民勤沙井等遗址进行一系列开创性的考古调查和发掘，首次发现并确认了一批新石器时代至青铜时代的遗存。此后，甘肃省文物考古工作者先后开展了从史前到历史时期、囊括各文化各阶段的田野考古发掘和专题调查，其中秦安大地湾新石器时代遗址的发掘被学术界评为中国20世纪100项考古大发现之一，敦煌悬泉置汉晋驿站遗址的发掘被评为1991年度"全国十大考古发现"之一。甘肃省在20世纪50年代、80年代先后两次在全省范围内实施全国文物普查，2007年又开展第三次全国文物普查，基本摸清了甘肃境内古遗址的分布、性质和保存现状。这些考古工作和研究成果以大量的遗迹和遗物等展示了甘肃历史悠久的古文化面貌，基本理清了史前文化的发展序列和脉络，说明甘肃是中华文化和华夏文明的发祥地之一。

甘肃古遗址具有以下特点：1. 在不可移动文物中，古遗址为大宗，有一些文物点包括在大文物保护单位之内，共有各类文物点 13284 处，其中古遗址 8594 处，占 64.7%。已出版的《中国文物地图集·甘肃分册》共收录文物点 10607 处。2. 古遗址中又以史前文化遗址居多，主要包括新石器时代和青铜时代遗存。根据第三次全国文物普查最终核定的数据，甘肃省现有各类不可移动文物点 16895 处，史前文化遗址达 10550 处，数量众多，文化类型丰富。目前，已在甘肃境内首次发现的典型遗址所在地命名的古文化类型有近 10 个。其中，属新石器时代的主要有大地湾文化、马家窑文化、齐家文化；属青铜时代的有辛店文化、寺洼文化、四坝文化、沙井文化等。其年代从距今约 8000 年一直延续到距今 2500 多年前，构成了漫长的发展序列。3. 甘肃幅员广阔，地处偏远，古遗址保存状况相对中原地区较好，文化内涵十分丰富，文化面貌复杂多样，具有鲜明的地方特点。截至 2010 年，国务院已公布六批全国重点文物保护单位，甘肃古遗址数量达 22 处，其中：第三批（1988 年公布）4 处，包括大地湾遗址、马家窑遗址、居延遗址、玉门关及长城烽燧遗址（包括大方盘、小方盘）；第四批（1996 年公布）3 处，包括齐家坪遗址、骆驼城遗址、锁阳城遗址；第五批（2001 年公布）6 处，包括南佐遗址、大堡子山遗址及墓群、黑水国遗址、悬置遗址、许三湾城及墓群、白塔寺遗址；第六批（2006 年公布）9 处，包括林家遗址、牛门洞遗址、寺洼遗址、西河滩遗址、火烧沟遗址、破城子遗址、八卦营城址、八角城城址、永泰城址。

新石器时代是黄河上游地区史前农业发生、发展的重要时期，文化遗存点多面广，主要分布在甘肃东、中部河谷地带，出现了一些规模较大、延续时间长、内涵丰富的重要遗址或中心聚落。

大地湾文化是中国西北地区目前考古发现中最早的新石器时代文化，有学者称之为老官台文化或前仰韶文化。在渭河流域、嘉陵江上游及其支流西汉水流域已发现 8 个遗址，距今 8000~7000 年。其中秦安大地湾、天水师赵村、西山坪及武山西旱坪遗址已经正式发掘。包括一脉相传的两个阶段：第一阶段以大地湾一期为代表，第二阶段以师赵村一期为代表。农作物品种为黍，开始猪的饲养，狩猎经济仍占较大比重。聚落较小，仅有数千平方米，位于较低的河边阶地，房址为面积 6~7 平方米的圆形半地穴式建筑；陶器多圜底、三足器，盛行交错绳纹，钵形器口沿出现紫红色条带彩绘，这是中国目前所见最早的彩陶。

仰韶文化可分为早中晚三个时期，距今7000～5000年。早期遗存可称作大地湾二期类型或半坡类型，主要集中在甘肃东部地区的泾、渭流域以及东南部属长江水系西汉水、白龙江流域，聚落多位于河边台地。经过发掘的遗址有秦安大地湾、天水西山坪、师赵村、礼县高寺头、宁县董庄等遗址。农作物以粟为主。大地湾揭露的聚落富有代表性，占地面积约2万平方米，周围设环形壕沟，中心为广场和大型房址，中小型房址呈向心式多层分布。房址为方形或长方形半地穴式建筑。彩陶进入初步繁荣阶段，黑彩纹饰，色泽醒目。

仰韶文化中期可称作大地湾三期类型或庙底沟类型，分布地域由东向西扩展到甘肃中部地区，洮河上游已有发现。经过发掘的遗址较少，有秦安大地湾、天水西山坪、师赵村等。聚落面积有所扩大。房址仍为方形或长方形半地穴建筑，有的居住面以料礓石为原料，防潮性能更好。彩陶图案多以弧线构成，为后世彩陶传承和发展。

仰韶文化晚期可称作大地湾四期类型或石岭下类型，有学者将这类遗存归入马家窑文化之中。其分布范围与中期大体相同。遗址数量显著增多，从河边台地扩展到山地，出现了面积达数十万至百万平方米的大型中心聚落。经过发掘的遗址有

秦安大地湾、天水师赵村、武山傅家门、礼县高寺头、西峰南佐遗址等。房址仍为方形或长方形，平面多为"凸"字或"吕"字形；开始采用平地起建技术，居住面普遍采用料礓石或白灰面，一些特殊房址出现近似现代混凝土的地面。陶窑均为横穴式，长方形火膛，圆形窑室。在大地湾、高寺头、南佐等遗址中均发现面积达数百平方米的大型原始殿堂式建筑。展示了先民创造的令人叹为观止的史前建筑奇迹，表明当时已出现了一些大型部落集团，仰韶文化晚期已处在中华文明孕育形成的重要历史阶段。东部地区彩陶显著减少，呈衰减态势。

仰韶文化之后，甘肃东部地区出现的以镇原常山遗址为代表的常山下层文化，其经济仍以农业为主；房址有平地起建以及窑洞式建筑。泥质陶多饰横行篮纹，夹砂陶多饰绳纹、附加堆纹，有零星彩陶。

距今5000～4000年，甘肃中部地区马家窑文化崛起。河湟地区为其中心分布区域，呈现出不断向河西走廊扩展的趋势。马家窑文化分为前后承袭的马家窑、半山、马厂类型。这是一支以彩陶发达而闻名的文化，大量彩陶制品代表了中国彩陶文化的最高成就。马家窑类型遗址大多分布在河边台地，较重要的发掘有东乡林家等遗址，还有临洮马家窑及兰州一带

的小面积发掘。房址仍以方形或长方形为主，有少量圆形房址，既有平地起建，又有半地穴式。使用袋状窖穴存储粮食，东乡林家遗址窖穴中发现两立方米的炭化黍。从半山类型开始，有的遗址向山坡地带转移。在兰州青岗岔遗址中，发现房址、窖穴、陶窑等遗迹。马厂类型遗址从河边到山顶均有分布，有的遗址海拔在2000米以上。发掘的遗址有兰州白道沟坪、永靖马家湾、永登蒋家坪遗址等，在蒋家坪遗址发现"吕"字形双套间和多元套间房址，室内普遍设有较大的袋状窖穴。在白道沟坪遗址发现12座陶窑，窑室1米见方，足见制陶业的兴盛。马厂期彩陶渐趋衰落。马家窑文化社会发展进程中出现了显著的贫富分化现象。值得注意的是，东乡林家、永登蒋家坪遗址中发现的铜刀和铜制品残件，是目前中国发现的最早的青铜制品。

齐家文化主要分布于甘肃中、东部以及河西走廊地区，距今4200~3600年。不同地区文化面貌有一定差异，主要类型有：甘肃东部的桥村、师赵村类型，甘肃中部的秦魏家类型和河西走廊的皇娘娘台类型。经较大规模发掘的遗址有灵台桥村、天水师赵村、武山傅家门、永靖大何庄、武威皇娘娘台、临潭磨沟遗址等。在陇东多处遗址中发现筒瓦，表明建筑技术的巨大进步。房址多为浅地穴式或窑洞

式，既有方形，也有圆形，但穴壁和地面多抹一层白灰面。存储粮食和物品的窖穴形制多样，还发现有砾石筑成的"石圆圈"祭祀遗迹以及反映占卜习俗的遗迹。经济以粟作农业为主；家畜饲养业发达，猪、狗、马、牛、羊、鸡六畜俱全。陶器流行多耳、大耳、宽耳，有少量彩陶；常见小型铜器，主要用作装饰品及生产工具，既有红铜，又有青铜。玉器开始普遍使用，出现玉琮、玉璧等礼器。

进入青铜时代以后，甘肃古代文化头绪纷繁、面貌各异，遗址分布遍及全省。研究成果表明，此时甘肃境内的气候变得较为寒冷干燥，畜牧业在经济生活中的比重增大。目前发现有四坝、辛店、寺洼、沙井文化等。

四坝文化，亦称"火烧沟文化"，主要分布于河西走廊中西部，距今3900~3400年，相当于夏代晚期和商代早期。遗址均选择在内陆河附近的滩地上。经较大规模发掘的遗址有酒泉西河滩、玉门火烧沟、民乐东灰山、酒泉干骨崖等。在东灰山遗址文化层中采集到完整饱满的炭化小麦颗粒，这是中国境内目前年代最早的小麦标本。经济形态为半农半牧，农作物品种多样，家畜主要有猪和羊。使用土坯或砾石垒砌房屋。西河滩遗址清理出大量房址、窖穴，并发现少量陶窑和祭祀坑。青铜器的制造和使用较为普遍，

表明其生产力水平已发展到较高阶段。陶器深受马厂和齐家文化的强烈影响，有较多彩陶，盛行黑、红两彩。发现源自西亚、中亚的小麦、青铜器、权杖头、土坯建筑等，表明中西文化交流已经开始。这支文化还对新疆东部的青铜文化产生较大影响。

在甘肃中部和青海东部，继齐家文化之后，辛店文化兴起，其影响可达渭河流域，距今3400~2800年，从商代晚期，一直延续到西周晚期。甘肃境内的永靖张家嘴、姬家川、马路塬、临夏莲花台等典型遗址及青海省东部地区同类型遗址的发掘成果非常丰富，大体可分为山家头、姬家川、张家嘴、唐汪等类型。普遍使用青铜制品，除小型生产工具和装饰品外，还开始铸造青铜罐类器。陶器中彩陶占有一定比例。有学者认为，辛店文化应是古代羌人的一支。

寺洼文化主要分布在甘肃中东部洮河以东地区，距今3400~2700年，可分为寺洼类型和安国类型。发现的墓地较多，遗址较少。发掘的遗址主要是合水九站，房址均为地面建筑。经济亦农亦牧，制造并使用青铜器，青铜制品出现较多的兵器。陶器以马鞍口为典型特点。

沙井文化具有北方草原青铜文化风格，其中心分布区位于腾格里沙漠西部边缘地带的永昌县、民勤县等地，向东南延伸到永登县至兰州市一带。距今3000~2500年。发掘的遗址有民勤柳湖墩、永昌三角城、柴湾岗等。青铜制品种类丰富，有生产工具、生活用品、兵器及各类动物纹牌饰。陶器中有少量的彩陶。晚期出现铁制工具。有学者认为，这即是历史文献中所载的月氏文化。

除上述诸青铜文化外，甘肃东部还有一些先周至两周时期的遗存，其中甘谷毛家坪、礼县大堡子山遗址已发掘。这些遗址的发现为我们探索早期秦文化的形成与发展提供了重要线索。

秦汉以后，中国逐渐形成一个高度统一的集权制国家，汉武帝在河西设立四郡，甘肃全境被纳入中央政权的有效管理之下，随着丝绸之路的开通，甘肃古文化遗存更多地体现出中西文化交流的特点。遗址数量较前大幅减少，考古发掘有限，但种类较多，有瓷器窖藏址、古城址、古道遗址、寺院遗址等。敦煌悬泉置遗址是西汉中晚期至东汉中期的官方驿站，已实施全面发掘工作，出土简牍2万余枚，真实再现了河西地区在中西交流中的地位和作用。灵台县百里镇宋代瓷器窖藏有重要发现，武威塔儿湾西夏遗址已发掘，为了解宋代、西夏的文化特点和瓷器制作工艺提供了重要的实物资料。

古城遗址，指现在保存在地面上的建筑遗存。由于历史和自然原因，甘肃省内迄今留存有众多历代曾使用而后废弃的古城遗址，是甘肃省古遗址中独具风格的文化遗产。从地域分布看，涵盖14个市州、40余个县域，东起庆阳市华池县，西至敦煌市，南起甘南藏族自治州玛曲县，北至酒泉市肃北蒙古族自治县，穿越东起平凉、天水、定西，中经兰州、白银、武威、张掖、酒泉、玉门、瓜州县（市）之丝绸之路要道。其中以瓜州县、甘州区、凉州区、兰州市、肃州区等地最多。自然环境异常复杂，既处黄土高原，又居黄河之滨；既跨戈壁碱滩，又越沙漠腹地；既占山地，又据草原湿地。从人居环境看，既处汉族区域，又置藏族之地；既处回族土境，又领蒙古族之土，多民族区域交互，多种文化共存。从文物保护单位级别看，有全国重点文物保护单位13处，省级文物保护单位71处，县级保护单位34处，甘肃省第三次全国文物普查新发现未定级11处，全面反映了文物保护工作成绩。从城址的历史时代看，最早者为沙井文化（相当于西周、春秋）时期的金川区三角城遗址，最晚者为民国时期，从汉至清，各时期均有典型遗址。如瓜州县、敦煌市、凉州区的汉晋隋唐城址，陇东、甘南、定西、平凉等

地的宋元城址，永登县、肃州区、张掖市、庆阳市的明清城址等，全面见证了甘肃悠久的历史文化。特别是金川区的沙井文化三角城遗址，是迄今为止省内发现时代最早的城市遗址，对研究河西历史有重大价值。从城址的性质看，有郡城址、县城址、军事防卫城址和边关关隘遗址。其中以瓜州锁阳城、高台骆驼城遗址的行政级别最高，皆郡城遗址；以玉门关、嘉峪关最为重要，是汉、明两代长城的西起点和西大门。从城址的结构形制看，有方城、长方形城、三角形城、八角形城、圆形城和龟形城，显示着不同的建筑风貌。从筑城技术看，有纯土夯筑者、沙土夯筑者、沙土中加树枝夯筑者和灰土中加木楔夯筑者。就地取材、因材施治是其重要特征，充分显示了历代筑城工程技术水平。从规模和保存状况看，以嘉峪关、锁阳城、骆驼城、六工城、八角城、永泰城等规模大且较完整。

这些古城遗址，具有很强的历史真实性和保存完整性，也有较完整的延续性，是甘肃历史文化发展的有力见证者，反映了不同时期的文化面貌，代表着不同时期的城建技术。不仅是重要的历史文化遗产，而且是丰富的文化旅游资源。

第二章

古遗址

第一节　新石器时代—青铜时代

大地湾遗址

位于秦安县五营乡邵店村东南冯家湾村西。文化遗存主要分布在渭河的二级支流清水河南岸二、三级阶地以及相接的缓坡山地上，范围北起河边南岸二级阶地，南至山顶堡子，西从阎家鏊岘起，东至刘家坡顶头，海拔1458~1673米，占地面积约275万平方米。

1958年，甘肃省文物管理委员会开展文物普查时首次发现。1978~1984年，甘肃省博物馆文物工作队进行大规模考古发掘。1995年又做了补充发掘。先后发掘10个区域、163个探方、6个探沟，总发掘面积14752平方米。相继清理新石器时代房屋遗迹240座、灶址98个、柱基2处、灰坑和窖穴325个、墓葬65座、窑址35座以及沟渠12段。出土陶器4147件、石器1931件、骨角牙蚌器2227件、兽骨17000多件以及数十万残陶片。2006年4月，文物出版社出版了《秦安大地湾新石器时代遗址发掘报告》。

大地湾遗址文化层堆积较厚，大多都在1~2米，少数地段厚达3米许。依据地层关系及出土物，划分为五个文化期：前仰韶文化、仰韶文化早、中、晚期和常山下层文化。

第一期文化遗存可称为大地湾文化或前仰韶文化，碳十四测定的年代数据为距今7800~7300年（经树轮校正，下同）。聚落建于较低的河旁Ⅱ级阶地。房屋系地穴较深的圆形半地穴建筑。陶器以夹细砂褐陶为主，大多为圆底器、三足器，流行交错绳纹，钵形器口沿内外常饰红色彩带，这是中国发现的最早彩陶。

第二期文化遗存属于仰韶文化早期，碳十四测定的年代数据距今6500~5900年。聚落由Ⅱ级河边阶地扩展到Ⅲ级阶地，由壕沟围成椭圆形，中心系广场和公共墓地，房址以广场为中心呈扇形多层分布。房屋仍为半地穴建筑，大多为长方形或方形。发现15座成人墓葬、6座儿童瓮棺葬。陶器以细泥、夹砂红陶为主，典型器物为圆底钵、迭唇或卷唇盆、葫芦形口尖底瓶、侈口双唇深腹罐、弦纹浅腹罐、敛口瓮、尖底缸等；彩陶主要为黑彩，图案有宽带纹、鱼纹及各种直线、圆点、弧线构成的几何纹。有成套的农业加工工具，如碾磨石、棒、盘；磨制较精的如石铲、石斧。少量的玉凿、玉锛此时已出现。骨体石刃器独具特色。二期遗存与陕西关中的半坡类型大同小异。

第三期文化遗存属仰韶文化中期，

大地湾遗址

年代距今5900~5500年。聚落已扩展到河边Ⅲ级阶地后缘以及山脚下。房屋仍为长方形或近方形半地穴建筑。袋状窖穴较前增多。陶器以细泥红陶、夹砂红陶为主，还有少量泥质橙黄陶、灰陶以及夹砂褐陶。典型器物有敛口平底钵、曲腹彩陶盆、双鋬盆、双唇口尖底瓶、腹饰弦纹和绳纹的鼓颈罐以及短颈罐，另有大口小底缸、曲腹瓮等。彩陶发达，绝大多数为黑彩，图案绚丽精美，线条生动活泼，有弧边三角纹、勾连纹、花瓣纹、豆荚纹、网格纹等。它们与豫、晋、陕交界区的庙底沟类型在陶器形制和彩陶花纹上有诸多相似之处，但又存在一定差别。

第四期文化遗存为仰韶文化晚期，碳十四测定的年代数据为距今5500~4900年。聚落主体坐落在背山面河的山坡上，山坡中部以F901、F405、F400大型原始宫殿式建筑作为公共活动中心，周围分布数个房址密集的居住区，形成众星捧月的格局。房屋均为平地起建的长方形或近方形建筑，平面大多呈"凸"字形或"吕"字形，居住面有草泥土、白灰面，另有以轻骨料、砂石、料礓石粉混凝而成类似现代水泥的地面等。

F901代表了仰韶文化晚期取得的辉煌建筑成就，占地面积420多平方米，属多间复合式。灰坑形制种类复杂多样，袋状窖穴内常出土有成组器物和炭化粮食。陶质分为泥质、夹砂两大类，以敛口钵、平底碗、浅腹盆、平沿或喇叭口尖底瓶、矮颈或高细颈壶、侈口夹砂罐、尖唇或方唇或圆唇缸、圆唇夹砂瓮、四足鼎等为主要器型。夹砂陶器多饰附加堆纹带。彩陶以黑彩为主，少量为红彩；图案以圆点、弧线和少量直线构成，有弧线三角纹、花瓣纹、漩涡纹、网格纹、平行线纹等。还有个别蛙纹、写实动物纹。出现白色、

大地湾四期文化房址 F401

F901 发掘现场

朱红色彩绘。石刀、陶刀、陶环和陶角数量和品种比前成倍增加。总体文化面貌接近关中西部地区，但彩陶比例大于关中等地，发掘时命名为大地湾四期类型。

第五期文化遗存为常山下层文化，年代为距今 4900～4800 年，仅出土少量遗迹遗物。这类遗存在渭河流域是首次发现，主要分布在海拔 1550 米以上的半山地区。房址为平地起建的白灰面建筑。陶器以敛口钵、平底碗、平沿盆、浅腹平底盘、小口鼓腹壶、桶腹罐、单耳罐、尖底瓶等为主要器形，开始使用横篮纹。这是仰韶文化向齐家文化过渡时期的重要遗存。

大地湾遗址发现房址 240 座，类型多样，变化复杂，时间跨度 3000 多年，构成一个从早到晚的完整序列，可谓一部史前建筑发展史。四期 F901 是目前中国发掘的新石器时代面积最大、工艺水平最高的房屋建筑，它体现了中国传统土木建筑的特点，开创了后世宫殿建筑的先河。其居住面大部分保存完好，以轻骨料、砂石、料姜石粉混凝而成的类似现代的水泥地面极具特色。它应是大地湾乃至清水河沿岸的原始部落的公共活动中心——一座宏伟而庄严的部落会堂。

大地湾遗存为甘肃东部史前考古树立了距今 7800～4800 年的断代标尺，建立起较为完整的史前文化发展序列，使西北地区新石器考古研究取得了突破性进展。大地湾考古以不容置疑的事实表明甘肃是中华文化和文明的重要发祥地之一。大地湾四期聚落已成为清水河沿岸的中心遗址，或可将其视为城址的前身更为妥当。它的出现标志着原始社会正处在向文明社会转折过渡的重要阶段。2006 年 6 月起，中国科学院古脊椎动物与古人类研究所、甘肃省文物考古研究所和兰州大学对遗址进行了多次小规模的考古发掘，发现了旧石器时代遗迹和遗物，再度确认大地湾遗址新石器时代层位下有连续的旧石器时代遗存，相关资料正在研究中。

大地湾遗址于1961年公布为秦安县县级文物保护单位。1986年成立大地湾文管所，1999年改名为大地湾文物保护研究所，主要负责大地湾遗址的保护、管理和研究开发。1981年公布为甘肃省省级文物保护单位。1988年，国务院公布为第三批全国重点文物保护单位。1999年，《甘肃省人民政府关于公布甘肃省全国重点文物保护单位保护范围的通知》（甘政发〔1999〕22号）公布其保护范围和建设控制地带："保护范围：东起冯家湾，西到闫家沟，南起山顶堡子，北到清水河二级阶地的前缘，占地面积约110万平方米。建设控制地带：东西以冯家沟、闫家沟中线向外延伸500米，南侧以山顶堡子为圆心、500米为半径的山后扇形范围，北侧延伸到清水河现河道，面积约150万平方米。"此后，对F901新建保护展示大厅，并对少量房址进行了保护复原并向观众展示开放。

马家窑遗址

位于临洮县城西南10千米处的西坪乡马家窑村西南、麻峪沟北侧，地处洮河西岸的二、三级阶地上。属新石器时代晚期至青铜时代。遗址地表为较为平坦的耕地，南北皆为冲沟，西面为山地。东至台地边沿，西至瓦家大山，东西长约350米；南至巴马尾沟沿，北至寺沟，南北宽约280米，占地面积约9.8万平方米。遗址内涵丰富而复杂。

遗址中部巴郎沟西侧断崖上暴露有灰层，内有陶片、红烧土块、炭粒等，厚0.3~4米，距地表0.7~1.5米。1924年，瑞典考古学家安特生首次发现并发掘，"马家窑文化"、"马家窑类型"均由此而得名。

自1957年起，甘肃省文物工作队进行过多次调查。1964年试掘，发现马家窑文化马家窑类型叠压在仰韶文化庙底沟类型之上的地层关系，还发现有马家窑文化的半山类型、马厂类型以及齐家文化、辛店文化、寺洼文化等遗存。其中马家窑类型的遗存为主体，主要分布在麻峪沟北侧台地及坡地；齐家文化遗存分布在较高台地上。马家窑遗址是马家窑文化及马家窑类型的命名地，延续年代达2000多年，历经新石器时代晚期及青铜时代。对马家窑遗址的进一步发掘与研究将对

马家窑遗址

建立洮河流域乃至甘青地区的史前文化序列、探索中华文明发展进程有十分重要的价值。以前的试掘资料皆无存。

1981年，甘肃省人民政府重新公布为第四批省级文物保护单位。1988年公布为第三批全国重点文物保护单位。1999年，《甘肃省人民政府关于公布甘肃省全国重点文物保护单位保护范围的通知》（甘政发〔1999〕22号）公布其保护范围为："东至台地边沿，西至瓦家大山，东西长约350米；南至巴马尾沟沿，北至寺沟，南北宽约280米。保护总面积98000平方米。"现由临洮县博物馆负责保护管理，并建有"四有"档案。2005~2006年实施马家窑遗址防洪工程。

齐家坪遗址

位于广河县齐家镇园子坪村齐家坪自然村为中心的周边台地上，地处洮河西岸二级台地。以齐家文化为主、兼马家窑文化的大型聚落遗址，属新石器时代晚期至青铜时代早期。遗址东西宽600多米，南北长约1000米，其范围东至台地边缘，西至大山洼根，南至齐家沟，北至二郎庙沟，占地面积约60万平方米。遗址断崖中暴露有大量陶片、白灰面、灰层等。1924年，瑞典学者安特生等人在该遗址发现了以素陶为主的遗存并进行发掘，并将这类新发现的古文化遗存以发现地命名为"齐家文化"。

1975年，甘肃省文物工作队进行发掘，共清理墓葬117座，房址2座和多处灰坑，出土有陶器、石器、玉器、骨器及铜器等千余件。房屋基址多为半地穴式白灰面建筑。居址旁有公共墓地，均为竖穴土坑墓。出土器物以陶器为主，多为泥质和夹砂红陶，少量灰陶，彩陶少见，器型多为侈口高领罐、双耳罐、双耳折肩罐、陶鬲、带柄陶盉等。器表素面，饰篮纹、绳纹及附加堆纹等。生产工具以磨制石器、骨器为主。磨制石器有斧、刀、锛、凿，骨器常见有锥、针、刀、镞等，制作精细。还出土有玉璧、玉琮和陶、石纺轮等。尤其是出土了一批小型铜器，有铜刀、铜镜、铜斧等。其中青铜镜是中国迄今发现最早的铜镜之一；青铜斧长15厘米，有长方形銎，刃部锋利。

齐家文化是中国西北地区最早跨入青铜时代的史前文化。齐家坪遗址既是齐家文化的命名地，也是典型的聚落遗址；

齐家坪遗址

既有房址、灰坑，又有墓葬，出土各类遗物上千件，较全面地揭示了齐家文化的面貌，其中铜镜、玉琮、三足鬲、带柄陶盉等遗物为研究早期青铜文化提供了不可多得的实物资料。深入研究齐家坪遗址丰富的文化内涵，对探讨华夏文明起源有十分重要的意义。

1981年，甘肃省人民政府重新公布为第四批省级文物保护单位。1996年国务院公布为第四批全国重点文物保护单位。1999年，甘肃省人民政府（甘政发〔1999〕22号文件）公布齐家坪遗址保护范围为："东至洮河，南至齐家坪沟，西至大山洼根，北至二郎沟，面积150万平方米。"2008年成立了齐家坪遗址管理所，负责遗址的看护，广河县文化局负责遗址的管理工作，并保存有四有档案。

南佐遗址

位于庆阳市西峰区南佐行政村王嘴自然村。遗址分布于董志塬西北部两条沟壑之间的塬面上，占地面积20万平方米。文化层厚2~7米不等，遗址暴露有墓葬、白灰面房址和灰坑等遗迹，是一个大型聚落遗址，属仰韶文化晚期，距今5000年左右。

1984~1996年，甘肃省文物考古研究所对该遗址连续进行了五次发掘，发掘面积1300多平方米。小型房屋多为半地穴式、长方形或"吕"字形，面积为10多

南佐遗址中心区域 F1 的发掘现场

南佐遗址 F1 房址居住面

平方米，居住面和四壁抹白灰面。清理出一座大型夯筑祭祀性殿堂建筑，方向162°，长方形，前堂后室，南北长33.5米，东西宽18.8米，室内面积约630平方米，墙体为纯净的黄土平地板夹夯筑，墙体外侧有排列整齐的柱洞。南部敞开，无墙。室内抹有白灰面，室外三面墙基下有散水，且经烧烤。墙外堆积内有大量红烧土块、动物骨骼及炭化粮食等。出土有陶器残片及石斧、石刀、纺轮、骨笄、匕、镞、针等。陶器主要有平沿小口尖底瓶、宽平沿盆、盘、罐、缸、瓮等，通常在宽沿盆内彩绘各种图案。纹饰多为横篮

纹和绳纹，有少量为方格纹。

该遗址的大型殿堂式建筑，是继秦安大地湾、礼县高寺头发现的仰韶文化晚期大型房址之后的又一次重要发现，对研究仰韶文化晚期西北地区人类社会形态及其文明孕育过程和性质具有重要价值。同时发现的大量炭化粮食（稻、粟、稷等），对研究中国古代农业起源、农作物种植与分布交流等也具有十分重要的意义。

1981年甘肃省人民政府重新公布为省级文物保护单位。2001年国务院公布为第五批全国重点文物保护单位。2005年，甘肃省人民政府（甘政发〔2005〕16号文件）公布其保护范围为："以保护标志基座为中心，向东100米至王家东咀村年勤学庄址，向南150米至王家咀村沟底线，向西200米至王家咀村和西庄村沟底线，向北100米至王家咀村李义庄址。建设控制地带：以保护标志基座为中心，向东500米至王家东咀村村道，向南1000米至王家咀村和王家东咀村塬面，向西300米至西庄村塬边，向北500米至疙瘩渠村村道。"

林家遗址

位于东乡族自治县东塬乡林家村北大夏河东岸二级台地上。新石器时代、青铜时代。遗址北起洩湖峡、南至林家村、西起台地边缘、东至红泥沟。遗址地势平坦，高出河床约30米，隔河与临夏市上庄遗址相望。占地面积约6.6万平方米。主体遗存为马家窑文化马家窑类型，台地东缘有少量的齐家文化遗存。

1977年4月至1978年7月，甘肃省文物工作队、临夏州博物馆会同东乡族自治县文化馆共同进行了考古发掘，发掘面积近3000平方米。共发现马家窑文化马家窑类型房址27座、陶窑3座、灰坑98个；齐家文化房址3处、墓葬1座；汉代木棺墓1座；唐代土洞墓6座。出土陶、石、骨、铜器3000余件，并发现大量稷、粟、大麻等谷物和油料标本。马家窑遗存可分为早、中、晚三期。早期房屋均为"凸"字形半地穴建筑，灶坑为两个圆形直壁深穴，草泥居住面。中期房址房基经平整夯筑，半地下浅穴。晚期出现平地筑墙建房或室内分隔小间，室外续建前后相连小屋的建筑形式，平面有的作横长方形，宽而浅，半地穴甚浅。灶址多为平地垒筑高泥圈。穴壁和地面以黏土草拌泥涂抹，质地坚硬光滑。室内出土有较多的陶、石、骨器等，多置于墙壁下灶旁。陶器内多盛有稷、粟、大麻籽等，均已炭化。各期房址多是单间小屋，各自独立，分布分散，门向极不一致，适合一家一户居住。灰坑多为袋状窖穴，小圆口，部分为直壁，深约0.5米以下逐渐扩大，底部平整，有的还保存着涂抹的草拌泥。H19发现有2

1977 年东乡县林家遗址发掘现场

立方米的炭化稷，部分穗头、枝杆、谷粒保存完好。发掘出土生产工具和生活用具 2000 余件，陶器有钵、碗、罐、壶、瓶等。其中的泥质红陶大多为彩陶，均为黑彩，饰有平行线纹、圆点纹、网格纹、水波纹等。石制工具有刀、斧、铲、镇、凿、锥、纺轮、网坠等 10 余种。骨制工具有骨锥、骨针、骨竿和极具特色的骨柄石刃器，精细实用。出土的一件铜刀，由锡青铜模铸而成，刀身薄厚均匀，短柄长刃，长 12.5 厘米。这是迄今为止中国考古发现中出土的最早的一件青铜刀，将中国使用青铜器的历史提早到距今五千年左右。该遗址是马家窑类型考古工作中发掘面积最大、收获最丰的。遗址保存较好，是大夏河流域重要的一处马家窑文化聚落遗址。

1981 年被甘肃省人民政府公布为第四批省级文物保护单位。2006 年国务院公布为第六批全国重点文物保护单位。2009 年，甘肃省人民政府（甘政发〔2009〕3 号文件）公布其保护范围为："东至大深沟，南至林家村以北 300 米处，西至老虎嘴电站进水渠，北至大夏河与大深沟交汇处。保护范围外，东至大深沟外 500 米处，南至林家村外 200 米处，西至大夏河，北至大夏河与大深沟交汇处，为建设控制地带。"

牛门洞遗址

位于会宁县城西北约 45 千米处。属新石器时代。它是一处延续时间较长、文化遗存分布密集的特大型遗址。以头寨乡牛门洞村为中心，北以花岔阳屲北侧深沟为界，南至大泉湾北侧深沟，东起大地梁东侧深沟，西至仁家湾东侧深沟。遗址分布于周边山坡、山梁之上，东西约 3 千米，南北约 3.5 千米，占地面积约 10 平方千米。

遗址地貌为高原山地，海拔 2100~2270 米。包含有仰韶文化晚期、马家窑文化半山、马厂类型、齐家早期文化、类似辛店文化等遗存，前后延续 2000 多年。20 世纪 70 年代修水平梯田中，出土大量石器、陶器（多为彩陶）和部分玉器。出土彩陶形体较大，打磨光滑，彩绘精美，多为半山类型代表性彩陶，具有较高的艺术价值和研究价值。

牛门洞村周边山梁坡地上保存有成片排列密集的半山—马厂类型墓葬。20 世纪 70 年代出土几百件石器、彩陶、素陶和少量玉器，主要收藏于定西市博物馆

牛门洞遗址局部

和会宁县博物馆。其中仰韶文化、半山类型彩陶系泥质橙黄陶或红陶，纹饰绚丽，堪称彩陶精品。齐家文化均为泥质橙黄陶、红陶，多带耳器，下腹饰横行篮纹，可能属早期遗物。类似辛店文化的陶器有蛇纹鬲、圆底罐等。牛门洞遗址是甘肃省中部地区一处特大型史前文化遗址，面积达 10 平方千米，十分罕见；同时又是一处高原山地遗址，海拔 2100 米以上。地处偏远山地，保存较好，内涵丰富，包含有 2000 多年的古文化遗存，对于研究仰韶文化和马家窑文化的关系以及进一步研究甘肃中部地区马家窑文化、类似辛店文化遗存有重要研究价值。

1981 年，甘肃省人民政府公布为第四批省级文物保护单位。2006 年，国务院公布为第六批全国重点文物保护单位。2009 年，甘肃省人民政府（甘政发〔2009〕3 号文件）公布其保护范围为："以牛门洞村为中心，东至大地梁东侧深沟，南至大泉湾北侧深沟，西至任家湾东侧深沟，北至花岔阳洼北侧大深沟，保护范围外 200 米以内为建设控制地带。"

西河滩遗址

位于酒泉市肃州区清水镇中寨村西北。新石器时代、青铜时代。遗址位于季节性河流双疙瘩河东岸二级台地上，占地面积约 100 万平方米。2003~2005 年，甘肃省文物考古研究所和西北大学考古文博学院对遗址进行联合发掘，发掘面积 10000 余平方米。发现房址 50 多座，有半地穴式和地面式两种；灰坑 440 余个，有圆形、长条形和不规则形，坑壁多经烧烤形成坚硬的红烧土层；还有储藏坑 160 余座、祭祀坑 20 余座、陶窑 8 座以及畜圈遗存。石器以细石器为主。陶器以夹砂陶为主，泥质陶很少，素面较多，亦有一定数量的彩陶。属于马家窑文化马厂类型向四坝文化过渡的遗存及四坝文化遗存。这是河西走廊西部首次发掘的一处大型史前聚落遗址，具有重要研究价值。

2006 年国务院公布为第六批全国重点文物保护单位。2009 年，甘肃省人民政府（甘政发〔2009〕3 号文件）公布其保护范围为："东至张嘉二回输电线（313 线）3036 号塔杆，南至清嘉高速公路北侧路基，西至 3036 号塔杆向西 700 米，北至三合林场南侧水渠。保护范围外，东至中寨七组南北向道路，南至清嘉高速公路北侧路基，西至3036号塔杆向西800米处，北至三合林场南侧水渠为建设控制地带。"

寺洼遗址

位于临洮县衙下镇衙下村洮河西岸二、三级台地以及相接的寺洼山半山以下地带。新石器时代、青铜时代。又称"庙坪—鸦沟遗址"，是"寺洼文化"的命名地。北起林家沟，南至古洞沟，东自阶地边缘，西达寺洼山半山地带。1924年，瑞典学者安特生首次发现并进行发掘。1945年，夏鼐先生在此调查发掘。1957年、1962年、1963年甘肃省各级文物部门多次进行调查。遗址长4000米，宽1500米，占地面积约600万平方米。除寺洼文化外，还有丰富的马家窑文化以及齐家文化、辛店文化遗存。其年代距今5000~3000年。遗址保存良好，周围地貌未发生大的改变。文化层距地表0.4~2米、厚0.5~2米。暴露遗迹、遗物

寺洼遗址

有灰层、灰坑、白灰面、墓葬以及彩陶残片、骨器和石器等。

主体遗存为青铜时代寺洼文化。根据采集陶片可知，最早的遗存为新石器时代仰韶文化晚期，有灰陶小口尖底瓶口、网格纹彩陶片等。还有马家窑文化遗存，采集有典型的马家窑文化彩陶片，橙黄陶黑彩，有水波纹、锯齿纹等。寺洼山的半山腰，有齐家文化灰层、白灰面房址等遗迹，采集有完整篮纹双耳罐等典型器物。还采集有典型的辛店文化双耳彩陶罐。寺洼文化是甘肃中东部地区普遍发现的一支青铜文化，以马鞍口陶罐为代表性器物，具有鲜明的地方特色。它与周、秦文化的关系是考古学尚待解决的重大课题。遗址规模宏大，文化遗存延续2000多年，蕴含丰富的历史信息和文化内涵，对探讨甘肃中部新石器时代和青铜时代文化有较高的研究价值。

1981年，甘肃省人民政府重新公布为省级文物保护单位。2006年国务院公布为第六批全国重点文物保护单位。2009年，甘肃省人民政府（甘政发〔2009〕3号文件）公布其保护范围为："以保护标志碑为中心，向东150米至洮河西岸二级台地边沿，向南1600米至古洞沟北岸，向西580米至大衙、二衙坪东侧刘排坪提灌渠，向北650米至林家沟南岸。保护范围外100米以内为建设控制地带。"

火烧沟遗址

位于玉门市清泉乡清泉村。青铜时代。遗址地处 312 国道 3024 千米处西面 20 米。312 国道从遗址中穿过，占地面积约 50 万平方米。

1976 年，甘肃省文物工作队首次发掘，发掘墓葬 312 座，出土了陶器、石器、金银器、骨器以及铜器共 3000 余件。墓葬均为土坑墓，以仰身直肢单人墓为主，也有双人合葬墓和四人合葬墓。312 座墓葬中有 106 座出土有铜器，出土铜器 200 余件。经鉴定，大部分铜器为青铜。陶器中彩陶占较大比例，红色陶衣，黑彩为主，彩绘浓厚，凸起于器表，易脱落。彩陶的主要器型有双肩耳罐、双大耳罐、矛形盖罐、四耳罐、单耳罐和盘等。彩陶花纹多以直线构成，除几何纹外，蜥蜴纹最具特色，表现了从写实到写意的系列发展过程。出土的人形彩陶罐、人足彩陶罐、鱼形陶埙、鹰嘴壶、三狗方鼎等已被定为

国家一级文物。出土的 20 多只陶埙，是远古时代的一种吹奏乐器，是国内已出土古代乐器中年代较久的古乐器之一，极富特色。鹰嘴壶、三狗方鼎等造型优美，制作细腻，形象逼真，表现了远古时期火烧沟人高超的智慧和审美能力。碳 14 测定其年代为距今 3890±120 年 ~3580±145 年（经树轮校正），相当于中原王朝夏代末期、商代早期。1990 年进行了第二次发掘，发掘墓葬 17 座。

2005 年，为配合嘉安高速公路建设，进行第三次发掘。发掘面积 1700 余平方米，发现各类遗迹 400 余个，其中有墓葬 45 座，灰沟 6 条，灰坑、房址、窖穴 340 余座。第三次发掘发现大量骟马文化遗迹和遗物，其中骟马文化灰坑打破了四坝文化墓葬，从地层上解决了两者的早晚关系问题。该遗址的发掘是四坝文化考古中资料最为丰富的，有学者称之为"火烧沟文化"，对于中国早期铜器及中西文化交流的研究提供了弥足珍贵的资料，被评为"最具中华文明意义的百项考古发现"之一。火烧沟遗址在西北地区青铜时代考古上有重大意义，引起学术界的高度重视，相关研究成果众多，主要有《四坝文化研究》《四坝文化铜器研究》《东风西渐——中国西北史前文化之进程》等。

1993 年，甘肃省人民政府公布为第五批省级文物保护单位。2006，年国务

火烧沟遗址局部

西坡坬遗址

曹家咀遗址

院公布为第六批全国重点文物保护单位。2009 年，甘肃省人民政府（甘政发〔2009〕3 号文件）公布其保护范围为："东至原清泉中学东墙外以东 100 米处，南至嘉安高等级公路以南 200 米处，西至学校西墙外以西 185 米处，北至嘉安公路以北 300 米处。保护范围外 500 米以内为建设控制地带。"2004 年初，对修建在遗址上的清泉中学予以搬迁，清泉乡人民政府将校址交清泉乡宏兴菜业有限公司使用。1991 年，玉门市人民政府立保护碑一块。2006 年，甘肃省人民政府立"全国重点文物保护单位"碑一块。遗址现有部分复原展示由玉门市文体局、玉门市博物馆等共同负责保护管理。玉门市博物馆保存有完整的"四有"档案。

西坡坬遗址

位于兰州市七里河区黄峪乡陆家沟村南，占地面积约 10 万平方米，文化层厚 0.5~2 米。1960 年试掘，发现房址、窑

址、灰坑等。出土器物有盆、壶、罐、碗，锛等。彩陶为黑色彩绘，纹饰有漩涡纹、宽带纹、弧形三角纹等。出土石器有刀、斧、锛，并有陶刀、陶环。属马家窑文化马家窑类型遗存。

1962 年，甘肃省人民政府公布为第三批省级文物保护单位。1981 年，甘肃省人民政府重新公布为甘肃省省级文物保护单位。

曹家咀遗址

位于兰州市七里河区西果园乡曹家咀村西，占地面积约 7.5 万平方米，文化层厚 2~3 米。1971 年 12 月，经发掘有灰坑和窑址。出土陶器以泥质红陶为主，器形有罐、壶、盆、钵。彩陶绘黑彩，纹饰为漩涡纹、带状纹、弧线纹等。石器有石斧、石凿。属马家窑文化马家窑类型遗存。

1962 年，甘肃省人民政府公布为第三批省级文物保护单位，1981 年，甘肃省人民政府重新公布为省级文物保护单

位。2006年，甘肃省人民政府授权甘肃省文物局重新公布为省级文物保护单位。

青岗岔遗址

新石器时代—青铜时代。位于兰州市七里河区西果园乡青岗岔村，占地面积约8万平方米，文化层厚1.5~2.5米。1963年、1976年，甘肃省文物工作队与北京大学考古专业联合，先后试掘两次，发现房址、窑址和墓葬等。出土有属马家窑文化半山类型的泥质红陶，器形有小口双耳壶、垂腹罐等。彩陶以黑、红彩绘成，纹饰为锯齿纹、方格纹等；属马厂类型的也以黑、红二彩绘成，纹饰有圆圈纹、弧线纹、圆点纹，器形为深腹盆、杯等；属齐家文化的有篮纹，器形为单耳罐。

该遗址首次发现了半山类型房址的彩陶。在此之前，安特生和学术界认为，半山彩陶是专用的随葬品，不是日常生活用品。青岗岔遗址的发掘纠正了以往的错误认识，为今后解决马家窑文化的分期奠定了基础。

1981年，甘肃省人民政府重新公布为第四批省级文物保护单位，作为曹家咀遗址组成部分。2006年，甘肃省人民政府授权甘肃省文物局重新公布为省级文物保护单位。

三家山遗址

位于兰州市西固区西固乡三家山村东南500米处。新石器时代—青铜时代。

三家山遗址

占地面积约6万平方米，文化层厚0.2~2米。采集有属马家窑文化半山类型泥质红陶，夹砂红、灰陶片及彩陶片。彩陶绘黑、红彩，纹饰为网格纹、锯齿纹，器形有罐、钵、盆、瓮、双耳罐等。属齐家文化的夹砂陶纹饰为篮纹、附加堆纹，器形有罐、盘。

1993年，甘肃省人民政府公布为第五批省级文物保护单位。2006年，甘肃省人民政府授权甘肃省文物局重新公布为省级文物保护单位。

山城台遗址

位于兰州市红古区红古乡镟子村北，占地面积约2.7万平方米，文化层厚0.8~1.1米，暴露有灰坑。采集有泥质和夹砂红、褐色陶片，夹砂陶饰绳纹、附加堆纹；纹饰为宽带纹、垂弧纹、叶纹、变体蛙纹，器形有壶、折腹盆、罐、双耳罐等。属马家窑文化马厂类型遗存。

1993年，甘肃省人民政府公布为第

山城台遗址

红山遗址

五批省级文物保护单位。

红山遗址

位于兰州市红古区窑街镇红山村东约50米，占地面积约12万平方米。文化层厚0.5~1.2米，暴露有灰层、灰坑，采集有夹砂红陶片、泥质红陶片及少量灰褐陶片。属马家窑文化马家窑类型，彩陶主要器形有长颈壶等，彩绘为黑色，纹饰有条带纹、水波纹、漩涡纹、平行线纹；属半山类型彩陶纹饰有平行线纹、网格纹、圆圈纹等，器形为卷唇盆、单耳罐。采集石器有石刀、石弹丸等。

1993年，甘肃省人民政府公布为第五批省级文物保护单位。2006年，甘肃省人民政府授权甘肃省文物局重新公布为省级文物保护单位。

团庄遗址

位于永登县河桥镇独山村团庄南侧，占地面积约10万平方米，文化层厚1~1.5米。采集有陶器，陶质以泥质橙黄陶为主，泥质红陶次之，有少量夹砂灰褐陶，纹饰为附加堆纹及刻划纹。1974年曾出土马家窑类型彩陶盆、罐、钵、杯，绘黑彩，纹饰为平行线纹；马厂类型彩陶以黑彩为主，器形有罐、钵等，纹饰为平行线纹、弧线三角纹。另采集石器有刀、斧和凿。

1981年，甘肃省人民政府公布为第四批省级文物保护单位。2006年甘肃省人民政府授权甘肃省文物局重新公布为省级文物保护单位。

蒋家坪遗址

由上坪和下坪遗址组成。上坪位于永登县河桥镇蒋家坪村北，占地面积约2万平方米，文化层厚约0.8米。采集陶片有泥质橙黄陶、红陶、夹砂陶。纹饰为刻划纹、附加堆纹。属马家窑类型的器物有盆、罐等，彩陶为黑色彩绘，纹饰有平行线纹、弧线纹、垂弧纹；属马厂类型的壶、罐等器物绘黑、红二彩，纹饰为三角折线纹、四大圆圈纹等。下坪

蒋家坪上坪遗址

杜家坪遗址

位于蒋家坪村南,占地面积约4.5万平方米,文化层厚0.5~1.5米,暴露有房址和灰坑。1974~1975年,甘肃省文物工作队与北京大学考古系曾在此进行过联合发掘,发现马厂类型墓葬打破马家窑类型的地层关系,同时发现陶窑及分间房址。出土陶器陶质以泥质橙色陶为主,属马家窑类型的器物有罐、盆、瓶,彩绘黑色,纹饰为弧线圆点纹、平行线纹。属马家窑类型的早期遗存。属马厂类型的器形有壶、瓮、杯,绘黑、红二彩,纹饰为圆圈纹、网格纹。另外出土石器有斧、刀、凿、砍砸器、石弹丸,另有骨、角器等。发现一件青铜刀。

1993年,甘肃省人民政府公布为第五批省级文物保护单位。2006年,甘肃省人民政府授权甘肃省文物局重新公布为省级文物保护单位。

杜家坪遗址

位于永登县连城镇明家庄村西北,

占地面积约2.4万平方米,文化层厚1~1.5米,暴露有灰坑、白灰面居址。采集陶片有泥质橙黄陶、红陶和夹砂红陶,饰纹有附加堆纹。另采集有彩陶片,属马家窑类型的器物有钵、瓶,黑色彩绘,纹饰有水波纹、弧线纹等;属马厂类型的器物有罐、壶,绘黑、红二彩,纹饰为平行线纹、宽带纹;还有属辛店文化彩陶,器形有罐等,绘黑、红二彩,纹饰主要为双勾纹等。另采集有石刀、石珠等。

1981年,甘肃省人民政府重新公布为省级文物保护单位。2006年,甘肃省人民政府授权甘肃省文物局重新公布为省级文物保护单位。

把家坪遗址

位于永登县红城镇凤山村小槽沙沟西南,占地面积约20万平方米,文化层厚约1米。采集有泥质红陶、夹砂红陶、夹砂褐陶片。饰绳纹、刻划纹;彩陶数量较少,器形有盆和罐,绘黑彩,纹饰

把家坪遗址

李家坪遗址

为折线纹、宽带纹。并有陶纺轮及石器，石器为刀、斧、铲等。属马家窑文化马厂类型遗存。

1993年，甘肃省人民政府公布为第五批省级文物保护单位。2006年，甘肃省人民政府授权甘肃省文物局重新公布为省级文物保护单位。

李家坪遗址

包括上坪和下坪两部分。上坪位于永登县龙泉寺乡杨家营村刘家湾西北，占地面积约40万平方米，文化层厚约1.5米，暴露有灰坑。采集陶片为泥质陶和夹砂陶，红色为主，橙黄色次之，部分有紫色陶衣，由黑、红彩绘成，纹饰为圆圈纹、网格纹、蛙纹、折线纹，器形有罐、壶、瓶、钵。下坪位于永登县龙泉寺乡杨家营村刘家湾西南，占地面积约21万平方米，文化层厚约1.5米，暴露有灰层、灰坑。采集陶片为泥质红陶、夹砂陶。绘黑、红二彩，纹饰有网格纹、折线纹、圆圈纹，器形为罐、

壶、瓶等。属马家窑文化马厂类型遗存。

1993年，甘肃省人民政府公布为第五批省级文物保护单位。2006年，甘肃省人民政府授权甘肃省文物局重新公布为省级文物保护单位。

大沙沟遗址

位于永登县城关镇五渠村西北，占地面积约5.5万平方米，文化层厚约0.3米，暴露有灰坑。采集有较多泥质红陶片，灰陶较少。彩绘以黑彩为主，纹饰为平行线纹、斜线纹，器形多口盆、罐、杯等。属马家窑文化马厂类型遗存。

1981年，甘肃省人民政府重新公布为省级文物保护单位。

2006年，甘肃省人民政府授权甘肃省文物局重新公布为省级文物保护单位。

分豁岔遗址

位于榆中县城关镇分豁岔村东，占地面积约6.6万平方米，文化层厚0.3~0.5米，暴露有窑址和墓葬。1990年，甘肃

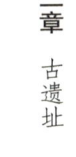

第二章　古遗址

73

省文物考古研究所与甘肃联合大学文博班学员共同发掘，发掘面积250平方米，出土有泥质红陶、夹砂褐陶、彩陶片及石、骨器。夹砂陶饰有附加堆纹、绳纹。属马家窑类型的彩陶绘黑彩，纹饰为水波纹、漩涡纹、网格纹，器形有双耳罐、单耳罐、钵；属半山类型的彩陶绘黑、红彩，纹饰为菱形纹、锯齿纹，器形有壶、瓮；属马厂类型的彩陶以黑彩为主，纹饰为折线纹、漩涡纹、圆圈纹等，器形有钵、盆、壶、罐、瓮。现为榆中县县级文物保护单位。

湖滩遗址

位于榆中县高崖镇湖滩村南前山梁，1985年发现。占地面积约2.5万平方米，文化层厚0.4~1.5米。采集有泥质彩陶器，曾出土完整陶器300余件。推测原来是个墓地。彩陶绘黑、红二彩，纹饰为葫芦纹、锯齿纹、漩涡纹、网格纹、菱格纹等，器形有罐、壶、瓮等。属马家窑文化半山类型遗存。

马家坬遗址

位于榆中县连搭乡马家坬村西北。新石器时代—青铜时代。占地面积约4000平方米，文化层厚约0.5米。采集有属马家窑文化半山类型泥质红陶和夹砂红陶及彩陶片。彩陶绘黑、红二彩，纹饰有漩涡纹、锯齿纹、网格纹，器形有小口双耳壶、双耳瓶和罐类器；属齐家文化的泥质、夹砂红陶器形有高领折肩罐、大口双耳罐等，纹饰为篮纹，彩陶片很少，绘红彩。

1981年，甘肃省人民政府重新公布为省级文物保护单位。2006年，甘肃省人民政府授权甘肃省文物局重新公布为省级文物保护单位。

方家沟遗址

位于榆中县清水驿乡方家沟村东、西、南三面，占地面积约3.2万平方米，文化层厚0.15~0.5米。采集有泥质红陶、

马家坬遗址

方家沟遗址

夹砂红陶和彩陶片和石斧。属半山类型的彩陶绘黑、红二彩，纹饰有锯齿纹、网格纹，器形为壶、罐；属马厂类型的彩陶罐彩绘为黑彩，纹饰多为圆圈纹、网格纹、变体蛙纹等。

1993年，甘肃省人民政府公布为第五批省级文物保护单位。2006年，甘肃省人民政府授权甘肃省文物局重新公布为省级文物保护单位。

郭家湾遗址

位于榆中县甘草店镇郭家湾村、郭家湾小学周边四面环山的小盆地内。遗址北侧为郭家湾小学，西侧为碱沟，南侧为九子沟，东面为山梁。遗址东西宽约570米，南北长约600米，占地面积约34.2万平方米。遗址东面、南面及中部区域内文化堆积较厚，暴露的遗迹有灰层、房址、窑址等，房址白灰层面清晰，距地表0.5~2.5米不等；西南部及中部区域陶片较多，其余地方陶片较少，采集有泥

质彩陶片，饰有平行线纹、弧线三角纹、圆点纹、网格纹、圆圈纹、锯齿纹，可辨器型有罐、壶、钵等，属马家窑文化—齐家文化遗存。该遗址面积大、遗存丰富、出土器物精美，为研究当地史前人类聚居生活形态具有重要的考古价值。

1993年，甘肃省人民政府公布为第五批省级文物保护单位。2006年，甘肃省人民政府授权甘肃省文物局重新公布为省级文物保护单位。

红寺遗址

位于榆中县小康营乡红寺村西北。新石器时代—青铜时代。占地面积约60万平方米，文化层厚0.2~2米，暴露有墓葬和白灰居住面。采集有泥质或夹砂红陶和彩陶片、罐等。器形有双大耳罐、瓮、垂腹罐和折肩罐。纹饰为篮纹、绳纹、附加堆纹。另采集有石斧、石刀等。属齐家文化遗存。

1993年，甘肃省人民政府公布为第

郭家湾遗址

红寺遗址

五批省级文物保护单位。2006年，甘肃省人民政府授权甘肃省文物局重新公布为省级文物保护单位。

脑脉岔遗址

位于皋兰县石洞镇魏家庄村东600米阳坡社东侧的山梁南端。山梁呈南北走向，北高南低，起伏较大，西坡较陡，东侧较为平缓，向东延伸出四条较短的山梁，地形呈四指状。遗迹主要分布在山梁南端及向东延伸出的较短山梁上。遗址中心偏北东西山坳断崖上发现多处文化堆积，东临脑脉岔沟，西接阳坡社，南距白兰高速公路800米，东为群山，南北长约300米，东西宽约65米，占地面积19500平方米。采集标本主要是陶片，彩陶片多以黑彩为主，有红色陶衣，纹饰有垂弧纹、四大圆圈纹、平行线纹、折线纹等，可辨识的器型有内彩折腹彩陶盆、壶、夹砂罐等，属于马家窑文化马厂类型。该遗址面积较大，保存较为完整，属甘肃省第三次全国文物普查新发现遗址。

瓦罐滩遗址

位于武威市凉州区下双乡蓄水村东，占地面积约25万平方米，文化层厚0.2~0.5米。地表散布大量彩陶片。采集有夹砂陶及泥质红陶片，彩绘黑色，纹饰为网格纹、水波纹、平行线纹、弧线纹、三角纹等。另有石刀、石斧、石磨、石铲等。属马家窑文化马家窑类型遗存。

瓦罐滩遗址

1993年，甘肃省人民政府公布为第五批省级文物保护单位。2006年，甘肃省人民政府授权甘肃省文物局重新公布为省级文物保护单位。

茂林山遗址

位于武威市凉州区新华乡李府村西，占地面积约6万平方米，文化层厚2.5米。采集有彩陶片、夹砂红陶片，有的陶片饰附加堆纹，绘黑、红二彩，纹饰为水波纹、圆圈纹，器形有单把筒形杯、小口广肩双耳瓮等。采集器物还有砍砸器、刀、斧等石器。属马家窑文化马厂类型遗存。

1993年，甘肃省人民政府公布为第五批省级文物保护单位。2006年，甘肃省人民政府授权甘肃省文物局重新公布为省级文物保护单位。

郭家山遗址

位于武威市凉州区丰乐镇东湖村东北。新石器时代。占地面积约5万平方米，文化层厚1.8~2.2米。采集有夹砂红、灰

郭家山遗址 　　　　　　　　　　　　　　皇娘娘台遗址

陶片、彩陶片及石刀、石斧等。有的陶片饰绳纹、附加堆纹。彩陶绘黑、红彩，纹饰为圆圈纹、菱形纹等，器形有罐、纺轮等。属马家窑文化马厂类型。

2003 年，甘肃省人民政府公布为第六批省级文物保护单位。

皇娘娘台遗址

位于武威市凉州区金羊镇宋家园村内。属齐家文化。占地面积约 37 万平方米。文化层厚 0.6~3.7 米。1957~1975 年先后发掘四次，揭露面积 7000 平方米。发现房基 9 座，窖穴 56 个，墓葬 88 座。房址呈正方形，白灰地面，中间有葫芦形双灶坑；墓葬为长方形土坑墓，葬式有单人葬，成年男、女二人合葬，一男二女三人合葬等。出土有陶器、石器、骨器、玉器、石璧和红铜器等，其中铜刀、锥、凿与环等 30 余件红铜器是中国迄今成批出土年代最早的红铜器。甘肃中部齐家文化多红彩，而这里的彩陶却为黑彩，且数

量较多。该遗址是河西走廊已发掘面积最大、收获最丰的齐家文化遗存，对研究齐家文化的内涵、特征及社会性质有重要价值。

1962 年，甘肃省人民政府公布为第三批省级文物保护单位。1981 年，甘肃省人民政府重新公布为省级文物保护单位。2006 年，甘肃省人民政府授权甘肃省文物局重新公布为省级文物保护单位。

老城遗址

位于古浪县裴家营乡老城村老城南，占地面积约 20 万平方米，文化层厚约 1 米。1980 年曾试掘 200 平方米，出土泥质及夹砂红褐陶片，纹饰有刻划纹、附加堆纹。彩陶绘黑、红二彩，纹饰为变体蛙纹、水波纹、圆圈纹等。还出土有双耳罐、壶、盆、钵和石斧、骨锥、骨针等 40 余件。属马家窑文化马厂类型遗存。

1993 年，甘肃省人民政府公布为第五批省级文物保护单位。2006 年，甘肃

省人民政府授权甘肃省文物局重新公布
为省级文物保护单位。

朵家梁遗址

位于古浪县胡家边乡保和村西南朵家梁，占地面积约 10 万平方米，文化层厚约 1 米。采集有夹砂红陶罐、灰陶罐、双耳彩陶罐以及骨锥等 20 余件。彩陶绘黑、红彩，纹饰为圆圈纹、折线纹等，属马家窑文化马厂类型遗存。

1993 年，甘肃省人民政府公布为第五批省级文物保护单位。2006 年，甘肃省人民政府授权甘肃省文物局重新公布为省级文物保护单位。

罗家湾遗址

位于天祝藏族自治县东坪乡罗家湾村西北，占地面积约 20 万平方米，文化层厚约 1.2 米，暴露有泥质红陶片、夹砂红陶片等。还曾出土彩陶双耳罐、筒状杯、小口瓮以及红陶罐多件，彩绘为黑、红彩，纹饰有圆圈纹、方格纹等，并出土

罗家湾遗址

有石刀、石斧等。属马家窑文化马厂类型遗存。

1993 年，甘肃省人民政府公布为第五批省级文物保护单位。2006 年，甘肃省人民政府授权甘肃省文物局重新公布为省级文物保护单位。

王坪遗址

位于临夏市枹罕乡王坪村。新石器时代—青铜时代。占地面积约 60 万平方米，文化层厚 1~3 米，暴露有灰坑、墓葬和房址。采集有马家窑文化半山类型泥质和夹砂红陶片，多饰划纹、绳纹。彩陶绘黑、红彩，纹饰为漩涡纹、方格纹、圆圈纹、水波纹，可辨器形有罐、壶、盆等；齐家文化泥质红陶和夹砂红褐陶片多饰绳纹、附加堆纹，可辨器型为单耳罐、双耳罐及侈口罐、鬲等；辛店文化夹砂红褐、橙黄陶片纹饰有大双勾纹、回纹、太阳纹等，可辨器形有双耳罐和壶等。

1981 年，甘肃省人民政府公布为第四批省级文物保护单位。2006 年，甘肃省人民政府授权甘肃省文物局重新公布为省级文物保护单位。

罗家尕塬遗址

位于临夏市南龙乡罗家湾村东北侧。新石器时代—青铜时代。占地面积约 66 万平方米。文化层厚 0.5~2 米，暴露有灰坑、房址、窑址和墓葬。采集有马家窑文化马家窑类型泥质和夹砂红陶罐、钵、

瓶、瓮等残片，多饰绳纹。彩陶绘黑彩，纹饰为勾叶圆点纹、弧线三角纹、条带纹、网纹等；半山类型泥质和夹砂红、灰陶壶、罐残片绘黑、红二彩，纹饰为绳纹、附加堆纹，漩涡纹、锯齿纹、圆圈纹、葫芦网格纹等；马厂类型泥质和夹砂红陶罐、瓮等绘黑、红二彩，纹饰有绳纹以及黑红彩相间的三角折线纹、圆圈纹、漩涡纹等。另采集有齐家文化双大耳罐、侈口鼓腹罐及辛店文化单耳杯、双耳罐、双袋足鬲残片。

1993年，甘肃省人民政府公布为第五批省级文物保护单位。2006年，甘肃省人民政府授权甘肃省文物局重新公布为省级文物保护单位。

杨家河遗址

位于临夏县桥寺乡朱家墩村西。占地面积约48万平方米，文化层厚0.8~2米。采集有泥质和夹砂红陶片，少量泥质灰陶片，器表素面或饰交叉绳纹、附加堆纹，彩陶纹饰为黑、红彩相间的锯齿纹、葫芦网格纹、弧形三角纹、网纹，亦有少量器物绘有内彩，可辨器形有壶、钵、单耳罐、双耳罐等。属马家窑文化半山类型遗存。

1981年，甘肃省人民政府公布为第四批省级文物保护单位。2006年，甘肃省人民政府授权甘肃省文物局重新公布为省级文物保护单位。

杨家河遗址

任家崖遗址

位于临夏县黄泥湾乡五一村西。新石器时代—青铜时代。占地面积约1万平方米。文化层厚约2米，暴露有白灰面房址1处。采集有泥质和夹砂红陶片及少量泥质黑、灰陶片。马家窑类型陶片绘黑彩，纹饰多为条带纹、水波纹、漩涡纹、网格纹，器形有喇叭口平底瓶、钵、壶、罐等。齐家文化陶片多素面，纹饰有绳纹、篮纹、附加堆纹，器形为双耳罐、侈口罐及碗等。

1993年，甘肃省人民政府公布为第五批省级文物保护单位。2006年，甘肃省人民政府授权甘肃省文物局重新公布为省级文物保护单位。

崔家庄遗址

位于临夏县北塬乡崔家村东北侧。新石器时代—青铜时代。占地面积约100万平方米。文化层厚1~4米，暴露有灰坑、窖穴、墓葬和白灰面居址。曾出土陶器、玉器、石器、骨器40余件。陶器主要为泥质和夹砂红陶，器表多素面，部分饰绳纹、篮纹和附加堆纹。器形有双大耳罐、侈口高领深腹双耳罐、侈口鼓腹罐和鬲等。石器有刀、斧、凿、锛、弹丸、网坠等，以磨制石器居多。玉器有璜、璧、玦等。属齐家文化遗存。

1981年，甘肃省人民政府重新公布为第四批省级文物保护单位。2006年，甘肃省人民政府授权甘肃省文物局重新公布为省级文物保护单位。

赵家遗址

位于广河县阿力麻土乡辛家村西北。新石器时代—青铜时代。占地面积约30万平方米。文化层厚0.3~1米，暴露有墓葬、白灰面居址。采集有马家窑文化半山类型泥质和夹砂红陶片，器表素面或饰附加堆纹和绳纹。彩陶绘黑、红彩，纹饰有网格纹、锯齿纹，可辨器形有壶、罐；齐家文化的泥质、夹砂红褐陶片，纹饰有篮纹、交叉绳纹，可辨器形有双大耳罐和壶。另外还采集有寺洼文化马鞍形口双耳罐残片。

1981年，甘肃省人民政府公布为第四批省级文物保护单位。2006年，甘肃省人民政府授权甘肃省文物局重新公布为省级文物保护单位。

半山遗址

位于广河县南山乡瓦罐咀村南。1924年，瑞典考古学家安特生首次发现并发掘。占地面积约10万平方米。文化层厚0.5~1.5米，暴露有墓葬和白灰面居址。出土陶器以泥质红陶为主，器表素面或饰绳纹和附加堆纹。彩陶纹饰为黑、红彩相间的锯齿纹、垂弧纹、葫芦网格纹，器形有壶、瓮、瓶、盆、钵、单耳罐和双耳罐等，属马家窑文化半山类型遗存。

1981年，甘肃省人民政府重新公布为第四批省级文物保护单位，名为"瓦罐咀遗址"。2006年，甘肃省人民政府授权甘肃省文物局重新公布为省级文物保护单位，更名为"半山遗址"。

赵家遗址

半山遗址

西坪遗址

位于广河县城关乡西坪村广通河南岸的台地上。新石器时代—青铜时代。占地面积约20万平方米。文化层厚0.5~1米，暴露有白灰面居址和墓葬。采集有马家窑文化马家窑类型泥质和夹砂红陶片，彩陶绘黑彩，有漩涡纹、平行线纹、弧线三角纹，可辨器形有壶、钵、瓶、罐等；齐家文化夹砂红褐陶片器表多素面，饰绳纹、篮纹，可辨器形有双大耳罐、豆和鬲等。

2003年，甘肃省人民政府公布为第六批省级文物保护单位。

边家林遗址

位于康乐县虎关乡边家林村西北。新石器时代—青铜时代。占地面积约15万平方米。文化层厚0.5~1.2米，暴露有房址和墓葬。1981年，甘肃省文物工作队与临夏州博物馆局部发掘420平方米，清理竖穴土坑墓17座。出土有马家窑文化半山类型的壶、罐、瓶、盆、瓮，陶质为泥质和夹砂红陶，多饰绳纹和附加堆纹。彩陶绘黑、红二彩，纹饰主要为黑、红彩相间的漩涡纹、锯齿纹、葫芦网格纹。齐家文化罐、碗等陶质为泥质红陶和夹砂红褐陶，主要纹饰为绳纹、篮纹和附加堆纹。该遗址还发掘出土了一批马家窑类型向半山类型过渡的器物，说明两者之间是一脉相承的发展关系。

1981年，甘肃省人民政府公布为第四批省级文物保护单位。2006年，甘肃省人民政府授权甘肃省文物局重新公布为省级文物保护单位。

王家遗址

位于康乐县虎关乡下王家村东北。新石器时代—青铜时代。占地面积约6000平方米。文化层厚0.5~3米。采集有泥质和夹砂红陶片，器表素面或饰篮纹、绳纹、划纹。可辨器形有鬲、盆和单耳罐、双耳罐等。属齐家文化遗存。

1981年，甘肃省人民政府公布为第四批省级文物保护单位。2006年，甘肃省人民政府授权甘肃省文物局重新公布为省级文物保护单位。

三塬遗址

位于东乡族自治县考勒乡三塬村西。新石器时代—青铜时代。占地面积约50万平方米。文化层厚0.5~1米，暴露有房址和墓葬。采集有大量马家窑文化泥质红陶、橙黄陶片和夹砂红、灰陶片。其中马家窑类型陶片多饰绳纹，彩陶绘黑彩，纹饰为勾叶圆点纹、弧线纹等，器形有罐、壶、盆、钵等；马厂类型陶片多饰绳纹、少量饰附加堆纹，彩陶绘黑、红二彩，纹饰有四大圆圈纹、网格纹、折线纹等，器形有罐、壶等。另采集有少量齐家文化泥质和夹砂红陶片，多饰绳纹、篮纹，器形有深腹罐、高领罐和鬲。

1993 年，甘肃省人民政府公布为第五批省级文物保护单位。2006 年，甘肃省人民政府授权甘肃省文物局重新公布为省级文物保护单位。

新庄坪遗址

位于积石山保安族撒拉族自治县银川乡新庄村东北。新石器时代—青铜时代。占地面积约 40 万平方米，分布于银河南岸的狭长台地上。文化层厚 1~4 米，暴露有灰坑和墓葬。采集有大量马家窑文化马家窑类型泥质和夹砂红陶片，多为绳纹。彩陶绘黑彩，纹饰主要有弧线三角纹、圆点纹，器形有罐、盆、钵等。另采集有齐家文化侈口鼓腹罐、双大耳罐，多为泥质红陶，主要饰绳纹和篮纹。还发现石刀、石斧、玉璧、玉钺及骨器等。该遗址的主体是一个大型齐家文化聚落，出土玉器精美。

1993 年，甘肃省人民政府公布为第五批省级文物保护单位。2006 年，甘肃省人民政府授权甘肃省文物局重新公布为省级文物保护单位。

三坪遗址

位于积石山保安族东乡族撒拉族自治县安集乡三坪村二坪庄。新石器时代—青铜时代。占地面积约 70 万平方米，文化层厚 1~2.5 米，暴露有窑址、灰坑和白灰面居址。出土有马家窑文化单耳罐、双耳罐及盆、壶、碗等，多为泥质和夹砂红陶，主要饰绳纹、附加堆纹。彩陶绘黑彩的纹饰有漩涡纹、圆点纹、弧线三角纹、水波纹等，绘黑、红彩的有黑、红相间的锯齿纹、变体蛙纹、葫芦形网格纹等。齐家文化陶器有双大耳罐、侈口鼓腹罐和鬲，纹饰有印纹、篮纹、绳纹。辛店文化陶器有单耳杯、双耳罐、双袋足鬲，陶质以夹砂红褐陶居多，彩陶饰黑彩，纹饰为卷云纹、回纹、双勾纹等。另出土有石刀、石锛、石斧等石器。出土于该遗址的一件马家窑文化马家窑类型彩陶瓮，现由中国国家博物馆收藏，被誉为"彩陶王"。

2003 年，甘肃省人民政府公布为第六批省级文物保护单位。

小茨台遗址

位于永靖县盐锅峡镇小茨村东南。新石器时代。占地面积约 150 万平方米，文化层厚 0.5~2 米，暴露有灰坑。采集有泥质、夹砂红陶和橙黄陶片，彩陶绘黑

小茨台遗址

彩，纹饰主要有平行线纹、网格纹、圆点纹、弧线三角纹，器形有平底瓶、罐、盆、钵和壶等。属马家窑文化马家窑、马厂类型遗存。

1981年，甘肃省人民政府公布为第四批省级文物保护单位。2006年，甘肃省人民政府授权甘肃省文物局重新公布为省级文物保护单位。

白家遗址局部

杏树台遗址

位于永靖县陈井乡水沟岘村东南。新石器时代—青铜时代。占地面积约35万平方米。文化层厚约0.30米，暴露有墓葬、灰层。采集有马家窑文化马厂类型泥质和夹砂红陶片，多饰绳纹，彩陶纹样有黑、红彩圆圈网格纹、菱形纹、变体蛙纹及彩绘符号，器形有钵、壶和双耳罐等；齐家文化泥质红陶和夹砂红褐陶片多饰绳纹和篮纹，器形有侈口高领深腹双耳罐、单耳罐和壶。

1981年，甘肃省人民政府公布为省级文物保护单位。2006年，甘肃省人民政府授权甘肃省文物局重新公布为省级文物保护单位。

白家遗址

位于永靖县新寺乡庆丰村白家社东500米处。东接沟槽，南邻坡头，西至白家沟，北邻公路。南北长约150米，东西宽120多米，保护面积1.8万平方米。该遗址为首次发现，断崖处暴露有一处灰层，长3米，厚0.8~1.5米。采集有红、黑彩的彩陶片和素陶片。彩陶为泥质橙红陶，纹饰有复道菱形带纹、宽带纹。素陶除素面外，纹饰有篮纹等。根据采集标本分析，该遗址属马家窑文化马厂类型和齐家文化并存的遗址。属甘肃省第三次全国文物普查新发现遗址。

然闹遗址

位于迭部县电尕乡然闹村东。新石器时代—青铜时代。占地面积约50万平方米，文化层厚1~4米，暴露有灰坑、墓葬。采集有仰韶文化晚期的泥质红陶和夹砂红陶片，素陶纹饰有绳纹、刻划纹、附加堆纹等。还有较多彩陶，黑彩，有圆点纹、垂弧纹、鸟纹、漩涡纹、三角涡纹、圆圈纹、网格纹等；内彩多绘于盆、钵的口沿部位，器形有钵、壶、瓶、罐、碗、卷沿盆。齐家文化泥质红陶和夹砂红陶片纹饰有篮纹、绳纹、刻划纹，器形有高领罐、鼓腹折肩罐、盆、壶等。

另采集有石刀、石斧、石杵。

1993 年，该遗址与叠州故城遗址、叠州烽火台合并被甘肃省人民政府公布为第五批省级文物保护单位。2006 年，甘肃省人民政府授权甘肃省文物局重新公布为省级文物保护单位。

北山坪遗址

位于舟曲县城关镇坝里村东。新石器时代—青铜时代。占地面积约 7.7 万平方米。文化层厚 0.2~2.3 米，暴露有灰坑、窖穴、白灰面居住址、陶窑和墓葬。采集有马家窑文化马家窑类型泥质红陶和夹砂红陶片，施黑彩，彩陶纹饰有漩涡纹、平行线纹、圆点纹、弧线三角纹，器形有钵、瓶、罐、盆等；另采集有齐家文化泥质红陶和夹砂红陶、灰陶片，纹饰有绳纹、篮纹、刻划纹，器形有大耳罐、敞口盆等；还有寺洼文化夹粗砂红陶、灰陶片，器形有马鞍口罐、豆、鬲等。

1993 年，甘肃省人民政府公布为第五批省级文物保护单位。2006 年，甘肃省人民政府授权甘肃省文物局重新公布为省级文物保护单位。

岭儿坝遗址

位于舟曲县曲瓦乡岭儿坝村西北。新石器时代。占地面积约 8500 平方米。文化层厚 0.4~1.2 米，暴露有灰坑、窑址。采集有泥质红陶、夹砂橙红陶、灰陶片等，彩绘为黑色，纹饰有宽带纹、平行线纹、弧线三角纹、圆点纹和勾叶纹等，器形为盆、钵、瓶、罐等。属马家窑文化马家窑类型遗存。

1993 年，甘肃省人民政府公布为第五批省级文物保护单位。2006 年，甘肃省人民政府授权甘肃省文物局重新公布为省级文物保护单位。

大族坪遗址

位于卓尼县纳浪乡朝勿村东侧。青铜时代。占地面积约 1.96 万平方米。文化层厚约 1~1.6 米，暴露有齐家文化白灰面房址和寺洼文化墓葬等。采集有齐家文化泥质红陶和夹砂红褐、灰陶片，器表素面或饰绳纹、附加堆纹、刻划纹、篮纹等，可辨器形有瓶、碗、盆、壶和双大耳罐等。寺洼文化夹砂红褐、橙黄陶片，器表饰附加堆纹、乳丁纹、压印纹，可辨器形有马鞍形口双耳罐、四耳罐、瓮、盆等。

1993 年，甘肃省人民政府公布为第五批省级文物保护单位。2006 年，甘肃省人民政府授权甘肃省文物局重新公布为省级文物保护单位。

叶儿遗址

位于卓尼县木耳乡儿村西侧。青铜时代。占地面积约 11.25 万平方米，文化层厚 0.4~2.5 米，暴露有灰坑。采集有齐家文化泥质红陶和夹砂红褐、灰陶片，器表素面或饰绳纹、刻划纹、篮纹，可辨器形有双耳罐、侈口高领罐等；寺洼文化夹砂橙黄陶片，器表素面或饰乳丁纹、细绳纹，可辨器形有瓮、鬲和马鞍形口罐等。并采集有石铲、石刀、石斧、石杵、研磨器等石器和骨锥、骨削等骨器。

1993年，甘肃省人民政府公布为第五批省级文物保护单位。2006年，甘肃省人民政府授权甘肃省文物局重新公布为省级文物保护单位。

堡子坪遗址

位于定西市安定区西寨乡云山村西坡社西南堡子坪台地上，东临西寨河，地势平缓，地表为黄土耕地及荒坡，坪沿上有一清代碉堡。新石器时代—青铜时代。遗址东西宽300米，南北长约350米，占地面积约11.5万平方米。文化层距地表0.5~1米，厚0.5~2米。沟沿断面及地埂断面暴露有丰富的灰层、灰坑、窑址、红烧土、白灰面房址和墓葬等。采集有马家窑文化马家窑类型泥质橙黄陶、泥质红陶及绘内彩的彩陶片。彩陶绘黑彩，纹饰为弧线纹、弧形三角纹、圆点纹、平行线纹和漩涡纹，器形有钵、盆、瓶、罐等；齐家文化泥质红陶和夹砂红陶片，器表多素面或饰绳纹、篮纹、弦纹、附加堆纹等，器形有高领双耳罐、双耳红陶罐、大口罐等。另外，还采集有陶刀、陶环及石斧。

2003年，甘肃省人民政府公布为第六批省级文物保护单位。

山那树扎遗址

山那树扎遗址

位于岷县茶埠乡山那树扎村东600米洮河西岸台地上，遗址有河水冲刷的断面，地表为耕地。遗址东西约500米，南北约1000米，占地面积约50万平方米。文化层厚0.5~3米，暴露有灰层、灰坑。采集到泥质红陶、夹砂红陶、橙黄陶陶片等。彩陶绘黑彩，纹饰为水波纹、平行线纹、蛙纹、网纹、漩涡纹、火焰纹、弧线三角纹等，主要器形有碗、钵、盆、瓶、罐等。另采集有石器、骨器。属马家窑文化马家窑类型遗存。

1981年，甘肃省人民政府公布为第四批省级文物保护单位。2006年，甘肃省人民政府授权甘肃省文物局重新公布为省级文物保护单位。

葩地坪遗址

位于岷县中寨乡葩地坪村东100米，遗址西北部有中寨河流过。遗址东西约500米，南北约200米，占地面积约10

蓖地坪遗址

万平方米。文化层厚 0.8~1.5 米，断面暴露有灰层、灰坑。采集有泥质红陶和夹砂红陶、灰陶片等。素陶纹饰为绳纹、弦纹，彩陶绘黑彩，纹饰有漩涡纹、平行线纹、火焰纹，主要器形为罐、瓶等。还采集有少量残石器。属马家窑文化马家窑类型遗存。

1981 年，甘肃省人民政府公布为第四批省级文物保护单位。2006 年，甘肃省人民政府授权甘肃省文物局重新公布为省级文物保护单位。

晋家坪遗址

位于漳县新寺乡晋家坪村北 600 米龙川河、榜沙河交汇处二级台地上。新石器时代—青铜时代。遗址东西约 500 米，南北约 500 米，占地面积约 25 万平方米。文化层距地表 0.3~1.2 米，厚 0.5~3 米，断面上散见暴露的灰烬，灰坑、白灰面、窑址及三合土、草泥土和红烧土居住面等。地表暴露有丰富的马家窑文化、齐家

文化等文化类型彩陶片。采集到马家窑文化马家窑类型泥质红陶、夹砂红陶片及彩陶片，主要器形有钵、盆、瓶等，彩陶绘黑彩，纹饰为水波纹、弧线纹、同心圆纹、弧线三角纹；齐家文化有泥质红陶和夹砂红、灰陶片，主要器形有鬲、豆、折肩罐、双耳大口罐等，纹饰为篮纹、绳纹、附加堆纹。另采集石器有石斧、石刀、石环等。

1993 年，甘肃省人民政府公布为第五批省级文物保护单位。2006 年，甘肃省人民政府授权甘肃省文物局重新公布为省级文物保护单位。

徐家坪遗址

位于漳县城关镇徐家坪村西北 200 米漳河南岸二级台地上。新石器时代—青铜时代。遗址东西约 400 米，南北约 500 米，占地面积约 20 万平方米。其中上堡寨西面的地埂有长 8 米、厚 0.03 米白灰居住面，上距地表 2.5 米，白灰居住面上还堆积有 0.5 米的灰层。各处断面上散见暴露的灰坑、白灰面居址等。采集有马家窑文化马家窑类型的泥质红陶、夹砂红陶片、彩陶片等，主要器形有钵、壶、尖底瓶、鼓腹罐。彩陶绘黑彩，纹饰为条带纹、弧线三角纹、圆点纹、网格纹。齐家文化夹砂红陶、灰陶和泥质红陶片，主要器形有折肩高领罐、双大耳罐等，纹饰为绳纹、篮纹及附加堆纹等。采集石器有石斧、石刀。该遗址区部分地段被修成梯田。

1993年，甘肃省人民政府公布为第五批省级文物保护单位。2006年，甘肃省人民政府授权甘肃省文物局重新公布为省级文物保护单位。

西堡子遗址

位于漳县新寺镇三宏村西堡子南100米龙川河南岸台地上。遗址东西约200米，南北约100米，占地面积约2万平方米。暴露遗迹有灰层，文化层距地表2~3米、厚0.25~1米。采集有泥质红陶片、夹砂红陶片，器形为单耳罐、双耳罐、豆、高领折肩罐、侈口大耳罐等，纹饰为篮纹、绳纹、附加堆纹、戳印纹。还采集有石斧。属齐家文化遗存。该遗址破坏严重。

2003年，甘肃省人民政府公布为第六批省级文物保护单位。

寺坪遗址

位于渭源县路园乡双轮磨村南300米渭河南岸二级台地上，地表为黄土耕地，地势平坦。新石器时代—青铜时代。遗址东西约500米，南北约1000米，占地面积约50万平方米。台地边缘断面暴露有丰富的灰层，文化层距地表2~2.5米，厚0.3~2米。采集有大量夹砂红陶片、泥质红陶片、彩陶片及素陶等。其中属马家窑文化马家窑类型的可辨器形有钵、盆、平底瓶、双耳罐等，彩绘为黑色，纹饰为弧线纹、圆点纹、条带纹、漩涡纹；属齐家文化的有泥质红陶、夹砂红陶及灰陶片等，可辨器形有鬲、单耳罐、双耳大口罐、深腹罐等，器表素面或饰绳纹、篮纹、附加堆纹。另外还采集有石斧。

1981年，甘肃省人民政府重新公布为第四批省级文物保护单位。2006年，甘肃省人民政府授权甘肃省文物局重新公布为省级文物保护单位。

上坪遗址

位于渭源县路园乡双轮磨村上坪社渭河南岸二级台地上。新石器时代—青铜时代。地表为黄土耕地，地势平坦。南北长300米、东西宽950米，占地面积约28.5万平方米，文化层距地表1~2.5米，厚0.6米。1957年、1961年、1963年、1976年多次调查过。暴露遗物有大量的细泥红陶片、灰色夹砂粗陶片及彩陶片。采集有马家窑文化马家窑类型泥质橙红陶和夹砂橙红陶、灰陶片，器表素面或饰绳纹，可辨器型有盆、平底瓶、彩陶罐等，彩绘为黑色，纹饰有水波纹、同心圆纹。另有齐家文化泥质红陶和夹砂红、灰陶片，可辨器形有高领罐、深腹罐、单耳罐等。

1981年，甘肃省人民政府重新公布为第四批省级文物保护单位。2006年，甘肃省人民政府授权甘肃省文物局重新公布为省级文物保护单位。

王家咀头下遗址

位于渭源县路园乡王家咀村西100

米渭河与莲峰河交汇处东北部黄土坡地上，地势平缓，地表为黄土耕地。遗址南北长 500 米、东西宽 800 米，占地面积约 40 万平方米。文化层距地表 2~2.5 米，厚 0.3~0.7 米。其中王家咀头东、西崖断面处暴露有灰坑及多处白灰居住面，有上、下两层，间距为 10 厘米。上层距地表 3.40 米，白灰面厚 0.3~0.4 米，白灰下有草泥土。暴露遗物有陶器、陶片及石器等。采集有马家窑文化马家窑类型泥质橙红陶、夹砂红褐陶和灰陶片等，器表有素面或饰绳纹、附加堆纹，可辨器形有碗、盆、钵、尖底瓶等，彩陶绘黑彩，纹饰为同心圆纹、弧线纹。另有齐家文化泥质红陶、夹砂红陶及灰陶片，可辨器形有鬲、单耳杯、大口单耳罐等，器表素面或饰绳纹、篮纹、附加堆纹。石器有石斧。还采集有纺轮。

1993 年，甘肃省人民政府公布为第五批省级文物保护单位。2006 年，甘肃

王家咀头下遗址

省人民政府授权甘肃省文物局重新公布为省级文物保护单位。

水家窑遗址

位于渭源县上湾乡水家窑村漫坝河北岸一、二级台地上，台地较为平缓，地表为黄土耕地。新石器时代—青铜时代。南北长 500 米、东西宽 400 米，占地面积约 20 万平方米，文化层距地表 1.5~2 米、厚 0.3~0.8 米。发现有丰厚的灰层、红烧土痕迹以及大量泥质橙黄陶片、泥质红陶片、彩陶片和石器。采集有马家窑文化半山类型泥质橙黄陶片，有的器表素面，可辨器形有盆、钵、双耳罐等，彩绘为黑色或黑、红二彩，纹饰为网格纹、锯齿纹、四大圆圈纹；齐家文化夹砂和泥质红陶片，可辨器形有鬲、豆、高领罐、单大耳罐等，器表素面或饰绳纹、篮纹、附加堆纹。还采集有磨制石斧、石刀等。

1993 年，甘肃省人民政府公布为第五批省级文物保护单位。2006 年，甘肃省人民政府授权甘肃省文物局重新公布为省级文物保护单位。

暖泉山遗址

位于陇西县文峰镇暖泉村西南 500 米渭河南岸台地上，台地高约 50 米，地表为黄土耕地。青铜时代。南北长 400 米、东西宽 450 米，占地面积约 18 万平方米。文化层距地表 0.5~1 米，厚 1~1.5 米。断

面暴露有白灰居址及陶片。采集有夹砂红陶片、细泥红陶片等，主要器形有豆、钵、盆、单耳罐、双耳罐等，纹饰为绳纹、篮纹、戳印纹、附加堆纹。属齐家文化遗存。遗址北部因本地一座砖瓦厂取土而遭严重破坏。

1981年，甘肃省人民政府重新公布为第四批省级文物保护单位。2006年，甘肃省人民政府授权甘肃省文物局重新公布为省级文物保护单位。

梁家坪遗址

位于陇西县首阳镇首阳村梁家坪队（蔡子坪村东北1千米）渭河南岸高约20米的二级台地上。青铜时代。地表为黄土耕地。南北长200米、东西宽300米，占地面积约6万平方米。文化层厚0.3~1.8米，暴露有灰层、灰坑、白灰居住面以及较多的陶片和少量石器。采集有泥质红陶和夹砂红、灰陶片，器形有盘、杯、双耳罐、高领折肩罐等，纹饰为绳纹、篮纹、刻划纹、附加堆纹等。还采集有磨制石斧、石刀、石环等。属齐家文化遗存。

1981年，甘肃省人民政府重新公布为第四批省级文物保护单位。2006年，甘肃省人民政府授权甘肃省文物局重新公布为省级文物保护单位。

吕家坪遗址

位于陇西县首阳镇上吕家坪村西500米渭河南岸二级台地上，地表为黄

土耕地。新石器时代。南北长150米、东西宽120米，面积约1.8万平方米。文化层厚约0.3米，断面暴露有灰坑、白灰面居址。采集有泥质红陶、夹砂红陶、灰陶片，器表以素面为主。彩绘为黑色，纹饰有条带纹、漩涡纹、方格纹、网格纹等。主要器形有盆、钵、罐、尖底瓶、双耳罐、深腹罐等。属马家窑文化马家窑类型遗存。驰名中外的漩涡纹尖底彩陶瓶即于1971年出土于该遗址。该遗址保存完好。

1993年，甘肃省人民政府公布为第五批省级文物保护单位。2006年，甘肃省人民政府授权甘肃省文物局重新公布为省级文物保护单位。

冯家坪遗址

位于临洮县西坪乡冯家坪村南100米洮河西岸二级台地上。青铜时代。遗址南北长400米、东西宽300米，占地面积约12万平方米。文化层厚0.5~1.5米，断面暴露有白灰面居址、袋状窖穴。出土器物有夹砂陶、泥质红陶片、石器及陶器数件。器形主要有鬲、二连罐、双耳瓶、侈口垂腹罐等。器表有素面，或饰绳纹、篮纹、刻划纹等。采集的石器有磨制石斧、石刀。属齐家文化遗存。

1981年，甘肃省人民政府重新公布为省级文物保护单位。2006年，甘肃省人民政府授权甘肃省文物局重新公布为

省级文物保护单位。

格致坪遗址

位于临洮县三甲乡格致坪村北约50米洮河东岸二、三级台地上。新石器时代—青铜时代。遗址南北长500米、东西宽400米，占地面积约20万平方米。文化层厚1.5~2米，厚0.5~1米。在多处断崖上有灰层暴露，遗物有陶片及石器，另有残存的墓葬。采集有马家窑文化马家窑类型泥质橙黄陶片，器形有盆、罐等，彩绘为黑色，纹饰有条带纹、网格纹、同心圆纹等。齐家文化有泥质和夹砂红陶片，器形有单耳罐、双大耳高领罐、鬲、盆等，饰绳纹、篮纹。寺洼文化夹砂红褐陶和灰陶片，器形有马鞍口形罐、双耳袋足鬲等，饰绳纹。另采集有磨制石斧、石刀、石弹丸等。

1981年，甘肃省人民政府重新公布为省级文物保护单位。2006年，甘肃省人民政府授权甘肃省文物局重新公布为省级文物保护单位。

朱家坪遗址

位于临洮县陈咀乡朱家坪村西北100米洮河东岸的二级台地上。新石器时代—青铜时代。遗址南北长700米、东西宽1000米，占地面积约70万平方米。文化层距地表0.6~1米，厚0.2~0.5米，地表为黄土耕地，有文化层暴露，遗物有石器和陶片。采集有夹砂红褐陶、泥质橙黄陶及彩陶片，纹饰为绳纹、弦纹、刺点纹、戳印纹、附加堆纹等。属马家窑文化马家窑类型的器形主要有罐、盆、钵等，彩绘为黑色，纹饰有条带纹、弧线三角纹；属齐家文化的有泥质红陶片、夹砂红陶片，器形有大口高领罐、深腹罐等。还采集有石斧、石球、石器坯。

1981年，甘肃省人民政府重新公布为省级文物保护单位。2006年，甘肃省人民政府授权甘肃省文物局重新公布为省级文物保护单位。

寺门遗址

位于临洮县东甘铺乡东甘铺村南100米，遗址地处东峪河南岸一级台地上，南北长200米，东西宽100米，占地面积约2万平方米。文化层距地表2~3米，厚0.5~1米。在断崖壁上有丰富的灰层，灰层长约150米，靠近灰层的下部有红烧土痕迹，灰层含有夹砂灰陶、夹砂红陶、细泥红陶、泥质橙黄陶片等，纹饰有绳纹、刻划纹、附加堆纹等。主要器形有钵、盆、罐、平底瓶、双唇口尖底瓶等，彩陶绘黑色，纹饰为弧线、圆点纹、勾叶纹。另采集有磨制石斧、骨锥、骨针及陶环等。属仰韶文化庙底沟类型遗存。

1993年，甘肃省人民政府公布为第五批省级文物保护单位。2006年，甘肃省人民政府授权甘肃省文物局重新公布为省级文物保护单位。

辛店村东遗址

位于临洮县辛店乡辛店村东北400米，分布于祁家河南、北两岸。青铜时代。1924年瑞典考古学家安特生在西北进行考察时首先发现该遗址，"辛店文化"由此而得名。遗址南北长370米、东西宽500米，占地面积约18.5万平方米。文化层厚约0.3~1米，暴露有灰层、灰坑及丰富的陶片。出土器物有夹砂红褐陶和磨制石刀等。主要器形为壶、盆、双耳罐，其中有的彩陶器表施白色或紫红色陶衣。彩绘为黑色，纹饰有云纹、回形纹、太阳纹、动物纹等。属辛店文化遗存。

1981年，甘肃省人民政府重新公布为省级文物保护单位。2006年，甘肃省人民政府授权甘肃省文物局重新公布为省级文物保护单位。

灰咀圿遗址

位于临洮县太石乡沙塄村东北1千米灰咀圿洮河东岸二级台地上。青铜时代。遗址南北长60米。东西宽200米，占地面积约1.2万平方米。文化层距地表0.5~1米，厚0.5~2米。台地边缘及断面遗迹、遗物丰富，暴露有灰层、灰坑、房址、墓葬及彩陶片和陶器。采集有灰陶片、夹砂红褐陶片，纹饰为绳纹、刻划纹等。彩陶器表多施白色或紫红色陶衣，彩绘为黑色，纹饰有犬形纹、双勾纹、波折纹、回纹，可辨器形有盘、盆、杯、钵、罐及夹砂马鞍口

灰咀圿遗址

双耳小陶罐等。1956年、1958年、1961年曾多次进行调查，1958年修建水渠时曾挖出过人骨及陶罐。该遗址属辛店文化遗存。

1981年，甘肃省人民政府重新公布为省级文物保护单位。2006年，甘肃省人民政府授权甘肃省文物局重新公布为省级文物保护单位。

温家坪遗址

位于通渭县寺子川乡花亭村温家坪东南400米花亭河与大石沟之间的三角地带，地势平缓，地表为黄土耕地。新石器时代—青铜时代。1970年因平田整地，遗址受严重破坏。遗址南北长100米、东西宽100米，占地面积约1万平方米。文化层厚0.9~1.3米，有丰富的夹砂灰陶片、素面红陶片、彩陶片等各类陶片。采集马家窑文化马家窑类型彩陶片，彩绘为黑色，纹饰有漩涡纹、条带纹。仰韶文化石岭下类型的主要器形有碗、瓶、罐等，彩绘为黑色，纹饰有勾叶纹、网格纹、弧

线三角纹、变体鸟纹等。齐家文化器形有夹砂灰陶罐、泥质红陶罐，纹饰为篮纹。还采集有玉琮、石斧等。

1993年，甘肃省人民政府公布为第五批省级文物保护单位。2006年，甘肃省人民政府授权甘肃省文物局重新公布为省级文物保护单位。

冯家崖—任家坪遗址及墓葬

位于陇南市武都区柏林乡冯家沟村东100米北峪河南岸台地上。新石器时代—青铜时代。遗址高出河面25米，地势平坦开阔，南北长约200米，东西宽约300米，占地面积约6万平方米。南部及柏树坡多土坑小洞室墓，距地表0.5~1米，分布密集，间隔2~3米，数量较多，部分被平田整地时破坏。文化层距地表1~2米，厚1~2.5米，暴露有灰层、灰坑、红烧土、草泥土。采集有夹砂红陶、夹砂灰陶、泥质红陶、泥质灰陶及少量彩陶，纹饰有绳纹、线纹、锥刺纹。属仰韶文化庙底沟类型的泥质红陶和夹砂红陶片，主要器形为盆、直口罐、直口圜底钵、敛口圜底钵及重唇口尖底瓶等，彩陶绘黑彩，纹饰有鱼纹、鸟纹、曲线纹、勾叶圆点纹、交叉线纹、方格纹等。遗址南部为墓葬群，出土有寺洼文化夹砂灰褐陶、灰陶，器形为高足豆、低裆鬲、马鞍口单耳罐、马鞍口双耳罐及灰陶瓮等。还采集有打制石刀、磨制石刀、石斧与陶环。

1981年，甘肃省人民政府公布为第四批省级文物保护单位。2006年，甘肃省人民政府授权甘肃省文物局重新公布为省级文物保护单位，改名为"冯家崖—任家坪遗址及墓葬"。

大李家坪—庙坪遗址

位于武都区马街乡大李家村南200米。新石器时代—青铜时代。遗址自东而西被洪沟分为庙坪、安坪和张坪三个小台地。黄土台地高约15~25米，地势平坦、开阔，有良好的生存条件。范围南北长约350米，东西宽约850米，占地面积约30万平方米。文化层距地表约6米，厚2~4米，暴露有灰层、灰坑、窖穴、房址、窑址、红烧土。1995年，甘肃省文物考古研究所在庙坪、安坪进行考古发掘，确认该遗址包含了仰韶文化从早到晚的各阶段遗存。出土陶器有泥质红陶、夹砂红陶、灰陶片，主要器形为直口杯、直口圜底钵、敛口弧壁圜底钵、卷唇折腹盆、敛口鼓腹平底罐、双唇口尖底瓶等，纹饰有绳纹、附加堆纹，还有个别器表施白色陶衣。彩陶彩绘为黑色，纹饰有宽带纹、鱼纹、鸟纹、蛙纹、网纹、勾叶圆点纹、曲线纹、弧线三角纹、垂弧纹等。还采集有磨制石刀、石环及骨锥、骨笄。该遗址保存较完整，是甘肃省内地处最南端的仰韶文化遗址，也表明距今6500年前后，生活在黄河流域的仰韶文化已经扩展到属于长江流域的白龙江两岸。

1981 年，甘肃省人民政府公布为第四批省级文物保护单位，名为"大李安坪、庙坪遗址"。2006 年，甘肃省人民政府授权甘肃省文物局重新公布为省级文物保护单位，改名为"大李家坪—庙坪遗址及墓葬"。

高寺头遗址

位于礼县城南 9 千米处石桥乡高寺头村西南部。新石器时代—青铜时代。地处西汉水与谷峪河交汇的二、三级台地上，高约 10~20 米。一面依山，两面环水，地势平缓，黄土层深厚，土壤疏松，植被良好。遗址南北长约 300 米、东西宽约 200 米，占地面积约 6 万平方米，保存完好的文化区近 1 万平方米。1947 年左右，考古学家裴文中先生曾在此进行考察。1949 年，文物工作者曾多次对此进行过调查。1986 年，甘肃省文物考古研究所进行小面积发掘。文化层厚 2.5~3 米，分为 3~7 层。文化内涵之丰富、遗物数量之众多，对研究仰韶文化具有重要意义。发掘表明，该遗址包含仰韶文化早、中、晚各阶段遗存，早期分布在二级台地，中晚期向高处发展。清理出房基遗迹 4 座、灰坑 11 个、灶坑 1 个，陶、石、骨器近百件。房址 F1 残存宽 23 米，是一座大型房屋建筑遗迹，居住面均以草泥及黄土夯筑，部分柱面及墙柱相接处用白灰面修

饰。房屋后壁为土穴断壁。后墙外不到 1 米处，一字排列着 3 个盛有黄绿色植物灰的储藏穴，有长方形与圆形两种，当为粮仓。遗物以陶片最多，彩陶亦占一定比例。有夹砂红陶、夹砂灰陶、泥质红陶、橙黄陶、橙红陶、彩陶等，纹饰有粗绳纹、细绳纹。主要器形有盆、钵、瓶、罐、瓮和人首形器盖等。彩陶绘黑彩，纹饰为鱼纹、网纹、勾叶圆点纹、弧线三角纹等。出土石器有石刀、石斧、石铲等，骨器以骨笄最多，其次有骨针、骨锥、骨刀、凿以及三角形复合工具，还有陶刀、陶环（镯）和纺轮等。1964 年，该遗址出土一件罕见的人头形器盖，现收藏于甘肃省博物馆，造型逼真，高鼻深目，额头戴一圈串珠样头饰。

1981 年，甘肃省人民政府重新公布为省级文物保护单位。2006 年，甘肃省人民政府授权甘肃省文物局重新公布为省级文物保护单位。

石沟坪遗址

位于礼县石桥乡石沟坪村及圣泉村东。新石器时代—青铜时代。地处石沟河与西汉水交汇的台地上，高约 30 米。遗址东西长约 800 米、南北宽约 500 米，占地面积约 40 万平方米。文化层距地表 0.7 米，厚 0.8~2.8 米。1947 年，考古学家裴文中先生曾在此进行过考察。1958~1964 年及 1976 年，陇南地区礼县文化部门曾

多次组织对该遗址展开调查。因当地村民取土，遗址遭到破坏，文化层暴露。采集有夹砂灰陶片、泥质红陶、泥质橙黄陶、黄褐陶。纹饰有绳纹、弦纹、附加堆纹。主要器形有盆、钵、罐、尖底瓶等。彩绘为黑色，纹饰有宽带纹、网纹、变体鱼纹、勾叶圆点纹、草叶纹、弧线三角纹、漩涡纹等。石器有石斧、石纺轮、刮削器，另有陶环、陶凿等。属仰韶文化半坡类型、庙底沟类型遗存。

1981年，甘肃省人民政府重新公布为省级文物保护单位。2006年，甘肃省人民政府授权甘肃省文物局重新公布为省级文物保护单位。

宁家庄遗址

位于西和县长道镇宁家庄村。新石器时代—青铜时代。地处北对西汉水、东临宁家河的一、二级台地上。遗址内为村庄、黄土耕地。南北长约500米、东西宽约350米，占地面积约17.5万平方米，文化层厚2~7米。采集有大地湾文化夹细砂红陶片，夹砂红陶、泥质红陶、红褐陶、灰陶等。纹饰为细绳纹、粗绳纹、交叉绳纹、剔刺纹、附加堆纹等。可辨器形有圆底钵、圈足碗、盆、直腹罐等。彩陶主要绘黑彩，亦有少量红彩，纹饰为细条带纹、宽带纹、勾叶纹等。还采集有磨制石球、石斧、石刀等石器。属大地湾文化及仰韶文化早、

宁家庄遗址

中、晚期遗存。带有红彩、交叉绳纹典型特征的大地湾文化分布在最低处的河边台地上。由此看出，七千年前的大地湾文化不仅分布在渭河流域，在属于长江流域的陇东南地区也有分布。

西峪坪遗址

位于西和县西峪乡上坪村。新石器时代—青铜时代。东西长约500米、南北宽约200米，占地面积约10万平方米。文化层距地表2~3米，厚度1~3米，遗迹暴露明显、内涵丰富，保存良好。暴露有灰层、灰坑、墓葬等。采集有夹砂红褐陶、泥质红陶、灰陶、素陶、黑陶等，器表多饰绳纹、篮纹、锥刺纹、刻划纹、附加堆纹、方格纹等。主要器形有盆、钵、豆、鬲、瓮、尖底瓶、单双耳罐、双耳高领大口罐等。彩陶纹饰有宽带纹、鱼纹、鸟纹、圆圈纹等。还曾出土石器、骨器等。属仰韶文化、齐家文化遗存。遗址大部已被村庄覆盖。遗址内曾出土著名的仰

韶文化早期大鱼纹盆，现收藏于西和县博物馆。

1981年，甘肃省人民政府重新公布为省级文物保护单位。2006年，甘肃省人民政府授权甘肃省文物局重新公布为省级文物保护单位。

西山坪遗址

位于天水市秦州区太京乡葛家新庄村北1千米普岔河西岸、耤河南岸的一、二级台地上。新石器时代—青铜时代。占地面积约20万平方米。文化层厚1~5米，暴露有灰层、灰坑、墓葬、白灰面居址。1986~1987年，中国社会科学院考古研究所发掘，下层为西山坪一期，上层为西山坪二期。一期石器为砾石打制，有尖状器、斧形器、砍砸器、石铲、石刀、石坠等；骨器有针、锥、凿、锯；陶器多为夹砂红、灰褐陶，纹饰为交叉绳纹。彩陶纹饰为红彩细带纹，器形有圆底钵、三足钵、圈足碗、三足罐、平底筒形罐、小口鼓腹罐等。二期石器多为磨制，有凿、研磨器等。陶器有夹砂红、灰褐陶，纹饰为绳纹、乳丁纹、附加堆纹、戳印纹。器形有平底钵、三足筒形罐、三足鼓腹罐等。为大地湾文化遗存。

1981年，甘肃省人民政府重新公布为省级文物保护单位。2006年，甘肃省人民政府授权甘肃省文物局重新公布为省级文物保护单位。

樊家城遗址

位于天水市麦积区中滩乡雷王集村背湾西村西40米。新石器时代。占地面积约16.3万平方米，文化层厚0.5~2米。采集有仰韶文化庙底沟类型彩陶片、盆、钵等。彩绘为黑色，纹饰有变体鱼纹、弧线三角纹、勾叶纹。马家窑文化马家窑类型有彩陶片、碗、罐、壶和平底瓶等。彩绘为黑色，纹饰有网纹、圆圈纹、平行线纹等。另采集有石斧、石刀、骨锥等。

1981年，甘肃省人民政府重新公布为省级文物保护单位。2006年，甘肃省人民政府授权甘肃省文物局重新公布为省级文物保护单位。

马跑泉遗址

位于天水市麦积区马跑泉镇什字坪村北侧二级台地上。新石器时代—青铜时代、周代。占地面积约7.5万平方米，文化层厚0.5~3米。采集有仰韶文化庙底沟类型泥质绳纹红陶片及彩陶，器形有罐、盆、钵；纹饰为漩涡纹。另有齐家文化泥质橙黄陶和夹砂灰陶片，饰绳纹、篮纹；器形有单耳圆腹罐、折肩罐等。另出土有周代夹砂灰陶鬲等。

1981年，甘肃省人民政府重新公布为省级文物保护单位。2006年，甘肃省人民政府授权甘肃省文物局重新公布为省级文物保护单位。

柴家坪遗址

位于天水市麦积区伯阳乡下坪村的一级台地上。新石器时代—青铜时代。1956年，甘肃省文物工作队考古调查时发现。台地高约100米，东北部为渭河，地势平坦开阔，背山临水。长250米，占地面积约16万平方米。文化层厚1~2.8米，遗址上遗迹、遗物相当丰富，从断崖和沟渠可见暴露的灰层、灰坑、白灰面居址及红、灰陶片。采集、出土有属仰韶文化晚期类型的泥质橙黄陶、泥质红陶，主要器形为壶、罐、喇叭口尖底瓶等。1967年曾出土一件人面形陶塑器盖，器盖表施一层浅薄的红色陶衣，面部捏塑而成，双目镂空，造型生动、制作精巧。属齐家文化的有夹砂红陶、灰陶片，饰篮纹、绳纹、刻划纹、附加堆纹，器形有夹砂红陶双耳罐等；石器有石刀、石斧。为新石器时代聚落遗址。

1981年，甘肃省人民政府重新公布为省级文物保护单位。2006年，甘肃省人民政府授权甘肃省文物局重新公布为省级文物保护单位。

卦台山遗址

位于天水市麦积区渭南乡吴家村卦台山。新石器时代—青铜时代。分布于渭河南岸卦台山塬，东西长500米，南北宽20米，占地面积约1万平方米。地势平坦开阔、依山傍水，宜于原始先民繁衍生息。传说人类文明始祖伏羲在此始画八卦。文化层厚0.2~0.5米，断崖上暴露有灰层、灰坑、炭渣、白灰居住面、半地穴房址等。采集有仰韶文化晚期素面泥质红陶片、彩陶片及彩陶，器形主要有碗、瓶、盆等，彩绘为黑色，纹饰有网格纹等。属齐家文化的有夹砂陶、灰陶、泥质红陶片，纹饰为绳纹、附加堆纹，器形有罐等。还采集有石斧、石镞。

2003年，甘肃省人民政府公布为第六批省级文物保护单位。

柴家坪遗址

卦台山遗址

张罗遗址

位于天水市麦积区花牛镇罗家沟村北1千米。新石器时代—青铜时代。面积约1.5万平方米，文化层厚0.5~1米。1964年曾试掘，出土有彩陶片，饰勾叶圆点纹、弧线三角纹、变体动物纹，器型有尖底瓶、盆、罐，属仰韶文化庙底沟类型。另出土仰韶文化晚期彩陶罐1件。还有泥质和夹砂红陶片，饰绳纹、锥刺纹、附加堆纹，器型有高领双耳罐、鬲。属齐家文化遗存。

1963年，甘肃省人民政府公布为省级文物保护单位。1981年，甘肃省人民政府重新公布为第四批省级文物保护单位。2006年，甘肃省人民政府授权甘肃省文物局重新公布为省级文物保护单位。

王家坪遗址

位于秦州区天水镇庙坪村西汉水上游关河南岸第一、二台地上。新石器时代—青铜时代。遗址东临高皇庙，北面为大山，西面为村庄，南面临近公路。遗址东西长420米，南北宽400米，占地面积约16.8万平方米，临河面川，宜于原始先民繁衍生息。文化堆积层厚达0.8~3米。采集陶器残片为橙黄粗陶、红陶，可辨器形有尖底瓶、罐等，纹饰为绳纹、篮纹、附加堆纹，彩陶纹饰有三叶纹、条纹、弧线纹等。还有陶纺轮、陶环、骨针、骨锥、石弹丸、石锛、穿孔石斧以及动物骨角

化石等。属新石器时代仰韶文化、齐家文化遗存。属甘肃省第三次全国文物普查新发现遗址。

永清堡遗址

位于清水县西南山城塬边缘，牛头河南岸一级台地上，台地高约25米。新石器时代—青铜时代。东西长约250米，宽约300米，占地面积约7.5万平方米。文化层距地表0.5米，厚1~3米。断崖上暴露有灰层、灰坑、红烧土、白灰面居址、墓葬。该遗址占地面积大、堆积厚、延续时间长，遗迹遗物丰富。暴露遗物有泥质红陶、夹砂红陶，纹饰为素面或饰绳纹、交叉绳纹、刻划纹、网格纹等。属仰韶文化庙底沟类型的器形有钵、罐、细颈瓶、曲腹钵、平口及重唇口尖底瓶等。彩陶绘黑彩，纹饰为平行线纹、菱格纹、弧形三角纹。属齐家文化的有夹砂红陶、泥质红陶、红褐陶等，纹饰为篮纹、绳纹、附加堆纹、刻划纹、锥刺纹等。器形有

永清堡遗址

直口深腹罐、折腹罐、双大耳罐、折肩罐、侈口高领单耳罐、分裆鬲等。还有陶纺轮、陶网坠和石斧、石锛、石矛、石刀、石铲及骨锥等生产工具。属仰韶文化和齐家文化。

1981年，甘肃省人民政府重新公布为省级文物保护单位。2006年，甘肃省人民政府授权甘肃省文物局重新公布为省级文物保护单位。

柳沟遗址

位于清水县红堡镇牛头河与后川河相交之西北第一阶台地及柳沟村西边山地。遗址东侧为柳沟河谷，东侧800米为安坪遗址，西侧500米为红堡城址。遗址呈不规则平面形状，东西稍长，南北略扁。占地面积约9000平方米。遗址内文化层分布丰富，有灰陶、泥质红陶残片，文化层厚0.5~1米。遗址内有数处灰坑、灶址及白灰面房址，有灰陶、泥质红陶残片。据采集标本分析为常山下层文化、齐家文化、汉代遗存。属甘肃省第三次全国文物普查新发现遗址。

观儿下遗址

位于武山县郭槐乡观儿下村西北300米红水河西岸的一级台地上。新石器时代—青铜时代。遗址东西长约500米，南北宽约250米，占地面积约12.5万平方米。文化层距地表0.5~3米，厚0.5~1米。近年村庄建设对遗址造成一定破坏。暴露

观儿下遗址

有灰层、灰坑、灶坑、墓葬、白灰居住面。采集遗物有夹砂陶、泥质红陶、彩陶片及彩陶等，有的纹饰为绳纹、篮纹。属仰韶文化庙底沟类型的主要器形有圆底钵、卷沿曲腹盆、重唇口尖底瓶等，纹饰为几何纹、勾叶纹、弧形三角纹等。属齐家文化的有泥质红陶、夹砂红陶、灰陶片等，纹饰为绳纹、篮纹、刻划纹。采集石器有石斧、石刀、石环、石研磨器等。

1981年，甘肃省人民政府重新公布为第四批省级文物保护单位，命名为"关儿下遗址"。2006年，甘肃省人民政府授权甘肃省文物局重新公布为省级文物保护单位，改名为"观儿下遗址"。

东旱坪遗址

位于武山县洛门镇旱坪村西侧。青铜时代。占地面积约30万平方米，文化层厚0.1~0.7米，暴露有灰坑、白灰面居址。采集有泥质红陶及残片，器形有折肩罐、侈口罐。纹饰为绳纹、篮纹、附

加堆纹、锥刺纹，属齐家文化遗存。

2003 年，甘肃省人民政府公布为第六批省级文物保护单位。

西旱坪遗址

位于武山县洛门镇吉家庄西南 1 千米渭河南岸的二级台地上。新石器时代—青铜时代、周代。占地面积约 25 万平方米，文化层厚 0.1~1 米，暴露有灰层、灰坑、白灰面居址等。采集有泥质和夹砂红陶陶器，器形有单耳罐、双耳罐。纹饰为绳纹、篮纹、附加堆纹等。另采集有磨制石斧、石刀、石镰等生产工具，属齐家文化。还有周代夹砂灰陶，器形有鬲、豆、细颈瓶等，纹饰为绳纹。2000 年，甘肃省文物考古研究所在此发掘战国、汉代墓地，同时出土有大量大地湾文化陶片，饰红彩、交叉绳纹。

1981 年，甘肃省人民政府重新公布为省级文物保护单位。2006 年，甘肃省人民政府授权甘肃省文物局重新公布为省级文物保护单位。

大坪头遗址

位于武山县龙泉乡大坪头村北 200 米。新石器时代—青铜时代。占地面积约 10 万平方米，文化层厚 0.1~1 米，暴露遗迹有灰层、灰坑、白灰面居住址等。采集有属仰韶文化庙底沟类型的绳纹泥质橙黄陶、彩陶残片及陶器数件，器形有钵、盆、小口瓮、侈口罐等。彩绘为黑色，纹饰有弧线纹、圆点纹等。另有齐家文化篮纹、绳纹、附加堆纹夹砂红陶单、双耳罐及石斧、石杵、骨刀柄。

2003 年，甘肃省人民政府公布为第六批省级文物保护单位。

石岭下遗址

位于武山县城关镇石岭下村内。新石器时代、汉代。占地面积约 1.8 万平方米。文化层厚 0.7~1 米，暴露有灰层灰坑。1955 年多次进行试掘，出土器物有泥质和夹砂红、灰陶，器形有钵、碗、盆、罐及石器。陶器纹饰有绳纹、锥刺纹、附加堆纹。并有彩陶，彩陶彩绘为黑色，纹饰有圆圈纹、变体鸟纹、漩涡纹等。此遗址文化类型特殊，是介于庙底沟类型和马家窑文化马家窑类型之间的过渡性质文化类型，被命名为"石岭下类型"。上层暴露有汉代墓葬。

付家门遗址

位于武山县西南约 25 千米马力乡付

石岭下遗址

种谷台遗址

渭水峪遗址

家门村榜沙河西岸的一、二级台地上。遗址南北长约900米，东西宽约500米，占地面积45万平方米。近年建设村庄对遗址破坏较为严重。文化层距地表3米，厚0.1~0.3米，暴露有灰层。采集遗物有夹砂红陶、泥质红陶、灰陶罐等。还采集有石斧。1991~1993年，中国社会科学院考古研究所甘青工作队进行了五次发掘，发掘面积1200平方米，清理房址11座、窖穴14个、墓葬2座、祭祀坑1座，出土陶、石、骨器近1000件。确认该遗址主要遗存为石岭下、马家窑类型及齐家文化，还发现石岭下类型带有阴刻符号的卜骨。

1981年，甘肃省人民政府重新公布为第四批省级文物保护单位，名为"付家门—种谷台遗址"。2006年，甘肃省人民政府授权甘肃省文物局重新公布为省级文物保护单位，改名为"付家门遗址"。

渭水峪遗址

位于甘谷县渭阳乡渭水峪村北500米，渭河北岸的二级台地上。新石器时代。南北长约1000米，东西宽约500米，占地面积约50万平方米。地势平坦，东西两边都是山沟。因村民修梯田，遗址破坏较严重。文化层距地表1~3米，厚1~1.5米，暴露有灰层、灰坑、房址、白灰居址。采集遗物有夹砂红陶、泥质红陶、彩陶残片等。属马家窑文化马家窑类型的主要器形有钵、盆、罐，彩绘为黑色，纹饰有水波纹、漩涡纹等；属仰韶文化庙底沟类型的器形有盆、钵等，彩绘为黑色，纹饰有弦纹、宽带纹、弧形三角纹等。采集石器有石刀、石斧及石弹丸等。

1981年，甘肃省人民政府重新公布为省级文物保护单位。2006年，甘肃省人民政府授权甘肃省文物局重新公布为省级文物保护单位。

灰地儿遗址

位于甘谷县新兴镇头甲村西北1千米。新石器时代。占地面积约1.5万平方

灰地儿遗址

礼辛镇遗址

米。文化层厚 0.2~1 米，暴露有灰层、灰坑、白灰面居址。1959 年和 1972 年，甘肃省文物工作队先后局部发掘，出土有马家窑文化马家窑类型平底瓶、彩陶壶、白彩盆、红陶素面钵、敛口碗、卷沿盆、侈口细颈瓶、罐、杯及泥质陶屋模型、灰陶壶、罐等。彩绘为黑色，纹饰有条带纹、平行线纹、叶纹、同心圆纹。石器有石刀、石斧。属马家窑文化马家窑类型遗存。

1981 年，甘肃省人民政府重新公布为省级文物保护单位。2006 年，甘肃省人民政府授权甘肃省文物局重新公布为省级文物保护单位。

礼辛镇遗址

位于甘谷县礼辛镇礼辛村南 1 公里。新石器时代（庙底沟—齐家文化）。占地面积约 16 万平方米。文化层厚 0.5~4 米，暴露有灰层、灰坑、居址。采集器物主要有泥质、夹砂红陶、彩陶片及盆、瓶、

罐等。彩陶纹饰为平行线纹、草叶纹、弧形三角纹等。还有石刀、石斧、骨针、玉璜等。属石岭下和马家窑文化马家窑类型遗存。其西侧约 150 米、高出该台地 50 米的山坡上分布有西汉时期的汉墓群，在断崖上暴露有积炭墓 4 座。另在地表有大型封土堆 2 座。从采集器物断定，可能属西汉时期。

1981 年，甘肃省人民政府重新公布为省级文物保护单位。2006 年，甘肃省人民政府授权甘肃省文物局重新公布为省级文物保护单位。

毛家坪遗址

位于甘谷县安镇毛家坪村西侧。新石器时代—青铜时代、秦周代。面积约 3.6 万平方米，文化层厚 0.2~2 米，暴露有灰层、灰坑等。采集到马家窑文化马家窑类型彩陶盆、钵残片。彩绘为黑色，纹饰有条带纹、平行线纹、同心圆纹等。齐家文化的器物有泥质红陶罐、折肩罐及残片，

毛家坪遗址灰坑

纹饰为粗绳纹、刻划纹、附加堆纹、篮纹。石器有石斧、石刀、石铲等。还采集有周代夹砂灰褐陶罐、鬲等。

1981年，甘肃省人民政府重新公布为第四批省级文物保护单位。2006年，甘肃省人民政府授权甘肃省文物局重新公布为省级文物保护单位。

瓦盆窑遗址

位于甘谷县磐安镇西三十铺村东南约1000米处。新石器时代—青铜时代。遗址东起316国道，西至武家河，南起程家磨，北至三十铺堡子山。南北长约1500米，东西宽约100米，占地面积约15万平方米。文化层厚0.5~1.5米，暴露有灰坑。采集有仰韶文化变形鸟纹泥质彩陶罐残片、弧线纹泥质彩陶罐残片，齐家文化夹砂绳纹红陶罐残片等。

苗圃园遗址

位于张家川回族自治县龙山镇西川村西苗圃园。新石器时代。占地面积约1.5万平方米。文化层厚1.5~3米，暴露有灰坑等遗迹。出土器物多为夹砂红陶，彩陶次之。器形有盆、碗、圆底钵、葫芦瓶、尖底瓶、细颈壶、夹砂深腹罐等，其中有30余件完整。彩绘多为黑色，纹饰有宽带纹、鱼纹、勾叶圆点纹。采集石器有石斧、研磨器等。属仰韶文化早中期遗存。

1993年，甘肃省人民政府公布为第五批省级文物保护单位。2006年，甘肃省人民政府授权甘肃省文物局重新公布为省级文物保护单位。

碉堡梁遗址

位于张家川回族自治县梁山乡杨渠村西南约1千米处。新石器时代—青铜时代。占地面积约5万平方米。文化层厚约1~5米，暴露有红烧土遗迹、窑址。采集有马家窑文化马家窑类型彩陶片、碗等，彩绘为黑色，纹饰有平行线纹、变体鸟纹；马家窑文化半山类型器形有钵、盆、单把壶、彩陶片等，彩绘为黑、红两种颜色相间，纹饰为锯齿纹、平行线纹；齐家文化器物有泥质夹砂红陶片、灰陶片、双耳罐、折肩罐等，纹饰有绳纹、篮纹、锥刺纹。

1993年，甘肃省人民政府公布为第五批省级文物保护单位。2006年，甘肃省人民政府授权甘肃省文物局重新公布为省级文物保护单位。

寺咀坪遗址

位于秦安县郭嘉乡寺嘴村东南 400 米。新石器时代—青铜时代。占地面积约 1.5 万平方米。文化层厚 4~5 米，暴露有灰层、灰坑、窑址。采集夹砂红褐陶、泥质红陶及彩陶盆等残片，纹饰有绳纹、线纹、附加堆纹等。器形有敛口钵、卷沿盆、侈口罐、人首形瓶、重唇口尖底瓶等，彩陶绘黑彩，纹饰为鱼纹、弧形三角纹、网格纹、勾叶圆点纹。分别属于仰韶文化早、中、晚期；另有属齐家文化的有各类罐残片。采集石器有石斧、石刀等。

1989 年，张家川回族自治县人民政府公布为县级文物保护单位。

苏家台遗址

位于平凉市崆峒区十里铺大岔河桥南廖家庄。新石器时代—青铜时代。占地面积约 20 万平方米。文化层厚 0.5~3 米，暴露有灰层、灰坑、白灰面居址。采集属仰韶文化中晚期的陶片有夹砂红陶、泥质红陶等。纹饰为细绳纹。彩陶绘黑彩，纹饰有弧形三角纹、网格纹。主要器形为钵、碗、罐、尖底瓶等。属齐家文化的陶片为泥质红陶、夹砂红陶及灰陶，纹饰为绳纹、篮纹。主要器形有豆、罐、单耳杯等。该遗址还曾出土陶祖、陶网坠。采集石器有石斧、石球及纺轮、骨锥等。

1981 年，甘肃省人民政府重新公布为省级文物保护单位。2006 年，甘肃省

苏家台遗址

人民政府授权甘肃省文物局重新公布为省级文物保护单位。

寺山遗址

位于平凉市崆峒区白水乡白水村西 1 千米。新石器时代—青铜时代、周代。占地面积约 32 万平方米。文化层厚 0.5~4 米，暴露有灰层、灰坑、白灰面居址等。采集仰韶文化晚期类型陶片，陶质为泥质橙黄陶和夹砂灰陶，饰绳纹、附加堆纹。亦有少量灰陶。主要器形有钵、盆、罐、缸等。周代陶片为泥质灰陶，纹饰以绳纹为主，器形有盆、鬲、豆、罐等。还采集有蚌饰、石弹丸、石槌、石网坠等。

1981 年，甘肃省人民政府重新公布为第四批省级文物保护单位，被命名为"寺山上遗址"。2006 年，甘肃省人民政府授权甘肃省文物局重新公布为省级文物保护单位，改名为"寺山遗址"。

东沟遗址

位于平凉市崆峒区安国乡东沟村黑

刺洼和庙庄坪。新石器时代—青铜时代、周代。占地面积约6万平方米。文化层厚0.5~3米，暴露有灰层、灰坑、白灰面居址及墓葬。采集的齐家文化陶片为泥质红陶和夹砂红褐陶，纹饰为绳纹、篮纹，主要器形有鬲、侈口深腹罐、高领折肩罐等。石器有石刀、石斧、石凿及骨锥。寺洼文化安国类型陶片为泥质和夹砂红褐陶，纹饰以绳纹为主，器形有鬲、圈足豆、高领罐、马鞍口罐等。还发现周代遗存的铜鼎、戈、蚌饰等。

1981年，甘肃省人民政府重新公布为省级文物保护单位。2006年，甘肃省人民政府授权甘肃省文物局重新公布为省级文物保护单位。

安塬坪遗址

位于平凉市崆峒区四十里铺镇郿岘村西南150米。新石器时代—青铜时代、周代。占地面积约10万平方米。文化层厚1~4米，暴露有袋状灰坑、白灰面居址。采集的仰韶文化庙底沟类型陶片为泥质和夹砂红陶，饰细绳纹，彩陶绘黑彩，纹饰为弧线三角纹等，器形有钵、罐、尖底瓶等；齐家文化陶片以泥质红陶和夹砂红褐陶为主，有少量灰陶，饰篮纹、麦粒状粗绳纹，器形有罐、鬲等；周代陶片为泥质灰陶，纹饰多见绳纹，器形有鬲、罐，还采集有筒瓦。

1993年，甘肃省人民政府公布为第五批省级文物保护单位。2006年，甘肃省人民政府授权甘肃省文物局重新公布为省级文物保护单位。

瓦窑山遗址

位于平凉市崆峒区四十里铺镇下甲积峪村东南600米。新石器时代—青铜时代、周代。占地面积约30万平方米。文化层厚0.5~1.5米，暴露有陶窑、墓葬。采集的仰韶文化庙底沟类型陶片为泥质和夹砂红陶，主要纹饰为细绳纹，器形有盆、钵、尖底瓶等；属齐家文化的陶片为泥质红陶和夹砂红褐陶，亦有少量灰陶，纹饰为绳纹、篮纹、附加堆纹，

安塬坪遗址

瓦窑山遗址

器形有盆、鬲、高领折肩罐等；周代陶片为泥质灰陶，多饰绳纹，器形有鬲、罐等。

1993年，甘肃省人民政府公布为第五批省级文物保护单位。2006年，甘肃省人民政府授权甘肃省文物局重新公布为省级文物保护单位。

安国遗址

位于崆峒区安国乡安国村南10米。青铜时代。占地面积约1.8万平方米。文化层厚0.5~1米，暴露有灰坑、白灰面居址。采集有泥质红陶和夹砂红褐陶片，器表多饰绳纹、篮纹。可辨器形有鬲、双大耳罐、侈口鼓腹罐等。属齐家文化遗存。1958年，该遗址一座残墓出土寺洼文化陶器，这是甘肃省陇东地区首次发现寺洼遗存，当时称作"安国式陶器"。

圆嘴山遗址

位于泾川县窑店乡西门村南。齐家文化、西周。遗址南北长约500米，文化层厚1~1.5米，灰层可见白灰面以及丰富的夹砂陶、素面陶片等。纹饰为粗细绳纹、篮纹、篦纹、蜂窝纹。主要器形为罐。1987年平整土地时曾挖出铜鼎1件，重15.5斤，现藏泾川县博物馆。

1993年，甘肃省人民政府公布为第五批省级文物保护单位。2006年，甘肃省人民政府授权甘肃省文物局重新公布为省级文物保护单位。

鲁家塬遗址

位于崇信县铜城乡东庄村西约1千米、汭河北岸的二级台地上。新石器时代、唐代。台地较平，三面环沟，一面接麻黄岭山。遗址东西270米、南北110米，占地面积约2.9万平方米，文化层厚0.5~3米。暴露遗迹有袋形灰坑及较厚的文化层。采集遗物有尖底瓶、彩陶盆、彩陶钵、灰陶罐等器物及残片。其中有仰韶文化半坡类型的细泥橘黄陶尖底瓶、橘黄陶彩陶盆、钵残片等，纹饰主要为黑彩鱼纹、几何纹、宽带纹；庙底沟类型有细泥橘黄陶、红陶斜线纹重唇口尖底瓶、泥质红陶彩陶钵、盆残片，纹饰为黑色彩绘的几何纹、曲线纹、圆点纹。采集有陶刀、陶纺轮、石斧、石环以及唐代泥质灰陶罐残片和三彩俑等。

1993年，甘肃省人民政府公布为第五批省级文物保护单位。2006年，甘肃省人民政府授权甘肃省文物局重新公布为省级文物保护单位。

梁坡遗址

位于崇信县锦屏镇梁坡村汭河北岸的一级台地上。新石器时代—青铜时代、周代。遗址东西长570米、南北宽180米，占地面积约10万平方米。由于崇白公路改道及群众挖窑洞，对遗址扰乱较大。遗物较丰富，保存基本完好。遗址文化层距地表1~3.6米，厚1.8~4.4米。断层上暴

梁坡遗址

庙儿坪遗址

露的遗迹有袋形灰坑、灰土层、白灰面房址。采集有夹砂粗红陶、夹砂红陶、泥质橘黄陶、泥质红陶等彩陶残片。其中属仰韶文化半坡类型的主要器形有盆、罐、敛口钵、葫芦口尖底瓶等，彩陶绘黑彩，纹饰为宽带纹、几何纹、斜线纹、交叉线纹；属庙底沟类型的有泥质红陶、橘黄陶等彩陶残片，器形有盆、罐、重唇口尖底瓶等，彩绘为黑色，纹饰有线纹、弧形纹、圆点纹；属齐家文化的有夹砂红陶、泥质灰褐陶，纹饰为篮纹、绳纹、戳刺纹，器形有盆、罐等。采集石器有石刀、石斧、石铲、石环等。还采集有周代泥质灰陶盆、鬲残片。

1993 年，甘肃省人民政府公布为第五批省级文物保护单位。2006 年，甘肃省人民政府授权甘肃省文物局重新公布为省级文物保护单位。

庙儿坪遗址

位于静宁县李店乡王家沟村西 300

米。新石器时代—青铜时代。第二、三次文物普查均进行过调查。占地面积约 4 万平方米。文化层厚 1~2 米，暴露有灰坑、窑址、白灰居住面及墓葬。采集有马家窑文化马家窑类型泥质红陶、橙黄陶和夹砂红陶片、灰陶片等，器表素面或饰附加堆纹，彩陶绘黑彩，纹饰为条带纹、水波纹、弧线三角纹，器形有瓶、钵、碗；采集齐家文化泥质红陶、夹砂红褐陶、灰陶片等，纹饰为绳纹、篮纹，器形有鬲、瓶、罐等。

1993 年，甘肃省人民政府公布为第五批省级文物保护单位。2006 年，甘肃省人民政府授权甘肃省文物局重新公布为省级文物保护单位。

故堆坪遗址

位于静宁县仁大乡故坪村新坪社西 350 米。齐家文化。遗址东接新坪社，南距石沟社 500 米，西距深沟村约 1 千米，北临静秦公路。遗址长 60 米，宽 33 米，占地面积约 2000 平方米，文化层厚约 0.8 米。当地村民采集到石斧、有孔石刀、石磨棒、石弹丸、小口尖底瓶残件等，为仰韶文化遗存。文物普查期间曾采集有泥质红陶罐残片、夹砂陶残片，饰粗绳纹、篮纹。为齐家文化遗存。属甘肃省第三次全国文物普查新发现遗址。

徐李碾遗址

位于庄浪县水洛镇徐碾村与李碾村之间的堡子坪 1—3 级台地上。新石器时代—青铜时代、汉代。遗址东西 200 米、南北 300 米，占地面积约 6 万平方米。文化层距地表 1.2 米、厚 1~2 米，遗迹有灰坑、白灰居住面、墓葬等。1958 年、1976 年曾进行过文物普查。1980 年，中国社会科学院考古研究所泾渭队发掘了 104 座寺洼文化墓葬。从山坡到台地，不仅有汉墓，而且还发现彩陶。采集有细泥夹砂陶片、泥质红陶和夹砂红陶，纹饰为绳纹、篮纹、线纹、刻划纹、蜂窝纹、附加堆纹。彩陶主要有钵、瓶、盆、甑、葫芦瓶、蒜头瓶、单耳罐、双耳罐、双耳瓮等，彩绘为黑色，纹饰有宽带纹、变体鸟纹、勾叶圆点纹等。另外还发现有石斧、石刀、陶环、蚌壳以及汉代积炭墓、人头骨化石等。

1981 年，甘肃省人民政府重新公布为省级文物保护单位。2006 年，甘肃省人民政府授权甘肃省文物局重新公布为

徐李碾遗址

徐李碾遗址断面上暴露的陶片

省级文物保护单位。

余家塬遗址

位于庄浪县南湖镇北关村北 1 千米石家沟沟口东面山坡上。新石器时代—青铜时代、汉代、唐代、宋代。遗址南临庄浪河、东临余家沟，塬上有许多汉墓遗迹。遗址东西 500 米、南北 100 米，占地面积约 5 万平方米。文化层厚约 1.5 米，暴露有灰坑、灰层多处，文化堆积十分丰富。采集仰韶文化庙底沟类型的陶片有泥质和夹砂红陶、橙黄陶、灰陶，纹饰主要为细绳纹、刻划纹、弦纹等。彩陶纹饰

多见勾叶纹、弧线三角纹，器形有平口沿盆、瓶、敛口钵、直口钵、重唇口尖底瓶、有錾盆等。仰韶文化晚期陶片为泥质红、灰陶，纹饰以绳纹、附加堆纹为主，器形有罐、缸等。齐家文化陶片为泥质红陶、夹砂红褐陶，器表素面或饰篮纹、附加堆纹，器形有侈口罐、双耳罐、高领罐。还采集有汉代灰陶片，纹饰为绳纹；唐代瓷片为白瓷片；宋代主要为豆青瓷碗及碗残片、灰陶罐。

1993年，甘肃省人民政府公布为第五批省级文物保护单位。2006年，甘肃省人民政府授权甘肃省文物局重新公布为省级文物保护单位。

川口柳家遗址

位于庄浪县水洛乡川口柳家村东500米水洛河南岸一级台地上。青铜时代。台地高约15米，地势平缓。遗址东西长500米、南北宽300米，面积约1.5万平方米。文化层距地表2~2.5米，厚度

0.8~1.2米，暴露有灰层、灰坑、墓穴等。采集有夹砂橙黄陶、泥质红陶，纹饰为素面或锥刺纹、附加堆纹，器形为鬲、单耳罐、马鞍口罐等。另采集有青铜护腕、骨质三孔器、铜泡、料珠等。该遗址属寺洼文化遗存。

1981年，甘肃省人民政府重新公布为省级文物保护单位。2006年，甘肃省人民政府授权甘肃省文物局重新公布为省级文物保护单位。

古洞门遗址

位于庄浪县阳川乡李家湾西北500米山坡上，1988年发现，属仰韶文化遗存。占地面积约12万平方米，文化层厚3米。遗迹有粟窖一处，呈倒纺锤形，口径1.2米，底径2.5米，深1.8米，内有20厘米厚粟粒，已炭化。遗物有庙底沟类型彩陶罐、盆、碗、尖底瓶等，纹饰有勾叶圆点纹、夹砂乳丁纹等。

1993年，甘肃省人民政府公布为第

川口柳家遗址

川口柳家遗址暴露人骨

古洞门遗址断面暴露的人骨

五批省级文物保护单位。2006年，甘肃省人民政府授权甘肃省文物局重新公布为省级文物保护单位。

大嘴梁遗址

位于庄浪县岳堡乡岳堡村南1000米大嘴梁一带，南到大嘴梁山顶，北到南湾、簸箕湾，西到崖岔嘴，东至南佛寺东南。东西长500米，南北宽400米，占地面积20万平方米。遗址依山势分布，平面大体呈三角形。遗址断崖上暴露灰坑、灶坑、白灰面房址、红烧土及白灰窑1处。采集标本有细泥红陶片、黄陶片、夹砂红陶片及大量仰韶文化中期至晚期彩陶片，器型有三足鬲、敞口罐、瓮、盆等以及大量玉器及边角废料，玉料上有加工截割痕。从采集标本分析，遗址属仰韶文化和齐家文化遗存。大嘴梁遗址文化内涵丰富，保存现状较好，在同类遗址中具有一定典型性。属甘肃省第三次全国文物普查新发现遗址。

连家坡遗址

位于平凉市庄浪县阳川乡王塬村四社南20米。新石器时代。遗址北临水渭沟，南至连家坡，西至拉儿地沟，东到深沟和小湾咀一带。东西长300米，南北宽500米，占地面积15万平方米。文化层厚1~3米，长1~30米，暴露多处灰坑、陶窑遗址。有三处灰坑最为丰富和典型。采集的陶器标本为泥质红黄陶和夹砂红褐陶片，器表素面或饰篮纹、绳纹等，器型有敞口罐等。另在村民家中发现出土石器5件。该遗址保存现状较好，内涵丰富，具有重要的考古研究价值，为仰韶文化和齐家文化遗址。属甘肃省第三次全国文物普查新发现遗址。

枣林子遗址

位于泾川县汭丰乡枣林子村西南2千米的西坪。新石器时代—青铜时代、周代。地处泾崇公路南侧，北临汭河，与南部上塬的枣林子任家嶙岘隔沟相望。西坪高70米，坪上南北125米、东西400米范围内散见灰层，占地面积约5万平方米，文化层厚0.7~1米。遗址内有城堡墙残长85米，高12米，残存城堡正面为弧形，夯土中杂有陶片。灰层中散见彩陶片和粗、细绳纹红陶片以及素面、篮纹、锥刺纹、菱形纹、夹砂红陶片等。采集仰韶文化庙底沟类型陶片为细泥和夹砂红陶，器表素面或饰绳纹，彩陶片纹饰有

枣林子遗址标本

弧线三角纹、勾叶圆点纹，彩绘为黑色，器形有盆、罐；齐家文化陶片为夹砂红褐陶，饰附加堆纹、锥刺纹、菱形刻划纹，器形有罐、鬲；另有周代夹砂、泥质灰陶，饰绳纹，器形有罐。

1993年，甘肃省人民政府公布为第五批省级文物保护单位。2006年，甘肃省人民政府授权甘肃省文物局重新公布为省级文物保护单位。

向明西坪遗址

位于泾川县城15千米王村乡向明村西南100米，北临西兰公路，与泾河隔水相望。新石器时代—青铜时代、周代。遗址地处高80米的坪上。南北长800米、东西宽200米，占地面积约16万平方米，文化层厚2~3米。素陶片及彩陶片极为丰富。采集仰韶文化庙底沟类型陶片为泥质和夹砂橘红陶，器表素面或饰绳纹、篮纹、附加堆纹、锥刺纹、菱形刻划纹等。彩陶片纹饰为黑彩弧线三角纹、圆点纹、

鸟纹，器形有重唇口尖底瓶、盆、钵。齐家文化陶片为夹砂红褐陶，饰附加堆纹、篮纹，器形有侈口罐、高领双耳罐、鬲。另有周代泥质灰陶片，纹饰为绳纹，器形有鬲、罐。遗址中还采集到一件灰陶兽头残瓦当及半个黑陶环。有一土堆高3.5米、底周31.4米，似为墓葬封土。

1993年，甘肃省人民政府公布为第五批省级文物保护单位。2006年，甘肃省人民政府授权甘肃省文物局重新公布为省级文物保护单位。

徐家堡子坡遗址

位于泾川县党原乡小徐村徐家堡子坡自然村。新石器时代。遗址东上坡是戴家砖厂，南是小徐村居民区，西顺沟是李家村与戴家村交界处，北隔沟是戴家村阴坡洼。遗址分布在山坪坡面台地内，东西约150米，南北约50米。占地面积约7500平方米。在台地断面可见多处灰坑，灰坑成袋状，深1米，宽1~2米。在灰坑和地表散见有夹砂堆纹红陶片、细泥红陶片、细夹砂蜂窝纹灰陶片、粗绳纹红陶片、篮纹灰陶片、篮纹红陶片、细泥残耳红陶片和细泥灰陶片等。根据遗存标本初步判断，是一处齐家文化、周文化和汉文化共存的遗址。属甘肃省第三次全国文物普查新发现遗址。

齐家岭遗址

位于灵台县百里镇稔沟村东北600

米。新石器时代—青铜时代。面积约 5 万平方米。文化层厚 2~2.5 米，暴露有灰坑、居址及墓葬。采集仰韶文化庙底沟类型的陶片为细泥红陶和夹砂红陶，素陶纹饰为细绳纹、附加堆纹等，彩陶绘黑彩，纹饰主要为弧线三角纹、勾叶圆点纹，器形有敛口钵、盆、瓮、尖底瓶等；齐家文化的陶片为夹砂红褐陶和泥质红陶，纹饰为麦粒状粗绳纹、方格纹、附加堆纹，器形以高领折肩罐、侈口深腹罐为主。属仰韶文化和齐家文化。

1981 年，甘肃省人民政府重新公布为省级文物保护单位。2006 年，甘肃省人民政府授权甘肃省文物局重新公布为省级文物保护单位。

西堡子山遗址

位于灵台县梁塬乡横渠村北 1 千米。新石器时代—青铜时代。占地面积约 12 万平方米，文化层厚 4~6 米，暴露有灰坑、白灰面半地穴居址及墓葬。采集到泥质红陶、夹砂红陶、夹砂灰陶片等，纹饰以细绳纹、篮纹、附加堆纹、刻划纹为主，亦有素面。典型器物有钵、罂、鬲、尖底瓶、罐、瓮、陶铃等，纹饰为条带纹、网格纹等。采集骨器有骨凿、骨铲、骨锥，石器有石斧、石锛。属仰韶文化和齐家文化。

1993 年，甘肃省人民政府公布为第五批省级文物保护单位。2006 年，甘肃

省人民政府授权甘肃省文物局重新公布为省级文物保护单位。

阳面岭遗址

位于灵台县梁塬乡杜家沟村东 1 千米。青铜时代。占地面积约 12 万平方米，文化层厚 2~3 米，暴露有白灰面居址和窑址。采集有夹砂红、灰陶片及泥质红陶片，纹饰为绳纹、篮纹等，主要器形有盆、鬲、罐；采集到的石器有石斧、石凿。

1993 年，甘肃省人民政府公布为第五批省级文物保护单位。2006 年，甘肃省人民政府授权甘肃省文物局重新公布为省级文物保护单位。

草脉殿遗址

位于灵台县什字镇草脉殿塬。青铜时代。遗址地处塬边下的沟坡，坐西向东，东端沟内有水流，西端塬边一带有住宅。南北长约 200 米，东西宽 180 米，占地面积约 3.6 万平方米。文化层距地表 2~3 米，厚 2~2.6 米。暴露有灰层、白灰面半地穴

草脉殿遗址

居址。在遗址上部塬边发现一座长约5米的长方形窖穴，窖穴内藏谷粒，堆积厚度为0.8米，谷粒清晰可辨，窖穴四壁及底部有谷草铺垫。该窖穴为本县同类遗址中发现的第二座谷窖。采集器物有夹砂红陶、夹砂红褐陶、泥质红陶、灰陶片等，器表有素面或饰绳纹、篮纹、刻划纹、附加堆纹，主要器形为盆、钵、罐、陶拍。另有石斧。

1993年，甘肃省人民政府公布为第五批省级文物保护单位。2006年，甘肃省人民政府授权甘肃省文物局重新公布为省级文物保护单位。

西山遗址

位于灵台县中台镇许家沟村北1千米。新石器时代—青铜时代。地处达溪河北岸西沟西侧。遗址为缓坡台地，高出河滩30米，东与唐家河社居民区一沟之隔，西去7.5千米是镇政府和县城所在地。集中分布在西山南部偏东一带，南北长约450米、东西宽约300米，面积13多万平方米。断崖上暴露有较多灰层和遗迹，地表陶片俯拾即是。南部文化层较厚，厚1.5~3米，距地表深1.5米，地层依次为耕土层、扰乱层、齐家文化层、仰韶文化层，暴露灰层最长达6米左右。偏北山腰一带耕土层下即文化层，最厚处为1.5米，距地表深2米左右，主要为仰韶文化遗存，暴露有较多的灰坑，既有袋

状，也有桶状，最大的灰坑宽1.5米以上。山腰处距地表1.8米处发现两座相邻的房址，居住面处在同一水平线上，一座长2.7米，另一座长2.3米，间距1.2米，居住面厚达14厘米，平整而光滑，由细砂粒、黏土凝结而成，坚硬程度不亚于现代水泥，下有夯土为基，该文化层属于仰韶文化层。采集陶片多为红陶片，有少量橙黄陶和褐陶，陶质有细泥、泥质、夹砂等，可辨器形有尖底瓶、盆、钵、大口罐、瓮等，其中细泥红陶盆、钵片较多，钵为敛口平底，彩陶纹饰有黑彩勾叶圆点纹、弧线纹，尖底瓶系重唇口，锐角底。还有一片白彩网格纹残片，器形不明。其他陶片为泥质红陶和夹砂红褐陶，器表素面或饰粗绳纹、篮纹、附加堆纹、刻划纹，器形有瓮、罐。采集物还有残石斧、灰陶环以及兽骨、蚌壳等。

1993年，甘肃省人民政府公布为第五批省级文物保护单位。2006年，甘肃省人民政府授权甘肃省文物局重新公布为省级文物保护单位。

姚李遗址

位于灵台县吊街乡姚李村南侧。青铜时代。遗址背山向阳，高约50米，塬下有水泉。东西长约100米，南北宽约200米，占地面积约2万平方米，文化层厚4~6米。暴露有袋状灰坑、灰坑旁的白灰层、墓葬以及居址。采集器物有泥质

红陶片、夹砂红褐片、夹砂灰陶片、锯齿状口沿等，器表素面或饰篮纹、粗绳纹、锥刺纹、刻划纹、蜂窝纹、附加堆纹等，主要器形有鬲、壶、平底盆、蒜头瓶、敞口双耳罐等。石器有石斧、石凿。另有人骨架、鹿角等。属齐家文化遗存。

1981年，甘肃省人民政府公布为第四批省级文物保护单位。2006年，甘肃省人民政府授权甘肃省文物局重新公布为省级文物保护单位。

蒋家咀遗址

位于灵台县百里镇稔沟村南400米，地处达溪河中上游蒋家咀的川台地上。新石器时代、周代。遗址东西长约300米，南北宽约50米，占地面积约1.5万平方米，文化层厚1~4米。采集有齐家文化泥质红陶和夹砂红褐陶及少量灰陶片，纹饰为绳纹、篮纹、附加堆纹，主要器形有瓮、斝、罐；另有周代泥质、夹砂灰陶片，饰绳纹，器形有鬲、盆、罐等。还采集

蒋家咀遗址

有骨器。

1981年，甘肃省人民政府重新公布为第四批省级文物保护单位。2006年，甘肃省人民政府授权甘肃省文物局重新公布为省级文物保护单位。

桥村遗址

位于灵台县西屯乡北庄村东北1.5千米桥村疙瘩处，东临大沟，向北是黑河，距沟底约150~200米，长1500米、宽500米，占地面积约75万平方米。文化层厚2~3米，暴露有灰坑、墓葬等。村民建房挖地基时曾发现墓葬，有完整人骨架，出土玉斧、玉锛、玉刀和玉珠带等。1978年，甘肃省博物馆文物工作队试掘95平方米，发掘7个袋状灰坑，出土一批石器、陶器、骨器和卜骨。石器有刀、斧、凿、锛、矛、匕等；陶器有单把斝、宽沿盆、敞口盘、侈口罐、单耳罐、花边罐、高圈足豆、纺轮和陶拍等，骨器有锥、笄、镞、凿、匕等；卜骨发现17片，系羊或猪的肩胛骨，均有灼痕；还出土带瓦钉的篮纹筒瓦、板瓦。这些齐家文化遗存与陕西客省庄二期文化有许多相似之处，尤其与岐山双庵遗址的出土物相当接近。遗址还采集有夹砂红褐陶和泥质红陶片，纹饰为绳纹、篮纹、附加堆纹。主要器形有斝、釜、盆、罐等，石器有斧、刀、弹丸等，玉器有璧、环、圭等。另有周代泥质、夹砂灰陶片，纹饰为绳纹，器

形有鬲、盆、罐等。

2003年，甘肃省人民政府公布为第六批省级文物保护单位。

白马塬遗址

位于庆阳市西峰区陈户乡张家嘴村东。新石器时代。面积约5万平方米，文化层厚约3米，暴露有灰层、灰坑、居址。采集有夹砂陶、泥质红陶、泥质灰陶及彩陶片。主要器形有钵、罐、尖底瓶等，彩陶绘黑彩，纹饰有水波纹、漩涡纹等。属仰韶文化晚期遗存。

1993年，甘肃省人民政府公布为第五批省级文物保护单位。2006年，甘肃省人民政府授权甘肃省文物局重新公布为省级文物保护单位。

高庄遗址

位于镇原县三岔镇庄门村。新石器时代—青铜时代、周代。面积约8万平方米，文化层厚1~3米，暴露有房址、窑址及窖穴。采集陶器、石器和骨器共52件。其中属仰韶文化庙底沟类型的有泥质红陶钵、盆、尖底瓶等残片，彩陶绘黑彩，纹饰为蛙纹、水波纹、漩涡纹等。还采集有齐家文化夹砂红陶罐、周代泥质灰陶壶等器物残片。

1981年，甘肃省人民政府公布为第四批省级文物保护单位。2006年，甘肃省人民政府授权甘肃省文物局重新公布为省级文物保护单位。

常山遗址

位于镇原县城关镇常山村东南200米。新石器时代—青铜时代、西周。面积约3万平方米，文化层厚约1米。采集有泥质红陶杯、盆、盘、碗、瓮、罐等。

1979年，中国社会科学院考古研究所发掘，发掘面积600平方米，发现有常山下层文化房址8座、窖穴16个，上层为西周文化层。常山下层文化层厚0.1~0.5米，主要出土有杯、盆、盘、碗、瓮残片及少量兽骨、彩陶，并发现窑洞

白马塬遗址中心局域

常山遗址

式房址及椭圆形灰坑、袋状窖穴等。西周文化层厚 0.2~1.1 米，出土陶片可辨器形有鬲、簋、豆、罐等。该遗址的发掘具有重大意义，首次提出了"常山下层文化"的命名，这是晚于仰韶文化而早于齐家文化的遗存。

川口遗址

位于镇原县曙光乡川口村西北 1 千米。新石器时代。面积约 5 万平方米，文化层厚约 1 米。采集有夹砂红陶、泥质红陶等残片，纹饰主要为绳纹、刻划纹，器形有重唇口尖底瓶、深腹罐、曲腹瓮等。属仰韶文化庙底沟类型遗存。

1993 年，甘肃省人民政府公布为第五批省级文物保护单位。2006 年，甘肃省人民政府授权甘肃省文物局重新公布为省级文物保护单位。

段家坪遗址

位于镇原县曙光乡徐沟村东 300 米。青铜时代。占地面积约 300 万平方米，文化层厚 2~3 米，暴露有房址、窑址、窖穴。采集遗物有夹砂红陶、夹砂灰陶、泥质灰陶罐残片等。纹饰为绳纹、篮纹、附加堆纹，主要器形有鬲、罐。石器有磨制石刀等。属齐家文化遗存。

1993 年，甘肃省人民政府公布为第五批省级文物保护单位。2006 年，甘肃省人民政府授权甘肃省文物局重新公布为省级文物保护单位。

碾子塘遗址

位于华池县怀安乡碾子沟门村东北 500 米。新石器时代。占地面积约 70 万平方米，文化层厚约 1 米，暴露有灰层、灰坑、陶窑和居址。采集遗物有泥质红陶，纹饰为细绳纹，主要器形有喇叭口束腰尖底瓶、素面敛口罐等。属仰韶文化庙底沟类型遗存。

1993 年，甘肃省人民政府公布为第五批省级文物保护单位，被命名为"碾子堂遗址"。2006 年，甘肃省人民政府授权甘肃省文物局重新公布为省级文物保护单位，改名为"碾子塘遗址"。

兰沟门遗址

位于华池县五蛟乡五蛟村东南 1 千米。新石器时代。占地面积约 7.5 万平方米，文化层厚 0.8~1.5 米，暴露有灰层、灰坑、居址。居址为半地穴式，中间有一圆形坑，直径 0.5 米、深 0.45 米。采集遗物有夹砂红陶、泥质红陶，纹饰为素面或绳纹，典型器物有敛口钵、侈口罐等。属仰韶文化庙底沟类型遗存。

1993 年，甘肃省人民政府公布为第五批省级文物保护单位。2006 年，甘肃省人民政府授权甘肃省文物局重新公布为省级文物保护单位。

长咀子遗址

位于华池县柔远镇张岭子村金宝湾长咀子梁上。新石器时代—青铜时代、汉代。遗址东至沟底，西至山顶，南至山根底，北至大壕，长1265米，宽536米，占地面积678040平方米。分布在两个山嘴上，原是一个整体，后因洪水冲刷形成现在的地貌，坐西面东，呈长方形。暴露的文化层有仰韶文化和齐家文化，采集的标本有灰陶盆、尖底瓶、弧线三角纹彩陶盆等残片及磨制石刀，还有汉瓦、汉灰陶盆、灰陶罐残片等。由此可断定，此地在汉代也有人居住。遗址内还有烧土层、马骨及马牙等。本地一张姓村民在长咀子遗址属自己的承包地内曾挖出红铜服饰、猫头鹰首佩件2件，另有铜叶饰、泡钉、蓝英石、陶壶、铁印章等。2003年曾发现人骨，铜箭头仍扎在骨头中。平田整地时遭到严重破坏。属甘肃省第三次全国文物普查新发现遗址。

尚西坪遗址

位于环县合道乡尚西坪村老虎山。青铜时代。占地面积约1.2万平方米，文化层厚0.5~1.6米，暴露有大量灰层、灰坑。采集遗物有夹砂红陶、泥质红陶、泥质灰陶罐等残片，纹饰为绳纹、篮纹等，主要器形有鬲、罐。还采集有磨制石器。属齐家文化遗存。

1993年，甘肃省人民政府公布为第五批省级文物保护单位。2006年，甘肃省人民政府授权甘肃省文物局重新公布为省级文物保护单位。

麻家暖泉遗址

位于庆城县暖泉村西北500米。新石器时代。占地面积约5万平方米，文化层厚1~3米，暴露有灰层、灰坑。采集遗物有夹砂红陶、泥质红陶罐等残片。器形有敛口钵、双耳尖底瓶、敞口折腹罐。纹饰主要为素面或绳纹、附加堆纹，彩陶绘黑彩，纹饰为弧线纹等。属仰韶文化庙底沟类型遗存。

1993年，甘肃省人民政府公布为第五批省级文物保护单位。2006年，甘肃省人民政府授权甘肃省文物局重新公布为省级文物保护单位。

吴家岭遗址

位于庆城县玄马乡吴家岭子村南200米。新石器时代。占地面积约5万平方米，文化层厚2~3米，暴露有灰层、灰坑和窖穴。采集遗物有泥质红陶残片等，纹饰为绳纹，主要器形有敛口钵、双耳尖底瓶。采集石器有石斧、石刀等。属仰韶文化庙底沟类型遗存。

2003年，甘肃省人民政府公布为第六批省级文物保护单位。

干沟桥遗址

位于合水县老城镇五里坡村南200米。新石器时代—青铜时代。占地面积约15万平方米，文化层厚1~1.3米。暴露有灰层、灰坑，地表散见夹砂红陶、夹砂灰陶、夹砂红褐陶、泥质红陶、灰陶片及彩陶片等。采集属仰韶文化庙底沟类型的红陶钵、卷沿盆等器物残片，彩陶绘黑彩，纹饰为变体鱼纹等；属寺洼文化的有灰陶单耳罐、夹砂红褐陶马鞍形口双耳罐等器物残片。属仰韶文化、寺洼文化遗存。

1981 年，甘肃省人民政府重新公布为省级文物保护单位。2006 年，甘肃省人民政府授权甘肃省文物局重新公布为省级文物保护单位。

九站遗址

位于合水县蒿嘴铺乡九站（后九站）村。青铜时代。占地面积约 10 万平方米，分遗址区和墓葬区。遗址区破坏较严重，文化层厚 0.5~1.6 米，断崖上暴露有灰层、灰坑、居住址，地表散布有大量夹砂陶、泥质红陶、灰陶片等。1984 年，甘肃省文物工作队与北京大学考古系联合发掘，遗址部分因破坏严重，仅发掘 75 平方米。在墓葬区发掘 80 多座竖穴土坑墓，出土陶器、铜器、石器、骨器等 700 余件。陶器主要有鬲、豆、钵、壶、簋、马鞍口双耳罐及深腹罐等，多为夹粗砂素面陶，质地松散。器表多呈土黄色或褐色，火候偏低且不均匀。还出土有戈、钏、刀、剑等青铜器。石器有石斧、石锛、石刀及纺轮。骨器有骨锥等。该遗址属寺洼文化。

1981 年，甘肃省人民政府公布为第四批省级文物保护单位。2006 年，甘肃省人民政府授权甘肃省文物局重新公布为省级文物保护单位。

东关遗址

位于合水县太白乡东关 100 米。新石器时代。占地面积约 8 万平方米，文化层厚 1~1.5 米。采集有夹砂红陶，纹饰为绳纹，主要为罐等器物残片；还采集有泥质红陶盆、钵、罐、重唇口尖底瓶等彩陶，彩陶绘黑彩，纹饰为圆点纹、变体鱼纹、勾叶纹等。属仰韶文化庙底沟类型遗存。

九站遗址

东关遗址

1993 年，甘肃省人民政府公布为第五批省级文物保护单位。2006 年，甘肃省人民政府授权甘肃省文物局重新公布为省级文物保护单位。

程家川遗址

位于合水县吉岘乡程家川村西北。新石器时代。占地面积约 11 万平方米，文化层厚 1~1.5 米。采集遗物有夹砂红陶、泥质红陶罐等器物残片。主要器形有钵、重唇口尖底瓶，纹饰有绳纹；彩陶绘黑彩，纹饰为变体鱼纹等。属仰韶文化庙底沟类型遗存。

1993 年，甘肃省人民政府公布为第五批省级文物保护单位。2006 年，甘肃省人民政府授权甘肃省文物局重新公布为省级文物保护单位。

瓦岗川遗址

位于合水县柳沟乡柳沟村瓦家川口东南 400 米。新石器时代。占地面积约 10 万平方米，文化层厚 1~1.5 米。采集遗物有夹砂红陶、泥质红陶罐等器物残片。主要器形有钵、盆、杯、罐、尖底瓶，纹饰有的为绳纹。彩陶绘黑彩，纹饰以叶纹、变体鱼纹为主。属仰韶文化庙底沟类型遗存。

1993 年，甘肃省人民政府公布为第五批省级文物保护单位，名为"瓦家川口遗址"。2006 年，甘肃省人民政府授权甘肃省文物局重新公布为省级文物保护单位，改名为"瓦岗川遗址"。

卜家崾岘遗址

位于合水县店子乡店子卜家岘子西南 50 米。新石器时代—青铜时代。占地面积约 40 万平方米，文化层厚 1~1.3 米。采集遗物有属仰韶文化庙底沟类型的泥质红陶，主要器形为钵、盆等，彩陶绘黑彩，纹饰有条带纹、勾叶纹等；属齐家文化的有夹砂红陶，主要器形为敞口单耳罐等。属仰韶文化、齐家文化遗存。

1993 年，甘肃省人民政府公布为第五批省级文物保护单位，名为"卜家岘子遗址"。2006 年，甘肃省人民政府授权甘肃省文物局重新公布为省级文物保护单位，改名为"卜家崾岘遗址"。

店子沟遗址

位于宁县新华乡店子沟村南。新石器时代。占地面积约 5 万平方米，文化层厚 0.5~3 米，暴露有灰层、灰坑、灶坑、房址和窑址等。采集遗物有夹砂红褐陶和细泥红陶片，纹饰有细绳纹等，主要器形为敛口钵、曲腹盆、重唇口尖底瓶及罐。彩陶绘黑彩，纹饰有鸟纹、花瓣纹。采集石器有石斧、石刀、石弹丸等。属仰韶文化庙底沟类型遗存。

1981 年，甘肃省人民政府公布为第四批省级文物保护单位。2006 年，甘肃省人民政府授权甘肃省文物局重新公布为省级文物保护单位。

小坡遗址

位于宁县和盛镇杨庄村西 100 米。新石器时代—青铜时代、周代、汉代。占地面积约 12 万平方米，文化层厚 1~4 米，暴露有房址、窑址及墓葬。采集遗物有仰韶文化庙底沟类型泥质红陶残片，纹饰有细绳纹等，主要器形有敛口钵、重唇口尖底瓶，彩陶绘黑彩，纹饰有变体鱼纹等；属齐家文化的有泥质红陶残片，纹饰为刻划纹，器形为单耳罐；属周代的有灰陶，器形为豆、罐、簋；属汉代的有灰陶残片，器形为盆、甑、罐。

1981 年，甘肃省人民政府公布为第四批省级文物保护单位，名为"杨家小坡遗址"。2006 年，甘肃省人民政府授权甘肃省文物局重新公布为省级文物保护单位，改名为"小坡遗址"。

康家岭遗址

位于宁县坳马乡康家岭村东。新石器时代—青铜时代。占地面积约 10 万平方米，文化层厚 0.5~3 米，暴露有灰层、灰坑、房址、窖穴、灶坑、墓葬等。采集遗物有仰韶文化庙底沟类型泥质红陶残片，纹饰为素面或线纹，主要器形有敛口钵、重唇口尖底瓶等；属齐家文化的有泥质红陶器物残片，纹饰为刻划纹等，器形有单耳罐、双耳罐等。

1981 年，甘肃省人民政府公布为第四批省级文物保护单位。2006 年，甘肃省人民政府授权甘肃省文物局重新公布为省级文物保护单位。

庙嘴坪遗址

位于宁县新宁镇庙嘴村东北 100 米。新石器时代—青铜时代、周代、汉代。占地面积约 8 万平方米，文化层厚 0.5~3 米，暴露有灰层、灰坑、房址等。采集遗物有仰韶文化半坡类型泥质红陶、夹砂红陶片，纹饰以细绳纹为主，彩陶绘黑彩，纹饰多见鱼纹、条带纹等，器形有盆、罐、杯、尖底瓶；属齐家文化的有泥质红陶、夹砂红黄陶片，纹饰为篮纹、绳纹，器形为高领罐、侈口罐；采集周代陶片多为夹砂灰褐陶，纹饰主要为绳纹，器形有鬲、罐等；采集汉代陶片以泥质灰陶为主，器形有盆、罐等。还采集到刻有"千秋万岁"文字的瓦当残片。

1981 年，甘肃省人民政府重新公布为省级文物保护单位，名为"庙咀坪遗址"。2006 年，甘肃省人民政府授权甘肃省文物局重新公布为省级文物保护单位，改名为"庙嘴坪遗址"。

张堡遗址

位于宁县南义乡张堡村。新石器时代—青铜时代。占地面积约 12 万平方米，文化层厚 0.5~2 米，暴露有灰层、灰坑、房址、窖穴。采集遗物有仰韶文化庙底沟类型泥质红陶残片，纹饰有绳纹。主要器形有敛口钵、重唇口尖底瓶，纹饰为鱼纹等；还采集有齐家文化泥质红陶残片，纹饰为篮纹，器形有高领折肩罐、盆。采集骨器有骨锥等。

1993年，甘肃省人民政府公布为第五批省级文物保护单位。2006年，甘肃省人民政府授权甘肃省文物局重新公布为省级文物保护单位。

老庄沟遗址

位于宁县和盛镇庙底村上赵三组。西距县城30千米，西北距乡政府3千米。新石器时代、周代。遗址东至沟畔，西至沟畔，南至果园墙，北至北沟，东西长600米，南北宽300米，占地面积约18万平方米。历年平田整地活动使遗址有部分破坏，文化层不明显，地表散布陶片随处可见。采集标本属于仰韶文化的有红陶盆、红陶残片等，属周文化的有灰陶盆残片等。

1993年，甘肃省人民政府公布为第五批省级文物保护单位。2006年，甘肃省人民政府授权甘肃省文物局重新公布为省级文物保护单位。

石岭子遗址

位于宁县石鼓乡石岭子村内。青铜时代。占地面积约14万平方米，文化层厚0.5~3米，暴露有灰层、灰坑、房址。采集陶片有泥质灰陶和夹砂红褐陶，器表纹饰多见绳纹、锥刺纹，可辨器形有单耳罐、侈口罐、袋足鬲等。属齐家文

石岭子遗址

化遗存。

1993年，甘肃省人民政府公布为第五批省级文物保护单位。2006年，甘肃省人民政府授权甘肃省文物局重新公布为省级文物保护单位。

汉子遗址

位于正宁县永和镇罗儿沟圈村西南1千米。新石器时代。占地面积约18万平方米，文化层厚约3米，暴露有灰层、灰坑、窖穴和窑址。采集有泥质红陶、夹砂红陶罐等残片，纹饰有绳纹。主要器形为钵、盆、罐、敛口钵、尖底瓶，彩陶绘黑彩，纹饰为弧形三角纹等；另有石斧、石弹丸和石网坠等。属仰韶文化庙底沟类型。

1981年，甘肃省人民政府公布为第四批省级文物保护单位，名为"罗儿沟圈汉子遗址"。2006年，甘肃省人民政府授权甘肃省文物局重新公布为省级文物保护单位，改名为"汉子遗址"。

汉子遗址

苟仁遗址

苟仁遗址

位于正宁县湫头乡苟仁村东南 500 米。新石器时代、周代。占地面积约 4.5 万平方米，文化层厚 1~1.5 米，暴露有居址、灶坑。采集遗物有属仰韶文化半坡类型的夹砂红陶、泥质红陶、灰陶等残片，纹饰有线纹、绳纹。主要器形为钵、盆、罐、尖底瓶、单耳罐等。还采集有周代夹砂灰陶罐等。

1981 年，甘肃省人民政府公布为第四批省级文物保护单位。2006 年，甘肃省人民政府授权甘肃省文物局重新公布为省级文物保护单位。

周家遗址

位于正宁县周家乡周家村南 400 米。新石器时代。占地面积约 50 万平方米，文化层厚约 4 米，暴露有灰层、灰坑、窑址。采集有夹砂红陶、泥质红陶等残片，纹饰有线纹、绳纹。器形主要为钵、盆、罐、尖底瓶。彩陶绘黑彩，纹饰有圆点纹等。属仰韶文化庙底沟类型遗存。

1993 年，甘肃省人民政府公布为第五批省级文物保护单位。2006 年，甘肃省人民政府授权甘肃省文物局重新公布为省级文物保护单位。

赵家水磨遗址

位于酒泉市肃州区果园乡高闸沟村南。青铜时代。地处讨赖河（北大河）北岸，占地面积约 3 万平方米，文化层厚 0.6~1 米。采集有夹砂红、灰陶片及泥质红陶片、彩陶片。多施紫红色陶衣，绘黑彩，彩陶纹饰为平行线纹、网格纹、三角纹，器形有双耳罐、钵等。并采集有石臼、单孔石斧、石纺轮及骨匕等。属四坝文化遗存。

1981 年，甘肃省人民政府重新公布为第四批省级文物保护单位。2006 年，甘肃省人民政府授权甘肃省文物局重新公布为省级文物保护单位。

干骨崖遗址及墓群

位于肃州区丰乐乡大庄村西南，祁

连山北麓山前地带，分布于丰乐河东岸的坡地上。青铜时代、汉代、晋代。由于洪水冲刷、修建水利工程等的影响，不少墓葬已遭破坏。占地面积约20万平方米，文化层厚0.1~0.5米。

北部干骨崖一带为墓葬区，其内涵与玉门清泉火烧沟遗址墓地基本相近，年代也大致相当，墓葬属四坝文化。1986年，甘肃省文物考古研究所对遗址进行抢救发掘，共揭露面积240平方米，清理墓葬105座，出土各类随葬品近500件。墓葬形制很有特色，皆为袋状土坑墓，以石块围筑或叠压尸骨。有相当数量的积石墓，用河床中的大块砾石垒成石椁状，或将大砾石直接压在人骨之上；许多人骨上身有扰乱的现象；还有乱骨葬之风。

东南部为遗址区，从墓区以东向南延伸至三坝洞子一带，有些呈规律分布的石块堆积，应为房屋遗迹或院墙。出土有石斧、环形石锄、石磨盘、石矛及彩陶片

干骨崖遗址及墓群

等，出土器物有陶、铜、石器及贝、骨器等。陶器多为夹砂橙红陶，并有较多彩陶，绘黑、红二彩，纹饰为回纹、舞蹈纹、平行线纹、三角纹、动物纹，器形有双耳罐、单耳罐、四耳罐、埙。铜器有锛形斧、锥等。石器有斧、锄、磨盘、矛等。在遗址区还采集有金环、泥质灰陶方格盘等，并暴露有汉、晋墓葬。遗存主体属四坝文化。

1993年，甘肃省人民政府公布为第五批省级文物保护单位，名为"干骨崖遗址"。2006年，甘肃省人民政府授权甘肃省文物局重新公布为省级文物保护单位，改名为"干骨崖遗址及墓群"。

缸缸洼遗址

位于金塔县大庄子乡永丰村东南8千米处。青铜时代。占地面积约7.5万平方米，文化层厚0.9米。采集有夹砂红陶和泥质红陶片。纹饰为绳纹、刻划纹及施红色陶衣、绘黑彩的三角纹、平行线纹，器形有双耳罐、豆、盆等。还采集到钻孔石刀、石镰和石纺轮。属四坝文化遗存。

1993年，甘肃省人民政府公布为第五批省级文物保护单位。2006年，甘肃省人民政府授权甘肃省文物局重新公布为省级文物保护单位。

火石梁遗址

位于金塔县大庄子乡头墩村东北。青铜时代。占地面积约9.5万平方米，文化层厚0.3~2.2米。采集有夹砂红陶和泥

质红陶片。纹饰为绳纹、附加堆纹。彩陶绘黑彩，纹饰为三角纹、斜线纹、平行线纹、条带纹，器形有双耳罐、器盖等。采集石、铜器有钻孔石刀和石凿以及铜块等。属四坝文化遗存。

1993年，甘肃省人民政府公布为第五批省级文物保护单位。2006年，甘肃省人民政府授权甘肃省文物局重新公布为省级文物保护单位。

白山堂古铜矿遗址

位于金塔县大庄子乡新八分村东北50千米处。青铜时代。遗址呈长方形，南北长382米，东西宽185米，占地面积70670平方米。在遗址中心位置有原始矿井一处，南北长19.7米，东西宽9.10米，深4.8米，矿井壁面有原始工具凿挖的痕迹。四周散见铜矿石和早期凿挖矿井使用过的石凿、石锤、石斧、石刀等工具。地表残留有少量红陶残片。在矿井东南约200米处一丘陵山上发现大量用于打制开矿工具的硬石块，并在山坡地带发现打制石器。从陶、石器标本分析，当为四坝文化的铜矿遗址。该遗址的发现，为研究中国古代冶铜业的起源、铜矿开采、选矿技术发展提供了充足的实物依据。属甘肃省第三次全国文物普查新发现遗址。

碱洼井南窑址群

位于金塔县大庄子乡永丰村东南10.2千米处的沙漠腹地的一片风蚀台地边缘，西部为芦草沙梁，东部150米处为芦草沙梁，北部500米处为沙丘，南部紧靠沙丘。青铜时代。分布于南北长20米、东西宽15米的台地东部边缘，占地面积300平方米，共有窑址3处，呈南北向直线排列。最南部为1号窑址，呈长方形，南北长3.8米，东西宽2.6米，窑址残高0.2米，窑壁厚0.08米，窑门南开，宽1.4米。2号窑址在1号窑址北8米处，呈圆形，直径2米，仅存残底。3号窑址在2号窑址北12米处，呈椭圆形，东西长4米，南北宽3米，残高0.6米，窑壁厚0.1米。窑址周围有少量四坝文化夹砂红陶片。该窑址群为研究四坝文化陶器生产提供了宝贵资料。属甘肃省第三次全国文物普查新发现遗址。

桥湾遗址

位于瓜州河东乡六道沟村西北3.5千米处（桥湾火车站东北0.8千米）。青铜时代。遗址南距疏勒河约600米，北距连霍高速公路800米，四周为小型雅丹地貌。平面为椭圆形，南北长20米，东西长28米，深0.35~0.85米。地表发现大量的细石器、打磨石器，石箭头、刮削器尤多。第三次文物普查期间采集石器标本68件，其中石箭头17件、尖状打磨石器23件、刮削器26件、夹砂陶片2件。这里水草丰盛，适宜人类居住生活。该遗

址为研究疏勒河畔早期先民的生产生活提供了珍贵的实物资料。属甘肃省第三次全国文物普查新发现遗址。

砂锅梁遗址

位于玉门市花海乡金湾村北小金湾，分布于戈壁沙丘之间，因地表暴露陶片丰富密集而得名。青铜时代。占地面积约600万平方米，文化层厚0.7~1.5米，暴露有墓葬和窑址。采集有泥质红陶和夹砂红陶、灰陶片。彩陶纹饰为施黑、红彩的动物纹、网格纹，器形有罐等。另采集有石刀、石斧、石凿、石研磨器、石弹丸、铜刀、铜饰残片、绿松石珠及贝壳等。属四坝文化遗存。

1981年，甘肃省人民政府公布为第四批省级文物保护单位。2006年，甘肃省人民政府授权甘肃省文物局重新公布为省级文物保护单位。

古董滩遗址

位于酒泉市玉门市柳湖乡小康村四组北500米。青铜时代。分布范围呈长方形，占地面积为34960平方米，东西长184米，南北长190米。遗址中有一条东西走向、长100米、高2.1米的城墙遗址。墙体用砂土夹红柳夯筑，甘肃省文物考古研究所曾在遗址东南角挖掘一灰坑，显示有3个文化层。遗址上堆积有大量残陶片，根据地表遗存物，初步分析为四坝文化城址，遗址内发现许多炭渣和少量铜渣，

可能是制铜的冶炼作坊。是目前河西地区已知最早的古城遗址，具有十分重要的研究价值。

东灰山遗址

位于民乐县六坝乡四坝村西。青铜时代。占地面积约24万平方米，文化层厚0.5~5米，暴露有灰坑和白灰面居址。1987年，甘肃省文物考古研究所局部发掘遗址900平方米，清理墓葬249座，出土文物1003件，主要为陶器、石器、铜器，骨器极少。石器有石刀、石斧、石环及石祖等。陶器有壶、罐、盆、方鼎、器盖、瓮等，以平底、有耳、带盖等为其主要造型特征，陶质多为夹砂红陶，主要纹饰有绳纹、戳印纹、弦纹、刻划纹、附加堆纹等。彩绘一般在紫红陶底或施紫红、白粉、黄褐陶衣后绘黑浓彩。纹饰有平行条带纹、折线纹、三角纹、卷云纹、网格纹、回纹等。属四坝文化遗存。此外，该遗址中还出土有炭化小麦、大

东灰山遗址

麦、高粱、稷等 5 种粮食种子，在国内属首次发现。

1981 年，甘肃省人民政府公布为第四批省级文物保护单位。2006 年，甘肃省人民政府授权甘肃省文物局重新公布为省级文物保护单位。

西灰山遗址

位于民乐县李寨乡菊花地村北。青铜时代。占地面积约 15 万平方米，文化层厚 0.5~3 米，暴露有灰层、灰坑。采集有夹砂红陶片，器表多饰绳纹、弦纹、刻划纹，彩陶绘黑彩，纹饰为三角纹、回纹、阴刻三角纹、网格纹、连弧纹等，器形主要有瓮、壶、单耳罐、双耳罐等。石器有石刀、石斧。还采集到骨锥、炭化麦粒等。属四坝文化遗存。

1981 年，甘肃省人民政府公布为第四批省级文物保护单位。2006 年，甘肃省人民政府授权甘肃省文物局重新公布为省级文物保护单位。

西灰山遗址

壕北滩遗址及墓群

位于山丹县城关镇东南。青铜时代。占地面积约 20 万平方米，文化层厚 0.3~0.8 米，暴露有灰层、灰坑和窑址。采集有夹砂红陶片，器表多为素面，部分饰有刻划纹、绳纹。彩陶纹饰有黑、红及紫色平行线纹、折线纹、网格纹、连弧纹等，可辨器形有罐、壶和单耳杯等。属四坝文化遗存。

1993 年，甘肃省人民政府公布为第五批省级文物保护单位，名为"壕北滩遗址"。2006 年，甘肃省人民政府授权甘肃省文物局重新公布为省级文物保护单位，改名为"壕北滩遗址及墓群"。

四坝滩遗址

位于山丹县清泉乡南关村南四坝滩。青铜时代。占地面积约 20 万平方米，文化层厚 0.5~3 米，暴露有灰坑。1954 年试掘，出土陶器有单耳、双耳罐和杯、壶、器盖等。陶质主要为夹砂红陶，较粗、易碎，器表大多素面，有少量饰以刻划纹、绳纹。彩陶纹饰为黑、红、褐等多种色彩构成的横竖线纹、三角纹、菱形纹等，施彩较厚重，彩绘部位略凸起。还出土有石制刀、斧等，多系打制，少部分为磨制。该遗址为"四坝文化"的命名地。1947 年，新西兰著名社会活动家路易·艾黎带领培黎工艺学校师生在此开荒时首次发现该遗址。1953 年，考古学家安志敏等人来

此考察，认为它是早于沙井文化的一种新文化，命名为"四坝文化"。四坝文化是陶、石器和铜器并存的时代，冶铜水平较高，不但冶炼出青铜，而且还有砷铜。随葬品中已出现金器。经测定，四坝文化距今3900~3400年左右。1955年，兰州大学何乐夫教授等人对遗址进行发掘。

1957年，甘肃省人民委员会公布为省级文物保护单位。1981年，甘肃省人民政府重新公布为省级文物保护单位。2006年，甘肃省人民政府授权甘肃省文物局重新公布为省级文物保护单位。

塔儿湾遗址

位于武威市凉州区古城乡上河村东南。新石器时代—汉代、西夏、元代。占地面积约80万平方米，文化层厚0.2~2.8米。1992~1993年，甘肃省文物考古研究所两次发掘，共清理马家窑文化马厂类型残房址3座，房址为圆角方形单室或前后室。出土有彩陶盆、杯及夹砂绳纹大陶瓮等，还采集到夹砂红陶罐、彩陶罐及壶等。发现汉代竖穴土坑墓葬1座，出土灰陶罐2件，器表均为素面。发现西夏、元代房址共10余座、灰坑数10个，房址有圆形、圆角长方形、前低后高的簸箕形等。出土有瓷器300多件，并有大量瓷片、铜钱，且有少量铁、陶、铜、木器等。瓷器以白釉为主，亦有黑、褐、绿釉，瓷器花纹有剔、刻牡丹花及白釉黑花等，还有个别器物墨书西夏文、汉文姓氏及题款。器形有四系罐、瓮、扁壶、碗、碟等，制作较为粗糙，但也有少量酱釉剔、刻花精品。为民间瓷窑。

2003年，甘肃省人民政府公布为第六批省级文物保护单位。

第二节　周秦时期

大堡子山遗址及墓群

位于礼县永平乡和永兴乡交界处西汉水南、北两岸。西周—春秋。遗址区隔河与南岸山坪城址相对，西侧有永平河自北而南注入西汉水，东面西汉水河谷平坦开阔。由大堡子山、赵坪（圆顶山）、山脚、蒙张、爷池五处遗址及墓葬组成，总占地面积约150万平方米。

1992~1993年，大堡子山秦公大墓遭盗掘，大批珍贵文物流失海外。1994年，甘肃省考古研究所对残存的大墓进行抢救性发掘，共发掘大墓2座、小墓9座、车马坑1座。1998年，在大堡子山下永平河边（圆顶山墓区）发掘3座墓葬、1

大堡子山遗址及墓群

大堡子山遗址及墓群发掘现场

大堡子山遗址及墓群出土编钟

座车马坑。两次共发掘墓葬 14 座，调查勘探面积 21 万平方米。考古发掘成果确认该墓地为秦公西陲陵墓区。

2004~2006 年，经国家文物局批准，甘肃省文物考古研究所、陕西省考古研究院、北京大学考古文博学院、国家博物馆、西北大学考古文博学院等单位组成联合课题组，开展早期秦文化考古调查、发掘与研究，钻探面积 150 余万平方米，发掘面积 3000 多平方米。

截至到 2010 年，共发现房址、墓葬、车马坑、灰坑、陶窑、水井、古道等各类遗迹 699 处，中小型墓葬 400 多座，其中已清理墓葬 27 座、车马坑 2 座、乐器祭祀坑 1 座、夯土建筑基址 26 处、大型建筑基址 1 座（即 21 号建筑基址）。两座"中"字形大墓系秦公墓葬，先后出土了秦公鼎、簋、壶等珍贵文物，另有丰富的文化层堆积。

墓地分大堡子山、赵坪圆顶山等几个墓区。大堡子山墓区遭严重盗掘，随葬品几乎无存。以 M2、M3 为主，周围间距 5~7 米有东西向排列的中小型墓，占地面积 6 万多平方米。M2、M3 均为"中"字

127

形大墓，墓向东向，呈南北平行排列。南侧有从葬车马坑2座，东向。M2、M3墓室均呈斗状，东、西两个墓道，内设二层台，仰身直肢葬，头向东。M2全长88米，东、北、南二层台上共殉葬7人，葬具为木椁、漆棺，墓底有腰坑，内置殉犬、玉琮各1件。西墓道填土中有人殉12具、殉犬1只，出土石磬5件，其余随葬品均被盗掘。M3全长115米，墓室结构、殉人情况与M2略同。"中"字形大墓属秦国国君级墓葬。中型墓多为东西向土坑竖穴墓。坐西向东，墓主头西脚东，随葬品简单。

圆顶山墓区有3座墓保存完整，均为长方形竖穴土坑墓，均向东，二层台上均有殉人。出土随葬品较为丰富，青铜礼器组合主要为鼎、簋、壶、盉、尊等，青铜兵器有戈、剑、镞等，陶器有喇叭口罐、鬲、壶、仿铜陶鼎，玉器主要有玦、环、圭等。M2使用了七鼎六簋，并有铜柄铁剑和鎏金铜柄铁剑。部分青铜器上铸有"秦公作铸用鼎""秦公作铸用壶""秦公作宝用簋"等铭文。

遗址区主要有大堡子山城墙遗址，依山坡修建，平面呈不规则长方形，东西城墙残长约1000米，南北城墙残长约250米。东北角一段城墙保存较完整，长约6米，高约3~4米，夯层厚8~10厘米。城墙内总占地面积约25万平方米，已钻探出夯土建筑基址26处，有堆积丰富的

文化层及少量小型墓葬等，被盗的秦公大墓、车马坑和新发现的乐器坑均位于城内。东北城墙外为中小型墓地分布区，墓葬分布密集，已钻探出400余座。其中21号建筑基址位于城址内南端，西面背靠黄土断崖，东面俯视河川，分布在二级阶地土层之下，阶地高差约3米，上级阶地建筑基址以上地层堆积厚约2.5米，下级阶地多位于现耕土之下。四周为夯土墙体，呈南北向分布，南北长103米、东西宽16.4米，留存西墙地面以上部分，残高0.3~0.6米，墙宽约1.5米，地下墙基宽约3米；其他三面均仅残存夯土墙基，宽约3米。东墙与西墙之间中央留存18个大型柱础石，一字平行排列，间隔约5米。该建筑基址似为大型府库建筑，约始建于春秋早期至中期，战国时期废弃，汉代时遭严重破坏。20世纪70年代，平整梯地活动使该建筑的东墙、北墙及南墙东段地上部分完全被毁。

发掘中小型墓葬9座，其中3座保存完整。最大者ⅠM25位于东北城墙外墓地中，长4.8、宽2.7、深10.1米。出土铜器9件（包括鼎3件、甗1件、盉1件、短剑1件），另有石圭130余件、陶器6件等，属春秋中期偏晚时期。

乐器坑位于被盗秦公大墓M2西南部，二者相距约20米。长8.8、宽2.1、深1.6米，东西方向，坑口距地表深约2.1

米。坑内南侧有一排木质钟架，已完全糟朽，留有痕迹，痕迹旁依次成排放置3件青铜镈、3件铜虎（附于镈）、8件甬钟，镈和钟各附带1件青铜挂钩；北侧有一排木质磬架，仅存朽痕，其下有2组（共10件）石磬，保存完好。青铜镈一大两小，最大者通高65厘米，舞部及镈体部饰蟠龙纹，鼓部素面，铸铭文20余字，与国内已出土的秦公镈、秦武公镈相似，属春秋早期。

发现4座人祭坑，每坑内埋人骨架1~2具，肢体屈曲，属杀人祭祀性质。

大堡子山遗址及墓群的发现及考古发掘，证明这一带是商周之际秦国活动的中心，亦即《史记》记载的"西垂""西犬丘"所在地。对研究早期秦人在西汉水流域建国前后的生产生活、祭祀、丧葬、青铜冶铸、文字发展、城郭建设等具有重要的历史、文化和科学价值，填补了早期秦史研究的空白。2006年，"甘肃礼县大堡子山遗址"考古发掘成果被国家文物局评为"全国十大考古新发现"之一。

1996年，甘肃省人民政府公布"大堡子山秦公墓地"为甘肃省省级文物保护单位，并公布了保护范围："东起永兴镇爷池村，西至永坪镇赵坪村，南起永兴镇山脚村、蒙张村，北至永坪镇大薄地，东西长6千米，南北长3千米，总面积18平方千米。"2001年7月，国务院公布为第五批全国重点文物保护单位，命名为"大堡子山遗址及墓群"。2005年，甘肃省人民政府《关于公布甘肃省第五批全国重点文物保护单位保护范围及建设控制地带的通知》（甘政发〔2005〕16号）公布"大堡子山遗址及墓群"的保护范围为："东起永兴乡爷池村，西至永坪乡赵坪村，全长6公里；南起永兴乡的山脚、蒙张村，北至永坪乡大薄地，最长处4公里。保护范围总面积约18平方公里，包括永坪乡的赵坪和永兴乡的山脚、蒙张、龙槐、赵坪、爷池等6个自然村。"未公布建设控制地带。

陇西西河滩遗址

位于陇西县南安乡靛坪村，渭河与西河间、西河北岸的一级台地上，台地高约10米，地表为黄土耕地。周代。南北长400、东西宽300米，占地面积约12万平方米，文化堆积层距地表深约0.5~1、

陇西西河滩遗址

厚约0.5~1米，暴露有灰层、灰坑，采集、出土有陶片、陶鬲等。1964年，甘肃省文物工作队曾对遗址进行发掘，出土的陶鬲等现藏陇西县文化馆，其他文物均收藏于甘肃省博物馆。

1981年，甘肃省人民政府重新公布为第四批省级文物保护单位，名为"西河滩遗址"。2006，年甘肃省人民政府授权甘肃省文物局重新公布为省级文物保护单位，改名为"陇西西河滩遗址"。

遇村遗址

位于宁县早胜镇遇村。周代。占地面积约18万平方米，文化层厚约2米，暴露有灰层、灰坑、居址、墓葬等。采集有泥质灰陶及夹砂灰陶片，器表主要饰绳纹，器形有盆、簋、豆、鬲、罐等。豆器最多。

1981年，甘肃省人民政府公布为第四批省级文物保护单位。2006年，甘肃省人民政府授权甘肃省文物局重新公布为省级文物保护单位。

三角城遗址

位于民勤县红沙梁乡小东村西。青铜时代。占地面积约4000平方米，文化层厚0.6米。地表散见大量夹粗砂红、褐陶和灰陶片，纹饰为绳纹、弦纹、刻划纹、锥刺纹等，主要器形为罐、筒状杯。另外，采集石器有磨制石刀、石斧及纺轮等。属沙井文化遗存。

柴湾遗址

位于民勤县西渠镇建立村西。青铜时代。占地面积约1万平方米。文化层厚约0.9米。采集有夹砂红陶及灰陶片，纹饰为锥刺纹、刻划纹、弦纹等，主要器形有杯、罐等。还采集有磨制石刀残件。属沙井文化遗存。

四方墩遗址

位于民勤县昌宁乡阜康村北3.5千米。青铜时代、汉代。占地面积约3000平方米，文化层厚0.3米。采集有夹粗砂红陶片，纹饰为绳纹、篮纹等，器形有双耳罐、单耳筒状杯等。还采集有汉代泥质灰陶片，纹饰为绳纹等。属沙井文化遗存。

2003年，甘肃省人民政府公布为第六批省级文物保护单位。

柳湖墩遗址

位于民勤县薛百乡薛百村西南6千米处，是发现最早的一处沙井文化遗址。1924年，瑞典人安特生等发现并进行过试掘。遗址分布于沙丘间，占地面积约1.5万平方米，文化层厚约0.3米。大部分已被沙丘覆盖，在沙岭间平地上暴露有大量夹砂红陶片。陶器为夹砂粗红陶，器型有单、双耳罐、单耳筒状杯等，饰绳纹，有彩陶，红彩，纹样有条纹、三角纹或鸟纹；青铜器有刀、三棱、镞；另有金耳环、绿松石、贝等装饰品。还采集有石斧、带孔石刀、石镞。遗址保存较好，对研

四方墩遗址

柳湖墩遗址

究沙井文化和河西走廊地区的青铜文化有重要价值。

1981年，甘肃省人民政府重新公布为省级文物保护单位。2006年，甘肃省人民政府授权甘肃省文物局重新公布为省级文物保护单位。

草原井遗址

位于古浪县海子滩镇草原井村居民区北侧浅沙丘区，腾格里沙漠南缘。青铜时代。东、南面为草原井组农田，东南为草原井组居民区，西、北面为沙漠。遗址东西宽100米，南北长200米，占地面积2万平方米。文化层厚度不详。遗址内遍布沙丘，在沙丘及裸露地表散布有大量夹砂红陶、黑陶片以及用黑、白、蓝三色小石块围成的石圆圈。根据采集标本特征分析，属沙井文化，为研究古浪县境内的青铜时代文化提供了新资料。属甘肃省第三次全国文物普查新发现遗址。

第三节　汉、魏晋、南北朝时期

居延遗址（甘肃部分）

见第四章《长城》。

悬泉置遗址

位于敦煌市莫高窟以东62千米甜水井悬泉谷口西侧。汉代、晋代。属古代驿置建筑遗址。1987年调查发现。

1990~1992年，甘肃省文物考古研究所实施全面发掘。遗址由悬泉置和悬泉水两部分构成。

悬泉置，汉简称"敦煌效谷悬泉置"，属设立在敦煌郡效谷县境内的驿置之一，其东有鱼离置，其西有遮要置，跨越了

悬泉置遗址

效谷、渊泉、敦煌三县地，由敦煌郡管理。遗址坐落在悬泉谷口西侧山前缓坡高地上，背靠三危山余脉火焰山，面临西沙窝碱滩，居高临下。坐西向东，由坞院、马厩、驿道、灰区堆积等组成。

坞院，平面呈正方形，边长50米，占地面积2500平方米。坞墙宽1.2米，残高0.5~1.2米，沙土夯筑，夯层厚0.1~0.12米。东北角与西南角夯筑角墩，平面呈方形，边长3米，残高0.8~1.6米，夯层厚与坞墙同。东南角与西北角因洪水冲毁，原结构与形制不明，推测亦有角墩。坞院内倚四周墙体筑房，东、西两边保存不好，仅存遗迹。西、北两边保存较好，其中西边连通房子9间，3×4米开间，其中有套间。北边房子最为集中，且数量多，分前后两排，每排8~10间，3×4米开间，亦有套间和厕所。前排F26号房为置办公室，出土《四时月令诏条》墙壁题记。后排西段F18、19为套间厕所，室内筑高平台，平台中间开坑口，坑口安装木制框，斜坡便道通墙外。是目前发现最为完整且考究的汉代旱厕实例。东坞墙中段开大门，宽3米，门向东。门外南北两侧筑房子，南侧地势高，筑单连排4间，皆3×4米开间。北侧地势低，筑前后连排8间，皆3×4米开间。房子皆夯土筑，墙厚0.4、残高0.3米。南坞墙外倚墙体构筑通间马厩，长30、宽10米，墙体不存。厩内堆积大量马粪，厚1米。粪土中出土有木桩、石块、草料渣、灰土等。北坞墙内距墙体3米处为宽5米的东西向延伸之驿道，表土下有经长期践踏和碾压的硬面。西坞墙外为多年的垃圾堆放区，南北长80米，东西宽30米，堆积厚0.5~1.6米。遗迹内出土各种器物万余件，有铜、铁、陶、漆、木、石器残件，包括各种丝织品、麻制品、皮革、毡毛制品、竹、藤、芦苇编织品、毛笔、麻纸。其中麻纸数量达450余片，是出土麻纸数量最多的地点，创汉代麻纸出土之最。还有大量马、牛、羊、鸡、骆驼的骨骼。同时还出土有小麦、谷、糜等粮食颗粒以及众多植物枝杆等。出土竹木简牍25000

余枚（片）。以木简为主，也有帛书、纸书、墙皮题书。内容异常繁杂，主要有邮书、邮书课、邮书刺，符、传过所，各种名籍、文簿，诏书、法令、爱书和各级官府文书等。时代最早者为西汉武帝元鼎六年（公元前 111 年），最晚者为东汉和帝元兴元年（即永元十七年，公元 105 年），其中昭帝至建武初的年号基本连续，确证该置前后沿用了 210 年。西晋时废，改为烽燧建筑。汉简文书中详细记载了该置的组织建构、内部机构设置、人员编制、性质与任务、日常运作以及后勤供给等多方面的实际情况。第一次确证了丝绸之路的存在，展现了具体运行的全过程，是丝路考古的重大新发现。对研究汉代丝绸之路、边郡建设、中外交流、交通运输和邮政史有重大价值。

悬泉水，位于三危山深腹中，从遗址东侧谷口进入，溯流而上 3 千米到下水泉。水源处自然形成相连的三级平台。水从三处不同的地点涌出，由上至下形成小瀑布悬空而下，故曰悬泉，汇聚于下泉。因受气候、雨量、地下水位作用，水量随之增减，且永不干涸，保证了悬泉置的供水，因此才有悬泉置的存在。泉址东侧原有"二师庙"，但建筑早已不存，仅有遗迹可辨。敦煌遗书中伯 2005 号文书《沙州都督府图经》记曰："悬泉水，在州东一百卅里，出于石崖腹中，其泉傍出细流，一里许即绝。人马多至，水即多，人马少至，水出即少。"又伯 3929 号文书《敦煌古迹二十咏·贰师泉咏》赞曰："贤哉李广利，为将讨匈奴。路指三崄回，山连万里枯。抽刀刺石壁，发矢落金乌。志感飞泉涌，能令士马甦（苏）。"

1993 年，甘肃省人民政府公布为第五批省级文物保护单位。2001 年，国务院公布为第五批全国重点文物保护单位（公布号 2001-5-123）。2005 年，甘肃省人民政府（甘政发〔2005〕16 号）公布其保护范围为："以悬泉置遗址四界为基准，东到山沟东侧烽火台以东 500 米，西到遗址以西 1000 米，南到悬泉水源山顶向南延伸 500 米，北至遗址以北 1000 米。包括悬泉置遗址、沟东山顶烽燧、悬泉水及附近自然保护区。"

巉口村遗址

位于定西市安定区巉口镇巉口村。汉代。东临西兰公路、西靠关川河，高约 12 米。地势平坦，范围东西宽 270 米，南北长约 165 米，占地面积约 4.5 万平方米。遗址所在地全部被巉口小学及巉口镇各类建筑物覆盖。河沿被水冲刷。1926 年曾出土全国唯一的新莽权衡，为国宝文物。河沿断面暴露有丰富的灰层等遗迹。采集有泥质灰陶片、陶罐等，纹饰为绳纹。还采集到板瓦、筒瓦残片及汉代石磨、墨玉石刀、货泉、五铢钱等。

1981年，甘肃省人民政府重新公布为第四批省级文物保护单位。2006年，甘肃省人民政府授权甘肃省文物局重新公布为省级文物保护单位，名为"巉口村墓群（包括遗址）"。

浪柴沟遗址

位于瓜州东巴兔乡浪柴沟两岸台地上。汉代。属古代窑址，占地面积约10万平方米，现存窑址10座，浪柴沟东面9座，两面1座。窑址形制为圆形、椭圆形两种。窑壁系烧结红土，由黄土屬和砂砾涂抹而成。圆形窑室直径1.76~2.86米，窑口东西向，宽1米左右。椭圆形窑只有一座，窑室东西长6.4米，南北宽2.23米。窑内外堆积层厚1.2~1.6米，内含大量灰陶片，纹饰为绳纹、水波纹、弦纹及素面等，主要器形有碗、钵、盘、罐、瓮。窑旁有大量红土及砂砾等制陶材料堆积。

2003年，甘肃省人民政府公布为第六批省级文物保护单位。

旱湖脑遗址

位于瓜州县布隆吉乡双塔村东南旱湖脑城址西南300米。汉代。占地面积1.25万平方米。暴露窑址1座，风蚀坍塌严重，形制不明。周围散见有红烧土、炉渣、残砖及灰陶片，并有铁器残片、五铢钱币等遗物。现为瓜州县县级文物保护单位。

仇池国遗址

位于西和县大桥乡仇池村。汉—隋代。据《水经注》、宋代《仇池碑记》（见《陇右金石录》）、《资治通鉴》等记载：汉建安十六年（211年），氐族杨氏以此为据点建立了前、后仇池国，国号"百顷"，灭于隋开皇元年（581年），传世18位，立3主，统治386年。曾统辖陕、甘、川三省边境六郡十八县。仇池原名仇维山，因其上有池，改称"仇池"，又名"百顷城"。仇池山为西北—东南走向，海拔1793米，山体四面陡绝，三面环水，壁

浪柴沟东山陶窑址

旱湖脑遗址局部

立千仞，地势十分险要，为历代兵家所据。原城址已夷为平地，占地面积约 4.8 万平方米，历年出土有石碾槽、铜戈、匕首、弩机、镞、釜等。

1981 年，甘肃省人民政府公布为第四批省级文物保护单位。2006 年，甘肃省人民政府授权甘肃省文物局重新公布为省级文物保护单位。

老师兔—悬泉古道遗址

位于瓜州县广至乡岷县村西南 13 千米处，东北距芦草沟 5 千米。汉—唐代。古道东起火焰山 2 号烽，西至悬泉驿遗址东侧乱山当中，全长 20 千米，路基宽 3~4 米，有明显的车痕印迹。道路沿线分布有火焰山 2 号烽、3 号烽。另有石块夹杂柴草堆砌而成的圆锥形路标 24 个，直径 1~2 米，残高 0.9~1.5 米。该古道为本次普查新发现，根据其走向，推断是汉唐时期广至县—悬泉驿的重要通道，为研究汉唐时期瓜沙地区的历史文化、交通走向提供了实物资料。属甘肃省第三次全国文物普查新发现遗址。

米王遗址

位于庆阳市西峰区肖金镇米王行政村沟畔自然村，遗址遍布沟畔村东部，占地面积约 20 万平方米。暴露有灰坑、墓葬，文化层厚约 2~3 米。灰层中有灰陶残片和瓦砾，内含比较丰富。本区村民家中保存一些汉代五铢钱币和一件完整

的筒瓦，筒瓦长 50、宽 30、厚 2 厘米。遗址上暴露出的墓葬为券顶砖砌单墓室。这些遗物遗迹均为典型的汉代器物，由此分析，此为一大型汉代遗址。属甘肃省第三次全国文物普查新发现遗址。

盐场子驿道遗址

位于平凉市庄浪县韩店镇郭漫村黄草社以南 5 千米峡谷地带，东西长 500 米，南北宽 300 米，占地面积 1.5 万平方米，时代为北魏至清代。盐场子为古代储盐之重要场所，是古代盐业贸易、盐商驮运、人挑转运的必经之地和丝路古道之一。该道从竹林寺左峡进入，经云崖寺到盐场子，然后再穿老林、越重山通过华亭，后因此道崎岖陡险而逐渐废弃。盐场子四面环山，北为水泉子梁，南为石门子梁，东为马蹄掌。遗址地势开阔平坦，为丝绸之路著名古道之一。属甘肃省第三次全国文物普查新发现遗址。

下峡峡口栈道遗址

位于成县西狭风景区。共两处，第一处位于小川镇东 3 千米下峡峡口（西狭风景区西入口门外），分布在长 13 米的石崖上，最南端的栈道孔距西入口大门 5.7 米，栈道孔距地面 0.3~0.5 米不等，应为栈道下部支柱栈孔。共有 4 个栈道孔，圆形孔，口略向上倾斜，孔径 0.17 米，深 0.2 米。第二处在距西狭风景区西入口外"西狭十渡"第三拦水坝南 15 米处的东侧崖

壁上，现存栈道孔 2 处，长方形孔，边缘整齐，高 0.15、宽 0.2、深约 0.18 米，两孔相距约 1 米，距地面 5 米，位置较高，是架设横木的栈孔遗迹。该栈道建于东汉，属西狭古栈道之一段，《西狭颂》摩崖石刻中有记载。该遗址对研究成县古代交通有一定价值。属甘肃省第三次全国文物普查新发现遗址。

董家坝栈道遗址

位于成县苏元乡包家寺行政村董家坝社西北小河边，西距董家坝村约 1 千米，小河以北石崖上为成县县城至苏元的公路。栈道、桥梁遗址同处一地。栈道遗址依小河流走向分布于南岸断崖上，总长 80 米，距河床约 1.5 米，能看到的栈孔约 70 个，多为 10×10 厘米的方形孔，也有直径 10 厘米的圆孔，孔间距 0.2~1.3 米。桥梁遗址现存立柱的柱孔，跨小河分布于河床上，呈东北—西南走向，总长 40 米，柱孔直径 15~20 厘米，圆孔，孔间距 1.1 米，能看到的柱孔约 37 个，其中有 5 个孔位于河床上，一字形排列。栈道遗址东侧有一条进入栈道的小路，部分地段为人为建造，总长 120 米。属甘肃省第三次全国文物普查新发现遗址。

石门沟栈道遗址

位于舟曲县大川镇石门沟村东北约 200 米处的沟谷中。三国时期。遗址处于石门沟溪下切形成的两座石崖间，沟谷中形成"一线天"，故名"石门沟"。东侧石崖高出沟溪约 150 米，西侧石崖高出沟溪约 160 米，东西石崖平均间距约 20 米。溪流平均流量 0.8 立方米 / 秒。东、西峭壁上均有略呈正方形古栈道桩孔 4 层，每层桩孔分布均匀，大小基本一致，从石门北侧峭壁与沟溪平行，延伸到石门南侧。它是三国名将姜维屯田"沓中"时为北伐中原而开凿的蜀陇右道。桩孔最大 16×18 厘米，深 20 厘米，最小桩孔 8×8 厘米，深 10 厘米，间距 1.2~6 米。最低处桩孔高出溪沟 0.3 米，最高处桩孔高出河床 7.5 米。现存桩孔 80 多个，桩木和栈道无存。石门沟栈道遗址为研究古代

石门沟栈道及摩崖石刻

陇蜀交通、茶马商贸、文化交流、民族
关系及军事、政治提供了新的史料。属
甘肃省第三次全国文物普查新发现遗址。

洮岷长安古道岷县段遗址

位于岷县境内东部山区，呈东西走
向，有两段道路遗迹、两座废弃石桥。申
都乡青土村至申都村段系黄土、黑土路基
路面，路长 4130 米，路宽 3~6 米。八盘
山腰至新庄村段地处新庄山东北面山坡
上，道路呈"之"字形，依山盘旋，蜿蜒
而上，道路路基由山体削挖而成，路基、
路面均为青砂砾石，长 612 米，宽 3~5.5
米。一座石桥位于锁龙乡锁龙村，系青
石白灰砂浆券砌的拱桥，桥宽 6、长 3.2、
高 2.1 米，拱厚 0.8 米。另一座亦为青石
白灰砂浆券砌的拱桥，宽 5.8、长 3.5、高
1.8 米，拱厚 0.85 米。洮岷贸易古道，最
初源于秦人牧马部落向周王室运送军马，
大批军马东行踩踏出来的一条便捷之道。
唐、宋、元、明、清时期从"陕茶"易马
到"川茶"易马交易，一直延续到清朝雍
正十三年（1735 年），此后裁撤了茶马司，
茶马互市活动至此结束。这条茶马古道
成为后来洮岷到秦州长安的山货药材运
输、百货运入的贸易之道。西起洮岷两
州，途经岷县、武山、礼县、天水、清水，
翻越陇山进入长安（西安），全程 400 多
千米，是陇右地区历史上延续时间最长、
民族文化交流最久、民族贸易最兴盛的

一条道路，在沟通藏、汉、回等民族政治、
文化，开展贸易、经济往来方面起着重
大作用。属甘肃省第三次全国文物普查
新发现遗址。

宝宁寺遗址

位于泾川县城关镇水泉寺村。北魏、
北周、唐代。东距泾镇公路 200 米，南
为泾河，与王母宫山隔河相望，向西是
阳坡村，向北 300 米是共池村。2005 年，
泾川县林业局在施工时挖出了一尊青石
佛像、砂岩造像龛、4 块灰陶手印砖、石
臼及零星灰陶片。青石佛像高 1.8 米，立
式，肉髻，螺发，宽额，大耳垂肩，下
颌略瘦，鼻宽目细，面部慈祥，褒衣博带，
长裙下垂，左臂微屈，手握裙带，右手上
举成施无畏手印；腿部衣纹作弧形三道，
紧贴身体，显露腿部轮廓，赤足立于圆
形莲台之上，下有榫卯，无底座。造像
龛为红砂岩质，高 45、宽 50、厚 9.5 厘
米，分两层，上层为一佛二菩萨，下层
并列一排小菩萨像。初步判断为北魏时
期的造像。灰陶手印砖长 30、厚 5 厘米，
正面有手印纹，反面平整。石臼，方形，
边长 17.5、厚 12 厘米，中心有一锥形卯
眼，系唐代遗物。属甘肃省第三次全国
文物普查新发现遗址。

枣阙寺院遗址

位于灵台县中台镇坷台村西沟社达溪
河北岸一层台地上。北魏、西魏。寺院遗

址南北 100 米，东西 200 米，占地面积 2 万平方米。地面散见大量砖瓦残片。2009 年 3 月，西沟社村民耕地时发现造像塔、造像碑一件，埋藏在一土坑中，土坑直径 1.5、深 0.5 米。造像碑位于北侧，侧卧；造像塔呈东西向横卧于南侧。造像碑高 0.96、宽 0.4、厚 0.12 米，正面中部开龛，高浮雕佛像，结跏趺坐于莲花座之上，右手于胸前施无畏印；碑两侧阴刻题记，内有"大统十年"纪年。造像塔高 1.03 米，正面呈梯形，顶宽 0.34、底宽 0.48、厚 0.33 米，中部距底边 0.14 米处开龛，龛内高浮雕佛像，结跏趺坐，双手作禅定印，着祖右袈裟，内着僧祇支，高髻，方面，宽额，垂耳，有北魏早期造像特征。属甘肃省第三次全国文物普查新发现遗址。

丈八寺遗址造像

丈八寺遗址

位于崇信县锦屏镇铜城村东北山嘴上。北周、明代。遗址的东、南、北三面环沟，西面连接西庄塬子，东西宽 62 米，南北长 62 米，占地面积 3844 平方米。

出土有佛头、佛身残件、莲花瓣底座各 1 件。佛头、佛身残缺、风化；底座方形，四面雕刻有神王、狮子和佛传故事，上部雕刻一周莲花瓣，中间凿挖一方形卯孔，边长 1.78、通高 0.80 米。石雕体形硕大，是陇东佛教石刻造像重要遗物。属甘肃省第三次全国文物普查新发现遗址。

第四节　隋唐—宋元明清时期

南郭寺遗址

位于天水市秦州区西南 2.6 千米的慧音山，俗称"南郭寺""南山寺"，为古代"秦州八景"之一。初建于隋代，唐代已有相当的规模，唐代诗人杜甫曾到访过此寺，《秦州杂诗二十首》描述南郭寺道："山头南郭寺，水号北流泉。老树空庭得，清渠一邑传。秋花危石底，晚景卧钟边。

俯仰悲身世，溪风为飒然。"宋代，改寺院名为妙应院。清乾隆十五年（1750年）扩建，并敕赐寺名"护国禅林院"。乾隆六十年（1795年）修建了关圣殿。清末和民国时期又进行多次改、扩建。现保存清、民国时期的建筑28座。寺院依山就势，坐南朝北，占地面积8164平方米，有3座并列的牌坊门，分别构成东、中、西三组建筑群。

西院内的原建筑均毁，仅存隋唐佛塔地宫遗址。近年恢复了部分建筑。中院是南郭寺遗址的主院，自北向南分为前、中、后3个院落：前院有东、西看楼、钟鼓楼、禅林院、东禅林院及厢房等，其中东禅林院于清光绪三十年（1904年）改为杜少陵祠，内塑杜甫及侍童像3尊。中院主体建筑为天王殿，砖木结构，面阔三间，进深二间，单檐歇山顶，屋面覆盖琉璃瓦，外檐施彩绘斗栱，原正面檐下悬挂摹米芾书"第一山"巨匾。后院内有东西配殿、大雄宝殿等，大雄宝殿建于高台上，面阔五间，进深8米，五脊六兽，七檩六架椽；东、西两侧的配殿均单檐硬山顶式。东院内主要建筑有关圣殿、湫池殿、观音殿、圣母宫等，现存建筑为财神殿，另有月季园、盆景园和花架通道等小品景观及"北流泉"遗址，院中有一水井，就是杜甫诗中的北流泉。

近年恢复了部分建筑，包括"北流

泉"遗址上的八角攒尖顶亭阁、"二妙轩"诗碑长廊、梅园等。2003年公布为甘肃省第六批省级文物保护单位，命名为"南郭寺遗址（包括明清建筑）"。遗址内除上述建筑外，还保存有隋唐时期的佛塔地宫遗址1处；五代前蜀乾德三年（921

南郭寺山门

南郭寺老杜秦州杂诗碑

年）佛顶尊胜陀罗尼经幢（已断为3段）；宋熙宁六年（1073年）僧惠宝刻《秦州南山妙胜院新修砖塔第二级石碣记》；清代维修碑记3通，记载了南郭寺各代修葺情况。还保存珍贵的古树2棵，其中中院山门前有一棵唐槐，树围达9.7米，树高25米；大雄宝殿前有一棵唐柏。

南廓寺遗址现由"天水市南郭寺风景管理处"保护管理。竖立有文物保护标志碑，文物档案资料比较齐全。

西武当瓷窑址

位于张掖市甘州区安阳滩乡西武当村。西夏—清代。占地面积约200万平方米。暴露窑址14座，分布于山梁两侧，南北向排列。窑已坍塌，仅存部分火烧痕、红烧土、结釉残迹，结构和形制均不清。窑址周围堆积大量炉灰、炉渣，地表遗存大量黑釉、白釉、青花、豆绿釉瓷片，器形有碗、盘、碟、罐、盆、钵、杯、壶、灯等，胎质、釉片及制作均较粗糙。为民间瓷窑。

1993年，甘肃省人民政府公布为第五批省级文物保护单位。2006年，甘肃省人民政府授权甘肃省文物局重新公布为省级文物保护单位。

铜场沟铜矿址

位于华亭县麻庵乡三角城村铜厂沟内。宋—明代。占地面积约5万平方米。分矿址和料场两部分，原有露天矿坑20口，矿井1口。井呈方形，边长1米，井深2米。附近有3处矿石、炼渣堆积场，沟内有冶炼物残渣。采集有青花瓷、黑釉瓷碗、碟残片和石臼。《宋史》记载："庆历年间，陕西都转运使张奎，采仪州竹尖岭之铜铸钱。"

1993年，甘肃省人民政府公布为第五批省级文物保护单位。2006年，甘肃省人民政府授权甘肃省文物局重新公布为省级文物保护单位。

安口杨家沟瓷窑址

位于华亭县安口镇杨家沟村西侧。

西武当瓷窑址

铜场沟铜矿井口

安口杨家沟瓷窑址内石碾子

金—清代。占地面积约 1 万平方米，遗址长 150、宽 70 米。未发掘，窑炉形制不详。采集有圆锥形七孔匣钵、垫片。还有大量明清时期的敛口钵、碗、碟等，施弦纹、刻划纹，瓷质较粗，胎发青黄，釉多黑、黄、绿等色。

1993 年，甘肃省人民政府公布为第五批省级文物保护单位，名为"安口瓷窑址"。2006 年，甘肃省人民政府授权甘肃省文物局重新公布为省级文物保护单位，改名为"安口杨家沟瓷窑址"。

杨家沟北瓷窑址

位于华亭县安口镇杨家沟北坡下。元代。占地面积约 7500 平方米，文化层堆积厚 0.5~3 米。为一处废弃残窑址，未清理，窑室、窑炉形制结构不明。采集有废铁质炉条、匣钵、垫片及大量瓷片、石炭块和煤核。垫片形状多不规则，为捏制。瓷片多数为粗瓷，细瓷极少，可辨器形有碗、盆、碟等。釉色有黄、黑、浅绿、暗白、绛色等。部分釉上有简单的刻划纹，釉稍厚，胎多青黄色。距窑址 10 余米的半山坡上有作陶土原料的高岭土。

亥母寺遗址

位于武威凉州区新华乡缠山村西南祁连山中。乾隆《武威县志》载："亥母洞，城南三十里，山上有洞，深数丈，正德四年修。"该洞窟应开凿于西夏正德四年（1130 年）。1985 年前后，当地村民在洞中挖出一大批西夏文、藏文文书和经卷以及帛画、唐卡、绣花鞋等。1989 年，武威市博物馆对已暴露的洞窟及窟前寺庙遗址进行初步清理，发现了 3 个洞窟，洞窟中均发现有藏文经卷、残页、塔婆、瓦当等。一号洞窟除发现以上大批西夏文物外，还有各种泥质和石质造像、瓷器、铁器、藏文石碣、残碑、各种陶范、丝织物以及壁画残片等。该遗址及出土物对研究西夏历史文化具有重要价值。

2003 年，甘肃省人民政府公布为第六批省级文物保护单位。

红沙渠遗址

位于临泽县黑河右岸北山坡下。明代。是一处水利遗址，依山势而筑，东南起于板桥乡古城村，经板桥村、西湾大坡、东方红村（濠洼村），西北止于平川乡一工城村。全长 17 千米，现残存 9.5 千米，保存较好的有西湾大坡段、东方红段、五里墩段。渠口宽 12、底宽 4、深

1～1.5米，渠底1米深处有淤泥沉积。遗址对研究河西地区水利史和农业经济状况有重要价值。

1993年，甘肃省人民政府公布为第五批省级文物保护单位。2006年，甘肃省人民政府授权甘肃省文物局重新公布为省级文物保护单位。

八亩地瓷器窖藏址

位于崇信县锦屏镇梁坡村西600米汭河北岸的台地上。宋代。遗址东面为田沟，西、北接牛朵嘴，南临汭河，占地面积1平方米。为一瓷器窖藏址，形制为土坑，埋藏情况不清，出土各类瓷器6件，器型有炉、灯。釉色有黑釉和青釉。所出瓷器为宋代耀州窑烧制。为研究宋代耀州窑的发展史提供了实物资料。属甘肃省第三次全国文物普查新发现遗址。

丰泉瓷窑遗址

位于成县抛沙镇丰泉村南张河那下的二、三级阶台地内。宋—元代。20世纪70年代修整梯田时发现。窑址东西长60米，南北宽30米，在第三级台地断层和地埂上有2米厚的文化层堆积，有瓷器残片和残窑具。瓷器残片有黑釉、酱釉、青釉、黄釉；窑具有匣钵、螺旋形支柱、圆形垫圈等。断层上还有被火烧红的红土，应是接近窑壁处。采集的标本与四川广元窑发掘出土的标本比照，为一脉相承，应为宋元时期遗址。

白塔寺遗址

位于凉州区武南镇百塔村。元一清代。白塔寺为古代凉州藏传佛教四大寺（白塔寺、海藏寺、金塔寺、善应寺）之一。乾隆《武威县志·建置》记载："寺名百塔寺，内有大塔，四环小塔九十九，因得名。"现存明宣德五年（1430年）《重修凉州百塔寺记》碑记载，该寺为元太宗窝阔台之子西凉王阔端专门为西藏佛教领袖萨迦班智达·贡嘎坚赞（萨班）修建。萨班于1244～1246年来凉州会谈，发表了《萨迦班智达·贡嘎坚赞致番人书》，实现了祖国统一。1251年，萨班在白塔寺圆寂，阔端为他修建白塔，将舍利供奉于塔内，又建小塔50余座，均藏舍利。元末，寺院及佛塔毁于兵燹，仅存瓦砾。明宣德四至五年（1429～1430年），西藏僧妙善通慧、凉州广善寺高僧琐南坚赞募捐重修寺塔，明政府赐名为"庄严寺"。清康熙二十一年（1682年），靖逆将军颜翼超主持维修，竣工后于康熙三十一年（1692年）立《重修白塔寺碑记》。1927年，凉州发生大地震，塔倒寺毁，仅存塔基和清代石碑。20世纪70～90年代，由寺院管护者刘氏家族后裔刘吉泰（藏名"慈成嘉措"）看护遗址，遗址地表四处散布砖瓦等残件。

1998～2000年，中国社会科学院考古研究所、甘肃省文物考古研究所联合对白

甘肃省志 文物志

白塔寺遗址

塔寺遗址进行考古调查与发掘。白塔位于寺院内南部，覆钵式喇嘛塔，底部基座平面正方形，元代始建，边长 24.75 米，明代重修后外表包青砖，高 0.3 米。底座上为塔座，平面呈十字折角形，南北长 17.5米，东西宽 14.75 米，残高 5.25~5.7 米，塔身夯土板筑，覆钵以上均毁。出土文物有陶瓷器、钱币、藏汉文写经以及明代《重修凉州白塔碑》《建塔记碑》及小泥塔婆等。原寺内存萨班铜像，后移存于武威市大云寺火神庙大殿内，像高 1.2 米，铜头铁身，着袒右袈裟，结跏趺坐，禅定印。

2001 年，白塔寺遗址被公布为第五批全国重点文物保护单位（公布号 5-125）。2001 年，国家文物局拨款 155余万元对白塔寺遗址实施保护维修工程。2002 年，国家文物局拨款 200 余万元对白塔寺遗址萨班灵骨塔进行复原。现由凉州区文物局、白塔寺遗址文物管理所共同管理，竖立有文物保护标志碑，保存有历

次维修的档案资料。2005 年，甘肃省人民政府《关于公布甘肃省第五批全国重点文物保护单位保护范围及建设控制地带的通知》（甘政发〔2005〕16 号）确定其保护范围为："以萨班灵骨塔塔基四周方形砖砌基座（边长 27 米）为基准，向东 366 米至兰新铁路，向西 27 米至灵骨塔基西围栏，东西长 420 米，向南 20 米至灵骨塔塔基围栏大门，向北 393 米至武南镇张林村四组耕地内，南北长 440 米；建设控制地带从保护范围'四至'向外各延伸 30 米。"近年恢复了许多佛塔等建筑。

闫川窖藏址

位于清水县新城乡闫川村西南 1 千米的山梁上，遗址地处耕作区。窖藏址上留存有宋元时期庙宇建筑遗址。2005 年，进行农田水利建设时发现，遗存大量宋元瓷片及砖瓦，遗址占地面积 20 平方米，长 1.5、宽 1、深 1.5 米。出土铁釜 2 个；铁农具 30 个，锈蚀严重；钧窑瓷碗 20 余件，制作精美。该批窖藏为研究元代钧窑器物提供了一批新资料。属甘肃省第三次全国文物普查新发现遗址。

察院西巷窖藏遗址

位于清水县永清镇永清路中段察院巷。2009 年 9 月，该处居民修建商铺、打基础挖土时发现。出土铁釜一口，直径 50 厘米，釜内存元代黑釉瓷碗 10 余只，铁农具近 10 件，瓷罐 2 件。瓷器厚重，

半挂釉。从瓷器胎质、器型及釉色等方面判断，属元代中晚期窖藏，为研究本区元代历史文化提供了实物资料。属甘肃省第三次全国文物普查新发现遗址。

凉台子瓷器窖藏址

位于崇信县锦屏镇薛家湾村薛东社凉台子薛氏村民宅院内，东、南、西三面为农户，北临崇大公路和芮河。东西宽2米，南北长2米，占地面积4平方米。1988年11月26日，群众修庄基挖土时发现，形制为土坑，出土明代各类瓷器16件，器型有盆、碗、杯、碟。釉色有青花、白釉褐彩、黑釉、褐釉和白釉。所出瓷器为耀州窑系安口窑烧制，为研究安口窑的发展提供了实物资料。属甘肃省第三次全国文物普查新发现遗址。

望关茶马古道遗址

位于康县望关乡政府西北100米处山垭的石猫梁上，为古代成县至武都的客商通道。东面斜坡石路上开凿有石台阶，现

望关茶马古道遗址

存20级，长11米。西南坡石上开凿台阶石砌路基，共长20多米。山垭上现存半截石碑，青砂石质，圆首长方形。残宽70厘米，高90厘米，厚18厘米。碑文7行，楷体，现存6行上半部分，额横题"察院明□"，碑文为"巡按陕西监察（御史）……/示知一应经商人等……/茶马贩通番捷路……/旧规堵塞俱许由……/敢有仍前图便由……/官兵通□□旅者……"。由内容可知，此碑为监督院告知茶马道上经商者的告示，时代为明代。属甘肃省第三次全国文物普查新发现遗址。

手扒崖栈道遗址

位于徽县虞关乡八渡沟村西手扒崖半石崖上。栈孔高出八渡沟河水3米。栈道已毁，仅存44个栈道木梁方孔遗址。栈孔正方形，边长50厘米，深0.3厘米。栈孔呈"一"字形有规律排列，孔距约1~2米，方孔清晰可见。该栈道为明清之际从徽县通往陕西略阳、汉中的咽喉要道。栈道所处峡谷长200米，宽仅2~3米。属甘肃省第三次全国文物普查新发现遗址。

释迦院塔地宫

位于平凉市庄浪县水洛镇西关村王庄社二郎山南面半山腰。北宋元祐元年（1068年）。该地宫于2005年9月发现，地表塔身无存。地宫位于塔基正下方，由宫道、宫门、宫室组成。残存的部分宫道呈长方形，竖井式，宫门呈拱券形，青

手扒崖栈道遗址

释迦院塔地宫出土石棺

砖砌筑；宫室呈平面方形，南北长1.9米，东西宽1.87米，方砖夹条砖错缝铺地，顶部八角攒尖式，顶至底高2.5米，宫室内北、东、西三壁共镶嵌浮雕方砖13方，内容为佛像、弟子、花卉等。另外发现砖刻姓氏7处，墨书题记3处，墨绘佛像

2处。石棺为灰砂岩质，表面通体施黑彩。棺体长方形，前高后低，下部连接长方形出沿棺底。棺长99厘米，通体由棺盖、棺身、棺座三部分组成。在石棺后档有楷书刻文计122字，为北宋元祐元年（1068年）纪年石棺。

永丰观遗址

位于平凉市庄浪县通化乡韩席村北200米的山坡上。清代道教建筑遗址。遗址坐北面南，依地势分布在上、下两块较平坦的台地上，东西长100米，南北宽200米，占地面积2万平方米。永丰观，又名永丰寺、南佛寺。早期建筑不存，近年新建时出土有石碑、柱础、香案、香炉、砖瓦脊兽及建筑构件。其中有清雍正、咸丰、同治时期等碑刻5通，记载了永丰观历史悠久、其前人补葺重修、树碑立传之经过及当时重修之人重建永丰观的功德主姓名等。残存较多的建筑构件，石阶保存较好，证明永丰观在历史上具有一定的建筑规模，且延续时间较长。属甘肃省第三次全国文物普查新发现遗址。

百灵寺遗址

位于天祝县大红沟乡下西顶村西北10千米处的山坡上。唐—清代。藏语称噶玛日朝。噶玛噶举的许多高僧曾在此参禅修行。始建于唐代，又有"大乐神宫"之称，元、明时为藏传佛教噶玛噶举的

静修处，明永乐年间曾维修。明正统七年（1442年），妙善通慧国师索南坚赞又主持修建了佛殿、道路、厢房、佛塔等建筑物，皇帝赐名为"普福寺"。清道光后毁于火灾，再未重建。现存遗址坐北朝南，分东、西两部分，中间隔一道山梁。西侧部分南北宽10米，东西长78.4米，人工砌筑石台基高3米，其上新建藏式佛塔2座，佛塔东侧有房屋遗迹1处。东侧部分南北长150米，东西宽100米，遗存房屋遗迹9处。地表散布砖、瓦残片，石础、石条等建筑构件。遗址中心位置有"敕赐普福寺纪功德碑"残石5块，碑座1件，长1.3米，宽0.6米，高0.7米。2006年，本村村民在西侧遗址原塔址新建藏式佛塔2座，东西向并列。属甘肃省第三次全国文物普查新发现遗址。

第五节　古城遗址

一、商周时期

古董滩城遗址

位于玉门市柳湖乡小康村四组北500米。四坝文化。遗址分布面积较大，南北长190米，东西宽184米，占地面积34960平方米。中心部位保存有一段城墙，长100米，残高2.1米。用沙土夹红柳条夯筑。地表散布有大量陶片。甘肃省文物考古研究所在东南角曾试掘，显示有三层文化层堆积，出土和采集有许多炭渣和铜渣。据文化层堆积情况和出土陶片特征分析，推测该城遗址为四坝文化遗存。对研究四坝文化分布、性质、文化内涵和文化面貌及城市建筑史有重大价值。2003年，甘肃省人民政府公布为第六批省级文物保护单位。

三角城遗址

位于金昌市金川区双湾乡尚家村西南约2千米。因平面呈不规则三角形而得名。坐北朝南，南北长154米，东西宽132米，墙残高3~5米，基宽8~9米，顶宽2.9米，系利用自然地形和土坯补砌两种方法建成。南墙开一门，宽7.3米。城西北面有一条古河道，东北和西南角有高

三角城遗址

起的土岗，分布有大量古墓葬。1979 年在城内西北角试掘 430 平方米，发现平地起建和窖穴式房址 6 座，窖穴 12 个，房门朝东南；文化层厚 0.5~2.2 米；出土有陶鬲、陶罐、石斧、骨锥、铜镞等器物 600 余件。此城疑为月氏族所建，属沙井文化遗址，相当于中原西周至春秋时期。该城址是甘肃境内最早的城市遗址之一，对研究甘肃河西历史有重大价值。

1981 年以"永昌三角城故址"之名被甘肃省人民政府公布为第四批省级文物保护单位；2006 年又以"金川三角城遗址"被甘肃省人民政府授权甘肃省文物局重新公布为省级文物保护单位。

二、汉晋时期

玉门关（小方盘城）遗址

见第四章《长城》。

河仓城（大方盘城）遗址

见第四章《长城》。

居延遗址（甘肃部分）遗址

见第四章《长城》。

草城遗址

位于瓜州县锁阳城镇北桥子村长沙岭东南 8 千米处风蚀台地中。汉代。平面呈长方形，东西长 40 米，南北宽 35 米，占地面积 1400 平方米。城墙残高 1.5~5.5 米，基宽 3.5 米，顶宽 1.5 米。东、西、北面墙黄土夯筑，夯层厚 0.6~0.1 米。南

草城遗址

墙用土坯砌筑，土坯长 0.47 米，宽 0.22 米，厚 0.17 米。南墙开城门，门宽 3.5 米。城内中心地点留存圆形土井一口，直径 1.5 米，深 2 米。北墙内侧有堆积芦苇垛，东西长 18 米，南北宽 4 米，高 1.5 米。据有关学者考证和其四周汉文化层的分布，推断其为汉代冥安县城北部地区重要的军防设施和农牧业管理机构。因城中堆积大量积薪，当地人称为"草城"，又因城东、西墙风蚀倒塌严重，又将该城称为"半个城"。该城址对该区域的历史文化和汉代城构筑形制的研究具有重要参考价值。县级文物保护单位。

六工城遗址

位于酒泉市瓜州县南岔乡六工村西南 3 千米处。汉代。由大小两座城组成。坐西向东。大城南北长 360 米，东西宽 280 米，占地面积 100800 平方米。沙土夯筑，夯层厚 0.9~0.13 米，城墙残高 7.5 米。墙基宽 4 米，顶宽 2.8 米。南、北、西三面筑有城门和瓮城。南、北、西三面墙体呈

六工城遗址

直线，唯东墙连续四级内折，形成多边角结构。全城筑有 7 个角墩，其中东墙 5 个，西墙 2 个。墙外筑有 8 个马面，南、北墙各 2 个，西墙有 4 个，形成结构复杂。大城东北角筑小城，与大城相连接，平面呈正方形，边长 90 米，占地面积 8100 平方米，亦夯筑，夯层厚 0.8~0.1 米。墙体残高 10 米，基部宽 8.3 米，顶宽 4.9 米。南墙中间开门，门宽 5.5 米。门外夯筑两道土墙向南延伸 22.4 米，又折向西 28.3 米，与大城东北角墙体相连，形成小城之瓮城。城外四周有壕沟，宽 25~30 米，深 1~1.4 米，城西北 800 米处有大型汉墓群，占地面积约 20 万平方米。城西、南处有烽燧各 1 座。城外围分布大面积农田及灌渠遗迹。遗址内采集有汉五铢、灰陶片、唐开元通宝钱和清青花瓷片。始建于汉，历代沿用。《汉书·地理志》载："敦煌郡广至，宜禾都尉治昆仑障。"《辞海·昆仑塞》载："又名昆仑障，西汉置，故址

在今安西县西南，为宜禾都尉治所。"《安西县新志》载："西晋宜禾古城在镇西南四十里。"据此，小城疑为宜禾都尉昆仑障，大城疑为东汉至晋之宜禾县城。西晋惠帝元康五年（295 年），宜禾县归晋昌郡，北魏属常乐郡，北周改为凉兴县，唐属常乐县，唐末陷于吐蕃。宋、元、明时期变为空城。清雍正时（1723~1735 年）整修故城，安置准噶尔、吐鲁番回族民众，置第六工区屯居，始有"六工城"之名。同治四年（1866 年），遭肃州回族反清人士马文禄、安西回民白彦虎攻掠，城破民退，废弃至今。1981 年甘肃省人民政府公布为第四批省级文物保护单位。

六工城西城遗址

位于酒泉市瓜州县南岔乡六工城西 8 千米。汉代。城平面呈长方形，东西长 206 米，南北宽 80 米，墙体残高 2.5~3 米，城墙夯土版筑，基宽 3.2 米，夯层厚 0.1~0.12 米。东墙开门，门宽 3.2 米。地表散见大量绳纹灰陶片、五铢钱币、铜、铁器残片，并有石磨残块及石臼。该城规格较小，但地表文化遗物表明时代较早，应是汉代的军事设施。县级文物保护单位。

寿昌城遗址

位于敦煌市阳关镇北工村东 1.5 千米。汉—唐代。平面呈长方形，总面积约 8.35 万平方米。现仅存东、西、北三面残墙和西南角墩，北墙长 300 米，东、西墙

寿昌城遗址

长 270 米。墙为夯筑，基宽 7 米，残高 5 米，顶宽 2 米，城墙大部分被黄沙掩埋。北墙中段有一宽 5 米的豁口，疑为北门。南墙中段原亦有门，已毁不清。城内出土有汉代红、灰陶片、五铢钱及唐代围棋子等遗物。据《元和郡县图志》卷 40、《新唐书·地理志》和《甘肃省新通志》记载和学者考察，该城为汉代敦煌郡所辖六县之一龙勒县城。北魏正光六年（525 年）改为寿昌郡，属瓜州。北周保定四年（564 年）省入敦煌县。唐武德二年（619 年）置寿昌县，属沙州。唐高宗永徽元年（650 年）县废，乾封二年（667 年）复置，建中初（781 年）陷于吐蕃。宋代以后被洪水冲毁，又被风沙掩埋废弃。

1981 年，甘肃省人民政府公布其为第四批省级文物保护单位。

枹罕古城遗址

位于临夏县韩集镇双城村南 50 余米处。汉代。遗址地处两关（明代槐树关与老鸦关）三河（槐树关河、老鸦关河、大夏河）交汇之处，四山（梁家山、古城山、大庙山、太和山）环抱之中。地形险要，扼守交通隘口。遗址大都不存。原貌及形制不明。分布范围东西长约 250 米，南北宽约 200 米，占地面积约 5 万平方米。南墙存残迹长 100 余米，残高约 2 米，底宽约 4 米。用砂土和石块夯砌而成，石块砌层最厚达 1 米。西城墙仅存宽 1 米，高 0.8 米的土梁。东、北墙不存，已平为农田。遗址内采集有细绳纹灰陶片、布纹瓦片及石磨盘残件。均为汉代遗物。附近发现有汉代墓群，曾出土有"货泉"等物。据相关文献记载，该城遗址应是西汉金城郡枹罕县县城址。秦置枹罕县，属陇西郡。汉因之，改属金城郡。东汉由宋建割据，自立据守之。三国时被夏侯渊所灭，城废。该城址对研究秦汉史有重要价值。

晋昌郡东城遗址

位于瓜州县布隆吉乡九下村萧家地南 500 米。西晋。城平面呈长方形，东西长 80 米，南北宽 70.5 米。城墙夯筑，夯层厚约 0.2 米，墙基宽 9.8 米，顶宽 5.5 米，高 7.5 米。开南门，门外有瓮城，长 20 米，宽 9.5 米。城四周有壕沟，上宽 12 米，底宽 9 米，深 2.6~3.5 米。地表散见大量绳纹、水波纹灰陶片，并有石磨、五铢钱币等。

1993 年，甘肃省人民政府公布其为第五批省级文物保护单位。

晋昌郡东城遗址

晋昌郡西城遗址

阳关遗址

晋昌郡西城遗址

位于瓜州县布隆吉乡九下村萧家地东北，距东城遗址 150 米。西晋。平面呈长方形，东西长 143 米，南北宽 103 米。城墙夯筑，高 7.5 米，夯层厚约 0.18 米，墙基宽 5.5 米，顶宽 3.8 米。东墙开门，门宽 4.2 米。南墙保存较好，其余三面城墙残垣断续。城中部有圆锥形土丘，底径 14.6、高 3.5 米，性质不明。周围散见大量垂帐纹灰陶片及黑砂陶片。

1993 年，甘肃省人民政府公布其为第五批省级文物保护单位。

阳关遗址

位于敦煌市阳关镇南工村西 1 公里。俗名"古董滩"。汉—晋代。占地面积 5.5 平方千米。已被黄沙掩埋。曾发现有黄土夯筑房屋建筑遗址、遗迹、窑址及墓葬，采集有汉代五铢钱和铁农具等物。《汉书·地理志》载："敦煌郡，龙勒县，有阳关、玉门关，皆都尉治。氐置水出南羌中，东北入泽，溉民田。"《武帝纪·西域传》载：元鼎六年"分武威、酒泉地，置张掖、敦煌郡，徙民以实之。列四郡，据两关。"敦煌汉简与悬泉汉简中常见阳关与阳关都尉府记载，如："入西书二封，一封中部司马诣平望侯官。一封中部司马诣阳关都尉府。十二月丙辰日下餔时，受殄故卒张永，日下餔付遮奸燧长张卿。"敦煌遗书伯 5034 号《沙州地志》载："阳关，东西二十步，南北二十七步。在县西十里，今见毁坏，基址见存，西通石口城、于阗等南路。以在玉门关南，号曰阳关。"《元和郡县志》载："阳关，在县（寿昌）西六里，以居玉门关南，故曰阳关，本汉置也，谓之南道，西趣鄯善、莎车，后魏于此设阳关县，周废。"其他文献如《括地志》《太平寰宇记》等所载与上述记载相合。由此推测，"古董滩"应是汉代阳关与阳关都尉府之署所之地。现地表仅存墩墩山烽燧遗址。1981 年甘肃省人民政府公布为第四批省级文物保护单位。

许三湾城遗址

位于高台县新坝乡许三湾村。汉—唐代、清代。位于高台县城 35 千米，东距骆驼城遗址 7 千米。地处祁连山北麓山前冲积倾斜平原戈壁砾石与细土过渡带上，地表覆盖厚 0.5 米的沙壤土。遗址东北部有以摆浪河为主流的多条小河流汇合后注于黑河。遗址坐西北朝东南。平面呈长方形，南北长 110 米，东西宽 94 米，占地面积 10424 平方米。城墙残高 8 米，墙体底宽 6 米，顶宽 3 米。墙顶部分段落留存有女墙。墙体皆用黄土夯筑，夯层厚 0.15 米。城址四角筑有角墩，平面呈方形，边长 6 米，高与城墙同。北墙中段筑有腰墩，平面呈长方形，建筑面

积 30 平方米。城内南墙与北墙东侧各筑马面 1 座，长 20 米，宽 2 米。南墙正中开大门，门宽 6 米。大门外侧筑方形瓮城，东西长 15 米，南北宽 12 米，瓮城门向东，门宽 5 米。城外东北 50 米处有烽燧 1 座，平面呈方形，底边长 10 米，高 8 米，黄土夯筑，夯层厚 0.15 米。城外东、西、南、北四面距城 1~3 千米处分布大量墓群，占地面积 100 余平方千米，有墓葬 1 万余座。城址北部还留存有大面积农耕遗址。该城址为城区、墓区、农耕区三位一体的综合性古文化遗存。

许三湾城迄今未进行过发掘。20 世纪 50 年代，城内曾出土有魏晋时期的"部曲督印"和"部曲将印"铜印 2 方。1980~1986 年，甘肃省博物馆、甘肃省文物考古研究所进行多次调查，城内采集有汉代"五铢""货泉"、王莽"大泉五十"、唐代"开元通宝"、清代"康熙通宝"等钱币和汉代铜箭镞。1999~2000 年，高台

许三湾城遗址

县博物馆抢救清理了城址周围被盗及被洪水冲毁的个别墓葬，出土有魏晋时期的木牍、木屏风、彩绘画像砖等。据此推测，该城始建于汉代，魏晋至唐代继续沿用，与附近的骆驼城互为策应，是汉唐时期重要的军事防御机构驻地。清代亦曾利用，清乾隆后即废。该城址对研究汉至唐代地方史和城市建设史、城建技术发展史等有重大价值。

1989年，高台县人民政府批准成立高台县文物保护管理委员会，协调、指导许三湾城址的文物保护管理工作。1991年成立高台县博物馆，馆内设专职人员负责许三湾城的保护工作。1993年，许三湾城及墓葬被甘肃省人民政府公布为第五批省级文物保护单位。1998年，高台县人民政府批准成立"骆驼城文物管理所"，隶属县文化局，负责骆驼城和许三湾城的保护管理工作。1999年，甘肃省文物局拨专款，架通了城址内的配套电路，打一眼深井。2001年，许三湾城及墓群被国务院公布为第五批全国重点文物保护单位。2005年，甘肃省人民政府（甘政发〔2005〕16号）公布其保护范围为："许三湾城，东面以东城墙为准，向外扩延200米；西、南、北三面分别以西、南、北城墙为准，向外扩延300米。"同时对四周墓群也规定了保护范围，但均未划定建设控制地带。2005年，中国建筑设计研究院建筑历史研究所编制了《许三湾城及墓群保护总体规划》（2006—2025），重新规划许三湾城址及墓葬的四至边界为："东至高台农场公路；南至309国道以南；西至元明公路；北至梧桐树一带。规划面积120平方千米。"规划调整了保护范围，分为重点保护区和一般保护区，总面积12916公顷。重新划定了建设控制地带，总面积52018公顷。

冥安县城遗址

位于瓜州县锁阳城镇南坝村东南8

冥安县城遗址西北小城南墙

冥安县城遗址西北小城西南角

千米。汉一唐代。城平面略呈长方形，东城墙长560米，残高2~2.8米；南城墙长525米，残高1.2~2.4米；西墙长535米，残高1.2~1.6米；北墙长550米，残高1.2~2.2米；墙基宽8.7米，顶宽6.5米。城四角各有一个角墩，西北角角墩保存较好，呈正四棱台体，底宽12米，顶宽4.5米，高4米。门向西开，宽6.5米。城外西北角约25米处有直径4.5米，残高2.5米的夯土瞭望台。城西北另有一座小城，平面呈长方形，南北长75米，东西宽60米；门向东开，宽3.2米；墙基宽8.5米，顶宽3.5米，残高2.5~4米。地面有绳纹、水波纹、附加堆纹夹砂灰陶片，器型有缸、钵等，另有铜、铁器残片，采集有铜镞、五铢钱币、"开元通宝"钱币等。《元和郡县志》瓜州条记："本汉冥安县，属敦煌郡。"《肃州志·安西卫》记载："汉为敦煌郡冥安县，晋曰宜安，属敦煌郡。"

2003年，甘肃省人民政府公布为第六批省级文物保护单位。

破城子城址（广至县城遗址）

位于瓜州县锁阳城镇破城子村内。汉一唐代。俗称"破城子""常乐城"。城平面呈长方形，南北长250.6米，东西宽144.7米；城墙夯筑，夯层厚0.12~0.14米，墙基宽4.5~6米，顶宽1.5~3.2米，高4.8~7.5米；四角筑角墩，门向朝北，门外筑瓮城。东、西二垣各设3座城台，每座间隔约70米，城台顶宽8米。城台在唐代以后亦称"马面"，此城应是汉代始建沿用至唐代以后。城内上层为唐代文化层，厚0.76米，内含水波纹白陶、灰陶片、花纹砖及"开元通宝"钱币等；下层为汉代文化层，厚0.90~1.20米，内含绳纹、水波纹灰陶片、夹砂红、褐陶片和烧骨。北墙外有南北长18米、东西宽15米的大型夯土台，称"望月台"。东墙外有汉代砖室墓，出土绳纹灰陶罐、瓮、灶、纺轮、铜镞、铁器等。该城系汉代广至县城，

破城子城址

魏晋及隋、唐置常乐县。

2006年，国务院公布为第六批全国重点文物保护单位。2009年，甘肃省人民政府甘政发〔2009〕3号文件公布了保护范围和建设控制地带："保护范围：东至遗址东墙外100米处，南至南墙外200米处，西至西墙外200米处，北至北墙外200米处。保护范围外200米以内为建设控制地带。"现由瓜州县文物局保护管理。

小宛破城子遗址

位于瓜州县环城乡小宛农场西南4千米。汉代。北距汉代长城遗址80米。城平面略呈正方形，南北长182米，东西宽179.2米。墙体夯筑，残高3.5米，夯层平整，厚0.09~0.11米，夯层之间有横向排列的圆木。墙基宽10米，顶宽4.5米。南、西、北三面有角墩，东、西、北三面正中有马面，南墙正中有门，外有瓮城，破坏严重，现形状结构不明。城内外散见绳纹、水波纹夹砂灰陶片。因有

马面和瓮城，其年代应沿用到唐代以后。属瓜州县县级文物保护单位。

旱湖脑城遗址

位于瓜州县布隆吉乡双塔村东南10千米的旱湖脑。汉代。由相连的南北两城组成，南城东西墙北端与北城相接。城平面均为长方形。南城东西长260米，南北宽170米，墙体坍塌不存。北城东西长220米，南北宽160米。城墙夯筑，夯层厚0.14~0.16米，墙基宽8.5米，残高3.5米。四角有角墩，门向东开，宽4.85米。城西南角墩外有4座夯筑四棱台体小方土墩，南北两排排列，边长2.5米，残高1.2~1.45米，夯层厚0.08~0.1米。城内外地表散见灰陶片，纹饰为绳纹、弦纹、水波纹等。

2003年，甘肃省人民政府公布为第六批省级文物保护单位。

毕家滩古城遗址（池头县故城）

位于玉门市花海乡西略偏北13.5千

小宛破城子遗址南墙

毕家滩古城遗址

米。汉—西晋。20 世纪 70 年代平地造林时被毁，仅存 2 座残墩，均夯筑，四棱台体，边长 4 米，残高 2.5 米。其东 250 米处残存一条土埂，夯筑，残长 30 米，残高 1.5 米，应为该城东墙。东侧有宽 30 米，残深 1.5 米的干河道，为护城壕残迹。城内外遍布红、灰、黑陶片，饰有粗绳纹、水波纹、垂帐纹，并有残铁片、石磨残块。该城可能为汉酒泉郡所属池头县城。现为玉门市县级文物保护单位。

酒泉皇城遗址

位于酒泉市肃州区下河清乡皇城村东北侧 500 米。汉—唐代。城坐北朝南，平面呈长方形，东西长 344 米，南北宽 291 米，面积约 10 万平方米。城垣系夯土版筑，夯层厚约 0.12 米，残高 2~3 米，基宽 7 米。四角有角墩，西南、东南角墩残高约 5 米，夯筑。东墙外有马面，北墙偏东处内折 90 度东向开门，南墙亦开门，城内东北隅有方形土台 1 座。城

墙夯土中夹有灰陶片。城遗址周围分布有汉墓群。东城墙夯土中采集有 2 枚"开元通宝"。据推测，此城为汉代乐涫县、唐代福禄县遗址。

1981 年，甘肃省人民政府公布为第四批省级文物保护单位。

西三角城遗址

位于金塔县金塔乡五星村东南 6 千米。汉代。城平面呈长方形，面积约 2000 平方米，长 45 米，宽 40 米。城墙夯土版筑，残高 2.5 米，基宽 2.7 米，夯层厚 0.1~0.23 米，南面开门。城内地表有大量灰陶片。城东 65 米处有窑址 1 座，平面呈椭圆形，长 2.5 米，宽 1.9 米，残高 0.2 米，窑壁烧结层厚 0.05 米。周围地表散见较多绳纹灰陶片。

1993 年，甘肃省人民政府公布为第五批省级文物保护单位。

骆驼城遗址

位于高台县骆驼城乡坝口村西南 3

酒泉皇城遗址

西三角城遗址局部

骆驼城遗址

千米戈壁滩处。汉—唐代。面积约30万平方米。城址坐北向南，平面呈长方形，南北长704米，东西宽425米。分前、后两城，前城南北长494米，东西宽425米，东、西、南正中各辟一门，门外皆有方形瓮城。城内西南角又有一东西长132米，南北宽79米的小城，俗称宫城。后城俗称"皇城"，南北宽210米，东西长424米，南面正中筑方形瓮城，开东、西向城门，与前城相通。城垣系黄土夯筑，夯层厚0.12~0.14米，基宽6米，残高7米，墙内残存筑墙时的圆木，前城东墙及后城北墙已毁。城内地表散见烧焦兽骨、灰陶片，出土有汉五铢钱币、陶纺轮、唐代铜、铁器等。城西南、西北面戈壁滩上分布大量汉晋至唐代墓葬，出土有许多精美的画像砖和丝织品、木器等。民国十年（1921年）《新纂高台县志》载："县城西南四十里，俗名骆驼城，即汉乐涫旧址。"前凉设建康郡，后凉龙飞二年（397年），太守段业于此自称凉州牧公，建北凉政权。唐中宗时，于此设建康郡。

骆驼城小城遗址位于高台县骆驼城乡坝口村西南5千米。西晋时期修建。东北距骆驼城遗址2千米。城平面呈长方形，南北长55米，东西宽40米。城墙黄土夯筑，基宽2.5米，残高1.5~2米，夯层厚0.12~0.14米。东墙正中辟门，门宽约4.5米，门外有方形瓮城。瓮城南北长12米，东西宽10米，残高1.5米，开北门。采集有"五铢钱币"、灰陶片及残砖，其中一残砖上浮雕一鸟。后代又有增筑沿用。

1996年，国务院公布为第四批全国重点文物保护单位。1999年，甘肃省人民政府甘政发〔1999〕22号文件公布了保护范围和建设控制地带："保护范围：从四面墙基外沿起，东至山水河，长340米；西至防洪坝，长295米；南至西滩村公路，长200米；北延至200米处。建设控制地带：保护范围以外各延伸50米。"2002~2003年，国家文物局拨款280万元，实施一、二期防洪工程。2004~2005年，再拨款220万元，实施三期防洪工程。2010年拨款180万元，实施抢险加固工程。现由高台县文物局、骆驼城文物管理所保护管理。高台县博物馆保存有完整的"四有"档案。

羊蹄沟城遗址

位于张掖市高台县红崖子乡赵家疙瘩村东南200米。汉代至明代。俗名"羊

羊蹄沟城遗址　　　　　　　　　黑水国城遗址

蹄鼓城"。城平面呈"回"字形，外城南北长206、东西宽160米，北墙正中辟门，门外有半圆形瓮城。中央为内城，南北长76、东西宽68米，北墙正中辟门，门外筑方形瓮城，城门向西。城墙黄土夯筑，毁坏严重。现存残基宽5、残高0.5~3.5米，夯层厚0.12米。地表散见灰陶片及瓷片。1993年甘肃省人民政府公布为第五批省级文物保护单位。

黑水国城遗址

有两处城址。一处位于张掖市甘州区明永乡下崖村北2.2千米。汉—明代。又名"黑水国北城"，南距西城驿南城约3千米。城平面呈长方形，东西长254米，南北宽228米。南墙辟门，门宽4米。城墙黄土夯筑，基宽3.8米，顶宽3米，残高5.5米，夯层厚0.2~0.25米。西南角有正四棱台体角墩，底边长9米，顶边长7.2米，残高7米。地表散见夹砂红、灰陶片及汉砖，并有明代黑釉、豆绿釉、白釉

及青花瓷片等。

一处位于张掖市甘州区明永乡下崖村西1.7千米。汉—明代。又名"黑水国南城"。城平面呈长方形，东西长154米，南北宽129米。四角筑有四棱台体角墩，墩内穿插有桩木。城墙黄土夯筑，基宽8米，顶宽6米，残高8米，夯层厚0.16~0.2米，部分墙体为土坯砌筑。东墙辟门，门外筑瓮城，瓮城门向东。采集有汉代铜镜、陶器、五铢钱币、铜兵器及明代黑釉瓷片等。地表散见汉砖、残石磨及灰陶片等。清乾隆四十四年（1779年）《甘州府志》卷四载："其地唐为巩笔驿，元为西城驿，明代则称小沙河驿。"

2001年，国务院公布为第五批全国重点文物保护单位。2005年，甘肃省人民政府甘政发〔2005〕16号文件公布了保护范围与建控地带："保护范围：以312国道为中轴，东至张掖甘州区明永乡下崖桥，西至张掖市电力局农场，东西

长 3500 米；南至明永乡上崖村北侧灌渠（黑水国南城南侧 500 米处），北到黑水国北城北 500 米处，南北长 4500 米。南城、北城遗迹，以南北城墙为标志，向四周各延伸 300 米。"现由张掖市甘州区文化局保护管理。

八卦营城遗址

位于张掖市民乐县永固乡八卦村北侧。汉代。由外城、内城和宫城三部分组成。外城平面呈"凸"字形，东西长 740 米，南北宽 590 米，东、南墙各开一门，城墙基宽 14 米，顶宽 5 米，残高 4 米。内城位于外城西北角，南北长 287 米，东西宽 283 米。南墙辟门，墙基宽 10 米，残高 2 米。内、外城各有护城壕一道，外护城壕宽 10 米，深 1.2 米，内护城壕宽 8 米，深 1.2 米。内城中部置宫城，宫城内筑有边长 40 米，高 5 米的夯土台，俗称"紫英台"。城址东北 100 米处存一长 50 米，宽 40 米，高 5 米的夯土台，俗称"点将台"。城内曾出土有铁犁、五铢钱币、大板瓦及陶、石器残片。

2006 年，国务院公布为第六批全国重点文物保护单位。2009 年，甘肃省人民政府甘政发〔2009〕3 号文件公布了保护范围与建设控制地带："外城墙四周 20 米以内。保护范围外，东至八卦营小学院西墙，南至八卦营村民农宅后墙，西至护林便道，北至民永公路。"现由民乐县文广局保护管理。

鸾鸟城遗址

位于永昌县新城子镇西大河水库东北坝址西侧。汉—唐代。1968 年发现，1972、1978 年调查。城址平面呈长方形，南北长 300 米，东西宽 250 米。城墙夯土版筑，残高 4~6 米，夯层厚 0.15 米，南墙正中开一门。采集有鹿角、汉代陶片，1968 年出土石臼、铁犁、铁钟（上刻有汉隶书字五行）、铜扣、灰陶罐残片和五铢钱币。《汉书·地理志》载："武威郡，武

八卦营墓群局部

鸾鸟城遗址

沙城子城遗址城墙局部 高古城遗址

帝太初四年开,县十:姑臧、武威、鸾鸟。"乾隆《永昌县志》载:"元鼎六年,以休屠故地置鸾鸟县,隶属武威郡,此立县之始。"唐神龙初改置嘉麟县,隶属武威郡。《后汉书·段颎传》载:"永康元年,当煎羌攻武威,段颎追击于鸾鸟,大破之。"

1981年,甘肃省人民政府公布为第四批省级文物保护单位。

沙城子城遗址

位于永昌县新城子镇毛家庄村东北1千米。汉代。因城内为沙土覆盖,故称"沙城子"。城址平面呈长方形,南北长120米,东西宽70米。城墙夯土版筑,基宽12米,顶宽4米,夯层厚0.15米,城垣西、北边残高4.2米,东、南边残高2米。南面正中开一门。地表散布绳纹泥质灰陶片,采集有汉代五铢钱及"开元通宝"。县级文物保护单位。

高古城遗址

位于永昌县红山窑乡高古城村北2千米。晋—明代。平面略呈正方形,东西长328米,南北宽321米,南北两面开门,门宽各4米。城墙夯土版筑,残高1~3米,宽2米,夯层厚0.18米。四周有宽4米、深1米的护城壕。采集有水波纹泥质灰陶罐片、铁片等。为十六国前凉焉支城遗址。《五凉志·永昌县志》载:"晋怀帝永嘉五年(311年),张轨依焉支山置焉支县。"北魏改名燕支县,唐、宋沿用,明代在此设防守一员。清《秦边纪略》载:"高古城,焉支城也。雍正年间,于旧城再建城廓,置高古城营,后废。"县级文物保护单位。

大庙城遗址

位于金昌市双湾乡岳家沟村西1千米。魏晋—唐代。又名"破古城",因城址内原有清代庙宇而得今名。城址平面略呈方形,南北长180米,东西宽170米。城墙夯土版筑,基宽3.5米,顶宽3米,残高4米,夯层厚0.16~0.18米。南面开一门,宽8米。城外有瓮城,城中有墙,

大庙城遗址

红沙堡城遗址

王景寨城遗址

将城内分隔为两部分。采集有泥质灰陶鼓腹罐残片和青砖、石杵等。

1993年，甘肃省人民政府公布为第五批省级文物保护单位。

红沙堡城遗址

位于民勤县新河乡泉水村东北500米。汉—明代。分内外城，内城为汉代建筑，平面呈长方形，长250米，宽160米，城墙夯土版筑，高15米，基宽6米，顶宽2米，夯层厚0.08~0.1米。南面开门，门宽10米，门外有瓮城。瓮城呈方形，边长63米，墙基宽4米，高7米。明万历九年（1581年）在瓮城东、西两侧筑围墙，并利用内城南墙，形成外城，平面呈长方形，南北长180米、东西宽160米，城墙夯筑，基宽4米，高12米，夯层厚0.1~0.2米。城内外有汉代灰陶片、五铢钱、石磨及明代黑、褐、白釉瓷残片等，有些瓷片上有"大明皇帝"题款。

1993年，甘肃省人民政府公布为第五批省级文物保护单位。

王景寨城遗址

位于武威市凉州区东河乡王景寨村东100米。汉代。城址平面呈长方形，东西长 250 米、南北宽 150 米，仅西面隐约有残垣遗迹。采集遗物有绳纹灰陶片、残砖瓦和石器，出土有石磨盘、石碾子、铜镞、五铢钱币等。五坝山 3 号汉墓木牍记："张掖西乡定武里田升宁，今归黄泉……"，居延汉简 EPT59.582 及《居延汉简释文合校》119.67 简亦见"张掖"之名。王景寨故城遗址西距五坝山汉墓 3 千米。据此，该城址可能为汉代张掖县故城。有学者考证为汉代武威郡所辖揟次县城者。

1993 年，甘肃省人民政府公布为第五批省级文物保护单位。

营儿城遗址

位于武威市凉州区九墩乡九墩滩村东南 1 千米。汉代。平面略近方形，南北长 40 米、东西宽 38 米。墙夯土版筑，高 9 米、基宽 3 米，夯层厚 0.12~0.2 米。东墙开一门，有长方形瓮城和护城壕，城内外散布泥质灰陶片等。遗址保存较好，可能是当初修筑的一个军事设施。县级文物保护单位。

张义堡城遗址

位于武威市凉州区张义乡张义堡村内。汉—明代。有大城和小城。大城平面略呈长方形，东西长 328 米、南北宽 300 米。北墙长 322 米，南墙长 338 米，西墙残长 62 米，东墙残存墙基数段。墙体夯筑，残高 3~7.3 米，顶宽 0.5~2.5 米，夯层厚 0.10~0.12 米，四角筑角墩。城外有宽 10 米的护城壕。开东、西二门，门外有瓮城，瓮城门向南。大城内西北部有小城，平面呈长方形，东西长 250 米、南北宽 120 米。现城垣均被夷平，地表散见灰陶片、碎砖瓦片。小城为汉代城遗址，大城当为明代利用汉代城遗址而建的驿堡城遗址。

1993 年，甘肃省人民政府公布为第五批省级文物保护单位。

武威锁阳城遗址

位于武威市凉州区金羊乡赵家磨村南 200 米。汉代。又名"三骡城""锁阳城"。城址平面呈长方形，东西宽 1000 米，南北因被沙河冲断，具体长度不详。城垣皆毁，门址不详。现存明代庙址 2 处，仅有夯筑土台，残高 2 米。地面散布灰陶残片和汉砖等，曾出土有泥质灰陶器物多件。据《后汉书·窦融传》李贤注引《西河旧事》、《后汉书·光武帝纪》李贤注、《水经注》卷 40 引《王隐晋书》、清顺治年间《重刊甘镇志·凉州卫·古迹》等史籍记载，该城当为匈奴盖臧城、西汉姑臧县城故址。

1993 年，甘肃省人民政府公布为第五批省级文物保护单位。

汉武威县城遗址

位于民勤县泉山镇团结村西北约 12.5 千米处沙漠中。汉、唐。平面呈长方形，长 420 米、宽 370 米。城墙夯土版筑，

汉武威县城遗址

宣威城遗址

残高 7 米、基宽 4 米, 夯层厚 0.1~0.15 米。西墙开一门, 瓮城门外东西长 24 米、南北宽 12 米, 瓮城门向东。地表暴露大量灰陶片、碎砖块等。城内西门南侧有许多铜甲、铁甲残片、铁箭头等, 城中东部铜质残渣集中, 似铜器作坊, 西南隅玛瑙碎片遍布, 似玛瑙作坊。又出有唐 "开元通宝"、三彩器残片等。据《汉书·地理志》《水经注》卷 40 等记载, 该城可能为西汉武威县城, 至唐代该城仍沿用。县级文物保护单位。

宣威城遗址

位于民勤县大坝乡文一村内。汉—唐、明。又称 "文一故城"。平面呈长方形, 东西长 280 米、南北宽 250 米, 城墙夯土版筑, 残高 1~3 米, 基宽 6 米, 夯层厚 0.15 米, 东面开门。西南角和东北角角墩尚存, 俗称 "半截墩""西丫叉墩", 均呈腹部隆起的正四棱台形, 夯土版筑, 当地俗称此类墩台为 "二胖墩"。底边长

5.5 米, 残高 2.5 米。北墙被明长城所利用。城中距北墙 80 米处有一道东西向残墙基, 将城分为南北两部分, 此为河西唐代城遗址特征, 基宽 4 米, 残高 0.5~1.5 米。城内外散见大量汉、唐灰陶片、残铁片、釉陶片及明代黑釉瓷片、青花瓷片等。据《水经注》卷 40、《元和郡县图志》《新唐书·地理志》及《甘肃通志》卷 23、道光《镇番县志》等记载该城应为汉代武威郡所属宣威县城。唐代的明威戍, 明代亦曾利用。县级文物保护单位。

端字号柴湾城遗址

位于民勤县西渠镇建立村西 4 千米。汉、唐、西夏。有东、西两城, 二城相连, 共用一墙。城址平面均呈正方形。东城边长 35 米, 西城边长 80 米, 城墙夯土版筑, 残高 1~1.3 米, 基宽 2.8 米, 夯层厚 0.14 米, 均开南门。东城城内暴露有长径 1.7 米的椭圆形灰坑, 坑内有大量兽骨及绳纹、弦纹、素面灰陶罐和五铢钱币、

端字号柴湾城遗址

吊沟城遗址西侧墙体

骨珠、骨铲等。西城东南角有残窑址 1 座，平面呈圆形，窑室直径 10 米，高 1.5 米，周围有大量炉渣、灰陶片。城内采集有唐"开元通宝"钱，铜、铁器残片及西夏白釉、豆绿釉瓷片等。该城始筑于汉代，唐、西夏沿用，西夏以后即废。

1993 年甘肃省人民政府公布为第五批省级文物保护单位；2006 年以"端字号柴湾城址"之名被甘肃省人民政府授权甘肃省文物局重新公布为省级文物保护单位。

岸门城遗址

位于武威市凉州区长城乡岸门村东南 1 千米。汉代。城址平面略呈长方形，东西长 200 米、南北宽 100 米。城墙夯土版筑，基宽 5、高 12 米，夯层厚 0.1~0.12 米。城门向南，西城墙中部有一夯筑正四棱台体瞭望墩，底边长 19、残高 11 米，夯层厚 0.1~0.12 米。城内、外地表散见绳纹灰陶片。县级文物保护单位。

高沟堡城遗址

见第四章《长城》。

吊沟城遗址

位于景泰县芦阳镇吊沟村北 1 千米。汉代。城沿山势而筑，分山、川两部分，其北墙与东面城墙皆沿山梁边缘"削山为基，叠石为墙"修筑。山城东面依山势筑有瓮城，其东南以自然沟谷形成上山的路，开内外两个城门。城东有一底径 6 米、残高 2 米的烽燧。城南墙自然沟口处设一门，与川城相通，东南角有角墩。川城平面呈不规则方形，周长 2300 米，东西长 574 米，南北宽 575.5 米。门东开，北墙残高 1~2 米，墙为黄土版筑，夯层厚 0.12~0.14 米，部分墙为石块堆砌。地面多灰陶片，并有砖室墓，出土过灰陶罐、五铢钱币等。县级文物保护单位。

成纪故城遗址

位于静宁县治平乡刘河村南 500 米。汉、宋。占地面积约 25 万平方米，平面

呈方形，边长 450 米。现残存部分城垣，城墙夯筑，残高 1.5 米，基宽 3~5 米，夯层厚 0.08~0.12 米。东、西开门。城内散布大量板瓦、筒瓦、云纹瓦、回纹砖及各种纹饰的瓦当等。在后期修补的一段城墙夯土层中有汉代陶片、宋代青瓷片。北、南两边墙体断面下有 3 处古井，其中一口被西汉墓叠压。南半部城被水冲毁。建于西汉前，西汉置成纪县，北魏废，后周复置，唐开元二十二年（734 年）移成纪县于今秦安县显亲故城。现由静宁县文广局保护管理。

彭阳古城遗址

位于镇原县彭阳乡井陈家村。汉—宋代。古城平面呈正方形，边长 250 米。四角有角墩。现存东、南城墙，为夯土版筑，基宽 5 米，残高 10 米，夯层厚 0.2~0.3 米。南、北两面辟门。曾采集有铜镜、钱币和隐花青瓷碗、盘残片。《大清一统志》载："彭阳县，汉属安定郡，晋因之，北魏属原州，隋废，唐改义县，宋复为彭阳，后废之。"

1993 年，甘肃省人民政府公布为第五批省级文物保护单位。

太原城遗址

位于张家川回族自治县大杨乡太原村东 2 千米。汉代。俗称"太原府"。平面呈长方形，南北长 194 米，东西宽 180 米，占地面积约 3.5 万平方米。城墙夯土版筑，残高 1~3.5 米，基宽 5.5 米，墙断面呈梯形，夯层厚 0.1 米。城门情况不详。城内地表散见绳纹、布纹砖瓦及陶片，瓦长 0.6 米、宽 0.3 米。城内发现窑址 1 座。采集有铁剑、铁刀、铜镞等兵器及北魏造像碑 1 通。县级文物保护单位。

下城子城址

位于张家川回族自治县恭门乡下城子村西 1.5 千米。亦称"邽县下城子古城""凰翔府"。汉—宋代。城平面呈长方形，东西长 600 米，南北宽 500 米，占地面积约 30 万平方米。城墙夯土版筑，残高 2~6 米，基宽 5.2~5.5 米，断面呈梯形，夯层厚约 0.08 米。北墙开门，宽 4 米、高 5 米，墙内侧文化层堆积厚达 2~7 米，并有房基。地表散见绳纹、布纹砖瓦及建筑脊兽残片。采集有汉代铜镜、铁铧、陶器及宋代瓷器等。保存有宋绍圣四年（1097 年）《重修武安君祠堂记》碑 1 通。

2006 年，甘肃省人民政府重新公布

下城子城址

为省级文物保护单位。

泾州古城遗址

位于泾川县水泉村。汉—元代。城平面略呈方形，南北长 3600 米、东西宽 3500 米。城墙为黄土夯筑，基宽 9 米，顶宽 3 米，残高 3~7 米，夯层厚 0.08~0.13 米。东、西、南、北四面开门。南城墙已毁，北城墙为西汉时所筑，残长 1500 米，削山坡成陡壁以为墙基，其上断断续续有夯土台遗迹，发现有圆形夯窝，夯土中夹绳纹、刻纹陶片及绳纹板瓦、筒瓦和残砖。西墙每隔 30~100 米筑一东西走向的墙墩，墩长 20 米，有修补痕迹。东城墙残存约 900 米，有高 9 米、顶宽 5 米、底宽 9 米的墙墩与城墙相连。据《周书》载：北周天和四年（569 年）六月"筑原州及泾州东城"。此城西周时相传为义渠地，汉置安定郡，晋因之。后秦为雍州治。据《泾州县志》载："城在长受里河，至泾州三里"，即今水泉寺。"制城在泾河之阳，元张尔严兄弟据其城，明将徐达、常遇春屠之，嗣因水害无常，遂迁于泾阴，即古安定驿也。"明成化年间被水所淹。城内曾出土有西周铜簋、车马饰以及北周比丘舍利塔基。20 世纪 60 年代出土唐代金银棺及佛骨舍利，故有学者认为是唐大云寺舍利塔基。2005 年考古钻探、发掘，此处为唐代大型建筑遗址，遗址下为汉代至新石器时代遗物。始筑于西汉，

泾州古城遗址

北周、唐、宋有补修。

2003 年，甘肃省人民政府公布为第六批省级文物保护单位。

玉山城遗址

位于永登县红城镇玉山村西约 500 米。汉—明代。平面呈长方形，东西长 300 米，南北宽 250 米。现存西北角城墙一段，夯土版筑，残高 9 米，底宽 7 米，顶宽 4 米，夯层厚 0.08~0.1 米；东墙残长 20 米，有城门痕迹。四周有壕沟，宽 4 米，深 0.8~1.5 米。疑为"允街故城"。始建于西汉宣帝神爵二年（公元前 60 年）。县级文物保护单位。

华年城遗址

位于舟曲县立节乡华年城村东南约 1.5 千米。汉代。城依山势而筑，平面呈长方形，东西长约 450 米，南北宽约 390 米。存墙垣总长 400 余米，墙体夯筑，基宽 7 米，残高 4.7 米，顶宽 3.5 米，夯层厚 0.1~0.18 米，夯层中夹横木。城四角

华年城遗址

羌道城北垣

甘肃省志 文物志

有烽火台 7 座，最大一座为四棱台体，底边长 16 米，宽 8 米，高 9.8 米；其余亦均为四棱台体，底边长 4 米，残高 6~9 米，烽火台均为石块垒砌而成。城周围采集有泥质绳纹灰陶罐、板瓦、"天当司马"铜印、铜镞等。

1993 年，甘肃省人民政府公布为第五批省级文物保护单位。

瓜州城遗址

位于舟曲县峰迭乡瓜咱村。汉代。依山势而筑。城平面呈不规则多边形，周长 1292 米。尚存残墙长 614 米，墙体夯筑，基宽 7 米，残高 4.7~10 米，顶宽 2.8 米，夯层厚 0.10~0.13 米，夯层中加粗、细不均横木，夯层厚 0.25~0.55 米。有角墩，现仅存西角一座。西墙、南墙各辟一门。城内历年出土泥质灰陶绳纹瓮、罐、瓶等。据清康熙四十一年（1702 年）《岷州志》所载，为汉代瓜州故城。县级文物保护单位。

羌道城遗址

位于舟曲县坪定乡西寨村。汉—明代。城平面呈长方形，东西长 240 米，南北宽 150 米。尚存西墙北段、北墙、东墙，残长 420 余米。墙体夯筑，基宽 7 米，残高 6~8 米，顶宽 3.5 米，夯层厚 0.11~0.15 米，夯层中夹粗细不均的横木，夯层厚 0.17~0.6 米。城南 50 米处有明洪武二年（1369 年）为防御蕃人掠夺而修筑的一道防御工事，俗称"西口子"。北起雷古山麓，南至山间沟壑悬崖，全长 257 米，现墙残高 3.5 米，基宽 3.5 米，顶宽 1.7 米，用石块、砂土干砌而成。南北两侧有墩台，均为四棱台体，底边长 8 米，残高 7 米。城周围有大量汉墓群。为西汉羌道县故址。《辞海》载"羌道县治所在今甘肃舟曲县西北平关（今坪定关）"，当指此城。县级文物保护单位。

牛头城遗址

位于临潭县古战乡古战村西北 500

166

牛头城遗址

米。西晋。城凭山而筑，依河布垒，城郭平面呈不规则四边形，南窄北宽，颇似牛头，故称"牛头城"，亦称"羊头城"。由南、北相连二城组成，即内、外城。内城在南，周长910米，南墙最窄处长40米，北墙最宽240米。南、北墙保存较完整。外城在北，外城南北长127米，东西宽250米，周长744米。墙垣保存完整，基宽7米，残高5~7米，夯筑，夯层厚0.1~0.15米。内、外城门均朝北，宽3.5米。内、外城有角墩、马面、门墩。外城北垣外有宽20米、深5~6米的护城壕，东北角100米外有一烽燧，西北300米有一底边长29米、高约5米的方形土台，名为点将台。清《岷州志》载为"古沓中戍"。据考，此城为西晋怀帝永嘉末（307~313年）吐谷浑所筑，为吐谷浑在洮河流域的三大戍堡之一。

1981年，甘肃省人民政府公布为第五批省级文物保护单位。

巴州城遗址

位于瓜州县南岔镇六工村芦草沟北9.5千米戈壁中。汉—晋代。该城坐落在风蚀台地上，平面略呈正方形，东、西墙长296米，南墙长285米，北墙长294米。占地面积87025平方米。东墙残高1.2~1.3米，南北墙残高1.2~2.5米，西墙残高1.2~2.6米，西北角有角墩，西墙外4.6米处筑有南北向低矮隔墙，宽0.8米，与西城墙平行，中部开大门，门外有瓮城，长13.6米，宽9米，残高1.2米。门外两侧筑马面。城皆沙土夯筑，风蚀严重。城内西部筑有院落，长70米，宽50米，呈凹形布局，留存房址20余间，墙体残高0.8~2.9米，灰层堆积厚达2.5米。地表散布有细绳纹、水波纹灰陶片、红陶片、石杵等。东墙外亦散布大量灰陶片，器形有碗、罐、翁、盆、钵以及铜弩机、带钩、箭头等，其中一陶片上刻画隶书"侯"字。城外南、北、西三面存有窑址，散布大量陶片。发现有道路、水渠遗迹。《重修肃州新志》记载："春秋古瓜州城，在安西州城西南八十里。"应指该城。有学者认为应是汉代广至县城遗址。对研究汉代敦煌郡史地有重要价值。

2003年，甘肃省人民政府公布为第六批省级文物保护单位。

潘原故城遗址

位于平凉市崆峒区四十里铺镇曹湾

村西南 1.1 千米处。汉、唐、宋。城遗址平面呈长方形，东西长 1500 米，南北宽 800 米，占地面积 120 万平方米。城墙皆塌毁，仅存北墙 1 段，长 18 米，残高 1.6 米，墙厚 6.4 米，黄土夯筑。夯层厚 0.09～0.13 米，夯层中有圆形夯窝，又夹陶片。四面开门。城内有厚约 1 米的瓦砾堆积物，内含汉、唐、宋砖碎块及少量汉代子母砖块。曾出土有宋代熙宁、崇宁铜钱和元代瓷器。宋《太平寰宇记》曰："天宝八年，割泾州地为潘原县。"清《读史方舆纪要》载："平凉府东四十里，本汉阴盘县，后汉因之。""后魏置平原郡治阴盘，后周因之。隋初郡废，县属泾州。唐初因之，天宝初改曰潘原。"据此，该城应是汉之阴盘、唐之潘原县城故址，宋代仍沿用。对研究平凉地区历史沿革及地方史有重要价值。

1993 年，甘肃省人民政府公布为第五批省级文物保护单位。

草沟井城址

位于肃南裕固族自治县明海乡南沟村西 10 千米。汉—明代。城平面呈长方形，东西长 130 米、南北宽 120 米。城墙夯土版筑，残高 10 米，基宽 7 米，顶宽 3 米，夯层厚约 0.18 米。南墙正中辟门，门外筑方形瓮城，瓮城门向东。北墙正中筑边长 3 米的四棱台体马面。城四角有直径 3 米的圆台体角墩，突出墙外 3 米。城内有宽 3 米的马道，城西 50 米处有围墙与城西北角相连，围墙残长 8 米、高 2 米、厚 0.8 米。地表散见灰陶片及青花、黑釉、白釉瓷片。采集有明"天启通宝"多枚和陶罐、铁器、清"乾隆通宝"等。清代废弃。该城址对研究河西走廊腹地历史地理及相关问题有重要价值。

1993 年，甘肃省人民政府公布为第五批省级文物保护单位。

三、隋唐时期

沙州城遗址

位于敦煌市七里镇白马塔村内。汉—唐代。占地面积约 81 万平方米，平面略呈方形，边长 900 米。城墙为黄土夯筑，南墙残存长 408 米、基宽 11 米、残高 3 米。西北角筑有方形角墩，高 16 米，顶部边长 3 米。后代屡有维修。城内曾出土过北魏造像碑残石、石磨、铁犁。疑为汉之敦煌、唐之沙州城遗址。

沙州城遗址

1981年，甘肃省人民政府公布为第四批省级文物保护单位。

锁阳城遗址

位于瓜州县锁阳城镇南坝村南7千米。唐—明代。平面呈长方形，总面积81万平方米，分内外两城。内城中有一墙，将城分为东、西两部分。东城墙长493米、南城墙长457米、西城墙长516米、北城墙长536米，周长2103米。城墙夯筑，夯层厚0.1~0.14米。基宽7.5米、顶宽4.6米、高10米，面积28万平方米。四角筑角墩，仅西北角墩保存完整，通高18米，土坯砌筑，角墩下开东西向拱券门。东、南、西、北有5座城门，其中北墙两门，门外筑瓮城，瓮城宽12~32米、进深22~30米，瓮城墙厚10米。城四面有马面24个，东、西城墙各5个，南北墙各7个，顶部均筑有敌台，均倒塌。城墙上、下堆积大量雷石。西城内有圆形土台26座，围以土墙，系兵营遗迹。外城称"罗城"，是两道较内城墙低的环墙，里墙基宽4.5米、顶宽2.8米、高3.2~4.5米，外墙基宽8~14米、顶宽3.2~4.5米、高4.5~6.5米，均夯筑，周长5356米。东墙正中有城门和瓮城遗迹。周围散见大量唐"开元通宝"等货币、瓷片、围棋子、砖瓦以及宋、元、明、清瓷器、陶器残片。该地汉代属冥安县，晋属晋昌郡，北周省入凉兴郡，隋改属常乐县，唐代建城，为

锁阳城遗址西北角墩

锁阳城遗址东城墙

锁阳城遗址

瓜州晋昌郡治所，属河西道，西夏州废，元复立，属沙州路。明置罕东卫，至成化、嘉靖时逐渐废弃。现确定为唐代晋昌郡城遗址。

1996 年国务院公布为第四批全国重点文物保护单位。1999~2000 年，国家文物局拨款 75 万元，实施防洪工程。1999 年，甘肃省人民政府甘政发〔1999〕22 号文件公布了保护范围："东起锁阳城墓群，西至马行井城，南起长山子北麓，北至石头泉子，总面积 86 平方千米。"现由瓜州县锁阳城文管所负责保护与管理，并对外开放。

党城遗址

位于肃北蒙古族自治县党城乡东南 1 千米。唐—宋代。城平面略呈长方形，占地面积约 3 万平方米，城墙已坍塌。现存东墙长 231 米，西墙 218 米，北墙 144.5 米。四角有角墩。北墙中间偏东开一门，门西侧有夯筑正四棱形、底边长 21 米的土墩遗迹。城内有大量红、灰陶片。西墙下曾发现灰陶片、黑釉瓷及豆绿釉瓷片。采集有玉璧 1 枚、"太平通宝" 1 枚及残石碾、花纹砖等。

1981 年，甘肃省人民政府公布为第四批省级文物保护单位。

石包城遗址

位于肃北蒙古族自治县石包城乡龚岔村西 1.5 千米。唐—宋代。城址平面呈长方形，东西长 250 米、南北宽 200 米。城墙用片麻岩和花岗岩块砌成，基宽 4.5 米，残高 4.5~6.5 米。四角有角墩，北墙有马面一个，南墙开门。南墙外有围墙，向西延伸 160 米形成瓮城，城内有房址。采集有网格纹灰陶片、丝织品残片、残木器等。

1981 年，甘肃省人民政府公布为第四批省级文物保护单位。

明海城遗址

位于肃南裕固族自治县明海乡上井村北 5 千米。唐—宋代。面积约 2.4 万平方米，平面呈正方形，边长 155 米。城墙基宽 7 米、顶宽 3 米、残高 10 米。四角筑圆台体角墩。南墙正中辟门，门外筑

石包城遗址远景

明海城遗址

罗城滩古城遗址北城墙

北城滩古城遗址

方形瓮城，占地面积约560平方米，门向东。地表散见灰陶片、砖块，采集有五铢钱币、铜镞等。此城唐代之后即废弃。

1981年，甘肃省人民政府公布为第四批省级文物保护单位。

罗城滩古城遗址

位于永登县中堡镇罗城滩村东南100米。唐—宋代。占地面积4万平方米，呈正四棱台体。现存城墙夯土版筑，西墙长100米，东墙残长40米，基宽5米，顶宽1米，残高0.6~0.8米，夯层厚0.08~0.12米。地表散布有大量残砖和瓦片。采集有板瓦、筒瓦和莲花纹瓦当。距地表0.6米深处发现有红烧土和木炭。县级文物保护单位。

北城滩古城遗址

位于靖远县双龙乡仁和村西南3.5千米。唐代。占地面积约3万平方米。城址平面呈长方形，东西长195米，南北宽155米。黄土夯筑城垣，夯层厚0.12~0.14米。墙基宽5.8米，残高3.3米，顶宽1米，

城门向南开，并有"凸"字形瓮城，门外即为黄河。瓮城城墙夯层内夹有小砂石层，夯土层厚0.14米，夹砂层厚0.03~0.04米。城四角都有墩台，北墙、东墙各有马面3个，西墙有马面2个。城内有道路、房屋遗迹和盆、罐、瓶、莲花纹圆瓦当残片等。是河上游交通、军事的险关要隘。

1981年，甘肃省人民政府公布为第四批省级文物保护单位。

黑城遗址

亦称"新泉砦"、"新泉寨"，位于靖远县大芦乡黑城子村祖厉河东岸，三河湾南，靖会公路西100米处。据《宋志》载：会州城南四十里有新泉寨。宋元符初置。金废。古城坐北朝南，南北长250米，东西宽310米，占地面积约93000平方米。祖厉河从城西南向北流至城西北角，再向东拐弯而后北流，致使北城墙全部冲毁，北部部分城池亦被毁。现存城址东墙残长160米，西墙残长116米，南墙残长250米，

黑城遗址

八角城遗址

基宽 8~10 米，顶宽 1~3 米，残高 2~6 米，黄土夯筑，夯层 7~10 厘米，夯层清晰。东、西、南三面城墙均有马面、角墩。南墙中辟城门，门残宽 5 米，外有"凹"形瓮城，长 27 米，瓮城门宽 3 米。城外有池，宽约 10~20 米。城内现辟为砂田，地面曾暴露有灰坑等遗址，出土瓦片饰件及陶瓷残片等。

1993 年，被甘肃省人民政府公布为第五批省级文物保护单位。

长武城遗址

位于泾川县泾明乡长武城村。隋—元代。城平面呈不规则四边形，北墙长 1000 米、南墙长 950 米，东、西墙各长 1200 米。墙体夯筑，基宽 12 米，残高 3.5 米，夯层厚 0.08~0.1 米。四面开门。城内及附近曾出土有战国提梁龙首铜壶、汉代铜鼎、唐代石造像塔及瓷碗、匈奴牌饰、弩机等。城东南角发现有铜矿石、冶铜渣。据《元和郡县志》载，长武城建于隋开

皇年间，唐武德元年废，大历十二年（777 年）邠、宁节度使郭子仪部将李怀光率部重修，列为左神策军八镇之一。

1981 年，甘肃省人民政府公布为第四批省级文物保护单位。

八角城遗址

位于夏河县甘加乡八角城村。唐、明。城靠山临河，平面呈空心"卐"字，即截去城垣上的 4 个角形成 8 个角。又截去 8 个角上小角，形成八角 36 个面，俗称"八角城"。在 8 个角上各筑角墩 1 个。藏文史书称"卡尔雍仲"，译为"卐"字城，该城形状似取此字形之意。城垣保存较完整，周长 1960 米，占地面积约 16 万平方米。城墙夯筑，基宽 14 米，残高 13.5 米，顶宽 5.2 米，夯层厚 0.1 米。城周有护城壕，宽 4.5 米，深 3.5 米。城内采集有五铢货币、开元货币及宋代各种年号的货币，并出土筒瓦、础石、板瓦等。据考为唐代的雕窠城。

2006 年被国务院公布为第六批全国重

甘肃省志 文物志

点文物保护单位。2009年，甘肃省人民政府甘政发〔2009〕3号文件公布了保护范围及建设控制地带："护城河外500米以内。保护范围以外，向东4000米至白石崖，向西2000米接古浪曲，向南2000米至铁隆沟，向北约5000米至甘加乡政府。"现由夏河县文体局负责保护管理。

旧洮堡城遗址

位于临潭县城关镇。西晋、隋、唐、明、清代。俗称"旧城"。平面呈长方形，周长1757.5米。堡墙夯筑，基宽6.6米，高6.6米，顶宽4米，夯层厚0.1~0.15米。南、西墙辟门，并筑有方形瓮城，瓮城门朝西。城东北角有水洞门。城已毁，仅残存东北角。《临潭县志》载：旧洮堡为西晋永嘉年间（307~313年）吐谷浑所筑，后周于其地设置洮阳防，后改洮州，隋为洮州美相县县治，唐为临洮郡临潭县治。明洪武十二年（1379年），移洮州卫至新城后，以旧城为堡。明万历（1573~1620年）时，操守杨继芳重加修筑。清代再加修复，并在堡之西北置古城、官洛、俄藏3堡，为旧城之门户，明、清时皆驻兵防守。县级文物保护单位。

鸣鹤城遗址

位于临潭县扁都乡红崖村东500米。唐、宋、明、清代。平面呈不规则长方形，东西长176米，南北宽162~185米。城墙夯土版筑，基宽6.5米、顶宽4米、残高5~8米，夯层厚0.12~0.15米，夯层中夹横木，棍径0.1~0.12米。四周有马面、角墩，东、西两墙开门，外有方形瓮城。城周有护城壕，宽10米、深6米。曾出土有大量唐"开元""乾元"、宋"熙宁""元丰""崇宁"钱币，另有少量明、清钱币等。

窑头城遗址

位于临潭县新堡乡窑头村西北500米。唐、宋、明代。依山势而筑，平面呈不规则四边形，似三角形，俗称"三角城"。东墙长75米，西墙长43米，南墙长63米，北墙长30米，周长211米。城墙夯筑，墙宽2~3米，残高2.5米，顶宽2米，夯层厚0.1~0.12米，部分墙夯层中夹有直径0.07~0.1米的木条。北墙中部有马面。墙垣有用不同方法多次修补痕迹。东、西、南三面墙垣损坏严重。城西、北侧有护城壕，口宽15米，底宽5米，深5~7米。据考为唐至德年间（756~758年）吐谷浑所筑的三足城。县级文物保护单位。

阳坝城遗址

位于卓尼县卡车乡阳坝村。唐代。又名"石堡城""石仞城"。城依山势而筑，三面临水。城平面呈不规则四边形，周长约3000米，南北宽约650米，东西长约850米，现南墙残长135米，北墙残长约120米，南、北墙垣夯筑，东、西墙借天然石岩、山崖及夯筑在石壁间的墙垣构成。基宽 6.5 米，残高 3.5~6.5 米，夯层中夹树木条、鹅卵石，夯层厚 0.1~0.12 米，现南门墩尚存。城东洮河东岸山脊上有烽燧遗址及护城壕，城南洮河西岸山顶有 4 座烽火台及壕沟。城内出土有唐天宝八年（749 年）秋七月二十日记的八棱形《石堡战楼颂》碑刻残片、模印画像砖、彩绘骆俑及唐代钱币、兵器、铜镜等。一说阳坝城是唐代临潭县和临洮郡治所，有学者认为是唐天宝八年哥舒翰攻拔之石堡城。

1993 年，甘肃省人民政府公布为第五批省级文物保护单位。

叠州故城遗址

位于迭部县城然闹村北 200 米扎纳山根处。唐代。东邻然闹沟，西临白龙江。城址呈不规则多边形，周长 4500 米，东西最宽 700 米，面积约 25 万平方米。据《元和郡县志》、《旧唐书地理志》记载，南北朝周明帝武成年间（560 年）在此置合川县，建德六年（577 年）增置西疆郡，唐高祖武德二年（619 年）置叠州，称"叠州城"。唐宗宝元年（762 年）吐蕃占领后纳入吐蕃辖区内。故城位于然闹遗址内，现保留有几处夯筑残城墙，沿然闹沟有一南北向偏东 50 度残垣，残高约 8 米、厚 5 米。这是残垣中部明显的一段，夹棍和夯土层清晰可见，夹棍眼直径 4~15 厘米，夯土层厚一

般在 8~10 厘米。

1993 年，该遗址与叠州故城遗址、叠州烽火台合并被甘肃省人民政府公布为第五批省级文物保护单位。2006 年，甘肃省人民政府授权甘肃省文物局重新公布为省级文物保护单位。

四、宋、金、西夏时期

一公城遗址

位于夏河县甘加乡斯柔村西北 100 米。宋代。俗称"斯柔城"。城平面呈不规则长方形，东墙长 187.4 米，西墙长 222 米，北墙长 183.6 米，南墙长 208 米。城墙夯筑，基宽 1.5 米，残高 2.8 米，顶宽 0.9 米，夯层厚 0.1~0.14 米，夯层中夹木条。南垣辟门。城内中轴线两侧为建筑群遗迹，采集有柱础、筒瓦、板瓦、方砖、陶器、琉璃装饰品残件及宋代钱币。东、西、南三面城外有 9~10 米宽的护城壕。其南有两座小城遗址，平面均呈长方形。一座东西长 97 米，南北宽 83 米；另一座东西长 92.5 米，南北宽 75.5 米，为一公城附属城堡。据考为北宋吐蕃唃斯罗修建。三普新发现，未定级。

怀羌城遗址

位于夏河县麻当乡玛日村东 300 米。宋代。俗称"广秀城"。位于且隆沟河与大夏河交汇处台地上，平面呈不规则长方形，周长 889 米。城垣残长 400 余米，墙

平西古城遗址西侧城墙　　　　安西城遗址

体夯筑，基宽 7 米，残高 5~15.5 米，顶宽 2.5~4 米，夯层厚 0.1~0.14 米，夯层中有直径 0.05~0.09 米木条痕迹，厚 0.3~0.4 米。城北有护城壕三道。遗址内采集有黑釉瓷、钱币等遗物。在城南有 3 处小城遗址，1 座已毁，尚存 2 座。据考为宋代怀羌县故城。三普新发现，未定级。

平西古城遗址

位于定西市安定区鲁家沟乡鲁沟村东北 1 千米。宋代。平面呈正方形，边长 270 米，占地面积约 7290 平方米。城墙黄土夯筑，基宽 15 米，顶宽 2 米，高约 10 米，夯层厚 0.1~0.12 米。四周有马面，四角有角墩。南、北两墙辟门，城外有壕沟。采集有瓷器、石弹丸、铜器等。地表散见有灰陶片和绿釉、黑釉瓷片。

2003 年，甘肃省人民政府公布为第六批省级文物保护单位。

安西城遗址

位于定西市安定区巉口镇小柏林村东 200 米。宋代。平面呈长方形，东西长 472 米、南北宽 295 米，占地面积约 1.4 万平方米。城墙黄土夯筑，残高 9.4~15.2 米，基宽 15 米，顶残宽 2 米，夯层厚 0.1~0.12 米。南、北两墙辟门，并有瓮城，北瓮城门朝西，四角有角墩，四周均有马面。地面散布有灰陶片和黄釉瓦片等。

2003 年，甘肃省人民政府公布为第六批省级文物保护单位。

夏官营城遗址

位于榆中县夏官营镇上堡子村西北 500 米。宋代。占地面积约 9 万平方米。平面呈方形，边长 350 米。墙垣夯土版筑，残高 4~10 米，基宽 8~2 米，顶宽 2~4 米，夯层厚 0.08~0.16 米。城东、南、西三面外有壕沟，宽 30 米，深 10 米。西、北、南辟门，西门外有瓮城，南北长 30 米，东西宽 20 米，南门外瓮城东西长 40 米，南北宽 25 米。地面采集有宋代釉陶片和瓷片。此城疑为西秦的国都——勇士城废址。

夏官营城遗址

郭蛤蟆城遗址

西宁城遗址

1993年，甘肃省人民政府公布为第五批省级文物保护单位。

郭蛤蟆城遗址

位于会宁县郭城驿乡新堡子村西北1.2千米。宋代。有一内城、一外城，城郭外围均有壕沟，东部城外筑南北向墙垣，垣外掘壕。内城南北长480米、东西宽260米。南、北两墙开门，有瓮城。城墙夯筑，基宽10米，顶宽2米，残高3~10米，夯层厚0.08~0.1米。城西半部已被祖厉河冲毁。曾发掘出窖址、铜镜、古钱币、金代酱釉瓜棱执壶、叶形龟鹤仙人纹带柄铜镜等。城内地面散见宋瓷、砖瓦残片。据《会宁县志》载，北宋元符二年（1099年）建，旧称会川城，金贞祐初年（1214年前后）迁会州治所于此。金亡后，金将郭蛤蟆死节于此，故名。

1993年，甘肃省人民政府公布为第五批省级文物保护单位。

西宁城遗址

位于会宁县翟家所乡张城堡村东1千米。宋代。东、西两墙开门，有瓮城，中部设内城。现存城墙东西长740米、南北宽 500 米，基宽 17.4 米、顶宽 3 米、残高 17 米，全城有三分之一坐落在山坡上，其中外城长 220 米、宽 450 米。地表散见宋瓷片及残瓦，收集有宋代钱币、铜壶、耀州窑青瓷小碗、"马上封侯"酱釉瓷人像、红陶带流单耳壶、黑釉瓷碗等。北宋崇宁五年（1106 年）泾原路经略使章楶筑，时称甘泉堡，曾为会州、西宁县（州）治所。

2003 年，甘肃省人民政府公布为第六批省级文物保护单位。

永登连城遗址

位于永登县连城镇连城村西北约 1 千米。宋代。分山城和川城两部分，相对高度约 100 米，平面均呈长方形。山城分内外城，外城东西最长处 600 米，南北最宽处 240 米，西侧 80 米处有外城，东西长 680 米，南北宽 120 米。山城及外城基本被夷为平地。川城东西长 290 米，南北宽 160 米。城墙夯土版筑，残高 4~5

永登连城遗址

米，底宽 5 米，顶宽约 1.5 米，夯层厚 0.1 米。川城内地表可见残砖、瓦等。县级文物保护单位。

等等城遗址

位于永登县民乐乡卜洞村等等城（登登城）村民组。宋代。平面呈梯形，顺山势而筑，东西长 350 米，南北宽 50~220 米。墙垣夯土版筑，残高 2~5 米，基宽 6~8 米，顶宽 2~3 米，夯层厚 0.1~0.12 米。墙层中木头穿插孔较密。东、南、北三面外侧各有马面 3 个，高 4~6 米，基宽 18~20 米，顶宽 2~2.5 米。东墙开门，临水磨沟。城内地表散见碎砖、瓦片。县级文物保护单位。

羊胸城遗址

位于永登县民乐乡铁峰村（铁家庄）西约 300 米。宋代。城建在南北向山梁上，呈不规则长方形，南北长 430 米，东西宽 110 米。城墙夯土版筑，残高 1~3 米，基宽 4~5 米，夯层厚 0.08~0.1 米。县级文物保护单位。

永登三角城遗址

位于永登县大有乡中川村三角城西南 1 千米。宋代。城遗址半部在山坡上，半部在山坡下平地上，整个城遗址呈圭形。山坡部分呈不规则三角形，东西长 450 米，南北宽 300 米。城墙夯土版筑，残高 3~8 米，基宽 6 米，顶宽 2~4 米，夯层厚 0.08~0.1 米。平地部分呈长方形，东西宽 50 米，南北长 250 米。地表散见碎砖、瓦片等。县级文物保护单位。

通远堡遗址

位于永登县通远乡牌楼村新站内。宋—明代。平面呈长方形，南北宽 130 米，东西长 200 米。东、西两面开门。城墙夯土版筑，基宽 5 米，顶宽 3 米，残高 8 米，夯层厚 0.12~0.16 米。堡址北 300 米处山顶上有一烽火台。县级文物保护单位。

安国城遗址

位于平凉市崆峒区安国乡安国村西 500 米。宋代。北濒颉河。城平面呈长方形，南北长 250 米、东西宽 120 米，城内有一道东西隔墙将城分为两部分。城墙夯筑，基宽 9 米，残高 4~7 米，夯层厚 0.12~0.14 米。东、西、南三面各有一门，北墙大体尚存，其余仅留残迹。地面散布大量砖块、瓦片，另有豆绿釉瓷、黑釉粗瓷、白釉瓷片等。县级文物保护单位。

半个城遗址

位于环县虎洞乡半个城村西南 600 米。宋代。坐落于甜水沟与苦水沟交界的三角台地上，依耙子山而建。平面呈不规则方形，占地面积约 1 万平方米，边长 105 米。南侧残留墙体 3 段，计长 18 米，基宽 6.8 米，残高 2.5~5 米。城西 50 米处，又有一座平面呈 "U" 形的城遗址，占地面积约 2500 平方米。此城东、西两侧各有一瓮城，半个城即以此城得名。地表散见汉代粗、细绳纹板瓦、筒瓦残片及宋代豆绿釉瓷碗、盘残片等。县级文物保护单位。

二将城遗址

位于华池县山庄乡二将城子村。也称 "大顺城城址"。北宋。依山而筑，平面呈长方形，长约 300 米、宽约 200 米。城墙夯土版筑，高 5 米、基宽 4 米、顶宽 1.5 米，夯层厚 0.2~0.22 米。南、北两面开门，已塌毁。城内、城外随处可见宋元时期的绿釉瓷片、黑釉瓷碗和盘残片等。《宋史》载："行之柔远，始号令之，版筑皆具，即日而城成，即大顺城也。"

1991 年，甘肃省人民政府公布为第四批省级文物保护单位。

陈壕城遗址

位于华池县五蛟乡上城壕村北 150 米。北宋。平面呈长方形，南北长约 115

二将城遗址

米、东西宽约 30 米。城墙夯土版筑，高 2~8 米、基宽 7 米、顶宽 2 米，夯层厚 0.15 米。城门分设于南北两面，现存北门，为券顶式，高 3 米。城内有大量残砖碎瓦。据《华池县志》记载：此城为北宋所筑。县级文物保护单位。

平定城遗址

位于舟曲县坪定乡先锋村西南 50 米。宋—明代。平面呈长方形，东西长 176 米，南北宽 102 米。尚存东墙北段、南墙东段、西墙北段和北墙东段，墙垣总残长 350 余米，基宽 6 米，残高 12~14 米。墙垣夯筑，夯层厚 0.1~0.12 米，部分墙段夯层中夹粗细不均的横木。据《祥庆寺碑记》记载：北宋时为富津县所辖平定关址，明洪武四年（1371 年）补筑平定关城。清嘉庆十三年（1808 年）《武阶备志》载："平定关在将和县，州西北，关在交元台地上。"当指此。县级文物保护单位。

西固城遗址

位于舟曲县县城内。宋—清代。城平面呈不规则长方形，东西最长处 700 米，南北最宽处 290 米，城周长 1760 米。尚存南墙、东墙北段、北墙东段和西墙南段，墙垣总残长约 1000 米。墙垣夯筑，基宽 6 米，残高 4~7 米，夯层厚 0.1 米。四周残存马面 19 座。据《重修西固城垣碑记》载：宋绍兴二十一年（1150 年）福津县令张俊臣始筑西固城。元代置西固蕃汉军民千户所。明洪武四年（1371 年）改置西固城军民守御千户所，十四年（1381 年）千户姚富展筑西固新城，以旧城为西关。城周长 2197.8 米，设四门，除东门外其余三门均有城楼。万历三年（1575 年）增筑新城。清乾隆元年（1736 年）设西固同知，光绪七年（1881 年）重筑，三十一年（1905 年）再筑，直至宣统二年（1910 年）竣工。民国二年（1913 年）设西固县。1954 年改为舟曲县。县级文物保护单位。

铁城遗址

位于岷县维新乡元山坪村西 200 米处。北宋、明代。该城地处洮河西岸三级台地上，城墙已毁，形制不明。分布范围南北约 200 米，东西约 150 米，占地面积 30000 余平方米。现残存墩台 2 座，原与城墙连接，因取土被开挖成 2 个独立的台柱，北面台柱呈圆柱状，底部周长 11.3 米，高 5.2 米。南面台柱呈方锥体，高约 5 米。台柱前存有 2 个青石旗杆座。遗址中采集有宋元时期的黑釉、青釉刻花、天青釉瓷片和明代青花瓷片。据《宋史·地理志》记载，铁城置于宋神宗赵顼熙宁十年（1077 年）。《明史·地理志》记载，明太祖朱元璋洪武四年（1371 年）正月，置铁城千户所，属河州卫。洪武十二年（1379 年），沐英平定西番三副使叛乱后，铁城被废。对研究岷州地区宋元明史有重要价值。县级文物保护单位。

通西城遗址

位于陇西县通安驿镇古城村东北900米处。宋代。坐落在台地上，东西两面临河，高出河床约6米。平面呈长方形，南北长约286米，东西宽约238米。占地面积约7万平方米。城墙系黄土夯筑，残高1.5~5.5米，夯层厚0.08~0.09米。南北两墙各开一城门，其中北门筑有瓮城，东南、东北、西北角筑有圆形角墩。东墙外有2座马面，西墙外有4座马面，北墙有2座马面，南墙马面已塌，形制不清。北门外有护城壕，口宽约8米。城内出土有石磨、石臼及宋代黑釉瓷片。据《陇西县志》记载，城始建于北宋，名曰"通西寨"，金代升为通西县，元代废。对研究陇西县历史有重要价值。县级文物保护单位。

库多汗城遗址

位于华池县林镇乡东华池村东华池自然村。宋、金、明、清代。遗址地处二将川河与豹子川河交汇处，与东华池城隔河相望。依山傍水，地势险要。依山而建，山腰处城垣平面近三角形，山下处则呈长方形，全城周长1492米，占地面积13.3万平方米，大城内筑有小城。城墙夯土层明显，黄土夯筑，夯层厚0.1~0.6米。城内散布有大量瓦片和宋、金、明、清时期的瓷器碎片。据史籍文献记载，隋仁

库多汗城遗址

寿二年（602年）复置华池县，为县治所在地。大业元年（605年）移县治于东华池城。宋置华池寨，元祐六年（1091年）改为华池东寨，与华池西寨并存。金废。明清时继续沿用。对研究华池县历史及城市变迁史有重要意义。

迭烈逊堡遗址

位于白银市平川区水泉镇黄湾中村东侧。宋（西夏）、明、清代。"迭烈逊"为蒙语"要塞"之意。堡址筑于岩石山体之上，平面呈长方形，南北长80米，东西宽70米，占地面积5600平方米。堡墙皆毁，仅存遗迹。南墙开门，有砂岩基石留存，东北角有角墩，存基石。堡墙内外散布有大量条石和青砖，系堡墙倒塌遗存。条石长1.97米，宽0.45米，厚0.2米，皆红砂岩质。青砖规则不一，有3种：0.42×0.25×0.75米，37.5×0.19×0.09米，0.37×0.18×0.7米。部分砖为粗砂绿釉砖。清道光《靖远县志》记载："万历年就巡

检司故址筑堡，城周三百五十步，东北至水泉二十里，东南至陡城二十里，其地界俱系陡城堡所管。墩台十一座，边墙七十里。"据此可推，该堡始建于西夏，明代重修，清代延用而修缮。地处黄河军事要塞之地，明代长城之侧。对研究明代长城防御体系及要塞建置史有一定价值。该遗址侧旁现建有龙王庙和城隍庙。现由道教协会管理。县级文物保护单位。

桑科城遗址

位于夏河县桑科乡地仓村东南 1.4 千米。宋代。藏语称为"木尼合加高"，意即"西夏城"。城遗址坐落在大夏河与大纳襄河交汇处北侧三角台地上，依地势而建，分布于前、中、后三级台地上，平面呈不规则多边形，南北长约 142 米，东西宽约 140 米，占地面积约 2 万平方米。现存城墙长 500 余米，皆砂土夹木棍版筑，残高 4.5 米，基部宽 4 米，顶宽 1.3 米，夯层厚 0.1~0.14 米。部分段落墙基外露石块砌筑的基石。城外一周残存多座马面，城内建筑遗迹尚存。城东约 150 米处筑有一小城，平面呈正方形，边长 100 米，面积万余平方米，皆砂土版筑。两城间铺路相通。城外两侧山坡上有 6 座烽火台留存。《读史方舆纪要》载曰："河南西南百八十里，宋永初（421 年），西秦乞伏磐遣乞伏孔子率骑击铁汗秃于罗川，……筑列浑城于汁罗为镇之。"疑该城为此城，

又从藏语谓"西夏城"推之，该城建于宋，西夏曾占用。对研究甘南地区宋代史和军事防御有重要价值。

1993 年，甘肃省人民政府公布为第五批省级文物保护单位。

靖远三角城遗址

位于靖远县三滩乡中一村南 500 米。西夏。平面呈扇形，近似三角形，故称"三角城"。西城墙长 400 米，北城墙长 210 米，东、南两面的城墙系沿着崖头自然走向修筑，长 380 米。城墙夯土版筑，夯层厚 0.1~0.15 米，墙残高 1~10 米，基宽 12 米。西南角城墙向外 13 米处，有角墩。西北角开城门一道，有瓮城。南边靠近黄河有城门一道，应为水门。攻可以走旱路西北门，退可以走水路南门，可谓攻守兼备。采集有灰陶片、残砖瓦等。是西夏为抗击黄河南岸宋王朝而修建。县级文物保护单位。

五、元、明、清时期

嘉峪关关城

见第四章《长城》。

野麻湾堡城遗址

见第四章《长城》。

天落城遗址

位于张掖市甘州区安阳乡苗家堡村四社西南约 3000 米处。北距马家墩烽火台 1.91 千米。明代。城遗址坐西向东，

平面呈长方形，东西长 130 米，南北宽 112 米，占地面积 14560 平方米。墙体残高 0.8~1.2 米，基宽 1.2 米。东墙还中开城门，门宽约 3 米。门内有瓮城，四面有马面各 1 座。四角筑角墩，其中东北角墩为空心，平面呈长方形，基长 13.2 米，宽 6.2 米，残高 8.5 米。西北角墩为实心，黄土夯筑，顶部四围有女墙，墙厚 1~1.2 米，残高 0.2~0.3 米。城外距墙体 10~30 米处挖有两道壕沟，口宽 10~12.2 米，深 3~5 米。其中内壕上缘筑有土墙，残高 0.3 米，宽 1 米。城内采集有黑釉、青釉瓷器残片。据此可推，该城建于明代，与北边长城烽火台同时代，是明代长城防御系统的组成部分和附属建筑，对研究明代长城防御体系和建筑有重要价值。三普新发现，未定级。

十营庄堡遗址

位于嘉峪关市新城镇野麻湾村西北 1.5 千米。明代。坐北向南。堡平面略呈长方形，东西长 75 米，南北宽 67 米。堡墙黄土夯筑，现高 6.3 米，基宽 3.7 米，夯层厚 0.14~0.16 米。南墙开门，门宽 5.3 米，门外有瓮城痕迹。瓮城开东门，门宽 2.2 米。墙外 3.2 米处有宽 4.2 米、深 2.2 米的壕沟一周。城内已无房屋遗迹。

2003 年，甘肃省人民政府公布为第六批省级文物保护单位。

瓜州城遗址

位于瓜州县瓜州乡瓜州堡村东 500 米。清代。平面呈长方形，东西长 741.5 米、南北宽 365.5 米。城墙夯土版筑，夯层厚约 0.14 米，基宽 6 米，顶宽 4.5 米，高 6.5 米。四角有角墩。城墙顶外侧筑女墙垛口，高 1 米。现北墙保存较好，有垛口 44 个。东、北各辟一门。县级文物保护单位。

安西镇城遗址（布隆吉城）

位于瓜州县布隆吉乡布隆吉村东 1 千米。清代。平面呈长方形，东西长 1090 米，南北宽 910 米。城墙夯筑，夯

布隆吉城遗址城内建筑台基

布隆吉城遗址南墙城门

层厚 0.12~0.14 米，基宽 12 米，顶宽 4.5 米，高 5.7 米。上有女墙，底宽 0.6 米，顶宽 0.35 米，高 2 米。四面各开一门。有马面及瓮城。现存南门瓮城，宽 28.6 米，进深 18.6 米，南城墙保存较好，有马面 6 个，垛口 13 个。城内有"二梁台"，底边长 30 米，高 14 米，上建庙宇，已塌毁。曾出土一块花岗岩石雕，上刻"泰山石敢当" 5 字。县级文物保护单位。

安西直隶州城遗址（旧城）

位于瓜州县城北村北 1.5 千米处疏勒河南岸。清代。平面呈长方形，南北长 921 米，东西宽 874 米，城墙夯土版筑，夯层厚 0.14 米。墙基宽 5.5 米、顶宽 4.5 米，高 8.45 米。四面辟门，有瓮城。城内原有渊泉鼓楼、文昌宫等 15 座古建筑，现已毁。原关夫子庙前立花岗岩碑 1 通，高 1.92 米、宽 0.82 米、厚 0.22 米，碑正面阴刻"关夫子庙碑记……雍正六年夏日癸亥立"，现移存瓜州县博物馆。县级

文物保护单位。

安西直隶州城遗址（新城）

位于市瓜州县城内。清代。平面呈正方形，边长 850 米。城墙夯筑，夯层厚 0.16~0.18 米，墙基宽 6 米，顶宽 4.5 米，高 6.6 米。顶有女墙，底宽 0.9 米，顶宽 0.5~0.9 米，城墙四面原均有城门及瓮城、城楼，均毁。现南墙仅存东段 390 米。乾隆二十四年（1759 年）置安西府，三十三年（1768 年）建新城。县级文物保护单位。

肃南皇城遗址

位于张掖市甘州区东滩乡皇城村东侧。又名"皇城"。元—清代。分南、北两城，相距 200 米。南城平面略呈正方形，东西长 320 米，南北宽 300 米，南墙正中辟门。四角筑四棱台体角墩，东、西、北墙各筑马面 5 个，南墙筑马面 4 个。城外有护城壕两道，外壕宽 9 米，内壕宽 10 米，两壕之间四面各筑烽火台 5 座，间距 40 米，

安西直隶州城遗址（旧城）东墙南段

安西直隶州城遗址（新城）南墙中段

肃南皇城遗址

瓦房城遗址东北角

为军事防御性设施。城内有建筑遗迹,平面呈"工"字形,高出地面1米左右,南北纵长68米,四角各存一圆形柱础,残存有瓦当、鸱吻、残碎脊片和红、绿琉璃瓦片等。北城平面略呈正方形,长395米,宽390米,南墙辟门,城内东北部筑有内城,城外有护城壕一道。城墙均为夯土版筑,夯层厚约0.15米。乾隆五十年《永昌县志》卷二载:"乾耳朵古城,在县南百二十里,永昌王筑,一名黄城儿,土人本呼为皇城,以其僭故,今从黄字也。城南距一舍余有避暑宫,其方址犹可识。"由此推测,南城为避暑宫,北城为乾耳朵故城。现为县级文物保护单位。

瓦房城遗址

位于张掖市甘州区大都麻乡李家沟村北2千米。元代。筑于大都麻河西岸台地上。平面呈长方形,南北长204.5米、东西宽168.5米。城墙夯土版筑,基宽8米,残高7米,四角筑圆台体角墩,高

约10米。四面城垣外侧各有马面2个,平面呈正方形,边长5米。东墙正中辟门,宽约8米,外筑长方形瓮城,瓮城门向东。西墙正中呈"凸"字形向外突出,长36米、宽23米。城内有2座夯土台基和部分建筑遗迹。地表散见白釉、黄釉瓷片和蓝色琉璃瓦片、青灰色残砖等。曾出土圆形小铜扣数颗。县级文物保护单位。

南城子遗址

位于肃南裕固族自治县大泉沟乡南城子村西北200米。明代。平面略呈正方形,南北长173、东西宽170米。城墙夯土版筑,基宽6米,残高10.2米,夯层厚0.2米。北墙开门,门外筑瓮城。瓮城东西长19.5米,南北宽18.5米,东向开门。城四角筑四棱台体角墩,突出墙外8~10米。距离东北角墩14.7米处建有高13米、边长23米的正四棱台体夯土台。城外有口宽8.5米、深1~3米的护城壕环绕。地

水泉堡城址残存墙体之一

水泉堡城址残存墙体之二

表散见黑釉、青花瓷片及残砖、瓦等。县级文物保护单位。

镇夷堡城遗址

也称"天城堡"。见第四章《长城》。

卯来泉堡遗址

见第四章《长城》。

水泉堡城址

位于永昌县红山窑乡水泉子村东南2千米。明代。平面呈长方形，东西长660米，南北宽260米。城内有两道城墙隔成三小城，东城长260米，宽60米；内城长360米，宽260米；西城宽200米，长260米；东、西各开门，门宽4米，高6米。墙垣为夯土版筑，残高6米，基宽3米，夯层厚0.12米。四周有护城壕，口宽5米。壕内已被砂土淤满。城东南侧另有一城，南北长150米，东西宽120米，墙高约2米，宽2.5米。其东南角有一边长5米、残高8米的方形观敌台。地表散见有酱釉瓷片、灰陶片等，

并有水井和房屋遗迹。

1993年，甘肃省人民政府公布为第五批省级文物保护单位。

回回城遗址

位于永昌县六坝乡六坝村西300米。元代。俗称"回回城"。城平面呈"凸"字形，有内、外两城。外城北垣长238米，西墙长118米，南墙由西向东160米，折向北72米，折向东38米，再折向北46米。西面置门，门宽7米。城外四周有护城壕，北壕长260米，宽12米；南壕长210米，宽12米；东壕长160米，宽12米；西壕长210米，宽8米；壕深3~5米。城墙夯筑，残高3.5米，夯层厚约0.14米。城内布局整齐，城中有中轴线，南端有两处较大建筑，中轴线两侧房屋遗迹排列齐整。地表散见有少量酱釉色瓷片。县级文物保护单位。

武威满城遗址

位于武威市凉州区金羊乡新鲜村窑

沟北侧。清代。城平面呈正方形，边长1060米。城墙夯土版筑，高10米，基宽4.6米，夯层厚0.15~0.18米。四角各有一正四棱台体角墩，边长均为11.4米，另有马面4个。开东、南、西三门，东西二门门宽8米，门外各有一瓮城，呈半圆形，半径35米。瓮城城墙亦夯土版筑。《大清一统志·凉州府城·城池》载："满城，乾隆二年（1737年）建筑。"

1993年，甘肃省人民政府公布为第五批省级文物保护单位。

永泰城遗址

见第四章《长城》。

芦沟堡城遗址

位于靖远县北滩乡芦沟村西北300米。毗邻宁夏中卫市。明代。堡平面呈长方形，东西长800米，南北宽500米。墙为黄土夯筑，夯层厚0.08~0.1米，基宽5米，顶宽2.6米，残高3~6米。东开门，有瓮城。城内残存有砖台基、房基、道路等遗迹。地表散见青花瓷片、黑釉瓷片、残砖、瓦当等。城内有一明代铸铁钟，钟裙为八卦形，钟颈四圆口、兽钮。上铸"钦差守备陕西靖虏卫芦沟堡地方都指挥李时节施造。委管芦沟堡中军事靖虏卫百户党师尉，委管芦沟堡坐堡事靖虏卫千户王性善、守堡舍人郭保保、马朝云、张十一、赵十四等二十九人"等字，无铸造年月。据康熙《靖远卫志》载："其建于万历丙申（1596年）。"县级文物保护单位。

三眼井城遗址

位于景泰县八道泉乡三眼井村。明代。城平面呈长方形，东西长234米、南北宽180米。堡墙黄土夯筑，残高1~7米，基宽5米，顶宽1.5米，夯层厚0.14~0.16米。开南、北二门，北门靠近东北角，宽9米，南门宽8米。城四角筑有角墩，分别向东北、西北、西南延伸近10米。北门西100米处，筑一马面，

芦沟堡城遗址全景

芦沟堡城遗址局部

呈每边 12 米长的墩台。东墙外 70 米处，利用一个自然山包筑成高 6 米、南北长 67 米、东西宽 30 米的"城建楼橹"。堡外有护城壕。据《皋兰县志》和《创修红水县志·关隘》载："三眼井，旧名汜水关，系蒙古鞑靼东来西去之要道，明万历二十七年（1599 年），兵备副使荆州张俊臣建城，城中龙王庙前掘井一眼，城中有三眼出水，故更今名。"县级文物保护单位。

永登城遗址

见第四章《长城》。

洮州卫城址

见第四章《长城》。

环县故城

位于环县环城镇。明—清代。平面呈长方形，东西长约 1800 米、南北宽约 1200 米。占地面积约 216 万平方米。城墙夯土版筑，周长约 6000 米，高 2~8 米、基宽 14 米、顶宽 4 米。夯层厚 0.1~0.16 米。开南、北、西三门，门宽 4 米、高 6 米。南门有瓮城。秦昭王长城在城北经过。城内散布大量秦、汉、明代遗物。

1993 年，甘肃省人民政府公布为第五批省级文物保护单位。

白马关城遗址

位于康县云台镇云台村。清代。依山势而筑，平面呈不规则形，周长 937 米。城墙为石块垒砌，基宽 6 米，高 6.14 米，

顶宽 4 米，四周有角墩、马面多处，垛口 422 个，东、西辟门，顶建门楼。东墙垣及东门保存完好，门为拱形，宽 4 米，高 6.2 米，进深 8.2 米，门楣上嵌"白马关"门额一幅。门楼面阔三间（7.5 米），进深二间（6 米），灰瓦重檐歇山顶。现东门外墙中嵌光绪八年（1882 年）《修筑白马关城垣碑》1 通。该城始建于光绪三年（1877 年），由管带陈梅村主持修筑，于光绪七年（1881 年）竣工。

2003 年，甘肃省人民政府公布为第六批省级文物保护单位。

三岔门城遗址

位于岷县秦许乡马烨村西 7.5 千米处。明代。遗址平面呈方形，边长约 50 米，面积约 2860 平方米。城墙残高 2.6 米，黑土夹小砾石夯筑，夯层厚 0.12~0.15 米。东南角存角墩 1 座。城外四面有护城壕，东壕长 78 米，西壕长 95 米，南壕长 92 米，北壕长 47 米，宽 6~7 米，深 1.5~3 米。城内采集有建筑脊饰构件。据《岷州志》记载，该城为明初岷州卫军民指挥使马烨及其部将驻防之城，清光绪三十四年（1908 年）曾使用维修。对研究岷县明代史有一定价值。县级文物保护单位。

利桥城遗址

位于天水市麦积区利桥乡利桥村。清代。地处秦岭大山密林之境，原貌已毁，仅存遗迹及遗址。因地形地势而筑，平

面呈不规则长方形。东墙长 190 米，西墙长 230 米，南墙长 160 米，北墙长 200 米，面积 31460 平方米。现存墙体残高 6.5 米，基宽 2 米，顶宽 1.2 米，褐土夯筑，夯层厚 0.2 米。南墙尚存大门遗址，门宽 3.2 米，深 12.8 米。青砖砌筑。城内已成农田，采集有青砖块。《天水县志》及《北道区志》记载：清嘉庆十四年（1809 年），甘肃提督设利桥营，并创建城垣，在城内兴建都司署、千总署和把总署，计有大堂、二堂、后堂及 10 余栋兵房，东门外有演武厅，城内有关帝庙和戏楼。后经道光二年（1822 年）、同治二年（1863 年）、同治七年（1868 年）重修。民国二十二年（1933 年），衙署大部被国民党军胡宗南部所毁，即废。

庆阳古城遗址

位于庆城县县城。宋—清代。相传为周祖不窋所修，称"不窋城"。由庆城、北关城、田家城 3 座城池组成，因平面似

庆阳古城遗址

凤，又名"凤城"。占据高台、削岗而成城。周长 7513 米，墙基宽 17 米，顶宽 2~3 米，高 27~39 米，夯层厚 0.2~0.21 米。原有 5 座城门，现仅东门保存完整，高 5 米，宽 3.2 米，深 3.75 米，以石条、青砖砌筑券顶。曾出土北宋庆历六年（1046 年）《安化郡修城铭》碑。明成化、嘉靖，清顺治、乾隆年间均有重修。对研究庆阳史和庆城城建史有重要价值。

2011 年，甘肃省人民政府公布为第七批省级文物保护单位。

甘州城墙遗址

位于张掖市甘州区北环路南 50 米。元、明代。残存长 140 余米，基宽 8 米，顶宽 5 米，高 10 米，黄土夯筑。现存东、北墙各 1 段。据《甘州府志》记载，早在西夏之前即建城，元朝时对旧城进行扩建，周长达 9 里 30 步。明初再扩展 3 里 327 步，加上旧城，共长 12 里 357 步。城墙高 3 丈 2 尺，厚 3 丈 7 尺。东西南北各开一门，城门外筑半圆形瓮城，城四角筑角楼，城外有护城河，水深丈余。是河西著名城池。今大都毁坏不存。仅存 2 段残墙。是张掖历史见证，对研究张掖元明史和城建史有一定价值。

2003 年，甘肃省人民政府公布为第六批省级文物保护单位。

民勤古城遗址

位于民勤县大滩乡北西村西约 10 千

民勤古城遗址

酒泉古城门

米沙漠中。汉、唐、宋、明代。平面呈正方形，边长120米，占地面积14400平方米。城墙残高5米，墙厚2.5~3米。夯筑，夯层厚0.15米。门向南开。四角筑角墩。城门外筑瓮城，东西长22米，南北宽12米，瓮城门向东。城门东北角发现兵器残件。城内采集有汉代五铢钱和汉砖块，采集有唐代开元通宝、宋代豆绿釉、黑釉瓷片等。城外东北面距城垣14米处有1座夯筑土墩，残高6米，夯层厚0.1米。下部围砌土坯，土坯长0.4米、宽0.25米、厚0.12米。该城始筑于汉代，唐、宋、明代沿用复筑。

2003年，甘肃省人民政府公布为第六批省级文物保护单位。

酒泉古城门

位于酒泉市肃州区小西街南端。明代。城门高4.8米，门洞宽4.2米，深3.35米。青砖一平一竖起券5层。两侧门墩宽各2.8米，残高6.7米，青砖平砌。门砖中有唐、明时期修缮补筑的原砖。1964年发现于清代城墙内，青砖外包。原为晋福禄县城南门。前凉张重华永乐年间（346~353年）重修。《重修肃州新志·城池》曰："福禄城，谢艾所筑。唐高宗永徽年间（650~655年）肃州刺史王方翼主持修葺。明洪武二十八年（1395年）展筑东城，此城门展筑重开城门时包砌在新城墙中。清代再加补修。"该城始建时代早，保存较好，又历代沿用。现存4个时代的遗存，是酒泉市历史发展的见证，对研究河西晋唐明史及酒泉城市建设史和建筑工程技术有重要意义。

2003年，甘肃省人民政府公布为第六批省级文物保护单位。

甘肃省志

文
物
志

1. 《汉书·地理志》"敦煌郡""广至县条"。

2. 清乾隆《重修肃州新志·安西卫》瓜州条。

3. 清乾隆《镇番县志·地理考·山川》。

4. 清·张澍：《凉州府志备考》。

5. 清道光五年许协主修：《镇番县志》。

6. 安志敏：《甘肃山丹四坝滩新石器时代遗址》，《考古学报》1959年第3期。

7. 张学正：《甘肃古文化遗存》，《考古学报》1960年第2期。

8. 甘肃省博物馆：《甘肃兰州西坡坬遗址发掘简报》，《考古》1960年第9期。

9. 甘肃省博物馆：《甘肃武威皇娘娘台遗址发掘报告》，《考古学报》1960年第2期。

10. 马承源：《甘肃灰地儿及青岗岔新石器时代遗址的调查》，《考古》1961年第7期。

11. 甘肃省博物馆：《兰州曹家咀遗址的试掘》，《考古》1972年第3期。

12. 甘肃省博物馆：《甘肃兰州青岗岔遗址试掘发掘》，《考古》1972年第3期。

13. 甘肃省博物馆：《武威皇娘娘台遗址第四次发掘报告》，《考古学报》1978年第4期。

14. 甘肃省博物馆考古队：《甘肃灵台桥村齐家文化遗址始掘简报》，《考古与文物》1980年第3期。

15. 中国社会科学院考古研究所泾渭考古队：《陇东镇原常山遗址发掘简报》，《考古》1981年第3期。

16. 杨益民：《甘肃岷县山那新石器时代遗址调查简报》，《考古与文物》1983年第5期。

17. 甘肃省博物馆文物工作队、武威地区展览馆：《甘肃永昌三角城沙井文化遗址调查》，《考古》1984年第7期。

18. 甘肃省文物工作队等：《甘肃林家遗址发掘报告》，《考古学集刊》第4集，中国社会科学出版社，1984年。

19. 王庆瑞、敦德勇：《甘肃林家马家窑文化遗址出土的稷和大麻》，《考古》1984年第7期。

20. 王宗维：《汉代令居塞的地理位置》，《西北学刊》1985年第1期。

21. 薛方煜：《西汉金城郡治允吾故址究竟在何处》，《兰州学刊》1985年第1、2期。

22. 中国大百科全书出版社编辑部：《中国大百科全书·考古学》，中国大百科全书出版社，1986年。

23. 李振翼：《唐石堡城方位之我见》，《西北史地》1986年第2期。

24. 李振翼：《牛头城调查与考释》，《西北民族大学学报》（哲学社会科学版）1986年第2期。

25. 赵化成、宋涛：《甘肃甘谷毛家坪遗址发掘报告》，《考古学报》1987年第3期。

26. 中国社会科学院考古研究所：《甘肃省天水市西山坪早期新石器时代遗址发掘简报》，《考古》1988年第5期。

27. 郑炳林：《敦煌地理文书汇辑校注》，甘肃教育出版社，1989年。

28. 甘肃省文物考古研究所：《永昌三角城与蛤蟆墩沙井文化遗存》，《考古学报》1990年第2期。

29. 甘肃省博物馆文物工作队：《甘肃兰州青岗岔半山坡遗址第二次发掘》，《考古学集刊》第2集，中国科学出版社，1989年。

30. 张家川县文化局、张家川县文化馆：《甘肃张家川县原始文化遗址调查》，《考古》1991年第12期。

31. 郑晓瑛：《甘肃酒泉青铜时代人类骨骼的病理鉴定》，《人类学学报》1992年第4期。

32. 李水城：《四坝文化研究》，《考古学文化论集》第三辑，文物出版社，1993年。

33. 《环县志》编纂委员会编：《环县志》，甘肃人民出版社，1993年。

34. 严文明、张万仓：《雁儿湾和西坡坬》，《考古学文化论集》（3），文物出版社，1993年。

35. 北京大学考古学系、甘肃省文物考古研究所：《甘肃合水九站遗址发掘报告》，《考古学研究》（三），科学出版社，1993年。

36. 李水城:《四坝文化研究》,《考古学文化论集》
第三辑,文物出版社,1993年。

37. 甘南藏族自治州文化局:《甘肃卓尼县纳浪乡考
古调查简报》,《考古》1994年第7期。

38. 甘南藏族自治州博物馆:《甘肃卓尼叶儿遗址始
掘简报》,《考古》1994年第1期。

39. 中国社会科学院考古研究所甘青工作队:《甘肃
武山傅家门史前文化遗址发掘简报》,《考古》
1995年第4期。

40. 李并成:《河西走廊历史地理》,甘肃人民出版社,
1995年。

41. 甘肃省博物馆:《甘肃积石山县新庄坪齐家文化
遗址调查》,《考古》1996年第11期。

42. 梁新民:《武威史地综述》,兰州大学出版社,
1997年。

43. 甘肃省文物考古研究所:《民乐东灰山考古—四
坝文化墓地的揭示与研究》,科学出版社,1998年。

44. 甘肃省文物考古研究所:《民乐东灰山考古—四
坝文化墓地的揭示与研究》,科学出版社,1998年。

45. 魏文斌、李明华:《武威白塔寺调查与研究》,《敦
煌研究》1999年第2期。

46. 中国社会科学院考古研究所:《师赵村与西山坪》,
中国大百科全书出版社,1999年。

47. 李水城、水涛:《四坝文化铜器研究》,《文物》
2000年第3期。

48. 甘肃省文物考古研究所:《悬泉四时月令诏条》,
中华书局,2001年。

49. 胡平生:《敦煌悬泉汉简释粹》,上海古籍出版社,
2001年。

50. 甘肃省文物考古研究所:《永昌西岗柴湾岗沙井
文化墓葬发掘报告》,甘肃人民出版社,2001年。

51. 王辉:《20世纪甘肃考古的回顾与展望》,《考古》
2003年第6期。

52. 甘肃省文物考古研究所:《悬泉置遗址发掘简报》
《悬泉汉简内容综述》《悬泉汉简选释》,《文物》
2005年第5期。

53. 甘肃省文物考古研究所:《秦安大地湾新石器时
代遗址发掘报告》,文物出版社,2006年。

54. 中国社会科学院考古研究所:《徐家碾寺洼文化
墓地》,科学出版社,2006年。

55. 李春元:《瓜州文物考古总录》,香港天马出版
有限公司出版,2008年。

56. 李水城:《东风西渐中国西北史前文化之进程》,
文物出版社,2009年。

57. 钱耀鹏:《甘肃临潭磨沟齐家文化墓地》,《考
古与文物》2009年第7期。

58. 北京大学考古系、甘肃省文物考古研究所:《甘
肃武都县大李家坪新石器时代遗址发掘报告》,
《考古学集刊》(13),中国大百科全书出版社,
2000年。

59. 阎亚林:《关于磨沟齐家文化墓地发掘的几点思
考》,《考古与文物》2010年第4期。

60. 钱耀鹏等:《甘肃临潭磨沟齐家文化墓地发掘的
收获与意义—"2008年度全国十大考古新发现"
之一》,《西北大学学报》(哲学社会科学版)
2009年第5期。

61. 钱耀鹏等:《略论磨沟齐家文化墓地的多人多次
合葬》,《文物》2009年第10期。

甘肃省历年重要考古发掘遗址统计表

遗址名称	发现地点	发掘年度	主要收获	研究价值
马家窑文遗址	临洮县马家窑村	1924	马家窑遗址因1924年瑞典学者安特生发现，马家窑文化命名地。发现了马家窑文化马家窑类型叠压在仰韶文化庙底沟类型之上的地层关系。	马家窑文化是仰韶文化向西发展的一种地方类型，分布面发现最多，分布面最广，最具代表性的新石器时代中晚期文化遗存。它将中原仰韶文化的彩陶又延续发展数百年，是彩陶艺术发展的顶峰。
火烧沟遗址	玉门市清泉乡	1976	共清理三百余座墓葬，分布面积约2万平方米。	被称为"火烧沟文化"，是四坝文化的典型代表。墓葬都是土坑墓，以仰身直肢单人墓为主，也有双人合葬墓和四人合葬墓，出土的器物中有百余件铜器，有一些为青铜。陶器中彩陶占较大比例，主要器形有双肩耳罐和双大耳罐、带盖的球形罐、四耳罐、单耳罐等。
寺洼遗址	临洮县衙下镇衙下村	1945	清理了6座寺洼文化墓葬。	该遗址是寺洼文化命名地，寺洼文化是西北地区青铜时代的一支重要文化，为研究其与同，秦文化关系提供了重要基础。
白道沟坪遗址	兰州市城关区青白石乡白道坪村、刘家坪村与碱水沟村	1953	清理了马家窑文化马厂类型窑址12座，墓葬24座	揭示了同期制陶生产的规模，陶窑的结构及彩陶制作的工艺流程。
雁儿湾遗址	兰州市城关区黄河南岸雁儿湾	1953	清理了马家窑文化马家窑类型灰坑1座	出土的彩陶浓墨重彩，部分为通体绘彩，是马家窑类型晚期的代表性遗址。
四坝滩遗址	山丹县清泉乡南关村南四坝滩	1954	出土了大量陶器，石器及铜器。彩陶纹饰为黑、红、褐等多种色彩构成的横竖线纹、三角纹、菱形纹等，施彩较为厚重，彩绘部位略显凸起。	该遗址是四坝文化命名地，是陶，石器和铜器并存的文化，冶铜水平较高，不但冶炼出青铜而且还有砷铜，为青铜时代早期文化面貌的揭示提供了重要基础。

遗址名称	发现地点	发掘年度	主要收获	研究价值
石岭下遗址	武山县城关镇石岭下村	1955	出土器物有泥质和夹砂红、灰陶，器形有钵、碗、盆、罐及石器。陶器纹饰有绳纹、锥刺纹、附加堆纹，并有彩陶，彩陶彩绘为黑色，纹饰有圆圈纹、变体鸟纹、旋涡纹等。	该遗址是马家窑文化石岭下类型命名地，石岭下类型具有庙底沟类型和马家窑文化马家窑类型之间的过渡性质，为仰韶文化向马家窑文化转变的研究提供了重要依据。
皇娘娘台遗址	武威市凉州区金羊镇末家园村	1957、1975	清理房基9座，窖穴56个，墓葬88座。	该遗址是齐家文化的重要遗址，出土的红铜器是中国迄今成批出土年代最早的，为研究齐家文化的内涵、特征及社会性质提供了重要基础。
张家咀遗址	永靖县河东乡张家嘴村	1958～1959	清理齐家文化灰坑6座，辛店文化灰坑86座。	该遗址齐家文化与辛店文化的地层叠压关系，充分表明两者分属于不同的文化系统，尤其是辛店文化张家咀类型的提出丰富了辛店文化的内涵。
姬家川遗址	永靖县岘塬镇姬川村	1960	清理齐家文化房址1座，辛店文化房址1座，灰坑1个，辛店文化灰坑41个，墓葬1座。	该遗址是辛店文化姬家川类型的发现地，尤其是屈肢葬的发现尚属首次，该遗址的发掘为辛店文化内涵的丰富及其与西周文化关系的研究奠定了重要基础。
西坡疙瘩遗址	兰州市七里河区黄峪乡陆家沟村南	1960	清理灰坑14个，窑址2座，灶址3个及硬面痕迹，出土了大量彩陶片等遗物。	该遗址出土的彩陶具有较为明显的早晚演变特征，早期彩陶纹饰繁复，晚期则有逐渐简化的趋势，为研究马家窑文化马家窑类型的深入研究提供了重要资料。
大何庄遗址	永靖县莲花镇大何庄村南	1959	清理房址及居民住所7处，灰坑15座，"石圆圈"遗迹5处，墓葬82座。	该遗址是典型的齐家文化聚落遗址，不仅发现了粟等重要作物，尤其是卜骨的发现，为齐家文化占卜习俗的研究提供了重要信息。
秦魏家遗址	永靖县莲花镇花村东	1959、1960	清理灰坑73个，"石圆圈"遗迹1处，墓葬138座。	秦魏家遗址的发掘，为研究齐家文化氏族、经济生活和意识形态等方面提供了科学依据。

遗址名称	发现地点	发掘年度	主要收获	研究价值
灰地儿遗址	甘谷县新兴镇头甲村西北	1959、1972	出土了大量马家窑文化马家窑类型的平底瓶、彩陶壶、白彩盆、红陶素面钵、敛口碗、卷沿盆、侈口细颈瓶、罐、杯及泥质陶屋模型，灰陶壶、罐等。	该遗址的发掘为马家窑文化马家窑类型性质、内涵和意义的阐释提供了重要资料。
青岗岔遗址	兰州市七里河区西果园乡青岗岔村	1963、1976	清理了大量房址、灰坑、窑址和墓葬等重要遗迹	安特生和学术界认为，半山彩陶是专用的随葬品，不是日常生活用品。而青岗岔的发掘纠正了以往的错误认识，为今后解决马家窑文化的分期奠定了基础。
西河滩遗址	陇西县南安乡旋坪村	1964	出土了大量陶片、陶局等重要文物	西河滩遗址的发掘，为甘肃境内同文化的研究增添了重要的实物资料。
曹家咀遗址	兰州市七里河区西果园乡曹家咀村西	1971	清理了灰坑、窑址等重要遗迹	这是一处单纯的马家窑文化马家窑类型遗址，遗迹内出土木炭的测年数据，为新石器时代的断代研究提供了重要基础。
蒋家坪遗址	永登县河桥镇蒋家坪村	1974～1975	清理了马家窑文化马家窑类型窑址及分间房址、马厂类型墓葬，并出土了一件青铜刀。	该遗址属于马家窑文化，包括马家窑类型、马厂类型遗存，发现了马厂类型墓葬打破马家窑类型的地层关系，为马家窑类型和马厂类型的相对年代提供了新的依据。
齐家坪遗址	广河县齐家镇园子坪村	1975	清理墓葬117座，房址2座，灰坑17个，红烧土墙基4处，硬土路面1条，卵石堆1处。	该遗址是齐家文化的命名地，也是齐家文化的典型遗址之一。该聚落遗址的发现和揭示为研究早期青铜时代文化提供了重要的实物资料。
林家遗址	东乡族自治县东源乡林家村北	1977～1978	清理马家窑文化马家窑类型房址27座，陶窑3座，灰坑98个；齐家文化房址3座，墓葬1座；汉代木棺墓1座；唐代土洞墓6座。	该遗址的发掘是马家窑类型考古发掘中面积最大、收获最丰的。尤其是出土的青铜刀是中国考古发现中最早的一件，把中国使用青铜器的历史提早到距今五千年左右。

遗址名称	发现地点	发掘年度	主要收获	研究价值
桥村遗址	灵台县西屯乡北庄村东北1.5公里桥村挖窖处	1978	清理袋状灰坑7个，出土了一批石器、陶器、骨器和卜骨。	桥村遗址的发掘，提供了甘肃陇东齐家文化的新材料，同时该遗址出土遗物与陕西龙山文化遗存极为相似，为探讨齐家文化和陕西龙山文化的渊源关系提供了新的线索。
大地湾遗址	秦安县五营乡邵店村	1978～1984	清理房址240座，灶址98个，灰坑和窖穴325个，柱基2处，墓葬65座、窖址35座以及沟渠12段。	大地湾遗址的发掘为甘肃东部史前考古树立了距今7800～4800年的断代标尺，建立起较为完整的史前文化发展序列，使西北地区新石器考古研究取得了突破性进展。大地湾考古以不容置疑的事实表明甘肃是中华文明的重要发祥地之一。
常山遗址	镇原县城关镇常山村东南，县城西约3公里的茹河南岸	1979	清理"常山下层文化"房址8座，窖穴16个。	该遗址是常山下层文化的命名地，这类遗存晚于仰韶文化而早于齐家文化，为研究仰韶文化向青铜时代文化的过渡内涵提供了新的资料。
大李家坪—庙坪遗址	陇南市武都区马街乡大李家村南	1995	清理灰坑41座，窖穴5个。	该遗址是甘肃最南端的仰韶文化遗址，发掘表明距今6500年前，生活在黄河流域的仰韶文化已经扩展到黄河长江流域的白龙江两岸。
师赵村遗址	天水市秦州区太京镇师家庄村北，天水市西约7公里的籍河北岸阶地上。	1981	清理房址36座，窖穴49个，墓葬19座，出土各类遗物1000余件。	师赵村遗址新石器文化遗存内涵丰富，延续时间长，尤其是发现了大地湾一期文化与北首岭类型的地层叠压关系，为研究渭河流域新石器文化的渊源和发展提供了重要材料。
西山坪遗址	天水市秦州区太京镇吴家新庄村北	1986～1987	清理房址3座，窖穴22个，秦汉墓4座。	西山坪遗址发掘，再次验证了大地湾遗址发掘所建立的甘肃陇东地区新石器时代至青铜时代的考古学序列。
南佐遗址	庆阳市西峰区后官寨乡南佐村	1984～1986	清理大型殿堂式建筑房址1座，大型夯土台基9处，出土陶、石、骨等各类遗物数千件，包括少量彩陶。	南佐遗址的发现不仅发现了中国现存规模最大的一处仰韶文化晚期房址，同时发现的稻、粟、黍等粮食炭化物，为研究农业起源、农作物分布及交流提供了十分重要的实物资料。

遗址名称	发现地点	发掘年度	主要收获	研究价值
高寺头遗址	礼县石桥乡高寺头村西南部	1986	清理房址 2 座、房基 2 座、灰坑 11 个、灶坑 1 个、出土陶、石和骨骼等各类遗物 765 件组。	该遗址文化内涵丰富，包含仰韶文化早、中、晚及常山下层文化时期的遗存，对研究仰韶文化具有重要意义。
悬泉置遗址	敦煌市莫高镇以东 62 公里甜水井悬泉谷口西侧	1990～1992	遗址由坞院、马厩、驿道等区堆积组成，出土简牍 35000 余枚。	悬泉置遗址出土汉简文书中详细记载了该置的组织建构、内部机构设置、人员编制、性质与任务、日常运作以及后勤供给等多方面的实际情况。第一次确证了丝绸之路的存在，展现了具体运行的全过程，是丝路考古的重大新发现。对研究汉代丝绸之路、邮驿建设、中外交流、交通运输和邮政史有重大价值。
付家门遗址	武山县马力乡付家门村	1991～1993	清理房址 11 座、窑穴 14 个、墓葬 2 座、祭祀坑 1 座、出土陶、石和骨骼器近千件。	该遗址内涵为石岭下类型、马家窑类型和齐家文化。长方形祭祀坑的发现在"石岭下类型"中尚属首次，同时出土了一批以鲵纹为主的彩陶器，其特征与武山石岭下遗址出土的彩陶器基本一致，尤其是带刻画符号的卜骨的出土，不仅填补了马家窑文化的空白，又为探讨文字起源提供了新材料。
塔儿湾遗址	武威市凉州区古城乡上河村东南	1992～1993	清理马厂类型房址 3 座、汉代竖穴土坑墓 1 座、西夏至元代窑址 10 余座、灰坑数十个。	马厂类型房址的发现为马家窑文化研究提供了新的资料，出土的西夏器物上发现了西夏汉文墨书题记，为西夏至元代窑在西北地区的活动及西夏物质文化的研究具有重要意义。
西河滩遗址	酒泉市肃州区清水镇中寨村西北	2003～2005	清理房址 50 余座、灰坑 400 余个、储藏坑 160 余座、祭祀坑 20 余座、陶窑 8 座以及畜圈遗存。	西河滩遗址是马家文化马厂类型向四坝文化的过渡性遗存及四坝文化遗存，这是河西走廊西部首次发掘的一处大型史前聚落遗址，具有重要的研究价值。

遗址名称	发现地点	发掘年度	主要收获	研究价值
鸾亭山遗址	礼县县城西北	2004	清理夯土墙 1 段、房址 4 处、灰坑 19 个、灰沟 4 条、祭祀坑 1 个、柱洞 22 个，出土 50 余件圭、璧、玉人等祭祀用玉以及长乐未央瓦当等。	鸾亭山祭祀遗址所在山头自西汉时期就有人类居住和活动，目前尚未发现同代祭祀遗迹，到汉代这里已经成为专门的祭祀场所，到王莽时期，遗址已经被彻底废弃。总之，该遗址的新发现为寻找早期秦人的祭天遗址"西畤"提供了重要线索。
西山遗址	礼县县城西 26 公里的西汉水北岸	2005	清理西周墓葬 6 座及少量灰坑，东周灰坑 170 余座、墓葬 28 座、动物坑 10 座、房基 5 座。	该遗址西周晚期铜三鼎墓的发现是目前年代最早的秦贵族墓葬。
大堡子山遗址	礼县县城西 13 公里的西汉水北岸	2006	钻探发现夯土建筑基址 26 处、中小墓葬 400 余座，发掘清理大型建筑基址 1 处、中小型墓葬 7 座、祭祀遗迹 5 处（包括"乐器坑"1 座、"人祭坑"4 座）。	该遗址大型建筑基址应为府库类建筑，乐器坑出土成套铜钟铸和石磬等礼乐器，这些发现为研究秦早期历史和青铜文明具有重要意义。
磨沟遗址	临潭县王旗乡磨沟村北	2008 ～ 2012	清理马家窑类型窑址 1 座、各时期灰坑 42 座，齐家文化墓葬 1680 座、寺洼文化墓葬 20 余座，出土器物以陶器为主，还有铜器、金器、铁器等。	磨沟遗址有马家窑类型、齐家文化、寺洼文化遗存，以齐家文化大型公共墓地为主。被评为"2008 年度全国十大考古新发现"。该遗址为洮河上游史前文化的研究提供了重要资料。
西城驿遗址	张掖市甘州区明永乡下崖村西北	2010	清理马厂类型至四坝文化灰坑 22 个、房址 12 座、坑 7 个、墙体 1 段，灰沟 1 条、墓葬 7 座。发现大量小麦、大麦、小米等炭化物，并出土几十件铜器及炉渣、矿石、炉壁、鼓风管等冶炼相关的遗物。	西城驿遗址的发掘，为探讨四坝文化来源以及与马厂、齐家诸文化的关系提供了新资料。出土的炭化作物包括小麦、大麦、小米等，地面式土坯房屋的发现在河西走廊尚属首次，证明河西走廊早在 4000 年前就扮演着沟通东西方的作用。铜器、炉渣、矿石、炉壁、鼓风管等冶炼相关的遗物，属于甘肃地区首次通过科学发掘获取的层位明确的冶金技术研究提供了新资料。

197

第三章　古墓葬

GAN SU SHENG ZHI WEN WU ZHI

2007年甘肃省第三次全国文物普查后，已重新登记及原有野外不可移动文物点总计16895处，其中古墓葬2130处，占全省野外不可移动文物点总数的12.6％，已遭盗掘和破坏的古墓葬100余处。

甘肃古墓葬最具代表性者是河西地区汉代和魏晋时期的墓群，它们地处广袤戈壁，地上标志比较明显，且成百上千座墓葬聚集在一起。唐宋元明清时期，除地上标志比较明显的名人墓外，多数墓葬是在广大民众生活和生产活动中发现的。

多年来，甘肃省文物考古研究所、甘肃省博物馆和省内其他文物考古单位以及中国社会科学院考古研究所、北京大学、西北大学、吉林大学，为解决一些重要学术课题和配合基本建设工程，先后进行大量卓有成效的田野考古发掘和专题

调查，其中发掘古墓葬近5000座，出土大量珍贵文物，其中有些遗存多方位地揭示了甘肃境内一些远古文化关键性的社会发展进程和性质。

甘肃史前时期和青铜时代地下遗存丰富，现已掌握的古墓葬（含古遗址及墓葬）有4000余处，占全省野外不可移动文物遗存的30.9%。

大地湾一期文化分布于渭河流域、嘉陵江上游及其支流西汉水流域，距今约8200～7400年左右。墓葬为竖穴土坑墓，单人仰身直肢葬，一般随葬有盆、罐、钵、碗及石铲、研磨器，有的墓葬还随葬猪下颚骨。

甘肃地区仰韶文化早期遗存主要集中于甘肃东部地区泾、渭河流域，中期扩及洮河流域。早期墓葬中成人为竖穴土坑墓，无葬具，葬式除仰身直肢外，还见二

次葬、俯身葬、屈肢葬。出现儿童瓮棺葬。随葬品常见葫芦瓶、夹砂罐、圆底钵、细颈壶并有少量骨、角、牙、蚌器。中期墓葬亦以竖穴土坑墓为主，单人仰身直肢葬，一般以小口尖底瓶为主要随葬品。

常山下层文化主要分布于甘肃东部和陇山以东地区，年代为公元前2880年左右，墓葬为竖穴土坑，葬式以仰身直肢为主，亦有屈肢葬，流行头向西北。随葬陶器以橙黄为主，多平底器。

马家窑文化的突出特征是彩陶特别发达，在整个陶器中彩陶占20%～30%，随葬品中的彩陶有时多达80%以上。马家窑文化墓葬一般都有随葬品，包括生产工具、生活用品及装饰品等，少数墓葬随葬粮食和猪、狗、羊等家畜。在墓葬中，男性往往多随葬石斧、石锛和石凿等工具，女性多纺轮和日用陶器皿。随葬品数量和质量存在差别，而且越到晚期差别越大。马家窑类型在甘肃主要分布于陇东山地、陇西平原，西至武威。年代约在公元前3300年～前2900年。墓葬均竖穴土坑，葬式为单人仰身直肢，未见合葬墓。

半山类型分布于陇西河谷和盆地、河西走廊，年代约为前2650年～前2350年。墓葬中开始出现成年男女合葬墓和偏洞墓。偏洞墓的出现对于研究中国洞室墓的发生发展具有重要意义。

马厂类型分布与半山类型相仿，只是更向西延伸到酒泉、玉门一带。年代约为公元前2350年～前2050年。马厂类型合葬墓的情况比较复杂，有的是一对成年男女合葬，有的是成年人与小孩合葬，有的是不同性别年龄的集体合葬。成年男女合葬有同椁的，也有两棺者。

齐家文化由于地域差别，在不同地区文化面貌上有差异，根据地域和文化特征差别，可分为3个类型，即甘肃东部包括西汉水流域的七里墩类型、甘肃中部洮河流域的秦魏家类型和河西走廊地区的皇娘娘台类型。已发掘的大型墓地有广河齐家坪、武威皇娘娘台、永昌鸳鸯池、临潭磨沟等。齐家文化早期年代约为公元前2000年。墓葬形制以竖穴土坑墓为主，多呈长方形和圆角长方形。葬具不甚普遍，单人葬以仰身直肢为主，也有一些俯身葬、侧身葬、瓮棺葬等；合葬墓以成年男女合葬为主，此外还有成人和儿童合葬及多人合葬等。墓葬中一般都有随葬品，以陶器为主，最常见的有双大耳罐、高领双耳罐、侈口罐、碗与豆等。一般置于死者脚下方，少数放在头部或背部附近。还有随葬猪、羊下颚骨者。以男性为中心的男女合葬以及随葬品多寡悬殊现象极为突出。

四坝文化分布于河西走廊中西部，首次发现于山丹四坝滩。东界可到山丹，西界则到敦煌市中部党河西岸。南抵祁

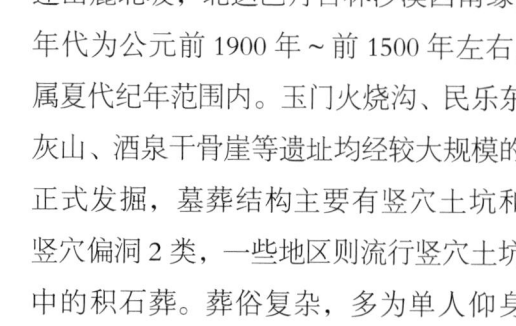

连山麓北坡，北达巴丹吉林沙漠西南缘，年代为公元前1900年～前1500年左右，属夏代纪年范围内。玉门火烧沟、民乐东灰山、酒泉干骨崖等遗址均经较大规模的正式发掘，墓葬结构主要有竖穴土坑和竖穴偏洞2类，一些地区则流行竖穴土坑中的积石葬。葬俗复杂，多为单人仰身直肢葬，亦见侧身屈肢、俯身葬、乱骨葬、多人合葬以及人殉等。

辛店文化在甘肃境内主要分布于黄河、洮河、大夏河、渭河中上游地区。年代为公元前1400～前800年左右，墓葬以长方形竖穴为主，也有竖穴偏洞墓。葬式多仰身直肢，也见侧身屈肢和乱骨葬。普遍出现殉葬墓。一般认为该文化已进入奴隶社会，其族属似为古代羌人的一支。

寺洼文化在甘肃境内主要分布于洮河、泾河、渭河以及西汉水流域。年代为公元前1400年～公元前1100年。葬俗流行仰身直肢葬和二次葬，也有合葬和个别火葬现象。出现人殉和车马坑从葬，典型随葬品为含石英岩的马鞍口罐。

沙井文化主要分布于黄河以西永登至张掖一带。年代为公元前1000年左右。墓葬流行竖穴土坑偏洞墓，盛行随葬马牛羊头骨及蹄趾骨，且其头骨吻部均与墓向一致。其主要随葬品为双耳及单耳束颈罐、壶、盆等，此外，还随葬有铜刀、锥及圆带扣、方带扣、装饰品等。

周代墓葬主要发现于甘肃东部地区，已发掘的有灵台白草坡、崇信于家湾等。其中灵台白草坡于1967年和1972年共发掘9座墓葬、1座车马坑。这批墓葬，形制比较简单，都是长方形竖穴土坑墓，墓底四周依棺椁筑有熟土二层台。M9向东，余均向北。除M6、M9是小型墓外，余均为中型墓。中型墓墓底部都有腰坑，M2、M7腰坑内有狗骨各1具。均有木质葬具，已全部腐朽。M2、M3、M7有棺有椁，其他各墓则为"亚"字形棺。随葬品包括铜器、陶器和玉石蚌贝骨甲3大类。墓葬年代为西周中期。崇信于家湾墓群于1982、1984、1986年三次发掘，共清理西周墓葬140余座，马坑6座。礼县大堡子山秦国墓地以秦襄公夫妇陵墓为中心，有序排布春秋早期至春秋晚期墓葬200余座。襄公夫妇墓均为"中"字形大墓，坐西朝东，其地面使用同一封土，为迄今发现最早的异穴合葬墓。该墓地自襄公夫妇墓至一般较小墓葬，朝向稳定，均坐西朝东，并普遍使用殉人，构成秦国早期宗族墓葬制度的重要文化特点。大堡子山秦公墓葬，也有学者认为是庄公、文公以及秦仲墓。灵台洞山春秋时期墓葬和崇信刘家沟战国时期秦墓，则反映了秦国中下层国民实行屈肢葬、洞室墓的发展演化规律。

甘肃东部已发现的西汉早期墓葬多

甘肃省志

文物志

为大型竖穴土坑积炭墓，西汉中晚期至东汉流行砖室和土洞墓。河西地区则流行带长斜坡墓道的砖室墓或土洞墓。其中武威磨嘴子、旱滩坡、五坝山汉墓流行随葬大量木器、木俑。

天水、甘谷、武威汉墓常有随葬简牍的现象，内容多为书简或官文书。甘肃东部以及河西地区的一些土洞墓中，都有绘制壁画的做法。武威雷台东汉晚期墓，墓主虽尚待进一步研究考证，随葬品中的铜车马出行俑阵最为引人注目；尤其是马踏飞燕铜奔马，是汉代科技成就与艺术水平完美结合的旷世珍品，已成为中国旅游标志。

魏晋十六国时期画像砖墓主要集中于武威至敦煌的河西走廊地区，其工艺和地域特点突出，流行一砖一画；其内容不仅有中原地区汉代壁画以及汉画像石墓所流行的神仙异人题材，并且注重反映现实社会生产、生活场景，还出现一些带有佛教内容的题材。值得一提的是，在画像砖墓分布区域内，仍有一些明显的小区域特点。如敦煌地区与其东部的嘉峪关、酒泉地区相比较，后者注重世俗生活场景，前者则仙幻灵异色彩较为浓郁，还出现佛教题材。

到了唐代，根据宁县秋树沟、秦安杨家沟、泾川袁家庵、武威青嘴喇嘛湾、酒泉西沟、敦煌佛爷庙湾等地唐墓的形制和出土遗物，表明甘肃境内各地唐墓与唐王朝统治中心地区文化面貌是一致的，与魏晋北朝时期地方势力竞相割据条件下各地区文化面貌的千差万别形成鲜明对比。这一时期，河西地区酒泉西沟唐墓中还流行使用模印塑像砖，其题材有各类植物花纹以及十二生肖、各类鼓乐人物、出行仪仗等。其中敦煌佛爷庙湾唐代模印塑像砖墓最为复杂华丽，各类表现西来东往的牵驼胡商图案表明驼队不仅把中华文明远播域外，同时也载来异国文明，充分显示了这一时期中西文化交流与商业流通领域的繁盛景象。

宋金墓葬在甘肃东部发现较多，主要有永登连城、兰州、榆中、临夏、定西、会宁、静宁、陇西、武山、天水、清水、平凉、庆阳等地，多为土洞墓。这一时期的单室砖室墓最具特点，平面作方形、圆形或多边形。最突出的共同特点是墓室内流行使用精工细雕色彩斑斓的仿木构和各种图案的彩绘砖雕，一般一砖一个独立图案，主要内容有二十四孝故事、各种鼓乐人物、佛事道场以及家具陈设等，如清水白沙宋墓、榆中金墓、临夏金墓等。这种做法和模式在一定程度上为后代所沿用，如武威五坝山西夏墓、漳县元代汪世显家族墓、陇西西河滩元代墓中这种砖室仿木构砖雕的墓葬形式仍很流行。此外，上述墓葬随葬品中的王公冠服、木屋模型、花草飞鸟纹瓷缸以及各类做工精美的金银制品均为不可多得的珍品。

明代墓葬发现不多，较重要的有葬于兰州、榆中的十二代明肃王墓和兰州上西园彭泽墓。明肃王墓地面建筑仅余封土，其他无存。墓室设仿宫殿的前中后三室及左右耳室，形制类似于定陵，唯规模略小，显系制度使然。彭泽墓以石板构筑成方形。其他小墓多作竖穴土坑墓。

清代墓葬中，白银市白银区马饮水沟口村王进宝家族墓地规模较大，墓地神道置华表、翁仲、麒麟、马、羊等石雕，坟丘前置墓碑。靖远大芦村宋可敬墓地则置石雕牌楼、石供桌等。

在对甘肃全省古墓葬开展考古调查、发掘和保护的基础上，甘肃省文物考古工作者积极探索、潜心研究，发表相关发掘报告、简报以及论著、论文1000余篇（册），其中包括《嘉峪关酒泉魏晋十六国墓壁画》《嘉峪关壁画墓发掘报告》《酒泉十六国墓壁画》《敦煌祁家湾——西晋十六国墓葬发掘报告》《民乐东灰山考古——四坝文化墓地的揭示与研究》《敦煌佛爷庙湾——西晋画像砖墓》《永昌西岗柴湾岗——沙井文化墓葬发掘报告》《武威汉简》《武威医药简》等研究专集、调查报告、资料丛书。

第一节　新石器时代—青铜时代墓葬

崇华沟墓群

位于景泰县中泉乡崇华沟村半个崖子、杨家槐湾阳面山前的山峁上。马家窑文化半山类型。清理 2 座残墓，有二次葬。M1 石板棺盖距地表深 60 厘米，棺盖长 97 厘米、宽 34~42 厘米，棺口长 80 厘米、宽 30 厘米、深 30 厘米，底由 2 块石板拼接而成。棺内扰乱严重，不见骨骼，有一残夹砂陶罐位于棺西南部；M2 石板棺距地表 50 厘米，宽 24 米、深 26 厘米，上有盖，石棺板厚 2 厘米。该墓地曾出土锯齿纹彩陶壶、骨柄石刀、骨锥等器物。

该墓群属甘肃省第三次全国文物普查新发现文物点。

磨咀子墓群

位于凉州区南 15 千米新华乡缠山村磨咀子南 500 米，杂木河西岸。新石器时代马家窑文化马厂类型、汉代。占地面积约 4.2 万平方米。1955、1957 年发掘汉墓 37 座，出土完整的《仪礼》竹、木简 469 枚，计 2.7 万字，《王杖》木简 10 枚 1 册，完整无缺。1972 年发掘汉墓 35 座，出土陶、木、漆器、丝织品等大量重要文物。其中大型彩绘铜饰木轮轺车模型、推算天文历数的木质仪器式盘，是中华人民共和国成立后首次发现。1981 年征集《王杖诏书令》木简和鸠杖等珍贵文物。其中《王杖诏书令》简是继律令木简后又一次关于王杖简册的重要发现，解决了国内史学界围绕王杖问题提出的许多疑问。1972 年和 1978 年先后两次发掘出土汉代干尸。墓葬多为土洞墓，少数为砖室墓。出土文物中尤以 26 枚《诏书令》木简、《王杖十简》《仪礼》简及推算天文历数的木质

磨咀子墓群

磨咀子墓群发掘照

仪器式盘、木鸠杖更为珍贵。出土的200多件木俑雕刻品反映了汉代木雕工艺的高度水平，是中国汉代考古的重大发现。2003~2005年，甘肃省文物考古研究所、甘肃省博物馆及日本秋田县埋藏文化财联合考古发掘，共清理墓葬34座。墓葬均为带斜坡墓道的土洞墓，由墓道、照墙、墓门、甬道和墓室组成。随葬器物有陶器、铜器、木器和漆器等。根据墓葬结构、葬式和随葬器物特征可推断其年代大概在新莽前后。

1981年，甘肃省人民政府公布为第四批省级文物保护单位，树立有文物保护标志碑。

二十里堡墓群

位于山丹县位奇镇二十里堡村北侧长城内外，时令河东西两岸。新石器时代马家窑文化马厂类型、汉代。占地面积约1万平方米。在长城内侧、时令河西岸台地发现有古墓、叠压尸骨、灰土层及马家窑文化彩陶片；在长城外侧，时令河东岸断崖发现汉代子母砖墓室3座。当地群众过去在地表发现有较多的封土堆，开荒种地时也发现灰色陶片和砖室墓。

该墓群属甘肃省第三次全国文物普查新发现文物点。

土谷台墓群

位于兰州市红古区平安乡窝莲村北1千米。新石器时代马家窑文化半山、马厂类型。占地面积约2万平方米。曾发掘墓葬84座，有土洞墓、木棺墓、土坑墓，葬式分侧身屈肢、二次葬和瓮棺葬，出土陶器有泥质红陶和夹砂红褐陶。马家窑文化半山类型彩陶纹样有红、黑色涡纹和锯齿纹、网格纹，器型有壶、瓮、罐、盆等；马厂类型彩陶纹样有波折纹、变体蛙纹和圆圈纹，器型有瓶、钵等。

地巴坪墓群

位于广河县祁家集乡地巴坪村西300米。新石器时代马家窑文化半山类型。占

二十里堡墓群台地墓冢

二十里堡墓群内采集标本

土谷台墓群

地巴坪墓群

地巴坪墓群采集标本

花寨子墓群采集标本

地面积约 40 万平方米，文化层厚 1~2 米，暴露有墓葬。1973 年甘肃省博物馆局部发掘，共清理墓葬 66 座，出土陶器 756 件，其中生活用具和生产工具达 399 件，分别为骨器、骨珠装饰品等。同时出土大量精美的彩陶器物，以泥质红陶和夹砂红、灰陶为主，器表多为素面，部分饰绳纹和附加堆纹，彩陶纹样有黑、红彩锯齿纹和葫芦形网格纹、菱形纹、圆圈纹等，器型有壶、瓮、钵、罐、瓶等。

1976 年，广河县人民政府公布为县级文物保护单位。

花寨子墓群

位于兰州市七里河区花寨子乡花寨子村南 50 米。新石器时代马家窑文化半山类型。占地面积约 1.5 万平方米。曾清理墓葬 49 座，葬具多为木棺，仅有 2 座土坑墓无葬具，葬式为侧身屈肢和二次葬。出土器物 9231 件。陶器分泥质和夹砂陶两类，多呈橙黄色，彩陶纹样有施黑、红二彩的三角纹和锯齿纹、波浪纹、漩涡纹、平行线纹，夹砂陶多见附加堆纹，器型有双耳壶、卷沿盆、单耳罐和双耳罐。

鸳鸯池墓群

位于永昌县河西堡镇鸳鸯池村南 2.5 千米。新石器时代马家窑文化马厂类型。占地面积约 20 万平方米。1973~1974 年，甘肃省博物馆和本地文物普查队清理墓葬 189 座，多为竖穴土坑墓，有单人、双人、多人葬，还有瓮棺葬和"割体葬"。墓葬的方向绝大多数为东南向。葬式主要是仰身直肢葬，极个别为屈肢葬和二次葬。出土石器、骨器、陶器以及装饰和艺术品 3500 多件。随葬器物一般有陶器 3~4 件，少者 1~2 件，最多者有 10 多件，也有的无随葬品。陶器大多置于人骨的头顶部，少数放在足下和身体两侧。有些墓葬在死者头向一端的墓口边上陈放陶器，同时在墓的填土中也有埋葬陶器的现象。出土物有陶器、石器、骨器等，其中以石英岩石片为刃的骨柄刀尤为精致。彩陶图案纹饰以几何形纹样为主，常见的有方格纹、三角纹、菱形纹、回纹、圆圈纹、波纹和人字纹等。早期的壶、罐饰锯齿纹、红陶小罐饰模印纹，还有少量的锥刺纹，口沿上一般有一对或两对鸡冠形盲耳。器物都是平底器，有瓶、壶、罐、钵、盆、碗、杯、盂、器盖等。腹前带有圆钮的单耳筒状杯和石雕人面像为该墓群所特有。根据墓葬打破关系，陶器形制和纹饰的变化，将墓葬分为早、中、晚三期。

现为永昌县县级文物保护单位。

双豁滩墓群

位于永昌县水源乡西沟村双豁滩内。新石器时代马家窑文化马厂类型、汉代。占地面积约 10 平方千米。可辨封土上千座，沙墙湾一带最为集中，封土堆达数百座。墓葬形制为土洞墓与砖室墓 2 种，多为单室墓，部分砖室墓带耳室和甬道。曾出土有新石器时代石器、彩陶和红陶器，彩陶纹样有圆圈纹，器型有罐等。另外，曾出土汉代陶罐、陶壶、陶鼎、铁刀、玉等。

双豁滩墓群

双豁滩墓群墓室局部

磨沟遗址及墓群

磨沟墓群全景俯视图

磨沟 M167 随葬陶器

1993年，甘肃省人民政府公布为甘肃省第五批省级文物保护单位。

磨沟遗址及墓群

位于临潭县王旗乡磨沟村东北侧，遗址地处山间台地，北以洮河为界，东、南、西三面环山，自然地形呈马蹄形结构。遗址东西长近800米，南北宽约500米，占地面积40余万平方米。磨沟墓群经过调查发掘，分布有仰韶、马家窑、齐家、寺洼文化诸时期遗存。其中齐家文化墓地位于遗址东北部，占地面积约1.2万平方米。2008~2012年，甘肃省文物考古研究所、西北大学文化遗产学院合作，分5年8个阶段对磨沟遗址东北部墓葬区、东区马家窑文化遗址及西区仰韶、寺洼文化遗址进行发掘。截至2012年7月，墓葬区发掘面积1.2万平方米，清理墓葬1680余座，已发掘清理齐家文化墓葬共计29排。墓地分北、中、南三区（或四区），其间没有明显界限。墓葬方向朝向西北，

南北成排，甚为整齐，有些墓排存在弧形或错位现象。齐家文化墓葬结构分竖穴土坑和竖穴偏室2大类，北区以竖穴土坑墓为主，约占70%，中区及南区竖穴偏室墓数量居多，约占60%~70%。竖穴土坑墓相对较浅，尤其是儿童墓葬。多单人一次葬，少量为2~3人合葬。合葬形式既有左右并列者，也有上下叠置者。竖穴偏室墓形式多样，可分单偏室、双偏室和多偏室3大类。墓道下部两端靠近偏室侧多有略高于偏室顶的竖槽，当与封门有关。近半数墓葬设有头龛，个别还带有脚龛或侧龛，放置随葬器物。埋葬方式复杂多样，以土葬为主，另存在少量火葬现象。葬式分为一次葬和二次葬，也有少量扰乱葬及大量人骨推挤扰动现象。

发掘寺洼文化墓葬20余座。方向多数与齐家文化墓葬一致，呈东南—西北方向，个别墓葬朝向西南，呈东北—西南方向。墓葬结构以口小底大的竖穴土坑为主，齐家文化竖穴土坑墓较深，多有"井"字形棺木，随葬器物有陶器、玉石器、骨器、铜器等，包括生产、生活用具及装饰品。随葬品以陶器居多，合葬墓中存在分组及先后埋入现象。有些墓葬明显分为两组，但共存于同一墓葬中。少量墓葬没有随葬物品。墓地中约六分之一的墓葬出有铜器，数量、种类是目前同一遗址、墓地中最为丰富的。经初步鉴定，这批铜器多为青铜

制品。另外出土4件金耳饰，是中国西北地区已知最早的金器，含金量约94%。

从磨沟墓地出土陶器、墓葬结构、埋葬过程及葬俗等方面均证明寺洼文化与齐家文化之间的渊源关系，寺洼文化是在继承齐家文化的一些文化特点后发展起来的具有自身文化特点的区域性文化。磨沟齐家文化墓地的发掘，为研究齐家文化的埋葬习俗、婚姻家庭形态以及社会组织结构等提供了十分重要的新资料，也为探索寺洼文化的渊源与发展过程提供了重要线索。

1993年，甘肃省人民政府公布为第五批省级文物保护单位，名为"磨沟遗址（包括墓群）"。2006年，甘肃省人民政府授权甘肃省文物局重新公布为省级文物保护单位，改名为"磨沟遗址及墓群"。磨沟遗址及墓群被评为"2008年度全国十大考古新发现"之一。

天津卫墓群出土双耳彩陶罐（正面）

天津卫墓群

位于玉门市赤金镇金峡村四组花海灌区总干所西侧 100 米处。火烧沟文化、骟马文化。占地面积约 2.7 万平方米。有墓葬 30 座，排列不规则，埋葬较浅。出土文物有陶器、石器、骨器、铜器、木器等，陶器中有施黑彩、红彩的彩陶。

该墓群属甘肃省第三次全国文物普查新发现文物点。

第二节　周代墓群

于家湾墓群

位于崇信县九功乡于家湾村内，北靠大山，南临汭河。西周。墓葬位于二级台地上，占地面积约 2 万平方米。共有墓葬 300 余座。1982、1984、1986 年三次发掘，共清理西周墓葬 140 余座，马坑 6 座。并有西晋及宋、元时期墓葬。

早期墓葬形制均为长方形竖穴土坑墓和洞室墓，小型墓多口小底大，无二层台或有生土二层台，有棺无椁或无棺无椁。大、中型墓大多口小底大，有熟土二层台，有棺有椁，大部分铺有苇席，有的墓底还有放置棺椁的方形横木。出土铜器有鼎、簋、觚、爵、弓形器、钺、戈、盆等；陶器有鬲、罐等；并有骨刀及大量玉器、漆器和蚌饰、贝、蛤蜊壳、料珠、车马器等，共计千余件。其中铜鼎、铜盆、先周敞口直领袋足陶鬲和有铭文的銮铃较为典型。尤其是出土一件大型漆盆，长 46 米、宽 42 米、高约 8 厘米，盆内红底黑彩，纹饰精美，这样大的西周漆盆在国内尚不多见。

于家湾墓地出土器物种类多样，年代从先周到西周互相衔接而又有早晚之分，为研究西周初年以至先周时期周人的活动地域及文化面貌提供了重要资料。

1984 年，崇信县人民政府公布为第一批县级文物保护单位。1993 年，甘肃省人民政府公布为第五批省级文物保护单位。已公布的保护范围为："东、南、西分别至墓地边缘沟壑的西沿、北沿、东沿，北至小塬嘴山山根。"

于家湾墓群

于家湾墓群出土铜爵

于家湾墓群出土铜觚

小沟湾山坡墓群

位于灵台县西屯乡柳家铺村小沟湾社东侧塬面以下山坡上。西周。占地面积约 2.25 万平方米。暴露有墓葬 4 处，马坑 2 处，马骨架排列整齐。采集标本有绳纹灰陶罐、灰陶鬲及马牙，征集中胡二穿铜戈 1 件、铜镞 3 只、当卢 2 件、铜泡 1 枚、小刀 1 把。为研究陇东地区的周文化提供了重要参考资料。

该墓群属甘肃省第三次全国文物普查新发现文物点。

景村墓群

位于灵台县独店乡景村西 300 米。西周。占地面积约 8000 平方米。1988 年清理墓葬 2 座，二者相距 5.8 米，均为长方形竖穴土坑墓。出土陶鬲、陶罐和铜簋、鼎、鬲、觯、戈多件以及蚌饰、海贝等器物 50 余件，其中蚌饰海贝用绸缎包裹，蚌饰用细绳穿连。地表散布黑灰色夹砂细绳纹陶片。

1993 年，公布为甘肃省第五批省级文物保护单位。已公布的保护范围为："以饕餮纹青铜簋暴露点为基点，向东延伸 10 米至断崖根部，向南延伸 10 米至冲沟边沿，向西延伸 20 米至冲沟边沿，北至东南西北向村道。"

白草坡墓群

白草坡墓群位于灵台县西屯乡白草坡村南 300 米。西周。占地面积约 6000 平方米。1967 年、1972 年先后清理墓葬 9 座、车马坑 1 座。墓葬均为长方形竖穴土坑墓，墓底四周依棺椁筑有熟土二层台，部分有腰坑，仰身直肢葬。出土器物有铜器、陶器、玉石蚌贝骨甲等千余件。其中西屯乡出土铜器 324 件、玉器 34 件。铜器有鼎、甗、簋、尊、觯、爵、斝、角、盉、卣、斗、戈、啄锤、钺、剑、弓、箭矢、胄泡、盾饰及车器、马饰等；陶器有鬲、罍、豆；玉器有玉人、玉璧、玉璜、玉琮、玉板、玉戚、玉戈、玉鱼、玉蝉、玉兽等。铜器铭文有"隰伯作宝尊彝""□作尊""勺""子麦作母辛尊彝□子□""潶伯作宝尊彝""龟父丁""伯作""□父丁""釐父辛""□遽□作父己""庚父乙"等，与周成王时期圆鼎等器的铭文族徽相同，并饰云雷纹、饕餮纹和夔龙纹。根据器物组合判断，为西周初年墓葬，另有殷戈、周戈 30 余件，但少戟，显示出从商至周的过渡特征。什字乡 5 座墓出土铜器 105 件。百里乡一墓出土有铭文的铜鼎 7 件。此外，还出土人骨架胸部置蛤蜊 2 枚，口含海贝 2 枚，与古须密国有密切关系。这批墓葬器物铜质优纯，范模准确，纹刻精致，为研究西周礼制和国家政权结构及周人在陇东的活动范围提供了珍贵资料。

东庄墓群

位于灵台县百里乡崖湾村东庄社。西周。墓群坐北面南，北至陡洼，南至灵（台）—百（里）公路，东至山湾延伸出的山嘴，西至西庄社居住区，南北 100 米，东西 150 米，占地面积 15000 平方米。1978 年，东庄村民在修庄基时，发现西周墓 1 座，出土西周青铜器 16 件。1981 年，在其西侧约 60 米处，另一户居民维修庄基时也发现西周墓一座，灵台县博物馆清理出"并伯甗" 1 件、陶器及贝币。村民庄基断面暴露的数座墓葬未经盗扰。1987 年文物普查时，灵台县博物馆对墓群地形地貌、墓葬分布情况作了绘图、记录。

东庄墓群是灵台县一处重要的西周墓群。

1993 年，甘肃省人民政府公布为第五批省级文物保护单位。

刘家沟墓群

位于崇信县锦屏镇刘家沟村。西周、战国、汉代。占地面积约 2.5 万平方米。1987 年发掘 20 多座墓葬，形制有竖穴土洞墓和长方形竖穴土坑墓，墓深 2~8 米。出土陶器有鬲、罐、盂、盆、茧形壶、釜、甑、鼎、盉，铜器有敦、鍪、壶，以及

刘家沟墓群出土陶釜

刘家沟墓群出土陶鼎

各种玉饰等。其中有西周泥质灰陶绳纹柱状足鬲；战国（秦）夹砂灰陶袋状铲足鬲、泥质灰褐陶弦纹罐及灰陶弦纹茧形壶；另有汉代泥质灰陶浅腹子母口鼎及平沿折腹盆。

1993年公布为甘肃省第五批省级文物保护单位。已公布的保护范围为："东至马湾沟西沿，南至何原子山根，西至刘家沟东沿，北至崇信至大湾岭公路南侧。"

王洼墓群

位于秦安县五营乡王家洼村北老爷头山南坡台地内。东周。2009年8月，甘肃省文物考古研究所对其进行考古勘探和抢救性发掘，勘探面积109522.2平方米，发现墓葬31座，墓葬形制均为竖穴土圹结构。发掘墓葬3座，均由车马坑和墓室两部分组成。1号墓车马坑和墓室中出土铜车马器、铜壶、铜铃、铜带钩、

刘家沟墓群出土茧形壶

刘家沟墓群出土陶鬶

王洼墓群发掘现场之一

王洼墓群发掘现场之二

单耳陶罐、陶珠、玛瑙珠、金带饰等。2号墓仰身屈肢葬，车马坑中随葬一完整马车。3号墓车马坑内原葬木质车2辆，均为单辕车。为战国时期戎人墓地。

该墓群属甘肃省第三次全国文物普查新发现文物点。

长沟墓群

位于张家川回族自治县刘堡乡杜家村东北300米处。东周。占地面积约5万平方米文物点。发现墓葬30余座，填土多粗夯，最小墓葬底边长1米，最大墓葬底边长8米。散见大量绳纹灰陶片。其中M2有人的头骨、股骨及动物牙齿、铲足鬲、漆器皮屑；两座积炭墓的积炭厚约30厘米。该墓群属甘肃省第三次全国文物普查新发现文物点。

圆顶山墓群

位于礼县永兴乡赵坪村西南300米。春秋。占地面积约180万平方米。20世纪80~90年代数次被盗，1998年进行抢救性发掘，发掘墓葬3座，车马坑1座，均为长方形竖穴土坑。其中一号墓长6.25米，宽3.25米，有生土二层台。车马坑长18.8米，宽3.25米，深4米，随葬5车14匹马。除随葬车、马、驭手和车马饰外，还葬有整体羊、牛或牛、羊、猪的头骨和四肢。出土铜器有鼎、盆、壶、四轮盒、盘及车马饰件；兵器有剑、刀、戈，陶器有罐、鬲等，其他有玉、石质饰品。

放马滩墓群

位于天水市麦积区党川乡北永宁河

放马滩墓群5号汉墓出土纸地图残片

放马滩墓群14号秦墓出土木版画

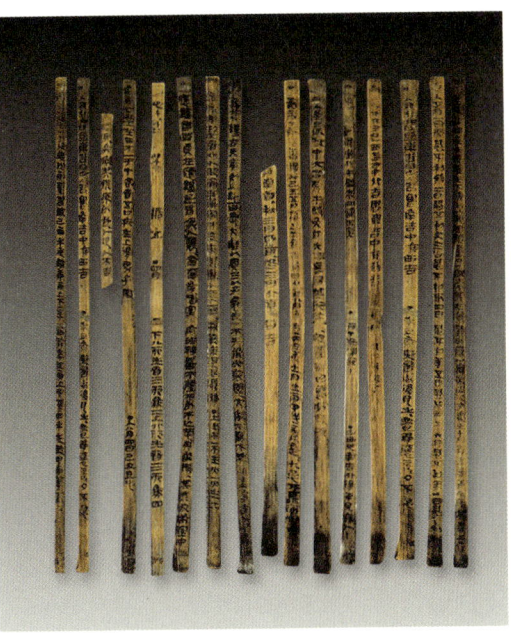

放马滩墓群1号秦墓出土《日书》

东岸放马滩。战国（秦）、汉代。占地面积约1.1万平方米。分布有墓葬100余座，间距1~10米。1986年发掘14座墓葬，其中秦墓13座，汉墓1座。秦墓均为竖穴土坑墓，葬具有一棺一椁和单棺无椁2种，等级明显。葬式有仰身直肢葬。随葬品有陶、漆、木、竹、铜5类400余件，陶器有釜、瓮、壶、罐等；铜器有镜、带钩、饰件；漆木器有盘、耳杯、樽、奁、枕、棒、尺等。其中以1号墓所出地图、竹简最为重要。木板地图7幅，其中2幅为行政区划图，5幅为地形图，是战国晚期秦国所属邽县（今天水市麦积区、秦州区、秦安县、清水县）的行政区域、地形和经济概况图，是国内目前所见时代最早的古地图。竹简470枚，有甲乙种《日书》和墓主人记事文书，内容、风格与云梦睡虎地竹简《日书》基本一致，是继云梦睡虎地、江陵张家山之后又一次发现的《日书》珍本。

西汉早期的M5为圆角长方形竖穴土坑墓，随葬器物有纸质地图1幅，纸面平整光滑，用细黑线绘制山、河流、道路等图形，绘法接近长沙马王堆汉墓出土的帛图。另出有陶瓮、壶、漆耳杯、木梳等随葬品。最重要的收获是1号墓中发现了反映春秋战国时期邽县政区、地形、经济方面的8幅木板或纸质地图及记占卜、婚丧嫁娶、生儿育女、修造、出行、农事等内容的《日书》竹简。

1989年，放马滩墓群被公布为天水市级文物保护单位。

第三节　汉代—北朝墓葬

柳滩汉墓群

位于清水县黄门乡柳滩村东南大屲山西坡下。汉代。占地面积约16万平方米。断崖上有灰坑多处，暴露拱券式砖室墓多处。地表散见素面或绳纹灰陶片，曾出土钫、壶、带钩、铃等铜器。对研究汉代渭河流域、陇东地区的社会状况、人文环境等具有重要参考价值。该墓群属甘肃省第三次全国文物普查新发现文物点。

关湾墓群

位于会宁县河畔镇车家川村关湾社。汉代。2003年暴露出2座墓葬，出土有灰陶罐、鼎等。1号墓封土已不明显，墓室南北两端均暴露，为双层券顶砖室，长约5米，宽2.6米，高约2米。2号墓仅暴露墓道，五花土夯层厚4~12厘米，宽约3米，整个夯层厚约2米。1号墓以南约8米处，暴露一窑址，残宽3米，残高2米，大部分已坍塌。该墓群对研究汉代陇中地区的丧葬习俗有一定参考价值。该墓群属甘肃省第三次全国文物普查新发现文物点。

巉口墓群

位于定西市安定区巉口镇巉口村东2千米。汉代。占地面积约30万平方米。地表现存封土堆9座。1979年清理2座，墓道向西，均为券顶砖室墓，出土有绿釉陶壶、灰陶罐及陶狗、陶鸡等。

1981年，巉口墓群被公布为甘肃省第四批省级文物保护单位。

朱家庄墓群

位于定西市安定区巉口镇朱家庄村西100米。汉代。占地面积约25万平方米。地表有封土10座，呈覆斗状，大小相似。底边周长约45米，残高3.5~5米。地面散布有泥质绳纹灰陶片及瓦片。

1981年，朱家庄墓群被公布为甘肃省第四批省级文物保护单位。

赵充国墓

位于清水县县城北李崖村西500米。西汉。墓朝南，封土平面呈圆形，高3.8米，底径10米。墓前有碑亭2座，内立清嘉庆十三年（1808年）"大汉后将军营平侯赵壮公讳充国之墓"碑和道光己酉年（1849年）"汉故营平侯赵公之墓"碑。碑均为圆首方趺，砂砾岩质，拱首条碑，通高1.5米，宽0.65米，厚分别为0.20米、0.18米。碑文阴刻楷书，记载赵充国功绩及生平。

巉口墓群8号墓

朱家庄墓群2号墓

赵充国雕像

1981年，赵充国墓被公布为甘肃省第四批省级文物保护单位。

傅介子墓

位于庆城县庆城镇石马坳村南。西

傅介子墓石猴

傅介子墓石马

王符墓

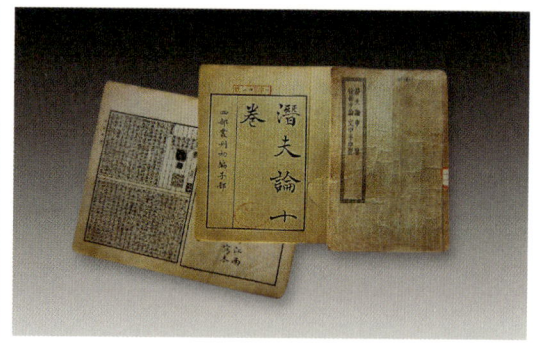

王符墓出土文物

汉。占地面积约100平方米。圆丘形封土高1.8米，底径4.5米。明正德年间吏部郎中都穆立有石碑1通，颂其通西域功德。现存石马、石虎各1对。马呈立式，高1.4米，长1.7米。傅介子（？～前65年），汉北地郡义渠（今庆阳市西北）人，因西通西域，北遏匈奴有功，官拜义阳侯，卒后葬于庆阳县西塬。

1993年，傅介子墓被公布为甘肃省第五批省级文物保护单位。

王符墓

位于镇原县临泾乡湾湾村内。东汉。

陵园占地面积约1200平方米。现存圆丘形封土高3米，直径4米，原墓前建有"思潜亭""潜夫亭"、石碑等俱毁。王符（约85~162年），字节信，东汉安定临泾（今镇原县）人，哲学家，著有《潜夫论》，凡十卷36篇。在《潜夫论》中，提出"天地之所贵者人也""国以民为基"，治国应以"富民为本"。

1993年，王符墓被公布为甘肃省第五批省级文物保护单位。

朱家河湾汉墓

位于庄浪县朱店镇下朱河村。2008年

10 月村民修房时发现。汉代。此墓坐北面南，砖室墓，通长 13.6 米，宽 1.7~2 米，高 1.8 米，由甬道前室、中室、后室组成。墓内有人头骨 6 颗，出土铜带钩、铜牌饰、铜车軎及陶器、玻璃器、玉器、牙骨器等 300 余件，其中"货泉"铜钱 200 多枚。在 4 块墓砖上发现"一八""二十一日""三十日"刻字。为新莽时期墓葬，对研究汉代关陇地带的埋葬制度及社会经济文化具有重要参考价值。

告王河墓群

位于灵台县吊街乡告王村西北 500 米。汉代。占地面积约 10 万平方米。暴露土坑墓多处，地表有厚 0.3~1.5 米的灰层。曾出土灰陶罐、灶、仓和铜镜等。

1993 年，告王河墓群被公布为甘肃省第五批省级文物保护单位。

冥水墓群

分为南北两处，分别位于瓜州县桥子乡南坝村东南 8 千米、东北 6 千米。汉代。占地面积约 100 平方千米。分别有砾岩洞室墓 768 座、2460 座，大墓多集于墓群东部。大部分墓地表有砂砾堆积茔圈、神道、封土和墓道。1 号墓规模最大，有砂石堆积长方形茔圈，东西宽 116 米、南北长 188 米。封土呈方台形，底边长、宽均 17.5 米，高 3.5 米，地表砂石堆积墓道长 30 米，宽 1.8 米，高 0.75 米。

1993 年，冥水墓群被公布为甘肃省第五批省级文物保护单位。

白土良墓群

位于玉门市清泉乡白土良村北侧。

白土良墓群出土陶奁

白土良墓群出土陶鼎

白土良墓群出土陶瓮

白土良墓群出土陶灶

白土良墓群出土青铜莲枝灯

汉—晋代。占地面积不详。地表暴露部分墓葬，墓室由不规则石板块堆砌而成，多为长方形单室墓，顶部有穹隆顶和覆斗顶两种形式，一般距地表深3米左右。2003年曾清理9座墓葬，出土仓、罐、灯、钵、奁、耳杯、灶等陶器，个别陶器上施彩绘，还出土有铜车马器饰件及五铢钱等。采集有泥质灰陶钵、罐、盆、灯等残片和五铢钱。

1990年，白土良墓群被公布为玉门市县级文物保护单位。

砖包墩墓群

位于民乐县李寨乡菊花地村北5.8公里。汉代。占地面积约20万平方米。分布于大都麻河下游两岸，可见南北向排列的圆丘形封土堆180余座，底径2~5米，高0.2~1.5米。断崖上暴露有砖室墓，曾出土绳纹红陶罐、陶灶及铜镜等。地表散见大量子母砖。

1993年，砖包墩墓群被公布为甘肃省第五批省级文物保护单位。

永固城墓群

位于民乐县永固乡永固城村西100米。汉代。俗称"大疙瘩"。占地面积约25万平方米。现存封土堆11座，其中1座土坯垒砌，其余黄土堆筑，残高5~10米，底径20~50米。周围散布绳纹灰陶片及残砖破瓦。

1993年，永固城墓群被公布为甘肃省第五批省级文物保护单位。

韩庄墓群

位于民乐县三堡乡韩庄村北200米。汉代。占地面积约30万平方米。地表可见封土堆17座。1978年发掘清理券顶单室砖墓3座，墓道向东，出土陶罐、铜壶、金饰、莲枝灯残片及铁镜等。

1993年，韩庄墓群被公布为甘肃省第五批省级文物保护单位。

王什寨墓群

位于民乐县新天乡大王庄村西北1千米。汉代。占地面积约40万平方米。

永固城墓群

王什寨墓群墓葬封土堆

韩庄墓群

南北向分布圆丘形封土堆 50 余座，高 0.5~5 米。断崖上暴露有穹隆顶砖室墓。地表散见子母砖。墓群东有砖窑址，残砖与墓砖相似。

1993 年，王什寨墓群被公布为甘肃省第五批省级文物保护单位。

山羊堡滩墓群

位于山丹县东乐乡西屯村南 1 千米。汉代。占地面积约 750 万平方米。地表可见封土堆 200 余座，排列不规则，底径 1~20 米，高 1~6 米。地表散布有灰陶罐和子母砖等。

1993 年，山羊堡滩墓群被公布为甘肃省第五批省级文物保护单位。

甲子墩墓群

位于张掖市甘州区碱滩乡甲子墩村南 500 米。汉代。占地面积约 100 万平方米。

地表可见圆丘形封土 20 余座，最大者高 12 米，直径 21 米，曾出土灰陶钟、壶、罐、灶、耳杯及木马、牛等。地表散见大量绳纹、篮纹夹砂灰陶片、子母砖及绿釉小砖。

1993 年，甲子墩墓群被公布为甘肃省第五批省级文物保护单位。

西五个疙瘩墓群

位于肃南裕固族自治县明海乡南沟村西 11 千米。汉代。俗称"西五个疙瘩"。占地面积约 10 万平方米。封土大多因整地而夷平。现仅存 5 座。圆丘形封土，底径 12~14 米，高 5~7 米。曾暴露砖室墓 1 座。地表散布大量灰陶片和碎砖、瓦片。

2003 年，西五个疙瘩墓群被公布为甘肃省第六批省级文物保护单位。

上深沟堡墓群

位于肃南裕固族自治县明海乡南沟

村西 5 千米。汉代。俗称"东五个疙瘩"。占地面积约 2 万平方米。现地表可见圆丘形封土 5 座，底径 5~10 米，高 1~3 米。地表散见大量子母砖、画像砖碎块。采集有陶壶、罐、灶和五铢钱等。

1993 年，上深沟堡墓群被公布为甘肃省第五批省级文物保护单位。

刘正沟墓群

位于永昌县朱王堡镇刘正沟村南 400 米。汉代。占地面积约 2 万平方米。墓群由刘正沟、锁阳湾、刘家沙坑、李家荒滩 4 部分组成，墓葬多为单室或多室砖墓。采集有灰陶樽、杯、罐、盘、仓、井及绿釉陶瓶、盘、五铢钱等。

1993 年，刘正沟墓群公布为甘肃省第五批省级文物保护单位。

长沙岭墓群

位于瓜州县桥子乡北桥子村东北 10 千米。汉代。占地面积约 1260 万平方米。有墓葬 781 座，其中大墓 11 座，小墓 770 座，封土平面多为椭圆形。大墓封土直径 12.5~16.5 米，高 1.2~2.5 米，墓道长 16~22 米，宽 1.2~1.6 米。地表散见绳纹、水波纹灰陶片。

1993 年，长沙岭墓群被公布为甘肃省第五批省级文物保护单位。

魏家庄墓群

位于皋兰县石洞乡魏家庄村南 400 米。汉代。占地面积约 2.5 万平方米。曾暴露并清理砖室墓 1 座，系男女合葬墓。出土有陶灶、小铜刀、玉器各 1 件和五铢钱币 1 枚。另有大量陶器残片。

1993 年，魏家庄墓群被公布为甘肃省第五批省级文物保护单位。

汪家湾墓群

位于永登县中堡镇汪家湾村东北 2 千米。汉代。占地面积不详。有封土堆 5 座，平面呈圆形，坐北向南，最大者底径 20 米，高 10 米；最小者底径 10 米，高 5 米。暴露有砖、瓦和绳纹灰陶片，器型有罐、盆。

长沙岭墓群北侧墓葬封土

魏家庄墓群

1993 年，汪家湾墓群被公布为甘肃省第五批省级文物保护单位。

将军山墓群

位于永登县中堡镇邢家湾村南 500 米。汉代。占地面积约 4000 平方米。有圆丘状封土堆 6 座，东西向排成两行，底径 4~10 米，高 2~2.5 米。曾暴露砖室墓 1 座，出土有釉陶壶、陶奁和木雕虎、镇墓兽等。

1993 年，将军山墓群被公布为甘肃省第五批省级文物保护单位。

石阳墓群

位于庄浪县南湖镇石阳村东北王家高房坪社西北侧。汉代。占地面积约 2 万平方米。发现圆丘形土堆 6 座，高 4~7 米，底径 9~17 米，底边周长 8~25 米。封土为夯土堆筑，夯层厚 0.08~0.1 米，地表暴露砖室墓 1 座，为券顶子母砖室墓，早期被盗，仅出土少量灰陶明器。

1993 年，石阳墓群被公布为甘肃省

第五批省级文物保护单位。

王景寨墓群

位于武威市凉州区东河乡王景寨村东北 2.5 千米。汉代。占地面积约 75 万平方米。地表有砂砾堆筑封土堆及墓道，墓道长 10~25 米，封土堆底径 5~10 米。暴露砖室墓多座。1975 年清理 1 座，为 8 人合葬墓，出土有陶器、金器、漆器及丝织品等随葬品数十件。

1981 年，王景寨墓群被公布为甘肃省第四批省级文物保护单位。

狼墩子滩墓群

位于武威市凉州区清源镇王家新庄村西南 2.5 千米。汉代。占地面积约 2000 万平方米。曾暴露 1 座砖室墓，砖长 0.38 米、宽 0.2 米、厚 0.05 米。

1981 年，狼墩子滩墓群被公布为甘肃省第四批省级文物保护单位。

西沙滩墓群

位于武威市凉州区下双乡俞家湾村

石阳墓群 3 号墓封土堆

石阳墓群汉代墓砖

西 500 米。汉代。占地面积约 100 万平方米。地面有砂砾堆筑封土堆多座,圆形,底径 5~10 米。暴露多座砖室墓,出土有灰陶罐、壶、绿釉陶钟及泥质红陶灶、罐残片等。

1981 年,西沙滩墓群被公布为甘肃省第四批省级文物保护单位。

东山坡墓群

位于武威市凉州区南营乡南营村东 1 千米。汉代。占地面积约 15 万平方米。暴露有土洞墓,出土有灰陶罐及绿釉陶碗等。地表可见暴露的棺木。

1993 年,东山坡墓群被公布为甘肃省第五批省级文物保护单位。

洪祥滩墓群

位于武威市凉州区洪祥乡天泉村西南 2 千米。汉代。占地面积约 100 万平方米。大部封土堆已夷平为耕地。1982、1989 年先后清理已暴露的砖室墓 4 座,出土有绿釉陶器、灰陶罐、红陶器、铜弩机、五铢钱币等遗物数十件。

1993 年,洪祥滩墓群被公布为甘肃省第五批省级文物保护单位。

旱台子墓群

位于武威市凉州区古城乡六林村北侧。汉代。占地面积约 3 万平方米。暴露有砖室墓,出土有五铢钱币、残陶器等。

2003 年,旱台子墓群被公布为甘肃省第六批省级文物保护单位。

北新墓群

位于民勤县大滩乡北新村南 1 千米。汉代。占地面积约 6 万平方米。封土多被夷平,现存 1 座,圆丘形,底径 30 米,高 3 米。暴露砖室墓多座,出土有绿釉陶壶、灰陶罐、碟、壶、仓及五铢钱等。地表散见绿釉陶片、灰陶片、红陶片和残砖。

1993 年,北新墓群被公布为甘肃省第五批省级文物保护单位。

棺材疙瘩墓群

位于民勤县泉山镇小西村西北 500 米。汉代。占地面积约 300 万平方米。现存封土堆 30 余座,平面呈椭圆形,长 5~10 米,宽 3~6 米,高 1~3 米。曾清理砖室墓 1 座,出土绿釉、黄釉陶壶和碟、耳杯、博山炉、奁、仓等。

1993 年,棺材疙瘩墓群被公布为甘肃省第五批省级文物保护单位。

大坡梁—天泉寺墓群

位于金塔县金塔镇塔院村西南 3.7 千米和东南 6 千米处的砂砾石戈壁滩上。汉—晋代。大坡梁墓群分布范围南北长 3600 米,东西宽 3450 米,占地面积 1242 万平方米,酒金公路从墓群中部南北向穿过,将墓群划分为东西 2 个区域。墓葬主要集中在西墓群西南角,其他地域也有零星墓葬分布。墓群内散见砂砾石堆积的圆丘状封土堆 816 座,底径 2~5 米,高 0.2~1

天泉寺墓群

大坡梁墓群出土《伏羲女娲棺画》

东二十里铺汉墓群 M1

东二十里铺墓群出土墓砖

米。部分墓葬有明显墓道，长 12~23 米。有部分墓葬多座呈"一"字形和"品"字形排列在茔圈内。先后对几座塌陷的墓葬进行清理，采集有灰陶罐、陶仓、棺画等遗物。2007 年对一座塌陷墓葬清理，墓室结构为土洞单室双人合葬墓，其中一幅棺盖内侧有彩绘人首蛇身伏羲女娲画像，为魏晋时期的墓葬。墓群保存较好。

天泉寺墓群东西长 1500 米，南北宽 120 米，占地面积 18 万平方米。墓群内砂砾石堆积的圆丘状封土堆 87 座，残墓葬 58 座，封土堆底径 2~5 米，残高 0.2~1

米，部分墓葬有砂砾石堆积的明显墓道，长 13~21 米。从地表损毁的几处墓葬可知，为土洞墓或砖室墓，墓旁散见少量素面或绳纹灰陶片、灰砖等遗物，为汉—魏晋时期墓葬。墓葬保存较好，对于研究该地区汉—魏晋时期的丧葬习俗和历史文化具有一定的价值。

2003 年，甘肃省人民政府将其合并，公布为第六批省级文物保护单位。

东二十里铺墓群

位于临洮县东二十里铺乡孙家小庄村东 100 米。汉代。占地面积约 9000 平

方米。墓葬分布于台地上，地面可见封土4座，多呈圆丘形状，其中最大1座封土呈覆斗形，土塚直径19米，高8米。地表散见绳纹灰陶片及砖、瓦片。

1981年，东二十里铺墓群被公布为甘肃省第四批省级文物保护单位。

靳寺墓群

位于静宁县城川乡靳寺村西北300米。汉代。1958年调查时发现，占地面积约1.5万平方米。暴露有竖穴土坑、砖室墓多处，封土高1~5米。曾出土大量灰陶罐、壶、灶及铜镜等。1958年后，历年平田整地封土逐渐被夷平。

1993年，靳寺墓群被公布为甘肃省第五批省级文物保护单位。

五坝山墓群

位于武威市凉州区韩佐乡宏化村西南500米。汉代、魏晋、西夏。占地面积约100万平方米。1984年发掘清理20多座墓葬。汉、魏晋多为土洞墓，墓门用砖石封砌。墓室壁面抹泥绘壁画，大多脱落。其中7号汉墓墓室壁画绘开明兽与不死树，对研究《山海经》及中国古代思想发展史有重要意义。还绘有墓主宴饮、伎乐歌舞等。出土有铜龟、木鸠杖及陶罐、壶等随葬品600余件。西夏墓为砖室墓，出土有豆绿釉剔花瓷罐等。

五坝山墓群现为凉州区县级文物保护单位。

双墩滩墓群

位于甘州区小河乡东五村北1千米。汉—魏晋。占地面积约30万平方米。地表现存圆丘形或覆斗形封土堆12座。曾暴露有砖室墓2座，采集有釉陶耳杯、灰陶罐以及狩猎画像砖等。地表散见灰陶片及汉砖。

1993年，双墩滩墓群被公布为甘肃省第五批省级文物保护单位。

南沙窝墓群

位于临泽县蓼泉镇南沙窝。汉、魏晋。

靳寺墓群

双墩滩墓群

占地面积约33.75万平方米。地表封土明显的墓葬约400多座。根据采集标本和清理发掘的3座墓出土的陶器、钱币等分析，属两汉、魏晋（五凉时期）墓葬群。

该墓群属甘肃省第三次全国文物普查新发现文物点。

殿台晋墓

位于灵台县西屯乡穆村村殿台社小康屋一带。晋代。占地面积约3万平方米。2009年8月10日暴露1座砖室墓，灵台县博物馆进行清理。此墓东西向，墓门西开，前室攒尖顶，南、北两侧各附一耳室，耳室、后室均券拱顶。出土铜镜、瓦当、灰陶罐及"五铢""大泉五十"铜钱等随葬品。其中，有3件灰陶罐上有朱书文字，字迹可辨者有"晋元康三年（293年）"。该墓群属甘肃省第三次全国文物普查新发现文物点。

北石滩墓群

位于酒泉市肃州区总寨镇单长村西

南2千米。晋代。占地面积约30万平方米。地面有石块堆筑覆斗形和圆丘形封土堆10余座及长墓道。墓葬分布密集，散见少量残青砖。

1993年，北石滩墓群被公布为甘肃省第五批省级文物保护单位。

泉子墓群

位于玉门市玉门镇泉子村西北300米。魏晋。占地面积不详。地表可见7座圆形封土堆，其中最大者高1.5米、底径3米，周围散见灰陶片及碎砖块。

1993年，泉子墓群被公布为甘肃省第五批省级文物保护单位。

乱墩子滩墓群

位于永昌县水源乡杜家寨村西3千米。汉、唐代。占地面积约22.5万平方米。1956年发现，可辨认出封土千余座，最高者达6米。大部分为单室和多室砖室墓。采集有汉代釉陶尊、罐、灶、井、仓、甑、盘和漆器、五铢钱等，另有唐代三

泉子墓群

乱墩子滩墓群被盗墓葬

彩甋等。

1981年，乱墩子滩墓群被公布为甘肃省第四批省级文物保护单位。

潘家嘴墓群

位于古浪县民权乡长岭村东侧和南侧。汉、唐代。占地面积约50万平方米。在历次调查中共发现有20多座封土，直径8米，高3~3.5米。曾清理汉代券顶单室砖墓1座，出土灰陶罐、釉陶壶、盘、耳杯、红陶灶及五铢钱等。另外暴露有唐代砖室墓，采集有三彩器残片、白瓷片及"开元通宝"钱等。

1993年，潘家嘴墓群被公布为甘肃省第五批省级文物保护单位。

青石湾子墓群

位于古浪县土门镇和乐村东1千米。汉、唐代。占地面积约50万平方米。地表可见圆丘形封土10处，高1~3米。曾清理7座土洞墓，出土汉代彩绘灰陶罐、壶、素面灰陶罐、灶、井及铜弩机、铁剑、石砚、五铢钱等100余件随葬品。另有唐代墓葬，大部分被破坏。

1993年，青石湾子墓群被公布为甘肃省第五批省级文物保护单位。

乱古堆墓群

位于酒泉市肃州区金佛寺镇红寺村东北2千米。汉、晋代。占地面积约40万平方米。地表可见砾石垒筑的封土堆200多座，平面呈圆形和方形，曾暴露有砖室墓，出土有灰陶仓等。地表散见残砖、灰陶片。

1993年，乱古堆墓群被公布为甘肃省第五批省级文物保护单位。

下河清墓群

位于酒泉市肃州区下河清乡西3千米。汉、晋代。占地面积约12万平方米。地表可见平面呈方形夯筑封土堆13座。1956年发掘砖室墓葬24座，其中2座为画像砖墓，出土器物有陶壶、罐、灶和"大泉五十"钱等物。

下河清农场墓群南部

下河清农场墓群残砖

崔家南湾墓群

雷台汉墓

1981 年，下河清墓群被公布为甘肃省第四批省级文物保护单位。

崔家南湾墓群

位于酒泉市肃州区总寨镇总寨村南崔家崖。汉代。占地面积约 900 平方米。2004 年曾发掘 2 座已暴露墓葬，均有平面呈长方形斜坡墓道，填土以黄砂土为主。墓门以青砖封堵。皆为砖室墓，分前、后两室，前室平面呈正方形，后室平面呈长方形，皆券顶。双人合葬，葬具已朽。葬式为仰身直肢。随葬品有陶、铜、金 3 类共 44 件。陶器有罐、壶、盘、灶、碗、碟、井等；铜器有簪、刀、釜、五铢钱等；金器仅耳坠 1 件；另有彩绘守门吏、雄雌翼虎画像砖。

1981 年，崔家南湾墓群被公布为甘肃省第四批省级文物保护单位。

雷台汉墓

位于武威市凉州区金羊乡新鲜村内。汉代。雷台观建于高 8.5 米、长 106 米、宽 60 米的夯筑土台上，墓葬发现于土台东面下部，共 2 座，1969 年发现并清理。墓门均向东，由长斜坡墓道、甬道、前室（有左、右耳室）、中室和后室组成，墓室砖砌，覆斗顶，藻井方砖绘大型莲花图案。其中 1 号墓墓室总长 19.34 米，出土铜、陶、金、铁、骨、玉、石、漆器等随葬品 230 多件及大量钱币。其中铜器 172 件，铸造最为精致的是车马仪仗队，包括俑 45 个，车 14 辆，牛 1 头，马 39 匹。马有驾车马、骑行马、奔驰马。其中 8 匹马胸前有"守左骑千人张掖长""御车奴""牵马奴"等铭文。工艺水平最高的为一匹奔马，高 34.5 厘米、长 40.5 厘米，后腿右足踩一飞鸟，三足腾空，飞奔向前，长尾翘举，昂首嘶鸣，造型奇特，合乎力学平衡原理，为一件罕见的艺术珍品，已被定为中国国家旅游标志。从出土器物铭文分析，该墓墓主人为"张将军"，曾任"张掖长"，该墓为夫妻合葬墓。

2号墓规模较1号墓大，惜被盗，随葬品无存。

2001年，雷台汉墓被国务院公布为第五批全国重点文物保护单位。2005年，甘肃省人民政府公布其保护范围为："以雷祖观建筑群为基点，东至东围墙60米，西至北关中路150米，南至雷台路280米，北至二环路170米。建设控制地带为保护范围'四至'向外各延伸70米。"保护机构为武威市雷台汉文化博物馆。

旱滩坡墓群

位于武威市凉州区市区西南12.5千米。汉—晋代。墓群分布于祁连山北麓柏树、松树、西营三乡境内东西长13、南北宽4千米范围内。1972、1974、1975、1984年先后发现并清理土洞墓及大型砖室墓多座，出土有汉简92枚及陶器、彩绘木屏风和木俑、木牛车、铜钱、丝织品等遗物。其中92枚汉简均为医药简，十分珍贵。另出有十分珍贵的麻纸实物。

1981年，旱滩坡墓群被公布为甘肃省第四批省级文物保护单位。

踏实墓群

位于瓜州县踏实乡农丰村东南3千米、西南4千米。东汉—唐代。占地面积约1万平方米。砾岩洞室墓400多座，其中大型墓14座，集中分布于墓群西部。东墓群1号墓规模宏大，甘肃省文物考古研究所于1990年发掘。地表有砂砾堆积茔圈、神道、封土和墓道。茔圈东西宽131米、南北长134米，神道向北，长234.5米、宽27米，两端有土阙4座，高5.5~7.5米。封土呈方台形，东西宽17.4米、南北长20.4米、高4.5米。墓道向东，长56.4米，宽3米。墓门距地表深14.4米，花岗岩砌筑墓门，双室，平面呈长方形，覆斗顶。由于墓葬早年被盗，仅出土数枚五铢钱及陶器残片。尸骨零乱，葬式不明。西墓群的3号墓茔圈呈正方形，长、宽各95米，神道向北，长98米，宽14.5米。

踏实墓群西区墓葬地面封土

踏实1号大墓神道及墓阙

别家沟墓群

封土平面呈圆锥形，周长 78.6 米、高 3.2 米，墓道向东，长 36.5 米、宽 2.2 米、高 1.25 米。

1993 年，踏实墓群被公布为甘肃省第五批省级文物保护单位。

别家沟墓群

位于平凉市崆峒区白水乡别家沟村东南 200 米疙瘩山上。汉、元代。墓葬分布在东西长 1000 米、南北宽 200 米的山坡台地上。现存圆形封土数座，东西排列，夯筑，封土高 5~13 米，底径 12~30

米，夯层厚 0.1~0.12 米。清理 1 座小型汉墓，出土有灰陶罐、石刻人顶灯台、铁镜、彩绘镶铜边木器口沿、铜弩机、铜杓、黄釉陶罐等。墓区地面散见绳纹砖瓦块和元代瓷片。

1981 年，别家沟墓群被公布为甘肃省第四批省级文物保护单位。

东关外墓群

位于酒泉市肃州区东关外。汉、魏晋、明、清代。占地面积约 150 万平方米。汉、魏晋墓多为券顶或覆斗顶砖室墓，有单、双室和多室。1957 年发掘清理 56 座墓葬，出土有灰陶壶、盉、尊、钫、鼎、灯和绿釉陶壶及铜撮、铜镜和铜刀等，另有博山炉、"河内工官"铭铜弩机等。上层叠压有明、清时墓葬，形制不详。

1981 年，东关外墓群被公布为甘肃省第四批省级文物保护单位。

地埂坡墓群

位于高台县罗城乡河西村西南 2.8 千

东关外墓群出土"博山炉"

东关外墓群出土"河内工官"铭铜弩机

地埂坡墓群

地埂坡 4 号墓西壁

地埂坡墓葬壁画

米黑河南岸二级台地上。魏晋。占地面积约 3.2 万平方米。保存有墓葬 30 座。

2007 年 9~11 月，甘肃省文物考古研究所和高台县博物馆清理发掘 5 座，由墓道、照壁、墓门、前甬道、前室、后甬道、后室等构成，墓室多在生土上直接雕为仿木结构，其中 2 座以原生黄土雕出仿木结构的梁架、屋顶、立柱、斗栱等，3 座绘壁画。M1 南北壁各有梁柱承载人字拱，两壁各附有两根立柱，长方形前室拱顶形，附双耳室，近方形后室为覆斗顶，彩绘莲花藻井；M3 彩绘照墙，雕绘龙头、兽头、熊面力士等；M4 前室四壁均绘壁画，人物有胡人、汉人以及裹头和髡发的少数民族。出土金博山、铜连枝灯构件、铜车马器构件、石龟、骨尺等。为研究河西地区魏晋时期中西文化交流、民族融合、丧葬礼俗等提供了珍贵资料。

金鸡梁墓群

位于玉门市清泉乡清泉村三组西 1000 米、312 国道北边小山北侧。魏晋。占地面积约 25 万平方米。带封土墓葬 48 座，封土大小不一，暴露者均为砖室墓。2009 年 3 月，为配合"西气东输"二线建设工程，甘肃省文物考古研究所清理发掘 24 座墓葬，其中双室砖室墓 5 座、单室砖室墓 6 座、砖土结构墓 5 座、土坑墓 8 座，葬式分单人葬、合葬、多人葬 3 种。出土器物种类丰富，以彩绘砖、刻画砖、铜器、陶器为主，有彩绘伏羲女娲图棺板、带纪年木签。初步分析，属西凉和北凉墓葬，对研究西晋十六国时期人文历史、文化交流、民族变迁等具有重要参考价值。

果园—新城墓群

位于嘉峪关市新城乡观蒲村西 4.5 千米。魏晋、十六国、唐代。在观蒲村与中沟村西南 40 平方千米的戈壁滩上分布有 1000 余座墓葬。1972~1979 年，共发掘新城魏晋墓 13 座。1977 年，发掘果园丁家闸墓葬 5 座，其中 5 号墓为大型十六国壁画墓，余为魏晋墓。

1988~1993 年，发掘西沟墓葬 10 座，其中 3 座唐墓，7 座魏晋墓。历年共发掘魏晋十六国和唐代墓葬 28 座，其中魏晋墓 24 座、十六国墓 1 座、唐墓 3 座。集中分布于嘉峪关市新城乡西南、酒泉市果园乡北面戈壁滩上，占地面积达 13 万平方米。地表大多可见隆起的砂砾堆积的封土、墓道及茔圈。墓道最长的达 30 多米。同一茔圈内的家族墓葬按相同方向依次排列。

魏晋、十六国墓葬均由长斜坡墓道、墓门、墓室组成。墓门上方为砖砌门楼，门楼砖上有彩画，并雕刻成各种内容的造型，如侧兽、托梁赤帻力士、雷公、鸡首人身或牛首人身像等。门楼普遍使用斗栱，有托梁力士等建筑造型，这种现象说明当时的世家豪族或官吏生前的住所均建有楼橹或阙。墓室一般为二室或三室，均用双层长 34.5 厘米、宽 17 厘米、厚 5.5 厘米的灰条砖砌成，前、中室作盝顶，平面近方形；后室一般为券顶，平面呈长方形。墓壁有用砖刻象征楼阁建筑的屋檐或屋椽。墓室壁建有壁龛或耳室，壁龛旁墨书"各门""藏内""炊内""牛马圈"等，充分反映了墓主生前宅第的布局特征。葬具用木棺，有的棺盖上绘伏羲、女娲、连璧纹等。有单人葬、二人、三人或四人合葬，有些棺下有垫棺陶龟。随葬器物有陶、铜、铁、玉、石、金、银、木、漆、骨、丝绸和货币等。出土物中以新城 M4 所出铜尺及 M2 所出骨尺最为珍贵。发掘的 24 座魏晋十六国墓中有 11 座为壁画墓。多为一砖一画，内容丰富、题材广泛，包括农桑、畜牧、酿造、狩猎、屯兵、出行、宴乐、驿传、六博和建筑装饰图案画等，均取材于当时的现实生活，以描写墓主人豪华生活、农业生产活动和手工业活动等为主。壁画用墨线勾勒，用石黄、朱红、赭石、浅绿等施彩，线条粗犷奔放，色彩明快。

西沟唐墓中 1 号墓为砖筑双室，2、3 号墓为单室。1 号墓为覆斗顶，墓室通长 5.23 米，宽 2.46 米，全用一侧有模印锯齿形花牙砖砌成，仿木结构，后室后壁砌平台棺床。墓室嵌十二生肖、伎乐和骑士雕砖。伎乐砖共 52 块，分管乐伎和弦乐伎，乐器有箫、笛、箜篌、竽等。

仪仗骑士砖共 70 块，每两人两组乘马相随而行。棺床和地面铺莲花纹方砖。2、3 号墓为模印彩绘砖，内容与 1 号墓略同。

1981 年，果园—新城墓群被公布为甘肃省第四批省级文物保护单位，2001 年，国务院公布为第五批全国重点文物保护单位。2005 年，甘肃省人民政府（甘政发〔2005〕16 号）公布其保护范围为："以嘉峪关市新城乡移民村西南水井房为基准，向东南至酒（泉）—新（城）公

果园—新城墓群　魏晋墓

果园—新城墓群　魏晋墓

果园—新城墓群出土陶灯座　魏晋

果园—新城墓群出土陶砚　魏晋

果园—新城墓群出土墨书镇墓陶罐　魏晋

果园—新城墓群出土白虎画像砖　魏晋

路新城段，向西南至嘉峪关市新城乡毛庄子南三岔路口，再到南墓区西南角标志碑，由该标志碑向东南到北干渠，由北干渠向东南到鸳鸯输水渠，向东沿鸳鸯输水渠到鸳鸯分水闸，由鸳鸯分水闸向东北，经佘家坝五组东侧，到酒新公路西沟段。"现分别由嘉峪关新城墓群文物管理所和酒泉市肃州区博物馆分别管理，分别树立全国重点文物保护标志碑，保存有"四有"档案。1975 年，嘉峪关魏晋 5 号壁画墓搬迁至甘肃省博物馆复原保存。

皇甫谧墓

位于灵台县独店乡张鳌坡村西 200 米。晋代。占地面积约 1700 平方米。封土高 1.7 米、底径 8 米，墓道朝西。1982 年加固整修，并构筑围墙等。

1981 年，皇甫谧墓被公布为甘肃省第四批省级文物保护单位。

祁家湾墓群

位于敦煌市七里镇新区西 500 米的戈壁滩上。占地面积约 17 平方千米。汉—唐代。又称"双墩子墓群"。1985 年发掘清理 117 座。皆为斜坡墓道砂砾岩

祁家湾墓群

佛爷庙湾—新店台墓群

洞室墓,地表有砂砾堆筑封土及墓道,家族墓葬有茔圈,茔圈口有土坯砌筑双阙。墓葬由墓道、甬道、墓室组成。墓道呈斜坡状,个别墓道带有过洞、天井。墓门多用土坯垒封。墓室有单室和双室两种,覆斗顶或穹隆顶、拱形顶。多为双人合葬。葬具多为木棺,下有草木灰羼土、用木条隔成菱形块状的棺床。出土随葬品有陶、铜、铁、银、木、石、骨、泥、画像砖等。另有大量铜钱及料珠、丝织品、草席编织物等。陶器最多,有碗、钵、碟、盆、壶、瓶、罐、樽、甑、盘、灯、仓、多子盒等。并出土有朱、墨书纪年瓶,最早的为西晋太康六年(286年),最晚的为北凉玄始二年(413年),多属西晋和五凉时期的墓葬,为研究敦煌及河西地区晋、十六国时期的历史提供了重要的资料。

2003年,祁家湾墓群被公布为甘肃省第六批省级文物保护单位。

佛爷庙湾—新店台墓群

佛爷庙湾墓群位于敦煌市杨家桥乡鸣山村东1.5千米,新店台墓群位于敦煌市五墩乡新店台村南1千米。汉—唐代。占地面积约5000万平方米。地表有封土多座,暴露出墓道。家族墓多见砂砾堆起的椭圆形茔圈。佛爷庙湾墓群曾分别于1987、1995、1997年三次发掘。新店台墓群于1979、1981、1995年三次共发掘800余座。晋墓以斜坡墓道土洞墓居多,少数为穹隆顶砖室墓,有画像砖墓,内容主要为神话传说故事。出土物以陶器为主,亦有少数铜器、玉石饰物等。唐代墓多为平面方形仿木结构单室砖墓,覆斗顶,墓壁有模印画像砖,内容有出行、牵驼、四神等,随葬品有灰陶罐、镇墓兽等。

1981年,佛爷庙湾—新店台墓群被公布为甘肃省第四批省级文物保护单位。

南沙滩墓群

位于武威市凉州区金沙乡赵家磨村。

魏晋。南北长约3000米，东西宽约500米，占地面积约150万平方米。20世纪70年代，曾抢救性清理土洞墓1座、砖室墓2座，出土陶、金、铜、漆器30余件；其中出土前秦建元十二年（376年）宋华墓表是迄今武威市发现最早的一块墓表。从出土器物及墓葬结构看，具有典型的魏晋时期特点。因长期河水冲刷，使部分墓葬被暴露和破坏。当地村民常在墓群内挖石挖沙，对墓群造成一定程度的破坏。

2003年，南沙滩墓群被甘肃省人民政府公布为第六批省级文物保护单位。

胡国珍墓

位于镇原县上肖乡翟池村东南1千米。北魏。占地面积约1200平方米，并列2座圆丘形封土，其中一座残高2米，底径20米；另一座残高1.5米，底径12米。碑刻及其他附属文物均已无存。

1993年，胡国珍墓被公布为甘肃省第五批省级文物保护单位。

第四节 唐、宋、元、明、清墓葬

霍家半川墓群

位于靖远县大芦乡霍家川村东1000米处祖厉河东岸。隋唐。占地面积约650平方米。现有墓冢4座。其中一座大墓封土高达10米，砖室墓，有前室、中室和后室。前室方形，边长3.4米，顶部叠砌成穹隆顶；中室长方形，长1.35米，宽3.4米；后室亦为长方形，长2.1米，宽3.4米；两室均砖券顶，三室间有砖砌长0.75米、宽0.8米的券顶甬墓相通。对研究隋唐时期丝绸之路沿线社会、经济、文化和葬制具有重要参考价值。

青嘴喇嘛湾墓群

位于武威市凉州区南营乡青嘴村东北1千米青嘴、喇嘛2个山湾中。唐代。为中国古代少数民族吐谷浑慕容氏家族墓地。唐太宗贞观十四年（640年），唐朝宗室女弘化公主嫁给吐谷浑国王慕容诺曷钵；唐高宗龙朔三年（663年），吐谷浑为吐蕃所侵逼，徙居凉州（今武威）、灵州一带，归属唐王朝。唐代凉州吐谷

霍家半川墓群

青嘴喇嘛湾墓群

浑慕容氏家族遂大多葬于此，占地面积达13万平方米。

1945年，夏鼐首次发掘。1980年又清理弘化公主墓等6座。从民国初年到1980年，先后出土弘化公主、代乐王慕容明、辅国王慕容宣彻、青海王慕容忠、政乐王慕容煞鬼、金城县主、燕王慕容曦光、元王慕容若夫人、大唐故武氏墓志9方，其年号从圣历二年（699年）至乾元元年（758年）。墓葬均为单室砖室墓，出土铜、陶、骨、漆、木器及丝织品、牛角梳、阮、琵琶等大量文物。出土木人、木驼、木马等彩绘木俑，是研究唐代雕刻艺术、吐谷浑服饰制度的珍贵资料。已出土有9方墓志铭，对研究唐朝对少数民族政策、吐谷浑慕容氏世系等具有十分重要的价值。

1981年，青嘴喇嘛湾墓群被公布为甘肃省第四批省级文物保护单位。

杨家沟唐墓群

位于秦安县叶堡乡杨家沟村南1千米。唐代。占地面积不详。1965~1966年共清理墓葬6座。墓葬多早期被盗，为方形单室砖墓。其中1号墓保存较好，由墓道、甬道、墓室、耳室组成，斜坡墓道长9.5米，甬道长8.92米，墓室长3.62米、宽3.51米、高4.11米，盝顶，东壁设须弥座棺床。出土随葬品180多件，以三彩俑为主。其中武士俑、文吏俑、侍俑、镇墓兽置于墓室内，骑马俑、牵驼俑及马、牛、羊、驼、猪、狗、鸡等置于耳室。出土有"开元通宝"铜钱。另外耳室甬道口发现刻骆驼文字砖1块，楷书，字迹模糊不清。二武士俑分别高1.60米、1.52米，黄绿彩釉，足踩小鬼，头戴鹖冠，身着铠甲，双手叉腰，威武勇猛，为其中精品。牵马俑9件，高0.73~0.82米，施黄绿釉，服装分翻领袍与圆领袍两种，腰束带打结，穿紧筒长靴，头戴黑幞头或胡帽，发式分披肩发、卷发与光头三种，多为胡人形像，高鼻、短发、深目。三彩卧牛高0.26米，长0.37米，绿釉。该墓出土唐三彩俑体形高大，造型精美，是甘肃境内出土非常珍贵的三彩艺术品。

李元谅墓

位于崇信县锦屏镇梁坡村西北。唐代。占地面积约2000平方米。封土平面呈椭圆形，高7米，南北长13.5米，东西宽8.8米。墓前原有牌坊，已毁。贞元四年（788年），唐德宗以华州潼关节度使李元谅兼陇右节度使、临洮军使、移镇良原（今甘肃崇信县），封武康郡王，节度陇右，驻崇信、百里、良原以御吐蕃。

1981 年，李元谅墓被公布为甘肃省第四批省级文物保护单位。

牛僧孺墓

位于灵台县新开乡牛村南 300 米。唐代。占地面积约 2400 平方米。封土平面呈圆形，残高 2.7、底径 5 米。地表散见素面瓦片。墓南 30 米处暴露有石砌建筑基址。牛僧孺（780~848 年），字思黯，安定鹑觚（今灵台县东北）人。

1981 年，牛僧孺墓被公布为甘肃省第四批省级文物保护单位。

古城宋墓

位于临潭县城关镇古城村寺稞台地。宋代。占地面积不详。2006 年发现。该墓坐东朝西，为仿木结构砖室墓，墓室平面呈长方形，长 2.5 米，宽 2.2 米。四壁上部有仿歇山式建筑结构，北、南、西三壁有彩绘砖雕汲水图、侍女图、闭门图、哭丧图、推磨图、舂米图、骏马图等。出土酱釉碗、酱釉小盘、定窑印花芦雁碗、黑釉盘、残青釉压花小碗等瓷器 7 件。对研究宋金时期甘南地区社会历史具有重要参考价值。

清水宋墓

位于清水县白沙乡电峡村东 200 米、贾川乡董湾村东 2 千米、上邽乡苏屲村东 800 米。宋代。1984 年清理苏屲宋墓，墓朝南，墓室平面呈正方形，边长 2.5 米、高 3.8 米，穹隆顶砖室墓，仿木结构建筑。有砖雕彩绘斗栱、勾栏及各种人物、飞禽、走兽、花卉图案等。1996 年清理白沙宋墓，为单室圆拱顶砖墓，墓室平面呈长方形，方砖铺地，墓门圆拱形，高 2.1 米、宽 0.98 米，墓室宽 2.6 米、进深 3.6 米、高 3.4 米，墓壁上部彩绘云气纹等，下部砖雕斗栱分栏，栏内砖雕彩绘"二十四孝"图及墓主人、狩猎图、鹿衔草、花卉等图案。另出土有灰陶罐、盏等随葬品。1997 年清理贾川宋墓，为穹隆顶单室砖墓，砖券墓门，墓室平面呈长方形。墓室内有仿木结构砖砌建筑，砖雕斗栱分栏，各栏内砖雕彩绘"二十四孝"人物故事图及动物、花卉图案。出土有灰陶罐、褐釉瓷罐、黑釉瓷碗等随葬品。白沙宋墓已搬迁至清水县赵充国墓所在陵园内，不再单独划定保护范围。

2003 年，清水宋墓被公布为甘肃省第六批省级文物保护单位。

窑庄宋墓

位于清水县白沙乡窑庄村西北 1000 米处的缓坡上。宋代。占地面积不详。有墓葬 2 座，均坐北朝南。2009 年，清水县博物馆进行清理。一座已严重损坏，形制无法确认。另一座保存较完整，由墓道、

清水宋墓贾川乡董湾墓墓室

清水宋墓上邽乡苏屲墓墓室

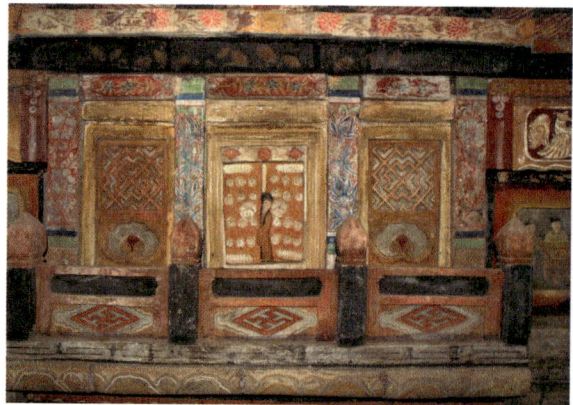

清水宋墓砖雕《妇人启门图》

窑庄宋墓墓室局部

甬道、墓室组成。墓室长 2.4 米、宽 2 米、高 3.8 米，砖雕彩绘成仿木结构，四壁上部山花板后叠涩成八面穹隆顶，中部四壁为仿木楼建筑，下部为须弥座式台阶；四角用斗栱装饰，补间斗栱 4 朵，转角斗栱 3 朵。补间、转角斗栱间有交互栱；四周镶嵌"王祥卧冰""郭巨埋儿"等孝子故事画像砖。对研究宋代陇右地区的葬俗以及社会状况、人文环境等具有重要参考价值。

石门沟宋墓

位于舟曲县大川镇石门沟村。宋代。占地面积约 15 平方米。封土残高 0.7 米。仿木构建筑砖室墓，墓室平面正方形，边长 2.27 米，占地面积 5.2 平方米。墓顶呈盝形顶，用长 31 厘米、宽 16 厘米、厚 4.5 厘米的青砖砌筑，墓顶正中嵌方砖藻井。墓室东壁雕有供桌、图案，左侧雕有长明灯座，西壁和北壁以砖镶嵌门、窗，南壁下部有拱形墓门，宽 0.96 米，高 1.03 米。墓内彩绘以红、黑、白三色为主，大部分已经剥落，残存侍者形像及花卉、云纹。对研究白龙江流域宋代葬俗具有参考价值。

徽县吴玠墓

位于徽县县城北 1 千米。南宋。墓塚位于关山山腰，占地面积约 90 平方米，墓葬封土呈穹隆形，高 1.4 米，底径 9.3 米，底部用石块垒砌。墓前有碑

徽县吴玠墓

亭，碑亭为嘉庆十四年（1809 年）知县张伯魁所建，内嵌《故开府吴忠烈墓志铭》碑，圆首长方形，通高 2.9 米，宽 1.55 米，厚 0.3 米；额篆"故开府吴忠烈墓志铭"；碑阳阴刻篆书碑文 21 行，每行 70 余字，字迹漫漶难辨，四川宣抚使胡世将撰文。

吴玠（1093~1139 年），曾取得和尚原（今陕西宝鸡南 30 千米处）、饶凤关（今陕西石泉与西乡交界处）、仙人关（今甘肃徽县）三大抗金战役的胜利，绍兴九年（1139 年）病逝于仙人关军中。

1981 年，徽县吴玠墓被公布为甘肃省第四批省级文物保护单位。

庄浪吴玠墓

庄浪吴玠墓石羊

庄浪吴玠墓石赑屃

庄浪吴玠墓

位于庄浪县白堡乡赵家坟山村西北200米。南宋。墓地原有封土2座，坐北面南，占地面积约300平方米。已夷平。中为吴玠墓，左上为其父墓，原有石雕华表、翁仲、武士、兽等，已毁。现残留石羊、石猴各1对，石碑座1个。石猴坐式，高1.47米。石羊跪式，高1.3米、长1.7米。碑座为龟趺，长2.28米、宽1.33米、厚0.65米。

1993年，庄浪吴玠墓被公布为甘肃省第五批省级文物保护单位。

吴挺墓

位于成县城关镇石碑村南100米。南宋。俗称吴王碑、吴挺碑。墓碑由整块青石雕刻成，分为首、身、座三部分，通高4.41米，宽2米，厚0.46米。双螭碑座，长3.1米，宽2.2米，高1.85米。阴、阳两面均有碑文。碑阳额刻二龙图，篆"皇帝宸翰"，字径0.22米，碑身刻宋宁宗书"世功保蜀忠德之碑"8字，楷书竖行2行，行间刊有篆书"敕令宝玺"和

楷书"修政殿书"8小字，四周环刻八龙腾云图。碑文为吴挺之子吴曦自记《感恩表记》，楷书竖行252字，间有"寿"字佛手图。碑阴首题"宋故太尉定江军节度使武功郡开国公食邑六千七百户食实封二千四百户致仕累赠太师卫国公谥武穆吴公神道碑"，碑文楷书竖行61行，每行120字，计8461字，内容记载吴氏三代抗金保蜀的功绩。尾题"嘉泰三年（1203年）……"，高文虎奉敕撰，陈宗召奉敕书。碑文部分字有泐损。墓地周围有碑刻、华表及石翁像2尊。华表立于距世功保蜀忠德碑外119米处的神道两侧，共有3座，其中2座为青石雕成，1座为砂岩雕成。3座华表形状相同，表身为八角棱柱状，高1.94~2.15米，每面宽0.18~0.2米，周长1.4~1.6米，表头为莲花苞状，花瓣分2层，每层瓣高0.37~0.68米，雕刻技法娴熟。石翁仲像立于东距世功保蜀忠德碑96米处神道两侧，有2尊，南北相对而立，相距6.8米，均残，东侧一尊残高0.43米，残存颈、肩、胸，身着圆领服，胸垂绶带；

西侧石翁残存颈部，残高 0.25 米。

2003 年，吴挺墓被公布为甘肃省第六批省级文物保护单位。

燕氏家族墓

位于正宁县周家乡燕家村。元代。占地面积约 800 平方米。原有 4 座封土，已夷平，墓前现存石碑、石人、石虎、石羊等分左右两行排列。燕庆安墓碑圆首赑座，通高 3 米，宽 1 米，厚 0.2 米，碑额马绍庭篆"大元故燕君墓表铭"，碑阳楷书碑文，记载燕庆安生平。北海、萧斠撰并书。尾题"大德癸卯三月（1303 年）己丑朔清明日珪建"。燕庆安（1212~1279 年），元代陕西五路西蜀四川行中书省申命署巩昌延安管民提领。卒后与家属同

葬于此。

1993 年，燕氏家族墓被公布为甘肃省第五批省级文物保护单位。

汪氏家族墓

位于漳县城关镇许家坪村南 200 米。元—明代。占地面积约 3.3 万平方米。原有墓冢 270 多座。年代自元定宗后海迷失己酉年（1249 年）至明万历丙辰年（1616 年），历经 14 代、370 多年。1972~1990 年先后由甘肃省博物馆、定西地区博物馆与漳县博物馆配合农田建设进行 4 次清理发掘工作，共清理发掘墓葬 29 座，出土各类文物 735 件。

墓葬形制基本相同，坐西向东，砖结构单室墓，竖穴墓道，长 2.4~2.6 米，宽 1.12~1.13 米，深 3~5 米；墓室平面呈长方形或方形，长 2.22~3.1 米，宽 2.17~3.1 米，高 3~5 米。墓室四壁嵌模制人物、花卉、鸟兽纹等；顶为八角叠涩攒尖顶，收顶处施方砖，并悬铜镜一面。个别墓有仿木结构砖雕。葬具均为木棺，随葬品丰富，有瓷坛、碟、碗、铜镜、木屋模型、丝绸纺织品、银饰、墓志铭等。清理明代墓 7 座，均为竖穴墓道拱顶砖室墓，平面呈方形或长方形，长 3.9~4.8 米、宽 3.6~4.5 米、高 2.7~4.5 米，墓室内均有壁画，为出行、巡游、侍人等，随葬品有铜镜、香炉等。

汪世显（1199~1248 年），《元史》有

燕氏家族墓

传，盐川（今漳县盐井乡）人，生前为巩昌便宜都总帅，在元灭南宋的战争中战功卓著，死后追封为陇右王。

1993年，汪氏家族墓被公布为甘肃省第五批省级文物保护单位。2001年，国务院公布为第五批全国重点文物保护单位。2005年，甘肃省人民政府公布保护范围，分为重点保护区和一般保护区。重点保护区为"以13号明代汪钊墓为基点，向东113米，向西193米，向南45米，向北55米。"一般保护区为"墓区围墙外向东、向西各20米，向南、向北各30米。"保护机构为漳县文物管理所。

2006~2008年，对墓地实施保护工程。

李氏家族墓

位于临潭县新城乡张王堡村北2千米。明代。占地面积约8000平方米。为明代"镇守洮州荣禄大夫佥右军都督"李达家族墓地。地表原有陵园建筑，已毁，封土夷为平地。原有"奉敕镇守洮州荣禄大夫佥右军都督李公之墓"碑，已毁。

1993年，李氏家族墓被公布为甘肃省第五批省级文物保护单位。

侯显墓

位于临潭县流顺乡上寨村侯家寺内。明代。占地面积不详。墓地上有一座灵塔为藏传佛教喇嘛塔式样，砖砌，高2.5米，底面边长2米。下部呈方形，上部为圆球形状，南、北两面为两位钦差的墓室。

侯显，洮州（今甘肃临潭）人，藏族，曾为喇嘛。永乐间出访缅甸、尼泊尔、印度、锡金、巴基斯坦、马达加斯加等国，"五使绝域，劳绩与郑和亚"；三使西藏，迎请大宝法王、大慈法王等进京晋见，为明朝加强对西藏的统治起到重要作用。后封为月巴桑主林僧正，回籍弘扬佛教。明正统三年（1438年）圆寂，葬于侯家寺。

吕钲墓

位于泾川县城关镇阳坡村杨家店中坪上。明代。占地面积约1万平方米。神道两旁列有华表、石翁仲、石马、石羊及神道碑，"文化大革命"中被毁。现存1尊翁仲（无头）、2只石羊（其中1只无头，另一只保存于泾川县王母宫内）、1块碑座。

吕钲（1483~1500年），字鼓之，泾州人，成化八年（1472年）进士，任户部主事、员外郎；十四年升任大同知府，二十年调任江西布政使司参政，后又升贵州右布政使；弘治十三年（1500年），贵州普安州米鲁作乱时被害，追赠礼部尚书。

明肃王墓

位于榆中县来紫堡乡上伍营村和黄家庄村之间。

明代。朱楧（？~1419年），今安徽凤阳人，系明太祖朱元璋第十四子，洪武十一年（1378年）封为汉王，洪武二十五年（1392年）改封为肃王。明惠帝建文元年（1399年）请求内徙，遂移

明肃王墓

明肃王墓墓室之一

明肃王墓墓室之二

藩于兰州。明成祖永乐十七年（1419年）卒。其后世历经200余年承袭王位，最末一位明肃王于崇祯十六年（1643年）为李自成起义军破兰州时所害。

明肃王墓墓主人为明朝在西北地区的10位肃藩王及妃子，即肃庄王、肃康王、肃简王、肃恭王、肃靖王、肃定王、肃昭王、肃怀王、肃懿王、薛夫人、肃王识𬭩。占地面积约1000平方米。共有封土堆11座，墓向均朝南。曾清理4座，墓葬多为前、中、后三室砖墓。出土有墓志3合，陶器、玉器、金银器数件。

上伍营肃王墓位于来紫堡乡上伍营村北侧，占地面积130平方米。有封土2座，高4米，其中一座方石砌筑，墓室分前、中、后三室，皆券顶。随葬品被盗，墓主不详。

黄家庄肃王墓位于来紫堡乡黄家庄村平顶峰山麓，共9座。已发掘清理肃怀王墓和肃庄王及其妃之墓。肃庄王妃墓坐北朝南，砖室墓，前室墓门外侧石条砌封，内侧双开石板门。墓室分前、中、后三室，中室带左、右耳室。曾出土大盂缸、石棺、陶俑、金银首饰、玉器和瓷、陶器若干，墓志两合。肃怀王朱绅堵及其妃王氏合葬墓在肃庄王妃墓西侧，为单室券顶砖墓，墓室平面长方形，墓门双开，石条封堵。曾在周围其他肃王墓中出土"明皇御赐肃定王墓志" 1 合。

御赐肃怀王墓志高 0.79 米，宽 0.79 米，厚 0.129 米。嘉靖四十三年（1564 年）立。盖题篆书"御赐肃怀王志"，首题"御赐肃怀王圹志文"。志文楷书，15 行，共 197 字，记第八世肃王朱绅堵身世及生卒年月和袭封年月。肃怀王生于明嘉靖二十七年（1549 年），嘉靖四十二年（1563 年）封为肃王，嘉靖四十三年（1564 年）薨。墓志现存榆中县博物馆。

明薨肃怀王妃王氏墓志高 0.73 米、宽 0.73 米、厚 0.13 米。万历二年（1575 年）立。盖篆书"明薨肃怀王妃王氏墓"，首题"明薨肃怀王妃王氏墓志"。志文 9 行，共 81 字，楷书，记肃怀王妃王氏身世、册封经过及生卒年月。王妃生于明嘉靖二十九年（1551 年），四十三年（1564 年）奏奉选配并册封，万历二年（1575 年）薨。墓志现存榆中县博物馆。

1993 年，明肃王墓被公布为甘肃省第五批省级文物保护单位，2006 年公布为第六批全国重点文物保护单位。已公布的保护范围分为重点保护区和一般保护区，"重点保护区，以各单座墓封土正中为基点（无封土的墓葬以已探明墓室正上方为基点），向北、东、西各延伸 40 米，向南延伸 200 米。一般保护区，以 6 号墓正中向南延伸 200 米至夏方公路南缘相交处为圆心，夏方公路以北，半径 700 米的半圆以内。"不另划定建设控制地带。现由榆中县博物馆负责日常管护工作。

羊永墓群

位于临潭县羊永乡羊永村。明代。墓群内葬有明洪武时期曾任洮州卫标营把总的杨勇将军，杨勇于明洪武十七年（1384 年）至洮州，二十一年（1388 年）率部于洮州卫西 30 里（今羊永地区）屯军。墓地上约有 50 个封土丘，直径 1~2 米，高 0.3~1 米。

王进宝墓（包括家族墓）

位于白银市平川区共和乡马饮水沟口村东北 5.2 千米。清代。

王进宝（1626~1685 年），字显吾，靖虏卫（今白银市平川区）人。清初从陕西总督孟乔芳定河西，授守备，继任经略右标总兵。清康熙（1662~1722 年）时平定吴三桂党羽王辅臣有功，累官陕西提督，诏以奋威将军镇固原，兼总兵事。后又平定四川。卒赠太子太保，谥"忠勇"。

墓前有三道牌坊，已不存，残存有不完整的石人、石马、石羊、石狮等。占地面积约 2000 平方米，为王进宝夫妇合葬墓。封土圆丘形，中间分开，底径周长 30 米、高 3 米，墓为砖室，由墓道、墓

室和耳室组成，墓为双室，西侧墓门前为墓志铭。墓志铭为方形，边长 0.74 米，厚 0.75 米，上书"皇清诰封一品夫人王太母孙太君墓志铭"。墓门为石板，宽 0.7 米，高 1.5 米，门上刻上、下两幅浮雕，上幅为平持长剑带冠武将，下幅为花草图案。墓内东侧墓道底部为王将军墓志铭，青石质，边长 0.82 米、厚 0.09 米，上刻"皇清荣禄大夫奋威将军太子太保世袭精奇尼哈蕃谥显吾王公墓志铭"。石板墓门，宽 0.7 米、高 1.5 米，每扇门均有上、下两幅浮雕，上幅武士持长锤，下幅为花卉，并出土有陶罐。现均收藏于平川区文化馆。

王进宝墓（包括家族墓）现为白银市市级文物保护单位。

化守登将军墓

位于景泰县芦阳镇镇政府驻地南马号地沟脑。清代。占地面积不详。封土高近 1 米，底径 2 米，原石碑、坟桩、供桌等均被破坏。

化守登（1614~1687 年），字标吾，景泰县大芦塘人，清顺治四年（1647 年）调兴安军给都司，顺治十一年（1654 年）以功勋卓著封骁骑将军。年老还乡，致力于故土公益事业，扶贫济弱，办私学，福及乡里。康熙二十六年（1687 年）葬于芦塘城南排马场（马号地沟脑）化氏墓地内。

张连登家族墓

位于镇原县临泾乡石羊行政村高庄社东 50 米处。清代。占地面积约 5000 平方米。墓地中葬有清康熙、雍正时重臣张连登的祖父母、父母。墓前原有石羊、石狮、石碑等。石碑已移至他处，4 件石兽像现藏镇原县博物馆。碑青石质，长方形，正面文字均为楷体，右款"时在康熙六十一年（1722 年）十月谷旦"，正中两行为"诰赠资政大夫巡抚湖广等处地方兼提督军务都察院右副都御史加五级显祖考张公讳念字惟思、显祖妣郑氏太夫人墓碑"，左署"孙连登立"。

张连登，字瀛洲，号省斋，祖籍镇原临泾人（一说咸阳人），历任山东青州知府、正定府知府、通永道道员、湖北按察使、通政司右通政、通政使，刑部侍郎，湖广巡抚、兵部左侍郎等职。康熙六十一年（1722 年）卒于湖广巡抚任上。其祖父母、父母俱得诰封。

潘育龙墓

位于靖远县乌兰乡新胜村北 500 米。清代。占地面积约 700 平方米。墓塚完好，圆形封土堆残高 8 米，底径 20 米。墓前正面有石坊及石供桌，残碑首、碑座。供桌有 4 腿，长 3.3 米，宽 1.1 米，高 0.9 米，桌面厚 0.5 米，桌面雕有花纹。石坊高 7、宽 7 米，四柱三开间，歇山顶式，中门宽 4 米，正面刻横批"输忠阃外"，背面刻"先

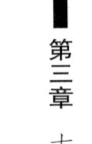

潘育龙墓

争锐尽"；正面两边横枋左面刻"恩荣"，右面刻"封襄"；顶额楷书阴刻"镇绥将军仍管陕西提督事务世袭拖沙剌哈番加二级记录一次加赠太子少保谥襄勇臣潘育龙坊"。额上篆有"敕建"2字，中柱两侧刻对联"千里山川须在目，一军甘苦务同心"。牌坊石鼓上刻有豹、鹿、虎、狮、麒麟、凤、鱼、鸟等。

潘育龙，生卒年不详，字飞天，清代靖远人，康熙时随抚远大将军讨伐吴三桂党羽陕西提督王辅臣，后又进兵四川，直至云南，定曲靖，数出师击噶尔丹有功，擢陕西提督，授镇绥将军，卒赠太子少保，谥襄勇。

2003年，潘育龙墓被甘肃省人民政府公布为第六批省级文物保护单位。

张广泗祖茔

位于靖远县寺滩乡碑滩。清代。现存墓7排21座，占地面积约200平方米。石碑全部毁坏，残存碑座等物。

张广泗（？~1748年），清汉军镶红旗人，康、雍、乾三朝重臣宿将。康熙六十一年（1722年）选授贵州思州府知府，雍正五年（1727年）擢贵州按察使，雍正十年（1732年）授镶红旗汉军都统，雍正十三年（1735年）授湖广总督，后为云贵总督兼领巡抚。乾隆五年（1740年）授钦差大臣，乾隆六年（1741年）归葬父母，迁祖茔至碑滩。乾隆十年（1745年）加太子少保。乾隆十三年（1748年）在金川用兵，因贻误军机夺官律斩。

联合徐氏家族墓

位于靖远县三滩乡联合村西凤凰山南。清代。占地面积约1600平方米。墓地坐北向南，最上方为徐定鼎与妻刘氏合葬墓，封土椭圆丘状。墓前碑1通，青石质，高170米、宽77米、厚17厘米。碑边缘刻卷草纹；首半圆，正中阴刻"光裕后昆"4字。碑正中阴刻"皇清诰封怀远将军显祖徐公、刘氏之墓"16字，两侧为记文，尾款"大清乾隆五年（1740年）三月"。此墓后面排列大小墓冢43座，有清乾隆时期青石墓碑及后土碑10通、红砂岩长方形供桌23个、圆柱形界桩10根。为靖远县清乾隆五年（1740年）至近现代规模较大的宗族墓群。

吴瑄夫妇合葬墓

位于景泰县芦阳镇东关村东南约2千米处。清代。占地面积不详。墓葬为西北—东南向，封土堆高 1 米，底部直径约 3 米，前有墓碑 1 通。碑砂岩质，正面阴刻楷体"皇清诰授武翼大夫显考吴公、赠淑人显妣刘太君之墓"等字，列奉祀人吴全保、吴全秀等；背面阴刻墓志，18 行 620 余字，右题"皇清诰授武翼大夫显考吴太公、赠淑人刘老太君墓志"，左款"嘉庆四年（1799 年）岁次己未季春下浣之吉旦立"。

吴瑄（1731~1786 年），字介亭，清镇抚芦塘游击吴大荣第七子，功升千户，乾隆间镇抚艮川、梨园等地。

洪霖夫妇合葬墓

位于舟曲县城关镇坝里村西南 1 千米。清代。占地面积不详。墓冢石砌，坐北朝南，前高后低，呈鼻形，前立墓碑 1 通。碑高 107 米、宽 56 米、厚 15 厘米，边刻卷草纹，文字阴文楷书，右刻"嘉庆十四年（1809 年）岁次已正月初一日□授"等字，正刻"皇清驰封武略将军洪公讳霖府君、安人洪门薛氏之墓"等字，左下列奉祀子孙□□□。洪霖之子□□为清代中期镇守西固千总，功授武略将军，因此敕封。该墓是研究甘南地区清代社会历史及葬俗的重要资料。

米氏家族墓

位于兰州市红古区红古乡米家台新村北米家台上。清代。占地面积约 4000 平方米。墓地坐北朝南，共有封土 96 座，残高 15~40 厘米，底径 30~120 厘米。仅存 5 通残损墓碑和一对狮首柱状墓表。正前方碑为砂岩质，高 230 厘米、宽 77 厘米、厚 20 厘米。碑首半圆，正面线刻双云龙纹，中部竖镌楷体"皇清"2 字；碑身正面两边刻减地卷草纹，中部文字均行楷体，右题"米氏碑记"，正文 11 行 450 字，列奉祀人米显忠、米显福、米太仓等，凉州府平番县赵太勋撰文、巴兴举书丹，左款"大清嘉庆二十年（1815 年）二月拜扫敬立"；碑座方形，立面刻花卉纹。该墓对研究源自西域米国米氏家族在中国的繁衍发展具有重要参考价值。

塔什堡李氏家族墓

位于永靖县三条岘乡塔什堡村东北 3 千米处平地上。清代。占地面积不详。地表有封土墓 9 座，其中有李泰祖父母墓。墓地现存墓碑 2 通，华表 4 件，石供桌 2 件。

李泰祖父母墓碑为砂岩质，由首、身、座组成。碑首方形，有 3 个镂孔，阴刻篆体"皇清"2 字，云龙纹。碑身长方形，高 160 厘米、宽 74 厘米、厚 12.5 厘米，边缘阴刻卷草纹。正面阴刻楷体"待赠登仕郎显祖考李公、孺人显祖妣张氏之墓"等字，右款为"道光十三年（1833 年）九月谷旦"，左列奉祀孙子李泰、李仁等；背面碑文介绍墓主生平。碑座为长方形。

李泰父母墓碑为砂岩质，由首、身、座组成。碑首杀角，阴刻篆体"皇清"2 字，

四周刻海水云龙纹。碑身长方形,高160厘米、宽74厘米、厚13厘米。正面阴刻楷体"显考李公、妣张氏合葬之墓",右款为"道光十三年九月谷旦",左列奉祀子孙李泰、李韫等。

石供桌长113厘米、宽58.5厘米、厚14厘米,正面阴刻楷体"李氏明堂"4字。

华表均由蹲狮首、八棱柱身、正方形座组成,通高2.04米,柱身刻有楹联。

塔什堡李氏为清代河湟地区李土司之分支,书香传家,人才辈出,是清代河州大族。

严坪杨氏家族墓

位于徽县嘉陵镇严坪村内。清代。占地面积不详。现存2通石碑。均青石质,圆首,长方形。

一碑为杨公王氏墓碑,通高130厘米,额正中竖刻楷体"皇清"2字,两侧饰二龙戏珠纹,碑身中间刻"显考□□八品宗孔东山杨公府君、妣例赠孺人王氏慈君大人之墓志",右款"时道光二十八年(1848年)岁次戊申清和月望二日",左下列奉祀子孙。碑亭通高187厘米,额刻"允怀明德"4字,两侧刻"麒麟""骏马"图案,柱身刻"春秋霜露展考思,箕裘绍述绵世泽"联。

另一碑为杨公夫妇三人墓碑,通高176厘米,额正中竖刻楷体"皇清"2字,两侧饰云龙纹,碑身中刻"显考□□□□

杨公□君、妣例赠孺人尹氏、诰赠孺人李氏慈君大人之墓志",右款"时大清道光二十九年(1849年)岁次己酉清和日中浣之吉",左列祀者。碑亭通高248厘米,额刻"寸心千古"4字,柱身刻"继叔恩遗宗派远,思亲孝著墓碑长"联。

该墓是研究晚清时期陇南地区葬俗的重要实物资料。

闹院杜氏墓

位于陇南市武都区三仓乡闹院村。清代。占地面积不详。坐南向北,墓前有石牌楼。牌楼青石质,仿木结构,四柱五楼式,明间立柱阴刻"得山水之秀,座西山富贵长远;来脉穴之精,立卯向子孙兴隆",内嵌墓碑,边缘浅浮雕八仙、案椅、香烛等图案。明间内置墓碑。该墓为九品寿官杜彩与李、张二夫人的合葬墓。两次间为"逍遥馆""快乐堂",右"逍遥馆"间置一碑,记载墓主杜彩生平事迹;左"快乐堂"间置一碑,记载时间为咸丰六年(1856年)十二月十四日,列奉祀子孙名。该墓牌楼装饰考究,造型美观,是研究陇南地区晚清时期葬俗的重要资料。

西柳沟墓群

位于临泽县新华乡黄家西庄西2千米。清代。占地面积约4000平方米。俗称"清家坟园"。地表现存封土堆21座,呈梯形排列,底径2~5米,高1.2~1.6米。地表散布大量碎砖及瓦片。

1993年，西柳沟墓群被公布为甘肃省第五批省级文物保护单位。

毛坪尹氏家族墓

位于陇南市武都区三仓乡锣车寺村北200米。清代—民国。占地面积约4000平方米。现存石雕墓23座，其中清代墓3座，又以光绪十年（1884年）墓最早。此墓封土呈圆丘状，建一座"一炷香"石牌坊，底径1~2米，高1~2米，大部分为仿木结构石雕镶嵌而成，上刻"二十四孝"图、"福禄寿"图等。石牌坊内置石碑，有光绪年间石碑2通，字迹清晰。该墓群属甘肃省第三次全国文物普查新发现文物点。

罗公墓

位于合水县太白镇连家砭村大院子庄东南300米川台地上。清代。坐西北向东南，前有仿木结构红砂岩碑楼，通高2米，宽1.8米，厚0.6米；横枋刻双钩楷体"永远孝思"4字，额枋阴刻楷体"乾山巽向"4字，两柱上阴刻楷体"葬坟茔永远无损，传后世万代□□"。两侧八字墙对称布局，在圆形开光中阴刻楷体大字"禄""福"；两柱间嵌石碑，正面中间阴刻楷书"故先考妣罗公讳□□老大人、□□□曹老大孺人四位灵魂墓"，右题"八村明堂碑记"，记叙罗氏家族葬坟并重修坟墓之事，左款"光绪十七年（1891年）二月十七日全立"。

罗公墓

湾拱北墓庐

位于康乐县附城镇松树沟村东约900米处湾拱北院内。清代。占地面积25平方米。墓庐坐北向南，通高12米，为砖砌仿木结构，由基台、庐身和庐顶三部分组成。庐顶六角攒尖顶式，上置宝珠，擎新月。基台、庐身六边形，庐身内部结构为穹隆顶，外部上下饰有砖雕三层，下部砌须弥座，高约1米，最底部一周砌如意缠枝花卉砖雕，其上饰仰、俯莲瓣，束腰处嵌莲、荷花图案砖雕，每块砖雕之间以团龙砖雕相隔。庐身中部各壁装饰华丽，西北、东南两壁为砖雕梅花圆形漏窗，北壁为"墨龙三现图"，东南壁为"假山牡丹图"，西壁为"荷花池塘图"。南壁中间开拱券形庐门，上部有长方形阿拉伯文匾额，门楣饰花卉图案，门框两侧各饰"菊花图"和"翠竹图"。墓庐修建于清代中期，是临夏地区现存较早的拱北。

甘肃省志

文物志

1. 夏鼐：《齐家期墓葬的新发现及其年代的改订》，《考古学报》1948年第3期。

2. 夏鼐：《临洮寺洼山发掘记》，《中国考古学报》1949年第4期。

3. 夏鼐：《敦煌考古漫记》，《考古通讯》1955年第2、3期。

4. 安志敏：《甘肃山丹四坝滩新石器时代遗址》，《考古学报》1957年第3期。

5. 甘肃省文物管理委员会：《兰州上西园明彭泽墓清理简报》，《考古》1957年第1期。

6. 甘肃省博物馆：《兰州市上西园明墓清理简报》，《考古》1960年第3期。

7. 甘肃省博物馆：《甘肃武威皇娘娘台遗址发掘报告》，《考古学报》1960年第2期。

8. 夏鼐：《武威唐代吐谷浑慕容氏墓志》，《考古学论文集》，科学出版社，1961年。

9. 甘肃省博物馆文物工作队、武威地区文化普查队：《永昌鸳鸯池新石器时代墓地的发掘》，《考古》1974年第5期。

10. 甘肃省博物馆：《武威雷台汉墓》，《考古学报》1974年第2期。

11. 甘肃省博物馆文物队：《甘肃秦安唐墓清理简报》，《文物》1975年第4期。

12. 中国科学院考古研究所甘肃工作队：《甘肃永靖秦魏家齐家文化墓地》，《考古学报》1975年第2期。

13. 甘肃省博物馆文物队：《甘肃灵台白草坡西周墓》，《考古学报》1977年第2期。

14. 中国社会科学院考古研究所泾渭队：《陇东镇原常山遗址发掘简报》，《考古》1981年第3期。

15. 许俊臣：《甘肃宁县唐代彩绘俑》，《考古与文物》1982年第4期。

16. 《陇西县西河滩元墓》，《中国考古学年鉴》，1985年。

17. 甘肃省文物队等编：《嘉峪关壁画墓发掘报告》，文物出版社，1985年。

18. 谢端琚：《略论齐家文化墓葬》，《考古》1986年第2期。

19. 张忠培：《齐家文化研究》（上、下），《考古学报》1987年第1、2期。

20. 蒲朝绂、南玉泉：《甘肃临夏莲花台辛店文化墓葬发掘报告》，《文物》1988年第3期。

21. 蒲朝绂、庞耀先：《永昌三角城与蛤蟆墩沙井文化遗存》，《考古学报》1990年第2期。

22. 李水城：《四坝文化研究》，《考古学文化论集（三）》，文物出版社，1993年。

23. 甘肃省文物考古研究所编：《敦煌祁家湾——西晋十六国墓葬发掘报告》，文物出版社，1994年。

24. 石龙：《甘肃临夏金代砖雕墓》，《文物》1994年第12期。

25. 甘肃省文物考古研究所、吉林大学考古系：《民乐东灰山考古——四坝文化墓地的揭示与研究》，科学出版社，1998年。

26. 戴春阳编：《敦煌佛爷庙湾——西晋画像砖墓》，文物出版社，1998年。

27. 甘肃省文物考古研究所编：《永昌西岗柴湾岗：沙井文化墓葬发掘报告》，甘肃人民出版社，2001年。

28. 甘肃省博物馆：《敦煌佛爷庙湾唐代模印砖墓》，《文物》2002年第1期。

29. 礼县博物馆、礼县秦西垂文化研究会编：《秦西垂陵区》，文物出版社，2004年。

30. 林健：《明代肃王研究》，甘肃文化出版社，2005年。

31. 南宝生：《绚丽的地下艺术宝库——清水宋金砖雕彩绘墓》，甘肃人民出版社，2005年。

32. 中国社会科学院考古研究所编著：《徐家碾寺洼文化墓地》，科学出版社，2006年。

33. 甘肃省文物考古研究所编：《秦安大地湾——新石器时期遗址发掘报告》，文物出版社，2006年。

34. 王春等：《甘肃庆城唐代游击将军穆泰墓》，《文物》2008年第3期。

35. 甘肃省文物考古研究所：《崇信于家湾周墓》，文物出版社，2009年。

第四章　长　城

甘肃境内长城的修建始于战国秦。秦国以及秦、汉、明等朝代都在此修筑长城。其中战国秦、汉、明三个朝代修筑的三道长城西端起点都在甘肃境内。秦始皇统一中国后，在今黄河流域、洮河流域一带曾大规模修长城，《金县志》《皋兰县志》等均有记载，但具体线路尚存分歧。多数学者认为，在甘肃境内，秦始皇仅对战国秦长城进行了修缮加固，并沿用原有走向、布局及建筑形制。部分学者则认为，秦始皇修建长城，沿洮河流域，经过今永靖、兰州、榆中、皋兰、靖远一带。这两种观点均缺乏有力的实物证据支撑。

甘肃境内历代长城长3600余千米（根据长城资源规定，长城长度系长城墙体和壕堑长度之和；时代沿用的长城资源数量分别计入各自时代，下同），分布在定西市（包括临洮县、渭源县、陇西县、通渭县）、平凉市（静宁县）、庆阳市（包括镇原县、环县、华池县）、酒泉市（包括肃州区、敦煌市、瓜州县、玉门市、金塔县）、嘉峪关市、张掖市（包括甘州区、高台县、临泽县、山丹县、民乐县、肃南裕固族自治县）、金昌市（包括金川区、永昌县）、武威市（包括凉州区、民勤县、古浪县、天祝藏族自治县）、白银市（包括白银区、平川区、景泰县、靖远县）、兰州市（包括城关区、七里河区、安宁区、西固区、榆中县、永登县、皋兰县）和临夏回族自治州（永靖县）等11个市（州）38个县（市、区）境内。甘肃长城以土墙为主，石墙较少，壕堑、烽燧线、关堡、山水险及其他遗存为辅，共同组成综合性军事防御体系，构筑方式以黄土夯筑为主，因地制宜，就地取材，部分地段使用红柳、芦苇、胡杨、土坯、石块等砌筑、

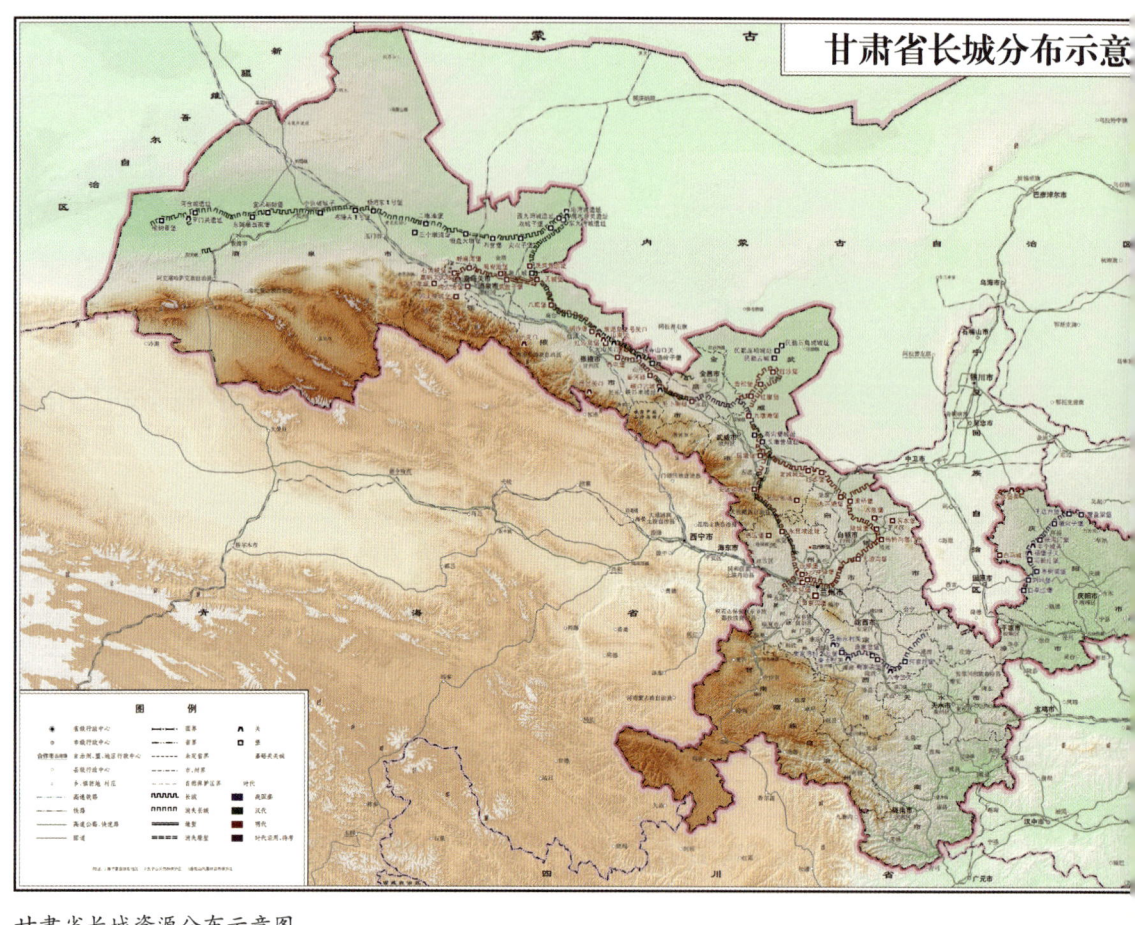

甘肃省长城资源分布示意图

垒筑、叠筑、堆筑或几种材质或方式混筑，部分地段则以山水为屏障。

1981年，甘肃省境内长城及沿线城障烽燧分别按时代被甘肃省人民政府公布为省级文物保护单位；2006年，甘肃省人民政府授权甘肃省文物局重新公布前五批省级文物保护单位时，长城及沿线城障烽燧按时代被再次确认和公布为省级文物保护单位，长城保护对象包括已经地方各级人民政府认可的本辖区长城墙体、壕堑、关堡、单体建筑及其他附属遗存等。同时，玉门关及长城烽燧遗址（包括大方盘、小方盘）、马圈湾遗址、大湾城遗址、地湾城遗址、肩水金关遗址、十营庄堡址、野麻湾堡遗址、卯来泉城堡、民勤连城城址、民勤三角城遗址、四方墩遗址、红沙堡城址、东安堡古城、老城遗址、松山新城、磨子沟三角城遗址、甜水城遗址、白马城遗址等关堡也在不同时期分别被甘肃省人民政府公布为省级文物保护单位。"万里长城—嘉峪关"于1961年被国务院公布为第一批全国重点文物保护单位，保护对象为嘉峪关关城及其周边长城和相关设施。"居延遗址"和"玉门关及其长城烽燧遗址（包括大方盘、小方盘）"于1988年被国务院公布为第三批全国重点文物保护单位。2006年，甘肃境内历代长城被国务院整体公布为第六批全国重点文物保护单位，保护对象为甘肃省境内历代长城墙体、壕堑、关堡、单体建筑及其他附属遗存等。1987年，以嘉峪关关城为代表的甘肃长城与其他省区长城一并被列入世界文化遗产名录。

全省长城调查研究肇始于近代，分为两个阶段：第一阶段为2006年以前，各类机构、国内外学者和长城爱好者开展了多层次和内容丰富的调查工作，既有区域性调查，也有重点长城点段调查，初步掌握了全省长城资源主要情况；第二阶段为2006~2011年，国家文物局统一部署，甘肃省文物局具体组织开展了全省长城资源调查，全面掌握了境内长城资源基本家底，形成了完整的长城资源调查资料数据成果和数据库（详见"第三编 文物事业发展 第一章 文物事业发展 第一节 文物资源调查 二、长城资源调查"）。

全省长城保护维修工程实践起步早，先后已实施嘉峪关关城、敦煌汉长城、山丹明长城和渭源县马家山长城等地段的保护维修工程；保护理论研究起步于2000年前后，敦煌研究院等科研单位从土遗址保护加固角度出发开展一系列研究工作，为全面推进各地长城的大规模保护维修工程打下了基础。

甘肃境内战国秦长城主要分布于中部和东部的定西、平凉和庆阳3市8县，全长409千米，筑于秦昭襄王（简称"秦昭王"）时期（公元前325~前251年），也称"秦昭（襄）王长城"。《史记·匈奴列传》记载，秦昭襄王时期，秦诈灭义渠，"于是秦有陇西、北地、上郡，筑长城以据胡"。《后汉书·西羌传》记载这一历史事件发生在东周赧王四十三年（公元前272年），因此，甘肃战国秦长城当筑于公元前272年左右，起于临洮县北12千米洮河东岸的南坪村望儿咀，即大柳林沟水与洮河交汇处，经临洮县、渭源县、陇西县、通渭县、静宁县，由静宁县进入宁夏回族自治区西吉县，经西吉县、固原市原州区、彭阳县，由彭阳县再进入甘肃省镇原县，依次经镇原县、环县、华池县，由华池县进入陕西省吴起县。甘肃境内战国秦长城由墙体、壕堑、关堡（亦称"城障"）和单体建筑共同组成。墙体长407.6千米，以黄土夯筑为主，少数夹砂石或砂土部分地段随地形走势采取外削内湮措施，极陡峻处则利用断崖峭壁以为屏障。壕堑仅在通渭、渭源、临洮三县境内有零星分布，长1.4千米，均位于长城墙体外侧，与长城墙体平行，均为人工挖掘铲削坡地而成，断面多呈"U"形。战国秦长城沿线发现关堡共35座，其中关6座、堡29座，地表建筑大多已无存，地表及周边区域散存大量外绳纹内麻点、环轮纹、方格纹素面、布纹筒瓦板瓦片。关堡布局形态及规模多根据现存遗物分布、地理环境等因素而定，平面形制主要有矩形、圆形、扇形、不规则形等。迄今为止，战国秦长城沿线发现单体建筑382座，其中敌台301座、烽火台62座，均黄土夯筑（少数夹砂石，极个别为土石混筑）。战国秦长城沿线发现的其他与长城相关遗存总计32处，其中遗址3处、障墙29处，障墙与长城墙体多呈垂直状布置，性质和时代有待进一步研究。战国秦长城沿线发现大量板瓦、筒瓦片以及少量的青砖和陶罐、云纹瓦当残片等，消失段间留存的瓦片，成为判断战国秦长城消失段落走向及其位置的重要依据。

甘肃境内汉长城，亦称"河西汉塞"，分布在兰州、武威、金昌、张掖、酒泉5市15个县（市、区），全长1457.5千米。汉长城是随着汉武帝开发河西、设置河西四郡而分段修筑的，前后共五次进行大规模修筑活动：第一次为武帝元鼎六年（公元前111年），筑令居塞（多数学者认为令居位于今永登县境内），即今永登至酒泉段，《史记·大宛列传》《汉书·张骞传》等史籍文献均有记载；第二次为武帝元封四年（公元前107年），筑酒泉至玉门关段，《汉书·张骞传》等史籍文献均有记载；第三次为武帝太初三年（公元前102年），筑张掖至居延泽（今居延海一带）段和休屠城至休屠泽段（今武威市凉州区以北至民勤县一带）；第四次为武帝天汉初年（公元前100～前99年），筑敦煌西至盐泽（古罗布泊）段亭燧，《史记·大宛列传》等史籍文献均有记载；第五次为宣帝地节三年（公元前67年），筑媪围塞至揟次段（今古浪、景泰一带）。长城资源调查（2006～2011年）期间，曾对景泰县进行专项调查，仅发现8座汉代修筑、明代沿用的烽火台，目前尚未将景泰县纳入甘肃汉长城分布区域。

甘肃境内汉长城起于永登县树屏镇上滩村下沟滩，经天祝藏族自治县、古浪县、凉州区、民勤县，从民勤县扎子沟林场处分为两条线路：一条沿石羊河，经民勤县，向西南进入金昌市金川区，穿过内蒙古自治区阿拉善右旗，进入山丹县，再经甘州区、临泽县、高台县、金塔县、玉门市、瓜州县、敦煌市，止于敦煌市湾窑盆地广昌燧（亦称湾窑墩、西井子墩）；一条经扎子沟林场，向西至永昌县，进入山丹县，止于山丹县双墩子。此外，在金塔县肩水金关以北有一条烽燧线，沿黑河东岸进入内蒙古自治区额济纳旗境内。汉长城沿线部分县区境内还存在支线，或与主线汇交，或相对独立存在。

甘肃境内汉长城由墙体、壕堑、关堡和单体建筑等组成。在金塔县以东地区以壕堑和依山水为险为主，辅以关堡和单体建筑等，墙体少见；金塔县及其以西地区则以筑墙和依山水为险为主，辅以关堡、单体建筑和其他构筑物，壕堑极少，部分地区墙体与壕堑同时存在，互为补充。汉长城墙体长1063.1千米，金塔县以东以山水险为主，人工构筑墙体为辅，其中人工构筑墙体分为土墙和山险墙，土墙材料以黄土为主，另有黄黏土、红黏土、灰棕漠土和黑褐土等，局部地段存在单侧或两侧加帮情况；金塔县及其以西地区墙体构筑方式有堆筑、垒筑、叠筑和夯筑等，材料主要有黄（沙）土、砂砾土、砾石以及红柳、芦苇、胡杨、梭梭木、芨芨草等，除砂石（土）堆筑、石块垒筑外，其他构筑方式多为两种或三种材料混合使用，主要形式为植物根茎夹砂（石）土叠筑。壕堑长394.4千米，构筑方式主要有两种：一是在山脊和较平坦的台地上，中间挖沟，土石堆于两边成垄；一种是在山坡地带，削山成壕，在山坡部将山体削挖成直立或斜立面，另一侧堆土石成

垄；另外在局部地段土石堆成两条垄成壕。汉长城沿线发现关堡42座，其中关4座、堡38座，构筑方式以黄土（部分为砂土或黄绵土）夯筑为主，部分夹砂砾，个别夹红柳；少数为红柳夹砂砾或夹砂土或石块叠筑、土坯砌筑等。迄今为止，汉长城沿线发现单体建筑408座，其中敌台33座、烽火台375座。单体建筑平面呈矩形、圆形、不规则形等，剖面多呈梯形，部分呈不规则形，构筑方式和材料复杂，构筑方式有夯筑、叠筑、砌筑、堆筑等及多种构筑形式混筑，材料有黄土、山地灰褐土、土坯、砂石土、澄泥块、碱土块、石块、砾石、芦苇、红柳、胡杨、芨芨草、杨树枝及罗布麻等，除夯筑外，其他构筑方式多为两种或以上材料筑成，还有部分单体建筑利用自然山脊稍加挖削而成。部分单体建筑有围墙（墩院）、壕沟、铺舍、房址和积薪等。在全省汉长城沿线还发现其他与长城相关遗存40余处，有天田、房址、窑址、生活遗址、戍卒墓等。

甘肃境内明长城主要分布在嘉峪关、酒泉、张掖、金昌、武威、白银、兰州、临夏、庆阳9个市（州）27个县（市、区），全长1796.9千米，明长城防御系统分属甘肃镇和固原镇（固原设镇之前，环县一带属延绥镇）及后来从固原镇析置的临洮镇管辖。甘肃明长城自明洪武五年（1372年）修筑嘉峪关关城始，迄于万历年间

（1573~1620年），历时200多年。明代长城西端起点为嘉峪关关城，始筑于明洪武五年（1372年），初期仅为一座小土城。弘治八年（1495年）修建关楼，正德元年（1506年）修建东西二楼及官厅、夷厂、仓库等建筑。嘉靖十八年（1539年）筑关城南、北边墙及其他建筑，至此，关城始成今日之规模，清代梁份《秦边纪略》记载："初有水而后置关，有关而后建楼，有楼而后筑长城，长城筑而后可守也。"甘肃境内其他地区明长城始筑于成化年间（1465~1487年），当时蒙古残余势力毛里孩屡次扰边，明廷兵部侍郎王复出视陕西边备，继而经略宁夏、甘肃，根据西北地区险隘在内地、境外无屏障的地形特点，以及民居在外、屯军在内的分布实情，多次上疏请在今甘肃境内修筑长城防御屏障及相关设施，并增设卫所和将官（见《明史·王复传》）。此后，余子俊巡抚延绥镇期间，因"延庆地平易，利驰突"，前后多次组织修筑长城，有效地抵御了蒙古残部对该镇辖区的袭扰（见《明史·余子俊传》）。明王朝在今甘肃境内大规模修筑长城始于弘治十四年（1501年），这年设立固原镇。后历弘治、正德、嘉靖三朝，秦纮、王琼、廖逢节和杨博等人相继主持修筑甘肃境内明长城，甘肃明长城防御体系基本成形（见《明史·秦纮传》《明史·杨博传》《明长城考实》《明代陕

西四镇长城》等）。明后期隆庆（1567~1572年）、万历年间（1573~1620年）又进行多次重建、增筑和改线（见《肃镇华夷志》《重修肃州新志》《兰州府志》等）。同时，境内明长城部分地段大量利用前代长城设施，进行修补、增筑、扩建后继续使用。

甘肃境内明长城主线起自嘉峪关关城以南讨赖河北岸，经嘉峪关市，进入酒泉市肃州区，在肃州区闇门墩处分为两条线路：一条线向南行，复向东行，进入高台县，在高台县红山嘴一带消失；一条线向东北经金塔县进入高台县，经高台县、临泽县、甘州区、山丹县、永昌县，在永昌县明沙窝墩开始，再次分为两条线路，向西南和向东北分别进入民勤县。两条长城线路在民勤县扎子沟林场汇合后，进入武威市凉州区，在凉州区土塔村铧尖旮旯处第三次分作两条线路：一条向东经凉州区、古浪县、景泰县，止于景泰县索桥黄河边；一条向东南进入古浪县，经天祝县、永登县、兰州市西固区、皋兰县、安宁区、城关区，止于城关区盐场堡。另有一条线路起自永靖县盐锅峡镇水电站大坝南侧山崖下，沿黄河南岸向东延伸，进入兰州市西固区，分别经过西固区、七里河区、城关区、榆中县、皋兰县，沿黄河东岸向北延伸，复入榆中县，又经过靖远县，到达白银市平川区空心楼，

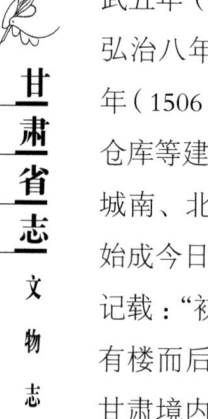

甘肃省志

文物志

256

再次转入靖远县境内，经黑山峡喜鹊沟转入宁夏回族自治区中卫市。甘肃境内还存在"固原内边"，起自陕、甘、宁三省交界的杏树湾烽火台，经环县，进入宁夏回族自治区同心县，经同心县、海原县，自海原县转入靖远县，至平川区空心楼，与前一条长城线路相接。山丹境内也存在一条长城支线，自甘州区进入，沿本县北部山区大体向东延伸，进入内蒙古自治区阿拉善右旗。此外，明长城在永登县县城附近向西南延伸出一条支线，向西进入青海省海东市乐都区，与青海省海东市境内的明长城相接。甘肃明长城所经部分县区还存在多条支线，或与主线汇交，或相对独立存在。在白银区、民乐县和肃南裕固族自治县境内还存在明代烽燧线及关堡等。

甘肃境内明长城由墙体、壕堑、关堡和单体建筑等组成。墙体是明长城最主要和重要的防御设施。在同一区域同时存在墙体和壕堑者，或修筑时间先后有别，或互为补充；关堡和单体建筑均是辅助防御设施，单体建筑亦具传警功能。明长城墙体长1477.3千米，构筑方式以夯筑为主，又以黄土夯筑占多数，亦有黄沙土、黄胶土、黄黏土、盐碱土、红沙土、红黏土、灰棕漠土、山地灰褐土、灰褐土、风沙土、山地灰黄土等或两种材料混合，部分段落夯土不同程度夹砂土或砾石或卵石；河西走廊部分地区存在加帮和部分墙体顶部存有女墙等情况；河西走廊地区及白银、兰州等地还充分利用山水险以为屏障，在个别地段修筑山险墙和封堵峡口的"封沟墙"，以为辅助；境内明长城石墙极少，多数为山险墙。壕堑长319.6千米，构筑方式主要是山脊和较平坦的台地上，中间挖沟，土石堆于两边成垄；少数削山成壕，在山坡部将山体削挖成直立或斜立面，另一侧堆土石成垄。明长城沿线发现关堡84座，其中关10座、堡74座，除景泰县索桥堡比较独特，堡内建筑均用红褐色片石砌筑外，其余关堡墙构筑方式多为黄土夯筑，少数为黄绵土或红胶土或红黏土夯筑；河西走廊地区部分关隘还借助山势构筑，酒泉市境内部分堡墙为砂石土堆积而成。明长城沿线发现单体建筑1519座，其中敌台298座、烽火台1222座、墙台（位于甘州区）和马面（位于山丹县）各1座。单体建筑平面多为矩形，也有圆形和不规则形等，剖面主要呈梯形和不规则形，高台县境内的八棱墩平面呈八角形。单体建筑构筑方式主要为黄土夯筑，部分夹石块、砾石、砂石或芨芨草，还有黄绵土、红黏土、黄沙土、灰棕漠土、红沙土、红土、黄褐土夹砂石、山土夹碎石等夯筑，以及土坯砌筑、石块（含锈砂岩块）砌筑、片石或石板砌筑、石块夹植物根茎叠筑、黄土或夹石块堆筑等和两种（个别为三种）构筑形式混筑；部分单体建筑存在石块、卵石、黄泥或土坯覆面情况；个别单体建筑利用自然山体修整而成。部分单体建筑周围还有围墙（墩院）、壕沟、燧体和铺舍等设施。明长城沿线发现的其他与长城相关遗存72处，有驿站、路墩、生活遗址、摩崖石刻等。

截至2010年，全省实施的长城保护维修工程主要有：

1. 嘉峪关保护维修工程。1950年，对关城进行抢险维修。1957~1959年，对嘉峪关城部分建筑进行首次大规模维修。1971年，对关城进行局部维修。1973~1975年，对关城城墙进行抢险维修。1979年，对关城内城内侧东段部分墙体进行喷固试验。1981~1983年，对嘉峪关关城建筑及环境进行修整。1985~1990年，国家拨款、群众捐资1000多万元，对嘉峪关关城部分建筑进行维修重建，这是1949年以来的第二次大规模维修工程，工程主要内容包括关城城墙加固维修、关楼重建、游击将军府和悬臂长城修复、关城两翼长城修补、讨赖河墩（一墩）综合防护、长城博物馆修建和环境整治等。1997年，对长城第一墩下崖壁实施基础加固。1998年，对关帝庙进行修缮彩绘。

2. 其他长城保护维修工程（以时间为序）。1983~1984年，实施汉长城玉门关遗址维修加固工程。1988年，对河仓城墙体进行维修加固。1998年，对玉门关进行维修加固。1999年，为金塔县大湾城遗址修建防洪堤470米。2000年，山丹县与日本亚细亚文化交流学会合作对山丹明长城进行局部修缮。2008年，山丹县文物部门组织对明长城新河9号敌台进行抢险加固，并对峡口古城城门洞及过街楼实施保护维修工程。2009年，渭源县文物部门委托敦煌研究院实施战国秦长城遗址马家山段保护维修工程。

第一节　战国秦长城

一、临洮段

战国秦长城临洮段分布于临洮县境中部，整体呈西北—东南走向，全长43千米，地处东峪沟东岸和洮河东岸沟壑山梁、山岭地带，地势起伏大，支沟多，地形复杂，长城两侧多为耕地。县境北部望儿咀是秦昭襄王长城西端起点，自西北向东南延伸，经南坪、水泉湾、沿川子、蔡家岭、支家墼岘、古树湾、杨家山、长城坡等地，至夹槽梁进入渭源县境内。在临洮县境内，战国秦长城主要经过新添、峡口、八里铺、龙门、窑店5个乡镇。

本段长城由墙体、壕堑、关堡、单体建筑及其他与长城相关遗存组成。墙体长42.1千米，黄土（部分为黄绵土）夯筑，夯层厚0.04~0.15米，也有以山体为墙或堑山为墙。墙体底宽1~12米，顶宽0.2~3.4米，高0.03~15米。壕堑共发现6条，全长936米，均位于长城墙体外侧，是加强长城防御功能的辅助设施，多为两道壕堑并行的布局和走向。壕堑长30~184米，剖面呈凹形和"U"字形，宽1.4~15米，深0.6~3.6米。发现关1座，即新永村关，关墙构筑方式为黄土夯筑。发现单体建筑26座，其中敌台10座、烽火台16座。9座烽火台位于长城内侧，东峪沟西岸山梁上的7座烽火台位于长城外侧。单体建筑平面多呈不规则形、椭圆形，部分呈圆形，个别为矩形，剖面多呈不规则形，部分呈梯形，少数呈三角形，个别为矩形。单体建筑构筑方式均为黄土夯筑，夯层厚0.03~0.16米。长城沿线发现居住遗存3处，有2座平面呈矩形，1座形制不明，遗址内设施不存，遗址范围内外散存大量绳纹、环轮纹、素面板瓦和筒瓦片及少量青砖。

本段长城面临的主要破坏因素和病害有风雨侵蚀、雨水冲刷、鼠害、开垦耕地、修建道路等。

本段长城沿线散存少量外绳纹内麻点纹、乳丁纹、布纹、菱格纹、方格纹、素面，外环轮纹内环轮纹、素面板瓦、筒瓦片以及青砖、陶罐残片。

宿郑家坪村长城

长3216米。黄土夹少量红土夯筑，夯层厚0.05~0.14米。底宽2~12米，顶宽0.8~2米，高0.8~4米。沿线散存外绳纹内麻点纹、环轮纹、素面板瓦和筒瓦片。沿线有敌台1座。

高庙村长城

长1338米。黄土夯筑，夯层厚0.05~0.1米。底宽1.6~4.3米，顶部残损，高1.5~3米（内外侧有高差）。末端路旁

宿郑家坪村长城

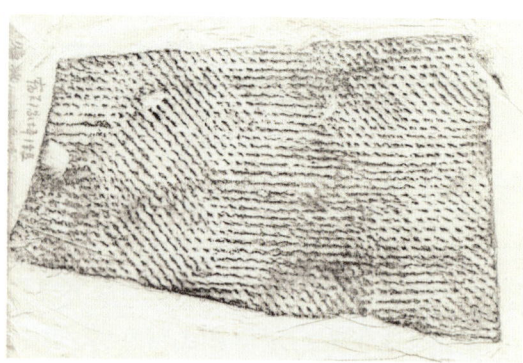

宿郑家坪村长城采集的板瓦外侧拓片

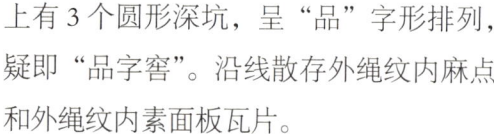

长城坡村长城

武家村壕堑

上有 3 个圆形深坑,呈"品"字形排列,疑即"品字窖"。沿线散存外绳纹内麻点和外绳纹内素面板瓦片。

长城坡村长城

长 2694 米。黄土夯筑,夯层厚 0.06~0.12 米。底宽 1.5~6.4 米,顶宽 0.6~2.5 米,高 0.5~2.3 米。沿线发现少量外饰绳纹内饰麻点纹、乳丁纹、菱格纹、素面及外饰环轮纹内素面等板瓦及筒瓦片。沿线有敌台和烽火台各 1 座。

黄家川村长城

长 1823 米。黄土夯筑,夯层厚 0.06~0.12

米。底宽 1.9~2.5 米,顶宽 0.7~0.8 米,高 0.8~2.2 米。沿线发现少量外饰绳纹内饰麻点纹、素面瓦片。

武家村壕堑

分为内、外两道,均为西南—东北走向。第一道壕堑呈"凹"形,长 49 米,宽 13 米,深 3.6 米;第二道壕堑呈"U"形,长 64 米,宽 14 米,深 2.8 米。两壕中间有一段长 46 米、底宽 4.2 米的土垄,现已塌陷成斜坡。

新永村关

位于龙门镇新永村蔡家岭顶雷祖庙。

背依长城墙体，前临南侧断崖。关堡平面略呈矩形，坐南朝北。东墙长34米，南墙为长城墙体，长25米，西墙长34米，北墙长23米。现存关墙宽0.5~1.6米，高0.8~2米，黄土夯筑，夯层厚0.06~0.12米。东墙和南墙相交处为岭顶制高点，建有敌台1座。

堡子坑敌台

位于窑店镇长城坡村堡子坑社北。平面呈不规则形，剖面呈近似梯形。顶部东西宽2.2米，南北长3.2米；底部东西长6.5米，南北宽5.2米，高3.1米。黄土夯筑，夯层厚0.03~0.12米。敌台顶部和周围农田间及田埂上散存外绳纹内麻点纹、素面、乳丁纹瓦片。

古树湾1号敌台

位于窑店镇凡山村古树湾社西。平面略呈矩形，剖面呈不规则形。顶部东西宽1.1米，南北长1.4米；底部东西长4.4米，南北宽3.7米，高4.5米；中部圆柱状台体东西宽3.4米，南北长4米，高6米。黄土夯筑，夯层厚0.05~0.08米。敌台周围散存少量的外绳纹内麻点纹和内外环轮纹瓦片，圆柱状台体中夹杂少量灰瓦片。

蔡家岭烽火台

位于龙门镇新永村蔡家岭社东南。底部呈半月形，剖面呈梯形，系略呈圆柱形的土丘。顶部残损，底部东西宽6.1米，南北长12.4米，北侧高3.3米，南侧高2.5米。黄土夯筑，夯层厚0.06~0.08米。烽火台顶部及周围散存外绳纹内麻点纹、素面等瓦片。

大崖头烽火台

位于洮阳镇边家湾村五社北。平面呈不规则四边形，剖面呈梯形。顶部东西宽2米，南北长2.5米；底部东西宽7.6米，南北长9.5米；高8米。黄土夯筑，夯层厚0.1~0.16米，局部厚0.07~0.09米。台体顶部及四周约200米范围内散存大量

古树湾1号敌台

大崖头烽火台

泥质红陶片（部分有彩绘）、夹砂黑陶片、夹砂灰陶片及少量人工打磨修琢的扁平石器。

陈家窝窝烽火台

位于窑店镇杨家坡村陈家窝窝社东。平面呈椭圆形，顶部残损，底部东西宽2米，南北长15米，高7米。黄土夯筑，夯层不清。

陈家窝窝烽火台

宿郑家坪村遗存

位于八里铺镇宿郑家坪村水泉社西北。平面呈矩形，仅存部分东墙和北墙。东侧墙体略呈南北走向，与长城墙体平行，长10米，底宽1.6~5.8米，高0.7~2.5米；北侧墙体略呈东西向，其东向延长线基本与长城墙体垂直，长22米，底宽1~6米；东墙和北墙相交。墙体黄土夯筑，夯层不清。遗存周围散存较多外绳纹内麻点纹、布纹、绳纹以及环轮纹板瓦、筒瓦片。

二、渭源段

战国秦长城渭源段分布于县境北部，大体呈西北—东南走向，全长39.2千米，地处黄土梁峁沟壑区，大体沿大河、崔家河、咸河3条河流之间的山梁延伸。本段长城自临洮县夹槽梁进入本县，经樊家湾、李家窑、关山根村、秦王村、大石岔村，向东南方向沿洮河与渭河分水岭岭脊延伸，再经七圣村、红岘村、池坪村、盐滩村，沿咸河与崔家河之间的山梁延伸，跨过咸河，至野狐湾南面，进入陇西县境内。在渭源县境内，战国秦长城主要经过庆坪、清源、北寨3个乡镇。

本段长城由墙体、壕堑、关堡、单体建筑及其他与长城相关遗存组成。墙体长39.1千米，黄土夯筑，夯层厚0.04~0.22米。多呈土垄状，底宽0.1~9.5米，顶宽0.1~7.2米，高0.1~5.2米。有壕堑1条，即红岘村壕堑，内依长城墙体，外侧铲挖山坡，略呈"U"字形。迄今发现关堡5座，其中关1座、堡4座，均位于长城内侧，可见关堡墙构筑方式黄土夯筑，夯层厚0.08~0.1米。关堡内均不见建筑遗存，地表发现瓦片和器物残片。发现单体建筑53座，其中敌台50座、烽火台3座。烽火台2座位于长城内侧，1座位于长城外侧。单体建筑平面呈圆形、椭圆形和不规则形，剖面绝大多数呈不规则形，部分呈梯形，个别呈三角形。单体建筑构筑方式均为黄土夯筑,夯层厚0.04~0.11米。长城沿线发现障墙4处,均位于长城墙体内侧山梁上,与长城墙体垂直,除野狐湾障墙外,其余均与长城墙体不相连。障墙长35~45米,底宽2~15.5米,顶宽1~2.1米,高2.2~8.3米,黄土夯筑,夯层厚0.06~0.12米。

本段长城面临的主要破坏因素和病害有风雨侵蚀、沟壑发育、开垦耕地、修建道路等。

本段长城沿线周边散存外绳纹内麻点纹、菱格纹、绳纹、素面纹、布纹以及外绳纹、环轮纹内麻点纹瓦片。消失段间残存的各类瓦片,成为判断长城走向及其位置的重要依据。

祁家坪村长城

长3218米。黄土夹砂土夯筑,夯层厚0.05~0.09米。底宽0.4~9米,顶宽0.2~3米,高0.4~5.2米。沿线散存绳纹、环轮纹板瓦及筒瓦等。沿线有敌台5座。

盐滩村长城

长5587米。黄土夯筑,夯层厚0.05~0.09米。底宽0.8~7.5米,顶宽0.3~2.8米,高0.5~4.8米。沿线散存外绳纹内麻点纹、绳纹、乳丁纹、素面、布纹以及内外皆环轮纹瓦片,另发现云纹瓦当。沿线有敌台1座、障墙2处。

红岘村壕堑

内依长城墙体,外侧铲挖山坡,断

祁家坪村长城

盐滩村长城1段

盐滩村长城采集的瓦当拓片

面略呈"U"形。长94米,宽12米,深1~3米。

秦王村关

位于渭源镇秦王村老湾社北面一个

秦王村关

不规则条状山峁上。平面呈不规则形。由
于人为踩踏和挖掘，东侧、南侧和西侧
已成为阶梯状下降的梯地。现仅存一段
关墙，北接长城墙体并与之垂直，南北
走向，疑似利用长城墙体作为北墙。现
存关墙长26米，底宽8.5米，顶宽1~2.5
米，高2.5~2.8米，黄土夯筑，夯层不清。
周围散存内外绳纹、内素面外绳纹以及
内外皆素面瓦片。

樊家湾村1号堡

位于樊家湾村石家梁社西北。平面
呈不规则形。仅存墙基与少量墙体，东
侧墙基长21米，东南侧墙基长55米，
南侧墙基长30米，西北侧墙基长86米，
北侧墙基长85米。东南侧墙基残存墙体，
长3.5米；东侧墙基残存墙体，长7米，
二者相接；南侧墙体残长2米。堡墙高
4~10米，黄土夯筑，夯层厚0.08~0.1米。
堡内设施无存。墙基周边散存少量绳纹
瓦片。

老湾敌台

位于清源镇秦王村老湾社西。平面
呈椭圆形。顶部长径东西7.2米，短径南
北6米；底部长径东西17.8米，短径南
北16.4米；南侧高3.9米，北侧高4.2米。
黄土夯筑，夯层不清。敌台周围散存环
轮纹板瓦片。

姜家山敌台

位于清源镇新林村姜家山社西北。
平面呈近似圆形，剖面呈不规则形。顶
部残损，底部东西长10米，南北宽9米，
高4米。黄土夯筑，夯层不清。顶部有一
插牌（喇嘛祭祀天神，防冰雹、雷电，祈
求风调雨顺之用，当地俗称"喇嘛墩儿"）。
敌台顶部及周围散存零星外绳纹内素面
和外环轮纹内素面板瓦片。

石家梁敌台

位于庆坪乡樊家湾村石家梁社西南。
平面呈近似椭圆形，剖面呈近似梯形。顶
部东西长4米，南北宽3.4米；底部东西
长10.8米，南北宽9米；高2.4米。黄土
夯筑，夯层不清。敌台周围发现外绳纹
内棱格纹或内素面瓦片。

郭家阴山敌台

位于北寨镇盐滩村郭家阴山社东。
平、剖面均呈不规则形。顶部东西长2.2
米，南北宽2米；底部东西长7.7米，南
北宽7.6米。西侧自土路以上高1.4米，
土路西侧高3.2米，东侧高5.4米。黄土

郭家阴山敌台

白豁岘1号烽火台

夹砂石夯筑，夯层不清。敌台附近发现外绳纹内麻点纹、素面、布纹板瓦和筒瓦，还留存一块白色礓石。

史家上沟敌台

位于北寨镇祁家坪村史家上沟社西南。平面呈椭圆形，剖面呈不规则形。顶部东西长2.2米，南北宽2米；底部东西长22米，南北宽18米；东侧高7.2米，西侧高8米。黄土夯筑，夯层厚0.06~0.09米。敌台上及周围分布大量外绳纹内麻点纹、布纹和外环轮纹内素面瓦片。

城壕里烽火台

位于清源镇崔家河村城壕里社东。平面呈近似椭圆形，剖面呈不规则形。顶部东西长3.1米，南北宽1.9米；底部东西宽4.7米，南北长6.9米；南侧高2.1米，北侧高2.4米。黄土夯筑，夯层厚0.07~0.09米。烽火台周围农田间散存零星绳纹板瓦片。

白豁岘1号烽火台

位于庆坪乡关山根村白豁岘社西北。

平、剖面均呈不规则形。顶部东西长4.5米，南北宽2.4米；底部东西长13.3米，南北宽7.6米；东侧高1.6米，西侧高1.2米。黄土夯筑，夯层不清。烽火台周围发现外绳纹内棱格纹、素面板瓦片。

野狐湾障墙

位于北寨乡盐滩村野狐湾社南。长35米，与长城墙体垂直。底宽15.5米，顶宽1米，东侧高4.8米，西侧高8.3米。黄土夯筑，夯层不清。障墙西侧散存大量外绳纹内麻点纹、素面、乳丁纹和雨点纹瓦片，其中外绳纹内麻点纹瓦片最多。

郭家阴山障墙

位于北寨乡盐滩村郭家阴山社东。北距长城墙体84米。长35米，宽7.6米，南侧高2.2米，北侧高2.2米。黄土夯筑，夯层不清。障墙西侧有大量瓦片，纹饰有外绳纹内麻点纹、素面、雨点纹和外环轮纹内素面、环轮纹，其中外绳纹内素面瓦片较多。

郭家阴山障墙

三、陇西段

战国秦长城陇西段主要分布于县境北部，整体呈西北—东南走向，全长57.5千米，地处北山干旱区。这里沟壑纵横，梁峁起伏。本段长城自渭源县野狐湾南面进入本县，依次经阳山、毛家曳沟、刘家山、剌湾梁、三官庙梁、罗河、余家峡沟、长城梁、咸河、乌龙沟、城壕梁、大瞭山、万渠山、拉面沟、老坡子沟，至干瞭山山处进入通渭县境内。在陇西县境内，战国秦长城主要经过德兴、柯寨、福星、云田、渭阳、和平6个乡镇。

本段长城由墙体、关堡、单体建筑及其他与长城相关遗存组成。墙体长57.5千米，多呈土垄状，黄土夹砂土（少数或夹砂石）夯筑，局部地段夹有瓦片。夯层厚0.04~0.14米，底宽0.7~17.8米，顶宽0.1~3米，高0.3~8.4米。发现关堡7座，其中关1座、堡6座，地表均无建筑

遗存。关形制不清。堡墙构筑方式为黄土夯筑，夯层厚0.06~0.11米，地表遗存大量瓦片和陶片。发现单体建筑8座，其中敌台、烽火台各4座，烽火台均位于长城内侧。单体建筑平面呈不规则形、椭圆形和方形，剖面以不规则形为主，部分为梯形和拱形。单体建筑构筑方式均为黄土夯筑，绝大多数夹有砂石，夯层厚0.05~0.11米。长城沿线发现障墙9处，均位于长城墙体内侧，与长城墙体不相连。障墙长32~60米，底宽0.5~10.9米，顶宽0.2~3.5米，高0.5~6米；黄土夯筑，夯层厚0.05~0.12米。

本段长城面临的主要破坏因素和病害有风雨侵蚀、水土流失、沟壑发育、开垦耕地、修建道路等。

本段长城沿线留存有外绳纹内麻点纹板瓦、筒瓦片。

阳山村长城

长4019米。黄土夹少量砂土夯筑，夯层厚0.05~0.09米。底宽0.8~7.6米，顶宽0.3~2.2米，高0.5~6.5米。沿线散存外绳纹内麻点、外绳纹内绳纹、外绳纹内素面、外绳纹内菱格纹、内外环轮纹等瓦片。沿线有敌台1座。

庙儿湾村长城

长2834米。黄土夯筑，夯层厚0.05~0.13米。底宽1~11.5米，顶宽0.4~2.6米，高0.6~8.4米。沿线散存外绳纹内麻点纹、

布纹、菱格纹、素面等瓦片。墙体东北315米为阴山障墙。

福星村长城

长2631米。黄土夹少量砂土夯筑，夯层厚0.06~0.1米。底宽1.8~12米，顶宽1~2.75米，高0.3~4.1米。墙体周围留存大量瓦片，以外绳纹内麻点纹、外绳纹内素面最多，外绳纹内布纹瓦片较少。此外还有少量器物残片。墙体南65米为焦家那坡障墙。

云川村长城1段

长1597米。黄土夯筑，夯层厚0.06~0.09米。底宽1~7米，顶宽0.4~1.7米，高0.3~6.2米。沿线散存有外绳纹内麻点纹筒瓦、板瓦和器物残片。墙体南14米为砂川里障墙。

南岔里望儿台堡

位于和平乡南岔村南岔里社北。平面呈矩形，存东侧墙体及部分南、北侧墙体。东墙长26米，顶宽1.2米，底宽6米，内侧高2.6~3米，外侧高3~4米。南墙残长14米，顶宽2米，底宽4米，内侧高0.5~3米，外侧高4~6米。北墙残长15米，顶宽2米，底宽4.5米，内侧高1.1~3米，外侧高4~5米。堡墙黄土夯筑，夯层厚0.09~0.11米。堡南墙外发现外绳纹内麻点纹瓦片。

泉湾望儿台堡

位于福星镇庞家岔村泉湾社南。平

庙儿湾村长城

福星村长城

云川村长城1段

面呈矩形，东西长29米，南北宽18米。东墙顶宽1米，底宽10.4米，外高2.8米，内高1米。南墙顶宽1米，底宽10.5米，内高0.8米，外高4米。西墙顶宽1.6米，底宽11.5米，内高0.7米，外高4.5

泉湾望儿台堡

姚家湾敌台

张家寨子2号烽火台

环轮内素面瓦片。

姚家湾敌台

位于和平乡云川村姚家湾社西。已坍塌成卧鲸状,平面呈椭圆形,剖面呈不规则形。顶部东西宽 1.5 米,南北长 3.5 米;底部东西长 8 米,南北宽 5.3 米;南侧高 5 米,北侧高 3.5 米。黄土夹砂石夯筑,夯层厚 0.05~0.09 米。敌台周围散存零星绳纹瓦片和云纹瓦当。

张家寨子敌台

位于和平乡南岔村张家寨子南。平、剖面均呈不规则形。顶部东西长 1.9 米,南北宽 1.8 米;底部东西长 14.8 米,南北宽 12 米;东侧高 2.4 米,西侧高 5 米。黄土夯筑,夯层厚 0.08~0.11 米。

东儿渠 1 号烽火台

位于渭阳乡小干川村东儿渠社南。平面略呈方形,剖面呈梯形。顶部东西长 3 米、南北宽 2.6 米;底边长 4 米;南侧高 1 米,北侧高 0.85 米。黄土夹砂石夯筑,夯层厚 0.07~0.1 米。

张家寨子 2 号烽火台

位于和平乡南岔村张家寨子南。平面略呈椭圆形,剖面呈梯形。顶部东西长 2 米,南北宽 1.6 米;底部东西宽 9.6 米,南北长 11.6 米;高 5 米。黄土夯筑,夯层厚 0.09~0.1 米。

焦家那坡障墙

位于福星镇福星村马莲岘社北。长

米。北墙顶宽 2.1 米,底宽 8.9 米,内高 0.9 米,外高 5.5 米。堡墙黄土夯筑,夯层厚 0.06~0.08 米。堡周围散存大量外绳纹内麻点纹、内外绳纹、外绳纹内布纹、外绳纹内乳丁纹、外绳纹内菱格纹和外

焦家那坡障墙

60 米，与长城墙体垂直。底宽 3.5~5 米，顶宽 1.5~2.2 米，高 0.5~3.2 米。黄土夯筑，夯层厚 0.06~0.08 米。障墙周围散存大量外绳纹内麻点纹、外绳纹内素面纹、外环轮纹内素面纹瓦片和少量器物残片。

坑窝障墙

位于云田镇李家门村坑窝社西北。长 55 米，与长城墙体位置关系不明确。底宽 2.4 米，顶宽 1.2 米，东南侧高 6 米，西北侧高 4 米。黄土夯筑，夯层厚 0.07~0.09 米。障墙周围散存外绳纹内麻点纹和外绳纹内素面等瓦片。

四、通渭段

战国秦长城通渭段分布于县境北部，略呈东北—西南走向，全长 88.5 千米，地处黄土丘陵沟壑区，沿线地形以山地为主，山峦起伏，岭梁交错，沟壑纵横。长城墙体周围多为退耕还林荒地，沿途多经过村镇、耕地和树林。本段长城自渭源县干瞭乩山进入本县，依次经过四罗坪、坪道、岔口、陈家窑、文树、城墙湾、第三铺、小岔湾、王家河、大河村、李家川、卢中、魏家小河、新合、吊咀、王儿岔、董家沟、山坪等地，至烽墩梁进入静宁县境内。在通渭县境内，战国秦长城主要经过榜罗、第三铺、马营、北城铺、寺子川 5 个乡镇。

本段长城由墙体、壕堑、关堡、单体建筑及其他与长城相关遗存组成。墙体长 88.1 千米，黄土夯筑，夯层厚 0.05~0.12 米，夯窝直径 0.5 米，底宽 0.7~7.5 米，顶宽 0.45~3.8 米，高 0.3~4.6 米，多数地段墙体已毁。壕堑总共发现 2 条，总长

401 米，位于长城墙体外侧，与长城墙体基本平行，系人工挖掘铲削土体而成，断面略呈"U"字形，分别长 182 米、219 米，宽 14~16 米，深 2.8~6 米。发现堡 1 座，位于长城内侧，构筑方式不清，地表散存大量瓦片和陶片。发现单体建筑 27 座，其中敌台 20 座、烽火台 7 座，烽火台均位于长城内侧。单体建筑平面主要呈椭圆形、圆形和不规则形，个别呈矩形；剖面大多数呈不规则形，部分呈梯形，个别呈拱形。单体建筑构筑方式均为黄土夯筑，夯层厚 0.06~0.13 米。长城沿线发现障墙 6 处，均位于长城墙体内侧，与长城墙体不相连。障墙长 27.1~80.5 米，底宽 4.2~18.3 米，顶宽 0.7~3.5 米，高 0.7~4.9 米，黄土夯筑，夯层厚 0.06~0.12 米。另在长城沿线发现居住遗存 1 处，位于长城墙体内侧，地表现存 1 段黄土梁和 2 座黄土台。

本段长城面临的主要破坏因素和病害有风雨侵蚀、水土流失、沟壑发育、动物和昆虫打洞筑穴、植物生长、开垦耕地、修建道路、取土等。

本段长城沿线留存有外绳纹内麻点、菱格纹、布纹板瓦及筒瓦片和少量器物残片。

岔口村长城

长 5452 米。黄土夯筑，夯层厚 0.06~0.09 米。底宽 2.3~2.45 米，顶宽 1.7~2.25 米，外高 1.2 米，内高 1~4.1 米。沿线发现外绳纹内麻点或素面板瓦及外绳纹内布纹筒瓦片。沿线有敌台 1 座，墙体西 343 米为时家庄障墙。

第三铺村长城

长 1697 米。黄土夯筑，夯层厚 0.05~0.12 米，夯窝直径 0.05 米。底宽 1.8~2 米，顶宽 0.6~1.5 米，高 0.5~2 米。沿线发现外绳纹内菱形、素面、布纹板瓦及筒瓦片。沿线有敌台 2 座，墙体西南 100 米处为长城湾障墙。

王儿岔村长城

长 6129 米。黄土夯筑，夯层厚 0.08~0.1 米。底宽 3.2 米，顶宽 0.5~1.7 米，高 0.5~1.7 米。沿线发现外绳纹或环轮纹内麻点、素面、布纹等板瓦。沿线有敌台 2 座。

仁和村壕堑

位于长城墙体外侧，与长城墙体平行。略呈"U"字形，长 219 米，宽 16 米，底宽 1.8 米，深 5~6 米。

何家坪堡

位于榜罗镇绽沟村何家坪社南。地面遗迹无存，散存大量绳纹板瓦及筒瓦片，发现铁锈残块。根据遗物分布范围，该遗址占地面积约 3.5 万平方米。

烽墩梁敌台

位于寺子川乡山坪村张家湾社东南。平面近似圆形，剖面呈拱形。顶部直径 7 米，底部直径 14.6 米，高 2.6 米。黄土夯筑，夯层厚 0.07~0.09 米。敌台顶部及周

第三铺村长城

王儿岔村长城

何家坪堡

烽墩梁敌台

围农田间散存少量绳纹板瓦片。

徐家湾敌台

位于寺子川乡长城村徐家湾社南。平、剖面均呈不规则形。顶部东西长 4 米，南北宽 3.2 米；底部东西长 7.5 米，南北宽 7 米；高 2.7 米。黄土夯筑，夯层厚 0.1~0.12 米。敌台周围散存少量外绳纹内布纹、外绳纹内麻点纹板瓦片。

贾家岔敌台

位于马营镇大河村贾家岔社北。平面呈椭圆形，剖面呈不规则形。顶部东西长 4.8 米，南北宽 3 米；底部东西长10 米，南北宽 7.08 米；南侧高 2 米，北侧高 3 米。黄土夯筑，夯层厚 0.07~0.09 米。敌台周围散存少量外绳纹内布纹、外环轮纹内麻点纹或内外皆饰环轮纹、绳纹板瓦片。

焦家山烽火台

位于榜罗镇南家坡村焦家山社南。平、剖面均呈不规则形。顶部南北长 5.6 米，东西尺寸不详；底部东西长 17 米，南北宽 13.6 米；南侧高 2.4 米，北侧高 3.4 米。黄土夯筑，夯层不清。烽火台周围散存零星外绳纹内布纹筒瓦片。

第四章 长城

271

赵家曲烽火台

位于北城铺乡仁和村赵家曲社北。平面呈圆形，剖面略呈梯形。底部东西宽10.5米，南北长11.5米，南侧高3.5米，北侧高3米。黄土夯筑，夯层不清。烽火台周围散存零星外绳纹内布纹、外绳纹内素面板瓦片。

赵家曲烽火台

陈家上湾烽火台

位于北城铺乡卢中村陈家上湾社北。平面呈圆形，剖面呈不规则形。底部东西长11.6米，南北宽9.6米，高3米。黄土夯筑，夯层厚0.08米。烽火台周围散存零星外绳纹内绳纹、外绳纹内素面板瓦片。

长城湾障墙

位于第三铺乡第三铺村长城湾社南，与长城墙体略呈垂直。现存两道：第一道长80.5米，底宽9.3米，北侧高3.6米，南侧高2.4米。黄土夯筑，夯层不清。障墙末端南侧有一插牌（喇嘛祭祀天神，防冰雹、雷电，祈求风调雨顺之用，当地俗称"喇嘛墩儿"）。第二道长45.5米，底宽12米，东侧高3.5米，西侧高2米。黄土夯筑，夯层厚0.07~0.12米。障墙周围发现外绳纹内素面、菱形纹、布纹等板瓦及筒瓦片，并有少量器物残片。

陈家山障墙

位于榜罗镇文树村陈家山社南。长56米，与长城墙体略呈垂直，顶宽不详。底部最宽处10.5米，南侧高4米，北侧高3.5米。黄土夯筑，夯层厚0.08~0.12米。障墙坍塌土层中夹杂有瓦钉孔的外饰绳纹内饰绳纹板瓦片，顶部及四周台地上散存少量外绳纹内素面、外绳纹或弦纹内素面及内外皆绳纹（有瓦钉孔）板瓦片以及方唇折沿敞口圆腹泥质灰陶陶罐残片等。

五、静宁段

战国秦长城静宁段的分布与走向，早在20世纪80年代有学者已进行过实地调查并提出研究成果。长城资源调查期间进行过专项调查，未确认具体线路。关于本段长城的分布与走向，学术界存在争议，大体有两种观点：一种观点认为，自通渭县烽墩梁进入本县后，经田堡、四河、红寺、高界、原安等乡镇，从原安乡李堡村附近进入宁夏回族自治区西吉县王民乡。第二种观点认为，自通渭县烽墩梁进入本县后，沿甘沟川前行，至鲍家咀头，沿葫芦河北上，入宁夏回族自治区西吉县境内。目前，本段长城仅在与通渭县交界处确认墙体152米。

芦家湾长城

长152米。黄土夯筑，土质比较疏松，黏结性差，夯层厚0.08米。底宽0.5~1.7米，顶宽0.2~2米，高0.2~1.2米。墙体起点为通渭县烽墩梁敌台。

芦家湾长城

六、镇原段

战国秦长城镇原段分布于县境西北部，呈东北—西南走向，全长41.1千米，地处黄土沟壑、山梁地带，大多数区域沟深坡陡，地势险要，山梁狭窄。本段长城自宁夏回族自治区彭阳县进入本县，依次经过白草坬、草滩沟、山庄湾、佛家岔、石咀山、虎家沟、水磨渠等地段，沿安家川河南岸向东，跨过蒲河，再经三岔乡、黑刺沟、山庄崾岘，至周家庄胡家咀梁进入环县境内。在宁夏回族自治区彭阳县玉塬、韩家台等地两次出入彭阳县和甘肃省镇原县境。在镇原县境内，战国秦长城主要经过武沟、马渠、三岔3个乡镇。

本段长城由墙体、关堡、单体建筑及其他与长城相关遗存组成。墙体长41.1千米，人工构筑墙体与山险并存。其中人工构筑墙体长17.6千米，山险长23.5千米。人工构筑墙体构筑方式为黄土夯筑（个别段落夹砂土），夯层厚0.06~0.12米，底宽0.2~12米，顶宽0.1~5米，高0.1~8.5米。发现堡7座，均位于长城墙体内侧，堡内无建筑遗存，地表散存筒瓦片、瓦当残片、器物残片及兽骨等。发现单体建筑51座，其中敌台38座、烽火台13座。烽火台均位于长城墙体内侧。单体建筑平面以不规则形为主，少数呈椭圆形和圆形，个别呈矩形和拱形；剖面以不规则形为主，少数呈梯形，个别呈矩形和拱形。单体建筑构筑方式均为黄土夯筑，夯层厚0.06~0.14米。长城沿线发现障墙1处，位于山险内侧，长55米，黄土夯筑，夯层厚0.07~0.12米。

本段长城面临的主要破坏因素和病害有风雨侵蚀、水土流失、动物打洞筑穴、植物生长、沟壑发育、开垦耕地、修建道路等。

本段长城沿线四周散存外绳纹内麻点纹、布纹、素面板瓦或筒瓦片，也有少量外环轮纹内素面瓦片和少量外环轮

孟庄村长城

油坊湾敌台

纹内素面器皿残片、云纹瓦当残片等。

孟庄村长城

长 3208 米。黄土夯筑，夯层厚 0.07~0.11 米。底宽 0.8~12 米，顶宽 0.2~5 米，高 0.2~8.5 米。沿线散布外绳纹内麻点纹、环轮纹、素面、布纹筒瓦片。沿线有关堡 1 座、敌台 7 座。

周家庄村长城

长 5808 米。黄土夯筑，夯层厚 0.07~0.11 米。底宽 1~9 米，顶宽 0.4~3 米，高 0.4~4.5 米（部分地段墙体内外有高差）。沿线发现大量外粗绳纹内麻点、布纹、素面纹板瓦和筒瓦片，不同区域分布数量差异较大。沿线有 14 座敌台、1 座烽火台。

白草坬堡

位于武沟乡孟庄村白草坬小组西南。现仅存一道南北向墙垣，长 31 米，顶宽 3~4 米，底宽 6~7 米，东侧高 6.2 米，西侧高 2.5 米。黄土夯筑，西壁夯层较明显，厚 0.07~0.11 米。堡墙顶部及周边散存绳

纹、菱格纹及素面瓦片。

油坊湾敌台

位于马渠乡赵渠村油坊湾组西。平面呈不规则四边形，剖面呈不规则形。顶部东西长 3 米，南北宽 2.4 米；底部东西长 7 米，南北宽 5 米，北侧高 2.8 米。黄土夯筑，夯层厚 0.07~0.11 米。敌台周围散存绳纹板瓦、筒瓦片。

马岔 1 号敌台

位于马渠乡赵渠村马岔组西北。平剖面均呈不规则形。顶部东西宽 2 米，南北长 4 米；底部东西宽 6.2 米，南北长 11.8 米；东侧高 2.6 米，西侧高 6.5 米。黄土夯筑，夯层厚 0.06~0.12 米。

周家庄 3 号敌台

位于三岔镇周家庄村周家庄组北。平面呈不规则形，剖面略呈梯形。顶部东西宽 1.8 米，南北长 3 米；底部东西宽 3.1 米，南北长 15 米；东侧高 4.8 米，西侧高 6.8 米。黄土夯筑，夯层厚 0.08~0.12

周家庄 3 号敌台

小河烽火台

米。敌台顶部和周围地埂上散存外绳纹内麻点纹、素面纹瓦片。

白草圪 7 号敌台

位于武沟乡孟庄村白草圪组西南。平、剖面均呈不规则形。顶部东西宽 1~2 米，南北长 3 米；底部东西宽 4.4 米，南北长 7.5 米；南侧高 4 米，北侧高 5 米。黄土夯筑，夯层厚 0.08~0.12 米。烽火台西壁下可见外绳纹内麻点纹、布纹、素面板瓦和筒瓦片。

石咀山烽火台

位于马渠乡赵渠村石咀山组西北。平面呈不规则形，剖面呈梯形。顶部东西宽 3.5 米，南北长 18 米；底部东西宽 7 米，南北长 27 米；高 4 米。黄土夯筑，夯层厚 0.07~0.11 米。烽火台周围散存少量外绳纹、环轮纹内素面板瓦片。

小河烽火台

位于三岔镇米家川村小河组西南。平面略呈椭圆形，剖面呈不规则形。顶部东西宽 0.7 米，南北长 1.6 米；底部东西长 11 米，南北宽 6 米；高 7 米。黄土夯筑，夯层厚 0.06~0.12 米。烽火台上及周围散存少量粗绳纹、素面筒瓦片。

甘沟障墙

位于三岔镇米家川村甘沟组西。长 55 米，北端与甘沟 2 号烽火台相连，障墙同米家川河、甘沟 2 号烽火台近乎垂直。底宽 4~6 米，顶宽 1.5~4 米，高 1~6 米。黄土夯筑，夯层厚 0.07~0.12 米。障墙上及其周围发现大量外绳纹内布纹、乳丁纹、方格纹、素面筒瓦和板瓦片。障墙原来较宽，高 2 米多，两侧呈陡坡状，最高处可达 6 米。在障墙两侧平整土地时曾出土过"半两""五铢""皇宋"字样铜钱，其中"皇宋"铜钱较多。

七、环县段

战国秦长城环县段分布于县境中部偏南，呈东北—西南走向，全长 110 千米。

地处沿河谷沟壑地带，沿线沟壑纵横，地形崎岖，长城两侧分别为山体和河谷平地，沿途多经过村镇、耕地和树林。本段长城自镇原县周家庄胡家咀梁进入本县，经过吴家塬，至旧沟与胡家咀沟交汇处，沿后沟右岸蜿蜒前行，至后沟与黑泉河交汇处跨过黑泉河，沿黑泉河左岸向前延伸，登上狗拉壕山梁，再经张庙咀拐沟、合道川左岸、苏硷河、大梁、晴天梁、张北沟、张家台梁等地，至西杨原、半个城，沿西川河右岸延伸至西川村，再顺着城东沟南岸，向东北而行，至油房崾岘后，经过郝家集村龚子山、曹崾岘、后掌沟、水泉湾等地，至长城塬村刘阳湾进入华池县境内。在环县境内，战国秦长城主要经过演武、合道、虎洞、环城、樊家川5个乡镇。

本段长城由墙体、关堡、单体建筑及其他与长城相关遗存组成。墙体长110千米，黄土夯筑（个别段落为河床淤泥质土夹少量砂石夯筑），夯层厚0.01~0.15米（刘家坪村长城2段夯层为0.01米，其余墙体夯层最薄为0.05米），底宽0.5~10米，顶宽0.1~5.1米，高0.5~9米，多数地段墙体已毁。发现关堡12处，其中关3处、堡9处。关地面建筑多已消失，其形制呈不规则形或半圆形，地表遗存有外绳纹内麻点纹瓦片；堡地面多已无建筑遗存，可通过散存瓦片的范围确定堡的规模和形

制。关堡可见墙构筑方式均为黄土夯筑，夯层厚0.07~0.1米。发现单体建筑139座，其中敌台125座、烽火台14座。烽火台均位于长城墙体内侧。单体建筑平面主要呈椭圆形、圆形和不规则形，个别呈半圆（月）形和矩形；剖面主要呈不规则形和拱形，部分呈梯形，少数呈半圆形，个别呈弧形。单体建筑构筑方式绝大多数为黄土夯筑，个别为土石混筑，夯层厚0.03~0.2米。长城沿线发现障墙6处，均位于长城墙体内侧，与长城墙体垂直，但不相连。障墙长25~44米，底宽2.1~8.4米，顶宽1~8.4米，高1~5.1米，黄土夯筑，夯层厚0.05~0.12米。

本段长城面临的主要破坏因素和病害有风雨侵蚀、自然坍塌、水土流失、沟壑发育、村庄建设、修建道路、油气煤炭等资源开发、开垦耕地等。

本段长城沿线四周散存外绳纹内麻点纹、外环轮纹内素面纹、外绳纹内素面纹板瓦和筒瓦片。单体建筑遗址上留存大量瓦片，个别长城墙体夯层中夹有外绳纹内麻点纹瓦片。

半个城村长城

长7369米。黄土夯筑，夯层厚0.08~0.11米。底宽1~7米，顶宽0.5~2.1米，高1~5米。沿线散存外绳纹内麻点纹、素面纹、环轮纹、细布纹、布纹和素面瓦片。沿线有关堡2座、敌台11座、烽火台3座。

半个城村长城

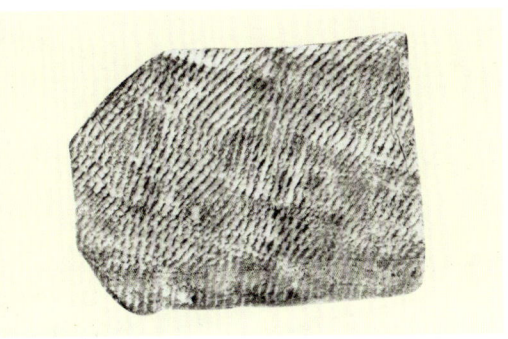

半个城村长城采集的板瓦外侧拓片

龚子山长城

城子岗长城

龚子山长城

长 1856 米。黄土夯筑，夯层厚 0.08~0.15 米。底宽 3~10 米，顶部凹凸不平，高 0.5~1 米。沿线散存绳纹板瓦、筒瓦片。沿线有敌台 2 座。

城子岗长城

长 1529 米。黄土夯筑，夯层厚 0.06~0.15 米。底宽 0.2~5.5 米，顶宽 1~1.5 米，高 0.5~3.5 米。墙体内夹杂有砾石、瓦片，沿线暴露大量绳纹板瓦、陶片。

长城塬长城

长 2616 米。黄土夯筑，夯层厚 0.08~0.12 米。底宽 1~4 米，顶宽 0.5~1 米，高 0.5~2 米。

沿线散存粗、细绳纹板瓦片。沿线有敌台 7 座，西南 213 米处为张山畔障墙。

半个城关

位于虎洞乡半个城村苦水河与杨家沟交汇处。坐西面东，平面呈不规则状，依山就势，关北墙利用部分长城墙体。关内从东向西有两道南北向墙体，分别与部分关墙构成东、西两座小城，关内原地面建筑已不存。关东墙长 44 米，南墙长 597 米，西墙长 356 米，西墙北段呈弧形，存马面 7 座；南段呈直线状，北墙长 544 米。现存城墙底宽 22 米，顶宽 0.5~6.5 米，高 2.5~5 米，黄土夯筑，夯层厚 0.06~0.13 米。

半个城关

半个城关采集的瓦当拓片

东城由关内第一道墙与关东墙、北墙东段部分、南墙东段构成，平面近似方形。西城由关内第二道墙与关西墙、南墙西段构成，平面呈近似矩形。东墙即为关内第二道墙，东墙南段西侧有"U"字形墙体，周长82米，其西侧有5米缺口，两墙间距28米。关四周分布有大量瓦片、灰陶片，纹饰有外绳纹内麻点纹、外绳纹内方格纹、外绳纹内素面、外环轮纹内素面。

彭家河堡

位于环城镇西川村彭家河。堡址东西长77米，南北宽29米，面积2233平方米。现仅存东、西两段残墙，其他建筑无存。东墙长29米，宽4.6米，最高处为6.4米；黄土夯筑，夯层厚0.07~0.1米。西墙长13米，顶宽2.5米，底宽7.1米，东侧高5.4米，南侧高6.8米，西侧高7.2米；黄土夯筑，夯层厚0.09~0.12米。堡内地表遗存有外绳纹内麻点纹、外素面内细布纹、内外素面瓦片。

龚子山嵝岘敌台

位于樊家川乡郝家集村龚子山村（组）西南。平面近似圆形，剖面呈不规则形。底部东西宽12米，南北长13米，高4米。黄土夯筑，夯层不清。敌台四周散布零星粗绳纹板瓦片。

长城塬1号敌台

位于樊家川乡长城塬村狼儿嵝岘村（组）东北。平、剖面均呈不规则形。底部东西长15米，南北宽8米，高5米。黄土夯筑，夯层厚0.08~0.12米。敌台周围分布大量粗绳纹板瓦、筒瓦片及少许素面陶片。

刘家坪1号敌台

位于演武乡刘家坪村断岘组东。平面呈椭圆形，剖面呈不规则形。顶部东西长1.4米，南北宽1米；底部东西长12.4米，南北宽9.8米；南侧高7米，北侧高4米。黄土夯筑，夯层厚0.08~0.1米。敌台周围散存外绳纹内素面、布纹瓦片。

278

龚子山嵝岘敌台

长城塬 1 号敌台

敬家沟口敌台

位于环城镇张滩滩村杨家庄村（组）马莲台小学南。平面略呈椭圆形，剖面呈不规则形。底部东西宽 8 米，南北长 12 米，高 5 米。黄土夯筑，夯层厚 0.03~0.09 米。敌台周围散存外粗绳纹内菱格纹瓦片。

张山畔敌台

位于樊家川乡长城塬村张弧村（组）东北。平面呈椭圆形，剖面呈拱形。底部东西宽 5 米，南北长 8 米，高 1.5~3 米。黄土夯筑，夯层厚 0.07~0.12 米。敌台周围散存粗绳纹板瓦和筒瓦片。

文吊咀敌台

位于环城镇西川村文吊咀组东南。平、剖面均呈不规则形。顶部东西长 2.2 米，南北宽 0.5 米；底部东西长 7.5 米，南北宽 5.1 米；南侧高 2.2 米，北侧高 3 米。黄土夯筑，夯层厚 0.06~0.09 米。敌台顶部和周围散存外绳纹内麻点纹、外绳纹内素面瓦片，并遗存有陶罐口沿。

水路咀敌台

位于樊家川乡长城塬村刘阳湾村（组）南。平面略呈椭圆形，剖面呈拱形。底边东西长 8 米，南北宽 5 米，高 5 米。黄土夯筑，夯层厚 0.07~0.12 米。敌台周围分布大量粗绳纹板瓦、筒瓦片。

西山梁敌台

位于樊家川乡长城塬村西山梁村（组）。平面略呈圆形，剖面呈拱形。底部东西长 18 米，南北宽 15 米，高 6 米。黄土夯筑，夯层厚 0.07~0.12 米。敌台周围分布大量粗绳纹板瓦、筒瓦片。

城壕敌台

位于樊家川乡长城塬村刘阳湾村（组）东南。平面略呈矩形，剖面略呈拱形。底部东西长 10 米，南北宽 4 米，高 2 米。黄土夯筑，夯层厚 0.1~0.15 米。敌台周围散存粗绳纹板瓦片。

边峁敌台

位于环城镇赵小掌村许钻洞村（组）

城壕敌台

中庄烽火台

玉皇山烽火台

东。平面略呈椭圆形,剖面略呈梯形。底部东西长 11 米,南北宽 7.5 米,高 4 米。黄土夯筑,夯层不清。敌台四周分布大量粗绳纹板瓦和筒瓦片。

中庄烽火台

位于演武乡刘家坪村堡子庄组西南。平面略呈椭圆形,剖面近似梯形。顶部东西宽 1.1 米,南北长 2.2 米;底部东西宽 3.3 米,南北长 3.8 米;南侧高 1.9 米,北侧高 1.7 米。黄土夯筑,夯层不清。烽火台周围散存外绳纹内麻点纹瓦片。

玉皇山烽火台

位于环城镇红星村河对坡村(组)城西川沟口南。平面略呈椭圆形,剖面略呈梯形。顶边长 3 米,底部东西宽 11.5 米,南北长 14 米,高 9 米。黄土夯筑,夯层厚 0.07~0.08 米。烽火台周围散布战国时期绳纹板瓦片、汉代陶罐和宋代陶瓷残片,疑后期延用。

张山畔障墙

位于樊家川乡长城塬村张山畔。长 25 米,与长城墙体垂直。底宽 4~5 米,顶宽 1~2 米,东侧高 1~2 米,西侧高 1.5~3 米。黄土夯筑,夯层厚 0.07~0.12 米。障墙周边暴露有粗绳纹板瓦片。

八、华池段

战国秦长城华池段分布于县境北部,大体呈东—西走向,全长 29.2 千米。地处黄土高原丘陵沟壑区,山川塬兼具,梁沟峁相间。本段长城自环县刘阳湾进入本县,依次经曹咀子沟底、艾蒿掌、铁角城、黄蒿掌、乔川乡小蒜湾、营盘梁、吕沟咀等地，至林沟梁进入陕西省吴起县境内，长城在林沟梁一带横跨甘肃、陕西交界，内侧（南）为甘肃省境，外侧（北）为陕西省境。在华池县境内，战国秦长城主要经过乔川乡和元城镇。

本段长城由墙体、关堡、单体建筑及其他与长城相关遗存组成。墙体长29.2千米，黄土夯筑，夯层厚0.07~0.12米，底宽0.3~7.5米，顶宽0.2~4.7米，高0.2~3.5米。发现堡2座，位于长城墙体内侧，堡内无建筑遗存，地表留存大量瓦片和陶片。其中王边台堡堡墙构筑方式为黄土夯筑，夯层厚0.08~0.12米。营盘梁堡地表无建筑遗存。发现单体建筑57座，其中敌台54座、烽火台3座。烽火台均位于长城墙体内侧。单体建筑平面主要呈椭圆形、圆形和不规则形，个别呈方形；剖面多呈拱形，部分呈梯形和不规则形，个别呈弧形。单体建筑构筑方式均为黄土夯筑，夯层厚0.08~0.15米。长城沿线发现障墙4处，均位于长城墙体内侧，与长城墙体不相连。障墙长30~45米，底宽4~10米，顶宽2~4米，高2~5米，黄土夯筑，夯层厚0.08~0.15米。

本段长城面临的主要破坏因素和病害有风雨侵蚀、自然坍塌、水土流失、沟壑发育、开垦耕地、修建道路等。

本段长城沿线四周散存外绳纹内麻点纹板瓦、筒瓦片，在城堡及单体建筑周围还散存陶片、砾石片等。

瓦碴梁长城

瓦碴梁长城

长1490米。黄土夯筑，夯层厚0.08~0.12米。底宽0.3~6米，顶部呈土垄状，内（南）侧高0.3~2米，外（北）侧高0.5~3.5米。沿线散存绳纹板瓦、筒瓦片。沿线有敌台4座。

箱子湾边墙梁长城

长1129米。黄土夯筑，夯层不清。底宽2~5.6米，顶部残损，高0.3~2.5米。沿线散存绳纹板瓦、筒瓦片。沿线有敌台4座。

王边台堡

位于乔川乡铁角城村章桥村（组）南。即王边台城障。地处北通铁角城、南接乔川、元城的咽喉要道。平面格局不详。堡东墙长11米；堡西有一段南北向地埂，长16米，内侧距地表高2.5米，外侧与耕地平整，地埂断面上暴露

箱子湾边墙梁长城

十八垴塄梁敌台

有夯层，疑似西墙墙基；南墙不存；北墙长61米。堡墙底宽2~10米，高7米，黄土夯筑，夯层厚0.08~0.12米。堡南暴露有大量粗绳纹板瓦和细绳纹筒瓦，以及大口瓮、罐、盆和回纹方砖等遗物残片。另在堡墙周围散存大量石块（疑似雷石）。

小蒜湾边墙梁敌台

位于乔川乡黄蒿掌村小蒜湾村（组）东北。平面略呈椭圆形，剖面呈弧形。底部东西宽5.5米，南北长7.4米，高1.9米。黄土夯筑，夯层不清。敌台周围及其顶散存零星绳纹板瓦片。

十八垴塄梁敌台

位于乔川乡黄蒿掌村十八垴塄村（组）山梁制高点上。平面略呈圆形，剖面近似梯形。顶部东西长2米，南北宽1.5米；底部东西长7.4米，南北宽7米；高2米。黄土夯筑，夯层厚0.08~0.13米。敌台周围散存零星绳纹板瓦、筒瓦片。

林沟梁3号敌台

位于陕西省吴起县庙沟乡曾岔村林沟梁南（属甘肃省）。平、剖面均呈不规则形。顶部东西长5.6米，南北宽4.2米；底部南北长17米，东西宽16米；东侧高4米，西侧高5米。黄土夯筑，夯层中夹有绳纹瓦片，夯层厚0.08~0.1米。敌台周围农田里散布绳纹、麻点纹瓦片及石块。

曹咀子西敌台

位于乔川乡艾蒿掌村曹咀子村（组）西南。平面呈椭圆形，剖面呈拱形。底部东西长15米，南北宽12米，高12米。黄土夯筑，夯层不清。敌台周围散存零星绳纹板瓦、筒瓦片。

斜梁子敌台

位于元城镇吕沟咀村林沟村（组）斜梁子崾岘西。平面略呈椭圆形，剖面近似梯形。顶部东西长6.7米，南北宽4.3米；底部东西长14米，南北宽8.7米；南侧高 2.2 米，北侧高 5 米。黄土夯筑，夯层不清。敌台周围及其顶部散存零星绳纹瓦片及砺石残片。

鱼儿掌敌台

位于乔川乡铁角城村鱼儿掌村（组）东南。平、剖面均呈不规则形。底部东西长 7 米，南北宽 5 米，高 5 米。黄土夯筑，夯层厚 0.1~0.12 米。敌台周围散存零星绳纹板瓦、筒瓦片。

王掌梁敌台

位于乔川乡王掌村（组）王掌梁山峁制高点上。平面近似圆形，剖面呈拱形。

底部东西长 11 米，南北宽 10 米，高 5 米。黄土夯筑，夯层厚 0.08~0.1 米。敌台周围散存零星绳纹板瓦、筒瓦片。

四墩梁敌台

位于元城镇吕沟咀村林沟村（组）大庄西北。平面近似圆形，剖面略呈梯形。顶部东西长 9.3 米，南北宽 6 米；底部东西长 20 米，南北宽 17.6 米；高 6 米。黄土夯筑，夯层不清。敌台周围及其顶部散存零星绳纹板瓦片。

双墩梁烽火台

位于乔川乡铁角城村范陈梁村（组）

曹咀子西敌台

鱼儿掌敌台

四墩梁障墙

双墩梁烽火台

双墩梁制高点上。平面略呈椭圆形，剖面呈拱形。底部东西宽 8 米，南北长 10 米，高 3 米。黄土夯筑，夯层厚 0.08~0.12 米。烽火台周围散存零星绳纹板瓦、筒瓦片。

二涧梁烽火台

位于元城镇吕沟咀村小蒜湾村（组）二涧梁山顶上。平面呈椭圆形，剖面呈梯形。顶部东西长 2 米，南北宽 1 米；底部东西 7 米，南北 5 米；高 2.5 米。黄土夯筑，夯层不清。烽火台周围及其顶部散存零星绳纹瓦片。

营盘山障墙

位于乔川乡铁角城村鱼儿掌村（组）西。长 30 米，与长城墙体垂直。底宽 4~6 米，顶部略呈弧形，顶宽 2~3 米，高 3~4 米。黄土夯筑，夯层厚 0.08~0.12 米。障墙周边有外粗绳纹内麻点纹板瓦片。

四墩梁障墙

位于元城镇吕沟咀村大庄村（组）西北。长 34 米，与长城墙体垂直。底宽 5~8 米，顶宽 2~4 米，北端高 4~5 米，南端高 3~4 米。黄土夯筑，夯层厚 0.08~0.12 米。障墙周边有外粗绳纹内麻点纹板瓦片。

第二节　汉长城

一、永登段

汉长城永登段分布于县境中部，呈东南—西北走向，全长 67.1 千米，大部分长城地处咸水河西南岸的台阶地和浅山坡地，有少部分位于丘陵地带。本段汉长城为甘肃省境内汉长城东端起始点，起自树屏镇下沟滩村下沟滩烽火台，依次经过下沟滩村、陈家台村、观音寺村、柴家坪村西，折向西北，又沿塌洞子沟、大坡沟、陈家沟继续延伸，再折向西，沿咸水河河谷蜿蜒至庄浪河，沿庄浪河川向北延伸，先后经过蒿滩村东、大同镇青寺村东、南坪村、孙家滩、马家坪沙沟、柳树乡安门村后，再转向东北，经过教场沟、城关镇黄须沟口，沿庄浪河东岸山根向北延伸，依次经过中堡镇五里墩村、汪家湾、中堡村，武胜驿镇屯沟湾，至富强堡进入天祝藏族自治县境内。本段长城沿线的部分烽火台在明代被整修后继续利用。在永登县境内，汉长城主要经过武胜驿、中堡、城关、大同、龙泉寺、树屏 6 个镇。

本段长城由墙体、壕堑和单体建筑（烽火台）组成。墙体 1 段，即汪家湾长城长 695 米，黄土和黑褐土夹少量砾石夯筑，质地粗疏，夯层厚 0.12~0.18 米，底宽 0.5~1.5 米，顶宽 0.3~1 米，高 0.3~1.2 米。学术界对该段长城墙体时代和功用尚存分歧。壕堑长 66.4 千米，构筑方式有两种：一是在山坡地带，开挖成壕，内侧利用山体，外侧堆垄；二是在山脊和较平坦的台地中间挖沟，两边堆土成垄。发现烽火台 35 座，多位于壕堑内外两侧，平面多呈圆形，部分为不规则形和矩形；剖面多呈不规则形，部分为梯形；构筑方式以黄土夯筑为主，夯层厚 0.09~0.28 米，部分烽火台内有桩木和芨芨草。个别为削山堆筑和黄土堆筑，部分构筑方式不详，多数烽火台四周挖有壕沟。

本段长城面临的主要破坏因素和病害有风雨侵蚀、山体滑坡、洪水和河流冲刷、植物生长以及鼠害、动物和昆虫打洞筑穴等，另有开垦耕地、修建道路、取土等人为破坏因素。

汪家湾长城

长 695 米，西距明代长城墙体 50~100

米。黄土和黑褐土夹少量砾石夯筑，质地粗疏，夯层厚 0.12~0.18 米。底宽 0.5~1.5 米，顶宽 0.3~1 米，高 0.3~1.2 米。学界对该段长城时代和功能认识有分歧。

大同壕堑

长 2856 米。大多在山腰部，局部开挖在山脊一侧，削山成壕，形成峭壁陡坡，在沟口和平地则采用中间挖壕沟、两边堆土垄的方式。壕沟底宽 1.5~7 米，上宽 5~11 米，深 0.5~2.8 米；壕垄底宽 0.5~2.5 米，顶呈脊状。沿线有烽火台 2 座。

下沟滩烽火台

位于树屏镇上滩村七社（下街）东南。平面呈矩形，剖面呈梯形，实心覆斗状。顶部东西宽 2.7 米，南北长 3.3 米；底部东西宽 4.2 米，南北长 4.8 米，高 2.9 米。黄土夯筑，夯层厚 0.18~0.2 米。底部为山顶被铲削而成的平台，略呈圆形，直径 25 米，高 2.5~3 米。平台底部周围有壕沟，沟外侧有土垄，疑是围墙（墩院）。烽火

汪家湾长城

下沟滩烽火台

台系汉代所建，明代当继续延用，并进行过修缮。

马家坪烽火台

位于大同镇马家坪村南湾组东南。山顶四周挖壕，使山顶凸出呈一个椭圆形土包，在其顶部堆筑台体，在其南北两侧挖壕沟形成 2 个突起的土包，形似笔架状山顶。现呈椭圆状土丘，顶部呈圆状，顶部东西宽 1~1.5 米，南北长 11 米；底部东西宽 3~5 米，南北长 13 米；高 3 米。建筑形式不详。烽火台四周有壕沟，壕沟外侧为土垄。烽火台外围另挖一条壕堑将烽火台包围，两端与长城壕堑相连接，形成一个半月形。

青沙沟墩

位于龙泉寺镇下土门川村安家台组东南。平面呈矩形，剖面呈梯形。顶部东西宽 2 米，南北长 3.5 米；底部东西长 4.7 米，南北宽 4.1 米；高 4.5 米。黄土夯筑，夯层厚 0.09~0.13 米，夯层间夹芨芨草辫。台体底部基础是一个大土丘，底部直径 20 米，高 3 米。烽火台四周沿基础掘有壕沟。据判断，底部凸起的土丘为汉代烽火台，上部较完整部分为明代修缮后延用。

营儿墩

位于柳树乡营儿村十一社（荒滩）东北。平面呈矩形，剖面呈梯形，实心覆斗状。顶部东西宽 2.2~5.1 米，南北长

营儿墩

4~4.3 米；底部东西宽 6.5~8.6 米，南北长 9.4 米；高 9.2 米。黄土夯筑，夯层厚 0.16~0.28 米。烽火台系汉代建筑，台体四周及顶部有后期补筑包裹的夯土层，夯层厚 0.23~0.28 米，明代延用。

二、天祝段

汉长城天祝段分布于县境中部，大体呈东南—西北向贯穿而过，全长 49.7 千米，地处金强河谷两岸台地、浅山地带以及乌鞘岭北麓浅山缓坡地带。本段长城自永登县富强堡一带，跨过庄浪河进入本县，先后经过华藏寺镇界牌村、石门河沟口、岔口驿村，延伸至三里墩村西侧山坡，再沿金强河（庄浪河）西南岸向北延伸，依次经打柴沟镇铁腰村、火石沟口、大庄村、深沟沟口、深沟水电站等地，至一台地向东北跨越金强河，沿金强河东岸沿山脚而行，至安门村，连霍高速公路切断长城本体，公路另一侧为安门村

一组南侧，长城延伸至乌鞘岭沟口，再北上乌鞘岭，至安门村北南泥湾，依次经过墩子滩、大柳树沟口、小柳树沟口、安远镇东山根、马家庄等地，至与天祝藏族自治县交界的古浪县油房台村进入古浪县境内。本段长城沿线的部分烽火台在明代被整修后继续利用。在天祝藏族自治县境内，汉长城主要经过华藏寺、打柴沟、安远3镇。

本段长城由壕堑和单体建筑（烽火台）组成。壕堑长49.7千米，构筑方式有两种：一是在山腰部，上坡挖壕，下坡堆垄，削山成壕；二是在山脊和较平坦的台地中间挖沟，土石堆于两边成垄。发现烽火台7座，均位于壕堑两侧，平面

多呈圆形和不规则形，个别呈矩形；剖面多呈不规则形，个别呈梯形；构筑方式主要以灰褐土夯筑，个别为黄土夯筑，部分夯层中夹碎石或砾石，个别使用木椽穿插拉固，并夹有柳条或芨芨草等，夯层厚0.1~0.2米。多数烽火台周围有壕沟或围墙（墩院）。

本段长城面临的主要破坏因素和病害有风雨侵蚀、山体滑坡、酥碱以及动物和昆虫打洞筑穴，另有开垦耕地、修建道路、取土等人为破坏因素。

金强驿壕堑

长4968米。主要位于山腰部，削山成壕。壕沟底宽1~5米，上宽4~9米，深0.8~2.5米，土垄外侧与山坡连成一体，

金强驿壕堑

顶呈土垄状。明长城墙体叠压汉代壕堑而过。

四道沟岭墩

位于打柴沟镇大庄村大庄小学北。原形制不详，平、剖面现均呈不规则形。顶部东壁宽5米，南、北壁各宽1米；底部东壁宽6米，南壁宽7米，北壁宽5米，西壁顶、底部残损，高2~6米。灰褐土夯筑，夯层厚0.14~0.18米。烽火台上半部分有木椽穿插形成的洞孔，个别洞孔内还残留木椽；下半部分夯层间夹有柳条。烽火台周围有围墙（墩院），台体位于围墙正中央。烽火台南侧有5座燧体。烽火台应建于汉代，明代修缮后继续使用。

乌鞘岭吊沟烽火台

位于打柴沟镇乌鞘岭沟口北。平面呈方形，剖面呈不规则形。顶部剥落残损，底部东西长12米，南北宽10米，高7.5米。黄土夯筑，夯层厚0.1~0.16米。烽火台周

乌鞘岭吊沟烽火台

围有围墙（墩院）。烽火台后期修补加固痕迹明显，结合所处位置判断，应建于汉代，明代修缮后继续沿用。

三、古浪段

汉长城古浪段分布于县境中部，大体呈东南—西北走向，全长76.5千米，地处古浪河上游河岸东侧山地，随地势高低起伏。本段长城自天祝藏族自治县与古浪县交界的油房台村进入本县，依次经过称沟台、寺掌村北、周家窝堡村西、赵家庄西等地，跨过跌脚沟，再沿墩子岭东麓向北跨过黄羊川河，至铁柜山山脚，再向东沿铁柜山山脚到后李家沟口，向北翻过铁柜山，沿桦儿岭沟西侧山顶向北延伸至塔墩村、上墩仉村，再向东北沿车路沟西侧山顶蜿蜒前行，一直到达雷家前台西北，经过教场村、台子村、二墩村后，转为东南—西北走向，再依次经过三墩、四墩、五墩、六墩，在四墩村北七墩附近进入凉州区境内。本段长城沿线的部分烽火台在明代被整修后继续利用。铁柜山、边墙岭地段的壕堑及古龙山的两座烽火台时代尚存分歧。在古浪县境内，汉长城主要经过黄花滩、土门、定宁、黄羊川、十八里堡、黑松驿6个乡镇。

本段长城由墙体、壕堑和单体建筑（烽火台）组成。墙体长3千米，黄土夯筑，土质沙化严重，夯层厚0.2~0.25米，

底宽 1.7~4.5 米，顶宽 0.3~1.8 米，高 0.8~3.5 米。壕堑长 73.4 千米，构筑方式有两种：一是在山腰部，上坡挖壕，下坡堆垄，削山成壕；二是在山脊和较平坦的台地中间挖沟，土石堆于两边成垄。发现烽火台 30 座，多位于壕堑两侧，平面多呈不规则形，部分为圆形和矩形；剖面多呈不规则形，部分为梯形。构筑方式主要为黄土夯筑（个别夹红胶土），部分为山地灰褐土夯筑，夯层厚 0.08~0.2 米。

本段长城面临的主要破坏因素和病害有风雨侵蚀，洪水和河流冲刷，酥碱，昆虫筑穴，植物生长，鼠害，开垦耕地，修建道路、窑洞、宅院、牲口圈，取土等。

四墩长城

长 3035 米。黄沙土夯筑，夯层厚 0.2~0.25 米。底宽 1.7~4.5 米，顶宽 0.3~1.8 米，高 0.8~3.5 米。沿线有烽火台 2 座。

称沟台壕堑

长 3952 米。在山腰部削山成壕，在沟口和平缓坡地中间挖壕，土石堆于两边成垄。壕沟底宽 0.5~3.5 米，上宽 5~7 米，深 0.5~1 米；壕垄底宽 3~7 米，顶部呈土垄状。沿线有烽火台 1 座。

三墩

位于黄花滩乡二墩村八组（陈家场子）西。平面呈矩形，剖面呈梯形，实心覆斗状。顶部东西宽 6.1 米，南北长 43.2 米；底部东西宽 9.4 米，南北长 11 米；高 6.1 米。黄土夯筑，夯层厚 0.13~0.18 米。烽火台周围有围墙（墩院）。烽火台周边采集有夹砂、泥质红陶片和绳纹灰陶片。

地湾烽火台

位于黑松驿镇地湾村二组南。平、剖面均呈不规则形。现为底径 20 米、高 5.5 米的土堆。东、南、西三面台体断面底部分别长 6 米、4 米、5 米。就地取土夯筑，台体上有木橡穿插留下的洞孔，夯层厚 0.14~0.16 米。烽火台应初建于汉代，至明代仍然沿用。

四墩长城

称沟台壕堑

地湾烽火台

十八里堡烽火台

十八里堡烽火台

位于十八里堡乡曹家湖水库西。原平面略呈正方形，剖面呈梯形。现平、剖面均呈不规则形。顶宽 5 米，底宽 10 米，高 7 米。黄土夹杂红胶泥土夯筑，夯层厚 0.14 米。依据烽火台夯层和所建位置分析，烽火台应初建于汉代，明代修缮后继续使用。

四、凉州段

汉长城凉州段分布于区境东北部，呈东南—西北走向，全长 55.1 千米，其中南段地处黄羊河下游和古浪河下游绿洲平原地带，该区域地势平坦，渠道纵横，阡陌相连；北段地处腾格里沙漠西部边缘，这里地势开阔，地表多呈新月形沙丘和沙链。本段长城自古浪县七墩附近进入本区，依次经过吴家井、七墩子、八墩子、九墩子、头墩营等地，再到达长城乡境内的红水村，经西湖村、前营村、大湾村、苏家台子村、岸门村、高沟村、上营村等地，在十二墩村跨过红水河，至十二墩，再沿红水河东岸向北蜿蜒，至五墩村八组东北红水河东岸，与此处的明长城交汇，再经过五墩村十二组、九墩滩生态建设指挥部新建村、红水河村，在武威—民勤公路红水河大桥西侧，进入民勤县境内。本段长城部分设施在明代被整修后继续利用。在凉州区境内，汉长城主要经过九墩、下双、长城、吴家井 4 个乡。

本段长城由墙体、壕堑、关堡和单体建筑组成。墙体长 48 千米，分为人工构筑墙体和水险两种形式。其中人工构筑墙体长 27.1 千米，水险长 20.9 千米。人工构筑墙体构筑方式均为黄土夯筑，夯层厚 0.14~0.25 米，底宽 0.4~5.7 米，顶宽 0.2~4 米，高 0.2~4.8 米。部分墙体为两侧加帮筑成，中间为沿用的汉代长城墙体，两侧为明代加帮补筑。水险是以红水河（汉代为揩次海西岸）为天然屏障。壕堑长7.2千米，构筑方式为中间挖沟、土石堆于两边成垄。发现城堡4座，城堡墙构筑方式均为黄土夯筑，夯层厚0.12~0.24米。发现单体建筑14座，其中敌台4座、烽火台10座，多集中于长城沿线及城堡附近。烽火台多位于长城内侧。单体建筑平面分别呈矩形和不规则形，剖面分别呈梯形和不规则形，构筑方式均为黄土夯筑，夯层厚0.08~0.23米。

本段长城面临的主要破坏因素和病害有风雨侵蚀、风沙埋埋、返潮酥碱、昆虫筑穴、洪水冲刷、取土等。

五墩汉长城6段

长654米。黄黏土夯筑，土质较差，部分沙化，两侧加帮三层墙体，当系汉代墙体两侧叠加明代墙体，夯层厚0.18~0.22米。底宽3.7~5.2米，顶宽0.6~1.8米，高2.7~4.8米。沿线有敌台1座。

九墩滩汉长城13段

长698米。黄黏土夯筑，土质略有沙化，两侧加帮三层墙体，当系汉代墙体两侧叠加明代墙体，夯层厚0.18~0.22米。底宽2.5~4.7米，顶宽0.5~4米，高0.8~3.4米。沿线有敌台1座。

吴家井壕堑

长1225米。中间挖壕，两侧堆土成垄而成。壕沟底宽3~60米，上宽5~6.5米，高3~5米。

五墩汉长城6段

九墩滩汉长城13段

吴家井壕堑

高沟堡城址

始建于汉，其后历代沿用。城址坐西北向东南，平面呈"凸"字形。城址东西宽109米，南北长114米，占地面积

18236平方米。南墙正中开门，门外有瓮城。城墙底宽1.7米，顶宽0.4米，高1~7.7米；黄土夯筑，夯层厚0.16~0.18米。北墙正中有一马面。城四角有角楼。东墙外偏南侧有房址。瓮城东北角有一利用瓮城东墙而建的小城。小城平面略呈矩形，东西宽30米，南北长50米，城墙被流沙掩埋，露出城墙呈高不足0.5米的土垄状。城址西墙靠近西北角向西40米处，有一条东西长10米、高1~1.7米的残墙，黄土夯筑，夯层厚0.18~0.2米。城墙除北侧被流沙掩埋外，其他三面被耕地包围。城址内外地表暴露有汉代泥质红、灰陶片，石磨残块和碎砖、瓦等，以及魏晋、宋、西夏、元、明、清时期的各类瓷片、瓦片等。

团庄营儿城址

汉代修建，明代沿用。城址由内、外两城组成，平面呈"回"字形，内外两城相距7米。城墙黄土夯筑，夯层厚0.12~0.24米。内城平面呈方形，东墙已毁，南墙长97米，西墙长102米，北墙长63米，门南开。门外有瓮城，瓮城门东开。城墙底宽3.6米，顶宽0.8~1.5米，高3.5~6米。内城城内东北角有房址1座。外城平面呈方形，东墙已毁，南墙呈"几"字形，存139米，西墙长122米，北墙长73米。外城门南开。城墙底宽1.9米，顶宽0.3~0.8米，高1~2.7米。城址外侧有壕沟。

五墩11号敌台

位于长城乡五墩农场开发区北。平面呈正方形，剖面呈不规则形。顶部东西长8.5米，南北宽7米，底边长13米，高11.5米。黄土夯筑，夯层厚0.18~0.20米。敌台两次叠加修筑痕迹明显，上下两部土质不同，当系明代在汉代基础上补筑。

九墩滩烽火台

位于九墩滩生态建设指挥部红水河村红水河西岸。平面略呈正方形，剖面呈梯形。顶部东西长6米，南北宽5米，底部东西长12米，南北宽11.4米，高12

团庄营儿城址

五墩11号敌台

九墩滩烽火台

米。黄土夯筑，夯层厚 0.12~0.16 米。根据夯层和所处地理位置，烽火台应初建于汉代，明代初期修缮后继续使用。

八墩子

位于长城乡大湾村九组东。平面呈正方形，剖面呈梯形。顶边长 5 米，底边长 11.4 米，通高 9 米。黄土夯筑，夯层厚 0.12~0.23 米。台体北壁两次补筑痕迹明显，东侧和西侧有后期包筑痕迹。从暴露断面看，中间和两侧土质明显不同。东侧后期补筑部分顶部宽 1.5 米，底部宽 2 米，夯层厚 0.18~0.23 米。西侧后期补筑部分顶部残损，底部宽 3.5 米，夯层 0.18~0.23 米。中间早期所筑部分底部宽 5.9 米，顶部残损，夯层厚 0.12~0.14 米。根据补筑情况和所处地理位置分析，烽火台为明初在汉代基础上修补利用。

五、民勤段

汉长城民勤段分布于县境南部和中部，整体呈东南—西北走向。本段长城自凉州区武威—民勤公路红水河大桥西侧进入本县，在扎子沟林场分为两条线路：一条经扎子沟林场、官沟村、蔡旗村、麻家湾村，至小西沟林场进入永昌县境内，呈东南—西北走向，长 14.8 千米，地处平原绿洲和戈壁地带，这里地势平坦，地形开阔；一条自扎子沟林场 3 号烽火台起，向东北依次经过红土墩、陈家墩、阿喇骨山墩、鸳鸯池墩、茨井墩、柳条湾墩、营墩、沙嘴墩、仲家墩、抹山墩、枪杆岭山墩等地，至古休屠泽（今白碱湖西岸）一带，该段长城以水险形式为主，部分地段已被风沙埋掩。由此处折向西北，延伸至青土湖南岸，然后折为东北—西南走向，依次经过民勤三角城城址、民勤连城城址、古城遗址、芨芨井墩，延伸至大西河西岸，再依次经过井泉河墩、岔河子墩、小井子墩，下原墩、四方墩等地，沿汉代民勤绿洲边缘行走，经过黑水墩后，进入金昌市金川区境内，该段线路现为烽燧线形式，呈西南—东北—西北—西南走向，绵延 254 千米。本段长城部分设施在明代被整修后继续利用。在民勤县境内，汉长城主要经过重兴乡和蔡旗乡。

本段长城由墙体、关堡和单体建筑组成。墙体长 14.8 千米，黄土和灰棕漠土为主夯筑，夯层厚 0.18~0.2 米；大部分为加帮，一侧断面为梯形，另一侧依靠

于早期所筑的墙体上。部分地段墙体为两侧加帮的三层墙体。墙体底宽 2.5~9 米，顶宽 0.6~3 米，高 0.6~3.5 米。发现堡 3 座，2 座堡堡墙构筑方式为黄土夯筑，夯层厚 0.08~0.2 米；民勤三角城城址城墙构筑方式为石块夹土堆筑。发现单体建筑 33 座，其中敌台 1 座、烽火台 32 座。烽火台多呈线形分布。单体建筑平面主要呈矩形和不规则形，部分呈圆形；剖面呈梯形和不规则形。单体建筑构筑方式主要分为黄土或灰棕漠土夯筑和土坯砌筑，其中以黄土或灰棕漠土夯筑及黄土夯筑和土坯砌筑混筑的方式为主，后者单体建筑内侧或下部为黄土或灰棕漠土夯筑，外侧或上部为土坯砌筑，个别为土石混筑。单体建筑夯层厚 0.08~0.24 米，土坯长 32~42 厘米，宽 12~28 厘米，厚 6~9 厘米。部分单体建筑周围有围墙（墩院）和燧体。

本段长城面临的主要破坏因素和病害有风雨侵蚀、风沙埋埋、酥碱、开垦耕地、修建窑洞、取土等。

扎子沟林场汉长城

长 2988 米。大部分已消失。黄土和灰棕漠土为主夯筑，土质较差，沙化，两侧加帮三层墙体，夯层厚 0.18~0.2 米。底宽 2.5~9 米，顶宽 0.6~3 米，高 0.6~3.5 米。沿线有敌台 3 座。

民勤三角城城址

位于红沙梁乡小东沟村五社西。被黄沙包围，因其修筑于一座略呈三角形的高台上而得名。高台以红砂岩为基础，以土、红柳和砂石相间筑成，东西长 80 米，南北宽 42 米，高 7~10 米。高台顶部周围有围墙，石块夹土堆筑，大部分坍塌严重，底宽 2~3.5 米，顶宽 0.5~1.5 米，高出台体 0.5~3.6 米，通高 7~10 米。西北侧墙体存 40 米，西南侧墙体大部尚存，其余墙体坍塌严重，与台体持平。台体西南角顶部暴露有灰层和大量红烧土，地面散布大量夹砂红陶片、灰陶片和汉砖

扎子沟林场汉长城

民勤三角城城址

残块等。城址周围有沙井文化遗址和汉代窑址。

红土墩

位于重兴乡新地村二、三社北。平、剖面均呈不规则形。现为不规则土台，东西宽6.9米，南北长8米，高2.2~3米。就地取土夹芨芨草夯筑，夯层厚0.12~0.14米。烽火台附近发现少量青花瓷片和灰陶片。

四方墩

位于昌宁乡阜康村东北。处在同名沙井文化遗址中，台体系汉代修建，明代补砌后沿用。整体分为上、下两层，平面呈"回"字形，剖面呈"凸"字形。顶部东西宽21米，南北长23米；底部东西宽25米，南北长27米；通高12米。下层台黄土夯筑，夯层厚0.08~0.1米，局部可见桩木。上层台土坯砌筑，土坯规格32×19×7厘米，顶部有女墙。烽火台周围可见大量沙井文化夹砂陶片、汉代灰陶片以及大量明代瓷片。另在烽火台东南侧18米处有一夯筑台体，用途不明。

沙岗墩

位于昌宁乡昌宁村一社北。汉代修建，明代修葺后继续使用。平面略呈方形，剖面呈梯形。顶部东西宽8米，南北长10米；底边长15米；高12米。内部黄土夯筑，夯层不清；外部土坯包砌，土坯规格33×18×9厘米；中间有芦苇草

四方墩

和白茨根堆积层，厚0.1米。烽火台周围可见少量灰陶片以及大量明代黑釉瓷片。

六、永昌段

汉长城永昌段位于县境中部偏北，横穿而过，大体呈东南—西北走向，全长151.7千米，分为东、西两段。其中东段位于洪积淤积细土平原地带，地处海拔较低的绿洲边缘，四周戈壁荒滩与耕地、林带间杂，地势平坦，视野开阔；西段地处低山丘陵地带，区域内南北两侧地势开阔平坦，其中南侧耕地与荒滩间杂，植被繁疏分明，北侧山坡地段荒芜干旱。本段长城线路及走向复杂，永昌段明长城局部利用汉长城，或与汉长城相随相汇。主线自民勤县小西沟林场进入本县，依次经过郑家堡、新沟、西沟、西沟农场、方沟农场、华家沟农场、青山堡、河西堡、上三庄村、寺门村、鸳鸯池村、沙窝村、河西村等地，跨过金

川峡水库，经过金川西、圣容寺、毛卜喇、王信堡等地，至水泉子村六社（阎家壕北）西荒草滩处，分两条线路向前延伸，明长城修筑于该段汉长城的南、北两侧，最后至永昌县红山窑乡水泉村与山丹县老军乡羊虎沟村界沟处，进入山丹县境内；一条自主线分出后，在王信堡村五社、六社东北部开始向南延伸，至羊庄子后又分作三条线路：一条向西南方向延伸，止于尖沟山北坡；另外两条线路大体并行延伸，止于王信堡、水泉子一带称为"斜壕"的区域，这一区域内汉、明长城墙体壕堑交错分布，其中汉长城有四条线路。另在水源镇西沟村半截墩滩以及本段长城主线南北两侧，包括红山窑乡毛卜喇村九社（宋家湾）西北、毛卜喇村西北大车路沟和小车路沟、水泉村七社（阎家壕北）西北孤山子等地，散存汉长城墙体或壕堑多条。本段长城部分设施在明代被整修后继续利用。在永昌县境内，汉长城主要经过红山窑、城关、河西堡、水源、朱王堡5个乡镇。

本段长城由墙体、壕堑和单体建筑组成。墙体长88.4千米，有夯筑土墙、山险和山险墙等多种形式，土墙以黄土夯筑为主，部分段落夹砂石或砂砾土，个别段落为黄黏土或红黏土夹砂砾土夯筑，夯层厚0.08~0.3米，底宽0.7~7米，顶宽0.1~3米，高0.2~5米。在金川峡一带，利用山势陡峭的自然天险为屏障。青山堡、金川峡、毛卜喇和水泉子等地亦存在少量山险墙，利用自然、山坡加以挖削，并以红土夯筑、石块垒筑和土石混筑等人工墙体为辅助。壕堑长63.3千米，多采用中间挖沟、两侧堆垄的方式修筑，部分地段采用上坡挖沟、下坡堆垄的方式。发现单体建筑10座，其中敌台2座、烽火台8座。烽火台多位于长城墙体或壕堑两侧。单体建筑平面呈不规则形、圆形和方形，剖面主要呈不规则形，部分呈梯形；构筑方式主要为黄土夯筑，少数夹石块、桩木或小砾石，多数夯层不清，可见夯层厚0.08~0.2米。另有石块垒筑的烽火台2座，1座内以黄土填实，1座内为土坯砌筑。部分单体建筑周围有燧体和壕沟。

本段长城面临的主要破坏因素和病害有风雨侵蚀、洪水冲刷、风沙堙埋和取土等。

喇叭泉汉长城

汉代修建，明代修缮后继续使用。长6001米。黄土夹砂石夯筑，夯层厚0.1~0.25米。底宽1~7米，顶宽0.1~1.5米，高0.1~2.5米。

水泉子山险墙

长302米。系在自然基础上人工挖削，底部形成宽2~5米的平台。在低矮处以土石混筑，底宽1.8~2米，高0.5~1米。

毛卜喇汉壕堑

长 9058 米。中间掘壕，两侧堆土成垄。壕沟底宽 2~8 米，上宽 4~13 米，深 0.5~8 米；东北垄底宽 0.8~3.2 米，顶宽 0.7~1.2 米，高 0.5~1.2 米；西南垄底宽 0.8~3.5 米，顶宽 0.6~1.5 米，高 0.5~1.5 米。明长城墙体在壕堑西南侧伴随始终，汉长城墙体紧靠壕垄末段，与之并行。沿线有烽火台 1 座。

半截墩滩壕堑

长 5513 米。构筑方式有两种：一是中间挖沟、两侧堆垄；一是上坡挖沟、下坡堆垄。壕沟底宽 2~16 米，上宽 10~20 米，深 0.5~2 米，局部壕沟现被填平；壕垄底宽 4~10 米，高 0.20~1.5 米，顶部坍塌为土丘状。

王信堡 2 号敌台

位于红山窑乡王信堡村三社（河口子）西北。平面略呈方形，剖面呈梯形。现坍塌为底部东西长 3.5 米、南北宽 3 米、高 4 米的土堆。黄土夯筑，夯层厚 0.08~0.18 米。根据所处位置分析，烽火台初建于汉代，明代改造利用。

上孤山子西烽火台

位于红山窑乡水泉子村七社（阎家壕北）西北。平、剖面均呈不规则形。坍塌为馒头状，底径 10 米，高 2.5 米。黄土夯筑，夯层厚 0.18~0.2 米。烽火台东、南、北三面筑有围墙（墩院），围墙东、南、

喇叭泉汉长城

毛卜喇汉壕堑

上孤山子西烽火台

西三面外有壕沟。

阎家壕北西 1 号烽火台

位于红山窑乡水泉子村七社（阎家壕北）西，汉长城壕堑壕垄南侧。平面呈圆形，剖面呈不规则形，现坍塌为底

阎家壕北西 1 号烽火台

孤山墩

部直径 6 米、高 1.8 米的土堆。黄土夯筑，夯层不清。

孤山墩

位于红山窑乡水泉子村村委会西北。原平面呈方形，剖面呈梯形，现为圆形"凸"包状。顶部东西宽 6.5 米，南北长 7 米；底部东西长 14 米，南北宽 12 米；高 2~3.5 米。外以石块垒筑，内以黄土填实。烽火台四周斩挖山体形成壕沟，北侧壕沟西端向山下延伸与长城壕堑相连。烽火台东北侧有 6 座燧体，东侧（壕沟以内）并列有 2 座燧体。

七、金川段

汉长城金川段分布于金昌市金川区境内西部和北部，大体呈东—西走向。长城墙体与壕堑全长 12.9 千米，另有烽燧线 42 千米。长城主体处于龙首山群峰中，这里群山环绕，山峦起伏，沟壑纵横，地势险峻；烽燧线处于戈壁台地边缘，内侧

多为戈壁荒漠，部分地段离绿洲较近，外侧多为戈壁台地和低矮山丘。本段长城自民勤县与金川区交界处黑水墩进入本区，以烽燧线的形式沿阿拉善台地边缘延伸，依次经过二墩、喇嘛池墩、青土井烽火台、潮水墩，至曹大坂烽火台一带时利用陡峭的自然山脊继续向西南延伸，经东响门烽火台，至青羊大坂烽火台西侧，以壕堑形式在青羊大坂、青洼大坂山脊上继续向西北延伸，至甘肃省与内蒙古自治区交界的王爷井一带进入内蒙古自治区阿拉善右旗境内。沿线烽火台均在明代被整修后继续利用。在金川区境内，汉长城主要位于宁远堡镇境内。

本段长城由墙体、壕堑和单体建筑（烽火台）构成。墙体长 10.8 千米，利用龙首山自然天险为屏障。壕堑长 2.1 千米，大部分地段利用山势从高处向下削挖，形成一定角度的陡壁，低处堆垒，部分地段采用中间挖沟、土石堆于两边成垒的

方式；部分地段利用较高的山崖稍加修整。发现烽火台8座，平面主要呈矩形，少数呈不规则形，个别为圆形；剖面主要呈不规则形，部分呈梯形。4座烽火台为黄沙土夯筑，夯层厚0.13~0.2米；其余烽火台构筑方式分别为早期土坯砌筑、后期黄土补筑，底部石块垒筑、上部土坯砌筑，土石混筑和以自然山脊稍加修整为基础后土石混筑。3座烽火台周围有燧体，2座周围有壕沟，1座周围有围墙（墩院）。

本段长城面临的主要破坏因素和病害有风雨侵蚀、洪水冲刷、酥碱、动物和昆虫打洞筑穴等。

曹大坂至青羊大坂山险

绵延在龙首山上，长10800米。以山崖、山脊、沟壑为天然屏障。沿曹大坂南侧山脊，经过东响门沟顶、红疙瘩山、芦草沟等山脊和沟壑，在青羊大坂山脊最高处与王爷井壕堑相连接。山险海拔在2112~2805米，其间群山连绵，峰峦叠嶂，陡坡崎岖，山势险峻，难以攀爬，构成长城防御体系中难以逾越的天然屏障。沿线有烽火台2座。

王爷井壕堑

长2107米。利用自然山脊，部分地段中间掘壕，两侧堆垒，个别地方利用较高的山崖稍加修整。壕沟上宽3~8米，底宽2~4米，深0.2~0.5米；壕堑东北垒底宽1~3米，高0.2~0.8米；西南垒底

2~3米，高0.2~0.5米。

黑水墩

位于金昌市园艺林场家属区东北。平面呈正方形，剖面呈梯形。顶边长6米，底边长13米，高13米。黄土夹砂石、土

曹大坂至青羊大坂山险

王爷井壕堑

黑水墩

坯、桩木、藤条、芨芨草夯筑，夯层厚0.15~0.18米，土坯规格为35×20×8厘米。烽火台周围有围墙（墩院）。烽火台有两次修筑痕迹。根据所处的地理位置分析，烽火台初建于汉代，明代在汉代基础上维修利用。

青土井烽火台

位于金昌市市区西北、潮水墩东南。平、剖面均呈不规则形。底部东西宽6米，南北长10米，高5米，早期台体系石块夹植物根茎叠筑，后期土坯增筑。土坯长35厘米，宽20厘米，厚8~10厘米。根据所处的地现位置来分析，烽火台应为汉代初建，明代在汉代基础上维修利用。

八、山丹段

汉长城山丹段全长94.3千米，分为主线和辅线两条线路，主线分布于县境北部，辅线在主线以南，位于河西走廊腹地，均呈东南—西北走向。主线大部分行走于龙首山上，北坡较为平缓，南坡临近河西走廊，山坡陡峭，多为悬崖峭壁，由内蒙古自治区阿拉善右旗进入本县，依次经过黄圪垯、赤山、独峰顶、茅山、小尖山、土沟山、大尖山、木头口子、东乐大口子等地，至烟墩沟口进入张掖市甘州区境内；辅线位于河西走廊腹地的焉支山北侧、柳沟山南侧的冲积倾斜平地，多为荒草滩，自永昌县红山窑乡水泉村与

山丹县老军乡羊虎沟村界沟处进入本县，经绣花庙、羊虎沟、峡口、丰城堡等地，止于罗汉井子、叠水崖一带。本段长城部分设施在明代被整修后继续利用。在山丹县境内，汉长城主要经过清泉、东乐、陈户、老军4个乡镇。

本段长城由墙体、壕堑、关堡、单体建筑（烽火台）和其他与长城相关遗存组成。墙体长31.6千米，多为山险，有个别山险墙，对自然山体铲削、垒筑而成高2~6米的陡壁，底部成2~6米宽的平台，断面呈"∟"形。壕堑长62.6千米，构筑方式有两种：一是经过峡口和龙首山陡坡的壕堑，削山成壕，上坡呈山险墙状，下坡用土石堆壕垒；二是在较平坦的走廊地带，中间挖沟，土石堆于两边成垒。发现关堡5座，其中关1座（红寺山口关）、堡4座，其中有3座堡修筑在走廊腹地壕堑沿线，1座堡位于龙首山汉代壕堑沿线。关堡墙构筑方式为黄土夹砂砾夯筑或堆筑，坍塌成低矮土垒状，夯层不清。关堡地表留存大量汉代陶片。发现烽火台4座，其中3座建在汉长城壕堑口沿内侧，1座建在龙首山山脊顶部；平面均呈圆形，剖面均呈不规则形；构筑方式分别为外部石块垒筑、内部黄土夹砾石堆筑，外部石块垒筑、内部黄土填充，以自然山体为基础巨石垒筑，以自然山体为基础顶部堆砌

石块和砾石等。

本段长城面临的主要破坏因素和病害有风雨侵蚀、洪水和河流冲刷、植物生长和鼠害、人畜攀爬踩踏、开垦耕地、修建道路和牲口圈、取土等。

本段长城壕堑沿线均有较多的汉代陶片。走廊腹地壕堑沿线有少量绳纹陶片和素面陶片，龙首山汉代壕堑遗存的汉代陶片最多。

龙首山山险

长 5824 米。剥蚀中山，岩石裸露，山势陡峻，山顶尖峭，岩石碎屑广布。海拔 2631~3015 米，相对高度 800~1000 米。南北两侧有较陡峭的悬崖，坡度接近 90°。岩石嶙峋突兀，山峰起伏连绵，难以攀越。沿线有烽火台 1 座。

峡口南山险墙

长 1040 米。东侧为岩石山体，西侧为河谷。在山根将自然山体挖掘、铲削、垒筑而成，铲削成高 2~6 米的陡壁，底部形成宽 2~6 米的平台，断面呈"⌐"形。沿线有堡 1 座。

三岔口壕堑

长 2290.6 米。掘山挖壕，西南侧铲削山坡为垄，东北侧在壕沟两侧堆土成垄，壕垄局部用石块垒筑。壕沟底宽 1~2 米，上宽 6~8 米，深 1~1.5 米；壕垄顶宽 0.5~1 米，底宽 3~4 米，高 1~1.5 米。

独峰顶壕堑

长 12146.3 米。掘山挖壕，壕垄分两种：一种是一侧铲削山体成壕垄，一侧堆土成壕垄；一种是堆土于壕沟两侧成壕垄。壕沟底宽 1~6 米，上宽 6~12 米，深 0.3~2 米。壕垄呈低矮的圆脊状，底宽 2~4 米，顶宽 0.3~2 米，高 0.3~2 米。壕堑内及其附近可采集到汉代灰陶片。沿线有堡、烽火台和汉墓各 1 座。

峡口 1 号堡

位于老军乡峡口村居民地南。平面呈矩形，东西宽 64.5 米，南北长 93 米，

峡口南山险墙

独峰顶壕堑

峡口 1 号堡

黄圪垯烽火台

占地面积 5998.5 平方米，门开北墙略偏东。堡墙黄土堆筑。东墙消失不存；南墙底宽 5~7 米，顶宽 0.8~1.2 米，高 1.5~3 米，外侧有壕沟一道；西墙底宽 4~5 米，顶宽 0.8~1 米，高 1~2 米，剖面呈土垄状；北墙底宽 5~7 米，顶宽 0.8~1.2 米，高 1.5~2 米。堡内地表有大量灰陶片。

黄圪垯烽火台

位于山丹县马莲井车站东北。平面呈圆形，剖面呈不规则形。残迹可辨，四面斜坡，顶部残存方形墩体，外侧一周可见原包砌墩体的大石块。墩体边长 4 米、高 1.5 米。烽火台周围地表有汉代夹砂红陶片、绳纹灰陶片和铁器残渣。

独峰顶汉墓

位于清泉镇北滩村东北。墓冢占地范围为 2×5 米，高 1.5 米。墓葬早年被盗掘，地表散存绳纹和素面灰陶片，为汉代墓葬。地表坟冢以黄土和砾石块堆积而成，占地 2×5 米，高 1.5 米，顶部中央有人为盗掘的坑穴。墓葬形制等其他情况不详。

九、甘州段

汉长城甘州段分布于区境中北部，全长 40.2 千米，呈东南—西北走向，地处内蒙古高原和河西走廊交汇的龙首山区。本段长城自山丹县烟墩沟口进入本区，依次经过灰沟口北坡、东山寺峡谷、人峻口（亦作"人祖口""人踪口"）、北武当山、茨儿沟，至小口子进入临泽县境内。在甘州区境内，汉长城主要经过靖安乡和平山湖蒙古族自治乡。

本段长城属山丹县龙首山长城向西北的延伸，主体为山险，长 40.2 千米，利用东大山和北武当山险势作为天然防御屏障。发现关 1 座，即东大山关口，位于东山寺峡谷内，系在两侧陡直崖壁上人工开凿出方形石窝，石窝内插入横木，搭建成开启关口。

东大山山险

长 29320 米。属龙首山山脉，南隔走廊平原与祁连山相望，是河西走廊与内蒙古高原的过渡地带，海拔 1600~3700 米，相对高度 800~1000 米。山体呈带状分布，岩石裸露，岩石碎屑广布，峰峦连绵，沟壑纵横。山体北坡较为舒缓，有草甸草场、灌木、针叶林木覆盖；南坡较为陡峭。

东大山关口

位于平山湖蒙古族乡政府南。建在狭长陡峭的山谷之间，在东西长 10 米、南北宽 2.6~6 米的范围内，以天然巨石和人工构筑设施共同筑成一道天险关隘，占

东大山关口

地面积 60 平方米。在最窄处（宽 2.6 米）的石壁间，人工开凿石窝，顶部构建相关设施。在东侧 6 米宽的峡谷间，有两块天然巨石呈闸门状横堵在关隘间。在两侧陡直的崖壁上，人工开凿出安装横木的方形石窝，依此再用木构件封锁关口，结构不详。南北两侧为陡直石壁，峡谷宽 2.6~3米，垂直高度 50~60 米，当地俗称"一线天"。现存石窝分布在南北两侧石壁上，上下排列，东西侧各有 3 组 4 个石窝，对称排列，最上一组每面各平行排列 2 个，上下每组石窝之间间距 1~1.2 米，石窝大致呈矩形，宽 0.2~0.25 米、高 0.3~0.4 米、深 0.04~0.3 米。在石窝东侧 5 米处有一块天然巨石，堵塞山口，当地百姓称"石将军"；在巨石东侧 5 米处高台上又有 2块天然巨石呈闸门状横堵在宽 6 米的峡谷之间，在东西长 10 米、南北宽 2.6~6 米的范围内共同形成一道天险关口。

十、临泽段

汉长城临泽段分布于县境北部，全长 51.5 千米，大体呈东南—西北走向。分为两段，其中前段位于龙首山尾部，系龙首山余脉（亦称合黎山），山势陡峻，山顶尖峭；后段位于黑河水系冲积形成的走廊平原上。本段长城自甘州区小口子进入本县，经辛家大山、土桥、古城等地，至汉代张掖塞（今羊台口）靠近黑河的红

辛家大山山险

土桥壕堑

羌山子转折下山，向黑河延伸，并以黑河为险，向西至贾家墩进入高台县境内。本段长城部分设施在明代被整修后继续利用。在临泽县境内，汉长城主要经过平川镇和板桥镇。

本段长城由墙体和壕堑组成。墙体为山水险，长42.2千米，以自然地物为险要，山险为境内长城起始部分，黑河屏障为境内长城末段，其间以壕堑相连。壕堑长9.3千米，构筑方式有三种：一是在山脊一侧，削山成壕，上坡挖成山险墙，局部墙面逐层叠筑，中间夹有灌木根茎，下坡用土石堆壕垒；二是在较平坦的台地，中间挖沟，土石堆于两边成垒；三是在山沟河谷地段用土石堆筑成两条高大平行的壕垒。

本段长城面临的主要破坏因素和病害有风雨侵蚀、洪水和河流冲刷、植物生长和鼠害、人畜攀爬踩踏、开垦耕地、修建道路和牲口圈等。

辛家大山山险

长9700米。沿龙首山余脉山脊向西北延伸，岩石裸露，山势陡峭，海拔1612~1640米，相对高度50~150米。山体北坡较为舒缓，向北为浅山丘陵地形，地表覆盖棕红色砂砾土壤；南坡较为陡峭，坡度60°~90°，峰峦连绵，沟壑纵横，难以攀登，利用其险势作为天然防御屏障。沿线有关和烽火台各1座。

土桥壕堑

长1958.3米。壕堑上坡铲削山体成崖，缓坡或缺口处用砂土、碎石夹植物根茎叠筑；下坡用土石堆起壕垒。在山沟河谷地段，堆筑成两条高大平行的土垒。靠山脊一侧（内侧）壕垒呈陡坡状，下坡壕垒绝大多数已消失，现存者高2~6米，壕沟呈坡台状，宽0.3~2.5米。上坡壕垒多夹杂有石块，低矮处用土夹灌木根茎分层堆成壕垒，底宽4米，顶宽0.3~0.5米，高2~2.5米，堆层厚0.15米。

十一、高台段

汉长城高台段分布于县境北部，全长 77 千米。分为两段，前段地处黑河东北荒漠区低山丘陵地带湿地沼泽区，地势东北高西南低，东北侧是荒漠地，南侧是公路与湿地；后段地处正义峡（又名镇夷峡）黑河东岸山地，东侧是黑山、大青山、盘头山组成的合黎山，西南为黑河河谷，沟壑纵横。本段长城自临泽县贾家墩进入本县，以黑河为险，途经合黎乡、黑泉乡，至罗城乡罗城水库东侧凤凰墩始，开挖壕堑，向西延伸至黑河峡口南侧前山庙山，再以正义峡口东侧峭壁为山险，向北延伸至兔儿墩，由此进入金塔县境内。本段长城部分设施在明代被整修后继续利用。在高台县境内，汉长城主要经过合黎、黑泉和罗城 3 个乡。

本段长城由墙体、壕堑及关堡组成。墙体为山水险，长 61.8 千米，以自然地物为险要，起始段为黑河河险，末段以山险延续进入金塔县境内，河险与山险以壕堑相连。壕堑长 15.2 千米，构筑方式有两种：一是在黑河北岸较平坦地带，中间挖沟，土石堆于两边成垄，主垄在壕沟内（南）侧，剖面呈倒梯形；二是在正义峡东侧陡坡处构筑壕堑，削山成壕，上坡为山险墙，下坡用土石堆筑成垄。发现城堡 1 座，即兔儿城，依黑河东岸而建，城墙构筑方式为堆筑。

本段长城面临的主要破坏因素和病害有风雨侵蚀、洪水冲刷、植物生长和鼠害、人畜攀爬踩踏、开垦耕地、修建道路和住宅、取土等。

黑河河险

长 51600 米。黑河是全国第二大内陆河，河西走廊最大的内陆河，河面宽 400~600 米，纵坡平缓，流速小，淤积多。年径流量可达 12.11 亿立方米，多年平均流量 32.5 立方米 / 秒，月平均流量悬殊。每年 4~6 月为枯水期，5 月份流量最小，多年平均值仅 0.5 立方米 / 秒，9 月份平均流量最大，可达 54.5 立方米 / 秒，相差 110 倍。日流量高峰期发生在每年 7、8 月间，每年 4 月中上旬，都有断流日出现，日最大流量为 660 立方米 / 秒，最大瞬时流量达 990 立方米 / 秒，河水含砂量大。

河西村壕堑

长 2656.3 米。中间挖壕，土石堆于两边成垄，主垄在壕沟西南侧。壕沟上宽

河西村壕堑

5~8米，底宽2~3米，深0.5~1.8米；壕垄底宽4~6米，顶宽0.5~1米，高1.2~1.8米。

兔儿城遗址

位于罗城乡天城村西北兔儿沟黑河东岸。平面呈"弓"形，东西宽207米，南北长678米。城墙由砂土堆筑、外包石块，地势东高西低，坐向及辟门位置不清，其主要功能是镇守正义峡北峡口咽喉要塞。城址内外其他建筑被风沙堙埋，南角巨大的土堆被盗掘破坏。西南角地表可见汉代绳纹陶片、汉代素面灰陶片等。

兔儿城遗址

十二、金塔段

汉长城金塔段全长306.1千米，分为东线和北线两段。东线，当地称为"东部塞"，分布于县境东部和东北地区，呈南—北走向。北线又分为两段，营盘堡以北者称"西部塞"，以南者称"北部塞"，分布于县境东部、中部和西部地区，呈东北—西南—西走向；还有一条起自肩水金关的烽燧线，位于县境北部，呈南—北走向。本段长城地处金塔盆地，长城沿线地势起伏较大，地貌景观为洪积、冲积平原和丘陵山区，其中东部塞、西部塞沿黑河东西岸分布，北部塞沿北山山脉分布。东线起自高台县盐池乡正义峡（又名镇夷峡）口，向东北进入本县，依次经过双树村兔儿堡、辽草湾、大茨湾、芨芨村西南、骡马湖、上元村西南、东明村东、友好村、焦家湖、永联村东北、航天镇东岔村东、红柳坑、麻莲井、毛城等地，又折向西北，止于肩水金关。北线西部塞起自肩水金关对面黑河西岸，沿黑河西岸向西南延伸，经实疙瘩，穿过黄毛土沟，再经过双岔、大湾村西、马庄子、沙门子、二杰村西、天仓村东北、地红山等地，止于营盘堡；北线北部塞自营盘堡继续向西南延伸，依次经过营盘村西、红沙墩、石门坎、双新村东北、尖山子、北河湾、腰墩子、石梯子、下东沟村西北、孟家岗、瓦窑、长头山、石营堡、常家岗、盆地坑、沙枣园等地，至西移村西北芦草井进入玉门市境内。肩水金关北部烽燧线从肩水金关向北，沿黑河东岸延伸到内蒙古自治区额济纳旗境内居延海一带。在金塔县境内，汉长城主要经过西坝、古城、大庄子、鼎新、航天5个乡镇。

本段长城由墙体、壕堑、关堡、单体建筑及其他与长城相关遗存组成。墙体长261.2千米，分人工构筑墙体和水险，人工构筑墙体长198.3千米，水险利用河流和湖泊作为天然屏障，长62.9千米。人工构筑可见墙体超过半数仅存砂石土堆筑的墙体基础，其余人工构筑墙体构筑方式主要有红柳（个别还有芦苇）夹砂石土堆筑、砂石土堆筑等方式，亦有红柳梭梭木夹砂土、红柳夹砂石土、砂砾石夹红柳等叠筑和石块垒筑等。人工构筑墙体底宽0.35~17.3米，顶宽0.3~3.1米，高0.07~2.7米。壕堑长44.9千米，构筑方式为中间挖沟，土石堆于两边成垄。发现关堡14座，其中关1座、堡13座。关堡墙构筑方式有：一是黄土夯筑，营盘堡堡墙内有红柳平铺为筋；二是红柳夹砂砾（个别还夹有砂土）叠筑；三是片石、夯土、土坯夹红柳叠筑。另外，西大湾城遗址城墙构筑方式为黏土夯筑，银盘大墩堡堡墙构筑方式为黄土夯筑和土坯砌筑兼具；尖山子堡堡墙构筑方式以红柳夹石块叠筑为主，个别为土坯砌筑。关堡墙夯层厚0.05~0.23米，土坯长30~38厘米，宽18~25厘米，厚9~18厘米，红柳筋层厚0.01~0.1米，石块层厚0.07~0.09米。发现单体建筑83座，其中敌台20座、烽火台63座。单体建筑平面主要呈圆形和不规则形，少数呈矩形；剖面主要呈不规则形，个别呈矩形。单体建筑构筑方式主要有：一是黄土夯筑，或夹砂石土，

或夹砾石，或夹石块，或夹砾石、红柳，或夹石块、红柳，或夹红柳、芦苇，或夹杨树枝、红柳；二是土坯砌筑，或夹红柳，或夹芦苇，或夹砾石，或夹石块、红柳，个别外包砂石土；三是堆筑和垒筑，有砂石土堆筑，砾石堆筑，砾石夹石块垒筑，砾石、石块夹红柳垒筑，砂石土、石块夹红柳、芦苇垒筑等；四是不同构筑方式混筑，有外部黄土（或夹砾石、红柳、芦苇）夯筑和内部土坯（或夹红柳、芨芨草）砌筑，外部土坯砌筑和内部黄土夯筑，上部石块垒筑和下部土坯砌筑，土坯砌筑和黄土夹石块堆筑，外部锈砂石块垒筑和内部土坯砌筑等。单体建筑夯层厚0.05~0.14米，土坯长22~50厘米，宽15~25厘米，厚7~18厘米。少数单体建筑周围有围墙（墩院）。长城沿线还发现窑址群6处。

本段长城面临的主要破坏因素和病害有风雨侵蚀、山洪和河流冲刷、沙漠化、返潮、酥碱、植物生长、动物和昆虫打洞筑穴、开垦耕地、修建道路和水渠、盗挖、踩踏、取土、取柴等。

东光西长城

长2619米。砂砾石堆筑，剖面呈圆丘状。底宽11.5~14米，顶宽0.5米，高0.6~0.8米。沿线有敌台1座。

马庄子长城

长2922米。原构筑方式不详，现仅存砂石土堆筑的墙体基础，剖面呈圆丘

状。底宽 7.3~16.7 米, 顶宽不详, 高 0.3~1.4 米。沿线有烽火台 1 座。

常家岗长城

长 2822 米。红柳、芦苇夹砂砾石叠筑。底宽 5.3~14 米, 高 0.6~1.5 米。沿线有烽火台 1 座。

芦草井西长城

长 3006 米。红柳、梭梭木夹砂土叠筑, 剖面部分呈梯形, 部分呈三角形。底宽 3~12.2 米, 顶宽 1.1~3 米, 高 1~2.3 米。

尖山子壕堑

长 338 米。中间挖壕, 土石堆于两侧成垄。壕沟底宽 2~4 米, 上宽 10.5~11.8 米, 深 0.5~0.8 米; 壕垄底宽 6.4~9.7 米, 顶部呈脊状, 高 0.3~0.8 米。沿线有堡 1 座。

沙枣园子壕堑

长 3086 米。中间挖壕, 两侧以土与砾石、红柳叠筑。壕堑底宽 2.7~6.5 米, 上宽 6.5~8.5 米, 深 0.3~1 米; 壕垄底宽 6~10 米, 顶部呈丘状, 高 0.3~0.8 米。

大湾城遗址

分为东大湾城和西大湾城, 两城隔黑河相望, 相距 2.73 千米。

东大湾城位于天仓乡沙门子村东北。

马庄子长城

常家岗长城

芦草井西长城

尖山子壕堑

甘肃省志 文物志

东大湾城遗址

西大湾城遗址

平面呈矩形，由内至外分为四重，分别筑于不同历史时期。第一重为堡，分为早、晚期。早期堡平面呈长方形，东西宽75米，南北长100米。堡墙底宽4.7米，顶宽1.4米，高7米，黄土夯筑，夯层厚0.18米。东墙正中开门，门外建瓮城（宋、元时期扩建），瓮城外有罗城三重环围。堡西南角有角楼，角楼顶部有房址。堡内西北角有南北排列的3间房址。晚期堡筑于宋、元时期，利用早期堡北墙增筑为横矩形，与早期堡共同形成一个北大南小、形似"冒"字的不规则格局。西南角存角楼。据吴礽骧《河西汉塞调查与研究》载，

堡四周均有护城壕，现仅存东、北墙外侧护城壕局部痕迹。护城壕外侧存一道夯土墙。第二重城位于第一重堡的外围，东墙长137米，高0.3~0.85米，南墙长21米，底宽6米，高1.2米，北墙仅存痕迹，西墙无存，门向不明。城墙黄土夯筑，夯层厚0.09~0.11米。吴礽骧在《河西汉塞调查与研究》中推断该城建于宋、元时期。第三重城呈方形，位于第二重城东北侧。西南侧与第二重城叠压，仅存东墙、南墙东段和北墙。北墙正中开门。东墙长155米，南墙长80米，北墙长161米。墙体底宽1.6米，顶宽0.3米，高1.7米，

黄土夯筑，夯层厚 0.09~0.11 米。东北角、东南角各有角楼 1 座，东墙正中有马面 1 座。第四重城在最外侧，呈矩形，存东墙、南墙、北墙，西侧无存。东墙长 335 米，南墙长 236 米，北墙长 174 米。墙体底宽 4.2 米，顶宽 2.6 米，高 0.7~1.1 米，黄土夯筑，夯层厚 0.18~0.23 米。东南角有角楼 1 座。吴礽骧在《河西汉塞调查与研究》中推断该城亦建于宋、元时期。

城内分布大量灰陶片，采集有绳纹灰陶盆腹部残片、弦纹灰陶罐腹部残片、弦纹灰陶盆口沿残片、灰陶盆口沿和底部残片、铁器残片、木筋，现存金塔县博物馆。1930 年，西北科学考察团在此发掘出汉简 1500 余枚，纪年简集中在汉昭帝始元元年至平帝元始二年（公元前 86~2 年）之间，最晚为王莽始建国三年（11 年）。同时，出土器物约 350 件，有木器、竹器、葫芦器、芦草编制的器物以及石器、陶器、铜器、铁器残件、皮革、丝麻织物残片等，还有西夏文印版文书和西夏文丝绸各 1 件。1972 年，甘肃省居延考古队又在此发掘出汉简数百枚和其他遗物。

西大湾城位于航天镇双城村东北。平面呈矩形。东西长 210 米，南北宽 180 米，门无存。东墙残长 87 米，南墙残长 63 米，西墙长 180 米，北墙长 210 米。墙体底宽 5~8 米，顶宽 1.6~2.3 米，高 1.3~8 米，黏土夯筑，夯层厚 0.16~0.22 米。东墙、北墙外 15 米处有护城壕，城址内有 11 处房址。

城址东侧分布大量灰陶片，采集有弦纹灰陶罐口沿残片、灰陶罐腹部残片、垂帐纹灰陶罐腹部残片、灰陶片、铁器残片、木筋等。

地湾城遗址

位于航天镇东岔村西南黑河东岸。

地湾城遗址

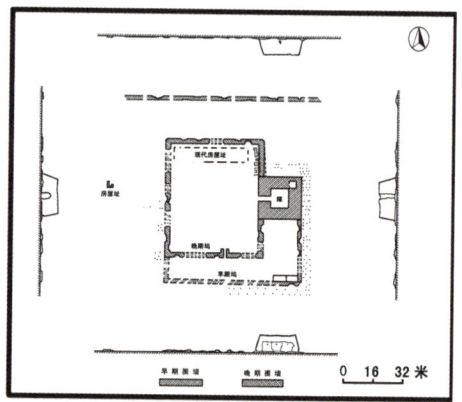

地湾城遗址平面图

由障城和早、晚两期坞院构成。障城平面略呈方形，东墙底长 22 米，顶长 18.2 米；南墙底长 21.7 米，顶长 18.87 米；西墙底长 21.6 米，顶长 18.4 米；北墙底长 21.5 米，顶长 18 米。城墙底宽 5 米，高 8.4 米，黄土夯筑，夯层厚 0.2 米。西墙正中开门。吴礽骧《河西汉塞调查与研究》记载：1986 年发掘后认为，外围坞院分早、晚两期。早期坞院位于障南、西两侧，坞墙在障北墙外侧西北角和南墙外侧东南角处与障墙相连接。早期坞院东墙长 33 米，南墙长 69.5 米，西墙残长 14 米，与晚期坞院西南角相接；坞墙宽 1.2~1.7 米，高 0.15~0.33 米，黄土夯筑，夯层厚 0.05~0.08 米。晚期坞院位于障西侧，坞院西墙、北墙、东墙北段利用早期坞院墙体，东墙南段墙体在障南墙外侧西南角处与障墙连接。坞院南墙长 37.4 米，西墙长 59 米，北墙长 49 米；坞墙宽 1.7 米，高 0.9~1.3 米。坞院南墙开门，内侧依墙以土墼砌筑两方形门墩。坞院北墙以北 20 米外，有一道夯筑墙垣，宽 1.7 米，高 0.2 米，残长 100 米，是否为第三重坞院，尚有疑问。障北墙、东墙外侧和早期坞院东墙南段、南墙东段外侧存有虎落遗迹。坞院西墙外 30 米处有房址 1 处。

城址四周分布大量灰陶片，采集有绳纹灰陶罐腹部残片、弦纹灰陶罐腹部残片、灰陶盆口沿残片、灰陶瓮口沿残片、渔网坠、木筋。1930 年，贝格曼曾在此进行试掘，共出土简牍约 2000 枚。1986 年 9~10 月，甘肃省文物考古研究所对遗址进行发掘，出土汉简千余枚和少量遗物。

肩水金关遗址

位于航天镇东岔村西黑河东岸，地处张掖通往居延的交通咽喉，兼有关口、邮驿、候望等多种职能，是汉代河西地区军事重地之一。遗址仅存关门和关内西南侧坞院 1 座。整体遗迹呈矩形。关门仅存两座东西相对的矩形铺舍遗迹，中为门道。铺舍向外两侧以北 2.5 米处，有阙形柱一对，仅存地面遗迹，均与金关长城相连。铺舍长 6.5 米，宽 5 米，铺舍墙最厚 1.2 米，最高 1.1 米。铺舍中间的门道宽 5 米，西侧铺舍内有一通向铺舍顶的土墼台阶，现仅存三级；东侧铺舍内无台阶，但多一隔墙。铺舍与阙形柱之间以土墼砌筑墙体相连。坞院平面呈不规则形，东南角敞开（或系坞门所在）。坞墙仅存地面痕迹，尺寸不详。坞院内有房屋和马厩遗迹，形制和面积不清。坞院西侧中部现存烽火台 1 座，已风蚀坍塌呈圆丘状；底部呈正方形，边长 8 米，高 3.1 米，黄土夯筑，夯层厚 0.08~0.1 米。烽火台南侧有方形围墙，北墙与烽火台东壁相接，西墙与烽火台南壁相接。北墙开门，院内有曲折夹道，两侧分布有住室、灶屋、仓库、院落等遗迹。吴礽骧《河西汉塞调查与研究》记载：

肩水金关遗址

石营堡

1973年发掘发现关门内外、阙形柱外侧、烽火台及其围墙周边均有虎落，现已被风沙埋压。

城址南侧分布大量灰陶片，采集有弦纹灰陶罐腹部残片、灰陶盆口沿残片、灰陶片、炭烧结块、铁器残片、木器残件、木筋。1930年，中瑞西北科学考察团在此挖掘汉简850枚，纪年简时间集中于汉昭帝始元五年至哀帝建平三年（公元前82~4年）。1973年，甘肃省居延考古队又掘出汉简11577枚，出土汉简占居延汉简总量的三分之一。掘获其他实物1311件，有货币、残刀剑、箭、镞、表、转射、积薪、铁工具、铁农具、竹木器械、各类陶器、木器、竹器、漆器、丝麻、毛、衣服、鞋、帽、渔网、网梭以及小麦、大麦、糜、谷、青稞、麻籽等，还有启信、印章、封泥、笔、砚、尺、木版画和麻纸等。

石营堡

位于西坝乡西移村东北。平面呈矩形，东西长31米，南北宽24.1米，面积747.1平方米。堡门南开。堡墙底宽1.95~3.4米，顶宽0.8~2.1米，高1.5~8.9米。片石、红柳、夯土、土坯叠筑，土坯规格30×20×9厘米，红柳层厚0.05~0.08米，石块层厚0.07~0.09米。西南堡墙底部残留高1米、宽0.8米的夯筑基础。堡东100米外山顶有大量炭烧结块堆积1处。堡东侧分布大量灰陶片，采集有绳纹灰陶罐腹部残片、褐陶罐腹部残片、素面灰陶罐腹部残片等。

床窝子敌台

位于西坝乡西移村西北。平面呈不规则圆形，剖面呈不规则梯形。顶部东、北壁各宽0.5米，南壁宽1.5米，西壁宽2.5米；底部东壁宽3.47米，南壁宽2米，西壁宽3.3米，北壁宽1.6米；东壁腰部宽2.6米；高4米。黄土夯筑，夯层厚0.08~0.13米。敌台周围分布大量灰陶片，采集有灰陶罐腹部和底部残片、绳纹灰

北沙河敌台

红柳坑北烽火台

陶罐腹部残片、夹砂灰陶罐底部残片和铁器残片。

北沙河敌台

位于航天镇大湾村五组东北。平、剖面均呈矩形。顶部东壁宽 3 米，南壁宽 2.3 米，西壁宽 5.4 米，北壁宽 2.1 米；底部东、西壁各宽 6.1 米，南壁宽 5.3 米，北壁宽 5.2 米；高 7.5 米。外部黄土夯筑，夯层厚 0.06~0.08 米；内部土坯夹红柳砌筑，土坯长 38~40 厘米，宽 18~20 厘米，厚 10~15 厘米；红柳层厚 0.05 米，层间距 0.6~0.8 米。台体顶部暴露有红柳、芨芨草。敌台西南侧散存少量灰陶片，采集有弦纹灰陶罐腹部残片、粗砂灰陶罐底部残片和灰陶罐腹部残片。

辽草湾 1 号烽火台

位于鼎新镇双树村南。平面呈不规则圆形，剖面呈不规则梯形。顶部东壁宽 4.5 米，南壁宽 3.4 米，西壁宽 4 米，北壁宽 3.7 米；顶部东壁宽 12 米，南壁宽

10.1 米，西壁宽 11.6 米，北壁宽 10 米；高 2.2 米。黄土夹杨树枝、红柳平铺夯筑，夯层厚 0.05~0.11 米，植物根茎层厚 0.15 米，间距 0.08~0.14 米。南壁东南角暴露有杨树枝、红柳等，西南角有灰堆。烽火台周围分布大量灰陶片，采集有灰陶罐腹部残片、绳纹灰陶罐腹部残片、褐陶罐腹部残片和残破渔网坠。

红柳坑北烽火台

位于航天镇西岔村西南。平面呈圆形，剖面呈不规则方形。直径 16.2 米，高 2 米。土坯砌筑，外以砂石土抹面。土坯规格 34×18×16 厘米，顶部以下 0.45 米处暴露有红柳平铺为筋，筋层厚 0.05 米。烽火台周围有围墙（墩院）。烽火台周围散存少量灰陶片，南侧采集有绳纹灰陶片、灰陶罐腹部残片、粗砂灰陶盆残片。

三棱沙南烽火台

位于航天镇东岔村东北。平面呈矩

三棱沙南烽火台

地红山小烽火台

形，剖面呈梯形。顶部东壁宽 0.8 米，南壁宽 1 米，西壁宽 0.7 米，北壁宽 1.4 米；底部东西长 14 米，南北宽 12 米；高 4.4 米。土坯夹红柳砌筑，三层土坯夹一层红柳，土坯规格 45×25×15 厘米，红柳层厚 0.01~0.02 米。烽火台周围有围墙（墩院）。烽火台周围散存少量灰陶片，东侧采集有灰陶片、灰陶罐口沿和底部残片。

地红山小烽火台

位于航天镇上五分村西北。平面呈不规则方形，剖面呈不规则三角形。底部东西长 3.2 米，南北宽 3.6 米，高 1.65 米。台体顶部中心有边长 1.45 米、高 0.45 米的石块堆。外部锈砂石块垒筑，内部土坯砌筑，土坯规格 28×18×8 厘米。烽火台周围分布大量灰陶片，采集有夹砂灰陶罐腹部残片、灰陶罐腹部残片、弦纹灰陶罐腹部和底部残片。

茵窝东烽火台

位于航天镇营盘村西北。平面呈不

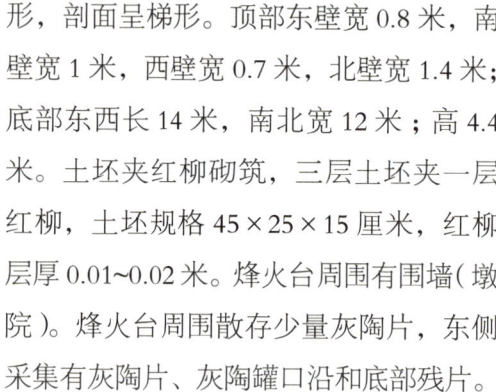

规则方形，剖面呈梯形。顶部东壁宽 4.6 米，南壁宽 5 米，西壁宽 6.3 米，北壁宽 6 米；底部东壁宽 9.3 米，南壁宽 10 米，西壁宽 10.4 米，北壁宽 12 米；高 2.3 米。土坯、石块夹红柳砌筑，土坯规格 37×21×7 厘米，红柳层厚 0.03~0.05 米，层间距 0.07~0.25 米。烽火台周围散存少量灰陶片，采集有夹砂灰陶罐口沿残片、灰陶罐口沿残片和素面灰陶罐腹部残片。

盆坑西烽火台

位于西坝乡西移村西北。平面呈不规则矩形，剖面呈不规则梯形。顶部东壁宽 3.3 米，南壁宽 1.7 米，西壁宽 2.7 米，北壁宽 1.6 米；底部东、西壁各宽 8.8 米，南壁宽 3.3 米，北壁宽 3.2 米；高 1.7 米。土坯夹芦草根茎砌筑，土坯长 30~40 厘米，宽 12 厘米，厚 11~13 厘米；芦草根茎层厚 0.3 米。烽火台周围分布大量灰陶片，采集有灰陶罐口沿残片、弦纹灰陶罐腹部残片、绳纹灰陶罐腹部残片、灰

盆坑西烽火台

友好烽火台

陶壶口沿残片和灰陶盆口沿残片。

黄水沟烽火台

位于西坝乡西移村西北。平面呈圆形，剖面呈圆丘形。砂砾石夹石块垒筑。直径20米，高1.7米。烽火台周围散落有大量灰陶片，采集有灰陶罐腹部残片，以及素面、绳纹和刻画纹等灰陶片。

友好烽火台

位于航天镇友好村东南。平面呈不规则方形，剖面呈圆丘形。顶部东壁宽2米，南壁宽2.6米，西壁宽3.1米，北壁宽1.6米；底部东壁宽5.7米，南壁宽5.2米，西壁宽6.8米，北壁宽6米，高1.8米。土坯砌筑，土坯长30~40厘米，宽18~22厘米，厚13~14厘米；土坯层之间有芦苇平铺为筋，厚0.01~0.02米。烽火台周围散存少量灰陶片，采集有刻画纹灰陶片、弦纹灰陶罐腹部残片等。

芦草井长城1段窑址群

位于西坝乡西移村西北。共有窑址

5座，窑室已全部损毁，倒塌成土堆，仅存残底。平面均呈圆形。1、2号窑址自南向北呈"一"字形排列，1号窑址直径2.2米，高0.2米；2号窑址东西宽1.3米，南北长2米，高0.2米，烧结块厚0.1米。3、4、5号窑址自南向北呈"一"字形排列，3号窑址直径2.1米，高0.1米，烧结块厚0.08米；4号窑址直径1.5米，高0.1米，烧结块厚0.08米；5号窑址直径1.9米，高0.15米，烧结块厚0.1米。窑址群内散存大量黑色、土红色烧结物。

十三、玉门段

汉长城玉门段分布于市境北缘，大体呈东—西走向贯穿而过，全长104.5千米。以头墩为分界线，头墩以东地处沙丘荒漠地带，俗称东沙窝，红柳灌丛沙丘密布；头墩以西地处绿洲北部边缘，沿线地貌为洪积、冲积平原，长城南侧为绿洲，北侧为戈壁，局地有沙漠。本段长城自金塔县

第四章 长城

315

芦草井进入本市，经干海子，至干海子湖，沿北石河（季节性河流）西岸向北延伸至头墩，折向西北，依次经过二墩滩、毕家滩、四墩门戈壁、青山农场、黄花营、饮马农场等绿洲北部边缘一带，至饮马农场十一组西北3.1千米处，进入瓜州县境内。在玉门市境内，汉长城主要经过柳河、黄闸湾、下西号、花海4个乡镇。

本段长城由墙体、壕堑、关堡、单体建筑（烽火台）及其他与长城相关遗存组成。墙体长104.3千米，主要为人工构筑墙体，在干海子存在15.7千米的河险。人工构筑墙体构筑方式主要为植物根茎（红柳、胡杨、梭梭木等）夹砂土叠筑。其中，以红柳夹砂土叠筑（少数砂土中夹砾石）占绝大多数，毕家滩和四墩门等地为红柳或胡杨枝夹砂土叠筑；干海子一带为红柳根和梭梭木垒筑，局部为红柳和梭梭木夹土叠筑；饮马农场个别段落为红柳夹砾石叠筑。植物根茎夹砂土叠筑的具体方式为：由下至上先横向平铺一层植物根茎，周围以植物根茎束为框架，内填砂土，连续叠筑，植物根茎层厚0.05~0.3米，砂土层厚0.05~0.2米。人工构筑墙体底宽0.9~10米，顶宽0.2~4.7米，高0.1~4米。壕堑长260米，构筑方式为中间挖沟，土石堆于两边成垄，南垄局部为红柳夹沙叠筑。发现堡3座，构筑方式有两种：一是黄土夯筑，夯层厚0.09~0.15米；二是

红柳夹砂土夯筑。发现烽火台31座，其中29座位于长城内侧，2座位于长城外侧，平面主要呈矩形，个别呈不规则形或圆形，剖面主要呈梯形，个别呈不规则形。烽火台构筑方式主要有四种：一是外部红柳垒筑、内部填充砂土；二是植物根茎夹砂土叠筑，植物根茎主要有红柳和胡杨，与干海子湖南缘以西墙体构筑方式相近；三是土坯夹芦苇、芨芨草砌筑，土坯长34~40厘米，宽15~20厘米，厚10~17厘米；四是砾石夹芦苇垒筑。长城沿线还发现相关遗存6处，其中生活遗址和房址各1处、窑址群4处。

本段长城面临的主要破坏因素和病害有风沙（雨）侵蚀、盐碱侵蚀、风沙埋、洪水冲刷、动物打洞筑巢、以及修建开挖便道和水沟、开垦耕地、取柴、盗挖、人畜攀爬踩踏等。

干海子长城1段

长2359.5米。红柳和梭梭木纵向垒筑，局部为红柳和梭梭木夹土叠筑，土层厚0.1~0.2米，红柳和梭梭木层厚0.15~0.25米。底宽1~9.5米，顶宽0.5~3.5米，高0.3~4米。沿线有烽火台2座。

四墩门长城

长4151.2米。红柳或胡杨枝夹砂土叠筑，红柳或胡杨枝层厚0.15~0.2米，砂土层厚0.1~0.2米。底宽2.5~10米，顶宽0.3~2米，高0.2~2.7米。沿线有烽火台4座。

甘肃省志 文物志

干海子长城1段局部

四墩门长城

二墩滩壕堑

上回庄堡

二墩滩壕堑

长 260 米。中间挖壕，两侧堆砂石土成垄，南垄局部为红柳夹沙叠筑。壕沟底宽 1.3~3 米，上宽 3~4.5 米，深 0.3~0.6 米；壕垄底宽 2~3.8 米，顶宽 0.6~1.5 米，高 0.15~0.6 米。沿线有关堡和烽火台各 1 座。

上回庄堡

位于柳湖乡兴旺村西南。平面呈正方形，边长 45 米，顶宽 0.6~1.1 米，底宽 2 米，高 5 米。堡南墙中间开门，门外有曲尺形墙体呈"┐"围护。堡墙主体黄土夯筑，夯层厚 0.13~0.15 米。西墙中部残存一段墙体和北墙顶部有红柳夹黄土叠筑痕迹，红柳层厚 0.15 米，黄土层厚 0.1 米。堡内东南角有角楼 1 座；堡外西北角西侧 70 米处残存土坯砌筑烽火台 1 座。

北石河 1 号烽火台

位于花海镇中渠村东北。平面呈矩形，剖面呈梯形。顶部东壁宽 2 米，南壁宽 1.5 米，西壁宽 3.6 米，北壁宽 1.5 米；底部边长 10 米；高 6.5 米。内部土坯砌筑，土坯规格 40×20×15 厘米；外部红柳夹砂土叠筑，叠筑层顶部厚 1.5 米，底部厚 2 米，红柳层厚 0.8~0.12 米，砂土层

北石河 1 号烽火台

低窝铺墩

黄墩子墩

厚 0.1~0.14 米。烽火台周围散存灰陶片。

大石疙瘩墩

位于花海镇西泉村西北。平面呈矩形，剖面呈梯形。顶边长 6 米，底边长 16 米，高 5.1 米。台体外部红柳夹砂土叠

筑，内部填充砂石，叠筑层厚 3 米；其中红柳层厚 0.15 米，砂土层厚 0.1 米。烽火台周围散存灰陶片。

低窝铺墩

位于下西号乡下东号村二组居民点东。平面呈矩形，剖面呈梯形。顶部东西宽 2.6 米，南北长 3.3 米；底部东西宽 3.6 米，南北长 4.5 米；高 2.9 米。内部碎石夹芦苇叠筑，外部砾石块垒筑加固。内部碎石层厚 0.15~0.3 米，芦苇层厚 0.03~0.05 米，外部加固层厚 0.4 米。

黄墩子墩

位于花海镇黄水桥村东北。平面呈矩形，剖面呈梯形。顶部东壁宽 2.5 米，南壁宽 3 米，西壁宽 0.5 米，北壁宽 1.5 米；底部东西长 5 米，南北宽 4 米；高 3.3 米。烽火台下部 2 米为黄土台地，局部土坯帮筑，帮筑层厚 0.7 米，土坯规格 30×22×10 厘米。顶部 1.3 米为植物根茎夹黄土叠筑，植物根茎以红柳为主，红柳层厚 0.2 米，黄土层厚 0.15 米。烽火台周围散存灰陶片。

四墩门窑址

位于青山农场十组居民点东。分布面积 7500 平方米，共有 7 座，坍塌成砂石堆状，南北向呈线形排列。遗址顶部和四周多分布有青黄色烧结物。从北向南第一座窑址砂石堆积，底宽 5 米，顶宽 1.8 米，残高 1 米；第二座窑址砂石堆积而成，

底宽 5 米，顶宽 3 米，残高 0.1 米；第三座窑址红柳夹砂土叠筑，底宽 8 米，顶宽 3 米，高 0.8 米；第四座窑址红柳夹砂石叠筑，底宽 5.5 米，顶宽 2.4 米，残高 0.5 米；第五座窑址红柳夹砂石叠筑，坍塌损毁，仅存直径 6 米的砂石痕迹；第六座窑址砂石堆积，整体坍塌成直径 3 米的砂石痕迹；第七座窑址砂石堆积，底宽 6 米，顶宽 2.6 米，残高 0.7 米。

十四、瓜州段

汉长城瓜州段分布于县境中部，呈东—西走向贯穿而过，全长 183.5 千米，地处疏勒河谷两岸台地和浅山地带，其间多经过村镇、耕地、风蚀台地和砾石戈壁，地貌为洪积、冲积扇平原，长城沿线灌丛沙丘、风蚀台地、砾石戈壁分布较多。本段长城自玉门市饮马农场西北蘑菇滩地区进入本县，沿疏勒河北岸蜿蜒前行，经过桥湾乡、布隆吉乡，在双塔水库西侧跨过疏勒河折而向西，依次经过小宛、梁湖、瓜州县城南侧、西湖乡四工村、望杆子、东沙窝、南沙窝柳敦公路东侧等地，由豁壁墩进入敦煌市境内。另外，在桥湾乡以东疏勒河北岸、东沙窝和望杆子有 5 道长城支线和复线。在瓜州县境内，汉长城主要经过西湖、渊泉、梁湖、布隆吉、河东、七墩 6 个乡镇。

本段长城由墙体、关堡、单体建筑及其他与长城相关遗存组成。墙体长 183.5 千米，实存墙体多已倒塌，构筑方式多为砂土堆筑，其次为红柳夹砂土堆筑（个别地段为红柳、芦苇夹砂土堆筑），亦有少量黄土夯筑（夯层厚 0.09~0.14 米）和红柳枝、胡杨木夹砂土堆筑，还有个别段落仅存墙基，构筑方式不明。墙体底宽 1~14 米，顶宽 0.2~6 米，高 0.1~3.2 米。其中，东沙窝、南沙窝等少数地段长城墙体保存较好，高达 2~2.6 米。发现堡 7 座，均位于长城墙体内侧，小宛破城子城墙构筑方式为黄土夯筑，夯层厚 0.09~0.11 米，宜禾都尉堡外现倒塌为沙梁，内堡墙构筑方式为土坯夹红柳砌筑，土坯规格 30×18×10 厘米；其余堡堡墙倒塌，构筑方式不明。堡内均未见建筑遗存，地表散存大量灰陶片和灰炭文化层堆积等。发现单体建筑 57 座，其中敌台 6 座、烽火台 51 座。单体建筑平面多呈圆形，部分呈矩形，少数呈不规则形，剖面主要呈不规则形，部分呈梯形。单体建筑多数构筑方式不明，可见构筑方式主要为黄土夯筑，个别夹红柳或芨芨草，夯层厚 0.08~0.31 米，少数为土坯砌筑，土坯长 37~45 厘米，宽 17.5~29 厘米，厚 7~19 厘米。个别单体建筑有铺舍，周围有燧体和壕沟。长城沿线还发现房址 2 处、窑址 9 处、戍卒墓群 1 处。

本段长城面临的主要破坏因素和病害有风雨侵蚀、沙漠化、洪水和河流冲刷、盐碱侵蚀、植物生长、鼠害、飞鸟筑穴、开垦耕地、修建道路、取土等。不同地域所受破坏因素不同，如望杆子、东沙窝、西沙窝等地段主要是自然因素造成的破坏，而桥湾、布隆吉、双塔、小宛，城郊、四工等地段以人为破坏为甚。

桥湾东长城6段

长2153米。红柳夹砂土叠筑，质地粗疏，部分墙体顶部裸露有红柳。底宽3~10米，顶宽0.6~2米，高0.1~1.5米。沿线有堡1座、烽火台2座。

双塔长城1段

长1847米。黄土夯筑，夯层厚0.08~0.14米。底宽3~6米，顶宽0.3~0.8米，高0.6~2.5米。

望杆子长城8段

长1837米。黄土夹砂砾夯筑，夯层不清。底宽5~7米，顶宽0.8~2米，高0.2~1.3米。沿线有烽火台2座。

东沙窝长城3段

长1995米。红柳夹砂土叠筑，红柳层厚0.14~0.2米，砂土层厚0.16~0.4米。底宽9~10米，顶宽0.8~2米，高1.5~2.5米。沿线有敌台2座。

南沙窝长城4段

长1273米。红柳、芦苇夹砂土夯

双塔长城1段

望杆子长城8段

东沙窝长城3段

南沙窝长城4段

宜禾都尉堡内城

桥湾西敌台

筑，红柳层厚 0.12~0.13 米，芦苇层厚 0.02~0.03 米，砂土层厚 0.1~0.13 米。底宽 5~10 米，顶宽 0.5~1.5 米，高 0.6~2 米。沿线有烽火台 2 座。

布隆吉 1 号堡

位于布隆吉乡布隆吉村东北。平面呈不规则形。东墙长 25 米，南墙长 41 米，西墙长 30 米；北墙呈弧形，长 50 米。堡墙均倒塌，呈土垄状，构筑方式不明，底宽 5~10 米，顶宽 0.6~2 米，高 0.2~1.6 米。堡中间利用风蚀台地建成一高耸土台，平面呈矩形，南北长 8 米，东西宽 7 米，高 3.5 米。堡东南角开门，门宽 3 米。堡内及周围有大量灰陶片、石块等。

宜禾都尉堡

位于西湖乡西湖村东南。由内城、外城两部分组成。内城位于外城东北角内侧，平面呈矩形，东西宽 18 米，南北长 38 米，占地面积 684 平方米。堡墙底宽 5~8 米，顶宽 0.7~2 米，高 2.5~5.5 米。

土坯夹红柳砌筑，土坯规格 30×18×10 厘米。外城平面呈矩形，东西长 86 米，南北宽 78 米，占地面积 6708 平方米。南墙开门。墙体均已倒塌，已成砂土梁，构筑方式不明。东墙与内城东墙相连接；西墙北端与长城墙体相连；北墙西段有 40 米墙体与长城墙体共用，东段有 18 米墙体与内城北墙共用。堡墙底宽 4~6 米，顶宽 0.7~0.8 米，高 0.8~5.5 米。堡内堆积有灰炭层，分布大量陶片。

桥湾西敌台

位于布隆吉乡九上村北。平面呈方形，剖面呈梯形，略向内收分。顶宽 6.5 米，底宽 12 米，高 6.2 米。两次土坯砌筑而成，中部为早期土坯砌筑，土坯规格 40×29×12 厘米。外围后期土坯补筑，土坯规格 37×17.5×7 厘米。敌台南壁中部有房屋遗迹；北壁台体可见土坯中夹有三层芦苇，台体底部有东西向桄木洞一排。敌台西南山脊上有 5 座燧体。

东沙窝 2 号敌台

南沙窝 4 号烽火台

南沙窝 5 号烽火台

东沙窝 2 号敌台

位于西湖乡四工农场西。整体倒塌呈不规则圆形土堆。顶部东西宽 3.9 米，南北长 4.3 米；底部直径 10 米；高 3.5 米。

黄土夯筑，夯层不清。敌台东南 22 米处有堆积层，遗留有灰陶片、兽粪、木楔等。

北干沟 1 号烽火台

位于梁湖乡银河村北。原形制不详，平面呈矩形，剖面呈不规则梯形。顶部东西宽 4.2 米，南北长 4.5 米；底部东西长 6.5 米，南北宽 6 米；高 3 米；黄土夯筑，夯层厚 0.09~0.14 米。

南沙窝 4 号烽火台

位于西湖乡西湖村东南。平、剖面均呈矩形。顶部东西宽 1.3 米，南北长 4.5 米；底部东西长 5.4 米，南北宽 5 米；高 6.8 米；黄土夯筑，夯层厚 0.09~0.11 米。

南沙窝 5 号烽火台

位于西湖乡西湖村东南。平面呈矩形，剖面呈梯形，略有收分。顶部东西长 2.3 米，南北宽 4~4.8 米；底部东西长 5.6 米，南北宽 5.5 米；高 7.6 米。黄土夹桩木夯筑，夯层厚 0.09~0.13 米。顶部立有木桩 3 根。东壁、南壁有后期土坯补筑土体，顶部有红柳枝、芦苇等。

双塔乱山子烽火台

位于布隆吉乡双塔村西北。平面呈矩形，剖面呈梯形。顶部东西宽 3.5 米，南北长 6.5 米；底部东西宽 7.5 米，南北长 12 米；高 5.2 米。台体以石块堆积为基础，外露部分高 0.45~0.53 米，主体由土坯夹芨芨草或红柳砌筑，土坯规格 45×20×10 厘米，芨芨草或红柳厚

0.02~0.04 米。烽火台顶部有铺舍。

桥湾东 1 号房址

位于七墩回族东乡族乡三墩村北。已整体倒塌，平面呈矩形，东西宽 8 米，南北长 14 米。东南侧开门，门宽 2 米。四周墙体仅存墙基，底宽 1.5~2 米，顶宽 0.7~0.8 米，高 0.4~0.5 米。遗址及周围散存陶片、石块等。

桥湾东 1 号窑址

位于七墩回族东乡族乡三墩村北。平面呈矩形，东西长 7.5 米，南北宽 4 米。现已坍塌成长条形土堆，残高 0.6~0.7 米。地面散存大量黑色烧结物。

十五、敦煌段

汉长城敦煌段主要分布在市境北部，中、西部也有零星分布，呈东—西走向，全长 172.6 千米（含南湖风墙子 11.8 千米），均修建于戈壁、沙地及盐碱滩。本段长城主线自瓜州县与敦煌市交界处豁壁墩进入本市，依次经过碱墩、臭墩子、小月牙湖、通望燧、酥油土墩、卡子墩、贼娃子泉、盐池墩、当谷燧、马圈湾、后坑、榆树泉、广武燧、步昌燧、凌胡燧、厌胡燧，止于广昌燧（湾窑墩）。另在榆树泉墩以西、清水沟一带有烽火台 3 座，以烽燧线形式与主线相连；在盐池墩附近向南偏东延伸出一条长城支线，经过玉门关南的芦草井盐湖草滩，止于玉门关南三墩西北。在今阳关镇寿昌村山水沟东戈壁滩有一条 11.8 千米长的砂石堆筑墙体，俗称"风墙子""南湖塞墙"，《中国文物地图集·甘肃分册》认为属于汉代，系丝绸之路南道"路标"；吴礽骧《河西汉塞调查与研究》认为系西凉时期修筑的南塞；也有学者认为是保护村庄的防风或防洪墙。烽火台多建在汉长城主线内外两侧，也有一些烽燧沿古驿道分布，既属西汉驿道的报警设施，也是汉长城纵深防御设施。在敦煌市境内，汉长城主要经过转渠口、黄渠、肃州、阳关 4 个乡镇。

本段长城由墙体、关堡、单体建筑（烽火台）及其他与长城相关遗存组成。墙体长 172.6 千米，以红柳或胡杨或芦苇夹砂砾土叠筑为主，可分为：红柳、胡杨、芦苇夹砂砾土，红柳、芦苇夹砂砾土，胡杨、芦苇夹砂砾土，红柳夹砂砾土，芦苇夹砂砾土等。又有砂石堆筑的南湖风墙子。墙体底宽 1~10 米，顶宽 0.1~2.9 米，高 0.1~3.2 米。发现关堡 4 座，除榆树泉堡堡墙构筑方式不明外，其余均为黄土夯筑，夯层厚 0.12~0.2 米。发现烽火台 96 座，部分被后代修葺沿用。烽火台平面主要呈矩形，少数呈圆形和不规则形，剖面多数呈梯形，部分呈不规则形。单体建筑构筑方式主要有四种：一是土坯砌筑，其中又以土坯夹芦苇砌筑占多数，也有部分土坯砌筑，另有个别土坯、石块夹芦苇、红柳砌筑，土坯、石块夹芦苇砌筑、土坯包砌、内为生土台、土坯夹胡杨木砌筑等，土坯长28~47厘米，宽10~27厘米，厚8~20厘米；二是黄土夯筑，少数为夹芦苇夯筑，个别为夹芦苇、红柳夯筑，夯层厚0.04~0.3米，个别可见夯窝，直径0.1米；三是不规则澄泥块和碱土块或单独或同时夹植物根茎叠筑，植物种类主要有芦苇、红柳和胡杨，个别有芨芨草和罗布麻；四是不同构筑方式混筑，有外部黄土夯筑，内部不规则澄泥块夹芦苇、红柳垒筑；外部不规则碱土块夹芦苇、红柳、胡杨垒筑，内部黄土夹芦苇、红柳夯筑；外部不规则碱土块夹芦苇、红柳、胡杨垒筑，内部土坯夹芦苇、红柳砌筑；外部土坯夹芦苇砌筑，内填砂砾土；外部石块夹芦苇垒筑，内填砂土；下部黄土夯筑，上部土坯砌筑；下部黄土夹芦苇夯筑，上部土坯夹芦苇砌筑等；另外还有石块或夹芦苇或夹胡杨垒筑，芦苇夹砂砾土夯筑和芦苇、胡杨、红柳夹砂砾叠筑，红柳、胡杨夹芦苇、土块叠筑，芦苇、芨芨草夹不规则澄泥块、碎石块叠筑等。超过半数的烽火台遗存有附属设施，其中近一半有两种或三种附属设施，附属设施以房址最多，次之为铺舍，再次为积薪和围墙（墩院），个别还有马厩遗址和燧体，另有枯井数口，时代不详。长城沿线发现天田12段，均为在长城内侧紧依墙体底部掘

地挖沙堆积南侧成垄，沟内填细黄沙而成。长城沿线还发现窑址2处。

本段长城面临的主要破坏因素和病害有风雨（沙）、盐碱、潮水等侵蚀、洪水冲毁、风沙埋埋、车辆穿越、踩踏、生产建设等。

野马井子西墩长城

长979米。红柳夹砂砾土叠筑，砂砾土稀松，黏结性较差，红柳层厚0.15米，砂砾土层厚0.1~0.12米。底宽1.2~2.6米，顶部残损，高0.1~0.3米。沿线有烽火台1座。

朱爵燧长城

长4997米。红柳、芦苇、胡杨木夹砂石叠筑。底宽3米，顶宽1米，高0.2~0.4米。沿线有烽火台2座。

当谷燧长城

长5880米。芦苇夹砂石叠筑，芦苇层厚0.1~0.2米，砂石层厚0.15~0.3米。底宽1.9~3.2米，顶宽0.7~1.2米，高0.6~3.2米。沿线有关堡、烽火台各1座，天田1处。

玉门关南支线长城

长3924米。芦苇夹砂砾土叠筑。底宽2.2~4.6米，顶宽0.4~0.9米，高0.1~0.5米。沿线有烽火台1座。

玉门关遗址

位于阳关镇二墩村北。俗称"小方盘城"。汉元封四年（公元前107年）置。

野马井子西墩长城

朱爵燧长城

当谷燧长城（远处为当谷燧）

当谷燧长城局部

玉门关南支线长城

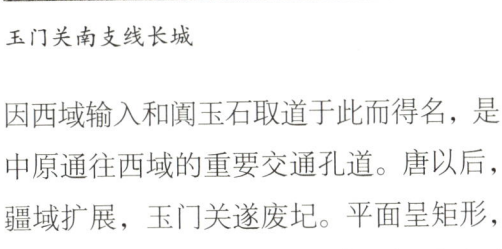

玉门关遗址

因西域输入和阗玉石取道于此而得名，是中原通往西域的重要交通孔道。唐以后，疆域扩展，玉门关遂废圮。平面呈矩形，东西宽 24 米，南北长 26.4 米。门开于西墙和北墙，北门早于西门。现存城墙底宽 5 米，顶宽 3.65 米，高 9.7 米；黄土夯筑，夯层厚 0.08~0.11 米。南墙顶部修筑有女墙，东南角有登城步道，由北向西转

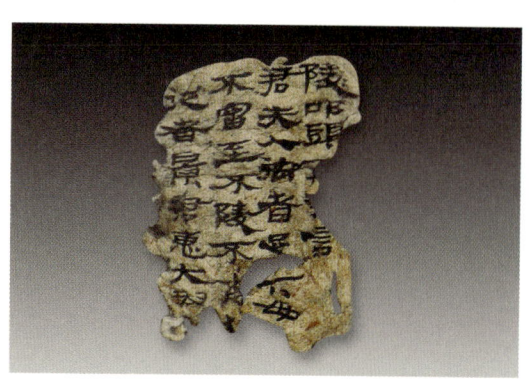
玉门关遗址附近出土纸张

上至关墙顶部。关内东北角残留有灰层，呈斜坡状，厚 1.8~2.2 米，灰层中残存有马粪、羊粪、兽骨等。

1907 年，斯坦因在玉门关挖掘 8 个地点，采集简牍近百枚，并采集有封泥柙、漆耳杯、丝、麻织品残片、五铢钱等。1920 年，敦煌驻军统领周炳南在玉门关附近掘得汉简 17 枚。1944 年，夏鼐、阎文儒等于玉门关北侧一高地发掘出土简牍 4 枚，其中有"酒泉玉门都尉"简，还有丝、毛、麻织品残片以及麻绳、木梳等。1994~1996 年，甘肃省文物局考察组对疏勒河流域汉长城考察期间，在玉门关采集简牍 1 枚，上书"□□谨：勿·即在诸事官以故不绝者今后坐故后至□□"，并采集有汉代麻鞋、取火器等。

玉门关开通后，即成为丝绸之路要道上的重要关隘，并成为中原王朝的国门象征，无数胡商汉贾、国使旅人、文臣武将、文人墨客和高僧学者由此东去西行。

河仓城遗址

位于肃州镇姚家沟西北。又名"大方盘城""阿仓古城"。建于高出疏勒河河床 2 米多的自然土台上，是西汉边陲储备粮秣等给养的军需仓库。始建于汉武帝时期（公元前 141~ 前 87 年）。现存城址坐北向南，平面呈矩形，门南开，分三重，从内至外依次为仓城、内城和外城，平面均呈矩形。外城西墙内墩台东北距仓城西南角 25 米，仓城南墙距外城南墙 94 米，外城北墙距仓城北墙 15 米。仓城东西 132 米，南北 17 米，内有南北走向的两道隔墙，将仓城隔成相等并连的三座仓房。仓房均东西内长 42.5 米，南北内长 14.5 米，门均南开，形制不清。仓墙均底宽 3 米，顶宽 1.5~1.8 米，高 6.5~6.7 米，黄土夯筑，夯层厚 0.05~0.1 米，东仓南墙情况不详，其余南、北仓墙上下均有三角形通风小孔，间隔距离交错相等。内城东西长 168 米，南北宽 60 米。内城地面痕迹不明显，从卫星影像可以分辨。外城东西长 168 米，南北宽 122 米，南墙距仓城南墙 94 米，南墙开门。东、西、北三面墙体坍塌，仅存痕迹。南墙坍塌呈沙垄状，长 125 米，底宽 4.3 米，顶宽 2.2 米，高 1.2 米，黄土夯筑，夯层厚 0.12~0.15 米。外城西墙内侧有黄土夯筑墩台，底部东西 4.6 米，南北 4.8 米，高 6 米。东南 200 米为仓亭燧。

河仓城遗址

1907年，斯坦因在河仓城采集汉简340余枚。1944年，夏鼐、阎文儒等在河仓城附近发掘有石碣一件，内容为"泰始十一年二月十七日甲辰造生"。

东碱墩西南堡

位于转渠口镇东沙门村东北。修筑在北高南低的黄土台地上，平面呈矩形，东西长17.7米，南北宽12.6米。堡门南开。堡东墙大部分坍塌，残存一小段呈土垄状，长1.8米，南墙、西墙、东北角墩、堡门不存，北墙长17.7米。堡墙底宽0.7米，顶宽0.4米，高0.9~2.8米，黄土夯筑，夯层厚0.17米。堡东北角、西北角有角楼，东墙外侧有登城步道。堡内东北角内有焚烧后灰层，堡内外散布较多灰陶片。

二十里大墩

位于阳关镇二墩村西北。平面呈矩形，剖面呈梯形。顶部东西长3.3米，南北宽3.1米；底部东西宽6.5米，南北长6.8米；通高9米。土坯夹芦苇砌筑，每五层土坯夹一层芦苇，芦苇夹层间距0.6米，土坯规格35×17×13厘米。烽火台东壁中部残存由下而上的登顶脚窝，顶部有铺舍。

墩墩山烽燧

位于阳关镇寿昌村西北阳关遗址范围内，有"阳关耳目"之称。平面呈矩形，

二十里大墩

327

墩墩山烽燧

清水沟南墩

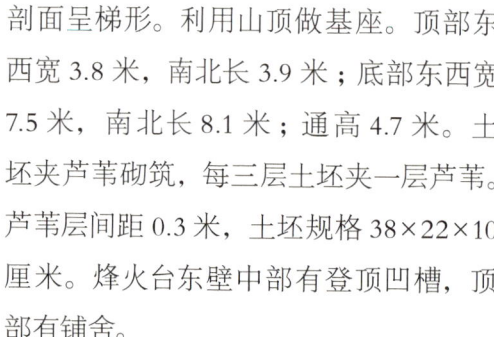

清水沟南墩顶部

烟筒梁南墩

剖面呈梯形。利用山顶做基座。顶部东西宽 3.8 米，南北长 3.9 米；底部东西宽 7.5 米，南北长 8.1 米；通高 4.7 米。土坯夹芦苇砌筑，每三层土坯夹一层芦苇。芦苇层间距 0.3 米，土坯规格 38×22×10 厘米。烽火台东壁中部有登顶凹槽，顶部有铺舍。

清水沟南墩

位于阳关镇二墩村北榆树泉盆地西北。平面呈矩形，剖面呈梯形，顶部风蚀坍塌呈圆锥形，台体呈圆柱形。顶部东西宽 1.2 米，南北长 2.4 米；底部东西长 6.4 米，南北宽 3.1 米；高 2.7 米。利用高出的土台做基座，台体构筑方式为不规则澄泥块夹芦苇、胡杨、红柳叠筑，残存四层，夹层间距 0.5~0.6 米。澄泥块、芦苇、胡杨、红柳及胡杨桩木外露，顶部竖有中心胡杨木柱。

烟筒梁南墩

位于肃州镇姚家沟村西北。平面呈矩形，剖面呈梯形。顶边长 1.5 米，底部东西宽 2.9 米，南北长 3.1 米，高 3 米。不规则碱土块夹芦苇、罗布麻叠筑。东壁壁面不规则碱土块、芦苇、罗布麻外露，

中部有登顶脚窝，紧靠底部残存登顶台阶，顶部有铺舍。

马圈湾烽燧

位于阳关镇二墩村西北。平面呈矩形，剖面呈梯形，下部四壁向上有收分。底部东西宽 7.6 米，南北长 8.3 米，高 1.85 米。土坯夹芦苇砌筑，每三层土坯夹一层芦苇，芦苇夹层间距 0.6 米，土坯规格分为 40×19×14 厘米和 38×17×12 厘米两种。紧靠东壁残存由南向北土坯砌筑四级登顶台阶。烽火台东、南侧有围墙（墩院），烽火台东壁、南壁与北围墙、南围墙相连，围墙内有房址。南壁南侧残存有房屋过厅遗址。东侧戈壁滩上分布有西高东低的灰层斜坡，灰层内有汉元康、神爵、五凤、甘露等年号纪年简牍，丝绸、木器、铁器、粮食、狩猎工具、铜器、麻纸、漆器、帛书、印章、灰烬、草木灰、木屑、苇草叶、畜粪和生产生活用具等。

1979 年 9~10 月，甘肃省博物馆文物考古队发掘，出土汉简 1221 枚，其他遗物 343 件。

山水沟大墩

位于阳关镇寿昌村山水沟东。平面呈矩形，剖面呈梯形，有收分。顶部东西宽 7.6 米，南北长 8.3 米；底部东西长 11.5 米，南北宽 11.3 米；高 6.8 米。上部土坯加固高 2.6 米。中部用不规则澄泥块夹芦苇、红柳叠筑，外用黄土夯筑，后期用土坯对烽火台上部、东、南、西壁中部修补、加固。不规则澄泥块夹芦苇和红柳层间距 0.4~0.7 米，夯层厚 0.04 米，土坯规格 36×25×10 厘米。烽火台东侧有 3 座燧体和房屋遗迹，西北侧有 1 座燧体。

一棵树墩

位于阳关镇二墩村北小方盘城西南。平面呈矩形，剖面呈梯形，顶部坍塌呈斜坡。底部东西宽 4.5 米，南北长 4.6 米，高 1.4 米。土坯夹胡杨砌筑，土坯规格 34×20×10 厘米。东南 5 米处残存 1 座

马圈湾烽燧

山水沟大墩

一棵树墩

马迷兔墩

一棵树墩出土西汉元帝初元四年木简

房址，西南 4 米风蚀台地边缘残存灰层厚 0.6~2.5 米。地表有大量灰陶片。

2008 年 4 月发现，2009 年 3 月抢救性发掘，出土简牍 19 枚以及木器、丝绸、麻布、毡片等物。简牍中有字简 16 枚、素简 3 枚，内容有檄书、日常屯戍簿册、私人书启以及其他杂简。另发现一枚保存完整的封检，是敦煌长城烽燧首次发现保存完整的封检。

马迷兔墩

位于阳关镇二墩村西。平面呈矩形，剖面呈梯形，有收分。顶部坍塌呈圆形，以砂土梁顶部小平台为基座。顶边长 4.6 米，底边长 5.8 米，高 4.9 米。红柳、胡杨夹芦苇和土块叠筑，每两层红柳、胡杨夹一层芦苇和土块，现存 13 层。每层红柳、胡杨厚薄不均，第七层以下每层厚 0.4 米，第八层以上每层厚 0.2 米。

西碱墩

位于黄渠乡黄墩农场东北草湖滩风蚀台地上，台地东西 11 米，南北 11 米，高 2.8 米。烽火台平面呈矩形，剖面呈梯形，有收分。顶部东西宽 3 米，南北长 4 米；底部东西宽 6 米，南北长 6.4 米；高

7.1米。澄板泥块、不规则碱土块夹红柳、胡杨垒筑，垒筑层厚0.21~0.24米，现存26层。烽火台顶部残存燃烧灰烬，东南有房址。

雷墩子

位于肃州镇姚家沟村西北。平面呈矩形，剖面呈梯形，有收分。顶部东西宽2.5米，南北长3米；底部东西宽5.1米，南北长5.9米，高5.2米。土坯夹芦苇砌筑，每五层土坯夹一层芦苇，芦苇夹层间距0.6米，土坯规格42×20×10厘米。烽火台西壁壁面中部有两排登顶脚窝。

臭墩子

位于肃州镇姚家沟村西北。平面呈矩形，剖面呈梯形，已风蚀成柱形。利用所在风蚀台地上高出的土台做基座。顶部东西长1米，南北宽0.9米；底部东西长5.2米，南北宽4.3米；高2.6米。土坯夹芦苇砌筑，每四至五层土坯夹一层芦苇，芦苇夹层间距0.5米。土坯规格40×20×8

厘米。烽火台东南有积薪1座，西侧有房址1座。

当谷燧

位于阳关镇二墩村北。平面呈矩形，剖面呈梯形。顶部东西宽2.8米，南北长4.7米；底边长7.5米；高7.2米。土坯夹芦苇砌筑，每三层土坯夹一层芦苇，芦苇夹层间距0.4米，土坯规格38×19×13厘米。烽火台东壁底部残存土坯砌筑登顶台阶，南壁底部残存过道，西壁上部暴露桩木，桩木顶部铺筑苇草棚。烽火台东侧残存土坯砌筑的房址。南侧戈壁滩上留存呈棋盘状的积薪3组6座，有芦苇束纵横交叉叠压和芦苇夹胡杨、红柳交叉垒筑堆积两种。

广昌燧

位于阳关镇二墩村北湾窑西偏南。亦称"湾窑墩""西井子墩"。平面呈矩形，剖面呈梯形，有收分，台体风蚀成柱形。顶部东西长2.3米，南北宽1.6米；底部

当谷燧

当谷燧附近的汉代积薪

广昌燧

广汉燧天田

东西长7米，南北宽4米；高9米。黄土夯筑，夹有椓木，夯层厚0.1~0.12米。烽火台顶部有铺舍。

广汉燧天田

位于阳关镇二墩村西北。长1831米。

在长城内侧紧依长城墙体底部掘地挖沙堆积于南侧成垄，沟内填细黄沙。剖面呈"U"字形，上宽下窄，底宽4.3~5米，上宽6.2~6.7米，深0.1~0.3米；南垄底宽2.2~2.5米，上宽0.6~0.9米，高0.2米。

第三节　明长城

一、嘉峪关段

明长城嘉峪关段全长56.6千米。根据修筑时间先后，分为东长城、西长城和北长城。东长城和北长城为一个体系（合称"东北长城"）。东长城、北长城与西长城呈"T"字形分布，在峪泉镇嘉峪关村附近相连接。在嘉峪关市境内，明长城主要分布在峪泉镇和新城镇。

东长城和北长城分布于嘉峪关市境东北部，呈东北—西南走向，长30.1千米，均修筑于洪积扇冲积平原的盐碱草滩湿地、田野村庄、戈壁平原及工厂园区，区域内地势平坦。起自峪泉镇嘉峪关村五组西北，以暗壁4号敌台与西长城相接，向东北经小洋连、酒钢公司厂区，在戈壁滩穿行，至野麻湾堡东北500米处折向东南，依次经过新城镇长城村、新城村、柳条墩，至新城镇中沟村五组东2.2千米处盐碱草滩进入酒泉市肃州区境内。以新城堡为界（从夯层和土质分析，分界点应在长城村，而不是资料记载的新城堡），东南段属东长城，西北段为北长城。

甘肃省志　文物志

西长城分布于市区西侧，呈南北走向，长 13.5 千米。西长城是嘉峪关关城两翼，分为南、北两段。南段长城修筑在戈壁滩上，地势平坦，在关外可以看到长城墙体，故称"明墙"。该段长城起自讨赖河北岸，邻近一墩（讨赖河墩），向北偏东延伸，经二墩、三墩，至嘉峪关关城外城南墙西段与关城相接；北段长城靠近嘉峪山东麓修筑，所在区域多山，地势变化较大，土壤以戈壁砂砾石为主，在关外无法看到长城墙体，故称"暗壁"。该段长城起自嘉峪关关城外城闸门墩，在嘉峪山内侧向北延伸，经嘉峪关村二组、四组、五组，穿过戈壁滩，进入峪泉镇黄草营村一组西面，至黄草营西面黑山梁上。另有"断壁长城"（2007 年长城资源调查时命名为"暗壁支线长城"），位于石关峡口南侧，呈"T"字形与西长城连接。西长城外侧挖有壕堑，称"西长城外壕"。本段长城烽火台以关城为中心，有三条线路：第一路向东穿过市区到达酒泉市肃州区，第二路连接祁连山冰沟口，第三路向西延伸 15 千米，至双井子城堡，东北长城以北还有一路外围烽燧线，分布于市境北部。

本段长城由墙体、壕堑、关堡和单体建筑组成。墙体长 43.6 千米，黄土夯筑，夯层厚 0.13~0.25 米，东长城段以黄沙土和盐碱土夹砂石为主（野麻湾等地亦有黄

胶土）；西长城段以黄沙土和黄胶土为主，部分夹卵石，个别夹片石和砂石。西长城之明墙段顶部外侧存女墙。墙体底宽 0.7~4.8 米，顶宽 0.4~3.8 米，高 0.3~4.7 米。壕堑长 12.9 千米，构筑方式有两种：一是中间挖沟，土石堆于两边成垄；二是在黑山地带削山成壕。发现关堡 8 座，其中关 1 座，即嘉峪关关城，堡 7 座。关堡墙构筑方式均为黄土夯筑，夯层厚 0.08~0.21 米，嘉峪关关城外部包砖。发现单体建筑 54 座，其中敌台 19 座、烽火台 35 座。敌台依墙而建者 12 座，骑墙而建者 2 座，其他情况者 5 座。单体建筑平面主要呈矩形，少数呈不规则形，剖面主要呈梯形，少数呈不规则形。单体建筑构筑方式分为：一是黄土夯筑，个别为黄沙土夯筑、夹片石或卵石；二是砂土夯筑；三是土坯砌筑，个别为夹砂石砌筑及外侧沙土夹杨树枝帮夯；四是砂石堆砌；五是石板或夹砂土垒砌；六是两种或三种构筑方式混筑，野麻湾 10 号敌台为黄土夯筑、沙土夯筑和土坯砌筑三种方式构筑而成，其余均为两种，有外部黄土夯筑、内部土坯砌筑，外部土坯砌筑、内部黄土夯筑，北侧黄土夯筑、南侧土坯砌筑，及上部土坯砌筑、下部石板垒砌。单体建筑黄土（含黄沙土）夯筑者夯层厚 0.08~0.26 米，砂土夯筑者夯层厚 0.18~0.25 米，土坯长 30~44 厘米，宽 18~25 厘米，厚 7~15 厘米。部

分单体建筑周围有燧体，个别有围墙（墩院）、壕沟等。

本段长城面临的主要破坏因素和病害有风雨侵蚀、洪水冲刷、山体滑坡、酥碱、返潮泛碱、开垦耕地、修建道路、铺设油气管线、取土、盗挖、人畜攀爬踩踏等。

本段长城属明代甘肃镇肃州路参将防区。

东北长城

长 30083.04 米。黄沙土和盐碱土夹少量砂石夯筑（部分有黄胶土和黄黏土），夯层厚 0.17~0.25 米。底宽 0.7~4.8 米，顶宽 0.4~3.8 米，高 0.3~4.2 米。

西长城

长 13534.4 米。黄沙土和黄胶土夹少量卵石（或砂石）夯筑，夯层厚 0.13~0.22 米。底宽 2.1~4 米，顶宽 1.4~2.5 米，高 0.2~4.7 米，顶部有女墙。

暗壁壕堑

长 6784.95 米。分别采用削山成壕和中间挖沟、两侧堆土石成垄两种方式。壕沟上宽 3.5~8.7 米，底宽 1.7~5 米，深 0.7~2.1 米；壕垄底宽 2.8~8.6 米，顶宽

东北长城之柳条墩长城 3 段

东北长城之野麻湾长城 3 段

西长城之暗壁长城 2 段

西长城之三墩长城

暗壁壕堑1段

0.6~1.8米，高 0.3~1.7米。

三墩壕堑

长 2117 米。中间挖沟，两侧堆土成垄。壕沟上宽 10~10.2 米，底宽 3.9~4 米，深 1.1~1.5 米；壕垄底宽 6.3~11.3 米，顶宽 2~2.7 米，高 1~1.6 米。

嘉峪关关城

位于嘉峪关市峪泉镇嘉峪关村一组西、祁连山北麓嘉峪塬上，因塬得名，素有"天下第一雄关""中外钜防""河西第一隘口""西襟锁钥"之称。汉代设玉石障，五代设天门关，一直有关无城。明洪武五年（1372 年），宋国公征虏大将军冯胜平定河西之后，奏朝廷弃敦煌不守，在此置关筑城镇守，周二百二十丈，时为土城。弘治八年（1495 年），肃州兵备道李端澄主持修建三层三檐高 17 米的嘉峪关楼，此楼在 20 世纪 30 年代损毁，1988 年原址重建。弘治十四年（1501 年），筑罗城。正德元年（1506 年）八月，李端

澄又按照当年修建嘉峪关楼的式样、规格，监修柔远楼和光化楼及官厅、夷厂、仓库等附属建筑。清代对嘉峪关关城维修有五次：第一、二次，《重修嘉峪关碑记》记载"乾隆三十一年、四十年重修。"第三次，乾隆五十六年（1791 年）夏，直隶肃州徐耀龙主持加固关城，砖包光化楼台和城门，并立"光化门"门额；同年夏，直隶肃州高台知县和岁砖包"柔远门"和柔远楼楼台，并立"柔远门"门额；同年五月，嘉峪关游击将军袋什衣等重修嘉峪关城内戏台。第四次，重修于咸丰三年（1853 年）仲秋八月，成于咸丰四年（1854 年）闰七月。此次重修由肃州镇上奏文宗皇帝批准，经费由各方集资筹措。第五次，同治十三年至光绪二年（1874~1876 年），由左宗棠将军派将兵重修关楼，并亲题"天下第一雄关"匾额，悬于关楼之上。清中叶以后，成为税卡。

关城坐东向西，平面呈梯形，周长 1107 米，占地面积 84554 平方米。由内城、瓮城、罗城、外城和城壕五部分组成。内城是关城主体和中心，平面呈梯形，东墙长 223.5 米，西墙长 224.9 米，南墙长 180.2 米，北墙长 178.2 米。墙高 9 米，外侧上建 1.7 米高的垛墙，内侧上建 0.9 米高的女墙。城墙 6 米以下为黄土夯筑，以上用土坯加固，底宽 6.6 米，顶宽 2 米，收分明显。内城设有东、西二门，东曰"光

嘉峪关关城全景

嘉峪关关城鸟瞰

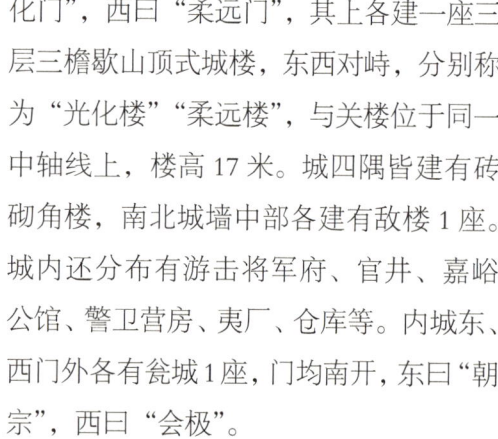

嘉峪关关城光华楼

嘉峪关关城罗城北部

化门"，西曰"柔远门"，其上各建一座三层三檐歇山顶式城楼，东西对峙，分别称为"光化楼""柔远楼"，与关楼位于同一中轴线上，楼高17米。城四隅皆建有砖砌角楼，南北城墙中部各建有敌楼1座。城内还分布有游击将军府、官井、嘉峪公馆、警卫营房、夷厂、仓库等。内城东、西门外各有瓮城1座，门均南开，东曰"朝宗"，西曰"会极"。

罗城位于西瓮城外，利用外城西墙，呈"凸"字形，青砖包砌，长287.7米，高10.5米。罗城中间突出部分开券门，

为关城正门，门额上刻"嘉峪关"3字，门上建有三滴水歇山式木构关楼。罗城南、北两端建有箭楼，与外城城墙相接。关城西门外39米还有月城，为砂砾石堆积形成的砂石梁，呈月牙状，半环绕关城西门，坐东向西，为掩护关城的第一道防线。

外城筑于内城东、南、北外围，西与罗城相接，南、北与内城平行，并形成夹道，同时与关城两翼的"明墙""暗壁"相连，成掎角之势。外城墙长1107米，高3.8米。外城早年建有街道、驿站、店

铺等，现仅有戏台、文昌阁、关帝庙3座建筑，均在东瓮城东侧。戏楼为清代建筑，文昌阁为清道光二年（1822年）重建，关帝庙门前牌坊为明代遗存，庙宇为1998年在原基础上重建。外城东墙北段开一闸门，即"东闸门"，作为关城东面的出入口，上有小门楼，门额悬"天下雄关"匾额。

关城外围1~5米处有一道壕沟（护城河），上宽3.8~10.8米，底宽1.6~2.6米，深0.75~3.5米，现存沟长1300余米。

关城依山傍水，扼守南北宽约15千米的峡谷地带，该峡谷南部讨赖河谷构成关防的天然屏障。关城有三重城郭，多道防线，城内有城，城外有壕，形成重城防守之势，与附近的长城、壕堑、墩台等设施构成严密的军事防御体系。嘉峪关关城是中国西部明长城最重要的军事关隘，具有重要防御作用和历史价值。由于地处丝路交通要道，嘉峪关关城为保障商贸往来也发挥了重要作用。

野麻湾堡

位于嘉峪关市新城镇野麻湾村一组东。始建于明万历四十四年（1616年）。平面略呈方形，东、西墙各长120米，南墙长117米，北墙长110米，周长467米，占地面积13620平方米。堡墙截面呈梯形，底宽2~7.6米，顶宽1~4.4米，高1~7米。黄土夯筑，夯层厚0.18~0.21米。版筑接缝清晰，所用木板长6.7~8.5米，有2~3次版筑痕迹。东墙和西墙局部存垛墙，西墙顶部内侧局部有女墙。西墙中部筑有马面1座，顶部有房屋遗迹。东墙开门，其北面墙体内侧有斜坡马道，门外侧有瓮城。

一墩

位于峪泉镇嘉峪关村一组西、讨赖河北岸，又名"讨赖河墩"。平面略呈正方形，剖面呈梯形，略有收分。顶部东西长8.4米，南北宽7.9米；底部东西长

野麻湾堡

一墩

13.2 米，南北宽 13.1 米；高 7.2 米。黄土夯筑，夯层厚 0.17~0.21 米。

三墩

位于峪泉镇嘉峪关村一组西。平面略呈正方形，剖面呈梯形，略有收分。顶部东西宽 6.4 米，南北长 7.5 米；底部东西宽 10.6 米，南北长 10.8 米；高 11 米。黄沙土夯筑，夯层厚 0.18~0.22 米。敌台东面有 5 座燧体。

柳条墩敌台

位于新城镇中沟村七组西南。平面呈矩形，剖面呈梯形。顶部东西宽 8.8 米，南北长 9.1 米；底边长 10 米，高 4 米。黄土夯筑，夯层厚 0.11~0.18 米。

暗壁 3 号敌台

位于峪泉镇嘉峪关村八组西北。平面呈正方形，剖面呈梯形，略有收分。顶边长 7.5 米，底边长 12.3 米，高 10.6 米。黄沙土夯筑，夯层厚 0.18~0.22 米。1987 年修缮。

野麻湾 4 号敌台

位于新城镇横沟村委会西北。平面呈矩形，剖面呈梯形，略有收分。顶部东西长 4.6 米，南北宽 4.1 米；底边长 8.2 米，高 7.1 米。砂土夯筑，夯层厚 0.2~0.22 米。敌台南面有 8 座燧体。

野麻湾 10 号敌台

位于嘉北工业园区（新建）嘉峪关市—花海农场公路东北。平面呈矩形，剖面呈梯形，略有收分。顶部东西长 3.6 米，南北宽 2.5 米；底部东西长 7.7 米，南北宽 5.8 米；高 8 米。敌台分三部分修筑，底部 3 米为黄土夯筑，夯层厚 0.24~0.26 米；中部 3 米为砂土夯筑，夯层厚 0.18~0.2 米；上部 2 米为土坯砌筑，共 16 层，土坯平竖相间各 8 层。敌台顶部有少量草木灰痕迹。

梧桐墩

位于新城镇泥沟村一组西北。平面呈矩形，剖面呈梯形。顶部东西长 9 米，

三墩

暗壁 3 号敌台

野麻湾 4 号敌台及其燧体

野麻湾 10 号敌台

石板墩

三墩山墩

南北宽 8 米；底部东壁宽 10.5 米，南壁宽 11 米，西壁宽 11.5 米，北壁宽 12.5 米；高 5.5 米。外部土坯包砌，土坯规格 38×20×8 厘米；内部黄土夯筑，夯层厚 0.12~0.15 米。

石板墩

位于峪泉镇黄草营村六组北。平面呈矩形，剖面呈梯形，顶部东、西壁各宽 4.3 米，南壁宽 0.6 米，北壁宽 2 米；底部东、北壁各宽 6.3 米，南壁宽 7.4 米，西壁宽 5.3 米，高 5.6 米。石板夹砂土砌筑，石板层厚 0.12~0.25 米。

三墩山墩

位于峪泉镇二草滩西北。又名"石烟墩"。平面呈矩形，剖面呈梯形。顶部东壁宽 3.8 米，南壁宽 3.4 米，西壁宽 4.2 米，北壁宽 4.5 米；底边长 7.7 米，高 8.8 米。顶部土坯砌筑，土坯规格 40×23×7 厘米；底部 1.5 米用黑石板一平一竖砌筑。烽火台东南有 4 座燧体。

长城工牌

1975 年出土于嘉峪关市西长城北段。青石质，高 19 厘米，宽 11.5 厘米，厚 2 厘米。两面刻字，正面刻"加（嘉）靖

长城工牌拓片

明嘉峪关碣记碑

十九年七月一日起初十日止""第一工起";背面上刻"蔡止梅起",下刻"一工李清队起,二工梅喜队,三工王元队,四工侯勋队,五工位宗队,六工张昙队止"。从中可看出当年夯筑长城是分段包打,把修筑队和人名记入牌中,以备追查施工责任者;此碑刻埋于城墙之内,作为检查城墙夯筑质量的依据。现存嘉峪关长城博物馆。

明嘉峪关碣记碑

青石质,高48厘米,宽29厘米,厚6厘米,明正德二年(1507年)承信校尉王镇刊立。正面横排阴刻"嘉峪关碣记",正文记载嘉峪关东西二楼、玄帝庙和附属建筑修建原因、开工及落成时间、修建情况以及立碑和撰写者姓名、职务和时间。碑阴横排印刻"肃州卫",其下竖行阴刻关城周长、东西楼间数和仓库、夷厂、官厅的间数,还刻有指挥官和各类工匠姓名。碑侧面刻七言诗一首,赞颂嘉峪关壮

丽雄伟的风姿。现存嘉峪关长城博物馆。

二、肃州段

明长城肃州段全长64.9千米,地处酒泉盆地东北部边缘地带,东接南山余脉元山子,北接夹山,地势平坦开阔,西南高东北低,多为洪积、冲积平原和风积沙漠及沟槽和碱滩台地。境内长城分为东长城、北长城和闇门支线三部分,其中东长城和北长城为长城主线,两者以三墩镇古城林场边缘分界。北长城分布于区境北部,呈东北—西南走向,长24.5千米,自嘉峪关市与酒泉市肃州区交界处进入本区,依次经过大面墩、边湾滩、两山口、明沙窝、上古城、下古城等地,止于三墩镇古城林场边缘。东长城分布于区境东北部,且与北长城相接,呈东南—西北走向,长27.5千米,起自三墩镇古城林场边缘,经夹边沟,过北大河,再经闇门墩、烟火墩、鸳鸯池、肖家牛庄子等地,至土棋墩

进入金塔县境内。阎门支线分布于区境东部，大体呈东—西走向，长 12.9 千米，起自北大河东岸阎门墩，向南再折向东，经灰泉子草滩、碱泉子草滩，在界牌墩西北 1.2 千米处进入高台县境内。本段长城属明代肃州卫防御体系，是明长城防御重地。以肃州城区为中心，长城烽火台总体呈网格状分布，与周边嘉峪关市、金塔县、高台县、肃南裕固族自治县等境内烽火台相连。在肃州区境内，明长城主要经过三墩、银达、黄泥堡 3 个乡镇。

本段长城由墙体、壕堑、关堡和单体建筑等组成。墙体长 36.2 千米，仅 1000 米为水险，其余均为人工构筑墙体。人工构筑墙体构筑方式主要为黄胶土夯筑，阎门支线系黄沙土夹少量砂石夯筑，夯层厚 0.11~0.22 米，部分墙体顶部外侧有女墙。人工构筑墙体底宽 0.8~18 米，顶宽 0.2~8.4 米，高 0.25~5 米。壕堑长 28.6 千米，构筑方式为中间挖沟，土石堆于两边成垄。发现堡 5 座，堡墙构筑方式为砂石土堆积，部分堡内采集到夹砂粗黑釉片、青花瓷釉片、粗白瓷碗底片、白瓷片、酱釉片等。发现单体建筑 62 座，其中敌台 14 座、烽火台 48 座。敌台依墙而建者 3 座，骑墙而建者 10 座，另有 1 座修筑于河险边缘。单体建筑平面主要呈矩形，部分呈圆形，少数呈不规则形；剖面主要呈梯形，部分呈不规则形。单体建筑构筑

方式绝大多数为黄土夯筑，个别有土坯包筑或夹砂砾碎石夯筑，还有土坯砌筑、红土夯筑及外部黄土夯筑内部灰砖砌筑等。单体建筑黄土夯筑者夯层厚 0.07~0.23 米，红土夯筑者夯层厚 0.16~0.21 米，土坯长 32~36 厘米、宽 18~21 厘米、厚 6~11 厘米。少数烽火台周围有围墙（墩院）、壕沟及燧体。

本段长城面临的主要破坏因素和病害有风雨和盐碱侵蚀、山洪冲刷、风沙埋埋、返潮酥碱、风化起甲、植物生长、鼠害、开垦耕地、修建道路及水渠、开辟便道、开挖排碱沟、浇水灌溉、挖掘破坏、取土等。

本段长城沿线留存有夹砂粗黑釉片、青花瓷釉片、粗黑釉片等。

本段长城属明代甘肃镇肃州路参将防区，北长城分别由两山口堡和下古城堡守备辖守，城由镇夷营游击辖守。

土棋长城

修筑于土棋壕堑南垄上，长 2794.2

土棋长城

米。黄胶土夯筑，夯层厚 0.13~0.18 米。底宽 3~4.5 米，顶宽 0.8~3.8 米，高 0.6~2 米。沿线有敌台 1 座。

边湾滩长城

长 4242.52 米。黄胶土夯筑，夯层厚

边湾滩长城

鸳鸯池壕堑

鸳鸯池堡

0.17~0.22 米。底宽 1~10.6 米，顶宽 0.2~5.5 米，高 0.5~3.8 米。沿线有敌台 3 座。

鸳鸯池壕堑

长 6405.55 米。中间挖壕，两侧堆土成垄。壕沟上宽 1.8~11.2 米，底宽 1.3~8 米，深 0.45~3 米；壕垄底宽 2.3~10.5 米，顶宽 1~3.5 米，高 0.3~1.8 米。

肖家牛庄子 1 号堡

位于三墩镇临水办事处（原临水乡）东北。坐北向南，平面呈梯形，周长 334 米，面积 6790 平方米。东墙正中开门，宽 3 米。堡东、西墙各长 70 米，南墙长 86 米，北墙利用长城墙体，长 108 米。堡墙构筑方式为砂石土堆积，底宽 3.7~5.2 米，顶宽 1.7~2.5 米，高 0.2~0.8 米。堡东、南、西三面挖有护城壕。堡内采集到夹砂粗黑釉片、青花瓷釉片、粗白瓷碗底片、粗黑瓷碗底片、灰粗瓷碗底片等。

鸳鸯池堡

位于三墩镇临水办事处（原临水乡）鸳鸯池村一组（秦家庄）东北。坐北向南，平面呈矩形，剖面呈梯形，东西宽 69 米，南北长 77 米，周长 292 米，面积 5313 平方米。堡墙用护城壕沟内挖出的砂土堆积而成，底宽 3.7 米，顶宽 1 米，高 0.2~0.45 米。南墙正中开门，宽 3 米。堡四面有护城壕。堡内采集到白瓷片、粗白瓷片、青花瓷釉片、酱釉片、夹砂粗釉片、粗白瓷碗底等。

土棋墩

大面墩

明沙窝 1 号敌台

土棋墩

位于三墩镇临水办事处（原临水乡）东北。又名"土箕墩烽火台遗址"。平面呈矩形，剖面呈梯形。顶部东西宽 2 米，南北长 3.1 米；底部东西宽 5.75 米，南北长 5.8 米，高 5.57 米。黄土夯筑，夯层厚 0.17~0.2 米，夯层中夹有草绳，部分绳头外露。

大面墩

位于银达镇怀茂办事处（原怀茂乡）六分村（边湾技校）南。平面呈矩形，剖面呈梯形。顶部东西长 4.6 米，南北宽 4 米；底部东西宽 4.9 米，南北长 5.5 米；高 3.3 米。黄土夯筑，厚 0.16~0.2 米。

明沙窝 1 号敌台

位于银达镇明沙窝村六组东南。又名"北大墩"。平面呈矩形，剖面呈梯形。顶部东西长 8.5 米，南北宽 8 米；底部东西长 9.2 米，南北宽 9.1 米；高 7 米，黄土夯筑，夯层厚 0.15~0.2 米。

肖家牛庄子 2 号敌台

位于三墩镇临水办事处（原临水乡）东北。平面呈矩形，剖面呈梯形。顶部东西长 5.8 米，南北宽 1.5 米；底部东西长 7.2 米，南北宽 4.5 米；高 4.5 米。黄土夯筑，夯层不清，外以土坯包筑，土坯规

碱滩墩

烟火墩

鸳鸯池墩

格 32×21×11 厘米；东侧土坯层中夹有芨芨草、梭梭等。敌台南侧采集到夹砂粗黑釉片、粗白瓷片、酱釉片等。

碱滩墩

位于黄泥堡乡沙枣园子村三组居民点东南。平面呈矩形，剖面呈梯形。顶部东壁宽 3.5 米，南壁宽 2.3 米，西、北壁各宽 5 米；底部东壁宽 6.2 米，南壁宽 7.7 米，西壁宽 7.8 米，北壁宽 8.2 米；高 8 米。黄土夯筑，夯层厚 0.09~0.11 米。

烟火墩

位于三墩镇临水办事处（原临水乡）暗门村四组（刘家庄）东。又名"雷墩子"。平面呈椭圆形，剖面呈梯形。顶部东西长 9.5 米，南北宽 4.2 米；底部东西长 18 米，南北宽 8.4 米；高 1.5 米。黄土夯筑，夯层厚 0.19~0.21 米。

鸳鸯池墩

位于三墩镇鸳鸯池村一组北。平面呈矩形，剖面呈梯形。顶部东、西壁各宽 6.9 米，南壁宽 6.8 米，北壁宽 6.7 米；底部东西宽 11.6 米，南北长 12 米；高 7.6 米。黄土夯筑，夯层厚 0.13~0.17 米。烽火台东侧和南侧有围墙（墩院），分内、外两层，内层和外层以各自北墙相连，外层南墙和北墙中部外侧分别有马面。烽火台西侧和北侧有壕沟痕迹。

花城后墩

位于银达镇怀茂办事处（原怀茂乡）南坝村三组农田西。平面呈矩形，剖面呈梯形。顶部东壁宽9米，南壁宽5.6米，西壁宽6.5米，北壁宽7.7米；底部东壁宽12米，南、西、北壁各宽15米；高6米。土坯砌筑，土坯规格36×20×8厘米。烽火台南侧有围墙（墩院）。

三、金塔段

明长城金塔段主要分布于县境南部边缘，大体呈东南—西北走向，全长15.8千米，地处洪积扇冲积平原及戈壁荒漠地带，流沙侵蚀较为严重。地处中部的烽燧线分布于北大河冲积平原和黑河两岸绿洲，其间经过农田和村庄。本段长城自酒泉市肃州区土棋墩进入本县，经杨家井，至半截红墩，越金（塔）—石（泉子）公路，再经沙桥墩、红口子，至石泉子，进入高台县境内。在金塔县境内，明长城主要位于金塔镇境内。本段长城烽燧线主要分为四条线路：第一路沿长城走向而行，位于长城南北两侧；第二路分布于县境南部长城北侧南夹山腹地，呈东南—西北向；第三路位于县境南部，从金塔县与高台县交界处兔儿墩起，大体呈南—北走向，沿黑河东岸修筑于芨芨乡大茨湾村、双树村、上元村一带；第四路分布于县境中部天仓乡、大庄子乡、西坝乡一带，呈东南—西北走向。

本段长城由墙体、壕堑、关堡和单体建筑组成。墙体长1620米，筑于壕堑南垄上，黄沙土夹少量砂石夯筑，夯层厚0.13~0.18米，底宽3米，顶宽1.7米，高2米。壕堑长14.2千米，构筑方式为中间挖沟，土石堆于两边成垄。发现堡2座，构筑方式有砂石土堆积和黄土夯筑两种，夯层厚0.17~0.2米。发现单体建筑34座，其中敌台1座、烽火台33座。单体建筑平面主要呈矩形，少数呈圆形和不规则形，剖面主要呈梯形，少数呈不规则形。单体建筑构筑方式分为五种：一是黄土夯筑，其中1座夹片石夯筑；二是土坯砌筑；三是两种构筑方式混筑，有外部土坯砌筑、内部黄土夯筑，底部黄土夯筑、顶部土坯砌筑，南侧黄土夯筑、北侧土坯砌筑，底部黄土夯筑、顶部土坯砌筑，底部青石块垒筑、顶部土坯夹柴草砌筑，底部锈砂岩块砌筑、顶部土坯砌筑等；四是锈砂岩块砌筑，或夹土坯砌筑及外部锈砂岩块砌筑、内填砂石；五是红土夯筑，仅1座。单体建筑黄土夯筑者夯层厚0.1~0.3米，红土夯筑者夯层厚0.21~0.23米，土坯长30~36厘米、宽17~24厘米、厚6~10厘米。少数烽火台周围有围墙（墩院）、壕沟、燧体等，顶部有铺舍。

本段长城面临的主要破坏因素和病

杨家井长城　　　　　　　　　　　半截红壕堑

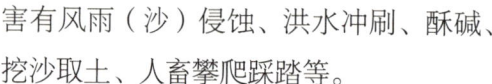

害有风雨（沙）侵蚀、洪水冲刷、酥碱、挖沙取土、人畜攀爬踩踏等。

本段长城属明代甘肃镇肃州路参将防区。

杨家井长城

长 1620.8 米，筑于杨家井壕堑南垄上。黄沙土夹少量砂石夯筑，夯层厚 0.13~0.18 米。底宽 3 米，顶宽 1.7 米，高 2 米。沿线有堡 1 座、敌台 2 座。

半截红壕堑

长 3736.5 米。中间挖壕，两侧堆砂石土成垄。壕沟上宽 8.8~13.1 米，底宽 4.7~6.2 米，深 0.55~1.9 米；壕垄底宽 4.7~9.7 米，顶宽 2.8~4.6 米，高 0.2~1.65 米。沿线有敌台和烽火台各 1 座。

杨家井堡

位于金塔县东南、夹山子中部南。平面呈矩形，东西长 100 米，南北宽 65 米。堡墙构筑方式为砂石土堆筑，东墙底宽 3.6 米，顶宽 1 米，高 0.9 米；南墙底宽 4

米，顶宽 1.3 米，高 1 米；西墙底宽 4.4 米，顶宽 1.3 米，高 0.9 米；北墙底宽 3.4 米，顶宽 1.6 米，高 0.6 米。南、北墙正中开门，均宽 8 米。堡四面有护城壕。

杨家井墩

位于金塔县东南、高台县罗城乡双丰村西北。平面呈矩形，剖面呈梯形。顶部东西宽 0.4 米，南北长 3.6 米；底部东西宽 5.6 米，南北长 6.3 米；高 5.4 米。黄土夯筑，夯层厚 0.21~0.23 米。

沙桥墩

位于金塔县东南、高台县罗城村双丰村东北。平面呈矩形，剖面呈梯形。顶部东西宽 1.8 米，南北长 2.4 米；底部东西宽 4.6 米，南北长 4.8 米；高 7.4 米。黄土夯筑，夯层厚 0.25~0.3 米。烽火台南壁顶部遗存有芨芨草。

梧桐大墩

位于金塔县东南、高台县罗城乡双丰村东北。平面呈矩形，剖面呈梯形。顶部边长 3 米，底部东西宽 4.07 米，南北长 4.2 米，高 8.3 米，黄土夯筑，夯层厚 0.2~0.22 米。烽火台顶部有铺舍。

红口子 1 号烽火台

位于金塔县东南、石泉子火车站西。平面呈矩形，剖面呈梯形。顶部东西宽 4.4 米，南北长 4.9 米；底部东西宽 5.6 米，南北长 6.2 米；高 4.6 米。黄土夯筑，夯层厚 0.18~0.23 米。

长城北 2 号烽火台

位于石泉子硫化碱厂北。平面呈矩形，剖面呈梯形。顶部东壁 3.5 米，南壁 4.7 米，西壁 4.5 米，北壁 3.7 米；底部东、南壁各 6.7 米，西、北壁各 7.4 米；高 4.6 米。锈砂石和土坯砌筑，底部 0.9 米为锈砂石块垒筑，上部为土坯砌筑，土坯规格 34×20×8 厘米。

大茨湾墩

位于芨芨乡大茨湾村北。平面呈矩形，剖面呈梯形。顶部东壁宽 10.3 米，南壁宽 3.5 米，西壁宽 11.7 米，北壁宽 6.4 米；底部东壁宽 15.5 米，南壁宽 4.6 米，西壁宽 16.1 米，北壁宽 14.8 米；高 1.2~7.8 米。南侧台体黄土夯筑，夯层厚

杨家井墩

梧桐大墩

红口子 1 号烽火台

长城北 2 号烽火台

0.12~0.16 米；北侧台体土坯砌筑，土坯规格 36×22×6 厘米。烽火台东侧和北侧有壕沟。

雷墩子

位于天仓乡大湾村北。平面呈矩形，剖面呈梯形。顶部东、南、西三壁宽 5.5 米，北壁宽 5 米；底边长 9 米，高 2.8 米。黄土夹片石夯筑，夯层厚 0.13~0.17 米。

五分墩

位于天仓乡五分村二组西北。平面呈矩形，剖面呈梯形。顶边长 11.2 米，底部东壁宽 16.5 米，南壁宽 17.6 米，西壁宽 16.3 米，北壁宽 16.6 米，高 11.5 米。台体底部 2.7 米为黄土夯筑，夯层厚 0.13~0.18 米；上部 7.8 米土坯砌筑，土坯规格 36×22×9 厘米。烽火台顶部有垛墙遗迹，台体周围有围墙（墩院）。

五分墩

营盘墩

位于鼎新镇营盘村博盛矿业营盘萤石选矿厂南。平面呈矩形，剖面呈梯形。

顶部东壁宽 5.5 米，南壁宽 5.2 米，西、北壁各宽 5 米；底部东壁宽 18.1 米，南、西、北壁各宽 16.6 米；高 13 米。内部黄土夯筑，夯层厚 0.14~0.17 米；外部土坯砌筑，土坯规格 32×20×8 厘米。烽火台东侧有围墙（墩院）。

四、高台段

明长城高台段分布于县境北部，呈东南—西北走向，贯穿而过，全长 165.8 千米，地处合黎山南侧、黑河北岸台地区域，途经耕地农庄、沙漠戈壁、湿地林带、山地沟壑，沿线地形多样。长城东北侧是沙漠、戈壁与荒山，西南侧为河渠交错、沃土连绵的走廊绿洲。境内长城由主线和三条支线组成。主线自金塔县与高台县交界处的石泉子进入本县，经盐池村与双丰村北部开阔的碎石戈壁区和跑架山沟，再向东过黑河，至正义峡（又名镇夷峡）口，沿黑河北岸进入天城村以东戈壁滩内，再经过候庄村、万丰村东北侧耕地、红山、桥儿湾、胭脂堡、十坝、九坝等地，又依次经过八坝、七坝、六四、六三、六二等村北部耕地，至六一村六坝夹山子浅山残丘地带，折向东南，依次经过五四、五三、五二村居民地，至五一村进入临泽县境内。主线以北有两条支线：一条起自罗城乡常丰村西北荒滩处，呈东南—西北走向，在跑架山沟西部碎石戈壁滩中延伸，至跑架山沟与主线相接；一条起自常丰村红山嘴西南部耕地处，呈东—西走向，经盐池村、双丰村，至碱泉子草滩进入酒泉市肃州区境内，与主线长城并行。第三条支线自天城村西南跑架山沟西沿，从主线长城分出，向东南方向延伸，止于红山嘴西北，与红山嘴至碱泉子草滩的支线相连。本段长城烽火台大部分建在长城线路附近以及绿洲走廊南北两侧山区内，分布情况有四种：第一种分布在长城外侧数千米范围内，大致与长城墙体并行排列；第二种分布于长城外侧远处，呈链条形延伸展开；第三种分布在长城壕堑线路附近；第四种分布于自河西走廊南山各山口向走廊腹地延伸展开的线路附近。在高台县境内，明长城主要经过罗城、黑泉、合黎3个乡。

本段长城由墙体、壕堑、关堡、单体建筑和其他与长城相关遗存组成。墙体长75.8千米，以人工构筑墙体为主，在天城等地有少量山险和河险。人工构筑墙体构筑方式为黄土夹少量砂砾、碎石、草根等夯筑，夯层厚0.14~0.5米。局部墙体顶部外侧有女墙，六一、七坝等地墙体存在单侧加帮情况。超过半数墙体不存，十坝、胭脂堡等地墙体多被流沙埋埋。人工构筑墙体底宽0.8~8米，顶宽0.1~3.5米，高0.1~4.5米。壕堑长90千米，构筑方式为中间挖沟，土石堆于两边成垄。发

现堡4座，堡墙构筑方式为黄土夯筑，夯层厚0.15~0.28米。堡内散存粗瓷片、褐釉瓷片等。发现单体建筑97座，其中敌台14座、烽火台83座。敌台建在墙体西南侧（内侧）者11座，建于墙体东北侧（外侧）者2座，骑墙而建者1座。除八棱墩平面呈八面形外，其余单体建筑平面主要呈矩形，少数呈圆形和不规则形，剖面主要呈梯形，部分呈不规则形。单体建筑构筑方式主要有五种：一是黄土夯筑，或夹芨芨草，或夹砾石，或夹碎石块，或夹芨芨草和砾石；二是土坯砌筑，个别夹椓木、芨芨草；三是石块夹植物根茎叠筑，个别夹椓木；四是石块垒筑；五是多种构筑方式混筑，以两种为主，三十里墩为东侧土坯砌筑、中部砂土夹砾石夯筑、西侧石块夹植物根茎叠筑，天城烽火台分为大、小两座，较大者外部青石垒砌，内部黄土夯筑，顶部土坯砌筑；较小者外部土坯砌筑，内部黄土填实；月牙墩外部石块垒筑，内部砂石填实，顶部土坯砌筑，其他分为外部土坯砌筑和青砖砌筑两种，以前者为主，且较复杂。外部土坯（个别夹椓木或夹碎石或夹植物、碎石）砌筑者，个别石块覆面，内部又分为黄土（或夹石块，或夹碎石，或夹石块、植物）夯筑、石块（或夹砾石，或夹砂土、碎石）砌筑、石块夹植物根茎（部分还夹有砂土、碎石）叠筑、草泥筏子和土坯混筑、黄土夯筑与

六一长城

九坝长城

土石夹植物根茎叠筑混筑等，外部青砖包砌者，内部分别为黄土夯筑和石块夹植物根茎叠筑两种；还有个别卵石或土石夹植物根茎叠筑者。此外，少数单体建筑顶部有女墙，并存在增筑和补筑情况。单体建筑夯层厚0.08~0.3米，土坯长25~45厘米，宽14~30厘米，厚6~10厘米。部分单体建筑周围有燧体，少数有围墙（墩院）和壕沟。长城沿线还发现驿站18处、路墩2处。

本段长城面临的主要破坏因素和病害有风雨侵蚀，洪水和河流冲刷，干湿冻融，返潮酥碱、霉菌、风化、粉化、植物生长、动物和昆虫打洞筑穴，地震，耕地蚕食、修建道路、水渠、住宅及牲口圈，堆放垃圾杂物以及人畜攀爬踩踏，取土、盗挖、拆取土坯桩木等。

本段长城属明代甘肃镇管辖，在九坝堡与胭脂堡之间分界，界东属甘肃镇镇城直辖防区，由协守副总兵防守，界西属肃州路参将防区。

六一长城

长971米。黄土夯筑，东北侧加帮，夯土中夹碎青石块、木楔，夯层厚0.18~0.24米，先夯西南面墙体，再夯东北侧墙体，西南面墙体厚，东北侧墙体薄。墙体整体底宽2~5米，顶宽0.1~2米，高0.5~4米。顶部筑女墙。沿线有敌台1座。

九坝长城

长4392米。黄土夹少量砂砾石夯筑，夯层厚0.18~0.25米。底宽2~5米，顶宽0.2~2米，高0.5~3.5米。沿线有堡1座、敌台3座、烽火台1座。

胭脂堡长城1段

长3573米。黄土夹少量砂砾石夯筑，夯层厚0.18~0.25米。底宽不明，顶宽0.4~1.5米，露出沙面部分高0.2~4.3米。东侧7~50米的范围内与胭脂堡长城2段并行，至末端靠拢合一；另有胭脂堡长城3段位于胭脂堡长城1段北段，起止点

甘肃省志 文物志

位于胭脂堡长城 1 段墙体上，形成闭合。胭脂堡长城 1 段沿线有烽火台 2 座。

常丰壕堑

长 1417.5 米。中间挖壕，两侧堆土成垄。壕沟上宽 10~12 米，底宽 6~8 米，深 0.3~0.8 米。壕垄底宽 4~6 米，顶宽 0.4~1.5 米，高 0.2~0.6 米。

跑架山沟西沿壕堑

长 1112 米。中间挖壕，两侧堆土成垄。壕沟大部分已被风沙填埋，仅存痕迹，宽 6~8 米，深 0.3~1 米。壕垄消失。

天城堡

位于罗城乡天城村六社居民地西北黑河东岸。也称"镇夷城"。明洪武五年（1372 年），宋国公冯胜率兵平定河西后修筑哨马营驻军把守于此。洪武三十年（1397 年）设镇夷守御千户所，所治镇夷（天城村）。据《天城志》描述，堡平面正方形，边长 600 米，坐北向南，门开南侧正中，门外设两道圆形瓮城，共计 3 道城门。四角各建圆形角楼 1 座，东、西、北三面堡墙正中各马面 1 座。城外四周挖有 3 道护城壕沟。以钟鼓楼为中心，街道呈井字状分布，除民宅外，有街署、兵营、学署、祠堂、寺庙、铺面等，政治、军事、经济、文化、宗教建制设施一应俱全。

现因修建房屋、开垦耕地，堡城拆毁大半，仅存东堡墙长 410 米，北堡墙长 157 米，东北角楼 1 座，东面护城壕长 400 米，北面护城壕长 150 米。堡墙基础青石块垒筑，黄土、细沙填实，高 0.8~1.2 米。堡墙黄土夯筑，底宽 9~10 米，顶宽 1~3.4 米，高 3~8 米，夯层厚 0.15~0.2 米。顶部外侧有女墙。城外有 3 道壕沟。

胭脂堡长城 1 段

常丰壕堑

天城堡

九坝堡

位于黑泉乡九坝村二社东北。平面呈方形，东西宽 115 米，南北长 117 米，周长 464 米，面积 13455 平方米。东墙基本完整，顶部外侧存女墙。南墙仅东端 55 米较好，余为土包或脊垄状，部分消失。西墙整体呈脊垄状，中部有豁口。北墙大部被沙丘堙埋，露出东、西两段残墙。堡门南开，门外筑瓮城。堡墙底宽 1~5 米，顶宽 0.3~2.2 米，高 0.4~6 米。黄土夯筑，系两次夯筑，夯层厚 0.18~0.28 米。堡墙四角有角楼。东墙、北墙中部外侧各建马面 1 座。堡外有壕沟。

夹山塘墩

位于合黎乡五四村五社西。平面呈方形，剖面呈梯形。顶宽 4~6 米，底宽 8~10 米，高 10 米。黄土夯筑，夯层厚 0.15~0.18 米，东、南、西三面及顶部用土坯包砌，包砌层厚 1~3.5 米，顶部加高 2 米，土坯规格 40×30×10 厘米。敌台顶部有积薪，南侧山坡顶部有 9 座燧体。

盖庙墩

位于黑泉乡十坝村二社居民地西。平面呈方形，剖面呈梯形。顶宽 9.3~11 米，底宽 13.6~14.6 米，高 11 米。黄土夯筑，夯层厚 0.08~0.16 米。敌台西侧有围墙（墩院）。

水涯墩

位于合黎乡八坝村二社西北八坝堡内。平面呈方形，剖面呈梯形。顶宽 7.6~9.5 米，底宽 11~14.6 米，高 11 米。黄土夯筑，夹有木楔，夯层厚 0.1~0.15 米。

大山墩

位于合黎乡六一村一社东南。平面呈方形，剖面呈梯形。顶宽 7~8.8 米，底宽 10~10.5 米，高 7 米。黄土夹桩木夯筑，夯层厚 0.2~0.25 米。四面用土坯包砌，包砌层厚 2 米，土坯规格 45×20×8 厘米。烽火台西北侧两座山丘顶部有 9 座燧体。

夹山塘墩

水涯墩

兔儿墩

位于罗城乡天城村西北兔儿沟黑河北岸。平面呈方形，剖面呈梯形。顶宽 8 米，底宽 12~13 米，高 13 米。土坯砌筑，内部铺椽木，土坯规格 40×20×7 厘米。基础石块垒筑，边宽 14 米，高 0.4~0.6 米。烽火台东侧有 4 座燧体，部分燧体疑被沙漠埋，北面有围墙（墩院）。

月牙墩

位于罗城乡天城村三社西北。平面呈方形，剖面呈梯形。顶宽 5~6 米，底宽 8.2~8.5 米，高 7 米。石块垒筑，内部铺椽木，缝隙由碎石、砂土填实，顶部土坯砌筑加高 1 米。土坯规格 45×20×8 厘米。基础石块垒筑，边宽 12 米，高 2 米。烽火台南侧山梁有 4 座燧体。

沙湾墩

位于黑泉乡十坝村四社东北。平面呈方形，剖面呈梯形。顶宽 2~5 米，底宽 8~9 米，高 9 米。内部用草泥莜子或不规则土坯夹椽木垒筑，缝隙由砂土填实；外部土坯包筑，黄泥黏合。草泥莜子规格 40×20×15 厘米，土坯规格 35×20×7 厘米。

鲁古墩

位于罗城乡天城村东北。平面呈方形，剖面呈梯形。顶宽 6.5~9 米，底宽 9~11.5 米，高 11 米。土坯砌筑，内部铺椽木，土坯规格 35×20×7 厘米。后期土

兔儿墩

月牙墩

鲁古墩

坯修补，修补层厚 1~1.5 米。

八棱墩

位于黑泉乡十坝村四社东北。平面呈八角形，剖面呈梯形。台体有 8 个壁面，每面顶宽 2 米，底宽 3 米，高 5 米。基础

石块垒筑，平面大致呈圆形，直径9~11米，高1~2米。烽火台西壁正中有登顶脚窝。黄土夹桩木夯筑，夯层厚0.1~0.2米。

新墩

位于罗城乡天城村北侧略偏东。平面呈圆形，剖面呈梯形。顶径9米，底径10~12米，高9米。内部石块夹植物根茎叠筑，碎石、砂土填实；外部土坯包砌，包砌厚度2~3米，土坯规格35×20×7厘米。烽火台底部后期用石块镶嵌加固，加固时代不详。烽火台顶部有女墙，南侧山梁上有6座燧体。

候庄东苦水墩

位于罗城乡候庄村东。平面呈方形，剖面呈梯形。顶宽3~5.5米，底宽5~6.5米，高4.5米。石块夹植物根茎叠筑，碎石、砂土填实，叠压层厚0.1~0.25米。基础边宽8米，高0.5~1.5米。烽火台南侧山梁上有3座燧体。

大板山墩

位于合黎乡五一村北侧略偏西。平面呈方形，剖面呈覆斗形。顶部边长5米，底部边长10米，高5米。内部石块夹桩木垒筑，砂土、碎石填实，外部土坯包砌，土坯规格35×20×7厘米。烽火台西侧山梁上有4座燧体。

石梯子1号烽火台

位于罗城乡红山村村委会东北。平面呈方形，剖面呈梯形。顶宽3米，底宽5~7米，高6米。石块夹植物根茎叠筑，砂土、黄泥填实，叠压层厚0.25~0.3米。外部土坯包砌，局部镶嵌石块。

地埂坡驿站

位于罗城乡河西村十一社西侧略偏南。由围墙（墩院）、驿墩组成。围墙形

八棱墩

候庄东苦水墩

新墩

地埂坡驿站

状、面积不明，草茇砌筑，底宽 4~6 米，顶宽 0.5~1 米，高 0.5~1 米，草茇规格 30×15×10 厘米。驿墩平面呈方形，剖面呈梯形。顶宽 3~4.5 米，底宽 5~7 米，高 5 米。墩体东南侧土坯砌筑，土坯规格 35×20×8 厘米；西北侧砂土夹砾石、草绳夯筑，夯层厚 0.15~0.2 米。

五、临泽段

明长城临泽段分布于县境北部，呈东南—西北走向，贯穿而过，全长 72.7 千米，地处巴丹吉林沙漠南缘、黑河北岸的荒漠区，沿途地貌多样，以长城为界，东北面是沙漠、戈壁与荒山，西南面一带渠网交错，沃土连绵。本段长城分两条线路，当地称"头边"和"二边"。头边为主线，自高台县五一村进入本县，沿黑河北岸，依次经过贾家墩村、三三村、三二村、三一村、平川、五里墩、黄家堡、西柳、东柳、西湾、东湾、板桥、古城、

友好、红沟、炭山口等地，至土桥，由大喇口峡谷进入张掖市甘州区境内；二边位于头边中后段东北侧，与头边平行，起自西湾村，在耕地、林带与荒滩中延伸，依次经过东柳、西柳、黄家堡、五里墩、平川村等地，消失在三一村西北侧荒地。本段长城烽火台主要建在长城沿线和长城北侧，形成两条传递线路，还有少量烽火台分布于河西走廊南山。在临泽县境内，明长城主要经过平川镇和板桥镇。

本段长城由墙体、关堡和单体建筑组成。墙体长 72.7 千米。起始段为山险，长 10.3 千米，并在土桥、红沟、友好等地留存有封堵峡口的"封沟墙"。"封沟墙"总长 292 米，构筑方式多样:细沙土夯筑，底部石块垒砌；细沙土、土坯、青石块混筑，顶部青石块垒砌；青石块和红沙土砌筑；红沙土夯筑；红沙土夹砾石和石块堆筑；红沟长城可见夯层 0.12~0.22 米；部分顶部外侧存女墙；底宽 3~10 米，顶宽 0.1~3 米，高 0.5~7 米。其余人工构筑墙体超过半数消失，可见墙体构筑方式为黄土夯筑，夯层厚 0.15~0.24 米，底宽 0.6~9.6 米，顶宽 0.1~5 米，高 0.05~3 米。发现堡 1 座，黄土夹芨芨草绳、木楔、桩木夯筑，夯层厚 0.1~0.15 米。发现单体建筑 28 座，其中敌台 1 座、烽火台 27 座。敌台依长城墙体建于西南侧。烽火台建在长城沿线内外两侧者 23 座，建于河西走

廊南山北麓者 4 座。单体建筑均平面呈方形，剖面呈梯形，构筑方式主要有三种：一是黄土夯筑；二是外部土坯包筑，内部黄土（部分夹砾石）夯筑或红沙土夯筑；三是土坯砌筑；另有石块夹植物根茎叠筑、外部石块垒筑内部黄土夹砾石植物根茎夯筑、土石混筑等。黄土夯筑者，夯层厚 0.08~0.25 米；土坯砌筑者，土坯长 30~45 厘米，宽 15~25 厘米，厚 6~10 厘米。部分烽火台有围墙（墩院）、壕沟及燧体，顶部有铺舍等。

本段长城面临的主要破坏因素和病害有风雨侵蚀，洪水冲刷、返潮酥碱，起甲、霉菌，粉化，植物生长，动物和昆虫打洞筑穴，开垦耕地，修建住宅、道路及水渠，浇水灌溉，人畜攀爬踩踏，取土等。

本段长城沿线留存有粗瓷片、夹砂瓷片以及白釉、黑釉、酱釉、黑褐釉、褐绿釉、黄白釉、瓷白釉等瓷片，多为生活用品残件。

本段长城属明代甘肃镇镇城直辖防区，由协守副总兵防守。

红沟长城 1 段

长 78 米，位于峡谷内，用以封堵峡谷。较大青石块和红河土堆筑，部分为夯筑，夯层厚 0.18~0.22 米。底宽 3~5 米，顶宽 0.5~1.5 米，高 2.5~3.5 米，顶部有女墙。墙体末端有敌台 1 座。

西湾长城

长 486 米，墙体大部分被沙丘埋埋。黄土夯筑，夯层厚 0.18~0.24 米。底宽 5 米，顶宽 2~4 米，高 0.3~1.5 米。

贾家墩长城

长 158 米。黄土夯筑，夯层厚 0.15~0.2 米。底宽不详，顶宽 0.3~1.5 米，高 1~3 米。

明沙堡

位于板桥镇土桥村八社居民区内。由内、外两城组成，均为矩形，总平面呈"日"字形。内城建于外城北侧，东西宽 50 米，南北长 90 米。外城东西宽 50 米，

红沟长城 1 段

西湾长城

贾家墩长城

明沙堡

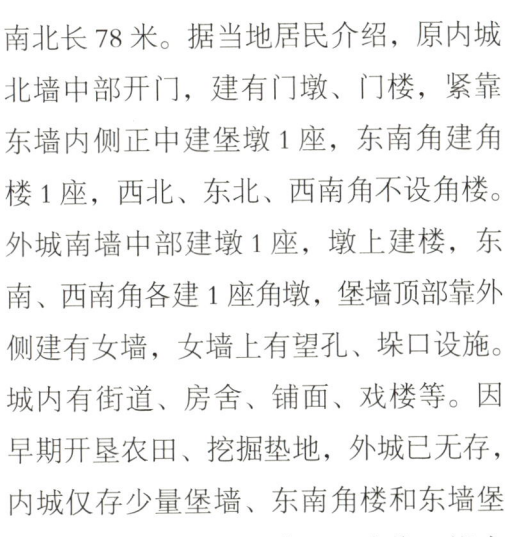
小口子墩

炭山口墩

南北长 78 米。据当地居民介绍，原内城北墙中部开门，建有门墩、门楼，紧靠东墙内侧正中建堡墩 1 座，东南角建角楼 1 座，西北、东北、西南角不设角楼。外城南墙中部建墩 1 座，墩上建楼，东南、西南角各建 1 座角墩，堡墙顶部靠外侧建有女墙，女墙上有望孔、垛口设施。城内有街道、房舍、铺面、戏楼等。因早期开垦农田、挖掘垫地，外城已无存，内城仅存少量堡墙、东南角楼和东墙堡墩。堡墙黄土夹芨芨草绳、木楔、桩木夯筑，夯层厚 0.1~0.15 米，底宽 4 米，顶宽 1.5 米，高 1.2~6.8 米。堡墙大部分已

不存，残存北城西墙 26 米，北墙 13 米，东墙 33 米。东墙堡墩上部倒塌，仅存东、西两侧残墙。北城东北侧 180 米处建有 5 座燧体，2 座已消失。

小口子墩

位于板桥镇土桥村二社北。平面呈方形，剖面呈梯形。顶宽 2~5 米，底宽 7 米，高 6 米。红砂土夯筑，内部铺桩木，夹有木楔，夯层厚 0.18~0.2 米；外部土坯包筑 1.2 米，土坯规格 40×20×8 厘米。敌台顶部有厚 0.15 米的积薪层。

炭山口墩

位于板桥镇土桥村七社北。平面呈

357

靖远墩

小青山烽火台

方形，剖面呈梯形。顶边长 3 米，底边长 4.5 米，通高 8 米。内部黄土夹细砾石夯筑，夯层不清;外部土坯包砌，草泥裹面，土坯规格 40×20×10 厘米。烽火台顶部有铺舍。

青山口墩

位于板桥镇土桥村一社东北青石口内。平面呈方形，剖面呈梯形。顶宽 1~2 米，底宽 5 米，高 4.5 米。黄土夹石块夯筑，夯层不清。顶部用土坯加筑增高 0.5~1 米，土坯规格 40×20×7 厘米。烽火台东侧有 5 座燧体，西侧拐角底部 2~5 米处有 2 处铺舍（地窝子）。

靖远墩

位于平川镇一工程村五社东北。平面呈方形，剖面呈梯形。顶宽 7.5~8.5 米，底宽 11~11.5 米，高 11 米。黄土夯筑，夯层不清，内部铺椽木，外层包筑土坯，黄泥覆面，土坯规格 42×22×7 厘米。建在人工基础上，基础石块垒筑，边长

17~19 米，高 1~1.2 米。烽火台顶部有女墙，周围有壕沟。烽火台西南侧有 11 座燧体。

小青山烽火台

位于平川镇一工程村五社东北。平面呈方形，剖面呈梯形。顶宽 2~3 米，底宽 9 米，高 7.5 米。石块夹植物根茎叠筑，砂土、碎石填充，内部铺椽木，表层砌石经人工打磨光洁平整。叠压层厚 0.2~0.4 米。烽火台周围有内、外两道壕沟，东南侧有 4 座燧体。

六、甘州段

明长城甘州段分布于区境中北部，呈东南—西北走向，贯穿而过，全长 41.1 千米，整体以海拔 1670~3200 米的东大山为防御屏障。本段长城自临泽县大喇口峡谷进入本区，向东北延伸，经过马圈墩、白山墩、夹岭墩，沿小口子峡谷北侧夹岭山向南行进，至累山河脑顶折而向南转，再依次经过茨儿沟、北武当山、黑口子

沟、头道湾山梁等地，折向东南，至人踪口（亦作人祖口、人踪口）峡谷内山南关，再向东南沿鸽滩子沟北侧大肩岭蜿蜒前行，至接驾泉峡谷西侧麻黄岭，折向东北，经过黑扎扎山、柴墩子岭，跨越东山寺峡谷，沿东南方向延伸，至小板道峡谷末端马圈沟岭，经过拦路窑梁、地水漏、土墩梁，至大板道沟顶部边墙岭，过东岔沟、上白崖梁、牛角山石门子梁、白山背子山梁、灰沟口北坡等地，再向东延伸至东大山东南侧烟墩沟（亦作烟洞口、烟墩沟），由此进入山丹县境内。本段长城烽火台分布情况有四种：一是分布于山险沿途制高点上；二是分布于合黎山上，呈链条状向北侧延伸；三是修建于城堡与庄寨间；四是修建于祁连山各山口与北侧河西走廊腹地之间。在甘州区境内，明长城主要经过靖安乡和平山湖蒙古族自治乡。

本段长城由墙体、壕堑、关堡、烽火台等和其他与长城相关遗存组成。墙体长40.8千米，以山险为主，在地势平缓处斩削山崖，建成山险墙，铲削高度4~7米、深度2~5米，坡度70°~90°，因常年暴雨冲刷，现存形状模糊不清。峡谷中修筑有多道石墙，石块垒筑，黄泥勾缝，表层砌石经人工打磨光洁平整，底宽0.5~3米，顶宽0.3~1.9米，高0.3~2.6米。壕堑长338米，构筑方式为中间挖沟，土石堆于两边成垄，用于封堵山谷通道。发现关堡7座，其中关4座、堡3座。关隘依山而建，局部用石墙围建。堡墙构筑方式为黄土夯筑，夯层厚0.06~0.22米。发现单体建筑52座，其中烽火台51座、山险墙台1座。单体建筑均平面呈方形，剖面呈梯形，构筑方式有七种：一是黄土夯筑，部分以石块、卵石或土坯覆面，少数夯土中夹石块或砾石；二是外部石块包砌，内部又可分为石块、黄土夹植物根茎叠筑，黄土夯筑（部分夹砾石、植物根茎），内部砂土、石块夹植物根茎叠筑，砂土填实等；三是石块夹植物根茎叠筑，部分石块覆面，个别土坯增筑；四是土坯砌筑或黄泥覆面，或内部黄土夹石块夯筑；还有石块垒砌、红沙土夯筑及利用自然山体修整而成等。黄土夯筑者，夯层0.06~0.25米，土坯砌筑者，土坯长35~40厘米，宽17~20厘米，厚7~10厘米。部分烽火台周围有围墙（墩院）、壕沟及燧体，顶部有铺舍。长城沿线还发现居住址、寺庙遗址和驿站等遗存10处。

本段长城面临的主要破坏因素和病害有风雨侵蚀，干湿冻融，洪水冲刷，山体滑坡，修建道路、水渠及房屋，开垦耕地，采挖山石，盗挖，人为拆毁，取土等。

本段长城沿线留存有粗瓷、褐釉瓷、白釉瓷等器物残片，均为生活用品，残存有少量建筑木构件。

紫泥泉长城 3 段

红泉壕堑 1 段

本段长城属明代甘肃镇镇城直辖防区，由协守副总兵防守。

红泉山险

长 27800 米。以合黎山脉东大山段为天然防御，海拔 1600~3200 米之间，相对高度 800~1000 米，坡度 50°~90°。该区域群峰连绵，重峦叠嶂，沟壑纵横，大部分山势陡峭难以攀登，在局部人、畜能够翻越或通过的缓坡和山谷地段修筑石墙、挖掘壕堑、修建关堡，山峰制高点上修筑烽火台传递信息，构成与天险配合的防御体系。沿途有关口 1 处、拦堵山口的墙体 6 段、壕堑 1 段、烽火台 11 座。

紫泥泉长城 3 段

位于峡谷内，长 15 米。石块垒筑。墙体底宽 1.5 米，顶宽 1 米，高 1.3 米。

红泉壕堑 1 段

长 102 米。中间掘壕，土堆于南侧成垄，局部壕垄用石块垒筑加高。壕沟底宽 5~6 米，上宽 8~9 米，深 1.5~3.5 米。

壕垄底宽 2.5~3.5 米，顶宽 0.8~1.8 米，高 0.4~3.2 米。

山南关

又名"人祖山关"，位于平山湖蒙古族自治乡紫泥泉村村委会西南人峻口峡谷内，据人峻口峡谷为险要。明嘉靖二十七年（1548 年）巡抚都御使杨博督建。关城建在蜿蜒曲折的峡谷中，两侧陡壁直立，地势险要，随峡谷走向呈狭长的"S"形，南北长约 800 米、宽 100~300 米。由 2 座堡子、2 座烽火台、2 处谷底阻挡设施和 1 段关墙组成。堡建在关城南北两端，平面呈矩形，南堡长 25 米，宽 16 米，北堡长 27 米，宽 21 米；堡墙均黄土夯筑，夯层厚 0.15~0.2 米，底宽 0.8~1.2 米，高 0.6~4.5 米。外侧挖有壕沟，上宽 4~5 米，底宽 0.5~1 米，深 0.5~2 米。烽火台建在峡谷东、西两侧山顶，平面呈方形，剖面呈梯形。东侧烽火台顶宽 1~2 米，底宽 4.4~7 米，高 4 米；西侧烽火台顶宽

甘肃省志 文物志

3~3.3 米，底宽 7.4~9 米，高 6 米；均黄土夯筑，夯层厚 0.15~0.2 米。关城底部河谷南、北两端最窄处，各建 1 处阻挡设施（现已不存），材质形状不详；两侧崖壁有石槽，高 5.8 米，宽 0.8 米，深 1.2 米。关城北端西侧山顶建有一段关墙，长 164 米，黄土夯筑，夯层不清，底宽 1~2 米，顶宽不详，高 0.3~2.5 米。

红沙窝堡

位于三闸乡红沙窝村一社东南。平面呈矩形，东西宽 65 米，南北长 128 米。西南墙开门。西南角有角楼。堡墙大部分倒塌，仅存东墙长 74 米，西墙长 68 米，南墙长 65 米。堡墙底宽 2~4 米，顶宽 0.4~3 米，高 0.5~5 米。黄土夯筑，夯层厚 0.06~0.1 米。

孤山墩

位于平山湖蒙古族自治乡平山湖村委会西南。平面呈方形，剖面呈梯形。顶宽 8.5 米，底宽 12.5 米，高 9 米。石块夹植物根茎叠筑，砂土、碎石填实，黄泥覆面，表层砌石经人工打磨光洁平整。烽火台顶部和北壁底部各有铺舍 1 处，东侧有 4 座燧体，南侧有 6 座燧体。

大泉墩

位于平山湖蒙古族自治乡平山湖村一社西。平面呈方形，剖面呈梯形。顶宽 3~4 米，底宽 6~9 米，高 6 米。黄土夯筑，内部铺桩木，表层用卵石镶嵌覆面，夯

层厚 0.15~0.25 米。烽火台北侧建有围墙（墩院），围墙外有壕沟。烽火台东北侧有 6 座燧体，南侧有 8 座燧体。

紫泥泉烽火台

位于平山湖蒙古族自治乡紫泥泉村村

山南关

红沙窝堡

孤山墩

委会西南、靖安乡乡政府东。平面呈方形，剖面呈梯形。顶宽3~3.3米，底宽7.4~9米，高6米。黄土夯筑，夯层厚0.15~0.2米。

口子河烽火台

位于龙渠乡木龙坝村三社西南。平面呈方形，剖面呈梯形。顶宽2~2.5米，底宽8~9米，高3.5米。石块垒筑，砂土、碎石填实。烽火台西南侧和北侧各有2座燧体。烽火台周围有壕沟。

鼓儿山烽火台

位于平山湖乡平山湖村一社西南。平面呈方形，剖面呈梯形。顶宽4~5米，底宽8~10米，高7米。两次修筑，早期墩台宽1.2米，高7米，石块夹植物根茎叠筑；后期在早期墩台东、北、西三面用土坯增筑，表层石块镶嵌覆面。烽火台东、南、西三面有壕沟，北侧是陡峭的崖坡。

红泉6号烽火台

位于平山湖蒙古族自治乡政府所在地西南。又称"柴墩子"。原平面呈方形，剖面呈梯形，剥蚀为圆柱形。顶径1.2米，底径6~7.5米，高6.1米。石块夹植物根茎叠筑，山土、碎石填实，叠压层厚0.25~0.4米。烽火台东侧有地窝（疑似铺舍）。

紫泥泉山险墙台

位于平山湖蒙古族自治乡紫泥泉村

鼓儿山烽火台

紫泥泉山险墙台

红泉6号烽火台局部

村委会西、靖安乡乡政府东北夹岭山西坡半腰间。平面呈方形，剖面呈梯形。顶宽 3~5 米，底宽 4~6 米，高 0.8~4 米。黄土夹碎石、植物根茎夯筑，外部石块包筑。

甲子墩 1 号驿站

甲子墩 1 号驿站

位于碱滩乡甲子墩村居民地西南。由围墙（墩院）、驿墩、壕沟、燧体组成。围墙平面呈方形，东北侧长 38 米，东南侧、西南侧各长 37 米，西北侧长 35 米，黄土夯筑，夯层 0.12~0.15 米。底宽 1.5~2 米，顶宽 0.3~0.8 米，高 0.3~1.5 米。驿墩建在围墙正中，平面呈方形，剖面呈梯形，顶宽 7~9 米，底宽 12~14 米，高 10 米。黄土夹桩木夯筑，夯层厚 0.1~0.12 米。东北壁顶部用汉代墓砖砌补维修，表层黄泥覆面。围墙外侧有壕沟，平面方形，边长 60~63 米。驿墩西南侧有 5 座燧体。驿站地表散存汉代墓砖残块及明代陶片。

七、肃南段

明长城肃南段由关堡、烽燧等组成，属明长城外缘防御体系。发现关堡 3 座，其中关 2 座、堡 1 座。关均建在峡谷底部，利用地形封堵峡谷通道。堡，即卯来泉城堡，黄土夹少量砂石夯筑，夯层厚 0.16~0.26 米。发现烽火台 70 座，分布范围广，主要有三条线路：第一路是祁连山南麓通往北侧河西走廊平原地带的烽燧线，由南北相通的祁连山山谷通道隘口沿山谷向走廊腹地传递信息；第二路是祁连山北侧缓坡地带各山口之间的烽燧线；另有一条烽燧线分布在明花区，东、西与高台县和肃州区相接应。本区烽燧线与永昌县、民乐县、甘州区、临泽县、高台县，肃州区、嘉峪关市等境内的烽燧线相呼应。烽火台平面呈矩形或圆形，剖面呈梯形或不规则形，构筑方式主要是黄土或山土夯筑，夯层 0.08~0.2 米，少数石块覆面，还有部分为土坯砌筑、石块垒筑或石块或片石夹压植物根茎叠筑等。部分烽火台周围有围墙（墩院）、壕沟及燧体，少数顶部有铺舍等。

本段长城面临的主要破坏因素和病害有风雨侵蚀、地震、植物生长、啮齿动物打洞、返潮酥碱、修建道路、开垦耕地、浇水灌溉、人畜攀爬踩踏、拆挖、取土等。

小西岔关口

卯来泉城堡

小西岔关口

位于马蹄藏族乡药草村西南小西岔峡谷底部西侧的河岸及半坡间。关口所在峡谷内，东西两侧陡峰直立，谷底有酥油口河南向北湍急流过。关口由两座墩台、一段关墙、关门、两道随墙壕沟和一道围墙构成，随峡谷走势分布。两座墩台位于关口南侧，一座建在谷底，一座建在西侧半坡间，相距 30 米，关口通道从之间穿过。台体均为黄土夯筑。谷底墩台坍塌在直径 17 米的范围内，高 3 米，夯层不详；建于半坡的墩台平面呈方形、立面呈梯形，顶宽 5~7 米，底宽 7~12 米，高 6 米，内部夹桩木，夯层厚 0.1~0.12 米。关墙建在墩台北侧 120 米处的河岸旁，东侧紧靠河岸，西侧连接山体，横堵在峡谷通道中，长 98 米。基础由石块垒筑，主体山土夹碎石夯筑，夯层厚 0.1~0.12 米。底宽 4~5 米，顶宽 2~4 米，高 2~2.5 米。关门开在关墙正中，宽 10 米。紧靠关墙两侧底部挖有壕沟，与墙体并行始终，上宽 8~10 米，底宽 4~6 米，深 0.5~1 米。关墙西侧 6 米高的山体半腰间，建有一段南北向的夯土围墙，长 4 米，高 1.5 米。小西岔关口地势险要，是控制酥油口峡谷通道的重要隘口。

卯来泉城堡

位于祁丰藏族乡堡子滩村。明嘉靖十八年（1539 年）修筑，明长城最西端城堡。坐西朝东，平面呈方形，边长 133 米，面积 17689 平方米。堡门东开，门外筑瓮城。堡墙底宽 5.2~5.8 米，顶宽 1~2 米，高 3.25~8.6 米。黄土夹少量砂石夯筑，夯层厚 0.16~0.26 米。堡墙东南角外侧局部夯土上残留有泥皮。堡西南、西北角各存一角楼。堡外侧南、西、北三面有护城壕。

牦牛沟烽火台

位于大河乡水关村西北。平、剖面均呈方形。台体顶部坍塌，底部东侧宽 5

米，南侧宽13米，西侧宽9米，北侧宽
12米，高2米。中部以上外露夯土顶宽3
米，底宽5米，高4米。黄土夯筑，夯层
厚0.1~0.12米。烽火台顶部有铺舍。

文殊山烽火台

位于祁丰乡文殊村东北。平面呈方
形，剖面呈梯形。顶宽2~5.5米，底宽
6~8米，高3米。石块夹植物根茎叠筑。
烽火台东南山梁上有7座燧体。

北极沟烽火台

位于皇城镇北峰村东北。原平面呈
方形，剖面呈梯形。现平面呈圆形，剖面
呈不规则形，坍塌在直径15米的范围内，
高4米。山土夯筑，夯层不清。

皂矾沟烽火台

位于大河乡喇嘛湾村东北。原平面
呈方形，剖面呈梯形，现整体坍塌成底部
圆形的土堆。顶宽3米，底宽14米，高
7米。山土夯筑。夯层不清，石块覆面。
烽火台周围有壕沟。

大勒巴口烽火台

位于白银蒙古族乡榆林庄村南。原
平面呈方形，剖面呈覆斗形，现整体坍
塌成底部圆形的土堆，坍塌在东西15米、
南北17米的范围内，高5米。土坯夹椽
木砌筑，土坯规格35×20×7厘米。

大瓷窑口烽火台

位于白银蒙古族乡东牛毛村西南。
平、剖面均呈方形。顶部东壁宽5.5米，

牦牛沟烽火台

北极沟烽火台

皂矾沟烽火台

南、西壁各宽6米，北壁宽4米;底部东、
西、北壁各宽13米，南壁宽12米;高4
米。黄土夹椽木夯筑，夯层厚0.15~0.17
米。烽火台周围有壕沟，紧依壕沟西垄

大瓷窑口烽火台

堡子滩大墩烽燧

西侧有围墙（墩院），北侧有 4 座燧体。

屈家口子烽火台

位于祁丰乡瓷窑口村东南。原平面呈方形，剖面呈覆斗形，现坍塌在直径 8 米的范围内，高 2.5 米。石块垒筑，砂土，碎石填实。烽火台西南侧依山梁走势有 12 座燧体，北侧有铺舍。

堡子滩大墩烽燧

位于祁丰藏族乡堡子滩村东北。平面呈方形，剖面呈梯形。顶部东西长 6.8 米，南北宽 4.8 米；底部东西宽 10.6 米，南北长 11.2 米；高 7 米。片石夹芨芨草、砂土叠筑，叠压层厚 0.14~0.21 米。烽火台四周土堆直径 17 米。

八、民乐段

明长城民乐段主要分布在祁连山北麓以北地区和童子坝河谷两侧低山丘陵区，属明长城外缘防御体系，发现烽火台 46 座，平面呈方形、圆形或不规则形，

剖面呈不规则形，主要为黄土夯筑，亦有山土夹杂碎石夯筑者，部分烽火台夯土夹有桩木，夯层厚 0.07~0.2 米，个别烽火台外壁用土坯包砌。部分烽火台有围墙（墩院）、壕沟及燧体等。

本段长城面临的主要破坏因素和病害有风雨侵蚀，地震，动物和昆虫打洞筑穴，起甲，返潮酥碱，取土，浇水灌溉，人畜攀爬踩踏，拆挖，修建房屋、道路及水渠，开垦耕地等。

戴家墩

位于丰乐乡白庙村东南。平面呈方形，剖面呈覆斗形。顶部东、北壁各宽 4 米，南、西壁各宽 4.5 米；底边长 7 米，高 8 米。黄土夹桩木夯筑，夯层 0.13~0.15 米。

苟家墩

位于洪水镇友爱村曹家庄组西南。原平面呈方形，剖面呈梯形，现顶部及四壁整体坍塌，为底部呈圆形的土包。坍塌在东西 14 米、南北 18 米的范围内，高

3.5 米。黄土夯筑，夯层厚 0.1~0.12 米。

干巴山烽火台

位于永固镇八卦营村西北。原平面呈方形，剖面呈覆斗形，现平面呈圆形，剖面呈不规则形。顶部东壁宽 5.5 米，南、西、北壁各宽 6 米；底部东、西壁各宽 8 米，南、北壁各宽 9 米；高 6 米。黄土夹桩木夯筑，夯层厚 0.1~0.12 米。烽火台周围有壕沟，西侧有 5 座燧体。

破山咀烽火台

位于洪水镇宋营村东南。原形制不清，现平、剖面均呈不规则形。顶部东壁宽 6 米，南壁宽 3 米，西壁宽 5 米，北壁宽 7 米；底部东、北壁各宽 11 米，南壁宽 8 米，西壁宽 9 米；高 7 米。前、后两次黄土夯筑，早期墩台夯土内夹有桩木，夯层厚 0.1~0.12 米；后期包筑夯土厚 1~2 米。烽火台周围有壕沟，南侧有 5 座燧体，北侧有 6 座燧体。

羊胸子烽火台

位于南丰乡炒面庄村西南。原形制不清，现平、剖面均呈不规则形，坍塌在东西 11 米、南北 9 米的范围内，高 5 米。南侧残存夯土块边长 4 米，高 5 米。山土

戴家墩

干巴山烽火台

破山咀烽火台

羊胸子烽火台

367

夹碎石夯筑，夯层厚 0.1~0.15 米。烽火台南侧有 4 座燧体。

九、山丹段

明长城山丹段分布于县境中部和北部，呈东南—西北走向，贯穿而过，全长271.5 千米，地处北部山区和山前冲积平原。本段长城自甘州区与山丹县交界处的烟墩口（亦作烟洞口、烟墩沟）进入本县，入境后分为三条线路：第一条位于北部，利用山险，辅以壕堑和山险墙，依次经过东乐大口子、高口子、木头口子、龙头山、白路口、大尖山、土沟山、红寺山口等地，至长城壕子，再经过茅山、独峰顶、牛沟口、庙岭子、马莲井、大青羊等地，进入内蒙古自治区阿拉善右旗、甘肃省金昌市和山丹县交界处的东洼山。第二、第三条走向大体一致，位于县境中部，由人工构筑墙体及外侧（北侧）壕堑为主组成，这两条线路自甘州区进入本县后，折向南，再自西向东延伸，依次经过西屯、城西、大寨、小寨、大桥、静安、祁家店、十号、城北、东街、十里堡、二十里堡、三十里堡、刘伏寨、新河、金山子、丰城堡村西北等地进入花草滩，经过峡口（硖口），至羊虎沟村绣花庙滩进入永昌县境内。本段长城烽火台大部分建在长城外侧龙首山、走廊南侧祁连山及大黄山西侧低山丘陵区，分为五种：一是修建于南线长城两侧，基本与长城线路平行；二是修建于南线长城外侧，向远处呈链条状延伸展开；三是修建于长城与其内侧堡寨之间；四是修建于城堡与庄寨之间；五是修建于河西走廊南山各山口，向北侧河西走廊腹地延伸。在山丹县境内，明长城主要经过东乐、清泉、位奇、陈户、老军 5 个乡镇。

本段长城由墙体、壕堑、关堡、单体建筑及其他与长城相关遗存构成。墙体长 143.5 千米，以人工构筑墙体为主，兼有部分山险。北部长城主要以龙首山为屏障，辅以少量斩削山体、个别局部毛石垒砌而成的山险墙及少量石墙，石墙构筑方式为黄土夹碎砾石堆筑，毛石覆面。河西走廊腹地长城以人工构筑墙体为主，峡口一带有少量山险和山险墙，羊虎沟局部存在河险；人工构筑墙体构筑方式为黄土夯筑，个别地段夹少量砂石、碎石或青砖等，夯层厚 0.14~0.3 米；羊虎沟局部墙体单侧加帮筑成，峡口区域局部墙体为两侧加帮三次筑成；走廊腹地长城墙体顶部外侧多存女墙；人工构筑墙体底宽 0.4~8 米，顶宽 0.1~5 米，高 0.3~5米。壕堑长 128 千米，构筑方式为中间挖沟，土石堆于两边成垄，局部为山地陡坡地段削山成壕。发现关堡 10 座，其中关2 座、堡 8 座。关主要利用山势，用夯土和石垒墙体围建。堡墙构筑方式均为黄土夯筑，个别夯土中夹有草绳、木楔等，夯层厚0.08~0.3米。关堡范围内发现较多白釉瓷、褐釉瓷等生活用品残片及少量木质建筑构件。发现单体建筑156座，其中敌台44座、烽火台111座、马面1座。敌台建在长城墙体东、北或东北侧（外侧）者38座，建于墙体西、南或西南侧（内侧）者6座。单体建筑平面主要呈矩形，部分呈圆形，少数呈不规则形，极少数呈椭圆形和梯形，剖面主要呈不规则形，部分呈梯形。单体建筑构筑方式主要有四种，以黄土夯筑为主：一是黄土夯筑，部分夹芨芨草、石块、砾石，夯层厚0.04~0.28米；二是石块垒筑；三是石块夹植物根茎叠筑；四是两种构筑方式混筑，分为外部石块垒筑和外部土坯砌筑两种：外部石块垒筑者，内部分别是黄土夯筑、内填砂土，另有山土夯筑者1座；外部土坯砌筑者，内部主要是黄土夹砾石夯筑，另有黄土夹石块、灌木枝条夯筑者1座；土坯长33~46厘米，宽17~22厘米，厚8~10厘米；另1座烽火台为山土堆筑。少数单体建筑为两次或个别三次筑成。部分单体建筑周围有围墙（墩院）、壕沟及燧体等，其中以壕沟和燧体居多。长城沿线还发现驿站18处、路墩1处、摩崖石刻1处。

本段长城面临的主要破坏因素和病害有风雨侵蚀，风沙埋埋，洪水和河流冲刷，干湿冻融，地震，返潮酥碱，粉化，风蚀剥落及植物生长，动物和昆虫打洞筑穴，修建道路、水渠、房屋及牲口圈，取土，开垦耕地，盗挖，拆取土坯椽木及人畜攀爬踩踏等。

本段长城沿线留存有粗瓷、褐釉瓷、白釉瓷、黑釉瓷、夹砂瓷、花卉纹青花瓷等器物残片以及少量建筑木构件。

本段长城属明代甘肃镇镇城直辖防区，由协守副总兵防守。

羊虎沟长城

长6355米。黄土夯筑，局部夹杂细小砂石，夯层厚0.14~0.25米。底宽2.5~8米，顶宽0.2~1.2米，高1.1~5米。沿线有关堡4座、敌台3座、烽火台1座。墙体北侧为明长城壕堑。

峡口长城2段

长2422米。黄土夹砂石夯筑，夯层厚0.15~0.25米。底宽2~6米，顶宽0.1~1米，高2~3.5米。沿线有烽火台2座、石

羊虎沟长城

峡口长城 2 段

刘伏寨长城

壕北滩壕堑

刻 1 处。

刘伏寨长城

长 2232 米。黄土夹碎石夯筑，夯层厚 0.18~0.3 米。底宽 3~4 米，顶宽 0.3~2 米，高 1~5 米，顶部有女墙。沿线有敌台 2 座。

龙首山山险墙

长 660 米。在山梁西南侧铲削加工成陡峭的山险墙，坡度 50°~70°。在山梁低凹处以石块垒筑增高。山险墙止点周围地表可采集到汉代灰陶片和明代瓷片。汉代当在此筑墙设防，明代沿用，并加筑榨子墙等设施。

木头口子长城

长 161 米。大石块垒筑而成，底宽 12~15 米，高 1~2.4 米。石缝间由山土、碎石填实，局部利用陡峭的山体稍加斩削而成山险墙。所在山沟正中有石门，石门南侧 3 米处开凿有深 2.6 米、长 6 米、宽 4 米的坑，阻挡山沟经过的人马，古称"叠水"。

壕北滩壕堑

长 1080 米。中间挖壕，两侧堆土成垄。壕沟底宽 2~4 米，上宽 8~9 米，深 0.3~0.5 米；壕垄底宽 10~12 米，顶宽 1~3 米，高 0.3~0.5 米。壕堑西侧为明长城墙体。

大青阳壕堑

长 9394.5 米。中间挖壕，两侧堆土成垄。壕沟底宽 1~8 米，上宽 5~20 米，深 0.5~7 米；壕垄底宽 6~8 米，顶宽 0.5~2 米；高 0.5~2.8 米。

红寺山口关

位于清泉镇红寺湖村西南、龙首山山脉顶部红寺湖山口，是漠南与河西走廊间至关重要的出入口。有新、旧关墙

甘肃省志 文物志

大青阳壕堑

红寺山口关

两道，旧关为汉代关墙，明代沿用，新关墙为明代增筑。明代红寺山口新关居北，半圆形，与旧关首尾相连呈"弓"形，旧关之关门墩为关墙核心。旧关墙呈线形，长561.5米，利用该处地形地理优势，以壕堑、山脊土墙、石墙、山险墙等设施封闭山口，山谷正中辟有关门，关内（南）建有烽火台等，整体布局、规模基本完整。该关起点东接茅山山险2段西端悬崖下，在山根和山谷间关口北侧（外侧）山坡开挖壕堑，长158米，壕沟上宽10~12米，底宽1~2米，深1.5~5米，两壕垄呈低矮脊梁状，南壕垄较高，底宽4~6米，顶宽1~2米，高1.5~5米，壕堑以南地表有较多汉代陶片。东端壕堑与西侧土墙之间山谷中部为长23.8米的豁口，之间原建有设施，因修建山丹县——内蒙古阿拉善右旗公路而毁坏，公路从中通过。因土墙起点有夯筑土墩（关门墩），证明公路经过处原有关门。关门

墩原形制及体量不详，现存西半部分，从东侧断面看，门墩内部黄土夯筑，夯层厚0.08~0.14米，外部应原用大石块包筑，现北面和顶部遗存有石块。关门墩断面呈梯形，底宽13米，长8米，高3~6米，顶边长4米，西侧紧连山脊和土墙，顶部残损严重，北面、西南面坍塌为斜坡形，有大石块散存表面，在周围地表可见明代瓷片。关门墩西侧山脊上建有土墙，长85.7米，土墙坍塌呈脊形，底宽6~8米，顶宽1~2米，高1~3米。土墙之西是一段石墙，横堵在关口内，长148.5米，以自然山脊为基础，内部以黄土夹细碎砾石堆筑，外部用大石块包筑，夯层厚0.08~0.14米，底宽8~10米，顶宽0.5~3米，高3~4米，随地形取制高点向西延伸。石墙以西利用山脊北侧陡峭的地势作山险墙，东西向延伸，长138米，将山脊北侧铲削成陡直的壁面，局部以大石块砌面，顶部再用大石

块垒筑矮墙，止点存石块垒筑的山险墙，长30米，高1~1.2米。山险墙止点占据山口西侧土山制高点。关口东侧140米处高冠山顶部有高冠墩（烽火台），南、西、北三面均是陡峭绝壁，台体石块垒筑，平、剖面均呈三角形，边宽3~4米，高3米。关口西侧、土墙止点山脊制高点上建有红寺山烽火台，台体底部建边长15米、高2米的方形台基，四周以大石块包筑，台基之上中部建烽火台，平面呈方形，剖面呈覆斗形，内部黄土夹桩木夯筑，夯层厚0.13~0.18米，外部用大石块包筑，向内收分，底边长8.6米，顶边长1.5米，高7米，台基北侧与石砌墙体联为一体。周围地表散存大量汉代绳纹、篮纹、素面灰陶片，以及明代黑釉瓷片。

峡口古城

位于老军乡峡口村村委会所在地。又称"峡口关、石峡口堡"，"峡"亦作

峡口古城南城门

"硖"。因建于大黄山东北侧狭窄隘口处，故称峡口关，扼甘凉咽喉，锁金川大地，为古代甘州、凉州分界所在，古丝绸之路重要驿站。汉代称"泽索谷"。始建年代不详。明清时期属山丹卫，归甘肃镇直辖。明万历元年（1573年），巡府都御使廖逢节重修加固峡口古城，增设防御设施，内为土夯，外为砖包，辅以石条为基，又称"生铁城"。万历二年（1574年），都司赵良臣在石碑上题名"峡口古城堡"。城址平面呈矩形，东西宽244米，南北长750米，周长1988米，总面积181.3万平方米。分南、北两城。南城平面呈矩形，东西宽244米，南北长511米，面积12.5万平方米。城墙底宽3~10米，顶宽0.3~3米，高0.5~8米，黄土夯筑，夯层厚0.16~0.2米。南城东墙存北段长20米，南墙存西段长39米和南城门两侧断墙长110米，西墙存南段长22米，北墙存西段长150米。南城北墙和南墙均开门，内部黄土夯筑，外部青砖包砌。南城门原建有门墩和券形门洞，现已坍塌，残迹可辨。北城门建有门墩和拱形门洞，门洞顶部有封土，两侧与城墙相连接。门洞两侧门墩大部分已坍塌。两城门外均设瓮城。南瓮城建在南城门南侧，与城门相连。北瓮城建在城门北侧，门向西开。南城原有角楼4座，现仅存东北、东南2座。南城北墙城门洞西侧34米处存马面1座。北城利用南城

北墙作为其南墙，平面略呈正方形，东西长244米，南北宽239米，面积58316平方米。城墙底宽4~5米，顶宽1.2~1.8米，高4.5~8米，黄土夯筑，夯土中夹细小砾石、木楔、桩木等，夯层厚0.2~0.25米。北城东墙存北段长160米，顶部存女墙；南墙为南城北墙；西墙消失；北墙存两段：东段长56米，北城门附近长34米。北城北墙开门，建于北墙正中略偏西，两侧有门墩各一。门外设瓮城，建于北城城门北侧。空心敌楼建于北城西城墙中段，南侧墙体中部开有上下2个矩形门洞，顶部四周存有墙体，土坯砌筑，其间夹杂木板。城内有主街道一条，位于古城中轴线，贯通南、北两城。原有衙署、庙宇、马厩、肆号、作坊、店铺设施和车马店、熬硝作坊等，现均已不存。城内有过街楼1座，建于南城街道中部略偏南，距南城门209米，平面略呈正方形，整体为土木结构，底部中间有宽4米、高3.3米的通道。城外有护城河，据当地居民介绍，古城南、西、北三面原挖建有壕沟，沟里面放水护城。古城西南约500米山坳里有引水墙1道，长39米。明长城在古城东侧5~50米范围内大体呈南北向延伸。城堡内外地表有汉代灰陶片和明代黑釉、绿釉、褐釉等瓷片。引水墙附近地表有夹砂红陶质引水管道残片。

揣庄堡

揣庄堡

位于陈户乡新河村北。平面呈矩形，东西宽62米，南北长80米，周长284米，面积4960平方米。堡门西开，门外筑瓮城。堡墙底宽2.2米，顶宽1.5米，高6米。黄土夯筑，夹桩木、木楔及砾石，夯层厚0.16~0.22米。堡墙顶部有女墙，堡内存一堵照墙和一眼水井。

新河3号敌台

位于陈户乡新河村东。平面呈方形，剖面呈梯形。顶宽1~7米，底宽9~12.4米，高8米。敌台两次筑成，黄土夯筑，夯土中夹桩木、木楔和草绳，夯层厚0.16~0.22米。

十里堡3号敌台

位于位奇镇十里堡村东北。平面呈方形，剖面呈梯形。顶宽7~8.8米，底宽10.6~12米，高9.5米。黄土夯筑，夯土中夹桩木、木楔，夯层厚0.16~0.2米。

新河壕堑1号烽火台

位于陈户乡东门村东。平面呈方形，

十里堡 3 号敌台

毛草沟半截墩烽火台

西屯 2 号烽火台

剖面呈梯形。顶宽 3.5 米，底宽 4 米，高 4.2 米。黄土夯筑，内部铺桄木，夯层厚 0.08~0.1 米。

毛草沟半截墩烽火台

位于清泉镇马莲湖村西。平面呈方

形，剖面呈梯形。顶宽 4~5.5 米，底宽 7~8.5 米，高 8 米。石块夹植物根茎叠筑，缝隙由砂土、碎石填实，内部铺桄木，叠压层厚 0.25~0.35 米。

西屯 2 号烽火台

位于东乐乡西屯村二社北。平面呈方形，剖面呈梯形，建于明长城壕堑西垄上。顶宽 5.5 米，底宽 9 米，高 9.3 米。黄土夯筑，夯土中夹桄木、木楔和芨芨草，夯层厚 0.1~0.12 米。烽火台西侧有围墙（墩院），围墙外侧有壕沟。烽火台西南有 5 座燧体。

西屯 4 号烽火台

位于东乐乡西屯村二社北。平面呈方形，剖面呈梯形，位于长城壕堑西垄边沿。顶宽 5.1~7 米，底宽 8.4~9 米，高 8.6 米。黄土夹砾石夯筑，夯层不清，内部铺桄木。外部土坯包筑，草泥抹面，包筑层厚 3~4 米，土坯长 33~46 厘米，宽 17~19 厘米，厚 8~10 厘米。烽火台西侧有围墙（墩院），围墙外侧有壕沟。烽火台西侧有 6 座燧体。

趄坡山烽火台

位于清泉镇红寺湖村五社西南。平面呈方形，剖面呈梯形。顶宽 2~6 米，底宽 10 米，高 6 米。石块夹植物根茎叠筑，缝隙以山土灌实，表层石块经打磨较平整，叠压层厚 0.25~0.40 米。烽火台周围有壕沟。

甘肃省志 文物志

金山子烽火台

位于老军乡丰城堡村北。平面呈方形，剖面呈梯形。底部坍塌在直径21米的范围内，高4.8米。顶部残存块状夯土，大致呈方形，顶宽2~3.5米，底宽4~7米。黄土夹石块与植物根茎夯筑，内部铺桩木，夯层厚0.2~0.28米。烽火台周围有围墙（墩院）。

峡口1号古驿站

位于老军乡羊虎沟村北。又称"山堡墩"。由驿墩、围墙（墩院）、壕沟及燧体组成。驿墩平面呈方形，剖面呈梯形。顶部东西宽5.6~6.2米，南北宽7.6~5.4米；底部东西宽5~9.1米，南北宽7.2~8.4米；高10米。黄土夹桩木夯筑，夯层厚0.14~0.17米。驿站围墙平面呈矩形，南北长32米，东西宽28米。黄土夯筑，夯层厚0.15~0.2米，底宽4~6米，顶宽0.2~1米，高1~2米。驿墩紧靠南墙外侧，建于正中部。围墙外侧周围有壕沟。围墙门开北侧中部。驿墩南侧有5座燧体。

峡口摩崖石刻

位于老军乡峡口村东南峡口山谷东岸峭壁上，在岩壁上阴刻"锁控金川"4字，笔画清晰分明，中间略凸，繁体楷书，从右至左、从上至下刻写。左边落款"大明嘉靖三十一载（1553年）四月吉刑部郎中左全陕前给事中鄢陵陈棐"26字，双钩阴刻，楷体，字形略扁。摩崖底部距

趄坡山烽火台

金山子烽火台

峡口摩崖石刻

地表1.8米，宽1.5米，高1.4米。崖壁表层稍有剥落、裂痕，个别小字字迹漫漶不清。下方立一块青石碑记，高0.6米，宽0.8米，厚0.1米，阴刻楷书，黑底白字，老军乡政府2006年4月立，全文如下："锁

控金川，明嘉靖三十一载（1553 年）刑部郎中陈棐奉敕巡察河西兵防，途经石峡谷关隘，见此地势险峻，鬼斧神工，扼甘凉咽喉，有车不并驾，马不双辔之势，一夫当关，万夫莫开之险，遂奋笔疾书，'锁控金川'四颗大字，镌刻于石峡峭壁，至今已有四百多年的历史。"

十、永昌段

明长城永昌段分布于县境中部，呈东南—西北走向，贯穿而过，全长 150.8 千米。以河西堡为界分前后两段，前段修筑在龙首山南坡，属山前倾斜丘陵地貌，沟壑纵横；后段修筑在东部洪积淤积细土平原地带，地势平坦，视野开阔，长城北侧是戈壁荒漠，南侧为走廊绿洲。本段长城自山丹县羊虎沟村绣花庙进入本县，经过水泉子、王信堡，延伸至羊路山顶，再经过毛卜喇，进入圣容寺峡谷，沿金川峡水库北岸山脚延伸，至金川峡河谷南口，跨越陡峭的河西堡—金川峡山险，到达河西堡镇西南侧红山根，绕过河西堡镇区，再依次经过鸳鸯池、下洼子、寺门、上三庄、青山堡、老人头沙沟、华家沟村农场、方沟村农场等地，过双豁路滩，至西沟村杨爷庙旧址，再经过新沟村西北侧皇娘娘滩、塔湾滩等地，至明沙窝墩分作两条线路：一条向西南经喇叭泉林场，进入民勤县境内；一条向东北经郑家堡东北，

亦进入民勤县境内。本段长城烽火台分布较广，大部分建于南部和北部山区地带，分布情况有四种：一是分布于长城两侧，基本与长城线路平行；二是分布于长城北（外）侧，向远处延伸展开（部分线路处在金川区境内）；三是分布于长城与其内侧堡寨之间；四是分布于河西走廊南山各山口，向北侧河西走廊腹地延伸。在永昌县境内，明长城主要经过红山窑、城关、河西堡、水源、朱王堡 5 乡镇。

本段长城由墙体、壕堑、关堡、单体建筑和其他与长城相关遗存构成。墙体长 129 千米，以人工构筑墙体为主，青山堡、河西堡—金川峡和金川西等地存在山险。人工构筑墙体中除河西堡有通过刮削山体和局部石块垒筑而成的山险墙外，构筑方式为黄土（个别为灰棕土）夯筑，夯土中多夹有少量砂砾、碎石等，夯层厚 0.1~0.4 米。部分地段墙体存在加帮，两次或三次筑成；部分墙体顶部外侧存女墙。墙体底宽 0.4~15 米，顶宽 0.1~3.5 米，高 0.1~8 米。壕堑长 21.8 千米，构筑方式为中间挖沟，土石堆于两边成垄，部分长城墙体修筑在壕堑北垄上。发现堡 1 座，即毛卜喇堡，黄土夯筑，夯层厚 0.25~0.3 米。发现单体建筑 88 座，其中敌台 34 座、烽火台 54 座。敌台依墙而建者 30 座，骑墙而建者 3 座。单体建筑平面主要呈矩形，部分呈不规则形，少数呈圆形和椭圆形，

个别呈梯形；剖面主要呈梯形和不规则形，个别呈矩形。单体建筑构筑方式主要是黄土夯筑，部分夹砾石或夹砂石或夹芨芨草，个别夹砾石、芨芨草，夯层厚 0.08~0.35 米；另外还有：石块夹植物根茎叠筑（1 座为石块、砂土夹植物根茎叠筑）；石块垒筑；两种构筑方式混筑（1 座外部石块夹植物根茎叠筑、内部石块垒砌，1 座为外部石块垒筑、内部下层为石块垒筑，上层土坯砌筑，上、下层之间以三合土粘连）等。部分单体建筑周围有附属设施，有附属设施的单体建筑者，其中有三分之一为两种或三种，附属设施以燧体居多，次之为围墙（墩院）和壕沟，个别有铺舍和女墙。

本段长城面临的主要破坏因素和病害有风雨侵蚀，风沙埋埋，干湿冻融，洪水和河流冲刷，地震，返潮酥碱，粉化剥落，霉菌，风化，动物和昆虫打洞筑穴，开垦耕地，挖掘破坏，取土，修建住宅、道路、水渠及牲口圈，浇水灌溉，盗挖，拆取土坯桩木及人畜攀爬踩踏等。

本段长城沿线留存有粗瓷、夹砂瓷、黑釉瓷、白釉瓷等器物残片以及少量木质建筑构件。

本段长城属明代甘肃镇分守凉州副总兵防区。

郑家堡长城

长 7708.5 米。前半段以灰棕土夹砂石夯筑为主，夯层厚 0.18~0.3 米；后半段为黄土夹砂石夯筑，夯层厚 0.16~0.3 米。底宽 3.5~4.5 米，顶宽 0.3~3.5 米，高 0.3~3.9 米。沿线有敌台 4 座。

方沟农场长城

长 1899 米。黄土夹砂石夯筑，夯层厚 0.2~0.3 米。底宽 2.3~3.5 米，顶宽 0.2~0.5 米，高 0.4~4.5 米。沿线有敌台 1 座。

毛卜喇长城

长 11856 米。黄土夯筑，局部夹砂石，夯层厚 0.2~0.3 米。底宽 1~5 米，顶

郑家堡长城

方沟农场长城

毛卜喇长城

王信堡壕堑及长城墙体

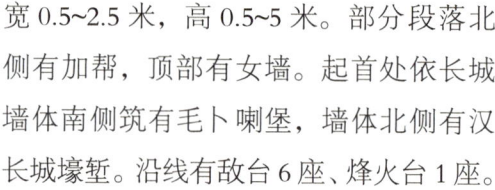

王信堡壕堑三条并行

毛卜喇堡

宽 0.5~2.5 米，高 0.5~5 米。部分段落北侧有加帮，顶部有女墙。起首处依长城墙体南侧筑有毛卜喇堡，墙体北侧有汉长城壕堑。沿线有敌台 6 座、烽火台 1 座。

河西山险墙

长 285 米，西侧底部有明长城壕堑并行。山险墙以刮削山体而成，局部地段顶部用干石垒筑增高。刮削高度 3~5 米、深度 4~6 米。

王信堡壕堑

长 4322 米。中间掘壕，土堆于南侧成垄。壕沟底宽 1.5~6 米，上宽 8~15 米，深 2~4 米；南垄底宽 6~13 米，顶宽 1~5 米，高 1.5~3.5 米。壕堑北沿为明代长城墙体，

北侧有汉代长城壕堑伴行。

河西村壕堑

长 223 米，东侧紧随河西山险墙并行。上坡挖壕，下坡堆垄。壕沟上宽 4.2~6 米，底宽 1.5~1.8 米，深 1~1.2 米；壕垄底宽 1~1.2 米，高 0.8~1 米。

毛卜喇堡

位于红山窑乡毛卜喇村三社东北。又称"曹家墩院"或"夹夹墙"。堡由南、北两道弧形墙体合围而成，中间一道墙体东西穿过，将堡分成南、北两部分，均呈月牙形，坐北面南，南侧占地面积 11500 平方米，北侧占地面积 52015 平方米。堡门开中墙西端。南堡墙长 510 米，中墙长

1012 米，北堡墙亦为长城墙体，长 1100 米。堡墙底宽 2~10 米，顶宽 0.3~2 米，高 1~5 米，黄土夯筑，夯层厚 0.25~0.3 米。堡内设施不存。现大部分为荒地，部分已开垦为耕地。

郑家堡 1 号敌台

位于朱王堡镇郑家堡村北、民勤县蔡旗镇野潴湾村西。平面呈方形，剖面呈梯形。顶宽 4 米，底宽 8 米，高 8.5 米。黄土夯筑，夯层厚 0.2~0.25 米。敌台顶部有女墙，南侧有围墙（墩院）。

青山堡 1 号敌台

位于河西堡镇青山堡村东。平面呈方形，剖面呈梯形。顶宽 5~6 米，底宽 11 米，高 11.5 米。黄土夯筑，夯层厚 0.16~0.2 米。敌台南侧有围墙（墩院），围墙外有壕沟。

新沟 3 号敌台

位于水源镇新沟村南。平面呈正方形，剖面呈梯形，中部略鼓。顶宽 5.5 米，底宽 8.5 米，高 8 米。黄土夯筑，夯层厚 0.18~0.22 米。敌台东侧有围墙（墩院），围墙外东、南、北三面有壕沟，敌台东侧 40 米处有 3 座燧体。

方沟农场敌台

位于水源镇方沟农场场部东。平面呈方形，剖面呈梯形。顶宽 1.8~3.8 米，底宽 7.5~1 米，高 9.6 米。黄土夯筑，夯层厚 0.22~0.25 米。敌台南侧有围墙（墩院）

和 10 座燧体，围墙外有壕沟。

文家墩墩

位于水源镇北地村八社西北。原平面呈方形，剖面呈梯形。顶宽 1~2.5 米，底宽 3~3.5 米，高 3 米。黄土夯筑，夯

郑家堡 1 号敌台与郑家堡长城 2 段

青山堡 1 号敌台

方沟农场敌台

第四章

长城

379

金川西烽火台

青湖沟烽火台

喇叭泉古驿站遗址

层厚 0.15~0.22 米。烽火台西南侧有围墙（墩院）。

金川西烽火台

位于城关镇金川西村一社西。平面呈方形，剖面呈梯形。顶部东西宽 2 米，南北长 2.8 米；底部东西宽 2 米，南北长 4.7 米；高 6.8 米。黄土夯筑，夯土中夹桩木、木楔和芨芨草绳，夯层厚 0.1~0.15 米。

青湖沟烽火台

位于红山窑乡毛卜喇村九社北偏东。平面呈方形，剖面呈梯形。顶宽 2~5 米，底宽 7~8 米，高 3 米。石块夹植物根茎叠筑，缝隙用山土、碎石填实，叠压层厚 0.2~0.35 米。烽火台东南侧有 7 座燧体。

龙口山烽火台

位于水源镇西沟村三、四社西北。原平面呈方形，剖面呈梯形，现坍塌在底部直径 11 米的范围内，高 4 米。石块垒筑，砂土、碎石填实。烽火台东侧有 5 座燧体，西侧有 10 座燧体、1 处铺舍。

照面山滩半截墩

位于焦家庄乡骊靬村东南。原平面呈方形，剖面呈梯形，现损毁成东西宽 5~6 米、南北宽 2~3 米、高 5 米的不规则形台体。黄土夯筑，夯土中夹木楔、桩木，夯层厚 0.15~0.22 米。烽火台周围有围墙

（墩院）。

喇叭泉古驿站遗址

位于朱王堡镇郑家堡村北。由围墙（墩院）和驿墩组成。围墙平面呈矩形，东西宽 78 米，南北长 90 米。黄土夯筑，夯层厚 0.16~0.25 米，底宽 3~8 米，顶宽 0.5~2 米，高 1.5~3.5 米。驿墩平面呈矩形，剖面呈覆斗形，顶宽 8~11 米，底宽 16~23 米，高 8 米。黄土夯筑，夯层厚 0.16~0.18 米，建在南墙正中。

十一、金川段

明长城金川段主要分布在区境西北部高山地带及戈壁滩低山丘陵区，属明长城外缘防御体系，发现烽火台 19 座，平面主要呈矩形，部分呈不规则形，个别呈圆形；剖面呈梯形或不规则形。构筑方式主要是黄土夯筑，个别夹砾石，或夹沙土和砾石，或夹碎石；另有 1 座为黄沙土夯筑，夯层厚 0.1~0.2 米；还有两种构筑方式混筑，包括外部石块夹植物根茎叠筑、内部砂土填充，外部石块垒筑、内部黄土填充，外部土坯砌筑、内部黄土夯筑；石块垒筑；石块夹植物根茎叠筑等，还有 1 座利用自然山体石块垒筑而成，还存在土坯或石块增筑（土坯长 30~38 厘米，宽 17 厘米，厚 7~8 厘米）的情况。半数烽火台周围有围墙（墩院）、壕沟、燧体和铺舍等。

本段长城面临的主要破坏因素和病害有风雨侵蚀、地震、动物和昆虫打洞筑穴、植物生长、起甲、酥碱、人畜攀爬踩踏、拆挖、刻画等。

黄毛沟烽火台

位于宁远堡镇新华村一社居民地东南。平面呈方形，剖面呈梯形。烽火台两次筑成，黄土夯筑，夯层厚 0.12~0.15 米。早期台体顶宽 4 米，底宽 6 米；增筑后台体顶边长 5 米，底部东北壁宽 8 米，东南、西南壁各宽 8.5 米，西北壁宽 9 米，高 11.5 米。烽火台周围有壕沟，紧依台体东南侧有围墙（墩院），围墙西北墙部分墙面利用台体东南壁面。

龙景山烽火台

位于宁远堡镇龙景村七社北。平面呈方形，剖面呈不规则形。顶部东北壁宽 6 米，东南壁宽 4.5 米，西南壁宽 5 米，西北壁宽 2.5 米；底部东北壁、西南壁各宽 8.5 米，东南壁宽 8 米，西北壁宽 6 米，

龙景山烽火台

高 3~3.5 米。石块垒筑，石块间填以碎石、砂土。后期在顶部用土坯增高。

高四墩

位于宁远堡镇马家崖子村二社居民地东北。平面呈方形，剖面呈梯形。顶部东北、西南壁各宽 8 米，东南壁宽 7 米，西北壁宽 9 米；底部东北壁宽 11 米，东南壁宽 10.5 米，西南壁宽 11.5 米，西北壁底宽 12 米；高 5.5~6 米。内部黄土夯筑，夯层厚 0.15~0.20 米，外部土坯包筑，再以黄泥覆面，土坯规格 30×17×8 厘米。

高四墩

十二、民勤段

明长城民勤段主要处于石羊河下游两岸的绿洲平原地带和沙漠边缘地带，末段处于红崖山东南部缓坡戈壁荒滩上，全长 161.1 千米。分为两条线路：一条分布于县境南部，大致呈东南—西北走向，自永昌县喇叭泉进入本县，依次经过小西沟林场西北部、麻家湾村、蔡旗村、官沟村等地，过红水河，至扎子沟林场东南民勤—武威公路红水河大桥西侧，进入武威市凉州区境内；一条环绕于县境西、北、东部，基本呈西南—东北—西—西南走向，称"大边"或"渣筏中边"，大致沿石羊河两岸和民勤绿洲边缘分布，略呈"几"字形，自永昌县郑家堡东北进入本县，向东北延伸，依次经过野潴湾农场、牛毛墩、马棚圈墩、羊圈墩、红崖山水库西等地，继续向北，经过河东村、宋和村、更名村、民勤治沙综合实验站、张八村以北沙漠边缘，再经过城西村、文二村、八一村、大滩、泉水、下东川、龙二村、方家墩、河东村、扎子沟村等地，至扎子沟林场 3 号敌台处与第一条线路汇合。本段长城烽火台主要分布于长城内外两侧，大致呈网状分布。在民勤县境内，明长城主要经过重兴、蔡旗、薛百、苏武、大滩、三雷、大坝 7 个乡镇。

本段长城由墙体、关堡和单体建筑构成。墙体长 161.1 千米，构筑方式为黄土和灰棕漠土、黄土和砂土混筑（后者集中分布在红崖山水库、羊圈墩、马鹏圈墩、牛毛墩和野潴湾农村一线）与灰棕漠土夯筑等，部分夹砾石夯筑。夯层厚 0.18~0.3 米。部分地段墙体存在加帮，分两次或三次筑成。因地处沙漠边缘，部分地段墙体被流沙埋埋，局部暴露。墙体底宽 0.8~10 米，顶宽 0.3~3.5 米，高 0.6~6.5 米。发现堡 8 座，黄土或就地取土夯筑，夯层厚

0.08~0.3 米，大部分平面格局清楚。发现单体建筑 87 处，其中敌台 23 座、烽火台 64 座。敌台均依墙而建。单体建筑平面主要呈矩形和不规则形，极少数呈圆形，剖面呈梯形和不规则形。单体建筑构筑方式主要是黄土夯筑（个别夹芨芨草或夹红胶泥土夯筑）、灰棕漠土夯筑；其次为两种构筑方式混筑，主要是：上部土坯砌筑、下部黄土夯筑，外部土坯砌筑、内部黄土夯筑，另有 2 座外部石块垒筑，内部分别为石块、砂土填充和红柳、柠条夹砂土填充；此外还有土坯砌筑、石块夹砂土堆筑和钙化石夹砂土垒筑等。单体建筑夯层厚 0.08~0.3 米，土坯长 32~42 厘米，宽 12~28 厘米，厚 6~9 厘米。少数单体建筑周围有围墙（墩院）、燧体和铺舍。

本段长城面临的主要破坏因素和病害有风雨侵蚀、风沙埋埋、酥碱、开垦耕地、取土等。

本段长城沿线散存少量汉代绳纹陶片和明代白釉瓷片等。

本段长城属明代甘肃镇分守凉州副总兵防区。

扎子沟林场长城

长 2938 米。黄土和灰棕漠土夯筑，土质较差，略有沙化，南侧加帮，夯层厚 0.18~0.2 米。底宽 3.1~9 米，顶宽 0.5~2.5 米，高 0.8~2.5 米。沿线有敌台 3 座。

龙二长城

长 1600 米。灰棕漠土夯筑，土质细密，略有沙化，夯层不清。底宽 5.5~6 米，顶宽 0.3~1.2 米，高 1~2.2 米。

下东川长城

长 6944 米。灰棕漠土夯筑，土质细密和沙化严重并存，夯层厚 0.18~0.25 米，局部加帮。底宽 1.7~9 米，顶宽 0.3~1.3 米，高 0.8~4.5 米。沿线有敌台 3 座。

河东长城

长 7078 米。灰棕漠土夯筑，土质沙化，夯层厚 0.18~0.26 米，局部加帮。底

下东川长城

河东长城

宽 0.8~6 米、顶宽 0.3~3.5 米，高 0.8~3 米。沿线有敌台、烽火台各 1 座。

黑山堡

位于红崖山水库管理处北。《镇番县志》记载："天顺三年（1459 年）建，周围一百四十四丈，万历三十三年山水冲浙，改建新堡，周围一百六十丈，城门一，北向，旧有关，今无。"堡城坐南朝北，平面略呈矩形，东西宽 147 米，南北长 153 米，面积 23115 平方米。北墙正中开门，门外有瓮城，已被黄沙堙埋，沙丘上露出瓮城墙顶部痕迹。堡墙多被流沙掩埋，可见墙体底宽 3 米，顶部残损，高 3.5 米，黄土夯筑，夯层厚 0.18~0.2 米。堡四角有角楼，因黄沙堙埋，仅见西北角楼。堡内地表散存砖瓦碎片。

东安堡

位于民勤县城东、苏武乡政府东北。又名"四坝寨"，由大、小两堡组成，平面均呈矩形。大堡东西宽 243 米，南北长 254 米。小堡位于大堡东北角，东西宽 30 米，南北长 45 米。两堡均开南门，门外有瓮城。堡墙黄土夯筑，大堡北墙和小堡下半部分夯层厚 0.1 米，小堡堡墙上半部分夯层厚 0.2 米，因自然坍塌和风沙堙埋，大部分已为平地，基础痕迹明显。现存东、北两墙和东北角小堡墙体，底部最宽处 3.4 米，顶宽 0.3~1.2 米，高 0.5~5 米。

野潴湾农场敌台

位于蔡旗乡野潴湾农场场部西南。平面呈圆形，剖面呈不规则形。现为底部直径 15 米、高 7 米的大土堆。灰棕漠土夯筑，夹沙较多，土质疏松，夯层不清。敌台周围有围墙（墩院）。

大墩

位于苏武乡下东川村七社东。平面呈矩形，剖面呈梯形。顶部东西长 6 米，南北宽 5 米；底部东西宽 10 米，南北长 12 米；高 10 米。灰棕漠土夯筑，夯层厚 0.16~0.18 米。

黑山堡

野潴湾农场敌台

青茨墩

位于三雷镇下雷村王家台西北。平面呈矩形，剖面呈梯形。顶部东西宽 4.5 米，南北长 5 米；底部东西宽 6.5 米，南北长 9.5 米；高 9 米。黄土夯筑，夯层厚 0.18~0.2 米。

红岗墩

位于重兴乡红崖山水库泄洪闸西。平面呈正方形，剖面呈梯形。顶边长 6 米，底边长 10 米，高 10 米。石块垒筑，内填石块、砂土。

红茨墩

位于石羊河林场大滩分场东南。平、剖面均呈不规则形。底部现为东西长 6 米、南北宽 4.4 米、高 4 米的不规则土台，顶部残存部分高 4 米，通高 8 米。土坯砌筑，土坯规格 34×24×6 厘米。

野鸽子墩

位于苏武乡圆台村东南。平面呈正方形，剖面呈梯形。顶部东西宽 5~6 米，南北长 12 米，底边长 14 米，高 6 米。土坯砌筑，含砂量大，土质疏松，土坯规格 42×22×7 厘米。

莱菔山墩

位于大滩乡西北莱菔山山顶。平面略呈矩形，剖面呈梯形。顶部不规则，底部东西长 13 米，南北宽 16 米，高 7 米。外用石块垒筑，中间填以红柳、柠条、砂土等。烽火台周围有建于台基上的围墙

青茨墩

红岗墩

许岔柴湾烽火台

（墩院），北侧围墙底部有 1 座窝棚。烽火台东北侧和西南侧各有 4 座燧体。烽火台周围有少量明代瓷片。

许岔柴湾烽火台

位于苏武乡许岔村西北。平、剖面

均呈不规则形。顶部不规则，底部东西长 15 米，南北宽 8 米，高 7 米。就地取土夯筑，夯层厚 0.1~0.14 米。烽火台周围有大量明代瓷片。

十三、凉州段

明长城凉州段分布于区境东北部，整体呈东南—西北走向，全长 63.2 千米。本段长城分两段：上段地处腾格里沙漠边缘，下段地处平原绿洲地带。本段长城主线为明长城"旧边"，自民勤县扎子沟林场东南民勤—武威公路红水河大桥西侧进入本区，沿红水河东岸向东南延伸，经九墩滩，跨红水河，至五墩村北，沿腾格里沙漠西部边缘、红水河西岸向北延伸，依次经过长城村、高沟村、新庄村，至月城墩，再经过岸门村、高沟村、前营村、新地村、新东村、黄羊河农场一分场、广场村、长丰村、铧尖旮旯等地，在土塔村东北黄羊河农场春风水渠墙体豁口处进入古浪县境内。主线自铧尖旮旯处向东北分出一条线路，经黄羊镇土塔村东延伸至黄羊河农场二分场，至满家豁口亦进入古浪县境内，这条线路属"松山新边"长城体系。本段长城烽火台主要分两条线路：第一路修筑于红水河两岸，共有 14 座，其中长城墙体内侧者 6 座，长城墙体外侧者 8 座，与墙体相距在 2 千米以内，部分烽火台为汉代所筑，明代修补沿用。第二路烽燧线距墙体较远，共 6 座烽火台，呈南—北走向分布于古代驿路上。在凉州区境内，明长城主要经过九墩、下双、长城、清源、东河、河东、黄羊 7 个乡镇。

本段长城由墙体、关堡和单体建筑组成。墙体长 63.2 千米，均夯筑，土质以黄黏土为主，另有黄沙土、纯净黄土或黄土和砂土混合及黄沙土和黄黏土混合等，夯层厚 0.15~0.3 米，个别地段墙体可见夯窝，深约 0.02~0.03 米，直径 0.17~0.25 米。五墩 5 号敌台以南墙体大部分地段为西侧加帮筑成，部分地段墙体可见先筑和后筑墙体夯层厚度不一，五墩 5 号敌台以北包括九墩滩在内的墙体均为两侧加帮筑成。墙体底宽 1.4~23 米，顶宽 0.3~8 米，高 0.4~7 米。发现堡 7 座，堡墙构筑方式为黄土夯筑，夯层厚 0.12~0.24 米，四周散存少量汉代灰陶片和明代瓷片以及砖瓦残件等。发现单体建筑 72 座，其中敌台 52 座、烽火台 20 座。敌台依墙而建者 49 座，骑墙而建者 3 座。单体建筑除地质六队烽火台平面为圆形外，其余平面均呈矩形或不规则形，剖面均呈梯形或不规则形，构筑方式均为黄土夯筑，夯层厚 0.08~0.28 米。少数单体建筑周围有围墙（墩院）。

本段长城面临的主要破坏因素和病害有风雨侵蚀，风沙埋埋，洪水和河流

甘肃省志 文物志

冲刷，酥碱，昆虫筑穴，开垦耕地，修建道路、宅院及牲口圈，取土等。

本段长城沿线留存有少量汉代灰陶片和明代瓷片。

本段长城属明代甘肃镇凉州卫和大靖路，其中旧边属分守凉州副总兵防区，新边属大靖路参将所防区。

土塔长城

长 2028 米。黄黏土夯筑，土质较好，西侧加帮，夯层厚 0.18~0.3 米，其中西侧（内）夯层厚 0.2~0.3 米，东侧（外）夯层厚 0.18~0.3 米，夯窝深 0.02~0.03 米，直径 0.17~0.25 米。底宽 2.5~5.1 米，顶宽 0.8~1.9 米，高 0.8~4.8 米。从断面分析，东侧先筑，部分地段高于西侧 0.8 米。沿线有敌台 2 座、烽火台 1 座。

黄羊河农场一分场长城

长 2293 米。黄土夯筑，西侧加帮，夯层厚 0.15~0.2 米。底宽 2.6~4.2 米、顶宽 0.5~1.5 米，局部墙体被沙埋压，呈斜坡状，高 1.9~4 米。沿线有堡 1 座、敌台 3 座、烽火台 1 座。

黄羊河农场二分场长城

长 3333 米。黄土夯筑，夯层厚

土塔长城 1 段起点断面

土塔长城 2 段

黄羊河农场一分场长城

黄羊河农场二分场长城

九墩滩长城2段

九墩滩堡

头墩营城址

0.18~0.2 米。底宽 1.8~5.6 米，顶宽 0.5~2.8 米，高 0.8~1.7 米。沿线有敌台 1 座。

皇台酒厂葡萄基地长城

长 1624 米。黄土夯筑，土质较差，西侧加帮，夯层厚 0.2~0.25 米。底宽 4~15 米，顶宽 1.5~2.5 米，高 3.5~5.5 米。沿线有敌台 2 座。

九墩滩长城 2 段

长 1685 米。黄黏土夯筑，土质略有沙化，两侧加帮三层墙体，夯层厚 0.18~0.22 米。底宽 1.7~3.5 米，顶宽 0.5~2.3 米，高 2~3.2 米。沿线有敌台 2 座。

九墩滩堡

位于九墩滩指挥部洪水村三组西。平面呈正方形，边长 35 米，因风沙堙埋，门向不明。东墙系长城墙体，损毁严重，底部被风沙堙埋，露出沙丘部分顶宽 0.8~1.8 米，高 5~9 米。南、北、西三面墙体宽度和高度大致相同，底宽 5 米，顶宽 0.8~2 米，高 9.2~9.4 米，南墙顶部有女墙。堡墙黄土夯筑，夯层厚 0.14~0.16 米。

头墩营城址

位于长城乡红水村九组东。汉代修建，明代沿用。由内、外两城组成，内、

甘肃省志 文物志

外两城北墙相距 9.4 米，整体布局不清。内城平面呈矩形，东西宽 90 米，南北长 100 米，面积 9320 平方米。南墙正中开门，城门宽 5.9 米。门外有瓮城。有城址东北角楼和瓮城东南角城楼 2 座。外城损毁严重，轮廓不清，东墙仅存靠近东南角部分，长 7 米；西墙仅存靠近西北角部分，长 40 米；北墙大部尚存，长 98 米。城墙黄土夯筑，内城城墙底宽 2.7 米，顶宽 0.8~1.7 米，高 2.2~5.5 米，夯层厚 0.22~0.24 米；外城城墙底宽 1~1.8 米，顶宽 0.4~0.7 米，高 0.5~2 米，夯层厚 0.16 米。据第二次全国文物普查资料记载，以城址为中心，东西长约 4 千米、南北宽约 1.5 千米的范围内分布有新石器时代马厂文化遗存，周围发现有汉代墓群和灰陶罐、铜镜等汉代文物。

广场敌台

位于黄羊镇长丰村林场西。平面呈矩形，剖面呈梯形。顶部东西长 9.2 米，南北宽 8 米；底部东西长 13.1 米，南北宽 12 米；高 14.2 米。黄土夯筑，夯层厚 0.18~0.2 米。

新东 1 号敌台

位于清源镇新东七组东。平、剖面均呈不规则形。坍塌成馒头状堆积，底部高 2 米，顶部残存部分东西长 4.3 米，南北宽 3.9 米，高 2.4 米；通高 4.4 米。黄土夯筑，土质较疏松，夯层厚 0.18~0.2 米。

五墩 1 号敌台

位于长城乡五墩村东。平面呈矩形，剖面呈梯形。顶部东西宽 4 米，南北长 6 米；底部东西宽 8.5 米，南北长 12.5 米；高 9.5 米。黄土夯筑，夯层厚 0.18~0.2 米。敌台周围有围墙（墩院）。

九墩滩 8 号敌台

位于九墩滩指挥部洪水村一组西北。平、剖面均呈不规则形。顶边长 4 米，底边长 6 米，高 2~3 米。黄沙土夯筑，夯层厚 0.14 米。

广场敌台

五墩 1 号敌台

地质六队农场烽火台

黄羊河农场二分场敌台

新地烽火台

黄羊河农场二分场敌台

位于黄羊河农场二分场二连南。平面呈矩形，剖面呈梯形。顶边长 3.9 米，底边长 7.6 米，高 8.5 米。黄土夯筑，夯层厚 0.18~0.2 米。

地质六队农场烽火台

位于甘肃省地质六队农场东南。平面呈圆形，剖面呈梯形，实心圆柱状。顶部直径 4 米，底部直径 12 米，高 11.3 米。黄土夯筑，夯层厚 0.08~0.12 米。烽火台周围有围墙（墩院）。

新地烽火台

位于清源镇新地五组东南。平面略呈正方形，剖面呈梯形。顶部东西长 9.3 米，南北宽 6 米，底边长 11.7 米，高 9.5 米。黄土夯筑，夯层厚 0.18~0.2 米。烽火台周围有围墙（墩院），南、北两墙与长城墙体相连。

十四、古浪段

明长城古浪段主要分布于县境北部、西南部等地，全长 151.1 千米，分为三条线路：第一条分布于县境西南部，属明长城"旧边"（也称冲边），大致呈南—北略偏东走向，地处古浪河上游河岸山地，自凉州区土塔村东北黄羊河农场春风水渠墙体豁口处进入本县，经过圆墩、光辉村郑家楼、光丰村贾家团庄等地，跨过古浪河，依次经过来家湾、韦家庄、肖营村、石家墩、定宁村、长流村、马家沿、石头沟口等地，顺古浪县东山岭而上，经过边墙岭、灰条湾、黄家暗门等地，下铁柜山，跨过黄羊河，再经过十八里堡、尚家台、小坡、芦草沟、称沟台等地，至磨河湾进入天祝藏族自治县境内；第二条分布于县境北部，属明长城"松山新边"，大致呈东南 – 西北走向，其中东段修筑于山麓缓坡地带，西段大部分修筑于平原绿洲地带，"新边"自凉州区与古浪县交界处满家豁口进入本县，经过永丰滩、土门林场、新西村、二墩村、青石湾村暗门（俗称"马圈旮旯"），至段家栅子，再经过马场、大台沟、赵家地沟、朱家湾、七墩台、大靖镇北黄家台、青山寺、李家庄、上下王庄、沙河塘、哈家台、裴家营、岳家滩、大沙沟、石坡梁、关爷庙、大岭村等地，至张家梁倪家沟西昌灵山南麓余脉浅山地带，进入景泰县境内。该线路经过直滩乡关爷庙村一带时，又有一道长城支线呈弧形将附近的一处水源地圈在其中，两端与原长城墙体相连。第三条为"胡家边长城"，大致呈弧形，西南—东北—东南走向延伸，自泗水镇光丰村贾家团庄起，沿古浪河（干涸河道）东岸北上，经土门镇下西湾、贾家后庄，到胡家边村

转向东，再经过任家庄、朱家西滩、土门镇新胜村宁家墩等地，在马家庄折向偏南方向，至土门镇青石湾村暗门（俗称"马圈旮旯"）处与新边长城相接，新旧两边汇合。本段长城烽火台呈线状分布，有三条线路：第一路沿旧边墙体两侧分布，第二路沿新边墙体两侧分布，第三路位于天祝藏族自治县松山滩松山新城附近，通往景泰县永泰城。在古浪县境内，明长城主要经过永丰滩、黄花滩、土门、泗水、定宁、西靖、大靖、裴家营、直滩、十八里堡、黑松驿 11 个乡镇。

本段长城由墙体、关堡和单体建筑组成。墙体长 151.1 千米，均为夯筑，材料有黄土、黄黏土、黄土和山地黑褐土混合、山地黑（灰）褐土等，亦有少量黄沙土和山地灰褐土混合、黄土和山地灰褐土或黄沙土混合、黄黏土和风沙土、山地灰黄土等，少数墙体夹少量碎石或者小石块夯筑，夯层厚 0.12~0.3 米，部分墙体顶部外侧存女墙，局部墙体加帮筑成，除小坡长城为两侧叠加三层墙体外，其余均为单侧加帮。墙体底宽 0.6~9 米，顶宽 0.3~3.3 米（部分墙体顶部呈脊状），高 0.5~5.3 米。发现堡 2 座，堡墙构筑方式为黄土或山地灰褐土夯筑，夯层厚 0.12~0.16 米。发现单体建筑 111 座，其中敌台 41 座、烽火台 70 座。敌台建于长城墙体上，长城墙体内侧（西南侧）者 38 座，长城墙体外

光辉长城局部之一

光辉长城局部之二

侧（东北侧）者 3 座。烽火台位于长城墙体内侧（西南侧）者 51 座，位于长城墙体外侧（东北侧）者 14 座，还有少量烽火台分布于关堡附近或驿路上，距长城墙体较远。单体建筑平面主要呈不规则形，部分呈矩形，个别呈圆形和梯形，剖面亦主要呈不规则形，部分呈梯形，个别呈矩形。单体建筑构筑方式主要为黄土夯筑（个别夹红胶土或砂石夯筑），夯层厚0.08~0.3 米，少数构筑方式不明，另有红褐色土夯筑（夯层厚 0.18~0.20 米）和土坯砌筑（土坯规格不详）者各 1 座。部分单体建筑有附属设施，以燧体为主，另有围墙（墩院）和壕沟等，部分单体建筑顶部存女墙。

本段长城面临的主要破坏因素和病害有风雨侵蚀、洪水和河流冲刷、地震、返潮、酥碱、植物生长、鼠害、动物和昆虫打洞筑穴、开垦耕地、修建道路和宅院、取土等。

本段长城沿线留存有白釉瓷片和青花瓷片等。

本段长城属明代甘肃镇管辖，旧边属分守凉州副总兵防区，新边属大靖路参将防区。

光辉长城

长 3737 米。黄黏土夯筑，西侧加帮，夯层厚 0.18~0.24 米。底宽 3~4.5 米，顶宽 1.6~2.3 米，高 4~5.3 米，顶部有女墙。沿线有敌台 5 座。

光丰长城

长 2986 米。黄土夯筑，土质较好，西侧加帮，夯层厚 0.22~0.24 米。底宽1.5~4.5 米，顶宽 0.8~2.7 米，高 2.5~3.5 米。顶部有女墙。沿线有敌台 3 座、烽火台 1 座。

芦草沟长城

长 2123 米。山地黑褐土夯筑，质地松散，夯层厚 0.22~0.26 米。底宽 3~5.5 米，顶宽 0.5~1.2 米，高 1.6~3.2 米。沿线散存少量明代瓷片。沿线有敌台 1 座。

甘肃省志 文物志

磨河湾长城 1 段

长 2680 米。黄土和山地黑褐土夯筑，西侧加帮痕迹明显，夯层厚 0.12~0.24 米。底宽 1.1~3.8 米，顶宽 0.3~1.5 米，高 0.8~1.4 米。沿线有敌台 2 座。

马场长城

长 3320 米。山地灰褐土夯筑，土质较差，略有沙化，夯层厚 0.22 米。底宽 2.5~8 米，顶宽 0.5 米，高 2~2.5 米。有后期叠加修补痕迹。沿线有敌台 2 座、烽火台 1 座。

大台沟长城

长 4810 米。山地灰黄土夯筑，土质较差，略有沙化倾向，北侧加帮，夯层厚 0.22~0.24 米。底宽 5~7 米，顶部残损，高 0.8~3 米。沿线有烽火台 3 座。

赵家地沟长城

长 5679 米。山地灰褐土夯筑，土质较差，略有沙化，北侧加帮，夯层厚 0.22~0.24 米。底宽 6~7 米，顶呈脊状，高 1.6~3.5 米。沿线有敌台 1 座、烽火台 3 座。

七墩台长城

长 2847 米。山地灰黄土为主夯筑，土质略有沙化，夯层厚 0.22~0.26 米。底宽 6~9 米，顶呈脊状，高 3~4 米。沿线

芦草沟长城

马场长城

赵家地沟长城

七墩台长城

青山寺长城

胡家边长城

圆墩堡

有烽火台 1 座。

青山寺长城

长 3080 米。黄土夯筑，末端地表略有沙化，南侧加帮，夯层厚 0.22~0.24 米。底宽 2.5~3.5 米，顶宽 0.6~1.2 米，高

1.2~4.3 米。沿线有烽火台 2 座。

昌灵山长城

长 2448 米。黄土和山地灰褐土夯筑，土质较差，局部北侧加帮，夯层厚 0.2~0.24 米。底宽 2.4~7 米，顶宽 0.5~1.1 米，高 0.8~2.7 米。沿线有敌台 1 座、烽火台 2 座。

胡家边长城

长 10962 米。黄黏土夯筑，土质较好，夯层厚 0.2~0.24 米。底宽 0.8~2.8 米，顶宽 0.6~1.4 米，高 0.6~3.7 米。沿线有烽火台 3 座。

老城城址

位于直滩乡老城村。平面略呈矩形，东西宽 277 米，南北长 330 米，残存城墙不足原来的三分之二。城门分别南开、西开，西门外有瓮城。城墙底宽 2~2.6 米，顶宽 0.3~1 米，高 0.5~8 米。黄土夯筑，夯段长 3.2~3.4 米，夯层厚 0.12~0.14 米，因风化剥落，横向木椽残段和竖向穿插木楔外露。城址东、西、北三墙正中各有马面 1 座。城址原有角楼 4 座，现存东南、西南和西北 3 座角楼。

圆墩堡

位于泗水镇光辉村圆墩组东北。平面略呈梯形，周长 170 米，占地面积 1800 平方米，门向不明。南、西、北堡墙均长 40 米，东堡墙利用长城墙体，长 50 米。堡墙底宽 1.5~5.5 米。顶宽 0.8~4.5 米，高 1~5.5 米。黄土夯筑，夯层厚 0.14~0.16

甘肃省志 文物志

米。堡有东北、东南、西南3座角楼。其中，东南角楼为圆墩1号敌台，西南角楼为圆墩子（烽火台）。

永丰滩暗门墩1号敌台

位于土门林场西。平面呈矩形，剖面呈梯形。顶部东西宽4.5米，南北长12米；底部东西宽8.8米，南北长15.5米；高10米。黄土夯筑，有木楔竖向穿插，夯层厚0.18~0.2米。

永丰滩暗门墩1号敌台

圆墩1号敌台

位于泗水镇圆墩子村。亦为圆墩堡东南角楼。平面呈矩形，剖面呈梯形。顶部东西宽7米，南北长10米；底部东西宽8米，南北长11米；高7米。黄土夯筑，夯层厚0.18~0.2米。

圆墩3号敌台

圆墩3号敌台

位于泗水镇光辉村圆墩子东北。平面呈正方形，剖面呈梯形。顶边长7.5米，底边长13米，高12米。黄土夯筑，夯层厚0.12~0.14米。敌台顶部有铺舍。

光丰2号敌台

位于泗水镇光丰村十一组东南。平面略呈正方形，剖面呈梯形。顶部东西长8米，南北宽7米；底部东西长12米，南北宽11.5米；高12.5米。黄土夯筑，有木楔竖向穿插，夯层厚0.12~0.14米。敌台顶部有女墙。

新河敌台

位于永丰滩乡新河村横沟台组南。

光丰2号敌台

平、剖面均呈不规则形。塌落堆积于底部成圆形土堆，东西长11米，南北宽7米，高3米；顶部未坍塌部分东西宽1.6米，南北长3.4米，高3.6米；通高6.5米。黄土夯筑，夯层厚0.18~0.2米。

第四章

长城

王家墩

唐墩

圆墩子

王家墩

位于土门镇台子村东南。平面略呈正方形，剖面呈梯形。顶边长 3.5 米，底边长 6 米，高 11 米。黄土夯筑，夯层厚

0.1~0.12 米。烽火台周围有围墙（墩院），东南侧有 4 座燧体。

方墩

位于泗水镇方家坟、兰（州）—新（疆）铁路西侧。平面呈矩形，剖面呈梯形。顶部东西长 6 米，南北宽 4 米；底部东西长 9 米，南北宽 7.5 米；高 5 米。黄土夯筑，夯层厚 0.2 米。烽火台周围有围墙（墩院）。

唐墩

位于裴家营镇哈家台小学大门口东侧。平面呈矩形，剖面呈梯形。顶部东西长 6 米，南北宽 5 米；底部东西长 10 米，南北宽 9 米；高 8.5 米。黄土夯筑，夯层厚 0.1~0.12 米。

圆墩子

位于泗水镇光辉村圆墩组。亦为圆墩堡西南角楼。平面呈圆形，剖面呈梯形。顶部直径 10 米，底部直径 16.5 米，高 12 米。黄土夯筑，夯层厚 0.14~0.16 米。

唐墩沟烽火台

位于西靖乡古山村南。平面呈矩形，剖面呈梯形。顶部东西长 4.5 米，南北宽 3.6 米；底部东西宽 11 米，南北长 12.5 米；高 7.5 米。黄土夯筑，内有柽木横向拉固，夯层厚 0.12~0.16 米。烽火台西北有 5 座燧体。

青山寺后山烽火台

位于大靖镇西关村北。平、剖面均

唐墩沟烽火台

石坡梁 2 号烽火台

呈不规则形。现为高 1.5~1.6 米、占地 25 平方米的不规则土台。土坯砌筑，土坯规格不详。

石坡梁 2 号烽火台

位于直滩乡原石坡村西南。平面略呈正方形，剖面呈梯形。顶边长 4 米，底边长 7.5 米，高 6.5 米。黄土夯筑，内有柽木横向拉固，木楔竖向穿插，夯层厚 0.12 米。烽火台西侧有 5 座燧体。

十五、天祝段

明长城天祝段分布于县境中部，大体呈东南—西北走向，贯穿而过，全长 55.9 千米，有主线一条，支线和副线各一条。长城主要地处金强河谷两岸台地、浅山地带及乌鞘岭北麓浅山缓坡地带，部分处于乌鞘岭上。主线大致呈东南—西北走向，自古浪县磨河湾进入本县，经大泉头、柳树沟、南泥湾等地，翻越乌鞘岭垭口，沿乌鞘岭南麓而下，至乌鞘岭沟口安门村一组，沿连霍高速公路东侧蜿蜒前行，经宋家庄，至安门村三组南（刘家嘴），跨过金强河，至深沟村，又依次经过大庄村、铁腰村、三里墩、岔口驿、过街村、水泉村等地，再沿金强河南岸继续延伸，至界牌村甘新公路和兰新铁路交会处进入永登县境内。同时，该条线路在安门村一组东北 120 米乌鞘岭南麓沟口向南分出一条支线，呈东北-西南走向，经金强河北岸浅山地带，跨过金强河，沿石洞沟梁山脊曲折延伸，至马牙雪山石尖帽山脚陡崖边。此外，在乌鞘岭南麓三个嘴敌台一带沟谷中还修筑有一条副墙，位于主线墙体东侧 20~110 米处。本段长城烽火台主要分为三条线路：一路修筑于长城两侧；另外两路均位于松山滩松山新城一带，其中一路通向永登县坪城堡（今坪城镇），一路通向景泰县永泰古城。在天祝藏族自治县境内，明长城主要经过华藏寺、打柴沟、安远等 3 个镇。

本段长城由墙体、关堡和单体建筑组成。墙体长55.9千米，均夯筑，材料有山地黑褐土和（高山）草甸土混合、黄沙土和灰褐土混合、黄土和山地黑褐土混合、（山地）灰褐土、黑褐土和黄土混合等，多数夯土中夹有少量碎石和砾石，夯层厚0.14~0.3米。局部墙体为西侧加帮。墙体底宽0.5~7米，顶宽0.3~1.5米，高0.6~5米。发现关堡4座，堡墙构筑方式均为黄土夯筑，夯层厚0.08~0.16米。发现单体建筑50座，其中敌台9座、烽火台41座。敌台建于墙体上。单体建筑平面主要呈不规则形，部分呈矩形，剖面主要呈不规则形，少数呈梯形。单体建筑构筑方式均为夯筑，材料主要是黄土，少数为当地黑土（或夹石块夯筑）等，部分单体建筑使用木椽穿插拉固，少数夯层中残留有柳条、或芨芨草，夯层厚0.08~0.3米。部分单体建筑周围有围墙（墩院）、壕沟、燧体等，以围墙居多。

本段长城面临的主要破坏因素和病害有风雨侵蚀，洪水和河流冲刷，植物生长，鼠害，动物和昆虫打洞筑穴，开垦耕地，修建道路、机关、宅院和牲口圈，取土等。其中乌鞘岭地区主要是自然因素破坏，河谷地带主要是人类活动造成的破坏。

本段长城主体线路属"旧边"防御系统，松山滩一带属"松山新边"防御系统，均属明代甘肃镇管辖。以乌鞘岭为界，南部属庄浪路参将防区，北部属凉州副总兵防区；"新边"属大靖路参将防区。

乌鞘岭长城2段

长1430米。山地黑褐土和山地灰褐土夯筑，土质疏松，夯层厚0.28~0.3米。底宽2.6~3.5米，顶宽0.3~0.8米，高1.5~2.7米。沿线有敌台1座、烽火台3座。

水泉长城

长4450米。山地灰褐土和黑褐土夹少量碎石夯筑，夯层厚0.25~0.3米。底宽2.5~3米，顶宽0.7~1米，高1.9~3.5米。沿线有敌台2座。

石洞沟梁长城

长5149米。黄土和山地黑褐土夹少量碎石夯筑，夯层厚0.2~0.25米。底宽1.5~5米，顶宽0.3~1.2米，高0.7~2.2米。沿线有敌台和烽火台各2座。

松山新城

位于松山镇松山村。也称"松山

乌鞘岭长城2段

石洞沟梁长城之一

石洞沟梁长城之二

松山新城

墩子坪敌台

堡""松山古城"。明万历二十六年（1598年），三边总督李汶率兵击败漠北鞑靼后筑。分为内、外两城，均为矩形，平面呈"回"字形，两城间距68~82米不等。内城东西长184米，南北宽142米，门向南开，门外有瓮城。内城北墙现长5米，其他三面墙体保存较为完整。外城东西长335米，南北宽301米，门分别向西、南开。两门外均有瓮城。东墙现长257米，南墙现长80米，西墙现长221米，北墙现长327米。北墙正中有马面1座，顶部有女墙。外城四角原有角楼4座，现存西南角楼和西北角楼。城墙黄土夯筑，夯层

厚0.08~0.1米，底宽5米，顶部残损，高0.2~10.5米。城址周围有护城河。内外城北墙之间、北墙马面以南20米处有一古井。城址内采集到瓷碗底残片4片，灰白胎，圈足，表面施黑釉或白釉。

墩子坪敌台

位于安远镇南泥湾村一组北。平、剖面均呈不规则形，现坍塌成高12米的大土丘，东、南壁底宽12米，西壁底宽10米，北壁残损。山地灰褐土夯筑，夯层厚0.14~0.16米。敌台周围有围墙（墩院）。

天井墩

位于松山镇松山村西南、松山镇至

天井墩

柳树沟烽火台

松山村公路南侧。平面呈正方形，剖面呈梯形，实心覆斗状。顶边长 3.5 米，底边长 4 米，高 3.5 米。黄土夯筑，夯层间有芨芨草外露，夯层厚 0.1~0.12 米。

石牛沟口墩

位于华藏寺镇宏达村石牛沟组西北。平、剖面均呈不规则形。现坍塌为高 4 米的土堆，土堆底部东西长 11 米，南北宽 8 米；土堆上残存土体呈不规则状，顶宽 2~3 米，底部略呈正方形，边长 4 米，高 6 米。山地灰褐土夯筑，夹有木椽，夯层厚 0.18~0.2 米。烽火台周围有围墙（墩院）。烽火台周围散存少量夹砂粗陶片。

柳树沟烽火台

位于安远镇柳树沟村二组南。平、剖面均呈不规则形。现坍塌为高 4.5 米的不规则土台。山地灰褐土夯筑，夯层厚 0.12 米。烽火台周围有围墙（墩院），南侧有 5 座燧体。

乌鞘岭吊沟西山烽火台

位于打柴沟镇乌鞘岭吊沟沟口 312 国道西。平、剖面均呈不规则形。顶部残损，底部东西长 8 米，南北宽 5 米，高 7 米。山地灰褐土夯筑，夹有木楔、木椽、柳条等，夯层不清。烽火台东侧有 5 座燧体。从建筑形制和所处位置分析，烽火台初建于汉代，明代加固维修后继续使用。

十六、景泰段

明长城景泰段分布于县境中部偏北一带，大体呈东南—西北走向，贯穿而过，全长 69.3 千米，地处黄河西岸浅山地带、景泰川等平川丘陵地带及昌灵山北麓边缘浅山缓坡地带，地形复杂多变。本段长城属"松山新边"东段，自张家梁倪家沟西侧昌灵山南麓余脉浅山地带进入本县，依次经过牦牛圈、昌灵村、龙口村、陶家山、三眼井、段家井、清泉、沙台子等地，在草窝滩一带过包兰铁路，再经马鞍山村、城北墩、教场台、麦窝村、响水、索桥等地，止于索桥堡北黄河边，与靖远县境内明长城相望。本段长城烽火台大致分为五条线路：第一路分布于长城墙体两侧，与墙体上的敌台相呼应；第二路分布于县境东南部，由芦塘堡向白银市白银区方向延伸，大致呈南北走向；第三路分布于县境西部，由三眼井堡经永泰城、正路堡，一直延伸到皋兰县境内，大致呈东北西南走向；第四路自天祝藏族自治县松山新城一带向永泰城延伸，大致呈东西走向；第五路位于县境东北部，似由大芦塘堡和向宁夏回族自治区营盘水方向延伸，主要分布于靠近营盘水一带。另沿黄河西岸边靠近龙湾一带，亦有 2 座烽火台。在景泰县境内，明长城主要经过红水、上沙沃、草窝滩、一条山、芦阳 5 个乡镇。

本段长城由墙体、关堡、单体建筑及其他与长城相关遗存组成。墙体长 69.3 千米，分为两种构筑方式：第一种为土墙，依材料又可分为两种：一是黄土和山地灰褐土（个别为灰褐土）夯筑，少数夹砾石，夯层厚 0.16~0.25 米；一是黄土（个别和红胶土）夯筑，部分夹砾石和砂土，夯层厚 0.15~3 米；夯筑墙体中，八道泉长城 4 段局部可见石块砌边和顶部增高，芦阳长城 1 段仅见局部石块砌边；第二种为石墙，超半数为山险墙，山险墙以山体为险，局部低洼处或外侧以石块垒砌，其余石墙构筑方式为两侧片石垒砌（少数是石块）、内部填以砂土和碎石。长城墙体底宽 0.5~21 米，顶部多呈脊状，宽 0.3~5.5 米，高 0.5~5.5 米。发现堡 5 座，索桥堡无堡墙，堡内建筑物均用红褐色片石砌筑，为当时营房。其余堡墙构筑方式为黄土夯筑，大芦塘堡据第二次文物普查记录夯层厚 0.12~0.17 米，其它堡墙夯层厚 0.18~0.2 米。发现单体建筑 135 座，其中敌台 35 座、烽火台 100 座。敌台依墙而建者 32 座，骑墙而建者 3 座。单体建筑平面主要呈不规则形，部分呈矩形，少数呈圆形，1 座呈梯形，剖面亦主要呈不规则形，其余呈梯形。单体建筑多数由于含砂石较多，土疏易圮，坍塌严重，部分单体建筑构筑方式不明，现为土堆或土石堆。可见构筑方式主要为黄土夯筑，部分夹砂石，少数夹或片石或砾石或芨芨草等，个别为黄褐土夹砂石夯筑和红土（或夹砂石）夯筑，夯层厚 0.1~0.24 米；部分为两种构筑方式混筑，主要为外部石块垒筑，内部土石（个别只有石块）填充，个别为外部黄土夯筑、内部土坯砌筑和外部片石垒砌、内部砂土填充；个别为石块垒筑，或利用自然地形或修整或土石堆积而成。部分单体建筑周围有附属设施，以燧体居多，另有围墙（墩院）、壕沟和房址等。

本段长城面临的主要破坏因素和病害有风雨侵蚀、洪水和河流冲刷、返潮、酥碱、啮齿动物打洞、植物生长、开垦耕地、修建住宅和窑洞、挖掘取土等。

本段长城沿线留存有少量明代瓷片。

本段长城属明代固原镇芦塘路参将防区。

芦阳长城

长 2613 米。黄土和山地灰褐土夯筑，夯层不清。底宽 1~5 米，顶宽 0.3~0.5 米，高 0.3~1.8 米。局部墙体边用石块垒筑加固，宽 0.3~0.5 米，高 0.5~1.3 米。沿线有敌台 1 座、烽火台 2 座。

麦窝长城 1 段

长 109 米，沿山脊和沟壑分布。两侧用红褐色片石砌筑，中间以碎石和山地灰褐土填充，顶部平铺一层片石。底宽 2~4 米，顶宽 0.8~2.5 米，高 0.8~3 米。

红水长城 12 段

长 1807 米。利用自然山脊的陡峭，稍加凿削，凿削高度 5~11 米，山脊顶宽 3~25 米；两侧是深沟，山势陡峭，自然陡壁高 15~30 米；在山脊低凹处（鞍部）用石块垒筑，中间填以碎石和土。石墙底宽 0.5~1.5 米，顶宽 1.2 米，高 0.5~1.7 米。沿线有堡、敌台和烽火台各 1 座。

永泰城址

位于寺滩乡永泰村。因城平面略似乌龟，故又名龟城。据《永泰城铭记》载，永泰城始建于明万历三十五年（1607 年）。东西长 520 米，南北宽 500 米。城墙底宽 6 米，顶宽 5 米，高 8~12 米。黄土夹砂夯筑，夯层厚 0.12~0.14 米。城东、西、北三面筑有半圆形月城。城门南开，外筑瓮城，形似龟头。城周围有马面 12 座，墙外有护城河。距北城墙 20 米处筑大墩 1 座（即"永泰城烽火台"），墩东北有燧体 6 座，呈一字形排列。城内有永泰小学 1 座，建于民国三年（1914 年），系中西式结合哥特式建筑。城西有地下泉水串

麦窝长城 1 段

红水长城 12 段

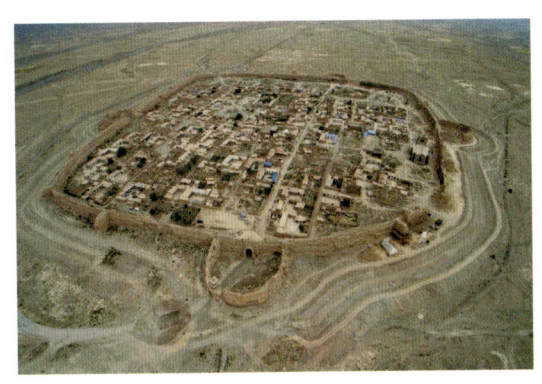
永泰城址

索桥堡

流城内五井之中，俗称"五脏"。

索桥堡（景泰）

位于芦阳镇原索桥村索桥园子东北黄河北岸，与靖远境内索桥堡隔河相望，相距约500米。道光《靖远县志》记载："索桥堡前后所建不同，处所不一，故堡城尺丈亦无定据。今考哈思吉堡西南六、七里至黄河岸，又三、四里至大口子、小口子，即昔年初建索桥地也。盖隆庆初，创设船桥以通往来，寻因河水泛涨，漂没无存，仍以船渡，其码头故迹犹存。万历年间创建芦塘，修筑新边，又置索桥于哈思吉西十里。万历二十九年（1601年）始建一堡于河东，名为铁锁关，门上有石偈，额曰：索桥堡。旁镌'钦差靖远等处地方参将丁光宇'，故迹犹存。至于今之索桥堡，则是万历四十二年（1614年）以来所建。"

索桥堡四周无堡墙，平面呈不规则状。堡内所有建筑均由红褐色片石砌筑而成，石墙高0.5~3.2米，厚0.5~0.7米。

现堡城已成为一片废墟。堡内有房屋遗址和寺庙遗址。堡内房屋遗存自西北向东南共3排，有29个院落。有3条东北—西南向巷道，长78~100米，宽1.2~10米。房址东北面有一条东南—西北向街道，自黄河北岸沿山坡而上通至山顶。房址东北36米有一寺庙遗址，东西宽17米，南北长23米。寺庙遗址东南侧40米和东侧30米处各有一民国时期的河防观察哨所。堡东北320米为明长城索桥段长城止点，堡东黄河岸边有索桥堡桥墩遗址，堡西北山坡上有索桥堡烽火台。

红水堡

位于原红水乡红水村。平面略呈梯形，占地面积70560平方米，东堡墙长356米，南堡墙长260米，西堡墙长294米，北堡墙长240米。堡门东开。堡墙底宽3~12米，顶宽0.3~8米，高1~7米。黄土夯筑，夯层厚0.18~0.2米。堡城四角原有角楼，现存东南、西南2座。堡南墙有马面 1 座。

八座墩

位于芦阳镇响水村东风组东北。平、剖面均呈不规则形。现为底部直径 10 米、高 3 米的尖状土堆。黄土夯筑，夯层不清。敌台东北侧有 5 座燧体。

张家墩

位于原红水乡牦牛圈北。平、剖面均呈不规则形。顶部东壁宽 3 米，南壁宽 4 米，底部东壁、南壁各宽 8 米，其他两壁顶部和底部残损，高 6 米。灰棕漠土夹较多砂石夯筑，夯层厚 0.16~0.18 米。敌台西南侧有 5 座燧体。

大豁岘敌台

位于草窝滩乡青石洞村红柳泉组西。平、剖面均呈不规则形。现为底部直径 12 米、高 9 米的土堆。黄土夹石块夯筑，夯层厚 0.18~0.2 米。

石庙滩敌台

位于原红水乡石庙沟口东北。平、剖面均呈不规则形。现为底部直径 12 米、高 5 米的土堆。黄土夹片石夯筑，夯层不清。

红茨沟墩敌台

位于漫水滩乡龙口村东南。平面呈矩形，剖面呈梯形，实心覆斗状。顶部东、西两壁宽 2 米，南壁宽 3 米，北壁宽 1.5 米；底部东、西两壁各宽 12 米，南壁宽 14 米，北壁宽 4 米；高 9 米。黄土夯筑，内有椽木横向拉固和木楔竖向穿插，夯层厚 0.18~0.2 米。敌台西北小山包上有 5 座燧体。

石墩山烽火台

位于正路乡正路村东北。平面呈正方形，剖面呈梯形。顶边长 8 米，底边长 10 米，高 6 米。石块砌筑，内填石块砂土。

百花湾烽火台

位于草窝滩镇百花湾村西北。平、剖面均呈不规则形。现顶部呈圆峁状，直径 1 米，底部直径 7 米，高 6 米。基础石

张家墩

石庙滩敌台

石墩山烽火台

百花湾烽火台

魔鬼峡烽火台

索桥堡烽火台

块垒筑，直径 8.5 米，高 0.6 米。烽火台由黄土夹石块夯筑，夯层厚 0.12~0.16 米。

魔鬼峡烽火台

位于草窝滩乡三眼井堡西南。平面呈圆形，剖面呈不规则形。利用自然山尖，用周围土石堆积而成。现为底部直径 6 米、高 2.5 米的馒头状土石堆。

永泰城烽火台

位于寺滩乡永泰村永泰城址北墙护城河北侧。平面呈矩形，剖面呈梯形。顶部东西长 12.5 米，南北宽 7 米；底部东西长 16 米，南北宽 10 米；高 12 米。黄

土夯筑，夯层厚 0.2~0.22 米。烽火台东壁、南壁均有步道，西侧有 6 座燧体。

索桥堡烽火台

位于芦阳镇原索桥村索桥园子东北。平面呈矩形，剖面呈梯形。顶部东壁宽 1.6 米，北壁宽 1.8 米；底部东壁宽 3.2 米，北壁宽 3 米，其余壁面残损；高 4.2 米。红褐色片石砌筑，内填土石，石片厚 0.02~0.26 米。烽火台东侧有 5 座燧体。

芦塘城北墩

位于芦阳镇城关村北。平面呈正方形，剖面呈梯形。顶边长 6 米，底边长 7.5

405

常丰烽火台

索桥堡桥墩遗址

米，高 3 米。黄土夹砾石夯筑，夯层厚 0.12~0.14 米。烽火台周围有壕沟。

常丰烽火台

位于草窝滩乡常丰村一组东南。平面呈矩形，剖面呈梯形。顶部东西长 2.8 米，南北宽 2.4 米；底部东西长 7 米，南北宽 6 米；高 6 米。黄土夹石块夯筑，夯层厚 0.18~0.2。烽火台西侧山脊上有 5 座燧体。

红水烽火台

位于原红水乡红水堡西北。平面呈正方形，剖面呈梯形。顶部东壁宽 3.5 米，西壁宽 5 米，南壁宽 2 米，北壁宽 3 米，底边长 11 米，高 12 米。黄土夯筑，夯层厚 0.18~0.2 米。烽火台顶部堆有石块，周围有围墙（墩院），围墙南侧有 9 座燧体。

索桥堡桥墩遗址

位于芦阳镇原索桥村索桥堡东南山坡下。建于明万历年间（1573~1620 年），南临黄河，北靠山坡。平面略呈圆形，现

为南侧高 8 米、顶部直径 26 米的石砌高台。高台顶部边缘有一道石砌围墙，封闭组成一个围院，西北角开门，门道两侧墙宽 2 米、进深 4 米、高 1.5 米。对岸桥墩在靖远县境内黄河东岸，形制与本桥墩大致相同。围院东北角有房屋遗存，平面呈正方形，边长 10 米，现为高 0.5~2.2 米（东墙残存较高）的石砌残墙。桥墩系绳铁柱已不存，现存口径 2.2 米、深 2 米的土石坑。

十七、靖远段

明长城靖远段主要分布于靖远县东北部和西部一带，全长 145.2 千米，分为两条线路：一条分布于县境西部，沿黄河东南岸，大致呈"S"形走向贯通县境，自宁夏回族自治区中卫市南长滩枣刺沟进入本县，至观音崖（又名"小观音台"）穿越黑山峡，沿黄河东南岸向南延伸，经喜鹊沟、鸡山湾、大庙、南沟台、车木峡

等地，至坝滩村水沟园子进入白银市平川区境内，再从平川区牙沟水进入本县，沿黄河东岸继续南下，入乌金峡，经吴家湾、黄毛滩、平滩堡等地，至峡口门进入榆中县境内，其中，空心楼以北为"裴家川边垣"。一条分布于县境东北部，属"固原内边"，自宁夏回族自治区海原县棉沙湾沟进入本县，经碱水沟、三个井沟垴，再沿黄家洼山北麓延伸，自碑南泉（亦作"北南泉"）进入白银市平川区，至空心楼墩墩梁与前条线路相接。本段长城烽火台除沿两条长城线路分布外，其余均根据地形地貌和防御需要，呈网状分布。在靖远县境内，明长城主要经过永新、兴隆、双龙、石门、乌兰、平堡、靖安、五合、东升9个乡镇。

本段长城由墙体、壕堑、关堡和单体建筑组成。墙体长130.8千米，多以险峻的黄河和黄河东岸陡峭山势作为天然屏障，仅在一些地势较平缓或黄河沿岸山谷沟口处修筑人工构筑墙体，以封堵沟口。人工构筑墙体以土墙为主，有少量石墙。土墙构筑方式有黄土夯筑、黄土与黑褐土（极少数为山地灰褐土）混筑、或红土夯筑等，多数夹砾石或石块，夯层厚0.08~0.22米。石墙仅2段，分布在车木峡和胡麻沟外，总长111米，构筑方式为两侧用红色石块垒筑，中间以碎石和土填充。人工构筑墙体底宽1~10米，顶宽0.3~5米，高0.5~9米，部分地段内侧低、外侧高。壕堑长14.4千米，在陡峻险要的黄家洼山北麓近山巅顶部削挖壕沟，外侧壕垄用削挖出的砂土堆积而成。发现堡5座，构筑方式分别为黄土（或夹砂）夯筑、黄绵土夯筑和红胶土夯筑（中间填土），黄土夯层厚0.13~0.2米，黄绵土夯层厚0.1~0.2米，黄土夹砂夯层厚0.16~0.24米，红胶土夯层厚0.16~0.18米。发现单体建筑118座，其中敌台1座、烽火台117座。敌台1座，即仁和敌台，位于长城墙体上。单体建筑平面多呈圆形和矩形，少数呈不规则形，剖面呈梯形和不规则形。单体建筑构筑方式主要有四种：一是黄土夯筑，部分夹毛石，个别夹砾石或小石子，夯层厚0.08~0.25米；二是黄沙土或夹毛石或夹砾石或夹小石子夯筑，夯层厚0.14~0.18米；三是利用自然地形修整堆积而成；四是两种构筑方式混筑，分为外部毛石垒筑、内部黄沙土夯筑，外部石块垒筑，内部土石填充，外部片石砌筑，内部土石填充等；还有红胶土夯筑（夯层厚0.14~0.18米）、砂石土夯筑、石块垒筑和片石砌筑等。超过半数的烽火台周围有围墙（墩院）、壕沟和燧体。

本段长城面临的主要破坏因素和病害有风雨侵蚀，洪水和河流冲刷，植物生长和鼠害，地震，开垦耕地，修建道路、院落及牲口圈，挖掘取土，人畜攀爬踩踏等。

本段长城沿线留存有零星黑釉、酱油、白釉、青花瓷片。

本段长城属明代固原镇靖虏路参将防区。

黑山峡山险

长 10200 米。该段山险凭借黄河屏障及南岸陡峭高山崖壁构成。南依连绵的山脉，岩石裸露，嶙峋耸峙，陡峻险要；北临黄河，河面宽 150~300 米、深 50~80 米。峡谷内黄河水流湍急，河道蜿蜒曲折，多呈"S"形，河岸高峻陡直。长城正是利用了这一天然屏障之险，将敌寇阻于黄河之北。因自然环境恶劣，岩石风化严重，加之长期受河（雨）水的冲蚀，河岸及山体容易发生塌方或滑坡。该段山险区域内观音崖沟口、二道边沟口、喜鹊沟口分别筑有土墙，将沟口封堵，俗称"封沟墙"，其间还设有观音崖烽火台、双漩顶烽火台等。

义和长城 1 段

长 1650 米。黄土和黑褐土夹少量砾石夯筑，夯层厚 0.18~0.22 米。底宽 1.2~8 米，顶宽 0.5~1.2 米，高 2~6 米。

小口长城 2 段

位于山口，用以封堵沟口，俗称"封沟墙"，长 343 米。夹少量砾石黄土夯筑，夯层厚 0.08~0.12 米。底宽 9 米，顶宽 1~2.5 米，高 2~9 米。

黄家洼山壕堑

长 14367 米。依托陡峻险要的山体，在北麓近山巅顶部削挖壕沟，外侧壕垄用削挖出的砂土堆积而成。壕沟上宽 7~8 米，底宽 3~4 米，深 2~3 米，外侧壕垄呈土垄状。沿线有烽火台 4 座。

索桥堡（靖远）

位于石门乡小口村哈思社西北黄河东岸，与景泰境内索桥堡隔河相望，相距约 500 米。道光《靖远县志》记载："索桥堡前后所建不同，处所不一，故堡城尺

黑山峡山险

小口长城 2 段

黄家洼山壕堑

索桥堡（靖远）

尚树塄三角城

丈亦无定据。今考哈思吉堡西南六、七里至黄河岸，又三、四里至大口子、小口子，即昔年初建索桥地也。盖隆庆初，创设船桥以通往来，寻因河水泛涨，漂没无存，仍以船渡，其码头故迹犹存。万历年间创建芦塘，修筑新边，又置索桥于哈思吉西十里。万历二十九年（1601年）始建一堡于河东，名为铁锁关，门上有石偈，额曰：索桥堡。旁镌'钦差靖远等处地方参将丁光宇'，故迹犹存。至于今之索桥堡，则是万历四十二年（1614年）以来所建。"

索桥堡平面呈三角形，东墙长113米，西墙长74米，南面无墙，以陡峭的山崖为险，北墙长66米。堡墙用红胶土两侧夯筑中间填土而成，夯层厚0.16~0.18米。东墙自西北角向南47米处有一马面，已坍塌成高4米、底部直径15米的馒头状土堆。马面向南5米处墙体上开一门，门道宽2.5米。西墙正中坍塌成土垄，低于两侧，应为西门所在，宽1.5米。西堡墙西南角有1座片石砌筑、内填砂土的

马面，现已坍塌成高4米、底径8米的土石堆。堡西墙外侧南、北两转角处各有一段围墙，现已坍塌为土垄状，呈"八"字形伸至悬崖边缘，形成一不规则围墙。围墙南墙长27米，北墙长16米。围墙西南角有二层台地，台沿石块垒筑，平台上、下有房址。

尚树塄三角城

位于五合乡尚树塄村西北。平面呈三角形，周长1181米，面积6.4万平方米。堡门南开，已毁，形制不清。堡墙底宽4~8米，顶部残损，外侧高5~10米，内侧高3~6米。黄绵土夯筑，夯层厚0.1~0.14米。堡东墙有马面2座，南墙有马面5座。堡城东南、东北角各设有瓮城，门东开。堡墙外侧有护城壕。

苦水堡

位于东升乡上塄村卧龙山升云寺西北。平面略呈矩形，面积35307平方米。堡东、西墙原各辟一门，均已坍毁形成豁口。堡墙顶部残损，东墙长347米，底宽4~6米，内侧高1.4~4米，外侧高10~12米；

苦水堡

仁和敌台

黄家洼山4号烽火台

西墙长242米，底宽4~6米，内侧高2~5米，外侧高8~11米；南墙长165米，底宽6米，内侧高2~6米，外侧高5~9米；北墙长98米，底宽4~6米，内侧高2~3米，外侧高8~12米。堡墙黄绵土夯筑，夯层厚0.16~0.2米。堡中央有一条南北向土垄，土垄顶部及两侧堆积大量石块、砖瓦及黑釉、酱釉、褐釉罐、坛、缸等厚重器物残片。堡内外散存大量黑釉、酱釉及褐釉瓷碗、盆、罐、缸、坛等器物残片，并有部分青花瓷及白瓷碗、盘、碟等器物底足及口沿残片，另有少量滴水、脊兽及青砖、红砂岩条石等建筑构件。

仁和敌台

位于双龙乡仁和村南。平面呈圆形，剖面呈不规则形。底部直径10米，高4米。黄土夯筑，夯层不清。

下窎窎坡烽火台

位于石门乡安韦村西北黄河南岸。平面呈矩形，剖面呈梯形。顶部东西长5米，南北宽2.4米，底边长8米，高6米。黄土夯筑，夯层不清。烽火台西北角有围墙（墩院）。

无名沟南山顶烽火台

位于石门乡小口村无名沟口东。平面呈圆形，剖面呈不规则形。底部直径15米，高5米。黄土夯筑，夯层不清。烽火台西侧有12座燧体。

黄家洼山4号烽火台

位于靖安乡新城村黄壕湾自然村西南。平面呈矩形，剖面略呈梯形。顶边长5米，底边长15米，高8米。内部黄土夯筑，外部毛石垒筑，夯层不清。烽火台建在方形平台上，平台四壁用毛石垒筑，

边长 21 米，高 1~4 米。平台南壁有毛石
垒筑的台阶。平台周围有壕沟。烽火台
四周零星散布有黑釉、白釉、豆绿色釉、
酱釉瓷片。黄家洼山壕堑从烽火台北侧
50 米处山坡上绕过。

三个井北烽火台

位于靖安乡陆合村王岘自然村南。
平面呈矩形，剖面呈梯形。顶部东西长 6
米，南北宽 4 米；底部东西长 16 米，南
北宽 15 米；高 8 米。黄土夹少量毛石夯筑，
夯层厚 0.14~0.2 米。烽火台周围有围墙
（墩院），围墙外侧有壕沟。

马家滩烽火台

位于乌兰镇营防村马滩自然村西南。
平面呈矩形，剖面呈不规则形。顶部残损，
底部东西 12 米，南北 10 米，高 9 米。黄
土夯筑，夯层厚 0.13~0.19 米。烽火台南
侧有围墙（墩院）。烽火台周围散存零星
黑釉、酱釉、青花瓷片。

观音崖烽火台

位于永新乡黑山峡喜鹊沟东北黄河
南岸。平面呈矩形，剖面呈不规则形。建
在边长 13 米、高 1 米的石砌平台上。烽
火台顶部残损，底部东西长 11.5 米，南
北宽 11 米，高 4.5 米。青色片石砌筑。

喜鹊沟烽火台

位于永新乡旱沟村石门台沟脑喜鹊
沟南侧山顶上。平、剖面均呈不规则形。
顶部直径 1~3 米，底部直径 25 米，高 8 米。

三个井北烽火台

观音崖烽火台

喜鹊沟烽火台

黄土夯筑，夯层厚 0.12~0.14 米。

车木峡烽火台

位于双龙乡仁和村车木峡社黄河东
岸。平面呈圆形，剖面呈不规则形。坍塌
成底部直径 20 米、高 5 米的大土堆。黄

对面湾烽火台

土夯筑，夯层不清。

对面湾烽火台

位于靖安乡陆合村花柳寺南。平面呈矩形，剖面呈梯形。顶边长5米，底部东西长16米，南北宽15米，高9.5米。黄土夯筑，夯层厚0.12~0.17米。烽火台周围有围墙（墩院），围墙外侧有壕沟。

十八、平川段

明长城平川段分布在区境西北部黄河东岸，大体呈南北走向，贯穿而过，全长24.6千米。本段长城自靖远县水沟园子进入本区，沿黄河东岸南下，至下阳洼北山脚下，经空心楼、独狼沟、玉碗泉、陡城等地，至月河进入靖远县境内。本段长城烽火台分为三条线路：第一路沿黄河东岸分布；第二路经靖远县碑南泉（亦作"北南泉"），至黄毛沟、大营水、水泉等地，至空心楼墩墩梁，接长城主线，属"固原内边"西段；第三路分布于区

境东南部复兴乡、黄桥乡、共和镇一带，大体呈西北—东南走向。另外，在水泉一带向北亦有烽火台分布。在平川区境内，明长城主要经过王家山镇和水泉镇。

本段长城由墙体、关堡和单体建筑（烽火台）组成。墙体长24.6千米，以高山险隘和黄河天险为依托，在沟谷之间加筑"封沟墙"，再辅以关堡和烽火台，构成防御屏障。人工构筑墙体有两段，构筑方式有两种：一为红黏土夹砾石夯筑，夯层厚0.12~0.16米；一为黄沙土夹砾石夯筑，黄沙土夯层厚0.13~0.15米，砾石夯层厚0.08~0.1米。人工构筑墙体底宽4~8米，顶宽1.5~3米，高2~7米。发现堡2座，堡墙构筑方式分别为黄土夯筑、黄绵土和红黏土夹细砂砾夯筑，黄土夯层厚0.16~0.24米，黄绵土夯层厚0.17~0.2米，砂砾夯层厚0.08~0.13米。堡内外发现较多黑釉及酱釉瓷碗、盆、罐、缸、坛等器物残片。发现烽火台46座，平面主要呈矩形或圆形，少数呈椭圆形和不规则形，剖面主要呈梯形，部分呈三角形和不规则形。单体建筑构筑方式主要有四种，以黄（沙）土夯筑占多数：一是黄土夯筑，或夹片石，或与沙砾分层夯筑，夯层厚0.08~0.22米；二是黄沙土夯筑，部分夹毛石或砾石，1座夹砾石、毛石夯筑，多数夯层不清，可见夯层厚0.1~0.2米；三是利用自然山体修整或修整后堆积而成；

四是两种构筑方式混筑，有 3 座，分别是外部红砂岩石条垒筑、内部黄沙土夯筑，外部黄沙土夯筑、内部砂石垒筑，外部石块垒筑、内部土石填充；有 1 座红黏土夹碎石夯筑（夯层厚 0.16~0.2 米），另有少数烽火台构筑方式不明。超半数烽火台周围有围墙（墩院）、壕沟和燧体，其中围墙（墩院）和壕沟较多，燧体较少。

本段长城面临的主要破坏因素和病害有风雨侵蚀，洪水冲刷，植物生长和鼠害，地震，开垦耕地，修建道路、院落和牲口圈，挖掘取土，人畜攀爬踩踏等。

本段长城墙体沿线留存有零星黑釉、酱油瓷片。

本段长城属明代固原镇靖虏路参将防区。

玉碗泉山险

长 9150 米。该段山险沿黄河东岸绵延不断的沙丘、沙梁向东南延伸。沙丘及沙梁层峦叠嶂，地形复杂，地势险要，山体坡度一般在 40°~60° 之间。受河流冲割，河岸地势陡峭，落差较大，一般在 30~80 米之间，以基岩山体为主，岩石裸露，风化严重。沿线有 5 座烽火台。

空心楼长城

长 274 米。红黏土夹砾石夯筑，夯层厚 0.12~0.16 米。底宽 4~6 米，顶宽 1.5~3 米，高 2~6 米。

水泉堡

位于水泉镇水泉村北。平面略呈不规则四边形，占地面积 20184 平方米。堡墙东南角坍塌成土堆，有 4 米宽的豁口，疑为原堡门位置。堡东墙残长 161 米，底宽不清，呈土堆状，高 0.5~1.5 米；西墙长 224 米，底宽不清，顶部呈脊梁状，内侧高 2~5 米，外侧高 3~5 米；南墙长 100 米，底宽 4~6 米，顶部呈锯齿状，高 2.5~4 米；北墙长 126 米，墙体东端坍塌呈土堆状，西端墙体高大厚实，长 40 米，顶部宽 1~2 米，底部黄沙土堆积，尺寸不详，

玉碗泉山险

空心楼长城

水泉十里墩　　　　　　　赵家岘烽火台　　　　　　　　空心楼墩墩梁烽火台

高 6 米。堡墙黄绵沙土、红黏土夹细沙砾夯筑，黄绵沙土夯层和红黏土夯层均厚 0.17~0.2 米，细砂沙夯层厚 0.08~0.13 米。堡内地面设施无存。堡墙内外散布有大量黑釉及酱釉瓷碗、盆、罐、缸、坛等器物残片，并有部分青花瓷及白瓷碗、盘等器物残片；南堡墙中夹杂黑釉瓷碗、罐、缸等器物残片及兽骨、芨芨草等。

水泉十里墩

位于水泉镇黄湾下村东北。平面略呈矩形，剖面呈梯形，略呈覆斗状。顶部呈鱼脊状，底部东西长 9.5 米，南北宽 8 米，高 4.8 米。内部黄沙土夯筑，土质疏松，黏结性差，夯层不清；外部以红砂岩质石条包砌，且以河床沙泥粘接，石条长 0.2~0.8 米，宽 0.3~0.4 米，厚 0.15~0.25 米。

李家沟烽火台

位于水泉镇陡城村李家沟西黄河东岸。平面呈矩形，剖面略呈梯形，略呈覆斗状，方顶略凸。顶边长 5 米，底部东西宽 15 米，南北长 16 米，高 9 米。黄沙土夹少量毛石（红砂岩）夯筑，土质疏松，

黏结性差，夯层不清。烽火台东侧有围墙（墩院）。烽火台东北山梁上有 10 座燧体。

赵家岘烽火台

位于王家山镇大营水村赵家岘南。平面呈矩形，剖面呈梯形，形似覆斗状。顶边长 3 米，底边长 6 米，高 6.5 米。红黏土夹少量碎石夯筑，夯层厚 0.16~0.2 米。烽火台四周山梁上有 2 圈壕沟和 10 座燧体。

打拉池烽火台

位于共和镇中和村西。平面呈圆形，剖面呈三角形，形似馒头状。底部直径 15 米，高 6 米。黄土夯筑，夯层不清。烽火台南侧有围墙（墩院），围墙南、北两侧山梁上有东西向壕沟。

墩墩滩烽火台

位于宝积乡墩墩滩村。平面呈矩形，剖面呈梯形，形似覆斗状。顶边长 6 米，底边长 8 米，高 8 米。黄土夯筑，夯层厚 0.14 米。

空心楼墩墩梁烽火台

位于水泉镇野麻村空心楼自然村东

南。平面呈矩形，剖面呈梯形。顶边长5米，底边东西宽20米，南北长23米，高11米。黄沙土夯筑，夯层不清。烽火台东、西两侧有壕沟。烽火台周围零星散存酱釉瓷片。

十九、白银段

明长城白银段主要分布在区境西北部，发现烽火台3座，平面呈圆形或椭圆形，剖面呈不规则形或梯形，构筑方式分为黄土堆积和黄土夯筑，均有壕沟，西湾烽火台有围墙（墩院）。烽火台面临的主要破坏因素有风雨侵蚀等。境内烽火台分别与皋兰县和景泰县境内烽火台相呼应。

西湾烽火台

位于武川乡崖渠村武川化工厂南。平面呈圆形，剖面呈梯形。顶边长2米，底部东西长9米，南北宽11米，高5米。黄土夯筑，夯层不清。烽火台西南有围墙（墩院），围墙外向下有一不规则平台，平台东北、南和西南方向有削山梁而成

西湾烽火台

的壕沟。

窦家沟烽火台

位于武川乡窦家沟火车站南。平面呈椭圆形，剖面呈不规则形。顶部呈不规则状，底部东西宽15米，南北长21米，高7米。黄土堆积。烽火台西、北两角各有与台体形成马鞍状的壕沟。

车路沟烽火台

位于武川乡独山子村八社车路沟东。平面呈圆形，剖面呈不规则形。顶部呈不规则状，底部直径11米，高2米。黄土堆积。烽火台东、西两侧各有一条斩山脊而成的马鞍状壕沟。

二十、城关段

明长城城关段分布在区境黄河两岸，大体呈东西走向，贯穿而过，长22.4千米，分为兰州黄河南岸长城和北岸长城两段。南岸长城自榆中县桑园子进入本区，经桑园峡、东岗镇、拱星墩，横穿全区，经金城盆景园，至雷坛河新桥桥头东侧进入七里河区境内；北岸长城沿黄河北岸分布，自兰州市城关区与安宁区交界处的老虎沟口进入本区，经白塔山公园西侧金城关风景区，沿北滨河路，经白塔山公园东侧烧盐沟口，沿白塔山山脚蜿蜒延伸，经靖远路朝阳社区一带，略呈弧形自西南向东北延伸，依次经过盐场路兰州生物制品研究所、石家沟居民区等地，止于

拱星墩长城

朝阳长城

盐场堡。在城关区境内，明长城经过东岗、拱星墩、广武门、盐场路、靖远路等街道，因大段消失，具体所经街道数量不详。

本段长城仅存墙体，长22.4千米。黄土夯筑，夯层厚0.14~0.18米。底宽0.6~7米，顶宽0.2~4.5米，高1.5~6.5米。其余长城资源在城市建设过程中被拆除。

本段长城属明代固原镇（后为临洮镇）兰州路参将防区。

拱星墩长城

长704.4米（实存39米）。黄土夯筑，夯层厚0.16~0.18米，南侧加帮。底宽2~7米，顶宽0.6~4.5米，高4~6.5米。

朝阳长城

长94米。黄土夹少量砾石，夯层厚0.14~0.18米。底宽0.6~2米，顶宽0.2~0.6米，高1.5~4.5米。

二十一、安宁段

明长城安宁段分布在区境中部一带，大体呈东南—西北走向，贯穿而过，属兰州黄河北岸长城，全长20.2千米。本段长城自皋兰县中心乡九合村黄羊头九合加油站东南进入本区，依次经过经沙井驿、安宁堡、刘家堡、十里店等地，至城关区与安宁区交界处的老虎沟口进入城关区境内。在安宁区境内，明长城经过沙井驿、安宁堡、刘家堡、十里店等街道。

本段长城因城市建设发展，已全部消失，构筑方式和结构特点不明。沿线留存堡1座，即沙井驿堡，系黄土和红黏土夯筑，夯层厚0.12~0.14米。有烽火台1座，即望远墩，坍塌损毁严重，构筑方式不明。

本段长城以沙井驿为界，以东属明代固原镇（后为临洮镇）兰州路参将防区，沙井驿及其以西属明代甘肃镇庄浪路参将防区。明代甘肃镇与固原镇（后为临洮镇）在兰州境内的分界即在沙井驿与安宁堡之间。

沙井驿堡

位于原甘肃省建筑材料学校操场。始建于明，清代修葺沿用。堡门向不明，平面格局不详。仅存南墙长237米和西墙长54米。据《安宁区志》记载："沙井堡呈方形，城堡周围共二百八十丈，墙高三丈五尺，底宽三丈，收顶一丈。东西城楼四座，敌台二座，吊桥二座，城壕一道，拦马墙一道。堡垒内建十字形街道，东西各建牌坊一处。"又据《兰州市志·文物志》记载："堡城东西长270米，南北长270米。东、西、南三面有城门，堡内有街道。"堡墙底宽7~7.8米，顶宽0.3~1米，高0.8~6米。堡墙黄土和红黏土夯筑，夯层厚0.12~0.14米。

望远墩

位于安宁区第三砖厂自南向北第二道山梁上。修筑于山梁上，现为底部直径12米、高5米的馒头状土堆，构筑方式不详。

深沟儿墩碑

青石质，高42厘米，宽64.5厘米，厚9厘米，明万历十年（1582年）立，楷书，共118字。1947年西北师范学院（西北师范大学前身）何乐夫教授在深沟儿墩发现。该碑记载了墩台名称、军士人数、武器装备和家具等。现存西北师范大学博物馆。

碑文如下：

深沟儿墩　墩军五台口　丁口妻王氏

丁海妻刘氏　李良妻陶氏　刘通妻董氏　马名妻石氏　火器　钩头炮一筒　线枪一杆　火药火线全　器械　军每人弓一张、刀一把、箭三十支　黄旗一面　梆铃各一付　软梯一架　柴堆伍座　烟皂（灶）伍座　擂石二十堆　家俱　锅五口、缸五

沙井驿堡

望远墩

深沟儿墩碑

只、碗十个、箸十双　鸡犬狼粪全　万
历十年二月一日立

二十二、七里河段

明长城七里河段分布在区境中部黄
河以南，大体呈东西走向，贯穿而过，属
兰州黄河南岸长城，长 12.3 千米。本段
长城自城关区雷坛河新桥桥头东侧进入
本区，依次经过小西湖、西站货场、土门
墩、秀川等地段，至崔家崖进入西固区
境内。在七里河区境内，经过秀川、西站、
土门墩等街道。

本段长城因城市建设发展，构筑方
式和结构特点不明。仅存笋箩沟堡，其
余全部消失。

本段长城属明代固原镇（后为临洮
镇）兰州路参将防区。

笋箩沟堡

位于西果园镇堡子村笋箩沟河沟东。
从残存堡墙分析，堡平面呈正方形，边

笋箩沟堡

长 36 米，门向无法判断。堡墙底宽 1.2 米，
顶宽 0.3~0.5 米，高 4~4.5 米。黄土夯筑，
夯层厚 0.12~0.16 米。

二十三、西固段

明长城西固段分布在区境黄河两岸，
大体呈东西走向，贯穿而过，长 34.1 千
米，分为兰州黄河南岸长城和北岸长城。
南岸长城分布于区境中部黄河南岸，自
七里河区崔家崖进入本区，大致呈东西
弧形走向，经陈坪乡深沟桥东南角、兰
州园艺学校锅炉房北崖坎陡坡、西固区
西固村（现名古城社区，俗名"边墙底
下"）、上坎、下坎社区（上坎、下坎因
长城两侧高低不一，形似土坎，故名，
现为住宅小区），过梁家湾、西固区新城，
沿黄河东南岸而上，至河口乡八盘峡，
进入永靖县境内；北岸长城分布于区境
北部黄河北岸，呈东南—西北走向，自
永登县大路沟（该沟跨永登、西固两县
区）与瓦砟沟交汇处进入本区，以山险
形式向东南延伸，过沙柳堡，向东经老
爷庙，再至大滩村东北大路沟，进入皋
兰县境内。在西固区境内，明长城主要
经过福利路、四季青、东川、新城、河
口 5 个乡镇或街道。

本段长城由墙体、关堡和单体建筑
及其他与长城相关遗存组成。墙体长 34.1
千米，分为山险和人工构筑墙体。山险

利用老爷山和大滩村东北上、下阳凸山为天然屏障；人工构筑墙体构筑方式分为三种：黄土夹砂土夯筑（人盘峡长城）、黄土和红胶土混筑（大滩长城1段）、红胶土夯筑（大滩长城2段）部分夯土夹杂有少量碎石，夯层厚0.18~0.3米，底宽1~5米，顶宽0.6~1.2米（大滩长城1、2段墙体顶部呈脊状），高1~4.5米。发现堡2座，黄土夯筑，夯层厚0.16米。发现单体建筑5座，其中敌台1座、烽火台4座。敌台与墙体位置关系不明。单体建筑中，扎马台烽火台平面呈正方形，剖面呈梯形，其余平、剖面均呈不规则形。单体建筑中3座构筑方式为黄土夯筑，夯层厚0.16~0.2米，2座构筑方式不明。青石台烽火台四周有围墙（墩院）。长城沿线还发现寺庙遗址1处。

本段长城面临的主要破坏因素和病害有风雨侵蚀、山体滑坡、河水冲刷、返潮、酥碱、鼠害、植物生长、城市建设、开垦耕地、耕地蚕食、村庄扩张、浇水灌溉、取土、修建建（构）筑物等。

本段长城黄河南岸段属明代固原镇（后为临洮镇）兰州路参将防区，长城北岸段属明代甘肃镇庄浪路参将防区。

大滩长城1段

长216米。黄土和红胶土夹少量砂土夯筑，夯层厚0.18~0.25米。底宽1~4米，顶呈脊状，高2~2.5米。

大滩长城1段

大滩山险1段

长1660米。该段山险以大滩村东北老爷山陡峭的山岩峭壁为天然屏障，内侧有起伏连绵的高山阻挡，山脚边两端有夯土墙连接，崖壁表面无明显铲削痕迹，天然形成的岩壁直立陡峭，高山雄峙，立面坡度65°~85°，相对高度170~250米，海拔1718~1976米，崖壁上岩石叠嶂。沿途有堡1座。

八盘峡长城

长329米。黄土和砂土夹少量碎石夯筑，夯层厚0.25~0.3米。底宽3.5~5米，顶宽0.6~1.2米，高3~4.5米。

柴家台堡

位于西柳乡柴家台坪柴家台护林站西南。平面略呈矩形，东西长119米，南北宽49米，面积5831平方米。门东开，两侧有门墩，向外凸出。堡门外南、北两侧各有一利用门墩和两拐角角楼加筑的小院。堡门内侧北部有登城步道。堡四

柴家台堡

八盘峡长城

扎马台烽火台

角原有角楼，现仅存东南、西南和西北 3 座。堡墙底宽 3 米，顶宽 1.7~2 米，高 5 米，黄土夯筑，夯层厚 0.16 米。

扎马台烽火台

位于东川乡坡底下村扎马台坪上。台基平面呈正方形，剖面呈梯形。顶边长 30 米，底边长 31 米，高 3 米。台体平面呈正方形，顶边长 5 米，底边长 10 米，高 6 米。台体和台基均黄土夯筑，夯层厚 0.18~0.2 米。

白土坡烽火台

位于河口乡大滩村大沟湾组西。平、剖面均呈不规则形。现为底部东西宽 5 米、

南北长 9 米、高 4 米的不规则土堆，土堆顶部存顶宽 0.5 米、底宽 1.5 米、长 4 米的台体。黄土夯筑，夯层厚 0.16~0.18 米。

扎马台堡寺庙台

位于东川乡坡底下村扎马台坪柴家峡水电站西。平面呈矩形，剖面呈梯形。现顶部东西宽 10 米，南北长 11 米；底部东西宽 16 米，南北长 20 米；高 7.5 米。黄土夯筑，夯层厚 0.18~0.2 米。台顶部原有寺庙，现已不存，顶部堆集有砖瓦块。

二十四、皋兰段

明长城皋兰段分布于县境东南部和

西南部，长28.3千米，分为两条线路：一条分布于县境东南部黄河沿岸，整体呈东北—西南走向，自榆中县鹿谷子进入本县，沿黄河东南岸，依次经过苏子沟、虎头崖、圈湾子、黑窑洞等地，至阳屲坪进入榆中县境内；一条分布于县境西南部山区，大体呈东南—西北走向，自西固区与皋兰县交界的大路沟沟谷中进入本县，经枣树滩（亦称"福儿沟"），至中心乡九合村黄羊头九合加油站东南，进入安宁区境内。本段长城烽火台分为三条线路：第一路位于县境西北部西岔镇境内，大体呈东南—西北向，向西北延伸，进入永登县秦川镇境内，与六墩子烽火台相望；第二路位于县境东北部石洞镇境内包兰铁路沿线，大体呈西南—东北向，向东北延伸，进入白银市白银区境内；第三路位于县境南部石洞镇、水阜乡之南和忠和镇、中心乡之北，大体呈东西向，与长城走向并行。在皋兰县境内，明长城主要经过什川镇和中心乡。

本段长城现存墙体和单体建筑。墙体全长28.3千米，什川镇境内为山险，利用县境东南部高山险隘和黄河天险为屏障，中心乡境内为人工构筑墙体，构筑方式为黄绵土或红黏土夯筑，夯层厚0.13~0.16米。墙体底宽5~6米，顶部呈脊状，高1.5~4米。发现单体建筑57座，其中敌台1座、烽火台56座。敌台即枣树滩敌台，骑墙而建。单体建筑平面主要呈圆形，少数呈矩形、椭圆形和不规则形；剖面主要呈不规则形，少数呈梯形。单体建筑构筑方式主要分为两种：一是黄土夯筑，另有黄土夹毛石夯筑、黄沙土夯筑和红黏土夯筑各1座，多数夯层不清，可见夯层厚0.13~0.2米；二是利用自然山体修整或修整后堆积而成；另有外部黄土夹毛石分层夯筑、内部黄土夯筑，外部毛石垒筑、内部黄土夯筑，以及黄土与块石或碎石堆筑等，还有少数烽火台构筑方式不明。超过半数烽火台周围有围墙（墩院）和壕沟。

本段长城面临的主要破坏因素和病害有风雨（沙）侵蚀、洪水和河流冲刷、植物生长、鼠害、地震、鸟类筑穴、开垦耕地、修建道路、工业开发、削挖取土、人畜攀爬踩踏等。

本段长城东段属固原镇（后为临洮镇）兰州路参将防区，西段属甘肃镇庄浪路参将防区。

什川山险

长2.3千米。该段山险沿黄河东岸绵延不断的山脊向西南延伸，大部分地处黄河峡谷地带的无人区域。黄河两岸均为地势陡峻的基岩山体，坡度一般在60°~70°，主要由群峰连绵、重峦叠嶂、沟壑纵横的山脉构成。沿线有烽火台4座。

第四章

长城

枣树滩长城

长 3076 米。黄绵土夯筑，夯层厚 0.13~0.16 米，底宽 5~6 米，外（北）侧高 1.5~2 米，内（南）侧高 2~4 米。沿线

枣树滩长城

枣树滩敌台

糜不老烽火台

有敌台 1 座。

枣树滩敌台

位于中心乡九合村张家坪南。平面略呈矩形，剖面呈不规则形。顶部呈不规则形，底部东西长 9 米，南北宽 7 米，高 8 米。红黏土夯筑，夯层厚 0.13~0.15 米。

糜不老烽火台

位于什川镇接官亭村大路沟（舍儿岔）东。平面呈矩形，剖面呈梯形，形似覆斗状。顶边长 6 米，底边长 9 米，高 8 米。黄土夯筑，夯层厚 0.14~0.16 米。烽火台周围有围墙（墩院），围墙外东、南、北三面挖有壕沟。烽火台周围散存零星外黑釉、内白釉瓷片。

定火城烽火台

位于水阜乡水阜村东南。平面呈圆形，剖面呈不规则形。顶部直径 2 米，底部直径 15 米，高 7 米。黄土夯筑，夯层不清。烽火台南、北两侧有壕沟。

黑窑洞烽火台

位于什川镇南庄村东北。平面呈矩形，剖面略呈梯形。底部东西宽 13 米，南北长 17 米，高 7 米。内部黄土夯筑，外部黄土和毛石相互交替叠压包筑，黄土层厚 0.08~0.12 米，毛石厚 0.1~0.25 米。烽火台东侧山梁上有南北向壕沟。

大路沟烽火台

位于中心乡九合村张家坪西南。平面呈矩形，剖面略呈梯形。顶边长 4 米，

大路沟烽火台

底部东西 13 米，南北 12 米，高 7 米。黄
沙土夯筑，夯层不清。

二十五、榆中段

明长城榆中段分布于县境北部和西北
部黄河东南岸峡谷地带，大体呈东南一西
北走向，长 36.6 千米。本段长城自靖远
县峡口门进入本县，经大浪沟、青城镇南
黄河大峡，沿黄河东岸，至鹿谷子进入皋
兰县境内，又自皋兰县阳洼坪进入本县，
经罗泉湾、碱水沟、大河坪等地，至桑园
子进入兰州市城关区境内。本段长城烽火
台主要分为两路：第一路分布于县境北部
和西部，大体呈东北—西南走向，东北端
自靖远县境内沿黄河至乌金峡，西南端沿
黄河自皋兰县什川镇纵贯而出，继而又入
榆中县来紫堡等乡镇境内，与明长城走向
一致；第二路分布于县境西南部，大体呈
东南—西北走向，自甘草店一带向西北延
伸，经接驾嘴、三角城、白虎山等地，至

金崖一带，与来紫堡境内长城烽燧线相
望。另在哈岘乡西北部和新营镇周围亦有
烽火台分布。在榆中县境内，明长城主要
经过青城、来紫堡、和平 3 个乡镇。

本段长城由墙体、关堡和单体建筑
（烽火台）组成。墙体长 36.6 千米，依托
高山险隘和黄河天险修筑，辅以关堡和
烽火台，形成防御屏障。人工构筑墙体 2
段，构筑方式为黄土或夹砾石夯筑，夯层
厚 0.16~0.2 米。墙体底宽 1.2~10 米，顶
宽 1~6 米，高 0.2~8 米。发现堡 1 座，即
大浪沟堡，黄绵土夯筑，夯层厚 0.13~0.18
米。堡墙周围散存零星黑釉及酱釉碗口
沿、底足瓷片。发现烽火台 32 座，平面
主要呈矩形，部分呈圆形；剖面主要呈梯
形，部分呈不规则形，个别呈矩形。单
体建筑构筑方式为黄土夯筑，少数夹毛
石夯筑，另有 1 座外部毛石垒筑，内部黄
土夹砂砾石夯筑，夯层厚 0.1~0.24 米。超过
半数的烽火台周围有围墙（墩院）和壕沟，
以围墙居多。

本段长城面临的主要破坏因素和病
害有风雨侵蚀、洪水冲刷、植物生长和
鼠害、开垦耕地、修建道路和工厂、挖
掘取土、人畜攀爬踩踏等。

本段长城属明代固原镇（后为临洮
镇）兰州路参将防区。

乌金峡山险

长 19.1 千米。该段山险沿黄河东

乌金峡山险

罗泉湾长城

鹿谷子烽火台

岸绵延不断的山脊向西南延伸，海拔在1700~1800米。黄河峡谷内群峰连绵、重峦叠嶂、沟壑纵横，地势险要，素有"大浪天险"之称。乌金峡两侧悬崖陡壁，坡度在50°~70°，山势高耸险峻、山体岩石

裸露，山石突兀。黄河穿行在狭窄的峡谷内，奔流湍急，两岸悬崖峭壁，难以攀越。经大浪沟墩，出乌金峡谷，入榆中县青城镇境内。沿线有烽火台7座。

罗泉湾长城

长418米。黄土夹砾石夯筑，夯层厚0.18~0.2米。底宽6~10米，顶宽4~6米，高1~8米。

大浪沟堡

位于上花岔乡大岔村东北黄河乌金峡大浪沟口山顶。平面呈矩形，东西宽21米，南北长32米。东、西墙高1.5~2米，南、北墙外侧为斜坡，斜高5~8米，内侧高1.5~2米。北墙正中有4米宽的缺口，疑为堡门位置。堡墙黄绵土夯筑，夯层厚0.13~0.18米。堡南、北墙外侧均有壕沟。堡周围散存零星黑釉及酱釉瓷碗口沿、底足残片。

峡口烽火台

位于青城镇茥茨湾村峡口自然村西南。平面呈矩形，剖面呈梯形。建在边长17米、高2.5米的方形台地上。顶边长2米，底部东西宽11米，南北长13米，高5米。黄土夯筑，夯层厚0.13~0.16米。

鹿谷子烽火台

位于青城镇茥茨湾村南。平面呈矩形，剖面略呈梯形，略呈覆斗状。顶边长3米，底边长11米，高6米。黄土夯筑，夯层厚0.16~0.22米。烽火台周围有

朱家沟2号烽火台

围墙（墩院），南、北两侧围墙下有壕沟。烽火台周围散存零星黑釉瓷片。

朱家沟2号烽火台

位于上花岔乡大岔村朱家沟北。平面呈矩形，剖面呈不规则形。顶边长2米，底部东西长13米，南北宽11米，高7米。黄土夯筑，夯层厚0.14~0.18米。

二十六、永登段

明长城永登段分布于县境中部及西南部，多修筑于河谷台地、浅山缓坡和黄土丘陵地带，全长107.2千米，分为主线和支线两条线路。主线分布于县境中部，呈东南—西北走向，自天祝藏族自治县界牌村甘新公路与兰新铁路交会处进入本县，沿庄浪河东岸，依次经过富强堡一带、屯沟湾、汪家湾、永登县城、马家湾、荒滩村、龙泉寺、红城、红岘沟等地，沿红岘沟延伸，经过咸水河川，至大路沟（该沟跨永登、西固两县区）与瓦砈沟

交汇处进入兰州市西固区境内。支线位于县境西南部，大体呈东北—西南走向，自永登县县城起，以烽燧线形式向西南延伸，过通远墩，至大通河边大冰沟沟口后，以壕堑形式继续延伸，经边墙岭，进入青海省海东市乐都区境内，与青海省海东市明长城相接。本段长城烽火台分为4条线路：第一路位于长城内外两侧；第二路位于县境东北部，连接皋兰县与景泰县境内的烽火台；第三路位于县境西北部，呈西南—东北走向，由县城起，通往天祝藏族自治县境内松山滩；第四路位于县境西南部，呈东北—西南走向，由县城起，通往青海省海东市乐都区境内。在永登县境内，明长城主要经过武胜驿、中堡、城关、柳树、大同、龙泉寺、红城、苦水、通远、河桥10个乡镇。

本段长城由墙体、壕堑、关堡和单体建筑构成。墙体长97.8千米，以人工构筑墙体为主，另在大路沟和红岘沟一带存在以两沟北侧山脉为自然屏障的情况，辅以人工墙体封堵沟口。人工构筑墙体除红岘沟存在红胶土堆筑的墙体外，余均为黄土夯筑和黄沙土夯筑，多为黄土夯筑；部分夯土中夹少量砂石，夯层厚0.13~0.36米，底宽0.4~8.7米，顶宽0.1~3.1米，高0.2~5.8米。壕堑长9.5千米，构筑方式为削山成壕，在山腰部将山体削挖成立面，另一侧堆土成垄。发现堡2

五里墩长城

屯沟湾长城

座,堡墙构筑方式为黄土夯筑,夯层厚0.14~0.27米。发现单体建筑64座,其中敌台8座、烽火台56座。敌台骑墙而建者4座,依墙而建者2座,位于消失段内者2座。单体建筑平面主要呈矩形,少数呈圆形和不规则形,剖面主要呈梯形,部分呈不规则形。单体建筑构筑方式为黄土夯筑,个别夹砂砾或石块或碎石夯筑,大路沟敌台为红土、黄土交替夯筑,夯层厚0.09~0.3米。部分单体建筑周围有围墙(墩院)、壕沟、燧体和房址等,其中以壕沟最多。

本段长城面临的主要破坏因素和病害有风雨侵蚀、山洪冲刷、植物生长、动物和昆虫打洞筑穴、起甲、酥碱、开垦耕地、修建房屋和道路、人畜攀爬踩踏、取土、挖掘破坏等。

本段长城属明代甘肃镇庄浪路参将防区。

荒滩长城

长1401.3米。黄土夯筑,夯层厚0.2~0.3米。底宽0.45~3.6米,顶宽0.5~3.1米,高0.45~4.2米。沿线有烽火台1座。

五里墩长城

长4111.3米。黄土夯筑,夯层厚0.16~0.25米。底宽0.4~6.8米,顶宽0.3~2.1米,高0.5~4.5米。沿线有烽火台1座。

屯沟湾长城

长6746米。黄土夯筑,夯层厚0.18~0.2米。底宽0.5~1.26米,顶宽0.28~0.35米,高0.5~2米。

边墙岭壕堑

长5690米。在岭腰山坡上削山挖土堆积一侧成壕,北侧削挖山体成断面,南垄为壕堑内挖出的黄绵土堆积而成。壕沟底宽0.5~7米,顶宽2.3~14.4米,深0.3~4.5

米；壕垄底宽 0.8~6.5 米，顶宽 0.3~3 米，高 0.3~4.5 米。沿线有烽火台 2 座。

永登城遗址

位于永登县城关镇。《永登县文物概况》引自《永登县人民县志》记载："始建于元至元初，明洪武十年重筑。十一年由宋国公冯胜展筑北部城垣，名曰新城湾子。"又载："原城南北宽东西窄，呈长方形""城周围八里二十六步，高连女墙三丈八尺，底阔三丈五尺，收顶二丈八尺，内外八门，随城角楼一十六座。城全砖包"。

现仅存东墙的两段墙体和月牙墩。东墙第一段墙体位于人民街 38 号院内，长 10 米，底宽 6.7 米，顶宽 4.1 米，高 11 米，黄土夯筑，夯层厚 0.22~0.25 米；第二段墙体位于永登县建设局家属院院内，长 24 米，底宽 6.7 米，顶宽 3.1~4.1 米，高 9~11 米，黄土夯筑，夯层厚 0.22~0.25 米。月牙墩修筑于台体上，墩体为方锥体形空心墩台，平面呈方形，剖面呈梯形。顶部东西长 4.5 米，南北宽 4 米；底部东西宽 8 米，南北长 11 米；高 11.1 米；黄土夯筑，夯层厚 0.18~0.27 米。墩体略有收分，西壁底部西北角残存一通往墩台内部的洞孔，宽 0.4 米，高 0.9 米。底部台体为方锥体形，略有收分，平面呈方形，剖面呈梯形。顶部东西长 16 米，南北宽 11 米；底部东西长 20 米，南北宽 15.9

米；高 13.3 米；黄土夹砂石夯筑，夯层厚 0.18~0.27 米。

蒿滩敌台

位于大同镇瑞芝村南。平面呈不规则形，剖面呈梯形。顶部东西宽 0.5~1.1 米，南北长 4.4 米；底部东西宽 4~6 米，南北长 7~8 米；高 5.5 米。黄土夯筑，夯层厚 0.13~0.15 米。敌台西壁、北壁存后期补筑层，补筑层厚 0.45~1.2 米，夯层厚 0.23~0.29 米。

大路沟敌台

位于苦水镇咸水河河川周家庄砖厂东。平面呈矩形，剖面呈梯形。顶部东西长 4.8~5.2 米，南北宽 4.7 米；底部东西宽 8.2 米，南北长 8.3 米；高 10.5 米。台体自下而上 0.9 米为红土夯筑、1.3 米为黄土夯筑、1.1 米为红土夯筑、3.3 米至顶部为黄土夯筑；夯层厚 0.15~0.19 米。

马家坪敌台

平面呈矩形，剖面呈梯形。顶部东

大路沟敌台

马家坪敌台

新站墩

桩桩烽火台

西宽 6.5 米，南北长 7.5 米；底部东西宽 11 米，南北长 12 米；高 10 米。黄土夯筑，夯层厚 0.18~0.23 米。

王家坪 1 号敌台

位于大同镇王家坪村兆远水泥板预制厂东北。平面呈矩形，剖面呈梯形。顶部东西宽 2.2 米，南北长 3.65 米；底部东西宽 4~5.7 米，南北长 5.4~6.7 米；高 7.2 米。黄土夯筑，夯层厚 0.13~0.15 米。敌台东壁底部有后期补筑痕迹，补筑层高 2.3 米，厚 1.2 米，夯层厚 0.21~0.26 米。

通远墩

位于通远乡牌楼村南。平面呈矩形，剖面呈梯形。顶部东西长 4.2 米，南北宽 4 米；底部东西长 10.5 米，南北宽 10 米；高 10 米。黄土夯筑，夯层厚 0.1~0.12 米。烽火台有矩形台基，底边东西宽 21 米，南北长 23 米，高 4.5~5.5 米，台基周围有壕沟。

新站墩

位于通远乡新站上社牌楼村西北。平面呈矩形，剖面呈梯形。顶部东西长 5.3 米，南北宽 5.2 米；底部东西长 8.7 米，南北宽 8.6 米；高 8 米。黄土夯筑，夯层厚 0.1~0.12 米。烽火台周围有壕沟。烽火台西侧有 5 座燧体。

桩桩烽火台

位于武胜驿镇大川村东。平面呈矩形，剖面呈梯形。顶部东西长 4.5 米，南北宽 4 米；底部东西长 5.5 米，南北宽 5 米；高 3.5 米。黄土夯筑，夯层厚 0.12~0.14 米。烽火台南侧和北侧有壕沟。

红岘沟烽火台

位于苦水镇苦水街村东。平面呈矩

边墙岭 1 号烽火台

形，剖面呈梯形。顶边长 6 米，底部东西宽 7.1 米，南北长 7.5 米，高 2.6 米。黄土夯筑，夯层厚 0.14~0.18 米。建于矩形台基上，台基四周环绕有壕沟。烽火台顶部有铺舍。

边墙岭 1 号烽火台

位于河桥镇边墙村东。平面呈矩形，剖面呈梯形。顶边长 2 米，底边长 7 米，高 8 米。黄土夯筑，夯层厚 0.09~0.14 米。烽火台周围有壕沟。

二十七、永靖段

明长城永靖段分布于县境北部，呈东北—西南走向，长 12.6 千米，地处黄河谷地。本段长城自兰州市西固区八盘峡进入本县，沿黄河东岸向西南延伸，依次经过盐锅峡镇小茨村、下车村、上车村、下铨村、上铨村等地，止于盐锅峡镇水电站大坝南侧山崖下。本段长城烽火台大部分位于黄河以西，主要分为 3 路：

第一路沿黄河西北岸分布，大致呈东北—西南走向；第二路分布于县境中部，与第一条烽燧线相距约 15 千米，亦大致呈东北—西南走向；第三路位于县境西侧，从北向南呈弧形分布。另有 2 座烽火台处在黄河东南岸，位于长城墙体内侧（东南侧）。在永靖县，明长城主要位于盐锅峡镇境内。

本段长城由墙体与烽火台组成。墙体长 12.6 千米，大部消失，仅存两段，分别为黄土和黑褐土为主并有少量红黏土夹砾石和少量石块混筑、黄土和少量红土夹砾石混筑，夯层厚 0.16~0.3 米，底宽 0.8~3 米，顶宽 0.3~1.5 米，高 1.5~3.5 米。发现烽火台 25 座，平面主要呈矩形，部分呈不规则形，个别呈圆形；剖面主要呈不规则形，部分呈梯形。单体建筑构筑方式均为黄土夯筑，夯层厚 0.12~0.24 米。除下铨烽火台外，单体建筑周围均有围墙（墩院），少数烽火台周围还有壕沟。

本段长城面临的主要破坏因素和病害有风雨侵蚀，洪水冲刷，鼠害，酥碱，修建村庄、住宅、公路、铁路和水渠，耕地蚕食等。

本段长城属明代固原镇（后为临洮镇）兰州路参将防区。

小茨沟长城

长 2143 米。黄土和黑褐土为主并有

小茨沟长城

上车长城

小茨沟烽火台

冯家坷坨烽火台

少量红黏土夹砾石和少量石块夯筑，夯层厚0.16~0.3米。底宽0.8~3米，顶宽0.3~1.5米，高1.5~3米。

上车长城

长11米。黄土和少量红土夹砾石夯筑，夯层厚0.26~0.3米。底宽1~2米，顶宽1~1.5米，高2.8~3.5米。

小茨沟烽火台

位于盐锅峡镇小茨沟村南。平面呈正方形，剖面呈梯形。顶边长5米，底边长10米，高7米。黄土夯筑，夯层厚0.18~0.2米。烽火台周围有围墙（墩院）。

红城寺烽火台

位于西河镇红城村西南。平面呈正方形，剖面近似梯形。顶边长6米，底边长9米，高9米。黄土夯筑，夯层厚0.16~0.18米。烽火台周围有围墙（墩院）。

冯家坷坨烽火台

位于三源镇向阳村冯家坷坨社西南。平面呈矩形，剖面呈梯形。顶部东西长8米，南北宽6米；底部东西长10米，南北宽8米；高8米。黄土夯筑，夯层厚0.2~0.24米。烽火台周围有围墙（墩院）。

甘肃省志 文物志

二十八、环县段

明长城环县段分布于县境北部，属明代固原镇"固原内边"防御体系，大体呈东西走向，长13.8千米，地处黄土高原丘陵沟壑区。本段长城起自陕、甘、宁三省区交界处的杏树湾烽火台，逶迤于甘肃、宁夏回族自治区交界地区，经狗拉壕等地，在甘宁交界处白家沟一带进入宁夏回族自治区同心县境内。在环县境内，明长城主要位于甜水堡镇境内。

本段长城由墙体、关堡和单体建筑（烽火台）构成。墙体长13.8千米，以山险为主，其次为山险墙。山险墙构筑方式为将东西向山梁北侧山坡铲削形成一个断面。人工构筑墙体仅1段，黄土夯筑，夯层厚0.24~0.33米，底宽6.5米，顶宽2.4米，高2.7米。发现关堡2座，其中关、堡各1座。关堡墙构筑方式黄土夯筑，夯层厚0.15~0.2米。发现烽火台10座，平面呈矩形，剖面呈梯形，黄土夯筑，个别和红土夯筑，夯层厚0.08~0.33米。除2座烽火台外，其余部分烽火台周围均有围墙（墩院）和壕沟。

本段长城面临的主要破坏因素和病害有风雨侵蚀、河水冲刷、植物生长、人畜攀爬踩踏、修建工程、道路和窑洞、耕地蚕食、铲削取土等。

本段长城属明代固原镇下马关路参将防区。

上范新庄内边墙1段

长234米。黄土夯筑，夯层厚0.24~0.33米。底宽6.5米，顶宽2.4米，高2.7米。

甜水关

位于甜水堡镇。始建于北宋，明代维修沿用。平面呈不规则方形，东、西墙各长400米，南墙长591米，北墙长570米。南、北各开一门，南门已毁，北门有瓮城。关墙底宽6.3~13.5米，顶宽2~6.4米，高4~13米。黄土夯筑，夯层厚0.16~0.2米。关址四角有角墩。

白马城

位于毛井乡白马村伏凤山北麓。由外城、内城和山顶宋城（紫禁城）三部分组成，外城南墙中部接宋城东、南、西城墙。宋城北墙中间辟有城门与内城联通。外城平面呈不规则形，东墙长1858米，南墙长390米，西墙长520米，北墙长75米。现存城墙底宽1~5米，顶宽1.5米，高1.2~7.5米；黄土夯筑，夯层

上范新庄内边墙1段

白马城局部

大天池烽火台

白塬畔村烽火台

不清。东墙、南墙和北墙各开一门。东墙有马面1座,南墙有马面5座。四角有角楼。内城依宋城及外城南墙而建,利用地形采用外侧铲削、内侧筑墙的方法修筑,夯层厚0.15~0.17米。东墙现长453米,南墙现长410米,南墙有马面3座,北墙系铲削山体为断崖,又因台地上修建庙宇,地面墙体已毁。东墙局部宽1米,高1~2米,外侧铲削坡面高10~20米。南墙底宽5米,顶宽2米,高5~8米。山顶宋城平面呈南北向圆角矩形。东墙现长165米,南墙长40米,中部有

马面1座;西墙现为铲削断崖,高20米;地表墙体无存;北墙现长38米,北墙开门。南、北墙外城壕痕迹明显,南墙外为双壕,双壕间有墙,壕宽15米,深4米,壕间土墙高出地表1~2米,外壕深8米,宽6米,现为乡村道路。城址周围分布有烽火台6座。

大天池烽火台

位于甜水堡镇白塬畔村大天池自然村西。平面呈矩形,剖面呈梯形。顶部东西长6米,南北宽4.6米;底部东西宽11.3米,南北长11.6米;高12.2米。黄土

和红土夯筑，夯层厚 0.21~0.33 米。烽火台周围有围墙（墩院），围墙外侧有壕沟，围墙内西侧散存少量灰陶片和板瓦片。

白塬畔村烽火台

位于甜水堡镇白塬畔村北、大麻公路西。平面呈矩形，剖面呈梯形。顶部东西长 5.6 米，南北宽 5.4 米；底部东西宽 9.9 米，南北长 13 米；高 12.5 米。黄土夯筑，夯层厚 0.14~0.25 米。烽火台四周有围墙（墩院），围墙外侧有壕沟。

二十九、洮州边墙、洮州卫城与河州二十四关

洮州边墙

位于卓尼、临潭两县境内。因位于明代洮州卫辖地，故名。该边墙是否属于长城体系，学界尚存分歧。修筑于明中期，具体时间待考。

边墙南起洮河北岸阿子滩乡玉古村，向北延伸经达加沟东侧山脊北上，经巴舍、哲孜纳、甘布塔、官洛到申藏乡俄藏村后，折向东北，再沿山脊经牙沙隆沟到恰盖土桥村，桥跨越羊砂河，向东北继续延伸，经冶木河上游纳沃开曲和温加伊坦到康多乡扁古村，向东沿山脊进入临潭县八角乡庙花山，再向东延伸至临潭、康乐两县交界处的扎那山止，东北—西南走向，全长 148 千米。边墙均依山势而筑，凭山堑壕，遇谷筑墙设隘，部分地段用石栈、木栅为障，沿线设隘口、闇门、堡子、烽燧等。边墙墙体黄土夯筑，夯层厚 0.08~0.1 米，底宽 4~7 米，顶宽 2~3 米，高 2~8 米。

洮州卫城

俗称"新城"，位于临潭县新城镇新城村。始建于明洪武十二年（1379 年），清代沿用。城堡依山势而建，三分之一建在山上，东北高，西南低。城址平面呈多边形，东西长 1000 余米，周长 5430 米，总占地面积 2.98 平方千米。城墙底宽 8 米，顶宽 6.7 米，高 9 米；黄土夯筑，夯层厚 0.15~0.18 米。于四垣各设一门，系拱券形门洞。门宽 3.95 米，高 4.2 米。城门上方均建有城楼，两侧建有门墩。城墙上有马面 16 个、角墩 9 个，东、西、北门存瓮城。城东北和西北山头有烽火台。城内街道布局基本尚存。隍庙建筑群坐落在卫城中心偏北的台地上，坐北朝南，中轴对称，东西宽 51 米，南北长 130 米。

甘布塔边墙

现存主要建筑4座：大殿、东西庑殿、山门楼台和东西廊房，为清代建筑。

1936年8月，红四方面军在朱德、徐向前和李先念指挥下，攻克新城，成立临潭苏维埃政府，在隍庙召开了著名的"洮州会议"。1943年，卓尼水磨川活佛肋巴佛和王仲甲领导的甘南各族农牧民大起义也曾在此活动。洮州卫城内部分民居保存较好，特色鲜明，是全国明代卫所制度不可多得的实物标本，对研究明清时期洮州地区政治、经济、文化、军事和民族关系等具有重要价值。

河州二十四关

位于临夏回族自治州积石山保安族东乡族撒拉族自治县、临夏县、和政县、康乐县境内。明洪武三年（1370年），御使大夫邓愈统率诸将攻克洮州、岷州和河州，出于政治和军事需要，在当时河州卫

俄化暗（闇）门遗址

甘布塔北烽火台

洮州卫城

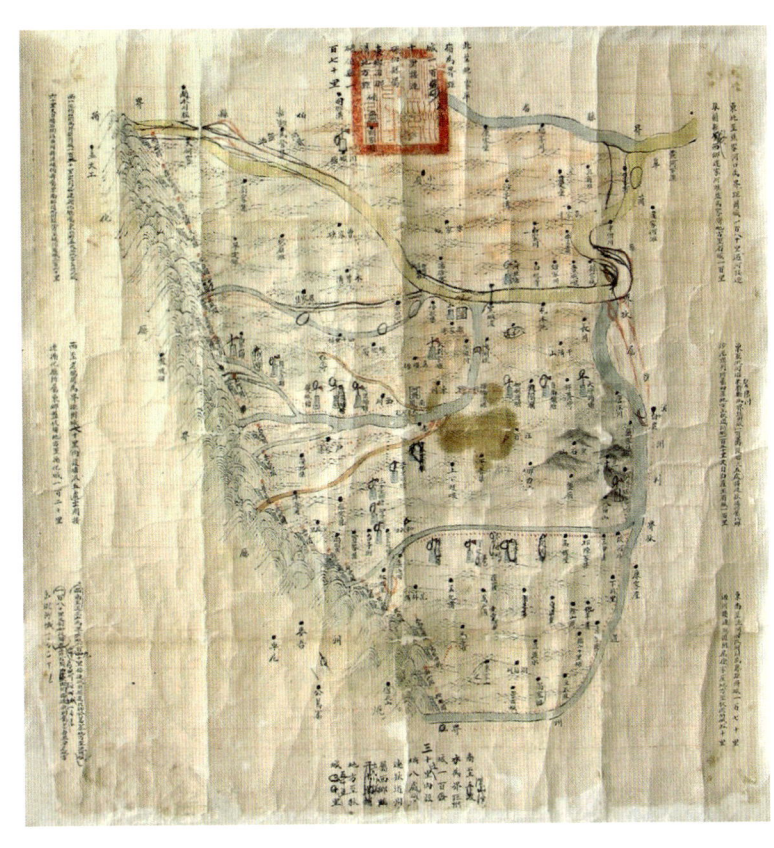

河州二十四关图　清光绪
临夏州档案馆藏

边境，沿白石山—太子山—小积石山脉，选择山巅、谷口、高阜，"由东而西，西而北"，设置关隘，作为捍卫西陲重镇河州、抵御西南游牧民族的屏障，形成24个关口，统称"河州二十四关"。它们分别是积石关（旧名"临津关"）、崔家峡关、樊家峡关（明称"贾喇嘛山口"，清代改为今名）、大峡关（明称"火烧岭山口"，清代改为今名）、五台关（明称"西山小路山口"，清康熙年间改为今名）、红崖关（旧称"红崖子山口"）、乩藏关、老鸦关、莫泥沟（明称"莫泥沟山口"，当地人称"照壁石"）、土门关、石嘴关（当地称"小关"或"石门槛"）、朵只巴关（明称"朵只巴山口"）、川半岭关（明称"船板岭山口"）、槐树关、西儿关、乔家岔关（明称"乔家岔山口"，清末民国初年改称"新营关"）、牙党（塘）关（明称"宁河关"，清改为今名）、沙麻关、思巴关（明称"思巴思山口"，清改为今名）、陡石关（亦称"杀马关"）、大马家滩关、小马家滩关、麻山关、俺陇关（亦称"安陇关"）。

河州二十四关自明洪武年间开设以来，受到历代统治者高度重视，如明神宗万历年间（1573~1620 年）和清乾隆年间（1736~1795 年）曾数度在河州边界"镌石为碣"，制定"汉蕃交界"线。其时就有"沿岭（白石山脉）分水为界，水流南面洮州地，水流北面河州地"之说。明代，二十四关守军由河州镇守节制。清代，由总兵督隶，明清时期均由参将、游击分管各路隘口要道，设把总为守军最高长官。

主要参考文献

1. 汉·司马迁：《史记》，中华书局，1982 年。

2. 汉·班固：《汉书》，中华书局，1962 年。

3. 南朝宋·范晔：《后汉书》，中华书局，1965 年。

4. 明·兵部编：《九边图说》（玄览堂丛书），明隆庆三年（1569 年）刊本。

5. 明·李应魁著，高启安、邰惠利点校：《肃镇华夷志》，甘肃人民出版社，2006 年。

6. 清·耿喻修，郭殿邦等纂：《金县志》，清康熙二十六年（1687 年）抄本，成文出版社有限公司，1970 年。

7. 清·黄文炜、沈青崖：《重修肃州新志》，清乾隆二年（1737 年）刊本。

8. 清·吴鼎新修，黄建中纂：《皋兰县志》，清乾隆四十三年（1778 年）刻本。

9. 清·许协修，谢集成等纂：《镇番县志》，清道光五年（1825 年）刊本，成文出版社有限公司，1970 年。

10. 清·陈士桢修：《兰州府志》，清道光十三年（1833 年）刊本，成文出版社有限公司，1976 年。

11. 清·陈之骥编：《靖远县志》，清道光十三年（1833 年）刊本，民国十四年（1925 年）铅字重印本，成文出版社有限公司，1976 年。

12. 清·张廷玉等：《明史》，中华书局，1974 年。

13. 清·梁份：《秦边纪略》，青海人民出版社，1985 年。

14. 永登县文化馆编印：《永登县文物概况》，内部资料，1989 年。

15. 华夏子：《明长城考实》，档案出版社，1988 年。

16. 艾冲：《明代陕西四镇长城》，陕西师范大学出版社，1990 年。

17. 甘肃省文物考古研究所编：《敦煌汉简》（全二册），中华书局，1991 年。

18. 天城志编纂委员会编：《天城志》，内部资料，2000 年。

19. 吴礽骧：《河西汉塞调查与研究》，文物出版社，2005 年。

20. 兰州市地方志编纂委员会、兰州市文物志编纂委员会编：《兰州市志·文物志》，兰州大学出版社，2006 年。

21. 兰州市安宁区地方志编纂委员会编：《安宁区志》，兰州大学出版社，2008 年。

甘肃省志

文物志

第五章　石窟寺

石窟寺是地面佛寺建筑的石化形式，集建筑、绘画、造像于一体，集中反映了古代佛教艺术。

甘肃石窟的分布西起河西走廊，东至陇东，南至陇南山区，共有200多处，多开凿于古代丝绸之路及交通要道沿线。甘肃石窟最早开凿于十六国时期，历北魏、西魏、北周、隋、唐、五代、宋、西夏、元直至明、清，代表了中国石窟寺开创、发展及衰落的全过程。截至2010年，被国务院公布为全国重点文物保护单位（第一批至第六批）的有敦煌莫高窟（含西千佛洞）、瓜州榆林窟（含东千佛洞）、肃南马蹄寺石窟群、武威天梯山石窟、永靖炳灵寺、天水麦积山、仙人崖石窟、泾川南石窟寺、王母宫石窟、庆阳北石窟寺、肃南文殊山石窟、武山水帘洞石窟群、木梯寺石窟、甘谷大像山石窟、庄浪云崖寺和陈家洞石窟等17处。被公布为甘肃省省级文物保护单位的有华亭石拱寺、肃北五个庙、玉门昌马、合水保全寺——张家沟门、合水莲花寺、靖远法泉寺、寺儿湾、镇原石空寺、玉山寺、白银红山寺、甘谷华盖寺等14处。

甘肃石窟寺可分为河西、陇中、陇南和陇东4个区域，造像种类繁多、造像与壁画相结合，异彩纷呈。河西地区石窟因所在地多砂砾岩，故多开凿在不易进行雕刻的第四纪砾石层（如莫高窟），窟内以泥塑造像为主，较少石雕作品，壁面多绘精美的壁画。陇中地区的炳灵寺等石窟，因所在地山岩结构较细腻、坚硬，可进行雕刻，故这一带石窟造像石雕、石胎泥塑和泥塑兼而有之，窟内壁面附以壁画，还有利用自然岩洞及崖壁进行造像并绘制壁画者（如炳灵寺第 169、172 等窟）。陇南地区石窟以石胎泥塑或泥塑造像为主，壁画较少。陇东地区则以石雕造像为主。甘肃各地的许多大型石窟多建有木构或仿木构窟檐，如莫高窟第 96 窟前九层楼、麦积山第 4 窟（上七佛阁）仿木构窟檐及前廊等。目前，莫高窟已发掘了 30 余座窟前殿堂建筑遗址。

十六国时期开凿的石窟多集中于河西地区，如莫高窟第 268、272、275 窟属北凉开凿，窟形分禅窟和殿堂式佛殿窟，造像以弥勒为主要题材，壁画有佛说法图、千佛及佛本生故事等。人物造型躯体健壮，明显受西域风格的影响，壁画采用西域凹凸法晕染。天梯山石窟开凿于北凉时期，为凉州石窟的代表。马蹄寺石窟群千佛洞、金塔寺东西二窟、文殊山千佛洞和万佛洞等早期洞窟时代的开凿年代问题主要有两种观点，一种认为均属北凉，一种认为是北魏开凿。其共同特征是中心柱窟，中心柱一般分基座和柱身两部分，柱身分数层每面开龛造像，造像题材有释迦牟尼佛、三佛、交脚菩萨、半跏思维菩萨及一佛二菩萨、一佛二弟子等组合形式。壁画内容有说法图、七佛、千佛、供养菩萨、伎乐天、供养人等。炳灵寺第 169 窟开凿于西秦，窟内有西秦建弘元年（420 年）墨书造像题记，是中国石窟已知最早的

纪年造像题记。该窟内出现的一些造像和壁画题材多以大乘佛教为主，且都来自于中原地区及南朝，如无量寿佛、维摩诘、释迦多宝并坐说法等；还出现一些简单的依据某一佛经内容而绘制的大乘经变画雏形，如西方净土（依据《佛说无量寿佛经》）、维摩诘变（依据《维摩诘经·文殊问疾品》）、法华变（依据《法华经·见宝塔品》）等，对此后中国石窟中大型经变画的出现具有开创性意义。该窟的西秦壁画风格多受汉文化影响，与西秦乞伏政权汉化程度较高以及这一地区接近中原有关。河西地区北凉石窟多受西域佛教文化的影响，凉州石窟造像风格对北魏云冈石窟产生了很大影响。

甘肃石窟大量开凿于北魏——西魏时期，在继承十六国佛教艺术始创的基础上，又出现了一些新的石窟，如麦积山石窟、保全寺石窟、王母宫石窟、法泉寺石窟和南北石窟寺等，基本奠定了甘肃石窟的分布格局。除政府组织开凿石窟的活动外，地方刺史等高级官员也大量参与石窟营建。如泾州刺史抱嶷、奚康生，瓜州刺史元荣等。这一时期，莫高窟以中心柱窟为主，窟前部为人字披顶，后部为平顶，还出现了中国传统建筑营造形式。同时，正壁开一龛的覆斗顶窟（西魏第 249 窟）开始出现于莫

高窟，还有西魏第285窟大型组合式禅窟。陇东合水张家沟门和保全寺等小型龛像受云冈二期石窟的影响明显，造像以一佛二菩萨或交脚弥勒、二佛并坐为主。王母宫石窟由泾州刺史抱嶷营建，完全模仿云冈第6窟塔柱窟的形式，陇东地区的南、北石窟寺由泾州刺史奚康生创建。出现了大型七佛窟（如南石窟寺第1窟、北石窟寺第165窟），造像以七佛加弥勒菩萨为主，并出现了大型萨埵舍身饲虎本生浮雕和佛传故事雕刻。麦积山石窟造像以泥塑为主，题材以三佛为主，壁面多有附属影塑，这也成为麦积山石窟北魏、西魏造像的主要特征。炳灵寺石窟北魏造像以石雕为主，并受龙门、巩义市石窟的影响出现了以二佛并坐为主尊的三佛窟。北魏晚期，中原龙门石窟秀骨清像的造像风格影响了甘肃石窟寺艺术。这一时期，莫高窟壁画的内容除说法图、千佛外，佛传及佛本生故事、因缘故事流行起来，如九色鹿本生及沙弥守戒自杀缘、五百强盗成佛等。莫高窟西魏第285、249窟壁画内容新出现东王公与西王母、伏羲与女娲等中国传统神话题材内容。麦积山第127、135窟出现了北朝时期大型经变画西方净土变、涅槃变、维摩诘经变、地狱变等，在佛教经变画发展演变史中具有重要意义。

北周时期，地方官吏如秦州大都督李允信创建麦积山上七佛阁、秦州总管尉迟迥创建拉梢寺、瓜州刺史于义创建莫高窟第428窟等，进一步推动了石窟开凿造像之风的盛行。这一时期，甘肃石窟寺的开凿主要集中在麦积山、北石窟寺、水帘洞石窟群、莫高窟等地。其中麦积山石窟受中原地区的影响，以帐形窟及仿木构建造洞窟为特征，特别是出现了大型崖阁式和长廊式洞窟，如第3、4窟等。北石窟寺则以小型窟龛为主。水帘洞石窟群是这一时期选址新建的大型石窟群，多依自然岩洞和崖壁开龛造像，并绘制壁画，其中拉梢寺摩崖浮雕泥塑释迦牟尼坐佛及二胁侍菩萨像为甘肃省境内石窟寺中现存最大的石胎泥塑造像，造像明显受中亚佛教艺术的影响。莫高窟仍以中心柱窟为主，营建了第428窟这一大型洞窟。北周时期的造像与壁画风格一改北魏晚期至西魏时期褒衣博带、秀骨清像风格，出现了复古的意味，以健壮厚实风格为主，造像中出现一佛二菩萨二弟子组合。麦积山石窟北周洞窟还出现了以七佛造像为主的题材，壁画仍以说法图、千佛为主。莫高窟仍有较多的佛传和佛本生、因缘故事，其中第428窟壁画，出现了表现华严思想的卢舍那佛、涅槃与释迦多宝组合、萨埵舍身饲虎本生与须大拿施舍本生组合的新内容。此外，第428窟四壁上部饰以贴塑千佛影塑，与麦积山第4窟的布局形式一样，反映出二者之间的艺术交流成果。麦积山第26、27窟顶部绘制涅槃变和法华变壁画，继续引领甘肃省境内众多石窟寺经变画的先河。

隋唐时期是甘肃石窟寺营造发展的鼎盛时期，大型石窟如莫高窟、炳灵寺、麦积山、北石窟寺等有相当一部分洞窟开凿于此时。这一时期，甘肃石窟寺艺术逐渐向民族化形式过渡并发展。造像题材多样，造像组合一铺多达9身或11身。盛唐时期，在丝绸之路沿线建造了众多弥勒大佛像，有的高达30多米，如莫高窟北大像和南大像、榆林窟第6窟、天梯山第13窟、炳灵寺第171窟、甘谷大像山第6窟等。隋代造像逐渐由北朝时期的秀骨清像向丰满为体的风格过渡，盛唐时期完全形成了丰腴饱满的成熟造型。莫高窟隋唐时期洞窟以宽敞的殿堂式洞窟为主，四壁及顶部绘有大型壁画，还出现了大型经变画，并经变画中穿插绘有许多反映现实生活的内容，如农业及手工业生产、嫁娶、贸易等。北朝时期流行的佛传及佛本生、因缘故事画则明显减少。

五代—宋代以后，甘肃石窟的开凿主要集中于莫高窟及陇东地区。这一时期，莫高窟在唐代原有窟龛的基础上，改建、重绘了部分洞窟。西夏时期，甘肃石窟的开凿又出现了新高潮，莫高窟、榆林窟、东千佛洞、文殊山石窟等均保存有较多的西夏作品。西夏壁画内容主要有弥勒变、文殊普贤变、涅槃变等大型经变画。同时受藏传佛教的影响，西夏壁画中出现了坛城图等密宗题材。宋金时期，陇东地区子午岭区域开凿了一些新洞窟，如合水莲花寺、安定寺石窟等。受同时期陕北石窟的影响，陇东地区石窟与陕北地区宋金石窟有较多的一致性，题材主要有三佛、五百罗汉、涅槃等。

元代，甘肃石窟除马蹄寺、莫高窟等开凿有新的洞窟外，其他石窟主要是对早期石窟进行重修或重绘。壁画以藏传佛教密宗题材为主，如莫高窟第3、465窟千手千眼观音、坛城图等。

明清时期，甘肃石窟的开凿进入尾声。

除上述各石窟规模宏大的石造像、泥塑像、壁画、木构窟檐建筑及窟前殿堂遗址外，1900年，在莫高窟藏经洞出土了约5万件各类文书、绘画等作品，其时代从十六国时期一直可延续至五代、宋时期。对藏经洞文物及敦煌石窟为主的保护研究工作逐渐形成了一门国际性显学——敦煌学。

第一节　河西石窟

河西石窟分布在河西走廊地区的敦煌市、酒泉市、张掖市、武威市境内，主要开凿在走廊南部祁连山区。敦煌石窟以莫高窟为主，周围有西千佛洞、榆林窟、东千佛洞、五个庙石窟等。酒泉地区主要有文殊山、昌马石窟等。张掖地区有马蹄寺石窟群、童子寺石窟等。武威地区主要有天梯山、亥母洞石窟等。河西石窟最早开凿于十六国时期，北魏至元代不断开凿，明清时期大量重修。

莫高窟

俗称"千佛洞"。开凿于敦煌市东南25千米处的鸣沙山东麓、宕泉河西岸断崖上。坐西朝东，面向三危山。洞窟分布在南北长约2千米的崖面上，岩质为酒泉系砾石岩层，由积沙与卵石沉淀黏结而成，沙层疏松，造像以泥塑彩绘为主。

莫高窟的始建年代，唐代敦煌写本《沙州地志》（P.2691）记载，莫高窟始建于东晋永和九年（353年）。据唐代"李君修莫高窟佛龛碑"（原出于莫高窟第332窟，现存敦煌研究院）记载，前秦建元二年（366年），高僧乐僔开创了莫高窟第一个洞窟。"莫高窟者，厥初秦建元二年（366年），有沙门乐僔，戒行清虚，执心恬静。尝杖锡林野，行至此山，忽见金光，状有千佛，遂架空凿岩，造窟一龛。次有法良禅师，从东届此，又于僔师窟侧，更即营造。伽蓝之起，滥觞于二僧。复有刺史建平公、东阳王等，各修一大窟。自后合州黎庶，造作相仍。……爰自秦建元之日，迄大周圣历之辰，乐僔、法良发其宗，建平、东阳弘其迹，推甲子四百他岁，计窟室一千余龛，今见置僧徒，即为崇教寺也。"莫高窟第156窟北壁晚唐墨书《莫高窟记》的内容大体与"李君修莫高窟佛龛碑"一致。目前，国内外通常采用前秦建元二年（366年）说。

莫高窟在西晋时曾有"仙岩寺"之称，十六国前秦时名"莫高窟"，隋末唐初曾改名为"崇教寺"，元代称"皇庆寺"，清末称"雷音寺"。现存石窟分十六国北凉、北魏、西魏、北周、隋、唐（分为初唐、盛唐、中唐、晚唐）、五代、宋、回

莫高窟

莫高窟第 275 窟交脚弥勒
北凉

莫高窟第 254 窟　北魏

鹄、西夏、元共 11 个时代，历时 1000 多年。南区 492 个，洞窟较密集，均有彩塑或壁画。北区洞窟编号有 243 个，大部分洞窟没有壁画和塑像，主要是古代僧侣生活、修行窟以及埋葬僧人遗骨的瘗窟等。保存壁画 4.5 万多平方米、彩塑 2000 多身、唐宋木构窟檐建筑 5 座。现存窟龛总数为 735 个。

　　附属于莫高窟的其他遗存有佛寺 3 处（上、中、下三寺）、佛塔 26 座、牌坊 3 座、城堡遗址 1 处。

　　莫高窟洞窟形制主要有：禅窟（第 268、285 窟等）、中心柱窟、殿堂窟、大像窟（第 96、130 窟）、涅槃窟（第 148、158 窟等）、僧房窟、瘗窟等几种。

　　莫高窟泥塑造像多加以彩绘。彩塑题材主要有佛、菩萨、弟子、天王、力士等，早期石窟中多为单尊像，隋唐以后多为成组彩塑，通常为一佛二弟子二菩萨二天王，有时一组佛像多达十数身。造像早期较多受印度、西域的影响，佛像有明显的印度、犍陀罗风格；隋唐以后，来自中原的影响占主导地位，体现出中国化、写实化倾向。唐代出现了如第 96、130 窟高达二三十米的大佛以及第 148、158 窟长达十五六米的大型涅槃像。

　　壁画题材主要有七类：尊像画、中国传统神话题材、佛经故事画、经变画、佛教史迹画、供养人画像、装饰图案画。

　　十六国北朝时期是莫高窟营建的第一个阶段，现存石窟主要包括四个时期：十六国北凉（401~439 年）、北魏（从太平真君六年平定西域到永熙三年期间，445~534 年）、西魏（北魏皇室东阳王元荣家族统治敦煌时期，535~556年前后）、北周（557~581年）。

莫高窟现存北凉时期的洞窟有第268、272、275等7个窟龛。洞窟形制有多室禅窟、方形佛殿窟、纵长方形佛殿窟。造塑均为单身造像，题材有交脚坐佛、倚坐佛、交脚菩萨、半跏思惟菩萨等。壁画内容主要有本生及因缘故事、佛传故事画、尊像画、供养人像、图案纹样等。北凉壁画人物造型采用西域式晕染法（即凹凸法），辅以线描，以表现人物面部和肢体的立体感。

北魏洞窟现存10个，包括第251、254、257、259、260、263、265、273、441、487窟，多为前部人字披顶、后部平顶的中心柱窟。中心柱正面开一大龛，塑交脚佛或倚坐佛像，其余三面分上下两层开龛。南北壁上层开阙形龛，内塑菩萨。下层龛内塑结跏趺坐佛像，佛像两侧或龛外两侧塑胁侍菩萨像。洞窟顶部画人字披图案和平棋图案，四壁上部为天宫伎乐，中部绘千佛或千佛围绕式说法图和本生、因缘、佛传故事画，下部绘供养人和药叉。

西魏洞窟现存11个，包括第246、247、248、249、285、286、288、431、432、435、437窟。窟形主要有中心塔柱窟、禅窟（第285窟）和覆斗顶殿堂窟。出现中心塔柱四面各开一龛的形式。泥塑造像主要有倚坐佛、禅定佛、苦修佛像、

交脚菩萨、胁侍菩萨像等，主尊多为倚坐佛。佛像两侧皆有胁侍菩萨像。壁画题材分尊像画、佛经故事画、传统神话题材、供养人画像、装饰图案画等。

北周洞窟现存16个，包括第250、290、291、294、296、297、298、299、301、428、430、438、439、440、442、461窟。北周时，敦煌大姓令狐氏、京兆望族韦瑱、贵戚陇西李贤、建平公于义等先后执政敦煌。北周洞窟主要有中心柱窟和覆斗顶殿堂窟两种。塑像出现一佛二弟子二菩萨组合。造像头部方圆，上身较大，下身较短小。壁画题材与西魏一致，故事画出现了一些新内容，如须大拿太子施舍本生、萨埵舍身饲虎本生、善事太子本生、须阇提本生、睒子本生、微妙比丘尼因缘和福田经变等；第428窟还出现涅槃图，是隋唐以后涅槃变的早期形式。人物画法既有西域式晕染法，又有中原式晕染法。第290窟窟顶绘制的佛传故事

莫高窟第285窟西壁及西披　西魏

莫高窟第 428 窟主室内侧面全景　北周

莫高窟第 427 窟中心柱东向面　隋

画有 80 多个情节，是目前所见佛传故事情节最多的一个洞窟。

隋代 37 年间，在莫高窟兴建了 94 个洞窟，加上重修前代洞窟，总数超过 100 个，分为三期。第一期（隋初至开皇九年（589 年））有 7 个洞窟，洞窟形制有一龛窟（第 250、266、304、309 窟等）、三壁三龛加中心佛坛窟（第 305 窟）、须弥山形中心柱窟（第 302、303 窟）等。第二期（隋开皇九年（589 年）至大业九年（613 年）略后）有洞窟 34 个，石窟形制分为一龛窟（第 419、418、417 窟等）、三龛窟（第 420 窟）、中心柱窟（第 427、292 窟）、无龛窟（第 429 窟）。第三期（隋大业九年（613 年）以后至唐初武德年间）洞窟现存 39 个，石窟形制分为一龛窟（第 282、314、390、392、400 窟等）、三龛窟（第 56、401、383 窟）、无龛窟（第 279、244、281、313、393、429、298 窟等）。隋代洞窟形制主要以覆斗顶西壁一龛窟

为主，其次为前部人字披顶、后部为平顶式或前部为平棋、后部为人字披顶式，少数洞窟沿袭早期人字披中心柱窟形制。出现内外双重龛形式，龛内增设佛床。单铺造像流行一佛二弟子二菩萨，组合以三佛为主。造型具有头大、腹鼓、腿短的特点。壁画内容除继续沿用早期佛传、佛本生、因缘故事画外，出现了简单的净土经变、维摩诘经变、法华经变、弥勒经变等经变画。在装饰纹样和图案上，传统的花鸟、忍冬纹与新传入的波斯风格纹样狮凤纹、联珠、狩猎纹、兽禽纹等并用。

唐代莫高窟开窟造像数量最多，分初唐、盛唐、中唐和晚唐四个时期。又以安史之乱为界，把唐代分为前、后两个时期，前期为初唐、盛唐，后期为中唐、晚唐。

莫高窟初唐时期（唐朝建立到长安四年，618~704 年）新建洞窟 46 个，代表窟有第 57、96、123、203、209、220、

332、334、335、321、328、329、322 窟等。初唐石窟可分武德（618~626 年）、贞观（627~649 年）、高宗及武则天（650~704 年）三期。武德时期，石窟形制与绘塑制作仍沿袭隋末，以覆斗形窟顶双层龛为主。反映净土思想的阿弥陀净土变、维摩诘经变增多，出现了弥勒上生、下生经变。贞观时期，以贞观十六年（642 年）建造的第 220 窟为代表，南、北、东壁分别绘阿弥陀净土变、药师经变、维摩诘经变。武周时期，洞窟建造颇多，题材丰富。证圣元年（695 年）造 33 米高弥勒大佛（第 96 窟，北大像）。壁画色彩鲜艳，装

饰效果强。窟顶藻井图案复杂，变化多样，红、绿、青、赭色对比强烈。经变多为通壁大幅西方净土变、维摩诘经变、涅槃经变和弥勒上生、下生经变。第 321 窟宝雨经变是敦煌石窟中唯一的一幅。

莫高窟盛唐时期（唐神龙元年至建中二年，705~781 年），新建洞窟 97 个。窟形多承袭初唐形制，以覆斗顶西壁开龛的殿堂式为主，也出现少量异形窟，如开元九年（721 年）开凿的南大像（弥勒坐像）。并开凿涅槃大窟（第 148 窟、李大宾于大历十一年开凿），南北两壁各开一帐形龛，分别绘塑如意轮观音与不空绢索

莫高窟第 96 窟九层楼外景

莫高窟第 148 窟释迦牟尼涅槃像

菩萨。盛唐石窟的装饰图案精美。盛唐彩塑与壁画形成绘塑结合形式，内容以释迦佛或弥勒佛为中心，两侧塑二弟子二菩萨二天王二力士，像后龛壁上绘八弟子六菩萨二天王，形成龛内环侍释迦佛或弥勒佛的十大弟子、八大菩萨、四大天王。盛唐第一、二期洞窟多绘大乘经典变相，第三期出现大量密宗题材。根据《敦煌莫高窟内容总录》统计，盛唐壁画题材有观无量寿经变 20 铺、法华经变 16 铺、维摩诘经变 3 铺、弥勒上生、下生经变 14 铺、阿弥陀净土变 7 铺、华严经变 1 铺、药师净土变 3 铺、天请问经变 1 铺、如意轮观音变 1 铺、不空绢索观音变 2 铺、涅槃变 3 铺、普贤变 3 铺、文殊变 3 铺、报恩经变 2 铺、千手千眼观音变 3 铺、观音藏摩尼宝胜佛变 1 铺、佛教史迹画 2 铺，其中净土思想仍是敦煌地区的主要信仰。753 年，密宗大师不空三藏应河西节度使哥舒翰之邀，到凉州设坛灌顶，使内地兴起的汉密艺术开始西传。845 年会昌灭

法后，此类壁画在中原毁除殆尽，而莫高窟第 148 窟的密宗壁画成为中国佛教艺术中少见的珍贵实物。

吐蕃统治的 67 年习称中唐，张议潮家族统治的 57 年习称晚唐。

中唐时期（吐蕃占领时期，781~848）新开凿的洞窟有 48 个，重修 28 个，完成盛唐未竣工 9 个。

晚唐时期（张氏归义军时期，848~907 年）张议潮家族笃信佛教，在莫高窟共开凿 71 个新窟，续建和重修前代 11 个洞窟。

中晚唐时期的洞窟有前室、甬道和主室。中唐时期以殿堂窟、涅槃窟、隧道窟为主；晚唐时期以中心佛坛式、方形深龛式、中心龛柱式为主。窟内主体位置雕塑佛像，四壁及顶部绘制壁画。吐蕃时期的彩塑承袭唐代前期内容，在正壁龛内塑释迦像、三世佛、七世佛，单铺组合有的多为一佛二弟子二菩萨二天王二力士。张议潮时期的彩塑大体继承吐蕃时期的题材和风格，仍然保持一铺七身或九身塑像形式。龛内多为小型塑像，中心佛坛塑像规模超过了吐蕃时期。吐蕃时期的壁画内容与唐代前期略同，主要有佛像画、经变画、瑞像画、供养人画像、装饰图案五类，其中又以经变画为主。

五代、北宋时期（906~1036 年），敦煌处于曹氏归义军政权统治时期（914~1036

年）。曹氏家族统治者崇尚佛教，开凿了一批规模巨大的洞窟，还建立隶属于官府的画院、伎术院，民间也成立画行，形成院派特色，聚集一批能工巧匠，使沙州成为河西走廊地区的佛教中心。莫高窟开凿 41 个洞窟（五代 26 个，北宋 15 个），其中有明确造窟纪年题记的有第 5、25、53、55、61、98、100、256、449、454、469 窟等和天王堂，还重修了 248 个前代洞窟（五代 151 个，北宋 97 个）。这一时期的洞窟形制大多沿袭晚唐中心佛坛覆斗顶殿堂式。曹氏政权后期出现了第 377 窟梯形顶窟形和第 443 窟穹隆顶窟形。此外，维修旧窟时，还给一些洞窟装修了木构窟檐和栈道，如有纪年题记的第 427、444、431 窟。

曹氏政权时期的洞窟现存塑像以五代第 261 窟和宋代第 55 窟为代表。其中第 55 窟为背屏式佛坛窟，佛坛造像为弥勒三会说法，是莫高窟宋代造像新出现的题材。壁画内容仍以经变画为主，有 19 种之多，基本承袭晚唐规范，但描绘的具体内容有所增加，且多以变文为依据。故事画也出现了鸿篇巨制，如五代第 98 窟屏风画，描绘《贤愚经》的故事画多达 30 余种。又如第 61 窟佛传故事画也增

莫高窟第 61 窟　五代

莫高窟第 55 窟　宋

加了一些新内容，连屏 33 扇，共 131 个画面。供养人画像的规模宏大，甬道和东壁两侧绘制高大的窟主和宗族显贵画像，如第 98 窟所绘曹氏父子和张氏家族成员以及于阗国王像等，第 100 窟则是曹议金与回鹘公主出行图。还出现一些新题材，如第 72 窟《刘萨诃变相》、第 61 窟《五台山图》以及第 220 窟《新样文殊》等。

宋天圣六年至景祐四年间（1028～1037 年），归义军政权被沙州回鹘和西夏政权取代。10 世纪后期至 12 世纪初叶，世居瓜沙地区的回鹘族逐渐形成一股强大势力。在曹氏家族衰微、无力抵御外力入犯的情况下，瓜沙地区回鹘族于 1030 年前后掌握了瓜沙政权，史称"沙州回鹘"。

沙州回鹘时期，开凿洞窟 1 个，重修洞窟 15 个。窟形因袭宋制。在艺术表现上，早期沿袭宋窟遗风，后期则形成简略粗放、构图疏朗、色调明快、装饰趣味浓郁、人物造型圆润丰满的风格。在用色上，多以铁朱为底，配以少量石绿、石青和纯白色，色调温和，典雅富丽，重视装饰效果。新出现了十六罗汉图、行脚僧图、编织纹、波状云头纹卷草边饰和回鹘族男女供养人画像等题材和纹样，形成题材、艺术上独具特点的沙州回鹘艺术，以第 97、409 窟为代表。

11 世纪上半叶，党项族西夏占领瓜、沙等十余州。

西夏时期，在莫高窟开凿洞窟 1 个，重修洞窟 60 个。窟形因袭宋制。彩塑出现供养天女新题材，面相、服饰均如宋塑。壁画题材主要是千佛、简略形式的净土变、高大的供养菩萨行列等。壁画底色除沿袭宋代石绿敷底外，新创铁朱染壁为底的做法。经变画比宋代更趋简单化、程式化，装饰性加强，菩萨与人等身，整齐排列，但千相一面。一些团凤、团龙藻井等装饰图案颇有特色，以第 16、130、234 窟为代表。

1227 年，蒙古成吉思汗灭西夏，同年三月破沙州。至元十七年（1280 年）设沙州路总管府，至明洪武五年（1372 年）冯胜西征，沙州归明。

蒙元时期，莫高窟新开洞窟 8 个，重修洞窟 19 个。窟形有中心柱窟和覆斗顶形窟。西宁王速来蛮及其妃屈术等在敦煌修建皇庆寺，弘扬佛教。塑像除泥制彩塑外，还采用夹纻工艺。壁画内容主要有千手千眼观音、密宗曼荼罗双身像、骡子天王、舍利宝塔、炽盛光佛等。按内容可分为显密和藏密两大系统，前者以第3窟和第95窟为代表，后者以第465窟为代表。

明嘉靖三年（1524年），明朝关闭嘉峪关，敦煌孤悬关外，莫高窟"佛像屡遭毁坏，龛亦为沙所埋"。

清同治十年至十二年（1871~1873年），陕西回族首领白彦虎率起义军围攻敦煌，"遂将佛龛半付灰烬，令人有不忍目睹之状"。后敦煌士民重塑、重修大量造像和少量壁画。

1900年，道士圆禄发现藏经洞，同时对莫高窟其他一些洞窟、造像、壁画进行清理、重塑、重妆。

1922年，溃散的白俄军阿连阔夫率残部500多人经新疆逃窜到敦煌，驻扎在莫高窟约8个月之久，在窟内生火做饭，烟熏火燎，对塑像、壁画肆意毁坏。

民国十七至二十四年（1928~1935年），敦煌寺庙僧人集合"官绅农商各界"，"八易春秋，用金一万二千余元"，将北大像木构建筑由原残损的五层楼改建为九层楼。

莫高窟第465窟主室全景　元

清代开凿洞窟2个，重修洞窟218个。民国时期重修洞窟2个。重修或重塑的雕塑有1182身之多，重绘壁画200多平方米，另有重修或改建的木结构建筑6处。壁画题材主要为道教内容，如玉皇、老君、真武、灵官、八仙、赵公元帅以及钟馗、门神、唐僧、孙悟空、送子娘娘、牛头马面、判官等，也有一些山水花鸟及暗八仙等图案。第233窟佛坛东面下沿有清代绘26身男供养人像，很有特色，可能是清代戍边将士所绘。第96窟（九层楼）殿前门窗上有1930年前后绘制的一组十二生肖图，具有浓厚的生活气息。

莫高窟的营建到元代进入尾声。明

伯希和在藏经洞内挑拣精品

代，由于朝廷无力经营敦煌，敦煌石窟渐趋荒废。清代，随着新疆的收复，朝廷开始重新经营敦煌，但佛教已走向衰落，莫高窟长期处于无人管理状态。1900年，藏经洞（第17窟）被发现，所藏5万多件经卷文书以及绘画品公之于世，但由于清政府无力采取保管和保护措施，大量珍贵文物无人管理。在藏经洞文物发现以后的10多年间，英、法、俄、日、美等国探险者斯坦因、伯希和、奥登堡、华尔纳等相继到敦煌，通过不正当手段从王圆禄手中获取大量文物。1910年，由于一些有识之士的呼吁，清政府下令将剩余文物全数运到北京，但王圆禄仍私自藏了不少。此后几年间，日、俄、英等国探险家再次到敦煌时，王圆禄又分别卖给他们不少。王圆禄利用倒卖文物所得，对莫高窟进行了"补修"，用红、蓝等颜料涂饰大量古代彩塑表面，使这些彩塑失去原作面貌。由于莫高窟上层栈道多已损坏，为能进入上层洞窟，他将洞窟之间的隔墙打通，损坏大量古代壁画。1924年，美国人华尔纳到敦煌窃取壁画20多块，彩塑菩萨1尊。

莫高窟窟前多有殿堂建筑。从1963年开始，先后进行了四次窟前殿堂遗址的发掘。第一次是1963年7月至1966年上半年，清理发掘了由南而北第108、100、98、85、61、55等20多窟的窟前殿堂或其他遗址，并发掘新窟龛6个（第487窟等）；第二次是1979年7月至10月和1980年4月至6月，发掘了第130窟窟前大型殿堂遗址；第三次是1999年6月至7月，清理发掘了第72~176窟窟前殿堂遗址；第四次为1999年10月至11月，清理发掘第94、95、96窟窟前殿堂遗址。其中除第98窟为初唐时期遗址外，其他的都属五代至元代建筑遗址。

1988~1995年，对北区洞窟的大规模清理发掘，为揭示莫高窟的全貌和营建历史提供了宝贵的实物资料。通过对莫高窟北区已暴露和被沙掩埋的全部洞窟进行清理和发掘，探明该区共有洞窟248个，基本上弄清了每个（组）洞窟的结构、使用状况、功能和年代。

1944年，国立敦煌艺术研究所成立，开展对敦煌石窟的保护和有计划临摹与研究工作。1951年，国立敦煌艺术研究所改名为敦煌文物研究所，1984年扩建为敦煌研究院。

1944年，国立敦煌艺术研究所成立后，首先对窟区内积沙进行清理、对文物进行调查、测绘、临摹等工作。1963~1965年完成窟外梁柱支顶一期工程；1984~1987年完成窟外梁柱支顶二期工程，并对窟区崖体进行加固修缮，对洞窟进行清理。1979年，莫高窟开放。1987年，航空工业部625新黎明铝业厂承建安装铝合金门窗，以减少光线等自然因素对洞窟壁画的影响。洞窟壁画修复工作持续展开，先后完成第98窟壁画彩塑修复项目，第96窟大佛及第95、228、229、230窟壁画保护修复工程，第360、386窟壁画彩塑保护修复项目，第130窟窟前遗址修缮工程等，效果显著。

1961年，莫高窟被国务院公布为第一批全国重点文物保护单位。1987年被联合国教科文组织列入世界文化遗产名录。1999年2月24日，《甘肃省人民政府关于公布甘肃省全国重点文物保护单位保护范围的通知》（甘政发〔1999〕22号）划定了莫高窟的保护范围。2002年，《甘肃省人民政府关于重新划定并公布敦煌莫高窟保护范围的通知》（甘政发〔2002〕97号）又重新划定并公布了莫高窟的保护范围："重点保护区：东以大泉河东岸为界；南至成城湾起向南延伸500米；西以石窟崖沿起向西延伸2000米；北至省道217线11千米里程碑处。一般保护区：东至三危山西麓；南至整个大泉河流域，包括大泉、条湖子、大拉牌、小拉牌、苦沟泉等水域；西至鸣沙山分水岭向西2000米；北至省道217线1千米里程碑处，并以公路为中心向东向西两侧各延伸3500米。"

2002年12月7日，甘肃省第九届人大常委会第三十一次会议通过、甘肃省人民代表大会常务委员会公告第 60 号公布《甘肃敦煌莫高窟保护条例》。

自莫高窟藏经洞发现以来，敦煌学已成为国际性显学。过去一百多年来，对敦煌学的研究取得了丰硕成果，在敦煌石窟考古、敦煌文书、敦煌石窟艺术、敦煌历史地理、中外文化交流、敦煌石窟保护、敦煌学史等诸多领域形成各有体系并互相交叉的研究格局，《敦煌研究》等期刊及经常性敦煌学国际学术研讨会成为敦煌学研究的主要阵地。

西千佛洞

敦煌石窟群之一。位于敦煌市城西约 35 千米的断崖上，前临党河，因其位于莫高窟及古敦煌城西，故名。现存编号洞窟 22 个，窟区东起南湖店，西至今党河水库，全长 2.5 千米。其中 1~19 号窟群集中开凿于党河河谷北崖，后 3 窟则散落于顺流东下 2~2.5 千米处。西千佛洞始建确切时代不详，巴黎藏敦煌遗书《沙州都督府图经》中有一段不连续的有关修佛龛的记叙："右在县（寿昌县）东六十里，《耆旧图》云：汉……佛龛……百姓渐更修营……。"可能是记载西千佛洞的。现存洞窟中，最早为北魏窟。共计北魏 1、北周 3、隋 2、初唐和盛唐 3、中唐 1、五代 1、沙州回鹘 3、西夏和元窟 2 窟，另有 2 个窟时代不明。洞窟形制与莫高窟同期洞窟基本相同，大致可分为中心塔柱窟、覆斗顶窟、平顶方形窟及敞口竖长方形大龛四种类型。隋代第 11 窟窟形类似游牧民族的圆形帐，是敦煌石窟中的孤例。现存彩塑 34 身，壁画 800 余平方米。塑像多经清代及民国时期重塑，少量保持原貌。壁画内容与风格基本与莫高窟同时期壁画一致，如第 12 窟南壁龛门两侧的劳度叉斗圣变和睒子本生故事画，为西千佛洞北周时期的代表作。其中劳度叉斗圣变是敦煌诸石窟中现存最早的同类作品。第 18 窟的观无量寿经变、东方药师经变、降魔变、观音经变等壁画是中唐时期壁画中最主要的代表作品。其中观无量寿经变中的"未生怨故事"是敦煌壁画连环画中的代表作之一。

第 7 窟 始建于北魏，西魏、清代重修。平面方形中心塔柱窟，前部人字披顶（已塌毁），后部平棋顶。主室进深 6.58 米，宽 6.96 米；人字披顶高 5.16 米，平棋顶高 5.38 米。

中心柱四面各开圆券形大龛，龛内外塑像多为清代重修，仅南向面龛内倚坐像是唯一保存至今的北魏原作塑像。龛内北壁残存化佛菩萨火焰纹佛背光，两侧画弟子各 1 身。西向面圆券形龛内清重修坐佛 1 身，龛壁北魏画菩萨 8 身；龛外北侧清修菩萨 1 身，北魏画飞天 2 身、供养菩萨 4 身；塔座西魏重画座沿忍冬纹边饰，下画男女供养人、比丘、比丘尼数身，底

西千佛洞

层露出北魏画力士数身。北向面为圆券形双树龛，这种形式最早见于莫高窟第275窟。龛内清修坐佛1身，存北魏壁画飞天、菩萨数身。龛顶绘一对飞天，与莫高窟北魏、西魏窟中飞天形象一致。东向面龛内清重修坐佛1身，龛内壁存北魏画飞天、菩萨各数身，龛楣画忍冬化生；龛外北侧北魏塑菩萨1身，画飞天、菩萨各数身；塔座下存西魏画男女供养人、比丘、比丘尼、力士各数身。

窟内北、东、西三壁壁画分上、中、下三段。上段画天宫伎乐，中部画大面积的千佛，下部画金刚、力士。窟内壁

画风格与莫高窟同期壁画相同，人物采用西域式的凹凸晕染法，色彩多用石青、石绿。造像残破处可见以草木为胎。

第8窟 始建于北周，隋代重修。平面方形中心柱窟，前部人字披顶，后部平棋顶。主室进深5.81米，宽4.8米，人字披顶高3.96米，平棋顶高3.16米。

主室东壁和窟顶东侧壁画为隋代所绘，是西千佛洞为数不多的隋代作品。中心柱南向面开一圆券形龛，龛内塑一佛二菩萨，龛内壁画弟子、菩萨、飞天，龛楣画火焰忍冬莲花化生。中心柱东西向面皆画说法图1铺，下残存男女供养人、比丘、

比丘尼、力士各数身。窟顶前部北披椽格间各画手执莲花的供养菩萨1身，后部平棋顶残存飞天莲花忍冬平棋3方，东侧南部残存隋画斗四莲花忍冬平棋3方。后部壁面大体可分为4层，依次为飞天、千佛、供养人、力士。西侧正中画释迦、多宝佛1铺。下残存男女供养人、比丘、比丘尼、力士各数身。西壁后部千佛像中画涅槃变1铺。与莫高窟北周第428窟同时，下残存男女供养人、比丘、比丘尼、力士各数身。东壁千佛中画说法图1铺，下残存男女供养人、比丘、比丘尼、力士各数身。

第9窟 始建于西魏，经北周、隋、初唐、回鹘、清代重修。主室平面方形中心柱窟，前部人字披顶，后部平棋顶。主室进深6.48米，宽5.93米，人字披顶高3.96米，平棋顶高3.17米。

中心柱仅南向面开一龛，龛内清修坐佛1身，龛内壁存西魏画婆薮仙1身、唐画弟子2身；龛外两侧分别为唐画日、月及云中坐佛，下底层存西魏残画。龛楣正中西魏绘一铺交脚菩萨说法图。龛外两侧各1身弟子塑像，皆清修。中心柱西向面存北周画千佛，千佛中有说法图1铺。北向面回鹘画并坐三佛1铺。东向面南侧唐画千佛，北侧回鹘画菩萨1身。窟顶前部人字披南披画二飞天，北披残存隋代补画飞天，后部平棋顶残存北周画斗四忍冬

莲花化生平棋2方。东、西壁南端各设有像台，东壁上沿画天宫伎乐，中间隋画宝珠；中部画说法图1铺；南端像台残存早期立佛粗胎1身，北端回鹘画药师佛1铺，下部残存男女供养人及侍从、车马、力士等。西壁上部北周画天宫、垂幔；中部北周画千佛；南端西魏画一浮塑项光，两侧朱墨白描伎乐飞天各2身。北壁存回鹘画涅槃变1铺。画面以土红色为主色调，佛的面部五官间用石绿勾勒。南壁上部画千佛，千佛中初唐画说法图1铺，下画男女供养人数身。本窟南壁与东壁分别有两行题记，南壁说法图东侧上端有"如意元年（692年）……"、东壁中间有"李仙凤天宝十三（754年）……"墨书题记，是西千佛洞仅有的纪年题记。

第11窟 初建于北周，现存壁画多为隋代所绘，唐、回鹘和民国时期重修。主室平面略呈横长方形，进深1.5米，宽5.27米，高3.03米。主室横人字披顶，窟形类似游牧民族的圆形帐幕，是敦煌石窟中的孤例。

北壁开一圆券形龛，龛内民国修坐佛1身。龛内顶有两层唐画，底层露出北周画飞天2身；龛内北壁画火焰形佛光，两侧各残存一佛项光；龛内东壁唐画弟子5身，底层露北周画菩萨披巾。龛外东、西两侧上部画千佛，下部分别为隋画男女供养人数身；东、西两壁上部皆画千

佛，千佛中说法图 1 铺，画风与莫高窟隋窟完全一致。其中西壁下部隋画女供养人 24 身；东壁下部隋画男供养人 23 身；南壁门上画千佛，门东、西上部画千佛，下部分别为隋画男女供养人数身及车夫、侍女、马、牛车。

第 12 窟 初建于北周，隋、唐、回鹘、民国重修。平面方形中心柱窟，前部人字披顶，后部平棋顶。主室进深 5.71 米，宽 5.8 米，人字披顶高 3.41 米，平棋顶高 2.98 米。

东、西壁南端各设有一佛床（像台）。中心柱南向面开一龛，内存民国时期塑坐佛 1 身，龛内壁存北周时期化佛火焰纹背光及回鹘时期重绘龛梁，龛上隋画坐佛 13 身，中心柱底座座身底层残存早期绘供养人 2 排。西向面绘千佛，千佛中绘说法图 1 铺。北向面回鹘画说法图 1 铺。东向面盛唐绘说法图 1 铺。窟顶前部人字披画脊枋水纹、莲花图案，南、北披椽间忍冬莲花禽鸟图案各 16 格、17 格，后部西侧画斗四莲花化生忍冬平棋图案、东侧南部残存回鹘画彩椽。北壁回鹘画坐佛 7 身。西壁前部佛床上残存立佛足部，上部画千佛，千佛中间画说法图 1 铺，下部残存男女供养人数十身。东壁前部佛床上塑立佛 1 身，后部上部回鹘画说法图 1 铺，北端盛唐画说法图 1 铺。南壁门上画说法图 1 铺，门东上部画千佛，中部画劳度叉

斗圣变 1 铺，门西上部画千佛，中部画睒子本生 1 铺（多漫漶）。画面上部榜题尚可读。中心柱正面龛内的坐佛与东、西两壁前部各一立佛为"三佛"组合。

第 16 窟 建于晚唐，五代、宋、回鹘、民国重修。平面方形覆斗顶窟。前室进深 1.62 米，宽 3.86 米，高 3.82 米；主室进深 3.98 米，宽 4.49 米，顶高 4.1 米。

前室现存壁画主要绘于五代。前室横卷顶，北壁门东西各设一像台。北壁皆为五代画坐佛；西壁残存五代画坐佛，中间底层晚唐画男供养人 1 身；东壁残存五代画坐佛 3 身。主室壁画多在回鹘时期重新绘制。主室窟顶藻井画团花井心，四披画千佛（部分为回鹘补画）。北壁设佛床，民国时期塑坐佛、骑狮文殊、骑象普贤各 1 身，壁面上有回鹘时期飞天，底层露唐画赴会佛。佛床南向面残存回鹘女供养人 5 身。东壁、西壁、南壁皆回鹘时期所画。南壁门上为七世佛 1 铺，门东为药师佛 1 身，门西高僧 1 身，回鹘王子供养像 1 身、女供养人 1 身，底层皆残存唐画菩萨；甬道两壁现为回鹘装的男女供养人。男供养人头戴桃形冠，身着团龙袍，身后四侍者。据其服饰，很可能是回鹘可汗或贵族像。

第 18 窟 初建于中唐，五代重修。平面方形覆斗顶窟。主室进深 4.1 米，宽 5.29 米，高 5.26 米。

窟顶画藻井交杵莲花井心,井心外周为由几何纹、云纹、植物纹、垂幔、璎珞组成的多重边饰。四披画千佛,千佛中画说法图各1铺(多残毁)。北壁开一盝形顶龛,龛内设马蹄形佛床,龛内顶中央残存团花5朵,北、披存立佛5身,东披存立佛5身。龛内东、西壁绘屏风各3扇,内画法华经变观音普门品。龛外两侧各设一像台,上原有天王塑像。西侧下像台东向面有五代画于阗国王、公主礼佛图(漫漶);南向面存五代画童子,底层残存唐画供养人。窟内东壁画药师经变1铺;西壁画观无量寿经变1铺,保存完好,画面以无量寿佛为中心,周围建筑、人物呈对称状环绕,南、北两侧分别表现"未生怨"和"十六观";南壁门上残存降魔变1铺,门西画不空绢索观音变1铺,门东侧已被毁。

第19窟 始建于五代,宋代重修。主室前部已毁,后部在正壁上约1米高处凿有1个与窟室等宽直通窟顶的大龛。主室进深7.54米,宽4.84米,高3.84米。

窟顶中间宋画一立佛,西侧下部残存五代画罗汉10身,东侧下部残存五代画罗汉3身。北壁开一纵平拱顶大龛,龛内设马蹄形佛床。龛内北壁存倚坐佛塑像1身,佛背光两侧各画弟子5身、供养童子1身。东、西壁各设通壁像台。龛内东、西壁各残存地鬼塑像1身,东、西侧壁面各画菩萨3身、护法天部2身、天王1身。龛外东侧壁面画赴会菩萨1身、罗汉7身,西侧壁面画罗汉3身。窟内东壁画罗汉46身,西壁画罗汉95身。东壁像台上残存罗汉5身,西壁像台残存8身,共计13身罗汉塑像。本窟是敦煌石窟中唯一用泥塑列像表现十六罗汉的洞窟。

1908年,法国探险家伯希和在考察莫高窟期间,曾到过西千佛洞。1931年,瑞典生物学家毕尔格·布林应邀参加中国西北科学考察团到西千佛洞考察并绘制了洞窟草图,后于1936年发表了《西千佛洞新探》(《哈佛大学学报》第一卷亚洲专栏)。1941年,张大千曾对西千佛洞进行编号,共有19号。1942年,谢稚柳应张大千之邀前往敦煌考察,1955年,出版的《敦煌艺术叙录》记录了西千佛洞19个洞窟的情况。1953年,敦煌文物研究所对西千佛洞进行考察并发表《西千佛洞的初步勘查》,对洞窟进行分期研究,并提出了保护方案。敦煌研究院对西千佛洞进行了重新编号,共有22窟,在《中国石窟·安西榆林窟》一书中正式发表了新的编号。

西千佛洞设有西千佛洞文物保管所,由敦煌研究院统一管理。1961年,西千佛洞附属于莫高窟被国务院公布为第一批全国重点文物保护单位。1999年2月24日,《甘肃省人民政府关于公布甘肃省

榆林窟外景（东崖）

全国重点文物保护单位保护范围的通知》（甘政发〔1999〕22号）划定西千佛洞的保护范围为："重点保护区：东从第16号窟起，再向东延伸200米；南至党河南岸断崖为界；西从第1窟起向西延伸200米；北以石窟崖壁向北延伸200米。一般保护区：东至南湖店残存之北魏石窟以东500米为界；南至党河南岸向南延伸500米；西从第1号窟起向西2千米。"

榆林窟

敦煌石窟群之一，又名万佛峡，位于瓜州县城南约70千米的峡谷中，开凿在榆林河峡谷两岸的砾岩层断崖上。榆林河水从峡谷中穿流而过，两岸榆树成林，石窟因此而得名。洞窟分布在河谷两岸崖壁中，东西相距约百米，东崖分上、下两层。

榆林窟始建于初唐（7世纪初），历经五代、宋、西夏、元、清，现存洞窟43个，计东崖32窟、西崖11窟，其中唐代4个、五代8个、宋代13个、回鹘1个、西夏4个、元代3个、清代10个。榆林窟共有壁画5200多平方米、彩塑259身。石窟寺前留存有佛塔、化纸楼等文物建筑18座。

榆林窟的创建年代无法考证，根据

现存遗迹和学界相关研究，榆林窟至少在唐初就有营建活动，其中第28、17窟被认为是现存最早的洞窟。唐大历十一年（776年），瓜州被吐蕃占领。吐蕃时期，大乘佛教艺术在榆林窟继续发展，第25、15窟壁画是榆林窟唐代壁画艺术的代表作。

第6窟 穹窿顶大像窟。唐代开凿，五代、宋、西夏、元、清、民国重修。进深24米，高25.6米。遗存4身塑像（主尊唐代塑，清代补修，其余为清代、民国重塑），壁画634平方米。东壁通顶塑倚坐弥勒大佛，高24.7米，清嘉庆年间彩绘涂金，大佛背、项光经宋、西夏补绘，大部分毁坏。唐代壁画有南壁西侧文殊变一铺、北壁西侧普贤变一铺、明窗上七佛等。其余各壁有五代至民国时期重

榆林窟第6窟大佛　唐

绘壁画，内容有千佛、净土变、普贤变、不空绢索观音、四臂观音、说法图等以及各种装饰图案画，并有曹元忠、曹延禄供养像、回鹘装及汉装女供养人等。

第25窟 位于东崖上层北侧。约建于唐大历十一年（776年）吐蕃占领瓜州以后。分为前、后室，前室之前有较长的甬道，前室平面横长方形，一面斜坡顶。前室和后室（主室）之间有甬道。主室为平面方形覆斗顶窟，中央设方形佛坛，坛上仅存主尊彩塑佛像一身，结跏趺坐，清代重修，其余彩塑已毁。壁画内容主要有前室门上残存毗沙门天王赴哪吒会，门南和门北分别绘南方天王和北方天王。主室窟顶壁画多脱落，残留有千佛，正壁绘密宗八大菩萨曼荼罗经变，南北两侧壁分别绘表现净土思想的弥勒经变和观无量寿经变，前壁门两侧分别绘文殊变、普贤变。壁画内容表现显、密兼有的大乘思想，反应两种不同的艺术风格。一是弥勒经变和观无量寿经变，表现中国传统佛教艺术，是吐蕃统治时期敦煌石窟经变画的杰作。另一种是据唐不空译《八大菩萨曼荼罗经》创作的绘画，表现印度波罗王朝外来密教艺术风格，是敦煌石窟出现最早的一铺。

五代、宋时期，后梁乾化四年（914年）曹议金代张氏掌握瓜、沙归义军政权。由于瓜、沙州远离中原，曹氏继承张氏归

义军外交策略与周边修好的传统，为瓜、沙两州社会稳定和石窟营建创造了有利条件。榆林窟第12窟绘制的吐谷浑慕容归盈夫妇出行图、第31、35窟于阗国王供养像和第16窟甘州回鹘供养像都是曹氏为巩固其统治，与周围少数民族政权修好的实证。曹氏时期，曹氏家族在榆林窟共建造和重修了28个洞窟。经变画内容有显宗观无量寿经变、弥勒经变、梵网经变等近20种；密宗如意轮观音、不空绢索观音、千手千眼观音、十一面观音、水月观音、八大菩萨曼荼罗等经变。其中梵网经变、地狱变和水月观音经变是五代出现的新题材。

佛教史迹画主要表现佛教圣迹和佛教史上的传说故事，内容包括佛教圣迹、传说故事、感应灵验故事、瑞像等。其中表现丝绸之路南道西域王国于阗的相关故事具有重要历史价值。五代第33窟主室内绘于阗国著名佛教圣地牛头山圣迹图，内容包括印度、于阗、凉州（今武威）的佛教圣迹、传说故事、感应故事和瑞像。五代第32窟主室前壁北侧绘有普贤变，画面以骑象普贤菩萨为主，其周围安排于阗牛头山大佛寺等圣迹，将传统的普贤变与当时盛行的牛头山佛教史迹画传说故事相结合。第19、32窟文殊变中，文殊菩萨骑狮，牵狮人为于阗国王，文殊菩萨周围为五台山，有罽宾僧人佛

陀波利到五台山巡礼圣迹，遇见文殊化作老人，还有佛头、佛手、麒麟、毒龙化现、信徒登山礼拜圣迹等场面。第19、32、33窟都是曹氏归义军政权统治者所建，洞窟中绘制大量与于阗有关的佛教圣迹，反映了曹氏政权与于阗的密切关系。

供养人画像大体分为三类。一类为曹氏政权几代归义军节度使及与他们联姻的少数民族政权甘州回鹘、于阗公主供养像，如第16窟曹议金及其长子曹元德形象，曹议金像的对面为其夫人甘州回鹘夫人的画像，榜书题名"北方大回鹘国圣天公主陇西李氏一心供养"。第6、19、25、33、34、36窟绘曹元忠及凉国夫人浔阳郡翟氏与其子曹延禄、女延鼐供养像。第35窟有曹延禄及其夫人于阗公主供养像，榜书题名"大朝大于阗金玉国皇帝的天公主"，这一于阗公主供养像和题名还见于第32窟。第二类是与曹氏联姻的少数民族政权统治者以及他们的夫人供养像，如第31窟于阗国王、王后供养画像，第12窟绘吐谷浑慕容归盈及夫人曹氏夫妇出行图和供养像，榜书题名"皇祖检校司空慕容归盈"。第三类是曹氏画院匠师的供养像，如第35窟有榜书题名"沙州工匠都勾当画院使……□保""节度押衙知画手……武保琳"，第33窟有榜书题名"清新弟子节度押衙□左厢都画匠作……白般□"，第32窟有榜书题名"画

匠弟子李元新"等。供养人画像及榜书题名是研究石窟艺术发展史的重要资料。

沙州回鹘时期，未建新窟，仅重绘前代洞窟4个。以第39窟为典型，整窟壁画均系回鹘绘制，内容有说法图、药师经变、药师佛、三世佛、千佛、儒童本生、千手千眼观音、水月观音、赴会菩萨、罗汉、天王、飞天、供养人像等，其中儒童本生为新题材。回鹘供养人画像是沙州回鹘洞窟的重要内容，第39窟甬道南、北壁共绘有50身男女供养人群像，其中甬道南壁23身男供养人像全是着回鹘装的回鹘人，甬道北壁女供养人像包括儿童共27身。

宋景祐三年（1036年），西夏景宗李元昊击败沙州回鹘，袭取瓜、沙二州。西夏国统治者笃信佛教，在河西地区留下大量西夏佛教艺术遗迹。西夏西境监军司——平西军司置于瓜州，榆林窟第29窟画有题名"大瓜州监军司"的供养像，该窟前壁南侧第一身供养僧题名"国师"。属于这一时期的洞窟有第2、3、10、29窟。蒙元于1227年灭西夏，攻破沙州。至正十三年（1276年），守镇官员下令重修榆林窟，第15窟保存有重修墨书题记，第4、10窟约修于此时。至正十四年（1277年）元朝重立瓜、沙二州。元代新建第4、27窟两窟，重绘前代9个窟。藏传佛教艺术在榆林窟得到继承和发展。

西夏洞窟形制多为平面方形，设中心佛坛，覆斗形顶。第3窟单室，平面方形，中心设八角形佛坛，浅穹窿形窟顶。窟内四壁和窟顶绘藏传密教曼荼罗，中心设佛坛。第29窟为前、后室，前室平面呈不规则形，与禅窟相连，窟顶呈一面斜坡形；主室（后室）平面方形，中央设方形佛坛，上有五层圆坛，逐层内收，覆斗顶。第29窟为多层佛坛，根据藏传密教造像规制推测，窟内佛坛上原似塑有藏传密教彩塑多身，现存彩塑均为清代重塑。壁画题材内容有经变画、供养人画像、装饰图案画三类。

经变画内容显教和密教并举，显宗有观无量寿、阿弥陀、药师、弥勒、维摩诘、天请问经变等；密宗分为汉密和藏密，汉密有文殊、普贤、水月观音、十一面观音、五十一面千手千眼观音经变，藏密有金刚界五佛曼陀罗、金刚界三十七尊曼荼罗、观音曼荼罗、种子曼荼罗、绿度母、白度母、金刚手等。水月观音、普贤变中还出现了唐僧取经图。

供养人画像多绘于主室前壁门两侧下部，唯第29窟主室前壁整壁和两侧壁下部绘供养人像，多达50~60身；第3窟绘于后甬道两侧壁。供养人画像分西夏党项族和元代蒙古族两类。党项族男女供养人画像在第29、2、3窟均有。第29窟为首者为一高僧像，旁有西夏文榜书"真义国师昔毕智海"。

装饰图案以窟顶藻井为重点。藻井中心方井仅第 2 窟画有传统汉传佛教之团龙纹,余窟均绘藏密之曼荼罗。边饰分为三种,一种是几何纹,有回纹、龟甲文、菱形纹等;另一种是瑞兽花草纹,在传统莲花或牡丹花草的连续纹样中夹绘各种瑞兽;还有一种是圆环套联纹,这种纹样在新疆高昌回鹘壁画和西藏古格佛寺壁画中均有。

西夏、蒙元退出瓜、沙州后,明嘉靖三年(1524 年)明守军退守嘉峪关,瓜、沙州遂之被弃。榆林窟从此陷入荒凉、败落之境,直到清康熙五十四年(1715 年),瓜、沙州才被逐次收复。清道光年间开始整修榆林窟,对部分洞窟进行重绘。第 25 窟主室北壁有"道光修工一次"墨书汉文题记。

窟前文物建筑共存 20 座,分为两类:一类是佛塔,塔内有壁画和彩塑,塔体呈四边形、六边形、八边形、覆钵式(宝瓶式);另一类是塔形化纸楼,呈小塔形,在塔腹中留有空间,沿塔顶留有烟道,主要用于窟前焚香烧纸。这些建筑大多建于清代,个别建于元代,少数为土木结构。佛塔的建造方法简单,用黏土制成土坯,垒砌塔身,再用草泥塑造外形,泥层上用白灰抹面。

清朝初年,在榆林窟发现一件便携

榆林窟第 2 窟西壁水月观音　西夏

式龛像(象牙佛),用象牙牙稍雕琢而成,状如手掌,高 15.9 厘米,中宽 15.7 厘米,厚 3.5 厘米。象牙佛为两片扣合式,外形是骑象普贤菩萨,内侧两面雕刻有 50 个不同情节的佛传图,共刻 279 人、12 辆车马。形制具有印度笈多王朝时期秣菟罗艺术风格,可能是印度传法高僧或中国去印学经的僧人带来,刻制年代可能在唐代或唐代以前,是当时中印文化交流的罕见物证。原件现存中国国家博物馆。

清代以来,榆林窟见之于一些文献记载,如《大清一统志》、乾隆《甘肃通志》、徐松《西域水道记》等。1924 年,

榆林窟出土文物——象牙佛（正面）

美国探险家 L·华尔纳考察榆林窟，并于1938年出版《九世纪万佛峡佛教壁画研究》。1949年以来，作为晚期石窟艺术的代表和敦煌石窟的重要组成部分，榆林窟得到了学术界的重视，著录研究成果有：谢稚柳著《敦煌艺术叙录》、张伯元编著《安西榆林窟》、胡开儒著《安西榆林窟》、敦煌研究院编《敦煌石窟内容总录》及《中国石窟·安西榆林窟》、樊锦诗编著《安西榆林窟》等。

民国时期曾对榆林窟塑像、窟前建筑进行过少量维修。中华人民共和国成立后，榆林窟与莫高窟、西千佛洞都属于敦煌文物研究所（敦煌研究院前身）管理，设专人看管，并开始实施维修保护。1986年，甘肃省人民政府批准设立榆林窟文物保管所，隶属于敦煌研究院，负责榆林窟文物及其周围环境的日常保护、开放和管理工作。20世纪60~70年代以来，逐步对洞窟内顶部大面积脱落的壁画进行抢救加固工程。1990~2002年，对榆林窟崖体、崖体裂隙、窟前建筑、舍利塔、防洪堤等进行加固、保护、修缮。20世纪80年代以来，开展对榆林窟第6、9、11、17、20、21、22、23、25、26、35、36窟等壁画起甲、塑像残损、部分窟顶空鼓病害进行治理和修复。

1961年，榆林窟被国务院公布为全国重点文物保护单位。1962年，甘肃省人民政府划定了榆林窟的重点保护区和一般保护区范围《（62）甘文群孙字第018号文件》："重点保护区：东至驴尾巴梁（约500米）；西至土墩子梁（约500米）；南至上二野狐洞（约1000米）；北至下野狐洞（约500米）。一般保护区：东至驴尾巴梁再延伸3000米；西至土墩子梁再延伸3000米；南至路口弯子（10000米）；北至蘑菇台子（4000米）。"1999年2月24日，《甘肃省人民政府关于公布甘肃省全国重点文物保护单位保护范围的通知》（甘政发〔1999〕22号）将上述范围重新予以确认。2008年10月7日，甘肃省人民政府颁布《榆林窟保护管理办法》（甘政办发〔2008〕138号）。2008年，中国文物研究所和敦煌研究院编制了《榆林窟保护总体规划》。

五个庙石窟（附一个庙石窟）

敦煌石窟群之一。位于肃北蒙古族自治县城西北约20千米处。开凿在党河北岸崖壁上，坐北朝南，主要有5个洞窟，俗称五个庙。有壁画的洞窟西区有4个，东区有2个。五个庙石窟以东、党河东岸还有一处石窟，即一个庙石窟，现残存洞窟2个。其内容和艺术风格，与敦煌石窟同属一体系，又有自身的一些特点。五个庙石窟最早开凿于北朝晚期，约在归义军曹氏晚期（北宋）到西夏期间，五个庙石窟进行过较大规模的重修、重绘。现存壁画大都是这一时期重绘的。五个庙石窟壁画继承敦煌壁画唐代以来的传统，以经变画为主，显密内容杂陈，既有大乘佛教维摩诘、弥勒变等，又有密宗千手千眼观音及藏密曼荼罗等。现存壁画有经变画、尊像画、曼荼罗、世俗人物像及装饰图案画等。

第1窟 开凿于北周，西夏重修。平面方形，中心塔柱窟，平顶，高2.5米，进深3.7米，宽4.6米。中心柱东、南、西面各开一龛。正面（南面）开圆券龛，龛内有近代塑像1身，西夏画一佛二菩

五个庙石窟

萨，龛上及龛两侧为八塔变。东、西面龛内各有西夏画一佛二菩萨，龛外画千佛。北面有西夏画立佛1铺。八塔变表现佛的八个重要事迹。龛两侧描绘其余各塔的内容。东壁自北侧起，分别画曼荼罗、炽盛光佛、水月观音各1铺，水月观音下部露出部分北周壁画。北壁中央绘涅槃变，东侧绘八臂观音，西侧绘十一面千手千眼观音。西壁自北侧起，分别画曼荼罗、弥勒经变、水月观音各1铺。南壁门上方中央画一菩萨坐莲台上，两旁各画一供养人、一高僧像及侍童。门东侧为文殊变，西侧为普贤变。本窟壁画题材显密同陈，其中最有特色的是密教图像水月观音，东、西壁各有1铺。东壁的炽盛光佛图是西夏以后石窟、寺院较流行的内容，系根据《佛说炽盛光大威德消灾吉祥陀罗尼经》绘制，构图采取中轴对称形式，中央是炽盛光佛手托金轮，结跏趺坐于莲座上，两侧分三层布局，下面是九曜星神簇拥炽盛光佛，中间是二十八宿神像，上部圆圈内分别画黄道十三宫。

第2窟　平面方形，人字披顶。窟高3.5米，进深4.4米，宽4米。北壁开一龛。龛内有浮塑背光，龛外浮塑龛楣与龛梁、龛柱，龛楣可辨忍冬纹图案。窟顶可见忍冬纹图案。东壁下方存供养人6身。壁画烟熏严重，大都不可辨。从可辨认的忍冬纹图案来看，与莫高窟北魏

到北周时期流行的图案相似。

第3窟　建于北周，西夏重修。前室仅存顶部部分，前室东、北壁存部分北周壁画，东壁可见两身天王像残痕。主室平面呈长方形，人字披顶，高3.4米，进深4.1米，宽3.6米。北壁前方有马蹄形佛坛，坛上塑像不存。现存壁画为西夏所绘。窟顶人字披南披绘药师经变，北披绘弥勒经变。北壁中央存佛背光，两侧各有二弟子、一胁侍菩萨、一供养菩萨及天龙八部。东壁绘维摩诘经变1铺。西壁绘劳度叉斗圣变。南壁门上壁画已毁，门东残存四臂观音1铺，门西残存十一面千手千眼观音1铺。

第4窟　建于北周，五代、西夏重修。甬道西壁露出底层壁画一供养人头部，头戴展角幞头，着大红袍，是典型的曹氏家族供养人形象。主室平面方形，人字披顶，高3.5米，进深4.4米，宽4米。北壁开一龛，龛沿有北周浮塑龛梁、龛楣、束帛龛柱。龛内东、西壁各有西夏画千佛2身，龛外东、西两侧各有西夏画说法图1铺。东壁为西夏画，北侧净土变、南侧文殊变。西壁亦为西夏画，北侧净土变、南侧普贤变。南壁门上已毁，门东、西侧各有西夏画水月观音1铺。

五个庙石窟的研究成果主要有：张宝玺《五个庙石窟壁画内容》、王惠民《肃北五个庙石窟内容总录》、赵声良《清

新隽永 恬淡细腻——肃北五个庙石窟艺术》等。

1993年，五个庙石窟被公布为甘肃省第五批省级文物保护单位，与一个庙石窟同属肃北蒙古族自治县文化馆管理。2006年，甘肃省文物局拨款对五个庙石窟实施安全防护工程，设置窟区围栏，铺设台阶，安装防盗门和防护屏等。

一个庙石窟 现存洞窟2个，呈东西向排列。东窟为僧房窟，无壁画塑像；西窟为礼拜窟，残存壁画痕迹。石窟西北不远处有二层台地，曾清理出许多小泥塔，证明此地为古代寺院或佛塔建筑。泥塔的形制与莫高窟发现的相似。从石窟现存形制及壁画来分析，一个庙石窟始建于唐代，经五代、民国重修。西侧洞窟有前室、甬道和后室。前室为人字披顶，前部已毁；甬道为盝顶形，有改建痕迹。后室平面方形，覆斗形顶，中央有正方形藻井。后室正壁下部有须弥座，东、西壁下部也有佛床痕迹。主室壁画为民国时期重绘。甬道西壁南上角留存有部分沥粉堆金壁画，内容不可辩。前室表层壁画为宋代所绘，顶部残存团花和莲花图案，其下沿为平行横格和联珠纹饰。东壁为净土变，仅存上部说法场面。佛像上部有华盖，两侧有菩萨、弟子等形象，上部有化生童子及幢幡等。北壁与窟顶相接处画垂帐、垂铃等纹饰。门顶有说法图，有一佛、

二弟子、二菩萨等。门东侧画有说法图1铺，门西端及西壁壁画漫漶不清。东、北、西三壁底层露出唐代画供养人像。

东千佛洞

敦煌石窟群之一，又名"接引寺"。位于瓜州县城东南90余千米、桥子乡东南约30千米处，西北距锁阳城遗址24千米。开凿在长山子北麓峡谷河床两岸断崖上。

东千佛洞开凿于西夏时期，是一处以藏传密宗内容为主的佛教石窟群，现有洞窟23个（包括未编号的残窟14个）。洞窟集中分布在南北长约200米的崖面上，西崖有14个洞窟，分上下两层，上层8个，下层6个，其中有5个洞窟尚存塑像、壁画，已编号为第1、2、3、4、5窟；东崖有9个洞窟，分上下两层，上层6个，下层3个，其中有4个洞窟尚存塑像、壁画，已编号为第6、7、8、9窟。

洞窟形制分为两大类：一是窟室平面呈长方形，由正壁将窟内分为前、后两部分。前部平面多呈正方形，窟顶为覆斗形顶或穹隆顶，后部平面略呈横长方形，由正壁两侧向内开凿成马蹄形通道（甬道），后部由左、右甬道和后甬道构成，这类洞窟有第2、4、5、7窟。二是窟室平面略呈正方形或椭圆形，窟顶为穹隆顶或平顶、覆斗形顶，如第1窟平面呈椭圆形，第3窟曾有前室，第8窟左、右有耳室。

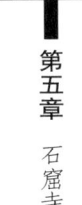

东千佛洞东崖

现编第3、5、7、8窟窟前均有窟檐建筑，木构建筑物已被拆迁。

东千佛洞现存塑像和壁画主要为西夏、元、清和民国时期的作品，其中塑像多为清代、民国改妆。

第2、4、5、7窟壁画多表现曼荼罗藻井、八臂观音、水月观音、如意轮观音、金刚菩萨以及说法图等，佛坛上绘有束腰莲花座等，与瓜州榆林窟西夏第2、3、29、39窟有密切的关系，与敦煌莫高窟第465窟颇多类似之处。第6窟南、北二壁所绘文殊变与普贤变等壁画风格特征与榆林窟元代第3、4、27窟壁画相似。第1、8、9窟是清代至民国时期洞窟。

第2窟　位于西崖下层，坐西向东，开凿于西夏时期，是东千佛洞中规模最大、内容最为丰富的洞窟。前甬道宽1.7~1.9米，进深2.01米。窟室平面呈长方形，宽5.98~6.6米，进深9.32米，高7.5米。窟室由西壁分为前、后两部分，前部深5.83米，略呈正方形，覆斗顶；西、南、北壁前有佛台。后部南、北甬道各宽1.19米，高3米，深3.49米；后甬道宽2.1米，高3米，长5.98米；均为平顶。

前甬道顶部绘单凤、双龙与莲花等图案。南壁上部绘垂幔，下部绘男供养人1排（存4身，已漫漶）。据20世纪80年代调查，南壁西起第1身男供养人旁有西夏文题记2行6字；北壁上部绘垂幔，下部绘女供养人1排6身（已漫漶）。

窟室前部窟顶藻井绘曼荼罗，四披绘装饰图案、结跏趺坐佛、说法图等。西壁前面佛台上设3个束腰莲花座，上各塑坐佛1身。南、北壁前面佛坛上各设2个束腰莲花座，座上各塑跏趺坐菩萨1身、半跏坐菩萨1身，为清代所塑。

窟室前部西壁中间两幅壁画各绘坐佛8身，两侧南、北甬道口上方各绘一布袋和尚。南壁东侧绘十一面八臂观音变1铺，西侧绘药师经变1铺。北壁东侧绘八臂观音变1铺，西侧绘西方净土变1铺。门上绘坐佛一排14身，门北绘十一面八臂观音变，门南绘四臂观音变。

窟室后部南甬道顶部绘坐佛、卷草、莲花等图案，南壁绘水月观音1铺，北壁绘菩萨与菩提树等。北甬道顶部绘坐佛、卷草、莲花等图案，北壁绘水月观音1铺，南壁绘菩萨与菩提树等。后甬道顶部绘坐佛、卷草、莲花等图案；西壁中间绘说法图1铺，南、北两侧各绘药师佛1铺；东壁绘涅槃变1铺。最引人注目的是位于后部南、北甬道的两幅水月观音图壁画中绘玄奘取经图。

第4窟　位于西崖上层，坐西向东，开凿于西夏时期，西壁龛内画高僧像为主尊。本窟为纪念某一高僧的影窟。窟室平面呈长方形，宽3.9米，进深6.9米，

东千佛洞第2窟树下菩萨

高3.1米。窟室由西壁分为前、后两部分，窟顶为穹窿顶。室前部窟顶西披残存佛像项光壁画，项光两侧残存孔雀衔花纹饰。窟室前部西壁中间的塔形龛内西壁绘一高僧；南壁绘文殊变、十一面观音。北壁、东壁皆毁。窟室后部南甬道顶部绘立佛像1身，着红色僧衣；南、北壁各绘观音1铺（已残）。北甬道顶部绘立佛像1身，着红色僧衣；南、北壁各绘曼陀罗1铺。后甬道顶部及东、西两壁壁画均已毁。

第5窟　位于西崖上层，坐西向东，开凿于西夏时期，是东千佛洞中融汇显密两宗的典型洞窟。窟室平面呈长方形，

宽 6.48~6.8 米，进深 8.96 米，高约 3 米。窟室由西壁分为前、后两部分，前部略呈正方形，穹窿顶；西壁前有佛坛（台）。

窟室前部窟顶西披残存飞天 2 身，东披存跏趺坐菩萨、比丘各 1 身，南、西、北披残存垂幔纹饰。窟室前部西壁中间凿佛龛，佛龛外南、北两侧残存佛教故事画。南壁自东侧起依次绘文殊变、八臂观音、如意轮观音、十王变各 1 铺。北壁自东侧起依次绘普贤变、绿度母、八塔变、十王变各 1 铺。东壁门北北侧上部绘坐佛 6 身，中部绘四瓣莲花，上瓣内绘八臂观音，左、右、下瓣内绘四臂观音，莲花中心绘二臂观音；门北之南侧上中部绘一塔，塔内绘跏趺坐菩萨；门北下方绘金刚 3 身。窟室后部南甬道顶部绘花卉图案，南壁绘观音两铺，北壁绘毗沙门曼荼罗 1 铺。北甬道顶部绘花卉图案，自北壁西侧起绘水月观音、四臂观音各 1 铺，南壁绘曼荼罗 1 铺。后甬道顶部绘花卉图案；西壁北侧残存立佛 1 身，中部及南侧残存坐佛等；东壁绘涅槃变 1 铺。最引人注目的是北壁八塔变壁画。画面中间为降魔大塔，两侧为释迦降生、调服大象、猕猴献蜜等六小塔，上部为涅槃，合为八塔，描绘释迦从降生到涅槃的一生事迹，与莫高窟宋代第 76 窟和榆林窟西夏第 3 窟八塔变颇有相似之处。

第 7 窟 位于东崖上层，坐北向南（正南），凿于西夏时期。平面呈长方形，宽 4.57 米，进深 7.7 米，高 4.6 米。窟室由北壁分为前、后两部分，前部略呈正方形，窟顶为穹窿顶；北壁及东、西两壁前有佛台。

窟室前部窟顶西披残存飞天 2 身，东披存跏趺坐菩萨、比丘各 1 身，南、西、北披残存垂幔纹饰。窟室前部北壁正中开一佛龛，龛外清代浮塑背屏，龛内残存一清代重妆坐佛。背屏上方又浮塑一小龛，龛内塑一坐佛。小龛两侧各存西夏绘飞天 1 身。东、西甬道口上方各存西夏绘坐佛 2 身。西壁上部靠窟顶处绘坐佛 1 排 14 身；中部南起绘接引佛、净土曼陀罗、曼陀罗各 1 铺。东壁上部靠窟顶处壁画已毁；中部南起绘接引佛（大部已毁）、净土曼陀罗、曼陀罗各 1 铺。南壁门东、门西各绘金刚 1 身。

窟室后部西甬道顶部绘忍冬莲花图案，中间绘双凤；西壁上部绘垂幔，下部绘跏趺坐菩萨 3 身；东壁上部绘垂幔，下部绘八臂观音。东甬道顶部绘忍冬莲花图案，中间绘双凤（已毁）；东壁上部绘垂幔，下部绘跏趺坐菩萨 3 身；西壁上部绘垂幔，下部绘八臂观音。后甬道顶部绘忍冬莲花图案，中间绘双凤；南、北壁上部绘垂幔，北壁中间绘说法图 1 铺，东、西两侧各绘菩萨 1 身；南壁绘涅槃变 1 铺。

对东千佛洞石窟的调查研究成果很

多，主要有：陈万里《西行日记》（1926年）附录"官厅调查表"有东千佛洞的最早记录。1945年，张锡祺、崔文成续修《安西县志》记载东千佛洞"接引寺，在县东布隆吉南山，距城一百九十里，清雍正十三年建塑佛像，人多奉祀。""洞在布隆吉南山距布九十里，共有洞十三处，塑像佛画，佛像仅六洞。"1982年，安西县文化馆进行调查，胡开儒《东千佛洞走访记》介绍洞窟壁画，重点对水月观音予以介绍。其他研究成果有：张伯元《东千佛洞调查简记》、段文杰《玄奘取经图研究》、张宝玺《莫高窟周围中小石窟调查与研究》、《东千佛洞西夏石窟艺术》、《甘肃安西东千佛洞石窟壁画》、王惠民《安西东千佛洞石窟内容总录》、刘永增《安西东千佛洞第5窟毗沙门天王与八大夜叉曼荼罗解说》等。壁画颜料与保护方面的研究成果有：郭宏、段修业《东千佛洞壁画颜料色彩规律及壁画病害治理的研究》，王军虎、杉下龙一郎《甘肃东千佛洞二洞和七窟壁画使用颜料的研究》等。

1987~1994年，瓜州县博物馆与敦煌研究院对东千佛洞实施了四次整修加固，修补壁画、清洗烟熏、临摹及摄制影视资料。1986年6月，加拿大籍华人袁小虹捐助十万元人民币增修窟门栈道。东千佛洞由瓜州县文物局、瓜州县博物馆共同管理，建立有完整的"四有"档案。

东千佛洞于1993年被甘肃省人民政府公布为第五批省级文物保护单位，1996年被国务院公布为第四批全国重点文物保护单位（归入榆林窟）。1999年，《甘肃省人民政府关于公布甘肃省全国重点文物保护单位保护范围的通知》（甘政发〔1999〕22号）划定其保护范围为："重点保护区：东起河床入口，西至出口，南起山梁，北至河床北山梁。面积3平方千米。一般保护区：东起干河床入口，西至冥安17号烽燧（麻黄沟），南起长山子顶，北至长山子北坡。面积15平方千米。"

昌马石窟

位于玉门市玉门镇南50千米的昌马乡，分大坝和下窖两部分，其中下窖石窟开凿于昌马河流域昌马盆地中部水峡村西南崖壁上。坐西面东，距离地面20多米。北魏时属瓜州（敦煌）。五代宋初，曹氏归义军于昌马置新城镇，为敦煌六镇（紫亭、悬泉、雍归、新城、石城、常乐）之一。石窟经历五代、宋初曹氏归义军时期较大规模重修，现存重修后的壁画。石窟依山势分为南、北、中段，南、北两段7个窟龛多已残破，仅中段4个窟中还有壁画与塑像，又以第2、4窟较为完整。窟型有敞口大龛（第1窟）、中心柱窟（第2、4窟）、禅室（第3窟）等。

第2窟 平面方形，进深4.25米，宽4.05米，高3.06米。前部为圆拱形顶，

昌马石窟

后部为平顶。窟内有中心柱，柱宽 2.05 米，深 2 米。中心柱两侧为券形通道，柱四面分两层开龛造像，原每龛内均塑一佛、二菩萨，现造像大多毁坏，仅存一些痕迹和残破造像。佛像作高肉髻，面形方圆，细眉大眼，短颈宽肩，躯体魁梧，着通肩袈裟，结跏趺坐，有十六国时期的风格与特点。窟顶壁画为西夏重绘。洞窟前部中心柱东面上方彩绘垂幔，下部绘 7 身坐佛；窟门顶部绘 1 身结跏趺坐菩萨；门内两侧分别绘骑狮文殊菩萨和骑象普贤菩萨，身后有供养天女数身。南、北两壁分别绘经变画（已模糊不清）。洞窟后部中心柱上层浅龛内造像已毁，现存西夏改绘壁画一佛、二菩萨。佛结跏趺坐，二菩萨侍立。中心柱两面通道及后壁上彩绘赴会菩萨 12 身，菩萨高 1.8 米。窟顶绘飞天，色泽艳丽。反映了西夏时期

的佛教艺术成就。

第 4 窟　中心柱窟。进深 6.36 米，宽 4.79 米，高 3.82 米。中心柱宽 1.93 米，深 2.1 米。中心柱每面分两层开龛造像。每龛内分别塑一佛、二菩萨。窟内造像大部已毁。窟内四壁彩绘赴会菩萨 12 身，身高近 2 米。两菩萨之间绘缠枝莲花。窟顶绘团花图案及飞天。

清道光二十五年（1845 年）七月，庙宇因地震倒塌，石窟遭破坏。1932 年 12 月 25 日，昌马盆地发生 7.7 级强烈地震，昌马下窖石窟大多数洞窟损毁，仅 4 座洞窟即现编第 1~4 窟幸存。20 世纪 60 年代，因昌马水库修建和中国人民解放军 404 部队进驻，部分石窟被毁。又因"破四旧"运动的影响，窟内佛像被拆除，壁画被涂抹、刻画，壁画损毁。

1981 年，昌马石窟被甘肃省人民政

府公布为省级文物保护单位，现由玉门市博物馆管理。

文殊山石窟

位于肃南裕固族自治县祁丰区嘉谷山文殊沟北岸的两座山腰间。寺院及洞窟遗存分为前山和后山两个区域，是一处规模较大的石窟群。

文殊山石窟历史上洞窟较多，寺院分布密集，号称"三百禅室"。清乾隆《重修肃州新志》载："文殊山，（酒泉）城西南三十里。山硖之内，凿山为洞。盖房为寺，内塑佛像。近年又修庵阁，曰黑窑洞、曰红门寺、曰大士清庵、曰台子寺、曰接引殿、曰亥母洞、曰圆觉庵、曰千佛阁、曰观音堂、曰玉皇阁，故碉无数，旧称有三百禅室，号曰小西天。增废先后无常，大约皆是唐贞观中所遗也，岁久俱湮废。维台子寺、玉皇阁尚存，今有喇嘛三百余人，住持大寺。其西有缁衣僧，募建圣寿寺，内有元太子喃答失重修碑记刊名。

两山南北对峙，中有药泉水东流。"

1954 年，美术史学家史岩调查文殊山时，尚存众多寺院。前山时代较早的寺院有台子寺和玉皇阁，系唐贞观中所创建；圣寿寺始建于北魏，元代喃答失太子重修碑记尚存；此外还有几个喇嘛教大经堂。后山寺观数量更多，其中道观较多，有斗姆宫、三皇宫、无量殿、眼光娘娘殿、灵官殿、三义殿、药王殿、翠云宫、龙王宫、玉皇宫、三清宫、城隍殿、东岳庙、罗祖宫、山神殿、十王殿、仙姑殿、日月宫、玉皇楼、王母宫、五圣宫、百子阁、无极殿、普渡宫、文昌宫、财神庙等。佛教寺院较少，有千佛楼、观音洞、地藏寺、文殊寺、闪佛寺、睡佛寺等。由此可知，清初文殊山已成佛、道混杂，中国传统神仙与藏传佛教混杂的石窟寺。1956 年，酒泉博物馆刘兴义对文殊山石窟寺遗址调查，共统计寺院庙宇138 座，石窟18 个。

文殊山石窟的具体开创年代不明，

文殊山前山区洞窟

文殊山后山区洞窟

文殊寺碑

窟与河西金塔寺、天梯山等石窟都属北凉创建。北京大学考古系宿白教授提出的"凉州模式"说认为："凉州模式似可分为两个阶段：早期可参考天梯山残存的遗迹，酒泉等地出土的五凉石塔和炳灵第一期龛像；晚期可参考肃南金塔寺、酒泉文殊山前山千佛洞和炳灵第二期龛像。"1994年，北京大学考古系研究生对河西早期石窟进行了考察，之后暨远志撰文认为文殊山前期洞窟（第9、10、11、12窟）和后期洞窟（第7、8、1、2、3、4窟）没有明确的分界线，属北魏太和及稍后的北魏时期。

西夏占领河西走廊时期（1036~1227年）重修重绘，时有"武威郡海藏寺僵口真"到此礼佛并画有供养像。西夏重绘壁画有万佛洞《弥勒经变图》等。元泰定三年（1326年），太子南塔失重修文殊山寺院，并立《有元重修文殊寺碑》。元代在千佛洞重绘布袋和尚等壁画。1244年，元太宗窝阔台皇子布施修建文殊殿，在凉州住锡的藏传佛教萨迦派领袖萨迦·班智达曾到文殊山一带弘教。元末，萨迦派衰落，格鲁派兴起，文殊院变为黄教寺院。明万历年间，黄教首领第三世达赖喇嘛索南嘉措曾对文殊寺院进行较大规模的重修。《重修甘肃新志》记载，清光绪三年（1877年），文殊寺院遭战火焚毁。

据调查，文殊寺石窟现存洞窟仍有

目前有北凉说和北魏说。据元泰定三年（1326年）喃答失太子立《有元重修文殊寺碑铭》（现藏肃南县博物馆，正面为汉文，背面为回鹘文）记载："所观文殊圣寺古迹建立已经八百年矣，我今坐叉合夕位，将寺宇翻盖重修，普度沉沦，于佛会中，同得受生。"从1326年上推800年，即526年，为北魏孝昌二年，说明北魏孝昌年间以前文殊寺就已经建立。

史岩调查后认为，文殊山最早者为北魏洞窟。1963年，甘肃省文物工作队对马蹄寺、文殊山、昌马诸石窟进行调查并发表报告，认为文殊山石窟早期洞

文殊山前山区万佛洞西夏壁画弥勒经变

120多座，现编号12座，其中北朝中心柱窟8座（第1、2、3、4、7、8、9、10窟），北朝小方窟（佛殿窟）1座（第11窟），北朝禅窟1座（第12窟），覆斗顶方窟1座（第6窟），元代横券顶横方形窟1座（第5窟，文殊寺）。

第1窟（前山万佛洞） 平面方形中心柱窟，券顶。窟宽5.7米，深5.8米，高3.71米。中心柱有高基座，柱身分两层，上下收分，每层每面各凿一尖楣圆拱形龛，中心柱正面上层为阙形龛。束莲龛梁，覆莲柱头及柱础，龛内均塑一坐佛，龛外塑二胁侍菩萨像。造像大部残损，尚存残躯10余身。中心柱正面窟外剥离出底层壁画菩萨及弟子像。窟内四壁不设龛，绘制壁画，底层壁画为开窟原作，表层为西夏重绘，正壁（后壁）绘佛装大日如来及千佛，左、右壁画弥勒上生经变及西方净土变（已残），前壁画布袋和尚、坛城图、供养人上师和比丘尼对坐。窟顶绘一周站立佛像。窟四角上层绘四大天王，四大天王下层绘须大拿施舍本生、法华经譬喻品等佛教故事；壁面下部绘回鹘文榜书题记壁画15方，现存波斯匿王丑女、海神问船人、须阇提割肉奉亲、尸毗王割肉贸鸽、萨埵舍身饲虎、沙弥守戒自杀、一女拜佛等 8 方本生或因缘故事。每幅壁画旁都有回鹘文榜题，应是根据回鹘文《贤愚经》所画。此外，壁面还有一些回鹘文游人题记，部分回鹘文经过释读，最早的为明嘉靖三十年（1551 年），最晚为清康熙五十二年（1713 年），说明明清时期居住于走廊南山的回鹘后裔曾来文殊山礼佛。

第 2 窟（前山千佛洞） 为平面方形中心柱窟，券顶。窟宽 3.94 米，深 4 米，高 3.6 米。中心柱有高基座，柱身分二层，上下收分，每层每面各开一龛，中心柱顶端画菩萨天宫凭台。窟壁不设龛。中心柱每层每面各开一尖楣圆拱形龛，龛内塑坐佛，龛外塑二胁侍菩萨像，造像大部分残损。窟顶部绘伎乐飞天一周。四壁上部绘千佛图，右壁中部绘说法图，右壁和前壁下部绘十方佛，千佛均有题名。下栏画男供养人 1 排 30 多身，着交领袍服。下为忍冬纹带饰，三角垂帐纹。

文殊山前山千佛洞窟顶飞天

该窟经西夏重修，中心柱上的壁画有涂改，每龛龛楣皆画西番莲卷草纹，龛两侧上方各画一组十佛头像。前壁中栏正中绘具有西夏风格的供养人一方，内画两僧人盘膝对坐，左供养人着圆领衣，腰束带，手持博山炉；右供养人着交领衣，胸部束带，手捧花枝；中间供一覆钵式佛塔。

第 10 窟（后山千佛洞） 平面方形中心柱窟，进深 5.3 米，宽 5.8 米，高 3.9 米。中心柱下部有基座，每面宽 2.18 米。柱身仅正面开一龛，龛内塑像已毁，其余三面不开龛。中心柱正面龛内有西夏画背光，四周光焰铺满全壁。其余三面上部绘坐佛 1 排，其下绘说法图 1 铺，均为西夏重绘。

甬道顶为券顶，顶部壁画为北魏时代原作，中心柱前顶绘平棋 6 方，左、右各绘平棋 4 方，后部顶绘平棋 5 方。右顶与后顶交接处画飞天 2 身，左顶与后顶交接处画孔雀 2 组。

四壁壁画均为西夏重绘，上部较完整，下部均有不同程度毁损。上部为斗栱图案，与顶部的平棋图案相接，栱眼壁间各画一圆圈内坐佛。斗栱壁画上还隐约透出底层壁画，似为天宫伎乐。左、右两侧壁和后壁内容大体一致，斗栱下部为云中佛像，每一组均在圆圈内画 3 身佛像。壁面中央为 1 身较大的坐佛，下部描绘大海。前壁中央为圆圈内绘 3 座殿宇建筑，两侧为菩萨诸天形象。

第 7 窟（后山古佛洞） 方形平顶中心柱窟，进深 5.32 米，宽 5.1 米，高 3.7 米。甬道两壁为明代壁画，有弘治十年（1497年）题记。中心柱分两层，下部为座基。上层绘壁画，下层每面各开一圆拱龛，龛内塑佛像，龛外两侧各有一胁侍菩萨，塑像均经后代改修。塔座四面画供养菩萨。下层龛楣画飞天、莲花图案，龛外画菩萨和弟子像。上层不开龛，正面画涅槃变 1 铺。左、右侧壁各画净土变 1 铺，后壁损毁。前壁门上绘两幅水月观音图，其中右侧一幅画面中有唐僧取经图。前壁门右侧绘有一幅摩利支天像。

第 12 窟（禅窟） 位于后山千佛洞对面的山岭上，为一典型的禅窟群，窟平面纵长方形，纵券形顶。窟宽 2.5 米，深 5.25 米，高 2.25 米。左、右面各开 4 个小禅室，正面开 2 个小禅室。小禅室进深 1 米左右，宽 1.16 米，高 1.27 米，仅能容一人，无造像壁画。

1949 年前，文殊山所在地属酒泉县管辖；1954 年以后，属肃南裕固族自治县管辖。2001 年 12 月 30 日，肃南裕固族自治县人民政府批准成立肃南裕固族自治县文殊山石窟群文物保护管理所，隶属肃南裕固族自治县文物局管理，负责文殊山石窟群的日常管理及安全保卫工作。

2001 年，国务院公布文殊山石窟为第五批全国重点文物保护单位。2005 年 3 月 7 日，《甘肃省人民政府关于公布甘肃省第五批全国重点文物保护单位保护范围及建设控制地带的通知》（甘政发〔2005〕16 号）公布前山千佛洞和万佛洞的保护范围："前山千佛洞、万佛洞石窟窟门四周 50 米内为重点保护区，100 米内为一般保护区。"2009 年，肃南县人民政府补充申报后山千佛洞、古佛洞为全国重点文物保护单位时划定保护范围及建设控制地带："东至雷音寺，西至窟顶西山梁，南至韦陀殿及南山梁，北至文殊山土塔梁顶为重点保护区，此范围外 50 米为一般保护区；南从文殊河北岸至沟口 50 米处起，沿后山庙沟东梁顺山崖至 1816.2 米高程点，再向西北顺山崖至分水岭顶 1873.82 米高程点，转西南向沿山分水岭 1858.8 米高程点至沟口为建设控制地带。"

马蹄寺石窟群

位于肃南裕固族自治县马蹄区祁连山境内。现存石窟包括金塔寺，上、中、下观音洞，千佛洞和马蹄寺南北二寺等 7 个部分。石窟以马蹄寺为中心，分布在其周围崇山峻岭之中。各石窟现存窟龛多者二三十个，少者仅两三个，7 处石窟窟龛总数 70 余个。

马蹄寺石窟群所在地山岩多系红砂

马蹄寺石窟群分布图

金塔寺外景

岩，石质结构粗糙，易风化，各窟造像主要为泥塑。最早开凿于十六国北凉时期，以后北魏、西魏、隋、唐、西夏、元、明、清等时期都有修建。

关于马蹄寺石窟群的开创年代，《晋书·郭瑀传》记载："郭瑀，字元瑜，敦煌人也。少有超俗之操，东游张掖，师事郭荷，尽传其业。精通经义，雅辩谈论，多才艺，善属文。荷卒，隐于临松薤谷，凿石窟而居。"薤谷石窟，有学者认为即马蹄寺石窟。民国重修《东乐县志》亦记载："薤谷石窟，在县城西南一百一十里临松山下，今为马蹄寺佛龛……晋名贤郭瑀开辟隐居教学处。""石窟凿于郭瑀及其弟子，后人扩而充之，加以佛像。"

现马蹄寺北寺第7窟（站佛殿）门外北侧崖壁上有民国时期阴刻游人题记一则："祁连名山以斯土为胜，相传晋郭瑀曾讲学于此……"

明永乐十四年（1416年），明成祖朱棣敕赐该石窟群中的马蹄寺为普光寺，嘉靖三年（1524年）重修。清光绪二十四年（1898年），僧人重修部分洞窟。

金塔寺 位于马蹄寺东南约15千米的大都麻河西岸红砂岩崖壁上。崖壁高约百米，洞窟距地面约60米。两个洞窟相距约10米，依其位置，分别称为东窟和西窟。东窟位于崖面东侧，坐北向南，开凿于十六国北凉时期，西夏、元代重修。平面长方形，覆斗形顶，中心塔柱窟，宽 9.7 米，残深 7.65 米，高 6.05 米。四壁不开龛，绘制壁画，壁画最少有三层，各层均绘千佛，底层中部似有说法图；北壁、东壁下部外层有大量清代、民国时期的题记，西壁中部外层有嘉庆十三年（1808 年）墨书榜题 1 方。中心柱下有基座，柱身分三层，下层每面各开一圆拱龛，龛内各塑一坐佛，除东向面龛外，其余三面龛外各塑一胁侍菩萨。中层每面各开 3 龛，龛内塑坐佛或交脚佛、交脚菩萨。上层每面影塑坐佛。各层龛外高浮雕的飞天等极有特色。西窟整体形制、造像内容等与东窟相似。

上、中、下观音洞　位于金塔寺与马蹄寺之间，南距金塔寺约 4 千米，西北距马蹄寺约 10 千米。石窟分布在 3 个不同山谷的红砂石崖壁上，上观音洞距中观音洞约 3 千米，中观音洞距下观音洞约 0.5 千米。上观音洞也称"观音洞上寺"，位于金塔寺北约 4 千米的一个孤峰顶巅。洞窟开凿在山崖侧壁上，现存窟龛 10 余个，有编号者 9 个。中观音洞现存窟龛 10 余个，有编号者 8 个。洞窟形制多为平面近方形或长方形，平顶。窟龛都已残毁，窟内遗迹均不存。附近崖壁上有元、明时期的舍利塔龛。下观音洞现存窟龛 5 个，有编号者 3 个。下观音洞平面纵长方形，前部人字披顶，后部四面披顶中心塔柱窟。窟宽 8.4 米，深 10 米，高 5 米，中

心塔柱四面均分两层，上、下各开一龛，龛内塑像已全部被毁。该窟与莫高窟北魏晚期中心柱窟接近。

千佛洞　位于马蹄寺北寺西北约 3 千米的马蹄河西岸陡峭崖壁上。《东乐县志》记载："千佛洞在洪水河，悬崖峭壁，矗立千仞，岩半凿洞，整饬明敞，通连数十，俨若五步一楼，十步一阁。中塑佛像，旁开窗牖。"现存窟龛依山崖形势自然分为南、中、北三段，南段包括第 1、2、3、4 窟，中段有第 5、6、7、8 窟，北段为浮雕舍利塔群，共 87 座。开凿于十六国北凉时期，后经北魏、唐、元、明、清历代重修。窟形分为中心柱窟（第 2、4、8 窟）、大像窟（第 1 窟）、三壁三龛窟（第 3 窟）等。其中第 6 窟为唐代开凿，窟内造像为石雕一佛二弟子像。这是目前河西石窟保存为数不多的石雕造像，窟内正壁主尊为刘萨诃瑞像，是刘萨诃信仰在河西地区流行的重要遗存。

马蹄寺　窟群的中心，分南、北二寺。南寺又名胜光寺，现存窟龛无几，多为浮雕及喇嘛式塔；北寺又名普光寺，有大小窟龛 30 余个，其中以第 3、7、8 窟为代表。第 3 窟为北寺规模最大、结构特殊的洞窟，又名"三十三天"，分五层布局，第一、二、三层每层平面并列 5 个佛窟，第四层列 3 窟，最上层为 1 窟。窟内平面多方形，人字披顶或平顶，每窟内正

下观音洞外景

马蹄寺石窟

马蹄寺千佛洞外景

壁开一大龛，每龛内塑一佛，龛外四壁上方影塑千佛，下方绘壁画。各层窟排列形如一座宝塔，总高达数 10 米。第 7 窟又称"站佛殿"，为平面呈纵长方形的平顶大窟，规模仅次于第 3 窟，高约 15 米，宽 26.3 米，深 33.5 米。窟前凿 3 个窟门，门内为前堂，前堂后部为中心柱式倒"凹"字形拜殿，正面设坛基，其后开 3 个圆拱龛，右壁残存大型元代壁画菩萨立像。拜殿两侧及后部为甬道，甬道两侧元代开 46 龛，龛内各塑一结跏趺坐佛像，另有元、明壁画金刚力士像。

20 世纪 50 年代以来，对马蹄寺石窟群的调查研究全面展开。1954 年 6 月 13 日，史岩曾去民乐县祁连山作了一次踏查，共调查金塔寺、千佛洞和南、北马蹄寺与上、中、下观音洞等 7 个石窟群共 70 余窟龛，包括北朝 9 窟、隋代 1 窟、西夏 3 窟、元代 19 窟、明代 2 窟，发表了《散布在祁连山区民乐县的石窟群》。之后，甘肃省文物工作队对河西石窟作全面调查，发表了《马蹄寺、文殊山、昌马诸石窟调查简报》，并出版《河西石窟》，认为包括马蹄寺石窟群的金塔寺、千佛洞石窟在内的一批河西早期石窟属于北凉石窟。宿白提出了中国石窟艺术的"凉州模式"，将马蹄寺石窟群中的金塔寺石窟纳入凉州石窟模式范围之内。暨远志、台湾学者李玉珉、日本学者八木春生等从考古、艺术及与云冈等石窟的对比研究方面进行深入探讨，认为马蹄寺石窟群早期洞窟开凿于北魏孝文帝太和时期。

20 世纪 60 年代以来，马蹄寺石窟群的保护得到各级文物部门的重视，做了大量保护和维修工程。1964 年 10 月，甘肃省文化厅拨专款 3400 元维修金塔寺石窟。肃南裕固族自治县文化馆为东、西两窟修造木构窟檐、安装木质防护门窗，加固洞窟。1985 年 8 月，甘肃省文化厅拨款 2 万元，由肃南裕固族自治县文化馆对石窟进行加固，建造砖混结构窟檐，安装铁质门窗。1995 年，甘肃省文物局拨专款 20 万元，对金塔寺石窟进行防渗水加固维修。1997~1998 年，国家文物局、甘肃省文物局争取资金 70 万元，对马蹄寺石窟群千佛洞第 1、2、3、4 窟进行岩体锚固、防渗水加固、混凝土支梁等维修工程，并安装了铁质防盗门。2000~2001 年，国家文物局拨款 47 万元，对千佛洞第 6、8 窟进行危岩体加固、危石清理工程。2004 年 7~9 月及 2005 年 8 月，敦煌研究院保护所实施金塔寺石窟塑像、壁画保护工程，修复保护东、西两窟内起甲壁画 235 平方米、酥碱壁画 120 平方米、空鼓壁画 160 平方米、颜料层粉化 120 平方米、污泥清除 9 平方米；修复残损彩塑 37 身。2003 年，中铁西北科学院对马蹄寺石窟北寺进行岩体病害调查，编制了《马蹄北寺岩体病害治理工程》方案。随后，2005 年 8 月至 2006 年 9 月，中铁西北科学院对马蹄北寺实施危岩体锚固、局部支顶、裂隙注浆、岩体防风化、截排水工程甬道、栈道修复、做旧等工程。

1992 年成立张掖地区马蹄寺石窟文物管理研究所，负责马蹄寺石窟文物管理和研究工作。2002 年变更为张掖市文物保护研究所，负责马蹄寺石窟群文物的保护研究工作，窟区的可移动文物交由肃南裕固族自治县文物局管理。

1996 年，马蹄寺石窟群由国务院公

布为第四批全国重点文物保护单位。1999年，《甘肃省人民政府关于公布甘肃省全国重点文物保护单位保护范围的通知》（甘政发〔1999〕22号）公布马蹄寺石窟群保护范围为："马蹄南寺、北寺、千佛洞、上、中、下观音洞四周外沿以外20米。金塔寺四周外沿以外100米。建设控制地带：马蹄南寺、北寺、千佛洞、上、中、下观音洞四周外沿以外20米。金塔寺四周外沿以外100米。"

天梯山石窟

位于武威市城南40余千米的中路乡灯山村天梯山西北麓，地处祁连山腹地张义堡盆地。天梯山是一支从祁连山分离出来的东南——西北走向小山脉，山势陡峻，断崖如削，登临之难，犹如上天梯，故名"天梯山"。天梯山之名，4世纪前凉时已见于史册。《晋书》卷八六《张轨·子寔》载前凉张寔（314~319年）时，"京兆人刘弘者，挟左道，客居天梯山第五山，燃灯悬镜于山穴中为光明，以惑百姓，受道者千余人，寔左右皆事之。"说明前凉时这里就有宗教活动。后凉吕光（386~398年）时，"著作郎段业以光未能扬清激浊，使贤愚殊贯，因疗疾于天梯山，作表志诗《九叹》《七讽》十六篇以讽焉（《晋书》卷一二二《吕光载记》）。"439年，北魏伐北凉，尚书古弼、李顺皆言："至于姑臧（武威）城

南，天梯山上冬有积雪，深一丈余，至春夏消液，下流成川，引以灌溉（《魏书》卷三五《崔浩》）。"唐代，天梯山属凉州神鸟县，慕容煞鬼"葬于凉州神鸟县天梯山野城里阳晖谷之原"。《宋史》卷492"列传第二百五十一"载："（景德元年，1004年）六月，又遣其（潘罗支）兄邦逋支入奏……（邦逋支）又言修洪元大云寺，诏赐金箔物彩。"据考证，宋代洪元（源）谷大云寺即可能为天梯山。明、清时期称广善寺，俗名"大佛寺"。

明正统十三年（1448年），时有洞窟26个。1927年古浪大地震前有洞窟18个。1959年11月，因地震损毁的5个石窟被清理发掘出来，并将第13窟近旁从未编号的1个小窟加在一起，整个石窟现编号总数为19个。整个洞窟开凿在南北长130米，高30~60米的崖壁上，大体可分为4层。

天梯山石窟最早开凿于北凉沮渠蒙逊时期，以后北魏、西魏、北周、隋、唐，以至宋、西夏、元、明、清各代都有兴建或重修。

明正统十三年（1448年）役监甘凉的太监刘永诚主持重修寺院，并刻立《重修凉州广善寺碑铭》，正面为汉文，碑阴为藏文，碑文记载："凉州古武威郡，去西域为近，而事佛者尤广。郡东南百三十里，地名黄羊川，有古刹遗址，中有石佛像，高九丈，为菩萨者四，金刚者二，

天梯山石窟崖面

诸佛之龛二十有六。""鸠材聚工，凿山架楹，筑宫于其间，凡八层，高十有六丈，有钟鼓二楼，两庑三门……又于寺东高阜处，建塔一座，高二丈三尺，壮观实大。"古刹重修后，赐名"广善寺"。寺属田产东至小坡，西至大山，南至乱冢堆，北至水峡口。又据碑文"番僧伊尔畸"及其"弟子锁南黑叭"等人名，可知当时当地有藏传佛教寺院。

又据清代重修广善寺房舍清单记载，广善寺在清乾隆时期就有房舍113间。据民国《武威县志》记载，当时有僧人230多人。

天梯山石窟现存北凉～北魏窟4个（第1、4、15、17窟）、北魏中心柱窟1个（第18窟）、北魏方形佛殿窟3个（第7、8、16窟）、唐窟5个（第2、3、9、13、14窟）、时代不明及残窟6个（第5、6、10、11、12、19窟）。

第1窟　位于窟群第三层西端。北凉～北魏开凿。唐、西夏、元、明、清重修。平面呈方形中心柱窟，覆斗形顶已残。宽5.94米，深6米，高5.3米。窟室中部略偏后方凿方形中心柱，中心柱由基座和三层塔体组成，塔柱中下层四面正中各开一圆拱形龛，上层四面各开2个竖长方形圆拱形小龛。

中心柱四面各龛内曾有明代和清代重塑（妆）坐佛（部分已毁）。1959年搬迁时，在中心柱北面下层龛外右上方剥出浮塑飞天飘带残段。从勘察情况看，四面龛外都曾有浮塑或影塑飞天与小佛像，

481

但都已被毁坏。

中心柱西面（正面）曾存有7层壁画，由里往外剥出北凉～北魏、盛唐、晚唐、西夏等时期壁画和明代彩色纸印画，内容有佛、菩萨、飞天、千佛及背光、头光、莲蕾等。龛外两侧上部各绘2身"V"字形的北魏绘飞天和一佛、二菩萨等。

中心柱北面曾剥出北凉～北魏、初唐、晚唐、西夏、明代壁画和明代彩色纸印画，内容有佛、菩萨、飞天、千佛及忍冬、三角纹等图案。在中层龛外左侧下部紧靠龛边处曾剥出北凉残画长条，除绘有4朵三瓣大莲苞外，中间带蒂莲花中还绘有1身化生童子。

中心柱东面曾剥出初唐、中唐、晚唐、西夏、明代等时期壁画和明代彩色纸印千佛画。基座上方右侧曾剥出中唐壁画一片，上绘侧身向里伎乐天2身。紧靠中唐伎乐天的左侧，也曾剥出晚唐重绘坐佛3身。

中心柱南面基座靠左上部曾剥出中唐绘壁画一条，画面左侧有伎乐天2身。在下层龛外左侧下部剥出1身完整的供养菩萨，双手合十，侧身胡跪状。

窟室东壁（正壁）宽5.94米，高4.3米。壁画全部塌毁。1959年勘察时曾发现明代重修泥层一块，可隐约看到一些不成形的纸印千佛，搬迁时未剥取。

窟室北壁宽6米，高4.3米。北壁上部靠前处曾剥出1身高约0.3米的无头小影塑坐佛（后被毁）。北壁共有9层壁画，剥出北凉～北魏、初唐、盛唐、西夏、元代等时期壁画和明代纸印千佛画，其中北凉～北魏壁画为2排19身千佛，初唐壁画为2身飞天和数身赴会菩萨。

窟室南壁宽6米，高4.3米。原绘壁画全部塌毁。1959年勘察时，只存12排共15身明代纸印千佛，千佛高0.17米。

第2窟　位于窟群最上一层，左边与第3窟相邻。初唐开凿，盛唐、西夏、明代重修。平面略呈方形，覆斗顶，三壁两龛。宽3.7米，深4.2米，高4米，四壁均高3米。左、右壁龛高2.5米，宽2.4米，深0.7米。四面有低坛基。

窟顶曾有壁画三层，第一层为初唐原作，第二层为盛唐重绘一佛二弟子、千佛、华盖等，第三层为明代重绘五方佛等。

正壁（东壁）曾塑有1身高2米立佛。正壁两侧前方低坛上各有1身初唐原塑、明代重妆菩萨，高0.82米。

左壁（南壁）佛龛内原有初唐原塑、明代重妆一佛二菩萨，佛像倚坐。1959年勘察时发现或残、或被毁、或被盗。佛龛内绘背光、头光，两侧绘胁侍菩萨各1身。龛外左侧绘菩萨1身，龛外右侧壁画已随泥层脱落。佛龛下边接近地面处曾剥出最底层的一排初唐供养人画像。

右壁（北壁）佛龛内有初唐原塑、

明代重妆一佛二菩萨。佛像结跏趺坐，通高1.8米，左、右胁侍菩萨均通高1.6米。佛龛内有盛唐重绘背光、头光，佛座左侧曾剥出盛唐绘坐式拈花菩萨1身。龛外右侧第三层有明代绘站立菩萨1身。佛龛下接近地面处也曾剥出最底层的一排初唐供养人画像。

前壁（西壁）窟门上方壁画第一层（底层）曾剥出初唐绘千佛4排计22身。窟门上方壁画第三层（表层）有明代绘一佛、二弟子。窟门两侧各有明代绘护法天王。在右侧天王上方的第二层壁画上曾剥出3身盛唐绘立佛，由此推测，前壁窟门上方第二层盛唐壁画可能是七佛。前壁有明正统、嘉靖时期游人墨书题记。

第3窟 位于窟群最上层，右边与第2窟相邻。初唐开凿，西夏、明代重修。平面方形覆斗顶窟，三壁三龛，龛圆拱形。窟宽4米，深4.03米，高4.2米，四壁均高3.1米。正壁龛高3.3米，宽2.9米，深1.25米，左右壁龛高2.4米，宽2米，深0.65米。四面有低坛基。

窟顶曾有壁画3层，第一层为初唐原作，第二层为西夏重绘千佛等，第三层为明代重绘五方佛等。

正壁（东壁）佛龛内曾有初唐原塑、明代重妆一佛二菩萨。佛像身高1.64米，结跏趺坐，作说法印，后在"文革"中被毁；两侧菩萨通高2.3米。壁画几乎全部被毁。

随泥层脱落。

左壁（南壁）佛龛内原有初唐原塑、明代重妆一佛二菩萨，佛结跏趺坐。1959年勘察时，保存完整，现藏甘肃省博物馆。大部分壁画已随泥层脱落。龛内泥层保存较好，从断裂泥层边缘可看到两层壁画，表层为明代绘背光、头光及云纹等。

右壁（北壁）佛龛内有初唐原塑、明代重妆一佛二菩萨，佛像残，左、右胁侍菩萨均通高1.7米。该壁原有壁画3层，佛龛内第三层（表层）为明代绘背光、头光及云纹等，龛外左侧有明代绘立佛1身（高2.1米），龛外右侧有明代绘菩萨立像1身（高1.8米）。右壁龛下沿最底层壁面上曾剥出初唐绘伎乐天4身。

前壁（西壁）大部分壁面都已脱落，仅右侧存有第三层（表层）明代绘韦陀像1身（高1.8米）。韦陀画像右下边最底层壁画上也曾剥出初唐绘敲击悬锣的伎乐天1身。前壁窟门侧有游人明嘉靖十二年（1533年）墨书题记1行。

第4窟 位于窟群第二层，开凿于北凉～北魏时期，盛唐、中唐、西夏、元、明、清代重修。平面方形中心柱窟，覆斗顶。窟宽5.3米，深5.32米。大部分已塌毁。中心柱四面各宽2.5~2.52米，由基座和3层塔体组成，上层已毁，中、下层四面正中各开一圆拱形龛。

全窟共存彩塑佛像8身，分别位于

天梯山石窟第4窟壁画

中心柱中、下层佛龛内。西面（正面）下层龛内有明代重修、清代重妆坐佛1身，通高0.95米；中层龛内残坐佛1身，残高0.75米，初唐、盛唐、西夏和清代多次重修或重妆。北面下层龛内残坐佛1身，通高0.97米，佛龛右侧边沿上有清"康熙五十八年金妆佛像"题记1则；中层龛内有明代重修、清代重妆残坐佛1身，通高0.95米。东面下层龛内残坐佛1身，残高0.75米，佛龛左侧边沿上有清"康

熙五十八年金妆佛像"题记1则；中层龛内清代重修残坐佛1身，通高1米。南面下层龛内有清代重妆坐佛1身，通高1米，佛龛右侧边沿上清"康熙五十八年金妆佛像"题记1则；中层龛内残存坐佛1身，残高0.7米。

中心柱西面共剥出北凉～北魏、盛唐、中唐、西夏、元、明等时期的壁画7层。北凉～北魏壁画有飞天、菩萨、帝释天、大梵天和忍冬莲花化生童子等。下层龛外左侧剥出北魏立佛1身，是第4窟中剥出的一块完整的北魏壁画。

中心柱北面共剥出北凉～北魏、中唐、元、清代壁画四层。其中在下层龛外右侧剥出1身北凉菩萨，高0.86米。在中层龛外左侧下部，也剥出1身双手合十、胡跪状供养菩萨。下层龛龛楣一周有"康熙五十八年"重妆佛像题记1则。

中心柱东面除在基座左上方剥出一小块隐约可见半身佛和菩萨的中唐残壁画外，下层龛外两侧和中层龛外右侧发现元代绘菩萨各1身；下层龛与中层龛之间柱檐的右端也有元代绘小坐佛3身。另外在下层佛龛右侧边沿有"康熙五十八年"重妆佛像题记1则。

中心柱南向面中层龛内佛座左侧剥出一块北凉～北魏重叠式锯齿形图案1条。下层龛外右侧剥出北凉、西夏、元代的壁画。中层龛外左侧有元代残坐佛1

身，下有立式菩萨 1 身。菩萨上身全袒，下着紧身长裙，身后有圆形头光和上圆下方背光，是第 4 窟现存元代菩萨中最完整的 1 身。

东、西两壁壁面大多塌毁，泥层脱落，壁画全无。

北壁发现北凉～北魏、西夏、元代等时期壁画数层，其中元代绘明王、六臂观音、八臂观音、坐佛、裸体像各 1 身，全系藏密作品。

南壁仅在墙角处剥出一小块中唐佛像残画。

中心柱北面下层佛龛左侧、中心柱南面下层佛龛左侧、中心柱东面下层佛龛左侧分别有清康熙五十八年（1719 年）山内坝诸信士妆修佛像施舍墨书题记。

第 13 窟　位于窟群北端。原建于唐代，西夏、元、明、清、民国时期多次重修，是天梯山石窟现存窟中最大者。从窟底到窟顶高 27 米，窟口下宽 18 米，顶宽 8 米。据明正统十三年（1448 年）刻《重修凉州广善寺碑铭》记载，御马太监刘永诚等重修广善寺时，曾在此窟筑楼八层，高十有六丈。现已不存。窟内现存石胎泥塑 7 身。东壁正中为倚坐大佛，高 23 米。大佛两侧从内向外分别雕二弟子二菩萨二天王，造像均高 16 米。所有造像虽经后代多次重修，但仍保留一定的唐代特征。窟顶与东壁的泥层几乎全

部脱落。南、北壁上部各存清代绘壁画一大块，北壁上部绘各种花卉、云纹等；南壁上部绘牡丹、菊花、云纹以及青狮、双鹿和驮宝白象等。

第 18 窟　位于窟群第二层北端。开凿于北凉～北魏，经晚唐、西夏、元、明、清代多次重修。洞窟为"凸"字形大型窟，分前、后两室。前室横长方形，后室方形。前、后室相连，无甬道。前室窟顶已全部塌落，从两侧壁遗痕来看，前室窟顶当为人字披形。后室窟顶左半部已毁，右半部尚存，是以中心柱为中心向四方倾斜构成覆斗形。前室横宽 14.4 米，后室横宽 10.6 米，总纵深 15.4 米，其中前室深 5.9 米，后室深 9.5 米。

中心柱下层、中层每面各开 3 个圆拱形龛，上层每面各开 5 个圆拱形龛，龛内造像均为石胎泥塑，已残损。正面三层龛内计有造像 10 身，左面三层龛内计有造像 11 身，右面上、中层龛内计清理出造像 4 身。以上三面共留存 25 身佛像。中心柱后面（东面）全被掩埋于乱石积土中，尚未清理。

中心柱正面（西面）中层和上层柱体之间的柱檐右端曾剥出北凉～北魏绘莲花化生童子花边一条。下层三龛的龛檐和龛楣上发现壁画五层：第一、二层因无法剥离，内容不详；第三层为晚唐重绘团花图案；第四层为明代所绘坐佛、图案等；

第五层为清代在泥层上贴纸作画，色彩、线条模糊不清，经剥离发现纸的背面有"康熙五十二年"等字样。

前室左侧距地面约 2.1 米处剥离发现三层壁画：第一层（底层）为晚唐所绘大型千手观音之一部分，仅存部分手臂和手内所托佛像、月亮、宝藏盒、葡萄等，横宽 2 米，高 2.6 米；第二层为明代绘，色彩多已脱落；第三层（表层）为清代敷抹的草泥。

前室左壁近旁塌落下来一大块壁面，曾剥出北凉～北魏供养人 4 身，地面上清理出北魏壁画千佛头像残块等。

中心柱正面第二层龛左起第一、二佛之间有明代重修佛龛时的题记 3 行：

大明国陕西行都□东南黄羊川渠山内坝张义堡宏□□信士韩（讳）

畅达妻芮氏谨发□□□诸造中开　我佛一尊祈保全家吉祥如意男孔雀（翟）

□保□□六年六月十七日

1952 年 3 月，冯国瑞调查天梯山石窟时征得西夏文写经多页。1954 年，史岩调查天梯山石窟时于第 8 窟清理出唐宋时期正面为汉文、背面为藏文的写经数页及绢画一方。1959 年又发现西夏文佛经数页，总计西夏文佛经达 30 多页，佛经有《妙法莲华经》《佛母大孔雀明王经》《圣胜惠到彼岸赞颂功德宝集下卷》等，西夏高僧"显秘法师功德司副受利益沙门周惠海奉敕译"。

20 世纪 40 年代以来，天梯山石窟引起考古界的重视。时在甘肃河西作实地考察的向达开始对文献所载北凉沮渠所建的凉州石窟寺进行寻访，认为武威东南张义堡天梯山大佛寺即文献记载的凉州沮渠蒙逊斫窟。1952 年，甘肃籍著名学者冯国瑞等人作实地考察并披露于报端，并著《天梯山石窟图录》（未刊稿）。1954 年，史岩对天梯山石窟进行考察，认为是由（北凉）蒙逊首先开凿的，可他开凿的石窟已不存。1959 年，敦煌文物研究所（今敦煌研究院）和甘肃省博物馆组成武威天梯山石窟勘察搬迁工作队，对天梯山石窟实施全面考古清理，清理出坍塌中心柱窟（第 18 窟）。后出版的报告认为，第 15、17 窟疑为北凉～北魏洞窟，认定第 1、4、18 窟 3 座中心柱窟为北凉洞窟。著名考古学家宿白教授发表了《凉州石窟遗迹与"凉州模式"》，提出包括北凉石塔、天梯山早期洞窟在内的遗存构成中国内地佛教艺术的"凉州模式"。

1958 年，在天梯山石窟前修建黄羊河水库，为避免洞窟受水淹之患，甘肃省文化局与甘肃省委宣传部报甘肃省人民政府和文化部文物局批准，由原敦煌文物研究所和甘肃省博物馆联合组成天梯山石窟勘察搬迁工作队，于 1959 年 10 月至 1960 年 4 月对天梯山石窟进行全勘察、清理发掘、测绘、摄影、临摹、记录，对窟内所存各代壁画、塑像进行剥离加固，并搬运到甘肃省博物馆内存放保管至今。还清理发掘 1927 年大地震毁坏和掩埋的 5 个早期石窟，剥出一批北凉、北魏、西魏、北周、隋、唐、西夏及元代壁画。

天梯山石窟搬迁后，由于蓄水水位未及淹没线，洞窟内外仍保留原貌，部分洞窟还残留一些壁画、塑像底座、造像石胎、窟龛与中心柱浮雕等。只有第 13 号大佛窟下部曾在淹没区内，水位最高时大佛腹部以下浸入水中，1992 年采取围堰筑坝措施。1995 年以来，敦煌研究院对第 13 窟大佛进行复原修复。

2005 年 12 月 24 日~2006 年 1 月 9 日，天梯山石窟被搬迁的 526 件文物被移交至武威市人民政府，保存在甘肃省博物馆的部分塑像、壁画经修复后在甘肃省博物馆展出。1999 年成立的武威天梯山石窟管理处，负责天梯山石窟的保护管理工作。

天梯山石窟于 2001 年被国务院公布为第五批全国重点文物保护单位。2005 年 3 月 7 日，《甘肃省人民政府关于公布甘肃省第五批全国重点文物保护单位保护范围及建设控制地带的通知》（甘政发〔2005〕16 号）公布天梯山石窟"保护范围：以 13 窟为基点，向东 300 米以五号沟为界，向西 200 米处为界，南至黄羊河水库库区 120 米为界，北至 300 米处现窟区防护栏为界；建设控制地带：保护范围'四至'向外各延伸 50 米。"

第二节　陇中石窟

炳灵寺石窟

位于永靖县西南 35 千米的小积石山中。炳灵寺是藏语"仙巴炳灵"的音译，意为"十万弥勒洲"。唐代称灵岩寺，宋代以后称炳灵寺。根据有关文献和第 169 窟内墨书题记记载，炳灵寺石窟最早创建于十六国时期的西秦，北魏、西魏、北周、隋、唐、宋、西夏、元、明、清各代都有营造和重修。其中以唐代造像数量最多，可分为初唐、盛唐、中晚唐时期。盛唐时期以宪宗为界，分前、后二期。明清时期，对前代窟龛多进行重修。

炳灵寺现存窟龛 216 个，保存有西秦至元、明时期的造像共近 800 尊，壁画面积约 1000 平方米，大型摩崖石刻 4 方、石碑 1 方、墨书及石刻造像题记 6 方。洞窟主要集中在下寺，共有编号窟龛 184 个，分布在南北长 350、高 30 余米的崖

炳灵寺石窟

面上。代表性洞窟为第 169 窟，内有西秦建弘元年（420 年）墨书题记，这是目前国内石窟中发现最早的纪年题记。此外，附近的佛爷台、野鸡沟、洞沟（8 个窟）、上寺（13 个窟）、大崖根、禅堂等处还有一些零星窟龛、壁画和造像。

炳灵寺石窟所在地临夏，古称河州，处于丝绸之路陇右段南道及唐蕃古道的重要位置。十六国时期，汉化程度极高的鲜卑乞伏氏建立西秦政权。乞伏炽磐统治时期，延请印度高僧昙摩毗为国师，圣坚在西秦从事佛教翻译，佛教在西秦得到极大重视和发展，炳灵寺石窟开凿于此时。北朝时期，炳灵寺继续发展，延昌年间开凿的第 126、128、132 窟等受到洛阳佛教艺术的强烈影响。唐代，随着唐王朝与吐蕃关系的不断变化，河州一带成为唐蕃争夺的前沿地带，炳灵寺保存有一些反映唐蕃关系的碑刻及造像。唐代成为炳灵寺石窟开窟造像最盛的时期。安史之乱后，吐蕃占有陇右一带，炳灵寺成为吐蕃长期留居地区。明清时期，炳灵寺逐渐发展成为藏传佛教寺院，留存有大量这一时期重绘的藏传佛教密宗壁画。

对炳灵寺石窟的文献记载最早见于郦道元的《水经注》，其中有描绘炳灵寺石窟的形胜及宗教活动，并引《秦州记》提及 2 个洞窟，即"唐述窟"和"时完窟"。

其中"唐述窟"可能即今第169窟。此外,唐·道世《法苑珠林》卷39《感应缘》"枹罕临河唐述谷仙寺"、道宣《集神州三宝感通录》及清代民国时期的志书均有记载。

炳灵寺的西秦窟龛主要集中于第169窟,窟内周壁共有佛龛24个,除个别龛像属北魏外,绝大多数属西秦时期。这些龛像多为背屏式摩崖浅龛,以第6、7、8、10、11、17、18龛为代表。其中第6龛内无量寿佛像及观世音、大势至菩萨三尊像是现存最早的西方三圣造像,龛外侧墨书造像题记,尾题"建弘元年(420年)岁在玄枵三月二十四日造"。造像题材有"西方三圣"、单体立佛及坐佛、三佛、一佛二菩萨立像、半跏思维菩萨、苦修像等,多体现了受印度、中亚造像影响的特征。壁画题材有说法图、无量寿佛、阿弥陀佛、二佛并坐、七佛、维摩文殊对坐、千佛等。说法图是西秦壁画最常见的题材,构图多为一坐佛二胁侍菩萨,其中无量寿佛说法图4铺,释迦、多宝说法图共有3铺。第10、11龛内依据《佛说维摩诘所说经·文殊问疾品》绘制的维摩文殊对坐和依据《佛说妙法莲华经·见宝塔品》绘制的释迦多宝对坐说法图,为最早的佛教经变画雏形。壁画风格多为汉族传统线描平涂法,

炳灵寺石窟第169窟正壁龛像

炳灵寺石窟第 125 龛造像

炳灵寺石窟第 171 龛弥勒大佛　唐

部分壁画人物可见西域凹凸法晕染技法。窟内有 10 多处西秦供养人像，具有重要的史料价值，如"□国大禅师昙摩毗之像""法显供养之像"等。

北魏时期的窟龛近 40 个，其中洞窟 8 个，摩崖浮雕浅龛 30 个。以第 2、125、126、128、132 等窟龛为代表，窟形多为平面呈方形或近方形的穹窿顶或覆斗顶窟，龛形多为小圆拱形浅龛，其中穹窿顶形窟内西、南、北三壁多有低坛基。造像以石雕为主，以释迦、多宝佛为主尊，南、北两壁配以一佛二菩萨，或一佛与二弥勒菩萨或二胁侍菩萨的组合，组成三世佛。此外还出现了与七佛、涅槃浮雕相组合者，如第 132 窟。

隋唐时期，佛教在炳灵寺达到鼎盛，开窟数量占总数的 2/3 以上。造像以石雕为主，最大者高 27 米，最小者高仅 25 厘米。以第 27、28、31、64 窟等诸龛为代表，造像丰满圆润、衣饰简练，菩萨像上身袒

露，下着贴体长裙，与敦煌、长安地区繁缛华丽的装饰形式有别。雕刻刀法简练流畅，线条极少。崖壁上保存有张楚金、王玄策题记及灵岩寺记等，反映炳灵寺在唐蕃古道上的重要交通位置。第 171 窟龛摩崖弥勒大像是炳灵寺石窟最大的造像，约雕造于盛唐时期。

元代以后，藏传佛教传入炳灵寺，经过一系列改造活动，如重绘前代石窟壁画、修建藏汉式经堂等，建立活佛转世系统，炳灵寺成为藏传佛教寺院。现存藏传佛教壁画以上寺、洞沟区窟龛及下寺区第 3、4、70、126、128、132、168、172 等窟龛为代表，占炳灵寺壁画总面积的 70%，内容以尊像为主，呈现出汉藏交接地带外来佛教艺术与汉地文化结合发展的特征。

1951 年，冯国瑞首次到炳灵寺勘察，著成《炳灵寺石窟勘察记》一文。1952 年 9 月，中央文化部和西北文化部组成

"炳灵寺石窟勘察团"，对炳灵寺石窟进行勘察，编印出版《炳灵寺石窟》一书。该书明确了现存 124 个窟龛的年代及窟龛数量等：北魏有 12 个窟龛，唐代有 106 个窟龛，明代有 6 个窟龛。1963 年 4 月 5 日，甘肃省文物工作队和炳灵寺文物保管所联合开展第二次考察，全面开展洞窟记录、摄影、测绘和窟龛编号等工作。此次考察最大收获是在第 169 窟内发现建弘元年（420 年）墨书题记，为炳灵寺石窟的考古研究提供了可靠的纪年资料，也为中国早期石窟的断代提供了一个标尺。此后，对炳灵寺石窟的调查研究成果不断丰富，主要有：阎文儒于 1963 年考察炳灵寺，在第 169 窟内发现了"法显"题记和《佛说未曾有经》墨书题记，出版了《中国石窟艺术——炳灵寺石窟》一书。其他研究成果有：《炳灵寺一六九窟》《炳灵寺石窟研究论文集》《炳灵寺石窟学术研讨会论文集》《甘肃永靖炳灵寺石窟壁画》《甘肃永靖炳灵寺石窟雕塑》《炳灵寺上寺》《炳灵寺内容总录》《昔日炳灵寺》《永靖炳灵寺石窟研究论文集》《炳灵寺石窟艺术》《炳灵寺》等。

中华人民共和国成立以来，各级政府及相关机构不断致力于石窟环境的保护治理工作。20 世纪 60 年代，清理搬迁了位于底层崖壁处的 4 个洞窟造像和壁画；在石窟前修筑长约 220 米，高 16 米的防护堤坝，使石窟免受刘家峡大坝蓄水带来的威胁。20 世纪 70~90 年代，修建了通往崖壁各窟龛的木栈道和防护门窗；修复 50 多尊造像，实施了窟前防护堤坝进行钻探灌浆加固和坝顶加宽工程；敦煌研究院对，第 169 窟内、外塑像和壁画实施了抢险加固工程，完成了石窟岩体加固与渗水治理工程，消除了石窟安全隐患。

1955 年 5 月，甘肃省文化局批准成立永靖炳灵寺文物保管所；2000 年，甘肃省人民政府批准更名为甘肃炳灵寺文物保护研究所。

1961 年，炳灵寺石窟被国务院公布为第一批全国重点文物保护单位。

1999 年 2 月 24 日，《甘肃省人民政府关于公布甘肃省全国重点文物保护范围的通知》（甘政发〔1999〕22 号）划定炳灵寺的保护范围为："重点保护区：东至静宁沟（约 1500 米）；西至棠春沟（约 1500 米）；南至下寺（约 300 米）；北至上寺（2500 米）。一般保护区：西至塔坪（约 3000 米）；东至鸳鸯洞顶（约 3000 米）；南至黄河（约 500 米）；北至宋家城（约 5000 米）。"

2001~2002 年，复原了 1967 年分段抢救搬迁的第 16 窟北魏涅槃像。

2008 年，甘肃省人民政府（甘政办发〔2008〕138 号文）公布了《炳灵寺石窟文物保护管理办法》。2009 年，甘肃省人民政府（甘政发〔2009〕103号）颁布了《甘肃炳灵寺石窟文物保护规划》。

寺儿湾石窟

位于靖远县城西南20千米的北湾镇天字村东寺儿湾、黄河西北岸红砂沉积岩上。这里因有一寺一湾，俗称寺儿湾，又因寺窟背依红罗山，亦称红罗寺。

石窟始建于唐代，原有6窟，其中黄河北岸5个窟毁于炸山取石，现仅存一窟，凿于东山麓红砂石崖壁上。进深6.1米，宽4.55米，高2.46米。窟门为砖券拱结构，上有清康熙年间修建的木结构小阁楼。主室平顶，三面开龛，有大小佛龛30多个，龛内现存释迦、迦叶、阿难、观音、天王、十八罗汉等塑像66尊，为圆雕、浮雕、高浮雕泥裹彩塑造像，部分为近现代重修。窟北又有一小窟，内存佛像2尊。窟南尚存已毁的数座窟龛痕迹。

寺门左前方有一残碑《古刹寺碑记》，其中有维修和创建将军殿、伽蓝山门及僧房等活动的记述，末两行题"靖远县掌印守备徐应和癸丑之岁孟夏之月"。寺门上方木构阁楼为清康熙十二年（1673年）增建，门楣匾额上有清嘉庆丙辰年（1796年）重修题记。

1978年，寺儿湾石窟被靖远县人民政府公布为县级文物保护单位。1981年，甘肃省人民政府公布为省级文物保护单位。2006年被甘肃省人民政府重新公布为省级文物保护单位。

2000年以来，敦煌研究院文物保护中心对寺儿湾石窟进行抢救保护和修复，2003年完成了岩体防渗漏工程，2010年对石窟中的壁画、塑像进行保护修复。1990~2010年，陆续新建山门、大雄宝殿、观音殿、斗战胜佛殿、百人念经堂、药师殿、僧房等。寺儿湾石窟现由本寺寺管会管理使用，由靖远县博物馆代为管理。

法泉寺石窟

位于靖远县城东10千米处的杨稍沟口之东岩，原名红山法泉寺，又名红山石崖禅寺。因岩崖下有泉水涌出，崖半山腰间又有"墨池""月牙""龙骨"三泓清泉，以"法门"和"清泉"之义，故名"法泉寺"。窟群分布在一条长约1000米，宽约150米的深沟内的东、北、西三面崖壁上，四周环山。

法泉寺始建于北魏，经隋、唐、五代及宋、西夏、元、明、清、民国等多次维修扩建，逐渐形成洞窟相连、楼阁并

寺儿湾石窟外景

法泉寺

存的格局。现残存 36 个洞窟，有重点洞窟 20 个，其中 4 个为中心柱窟。洞窟有平顶式、支提式及支提式平顶三种形制；窟内四壁有四面、三面、一面开龛三种形式；龛内造像有圆雕、高浮雕、浮雕（彩塑）等，圆雕者多为佛像，浮雕者多为千佛像，高浮雕者多为装饰在佛龛上的经变图、龙头等。保存有唐代以来雕塑佛像及壁画等珍贵文物。

法泉寺有达摩石窟、大佛殿、藏经楼、卧桥、古塔、唐榆、宋柳、明钟等数10 处古迹。从南端山门进入法泉寺，深沟将窟群分成东、西两面，西侧从南向北依次有药王庙、梵王宫、演阳宫、达摩洞、骨魂庙、观音殿、子孙宫、督刚庙、凌云塔等；东侧从北向南依次有地藏窟、天王洞、无量佛窟、觉世亭、鸿文阁等。观音堂前殿为木结构歇山式卷棚式三楹，前檐施品字斗栱。

寺内原有《敬德监修法泉寺碑记》，记载唐尉迟敬德曾监督修建法泉寺。宋崇宁五年（1106 年）敕赐法泉寺与西安（今宁夏回族自治区海原县西安镇）景云寺为上、下两院禅寺，允许会州法泉寺容纳五百僧人修行。金、元时期，寺院改名兴教寺。明正统四年（1439 年），靖虏卫指挥房贵与寺院主持桑迦班丹创建大佛殿、天王殿、伽蓝殿、观音堂等。明兵部尚书彭泽青年时游学靖远，曾寄身法泉岩洞潜心读书，作有《东山八景》《仙堤赋》等诗文。近代，张大千、于右任、何裕、范振绪、张云锦等文化名人曾到访该寺并留下墨宝。

1961 年，甘肃省人民委员会公布法泉寺为省级文物保护单位。1981 年，靖远县人民政府公布法泉寺为县级文物保护单位。1988年成立靖远县法泉寺文物保护领导小组和法泉寺维修委员会，具体负责保护管理工作。1993年，甘肃省人民政府重新公布法泉寺为省级文物保护单位。

五佛寺石窟

位于景泰县城东北22千米的五佛乡兴水村西南，因寺内有5尊大佛而得名，又名沿寺石窟。

石窟开凿于黄河西岸的一处陡坎断面上。坐西向东，创建于北魏，唐、宋时又续修、重修。现存洞窟一座，平顶，中心方柱宽7米、深9米、宽5米，方柱边长4.6米。四壁正中各设拱券顶佛龛，龛内各塑像一尊，正面为释迦佛，清康熙年间重修，其余三面龛内佛像腰细面圆，方颐突出，属西夏晚期作品。窟室西南、西北两角处各塑一尊泥佛，坐于束腰莲座之上。泥佛造型高大，金面丰腴，体态端庄，均内着僧祇支、下着裙、外着袈裟，为晚唐、五代风格。南、北两壁各有影塑千佛7~9排，千余尊造像，为明清时期作品。东壁佛龛两侧各有两尊彩绘供养菩萨坐像，为清代作品。

窟前建砖木结构三层窟檐，与石窟巧妙结合构成石窟前室，清嘉庆二十年（1815年）重修。窟檐南侧设木楼梯，可进入第二层，第三层为八角亭式楼阁，后代重修。窟檐对面原有砖木结构金刚殿，二层楼阁歇山顶，1968年失火被焚。1984年维修窟内西壁时出土西夏文佛经共7页计673字，是西夏文活字印刷《金光明最胜王经》第一、九卷之残页，还有西夏木蜡台一个。2009年在石窟二楼楼阁内发现石刻造像，残存菩萨胸部半段。

沿寺石窟开凿时间早、延续时间长，保存了重要的洞窟建筑形制和西夏及明清时期的佛教造像。沿寺石窟所在的地区是古丝绸之路北路东段进入河西的必经之地，是丝绸之路的一个重要连接点，是古丝绸之路整体文化的组成部分，对研究古丝路石窟的地理分布和佛教艺术的传播发展具有重要价值。

沿寺石窟由景泰县五佛乡兴水村村委会、五佛沿寺庙管会共同负责管理，景泰县文物局全面负责保护管理工作。

2006年，甘肃省文物局拨款对沿寺石窟渗水病害进行保护性处理。

1980年，景泰县人民政府公布沿寺石窟为县级文物保护单位，并划定了保护范围："石窟四周向外延20米；建设控制地带：石窟保护范围除东南方向外向外各延伸50米。"

红山寺石窟

位于白银市平川区共和镇中和村西约300米的红山上，因山石呈红色，故称红山寺。

甘肃省志 文物志

据寺内石碑记载，石窟始建于北魏，时名开元寺。现存一窟，坐北面南，石窟前有雕凿门阙，进深8米、宽6米，券顶，门宽2米。明弘治年间扩建石窟增修大雄宝殿，万历十二年（1584年）扩建东西二殿、法王殿、岳山楼、苏武庙等建筑。清乾隆二年（1743年）创建窟前砖木结构建筑，道光二年（1822年）重新修缮，同治二年（1863年）大部分建筑毁于兵火。1936年9月，中国工农红军长征期间，红一方面军抵达打拉池，彭德怀前方司令部便设在红山寺石窟内。"文化大革命"期间，窟内塑像及殿前建筑悉遭破坏。1983年前后地方村民集资修复。

1993年，甘肃省人民政府公布红山寺石窟为省级文物保护单位。2006年，甘肃省人民政府重新公布其为省级文物保护单位。

第三节　陇东南石窟

陇东南包括今天水、陇南、平凉、庆阳广大区域，接近关中地区，是古代丝绸之路必经之地，秦州（天水）、泾州等为丝绸之路沿线重镇，石窟寺开凿较多。合水县子午岭区域为连接陕北及内蒙古自治区河套地区的重要地段，区域内有张家沟门、保全寺等北魏太和时期的中小型窟龛。王母宫、南北石窟寺是陇东地区规模较大的石窟寺，开凿于北魏时期。陇山两端的华亭石拱寺、庄浪云崖寺和陈家洞石窟地处丝绸之路陇山道的重要交通位置。秦州地区以麦积山石窟为中心，开凿有水帘洞石窟群、仙人崖石窟、大像山石窟、木梯寺石窟等。陇南西和县等地受古代陇蜀交通的影响，开凿有法镜寺、广佛寺、八峰崖等石窟。陇东南地区石窟寺最早开凿于十六国时期，北魏文成帝复兴佛法之后至太和、宣武时期，石窟寺开凿数量逐渐增多，麦积山、王母宫、南北石窟寺等大型石窟寺即开凿于此时。北朝晚期，除上述石窟寺外，还开凿了水帘洞石窟群。隋唐之际，麦积山、北石窟寺、石拱寺等皆继续开凿有大型石窟，其中甘谷大像山有盛唐时期雕造的大型弥勒佛像。宋金时期，受陕北宋金石窟的影响，陇东地区开凿了合水莲花寺、安定寺等石窟。同时，麦积山石窟出现大量宋代重修塑像。

麦积山石窟

位于天水市麦积区东南约45千米，地处秦岭山脉西延部分北侧小陇山林区之中。天水，古称秦州，是丝绸之路上

的重镇之一，顾祖禹《读史方舆纪要》曰："当关陇之会，介雍梁之间，屹为重镇。"麦积山因其山体形如农家麦垛而得名，山体由红色砂砾岩构成，山体相对高度142米。群山环绕之中，麦积一峰凸起，山体三面削立。"麦积烟雨"久负胜望，自古有"秦地林泉之冠"之美誉。因山岩不宜精细雕凿，成就了举世闻名的泥塑艺术，被世人誉为"东方雕塑陈列馆"。

石窟开凿于距地面20~80米的垂直峭壁之上。"其青云之半，峭壁之间，镌石成佛，万龛千室，虽自人力，疑其神功"，密如蜂房的洞窟与层层相连的栈道成为古代石窟开凿史上的奇观。

据文献及现存碑刻资料记载，麦积山石窟始建于东晋十六国后秦时期（384~417年），"凿山而修，千崖万像，转崖为阁"。时著名高僧玄高聚集百余人在此禅修。后经北魏、西魏、北周、隋、唐、五代、宋、元、明、清10多个朝代1500多年的开凿重修，现存5~13世纪营

麦积山石窟远景

造的佛教洞窟共221个，其中除王子洞窟区20个洞窟及中区崖壁塌落堆积层中清理出的3个空窟外，其余198个洞窟均开凿于长约120米、高50多米的东、西崖面上，其中东崖56个，西崖142个。各洞窟间以错落的栈道相连，上下共约14层。保存各类雕塑总计12182身，其中泥塑7886身，壁画1065.2平方米，碑碣18通。另有瑞应寺及舍利塔等建筑遗存，收藏各类文物800多件、经卷文书1500多册。麦积山石窟现存佛像最高者15.33米，最小的影塑不足30厘米，其中以第74、78、133、127、4窟等最具有代表性。以北朝开凿的洞窟为主，其中北魏洞窟约占44%，西魏占6%，北周占21%，隋代占5%，其他朝代占24%左右。

第74、78窟 位于西崖中部，两窟规模、形制、造像内容完全相同，同时开凿于北魏文成帝至献文帝时期，是麦积山现存最早的洞窟。平面略成方形穹窿顶敞口大龛，三壁下部有高坛基，每壁各高浮雕一坐佛，组成三佛，正壁主尊两侧各塑一胁侍菩萨，正壁佛头两侧对称各凿一小龛，内塑交脚菩萨和思维菩萨。佛像高肉髻，深目高鼻，穿覆搭右肩袈裟，袈裟边缘刻折带纹，阴刻衣纹组成勾连状，躯体雄伟，表现了早期佛像受外来艺术风格影响的特点，与云冈昙曜五窟第20窟佛像具有类似艺术特征。正壁上部两

麦积山石窟崖面

小龛内塑交脚菩萨和半跏趺思维菩萨像，可能受犍陀罗雕刻艺术的影响。

第133窟 位于西崖东上部，又称"万佛洞""碑洞""极乐堂"，北魏开凿，是仿汉代崖墓形式开凿的一个大型洞窟。面阔12.2米，顶高5.8米，进深10.83米。窟内复室叠龛，结构复杂，共有大小佛龛16个。龛内造像均为泥塑，多为一佛二菩萨三尊像，其中第8龛为交脚弥勒菩萨。窟内除顶部绘制壁画外，其余壁面全部贴满影塑小千佛，现多已剥落。五代王仁裕称此窟"广古今之大殿，其雕梁画栱，绣栋云楣，并就石而成，万躯菩萨，列于一堂"（宋·李昉等编纂《太平广记》卷三九七引《玉堂闲话》）。

万佛洞现存各类雕塑总计5000余身，其中第9龛弟子阿难，俗称"小沙弥"，为北魏造像精品。第11龛龛楣悬塑释迦灵鹫山说法图，人物多为影塑。窟室中部有宋代补塑罗睺罗授记两身像，为麦积山宋代泥塑经典作品。

窟内保存18通两魏时期的造像碑，均细砂岩雕刻，其中以第1号"千佛碑"、第10号"佛传碑"、第11号和第16号造像碑雕刻最为精美。第10号造像碑雕刻以大乘法华思想为主的三世佛，周围分布佛传故事情节，是北魏造像碑的精品。

万佛洞内壁画已大面积剥落，仅存20余平方米，顶部残存骑龙、凤、鱼及持节仙人图像，反映了中国传统神仙思想与佛教思想的融合。敦煌莫高窟出现此类图像可能受此影响。

第127窟 位于西崖西侧上部，西魏初开凿，平面横长方形盝顶窟。高4.5米，面阔8.6米，进深5米。正、左、右三壁各开一圆拱浅龛，正壁龛内石雕一

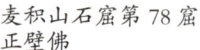

麦积山石窟第78窟
正壁佛

麦积山石窟第133窟

麦积山石窟第127窟

佛二菩萨三尊像，左、右壁龛内各泥塑一佛二菩萨像组成三佛。四壁及顶部保存壁画100多平方米，是麦积山石窟现存北朝壁画最多的洞窟，有较完整的经变和本生画。壁画的构图、技法展现出高超的艺术水平，是北朝绘画艺术的精品，在中国绘画艺术史和佛教艺术史上都有很高地位。

正壁上部绘涅槃变，画面左侧绘说法及涅槃图，右侧绘"八王争舍利"。左壁上部绘《维摩诘经变》。右壁上部绘《西方净土变》，是甘肃石窟寺现存最早的净土变壁画。前壁上部绘七佛图。窟门两侧绘《地狱变》及"十善十恶"图。窟顶绘天人引导乘龙车升仙图。窟顶前披绘《睒子本生》故事画，为长卷式佛本生故事画。窟顶左、右、正三披绘《萨埵太子舍身饲虎》本生故事画。窟内的大型经变画受当时长安地区佛寺壁画艺术的影响，同时吸收了南朝绘画艺术风格，

对后世大型经变画产生了影响，是佛教艺术中国化后反向回传的具体表现。

第4窟 位于东崖上部。俗称"上七佛阁"或"散花楼"，是北周大都督李允信为其亡父建造的"七佛龛"，也是麦积山石窟仅见于史籍记载开窟时代的一个洞窟，北朝著名文学家庾信为之撰写铭记。洞窟为一大型庑殿顶崖阁，平面呈横长方形。通高16米，通面阔30米，通进深8米。上部凿成单檐庑殿式大顶，前开7间八柱顶佛廊，后列7个四角攒尖顶佛帐式大龛。建筑气势雄伟，雕造技艺精湛，真实表现了南北朝后期中国佛殿内、外部面貌，在中国石窟发展史上具有重要意义。上七佛阁现存圆塑77身；石胎泥塑浮雕8身，经唐、宋、明重修或重妆；每龛内上部贴影塑千佛，现存757身，为北周原作。7龛内现存造像均为宋代重塑，正壁主尊构成七佛组合，每佛胁侍二弟子六菩萨或八菩萨。诸龛外部龛面泥塑帐

幔，两端分别为龙、凤、象头，口衔流苏。各龛外帐幔之间有浮雕石胎泥塑天龙八部，虽经宋代加泥重修，仍未失北周原作风貌。长廊两端左、右耳龛内分别塑维摩诘居士和文殊师利菩萨，表现《维摩诘经·文殊问疾品》的场景。长廊两端各有宋代塑一金刚力士。

上七佛阁现存北周、唐、明三代壁画300多平方米，是麦积山石窟保存壁画最多的一个洞窟。廊顶各间原凿竖三横二排列平棊6块，平棊上绘壁画，共计42块，为北周原作，现仅存6块，主要内容为佛传故事等。诸龛前端上方有大型伎乐飞天组画，每幅4身伎乐天，相对奏乐或散花飞行，其中有5幅为薄肉塑技法，是麦积山石窟最有创意和代表性的壁画。

第13号摩崖造像 位于东崖中部，为石胎泥塑一佛二菩萨，系隋代原作，宋代重修。通高17米，宽17.9米。主佛身高15.33米，两侧胁侍菩萨身高均13米，是麦积山石窟中体量最大的三身造像。主尊佛像脸颊部曾发现唐代手抄本《金光明经》卷四，是麦积山石窟中发现的最早的古代文书；佛像白毫内发现南宋绍兴二十七年（1157年）白瓷碗一件，碗壁墨书内容反映了宋代重修该造像的情况。

麦积山石窟第4窟

麦积山石窟现存洞窟多为北朝至隋代开凿，唐代受地震及吐蕃入侵陇右的影响逐渐衰败，宋代至明清时期对麦积山石窟进行多次大规模重修。现保存大量北魏、西魏、北周和隋代泥塑作品，是5~7世纪初中国石窟寺泥塑造像集大成者；宋代又重塑大量泥塑造像，反映了10~13世纪佛教泥塑造像的艺术成就。北魏早期造像多方面体现了当时来自中国佛教石窟的平城模式及印度犍陀罗艺术的影响，又有古代秦州地区佛教造像艺术的地域特色。麦积山石窟中出现的一些独特的造像及绘画技法，也反映了陇右地区的佛教文化艺术特征。北魏晚期至西魏时期，来自洛阳及南朝的造像风格风行于麦积山石窟，麦积山作为丝绸之路西出长安越陇山的重镇，具有佛教艺术中国化后再向西传播的中转站作用，大型经变画的出现和表现中国传统升仙观念的内容影响到敦煌莫高窟6世纪中期及以后洞窟的形式。麦积山石窟造像题材类型丰富，北朝至隋代流行三世佛、七佛、千佛及弥勒、维摩诘。三世佛造像和维摩诘造像大量出现，是鸠摩罗什在长安地区翻译的大乘经典在陇右地区盛行的表现，成为这一地区佛教信仰的重要内容。

1941年，天水籍学者冯国瑞首次调查麦积山石窟，撰成《麦积山石窟志》。1952~1953年，中央文化部组织两次大规模的麦积山勘察工作，对麦积山石窟进行详细调查，编录《麦积山石窟内容总录》，共录编194个窟龛。1945年、1960年，北京大学教授阎文儒两次调查麦积山石窟，对麦积山所有洞窟进行全面考察。并1984年出版《麦积山石窟》一书。1976~1984年，麦积山石窟崖面加固工程期间，麦积山文物保管所调查了之前未通栈道的洞窟，发表了《麦积山石窟的新通洞窟》。2000年后，麦积山石窟艺术研究所对所有洞窟重新进行编号，窟龛总数增至221个。

麦积山石窟自建造以来，受自然因素的破坏很大。石窟处于多雨潮湿的山林地区，降雨丰沛，壁画不易保存，如今麦积山石窟壁画多已损毁。历史上发生的数次大规模地震也对麦积山崖面和洞窟造成巨大破坏，许多洞窟和建筑都因地震山体崩塌而损坏，导致东崖和西崖分开。据推测，因地震造成崖面洞窟崩塌的数量约占东、西崖现存洞窟数量的三分之一。

1977~1984年，通过对麦积山山体实施"喷锚粘托"工程，填充裂隙、加固危岩，采用钢筋混凝土悬臂梁替代古代木栈道，解决了崖体的稳定性问题，加强了岩体抗风化作用。自2001年以来，麦积山石窟艺术研究所持续对石窟渗水问题进行治理，并在崖面开孔，加速渗水排出。针对窟区降雨量大及山体渗水

甘肃省志
文物志

造成的高湿度潮湿环境对壁画和泥塑构成的极大危害，麦积山石窟艺术研究所自2001年起开展了一系列加固防范及治理工程，在湿度较大的第127、133窟放置除湿机，窟内湿度明显下降；与日本筑波大学合作，对麦积山石窟保护修复措施开展调查，对壁画、塑像保护手段进行深入研究，2006年编制完成《麦积山石窟部分洞窟保护修复方案》，相继对部分濒危塑像、壁画进行修复加固工作；先后与北京大学、北京联合大学、武汉大学、兰州大学、日本筑波大学、敦煌研究院等高校及科研机构展开文物保护、考古等多方面合作研究。

1953年成立麦积山石窟文管所，1986年更名为麦积山石窟艺术研究所，负责麦积山石窟的保护与管理工作，保存有完整的"四有"档案。

1961年，麦积山石窟被国务院公布为第一批全国重点文物保护单位。1982年11月，国务院批准麦积山石窟为第一批国家级风景名胜区。1999年3月24日，《甘肃省人民政府关于公布甘肃省全国重点文物保护单位保护范围的通知》（甘政发〔1999〕22号）划定麦积山石窟的保护范围："重点保护区（核心区）：东至后崖沟（约500米），西至上河沟（约500米），南至小沟门（约700米），北至小献山（约500米）；一般保护区（缓冲区）：东至天池坪到三扇崖（约2500米），西至四坡梁、豆积山、油笼山（约2500米），南至香积山（约2500米），北至四沟河、天河桥（约2500米）。"

2007年，麦积山石窟作为"丝绸之路：长安至天山廊道的路网"列入申报世界文化遗产预备名单。同年，天津大学编制了《麦积山石窟保护规划（2009—2020）》。2008年10月7日，甘肃省人民政府办公厅颁发了《麦积山石窟保护管理办法》。

2010年，甘肃省人民政府颁布实施《麦积山石窟保护规划》（甘政发〔2010〕38号）。

水帘洞石窟群

位于武山县东北25千米的鲁班山峡谷中。由水帘洞、拉梢寺、千佛洞、显圣池四部分组成。始建于北周，隋、宋、元、明等时期续建重修。

拉梢寺 开凿于大佛崖宽约60米的

水帘洞石窟群　拉梢寺远景

弧形崖面上。还包括对面天书洞崖壁上的窟龛以及石胎泥塑喇嘛塔，窟区绵延300多米。拉梢寺最早开凿于北周明帝武成元年（559年），隋、五代、宋、元、明、清历代均有修缮。现存大小窟龛24个，造像33身，覆钵式喇嘛塔7座，壁画近1700平方米，摩崖题记1方。北周窟龛主要有大型摩崖浮塑或圆拱形浅龛。宋元之际，在崖面上开凿有部分摩崖浅龛。元代也开凿部分浅龛，龛内多高浮雕覆钵式佛塔。现存造像以摩崖石胎浮塑为主，兼有部分泥塑。壁画在拉梢寺石窟中占有重要位置。有些壁画以摩崖浮雕大佛为中心，周围崖面绘有诸神及众生听法场景，兼绘单幅佛说法图。有些崖面通体绘千佛、单幅或成组佛说法图。

拉梢寺摩崖三尊像位于拉梢寺石窟群中部，坐北向南，利用凹进的崖面浮雕石胎泥塑造像，绘制壁画。雕塑主体为一佛二菩萨像，均为石胎泥塑浮雕。佛结跏趺坐，禅定印，高42.3米，低平肉髻，面形丰圆，脖颈粗短，多重项光，着圆领通肩袈裟，衣纹为阶梯状加凸起泥条，左脚掌心向外，掌心浮塑法轮。佛座为方形高座，宽17.55米，高约17米，由7层浮雕组成，自上及下分别为双重仰莲、卧狮（原有9头，现存5头）、双重仰莲、卧鹿（共9只，中间1只正面卧，两侧各4只，均侧身向外卧，独角、前腿屈）、双重仰莲、立象（共9头，中间1头正面站立，两侧各4身，均侧身向外站立）和双瓣覆莲。胁侍菩萨面向佛，侧身对称立于佛两侧，高30余米。戴三瓣莲式宝冠，后代重修时用沥粉堆金。面形长圆，两耳垂肩，宝缯垂于肩两侧，浮雕多重圆形项光，颈粗短，戴尖形项圈。上着僧祇支，披巾从背后绕肘至两侧打折下垂，戴臂钏、手镯，一手在腹前、手心向上托莲枝，一手于肩头、两侧握莲枝，莲花置于头前。下着绿色长裙，裙边于腰际外翻打折，

水帘洞石窟群　拉梢寺摩崖佛三尊像

水帘洞石窟群　千佛洞全景

衣纹呈横向阶梯状。脚戴环，赤足立于覆莲上。该造像右下方刻有题记："维大周明皇帝三年岁／次己卯二月十四日使／持节柱国大将军陇右／大都督秦渭河鄯凉甘／瓜成武岷洮邓文康十／四州诸军事秦州刺史／蜀国公尉迟迥与比丘／释道（藏）于渭州仙崖敬／造释迦牟尼佛一区愿／天下和平四海安乐家／国与天地久长周祚与／日月俱永。"大周明皇帝三年即北周明帝武成元年（559年）。水帘洞石窟群的开凿也与尉迟迥密不可分，水帘洞石窟群为渭河流域仅次于麦积山石窟的大型石窟群。元代是水帘洞石窟的又一个重要发展阶段，崖面壁画在此期间被全部进行重新彩绘，崖面上方的木构防雨檐也进行了重修。1984年7月，在修缮拉梢寺摩崖浮雕大佛顶部的防雨檐时，发现一面刻有元大德六年（1302年）题记的祈福铜镜。元代还在拉梢寺及对面崖壁上开凿了许多大小不一的藏传佛教覆钵式塔龛。

千佛洞 又名千佛崖、七佛沟，位于拉梢寺西北500米处的一天然洞穴内。造像及壁画分布于洞穴左、右两壁。左壁造像及壁画已无存，仅有造像残迹。现存造像及壁画主要分布于右壁，有各类大小窟龛51个，造像23身，尖楣圆拱形浅龛33个，摩崖悬塑龛9个，壁画300多平方米。所有窟龛、塑像及壁画均位于一条巨龙背上，龙首朝东，龙尾处雄踞

一狮。造像主要为摩崖悬塑和木骨泥塑，龛形以尖楣圆拱形浅龛为主，另有部分圆拱形浅龛。相传此处原有7身大佛，故名七佛沟，现仅存1身大佛佛头，头高1.2米，其他已无迹可寻。现存北周壁画为位于崖面右上部的千佛，有1.2万余身。第12龛内绘有飞天、弟子等。从现存元代壁画来看，当时对整个壁面进行重新敷泥彩绘，但绝大部分已损毁，内容有弟子像、听法图等。

水帘洞 位于响河沟右侧的莲花峰下，与拉梢寺遥遥相对，山体如一朵莲花，石窟隐藏于莲瓣之间，坐西朝东，为一巨大的天然石洞。洞前绿树成荫，谷中溪水潺潺，洞顶、洞壁皆有泉水从石隙中流出，盛夏时节，雨水沿石缝淌下，形成一道水帘，故得此名。洞内壁画面积约136平方米，左壁壁画16幅88平方米，大多为北周原作，部分经宋代重绘。其中第1幅面积最大，主尊为站立说法佛像，两侧胁侍弟子、菩萨及力士像。

水帘洞石窟群　水帘洞说法图　北周

壁面保存较多的供养人像。画面中的塔、菩萨宝缯、龛柱等局部位置用浮塑技法，与麦积山石窟第4窟飞天壁画中的薄肉塑有异曲同工之妙。

显圣池 北距拉梢寺约1.5千米，为一天然洞窟，洞深8米，高20余米，宽30多米，原窟内左、右两壁均有造像和壁画。从现存残迹来看，左壁原有一佛二菩萨摩崖造像，佛仅存痕迹，菩萨的木桩及泥胎尚部分保存，仰莲台座尚清晰可辨。洞内壁画位于右壁上方及转角处，共有13幅90平方米，为北周和隋代遗存，内容有千佛及佛、菩萨说法图等。

水帘洞石窟群保存有一些供养人榜题，有姚、焦、权、梁等姓氏，他们不仅为当地大姓，且多出自氐、羌等少数民族。当时以尉迟迥为代表，汉、羌、氐、鲜卑等部族共同兴造水帘洞石窟群，成为胡汉民族共同的祈福之地。水帘洞石窟在窟龛形制、造像内容及艺术表现形式等方面与同一地域的麦积山石窟多有相似之处。

20世纪50年代以来，对水帘洞石窟的调查研究逐步展开。20世纪90年代以来，甘肃省文物考古研究所和麦积山石窟艺术研究所共同对水帘洞石窟群展开系统调查，完成《武山水帘洞石窟群》一书。

1984年10月，武山县水帘洞石窟群文物保护管理所成立，隶属武山县文化

局。2002年7月，更名为武山水帘洞石窟文物保护研究所。1984年6月，甘肃省文化厅拨款将拉梢寺摩崖大佛上方的木构防雨棚进行更换，共计60米，有效阻止了降水对崖面壁画和浮雕造像的侵蚀和冲刷。1985~1986年，甘肃省文化厅将拉梢寺糟朽的木质栈道更换为钢筋混凝土栈道，修建了拉梢寺南侧通往天书洞的石台阶，重修天书洞原已损毁的栈道。2001年，水帘洞石窟群与大像山石窟一起被国务院公布为第五批全国重点文物保护单位。2007年，《武山县水帘洞石窟群文物保护规划》由甘肃省人民政府公布实施。2008年，武山县人民代表大会颁布《甘肃省天水市水帘洞石窟拉梢寺文物保护管理办法》。

1984年，甘肃省人民政府公布水帘洞石窟群的保护范围（含重点保护区和一般保护区）和建设控制地带："保护范围：以水帘洞石窟文物保护研究所为中心，涵盖拉梢寺、水帘洞和千佛洞等石窟单元的半径500米范围内的重点保护区和半径1500米范围内的一般保护区；建设控制地带：以东至花果山、西至徐家河、南至说法台、北抵后项里呈环形的区域。"2007年，公布实施《武山县水帘洞石窟群文物保护规划》，对保护范围进行调整，对石窟群的4个构成单元分别划定重点保护区："显圣池为显圣池所在响河沟崖壁

甘肃省志

文物志

范围内，向西北方向 100 米处、东南方向 100 米处，面积约 1.6 公顷；拉梢寺为拉梢寺摩崖造像崖壁以北 50 米，以东沿沟谷 100 米处，以西 100 米处，南至响河沟南侧崖下，面积约 6.5 公顷；水帘洞为水帘洞壁画所在崖体向北至响河沟谷处的山谷两侧崖壁范围内，面积约 2.1 公顷；千佛洞为千佛洞石窟所在崖体向东至麻池沟的沟谷两侧崖壁范围内，面积约 3.4 公顷。一般保护区：保护范围中除重点保护区以外的所有区域为一般保护区范围，面积约 280.4 公顷。建设控制地带：东至响河出口处以东 700 米处，南至说法台，西至徐家河，北至后巷里，面积约 670 公顷。"

2009~2011 年，国家文物局拨款，敦煌研究院对水帘洞石窟群崖面、壁画、塑像进行抢救性保护维修工程。

大像山石窟

位于甘谷县城西 2.5 千米的铺村南文旗山上。山体东西走向，东高西低。石窟和古建筑分布在长 1.5 千米的山脊上。东区为石窟寺区，西区为古建筑区，从低到高依次排列，共有 15 处明清建筑，以文昌阁、鲁班殿、财神殿为代表。

大像山石窟最早开凿于北朝时期。盛唐时期，开凿了高 23.3 米的弥勒大佛窟。宋嘉祐三年（1057 年）对所有洞窟重新彩绘，重建窟前建筑，在大佛窟前重修七层楼阁，大佛全身敷泥薄塑。明万历年间，创建太昊宫等 10 多处木构建筑，明末建成文昌阁等建筑。清同治二年（1863 年），大像山所有建筑遭火焚。同治九年（1870 年）重建大佛窟前楼阁。

东区石窟寺共有 22 个洞窟，一字形排列，多为平顶方形窟，除大佛殿（第 6 窟）外，原造像皆无存。

第 6 窟为大佛窟，佛龛高 34 米，宽 14 米，深 4.5 米。窟内佛高 23.3 米，倚坐，两眼平视，高肉髻，水波纹发式，额中有毫光，瞳仁用 0.7 米高的黑釉大缸劈半镶嵌而成，嘴唇宽厚，两耳垂肩，面部贴金，蝌蚪胡须，颈有三道弧线纹。身着垂领袈裟，内着僧祇支，束腰打结。右手施无畏印，左手平抚膝盖，两脚踩莲台。龛内三壁有悬塑和楼阁、橼洞痕迹。左、右两壁各有方形平顶龛。悬塑造像均为清代以后重修。

西区为古建筑区，在绵延 1 千米的山脊上分布有土地庙、梅葛殿、太昊宫

大像山石窟

（伏羲殿）、地藏殿、观音殿、罗真殿、接引佛殿、文昌阁、百子洞、鲁班殿、财神殿、韦陀殿、无量殿、娘娘殿、火神庙等15处明清建筑。一处庙宇一个单元或院落，建筑形式变化多样。太昊宫始建于明万历年间，光绪十七年（1891年）重修，院落式布局，由垂花门、护法殿、伏羲殿、东西配殿和耳房组成。太昊宫院落四角各有旁通门，形成八卦方位组合，大殿单檐硬山顶，前出廊结构；观音阁为单檐硬山顶二层楼阁式建筑；文昌阁始建于清早期，主殿为四角攒尖顶厅阁式建筑，以四梁承托八卦藻井屋面。

大像山石窟大佛

大像山大佛像历经宋嘉祐三年（1057年）、清同治九年（1870年）、1983年、2004年4次较大规模维修。20世纪80~90年代，甘肃省、甘谷县各级政府有关部门共同筹资，陆续对窟区道路、护栏、踏步等进行维修。2004年10月，国家文物局拨款对大像山石窟的大佛殿大佛实施维修，由敦煌研究院施工。2010年以来，甘肃省文物局拨款、甘谷县有关部门自筹资金，陆续对大像山石窟西区梅葛殿、接引佛殿、文昌阁、无量殿、地藏殿等古建筑以及石窟区危岩体、基础设施实施维修。同时，国家文物局拨款对大像山石窟装配安全技术防范系统工程。

1960年，甘谷县人民政府公布大像山石窟为县级文物保护单位。1981年成立大像山文管所，负责大像山石窟的文物保护与管理工作。1981年，甘肃省人民政府公布大像山石窟为省级文物保护单位。2001年，大像山石窟被国务院公布为第五批全国重点文物保护单位。2005年3月7日，《甘肃省人民政府关于公布甘肃省第五批全国重点文物保护单位保护范围及建设控制地带的通知》（甘政发〔2005〕16号）公布其保护范围与建设控制地带："保护范围：东起大寺沟，西至大沙沟东沿，北至通广渠，南至老师傅梁小路及安家咀头塈岘以北山体。建设控制地带：通广渠以北至定天公路以南的路段，老师傅梁小路至山顶的地段。"

木梯寺石窟

位于武山县马力镇杨坪村北侧 1.5 千米的柏林山。石窟开凿于柏林山腰桐树湾和松树湾内"W"形的崖壁上，石窟四周悬崖峭壁，地势险要。相传寺庙原无路可入，在山门口绝壁上安置一木梯，可攀梯入寺，故名"木梯寺"。清康熙四十八年（1709 年）冯同宪著《宁远县志·卷一》记述武山八景中有"木梯古寺"。

木梯寺石窟开窟年代没有明确记载，第 1 窟内有明《重建木梯寺序记》载："龙川东北有山曰'林寺'，又曰'木梯寺'，初建于汉，自唐迄今，历代经营，内有十殿九洞二砖塔，二塔已无迹可考，最西有天然石佛一尊，较伏羲大佛略小。明洪武初年，经林僧党郁刚重建，明万历十五年（1587 年）有平凉府隆德县居士任寅明捐资重修。"现存遗迹最早为北朝时期，造像皆为宋代以后的作品。

现存大小窟龛 20 个，各类造像 70 多身，壁画约 130 平方米。洞窟除第 5、7 窟保存较完整外，其余窟龛及古建筑均在近现代重修。多数洞窟为殿窟相结合形式，前殿后窟。

早期窟龛多为平面方形平顶小窟或圆拱顶龛，窟龛内原造像无存。唐代开窟造像较少，除第 14 号窟摩崖大佛外，无其他遗存。宋代开窟造像最多，主要有

武山木梯寺石窟外景

桐树湾内第 2、5、7、9 窟；开始出现大型殿堂窟（第 5、7 窟），平面长方形，窟内正、左、右三壁砌高坛基，坛基上塑像，造像以三佛为主。元代摩崖雕刻喇嘛塔。明清时期的窟龛主要以前殿后窟为主，或重建殿堂。反映道教和儒教思想的造像大量出现，如第 3、6、12（药王殿）、13（玉皇阁）、15（魁星阁）、16（三官殿）、18（祖师殿）19（灵祖殿）窟等。

木梯寺石窟窟龛形制及其殿堂建筑结合的形式体现了晚期佛教石窟建筑的特点。宋代以后造像题材较多为儒、释、道三者结合，与仙人崖、华盖寺等石窟类似，反映了秦州一带明清以来宗教信仰的变化。

第 1 窟 位于桐树湾最东端，又名朝阳洞或接引佛殿。原建于明代，清代重修。前廊后堂式佛窟，前廊面阔 3.03 米、进深 1.9 米；后堂通高 4.55 米、进深 3 米。顶部有木隔，正面三格内墨书"朝

武山木梯寺石窟第1窟

阳洞"。正壁现存立佛一身，明塑，清代重修，高2.36米。泥塑圆雕，尖形螺髻，身披袈裟，上有沥粉堆贴团花、云纹等，彩绘田相纹，下着长裙，系腰带，跣足立于半圆形莲台上。壁画8.5平方米。正壁分两层，上层为清代重绘，多已脱落，仅存部分云纹等；底层为明代原作，隐约可辨菩萨像。左、右两壁壁画为清代重绘，各绘二天王一力士。窟内门顶悬挂光绪三十二年（1906年）供匾一方，廊右侧门道上悬挂咸丰二年（1852年）重建木梯寺山门木匾一方。 山门走廊外墙上嵌光绪三十三年（1907年）砖匾一方。

第5窟 位于桐树湾西崖最高处，宋代开凿。平面长方形平顶窟，宽7.54米、深5.25米、高4.5米；三面高坛基，坛高0.95米，坛上塑三佛二弟子四菩萨。

正壁佛结跏趺坐于方座上，螺髻，内着僧祇支于胸前系带，外穿双领下垂袈裟，左手扶衣角于左膝，右手施无畏印。佛右侧为阿难，内着僧祇支，外穿双领下垂袈裟，双手叠放抱于腹前，立于圆形台上。左侧为迦叶，颧骨突兀，内着僧祇支，外着袒右肩袈裟，右手下垂，左手执衣襟于胸前。右胁侍菩萨，高髻，长发披肩，袒上身，下着裙，络腋从左肩绕到右腋下，颈戴项圈，左手持钵于胸前，右手自然下垂，戴臂钏、手镯，赤足立于束腰莲台上。左胁侍菩萨，高髻，裸上身，络腋分两道从左肩绕到右腋下，下着裙，左手下垂，右手执莲花于胸前，赤足立于圆莲台上。

左壁正中为坐佛，结跏趺坐，内穿僧祇支，外穿垂领式宽袖袈裟，衣带于胸前打结，裙裾垂于座前，左手五指并拢，掌心向上，置于腹前，右手抚右膝。左侧胁侍菩萨已被盗，仅存莲台。莲台前侧有一清代补塑文官像，头戴进贤冠，面容苍老，长须垂胸，鼓腹，坐于方形座上，身穿交领宽袖长袍，双手笼于袖中，置于膝前，脚穿平头高屐。

右壁正中坐佛形态服饰与左壁坐佛相同，结跏趺坐于长方形座上，双手掌心向上，交叠置于腹前作禅定印。右侧一立菩萨，束发高髻，面形长圆，左手自然下垂，右手平置于胸前，持一摩尼宝珠，跣足立于莲台上。下着贴体长裙，披帛自背后绕搭双肩下垂至衣裙上缘。菩萨外侧有清代补塑一武将坐像，头已毁，蹲坐于长方形座上，披挂鱼鳞铠甲，外罩袒右战袍，足蹬战靴，踩在方形低台基上。

门壁左侧残存明清重绘壁画约3平方米，分三层。底层为原绘；中间偏下部因泥皮脱落，露出少许，可见少许彩绘痕迹，已呈黑色，内容无法辨识；中间一层

因表层泥皮脱落，在墙面中间露出一块，为墨线勾勒并填彩的人物形象，仅可见人物下半身装束。由内至外第一身烟熏严重，可辨识下着长裙，右臂下有两股披帛下垂；第二身被后期涂抹彩绘遮盖，仅见腰部墨绘线条及填红彩；第三身仅见腰部，似为一武将装束，裙带于腹部打结分两缕下垂，下着短裙，臀部两侧各绘一片护甲；第四身仅见腰部系一裙带，下着绿色长裙，膝部以下无存。表层泥皮为素泥皮。

第7窟　位于桐树湾西崖下部，宋代开凿。平面横长方形，圆拱顶，高4.5米、宽7.25米、进深5.2米。窟内三壁前高坛基，窟门方形。坛基高0.88米。窟门高3.12米、宽2.8米、进深0.92米。正壁塑一佛二弟子二菩萨，左、右壁均塑一佛二菩萨。现存正壁一佛二菩萨，左壁佛及左侧胁侍菩萨，右壁佛及右侧胁侍菩萨，其外侧又有一立佛。

正壁主佛高2米，螺髻，袒胸，内着僧祇支，衣带于腰间打结，外着双领下垂式袈裟，左手掌心向下，五指直伸贴腿，右小臂略抬高，五指直伸，掌心向下，结跏趺坐于方形座上。左侧菩萨束发小冠，上身袒露，戴项圈、臂钏、手镯。络腋从左肩向下斜披，肩前打结，下着长裙，左臂下伸，手掌贴座支撑，右臂斜伸，手掌心贴腿并放，左腿弯屈于台上露足，

右舒相坐于莲台上。右侧菩萨头已失，服饰与左侧菩萨相同，左舒相坐。

左壁坐佛螺髻，有肉髻珠，内着僧祇支，腰间束带打结，外着钩钮式袈裟，作说法印，结跏趺坐于莲台上。左胁侍菩萨束发小冠，上身袒露，左肩斜披巾于右侧，饰项圈、臂钏、手镯，下着长裙，左臂残毁（已修补），右臂自然下垂，手握披帛，跣足立于莲台上。

右壁主佛造型、服饰与正壁佛相同，双手交于腹前，结禅定印。右胁侍菩萨与左壁菩萨同，上身斜披巾于左肩处打结。外侧有一立佛，波纹发髻，有肉髻珠，内着僧祇支，外着圆领袈裟，下系长裙，双手笼于袈裟内，跣足立于圆莲台上。

宋代原绘壁画因烟熏已不可识，窟顶可辨有圆形莲花痕迹。右壁底层壁画中残存弟子像。

第11窟 位于松树湾西崖下方，元代开凿，近代重修。摩崖方形浅龛，龛高2.55米、宽3.18米、深0.48米。龛内壁面上并列凿两座舍利塔。左侧塔残高2.34米，叠涩式基座，上为覆钵塔身，塔身上为项轮，为典型的藏式喇嘛塔。右侧塔残高2.36米，残损严重。

第14窟 位于松树湾内南崖下方，又名大佛殿。原建于唐代，近现代多次重修。利用天然崖面凿成，窟前重建有二层木构阁楼，通高8.5米、宽7.7米、进深2.3米。阁楼面阔三间，明间装四屏对开格扇门，两次间各装棂格窗，室内有木梯通二楼，楼上三面设围栏，雕垂柱及几何纹图案。窟内左、右壁崖面残留方形木桩孔洞，历史上曾有木构建筑。

窟内正壁崖面塑一倚坐大佛，佛高6.38米，胸部以上经现代重修。低平肉髻，长圆脸，双耳垂肩，短颈端肩，挺胸敛腹，左手抚左膝，右手施无畏印，内穿僧祇支，衣带于胸前打结，外穿垂领式袈裟，跣足倚坐于束腰叠涩方座上，通体彩绘。大佛肘部两侧崖面上有现代泥塑二胁侍菩萨，均坐姿。室内左壁下方有现代绘制云龙图案，佛座两侧绘牡丹及卷云图案，多已剥蚀脱落。

1981年，甘肃省文物工作队调查木梯寺石窟。1987年，武山县文化馆调查木梯寺石窟。2006年，麦积山石窟艺术研究所调查该石窟并发表调查简报。

1972年，木梯寺石窟被武山县革命委员会公布为武山县重点文物保护单位。1981年，甘肃省人民政府公布其为甘肃省省级文物保护单位。2003年，木梯寺石窟被国务院公布为第六批全国重点文物保护单位。2009年，甘肃省人民政府公布木梯寺石窟保护范围和建设控制地带："以柏林山最高点2107.6高程点为基准点（A点）向西南连线2097.2（B点），再向西南连线1989.3（C点），再往南 170 米连线 1860.0（D 点），再向东南 500 米连线 1742.0（E 点），再向东 205 米连线 1740.2（F 点），再向东北 294 米连线 1762.0（G 点），再向西北 400 米连线 2032.0（H 点），再向东连线 2032.0（I 点），再向东复与 A 点相连，此范围内皆为保护范围。建设控制地带：保护范围外，东起榜沙河，南至龙川河与榜沙河及小石渭沟的交汇处，西至小石渭沟，北至柏林山顶。"

仙人崖石窟

位于天水市麦积区麦积镇后川村，地处麦积山石窟北偏东方向，距麦积山石窟约 15 千米。现存最早造像属北魏中晚期，从其艺术风格、区域宗教信仰情况分析，应与麦积山石窟同为一个僧团或工匠团体开凿，其造像及其他宗教信仰活动在北魏以后并延续，宋代有少量造像。

北魏时期，仙人崖石窟受麦积山石窟影响，开始开窟造像。1953 年，中央文化部组织麦积山石窟勘察团，认为仙人崖南崖小窟石龛中残存佛像为北魏晚期作品（约北魏孝明帝元诩神龟、孝昌年间，516~527 年）。唐、宋、元时期，仙人崖石窟成为秦州地区佛教活动的重要场所之一。唐代，西崖开始修建殿宇，文献记载"仙人崖灵应寺，唐所修者"。宋元时期，西崖、南崖等处继续开龛造像。明清时期，仙人崖石窟宗教活动与建设活动达到高峰，现存大多数古建筑、石窟等均于此时所建。明永乐十四年（1416 年），明成祖朱棣颁诏赐西崖为"灵应寺"；隆庆四年（1570 年），明穆宗朱载垕颁诏将"东至燕子关，南至静延崖，西至水泉坡，北至插子山"的大量土地划归灵应寺作为庙产（见寺内存《大明敕赐灵应寺碑记》《钦赐韩府地官碑记》等）。清顺治五年（1648 年）重修三教祠、三老殿，清顺治七年（1650 年）重修三官殿，康熙三十二年（1694 年）重修望云楼、无量殿等，道光十四年（1834 年）重修地藏王殿、三老殿、三官殿等。民国时期，仙人崖石窟进行了部分修缮。造像有三佛、禅宗六祖、地藏、观音等，还有部分道教和儒教造像，表现这一时期三教融合的倾向。

仙人崖石窟分西崖、南崖、东崖、梯子洞 4 个单元，其中西崖和东崖的罗汉堂为殿堂式建筑，南崖以开凿洞窟为主。

仙人崖西崖　共编有 12 个号，除 4

仙人崖西崖外景

仙人崖西崖三教祠正壁造像 仙人崖喇嘛楼正壁泗州大圣

号内存一通清代碑外，其余皆为木构殿堂建筑，内留存部分明清时期塑像和壁画。

第 1 号（三官殿） 为依山而建土木结构悬山顶式建筑，单开间，人字披顶，平面方形。殿内正壁塑天、地、水三官像，左、右壁前各塑一尊书吏。中间主尊天官像高 1.56 米，椭圆形脸，头戴通天冠，双目微微下视，着圆领左衽式宽袖长袍，左手持笏板。左侧水官像高 1.57 米，头戴通天冠，眼睛平视，双手持笏板。右侧地官像高 1.56 米，戴通天冠，面部刻画夸张，双手于袖内相握持笏板。

第 2 号（三教祠） 为明代三间四柱式砖木结构殿堂。高 3.78 米，面宽 6 米，进深 3.15 米。殿内有明代圆塑儒、释、道三教释迦牟尼佛、孔子、老子及禅宗初祖达摩、六祖慧能像。佛像高 2.45 米，波浪式发髻，着袒胸袈裟，双手交叠于胸际，结半跏趺坐于山形坛座上。老子像高 1.77 米，包巾束白发，双眼前视，嘴略张，穿宽袖长袍，左手于腹前握长卷一端，右手上举至胸前，双腿下垂，足穿云头履。孔子像高 1.77 米，包巾束黑发，方形脸，两眼前视，穿交叉式大袖长袍，左手于腹前握长卷一端，右手上举至胸前，双腿下垂，足穿云头履，与老子相对而坐。达摩像高 1.77 米，红色袈裟披肩而下，方形脸，眉弯隆起，双眼凹陷，圆睁前视，高鼻，嘴略大，八字胡，两鬓至下额塑卷状胡须，短颈，上胸袒露，双手腹前合拢，结跏趺坐。慧能像高 1.77 米，光头，内穿交领衫，外披袈裟，双手合拢腹前，结跏趺坐，袈裟衣裾自然下垂。

第 3 号（喇嘛楼） 宋代始凿。开间

式大龛，以崖面为后壁，高3.37米。殿内泥塑造像3尊，题材为泗洲大圣及弟子慧严和木叉。主尊泗洲大圣像高1.45米，造像躯体端正，头戴风帽，外披袈裟，结跏趺坐于山形台座之上，双手于腹前作禅定印。左壁弟子慧严像高1.84米，双手于腹前持长颈净瓶，外着土红色钩钮式袈裟，自左肩搭下，绕背至腹前，脚穿卷头僧鞋，立于半圆形台基之上。右壁弟子木叉像高1.72米，世俗装，发型规整，面容饱满，双手于胸前成持物状，右手在下，左手在上，外衣为土红色长衫，腰系双股丝带，腹前打结，下穿双管裤，脚蹬双梁圆口鞋。该窟造像为西崖现存时代最早的造像，泗洲大圣题材在中国北方地区少见。

第5号（地藏王菩萨殿） 为单间悬山顶式殿堂，明代修建。高6.15米，面阔4.03米，进深5.6米。正壁正中为地藏王菩萨，左侧为道明，右侧为闵公。左、右壁下方坛基塑5身十殿阎君，上方壁面各有上、下两排悬塑，上排为十方佛（左、右壁各5身），下排为十方菩萨（左、右壁各5身）。在下排菩萨内侧左壁塑一弟子，右壁塑一女供养人。地藏王菩萨像为铁质，整体铸造，高1.03米，头戴仰莲瓣形化佛冠，束桃形发髻，右手平置于右脚掌上方，托一钵，结跏趺坐；身穿双领下垂式袈裟，胸部袒露，颈饰项圈，

饰有网状的联珠纹璎珞。左、右壁坛台上塑十殿阎君各5身，均为泥塑圆雕，头戴样式各异的束额方冠，面部神态各异，均内穿交领衫，下系齐腰长裙，外穿宽袖长袍，双手笼于袖中，平置胸前，各持一木质笏板，足蹬厚底云头高履而立。

第8号（老君堂） 为三间四柱式殿堂，清代修建。高5.65米，面阔7.6米，进深5.5米。正壁坛台上并列3身坐像。正中为玉清原始天尊，高1.73米，泥塑圆雕，戴圆形卷云纹束发冠，双腿盘坐于凭几之中，右手屈至右腹前，手背搭于凭几上，左手举至胸前，五指展开，做拈花状；内穿圆口襦，外罩垂领式宽袖袍，下系长裙，衣裙垂于座前。左、右分别为上清灵宝天尊、太清道德天尊。灵宝天尊为泥塑圆雕，高1.66米，束发，头戴卷云纹饰道冠，盘坐于弧形凭几内，左手微屈抚几，右手齐肩，掌心向外展开，拇指弯屈；内穿圆领襦，下系长裙，裙带下系蔽膝，外穿宽袖垂领袍。道德天尊为泥塑圆雕，高1.73米，头戴卷云束发冠，双腿盘坐于凭几内；内穿短襦，外穿宽袖袍，下系长裙，前有蔽膝。左、右各塑一班神立像。左、右壁上均浮塑10身道教群仙像，分上、下2排，每排5身。

第10号（文殊殿） 为三间四柱式殿堂，清代修建。殿高5.1米，宽7.35米，深3.95米。殿内共造像11身，其中正壁

正中塑释迦牟尼佛，左、右侧塑文殊、普贤菩萨，佛左、右侧前方塑男女供养人。左、右壁坛台上塑禅宗六祖，左壁为达摩、僧粲、弘忍，右壁为慧能、道信、慧可。佛像高2.14米，卷纹式高发髻；着袒肩袈裟，下着裙，腰间系带；双手抱于右小腿上，游戏坐于山形高座上，衣裙于座前分二片圈弧形自然下垂。文殊像高1.95米，戴宝冠，发辫披双肩挽结，袒胸，上身内着红色双领下垂衫，外着双领下垂大袖宽袍；右手抬于胸前，右手五指均直伸，掌心向上斜伸于腹前，赤足倚坐在束腰台座上的卧狮身上。普贤像高1.95米，造像形姿和服饰基本上与左侧文殊相同，倚坐在束腰台座上的卧象身上。左、右壁的禅宗六祖像高1.16~1.2米，形象各异。

第11号（大雄宝殿） 又名"灵应寺"，明代修建。三间四柱式殿堂。高7米，宽11.6米，进深5.38米。殿内正壁塑三佛，正中为释迦佛，左、右侧前方塑胁侍文殊、普贤二菩萨。右侧塑阿弥陀佛，右侧前方塑一菩萨；左侧塑药师佛，左侧前方塑一菩萨。左、右壁略偏内各塑1身天王像。释迦佛像高3.87米，螺纹高肉髻，上着袒右肩袈裟，双手合于胸前，佛身后高浮塑背项光；上方正中塑金翅鸟。药师佛通高3.65米，面相与释迦佛相同，外着袈裟，双手平叠，掌心向上置于金刚坐的腿上。阿弥陀佛通高3.57米，面相、

体态与阿弥陀佛相同，不同处是上身袒，着斜披双肩袈裟，左手侧贴于大腿外侧，右手举于胸前，作说法印。大殿左、右壁绘壁画，上、下两层分别绘二十四诸天和十八罗汉，总面积20余平方米，清代重绘。

第12号（毗卢殿） 为悬山顶式建筑，明代修建。高6.31米，面宽9.15米，进深5.5米。殿内正壁坛基正中塑应身佛（毗卢舍那），左、右各塑1身胁侍菩萨。正壁左侧塑法身佛（卢舍那），右侧塑报身佛（释迦牟尼）。左壁塑迦叶，右壁塑阿难，阿难左侧坛基上塑一僧人像。正壁主尊通高2.7米，头戴五瓣式毗卢僧帽，帽后打结，额有白毫；袒前胸，下着裙，裙边有浮雕花饰，系丝带，外着圆领下垂式袈裟，肩上有披肩；双手合十于胸前，结跏趺坐于仰覆莲式双层莲台之上，袈裟下摆垂于莲台之上。正壁左侧佛通高2.62米，螺发，高肉髻，额心有白毫；袒前胸，下穿裙，腰系窄带，外披袈裟与主尊佛像相同；作禅定印，结跏趺坐于双层仰莲式束腰叠涩须弥座上。正壁右侧佛像通高2.63米，螺发，高肉髻，面部造型、服饰及佛座与正壁左侧佛像完全相同。左手五指并拢，自然置于左膝之上，右手举于胸侧且拇指与食指尖部相接形成一个圆圈，其余三指并拢伸直。大殿左、右壁绘大型佛教壁画，内容为二十四诸天，

左、右壁各 12 身。

仙人崖南崖 包括山顶卧佛洞和山脚千佛崖两部分，后代多次重修，其中千佛崖共编 22 个窟龛号。

玉皇顶卧佛洞 北魏创建，明代重修。平面"凸"字形圆拱顶窟。窟高 3.35 米，宽 6.4 米，进深 3.2 米。窟内塑像为明代重塑。正中塑一卧佛，身后侧塑十大弟子。卧佛长 4.74 米，螺髻，方圆脸，额有白毫相，圆眼，双目紧闭，外披袈裟，左臂自然直伸，右臂上弯，手托头，神态安详。弟子高 1.35~1.5 米，立于佛身后，神态各异，有的悲痛，有的沉静，有的深思。其中一中年弟子竖眉、圆眼、高鼻、嘴略大，脸形为少数民族（胡人）形象，左手握拳于腰前，右手抚佛身上，着袈裟立于佛身后。

第 5 龛（千佛龛） 北魏开凿，宋、元、明重修。为略呈长方形的天然崖面。高约 7.5 米，宽约 23.1 米。现存 15 排小龛，每排有 60~80 龛，平均高 0.25 米，宽 0.15 米，进深 0.08 米。除个别部位尚保存有部分泥皮外，其余均无泥皮留存。小龛内的造像基本残毁无存，现仅存 8 身，为元代重塑。

第 10 龛 为宋代开凿。造像有一立佛及一胁侍弟子。佛通高 3 米，低平肉髻，长圆脸，弧眉凤目，两眼下视，悬鼻小口，面颊饱满圆润；短颈、丰肩、挺胸，

仙人崖南崖

胸以下部分残毁无存；脚下为三重仰莲瓣式莲台，莲台下塑祥云，佛左手抚摸一俗装弟子。弟子高 1.5 米，体态微右侧而立；头戴圆筒冠，面形饱满，弯眉细目，眼角带有笑意，双眼平视前方；短颈端肩，挺胸鼓腹；穿圆领长袍，双手合握于胸前。

仙人崖东崖 为前殿后窟式，明代修建，依崖建殿。殿内正壁塑一佛，胁侍四菩萨、二弟子，左、右壁各塑 7 身罗汉，前壁两侧各塑 2 身罗汉，合计十八罗汉。正壁释迦牟尼像高 1.54 米，低平螺髻，面形方圆，半跏趺坐；左手抚左膝，右手屈至胸前作拈花状。左侧文殊像，半跏趺坐，高 1.5 米，头戴镂空高花冠。右侧普贤菩萨，半跏趺坐，高 1.42 米；冠饰同文殊，饰项圈，并垂有花饰；上穿束腰短衫，外穿垂领袈裟，披帛搭肩绕臂下垂，下系长裙，衣裙重叠于莲台上。释迦两侧各塑一胁侍菩萨，左侧菩萨高 1.88 米，头戴高花冠，跣足而立；内穿僧

仙人崖东崖罗汉堂右壁十八罗汉

祗支，外穿袈裟，右手自然下垂，右手托一方巾。右侧胁侍菩萨高1.78米，冠饰、神态同前；左手平置，托一方巾，其上置一花瓣式覆钵，右手自然下垂。殿内左、右壁及前壁依壁下部筑坛基，上塑18身罗汉，左、右各9身，高0.95米。

梯子洞窟区　位于仙人崖东崖最东端，共编5个窟龛号，除第5窟属明代洞窟外，其余均为晚清重修。梯子洞第5窟（石莲寺）开凿于明代。方形前后室平顶窟。前室面宽4.7米，深2.2米，高3.2米。后室面宽3.25米，高2.78米，深2.54米。前室正中地面石刻莲花。窟内后室通坛台上正中塑1身水月观音，左侧塑1身男

童子，右侧塑1身女童子。观音像高1.08米，头顶似肉髻，发束辫，左、右两侧各两小辫垂至肩；方圆脸，额有白毫，弯眉，双眼睁开前视，唇上绘八字形胡须，颌下悬塑长须；上身祖，赤足，坐于假山座上。

仙人崖石窟的调查始于1943年，有冯国瑞撰写《秦州记》一书。此后，《天水县文物志》（1984年）、《天水市志》（2004年）均有记载。麦积山石窟艺术研究所对之做了较全面的调查，成果主要有董玉祥的《仙人崖石窟新发现》《仙人崖石窟》等。

1981年，仙人崖文物管理所对罗汉堂、无量殿、玉皇殿、燃灯殿等文物建

筑及部分塑像、壁画进行保护修缮。1986年，麦积区文体局对西崖殿宇门窗、台阶、走廊及梯子洞栈道进行维修。2009年，麦积山石窟研究所对南崖现存塑像进行加固，仙人崖文物管理所对玉皇顶受地震影响的燃灯殿等殿宇进行加固。

1982年，北道区（现麦积区）人民政府成立仙人崖文物保护管理所，对石窟、古建及文物进行管理保护，仙人崖风景管理所、麦积区佛教协会参与共同管理。

1980年，北道区人民政府公布仙人崖石窟为县级文物保护单位。2003年被甘肃省人民政府公布为省级文物保护单位。2006年被国务院公布为全国重点文物保护单位，归并入第一批全国重点文物保护单位麦积山石窟内。2009年1月14日，《甘肃省人民政府关于公布甘肃省第六批全国重点文物保护单位保护范围和建设控制地带的通知》（甘政发〔2009〕

3号）公布仙人崖石窟保护范围和建设控制地带："保护范围：东界以翠阴山山腰经虎圈坡至立渠里为界；南界以立渠里至元宝山为界；西界以元宝山至大沟公路为界；北界以大沟公路经何家沟到翠阴山山腰为界。建设控制地带：东界以沙滩河渠至虎圈湾口为界；南界以虎圈湾口至王家大沟为界；西界以王家大沟至孙家山为界；北界以孙家山经前川后山至310国道河渠为界。"

华盖寺石窟

位于甘谷县城西10千米的二十里铺村南山坳。开凿在半圆柱形丹霞地貌岩体上，因外形似华盖，故名。关于华盖寺的开窟年代，清代《伏羌县志》记载"开辟于元至正年"。第15窟（无量洞）右侧乾隆三十七年（1773年）维修碑文记载"华盖洞辟于元朝""约开壁于元代"。据考证，华盖寺开窟年代应在元泰定年间。明嘉靖帝信奉道教，排斥佛教，许多寺院被改为

仙人崖梯子洞窟区

华盖寺全景

道观。明清时期，三教合流现象非常普遍。大像山是以唐代大佛为主的佛教场所，但在明清时期除大佛幸存外，其余石窟全被改为道教或三教合一的形态。大像山、显龙洞、华盖寺等都是以道教为主，其他石窟造像全被破坏，唯华盖寺石窟塑像幸存。

华盖寺石窟是渭水流域保存较好的晚期石窟，集中保存了道教题材塑像和壁画，也有部分佛教、儒家文化题材的雕塑和绘画，是研究中国晚期石窟发展的珍贵资料。现存洞窟18个，按塑像内容可分为儒、释、道教及祖先崇拜4类，其中儒教题材洞窟有1个（第14窟孔子洞），佛教题材洞窟有5个（第4、5、10、16、18窟），道教题材洞窟有10个（第2、3、6、7、8、11、12、13、15、17窟），为祖先崇拜窟有2个（第1、9窟）。

18个洞窟多为拱券形顶，也有平顶窟。有塑像60身，最高者1.55米，最小者0.13米，各洞窟壁画绘制和布局形式基本一致，壁画以人物画为主，还有少量故事画。除15、18窟（释迦洞）有故事画以外，其他基本上为左、右两壁绘单体人物画。道教题材塑像占全部塑像的75%，除无量殿、玉皇洞、孔子洞、伏羲洞和灵官洞为群塑外，其余洞窟均为一主尊二侍者的布局。窟顶为圆光配扇面，或书或画。

三眼洞、伏羲洞、无量洞等是华盖寺石窟艺术精华之所在。三眼洞由3个相互连通的小洞窟组成，洞内两侧保存《唐僧取经图》和《唐僧取经归来图》两幅明代壁画，是华盖寺壁画艺术珍品。壁画中僧徒4人形象完整，与后来明清时期的《西游记》故事绘画极为相似。华盖寺还珍藏有明代天启七年（1627年）木刻经版，计有金刚弥陀、观音、孔雀、地藏和三官等6种，共220片。

第15窟为方形平顶窟，正面高坛基，左、右低坛基。洞窟长5.20米，宽4.3米，为华盖寺最大的洞窟，窟内有塑像20余身。壁画故事内容丰富，题记最多。主尊塑像为无量祖师像，通高1.55米。正壁及左、右两壁绘壁画，内容有祖师出家、学道、成道等。殿内四壁均有墨书题记，是研究华盖寺石窟历史发展的重要依据。

第18窟平面呈梯形，平顶弧角。造像为一佛二弟子，主尊佛高0.9米，结跏趺坐，右手施说法印，左手抚膝。左壁绘《唐僧取经图》，右壁绘《唐僧取经归来图》。

1981年，甘谷县人民政府公布华盖寺石窟为县级文物保护单位。2003年被甘肃省人民政府公布为省级文物保护单位。已公布的保护范围为："以地藏洞（5号窟）窟门前5米处为基点，向东延伸350米，向南延伸200米，向西至沙堤

沟东沿，向北至国道 316 线南侧。"建设控制地带为："保护范围四至外延 200 米以内。"

法镜寺石窟

又名石堡石窟，位于西和县城北 12 千米石堡乡石堡村五台山支脉飞来山南北两侧的崖壁上。石窟一带石山绵亘，自汉以来，这里就是由秦入蜀的必经之路。南北朝时期，陆续凿石窟塑佛像。石窟背依五台山，有一支脉横插河畔，似从天上飞来，故名"飞来山"。

据《西和县志》载，法镜寺原有大小窟龛 31 个，现存大小窟龛 24 个，造像 11 身。"文化大革命"期间，大部分窟龛内造像被破坏。原寺院遗存已无迹可寻。1962 年改建西（和）—徐（家店）公路时，将南侧山崖拦腰劈开，部分洞窟遭破坏。今法镜寺重建于石窟西北 500 米的五台山上，留存石碑 3 通：康熙二十七年（1688 年）《复建五台山法镜寺碑》、康熙四十六年（1707 年）《法镜寺碑记》和雍正三年（1725 年）《重建五台山法镜寺碑》。

窟龛形制有平面马蹄形圆拱顶龛（第 1、2 龛）、平面方形平顶和圆拱龛（第 11、12、13 龛等）、平面长方形摩崖浅龛（第 3、5 龛）和大龛（第 6、21、22 龛）、平面马蹄形和长方形穹隆顶窟（第 4、7 窟）等。造像多为单身立佛或一铺三身组合形式。其中有 3 个大型立佛龛，是陇南地

法镜寺石窟

区石窟中少见的。其窟龛形制、题材组合和造像特征，与麦积山石窟同时期的窟龛造像相似，可推定法镜寺石窟开凿于北魏中晚期。

759 年，杜甫从秦州赴同谷，路经法镜寺，写诗记述当时寺院的情景："朱甍半光炯，户牖粲可数。"说明此时法镜寺比较衰败。

现存重要的窟龛有第 6、13、22、23 龛等。

第 6 龛 开凿于北魏。位于东崖中部，平面横长方形，摩崖大龛，拱形顶。高 6.9、宽 8.5、进深 2.2 米，距地面约 4 米。残损严重，仅存外形。龛内正壁原塑一佛二胁侍菩萨，现仅存石胎，均为立像，头部及躯干轮廓尚存。其中主尊残高 5.8 米，左侧菩萨残高 4.6 米，右侧菩萨残高 4.7 米。

第 13 龛 开凿于北魏。位于南崖中部，平面长方形，圆拱顶大龛。高 6.5、

宽 3.4、进深 1.9 米。龛内墙面泥皮全部脱落,两侧壁外缘残损严重。龛内有一立佛,石胎泥塑,高 5.3 米,磨光高肉髻,宽额方脸,弯眉突目,直鼻阔口,目视前方,双唇紧闭,短颈端肩。内穿僧祇支,外穿交领袈裟,衣带于胸前打结并分两缕下垂,服饰上阴刻稀疏衣纹。左手施与愿印,右手施无畏印。

第 22 龛 开凿于北魏。长方形平顶龛,下半部已被土掩埋。残高 4.77 米,宽 3.7 米,进深 2.9 米。龛内塑一立佛,残高 4.75 米,石胎泥塑,现仅存轮廓。2000 年 7 月,当地村民用水泥重新修补佛像头部。

第 23 龛 开凿于北魏。长方形平顶龛,下半部已被土掩埋。残高 5.2 米,宽 3 米,进深 2.6 米。龛形基本完整,龛内墙面泥皮全部脱落。龛内塑一立佛,残高 5.15 米,石胎泥塑,现仅存轮廓。2000 年 7 月,当地村民用水泥重新修补佛像头部。

1980 年,被西和县人民政府公布为县级文物保护单位。现由西和县文化馆管理。

佛爷崖石窟

位于徽县水阳乡姚坪村佛爷山北侧的断崖上,为一摩崖帐形龛,残损严重。现存大小窟龛 18 个,各类浮雕造像 18 身。

整个崖面浮雕成一个大龛,高 3.6 米,宽 9.8 米,进深 0.2~2 米。龛楣呈弧形,

其下浮雕多重垂幔,龛两侧及下方残损,从两侧桩眼分析,该龛外侧原有木构建筑。龛内正中并列开 4 个圆拱形龛,每龛周围均开凿数量不等的小龛。大龛外两侧下方各开一小圆拱龛。根据造像特点及龛形,该窟开凿于北周时期。

第 1 龛 高 1.19、宽 1.07、进深 0.24 米。龛内浮雕一坐佛,通高 1.51 米,螺髻,方圆脸,穿双领下垂式袈裟,结跏趺坐于三重仰莲台上。龛右侧下方浮雕一胁侍菩萨,残高 0.57 米,风化严重。龛上方并列开 3 个小龛,中间龛残高 0.26、宽 0.26、进深 0.04 米,龛内浮雕一坐佛,残高 0.17 米。左侧龛高 0.29、宽 0.3、进深 0.05 米,龛内坐佛高 0.27 米。右侧耳龛高 0.24、宽 0.27、进深 0.03 米,龛内坐佛高 0.23 米。龛内造像均模糊不清。

第 2 龛 高 1.92、宽 1.07、进深 0.08 米。龛内浮雕一坐佛,高 1.91 米,螺髻,方圆脸,白毫相,短颈宽肩,胸部剥蚀,

佛爷崖石窟全景

两侧残存衣纹，穿圆领袈裟，结跏趺坐于三重仰莲台上。龛两侧各开一小龛，左侧龛内胁侍菩萨高 0.59 米，束发高髻，方圆脸，发辫披于肩侧，细颈端肩，胸部大部分残毁，双手交叠于胸前，饰项圈、臂钏和手镯。下着长裙，披帛于腹前交叉后搭肘再贴双膝下垂，立于台上。右侧龛内雕坐姿菩萨，高 0.55 米，头戴高花冠，神态、服饰及装饰同左侧菩萨，左臂下垂抚膝，右臂上举，手心贴于胸部，结跏趺坐于莲台上，腹部以下多残毁。

第 3 龛 高 1.25、宽 1.01、进深 0.23 米。龛内浮雕倚坐佛，高 1.67 米，面部形态同第 2 龛内坐佛，短颈、端肩、挺胸，身穿垂领式袈裟，左手抚膝，右手上扬至右肩，五指作拈花状，跣足，脚下各踩一双重仰莲。龛两侧各开一小龛，左侧龛内浮雕一坐菩萨，高 0.56 米，头戴高花冠，上身袒露，下着裙，披帛在胸前呈"X"状交叉，左手放置于膝上，右臂上举抚胸，手心向内，饰项圈、臂钏及手镯，结跏趺坐于三重仰莲台上。右侧龛内浮雕一立菩萨，残高 0.5 米，风化严重，仅存轮廓，双手合十而立，披帛绕臂贴膝下垂。

第 4 龛 高 1.17、宽 0.97、进深 0.22 米。龛内浮雕一坐佛，通高 1.43 米，面部神态与第 3 龛内坐佛相同，穿圆领通肩袈裟，衣纹阴刻细密，手印不详，坐于三重仰莲台上。龛两侧各凿一莲瓣形小龛，

左侧龛残毁，仅有轮廓，龛内有一立像轮廓，应为胁侍菩萨。右侧龛内浮雕一胁侍菩萨像，残高 0.37 米，腰部以下衣纹尚清晰。大龛上方凿有 3 个小龛，每龛内浮雕一身坐佛，圆领通肩袈裟，结跏趺坐，分别高 0.23、0.24、0.37 米，风化严重。

在帐形大龛外两侧下方各开一圆拱形浅龛，龛内各浮雕一力士。其中左侧浅龛已残毁，力士仅存少许披帛。右侧浅龛高 1.19、宽 1.07、进深 0.24 米，力士头及胸部已残毁。左手弯至腹前，托一物；右手上举过头。上身袒露，下着战裙，披帛搭肩绕臂飞扬。

佛爷崖的龛形与麦积山石窟西魏至北周时期流行的帐形龛较为相似，龛内造像组合多为四佛并列。该石窟处于由秦地入川的交通要道上，对研究陇南地区陇蜀古道交通、文化交流及甘、川地区间的石窟艺术、佛教文化交流具有重要价值。

1990 年，佛爷崖石窟被徽县人民政府公布为县级文物保护单位，由徽县文化体育局和徽县文化馆负责保护管理，成立徽县文化馆佛爷崖摩崖造像保护小组，确立水阳乡姚家山村村民负责日常管理、保护工作。已公布保护范围为："以摩崖造像参考点（坐标：东经 106° 04'35.0"，北纬 33° 42'54.9"，高程：1286 米）为基点，向东、南、西、北各延伸 20 米。建设控制地带：保护范围外向东、南、西、

北各延伸50米。"

北石窟寺

位于庆阳市西峰区西南25千米的覆钟山下，地处蒲河、茹河交汇处东岸二级阶地处。覆钟山，俗称"寺山峁"，呈南北走向。北石窟寺开凿于覆钟山西麓下高20米、南北长120米的崖体上。

北石窟寺由5个部分组成。寺沟门石窟群（即北石窟寺院）为主窟群，主窟群以南1.5千米处蒲河东岸，自北向南有石道坡、花鸨崖、石崖东台3处石窟群；主窟群以北1.9千米处蒲河西岸有楼底村1号石窟（俗称北1号窟）。五处石窟群南北延续3.4千米。主窟群共有294个窟龛，其他4处石窟共有14个窟龛，总共有石雕造像2429身，石碑8通，阴刻和墨书题记152方，壁画90多平方米，古建筑遗迹3处。1961年，霍熙亮调查北石窟寺，根据第257窟甬道北壁上方阴刻题记"……为七代父母见存眷属□□界苍生于宁州北石窟寺造窟一所……"，将此石窟命名为"北石窟寺"。

据北魏永平三年（508年）《南石窟寺碑》、北石窟寺宋代残碑记载及清乾隆六十年（1795）《重修石窟寺诸神庙碑记》、《重修镇原县志》等文献考证，北

北石窟寺崖面

石窟寺第165窟为北魏宣武帝永平二年（509年）泾州刺史奚康生主持开凿。楼底村1号窟为该石窟群现存最早的洞窟，约开凿于太和末期至宣武帝初期。北魏代表性洞窟有第165、229、237窟等，西魏代表性洞窟有第135窟，北周代表性洞窟有第240窟。隋代代表性洞窟有第85、151窟等。唐代是北石窟寺最盛时期，共开凿了198个窟龛。其中泾州临泾县令杨元裕于大周如意元年（692年）开凿第32窟、丰义县令安守筠于大周证圣元年（695年）开凿第257窟，有明确的开窟纪年，第222、263窟也是其代表性洞窟。宋代仅开凿第35窟，并在第165窟明窗两壁浮雕16身罗汉。北魏至唐时，称"北石窟寺"，北宋称"原州彭阳县石窟寺"。淳化三年（992年）六月，重修窟区南端主窟。绍圣元年（1094年）赐紫僧德宣为寺院主持创建盂兰盆会道场，彭阳县令高舜俞撰《盂兰会记》碑文，德宣立石。元代称"东大石窟寺"。延祐七年（1320年）秋，陕西大明院沙门义融来寺主持。至正元年（1341年），陕西真行大师来寺讲经，义融主持重绘大佛。明正德元年（1506年），五泉里安泰冯氏献石雕佛灯一尊。清代称"石窟寺"，康熙四十三年（1704年）修建寺院山门。乾隆六十年（1795年）修建大窟前献殿及钟鼓二楼。同治七年（1868年）遭兵燹，窟院建筑被烧毁。光绪二十三年（1897年）修建戏楼一座。宣统元年（1909年）在窟院北端二台处修建彩塑"娘娘庙"（现称圣母宫）。

北石窟寺自北魏创建以后，不断进行增凿、扩建和修缮、妆銮，规模不断扩大，窟龛数量不断增多。北朝洞窟基本都分布在寺沟门下层中段，隋代向上层发展，唐代扩展至南北端，向上发展到第三层。

楼底村1号窟　位于寺沟窟群北15千米处，开凿在蒲河西岸距地面8米的岩壁上。平面为长方形，平顶。窟内正中凿一中心塔柱，柱有两层，下层为方形，上层为八棱形。窟内高4.45米、宽4.26米、残深6.72米。西壁（正壁）雕一佛二菩萨，均站立，佛高4.4米，菩萨高4.35米，风化严重。南、北壁各分两层开龛造像，各层残留4龛，每龛内雕一佛二菩萨或释迦多宝佛。中心柱下层四面各开一龛，南面龛内雕二弟子，其他龛内均雕一佛二菩

北石窟寺楼底村1号窟远景

萨。上层八面每面开长方形龛，内雕一佛二菩萨，龛楣上下浮雕千佛、飞天、弥勒、思维菩萨和供养菩萨、弟子，还有对称的大象和马匹，表现佛传乘象入胎和逾城出家两个情节。窟外门两侧原各雕一力士，现仅北侧力士留残迹。佛和菩萨多秀骨清相，颈长肩窄，面部稍长，细纹高发髻。佛均结跏趺坐，头前倾。菩萨侍立，宽袖大裙，线条细腻柔和，刀法多阴刻线。根据窟形及造像特征，此窟约开凿于5世纪晚期至6世纪初，即495~504年间，是北石窟寺开凿最早的洞窟。

第 165 窟 位于寺沟窟群中部，坐东朝西，建于北魏永平二年（509 年），泾州刺史奚康生创建是北石窟寺规模最大、内容最丰富的洞窟之一。"北石窟"最初当指此窟，明清时叫"佛洞"。窟高14 米、宽 21.7 米、进深 15.7 米，平面呈横长方形，覆斗形顶。窟内四壁下有宋元时期重砌祭坛，坛高 1.2 米、宽 0.98 米，窟门顶部凿盝形顶明窗，高 2.25 米、宽1.85 米、深 1.9 米。窟门高 5.9 米、宽 3 米、深 1.95 米，平顶，外面上部雕盝形帷幔。窟门外两侧雕 2 身天王，身高 5.8 米，身着铠甲，足蹬战靴，怒目锁眉，神情威严。窟内造像以七佛为主，配以胁侍菩萨、弥

北石窟寺第 165 窟内景　北魏

勒菩萨、骑象菩萨和阿修罗天、千佛等。正壁（东壁）雕3身立佛、4身胁侍菩萨，南、北两壁各雕二立佛三胁侍菩萨。每佛身后凿舟形背光，背光和背光之间下部雕胁侍菩萨，顶部四披雕伎乐天、供养人等。佛身高8米，均作磨光高肉髻，面相方圆，细眉大眼，直鼻厚唇，体魄雄健。佛内着僧祇支，外着双领下垂褒衣博带式袈裟，内衣有束带，于胸前打结，下着大裙，服饰衣纹细而流畅，右手前举，左手向前下指，掌面厚大，施无畏与愿印。其造型和云冈石窟太和十三年（489年）第13窟西壁立佛及龙门石窟宾阳中洞南北壁立佛有相似之处。这种高大完整的七佛题材，在全国其他石窟中罕见。

七佛背光结合处雕4米高的胁侍菩萨10身，多作高发髻，上束小花蔓。面目清秀，形体修长，上身多数袒露，戴宽项圈，下着长裙，披巾自双肩搭下于腹际穿璧或纽交下垂后反折上白小臂向外搭下。窟门内两侧靠南、北壁处各圆雕一尊通高5.8米的弥勒菩萨。南侧菩萨倚坐，高髻方冠，上身袒露，戴宽项圈，项圈上饰各种铃形物，披巾自腹际交叉穿一圆璧，下着裙，右手举于胸前，掌心向外，左手置于膝上，握一花蕾。前壁窟门两侧雕2尊造像，南侧靠近门旁雕一俯首立像，像背正中雕一尊端坐菩萨装帝释天，通高3.05米，右腿微屈下垂，左腿盘于

右膝上。身前雕一驭象奴，上身赤裸，下穿莲叶状短裙，双膝跪于象背。菩萨身后雕一弟子，身着袈裟，双手捧如意宝珠，半跪于象背。窟门北侧雕一尊三头四臂阿修罗像，通高3.1米，中间面部慈祥温和，左、右面部愁苦和愤怒。头部后壁面刻有山岳浮雕，四只手臂之后两臂一手举日、一手举月，前两臂的手各持金刚降魔杵。下半身似乎置于海水中。窟内四壁遍布浮雕佛传及佛本生故事，有"宫中娱乐""降龙入钵""割肉贸鸽""莲花化生""猕猴献宝"和众飞天等。前壁上部高2.5米、长18米的梯形面上以连环画形式浮雕舍身饲虎本生故事图。

第135窟 位于第165窟南侧，窟平面为半圆形，穹窿顶，窟顶前沿雕帷幔，顶部两角雕莲花，是西魏代表性洞窟。窟高2.3米、宽2.04米、深1米。窟内正壁雕一佛，两侧各雕一菩萨和一力士，佛高1.9米；菩萨立于半壁莲台上，高1.1米；力士紧贴窟沿内侧，立于地面，高1.27米。佛作磨光高肉髻，双肩较窄，颈部较长，内着僧祇支，腰部束带于腹前打结，外披宽博袈裟，半结跏趺坐于长方形台上，衣裙于佛座前自然下垂。佛身后浮雕莲瓣形通身背光，背光上彩绘火焰纹，佛头上方彩绘一怪兽头，两边绘千佛，佛两侧背光上又彩绘二菩萨。两壁菩萨面部已毁，上身袒露，颈戴项圈，

525

下身着裙紧贴腿，斜披络腋，双手举于胸前做合十状，立于莲台上，浮雕圆形莲瓣项光，北壁背光外绘供养弟子。佛与菩萨背光后顶部两侧浮雕伎乐和比丘各4身。伎乐位于两侧壁，作高髻，着圆领大衣，有吹奏长箫和排箫者，有击铃拍镲者。比丘从背光后伸出头作听法状。二力士上身袒露，头后浮雕圆莲瓣项光，下着大裙，面部残毁。

第240窟　为北周代表洞窟。位于窟群北段，平面长方形覆斗顶窟。窟高4.29米、宽5.29米、深5.25米，低坛基，横长方形藻井顶，盝形顶窟门，门外上部雕饰天幕，门外两侧各雕高力士像，高1.98米。窟内东（正壁）、南、北各雕一佛二菩萨，佛高2.5米，结跏趺坐于方形台座上。佛像低平肉髻，面相方圆，细眉小眼，颈粗肩宽，鼻高口小；菩萨高2.3米，均作侍立状，束高发髻，宝缯垂于两侧，戴项圈璎珞，下着裙。清代晚期重涂彩绘。1981年，经国家文物局批准进行清理，恢复了原貌。隋代在窟门上方西披彩绘《维摩诘经变》。唐代在窟门两侧增开4个长方形小龛，内雕一佛二弟子二菩萨。

第222窟　为唐代代表洞窟。位于第165窟北边，为盛唐大型佛殿式窟。窟高5.96米、宽6.3米、深5.3米，覆斗式顶，正壁有坛基。内雕一佛二弟子二菩萨，佛高4.35米，弟子高2.85米，菩萨高3.04米。佛作磨光高肉髻，面部圆润，细眉大眼，鼻大口方，肩宽腰圆，着通肩袈裟，善跏趺坐，双足踩半圆形莲台，左手抚膝，右手前伸，掌心向前，弟子菩萨侍立。为北石窟寺唐代造像保存最完整的一组作品。窟内南、北、西壁布满小龛，分为4层，共计62龛，217身造像。佛龛多作方形、圆拱形或长方形，每龛内有雕一佛二菩萨者，有雕一佛二弟子二菩萨或一佛二弟子者，或一舒相坐菩萨者。佛多为跏趺坐，结禅定印或转法轮印，弟子菩萨侍立。

北石窟寺处在丝绸之路陇右段北道，其发展深受平城、洛阳、长安等地佛教石窟文化与艺术的影响，洞窟形制、造像题材、佛教思想与信仰及雕刻风格等具有浓郁的陇东黄土高原区域风格，具有重要的历史、科学和艺术价值。1959~1960年，甘肃省博物馆文物工作队陈贤儒、赵之祥等人对北石窟寺进行初步勘察。陈贤

北石窟寺第222窟南壁列龛　唐

儒发表《甘肃庆阳、镇原县发现三处石窟》，首次向外界报到了北石窟寺。1961年，甘肃省文物工作队赵之祥、初世宾等人和敦煌石窟研究所对石窟进行全面调查，霍熙亮整理编写了《庆阳寺沟石窟勘察记录》《庆阳寺沟石窟编号及其内容》《庆阳北石窟寺有关题名及石刻文字等首次抄录原稿》(油印本)《甘肃庆阳北石窟寺简介》(手抄本)等考察成果。此后，对北石窟寺的系统研究工作逐步展开，主要成果有：初世宾《甘肃庆阳北石窟寺》、吴伯年《重现光芒的庆阳北石窟寺艺术》、日本学者邓建吾《庆阳寺沟石窟"佛洞"介绍》。1985年，甘肃省文物工作队、北石窟寺文管所编辑出版《庆阳北石窟寺》、《陇东石窟》。1999年，宋文玉、李红雄编辑整理《北石窟寺》。2009年宋文玉主编《北石窟寺论文集》。

1963年2月13日，甘肃省人民政府公布北石窟寺为省级文物保护单位。同年成立庆阳北石窟寺文物保管所，属甘肃省文化局，1999年12月更名为甘肃北石窟寺文物保护研究所，为甘肃省文物局直属文物管理研究机构。1988年，北石窟寺被国务院公布为第三批全国重点文物保护单位。对石窟的各项保护工作逐渐展开，1967~1970年，先后加固了部分洞窟门框、危岩；1974~1975年，修建

第165窟明窗木栈道和雨棚，用条石砌筑支顶加固了第222窟和第240窟外悬崖危岩；1981年，经国家文物局批准，修复了个别造像；1983~1990年，敦煌研究院李最雄带领专业技术人员多次对北石窟寺进行PS防风化喷涂试验，但效果不佳；1993年8月，甘肃省文物局拨款对重点窟安装钢铁防盗门窗；1995年，修筑窟区北端55米砖石围墙，建造了值班岗亭和引桥；1996年，加固清代木构戏楼，修建窟院值班室；1998年，加固窟区挡土墙，修筑砖石围墙，加固栈道；2002年9~10月，对第165窟进行临时性抢险支顶；2004年7月至2005年8月，完成危岩体抢险加固及渗水治理工程；2006年，完成石窟安全技术防范系统工程。

1999年3月9日，甘肃省人民政府公布北石窟寺的保护范围（见甘政发〔1999〕22号文件）："重点保护区：寺沟主窟群以现有征用土地面积为基本区域，北以窟区北围墙外水渠北测外沿为界，西端与薛家耕地连接，以界桩记号为界；东以覆钟山坡上所修界渠外沿为界；南以后门外水渠南沿向西顺延至停车场墙外1米处；西边至停车场围墙外1米，其北端以窟区西围墙外水渠外沿为界。楼底村石窟（即北一号）以石窟为中心，向南、北各延伸50米至石崖水沟，向西延伸60

米至山顶排洪渠，向东延伸 30 米至蒲河。石崖东台有 4 个小石窟，分别以石窟为中心，向四周各延伸 50 米。石道坡和花鸨崖石窟以石窟为中心，向四周各延伸 50 米。一般保护区：寺沟主窟群东面包括整个覆钟山，南、北面由重点保护区向外延伸 250 米；西至蒲河。楼底村石窟（即北一号）以石窟为中心，北至 150 米处的水沟渠，南至 2000 米处的南台口，西至山坡 150 米处，东至蒲河。石崖东台石窟在重点保护区边沿再向四周延伸 100 米。石道坡和花鸨崖石窟在重点保护区边沿再向四周延伸 200 米。"

南石窟寺

位于泾川县城东 7.5 千米的泾河北岸崖壁上，是泾河流域规模最大的石窟。因与庆阳北石窟寺分处南北，故名。

原属该窟的北魏永平三年（510 年）"南石窟寺之碑"现存于王母宫石窟，碑高 2.25 米、宽 1.05 米，碑文 650 余字，

南石窟寺之碑碑额

详细记载了南石窟寺的开凿时间和功德主。碑阴题 58 人的职官名录，可正《魏书》之误，史料价值极高。据该碑尾书"大魏永平三年岁在庚寅四月壬寅朔十四日乙卯使持节都督泾州诸军事平西将口（军）口口泾口（二）州刺史安武县开国男奚康生造"可知，该窟由泾州刺史奚康生创建。奚康生《魏书》《北史》皆有传，因"以功迁征虏将军，封安武县开国男"，后又"转泾州刺史"。奚康生本人十分信佛，《魏书·奚康生传》载"及临州尹，多所杀戮，而乃信向佛道，数舍其居宅以立寺塔，凡四州皆有建置"。奚康生于永平二年正月任泾州刺史，期间两三年内就创建 2 个大型石窟，这与北魏皇室极为崇信佛教不无关系。

石窟坐北朝南，现编号 8 个窟龛，其中第 1 窟为北魏永平三年（510 年）开凿，第 5 窟为唐代洞窟，其他窟龛时代不详。

第 1 窟 位于窟区东侧。平面为横长方形，覆斗形顶。窟门顶部凿方形明窗。窟宽 18 米、深 13.2 米、高 11 米。窟门外两侧有后代补塑二力士立像。窟内正壁（北壁）和东西壁设坛，雕造 7 身立佛和 14 身胁侍菩萨。其中正壁 3 身立佛、6 身菩萨，东、西壁各 2 身立佛、4 身菩萨。立佛高 6 米，菩萨高 3.5 米。南壁门两侧各雕造弥勒菩萨 1 身，高 5 米。洞窟造像

南石窟寺外景

南石窟寺第 1 窟内景　北魏

主题为七佛加弥勒菩萨，表现七佛和弥勒组成的三世佛信仰。窟顶正披（北披）及东、西披浮雕佛传故事，内容有树下诞生、阿私陀占相、拘尼树塔、宫中观歌舞、逾城出家、犍陟马辞别、树下思维等。窟顶前披浮雕舍身饲虎本生故事。该窟形制、造像题材与北石窟寺第 165 窟基本一致，规模略小于后者。

1925 年，美国人华尔纳组织了两次"福格艺术博物馆中国考察队"到南石窟寺考察，北京大学陈万里参与并发现了罗汉洞、南石窟寺等。时考察队欲凿盗洞窟造像，被当地村民发现并制止。陈万里认为"既有所谓南石窟寺，则必有一北石窟寺与之相对"（陈万里《西行日记》）。1959~1960 年，甘肃省博物馆文物工作队发现了北石窟寺，时称寺沟门石窟。南石窟寺被发现后，逐渐引起学术界的关注和研究，主要研究成果有：美国霍华德 .H.F. 杰恩《泾河流域的佛教石

窟》、张宝玺《甘肃泾川南石窟调查报告》、八木宣谛《泾川的石窟寺——北魏の南石窟寺碑について》、秦明智《北魏泾州二碑考》、党燕妮《南石窟寺碑校录研究》、暨远志《泾州地区南、北石窟寺的比较分析》及《泾州地区北朝石窟分期试论》、《北朝泾州地区部族、世族石窟的甄别、分期与思考》和董华锋、宁宇《南、北石窟寺七佛造像空间布局之渊源》等。

1990 年 5 月，泾川南石窟寺文物管理所成立，隶属于泾川县文化局。2015 年 4 月，实施南石窟寺第 1 窟保护性抢险加固工程，在山坡位置新修截排水沟渠 70 余米，对窟前底部危险岩体予以拆除修补。

1988 年，南石窟寺被国务院公布为第三批全国重点文物保护单位。1999 年，《甘肃省人民政府关于公布甘肃省全国重点文物保护单位保护范围的通知》（甘政发〔1999〕22 号）划定南石窟寺保护范

围为："东至1号窟东200米，西至5号窟西200米，南至泾河，北至石窟以上500米。"

王母宫石窟

位于泾川县城西0.5千米汭河与泾河交汇处的西岸宫山（又名回中山）脚下，又称大佛洞，亦称千佛洞，因在王母宫山脚下，故名王母宫石窟。现仅存一大窟，开凿于北魏，后经隋、唐、宋、明等重修。王母宫石窟的最早记载为北宋赵明诚《金石录》"后魏化政寺石窟铭"题跋，证明王母宫石窟为北魏泾州刺史抱嶷开凿的"化政寺石窟"。

洞窟坐西朝东，窟前木构三层窟檐楼阁式建筑为清代建造。窟平面呈方形，中央有中心塔柱。窟宽12.6米、深13米、高11米；中心塔柱宽7米，深7.6米。中心塔柱分上、下两层，下层为方形，上层为八角形。

中心塔柱东面（正面）下层开一圆

王母宫石窟远景

拱形大龛，龛内雕一坐佛，两侧浮雕供养菩萨和飞天数身。上层开一圆拱形小龛，龛内雕一坐佛，两侧各雕胁侍菩萨1身，龛座下曾浮雕供养人数身（已残毁）。

中心塔柱南面下层开一个圆拱形大龛，龛内雕释迦、多宝二佛并坐；龛外两侧浮雕龙首龛楣，下有力士承托；龛外上方西侧浮雕佛传故事诸商捧食，东侧亦应有浮雕佛传故事，但在洞窟改造时被封堵在墙内；其上龛楣间浮雕坐佛2排，两侧（即中心塔柱西南角、东南角）各雕一大象驮塔（其中东南角被封堵在墙内）。上层下方浮雕供养菩萨1排6身，中间有一坐佛；其上方开一周共8个圆拱形小龛，内雕一佛二菩萨；其上又雕有一排坐佛（已残毁）。

中心塔柱西面下层开一圆拱形大龛，龛内雕一佛二菩萨（后代重妆）；龛外两侧浮雕龙首龛楣，下有力士承托，力士外侧各有2身供养人或菩萨（北侧已残）；龛外上方南侧浮雕婆罗门为释母占梦，北侧浮雕释迦与诸释种试斫多罗树；龛楣间浮雕坐佛2排，两侧（即中心塔柱西南角、西北角）亦为大象驮塔。上层与南面大体相同。

中心塔柱北面下层开一圆拱形大龛，龛内雕一坐佛，西侧残存一胁侍菩萨；龛外两侧浮雕龙首龛楣，下有力士承托，西侧残存2身供养人像；龛外上方西侧

浮雕释迦与诸释种试象技；东侧与南面同；其上龛楣间浮雕坐佛2排，两侧（即中心塔柱西北角、东北角）各雕一大象驮塔（东北角被封堵在墙内）。上层与南面大体相同。

窟顶已残毁。

西壁（正壁）、南壁、北壁均分为3层，高约3米。下层平面无雕饰。中层平列开3个大龛，龛内雕坐佛像，两侧各一身胁侍菩萨；龛柱为4个大面和4个小面的八角形柱体，大面分为5格，每格内雕一坐佛、二坐佛或动物，小面雕忍冬卷草纹，圆形柱础；龛楣雕有飞天。上层均平列开一排小龛，内雕坐佛。其中，南壁保存较好，北壁残毁严重。

窟内还存放有北魏、西魏、北周、隋、唐时期的石雕像。

1924年，北京大学陈万里陪同美国华尔纳考察泾川县王母宫及南石窟寺，王母宫石窟形制与云冈第6窟相近，窟内中心柱上部四角各雕一大象驮塔，华尔纳称之为"象洞"。窟内7件石雕被盗凿，现藏于哈佛大学福格博物馆。华尔纳第一次考察的报告《在中国漫长的古道上》于1926年在美国出版。1976年3月，刘慧、王义忠、张国才、刘仲海、张映文、董森等人对南石窟寺进行调查。其他国内主要研究成果有：马化龙《丝绸之路东段的几处佛教石窟——泾川王母宫与

王母宫石窟中心柱

南、北石窟寺考察》、张宝玺《甘肃泾川王母宫石窟调查报告》、甘肃省文物工作队《陇东石窟》等。

1949年后，各级政府筹资对王母宫石窟实施持续保护维修工程。1963、1988年对王母宫石窟进行加固维修。1978年加固内窟外洞及楼阁，1992年补修楼阁彩绘。2004~2005年，甘肃省文物局拨款委派敦煌研究院对石窟山体进行加固，对石窟造像、壁画病害进行了抢救性维修。2005~2006年完成王母宫石窟文管所管理用房、围墙、大门等修建工程。

1978年成立王母宫石窟管理机构。1991年泾川县人民政府成立王母宫石窟文物管理所，1998年划归旅游局，2001年归泾川县文化体育局。

1981年，甘肃省人民政府重新公布王母宫石窟为省级文物保护单位。2006年6月，王母宫石窟被国务院公布为第六批全国重点文物保护单位。保护范围为："东至汭河大桥西桥头，西至金大安铁钟钟亭以西100米处，东南至汭河西岸，北至312国道。建设控制地带：保护范围外，向东180米至泾华宾馆，向东南100米至汭河东岸及棉纺厂大门，向南100米至延丰村，向北100米至水泉寺村。"

罗汉洞石窟

位于泾川县城东15千米处，距泾河南岸约1千米，分布于罗汉洞乡罗汉洞村的红砂岩壁间，崖壁高30余米。石窟坐南朝北，有上、下2层，残存窟龛30余个。开凿于北朝，唐、宋、明、清各代均有修造。现石窟入口处有露天立佛像1身，高约5米，石胎泥塑，原作于北朝，唐代重修。

上层第10窟为一较大的中心佛坛式窟，宋代开凿。洞窟宽10.67米，深8.93~9.08米，高4.5米。中心佛坛宽5.73米，深5.15~5.3米，坛基高0.84米；坛基四角有方形石柱直达窟顶，柱基宽1.69米，高于坛基0.08米，其上方柱宽1.45米，高3.61米；每柱四面均浮塑彩绘天王。窟内东、西两壁北侧残存浮塑彩绘佛说法图或净土变，约10平方米。

其余窟龛或无物，或残存清代、民国时期壁画、诗文、题记等。

1984年，罗汉洞石窟被泾川县人民政府公布为县级文物保护单位。保护范围为："以该石窟10号四立柱大窟的中心点（坐标：北纬35°21′24.3″，东经107°30′14.0″，高程1090米）为基点，东至韩家沟中心线东侧50米处，西至石

罗汉洞石窟外景

窟基点以西 800 米处，北至农用水渠北侧，南至石窟基点以南 150 米处。建设控制地带：以保护范围为基准四周向外延伸 20 米。"

云崖寺石窟群

位于庄浪县韩店乡黄草村西陇山林区。云崖寺所处山峰称主山，下有云崖寺河。清乾隆《续修静宁府志·山川志》记："山势环抱，溪水潆洄。松杉柏桧，翠竹名花，蔚蔚苍苍，青葱掩映，且多仙踪古迹，无地不爽人心目。"《增修华亭县志》记载："寺分中、东、南、西、北五台……中台左崖有白云洞，为宋僧法印所凿。"明代胡缵宗《主山白云洞记》载："左壁有洞焉，山僧法印所辟者，其洞超夕多云。"

石窟群包括云崖寺、大寺、朱林寺、红崖寺、佛沟寺、金瓦寺、朝阳洞、三教洞等。

云崖寺 现编号 24 个窟龛，保存石造像 18 尊、泥塑造像 55 尊、壁画约 30

云崖寺石窟

平方米，明代碑刻 2 通。主要洞窟（第 1~10 窟）分布在高约 80 米的峭壁上一处突出的岩石平台上，个别洞窟分布较高，难以到达。另有部分洞窟分布在山体下部和后山区内。

第 11、12、17 窟为北魏晚期开凿，时代最早。平面方形平顶小窟，或摩崖造立佛像，造像为石胎泥塑，造像组合为一佛二菩萨或三佛。北周开凿洞窟主要有第 1、2、4 窟等，为平面方形小窟，造像为石胎泥塑，造像组合有三佛、一佛二菩萨等。明代进行大规模开凿和重修，出现平面横长方形或方形大型洞窟，如第 6、7、10 窟等，一般三壁高坛基，坛基上泥塑造像，壁面泥塑小型造像，造像题材有三佛胁侍菩萨、五佛胁侍菩萨、一佛二弟子等。

第 2 窟 北周开凿。平面方形平顶窟，前壁已毁。洞窟面阔 2.28 米、进深 1.65 米、高 1.65 米。窟内三壁前均有坛基，上有方形佛座，并各有一佛，形成三佛布局，每佛两侧都有胁侍菩萨。佛低平肉髻，面相方圆，身着双领下垂袈裟，内有僧衣，袈裟下摆在佛座前作"人"字形分为左、右两瓣，衣褶摆布流畅。菩萨残损严重，仅存轮廓。洞窟壁面泥层上有北宋政和三年（1113 年）游人刻画题记。

第 4 窟 北周开凿。位于云崖寺窟区西部，第 3 龛东侧，二龛相距 1.35 米，

云崖寺第4窟　北周

左、右胁侍菩萨身体略侧。左侧菩萨高2.8米。头戴莲瓣宝冠，宝缯下垂于肩头两侧。面形方圆，颈粗短，双肩略圆，颈戴尖形宽项圈，肩头有圆形饰物，下垂长带。右臂向左屈于腹部，手握莲蕾；左臂于体侧下垂，手握圆环形饰物，饰物上垂下丝带打结，披帛于正面膝下部两侧交叉，再上提至肘弯处下垂，立于方形台上。右胁侍菩萨高2.8米，与左菩萨同，左右对称。龛外两侧上、下各有数个木桩孔，原应有木构建筑，现已不存。

第6窟　为明代开凿。平面横长方形平顶窟，方形窟门。四壁前均有坛基，左右壁面上凿出数道坛台，其上塑像。窟高4.7米、宽7.2米、深4.25米。两侧壁上各开凿有两层坛台。正壁坛基上塑3个束腰形须弥座，上塑一佛二菩萨，佛两侧各有一身胁侍菩萨。两侧壁塑十六罗汉，上层小坛台上分别塑有小型菩萨、天王以及城门、建筑等。

第7窟　为明代开凿。平面横长方形平顶窟，方形窟门。四壁前均有坛基，左右壁面上凿出数道坛台，其上塑像。窟高4.14米、宽9.5米、深6.1米。窟内主尊造像为五佛，正壁有3个束腰须弥座，左、右壁前正中各有一束腰须弥座，座上有仰莲式佛座，其上各塑一佛，身后有莲瓣形背光。两侧壁主佛两侧均有胁侍菩萨，各须弥座间有较低坛基。从现

佛龛距崖边3.5米。摩崖敞口浅龛，平面半月形。龛高3.65米、宽3.8米、进深1.03米。龛底距崖面平台0.6米。龛内高浮雕石胎泥塑一佛二菩萨三尊像。中间主尊佛高2.53米，胸部以上至头部为现代补修。双肩较圆，外披低垂圆领袈裟，领垂至腹部，露出内斜披僧祇支，僧祇支上系带，衣纹呈阴刻阶梯状。右手残，现代补修。左手亦经现代补修，作降魔印。结跏趺坐，右足押于左股上，露足，衣裾从脚腕处分成"人"字形向左、右散开，分两层，边缘折叠。坐于方形佛座上，座高0.75米、宽1.68米、进深0.87米。

存残迹看，低坛基上也塑小佛像，属五方佛供养，与第 10 窟门侧明万历十二年（1584 年）《主山云崖寺成碑记》载"绝顶有五方佛洞"及《云崖刊石撰书碑》载"普满上修五方佛洞"相吻合。窟门左右两侧亦有高坛基，两侧各塑三菩萨，共 6 身。两侧壁上各有三道通长坛台，上有小泥塑造像，多残毁。

第 10 窟 平面纵长方形平顶，窟内沿四壁设低坛基。窟内高 5.07 米、宽 6.9 米、深 8.38 米。窟门方形，上部残毁，残高 4.54 米、宽 2.59 米、进深 1.63 米。造像及壁画无存。窟门左、右两侧各立一石碑，为万历十二年（1584 年）《主山云崖寺成碑记》及《云崖刊石撰书碑》，记载明代平凉韩王府重建云崖寺的情况。

第 11 窟 开凿于北魏晚期至西魏时期。平面方形平顶窟，窟内造像为一佛四菩萨，正壁一佛结跏趺坐于方形台座上，左、右壁各有一菩萨结跏趺坐于方形台座上，双足遮盖于衣饰之下。另在正壁与左、右壁交接处各侍立一胁侍菩萨。三主尊头部皆残损，两身胁侍菩萨残毁。左、右壁菩萨像保存较好，其服饰、坐式等和其他所见的菩萨有别，坐式与佛相同，身着交领广袖衫，于腰间系带，衣服下摆呈"人"字形覆盖于台座前，摆布方式和袈裟相同，帛带自双肩垂下，并在腹部前交叉上绕至左、右小臂，从身体两侧垂下，

飘带从双肩垂下至肘间。

第 15 窟 开凿于北魏晚期至西魏时期。方形平顶敞口窟，正壁前有方形佛座，左、右壁前有低坛基。造像组合为一佛二菩萨。正壁佛头、手均残，内穿僧祇支，中间一层内衣系带，外穿双领下垂袈裟，袈裟领竖起，袈裟衣角从左腕外搭下，衣纹阴刻，右膝处衣裾呈三瓣莲形，衣裾为悬裳式，分三层左、右分开垂下，衣边折叠。结跏趺坐。两侧胁侍菩萨残毁。该造像及其衣裾处理形式与麦积山石窟北魏晚期到西魏时期的做法基本一致。

云崖寺第三层第 6、7 窟窟外保护建筑系 1996 年建成。2002 年甘肃省文物局拨款重修并加装门、窗及内部护栏，采用混凝土砌筑的方式加固了洞窟正面四周。

云崖寺石窟于 1963 年被公布为县级文物保护单位，指定一农户负责保护。1992 年底，经庄浪县人民政府批准，成立庄浪县云崖寺文物管理所，隶属庄浪县文化局，全面负责云崖寺石窟文物的安全管理和保护工作。1993 年被甘肃省公布为省级文物保护单位。1993 年，《甘肃省人民政府关于公布第五批省级重点文物保护单位的通知》（甘政发〔1993〕02号）、1994 年《庄浪县人民政府关于印发云崖寺石窟保护的公告的通知》（庄政发〔1994〕04 号）划定云崖寺和陈家洞保护范围和建设控制地带。2006 年，云崖

石窟被国务院公布为第六批全国重点文物保护单位。2009年1月14日,《甘肃省人民政府关于公布甘肃省第六批全国重点文物保护单位保护范围和建设控制地带的通知》(甘政发〔2009〕3号)公布云崖寺保护范围和建设控制地带:"保护范围:从石窟正下方起,东至100米处上河谷,南至1000米处南台,西至1000米处金瓦寺河,北至100米处北台。建设控制地带:包括八大寺,东至麒麟掌以东2600米处,南至石庄沟以南760米处,西至金瓦寺保护界标以西3400米处,北至庞家沟保护界标以北1240米处。"

朱林寺石窟 位于云崖寺石窟西北4千米处,紧靠庄(浪)平(凉)公路,共编号5个洞窟,现存造像共5尊,均置于第1窟内。原崖面洞窟间有栈道相通,现已毁。

第1窟 开凿于宋元时期。位于最高层,距地面约50米,高不可攀。从外

朱林寺石窟

观看,洞窟为敞口半圆形圆拱浅龛,现存一佛二弟子一菩萨(原应为一佛二弟子二菩萨组合),高浮雕泥塑。主佛结跏趺坐于方形石胎佛座上,内穿僧祇支,腰系带,外穿双领下垂袈裟。右足压于左股上,脚裹于袈裟衣裾中,双手作施无畏印和与愿印。左迦叶、右阿难,均身着交领袈裟,衣袖宽大,双手合十而立,脚穿履。左胁侍菩萨高髻,面形圆润,有毫光,披帛覆搭双肩,袒胸,右手在下,左手在上置于胸前,下身外穿短裙,裙腰外翻,内穿长裙垂至脚面,衣纹均为凸棱状。

第4、5窟 因栈道不通,高不可攀,内部形制及内容不清。第4窟窟前原有窟檐建筑,现已毁,崖壁上现存木梁孔洞。

大寺石窟 位于云崖寺东侧1.5千米处的山崖上,均面南,从西向东共有洞窟12个,最早者为北周开凿的第6窟;其余洞窟均为方形平顶窟,有的窟内三壁高坛基,造像全毁,从洞窟形制及保留的壁画以及题刻判断为明代开凿。现存石造像3身,壁画30平方米,题记3条。

第5窟 平面方形敞口平顶窟,正壁前凿一低坛基。窟高3.03米、宽3.64米、进深3.3米,坛基高0.8米、宽0.87米。内造像壁画残毁无存,窟右壁有3方刻石题记,最内侧一方高0.22米、宽0.16米,刻写"大明国陕西平凉府/静宁州主山寺/主持僧无想/韩府内臣李/大明嘉靖拾

一年"等文字。第二方高 0.31 米、宽 0.29 米，文字可辨识者有"巩昌卫右所百户黄六 / 军余具……"。第三方为石匠题名"白水县石匠杨文孝王锦"等。题记记载明代平凉韩王府与主山寺（云崖寺石窟）僧人共同开凿修建大寺之事。

大寺石窟第 6 窟　北周

第 6 窟　摩崖圆拱形浅窟，高 4.45 米、宽 4.15 米、深 0.78 米。窟内有石雕泥塑一佛二菩萨。坐佛高 2.86 米，低平肉髻，面相浑圆，短颈，圆肩，身着低领通肩袈裟，衣裾较短，呈"八"字形悬垂于座前，双手残损，原来应施无畏和与愿印。佛座为"工"字形，高 1.32 米、宽 2 米、深 0.98 米。左侧胁侍菩萨高 2.85 米，高发髻，面形圆润，短颈。左手下垂，似持一物；右手上举于胸前，似持一花蕾。飘带自双肩垂下，上身衣饰不清，下身着长裙。右侧胁侍菩萨高 2.89 米，高发髻，戴尖桃形项圈。右手下垂，持一圆环，圆环下有帛带；左手贴体下垂。上身衣饰不清，下身着翻边长裙。帛带自双肩垂下，披帛自上臂绕下，在双膝处交叉上绕。此窟为大寺石窟现存唯一的北周洞窟，窟形、造像组合与云崖寺第 4 窟完全一致。

第 7 窟　方形平顶敞口窟，三壁高坛基，窟高 5.8 米、宽 6.6 米、进深 5.4 米，坛基高 1.1 米。窟内造像全毁。正壁存 3 身造像背光、项光，内绘火焰纹。中间主尊项光两侧各绘一人首人身鸟尾飞天

及头戴五佛冠的护法神，具有密宗风格。右壁从残迹看，原有 5 身造像。壁面保存部分壁画，有两层，上层多漫漶不清，近窟门处有一绘制的碑，墨书"碑记"2 字，字多漫漶；下层壁画中间有墨书"神奉"2 字及 6 位人物造型，左、右绘龙。左壁壁画大多不清。窟外保留较多木桩孔洞，原有崖阁建筑。

红崖寺石窟　位于云崖寺东南 5 千米处，洞窟分布在长 200、高 50 米的崖面上，一字排列，共有编号洞窟 14 个，现存造像 50 尊，壁画 16 平方米，清代碑刻 1 通。窟形均为方形平顶窟，开凿于明代。文献记载，明代时属主山寺（云崖寺）的一部分，清代重修。部分洞窟内容表现道教内容。

第 1 窟　平面方形平顶敞口窟，窟高 2.15 米、宽 5.3 米、残深 2.25 米。无造像，保留部分壁画，壁画泥层有两层叠压，上层为大面积白粉，下层有壁画

内容，已残缺，可辨识有墨线人物武士、风火轮等。

第2窟 俗称文王百子洞，平面方形平顶敞口窟，窟高4米、宽4.5米、进深5.5米。窟内正壁前凿一宽坛基，其上塑一佛，有高浮雕背光。左、右壁开凿四层小坛台，坛台上边沿均雕刻成屋檐形式，其上塑小型塑像，现存19身。窟顶保存八卦图等壁画内容。

第3窟 平面方形平顶敞口窟，正、左、右三壁前用土坯砌筑高坛基，窟内前部有土坯墙痕迹，三壁上方凿有内凹式坛基。窟高4.17米、宽5米、进深9.3米。正壁坛基高0.94米，宽1.64米，左、右壁坛基高0.94米、宽0.9米。窟内造像损毁严重，正壁造像情况不明，两侧壁造像残存背光，原有5身造像。窟外左侧有1通清嘉庆四年（1799年）红崖寺重修石碑，红砂岩质，碑额失，碑身长方形，高1.7米、宽0.54米，断为两截。碑座高0.56米、宽0.75米、厚0.43米，碑阳首题"华亭县主山红崖寺重葺功成壁记"，碑文楷书阴刻，内容记载红崖寺形胜、周围寺院分布情况以及重修红崖寺功成告竣之事，尾题"嘉庆肆年岁次己未吉日庄浪县贡生郑仪撰记"。其中碑文中说"红崖，主山之襟袖也。自主山入峡，十数里许"，说明红崖寺为主山寺的一部分。又提到石妙山、大寺、佛堂山、

看山（南台）等寺院名称，还有道教三清、九皇等宫殿，与佛教寺院互相并立，说明红崖寺在明清时期为佛、道混合的寺院。碑阴阴刻功德主姓名，尾题"乾隆三十五年岁次庚寅仲春吉日动工起建北地山人徐登云薰沐敬书"。

第5窟 平面方形平顶敞口窟，窟内正、左、右三壁前用土坯砌筑坛基，正壁坛基高0.45米、进深0.92米，左、右壁上方各开凿一内凹小坛台。窟高4.25米、宽5.25米、进深5.25米。窟外崖面密布木桩孔洞，原有崖阁建筑，现已毁。窟内造像全毁。从残迹来看，窟内正壁原有3身造像；壁画有叠压现象，表层有12幅画面，有多幅唐僧取经故事画等。

第13窟 平面方形平顶大口窟，窟高2.96米、宽3.2米、进深4.46米。窟门高2.93米、宽2.04米、厚0.21米。窟内正、左、右三壁上凿两层坛台，正壁前凿横长方形踏步。从窟内造像残迹看，上、下两层坛台为小型塑像，正壁是主尊造像，正壁有3身造像背光残迹；左、右壁下层坛台上各有11身，上层坛台各有13身像；正壁上层坛台造像数量不详。

西寺石窟 位于云崖寺石窟南2千米大寺石窟对面沟崖中。开凿于明代，共有编号洞窟7个，都为方形平顶窟，造像、壁画全毁。

第2窟 毁坏严重。窟外左侧有一

碑龛，内嵌一长方形碑，高 0.91 米、宽 0.6 米、厚 0.11 米，首题"万古题名"，碑文楷书，共 22 行，文多残泐不清，可辨识者有"……平凉□□□／□山西寺立碑／承奉□承奉红崖西院僧人如山如意如□……僧人真□号□挥石匠孙奉先高□"等，纪年不详。石匠孙奉先名又见于云崖寺第 10 窟《主山云崖寺成碑记》，说明西寺可能属主山寺（云崖寺）的下寺，明万历年间建造。

朝阳寺石窟　位于韩店乡张家嘴子村北 2 千米，现存洞窟 3 个，其中第 1、3 窟利用自然岩洞修凿，窟内造像均残损。

第 1 窟　利用自然岩洞修凿，宽 12.3 米、深 4.6 米、高 10 米，穹窿顶。正壁有 3 个方形台座，其上造像残毁。左壁用土坯、石块砌成，浮塑山形及城门，与云崖寺第 6 窟相同。

第 2 窟　平面方形浅窟，窟外原有崖阁建筑，现已毁，仅存木桩孔洞。窟高 2.6 米、宽 3.9 米、进深 1 米。正壁泥塑造像 1 身，已残。

第 3 窟　利用自然崖坎凿成，平面略呈长方形，长 4.3 米、宽 2.3 米。窟内正壁做高佛坛，造像不存。窟外崖面保存木桩孔洞，原崖阁建筑已毁。

佛沟寺石窟　位于云崖寺石窟东约 5 千米处，编号 5 个洞窟，均高不可攀。其中第 1 号摩崖造像外露，第 2、3 窟进深较深，内部情况不明。第 4、5 龛为平面方形平顶敞口龛，其中第 5 龛正壁凿一圆拱龛，龛内造像不存。

第 1 号摩崖造像为 3 身立佛，高浮雕，高 4.7~5.10 米，表层风化严重，左侧一身保存比较完整。佛高肉髻，面庞方正，身着褒衣博带式双领下垂袈裟，内有僧衣，于胸部结带，双手结无畏和与愿印。三佛均有背光。三佛上方雕凿"人"字形排水浅槽。根据造像风格判断，石窟开凿于北魏晚期。

另在附近崖面上还有数个窟龛，均为方形窟门或窟口，周围分布较多木桩孔眼，窟内情况不明。

三教洞石窟　位于韩店乡黄草村西南一千米。仅存 1 窟，平面方形平顶窟，深 3.1 米、宽 2.8 米、高 2.5 米。窟内雕刻儒、释、道三教大小造像共 64 尊，大像高 2 米，小像高 0.3 米，两壁刻佛本生故事。壁上有明嘉靖二年（1523

佛沟寺摩崖三佛　北魏晚期

年）发愿文题记2块，高0.15米、宽0.3米。窟顶有题刻2处，文字漫漶不清。造像表现三教合一内容，是云崖寺石窟群中保存较好的石窟，根据造像特点及明代题刻判断，始凿于元代，明代重修。

陈家洞石窟

位于庄浪县东北30千米的通化乡陈堡村东洞峡龙眼山崖上，又称龙眼山寺。山崖中有小路连通陇山。石窟分布在长100米、高60米的崖壁上，现有洞窟9个、金代题记2处、清代及民国时期石碑5通。

清代程奇英撰《重修龙眼山寺碑记》记载："晋泰和间，突出现三尊石佛，妙相庄严，挺立于碱岩波浪中，宛若恒河沙景象。"民国石清鉴撰《重修龙眼山陈家洞碑记》也有同样的记载。三尊石佛即现存的三尊摩崖立佛像。原来对其年代的推断源于三佛旁金代"泰和"题记，有误。据现存摩崖造像风格判断，应始建于北魏晚期，唐、金、明、清时期重修。

现存三尊摩崖石雕立佛，雕凿于河岸边宽5米、长5米、高5.5米的青灰色砂岩巨石东面，高5.8米，总宽5.2米。中间佛高5.3米，右侧佛高5.1米，左侧佛高5.0米。三佛均为立姿，高肉髻、面相清瘦、长颈、肩窄、躯体修长，均施无畏印和与愿印，内穿僧祇支，胸前结带，外着双领下垂袈裟，衣纹呈弧形阶梯状，跣足立于覆莲台上。三佛头光内雕小坐佛13尊，结跏趺坐于莲台上，莲瓣形背光。

三佛左侧崖壁有金"泰和□年四月二十一日梁石记至"阴刻题记。另一洞窟崖壁上镌"天德四年石匠陈晋记至"题记。

三佛像南面存一残塔，建于长10.7、宽6、高4.1米的巨石之上。平面呈六角形空心楼阁式，砖木结构，木构件已朽。现存四层半，残高约10.56米、外径4.5米、内径3.0米、壁厚0.7米。塔身各层出檐较浅，每层各角雕仿木装饰，每面正中檐下有一朵仿木斗栱。

陈家洞石窟全景

陈家洞石窟摩崖三佛　北魏

现存碑刻 5 通,其中清代 4 通,民国 1 通。清康熙十一年(1672 年)程奇英撰《重修龙眼山寺碑记》,碑高 2.12 米、宽 1 米,记陈家洞历史沿革及明代崇祯年间重修情况。清康熙五十年(1711 年)李春荣撰《重建创修殿宇碑记》,碑高 1.73 米、宽 0.85 米,记载王亨等募缘重建、补建殿宇 10 余座。清乾隆三十三年(1768 年)王高爵撰《重修龙眼山碑记》,碑高 1.6 米、宽 0.74 米,记载会众迁移庙宇、装饰造像之事。清嘉庆二十五年(1820 年)韩廷秀撰《重修龙眼山记》,碑高 1.14 米、宽 0.76 米,记龙眼山形胜及历史、修葺之事。光绪(1875~1908)年中叶,由会首陈占奎等重修陈家洞石窟。宣统三年(1911 年),陈进忠等再次修复陈家洞石窟。民国二十七年(1938 年),陈瑜等修葺陈家洞石窟。民国二十九年(1940 年),陈帝刚等大规模修葺陈家洞石窟,至第二年仲夏告竣。

1977 年,陈家洞石窟被公布为县级文物保护单位。1993 年,甘肃省人民政府公布陈家洞石窟为省级文物保护单位。1993 年,庄浪县文化局批准成立群众性义务文物保护组织,即陈家洞石窟管理所。2002 年,甘肃省文物局投资完成了陈家洞北魏石雕像的安全防护工程,以混凝土和钢筋护栏的形式建造了造像保护棚。

2009 年,陈家洞石窟与云崖寺一并被国务院公布为第六批全国重点文物保护单位。2009 年 1 月 14 日,《甘肃省人民政府关于公布甘肃省第六批全国重点文物保护单位保护范围和建设控制地带的通知》(甘政发〔2009〕3 号)公布陈家洞石窟保护范围和建设控制地带:"保护范围:从宋塔起,东至 145 米处麒麟掌下河界标,南至 97 米处南峰台,西至 115 米处黑虎庙上河,北至 163 米处龙眼山。建设控制地带:东至麒麟掌下河以东 175 米处,南至南峰台以南 173 米处,西至黑虎庙以西 265 米处,北至龙眼山以北 73 米处。"

石空寺石窟

位于镇原县城关镇金龙村茹河南岸 300 米处的石崖上,东临郭堡子沟口,南依石佛湾山,西接工业园区,北临耕地。石窟分布区东西长约 300 米,南北宽约 50 米,开凿在离地面 8 米高的峻峭红砂

石空寺石窟外景

岩上，始建于宋代，明代中期至清乾隆时期一直沿用。石窟依山体崖面开凿2个大龛和10多个小洞窟，当地俗称"石佛湾"。小洞窟原造像已无，两大龛局部有塌损，造像基本完好。东、西两龛相距3米，中间有甬道通行。东面1、2号大龛为摩崖大龛，其余7个小窟较低，均平面长方形，有窟门。

第1龛（东龛） 平面呈半圆形，高8.5米、宽12米，内有石胎彩绘一佛二弟子二菩萨立像5身。立佛高4.7米，面型丰圆，粗眉，鼻隆起，螺髻，通肩大衣，袒胸，下着长裙。菩萨高3.1米，高发髻，面部圆润，目微闭，嘴半开，双手合十于胸前，后代敷泥重修。

第2龛（西龛） 平面略呈马蹄形，高8米、宽12米，内有石胎彩绘五佛及4身胁侍菩萨，皆立像。立佛均高4.7米，袒胸，闭目合嘴，高螺髻，面型丰圆。菩萨高3米，分立于五佛之间，双手捧物，置于胸前。与第1龛以石洞相连，洞长3.5米、高1.8米、宽0.87米。

第2龛东壁嵌清乾隆年间刻《石空寺公地碑记》，记载："昉于大宋之国，延及隆庆之年。"西龛较多地保留了宋代雕塑风格。东龛残损严重。

两窟龛西侧还有菩萨殿（3号窟）、僧房（4号窟）、送子宫（5号窟）、三教宫（6号窟）、灵官殿（7号窟）、伽蓝殿

（8号窟）等。窟内原造像已毁，近年来当地民众重塑造像。

2003年，镇原县人民政府成立石空寺文物管理所。2004年，由甘肃省文物局拨款对石空寺石窟第1、2龛进行岩体加固工程。2005年，甘肃省文物局组织小石窟调查组对石空寺石窟进行实地调查和测绘。

1993年3月，甘肃省人民政府公布石空寺为第五批省级文物保护单位。保护范围为："以2号龛东壁为基准，向东、西各延伸100米，南至石佛湾山顶，北至镇原至北石窟寺公路南侧。建设控制地带：东310米至镇原——北石窟寺公路转弯处，南327米至石佛湾山顶村民退耕地埂边，西230米至寺山沟壕，北137米至镇原——北石窟寺公路边。"

玉山寺石窟

位于镇原县彭阳乡西2千米的茹水北岸砂崖上，西距县城40千米，创建于宋或金时期。自东向西共存石窟5个，造像82身。其中第1窟造像全毁，第5窟塌陷，仅见残龛；第2、3、4窟保存较好。

第2窟 平面方形，窟高2.95、宽4.1、深6.8米，圆形藻井，窟后壁有三须弥座，坐像已无存。两壁各有2排5个拱形浅龛，上排龛内各浮雕菩萨像1身，皆戴八卦帽，着通肩外衣，袒胸，跌坐，手或合十、或置膝上、或捻指。下排龛内

玉山寺石窟外景

各造文吏立像 1 身，皆戴魁星帽，着长服，宽袖大襟，双手拱于胸前。

第 3 窟　坐北面南。窟高 3.6 米、宽 4.5 米、深 6 米，窟顶为仿木五檩人字披形。两壁均开 3 层浅龛，上 2 层龛内各雕坐佛 1 尊，结跏趺坐，袒胸，手或合十，或置膝上；下层为一长方形拱形浅龛，内雕 10 身武士立像，或披甲带剑、或徒手握拳。南壁门两侧浮雕一佛二弟子二菩萨等 8 身。总计造像 50 身。

第 4 窟　平面方形，高 2.95 米、宽 4.1 米、深 5.8 米。窟外两侧壁上各开一浅龛，龛内各雕天王像 1 身。东侧天王

已残；西侧天王一手上托，一手抓腰带，睁目张口。窟内后壁存须弥座，造像已毁。两壁各开 1 排 5 个拱形浅龛，每龛内雕菩萨 1 身。

1993 年，甘肃省人民政府公布玉山寺石窟为省级文物保护单位。已划定的保护范围为："东至大沟沟底，南、西分别至茹河南岸、西岸，北至 3 号窟窟门顶部以北 200 米。"

保全寺石窟

位于合水县太白镇平定川源头西岸，坐西面东，南北绵延 40 米，雕凿在 10 余米高处的红砂岩面上，分上、中、下 3 层

开窟造像，共有窟龛 25 个，造像百余尊，创建于北魏太和年间，西魏继之，之后便再无雕凿。较重要的窟龛为第 3、4、6 等窟龛，余为圆券形小龛。

第 1、2 龛　位于窟群南端下层，北魏雕凿。圆拱形浅龛内各造一佛二菩萨，风化严重。第 2 龛外北侧近地面雕半身护法神像，两手托物。

第 3 龛　位于下层第 31 龛北侧突出的窟前平台上，北魏雕凿。龛底距地面 1.34 米。圆拱顶敞口大龛，龛内又凿 2 个龛和 78 个浮雕小龛。龛高 3.12 米、宽 2.90 米、进深 1.25 米。龛内正壁凿一圆拱形尖楣浅龛，龛高 0.79 米、宽 0.83 米、进深 0.37 米。拱楣正中雕刻兽头，龛楣尾刻向上反顾的龙头，束帛状柱头，龛基为从上向下逐渐内收的台阶。龛内高浮雕二佛并坐，佛高 0.53 米，头部已毁，造型与第 1、2 龛相同，通肩袈裟，衣纹阴刻，结禅定印，结跏趺坐。龛基座表面阴刻正面蹲踞力士，高 0.35 米，光头，双臂向外侧上举，上身袒露，下身着短裙裤。龛外右侧有 1 个二龙交绕组成的圆拱形龛，龛高 1.01 米、宽 0.76 米、进深 0.15 米。龛内雕一交脚菩萨，高 0.62 米，头戴三珠冠，束发，面部风化，颈粗短，戴

保全寺石窟外景

尖形项圈，上身祖露，双手于胸前相叠，下穿裙，坐于束腰高座上。大龛内两侧壁后部对称各雕1身胁侍菩萨，残高分别为0.76米、0.73米。右侧菩萨风化严重，仅存轮廓。左侧菩萨上身祖露，双手抚胸部，右手握莲枝，下穿裙，跣足立于圆台上。龛壁雕刻78个莲瓣状小千佛龛，共8排，最大者高0.32米、宽0.25米、深0.08米，最小者高0.15米、宽0.13米、深0.05米。每龛内雕一结跏趺坐佛。

第4窟　位于窟群南段下层，南邻第3龛，北魏雕凿。窟高、宽均为3米，平面呈方形。正壁并排开凿两圆券形浅龛，南侧龛内造释迦、多宝佛，北侧龛内雕交脚菩萨一身，南北壁各造二佛，门口侍立二菩萨。

第5窟　位于窟群南段中层，下邻第4窟，北魏雕凿。龛内雕一坐佛，佛像面相丰圆，眉细而弯，嘴角上翘，微露笑意，两手合抱于胸前，善跏趺坐，身着通肩大衣，衣纹曲折流畅。

第6龛　位于窟群中部下层，北魏雕凿。平面马蹄形，穹窿顶，内雕一佛二菩萨，佛像面型方圆、丰满，颈部长，结跏趺坐于一方形台上，身着袈裟，衣裾垂于佛座前。龛下雕2排坐佛，现存11身。

第7龛　位于窟群中段下层，南邻第6龛，北魏雕凿。为一圆券形浅龛，西壁正中主尊像为一倚坐佛，着圆领式袈裟，南、北两壁各雕一胁侍菩萨。2006年，合水博物馆将第7龛造像完整取下，移存于合水县博物馆保存。

第8龛　位于窟群中段下层，第7、9龛之间，北魏雕凿。龛内雕一跏趺坐佛像。

第9龛　位于窟群中段下层，南邻第8龛，北魏雕凿。圆券形浅龛。龛西壁正中雕一坐佛，结跏趺坐于须弥座上，佛头风化，右手已残，左手置膝上。南、北两壁各雕一胁侍菩萨。

第10龛　位于窟群中段下层，南邻第9龛，北魏雕凿。方形龛，西壁雕一跏趺坐佛，南、北两壁各雕一菩萨。

第11龛　位于窟群中段下层，南邻第10龛，北魏雕凿。圆券形浅龛内雕一跏趺坐佛。

第12龛　位于窟群中段下层。南邻第11龛，北魏雕凿。方形龛，西壁雕一跏趺坐佛，南、北两壁各雕一菩萨。2006年，合水县博物馆将本龛造像完整取下，移存于博物馆内。

第13龛　位于窟群北段中层，第12龛北侧上方，北魏雕凿。圆券形龛内雕释迦、多宝并坐，二佛面相丰肥，头部已毁，上身内着僧祇支，外着袒右袈裟，阴刻衣纹，下着裙。2006年，合水博物馆将本龛造像完整取下，移存于博物馆内。

第14龛　位于窟群北段中层，南邻第13龛，北魏雕凿。圆券形龛内雕一佛。

第15龛　位于窟群中层北端,南邻第14龛,北魏雕凿。圆券形龛内雕一交脚菩萨,坐于狮子座上,南、北两壁各雕一侍立菩萨。主尊高1.15米,头已被盗。宽肩束腰,着通肩式袈裟,阴刻衣纹,衣裙紧裹双腿,薄衣透体,双手于胸前作转法轮印,坐方座上,座两侧各一狮子露头。菩萨均高0.71米,左胁侍头戴花冠,颈戴项圈,上身袒露,下着长裙,左手握莲枝,右臂屈肘于胸前。右胁侍束高发髻,左臂外伸,手端香炉,身后阴刻背光。

第16～25龛　位于窟群上层,皆坐西朝东。第16龛为方形龛,造像风化严重。第17、18龛为圆券形龛,龛内各雕一坐佛。第19龛方形龛,内雕二坐像,风化严重,为二佛并坐。第20龛造像不存。第21龛圆券形,龛内雕二佛并坐,风化严重。第22～25龛均方形,各雕一坐佛,其中第25龛南、北两壁各雕一胁侍菩萨。

1981年,保全寺石窟被公布为甘肃省省级文物保护单位。已公布的保护范围为:"东至平定川河西岸,南至最南端窟龛窟门南侧以南100米,西至石窟所在山顶以西1000米,北至最北端窟龛窟门北侧以北100米。"

张家沟门石窟

位于合水县太白镇平定川西岸的峭壁上,坐西朝东,北距保全寺石窟10千米,南距莲花寺石窟4千米。

石窟共有9龛,造像24尊,石刻题记2方。窟龛北侧崖面并列4个圆拱形龛,形制大小、造像布局相同。每龛高、宽均0.85米左右。龛楣两端雕凤头反上,喙长而大,冠曲而丰,颈部饰片羽纹。四龛各雕一佛二菩萨,佛高0.7米、菩萨高0.5米。佛均磨光肉髻,面相方圆,两颊丰满,鼻直,下颏肥厚,颈部稍粗短,袒右宽平肩,半披肩大衣,浅阴刻平行衣纹,结跏趺坐,作禅定印。胁侍菩萨头戴宝冠,宝缯及发辫垂于肩上,宽项圈,袒上身,披帛自后背绕上臂向外飘扬,下着裙。左侧菩萨两手拱于胸前,立于低台基之上。右侧菩萨左手拈花于胸前,右手握净瓶。

由北向南第2、3龛间崖面有石刻题记"太和十五年太岁在未癸巳朔三月十五日佛弟子程弘庆供养佛时造石坎(龛)佛一躯"。第1、2龛间崖面残存石刻题记

张家沟门石窟外景

"……癸巳囗三月十五日佛……"。"太岁在未"是岁星（木星）纪年，以此代替太和十五年的干支纪年"辛未"。两处题记表明窟龛都是太和十五年（491年）营造。

窟群南侧下层4浅龛内各造一佛二菩萨，其中第6龛侧壁浮雕男女供养人7身，其中男4身、女3身，均高0.3米。男供养人着窄袖长袍、细腰系带、脚蹬长靴。女供养人上身穿长袍，下着曳地长裙，皆袖手。供养人服饰都是太和改制前鲜卑族样式。从供养人下侧"太和廿"阴刻字样可知，供养人雕刻时间为北魏太和二十年（496年）。

1981年，张家沟门石窟被重新公布为甘肃省省级文物保护单位。已公布的保护范围为："东至平定川河西岸，南至最南端窟龛窟门南侧以南100米，西至石窟所在山体西侧沟底中心线，北至最北端窟龛窟门北侧以北100米。"

莲花寺石窟

位于合水县太白镇平定川口西面的一段红砂岩山坡下，坐西朝东，长25米、高6.4米，岩面雕刻五百罗汉、"三教诸佛"等内容，共有唐、宋窟龛25个，造像题记11方，造像1029身。始于唐代咸亨五年（674年），止于北宋绍圣二年（1095年），前后延续420年。有唐代佛龛18个，造像49尊。石窟上部有北宋绍圣二年巨幅摩崖浮雕"五百罗

莲花寺石窟外景

汉"，题材内容丰富，宗教内容显示出世俗化生活气息。

第1龛　位于崖面南端上部，高0.4米，龛内并列雕三尊像，正中为结跏趺坐佛；两侧为汉装袍服坐像，均善跏趺坐，为孔子和老子。再外两侧有两胁侍。这种造像题材反映了当时三教合流的趋势。

第2龛　位于石窟南端近地面处，拱形龛，高0.8米。龛内造阿弥陀佛及观音、大势至两胁侍菩萨，风化严重，残留下部。正中佛座下有唐天宝十年（751年）石刻发愿文一方："敬造阿弥陀像一铺廮记石三囗／缀初成柜好无囗缄六众不灭善／囗笑莲囗如移六时迎求慈德／囗之稚唱八风流欲如闻宝囗之／音上愿皇帝圣祚无囗／下愿苍生晋露福润焚香顶／礼而为赞云妙乐净土囗囗／之先雕刻容像无量因囗至／圣之轨流俗则焉瞻仰敬信福／下唐囗天宝十载岁次辛卯三月／囗午六日巳壬造京兆囗之文。"

第 3~10 龛　位于窟群南面下层，均为唐代小龛。其中第 5 龛外左侧有唐咸亨五年（674 年）石刻发愿文一方："维咸亨五年岁次甲戌八月戊寅朔八日乙酉……/ 张长才弟口等为亡父母及己弟张静敬造向……。"该龛为圆拱形浅龛，高 0.4 米。龛楣雕七佛，两端雕龙首，瞪目张口，喷吐光焰。两侧圆形花柱，柱上饰卷草忍冬纹。龛内雕一佛二弟子二力士。佛着袒右袈裟，结跏趺坐于束腰座上。二弟子立于低台基上，手中持物。二力士均两手握锏，着短铠护膊。其余各龛造像均具唐代风格。

第 12~18 龛　位于窟群北段，均为宋代作品。第 16 龛内雕一左舒相观音菩萨，束发高髻，面部已毁，颈部有三道蚕节纹，短颈，端肩挺胸，饰项圈、缨络，冠带搭于双肩，披帛搭肩绕臂垂于龛沿上，下着贴身长裙，游戏坐，左腿倚坐踩圆形莲台，右腿屈膝收起踏于龛沿上。观音左侧高浮雕二弟子，头已毁，身穿交领宽袖大衫，双手合十于胸前，脚穿圆头履。龛内起伏不平的崖面上还雕刻有众多的比丘、天人等。第 17 龛内雕三坐佛，左侧佛头残，着战袍盔甲，禅定印，结跏趺坐，圆领衣，腰束甲，双臂紧束；正中佛头面残，颈刻三道阴刻痕，双领下垂胸前相交，禅定印，结跏趺坐；右侧佛面部残损，颈刻三道阴线痕，圆领通

肩袈裟，胸前阴刻"U"形衣纹几道，结禅定印，跏趺坐。

石窟中部崖面上刻宋绍圣二年（1095 年）铭文一方："庆州合水县王口 / 惠家庄弟子惠文 / 发心于绍圣二年口 / 月拾日癸亥岁自发 / 心向面前石品内修 / 盖造石素（塑）五伯（百）罗汉 / 毕，三教诸佛毕终 / 施主惠文妻高氏 / 男惠惟玉惠端 / 惠玉地主惠方 / 石匠史俊行者似道能。"

石窟上部的五百罗汉大型浮雕表现了释迦牟尼涅槃之后五百罗汉结集的场面。崖面上雕刻成排成行的罗汉像，分别围绕佛涅槃、金棺、房屋楼阁、宝塔 4 个场景。"佛祖涅槃"雕一佛横卧，佛右手枕于头下，叠双足，头侧两弟子扑地痛哭，其下一弟子悲痛，身躯后倾倒地，其前一弟子弯腰俯首，周围的罗汉举首望佛，表情悲痛，龛外两天王手持金刚杵，下着战裙。"金棺场景"雕一金棺涅槃像，棺前两弟子跪坐，周围排列众罗汉，皆掩面而哭。"房屋楼阁"雕一楼阁，众罗汉向楼哀悼。"宝塔场景"雕一塔，六面五级，中有腰栏，众罗汉拱手向塔。罗汉像下部还刻"八亿八千众生"前来结集的场面，这些众生的形象，比罗汉像表现得更世俗化。众生长途跋涉前来赴会，其过桥、牵马、爬山等都表现得富有生活气息。

1981 年，甘肃省人民政府公布莲花寺石窟为省级文物保护单位。已公布的保

护范围为："东北至平定川河西南岸，东南至平定川河与葫芦河交汇处，西南至葫芦河南岸，西北至摩崖大龛顶西北 500 米。"合水县博物馆、甘肃省博物馆文物工作队对该石窟进行了多次调查，资料发表于 1987 年出版的《陇东石窟》中。2006 年，麦积山石窟艺术研究所对该石窟进行了详细的调查，发表了调查简报。

石拱寺石窟

位于华亭县上关乡半川村北侧山梁的崖面上，距山脚的村庄约 100 米。石窟开凿于向南的崖壁上，距地表高 5~10 米，东西长 120 米。从西向东排列，共有 15 个窟龛，基本都位于同一个平面上，上下错落不大。其中第 6 窟为大型穹隆顶洞窟，第 8、9、11、12、13、14 窟为三壁三龛式窟，第 4、5、7、10 龛为在第 6 窟外壁开凿的较小的龛。从崖面上遗留的桩眼观察，原洞窟之间有栈道相连，现已不存。崖面东段第 11~14 窟之间有大面积的塌毁，使这几个洞窟前部大部分被破坏。石窟寺始建于北魏时期，现存洞窟以北魏为主，西魏、北周、隋代续凿。石拱寺是由陕西陇县到甘肃华亭之间的陇山道上

石拱寺石窟外景

一处重要的石窟寺。据民国三十三年《华亭县志》记载，明代嘉靖年"敕旨火化"和清代同治年间民族纠纷中的人为破坏，焚烧了第2、6窟。

第2窟 平面近方形，圆拱顶大窟。窟高8.5米、宽11.2米、进深9.7米。圆拱形门，门高7米、宽3.5米、进深1.5米。窟内正、左、右三壁沿壁面凿低坛基，坛基高0.1米，前壁上方凿有一明窗，明窗高2米、宽1.4米。窟形基本完整，壁面表层风化剥蚀严重，几乎无一处完好。窟内左壁外侧后代凿一个长方形甬道与第6窟相通。四壁石雕三佛八菩萨及弟子等。正、左、右三壁各雕一坐佛二胁侍菩萨，其中两侧壁主佛为倚坐。前壁左、右两侧各一菩萨立像，佛与菩萨、菩萨与菩萨之间各浮雕一弟子。窟内壁面上部空间浮刻一些小佛或菩萨像。正壁佛高6.4米，残毁严重；从痕迹仅可见左臂向前平伸，右臂抬起，结跏趺坐于须弥座上，衣裙垂于座前分为两瓣。左侧菩萨残高5.7米，残毁严重，仅残存几处衣裙痕迹，立于半圆形莲台上。右侧菩萨残高5.8米。左壁佛残高6米，残毁严重，从痕迹仅判断倚坐于须弥座上。左侧菩萨残高5.7米，仅残存部分衣裙，立于半圆形莲台上。右侧菩萨残高5.6米，仅存下部衣裙及两侧下垂飘带，两腿间有下垂璎珞及部分飘带，立于半圆形莲台上。右壁佛残高

5.5米，现存残痕与左壁相同。左侧菩萨残高5.2米，残存与左壁左侧菩萨似同。右侧菩萨残高5米，残存与右壁菩萨同。弟子高2米左右。

第6窟 平面方形穹窿顶窟，方形窟门，其上开一明窗，窟内沿四壁凿有倒"凹"形低坛基。窟高7.9米、宽8.2米、进深7.4米。坛基高0.23米，宽0.7~1.49米。明窗高1.65米、宽1.57米、进深1.4米。该窟被人为毁坏，造像及窟内壁面已被凿毁。窟内左右壁前侧分别开有一甬道通往毗邻的第2窟和第8窟。正、左、右三壁分别雕一佛二菩萨，前壁门两侧各雕一力士，前壁下方浮雕有数排供养人，上方浮雕有供养天及伎乐天。主要造像已被凿毁，仅少许供养人像等保存略好。

第8窟 平面方形，拱形顶窟，窟门方形。窟高2米、宽2.6米、深2.55米。后代在窟顶凿一直径0.73米的圆洞，上通第9窟。右壁后凿一长方形洞直通第6窟。正壁雕一佛二菩萨，左壁已毁，不详。右壁雕二佛并坐。前壁上方正中浅龛内造一坐佛二胁侍菩萨，龛外左、右侧各3身弟子立像及3身弟子头像。左侧1身坐佛及2身小孩（其中1身踩在另1身身上）。右侧上部浅龛内3身坐佛，1个圆形莲花化生。下部龛内1身交脚菩萨及左侧1身胁侍。

第9窟 平面方形圆拱形顶窟，窟

高1.85米、宽2.37米、深1.87米。窟内正、左、右三壁各开一圆拱形半壁龛，其中正壁龛高1.17米、宽1.37米、进深0.31米，左壁龛高1.35米、宽1.57米、进深0.3米，右壁龛高1.09米、宽1.59米、进深1.28米。方形圆拱顶窟门。正壁龛内释迦多宝二佛并坐，龛外左右各浮雕一菩萨一弟子，左壁龛内一佛二弟子，右壁龛内一佛二菩萨，龛外两侧各浮雕一弟子。

第11窟 平面方形平顶窟，三壁三龛，四壁向上变小，与顶部呈弧形相交，窟高2.4米、宽2.25米、深2.4米。三壁三龛三佛，每佛胁侍二菩萨，三壁龛外各立一佛，龛楣外雕弟子或飞天，前壁门上及两侧龛内雕释迦及维摩诘、文殊对坐。下部二列供养人，顶刻圆莲、忍冬及飞天、莲花化生。甬道两侧雕力士。

第12窟 三壁三龛窟，平面方形。窟内正、左、右各开一圆拱形浅龛，顶略带弧度。窟高1.85米、宽1.65米、进深(残)1.3米。正壁龛高1.5米、宽1.12米、进深0.37米。左壁龛高1.1米、残宽1.34米、进深0.35米。窟大部分塌毁，右壁龛已塌毁无存。窟内已烟熏严重。正、左、右三壁龛内原均为一佛二菩萨，顶部雕圆莲及飞天图案。除左壁全部和右壁前部塌毁无存外，其余保存完好。

第13窟 原窟形已不详，可能为三壁三龛窟，现仅存正壁及左壁一小部分。

窟残高1.95米、宽2.02米、进深（残）0.5米。正壁开一圆拱形龛，龛高1.25米、宽1.6米、深0.35米。现正壁龛内一坐佛，左、右两侧各一胁侍菩萨。龛外左、右两侧各1立佛；左壁1身立佛及1身残像，其上方1身飞天。

第14窟 平面方形三壁三龛窟，窟高2.1米、宽2.54米、进深（残）1.25米。正壁正中开一浅龛，龛高1.26米、宽1.5米、进深0.37米。该窟大部分塌毁，仅存正壁及左、右壁后部。窟内正、左、右三壁正中龛内雕一佛二菩萨，龛外左、右侧各雕立佛1身，佛上部各2排2身弟子像。

甘肃省文物考古研究所及庆阳博物馆曾对该石窟做过调查，发表了一些简单的资料和图片。2005年，麦积山石窟艺术研究所对该石窟进行了详细的调查，并发表了调查简报。

1981年9月10日，石拱寺石窟被甘肃省人民政府公布为第四批省级文物保护单位。石窟寺由石拱寺文物保管所负责管理，由华亭县博物馆负责保护。

建沟石佛群

位于华亭县河西乡建沟村刘家沟和易家沟自然村易家寺（山神庙）内，寺庙占地面积10平方米，有一处房屋。其中刘家沟有石造像3尊，通高1.7~1.8米，一身结跏趺坐佛像，二身善跏趺坐佛像。

易家沟原有 19 身石造像，现存 7 尊，通高 0.55~0.9 米，有一佛二菩萨二弟子二供养人；两侧还有 12 尊罗汉像，其中完整者 7 身、残缺者 5 身。造像雕凿精细，面部形态逼真，服饰具有古代北方民族的特征，对研究古代汉族和少数民族关系、文化艺术发展史等具有一定价值。根据造像特点分析，为元明代造像。

1990 年，所有造像均被搬迁至河西乡飞凤山朝阳宫内保存。2005 年，12 尊罗汉造像均被盗。后将其余造像全部搬迁至上关石拱寺石窟文管所保管。2008 年，又将原刘家沟的 3 尊元代石造像及易家沟的 2 尊文殊、普贤菩萨一并迁于华亭县博物馆保存。

1993 年 3 月 29 日，建沟石佛群被甘肃省人民政府公布为省级文物保护单位。已划定的保护范围为："以原址中心为基点，向东北、东南、西南、西北各延伸 10 米。"

主要参考文献

1. 阎文儒：《中国石窟艺术总论》，天津古籍出版社，1987 年。

2. 国家文物局教育处编：《佛教石窟考古概要》，文物出版社，1993 年。

3. 宿白：《中国石窟寺研究》，文物出版社，1996 年。

4. 李裕群：《古代石窟》，文物出版社，2003 年。

5. 李裕群：《北朝晚期石窟寺研究》，文物出版社，2003 年。

6. 张宝玺编：《甘肃石窟艺术·雕塑编》，甘肃人民美术出版社，1994 年。

7. 张宝玺编：《甘肃石窟艺术·壁画编》，甘肃人民美术出版社，1997 年。

8. 董玉祥：《梵宫艺苑：甘肃石窟寺》，甘肃教育出版社，1999 年。

9. 魏文斌：《20 世纪早中期甘肃石窟的考察与研究综述》，《敦煌学辑刊》2005 年第 1 期。

10. 潘玉闪、马世长：《莫高窟窟前殿堂遗址》，文物出版社，1985 年。

11. 彭金章、王建军：《敦煌莫高窟北区石窟》第 1 卷，文物出版社，2000 年。

12. 彭金章、王建军：《敦煌莫高窟北区石窟》第 2、3 卷，文物出版社，2004 年。

13. 敦煌文物研究所编：《中国石窟·敦煌莫高窟》（一），文物出版社，1982 年。

14. 敦煌文物研究所编：《中国石窟·敦煌莫高窟》（二），文物出版社，1984 年。

15. 敦煌文物研究所编：《中国石窟·敦煌莫高窟》（三、四、五），文物出版社，1987 年。

16. 中国美术全集编辑委员会编，段文杰主编：《中国美术全集·绘画编 14、15·敦煌壁画》，上海人民美术出版社，1985 年。

17. 中国美术全集编辑委员会编，段文杰主编：《中国美术全集·雕塑编7·敦煌彩塑》，上海人民美术出版社，1987年。

18. 敦煌研究院编：《敦煌莫高窟供养人题记》，文物出版社，1986年。

19. 萧默：《敦煌建筑研究》，文物出版社，1989年。

20. 马德：《敦煌莫高窟史研究》，甘肃教育出版社，1996年。

21. 敦煌研究院、江苏美术出版社编：《敦煌石窟艺术》系列，江苏美术出版社，1993~2005年。

22. 中国敦煌壁画全集编辑委员会编：《中国美术分类全集·中国敦煌壁画全集》（1~10），天津人民美术出版社，1989~2006年。

23. 敦煌研究院编：《敦煌石窟全集》（26卷），上海人民出版社，1999~2005年。

24. 郑炳林、沙武田：《敦煌石窟艺术概论》，甘肃文化出版社，2005年。

25. 赵声良：《敦煌石窟艺术总论》，甘肃教育出版社，2010年。

26. 敦煌研究院编：《中国石窟·安西榆林窟》，文物出版社，1997年。

27. 张学荣编：《敦煌西千佛洞石窟》，甘肃人民美术出版社，1998年。

28. 〔美〕L·华尔纳《九世纪万佛峡佛教壁画研究》，哈佛大学出版社，1938年。

29. 谢稚柳：《敦煌艺术叙录》，古典文学出版社，1957年。

30. 张伯元编：《安西榆林窟》，四川教育出版社，1995年。

31. 胡开儒：《安西榆林窟》，新疆大学出版社，1997年。

32. 敦煌研究院编：《敦煌石窟内容总录》，文物出版社，1996年。

33. 樊锦诗编：《安西榆林窟》，甘肃民族出版社，1999年。

34. 张宝玺：《五个庙石窟壁画内容》，《敦煌学辑刊》1986年第1期。

35. 王惠民：《肃北五个庙石窟内容总录》，《敦煌研究》1994年第1期。

36. 赵声良：《清新隽永 恬淡细腻——肃北五个庙石窟艺术》，《敦煌研究》1994年第1期。

37. 孙修身：《肃北县一个庙石窟考察简记》，《敦煌研究》1986年第2期。

38. 张伯元：《东千佛洞调查简记》，《敦煌研究》创刊号，1983年。

39. 张宝玺：《东千佛洞西夏石窟艺术》，《文物》1992年第2期。

40. 张宝玺：《甘肃安西东千佛洞石窟壁画》，重庆出版社，2000年。

41. 王惠民：《安西东千佛洞石窟内容总录》，《敦煌研究》1994年第1期。

42. 甘肃省文物工作队：《马蹄寺、文殊山、昌马诸石窟调查简报》，《文物》1965年第3期。

43. 甘肃省文物工作队编：《河西石窟》，文物出版社，1987年。

44. 张宝玺：《河西北朝石窟中心柱窟》，《1987年敦煌石窟研究国际讨论会文集·石窟考古编》，辽宁美术出版社，1990年。

45. 暨远志：《酒泉地区早期石窟分期试论》，《敦煌研究》1996年第1期。

46. 甘肃省酒泉地区酒泉史话编辑组编：《酒泉史话》"文殊山"，1984年编印。

47. 耿世民：《元回鹘文重修文殊寺碑初释》，《考古学报》1986年第2期。

48. 史岩：《酒泉文殊寺的石窟寺院遗迹》，《文物参考资料》1956年第7期。

49. 宿白：《凉州石窟遗迹和"凉州模式"》，《考古学报》1986年第4期。

50. 暨远志：《酒泉地区早期石窟分期试论》，《敦煌研究》1996年第1期。

51. 张宝玺：《文殊山万佛洞西夏壁画内容》，《1983年全国敦煌学讨论会文集（石窟艺术编）上》，甘肃人民出版社，1985年。

52. 史岩：《散布在祁连山区民乐县的石窟群》，《文物参考资料》1956 年第 4 期。

53. 李玉珉：《金塔寺石窟考》，《故宫学术季刊》第 22 卷第 2 期，2004 年冬季。

54. 暨远志：《张掖地区早期石窟分期试论》，《敦煌研究》1996 年第 4 期。

55. 八木春生：《河西石窟群年代考——兼论云冈石窟与河西石窟群的关系》，《美术史研究集刊》1997 年第 4 期。

56. 张掖市文物保护研究所、姚桂兰主编：《张掖石窟研究文集》，甘肃人民出版社，2006 年。

57. 向达：《西征小记》，《唐代长安与西域文明》，生活·读书·新知三联书店，1957 年。

58. 史岩：《天梯山石窟的现存状况和保存问题》，《文物参考资料》1955 年第 2 期。

59. 陈炳应：《天梯山石窟西夏文佛经详释》，《考古与文物》1983 年第 8 期。

60. 陈炳应：《西夏文物研究》，宁夏人民出版社，1985 年。

61. 敦煌研究院、甘肃省博物馆编著：《武威天梯山石窟》，文物出版社，2000 年。

62. 李博、李云鹤：《大型塑像修复复原研究——武威天梯山大佛的复原修复》，《中国文物保护技术协会第四次学术年会论文集》，科学出版社，2007 年。

63. 冯国瑞：《炳灵寺石窟勘察记》，1951 年《光明日报》、《甘肃日报》。

64. 中央人民政府文化部社会文化事业管理局编：《炳灵寺石窟》，文物出版社，1953 年。

65. 甘肃省文物工作队：《调查炳灵寺石窟的新收获》，《文物》1963 年第 10 期。

66. 甘肃省博物馆、炳灵寺文保所合编：《炳灵寺石窟》，文物出版社，1982 年。

67. 董玉祥、岳邦湖主编：《中国美术全集·雕塑编 9 炳灵寺等石窟》，人民美术出版社出版，1988 年。

68. 甘肃文物工作队、炳灵寺文物保管所合编：《中国石窟·永靖炳灵寺》，文物出版社、平凡社，

1989 年。

69. 阎文儒、王万青：《炳灵寺石窟》，甘肃人民出版社，1993 年。

70. 董玉祥主编：《炳灵寺 169 窟》，深圳海天出版社，1994 年。

71. 王亨通、杜斗城主编：《炳灵寺石窟研究论文集》，1999 年。

72. 王亨通、颜廷亮主编：《炳灵寺石窟学术研讨会论文集》，甘肃人民出版社，2003 年。

73. 张宝玺、王亨通主编：《昔日炳灵寺》，科学出版社，2004 年。

74. 杜斗城、王亨通主编：《炳灵寺石窟内容总录》，兰州大学出版社，2006 年。

75. 冯国瑞：《麦积山石窟志》，陇南丛书编印社 1941 年印行（石印），1989 年天水报社重印线装本。

76. 文化部社会文化事业管理局：《麦积山石窟》，文物出版社，1954 年。

77. 〔日〕名取洋之助著：《麦积山石窟》，岩波书店，1957 年。

78. 〔美〕米切尔·苏立文：《麦积山石窟寺》，加利福尼亚大学出版社，1969 年。

79. 阎文儒：《麦积山石窟》，甘肃人民出版社，1984 年。

80. 麦积山文物保管所：《麦积山石窟的新通洞窟》，《文物》1972 年第 12 期。

81. 董玉祥主编：《中国美术全集·麦积山等石窟壁画》，人民美术出版社，1987 年。

82. 孙纪元主编：《中国美术全集·麦积山石窟雕塑》，人民美术出版社，1988 年。

83. 麦积山石窟艺术研究所编：《中国石窟·天水麦积山》，文物出版社、平凡社，1998 年。

84. 郑炳林、花平宁主编：《麦积山石窟艺术文化论文集》，兰州大学出版社，2004 年。

85. 魏文斌、白凡：《麦积山石窟历次编号及新编窟龛的说明》，《敦煌研究》2008 年第 5 期。

86. 郑炳林、魏文斌主编：《天水麦积山石窟研究论

文集》，甘肃文化出版社，2008 年。

87. 麦积山石窟艺术研究所、筑波大学世界遗产专攻合编：《麦积山石窟环境与保护调查报告书》，文物出版社，2010 年。

88. 马世长主编：《麦积山石窟研究》，文物出版社，2010 年。

89. 张仲生：《武山县发现古代石窟》，《文物》1957 年第 10 期。

90. 巨顽石、乔今同：《武山洛门镇古代石窟》，《文物》1957 年第 11 期。

91. 董玉祥、臧志军：《甘肃武山水帘洞石窟》，《文物》1985 年第 5 期。

92. 甘肃省文物考古研究所、麦积山石窟艺术研究所等：《武山水帘洞石窟群》，科学出版社，2009 年。

93. 孙晓峰、臧全红：《甘肃武山木梯寺石窟调查简报》，《敦煌研究》2008 年第 1 期。

94. 董玉祥：《仙人崖石窟新发现》，《2005 年云冈国际学术研讨会论文集》，文物出版社，2008 年。

95. 董玉祥：《仙人崖石窟》，《敦煌研究》2003 年第 6 期、2004 年第 1 期。

96. 孙晓峰：《甘肃陇南几处中小石窟调查简报》，《敦煌研究》2008 年第 2 期。

97. 陈贤儒：《甘肃庆阳、镇原县发现三处石窟》，《文物》1961 年第 2 期。

98. 初世宾：《甘肃庆阳北石窟寺》，《现代佛学》1963 年第 1 期。

99. 邓建吾：《庆阳寺沟石窟"佛洞"介绍》，《文物》1963 年第 7 期。

100. 甘肃省文物工作队、庆阳北石窟寺文管所编：《庆阳北石窟寺》，文物出版社，1985 年。

101. 甘肃省文物工作队、庆阳北石窟寺文物保管所编：《陇东石窟》，文物出版社，1987 年。

102. 甘肃北石窟寺文物保护研究所，宋文玉主编：《北石窟寺论文集》（内部资料），2009 年。

103. 陈万里：《西行日记》，甘肃人民出版社，2002 年。

104. 〔美〕霍华德 . H.F. 杰恩：《泾河流域的佛教石窟》，《东方艺术》1929 年 6 月。

105. 张宝玺：《甘肃泾川南石窟调查报告》，《考古》1983 年第 10 期。

106. 八木宣谛：《泾川的石窟寺——北魏の南石窟寺碑について》，《印度学佛教学研究》，1980 年。

107. 秦明智：《北魏泾州二碑考》，《西北史地》1984 年第 2 期。

108. 党燕妮：《南石窟寺碑校录研究》，《敦煌学辑刊》2005 年第 2 期。

109. 暨远志：《泾州地区北朝石窟分期试论》，《考古与文物》2009 年第 6 期。

110. 董华锋、宁宇：《南、北石窟寺七佛造像空间布局之渊源》，《敦煌学辑刊》2010 年第 1 期。

111. 〔美〕莫洛索斯基著，王冀青译：《美国收藏的敦煌与中亚艺术品》，《敦煌学辑刊》1990 年第 1 期。

112. 马化龙：《丝绸之路东段的几处佛教石窟——泾川王母宫与南、北石窟寺考察》，《西北师大学报（社会科学版）》1983 年第 4 期。

113. 张宝玺：《甘肃泾川王母宫石窟调查报告》，《考古》1984 年第 7 期。

114. 程晓钟、杨富学：《庄浪石窟》，甘肃文化出版社，1999 年。

115. 魏文斌：《甘肃华亭石拱寺石窟调查简报》，《敦煌研究》2007 年第 3 期。

附表：甘肃省主要石窟寺（全国重点文物保护单位和省级文物保护单位）

名称	时代	地点	洞窟数量	保护级别
莫高窟（包括西千佛洞）	十六国～元	敦煌市	757（包括西千佛洞22处）	第一批全国重点文物保护单位
榆林窟	初唐～清	瓜州县	43	第一批全国重点文物保护单位
麦积山石窟	十六国～清	天水市麦积区	221	第一批全国重点文物保护单位
炳灵寺石窟	十六国～清	永靖县	216	第一批全国重点文物保护单位
北石窟寺	北魏～宋	庆阳市西峰区	308	第三批全国重点文物保护单位
南石窟寺	北魏～唐	泾川县	5	第三批全国重点文物保护单位
马蹄寺石窟群	十六国～清	肃南裕固族县	70余个	第四批全国重点文物保护单位
东千佛洞	西夏～民国	瓜州县	23	第五批全国重点文物保护单位
文殊山石窟	北朝～西夏	肃南裕固族县	百余个，已编号洞窟12个	第五批全国重点文物保护单位
水帘洞—大像山石窟	北周～明	武山县	83	第五批全国重点文物保护单位
天梯山石窟	北朝～清	武威市	19	第五批全国重点文物保护单位
王母宫石窟	北魏	泾川县	1	第六批全国重点文物保护单位
仙人崖石窟	北魏～清	天水市麦积区	40	第六批全国重点文物保护单位
木梯寺石窟	南北朝～明	武山县	20	第六批全国重点文物保护单位
云崖寺和陈家洞石窟	南北朝～明	庄浪县	78	第六批全国重点文物保护单位
昌马石窟	北魏～宋	玉门市	4	第一批省级文物保护单位
保全寺—张家沟门石窟	北魏	合水县	34	第四批省级文物保护单位
莲花寺石窟	唐、宋	合水县	25	第四批省级文物保护单位
寺儿湾石窟	唐、清	靖远县	1	第四批省级文物保护单位
石拱寺石窟	北魏～隋	华亭县	15	第四批省级文物保护单位
五个庙石窟	南北朝、五代、宋	肃北蒙古族县	16	第五批省级文物保护单位
石空寺石窟	宋～明	镇原县	9	第五批省级文物保护单位
法泉寺石窟	北魏～民国	靖远县	36	第五批省级文物保护单位1993
玉山寺石窟	宋或金	镇原县	5	第五批省级文物保护单位1993
建沟石佛群	金～明	华亭县	1	第五批省级文物保护单位
红山寺石窟	元～清	平川区	1	第五批省级文物保护单位
华盖寺石窟	明、清	甘谷县	18	第六批省级文物保护单位2003

第六章　古建筑

　　甘肃古代建筑是甘肃历史文化遗产的重要组成部分，具有鲜明的地方工艺特征和匠作制度，建筑类型多样，主要有八个类别：祭祀庙宇类（包括汉传佛教寺院、藏传佛教寺院、佛塔、道教宫观、伊斯兰教清真寺、民间诸神庙宇、天主教堂等），交通设施类（包括栈道、桥梁、码头、驿站等），文教建筑类（包括儒学文庙、义学书院、科举考院、会馆、旌表牌坊等），民间公共建筑类（包括粮仓、钟鼓楼、水车、戏楼等），家族祠堂类，军事建筑类（包括寨堡、长城烽燧等），政府衙署建筑类，民居宅第类（包括军阀公馆、普通民宅等）。中华人民共和国成立以来，甘肃省先后完成了三次全国文物普查，有关部门又组织过多次地区性调查和专项调查，总共发现野外不可移动文物点13284处。1957年，甘肃省人民委员会公布第一批甘肃省省级重点文物保护单位，共278处。截至2003年，甘肃省人民政府先后公布了6批共526处省级文物保护单位，其中古建筑、近现代重要史迹及代表性建筑92处。各市、县级人民政府先后多次公布市级、县级文物保护单位。截至2007年，全省已公布县级文物保护单位3000多处，其中古建筑类占总数的46.4%。2007年，甘肃省开展第三次全国文物普查，重新登记原有及新发现的各类文物点16895处，其中新发现文物点6368处，占文物点总数的37.69%，其中古建筑1432处、近现代史迹及代表性建筑约1879处，有些古建筑在分类时划归近现代史迹及代表性建筑类中，这两类文物点占甘肃全省总文物点的19.5%。

　　1961~2006年，国务院先后公布了六批全国重点文物保护单位，甘肃省有72

项，其中古建筑、近现代史迹及代表性建筑 28 项（包括万里长城——嘉峪关、会宁红军会师旧址、张掖大佛寺、秦安兴国寺、武威文庙、鲁土司衙门旧址、伏羲庙、胡氏古民居建筑、凝寿寺塔、圆通寺塔、圣容寺塔、东华池塔、武康王庙、湘乐砖塔、玉泉观、后街清真寺、红城感恩寺、秦安文庙、张掖鼓楼、张掖西来寺、罗川赵氏石坊、永昌钟鼓楼、延恩寺塔、张掖会馆、兰州黄河铁桥、瑞安堡、灞陵桥、俄界会议旧址）。相当一部分文物点本属于传统民居院或民间公共建筑，因 1935~1936 年中国工农红军长征进入甘肃期间使用这些民居院、公共建筑休整或召开会议，故后被确认为近现代重要史迹及代表性建筑。还有些古建筑被并入其他类别之中，如武威雷台观并入全国重点文物保护单位"雷台汉墓"。

受自然条件、社会环境及人为因素的影响，传统木构建筑很难长久留存下来。因此，甘肃省境内现存宋元时期的木构建筑很少，主要有秦安县兴国寺、武都县广严院、敦煌莫高窟 5 座木构窟檐及城城湾花塔等。大多数古建筑修建于明清时期，多数古建筑在民国时期及现当代进行重建或改、扩建。砖石结构古建筑比较容易保存，甘肃省现存唐宋明清时期的砖石塔（包括佛塔、墓塔、风水塔等），具有特定的历史、艺术和研究价值。

20 世纪 50 年代以来，甘肃省境内古建筑经历过三次变革。第一次发生于 20 世纪 50 年代，一些原属于封建地主、官僚、商人及大户人家的庄园、院落、住宅被征收后重新分配；一些古代学校、会馆、书院及庙宇被改建为各种公共建筑，不断被改、扩建，部分被拆除。第二次发生于"破四旧"、"文化大革命"期间，各地留存下来的许多古建筑被拆除、改建。第三次发生于 20 世纪 80 年代迄今的各地旧城改造活动，许多古建筑再次被拆除、搬迁，还有一部分被改建为钢筋混凝土形制。据 2007 年甘肃省第三次全国文物普查统计，截至 2010 年，全省已毁、已灭失的在册野外不可移动文物点达 1111 处，其中 40% 为古建筑。甘肃各地各类古建筑皆因地制宜修建，就地取材，以生土建筑为主，采用本地建筑材料（石材、黄土、麦草、木材等），结合当地传统建筑工艺修建，建筑形态有窑洞建筑、砖土木结构建筑、板屋建筑、堡寨式建筑、石碉房建筑等。甘肃省地处古丝绸之路的黄金地段，古代建筑艺术经历了漫长的发展过程，在不断吸收外来文化、不断创新的过程中形成自己的营造工艺体系，既充分吸纳多元文化因素，兼容并蓄，又突显自己独特的地域、民族文化特性，主要体现在以下几个方面：

1. 石窟寺建筑艺术高度发达和繁荣

石窟寺是一种特殊的寺院建筑。甘肃省境内保存有大量佛教石窟建筑，均开凿于山体崖面上，集建筑、绘画、造像于一体，其使用功能与砖土木结构寺院建筑一致。多数石窟与寺院毗邻，是砖土木结构寺院建筑的一种辅助或补充形式。大型石窟群则由多种不同使用功能的洞窟组成。甘肃石窟寺建筑类型丰富，根据其使用功能，大体有以下几种：

（1）僧房窟。梵文音译"毗诃罗"，也称毗诃罗窟。其构筑形制大同小异，有甬道、居室等，居室内有壁炉、禅床或火炕、储藏室等。

（2）禅窟。是僧尼禅修之处，与寺院禅房相同。一座洞窟内的禅室，少者二三个，多者十多个，如敦煌莫高窟第268、487、285窟均有4或8个小禅室。肃南裕固族自治县文殊山石窟还有组合式禅窟。

（3）影窟。用于纪念僧尼和世俗信徒之洞窟，与寺院影堂相似。如莫高窟第17窟（藏经洞）是典型的影窟。

（4）瘗窟。是埋藏僧尼、世俗信徒骨灰或尸骨的窟龛。如麦积山石窟第43窟为西魏乙弗氏皇后的瘗窟，窟前有崖阁，后室为长方形盝顶式。

（5）仓储窟。用于僧尼存储粮食、生活用品等物。

（6）讲堂窟。平面多方形，空间巨大，窟内三面或四周下部凿低台，供人居坐，专门用于讲经。

（7）礼拜窟。是石窟寺的主体建筑，窟内四周雕塑造像或绘壁画，供僧尼、世俗信徒供养和礼拜佛像。早期（北朝前期）礼拜窟的构筑方式为中心塔柱式。隋唐时期，中心柱窟减少，佛殿窟大量出现，成为中国石窟寺最典型的构筑形式，遍布各地，使用时间最长。礼拜窟的变体形式有佛坛窟、大像窟、涅槃窟等。

（8）木构殿堂和窟檐建筑。受中国传统木构建筑的影响，石窟寺一般都有木构殿堂或窟檐，但多在自然风沙、火灾、水灾、地震等因素的影响下损毁无存，或仅存遗迹。20世纪60年代，敦煌莫高窟进行洞窟加固工程时，对30多处窟前遗址进行考古发掘，主要是五代、宋和西夏时期的遗存。麦积山石窟也保存不少窟檐建筑，如第4窟（上七佛阁）为北周秦州大都督李允信开凿，窟上部置单檐庑殿顶，窟前立七梁八柱廊檐。第43、1、3、5、28、30窟等均建有仿木构窟檐，部分还有挑檐、屋脊、瓦楞、鸱吻等构件，外形与木构殿堂一致。敦煌莫高窟第196、431、444、427、437、96窟保留有6座唐、宋时期木构窟檐，以第96窟窟檐建筑规模最大。早期窟檐是按照《营造法式》的木作制度建造的，其木柱、斗

栱、梁架结构体现了唐宋时期的建筑艺术特征，部分木构件还残存彩绘，是研究唐宋时期木构建筑材分制度、法式特征、彩画类型的宝贵资料。

2. 民族宗教建筑及民间祭祀建筑众多

甘肃是多民族省份，全省共有 45 个民族，宗教信仰有伊斯兰教、佛教、道教、天主教和基督教等。现存清末以前的各类宗教祭祀建筑众多，根据 2008 年的统计数据显示，属各级文物保护单位的有：宋至清代的佛教寺院 95 座（包括藏传佛教寺院）；道教宫观 113 座；明清时期的清真寺 47 座；清末民国时期的天主教、基督教堂 12 座；民间诸神庙宇 91 座。甘肃省各地民间信仰神佛体系庞大，大体上有 4 种类型：神话传说（包括人文始祖伏羲、大禹、四海龙王等），历史名流类（如孔子等），英雄人物类（包括关羽、岳飞、诸葛亮等），自然神鬼类（包括泰山、土地神、山神、火神、财神、文昌帝君等）。民间诸神庙，有的单设，有的附属在佛寺或道观里。

佛塔是汉传佛教、藏传佛教寺院的重要建筑类型。甘肃省各地现存唐至清代的佛塔约 71 座，以汉传佛教为主，藏传佛教寺院佛塔较少。另有北凉至唐代的小型石造像塔数十座，属于馆藏文物。甘肃古代佛塔大体可分为楼阁式、密檐式、亭阁式、花塔式、覆钵式、金刚宝座式、

混合式 7 种。第一种楼阁式塔，有 21 座，包括凝寿寺塔、环县砖塔、东华池砖塔、宁县湘乐砖塔、肖金塔、华池县白马造像塔、华池县万佛塔、华池县盘龙寺塔、华亭县西关唐塔、张掖万寿寺木塔、武威罗什寺塔、徽县白塔、永昌县北海子塔、合水县八卦寺塔、武威莲花山塔、张掖吉祥寺砖塔、平凉延恩寺塔、崆峒山普通塔、陇西文峰塔、麦积区普通灵觉塔等；第二种密檐式塔，有 6 座，包括圣容寺大塔和小塔、塔儿湾石塔、合水县平定川塔、双塔寺造像塔、武威大慈寺塔等；第三种亭阁式塔，有 3 座，包括敦煌莫高窟老君堂慈氏塔、炳灵寺第 3 窟石塔、敦煌莫高窟顶土塔等；第四种花塔式塔，有 2 座，包括敦煌城城湾花塔 2 座，一大一小；第五种喇嘛塔（覆钵式塔），有 18 座，包括敦煌三危山北坡塔、金塔县塔院寺金塔、金塔县小叉庙塔、敦煌白马塔、敦煌观音庙塔、玉门红山寺白塔、张掖海家寨塔、张掖镇风寺塔、山丹赐儿山塔、民乐山寨塔、民乐柳古塔、民乐吕庄塔、民乐永固塔、民乐张连庄塔、民乐姚寨塔、民乐铿锵塔、夏河拉卜楞寺白塔、岷县白塔等；第六种金刚宝座式塔，有 2 座，包括张掖大佛寺金刚宝座塔、民乐圆通寺塔；第七种混合结构式塔，有 2 座，包括兰州白衣寺多子塔、兰州白塔山白塔。

3. 军事建筑位居全国之最

甘肃省境内留存大量战国秦至明代的直道、长城、烽燧建筑等，其中战国秦直道经过4县，全长290千米；战国秦长城经过7县，全长5872千米，留存烽燧约30多座；汉长城有1000多千米，烽燧600多座；明长城约800千米，烽燧约1000多座。对长城及其相关历史文化的研究已形成长城学、简牍学。

4. 传统宅第建筑独具特色

甘肃省境内的古民居建筑（包括相当一部分近现代史迹及代表性建筑）主要集中分布在各级历史文化名城、名镇、名村内。截至2010年，甘肃已有4座国家级历史文化名城，包括敦煌市、张掖市（今甘州区）、武威市（今凉州区）、天水市（今秦州区）；已有国家级历史文化名镇、名村4个，包括宏昌县哈达铺镇、榆中县青城镇、永登县连城镇、古浪县大靖镇；已有甘肃省省级历史文化名城7座：酒泉（今肃州区）、临夏、夏河、陇西、会宁、灵台、庆阳（今庆城县）；已有11个甘肃省省级历史文化名镇，包括临潭县新城镇、榆中县青城镇、华池县南梁镇、武山县滩歌镇、永登县连城镇、秦安县陇城镇、古浪县大靖镇、碌曲县郎木寺镇、灵台县朝那镇、通渭县榜罗镇、文县碧口镇；已有8个甘肃省省级历史文化名村：景泰县寺滩乡永泰村、两

当县杨店乡杨店村、靖远县双龙乡仁和村、秦安县兴国镇风山村、宁县中村乡政平村、正宁县永和镇城关村、静宁县界石铺镇继红村、秦安县五营乡邵店村。各地很早就开展了对上述历史文化名城、名镇、名村内古建筑的整体保护，如天水市秦州区原有160多条古街巷，传统民居院星罗棋布。2002年，天水市历史文化名城委员会将其中的38座院落公布为"历史文化名城保护院落"。2003年，世界建筑遗产基金会（World Monuments Fund）提出申请，将天水民居建筑列为2004年"世界一百处濒危文化遗产"名录之中。

甘肃陇东、陇中地区，民居建筑普遍使用窑洞。窑洞建筑是历史最为久远的人类居住形式之一，从考古资料来看，仰韶文化时期，陇东地区就出现了中国最早的窑洞建筑。窑洞建筑具有依山就势、就地取材、施工简便、造价低廉、冬暖夏凉、节约能源、保护环境等优点。天水、陇南各地民居建筑以板屋为主，板屋是一种很早就出现在陇原大地上的原生态生土建筑形制，《诗经》《汉书》及《两唐书》等史籍文献多有记载和描述。陇南山区还有独特的羌族碉楼民居，依山就势建于半山上。

堡寨式民居院也是甘肃省传统民居建筑的一个重要类型。明清以来，受政治、社会动荡因素的影响，广大农村地区群

众为了防卫自保，修建大量的土堡（堡寨）式建筑，其外形接近于"庄窠"式民居，体量比庄窠大，房屋与堡墙融为一体，强调防卫功能，高大厚重的围墙除了防御，还可遮挡风沙，堡内建筑仍沿袭中国北方地区四合院形式。

5. 民间公共建筑各呈异彩

甘肃省境内保存相当数量的民间公共建筑，包括桥梁、水车、钟鼓楼、仓储、书院、戏楼、会馆等，现存古代桥梁18座、钟鼓楼16座、书院9座、会馆6座。民间公共建筑是甘肃古建筑非常重要的组成部分，丰富了甘肃古建筑的文化艺术类型。

6. 现存中国历史最悠久的土司庄园

中国现存古代土司衙门（庄园）4座：四川省马尔康卓克基土司官寨，现存建筑为1937~1939年复建；贵州省毕节大屯土司庄园，始建于1821年；广西壮族自治区忻城莫土司衙署，现存建筑为清代修建；甘肃省永登县鲁土司衙门，始建于明洪武十一年（1378年）。永登县鲁土司衙门布局形制完整，集办公、祭祀、居住及宗教活动于一地、一体，总占地面积4万多平方米，建筑面积近万平方米，其建筑形制不同于地方官衙，与明清时期的王公侯府类似，建筑等级符合明清时期的国家典章制度。

第一节 寺 庙

福津广严院

位于陇南市武都区三河乡柏林寺村。又名柏林寺。相传先有红岭寺，后有柏林寺。红岭寺始建于唐代，地处柏林村福津谷口，后焚毁，仅存遗址。清《武阶备志》载："广严院在州东六十里龙曳山，旧福津县北，宋元丰年敕建。"据宋元丰元年（1078年）《敕建广严院碑》载，广严院修建于宋乾德元年（963年），天圣元年（1023年）重建，嘉祐七年（1062年）敕赐额："中书门下牒阶州福津广严院……嘉祐七年十二月一日牒。"南宋淳熙十五年（1188年）《新修广严院记碑》载："广严院绍兴中为潦啮坏，无尺椽寸瓦留者。普兴与师导恩始相今址，哀一方施金，迁而新之，起于绍兴三十一年，凡十有二年，为屋八十六，弟子十有二人，皆普兴

子。"后失火焚毁，仅存前殿。清康熙年间重修山门、维修前殿。光绪五年（1879年）因地震毁坏，陈清育等人募化重修，光绪七年至十二年（1881~1886年）工成。现占地面积2000平方米，大殿坐北朝南，单檐歇山顶，减柱造，面阔五间（20米），进深四间（16米），通高9.5米。建筑形制符合宋《营造法式》的制度，为前乳栿对四椽栿用三柱、厦两头造厅堂式，内柱升高，柱头、转角、补间均施斗栱1~2朵，转角铺作为双抄双下昂，昂尾伸入屋顶内达3米，为真昂，琴面昂嘴；柱头铺作与补间铺作外跳构件浮雕鸳鸯交首图；柱础刻海石榴莲瓣；檐柱、金柱头卷刹明显，坐斗上有内凹曲线，普柏枋与阑额断面呈"T"字状，出头处均垂直截去。殿内昂、柱交接处置雀替，雕刻蝉肚纹，次间、

福津广严院大殿正面

福津广严院前殿外檐斗栱

梢间四椽栿上置阴刻驼峰。

1993 年，福津广严院被公布为甘肃省第五批省级文物保护单位。现由武都区文化体育广播影视局负责管理，保存有历次勘察测绘、考古调查及修缮工程档案资料。竖立有文物保护标志碑。

兴国寺

位于秦安县兴国镇新华街东侧。又名兴谷寺，俗名官寺。创建于元至顺年间（1330~1332 年）。清·严长宦重修《秦安县志》载："兴国寺创建于元，为县中古刹。"时修建有大雄宝殿（般若殿）、伽蓝殿、菩萨殿、钟楼、鼓楼、接引殿、天王殿、哼哈殿等。明万历四十三年（1615年）秦安知县赵忻重修。清乾隆年间再次修缮。民国九年（1920 年）遭地震损毁，大雄宝殿保存。民国二十三年（1934年），中国佛教协会秦安县分会管理兴国寺，1937 年维修。1958 年前后，兴国寺建筑、佛像等再次遭毁坏，期间被兴国镇第四小学占用，原建筑被改建为教室和办公室等。1953、1974、1982 年进行多次维修，1974 年在伽蓝殿内发现"元至顺建"木牌题记。

现存兴国寺坐东朝西，院落式布局，占地面积 2800 平方米，北依秦安县古城墙，总建筑面积 442 平方米，中轴线上自东而西依次有金刚殿、天王殿、般若殿，轴线两侧有钟楼、鼓楼、伽蓝殿、菩萨殿。钟鼓楼之间有新建的接引佛殿与韦驮殿，天王殿西北侧有新建的文昌殿。

主体建筑般若殿，也称"大雄宝殿"，坐东向西。单檐歇山式屋顶，面阔五间（11.7 米），进深三间，土木结构五檩抬梁式前出廊结构，通进深 8 米，两山面及后檐以土坯墙围合。前檐明间、次间均设木槅扇门，上部置走马板。前檐明间柱子硕大，柱头卷杀为覆盆状，素面圆鼓形柱础。次间檐柱断面呈椭圆形，柱头卷杀出斜面，是明代构件。四根柱头上施通长大阑额，额枋上置普柏枋，与角柱相连，两者断面呈"丁"字形，且有柱侧角、生起。殿内采用减柱法，施内额和斜梁，后部置两条斜梁，呈八字形，梁头插入山面及后檐斗栱中，大内额承挑全部梁架。平梁前端插于檐柱上，后端搭于内额上，上置蜀柱、栌斗、叉手等承托脊檩，金檩间施托脚。转角处施两重大角梁，下层角梁后尾搭于丁栿内额上，上层为老角梁、

兴国寺般若殿

仔角梁。殿内柱础均素面方形块石。前檐柱头斗栱为六铺作三下昂重栱计心造；补间为六铺作连栱出45度斜昂三跳并计心；转角斗栱为六铺做出角昂三跳连栱交隐。后檐柱头为五铺做单抄单下昂重栱计心造；补间为五铺做双下昂重栱计心造；转角为五铺做出角昂二跳连栱交隐。山面柱头斗栱为五铺作双下昂重栱计心造，补间为五铺做双下昂重栱计心造。斗栱全用假昂，耍头后尾挑起斜杆。四周围护墙体均土坯垒砌，外抹麦秸泥。条砖砌筑槛墙。屋面覆盖灰筒板瓦，正脊施雕花脊筒子、浮雕行龙、牡丹纹、中部置琉璃兽面、火焰珠宝，两端置龙吻及走兽，垂脊、戗脊上饰天王、狮、虎、豹、狗、马等。1999年维修大雄宝殿时在其山墙内发现北魏石雕佛教造像。

金刚殿即寺院山门，单檐布瓦歇山顶，面阔三间，进深一间，五架梁前后用二柱结构，檐下施五踩单昂斗栱。主体梁架结构为明宣德九年（1434年）建，清咸丰六年（1856年）重绘彩画。

其他附属文物有：

"般若"匾，明代，木质，长155厘米、高68.5厘米，二级文物，颜体楷书"嘉靖丙午之夏/般若/前进士邑人胡缵宗书"。现收藏于秦安县博物馆。

"西方圣人"匾额，明代万历年间制，高140厘米、宽78厘米，木质，三级文物，现收藏于秦安县博物馆。

伽蓝殿木刻题记，1953年在伽蓝殿顶棚上发现，长57.5厘米、宽28厘米，木质。明万历年间胡多见书，现收藏于秦安县博物馆。

另有元代绿釉天王将3尊，元代，陶质，高46厘米，残缺。现收藏于秦安县博物馆。

"法界西天"嵌砖刻匾，楷书黑字，嵌于接引佛（韦驮）殿后部，长173厘米、高40厘米，刻写"中华民国三十一年九月建/法界西天/前监察御史邑人安维峻书（印章）/邑人邓尧 监修（印章）"。

1996年，兴国寺被公布为全国重点文物保护单位（公布号4-127）。1999~2000年，国家文物局拨款280多万元，对大雄宝殿（般若殿）、钟楼、接引殿、天王殿、哼哈殿等进行修缮，恢复新建伽蓝殿、菩萨殿和鼓楼等，对寺院环境进行整治。2002年前后重新制作"兴国寺""大雄宝殿"匾额及楹联等，对外开放。现由秦安县博物馆使用和管理，竖立有文物保护标志碑，保存有历次维修档案资料。1999年，《甘肃省人民政府关于公布我省全国重点文物保护范围的通知》（甘政发〔1999〕22号）公布其保护范围为："重点保护区西起新华街向东65米，南起大东巷向北40米；一般保护区东至县防疫站及居民区，南至大东巷及居民区，西至新华街，北至秦甘路，东西长 99 米，南北宽 50 米，面积 4950 平方米。"

红城感恩寺

位于永登县红城乡永安村，俗称大佛寺。属藏传佛教寺院，汉藏结合式。寺内存明嘉靖四年（1525 年）《敕赐感恩寺碑记》载，始建于明弘治五年（1492 年），由永登连城第五世土司鲁麟为其父母修建，弘治八年（1495 年）建成。明孝宗赐名"感恩寺"。山门门楣上有清咸丰八年（1858 年）修缮题记。现存寺院坐北朝南，院落式布局，南北长 118 米，东西宽 22 米，占地面积约 2600 平方米，自南向北沿中轴线依此为山门、牌坊、碑亭、力士殿、天王殿、大佛殿，东西两侧分别建有护法殿、菩萨殿、僧舍等，建筑面积 400 多平方米。

山门为一座砖木结构牌楼，面阔 9.8 米，进深 4.4 米，四柱三间结构，正面用 4 根斜戗支撑，背面明间建一间歇山卷棚式门厅。中间主楼为琉璃瓦五脊硬山顶，

红城感恩寺山门

脊筒子透雕刻莲花纹，正脊中部置宝顶。明间大额枋下悬挂门匾，蓝底金字，十七世土司鲁如皋于清咸丰八年（1858 年）题写"慈被无疆"四字。装双扇木板门，门扇上嵌乳钉，四路七钉。两侧次间檐下施七踩重翘斗栱，每间三攒，不装门扇，水磨青砖丝缝砌筑槛墙，砖雕海棠心。

碑亭面阔三间（7.1 米），进深两间（4 米），五架梁九脊歇山顶，外檐下施三踩单昂斗栱 28 攒，栱板封檐。前檐开一门二窗，木板双扇门，青砖砌槛墙。后檐明间开门，次间无窗。大木构架绘青绿彩画。亭内存明嘉靖四年（1525 年）土司鲁麟撰文、鲁经书丹、鲁瞻篆额《敕赐感恩寺碑记》一通，正面汉文，背面藏文，碑尾题"大明嘉靖四年岁次乙酉季夏吉日立"。碑文记载建寺缘由及寺院布局情况。碑高 4.2 米，碑首宽 1.01 米，高 0.76 米，厚 0.70 米；碑身高 2.89 米，厚 0.22 米，两侧浮雕二龙戏珠图；碑座呈四棱梯形，高 0.61 米，上长 1.15 米，宽 0.46 米；下长 1.25 米，宽 0.70 米，四周雕花，四角各雕一力士。

力士殿面阔二间（8.6 米），进深一间（4.6 米），五架梁单檐悬山顶，外檐下施三踩单昂斗栱，栱板封檐。正面明间开双扇乳钉纹木板门，每扇四路七钉。檐下悬"大明"二字匾额。次间砌槛墙，装木板槛窗。背面明间开四扇木板门，次

红城感恩寺碑亭

红城感恩寺过殿

间无门窗。殿内泥塑力士像两尊，墙面绘《菩萨二十三感应图》《生死六道轮回图》等，墙壁上还保存有汉藏文书《根本一切有部毗奈耶卷第三十四》，均明弘治六年（1493年）绘制、书写。

天王殿面阔9.2米，进深4.4米，五架梁单檐歇山顶。正脊两端饰鸱尾，中间置宝顶。外檐下施三踩单昂斗栱40攒。前、后明间均装四扇槅扇门，次间砌筑砖墙。殿内泥塑四大天王像。墙面壁画已毁。

主体建筑为大佛殿，是典型的明代建筑，砖木结构单檐歇山式，平面呈正方形，面阔三间（10米），进深三间（9.6米）。虽经多次修缮，但梁架、斗栱和壁画仍保持原貌。七架梁歇山顶。平面呈回字形，分内、外槽，外槽柱子12根，内槽柱子4根。内槽柱东、北、西三面砌墙，内墙与外墙间形成甬道（礼拜道）。外檐下施五踩重昂斗栱34攒，其中角科4攒，柱头科4攒，平身科26攒。前檐明间装

六扇直棂槅扇门，次间装两扇直棂槅扇门。屋面覆盖琉璃瓦，九脊用雕花脊筒子垒砌，筒板瓦屋面，正脊饰龙吻、宝顶，垂脊饰垂兽。殿内天花为斗八藻井，绘各种曼陀罗图，正面及左右两侧分两层影塑大小造像78尊，均有题名，对研究佛教造像组合、题材内容具有重要价值。其中正面上下层为佛部，左右壁上层为佛教宗师及佛教人物故事、十大弟子、十六罗汉、藏传佛教大成就者及上师等；左右壁下层为藏传佛教护法神、明王等，并塑有《西游记》等。

2006年，红城感恩寺被公布为第六批全国重点文物保护单位（公布号6-0797）。现由红城大佛寺管理委员会、永登县博物馆管理，竖立有文物保护标志碑，保存有较完整的档案资料。2009年，甘肃省人民政府《关于公布甘肃省第六批全国重点文物保护单位保护范围和建设控制地带的通知》（甘政发〔2009〕3

号）公布其保护范围为："北、东、西三面以现有围墙为界向外延伸 10 米，南面以山门为界向外延伸 10 米；建设控制地带为保护范围外 150 米以内。"

伏羲庙

天水市有两座伏羲庙，一座位于卦台山，一座位于秦州区，二者相距 30 千米，康熙《巩昌府志·建置》载："秦州伏羲庙有二，一在西郭，一在三阳川。"卦台山伏羲庙创建历史早于秦州区伏羲庙，通常所说伏羲庙即秦州区伏羲庙，位于天水市秦州区西关伏羲路西端。据《伏羲庙卦台记》碑载，秦州区伏羲庙创建于元至正七年（1347 年），亦称"三皇庙""人宗庙"。此前，天水市人祭祀伏羲，都去卦台山伏羲庙。明成化十九年至二十年（1483~1484 年），秦州知州傅鼐（字天和）以秦州是伏羲诞生地，在州城西建立伏羲祠。弘治三年（1490 年）立《新建太昊宫门坊记》碑记述，布政使刘天和"以伏羲为人祖，圣德象日月，神功配天地，

伏羲庙正门

万世之下，咸有口赖，彼卒之地既以时致祭，而所生之地岂容妄然而不祭乎？……况神宫之前，杂乎居民，通乎闾巷，过之者不知致敬，见之者不知尽礼，此尤为阙典之大者也。"遂将西城区元代三皇庙扩建为伏羲庙。明正德十六年（1521 年），甘肃巡按御史许翔凤上奏朝廷，将拟建于卦台山的伏羲庙改建于秦州城内，《明史·礼志》载："正德十一年，立庙于秦州。秦州古成纪地。从巡按御史冯时雍奏。"嘉靖二年（1523 年），陕西监察御史陈讲、甘肃巡按御史卢问之主持全面重修伏羲庙，当时修建牌坊 3 间、先天殿 7 间、太极殿 5 间、朝房 20 间、见易亭 1 座。本次重修工程未完工。嘉靖十年（1531 年），陕西监察御史郭圻、甘肃巡按御史陈世辅、秦州知州李楷主持对未尽工程全面补修，彩绘庙宇，补修东西墙垣，营造龛帏，于大门前当街处创建牌坊 2 座，东西对峙，全部工程至此结束。但彩绘、墙垣未完成。嘉靖七年、八年，秦州连年灾荒，建筑多有损坏。嘉靖十一年（1532 年）康海撰《重修伏羲庙记》载："时值荒歉，而主守数易，丹腰未施，垣墉半欹。加以守护弗严，乃频圮坏。"

清初，伏羲庙遭严重破坏。顺治十年（1653 年），秦州知州姚时采主持重修伏羲庙，并刻立《重建伏羲庙记》。康熙《秦州志·庙坛》记述重修后的伏羲庙规

伏羲庙先天殿　　　　　　　　　　　伏羲庙先天殿内部

模："是庙也，台殿崔嵬，栋宇宏丽，又植柏数十株，周以崇垣。北负天靖山，南带耤水而揖南山，东约鲁谷水，西引赤峪，实为陇西胜概，天水圣域云。"乾隆二年（1737 年）李铉任宏秦州知州时，伏羲庙衰败不堪，"继天立极"牌坊、见易亭、水池、桥亭等建筑已毁，朝房仅存 6 间，太极殿倾倒。乾隆四年，李铉组织捐资重修，并刻立《重修伏羲庙记》，碑文称："圮者建之，损者葺之，易之以栋梁，新之以丹腹……崇垣甬道，碧瓦朱甍，秩然焕然，庶足以妥圣灵而明祀事欤！"在先天殿西侧另辟一院落，修建来鹤亭。至嘉庆初期，伏羲庙又渐次倾颓，嘉庆十年（1805 年），秦州知州王赐均捐资重修，新建碑亭 6 所、钟楼及鼓楼各 1 座、扩建大门 5 间、仪门 5 间；补修先天殿、朝房、当街牌坊等。邹曹纯刻立《重修伏羲庙碑记》称："垣墉户牖，丹腹雕饰，巩固宏敞，自门阙以逮两庑，规模

肃如也。"早期伏羲庙各建筑屋面均覆盖灰筒板瓦，清同治年间（1862~1874 年），将所有建筑屋面改用绿琉璃瓦。光绪五年（1879 年），秦州发生大地震，伏羲庙损坏惨重，"梁栋挠折，瓴甓剥地，前阙摇落至尽"。光绪十一年（1885 年），分巡巩秦阶道姚协赞和秦州知州余泽春捐资维修，修葺先天殿 7 间、太极殿 5 间；重建朝房一列 20 间；在先天殿西侧建碑廊 5 间。光绪十三年（1887 年）姚协赞撰《重修伏羲庙记》称："重门耸矗，绰楔对峙，金碧丹腹，照耀通衢。"今伏羲庙布局基本符合光绪《秦州直隶州新志》的记载。

民国时期，伏羲庙成为兵营，建筑遭严重破坏。民国《天水县志》载："迭经变乱，残毁不堪，迩来常驻兵。"民国二十八年（1939 年），国民政府军政部荣誉军人第十三临时教养院进驻伏羲庙，在前院修建办公用房。民国三十年（1941年），教养院拆除先天殿伏羲像左右的河

图洛书石盘和龙马雕像，在太极殿后空地上建工房。

现存伏羲庙坐北朝南，占地面积1.3万平方米，建于高台之上，四进四院式布局，主体建筑排列在贯穿南北的中轴线上，自南向北依次升高。

最南端是戏楼，坐南向北，清代建，单檐硬山顶，面阔三间，进深两间，上下两层，高10米。现存建筑为2002年维修。原来并列立"开天明道""继天立极"和"开物成务"三座牌坊。其中"开天明道"牌坊于嘉靖二年（1523年）创建，立于1米高的石筑台阶上，通体木结构，四柱三间三楼单檐歇山顶，高11米，面阔8米，顶饰琉璃瓦，檐下施四攒七踩斗栱，原悬"太昊宫"匾，已佚失。后悬挂乾隆六年（1741年）西宁道湟中观察使杨应琚书"开天明道"匾，嘉庆十年（1805年）重新翻刻。其余两座牌坊被拆除。2002年，天水市人民政府筹资恢复了原来的两座牌坊。

前院大门面阔五间（17.6米），进深两间（5.4米），明弘治三年（1490年）创建，清光绪十一年（1885年）重修，砖木结构，抬梁悬山顶，屋面覆盖绿琉璃瓦，脊饰龙吻。院内东西两侧各有厢房5间。

中院由先天殿、东西两侧朝房、碑廊、钟鼓楼共同组成一个四合院。南面为仪门，嘉靖二年（1523年）创建，光绪年间重修。单檐悬山顶，平面呈长方形，抬梁与穿斗相结合式，用柱3列，每列6根，6根内柱为通柱，前后挑出双步梁，外端架在檐柱上，内端插入内柱中，外檐施三踩品字斗栱。檐下悬挂著名书法家楚图南书"伏羲庙"匾。中院内主体建筑为先天殿，其前身是明成化十九至二十年（1483~1484年）创建的"太昊宫"，嘉靖二年扩建时改名为"先天殿"，清代屡次重建。建于砖石砌筑的月台上，月台长26.4米、宽13米、高1.7米。月台后部为先天殿，面阔七间（26.4米），进深五间（15.7米），高26.7米，重檐歇山顶，抬梁式构架，减柱造双槽十架椽，殿堂内有两排八根金柱支撑屋架，上檐殿身由七架梁、五架梁和平梁承托，山面置踩步金；下檐外围立一圈檐柱，里面立一圈金柱，各梁上再施瓜柱、叉手、驼峰等，外檐斗栱为五铺作三抄双平昂。屋面覆盖绿琉璃瓦，正脊

伏羲庙乐善院

两端施龙吻，脊面饰缠枝牡丹，垂脊戗脊施螭兽仙人。殿内后部设神龛，龛内有泥塑伏羲坐像，高3米，手托八卦坐于神龛中。右侧原有龙马雕像，左侧原置河图洛书石盘，民国三十年（1941年）被毁，2002年依原样恢复。先天殿各木构件均油饰彩画龙凤、吉祥图等，门、窗镂雕二龙戏珠、金钱艾叶、蝙蝠荷花、松鹤鹿兔，是明代原作。殿内天花板取伏羲八卦之意，分为65格，其中正中一块圆形，绘"河图洛书"伏羲先天八卦图，其余64格内绘六十四卦图。前檐下悬挂"一画开天""道启鸿蒙"等木匾。太极殿位于先天殿之后，又称寝宫，是遵循"前殿后寝"礼制布局形式，面阔五间，进深四间，单檐歇山顶。檐下四周施五踩双昂斗栱。正身五架梁用材粗大，有大柁墩。屋面覆盖绿琉璃瓦，无宝刹。各木构件均油饰彩画龙凤、吉祥图等。先天殿前东西两侧为对称布局的碑廊、朝房、钟楼、鼓楼。朝房于光绪十一年（1885年）改建为16间，仿古代宫殿式建筑，文官居西朝房，武官居东朝房。钟鼓楼创建于嘉庆十年（1805年），六角攒尖顶。民国时期，钟楼失火焚毁，一口清代铁钟下落不明，现存钟亭为1988年重建。《直隶秦新志·建置》提及庙内有"碑亭"，创建于明代，清嘉庆十年重建碑亭6座，现存建筑为1990

年重建。

第三院内主体建筑为太极殿，又称退殿、寝殿、寝宫，依古代宫殿"前宫后寝"布局。明嘉靖二年（1523年）创建，前檐下悬挂"太极殿"木匾，清代多次修缮，面阔五间（17.7米），进深三间（9.4米），单檐歇山顶。尽间有木雕龙凤呈祥图，是天水木雕艺术的代表作。殿内设神龛，供伏羲像。有些著作称太极殿为"神农殿"，有误，先天殿是伏羲氏的寝宫。

后院内原有见易亭、水池、桥亭等，并植花木，嘉靖十年（1531年）整修，是一处园林。明代胡缵宗曾在此园中作《与赵太史易亭小坐》。后逐渐废弃。民国时称"后陵"，认为此地是伏羲归葬之处。

伏羲庙内附属文物非常丰富，有历代匾额楹联、碑碣题记、咏赞诗文、祭祀用具、古树名木等。现存古代石刻17通，主要有弘治三年（1490年）《新修太昊宫门坊记》碑、嘉靖三年（1524年）《重建伏羲庙记》、嘉靖十一年（1532年）《重修伏羲庙记碑》、嘉靖十三年（1534年）《太昊伏羲庙乐记碑》、乾隆五年（1740年）《重修伏羲庙记碑》、嘉庆十二年（1807年）《朝议大夫升任宁夏知府直隶秦州知州王公重修伏羲庙碑记》、光绪十三年（1887年）《重修伏羲庙记碑》等。

伏羲庙院内遍布明代古柏，原有64

株，象征六十四卦，现存 37 株。大门内两侧原有古槐 2 株，现存东边 1 株，唐代种植。

伏羲祭祀活动是非常重要的礼仪，20 世纪 50 年代以来被禁止，1988 年恢复。明代胡缵宗撰《太昊庙乐章》7 章，黄仕隆刻于碑上。乾隆《直隶秦州新志·建置》载，明代伏羲庙祭祀乐舞为"迎神、初献、亚献、终献、彻馔、送神、望瘗之乐。乐器三十有六，乐生四十有四人，冠服一百四十有四。舞器百有三十，舞生六十有六人，冠服二百六十有四"。

伏羲庙现由天水市博物馆管理和使用，竖立有文物保护标志碑，保存有历次保护维修档案及相关研究资料。2001 年，伏羲庙被公布为第五批全国重点文物保护单位（公布号 5-430）。2003~2007 年，国家文物局拨款 580 余万元对伏羲庙进行全面保护修缮。2005 年，甘肃省人民政府《关于公布我省第五批全国重点文物保护单位保护范围及建设控制地带的通知》（甘政发〔2005〕16 号）公布其保护范围为："东起大巷道西端（羲邻巷），西至忠义祠巷东墙，南起伏羲庙大门月台、外墙、戏楼南墙，北至人民路南侧。东西宽 90 米，南北长 264 米，面积 23760 平方米。建设控制地带为：东从伏羲庙东墙向东 100 米，西从伏羲庙西外墙向西 100 米，北至人民路，南至伏羲庙大门月台向南 50 米。"

武康王庙

位于崇信县城内，又名李元谅寝宫。《旧唐书》载："李元谅，本骆元光。姓安氏，其先安息人也。"唐德宗时赐姓李名元谅，官拜尚书左仆射同中书门下平章事，后因军功封武康郡王。寝宫始建年代不详，民国《崇信县志》载："唐李元谅开拓疆域，修筑镇城，德彼民生，故建是祠。旧城在城东一百二十步。明洪武三年（1370 年），县民李斗等迁建城内，以王之故宫也。旧有石柱四，系宋以来故物，前贤镌题甚众，弃置郭处。知县吉泰移入，建亭于殿前。庙内祀王及妃，而昔人以妃系唐公主，则抑之像于右，知县边国柱嫌其非礼，又未能遽更，乃以故殿为寝宫，而别建正殿于前。明末兵荒殿亭俱毁。"

寝宫大殿为宋元时期创建，明代曾依旧制迁建，清初于寝宫前重修拜殿一座。大殿坐北向南，现存建筑面积 354 平方米，土木结构单檐歇山顶，面宽五间

武康王庙

甘肃省志 文物志

（21.4 米），进深三间（13 米）。前檐和山面均施补间铺作一朵，前檐为四铺作单下昂计心造，昂为假昂，内转五铺做出双抄偷心造。后檐无补间铺作；山面为四铺作单栱单抄计心造，假昂，内转四铺作单抄偷心造。斗栱粗大。梁架六椽栿，梁、檩交接处用蜀柱带斗栱。前檐及山面栌斗坐在普柏枋上，后檐直接放置于柱头上，柱头为覆盆式，内柱上施雀替，呈替木形，阑额和普柏枋呈"丁"字形。大殿经多次维修重建，大木结构架属元代建筑，保留了不少宋代法式特征。

拜殿位于寝宫大殿前 0.5 米处，清光绪二十五年（1899 年）崇信知县陈兆康修缮大殿时重修。面阔五间（14.6 米），进深一间（5.1 米），前后开敞，两山面砌筑砖墙，砖木结构单檐庑殿顶。

1998、2002 年进行全面修缮，将礼拜殿搬迁至原位置向南 50 米处，并增建管理用房等。现由崇信县文物保护管理所管理，竖立有文物保护标志碑，保存有较完整的档案资料。2001 年，武康王庙被公布为第五批全国重点文物保护单位（公布号 5-436）。2005 年，甘肃省人民政府《关于公布我省第五批全国重点文物保护单位保护范围及建设控制地带的通知》（甘政发〔2005〕16 号）公布其保护范围为："以寝宫四面边墙为基点，向东 10 米、向西 27 米、向南至面粉厂家属楼 66 米至街

道 108 米，向北 22 米，不规则四边形范围。其中寝宫向东 10 米、向西 27 米、向南 37 米、向北 22 米以内为重点保护区。建设控制地带由重点保护区向东、西、北三面向外各延伸 40 米，南面向外延伸 70 米。"

李元谅（731~793 年），安息（伊朗）人，本姓安，《新唐书》《旧唐书》有传。在镇守西北地区，平息安史之乱中屡立战功，保卫了一方水土的平安，被当地人尊奉为城隍神。1967 年，陕西省潼关县城郊乡出土李元谅墓志铭。墓志铭盖篆书"大唐故尚书左仆射赠司空李公墓志铭"，雕刻十二生肖像，志文为其子李平书写。志文对李元谅祖先及其本人有较详细的记述。崇信县城北梁坡李元谅墓是衣冠冢。陕西省华县还保存"大唐镇国军龙西节度使右仆射李公懋功昭德颂碑"，碑高 4.45 米、宽 1.57 米、厚 0.41 米。碑文 32 行，每行 65 字，李懋篆额，张蒙撰文，韩秀弼书。

崆峒山古建筑群

位于平凉市崆峒区西 15 千米处的崆峒山上。崆峒山因轩辕黄帝问道广成子而闻名于世。《庄子·在宥》载，黄帝曾在崆峒问道于广成子。《史记》载，秦始皇和汉武帝都曾到过崆峒山。魏晋南北朝时期，崆峒山道教兴盛，修建宫观。唐贞观十五年（641 年），明慧禅院开山祖师仁智在此创建道教丛林，修建问道宫、

凌空宝塔

轩辕宫、溥沱寺、上天梯等建筑，唐太宗赐其田宅。唐末，多数建筑毁于兵燹。

宋金时期，崆峒山道教再次兴盛，北宋乾德年间（963~968年）在小马鬃山巅（今皇城）建真武殿。天圣七年（1029年）至政和年间（1111~1118年），知渭州（今平凉）张庄奉旨重修崆峒山问道宫，辟为大什方。金人占领期间，许多道观毁于战火。保存有宋代凌空宝塔、石经幢等。宝塔位于崆峒山中台上。重建于明万历十三年（1585年），原为崆峒山舒华寺的建筑遗存，殿宇早年已毁，此塔独存。现存佛塔高32.6米，底边周长38.6米，为七级八层楼阁式砖塔。第一层南面开券门，第二层以上各层四面开门、开龛。每层上还刻有直棂窗，施平座、栏杆，每层塔檐下施砖雕斗栱，斗栱上刻出檐椽。塔自下而上逐层缩小，每层檐角有砖雕金刚力士像和石狮等装饰物。塔顶覆斗式，上置葫芦形塔刹。

元朝，丹阳宫道人姜公前来住持，修葺并增筑了献殿。前至元十五年（1278年），安西王忙哥剌捐资在崆峒山修建了宝庆寺。

明代，驻守平凉的韩藩王室崇信

灵官洞正面

九光殿石坊

老君殿内壁画《老子八十一化图》

道教，对崆峒山进行大规模整修。嘉靖三十九年（1560年），韩王夫人郭氏捐资重修了金城（皇城）。后又陆续重修、扩建道观、亭台楼阁等42座，总称为"八台、九宫、十二院"，主要建筑有问道宫、药王洞、朝阳洞、玉真洞、南崖宫、青龙洞、玉女洞、真武殿、老君殿等。并有保存完整的《老子八十一化》壁画。

清初，部分建筑毁于战火。康熙十五年（1676年），平凉知府杨凤起邀陕西陇县龙门洞道士苗清阳前来住持，并重修崆峒山皇城，将崆峒山列为全国道教十方常驻之一。清同治年初，部分庙宇再次毁于战乱。民国时期，本地群众及道士捐资重修部分庙宇。

1959年，崆峒山的宗教活动停止。1979年，崆峒山开放，道、佛教活动逐渐兴盛。现有各类宫观建筑42处，明、清时期的塑像30余尊，壁画60余平方米。

1981年，崆峒山宝塔被公布为甘肃省第四批省级文物保护单位。1983年，重修问道宫碑被公布为平凉市县级文物保护单位。1989年，崆峒山7座佛塔、和尚塔（包括道成和尚塔、窣堵波塔、灵峰塔、普通塔、灵秘塔、隐相塔、映雪山人塔）被公布为崆峒区县级文物保护单位（崆政发〔1989〕73号）。

崆峒山古建筑群现由崆峒山风景区管理处、崆峒山管理局、崆峒区博物馆共同负责管理，竖立有不同级别的文物保护标志碑。

海藏寺

位于武威市凉州区金羊乡李家磨村。南宋淳祐四年（1244年），西藏萨迦派第四代寺主萨迦智达·贡嘎坚赞受蒙古王阔端邀请，与其侄八思巴到凉州会谈，达成西藏归顺元朝的协议。期间先后修建了四大寺院，海藏寺即其之一。明成化年间（1465～1487年），太监张睿在原址上重建寺院，宪宗皇帝赐寺名"清化禅寺"。后几经毁坏和重修。为古代凉州八景之一。

现存寺院为院落式布局，坐北朝南，自南而北分为前后两院。山门为四柱三间木构牌楼，清康熙年间振武将军孙思克修建，正面檐额上书"海藏禅林"。

前院内主体建筑为大雄宝殿、三圣殿、地藏殿。大雄宝殿始建于清乾隆年间，同治年间遭毁，光绪时重建。重檐

海藏寺山门

第六章　古建筑

歇山顶四周出廊结构，殿内供三宝佛和十八罗汉塑像。三圣殿内原供有华严三圣像，已毁。后面是地藏殿，殿内供地藏菩萨。

后院建于台地上，正面为灵均台，夯土筑成，高8米。院内主要建筑有天王殿、无量殿等。天王殿建于清代，内供四大天王。无量殿始建于明成化十九年（1483年），面阔三间，进深二间，重檐歇山顶四周出廊结构，檐下施五铺作双假昂斗栱，前廊内立《海藏寺藏经阁碑》，碑文记述"明成化间太监张睿因其旧而庀材鸠工。康熙三十六年（1697年），少保孙公来莅五凉，悲庙貌之凌夷，捐赀而葺之。"

1973~1983年，武威市人民政府对海藏寺进行维修。1981年，海藏寺被公布为甘肃省第四批省级文物保护单位。1982年，海藏寺被开辟为海藏公园。

1992年，凉州区人民政府筹资对三圣殿进行整修、重新彩绘。现由凉州区文物局、海藏寺管委会共同管理，竖立有文物保护标志碑，保存有历次保护维修档案资料。

张掖大佛寺

位于张掖市甘州区西南隅。原名卧佛寺、睡佛寺、大寺，因寺内有一尊巨大的木胎泥塑释迦牟尼佛卧像，俗称大佛寺。大佛寺的创建，史籍文献多有记载，名称有"大寺""十字寺""宏仁寺""宝觉寺"等。

早在西晋永康元年（300年）前后，这里就建有佛教寺院。西夏永安元年（1098年），国师嵬咩在原寺院旧址内掘出古代卧佛塑像，始建卧佛寺。西夏崇宗贞观三年（1103年）正式敕建寺院，清·吴广成《西夏书事》载："崇宁二年，夏贞观三年春二月，建卧佛寺于甘州。……乾顺自母梁氏卒，辄供佛为母祈福。甘州僧法净于故张掖西南甘浚山下，夜望有光，掘之，得古佛三，皆卧像也。献于乾顺，

海藏寺佛殿建筑

张掖大佛寺大佛殿正面

乾顺令建寺供之，赐额卧佛。"

相传，元世祖忽必烈就出生在大佛寺内，忽必烈的母亲别吉太后死后也葬在大佛寺内。《元史》卷三十八、《甘州府志》等文献对此有记载。当时的建筑规模，何高济译《海屯行纪，鄂多立克东游录，沙哈鲁遣使中国记》载："这座甘州城里，有一个很大的佛寺，以致原庙址的面积，连同它的组成部分达五百平方腕尺（腕尺指由肘至中指尖的长度，约十八至二十二英寸——何高济注）。这个庙宇的中央有一座佛殿，内塑一尊长五十步的卧佛。它的足板（即足背）是九步长，它的头围是二十一标准腕尺。围绕着这座庙宇，在这尊佛像的后面和头上，有精美的其他佛像，每尊为二十腕尺上下。身材和一个人相当的比丘像，制作栩栩如生，乃至人们把这些异端当成是真正的活人。在别的墙上绘有使世上所有画工都惊叹不止的图画。这尊大佛一手支头，另一手放在它的腿上。大佛整个涂金，披着五颜六色的彩衣和服装，它的名字叫做释迦牟尼佛。成群的异教徒前来，就在这尊佛像前礼拜。"明洪武五年（1372年），大佛寺毁于战火，仅存佛像。1966年，在大佛殿内卧佛像腹内发现明成化十三年（1477年）造《重建卧佛铜牌铭记》，铜牌文字记载："震旦国张掖郡流沙河有迦叶佛遗迹，大夏建，崇宗皇帝永康元年，嵬咩国师始创卧佛圣

像……后兵燹之乱，旧像犹存……"【按：年号"永康"系"永安"之误。】永乐九年（1411年）重建，永乐十七年（1419年）敕赐"弘仁寺"额。永乐十八年（1420年），贴木儿王朝沙哈鲁国王使者火者·盖耶速丁·纳哈昔出使明朝途经甘州，对卧佛寺有详细的记述。宣德二年（1427年），再次扩建，并赐名"宝觉寺"，立《敕赐宝觉寺碑记》。正统六年（1441年），在今寺内二郎殿处修建了金塔殿。正统十年（1445年），明政府赐大佛寺《永乐北藏》一部。万历十八至二十二年（1590~1594年），都督张臣再次维修寺院，改名"宏仁寺"，刻立《重修宏仁寺碑记》。清康熙十七年（1678年），敕赐大佛寺为"宏仁寺"。雍正十二年（1734年）维修。雍正年间，新疆准噶尔部进犯河西走廊，甘州城包括大佛寺在内成为清军兵营，遭严重破坏。乾隆十二年（1747年）再次重修建筑，重塑佛像，刻立《重修卧佛殿碑记》。清末，在大佛寺中部开辟了一条街巷，寺院分成东西两部分。光绪三十一年（1905年），甘州"惜字社"成员筹集资金维修大佛寺。宣统二年（1910年），"化育坛"成员重做大佛寺油漆彩绘。光绪三十三年（1907年）前后，英国考古学家斯坦因、芬兰人马达汉（Carl Gustav Mannerheim）到访并撰文记载大佛寺。民国时期，国内学者邵元冲、陈万里、向

张掖大佛寺大佛殿内的十大弟子

达、夏鼐、阁文儒等及国民党中央军事委员会主席蒋介石等到访大佛寺。

"文化大革命"期间，寺院内文物、建筑遭破坏，大佛寺巷以西的建筑全被拆除，东部区域仅存大佛殿、藏经殿、土塔（弥陀千佛塔）3座建筑。1979~1984年，张掖地区行署对大佛寺进行维修。1985年，将张掖市区内原清代行台山门、原山西会馆牌楼、钟鼓楼迁入佛寺内。1986年，将张掖市内二郎庙大殿、提督军门府二堂、文庙大成殿迁入大佛寺内，并维修了土塔，在寺院内成立了张掖市博物馆，全面负责寺院的工作管理。

现存大佛寺为院落式建筑群，主要建筑分布在自西向东长220米的轴线上。自西端山门起，向东依次为"佛法无边"坊、钟鼓楼、大佛殿、文庙大成殿、藏经殿和土塔（现称为金刚宝座塔），北面有迁建来的二郎殿、提督军门署二堂建筑等。东北角有一座相对独立的院落山西会馆。

山门面阔三间、进深二间，左、右两侧各以一小段影壁墙连接一座角门，角门外置砖雕八字影壁。山门内正前方为"佛法无边"木牌坊，系1985年从原明代甘州肃王府旧址、张掖陕西会馆旧址中迁建至此。现存木牌坊为三间四柱三楼庑殿顶，立柱及两边戗杆底端被固定在地栿上，每根柱子两侧置两块夹杆石。明间两柱间有上、中、下三道龙门枋，正面额题"佛法无边"。山门内左、右两侧分别为同时迁建来的钟楼和鼓楼，两座建筑形制完全相同，对称布局，四角攒尖顶二层楼阁式，平面方形，面阔、进深均三间。下檐金柱间设墙，墙上开门，室内金柱为通柱，设上下木楼梯。二层为四周出廊结构，金柱间设门窗。

主体建筑大佛殿为乾隆十二年（1747年）建成，汉式楼阁式布局，融合藏传佛教建筑空间图式和藏式建筑装饰艺术元素。平面长方形，两层三檐歇山顶，面阔十一间（49米），进深七间（25米），通高24米。四周木构廊庑，上檐施七踩三昂斗栱，周围廊施五踩重翘斗栱，额枋上雕有龙、虎、狮、象等图案。各层屋面均覆灰板瓦。室内正壁佛坛上塑释迦牟尼涅槃像，木胎泥塑，金妆彩绘，长35米，肩宽7.5米，是国内现存最大的室内泥塑卧佛像。卧佛身后站立十大弟子泥塑像，泥塑优婆尼、优婆塞分立于佛头和佛脚两端外侧。南北两侧通廊内有泥塑十八罗汉像。室内一、二层四壁及二层隔板上均绘壁画，共 539 平方米，有金刚、天女、西游记故事等。大殿外正门上悬"无上正觉"木匾。门外两侧嵌彩绘砖雕图，均由 50 块方砖拼成，面积 21.2 平方米，左侧题"西方胜境"，右侧题"祇园演法"。

大殿之后为文庙大成殿，系 1986 年从张掖城文庙（甘州府文庙）中搬迁而来。始建年代无考，元末毁于战乱，明洪武年间重建，名"行都司学"。清顺治五年（1648 年）再次被毁，顺治九年（1652 年）重建，乾隆三十年（1765 年）重修，并刻立《重修文庙碑记》。现存大成殿为文物展厅，单檐歇山顶，面阔五间，进深三间，减柱造结构，后檐金柱承六步梁、双步梁。六步梁上为五步梁、五架梁和三架梁，双步梁之上为单步梁，各梁之间垫以驼峰。前檐明、次间和后檐明间设槅扇门窗，前檐梢间设槛窗。屋面覆盖灰筒板瓦。

大成殿之后为藏经阁，修建年代不详。面阔五间，进深三间，七桁前后出廊，单檐歇山顶，檐下施五踩重翘斗栱，角科斗栱有 45° 斜栱。背面甬道上建一小石桥，与后部的佛塔底层外廊相连。殿内供奉释迦牟尼坐像，保存有明英宗皇帝颁赐的《大明三藏圣教北藏》一部（共 6361 卷），

另有其他佛教典籍。

院落最后面建土木结构金刚宝座塔。据文献记载和建筑形式推断，佛塔为明代建筑，清末民国时期在佛塔四周加建外廊。光绪三十一年（1905 年），甘州"惜字社"成员筹资重修，卧佛殿重修题记称当时"重修土塔，补铃悬镜"。民国十六年（1927 年）地震时，佛塔顶部相轮断裂倒塌。民国三十八年（1949 年）《新修张掖县志》载："土塔在万寿殿之后，高一十三丈，下有廊房，内藏明人用金银书佛经三千余卷。"现存佛塔通高 32.5 米，底部为方形台基，四周建两层木构塔廊，每面九间，进深三间，分上下两层环绕第一层须弥座。塔身有两层须弥座，下层平面呈正方形，上层平面呈十字折角形，两层须弥座四角各置覆钵小塔一座，共 8 座。须弥座正中为覆钵式塔身，覆钵之上置四面开壸门佛龛的"亞"字形刹座，刹座之上为十三层相轮，相轮顶部置圆形伞盖，盖顶覆灰板瓦，伞盖檐下周圈悬 40 组流苏风铎。伞盖上再置莲座、宝葫芦塔刹。1986 年再次修复。

院内北面西侧为二郎殿。《甘州府志》记载："二郎庙清源殿，城东南隅，祀陈嘉州太守赵真君昱。明天顺二年，镇守太监蒙泰、宣城伯卫颖修，御史牟伦碑记。我朝乾隆三年，会首陶良臣、宋元郊等重修。"万历二十二年（1594 年）《重

修宏仁寺碑记》、卧佛殿光绪三十一年（1905年）维修题记都记载曾对二郎庙的维修活动。民国八年（1919年），曾在二郎庙中设"张掖县通俗教育馆""民众教育馆"。1949年后改名"张掖县人民教育馆"。1952年，教育馆迁出。1986年，二郎庙被拆除，二郎殿迁至大佛寺内原金塔殿旧址上。现存二郎殿坐北朝南，自北向南由悬山正殿、卷棚天窗、庑殿勾连搭和卷棚献殿四部分组成，结构体系复杂，通面阔三间、进深四间。其中正殿为单檐七檩悬山顶，面阔三间，进深二间，前檐柱间设槅扇门窗。外檐无斗栱，室内额枋、平板枋上施花牙子装饰。又在正殿前檐明间的屋顶上附加一个木构小天窗，面阔三间、进深一间，单檐卷棚悬山顶，前檐柱置于正殿前檐正心檩上，抱头梁及其上二架梁置于正殿脊檩上。天窗正面及两侧开窗，用于大殿室内采光。正殿前檐明间不做屋面，通过天窗采光。同时，正殿之前又连接勾连搭建筑，面阔三间、进深一间，单檐庑殿顶。其后檐柱与正殿前檐柱合二为一，四周檐下施五踩重翘斗栱。在勾连搭之前再连接一座献殿，面阔三间、进深一间，单檐卷棚结构，正面装六抹槅扇门。两侧山墙青砖砌筑。

二郎殿东侧为提督军门府二堂。原位于张掖城内西北部，明初时为镇守太监府，嘉靖十八年（1539年）改为总兵府。《重刊甘镇志》载："总兵府，旧设在城西南隅，正统中建。嘉靖十八年改移城西北隅，以镇守府为之。"清康熙初年，总兵府改为提督军门府，乾隆四十二年至四十三年（1777~1778年）重建。《甘州府志》载："国朝康熙初年，靖逆侯张勇改提督军门府，修理西院，垒石玲珑，出自名手。乾隆四十二、（四十）三等年，提督法灵阿重建，东园亭榭、桥梁成曲水流觞之胜。"《甘州府志·提署》中有完整的建筑布局图。1986年，二堂被迁至大佛寺内。现存建筑单檐悬山顶前卷棚勾连搭结构，面阔七间、进深四间，减柱造，无斗栱。正殿进深用三柱，金柱与前檐柱用六步梁连接，上承五架梁和三架梁；金柱与后檐柱间设双步梁（抱头梁）和单步梁；前檐梢间设槛窗，余皆装槅扇门。卷棚是正殿的前廊，进深一间，施抱头梁、二架梁，前檐柱上施交麻叶头装饰。

大佛寺内保存有丰富的历代佛教文物。1966年，大殿卧佛腹内发现众多石碑、铜佛、铜镜、铜壶、佛经等，有一块铅牌记载明成化年间河西发生地震之事。1977年，金塔殿下出土5枚波斯银币。保存有明宣宗《敕赐宝觉寺碑记》、明通政使穆来辅《重修宏仁寺碑记》等重要碑记。还保存一部完整的《永乐北藏》，这部佛经雕刻于永乐八年至正统五年（1410~1440年），包括经、律、论三部，共收佛经

1621 部、6361 卷。

1962 年，大佛寺被公布为甘肃省省级文物保护单位。1996 年，甘肃省文物局拨款 10 余万元对大佛寺大佛殿十大弟子及木版画实施修缮工程。1996 年，大佛寺被国务院公布为第四批全国重点文物保护单位（公布号 4-112）。1999 年，甘肃省人民政府《关于公布我省全国重点文物保护单位保护范围的通知》（甘政发〔1999〕22 号文件）公布其保护范围为："重点保护区西起大佛寺山门，东至南大街，长 215 米，南、北以大佛寺东西中轴线向南北侧延伸 72 米，宽度 144 米，总面积 3.1 万平方米；一般保护区西起大佛寺巷马路中线，东至南大街马路中线，宽 265 米，南起南城巷马路中线，北至民主西街马路中线，长 270 米，总面积 7.15 万平方米。建设控制地带在一般保护区边线基础上，四周向外延伸 50 米，总面积 7.15 万平方米。"现由甘州区博物馆（原张掖市博物馆）管理，竖立有全国重点文物保护单位标志碑，保存有历次保护维修、调查研究档案资料。

2004 年，国家文物局拨款 100 余万元对大佛寺部分建筑进行保护修缮。2006~2008 年，国家文物局拨款 190 余万元对大佛寺再次进行全面保护修缮。2011~2014 年，甘州区人民政府组织编制《张掖大佛寺文物保护规划》，甘肃省人民政府公布实施，对原保护范围及建设控制地带做了调整："核心保护范围东西长 180 米，南北长 72 米，总面积约 1.3 万平方米；建设控制地带分为一级和二级，一级占地面积 3.5 万平方米，二级占地面积 7.45 万平方米。"

秦安文庙

位于秦安县城中心。创建于金大安年以前，元、明、清三代和民国时期不断重建和维修。元大德元年（1297 年），秦安县尹杨宗在其原址重建；至正元年（1341 年），从仕郎秦州秦安县尹兼管本县诸军奥鲁劝农事王思聪又重建。明洪武初年在原址上重修，后成化、弘治、正德、嘉靖年间相继加修，嘉靖十四年（1535 年）时已修建有敬一厅、明伦堂、穷理堂、主敬斋、学舍、仪门、训导宅、教喻宅、棂星门等，占地面积"广二十有一丈有二尺，长三十有四丈"。后在隆庆、万历年间又维修。清顺治十六年（1659 年）增修。

秦安文庙大成殿

康熙五十七年（1718年）秦安发生大地震，文庙遭破坏。康熙六十一年（1722年）全面修复。乾隆三十四年（1769年）、嘉庆八年（1803年）进行维修扩建。道光十五年（1835年），江西于都人严长宦重修东西坊、圣贤尊像和棂星门。至道光十八年（1838年）时，文庙建筑规模达到鼎盛，形成前庙后学的基本格局，道光《秦安县志》记载，重建后的文庙"广二十有一丈，长三十有四丈，有明伦堂五楹、钟鼓楼、尊经阁、崇圣祠三楹、大成殿五楹，阶下有古柏二株。东西庑各七楹，为祭器库、乐器库。有戟门和泮池，泮池左为名宦祠，右为乡贤祠"。棂星门前有照墙，照墙前左右为"德配天地""道贯古今"牌坊，照墙外还有云路坊、仪门、训导宅、凤凰池坊、忠义祠、节孝祠、大门等建筑。光绪年间也进行过维修。原大成殿内设神龛，龛内有孔子、四配和十哲塑像。民国八年（1919年）进行小规模维修。中华人民共和国成立后，文庙先后被秦安县兵役局、秦安县财政局、秦安县水电局、秦安县二中占用，对原建筑格局、建筑形制改动较大。

大成殿建于台基之上，明嘉靖四十二年（1563年）重修。面阔五间（14米），进深四间（10米），单檐歇山顶，收山、出檐较深。屋面覆盖琉璃筒板瓦，正脊、重脊和戗脊用雕花脊筒子砌成，饰龙、凤、牡丹、菊等，正脊两端置龙吻，龙尾上附一卷体子龙。瓦当雕饰双凤或饕餮纹，滴水饰卷草纹。内外梁枋构件均施彩画。两梢间槛墙嵌琉璃烧制的盘龙图。殿内脊檩下有"皇明嘉靖四十二年春正月吉秦安县知县石阡府戴鹏重修"题记。梁架结构，斗栱形制、彩画保留明代建筑特征。2004年落架维修。2006年恢复大成殿内孔子泥塑像。

东西庑及名宦祠、乡贤祠位于大成殿前方左右，20世纪70年代被拆除改建。

秦安文庙大成殿角科斗栱形制

秦安文庙大成门内梁架结构

2004 年按原貌复建了名宦祠、乡贤祠，各面阔七间，进深两间，建筑形式一致，山墙均用红砖砌筑。东西庑仍未恢复。

大成门，今人误以为是崇圣祠。2004年实施半落架维修。现存建筑坐北朝南，面阔三间，进深两间，单檐悬山顶，外檐下施一斗二升交麻叶斗栱。大部分构件为清代维修所加。屋脊作清水脊，瓦顶作干槎瓦。室内梁架上残存清代墨线旋子彩画。西次间后襜间枋下有木板题记。

泮池早年被毁，2004~2007 年重建，不符合文庙整体风貌。

其他附属文物有：

"中和位育"匾，原悬于大成殿门檐下，现收藏于秦安县博物馆。木质，楷书蓝底黄字。

"凤凰池"匾，明代，原悬于文庙凤凰池坊门额处，现藏秦安县博物馆。木质，楷书黄底黑字，长 273 厘米、高 86.5 厘米。

明代古柏 1 棵。

秦安文庙于 1993 年公布为甘肃省省级文物保护单位。2004~2007 年，国家文物局、甘肃省文物局先后拨款 260 余万元对秦安文庙进行全面保护修缮。2006 年，秦安文庙被公布为全国重点文物保护单位（公布号 6-798）。2007 年，秦安县机构编制委员会批准成立秦安县文庙管理所，负责秦安文庙的保护管理工作，有文物保护标志碑，保存完整的修缮工程

档案及相关研究资料。2009 年，《甘肃省人民政府关于公布甘肃省第六批全国重点文物保护单位保护范围和建设控制地带的通知》（甘政发〔2009〕3 号）划定了其保护范围："东至县二中教学楼山墙西 11 米处，南至县二中操场北墙，西至县图书馆办公楼，北至县人行办公楼以北 22 米处。护城河外 500 米以内。"

武威文庙

又名"孔庙""圣庙""凉州文庙"，位于武威市凉州区东南隅，坐北朝南，院落式布局，南北长 170 米，东西宽 90 米，占地面积 15300 平方米。有中、东、西三组建筑群，对称布局于三条平行中轴线上。据现存明正统四年（1439 年）《凉州卫儒学记碑》载，始建于明正统二至四年（1437~1439 年），当时修建有明伦堂、重门以及存诚、敬德二斋，后在明伦堂东面续建大成殿、棂星门、泮池、文昌祠、崇教门等，碑文称武威文庙"壮伟宏耀，为陇右学宫之冠"。明成化、清顺治、康熙、乾隆、道光及民国年间进行多次重修、扩建，现有儒学院、圣庙、文昌宫三组建筑群，其中儒学院内现仅存忠烈、节孝祠等部分建筑，其他建筑均被拆除；圣庙院内建筑保存完整，中轴线以大成殿为中心，前有泮池，后有尊经阁，中间有棂星门、戟门，左右两侧有名宦、乡贤祠、东西二庑；文昌宫院以桂籍殿为中心，

前有山门，后有崇圣祠，中为二门、戏楼，左右有牛公祠和东西二庑。

中路最南端有一座影壁，称"万仞宫墙"，高6米、长26米。影壁两侧各开小门，朝东者为"义路"，往西者称"礼门"。由"义路"进入庙院，有一座影壁，再北面是泮池，平面呈半月形，池上原有木构拱桥，俗称状元桥，供中状元的儒生朝拜祭礼时步行通过泮池。1980年，对泮池和状元桥进行维修，改为石拱桥。

棂星门位于泮池北面，明正统年间建，木构四柱三楼牌坊式建筑，高6米，当心间歇山顶，两次间庑殿顶。四根通天立柱出头，柱头上置砖雕狮子状"嘲风"，两两相对，为龙的九子之一。檐下施七踩三翘斗栱，当心间四朵，两次间三朵，明间龙门板正面书"棂星门"，背书"太和元气"。

棂星门北面是戟门，又称"大成门"，为六扇朱红色大门。戟门不常开启，旁有耳门供日常出入。每逢孔子祭日或诞辰（农历二月二十三、八月二十七）举行典礼时开此门。

大成殿是供奉孔子塑像和祭孔之地，是文庙的中心。建于高1米的台基上，前有月台及望柱栏杆。平面方形，面阔三间，进深三间，四周绕廊，重檐歇山顶，檐下施五踩重翘斗栱，正中悬"大成殿"匾。殿内金桁下墨书"大明正统……三年肇建"字样，脊桁下墨书"大清顺治重修"题记。殿内正中原建一神龛，龛内供孔子画像；旁边配祀复圣颜回、述圣子思、宗圣曾子、亚圣孟子四圣牌位。

尊经阁建于高2米的砖包台基上，平面呈方形，面阔五间，进深四间，下层四周环绕外廊，土木结构重檐歇山顶楼阁。下层列柱平面呈矩形，不减柱，上层不施中柱。阁内保存康熙十一年（1672年）《圣祖御制训饬士子文碑》。

中路轴线东、西两侧对称建廊庑各7

武威文庙棂星门

武威文庙大成殿

武威文庙东路轴线山门

间，为乡贤、名宦祠。祠内原供孔子弟子七十二贤以及当地社会贤达、清官牌位。

东路轴线由南向北依次有山门、过殿、魁星阁、崇圣祠、二门、戏楼等建筑。主要建筑为文昌宫，供奉文昌帝君，也称桂籍殿，建于高大的台基上，面阔五间，进深四间，单檐歇山顶前出卷棚廊结构。檐下施斗栱，明间、次间四朵，两梢间三朵。卷棚廊内悬挂历代文人学士敬献的匾额46块，最早者为康熙三十四年（1695年），最晚者为民国二十一年（1932），题名内容主要有：文明以正、司文章命、瑞预化成、辉映梯峰、牖启人文、云汉天章、文以载道、阴陟下民、纲维名教、掌仙桂籍、先天炳蔚、彩彻枢衡、斡旋文运、

阳春一曲等。

东路中轴线左右两侧分别建有三贤祠、有恪亭、牛公祠、刘公祠及厢房等。

西路建筑最早建于明正统年间（1436~1449年），称"凉州府学"，院落式布局，南北长200米，东西宽70米，大门西开。以明伦堂为中心，左右有存诚、敬德二斋。清末以来，随着科举制度的废除，凉州府学衰落，建筑多被改建或拆除。

武威文庙由武威市博物馆（现为凉州区博物馆）使用和管理，竖立有文物保护标志碑，保存有完整的档案资料。1996年，武威文庙被公布为第四批全国重点文物保护单位（公布号4-163）。

1999年，甘肃省人民政府《关于公布我省全国重点文物保护单位保护范围的通知》（甘政发〔1999〕22号）公布其保护范围为："以现存四周围墙为界，东西宽135米，南北长187米，面积25245平方米；一般保护区为：东西各以围墙为界，向外各延伸70米，南北各以围墙为界，各向外延伸91米，面积76230平方米；建设控制地带为：东以东关什字至南环路的市级公路为界，南以南环路为界，西以东小南街为界，北以东小什字到东关什字为界。"

泾川城隍庙

位于泾川县城安定街泾川县博物馆内。始建于明洪武三年（1370年）。清道光二十九年（1849年）、咸丰八年（1858年）进行两次修缮。院落式布局，中轴线上现存前殿和后殿，其中后殿已被改建作他用，原貌无存。前殿坐北向南，单檐歇山顶，面阔五间（17.4米），明间宽4.2米，

泾川城隍庙

进深四间八椽（15.2米）。殿身檐柱和金柱各一周，次间减去金柱两根，有"减柱造"遗风。外檐斗栱40攒，样式有三踩单昂（柱头科、平身科）、三踩重昂（角科）两种，斗栱硕大，昂嘴断面呈口字形，无华头子，颐部顶端平直，山面平身科为真昂，昂尾搭在五架梁中，有明代风格。室内梁架结构及用材制度均为清代改换。屋面覆盖灰筒板瓦，琉璃瓦剪边。明间前、后檐分别装有木板门。20世纪50~70年代，作为泾川县食盐库房使用，改变了原正脊、垂脊、岔脊形制，鸱吻、垂兽均无存。后由泾川县博物馆管理和使用。

1993年，泾川城隍庙被公布为甘肃省第五批省级文物保护单位，已竖立省级文物保护单位标志碑，保存有部分文物档案资料。

西来寺

位于张掖市甘州区西南隅。最早名"慈云精舍"，民国·白册侯纂、余炳元续纂《新修张掖县志》载："西来寺，明建，有落星石，清雍正十年喇嘛刘劳藏募资重修。"史料记载，最早为普觉静修国师阿扎木苏创建，此人曾为康熙皇帝重用，被封为普觉静修国师，统辖甘肃境内的僧众。他念甘州无番藏经，奏请康熙皇帝颁赐了红字藏经108部。康熙五十一年（1712年）将慈云精舍改为寺院，时修建藏经楼5间。康熙五十九年（1720年），署理

西来寺山门

西来寺大殿

抚远大将军平郡王纳尔素赐金银及匾额，并下令让喇嘛刘芳藏重修寺院，改名为西来寺。雍正十年（1732年）建成，并刻立《重修西来寺碑记》。后来，地方绅士成龙等捐资继续修建。原建筑多数被毁，现存观音殿及藏经楼。

山门面阔三间，进深三间。单檐硬山顶，两次间廊柱上砌墙，各开一圆光窗。

观音殿为明代建筑，单檐歇山顶，面阔三间（12米），进深三间（8.6米）。室内顶建有木构三踩斗栱组成的斗八式圆形藻井，由三层斗栱承托，一层比一层小，且向内收敛聚拢。这种藻井形制与明天顺时修建的北京智化寺如来殿藻井相似。天花板上遍绘各种佛像及吉祥图案。

藏经楼为清雍正年间修建，单檐歇山顶，面阔五间，进深三间，前出三间卷棚抱厦，二层楼阁式，第二层前檐有直棍木构围栏。二楼内藏弥勒佛像及经藏，一楼内藏佛像及国师真容像。

南北两侧对称建有配殿，均面阔三间（11.4米）、进深6.2米，前出廊结构。各殿内供奉护国仁王像、护国天尊像等。

藏经楼东北部有民国以来修建的一组大型建筑群，包括过殿（山门）、大殿、金刚殿等。其中过殿内塑有韦陀、天王像；大殿内供奉释迦牟尼佛像；金刚殿单檐歇山顶，面阔三间、进深三间，殿内顶部有木构藻井，藻井木板上遍绘佛像。西来寺内曾保存木刻佛像5尊、泥塑佛像32尊，均被毁。

西来寺现为张掖市佛教协会使用和管理，有文物保护标志碑及部分档案资料。2006年，西来寺被国务院公布为第六批全国重点文物保护单位（公布号6-800）。2009年，甘肃省人民政府《关于公布甘肃省第六批全国重点文物保护单位保护范围和建设控制地带的通知》（甘政发〔2009〕3号）公布其保护范围为："东至山门外20米处，西至藏经楼、大雄宝殿后墙外20米处，南至藏经楼南墙、配殿后墙、南佛殿后墙外延20米处，

庄严寺过殿侧面

庄严寺过殿正面

北至僧舍楼后墙外 20 米处。建设控制地带界线在保护范围外 100 米以内。"

庄严寺

原位于兰州市城关区张掖路北侧（兰州晚报社院内），1996~1998 年，甘肃省文物局批准将寺院整体搬迁至五泉山上，原址已毁。相传，此寺原为唐代薛举旧宅。薛举是隋末金城郡校尉，大业十三年（617 年）与其子薛仁杲起兵反隋，自号"西秦霸王"，建元"秦兴"，都兰州，该建筑为其王宫。唐武德二年（619 年）降唐，其王宫改为寺院。康熙二十五年（1686 年）陈如稷《重订兰州志》、乾隆四十三年（1778 年）黄建中《皋兰县志》、道光二十三年（1843 年）秦维岳《皋兰县续志》、光绪十八年（1892 年）张国常《重修皋兰县志》、宣统元年（1909 年）升允、安维峻《甘肃全省新通志》、民国二十五年（1936 年）张维等《甘肃新通志稿》、民国三十二年（1943 年）张维《兰州古今注》及《陇右金石录》等地方志

与文献中都有记载。其中清康熙二十五年（1686 年）《重订兰州志》记："庄严寺在州北，古刹也。元至元间重建，大学士李溥光书匾'敕大庄严禅院'字，并塑像、绘壁，称为三绝。"乾隆四十三年《皋兰县志》卷十二记载："庄严寺，在鼓楼西，唐初建，元至元间重修。相传为薛举故宅。寺有三绝，谓塑绝、写绝、画绝。佛像停匀生动，衣褶细叠迎风欲举，塑绝也；元李溥光所书'敕大庄严禅院'，字体遒劲，直逼颜鲁公，写绝也；壁上观音像既端好，而所披白衣覆首至足，俨然纱，柳枝经久翠色如新，画绝也。相传吴道子所为，纵未必然，当亦出自宋元高手，惜乎渐就剥落也。"此后各志大抵都沿袭此说。

寺院搬迁之前，后殿内西侧墙壁前竖立清道光三年（1823 年）寺僧元智等刻写的《补修五佛殿记碑》。碑文记载，该寺创建于唐贞观元年（627 年），"奉帑敕建"，即唐朝政府敕拨国库银两修建。这一时间上距薛仁杲降唐 9 年，时间大体

相当。碑文还记载，寺院于明成化五年（1469年）刘瑛重修，此次重修后刻立了《重修庄严寺碑》，落款成化十六年（1480年），刘瑛撰文，碑已佚。清康熙十九年（1680年）甘宁巡抚上谷刘公喜捐资补葺。嘉庆二十一年（1816年）前后，寺僧连王、元聪重修。道光三年（1823年）寺僧元智等重修。根据碑文记述，清初至嘉庆、道光年间，庄严寺建筑规模很大，坐北向南，山门临街；院内两序有金刚殿，中轴线上有韦陀和布袋和尚过殿、正殿（大雄宝殿）、后殿（五佛殿）。两侧有钟鼓楼、西配殿。寺界广阔，穿城沟泽曲水引入寺院。此后，这里渐渐变为市区。

20世纪20~30年代，拆除金刚殿，改建为廊房。民国十五年（1926年），薛笃弼（甘肃省省长）拨款修葺整饬，改为民众教育馆。1949年后被兰州市文化馆和兰州市秦剧团占用。1967年，庄严寺遭破坏，大殿内所有文物被毁。历史上享有盛誉的"三绝"完全消失。

寺院搬迁前为轴线对称布局形态，有前、中、后三院，前院主要建筑有山门、过殿、厢房等；中院主要建筑有大殿等；后院主要建筑有后殿等。

大门为屋宇式，正中前檐下砖砌拱形门洞，装两扇木板门。大门内东西两侧各有厢房11间，均为1949年后改建而成。

过殿系清代重建，七架梁重檐歇山卷棚顶。平面呈方形，面阔三间（9.9米），进深三间（9.6米），七彩琉璃瓦铺设屋面，饰垂脊、戗脊、五把鬃、三把鬃脊兽。南、北两侧出檐廊。东、西山墙上开设门窗。外檐施三踩品字科斗栱。过殿西有配殿数间。

中殿，又名大雄殿，檐下悬挂"大雄殿"匾额。明正德十三年（1518年）始建，清代修缮。九脊歇山顶前出卷棚廊结构，面阔五间（17.9米），进深四间（12.4米），前檐出卷棚廊，深5.5米，四檩月梁式，与殿身连为一体；后檐明间向外突出一卷棚顶门厅。四周檐下均施斗栱，平身科及柱头科为三踩单昂品字科斗栱，内侧为三踩单翘斗栱，明、次间施三攒平身科，梢间施一攒平身科。屋面铺设七样琉璃瓦，正脊、垂脊及戗脊用脊筒子砌成，浮雕牡丹；正脊两端饰正吻，垂兽五把鬃，戗兽三把鬃。殿内明间及两次间后金柱间装木构佛道帐，佛道帐内泥塑三佛、二弟子、四菩萨，佛道帐上部施设平棊枋，梁枋及斗栱均有彩画；室内山墙上遍绘壁画，有观音菩萨、十八罗汉、佛传故事画等。大殿的西、东及北壁均青砖砌墙，北壁明间装槅扇门。大殿前檐下悬挂多个匾额，明间悬"大雄殿"匾，有方形印鉴；另有"敕大庄严禅院"匾，无款识。东次间檐下悬"庄严正觉"匾，上款为"正

德十三年岁次庚辰清和月吉旦",下款为"少保兼太子太保兵部尚书左都御史彭泽题并书""道光元年信士弟子李华李芳李菊偕男长春宜春寿春重建""主持僧怀恩怀寂徒清学"。西次间檐下悬"彼岸同登"匾,上款为"嘉靖十八年岁次己亥小阳月谷旦""兵部侍郎兼都察院副都御史兰谷邹应龙题并书""道光元年信士弟子林祥徐国勋刘杰任元美齐材重建""本寺僧苍正徒真如"。殿外东、西侧为厦房。

后殿内塑有五佛,故名五佛殿。清道光三年(1823年)重建,面阔五间(19.5米),进深四间(12.8米)。殿内西壁前部镶《补修五佛殿记》碑,道光三年立,高0.5米,宽0.95米。五架梁悬山顶,屋面铺七样琉璃瓦,雕花透脊,饰五把鬃脊兽,两山饰博风板、垂鱼,山墙为青砖五花山墙样式。大殿左、右原有对称的钟鼓楼,钟楼已毁,仅存鼓楼。

庄严寺大殿是兰州市区现存唯一的明代建筑,寺内以"三绝"塑绝、写

庄严寺原中殿内阿难泥塑像

绝、画绝著称于世。塑绝是指寺内的佛教造像,过殿内有韦陀、布袋和尚、四大天王等。大雄殿内塑三佛二弟子四菩萨。后殿塑五佛。清道光三年《补修五佛殿记》碑称:"夫后殿塑像神妙,倾覆六州真无匹;莲衣细叠,直朝九府少有双。"写绝是指悬挂于大雄殿明间檐下的匾额文字,如"敕大庄严禅院"匾,竖匾式,高1.5米,宽1米,四周镶木雕花纹,匾心镂刻"敕大庄严禅院"六字,竖排两行。原来在该殿旁保存有兰州金翼乾书写的考证木牌,木牌书"考此敕大庄严禅院六字为元代李铺光书,字体遒劲,直逼鲁公,邑乘称其写绝,洵非虚也。特悬之以供艺术家欣赏云"。乾隆《皋兰县志》载,庄严寺在元至元年间重修,此匾额当书写于此时。此外,在大雄殿内佛像中曾出土元至治三年(1323年)法旨抄本,属当时塑立佛像的装藏物。画绝是指大雄殿内明间后壁观音画像,《甘肃通志稿·金石志·壁画》称:"庄严寺壁观音像,在兰州城内,即俗所称三绝也。盖寺中榜书仿颜鲁公笔意者为书绝。佛像庄严端好为塑绝。观音为画绝,云壁高丈余,像作安禅状,首覆纱縠,如迎风欲举,洵宋元高手所作。"寺院搬迁至五泉山上后,敦煌研究院对所有建筑的壁画实施了揭取和恢复工程。

1981年,庄严寺被公布为甘肃省第四批省级文物保护单位。寺院搬迁至五

泉山后，现由兰州市园林局管理，竖立了文物保护标志碑，档案资料比较齐全。未公布其保护范围和建设控制地带。

天齐庙

原位于兰州市城关区张掖路山字石 64、70 号（兰州市口腔疾病防治所院内）。也称东岳庙，始建于明洪武年间（1368~1398 年），嘉靖十二年（1533 年）肃藩王重建，并撰《重修东岳天齐庙记》碑（已无存）。1988 年拆除并搬迁至城关区徐家山公园内。

搬迁后的天齐庙占地面积 1320 平方米，坐北朝南，分前、后两进院落，中轴线上由南向北依次为山门、中殿、后殿，东、西两侧为厢房。

中殿面阔三间（9 米），明间面阔 3.8 米，进深四间（12.85 米），七架梁歇山顶前出四檩卷棚抱厦，后面接三檩悬山顶门廊。屋面七样琉璃瓦剪边青瓦九脊山顶，屋面覆绿琉璃瓦，剪边用黄琉璃瓦，瓦面有模压的梅花纹、环形纹。脊筒子透雕莲花，正脊中部饰狮座宝瓶，两端饰夔龙正吻，吻顶箭把处有新月形画戟。

后殿为五檩悬山顶前出四檩卷棚抱厦结构，面阔三间（10 米），进深三间（8.9 米），高 9.8 米。屋面覆盖七样绿琉璃瓦。廊心墙青砖砌筑，砖雕仿木结构墙帽。其他墙体为土坯墙。正面明装四扇槅扇门，次间青砖砌海棠心槛墙，装直棂棋盘心支摘窗。前檐梁枋间装封檐板，并绘彩画。搬迁后，原木构件彩画均被毁。

1984 年，兰州市人民政府公布为市级文物保护单位。天齐庙现由兰州市城关区文化馆、徐家山公园管理处共同管理。城关区文化馆保存有搬迁复建档案资料。

天水纪信祠

位于天水市秦州区大城十字街口东北侧。也称天水市城隍庙、汉忠烈纪将军祠。古秦州人为纪念其舍身救主之功，奉为城隍神，立祠祭祀。光绪《秦州直

第六章 古建筑

天水纪信祠牌坊门

天水纪信祠五凤楼（乐楼）

天水纪信祠卷棚长廊及抱厦

天水纪信祠大殿内墙面壁画

隶州新志》载，天水城隍庙创建于明初，天启五年（1625年）重建。清代曾进行五次修缮，寝宫大殿梁架上有5处明、清时期墨书题记，包括明天启五年、清乾隆三十年（1765年）、道光乙巳（1845年）、光绪七年（1881年）等。顺治十六年（1659年）《重修庙碑记》记载，当时天水发生大地震，城隍庙损毁严重，后修缮寝宫、圣母殿、十曹、马神祠、廊房、瘟神庙等建筑。乾隆三十（1765年）、五十七年（1792年）进行两次大修，立《重修城隍庙碑记》《重修城隍庙督工首事》碑。道光年间又进行修缮。光绪七年（1881年）、民国三十二年（1943年）再次进行维修，还增建砖砌牌坊式大门。现为三院四进格局，坐北向南，有21座建筑，占地1700平方米，沿南北轴线对称布局有牌坊、大门、重门、乐楼、直廊、抱厦、拜厅、祠堂、寝宫，两侧对称列置游廊、看楼等。

南端为清代木牌坊，四柱三间三楼

结构，当心间悬于右任草书"汉忠烈纪将军祠"匾。2006年迁建于大门东侧。大门面阔三间，正脊饰龙吻，布瓦覆顶；当心间砖砌拱形门楣，门楣上刻卷草花纹，横披刻二龙戏珠、飞蝠图案；朱红木板门上镶铜乳钉，兽首衔环，门两侧砖刻邓宝珊1943年书写的楹联："楚逼荥阳时凭烈志激昂四百年基开赤帝，神生成纪地作故乡保障千万载祐笃黎民。"大门内有一狭长的甬道，甬道两侧各有11间廊庑，廊庑间横跨甬道建一小木牌坊，组成一天井院落。

天井院向北有一条短而狭的甬道，甬道东西两侧有各类神祠，北端有一卷棚直廊（二门），组成第二座院落。穿过二门，进入一个大型四合院。院内南侧原有戏楼，已毁。东西两侧各建二层硬山顶看楼，其中东看楼已被改建为现代办公室；西看楼尚存。北侧为乐楼（又名五凤楼），单檐歇山顶二层楼阁，面阔五间（12米），进深四间（9米），乐楼东西两侧各有一座钟楼和鼓楼，与乐楼并连在一起。

第三院是寝宫院，由南向北由卷棚直廊、抱厦、拜殿和寝宫大殿组成。卷棚直廊通长七间（17米），宽4米，南端与乐楼的北门连接，北端与寝宫抱厦相连，三者组成"工"字形布局。抱厦单檐悬山顶，面阔三间。抱厦北侧为拜殿，单檐歇山顶，面阔三间（10.2米），进深两间（7.6米）。卷棚直廊和抱厦梁架下悬挂清代木匾额11块。主体建筑为寝宫大殿，单檐五檩歇山式前出廊结构，面阔三间，进深三间。脊檩下施蜀柱及叉手，三架梁上置驼峰，有明代风格。前檐施五踩双下昂斗栱，出45度斜昂，昂头、耍头、横枋上雕龙、象、云头等装饰，为清代作品。后檐斗栱无斜昂。屋面覆灰筒板瓦，绿琉璃瓦剪边，正脊两端施琉璃龙吻，正中置绿琉璃宝刹。室内墙面保留清代壁画。

院内存4棵古槐，为明景泰年间种植。

2003年，纪信祠被公布为甘肃省第六批省级文物保护单位。同年，甘肃省文物局拨款40余万元对纪信祠重要建筑进行保护修缮。20世纪80年代至今，一直为天水市文化馆和图书馆管理使用，竖立有文物保护标志碑，保存有比较完整的调查研究资料。

兰州府文庙大成殿

位于兰州市武都路49号兰州市二中

兰州府文庙大成殿正立面

校园内。最早为元顺帝至正五年（1345年）知州姚谅创建的州学。明洪武二年（1369年）改为县学，八年（1375年）知县黄镇重修，正统十三年（1448年）复为州学，州指挥李进重修，嘉靖三十八年（1559年）兵备副使彭灿修缮，万历二十九年（1601年）兵备副使荆州俊再次修缮。清康熙六年（1667年）巡抚刘斗补修，乾隆四年（1739年）改建为府学。乾隆三年（1738年），甘肃的政治中心由临洮迁至兰州（三年奏准，五年搬迁）后，始称兰州府文庙。宣统元年（1909年），陕甘总督升允尊光绪三十二年（1906）确立的大祀体制，全面整修兰州府文庙。

兰州府文庙原建筑坐北朝南，自南而北依次有宫墙、泮池泮桥、棂星门、戟门，中为大成殿，东西有两庑、乡贤名宦二祠，院外东西面有两座栅门、两座牌坊，牌坊分别为"兴贤""育俊"。大成殿居于轴线中部，其东侧有尊经阁、崇圣祠、敬一亭，西庑之后为省牲所、忠孝祠、节烈祠。明伦堂在大成殿后，左侧为教授署，右侧为训导署，明伦堂前部东西两面有兴诗斋、立礼斋，此处曾保存有康熙《御制平定朔漠碑》《平定青海碑》《平定准噶尔碑》《平定回部碑》等石刻。1939年，本地公益慈善事业社团"兰州八社"（即兰州兴文社、待兴社、陇右乐善书局、皋兰同仁局、五泉图书馆、全陇希社、兰州修学社及兰州尊孔社）在文庙内创办私立兰州志果中学，期间许多建筑被拆除和改建。1952年，兴文中学与志果中学合并，变为兰州建国中学、兰州第二中学。"文化大革命"期间，文庙建筑、文物再次遭严重破坏，现仅存大成殿一座建筑。

大成殿坐北朝南，现存建筑为1984年维修。修建于高1.4米的台基上，明间、次间有九级台阶。大殿面阔七间（32.6米），进深三间（11.4米），通高12米，单檐七架梁歇山顶，外檐下施一斗三升单昂斗栱54攒，其中柱头科12攒，平身科38攒。屋面覆盖七样黄琉璃瓦，正脊两端施吻兽，中置宝瓶，正脊为花脊。垂脊、戗脊上坐垂兽、戗兽，翼角有套兽，均为琉璃构件。前檐五间装五抹槅扇门，两侧尽间设槛墙槛窗。前檐柱上曾悬挂皋兰翰林刘尔炘撰楹联："譬如天地之无不持者，凡有血气者莫不尊亲。"已不存。

兰州府文庙内曾保存过著名的《淳化阁帖》。清同治年间，陕甘总督左宗棠将《淳化阁帖》碑石移置兰州府文庙内。辛亥革命后，交皋兰县兴文社保管。1937年再次移置兰州府文庙尊经阁下，嵌入墙壁上。抗日战争期间挖出。抗战胜利后，再次运回嵌于文庙尊经阁下。1966年，由甘肃省博物馆收藏。

其他附属文物有：1984年在大成殿内顶棚里发现的清顺治至宣统时期皇帝御赐匾额9块，包括万世师表、德齐畴载、生民未有、与天地参、圣协时中、圣集大成、斯文在兹、圣神天纵、中和位育。2001年重塑孔子像。

1981年兰州府文庙被公布为甘肃省第四批省级文物保护单位。2002年，甘肃省文物局拨款70余万元对兰州府文庙大成殿进行保护修缮。现由兰州二中管理和使用，竖立有文物保护标志碑，保存有历次维修档案资料。

兰州府城隍庙

位于兰州市城关区张掖路中段北侧（兰州市第一工人俱乐部）。原为忠烈侯坊，后改为兰州府城隍庙，祀西汉名将纪信。据《重修皋兰县志》记载："又案黄谏《城隍庙记》金明昌丙辰尝修葺之。"据此，城隍庙始建于金明昌七年，即南宋庆元二年（1196年），期间又进行过修缮，元、明、清历代重修。

现存城隍庙占地面积11050平方米，

甘肃省志 文物志

兰州府城隍庙大门

兰州府城隍庙享殿

建筑面积4730平方米。坐北朝南，中轴线对称布局，原为一进五院。大门与戏楼之间为第一进，两侧有回廊、花圃。戏楼北至享殿间为第二进，东、西两侧有看楼、钟鼓楼。享殿与正殿间构成第三进院落。前三院内东西两侧为长廊，供奉兰州府属六县之城隍木主，廊内墙面上绘纪信荥阳捐躯救刘邦、十八地狱之烧、舂、磨等情景壁画。正殿与寝宫间为第四进院落。寝宫与后门构成第五进院落，院落东西两侧有眼光、痘疹祠，另有假山、凉亭等。1956年，兰州市总工会将其改建为兰州市第一工人俱乐部。

1984年11月，前院戏楼、耳房、回廊等76间房屋被火焚毁，变成四进院落格局。

牌坊门为城隍庙大门，但并非城隍庙原有建筑，是节园（凝熙园）明肃王颜妃墓前的"贞烈遗阡"牌坊，1956年迁建于此。现存建筑为四柱三间三楼木结构，前后用四组"人"字形斜戗支撑。明间歇山顶，屋面覆盖绿琉璃瓦，正脊雕莲花纹，两端饰龙吻；垂脊、戗脊饰五把鬃、三把鬃脊兽。檐下施十一踩斗栱六攒。明间悬挂两块匾额。次间屋面低于明间，绿琉璃瓦庑殿顶，脊端饰三把鬃兽。平板枋上坐九踩斗栱共八攒。木构件油饰彩绘为青绿云子彩画，辅以山水、瑞兽、花草枋心，系近年重绘而成。

享殿，也称献殿，四明厅式殿堂，坐北向南，建于高0.6米的台基上，南北两面有石条台阶三级。享殿面阔五间（16.5米），进深五间（16米），廊深2米，八檩歇山卷棚四周出廊结构。鼓形柱础。南北两侧金柱间装棋盘心槅扇门12扇，东西两侧山墙青砖砌筑，砖雕海棠心，装龟背纹通间槛窗。檐下施七踩重翘三昂斗栱50攒，栱眼用木板封堵。廊柱间饰卷

草纹透雕雀替。屋面覆盖绿琉璃瓦，垂脊、戗脊均浮雕莲花纹，脊端饰五把鬃、三把鬃脊兽。木结构均绘制青绿云子彩画，均为近年重绘。

正殿建于砖砌台基上，面阔五间（22米），进深四间（20米），七架梁重檐歇山式构架，后带悬山顶檐廊。上层屋面覆盖琉璃瓦，正脊雕莲花纹，鸱尾正吻，脊中为莲珠宝顶，垂脊、戗脊饰垂兽、戗兽，勾头、滴水模印螭纹。平板枋下施围脊一圈。外檐施七踩三翘品字科斗栱，下檐58攒，上檐42攒，木板封护栱眼。前檐柱间装雀替、荷叶等木雕饰。明、次间装槅扇门，梢间砖雕海棠心槛墙，装槛窗。后部檐廊东、西、北三面均为砖雕槛墙，装槛窗。殿内原塑城隍像，今已无存。

寝宫位于院落后部，单檐七架梁歇山顶，前檐接四檩卷棚抱厦，正立面外观似重檐，东、西两侧各接两间悬山顶陪殿，总面阔十一间（32.4米），进深五间（15米）。外檐下施七踩三翘品字科斗栱，总计109攒。屋面覆盖琉璃瓦。明间、次间均装木槅扇门，梢间砌砖雕槛墙（已被改建）；两侧陪殿屋面覆盖琉璃瓦，山墙为五花山墙，墙上开圆形窗洞，正面装木槅扇门窗。寝宫内原塑城隍夫妇像及侍童，今无存。

钟鼓楼位于享殿前东、西两侧，建筑形制相同，均建于砖石砌筑高台上，

歇山顶二层木楼阁，平面呈方形，面阔三间，进深三间，四根金柱为通柱，柱、枋间饰雀替、荷叶墩等木雕饰件。一层檐柱间设木栏杆。二层室内原置钟、鼓，今无存。

1993年，兰州府城隍庙被公布为甘肃省第五批省级文物保护单位。2008~2009年，甘肃省文物局拨款200余万元对兰州府城隍庙主要建筑进行保护修缮。现由兰州市总工会、兰州市文物局共同管理，竖立有文物保护标志碑，保存有历次维修工程档案及相关调查研究资料。

徽县文庙大成殿

位于徽县人民政府院内。2003年《徽县志》记载：文庙学宫始建于明初，位于徽县城东北隅钟楼山麓（今吴山），明成化二十三年（1487年）知州刘济创建大成殿、东西庑、戟门、泮池、棂灵门、名宦祠、崇圣祠等，弘治元年（1488年）

徽县文庙大成殿正南面

竣工。时为一组规模宏大的建筑群。后来原建筑大部分毁坏，现仅存大成殿及明代碑刻5通。中华人民共和国成立后，一直为徽县人民政府的会议室。

大成殿，明嘉靖二年（1523年）重建。清道光九年（1829年）、光绪六年（1880年）进行补修和增建。面阔五间（21.5米），进深三间（14.5米），身内双槽，用柱四列，每列六根。单檐歇山顶，梁架为四椽栿对前后乳栿八架椽，其上叠架平梁、瓜柱、叉手及合踏。外檐斗栱均为五铺作双下昂重栱计心造，里转五铺作重栱出双抄并计心，转角为五铺作重栱出角昂两跳。室内梁枋均绘彩画，砌上露明造。屋面覆盖琉璃筒板瓦。殿内梁枋上有维修题记。

其他附属文物有：明代碑刻5通、清及民国时期的石刻7通，存于碑廊内。

1990年，徽县文庙大成殿被公布为徽县县级文物保护单位（徽政发〔1990〕182号）。现由徽县博物馆负责管理工作，竖立有文物保护标志碑，保存有历次保护修缮工程档案资料。1983年，徽县人民政府拨款14万元进行维修，对建筑外观形制、屋面瓦件脊饰等改动较大。2007年，又被陇南市人民政府公布为市级文物保护单位。

甘谷文庙大成殿

位于甘谷县城南街（南街小学院内）。

甘谷文庙大成殿

清乾隆三十五年（1770年）周铣修《伏羌县志》记载，甘谷县文庙始建于元代前至元二十四年（1287年），时西域人鲁克得礼任县令，集资修建文庙，戊子年春动工，己丑年冬落成。明弘治以来，几经搬迁。首先，知县周书将其迁建到城北；嘉靖末年，县令王调元又将其迁到东街；万历辛卯年，又被县令封嘉浩迁到渭北山麓；天启丁卯年，县令赵守成又将其迁到城外，同时修建了名宦祠、乡贤祠、忠孝祠等；崇祯庚辰年（1640年），文庙被再次迁建到故址。民国初年改为省立甘谷中学。1913年，文庙内成立伏羌县立图书馆。民国三年（1914年）以儒学故署改建为模范小学。1938年改为国立甘肃省第一中学初中部校址。1958年前后，棂星门、泮池等建筑全部被拆除，仅存大成殿。20世纪90年代，甘谷县扩建县城大什字广场，搬迁了南街小学，保留了大成殿。

大成殿坐西向东，面阔五间（22米），

进深四间（18米），重檐歇山顶，蜀柱前后廊构架，减柱造，四椽栿上置五架梁，其上再施平梁，平梁正中设脊瓜柱、角背，脊檩下置襻间斗栱，脊檩两侧置叉手。第一层檐柱与金柱间施挑尖梁、穿插枋。金柱间施承椽枋，檐椽搭在承椽枋上，并在梢间金柱一缝处施挑尖顺梁、随梁，挑尖顺梁上立童柱，作为上层山面的檐柱，承托上层屋檐。外檐斗栱为五踩双昂形式，假昂嘴，无华头子，沿袭了元代作法。屋面覆盖黄绿色琉璃瓦。

2001年进行全面维修。2003年甘谷文庙大成殿被公布为甘肃省第六批省级文物保护单位。现由甘谷县博物馆管理，竖立有文物保护标志碑，保存有历次维修、研究档案资料。

秦州关帝庙

位于天水市秦州区解放路忠义巷南段西侧（秦州区解放路第二小学院内）。始建于明万历八年至四十一年（1580~1613年），坐西朝东，现存前殿、

秦州关帝庙外侧

拜殿及大殿三座建筑。大殿和拜殿间有门，门额分别有砖雕"义路""礼门"匾。其中前殿及拜殿为清代扩建，总建筑面积353平方米。大门为近年重建。

前殿位于院落东侧，平面呈长方形，面阔五间（14.5米），进深三间（6.1米），高6.9米，单檐双面坡悬山顶。墙体土坯砌筑，下碱青砖高0.3米。抬梁、穿斗相结合形式。明间五架梁，次间、梢间用中柱及前后双步梁，前、后檐各置柱头科斗栱6攒、平身科斗栱6攒。前后檐明间、次间均装木槅扇门，梢间为槛墙、槛窗。屋面覆盖绿琉璃筒板瓦，正脊、垂脊用雕花琉璃脊筒子垒砌，正脊两端置吻兽。

拜殿位于院落中部，单檐卷棚悬山顶，平面呈长方形，面阔三间（8.9米），进深二间（5.8米），高6.1米。墙体土坯砌筑，下碱青砖高0.3米。抬梁、穿斗相结合形式。明间六架梁，两山面为三步梁对双步梁用中柱，前、后檐共置斗栱7攒。前檐明间装木槅扇门，次间为槛墙、槛窗。屋面覆盖绿琉璃筒板瓦，过垄脊用雕花琉璃脊筒子垒砌，端部置垂兽。

大殿位于院落西侧，平面呈正方形，面阔三间（8.9米），进深三间（8.5米），高7.3米。明间南、北缝金柱与檐柱不对称，属天水地方做法，前檐两端檐柱柱础两层，下层为六棱形石柱，上层为木雕龟形。单檐双面坡悬山顶，前檐明间装

秦州关帝庙大殿内木装饰

秦州关帝庙大殿内梁记

木槅扇门，梢间为槛墙、槛窗，其他各面围护墙为土坯砌筑，下碱青砖高 0.3 米。抬梁、穿斗相结合形式，明间用五架梁，两山用中柱前后双步梁，前檐下置斗栱 5 攒。屋面覆盖绿琉璃筒板瓦，正脊、垂脊用雕花琉璃脊筒子垒砌，正脊两端置吻兽，垂脊端部置垂兽。室内三架梁上有明代万历年间重修墨书题记。

民勤圣容寺

位于民勤县城南隅，俗称大寺庙。清道光五年（1825 年）许协修《镇番县志》记载，始建于明洪武九年（1376 年）。清代、民国时期多次修缮。1959、1983、1986 年又进行多次修缮。

现存寺院为三进院落式布局，南北长 125 米，东西宽 50 米，坐北朝南，南北中轴线上依次为山门、大雄宝殿、三圣殿、藏经阁等；东西两侧为僧舍和厢房。保存《重修苏公庙碑》等 10 余通。

主体建筑为大雄宝殿，砖木结构重檐歇山顶前出廊，面阔五间，进深三间，月台周边装石雕望柱栏杆。檐下施五踩重翘斗栱，门楣悬挂"大雄宝殿"匾额，平板枋、阑额有生起现象，廊柱上悬挂木雕鎏金楹联。殿内天花为木构船底形状，底面和侧面方格内彩绘佛像和云纹，后部正中塑释迦牟尼佛像，两侧山墙上绘佛像，均为 1987 年前后重新绘、塑。

民勤圣容寺山门

民勤圣容寺大殿

民勤圣容寺藏经阁

三圣殿为单檐悬山顶前接卷棚抱厦式，面阔三间（14米），进深三间（12.2米），前檐高3.3米，两山墙高6.2米，后墙高2.9米，后檐明间建一门廊，宽1.84米，檐柱高2米，为后期增建。室内梁架上置隔架科斗栱，有翼形栱、脊瓜柱和叉手。屋面覆盖灰筒板瓦，正脊两端饰吻兽。

藏经阁为重檐歇山顶前出廊结构，二层楼阁，通高9.4米，面阔五间（19.5米），其中明间宽4.3米，次间宽7.1米，下檐柱高2.7米，直径0.31米，檐下施三踩单翘斗栱。下檐左次间、梢间檐柱与金柱之间施二组挑尖梁。楼梯分设在阁楼东西两侧外，土坯砌筑，踏步长3.4米，宽2米。二楼前出廊，室内外通铺木地板。屋面覆盖灰筒板瓦，正脊用雕花脊筒子砌筑，两端施吻兽，中间置子牙楼阁。

僧舍、厢房为民国时期修建，均单檐单坡硬山顶。

1981年，民勤圣容寺被公布为甘肃省第四批省级文物保护单位。现由民勤县博物馆使用和管理，竖立有文物保护标志碑，保存有较完整的文物档案资料。

海德寺

位于永登县城东北新仓巷。属藏传佛教寺院，民国周树清等撰修《永登县志》记载，始建于明正统戊午年（1438年），明英宗恩准修建。大殿内梁架上有"大明正统十二年（1447年）岁次丁卯陆月拾伍日辰时建"题记。

原寺院建筑规模很大，占地面积约1.3万平方米，院落式布局，中轴线上依次有山门、金刚殿、南北斗宫、土谷祠、山神大庙、大佛殿，两侧建有僧房、厢房、粮房、财神殿、祭灵堂、花堂、花园等。20世纪50年代以来，寺院逐渐衰败，建筑被拆除，仅存大佛殿。

大佛殿建于高大的台基上，有5层台阶，台基四周装石雕望柱栏杆，面阔三间（14.2米）、进深三间（9.6米），单檐七架梁歇山顶；外檐下施五踩双昂斗栱，出跳较长，有鸳鸯交首栱，栱垫板上绘佛像；内檐施单抄三踩斗栱，为明代斗栱形制。殿内原有天花藻井，已毁无存。明间装四扇直棂团花槅扇门，两次间青砖砌筑海棠心槛墙，并装直棂龟背锦槛窗。屋面覆盖灰筒板瓦，脊筒子上塑莲花，正脊两端饰龙吻，中间置灰陶宝顶；垂脊、戗脊上分别置五把鬃、三把鬃兽头。殿内后部有佛台，正壁塑三佛、二胁侍菩萨及弟子像，两侧塑八大菩萨及明王像，墙面上部影塑十六罗汉像。20世纪80年代曾在佛像中发现宋代木版佛经一卷，现收藏于甘肃省博物馆，为国家一级文物。大殿前有一株菩提树。其他建筑均为20世纪90年代以来陆续重建。

1981年海德寺被公布为甘肃省第四批省级文物保护单位。现由永登县博物馆管理，有文物保护标志碑，文物档案资料较为齐全。

金天观

位于兰州市七里河区西津东路1号。原为唐代的云峰寺。宋代改为九阳观。民国时期整修院落围墙时在西南角挖出一块石碑，碑上刻"唐云峰寺，宋为九阳观"等字。明建文元年（1399年），明肃王朱楧将王府从张掖迁至兰州后，进行改建，"春肇其事，告成于秋，绕垣三里"，并迎请全真派道长孙碧云为住持。明嘉靖三十一年（1552年）再次重修。清嘉庆十一年（1806年），甘肃督标中军副将刘营成再次增修扩建。道光三年（1823年），陕甘总督那彦成在金天观内为其父阿桂增建"阿公祠"。道光二十三年（1843年），又增建三公祠。现存金天观占地面积3.9万平方米，建筑面积1.5万平方米，共有建筑42座，呈三条轴线布局，大部分建筑为原有建筑，部分建筑为20世纪80年代以来陆续复建。

1. 中路轴线建筑

中路轴线主要建筑有元坛祠、真武祠、九天门、东壁厅、西壁厅、法祖堂、天师殿、雷祖大殿、三清殿、东西壁画长廊、玉皇阁、三官殿、三光殿，玉皇阁及厢房连廊、老子殿等。

老子殿，也称混元阁，建于明初，位于院内西北九阳山顶。坐北朝南，单檐歇山顶。面阔三间（9.1米），进深三间（9.1米），四周出廊，七檩前后出廊，脊瓜柱下施雕花角背，三架梁下置瓜柱、无随梁，抱头梁及五架梁下施随梁。屋面盖灰布瓦。明间金柱装六扇六抹槅扇门。外檐油漆彩画为2003年新作。殿内原塑老子像，已无存。西面有汉柏1棵，名棋盘柏，高约15米。

玉皇殿位于混元阁南面。明初修建，主体建筑由四组建筑组合而成，中间为面阔三间（9.1米）的歇山顶正殿，两侧

金天观中路轴线建筑雷祖殿

金天观东路轴线建筑

各连接面阔两间的悬山顶配殿，正殿明间前出歇山卷棚顶廊，通进深四间（13.1米）。正殿檐下施三踩品字斗栱，卷棚抱厦檐下施五踩品字斗栱。明间金柱装六扇六抹槅扇门，次间为槛墙、槛窗，两山面各装一扇璇窗。明间脊枋下有民国三年（1914年）重建题记。室内梁架有民国时期旋子彩画，殿内有同期泥塑玉帝、金童、玉女及张、葛二天师等像。外檐油漆彩画为2003年新作。大殿前东面为三官殿，内塑天官、地官、水官塑像，东北壁嵌道光十三年（1833年）兰州书画家唐琏书《金天观铭》碑；西面为三光殿，殿内塑太阳、太阴、紫微三大帝塑像，北壁嵌孙孙骙书《辛卯秋日寄迹金天观偶题》七古诗碑。

三清殿，也称无极殿，位于玉皇殿南面。面阔三间（13.9米），进深两间（13.9米），单檐八檩卷棚悬山顶前出廊结构，月梁下施瓜柱，四架梁下置瓜柱、随梁，单步梁、双步梁和四架梁下置瓜柱、随梁，四架梁下无随梁。外檐施隔架麻叶斗栱。前檐梁架绘旋子彩画，枋心为龙纹和花卉。明间装四扇三抹槅扇门，次间装四扇两抹槛窗。殿内供三清塑像。东、西两侧接庑廊。

三官殿，面阔三间，通面阔7.5米，进深两间，通进深5.1米。单檐悬山顶五檩前出廊结构，脊瓜柱下施雕花角背，三架梁下置瓜柱、随梁，三步梁和抱头梁下施随梁，明间脊枋下有清宣统二年（1910年）修建题记。室内明间脊檩、脊枋上有早期绘雅伍墨旋子彩画。外檐下施隔架麻叶斗栱。明间金柱装四扇六抹槅扇门，次间金柱装两扇六抹槛窗。屋面覆盖灰布瓦。

三光殿与三官殿位置相对，建筑大小形制一样。

雷祖殿始建于明初。九檩单檐歇山顶前后出廊结构，檐下施隔架麻叶斗栱。面阔五间（21.2米），进深三间（15.4米）。脊瓜柱下施驼峰，三架梁下置瓜柱、随梁，单步梁、双步梁和三步梁上施柁墩，无随梁，抱头梁和四步梁下施随梁。殿内奉雷祖及十人雷神。明间装四扇三抹槅扇门，次间、梢间装四扇两抹槛窗。

九天门，即金天观之南门，面阔三间（10.9米），进深两间（8.3米）。五檩单檐悬山顶，檐下施隔架麻叶斗栱。五檩中柱柱头施麻叶，单步梁下置瓜柱、随梁，双步梁下施随梁，梁架无彩画。明间装四扇三抹槅扇门，次间装四扇两抹槛窗。屋面覆盖瓦灰。门两侧连接廊房。其左面为真武祠，右面为元坛祠。

真武祠位于中路轴线南部，与元坛祠遥相呼应，单檐悬山顶，面阔三间，通面阔10.7米，进深两间，通进深7.6米。五檩前出廊，脊瓜柱下施驼峰，三架梁下置角背、施随梁，双步梁和抱头梁下施随梁，室内梁架无彩画。外檐下施隔架麻叶斗栱。明间装四扇三抹槅扇门，次间装四扇两抹槛窗。屋面覆盖灰布瓦。

元坛祠面阔三间，通面阔 10.7 米，进深两间，通进深 7.6 米。单檐悬山顶五檩前出廊结构，檐下施隔架麻叶斗栱。明间装四扇三抹槅扇门，次间装四扇两抹槛窗。

2. 东路轴线建筑

东路轴线主要建筑有云水堂、东西厢房、东望河楼、西望河楼、东南角偏门、碑亭、文昌宫、文昌宫东西配殿、文昌宫东西厢房、过厅、魁星阁及耳房、东西厢房、过厅及耳房、东大门、阿公祠及东西厢房、大门、东八卦亭等。

云水堂位于东轴线南部，面阔三间，通面阔 12.2 米，进深两间，通进深 7.6 米。单檐卷棚五檩前出廊悬山顶，脊瓜柱下施角背，三架梁下置瓜柱，抱头梁和三架梁下施随梁，檐下施隔架麻叶斗栱。明间装四扇三抹槅扇门，次间装四扇两抹槛窗。内檐梁架无彩画，外檐油漆彩画为 2003 年新作。屋面覆盖灰布瓦。

东、西望河楼对称布局，均为单檐六檩悬山顶前出廊后檐出抱厦卷棚建筑，面阔三间（9.8 米），进深三间（9.8 米）。月梁下置瓜柱、施随梁，抱头梁和三步梁下施随梁，檐下施隔架麻叶斗栱。内檐梁架无彩画，外檐油漆彩画为 2003 年新作。

明间装四扇三抹槅扇门，次间装四扇两抹槛窗。屋面覆盖灰布瓦。

东南角门位于东轴线东南部，紧邻东望河楼，单檐四檩前出廊悬山顶，檐下施隔架麻叶斗栱。面阔一间，通面阔 3.4 米，进深两间，通进深 4.5 米。明间装四扇三抹槅扇门，次间装四扇两抹槛窗。油漆彩画为 2003 年新作。

碑亭，单檐四檩悬山顶，面阔三间，通面阔 7 米，进深三间，通进深 3.9 米。三步梁下施随梁，脊瓜柱下施角背，檐下施隔架麻叶斗栱。明间装四扇三抹槅扇门，次间装三扇两抹槛窗。外檐油漆彩画为 2003 年新作。

文昌宫是一座相对独立的院落，位于东轴线中部，大殿为单檐十一檩歇山顶，前出卷棚廊，面阔三间，通面阔 16.11 米，进深三间，通进深 14.60 米。外檐下施五踩斗栱。明间装四扇三抹槅扇门，次间装四扇两抹槛窗。室内梁架原有彩画，后被油漆覆盖。屋面覆盖灰布瓦。大殿前两侧分别为配殿和厢房。配殿对称布局，均单檐五檩悬山结构，面阔三间，通面阔 8.7 米，进深两间，通进深 9.3 米。脊瓜柱下施角背，三架梁下置柁墩，无随梁，三步梁下施随梁。前檐施三踩斗栱，后檐无斗栱，施隔架荷叶墩。明间装两扇三抹槅扇门，次间装三扇两抹槛窗。屋面覆盖灰布瓦。两侧厢房也对称布局，均为单檐四檩悬山顶，面阔七间，通面阔 19.8 米，进深三间，通进深 3.9 米。檐下无斗栱，施隔架荷叶墩。明间装四扇三抹槅扇门，次间装三扇两抹槛窗。外檐油漆彩画为 2003 年新作。还有一座西过厅，紧邻西配殿，单檐四檩前出廊悬山顶，面阔三间，通面阔 7 米，进深两间，通进深 4.9 米。檐下施隔架荷叶墩。外檐油漆彩画为 2003 年新作。

魁星阁位于东轴线北部，五檩重檐歇山顶，面阔三间，通面阔 6.41 米，进深三间，通进深 7.1 米。上、下层檐下梁枋间均置隔架荷叶墩。室内置楼梯上二层。下层前后檐柱间为花罩，无门窗；二层铺木地板，后檐装四扇六抹槅扇门，其余三面装木窗。上层屋面覆盖瓦灰布；下层屋面铺青方砖。魁星阁前左右建有东西厢房，对称布局，建筑形制一样，均为单檐四檩前出廊悬山结构，面阔三间，通面阔 9.9 米，进深两间，通进深 5.4 米。明间装四扇三抹槅扇门，次间装五扇两抹槛窗。布瓦、青方砖铺设屋面。

过厅及耳房位于东轴线北部，单檐六檩前出廊卷棚悬山顶，面阔五间，通面阔 14 米，进深两间，通进深 8.7 米。无斗栱。明、次间无门窗，梢间装五扇槛窗。外檐油漆彩画为 2003 年新作。屋面覆盖灰布瓦。旁边建一耳房。

山门，也称东大门，面阔三间（13.2 米），进深二间（10.9 米），五檩前后出廊结构，单檐歇山顶，屋面覆盖琉璃瓦，正脊两端饰鸱尾，脊筒子雕刻莲花，外檐施五踩斗栱、雕花额枋、隔架墩、卷草纹雀替。门额题"兰州市工人文化宫"木匾。油漆彩画为 2003 年新作。山门两旁建耳房，屋面铺青方砖。

四合院位于东轴线西北部。主体建筑堂屋单檐五檩前出廊硬山顶，面阔三间，通面阔 9.7 米，进深两间，通进深 6.8 米。檐下施隔架荷叶墩。明间装四扇三抹槅扇门，次间装四扇两抹槛窗。屋面清水脊、铺设灰布瓦。东西两侧各建厢房，对称布局，建筑形制一样，四檩单坡硬山顶，檐下无斗栱，面阔六间，通面阔 18.3 米，进深一间，通进深 5.4 米。明间装四扇三抹槅扇门，次间装四扇两抹槛窗。屋面铺青方砖。院门为单檐悬山顶，檐下施三踩品字斗栱。面阔一间。装四扇五抹槅扇门。

东、西八卦亭位于东轴线西北部，对称布局，建筑形制一样，均为单檐八角攒尖顶，通面阔 6.7 米，通进深 6.7 米。檐下无斗栱，施隔架荷叶墩。角梁后尾直接悬挑雷公柱。内、外檐油漆彩画为 2003 年新作。

3. 西路轴线建筑

西路轴线建筑有三公祠、华祖庙、慈母宫等。

甘肃省志 文物志

金天观西路轴线建筑

三公祠位于西轴线中部，十一檩单檐歇山顶，前檐出卷棚廊，檐下施五踩斗栱。面阔三间，通面阔14.6米，进深三间，通进深15.8米。明间装四扇三抹槅扇门，次间装四扇两抹槛窗，东西两侧山面装六扇槛窗。

慈母宫位于西轴线北部，单檐七檩硬山顶前出廊结构，檐下施五踩斗栱。面阔三间，通面阔14.6米，进深三间，通进深15.8米。廊心墙上有砖雕照壁。明间装四扇三抹槅扇门，次间装四扇两抹槛窗。前檐梁架保存早期的彩画。屋面覆盖灰布瓦。

金天观内保存明清及民国时期的石刻10余通，古树名木三四棵。

1956年，金天观被划归兰州市工会管理，先后实施多项保护维修工程，在院内西南角修建了文艺厅，1981年失火烧毁。在东南角修建了露天剧场，补栽了树木。1993年公布为甘肃省第五批省级文物保护单位。2002年安装消防设施。2003年，兰州市人民政府拨款、兰州市工会筹资对除雷祖大殿院外其他建筑进行油漆彩绘。2008~2009年，甘肃省文物局拨款200余万元对金天观重要建筑进行保护修缮。

玉泉观

位于天水市城北天靖山麓。又名崇宁寺，俗称城北寺。以观中有"玉泉"而得名，有"玉泉仙洞"之称，为古代"秦州八景"之一。《秦州直隶州新志》记载，东汉顺帝时，玉泉观就有一位卢真人在此修行。中晚唐时，著名道士吕岩（洞宾）曾到过此地，留有《秦州北山观留诗》

玉泉观右侧全景

一首。北宋大中祥符元年（1008年）"诏天下并建天庆观"，宋代张邦基《墨庄漫录》记："尝至秦州天庆观，闻说吕先生在此月余，近日方去矣。"当时称为"天庆观"。元朝前至元初年，全真道士丘处机的徒裔梁志通至秦州天靖山，幽居修行。元大德六年（1302年）《创建玉泉观记碑》载：梁志通"至元丙子（1276年）起太上殿，至元己丑（1289年）建玉皇殿。……观因境胜，名曰'玉泉'。"大德六年时，玉泉观已修建有太上殿、玉皇殿、泉亭、道院、厨房以及"幻如蚁穴"的"崖凿圆龛"。现存元《□建石文开化碑》记：元延祐三年（1316年）建文昌帝君庙，祀文昌司禄宏人帝君。至正十二年（1352年）三月，秦州大地震时遭严重破坏，玉泉观"殿倾梁欹，崖崩龛毁"。

明代进行多次修缮，并设管理道教事务的道正司。现存成化二十年（1484年）《重修文昌祠记》碑记："司州牧者于此建道正司，北建三清殿五楹，东建真武长生，西建文昌救苦殿各三间。"时玉泉观有三清殿5间、真武长生殿3间、文昌救苦殿3间、玉皇殿3间、玉皇阁3间、三官殿3间、雷祖殿3间及西侧道院、泉亭等。嘉靖三十七年（1558年），巩昌府知府吴公、陕西布政司分守陇右道参议邵璋、钦差兵备陕西按察司分巡陇右道金事冯惟讷、秦州知州李宋等人再次主持重修三清殿，增建混元宫牌楼。万历二十二年（1594年）、万历四十八年（1620年），秦州知州王吉人、玉泉观道正司贵然兴等人主持重修真武长生殿、星辰五祖七真殿、山门、围墙等。崇祯

玉泉观赵孟頫《草书诗碑》

玉泉观天门牌楼

三年（1630年），钦差巡陇右道陕西布政司左参政密水张福臻重修天门牌楼。

清初，玉泉观再次遭毁坏，康熙《秦州志·艺文》"玉泉观山门碑记"记载了当时的残破情形。此后多有修缮。康熙二十一年（1682年），分守陇右道耿继先在大雅堂处重修了选胜亭。乾隆四至五年（1739~1740年），秦州知州李铉、州判吴三煜主持重修文昌殿、仓颉殿、武侯祠、李杜祠、选胜亭，增建了名贤祠等。至此，玉泉观有大小建筑96座。清末，玉泉观再次遭破坏，曾为兵营、校舍等。民国九年（1920年），宁夏海原大地震时，玉泉观遭严重损毁。1920~1926年，陇南镇守使孔繁锦在玉泉观周公祠、托公祠内创办"甘肃省陆军军事学校""中央军校西北军官训练班"等。1938~1946年，国民政府中央教育部在玉泉观关帝庙、向家庵等地设国立天水五中。1971年，玉泉观划归宗教部门管理。

现存玉泉观占地面积达70余亩，各建筑依山势而建，整体坐北向南，自下而上有山门、遇仙桥、大门、通仙桥、青龙殿、白虎殿、人间天上坊、玉泉阁、第一山牌坊、三清殿等。两侧山体平台上分别修建雷祖庙、三官殿、诸葛祠、托公祠、三清阁、选胜亭、静观亭、苍圣殿、玉泉井等。其中三清殿梁上墨书题记"明嘉靖叁拾陆年岁次丁酉季冬重建"，第一

山牌坊上有墨书题记"嘉靖叁拾柒年建"。

进入山门，迎面为灵官殿，单檐歇山顶，内祀王灵官。

向北越过通仙桥，即为天门牌坊，四柱三楼式，高6.5米，坊额榜书"天门"。天门内有东、西两院建筑，东院建有太阳殿，坐东朝西，面阔五间，单檐悬山顶；五祖七真殿坐北朝南，面阔五间。西院建有圣母殿三间。向北登上53级台阶，有四柱三门式木牌楼一座，高约6.5米，悬"人间天上"匾额。

牌楼内有玉皇阁，建于高1.5米的台基之上，坐北朝南，面阔12米，进深6.5米，单檐歇山顶四周出廊结构。前廊下嵌有元代砖雕34块，雕有孝子图、奔马、狮子、怪兽、牡丹、菊花、石榴、荷花、云头等图案。

玉皇阁后部有玉皇殿，面阔三间（12米），进深三间（12米），高10.5米，单檐歇山顶，覆绿琉璃瓦，正脊中部置子牙楼阁，两端龙吻吞脊。门正中悬挂"冲虚无像"匾额。殿内梁架为彻上露明造，外檐施五铺作三抄双下昂斗栱。清代维修，但柱础为元代之物。殿内供奉玉皇大帝坐像，两旁立金、木二星塑像，廊外两端分别立千里眼、顺风耳塑像。玉皇殿东、西两侧各有一配殿，东配殿内祀天、地、水三官；西侧配殿内祀雷祖、真武大帝、张天师。紧依东、西配殿之侧，建有钟、

鼓二楼。

再向北登64级台阶，至混元宫。前有一座四柱三楼木牌坊，覆琉璃瓦，门额题"第一山"，落款"嘉靖三十七年季春上旬建。钦差兵备陕西按察司分巡陇右道佥事冯惟讷，秦州知州李宋"。

三清殿处于最高处，现存建筑为1995年重修。殿门悬挂"三清宝殿"匾，殿内供奉道教最高天神元始天尊、灵宝天尊、道德天尊（太上老君）。殿前两侧各有配殿三间，内祀四御。

天靖山顶西北角有一突兀峰崖，崖上建有斗姆殿，内祀斗姆；过厅内塑南斗、北斗、二十八宿像；神仙洞，相传梁志通成仙处；三仙洞，洞上方悬"迹驻黄鹤"匾，为今人复制的明代著名道士张三丰手迹，洞内分祀庐、梁、马三真人。

天靖山之南面高阜上有一组清代建筑群，称新庙区，建于同治十三年（1874年），是供奉天水名宦周开锡、托克清阿的祠堂，坐西朝东，四合庭院布局。有药王宫，内祀孙思邈等历代十三位名医；财神殿三间，卷棚悬山顶，内祀五路财神；勒马关帝庙三间，内塑关羽像。院后有洞窟3个，内祀王母、九天玄女和观音。

其他附属文物有：

"迹驻黄鹤"匾，1997年发现于南宅子内，明代道士张三丰书写，移存于此。

木牌楼楹联：爽挹南山，供八方纵目；

星瞻北斗，看四海归心。

玉皇殿前檐木楹联："金阙重开，百二关河归陇上；铜驼无恙，九天日月护西秦。"

三清殿前檐木楹联："瑶殿仰三清，一生二，二生三，三生万物；玉泉参道妙，地法天，天法道，道法自然。"

三清殿门柱楹联："金阙壮灵山，一气全真，参贞元于开阖；玉泉朝圣迹，三生万物，朔大象之冲盈。"

元代碑石5方、石碣11方，明代碑石9方，清代碑石29方，民国碑石2方。

2003年玉泉观被公布为甘肃省第五批省级文物保护单位。现由玉泉观文物管理处管理，竖立有文物保护标志碑，保存有历次维修档案资料及调查报告。每年农历正月初九举行朝观会，习俗延续至今。

静宁清真寺

位于静宁县城关镇站院巷内。据1993年版《静宁县志》记载，始建于明嘉靖十四年（1535年），清康熙五十一年（1712年）翻修、扩建，后又多次维修扩建。现存建筑为院落式布局，坐西向东，中轴线上自西向东依次有礼拜大殿、邦克楼、牌坊，南、北两侧有厢房。

礼拜大殿为砖木结构，平面呈"凸"字形，由悬山卷棚勾连搭前殿、单檐歇山顶正殿、悬山顶后殿连接。面阔三间，进深五间，建筑面积390平方米，柱头、补间和转角施五踩斗栱。中门上悬挂民国十七年（1928年）甘肃省政府主席刘郁芬赠送的"见义勇为"匾。殿内有木雕图案20幅，砖雕花卉12幅，前卷棚内天花板镶嵌83幅花卉图案。正面明间装三道木槅扇门，门楣均木雕米格纹。梁枋施彩绘。

静宁清真寺现由站院巷清真寺管理委员会、静宁县文化局、静宁县宗教局共同管理，竖立有文物保护标志碑，保存有较完整的档案资料。2003年公布为甘肃省第六批省级文物保护单位。

灵台文庙

位于灵台县职业教育中心院内，地处达溪河北岸第二台地上。明洪武初年（1368年），知县孔闻道创建儒学，当时位于城东南隅，后因水患迁建至街北，时有明伦堂、敬一亭、博文斋、约礼斋各5间及庠门、礼门等。明天启年间，知县李文蛟重修。明末遭战火破坏，仅存正殿、明伦堂建筑构件若干及脊饰琉璃件、古柏。清顺治丙申年（1656年）、丁酉年（1657年），知县黄居中先后主持修建儒学教谕、训导二宅，修葺学宫。康熙

静宁清真寺全貌

静宁清真寺大殿

灵台文庙大成殿正面

灵台文庙大成殿侧面

二十八年（1689年）再次维修扩建，刻立重修碑记。乾隆二十九年（1764年），再次维修。20世纪60年代，文庙许多建筑被毁，仅存大成殿。1986年，灵台县人民政府筹资维修，将月台改为混凝土包砌，台高2.5米，分为三台，正面设两条石垂带踏步，月台周边置石雕栏杆望柱。

现存大成殿坐北朝南，面阔七间（19米），进深四间（10.6米），九檩前出廊歇山式，前廊有8根柱子，高3.7米；后檐及山面柱间砌筑砖墙，将柱子包裹在墙内。檐下施五踩单翘单昂斗栱，翘头雕象头状，挑尖梁头雕龙头，横栱分别雕成龙头、凤凰、麒麟、象头等。前檐金柱间通装六抹槅扇门，无窗。屋面覆盖绿琉璃瓦，正脊、垂脊、戗脊均用绿琉璃雕花脊筒子砌筑，正脊两端置龙吻，中间置走兽、垂兽、戗兽俱全，山尖博风板处悬挂木刻悬鱼。

其他附属文物有5棵古树和康熙二十八年（1689年）重修碑记1通。

2003年，灵台文庙被公布为甘肃省第六批省级文物保护单位，现由灵台县博物馆、灵台县职业教育中心共同负责管理，竖立有文物保护标志碑，保存有历次维修工程资料。

普照寺大殿

位于庆城县人民政府后院内。创建

普照寺大殿

于北宋太平兴国年间（976~984年），大观四年（1110年）扩建。据现存寺内碑记载，元代前至元二年（1265年）、大德四年（1300年）、至正二年（1342年）进行多次重修。元末毁于战火，明洪武初（1368~1378年）重建，正统五年（1440年），主帅张荣主持重修，天顺八年（1464年）又重修。清康熙八年（1669年），张星主持重修，贡生张之芳撰写了重修碑记，康熙二十一年（1682年）张汝承再次重修，咸丰二年（1852年），监生张翊盛主持重修，岁贡张悌撰写了重修碑记。民国二十年（1931年）《庆阳县志》载，民国十七年（1928年），在寺院内设建设局，新建了办公室。此时，普照寺的主要建筑有五佛殿、三佛殿各一座，高18米的7级砖塔一座，眼光庙、药王庙、钟楼各一座，明天顺八年（1464年）凿刻八棱石经幢一对，成化元年（1465年）铸铁钟一口。"普照昏钟"为古代庆城县八景之一。20 世纪 50 年代以来，大部分建筑被拆除、毁坏，仅存五佛殿一座，明成化元年铁钟一口。

现存五佛殿坐北朝南，单檐五间"厦两头造"厅堂式结构，大木构架为六架椽屋乳栿对四椽栿前后乳栿搭牵用五柱。明间左右两缝四椽栿。建于高 0.3 米的月台上，月台长 26.7 米，宽 19.7 米。正殿台基高 0.2 米，有踏跺 3 级，宽 0.3 米，施垂带，宽 0.3 米。面阔五间（21.6 米）。其中明间面阔 4.7 米，次间面阔 4.5 米，进深 6 椽架周圈带副阶（11.9 米）。廊深 1.8 米。明间装六抹槅扇门 6 扇，次间装四抹槅扇窗。外檐柱头、补间铺作各施一朵，柱头铺作为五铺作双抄双下昂，壁内重棋，计心造，共 12 朵；补间铺作为五铺作双抄双下昂，里转五铺作重棋出两抄，并计心，局部施翼形斜棋，局部不施交互斗；转角铺作为五铺作双抄双下昂，计心造。所有昂嘴被人为破坏。原墙体在维修时改为青砖砌筑，厚 1 米，外罩麻刀灰层，褐红色墙面。举架为七五举至四五举，举折平缓。屋面覆盖筒板瓦，正脊、垂脊、戗脊均用脊筒子砌筑，鸱吻、垂兽、戗兽残缺。

1993 年，普照寺被公布为甘肃省第五批省级文物保护单位。2006 年，庆城县人民政府筹资复建了山门、钟楼、鼓楼、斋堂、僧房、围墙等，新铸铜钟一口，

维修了五佛殿。现由庆城县博物馆、庆城县宗教局共同管理，竖立有文物保护标志碑，保存有历次维修档案资料。

两当文庙大成殿

位于两当县城西街城关小学院内。清乾隆三十二年《两当县志》记载，明末至清乾隆三十二年（1767 年），两当县文庙历经多次搬迁、维修，"文庙在县西街，明崇祯七年（1634 年）遭寇尽圮""仅存庙学一区耳。危立空城，沦入草昧……不得已遂迁，夫子位于堡楼，上无以称神栖，下无以储生徒。"康熙三十九年（1700 年）至四十四年（1705 年），恢复了两庑、戟门、名宦、乡贤祠、棂星门、启圣祠、明伦堂，并修建了二门、大门等。1972 年，文庙内各建筑相继被拆除，殿内塑像被毁。现仅存明代创建的大殿一座，另有古柏 4 棵。

大成殿建于长 16.7 米、宽 1.1 米、高 0.3 米的石砌台基上。坐西朝东，单檐歇山顶。面阔三间（14 米），进深两间四

两当文庙大成殿

架椽（7.6米），两次间面阔小于明间。四架椽屋劄牵三椽栿用三柱，厅堂式结构。檩、梁、柱均为圆木。用材相当于宋《营造法式》中的七等材，符合"殿身小三间，厅堂大三间用之"的规定。殿内彻上露明造。脊檩下施丁华抹颏栱、叉手、蜀柱。外檐斗栱20攒，形制变化较多，前后檐及两山面铺作对称，其结构形制为五铺作重栱单抄单下昂（假昂），里转五铺作重栱双抄并偷心，正面柱头铺作、补间铺作均有斜栱。

2003年，两当文庙大成殿被公布为甘肃省第六批省级文物保护单位。现由两当县城关小学使用管理，竖立有文物保护标志碑，保存有历次维修工程档案资料。2004～2006年，甘肃省文物局拨款维修。

后街清真寺

位于天水市秦州区人民西路。创建于元至正三年（1343年），经明、清、民国多次扩建、重修。民国二十八年（1939年）庄以绥修、贾缵绪纂《天水县志》载："创自元至正年间，其殿五楹，琉璃碧瓦，丹楹刻桷。"明洪武七年（1374年）重建，成化九年（1473年）扩建，嘉靖十三年（1534年）建宣礼塔，万历十三年（1585年）建大门和二门牌坊。原有三进门，头道门位于澄源巷北口，坐东面西，四柱三间木牌楼，檐下悬挂"清真寺"匾额，门楣书"渐入福地""诵经法祖"。二门在大寺巷内，单檐歇山顶牌坊式，门额正面书"常乐界"匾，背面书"抵报元功""清真古教"等字，相传为康熙皇帝御题。第三门为过厅式，坐北向南，面阔三间。20世纪60年代，木构牌坊大门、姆拉楼及众多匾额楹联被毁。

现存院落坐东朝西，总占地面积1731平方米，主要建筑有礼拜殿、宣礼楼、讲堂、碑亭、影壁等。

主体建筑礼拜大殿，明洪武七年（1374年）重建，成化四年（1468年）再次扩建。前出卷棚廊结构，汉式殿堂建筑勾连搭形式，由前廊、前殿、后殿三部分组成，通长22.3米，进深19.3米，殿内净面积430平方米。前廊面阔五间（19.2米），进深一间（4.3米），单檐悬山卷棚顶，屋面覆盖灰筒板瓦。前殿面阔五间（19.2米），进深三间（7.7米），单檐歇山顶，殿内梁架结构系袭元代"减柱造"遗风，室内立两根明柱承托上部梁枋构件，

后街清真寺礼拜大殿

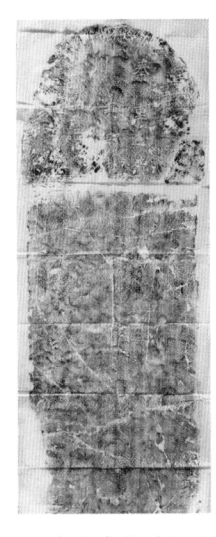 

重建清真寺楼碑汉文　重建清真寺楼碑阿拉
拓片　　　　　　　　伯文拓片

大殿装槅扇门，纹饰为明代木质透雕金钱艾叶纹，檐下补间辅作为五辅作单抄单下昂，柱头辅作为四辅做出平昂。屋面覆盖琉璃瓦，正脊为莲花缠枝脊筒子，中部置火珠宝瓶，两端施正吻（似兽非兽的高度抽象化之物）；后殿面阔三间（12.5米），进深三间（8.7米）。

附属文物有：前廊柱悬挂清嘉庆二十五年（1820年）木刻阿拉伯文槛联，长3.2米，宽0.4米。另有民国初期中国伊斯兰教哲合忍耶门宦导师书写的木匾额2块。明嘉靖二十二年（1543年）汉文、阿拉伯文合璧刻写的《秦州重建清真寺楼碑记》。清嘉庆二十四年（1819年）刻《督宪永不在寺装粮碑记》。还有《古兰经》抄本若干。朱砂色天然陨石1块。

1982年成立后街清真寺民主管理委员会。2006年，后街清真寺被公布为第六批全国重点文物保护单位（公布号6-796）。现由后街清真寺寺管会、天水市文化体育局共同负责管理。2009年，甘肃省人民政府《关于公布甘肃省第六批全国重点文物保护单位保护范围和建设控制地带的通知》（甘政发〔2009〕3号）公布其保护范围为："由围墙外墙向东、南、西各延伸20米以内，北至人行道道沿（道牙）以内；建设控制地带为：保护范围外向东、西、北各延伸50米，向南外延80米。"

静宁文庙

位于静宁县第一中学院内。清乾隆十一年（1746年）《静宁州志》记载，明洪武二年（1369年）明朝廷下诏"令天下郡县，并建学校，以作养士类"。明洪武初，静宁州知州欧阳信在州西北隅原儒学紫极观的基础上创建洪武庙学。永乐十二年（1414年）、天顺六年（1462年）知州史信、郭增先后续建、扩建。弘治五年（1492年），知州侯明、熊应同接替修葺洪武庙学。嘉靖十四年（1535年），知州刘琐重修文庙并创建乡贤祠和名宦祠。嘉靖二十年（1541年），知州李时中在城东南隅重建庙学，创建先师庙门（棂星门）、泮池、大成门、名宦祠、乡贤祠、东西庑、大成殿、崇圣祠等。

清初，庙学日渐荒废，改建为朝

静宁文庙

贺公所。清顺治十六年（1659年），静宁州判骆起明对文庙及学宫进行修葺；康熙三十五年至三十八年（1696~1699年），静宁州知州董守义重修大成殿及学宫，今大成殿脊槫及学宫上平槫有"大清康熙三十五年岁次丙子秋七月既往，奉直大夫知静宁州事知州……董守义重修""时大清康熙三十八年岁次乙卯静宁州知州加二级董守义重修"等题记。康熙五十七年（1718年）地震，学宫倾塌，后由学正朱照乘补葺。乾隆十年（1745年），知州王烜修文庙、崇圣祠。乾隆四十七年（1782年），"知州□□□、学正□□□修学宫"。道光十九年（1839年），张嗣炳重修文庙。咸丰年间，康士雅维修学宫。

民国时期，在静宁文庙内建立模范小学。民国九年（1920年），西庑因地震倒塌，地方乡绅王耀南补修。民国三十年（1941年），静宁文庙改为初级中学校址，许多建筑被改建。1954年，甘肃省教育厅拨款改建文庙大成殿、东西庑，改换为新式门窗。1986年，重修大成殿前月台。2005年对大成殿进行重点修缮。

现存静宁文庙由东、中、西三条轴线构成，坐北向南，对称布局。总占地面积约2万平方米，建筑面积1256.8平方米。东路以崇圣祠为中心。中路以大成殿为中心，由南向北依次为棂星门、泮池、大成门、杏坛、大成殿，大成殿东西两侧为两庑，与大成殿相连，大成门东西两侧分别为名宦祠和乡贤祠，均与大成门相连。西路为学宫区，以明伦堂为中心，明伦堂后有敬一厅。

学宫坐北朝南，单檐悬山式结构，面阔五间，进深六椽，建筑面积229平方米。六架椽屋前后搭牵用四柱。檐柱上施普拍枋，为五铺作计心造足材。四椽栿两端承下平槫、侏儒柱、合楷。平梁两端承上平槫、蜀柱、合楷，蜀柱头施丁华抹颏栱、叉手。山面为草柱架。上平槫下施襻间斗栱。屋面覆盖灰筒板瓦。

大成门坐北朝南，单檐歇山式结构，面阔三间，进深六椽，六架椽屋前后搭牵用五柱。外檐铺作层为四铺作单下昂计心造足材。室内中柱前后乳栿上施蜀柱，前后用搭牵。明、次间中柱间装实榻大门。屋面覆盖灰筒板瓦。

大成殿面阔七间，进深五间，单檐歇山顶，建筑面积240平方米。室内檩子上有清代修建、重建题记。

东、西两庑为庑殿式，面阔十五间，进深四椽，四椽屋前搭牵用三柱。外檐铺作层为单斗支替。三椽栿上施蜀柱、平梁。屋面覆盖灰筒板瓦。

名宦祠、乡贤祠为庑殿式，面阔五间，进深四椽，四椽屋前搭牵用四柱。屋面分别与东、西两庑相连。屋面覆盖灰筒板瓦。

1993年，静宁文庙被公布为甘肃省第五批省级文物保护单位。现由静宁县第一中学使用和管理，竖立有文物保护标志碑，保存有历次维修工程档案资料。

梓潼文昌帝君庙

位于宕昌县沙湾镇上堠子村。始建于元代，明代重建，清代再次扩建。占地面积600平方米，坐北向南，主体建筑有山门、前殿、后殿、东西厢房、过厅、戏楼等，均土木结构。

山门建于三级水泥构筑的台阶上，

梓潼文昌帝君庙山门

梓潼文昌帝君庙戏台

梓潼文昌帝君庙庙内碑记

面阔一间，进深一间，实为过厅后檐明间安装的一个门头，门头单檐歇山顶，前檐下施五踩单翘斗栱4攒，屋面覆盖青筒板瓦，正脊、垂脊用雕花脊筒子砌筑，戗脊青砖垒砌，吻兽、垂兽、戗兽俱全。门外两侧各一尊石狮，门板上各有一幅人物画。

过厅面阔三间（7.5米），进深二间（6米），单檐单面坡硬山顶。

东、西厢房面阔各四间（12米），单檐单面坡硬山顶，前檐木构件均饰彩绘、木雕。其中东厢房内有《大明重修梓潼文昌帝君庙记》石碑1通，记述洪武十六年（1383年）岷州卫指挥史马烨奉洪武

帝之命，率兵平松蕃、迭部、舟曲之乱，马烨祈祷神灵护佑，进攻阶州，凯旋，认为灵验，遂派兵修梓潼文昌庙一座，于7月3日勒石记述作战经过和修庙情况。

前殿面阔三间（7.5米），进深二间（5.2米），双面坡单檐悬山顶，前檐下施三踩单翘斗栱，前后檐明间均装槅扇门，次间为槛墙槛窗。殿内两侧墙面绘人物故事画。

后殿面阔四间（12.5米），进深三间（10米），单檐歇山顶。檐下施五踩重翘斗栱，有彩绘。殿内墙面彩绘人物故事画。

附属文物有《大明重修梓潼文昌帝君庙记》碑，由碑额、碑身、趺座三部分组成。碑额、碑身整块石雕成，通高1.8米，宽1米，碑额圆拱形，额篆"大明重修梓潼文昌帝君庙记"，碑正面两侧阴刻花纹，碑文自右向左阴刻楷书；碑趺用一整石雕成，宽1.3米，高0.7米。

1993年，梓潼文昌帝君庙被公布为甘肃省第五批省级文物保护单位，现由宕昌县博物馆、沙湾镇政府共同负责管理，竖立有文物保护标志碑，保存有文物档案资料。

五泉山建筑群

位于兰州市城关区皋兰山北麓，总占地面积30公顷。因山上有"甘露""掬月""摸子""惠""蒙"五眼泉水而得名。创建于元代，明、清及

民国时期不断重修扩建。儒、释、道文化并存。"五泉山"之名出现较早。《水经注》之"梁泉"是五泉山泉水的最早记载。《旧唐书·地理志》载："五泉，汉金城县，属金城郡，西羌所处……隋置五泉县，咸亨二年复为金城。天宝元年改为五泉。"元代，五泉山正式定名，《大元一统志》载："皋兰山在（兰）州南五里……下有五眼泉，……五泉山故以此命名。"

元仁宗皇庆年间（1312~1313年）在五泉山中麓敕建皇庆寺，在西麓二郎岗建霍去病庙。

明万历七至九年（1579~1581年），临巩兵备道副使暴孟奇在西龙口东侧建漱玉亭。万历三十五年（1607年），兵备副使按察使邢云路重修了清晖阁。天顺六年（1462年），在东龙口悬崖上建千佛阁；嘉靖十四年（1535年）又重修，清同治六年（1867年）毁，光绪元年（1875年）再重修。西麓还有明兵部侍郎邹应龙的读书楼，清中叶废弃。

浚源寺金刚殿

二郎庙正面

大悲殿正面

太昊宫砖门

清顺治十一年（1654年），修建矗云阁、与偕堂、下下亭及回廊，疏浚甘泉露。康熙七年（1668年），甘肃巡抚刘斗修葺。乾隆四十六年（1781年），五泉山大部分寺庙毁，仅留千佛阁、五龙宫、藏经殿、戏楼等。乾隆五十年（1785年）后，本地官绅募资陆续重建。中麓由北向南有戏楼、山门、金刚殿、大雄宝殿、轮藏殿、大悲殿、奎文阁，东西两侧各有水陆堂、酒仙殿、燃灯寺、卧佛殿、大佛殿、清晖阁、三教洞等。西面由北向南有二郎庙、嘛呢寺及西龙口等建筑。东面由北向南有老君庵、掬月泉、东龙口、五龙宫、地藏庵、千佛阁等，山下有两座小桥。嘉庆八年（1803年），甘肃布政使蔡廷衡在西龙口修建瑶源阁。同治六年（1867年），五泉山大部分建筑毁于兵燹，仅存金刚殿、酒仙祠等。同治十三年（1874年）重建嘛呢寺。光绪元年（1875年）重建千佛阁、

地藏寺正殿侧面

武侯庙、秦公庙、三教洞等。光绪十一年（1885年）重建地藏寺。光绪十三至十四年（1887~1888年）重建金花庙、两层戏楼等。

民国八至十三年（1919~1924年），兰州商人陈注（字敏斋）捐资、刘尔忻募款，重修五泉山各建筑。新建牌坊门；在中麓建山门、戏楼及看台、蝴蝶厅；重修崇庆寺，并改名为浚源寺；迁建甘肃举院明远楼至此，改名为万源阁，并在东西两侧建长廊，在第二层建木桥；重修秦公庙、金花庙；在燃灯寺、慈母宫遗址上新建了太昊宫，重修大悲殿、武侯庙、既济宫、清虚府、文昌宫，在菩萨殿遗址上新建皋兰乡贤祠及地藏寺、五龙宫、卧佛殿、千佛阁、三教洞。在东龙口瀑布下修建八卦台。在西涧北端新建话月园、枕流老圃等。还利用古树泉石，新建了问柳轩、石补籍、洗心池、六吉亭、半月亭、四宜山房、绿荫湾、仙人岛、万绿丛中亭、小洞天、企桥、清音阁、俯仰楼等小品景观。在西麓扩建嘛呢寺。刘尔忻亲自为各古建筑撰书楹联135副。

抗日战争时期，国民党第八战区司令长官公署进驻五泉山，并在中麓大悲殿后开挖防空洞。

1955年，兰州市人民委员会将五泉山公布人民公园，逐步向民众开放，并拨款修复、重建部分建筑。至1956年，修

缮了西涧的桥、阁、亭、回廊等，并重新彩绘；新建了儿童乐园；维修了瀑布、喷泉；在西涧重建翠幽新圃，在西麓二郎岗新建动物园。"文化大革命"期间，许多古建筑及文物遭破坏。截至1990年，五泉山公园占地面积达23.3万平方米，建筑面积2.2万平方米。绿化覆盖率达90%，植被以针、阔叶混交为主。现存古树名木56棵，分属6科8属9个品种。

20世纪70年代以来，兰州市人民政府筹资先后维修了许多重要的建筑，主要包括：1974年，在清虚府东西配建画廊，改为外宾接待室；1978年维修了企桥；1981年及2000~2007年维修了卧佛殿；1984~1986年维修了千佛阁；1992、1999年维修了太昊宫建筑群；1997年维修了酒仙祠建筑群；1999~2000年维修并油饰彩绘了万源阁；2007~2008年维修了武侯祠；2007年，对五泉山古树名木实施保护措施。

五泉山建筑群现由兰州市五泉山公园管理处使用和管理。竖立有文物保护标志碑。其中包括甘肃省省级文物保护单位"泰和铁钟""铜接引佛"标志碑2块，1984年竖立兰州市市级文物保护单位标志碑1块。保存有各类文物档案资料，有纸质文档1005个、光盘2张、照片900张、电子文档一套。2002年，兰州市人民政府《关于

公布兰州市市级文物保护单位保护范围的通知》（兰政发〔2002〕13号）划定其保护范围为"各建筑（群）外5米内。"

天堂寺

位于天祝藏族自治县天堂乡天堂村。属藏传佛教寺院。东、西、北三面靠山，南隔大通河与青海省互助土族自治县嘉定藏族乡相邻。寺院的前身是唐宪宗时期（806~820年）建立的苯教寺院阳庄寺。元代初年，藏传佛教萨迦派高僧萨迦·班智达等人到凉州地区以后，在蒙古统治者的支持下，萨迦派在这里得到快速发展，在阳庄寺的基础上建起了萨迦派寺院"萨什迦贡"。至正二十年（1360年），西藏噶举派活佛噶玛若贝多吉在寺院前建造镇龙塔108座，称为"朝天堂"，后称该寺为天堂寺。明代中后期，格鲁派兴起，取代了该寺的苯教和噶举派，寺院改宗格鲁派。崇祯年间，丹玛次成嘉措成为寺院住持。清顺治四年（1647年），青海东科儿寺第四世呼图克图任住持，进行大规模扩建。顺治九年（1652年），五世达赖罗桑嘉措进京路过平番（今天祝藏族自治县金强驿）时，给天堂寺赐名"扎西达吉郎"（汉语称"广慧寺"）。据1956年统计，天堂寺当时占地面积1500多亩，有佛殿14座、活佛囊欠17座、僧舍300多院，主要建筑分为石木、土木两类，其中建于清

顺治四年的大经堂是藏族传统楼式建筑。另有文学院、时轮金刚学院等，修习显宗五部、密宗四部等藏传佛教经典，尤重修密宗。寺内保存用佛舍利装藏的释迦牟尼报身大像，大量萨迦时期佛教造像及唐、宋、元、明时期的佛像、壁画、经典、法器等。20世纪40年代，天堂寺有活佛10名、僧侣540名。20世纪60年代，寺院全被拆毁。

20世纪80年代以来，寺院重新开放，现重建大经堂一座、龙王殿一座、时轮经堂一座、囊欠二院、僧舍20院。原寺院遗址内保留大量早期石砌墙体，部分石块上刻有石匠的名字，具有重要的研究价值。

1993年，天堂寺被公布为甘肃省第五批省级文物保护单位。现由天祝藏族自治县文化体育局、天堂寺寺院管理委员会共同管理，竖立有文物保护标志碑，保存比较完整的档案资料。

广福寺

位于兰州市中山路南83号（原为兰州市百货公司经营部，现为兰州华美商贸有限责任公司家属院，庆阳路221号）。又名"高壁寺"，创建于明永乐十四年（1416年），原有嘉靖十五年（1536年）重修碑1通，《陇右金石录》录其碑文100多字，碑已佚。另有崇祯三年（1630年）铸铜钟1口，已毁。20世纪50年代

以来，寺院逐渐破败，广福寺先后由兰州市百货公司、兰州华美集团使用，期间许多建筑被拆除，整体格局被破坏。

原寺院坐南向北，院落式布局，山门位于今庆阳路北侧一带，山门上建戏楼，院内中轴线上有大殿3座，前殿为正殿（关圣殿），内供关圣帝君，中间为大佛殿，后殿为布袋和尚殿；东、西两侧各有配殿5间，包括金刚殿、财神殿、三官殿、菩萨殿等，还有钟楼一座，位于东配殿的中间。该寺与兰州市白衣寺、嘉福寺、庄严寺、普照寺等并称"金城十大名寺"。现存寺院东西长27米，南北长50米，保存有中殿、配殿、后殿、西厢房、西侧门等建筑。民国时期，在中殿东侧加建一座陪殿，四周墙体青砖砌筑，面阔三间，进深二间，单檐双面坡硬山顶，明间装现代木板门，两侧开窗。屋面瓦件、脊饰均残毁。

中殿面阔五间（10.4米），进深三间（11.5米），九架梁单檐歇山顶前后接卷棚抱厦，台明为水泥砂浆砌筑，高0.5米。四周檐下施三踩单翘斗栱，南面明间、两次间装棋盘槅扇门，梢间砖墙封堵。背面、山面墙体为土坯砌筑，底部青砖砌下碱。外檐梁枋上残存部分彩画，屋面覆盖九样灰筒板瓦，残存部分脊筒子，吻兽、垂脊无存。

后殿台明已改为水泥砂浆砌筑，高

0.3米，面阔三间（10米），进深三间（7.2米），七架梁单檐五脊悬山顶，前后檐下施三踩单翘斗栱，正面（南面）明间、两次间装棋盘槅扇门，梢间砖墙封堵。背面、山面墙体土坯砌筑，底部青砖砌下碱。两山面装博风板。屋面覆盖九样灰筒板瓦，残存部分雕花脊筒子，吻兽、垂脊无存。

西厢房面阔5间，进深2间，单檐双面坡悬山顶。博风板、部分梁枋已毁。屋面盖九样灰筒板瓦。

院内残存2座大门，一座与西厢房南山墙及后殿西山墙相连，顶部青砖叠涩出墙帽；一座与后殿西山墙相连，青砖券顶，顶部用土坯砌筑墙体，残存部分土坯墙。

1984年，广福寺被公布为兰州市市级文物保护单位。现由兰州市文物局、兰州华美集团负责管理工作。竖立有文物保护标志碑。文物档案资料尚未建立。

武山官寺

位于武山县城关镇宁远大道中段（原南城门西侧）。原名圣寿寺、寿圣院，为武山县古代官办寺院。《大明一统志》卷三五"巩昌府"载："寿圣院，在城内，洪武重建。"清康熙《宁远县志》载："寿圣寺，在城。敕封。"寺院在明、清、民国时期进行多次维修。原占地3000多平方米，坐北朝南，院落式布局，与武山县南城门"拱极"门相连，自北而南依地势逐级升高，分上、中、下三院，上院位于最高处，主体建筑有十八罗汉堂；中院内主体建筑为燃灯佛殿，东西两侧为配殿及僧房；下院内主体建筑有天王殿、菩萨殿等，东西两侧有三官殿、股肱殿，钟楼、鼓楼等，菩萨殿内塑三大菩萨、二十四诸天王等。民国时期，寺院被改为仓库，建筑遭破坏。20世纪50年代以来，武山县文化馆、图书馆、博物馆先后均设于寺内，许多建筑被拆除，现仅存中院燃灯佛殿（亦称圣寿寺）及两侧配殿等。南城门门楼在2005年被拆除，后又重建，保存清代"拱极"碑刻。

中院南北长56米，东西宽36米，占地面积2016平方米。主要建筑燃灯佛殿，建于一青砖砌筑的台基上。坐南向北，东、西两侧连接面阔两间、进深两间的挟屋，形成两小夹一大格局，总面阔七间、进深三间。中间主殿为单檐悬山顶，面阔三间，进深三间，无廊，正面装木槅扇门，屋面覆盖灰筒板瓦，正脊用雕花脊筒子、

武山官寺燃灯佛殿正面

瓦条垒砌，两端置吻兽，中部置琉璃子牙楼阁，垂脊、戗脊均用雕花脊筒子垒砌。两侧挟屋均面阔二间，进深三间，五檩抬梁结构单檐歇山顶，屋面低于中间主殿，外端歇山屋面外露，内两端屋面、正脊和垂脊均分别与主殿屋面相接。主殿内墙面原有壁画和书法墨迹，其中正面墙壁被白灰涂刷，无法辨识。四周檐下施五踩单翘单下昂斗栱，东西挟屋前檐有柱头斗栱2攒、补间2攒、转角1攒，斗栱形体均小于主殿。后檐有4攒斗栱。主殿的斗栱下昂嘴卷曲，挟屋的斗栱下昂嘴平直，斗栱及栱眼板上有彩绘及壁画，为明、清时期所绘。后檐保存较好，前檐斗栱及栱眼板在民国时期被破坏，仅存部分壁画残迹。现存门窗均为近年重新制作。西挟屋内供奉释迦佛、阿难、迦叶、文殊、普贤等，东挟屋内供奉地藏菩萨等像，均为当代重塑。

其他附属文物有："圣寿寺"横匾。"圣迹煌煌白马驮经宁远道，寿光耿耿青灯递影武城山"木刻楹联，书法家范文通书。鸳鸯玉碑1块，大部分字迹无法辨认，残存"大清道光""其□曰寿□圣寺"等字。

1981年，武山官寺被公布为甘肃省第四批省级文物保护单位。2002年以来，由武山县佛教协会、武山县博物馆共同管理。2006年，武山县发生特大暴雨，官寺各建筑受损。2008年，国家文物局对武山县实施帮扶项目期间，实施了保护维修。

松涛寺

位于武威市凉州区金羊乡松涛村。始建年代无考，现存三宝殿梁架题记载为"大明正统己未年九月重建"。〔按：明朝有四个"己未年"，最早者为1439年，最晚者为1619年〕另有清雍正九年岁次辛亥年（1731年）三月重建题记。

寺内原建筑规模较大，是武威地区重要的佛教寺院之一。后大部分殿宇被

松涛寺山门

松涛寺大雄宝殿室内梁架

毁，仅存大门及三宝殿，院落式布局，坐西向东。大殿砖木结构，单檐歇山顶形制，面阔三间（12米），进深五间。大殿背面明间伸出一间抱厦（佛龛），檐下施一斗三升交麻叶斗栱，前檐柱头科与平身科斗栱大小一致，均五踩重栱形式，挑出如意头单假昂。门窗、梁柱上绘有彩画图案。明间门板上书"潭心印月"，右次间书"烟灭烽台"。殿内悬挂两块匾额，一书"精微机要"，一书"德成现在"。

1987年，松涛寺被公布为武威市市级文物保护单位（武政发〔1987〕129号）。现由凉州区博物馆（原武威市博物馆）负责管理。

秦安泰山庙

位于秦安县城东南凤山上。又称天齐庙、五台观。始建年代无考，明胡缵宗纂《秦安志》记载："迤西为庙山，其山自高峰趋赴县东（去县百步），悠然而集，翩翩若凤焉，有天齐庙，有天齐堡。"清代《秦安县志》也记载约建于元代。清康熙五十一年（1712年）、同治十三年（1874年）多次修整、扩建，现存殿宇41座，分布在9个山体平台上，计有一阁、一宫、二洞、三厅、五厦、六山门、二十四殿宇。进入山门，拾级而上。

第一台地上有山门及土地祠等建筑。

第二台地为东岳庙建筑群（也称泰山庙院），由山门、福神殿及前抱厦、泰山殿及前抱厦、东西配殿、西厢房（香火房）、侧门等建筑。

第三级台地主要建筑有蓬莱阁、西侧门。蓬莱阁修建于清乾隆十四年（1749年），秦安知县蒋允焘创建。

第四台地为道教活动地，称"天地大观院"，院落式布局，以院门和中间甬道为中轴线，主要建筑分东、西两路布局，西面有鲁班殿及前抱厦、山神庙，东面有洞宾殿等。

第五台地为道教活动地"五台观院"，

泰山殿前门

第五台无量殿

院落式布局，原有"五台观"木牌坊门，已被拆除和改建。院内以甬道为中轴线，轴线上对称布局有无量殿及前抱厦、灵官庙及钟楼、土地庙及鼓楼等建筑；轴线西面依次有华佗庙、药王洞及前抱厦、娘娘庙及前抱厦；轴线东面有仓颉庙、千手千眼观音殿等。无量殿前檐下悬挂明代邑人胡缵宗书"太玄之殿"木匾（原匾不存，现为复制品）。

第六台地为佛教活动区域，东面为接引阁，西面为近年新建碑林。

第七台地为道教活动区域，仅有一座建筑三法宫。

第八台地为儒家、道教共同活动区域，仅有一座建筑玉皇殿。

第九台地为凤山最高处，属道教、儒家共同活动区域，原有老君庙等建筑，《直隶秦州新志》及道光《秦安县志》均有载。1952年被拆除，20世纪80年代以来逐渐恢复了部分建筑。

秦安泰山庙附属文物有：树龄300年以上的古柏32棵；《重修东岳庙碑》等石碑12通；儒、释、道三教塑像63尊；明、清、民国及现当代名人题写的楹联牌匾41幅。

1981年秦安泰山庙被公布为秦安县县级文物保护单位。现由秦安县旅游局、秦安县文物局共同负责管理，保存有历次维修工程档案资料。

大云寺钟楼及唐钟

位于武威市凉州区东北隅。据明代仿刻唐景云二年（711年）《大云寺古刹功德碑》载："大云寺者，晋凉州牧张天锡升平之年所置也，本名宏藏寺，后改为大云。"唐代，武则天称帝后，令全国供奉《大云经》，遂改称"大云寺"。西夏时称为"护国寺"，刻立了著名的汉文、西夏文对照《重修护国寺感应塔碑》。明洪武十六年（1383年），日本籍僧人志满募捐重修寺院，现存钟楼系此时修建。清乾隆二十二年（1757年）再次维修。后寺院废弃，《重修护国寺感应塔碑》被掩埋于此。清嘉庆九年（1804年），武威著名学者张澍发现此碑（见第七章《石刻》）。1927年，武威发生大地震，大部建筑被毁，仅存钟楼及铜钟。1949年后，又增建山门及其他附属建筑。现存寺院坐北朝南，占地面积1万平方米。山门临街修建，面阔三间，悬挂"大云寺"横匾。

20世纪80年代以来，武威市人民政府筹资对钟楼进行多次修缮，重新铺设了甬道、楼梯、楼板地面，加固了扶手栏杆。现存钟楼修建于夯土砖包台基上，台基高12米，平面呈方形，占地面积125平方米。钟楼为砖木结构，面宽、进深各一间，四围出廊，二层重檐歇山顶，外檐下施五踩重翘斗栱，檐柱间施雕花雀替。屋

大云寺钟楼

面覆盖灰筒板瓦。正脊两端施灰陶脊兽，四角檐下挂风铎。二层东面檐下宣挂清乾隆年间奉政大夫郭朝书"慈海鲸音"匾额，金字行草书。楼内悬挂铜钟一口，唐代铸造，高2.4米，下口直径1.45米，上细下粗，下铸6耳。钟身分三层，铸装饰图案，每层又分6格，每格以带状纹连接，第一层图案为戴花冠飞天；第二层为天王及鬼族，天王头戴塌耳帽，身穿盔甲，脚踩夜叉，夜叉身旁立两小鬼；第三层饰龙、天王。"大云晓钟"为古代"凉州八景"之一。

大云寺于1962年公布为甘肃省第三批省级文物保护单位。1993年公布第五批省级文物保护单位时，将铜钟并入其中，改名为"大云寺钟楼及唐钟"。现由凉州区博物馆管理，竖立有省级文物保护单位标志碑，保存大云寺相关的历史文献及档案资料。

大崇教寺

位于岷县梅川乡马场沟北面半山腰，原名灵鹫寺，也称重广寺，俗称东寺，明宣德时改称大崇教寺。据清康熙四十一年（1702年）汪元绚、田而毵纂修《岷

大崇教寺过殿　　　　　　　大崇教寺白塔　　　　大崇教寺碑亭

州志》载，北魏时期这里就有佛寺。另据《西天佛子源流录》载，元朝时这里建有藏传佛教寺院。明永乐十六年（1418年），岷州著名藏族高僧班丹札释重建寺院。永乐十八年（1420年），班丹札释奉旨赴京，其徒弟沙迦室哩继续主持完成建寺，并任寺院住持。宣德二年（1427年），宣德皇帝"遣内臣赍敕重广其寺，改赐寺额曰大崇教寺。及赐碑记，著称佛子之功"。从宣德二年七月到宣德四年八月，命太监王锦、罗玉、杜马林等"起调陕西都、布二司军民人夫"参与扩建工程，扩建后的寺院"弘广深邃，殿宇僧舍五百余楹。佛殿高广，重檐斗栱，雕甍绣阁，妆以金碧，华彩鲜丽"。清·智观巴·贡却乎丹巴绕吉著《安多政教史》载：本次寺院扩建期间，征派地方大小官员100多名，部落大小土官200多名，各种技术人员110名，军人乌拉2005人参与工程，共修大小佛殿10余座，廊房6列，佛堂60间，钟鼓楼、碑亭以及僧舍200间，并派50名官军守卫。大崇教寺藏语称"曲德贡寺"或"隆主德庆寺"，成为明代安多地区影响最大的藏传佛教寺院。明代发展成为藏传佛教最盛之地，寺院、僧人数量庞大，大批高僧得到明廷敕封，当时岷州境内藏传佛教寺院达360多座，大崇教寺管辖属寺也达108座，寺院设立僧纲司，实行政教合一统治。大崇教寺原占地面积达50余亩，分为前八院和后八院，建筑规模宏大，院落围墙高5米，厚3米，南北长300米，东西宽200米；主要建筑按轴线布局，坐北朝南，前后有6座殿堂，两侧有2座殿堂；殿前两侧有钟鼓楼对称布局，钟鼓楼前又有碑亭，碑亭内立宣德四年汉藏文"御制大崇教寺碑"2通。清同治年间毁于兵燹。同治十一年（1872年）重修。1958年，寺院内大部分建筑被拆除，仅存过殿5间、部分寺院围墙、碑亭、白塔及部分遗迹和古树。

现存过殿面阔五间（23.2米），进深三间（8.1米），高8.5米，砖木结构单檐悬山顶前出廊形制,檐下施三踩重翘斗栱11攒。屋面覆盖灰筒板瓦,山墙为五花山墙形式。

碑亭位于过殿前120米处,清道光年间修建,砖石砌筑方形拱券结构,外观如一座墩台,长、宽各9米,高6米,四面各有一拱形门,室内立碑,一通刻汉文,一通刻藏文。两碑的大小、造型、内容一致,碑座石雕束腰莲台,高0.9米,宽1.6米,厚1米;碑身高2.55米,宽1.2米,厚0.47米;碑首高1.25米,宽1.3米,厚0.57米。碑身两侧刻有龙云纹,圆形碑首篆刻"御制大崇教寺碑"。汉文为明宣宗撰,明初大书法家沈粲书,碑文13行,每行字数不等,共计475字。

白塔,也称"山咀庄白塔",属于大崇教寺前八院建筑遗存,寺院其他建筑均毁,仅存白塔。明代始建,清代重修。覆钵形喇嘛塔,砖石砌筑方形塔座,覆钵式塔身,顶置五重相轮,冠黑宝瓶。1976年,村民为盗取文物,炸毁塔身,发现该塔为实心塔,装藏有泥塑小佛像,应为法王舍利塔。

其他附属文物有:明、清、民国、中华人民共和国成立初期的纸质执照以及寺田收租契约等文书300余件。年代最早者为明天启年间,最迟者为1955年,明清时期的有32件。象牙印1枚,印钮为一蹲狮,印文为九叠篆"灌顶净觉祐

善大国师"。持印人为沙加,先驻锡于班藏寺,大崇教寺建成后,一直驻锡此寺,代替班丹札释兼管寺僧事,已传至第36代。清道光年间寺院后法王第36代孙誉写的明代绣像画文本《西天佛子源流录》一部,源自明代文本。明朝封赠岷州大崇教寺下寺崇隆寺、羊卷寺以及西宁西纳寺大喇嘛袭职的圣旨(现藏国家博物馆)。

1993年,"御制大崇教寺石碑"被公布为甘肃省第五批省级文物保护单位。1998年,大崇教寺被公布为岷县县级文物保护单位(岷政发〔1998〕105号)。2003年,山咀庄白塔被公布为甘肃省第六批省级文物保护单位。大崇教寺、白塔现由大崇教寺管理委员会、岷县博物馆共同管理,竖立有文物保护标志碑,保存有档案资料。

拉卜楞寺

位于夏河县拉卜楞镇西三千米处,创建于清康熙四十八年(1709年)。至20世纪60年代,拉卜楞寺有"经堂6座,大小佛殿48座,其中七层楼1座、六层楼1座,四层楼4座,三层楼8座,二层楼9座,镏金铜瓦顶4座,绿色琉璃瓦顶2座,寺主嘉木样大师的藏式楼房31座,各活佛住宅30院,大厨房6所,印经院1所,讲经院2处,嘉木样大师别墅2处,经轮房500余间,普通僧舍500多院,占地面积1234亩。现存学院经堂6座、佛

拉卜楞寺全貌

殿16座、讲经坛3座、活佛府邸（囊欠）28座，建筑面积82.3万平方米。"1958年后，拉卜楞寺建筑、文物遭严重破坏。

拉卜楞寺建筑多修建于北面山脚坡地上，形成一、二、三级台地，逐渐升高。分布在东西长1100余米、南北宽600余米的范围内。现存建筑分为四类：学院建筑（扎仓）；佛殿建筑（拉康）；居住建筑（包括活佛囊欠及普通僧舍）；其他建筑（包括佛塔、藏经殿、印经院、转经房和转经廊、讲经坛、法台、广场、辩经院等）。

1. 学院建筑

拉卜楞寺有六大学院（包括闻思学院、上续部学院、下续部学院、医学院、喜金刚学院、时轮学院）。以闻思学院大经堂建筑规模最大，是全寺的中枢和寺

院的集体会议场所。闻思学院是整个寺院的中心，时轮学院、喜金刚学院、上续部学院、下续部学院环绕闻思学院分布。学院均为院落式布局，庭院很大，经堂较小，建筑形制基本相同，只是规模大小有别。庭院内各建筑按中轴对称布局，包括前门及回廊、廊院、经堂三大部分，主体建筑是经堂，经堂内设后殿、护法殿，有的学院如下续部学院、喜金刚学院等则在经堂外建造护法殿。各学院都有自己的讲经院和厨房，均建在学院附近。

闻思学院，一世嘉木样创建于1710年，二世嘉木样于1772年扩建，五世嘉木样于1946年增建前殿，1948年扩建后殿。1985年4月，大经堂因失火烧毁。1986~1990年重建，部分承重结构改为钢筋混凝土。属显宗学院。现存建筑面积

1700平方米，外形如一座城堡，由前殿楼、廊院、经堂组成。经堂之前殿面阔15间，进深11间，高两层；后殿面阔11间，进深4间，高三层。前殿屋面绿琉璃瓦顶，后殿屋面在藏式平顶上加歇山镏金铜瓦金顶，殿内分别供奉释迦牟尼、宗喀巴、二胜六庄严、历世嘉木样塑像、镏金弥勒铜像、历世嘉木样大师的舍利灵塔、河南蒙古亲王夫妇和其他活佛的舍利灵塔等。院内中部为宽阔的庭院，三面木构廊内遍绘壁画。院外西面为大厨房。前殿楼、经堂前廊外墙体饰白色，后殿饰红色。

下续部学院，一世嘉木样创建于1716年。是本学院僧众聚集诵经、礼佛之所。院落式布局，主体建筑经堂由前廊、前殿及后殿组成，藏式平顶结构。前殿面阔5间，进深6间，高两层，殿内供密集、怖畏、胜乐等佛像及唐卡；后殿面阔5间，进深3间，高四层，殿内供一世德哇仓等活佛灵塔。院落围墙饰白色，前廊、前殿外墙饰白色，后殿外墙饰红色。

时轮学院，二世嘉木样创建于1763年，属密宗学院，是本学院僧众聚集诵经、礼佛之所。院落式布局，前院内三面建有藏式平顶诵经廊房。后院主体建筑经堂由前廊、前殿及后殿组成，藏式平顶结构。前殿面阔5间，进深6间，高两层，殿内供时轮金刚等佛像；后殿面阔5间，进深2间，高三层，殿内供释迦牟尼、七大弟子像及堪布仓、贡唐仓、旦巴嘉措等活佛的灵塔。院墙饰白色，经堂前廊、前殿外墙饰白色，后殿外墙饰红色。

医学院，二世嘉木样创建于1784年，属密宗学院，是本学院僧众聚集诵经、礼佛之所。院落式布局，前院内三面建有藏式平顶诵经廊房，后院主体建筑经堂由前廊、前殿及后殿组成，藏式平顶结构。前殿面阔5间，进深6间，高两层；后殿面阔5间，进深2间，高三层。殿内供奉药王佛、药师佛和拉科仓活佛的舍利塔。

拉卜楞寺闻思学院（大经堂）

拉卜楞寺时轮学院

院墙饰白色，经堂前廊、前殿外墙饰白色，后殿外墙饰红色。

上续部学院，又名"绿瓦寺"，五世嘉木样创建于1941年，属密宗学院，是本学院僧众聚集诵经、礼佛之所。院落式布局，前院内三面建有藏式平顶诵经廊房，后院主体建筑经堂由前廊、前殿及后殿组成，藏式平顶结构。前殿面阔5间，进深6间，高两层；后殿面阔5间，进深2间，高三层，在藏式平顶上加建单檐歇山顶金顶，金顶屋面覆绿琉璃瓦。后殿内供弥勒佛铜像和十六罗汉像，左为八大药师佛和忏悔佛，右为五世嘉木样大师父母的骨灰塔及度母佛，两侧有铜无量寿佛1000尊。院墙饰白色，经堂前廊、前殿外墙饰白色，后殿外墙饰红色。

喜金刚学院，四世嘉木样创建于1879年。1957年失火烧毁，现存建筑为1959年重建。属密宗学院，是本学院僧众聚集诵经、礼佛之所。院落式布局，前院内三面建有藏式平顶诵经廊房，后院主体建筑经堂由前廊、前殿及后殿组成，藏式平顶结构。前殿面阔5间，进深6间，高两层；后殿面阔5间，进深2间，高三层。后殿上加建一座覆镏金铜瓦单檐歇山顶金顶。院墙饰白色，经堂前廊、前殿外墙饰白色，后殿外墙饰红色。

2. 佛殿建筑

佛殿是僧众诵经和信徒朝拜的场所，主要用于供奉佛塔或高僧灵塔。现存近10座单独自成格局的佛殿，有宗喀巴佛殿、弥勒佛殿（大金瓦寺）、释迦牟尼佛殿（小金瓦寺）、白伞盖菩萨殿、绿度母殿（现为文物陈列馆）、白度母殿、寿安寺（狮子吼佛殿）、文殊菩萨殿等，有的佛殿附属于某一活佛府邸，如释迦牟尼佛殿、文殊菩萨殿（属于阿莽仓囊欠）、德哇仓文殊殿等。

弥勒佛殿，又称大金瓦寺、寿禧寺，嘉木样二世创建于1788年，是拉卜楞寺体量最大的佛殿。平面方形，高四层。藏式平顶结构，高20.2米。佛殿正门上悬挂嘉庆皇帝亲书的满、藏、汉、蒙四种文字"寿禧寺"匾额。殿内供奉高7.4米的镏金铜质弥勒佛像，两侧有高达5米镏金铜质八大菩萨像。1882年在屋面加建单檐歇山顶镏金瓦金顶。外墙通体饰红色。

寿安寺，又称狮子吼佛殿，萨木察活佛创建于1809年。平面方形，高三层，

拉卜楞寺弥勒佛殿（大金瓦寺）

拉卜楞寺白度母殿

拉卜楞寺释迦牟尼佛殿（小金瓦寺）

拉卜楞寺嘉木样寝宫院及图丹颇章殿

拉卜楞寺嘉木样寝宫

藏式平顶结构。佛殿内供镏金狮子吼佛、八大菩萨、十六罗汉像等。布局形制与弥勒佛殿一致。佛殿墙体均饰红色。

白伞盖佛殿，本寺高僧第三世索智仓创建于1907年。平面方形，高三层，藏式平顶结构。佛殿墙体均饰红色、白色。

宗喀巴佛殿，本寺高僧闹日仓活佛创建于1887年，殿内专供宗喀巴镏金像。1895年烧毁，后重建。1928年再次烧毁，1941年再次重建。平面方形，高三层，藏式平顶结构。佛殿外墙饰红色。1998~2000年，甘肃省文物局拨款200多万元，对宗喀巴殿予以维修。

夏卜丹殿，本寺高僧霍尔藏仓三世创建于1806年。平面长方形，高两层，藏式平顶结构。佛殿外墙均饰红色。

白度母殿，本寺霍尔藏仓活佛创建于1940年。平面长方形，高三层，藏式平顶结构。佛殿外墙饰黄色。

文殊菩萨殿，属阿莽仓活佛囊欠的佛殿，修建于20世纪30年代。平面长方形，高三层，藏式平顶结构。佛殿墙体均饰黄色。

释迦牟尼佛殿，又称小金瓦寺，嘉

木样二世创建于1714年,仿拉萨大昭寺修建,属嘉木样活佛府邸的佛殿。平面长方形,高三层。藏式平顶上加建两座佛殿,前面一座为重檐镏金铜瓦歇山顶,后面一座为单檐灰瓦歇山顶。1907年,本寺高僧念智仓四世加建了屋面金顶。

3. 居住建筑

拉卜楞寺的居住建筑包括寺主嘉木样寝宫、普通活佛府邸、普通僧舍等,遍布于寺院的西北至东北角,或独立为点,或单独成院落建筑群。囊欠,是高级活佛自己建造的宅院,具有严格的等级制度。所有的活佛都有自己的府邸,以嘉木样活佛府邸(寝宫)规模最大,包括居住区、礼佛区、接待区、公务活动区等。其他著名活佛有18位,称为"十八囊欠"。

4. 其他建筑

拉卜楞寺还有许多独立存在的建筑,主要有印经院、佛塔、转经廊等。

印经院位于寺院东侧,占地3000平方米。现存建筑为20世纪80年代重建,主体建筑为石木结构藏式平顶楼房,高三层,用于经典印刷和储存。印经院内保存有藏传佛教经典印版6.8万余块。

拉卜楞寺的佛塔种类很多,有普通砖石佛塔、铜铸镏金宝塔、名贵材料雕制的灵塔等。多数铜铸镏金宝塔、高僧的灵塔都保存在佛殿或经堂内。矗立于寺院内的砖石喇嘛塔建筑形制统一,

由台基、塔身、塔刹组成。主要有离合塔、神变白塔、白塔、贡唐宝塔等。

拉卜楞寺建筑墙体形式多样,有夯土墙、砖砌墙、外包砖石砌墙、片石墙、木骨泥墙等。建筑屋面做法主要有两种,即汉式坡屋顶和藏式平顶,其中藏式平顶式在现存建筑中最多。建筑有固定的柱式,由柱础、柱身、柱头栌斗及其上的托木、梁等组成柱式,有圆柱、方柱、八棱柱、十二棱柱以及瓜楞柱等。

拉卜楞寺是政教合一的藏传佛教寺院,有自己的活佛制度,寺主第一世嘉木样圆寂后建立了活佛转世制度。迄今已传六世。第一世嘉木样原名俄项宗哲,清顺治五年(1648年)出生于甘肃省夏河县甘加哇代村,1721年圆寂。第二世嘉木样,雍正六年(1728年)出生于青海省同仁县囊惹,1791年圆寂。第三世嘉木样,乾隆五十七年(1792年)出生于青海同仁县,1855年圆寂。第四世嘉木样,咸丰六年(1856年)出生于西康德拉龙(今属四川省),1916年圆寂。第五世嘉木样(汉名黄正光)1916年出生于西康理塘营宫坝彩玛村,1947年圆寂。第六世嘉木样,1948年出生于青海岗察县。现任全国人大常务委员会委员、甘肃省人大常委会副主任、中国佛教协会副会长、甘肃省佛教协会会长、拉卜楞寺寺院管理委员会名誉主任等职。

拉卜楞寺有丰富的宗教典籍、珍贵文物，有6万余册图书；保存有历代金敕、印玺、封诰、匾额及大小金银佛像、佛塔等文物2万余件。

1961年，拉卜楞寺被公布为甘肃省省级文物保护单位。1966~1976年，一些建筑被拆除，宗教活动停止。1979年，寺院正式开放，宗教活动逐渐恢复，先后成立了拉卜楞寺文物管理委员会、寺院管理委员会，颁布了《拉卜楞寺规章制度等资料汇编》（汉藏文）等规章制度。1982年，拉卜楞寺被国务院公布为第二批全国重点文物保护单位（公布号2-43），竖立了文物保护标志碑。相关文物资料均保存于展览馆、藏经楼及其他管理机构中。1999年，甘肃省人民政府《关于公布我省全国重点文物保护单位保护范围的通知》（甘政发〔1999〕22号）公布了其保护范围。2009年，甘肃省人民政府公布了《甘肃省拉卜楞寺文物保护总体规划》，对原保护范围进行重新公布："北面界线：西侧从则岗玛后山顶起，向东沿山脊经加吾沟到加吾日召后山顶。东面界线：北侧从加吾日召后山顶起，向南经卓玛合则、贡格尔日，与尕寺沟泄洪渠两面山顶相连。再从尕寺沟口起，沿尕寺沟泄洪渠到大夏河，在此向东沿河岸南行，到居民住宅尽头，并折向东北，经过龙哇乃合当、耕地下端、居民住宅区，折向东

南，进沟至曼达尼哈。从曼达尼哈向南行，经闹日散山、登志则岗玛（大林棵后山顶）、洒乙尼哈，到达修地山顶。南面界限：东侧从修地山顶起，向西经散木道（三岔沟口），到达乙合且山顶。西面界限：从乙合且山顶起，向西北行，沿乙合旦龙哇至唐乃合格尔尕，在大夏河南岸拐东至藏中家属院西面围墙，再拐西至王府村（嘛呢）石头，再向北到达直贡保，在此西北行至塔尔哇则、加日则岗玛到则岗玛后山顶。考虑到拉卜楞寺进行宗教活动和信教群众的意愿以及文物管护的需要，将县砖瓦厂后山梁向上至山顶以西，夏勒龙哇以东，日乃合山根尽头以上的三角地带（扎西改日合，意为八宝山）、曼达日召、九甲日贡玛、乃羌沟（王府沟）块石采掘点，洒乙昂板石采据点为拉卜楞寺保护范围。"拉卜楞寺的保护区面积为8445亩，寺院占地1275亩。

万寿寺

位于甘州区县府南街。又名木塔寺，寺院最早创建于北周时期。清乾隆四十四年（1779年）钟庚起撰《甘州府志》载："万寿寺木塔九层，罗汉五百，俗名木塔寺，（北周）已有之，隋开皇二年重建。"隋大业二年（606年），隋炀帝西巡张掖，曾命随行名僧慧乘在万寿寺为高昌王及二十七国使者讲授《金光明经》。唐贞观十三年（639年），大将尉迟恭曾奉唐太

第六章 古建筑

万寿寺木塔

宗之命负责监修万寿寺塔。唐僧玄奘西天取经归来，路经张掖，曾在万寿寺礼佛诵经。《重刊甘镇志》载，明永乐十四年（1416年）重修万寿寺，将木塔由原15层改为9层。永乐十六年（1418年）又大修寺塔。《马可·波罗行记》中对明永乐十八年（1420年）时的万寿寺有记载。明宣德年间（1426~1435年），镇守甘肃太监王贵曾上疏请明宣宗颁赐"万寿寺"匾额，又赐藏经。清康熙二十六年（1687年），甘肃提督孙思克主持筹资维修，并刻立《重修万寿寺碑记》，碑文称当时修缮"楼殿一新，廊庑改观，500罗汉，尊尊光明，二十诸天，在在圆满，卧像显

丈六金身，千佛耸百尺高阁。伽蓝护法山门厨库，无一不重加修理。"清代名僧卜舟写有《万寿寺木塔》诗一首。清末，木塔被大风毁坏，1926年重建。

万寿寺原建筑坐西朝东，院落式布局。中轴线上建筑有山门、殿堂、佛塔、藏经楼、僧舍等，现仅存木塔和藏经楼。中华人民共和国成立后，万寿寺改为张掖中学校址，殿堂被改建为校舍，部分殿堂被拆除。20世纪90年代，扩建广场，原格局不存。

现存木塔为1983~1986年维修，砖木结构八面九级空心阁楼式，外檐均为木构出廊，金柱间砌筑青砖墙，通高32.8米。檐柱与金柱间施单步梁拉结，塔内有木楼梯和扶手栏杆。建于砖石砌筑的方形须弥座台基上，台基四面有垂带踏步、抱鼓石及望柱栏杆，台基顶部四周也置石雕望柱栏杆，台基底边长20.3米，高1.5米。第一层塔身平面呈方形，面阔五间，进深五间，四周出廊结构，四面金柱明间装槅扇门，次间开方窗，门额上方嵌砖雕匾额，西侧为"入三摩地"，东侧为"登极乐天"；第二层塔身外檐平面呈方形，面阔三间，进深三间，四周出廊结构，金柱平面布局为八角形，金柱间砌筑砖墙，东、西面各开拱形假门洞，南、北面开假窗，门楣嵌砖雕匾额，西侧为"宝筏金绳"，东侧为"西天正觉"。

一、二层屋面覆盖灰筒板瓦，垂脊端部施灰陶跑龙，博脊用青砖瓦条垒砌。第三～九层塔身外檐柱、金柱的平面布局呈八角形，四周环绕廊，金柱间砌筑砖墙，屋面覆盖灰筒板瓦，垂脊用雕花脊筒子砌筑，博脊用青砖瓦条垒砌，四面分层开门窗。其中第三层四面辟门，无窗；第四层东、西面辟门，无窗，东门两侧砖刻楹联"玲珑塔下祥光晃，紫金钵里千朵莲"，门额题"千佛明经"，西门两侧砖刻楹联"九级浮图光闪烁，千层莲座镇金刹"，门额题"万法归空"；第五层东、西面辟门，南、北面设假窗，东门两侧砖雕楹联"宝寺犹云中世界，高塔如静里乾坤"，门额题"西来妙意"，西门砖刻楹联"平安两字西方佛，清静三途上界仙"，额题"甘泉福荫"；第六层四面辟门；第七层东、西面辟门，南、北面开月窗。第八层檐柱间装木雕栏杆。第九层室内为木构井式塔顶，原悬挂铜钟一口，已取下，屋面八角攒尖顶，

万寿寺藏经楼

塔顶攒尖处置灰陶宝瓶。各层檐下施木雕十二生肖图案，挑檐角梁雕刻龙头，下挂风铎。"木塔毓钟"是古代张掖八景之一。木塔前有清代《重修万寿寺石碑》一通。

藏经楼位于木塔西面10米处，坐西朝东，砖木结构两层三檐歇山顶，建于高0.4米的水泥台基上。第一层面阔七间，进深五间，四周出廊，前檐金柱明间、次间装木槅扇门，梢间为槛墙、槛窗，其他三面均青砖砌墙，檐下施五踩花牙子斗栱；屋面覆盖筒板瓦，戗脊用雕花脊筒子砌筑，博脊用青砖瓦条砌筑。第二层面阔七间，进深五间，重檐歇山顶，四周出廊，下檐施五踩花牙子斗栱，上檐施七踩花牙子斗栱，前檐金柱明间、次间装木槅扇门，梢间为槛墙、槛窗，其他三面均青砖砌墙；屋面覆盖筒板瓦，正脊、垂脊、戗脊用雕花脊筒子砌筑，正脊两端置龙吻，中间有跑兽、宝瓶，垂兽、戗兽俱全。

1993年，万寿寺（包括木塔及藏经楼）被公布为甘肃省第五批省级文物保护单位。现由甘州区博物馆负责管理，竖立有文物保护标志碑，保存有历次维修工程档案资料。

兰州禅院

位于兰州市城关区山字石路12号。始建于清乾隆年间，因供奉关圣、火神、马王，也称关帝庙、火神庙、马王庙等。

兰州禅院

道光二十六年（1846年），左营督标重建，作为清甘肃总督府左营属地，称为左营庙或禅院。清末民初，禅院被改为"皖江会馆"。民国三十二年（1943年）张维著《兰州古今注》"营署兴废"载："皖江会馆陕西新馆为旧左营前营地"，为安徽、江苏商贾来兰驻足之地。现仅存禅院，坐北朝南，院落式布局，有过殿、享殿两座建筑，二者相距12米。

过殿面阔三间（9.5米），进深三间（8.7米）。六檩歇山卷棚小式建筑，前后明间出檐，檐深1.5米。前后檐下施重翘斗栱，大、小额枋间饰荷叶纹雕花墩，前后檐柱与下枋交角处饰雀替。屋面覆盖绿色琉璃瓦，琉璃莲花纹脊筒子，正脊呈弧形，山花墙、戗脊用琉璃面砖砌筑，东、西山墙为青砖砌筑五花山墙形式。阶条石为青石。

主体建筑享殿面阔三间（12.2米），进深三间（11.8米），前廊深4.8米，六檩悬山卷棚结构；正殿七架梁九脊歇山顶。前廊檐下施七踩品字科斗栱16攒，其中角科2攒、柱头科2攒、平身科10攒。大额枋用材粗大，大小额枋间饰瑞兽纹隔架墩，大额枋木雕瑞草纹枋心，前檐柱头雕刻祥云、瑞兽纹饰。金柱间装棋盘心槅扇门12扇。屋面覆盖琉璃瓦，脊饰件，正脊、垂脊、戗脊均为透雕琉璃脊筒子，正脊两端饰盘龙正吻，中部置三座宝瓶及鳌鱼；垂脊饰五把鬃垂兽；戗脊分前后两段，后段高大，饰五把鬃戗兽、一个小兽，前段稍低，脊端饰三把鬃及小鳌鱼一座。殿内后部有木雕神龛三间；东、西山墙有完整的壁画。东、西两侧廊心墙为青砖砌筑仿木结构，其余墙面均为青砖墙。前廊及室内地面方砖斜铺，阶条石及台阶青石铺设。

兰州禅院由兰州市宗教局管理使用，竖立有文物保护标志碑，档案资料比较齐全。2003年公布为甘肃省第六批省级文物保护单位。

普陀寺

位于陇西县南安乡五一小学院内。始建于清康熙七年（1668年）。康熙初年，一位西来僧人比丘无达（俗姓卢）前去朝拜浙江普陀山，沿途募化、集资购檀木，雕刻了释迦牟尼、韦陀、观音、关公像四尊。康熙五年（1666年）抵达陇西翔秦门（今何家门），无法继续前行，停留于

普陀寺大殿

两当香泉寺山门

此，后病故。当地胡姓人家施舍自家祠堂及土地，百姓集资修建了普陀寺，额题"朴陀西院"。现仅存大殿一座，坐西向东，面宽13米，进深12米，通高10米，砖木结构单檐歇山顶结构，外檐下施三踩三下昂斗栱，总计32朵。大殿内脊檩上有历代维修墨书题记。殿内佛像大部已毁，仅存释迦牟尼檀木雕像一座，高0.93米，木胎镀金，结跏趺坐于高0.4米的莲花台座上，现被移存于陇西县仁寿山新建的接引佛殿内。

1981年，普陀寺被公布为陇西县县级文物保护单位（陇政发〔1981〕118号），现由陇西县博物馆负责日常管理工作。

两当香泉寺

位于两当县城关镇香泉村。道光二十年（1840年）《两当县志》卷三记载，香泉寺位于县城西北0.5千米处，始建年代无考，清康熙二十七年（1688年），"居民造观殿于其上。乾隆二十六年，署知县

冷文炜大加修葺，为殿三楹，内坐观音而奉铁佛像于前。铁佛者，旧在寺前溪旁。相传古者溪水夜长，居民闻呼救声群起，拯得一铁佛立像……又于寺内殿旁增修僧房三楹、钟楼一座。乾隆五十八年重修。道光十四年绅民重修。"知县冷文炜还亲书匾额"光济群生"。现存寺院依山而建，坐西向东，院落式布局。

山门面阔10米，进深6米，重檐歇山顶二层木构牌坊式建筑，"人"字形顶，通高8米，灰筒瓦覆顶，檐角悬挂风铎，上层檐下明间施七龙压五象斗栱，斗栱形制独特，下层正中龙门枋上书"香泉寺"三字。门两侧为木雕门窗。

主体建筑观音殿，砖石木结构单檐歇山顶，面阔三间（10米），进深二间（6米），前檐出廊，檐深1.5米。檐下施一斗三升斗栱，九龙压七象形制。前檐柱身雕饰二龙戏珠，檐柱间施木雕彩绘黄额猛虎头像。屋面出檐较深，覆盖筒板瓦。

两当香泉寺观音殿

蔡家寺山门

20世纪90年代以来，两当县人民政府筹资进行维修，并在大殿内泥塑观音菩萨、善财、龙女、文殊、普贤等像；左右墙壁绘制八海龙王朝南海观音、观音菩萨救八难等故事画。

寺内保存清道光年间重修香泉寺的碑记。

2003年，香泉寺被公布为两当县县级文物保护单位，现由两当县文化馆负责管理。

蔡家寺

位于甘谷县城东北10千米渭阳乡蔡家村。据乾隆三十四年（1769年）《伏羌县志》载，寺院创建于元至正年间（1341~1368年）。寺内现存碑文载，大雄宝殿系明万历十五年（1587年）重建。清康熙三十七年（1698年）再次重修。寺院依山就势而建，坐北朝南，整体布局以雨花台山脊为中轴线，分台逐层修建，共分6台。

第一台上有戏楼，建于开阔平台上，面阔三间，单檐硬山顶楼阁式，戏楼北面开门，与乡村道路相接。村道东面甜水沟上修建一座卷棚式木构过仙桥，面阔三间，桥身两侧立木构望柱栏板。

第二台上有牌楼式山门、财神楼等建筑。山门为明末清初建筑，木构重檐歇山顶牌坊式，与戏楼隔道相望，面阔三间。明间额题"蔡家寺"三字。穿过牌坊楼，正北面建一悬山顶前出廊财神楼。

第四台东面为菩萨楼，二层重檐歇山顶楼阁。上下层均面阔两间，檐柱间施木构围栏，四檐角悬挂风铎，正脊和垂脊施吻兽。菩萨楼东侧有一座卷棚式木构天桥，天桥与菩萨楼的上层相通。天桥、菩萨楼二层均设平座勾栏连通。

从菩萨楼天桥东侧拾级而上，可到达第五层台上。台地上修建一处相对独立的院落，悬山顶山门面阔三间。大门内有天王殿，面阔五间，单檐硬山顶，正

秦州文庙大成殿及古柏

秦州文庙大成殿内部结构

中辟门，左右泥塑四大天王像。天王殿之后为韦陀殿，西面还有九天圣母宫。

由韦陀殿再拾级而上，到达第六层台地雨花台。主体建筑有大雄宝殿，砖木结构单檐歇山式屋顶，面阔五间，进深三间。内设神龛，泥塑佛像。

蔡家寺内还保存明天启七年（1627年）木刻经版220块，有金刚、弥陀、观音、孔雀、地藏和三官等6种，100卷佛经抄本，是珍贵的佛教典籍文献。另有铜铸弥勒佛、释迦佛、多臂菩萨、罗汉、观音菩萨等塑像，均为明代作品。

2003年，蔡家寺被公布为甘肃省第六批省级文物保护单位。现由甘谷县博物馆负责日常管理工作，竖立有文物保护标志碑，保存有比较完整的档案资料。

秦州文庙大成殿

位于天水市龙城广场处。据《天水县志》载，创建于元大德六年（1302年），梁公弼修建。明洪武初期重修，宣德年间知州李享再次重修；嘉靖七年至十年（1528~1531年）知州王卿摄、州事巩昌同知李暹又重修。清康熙十四年（1675年），知州王之鲸、赵世德再次主持修葺；康熙三十四年（1695年），署州杨本植再次修葺；乾隆四年（1739年），知州李宏主持修建；乾隆二十三年（1758年），知州刘斯、费廷珍又主持修缮；咸丰十年（1860年），知州李文楷、托克清阿又进行修建；光绪年间又进行维修；民国十四年（1925年）又进行重修。乾隆《秦州志》载，文庙在城内西南隅，三进五院格局，上为大成殿，左为崇圣宫，台下东西两面各有廊庑各9间。前为戟门，门外左名宦祠，右乡贤祠，中有泮池，前有棂星门，再前有东西二门相对；门外为德配天地、道贯古今坊。

民国时期，秦州文庙曾被改为天水女子学校。中华人民共和国成立后，由天水市中华西路小学使用。20世纪60年代

后，逐渐拆除了名宦祠、崇圣宫、明伦堂、藏经阁等，许多建筑被改建。2004年以来，又拆除了西面学宫、乡贤祠、东西庑等，新建了文庙商场。现仅存大成殿与戟门两处建筑。其他建筑均为2004年以来重建。

大成殿坐北面南，建于高大的月台上，重檐歇山顶，四周不出廊，面阔五间（24.4米），进深五间（19.61米），通高14.2米。室内柱子为双槽，减柱造，当心间减去8根金柱。四周两层檐下均施五彩重翘斗栱，出45度斜昂，翘头雕刻龙头、象头等。普柏枋大于阑额，石莲瓣柱础。正面明间、次间均装6抹槅扇门，两侧梢间为槛墙、四抹槅扇窗，其中在槛墙外侧饰砖雕二龙戏珠、海水朝阳图；其他三面围护墙均为青砖墙。屋面覆盖绿琉璃瓦，正脊、垂脊均用雕花琉璃脊筒子垒砌，正脊两端饰龙吻，中间置二层桥亭，垂兽、戗兽俱全。

戟门面阔三间（10米），进深两间（8米），单檐双面坡悬山顶，檐下施一斗二升斗栱，两山悬挂博风板和悬鱼，屋面覆盖灰筒板瓦，正脊两端置琉璃吻兽。正面明间檐下悬挂楷书"戟门"木匾，落款"乾隆三十六年（1771年）八月，士子胡端敬书"。

附属文物有：古柏5棵、古槐6棵、历代碑刻11通。

1981年，秦州文庙被公布为天水市市级文物保护单位（天政发〔1981〕133号），现由秦州区文化广播影视局负责管理工作，保存有历次维修档案资料。竖立有文物保护标志碑。

罗川文庙

位于正宁县罗川乡正宁二中校园内。罗川村为甘肃省省级历史文化名村，古为阳周、真宁等县治所。民国时期，县政府驻地由罗川迁山河镇，现为罗川乡政府所在地。《正宁县志》载，文庙始建于元至正年间（1341~1368年），元末毁于战火。明洪武二年（1369年）重建。后毁于战火。清顺治年间重建，康熙、雍正、乾隆年间均有修缮。现仅存大成殿，坐北向南，面阔五间（15米），通高6米，单檐歇山顶。屋面覆盖青瓦，雕花脊饰。外檐柱头有卷刹，柱头斗栱为双抄双下昂，昂嘴较长。院内还有5棵汉柏。

1986年，罗川文庙被公布为正宁县县级文物保护单位（正政发〔1986〕65号），现由正宁二中管理使用。竖立有县

罗川文庙

西和文庙大成殿　　　　　　　　　　礼县文庙大成殿

级文物保护单位标志碑，保存有文物档案资料。

西和文庙大成殿

位于西和县城南关夫子街（西和县第二中学院内）。创建于明天顺年间（1457~1464 年），地处西和县城的上城，后毁于洪水。清康熙四十三年（1704 年），知县李芳移建于今址。雍正八年（1730 年）再次重修。1944~1981 年，由西和县一中使用。原有东西庑、东西耳门、乡贤祠、名宦祠、大成殿等建筑 50 多座，有冯玉祥、吉鸿昌等人题写的匾额，均已无存。现仅存一座大成殿。

大成殿重檐歇山顶，面阔五间（计 14 米），进深四间（11 米），高 10 米，减柱造，穿斗式与抬梁式相结合，室内砌上露明造。下檐斗栱为单栱单昂；上檐柱头斗栱为五踩重栱三下昂，平身科斗栱为三踩单栱双下昂。屋面覆盖绿琉璃瓦，正脊饰缠枝莲纹，两端饰龙吻。殿前有一对清代石雕狮子。

1985 年，西和文庙大成殿被公布为西和县县级文物保护单位（西政发〔1985〕141 号）。现由西和县第二中学使用，西和县博物馆负责管理工作。竖立有文物保护标志碑，保存部分文物档案资料。

礼县文庙大成殿

位于礼县县城东大街秦都大酒店（原礼县人民政府招待所）院内。明万历三十八年（1610 年）创建。《秦州新志》载："始建于明万历三十八年，初建城东锦屏山麓，后迁县南之西关，顺治十三年署县事欧阳琇改迁此地，后经康熙年间、乾隆四年、道光十九年先后重修。"原有建筑包括棂星门、魁星阁、乡贤祠、名宦祠等，计有三院，房屋 40 余间。自 1958 年被礼县人民政府招待所占用以来，许多建筑被改建，现仅存大成殿。

大成殿坐北朝南，面阔五间（22 米），进深四间（17 米），重檐歇山顶。十架椽，

大柳关帝庙

皋兰县文庙山门

身内双槽，六椽栿前后乳栿，檐柱与老檐柱之间以穿插枋加固。上层斗栱为三踩单翘单下昂，下层斗栱为五踩重翘双下昂。屋面覆盖琉璃筒板瓦，正脊两端施龙吻，中部置麒麟火球，正面浮雕二龙戏珠。垂脊、戗脊饰云雷、卷草纹。

1983年，甘肃省文化厅拨款对礼县文庙大成殿进行全面修缮。现由礼县文化馆使用，作为文物陈列馆。1991年公布为礼县县级文物保护单位（礼政发〔1991〕225号），竖立有文物保护标志碑，保存有历次维修档案资料。

礼县关帝庙

位于礼县城关镇大北关。又名下寺关岳庙。始建年代不详，乾隆五十九年（1794年）扩建，占地约4000平方米，由殿宇、亭台、楼阁、游廊等组成。20世纪50年代以来，逐渐被拆除，现仅存关帝庙正殿及钟、鼓楼。正殿坐北朝南，单檐悬山顶穿斗式结构，面阔三间，进深五间。

大柳关帝庙

位于武威市凉州区大柳乡武威市第十二中学校园内。始建年代无考，清嘉庆年间重修，现存大殿及东西两侧配殿。大殿建于夯土台基上，台基平面呈方形，边长19米，高5米。面阔三间，进深两间，重檐歇山顶，前接卷棚式抱厦。外檐施三踩斗栱7攒。殿内梁架上有清代旋子彩绘。东、西配殿均面阔三间，进深一间，前出廊硬山顶。

1987年，大柳关帝庙被公布为武威市市级文物保护单位（武政发〔1987〕124号），现由凉州区博物馆、武威市第十二中学共同管理，竖立有文物保护标志碑，保存有文物档案资料。

皋兰县文庙

原位于兰州市城关区张掖路中段南侧延寿巷，清康熙时为甘肃靖逆侯张勇私宅。张勇（1616~1684年），《清史稿》有传，字非熊，乾隆皇帝称其"有古名将风"。西安府咸宁人。初为明朝副将，清顺治二年（1645年）降清，授游击。顺治五年（1648年）率军来到甘肃，收复肃州（今酒泉）等地，授甘肃总兵、云南提督等职。乾隆三年（1738年），清政府将甘肃的政治中心由临洮府移到兰州，称兰州府，原兰州改为皋兰县。乾隆五年（1740年），甘肃巡抚元展成将张勇私宅改建为皋兰县文庙。改建期间，按已有建筑格局在两翼修建大成殿、教谕署、训导署、尊经阁等建筑。当时无奎星阁，后将兰州旧城之通远门改为奎星阁。原建筑面积约950平方米。乾隆四十一年（1776年），皋兰县知县康基渊等在文庙内设兴文社。20世纪50年代以来，先后被兰州市延寿巷幼儿园等部门占用，规模日渐缩小。

2001~2003年，甘肃省文物局拨款300余万元，将皋兰县文庙整体搬迁至兰州市北面的九州台前山上。搬迁后的皋兰县文庙坐北朝南，占地面积约6600平方米，建筑面积约1500平方米。沿中轴线由南向北依次有山门（棂星门）、泮池、泮桥、戟门、明伦堂、大成殿、尊经阁、崇圣祠等。在明伦堂和大成殿之间的东西两侧建有东西配殿，在大成殿和尊经阁之间东西两侧建有礼亭、乐亭及曲廊等。东面围墙内侧墙面上嵌"孔子圣迹图"线雕石刻。

明伦堂面阔五间，进深三间，单檐悬山顶前出卷棚抱厦结构，前檐柱间、后

皋兰县文庙尊经阁正面

金柱明间装槅扇门。屋面覆盖琉璃瓦。明伦堂后墙壁上镶嵌有多块清、民国时期的石碑。

大成殿面阔五间（21.5米），进深三间（15.2米），单檐歇山顶，前檐柱间装槅扇门窗，外檐明、次间各施平身科五踩斗栱52攒。

尊经阁为砖木结构的两层楼阁，单檐歇山顶，底层面阔五间（13.8米），进深四间（9.9米），四周环绕廊，金柱为通柱。正面金柱间装槅扇门。第二层面阔五间，进深四间，四周金柱间装槅扇门，檐柱间装平座栏杆。屋面覆盖青筒板瓦，脊饰用雕花绿琉璃脊筒子垒砌。

崇圣祠面阔三间（15.2米），进深三间（11.7米），七架梁歇山顶，前檐柱间装槅扇门，檐下明、次间各施平身科斗栱2攒。屋面覆盖青筒板瓦，脊筒子雕饰西番莲，正脊两端饰正吻，垂脊饰五把鬃垂兽，戗脊饰三把鬃戗兽。

1984年，皋兰县文庙被公布为兰州

张掖道德观老君殿

张掖道德观三霄殿

市市级文物保护单位，由兰州市文物局实施管理工作，竖立有文物保护标志碑，保存有搬迁工程档案资料。

张掖道德观

位于张掖市甘州区青年街文庙巷内。明·杨春茂撰《重刊甘镇志》载，始建于清康熙五十三年（1714年），系道人易一元募资建成，后代屡经修建。现存建筑坐北朝南，四合院布局，由山门、老君殿、三霄殿、大乘阁等组成。

老君殿建在高1.2米的夯土台上，为砖木结构的二层亭阁。下层平面方形，占地面积51.4平方米，前后带卷棚廊，面阔三间，进深一间。上层为八角形攒尖顶，内供太上老君像，为近年新塑。太上老君手托太极图，端坐台基上。屋面覆盖青瓦。一层明间两侧有清代书写的对联："八卦涵宇宙，双龙卫乾坤"。

大乘阁，为砖木结构的两层楼阁，面阔三间，进深三间，每层建筑面积40平方米。

三霄殿，也称财神殿，砖木结构单檐硬山顶，平面呈正方形，面阔10米，进深7.8米。前有卷棚廊，廊深2.4米。屋面覆盖青瓦，五脊六兽。殿内塑有道教神像。明间两侧有清代书写的对联："道高龙虎伏，德重鬼神轻"。

道德观现由张掖市道教协会管理使用，为道教活动中心。1990年公布为甘州区县级文物保护单位（甘政发〔1990〕76号），现由甘州区博物馆、道教协会共同管理。

兰州白云观

位于兰州市七里河区滨河中路南侧。

兰州白云观山门

又名吕祖庙。原有上、下两处，上观在极寿山（今兰州市七里河区崔家崖），已毁无存。现存下观，系清道光十五年（1835年）陕甘总督胡松额主持修建。据陈墉撰《白云观碑并序》载，胡松额上任的第二年，即道光十七年（1837年），"兰衿胄士耆夫乡老合词"对胡松额说，"惟唐上仙吕（洞宾）翁兴行妙道，绵历千年"，"而会垣未有专祠，骏奔无所"。要求在兰州专门修建祠堂，以栖柳吕仙之灵。胡松额选址于此，且"辟地树宫"，取名"白云"，专祀吕洞宾，故称吕祖庙。

此观为一进三院布局，坐南朝北，中轴线上依次有山门、戏楼、大殿、启圣殿、八仙阁，东、西两侧分别为云水堂、厢房、钟亭等。20世纪60年代，多数建筑被毁，近年重建者较多。

现存大殿（前殿）为原有建筑，平面呈方形，长15米，宽15米。单檐歇山顶，檐下施斗栱32朵，额枋上饰木雕二龙戏珠图及祥云、飞禽走兽等。

戏楼为木构卷棚顶，三面檐下施斗栱。

2003年，白云观被公布为甘肃省第六批省级文物保护单位。现由兰州市道教协会管理，竖立有文物保护标志碑，保存有档案资料。

天水北关清真寺

位于天水市秦州区北关澄源巷内。据《天水县志》、寺内《重修清真寺碑记》载，始建于元至正年间（1341~1368年），后毁于兵燹。明洪武四年（1371年）重建，成化四年（1468年）翻修，嘉靖十三年（1534年）增建邦克楼。清同治年间被毁。后再次修缮。现存寺院占地面积3232平方米，主要建筑有砖雕大门、礼拜大殿和邦克楼。

礼拜大殿坐西向东，平面布局呈"凸"字形，由前廊、正殿、窑殿三部分组成勾连搭形制，窑殿后部圣龛（小阁子）背向西方。前廊单檐歇山顶，屋面覆盖

兰州白云观大殿正面

天水北关清真寺大门

天水北关清真寺大殿

天水红台清真寺大门　　　　天水红台清真寺大殿

琉璃筒板瓦，正脊两端施龙吻，中部置琉璃火球宝瓶。正殿面阔五间（20米），进深六间（22.3米），高19.3米，内部柱网布置采用元代"减柱法"，有两根粗大的金柱支撑屋架，扩大了殿内空间，檐柱和金柱自明间向两侧逐渐升高，升起明显，与宋《营造法式》"五间升高四寸"的规制接近。外檐斗栱有两种，前檐平身科为三踩单翘单昂，柱头科为单翘单昂；后檐斗栱与此不同。

礼拜殿东面即邦克楼，砖木结构三层楼阁式，六角攒尖顶，高30米。邦克楼三层外檐使用如意斗栱及垂柱，斗栱向前斜出，后尾则不斜出。攒尖顶端置一串宝瓶，宝瓶上承月牙。寺内近年重建了山门、讲经堂、水房等。

天水红台清真寺

位于天水市秦州区亲睦里。创建于清顺治年间，民国时期多次重建。寺院坐西朝东，院落式布局，东西轴线对称布局，分为前、后、南、北4个院落，东西长58.6米，南北宽34.5米。

前院内主体建筑有礼拜殿、其他管理用房11间。后院为浴室，有大小净室10间。

南院为一独立的长方形四合院，近年改建房舍10间。

北院也是一座独立的四合院，有房舍14间。最东面为寺院大门，两侧为砖砌八字照壁，大门单檐悬山顶，檐下施七踩三翘斗栱，正脊饰印花脊筒子，两端坐龙吻。礼拜殿面阔三间，通长9.9米，进深9米，由抱厦、中殿、后殿三部分组成勾连搭形制。抱厦为单檐卷棚式前出廊结构；中殿重檐歇山顶，檐下施七踩三翘斗栱，殿内砌上露明造；后殿单檐歇山顶抬梁式结构，与中殿相隔2米，中殿与后殿间有一座两面坡悬山顶小建筑将两者勾搭连接。南、北两侧各建单坡前出廊厢房4间，为教长、阿訇寝室和宾仪用房，与南院的净室相通。院内有两株古槐。

北院四合院内有硬山顶正厅3间，南、北面各有单坡厢房3间。均为近年新建。

1981年，红台清真寺被天水市人民政府公布为市级文物保护单位（天政发〔1981〕42号）。现由天水市红台清真寺管理委员会、秦州区博物馆共同管理。

二分大庙木楼

位于民勤县双茨科乡二分村南（双茨科乡中学院内）。始建于乾隆二十九年（1764年），嘉庆十二年（1807年）重修。同治年间，北楼毁于战乱。民国八年（1919年），邑人筹资按南楼的式样重建。20世纪60年代以来，部分建筑被拆除。

现仅存山门和两侧钟鼓楼，坐西向东，院落式布局，东西长12米，南北宽

二分大庙木楼

40米。山门面阔三间（9米），进深二间（5.2米），五檩单檐歇山顶。钟鼓楼左右对称布局，建于夯土墩台上，建筑形制相同，俗称"姐妹楼"，砖木结构二层楼阁式，四周出廊。一层平面呈方形，面阔三间（7.2米），进深三间（7.3米），均高13米，歇山顶，外檐下施五踩重翘斗栱及花牙板装饰；正面金柱间装木槅扇门，廊柱外侧装木护栏，其他三面砌筑砖墙；屋面覆盖灰筒板瓦，雕花脊筒子，垂兽、戗兽俱全。二层平面呈六角形，外檐下施五踩重翘斗栱及花牙板装饰；四面均装木槅扇墙，屋面为攒尖顶，雕花脊筒子，垂兽、戗兽俱全，攒尖处置灰陶宝瓶。两座楼阁的外檐木构件上均保存部分油饰彩绘。

1993年，二分大庙木楼被公布为甘肃省第五批省级文物保护单位。现由民勤县博物馆、双茨科乡中学共同管理，竖立有文物保护标志碑，保存有历次维修工程档案资料。

平凉隍庙

位于平凉市崆峒区隍庙巷。始建于明洪武年间，后不断补葺扩建。道光年间，宁夏隆德县泥塑大师杨魁山主持完成了城隍庙塑像，平凉府台赠予他"艺德双馨"匾额。清同治年间，庙宇毁于兵燹。光绪二十九年（1903年）重修扩建。民国时期改为陈国璋的驻军地。中国共产党早期

平凉隍庙

领导人高岗、刘志丹等人曾在庙内开展地下工作。原建筑坐北朝南，占地面积4850平方米，中轴线布局。前院主要建筑有山门、照壁、铁铸双狮子和铁旗杆；中院内主要建筑有中门、戏楼、十大阎君殿、城隍大殿等，院内东西两侧有陇东17个州县的城隍殿；后院主要建筑有寝宫和左右配殿、厢房等，共计百余间。

1949年后，随着城市的发展，城隍庙大部分建筑被拆毁，仅存后院一座寝宫。近年维修时，修筑了高大的月台及台基，地下改建为商场，并在寝宫后部增建了一座仿古建筑。

现存寝宫位于中轴线北端，坐北向南，建于高0.4米的砖石砌筑台阶上。正面有垂带踏步三级，面阔五间（16米），进深三间（10米），单檐歇山顶前后出廊结构，前后檐下施五踩双下昂斗栱各11攒，前檐斗栱出45度斜栱，后檐不出斜栱；前檐明间金柱间装六抹槅扇门，两次

间砌槛墙，装龟背纹槛窗，两梢间砌砖雕影壁；后檐明间金柱间装六抹槅扇门，两次间、梢间为槛墙、槛窗，两面山墙均青砖砌筑，白灰饰面，廊心墙上开侧门。屋面覆盖绿琉璃瓦，中心拼出菱形图案；正脊、垂脊、戗脊均用雕花绿琉璃脊筒子垒砌，正脊两端饰龙吻，中间无宝瓶装饰，垂兽、戗兽俱全。

1993年，平凉隍庙被公布为甘肃省第五批省级文物保护单位。1994年，平凉市人民政府筹资对隍庙进行维修、扩建，现成为平凉市文化旅游中心，成立了崆峒文化产业发展中心管理处，刻立"修建崆峒文化活动中心碑记"，每年农历正月举行"城隍出巡"活动。

2000年，崆峒区人民政府将崆峒区博物馆迁入后院内。现由崆峒区博物馆、崆峒文化产业发展中心管理处共同负责管理，竖立有文物保护标志碑，保存有历次保护维修档案资料。

酒泉药王宫

位于肃州区西大街35号酒泉中学内，始建于明，清代重建。原布局、功能不清。现存6座建筑，坐北向南，组成三条轴线，总占地面积1821平方米。东轴线上有药王庙和三义殿。其中药王庙有前殿和后殿，《重修肃州新志》载："药王庙，旧在州城东南，湫隘痹陋。康熙四十四年医学刘芳名等移建于西北

酒泉药王宫东轴线药王庙后殿

酒泉药王宫东轴线三义殿

隅。雍正二年，典科马麒等增修，姑臧孝廉芦生华撰碑记。"1935年，国民政府征用酒泉西大街左公祠、三义庙、药王庙、武庙等，建立"中央政治学校肃州分校"，1941年改名"国立肃州师范学校"，1950年又改名"酒泉联合中学"至今。期间进行多次大规模改建，改武庙为礼堂，药王庙为办公室，三义庙为演出舞台。

东轴线建筑修建于一处台地上，主要有药王庙前殿和后殿、三义殿等建筑。药王庙前殿室内梁架上有清光绪五年（1879年）重修题记，建于砖石砌筑的台基上。台基长25.5米，宽16米，高0.7米，单檐硬山顶前带歇山顶卷棚廊、后带硬山卷棚廊，面阔三间，进深四间。前卷棚檐下施五踩花牙子斗栱，有青绿彩绘；后檐不施斗栱，施木雕花牙子装饰。2005~2006年，改建为酒泉中学校史展览馆，对屋面瓦件、脊兽、门窗进行更换。

药王庙后殿室内梁架上有宣统三年（1911年）重修题记，距前殿8米，建于砖石砌筑的台基上。台基长17米，宽16米，高0.7米，建筑面阔三间（11米），进深三间（13米），砖土木结构，单檐硬山顶前带歇山卷棚廊，后檐出廊。卷棚檐下施七踩花牙子斗栱，有青绿彩绘，室内四架梁上也施彩绘。三义殿原位于校园东侧，面阔五间，进深二间。民国时期改建时，在明间外加出廊，作为演出舞台。2005~2006年，酒泉中学将三义殿搬迁到现在的位置。

西轴线上为武庙，原有3座建筑，其中一座于20世纪60年代拆除，现存前殿和后殿。《重修肃州新志》载：关帝庙"在鼓楼东，武庙西。创建于明洪武五年（1372年）。嘉靖九年（1530年）重修。万历二十年（1592年）兵备道朱公正色增修，有碑记。雍正九年（1731年）增建三义殿、献殿。"《酒泉市志》称后殿为"五圣宫"，前殿"传为关帝庙"。前

第六章

古建筑

649

酒泉药王宫西轴线武庙

环县兴隆山古建筑群

殿室内梁架上有光绪二十一年（1895年）修建题记。现存建筑无台基，面阔五间，进深四间，砖土木结构，单檐双面坡硬山顶，前檐下施二道花牙子装饰，绘云纹。后殿建于光绪二十年（1894年），台基长24米，宽24米，高1米。建筑面阔五间，进深四间，砖土木结构，单檐双面坡硬山顶。

玉皇阁原建于肃州区西城门内，1939~1940年，因开通酒泉市西城门而移建于此，并改名为"中正楼"。20世纪60年代改名为"忠字楼"，现为学校图书馆。现存建筑为平面方形三层木楼，建于台基上。台基长15米，宽15米，高1.6米。土木结构，三檐四面坡攒尖顶，通高13米。

1984年，酒泉市人民政府公布为县级文物保护单位（酒政发〔1984〕149号），现由酒泉中学使用，肃州区文化局、肃州区博物馆负责管理。竖立有文物保护标志碑，保存有历次改建、维修工程档案资料。

环县兴隆山古建筑群

位于环县四合塬乡政府东南6千米处，海拔1774米，距县城70千米，又名老爷山。清道光二十年（1840年）《无量祖师庙记》碑载："兴隆山者，盖延庆重镇也，其岗岭蜿蜒数余十里，上结三峰势若捧笏，众山缭绕累累如惯珠。"现存寺庙整体坐北朝南，为道教活动场所，主要建筑有无量祖师殿、三佛殿、菩萨殿、钟楼、鼓楼、山门、药王洞、关帝庙、前门楼、中门楼、三进门楼、牌坊、牛马王庙和城隍庙等15座。

最北端为前门楼，砖木结构二层楼阁，下层为券拱形门洞，上层为砖砌仿木歇山顶楼阁，檐下砖刻琴棋书画及花卉动物等图案。

牌坊门位于前门楼内，砖砌仿木歇山顶结构，檐下横匾额题"蟠龙泊凤"，两侧墀头墙上施砖雕图。匾额下嵌两通

三佛殿内《西游记》壁画之一

三佛殿内《西游记》壁画之二

石碑，其中一通为道光二十年（1840 年）《无量祖师庙记》碑。

中门楼位于前门楼内，高两层，通高 8.4 米。下层为一座墩台，平面正方形，边长 4.5 米，高 3.7 米，砖砌券门洞。楼体青砖砌筑，有两层砖砌挑檐，两侧砖雕仿木垂莲柱，四角有仿木挑檐构件，砖雕方形枋木檐椽，屋面覆筒板瓦。

关帝庙位于门楼左侧，砖木结构硬山顶，前出廊，面阔 4.1 米，进深 5 米，通高 4.8 米。

药王洞位于兴隆山中峰崖上，是一个独立的院落，属黄土窑洞建筑，外加简易雨棚，洞高 2.3 米，宽 2.2 米，进深 3.1 米。有山门，砖木结构单檐歇山顶，面阔 3 米，柱高 3.3 米。院内二层台上建有钟楼、鼓楼，砖木结构单檐歇山顶。后部为献殿，砖木结构卷棚顶，面阔三间（7 米），进深二间（6.3 米）；明间宽 2.4 米；梢间宽 2.3 米，檐高 2.8 米。

祖师大殿为单檐歇山顶，屋面覆盖灰筒板瓦，正脊、垂脊和戗脊均施脊兽。两山墙上有壁画，内容为无量祖师成道连环画。

三佛殿为单檐歇山顶，面阔 5 米，进深 4.8 米，通高 6.1 米。屋面覆盖青灰筒板瓦，正脊用雕花脊筒子垒砌，两端饰龙吻。殿内墙面绘制《西游记》壁画。

菩萨殿坐北面南，砖木结构单檐硬山顶，面阔 7 米，进深 8 米，通高 5.5 米。屋面覆盖青筒板瓦，五脊六兽，正脊用雕花脊筒子垒砌，两端饰龙吻。

牛马王庙位于东南峰，砖砌单檐歇山顶，面阔 3.7 米，进深 3.7 米，通高 5.2 米。

城隍庙为砖砌四角攒尖顶，面阔 4 米，进深 4 米，通高 5.7 米，屋面覆盖灰筒板瓦。四面檐口均用青砖叠涩仿木额枋、椽飞等，四角用砖挑出昂、云形耍头等。

2002 年，庆阳市博物馆文物调查队对环县兴隆山古建筑群进行调查测绘。

兰州白衣庵

兴远寺

2003年，公布为甘肃省第六批省级文物保护单位。2008~2009年，环县人民政府筹资对该建筑群进行保护维修。现由环县道教协会、环县博物馆共同负责管理。竖立有文物保护标志碑，保存有历次调查、维修档案资料。

兰州白衣庵

原位于兰州市城关区旧城小稍门（通远门）外。始建于清道光十七年（1837年），光绪年间重修。1959年后被关闭，改为兰州市城关区区办工厂，许多建筑被拆除或改建。1985年归还。原寺院坐北朝南。1993年，在兰州市城市改造中，将白衣庵整体向西迁移30米，现位置为兰州市城关区畅家巷117号，俗称稍门寺。格局改为坐西向东，并重修砖雕牌坊门一座。

现仅存大殿、配殿各1座，厢房4间，院落式布局，坐西向东，总占地面积600平方米。大殿面阔二间（9.6米），进深三间（8.4米），单檐七架梁歇山顶前出

卷棚抱厦结构。前部抱厦为四檩卷棚顶，内部开敞；后部正殿檐柱间装木槅扇门及槅扇墙、槛窗；殿内后部置木雕佛龛，内供白衣大士观世音菩萨像，佛龛外有木雕楹联"夜月千江天地晓，秋花一树镜台空"。屋面覆盖九样灰筒板瓦，正脊、垂脊均用雕花脊筒子砌筑，脊兽俱全。

配殿位于大殿南侧，单檐悬山顶前出廊结构，面阔三间，进深三间，金柱间装木槅扇门、槛墙、槛窗。

厢房位于院内南、北两侧，各有10间房，均单檐单面坡硬山顶，现均被改建。

1984年，白衣庵被公布为兰州市市级文物保护单位。现由白衣庵管委会、兰州市宗教局共同管理。竖立有文物保护标志碑，保存有历次维修和搬迁档案资料。

兴远寺

位于兰州市七里河区孙家台71号（金天观东南），俗称新园寺。最早为明万历年间镇守甘肃的明肃藩王创建的藏真庵

十方院，后倾圮。清初重建，改为藏传佛教寺院，名兴远寺。乾隆二十六年（1761年）、四十六年（1781年）两次毁于火灾。嘉庆五年（1800年），原寺院住持、北京雍和宫喇嘛、新疆伊犁皇寺堪布大喇嘛王旦噌及寺院众僧捐资重建，1804年竣工。寺院依山就势，东临雷坛河西岸，西依孙家台，占地200平方米，院落式布局。大门开在东南角，院内四周均建二层汉藏结合式佛殿。各佛殿建筑形制基本一致，均面阔五间，进深五间，单檐双面坡悬山顶前出廊结构。一层金柱间装木槅扇门、槛墙、槛窗；二层檐柱间装不同图案的木栏杆，金柱间装槅扇门、槅扇墙或槛墙、槛窗；各木构件均饰油饰彩画，属汉藏结合式。屋面覆盖灰筒板瓦，垂脊用雕花脊筒子砌筑，大部分瓦件残损。在院外沿雷坛河一侧，沿岸垒石筑台，打木柱，桩上架设木板，修建单檐悬山顶楼阁。楼阁面阔三间（8米），进深三间（11米），平面呈"凸"字形，临河一侧凸出悬空一间。大门内西墙嵌清嘉庆十年（1805年）兰州府学彭成章撰《重修兴远寺碑记》石碑一通。

1984年，兴远寺被公布为兰州市市级文物保护单位。现由兴远寺管委会、兰州市宗教局、兰州市文物局共同负责管理。竖立有文物保护标志碑，保存有部分文物档案资料。

陡城城隍庙

位于白银市平川区水泉镇陡城村。始建于明代，清代维修。

现存建筑为院落式布局，坐北朝南，院落东西宽15米，南北长26米。现存山门、大殿。

山门面阔一间，进深一间，单檐双面坡悬山顶。

大殿平面呈"凸"字形，砖木结构单檐硬山顶前出硬山顶卷棚抱厦（过厅）式。抱厦大于正殿，面阔五间，进深三间，檐柱间装12扇槅扇门，山墙青砖砌筑，屋面覆盖灰筒板瓦，过垄脊、拔檐均用条砖垒砌。正殿面阔三间，进深一间，正面

陡城城隍庙

陡城城隍庙大殿

甘谷觉皇寺大雄宝殿

白马庙石牌坊

明间装木槅扇门，次间为槛墙、棂条槛窗，屋面覆盖灰筒板瓦，正脊用雕花脊筒子砌筑，两端饰坐兽，垂脊用青砖瓦条垒砌。殿内供奉城隍及其他侍从塑像数尊。

陇城城隍庙属甘肃省第三次全国文物普查新发现文物点。

甘谷觉皇寺

位于甘谷县六峰乡觉皇寺村。原名兴国寺，始建于明代。清同治初年毁于战火，后重建时选址于原兴国寺前面，并改名为觉皇寺。《伏羌县志》载："县城东二十里兴国寺，明洪武年间建。"原为一进三院布局，占地面积5336平方米。现仅存山门和大雄宝殿。

山门为垂花门形制，单檐歇山顶，面阔一间，进深一间。前檐额枋上饰木雕龙。

大殿坐南向北，面阔三间（11米），进深二间（4.1米），高3.1米，单檐硬山五檩抬梁结构，殿内梁上有"大清光绪

十六年（1890年）重建"题记。寺内保存建寺时所植古槐一株。

白马庙石牌坊

位于华池县南梁乡白马庙村。俗称"关帝庙石牌坊"。清道光十一年（1831年）修建。原有庙宇，已毁，仅存石牌坊。

牌坊为四柱三间单檐结构，通体红砂岩雕刻，榫卯套接而成，高3.6米，宽3.6米。明间正面龙门枋上雕刻"精忠义勇"四字，左右雕刻楹联；左右两次间龙门枋上分别雕刻"至大""圣刚"四字。背面明间龙门枋上雕刻"气助道义"四字；两侧柱上刻"赤兔嘶凤踏开吴魏三分界，青龙偃月撑住大清一半天"楹联；两次间分别雕刻"可托""可寄"四字。屋面为整块红砂岩雕刻，阴刻二龙戏珠图案，柱头上刻衔环辅首。柱子底部为鼓形石墩，石墩上雕蹲狮。立坊者姓名包括盖守权、杨锡荣等，"复兴铺""同兴铺""义兴铺""怀盛铺""同顺铺"等商号参与。

尾题"大清道光十一年岁次辛卯桂月中浣之日立",杨锡荣书。该题名中有数家商号(商会),对研究清代本区商会组织有重要价值。

白马庙石牌坊属甘肃省第三次全国文物普查新发现文物点。

前川寺

位于岷县中寨镇前川村。明代初建,清光绪四年(1878年)重修。一进二院布局(分前、后院),坐西朝东,东西长76米,南北宽38米,主要建筑有大殿、护法殿、大经堂、钟楼、山神殿、僧舍等。属藏传佛教寺院,原为大崇教寺的属寺。

大殿面阔五间(9米),进深二间(8米),土木结构单檐歇山顶前出廊,廊柱14根,额枋上施五踩重翘斗栱24攒。殿内供奉释迦牟尼塑像。屋面覆盖筒板瓦,脊饰用雕花脊筒子垒砌,吻兽、垂兽、戗兽俱全。

护法殿单檐硬山顶,面阔8.5米,进深8米,额枋上施三踩斗栱7攒,均出异形栱。殿内供奉藏传佛教护法神歇尔多。

大经堂单檐硬山顶,面阔三间(8.6米),进深三间(8.5米)。

山神殿位于大殿与护法殿夹角处,供奉一本地凤凰山山神,土木结构单檐硬山顶,面阔3.1米,进深4.5米。

大殿南侧院内有一厅子,厅内放置铁制龙树,上挂108盏灯,铁质树形灯架。另有木香树2棵。

大殿东侧为钟楼,土木结构单檐二层悬山顶,平面方形,面阔三间(7.7米),进深三间(7.1米),高9米,室外设上下木楼梯。第二层室内墙面上有唐僧取经壁画及释迦牟尼唐卡画。

僧房对称布局,均单檐单面坡硬山顶,面阔三间(8.4米),进深一间(6米)。

1998年,前川寺被公布为岷县县级文物保护单位(岷政发〔1998〕105号),现由岷县文化馆、前川寺寺管会共同管理。

前川寺前院

前川寺后院

万寿观

位于临夏市北的万寿塬，又名大隐庵，昔为"河州八景"之一，又称"古观仙踪"。创建于元大德六年（1302年），郭飞阳为住持，又称飞阳仙院。至正五年（1345年），增修真武殿，后毁于兵燹。明宣德三年（1428年），在旧址上重建玉皇阁。天顺五年（1461年）修缮，改称"通明阁"。清代多次重建。康熙《河州志》称"万寿观"，有真武殿、玉皇阁、三清阁、混元阁、乾元塔、栖真洞、二郎庙、祖师殿、林喇嘛庙等建筑。

1958年后，全部道士还俗，部分建筑被拆除，仅存大殿。1959年划归红园风景区管理。

1980年后，道教活动逐渐恢复。对原建筑实施保护修缮，又恢复了部分建筑。1992年，万寿观被公布为临夏市市级文物保护单位（临政发〔1992〕86号）。现由临夏市万寿观管理委员会、临夏市宗教局共同管理。

下双大庙及魁星阁

位于武威市凉州区东北18千米的下双乡下双村，也称关帝庙。创建于明代中期，经历次扩建，至清嘉庆年间续建魁星阁等建筑，形成规模。《武威市志》载："下双大庙初建年代不详，从大部分建筑风格看，为明代。"其中融入大量道教内容。后世屡有扩建。1927年，武威大地震时，遭到严重破坏，同年还遭受洪灾，庙宇毁坏殆尽。后由信众集资复建。1958年后，山门、土地祠、孤魂堂、十王殿、灵光殿、娃娃殿等建筑被拆除。1986年陆续修缮，复建了部分建筑。2006年，武威发生特大暴雨，下双大庙文物建筑再次遭严重损毁。

现存庙宇坐北向南，南北长90米，东西宽35米，建筑面积713.5平方米，轴线对称布局。院落南低北高，分三层台地，南北高差8米。

万寿观大殿正面

万寿观大殿屋面形制

下双大庙

下双大庙魁星阁

第一级台地主要建筑为魁星阁。始建于清嘉庆年间，建于高3米的砖包夯土台上，砖木结构三层重檐楼阁，坐东朝西，外观呈"天圆地方"形式。一、二层平面方形，三层为圆形亭子，亭子顶部饰绿琉璃构件及葫芦宝刹。一层正面装六抹槅扇门，其他三面青砖砌筑墙体，墙面砖雕仙鹤图。二层四面环绕木构回廊栏杆，金柱间装六抹槅扇门，室内装木构八角形藻井，并悬挂嘉庆十八年（1813年）书写的"笔点青云"木匾一块。第三层为一座平面八角形敞亭。1986年，武威市人民政府拨款、当地群众集资维修魁星阁。

第二级台地主要建筑为过殿、配殿。过殿，也称关帝殿、大殿。坐北向南，面阔三间，进深三间，前后出廊，一殿一卷式硬山顶，四角翘起。明间前后均装槅扇门，次间置槛墙、槛窗。外檐下施斗栱，简化为花牙子彩枋。室内梁架有今人绘制的旋子彩画。屋面覆盖灰筒板瓦。

过殿前东西两面有两座配殿，对称布局。配殿均面阔三间、进深二间，单檐硬山顶前出廊结构，明间置六抹槅扇门，土坯砌筑围护墙。廊心墙上有道教题材壁画。室内梁架有今人绘制的旋子彩画。

第三级台地主要建筑有金刚殿、火神殿、财神殿、药王殿、无量殿、娃娃殿、娘娘殿、三清殿等，沿轴线对称布局。台地南面有金刚殿、火神殿，对称布局，均面阔一间、进深一间，单檐硬山顶，前檐装六抹槅扇门，屋面覆盖青筒板瓦。室内山墙、正面墙面绘制壁画。再向北有财神殿、药王殿，沿轴线对称布局，均面阔三间、进深一间，单檐硬山顶，前檐装六抹槅扇门，次间置槛墙、槛窗，屋面覆盖青筒板瓦。室内山墙、正面墙面绘制壁画。无量殿位于中轴线上，坐北向南，面阔三间，进深两间，单檐硬山顶后出卷棚廊结构，屋面覆盖青方砖，其中明间屋面覆盖灰筒板瓦。前檐明间、

次间装六抹槅扇门，其他围护墙均土坯砌筑，下碱青砖砌筑。外檐施花牙子斗栱。无量殿前部东西两侧对称建有娃娃殿和娘娘殿，均为平面方形二层楼阁建筑，硬山顶。三清殿位于无量殿北端，坐北向南，面阔三间，进深两间，重檐歇山顶四周出廊结构，屋面覆盖筒板瓦，正脊饰砖雕二龙戏珠。殿内后部设神龛，泥塑三清像。梁架上有清代旋子彩画，墙面有壁画。壁画内容多为道家诸神、三国故事、十八地狱等。

1993 年，下双大石庙及魁星阁被公布为甘肃省第五批省级文物保护单位。2007 年，甘肃省文物局拨款 70 余万元实施全面保护修缮工程。现由凉州区博物馆、下双大庙管理委员会负责管理工作。竖立有省级文物保护单位标志碑，保存有历次维修工程档案资料。

石门山古建筑群

位于天水市麦积山区东南 50 千米的石门山上。山上有五峰，以聚仙桥为界，东有斗姆、兴龙、麒麟三峰，西有黄天、玉灵二峰。始建于南宋崇熙年间，明弘治年间修缮，清乾隆末年重修。现存清代、民国时期的建筑 27 处，塑像 20 多尊，还有跨越山峰的桥梁。其中：斗姆峰上有财神殿、灵官殿、文昌阁、钟楼和老君殿等；兴龙峰上有王母宫、圣母宫、三层楼、桃花庵等；玉灵峰上有玉皇殿、三官殿；西麓有邱祖殿、股肱殿等。《秦州直隶州新志》称为"秦州第一洞天福地"。各建筑均为当地传统小式建筑，砖土木结构，多单坡单檐结构，也有部分建筑为单檐歇山顶。

1982 年，天水市人民政府将其中的五阳观公布为市级文物保护单位（天政发〔1982〕133 号）。现由石门山文物管理所负责管理。

天水西关清真寺

位于天水市秦州区人民路。《天水县

石门山单檐歇山顶式建筑

石门山跨越山峰的桥梁

东镇大庙

东镇大庙山门

志》载，始建于元至正年间。明洪武七年（1374年）重修，嘉靖十三年（1534年）修建邦克楼，万历十三年（1585年）修建砖木结构牌坊两座。1920年，天水大地震期间，拜殿受损。1930年重修。原占地3132平方米，后因城市建设，拆除部分建筑。

礼拜殿，单檐歇山顶，由前殿卷棚、中殿和窑殿组成，通高19.3米，进深大于面宽。窑殿后部为砖砌圣龛，面宽一间，拱顶形式。

邦克楼为三层木构六角重檐楼阁，顶层为攒尖顶。外檐施如意斗栱，与当地明清官式做法相同。牌坊额下悬挂"清真古教""诵经法古"匾额。

东镇大庙

位于民勤县东湖镇中学院内。又称东渠大庙。始建年代无考。据《镇番县志》《凉州府志备考》等史料载：东渠太庙为"苏武牧羊处，即《禹贡》所谓满野，在今镇番，即柳林湖。"在咸丰年

间"凛凛然，洵为柳湖大观"。光绪十五年（1889年）再次重修。民国年间再次扩建。现存庙宇坐北朝南，院落式布局，南北长94米、东西宽76米，占地面积7144平方米，分前、后两院。主要建筑有山门、东西阁楼、中殿、大殿及前后两院的陪殿等。庙内供奉儒、释、道教各路神仙300余位，各类神仙共处一庙。

山门为二层木楼，面阔三间，进深二间，单檐歇山顶前后出廊结构。一层明间开门洞，两次间青砖砌墙；二层前后廊柱间装木护栏，金柱间装木槅扇门和槅扇墙。屋面覆盖灰筒板瓦，正脊、垂脊、戗脊均用雕花脊筒子垒砌，正脊两端置吻兽，中间置灰陶宝瓶，垂兽戗兽俱全。一层门额下悬"东太庙"匾额，门柱悬挂"扩景清乾坤须将愚公土中篡，步登青世界请到柳林湖一观"木楹联。

山门东、西两侧10米外分别建东阁楼（文昌阁）、西阁楼（魁星阁），对称

659

布局，建筑形制一样，均为三层木楼阁。一层平面均呈方形，面阔三间，进深三间。院落围墙从金柱间穿过，南面檐柱外露，且直通二层，作为二层回廊的望柱，檐柱上端装倒挂楣子，在二层处又装木构栏杆。二层平面均呈方形，由于一层檐柱伸至二层，作为一圈望柱及围廊。因此，面阔、进深均为四间。楼体面阔三间，进深三间，前檐明间装木槅扇门，次间及后檐均青砖砌墙，檐下施三踩花牙子斗栱，室内置木楼梯，可登临第三层。屋面为歇山顶，覆盖灰筒板瓦，博脊、戗脊均用青砖瓦条垒砌；第三层平面六角形，六角攒尖顶。四周檐柱间装木槅扇门和槅扇墙，檐下施五踩重翘斗栱，屋面垂脊用雕花脊筒子垒砌，垂兽、戗兽俱全，攒尖部位置灰陶宝瓶。

前院内主体建筑为关帝殿，坐北朝南，面阔三间（11.5 米），进深四间（12.3 米），砖木结构单檐歇山顶前接卷棚抱厦，屋面覆盖灰筒板瓦。正面明间檐下悬"威震华夏"匾额。殿内两山墙上有清代绘制"失荆州""过五关""赤壁之战"等壁画。屋面垂脊用雕花脊筒子垒砌，吻兽、垂兽、戗兽俱全。院内东西两侧各有两座配殿，东面为雷祖殿、土地祠，西面为马祖庙、龙王庙（城隍庙）。均单檐悬山顶或硬山顶。

后院内主体建筑为大成殿，面宽五间（17.5 米），进深三间（10.9 米），砖木结构单檐歇山顶前出卷棚廊，檐下施五踩重翘斗栱。正殿明间装木槅扇门，次间及梢间为槛墙、槛窗。屋面垂脊用雕花脊筒子垒砌，吻兽、垂兽、戗兽俱全。院内东西两侧分别为药王宫（已毁）、圣母宫。

1993 年，东镇大庙被公布为甘肃省第五批省级文物保护单位。现由民勤县博物馆、双茨科乡中学共同管理。竖立有文物保护标志碑，保存有历次维修工程档案资料。

东大寺

位于天祝藏族自治县城西南部的赛什斯镇，藏语称"大通贡钦贴桑达吉"，意为"大通大寺闻思振兴洲"。始建于明万历四十六年（1619 年），藏传佛教寺院。寺院四面环山，坐北朝南，北靠莽格勒大山，南朝普贯照山，西邻水磨沟。最早为萨迦派、噶举派寺院。清初，在鲁土司的支持下改宗格鲁派。《安多政教史》等史籍对该寺有记载。康熙年间，六世达赖仓

东大寺

东大寺大经堂

东大寺大经堂内《西游记》壁画局部

央嘉措路经此地，曾任该寺法台。五世班禅罗桑益西大师和二世嘉木样大师均均来过此寺讲经传法。道光八年（1828年），五世鲁土司第三子第一世班禅堪布喜绕尼玛（鲁迦堪布）主持扩建，增修堪布囊欠，称为"三太子囊欠"，讲习五部大论，寺院进入发展鼎盛期，先后建有哲学院、续部上院、续部下院、医学院四大学院，有1500多名僧人。

根据文献记载，清代东大寺有"二层九转十二（216间）"大经堂1座，"二层三转五（40余间）"弥勒殿1座，释迦牟尼殿1座19间，"一转三（20余间）"度母殿1座，"一转三（40余间）"依怙殿和护法殿。另有印经院20余间；活佛囊欠5处，即达布囊欠（六世达赖喇嘛的囊欠），一进两院，院内有佛殿一座、其他房屋20余间；鲁迦囊欠1处，有二层佛殿10余间，其他房屋100多间；苏家囊欠一进两院，有楼房10间、平房20余

间。清同治年间，东大寺毁于战火，后迁至永登县大有乡旧寺沟，后再搬迁到今址，称古城寺。

1958年，东大寺被拆毁，仅存鲁迦堪布囊欠院。该院为一进三院式布局，围墙高1.5米，红砖砌成。正门高4米，中间装两扇桦木门，侧面有小门。

前院有两层楼，面阔五间。中院为一座完整的四合院，正房为鲁迦堪布囊欠的佛堂。单檐悬山顶二层楼房，面阔五间，进深四间。一层平面呈虎抱头布局，明间、次间均装木槅扇门，两侧梢间砌筑槛墙。室内设鲁迦堪布的法座，供释迦牟尼佛像，两侧墙壁上有《西游记》壁画。二层前廊柱明间、次间均装木栏杆，两侧梢间砌筑槛墙。装槛窗，金柱间装木槅扇门，室内悬挂唐卡等。屋面覆盖灰筒板瓦，正脊用雕花脊筒子垒砌，施脊兽。经堂左右各有厢房，对称布局，建筑形制一致，均面阔三间、进深三间，单檐悬山顶前出

廊结构。明间金柱间装木槅扇门，两次间为槛墙、槛窗。倒座面阔五间，进深二间，单檐悬山顶前出廊结构。明间金柱间装木槅扇门，两次间为槛墙、槛窗。屋面覆盖灰筒板瓦，正脊用雕花脊筒子垒砌，施脊兽。

后院为活佛寝室。2005 年，寺院自筹资金修建了一座高 13 米的菩提塔。

其他附属文物有六世达赖仓央嘉措用过的法器等。

清代，经五世班禅罗桑益西大师批准，鲁迦堪布建立了东大寺活佛转世系统，现已传至第九世。第九世鲁迦堪布活佛，原名德格加，法名罗藏春来坚措，藏族，1983 年出生于肃南裕固族自治县泱翔藏族乡河东村，1992 年 9 月由六世嘉木样卜算认定为第九世鲁迦堪布转世灵童。后由甘肃省宗教局批准，于 1992 年月 17 日坐床。现任天祝藏族自治县政协委员、佛教协会副会长及东大寺寺主等职。此外，还有两个活佛系统，一是苏家活佛，二是菩萨活佛，它们与鲁迦堪布活佛共同组成为东大寺三大活佛系统。

东大寺现有 1 位活佛、10 多位僧人。

1980 年，经天祝藏族自治县人民政府批准，寺院恢复开放，逐步展开维修。1993 年，东大寺被公布为甘肃省第五批省级文物保护单位。现由东大寺寺管会、天祝藏族自治县博物馆共同管理。竖立有文物保护标志碑，保存有文物档案资料。

三义殿

位于古浪县土门镇漪泉村二组的居民区内。这里柏树苍翠，曾为古浪县八景之一。最早修建于明万历年间，清代重修。大部分建筑毁于民国十六年（1927 年）大地震。现仅存山门、大殿和部分厢房。

院落式布局，平面呈长方形，坐北向南，南北长 29.6 米、东西宽 28.7 米，南面开门。围墙夯土板筑，外包青砖，顶部开垛口，局部砌筑女儿墙，高 5 米。

三义殿前廊

三义殿大殿侧面

山门面阔三间，进深二间，单檐歇山顶，两侧与院落围墙相连，近年重修。

正殿位于柏台上，坐北向南，面阔三间（8.98米），进深三间（4.71米）。五檩重檐歇山顶前出卷棚廊形制，前廊单檐卷棚结构，檐柱间装木雕骑马雀替，檐下施五踩花牙子斗栱。山面砌筑青砖墙，白灰罩面。屋面覆盖筒板瓦。垂脊、戗脊用雕花脊筒子砌筑，垂兽、戗兽俱全。主殿重檐歇山顶，四周檐下施三踩单翘斗栱，梁枋及斗栱均有旋子彩画。前檐明间装木槅扇门，两次间装木槅扇墙。山面及后檐均砌青砖墙，红泥罩面。殿内供奉刘备、关羽、张飞、诸葛亮、赵云、马超、姜维、侍童等9尊塑像，高1.6~1.8米。脊檩有康熙四十三年（1704年）修建题记。屋面覆盖筒板瓦，正脊、垂脊、戗脊用雕花脊筒子砌筑，正脊两端施龙吻，中间置子牙楼阁，垂兽、戗兽俱全。东西两侧有厢房各3间，单檐单面坡硬山顶。

附属文物有古柏3株。

1993年，三义殿被公布为甘肃省第五批省级文物保护单位。现由古浪县博物馆、土门镇政府负责管理。竖立有文物保护标志碑，保存有部分文物档案资料。

榆中兴隆山古建筑群

位于兰州市榆中县兴隆山上。兴隆山由马衔山的两条支脉构成。唐代称为薄寒山，宋、明时期称为马㘭山，清代称为马寒山。"寒山积雪"为榆中县八景之一。民国年间改称马衔山，沿用至今。宋代始有道教建筑。清乾隆四十四年（1779年），道士刘一明重建混元阁、雷祖殿、斗母宫、二仙洞、白云窝、丘祖堂等建筑。20世纪60年代，兴隆山尚存古建筑70余座，西山为道观区，东山为佛殿、其他神庙区。"文化大革命"期间，多数建筑被拆除，现存建筑有云龙桥、大佛殿、蒋介石行宫、喜松亭、太白楼和祖师殿。

云龙桥横跨兴隆峡，清乾隆二十八

榆中兴隆山大佛殿

榆中兴隆山蒋介石行宫

年（1763年），知县唐鸣钟创建，称唐公桥。嘉庆九年（1804年），知县李醇和再次重建，后毁。光绪二十六年（1900年），甘肃布政使岑春煊筹资重建，为廊式悬臂木梁桥，知县陈昌改名为"云龙桥"。原为廊式木拱桥，桥身长27米，高约6米，宽3米，木构廊九间，桥身中部平廊五间，两端斜廊各两间。桥头廊上有木刻对联："云比泰山多，霖雨苍生仙人悦；龙入沧海外，扑峦翠霭灵气来。"1981年，榆中县人民政府拨款改建为钢筋水泥桥。已公布为甘肃省省级文物保护单位。

大佛殿始建于清嘉庆年间，"文化大革命"期间被毁。现存建筑为1989年重建，平面呈"凸"字形，建于高大台基上，有九级台阶。面阔七开间，檐下施七踩三翘斗栱28攒，檐柱间装透雕云纹雀替，通装槅扇门。屋面中间为九脊歇山顶，前厅为五脊庑殿顶。正面明间悬挂赵朴初书"大雄宝殿"匾额。殿内供奉三方佛（释迦牟尼佛、药师佛、阿弥陀佛）。民国二十八年五月，为防止日本侵略军破坏成吉思汗灵柩，重庆国民政府将内蒙古伊金霍洛旗成吉思汗灵柩移厝于该佛殿内，存放了10年之久。

蒋介石行宫是1942年民国甘肃省政府为迎接蒋介石来兰专门修建的一所别墅。别墅为二层楼，一楼设有客厅、候见室、侍从室、会议室；二楼有会议室、

机要室、卧室、化妆室和卫生间。附近还挖有防空洞。1943年8月，蒋介石、宋美龄等一行人在这里居住了6天。

喜松亭位于兴隆山腰。民国三十七年（1948年），西北行辕主任张治中修建。建于石砌高台上，台高1.5米，六角攒尖顶，角梁下悬挂垂花柱，廊柱间装木座凳栏板。

太白楼因泉而得名。现存建筑为1985年增建，面阔、进深均五间，九脊歇山顶，檐下施五踩斗栱17攒。额枋间饰荷叶隔架墩，通间装木雕雀替。楼内供奉太白神像（太白星君）。

祖师殿位于兴隆山二仙台下，建于清乾隆年间，后毁。现存建筑为1985年重建。面阔三间，进深三间，单檐歇山顶二层前出廊结构。

1982年，兴隆山被甘肃省人民政府公布为省级自然风景保护区，后建立了甘肃省兴隆山自然保护区。1988年，国务院批准建立"甘肃兴隆山国家级自然保护区"，成立了专门的保护管理机构。

临夏大拱北

位于临夏市西郊红园路。又名祁家拱北，是大拱北创始人祁静一的墓庐。始建于清康熙五十九年（1720年），由妥化清倡导修建。乾隆初年曾扩建，后遭破坏。1932年在原址重修。占地面积4公顷，由不同的四合院、三合院组成，以祁静一

墓为主，附有经亭、礼拜殿、静室、碑亭、牌坊、住宅、花园等。

墓庐，也称"永久亭"。底部青砖砌筑八角形墩台，墩台各面墙上均有砖雕，有荷花图、松鹿图及大菱形图案等。墩台外围砌砖雕须弥座栏杆。墩台上建有三层八角形木构楼阁，四面分别开圆窗及花棂窗，内部梁枋均雕刻各种花饰。外檐施斗栱。第三层为六角攒尖顶。

大门是一座高大的木构牌坊，四柱三间三楼结构，单檐歇山顶，建于石砌台基上，左右两间各砌筑成一堵砖墙。外檐施繁缛的斗栱，屋面覆盖绿琉璃瓦。牌坊两侧砌筑八字影壁墙，墙面雕刻各种花卉图案。牌坊门内建一砖雕照壁，照壁中心饰大菱形图案，左侧为墙体，右侧开一小门。

礼拜殿为砖木结构单檐歇山顶前出卷棚勾连搭形制，面阔九间，进深五间，屋面覆盖绿琉璃瓦，外檐施繁缛的斗栱。

大拱北前右方还有祁静一大弟子的拱北，三合院布局，主体建筑下部砌筑方形青砖墩台，其上建木构重檐楼阁。

禅定寺

位于卓尼县城西北角，是甘南地区历史最悠久的一座藏传佛教寺院，先后宗奉宁玛派、萨迦派、格鲁派，是拉萨色拉寺的属寺。创建于元朝元贞元年（1295年）。时元世祖忽必烈邀请西藏萨迦派第五代法王八思巴到内地讲经传法，途经卓尼县城，遂派其弟子萨迦格西·喜饶益西修建寺院，将宁玛派改宗萨迦派。

明天顺三年（1459年），仁谦龙布任该寺堪布时，再改萨迦派为格鲁派，取寺名"噶丹谢珠林"。清康熙四十九年（1710年），康熙皇帝赐封卓尼寺僧纲阿旺成列嘉措为大国师，敕赐"禅定寺"匾额。

原寺院规模宏大，有经堂10座，大小建筑172座，僧众多达3800人，寺内佛像、唐卡、壁画、堆绣非常丰富。民国

禅定寺

禅定寺大经堂

时期，寺院遭兵燹，寺院完全毁坏，后重建。

20世纪50年代以来，寺院建筑大多被拆毁，文物大部分流失。改革开放后，寺院重新开放，逐渐重修经堂4座、佛殿63间。

1990年，禅定寺被卓尼县人民政府公布为县级文物保护单位（卓政发〔1990〕80号）。现由卓尼县宗教局、禅定寺寺管会共同管理。竖立有文物保护标志碑，保存有部分文物档案资料。

二郎山庙及明代铜钟

位于岷县城南郊。二郎山集自然景观、人文景观于一体。山上有头寨子、二寨子和三寨子三座古寨。早期庙宇有子孙殿、观音殿、正气亭等，明清及民国时期修建，近年重新维修。其中正气亭内悬挂明代铜钟。

铜钟铸于明洪武十六年（1383年），通高1.65米，口径1.23米，壁厚8~10厘米。钟身上下饰两组六格三线方格纹，方格内铸铭文。肩部饰变形莲瓣纹，顶饰以对称龙首钮，钟口沿饰宽带纹及八卦纹。原悬于岷县城内钟楼中，清代，钟楼被毁，钟被移存于宣道会院内。1945年再移至岷县二郎山，并修建钟亭（正气亭）。该铜钟是为庆祝岷州卫军民指挥使司的设置及城垣建筑完毕而铸造的。

该铜钟铭文分为两部分，第一部分记载了开设岷州卫的史实：

明威将军金岷州卫军民指挥使司马烨，淮东六合县人。洪武十一年秋八月，钦奉天子制开拓岷州卫……紫宸宫……皇图，钟鼓合鸣……天听，世世生生广为□□，敬以赞曰：铸钟功德之缘□妙……之法，交穹响亮之声，以□□封疆之万里。祝圣寿以无量□齐眉之万岁。烨等仰……天乾圣永为亿载之……祈保宁谧之丰……降临坛所普济……阴功共成圆满。洪武十六年九月初六丙午日。

二郎山正气亭

二郎山铜钟

第二部分为岷州卫"本卫官"与"合属官"等卫所官署与官吏的署名。

1993年，甘肃省林业厅公布二郎山为甘肃省省级森林公园。2003年，二郎山明代铜钟被公布为甘肃省第六批省级文物保护单位。

治平寺及天圣铜钟

原位于平凉市崆峒区治平寺内。寺院早年已毁，仅存铜钟。

20世纪30~40年代，铜钟曾移置于平凉市东门楼内，用于报警。后被移置于平凉市柳湖公园内。1981年再次移置于宝塔院（现崆峒区博物馆）内，并修建钟亭一座。

铜钟为北宋天圣七年（1029年）铸。高1.7米，口径1.14米，厚0.85米，青铜质，重约1500公斤。钟顶有兽首钮，口沿为连弧六角形，钟身铸有莲瓣纹、团

云纹、圆形纹及佛像、狮子、天王等图案，并有"皇帝万岁""乘佐千秋""国泰民安"等文字和当时造钟的地方官员姓名。

1981年，该铜钟被公布为甘肃省第四批省级文物保护单位，名为"治平寺天圣铜钟"。

果胜寺及明昌铁钟

原位于灵台县城寺咀子（果胜寺）内。《灵台县志》载，该寺建于唐代。宋、金时扩建。明崇祯年间，寺院毁于兵燹。20世纪60年代后，铁钟被移存到灵台县博物馆内，并修建一座钟亭。

铁钟为金明昌七年（1196年）铸造。人头钮、敞口，有19个击钟牙，通高3.3米，口径1.78米。挂环以下0.7米内铸各种莲花、云纹图案。图案下部分三层铸有文字，每层又分为10格，其中上层8格内铸"皇帝万岁臣佐千秋国泰民安法

治平寺天圣铜钟　　　　治平寺天圣铜钟局部　　果圣寺明昌铁钟

轮常转",其余两格对称布局,一格铸"智炬如来心,破地狱高口",中间点缀一圈女真文字;另一格内铸六字真言。下部两层格内均为造钟经过、捐款人姓名等。尾题"大金明昌岁次丙辰七月铸"。

1981年,明昌铁钟被公布为甘肃省第四批省级文物保护单位。现由灵台县博物馆管理。

慈云寺及女真文铁钟

位于庆城县城西南角。寺院始建年代无考,几经改建,现为庆城县博物馆所在地。钟楼建于石砌台基上,高10余米。分为两层,一层的东、西、北三面建有厦房。南部为宽阔的月台,月台北部有一拱券门,门内设石砌台阶,可登上二层平台。正中间建有钟楼,平面呈正方形,面阔、进深二间(6.2米),高1.5米,单檐歇山顶,外檐下施五踩单翘斗栱,屋面覆盖灰板瓦。

楼内悬挂一口铁钟,金章宗泰和元年(1201年)铸造,高1.8米,口径1米,重4000公斤,钟钮以双龙口衔宝珠紧贴钟顶,弓腰为穿,悬于横梁之上。钟顶有五孔,肩饰莲瓣纹,八耳上饰弧弦纹,弦纹弧角处再饰奔马、雄鸡、小兔、荷花、牡丹等图案。腹部铸铭文"庆阳府彭原县盈仓广济院前监寺铸钟,时大金泰和元年岁次十月工毕"。钟身上部铸女真文56字,为各种佛之名号,下部铸汉字"皇帝万岁"。

1981年,该铁钟被公布为甘肃省第四批省级文物保护单位,名为"慈云寺女真文铁钟"。钟楼及铁钟现由庆城县博物馆管理。

普照寺贞元铜钟

原位于宁县县城普照寺钟楼内。普

慈云寺女真文铁钟

慈云寺女真文铁钟纹饰

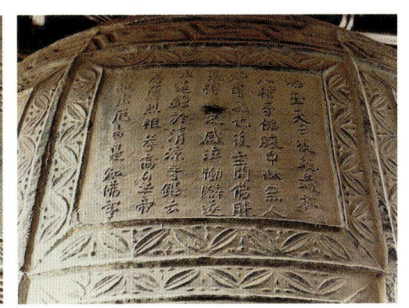

普照寺贞元铜钟　　　普照寺贞元铜钟铭文局部之一　　　普照寺贞元铜钟铭文局部之二

照寺，始建年代不详。史料记载，唐德宗贞元七年（791年）在此修建寺院，金代重修，并铸造铜钟。清同治年间，寺院毁于兵燹。清光绪年间，本区乡民募资再次重修。民国九年（1920年），宁县发生大地震，寺院遭毁坏。民国十三年（1924年），宁县知事岳世英主持再次重修。钟鼓楼建于夯土砖包墩台上，墩台下开门洞和楼梯，通向台面；墩台上建二层砖木结构楼阁，面阔三间，进深三间，重檐歇山顶，楼阁内悬挂铜钟。20世纪50~60年代，在县城扩建中，寺院被拆除，改为宁县印刷厂。1982年，钟楼被拆除，铜钟再次被搬迁到宁县博物馆院内，并在院内修建一座钟亭。

铜钟铸于金贞元四年（1156年），高2.2米，口径1.5米，厚0.1米。钟钮为一龙双首，龙嘴与爪固接钟顶，负系钟身。钟身上饰卷枝莲瓣、雷纹、回纹一周；下有钟牙8瓣；腹部铸铭文，分上下两层，每层分8格界栏，行文顺序以界栏为单位，从右至左。铭文首先录《破地狱真言》一段；接着叙述造钟免灾的两个故事，一为月支国罽呢吒王生大海中作千头鱼，一为宋齐丘造钟事；最后记述杨仲武铸造宁州普照寺铜钟的缘起和执事人等。

钟口之文为：

……因睹宁州普照寺旧钟，自唐贞元年辛未岁，奉天王子乔铸成，岁久似有所损，兼器小而声隘，恐不足以震幽冥。遂启诚愿，诱化荒铜万三千斤，烹炼点铸，作铜钟七千余斤，并将旧钟七百余斤，命工鼓铸，永为金田。作福拔苦之器，普愿法界有情同沾利益。大金贞元四年岁次丙子正月癸卯朔二十五日丁卯，显武将军前同知河东北路转运使事上骑都尉弘农县开国子食邑伍伯户杨仲武铸。管勾铸钟忠翊校尉何茂。报慈禅寺传法赐紫沙门行超。普照寺主持僧修……

1981年，普照寺铜钟被公布为甘肃省第四批省级文物保护单位，名为"普照寺贞元铜钟"。

669

第二节　佛　塔

凝寿寺塔

位于宁县政平乡政平村马莲河与泾河交汇处的北崖台地上，又称政平砖塔。政平乡在古代曾设县、镇、驿，今存古城址。唐代为定平县治，明代设政平驿，清代改为镇。原有凝寿寺院，史料记载，寺院在清末毁于洪水，独存佛塔。

佛塔修建于五代、宋时期。通体青砖与黄胶泥砌筑，平面正方形，五层楼阁式，通高19米，塔内实心，外檐有七层。第一层正南面辟门，门宽1.58米，进深1.62米。塔体内为方形塔室，宽2米，各层均铺设木楼板，楼板已不存，仅存第四层木梁架。外檐第一层每面挑出一斗三升斗栱2朵，坐于普柏枋上。斗栱处隐出泥道栱，栱眼壁上刻绘牡丹、莲花、"卍"字纹。上层叠涩出檐，檐口上方铺方椽，盖筒瓦。挑檐砖有三种规格：33

厘米×18厘米×5厘米、33厘米×18.5厘米×6厘米、38厘米×20厘米×4厘米。第二、三层施平座、栏杆，第四层以上无平座栏杆。建筑结构近似于西安大雁塔。

2001年，凝寿寺塔被公布为甘肃省第五批全国重点文物保护单位。现由宁县博物馆负责管理，竖立有文物保护标志碑，保存有历次保护维修档案资料。2005年，甘肃省人民政府《关于公布我省第五批全国重点文物保护单位及建设控制地带的通知》（甘政发〔2005〕16号）公布其保护范围及建设控制地带为："保护范围自塔基沿东至东山腰50米处，西至震宫山底50米处，南至东山100米的沟壑处，北至北山底50米处；建设控制地带自塔基外沿东至东山山顶100米处，西至震宫山顶100米处，南至东山南面150米处，北至北山顶100米处。"

圣容寺塔

位于永昌县北海子乡金川西村，因地处圣容寺而得名。原有寺院，圣容寺为古代河西走廊著名的佛教寺院，后寺院毁，唯塔独存。据传北魏时期，僧人刘萨诃西游途经永昌，预言"此山当有像现"。北周保定元年（561年），在此创建寺院，保定四年（564年）建成，名"瑞相寺"。

凝寿寺塔

北周建德三年（574年）被毁。隋大业五年（609年）炀帝西巡时，驾临寺院，"躬往礼貌，敬厚施"，改名"感通寺"。唐贞观年间，三藏法师取经归来，曾到访此寺。天宝末年，吐蕃占领河西各地，寺院被毁。敦煌莫高窟壁画有"番禾郡都督府御谷山番禾县北圣容瑞像"，当指该寺院。吐蕃统治河西时，改名为"圣容寺"。明清之际，寺院破败。1940年前后，仅剩寺门和几间殿宇。1953年全部被拆毁，仅存大、小二塔。

大塔建筑形制与西安小雁塔接近，建于高0.3米的石砌台基上。底层平面方形，边长10.8米，七级十三层空心楼阁式砖塔，通高16.2米。塔内北墙有佛龛，并设有木梯直达塔顶，现已损缺。塔檐用砖横、斜向层层叠涩挑出，共十三层。第四～八层塔檐挑出菱角牙子。塔门置于第一层，人可出入。

小塔建于大塔对面山顶上，底部有高0.2米的石砌台基。底层平面方形，边长4米，七级空心楼阁式砖塔，通高4.9米。建筑手法、形制具有唐代风格。

2001年，永昌圣容寺塔被公布为第五批全国重点文物保护单位（公布号5-434）。现由永昌县博物馆管理，竖立有保护标志碑，保存有档案资料。2005年，甘肃省人民政府《关于公布我省第五批全国重点文物保护单位保护范围及建设控制地带的通知》（甘政发〔2005〕16号）划定其保护范围为："东至长沟（山下为金川西村一社农民现居住区），向西500米至明代烽火台，向南至塔尔沟（即小塔南50米处），向北至干渣子山（即汉、明长城外50米）；建设控制地带在保护范围基础上向东、西、南、北四周各扩展100米。"

塔儿庄塔

原位于宁县盘克乡罗山府林场子午岭西麓，又名罗山府塔。修建于唐、五代时期。无台基及基座。砖石结构，平面正

圣容寺大塔

圣容寺小塔

塔儿庄塔

方形，边长 3.5 米，高三层，通高约 11 米。塔身表面砖经打磨加工，第二、三层每面均刻版门、直棂窗，正中为门，两侧为窗。檐部均刻斗栱两朵，檐上铺方椽、瓦垄，施平座、栏杆，栏杆华板刻牡丹、荷花、菊花、忍冬等花卉和马、羊、象、鹿、鱼、鸳鸯等动物图案。第二、三层南北各设真门，单砖券顶。塔身第一层南面设门，单砖券顶。塔室内各层设有木楼板，四壁上有壁画，壁画内容为"西游记"、"哪吒闹海"等。建筑形制、风格与凝寿寺塔一致。

1993 年，塔儿庄塔被公布为甘肃省第五批省级文物保护单位。2002 年，佛塔地宫被盗掘，塔身局部被炸坏。后迁建于宁县博物馆内。现由宁县博物馆管理。

老君庙慈氏塔

原位于敦煌莫高窟东南三危山中，20世纪 80 年代移置于莫高窟前。宋代修建。

土木结构单层塔，平面八角形，块石砌筑基座。塔室土坯砌筑，穹窿顶，顶绘华盖，中心为单团龙，下为垂幛纹。墙体有收分，墙外立 8 根柱廊，每间面阔 1.12 米，柱高 1.89 米，通高 6 米。有柱侧脚，柱头间置阑额、普柏枋，施柱头铺作 8 攒，五铺作偷心出双抄，第一跳上承罗汉枋，第二跳跳头承撩檐枋，无令栱、耍头和替木；各华栱头部砍作批竹昂形，昂底略向下斜，昂侧隐出华栱；劄牵插

入土墙中，柱头枋间垫以散斗，无补间。每面屋顶铺 5 根圆椽，椽尾插入塔壁内。外檐椽头上无飞子，以柳芭为望板，草泥垒筑为攒尖顶，顶部为葫芦形，迁建后改用木板为望板，并仿照莫高窟宋初窟檐的做法添加了方形飞子，同时保留了草泥垒砌的攒尖顶，根据莫高窟内宋代壁画建筑形状，用草泥堆塑了 6 条斜脊。角梁头刻作龙形，无套兽。正面开方形门洞，门两边浮塑双龙图，门上绘制方匾一块，墨书"慈氏之塔"四字。室内墙面有文殊、普贤、天王等壁画。除正面外，塔壁与檐柱间各面均砌小台座，台面以飞马纹、龙纹及凤纹花砖贴砌。小台座上有泥塑天王像。

慈氏塔用材很小，梁枋断面 12.6×7

老君庙慈氏塔

（比值 5：9.3），比《营造法式》规定的八等材还小。与莫高窟现存其他宋代窟檐一样，在五、六铺上开始逐跳减短，最末一跳的跳头不用令栱和耍头，栌斗部砍成上斜下直状，不用补间辅作，是宋代风格。

此外，莫高窟前有数座形制不同的佛塔，有亭阁式塔，有喇嘛塔，多数用土坯砌筑，草泥抹面，高度不等，形成塔群，近年均进行修缮。

老君庙慈氏塔现属敦煌莫高窟的附属文物之一，由敦煌研究院负责管理。

城城湾花塔

位于敦煌市城城湾。宋代建筑。有大小两座塔，大塔保存完好，小塔已残。大塔用土坯砌筑，单层，外敷两层粗草泥、一层细泥。塔座为 8 角形须弥座，座上置两层仰覆莲平台，收分明显，下部为覆莲，上层为覆莲、仰莲及连珠。塔身平面八角形，每面宽 1.65 米，直径 4 米，通高 9 米，八角形柱子，柱下为覆莲柱础，柱上有阑额，柱头铺作和补间辅作散斗上置替木并承托檐檩。东面辟拱券门，门两侧塑束莲门柱、火焰形门楣、升龙捧宝珠等图案；西、南、北三面各隐塑一个假门。柱间隐塑"人"字形斗栱，横栱均雕塑成卷草纹。塔身之上有两层混线承仰莲，挑出塔檐，屋顶凹曲向内收，塑有斜脊。塔顶为一个仰覆莲须弥座。塔刹为巨大的圆锥形宝装莲花，莲瓣下大上小，分为七层。下部三层各有 16 个莲瓣，高低相间，上下相错，莲瓣上再建一层小方塔；上部四层各有 8 个莲瓣，上下

城城湾花塔

相错，每层莲瓣上各建一层小方塔、各开一龛，龛内塑一佛或菩萨像。塔刹总共有 80 个莲瓣、56 个小塔。塔刹顶部又建小方塔一座，刹杆木质，已毁。塔室方形穹窿顶，顶部绘华盖，中心是盘龙，以下依次是卷幔、团花、回纹和卷草。在华盖和经变画之间是流云千佛及垂幛垂铃。室内四面原塑有天王像，今仅存残迹和部分壁画，其中三面墙面上各绘经变一辅。

东华池塔

位于华池县林镇乡东华池村。因佛塔位于华池县东，故名。宋代修建。隋唐时期，此地为林州华池县治，宋代废县为镇，属庆州。原有佛寺，已毁无存，仅存佛塔。通体砖砌，无基座，平面呈八角形，七层楼阁式空心塔，各级每面向上收分，立面呈梯形，通高 26 米。第一层每面宽 3.3 米，门开向东北，单砖券顶结构，门洞高

东华池塔　　　　　　　　　东华池塔砖雕挑檐

1.9 米，宽 1.1 米，进深 2.9 米。内辟八角形塔室，每面宽 1 米，直径 2.4 米。塔身从第二层起向上高度依次减小。各层每隔一面设真门或刻版门，每层辟四券门，分层转换方向，真门单砖券顶，版门有方形门框，有的门上镶一石碑，门两侧刻直棂、毬纹窗。各层檐下施双抄华栱，每面 5 朵，上承檐椽、平座，檐上铺瓦垄。其中第一、二、三层檐上施平座栏杆，人可通行，平座下斗栱与檐下相同，栏板砖面刻有"万"字纹、云纹、奔鹿、飞凤、猛虎等。塔顶为葫芦形刹柱，顶端置宝珠。

2001 年，东华池塔被公布为甘肃省第五批全国重点文物保护单位（公布号 5-435）。现由华池县博物馆管理，竖立有保护标志碑，保存有历次调查、维修档案资料。2005 年，甘肃省人民政府《关于公布我省第五批全国重点文物保护单位保护范围及建设控制地带的通知》（甘政发〔2005〕16 号文件）划定其保护范围为："东至南面壕 450 米，西至二道沟畔 750 米，南至山顶老城墙 500 米，北至东山根底 100 米。建设控制地带：东至南门壕 450 米，西至凤川河 800 米，南至山顶老城墙 500 米，北至东花池街道 200 米。"2010 年，国家文物局拨款进行维修。

双塔寺造像塔

原位于华池县林镇乡王台村子午岭密林深处，寺院始建于金正隆至大定年间（1156~1189 年），时名"石塔院"，金大安年间更名为"兴教院"，是以佛塔为中心的布局形式。清乾隆年间毁于地震，仅存两座石造像塔。2000 年，其中一座石塔被盗，后追回，均迁建于县城东面山腰处。庆阳市博物馆对寺院遗址进行清理发掘，出土石碑、经幢、陶石建筑构件等370余件，其中金大定十年（1170年）陀罗尼经幢7件。

两座造像塔通体均由红砂岩雕凿，由莲座、塔体、塔檐三部分组成。1号塔较大，高十三层，分层雕刻，榫卯套接而成，各层塔身均置于圆形仰莲盆中。通高12.6米，第一层为八面体，每面宽40厘米，第二层以上为十面体，向上逐层收小，顶有石质刹柱，刹座上置覆钵、相轮、宝珠。各层有塔檐，塔檐凸出于塔身及塔座，檐上有反叠涩两层挑檐，形成坡度，檐角雕有蔓花。塔顶部有石质刹柱，刹座上置覆钵、相轮、宝珠。塔身各层各面雕满大小不等的佛、菩萨、弟子、供养人、伎乐天等及佛涅槃和本生故事，全塔共雕佛像约3500余身。

2号塔塔体形制同1号塔，体量较小，被盗后塔顶、佛像遭到严重损坏，现存十一层，残高12米。底座为四方形，第一层塔身每面宽0.5米，向上各层呈八角形，逐层收小，各面挑出塔檐，平面呈八角形。各层塔身均坐于圆形仰莲盆中，第一、二、三层塔身各面皆雕佛、比丘，第四层仅在一面开龛，龛内雕有一佛二弟子，第五层以上无佛像，总计佛像615身。

1981年，双塔寺造像塔被公布为甘肃省第四批省级文物保护单位。现由华池

双塔寺造像塔

双塔寺造像塔局部

县博物馆管理，竖立有文物保护标志碑，保存有考古发掘、搬迁维修档案资料。

塔儿湾造像塔

位于合水县太白乡，建于宋代。平面呈八角形，八角十三层实心密檐式塔，通体以红砂岩凿磨垒砌。无基座，高 12 米，底层高 2 米，每面宽 1.4 米。各层均有塔檐，叠涩挑出，檐口呈弧形反曲线，檐角有石雕仿木转角斗栱；出檐雕刻檐椽、瓦垄。塔顶为石质塔刹，刹座以上为相轮二重，华盖一层，上置宝珠。第一层八面均浮雕佛像，每面 5 幅，共 40 幅，每幅有大小佛像 13~15 尊，内容多为说法图。佛身披袈裟，结跏趺坐或善结跏趺坐，数十尊罗汉或坐或立，或喜或忧，或手指比画，或苦思冥索，或伏首跪拜。另有文殊菩萨出行图和普贤菩萨出行图各一幅。文殊骑狮，普贤乘象，五百罗汉击鼓鸣乐行进。总计造像达 600 余身。第二、四层南面各开一假门，拱形。

1981 年，塔儿湾造像塔被公布为甘肃省第四批省级文物保护单位。现由合水县博物馆管理，竖立有文物保护标志碑，保存有档案资料。

塔儿湾造像塔

栗川砖塔正东面

栗川砖塔

位于徽县栗川乡郇家庄村小学院内。这里原有一座寺院，始建年代无考，唐末毁于战火。北宋淳化年间（990~994年）重建寺院，名白塔寺，并敕建佛塔，名白塔，寺由塔名。后白塔寺遭战火焚毁，仅存白塔。民国十二年（1923年）《徽县新志》记载："白塔寺在城西四十里红渠铺郇家庄，庙宇系清道光年间重建。有一塔甚古，外用砖甃，八方十二级，高约六丈，广一丈五尺。自光绪五年地震后，只存九级。"

现存白塔为砖砌八角形空心楼阁式，无塔顶，十层，通高25米。底部为石砌八角形塔座，条石砌筑两层。塔身第一层平面八角形，高7米，每面边长2.7米。南面开一单砖券顶拱形门，门高1.5米，门道深2.4米，门内辟八角形塔室。一层塔身南、北塔两面各镶石碑一块，北面为《补修塔序》，记载清道光十二年（1832年）修补砖塔之事；南面碑记录捐资者姓名。第二层以上各层均施平座、栏杆、塔檐，挑檐深度向上逐渐递减，4个正面均砖雕双扇版门、两个窗子，窗子雕菱形棂条；4个侧面均无门，仅雕菱形窗3个；每面塔檐下施砖雕双抄斗栱3攒，转角斗栱出双抄斜栱，上承替木，再上雕出檐椽，椽上铺青砖两层，屋面铺板瓦。塔顶为反叠涩砌成的攒尖顶，已坍塌。

1975年，栗川砖塔被公布为县级文物保护单位，竖立有文物保护标志碑，保存有文物档案资料。1993年公布为甘肃省第五批省级文物保护单位。2008年，"5.12汶川地震"期间，塔身出现较严重裂缝。此后，甘肃省文物局拨款予以维修。

湘乐砖塔

位于宁县东30千米的湘乐河镇湘乐

栗川砖塔《补修塔序》碑铭拓本

湘乐砖塔北面

甘肃省志

文物志

河北岸台地上。原有寺院，已毁，仅存佛塔。佛塔为宋代修建。湘乐，西汉置湘乐县，北魏孝文帝移襄乐县治于此，为襄乐郡治。西魏时筑城，名襄乐镇，一直延续到清代。民国时期更名为湘乐镇。

现存佛塔为平面六角形七层楼阁式砖塔，无台基和基座，通高22米，逐层收分。第一层塔身较高，面宽3.8米，向南开券顶门，门洞高2.2米，宽1.8米，进深2.1米。一层室内北面开一佛龛，砌筑拱券门，门高1.7米，宽0.7米，进深0.8米；门内佛龛高2米，宽1.1米。塔身各层挑出塔檐，每面挑出双抄斗栱及雀替，每面5朵，上承替木。其中第二、三层塔身施平座，平座上施栏杆，栏杆为直棂式，上施蜀柱带斗栱，蜀柱断面八角形，柱头有明显的卷刹。平座下施斗栱，形制与檐下斗栱相同。斗栱的比例尺度符合宋代建筑特点。第六层塔檐每面施斗栱3朵。各层每面间隔辟真门或雕刻版门、直棂窗。真门洞立面呈圭角形。版门有方形门框，双扇门半掩。塔顶已毁，堆积有残砖断瓦。

1981年，湘乐砖塔被公布为甘肃省省级文物保护单位。2006年，湘乐砖塔被公布为甘肃省第六批全国重点文物保护单位（公布号6-794）。现由宁县博物馆管理，竖立有保护标志碑，保存有档案资料。2009年，甘肃省人民政府《关于公布甘肃省第六批全国重点文物保护单

位保护范围和建设控制地带的通知》（甘政发〔2009〕3号）公布其保护范围为："东至塔基外50米处，南至塔基外60米处，西至塔基外45米处，北至塔基外45米处；建设控制地带自保护范围外向东外延50米、向南外延60米、向西外延45米、向北外延45米。"

环县塔

位于环县环城镇红星村北关环江东岸的二级阶地上。寺院始建于唐代。清乾隆十九年（1754年）高观鲤撰

环县塔

678

《环县志》载："古塔寺，在北门外一里，唐贞观时建，嘉靖九年重修，万历十八年又修，明末兵火煨烬，惟留古塔一座……或云：后移城内，为景福寺。"移建后的景福寺"在县城西南，长三十六步，宽一十二步。元大德年建，万历五年知县胡冠有钟铭。本朝乾隆十八年，县吏邓维一募修，在籍训导杨大伦为之记。"根据塔刹上的铭文，元世祖中统五年，即宋理宗景定五年（1264年）重修相轮。早年，塔身上保存有残损的砖匾，上刻"贞观年间建造，敬德监造"等字，匾毁不存。1993年版《环县志》载："1264年（宋理宗景定五年，蒙古元世祖忽必烈中统五年）八月，环县塔落成。"

现存砖塔为平面八角形五层楼阁式，高5层，顶有塔刹，通高22米。全以砖砌，表层砖打磨。地面无台基，塔身第一层很高，平面呈八角形，向上各层逐渐缩小。第一层每边宽3.2米，门向南偏东15度，单砖券顶，门洞高2.5米，宽1米，进深2.4米。内辟八角形塔室，每面宽1.2米。各层有木楼板。各层塔檐出双抄华栱，每面补间斗栱2朵，上承替木，其上叠涩挑出11层，组成檐口及枋木椽子、飞椽、瓦垄。各层塔身间隔一面设真门或刻版门、直棂窗、斜纹窗，分层变换方向。真门单砖券顶，门两侧浮雕莲花饰。版门有方形门框，

双门紧闭，门上有乳钉纹饰。各层塔檐上部施平坐，平坐下置斗栱。与檐下相同，平坐上有砖雕栏杆，人可通行。栏杆底层砖面阴刻装饰纹样。塔刹铁铸，上面铸有铭文，铭文主要记述景福寺重建相轮之事，文字自南向北如下：

皇帝萬歲皇帝萬歲只必帖木里

大王千秋國泰民安法輪常轉

環州景福寺重建相輪都綱彥福等

都功福主元帥　慕福住都會首

達魯花赤蘇副都會首

參議韓

同知慕

副會首軍判　俄州判趙

軍命總領慕　縣令縣丞

縣尉　吏目等匠人

河東南路河中府河津縣故鎮

王仲　王仲　王信鄜州　郭□

中統五年仲秋上旬有五日

1981年，环县塔被公布为甘肃省第四批省级文物保护单位。2002年以来，被环县人民政府投资改建为宋塔公园。现由环县公园管理处、环县博物馆共同负责管理，竖立有文物保护标志碑，保存有档案资料。

肖金塔

位于庆阳市西峰区肖金镇南街。又名金城寺砖塔，宋代修建。这里原为金城寺，塔建于寺中，寺院已毁，唯塔独存。

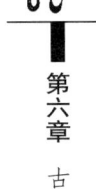

肖金塔

清代曾进行过修补。

现存佛塔为青砖砌成，平面为八角形，楼阁式，顶部已残，现存7层，通高约20米，无台基和基座。塔基各层每面辟门，第一层正东开门，单砖券顶，门洞高1.9米，宽0.7米，进深1.5米。第二层以上各层每面有真门或刻版门、直棂窗，门为单砖券顶结构，门为正方形门框，共有6层边框。各层塔檐每面施斗栱3朵，出华栱两抄，上承叠涩挑檐构件，檐上铺瓦垄。各层均施平座、栏杆，平座下斗栱与檐下同。各层室内原铺有木板，现仅存顶层，余皆被拆。

1981年，肖金塔被公布为甘肃省第四批省级文物保护单位，现由西峰区博物馆负责管理，竖立有文物保护标志碑，保存有档案资料。2006~2008年予以维修。

白塔寺及白塔

位于兰州市城关区黄河北岸的白塔山公园内。寺院总建筑面积8000多平方米，建筑分布于三层台地上。山上原有象皮鼓、青铜钟、紫荆树，古称"镇山三宝"，现紫荆树已枯死。

白塔寺旧称白塔禅院，寺以塔名。寺院最早创建于元代，时藏传佛教萨迦派法王派遣一位喇嘛去蒙古拜谒成吉思汗，这位喇嘛不幸病故于兰州。元朝建国后，为纪念这位喇嘛，在山巅修造一座白塔。现存各建筑多为明清及民国时期修建，主要建筑有菩萨殿、罗汉殿、三官殿、三星殿、云月寺、牌坊等。白塔寺是一个以白塔为中心的院落建筑群，平面呈长方形，院内早期建筑无存，现存白塔为明景泰年间（1450~1456年）镇守甘肃内监刘永成主持重建。清康熙五十四年（1715年）巡抚绰奇补旧增修，扩大寺院，改名为"慈恩寺"。

白塔为平面八角形七级实心砖塔，覆钵与楼阁相结合，高17米，由方形塔基、须弥座、覆钵形塔身、楼阁塔身及琉璃塔刹组成。下部为方形基座，座上建高大的须弥座，须弥座上砌筑覆钵式塔身，再上置八角形楼阁式塔身，塔内实心，各面砌有佛龛，龛内置佛像。每层塔檐角有青砖雕刻的小龙头，下系风铎。塔身通体饰白色。顶部置绿陶釉宝顶。清乾隆年间，兰州进士秦维岳写诗赞美白塔："北上环拥势嵯峨，塔影巍然最上坡。布地散金名宝刹，擎天一柱俯黄河。"

白塔南面为三大士殿，面阔三间，进深二间，殿内供奉文殊、观音和普贤菩萨。塔北面有准提菩萨殿、地藏菩萨殿。其中准提菩萨殿面阔三间，长9米，进深8米，砖木结构二层楼阁，前后出四檐卷棚抱厦，下檐施三踩单翘斗栱14攒，上檐施五踩重翘斗栱14攒，明间装槅扇门四扇，次间砖砌海棠心槛墙、槛窗，室内天花彩绘。地藏殿内供奉石雕地藏菩萨像，墙面彩塑四飞天，另有一口清康熙年间铸造的铜钟。院内东、西两面为配殿，

面阔各三间，单檐悬山顶，明间装槅扇门，次间砖砌海棠心槛墙、槛窗。配殿各连一座小亭阁。

白塔寺西南一带台地上有观音洞、关帝庙、驻春亭、三官殿、药王殿、财神殿、金山寺、禹王庙等建筑。其中三官殿为清康熙时期修建，院落式布局，坐北朝南，有门亭、悬楼、中殿、东西厢房和大殿等。门亭建于南面台地上，面阔三间，单檐悬山顶，青砖墙，中间开门洞，前檐柱间饰透雕花罩，檐下施斗栱。悬楼处于二层台地上，面阔五间，两层歇山顶前出卷棚廊结构，二层前檐廊柱间装万字纹木护栏。中殿建在三层台地上，面阔三间，单檐悬山顶前出四檐卷棚廊。大殿位于最后面，面阔三间，七架梁单檐歇山顶，前檐下施五踩重翘斗栱，额枋

白塔寺

白塔形制

第六章　古建筑

681

间施木雕佛手、石榴图案、透雕双龙雀替，金柱间装槅扇门12扇，梁枋饰青绿彩画。清嘉庆时期，增建药王殿、财神殿、灵官楼等建筑。

白塔寺东南一带台地上主要建筑有云月寺、三教道统祠、三皇殿、三星殿、罗汉殿、文昌宫、魁星阁等。其中云月寺位于白塔山山体东面，始建于明正统十三年（1448年），坐北朝南，由牌楼、石桥和佛殿组成。牌楼为垂花门形式，单檐悬山顶，装两扇木板门，门楣上施垂花柱、双龙雀替，正面额题"凤林香袅"，背面额题"秀英三台"，系清乾隆五十六年（1791年）皋兰举人李存中题写。石桥为单孔桥，桥身块石砌筑，桥面铺石板，两侧装望柱，柱间装实心石栏板，桥身两端各置两尊抱鼓石。院内北面为正殿，面阔三间，单檐歇山顶。东、西两侧为厢房，均面阔三间，单坡硬山顶。

三星殿是一座独立的院落，有大殿、厢房、牌坊门等建筑，大殿单檐悬山顶前出四檩卷棚抱厦。东、西两面对称布局厢房，各面阔三间，单檐悬山卷棚顶，前后檐均装木槅扇门。牌坊门为四柱三楼结构，明间庑殿顶，次间悬山顶，檐下施斗栱，四柱前后置戗柱支顶。罗汉殿修建于清光绪十二年（1886年），是一座独立的院落，殿门为砖砌木构垂花门，院内东、西两面各建悬楼一座，建筑形

制一样，面阔五间，四檩卷棚顶。

白塔寺左右山顶上还建有数座三角攒尖顶亭阁，分别称为"东风亭""喜雨亭""迎旭阁"。白塔寺南面有十级台地，每座台地上各有大小不一的殿宇，称"十王殿"。另有四圣宫、玉皇阁、祖师殿等。十王殿的多数建筑已被拆除。

"白塔层峦"为古代兰州八景之一。

1957年，甘肃省、兰州市有关部门筹资对兰州白塔山庙宇及牟家庄惠泉寺实施维修加固工程。1958年，白塔山被开辟为公园。1981年，白塔山白塔被公布为甘肃省第四批省级文物保护单位。2000年，甘肃省文物局拨款170余万元对白塔山白塔实施纠偏加固工程。现由白塔山公园管理处负责管理，竖立有文物保护标志碑，保存有历次维修档案资料。

北海子塔

位于永昌县县城的北海子公园内，

北海子塔南面

甘肃省志

文物志

亦称观河楼塔、金川寺塔。原有寺院，唐代始建，后毁于战乱。明永乐十二年（1414年）在原址重建。后来，寺院大部分建筑被拆除，仅存佛塔。

佛塔下有基座，基座长 25 米，宽 15 米，外砌条石，内垫夯土。平面呈六角形，砖砌七级楼阁式实心塔，通高 33 米，塔身下大上小，收分明显。下部三层较粗壮，以上各层逐层内收。每层塔身出檐较短，用砖叠涩挑出，檐角装琉璃兽头、风铎。一～三层交错设置佛龛，四层以上无佛龛。塔顶冠以圆锥形铁刹。第一层东、西两面檐下嵌有"光东阙""定西戎"砖雕匾额。

20 世纪 80 年代，原寺院遗址被开辟为公园。1981 年，北海子塔被公布为甘肃省第四批省级文物保护单位。现由永昌县博物馆管理，竖立有文物保护标志碑，保存有档案资料。

白衣寺塔及白衣菩萨殿

位于兰州市城关区庆阳路 192 号。据清咸丰十年（1860 年）《补修白衣寺塔记》载，"白衣寺为前明肃藩王所建，相传乃王妃之功德，至今四百余年，数则重修。"始建于明初，万历、崇祯及清道光、咸丰年间多次重修。原为院落式布局，坐北向南，沿中轴线对称布局有 10 座建筑，包括山门、土地祠、伽蓝祠、白衣菩萨殿、多子塔、送子将军祠、旃檀神王祠、送子催生三慈母宫、眼光痘疹疮癣三慈母宫、文昌阁等。后在兰州市城市改造过程中，白衣寺院落及大部分建筑被拆除，今仅存旧址及多子塔、白衣菩萨殿。现存白衣寺总占地面积 4000 余平方米。

白衣寺塔

白衣菩萨殿

白衣寺大殿，亦称"白衣菩萨殿"，因殿内供白衣大士观世音菩萨画像而得名。据寺内存《补修白衣寺塔记》碑记载，建于明英宗天顺四年（1460年）前后。现存大殿为砖木结构七架梁单檐歇山顶，前檐出廊一间，面阔四间（13.5米），进深三间（14.1米），后檐仅明间出抱厦一间。廊檐下施大小额枋，枋间置瑞兽纹隔架墩，枋下通间施二龙戏珠雀替。前檐廊心墙砖雕。明间金柱间装12扇槅扇门，两侧砌海棠心槛墙。屋面覆盖筒板瓦，脊筒子雕饰莲纹，正脊饰两端饰盘龙吻，中部置宝瓶3座；垂脊饰五把鬃垂兽；戗脊饰三把鬃戗兽。殿内后部有佛坛，原有白衣大士观世音菩萨像，今无存。

多子塔，也称白衣寺塔，位于院内

白衣寺塔塔身南侧的佛龛及门楣

中部。明崇祯四年（1631年）修建，清道光二十三年（1843年）维修。八角十三层实心砖塔，由覆钵式塔身和楼阁式塔身结合而成，分为塔基、须弥座、覆钵式塔身、楼阁式塔身、塔刹五部分，总高25.7米。塔基为折角正方形。高2.8米，边长7米，青砖砌筑，台基外沿铺条石。塔基之上为青砖砌筑须弥座，平面也为折角正方形。下层为青砖砌筑的圭角，砖面雕刻瑞草图案；上层为十九层青砖磨制砌筑的枋、枭混、束腰等，其中束腰部分雕饰最为丰富，用大小28块青砖浮雕佛教故事和牡丹、祥云、柏树、君子兰、芙蓉、菩提树、翠竹等图案。塔身也由两层组成，下层为覆钵式塔身，坐于须弥座上，覆钵高6米，顶部直径5.1米，肩部直径5.9米，底部直径5.6米；南向开一券拱式佛龛，龛高2.5米，宽1.2米，深1.5米，龛内原置燃灯、释迦牟尼、弥勒三尊佛像，已无存；龛门为青砖砌筑的枋木结构门柱、额枋、雀替，门额上方砖雕瓦垄、椽子、博风板等，形成悬山屋面，门外两侧砖雕檐柱上刻正楷阳文对联："玉柱玲珑通帝座，金城保障永皇图。"屋面上方嵌石匾一块，匾上阴刻草书"耸瞻震旦"四字，落款"太华道人崇祯辛未孟夏之吉"。"太华道人"为明肃王朱识鋐的道号。覆体塔身之上再建一座楼阁式塔身，平面八角形，共12级，高18.5米，楼阁层层叠涩飞檐，每面都开一龛，龛内塑有佛像，总计96尊泥塑佛像。塔身各层檐角均挂风铎一个，风铎之大小，依层高而变化，共96个风铎，其中顶层8个为铜质，无铭文，其余均为铁质，并铸有铭文"献叩。道光二十三年八月中吉日"，证明了清道光年间维修之事。顶部塔刹结构较为简单，通高1米，均为釉陶中空部件组合而成。底部刹基由蓝色釉陶仰莲组成，其上坐金黄色釉陶混圆，混圆上坐绿色釉陶相轮，刹身之上为葫芦形宝瓶，整个塔刹组件由木刹杆贯穿，插入顶层塔身内。

1987年，兰州市人民政府筹资进行维修，在塔刹及顶层塔身中发现一批文物，有佛经、白瓷供养人像、金银压胜钱、佛名符牒、鎏金铜佛像、明代丝绸、头发、镂丝莲嵌白玉送子观音簪、银质福寿压胜钱、铜镜、明代铜钱、丝绸绢帕等。其中镂丝莲嵌白玉送子观音簪上镌"肃王妃熊氏施伴读姚进兼装。崇祯伍年捌月拾日"铭文。1939年，兰州市东关火药库发生爆炸，周围建筑被夷为平地，佛塔未损。

20世纪80年代，兰州市人民政府曾将其他地方的一座铁柱宫（原浙江会馆享殿，1984年公布为兰州市市级文物保护单位）搬迁至此，作为山门。

1981年，白衣寺塔（包括大殿）被公布为甘肃省第四批省级文物保护单位。现由兰州市博物馆管理和使用，竖立有文物保护标志碑，保存有历次维修、调查研究档案资料。

延恩寺塔

位于平凉市城东宝塔梁上，亦称"平凉宝塔"。这里原有寺院，名延恩寺，有城墙环绕，东有东岳庙，西有真武庙和紫金城，东南方还有明代修建的石牌坊和砖雕照壁。明代就封于平凉的韩王修建。洪武二十四年（1391年），朱元璋将其第22子朱楹（1383~1417年）封为安王，驻平凉。永乐六年（1408年）朱楹来到平凉，后薨，无子嗣，藩国被废除，仅留百余人看守安王陵园。洪武二十四年（1391年），朱元璋庶二十子韩王朱松（1380~1407年）被封于辽宁开原为藩王，永乐五年薨，谥曰宪，为第一代韩王。韩恭王朱冲𤩽（1397~1440年）是韩宪王嫡长子，永乐九年（1411年）至正统五年（1440年）在位。由于平凉的安王无子嗣，永乐二十二年（1424年），将宪王改封到甘肃平凉，洪熙元年（1425年）到达藩国平凉。平凉韩王由此开始。明代韩王共11位，第一代韩王朱松在辽宁，其余10位都在平凉，自永乐二十二年（1424年）韩恭王朱冲𤩽到崇祯十六年（1643年）末代韩王朱亶塉被李自成农民起义军杀害，10位韩王在平凉历时218年。

明天顺年间（1457~1464年），寺院改为正学书院。正德十一年（1516年），明政府敕令为韩王修建紫金城、延恩寺，重修宝塔，在塔前建新寺院。明嘉靖二十五年（1546年）本地邑人赵时春作《东塔寺记》《塔记》，对当时修建延恩寺及宝塔的情况有记述。其中《东塔寺记》载："寺以塔名，重在塔。……故韩国温太妃爱怀先昭王，应世随化，散财酬德，乃卜东郊离面枕冈考胜，为琉璃宫七，以奉浮屠。前为大王，又前为金刚，以呵护山门。宫之左右各翼以廊，以貌古之礼敬浮屠而得其三昧者，左右廊之前益之以楼，以载鼖镛，为香火讽呗之节，其外环以精舍僧厨，崇垣复门，种种具足，然大要归重于塔，故为亭以居碑者又二，一以志夫寺，一以志夫塔。"《塔记》载："塔七级，镇浮屠宫后，琢石以为基，覆之，视其殿楣栏薨榭，施砖填之，工以亿计，周缭铃索，用五金之材以千计。创手于嘉靖乙未初夏，丙午春初告……昭王盛年奄弃千乘之尊，太妃晚节施散万金之资……"又，赵时春撰《平凉府志》记载："东郭门外之阳有真武庙，有新塔寺，今改正学书院，有旧塔寺。"《平凉府志》之"平凉府城图"上标有"真武庙""塔寺""正学书院"的位置。据此，"延恩寺塔"初为"东塔"，是当时笃信佛教的"韩国温太妃"（即韩昭王朱旭橚的夫人温氏）因怀念已故的韩昭王，于嘉靖十四至二十五年（1535～1546年）为其祈福而建。

民国时期，塔内楼板、楼梯被毁，冯玉祥在此创办军事学校，塔院成为兵营，寺院内其他建筑均被拆除，仅存佛塔。20世纪50年代，平凉市境内多次发生地震，宝塔第六、七层被震裂，塔刹倒塌。1985~1986年，甘肃省文化厅拨专款10万元进行了维修。

现存佛塔为七级八角仿木结构楼阁式砖塔，通高27.5米，底部周长36.6米，直径12米。第一层南面有拱形塔门，门上嵌"大明"石匾。上层四面都有砖砌的塔门和佛龛，挑檐以砖雕斗栱承挑，雕刻云头、花卉等图案，各层挑檐屋面均覆盖琉璃瓦，檐角悬挂风铎。塔刹为铁铸构件套接而成，外形是一座小塔，由刹座、刹身、刹顶、刹杆等7层构件组成。塔室内各层设木楼板、楼梯，可登临。

2006年，延恩寺塔被公布为甘肃省第六批全国重点文物保护单位（公布号6-803）。现由平凉市博物馆使用管理，今已开辟为宝塔公园。竖立有文物保护标志碑，保存有历次保护维修档案资料。2009年，甘肃省人民政府《关于公布甘肃省第六批全国重点文物保护单位保护范围和建设控制地带的通知》（甘政发〔2009〕3号）公布其保护范围为："宝塔周围150米范围内；建设控制地带在保护范围外150米以内。"

延恩寺塔西面　　　　　　　　搬迁前的盘龙寺塔　　　　　　　搬迁后的盘龙寺塔

盘龙寺塔

原位于华亭县城 40 千米的西华乡贺寨村云峰山盘龙寺旧址中，这里原有佛寺，后毁于战乱，仅存石塔。2011 年 11 月，华亭县人民政府组织将其搬迁至华亭县博物馆院内。现存石塔高 3.9 米，整个塔体用 10 块石料雕刻、榫卯套接而成（包括塔刹）。塔座呈正方形，边长 1.2 米，高 0.6 米，四面刻有鹿、麒麟等瑞兽；第二层平面呈八角形，直径 1.6 米，高 0.4 米。四周浮雕仰莲瓣；第三层平面呈圆形，直径 0.5~0.6 米，高 0.3 米，外形如一石鼓，四周刻有吉祥纹，现风化剥落严重，图案不清；第四层平面呈圆形，直径 0.7~0.9 米，高 0.8 米，外形如一大石鼓，颈部刻凹槽，四周浮雕缠枝莲及忍冬纹；第五层为一仰莲座，直径 0.4 米，高 0.3 米，四周刻莲瓣纹；第六层平面呈方形，边长 0.3 米，高 0.3 米，外形如一石柱，四面刻有铭文，西面阴刻楷书"重修盘龙寺""明隆庆二年"（1568 年），东面刻"凤翔县洪水寨秦水孝等人刻制"，南北刻捐资人姓名；第七层为一仰莲座，直径 0.3~0.4 米，高 0.3 米，四周刻仰莲瓣；第八层平面呈圆形，外观为一束腰石柱，直径 0.2~0.4 米，高 0.2 米；第九层为一石雕覆斗形屋面，四周挑出屋檐，外檐边长 0.4 米，通高 0.3 米；第十层为葫芦形宝刹，由三个石雕葫芦组成，直径 0.1~0.2 米，高 0.4 米。

盘龙寺塔现由华亭县博物馆管理。竖立有文物保护标志碑，保存有搬迁修复档案资料。

塔儿洼石塔

位于华池县南梁乡白马庙村半山腰，也称白马庙残塔。原有寺院，已毁，仅存佛塔。甘肃省第三次全国文物普查新发现文物点。

塔儿洼石塔为明代修建，为密檐式方形实心塔，系分块用红砂岩雕刻逐层垒砌而成，残存6级，残高4.1米。塔座正方形，为一整块石，素面无饰。塔身向上逐层收分，各层塔檐用一整块石料打制而成，檐口有瓦垄残迹。塔身第一层宽1.2米，四面均浮雕尖楣浅龛2个，龛内平雕树状火焰纹；第二层宽1.1米，素面无饰；第三层宽0.9米，素面无饰；第四层宽0.8米，素面无饰；第五层宽0.7米，素面无饰；第六层宽0.7米，仅北面凿一竖长方形佛龛，龛外两侧浮雕菩萨像各1身；第七层及其以上缺失。石塔附近还残存石柱础2个。

圆通寺塔

位于民乐县城西北27千米的六坝镇六坝村，也称元通寺塔、元统寺塔。最早为汉传佛教寺院，明清时期变为藏传佛教寺院。占地面积6600平方米。20世纪50~60年代，寺院建筑大部遭毁坏，仅存喇嘛塔1座。《大清一统志》《甘州府志》等记载，宋徽宗宣和七年（1125年）敕建寺院，明天启四年（1624年）、清顺治十七年（1660年）、康熙三十六年（1697年）重修。雍正七年（1729年）再次重修佛塔，乾隆四十三年（1778年），又在原塔基础上"补石包修塔一座"，使塔"今增高到八丈余"，周围阔一十一丈，配殿、廊房俱照旧加增。

现存佛塔为金刚宝座式佛塔，初建于明代，清代重修。基座为砖石砌筑的方形基座，基座边长8.8米，高0.4米。塔身用砖瓦、木料、土坯和草泥砌筑而成，由两层须弥座、须弥山、覆钵、佛龛、十三天及塔刹组成，通高21.9米。塔座为三重束腰须弥座和须弥山组成，基座上

圆通寺塔

圆通寺塔出土真武祖师　　　　　　　　圆通寺塔出土铜玉皇大帝坐像

置两层小塔，第一层小塔置于第二层须弥座顶部的四角，四角各一座；第二层须弥座上再砌筑下大上小的须弥山，须弥山上砌筑一层束腰须弥座，须弥座四角各置一座小塔，中央竖立覆钵式塔身。覆钵塔身底部砌筑有金刚圈一周，表现藏传佛教密宗的坛城图和五方佛信仰。正中大塔代表大日如来佛（毗卢遮那佛），其他四面小塔分别代表南方欢喜净土宝生佛、东方妙喜净土阿閦佛、西方极乐净土阿弥陀佛、北方胜业净土不空成就佛。塔肩四面均用青砖砌筑象征须弥山的形状，四面各开 5 个佛龛，共 20 个；中央竖立13 重相轮（十三天）。十三天顶部装置巨大的木质华盖，由圆木盘和黑釉瓷宝瓶组成，华盖四周有铁质流苏 35 个，每个

流苏下挂一风铎，系康熙二年（1663 年）、康熙三十六年（1697 年）铸造，华盖顶部覆盖灰板瓦。

　　20 世纪 80 年代以来，当地信教群众筹资在寺院遗址上修建了山门、过厅、佛殿、僧舍等建筑。现为本区佛、道、儒一体的宗教活动场所。

　　2002 年，在佛塔肩部佛龛内发现 23 尊造像，其中铜质佛像 6 尊、铁质佛像 2 尊、泥质佛像 2 尊、木质佛像 13 尊。同年 11 月，其中的 4 尊佛像被盗，后追回 3 尊，1 尊未追回。后将所有造像移至民乐县博物馆保存，其中包括康熙三十六年（1697 年）生铁铸造《重修寺塔碑记》1 通。2004 年，国家文物局拨款对圆通寺塔进行维修加固，发现铜质玉皇大帝像一尊，

铜像宝座背面有"明万历二十三年（1595年）三月吉日造"铭文。

附：《重修寺塔碑记》

粤自圆通寺旧有古刹庙貌，征备及至，崇祯年间开镇，善信重修创作，阔其形而广其势。愈谓有寺不可无塔，又于康熙元年，本寺主持隍中比丘寂定募化随缘施捨，创修其塔。延今，年久风雨损坏，泥土倒落，本寺住持隍中比丘相惺偕徒圆福亲堪目睹，虔心修塔，凡一切工匠费用皆出本寺，烧灰木柴，募化十方随喜丕不日而功告竣，镇照改观谨识岁月以□来兹。

随缘善信：王徇王亲延俞良（满）佳印王界武作学曾□泥水金火匠人：屈有生　王守仁　武□□

河州白塔寺僧宝贤，道人陈福州。

康熙三十六年四月吉日造

2001年，圆通寺塔被公布为第五批全国重点文物保护单位（公布号5-433）。现由圆通寺寺院管委会、民乐县文物局共同管理。竖立有文物保护标志碑，保存有历次维修调查档案资料。2005年，甘肃省人民政府《关于公布我省第五批全国重点文物保护单位保护范围及建设控制地带的通知》（甘政发〔2005〕16号）公布其保护范围为："塔基东、南、西、北周围50米内；建设控制地带：东面为保护区外20米，西面至六坝镇主街道东沿，南至六南村公路北沿，北面为保护区以外30米。"

镇国塔

位于民勤县城西门外民勤县人民医院院内。明、清代。亦称"大白塔"。始建于明正统五年（1440年），清康熙十四年（1675年）、光绪十年（1884年）两次重修。《甘肃通志》载："镇国塔在县西关外，清光绪十年倾圮，邑人胡克绪倡捐修复。"

镇国塔为覆钵式喇嘛塔，通高12米。基座用石块垒筑，高1米，周长16米。基座上建须弥座，平面呈八角形，高2米，周长14米。塔身用条砖砌筑，下半部粗壮，四周各开小佛龛，上半部短而细。塔身表面敷抹白灰浆。覆钵上部中央置十三

镇国塔

重相轮。相轮上置木制宝盖两层，平面呈八角形，四周每个檐角挂一个风铎；宝盖上置葫芦形铜宝瓶、铁质塔刹、铜相轮。塔顶镶嵌一块清康熙十四年（1675年）石刻题记。

1993年，镇国塔被公布为甘肃省第五批省级文物保护单位。现由民勤县博物馆管理，保存有档案资料，竖立有文物保护标志碑。

八卦寺砖塔

位于合水县太白乡东北。明代。亦称"八卦寺塔群""八卦寺墓塔"。这里地处陕西省富县张家湾乡与甘肃省合水县两省交界处的碾沟川，川中有河，常年流水。原有寺院一处，修建于一处平台上，并有8座和尚墓塔，称八卦寺。原寺院及部分墓塔已毁，现仅存砖砌墓塔3座，从北向南一字排列（1~3号），相距10余米。

北塔（1号塔）平面呈八角形，现存9层，残高12米。塔身每层青砖叠涩出檐，檐下砖雕仿木斗栱，每面2朵，檐上铺设筒板瓦。第一层每面宽1.3米，无门。第二、四层各面开一拱券门，门向正东，深0.41米，残高0.85米，宽0.64米；室内青砖叠涩成八角形覆斗藻井，直径2.5米。其他各层不开门。塔顶以青砖叠涩收拢。塔顶残。

中间塔（2号塔）通体青砖砌筑，平面方形八层楼阁式，高11米。各层塔身

八卦寺砖塔

上施立砖一周，砖面印有兽面、草花、牡丹花饰；塔檐以青砖叠涩挑出，檐下无椽和斗栱，屋面无瓦垄。第二、四层开门，门向正东，内辟正方形塔室。顶部塔刹已残，底径1.45米，高2.4米。

南塔（3号塔）通体青砖砌筑，平面八角形，共8层，高11米。塔体实心，顶部无塔刹，塔身各层以砖叠涩出檐，每层转角处和中间均饰斗栱。塔身各层以青砖砌筑，叠涩挑出檐口，檐口无仿木斗栱及瓦垄，塔身青砖素面无饰。第二、三层开门，门向正东，其中第二层塔室呈长方形，东西长1.8米，南北宽1.1米，高1.1米，顶部以青砖叠涩藻井。

三座塔均系明代安葬和尚的墓塔。

1993年，八卦寺砖塔公布为合水县县级文物保护单位（合政发〔1993〕69号）。现由合水县博物馆负责管理。

塔院寺金塔

位于金塔县金塔乡塔院村。清代。寺院始建年代不详，原名"筋塔"。明万历二十三年（1595年）改为金塔。清康熙四十六年（1707年）、乾隆四十三年（1778年）进行两次修缮。现存佛塔为覆钵式喇嘛塔，通高20米，土木结构，塔基呈方形，底边长15米。基座上建平面八角形须弥座4层。覆钵式塔身外表敷白灰浆。覆钵上建莲花台座，上置九层相轮。塔刹为八角挑檐攒尖顶，上锐下圆，外形如瓶，屋面覆以板瓦，檐角悬挂风铎。历年出土的文物有石雕佛像、汉藏文佛经、唐卡及雕刻佛像的瓦当等。

2003年，塔院寺金塔被公布为甘肃省第六批省级文物保护单位。现由金塔县博物馆管理，竖立有文物保护标志碑，保存有文物档案资料。

白马塔

位于敦煌市七里镇白马村内。清代、民国。相传前秦建元二十年（384年），苻坚大将吕光平定西域，携龟兹国高僧鸠摩罗什东来传教，因驮载佛经的白马途中死于敦煌。后来，信徒捐资将白马葬于此地，建塔以示纪念，取名白马塔。

现存佛塔为清道光年间重修，民国二十三年（1934年）维修。塔体中间立木心柱，塔身土坯砌成，表面抹以草泥、白灰。塔身高9层，通高15.4米，无基座。底层平面呈八角形，每面宽3米，后期维修时改用条砖包砌；第二～四层为折角圆形；第五层塔身周围施一圈乳钉纹，上部砌筑仰莲花瓣；第六层为覆钵形；第七层为相轮；第八层为平面六角形斜坡形刹盘，刹盘周边檐角挂风铎；第九层为莲珠形塔刹。另在第二层塔门上方嵌一石匾，

塔院寺金塔

白马塔

刻"道光乙己桐月白文采等重修"字迹；另有一木板，上书"民国二十三年八月拔贡朱文镇、吕钟等再修"等字。

1993年，敦煌白马塔被公布为甘肃省第五批省级文物保护单位。现由敦煌市博物馆管理，竖立有文物保护标志碑，保存有档案资料。

刘道塔

位于白银市白银区四龙乡剪金山腰。清代。据传刘道原为少林寺僧人，云游到此，蓄发为道，与其弟子维修了山腰处的三清洞，并修筑登山天梯石阶360级，每级高30~36厘米。后人补筑至420级。刘道后坐化于山上窑洞内，其弟子掩窑为墓，墓前建纪念塔。现存塔修建于清光绪元年（1875年），青砖砌筑，平面呈方形，基座边宽1.5米，共3层，通高5米，自下而上逐层收小。第二层北面开龛，龛内镶青砖阳刻"刘仙公位"匾牌，龛两侧有青砖阴刻对联。

1989年，刘道塔被公布为白银区县级文物保护单位。

锁林砖塔

位于临洮县苟家滩乡锁林村。清代。1990年版《临洮县志》载，该塔始建于清雍正年间（1723~1735年）。塔基平面呈方形，高1米。塔身高3层，通体青砖砌筑，通高5米，每层均砌筑须弥座，四周叠涩挑出。塔顶铺设灰板瓦。塔刹无存。

大砌塔

位于平凉市崆峒山东台居士林之上。清代。属甘肃省第三次全国文物普查新

刘道塔

锁林砖塔

大砌塔

发现文物点。覆钵式砖塔，由塔基、塔身、刹顶三部分组成，通高5.6米。塔基平面呈六角形，条石砌成，直径2米，塔基上建青砖错缝砌筑覆钵式塔身，南、北面嵌红砂岩石碑一通，康熙五十八年（1719年）镌刻，其中一通为张澡撰写的《崆峒山大砌禅师圆寂记》。塔身顶部有7层相轮，塔刹已残。

吉祥寺砖塔

位于张掖市甘州区安阳乡高寺儿村高寺儿小学内。原有吉祥寺，"文化大革命"期间被毁，仅存砖塔一座。始建年代无考。根据其建筑形制可知，为清末

吉祥寺砖塔

民国时期修建。

现存佛塔建于平面方形水泥砂浆砌筑的台基上，台基边长12.3米，高0.7米。塔体平面八角形，通体青砖砌筑，八层七檐实心密檐楼阁式，通高20米，向上逐层收分。第一层东南面正中开砖砌拱券门洞，高1.7米，宽1.2米，深2.2米，门洞内原有泥塑天王像，已毁；门额上有砖雕挑檐式门楣，额枋上饰一斗三升斗栱5攒，门楣中间镶嵌砖雕"金刚宝塔"四字，后被人为铲掉。第一、二层各面塔檐用青砖叠涩挑出仿木斗栱、椽子、飞椽、望板，每面有一斗三升斗栱4攒。第三层以上各层各面挑檐结构形式与第一层相同，唯每面的斗栱为3攒。塔顶为青砖砌筑覆钵形相轮，无塔刹。

1990年，吉祥寺砖塔被公布为张掖市县级文物保护单位（甘政发〔1990〕76号），现由甘州区博物馆、高寺儿小学共同管理。

王道士塔

位于敦煌莫高窟大泉河东岸。民国二十年（1931年）建。是王圆箓的弟子为纪念其逝世百日而立，并刻立《太清宫大方丈道会师法真墓志》，记载了道士王圆禄的身世及其发现莫高窟藏经洞、兴建太清宫、重修三层楼、古汉桥、北大像等功德。现存塔四层结构亭阁式喇嘛塔，塔基方形，高0.5米。座上建八角形塔座，

王道士塔

莲花山塔

塔座每边长3米，高1.1米。塔身土坯砌筑，犹如一个瓶子，南面开门，门内嵌木质阴刻墓志。塔身上立一圆筒形小亭，亭子屋面覆盖青灰瓦，中间置三重瓜棱形塔刹。

王圆箓（约1850~1931年），清末民国时期，在敦煌莫高窟修行，因发现藏经洞而为世人所知。

莲花山塔

位于武威市凉州区西南13千米松树乡松树村莲花山上。清代、民国。莲花山是祁连山的支脉，山上原有佛教寺院善应寺，（清）张昭美《武威县志》载："莲花山……层峦合抱，叠起如莲，泉水萦寺，架椽为览灌园。又有水可疗病，俗号'药泉'……善应寺，在城西莲花山。成化年敕赐重修。"寺院及佛塔在唐、宋、元、明、清代史籍文献中多有记载，佛塔名"镇魔塔"。明洪熙元年（1425年），广西参政戴弁写有《咏塔诗》。现保存有明正统十二年（1447年）《重修善应寺记》碑、正德二年（1507年）《明重修善应寺碑》等。清雍正年间，凉州邑人张昭美写有《夏五游莲花山四首》。嘉庆年间，两江总督牛鉴为莲花山善应寺题写了多幅匾额楹联。民国二年（1913年），邑人丁美如作《莲花山画》一幅。民国十六年（1927年）

武威大地震时，寺院、佛塔均遭严重毁坏。民国二十一年（1932年）重修佛塔及部分建筑。1941年，画师张大千曾登临莲花山，画有《莲花山飞瀑图》一幅。20世纪50~60年代，寺院均被拆除，佛塔得以留存。

现存佛塔为1932年重修，占地面积33.2平方米，平面八角形，周长22米，直径6.5米，通高21米，八角七层楼阁式砖塔。第一、二、三、五层均分层错位

开拱形门洞，各层塔檐均青砖叠涩挑出，檐角悬挂风铎。原塔顶相轮为生铁铸造，并刻有佛像，相轮内装藏佛经，现改为陶质相轮和塔刹，以条砖叠砌。塔室内塑有文殊菩萨像。

1987年，莲花山塔被公布为武威市县级文物保护单位（武政发〔1987〕129号），现由凉州区博物馆、莲花山善应寺管委会共同管理。

第三节　桥　梁

滴水桥

位于庆城县三十里铺镇三十里铺村，建于明嘉靖四十四年（1565年）。砖石结构单拱石桥，横跨滴水沟，是凤—甜公路上的重要桥梁之一。桥墩修建于沟底岩石上，桥身雕刻龙首形龙门石。桥面长15米，宽6米，拱券青砖砌筑。曾竖立建桥碑记，已毁。桥身两侧石板护栏均无存。

桥儿沟积善桥

位于华池县豹子川林区内。属甘肃省第三次全国文物普查新发现文物点。创建年代不详，据明天启七年（1627年）重修碑记，为明代重修。桥体用红砂岩条石砌筑，单拱券结构，桥身长20米，高8米，宽3.6米，拱高6.7米。桥墩建于

河岸两侧石壁上，桥墩外侧有圆形石窝，深15厘米，直径30厘米，原插有两根木柱。桥体外有高5米、宽0.5米的块石砌护墩。该桥一直使用到20世纪60年代末才废弃。明代重修桥碑嵌于桥身侧面，圆首，楷书阴刻，文字多漫漶，可识别者有："□闻古桥碑记□□□天地□柰乾坤坚年三木仿乐人住于其中善恶□□□□秉天地之正气也□……修古桥一处东至□安西至庆阳永古血脉似水通行年深日久水浸坍塌其□……，明天启七年□日初一日立助缘僧□徒□梦石匠张计秀"等。

兴隆山卧桥

位于榆中县兴隆山东山脚下，始建于清乾隆二十八年（1763年），邑人唐铭

甘肃省志 文物志

兴隆山卧桥

筹资修建,故名"唐公桥"。后被洪水冲毁。嘉庆八年（1803年），邑人李醇和再次主持重修，并取"迎拜善士"之意，名为"迎善桥"。后又遭洪水冲毁。光绪二十六年（1900年），甘肃布政司拨银一千余两，再次重修，时榆中知县陈昌"以其桥架栖云、兴龙两山之间，取两山通气之意"，改名"云龙桥"。跨于栖云、兴龙两峰间的峡谷上，为古代榆中县八景之一。

原桥为拱形廊屋亭阁式木桥，桥头两端各建一座歇山顶廊亭，檐下施一斗三升斗栱，桥身为卷棚顶廊屋7间，中部5间，东西两侧各1间，总长15.5米，宽3米。两岸桥头廊屋底部挑起45度斜向木梁5层，至桥身中间高起，呈拱形结构。桥身两侧立柱，柱间置梁枋、栏杆、斗栱，木构件均施彩绘。榆中知县陈昌曾撰写楹联一副："云比泰山多，年年霖雨，苍生岂供仙人怡说；龙如沧海卧，面面林峦，翠霭都觉有灵往来。"1989年，榆中县人民政府将原木桥改建为钢筋混凝土结构。

1981年，兴隆山卧桥被公布为甘肃省第四批省级文物保护单位。现由兴隆山风景管理处管理，竖立有文物保护标志碑，保存有档案资料。

兰州永安桥

位于兰州市东岗镇阳洼沟，沟东岸为榆中来紫堡界，西岸为兰州东岗镇地界。此地为明、清时期的陕甘驿道必经通道。后来，左宗棠在整修陕甘驿道兰州路段时，将原路线南移至平缓的柳沟一带，

永安桥一线即废，桥梁独存。始建年代不详，现存桥梁为清同治六年（1867年）重修。

永安桥是一座实腹式砖拱桥，总长15米，其中主桥长8米，净宽9.5米，高6.2米，单孔跨径4.7米，拱券厚1.1米，拱顶至桥面高1.75米。砖包石砌桥台，高1.34米。桥面由骨料和黄黏土组成，骨料厚2.5厘米，黏土厚10厘米，密实度90%以上。拱顶正中南北两侧各嵌一砖雕铭文，高0.5米，宽1.5米。铭文楷书阳刻，右面竖题建桥年月，正中横书桥名，左面竖题修桥者姓名，现文字破损、漫漶。仅有少量字可辨认，南面有"丁卯（年）五月"和"永安"；北面存留"安桥"和"陆恩春（泰捐）修"等字。

平洛龙凤桥

位于康县平洛镇团庄村壹天门间沟上，又名"团庄桥"。始建于明代洪武三年（1370年），后毁于洪水。桥房内横梁

平洛龙凤桥

平洛龙凤桥光绪年间墨书题记

平洛龙凤桥桥身斜挑结构

平洛龙凤桥桥廊内部结构

上有清光绪甲辰年（1904 年）重修题记。

1987 年，文县人民政府筹资进行修缮。现存桥体为全木结构悬臂梁式廊桥，桥身长 16 米，宽 3.3 米，桥面距河面 9 米，由桥墩、桥身及桥廊构成，桥墩由三层并排 3 根圆木斜向插入两岸石墩内，按 45 度斜向挑起三层悬臂梁，在第三层悬臂梁上架设一层通梁，梁上与其垂直铺设横枋和木板，形成桥面。桥面两侧各竖立廊柱 6 根，柱头上架设梁枋及屋面，形成 5 间桥廊，高 3.6 米，桥廊为五架梁双面坡形制。每侧檐柱下部装木扶手栏杆，上部装木雕骑马雀替。桥身两端各建一座廊屋，对称布局，均单檐双面坡硬山顶，高 3.8 米，宽 2.6 米，两侧墙体用青砖砌筑，白灰罩面。南门廊正面檐下悬挂木匾额，题名"龙凤桥"。

2003 年，平洛龙凤桥被公布为甘肃省第六批省级文物保护单位。现由康县博物馆、康县平洛镇人民政府共同负责管理，竖立有文物保护标志碑，保存有历次维修档案资料。

康庄桥

位于文县铁楼藏族乡，共有两座，一大一小。属甘肃省第三次文物普查新发现文物点。两桥均始建于 1900 年前后，横跨白马峪河，海拔高 1328 米。

大桥位于小沟桥村境内，现存廊身为 1964 年在原址按原貌重建。全木结构

康庄桥

悬臂梁式廊桥，桥身长 24.6 米，宽 3.2 米，由桥墩、桥身及桥廊构成。桥墩由几十根圆木斜向插入两岸石墩内，按 45 度斜向挑起 5 层悬臂梁，第五层悬臂梁上架设一层通梁，梁上与其垂直铺设横枋和木板，形成桥面。桥面长 19.8 米，桥面距河面 9.4 米，桥面两侧各竖立廊柱 12 根，柱头上架设梁枋及屋面，共组成 9 间桥廊，高 2.9 米，五架梁双面坡形制。另在两侧廊柱下部高三分之一处还挑出一层屋檐，每侧檐柱间装木扶手栏杆。桥身两端各建一座门廊，对称布局，均单檐双面坡硬山顶，高 3.7 米，宽 2.4 米，两侧墙体用块石、土坯砌筑。北面门廊正面檐下悬挂木匾额，题名"康莊桥"。

小桥也称为黑虎桥、肖家桥，位于大桥东北 30 米处，属肖家山村管辖。建筑规模稍小，但结构与大桥一致，建于白马峪河上，为全木结构廊桥，由桥墩、桥面、门廊组成。通长 26.5 米，桥面长 18.5 米，宽 2.8 米，桥廊高 2.7 米，桥面

距河面 6 米，门廊长 4 米。北桥墩建在一块黑石上，形似虎，故名黑虎桥。

合作化桥

位于文县石坊乡白水江上，又名文县石坊廊桥、广济桥、阴平桥。始建于明代，名为广济桥，是古代文县到达南坪（今四川省九寨县）的重要通道，后毁于战火。清雍正七年（1729 年）重修。清《阶州直隶州续志》记载，清代吴永谦《重修阴平桥碑记》有"瞻玉垒之秀气，看锦江之波澜"的描述；张培兰《重修阴平桥记》也有"至于东有玉垒，西距柴关，北枕龙江，南依太白"的记述，还记载阴平桥"在县旧城南门外。白水急流中，有苍石一道。就石竖柱成桥，长二十余丈。即《三国志》所云阴平桥头也。雍正七年，知县葛时政、守备张金榜同建。桥畔中央突出一石，高可二丈，阔二丈余。乾隆年，知县杨国瓒于上建观澜亭，后废。桥南崇山曲拱，朝夕重阴。日午，阴阳平分，浮光照耀，如长虹卧波，为阴平八景之一。"20 世纪 50 年代再次维修，并改名为"合作化桥"。2008 年"5·12 地震"期间，桥身损毁严重，不久即修缮。

现存桥梁为全木结构单孔悬臂梁式廊桥，桥身长 60 米，宽 4.2 米，由桥墩、桥身及桥廊构成。桥墩由巨石垒砌，桥墩内斜向插入 9 层圆木，每层并排圆木 13~14 根，圆木上下左右以枋木贯穿拉结，形成一个整体，所有的圆木按 45 度斜向逐层向河心挑起，形成悬臂梁，在第九层

合作化桥

悬臂梁上架设一层贯通桥身两端的通梁，并排 11 根梁，其上铺设横枋和木板，形成桥面。桥面长 51 米，宽 4.3 米，桥面距河面 13 米，两侧各竖立廊柱 10 根，柱头上架设梁枋及屋面，形成 9 间桥廊，高 3.1 米，五架梁双面坡形制。另在两侧廊柱下部三分之一处还挑出一层屋檐，以保护桥面木构件，桥身两侧檐柱间装木扶手栏杆。桥身两端各建一座门廊，对称布局，均单檐四面坡硬山顶，高 4 米，宽 2.8 米，四面开畅，无墙体。北面门廊正面檐额墨书"合作化桥"。

1993 年，合作化桥被公布为文县县级文物保护单位（文政发〔1993〕29 号）。现由文县文化馆、石坊乡人民政府共同负责管理。竖立有文物保护标志碑，保存有维修及重建工程档案资料。

旺藏洮河木桥

位于碌曲县双岔乡二地村西南。属

旺藏洮河木桥

甘肃省第三次全国文物普查新发现文物点。始建于清雍正九年（1731 年），桥身长 51 米，宽 3.4 米。据《碌曲县志》载，该桥由郎木寺第一世赛赤活佛坚参桑盖修建。初建时，桥墩用圆木垒砌，即将直径 30~40 厘米的圆木横竖重叠堆积在河床底部，形成长 3 米、宽 2 米、高 3 米的 4 个木桥墩，桥墩相距 6~8 米。桥墩上铺设木梁及木板，两侧置扶手栏杆。后因年久失修，桥面损毁。20 世纪 70 年代予以加固维修。此后又进行修缮，将桥墩改建为混凝土结构，桥身仍为木构。

第四节　楼阁牌坊

罗川赵氏石坊

位于正宁县罗川镇，街道上竖列天官坊、清官坊、恩宠坊 3 座石坊。其中恩宠坊位于东街，其他两座位于西街，分别为明代邑人赵邦清、景清、龚焴所建，三人都是正宁籍清官，被称为"三清官"。曾经

有"清清清"三清字碑，该碑已无存。仅存 3 座石牌坊，均以红砂岩凿磨镶砌而成。

天官坊，系万历四十二年（1614 年）宁县百姓为纪念明代真宁（今正宁县）人赵邦清为官清正廉明而建。清官坊，系万历四十三年（1615 年）庆阳府为赵邦清

罗川赵氏石坊

恩宠坊

立。天官坊、清官坊的结构一致，均高 8.4 米，宽 8.2 米，四柱三间三楼式。四柱立于石墩上，两边铺以夹杆石，石柱间置大小龙门枋（额枋）。额枋两面均雕凤凰、麒麟、牡丹等纹饰及赵邦清的生活故事，有耕种、宴饮、出行、起居等内容及花卉、飞禽、走兽、山、水、云、树木、庭舍。其中天官坊的龙门枋、额枋垫板两面镌刻"天官大夫、辛卯岁贡、辛卯文魁、壬辰进士、滕县知县"以及"勒赠山东滕县知县赵应魁"等文字，明间楼檐下悬"天官坊"石匾 1 块。清官坊的龙门枋、额枋垫板两面镌刻"盛世清臣、孤清震世、清著天曹、清风劲节、一代清官"等文字，明间楼檐下悬"清官坊"石匾 1 块。

恩宠坊，系万历四十五年（1617 年）赵邦清为其嫡母刘氏、生母高氏所立。四柱三间五楼式，高 10 米，宽 8.6 米。各楼檐下施五踩重翘斗栱，承托整块巨石雕成的歇山顶屋面，正脊两端施龙吻，龙吻尾部向内斜卷。各柱间以丁头栱承挑雀替，雀替内外两面均浮雕牡丹纹和狮子等图案。明间楼檐内外两面各悬石匾 1 块，匾上分别镌刻"奉天诰命""奉天敕命""敕赠封太孺人刘氏高氏"等文字。各层龙门枋、垫板两面均浮雕人物孝行故事及牡丹、狮子、凤凰等吉祥纹饰，并镌刻"宠赐天官、簟篑训廉、翟祎画绣、萱日重辉、褒赐文林、恩荣两母、岂弟遗荫、孟机欧荻"等文字。

赵邦清（1558~1622 年），明代真宁（今正宁县）人，曾任山东滕县知县、吏部稽勋司郎中等职。卒后赐谥光禄侍卿，归葬故里，邑人建祠堂崇祀。今祠堂已毁，存墓葬。墓葬位于正宁县永和乡于家庄村二、三组北侧塬上，原有 3 个大墓，墓

702

地有墓碑及赵邦清为其父母立的牌坊等。另有石人、石马、石虎、石豹各一对。现仅存石碑一通，石豹一对，其余皆被毁。

2006年，罗川赵氏石坊被公布为甘肃省第六批全国重点文物保护单位（公布号6-801）。现由正宁县博物馆负责日常管理工作，竖立有文物保护标志碑，保存有比较完整的档案资料。2009年，甘肃省人民政府《关于公布甘肃省第六批全国重点文物保护单位保护范围和建设控制地带的通知》（甘政发〔2009〕3号）公布其保护范围为："东至恩宠坊护栏外向东20米处，西至清官坊护栏外向西20米处，南北各至护栏外20米处。建设控制地带为：保护范围外100米以内。"

周旧邦木坊

位于庆城县县城南街。因檐下匾额题写"周旧邦"三字，故名。明代弘治十八年（1505年）修建，通体木结构，四柱三间三楼，高约10.6米，宽12米。四根通柱两面均置夹杆石，贯以木栓。通柱上承托5层斗栱及梁架屋面，屋面覆盖青灰筒板瓦，脊筒子饰莲花、忍冬纹。当心间檐下正中悬挂一匾，楷书"周旧邦"三字。龙门枋正面题写"弘治十八年九月庆阳知府前监察御史郝镒建；光绪辛巳年仲冬浣吉知府倭什鉴额重修；二十八年知府庆霖重修"等文字。

1993年，周旧邦木坊被公布为甘肃省第五批省级文物保护单位，现由庆城县博物馆负责管理，竖立有文物保护标志碑，保存有历次维修档案资料。

威远楼

位于陇西县城十字街中心。原名雄镇楼、钟鼓楼。始建于北宋皇祐四年（1053年）。时北宋名将韩琦在县城东一里处修筑渭寨，寨东北部修建一谯楼，名威远楼，取威震远方之意。元世祖中统二年（1261年），扩建陇西城垣，将威远楼移建城中。正至元年（1341年），在楼内设

周旧邦木坊

威远楼

铜壶滴漏、更鼓，用于报时。后毁于战火。明洪武元年（1368 年）重建，当时的规模为"置五楹，四面明窗"，并改名为"雄镇楼"，悬挂"巩昌雄镇"匾。清道光十六年（1836 年），在楼台东南角设置石晷，并将北宋崇宁五年（1106 年）铸造的铜钟移置到楼内，无事报时，有事报警，又名"钟鼓楼"。

现存威远楼建在高大的台基上，坐西向东。台基平面长方形，长 27 米，宽 17 米，高 11 米，夯土外包青砖。墩台下正中辟东西向拱券顶门洞，可通行。东面门洞南侧建有马道，砖石铺设台阶，并装一悬山顶结构垂花门。从垂花门进入，登上墩台顶部。墩台中间建 3 层木构三檐歇山式楼阁，楼体高 15 米。一层楼体内置 24 根柱子，面阔七间，进深五间；二层面阔五间，进深三间；三层面阔五间，进深三间。檐下施斗栱，总计 102 朵。槛墙、室内墙面、槅扇门上均有砖木雕饰的神话人物、飞禽走兽、松竹梅菊、山水花卉等。第三层东西两面檐下悬挂"巩昌雄镇""声闻四达"木匾。屋面覆盖灰筒板瓦，正脊两端饰龙吻，中间置宝瓶，宝瓶高 2 米；垂脊饰垂兽，戗脊上坐戗兽，有仙鹤、狮、马、猴等。

墩台上东南角有钟亭。1958 年，在维修威远楼时，修建了此钟亭。亭内悬挂宋代铜钟，高 2 米，直径 1.33 米，重约 4 吨。钟身铸"皇帝圣寿万岁""重臣千秋""法轮常转""国泰民安" 18 个大字，并有铸造年月及主持官员、寺院主持和匠人姓名。此钟原为寿圣院之钟，寺院旧址已无存。

中华人民共和国成立后，陇西县人民政府先后实施 5 次维修。2007 年，再次筹资对威远楼进行大规模修缮，加固和扶正了倾斜的钟亭、楼体，重绘楼体内外彩画，并将室内辟为展览室，展出《大元巩昌都总帅府辖图》《康乾巩昌城沙盘》等，刻立了《威远楼记碑》。

1981 年，陇西威远楼被公布为甘肃省第四批省级文物保护单位。现由陇西县博物馆负责管理，竖立有文物保护标志碑，保存有历次维修档案资料。

永昌钟鼓楼

位于永昌县城中心。修建于明万历十四年（1586 年），又名"声教楼"，取

永昌钟鼓楼

钟鼓楼琉璃宝顶

名源自"晨夕考钟伐鼓，以振文教，故为声教"。系仿西安钟楼而建，被誉为"河西中天一柱"。明崇祯年间毁坏严重。清顺治年间，参将郑续善进行补修。乾隆三十二年（1767年），永昌知县白钟麟再次修缮。1927年河西大地震期间，永昌县城楼、角楼俱毁，钟楼独存。现存钟鼓楼为1984~1986年按原样落架整修而成。

永昌钟鼓楼建在夯土砖包台基上，台基平面长方形，南北长23米，东西宽22米，高7.2米，中间四面均开拱形门洞，通达四街。门洞宽5.1米，上方各嵌一块砖雕门额，东面为"大观"，南面为"迎熏"，西面为"宁远"，北面为"镇朔"。墩台北面设砖砌踏步登临，踏步长1.18米，宽0.28米。墩台地面青砖铺墁，四周砌筑女墙，高0.6米。中央建楼体，二层三檐盝顶形制，高17.3米，每面有2根通柱贯通上下两层，高达20.5米，直径0.4米。一、二层檐下四周均施五踩单翘单昂斗栱，其中一层斗栱52攒，二层44攒；第三层檐下施七踩斗栱36攒。下层面阔五间，进深五间，其中明间宽4.3米，次间宽3.3米，柱高2.98米，直径0.32米。明间、次间均装六抹菱花槅扇门，左右装槛窗、走马板，其上绘制山水、人物图案。上层面阔五间，进深五间，檐柱向内收缩，四周出廊一间。一层两

次间室内设宽 1.16 米的木楼梯。屋面均覆盖绿琉璃瓦，脊饰件均为绿琉璃制成，正脊两端施龙吻，盝顶之上置一个八卦宝顶。楼体的三层檐下东、南、西、北四面各悬木质匾额 3 块，共 12 块。现存匾额均为 1986 年按原样重做，其中东面上、中、下三块分别为："丽日摩云""民淳俗美""金阙迎恩"；南面上、中、下三块分别为"文运天开""奎壁联辉""云锦天香"；西面上、中、下三块分别为"中天一柱""怀柔西域""玉关通道"；北面上、中、下三块分别为"声闻四达""保障金川""威宣沙漠"。

1986 年，甘肃省文化厅拨款 56 万元，对永昌钟鼓楼实施落架维修工程。2006年，永昌钟鼓楼被公布为甘肃省第六批全国重点文物保护单位（公布号 6-802-Ⅲ-505）。现由永昌县博物馆负责日常管理工作，竖立有文物保护标志碑，保存有历次保护维修档案资料。2009 年，甘肃省人民政府《关于公布甘肃省第六批全国重点文物保护单位保护范围和建设控制地带的通知》（甘政发〔2009〕3号）公布其保护范围为："建筑基座四周 20 米以内；建设控制地带为保护范围外 50 米以内。"

东古城城楼

位于甘州区碱滩镇古城村内。明清时期修建。古代张掖城东、西两边有两座古城，为东古城和西古城，清代曾在两座古城内设有两个驿站，东为仁寿驿，西为沙井驿，其中沙井驿已被风沙掩埋，仁寿驿即今东古城。今人研究认为，东古城城址源自汉代，属古张掖郡辖十县之一屋兰县，屋兰当为乌犁（匈奴）部旧居，降汉后，以其地置屋兰县。《甘州府志》载："城东五十里，今仁寿驿，俗称古城是也，汉张掖郡屋阑县，东汉及晋作'屋兰者'即此……"东古城的修建时间早于张掖，民间有"先有东古城，后有张掖城"之说。明清时期，东古城是一座完整的古城堡，城周长约 2 千米，城垣黄土夯筑，筑有内外城，东西两面正中辟门，无瓮城，俗称"算盘城"。城内有东西向主干大街，修建众多的寺庙、牌坊等。后来，城垣、庙宇均毁，仅存城门楼（西城门）及西面部分城墙遗址。2003 年，张掖发生地震，城门楼受损。2006 年，甘肃省文物局、甘州区人民政

东古城城楼

府拨款予以修复，将原夯土墩台改为青砖包砌。

修缮后的城门楼建于夯土砖包墩台上。墩台平面呈方形，断面呈梯形，下大上小，底边长13米，顶边长11米，高12米。墩台下面开东西向砖砌拱券门洞，门洞宽4.8米，高6米。东、西两面门洞外两侧各砌筑一马面墙，平面呈方形，断面呈梯形，底边长2米，高同墩台。墩台南面有砖石铺设的登临台阶40级。墩台顶部四周砌筑女墙，高0.8米。门楼为砖木结构单檐歇山顶前出抱厦结构，建于高1米的砖石基座上，平面呈长方形，面阔三间（7米），进深四间（11米），通高7.5米，前廊深3.2米。四周檐下施五踩花牙子斗栱，正楼东面装木槅扇门，其他三面均装木槅扇墙。屋面覆盖黄色琉璃瓦。正面檐下悬挂1997年仿明人书"张掖锁钥"木匾。城门西侧残存夯土板筑城墙，墙基宽12米，夯层厚0.12米。

2003年，东古城城楼被公布为甘肃省第六批省级文物保护单位（时代为汉、明代）。现由张掖市甘州区博物馆负责管理，竖立有文物保护标志碑，保存有历次维修档案资料。

潘育龙石坊

位于靖远县乌兰乡团结村潘家窝窝潘育龙墓地上，建于清康熙六十年（1721年）。石坊坐西向东，通体石雕，四柱三

潘育龙石坊

间结构。立柱、梁枋及上部屋面构件均为青石条榫接垒砌而成，通高6.5米，宽7.6米。明间面阔3米，次间面阔1.6米。明间左、右石柱上刻"千里山川须在目，一军甘苦务同心"楹联。立柱两侧有夹杆石。明间龙门枋正面浮雕二龙戏珠，背面浮雕丹凤朝阳。明间上端置一石雕小楼，楼檐下前后两面均悬挂石刻匾额，正面为篆书阴刻"敕建"匾，横额阴刻楷书"输忠阃外"，中间阴刻楷书"镇绥将军仍管陕西提督事务世袭拖沙图哈加二级纪录一次加赠太子少保谥襄勇臣潘育龙坊"；背面为阴刻楷书"尽锐争先"匾。石坊后面为潘育龙墓。抱鼓石面上刻花草、凤鸟、鱼、虎、狮、豹、鹿、麒麟等。

2003年，潘育龙墓被公布为甘肃省第六批省级文物保护单位。现由乌兰乡团结村村委会、靖远县博物馆共同负责管理，竖立有文物保护标志碑，保存有

近年保护维修档案资料。

张掖鼓楼

位于张掖市甘州区中心。据《重修甘州吊桥及靖远楼》碑记记载，初建于明正德二年（1507 年），原名镇远楼、靖远楼。清顺治五年（1648 年）毁于兵燹。康熙七年（1668 年），甘肃提督张勇重建。乾隆、光绪年间又有两次修缮。现存建筑为光绪二十四年（1898 年）重修。

鼓楼平面呈方形，由台基、楼台、两层楼阁组成。底部台基边长 32 米，高 9 米。夯土外包青砖筑成，楼台四面中间均开拱券形门洞，可以通行，四面门洞上方嵌有砖刻匾额，东面为"旭升"、西面为"宾晟"、南面为"迎薰"、北面为"镇远"。楼台地面铺设青砖，四周砌筑女墙，高 1 米。台面中央建两层木构楼阁，三檐歇山顶，四面门楣上悬挂木质匾额，上层檐下匾额东面为"九重在望"、南面为"声教四达"、西面为"万国咸宾"、北面为"湖山一览"。下层檐下匾额东面为"金

张掖鼓楼

城春雨"、南面为"祁连映雪"、西面为"玉关晓月"、北面为"居延古牧"。

墩台顶部东南角悬挂一口唐代铁钟，钟身自上而下口沿向外移，呈喇叭状，通高 1.3 米，口径 1.1 米。钟身铸 3 层纹饰图案，每层又分为 6 格，上层 6 格内铸飞天像。飞天头戴花冠，袒上身，下着裙，跣足，手拿花束。中层和下层铸四神纹，中层为朱雀、玄武，下层为青龙、白虎。

2006 年，张掖鼓楼被公布为甘肃省第六批全国重点文物保护单位（公布号 6-799）。现由甘州区博物馆负责日常管理工作，竖立有文物保护标志碑，保存有历次保护维修档案资料。2009 年，甘肃省人民政府《关于公布甘肃省第六批全国重点文物保护单位保护范围和建设控制地带的通知》（甘政发〔2009〕3 号）公布其保护范围为："楼台基座四周 30 米以内；建设控制地带为保护范围外 70 米以内。"

酒泉鼓楼

位于酒泉市肃州区老城区十字街中心。创建于前凉建兴年间（317~353 年），为酒泉郡太守谢艾主持重修福禄县城（酒泉城）东门时所筑。明洪武二十八年（1395 年）扩展城垣时，将原东城门留在城中央，改为鼓楼，上部建木楼，置大鼓，也称"谯楼"，作为巡逻、报时预警之用。明初，在基座的南北两面开通了门洞，明中后期，又开通了东西向门洞。清雍正三

年（1725年），在整修酒泉城楼时，将夯土基座用青砖包砌。同治四年（1865年），鼓楼毁于兵燹。

现存建筑为砖木结构，建于高大的墩台上。底部基座平面正方形，边长28米，立面呈梯形，上小下大，高8米，夯土墩台外包青砖，墩台内四面开拱形门洞，行人车辆可穿行，四条拱券洞在墩台内中心集结为八卦顶，顶部装置一块伏羲八卦木板。东、西两面门洞上方用青砖砌成短小的枋木结构檐额，有阑额、两层挑檐花牙子、椽飞及瓦垄，其中在东面的阑额下嵌一幅通长的二龙戏珠砖雕画，西面阑额下嵌一幅通长的丹凤朝阳砖雕画。南、北两面门洞外无砖雕檐额。四面门洞上方分别嵌砖雕匾额一块，分别题"北通沙漠""南望祁连""东迎华岳""西达伊吾"。墩台东南角砌筑马道，

酒泉鼓楼南面

装一门，砌筑台阶，通向墩台顶部。马道门上悬一匾额，题"云路先登"。

墩台顶部四周砌筑女墙，高0.6米。墩台中央建高大的木结构楼体，三层三檐四角攒尖顶，通高25米，总共有金柱12根，檐柱20根。一层面阔五间，进深五间，四周绕廊，檐下施木雕花牙板，转角处

酒泉鼓楼二层横梁墨书题记

施五踩斗栱，楼内有4根通柱通贯到三楼，并设楼梯登临上层。二、三层面阔三间，进深五间，歇山顶屋面，覆盖灰筒板瓦，正脊上坐正兽。其中第二层檐柱外侧装一周木护栏，金柱间装木槅扇门12扇。东、西两面檐下分别悬挂"声震华夷""气壮雄关"木质匾额。第三层四周出廊，廊柱间装木护栏，金柱间装木槅扇门，屋面为四角攒尖顶，覆盖灰筒板瓦，攒尖处置灰陶宝瓶。室内梁架上有光绪三十一年（1905年）重修墨书题记。

1993年，酒泉鼓楼被公布为甘肃省第五批省级文物保护单位。2007年，甘肃省文物局拨款90余万元对鼓楼实施保护维修工程。现由肃州区博物馆负责管理，竖立有文物保护标志碑，保存有历次保护维修档案资料。目前尚未划定保护范围。

辑宁楼

位于宁县县城内辑宁路中十字北侧，

始建于五代后梁龙德二年（922年）。当时为宁州衙署门楼。清康熙年间（1662~1722年）在其上增建谯楼，置角鼓，报晨昏。清同治年间，州衙及辑宁楼均毁于战火。光绪年间，杨大年主政宁州，复修了辑宁楼。

辑宁楼坐北朝南，建于一座高大的墩台上，墩台砖石砌筑，东西长23米，南北宽11.5米，高10米。正中辟拱形门洞，门高3.8米，宽2.87米。西侧设有登楼台阶。墩台中央为二层砖木结构楼阁，东西面阔五间（16米），南北进深三间（9米），高15米，四周出廊一周，檐柱总计20根，抬梁式单檐歇山顶，五脊六兽，屋面覆盖灰筒板瓦，脊筒子雕饰莲花、牡丹纹。前后檐金柱间装六抹方格扇门窗。室内分为上、下两层，设木楼梯可登上二层，室内通铺木地板。

1937年，国共第二次合作期间，新宁县委组织部长王秉祥与国民党宁县县长王序宾在此楼举行红、白区划界谈判。1987年，宁县人民政府拨款对辑宁楼进行全面维修，重做油饰彩绘，将墩台上的女墙改为汉白玉栏杆。室内改为"印象宁县"展馆，展出的作品有《公刘拓荒》《秦宣太后诱杀义渠王》《傅介子计斩楼兰王》《狄仁杰骑青牛斩九龙》等连环画。

1993年，辑宁楼被公布为甘肃省第五批省级文物保护单位。现由宁县博物馆负责管理，竖立有文物保护标志碑，保存有档案资料。

文县文昌楼

位于文县县城中心，又称文昌阁。始建于明弘治元年（1488年）。清道光二十五年（1845年）重修。坐北朝南，与明代一段城墙相连，占地面积1080平方米，北面临白水江，被誉为"白水江上第一楼"。现存建筑为三层木结构楼阁式，通高25米。第一层平面正方形，面阔三间，进深三间，四周挑出檐廊，檐廊

辑宁楼正面

文县文昌楼

永登文昌殿正面　　　　　　　　　　　　　　古浪财神阁

单檐歇山顶，屋面覆盖灰筒板瓦，戗脊
上施戗兽，廊柱间装低矮的木卧棂栏杆，
金柱间装六抹槅扇门。第二层体量缩小，
面阔三间，进深三间，四周无廊，正面檐
柱间装木槅扇门，其他三面装木槅扇墙，
屋面覆盖灰筒板瓦，戗脊上坐戗兽。第三
层平面六角形，单檐六角攒尖顶，正面檐
柱间装木槅扇门，其他三面装木槅扇墙，
6条垂脊为青瓦条垒砌，施垂兽，屋面覆
盖琉璃瓦，攒尖处置宝瓶。各层室内墙面
上有古史题材的木版画。檐下悬挂书法家
王紫瞻、侯正荣等人书写的楹联。1987年，
文县人民政府组织维修，并在东面修建
了木构凉亭、长廊。长廊长14米，宽3米。

2003年，文昌楼被公布为甘肃省第
六批省级文物保护单位。现由文县博物馆
负责管理，竖立有文物保护标志碑，保
存有历次维修档案资料。

永登文昌殿

位于永登县红城镇中心小学内，原
为永登县文庙旧址，后在修建学校时被
拆毁。今仅存文昌殿，始建于明崇祯六年
（1633年），清代重建。单檐歇山顶，面
宽一间（12米），进深一间（12米）。近
年实施维修，重新油饰柱子。

1993年，文昌殿被公布为永登县县
级文物保护单位。现由永登县博物馆负
责管理，竖立有文物保护标志碑。

古浪财神阁

位于古浪县大靖镇西关村东200米
什子中心，始建于明万历二十七年（1599
年），清康熙五十七年（1718年）重修。
民国十六年（1927年）古浪县发生大地震，
财神阁二层东北角损毁严重，桁条断裂。
20世纪70年代，财神阁作为大靖公社加
工厂的办公场所。1987年，大靖镇人民

政府筹资进行修复。1993 年，大靖镇人民政府再次筹资修缮。

现存财神阁为二层楼阁，建于一座墩台上，通高 21 米。墩台为夯土外包青砖，平面呈方形，边长 12.8 米，墩台四面辟拱形门，贯通东南西北四面街道，通道在墩台内十字相交，四面拱门上方嵌砖雕匾额。墩台顶部四周装栏杆，中央建楼阁，砖木结构歇山顶。第一层面阔三间（8.1 米），进深三间（8.1 米），不出廊，南北两面明间装木槅扇门，两侧次间砌墙，墙上开圆光窗；屋面覆盖灰筒板瓦，戗脊用雕花脊筒子砌筑，脊端置戗兽，博脊用瓦条砌筑。第二层面阔三间（4.2 米），进深三间（4.2 米），四周环绕回廊，檐下施五踩重翘斗栱，饰彩画，四周廊柱底部装木护栏，上部装木雕倒挂楣子，北面明间装六抹槅扇门，其他三面均为木槅扇墙；屋面由两座歇山顶屋面十字相交而成，呈十字形，覆盖灰筒板瓦，正脊、垂脊、戗脊用雕花脊筒子砌筑，正脊两端置吻兽，垂兽、戗兽俱全。

1993 年，财神阁被公布为甘肃省第五批省级文物保护单位。现由古浪县博物馆、大靖镇人民政府共同管理，竖立有文物保护标志碑，保存有历次维修档案资料。

保昌楼

位于陇西县南安乡渭河北岸浦山台地上。清光绪九年（1883 年）修建，由

保昌楼全貌

保昌楼本体形制

红山魁星楼西面

巩昌知府颜士璋主持，本地木匠莫长泰、瓦工蔡全福、画工李元等施工。

现存楼阁为2008年修缮而成，系一组楼、阁、厅相连的建筑群。其中楼阁建于高0.3米的砖石砌筑台基上，台基平面呈方形，四周装石雕望柱栏杆。楼阁为砖木结构三层，通高14米。一层平面呈方形，面阔三间（10米），进深三间（10米），四周出廊，四面檐下施三踩单翘斗栱16攒，歇山顶屋面，屋面覆盖灰筒板瓦，戗脊用雕花脊筒子砌筑，前端置戗兽；正面明间金柱间装木槅扇门，其他三面均青砖砌墙，白灰罩面。第二层平面呈方形，面阔三间（9米），进深三间（9米），四周出廊，廊柱间装木卧棂栏杆，四面檐下施三踩单翘斗栱34攒，歇山顶屋面，屋面覆盖灰筒板瓦，戗脊用雕花脊筒子砌筑，前端置戗兽，博脊用青砖瓦条砌筑，

四面金柱间装木槅扇门、槅扇墙。第三层平面呈八角形，每面宽2米，四周出廊，廊柱间装木卧棂栏杆及荷叶花墩，各面檐下施三踩单翘斗栱18攒，八角攒尖顶屋面，屋面覆盖灰筒板瓦，垂脊用青方砖、瓦条砌筑，前端置垂兽，各面金柱间均装木槅扇门，攒尖处置灰陶宝瓶。

1993年，保昌楼被公布为甘肃省第五批省级文物保护单位。现由陇西县博物馆、南安乡人民政府共同管理，竖立有文物保护标志碑，保存有历次维修工程档案资料。

红山魁星楼

位于高台县西北罗城乡红山村（古代称沙碗堡）。创建于明代，清代重修。沙碗堡（红山村）地处黑河北岸，是汉代以来丝绸之路的驿道交会点和关隘重镇。明代及其以前，沙碗堡属长城防御系统，

永乐十二年（1414年）明廷规定各边境地区皆筑堡，"无事则耕，有事则战"，红山魁星楼在即修建沙碗堡时修筑，位于东南角墩上。乾隆二年（1737年）《重修肃州新志·高台·关隘》载："沙碗堡，在（高台）县西北八十里，明置，在黑河北平川。土城周三百丈，分管边墙长十五里。万历十八年设防守官。"民国十年（1921年）《新纂高台县志》载："沙湾（碗）堡，设在黑河北，土城周围二百丈，开东门（瓮城门）。"《高台文史资料》（第二辑）载，清光绪年间，沙碗堡城东城垣圮坍，邑人孙永贤、孙永圣主修补东墙及魁星楼，事后"匾书其名"。20世纪50年代末，沙碗堡城墙被拆除，堡内辟为耕地。现仅存东南角角墩及魁星楼。2001年，高台县人民政府筹资对角墩进行加固修补，增修了侧门、台级，用水泥铺设了墩台台面，增加了铁防护栏，在东北角新建一座戏台。

现存魁星楼坐北朝南，建于高5.6米的夯土墩台上。墩台平面正方形，下大上小，断面呈梯形，底部边长19.5米，顶边长14.2米，下部四周用块石包砌，高0.6米。墩台前面为新建广场，东、北两面是红山村小学，西面新建混凝土台阶，供登临。楼体平面呈六边形，三层攒尖顶，通高11.2米，金柱为通柱，直通第三层。第一层四周出廊，外檐下施单翘斗栱，每

面4攒，金柱与檐柱间用双步梁，老角梁头雕龙头，龙头下有一垂花柱，正面（南面）金柱间装木板门，其他5面砌墙，红泥、白灰罩面，屋面覆盖灰筒板瓦，施垂兽。第二层结构同第一层，四周出廊形式，檐柱间装木护栏，外檐下施单翘斗栱，每面4攒，正面（南面）金柱间开门，其余各面均为槛墙、槛窗，室内藻井为木雕八卦太极图，屋面覆盖灰筒板瓦，施垂兽。第三层四周无廊，六角攒尖顶，第二层的金柱为第三层的檐柱，柱间装木槅扇墙，屋面覆盖灰筒板瓦，施垂兽，攒尖顶部置葫芦形宝瓶。

1982年，红山魁星楼被高台县人民政府公布为县级文物保护单位，2003年公布为甘肃省第六批省级文物保护单位。现由高台县博物馆负责管理。

四家魁星楼

位于民乐县民联乡四家村。也称"太和魁星楼"。据《甘肃新通志》载，四家魁星楼建于清乾隆年间，光绪二十年（1894年）修葺，民国十年（1921年）村民集资维修。

四家魁星楼建于夯土砖石包砌的墩台上，墩台长15.8米，宽13.2米，高2.5米，占地面积208平方米，楼体为砖木结构三级六角攒尖顶。一层平面呈六角形，四周出廊，每面边长4.3米，高2.8米。额枋上施三踩花牙子斗栱，廊柱与金柱间施双

四家魁星楼北立面　　　三沟魁星阁

步梁及装饰垂柱，北面金柱间通装木槅扇门，其他五面均砌砖墙，墙面内外绘制壁画、墨书诗文，原室内供孔子、七十二贤之牌位，已毁，室内有6根通柱，直通第三层，并设木楼梯；四周出檐，屋面覆盖筒板瓦，垂脊用雕花脊筒子砌筑，端部置垂兽。第二层平面六角形，四面环绕廊，额枋上置三踩花牙子斗栱，廊柱底部装木护栏，上部装骑马雀替，北面装槅扇门，其他五面装木槅扇墙，四周出檐，屋面覆盖筒板瓦，垂脊用雕花脊筒子砌筑，端部置垂兽，原室内有仓颉像，已毁。廊内北面设木楼梯及通道。第三层平面也是六边形，四周绕廊，额枋上置七踩花牙子斗栱，廊柱底部装木护栏、木雕花墩，上部装木雕骑马雀替，北面金柱间装木槅扇门，其他五面均装木槅扇墙，室内墙面绘山水、花鸟画，内顶嵌一个六边形木盘，盘内书

蓝底金字"笔点清池"四字，周边雕连方花纹图案；四周挑出屋面，覆盖筒板瓦，垂脊用雕花脊筒子砌筑，端部置垂兽，攒尖处置葫芦形宝瓶，瓶上竖铁戟，铁戟上铸有"大起文明"四字。

2003年，四家魁星楼被公布为甘肃省第六批省级文物保护单位。现由民乐县博物馆、民联乡人民政府共同管理，竖立有文物保护标志碑，保存有文物档案。

三沟魁星阁

位于永昌县朱王堡镇三沟村小学院内。清代修建。原有重兴寺，后寺院遭毁，仅存此木楼阁。1997年，三沟村村委会筹资维修，将原夯土台基用青砖包砌，并重新彩绘，修建了一座小院落，占地面积210平方米，长14米，宽15米，西南角开院门。魁星阁建于夯土砖包台基上，台基平面方形，断面呈梯形，下大上小，

三沟魁星阁挑檐结构

底部边长 8.9 米，顶部边长 7.5 米，高 3.7 米。顶部四周砌筑女儿墙，高 0.5 米。楼体为二层砖木结构重檐攒尖顶。第一层平面呈八角形，每面边长 2.1 米，四周环绕廊，廊柱上部装木雕骑马雀替，檐下施七踩花牙子斗栱及垂柱装饰，廊内东南角设上下木楼梯，南面开单扇木板门，其他各面均砌砖墙；屋面覆盖灰筒板瓦，垂脊用青砖瓦条垒砌，端部置垂兽。第二层平面呈八角形，每面边长 1.4 米，四周无廊，额枋上施七踩花牙子斗栱及垂柱装饰，南面开一小门，其他各面均为青砖墙，红泥罩面；屋面为圆形攒尖顶，攒尖处置蓝色葫芦形宝瓶。

1987 年，三沟魁星阁被公布为武威市市级文物保护单位。现由永昌县文物管理所负责管理。竖立了保护标志碑，保存有维修工程档案资料。2004 年，永昌县人民政府划定了其保护范围（见永政发〔2004〕136 号）。

王城堡魁星阁

位于武威市凉州区大柳乡王城村二组（大柳乡王城中学院内东南隅）。清代修建，民国时期修缮。原有卧龙庙，寺庙毁于 1927 年武威大地震，仅存楼阁。

现存建筑为 1995 年修缮而成，将原夯土墩台外包青砖。墩台平面呈方形，断面呈梯形，下大上小，底边长 13 米，顶边长 11 米，高 3 米。东侧砌筑台阶踏步，宽 1.3 米，墩台顶部四周砌筑女墙，中央建楼阁。楼阁平面呈方形，面阔、进深均三间（9 米），三檐三层歇山顶。一、二层四周出廊，廊柱间装木雕骑马雀替，正面金柱间装木槅扇门，其他三面为青砖墙。二层廊柱间装木栏杆和骑马雀替，四面金柱间装木槅扇门和槅扇墙，屋面覆盖灰筒板瓦，博脊、戗脊用青砖瓦条砌筑，脊端置戗兽。第三层四周无廊，檐柱间装木槅扇门和槅扇墙，室内塑有魁星像，右脚踩鳌头，左脚踢星斗，右手握笔，左手执星斗；屋面覆盖灰筒板瓦，正脊、垂脊、戗脊用雕花脊筒子、瓦条砌筑，正脊两端置吻兽，中间置宝瓶，垂兽、戗兽俱全。各层檐下饰三踩花牙子斗栱及木雕花卉、卷草、瑞兽等图案，四面均悬挂木匾额。

1987 年，王城堡魁星阁被公布为武威市市级文物保护单位。竖立有文物保护标志碑，保存有文物档案资料。现由凉州区博物馆、大柳乡人民政府共同管理。

哈南寨古楼

位于文县石鸡坝乡哈南村。属甘肃省第三次全国文物普查新发现文物点。始建于明代，清代重修。原有楼阁 12 座，包括前街 4 座、中街 4 座、郭家街 4 座。其中有 5 座早年被毁，1 座在 2008 年"5·12汶川大地震"中被毁，现存 6 座。

最典型者为中街西端的一座，民国时期维修，土木结构两层单檐歇山顶楼阁，面阔三间，进深三间，一层明间为通道。二层为戏台，正面明间开敞，两次间檐柱间装木板，后部内金柱间装木槅扇门、槅扇墙（回音壁）；室内铺设木地板，地板底部架设地栿；屋面覆盖阴阳瓦，正脊、垂脊用雕花脊筒子垒砌，正脊两端饰吻兽，戗脊用青砖瓦条垒砌。

王城堡魁星阁全貌

王城堡魁星阁檐下彩画及匾额

第五节　衙　署

鲁土司衙门旧址

位于永登县连城镇连城村。始建于元，明清及民国时期增修扩建。

鲁土司始祖脱欢为元蒙皇室后裔，元皇庆二年（1313年）封安定王兼理平章政事。明洪武三年（1370年）率部归降，封为连城土司。《重修鲁氏家谱》载，洪武十一年（1378年）明政府为脱欢之妻马氏修建，"治地连城，建楼七楹"。后在宣德、嘉靖年间增修。清嘉庆二十三年（1818年），十五世土司鲁纪勋又仿清皇宫建筑样式扩建。三世什伽时，朝廷赐

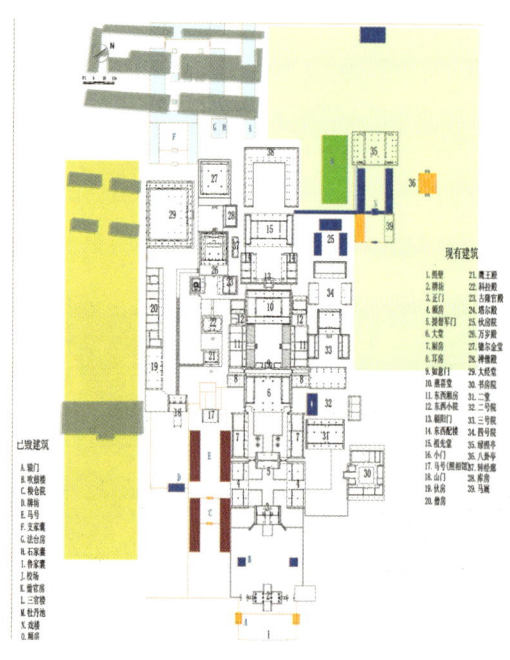

鲁土司衙门旧址平面分布图

其姓鲁，历经元明清三朝，至民国二十年（1931年）土司制度被废除，沿袭十九世，共561年。

鲁土司因其特殊的政治、经济、军事地位，其衙门集办公、居住、宗教活动于一体，历经多次改扩建，形成今日之规模，占地33025平方米，有各类建筑226间。现存建筑大多为嘉庆时所建，呈西、中、东三条轴线布局形式，中路为衙署建筑，西路为妙因寺，东路为家眷内宅建筑，衙署东北部有土司花园。

中路主要是衙署建筑，沿轴线从南向北展开，五进四合院布局，依次有大照壁、牌坊、六扇门、仪门、大堂、燕喜门和祖先堂等，各院内的两侧还大量布置廊房、厢房和配楼。最南端为砖砌一字影壁，青砖白灰丝缝，长20米，高6.8米，底宽1.7米，顶宽1.2米，悬山顶，正中画有一神兽"贪"。

影壁北侧为一木牌坊，原建于明成化年间，清嘉庆时由十五世鲁纪勋重建。中间大牌坊为四柱三间木构，四柱立于石砌基台上，柱根用夹柱石，前后用戗柱，戗柱根外侧置抱鼓石。明间面阔4.1米，次间面阔3.7米，通高7.1米；中间为庑殿顶，两次间为歇山顶，檐下施6攒十一

鲁土司衙门大牌坊

踩斗栱、4 攒九踩斗栱，屋面覆盖琉璃瓦；左、右两侧各建一座小木构牌楼，两柱单间式，面阔 3.4 米，通高 5.3 米，琉璃瓦庑殿顶，檐下施 7 攒七踩斗栱。大牌楼与小牌楼间用木栅栏相连，木栅栏面阔 4.1 米，高 2.9 米，立于高 1 米的砖台基上。明间檐下悬挂乾隆御赐"世笃忠贞"匾额，后嘉庆皇帝御赐匾额"世笃忠诚"。牌坊两侧原有东、西辕门，1967 年被拆除。

大门，也称六扇门，建于高 0.7 米的台基上，面阔三间（11.3 米），进深 5.6 米，单檐硬山顶前出廊结构，高 7.9 米。屋面覆盖青瓦，脊端饰吻兽。前后金柱间装六扇槅扇门，门板上彩绘"神荼""郁垒"门神。砖雕墀头。梁、枋饰藏式彩画。大门两侧砖砌"八"字形墙，方砖海棠心，墙脊饰三把鬃脊兽。大门内为第一进院落

（前院），院内东、西两侧各建有 5 间厢房，均面阔 18.1 米，进深 5.6 米。五脊硬山顶，屋面覆盖青筒板瓦。前院北面为二门（仪门、提督军门），建于高 1.5 米的台基上，面阔三间（10.4 米），进深 4.8 米，通高 7.2 米，单檐硬山顶前后出廊过厅式建筑。明间金柱间装两扇大门，次间为砖墙，墙面饰海棠心。梁枋饰青绿藏式彩画。原有"提督军门"匾额，已佚。门两侧各辟一个角门，单檐悬山顶，分别为"生门"和"绝门"。

由二门进入第二院，主体建筑为大堂，是审案堂，明代始建，清代重修。砖砌台基，条石镶边，平面呈"凸"字形，明、次间向前伸出。通面阔五间（21.8 米），进深 14 米，高 8.8 米，七架梁五间硬山顶前接三间卷棚抱厦。明间和次间装槅扇

719

鲁土司衙门大堂

鲁土司衙门燕喜堂

门、槅扇墙，梢间砌槛墙、装棋盘心支摘窗。梁枋用材较大，最大的梁断面高达1米。屋面覆盖青筒板瓦，脊筒子雕饰莲花纹，正脊两端饰鸱尾、垂兽。室内梁枋绘青绿色旋纹彩画，中梁上题"大清嘉庆二十三年岁次戊寅己未月辛卯日乙未时重建"。大堂内设置案桌、刑签、堂鼓等器物。案桌后上方正中悬红底金字"报国家声"，现为复制品。第二院内东、西面对称布局厢房，青瓦五脊硬山顶前出廊形制，面阔18.5米，进深5.7米，砖雕廊心墙、墀头，水磨砖柱，金柱间装槅扇门、棋盘心支摘窗。

大堂后辟如意门，面阔五间，"人"字形顶。从如意门可进入第三院。院内主体建筑为燕喜堂，为鲁土司接待宾客的殿堂。台基青砖砌筑，条石踏步。面阔五间（21.4米），进深14.5米，高10米，五架梁过厅式前后出廊悬山顶。明间金柱间装6扇槅扇门，次间、梢间砌筑海棠心槛墙，

装支摘窗。檐下梁枋间雕饰荷叶墩、雀替。屋面覆盖青瓦，脊筒子雕饰莲花纹，正脊两端置鸱尾，垂脊置五把鬃垂兽。前廊的东、西两侧各有一小门，分别通向西院（议事院）、东院（中军院）。燕喜堂院东、西两侧均建5间厢房，五架梁硬山顶前出廊形式，面宽17.5米，进深6.14米。明间开门，装6扇槅扇门，次间、梢间均为槛墙、支摘窗，墀头砖雕花柱。院内北面有朝阳门，六柱歇山顶，内外均出檐廊，檐下施4攒五踩斗栱，檐廊两侧各有一小圆门，通向东、西配楼。

由朝阳门进入第四进院，为土司家庙院所在地。祖先堂位于院内正北面，是明洪武十一年（1378年）赐脱欢妻马氏夫人"建楼七楹"的原址，原名"效忠堂"，供奉历代祖先遗像，举行祭祀仪式。清嘉庆六年（1801年）重修。台基高1.8米，九级石台阶。面阔七间（22.7米），进深14米，高22米，七架梁歇山顶二层楼阁，

由内外两圈共 36 根柱子组成"金箱斗底槽"布局。第一层仅中间 5 间出檐廊，廊柱断面四棱八角形，金柱间装 4 扇槅扇门，其余皆砌槛墙、装支摘窗，梢间为耳室，内设木楼梯登上二楼回廊。第二层四周出檐廊，檐下装花牙子、荷叶、雀替等木雕，廊柱间装一圈"万"字纹栏杆，金柱檐下施三踩斗栱，室内梁架上有"嘉庆六年六月吉日重修"题记，屋面覆盖青筒板瓦，脊筒子饰莲花纹。该院内东、西两侧各建一座配楼，分别为书房、祭器库。对称布局，均面阔三间（12.2 米），进深三间（4.5 米），硬山顶前出廊二层楼结构，二层檐柱间装万字纹木栏杆。两座配楼内不设楼梯，而是在朝阳门两侧廊内分别设木楼梯，与配楼相通。

最后一个院落为库院，俗称大库房，平面布局呈"门"字形，东、北、西三面共建单坡屋面房 21 间，总建筑面积约 667 平方米，屋面均覆盖青筒板瓦，装木板门、直棂窗。现存建筑为近年重修。

东路主要是土司及其家眷的宅院，分为 2 个区域：南部寝院区和东北部土司官园区。其中南部寝院区原由 8 个院落组成，现存 6 院，有书房院、二堂、寝室院、佣人院、厨房院等。二堂面阔五间，厅堂式前出廊悬山顶；书房院位于东面，原有 12 间单檐硬山顶前出廊房屋，多数已毁；寝院位于北部，有三院

建筑，现存前院 12 间、中院 19 间、后院 11 间房屋，多为悬山顶卷棚式前出廊结构，部分为单坡屋面房。1949 年以来，许多建筑及门窗、瓦件被逐年拆除毁坏。土司官园区占地面积 11000 平方米，分上官园和下官园。下官园被连城镇幼儿园占用；上官园现存绿照厅和八卦亭等建筑。绿照厅为清乾隆年间十三世土司鲁凤翙修建，坐北朝南，面阔三间，进深 14 米，高 8 米，单檐卷棚顶，中间为大厅，东、西两侧连接 5 间前出廊式平顶房，院内还有戏园。八卦亭建于一平面八角形墩台上，台边长 8.3 米，高 1 米。亭子为八角攒尖顶，面阔一间，进深 3 米，高 6 米，内顶为一圈悬柱结构。官园内保存有明万历年间栽植的 3 株核桃树和酸青果、暴马丁香以及清嘉庆二十六年（1821 年）种植的柏树。中华人民共和国成立后，鲁土司衙门曾经被各部门占用，在官园内先后曾开办过医院，或办学

鲁土司衙门祖先堂

校，或建工厂，许多建筑遭毁，大量树木被砍伐。

其他附属文物主要有：土司家族遗物、家谱等，分别存放在甘肃省博物馆和永登县博物馆内；官园内保存有从鲁土司家族墓地移置来的石俑、石马、石羊等石刻。

西路建筑主要是妙因寺，是鲁土司的家寺，现有独立的管理机构。寺院创建于明宣德年间之前，为藏传佛教寺院。《鲁氏世谱》记载："明宣德二年三月二十二日敕谕更名曰妙应寺。"正统六年（1441年）扩建，景泰元年（1450年）奉敕改名为大通寺，成化七年（1471年）维修扩建。清光绪年间改称妙音寺至今。占地面积3500平方米，建筑面积2200平方米。主体建筑有鹰王殿、金刚殿、塔尔殿、古隆官殿、万岁殿、禅僧殿、德尔经堂、大经堂等。殿内塑像众多，壁画丰富。

山门地处中轴线偏西位置，建于高0.5米的条石台基上，单檐五架梁硬山顶，檐下施五踩品字科斗栱，大小额枋间置木雕荷叶墩、双龙雀替。明间、两次间装木板门6扇。屋面覆盖琉璃瓦，正脊饰透雕西番莲纹脊筒子，正脊两端为盘龙吻，中间置麒麟座宝瓶，宝瓶两侧为象座法轮。门前竖立经幡杆2根。大门内有一砖雕照壁。

鹰王殿，单檐歇硬山前后出廊结构，面阔三间（8米），进深6.5米。檐下施一斗三升斗栱10攒，丁头栱4攒。明间装6扇槅扇门，次间磨砖海棠心槛墙。梁枋、柱头饰青绿旋子彩画。山墙青砖砌筑，墙面饰砖雕图案。屋面覆盖琉璃瓦，正脊两端饰龙吻，中间饰宝瓶。殿内有近年新塑的哼哈二将。

鹰王殿北面原为天王殿，后改称转经殿。单檐歇山顶，面阔三间，进深三间，墙外四周置转经筒。

金刚殿，五架梁单檐歇山顶，檐下施三踩单翘斗栱，南、北两面开门。四周围护墙均青砖砌筑，墙面转雕海棠心及各种吉祥图案。屋面覆盖琉璃瓦，正脊、垂脊、戗脊均用脊筒子垒砌，饰西番莲，正脊两端饰鸱尾，中间置象座及宝瓶。

万岁殿内原供奉皇帝牌位，故称万岁殿。外观是重檐歇山顶，下檐覆盖副阶一匝，总面阔五间（14.6米），进深五间（14.4米），明间檐下施四铺作斗栱2朵，次间1朵，梢间无辅作，斗栱均用外插昂，重栱计心；插昂面有凸起的中脊，无华头子。转角铺作上层角昂无平盘斗与宝瓶。角柱侧脚明显，阑额粗壮，普柏枋扁平，出头处饰海棠曲线。檐柱与内柱间的穿插枋不出头。殿内中间三间为佛堂，内供近年新塑的三世佛和观音像；南壁绘藏传佛教壁画（佛像）。

万岁殿前右侧有咸丰十年（1860年）

重修的古龙官殿。面阔三间（8.2米），进深7.2米，单檐歇山前出廊形制。明间金柱间装4扇槅扇门，次间砌筑槛墙，装支摘窗，其余各面围护墙为水磨青砖砖雕花墙。前廊为转经廊，木栏杆上装嘛呢转经轮。屋面覆盖琉璃瓦，琉璃脊筒子饰莲花，正脊两端饰盘龙正吻，中部为神龛座及宝瓶。

塔儿殿位于万岁殿左侧，单檐歇山顶前出廊形制，平面呈正方形，面阔7.7米，进深7.7米。明间金柱间装4扇槅扇门，次间砖砌槛墙，上装支摘窗，其余三面围护墙为水磨青砖海棠心花墙。梁枋饰旋子彩画。屋面覆盖琉璃瓦，正脊饰莲花脊筒子，两端施鸱尾，正中置琉璃珠宝瓶。

德尔经堂是该寺最大的一座佛殿。明成化七年（1471年）建，九架梁单檐歇山顶，平面呈正方形，面阔、进深均三间，殿内藻井、天花均为清代彩绘，梁枋上饰青绿旋子彩画。青砖砌筑围护墙，后墙面雕海棠花纹，山墙砖刻浮雕吉祥图案。屋面覆盖绿琉璃瓦，脊筒子垒砌正脊，两端施盘龙正吻，中间置宝瓶，两侧置28尊小站佛，戗脊上饰狮、象、八仙像等，垂兽及四角套兽俱全。

禅僧殿位于德尔经堂前右侧，清雍正年间（1723~1735年）修建，砖木结构单檐歇山顶，面阔、进深三间。檐下施五铺作计心造斗栱，有栱垫板。明间装4扇槅扇门，次间槛墙上装槛窗。屋面覆盖青筒板瓦，脊筒子饰莲花纹，正脊中部置麒麟座及琉璃宝瓶。

大经堂面阔七间（26米），进深六间（23米），二层重檐歇山顶四周出廊形制，外廊柱32根，堂内18根金柱，柱子直径0.4米，可容纳八百喇嘛诵经。檐下施五铺作斗栱、龙纹雀替。明间装2扇木板门，次间装一扇木板门，东、南、北三面开4扇明窗。殿内地面通铺木地板，顶部装天花板，共376块，天花板上绘佛像、吉祥图案、梵文六字真言等。一层廊内设转经筒，栏杆上装有50个小嘛呢转经轮。

1996年，鲁土司衙门旧址被公布为甘肃省第四批全国重点文物保护单位（公布号4-164）。2003~2007年，国家文物局拨款680余万元对鲁土司衙门旧址进行全面保护修缮。永登县人民政府成立了鲁土司衙门文物管理所，负责日常管理工作。竖立有文物保护标志碑，保存有历次维修档案资料。

1999年，甘肃省人民政府《关于公布我省全国重点文物保护单位保护范围的通知》（甘政发〔1999〕22号）划定其保护范围为："鲁土司衙门建筑群包括妙因寺、官园、照壁，保护范围东起官园东围墙，西至连城中心小学围墙，南起牌坊，北至新建围墙。建设控制地带为：保护范围四周墙外10米范围内。"

马土司府衙东屋

改建为学校。

现存建筑院落式布局，坐北朝南，有主楼、北屋、东屋、西屋、经堂等，共5座，建筑形制大同小异，均为砖土木结构单檐双面坡硬山顶前出廊二层楼阁。其中北面主楼面阔三间（12米），进深三间（10米），廊柱为通柱。第一层前廊被今人砌成砖墙并装现代门窗。第二层前廊柱间装扶手卧棂栏杆，金柱间装槅扇门及槛窗，其他三面围护墙体均土坯砌筑，下碱5~7层青砖，山墙墀头正面有砖雕图。东屋面阔三间（10.5米），进深三间（10.8米）。西屋面阔三间（11米），进深三间（10.7米）。南屋面阔三间（11米），进深三间（11米）。经堂在院落外，相距50米，藏式平顶结构。

马土司从元至正九年（1349年）受封为本地土司，至民国二十二年（1933年）废除土司，先后延续了584年。

马土司府衙旧址

位于宕昌县城关镇红河村。甘肃省第三次全国文物普查新发现文物点。始建于明代，清、民国时期增修、扩建。为明末至民国时期陇南地区马土司的衙门。20世纪50年代以来，大部分建筑被拆除，

第六节　文教公益

张掖东仓

位于张掖市甘州区马神庙街东仓巷，又名永丰仓、甘州仓、大仓、广储仓。《新修张掖县志》记载，东仓在张掖城区东北角，明洪武二十五年（1392年）由甘肃都督宋晟始建，时名"丰裕仓"。明弘

治十六年（1503年），都御史刘璋建预备仓于内。清乾隆年间，张掖历任知县杜荫、王廷赞、陶士麟等曾多次进行修缮、增建。乾隆四十四年（1779年），张掖知县陈澍添建，后改称为"东大仓"。光绪年间，张掖知县俞炎炳在原12座粮仓的基础上

张掖东仓

张掖东仓正面形制

重建22座，分别为：广被、广恒、广泰、广积、广福、广禄、广寿、广丰、广成、广胜、广庆、广增、广多、广兴、广隆、广盈、广益、广满、广德、广顺、广华、广荣。整体布局似一座四合院，坐东朝西者9座，坐西朝东者9座，坐南朝北者4座。北面修建围墙，东面修建仓神庙一座，庙前有水井一眼。中间修建管理用房3间，用于收粮办公、存放用具。东仓总占地面积20883平方米，22座廒房总建筑面积4659平方米，可储粮770万公斤。

民国时期及1949年以后，陆续拆除了仓神庙等建筑，后由张掖市粮食局改造为粮仓，拆除了原来的13座仓房，新建了容量为200万公斤的砼拱结构现代仓库一座。周边被开发为住宅小区。现存9座仓房，坐东朝西，清代重建，南北通长172.5米、进深14米，占地面积2389.6平方米。自南向北一字排列，分别名为：广被仓、广恒仓、广泰仓、广积仓、广

福仓、广禄仓、广寿仓、广丰仓、广成仓。

现存9座仓房的建筑形制一致，土木结构单檐硬山顶，平面呈长方形，面阔18米，进深11米，9座总面阔四十五间，进深三间，仓内有土坯隔墙，分隔成9间仓房。其中广恒仓、广泰仓、广积仓、广丰仓内地面铺设木地板，地板下置横梁、立柱、通风口；广被仓、广福仓、广禄仓、广寿仓、广成仓室内均改建为现代水泥地面。外墙体以黄土夯打而成，墙面敷抹20毫米厚的草泥，夯层向上逐层内收；墙底部开设通风口。后墙、山墙处土坯砌筑支撑土墩，土坯大小为300毫米×130毫米×55毫米，共21个，高2.5米，表面草泥抹面。檐柱上施檐檩、垫板，额枋插于檐柱内；檐柱和金柱间用穿插枋和抱头梁相连；抱头梁上施金瓜柱、驼墩。三架梁下施随梁枋，前、后金柱间做顺栿串。三架梁上施脊瓜柱、驼墩、脊檩、随檩枋。椽子直径7.5厘米，屋面铺望板、

席子、草泥，前后檐各置滴水。正面开仓门，原为闸板式，用多块木板闸封，20世纪60年代改造为现代木板门。墙面上开木板窗。

2003年，张掖东仓被公布为甘肃省第六批省级文物保护单位。现由甘州区东关粮库管理和使用，竖立有文物保护标志碑，保存有档案资料。2008年以来，广恒仓被改建为甘州区民俗博物馆，其余8座仓房用于堆放货物。

敦煌南仓

位于敦煌市南关西域路南侧。清代修建。清雍正元年（1723年），在敦煌置沙州所，后改为敦煌卫、敦煌县，从内地调遣大批兵士至此驻边戍守。为解决军粮供应，政府组织实边屯垦，修建粮仓，当时"由省会至府、州、县，俱建常平仓，或兼设裕备仓。乡村设社仓，市镇设义仓"（《清史稿》卷121《食货二》）。清道光《敦煌县志》载："南仓一处，在南关，计二百六十间，乾隆四十三年建，今存……"（清道光辛卯年纂《敦煌县志·仓厂》）。民国时期，南仓为敦煌县人民政府储备粮仓。中华人民共和国成立后，为酒泉行署的储备粮仓。2006年进行全面维修。

现存敦煌南仓为院落式布局，坐北朝南，占地面积10978平方米，共有8座仓廒，建筑面积1314平方米。院落大门位于北墙西端，其中1、2、3号仓廒位于院落北侧，门均南开，依次由西向东排列，分别相距1.1米；4、5仓廒位于2号仓房南侧22米处，4号仓廒门西开，5号仓廒门东开，两座仓廒的后檐墙相距1米；6、7、8号仓廒位于院落南侧，紧靠南墙，门均向北开，依次由东向西排列，相距1.6~1.8米。各座仓廒之间的空隙处均用土坯墙封堵，墙上开单扇木板门。

8座仓廒的建筑形制、结构一致，均土木结构单檐双面坡七檩中柱式硬山顶，平面呈长方形，面阔五间（17.4米），进

敦煌南仓

敦煌南仓内部梁架结构

常盈粮仓正立面　　　　　　　　　　　常盈粮仓侧立面

深两间（8.5 米），前后檐口高 3.3 米，中柱高 5.8 米。前后檐墙通体夯土板筑，墙体有收分，墙基宽 1.3 米，顶宽 0.9 米，高 3.4 米，内外墙面均用大草泥、滑秸泥敷抹罩面，前后檐墙在后期维修时用白灰粉刷；山墙山尖以下为夯土板筑，以上为土坯砌筑，墙基宽 1.1 米，顶宽 0.9 米，高 5.9 米，后期维修时用白灰粉刷内墙面。梁架结构为三步梁、单（双）步梁、檩条（包括檐檩、上下金檩、脊檩），脊檩置于中柱上。椽子上铺厚 30 毫米的苇席，屋面铺厚 0.3 米的草泥。每座仓廒正面开一门，为双扇闸板式，由上槛、下槛、门框、闸板组成。部分门后期改造为双开现代木板门、双开铁门，并在山面山尖处开长方形窗户。

1989 年，敦煌南仓被公布为敦煌市市级文物保护单位。2003 年公布为甘肃省第六批省级文物保护单位。现为敦煌市粮食局南关粮库，由敦煌市粮食局南关粮库管理站使用和管理，竖立有文物保护标志碑，保存有部分档案资料。

常盈粮仓

位于民勤县三雷镇北大街城关粮站院内。甘肃省第三次全国文物普查新发现文物点。始建年代无考，现存建筑为雍正五年（1727 年）重修。《五凉全志·镇番县志》载，常盈仓"设有二所，一在县城西北隅，雍正五年知县杜振宜改建；一在蔡旗堡"。现仅存县城西北隅一所，坐西向东，东西宽 11 米，南北长 24 米，面阔五间，进深三间，单檐双面坡硬山顶。正面明间开仓门，门外建一遮雨廊，两次间上部开通风窗；两山面各开一窗，屋面草泥敷抹，无瓦。

甘肃举院

位于兰州市城关区西关十字西北角兰州大学第二医院内。清同治十年（1871 年），陕甘总督左宗棠向清廷上《奏请甘肃分闱疏》，"奏请甘肃分闱乡试，设学

政", 清廷准请。时甘肃连遭兵燹, 民生凋敝, 财力困难, 政府无力拨款, 刑部主事腾烜、兰州翰林曹炯等人发动甘肃学子筹措51万余两白银, 开始修建, 光绪元年(1875年)落成。光绪十一年(1885年), 陕甘总督谭钟麟增修。民国五年(1916年), 在举院西部建立机器局, 封堵了两座门, 在举院南部辟一门, 门额书"带砺门", 民国十五年(1926年)改为"萃英门"。1987年, 扩建西关十字公共交通枢纽站时, 翠英门被拆毁。

1910年《甘肃新通志》记载, 当时举院坐东向西, 占地13万平方米, 纵一百四十丈(约467米), 横九十丈(约300米), 外筑城垣, 围墙内外布满兵丁, 两层围墙顶端布满带刺的荆棘, 称"棘闱"。在总体布局上, 甘肃举院分为考试区、外帘区和内帘区。以至公堂为中心的各所、署为外帘区; 以衡鉴堂(也称聚奎堂、文明堂、衡文堂)为中心的内收掌、内监试、内提调等部门是内帘区, 为核心区域。建筑布局自西向东依次有大门、龙门、明远楼、至公堂、牌坊及栅栏、水池、观成堂、内帘门、衡鉴堂、雍门等。

大门内左、右两侧建雨廊, 有点名厅、搜检厅、土地祠。闱墙以内, 南、北两面设置2个文场门、点名厅、外官厅等。再向东为龙门, 门四周有穿廊。廊内有城门, 门额题"为国求贤"。进入院内, 中

间为明远楼, 砖木结构三层歇山顶, 供监考人员登高监视考场秩序。明远楼的南、北侧是号舍, 是考生们白天考试、夜晚住宿的地方。每排号舍、号巷以千字文"天、地、玄、黄……"等序列编排。号舍外墙高八尺, 号门高六尺, 宽三尺。当时的考试, 每闱三场, 每场三昼夜, 共九天七夜。

明远楼往东, 为至公堂, 是纠察官员(临监)、提调监试官员(外帘官)办公的地方。至公堂东侧还建有牌坊、栅栏、穿廊等。中间穿廊连通内帘门, 门内左侧为内收掌署, 右为内监试署。另有执事委员厅、授卷所等建筑。

至公堂东面为观成堂, 堂前有水池, 池上有桥。左侧为南衡文署, 右为北衡文署, 南面还有监临部堂署、提调道署以及内供给所、对读所、监视道所署、誊录所、收掌所等房屋。观成堂之左右有走廊贯通, 中间穿廊接内帘门, 门内左右设官厅、监试署、内收掌署等。

观成堂东面为衡鉴堂, 前面有北五房、南五房, 后面设木栅栏、一座牌坊, 栅栏内又有执事厅、受卷所等。观成堂东面为雍门, 门外附近建有录榜所。

光绪三十二年(1906年), 废除科举制度, 实施新政, 甘肃举院被改建为各种新式职业学堂、工厂、农场等。同年, 兰州道彭英甲先后在举院西部设立矿业学堂、农林学堂、甘肃农业实验场等。1909

甘肃举院至公堂正立面　　　　　　　甘肃举院至公堂室内梁架结构　　　　脊檩墨
书题记

年，陕甘总督升允将甘肃法政馆改为法政学堂（兰州大学前身），并搬迁到举院内南号舍一带。

民国时期，甘肃举院内各建筑相继被新兴的部门占用和改造。1913年，甘肃法政学堂改为"甘肃公立法政专门学校"，以观成堂为书库，至公堂为阅览室。督军张广建等人在举院南号舍内修建子爵府。1916年又将兰州织呢局、甘肃制造局、甘肃盐务总局等搬入举院内，改、扩建了各种工场车间。1917年，旧址东南角被改建为"甘肃公立甲种农业学校"，后更名为"甘肃省立农业学校"等。1919年，在举院旧址内创建甘肃农工商矿务总局等。民国十六年（1927年），在举院旧址内修建造币厂。1928年，兰州中山大学进行大规模扩建。1946年，国立兰州大学成立，举院旧址全部划归学校，期间修建了许多现代馆堂，如贺兰堂、昆仑堂、积石堂等。顾颉刚《积石堂记》中

有记述。

1949年后，甘肃举院旧址内原建筑大多被拆除、迁建。衡鉴堂于2000年被拆除。现仅存至公堂和观成堂。

至公堂是清代外帘官、监临官办公的地方，清末官式建筑，分前廊、中室、后室三部分。十五檩五脊单檐悬山顶前出暗卷棚廊结构，面阔七间（21.7米），进深三间（12米），高15米，青砖砌筑五花山墙。南北两面山墙为土坯、青砖混合砌筑，前后檐砖墙为民国时期改建，有磨砖避水墙帽。明间设3级垂带式踏步。前檐用一翘一升斗栱，无坐斗。前檐额枋、挑檐檩、挑尖梁均施彩绘。现为兰州大学第二医院的会议室、校史展览室。金柱间原有木槅扇门、槅扇墙、雕花墩等装饰被拆除。前廊由4层单步梁、双步梁承托，每2个双步梁之间置一挑尖梁，挑尖梁后尾上置一木雕花瓶承托檩枋，屋面原为卷棚顶，铺设罗锅椽。后在历次改建中，

改为单面坡，与正室屋面合二为一，前卷棚变为暗卷棚。后室是科举考试期间各类官员办公的地方，后檐柱和金柱间置4层单步梁、双步梁，承托4根檩条，屋面不施罗锅椽；双步梁间均有一挑尖梁，挑尖梁形制与前廊一致。脊檩上保存有光绪元年（1875年）左宗棠主持创建甘肃举院时的墨书题记。前檐明间悬挂一木匾，宽3.15米、高1.15米，阳刻左宗棠行楷"至公堂"，青底金字，上款"光绪元年孟秋月吉日"，压角印阴刻小篆"千古大文章"；下款刻"钦差大臣、太子太保、东阁大学士、陕甘总督、一等恪靖伯加一等轻车都尉左宗棠书"，并有阴刻小篆"左宗棠印"、阳刻小篆"东宫太保恪靖伯"印章。前檐柱悬挂木雕瓦联两幅，内侧瓦联书"共赏万余卷奇文，远撷紫芝，近搴珠草。重寻五十年旧事，一攀丹桂，三趁黄槐"，落款书"诏开恩科，时关陇肃清，分闱得请，肇建试院告成，入闱监临书此"，"钦差大臣、太子太保、东阁大学士、一等恪靖伯加一等轻车都尉、总督陕甘使者左宗棠并识"。下联左下方有印章2枚，分别为"大学士章""东宫太保恪靖伯"。外联原悬挂于观成堂檐柱上，后移置于此，为陕甘总督谭钟麟于光绪十一年（1885年）监临举院时撰写，阳刻"秦陇分闱以后，生聚教训，偻指十年，几番星使搜罗，得士期为天下用，

国家吁俊之方，经策诗文，扃门三试，休道风檐辛苦，吾曹亦自个中来"。上联左下方书"光绪十一年乙酉秋"，下联右下方书"监临使者谭钟麟撰并书"，并刻印章2方，一为谭钟麟字"文卿"，一方模糊难辨。屋面覆盖青筒板瓦，正脊以青砖和雕花脊筒子砌筑，两端有吻兽。门窗均为今人改装的现代门窗。

观成堂位于至公堂东50米处，是外帘官办公之所。建筑样式基本同至公堂，仅建筑体量稍小，面阔三间（19米），进深三间（12.5米），五脊双面坡硬山顶，通高14米。前檐柱和金柱间置4层单步梁、双步梁，承托5根檩条，后檐柱和金柱间置4层单步梁、双步梁，承托4根檩条，不出廊。正脊檩上保存光绪十年（1884年）谭钟麟等人主持重修该建筑的墨书题记。前廊屋面原为卷棚顶，后来在历次改建过程中，改为单面坡，与正室屋面合二为一，卷棚变为暗卷棚。四周围护墙为土坯砌筑，青砖下碱11层。屋面覆盖筒板瓦，正脊以青砖和雕花脊筒子砌筑，两端有吻兽，后期拆除。前檐原有两副对联，一副移置到至公堂处，一副已佚，原文为"边塞起风云，喜紫气东来，会有轺轩随雁度；苍生盼霖雨，问黄河远上，此中多少化龙才"。门窗均为今人改装的现代门窗。

至公堂与观成堂木构件油饰彩画为兰

州地方做法，一布五灰形式，上架（包括梁枋、檩条、椽望、荷叶垫墩）均涂饰橙红胶泥，前檐外梁枋、挑檐檩、椽飞属地方杂式旋子彩画，以蓝、绿色调为主，夹杂以橙红、白色底纹。脊檩保留有当年创建时的墨书题记，为清代官式旋子彩画。

衡鉴堂位于观成堂东侧，是考官们阅卷、办事之所。五脊硬山顶，与至公堂、观成堂大同小异。前檐下原悬挂左宗棠书写的"衡鉴堂"匾以及湖广道监察御史刘瑞祺撰书楹联："丹绨承文治启千秋运会；朱衣默鉴辛勤念三载工夫。"已佚。民国时期，衡鉴堂被改为"甘肃官立中等农业学堂"。1949 年后，衡鉴堂先后被兰州劳动技校、甘肃化工机械厂等部门占用，2000 年，原建筑被拆除。

明远楼是举院内最高的建筑，高三层，第三层西檐下悬挂楷书"明远楼"巨匾。宣统二年（1910 年），乔治·厄内斯特·莫理循（George Ernest Morrison，1912~1920 年）曾拍摄该建筑的照片。三

甘肃举院明远楼正面（搬迁后名为万源阁）

层木结构楼阁式，平面方形，四角攒尖顶，通柱造。第一层名"望来堂"，每边长 13.6 米，四周出廊，内金柱以青砖包砌，正面明间开一门；第二层名"思源楼"，每边长 9.6 米，四周出廊，檐柱间设木栏杆，金柱间装棋盘心槅扇门窗，檐下施一斗三升斗栱；第三层名"万源阁"，每边长 6.6 米，四周出廊，檐柱间设木栏杆，四周檐下施五踩重翘斗栱 28 攒，柱枋间雕饰荷叶墩等。屋面四面坡攒尖顶，覆盖灰筒板瓦。1919 年，刘尔炘重修五泉山时，将此楼搬至五泉山大雄宝殿之后，更名为万源阁，各层室内分别供奉伏羲、周文王、周公、孔子等。

2003 年，甘肃举院被公布为甘肃省第六批省级文物保护单位。现由兰州大学第二医院管理使用。竖立有文物保护标志碑，保存有文物档案资料。

五泉书院

原位于兰州市城关区贤后街 2 号及通渭路 221、223、225 号，创建于清嘉庆二十四年（1819 年），为兰州府立书院，与省立"兰山书院""求古书院"、县立"皋兰书院"并称为"兰州四大书院"。

五泉书院由甘肃布政使屠之申、兰州翰林秦维岳等人筹资，将庆祝宫后街官署改造而成。咸丰八年（1858 年）、同治十二年（1873 年），兰州知府栗垣、铁珊进行两次重修。光绪三十一年（1905 年）

改为兰州府中学堂。1912 年改为兰山观察使署。1919 年改为兰山道署。1928 年，被榆中进士杨巨川改为五泉图书馆。后改为五泉书院。

原建筑为三进四合院布局，坐北朝南，由 3 条轴线组成，轴线上依次有牌坊、仪门、照壁、大门、讲堂、退省斋、明道楼等，东西厢房为学房。西院第一进院上房为山长住房。东院第一进院上房为监院住房。各建筑均砖木土坯结构单檐硬山顶，其中通渭路 247 号大门朝南，青砖砌筑门楼，正房坐北向南，单檐硬山顶，面阔 5 间，进深 3 间，明间为客厅，屋面覆盖青筒板瓦，前后檐挑出飞椽。东西两端各开一侧门。院内东西两面为厢房，均面阔 4 间，单檐单坡硬山顶，前檐饰木雕装修。

五泉书院设山长 1 名、生员正课生 10 名、童生正课生 10 名，主要招考兰州府所属六州县（狄道州、河州、皋兰县、金县、渭源县、靖远县）的生员、童生。

五泉书院历任山长有：秦维岳（道光年间任职）、卢政（咸丰年间任职）、吴可读（咸丰年间任职）、马玉田（同治年间任职）、马中律（同治年间任职）、王作枢（光绪初年任职）、黄积厚（光绪十一年任职）、刘尔炘（光绪十八年、二十四年两次任职）。

1998~2001 年，兰州市通渭路拓建期间，兰州市人民政府批准将五泉书院搬迁至雁滩公园内，原址现为民居院。搬迁后的五泉书院占地面积 2001 平方米，建筑面积 629 平方米，主要建筑有大门、倒座、讲堂、退省斋、明道厅、图书馆等，共 7 个院落。并成立了五泉书院文物保护管理所，负责保护管理工作。

下川水车

位于兰州市西固区新城乡下川村北 200 米的黄河南岸，也称天车、翻车、老虎车。兰州黄河沿岸水车出现于明代。明嘉靖年间，兰州人段续从外地引入。《皋

五泉书院山门

五泉书院讲堂

兰县志》记载："郡人段续创为翻车，倒挽河流，以灌田亩……袖川上下，至五十余里，约千余顷地，皆可得自然之利。"《续皋兰县志》载，至清道光年间，兰州境内及毗邻地区黄河两岸，大、小水车数量相当可观，每隔三至五里，就有水车一架、二架，乃至三至五架不等。至1945年，黄河两岸仍保留有大量水车。20世纪80年代以来，黄河沿岸水车逐渐被废弃，毁坏无存。1952年，西固境内水车有50多架。20世纪80年代以来，大部分水车均废弃损毁，已无存。

西固下川水车是本区瞿家营人刘功（1706~1784年）于乾隆五年（1740年）打制，直径20米，由14对主辐从车轴两端处向外缘辐射，构成框架，辐条顶端设置40个刮水板、40个水斗。水斗立面呈竖长方形，长1.2米。水车的前下方为凌空架设的木槽，用于导引水斗汲取上来的河水。车轴固定于修筑在黄河内的石墩台上，两座墩台对称，中间形成一条水巷，挂水板在水巷内受水流冲击，驱动水车转动。青城副贡生金铼曾作《翻水车赋》。清道光年间诗人叶礼曾赋诗云："水车旋转自轮回，倒雪翻银九曲隈。始信青莲诗句巧，黄河之水天上来。"

2003年，西固下川水车被公布为甘肃省第六批省级文物保护单位。2008年，甘肃省文物局拨款200余万元对下川水车

下川水车

实施保护修缮。现由西固区文化馆和新城镇下川村委会共同管理，竖立有文物保护标志碑，保存有档案资料。

大川渡黄河水车

位于白银市白银区水川镇大川渡村南黄河北岸。清末重建。2000年，大川渡村委会进行翻修。占地面积1200平方米，南北长约120米，宽约10米。

水车主体结构分五大部分：1.拦水坝，主要用于将黄河水分隔，形成一条穿过水车、推动水车运转的小河道，长130米、宽2.5米、深1.5米。2.水车巷道，用水泥块石砌筑的水车运转巷道，长17米、宽2.5米、深4.3米，河水在巷道底部流过，推动水车运转，巷道内置木质拦水闸。3.水车车体，全木制成，主要部件有支撑架、车轴、20根辐条、承光、网线及其他用于拉结、穿插的附加构件等。每面10根辐条呈放射状向四周展开，外形整体呈圆形，直径12.6米。主要驱动构件为柳木刮水板，长1.8米、宽0.4米、

厚 0.04 米，总计 40 个，安装在小岔子、辐条一侧，板面与水流方向垂直，流水产生的推力推动木板走动，从而带动整个水车运转。4. 提水装置是 40 个（现残存 10 个）水斗，均用柳木制成，是上大下小的木盒，长 1.8 米，顶宽 0.24 米，顶端开口，底部封堵，水斗与水车体形成 45 度夹角，水车运转时，水斗顺次浸入河水中，河水逐次灌入水斗内，当水车旋转、水斗转至最高处时，水斗内的水自动倒入设在高处的盛水槽内。5. 运水装置主要是木槽（称为承盘）和支架，用一根长木槽架在水车顶部一侧，与农田相接。现该水车仍在使用。

2010 年，大川渡黄河水车被公布为白银区县级文物保护单位，现由大川渡村委会、白银区博物馆共同管理，悬挂有文物保护标识牌（铜质）。白银区国土资源局划定了其保护范围："东西长 120 米，南北宽 10 米，占地面积 1200 平方米；

建设控制地带向东延伸 10 米至泵房，向西延伸 30 米至拦水坝进水口，向北延伸 5 米至渡口公路，南延伸 5 米至黄河堤岸，面积 3200 平方米。"

上花园戏台

位于民乐县杨坊乡上花园村。始建于明代，清代重修，后毁。民国十年（1921 年）再次重修。建于平面呈"凸"字形夯土台基上，台基高 1.4 米。戏台坐南向北，砖土木结构单檐悬山顶前出廊结构，占地面积 108 平方米，建筑面积 90.5 平方米。前廊（表演台）面阔三间（6.4 米），进深两间（4.4 米），台口宽 3.4 米，四周檐下施五踩花牙子斗栱 22 攒，四周檐柱间上部装木雕雀替。其中两山面檐柱间装木槅扇墙、木护栏，屋面覆盖灰筒板瓦，过垄脊、垂脊、戗脊均用雕花脊筒子砌筑，垂兽戗兽俱全。后部为化妆间，面阔三间（9.4 米），进深一间（4 米），五架梁单檐双面坡硬山顶，四周墙体土坯砌筑，青

大川渡黄河水车正面

上花园戏台

砖下碱，有木质底圈梁，背面明间开门，装木槅扇门，屋面覆盖灰筒板瓦，正脊、垂脊均用雕花脊筒子砌筑，正脊两端施吻兽，中间置子牙楼阁，垂脊端部置垂兽。

2003年，上花园戏台被公布为甘肃省第六批省级文物保护单位，现由民乐县博物馆负责管理，竖立有文物保护标志碑，保存有历次维修档案资料。

金崖驿站

位于榆中县金崖镇金崖街98号。甘肃省第三次全国文物普查新发现文物点。始建于清光绪九年（1883年），甘肃布政使魏光焘主持修建。现存建筑院落式布局，占地面积518.7平方米，建筑面积356.7平方米，包括正厅房、东厢房、西厢房。正厅房面阔三间（12.3米），进深二间（7.8米），九檩双面坡悬山顶，前廊深2.1米。中檩上彩绘太极图，周围墨书"光绪九年岁次癸未季春月下浣吉日""总理关内防军营务处统领武威刚毅

等营甘肃布政使西林巴图鲁魏督修""管带武威新前营陕甘额缺题奏总兵崇勇巴图鲁武监修""兰州府金县知县加一级敬封"等题记。屋面形制已被今人改造，铺设红砖瓦。东、西两侧厢房对称布局，建筑形制一样，面阔七间（26.2米），进深两间，单檐单面坡硬山顶，屋面形制被今人改造。

周岔戏楼

位于静宁县四河乡周岔村。甘肃省第三次全国文物普查新发现文物点。修建于清光绪三十二年（1906年），平面呈"凸"字形，面阔三间（11米），进深三间（10米），砖土木结构前歇山顶后硬山顶勾连搭式（当地称为"六檩四暗卷两马悬蹄"）形制。由陇西县工匠修建，屋面覆盖灰筒板瓦，正脊、垂脊用雕花脊筒子垒砌，正脊两端置吻兽；戗脊用青砖瓦条垒砌。砖瓦均为本地烧造。明间为表演台，内部开敞，两次间檐柱间装木护栏。

金崖驿站院落

周岔戏楼

雷神庙戏楼

位于成县大坪镇。甘肃省第三次全国文物普查新发现文物点。清末修建，民国时期修缮。坐东朝西，砖土木结构单檐二层歇山顶，面阔三间（9.1米），进深两间（7.8米）。下层明间开敞（为扩音设施），两侧砌筑土坯墙。上层为戏台，前檐额枋上施一斗三升斗栱，翘头雕成龙、凤形；明间开敞，两侧次间檐柱间装木栏杆；室内地面铺设木地板，台口高4米。其他三面均砌筑青砖墙，山墙正面墀头有砖雕图案。屋面覆盖干搓瓦，正脊、垂脊、戗脊均用瓦条垒砌，无脊兽。

第七节　会馆祠堂

李家龙宫

位于陇西县城区北关庙儿巷（北环路与北关大道交汇点）。始建于唐初，是陇西李氏的宗祠，因唐太宗曾御笔题额"李家龙宫"而得名。唐太宗修《氏族志》时，以李姓为天下姓氏之冠，诏令天下李氏以陇西为"郡望"，"陇西堂"为堂号，建立宗祠。唐末，李家龙宫遭毁。宋代再次进行修复，后因战火遭毁。元代又修复，今保存元代建筑一座。明万历五年（1577年），陇西知县李汝相筹资重建，恢复了北极宫（祖师殿）和北天第一、第二、第三门等部分建筑，殿内供奉李氏名人、仙人等（包括李白、托塔天王李靖、吕仙祖纯阳真人李琼、济公菩萨李修缘、李仙翁铁拐真人等）。清顺治五年（1648年），北极宫毁于战火，仅存北天第一门牌坊。康熙元年（1662年）重建。康熙三十七年（1698年），知县吕培高在北天第一门上书"仰弥高"竖匾。同治五年（1866年），李家龙宫再次毁于兵燹。民国时期，陆续增建维修了前院的戏台、五座木楼殿阁等，主祭堂内供奉李耳、纯阳真人李琼（吕洞宾）等牌位。后院为花园，有五座人工堆成的假山（后五山），名为普贤崖、文殊岭、白衣岩、接引山、太乙峰；山下建有佛龛，分别供奉观音、文殊、普贤、地藏和大势至等。1949年后，李家龙宫先后改为益民麻绳社、陇西县第四中学、城关第五小学等，殿宇全部被改为教室和办公室。

现存李家龙宫坐北朝南，东西长600米，南北宽440米，主要古建筑有南过厅、北过厅、陇西堂、主殿、祖师殿、九龙殿、李靖殿、南天门、戍边楼、聚贤楼、郡公楼11座，总建筑面积800多平方米。

李家龙宫院落

李家龙宫主殿

各建筑的形制和等级高于一般的祠堂寺庙，屋脊多置龙或九兽，共有1899条雕龙。主祭堂门上悬"陇西堂"匾，堂内供李氏先祖塑像、唐高祖李渊画像牌位，侧墙上挂《大唐疆域图》。近年新建的仿古建筑有正门、北大门、钟楼、鼓楼、八角亭等。遗址内还保存部分北宋时期的砖雕脊兽构件。

1981年，李家龙宫头天门牌坊（南安中学院内）被公布为陇西县县级文物保护单位（陇政发〔1981〕118号）。1992年重建陇西堂主祭堂，成立"陇西李氏文化研究会""甘肃陇西李氏文化研究总会"等。2002年，陇西县人民政府筹资对李家龙宫内的11座建筑进行全面维修，重塑李耳、李崇、李琼、李世民等像，新修北大门。2003年，李家龙宫对外开放。

李家龙宫现由陇西县文化广播影视局、陇西县旅游局、陇西李氏文化研究会共同负责管理，竖立有县级文物保护标志碑，保存有历次维修、重建档案资料。

张掖山西会馆

位于张掖市甘州区南大街，始建于清雍正二年（1724年），名为"山西会馆"。坐西朝东，南面与张掖大佛寺毗邻。光绪九年（1883年）《重修山西会馆碑记》载："如我甘州市南旧有山西会馆，帝□……□雍正二年，其由小而大、由朴而华，经营奚止一次。偶于同治十年九□……□殿、陪殿、禅堂、僧寮胥为焦土……"同治十年（1871年）毁于火灾。光绪十七年（1891年），杨恩配等人添建了卷棚等建筑。宣统二年（1910年），武维亮、庞毓海等人集资修缮了牌楼及其他建筑，并刻立《重修山西会馆大殿卷棚厢房牌楼碑亭记》，碑文载："今又重修卷棚、南北献殿六楹、厢房十楹、牌楼三楹以拥卫正殿。余又修碑亭三间……"民国五至六年（1916~1917年），又对牌楼以东建筑进行维修。民国八年《重修山西会馆碑记》载：

张掖山西会馆大门

"乃因故址，改修山门三间为五楹，易山门左右阛阓为砖壁，入山门，数武反躬而□……□照耀。与山门相连系者曰舞台也，舞台南北如双峰对峙而中夹甬道者曰看楼也，循甬道而□……□四柱枋，而钟鼓楼左右翼之。覆以瓦兽，施以丹黄，规模款式，焕然一新。"抗日战争时期，山西商人曾于馆内设私立三晋小学。

现存张掖山西会馆总占地面积1700平方米。平面呈长方形，是一个狭长的院落，分为前后两院，东西向贯穿一条砖砌甬道。

第一进院的东端是临街山门，面阔三间，进深四间，高两层，中间为前后出歇山卷棚廊勾连搭形制，正面为重檐结构，背面为单檐结构。一层檐下施七踩斗栱，并饰藏式蜂窝枋。门外两侧有砖砌八字墙，墙顶砖砌仿木挑檐结构，墙面上分别镌刻"忠""义"二字。中间下部开门洞，进深一间，上层是戏台，下层为通向内院的走道。戏台为二层单檐歇山顶，宽8.25米，深9.6米，两边开月窗。院内南北两侧为砖木结构二层看楼，南北对称布局，面阔七间（21米），进深一间（3.6米），二层室内铺木地板，后檐墙上绘制壁画，

张掖山西会馆戏台及南北看楼

东端各有木构天桥与戏台相通。看楼西端分别连接钟、鼓楼，平面呈正方形，边长 5 米，砖木结构二层楼，四面坡攒尖顶。院内西端甬道上建一座木构牌楼，四柱三间三楼结构，屋面为歇山顶，面宽 8.3 米，高约 10 米。从木牌楼向西，可进入第二进院，院内后部正面为大殿，坐西向东，面阔三间（13 米），进深四间（15 米），单檐二层歇山顶前出卷棚抱厦形制，前檐额枋上施各种木雕花草吉祥图案，殿前接一座单檐歇山卷棚顶抱厦。抱厦前有单檐卷棚歇山顶碑亭，面阔、进深均三间，无外围墙，四面敞开。山面用四柱，内部无柱，前、后檐柱间用斗栱承六架梁及其上部梁架，檐下施七踩斗栱，角科用 45 度斜栱；两侧屋面增设了垂脊四条，原碑亭两侧各有一座献殿，已毁。碑亭东面之左、右分别建有厢房，面阔五间，进深二间。

1952 年以来，山西会馆一直为张掖市文化馆占用。20 世纪 90 年代，山西会馆划归张掖市博物馆使用。2006 年，山西会馆被公布为第六批全国重点文物保护单位，并与张掖民勤会馆合并，更名为"张掖会馆"（公布号 6-804），划归张掖市博物馆管理。竖立有文物保护标志碑，保存有历次维修档案资料。2009 年，甘肃省人民政府《关于公布甘肃省第六批全国重点文物保护单位保护范围和建设控制地带的通知》（甘政发〔2009〕3 号）公布其保护范围为："东至山西会馆山门第一级台阶外 20 米处，南至南厢房后墙外 20 米处，西至大殿后檐外 20 米处，北至北厢房外 20 米处；建设控制地带为保护范围外 200 米以内。"

永登山陕会馆

位于永登县红城镇宁朔村。始建于清乾隆二十一年（1756 年），咸丰七年（1857 年）增修。总建筑面积 546 平方米。坐东向西。现存戏楼五间，过厅三间，大殿三间，单檐硬山顶。1988 年公布为永登县县级文物保护单位。现由红城镇文化站负责管理，竖立有文物保护标志碑，保存有部分档案资料。

张掖民勤会馆

位于张掖市甘州区青年东街张掖市第二中学院内。始建年代无考，曾名为"镇番庙""关帝庙"等。清光绪十八年（1892 年），民勤县商人筹资改建为民勤会馆，作为聚会、议事、祭神的地方。民国时

永登山陕会馆过厅

张掖民勤会馆厢房

张掖民勤会馆大殿

期改为学堂、小学等。1942 年改为私立民勤小学校址，期间进行了多次改建和重建。

现存建筑为院落式布局，坐北向南，东西宽 38 米，南北长 61 米，占地面积 2320 平方米。自南向北在中轴线上依此有山门（已毁）、牌坊、钟楼和鼓楼、左右厢房、大殿及东西配殿等各类建筑 11 座。

最南端为一座木构牌坊，四柱三楼结构，面阔 11.2 米，高 10.1 米，单檐歇山顶。明间立柱内外侧以戗柱、夹杆石支撑，夹杆石上雕刻飞龙、仙鹤、麋鹿、海马、麒麟及花卉 8 幅。内外檐下施 6 层花牙板装饰，正面悬挂马福祥 1921 年行书"福荫苏山"匾额；背面悬挂"膏流瀚海"匾额，无题款。

牌坊前东西两侧为钟鼓楼，对称布局（东钟西鼓），平面均为正方形，面阔三间，进深三间，边长 6.2 米，高 9 米，四面坡攒尖顶二层结构，上下层均四周出廊。下层的东、西面正中开门，上层的南、北两面开窗。廊内设木楼梯供上下登临。屋面覆盖灰筒板瓦，垂兽俱全，攒尖处置灰陶宝瓶。鼓楼的次间有木刻楹联："师孔成仁絜孟取义，如水行地若日在天。"落款为民国戊午年（1918 年）；钟楼上的对联在"文化大革命"时期被铲平，模糊难辨。

牌坊内东、西两边为对称的厢房，各面阔九间（28.8 米），进深二间（8.1 米），单檐悬山顶前出廊。正面均开四门七窗。屋面覆盖灰筒板瓦，垂脊垂兽俱全。

院落北面正中为大殿，平面呈正方形，面阔三间（15 米），进深五间（14 米），由前廊、前殿、正殿三部分组成。前廊单檐歇山顶，进深 4.2 米，中间为单檐歇山卷棚式前殿，深 3.4 米，最后为单檐双面悬山顶后殿，深 6.4 米，通高 13.2 米。四面檐下均饰木雕花牙板。正门上方悬木雕匾额3块，中间为颜体"忠贞万古"匾，两侧为"神圣感应""源水归宗"，均无落款。正殿左右各带一座耳房，面阔三间（11.3米），进深一间。

其他附属文物有：正殿内砌砖雕琴桌台2处；东西耳房回廊外墙砖雕4幅；东西耳房院入口处砖雕楹联2幅；一眼古代水井；古树名木3棵。

1956年，民勤会馆被划归张掖市第二中学。1988年划归张掖市博物馆负责管理。1998年，张掖市人民政府投资维修，移交张掖市第二中学管理。2003年公布为甘肃省第六批省级文物保护单位。2006年，与张掖山西会馆一并公布为第六批全国重点文物保护单位，称"张掖会馆"（公布号6-804）。现由张掖市第二中学、甘州区文物局共同管理，竖立有文物保护标志碑，保存有历次维修工程档案资料。2009年，甘肃省人民政府《关于公布甘肃省第六批全国重点文物保护单位保护范围和建设控制地带的通知》（甘政发〔2009〕3号）公布其"保护范围为会馆围墙外延20米以内；建设控制地带为保护范围外100米以内。"

古浪山陕会馆

位于古浪县土门镇漪泉村三组居民区内。清康熙年间修建，民国十六年（1927年）大地震时遭严重破坏，后又重修。现存建筑为院落式布局，坐北朝南，占地面积1200平方米，中轴线上主要建筑有大门、钟鼓楼、马祖殿、东西厢房、大殿等。

大门为三层重檐歇山顶楼阁。一层为砖土垒砌的墩台，墩台中间开门洞（占明间一间），左右均为夯土包砖墩台（占次间和梢间），墩台外立木柱，直通二层，形成二层檐柱。二层面阔五间，进深四间，四周出廊。廊柱系从墩台四周向上延伸而成，柱间局部装木护栏，局部青砖砌筑垛口。前后檐金柱间装木槅扇门，两山面砌砖墙，白灰涂饰，四周屋面覆盖灰筒板瓦，博脊、垂脊用青砖瓦条垒砌，垂兽俱全。三层面阔三间，进深三间，四周檐柱间装木槅扇门、槅扇墙，屋面覆盖灰筒板瓦，正脊、垂脊用雕花脊筒子垒砌，戗脊用青砖瓦条垒砌，正脊两端饰龙吻，中间置宝瓶，垂兽、戗兽俱全。二层檐下正背面分别悬挂"碧落云横""韵叶宫商"木匾。

古浪山陕会馆大殿

大殿砖木结构单檐歇山顶前出卷棚廊，面阔三间，进深三间，建于高0.3米的砖石台基上，正面设垂带踏步。前廊柱上施五踩重翘斗栱，柱间装骑马雀替，雀替上部装走马板，廊内悬挂张美如书"天地同流"匾、牛鉴书"日在天之上"匾。正殿屋面覆盖灰筒板瓦，正脊用雕花脊筒子砌筑，正脊两端饰吻兽，垂兽、戗兽俱全。前檐下悬挂道光三十年（1850年）康宗海书"循环今锡福""威烈昔忠君"木匾，殿内四周墙面上有清代武威籍画家白福龙绘三国演义题材壁画。

马祖殿位于大殿西侧，面阔三间，进深二间，单檐悬山顶前出廊结构，屋面覆盖灰筒板瓦。殿内三面墙壁上有马神壁画。西面脊檩有"道光元年岁次辛巳午月山西汾州府汾阳县广贞里四甲弟子□□□□"墨书、朱书题记。

东、西厢房各面阔五间，进深二间，单檐硬山顶前出廊形制。

1984年，古浪山陕会馆被公布为古浪县县级文物保护单位（古政发〔1984〕71号），现由古浪县博物馆和土门镇漪泉村委会共同管理，竖立有文物保护标志碑，保存有部分档案资料。

甘谷李氏祠堂

位于甘谷县大石乡贯寺村。始建于清末，是李氏家族为表彰其高祖母、曾祖母的贞洁德行，获慈禧太后懿旨而修建。民国十七至十九年（1928~1930年），李氏后裔李善吉扩建了祠堂前牌坊门。李善吉为本地士绅，清末国子监太学生，曾任渭川道尹公署第一科科员。民国时期，国民政府教育部曾为其奖励一面匾额。现存祠堂为四合院布局，占地面积315平方米，坐北朝南，前为牌坊门，后为祠堂，东西两侧为厢房等。

堂屋位于院内正北方，属当地传统民居建筑形制，面阔三间（8.6米），进深两间（6米）。建于高0.5米的青砖台阶上，

甘谷李氏祠堂堂屋

甘谷李氏祠堂厢房

甘谷李氏祠堂砖雕牌坊门

条石砌筑垂带踏步，单檐单面坡硬山顶前出廊形制，前廊深 2.5 米，两侧廊心墙上砖雕影壁。四周围护墙体土坯草泥砌筑，砖雕墀头。明间、次间均装 4 扇六抹槅扇门，不设窗。屋面铺设板瓦，正脊、垂脊均用雕花脊筒子垒砌，正脊两端施脊兽，垂脊施垂兽。

东、西两侧厢房对称布局，建于高 0.4 米的青砖台阶上，有垂带踏步，均面阔三间（8.6 米）、进深两间（5 米），单檐单面坡前出廊硬山顶，建筑面积 48 平方米，山墙上施砖雕墀头。明间装 4 扇六抹槅扇门，两次间置四扇槛窗。屋面铺设板瓦，正脊、垂脊用雕花脊筒子和瓦条垒砌，两

端施脊兽，垂脊有垂兽。

牌坊门为砖石结构三间七楼形制，面阔三间，进深一间。通宽 13 米，明间通高 11 米，两侧次间通高 9.8 米。明间主楼为单檐双面坡歇山顶，正面开砖拱门洞，装双扇木板门，两侧砖雕楹联"是渭北名门，裳衣设，时食蔫，祖庙修，善继善述；称陇西望族，太白诗，长源文，少温篆，传子传孙"。门额龙门枋内分层饰砖雕图、倒挂楣子，下层为二十四孝、八仙进宝、刘海撒金钱等图案及花草、博古纹，共 9 块；上层为砖雕匾额，文字漫漶，匾额两侧各有一块砖雕图。楣子上部砖雕五踩单昂斗栱 6 攒，昂嘴卷

曲，呈象鼻状。斗栱上部为两层砖叠涩挑出的大小额枋及仿木椽飞。屋面铺设筒板瓦，勾头滴水俱全，正脊、戗脊用脊筒子或瓦条垒砌，有垂兽和套兽。正面檐下悬挂一块木匾额。背面的雕饰形制与正面大同小异，无楹联。龙门枋通长砖雕人物图案，门洞外建一砖木结构门廊。门廊面阔一间，进深一间，单檐悬山顶，由此进入院内。屋面正脊、垂脊均用雕花脊筒子垒砌。两侧次楼均单檐双面坡歇山顶，对称布局，结构形制一样，体量比主楼小，正面辟3个砖拱门，门洞内各嵌民国十七年（1928年）石碑一通，碑文赞颂李氏先祖节孝美德。门额上方各施砖雕匾额，东侧为"恩荣杖乡""厚德积福""望重成均"；西侧为"节孝兼优""水源木本"、"清操苦节"；龙门枋内分层施砖雕图，下层为砖雕二十四孝等及花草纹，上层砖雕匾额，东侧为"陇右望族"，西侧文字已漫漶；匾额上部饰砖雕走马板3块，再上部分别砖雕楣子、挑檐结构，挑檐结构、

屋面形制与主楼相同；背面雕饰内容与正面大同小异，仅门楣上匾额名称不同，西侧3个匾额分别为"冰霜矢志""克昌厥后""柏舟同赋"，上部龙门枋间的匾额为"克裕昆后"；东侧3个匾额为"温柔敦厚""世德作求""承先启后"，上部龙门枋间匾额题"本枝百世"。夹楼、边楼分别置于主楼和次楼两侧，共4座，均单檐双面坡卷棚悬山顶，宽1.1米、高1.4米，檐下砖雕墀头墙、额枋、椽望、博风板等构件，屋面铺设筒板瓦，勾头滴水俱全。两侧边楼的外山墙上各饰两幅砖雕吉祥草图。

其他附属文物有：民国时期石碑6通，砖雕匾额18块。

1949年后，李氏祠堂被划归贯寺村村委会使用。1989年，甘谷县人民政府公布为县级文物保护单位（甘政发〔1989〕007号），名为"贯寺牌坊"。现由甘谷县博物馆、贯寺村委会、李氏后裔共同管理。竖立有文物保护标志碑，保存有部分档案资料。

第八节　宅　第

胡氏古民居建筑

位于天水市秦州区民主西路。胡氏民居共有两座院落（分别为南宅子和北宅子）、15座单体建筑。其中南宅子是明嘉靖丙午（1558年）秦州举人、中宪大夫整饬雁平道、山西按察副使胡来缙的

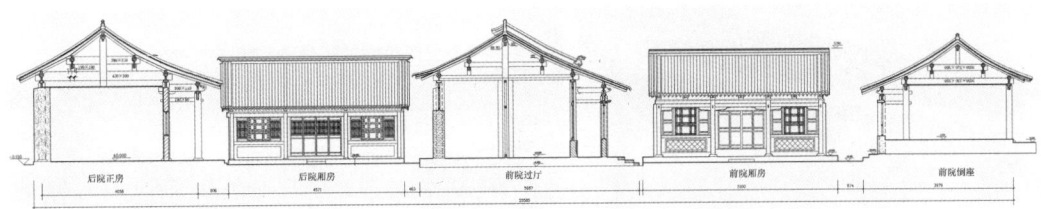

胡氏古民居南宅子总横剖面图

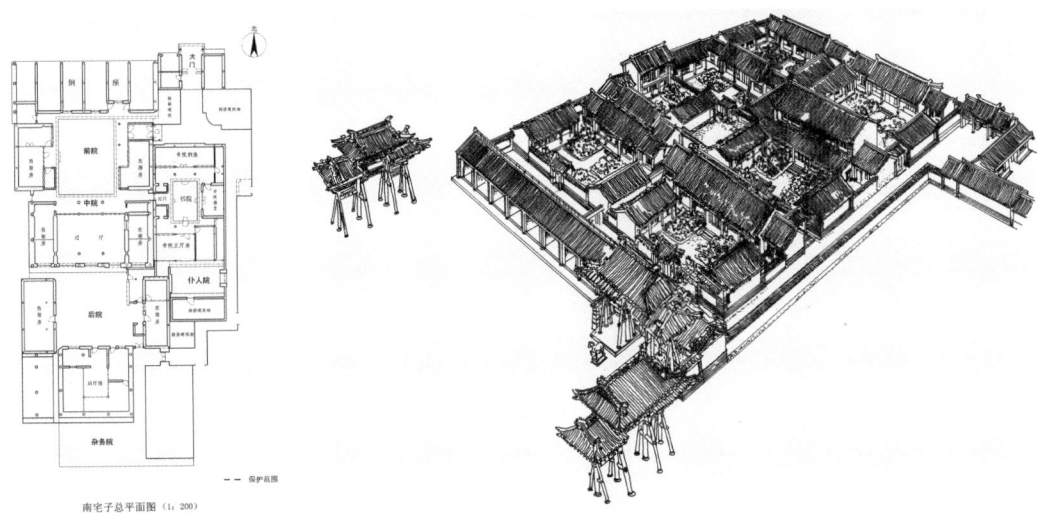

南宅子总平面图 (1：200)

胡氏古民居南宅子总平面图　胡氏古民居北宅子全貌推测图

私宅。胡来缙，《明史》有传。南宅子平面呈长方形，由大门、两进四合院、东侧书院、西侧一院诸房屋组成。至今一直由胡氏子孙世代居住使用，其中西侧的一处三合院已被拆除。

南宅子大门临街，面阔三间，进深四椽，单檐悬山顶，屋面覆盖筒板瓦。明间曾被改为"胡松秀之妻蒲氏"节孝牌坊，屋顶又增加4条垂脊。明间开门，额题"副宪第"，为明人题写。

前院为四合院形式，正厅坐北向南，面阔五间，进深四椽，单檐悬山顶出前廊。明、次间装4扇槅扇门，梢间槛墙支摘窗，屋面覆盖筒板瓦。东、西厢房对称布局，其中东厢房是南宅子的第二门，面阔三间，进深一椽，前出廊，单坡单檐硬山顶，明间装4扇槅扇门，次间槛墙支摘窗，北次间后墙上开一垂花门，题额"桂馥"；西厢房面阔三间，进深一椽，单坡单檐硬山顶出前廊，屋面仰瓦铺设，明间装六抹槅扇门，次间为槛墙、支摘窗，后檐墙封至屋面下。倒座坐北朝南，面

745

胡氏古民居北宅子前院过厅

胡氏古民居北宅子中院正厅楼

阔六间，进深四椽，单檐悬山顶前出廊，屋面覆盖筒板瓦，明间装槅扇门，次间、梢间均为槛墙、支摘窗。

后院也是一座四合院，堂屋坐北向南，面阔三间，进深四椽，单檐悬山顶前出廊，屋面仰瓦铺设，明间装槅扇门，次间为槛墙、支摘窗。东、西厢房对称布局，其中东厢房面阔三间，进深两椽，单坡单檐硬山顶前出廊，屋面仰瓦铺设，明间装槅扇门，次间为槛墙、支摘窗。

东面为书房院，四合院布局，正厅坐北朝南，面阔三间，进深两椽，单檐硬山顶前出廊，屋面覆盖仰瓦，明间装槅扇门，次间为槛墙、支摘窗。倒座坐北朝南，面阔三间，进深一椽，单檐硬山顶前出廊，屋面覆盖筒板瓦，明间装槅扇门，次间为槛墙、支摘窗，其中后墙上有一照壁。佛堂坐东朝西，面阔三间，进深一椽，单坡单檐硬山顶，屋面覆盖筒板瓦，明间装槅扇门，次间为槛墙、槛窗，后檐墙封至屋面下。书院大

门坐东朝西，面阔三间，进深一椽，单坡单檐悬山顶，屋面铺设仰瓦，明间装槅扇门，次间装木栏杆，后檐墙与前院正厅的东山墙相连。

北宅子是胡来缙之子、明万历己丑秦州进士、太常寺少卿胡忻的私宅。胡忻，《明史》有传。北宅子总平面呈长方形，轴线布局，中轴线上有三进四合院，西侧还有五进院落，现仅存主轴线上的前院正厅房、二进院过厅楼及东西厢房、三进院正厅。前院过厅坐北朝南，面阔五间，进深六椽，单檐硬山顶前后出廊结构，檐柱间不施平板枋，梁头搭在金柱上。明间装木槅扇门，次间、梢间均为槛墙、支摘窗。屋面覆盖筒板瓦。中院正厅楼坐北朝南，面阔五间，进深四椽，硬山顶前后出廊二层楼阁式。一层明间装木槅扇门，次间、梢间均为槛墙、支摘窗；二层前檐有木构回廊，屋面覆盖筒板瓦。西厢房面阔三间，进深两椽，两面坡单檐硬山顶前出廊结构，屋面覆盖筒板瓦，

明间装木槅扇门，次间为槛墙、支摘窗。后院正厅房坐北朝南，面阔五间，进深五椽，单檐硬山顶，屋面覆盖筒板瓦，明间装木槅扇门，次间、梢间均为槛墙、支摘窗，后檐墙封到额枋处。

2001年，胡氏古民居建筑被公布为第六批全国重点文物保护单位（公布号5-431）。

2004~2007年，国家文物局拨款210余万元对胡氏古民居建筑进行全面保护修缮。2005年，甘肃省人民政府《关于公布我省第五批全国重点文物保护单位保护范围及建设控制地带的通知》（甘政发〔2005〕16号文件）分别公布了南宅子和北宅子的保护范围及建设控制地带："南宅子保护范围东起南宅子巷道，西至开发区东墙，南起南宅子119号民居院南墙，北至民主西路大街，东西长36米，南北纵深62米，面积2239.2平方米；建设控制地带沿保护地界向东、西、南三个方向各扩展25米。北宅子保护范围东至迎宾楼西墙，西至秦州区公安局分局东墙，南至民主西路，北至砚房背后，南北长79米，东西宽29米，面积2280.2平方米；建设控制地带沿保护范围向外延伸20米，东到砚房背后西，西至秦州区公安局分局院内，南至民主西路，北到砚房背后邮政局家属楼南围墙。"

政平书房

位于宁县政平乡政平村南堡子山上。堡子山曾为古代"政平八景"之一，名为"泾莲清波卧神龟"。山顶中央有清代张姓家族修建的民居院3座，现仅存书房院，是清嘉庆年间贡生张宪的私宅。院落西北部原有文昌庙、魁星庙，西侧有关帝庙、菩萨庙，东侧有药王庙等建筑，今已无存。原为一进三院布局，坐西向东，四合院布局，南北长25米，东西宽19米，由前院、中院及后花园三部分组成。今中院二层楼、花园已无存。其他房屋墙体用土坯与青砖混合砌筑。

西面上房（堂屋）面阔五间（19米），进深二间（9.6米），建于高0.9米的砖砌台基上，砖木结构单檐双面坡硬山顶前出廊，廊深1米。明间、次间装六抹槅扇门，套格雕花，梢间为槛墙、槛窗，檐柱、金柱下置鼓境式柱础，高0.5米。室内后堂装木质佛龛，龛楣悬挂"雍睦堂"匾额；屋面覆盖筒板瓦，正脊用雕花脊筒子砌

政平书房正面

筑，两端置吻兽；室内现存檀木雕屏风4组，共48扇。南、北厢房对称布局，建于高0.3米的砖砌台基上，均面阔三间（8.5米），进深二间（6.5米），砖木结构单檐单面坡硬山顶前出廊；明间装六抹槅扇门，次间为槛墙、槛窗，檐柱下置鼓境式柱础；屋面覆盖筒板瓦，正脊用雕花脊筒子砌筑，两端置吻兽；东厢房南面山墙上有砖雕影壁，以青砖雕饰屋檐，壁面青砖斜铺。

东下房（倒座）面阔五间（19米），进深二间（6米），建于高0.3米的砖砌台基上，砖木结构单檐双面坡硬山顶前出廊；明间装六抹槅扇门，套格雕花，次间为槛墙、槛窗，一码三箭棂条；屋面覆盖筒板瓦，正脊用雕花脊筒子砌筑，两端置吻兽。所有建筑的槛墙处布置对称的石雕，题材有石榴花瓶、菊花花瓶、梅花花瓶、兰花花瓶和竹子、孔雀戏牡丹、莲花、佛手、狮子滚绣球、吉庆有余、玉如意、琴棋书画等。院落大门设在倒座的东梢间处，门楼式，通体青砖砌筑，中间开竖长方形门洞，门额下原悬挂清同治年间宁县知县杨大年题赠的"仁厚可风"镀金木匾一块，已毁。

2003年，政平书房被公布为甘肃省第六批省级文物保护单位。2008年，甘肃省文物局、宁县人民政府筹资进行修缮。现由宁县文化体育局负责管理，竖立有文物保护标志碑，保存有历次维修档案资料。

成县杜甫草堂

位于成县城关镇东南3.5千米飞龙峡口内，又称杜公祠，是为纪念唐代诗人杜甫流寓同谷而建，也是国内现存37处杜甫草堂之一处。民国《成县新志》载："子美草堂在飞龙峡口，山带水环，霞飞雾落，清丽可人。唐乾元中子美避难居此，作草亭，有《同谷七歌》及《凤凰台》诸诗，后人感其高风，即其址祠祀之。"此处自然风光独佳，霞飞雾落，百鸟争鸣。西侧有仙人崖，崖顶岩石独立如虎，杜甫曾写诗赞称"停骖龙潭云，回首虎崖石"。唐肃宗乾元二年（759年）十月，杜甫离开秦州（今天水），到达同谷（今成县），在飞龙峡西岸选择修建一处栖身草堂，在此逗留月余，创作了《凤凰台》《同谷七歌》等诗篇，后取道嘉陵江入蜀。北宋时，当地秀才赵惟恭捐地，县令郭惬主事创建了杜甫祠堂。后经南宋、元、明、清及民国时期，不断修建。南宋至元代，连年战乱，祠宇年久失修，倾圮严重。明万历四十六年（1618年）春，知县赵相宇奉命尹成邑前往谒祠，捐俸命教谕管应律修葺，落成后"焕然一新"。清光绪十一年（1885年），甘肃学政陆廷黻、知州叶恩沛再次重修。

1942年，民国成县县长陶自强组织

修葺，并于1943年撰写《成县杂忆》一书，记述了修葺经过："……祠宇年久失修，濒于倾圮。自清光绪时县令楚南李曾为修葺，数十年来无人过问，乃与县人士发起修复，咄嗟间得数千元，墙瓦启牖，焕然一新，又于祠外辟精室数楹，以备游客之居，虽不能与浣花之媲美，亦不失为历史上一名胜。"这次修葺奠定了成县杜甫草堂的现有规模。

现存草堂坐西向东，东西长约300米，南北宽约100米，前低后高，分两级台地而建。一进两院格局，主要建筑有祠门、前院建筑及后院祠堂等。祠门建于126级狭长的石阶上，二柱担山式垂花门结构，面阔2.5米，高2.9米。门内为前院，院内南、北有厢房各3间，单檐卷棚顶前出廊结构。中门建于中院围墙上，砖木结构，宽2.2米，高2.4米，门两侧砖刻门联"一片忠心微寓歌吟咏叹，千秋诗圣独追雅颂风骚"。墙外有八级台阶。从中门进入后院，南、北墙上各开一月门，院内正中为祠堂，单檐硬山顶前出廊，抬梁与穿斗式相结合结构，面阔三间（11.8米），进深二间（4.8米），廊深2.8米。殿内有汉白玉雕杜甫坐像，高1.5米，底座高0.7米。

今草堂内保存有宋至清代的碑记10余通，主要有：南宋绍熙四年（1193年）宇文子震题写《杜工部草堂》、明正德

八年（1513年）李昆题写《谒少陵祠》、明嘉靖十六年（1537年）白镒撰《过杜子祠》、明嘉靖十九年（1540年）刘璜撰《谒少陵祠》（其中包括《望马公绛帐台》《玩裴公莲湖》《谒杜公草堂》《观吴公保蜀城》四首）、明嘉靖三十二年（1553年）杨贤撰《成县五言律一首》、嘉靖三十二年（1553年）《谒杜工部祠七律一首》、嘉靖三十六年（1557年）《谒杜公祠一首》及《玉泉刘尚礼次韵一首》，明万历四十六年（1618年）管应律撰《重修杜少陵祠记》，另有《成州同谷县杜工部祠堂记》《重修杜少陵祠记》等。

1980年，杜甫草堂被公布为成县县级文物保护单位（成政发〔1980〕68号），名为"杜甫草堂遗址"。1985年以来，成县人民政府筹资扩建，成为当地旅游胜地。现由成县博物馆、成县旅游局共同管理。

高总兵宅院

位于张掖市甘州区民主西街甘州区图书馆院内。亦称"高总兵府"。坐北向南。建于清康熙年间，系清代张掖人高孟府第。原建筑规模宏大，有府门、大堂、二堂、三堂、书斋、厢房、后寝院及亭台、泉池、园林等建筑。许多建筑已不存，现存二堂、三堂和后寝院。二堂、三堂位于前院，均面宽五间，进深三间，单檐双面坡硬山顶。后院为寝院，四合院形制，

高总兵宅院大堂

高总兵宅院堂屋

院内各房屋围绕院墙而建，有主楼、东西配楼和藏书楼等，均为单檐双面坡硬山顶二层楼，前出廊，前廊均朝向院内，四面连通。其中北面正中为堂屋，面宽五间、进深三间，檐下悬有"三边挂帅""四镇无戍"木雕匾额；堂屋左右两端为虎头式临街门，门外两侧有石雕双狮。东、西配楼面宽、进深各3间。主楼与配楼间有木构天桥相通。

2003年，高总兵府被公布为甘肃省第六批省级文物保护单位。现由甘州区图书馆管理使用，竖立有文物保护标志碑，保存有历次维修档案资料。

连腾霄宅院

位于天水市秦州区北关连家巷2、4、6号院。明代创建，清代、民国时期维修，属天水市名城管理委员会2002年公布的"天水历史文化名城保护院落"之一。

民国时期，连氏家族后裔衰败，南花园、东花园及牌坊被拆除。1940年将其中的一个院（2号院）卖给本地曹姓回族人士。今曹家后裔保存有一块连腾霄家的匾额，首题"特授秦州直隶州正堂加三级纪录五次季"，匾心题"鉴元"二字，落款"太学士连腾霄立"，右上方篆刻"清风水月"四字。

现存建筑坐北向南，三进院落式中轴线布局，占地面积1500平方米，有各类房屋50余间，建筑面积1100平方米。

前院内有倒座与正房，均双坡硬山顶，厢房均硬山单坡顶。中院前面有虎座门、砖雕影壁，轴线上有过厅、中门。

南院为2号院。大门为屋宇式，门内又有一座六柱式三架梁虎座门，四柱悬山顶，高5.7米，檐下施4攒斗栱，透雕栱眼板，有正脊、吻兽。虎座门两边有砖雕照壁。门内南侧为倒座，面阔三间，进深两间，前出廊双坡硬山顶。正房面阔三间，进深一间，硬山顶，前檐下施斗栱7朵，透雕栱眼板，明间装六抹槅扇门 4 扇，次间置槛墙；屋面覆盖灰筒板瓦。东、西厢房均面阔一间，进深一间，硬山顶，六抹槅扇门。院内东北角还有一砖雕照壁。

中院为 4 号院。从前院虎座门进入中院。院内东、西厢房均面阔三间，进深一间，硬山顶前出廊结构，檐下施斗栱及雕花栱眼板，无飞椽，覆面覆盖筒板瓦。厢房已改建。过厅面阔三间，进深一间，前后出廊双面坡硬山顶式，平面"锁子厅"布局，前檐下施透雕卷草纹栱眼板，金柱间装六抹槅扇门。

北院为 6 号院。正房系明代建筑，悬山顶二层木楼，面阔三间，进深一间，前出廊。檐下施透雕栱眼板，栱眼板上雕如意、太极图、棋、剑等图案；廊柱间施木雕夔龙雀替；明间装六抹槅扇门，次间为槛窗、槅扇窗，已被改造，失原貌；

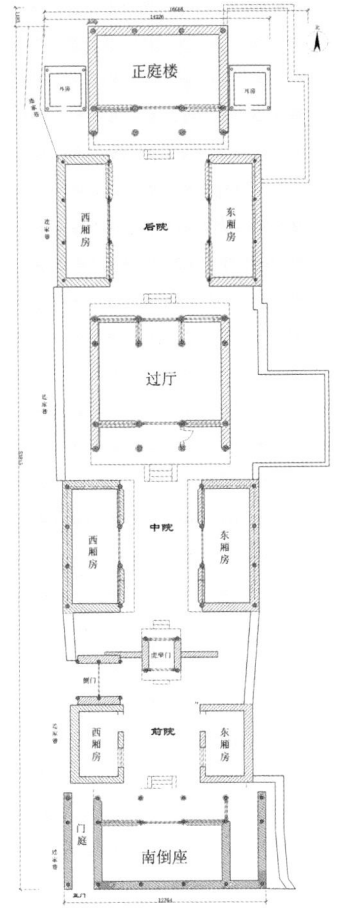

连腾霄宅院总平面图

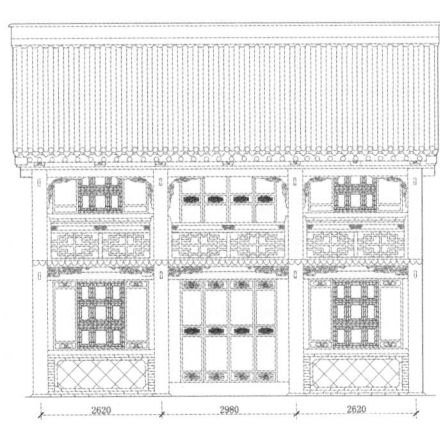

连腾霄宅院正厅楼立面图

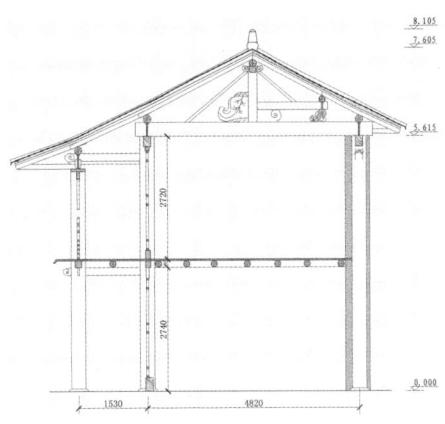

连腾霄宅院正厅楼剖面图

屋面覆盖筒板瓦、饰花脊，无飞椽。东、西厢房均面阔三间，进深一间，硬山顶，檐下施斗栱、透雕栱眼板，装六抹槅扇门；屋面无飞椽，覆盖筒板瓦。院内后部还有一土木结构绣楼，前后出檐廊结构，面阔、进深均三间，檐廊间装木栏杆，栏板透雕吉祥纹图案。

2003年，连腾霄宅院被公布为甘肃省第六批省级文物保护单位。现由秦州区文化广播影视局、各住户共同管理，竖立有文物保护标志碑，保存有历次维修档案资料。

张庆麟宅院

位于天水市秦州区澄源巷21、23、42号。明~清代修建，民国时期修缮，属天水市名城管理委员会2002年公布的"天水历史文化名城保护院落"之一。现有两处，均位于澄源巷内，北面为一座四合院老院；南面第21、23号院为新院。

老院（42号院）为明代建筑，坐北向南，大门为垂花门，门内有砖雕影壁。院内有倒座4间，正房为两层楼式，面阔三间，悬山顶前出檐廊；东、西厢房面阔三间。1949年后，划归本地贾家院，现院内仍保留有张家祠堂。

新院为清代建筑，原有6个院，现分为两院，有各类房屋44间。其中21号院为一进三院式，正门开在东南角，后门开在西北角，第二道门为垂花门，第三道门为虎座门。院内倒座面阔五间，双坡六檩前檐出廊结构，正房平面锁子厅式布局；东、西厢房均面阔五间，单坡四檩前出廊结构。大门入口处立一石碑，碑首雕二龙戏珠图案，碑文刻"奉政大夫同知衔陕西甘泉县知县同里张世英敬题。分部员外郎陕西候补直隶州州署襄城县知县乙未恩科举人得五张公思毅之路碑。光绪十二年春正月吉日男铉铨衔□镐□镒同敬谨立石"。23号院为一进三院式，大门为墙垣式大门，内有天井院，墙面砖雕"五福捧寿"影壁。一进院内倒座面阔三间，东、西厢房均面阔四间；第二进院有木构垂花门、拴马石，院内有堂屋、倒座和东、西厢房，均面阔五间，堂屋、倒座均双坡顶六檩带前廊结构，厢房均单坡四檩带前廊。虎座门东侧为第三院，

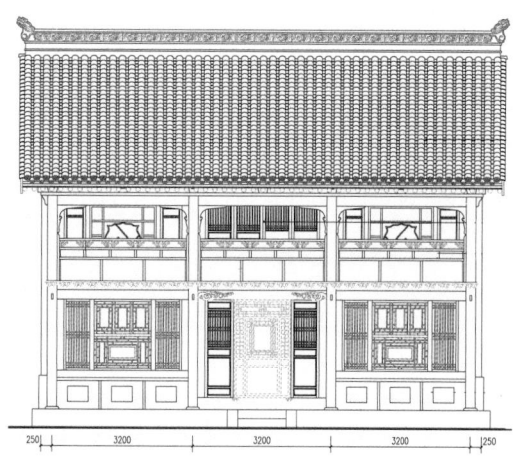

张庆麟42号院正房立面图

已被改建，原貌无存。

秦州张氏系本地著名乡绅望族，有"一进士、四举人"之名。第21号院主人保存《张氏家谱》。

2003年，张庆麟宅院被公布为甘肃省第六批省级文物保护单位。现由秦州区文化广播影视局和各住户共同管理，竖立有文物保护标志碑，保存有历次维修档案资料。

哈锐宅院

位于天水市秦州区澄源巷13、15、17号，另包括42号院和自由路12号院部分建筑。该院落属天水市名城管理委员会2002年公布"天水历史文化名城保护院落"之一。清代修建，坐北面南，一进三院式。原为3个院落，现第一进院内有东、西厢房，第二进院有四季厅、西厢房，第三进院仅存西厢房。

前院为13号院，大门为垂花门式，门内迎面是一砖雕影壁，院内又有一座门楼、一座木雕垂花门。院内南房面阔三间，北房面阔五间，东、西厢房各面阔三间，均单檐悬山顶。

中院为17号院，主体建筑为木构二层楼，面阔三间，双坡悬山顶，前出廊，一明两暗格局，明间呈锁子厅式。倒座也是二层楼，第一层前檐墙用砖砌筑，砖砌拱券门。

后院为15号院，主体建筑是一座木构二层楼，坐西朝东，面阔三间；南、北面各有厢房，面阔三间。所有的建筑在平板枋上置一坐斗，挑檐枋、檐枋、雀

哈锐宅院后院二层楼

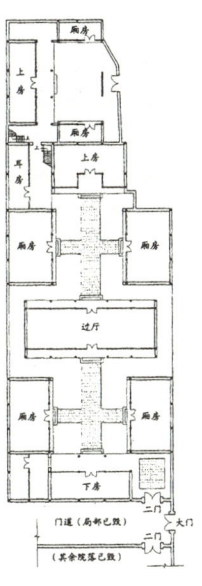

哈锐宅院总平面图

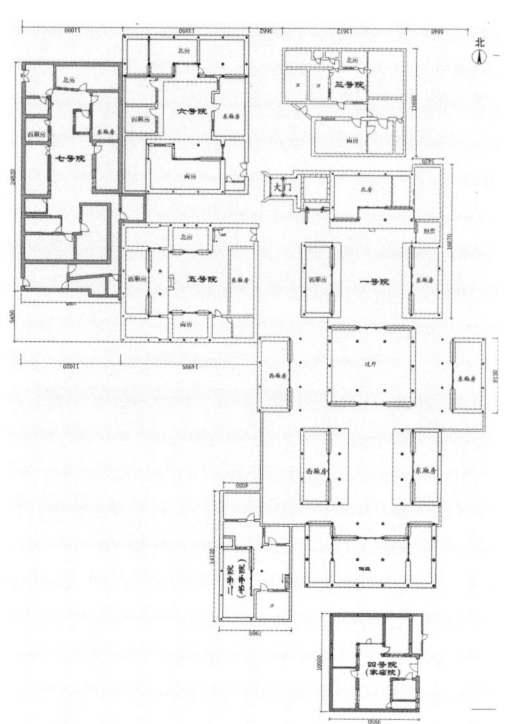

石作瑞宅院总平面图

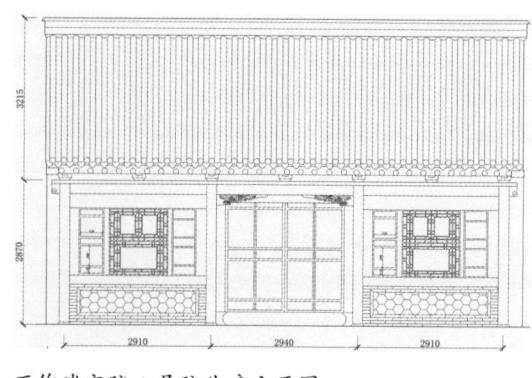

石作瑞宅院 1 号院北房立面图

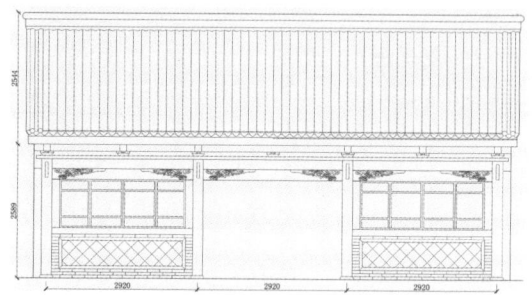

石作瑞宅院 4 号院北房立面图

替均有木雕八卦、八仙图案。次间窗子用棂条拼成冰裂纹、梅花纹。

2003 年，哈锐宅院被公布为甘肃省第六批省级文物保护单位。现由秦州区文化广播影视局和各住户共同管理，竖立有文物保护标志碑，保存有历次维修档案资料。

石作瑞宅院

位于天水市秦州区解放路石家巷。清代修建，属天水市名城管理委员会 2002 年公布的"天水历史文化名城保护院落"之一。原有 7 个院落，占地 4000 多平方米，建筑面积 3000 多平方米。民国时期，石家后裔败落，将多数院落出卖。其中 1 号院卖给董家，2 号院卖给谢家，3 号院卖给石家，5 号卖院给陈家，6号院卖给袁家。7 号院于 2003 年拆除。现存 1~6 号院。

1 号院是主院，内分前后两院，有大门三道。第一、二道门为棋盘门，第三道为垂花门，二、三道门之间有一小天井院及一座砖雕照壁，第三道门内原也有一照壁，已不存。前院有北房（正厅堂）三间，进深二间，单檐双面坡硬山顶前出廊。南房（过厅）面阔三间，进深二间，单檐双面坡硬山顶前出廊，东、西厢房各三间，单檐单面坡硬山顶。

院内东北角存一黄梅树，树龄约100年，称"秦州黄梅第一树"。

2号院为书亭院，院内主体建筑平面呈马鞍形，东北角有一侧门通向1号院。

3号院位于1号院之后，北房为过厅，面阔五间，进深二间，单檐双面坡前出廊硬山顶；南厅房面阔五间，进深二间，单檐双面坡前出廊硬山顶；东、西各有厢房，面阔三间，进深一间，单檐单面坡硬山顶。南厅房和东厢房间有一角门通向1号院。

4号院为家庙院，原有三间两层木楼结构祖先堂，已毁。现仅存北房，面阔三间，进深二间，单檐双面坡前出廊硬山顶，门楣书"敬修堂"匾额。

5、6号院布局大致相同，两院相连，其中5号院即今建新巷5号，是书房院，布局形式独特，共设八门（四正门、四角门）。东、西房为"明三暗五"式布局，南、北厢房为"明三暗二"式布局，八个方位加上后院，寓意"八卦九宫"图。经后期多次改造，格局已遭破坏。现存两道大门，第一道门为棋盘门，第二道为垂花门，两门之间有一小天井和照壁，照壁上有仿董其昌书法写成的治学格言，行草兼备；院内南房面阔五间，进深二间，单檐单面坡前出廊硬山顶；倒座与厢房均面阔三间，进深二间，单檐单面坡前出廊硬山顶。各建筑砖木雕饰题材多样，有花

石作瑞宅院1号院

卉、五福捧寿、八卦、九龙戏珠、松鹤等。

石作瑞卒后葬于秦州城西南赤峪河畔。嘉庆十二年（1807年），其子石钧勒立墓碑，正面题"大清诰授通议大夫，历任四川永宁、建昌、川北道兵备道加按察使衔石作瑞墓碑"。

2003年，石作瑞宅院被公布为甘肃省第六批省级文物保护单位。现由秦州区文化广播影视局和各住户共同管理，竖立有文物保护标志碑，保存有历次维修档案资料。

秦州张氏民居

位于天水市秦州区育生巷56号。也称"张育生、张仲武故居"。清代修建。现为天水市商务局、天水市糖酒公司办公地。属天水市名城管理委员会2002年公布的"天水历史文化名城保护院落"之一。一进四院布局，坐西向东，占地1200平方米。大门改建在东北角，第一道大门是栅栏门，第二道大门为垂花门。现栅栏门已拆除，垂花门移至原栅栏门位置。

大门内为天井，院内有砖雕影壁一

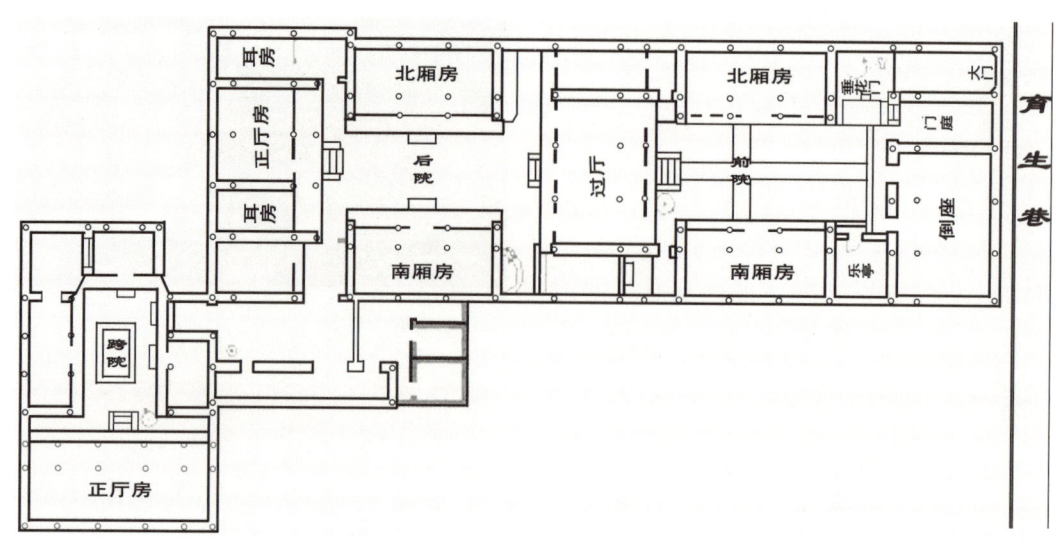

秦州张氏民居总平面图

秦州张氏民居垂花门

秦州张氏民居中院

座。院内主体建筑为东面倒座，面阔五间，进深二间，单檐双面坡前出廊硬山顶，近年将北侧的一间改为大门通道。

第二院以木雕垂花门分隔。院内正中为厅房，建于高大的台基上，面阔五间，进深二间，单檐双面坡前出廊硬山顶，两侧各有一耳房；南、北两侧各有厢房，均面阔三间，进深一间，单檐单面坡硬山顶，无廊；倒座三间，"锁子厅"

式布局，平面呈"凸"字形，单檐双面坡前出廊硬山顶，屋内保存有古典家具、什物等。院内植银杏树一棵，围径1.9米，高14米以上。第二院南、北两侧原有对称的2个偏院，现仅存北面偏院。近年又多次改建，原布局已破坏。

第三院是祠堂和佛堂所在地，现改为秦州区务农巷2号，由张氏后裔居住，有一主院、两跨院。过厅面阔三间，六檩双面坡硬山顶前出廊，下金檩上有椽椀、襻间（长方形木墩），梁架与斗栱彩绘木纹。

最后一院是花园兼书院，花园里植海棠。

房主张世英一生致力于本地公益事业，1907年创办了"亦谓学校"（今秦州区解一小学），光绪皇帝赞誉他为"办学尔圣"，并颁赐褒奖诏书，今存。20世纪40年代，当地人为纪念张育生，改"二郎巷"为"育生巷"。

2003年，张氏宅院被公布为甘肃省第六批省级文物保护单位，现由秦州区文化馆和天水市商务局共同管理，竖立有文物保护标志碑，保存有历次维修档案资料。

汪氏民居

位于天水市秦州区自由路。清代建筑。坐北向南，平面呈长方形，占地700平方米，一进两院布局。前院为四合院，后院为三合院，共有房舍26间，西北角辟门。各院内过厅、正厅堂建筑均为单檐双面坡硬山顶前出廊结构，面阔三间（9.6米），进深两间（5.4米）；厢房均单檐单面坡硬山顶。门窗已被今人改建。

2003年，汪氏民居被公布为甘肃省第六批省级文物保护单位。现由秦州区图书馆管理，竖立有文物保护标志碑，保存有历次维修档案资料。

冯国瑞宅院

位于天水市秦州区共和巷33号。明代创建，清代、民国时期多次修缮。属天水市名城管理委员会2002年公布的"天水历史文化名城保护院落"之一。今共和巷31、33、35号原为一座院落，属张世英家族宅院。民国二十年（1931年），冯国瑞将其中的33号院买下，成为冯国瑞故居。原为五进院布局，1949年后，冯氏将北面的两院卖掉，现仅存两进院、一座后花园。坐北向南，东南角辟院门，南北轴线上对称排列26间房屋。

前院过厅面阔三间，进深两间，每间宽2.9米，单檐双面坡硬山顶前后均出廊。倒座、四季厅、正房均单檐双面坡硬山顶前出廊。东、西厢房均单檐单面坡硬山顶前出廊。

后院正房为"明三暗五"布局，面阔五间，进深三间，单檐双面坡硬山顶前后均出廊，中部三间为客厅，两梢间

1953年周恩来总理签发的冯国瑞任命书

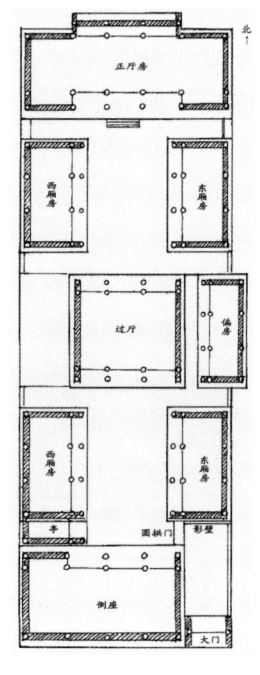

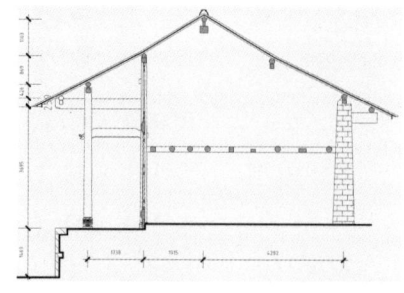

谈家院上堂屋剖面图

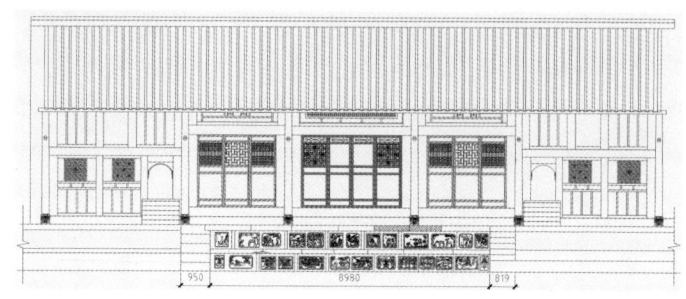

冯国瑞宅院总平面图　　谈家院上堂屋立面图

均大于明间和次间，但位置较低，屋顶两端下沉，故称"暗间"。

冯国瑞宅院内庭院、天井院、各房屋之间皆用影壁、垂花门、月拱门分割。影壁、房屋檐口均饰大量砖木雕饰，有暗八仙图、牡丹、象头、竹节纹、月季、竹、菊、梅、兰、桃子、佛手、石榴、莲等，正脊两端吻兽一雌一雄。正房内槅扇上有冯国瑞亲手墨书的冯氏家族大事记；正房廊心墙上有他本人的两幅画作，月拱门上有砖雕"诚实勤俭""孝慈友恭"牌匾及他亲手书写的隶书楹联"芝兰玉树生阶砌，乔木临风听雨来"，横批"随遇而安"。院内遍植蜡梅、石榴、庞公石、竹子。

2003 年，冯国瑞宅院被公布为甘肃省第六批省级文物保护单位。现由秦州区文化广播影视局和住户共同管理，竖立有文物保护标志碑，保存有历次维修档案资料。

贾家公馆

位于天水市秦州区民主东路砚房背后 66 号。也称贾缵绪故居。清代修建。属天水市名城管理委员会 2002 年公布的"天水历史文化名城保护院落"之一。原布局形制被破坏。现存一进五院，坐北朝南，占地 2000 平方米，有房屋 40 余间。各院内主要建筑为过厅、正厅堂，均面阔三至五间，进深二至三间，多为单檐双面坡硬山顶前后出廊结构，部分建筑仅前出廊。书房面阔三间，进深三间，单檐双面坡卷棚顶。院内有多座木雕垂花门、砖券拱门，其中一座垂花门内外额枋上有木雕"五福捧寿""福如东海"图案；一座砖拱门的门楣青砖雕饰卷草纹，拱券下施木雕门楣，雕饰"喜上眉梢"图案。

2003年，贾家公馆被公布为甘肃省第六批省级文物保护单位。现由秦州区文化广播影视局和各住户共同管理，竖立有文物保护标志碑，保存有历次维修档案资料。

谈家院

位于康县豆坝乡栗子坪村，西距豆坝乡政府1.5千米。院落坐北朝南，"一颗印"式布局，平面呈方形，由正房、厢房和倒座组成。始建于清嘉庆年间，咸丰三年（1853年）重修。原有上堂屋、东

西厢房、倒座、大门、照壁、游廊、花园、池塘、马圈、粮仓和围墙等建筑。20世纪60年代以来，多数房屋被拆除，现仅存正房、倒座及东、西两面楼式厢房等，总建筑面积113.5平方米。各建筑为抬梁与穿斗式相结合形制。

正房位于中轴线北端，坐北向南，建于高1.5米的台明上。台明东西长20.5米，南北宽9.4米，青石包砌。房屋面阔五间（19.8米），进深两间（7.8米），单檐七檩六步架悬山顶前出廊结构，屋面为合瓦屋面，扁担脊，无正吻。山墙、后檐墙均夯土板筑，下碱块石砌筑，高0.7~0.8米。室内三架梁上施脊瓜柱、随檩枋，檩子上为椽子。明间和次间均装六抹槅扇门，明间门扇槅心原为高浮雕图案，已遭破坏；棂条槅心为套方、井字口和龟背纹等。次间设槛墙、槛窗。前檐陡板

谈家院上堂屋

谈家院上堂屋台明石雕图案

谈家院厢房

分两层石板砌筑，石板雕图案，上层7块，下层8块，通高1.5米，雕刻图案为花草、鱼虫、人物等。

东、西厢房建于高0.4米的台明上，对称布局，大小相同。台明长13.8米、宽7.3米。房屋面阔三间（12.9米），进深两间（5.9米），七檩六步架单檐悬山顶二层楼前出廊结构。屋面为合瓦屋面，施扁担脊，无正吻。后檐墙、山墙夯土板筑，下碱块石砌筑。室内明间立柱，柱间用穿连接，穿之间施壁板；次间三架梁上施脊瓜柱、随檩枋，檩子上为椽子。前廊施前穿，上托檐檩及枋木。第一层明间装四抹槅扇门，无槅心；其余各间装木板门、木板墙及窗子。二层前面出廊，金柱间装木槅扇门及槅扇墙。

倒座建于高0.4米的台明上，坐南向北。台明长20.5米、宽6.4米，青石包砌，阶条石以下为陡板石。房屋面阔五间（19.9米），进深两间（7.5米）。单檐七檩六步

架前出廊结构，屋面为干槎瓦屋面，施扁担脊，无正吻。后檐墙、山墙夯土板筑，下碱块石砌筑，高0.5米。室内三架梁上施脊瓜柱、随檩枋，檩子上为椽子。正面明间和次间均装六抹槅扇门，槅心为高浮雕图案，已被铲除，棂条图案有灯笼锦、套方等。谈家院一直由谈家子孙世代居住。

2007年，谈家院被公布为康县县级文物保护单位。现由康县博物馆和住户共同管理，竖立有文物保护标志碑，保存有历次维修工程资料。

杨店民居建筑群

位于两当县杨店镇杨店村。明清时期，杨店镇是陇南"茶马古道"重要通道，现存民居建筑多修建于此时。民国时期多次增修扩建。

现存建筑主要分布于一条南北走向的主街上，街道南北长285米，东西宽20米，总占地面积4.2万平方米，现存较完整的民居建筑有35院、123间，总建筑面积2641平方米，还有"永顺店""太和堂""余圣宫""堆金所""骆宾王家""万全老店"等老字号建筑。

现存建筑以四合院、三合院为主，院落式布局、建筑形制统一，多为临街修建铺面，前院为一狭长的天井，由左右厢房、正房组成，前、后院间置中门；后院内主体建筑为正房、左右厢房，开边门，

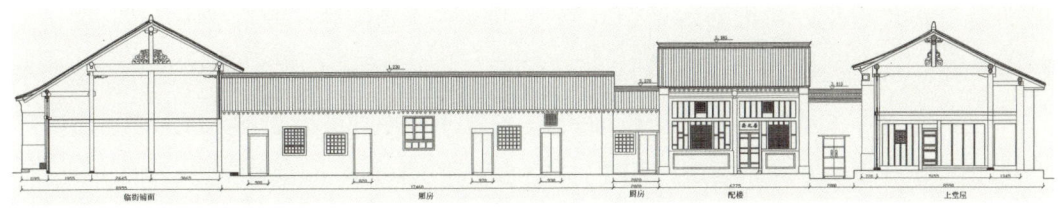

杨店镇78号院落纵剖形制图

杨店民居建筑形制

杨店民居堂屋建筑形制

边门外有左、右跨院。上房（堂屋）均土木结构二层楼阁式，第一层为铺面或居住之用，第二层为堆放货物或粮食之处，施通柱，四架梁前后出廊结构，部分房屋仅前出廊，后檐比前檐长，室内三架梁上多用脊柱、角背，个别还用叉手。墙体砌筑方式非常统一，山墙用卵石、土坯砌筑，或夯土墙外包砖，墀头饰砖雕图案。堂屋一层明间装木槅扇门，次间为槛墙、槛窗，槛墙多以土坯砌墙心，外表包砖；二层明间装菱形格心走马板，次间装木雕六抹槅扇门。屋面前檐有飞椽，后檐无飞椽，正脊两端饰鱼尾。所有房屋均有砖、木雕饰图案，题材多为梅、兰、竹、菊、牡丹、石榴及暗八仙等。

2003年，杨店民居被两当县人民政府公布为县级文物保护单位，名为"古建一条街"。现由两当县博物馆和杨店镇人民政府共同管理，竖立有文物保护标志碑。2006年，杨店镇被公布为甘肃省省级历史文化名镇。

苏氏民居

位于靖远县兴隆乡大庙村。属甘肃省第三次全国文物普查新发现文物点。始建于明代，清代、民国时期重修，近年又进行修缮。坐南朝北，占地面积约400平方米。由大门、北主房、两侧耳房、东西配房和南房组成四合院。大门面阔2.4米，进深2.3米，高约4米，砖木单檐硬山顶两面坡前出廊结构，开双扇木板门，屋面覆盖灰筒板瓦，勾头滴水俱全。门两侧砖墙上分别嵌有"渔、樵、耕、读"六块砖雕图。耳房及配房为单檐单面坡形式；主房平面呈方形，面阔三间（7.7米），进深两架椽（7.7米），土木结构单檐硬山顶单面坡前出廊形制，明间金柱间装木板门，次间为槛墙、棂格槛窗，屋面覆盖灰筒板瓦。

马跑泉胡氏民居

位于天水市麦积区马跑泉镇胡王村。始建于清末，四合院式布局，坐南朝北，一进二院，占地面积 700 平方米，建筑面积 412.9 平方米。院落前后高差 0.8 米。前院有大门、垂花门、绣楼、倒座，后院有正厅房、东西厢房等。

大门位于院东侧，与绣楼北山墙相接，面阔一间（2.4 米），单檐硬山顶，水泥踏步 4 级，门楣上墨书"耕读第"三字。门板已佚。

天井院内有一垂花门，通面阔 1.56 米，三檩单檐悬山顶。檐下有坐斗承檐檩，挑梁枋下悬莲柱，额枋刻牡丹花卉图。

倒座面阔三间，进深一间，砖土木结构单檐双面坡硬山顶无廊形制，面阔三间，进深两间。正面明间装 4 扇木槅扇门，两次间为槛墙、槛窗。其他三面围护墙土坯砌筑，下碱毛石砌筑，高 0.4 米。屋面覆盖灰筒板瓦，正脊、垂脊均为青砖垒砌，正脊两端置吻兽。

正厅房建于高 0.9 米的台基上，正面设垂带踏步，面阔三间，进深二间。东西两侧建耳房，砖土木结构单檐双面坡硬山顶前出廊结构，前檐柱与金柱间以穿插枋、抱头梁相连。梁上置檩子，檩子下施檩枋。室内五架梁下施随梁、脊瓜柱、木雕麒麟和驼峰。前檐柱平板枋上施斗栱，一斗二升交麻叶形式，柱头、平身科各 1 攒，栱垫板镂雕"文王访贤""张良拜师"等题材及各类花卉。今人将原金柱间的门窗移到廊柱间。明间装六抹槅扇门，两次间各为槛墙、槛窗，其他三面墙体为土坯砌筑。下碱为 9 层青砖，墙面

马跑泉胡氏民居正房

马跑泉胡氏民居厢房

马跑泉胡氏民居绣楼

丁氏民居

敷抹草泥，白灰罩面。屋面覆盖灰筒板瓦，正脊、垂脊均青砖和瓦条垒砌，无吻兽。西耳房被改建为砖混办公用房。东耳房为单檐单面坡硬山顶。

东、西厢房对称布局，建筑形制一致，均面阔三间，进深二间。砖土木结构，单檐单面坡前出廊硬山顶。金柱明间为六抹槅扇门，两次间各为槛墙、槛窗，其他三面墙体为土坯砌筑。下碱为5层青砖，墙面敷抹草泥，白灰罩面。屋面覆盖灰筒板瓦，正脊、垂脊均青砖和瓦条垒砌，正脊两端饰吻兽。室内均建有二层小木阁楼。

绣楼面阔三间，进深二间，系砖土木结构单檐双面坡硬山顶前檐出廊二层楼阁，檐柱、金柱下置青石柱础。室内四檩梁架，廊柱与金柱间以穿插枋拉结，檩子下施随檩枋，五架梁上置脊瓜柱。一层明间开4扇六抹槅扇门，两次间各为槛墙、槛窗，在北侧次间处装木楼梯通向

二楼。第二层单檐廊柱间装木扶手栏杆，廊内铺设木地板。其他三面墙体均土坯砌筑，毛石砌筑基础，高0.9米，下碱3层青砖砌筑，墙面内外草泥敷抹。一层后檐墙开两窗，二层开一窗。

胡氏民居自1965年至今一直由马跑泉镇胡王村村委会管理和使用。现由天水市麦积区文化广播影视局管理。

丁氏民居

位于秦安县兴国镇大城社区人民街庙儿巷2号。属甘肃省第三次全国文物普查新发现文物点。建于清光绪年间，四合院布局，坐东朝西，占地面积389平

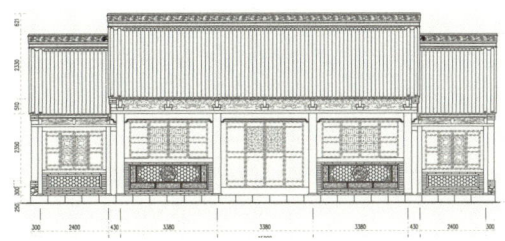

丁氏民居堂屋正立面图

方米。现存堂屋、倒座及东、西厢房等。堂屋为单檐单坡硬山顶结构，面阔三间，进深二间，平面布局呈虎抱头式，正面明间前出廊一间，金柱间装六抹槅扇门，两次间为槛墙、槛窗，屋面覆盖灰筒板瓦，正脊垂脊用青砖瓦条垒砌。东面倒座建筑形制、结构同堂屋。南、北两面为厢房，对称布局，建筑形制一样，均面阔三间，进深一间，单檐单面坡布瓦顶。

青城镇古民居建筑群

青城镇位于兰州市榆中县北部崇兰山下，滨临黄河，水陆交通发达，以盛产绿烟（兰州水烟）闻名。2006 年，甘肃省建设厅、甘肃省文物局等部门联合公布青城镇等 11 个村镇为甘肃省省级历史文化名镇。青城镇保留很多传统文化遗产，如民间小曲《西厢调》，形成于北宋时期，清光绪年间，地方艺人创编《西厢调》小曲，有 24 种曲调，27 折剧本。

清代以来，青城烟商们走南闯北，将中原和京畿地区的宅第建筑风格带到青城，青城镇古民居建筑风格呈现多样化态势。民国时期青城文人杨楫舟说："吾邑介在皋榆，山川之灵秀，姓族之繁衍，习尚之敦朴，人材之辈出，艺术之精研，物产之丰富，地虽弹丸，名齐县邑。"镇区现存明、清至民国时期的四合院建筑 40 多座、祠堂 1 座，其中明代建筑 1 处，清代建筑 33 处，民国建筑 15 处。青城镇传统民居建筑属于兰州建筑艺术体系，又

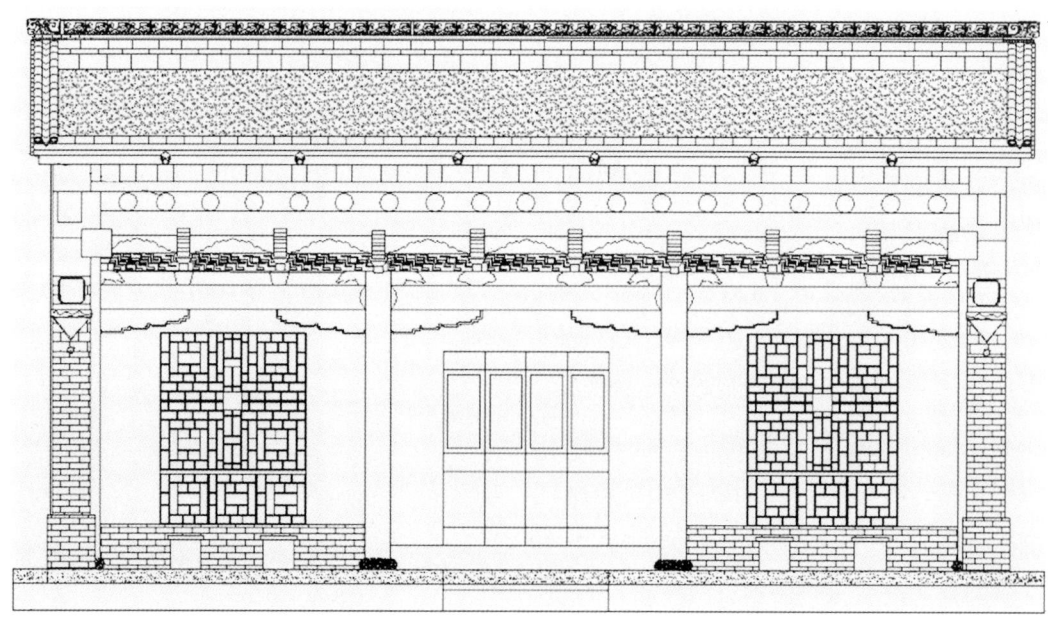

青城镇古民居 1 号院堂屋立面图

青城镇古民居 374 号院西堂屋

青城镇东滩戏楼

青城镇古民居 396 号院大门

青城镇古民居 8 号院砖雕影壁《教五子》

广泛吸收全国各地民居建筑风格，与山西民居大院、北京四合院基本一致，有四合院、三合院、"带子上朝"（一间大堂屋旁连续有数间小房屋的布局形式）。房屋形制有"三堂五厦"（即堂屋面阔三间，厦房面阔五间，也称"明三暗五"）、"五堂七厦"（即堂屋面阔五间，厦房面阔七间）等，按轴线对称布局。建筑以砖、土、木、石为主，是典型的乡土建筑。由于青城镇降雨不多，屋顶多为单面坡平顶形式，屋面上可晾晒粮食。

青城镇古民居建筑非常讲究砖雕、木雕和照壁营造艺术，建筑装饰内容丰富。从大门到照壁，从堂屋到厦房，从墙肘到屋檐，从门扇到窗户，都有精美的砖雕作品及木雕图案。图案大多通过象形、会意、谐音等手法构成艺术语言，来托物寄情。福禄寿喜、琴棋书画、盛开的牡丹，飞舞的凤凰等皆为常见题材，其中砖雕"教五子""渔樵耕读"等都是精品。

东滩乡保存有一座修建于清乾隆十六年（1751年）的戏楼，台口下设回音壁，台口对面利用二龙山崖壁产生回音，是天然扩音器。另有建于乾隆五十年（1785年）的高家祠堂以及青城书院、城隍庙等。

苏惠宅院

位于天水市秦州区务农巷59号。属甘肃省第三次全国文物普查新发现文物点。明代修建，清代、民国时期多次维修扩建。

宅院为院落式布局，坐北朝南，占地面积600平方米，建筑面积450平方米。相传为魏晋时期女诗人苏惠的宅院。现存正厅房、倒座、东西厢房等。正厅房面阔五间（14.5米），进深两间（5.6米），单檐单面坡硬山顶前出廊结构，平面布局为虎抱头式，廊柱上部饰透雕骑马雀替，额枋上置坐斗，拱垫板为透雕卷草纹、吉祥图案；明间金柱间装木槅扇门，次间为槛墙、槛窗；屋面覆盖灰板瓦。南倒座面阔三间，进深两间，单檐单面坡硬山顶前出廊结构，金柱间装槅扇门，屋面覆盖灰板瓦。东、西厢房对称布局，建筑形制一样，均面阔三间，进深一间，单檐单面坡硬山顶，屋面覆盖灰板瓦。院门口原有一块青色大石，名曰"支机石"，传为苏惠织锦时支纺机的石头。

孙家宅院

位于天水市秦州区孙家大园12号。明代修建，清代、民国时期多次维修扩建。属甘肃省第三次全国文物普查新发现文物点。现存建筑为四合院布局，坐北朝南，占地面积325平方米，建筑面积200平方米。主体建筑为正厅房，系二层木构楼阁，单檐双面坡悬山顶前出廊结构，面阔三间（通长11米），进深三间（7.8米）。前檐柱为通柱，柱下有石雕柱础，檐柱与金柱间置双步梁。第一层檐柱上部饰木雕雀替，明间金柱间装木槅扇门，两次间为槛墙、槛窗。第二层前廊额枋上置坐斗，拱垫板为透雕卷云纹、花草纹图案，额枋下饰透雕雀替，檐柱下部装木雕勾栏；金柱间通装木槅扇门；室内及前廊内均铺木地板。

萧家院

位于天水市秦州区三星巷中段。属甘肃省第三次全国文物普查新发现文物点。始建于清代，民国时期维修扩建。

宅院为院落式布局，坐北朝南，占地面积823平方米，建筑面积710平方米。该宅院与三星巷39号院原为一个院落，现被分隔开。前院大门位于院落东南角，门内有天井院，天井院内四周有四座砖雕影壁。由垂花门进入中院内，正厅房坐北朝南，面阔五间（14.2米），进深二间（6.4米），单檐单面坡悬山顶前出廊结构，属三厅两厢布局形式（中间三间为正厅堂，两侧为耳房）。前檐柱与金柱间施抱头梁连接，额枋上置坐斗，斗口内抱头梁头雕麻叶纹，栱垫板雕饰荷花、寿字等。廊柱上部饰透雕木雀替。明间金柱间装木槅扇门，两次间为槛墙、槛窗。两侧耳房不出廊，正面开门。墙体均土坯砌筑，下碱5层青砖，墙面内外草泥敷抹，白灰罩面。屋面覆盖灰筒板瓦，正厅房与耳房的屋面在同一平面上，但正脊、垂脊分开垒砌，正脊用脊筒子垒砌，两端置脊兽，垂脊用青砖瓦条垒砌，无垂兽。院内东、西两侧还分别建单檐单坡硬山顶厢房五间。后院内主要建筑为家庙，单檐单面坡硬山顶前出廊形制，面阔三间，进深二间，前廊柱上置斗栱，栱垫板木雕各种吉祥图案，屋面覆盖灰筒板瓦。

李铭汉故居

位于武威市凉州区南大街民主路45号。清代建筑。砖木结构四合院布局，坐南向北，占地8000平方米。分前后两院，前院为住宅区，由大门、倒座、堂屋、厢房等组成。大门为砖砌悬山顶结构。堂屋面阔五间（15.4米），进深二间（3米），高6.8米，前后出檐廊。后院为祠堂，面阔五间（14米），进深二间（6米），单檐双面坡悬山顶前出廊形制。

1987年，李铭汉故居被公布为武威市县级文物保护单位（武政发〔1987〕129号），现由凉州区博物馆负责管理，竖立有文物保护标志碑，保存有文物档案资料。

牛鉴故居

位于武威市凉州区高坝镇同益村。清代修建。是一座堡寨式庄园，俗称"牛家花园"，因宅旁有24棵柏树，有"二十四柏之轩"之称。坐西向东，南北长50米，东西宽40米。围墙夯土板筑，夯层厚0.16~0.21米，残高3~8米，基宽4米，墙顶可行车马，四角有角楼。院内原建筑多数已被拆除，现仅存过厅、厢房等。砖木结构单檐双面坡悬山顶前出廊，面阔三间（12米），进深一间（4米）；南、北厢房面阔三间，进深一间。大门已改建，残存门槛。后院上书房内悬挂道光皇帝御书匾额一块。

1987年，牛鉴故居被公布为武威市县级文物保护单位（武政发〔1987〕129号），现由凉州区博物馆负责管理，竖立有文物保护标志碑，保存有文物档案资料。

贾坛故居

位于凉州区城关镇北关街中心巷34号。俗称"贾府"。建于清末,1929年重修。

贾坛故居堂屋

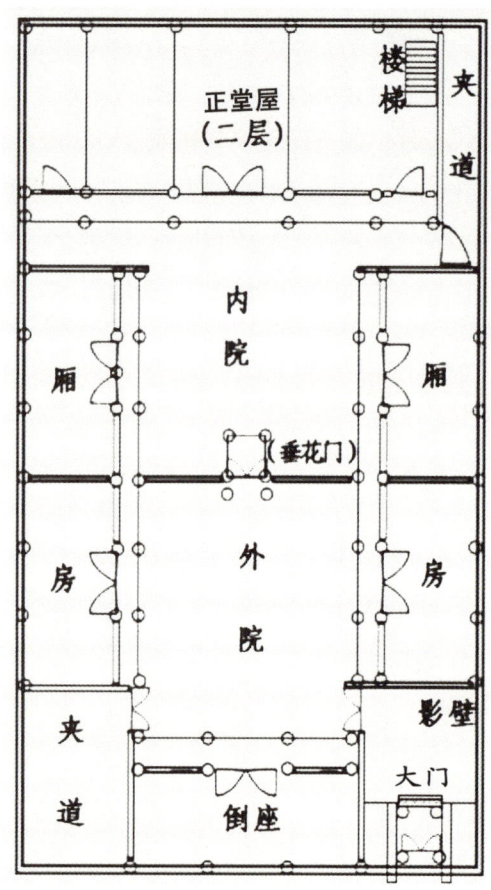
贾坛故居平面图

两进四合院布局,坐北向南,建筑面积688平方米。大门面阔一间,门额嵌"望重长沙"砖匾。前院由倒座和东、西厢房组成。倒座面阔三间,进深一间,单檐双面坡硬山顶前出廊结构;东、西厢房面阔三间(12米),进深一间(3.6米),高5米,单檐单面坡硬山顶前出廊结构。后院由二门、东西厢房和上堂屋构成,上堂屋为土木结构二层单檐悬山顶前出廊式楼,面阔五间(13米),进深二间(6米),高7米。第一层前廊柱上饰透雕雀替,明间、次间金柱间装木槅扇门,梢间为砖砌槛墙、木棂条槛窗。第二层前檐廊柱间装木护栏,明间、次间金柱间装木槅扇门,梢间为砖砌槛墙、木棂条槛窗;屋面覆盖灰筒板瓦,正脊、垂脊用雕花脊筒子砌筑。东、西厢房和前院的东西厢房并列,大小结构一致。东北角和西北角各附一座小院。

1987年,贾坛故居被公布为武威市县级文物保护单位(武政发〔1987〕129号)。2001年,甘肃省文物局拨款70余万元对贾坛故居实施易地保护维修工程。现由凉州区博物馆负责管理,竖立有文物保护标志碑,保存有完整的文物档案资料。

仁和四合院

位于靖远县双龙乡仁和村发裕堡内。又名"张雄故居"。2006年,仁和村被公

仁和四合院大门　　　　　　　　　　　仁和四合院砖雕影壁

布为甘肃省省级历史文化名村。仁和村以发裕堡庄院为中心，形成宗族组织。张雄故居是堡寨式地主庄院，始建于清咸丰年间，民国时期多次改、扩建，房屋均修筑在发裕堡内。堡子又名"积德堂"，坐西向东，占地面积1000多平方米。堡墙系黄土夯筑，堡内房屋均砖木结构硬山顶，现存房屋40多间。大门砖木结构，面阔二间（2.8米），进深1米，高4.2米，单檐双面坡硬山顶，门内有砖雕影壁一座。东堂屋面阔三间（9米），进深3.8米，高5.6米，单檐单面坡硬山顶。西倒座面阔三间（9.3米），进深8.3米，高5.8米，单檐单面坡前出卷棚廊。南、北两面厢房对称布局，建筑形制一样，均为单檐单面坡硬山顶，面阔六间（13.5米），进深5.1米，高5.2米。堡内西北角有木结构二层

绣楼一座，面阔三间（11米），进深5.5米，高6.8米，单檐双面坡卷棚顶。

　　1988年，仁和四合院被公布为靖远县县级文物保护单位（靖政发〔1988〕187号）。现由靖远县博物馆和住户共同管理，竖立有文物保护标志碑，保存有文物档案资料。

王什寨民居

　　位于民乐县新天乡王什寨村内。民国时期建。砖木结构四合院布局，坐西向东。原建筑规模很大，有大门、天井、倒座、书房、堂屋、伙房和后楼等。20世纪60年代以来，部分建筑被拆除。现存堂屋面阔三间，进深二间，单檐硬山顶前出廊结构，出廊深远。檐下金柱间通装木雕槅扇门，无槛窗及槛墙；檐柱间装花牙子装饰。南、北厦房各面阔三间，进深二间，单檐硬山顶前出廊结构。倒座

面阔三间,进深二间,单檐硬山顶前出廊结构。书房10间,单檐硬山顶无廊结构。绣楼已毁,仅存遗迹。前院天井内四周设木构廊。大门青砖砌筑。

1990年,王什寨民居被公布为民乐县县级文物保护单位(民政发〔1990〕068号),现由民乐县文物管理所负责管理,保存有完整的文物档案资料。

王什寨民居堂屋

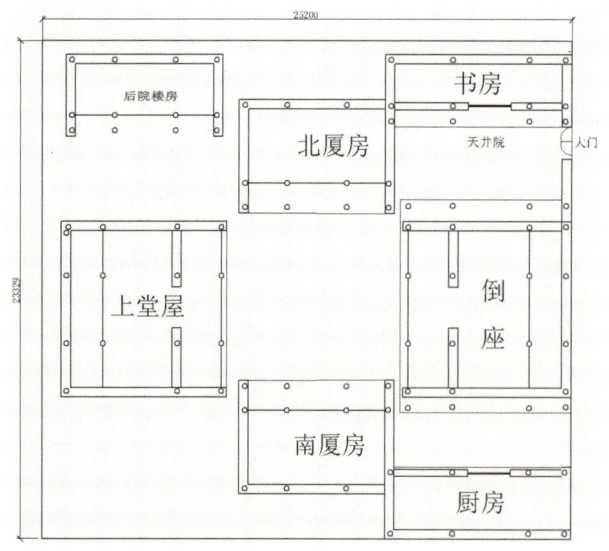

王什寨民居总平面

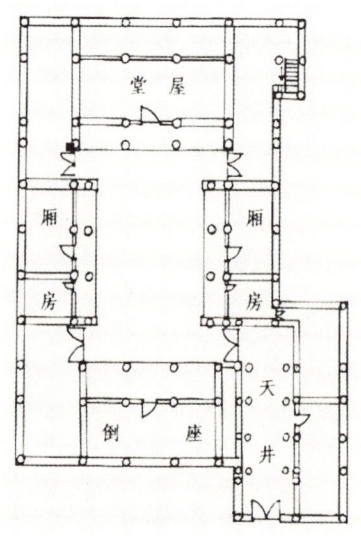

陆氏民居平面图

陆氏民居

位于武威市凉州区北关街东巷子 63 号。民国时期修建。为民国时期武威士绅陆左汉故居。

四合院式布局，坐北向南，建筑面积 342 平方米，现存门楼、倒座、东西厢房、堂屋及陪楼等建筑，均土木结构。堂屋系单檐双面坡硬山顶二层楼式，面阔三间（12 米），进深一间（4.5 米），高 8 米，前檐金柱间木雕门窗做工精细。东、西厢房各面阔三间，每间宽 3.6 米，进深一间（4 米），高 5 米。倒座面阔三间（10.8 米），进深一间（4 米），高 4 米。2002 年以来，随着武威市城市建设的发展，该民居院遭严重破坏。

秦氏民居院落

秦氏民居

位于武威市凉州区金羊乡海藏村北。民国时期修建。占地 7680 平方米，坐北朝南，庄寨院式布局，院落围墙夯土板筑，前后均设防御墩台。院内建筑按传统合院式布局，现存建筑有堂屋、门楼、倒座、过厅等，皆土木结构。堂屋为单檐双面坡硬山顶二层楼，面阔五间（17.4 米），

秦氏民居外貌

进深一间（4.6 米），高 12 米，九檩歇山顶前后出廊，明间施斗栱 4 攒，次间 3 攒。东、西厢房各面阔五间，每间面宽 3.6 米，

进深 4.6 米。倒座面阔五间，每间面宽 3.5 米，进深 4.7 米。

甘肃省志 文物志

主要参考文献

一、志书类

1. 作者康熙四十一年《岷州志》卷三。

2. 清·许容等监修，李迪等编纂：《甘肃通志》，文渊阁四库全书，台湾商务印书馆。

3. 清·叶恩沛修，吕震南纂，曾礼、樊执敬校点：《阶州直隶州续志》，兰州大学出版社，1987 年。

4. 《钦定大清会典事例》卷三四一《礼部·贡举》。

5. 清·乾隆六年黄泳修、汪于雍纂：《成县新志》，台湾成文出版社有限公司，1970 年。

6. 乾隆《伏羌县志》卷三。

7. 清嘉庆十四年张伯魁撰修：《徽县志》，成文出版社有限公司，1976 年影印。

8. 光绪《秦州直隶州新志》。

9. 《甘肃全省新通志》卷三四《学校志·试院》，《中国西北文献丛书》（24）。

10. 清·吴广成：《西夏书事·史料续编》卷三十一，台北广文书局，1968 年。

11. 《重修肃州新志》，酒泉市博物馆 1984 年翻印。

12. 康县志编纂委员会编：《康县志》，甘肃人民出版社，1989 年。

13. 甘肃省志编纂委员会编：《甘肃省志》，甘肃人民出版社，1992 年。

14. 环县志编纂委员会：《环县志》，甘肃人民出版社，1993 年。

15. 静宁县县志编纂委员会编：《静宁县志》，甘肃人民出版社，1993 年。

16. 《酒泉文史资料·人文地理专辑》第七辑，内部资料，1994 年。

17. 宕昌县县志编纂委员会编：《宕昌县志》，甘肃文化出版社，1995 年。

18. 张掖市志编修委员会：《张掖市志》，甘肃人民出版社，1995 年。

19. 清·杨春茂著，张志纯等校点：《重刊甘镇志》，甘肃文化出版社，1996 年。

20. 民国·白册侯纂、余炳元续纂，张掖市市志办公室校点整理：《新修张掖县志》，甘肃人民出版社，1997 年。

21. 酒泉市志编纂委员会编：《酒泉市志》，兰州大学出版社，1998 年。

22. 礼县志编纂委员会编：《礼县志》，陕西人民出版社，1999 年。

23. 兰州市城关区地方志编纂委员会编：《兰州市城关区志》，甘肃人民出版社，2000 年。

24. 天水市秦州区地方志编委会编：《秦州区志》，甘肃文化出版社，2001 年。

25. 赵昌荣：《玉泉观志》，甘肃文化出版社，2002 年。

26. 甘肃省徽县志编纂委员会编：《徽县志》，陕西人民出版社，2003 年。

27. 兰州市地方志编纂委员会、兰州市文物志编纂委员会编：《兰州市志·文物志》，兰州大学出版社，2006 年。

28. 清·钟赓起著，张志纯等校注：《甘州府志校注》，

甘肃文化出版社，2007年。

29. 民国二十八年庄以绥修、贾缵绪纂：《天水县志》，凤凰出版社，2008年。

二、古代文献类

1. 《明史·卷二百二十五·列传第一百一十三·赵邦清》。

2. 《明史·卷一百七十四·鲁鉴传》。

3. 清·智观巴·贡却乎丹巴绕吉著，吴均等译：《安多政教史》（汉文版），甘肃民族出版社，1989年。

4. 清·阿莽班智达著，玛钦·诺悟更志、道周译注：《拉卜楞寺志》，甘肃人民出版社，1997年。

5. 《清史稿·卷六百一十七·土司列传六》。

6. 刘尔炘：《兰州五泉山修建记》，和通印刷馆排印，1924年。

三、今人著述类

1. 武威地区文教局、武威地区文化馆编：《武威地区文物概况》（内部资料），1979年。

2. 庆阳地区博物馆编：《庆阳地区文物概况》内部刊物，1979年。

3. 平凉地区博物馆编：《平凉文物》内部资料，1982年。

4. 罗发西、苗滋庶、曲又新、李耕：《拉卜楞寺概况》，政协甘南藏族自治州委员会文史资料研究委员会编：《甘南文史资料选辑》（第一辑），1982年。

5. 杨万华主编《武都区文物概况》，内部资料，1982年。

6. 朱刚：《西道堂大事记》，《青海民族学院学报》（社会科学版）1982年第4期。

7. 张维：《甘肃青海土司志》，《甘肃民族研究》1983年第2、3期。

8. 天水县文物志编写委员会编：《天水县文物志》，内部资料，1984年。

9. 天水地区博物馆编：《天水名胜》，1984年。

10. 天水市文化局：《天水县志》内部资料，1984年。

11. 罗哲文：《中国古塔》，中国青年出版社，1985年。

12. 甘肃文史资料选辑委员会编：《甘肃文史资料选辑》

第23册，甘肃人民出版社，1985年。

13. 敦煌文物研究所编：《敦煌莫高窟窟前殿堂遗址》，文物出版社，1985年。

14. 窦建孝：《玉泉观》，甘肃人民出版社，1986年。

15. 李振翼：《甘南简史》，《甘南文史资料》（第5辑），1986年。

16. 中国人民政治协商会议甘南藏族自治州委员会文史资料和学习宣传委员会编：《甘南文史资料》（第五辑），1986年。

17. 兰州市政协文史资料委员会编：《兰州文史资料选辑》第6辑，1987年。

18. 阎文儒：《河西考古杂记（上）》，《社会科学战线》1987年第1期。

19. 甘南藏族自治州概况编写组编：《甘南藏族自治州概况》，甘肃民族出版社，1987年。

20. 刘宝厚编：《五泉山与五泉山人》，甘肃人民出版社，1988年。

21. 顾颉刚、王树民：《甘肃见闻记》，甘肃人民出版社，1988年。

22. 甘肃省岷县志撰委员会办公室编：《岷州志校注》，甘肃人民出版社，1988年。

23. 萧默：《敦煌建筑研究》，文物出版社，1989年。

24. 甘肃省文物考古研究所、拉卜楞寺文物管理委员会编：《拉卜楞寺》，文物出版社，1989年。

25. 黄正清口述，师纶记录整理：《黄正清与五世嘉木样》，甘肃人民出版社，1989年。

26. 胡国庆主编：《甘肃宗教》，甘肃人民出版社，1989年。

27. 马德卿、王德清、家玉琴：《马步青在武威和临夏》，《临夏文史资料选辑》第三辑（内部发行），1987年。

28. 《甘南藏传佛教寺院概况》（上），中国人民政治协商会议甘南藏族自治州委员会文史资料委员会编《甘南文史资料》（第九辑），甘南报社印刷厂，1991年。

29. 西北师范大学古籍整理研究所编：《甘肃古迹名

第六章 古建筑

773

胜辞典》，甘肃教育出版社，1992年。

30. 政协甘肃省高台县委员会编：《高台文史资料》（第二辑），1993年。

31. 扎扎：《清末拉卜楞及其周邻地区大事记》，《西北民族学院学报》（哲学社会科学版），1994年第1期。

32. 宿白：《永登连城鲁土司衙和妙因、显教两寺调查记》，《考古学研究》（2），北京大学出版社，1994年。

33. 索代：《拉卜楞寺佛教文化》，甘肃文化出版社，1995年。

34. 〔英〕奥雷尔·斯坦因著，巫新华、刘文锁等译：《西域考古图记》，广西师范大学出版社，1998年。

35. 甘肃省武威市志编纂委员会编：《武威市志》，兰州大学出版社，1998年。

36. 董彦文主编：《甘肃文物》，甘肃文化出版社，1998年。

37. 李焰平等主编：《甘肃窟寺塔庙》，甘肃教育出版社，1999年。

38. 王淑芳、王继光：《蒙古族鲁土司家族史料系年》，《西北民族学院学报》1999年第1期。

39. 马通：《中国伊斯兰教派与门宦制度史略》，宁夏人民出版社，2000年。

40. 吴钰：《天水回族史略》，甘肃人民出版社，2000年。

41. 政协甘肃省古浪县委员会编：《古浪名胜古迹选编》，古浪县文华印刷厂，2000年。

42. 永登县委党史办公室、地方史志办公室编：《古镇连城》，2000年。

43. 丹曲：《拉卜楞寺佛塔艺术》，《西藏艺术研究》2000年第2期。

44. 天水市地方志办公室编：《伏羲庙》（内部刊物），2001。

45. 郝毅、张小莹：《拉卜楞寺文化与艺术》，甘肃文化出版社，2001年。

46. 党寿山：《武威文物考述》，武威市光明印刷物资有限公司，2001年。

47. 张宝玺：《兰州庄严寺及其塑写画三绝之考释》，《敦煌研究》2002年第5期。

48. 何高济译：《海屯行纪，鄂多立克东游录，沙哈鲁遣使中国记》，中华书局，2002年。

49. 黎大祥：《武威文物研究文集》，甘肃文化出版社，2002年。

50. 天水市地方志办公室编：《天水民居》，甘肃文化出版社，2002年。

51. 天水市历史文化名城保护委员会编：《中国历史文化名城——天水》，甘肃人民出版社，2002年。

52. 双塔寺考古发掘队、庆阳市博物馆编：《庆阳古寺名山（上）·双塔寺》，甘肃文化出版社，2003年。

53. 吴正科：《大佛寺史探》，甘肃人民出版社，2004年。

54. 唐晓军：《甘肃考古文化丛书——古代建筑》，敦煌文艺出版社，2004年。

55. 赵世英：《兰州府文庙话沧桑》，《兰州文史资料选辑》第二十三辑，兰州大学出版社，2004年。

56. 马啸：《左宗棠在甘肃》，甘肃人民出版社，2005年。

57. 邓明：《兰州史话》，甘肃文化出版社，2005年。

58. 扎扎：《历世嘉木样家族考略》，《西藏民族学院学报》（哲学社会科学版）2006年第5期第27卷。

59. 张津梁主编：《兰州历史文化》，甘肃人民出版社，2007年。

60. 彭晓静：《甘肃岷县大崇教寺新发现契约文书研究》，兰州大学硕士学位论文，2009年。

61. 高智慧、武沐：《岷州卫建城碑文与岷县二郎山铜钟铭文考论》，《青海民族大学学报》（社会科学版）2011年第2期。

甘肃省志 文物志

第七章 石 刻

甘肃石刻历史悠久，起于春秋战国，兴于汉，盛于唐，历宋、元、明、清及民国和近现代，在研究古代宗教、史学、文学、书法、文字学、经济和社会生活、边防和军事、丧葬礼制和风俗、民族关系及中外文化交流等方面具有重要价值。许多古代石刻文物已亡佚，文字保存于史籍文献（地方志和专志等）中，也有仅存拓本者。

甘肃省境内石刻文物数量多，类型丰富，包括岩画、摩崖、碑记、墓志铭、经幢、石牌坊、佛道教石造像等。文字以汉语为主，但也有部分古代少数民族语言文字，如西夏文、回鹘文、八思巴文、藏文、婆罗谜文等，其中一些古民族文字已消亡。

1.岩画

甘肃岩画分布地域广阔，从靖远县吴家川到河西走廊西端肃北蒙古族自治县，大体成一条带状，主要有：肃北蒙古族自治县岩画、瓜州县边墙沟岩画、嘉峪关市黑山岩画、永昌县北山岩画、肃南裕固族自治县大河区榆木山岩画、玉门市石墩子梁岩画和鹿子沟岩画、武威市甘泉沟马蹄战岩画、靖远县吴家川岩画、景泰县岩画，另外在甘南藏族自治州玛曲县齐哈玛乡也有少量岩画。数量最多的是肃北蒙古族自治县境内岩画，计30多处，380多幅。这里还分布有新石器时代中、晚期及青铜时代马家窑、马厂、齐家、四坝、沙井等文化遗存。春秋战国时期，乌孙、月氏、塞种、匈奴、羌、鲜卑等民族均先后牧猎于此。时代最早者为马鬃山上的霍勒扎德格山岩画，属新石器时代晚期之前的作品。其他各地岩画年代大多属于春秋战国至秦汉时期，也有个别岩画较晚，如肃北蒙古族自治县大黑沟一组岩画有隋代"开皇三年（583年）"题跋。嘉峪关黑山岩画中还有明清时期藏传佛教内容，也有民国时期的题刻。甘肃岩画雕刻题材丰富，主要有野生动物、家畜飞禽、狩猎放牧、宗教仪式、氏族徽号、迁徙路标等，还有不少类似文字的符号，是研究人种学、民族学、宗教学、历史学和民间文学的第一手资料。甘肃岩画主要采用凿刻或磨刻、浮雕两种技法。

2. 摩崖

甘肃省境内现存摩崖石刻有两种：一是秦汉、魏晋时期为宣扬战争胜利、称颂威德、劈山开路、架设桥梁、兴修栈道等活动而刻写的摩崖文，多数位于边塞隘口、工程艰险处或断崖绝壁上，最典型的是成县"西狭颂摩崖石刻"。第二类是古代官员政客、文人墨客、道士游侠游历时留下的书迹题刻，多刻在高岸峡谷或名胜之处，或赞美一处名胜，或抒发某种情怀。

3. 碑记

碑是古代石刻的一种，数量最多，包括纪事、墓碑墓志、诗词歌赋等类型。古人凡举善良之事、祈求福田、追慕亡者、大兴土木、修塔建庙、游历所至、表彰政德、孝行贞洁等，均刻石记之。叶昌炽认为："立碑之例，厥有四端：一曰述德，一曰铭功，一曰纪事，一曰纂言。"（叶昌炽：《语石》卷三"立碑总例"，商务印书馆，1936年。）龚自珍认为："古代刻石之事有九：帝王有巡狩则纪，因颂功德，一也。有畋猎游幸则纪，因颂功德，二也。有大讨伐则纪，主于言劳，三也。有大宪令则纪，主于言禁，四也。有大约剂大诅则纪，主于言信，五也。所战、所守、所输粮、所瞭敌则纪，主于言要害，六也。决大川、浚大泽、筑大防则纪，主于形方，七也。大治城郭宫室则纪，主于考功，八也。遭经籍溃丧，学术歧出则刻石，主于考文，九也。九者，国之大政也，史之大支也。或纪于金，或纪于石。石在天地之间，寿非金匹也，其材巨形丰，其徙也难。则寿侔于金者有之，古人所以舍金而刻石也欤。"（龚自珍：《龚自珍全集》第四辑，上海人民出版社，1975年。）

4. 经典诗文石刻

甘肃境内尚未发现儒家经典刻石。佛教经典刻石主要为陀罗尼石经幢，道教经典刻石主要是《道德经》，也多采用经幢为载体。张维《陇右金石录》记载北朝至明代的佛、道教经幢10尊：南朝梁1尊（大同造相石幢）；隋代2尊（金刚经石幢、梵文经幢）；唐代2尊（乾封元年陀罗尼经石幢、元和十三年尊胜陀罗尼经石幢）；五代1尊（后晋天福四年陀罗尼经残石）；宋代3尊（开宝二年陀

甘肃省志 文物志

罗尼经石幢、景祐四年道德经石幢、崆峒山建中靖国元年道教经幢）；明代1尊（天顺八年普照寺石幢）。多数石经幢在"破四旧"及"文化大革命"期间被毁，也有因自然原因而损毁者。2000年以来，随着甘肃文物考古工作的开展，又有一些经幢被发现。石经幢多为宋、元时期刻立，以刻写佛教《佛顶尊胜陀罗尼经》《六字真言》及道教《道德经》为主。

诗文石刻主要用于刻写古代名家诗词歌赋，且多刻写于元、明、清及民国时期，随意而作，名山大川，山巅水涯，随处都是。陇南地区有明代崖壁上墨书诗文者，甚为少见。天水麦积山石窟、成县杜甫草堂内集中保存有古代诗文碑刻。现当代也有刻写者，如兰州碑林、天水市南郭寺"二妙轩诗碑"长廊等。图画石刻较少，以地图或造型艺术为主，图面上也刻写一些文字。

5. 佛、道教石造像

甘肃佛教石刻造像主要保存于石窟寺及佛教寺院中，单体佛教石刻造像数量很多，现大多收藏于各地博物馆内。目前保存的佛、道教石刻造像大多为佛教造像，道教造像较少。佛教石刻造像最早者为十六国时期作品，代表作品为酒泉、敦煌、武威等地发现的北凉石造像塔，北魏时期最多。北朝佛教造像主要集中分布于庆阳、平凉、天水地区，其中有些

为窖藏出土，如宁县普照寺附近窖藏出土石刻造像80多件。唐代以后，石刻造像数量骤减。陇东各地宋、金时期的石刻造像留存较多。

由于自然风化、水火雷震之厄、兵燹之灾、人为毁损等因素，甘肃各地留存下来的石刻逐年减少。地震、水灾火患是毁坏石刻文物的主要自然因素。如民国时期，古浪县发生大地震，毁坏碑刻14件；武都县爆发大洪水，将武都清真寺内的碑刻悉数淹没、毁坏。酒泉市古代石刻文物非常丰富，1933年，邑人将众多碑刻集中置于中山公园内；1936年，公园起火，全部碑刻毁失殆尽。人为损毁石刻文物的因素较为复杂。天水伏羲庙原来碑刻林立，后期毁坏者甚多。如清乾隆四年（1739年）杨应琚《据鞍录》记载，当时伏羲庙"碑碣屡经兵燹，秦人亦不知珍重，惜无元代以上者"。岷县境内留存有明代《文徵明草书诗碑》；清同治三年（1864年），道署毁于兵燹，石刻受损；1949年后，曾被某学校砌为厕所墙；"文化大革命"期间，其中一碑之一角被砸毁，作为砧石。20世纪20年代，发现了卓尼县唐天宝八年（749年）《石堡战楼颂》碑，碑文用骈体文刻写，但常年弃置、暴露在荒野，受风雨剥蚀，后被美国人盗运至美国纽约博物馆。20世纪50年代，崇信县有宋、元、明代石刻、石柱上百件，

在 60 年代兴修水利时，人们将这些石柱、碑刻全部用于水利建设。叶昌炽《语石》卷九将古代石刻文物亡佚的原因总结为七厄，认为"有此七厄，其幸存天壤者，皆硕果也"。2007 年，甘肃省第三次全国文物普查重新登记原有及新发现的石窟寺及石刻总计 760 处（包括石窟寺 204 处、石刻 556 处），占甘肃全省已有野外不可移动文物点总数的 4.3%。

对甘肃古代石刻的载录始于宋代，欧阳修《集古录》、郑樵《通志·金石略》、王象之《舆地碑记目》载录部分石刻。明代于奕正《天下金石志》载 25 碑，部分县志将碑刻当作"艺文"予以载录，如刘世纶修、白我心纂《重修通渭县志》，明代吴祯撰、清康熙四十六年修《河州志》，（佚名）《甘镇志》，明代胡缵宗纂《秦安县志》等。清代学者对甘肃石刻载录数量猛增，如王昶《金石萃编》、徐松《西域水道记》、叶昌炽《语石》等。也有甘肃学者载录本区古代石刻者，如张澍《凉州府志备考》、邢澍《寰宇访碑录》。同时，各地方县志继续将碑刻列入"艺文"中予以载录。民国时期，载录、研究甘肃古代石刻的成果更多，如张维《陇右金石录》《陇右金石录补》，杨思、慕寿祺修《甘肃金石志》、熊杨景《庆阳金石记》、张思温《积石录》、罗振玉《西陲石刻录》、陈万里《西行日记》等。夏鼐、阎文儒

对武威青嘴喇嘛湾吐谷浑慕容氏王室墓志进行专题研究等。

依据 2010 年的统计资料，并结合多年来开展的各项考古调查、专题研究成果，甘肃古代石刻见于文献和留存实物者大体如下：

（1）摩崖岩画 38 处，有 380 多幅。

（2）先秦至清代的石刻 2550 件，计：夏禹时期 1 件；秦代 2 件；汉代 14 件；十六国时期 10 件；晋代 2 件；北魏 23 件；北周 15 件；南朝梁 2 件；隋代 21 件；唐代 133 件；五代 4 件；宋代 194 件；西夏 4 件；金代 25 件；元代 119 件；明代 938 件；清代 1043 件。

若按照地域统计，则各地的石刻数目为：陇南地区 412 件；酒泉市 91 件；张掖市 173 件；武威市 204 件；金昌市 25 件；天水市 180 件；平凉市 179 件；临夏市 139 件；甘南藏族自治州 50 件；定西市 238 件；庆阳市 392 件；兰州市 250 件；白银市 130 件；嘉峪关市 3 件；无地名者 4 件。

（3）各地现存民国时期的各种石刻文物 130 多件。

（4）甘肃省博物馆藏明、清时期墓志铭 70 件。

（5）西安碑林存甘肃古代石刻文物 5 件。

（6）散存于国外的甘肃古代石刻拓本 3 件；散存国内的甘肃古代石刻拓本

135 本（其中北京大学图书馆藏 1 件；北京图书馆藏 65 件；其他文献载录者 69 件）。

（7）敦煌遗书碑铭抄本 42 件。

甘肃古代石刻有野外文物和馆藏文物两大类，凡留存在野外、不可移动的石刻（包括岩画、摩崖和大型碑刻）均属不可移动文物。为文物安全和管理需要，有些地方将许多野外石刻移存到博物馆、文化馆、纪念馆内保存，成为馆藏文物，且为不同级别的文物保护单位。如武威《西夏碑》被单独公布为全国重点文物保护单位，庆城县博物馆的天庆观老子道德经幢则为甘肃省省级文物保护单位。凡经考古发掘、出土的石刻文物均属馆藏文物（包括碑刻、墓表、墓志铭、买地券、经幢等）。

截至 2010 年，甘肃古代石刻已被公布为全国重点文物保护单位的有：重修护国寺感应塔碑、西狭颂摩崖石刻。另有许多石刻作为古建筑、石窟寺的附属文物被纳入全国重点文物保护单位如清水县鲁公姬造像碑等。已公布为甘肃省省级文物保护单位的岩画、摩崖、碑刻有：肃北蒙古族自治县七个驴岩画、大黑沟岩画、灰湾子岩画；玉门市昌马岩画；嘉峪关黑山岩画；肃南裕固族自治县榆木山黑石头沟岩画；永昌县北山岩画；武威亦都护高昌王世勋碑、西宁王忻都公神道碑；宁县修筑新子州州墙及署衙记碑、正宁县承天观石碑、赵氏石坊、燕氏家族墓及墓碑；庆城县天庆观老子道德经石幢、重建宋范韩二公祠堂之石碑、明摹刻黄庭坚云亭宴集诗碑；崆峒区宋代经幢；泾川县南石窟寺之碑、镇海寺蒙文碑；临洮县哥舒翰纪功碑；渭源县首阳山辩碑；岷县御制大崇教寺之碑；武都万象洞碑刻；礼县王仁裕神道碑、赵孟頫书赵世延家庙碑；徽县吴玠墓碑、新修白水路记摩崖；成县吴璘墓碑；甘南州李将军之碑、丈地均粮碑等。

随着甘肃古代石刻研究工作的深入，为适应新时期社会文化发展的需要，甘肃各地修建了许多碑林、碑廊、石刻专题馆等，主要有：凉州区博物馆石刻艺术馆、宁县石刻艺术馆、泾川县西王母万碑林、会宁县红军长征胜利景园将帅碑林、兰州碑林、崆峒山碑林等。

第一节 岩 画

黑山岩画

位于嘉峪关市西北 10 千米的黑山四道鼓心沟内。岩画分布在谷底两侧崖面，绵延 0.5 千米。另在红柳沟、石关峡、磨子沟均有分布，但时代较晚。如红柳沟岩画有庙宇建筑、佛像图，石关峡有明代"大漠尘清"题跋，磨子沟有清乾隆年间题记。

四道鼓心沟岩画分 30 组，有 180 幅画面。最早者为春秋战国时期，晚至南北朝、隋唐。动物图像有野牛、麋鹿、梅花鹿、大角羊、虎、野骆驼、狼、北山羊、鸟、狗、狐狸、蛇。飞禽有苍鹰、大雁、雉鸡。人物活动场景有围猎、骑马野游、舞蹈、斗野牛、住宅等。狩猎活动是黑山岩画的主要内容，其中一幅有 8 个猎手围猎 4 只野牛、2 只鹿，猎手挽弓搭箭向野牛射击，野牛冲向人群，将猎手抛向空中。5 只猛虎隐匿在草丛中。蛇在草地爬行。野牛、北山羊、梅花鹿在森林觅食，飞禽在天空翱翔。舞蹈也是黑山岩画的主要题材，共 3 组，有三人舞、双人舞、多人集体舞。舞者分上、中、下三组排列，每组前方一人示范，男者身着长袍、长靴、腰束带、头饰雉翎，女舞者长袍曳地，双手叉腰或右臂高举。

1981 年，甘肃省人民政府公布黑山岩画为第四批省级文物保护单位。现由嘉峪关市文物管理所负责管理。

大黑沟岩画

位于肃北蒙古族自治县境内。散布在多地，主要有别盖乡大黑沟岩画、盐池湾乡小阿尔格力太岩画、石堡城乡灰湾子岩画及七个驴岩画等。此外，鱼儿

黑山岩画之一

黑山岩画之二

大黑沟岩画《女神图》

大黑沟岩画《狩猎图》局部

大黑沟岩画《大象图》

红乡境内、小月牙湖也有少量分布。

大黑沟岩画凿刻在一条东西向的山谷崖面上，长500米，有194幅人物、动物、森林、草原画面。动物种类繁多，有野牛、北山羊、大角鹿、梅花鹿、野骆驼、鸵鸟、雉、大象、虎、狼、狐狸、猎鹰、猎犬。在森林、草原图画中，林木仅刻出枝干，树旁有梅花鹿、北山羊。牛羊成群结队。还有大象、鸵鸟图等。根据地质学推算，北方地区的大象种群约在3万年前因气候演变而灭绝，鸵鸟在1万年前灭绝。大黑沟岩画主要表现狩猎活动，占岩画总面积的三分之一，有单人、多人围猎方式。如其中一幅围猎野牛图，有两人骑马在前方指挥，两人骑马手执弩机、弓箭向野牛射击，前方有猎犬堵截，后方有3人持棍棒、架猎鹰，野牛冲向猎手。还有幅图画由21个个体组成，4个猎手围攻2只野牛、2只梅花鹿、10多只其他动物，猎手挽弓搭箭，左手执长矛，右手握弩机，手拉弓射向梅花鹿。狩猎者都身着长袍，足蹬长靴，头戴尖形毡帽，腰束长带。今肃北蒙古族自治县、肃南裕固族自治县境内的蒙古族、裕固族牧民仍沿用这种装束。大黑沟岩画点西端一岩石上还凿刻一只虎，此虎目视前方，长尾曳地，虎背上站立二人翩翩起舞。

灰湾子岩画位于石堡城乡东北20千米处，有岩画点3处（包括灰湾子、七个驴、后七个驴沟）。灰湾子岩画内容以野生动物为主，有野牛、北山羊、野骆驼、梅花鹿。没有狩猎场景。出现豢养小鹿、牧民转场的画面，人牵马，马背上驮毡帐、儿童，其他成员赶着牛羊群尾随，向草场迁徙。七个驴岩画位于灰湾子西北处，分为两处，一处是前七个驴岩画，内容多表现猎犬追逐动物的场景，猎手站立观望；另一处是后七个驴岩画，凿刻有2只梅花鹿，一牧民绳牵一双峰骆驼在山涧中行走。

阿尔格力太岩画位于盐池湾乡东北28千米的山区，分8组10个画面，岩画面积212平方米，刻画人、动物图案47个。主要内容为北山羊、野牛、人物，其中

老道乎都岩画《神秘符号》局部　　　老道乎都岩画《野驴、北山羊》　　　明水乡岩画

一只野牛攻击行人，行人向山下奔跑。

碱泉子岩画位于鱼儿红乡西 4 千米的碱泉子，面积 10 平方米，有 5 组，计人、动物个体 16 个，内容以放牧为主。

1993 年，灰湾子岩画、七个驴岩画被公布为甘肃省第五批省级文物保护单位。2003 年，阿尔格力太岩画被公布为甘肃省第六批省级文物保护单位。碱泉子岩画、阿尔格力太岩画于 1991 年被公布为肃北蒙古族自治县县级文物保护单位。现由肃北蒙古族自治县文化体育旅游局、肃北蒙古族自治县文化馆管理。

马鬃山岩画

主要分布于肃北蒙古族自治县马鬃山乡、明水乡、公婆泉乡境内，包括黑马鬃岩画、格干乌苏岩画、下霍勒扎德格岩画、上哈然扎德格岩画、山德尔岩画等。

黑马鬃岩画，又名洛多呼都克岩画、老道乎都岩画，位于马鬃山乡政府南 40 千米。刻于一巨石上，巨石高 1 米，宽 1.2 米，刻有大头羊、红羊、黄羊、马和野驴等动物个体图 25 幅。其中有 6 只野驴成

"一"字形排列前进，左上方一狩猎者隐匿在山旁，居高临下挽弓待发。还有狼、狐狸等。

霍勒扎德格岩画位于明水乡北 40 千米山谷中。面积 500 平方米，共刻动物个体 85 个。分上、下两个岩画点，下霍勒扎德格岩画为一组北山羊群，画面磨刻而成。1989 年，在岩画点东南 100 米古河床断面地下灰白色细沙层中发现人工打制石器 3 件、石片 2 件和石叶 1 件，为旧石器时代晚期遗物。上霍勒扎德格岩画位于下霍勒扎德格岩画南 5 千米处，同属一个古河床，共 3 组，40 余幅，有马、牛、羊、驴家畜，不见野生动物，放牧者有成人和儿童。

山德尔岩画位于公婆泉乡西北 80 千米。岩石呈黑色（沙漠岩漆石），岩画颜色有浅黄和深褐色，分 4 处 54 组，总面积达 1000 平方米，人物、动物个体图共 204 幅，有野牛、野骆驼、大角羊、大角鹿、北山羊、梅花鹿、狼、狐狸等。其中有场面宏大的狩猎图和放牧图，人手

782

拿弓箭立于牛背上，围猎熊、鹿、红羊、大头羊和野驴等。1号岩画中有一幅男女裸体交偶图，一女性在山涧中作仰卧状，双腿卷曲外张，左手高举，一裸体男性向女体迎面走去。

格干乌苏（和尚井）岩画位于公婆泉乡东南70千米，岩画分布在高60米的山崖断面上，现存岩画20幅，有骆驼、红羊、牛、马和野驴等个体图96个，面积120平方米。岩画内容以家庭畜牧业为主，狩猎活动退居次要地位。

1989~1991年，黑马鬃岩画、霍勒扎德格岩画、山德尔岩画、格干乌苏岩画被公布为肃北蒙古族自治县县级文物保护单位。现由肃北蒙古族自治县文化体育旅游局、肃北蒙古族自治县文化馆管理。

昌马岩画

位于玉门市昌马乡境内，分为两处。第一处为香毛山岩画，也称"石墩子梁岩画"，位于昌马乡东湾村东南15千米处。在一平面岩石上刻羊、鹿、狗、马等20余种动物，面积100平方米，单线条刻凿。第二处为鹿子沟岩画，位于昌马乡水峡村西15千米处，共有3处岩画点，均刻于青石板上，每处约2平方米，有骆驼、马、羊、狗等20余种动物，采用通体平磨、单线刻画法。

1990年，香毛山岩画、鹿子沟岩画均被公布为玉门市县级文物保护单位（玉

昌马岩画

昌马岩画局部

政发〔1990〕112号）。1993年，昌马岩画被公布为甘肃省第五批省级文物保护单位（包括香毛山、鹿子沟两处）。现由玉门市博物馆管理。

北山岩画

位于永昌县焦家庄乡陈家寨村、新城子镇赵定村，分为两处，分别名为"杨家大山岩画"和"牛娃山岩画"。画面呈密密的斑痕状小圆点，是岩画初创时期常用的技法。

杨家大山岩画位于焦家庄乡陈家寨村北的青色石壁上，其中又包括红羊圈岩

北山岩画　　　　　　　　大河峡岩画之一　　　　　　　　大河峡岩画之二

画和涝池沟岩画两处。岩壁长10米，高9米，左上角风化剥落，可辨认动物个体32个，多为双峰骆驼、牛、羊、马、狗等。有两组较完整的放牧图，一组一人右手举棍，并有3只大角羊和1只狗；一组为一人骑于马上。

牛娃山岩画位于新城子镇赵定村，岩画分布分散，刻画有野牛、鹿、骆驼、老虎、北山羊、狐狸、狼、双峰骆驼、马等，共200多幅。主要表现狩猎、放牧活动场景。

边墙沟岩画

位于瓜州县踏实乡南部鹰咀山边墙沟内。岩画面积12平方米，有青羊、大头羊、骆驼和野马等个体图7幅。1989年公布为安西县县级文物保护单位（安政发〔1989〕162号）。现由瓜州县文物管理所管理。

大河峡岩画

位于肃南裕固族自治县大河区榆木山，也称"韭菜沟岩画"。分散为八九处，重要的有：黑石头沟岩画、寡妇房地子岩画、大河峡山岭岩画等，有21组画面，均为线刻，主要表现狩猎场景，还刻有类似文字的符号。

1984年，大河峡岩画被公布为县级文物保护单位（肃政发〔1984〕23号），1993年公布为甘肃省第五批省级文物保护单位（其中包括黑石头沟、寡妇房地子、灰房地子、老虎沟、大滩沟、石炭沟、木头沟、象牙台子和雷山等多处岩画点）。现由肃南裕固族自治县文物局管理。

吴家川岩画

位于靖远县陈家沟乡东。岩画刻在两块黑褐色大石壁面上，单线勾勒。东壁高2.2米，宽4.8米，刻鹿3只、大角羊 4 只、马 2 只、狗 3 只，马、鹿拉车，单辕车上用绳子系 2 只马、鹿，一放牧者手持棍棒，站在绵羊群中，动物个体高 7~12 厘米。西壁高 2.95 米，宽 2.75 米，均刻围猎图，3 个猎手骑马追逐北山羊群，后方有人群观望。该岩画中出现单辕车，标志着牧业经济逐渐向农业经济转化，说明吴家川岩画不晚于春秋战国时期。

1988 年，吴家川岩画被公布为靖远县县级文物保护单位（靖政发〔1988〕187 号）。现由靖远县博物馆管理。

野麻滩黄河岩画

位于白银市平川区水泉镇野麻村、绵沙湾村。刻凿于大浪山东麓黄河红山峡谷东、西两岸山崖上。东岸凿刻于距地面约 10 米的红砂岩上，长约 4 米，高约 2 米。分为两处，其中一处刻有山羊、人像、月亮、太阳像各 1 幅，人手像 3 幅，人头像 5 幅，鼎状像 3 幅。下部风化，残缺不全，无法辨认。第二处为绵沙湾岩画点，刻凿在黄河边的红砂岩上，面积约 15 平方米，共 36 幅，刻画有羊、人像、狩猎、坐佛等。西岸岩画高 7.5 米，宽约 4.4 米，刻凿在山体自然断面上，右上角和左下角各凿有一石眼，口径约 17~18 厘米，画面共有 24 幅，其中人体像 10 幅，人头像 5 幅，动物像 8 幅，器物像 1 幅，另有磨迹 1 处。内容可分为家庭图、狩猎图等。

2010 年，平川区人民政府公布野麻滩黄河岩画为县级文物保护单位。现由平川区博物馆管理。

吴家川岩画局部

吴家川岩画

野麻滩黄河岩画西岸

玛曲国庆岩画

位于齐哈玛乡国庆村、国岔村之间，

玛曲国庆岩画局部

大泉岩画之一

大泉岩画之二

黄河支流结柯河从中穿过。岩画面积 5 平方米，刻有人物、鹿个体图 3 幅。人物头戴尖形帽，帽顶有 3 个尖状物。玛曲县境内海拔 3300 米以上。远古时代，以白鹿为图腾的董氏印迷及所属玛柯部繁衍于这一带；春秋战国时期，董氏发展为许多部落。

国庆岩画是古代藏族文化遗存。

大泉岩画

位于永昌县红山窑乡毛卜喇村大泉水北岸的崖壁之上。岩画区东临大泉水库，北接明长城，分布于东西长 200 米、高 15 米的石崖岩面上，面积约 3000 平方米。现存人物、动物、器具、文字符号等 50 多个。内容多为动物，文字有"日""月""火"，还有人骑马奔射场景。

红石崖沟岩画

位于景泰县草窝滩镇青石墩村西泉子沟西段。刻在红石崖沟北崖上。属甘肃省第三次全国文物普查新发现文物点。

岩画凿于高 4 米、东西长 40 米的紫红色崖壁上，以打击凿刻手法制作，线条宽约 1 厘米。内容有鹿、马、羊、同心圆等 13 幅。主体图案为同心圆，面积 0.46 平方米。该岩画与附近的姜窝子沟、石鹿沟等岩画近似。

第二节 摩 崖

东汉和平元年摩崖

位于张家川回族自治县恭门乡河峪村观音殿东侧。亦称《河峪摩崖》。刻于东汉桓帝和平元年（150年）。现存摩崖石高3米，宽1.5米，略呈梯形。额刻一繁体"汉"字，首题"和平元年岁庚寅"7字，尾题"赵亿建造"。壁面刻14行，每行约17字，每字0.1米见方，共250余字，隶书。字迹剥落较多，可辨认者95个。它是甘肃省境内现存最早的摩崖石刻。

1988年，东汉和平元年摩崖被公布为张家川回族自治县县级文物保护单位（张政发〔1988〕44号），现由张家川回族自治县博物馆管理。

西狭颂摩崖石刻

位于成县天井山麓鱼窍峡中，刻于东汉建宁四年（171年）。包括现存《西狭颂》（又名《惠安西表摩崖》）、《耿勋表摩崖》和已经消失的《天井山记摩崖》3处。

《惠安西表摩崖》，俗称《西狭颂》，位于西狭峡谷中段庄子山岗至青龙头北侧崖壁上，距峡谷底部约10米。崖面宽约5米，高3.15米，由摩崖正文、《五瑞图》、题名题记三部分组成。文字幅面高220厘米，宽340厘米，汉隶，阴刻12行，

东汉和平元年摩崖

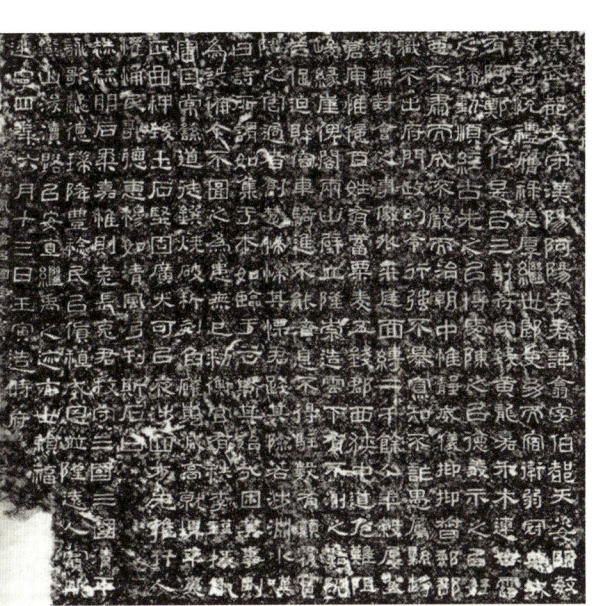

《惠安西表摩崖》正文拓本

385 字，每字 9~10 厘米见方。正文之后有题名，刻写当时参与修治栈道、建造摩崖的郡、县、乡各级官员 12 人姓名，共 12 行，144 字；其中大字 2 个，小字 142 字，撰文、书丹者仇靖。《五瑞图》位于摩崖右侧，高 110 厘米，横宽 210 厘米，有 6 幅图画、6 处题榜，分上、下两层排列，刻黄龙、白鹿、木连理、甘露、嘉禾图。图左侧有两行题记"君昔在黾池，治崤嵚之道，德治精通，致黄龙、白鹿之瑞，故图画其像"。

《耿勋表摩崖》位于西狭东段峡谷，西距《惠安西表摩崖》1 千米，刻于东汉灵帝熹平三年（174 年）四月二十日。高 230 厘米，宽 230 厘米，共 22 行，满行 31 字，计 454 字，隶书阴刻，额题"汉武都太守耿勋表"，尾题"熹平三年四月廿日"。由于漫漶严重，清代时重刻，改写了几处文字，后世产生诸多歧义。今不可辩者有 4 字。

《天井山记摩崖》已亡佚，最早著录者为（宋）曾巩《金石录跋尾》，记载立碑时间为"建宁五年四月廿五日己酉"。录文最早见于（宋）洪适《隶释·隶续》。

北宋以降，来到西狭峡谷的游人多刻写题记，现存 22 处，刻立时间自北宋元祐八年（1093 年）至 1982 年。计有北宋 3 处、南宋 5 处、明代 2 处、清代 7 处，民国时期 2 处，当代朱之昌、杨士勤、李可染等人的题记 3 处。张维《陇右金石录》载录了宋、明时期的题名题记 7 处。历代载录和研究西狭颂摩崖石刻者有：曾巩《金石录跋尾》、赵明诚《金石录》、陈思《宝刻丛编》、王象之《舆地碑目记》、洪适《隶释·隶续》、叶奕苞《金石录补》、钱大昕《潜研堂金石文跋尾》、翁方纲《两汉金石记》、毕沅《关中金石记》、武億《授堂金石跋》、洪颐煊《平津读碑记》、王懿荣《汉石存目》、叶昌炽《语石》、方若《校碑随笔》、王昶《金石萃编》、张维

《隶释·隶续》之《五瑞图》

《木连理》

《耿勋表摩崖》仿刻本

乾道七年·王子直题记

《陇右金石录》、王壮弘《增补校碑随笔》、孙星衍和邢澍《寰宇访碑录》、吴鹏翱《武阶备志》、叶恩沛《阶州直隶州续志》以及宣统《甘肃新通志》、民国《甘肃通志稿》等。今人专门研究西狭颂摩崖石刻的著作有高天佑的《西狭摩崖石刻群研究》等。

2001年，西狭颂摩崖石刻被公布为第五批全国重点文物保护单位（公布号468–26）。现由成县博物馆管理，竖立有文物保护标志碑，保存有档案资料。2005年，甘肃省人民政府《关于公布甘肃省第五批全国重点文物保护单位保护范围及建设控制地带的通知》（甘政发〔2005〕16号）公布其保护范围为："东自峡口为界，西至西狭颂碑亭以西200米处为界，南、北两山200米处为界。长约3千米，宽400米。"

新修白水路记摩崖

位于徽县大河乡瓦泉村徽—白公路北侧山崖上。北宋嘉祐二年（1057年）刻。全名为"大宋兴州新开白水路记摩崖"，摩崖距地面6米。1975年修建一座碑亭予以保护。摩崖碑高270厘米，宽180厘米，颜体楷书，26行。额篆"新修白水路记"，宋宣德郎、守殿中丞、知雅州军州兼管内桥道劝农事、管勾驻泊及提举黎州兵甲、巡检贼盗公事、骑都尉、偕绯雷简夫撰并书及篆额。碑文记述宋至和二年（1055年）利州（今四川广元）转运使主客郎中李虞卿主持重开白水驿路，从河池驿（今徽县）至长举驿（今陕西略阳白水江）进入四川。为褒扬其功绩，经奏请朝廷，嘉祐二年二月六日，秦州观察判官雷简夫撰写《新修白水路记》纪其事。

1975年修建新修白水路记摩崖碑亭

白水路修成后，免去青泥路高峻、回远及绕道30余里的弊端。清人王昶评价道："开路至五十余里，作阁道、亭、屋二千六百余间，其功伟矣。"毕沅《关中金石记》、王昶《金石萃编》、民国《甘肃通志稿》、张维《陇右金石录》等均载录。雷简夫，《宋史》有传。李虞卿、田谅二人，史书无传。

摩崖右下侧有明万历二十一年（1593年）张应登《过白水硖读磨崖碑一首》，高109厘米，宽76厘米。诗文为："开路磨碑纪至和，于今险易较如何？水来陇阪寻常见，峰比巫山十二多。一线天光依峡落，悬崖鸟道侧身过。蜀门秦塞元辛苦，

何故行人日似梭。"后刻"明万历二十一年春，陕西布政司分守陇右道按察副使、兼右参议，前吏、兵、工三科左右给事中内江梦夔张应登书。属下徽州知州宋洛刊石。签房吏周布利监刊。石工秦文刊。"

2006年，新修白水路记摩崖被公布为第六批全国重点文物保护单位（公布号871-Ⅳ-61）。现由徽县博物馆、徽县旅游局共同管理，竖立有文物保护单位标志碑。2009年，甘肃省人民政府《关于公布甘肃省第六批全国重点文物保护单位保护范围和建设控制地带的通知》（甘政发〔2009〕3号）公布其保护范围："东

《新修白水路记》摩崖拓本

张应登《过白水硖读摩崖碑一首》

滩歌镇摩崖

为摩崖所在山体的甘肃部分，向南 202 米至陕甘两省界碑，西至摩崖对面洛河西 200 米处，北至瓦泉古栈道遗址以外 200 米处。不另划定建设控制地带。"

滩歌镇摩崖

位于武山县滩歌镇白崖沟村。刻于北宋政和八年（1118 年）。摩崖高 243 厘米，宽 188 厘米，四周雕有栏线，首行、尾行距边线 5 厘米，顶文、底文距上下边线 9 厘米。正文楷书左行，共 16 行，首行 9 字，次行 3 字，尾行 19 字，其余皆 20 字，总计 276 字。判州事魏润博撰文，田庆、杜千刊字。碑文记述政和八年（1118 年）下诏在京都开封重新修建宣德楼、集英殿时，在这里采伐木材之事。熙河路转运司、提刑司、常平司出资，转运使张孝纯、防御使王子夕、提举木械、叶蒙正负责在青竹平采伐木材。碑文提及宋代建筑营造管理人员、地方官员36人。

此地山势险峻，是古代扼控秦陇，通往岷、熙、蕃、羌的要道。在宋代，从今宝鸡到临洮一带是茂密的原始森林。宋代开始大量砍伐林木，诏书于政和八年（1118年）八月下达熙河路之巩州（陇西），于九月辛巳开工，共109天，采伐五丈至十丈巨木2370余根。到宋神宗时期，秦陇林木被伐一空。

荨麻湾摩崖石刻

位于永登县连城镇南水磨沟内的小吐鲁沟口。北宋宣和七年（1125年）刻。摩崖距地面约7米，摩崖石面高60厘米，宽80厘米，楷书8行，共65字。全文为："宣和乙巳仲夏十八日，巡按震武回留题荨麻湾石壁。陕宪郭傅师。水濑寒敲玉，山光翠泼蓝。虽然居塞北，却似到江南。准大同副将陈恩恭监押王励、知震武军严

永吉。"谭其骧《中国历史地图集》第六辑将宋代的震武军标在青海互助土族自治县干禅口，实误。该摩崖文字可修正之。

1993年，荨麻湾摩崖被公布为永登县县级文物保护单位。现由永登县博物馆管理。

太石峡摩崖石刻

位于清水县白沙乡太石村南1.5千米的崖壁上。共有两处，一处幅面凿成碑状，高1米，宽0.6米，系明天顺七年（1463年）修建南通渭水古道的功德碑，碑文楷书阴刻，记载修路年月、功德主姓氏等。另一处摩崖石面高70厘米，宽66厘米，楷书阴刻，记载明嘉靖七年（1528年）正月清水沟浴里民众修整南通渭水路的经过及功德主姓氏。

1989年，太石峡摩崖被公布为清水县县级文物保护单位（清政发〔1989〕68号），名为"关山驿路碑"，现由清水县博物馆管理。

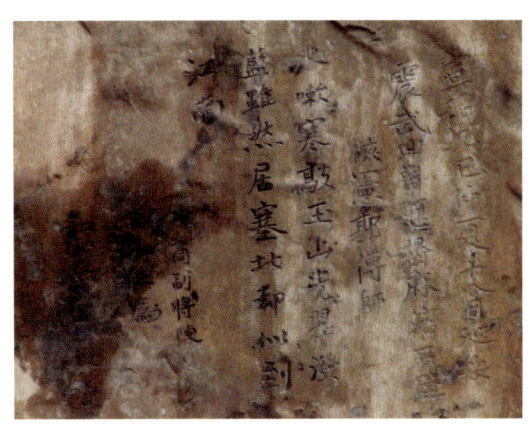

荨麻湾摩崖局部

太石峡嘉靖七年摩崖石刻

龙麟桥摩崖石刻

位于礼县龙林乡潘坪村龙麟桥石基东北崖壁上。明宣德六年（1431年）刻。竖长方形，高55厘米，宽40厘米。楷书竖共3行，计67字。记述明代陕西巩昌府功德信士天水郡人潘、朱等人为保"方境家家平安"、捐资修桥之事由，尾题"宣德陆年三月囗日立碑"。附近龙麟寺内还保存有明万历二十九年（1601年）、宣德六年（1431年）、清康熙壬寅年（1662年）以及1965年刻立的碑记4方石，记述当时建寺、修桥经过。

碧落霞天摩崖

位于合水县太白乡连家砭村河流岸悬崖峭壁上。明嘉靖三十一年（1552年）刻写。崖面上自右向左刻草书"碧落霞天"4个大字，每字大小67厘米，笔锋刚劲有力。右面刻"嘉靖壬子"；左

龙麟桥清康熙年间碑记　　　　　　　　龙麟桥1965年碑记

碧落霞天摩崖

面刻落款"文冈陈棐",其下角刻"按察承差富平惠东皋督工"。陈棐为明嘉靖时进士,河南鄢陵人,曾任甘肃、宁夏巡抚、都御史。《庆阳府志》《合水县志》记载:石刻岩壁上有翠林掩蔽,下有清流映衬。凡霞光灿烂之时,碧水映红,层岚冉冉,天地交融,令游者心旷神怡,醉于其境,故陈棐题写"碧落霞天",刻于石上。

马家梁摩崖石刻

位于徽县虞关乡虞关村西10米马梁山中段石壁上。明成化三年(1467年)刻。属甘肃省第三次全国文物普查新发现文物点。刻在天然大石壁上,石壁面凹凸不平,石刻幅面高135厘米,宽130厘米,

碑文楷书,自左至右竖刻8行,每行字数不等,共95字,字迹大小均7×7厘米,尾题"嵓成化三年岁次丁亥三月吉日就石"。碑文对研究明代川、陕之间的交通发展史具有重要价值。

马尾墩摩崖石刻

位于文县石鸡坝乡边地坪村西2千米的白水江南岸。属甘肃省第三次全国文物普查新发现文物点。清代雍正年间刻写。摩崖距地面2米,处于一天然凹陷处,摩崖石面高220厘米,宽115厘米,正文刻"秦蜀交界"四字,字长50厘米,宽40厘米,楷书。右侧刻"四川南坪营所所属关外八寨马尾山寨盐土山寨草地沟山寨杨家湾山寨登龙山寨水田山寨固

马家梁摩崖

马家梁摩崖石刻拓片

马尾墩摩崖石刻

福寿山摩崖石刻之"捧灯照岸"

福寿山摩崖石刻之"太上混元宗派"

剪金山摩崖

剪金山摩崖石刻局部

水沟山寨邪坡寨"等45字，尾题"雍正
□□□□二十六日松潘卫守备罗林刻
石"。文字多漫漶不清。摩崖上方原有"秦
蜀咽喉"4字，20世纪70年代自然塌毁。
该摩崖对研究清代甘、川交界处的行政
区域变化、交通发展史有重要价值。

福寿山摩崖石刻

位于白银市平川区水泉乡中村。分
布在长50、高20米的红砂岩壁上，清
乾隆十二年（1747年）、乾隆二十六年
（1761年）分次刻写。阴刻双勾楷书"捧
灯照岸"4字及《太上混元宗派》道教

部分经文。

1988年，福寿山摩崖被公布为平川
区县级文物保护单位（平政发〔1988〕
028号）。现由平川区博物馆管理。

剪金山摩崖石刻

位于白银市白银区四龙乡金山村石
崖壁上。清光绪二十一年（1895年）刻
凿。崖高20.4米，宽10.8米，阴刻楷
书"万山朝拱"及太极图等。

1989年，剪金山摩崖被公布为白银
区县级文物保护单位。现由白银区博物
馆负责管理。

第三节 碑 刻

一、纪事碑刻

南石窟寺之碑

现存于泾川县王母宫石窟，建有一座碑亭。北魏永平三年（510年）立。民国初年出土于泾川县王家沟村。1925年后，美国学者华尔纳一行在北京大学教授陈万里的陪同下赴敦煌考察，在西安见到该碑拓片，后途经泾川，寻找到此碑。

现存碑高225厘米，宽105厘米，圆首，龟趺座。两面刻文，正面碑额阳刻篆书"南石窟寺之碑"6字。文字大小16厘米，分为3行。额上横列楷书"石窟寺主僧斌"6字。碑文正书23行，行约34~36字不等，下半部残缺，文字剥泐4~8字，后两行落款"大魏永平三年岁在庚寅四月壬寅朔十四日乙卯使持节都督泾州诸军事平西将军□□泾州刺史安武县开国男奚康生造"。全文800余字。碑文首先赞美佛法、皇恩。其次叙述建造主奚康生的身世履历及宦海生涯："自惟鸿源帝乡""班爵五等，垂玉于丹墀，内备帷幄，专节戎场""曜轩三藩"。再叙述选择营建石窟地址之事，"□厥泾阳，简兹名埠，重峦烟蔚，川流濊濊，飞峭合霄，玄崖吐液。"是理想的建窟之所。于是"命匠呈奇，兢工开剖""图双林之遗迹""往圣之鸿旨"，塑造佛菩萨。南石窟寺现存一号窟正是奚康生所造。碑文记载，当时的石窟除了窟内塑像外，还有"双林涅槃""房馆""堂阁""静宁禅区"等宗教活动场所，已不存。碑阴文字分4排，其中第3排一段文字剥泐不清，是记事文，

《南石窟寺之碑》正面拓本

其余文字均为题名，共有 59 人，包括军、州僚佐 34 人，各郡守、丞和县令 25 人。保存有丰富的北魏时期泾州一带的职官、地名，地名有 5 郡、15 县，职官不下数10 种。

该碑与已亡佚的《嵩显寺碑》之体例、书法大体相同，被称为姊妹碑。现为南石窟寺的附属文物，由泾川县文化馆负责管理。

秦亭魏碑

现存清水县秦亭乡秦亭村。北魏太和二十年（496 年）立。砾岩质，圆首，无座，外形呈不规则四棱状。碑身高 183厘米，宽 36 厘米，碑面较粗糙。碑文阴刻，魏碑书体，记载北魏清水郡建置历史沿革情况。

1982 年，秦亭魏碑被公布为清水县县级文物保护单位（清政发〔1982〕167号）。现由清水县博物馆管理。

大代幽州刺史碑颂碑

现存宁县博物馆。2004 年宁县人民医院建筑工地出土。北魏正始元年（504年）刻立。现存上半部较完整，下部残损。青石质，碑首刻六蟠龙相交，残高135 厘米，宽 110 厘米，厚 37 厘米。碑额篆书"大代持节幽州刺史山公寺碑颂"。

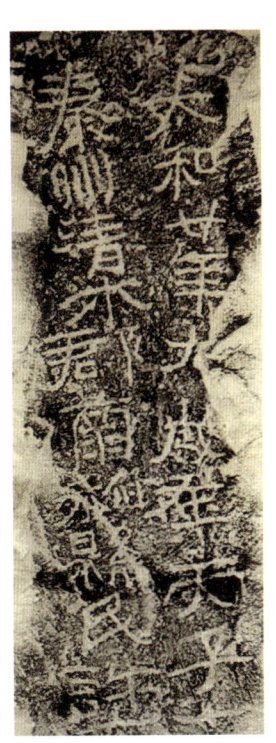  

《秦亭魏碑》拓本局部　《秦亭魏碑》侧正视图　《大代幽州刺史碑颂碑》

碑阳魏楷书竖写，记述正始元年幽州刺史山累带头兴建三级浮屠的过程，颂扬孝文帝的英明睿智，表达了幽州刺山史累、其父、其祖历三朝出任州牧、备受皇恩的感恩之情。落款有幽州属官56人、人名256个，其中包括许多少数民族姓氏。碑阴上部有隋开皇年间雕刻的合邑造像及题记，下部及两侧刻幽州一州三郡八县的属官及其姓名。

哥舒翰纪功碑

位于临洮县城南大街，此地原有庙宇，当地人称"石碑观"，庙宇已毁，存碑亭。刻于唐天宝十三年（754年）。全碑由一整块巨石制成，通高425厘米，宽184厘米，现已断裂为3块，碑石通体风化严重。碑额刻巨兽和云纹，高92厘米，碑额处有"丙戌哥舒"4字可辨。碑座用一巨石加工而成，高240厘米。《通志·金石略》、清乾隆四年（1739年）杨应琚《据鞍录》、王昶《金石萃编》、张维《陇右金石录》载录了碑文，其中张维录文为99字。现正面存隶书文字12行,67字。

哥舒翰（约704~757年），唐代名将，《新唐书》《旧唐书》均有传，曾为大唐保卫边疆，立下战功，多年转战、屯守于河湟地区，参与、领导了许多战役，如新城之战、苦拔海之战、积石军之战、石堡城之战等。清代临洮诗人吴镇集碑文所剩字，写《唐雅》六章，有《题哥

《哥舒翰纪功碑》

舒翰纪功碑》诗。

1981年，哥舒翰纪功碑被公布为甘肃省第四批省级文物保护单位。现由临洮县博物馆管理。

石堡城战楼颂碑

原立于卓尼县石堡城西南山顶（今卡车乡阳坝村）。此碑也称《八棱碑》，因其外形呈八面体而得名。刻于唐天宝八年（749年）。宋、明以来，坍塌于荒野，无人识记。清光绪年间，临潭县士绅周化南发现。民国时期被西方传教士盗运到

美国，现藏美国纽约大都会博物馆。光绪三十三年（1907年）《洮州厅志·金石卷》载碑八面文字，每面5行，每行36字，全文1391字。宣统《甘肃新通志》、民国《甘肃通志稿》、张维《陇右金石录》均收录碑文，但最多者不超过486字。除题名、落款外，碑文属颂辞序文，褒奖陇右节度使兼行军大总管哥舒翰的丰功伟绩。1981年，卓尼县阳坝城出土一块《八棱碑》残件，残存17字，现存甘南藏族自治州博物馆。

结合光绪三十三年《洮州厅志·金石卷》和张维《陇右金石录》等文献，《八棱碑》所存文字如下：

第一面：

□堡战楼颂

〔缺28字〕礼旬勋曰诸侯〔下缺29字〕

序伊洮口军地络岩阴□□节〔下缺24字〕

□守管公奉建隼之荣秉铖荒服粤□□□□春〔下缺17字〕

一安国丰财阜人为政司存未足郧异〔下缺21字〕

第二面：

川之体势智表虑生。乃宣言曰：嘻！兵之来也固已久矣。讨不轨〔缺9字〕成功□

□料敌之谋，敛其甲卒之利，不固郊垒，匪楼山塘，则何邦域。洵美设士

金□□题石堡城。□□

□具，是厕是斤，亦疏亦构，畚筑巌顶，疏柱群罗，危梁横披，高撑耶据，施百□叠棻，掳结浮檖□

间颓素，晨晖流铄于丹楣，暮色腾蒙于缥檐。周围一啤，四面千状，环水涵影，攒峰借雄，属联奇

岗，屹透诡石，虚白呈态。曲折星罗，崇台相嵌，吐纳云雨，日高日高灼灼，登登凭凭，华而不□，险亦宁

第三面：

陋，无扶不勉，三旬而成。君子也，向不杜不丽，不备不虞，岂后赖厥成，今飨功利，或〔下缺5字〕

墅狼顾，不出户牖，收虏骑于万重，莫渎孙吴，审秽氛于千里，井邑掌内，封疆毂中〔下缺5字〕

冯凌城邑，彼带甲者百万，我强弩者数十，激其悬门，莫敢以入。斯巨制也。即有金节〔下缺4字〕

庶止览是之，势乐斯兼情，羽觞肆陈，金管合奏，词客侍座，剑人高歌。苍茫翠微，隙逗〔下缺4字〕

风里，门通波声，斯亦指事荣观，揔比数者，众美存焉。伟载！联观玊张，钩错成炬，照七戒之□□，

第四面：

生役夫之勇趣，北枕敖庚，积为京储，前开灵祠，聿求多祐，夫如是，城

尉施析，鼙师警晨，惮□□

门，声块殷遥，隰□同自，邻此而□。□李牧固边，龚遂佩犊，嘉是一善，垂美将来，矧明德□□□

年丰昭仁也，□隐矜虞示信也，分诸采物成功也〔下缺 17 字〕

〔缺 8 字〕齐〔缺 8 字〕平心〔下缺 17 字〕

〔第五行全缺〕

第五、六、七面碑文全缺。

第八面：

〔第 1、2 行碑文全缺〕

□□□□赫赫光鲜，香火不绝〔下缺 24 字〕

□□之呈妙若天之化〔下缺 27 字〕

□其拙思予时天宝八载秋七月二十一日记。

关于碑文的作者，有学者认为是唐代诗人高适。石堡城之战爆发时，他在陇右，得到哥舒翰赏识，任节度使府左晓卫兵曹，掌书记职达十年之久。天宝八年爆发石堡城战役时，高适正在哥舒翰的军府中任职。

李将军碑

原位于临潭与卓尼两县交界处，20世纪70年代末移至甘南藏族自治州博物馆院内，并建一碑亭。唐代刻立。碑全名"唐故大将军李公之碑"，俗称"李将军碑"。通高495厘米，由碑首、碑身、碑座三部分组成，两面刻字。碑首高1米，身高100厘米，宽140厘米，厚48厘米。碑座为赑屃座，高295厘米。碑身正面雕二龙戏珠，隶书竖刻"唐故大将军李公之碑"，两侧刻花草图案。碑阳文字自右至

《李将军碑》阳面

《李将军碑》阴面

《李将军碑》碑阴题字拓本

左竖刻，因长期暴露荒野中，碑文漫漶严重，现存30行，行70余字，楷体。碑阴当年没有雕刻，现存"宋宣和二年（1120年）""元至元二十三年（1286年）"两处题字和题名，其中"宣和二年题名"共7行，"至元二十三年"题字18行。宣统《甘肃新通志》载："李将军碑，在洮州厅旧洮堡南七里，今名石碑沟门，乃由洮往迭之通道也。碑额书'唐故大将军李公之碑'，八分书。碑高一丈五尺，广四尺。碑面通排三十行，下半剥落，惟上节可辨，然亦不能句读。碑阴有元至正癸卯岁便宜总兵官兼枢密院事阿□□速氏题李将军碑后，作七行大字，楷书。其剥落处亦多，止存下半截。"光绪《洮州厅志》卷十四"金石"、宣统《甘肃新通志》、张维《陇右金石录》等录碑文。樊维华《关于甘南卓尼县唐李将军碑》一文释录碑文462字。

1981年，李将军碑被公布为甘肃省第四批省级文物保护单位。现由甘南藏族自治州博物馆管理。

修筑新子州州墙及署衙记碑

原存宁县新宁镇庙嘴村东，今搬迁到宁县博物馆保存。也称《牛公碑》《修署衙纪碑》《刺史牛公板筑州墙建诸公署及修衙之碑》《刺史牛公建修衙之记碑》等。五代后梁龙德二年（922年）刻立，明代万历戊申年（1608年）续刻碑阴文。

《牛公碑》碑亭及背面

《牛公碑》正面碑额

此碑高 220 厘米，宽 110 厘米，厚 20 厘米，圆首方座，碑首呈圆弧形，高 42 厘米。正面额篆"刺史牛公建修衙之记"，碑文自右而左楷书竖写，记述宁州刺史牛知业新筑州墙、创建诸公署及州衙之事，李明启撰文，僧梦庄书，上官武镌字。

碑阴为明万历三十六年（1608 年）刻立，额篆"唐狄梁公之碑"，碑文自右至左竖刻，共 30 行，满行 80 字，计 2207 字。碑文讴歌唐代名臣狄仁杰经天纬地、匡扶唐室政权的丰功伟绩和高尚品德，追述狄公办案公正、冒死解救良臣、破除迷信、整肃淫祠、减轻民众负担、安抚戎夏、英勇戍边、举贤荐能等事迹。还刻有北宋范仲淹的一篇文章，文中抒写了他被贬守都阳、调任丹徒郡，并在经过狄公曾任县令的彭泽县时，拜谒狄公祠等事。

1981 年，修筑新子州州墙及署衙记碑被公布为甘肃省第四批省级文物保护单位。现由宁县博物馆管理。

四川制置使司给田公据碑

现嵌于天水市麦积山石窟瑞应寺天王殿后檐廊墙上。南宋嘉定十五年（1222 年）立。通高 168 厘米，宽 98 厘米。碑已断为上下两块，部分文字漫漶不清。圆额，碑额首行刻"四川制置使司"6 个楷书大字，碑额又横刻一行题额文字"四川

《四川制置使司给田公据碑》

制置使司给田公据碑"。碑文均楷书，计 47 行，满行 78 字。内容记述南宋开禧年间（1205~1207 年），地方政府屯田官为准备与金兵长期作战，将瑞应寺、胜仙寺及湫池一带的寺院常住土地改为军队屯田。后来，一支为抵御金兵入侵而兴起的农民起义军为筹集军粮、打造兵器，又把这些寺院内的粮食、铁钟、铁锅等打劫而去，致使寺僧生计艰难。为讨回公道，瑞应寺住持赐紫明觉大师重遇、胜仙寺僧智演等人向南宋地方各级政府反复申诉

了十多年，最终于嘉定十五年，四川制置使司给这些寺院发给《给田公据》，并刻石立碑。张维《陇右金石录》卷四据冯国瑞《麦积山石窟志》称之为《麦积山捐田碑》。碑文还记述了南宋时期麦积山石窟的演变历史，对研究当时的寺院经济、行政区划、法律诉讼等具有重要价值。

承天观碑

原位于正宁县罗川乡承天观遗址内，现移存至正宁县博物馆。承天观，始建于唐代开元年间（713~741 年），宋大中祥符二年（1009 年）重修，立碑纪事。后寺院毁，仅存碑。

现存碑高 272 厘米，宽 89 厘米，厚

《承天观碑》

《承天观碑》拓本

22厘米。额篆"大宋宁州承天观之碑""朝散大夫、行尚书兵部员外郎制诰上获军赐紫金鱼袋臣李维奉敕撰""翰林待诏朝奉郎守秘书丞同正骑都尉赐绯鱼袋臣尹熙古奉敕书写并篆额"。碑文楷、行相兼，自右而左，通行竖写，记述承天观的创建、发展、历次重修过程，宣扬道教思想，表达"无象之象，生乎二仪之先；强名之名，居乎四大之一。杳冥忽恍，固不见不闻；陶甄孕育，遂成形而成器。三才以之资始，万物由其统纷。王者得之，而垂拱之化光，百姓用之，而厚生之理遂。寻之无际，其体也，孰揆其高深，曷穷其神变"的思想。尾题"时大中祥符二年岁次己酉二月十五日建。御书院沈庆并侠令钦赵谦刻。右班殿直兵马监押兼在城巡检臣元守英。朝请大夫尚书虞部郎中和宁州军将兼管内劝农事护军赐紫金鱼袋臣淳于广"。

撰文者李维，字仲方，河北人，进士出身，博学，少时以文章知名。景德以后，巡幸四方，《承天观碑》是他早年的作品。《陇右金石录》称："李维者，李沆之弟。熙古之书，尤为当时所重。故此碑文字俱冠绝一时也。"宣统《甘肃通志》称："碑词渊博，书法遒逸，似圣教序。"兰州碑林翻刻此碑。

1981年，承天观碑被公布为甘肃省第四批省级文物保护单位。现由正宁县博物馆管理。

天圣碑

原位于泾川县王母宫回山顶，后移藏于泾川县博物馆内。也称《重修回山王母宫颂碑》《陶谷碑》。原碑刻于宋开宝元年（968年）。咸平戊戌年（998年）澶帅太傅柴禹锡命南岳僧梦英重书。天圣二年（1024年），上官佖再次重书重刻。

现存碑通高252厘米，宽86厘米，厚18厘米，翰林学士陶穀撰文，知军州市上柱国上官佖书丹。碑阳额篆"重修回山王母宫颂"。碑文篆书20行，落款"天圣二年太岁乙丑三月十五日，尚书度支员外郎、知军州事、上柱国上官佖重书"。碑文记载有关西王母的传说以及宋开宝年间重修王母宫之事。碑阴楷书上官佖撰写的碑文，文章记述了他撰写此碑文的经过："翰林承旨八座陶公谷，开宝戊辰岁，为泾帅太师张公铎述回山王母宫颂，当时已令刊勒上石。至咸平戊戌岁，澶帅太傅柴公禹锡镇于是邦，乃削去旧字，俾南岳僧梦英重书其文，而字多舛误，加以笔迹伪俗，佖谓名公之文，远近流布，好事者传颂，恐失其真，比再磨砻，又以梦英者自负，小学时辈推尚。遂别琢坚珉，躬自篆籀状斯冰玉箸之体，命工刊之，立于殿之北楹。庶乎陶公之文，回山之庙，偕斯篆而不朽矣。虑来者不详兹意，故书于碑阴以明焉。"陶谷撰文和碑额，上

《天圣碑》碑刻现状

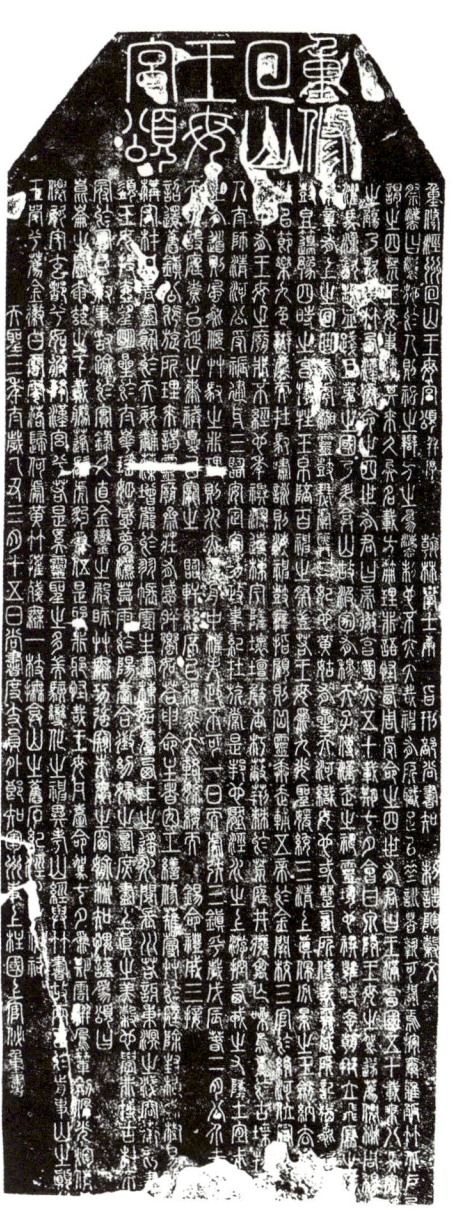

《天圣碑》拓本

官佚楷书碑文。

1981年，天圣碑被公布为甘肃省第四批省级文物保护单位，名为"宫山顶天圣石碑和大安铁钟"。现由崆峒区博物馆管理，竖立有文物保护标志碑，保存有文物档案资料。

世功保蜀忠德之碑

位于成县城关镇石碑村碑亭内。南

宋嘉泰三年（1203年）刻立。碑亭周围散存数件石望柱、石华表及石翁像等。又名《吴王碑》《吴挺碑》，系整块青石雕刻成，由碑座、碑身、碑额三部分组成。碑座雕双螭盘绕，长310厘米，宽220厘米，高185厘米，4条身披鳞甲的螭龙飞身腾跃于惊涛骇浪之中。碑额高140厘米，宽200厘米，厚46厘米，四周环刻八龙腾云图，自右至左两行楷书"皇帝宸翰"4字，每字高21厘米，宽13厘米。正中第3字以下刻楷体"修政殿书"4字，每字约22厘米见方，其上钤篆书"御书之宝"玉玺，印章大小68厘米见方。碑身高115厘米，两面刻文，碑阳篆额，碑文为吴挺次子吴曦撰写的《感恩表》，自右至左竖书，共47行，每行20字，楷体，每字15厘米见方，碑文前半部多残损剥落，碑文正中绕刻"寿"字图。碑阴篆额自右至左分两行竖书"世功保蜀忠德之碑"，每字高15厘米，宽10厘米，碑文首行题"宋故太尉、定江军节度使、武功郡开国公食邑六千七百户食实封二千四百户，致仕累赠太师、卫国公，谥武穆吴公神道碑"，自右至左竖书，共75行，满行120字，楷体，每字约15厘米见方。中大夫、守中书舍人、国子祭酒、直学士

《世功保蜀忠德之碑》

《世功保蜀忠德之碑》赑屃座

《世功保蜀忠德之碑》碑额文字

院、实录院同修撰高文虎撰文，朝奉大夫、起居舍人、兼实录院检讨官、兼权直学士院、赐绯鱼袋陈宗召书。尾题"嘉泰三年"。总计8461字。主要追叙吴挺的家世、抗金重大战役、保境筹边、军事战略思想等，赞美吴氏家族三代抗金保蜀的功勋。

吴挺，字仲烈，吴玠之侄，吴璘之子，以门功补官，《宋史》卷213有1368字的传记，碑文比《宋史·吴挺传》记载之事详细。《阶州直隶州续志》卷33《艺文》、叶昌炽《语石》卷二、张维《陇右金石录》卷四、樊军《吴挺碑校注》、吴景山《〈世功保蜀功德碑〉校读记》等文献均有载录和研究。

1981年，世功保蜀忠德之碑被公布为甘肃省第四批省级文物保护单位，名为"吴挺墓及吴挺碑"，包括华表和石翁仲等。现由成县博物馆负责管理。

石桥村嘉定刻石

位于礼县石桥镇石桥村东一天然石壁上。南宋嘉定元年（1208年）刻立。青石质，通长260厘米，宽230厘米，高160厘米。楷书阴刻，文字幅面长55厘米，宽30厘米，边沿有花卉装饰图案。全文为"丙寅开禧二年十一月二十八日，有金贼侵犯关外四州，至丁卯开禧三年三月十八日复收了当。戊辰嘉定改元元年四月有十九日谨记"等，计54字。记述南宋时金人南侵，关外四州沦陷，翌年南宋军民收复四州之事。

石桥村嘉定刻石属甘肃省第三次全国文物普查新发现文物点。

妙圣院古迹碑

位于礼县草坝乡高家崖村。南宋大观元年（1107年）立。青石质，圆首，碑身长方形，通高93厘米，宽51厘米。碑额楷书"大观敕书"，首题"秦州南山妙圣院敕赐古迹"。碑文楷书竖行28行，计572字，内容记载自唐贞观二十三年（649年）至南宋期间妙圣院的发展变化情况，本寺院多次受唐、宋朝廷敕赐寺名和维

《妙圣院古迹碑》碑文拓本

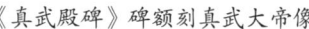

《真武殿碑》碑额刻真武大帝像

《真武殿碑》碑文拓本

修。尾题"大观元年九月六日本院受业僧、仆射题，时日祥书，吕全刻"。

1991年，妙圣院古迹碑被公布为礼县县级文物保护单位（礼政发〔1991〕225号）。现由礼县博物馆管理。

真武殿碑

位于礼县盐官镇南街。南宋乾道八年（1172年）刻立。砂岩质，圆首、狮头座。通高125厘米，宽66厘米。碑额刻真武大帝像。正面首题楷书"盐官镇重修真武殿记"。碑文楷书，竖行14行，每行20字，共计300余字。内容记载金兵焚毁真武殿的经过及当地民众自愿出财、出工重修真武殿等事由，尾题"乾道八年十一月望日，米居纯记，王光祖立石"。

万象洞石刻题记

位于陇南市武都区汉王镇万象洞内。万象洞为天然溶岩洞，洞内深10余千米，洞内崖壁上有北宋至清代的多处历代游人题刻、碑刻。如北宋元祐六年（1091年）秦凤路刑狱公事游师雄、南宋绍兴二十九年（1159年）阶州知州高基景、万钟、宇文景仁等的摩崖题刻6方；明代巡按陕西监察御史、阶州知州巡游石碑2通，以及北周出巡大臣武定公、贺娄慈及宋、元、明、清墨书题记百余处，内容多为赞咏万象洞美景奇观。其中北宋元祐六年《郑阶游万象洞摩崖石刻》高270厘米，宽265厘米，楷书竖行3行，共21字，尾题"提点秦凤路刑狱公事游师雄同知州郑阶登万象洞，元祐六年正月十七日"。南宋绍兴二十九年《高英景游万象洞摩崖石刻》高90厘米，宽135厘米，竖行楷书14行，每行10字，计

137字，文字大小 8 厘米见方，记载郡守高英景等人游万象洞之事，林茂先书。南宋淳熙庚子七年（1180 年）《万钟游万象洞摩崖石刻》高 70 厘米，宽 60 厘米，楷书竖行 7 行，81 字，文字大小 7 厘米见方，用长短诗描写万象洞地形和美景，郡太守万钟撰文。南宋绍熙元年（1190 年）三月十日《宇文景仁游万象洞摩崖石刻》高 90 厘米，宽 130 厘米，行书竖行 8 行，计 94 字，文字大小 7 厘米见方，以七言诗记述万象洞内的奇峰异景，宇文景仁撰书。明正德十三年（1518 年）《游万象洞碑》高

南宋绍兴二十九年万象洞高英题刻

南宋绍熙元年万象洞题刻

100 厘米，宽 60 厘米，额阴刻云纹，首题楷书"游万象洞"，碑文竖行楷书 9 行，每行 22 字，计 192 字，记载对万象洞内奇妙美景的感受，罗玉汝作诗并撰。

1993 年，万象洞石刻题记被公布为甘肃省第五批省级文物保护单位。1999 年，陇南市人民政府拨款予以保护。现由武都区博物馆、武都区旅游局共同管理。

重修护国寺感应塔碑（西夏碑）

现存凉州区博物馆。西夏天祐民安五年（1094 年）立。又名"西夏碑"。原位于武威市清应寺内，后寺院毁，仅存碑。清嘉庆九年（1804 年），陇右金石学家张澍发现并载录。1927 年，河西大地

震后，将此碑移置于武威文庙内保存。

西夏天祐民安五年（1094年），西夏崇宗乾顺与皇太后重修凉州护国寺感通塔和寺院，第二年竣工，立碑赞庆。碑通高260厘米，宽100厘米，厚30厘米，碑首半圆形。碑座盝顶长方形，长81厘米，宽68厘米，高25厘米，刻卷云纹和莲花纹。碑阳额刻篆书西夏文2行8字，汉译为“重修护国寺感应塔碑”，两边阴刻伎乐天，碑文楷书西夏文28行，满行65字。碑阴为汉文，额篆“重修□□寺□□塔碑铭”，碑文楷书，竖行26行，行70字，是西夏文的释文。两面碑文均记述前凉时期张天锡始建护国寺塔，数有灵验；西夏天祐民安四年（1093年），国主修复因地震倾斜的塔身。碑文末列有修塔功德人姓名，尾题“天祐民安五年岁次甲戌正月甲戌朔十五日戊子建”。张政思书并篆额，石工韦移崖等。

此碑是保存最完整的西夏文和汉文

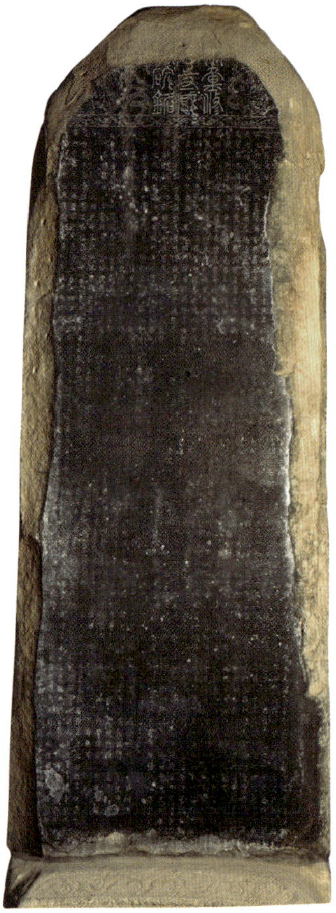

《西夏碑》背面

《西夏碑》背面汉文拓本

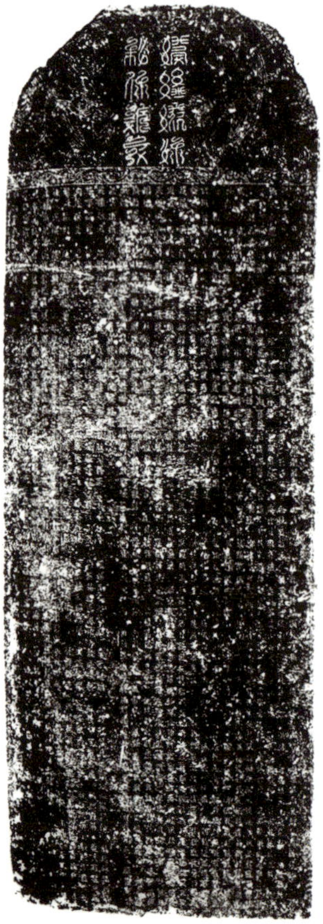

《西夏碑》正面西夏文拓本

对照碑，对研究西夏语言文字、社会经济、土地制度、官制、民族关系、阶级关系、帝后尊号、佛教信仰等具有重要价值。1932年，罗福成开始对西夏文碑进行释读。宣统《甘肃新通志》、民国《甘肃通志稿》、张维《陇右金石录》等均载录此碑。陈炳应《西夏文物研究》、史金波《西夏佛教史略》及《凉州感应塔碑西夏文校译补正》等对西夏文予以补释和考证。

1961年，重修护国寺感应塔碑（西夏碑）被国务院公布为第一批全国重点文物保护单位。现由凉州区博物馆管理。

黑河建桥敕碑

原位于张掖市城西5千米处黑水河桥头，后移存至张掖市博物馆（今甘州区博物馆）。西夏乾祐七年（1176年）刻。现存石碑通高115厘米，宽70厘米，正面刻藏文，背面刻汉文。两面上部边缘均有一身线刻飞天，拱手做供养状，飞天周围刻云气纹，外缘线刻缠枝莲花及卷云纹。碑阴汉文楷书13行，每行30字，首题"敕镇夷郡境内，黑水河上下，所有隐显切水土之主——山神、水神、龙神、树神、土地诸神等，咸听朕命"，尾题"大夏乾祐七年岁次丙申九月二十五日立石。主案郭正威，司吏骆永安，笔手张世恭书，写作使安善惠刊，小监王延庆都大勾当，镇夷郡正兼郡学教授王德昌"。碑

《黑河建桥敕碑》

阳藏文正楷21列，文字多漫漶不清。两面碑文内容略同，记述西夏仁宗仁孝皇帝为黑水河诸神发布命令，祈求此地水患永息，桥道久长。

此碑之著录最早见于康熙乙卯年（1675年）长汀黎士宏《仁恕堂笔记》。乾隆三十年（1765年）《甘州府志》卷五有"黑河桥……有敕黑河龙神文碑，今在下龙王庙，与高昌书相类。碑阴用其国书"等记载。清代张澍《凉州府志备考·艺文》收录汉文碑文。宣统《甘肃新通志》卷92、民国《甘肃通志稿》误以藏文为西夏文。罗振玉《西陲石刻录》名为《西

夏告黑水河诸神敕》，亦误碑阳文字为西夏文。向达《唐代长安与西域文明》载一面为汉文、一面为藏文。

四面道流碑

现存天水市秦州区玉泉观选胜亭内。元大德六年（1302 年）刻立。全名"大元崇道诏书之碑"，俗称"四面道流碑"，因碑身四面刻写道教全真派早期的历史渊源和掌门人传承世系，故名。圭首，长方柱体。碑额高 80 厘米，有两面各雕 4 条龙。碑身高 158 厘米，正、背面均宽 53 厘米，两侧面均宽 47 厘米。碑正面额篆"大元崇道诏书之碑"，背面额篆"全真列祖赋"。碑文以楷体、瘦金体写成。

四面碑文内容、落款时间各不相同，正面刻《元世祖皇帝褒封制词》（亦称《大元崇道诏书碑》《敕封东华帝君五祖七真碑》），对道教全真派历代宗祖东华教主、正阳钟离真人、纯阳吕真人、海蟾刘真人、重阳王真人、丹阳先生马钰、长真先生谭处端、长生先生刘处玄、长春先生丘处机、玉阳先生王、广宁先生郝大通、清静散人孙不二等人敕封为"真人"，落款"至元六年（1340 年）"。

左面额篆"祖师五篇秘语"，首题"纯阳真人授重阳祖师秘语。宣授陕西□西

《四面道流碑》

《四面道流碑》碑首

《四面道流碑》之《敕封东华帝
君五祖七真碑》　　　　《四面道流碑》之《全真列祖赋》　　　《四面道流碑》之《全真
祖宗之图》

蜀四川道教提点玄明文靖天乐真人李道谦。"尾题"大元国大德六年岁次壬寅仲秋下旬有二日，玉泉观知观何道元、任道芳等并十方道众同建立石"。

背面额篆"全真列祖赋"，主要记载道家全真派20位祖先的传承世系，开篇称"全真之名，始自东华帝君"，东华帝君之后列举了19名仙真的名号和赞语，还记述了全真派的基本信仰。尾题"施碑石会首前秦州儒学刘懋林"。该碑文可与陈垣《道家金石略》之录文互补。

右面额篆"全真祖宗之图"，以图表的形式追述金阙玄元上德皇帝太上老君、东华紫府少阳帝君王、长春演道主教真人丘的"降升日"及相关经历和故事。另有功德主姓名，尾题"秦州玉泉观达玄

813

子梁志通立石"。

2003 年，玉泉观被公布为甘肃省第五批省级文物保护单位，石刻为附属文物。现由玉泉观文物管理处管理。

镇海寺八思巴文碑

原位于泾川县城北 3 千米水泉寺村镇海寺内。镇海寺，又名海印寺、华严寺，始建于元世祖忽必烈至元十四年（1277 年），碑亦当年刻立。寺院早年已毁，仅存此碑。今移至泾川县博物馆保存。

碑为砂岩质，圆首龟趺，通高 185 厘米，宽 86 厘米，厚 24 厘米。碑首四周刻荷花纹，额题汉文楷书"镇海之碑"。

碑身两面刻文。碑阳上部自右至左竖行刻八思巴文，内容为元世祖忽必烈于 1227 年颁发保护泾州镇海寺及本寺和尚财产权益的圣旨；下端为汉文，楷体竖书，内容均为寺院功德主姓名、官职等。碑阴通体刻汉文，风化严重，文字多漫漶不清，可辨识者无几。

张维《陇右金石录》卷五收录此碑的汉文及八思巴文摹写本。1996 年版《泾川县志》附录《镇海寺蒙文碑译文》。照那斯图《八思巴字和蒙古语文献》（Ⅱ）一书也收录此碑的八思巴文，有拓本，也有汉译文和现代蒙古文译文。北京大学图

镇海寺《八思巴文碑》碑阳八思巴文

镇海寺《八思巴文碑》

镇海寺《八思巴文碑》碑阳八思巴文拓本　　镇海寺《八思巴文碑》碑阴汉文拓本

书馆藏该碑拓本（见蔡美彪编《北京大学文科研究所所藏元八思巴字碑拓序目》）。蔡美彪曾撰《泾州水泉寺碑译释》一文，发表了八思巴文拓本，有汉语译文，译文为：

长生天气力里、大福荫护助里皇帝圣旨。

州城县镇达鲁花赤、往来使臣、军官、军人每宣谕的圣旨：成吉思皇帝、合罕皇帝圣旨里："和尚、也里可温、先生、答失蛮每，除地税、商税外，不拣甚么差发休当，告天祈福者。"么道有来。如今依在先圣旨体例，和尚、也里可温、先生、答失蛮每，地税商税外，不拣甚么差发休当，释迦牟尼的道子休违了，告佛天与俺每祈福者么道。泾州花严海水泉禅寺名字的寺院里，璨□班为头和尚根底收执

的圣旨与了也。这底每寺院房舍里，使臣休安下者，铺马只应休拿要者，地土、水、磨不拣甚么休夺要者。更，这和尚每有圣旨么道，无体例勾当休做者。做呵，他不怕那。

圣旨俺的。

牛儿年夏末月三十日，上都住时分写来。

1981 年，镇海寺八思巴文碑被公布为甘肃省第四批省级文物保护单位。现由泾川县博物馆管理。兰州碑林翻刻此碑，碑文为西北民族大学郝苏民译释，但部分译文与蔡美彪译文有出入。

敕赐雍古氏家庙碑

位于礼县城关镇南关村。也称《赵世延神道碑》《鲁国公家庙碑》《赵孟頫书赵世延家庙碑》。元后至元三年（1337 年）

刻立。通高 350 厘米，宽 130 厘米，厚 42 厘米。蟠螭首、龟趺。碑额高 130 厘米，宽 130 厘米，厚 43 厘米。碑身高 220 厘米，宽 130 厘米，厚 42 厘米。两面均刻碑文。碑阳额篆"敕赐雍古氏家庙碑"。碑文首题"大元敕赐雍古氏家庙碑"，楷书竖行 33 行，每行 64 字，共 1230 余字，尾题

"至元丁丑孟秋初吉孙男奎章阁大学士翰林学士承旨银青荣禄大夫知制造兼修、国史中书平章政事鲁国公世延启建"。碑阴额篆"大元敕赐之碑"，首题"翰林学士承旨荣禄大夫知制造兼修、国史臣程钜夫奉敕撰、集贤学士资德大夫臣赵孟頫奉敕书并篆题"。碑文记载赵世延及其祖父按

《敕赐雍古氏家庙碑》碑首及碑额

《敕赐雍古氏家庙碑》

《敕赐雍古氏家庙碑》碑文拓本

竺迹、父赵国宝祖孙三代的功德与政绩，赞颂先祖赵世延一生"奉律西征，陇右遄定，进兵蜀道，首集阶、文，守汉阳，制三边，纳吐蕃"的盖世功勋，赞誉他"多谋尚议，爱下恤民。所至救弥戮，赎俘囚，辑降附"的谦谦君子风度以及"自幼学问，雍容闲雅，言貌甚都。敬礼儒生，恒戒军中无毁文籍，是宜有佳子弟之报"的雅量与风范。

赵世延（1259~1336年），字子敬，《元史》有传。一生历九朝。加晋翰林学士承旨、光禄大夫，拜中书平章政事。曾奉命纂修《皇朝经世大典》，封鲁国公，文宗末年改封凉国公。撰文者程钜夫，元朝重臣，功高权重，《元史》有传。书丹者赵孟頫，字子昂，元代著名书画家，《元史》有传。

1981年，敕赐雍古氏家庙碑被公布为甘肃省第四批省级文物保护单位。现由礼县博物馆管理。1986年新建保护碑亭。兰州碑林全文摹刻了该碑碑文。

古岷崖石重修岳宫之碑

位于礼县崖城乡何家庄村西。亦称"东岳庙碑"。元至元五年（1339年）立。砂岩质，碑首已佚，龟跌，通高310厘米，宽870厘米，厚25厘米。两面刻文。碑阳首题楷书"古岷崖石重修岳宫之碑"。碑文楷书，竖行24行，计739字。内容记述东岳庙主持严惠昭幼年慕道、朝夕诵

《古岷崖石重修岳宫之碑》

念《清静经》等事；末尾刻世居官僚李通知等施主140多人姓名及官衔。碑阴首题楷书"大元崖石镇东岳庙之记"；碑文楷书，竖行20余行，计700余字，记述"崖石古岷"创修东岳庙的前因后果及筹建过程；尾题"至元五年岁在己卯季秋日本观住持金栏紫服希文凝妙玄微大师严惠昭建。周夔撰文，野峻台书并篆题。"

1991年，古岷崖石重修岳宫之碑被公布为礼县县级文物保护单位（礼政发〔1991〕225号）。现由礼县博物馆管理。

观音圣界碑

位于礼县湫山乡下坪村湫山小学院内。元至正己丑（1349年）刻立。砂岩

质，圆首方跌，通高 225 厘米，宽 70 厘米。碑座长 100 厘米，宽 25 厘米，高 35 厘米。碑首高 70 厘米，宽 80 厘米，厚 21 厘米，额刻四条蟠龙。碑身竖长方形，高 155 厘米，宽 70 厘米，厚 15 厘米。两面刻文。碑阳额篆"湫山观音圣界之碑"，碑文楷书竖行 27 行，每行 25~28 字，主要记载湫山寺创建历史及重修湫山寺之缘由，尾题"大元至正己丑岁在正月□□□望日讷石"。碑阴额中央刻观音像，两侧蟠龙盘绕，首题楷书"湫山观音圣境通济善惠

石碑记"，碑文主要记述创建寺院各施主及本地蒙、汉族官员姓名、头衔等。牟守中撰文，野峻台书并篆题。

1991 年公布为礼县县级文物保护单位（礼政发〔1991〕225 号），名为"观音圣境碑"。现由礼县博物馆管理。

莫高窟六体文石刻

现存敦煌莫高窟。碑高 79 厘米，宽 54 厘米，四角有磨损，呈不规则椭圆形。刻于元至正八年（1348 年）岁次戊子。碑文最早载录见于清·徐松《西域水道记》

《观音圣界碑》

《观音圣界碑》正面碑额

《观音圣界碑》背面碑额

卷三。此后，罗振玉《西陲石刻录》《甘肃通志稿》及张维《陇右金石录》等文献均有载录。《甘肃通志稿》记载"一为西藏字，一为女真字"。实误。此碑六体文中无女真文。张维《陇右金石录》卷五名为"莫高窟造相记"，但未提及藏文，其跋文云："居庸延庆州有至正五年石刻佛经，蒙古、辉和尔、女真、梵、汉五种字，此碑合西夏文为六种。"

现存碑之正面上部刻楷体"莫高窟"3字，正中为藏传佛教佛像，佛座为一层仰莲覆瓣。佛像上部有两层文字，一为梵文，一为藏文；右边有两种文字，一为八思巴文，一为蒙古文；左边有两种

文字，一为汉文，一为西夏文，汉文为"唵、嚤、呢、叭、咪、哞"。碑左上部刻"功德主速来蛮西宁王妃子屈术太子养阿沙速丹沙"题记。佛像下刻众多人名，共21行。该题名文字在徐松《西域水道记》卷三中有载录，阎文儒《元代速来蛮刻石释文》一文中也有载录。从左而右竖行排列：

沙州路河渠司 /……

□……/

大使兴都　百户宜吉。……/

善友脱果　答失蛮杨若者 /

华严奴　□脱延　刘拜延 /

解递立鬼　解卜竜布文殊奴 /

罕班　耳的刺　也先拈术 /

张宣　□黑狗　王立□ /

李世荣　递立鬼　刘三□ /

陈世昌　翟文通　李刘□狗 /

曾失罕　□□　阿三布 /

□□监挐　令只合巴公哥力加 /

张耳赤　弄卜忍勿　德□ /

□惠　□乙尼迭立□失 /

院主□□　叉束　义立即 /

□□子律竜布　奂即 /

□掠兀沙　哈剌阳阿布海牙 /

陈教化　吴教化　智宝 /

耳立鬼　□正布□兀咒 /

朵立只　□歹　□都思 /

尼智成天□哥失。

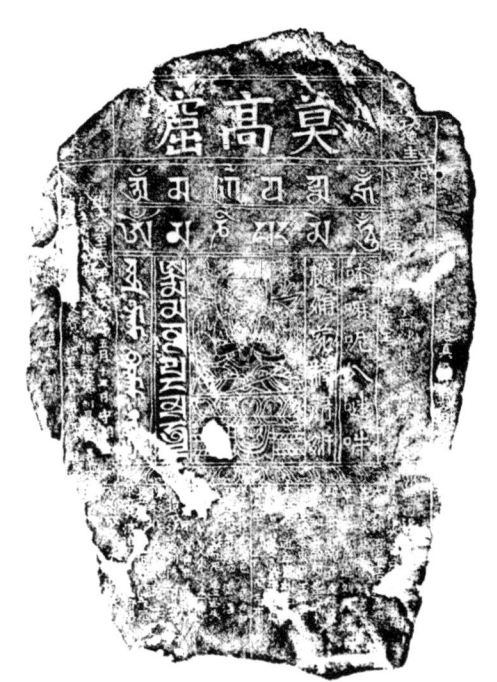

《莫高窟六体文石刻》拓本

《肃州碑》背面回鹘文

《肃州碑》汉文拓片

《肃州碑》回鹘文拓片

大元肃州路也可达鲁花赤世袭之碑

原嵌于酒泉东城门内墙上，有两块，均花岗岩质，无碑额，为长方体石柱。1962年整修酒泉市街道时拆除东城门，石碑被拆下，移存酒泉市博物馆（现肃州区博物馆）内。因碑石之回鹘文一面早年长期暴露在城墙外，已漫漶不清，有三分之一的文字完全剥落。刻于元至正二十一年（1361年）。俗称"肃州碑"。通高236厘米，宽94厘米，厚29厘米。碑阳均刻汉文，第一碑13行，第二碑11行，每行字数不等，碑阳首题"大元肃州路也可达鲁花赤世袭之碑。将士郎云南嵩明州判官段天祥撰。圆通慈济禅师肃州在城洪福寺住持定慧明书丹并篆额"；尾题"至正二十一年岁次辛丑□……"碑阴均刻回鹘文，共32行。

碑文主要记述党项家族唐兀氏自西夏国灭亡至元朝末年的130多年间里，历6代共13人的职官世系情况及其事迹。汉文碑文主要列举元代唐兀氏（即西夏之后裔）举立沙六代人的世系次序：第一代举立沙；第二代阿沙；第三代剌麻朵儿只、管固儿加哥；第四代长曰贯□□□，次曰耳玉，又次曰管布，季曰令只沙；第五代帖信普、普达实理、善居；第六代定者帖木儿、赤斤帖木儿。关于碑阴文字，《陇右金石录》认为是蒙古文。1943年，向达考证后认为是回鹘文。夏鼐《〈陇右金石录〉补正》一文也认为是回鹘文。此碑的两面碑文属回鹘文与汉文互译。此后，金石、文献学界对该碑文涉及的民族、历史、文化等问题进行多方面研究，主要有：白滨、史金波《〈大元肃州路也可达鲁花赤世袭之碑〉考释——论元代党项人在河西的活动》一文；耿世民《〈大元肃州路也可达鲁花赤世袭之碑〉回鹘文部分译释》一文将碑阴回鹘文译

成汉文；汤开建《〈大元肃州路也可达鲁花赤世袭之碑〉补释》等。

有元重修文殊寺碑铭

原立于肃南裕固族自治县祁丰区文殊山石窟青衣寺中。元泰定三年（1326年）立，俗称《元太子碑》。1997年，肃南裕固族自治县有关部门修缮文殊山清凉寺时，将碑移置于百子楼内。

现存碑为青石质，高126厘米，宽77厘米，厚25厘米。正面刻汉文，背面刻回鹘文。正面汉文阴刻，楷体，共24行，每行52字，尾题"大元泰定三年岁次丙寅八月丁酉朔十五日丙戌上旬喃答失太子立石，弘法僧速那令真撰。秦亭辩吉□。"碑阴外缘雕忍冬卷草纹，阴刻回鹘文，共26行，尾题"大（元泰定三年）

《元太子碑》正面汉文

《元太子碑》汉文拓本

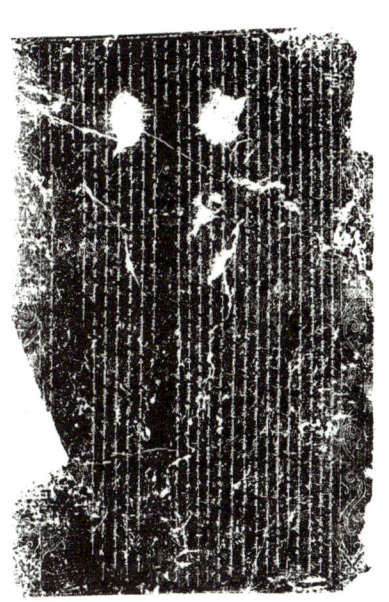
《元太子碑》回鹘文拓本

秋八月。（作者）依尔普阿答法师，抄写人亦赫迷失·哈牙，刻工李克西。"两面碑文内容基本一致，汉文为散文体，回鹘文为韵文体。全文记述元泰定帝也孙铁木耳之子喃达失太子驻军肃州文殊山时，焚香拜佛，目睹文殊山殿宇年久失修，发祥瑞善心，同众兄弟、公主、王妃、随行官员捐金助银，给寺院布施灯油田地，重修圣寺，彩绘圣容，祈愿神佛保佑自己长寿安康，保佑国家边防宁静、五谷丰登、万民安乐。

1993年，文殊山石窟被公布为甘肃省第五批省级文物保护单位，碑石作为石窟寺附属文物。现由酒泉市博物馆、文殊寺管委会共同管理。

大元敕赐追封西宁王忻都公神道碑铭

位于武威市凉州区北15千米永昌镇石碑沟村碑亭内。元至正二十二年（1362年）立。由碑座、碑身、碑首三部分组成。碑首为透雕蟠螭，高160厘米，宽160厘米，厚45厘米。碑座龟趺，高140厘米，长240厘米，宽160厘米。碑身高280厘米，宽150厘米，厚40厘米。两面刻文，正面为汉文，背面为回鹘文。正面汉文额篆"大元敕赐西宁王碑"，分为两行。碑文首题"大元敕赐追封西宁王忻都公神道碑铭"，尾题"至正二十二年岁次壬寅十月吉日立石"。"通奉大夫、中书参知政事知经筵事、提调四方献言详定司事危素

撰文，光禄大夫滕国公、集贤大学士张瑨书丹，荣禄大夫、中书右丞、同知经筵事、提调国子监大都府学陈敬伯奉敕撰额。"碑文共32行，每行62字，记述忻都公及其先辈为元廷立下的汗马功劳，元太祖四年（1209年），回鹘王巴而术阿亦都护举国归属元朝，称臣于元，后从征四方，功勋卓著，期间，忻都公之父离开火州（今新疆吐鲁番），并携带全家归元朝，跋涉

《西宁王碑》正面

险阻，行至永昌（今凉州区永昌镇），见此处土地沃饶，以为乐土，定居下来，休养生息，取名为"永昌"。至忻都公之子斡栾时，官至中书平章政事。

　　背面碑额自右至左竖刻回鹘文 4 行，碑文均刻回鹘文，共 54 行。此碑对研究回鹘族起源、流派，汉、蒙、回鹘民族关系及元代文学、书法等具有重要价值。此碑发现以来，国内外学者广泛关注。碑文最早记载见于清乾隆《武威县志》。此后，清乾隆《五凉志》、清代张澍《凉州府志备考·艺文卷》卷八、民国《甘肃通志稿》、张维《陇右金石录》卷五均载录其汉文碑文。1949 年，美国哈佛大学克立夫博士（Cleaves.F.W.）撰写《1362年所立汉蒙二体忻都王神道碑》一文（《哈佛大学学报·亚洲研究》），发表了汉文、回鹘文拓本。1972 年，匈牙利学

《西宁王碑》正面汉文拓本

《西宁王碑》背面回鹘文拓本

《高昌王碑》正面　　　　《高昌王碑》正面汉文拓本　　　　《高昌王碑》背面回鹘文拓本

者李盖提（L.Ligeti）《古典时代之碑铭》（Monuments Preclassiques）I 对碑文之回鹘文予以研究。道布《回鹘式蒙古文文献汇编》（蒙古文版）收录了拓本，对原回鹘文予以摹写，并将回鹘文转写为蒙古文。图力尔《忻都王碑文研究》系统记述了此碑发现以来的研究情况。

1981 年，大元敕赐追封西宁王忻都公神道碑铭被公布为甘肃省第四批省级文物保护单位。现由凉州区博物馆管理。

亦都护高昌王世勋碑

原位于武威市凉州区北 15 千米永昌镇石碑沟村内。也称《高昌王碑》。早在清末时即埋没于地下，断裂为三段，后被当地群众挖出上下两段，将其打制成石碾磨。1934 年，该碑的中段又在当地出土，武威人贾坛、唐发科等组织移置于武威县教育馆（今武威文庙）内保存，并在其中的一段上刻了题跋文字。

现仅残存部分碑额和碑身的中段。碑额残高 130 厘米，宽 190 厘米，厚 52 厘米。碑身残高 182 厘米，宽 173 厘米，厚 47 厘米。正面刻汉文 36 行，每行残存 41 字；背面刻回鹘文，回鹘文分栏书写，每栏 51 行或 52 行，现仅存四栏半。参照虞集《道园学古录》之原碑文，原碑文当为每行 92 字。汉文碑文称此碑刻于元至顺二年（1331 年），回鹘文碑文称刻于元统二年（1334 年）。元代著名学者虞集撰写该碑文是元至顺二年，碑石刻立于元统二年。《元史》卷 122《巴而术阿而忒的斤传》记述之事与汉文碑文大体一致，只是个别地方作了删改，略去了碑文后的大段赞美诗。1943 年，黄文弼赴新疆考察路过武威时看到此碑，他根据乾隆《武威县志》所载碑文，补全了碑文的上半段内容。

碑文主要记述亦都护高昌王从巴而术阿而忒的斤到太平奴共 8 代仕事元朝政府的事迹，详细记载了畏兀儿亦都护的传承世系：巴而术阿而忒的斤——乞失马因——萨仑的斤——玉古伦赤——马木剌的斤——火赤哈儿的斤……纽林的斤——帖木儿补化——笺吉——太平奴——月鲁帖木儿……不答失里……桑哥……雪雪的斤……和赏。碑文对研究元代永昌之名的由来和永昌城的位置、畏兀儿内迁永昌的时间、封镇永昌以及高昌王亦都护历代世系传承等具有重要价值。

1981年，亦都护高昌王世勋碑被公布为甘肃省第四批省级文物保护单位。现由凉州区博物馆管理。

重修凉州白塔志碑

现收藏于武威市白塔寺内。明宣德六年（1431年）刻立。凉州白塔，即凉州白塔寺之百塔，亦称"百塔寺""幻化寺"，与武威海藏寺、金塔寺、莲花寺并称"凉州四部寺"。民国十七年（1928年），武威

大地震时，寺院坍塌殆尽，碑刻尚存。

现存碑高50厘米、宽30厘米、厚10厘米。碑阳刻汉文，额题"建塔记"。碑文首题"重修凉州白塔志"，尾题"大明宣德六年岁次辛亥六月初吉日立石"，碑文主要记述白塔寺的历史沿革，称白塔寺"原其本，乃前元也"。碑阴刻藏文，内容与汉文稍有不同，说白塔寺"乃前朝古寺，不知建于何代，西夏时曾修葺"。另有康熙二十一年（1682年）《重修白塔碑记》1通，正面刻汉文，背面碑额刻藏文，碑文刻汉文。正面汉文记载："白塔不知传自何代。近翻番经，知系果诞阔端王从禹斯藏（西藏）敦请神僧名板只达（班智达）者来凉州供奉于白塔寺，时年已六旬矣，后六载即槃，沐浴焚化……王与众等靡不踊跃赞欢，合掌恭敬，缘

《凉州白塔志碑》清代碑
背面汉、藏文

《凉州白塔志碑》明代碑
背面藏文

《凉州白塔志碑》明代碑
正面汉文

建白塔寺。板只达金身灵骨装入大塔内，其余众塔俱有舍利缘。"

重建景会寺碑

现存民乐县南古乡景会村景会小学内。原有寺院，明天顺元年（1457年）修建，四年（1460年）题奏奉，敕赐寺额曰"景会"。嘉靖二十五年（1546年）再次重修，并立碑。20世纪50年代以来，寺院被毁，仅存碑。现存碑为石灰岩质，长方形，通高210厘米，宽105厘米，厚13厘米。碑阳阴刻汉文，碑阴阴刻藏文。碑阳额篆"敕赐景会寺重建碑记"，记载重建景会寺的经过，赵锦撰文、王继祖书。两面碑文内容基本一致。

1990年，重建景会寺碑被公布为民乐县县级文物保护单位（民政发〔1990〕068号）。现由民乐县文物管理所、民乐县南古乡景会小学共同管理。

伏羲庙碑刻

现存天水市秦州区伏羲庙内。西面碑廊内集中保存明~清代修缮伏羲庙碑记10余通，主要有：

《新建太昊宫门坊碑》，碑高105厘米、宽60厘米、厚26厘米。首题"新建太昊宫门坊记"；碑文楷书，记载伏羲庙的方位、创建原因及创建情况；尾题"弘治三年（1490年）岁次庚戌冬十一月上旬吉旦""奉训大夫知秦州事兰阳段砷撰文，明威将军秦州卫指挥佥事尹凤书丹"。

明嘉靖三年（1524年）《重建伏羲庙碑》，青石质，蟠螭首，龟趺。通高348厘米，座高33厘米；身高210厘米，宽

《重建景会寺碑》

明嘉靖三年《重建伏羲庙碑》

明嘉靖三年《重建伏羲庙碑》碑额

108 厘米，厚 25 厘米；碑首高 105 厘米。额篆"重建伏羲庙记"，首题"重建伏羲庙记"。碑文楷书，记载巡按御史马溥然、冯时雍、许翔等倡议重建伏羲庙之事。尾题"嘉靖三年甲申十二月望日""赐进士第中顺大夫陕西按察司副使提督学校兰溪唐龙撰文，赐进士第中顺大夫陕西按察司副使整饬边备抚宁翟鹏书丹，赐进士第中顺大夫陕西按察司副使整饬兵备山阴成文篆额，署州事巩昌府通判衡水李梅立石。"

明嘉靖十一年（1532 年）《重修伏羲庙碑》，灰砂岩质，蟠螭首、龟趺。通高333 厘米。座高 18 厘米；身高 225 厘米，宽 113 厘米，厚 15 厘米；碑首高 90 厘米。碑身周边刻忍冬纹，额篆"重修伏羲庙记"，首题"重修伏羲庙碑"。碑文楷书，记述御史陈进辅等维修伏羲庙、彩绘之事。尾题"大明嘉靖壬辰夏四月吉日立石"，翰林院修撰经筵讲官修国史古邰康海撰文，赐进士出身奉政大夫陕西按察司金事兵部郎中古杨张□书丹。

明嘉靖十八年（1539 年）《太昊庙乐碑》，青石质，圆首长方形，高 160 厘米，宽 90 厘米，厚 25 厘米。额篆"太昊庙乐记"，首题"太昊庙乐记"。碑文隶书，记述胡缵宗创作《迎神曲》《送神曲》之原由。尾题"大明嘉靖己亥中棣□□吉□□同知□添柱国□南士张悌使……立石""赐

进士通议大夫都察院右副都御史前翰林院检讨国使馆郡人胡缵宗撰，赐进士中宪大夫陕西按察司副使文安纪常书，赐进士文林郎江西道监察使茌山杨逸学篆额。"

明万历三十七年（1609 年）《谒伏羲庙碑》，白砂岩质，圆首长方形。高174 厘米，宽 81 厘米，厚 3 厘米。额刻卷云纹，首题"谒伏羲庙"，碑文楷书阴刻诗二首，尾题"万历己酉春三月吉""赐进士第朝议大夫分守陕右……任彦棻书"。

明崇祯十六年《李悦心诗碑》。2005 年 5 月维修伏羲庙后院太极殿西侧期间挖出，共两通，均残存半段，其中一块仅存碑首，刻六条盘龙，碑额刻"重修祖庙碑记"等字。另一块为明崇祯十六年（1643 年）立《谒太昊宫》诗文碑，落款为"大明崇祯十六年岁次癸

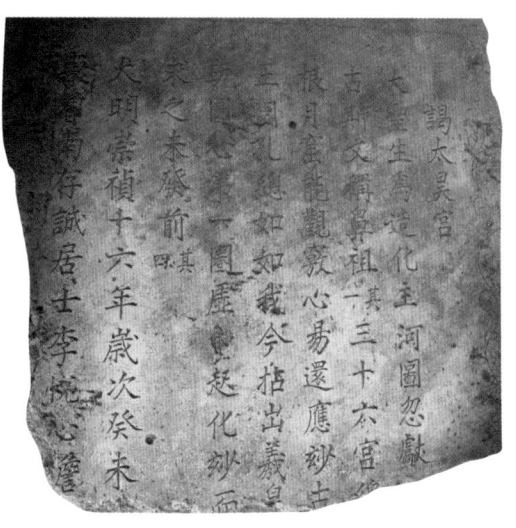

明崇祯十六年《李悦心诗碑》

未”，“东曹南存诚居士李悦心詹”。

明李悦心《谒太昊宫碑》石灰岩质，现存上半段，拱形碑首阴刻卷云纹，高115厘米，宽76厘米，厚27厘米。楷书七言诗四首。现存伏羲庙西碑廊。清乾隆《秦州直隶州新志》卷十一有李悦心《谒太昊宫》诗文。全文如下：

谒太昊宫

其一，大圣生为造化主，河图忽献心之谱。信心一画鸿蒙开，千古斯文称鼻祖。

其二，三十六宫总一心，枝枝叶叶费根寻。天根月窟龙观窍，心易还应妙古今。

其三，悟彻先天一字无，文王周孔总如如。我今拈出羲皇意，万物森森列卦图。

其四，细玩图中第一圈，虚中造化妙而玄。欲知圣圣相传意，惟在求之未发前。

《太昊庙记乐章碑》，青石质，嘉靖十三年（1534年）立，清乾隆五年（1740年）重刊。横长方形，周边刻云龙纹，长101厘米，高63厘米。首题“太昊庙记乐章”，碑文楷书阴刻《送神曲》《迎神曲》各一首，尾题“嘉靖十三年甲午中秋之吉秦州知州铅山黄仕隆立石，大清乾隆五年庚申孟夏之吉秦州知州闽中李鉉重刊”“陕西布政司分守陇右道参议吉郡刘从学题额，巡抚陕西监察御史沁阳张鹏撰文，陕西按察司分巡陇右道佥事文安纪常书丹。”

清乾隆五年重刊《太昊庙记乐章碑》

清乾隆五年（1740年）《重修伏羲庙碑》，砂岩质，圆首方趺。通高165厘米，宽72厘米，厚20厘米。首题“重修伏羲庙记碑”；碑文楷书，记述秦州知州李鉉上任后维修伏羲庙及伏羲庙现状情况；尾题“清乾隆五年五月立石”，李鉉撰文，张悌书丹。

丈地均粮碑

原存舟曲县文化馆内，1996年移置于舟曲县城关镇二郎山公园游廊内。刻于明万历十年（1582年）。大理石质，通高170厘米，宽76厘米，厚17厘米。圆首，下有榫头，碑座已失。碑身两面刻文，两面四周均阴刻忍冬纹。碑阳额篆“丈地均粮碑记”，分两行，每字约10厘米见方。碑文瘦楷体，共20行，每行36~39字。尾题“大明万历十年三月朔日，巩昌府阶州儒林郎、监牧西固同知、武强澜溪欧阳策立石”。碑文为明朝当地政府的文告，记述巩昌府阶州儒林郎监牧西固同知欧阳策奉上宪之命清丈地亩、厘定税

《丈地均粮碑》

额的原因和过程，以及粮税数额核实收取的办法及征收数量等，其中明确规定"若有私买私卖，不遵题准事例，任情增减挪移粮石者，依律治罪。今次清丈过官民地实在三百九十一顷捌拾肆亩叁厘，奉例不许增地增粮，以贻民害"。

碑阴额篆"碑阴之记"，分两行，每字约 10 厘米见方。碑文 29 行，书体同正面，每行 43~48 字，落款"恒南居士欧阳策谨识。吏目所吏目、内丘田广、礼部副使、耀州杨松同立石。掾房杨居恭书丹

并篆。石匠孙凤歧"。碑文对研究明朝政府的一条鞭法、土地制度、赋税改革对地方经济发展的影响具有重要史料价值。

1993 年，丈地均粮碑被公布为甘肃省第五批省级文物保护单位。现由舟曲县博物馆管理。

重修凉州广善寺碑

原存武威市天梯山石窟。明正统十三年（1448 年）刻立。广善寺，原为天梯山石窟大佛窟外的一座木构寺院建筑，早已毁，碑存。后移至甘肃省博物馆内。

石碑为砂岩质，碑首、碑座均佚。碑身长方形，上下有榫头，通高 275 米，碑身高 225 厘米，宽 115 厘米，厚 22 厘米。碑阳刻汉文，楷书，首题"重修凉州广善寺碑铭"；尾题"大明正统十三年岁次戊辰九月吉日"，另有参与修缮工程的官员、甘肃太监刘永诚等人姓名。湖广道监察御史牟伦撰，潜江杨广书丹篆额并镌。碑文主要记述明正统九年至十三年（1444 年~1448 年）御马监太监刘永诚镇守甘肃并出资聚工重修广善寺之事。碑阴刻藏文，王尧《凉州广善寺碑藏汉文释读》对藏文有释读。（见《西北民族研究》1990 年 1 期）。

敕赐感恩寺碑记

现存永登红城感恩寺（亦称大佛寺）碑亭内。明嘉靖四年（1525 年）立。灰红色石质，由碑首、碑座、碑身三部分组

成。通高 418 厘米，宽 101 厘米，厚 29 厘米。碑座呈梯形台状，高 61 厘米，上部长 115 厘米，宽 46 厘米；下部长 125 厘米，宽 70 厘米；浮雕双龙戏珠图及卷草纹，四角雕力士像。碑首呈半圆形，碑额两面均浮雕盘龙对首戏珠纹。碑阳额篆"敕赐"，碑阴额篆"敕赐感恩寺碑记"。碑身高 285 厘米，宽 89 厘米，厚 22 厘米，四周雕云纹、莲瓣纹。碑阳刻汉文，楷书，首题"钦差协同镇守甘肃地方左副总兵荣禄大夫右军都督府右都督鲁麟撰文。钦差分守庄浪西宁等处副总兵前军都督府都督同知鲁经书丹。钦差管束庄浪官军余指挥鲁瞻篆额。"落款为"大明嘉靖四年乙酉夏季吉日立"。碑阴刻藏文。两面碑文内容一致，记述感恩寺的兴建、修缮过程及当时鲁土司重视连城地区佛教发展的情况。碑文为鲁麟撰写，其子鲁经刻立碑石。该碑对研究鲁土司衙门建筑发展、修缮经过具有重要意义。

秦州重建清真寺楼碑

现存天水市秦州区后街清真寺内。嘉靖二十二年（1543 年）立。白色大理石质，通高 182 厘米，额高 58 厘米，身高 124 厘米，宽 65 厘米，厚 15 厘米。正面刻写汉文，首题"秦州重建清真寺楼碑记"，尾题"明嘉靖癸卯岁序属仲冬既望之吉，秦州儒学廪膳生杨□□"。碑文记述该清真寺的创建及宗教活动情况。背面刻写阿拉伯文，内容与汉文大体一致。

《敕赐感恩寺碑记》　《敕赐感恩寺碑记》　《秦州重建清真寺楼碑》《秦州重建清真寺楼碑》
正面汉文　　　　　　背面藏文　　　　　　正面汉文拓本　　　　背面阿拉伯文拓本

《重修盐官镇盐井碑》《重修盐官镇盐井碑》碑额雕饰

吴钰《天水回族史略》一书收录金勇对汉文的注释和马万智对阿拉伯文的译释。

明威将军王铣家族世系碑

原位于陇西县东郊王家坪道路旁，后被村民砌筑于便桥上，2007 年移至陇西县巩昌镇六一村仁寿山公园内。属甘肃省第三次全国文物普查新发现文物点。明嘉靖十四年（1535 年）立。

现存碑为红砂岩质，方形，上下端均有榫头，碑首、碑座均佚失。碑身高 176 厘米，宽 82 厘米，厚 22 厘米，周边饰菊花、草叶纹。碑文分上、下两部，上部刻正德皇帝敕书一道，竖排 13 行，满行 10 字，落款"正德皇帝之宝十四年二月十八日"；下部为王铣家族六七代人的世系简介，竖排 11 行，满行 32 字。

长城工牌碑

现存嘉峪关长城博物馆。见第四章《长城》。

重修盐官镇盐井碑

位于礼县盐官镇盐井院内。明嘉靖二十六年（1547 年）刻立。砂岩质，竖长方形，高 130 厘米，宽 53 厘米。首题楷书"重修盐官镇盐井碑记"。碑文楷书竖行，碑面风化严重，字迹漫漶，可识读者甚少。尾题"嘉靖丁未正月吉日立石，乡事杨典撰文"。碑文记述礼县盐官镇盐井几次崩塌又几次重修的原因，以及盐井对周边群众生活的重要意义。康熙《西和县志》载录碑文。

首阳山辨碑

位于渭源县莲峰乡享堂沟村首阳山上。明万历四十七年（1619 年）立，崇祯二年（1629 年）再刻。青灰岩质，圆首方趺，通高 245 厘米，宽 117 厘米，厚 19 厘米。两面刻文。碑阳额刻云纹，额篆"首阳山辨"。首题楷书"首阳山辨"，碑文竖行 28 行，每行 40 字。尾题"万历四十七年岁次己未春日", 杨恩撰文, 汤懿书。碑文主要辩证和论述了天下五处首阳山, 唯有陇西首阳山为真, 是伯夷叔齐埋骨之地, "陇西首阳山其名最古。自孔子称伯夷、叔齐饿于首阳之下, 其名虽与五岳争高"。碑阴额篆"改真实处阳山清圣祠碑记";首题"改建首阳山夷齐祠记", 碑文楷书竖行 33 行, 每行 68 字, 内容记载改建清圣祠经过及改建后规模;尾题"崇祯二年己巳冬季望日孤竹曹司牧记, 付邦秀刊刻"。

1993 年, 首阳山辨碑被公布为甘肃省第五批省级文物保护单位。

肃府淳化阁帖石刻

现存甘肃省博物馆。明代刻, 清代、民国补刻。明洪武二十五年(1392 年), 朱元璋给其第十四子肃庄王朱楧赐宋本《淳化阁帖》一部, 秘藏肃府内库。万历四十三年(1615 年), 肃宪王朱绅尧命温如玉、张应召摹帖上石;至天启元年(1621 年), 末代肃王识鋐完成, 共刻石 144 块, 名为"肃邸淳化阁帖刻石", 藏于肃府东

《首阳山辨碑》碑阳"首阳山辨"　　　　　《首阳山辨碑》碑阴"改真实处阳山清圣祠碑记"

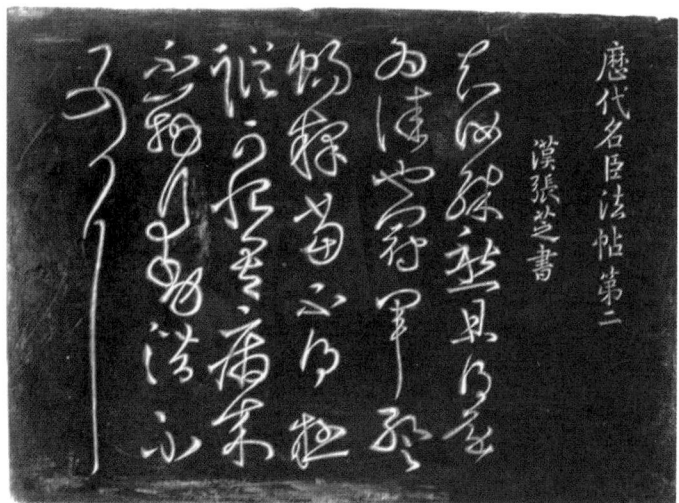

明·王铎楷书《明肃府本淳化阁帖》跋文拓本　　阁帖碑石拓本之一

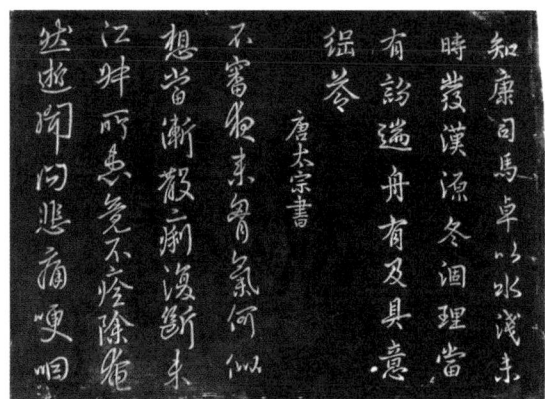

阁帖碑石拓本之二

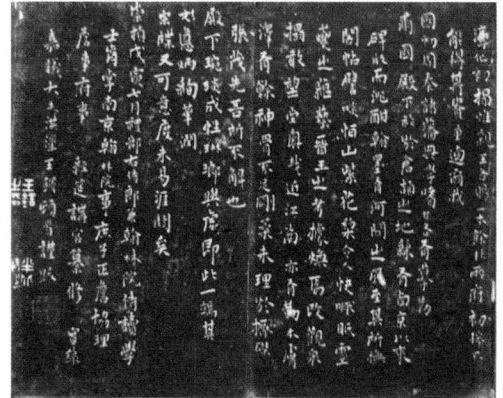

阁帖碑石拓本之三

书园遵训阁。明末战乱，刻石残损。清顺治十一年（1654年），陈卓聘邀广陵陈曼仙、濩泽毛香林等进行补摹、补全石刻。康熙十四年（1675年），陕西提督王辅臣叛清，赵士昇攻陷兰州，以此帖石砌筑马槽。这年三月，甘肃提督张勇、总兵孙思克、西宁总兵王进宝等攻取兰州，欲毁帖石作为炮子，邑人极力挽救，但部分刻石遭损。光绪末年，刘尔炘将此帖石移置于兰州府文庙尊经阁，并补刻木版释文40块。抗日战争期间，为防日机轰炸，又将帖石移置于丰黎义仓地窖内，赵元贞极力保护之，1966年交甘肃省博物馆保存。

现存肃府本阁帖共有帖石141块（包括补刻之数），每石高27.4~34.5厘米，宽

36.5~40.7厘米，厚5~8.9厘米。多为两面刻字，也有刻一面者。各卷之末刻宋版原有款识，帖石之后附刻肃宪王、张鹤鸣、世子识铉、王铎等28人的跋语。释文用木板另刻一册。

肃府淳化阁帖的祖本是宋刻《淳化阁帖》。宋淳化三年（992年），宋太祖出内府所藏各代墨迹，命翰林侍书王著编纂，摹刻于枣木板上，全帖共十卷，第一卷为历代帝王法帖，收汉章帝至唐高宗等19位帝王的书法；第二～四卷为历代名臣法帖，收东汉至唐代67家书法作品；第六～八卷为王羲之书法；第九、十卷为王献之书法。

肃府淳化阁帖是中国现存最早的一部阁帖刻石，1981年被公布为甘肃省第四批省级文物保护单位。

永革十大害碑

位于徽县县城西街。清康熙四年（1665年）立。属甘肃省第三次全国文物普查新发现文物点。20世纪80年代初，在徽县县委院内被挖出，后移交徽县文化馆保存。

此碑青石质，圆首，长方形，通高150厘米，宽83厘米，厚28厘米。额题竖刻楷书"总督部院白"，左侧刻"徽州刊奉"，右侧刻"永革十大害碑记"；额题两侧还刻凤凰及云纹。碑身左右及下部刻火焰纹饰。碑文小楷竖刻，约42行，

《永革十大害碑》

每行59~61字，主要列举十大害：一、见役之害；二、义官之害；三、书手之害；四、募天之害；五、牌头之害；六、机兵之害；七、盐引之害；八、红票之害；九、出陈之害；十、永米之害。落款"康熙四年四月日鞏昌府徽州知州徐起霖遵依立石……"。

上古城番汉界碑

位于天祝藏族自治县赛什斯镇上古城村道路南侧。清乾隆三十九年（1774年）立。属甘肃省第三次全国文物普查新发现文物点。

此碑青石质，分碑额、碑身两部分。青石碑座。碑额呈梯形，高94厘米，宽117厘米，厚14厘米。碑身呈长方形，已断为两截，上半部长107厘米，下半部长25厘米，宽111厘米，厚14厘米，正面文字阴刻楷书，落款"乾隆三十九年

《上古城番汉界碑》

六月"。

该碑是清代凉州府与庄浪军为划定番汉地界而立，对研究清代天祝一带汉、藏族边界划分及管辖区域具有重要价值。

山陕修路碑

位于靖远县石门乡小口村北 7.5 千米黄河东岸。此处隔黄河与景泰县索桥堡相望，东南 5 千米处为哈思古堡遗址。清乾隆四十三年（1778 年）刻立。

现存石碑坐南朝北，红砂岩质，由碑座、碑身组成。碑座平面方形，断面梯形，底边宽 36 厘米，高 14 厘米，正、背面均阴刻荷花纹、圆钱纹。高 250 厘米，宽 26 厘米，圭形碑首。正面碑额正中自上而下阴刻楷书"山陕修路碑"5 字，两侧阴刻二龙戏珠图。碑身两面刻字。正

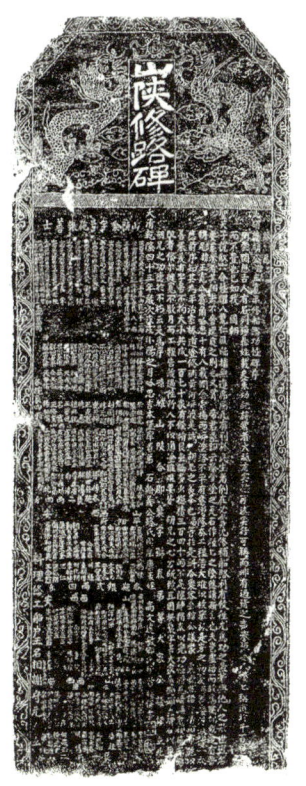

《山陕修路碑》碑阳拓本

《山陕修路碑》碑阴

面四周刻卷云纹，碑文自左而右楷书竖刻，主要记述山西商人胡正宽在靖远县哈思堡（今靖远石门乡哈思堡村）经商18年，欲整修通往索桥渡口的一段山石路，因工程浩大，费用高昂，清乾隆四十三年开始向过往商队和周围商号募集资金，先后有山西、陕西两省七府、三州、三十县商贾180余号为整修哈思古堡通往索桥渡的山路以及索桥渡口捐银340多两，终于完成修路工程，特立碑记之。背面碑额竖行阴刻楷书"山陕碑"3字，两侧阴刻二龙戏珠图，碑身四周刻卷云纹，碑文均竖刻捐资商号、捐资者姓名等，共30行。

1981年，山陕修路碑被公布为靖远县县级文物保护单位。现由靖远县博物馆管理。

禹王碑

现存兰州市城关区白塔山公园。也称《岣嵝碑》，清咸丰十一年（1861年）立。明清时期，中国各地风景名胜之地多翻刻与大禹传说有关的《禹王碑》，计数十处。清咸丰十一年，侯建勋在兰州市禹王庙摹刻此碑，后禹王庙毁，碑移至白塔公园内。1980年又移存于白塔下之禅院东侧。张思温先生记述道："碑高约六尺，宽约二尺六寸，厚约四寸，碑头刻蟠龙，约为碑之二分之一，刻古篆六行，行十四字，共七十七字，有释文刻于第六行下段，字有残阙。"现存

碑高200厘米，宽68厘米，竖刻6行，计77字，碑文后附明代杨升庵释文3行。

对《禹王碑》77个字及相关内容的研究，自明人杨慎始，代有其人，众说纷纭，或以为夏代文字，或以为蝌蚪文，或以为甲骨文等。兰州《岣嵝碑》大体上与西安碑林的《岣嵝碑》相仿，但文字缺损较多，正文只有72字，损5字。当代研究者的释文仅存63字。释文如下：

承帝曰咨翼，辅佐卿洲渚与登鸟兽之门参

兴久旅忘家宿岳麓庭智营形折心罔弗辰往求平定华岳

余伸裡郁塞昏息南渎衍亨衣制食备万国其宁窜勿永奔

咸丰辛西三月望日酒泉郡侯建功升

《禹王碑》　　　　《禹王碑》拓本

庵氏。

从字形上看，此碑大体上保存了国内其他禹王碑的古朴风貌，但碑面文字缺损较多。而侯建勋摹本对杨慎等人的释读文中出现的相异及阙疑者，则一概删削，致使原碑部分文字失真。西安《岣嵝碑》摹刻于清康熙丙午年（1666年），两者相差约200多年。因此，兰州《岣嵝碑》不是湖南岳麓山《岣嵝碑》之版本。湖南岳麓山《岣嵝碑》文77字，6行，每行13字（最后一行为7字）。

荒草梁汉蒙分界碑

位于景泰县红水镇红沙岘村北，地处景泰与内蒙古自治区阿拉善盟左旗边界线上。清道光二十九年（1849年）刻立。属甘肃省第三次全国文物普查新发现文物

点。此处两地的分界线呈东南——西北走向，界碑置于两地边界林的北侧高地上。

碑身、碑座均青砂岩质，碑身高124厘米，宽60厘米，厚3厘米，碑座长80厘米，宽60厘米。碑阳楷书阴刻，共6行47字，全文为："于道光二十七年蒙、陕甘制台布大人，布政司宝大人饬派宁夏府岳，委员彭，指定按照嘉庆六年旧界，碑南民地，碑北蒙地。"碑阴刻"道光二十九年闰四月二十六日／中卫县、皋兰县、红水县丞口同筑立／蒙员格林三音错格图藩台达索"。两侧阴刻蒙文，竖行。此碑对研究清代汉族与蒙古族边界划分具有重要价值。

马厂番地界碑

位于天祝藏族自治县松山镇华芨芨

《荒草梁汉蒙分界碑》

《荒草梁汉蒙分界碑》碑文

滩村。清咸丰元年（1851 年）立。属甘肃省第三次全国文物普查新发现文物点。

此碑为砂岩质。碑额呈半圆形。碑身长 160 厘米，宽 59 厘米，厚 22 厘米，碑身两面刻文。正面楷书"东自界头起，向西照直□二墩后止。东西计宽二□三分，南为马厂，北为阿盖族番地。咸丰元年六月二十八日"。背面碑文已漫漶不清。该碑对研究清代松山草原地界划分提供了重要依据。

护林碑

位于文县碧口镇水蒿坪村北大丫岭上，距碧口镇 18 千米。清光绪八年（1882 年）立。属甘肃省第三次全国文物普查新发现文物点。

此碑为青灰石质，高 92 厘米，宽 55 厘米，厚 8 厘米。碑额阴刻正楷"永垂万古"4 字，无首题。碑文楷书，纵 8 行，共 124 字。尾题"光绪八年十二月廿六日合户人等立"。主要内容为禁止村民偷伐树木之公告。

禁赌博碑

原立于两当县金洞乡新潮村栗子坪组，现移置于两当县城广香苑公园中。清道光元年（1821 年）立。属甘肃省第三次全国文物普查新发现文物点。

碑座长方形，素面无饰，高 30 厘米。碑身高 160 厘米，宽 80 厘米，厚 12 厘米，右上角损坏。圆额，无纹饰，额题"皇清禁赌博"5 个字，其中"皇清"2 字位于中间，竖行；"禁"字刻于右边，"赌博"

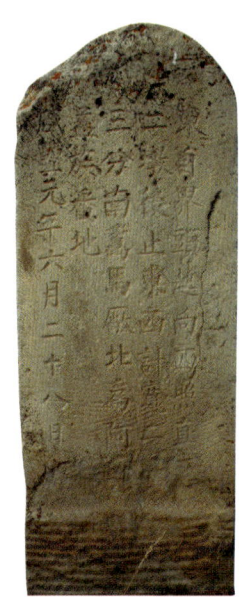

《马厂番地界碑》正面

《禁赌博碑》题额及碑文局部

刻于左边。碑文楷书竖行，共24行，计340多字。部分碑文漫漶不清。主要记述清道光年间当地赌博之风盛行，男人以赌为主业，使田地荒芜，妻离子散，父子反目。后来本地县衙为禁赌、惩处赌博者，除刊发政府文告外，还将赌徒姓名、赌博恶习刻于石碑上，以示后人为戒。

四沠官据碑

位于礼县沙金乡沙金村北。清光绪十五年（1889年）刻立。砂岩质，圆首，碑身长方形，高109厘米，宽56厘米，厚14厘米。碑额阴刻二龙戏珠图，周边刻勾叶卷草纹，额题楷书"四沠官据"，无首题；碑文楷书竖行7行，120余字，主要记述巷花寺周围崇山峻岭，茂林修竹，树木森严，但因"修庙费用无出，时

众不知，将神树擅卖，毁伤大半，经三里四沠头人呈案，县主亲临验察，罚钱以作神庙公用，现据断明，永不准私卖偷伐，具结实案，特立石碑"。尾题"光绪十五年五月吉日，郝永兴、苟永杰撰书，石匠赵□□"。

设立西街女校碑

原位于舟曲县城关镇西街村张氏民宅院内，后移存至舟曲县文化馆保存。民国二十五年（1936年）立。属甘肃省第三次全国文物普查新发现文物点。

此碑为青石质，碑额佚失，碑身断为两截。现存残碑身长110厘米，宽72厘米，厚8.5厘米。碑文阴刻楷书，竖20行，字约3厘米见方，落款"民国二十五年龙集丙子季夏之"。《舟曲县志》载：

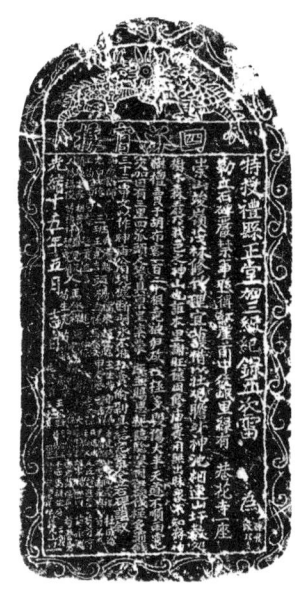

《四沠官据碑》碑文拓本

《设立西街女校碑》碑文拓本

1920 年，在舟曲县城西街翠峰书院内设立"西固县立女子初小"，后改为"女子高等小学校"。后因战乱，校舍毁坏，停课。民国二十五年重建校舍，复课，特立此碑记之。

建甘泉学校碑

位于礼县城关镇石碑村北。民国二十九年（1940 年）刻立。青石质，圆首长方形，通高 90 厘米，宽 42 厘米。额篆"会德可风"，首题楷书"甘泉学校记"。碑文楷书竖行 10 行，行 30 字，记载刘继贤等人为普及教育、慷慨捐资兴建甘泉学校的功绩。尾题"中华民国二十九年中和月谷旦"，林望南篆额，廖元传撰文，张崇德书。

1991 年，建甘泉学校碑被公布为礼县县级文物保护单位（礼政发〔1991〕225 号）。现由礼县博物馆管理。

忠烈祠碑

位于城关镇小北村。民国三十二年（1943 年）立。祠已废，仅存碑。青石质，

《建甘泉学校碑》碑额

长方形，高 62 厘米，宽 39 厘米。首题楷书"忠烈祠记"。碑文楷书竖行 40 余行，约 1300 字。本地邑人为纪念抗日阵亡将士以及在民国十九年（1930 年）礼县遭军阀屠城时牺牲的同胞修建，并把原纪念屠城一役而建的寄骨塔、忠烈祠合二为一，祠在前，塔在后，阵亡将士、殉城人民均归骨塔，祀祠内，供人纪念。尾题"中华民国三十二年七月七日立"，刘剑白敬撰，张邦彦敬书。

二、经典诗文及图画碑

麦积山石窟宋、明诗碑

现存天水市麦积山石窟内。宋、明时期刻立。民国三十年（1941 年）冯国瑞《麦积山石窟志·宋明清人石刻》、张维《陇右金石录》予以载录。现存宋代李师中以及明代甄敬、冯惟讷、甘茹、胡安、李筵、君赏、马应梦等人诗文碑近 10 通。主要有：

宋·李师中《留题二首》。现存麦积山 118 号窟内。北宋熙宁三年（1070 年）李师中登麦积山七佛阁，在七佛阁第二十三级石阶北崖刻摩崖诗《留题二首》。李师中，字诚之，楚丘（今河南）人；生活在宋仁宗至神宗时期，熙宁初年，李师中知秦州。

明·甄敬诗碑。现存麦积山瑞应寺大殿前廊，明嘉靖三十八年（1559 年）刻。

螭首方座，高 386 厘米，宽 108 厘米，厚 27 厘米。刻五言《登麦积岩》3 首、《麦积山遇雪》1 首，楷书 13 行。尾题"嘉靖己未十月三晋龙庄山人甄敬题。属下吏知州吴应叩。属下吏知州杜廷栋立。属下吏知州李宋立石"。

明·冯惟讷诗碑。位于麦积山石窟东崖门口崖壁上。刻于明嘉靖三十九年（1560 年），内容为五言律诗《游麦积山四首》。碑呈长方形，长 87 厘米，高 59 厘米。草书 18 行，行 12 字。尾题"时嘉靖庚申孟冬吉北海少洲冯惟讷书"。冯惟讷，字汝言，山东临朐人，明嘉靖戊戌进士，曾任陕西布政使，擅长诗文，著《光禄集》10 卷。

明·甘茹诗碑。位于麦积山石窟门口崖壁上，刻于明嘉靖四十三年（1564 年）。碑呈长方形，四周刻双边栏和卷草纹，高 73 厘米，长 127 厘米，草书 28 行，行 15 字。刻甘茹、胡安等人游历麦积山唱和五言律诗《重游麦积山六首与乐山胡公同赋》6 首、《小有洞》1 首及诗前序文。尾题"嘉靖甲子夏蜀人泰谿甘茹识"。甘茹，字征甫，号泰谿，四川富顺人，明嘉靖进士，除御史，迁山东按察副使；能诗文、善书法。

明·胡安诗碑。位于麦积山石窟东门口崖壁上。明嘉靖四十三年（1564 年）立。碑呈横长方形，高 52 厘米，宽 80 厘米，四周刻双边栏及云纹。首行刻诗题，满行 16 字。碑文行草，共 20 行，刻他与甘茹的唱和五律诗《游麦积山次泰谿甘公韵》6 首。胡安，字仁夫，余姚人，嘉靖甲辰进士，累官苑马寺卿，著有《趋庭集》。

明·李筵《隆庆元年四月望月登麦积岩小憩二绝》诗碑。现存麦积山石窟东部外崖壁处，刻于明隆庆元年（1567 年）。长方形碑，高 52 厘米，宽 84 厘米，四周线刻双边栏，内刻卷草纹、云纹。楷书七言绝句两首，共 9 行，行 10 字。尾题"邺

《冯惟讷诗碑》

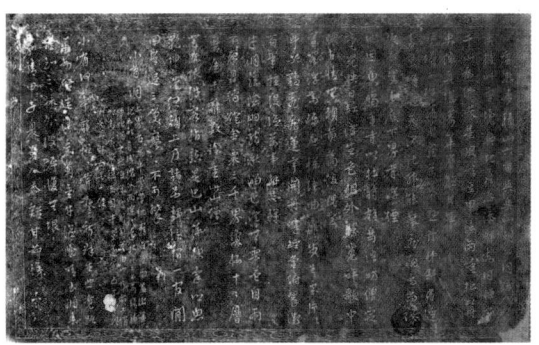

《甘茹诗碑》

郡西埜李筵题"。

明·君赏《宿麦积禅林》诗碑。位于麦积山石窟东门外崖壁,明万历七年(1579年)刻立。长方形碑,高51厘米,宽110厘米,草书14行,行7字。刻五言格律和五言绝句各1首。

明·马应梦《麦积山候杨藩伯不至》诗碑。位于麦积山瑞应寺天王殿前廊内。明万历十八年(1590年)刻。碑呈竖长方形,高125厘米,宽75厘米,圆额。碑文楷书10行,满行20字,字迹多漫漶。刻七言律诗《麦积山候杨藩伯不至》两首。落款"万历岁次庚寅夏月吉日分巡

陇右道佥宪前山西道监察御史"。冯国瑞《麦积石窟志》认为作者是马应梦。

杜诗碑刻

现分别存于天水市秦州区、成县杜甫草堂内。宋、明、清代陆续刻成,当代又重刻。唐乾元二年(759年),杜甫流寓秦州(天水)、成州(陇南)等地,写下诸多诗篇,约110多首。从唐中叶始迄于宋代,将杜甫诗作刻石成为时代风尚,修杜祠、建草堂、刻杜诗成风。因杜甫在天水、陇南地区流寓生活、创作诗篇,这两地刊刻杜甫诗碑者,代有人出。

1. 陇南境内的杜诗碑刻

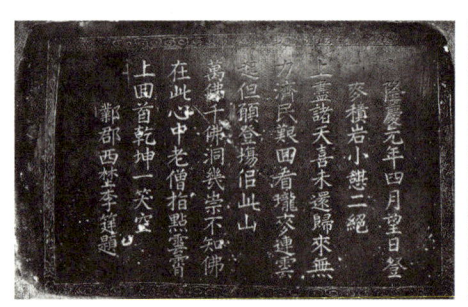

《李筵诗碑》

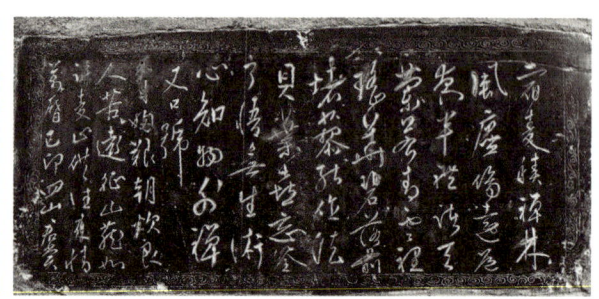

《君赏诗碑》

成县杜甫草堂碑刻之一

成县杜甫草堂碑刻之二

《老杜秦州杂诗碑》拓本　南郭寺重刊《二妙轩碑》

早在唐咸通年间（860~874年），成州（成县）刺史赵鸿始将杜诗《题栗亭同谷诗》等刻于石上。这些石刻已毁，无存，录文见《全唐诗·赵鸿诗注》等文献。成县杜甫草堂内留存南宋绍熙四年（1193年）宇文子震刻写的杜诗碑；明嘉靖九年（1530年）、十九年（1540年）又续刻2通诗碑，万历四十七年（1619年）再刻《重修杜少陵祠记》碑。还有部分清代续刻的诗作。

2. 天水境内的杜诗碑刻

明成化十九年（1483年），秦州知州傅鼐主持重刻《老杜秦州杂诗碑》，刻杜甫诗49首。这些诗文碑刻均毁，无存。清顺治十一~十三年（1654~1656年），宋琬（山东莱阳人）出任分巡陇右道兵备

佥事，驻节秦州。他集书圣王羲之、王献之书法文字，精选杜甫《秦州杂诗》60首再次重刻，邀请兰州著名摹勒书法家张正言、张正心摹刻成碑，本次重刻突出体现"构求二王笔法"，诗为诗圣之诗，字为书圣之字，诗妙，字妙，故名《二妙轩碑》，并在天水市玉泉观内修建李杜祠堂，特辟一轩，予以存放，还撰写《杜甫石刻题后》跋文，特别说明此次刊刻是"庶使后人之来者，按籍而知迹之所在"。康熙十三年（1674年），吴三桂叛乱期间，玉泉观毁坏，诗碑散失。乾隆四十八年（1783年），秦州知州王宽在西关某寺院僧房内发现杜诗断碑，仅存4首诗，计160字，写《二妙轩帖题跋》记之："国初，东海宋荔裳先生分宪陇右，谒杜少陵祠，

843

曾集《淳化阁帖》字,《秦州杂诗》及《同谷七歌》数十章,构亭安石于壁,向称'二妙',今散佚无存矣。余于癸卯秋谢秦州事,寓居使院半载有余。间中偶至东关僧舍,见阶前捣衣石有字迹,剔藓钩摹,乃二妙轩石刻也,仅得四首完整如故。"他将这些诗碑移置他处保存。此后,《二妙轩碑》残石下落不明。乾隆二十九年(1764年)《秦州志》载"今拓本犹有藏者"。民国《天水县志·艺文》称之为"重刻杜甫秦州杂诗碑""碑在明伦堂东偏。高七尺,横三尺有五,厚一尺。碑面刻杜工部《秦州杂诗》二十首,碑阴刻秦州八景及名胜诸杂咏。系明成化十九年癸卯知秦州事恒山傅鼐重刻。"张维在《陇右金石录》中收录此碑,名为"杜甫诗碑"。

1934年,天水学者冯国瑞从邑人周酉山处观得《二妙轩碑》拓本,作《秦州杜诗石刻记》一文,对《二妙轩碑》的来龙去脉予以考释。周酉山之拓本由其子周恒收藏,1985年捐献给天水市博物馆。拓本为纸本长卷,高24厘米、长1516厘米。卷首是杜甫半身线刻像,之后是宋琬《杜甫像赞》文,刻文共收录杜甫秦州杂诗60首,计3241字。卷尾有党崇雅、东荫商、王一经、郭充、聂玠、邓旭等6人的跋语和宋琬的《杜甫石刻题后》总跋文。宋琬重刻的杜诗碑原立于秦州文

庙明伦堂内(今天水文庙)。20世纪50年代,文庙被改建他用,石碑埋于地下,或亡佚,或去向不明。今仅剩1通,现存天水市博物馆。

明成化十九年(1483年),秦州知州傅鼐主持重镌《老杜秦州杂诗》碑,现存南廓寺内。通高225厘米,宽105厘米,厚42厘米。正面额题"老杜秦州杂诗",共刻杜甫秦州诗36首,包括:《秦州杂诗二十首》《月夜忆舍弟》《宿赞公房》《东楼》《雨晴》《寓目》《山寺》《遣怀》《夕烽》《日暮》《示侄佐》《佐还山后寄三首》《赤谷西崦人家》《西枝村寻置草堂夜宿赞公禅室》。背面额题《古今题咏》,刻杜甫诗13首,包括《寄赞上人》《寒峡》《龙门镇》《凤凰台》《泥功山》《盐井》《发秦州赴同谷二首》《石龛》《积草岭》等。另刻秦州知州傅鼐七言律诗《秦州十景》10首,包括《天水盈池》《麦积烟雨》《伏羲卦台》《诸葛军垒》《南山灵湫》《东柯草堂》《渭水秋声》《石门夜月》《赤谷丹灶》《玉泉仙洞》等。该诗碑与清代宋琬主持刊刻的《二妙轩碑》及仇兆鳌《杜诗详注》在个别字句上不尽相同。2002年,天水市人民政府再次组织重刻"二妙轩碑",本次刊刻是根据清代宋琬石刻拓本制作,存放于天水市秦州区南郭寺东院二妙轩碑廊内,碑身长35.6米,高

4.36 米。南郭寺为唐乾元二年（759 年）杜甫流寓秦州时登临之寺，现存建筑均为明清及民国时期重建。

游金瓜山诗碑

位于礼县燕河乡刘沟村西。明万历二十八年（1600 年）立。砂岩质，竖长方形，高 90 厘米，宽 60 厘米。碑文行书竖行 10 行，有两首诗，其一为《胜日皆邑晋绅游金瓜山》，四行八句七言诗；其二《金瓜灵石》，四行八句七言诗。两诗均赞颂金瓜山的名胜古迹。郭衡撰文。

登嘉峪关并序诗碑

现存嘉峪关长城博物馆。清代周达武题诗，书法家黄自元书写。刻于清光绪丙戌年（1886 年）。共 3 块，大小一致，均高 33 厘米，宽 36 厘米。前两碑刻诗文 12 行，197 字，尾题"宁乡周达武题，安化黄自元书"。后一碑前半部分刻诗文及镌刻人姓名，后半部为光绪丁亥年（1887 年）春正月郭嵩焘刻的跋文，共 11 行，269 字，尾题"丁亥春正月，湘阴郭嵩焘谨记"。内容为抒写嘉峪关城楼的军事重

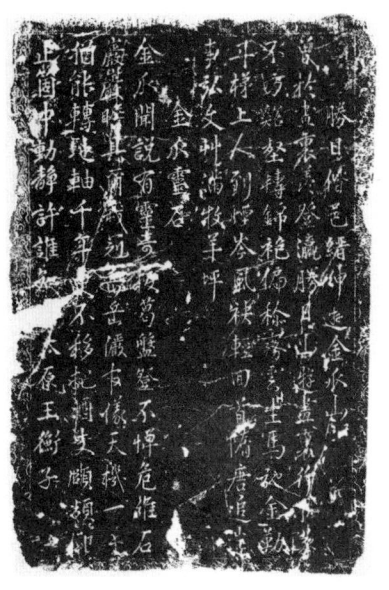

《游金瓜山诗碑》拓本

要性，赞美嘉峪关建筑楼阁凌空、雄伟壮丽的景象。

金天观诗文碑

现位于兰州市七里河区金天观内。明清时期刻立。现为金天观的附属文物。有些石刻与金天观有关，有些是从其他地方搬迁而来。与金天观有关的诗文碑有《碧血碑》《金天观铭》《辛卯秋日寄迹金天观偶题》七古诗碑等。

《登嘉峪关并序诗碑》碑刻拓本

《碧血碑》上刻明末代肃王书写的一首七律。原位于明肃王府北城墙拂云楼西侧。1976年，兰州市工人文化宫将此碑移至金天观内。也称《拂云楼诗碑》，张维在《陇右金石录》称其为《源远楼诗刻》。明崇祯十六年（1643年）十月，李自成派贺锦率部攻陷兰州，肃王妃颜氏、赵氏、顾氏、嫔田氏、杨氏等由邸园奔北城墙，欲投河自尽，颜氏以头触此碑而死。后人称此碑为"碧血碑"。清同治六年（1867年），伊吾使者景廉在拂云楼题写了《碧血碑诗》，并刻成碑石，现藏甘肃省博物馆。宣统《甘肃新通志》载，原来有诗碑两通，现仅存一通。《重修皋兰县志》载，清同治十二年（1873年），陕甘总督左宗棠在总督署后园内建烈妃庙，写《烈妃庙记》曰："一日上北城，过肃王碑，见烈妃所自碎首处，血痕喷洒，团渍缕注。军士告余，天阴雨湿，其痕视常日加明。精诚所至，金石亦开，曷足异也。"现存碧血碑通高162厘米，宽91厘米，厚15厘米。碑正面刻七律一首，部分文字漫漶。民国邵元冲主编《西北览胜》中有《碧血碑》照片，下部两行字漫漶不清，其他文字均较清晰。2002年，流萤《塔影河声——兰州碑林纪事》一书录全文如下：

《次司马太恒吴老先生韵兼送之甘州》
边城春柳解婆娑，别殿香风舞彩罗。

白简暂违双凤阙，丹衷直上五云阿。平戎漫讶龙堆远，策马频从鸟道过。最是识荆离乱后，不堪回首阻关河。岐"磐石之宗"印　"肃藩翰墨"印。

清·唐琏《金天观铭》。嵌于金天观西侧一建筑之山墙上。此诗作于道光十三年（1833年），楷书。全文如下：

雷坛古庙，观号金天。
地得西兑，东震接连。
北绕黄河，南峙兰巅。
松青柏翠，古槐若癫。
崇台殿宇，神圣列仙。
雨泽应时，丰稔长年。
往来羽士，中有隐贤。
谈玄论道，启后开先。

诗文赞美金天观的自然美景与建筑风光。

《碧血碑》

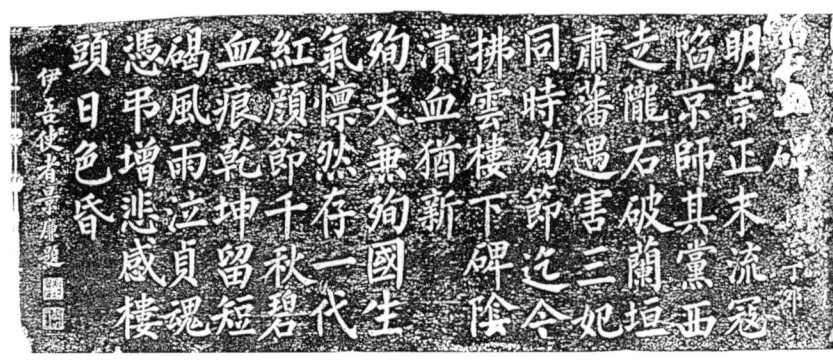

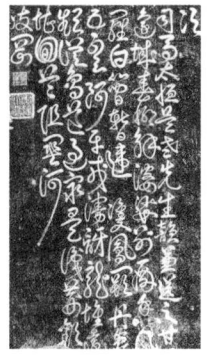

清同治年间伊吾使者景廉题《碧血碑》诗文　　　　　　　《碧血碑》拓本

唐琏，字汝器，兰州人。爱好音乐，长于弹琴，善篆刻、书画。著有《书画琐言》《石竹斋印谱》等。

清·孙骙《辛卯秋日寄迹金天观偶题》。嵌于金天观西侧一建筑之山墙上。此诗作于道光十一年（1831年），楷书七言律诗，末题"辛卯秋日寄迹金天观偶题，并赠重光铁炼师一笑"，署名"吴兴艺林孙骙"。作者生平不详。

清·何徵《题金天观道院》。嵌于金天观西侧一建筑之山墙上。草书四言绝句。作者何徵，清代人，生平不详。

文徵明行书诗碑

原立于岷县城明代道署衙门内，清同治年间，道署毁于兵燹，碑石移存于文庙内。20世纪50年代被砌筑到某学校厕所内。1965年，被岷县文化馆收藏。"文化大革命"期间作为磨刀石，一角被损毁。现收藏于岷县博物馆内。明嘉靖三十四年（1555年）刻立。有两碑，大

小一样，青石质，均高182厘米，其中一碑宽81厘米，一碑宽98厘米，两面行书刻《上巳》《九日》两诗，共4首。《上巳》诗文为："三月韶华过雨浓，暖蒸花气日溶溶。菜畦麦陇青黄接，云岫烟峦紫翠重。一片垂杨清水渡，两崖啼鸟夕阳松。晚风吹洒蓝舆倦，忽听太平寺里钟。何处登高写壮怀，先公说法有

《上巳》诗文拓本

《九日》诗文拓本

遗台。漫修故事镌壶上，不负良辰冒雨来。应节紫萸聊共把，待霜黄菊故迟开。白头八十三重九，竹院浮生又一回。"《九日》诗文为："天池日暖白烟生，上巳行游春服成。试共水边修褉事，忽闻花底语流萦。空山灵迹千年秘，胜日良朋四美并。一岁一回游不厌，故园光景有谁争。雨晴秋色满陂塘，风猎平畴晚稻香。白发又逢吹帽节，夕阳来上振衣岗。短蒲衰柳俄惊晚，黄菊茱萸总待霜。却笑渊明缘不浅，一年一醉远公房。"碑文末有迟凤翔撰写小字篆书跋文："《上巳》《九日》诗四首，长洲文徵仲书也。因岷州字学不传，命曹生伯封模而刻之公署，俾士人知取法焉。时嘉靖乙卯春正月望日，青州迟凤翔识。"

文徵明（1470~1559年），《明史》卷287有传。

赵孟頫草书诗碑

现存天水市玉泉观碑廊内，共4通，其中1通已残缺。镌刻于明嘉靖庚戌年（1550年）。青石质，圆首，通高180厘米，宽78厘米。分别刻唐·韦应物《西塞山》、唐·李白《夜下征虏亭》、宋·王安石《题舫子》诗及一首佚名诗，共4首。

其一，唐·韦应物《西塞山》："势从千里奔，直入江中断。岚横秋塞雄，地束惊流满。"

其二，佚名诗："行云散凉影，流水一溪深。欲折荷花去，恐惊沙渚禽。"

其三，唐·李白《夜下征虏亭》："船下广陵去，月明征虏亭。山花如绣颊，江火似流萤。"

其四，宋·王安石《题舫子》："爱此江边好，留连到日斜。眠分黄犊草，坐占白鸥沙。"

赵孟頫，《元史》卷172有传，书画兼优，精于正、行书和小楷，人称"赵体"。该诗碑对研究赵孟頫书法艺术具有很高价值。

明摹刻黄庭坚云亭宴集诗碑

原存于庆阳府考院内。1954年移置于庆阳县（今庆城县）鹅池内，1985年移置到庆阳县博物馆。明代。两面刻文。明嘉靖三十七年（1558年），分守河西道、陕西布政司左参议、南都陈凤摹仿黄庭

《赵孟頫诗碑》

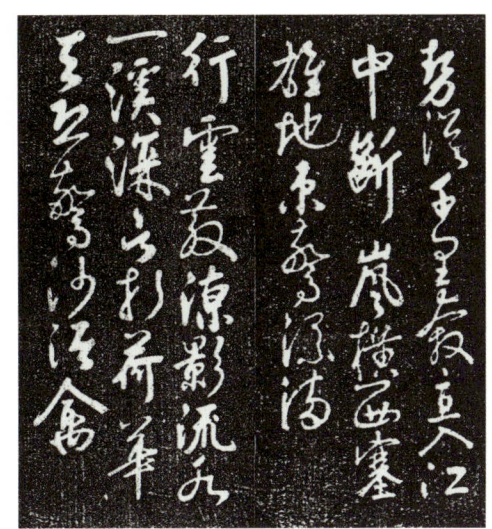

甘肃省图书馆藏民国拓本

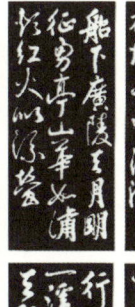
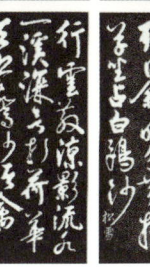

当代拓本

坚《云亭宴集》诗文手迹，刻于碑。碑高225厘米，宽77厘米，厚21厘米。两面刻，每面各5行，每行14字，行书五言绝句，其中一面字迹残损。庆城县博物馆存有早期拓本。全文如下：

江静明花竹，山空响管弦。风生学士尘，云绕令君筵。

百越余生聚，三吴远接连。庖霜刀落鲙，执玉酒明船。

叶县飞来写，壶公谪处天。酌时多暴虐，舞矫更成妍。

唯我孤登览，观诗未究宣。空余五字赏，文似两京然。

医是肱三折，官当岁九迁。老夫看镜罢，衰白敢争先。

庭坚。大明嘉靖戊午□五朔日河西道陕西布政司左参议南都陈凤摹勒上石。

黄庭坚，号山谷道人，北宋著名文学家、书法家，诗文和书法与苏东坡齐名，世称"苏黄"。

1981年，明摹刻黄庭坚云亭宴集诗碑被公布为甘肃省第四批省级文物保护单位。现由庆城县博物馆负责管理。

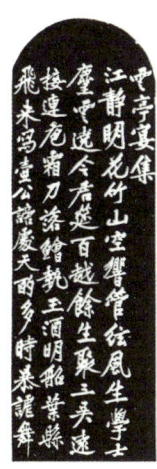

《云庭宴集》　　《云亭宴碑》　　《云亭宴碑》
诗碑拓本　　　　正面　　　　　　背面

咏龙槐诗碑

位于礼县永兴乡龙槐村。明代立。有两通，均青石质。一通为明万历二十九年（1602年）王衡子题"咏龙槐"诗碑，长方形，高85厘米，宽62厘米，厚28厘米。首题行书"咏龙槐"，碑文草书，竖行，四言七律一首，计28字，诗歌主要赞美本地的一株龙槐。尾题"万历岁次壬寅十一月吉日"，王衡子撰。另一通为明崇祯十一年（1638年）彭应程"咏龙槐"诗碑，长方形，高100厘米，宽58厘米，厚28厘米。首题行书"咏龙槐"，碑文行书，竖行，四言七律一首，计28字，亦为赞誉本地一株古龙槐。尾题"崇祯戊寅春和郭玉衡老叟翁韵"，彭应程书。

1991年，咏龙槐诗碑被公布为礼县县级文物保护单位（礼政发〔1991〕225号）。现由礼县博物馆管理。

 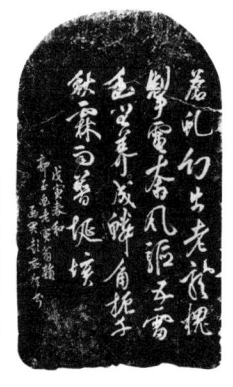

明万历《咏龙槐》诗碑　　明崇祯《咏龙槐》诗碑拓本

祁山堡武侯祠诗文碑

位于礼县祁山乡祁山村武侯祠内。明、清代立。祁山堡为平地上突起的一座孤峰，位于西汉水北岸。三国时，诸葛亮伐魏，在此驻军。南北朝始，这里就修建武侯祠，此后历代皆有修缮。现存建筑多为清代建筑，分三殿三院，房屋20余间。保存历代名人书写匾额30多个。明清时期的诗文、纪事碑20余通。主要有：

谒武侯祠诗碑。明万历七年（1579年）刻立。青石质，圆首长方形，通高141厘米，宽61厘米。碑额阴刻双凤对舞、云纹等，首题"登祁山谒武侯祠及诗三首时历己卯菊月二十三日"。碑文阴刻楷书，竖行12行，三首七言律诗，歌颂诸葛亮北伐的丰功伟绩。落款"赐进士第、中顺大夫、知巩昌府、前翰林院庶吉士、浙江道监察御史天雄郑国仕题。礼县知事李瑁立石"。

明·徐作霖万历七年（1579年）《谒祁山武侯祠》诗碑，刻七言律诗一首。落款"时万历己卯菊月二十二日也"。徐作霖，明代商丘人，字霖苍，少有才，为文奇丽。

明·胡善《谒祁山武侯祠》诗碑。刻五言绝句一首。

清·宋琬《谒祁山武侯祠》诗碑。刻七言绝句一首。

清·王化南光绪二十九年（1898年）

武侯祠石刻

草书《谒祁山武侯祠》诗碑。青石质，圆首长方形，通高 161 厘米，宽 69 厘米。碑额浮雕二龙戏珠和莲枝纹，首题"谒祁山武侯祠诗碑"，碑阴刻《兰仓晓友》《祁山晚眺》两首诗，均为七言律诗。一首诗为行书，共 11 行；另一首为楷书，竖行 17 行。表达作者登临祁山武侯祠的感想，尾题"时光绪戊戌年夏日"，王化南撰文，王兆鼎书。

1991 年，祁山堡武侯祠被公布为礼县县级文物保护单位（礼政发〔1991〕225 号）。各碑石为该古建筑附属文物。现由礼县博物馆负责管理。

邹应龙诗画碑

原镶嵌在兰州市白塔山金山寺内墙面上，寺、碑均已毁。明嘉靖三年（1524 年）刻，清道光三年（1823 年）重刻。临夏市档案馆保存该诗画碑拓本，拓本前面题无名氏"考《水经》：星宿何年开混沌，波澜万里赴沧溟。插空石壁为长岸，绝塞金城走建瓴。如带功随天地老，茫茫浩气永无停。后学蔡际隆录。"画面中

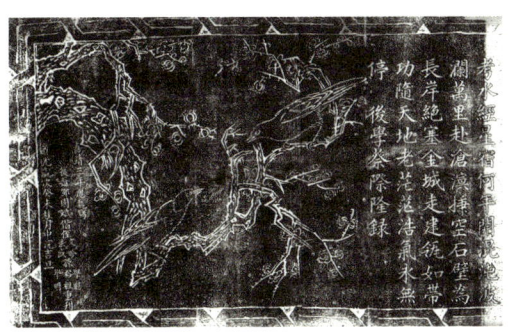

《邹应龙诗画碑》拓本

间为《喜鹊闹梅》图,后面题款"嘉靖三年应龙写。后裔邹国斌偕侄文畛、法盛、孙裕祖、学聪、学明重刊。道光岁次癸未桂月中浣吉旦。"临夏市金石学者张思温写一段跋文:"此刻原在兰州黄河北岸金城关之西金山寺壁上。本世纪五十年代,天水冯国瑞字仲翔见之,以告兰州王煊字著明,曾拓以寄先质生公一本,冯、王二先生并有题咏。'文革'中失之。临夏市档案馆所藏,不知即是此幅否耶?邹应龙,字兰谷,兰州人。明嘉靖朝官御史时,奏劾权相严嵩之子世蕃贪贿非法诸款,世蕃终被诛死,嵩亦革职。应龙遂以直谏闻名当世,《明史》有传。殁葬关中。今兰州金山寺及金城关均已拆除无存,此刻石亦不知下落。蔡际隆所录之诗,当亦是邹之所作。乡贤遗墨,仅此而已,宜珍存之。1988 年 4 月 26 日河州张思温阅后附识。"

首阳怀古并序诗碑

现存渭源县首阳山清圣祠伯夷、叔齐墓地内。青灰石质,卧碑,长方形,宽 177 厘米,高 55 厘米。碑文前半部分刻写清光绪三年(1877 年)左宗棠部提督军门范秉诚书七言古风《首阳怀古并序诗》全文,楷书 20 行。全文如下:

首阳怀古并序诗

捧檄迢遥戍陇疆,翩翩戎驷共腾骧。
洗兵正喜临渭水,下马先宜拜首阳。

首阳孤冢巍然在,二子千秋骨所藏。
义全君父衷难白,求仁得仁名益彰。

采蕨采薇甘饿死,劲节高风不可量。
登彼山兮人不见,苍苔漠漠白云凉。

烽火祠堂余瓦砾,林烟深处迹微茫。

《首阳怀古并序诗碑》碑文拓本

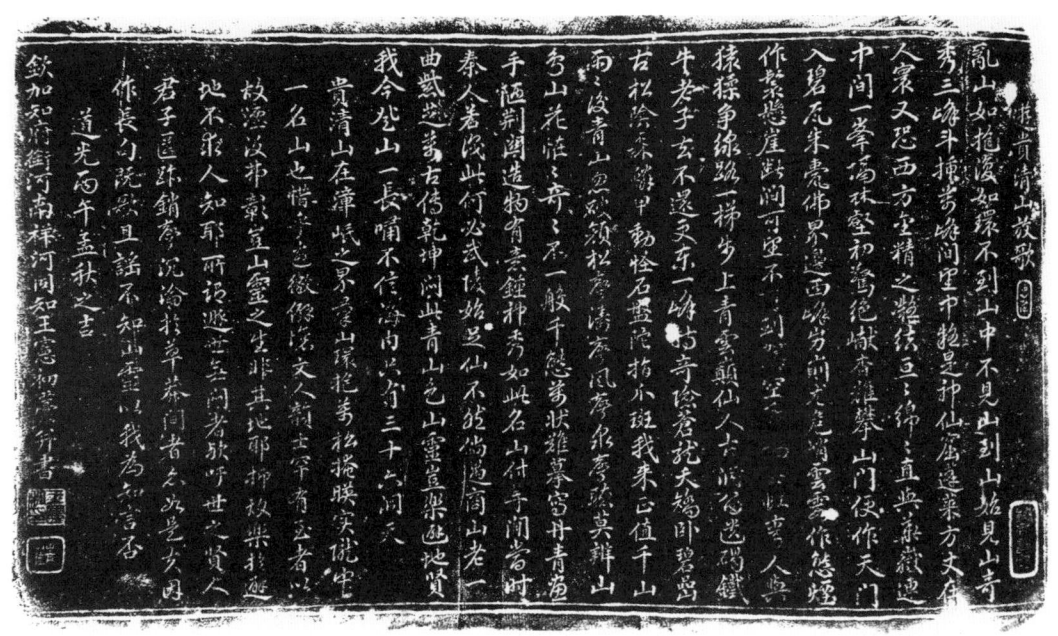

《游贵清山放歌诗碑》碑文拓本

好古冯生新创造，重复庙貌荐馨香。

丹室华堂胜曩昔，螭碑鸡碣森在旁。
相国文章垂不朽，山川依旧起辉光。

嗟余凭吊来何晚，夕阳欲暮山色苍。
黄农虞夏即无有，清德还同曲阜长。

后半部为谭麟书跋文，行书，竖行12行。

游贵清山放歌诗碑

位于漳县草滩乡贵清山村东。砂岩质，卧碑，高44厘米、宽76厘米。碑文为清道光丙午年（1846年）孟秋元吉日王宪撰并书《游贵清山放歌》，竖行楷书24行，每行24字，全诗40句，298字。全文如下：

乱山如抱复如环，不到山中不见山。

到山始见山奇秀，三峰斗插万峰间。

望中疑是神仙窟，蓬莱方丈在人寰。
又恐西方金精之凝结，亘亘绵绵直与华岳连。

中间一峰隔林壑，初惊绝巘杳难攀。
山门便作天门入，碧瓦朱甍佛界边。

西峰岌嶪尤危峭，云霞作态烟作鬟。
悬崖断涧可望不可到，驾空飞桥玉虹弯。

人与猿猱争线路，一梯步上青云巅。
仙人古洞留遗碣，铁牛老子去不还。

更东一峰特奇险，苍龙天娇卧碧峃。
古松阴森鳞甲动，怪石盘陀指爪斑。

我来正值千山雨，雨后青山忽破颜。
松声涛声风声泉声听莫辨，山鸟山花怪怪奇奇不一般。

千态万状难摹写，丹青画手陋荆关。
造物有意钟神秀，如此名山付等闲。

当时秦人若识此，何必武陵始足仙！
不然倘遇商山老，一曲紫芝万古传。

乾坤问此青山色，山灵岂乐避地贤。
我今登山一长啸，不信海内只有三十六洞天。

诗之后又附跋文一段，行书，计133字：

贵清山在漳岷之界，群山环抱，万松掩映，实陇中一名山也。惜乎边徼僻壤，文人韵士罕有至者，以故湮没弗彰。岂山灵之生非其地耶，抑故乐于避地不求人知耶，所谓遁世无闻者欤！吁！世之贤人君子匿迹销声沉沦于草莽间者，亦如是夫！因作长句，既歌且谣，不知山灵以我为知言否？道光丙午孟秋之吉，钦加知府衔河南祥河同知王宪初稿并书。

全诗及跋文均赞美贵清山的风光美景，但久不为世人所知，有感而发。民国二十三年（1934年）韩世英修《重修漳县志》卷八"艺文志"载录此碑文。民国时期已有拓本传世，拓片高45厘米，宽74厘米。

王宪（1799～1864年），字青崖，号章之，漳县盐井人。自幼家贫好学，深受邑令苏履吉器重。道光五年（1825年）考取拔贡。曾在河南任知县、知府、按察使、布政使等职。好诗文、书法。

庆阳府军事地图碑

现存庆城县博物馆。明成化二十一年（1485年）刻。刻在明成华十一年（1475年）刻立的《重建有宋范韩二公祠堂之记碑》背面。碑青石质，通高240厘米，宽97厘米，厚13厘米。碑正面为成化十一年八月刻写的"重建有宋范韩二公祠堂记"，碑文竖行楷书，共24行，每行25字。碑文记载宋范仲淹、韩琦出任环庆路经略安抚使期间，镇守庆阳、延安等地，积极抵御西夏侵犯等事。刘昭篆额，马文升撰文，朱英书丹。

《庆阳府军事地图碑》

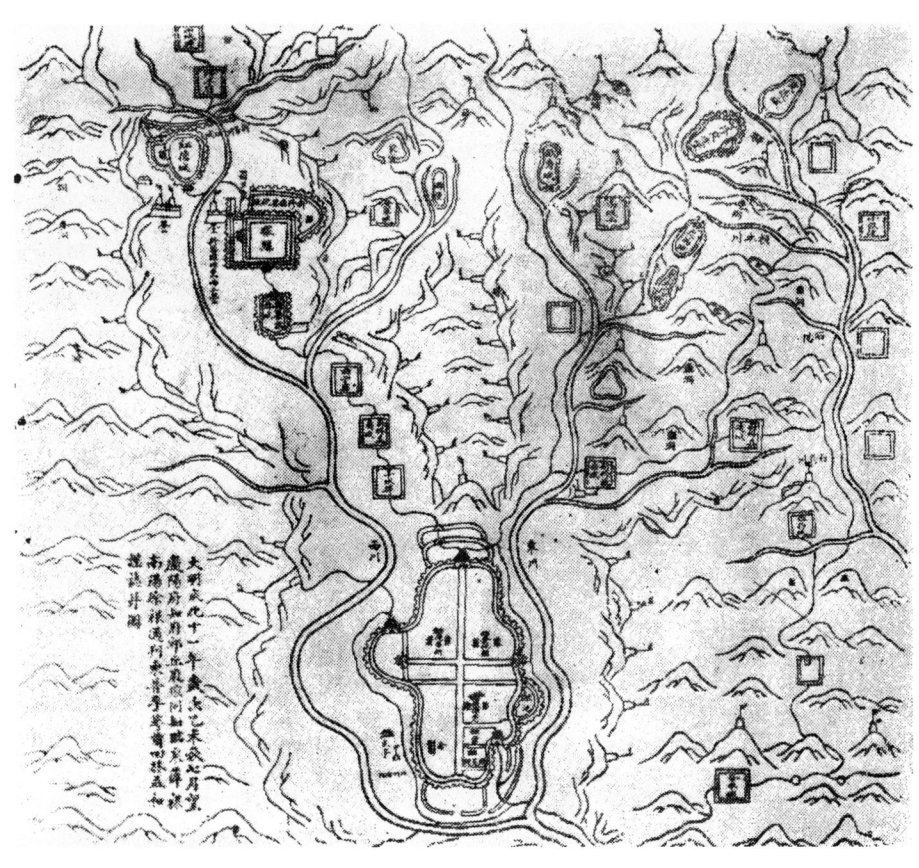

《庆阳府军事地图》摹本

背面上方刻一段诗文，成化癸巳年（1473年）钦差提督军务、巡抚陕西、都宪马文升题写，颂扬他与部下诸将守御边疆的功勋。诗文之下还有成化乙未（1485年）年右参政同榜池阳孙仁撰写的跋文，说明此次刻制这幅地图的起因。碑面下半部为一幅庆阳府军事地图，图上对本区的道路、河流、城堡位置有示意性标注，有庆阳县城、环县县城、合水县城、定边县城、灵武县城等，以庆阳县城为中心，向北标有三条主要交通路线，将一些重要军事重地串在一起，刻有河流三条：环江（西川）、柔远（东川）、洛河。地图下方还刻写一段文字，对环川台、槐安城、柔远城、灵武城、马岭城、洪德城、木钵镇、葫芦泉、鹅池等地名的历史沿革、建筑、军事作用等进行说明。地图涉及今甘肃省庆阳市、宁夏回族自治区灵武县、陕西省定边县等地。对研究明代的边疆防御体系具有重要价值。

1981年，《重建有宋范韩二公祠堂记

碑》（包括正、背面刻文）被公布为甘肃省第四批省级文物保护单位。现由庆城县博物馆管理。

麦积崖图铭诗碑

现存麦积山石窟。清道光元年（1821年）刻立。碑呈竖长方形，四周线刻双线边栏及卷草纹、莲花纹、流云纹等。碑身自上而下分为相等的三栏，分别镌刻图、铭、诗。其中"图"部分阴线雕刻麦积山石窟立面示意图，幅面纵长44厘米，横长65厘米，线刻麦积山的山形轮廓，山顶上有舍利砖塔，东崖中部的上七佛阁、牛儿堂、千佛廊等洞窟依稀可见，并刻有周边的林木、沟渠和道路等。

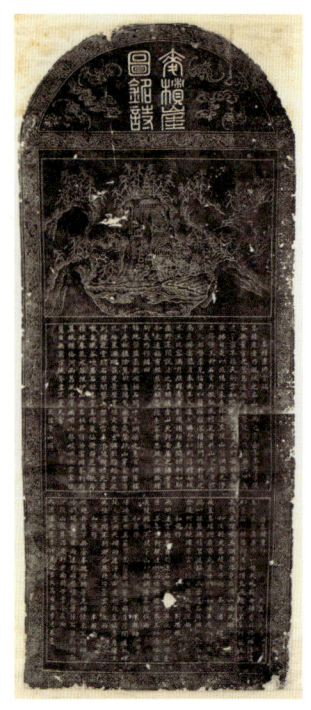

《麦积崖图铭诗碑》拓本

《麦积崖图铭诗碑》地图部分

第四节 经 幢

佛顶尊胜陀罗尼经幢

现存礼县博物馆内。北宋雍熙三年（986年）七月刻立。砂岩质，经幢已残，尚存幢身。幢身呈八棱形，残高130厘米，周长126厘米。上刻"佛顶尊胜陀罗尼经"，楷书竖行52行，行60字，3000余字，部分文字已漫漶不清。现为礼县县级文物保护单位。

《阳坡经幢》　　《阳坡经幢》局部

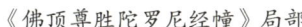

《佛顶尊胜陀罗尼经幢》局部　　佛顶尊胜陀罗尼经幢

阳坡经幢

现存礼县阳坡乡赵家川村。北宋大中祥符元年（1008年）刻立。红砂岩质，八棱柱形，由顶、身、座三部分组成，通高169厘米。底座圆柱束腰形，高28厘米，直径80厘米，四周刻莲瓣纹。幢身每面宽15~17厘米，高136厘米，周长127厘米。顶部已残损，幢顶与幢身之间设榫卯套接，现仅存卯口，圆形，直径9厘米，

高5厘米。因常年风雨侵蚀，部分文字已漫漶不清。八面之每面刻文字6行，每行60字，总共48行，3000余字，主要内容为《大悲心陀罗尼经》部分经文，尾题"大中祥符元年岁次戊申石□□刻字"。

1991年，阳坡经幢被公布为礼县县级文物保护单位（礼政发〔1991〕225号）。

绍圣经幢

原存庄浪县水洛镇良种场内，后移存于庄浪县博物馆。北宋绍圣元年（1094年）刻立。又名"音译石经幢"。共有2件，其中一件为九棱柱状，直径39厘米，通高142厘米，每面宽16厘米，幢身刻汉语直译的《佛顶尊胜陀罗尼经》文，尾题"钜宋绍圣元年"。另一件八棱柱状，高

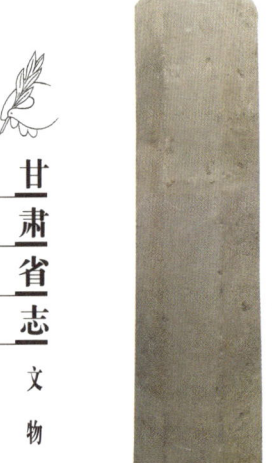

《绍圣经幢》

《绍圣经幢》汉文经文拓本

《绍圣经幢》梵文直译经文拓本

152厘米，直径36厘米，每面宽19厘米，上刻梵文音译的《佛顶尊胜陀罗尼经》。

1992年，绍圣经幢被公布为庄浪县县级文物保护单位（庄政发〔1992〕01号）。现由庄浪县博物馆管理。

崆峒山经幢

现存平凉市崆峒山法轮寺内。原有一处佛教寺院，寺已毁，仅存经幢。北宋建中靖国元年（1101年）刻。褐砂岩质，通高166厘米，直径35厘米。由幢座、幢身、幢顶三部分组成。幢体严重风化，剥蚀很多，字迹脱落严重。底座平面方形，高三层（18厘米）。幢身八棱柱状，八面通体刻《佛顶尊胜陀罗尼经》，楷书，共900余字，所刻经文为三藏法门赐紫重达译本。幢顶高15厘米，八面均雕刻宝盖，

呈凹槽状。此幢所刻《陀罗尼经》与通行的《陀罗尼经》有别，是校对《陀罗尼经》的重要版本。近年，当地管理部门已在幢外安置一玻璃罩。此幢在张维《陇

《崆峒山经幢》　　　　《崆峒山经幢》局部

右金石录》、叶昌炽《缘督庐日记》等文献中有记载。

现由崆峒区博物馆、崆峒山风景区管理处共同管理。

天庆观老子道德经幢

原位于庆城县城钟楼巷祐德观老君殿前。1985年移存于庆城县博物馆。刻于北宋景祐四年（1037年）。根据创建记文，大中祥符八年（1015年），桂州观察使康继谟知庆州，提出在庆州天庆观刻凿老子道德经幢的构想，但未施工。天禧元年（1017年），循州刺史李余懿知庆州，也计划刻凿老子道德经幢，亦未能实施。此后，一位叫"□镒"的人继任庆州，正式动工刻凿，但在其任内仍未完成。至景祐四年康德舆知庆州时，才陆续完成

刊刻工程。

现存两座经幢，形制、大小一样，由幢顶、幢身、幢座三部分组成，平面八角形，通高352厘米。底座高88厘米，为鼓镜形。幢身高219厘米，八棱柱式，共8面，周长167厘米，每面宽20厘米，每面阴刻《老子道德经》经文6行，每行76字。第一幢刊刻《道德经》上篇37章，经文前刻有一篇创建经幢过程的记文；第二幢刊刻《道德经》下篇44章，经文后附刻立经幢者职官人名。幢顶高1.6米，由两层石板雕凿挑檐构成，上层檐下浮雕二龙戏珠图，顶部石雕仰莲盆，盆中置一石质宝珠。下层用石雕斗栱挑出檐口。两檐之间为八棱柱体，各面均凿一小龛，龛内雕老子或坐或立像，手执经卷。该

《天庆观老子道德经幢》1号经幢

《天庆观老子道德经幢》2号经幢

经幢顶部

经幢刻写的《道德经》是按宋以前的注本刻写的，是校释老子《道德经》的重要资料。张维《陇右金石录》卷三收录之。《庆阳县志》载："道德经幢在祐德观，凡二石，八面俱有刻文，一刻上卷，一刻下卷，宋景祐四年二月二十日立。"叶昌炽《语石》载："释氏之幢，余所藏即有六百余通，而道家惟有《道德经》一种，所藏亦只有四刻，一易州，一在邢台，皆唐明皇注，苏灵芝书；一在庆阳，宋景祐四年刻。"熊杨景《庆阳金石记》也有载录。庆阳地区博物馆编《庆阳地区文物概况》收录全文。

1981年，天庆观老子道德经幢被公布为甘肃省第四批省级文物保护单位。现由庆城县博物馆管理。

双塔寺残经幢

2000年，华池县双塔寺遗址出土8件残经幢，其中石塔院遗址3件、住持院遗址5件。均刻立于金大定、大安时期，多数经文不全。幢上分别刻写《加句灵验佛顶尊胜陀罗尼经》《咒》《启请文》等。

石塔院1号经幢刻于金大安三年（1211年）。第2~7面刻经文，多数残损、漫漶，经文为《佛顶尊胜灵验加句陀罗尼》，尾题"大安三年二月二十五日建立"。2号经幢仅存一面及左右两侧部分经文。3号幢只残存幢座，长27厘米，宽20厘米，座身上刻发愿文。

住持院1号幢也刻写《佛顶尊胜灵验加句陀罗尼》，残缺不全。此外，2、3、4、5号幢均仅存部分文字。

李家嘴经幢

现存泾川县泾明乡长武城村。明代刻。这里原有寺院，已毁，仅存经幢2件。其中一件为圆柱体，青石质，通高124厘

《双塔寺残经幢》　《双塔寺残经幢》　　　《李家嘴经幢》　《李家嘴经幢》
经文拓本　　　　　　　　　　　　　1号残经幢　　　2号残经幢

米，底周长 192 厘米，遍身雕饰龙纹图案，无文字，保存比较完整。另一件为八棱柱状，青石质，已残，残高 124 厘米，幢身周长 110 厘米，阳刻楷书《佛顶尊胜陀罗尼经》文。

观音庙经幢

现存灵台县邵寨乡西街村庙内。明代刻。寺庙建于清末，坐东面西，均土木结构建筑。经幢置于寺庙大门前，由底座、幢身、幢顶三部分组成，用 3 块红砂岩石雕凿榫卯套装，通高 125 厘米。底座平面正方形，底边长 60 厘米，四周雕饰覆莲纹。幢身八楞状，高 61 厘米。幢顶为半圆体，四周饰仰莲纹，上部凹陷，部分构件缺失。

第五节　墓志铭、墓表、神道碑、买地券

前秦建元十二年梁舒墓表

1975 年出土于武威市赵家磨村，现存凉州区博物馆。十六国前秦建元十二年（376 年）立。上圆下方，高 37 厘米，宽 27 厘米，厚 5 厘米，下部为长方形覆莲座，浅浮雕二重尖角莲瓣纹。额篆书"墓表"二字，铭文 9 行，每行 8 字，记述墓主人的生平简介。墓主人梁舒，安定乌氏，曾任中郎中督护公国中尉晋昌太守等职。妇人宋华，为三府录事、京兆人宋延女。建元十二年十一月三十日葬。

薛广智墓墓铭

原位于礼县石桥乡瑶峪村。原墓已毁，墓铭留存。后移存礼县博物馆。北

梁舒墓表

薛广智墓墓铭

魏正光二年（521 年）立。青石质，横长方形，长 51 厘米，宽 30 厘米。首题"薛广智墓铭"，志文为"正光二年岁次辛丑，四月戊戌朔二十四日辛酉，兰仓县令，汉阳太守薛广智铭记"。

王真保墓志

1972 年出土于张家川回族自治县木河乡。北魏永安二年（529 年）刻立。正方形，边长 57 厘米，厚 7 厘米。出土时置于墓门券顶上部。两块志文相连，共 40 行，每行 20 字。魏碑体，间有楷、草体，大量用别体、简体字。志文记载，墓主王真保，曾被魏孝文帝授广武将军、城都侯，身故后又被"大赵国"加赠使持节、大都督西道诸军事、骠骑大将军、司徒公、天水郡开国公、太原王等职衔。尾题"大赵神平二年岁次己酉十一月戊寅朔十三日庚寅"。"大赵神平"年号，史书无载。即北魏永安二年。《北史》载："高平镇城人赫贵连恩等为逆，共推敕勒酋长胡琛为主，号高平王……建义元年夏，丑奴击宝夤于灵州，禽之，

遂僭大号……因称神兽元年。"

该墓志对研究北魏时期西北地区的墓志铭及少数民族关系具有重要价值。现存甘肃省博物馆。

刘自政墓志

1982 年出土于平凉县四十里铺乡，现存平凉市博物馆。唐代立刻。上盖下志，盖为盝顶式，四面刹边，雕牡丹纹，中间篆书"大唐故刘府尹之圣记"。志为正方形，长 45 厘米，高 15 厘米，边刻卷叶牡丹。志文首题"唐故泾州潘原镇十将朝散大夫检校太子宾云麾将军试殿中监上柱国彭城刘府君墓志铭并序"，"南阳张竦撰"。志文楷书 23 行，满行 27 字。墓主人刘自政于大中五年（851 年）下葬。

刘自政墓出土铁券石函

王真保墓志之一　　王真保墓志之二

刘自政墓志盖拓本　　刘自政墓出土铁券函盖铭文拓本

该墓还出土铁券石函一件。石函长39厘米，宽21厘米，高14厘米，盝顶式，盖上雕刻牡丹纹，正中刻"铁券函"三字。函内装铁券，锈蚀严重，成残片，文字无存，厚30厘米。该铁券函是古代存放葬地契券或祈祷亡灵冥券的石匣子，对研究古代丧葬习俗具有重要价值。

赵珠墓志

现藏平凉市博物馆。唐元和八年（813年）刻。上盖下志，盖为盝顶式，正面上部刻西番莲纹，中间篆书"大唐故赵府君墓志铭"三行，四周侧面均刻卷叶缠枝纹；左右两披处浅浮雕云龙纹；上披处浅浮雕神蝠；下披处浅浮雕蟠蝠。志呈正方形，灰黄色细砂岩质，边长61

赵珠墓出土墓志

厘米，厚18厘米，四周阴刻十二生肖图案。志文阴刻楷书29行，满行32~33字，记载唐骠骑大将军赵珠家族谱系、本人生平事迹及其夫人张氏生平。

吐谷浑慕容氏家族墓志

出土于武威市凉州区南营乡青嘴喇嘛湾，现部分保存于凉州区博物馆。

青嘴喇嘛湾保存有吐谷浑王国慕容氏家族的墓地，是吐谷浑政权灭亡之后陆续建成的。清末民国初，陆续发掘吐谷浑王族墓葬，先后出土墓志铭9方。1915年，武威人贾坛将这9方墓志存放于武威文庙内。1943年，向达对其中的部分墓志予以载录。1945年，西北科学考察团发掘金城县主墓、慕容曦光墓，出土墓志2方，带往南京，迄今下落不明。慕容氏家族成员中，尚未发现墓志者有：慕容诺曷钵、慕容宣彻、慕容明夫人、慕容若等。凉州区博物馆现有慕容氏家族墓志7函。此外，《慕容神威墓志》发现于宁夏回族自治区

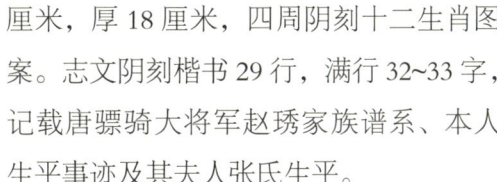

李氏墓志铭

大唐故武氏墓志盖

大唐故武氏墓志铭

同心县，现存宁夏回族自治区博物馆。

民国《甘肃通志稿·金石志》、张维《陇右金石录》等文献记载了部分志文。夏鼐《武威唐代吐谷浑慕容氏墓志》对《金城县主墓志》《慕容曦光墓志（盖）》予以考释研究。

金城县主墓志立于唐开元七年（719年），上盖下志，盖篆"大唐金城县主墓志铭"，四周刻十二地支"子丑寅卯辰巳午未申酉戌亥"，志文16行。全文如下："大唐金城县主墓志铭。县主讳季英，陇西人也。七代祖，瀛州刺史，宣简公；六代祖，唐宣皇帝、高祖唐光皇帝；曾祖，定州刺史，乞豆祖开化郡王文；父，交州大都督、会稽郡王道恩。县主即王之弟三女也。幼闻令淑，早敦《诗》《礼》。永徽中有敕：简宗女用适吐谷浑。天子见县主体德敦谨，仁孝有闻，诏曰：'会稽郡王道恩第三女可封金城县主，食邑四千户，出降吐谷浑国王慕容诺曷钵男成王忠为妻。'永徽三年四月出降，春秋廿有二。抚临浑国五十余年，上副所寄，下安戎落，年七十有六，开元六年岁次壬午正月十七日薨于部落，至七年八月十七日合葬于凉州南阳晖谷北岗。礼也。恐山移海变，故勒芳铭。"《金城县主墓志》已收入陈尚君编著《全唐文补编》中。

张氏买地券

现藏宁县博物馆。五代后周显德二年

《张氏买地券》拓本

（955年）刻。青石质，长方形，长38厘米，宽33厘米，厚6厘米。自左至右竖行楷书阴刻12行，满行13字，全文142字："维大周显德二年岁次乙卯十二月乙丑朔二日丙寅，亡人刘口合为身亡，于宁州定安县神福乡庞村人户张敬思边买得地一所，谨用钱帛交付乞。东至青龙，西至白虎，南至朱雀，北至玄武。上至苍天，下至黄泉。一买以后，并是亡人永恒为主长住。书券人：石公曹、飞上天。读券人：金注入。黄泉保人：张坚故。见人：李定度。各年万万九千九百九十九岁。此券永为记。"

王仁裕神道碑

位于礼县石桥乡斩龙村。原有墓地已毁，仅存神道碑。现存礼县博物馆。北宋雍熙三年（986年）刻立。

此碑砂岩质，由碑座、碑身、碑首组成，通高305厘米。碑座宽170厘米，高40厘米，厚125厘米。碑首高80厘米，宽 125 厘米，厚 43 厘米，雕盘踞六龙。碑身高 185 厘米，宽 125 厘米，厚 43 厘米，边缘阴刻缠枝牡丹和石榴纹。碑阳额篆"周故少保王公神道碑"。碑文首题楷书"周公通奉大夫守太子少保上柱国太原县开国，食邑七百户赐紫金鱼袋太子少师王公神道碑并序"。全文楷书，共 36 行，行 71 字，计 2500 余字，记载王仁裕的家世及生平事迹，赞美他"禀天地和气，负文章大名，信义著于交朋，仁孝被于姻族，闺门卒岁无闻垢署之声，僮仆终身不知鞭挞之苦"的品德。尾题"雍熙三年岁次丙戌七月丁卯朔十六日壬午建立"，李昉撰文，张贺书丹并篆额。碑阴为明嘉靖二十八年（1549 年）刻写的纪事文。楷书竖行 10 行，行 15 字，计 150 字，

记载明代梓潼□李钿修建碑亭之事。碑文下部残存北宋绍圣三年（1096 年）七月十一日姚雄题、姚东安题字。《甘肃新通志稿》收录该碑文。张维《陇右金石录》卷三收录全文。兰州碑林翻刻了此碑。

此地还曾出土王仁裕墓志铭一方，青石质，方形，边长 90 厘米，厚 30 厘米，首题"周通议大夫守太子少保上柱国太原县开国伯食邑七百户赐紫金鱼袋赠太子少师王公墓志铭并序"。铭文记述王仁裕先祖及本人生平仕途及卒后扶柩迁归故里斩龙村的经过。墓志铭现存礼县博物馆。

王仁裕（880~956 年），字德辇，秦州西南（今礼县境内）人。五代时期著名学者，以文辞知名，入蜀为翰林学士。《新

《王仁裕神道碑》正面

《王仁裕神道碑》碑首正面拓片

《王仁裕神道碑》碑文拓本

吴玠墓碑原额篆文及民国重刊碑名文字

吴玠墓碑亭记碑 清嘉庆

吴玠墓碑拓本

五代史》有传。

1993 年，王仁裕神道碑被公布为甘肃省第五批省级文物保护单位。现由礼县博物馆管理。竖立有文物保护标志碑，保存有档案资料。

徽县吴玠墓及墓碑

位于徽县城北 1 千米吴玠墓地碑亭内。南宋绍兴二十六年（1156 年）立。碑亭为清嘉庆十四年（1809 年）知县张伯魁修建，并刻立修建碑亭之碑。1985 年再次对墓地进行环境整治，对散落的石像生进行重新归位。重修碑亭。

原碑额篆"故开府吴忠烈墓志铭"。

圆首，通高 290 厘米，宽 155 厘米，厚 30 厘米。碑文阴刻篆书，21 行，每行 70 余字，部分文字已漫漶，大学士、工部侍郎王纶奉旨撰文。1934 年，胡宗南部第一师第一旅旅长李铁军驻防徽县吴山，在碑面正中纵向刻写"宋故将军吴玠之墓"八个楷书大字。

吴玠（1093~1139 年），字晋卿，宋德顺军陇干水落城（今静宁）人，抗金名将，历任都护兵马都监、大夫、刺史，后进开府、仪同。曾在和尚原（今陕西宝鸡南 30 千米处）、饶凤关（今陕西石泉与西乡交界处）、仙人关（甘肃徽县）三大抗金战役中战功卓著。绍兴九年（1139年）任四川宣抚使。卒后，葬于此，墓冢位于徽县关山山腰处，面积约90平方米，遗存有石人、石马等。

1981年，吴玠墓及墓碑被公布为甘肃省第四批省级文物保护单位。现由徽县博物馆管理。

郭氏买地券

1974年陇西县南安乡西阙坪村出土，现存陇西县博物馆。金大定十一年（1171年）刻。

此碑为青石质，上圆下方，首呈圆状，外形似碑，长45厘米，宽36厘米，厚7厘米。上部及左右两侧刻双线边栏，栏内饰草叶纹，上端自右向左横题"段故郭氏地券文"7字。正文楷书，阴刻竖写12行，每行5~20字，计204字。券文为："维大金大定拾壹年岁次辛卯正月丙子朔初拾日乙酉，今有殁故郭氏，宜于通远军陇西县管下正西山下安厝，宅兆用钱玖万玖千玖百玖拾玖贯文，兼五丝信币，买地一段，方壹拾叁步，东至青龙，西至白虎，南至朱雀，北至玄武。内分句陈，阡陌千千秋，张暮陌分步，界畔道路，将军齐整，收付河伯。今以牲芳酒饭，百味香新为信契。财地交相，分付工匠修茔安厝，永保休吉。知见人、岁月主保人，今日直使，故气邪精，不得忓怪，先有居者，永避万里。若为此约，地存生吏，其祸自当。主人存亡安吉，急急如律！五帝使者女青律令杨冲至造。"

王吉墓券

现存临夏市博物馆。这里曾发掘一座金代墓葬，原址保存，修建保护厅一座。出土金大定十五年（1175年）墓券1块，现嵌于保护厅正面墙面上。墓券为

郭氏买地券 金

王吉墓券 金

灰色砂岩质，长方形，长38厘米，宽33厘米，厚6厘米。额题"进义校尉王吉碑"。券文楷书，共83字："维大金河州廊下寺家店居住王吉，于二月二十日殁故，自办净财修砖堂一所，卜宅兆，四月二十日迁葬。东至青龙，西至白虎，南至朱雀，北至宣武。见从（存）者寿命延长，亡过者早达西天之路。乙未大定十五年四月日。"

唐朝列圣之碑

原位于合水县太白乡连家砭村唐王坟内，今移存于合水县陇东石刻艺术馆内。金代刻立。明·于奕正《天下金石志》、清·陶奕曾《合水县志》、宣统《甘肃新通志》、民国《甘肃通志稿·金石志》等均有记载。此地为古代"唐王坟"所在地，安葬有唐睿宗李旦之后裔，墓地原有诸多

《唐朝列圣之碑》 金

石刻、雕像，原存金代明昌、治平、宋崇宁、大观、皇统等时期大小石碑10余通，残存残石人2身、石羊1只，后多数亡佚。民国·张维《陇右金石录》仅存目。

碑为红砂岩质，赑屃座，分别刻立于金明昌二年（1191年）、大定二十四年（1184年）。通高362厘米，宽112厘米，厚19厘米。正面额篆"唐朝列圣之碑"，首题"翰林学士兼龙图阁学士、朝散大夫给事中、知制诰充史馆修撰欧阳□撰"。碑文楷书，自右至左直行竖写，追述大唐"李氏出嬴姓，其先帝颛顼，高阳氏之裔也"，再到"唐高祖至昭宣总二十一帝二百九十四年"诸位皇帝的尊号、名讳、在位年数、寿数、陵址、皇后、子嗣等，碑文分10排，分别列出每一系统。尾题"大金明昌二年岁次辛亥十一月丙午朔十五日庚申，薛王十二世孙李大（尉）□□人立。薛王十三世孙李天章立碑。□□原乡贡进士王居广书丹。岚州□秀杜玘康甫屯刊"。

碑阴额篆"唐李氏世系图"，碑文分为三部分：左面为《唐宣赐薛王庄记》文，是薛王十二世孙承信校尉云骑尉致仕李棨撰写的家谱序文，尾题"时大定甲辰季秋望日。薛王十二代孙承信校尉云骑尉致仕李棨谨记"。右面刻《唐李氏薛王房世系图序》，是李棨撰写的一篇序文，文后列薛王第十三、十四世孙的人名，尾

题"大金明昌二年岁次辛亥十一月丙午朔十五日庚申薛王十二世孙乡贡进士李荣篆额"。中间刻一张图表，以家谱式图表列举睿宗皇帝及其后共16代子孙的名讳、即位年代、官职等。碑文下部漫漶，不可辨识。

广济王神道碑

位于礼县桥头乡蒋家寺村。元至正十六年（1356年）立。青石质，长方形，高132厘米，宽82厘米，厚30厘米。首题楷书"黑池德圣忠惠威显广济王神道碑记"。碑文楷书，竖行29行，约1500余字，内容记载达鲁花赤阿都只提领蒋世用率民众建庙、祈福、求雨等事迹。尾题"大元至正十六年岁次丙申仲夏庚辰朔"，蒲君美撰文。大多文字已漫漶不清。

燕氏家族墓碑

原位于正宁县周家乡燕家村西燕氏家族墓地。墓地上原有4个大墓冢，系元代安西邸总管燕侯珪父母之墓。墓冢已夷平，现存元大德七年（1303年）立石碑1通、石羊2件。今移存正宁县博物馆。

碑通高300厘米，宽10厘米，厚20厘米。碑额透雕二龙戏珠图。碑阳篆书"大元故燕君墓表铭"。碑阴刻碑文，楷书20行，每行38字，首题"大元故提领燕君墓表铭。北海萧酎撰并书。直承郎、云南诸路肃政廉访副使马绍庭篆额"。尾题"大德癸卯三月乙丑朔清明日珪建。安西等处采访副提举段德续刊"。详细追述了元代安西邸总管、巩昌延安管民提领、达鲁花赤燕侯珪父子们为官勤政廉洁的德行，盛

《广济王神道碑》

《燕氏家族墓碑》

赞其"事上忠勤，取于下有制，民用不扰，分争辩讼，曲直以明，交人以信，睦姻旧，礼儒士，治家严肃"的美德。

碑文最早见于庆阳地区博物馆1983年编写的《庆阳地区文物概况》第二集。吴景山《西北民族碑文》有录文。1993年，燕氏家族墓地被公布为甘肃省第五批省级文物保护单位，墓碑石刻为墓地附属文物。现由正宁县博物馆管理。

汪世显家族墓志

现存陇西县博物馆等地。元明时期陆续刻立。汪氏家族墓位于漳县东南2.5千米的徐家坪，今保存墓葬120余座，埋藏200余人。自1243年汪世显葬于此，至明万历四十四年（1616年），经14代370多年。1972~1979年，发掘清理18座墓葬，出土元、明时期汪氏家族墓志11合。其中8号墓出土《汪懋昌墓志》，高72厘米，宽72厘米，厚17厘米，盖正中阳文篆书"圹志"，志文阴刻楷书23行，行23字。9号墓出土《汪惟纯墓志》，盝顶盖，高73厘米，宽72厘米，厚8厘米；志石高72厘米，宽72厘米，厚13厘米，志文阴刻楷书34行，行35字。16号墓出土《汪源昌墓志》，盝顶盖，高63厘米，宽64厘米，厚13厘米，正中阴刻隶书"元故奉训大夫汪公之墓"，四周阴刻缠枝牡丹、荷花、菊花、梅花纹等；志石高65厘米，宽65厘米，厚1厘米，志文阴刻楷书24行，行25字。20号墓出土《汪惟贤墓志》，志石设子母口，可与志盖套合，盖长70厘米，宽69厘米，厚7厘米，正中阴刻楷书"大元故荣禄大夫大司徒汪公之墓志"；志石长7厘米，

汪懋昌墓志　元

汪舜昌墓志　元

宽 70 厘米，厚 9 厘米，志文楷书 24 行，计 554 字。

清·叶昌炽《语石》、杨凌霄《陇西艺文集》等载录了数件汪氏家族墓志。宣统《甘肃新通志》、民国《甘肃通志稿》等载录了部分墓志。张维《陇右金石录》卷五载录了 6 件。吴景山《元代汪世显家族碑志资料辑录》一文载录了 19 件。

汪世显（1195~1243 年），字仲明，巩昌盐川人。《元史》卷 155 有传，称汪氏家族"为官者一百八十余人，其中王者三，公者十"。汪世显家族墓志铭保存状况如下：

元至元年间刻《汪义武公神道》，佚。

元至元年间刻《汪义武公遗爱碑》，佚。

元至元年间刻《汪忠烈公神道碑》，佚。

元至元年间刻《汪贞肃公神道碑》，存。

元至元年间刻《汪文贞公神道碑》，佚。

元元贞二年（1296 年）刻《汪忠让公神道碑》，存。

元大德元年（1297 年）刻《汪惟易墓志》，存。

元大德八年（1304 年）刻《元中书左丞汪惟正夫人耶律氏墓志铭》，存。

元大德十年（1306 年）刻《汪惟贤夫人祁氏墓志》，存。

元至治二年（1322 年）刻《汪惟纯墓志》，存。

元天历二年（1329 年）刻《大元奉直大夫陇州知州汪懋昌墓志》，存。

元天历三年（1330 年）刻《元明威将军保宁等处万户汪惟简圹志》，存。

元至正八年（1348 年）刻《元银青荣禄大夫大司徒汪寿昌墓志》，存。

元至正十年（1350 年）刻《大元奉训大夫临洮府达鲁花赤汪源昌墓志》，存。

元至正十一年（1351 年）刻《元武节将军土番等处宣慰使司副使都元帅汪舜昌墓志》，存。

元至正二十二年（1362 年）刻《元资德大夫中书左丞行陕西四川中书省汪惟正神道碑》，存。

明正德二年（1507 年）刻《明昭勇将军巩昌指挥使司指挥汪钊墓志》，佚。

明刻《汪椿墓志铭》，佚。

明刻《大明故昭勇将军汪公墓志铭》（又名《汪钊墓志》），存。

赵氏寿考墓碑

位于礼县石桥乡石碑村西。明弘治七年（1494 年）刻立。原墓已毁，存墓碑。

墓碑青石质，长方形，通高 208 厘米，宽 90 厘米。碑身高 165 厘米，宽 90 厘米，厚 20 厘米。碑座长方形，长 120 厘米，宽 50 厘米，高 43 厘米。首题楷书"赵

871

御赐肃怀王墓志盖

明薨肃怀王妃王氏墓志

氏寿考墓碑"，碑阳刻碑文，竖行，楷书。碑文上半部漫漶不清，无法辨认，下半部可辨识部分文字；记述元代征行大元帅按竺迩及其后裔们的生平事迹。尾题"大明弘治七年岁次甲寅二月廿五日"。碑阴刻赵氏家族世系表，落款"赵澄等立石、廉守洁镌、石匠王忠昌"。

明肃藩王家族墓志

现分别存兰州市博物馆、榆中县博物馆等地。明代。明肃藩王墓群分布在兰州市榆中县和七里河区，两地共埋葬13位明代肃藩王。其中安王朱弼柿葬在七里河区西圃子湾，宪王朱绅尧葬在七里河区周家山。

七里河区下西园曾出土《皇明肃藩开化僖宪王墓志铭》，今存兰州市博物馆。上盖下志，盖方形，边长78厘米，厚13

厘米，四周饰龙纹；志石方形，正中篆书"皇明肃藩开化僖宪王墓志文"，分3行，每行4字。

榆中县来紫堡村埋葬11位肃王，其中3座已被清理，部分墓室成为当地村民的菜窖。1号墓于1966年被挖开，墓志被毁，系肃庄王妃孙氏之墓。2号墓于1970年被挖开，后回填。7号墓于1977年发掘，后回填，系肃怀王与妃王氏合葬墓，出土怀王及妃王氏墓志铭各一盒，现存榆中县博物馆。

《御赐肃怀王墓志》，上盖下志，嘉靖四十三年（1564年）立。盖方形，边长79厘米，厚12厘米，盖正面阴刻篆书"御赐怀王墓志铭"；志石首题"御赐肃怀王圹志文"，志文楷书15行，共197字，记录第八世肃王朱绅堵的身世、生卒年月、袭封情况。

《明薨肃怀王妃王氏墓志》，上盖下志，万历二年（1574年）立。盖长80厘米，宽74厘米，厚13厘米，正面中间篆书"明薨肃怀王妃王氏墓"；志石首题"明薨肃怀王妃王氏墓志"，志文楷书9行，共81字，记录肃怀王妃王氏的身世、册封经过、生卒年月等。

彭泽墓志

1955年出土于兰州市七里河区上西园。现存甘肃省博物馆。嘉靖十年（1531年）十月刻石。盖上志下，大小相同，盖长181厘米，宽117厘米，厚13厘米，右上端篆题8行，80字，下部刻彭泽像，像旁刻文55行；志文篆书，自述体，74行，行54字，文末有其弟彭冲附记文6行，每行53字。志文总计7000余字。

彭泽（1459~1530年），字济物，明代兰县（今兰州城关区东）人。祖上世代为宦，祖父时家境败落，青少年时治《书》《诗》《易》，弘治三年（1490年）中进士，历任工部主事、刑部郎中、浙江副使、河

南按察使、总督川陕左都御史、兵部尚书等职。晚年归乡，后因朝事被夺职。殁后谥襄毅。《明史》卷198有传。

明贡生王贤夫妇墓志铭

2009年3月10日出土于会宁县城北紫薇山山腰处，有两盒。现藏会宁县博物馆。

第一盒为明万历五年（1577年）刻《王志麒墓志铭》，由志底和志盖组成，均为青石材质，盖长62厘米，宽59厘米，厚9厘米。正面双线篆书"明寿官王公

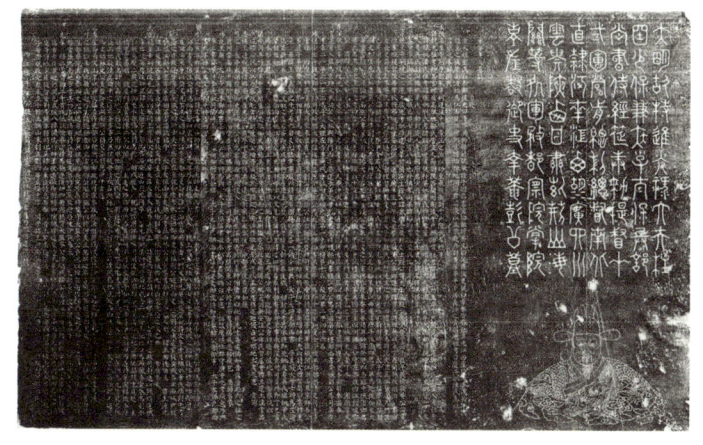

彭泽墓志拓本

明寿官王公墓志铭盖

王志麒墓志铭

墓志铭"，四字一列，共两列，两列篆书正中下方刻行楷书小字"永镇幽堂"。志盖右侧有行楷一行："异世陵谷变迁，柩骸暴露"。左侧亦有行楷一行："仁人君子见而掩之，幸甚"。左边沿处又有行楷小字一行："大明万历五年八月仲秋上吉孤哀子王贤泣血敬告"。志石长 63 厘米，宽 61 厘米，厚 9 厘米，楷体，28 行。首题"赐进士第奉政大夫山东按察司金事前户科给事中邑人栗在庭撰承德郎四川夔州府通判邑人南斗书"。"乡进士文林郎直隶永平府知昌黎县事邑人吴应选篆"。志文主要追述王氏先祖的各种功德及后裔情况。

第二盒为《张孺人墓志铭》，仅存志石，盖已佚。青石质，长 54 厘米，宽 42 厘米，厚 6 厘米，竖刻文字 31 列。首题"孺人张氏墓志铭。赐进士第广东道监察御史郡人抑轩刘应熊撰文""乡进士登仕郎邑人瑞轩栗在庭书丹""儒官邑人文轩王哲赠石"。志文追述孺人张氏一生的经历及子嗣情况。

该墓志铭是明代会宁邑人王贤为其父王志麒和母张孺人所立。道光《会宁县志》卷十《选举志》载："王贤，邑人，明岁贡生。"卷十一《艺文志》收录王贤《怀古》诗一首。

马云亭纪念碑

现存兰州市博物馆。民国时期立。马云亭（1876~1932 年），早年参加抗击八国联军侵略之战，因功受赏。后人为纪念马云亭，刻立多座纪念碑，现存 4 通，均青石质，长方形，高 33~76 厘米，宽 66~118 厘米，厚 6~10 厘米。碑文多楷书，也有部分碑文隶书。

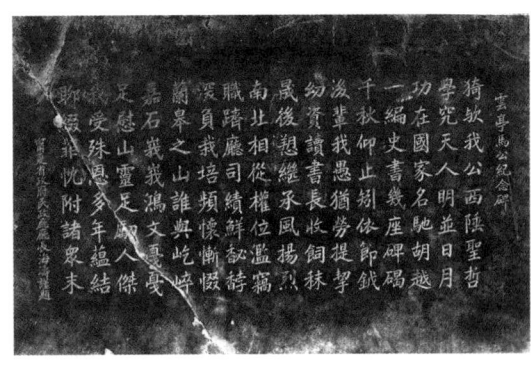

《马云亭纪念碑》之一

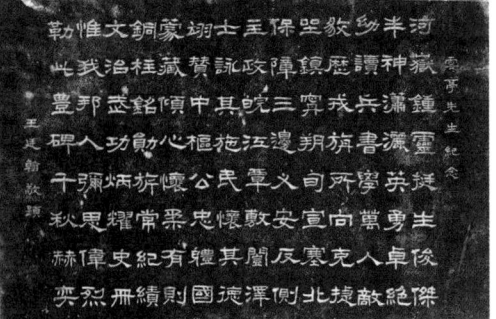

《马云亭纪念碑》之二

第六节 其他石刻文物

石牛

1959年出土于酒泉市东关的一座汉墓中。现藏肃州区博物馆。汉代。青灰色砂岩质，长18厘米，高13厘米。石牛曲首于腹而卧，两角微曲向上，两耳后坚，两目圆睁，前肢屈跪，后肢前屈伏于腹下。

石羊

1986年出土于武威市的一座汉墓中。现藏凉州区博物馆。汉代。砂岩质，长39厘米，高32厘米。羊昂首而卧，两角圆盘，两前腿跪屈向后，两后腿前伸于腹下。

石摇钱树座

20世纪70年代出土于武威市的一座汉墓中。现藏凉州区博物馆。汉代。共2座（编号分别为2277、5834），其中2277号砂岩质，呈上小底大圆柱状，高22厘米，顶径16厘米，底径22厘米，下部雕两层三角形山字纹，每层6枚，上层刻4身护树奴，奴身裸体，均跪状，双手上举。5834号呈圆柱状，高20厘米，顶径14厘米，底径23厘米，通体雕四神纹及瑞兽、鹿、鹤等。

石牛

四神石摇钱树座朱雀图

石羊

四神石摇钱树座玄武图

彩绘石棺床

1982 年出土于天水市石马坪墓中。现藏天水市博物馆。隋唐。石棺床通高 123 厘米，宽 115 厘米，长 218 厘米，由床座、屏风和床板三部分组成，共有 17 块大小不等的画像石板、8 方素面石板、11 块彩绘画像石屏风；其中石屏风后壁 5 块，左、右侧屏各 3 块。石屏风均嵌入床板边沿处的凹槽内，以子母扣连接。

石屏风正面中央雕一座歇山顶式厅堂建筑，挑檐上部雕刻两条联珠纹带，中间饰忍冬纹。檐下饰"人"字形补间铺作，是初唐时期的建筑特征。"人"字形斗栱在南北朝时已出现。厅堂内雕刻墓主夫妇对坐饮酒图。床座左右两端用石雕镇墓兽支撑。石屏风背面打磨平整，上部雕 6 个圈底莲瓣形门，门内有 6 位男乐伎，下部对称雕 6 个姿态各异的怪兽。出土时发现，在石床前部放置有鸡首瓶和釉陶烛台，左右两侧又对称摆放 5 个坐部乐伎俑，床榻上还摆放有铜镜、石枕和金钗等物。

墓葬发掘报告认为，此棺床的年代上限约在隋代，下限约为初唐。姜伯勤《中国艺术史上的波斯风》、荣新江《北朝隋唐粟特聚落的内部形态》、郑岩《青州北齐画像石与入华粟特人美术—虞弘墓等考古新发现的启示》、邢福来《围

彩绘石棺床

屏石榻与粟特贵族》等文对该石棺床均有研究。

舍利石棺

1957年出土于灵台县城内。现存甘肃省博物馆。唐代。同时还出土有雕绘砖、唐大中四年（850年）墓志等。

石棺由灰白砂岩制成，质地细密，外表敷红、绿、蓝、白、金等彩。色泽有剥蚀。石棺剖面呈梯形，前高36厘米，后高29厘米；棺盖前宽20厘米，后宽16厘米，长46厘米；棺底前宽24厘米，后宽21厘米，长48厘米。棺盖顶面呈弧形，饰红、绿彩云气纹，边缘刻一周内外相错的单尖仰莲纹饰带，高出盖顶，莲瓣呈桃形，施红、蓝彩。莲带之下部前端及左、右侧各分为三栏，后端分为二栏。前端中栏内浮雕朱雀，昂首展翅，浑身贴金；左侧中栏内雕一龙，竖鳞摇尾，嘴、角施红彩，身涂绿彩，衬以红晕祥云；右侧中栏内有3人，仅露出上身。榻左雕7人，分上下二列，上列4人，第一人侧身向左，以袖掩面状，第二、三人相互抱扶，满脸悲怆状，第四人头向右垂，欲哭无泪状；下列3人，第一人弓身坐地，以手托腮，深情注视释迦佛像，中间一人着红袈裟，仰身倒地，后一人双膝跪地，手扶前者。整个表现释迦牟尼涅槃后弟子举哀的情景。

石棺内还有盛放舍利子的漆盒、玻璃瓶等。

铁券石函

出土于平凉市的一座唐墓中。现藏平凉市博物馆。唐代。共两件，一件编号PLB1106，灰黄色细砂岩质，长39厘米，宽21厘米，高14厘米，盝顶式盖，子母口扣合，盖顶阴刻楷书"铁券函"3字，四披浅浮雕牡丹图案。函体四周浅浮雕花叶纹，函内有盛放铁券的浅槽。另一件编号PLB1750，灰黄色细砂岩质，长39厘米，宽21厘米，高14厘米，盝顶式盖，盖顶两端有两长方形孔，子母口扣合，盖顶刻石榴纹，四披雕花叶纹。函体四周雕卷叶纹。函内有盛放铁券的浅槽。

大云寺舍利石函

1964年出土于泾川县城关镇大云寺塔基地宫中。现藏甘肃省博物馆。唐代。共5件，由石函、铜匣、银椁、金棺和玻璃舍利瓶组成，大小相隔套装在一起。

第一层为石函，由质地坚硬的灰色大理石凿刻而成，方形覆斗顶，长51厘

大云寺舍利石函

米，宽 50 厘米，高 44 厘米。顶上正中方格内刻“大周泾川大云寺舍利之函总一十四粒”，隶书阴刻，盖周围刻缠枝西番莲。石函四周刻序文，文末刻建塔官员和僧众题名，共 1000 余字，纪年为“延载元年（694 年）”。石棺外四周通体雕刻涅槃图。

第二层为铜匣，形同石函，长 12.3 厘米，宽 12.3 厘米，高 12.7 厘米，通体鎏金。

第三层为银椁，长 7.5 厘米，宽 5.4 厘米，高 9.3 厘米。

第四层为金棺，形同银椁，长 7.5 厘米，宽 5.4 厘米，高 6 厘米，棺盖及棺身用金片、珍珠、绿松石镶嵌成大莲花。金棺内置一玻璃瓶，高 2.6 厘米、腹径 2.1 厘米，长颈、圆腹、平底，白色透明，内装佛舍利 13 粒。

据佛教经典载，佛祖释迦牟尼涅槃后火葬，其舍利被八国王分取，带回本国造塔供养。在中国，佛教徒普遍将舍利装入金银铜石制作的容器中，埋在塔基中供养。据该石函序文载，这里是隋代的大兴国寺，唐延载元年修建舍利塔，将佛舍利供养于地宫内。

西江庙炉鼎石刻

位于礼县石桥乡清水沟村南。元至元五年（1339 年）立。此处原有西江庙，早年已毁，仅存残石碑首 1 件、石兽鼎 1 件、玉炉 1 件。

石碑首雕二龙戏珠，额题“大元重修”等文字。

石鼎由身、座两部分组成，通高 126 厘米，鼎座为柱础形，座上刻楷书铭文，内容记述西江庙焚香祈丰收的格言，计 38 字，尾题“至元己卯十月丙戌”。鼎身圆底钵形，外侧雕二龙抱柱。

玉炉为一座小型石雕楼，由身、座两

西江庙炉鼎石刻残碑首

西江庙炉鼎石刻残石鼎

西江庙炉鼎石刻石雕炉座诗文拓本

西江庙炉鼎石刻残石刻拓本

部分组成，炉身雕房屋、门窗等图案，炉座四面刻楷书铭文，有两首诗。第一首共8句，前四句为六言，后四句为七言，计52字。第二首为四言诗，共16句，64字。内容记述当时石匠精心制造兽鼎、祈求“西江波主”保佑庶民、“赐福增崇”的愿望。尾题“岁次己卯至元五年七月中元命工献上”。

1991年，西江庙炉鼎石刻被公布为礼县县级文物保护单位（礼政发〔1991〕225号）。现由礼县博物馆管理。

主要参考文献

1. 安维峻等：《甘肃新通志》，宣统元年（1909年）刻印本。
2. 罗振玉：《西陲石刻录》，《云窗丛刻》本。
3. 邵元冲主编：《西北览胜》，正中书局，民国二十八年（1939年）。
4. 张维：《陇右金石录》，甘肃地方文献征集会，1943年。
5. 夏鼐：《武威唐代吐谷浑慕容氏家族墓志》，《历史语言所集刊》1948年第20本（上），商务印书馆，1938年。
6. 克立夫：《1362年所立汉蒙二体忻都王神道碑》，《哈佛亚洲研究杂志》12（1~2），1949年。Cleaves.F.W. “The Sino-Mongolian Inscription of 1362 in memory of Prince Hindu”，HJAS12（1~2）：1-133+37 plates（1949）。
7. 向达：《唐代长安与西域文明》，三联书店，1957年。
8. 罗福颐：《西夏护国寺感应塔碑》，《文物》1961年第4、5期合刊。
9. 熊杨景：《庆阳金石记》，1963年油印本。
10. 黄文弼：《亦都护高昌王世勋碑复原并校》，《文物》1964年第2期。
11. 嘉峪关文物工作队：《甘肃地区古代游牧民族岩画》，《文物》1972年第12期。
12. 李盖提（L · Ligeti）：《古典时代之碑铭》

（Monumenta Linguae Mongolicae Collecta Ⅲ），布达佩斯（Budapest），1972年。

13. 马衡：《凡将斋金石丛稿》，中华书局，1977年。

14. 王尧：《西夏黑水桥碑考补》，《中央民族学院学报》1978年第1期。

15. 甘肃省博物馆：《甘肃省文物考古工作三十年》，《文物考古工作三十年》，文物出版社，1979年。

16. 白滨、史金波：《〈大元肃州路也可达鲁花赤世袭之碑〉考释》，《民族研究》1979年第1期。

17. 甘肃省庆阳地区博物馆编《庆阳地区文物概况》第一集（内部资料），1979年。

18. 陈炳应：《重修护国寺感应塔碑（西夏碑）》，《文物》1979年第12期。

19. 耿世民：《回鹘文亦都护高昌王世勋碑研究》，《考古学报》1980年第4期。

20. 钟长发、宁笃学：《武威金沙公社出土前秦建元十二年墓表》，《文物》1981年第2期。

21. 高凤山：《一块珍贵的"长城工"碑》，《中国长城遗址调查报告集》，1981年。

22. 阎文儒：《元代速来蛮刻石释文》，《敦煌研究》试刊第1期，甘肃人民出版社，1982年。

23. 《甘肃省漳县元代汪世显家族墓葬简报》之一、之二，《文物》1982年第2期。

24. 宋廓：《肃本淳化阁法帖》，《西北民院学报》1982年第4期。

25. 化一：《元代政治家赵世延》，《西南民族学院学报》（哲学社会科学版）1982年第3期。

26. 孙星衍、邢澍：《寰宇访碑录》，《丛书集成初编》本，中华书局，1983年。

27. 甘肃省庆阳地区博物馆编：《庆阳地区文物概况》第二集（内部资料），1983年。

28. 刘玉林：《唐刘自政墓清理简记》，《考古与文物》1983年第5期。

29. 汤开建：《〈大元肃州路也可达鲁花赤世袭之碑〉补释》，《中国史研究》1983年第4期。

30. 道布：《回鹘式蒙古文文献汇编》（蒙文），民族出版社，1983年。

31. 李永宁：《敦煌莫高窟碑文录及有关问题》（二），《敦煌研究》1983年第2期。

32. 李璘：《甘肃岷县文徵明行书诗碑》，《文物》1984年第4期。

33. 秦明智：《肃本淳化阁帖考》，《兰州学刊》1984年第5期。

34. 史金波：《凉州感应塔碑西夏文校译补正》，《西北史地》1984年第2期。

35. 陈炳应：《西夏文物研究》，宁夏人民出版社，1985年。

36. 熊国尧：《徽县〈新修白水路记〉》，《徽县文史资料》1985年第4期（1、2期合刊）。

37. 清·王昶：《金石萃编》，中国书店，1985年。

38. 清·叶昌炽撰：《语石》，上海书店，1986年影印本。

39. 〔美〕尼·鲍培原著，郝苏民翻译、补注：《八思巴字蒙古语碑铭》，内蒙古文化出版社，1986年。

40. 耿世民、张宝玺：《元回鹘文〈重修文殊寺碑〉初释》，《考古学报》1986年第2期。

41. 宋·洪适：《隶释·隶续》，中华书局，1986年。

42. 周采泉：《杜集书录》，上海古籍出版社，1986年。

43. 蔡美彪：《泾州水泉寺碑译释》，元史研究会编《元史论丛》第3辑，中华书局，1986年。

44. 吕子玉：《兰州白塔山"禹王碑"考补并试析》，《兰州学刊》1987年第2期。

45. 清·叶恩沛、吕震南纂：《阶州直隶州续志》，兰州大学出版社，1987年。

46. 陈显远：《北宋摩崖题刻〈新修白水路记〉简介》，《考古与文物》1987年第4期。

47. 陈垣编纂，陈智超、曾庆瑛校补：《道家金石略》，文物出版社，1988年。

48. 张思温：《积石录》，甘肃民族出版社，1989年。

49. 曹锦炎：《岣嵝碑研究》，《文物研究》第5辑（安徽省），黄山书社，1989年。

50. 康熙四十一年郭京范、田而穟纂《岷州志》，《中国西北文献丛书》第39册，兰州古籍书店，1990年。

51. 乾隆《五凉全志》，《中国西北文献丛书》第3册，兰州古籍书店，1990年。

52. 甘肃省博物馆：《甘肃嘉峪关黑山古代岩画》，《考古》1990年第4期。

53. 甘肃省文物考古研究所：《甘肃省文物考古工作十年》，《文物考古工作十年》，文物出版社，1991年。

54. 照那斯图：《八思巴字和蒙古语文献》，《文献汇集》，日本东京外国语大学亚非语言研究所，1991年。

55. 唐晓军：《甘肃岩画初探》，《西北史地》1991年第4期。

56. 天水市博物馆：《天水市发现隋唐屏风石棺床墓》，《考古》1992年第1期。

57. 樊军：《西狭颂注释》，《西狭研论文集》第二辑（内部资料），1992年。

58. 陈仲安：《王真保墓志考释》，《魏晋南北朝隋唐史资料》第1期，武汉大学出版社，1993年。

59. 乔高才让：《重修凉州白塔志碑文考略》，《中国藏学》1993年第4期。

60. 胡祥庆：《西狭颂·释文》，中国工人出版社，1993年。

61. 祁和晖：《唐宋杜诗刻石考述》，《杜甫研究学刊》1994年第3期。

62. 刘德祯、李红雄主编《庆阳文物》，兰州大学出版社，1995年。

63. 吴景山：《丝绸之路交通碑铭》，民族出版社，1995年。

64. 刘淑芬：《佛顶尊胜陀罗尼经与唐代尊胜经幢的建立——经幢研究之一》，载（台湾）《历史语言研究所集刊》第67本第一分，1996年。

65. 散人：《玛曲柯庆岩画》，《西藏艺术研究》1996年第3期。

66. 徐自强、吴梦麟：《中国的石刻与石窟》，商务印书馆，1996年。

67. 王锷：《陇右石刻》，《中国典籍与文化》1997年第3期。

68. 施连山：《明肃王墓考略》，《西北史地》1997年第4期。

69. 金辉：《陇右金石的内容与价值》，《图书与情报》1998年第1期。

70. 酒泉博物馆编：《酒泉文物荟萃》，中国青年出版社，1998年。

71. 张驰：《宁县发现后周卖地券》，《文物》1998年第6期。

72. 马建春：《凉州历史上的两位西域人——西宁王忻都、伏羌侯毛忠》，《西域研究》1998年第2期。

73. 张俊民：《西北石刻辑录续编（四）》，《中国西北文献丛书续编·西北考古文献》第6册，甘肃文化出版社，1999年影印本。

74. 高天佑：《西狭摩崖石刻群研究》，兰州大学出版社，1999年。

75. 吴景山：《元代汪世显家族碑志资料辑录》，《西北民族研究》1999年第1期。

76. 范学勇：《〈八棱碑〉考略》，《西北史地》1999年第4期。

77. 翟翔：《连城拵麻湾摩崖石刻与镇武军地理位置考释》，《敦煌学辑刊》2000年第1期。

78. 吴钰：《天水回族史略》，甘肃人民出版社，2000年。

79. 杨惠福、张军武：《嘉峪关黑山岩画》，甘肃人民出版社，2001年。

80. 赵超：《古代石刻》，《20世纪中国文物考古发现与研究丛书》第三辑，文物出版社，2001年。

81. 吴景山：《西北民族碑文》，甘肃人民出版社，2001年。

82. 王其英主编：《武威金石录》，兰州大学出版社，2001年。

83. 马银生、高天佑：《陇右杜甫草堂考》，《天水师范学院学报》2001年第6期。

84. 吴景山：《〈世功保蜀功德碑〉校读记》，《古籍整理研究学刊》2001年第2期。

85. 陈冠英、刘雁翔：《冯国瑞先生与〈二妙轩碑帖〉》，《天水行政学院学报》2002年第1期。

86. 流萤：《塔影河声——兰州碑林纪事》，敦煌文艺出版社，2002年。

87. 薛仰敬主编：《兰州古今碑刻》，兰州大学出版社，2002年版。

88. 李振翼：《〈丈地均粮碑记〉与"一条鞭法"在甘南藏区的推行》，《天水师范学院学报》2002年第4期。

89. 王锷：《陇右文献的内容与研究状况》，《西北师大学报》（社会科学版）2002年第3期。

90. 陈冠英、刘雁翔：《〈老杜秦州杂诗碑〉考析》，《天水行政学院学报》2003年第4期。

91. 漆子扬：《北宋威远镇圈子阇石碑文献稽考》，《西北师大学报》（社会科学版）2003年第4期。

92. 教特根：《蒙元时代的敦煌西宁王速来蛮》，《兰州大学学报》（社会科学版）2004年第4期。

93. 樊光春：《天水〈全真列祖赋〉所述人物考》，《中国道教》2004年第1期。

94. 岳邦湖、田晓、杜思平、张军武：《岩画及墓葬壁画》，《遥望星宿——甘肃考古文化丛书》，敦煌文艺出版社，2004年。

95. 甘肃省文物局编：《甘肃文物菁华》，文物出版社，2006年。

96. 唐晓军：《甘肃古代石刻艺术研究》，民族出版社，2007年。

97. 清·张澍：《养素堂文集》，《续修四库全书》编委会编《续修四库全书》第1506册，上海古籍出版社，2013年。

附：甘肃古代石刻文物一览表

县名	石刻名称	现存地	时代	基本情况	保护级别
靖远县	吴家川岩画	刘川乡吴家川村	春秋	东壁高2.2、宽4.8米，西壁高2.95、宽2.75米。	县级
	氾府君墓志铭并序	双龙乡北城滩村	唐	其中一墓出土石刻方形墓志铭1块，盖饰缠枝卷草纹。铭文为"大唐故左骁卫翊府、县级翊兵部常选氾府（君）墓志铭并序"。天宝七载（784年）。	县级
	"西来鳌柱"石刻	糜滩乡独石头村	宋	高20米，底径12.73米。	县级
	万世勋家族墓志	三滩乡新田村	明	青石质，圆首，通高2.1、宽0.8、厚0.12米，碑阳竖行阴刻。	县级
	宋可进家族墓碑	大芦乡大芦村	清	乾隆年间。墓地有石供桌1张，上马石1对，石狮1对，墓碑2通。碑高2.1、宽0.8、厚0.12米。	县级
	潘育龙墓石牌坊	乌兰镇新胜村	清	墓前正面有石坊及石供桌，残碑首、碑座。石坊高7、宽7米，四柱三开间，三楹斗脊式，中门宽4米。	县级
平川区	王进宝墓志	平川区共和乡马饮水沟口村	清	墓志铭方形，边长0.74、厚0.75米，上书"皇清诰封一品夫人王太母孙太君墓志铭"。王将军墓志铭，青石质，边长0.82、厚0.09米，上刻"皇清荣禄大夫奋威将军太子太保世袭精奇尼哈蕃谥显吾王公墓志铭"。王熙撰。	县级
	福寿山摩崖石刻	水泉乡中村	清	乾隆十二年（1747年）、乾隆二十六年（1761年）。分布在长50、高20米的红砂岩壁上，阴刻双勾楷书"捧灯照岸"四字及部分道教经文。	县级
	剪金山摩崖石刻	四龙乡金山村	清	光绪二十一年（1895年）。崖高20.4、宽10.8米，阴刻楷书"万山朝拱"及太极图。	县级
景泰县	魏明宇墓碑	寺滩乡永泰村	清	残留二龙戏珠碑头1方、龟形碑座1块。碑头圆形，高0.85、宽0.9、厚0.2米，正面二龙戏珠。	县级
	熊家坟墓碑	寺滩乡井子川村	清	有残碑半块，正楷阴刻。	县级
岷县	诸公平洮州诗碑	县博物馆	宋	元祐二年（1087年）。又名"平鬼章诗碑"。圆首长方形，通高1.5、宽0.82、厚0.3米。碑额楷书"诸公平洮州诗"。盖士良书，刻喻陟等人诗文。	县级

甘肃省志 文物志

县名	石刻名称	现存地	时代	基本情况	保护级别
岷县	御制大崇教寺碑	梅川乡大崇教寺内	明	宣德四年（1429年）。汉、藏文碑各一通。均由首、身、座组成，通高4.7米。碑文楷书竖行15行。	省级
通渭县	"禁革积弊"告示碑	马营乡马营镇	清	乾隆五十四年（1789年）。宽0.8、高0.62、厚0.08米。碑阳阴刻碑文，楷书竖行14行。	县级
	佛图永固碑	襄南乡法海寺村	清	乾隆八年（1743年）。高1.25、宽0.68、厚0.21米。碑文楷书，竖行20行。	县级
	续修会馆功德施主姓名碑	马营乡马营镇	清	嘉庆二十年（1815年）。高1.43、宽0.65、厚0.1米。额篆"凤舞"。碑文楷书，竖行25行。	
	重修马营监衙署碑	马营乡马营镇	清	道光九年（1829年）。高1.4、宽0.65、厚0.12米。	县级
	青天屠大老爷创修石峡道路碑记	马营乡下营村	清	道光二十八年（1848年）。高1.4、宽0.75、厚0.12米。碑文楷书竖行12行。	县级
漳县	汪氏家族墓志	城关镇许家坪村	元、明	1972~1979年清理元墓20余座。出土墓志铭5件。	国保
陇西县	汪惟正墓碑	南门外东南	元	前至元二十二年（1285年）。高2.8、宽1.4、厚0.4米。额浮雕二龙戏珠。碑文楷书竖行，计2739字。	国保
卓尼县	唐故大将军李公之碑	甘南藏族自治州博物馆	唐、宋、元	红砂岩石质，蟠螭首，赑屃座，通高4.95、宽1.32、厚0.5米。背面有宋宣和二年（1120年）、元至正二十三年（1363年）两处题记。	省级
舟曲县	重建西固城东岳行祠碑	县城内	明	洪武十九年（1386年）。高1.43、宽0.73、厚0.2米。碑文楷书竖行22行，每行38字。	县级
	丈地均粮碑记	县城二郎山公园内	明	万历十年（1582年）。高1.7、宽0.76、厚0.17米。边刻麒麟图案。碑文楷书竖行20行，共1188字。杨居恭书丹并撰额，石匠孙凤歧。	省级
	锁儿头庙碑	城关乡锁儿头村	清	康熙四十七年（1708年）。高1.63、宽0.5、厚0.25米。座高0.31、宽0.6、厚0.4米。	县级
	培风阁记碑	县城内培风阁	清	高1.71、宽0.75、厚0.14米。碑阴刻鞞山赵牧七言律诗一首，草书竖行6行。	县级
	重修文昌宫碑	县城内文昌宫	清	道光二十一年（1841年）。高1.74、宽0.73、厚0.15米。额饰二龙戏珠。	县级

884

县名	石刻名称	现存地	时代	基本情况	保护级别
肃州区	西寨庙石狮	红山乡红山村	明	1966年被移至红山乡政府保存。一雌一雄，通高2.15米。座高0.85米，饰草叶纹，阴刻"石工张仁"。	县级
	重建肃州学宫碑	酒泉师范内	清	光绪七年（1881年）。高1.36、宽0.76、厚0.12米。	县级
	西汉酒泉胜迹碑	东关外	清	宣统三年（1911年）。高1.7、宽0.67、厚0.15米。周边刻龙纹。	县级
金塔县	道台衙门石狮	小西街	清	1987年出土。花岗岩质。雌狮，足下有一仰面嬉戏的小狮，身长1.2米，前高1.3米，后高0.8米。须弥座长1、宽0.56、高0.6米。	县级
	调解水利争端碑	古城乡镇内	清	乾隆二十一年（1756年）。通高1.12、宽0.48、厚0.15米。周边阴刻卷云纹。	县级
	仙姑庙石狮	东星村东星小学	清	通高2.2米。座长1.1、宽0.8米，狮身高1.58米。口衔石球，足踩石绣球，背刻卷毛纹。	县级
敦煌市	李君修慈悲佛龛碑	莫高窟第332窟	唐	圣历元年（698年）。不规则状，残高0.76、宽0.74米，碑阴文字全毁。碑阳碑文楷书阴刻，计28行。张大忠书。拓本112×72厘米。	国保
	赐僧敕碑	莫高窟第17窟	唐	大中五年（851年）。高1.49、宽0.66米。碑文楷书，分上、中、下三段刊刻。碑左侧有后代补刻文字。	国保
	大唐陇西李府君修功德碑	莫高窟第148窟	唐	大历十一年（776年）。简称"大历碑"。圆首方趺，通高3.32、身宽0.78米。阳两面为唐大历十一年刻。背面为乾宁元年（894年）刻《唐宗子李氏再修功德碑》碑文，阴庭诚撰。拓本214×75厘米。	国保
	莫高窟六字真言碑	敦煌莫高窟	元	至正八年（1348年）。残高0.79、宽0.57米。上方刻正楷"莫高窟"。正中阴刻四臂观音坐像，其上方及左、右方刻汉、梵、回鹘、藏、西夏、八思巴六种文字。拓本80×56厘米。	国保
	重修皇庆寺碑	莫高窟第61窟	元	至正十一年（1351年）。高0.94、宽0.5米。碑首线刻二龙盘绕。碑阳文楷书。	国保
	青墩峡巡边视察碑	市区北89千米	清	高1.45、宽0.53、厚0.17~0.19米。螭首隶书"青墩峡之碑证"。	县级
	重修千佛洞三层楼功德碑	莫高窟第61窟	清	光绪三十二年（1906年）。木质碑。圆首长方形，高2.3、宽0.89米。碑首浮雕双龙戏珠图案。	国保

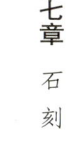

县名	石刻名称	现存地	时代	基本情况	保护级别
敦煌市	重修千佛洞宝贝佛殿功德碑	莫高窟第146窟	1916年	木质，圆首长方形，通高2.16、首高0.41、宽0.7米。碑首刻双龙及缪篆体寿花。	国保
阿克塞县	青崖子沟岩画	县城西约28千米	战国	三处，一处在高8、宽6米的棕黑色岩石上，刻有300多个人物和动物图案。	县级
	当金藏文石刻	县城南团结村	清	有20多处，面积3~6平方米。刻藏文佛经。	县级
玉门市	香毛山岩画	昌马乡东湾村	战国	面积100平方米。在一处平面岩石上刻有羊、鹿、狗、马等20余种动物。	省级
	鹿子沟岩画	昌马乡水峡村	战国	共有三处岩画点，每处均刻有骆驼、马、羊、狗等20余种动物。	省级
	修建昌马河大桥碑	昌马乡东湾村	清	嘉庆五年（1800年）。通高2.16米。碑身高1.8、宽0.77、厚0.2米。	县级
	赤金断水碑	赤金镇新光村	清	高2、宽1、厚0.12米。碑阳碑文楷书。	县级
	八卦石	玉门镇内	清	平面呈圆形，底径0.6、顶径1.1、高0.4米，顶面刻八卦图及八卦符号。	县级
肃北蒙古族自治县	马鬃山岩画	马鬃山乡	春秋	408平方米。凿刻大头羊、黄羊、野马、野驴等野生动物3组，共25个个体。	县级
	哈然扎德盖岩画	明水乡哈然扎德盖村	春秋	300平方米。凿刻单人手持弓箭狩猎图2幅；羚羊、大头羊、黄羊个体6幅。	省级
	山德尔岩画	明水乡东北24千米	春秋	300平方米。有单人立牛背手持弓箭射猎场面和熊、鹿、大头羊、野驴等动物图形10组，38个个体。	省级
	大黑沟岩画	别盖乡查干仓吉村	春秋	1500平方米。分67组，有的身穿长袍，有的手牵骆驼；动物图形362幅。	省级
	灰湾子岩画	石堡城乡泉脑村	春秋	面积37平方米。分6组刻人物、动物图34幅，有鹿、岩羊等。	省级
	七个驴岩画	石堡城乡七个驴	春秋	面积240平方米。分20组，计有人物、动物图101幅，多为单人牵骆驼。	省级
瓜州县	边墙沟岩画	踏实乡南部鹰咀山	战国	在12平方米的岩壁上刻野马、骆驼、大头羊、青羊等共7只。	县级
	谢登科家族墓碑	三道沟镇山水梁村	清	道光二十四年（1844年）。墓碑3通，其中神道碑尚存，高2、宽0.74米，圆首，阳刻云龙纹。	县级
嘉峪关市	黑山岩画	市西北约10千米	战国	集中在四道鼓心沟、红柳沟、磨子沟、石关峡等处，计有153幅，绵延约2千米。	省级

县名	石刻名称	现存地	时代	基本情况	保护级别
嘉峪关市	天下雄关碑	关城西门外	清	嘉庆十四年（1809年）。碑首方形，方座，通高3.1、宽0.85米。	县级
城关区	补修兰郡隍庙寝宫后圣母殿碑	张掖路兰州城隍庙内	清	道光十七年（1837年）。高105、宽56、厚7.5厘米。碑文楷书，陈树德撰。	省级
	创建兰州黄河铁桥碑	城关区中山桥	清	宣统元年（1909年）。高3.72、宽0.95米，碑额雕龙首。升允撰。	县级
	重建金天观雷坛碑记	西津东路金天观	清	嘉庆十四年（1809年）。圭首，高2.4、宽0.89、厚13厘米。碑文楷书15行，满行58字。曾断为两节，已修补。	省级
	锡山朱君落成雷坛碑	西津东路金天观	清	嘉庆十四年（1809年）。圭首，高1.9、宽0.82、厚13厘米。碑文楷书16行，满行45字，余行38字。	省级
	雷坛碑记	西津东路金天观	清	嘉庆十七年（1812年）。圭首，高280、宽90、厚13厘米。碑文楷书19行，行1~66字。那彦成撰并书。	省级
	正气歌碑	西津东路金天观	清	光绪年间。高1.24、宽0.63米。文天祥作，左宗棠书。	省级
西固区	西固城记碑	西固区文化馆	明	嘉靖四十四年（1565年）。1989年出土于西固小学内。高0.9、宽0.7、厚0.13米。碑文楷书15行，行30字，彭泽撰。	县级
	沙柳城石狮	河口乡大滩村	清	现存1尊。高0.7、宽0.4、长1.2米。	县级
	老爷庙碑	西固区文化馆	清	高0.9、宽0.6、厚0.15米。	县级
红古区	城新城记	佚	明	原存兰州西70里积积滩。成化二十年（1484年）。赵英撰。	县级
榆中县	黄猴洞石刻	新营乡打虎岔	宋	政和八年（1118年）。高0.87、宽0.67米。楷书49字。	县级
	肃府官滩四至碑	和平乡菜籽山村	明	万历八年（1580年）。圆首。高1.7、宽0.8、厚0.135米。两面刻文。	县级
	张一悟墓碑	城关镇兴隆山	1951年	碑身高1.78、宽0.7、厚0.145米。	县级
永登县	荨麻湾摩崖石刻	民乐乡水地根子村	宋	宣和七年（1125年）。阴刻楷书竖行8行。	县级
皋兰县	金城杨氏先茔碑	石洞乡魏家庄村	明	万历四十三年（1615年）。地表有石望柱2个；砖砌碑亭1座。碑身高1.52、宽0.65米。两面刻，背面为"金城杨氏先茔记"。王道成撰，杨之畅书丹。	县级

县名	石刻名称	现存地	时代	基本情况	保护级别
皋兰县	鹿角岘界碑	石洞乡明星村	清	康熙四十四年（1705年）。高1、宽0.47、厚0.23米。碑文隶书竖行4行。	县级
	李氏孺人曹氏碑	黑石川乡黑石村	清	与"李氏先祖碑"属同一墓地。嘉庆二十年（1815年）。高230、宽68、厚13厘米。碑文楷书11行，满行39字。杨率祖撰。	县级
	李氏先祖碑	黑石川乡黑石村	清	嘉庆二十年（1815年）。碑阳正中篆书"李彰之墓"，高1.5、宽0.67米，碑文楷书13行，满行35字。白尚文撰。	县级
临夏市	朱贵将军神道碑	临夏市博物馆	清	道光二十三年（1843年）。高1.2、宽0.9米。	县级
	敕赐广严之院碑	三河乡柏林寺村	宋	元丰元年（1078年）。圆首，座佚。高1.4、宽0.7、厚0.2米，	国保
	万象洞石刻	汉王镇杨宠村北	宋~清	现存宋元祐六年（1091年）秦凤路刑狱公事游师雄、南宋绍兴二十九年（1159年）阶州知州高基景、万钟、宇文景仁等的巡游题刻6方，明代巡按陕西监察御史、阶州知州巡游石碑2通。	省级
	祥渊庙牒文碑	安化镇	宋	淳熙十年（1183年）。高1.36、宽0.8米。额题"敕告"。	县级
	田公刺虎记碑	马街乡寺背村	宋	淳熙三年（1176年）。圆首，座佚，高1.3、宽0.95米。	县级
	故大善知端竹大士省告脱化碑	角弓乡陈家坝村朝阳洞	明	成化十六年（1480年）。高0.7、宽0.5米。碑文楷书。	县级
	重修镇江桥碑	石门乡小山坪村	清	康熙三十七年（1698年）。高0.8、宽0.57米。	县级
	甘泉建桥碑	甘泉乡甘泉镇	清	康熙三十九年（1700年）。高1、宽0.65米。碑文楷书竖行19行。	县级
	五峰山□□会塑像碑	县城北五峰山	清	康熙四十九年（1710年）。长方形，长0.44、宽0.4米。周刻云纹。	县级
	观音殿一会碑	汉林乡甘家山村	清	康熙五十七年（1718年）。高0.7、宽0.5、厚0.09米。	县级
	名山老殿护栽树木碑	县城北五凤山老殿内	清	道光十一年（1831年）。高0.46、宽0.9、厚0.1米。	县级
	诉讼碑	蒲池乡高家村	清	道光十三年（1833年）。高0.7、宽0.45、厚0.15米。碑文楷书竖行10行。	县级

县名	石刻名称	现存地	时代	基本情况	保护级别
临夏市	重建关帝庙碑	县城西关	清	道光三十年（1850年）。圆首长方形，碑高1、宽0.6米。	县级
	重建圣母庙碑	石门乡草坝子村	清	光绪十年（1884年）。高1、宽0.68米，额刻二龙戏珠。	县级
	南岭庵碑	外纳乡桃树坪村	清	光绪十四年（1888年）。高1.22、宽0.66米。	县级
	古洪化县界碑	安化镇曾家街	清	光绪二十五年（1899年）。砂岩质，长方形，高1.1、宽0.65米。	县级
成县	西峡颂摩崖	抛沙镇丰泉村西南	东汉	建宁四年（171年）。摩崖石刻长方形，高3.06、宽3.75米。有额、图、颂、题名四部分，额篆"惠安西表"四字。	国保
	汉武都太守耿勋碑	抛沙镇丰泉村	东汉	熹平三年（174年）。摩崖刻石，长方形，高2.1、宽2.5米。隶书竖行22行。	省保
	世功保蜀忠德之碑	城关镇石碑村	宋	嘉泰三年（1203年）。青石雕刻。有首、身、座三部分，碑通高4.41、宽2、厚0.46米。双螭碑座，长3.1、宽2.2、高1.85米。阴、阳两面均有碑文。	省保
	吴挺墓华表	城关镇石碑村	宋	有3座华表。2座为青石雕成，1座为砂岩雕成。3座形状相同，表身为八角棱柱状，高1.94~2.15米。	省保
	吴挺墓石翁仲像	城关镇石碑村	宋	有石翁相2尊。东侧一尊残高0.43米。	省保
	刘氏宜人墓碑	县文化馆	宋	淳熙十二年（1185年）。圆首长方形，通高1.15、宽0.87、厚0.25米。碑文楷书。	县级
	梁楼明墓石象生	陈院乡梁楼村	宋	绍熙癸丑（1193年）。存石象生羊、虎、马共5尊，石羊2尊，均青石雕刻。	县级
文县	萧氏墓志铭	城关镇清水坪村	明	出土墓志铭2盒，方形，边长0.54、厚0.05米。	县级
	萧藉墓志铭	城关镇西郜依坝村	明	1973年9月出土萧氏家族墓志铭9通。	县级
礼县	王仁裕神道碑	石桥乡斩龙村	北宋	雍熙三年（986年）。通高3.05、身高1.85米。正面碑文楷书。碑阴有宋、明时期的刻文，碑额楷书竖行10行，行15字，计150字，记明嘉靖二十八年（1549年）梓潼□李钿修建碑亭之事；还有绍圣三年（1096年）草书文字。	省级

县名	石刻名称	现存地	时代	基本情况	保护级别
礼县	敕赐雍古氏家庙碑	城关镇南关村	元	至元三年（1337 年）。蟠螭首，龟趺。通高 3.5、宽 1.3、厚 0.42 米。碑文楷书竖行 33 行。程钜夫撰文，赵孟頫书丹并撰额。	省级
	古岷崖石重修岳宫之碑	崖城乡何家庄村	元	至元五年（1339 年）。首佚，龟趺，通高 3.1、宽 0.87、厚 0.25 米。碑阴、阳面均有碑文。	县级
	观音圣境之碑	湫山乡下坪村小学内	元	至正九年（1349 年）。圆首方趺，额刻二龙。通高 2.25、宽 0.7 米。碑阴、阳两面均有碑文，楷书。	县级
	王衡子"咏龙槐"诗碑	永兴乡龙槐村	明	万历壬寅（1602 年）。高 0.85、宽 0.62、厚 0.28 米。两面各草书四言七律一首。郭玉衡撰。	县级
	彭应程"咏龙槐"碑	永兴乡龙槐村	明	高 1、宽 0.58、厚 0.28 米。碑文行书竖行四言七律一首。彭应程撰。	县级
徽县	重修祁山武侯祠庙并建祀田记碑	祁山乡祁山村武侯祠	清	顺治十年（1653 年）。圆首，高 1.65、厚 0.95、宽 0.2 米。何承都撰。	县级
	蒙颁赐德教碑	城关镇塄坎上村	清	光绪三十四年（1908 年）。高 1.6、宽 0.8 米。碑文楷书竖行 18 行。	县级
	佛爷崖摩崖造像	水阳乡姚家山村	北周	摩崖造像 18 尊，一字排列，其中高 1.92、宽 0.6 米的佛教造像 4 尊，另有大、小不等的造像 14 尊，均为浮雕式。	县级
	新刊修路碑刻	大河乡吊沟村	明	万历二十九年（1601 年）。也称"玄天神路碑"。刻于石崖上，距地表 0.5 米。碑高 0.67、宽 0.4 米。	县级
	少陵钓台摩崖题刻	粟川乡杜公村	清	离地面 2.5 米。摩崖高 1.35、宽 1.17 米。	县级
	吴玠墓碑	县城北 1 千米	清	碑亭为嘉庆十四年（1809 年）知县张伯魁建，内嵌《故开府吴忠烈墓志铭》碑。碑圆首长方形，高 2.9、宽 1.55、厚 0.3 米。拓本 214×124 厘米。	省级
	修补塔序碑	粟川乡郇家庄白塔	清	道光十二年（1832 年）。长方形，长 1.06、宽 0.63 米，碑文阴刻，楷书竖行，450 余字。	省级
	大河店修路碑	徽县博物馆	清	光绪二十年（1894 年）。共 2 通，均圆首长方形，高 2.5、宽 1.2、厚 0.3 米。	县级
	张金若捐资碑	徽县博物馆	清	光绪二十六年（1900 年）。高 1.5、宽 1.2、厚 0.3 米。	县级

县名	石刻名称	现存地	时代	基本情况	保护级别
崆峒区	佛顶尊胜陀罗尼经幢	崆峒山法轮寺	宋	建中靖国元年（1101年）。八棱柱状，通高1.66、径0.35米，幢帽高0.15米，基座高0.18米。楷书。经文共900余字。	省级
	九光殿石坊	崆峒山雷声峰	明	万历四十一年（1613年）。坊为四柱三间三楼式，高3.4、宽4.9米。	县级
	暖泉碑	柳湖公园内	清	同治十二年（1873年）。圆首，长方座，碑高2、宽1.2、厚0.18米。额刻"二龙戏珠""海水日出"纹。左宗棠书。	县级
	平庆泾固道题名记碑	平凉市人民政府院内	清	光绪三年（1877年）。高0.7、宽0.97、厚0.2米。碑文楷书。	县级
	重修柳湖书院碑	柳湖公园内	清	光绪三年（1877年）。一碑高1.66、宽0.59、厚0.18米，额顶刻"二龙戏珠"图；另一碑高1.43、宽0.68米，圆额刻二仙鹤。碑文楷书。魏光焘书。	县级
	武威军各营频年种树记碑	平凉市文化馆	清	光绪四年（1878年）。高1.29、宽0.6、厚0.12米。碑文楷书18行，707字。魏光焘书。	县级
庄浪县	绍圣经幢	庄浪县博物馆	北宋	绍圣元年（1094年）。2件，一件为九棱柱状，直径0.39、通高1.42米，有"钜"字纪年。另一件八棱柱状，高1.52、直径0.36米，刻直译《尊胜陀罗尼经》。	县级
华亭县	建沟石造像	河西乡建沟村	宋	现存一佛二菩萨石造像一尊。通高1.7~1.8米。	省级
	槽子沟石造像	上关乡早阳村	宋	圆雕石造像4尊，一佛二菩萨、一弟子。	县级
	麻庵民俗碑	麻庵乡麻庵村	清	光绪十七年（1891年）。圆首，座佚。高1.6、宽0.86、厚0.18米。	县级
泾川县	南石窟寺之碑	泾川县博物馆	北魏	永平三年（510年）奚康生开凿南石窟寺时所立，通高2.25、宽1.05、厚0.17米。碑额阳刻隶书"南石窟寺之碑"。《中国西北地区历代石刻汇编》收录拓本206×100厘米。	省级
	重修回山王母宫颂碑	泾川县博物馆	宋	现存碑初刻于咸平元年（998年），陶毂撰文、僧梦英书。天圣二年（1024年）重刻。翰林学士陶毂撰文，知军州事上柱国上官宓书丹。篆书竖刻20行。圆首，通高2.52、宽0.86、厚0.18米。拓本217×83厘米。	省级

县名	石刻名称	现存地	时代	基本情况	保护级别
泾川县	镇海寺蒙文碑	泾川县博物馆	元	至元十四年（1277年）。砂岩质，圆首，龟趺，通高1.85、宽0.86、厚0.24米。碑阳刻八思巴文，碑阴刻汉文。	省级
宁县	修筑新子州州墙及署衙记碑	宁县博物馆	五代	龙德二年（922年）。碑高2.2、宽1.1米。圆首方座。李明啟撰文、僧梦庄书、上官武刻。拓本190×82厘米。	省级
正宁县	石雕释迦佛	正宁县博物馆	北周	保定元年（561年）。螺髻，通肩大衣，右肘曲平，掌心向前，高1.6米，站于莲花座上，座高0.47、宽0.8米。	县级
	承天观碑	正宁县博物馆	北宋	大中祥符二年（1009年）。篆额"大宋宁州承天观之碑"。碑文楷书。	省级
	重修浮泽庙碑	湫头乡湫东村	宋	宋宣和三年八月。圆首方座，通高2.33、宽0.83、厚0.24米。	县级
	廉仁公勤碑	罗川乡城关村	明	万历十一年（1583年）知县刘衢重刻。各碑分别以"廉""仁""公""勤"字命名。	县级
	"清"字碑	罗川张乡城关村	明	万历四十一年（1613年）。通高2.5、宽0.9、厚0.15米。	县级
	"仁人之言"碑	县文化馆	1927年	圆首，通高1.58、宽0.63、厚0.14米。	县级
环县	魏镇墓碑	环城镇十五里沟村	明	嘉靖年间。墓碑高2.2、宽0.85、厚0.2米。	县级
合水县	三圣庙碑	板桥乡孙家嘴	宋	崇宁三年（1104年）。长1.2、宽0.5、高1.9米，正面线刻牡丹、云纹。	县级
	三圣庙石造像	板桥乡孙家嘴	北宋	造像3尊，圆雕一佛二菩萨，佛高1.75米，菩萨高1.42米。	县级
	华元塔石造像	太白乡牛十万沟口村	宋	石造像2尊，均为自在观音坐像，头已佚。石供桌1件。庙碑1通，立于万历二十四年（1596年）。	县级
	王茂庄石塔基	太白乡王茂庄村	宋	砂岩质，平面八角形，残高1.21、直径1.62米，每面浮雕莲花图一幅。	县级
	姚家圪塔石造像	何家畔乡姚家圪塔村	宋	石造像1尊，无头，残高1.62米，为一文官坐像。	县级
	连家砭陀罗尼经幢	太白乡连家砭村	金	明昌四年（1193年）。由基座、幢身和顶组成，通高1.34米。基座方形，幢身为八面棱柱形，每面宽0.19米，正面楷书阴刻"陀罗尼经"文。顶由宝刹、滴水檐组成。	县级

甘肃省志 文物志

县名	石刻名称	现存地	时代	基本情况	保护级别
庆城县、西峰区	老子道德经幢	庆城县博物馆	宋	景祐四年（1037年）。共2通，幢为八棱柱石柱，高3.52米。每面阴刻《老子道德经》经文。	省级
	重修范韩二公祠堂碑	庆城县城钟楼巷	明	成化十一年（1475年）。通高2.4、宽0.97米。马文昇撰，刘昭篆额，朱英书丹。两面刻文，背面刻成化十一年"庆阳府图碑"，庞瑄撰。	省级
	云亭宴集诗碑	庆城县博物馆	明	嘉靖三十七年（1558年）。高2.25、宽0.77、厚0.21米，每行14字。陈凤摹黄庭坚手迹刻成。	省级
秦州区	汪氏家颂碑	汪川乡汪川村	宋	嘉定五年（1212年）。圆首长方形，通高1.35、宽0.55、厚0.14米。首题"宋宁宗皇帝敕赠"，碑文楷书，残存68字。朱熹撰文。	县级
	岱岳庙碑	关子乡北山	元、清	元延祐元年（1314年）。有2通，一通残高0.8、宽0.73米；另一通刻于清乾隆十二年（1747年）。	县级
麦积区	罗汉崖摩崖造像	麦积乡草滩村东北	宋	在高12、宽20米的悬崖峭壁上凿一长方形敞口大龛，龛高1、宽6、深1米；龛壁上并排摩崖泥塑3身坐佛，高2.4米。	县级
	重建槐荫寺碑	槐荫寺内	清	光绪二十七年（1901年）。通高1.7、宽0.65、厚0.17米。碑文楷书。	县级
	秦亭魏碑	秦亭乡秦亭村	北魏	太和廿年（496年）。圆首无座，呈不规则四棱形。碑身高1.83、宽0.36米。	县级
	鲁恭姬造像碑	上邽乡李崖村	北周	天和二年（567年）。圆首方趺，通高2、宽0.85、厚0.56米。碑阳线刻一释迦牟尼像。	省级
	重建夜明寺碑	上邽乡李崖村	明	景泰三年（1452年）。圆首方趺，高1.6、宽0.7米。	县级
	兴福院寺碑	土门乡寺下村	明	成化二十二年（1486年）。圆首方趺，通高1.56、宽0.68米。碑文楷书。	县级
	温泉诗碑	白沙乡温泉村	明	崇祯十五年（1642年）。高1.15、宽0.59米。阴刻行书五言诗8行，共68字。	县级
	温泉碑	白沙乡温泉村	清	乾隆十六年（1751年）。圆首方趺，通高1.30、宽0.57、厚0.18米。	县级
	重修关山驿路碑	百家乡盘龙村	清	道光二十三年（1843年）。圆首方趺，高1.42、宽0.71米。碑阳刻楷书。	县级
张家川回族自治县	河峪摩崖石刻	恭门乡河峪村	东汉	刻于高3米的石壁上。平面略呈梯形，长3、宽1.5米。碑文共14行。	县级

第七章

石刻

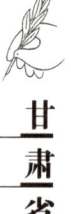

县名	石刻名称	现存地	时代	基本情况	保护级别
张家川回族自治县	重修武安君祠记碑	县博物馆	宋	1978 年出土，圆首方座，碑长 0.38、宽 0.67、厚 0.135 米。绍圣四年（1097 年）刻立。刘果撰文，魏诚书丹。	县级
	大德望仁斋马世伯阿訇碑		清	宣统元年（1909 年）。圆首，通高 1.8、宽 0.8 米。马锡康撰。碑额刻汉文"皇清"和阿拉伯文。	县级
	马元章神道碑	县城北	1933 年	系陕、甘两省官商学界为马元章、马元超（元章之弟）所立功德碑。	县级
	重修武圣帝君庙碑	马鹿乡马鹿村	1936 年	龙首龟趺，通高 2、宽 0.7 米。	县级
凉州区	重修护国寺感应塔碑	凉州区博物馆	西夏	天祐民安五年（1094 年）。半圆形碑首，龟趺，碑通高 2.6、宽 1、厚 0.3 米。碑阳西夏文篆额 2 行 8 字。碑阴为汉文。拓本 258×93 厘米。	国保
	杂木寺摩崖石刻	古城乡八五村	西夏	分两排刻，上排刻 5 尊佛像，均结跏趺坐，高 0.42 米；下排刻 6 尊佛像，高 0.42 米。	县级
	亦都护高昌王世勋碑	凉州区博物馆	元	碑残。蟠螭首，残高 1.3、宽 1.9、厚 0.52 米。碑阳汉文楷书 36 行，每行残存 41 字，碑阴为回鹘文。虞集撰文。	省级
	西宁王忻都公神道碑	永昌镇石碑沟村	元	至正二十二年（1362 年）蟠螭首，龟趺，通高 5.8 米。座高 1.4、宽 2.4、厚 1.6 米，身高 2.8、宽 1.5、厚 0.4 米，首高 1.6、宽 1.6、厚 0.45 米。正面碑文楷书汉文，竖行 32 行，满行 63 字。碑阴为回鹘文。危素撰文，张瑸书丹。	省级
	高头坝水利碑	双城镇高头沟村	清	雍正十二年（1734 年）。高 2.12、宽 0.7 米，厚 0.17 米。	县级
古浪县	状元崖石刻	黑松驿乡磨河湾村	唐	刻于龙沟河西岸崖石上，高 2.5、宽 1.1、深 0.05 米。	县级
	张道台家族墓碑	城关镇光丰后庄村	清	有墓冢 13 座，其中 7 座墓前有墓碑，均圆首长方形。	县级
	张仲杰神道碑	新堡乡崖头村	清	道光十年（1830 年）。高 0.87、宽 0.5、厚 0.12 米。圆首方座，碑首边缘刻卷云纹	县级
	关帝庙碑	土门镇土门村	清	额篆书。碑文楷书。圆首。雕曲龙方座。高 1.4、宽 0.6、厚 0.16 米。	县级
	奶子佛寺碑	大靖镇内	清	残高 0.3、宽 0.8 米。碑文楷书 15 行。	县级

县名	石刻名称	现存地	时代	基本情况	保护级别
民勤县	苏武庙碑	民勤县博物馆	明、清	一通为明崇祯十二年（1639年）"苏武牧羝处碑"。一通为明代"重修苏公庙碑"。一通为清乾隆三十四年（1769年）"重修苏公祠碑"。	县级
天祝藏族自治县	马厂民田界碑	钱宝乡东南侧	清	咸丰元年（1851年）。圆首方趺，通高1.81米。座高0.52、宽0.53米，碑身高1.15、宽0.51米。	县级
永昌县	北山岩画	焦家庄乡陈家寨村	汉	分布于长10、高9米的北山脚下石壁上，面积90平方米。有个体图案32个。	省级
	六体文石刻	北海子乡金川西村	元	刻于崖壁上，面积约5.3平方米。共有石刻两方。均为佛教六字真言。	国保
	花大门摩崖石刻	北海子乡金川西东	元	刻在长70、高5米的石壁上，刻一排大小不等的喇嘛塔形佛龛，共约60座。	县级
	孙琦家族墓碑	红山窑乡土沟村	明	现存3块，两块已断为两截。圆首，宽0.87米，厚0.15米，通高1.75米。	县级
	胡执礼墓志铭	永昌县博物馆	明	万历十七年（1589年）。1958年清理出土。盖刻"明故正议大夫总督仓场户部左侍郎赠户部尚书雅斋胡公墓志铭"，王锡爵撰文，李世达书。	县级
甘州区	重修甘州吊桥及靖远楼碑	靖远楼北侧	清	光绪二十四年（1898年）。	省级
高台县	观音堂碑	高台县博物馆	明	弘治十年（1497年）。高1.45、宽0.6、厚0.13米。	县级
	"煅石开路"摩崖石刻	罗城乡天城村	清	道光八年（1828年）。在一处石壁上凿长1.46、宽0.78米的石框，阴刻楷书28字。	县级
	"石门"摩崖石刻	罗城乡天城村	清	道光八年（1828年）。长0.8、宽0.6米。长方形石框内正中阴刻隶书"石门"2字。	县级
	"甘泉济众"碑	罗城乡天城村	清	道光八年（1828年）。圆首方身，龟趺。通高1.44、宽0.48米。	县级
	阎维墓碑	罗城乡天城村	清	方首方趺，高1.75、宽0.71、厚0.16米。楷书阴刻。无落款。	县级
民乐县	重建景会寺碑	南古乡景会村	明	嘉靖二十五年（1546年）。碑高2.1、宽1.05、厚0.13米。碑阳阴刻汉文，碑阴阴刻藏文。赵锦撰。	县级

第七章

石刻

县名	石刻名称	现存地	时代	基本情况	保护级别
民乐县	尕峡石刻	南丰乡炒面庄村	清	线刻一佛二菩萨。佛高 1.2 米，结跏趺坐，上身裸露。	县级
山丹县	峡口石刻	老军乡峡口村	明	嘉靖三十一年（1552 年）。石长 1.4、宽 1.2 米，隶书阴刻"锁控金川"四大字。	县级
	饮马泉石刻	老军乡东甘泉村	明	嘉靖二十四年（1545 年）、天启元年（1621 年）。刻于两块自然砂岩上，均楷书阴刻。一块长 1.8、宽 0.8 米；一块长 1.6、宽 1.3 米。	县级
	刘氏墓碑	位奇乡廿里堡村	清	乾隆三十三年（1768 年）。现存石碑 4 通，均为圆首方座，上镌刘氏先考妣姓名。	县级
	张公墓碑	老军乡峡口村	清	嘉庆二十四年（1819 年）。圆首方座。	县级
	张氏墓碑	陈户乡杜家庄村	清	圆首方座，额刻"皇德"二字，碑阳镌"显考张公"。另有三足石香炉 1 只。	县级
肃南裕固族自治县	黑石头沟岩画	韭菜沟乡东北	汉	共 23 组，内容为射猎等生活场景和牛、羊、狗、鹿、豹等动物形象。	省级
	大河峡岩画	韭菜沟乡光华村	汉	一巨石上刻一只奔跑状牦牛，身长 0.2、高 0.15 米。	省级
	重修文殊寺碑	祁丰乡文殊寺	元	泰定三年（1326 年）。通高 1.26、宽 0.77、厚 0.25 米。碑阳阴刻汉文 24 行，背面阴刻回鹘文 26 行。速那令真撰。	省级

第八章　近现代史迹及代表性建筑

　　甘肃省近现代史迹及代表性建筑指1840年以来，与中国、甘肃省重大历史事件、革命运动或著名人物有关以及具有重要纪念意义、教育意义或史料价值的重要史迹、实物、代表性建筑。甘肃近现代史既有中国近现代社会发展的共性，又有因地域、民族文化及其他因素形成的自身特性。

　　明清时期，甘肃地域广阔。清初，甘肃与陕西分治，但属一省，所辖范围比元代甘肃行省、明代甘肃镇大很多，除今日的甘肃省域外，还包括宁夏回族自治区全境、青海湖以东的广大地区及新疆维吾尔族自治区东部地区，设八府、五直隶州、四十七县、九厅。顺治元年（1644年）设甘肃巡抚，初治甘州，康熙元年（1662年）移治凉州，康熙五年（1666年）移治兰州，兰州成为甘肃省政治、经济、文化中心。康熙三年（1664年），分陕西为左、右布政使司，以右布政使司驻巩昌，领四府。光绪十二年（1886年），新疆建行省。

　　民国初，甘肃省疆域和清代大体相同。1913年，全省分七道七十六县。1928年，青海、宁夏分省设置。1949年，甘肃解放，设甘肃行政公署，辖庆阳、平凉、天水、兰州等11个分区（专区、市）、73个县（局）。1954年将宁夏省合并于甘肃省。1958年，成立宁夏回族自治区，将3个专区（自治州）、19个县（市）划归之。

　　甘肃省境内的近现代史迹及代表性建筑遗存主要包括3个方面：一是近现代工业遗产，包括清末民初甘肃省开展洋务运动及甘肃近现代工农业发展过程中留下的重要遗迹；二是五四运动之后，中

897

国共产党在甘肃省内开展新民主主义革命和斗争的重大史迹和遗存，中国工农红军长征途经甘肃及此后组织红西路军西征期间留下的重大史迹和遗存，国共合作及抗日战争时期留下的重大历史事件、历史遗迹；三是其他甘肃省近现代历史发展过程中出现的重要人物、事件以及各族人民生产生活中遗留下来的重要遗存、遗迹等。

2007 年开展甘肃省第三次全国文物普查，重新登记原有及新发现各类文物点16895 处，其中近现代史迹及代表性建筑约 1879 处，占甘肃全省已有野外不可移动文物点总数的 11%。截至 2010 年，全省境内已毁、已灭失的在册野外不可移动文物点达 1111 处，其中 10% 为近现代史迹及代表性建筑。

1. 近现代工业遗产

清末以来，甘肃境内的民族矛盾和阶级矛盾日渐激化。19 世纪下半叶，受鸦片战争的影响，外国帝国主义对中国的侵略日渐加深，当时中国的有识之士积极倡导向西方各国学习先进的近代科技文化，开展洋务运动，以增强和发展民族工业设施及厂房，推进社会改良和变革。19 世纪 60 年代后，洋务运动在中国各地展开，逐渐深入甘肃境内，推动了甘肃近现代工业发展的历史进程。19 世纪 70~80 年代，左宗棠在兰州先后创办了兰州制造局、兰州织呢局等近代工业设施及厂房。

此后，甘肃各地相继修建许多近现代工厂，开设矿山。这些工业旧址和遗迹成为甘肃省重要的近现代工业遗产。民国时期，甘肃各地的工矿业得到快速发展，许多重要的矿山、石油基地逐渐发展起来，为近现代中国的发展和建设做出了重大贡献。

中华人民共和国成立后，随着社会主义工农业建设的发展，中央政府投资，在甘肃境内开展“三线”建设工程，期间涌现出大批工矿企业。农业建设方面最突出的是庄浪县规模宏大的梯田建设工程。还有 1958 年前后各地修建的大炼钢铁工业遗址等。

随着甘肃省第三次全国文物普查的开展，有些重要的工矿业遗址被认定为“甘肃省第三次全国文物普查新发现文物点”，成为甘肃省近现代史迹及代表性建筑的重要组成部分。

2. 新民主主义革命及抗日战争史迹、遗迹

辛亥革命时期，甘肃各族人民积极响应，发动武装起义，开展反对清王朝和反动军阀的斗争，甘肃省逐渐走向近代化和现代化的历史进程，出现了一系列重大历史事件。中国共产党建立后，早期的共产党组织活跃于陕甘边区，开展一系列革命斗争，发生了许多重要历史事件，留存有丰富的革命旧址和遗迹。中国工农

红军长征途经甘肃，最终到达陕北、陇东地区，两股革命势力联合起来，继续开展陇东地区的革命斗争，组织游击战，创立革命根据地，广泛开展统战工作和民族工作。

1935 年以来，中国共产党领导的中国工农红军长征途中，先后进入甘肃各地。期间，中共中央在甘肃省境内召开了一系列重要会议，影响了中国革命发展的历史和进程。1935 年 9 月 12 日，在迭部县召开俄界会议，毛泽东作《关于与红四方面军领导者的争论及今后的战略方针》的报告，通过了《关于张国焘同志错误的决定》。会议明确了红军继续向北的方针。1935 年 9 月 22 日，在宕昌县哈达铺召开哈达铺会议，毛泽东作关于目前形势和任务的政治报告，宣布中共中央关于挺进陕北的行动方针和部队改编的决定，将第一、三军团和中央纵队改编为中国工农红军北上抗日陕甘支队。1935 年 9 月 27 日，中共中央政治局在通渭县榜罗镇召开常委会议，会议做出了红军到陕北建立革命根据地的重大决策，明确将陕北作为红军长征的落脚点。1935 年 10 月，中国工农红军第一、二、四方面军三大主力在会宁会师，胜利完成了战略转移任务。会宁会师后的红军组成西路军，西渡黄河，开始西征。西路军转战河西走廊及祁连山区，伤亡严重，最终失败，董振堂等 3800 余名指战员牺牲。西路军在河西走廊地区留下大量革命遗址、遗迹。1937 年 5 月，李先念等人率西路军余部 400 余人，在星星峡受到中共中央代表陈云、滕代远的迎接，开赴迪化（今乌鲁木齐），并整编为"新兵营"。

抗日战争时期，中共中央在兰州市设立八路军驻兰办事处。中国共产党甘肃工作委员会的活动日渐高涨。陇东地区成为中国共产党领导下的陕甘宁边区政府的组成部分，广大军民团结抗战，开展大生产运动，新民主主义政治、经济、文化得到全面发展。同时，中国共产党领导的陕甘宁边区继续开展各种形式的革命斗争，成为甘肃省近现代革命发展史上的主旋律，发生了一系列重大历史事件，留存下了大量革命遗迹、战斗旧址。

在众多的甘肃省新民主主义革命及抗日战争史迹、遗迹中，属全国重点文物保护单位的有哈达铺红军长征纪念馆旧址、会宁红军会师旧址、榜罗镇会议旧址、八路军驻兰办事处旧址、俄界会议旧址等；属甘肃省省级文物保护单位的有岷县三十里铺会议旧址、华池县抗日大学七分校旧址、环县河连湾陕甘宁省府旧址等。

3. 其他近现代历史人物、事件及生产生活遗迹

甘肃省各地各族人民在走向近现代

化的历史进程中，积极参与历史的创造，特别是在工农业生产、公共设施建设方面成就突出，在包括桥梁、道路、水利工程以及学校、医院、邮驿、公益设施等领域取得了杰出成就。还有大量体现当地传统工艺、民族文化、地域风格的住宅建筑，各地区、各领域均涌现出大量历史人物和事件，留存有丰富的历史遗迹。这部分内容庞大，种类繁多，有些属传统宅第和民居建筑，如临夏东公馆和蝴蝶楼是西北回族军阀马步青的私宅，民勤县瑞安堡是民国时期本地富商王庆云的私宅；有些属文教、公益或民间公共建筑类，如甘肃举院、天水市新阳高等小学旧址、庄浪梯田、兰州市博德恩医院木楼、秦安县安维峻故居、靖远钟鼓楼、兰州黄河铁桥、渭源县灞陵桥等。这些遗址、旧址均成为甘肃省各地人民群众走向近现代化的重要历史见证。

清末民国时期，随着中国半殖民地半封建社会的形成，外国列强加大了对中国经济、文化和军事领域的侵略。西方传教士在外国列强的保护下纷纷进入中国各地传教。西方天主教势力在帝国主义列强的保护下，不断向中国内地渗透。早在清初（1660年），甘肃与陕西同属天主教南京代牧区。1878年，甘肃自成代牧区。1905年，将甘肃分为陇南、陇北两个代牧区，后改为陇东代牧区、陇西代牧区。1924年，陇东改称"秦州代牧区"，陇西改称"兰州代牧区"。1930年，从秦州分出"平凉监牧区"，1950年升为主教区。1946年4月，天主教罗马教廷在中国废除传教区体制，建立圣统制，将原代牧区改为正式的教区，共设21个总教区、100多个教区及30个宗座监牧区（即未成立正式教区的传教区域）。甘肃境内的各代牧区均升为主教区，兰州升为总主教区，所辖教区有两个：天主教秦州教区（俗称天水教区）、天主教平凉教区。现各地留存天主教、基督教教堂建筑7座。

20世纪60~70年代，中国政府在甘肃省酒泉金塔县北部沙漠地区修建酒泉卫星发射中心及导弹卫星发射场，在这里成功发射了中国两弹一星，体现了现代中国航天工业技术的发展水平，具有重大的历史意义。

20世纪80年代以来，在公布各级文物保护单位类别时，上述各类历史遗迹、旧址均分别被公布为近现代史迹及代表性建筑。2007~2009年，甘肃省第三次全国文物普查期间，再次发现大量近现代工业遗迹、传统民居建筑、公共建筑设施等，进一步充实和丰富了甘肃省近现代史迹及代表性建筑的内容。

第一节　近现代工业遗产

甘肃制造局旧址

位于兰州市七里河区土门墩南湾1号兰州通用机器制造厂内，是洋务运动、近代工业在甘肃省发展的产物，是甘肃省第一家近代军工和机械制造工厂。

清同治十一年（1872年），陕甘总督左宗棠为西北军事行动之需，将西安机器局搬迁到兰州市城关区畅家巷，名为"兰州制造局"。光绪三十二年（1906年），又迁至小仓子（今兰州市城关区武都路贡元巷南口），1916年再迁至甘肃举院南号舍（今城关区西关十字兰州大学第二医院内），1917年更名为"甘肃制造局"，1942年迁往兰州市七里河区土门墩南湾1号。1949年改名为"兰州人民机器厂"。1952年改为"兰州通用机器厂"，隶属甘肃省计划委员会。1953年划归中国第一机械工业部，生产采油机械设备。1956、1958、1963、1968年先后多次进行改、扩建，成为中国生产成套采油设备和军事装备的重点企业，产品遍布国内，远销欧美等。旧址内现存部分厂房及设备，均已弃置不用。

徽县酒厂旧址

位于徽县伏家镇贺店村。创建于清代中晚期，延用至今。现存酒厂占地面积约40万平方米，建筑面积约6万平方米。清代后期，徽县酒坊发展较快，其中有侯家坝酒坊等著名厂家。清末民初，永盛源酒坊崛起，名盛四方。1964年，永盛源酒坊（侯家坝）因泥石流灾害严重损毁，后搬迁至伏家镇

徽县酒厂酒海

徽县酒厂石辗

贺店村，更名为"徽县酒厂"。至20世纪80年代，又扩建，并更名为"陇南春酒厂"。现有酿酒车间2座，每座长150米，宽20米，共有酒窖2496个；每个窖池长2.9米，宽1.9米，深2米，最具特色者为"酒海"；有窖藏车间2座，每座长150米，宽20米。另有包装车间1座、化验检测室1座、文化展厅1座（展示各种古代酒器）、古井1口、古碾子1套。保存有明、清以来的酒柜1座、酒海38个。

兰州黄河铁桥

位于兰州市城关区滨河路中段北侧。俗称"中山铁桥""中山桥"，被誉为"天下黄河第一桥"。

兰州黄河铁桥的前身是明代修建的一座浮桥。明洪武五年（1372年）征西大将军宋国公冯胜与元将扩廓贴木尔（王保保）在兰州作战期间，在兰州城西3.5千米处的河面上架设一座浮桥，《兰州府志》载：当时浮桥"用巨舟二十四艘，横亘河上，架以木梁，周以栏楯，上铺平板，南北两岸为铁柱四，系铁缆二，各长一百二十丈，河冻则拆，冰泮则建。"洪武九年（1376年），明朝大将卫国公邓愈拆迁浮桥，移至西5千米处，取名"镇远桥"。洪武十八年（1385年），兰州卫指挥杨廉将浮桥移至今位置，一直沿用到清代。清光绪三十二年（1906年）九月十一日，兰州道彭英甲、甘肃总督升允代表甘肃洋务总局（1905年设立）与德国商行泰来洋行经理喀佑斯签署了承建黄河铁桥的合同，铁桥造价十六万五千两白银，并且"架修铁桥，甘愿保固八十年"。光绪三十三年（1907年）开始修建，由德国商行泰来洋行喀佑斯承建，美国人满宝本、德国人德罗作技术指导，天津人刘永起为施工负责人，德国商行聘请69名主要施工技术人员。建桥材料全部从德国海运至天津，再由甘肃洋务总局从天津经北京、郑州、西安转运至兰州。光绪三十四年（1908年）二月二十一日，清政府正式批准建桥。历时三年，宣统元

兰州黄河铁桥　民国

早期的铁桥结构

年（1909年）八月十九日竣工通行。桥身长234米，宽7.5米，有6墩5孔。期间，护督毛庆蕃在铁桥南北两端各修建一座中国传统建筑形式的牌厦，均面阔三间，进深二间，前后檐额下悬挂匾额4块，其中升允题写了两块"第一桥"匾，分别挂在南北两端桥头上，另有"九曲安澜""三边利济"匾各一块。还在铁桥两端刻立了两块石碑，升允撰文，记述了黄河铁桥的修建始末。铁桥建成后，甘肃洋务总局请人拍摄了54张铁桥全景照片，分送当时的大清中央政府和地方有关部门阅存。宣统二年（1910年）四月二十五日，陕甘总督长庚上奏朝廷，核定建设黄河铁桥的工程款，包括包修价、运输价及各项支出费用等，"实用库平银三十万六千六百九十一两八钱九分八厘四毫九丝八忽"。

1928年，为纪念孙中山，铁桥改名为"中山桥"。时甘肃省主席刘郁芬书写"中山桥"匾额，悬挂于铁桥南牌厦上。1949年8月26日，在解放兰州的战役中，桥身南北两侧的牌厦、桥面木板被焚，不久即修复桥面，但未恢复牌厦。1954年，甘肃省人民政府拨款60万元对铁桥本体进行全面维修加固，在原平行弦杆上端增加了5座弧型钢架拱梁。1989年8月9日，一艘供水船撞击了桥墩，铁桥受损；但不久即修复，并加宽了桥面人行道。同

年，黄河铁桥保固期满，德国有关方面曾致函兰州市人民政府，申明合同到期。2004年，兰州市人民政府筹资对黄河铁桥进行全面维修加固，改为步行桥。2010年，兰州市人民政府筹资对铁桥再次维修加固，将桥体抬升了1.2米。

其他附属文物有：明代4根铁柱（也称"将军柱"），每根长5.8米，重约10吨，其中黄河北岸的2根均已埋于泥沙中；南岸的一根已毁，另一根立于黄河铁桥南右前方。柱上铭文为洪武九年（1376年）邓愈监造。甘肃省档案馆、兰州市博物馆保存有创建黄河铁桥的各类合同文书、设计图纸资料等。

2006年，兰州黄河铁桥被公布为第六批全国重点文物保护单位。现由兰州市文物局、兰州市博物馆负责管理。竖立有文物保护标志碑，保存有各种历史档案及文物资料。2009年，甘肃省人民政府《关于公布甘肃省第六批全国重点文物保护单位保护范围和建设控制地带的通知》（甘政发〔2009〕3号）公布其保护范围为："黄河堤岸以上，以铁桥南北中轴线为参考点，向东、西各水平延伸70米，南以与河堤平行的南桥台为参考点，向西水平延伸47.5米至南滨河路南侧人行道边缘，北以与河堤平行的北桥台为参考点，向北水平延伸36.5米至现白塔山公园南挡土墙；河道以内，以铁桥南北中轴线为参考

黄河铁桥（摄于 2010 年）

点，向上下游各延伸 300 米以内。建设控制地带为：以铁桥南北中轴线为参考点，向东西各水平延伸 300 米，北侧以北滨河路北人行道北端为界，南侧以南滨河路南侧人行道边缘为界。"

附：创建兰州黄河铁桥碑记

兰州城北，滨临黄河，为甘、凉、宁、夏各郡及伊、塔、新疆等处往来大道，举凡轺轩传符，商贾征旅，肩摩毂击相望于途中，阻巨浸，行者苦之。每年春閒，鸠公搭造浮桥，以铁绳比系二十四舟，面以木板藉作津梁，入冬冰至桥掷，则又招舟以渡。迨腊月河水坚凝，改由冰上行走，土人谓之水桥开。□建造浮桥如初顾，浮桥当夏水盛涨时或中断，冬冰衝击亦

辄断，断必溺人。而冰桥将开将结之时，人马车辆之失陷者尤夥，病涉戕生，咸滋永□公督师度陇，固已怒焉，忧之，曾议修建黄河铁桥，因洋商福克索价过昂，事遂中止。余于乙巳（1905 年）夏持节西来，询悉情形，相度河势，每思重申前□，德商泰来洋行喀佑斯游历来甘，爰饬司道商令包修，与之订立合同。集华洋工六七十人，料件悉购自外国，设法转运至兰，经始光绪三十三年（1907 年），一年六月而工成。桥长七十丈，宽二丈二尺零，架桥四墩，中竖铁柱，外以塞门德土参合石子成之，桥面两边翼以扶栏，旁便徒行，中驰舆马。□□六万五千两运费，并杆绳等项杂用，共银十四万餘两。二

共动支库平银三十万两有奇，由统捐溢收项下作正开销，均经奏咨在案。嗟夫！外人奇技巧思，每可以宜民利用，而足辅我所不及，用人之长亦奚足异。乃上年筹建此桥，群相疑沮，胥动浮言，甚有谓为无成冀其言之。□□，又咸以去险就坦，易危为安，称便如出一口。使向者惑于众议，不能历久不挠，又安必剋期蒇事乎？凡民可与乐成，难与图始，大抵然矣。今□□续前贤未竟之功，而可资一劳永逸也。又冀后来者之补修以时，俾此桥千百年如一日，而以为利于无穷也，爰略概其始末而为之记。

其总办者为二品衔兰州道彭英甲；帮同照料者为兰州府知府刘振鏞，署皋兰县知县赖恩培；监理工程者为洋务局坐办、候补知县樊鼎枢、徐□□、江连庆并孙照磨、贤林，巡检庆椿蒲，千总生禄；委运桥料者为候补知县张钟骏、沈潮云、刘啟烈，府经理高镜环，县丞麦方堃、赵毓岳，巡修□□；修者为美工程司（美国籍工程师，施工技术负责人）满宝本、德人德罗、华工刘永起，例得备书因附名焉。

钦命头品顶戴、钦赏戴花翎尚书衔、陆军部尚书、都察院御史、总督陕甘等处地方，兼理茶马粮总管甘肃巡抚事升允撰文并书。

大清宣统元年（1909年）仲夏之月吉日

西道堂

位于临潭县古战乡。创建于1908年。当时以临潭县旧城为中心，先后共修建了13座集体农庄，包括卓洛、长川、新城、汪家咀、什路、白土、太平寨、坡岔、喀尔比、下藏、他那、尕路提。另有11处商铺、1处民族学校。每个农庄内都修建一幢大房子。大房子是西道堂信徒集体生活的住宅建筑，所有财产全部归集体所有，统一管理，统一分配。最早的卓洛大房子修建于民国五年（1916年）。1958年，西道堂的12处大房子和其他建筑物被拆除，仅留存尕路提大房子、大兴隆绸缎庄院部分建筑。

尕路提村大房子修建于1943年，马伯哈负责修建，历时两年。是一座规模很大的庄院，依山而建，坐北朝南，一进三院式布局，属本地回族"庄窠"式庄院。四周有夯土围墙，东西通长28.6米，南北通长31米，墙体底宽1.5米，顶宽0.8米。

西道堂大房子

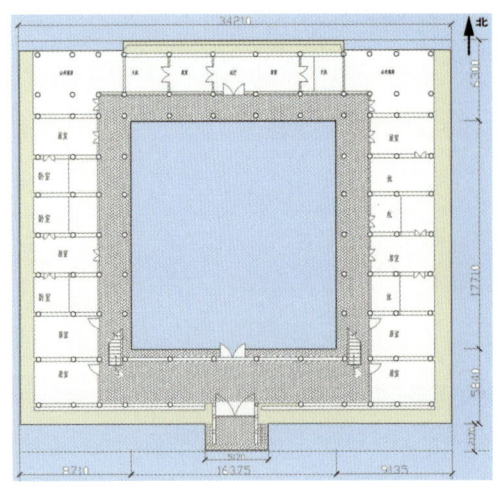

西道堂大房子一层平面

南墙两端高、中间低，成"凹"字形，中间下层居中修建第一道门楼，门两侧外墙上方各开一圆窗。门楼内又开正门，称"八卦门"，平时不开启，只在举行重要宗教仪式"尔曼里"时才开启。大门内东、西两侧又有偏门进入院内。院内有环绕三面的二层楼，均土木结构，南面不建房屋，平面呈"回"字形，"外不见木，内不见土"。东西宽14.3米，南北长16.3米。有正房和东、西厢房，计有大小房间54间，正房（北屋）的一、二层各5间，东、西厢房上下层各16间，另有公共厨房2间、杂物房10间。各建筑木门、木窗均木刻雕花，各层各房间内、走廊处均铺木地板。其中正房为单檐单面坡二层前出廊结构，面阔七间，每间宽3米，进深5.2米，为"明五暗七"格局，中间五开间，左右两端梢间被东、西厢房挡住；通高9.1

米，前廊长15米，进深4米。一楼明间为过厅，装4扇木门，左、右次间各有一套居室，各房间用镂空槅扇门、槅扇墙分隔。二楼是聚会场所，前廊柱间装木栏杆，明间为过厅，次间是客厅，梢间为卧室，过厅里存放《古兰经》。东、西厢房的建筑形制一样，对称布局，均面阔七间，通高7.5米；每间房面宽2.67米，进深4.1米；以2~4间为一个独立单元，由堂屋、卧室组成，供每一个家庭单独使用，各房间内部用木槅扇墙、槅扇门分隔。耳房底层为库房，二层为公共厨房、卫生间等。院内西侧有通道通向后院，后院内存放柴草、饲料等。

大兴隆绸缎庄原建筑规模较大，平面由两个"回"字形的四合院并联而成，柱网分布格局与尕路提村大房子相近。经近年改造，外观形式已不存。

孔繁锦造币厂旧址

位于天水市秦州区岷山机器厂内。始建于民国十年（1921年），系陇南镇守使孔繁锦建造的造币厂。现留存厂房2座，占地面积520平方米，建筑面积498.9平方米。主建筑为砖木结构二层楼，坐南朝北，面阔三间（11.2米），进深六间（23.8米）；平面长方形，外墙开窗，屋顶为坡屋顶，垂直承重构件为带壁柱的砖墙，水平结构为木制梁、板和桁架；外墙青砖混合砂浆砌筑，厚0.37米；二层楼面结构为

孔繁锦造币厂旧址

孔繁锦造币厂主楼

阿干煤矿旧址

阿干煤矿选煤楼

木梁，屋顶承重构件为木三角桁架。车间坐北朝南，面阔三间，进深四间，砖木双面坡单层结构。平面长方形，外墙开窗，屋顶为坡屋顶，垂直承重构件为带壁柱的砖墙，水平结构为木制梁、板和桁架；外墙青砖混合砂浆砌筑，厚 0.37 米。1949 年后一直由岷山机器厂使用。现已废弃。

阿干煤矿旧址

位于兰州市七里河区阿干镇大水子村大水子 348 号。属甘肃省第三次全国文物普查新发现文物点。民国时期建成。

阿干煤矿在明代时就已开采，明初

有"环山产煤，一县所赖"的记载。民国二十七年（1938 年），民国甘肃省政府成立阿干镇煤矿管理处，开办官营火洞洼煤矿，为阿干镇矿井的前身，是甘肃省历史上第一个公营煤矿。民国三十一年（1942 年）更名为阿干镇煤矿厂，属甘肃矿业股份有限公司。民国三十六年（1947 年）改属甘肃煤矿厂。1950 年更名为甘肃第一煤矿厂。1985 年再改名为阿干煤矿，属甘肃兰阿煤业有限责任公司。原有 2 对生产矿井，其中石门沟矿井于 1996 年批准报废。

现矿区占地面积 1.92 平方千米，有一对生产矿井。主要遗存有矿井巷道一处、选煤楼一座、办公楼一座、俱乐部（阿干剧场）一所、铁路专用线一条。其中平峒巷道开挖于 1954 年，总长 1.2 万米。选煤楼始建于 1956 年，由苏联专家设计建造，砖混结构，面积 562 平方米，南北方向，外墙上留存有"文化大革命"时期的口号标语。办公楼修建于 1953 年，砖木结构，共四层，南北方向，建筑面积 500 平方米。俱乐部为砖混结构，占地面积 960 平方米，东西方向。铁路专用线修建于 1956 年 2 月，全长 21.6 千米，铁轨上有"汉阳铁厂造 1903""中华民国铁道部""中国国有铁路 1923"等字样。

渭惠渠旧址

位于天水市麦积区渭南镇张石村东北 1.5 千米。属甘肃省第三次全国文物普查新发现文物点。系民国时期至 20 世纪 60 年代陆续修建完成。1998 年《北道区志》载，渭惠渠自明万历年间（1573~1620年）就已使用，遗址在今渭南镇吴家庄，有 2 条灌渠。清道光十一年（1831 年）、咸丰三年（1853 年），在今渭南镇中部又修建 2 条引渭灌渠。民国七~二十四年（1918~1935 年），在渭南镇马咀山、杨王庄等地共修建 12 条互不相连的引渭灌渠，总长 35.5 千米，可灌土地 3100 亩。下游建有水磨。1952 年，临渭、渭南、正阳三地联合修整灌区，将渠首进水口延伸，开挖了滴水崖引渭渠，整治灌渠 16 千米，可灌耕地 2000 余亩。1964 年，原天水县人民政府筹资 211 万元，累计完成工程量 900 万立方米，重建渭南乡境内的灌渠。1966 年竣工，命名为"渭惠渠"。重建后的灌渠当时可浇灌卦台、渭南、正阳 3 个公社的耕地 1.4 万余亩。渠首位于滴水崖畔，建有导水堤 600 米、防洪护坡 1230 米、铅丝石笼盘坝 16 座、进水闸处安装 2 台4 吨启闭机。总干渠长 8.6 千米，经过马

渭惠渠渠首

渭惠渠干渠

营、张新、吴家庄、程家村、沈家庄等地，至渭南镇马家峪沟分为两支，一支由渭南镇街西横穿铁路由南向东流，尾水由毛家底下村东入渭河，长 11.8 千米；另一支由铁路北侧流至崔家团庄村东入渭河，长 10.3 千米。引水流量每秒 2 立方米。

玉门油田老一井

位于玉门市老城区南坪一村石油河东岸台地上。1939 年 3 月 13 日，中国石油地质学家孙健初等人在此用人工方式打出第一口油井，日产量 10 吨，时命名为"老君庙油田"。1940 年春，甘肃油矿筹建处为该油井安装柴油动力抽油机，成为当时较先进的机械采油井。此后，这里先后打出 8 口油井。

1941 年 10 月，1 号井坍塌、报废。1953 年 3 月再次恢复出油。1962 年停产。该井累计生产原油 845.9 吨，天然气 1.8 万立方米。玉门油田老一井是中国及甘肃省近现代石油工业发展历史的见证，期间涌现出著名的石油工人王进喜，王进喜为中国石油工业的发展做出重大贡献。玉门油田老一井对研究中国现代石油工业发展历史具有重要价值。

1954 年，在油城公园修建孙健初纪念碑。1959 年，在老一井原址恢复了抽油机，竖立纪念碑。1993 年，在玉门市老城区南坪七村油城公园延寿阁东南处塑立"铁人"王进喜站立铜像，高 1.72 米，

玉门油田老一井

砖混砌筑基座高 1.08 米，长 1.2 米，宽 1 米。铜像右手提管钳，身披羊皮袄。南面竖立一石碑，长 1.69 米，高 1.08 米，厚 0.29 米，碑座高 0.6 米；正面刻时任中共中央总书记江泽民题写的"王进喜同志为中国石油工业发展立下了汗马功劳，人民永远不会忘记他"等文字，背面为当时中共玉门市委、玉门市人民政府撰写的《铁人精神永存》纪念文。

1994 年在王进喜故乡修建"铁人"王进喜故居纪念馆。王进喜铜像及其纪念碑是中国石油工人继承和发扬"铁人精神"的重要纪念地，是爱国主义教育重要活动基地。

兰州市第一水厂旧址

位于兰州市西固区蛤蟆滩黄河南岸，西北濒临黄河。兰州第一水厂是中国"一五"时期 156 项重点工程配套项目，是当时国内规模最大、设备最新的现代化自来水厂，有"亚洲第一大水厂"之称。

1955年由苏联政府帮助设计并提供主要供水设备，1956年3月至1957年9月建成投产供水。厂区占地面积65万平方米，建筑面积20.67万平方米，是兰州市城市供水系统的重要水源地。主要生产设备有上下游斗槽式预沉池、上下游一级取水泵房、上下游操纵室、加药间以及18座直径100米的辐流式沉淀池。其主要工艺流程为：黄河高浊度水经斗槽式预沉池预沉淀后，投加高分子絮凝剂，经过直径100米辐流式沉淀池一级混泥沉淀处理，再将浊度低于1000度的工业一次水提供热电厂直流冷却水，再供二水厂（净化站）

生产工业二次水和过滤水（生活饮用水）。该厂已经多次改、扩建，旧式设备已废弃，目前仍为兰州市工业用水和市民生活用水的重要制水基地，日供水量达128万立方米。

华亭煤矿第一井

位于华亭县城东1千米，其前身是1956年2月由民兴、太平、义成3个小煤窑改制而成的公私合营煤矿，名为砚峡寺煤矿。1958年与安口煤矿合并，成为东华产区。1961年组建华亭煤矿。由原年产量1万吨提升到现产量300多万吨。煤炭品质优良，含矸率不超过1%，达到

兰州市第一水厂取水口厂房

兰州市第一水厂沉淀池

华亭煤矿第一井

华亭煤矿第一井煤炭运输轨道

中国国家标准。华亭煤矿在甘肃省区煤炭业发展史上具有重要意义。

兰州佛慈制药厂旧址

位于兰州市城关区佛慈大街 68 号。1929 年，中国实业家玉慧观在上海闸北创办了上海佛慈大药厂股份有限公司，采用中药西制法，首创中药浓缩技术，中药浓缩丸还远销日本、马来西亚等地。1956 年，为支援大西北建设，厂区由上海迁至兰州市，主要从事中成药、中药材生产和国内外销售。2000 年，企业改制成立兰州佛慈制药股份有限公司，2006 年被商务部认定为中华老字号企业。厂址内保存有 1978 年修建的无菌制药车间一处、制药流水线一条。开辟有展览馆，展示该制药厂 19 世纪 20 年代迄今的各类文书档案、技术档案、商标、老照片、荣誉证书、产品及其他宣传图册等。

白银露天矿旧址

位于白银市白银区西北 15 千米。露天矿一号坑大爆破于 1956 年 2 月，是中国国内首次进行大规模露天矿爆破工程，称为"白银第一爆"，历时 10 个月，时掘进巷道 1.18 万米，修建药室 473 个，挖方量 4.91 万立方米，充填巷道 4780 米，使用炸药 1056 万吨，投资 2133.7 万元。现存矿区旧址占地面积 913.40 万平方米，其中一采场（一号坑）占地面积 79.2 万平方米，口部长 1320 米，宽 600 米，最

白银露天矿旧址

白银露天矿采场电铲

大深度 284 米，最终坑底标高 1638.5 米，最终边坡角 42~45 度。开采达 33 年，从 1956 年 2 月至 1984 年 6 月共完成采剥矿岩 1013 亿立方米，开采铜矿石 6634 万吨、含铜金属 82.20 万吨、黄铁矿 436.40 万吨，产值达 39.08 亿元。

1988 年 4 月，露天矿闭坑。1997 年，露天矿旧址被开辟为白银区县级爱国主义教育基地，年平均接待游客 350 余人次。

酒泉卫星发射中心导弹卫星发射场旧址和烈士陵园

位于金塔县北部。又称"酒泉卫

第一座发射架   第二座发射架

星发射中心""东风航天城"等，简称
"JSLC"。始建于1958年，是中国最早修
建的运载火箭发射试验基地，总占地面
积约2800平方千米，由工作区、烈士陵
园区组成。

　　工作区主要是卫星发射中心，是中
国人民解放军总装备部20基地。中心内
有数座早期的发射塔（架），今已弃置不
用，其中包括发射中国第一颗人造地球卫
星的塔架，现存遗迹、遗存有138发射工
位、5020发射工位、勤务塔；45、46号
放映厅及配套建筑，35号（配气间）、33
号（地下控制室）等设施和装备。

　　烈士陵园区为一片墓区，墓区内埋
葬着聂荣臻等革命先烈。

　　2003年，甘肃省人民政府公布为第
六批省级文物保护单位，命名为"酒泉卫
星发射中心导弹卫星发射场旧址和烈士

陵园"。现由中国人民解放军总装备部20
基地负责管理。

刘家峡水电站

　　位于永靖县刘家峡镇红柳台村东南
500米。是中国自主勘测设计、自主制造
设备及施工安装、自主管理的第一座黄
河上游百万千瓦以上大型水力发电厂，集
发电、旅游、淡水养殖、灌溉、防洪为一
体。1956~1958年完成设计和修建。1960

刘家峡水电站大坝泄洪道局部

年 1 月实现大河截流。1969 年 3 月，第一台机组试运行。1974 年 12 月，五台机组全部投入运行，总装机容量 122.5 万千瓦，年发电量 57 亿度。工程主要由挡水坝、泄洪坝和引水发电建筑物三部分组成。挡水大坝全长 840 米，坝体最高 147 米，顶宽 16 米，底宽 117.5 米。

刘家峡水电站枢纽工程在推进甘肃省地方经济建设，带动中国西北地区经济发展方面做出了重大贡献。历任党和国家领导人都先后到这里视察。

黑窑洞土法炼钢炉旧址

位于肃南裕固族自治县白银乡黑窑洞村。1958 年 "大跃进" 时期修建，共有炼钢炉 159 个，自南而北呈不规则排列，总占地面积约 26 万平方米。最大者高 8 米，直径 14 米；最小者高 2.5 米，直径 2.7 米。目前，大部分炼钢炉已损毁坍塌，完整者仅 50 多座，部分炼钢炉在建成后未曾使用。炼钢炉旧址是甘肃河西走廊地区人们开展 "大跃进" 运动的历史见证。

2004 年，黑窑洞土法炼钢炉旧址被公布为肃南裕固族自治县县级文物保护单位。现由肃南裕固族自治县博物馆负责管理。

米家湾炼钢炉旧址

位于平凉市崆峒区四十里铺镇米家湾村南。1958 年 "大跃进" 时期修建。东西长 2.3 米，南北长 2.3 米，高 8.46 米，由

刘家峡水电站大坝全景图

黑窑洞土法炼钢炉旧址

黑窑洞土法炼钢炉建筑

炉台、炉身两部分组成。炉台平面呈方形，高 1 米，宽 2.3 米，青砖砌成，炉台内装 26 根钢筋炉条，东、西两侧各砌筑拱券形进风门；炉身通体青砖砌筑，外观呈啤酒瓶状，下部南北两侧各开一券形进风洞。

鸭儿沟新生炼钢炉

烟筒高 6.5 米。炉身高 11 米，体外箍三道铁箍，铁箍宽 0.4 米，最大直径 2.5 米，炉身向上 6 米处对称开有拱形窗洞，两窗洞顶部正中嵌有水泥板，水泥板上横刻宋体"新生炉"3 字，字周边刻五角星、平行线、和平鸽等装饰图案。炉座埋于地下，尺寸不详，底部侧面建有拱形进风洞。2 号炉外形、结构同 1 号炉，炉内大部分青砖已被拆除。

金川公司露天矿老坑

位于金昌市金川区宁远堡镇西坡村。属金川公司露天矿。1964 年先后实施三次大爆破，陆续开挖镍矿石，形成巨大的人造坑。矿坑口呈椭圆形，南北长 1300 米，东西宽 700 米，最深处达 310 米。先后共开挖了 26 年，采剥矿岩总量 7033 万立方米。1990 年 7 月闭坑。该露天矿为中国现代矿业发展和建设做出了巨大贡献。

该炼钢炉是平凉市各地于 1958 年开展"大跃进"运动、全民大炼钢铁历史的见证。

鸭儿沟新生炼钢炉

位于平凉市崆峒区崆峒镇鸭儿沟村七社。地处陈氏村民宅院前。1958 年"大跃进"时期修建，共有两座，均由青砖砌成，东西向排列为 1 号、2 号，占地总面积 1487 平方米。其中 1 号炉高 17.5 米，由烟筒、炉身、炉座组成。

金川公司露天矿老坑

第二节　新民主主义革命及抗日战争史迹、遗迹

南梁陕甘边区苏维埃政府旧址

位于华池县林镇乡四合台村寨子湾。包括南梁陕甘边区革命政府旧址、闫洼子会议旧址、四十二烈士殉难处、列宁小学旧址、陕甘边区革命委员会旧址、陕甘边区苏维埃军事委员会驻地旧址和警卫连旧址。其中陕甘边区苏维埃军事委员会驻地位于东崾岘，现存6孔窑洞，西边3孔为办公室，其他为刘志丹住室，占地672平方米。陕甘边区苏维埃驻地位于寨子湾，现存4孔窑洞，分别为办公室、伙房、警卫室、习仲勋住室，占地1935平方米。政治保卫处旧址位于上崾岘（山顶），现存9孔窑洞，由小路分别通向前两组院落。这19孔窑洞建筑形制大同小异，宽3~5米，深7~8米，高4~5米。20世纪90年代以来，逐渐新修纪念塔、纪念馆等建筑。

1934年2月，陕甘边区党政军在四合台召开群众大会，成立陕甘边区革命委员会。

1934年7月至8月，陕甘边区党政军在闫洼子召开红26军42师和陕北游击队的联席会议。

1933年11月，陕甘边区党政军在合水包家寨召开联席会议，决定创建以南梁为中心的陕甘边区革命根据地。此后，刘志丹、王泰吉等人在南梁恢复组建了中国工农红军第二十六军第四十二师，以南梁为中心，建立第二路游击根据地，组织农民联合会、贫民团、雇工团、赤卫军，并扩展到东至洛河川、西至柔远川、南至葫芦河、北至白豹川一线。1934年11月7日，陕甘边区苏维埃政府第一次代表大

南梁革命纪念馆

荔园堡

会在荔园堡召开，参加会议的代表共 100 余人。会议通过了关于政治、军事、财政、土地、粮食、教育等方面的决议，选举产生陕甘边区苏维埃政府，习仲勋任政府主席，牛永卿、贾生秀任副主席，下设劳动、土地、财政、粮食、肃反、工农检查、文化、妇女等委员会，并成立了陕甘边区苏维埃军事委员会，刘志丹任军委主席。

1986 年，在荔园堡新建南梁革命纪念馆，占地 33.12 亩，由大门、牌坊、碑亭、纪念塔、清音楼、浮雕、展馆组成。大门为砖砌券顶式门洞，上有二层木楼阁，门正中悬挂陈云书写"南梁革命纪念馆"木匾。纪念碑高 34.17 米，寓意为陕甘边区苏维埃政府成立于 1934 年 11 月 7 日。原中共中央总书记胡耀邦为纪念碑题名"革命烈士永垂不朽"。纪念塔四周刻写刘志丹、谢子长等人的名字，另有白色大理石英雄群雕像。清音楼原为荔园堡古城内的戏台，1934 年 11 月 7 日，陕甘边区苏维埃政府成立庆祝大会在这里召开。清音楼作为大会主席台，现改为展室，陈列革命先烈们的生平简历、绘画、图片等。纪念馆原为关帝庙，院落式布局，坐北向南，主体建筑有正殿，东、西两侧有厢房，正殿内以文字、绘画、图片及实物展示陕甘边区苏维埃政府的革命斗争史。东厢房内陈列现当代人的各种题词。西厢房内陈列毛泽东、周恩来、朱德等

人的题词及刘志丹等 6 位烈士的生平简介和遗物。正门门楣上横刻"陕甘边区苏维埃政府旧址"匾额，习仲勋亲笔题写。

1981 年公布为甘肃省第四批省级文物保护单位。2004 年 4 月，华池县人民政府筹资对纪念馆进行全面维修。现由南梁革命纪念馆负责管理。竖立有文物保护标志碑，保存有文物档案资料。

陕甘边区革命委员会旧址

位于华池县林镇乡四合台村高庄湾沟。留存土窑洞 10 孔，院落式布局，院落东西长 62 米，南北宽 20 米。民国二十三年（1934 年）二月二十五日，中国工农红军第二十六军第四十二师党委在这里主持召开群众代表大会，选举产生了陕甘边区革命委员会，作为陕甘边区革命根据地的最高临时政权机关。习仲勋当选为主席，白天章任副主席。下设土地、劳动、财政、粮食、肃反、军事、文化等委员会，还组建了保卫队，负责

陕甘边区革命委员会旧址

安全保卫工作。

哈达铺会议旧址

位于宕昌县哈达铺镇。由 5 处院落组成，原为清末民国时期修建的民居、庙宇、会馆及其他公共建筑，包括关帝庙、义和昌药铺、同善社、邮政所等，总占地面积 4894.5 平方米，建筑面积 1348 平方米。

毛泽东、张闻天旧居（义和昌药铺）。位于哈达铺镇上街北侧，占地面积 1400 方米，建筑面积 354 平方米。主要建筑由铺面房、正房、接待室和后门组成。1935 年 9 月，中国工农红军第一方面军长征到达哈达铺，毛泽东住正房东间，张闻天住西间。

邮政代办所。位于哈达铺镇上街南侧，建筑面积 38.4 平方米，由铺面房和偏房组成。1935 年 9 月，毛泽东在这里发现了登有陕北刘志丹、徐海东红军消息的《大公报》。至此，处于长征路上的中共中央做出了去陕北的重大决策。

红一方面军司令部旧址（同善社）。位于哈达铺镇长征路东侧。院落式布局，由大门、门房、正房、左耳房、右耳房、东厢房、西厢房、下厢房和下房组成，建筑面积 311 平方米。1935 年 9 月，周恩来住在正房一楼东间，通讯部队和警卫战士住东、西厢房。

红军干部会议旧址（关帝庙）。位于哈达铺镇下街北侧，建筑面积 372.8 平方米，始建于清咸丰六年（1856 年）。"文化大革命"期间遭破坏。现存建筑为 1989 年按原貌重建，由过厅、正殿、东西配殿组成。1935 年 9 月 22 日，红军在此院内召开团以上干部会议，毛泽东代表中国共产党中央宣布"到陕北去"的决定和将中央红军整编为"陕甘支队"的决定，对部队进行整编，成立"中国工农红军陕甘支队"。

红二方面军总指挥部旧址（张家大

义和昌药铺

同善社

张家大院堂屋

院）。位于哈达铺镇下街北侧，院落式布局，由大门、正房、东厢房、西厢房和下房组成，建筑面积272平方米。1936年8月，中国工农红军二方面军长征到达哈达铺，总指挥部设在这里，贺龙、任弼时、萧克、刘伯承、关向应住正房，历时56天，开展了"成徽两康""岷洮西固"战役。并在宕昌、哈达铺地区建立了46个区、乡、村苏维埃政权，成立了一支2000多人的哈达铺游击队。

1985年成立哈达铺红军长征纪念馆，建有文物陈列室，展出老红军墨迹数百幅。2001年，哈达铺红军长征纪念馆被公布为第五批全国重点文物保护单位。2004~2008年，国家文物局拨款170余万元对哈达铺红军长征纪念馆主要建筑进行全面保护修缮。现由哈达铺红军长征纪念馆负责管理。竖立有文物保护标志碑，保存有文物档案资料。2005年，甘肃省人民政府《关于公布甘肃省第五批全国重点文物保护单位保护范围及建设控制地带的通知》（甘政发〔2005〕16号）公布其保护范围为："以东西走向的哈达铺旧街道中心线和南北走向的哈达铺长征路中心线交叉点为基点，向东延伸359米、向西延伸510米。以基点以东的旧街道中心线为东基线，向南延伸23米、向北延伸74米。以基点以西的旧街道中心线为西基点，向南延伸23米、向北延伸20米，为毛泽东住室（义和昌药铺）、邮政代办所、红军干部会议旧址（关帝庙）、红二方面军总指挥部等四处旧址的长方形保护线。以东西走向的哈达铺旧街道中心线和南北走向的哈达铺长征路中心线交叉点为基点，以长征路中心线为基线，向南延伸223.5米至国道212线，向北延伸20米，向东延伸28米，向西延伸10.4米，为红一方面军总司令部的长方形保护线。建设控制地带为：以东西走向的哈达铺旧街道中心线和南北走向的哈达铺长征路中心线交叉点为基点，东西分别至旧街道东端和西端保护线，北至长征路北段保护线向外延伸20米，其他的建设控制地带均以中心为基线划定的保护线向外延伸20米。"

俄界会议旧址

位于迭部县达拉乡高吉村。由俄界会议旧址、茨日那村毛泽东旧居和腊子口战役旧址三部分组成。

俄界会议旧址。俄界，藏语意为"八个山头"，今名高吉村。1935年9月，毛泽东、周恩来率领中国工农红军第一方面军第一、三军团进入俄界，并于9月12日在这里召开中共中央会议，毛泽东、周恩来、张闻天、博古、王稼祥、彭德怀、

俄界会议旧址

茨日那村毛泽东旧居

凯丰、邓发、李富春、叶剑英、聂荣臻、林彪等参加会议。毛泽东作《关于与四方面军领导者的争论及今后战略方针的报告》，会议讨论了北上任务与到达甘南后的工作方针，做出《关于张国焘同志错误的决定》，发出了《为执行北上抗日告同志书》。现存旧址于1993年修缮，为传统藏式民居院，占地面积238平方米，坐北向南，建筑面积100平方米，主要建筑有毛泽东居住的二层木楼，面阔三间，进深三间，藏式平顶结构，通高6米。2006年前后，新建文物陈列室，征集并展出红军

宣传标语、公文包、木桶、手榴弹等文物。

茨日那村毛泽东旧居。位于迭部县达拉乡茨日那村。原为传统藏式民居院，院落式布局，占地500平方米。俄界会议期间，毛泽东等中央领导同志居住在该民居院内。

腊子口战役旧址。位于迭部县腊子口乡腊子口村。腊子口是岷山支脉迭山的一处隘口，长30米，宽3米，两壁绝峰对峙，是甘、青、川、藏区通往内地的门户。1935年9月16日，毛泽东、周恩来等率领的中国工农红军第一方面军长征途经腊子口，经一天一夜的战斗，占领了腊子口，打开了红军北上抗日的通道。1980年8月，甘肃省人民政府修建了纪念碑。1993年重建。碑身南、西两

腊子口战役纪念碑

面镌刻杨成武题写的"腊子口战役纪念碑"，北面镌刻甘肃省人民政府撰写的纪念碑文："腊子口战役的辉煌胜利将永远彪炳中国革命史册；在腊子口战役中光荣牺牲的革命烈士永垂不朽！"

2006年，俄界会议旧址被公布为第六批全国重点文物保护单位，其中包括俄界会议旧址、茨日那村毛泽东旧居、腊子口战役旧址三部分。现由迭部县俄界国家级重点文物管理委员会、达拉乡人民政府负责管理。竖立有文物保护标志碑，保存有部分文物档案资料。2009年，甘肃省人民政府《关于公布甘肃省第六批全国重点文物保护单位保护范围和建设控制地带的通知》（甘政发〔2009〕3号）公布其保护范围为："俄界会议旧址以现有围墙外30米以内；茨日那毛泽东旧居以小木楼围墙外30米以内；腊子口战役旧址以腊子口战役纪念碑为中心，方圆1000米以内。建设控制地带为：俄界会议旧址，保护范围外200米以内；茨日那毛泽东旧居，保护范围外200米以内；腊子口战役旧址不再划定建设控制地带。"

中国工农红军第二十五军会议旧址

位于两当县金洞乡前川村。1935年8月3日，中国工农红军第二十五军长征途经此地，休整一天，军长徐海东、政委程子华在这里召开动员大会，并在河滩上处决了地主恶霸魏家科、张功生等人。

中国工农红军第二十五军会议旧址

1936年10月，中国工农红军第二方面军第六军团长征途中再次经过这里，休整了一天。

现存旧址为本地传统民居院，主要建筑为一座染坊。原房主姓陈。20世纪50年代土地改革期间，房屋被分配给村民王银。院落坐西北朝东南，占地面积208平方米，主要建筑为土木结构单檐双面坡板屋式二层楼，前出廊，抬梁与穿斗相结合结构，面阔三间（11.4米），进深三间（11.2米）。第一层正面前廊明间无檐柱，仅两次间两侧各立一根柱子；明间垂吊两个木雕悬柱，悬柱左右以横枋贯通，插入次间柱上；明间金柱间装木板门，两次间装木槅扇墙。第二层前廊以穿插枋承挑垂柱，无走廊，明间金柱间装木楞格窗，两次间装木槅扇墙。原屋面覆盖阴阳瓦，后维修时改为竹笆平瓦顶，正脊、垂脊均用瓦条垒砌。近年维修时加筑了高0.3米的水泥砂浆台基。

迭部红军标语

位于迭部县达拉乡、桑坝乡、尼傲乡境内，共有4处。1935年，中国工农红军第一方面军长征途经此地，在不同地方的石崖上书写了标语。

其中一处位于达拉乡亚拉村西南2.5千米处，在石干沟与牙拉沟口间的崖面上用黄色颜料书写"北上抗日、夺回失地"8个大字，石崖面积0.3平方米，每字长约0.15米，宽0.1米，楷书。

第二处位于达拉乡高则村西北 1.5 千米处，系在 1.5×50 米的崖面上用蓝色颜料楷书"努力争取国民群众"8 个大字，落款为"总部□"。字高 0.4 米、宽 0.1 米。

第三处位于桑坝乡黑拉村。1935 年 9 月，中国工农红军第一方面军北上途径桑坝乡黑拉、吾宁、班芷等地，在此地作腊子口战役的准备工作，召开动员大会，在石崖上书写了宣传标语。期间有 10 多位红军战士牺牲，故此地也称"红军崖"，现作为红军烈士纪念地。

第四处位于尼傲乡尼傲村东白龙江南岸。在路旁一处 10 平方米的巨石上墨汁书写"红军不拉□□□……"等标语，字体大小 0.02 平方米，落款已不可辨。

榜罗镇会议旧址

位于通渭县榜罗镇南街。榜罗镇位于通渭县西南部山区，自明代始，这里商运逐渐发达，民国时期走向衰落，现留存有清末民国时期民居院落 36 座。

1935 年 9 月 26 日，中国工农红军第一方面军陕甘支队先头部队攻占了榜罗镇，红军主要领导人在 17 处民居院内住宿、休整。27 日，中共中央政治局会议在这里召开会议，做出了把红军长征落脚点放在陕北的决策。28 日，在榜罗小学南侧打麦场上召开北上抗日陕甘支队连以上干部会议，毛泽东、张闻天、彭德怀做了讲话。

现存旧址以榜罗镇红军长征纪念馆为中心，包括 17 座中共中央机关及红军领导人住宿旧址（传统民居院）、红军警卫团驻地旧址、红军住宿旧址一条街、连以上军政千人干部会议旧址等。

榜罗镇红军长征纪念馆。原为榜罗小学校址，民国时期修建。现存校舍 2 幢，均土木结构单檐单面坡房屋，面阔三间（7 米），进深二间（4 米）。已辟为陈列室。

打麦场。位于榜罗镇南端，占地面积 240 平方米。原为本地村民打碾粮食的场地。2009 年前后在此修建了革命文化陈列室。

毛泽东旧居

榜罗镇会议纪念馆

中共中央领导人住宿旧址。在榜罗镇保存有17座传统民居院，中国工农红军第一方面军长征至此，红军主要领导人借宿于这些民居院内。各建筑形制、风格一致，均为四合院、三合院布局。院落围墙黄土夯筑，坐北向南或坐西朝东，院内四面建房，上房（堂屋）、下房均面阔三间，进深二间，单檐单面坡硬山顶，两侧为三间厢房，围护墙体均土坯砌筑，部分有青砖下碱，明间装双扇木板门，两次间开窗，部分房屋的山墙墀头施简单砖雕。有些院内东南角上建土木结构二层楼（小高房）。

红军警卫团驻地

红军住宿地址一条街。即现在榜罗镇主街道及两侧商铺，总占地面积3200平方米，今改名"红军街"。1935年9、10月，邓发、杨得志、肖华等红军将领及战士集中露宿在街道两侧；1936年10月，贺龙、萧克等率领的中国工农红军第二方面军总指挥部和第二、三十二军再次进入榜罗镇休整，大部分红军战士继续在街道上及两侧店铺内露宿、休整。

红军警卫团驻地。位于榜罗镇南侧沟边处，系清代修筑的一座土堡子，为民国时期榜罗镇民团驻地。平面圆形，占地面积450平方米，堡墙夯土板筑。红军在此休整期间，作为警卫团驻地。

此外，已征集各类红军遗物1000余件，其中400余件陈列于榜罗镇红军长征纪念馆内。1979年，通渭县人民政府在原榜罗小学旧址上修建了"榜罗红军长征纪念馆"。1981年公布为甘肃省省级文物保护单位，命名为"榜罗镇会议遗址"，2006年更名为"榜罗镇会议旧址"。2003年，通渭县人民政府将17处中共中央和红军主要领导人住宿旧址公布为县级文物保护单位。2004年，榜罗镇会议旧址被列入"全国百个红色旅游经典景区"名录。2009年，中共中央宣传部将"榜罗镇会议旧址"改名公布为"中共中央政治局榜罗会议纪念馆"。现由榜罗红军长征纪念馆负责管理。竖立有文物保护标

第八章 近现代史迹及代表性建筑

923

志碑，保存有各类文物档案资料。

界石铺红军长征旧址

位于静宁县界石铺镇继红村。现存一座戏楼和一座客栈。

1935年10月3日至5日，中国工农红军第一方面军长征到达静宁县界石铺休整，并在这里组织召开群众大会，毛泽东居住在张家客栈里，并在戏楼上发表讲话。第一纵队第二师政委肖华也在戏楼上演讲，宣传红军北上抗日的政策。邓颖超等人在戏楼前向当地群众分发了红军缴获的战利品。1936年9月，中国工农红军第一军团先头部队再次到达这里，陈赓在界石铺组织成立农协会，曾将张家客栈的铺面设为会议室。1935年10月，中国工农红军三大主力在会宁县胜利会师后，组建了西路军，红军驻防在界石铺达42天。期间，第一方面军第一军团第一师曾在戏楼前开展扩充红军、筹粮筹物活动。

戏楼原名"庆圣楼"，始建于清光绪十三年（1887年），民国时期修缮，1978年改称"红军楼"。土木结构三架梁单檐双面坡歇山顶，高两层，坐南向北，面阔三间（13.5米），进深二间（12米）。下层明间开敞（为扩音设施），1998年维修时用青砖封堵填实，其他三面均改为青砖砌墙，前檐柱为通柱，下部柱身露明

界石铺红军长征旧址

戏楼

在外。第二层前部为戏台，前檐额枋上施一斗二升斗栱，明间开敞，两侧次间檐柱间装木栏杆，室内地面铺设木地板；后部为化妆间，两侧开出、入门；其他三面均砌筑青砖墙，山墙正面墀头有砖雕图案，后檐次间墙上各开一个六边形窗洞。屋面覆盖灰筒板瓦，正脊、垂脊、戗脊均用雕花脊筒子垒砌，正脊两端饰吻兽，垂兽、戗兽俱全。

张家客栈始建于民国十六年（1927年），原为本地大户张世杰家的车马店，由门前铺面、前院东西厢房和后院组成，占地面积880平方米，有铺面1间、房屋6间。

中华人民共和国成立后，这里被辟为纪念地。1996年，静宁县人民政府筹资对旧址进行维修，建立中国工农红军长征界石铺纪念馆，刘澜涛题写了馆名，杨成武、廖汉生、汪锋等人题词。2008年，静宁县人民政府再次改、扩建。纪念馆内陈列有毛泽东用过的电话机、铜灯、火盆，周恩来用过的织布机、纺线车，肖华的办公桌等。还保存有原房东的梳妆台等遗物。

中国工农红军第六军政治部旧址

位于两当县城关镇北街26号。1936

中国工农红军第六军政治部旧址正房

年9月18日至10月4日，中国工农红军第六军长征途经此地休整，政治部李国斌在此处设办公地，筹备成立中国共产党两当县委员会，李国斌担任县委书记，还成立了两当县苏维埃政府、两当县农会。在两当县委、两当县农会的推动下，组织成立了成关、香泉、刘坪、显龙、杨店、张家庄等7个基层农会，全面开展两当县境内的农民运动。

现存旧址为三进院落式布局，始建于清代，坐西朝东，东西长56米，南北宽12米，占地面积672平方米。院落西面与明代城墙（教场）相接。院内有土木结构房屋8座24间。其中正房3座，总建筑面积304平方米。南北两侧厢房4座12间，总建筑面积142平方米。正房建筑形制大同小异，面阔三间，进深二间，单檐双面坡硬山顶，正面明间装木槅扇门，两次间为槛墙槛窗，其他三面均为土坯砌筑，青砖下碱，墀头墙上部

有砖雕图；屋面覆盖灰板瓦，正脊用雕花脊筒子砌筑，无脊兽。厢房均单檐双面坡硬山顶。

会宁红军会师旧址

位于会宁县会师镇会师路7号。是为纪念中国工农红军第一、二、四方面军胜利会师而改扩建的革命旧址，由红军会宁会师期间的革命旧址、遗迹遗物及纪念建筑物组成，主要有明洪武六年（1373年）修建的城门（红军会师楼）及城墙、文庙大成殿（红军会师联欢会会址）、城隍庙大殿（红一方面军一军团指挥部旧址）、1986年修建的三军会师纪念塔及会宁红军会师革命文物陈列馆、1996年修建的红军长征将帅碑林、2004~2006年修建的红军长征胜利纪念馆等。总占地面积4万平方米，建筑面积5000平方米。

红军会师楼及古城墙。位于会师园西侧，原为会宁县城西城门"西津门"，始建于明洪武六年（1373年），建于夯土

会师门

墩台上，1996年改为砖包结构。坐西向东，宽3.9米，高5米，进深12.3米，门额嵌仿宋书"会师门"三字匾。墩台上建砖木结构楼阁，单檐歇山顶，面阔三间，进深二间，建筑面积86平方米，高7米。城门两侧各保留47米夯土城墙（现改为砖包形制），底宽7.5米，上宽3.5米，高8.7米，外侧砌筑垛口，内侧有女儿墙。1936年10月2日，中国工农红军第一方面军第15军团直属骑兵团特别支队在团长韦杰、政委夏云飞的率领下，首先攻克西津门，攻占会宁城，实现了红军三大主力的会师。1952年改名为"会师门"。现城楼门额悬挂费孝通题写的"会师楼"木匾。

红军会师联欢会会址（文庙大成殿）。会宁文庙大成殿始建于明弘治十三年（1500年），现存建筑为2006年维修。建于砖石砌筑台基上，台基长28米，宽23米，高1.5米。大殿砖木结构重檐歇山顶，面阔七间，进深五间，檐下四周施七踩重翘斗栱，屋面覆盖绿琉璃瓦。1936年10月10日，中国工农红军第一、二、四方面军胜利会师联欢大会在殿内召开。中央西北局、红军总司令部、总政治部主要领导和红军第一、二、四方面军主要领导人及红一、四方面军各部队代表、群众代表参加。朱德总司令宣读了中国共产党中央委员会、中华苏维埃中央人民政府、中央革命军事委员会发布的《中央为庆祝一、二、四方面军大会合通电》。

三军会师纪念塔。1986年，为纪念中国工农红军三大主力会宁会师暨长征胜利50周年，修建了红军会师纪念塔，

红军会师联欢会会址

三军会师纪念塔

红一方面军一军团指挥部旧址

邓小平题写塔名。塔高33.3米，三塔环抱形制，中心设旋转楼梯，每层有3间小展览室。

红一方面军一军团指挥部旧址（城隍庙大殿）。会宁城隍庙大殿始建于明洪武六年（1373年），知县郁斌创建，嘉靖三十七年（1558年）知县周衡修缮，万历二十二年（1594年）知县延福曾重修。清康熙、道光年间又多次维修。民国九年（1920年）海原大地震期间遭破坏，后修复。20世纪60年代被毁。现存寝宫和正殿于2004~2006年原址重建。正殿重檐歇山顶，面阔七间，进深五间，建筑面积500平方米，屋面覆盖绿琉璃瓦。1936年10月4日，红一方面军第一军团代理军团长左权、政委聂荣臻率领红一师、红二师奔赴会宁县城，在这里设指挥部，指挥会宁保卫战。

红军总司令部旧址。原位于会宁县城邢家台子西30米处（今枝阳巷会宁县中医院南50米）。原为一土坑（焦家坑），长50米，宽50米，深30米，坑内有多座民居院。1936年10月9日，中国工农红军总司令朱德到达会宁县城，在这里住宿生活了12天。会师期间，红军所用电台也设在这里。2006年，按原建筑样式复建于会师旧址内。

红军总政治部旧址。原为会宁县城内一处传统民居院。1936年10月9日，中共中央西北局、红军总司令部、总政治部、总供给部到达会宁县城，中共中央西北局书记张国焘、总政治部主任陈昌浩、副主任周纯全等红军领导人在此办公住宿。2006年，中国人民解放军总政治部捐资对遗址进行恢复。

红二方面军总指挥部旧址。原位于会宁县侯家川乡侯家川村，是一座本地传统民居院。1936年10月15日，贺龙、任弼时、关向应率中国工农红军第二方面军第二军、三十二军从通渭县义岗川进入会宁县侯家川村一带休整，居住在该民居院内，指挥与其他各路红军的会师及战斗。2006年，姬孝斌捐资在会宁县城红军会师旧址内按原样复制了红二方面军指挥部旧址。

红四方面军总指挥部旧址。原为会宁县城王家台子一处传统民居院。1936年10月9日，徐向前、王树声等率中国工农红军第四方面军总部到达会宁县城，在这里设总指挥部，先后战斗、生活了15天。2006年，在会师旧址内按原样式复建。

红四方面军政治部旧址。原位于会宁县城西城门外，为本地传统民居院。红军三大主力在会宁会师期间，红四方面军总政治部主任李卓然等领导人在此住宿。2006年，在会师旧址内按原样式复建。

红军大学旧址。原为会宁县城隍庙厢房，有砖木结构平房14间。1936年10月9日，中央红军大学学员进入会宁县城，利用休整时间，举办红军大学学员短期培训班，为期15天。2006年，中共甘肃省委党校捐资维修。

红军会师革命文物陈列馆。位于文庙大成殿北侧。1989年修建。砖木结构仿古建筑，单檐双面坡悬山顶卷棚式，徐向前题写"红军会师革命文物陈列馆"馆名。现改为影视厅。

红军长征胜利纪念馆。位于会师旧址内南侧，2004~2006年修建。主体二层、两侧三层，由序厅、展厅、管理用房三部分构成，半地下式框架结构，展出面积300平方米，有大型景观、幻影成像、雕塑等，展出图片300多张、电文40多幅、题词30多幅，图表30多幅；各类革命文物398件，其中一级文物5件，二级文物24件，三级文物269件。

红军会师将帅碑林。会宁县人民政府修建于1996年，2006年改、扩建。系砖木结构仿古卷棚长廊，长100米，宽3.8米，高4.3米。廊内墙面镶嵌136块石碑，集中展示当代党和国家领导人为纪念红军长征胜利会师而题写的诗词（包括历届中国国家领导人题词36幅、上将题词42幅、中将题词60幅、少将题词120幅，另有红军老战士题词若干）。

此外，在会宁县境内散存中国工农红军会宁会师期间的会师旧址、战斗遗址、革命烈士陵园多处，主要有：中川乡大墩梁阻击战战斗遗址和红军烈士陵园；河畔乡慢牛坡红军战斗遗址和红军烈士陵园；翟所乡张城堡红军战斗遗址；郭城镇红堡子村红军战斗遗址；柴门乡范家坡村红军战斗遗址。还有老君坡乡中国工农红军第一、二方面军会师旧址，青江驿乡中国工农红军第一、四方面军会师旧址及第二、四方面军会师旧址。有些为省级文物保护单位，多数为县级文物保护单位，均立有文物保护标志碑。

1990年，会宁县人民政府组建了会宁会师纪念馆（会政发〔1990〕32号、会编发〔1990〕33号）。1996年，会宁红军会师旧址被公布为第四批全国重点文物保护单位（公布号4-0237-39）。2006年改名为"会宁县红军会师旧址管理委员会"（会机编〔2006〕15号）。2006~2008年，国家文物局拨款180余万元对会宁红军会

师旧址进行全面保护维修及环境整治工程。1999 年,《甘肃省人民政府关于公布甘肃省全国重点文物保护单位保护范围的通知》(甘政发〔1999〕22 号)公布其保护范围为:"以会师园为核心,向四周延伸,东至南大街,长 55 米,西至西关,长 25 米,南至会师路南路,长 10 米,北至会师商场围墙。会师楼及南城墙向东、西、南各 25 米。北面城墙在会师园内。"现由会宁县红军会师旧址管理委员会管理。竖立有文物保护标志碑,保存有历次改、扩建工程档案资料。

柴家老庄阻击战遗址

位于永昌县六坝乡南庄村。原为清末修建的庄窠式民居院。坐北向南,东西宽 50 米,南北长 55 米。院落围墙黄土夯筑,四角建有角墩,南墙正中开门,有高大的门墩(前墩),北墙中间也有墩台(后墩)。围墙顶部四周有女墙,开有垛口。院内现存房屋两间,其中东屋内墙面上留

柴家老庄阻击战遗址堡外建筑形制

柴家老庄阻击战遗址堡内现状

有西路红军用毛笔书写的标语,可辨部分字体,大部漫漶,部分文字被泥层覆盖。1936 年 10 月,中国工农红军胜利会师会宁后,组建西路红军,西征河西走廊地区,途经永昌县六坝乡,与西北军阀马步芳部展开激烈的战斗。该院落墙墩上还留有当时的枪眼、炮弹坑。

河连湾陕甘宁省苏维埃政府旧址

位于环县洪德乡河连湾村。1936 年 7 月至 1937 年初,中共陕甘宁省委、陕甘宁省苏维埃政府驻于此地。1936 年 5 月,中共中央决定将陕甘省扩展为陕甘宁省,成立陕甘宁省苏维埃政府,李富春为书记,马锡武为主席,朱开铨为副主席,李维汉为组织部长,李一氓为宣传部长,萧劲光为军事部长;下设保卫局、裁判部、土地部、内务部、财政部、粮食部等机构,下辖定边、安边、赤安、盐池、豫旺、豫海、赤庆、华赤、曲子、环县、定环等县。1936 年 7 月,陕甘宁

河连湾陕甘宁省苏维埃政府旧址

河连湾陕甘宁省苏维埃政府旧址内传统民居建筑

省苏维埃政府驻地由洺河川迁至河连湾。1937年初，陕甘宁省苏维埃政府驻地再次由河连湾迁至环县曲子镇，5月，中共中央决定撤销陕甘宁省苏维埃政府，更名为陕甘宁边区政府庆环分区。美国著名记者埃德加·斯诺两次来到河连湾，《西行漫记》中有记载。

现存旧址为院落式布局，占地面积380平方米，主要建筑有堂屋、厦房等。北厦房面阔三间，进深两间，单檐单面坡硬山顶前出廊结构，明间装木槅扇门，次间为槛墙槛窗，现为陈列馆。东、西厦房对称布局，面阔七间，进深二间，单檐单面坡硬山顶，现为管理用房。近年进行多次修缮和扩建。

1981年，河连湾陕甘宁省苏维埃政府旧址被公布为甘肃省第四批省级文物保护单位。1984年环县人民政府刻立文物保护标志碑，萧劲光题写"中共陕甘宁省委、陕甘宁省政府旧址"碑名。现由环县旅游局、环县文化体育局共同管理。保存有文物档案资料。

山城堡战役旧址

位于环县山城乡。这里沟壑纵横，梁峁起伏，历来为兵家必争之地。明朝大将马文升曾在此构筑防御堡垒，故名"山城堡"。

1936年底，中国工农红军到达陕北后，组织东征、西征，开辟了延安革命根据地。国民党将领胡宗南率兵东进，于11月20日攻占山城堡。中国工农红军第

山城堡战役陈列馆

山城堡战役纪念碑

八路军驻兰州办事处旧址院落

一、二、四师于 11 月 21 日开展反击战，歼灭其 2 个团，打退国民党军队对陕甘宁根据地的进攻。山城堡战役是中国工农红军三大主力在会宁胜利会师后进行的最后一战，也是第二次中国国内革命战争时期的最后一战。

1981 年，山城堡战役旧址被公布为甘肃省第四批省级文物保护单位。现为本地村民的耕地和林地。由环县文化体育局、环县旅游局负责管理，竖立有文物保护标志碑，保存有部分文物档案资料。

八路军驻兰州办事处旧址

位于兰州市城关区互助巷 2 号（原南滩街 54 号）、酒泉路 127 号（原南稍门孝友街 32 号）。第二次国共合作期间，中国共产党在国内各国民党统治区设立公开的办事机构。八路军驻兰州办事处筹建于 1937 年 5 月，1943 年 8 月撤销。这里最早是中国工农红军失散人员的联络处。后来，中国工农红军改编为国民革命军

第八路军，联络处改名为"八路军驻兰州办事处"。1943 年 10 月 22 日，中共中央决定将八路军驻兰州办事处与西安八路军驻陕办事处合并。11 月，八路军驻兰州办事处撤销，全部人员撤回延安。

互助巷 2 号原为清末民国时期甘州镇守使马麟的住宅，四合院式布局，坐北向南，一进两院，占地 2500 平方米，建筑面积 700 余平方米。北院为上院，南院为下院，两院间以木屏风门、砖砌花墙隔断，各院都设有出、入大门。现存上堂屋、下堂屋，各面阔五间，进深二间，单檐双坡硬山顶，两边带耳房；东、西厢房各面阔七间，均为单坡硬山顶。有精细的砖雕门楼和照壁。1937 年 5 月，中国共产党在兰州筹建八路军驻兰州办事处，国民党第八战区司令部借用马麟公馆前院作为办公地点，彭加伦任处长，朱良才任秘书长。1938 年 2 月，办事处搬迁后，将院落归还原主人。"文化大革命"期间，

部分房屋被拆除。1992年，兰州市人民政府组织搬迁金城关时，将一座清末修建的砖木结构二层楼迁建到马麟宅院后院内，称"三麻子楼"。1999年，兰州市人民政府筹资对马麟宅院进行全面修缮。

酒泉路127号（孝友街32号）原为民国时期兰州水烟商王先生的宅院。1938年2月，八路军驻兰州办事处搬迁至此时买下，改称为"彭公馆"，伍修权任处长，谢觉哉为中共代表，后由赵芝瑞负责。此处为楼式四进四合院布局，坐西向东，有正院、偏院、小跨院和作坊院，前院用于经商，后院用于住人。作坊院东北角开一大门，门内有一狭长的院落，北面为一座面阔七间的二层木楼。从作坊

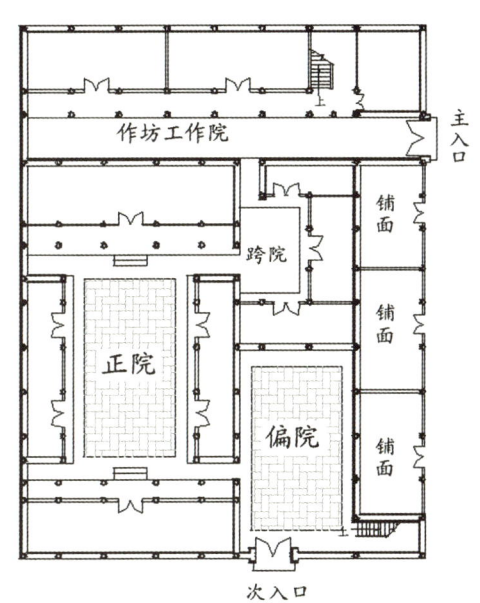

酒泉路八路军驻兰州办事处旧址（王氏宅院）总平面图

院经过一个小跨院，可进入正院，正院东南角又有一偏院，院内有厨房、水井，东南角设偏门。20世纪60年代以来，部分房屋被拆除，原院落格局遭破坏。1978年在此筹建了"兰州八路军办事处纪念馆"，现存各类房屋56间。

1981年，八路军驻兰州办事处旧址被公布为甘肃省第四批省级文物保护单位。现由八路军驻兰州办事处纪念馆使用和管理。竖立有文物保护标志碑，旧址内辟为纪念馆，设旧址原状、八路军驻兰州办事处革命活动展、历史资料陈列展三部分，展出革命文物150余件、照片170余幅。

中国工农红军西路军纪念馆

位于高台县城东。1936年10月，中国工农红军第一、二、四方面军三大主力在会宁县胜利会师后，第五、九、三十军约2.1万多人组成西路军，从靖远虎豹口渡黄河，经景泰、永昌、山丹，转战于

中国工农红军江西路军纪念馆纪念碑

河西走廊地区。1937年1月，第五军军长董振堂率3000多名战士攻克高台县城，建立了高台县苏维埃政府。后在国民党马步芳部队的围攻下，除个别人员突围外，董振堂、杨克明等3800多人牺牲。中华人民共和国成立后，为纪念在1937年高台战役中牺牲的中国工农红军西路军第五军将士，甘肃省人民政府、高台县人民政府投资修建了高台烈士陵园。1989年，国务院批准高台烈士陵园为全国重点烈士纪念建筑物。2001年，高台烈士陵园被中宣部命名为"全国爱国主义教育示范基地"。2009年，甘肃省人民政府、张掖市人民政府、高台县人民政府共同筹资对高台烈士陵园进行改建，并更名为"中国工农红军西路军纪念馆"。

现存纪念馆坐东向西，总占地面积6万多平方米。大门正面镌刻朱德题写的"烈士陵园"四字，背面镌刻郭沫若题写的"浩气长存"四字，门联为"碧血丹心血沃神州兆大地，壮志豪情志屹华夏贯长空""血溅沙场威武不屈，志光中华浩气长存"。门内南、北两侧分别为中国工农红军第四方面军第五军军长董振堂、政治部主任杨克明的汉白玉半身雕像，并各建有一座三檐双层五角纪念亭，亭子四周墙面上刻革命烈士的诗抄、长征组画等。

院内东面主体建筑为烈士纪念堂，正面有花岗岩"血战高台"群雕，门额为洪学智题写的"烈士纪念堂"。大厅正面刻写毛泽东手迹"共产主义是不可抗御的，星星之火可以燎原，死难烈士万岁"；东、西两侧有朱德、李先念、徐向前等人的题词。西展厅"红军西征展室"展出内容包括"奉命西征""一条山大捷""苦战四十里堡""三进三出倪家营""梨园口白刃交加""浴血鏖战兵败祁连""红石窝三条决定""敌军酷刑""党群营救""人民怀念，万古千秋"10个部分；东展厅"血战高台"展出内容包括"攻占高台城""发动群众，组建新兵营""血战高台""敌军暴行""红军遗物""营救亲人""高台为你著荣光""梦魂五十载""高台祭英魂""政通人和念英雄"10个部分。

纪念堂的南北两侧分别为董振堂纪念亭、杨克明烈士纪念亭，前檐柱上均刻写挽联"宁都豪气千秋在，高台雄风万古传""三过草地心犹壮，一死高台志未移"。纪念堂后面是中国工农红军第四方面军第五军阵亡烈士公墓。

1981年，高台烈士陵园被公布为甘肃省第四批省级文物保护单位。现改名为"中国工农红军西路军纪念馆"。竖立有文物保护标志碑，保存有各种文物档案资料。

临泽西路军烈士陵园

位于临泽县东郊大沙河南岸。1936年12月，中国工农红军西路军总部及所属第五、九、三十军一万余人进入临泽

临泽西路军烈士陵园烈士纪念碑

临泽西路军烈士陵园军级烈士纪念亭

县境内，遭西北军阀马步芳部队的围截，先后在蓼泉、倪家营、西柳沟、梨园口等地浴血奋战，最终失败。为纪念这一历史事件，1987年修建临泽西路军烈士陵园，李先念题写园名。现存陵园占地面积600亩，由纪念碑、墓冢、革命历史博物馆、陈列室等纪念建筑组成。陵园中心建一座纪念碑，高19.36米，宽3.1米，厚1~2米，正面为徐向前题写的"中国工农红军西路军烈士永垂不朽"；背面碑文为"一九三六年十二月，中国工农红军西路军总部及所属五军、九军、三十军万余人进入临泽县

境内，遭国民党马步芳部队围截，在蓼泉、倪家营、西柳沟、梨园口等地浴血奋战七十余天，数千烈士壮烈牺牲。为缅怀英烈、慰藉忠魂，激励在世、启迪后代，特树此碑"。园内还有李先念雕塑、烈士墓及红九军政委陈海松、西路军参谋长李特、西路军军政委员会委员供给部部长郑义斋、红三十军副军长兼八十八师师长熊厚发、红九军军长孙玉清、西路军地方工作部部长吴永康等人的纪念亭多座。有专题陈列馆多座，主要有"西路军革命历史博物馆""梨园口战役纪念馆陈列室""西路军总指挥部纪念馆"等，分别陈列有中国工农红军西路军在临泽的战斗史迹、烈士遗物（包括枪管、大刀、马尾手榴弹、子弹等）及照片。

1993年，临泽西路军烈士陵园被公布为甘肃省第五批省级文物保护单位。现由临泽县委宣传部、临泽县博物馆负责管理工作。

陕甘宁边区镇原县政府旧址

位于镇原县马渠乡马渠行村油坊沟。民国二十九年（1940年）3月3日，中国共产党领导的陕甘宁边区人民政府在这里筹建了陕甘宁边区镇原县政府，在村民王清军家的窑洞里召开群众大会，委任冯治国为镇原县县长，发布布告，公布了八项施政方针，同时还成立了临时参议会。1940年4月，中国共产党陕甘宁边区镇

陕甘宁边区镇原县政府旧址

原县委员会、镇原县人民政府一同迁往
镇原县孟坝镇。

旧址现为村民王清军的宅院。院落
式布局，东西长 25 米，南北宽 20 米，有
土窑洞 5 孔。

抗日军政大学第七分校校部旧址

位于华池县林镇乡，简称"抗大七
分校"。1936 年 6 月 1 日，中共中央为培
训政治干部和军事指挥员，在陕北瓦窑
堡创建"中国人民抗日军政大学"，林彪
任校长、刘伯承任副校长。抗大总校下
设 12 个分校，分布于全国各革命根据地。
1941 年 7 月 26 日，中共中央军事委员会

抗日军政大学第七分校校部旧址

决定，将八路军第 120 师教导团和抗大总
校的一个大队组建为"抗日军政大学第
七分校"，校址初设在山西省兴县李家湾。
1943 年 4 月 26 日迁入甘肃省合水县城关
一带，改称"陆军中学"。7 月，中共中

央决定重建抗大七分校，由陆军中学、第二分校附属中学和第三分校组建而成，其中陆军中学编为该校第一大队，校长彭绍辉、副校长俞楚杰，驻合水县老城镇。1944年1月，晋冀鲁豫边区抗大三分校也迁到合水县，编为第三大队。1944年3月，抗日军政大学第七分校在校长彭绍辉的率领下，从合水县进入华池县东华池、豹子川、平定川等地。1944年5月，晋察冀边区抗大第二分校附属中学的师生在校长江隆基的带领下来到合水、华池等地，并入抗大七分校，驻于华池县豹子川一带，张启龙任抗大七分校政委，方富生任教育长。至此，抗大七分校有教职工800多人、学员5200多人。1945年，抗日战争胜利后，抗大七分校完成了历史使命。抗大七分校在陇东合水、华池等地的活动时间前后达3年。解放战争时期，抗大七分校校部旧址遭破坏。

1949年后，这里先后被改为劳改监狱、养马场等，大部分建筑被拆除。现存窑洞30孔，院落式布局，总体平面呈"U"字形。坐南朝北，总占地面积3000平方米，其中南面一排为石箍窑洞，共12孔；东、西两面分别有土坯、块石箍窑洞数排。大门为2001年新建。

1981年，抗日军政大学第七分校校部旧址被公布为甘肃省第四批省级文物保护单位。现由华池县文化体育局负责

管理。竖立有文物保护标志碑，保存有文物档案资料。

肋巴佛烈士纪念碑

位于卓尼县柳林镇白塔村。肋巴佛（1916~1947年），也称怀来仓活佛，藏族，出生于甘肃省夏河县。后被确认为第十八世怀来仓活佛。1923年4月，在和政县松鸣岩寺坐床，取经名金巴嘉木措，以卓尼县水磨川寺为其供养地。1943年3月27日，肋巴佛召集本地藏汉群众，响应临洮、康乐、岷县等地的农民暴动，提出"官逼民反，不得不反"的口号，自任总司令，率众围攻临潭县城，后转战于临潭

肋巴佛烈士纪念碑（背面藏文）

县、卓尼县等地。1946年加入中国共产党。1947年6月，在赴延安学习途经平凉安国镇时牺牲。

1987年，卓尼县人民政府投资为其修建一座纪念碑亭。平面呈六角形，四周柱子用钢筋水泥浇筑，上部梁架及屋面为木构，单檐六角攒尖顶，建筑面积37平方米，碑亭下部为水泥浇筑台基。亭子内竖立大理石碑，圆首长方形，通高2米，宽0.95米，厚0.17米，碑额浮雕龙纹和五角星。正面刻汉文，首题"肋巴佛烈士革命事迹"，背面刻藏文。两面碑文内容一致，主要记述肋巴佛生平事迹。

1993年，肋巴佛烈士纪念碑被公布为甘肃省第五批省级文物保护单位。现由卓尼县文化体育局负责管理。竖立有文物保护标志碑，保存有部分文物档案资料。

兰州战役旧址

分别位于兰州市城关区、七里河区境内的沈家岭、营盘岭、狗娃山等地。1949年8月，中国人民解放军第一野战军主力发起解放兰州战役，战役首先从兰州周边的定西、临洮、榆中、临夏、西宁等地展开。其中第2、19兵团攻城部队向兰州东山、南山等阵地进攻。8月26日，第2兵团攻占兰州西关，抢占黄河铁桥；第19兵团主力攻占了东关。兰州战役是中国人民解放军解放大西北的决

兰州战役旧址

定性战役。

1952 年，为纪念在兰州战役中牺牲的中国人民解放军烈士，甘肃省人民政府在兰州市七里河区华林坪修建了华林坪革命烈士陵园和兰州战役纪念馆。1972 年进行改、扩建。现存纪念馆先后经过三次改、扩建，坐南向北，总平面呈"士"字形布局，占地面积 42 公顷，建筑面积 1.1 万平方米，园内各建筑中轴对称，分为纪念区、陈列区、墓区和服务区。

纪念区有大门、烈士纪念碑、烈士骨灰堂、烈士纪念碑亭等。大门两侧镶嵌毛泽东诗句"为有牺牲多壮志、敢教日月换新天"。烈士纪念碑亭纪念烈士包括中国人民解放军第一野战军第四军第十一师第三十一团团长王学礼、第十师第三十团政委李锡贵、中国工农红军第二十五军军长吴焕先，以及原中共甘肃工委副书记罗云鹏等。其中，吴焕先纪念碑亭为八角重檐仿古建筑，高 12.5 米，碑身刻徐向前题写的"吴焕先烈士纪念碑"，其他各面分别为李先念题写的"功勋卓著"、徐向前题写的"赤胆忠心，英勇奋战"等墨迹及前中共中央总书记胡耀邦题写的碑文。

陈列区位于陵园中部，为"兰州战役纪念馆"所在地。纪念馆由 3 个展厅组成，第一展厅为图文展厅，展出 255 张图片、文字，展示兰州战役战况以及

解放军进入兰州城

第四军第十一师第三十一团团长王学礼等英雄人物事迹。第二展厅展出兰州战役沙盘模型，长 8 米、宽 4 米，按 1：5000 比例展示东起乔家营、西至土门墩、南起九条路口、北至白塔山一线的战地景况，采用现代声、光、电等表现手法。第三展厅为陈列厅，展示当时解放军在解放兰州战役期间使用的各种武器装备、支前工具、烈士遗物和相关资料等；并有大量历史照片反映解放兰州时期的盛况。

墓区位于陵园中东部，占地面积 2 万多平方米，安葬兰州战役中牺牲的 915 名指战员和战士。墓冢均长方形，砖混结构，前立墓碑。每个墓区竖立一座集体墓碑，上书"解放兰州牺牲的烈士永垂不朽"等文字。

服务区位于陵园大门口，主要从事宣传管理、对外接待等工作。

1981 年，兰州战役旧址被公布为甘

肃省第四批省级文物保护单位。现由兰州市文物局、兰州市博物馆负责管理。竖立有文物保护标志碑，保存有文物档案资料。1989 年，华林坪革命烈士陵园和兰州战役纪念馆被国务院公布为第二批全国重点烈士纪念建筑物保护单位；2001年，中共中央宣传部公布为全国第二批爱国主义教育示范基地。

七烈士殉难纪念碑

位于兰州大学天水路校区内人工湖畔。青石质，碑高 1.75 米，宽 0.77 米，厚 0.12 米。碑阳正中镌刻"兰州解放前夕本校殉难七烈士纪念碑"。碑阴刻"兰大殉难七烈士生平纪略"，共 23 行，行5~54 字。落款"1950 年兰大全体师生为纪念解放前夕殉难的陈仙洲等 7 位烈士而立"。

华林坪革命烈士纪念塔

位于兰州市七里河区华林坪革命烈士陵园内。修建于 1959 年，坐南面北，平面八角形，混凝土结构，高 28 米。塔身正面镶嵌毛泽东曾经为北京天安门人民英雄纪念碑题写的"人民英雄永垂不朽"8 个镏金字。塔顶矗立一镏金立体五角星图。塔基由混凝土、大理石构筑，正面刻《兰州解放纪略》说明文，以及中国共产党甘肃省委员会、兰州市人民政府、兰州军区为烈士们题写的献词："浩气长存，永垂不朽""忆先烈鼓干劲，慰英灵争上游""烈士英名万古长存"。塔基前有两座浮雕像，长 20 米、高 2.2 米。

七烈士殉难纪念碑正面

华林坪革命烈士纪念塔

1981 年，华林坪革命烈士纪念塔被公布为甘肃省第四批省级文物保护单位。现由华林坪陵园管理处负责管理。竖立有文物保护标志碑。

王孝锡烈士墓

位于宁县太昌乡太昌村南。1985 年修建，陵园占地面积 800 平方米。建有碑亭，立纪念碑 1 通。2010 年，宁县人民政府在宁县"古豳文化旅游区"重新修建了王孝锡烈士纪念馆，占地 110 平方米。展览内容分 9 个部分，主要有王孝锡早期革命活动图片、图书、遗物等百余件。该纪念馆被评为甘肃省第五批爱国主义教育示范基地。

王孝锡，1903 年出生于甘肃省宁县，1918 年考入省立平凉第二中学，1924 年考入国立西北大学，1926 年加入中国共产党。1927 年 3 月，为恢复中国共产党甘肃特别支部，冯玉祥部中国共产党组织负责人刘伯坚、邓小平等人推荐王孝锡以国民党中央特派员的身份到兰州开展工作。到兰州后，他积极整顿国民党甘肃省党部，建立了中国共产党兰州特别支部，任组织委员。还担任甘肃省督办公署政治部主任、甘肃政治委员会会长及第二军事政治学校政治处处长等职。1927 年"四一二"事件后，王孝锡回到家乡宁县，领导成立了中国共产党彬宁（陕西彬县、甘肃宁县）支部，任支部书记。后又成

王孝锡烈士墓

立了中国共产党太昌区委，辖宁县、长武、泾川三个支部。中国共产党"八·七会议"后，他以行医为掩护，深入陕甘交界处的 10 多个县农村地区，秘密筹划、组织农民进行暴动。1928 年 11 月 26 日，被国民党逮捕后牺牲，时年 25 岁。

1993 年，王孝锡烈士墓被公布为甘肃省第五批省级文物保护单位。现由宁县博物馆负责管理。竖立有文物保护标志碑，保存有文物档案资料。

第三节　其他近现代历史人物、事件及生产生活遗迹

金崖古建筑群

位于兰州市榆中县金崖镇邴家湾村、永丰村、黄家庄村、张家湾村等，分布于苑川河两岸 12 千米范围内。明清以来，金崖镇是苑川河流域政治、经济、文化中心，是兰州水烟主产区和集散地，民丰物阜，修建有大量祠堂、庙宇、会馆及民居建筑群，现存各类传统民居院落 49 处、家族祠堂 7 处、驿站 1 处、水烟手工作坊 1 处，另有庙宇、戏楼等建筑。

1. 祠堂建筑

周家祠堂。位于金崖镇邴家湾村旧大路。始建于清光绪十三年（1887 年）。是周士俊的家祠。周士俊，清咸丰三年（1853 年）进士，历任广州总督等职。祠堂坐北向南，院落式布局，占地 1440 平方米，分前、后两院，自南向北依次为山门、前院厢房、过殿、后院厢房、后殿等。山门面阔三间（8 米），进深 4 米，高 6 米。前院内过殿面阔三间（9 米），七架梁单檐双面坡悬山顶，面阔三间（9 米），进深两间（7 米），高 6.5 米；东、西厢房对称布局，各面宽七间（16 米），进深 2.5~4 米，高 3~3.5 米，三架梁灰瓦硬山顶。后院内后殿面阔三间（9 米），进深二间（9 米），高 6.5 米，单檐悬山顶双面坡前出

廊结构，屋面覆盖灰布瓦；东、西厢房对称分布，各面阔三间（9 米），进深 5 米，高 4 米，三架梁单檐硬山顶。2000 年，大门毁于火灾。

郑家祠堂。位于邴家湾村 759 号。始建于清末，民国二年（1913 年）重修。四合院式布局，坐北向南，占地 260 平方米，自南而北有山门、厢房和大殿。大殿面阔三间（8 米），进深二间（6 米）；东、西厢房均面阔五间（13.3 米），进深 3.3 米。

金氏家祠。位于永丰村。始建于清光绪二十九年（1903 年）。院落式布局，坐北向南，厢房和大殿均毁，仅存山门。面阔三间，三架梁单檐双面坡悬山顶，脊檩墨书"协镇甘肃永昌等处地方副将金造创修。光绪癸卯桐月吉旦候铨主簿五品军功金绪、金运督工"。

黄家祠堂。位于黄家庄村。院落式布局，占地 430 平方米，现存大殿面阔三间，进深二间，单檐双面坡悬山顶前出廊结构，前廊山墙上有砖雕黄飞虎像。

谈家祠堂。位于黄家庄村。四合院布局，坐北向南，占地 294 平方米，自南而北有山门、厢房和大殿。大殿面阔三间（8 米），进深二间（6 米），单檐两面坡悬山顶。东、西厢房均面阔十间，单檐单面坡

周家祠堂

谈家祠堂上房

民居建筑

水烟作坊车间

硬山顶。门楼为单檐双面坡悬山顶，门柱、门额均有砖木雕饰图案。祠堂内保存有木质神堂、木匾、道光年间的墓志铭等。

张氏祠堂。位于张家湾村。清同治年间重修。院落式布局，占地336平方米。现存大殿面阔三间，进深二间，五架梁单檐双面坡硬山顶。

金氏家祠。位于金崖镇中心街道。院落式布局，占地260平方米。现大殿面阔三间，进深二间，五架梁单檐双面坡硬山顶。

岳氏家祠。位于金崖镇中心街道。始建于清末，民国时期重修。现仅存大殿，面阔三间（9米），进深二间（5米），五架梁单檐双面坡硬山顶。

2. 水烟作坊

位于金崖镇。始建于清末民国时期，原为烟商沈秀峰家的"福元泰烟坊"。1949年后改为榆中县水烟厂。四合院式布局，有40间车间，其中制烟车间15间，配料车间1间，压捆车间8间，库房16间，总建筑面积1512.2平方米，均为土木结构六架梁单檐双面坡硬山顶。是兰州市重要的非物质文化遗产传承研究所在地。

3. 民居院落

金崖镇保存 50 处传统民居院落，均为清末民国时期修建。其中永丰村 14 座，岳家巷村 26 座，梁家湾村 1 座，邴家湾村 2 座，齐家坪村 5 座，寺隆沟村 1 座，窦家营村 1 座。多为四合院，也有三合院和带子上朝院。有三堂三厦式院落 40 处；三堂五厦式院落 7 处；三堂七厦、三堂九厦式、三堂十一厦式院落各 1 处。总建筑面积 4962.9 平方米。最典型的有：

永丰村 63、64 号院。四合院布局，坐北朝南，三堂三厦式，房屋均为前出廊结构。砖雕门楼宽 2.7 米，进深 4.2 米。有二门。上堂屋面阔三间（8 米），进深二间（6.4 米）。倒座面阔三间（8 米），进深二间（4 米）。东、西厦房均面阔三间（7.8 米），进深二间（4 米）。

永丰村 72、73 号院。四合院布局，占地面积 618 平方米，坐北朝南，三堂五厦式，房屋均为前出廊结构。六柱砖木雕门楼宽 3.1 米，进深 9.4 米，门道内两侧均置砖雕照壁。门楼旁有大车门，宽 3.4 米。有二门。上堂屋面阔三间（9.3 米），进深二间（6 米）。倒座面阔三间（8.5 米），进深二间（3.8 米），两山墙上均置砖雕照壁。东、西厦房均面阔五间（13 米），进深二间（5.8 米）。

永丰村 91 号院。四合院布局，占地 312 平方米。坐西朝东，三堂三厦式，房屋均为前出廊结构。砖雕门楼。有二门。上、下堂屋均面阔三间（8.3 米），进深二间（5 米），屋顶有小阁楼。南、北厦房均面阔三间（9.2 米），进深二间（6.6 米）。

永丰村 142、143、144 号院。院落式布局，总占地面积 509 平方米。坐西朝东，三堂十一厦式四面对称布局，房屋均前出廊结构。砖雕门楼，宽 3.1 米，进深 6.4 米。有二门。上堂屋面阔三间（9.6 米），进深二间（7.6 米）；下堂屋面阔三间（9.2 米），进深二间（6.1 米），前廊山墙上各开一拱形门洞。南、北厦房均面阔十一间（28 米），进深二间（6 米）。

2007 年，榆中县人民政府将金崖镇古建筑群公布为县级文物保护单位，其中包括民居建筑群、金崖驿站、水车、金氏家祠、郑家祠堂、张氏家祠、黄家祠堂和谈家祠堂等 13 处。

吉利寺

位于合作市勒秀乡吉利村西。清代～现代。始建于 1791 年。属甘肃省第三次全国文物普查新发现文物点。现存寺院坐北朝南，有大经堂、小经堂、学房、僧舍等，占地面积 4500 方米。主体建筑大经堂占地面积 1306 平方米，12 柱结构，藏式二层平顶前出廊结构，前廊墙面有四大天王壁画。经堂内保存有唐卡、金银佛像等文物。小经堂占地面积 993 平方米，建筑形制与大经堂一致。

吉利寺菩提塔

吉利寺大经堂

卡加道寺

卡加道寺

　　位于合作市卡加道乡政府东 3 千米
处。始建于 1892 年，建于浪青山山腰上，
全称"格丹旦派林"。属甘肃省第三次全
国文物普查新发现文物点。现存寺院坐西
向东，占地面积 8 万平方米。主体建筑有
大经堂、讲经院、白塔等。大经堂建筑
面积 1025.5 平方米，28 柱结构，二层藏
式平顶结构，平面呈"凸"字形，台基

卡加道寺大经堂

高 0.8 米。附属建筑有僧舍、学房等。寺内保存有罗卜藏华旦大师舍利塔、佛像、壁画及唐卡等文物。

马占鳌拱北

位于积石山保安族东乡族撒拉族自治县大河家镇西街。清光绪二十四年（1898 年）修建。坐北面南，南北长 51 米，东西宽 43 米，四周围墙黄土夯筑，高 2.6~3 米，宽 1.2~0.8 米。马占鳌的后裔为其修建。附近还有马占鳌子孙墓冢 20 余座，残存碑座 2 个。1995 年再次重修。

小沟头左宗棠旧居

位于兰州市城关区小沟头 12 号（兰州一中院内），也称"弘毅园"。始建于清光绪二十八年（1902 年），左宗棠任陕甘总督期间，曾在这里居住。

院落式布局，坐东朝西，由山门、南北厢房、四角亭及畅廊组成。山门为单檐双面坡悬山顶，前出廊，面阔三间，进深一间，明间开拱券门。大门两侧为"八"字形砖雕照壁墙。院内南、北厢房对称布局，建筑形制相同，单檐双面坡悬山顶前出廊形制，面阔七间，进深一间，正面门窗已改为现代门窗，后檐墙上开小方窗，四周砌筑青砖墙。四角亭又名"乐育亭"，单檐攒尖顶，檐柱间装座凳式栏杆。畅廊为单檐单面坡顶硬山顶，依院落围墙而建。

新阳高等小学堂旧址

位于天水市麦积区新阳镇温集村（温集初中学校内）。始建于清光绪二十八年（1902 年）。本村秀才胡汝翼与地方士绅联名倡办，原名新阳小学堂，后改为高等小学堂。民国二年（1913 年）农历三月初八始招收第一批学员，现保存有学员王治岐等人的成绩册。

旧址坐北朝南，占地面积 1.2 万平方米，由校门、东西厢房、中门组成四合院，有校舍 7 栋、门厅 2 座，各建筑均砖土木结构。大门砖券拱形门额，尖拱门头，门两侧有砖雕门柱饰件。门上楷书楹联"乡校树宏规，与绅董酿金鸠

新阳高等小学堂中门

新阳高等小学堂校门

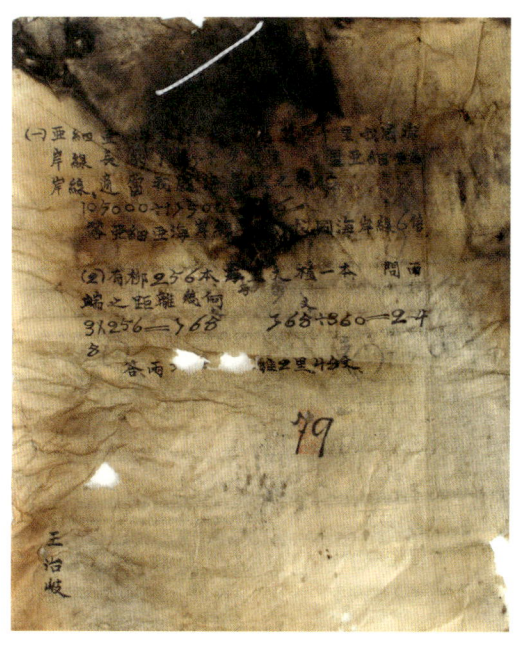

试卷残件

工几经岁月；英才幸得育，愿师生敬校勤学勿费艰难"。中门建于一排房子的中间，屋面为单檐悬山顶，正脊用雕花脊筒子垒砌，垂脊用瓦条垒砌，覆盖灰筒板瓦，正面有砖券拱形门洞，背面为砖砌圆光门。正面两侧悬挂木楹联"讲诵弦歌教宏闾里，儒流学海源溯昆仑"，落

款为"中华民国十年（1921 年）"。

博德恩医院木楼

位于兰州市城关区第二人民医院院内。1904 年，基督教内地会派遣修依特、普雷二人来兰州传教，期间创建博德恩医院。

医院坐北朝南，占地面积 1030 平方米，建筑面积 686.73 平方米。砖木结构，五檩单檐双面坡硬山顶二层楼式，面阔七间，进深四间，平面呈"巾"字形。外墙开窗，屋顶为坡屋顶，砖墙柱垂直承重，水平结构为木梁桁架；外墙为青砖混合砂浆砌筑，厚 0.37 米；二层楼面为木梁，屋顶承重构件为木三角桁架。第二层后部正中接一走廊，面阔一间，进深三间；屋面覆盖青瓦，正脊用缠枝莲纹脊筒子砌筑，有脊兽，两侧各开一砖砌拱形门。二层东、西两侧各开圆拱形窗，其他墙面上开现代门窗 12 个。

安维峻故居

位于秦安县西川镇神明川村 126 号。

博德恩医院木楼

安维峻故居西屋

始建于清末，民国时期重修。安维峻（1854~1925年），字晓峰，号盘阿道人，甘肃省秦安县人。光绪六年（1880年）中进士，选翰林院庶吉士，1893年任福建道监察御史。中日甲午之战前夕，他积极支持光绪皇帝主战，连续上疏六十五道，著名者有《请诛李鸿章疏》《请明诏讨倭法》等。后因言获罪，被革职。时人称"陇上铁汉"。1899年后，安维峻在家乡办学，主讲南安书院等。辛亥革命后，任京师大学堂总教习。曾担任《甘肃新通志》总纂等。

中华人民共和国成立后，安维峻故居被分配给本地村民雷氏。现存院落占地面积210平方米，多数房屋被改建。现仅存西房，坐西朝东，土木结构单檐单面坡硬山顶，面阔三间（8.7米），进深一间（4.9米），明间装六抹槅扇门，两次间为槛墙、槛窗；屋面覆盖灰板瓦，正脊用雕花脊筒子垒砌，无脊兽，垂脊用瓦条垒砌。

道口摆家堡子

位于会宁县新添堡乡道口村南摆社

38号。始建于清末，系堡主摆生雄的曾祖父修筑。

平面呈正方形，边长45米，占地面积2025平方米。堡墙夯土板筑，墙体内夹有木棍、柴草，墙基厚4.5米，顶部厚1.8米，断面呈梯形，有收分，高7.5米~8米。顶部有马道，宽1.2米。四角有墩，角墩上原有建筑，已拆除。堡内东北角、西南角分别建有斜坡马道。堡门南开，方形门洞，装木板门，门洞内顶部有上下贯通的孔洞。堡内四面均建房屋，多数被改为现代建筑。现由摆氏后代居住。

团庄梁家民宅

位于永昌县六坝乡团庄村。始建于民国初年，夯土庄窠院式建筑，当地称为"土围子"。

坐西向东，平面呈长方形，南北宽34米，东西长31米。院落围墙夯土板筑，高10米，基宽2.4米，顶宽0.8米，夯层厚0.12米。南墙正中筑一门墩，平面长方形，正面宽5米，进深4米，高10米；

道口摆家堡子

团庄梁家民宅

门墩中间辟门洞，原有三道门，宽 1.1 米，高 1.7 米，进深 4 米，门洞内顶部开方形洞口（边长 0.8 米），通向墩台顶部，洞内壁挖有向上攀登的脚台，供上下攀登。天井院平面呈方形。北墙正中建有一土墩，与南墙墩对称布局，正面长 10 米，宽 5.6 米，高 12.5 米，中空结构。院墙东南角有角墩，长 7.2 米，宽 5.6 米，高 12 米，中空结构。后墩、前墩、角墩三墩上均建有二层楼阁，内置木梯，为瞭望、守卫和贮存粮食之用。院内原有"四廊八柱"式房屋，1958 年前后均被拆除。属甘肃省第三次全国文物普查新发现文物点。

该民居建筑形制独特，对研究本区民国时期传统民宅建筑具有重要价值。

庆阳三十里铺天主教堂

位于庆城县北 15 千米三十里铺。清末创建。三十里铺，原名广福镇，清代时为一座小镇，1913 年改称三十里铺。天主教，亦称"公教"或"罗马公教"，与基督教新教有别，属基督教之一派。该教堂原属天主教天水代牧区管辖，民国十九年（1930 年）七月划归平凉教区管辖。关于三十里铺天主教堂的创建时间，说法不一。1993 年版《庆阳县志》记载："天主教于清同治十二年（1873 年）传入庆阳。光绪初，比利时人在广福镇（今三十里铺）修建教堂 1 处。"1998 年版《庆阳地区志》记载："清同治三年（1864 年），

庆阳三十里铺天主教堂西院正堂

比利时神甫在庆阳广福镇（今三十里铺）建起了区内第一座天主教堂。"《甘肃省志·宗教志》记载："清同治四年（1865 年），由圣母圣心会创始人南怀仁主持所建。"有学者认为，该天主教堂大概于 1889 年建立，最迟不过 1891 年。高金鉴主教 1935 年撰写的教务报告记载，三十里铺天主教堂于 1888 年由比利时圣母圣心会传教士购地修建，比马岭教堂早建两年。（马啸《西洋教会与陇东社会——以清末民初庆阳传教史为中心的考察》，《西夏研究》，2011 年第 2 期。）清末庆阳贡生胡庭奎撰《续庆防纪略》记载："清光绪十数年，时西洋人购得杨正和之地，在三十里铺修盖教堂。传耶稣教、入教者，本地人尚少，四川客民为多。"（清·胡庭奎《续庆防纪略》，庆阳县志编纂委员会办公室 1985 年印行。）胡庭奎所言创建年代与高金鉴主教报告所言创建于 1888 年相合。据此，三十里铺天主教堂最早建

于 1888 年。1915 年，环县民团团总张九才率领农民开展抗税暴动，纵火焚毁了该教堂。1917 年，当地教会用北洋政府借款重建，主要建筑有神甫院、修女院、礼堂等。截至 1949 年，三十里铺天主教堂主持传教的外国神甫有比利时人何格梅、西班牙人毕修懋、法国人桑志华，另有曹神甫、郭神甫、马神甫、蒲登俄（国籍失考）和阿根廷人薛乐达、西班牙人玉润良等，共 9 人，还有一名外国人高军剑也主持过教务。1954~1966 年，先后有陕西籍卢充伯、张安德、张益仁、张尚仁、路文耀等 5 人从事神甫工作。

"文化大革命"期间，三十里铺教堂被关闭，宗教活动停止。1982 年恢复了三十里铺天主教堂的宗教活动，由陕西宝鸡人李菁蕾任神甫，期间开展多次改、扩建工程。现存教堂规模较大，由四院、两园、一巷组成，总占地面积约 2 万余平方米，建筑面积约 1632 平方米。

西院（前院）为神甫院，院内主体建筑为正堂，1917 年重建。坐东朝西，汉式砖木结构仿古建筑，面阔七间，进深三间，四周墙面上开拱形方格门窗。院内另有仿古建筑西房 6 间、南北房各 8 间。

东院（后院）为修女院，1917 年重建。院内有仿古建筑北房 8 间、西房 6 间；院外有菜园 10 亩多。

北院为马房院。民国时期，院内曾养马。现存建筑为 20 世纪 60 年代重建，有北房 6 间、东房 6 间，另有井房、水井等。

南院为养老院，20 世纪 80 年代新建。院内有北房 12 间、东房 9 间；北院外有果园 6 亩，1917 年置办。20 世纪 90 年代初，又在教堂前门左侧巷道内新建 18 间平房，为博爱诊所。

截至 2003 年，三十里铺天主教堂下设"三堂、五点"。"三堂"即三十里铺教堂、马岭教堂、柳树河教堂；"五点"即 5 个传教点，分别为驿马点、崇家河点、庆城点、辛家沟点、龚家原点，分布于本县 8 个乡镇内，教徒总人数达 3860 名。现三十里铺总教堂有神父 1 人、修女 3 人、教徒 2100 人。

1991 年，庆阳三十里铺天主教堂被公布为庆阳县县级文物保护单位。现由庆城县宗教局负责管理。

三功桥

位于康县平洛镇药铺沟村。始建年代不详，民国八年（1919 年）二月重建，梁架上有墨书题记。为当地传统伸臂木梁结构，桥身长 17.55 米，宽 3.6 米，桥面上建廊房 7 间，共有廊柱 16 组，每组 2 根。每间廊房两侧梁枋头雕刻成象、龙、凤首形，垫板雕刻花卉，部分横梁雕二方连续花卉图。廊内两侧均建有木构连座椅。属甘肃省第三次全国文物普查新

三功桥题记(1919年重修)　　三功桥桥身

发现文物点。

靖远钟鼓楼

　　位于靖远县城中心。原名谯楼。清道光《靖远县志》载："谯楼在城中大街协镇署前，基高三丈五尺，方周四十丈，楼三层七楹，高五丈五尺。明正统三年（1438年）指挥房贵建，弘治三年（1490年）守备曹雄增修，同治五年（1866年）毁于兵乱。"民国十四年（1925年）于原址重修。现存建筑为1987~1990年维修而成。

　　钟鼓楼坐北面南，建于方形内夯土外包砖台基上，通高24.78米。底部台基夯土板筑，近年维修时外部包砌青砖，底边长34米，断面呈梯形，顶边长30米，高7.8米。台下正中开一南北向拱形门洞，连通南北大街；南门洞额上有青砖阴刻篆书"瑞丰"匾，张云锦书，北面门额嵌

靖远钟鼓楼

青砖篆刻"天枢"匾。墩台东面建一侧门，门内砖石铺设台阶，可登上顶部。墩台顶部四周新做汉白玉栏杆及望柱，中央为钟鼓楼，砖木结构三层三檐歇山顶，高17米。　第一层东西面宽七间（20.8米），当心间宽3.2米，进深三间（10米），四周出廊，廊柱上部饰木雕雀替，额枋上施五踩重翘斗栱，仅前后檐明间开门，装双扇木板门，其他各面均青砖砌墙，

楼内设木梯可上二层；屋面覆盖绿琉璃瓦，垂脊、戗脊均用雕花琉璃脊筒子砌筑，博脊用琉璃瓦条垒砌，垂兽、戗兽俱全。第二层东西面宽七间（18米），当心间宽3.2米，进深三间（9.2米），四周出廊，廊柱上部饰木雕雀替，额枋上施五踩重翘斗栱，前后檐明间开门，装双扇木板门，两侧次间开圆光窗洞，其他各面均青砖砌墙，楼内设木梯可上三层，楼上有邑人陈国钧撰写的楹联"此亦天枢，众星环拱。俨然砥柱，万壑朝宗"；屋面覆盖绿琉璃瓦，垂脊、戗脊均用雕花琉璃脊筒子砌筑，博脊用琉璃瓦条垒砌，垂兽、戗兽俱全。第三层东西面宽五间（15米），当心间宽3.2米，进深二间（8米），四周不出廊，四周檐柱间通装木槅扇门、槅扇墙，额枋上施七踩重翘斗栱；屋面覆盖绿琉璃瓦，正脊、垂脊、戗脊均用雕花琉璃脊筒子砌筑，正脊两端坐吻兽，中间置宝瓶，垂兽、戗兽俱全；前后明间檐下悬挂新做木雕匾额。

1993年，靖远县钟鼓楼被公布为甘肃省第五批省级文物保护单位。现由靖远县博物馆负责管理。竖立有文物保护标志碑，保存有历次维修档案资料。

福音堂医院旧址

位于张掖市甘州区北水桥街。原为本地传统院落式民宅建筑，清末民国时期修建。

福音堂医院旧址

医院坐北朝南，南北长69米，东西宽28米。北面有砖木结构二层楼1座，面阔十间（38.5米），进深二间（6.6米），高6.4米，有房屋21间。

1937年，八路军驻兰州办事处指示基督教徒高金诚以"甘、凉、肃三州抗敌后援会"的名义在此开设福音堂医院，开展营救中国工农红军西路军失散人员，先后营救200余人。1949年后，福音堂医院旧址先后由张掖县新华小学、张掖市汽车大修厂等单位使用。1956年，基督教内地会将房产交给高金城遗孀牟玉光。1965年，牟玉光将房产上交给张掖市人民政府。1981年8月20日，甘肃省人民政府办公厅下发《关于对高金城烈士遗属要求退还房产问题的处理意见》的批复，将原福音堂医院产权划归原张掖地区汽车运输公司。2004年后，福音堂医院产权归私人所有。

1993年，福音堂医院旧址被公布为甘肃省第五批省级文物保护单位。2010

年，甘州区人民政府筹资进行维修。现由甘州区博物馆负责管理。竖立有文物保护标志碑，保存有历次维修档案资料。

巩家山廊桥

位于康县太石乡巩家山村。始建于清末，后毁，民国二十一年（1932 年）修复。属甘肃省第三次全国文物普查新发现文物点。

全木结构悬臂梁式廊桥，桥身长 16.8 米，跨度 10 米，宽 5 米，由桥墩、桥身及桥廊构成。桥墩由几十根圆木斜向插入两岸石墩内，与河面形成 45 度斜向挑起悬臂梁，在第五层悬臂梁上架设一层通梁，梁上铺横枋和木板，形成桥面。桥面之两侧各竖立廊柱 16 根、梁枋 8 组，组成 7 间桥廊，廊高 2.6 米，五架梁双面坡形制。两侧梁枋及垫板上雕刻花草、山水、鸟兽图案，梁头浮雕象、龙、凤、猪首形，横梁上刻花卉、人面鸟身、三头鸟兽和

人物故事等。屋面覆盖青板瓦，正脊两端各饰陶质龙头。

马福祥墓

位于临夏县韩集镇阳洼山村。属甘肃省第三次全国文物普查新发现文物点。

现存墓地长 2 米，宽 3 米。北侧立有一长方形墓碑，高 1.9 米，宽 0.68 米，有碑身和碑座。碑身正面楷书阴刻"马福祥先生之墓"，并刻马福祥生卒年、撰书和立碑人姓名。碑座高 0.76 米，宽 0.9 米。

马福祥（1876~1932 年），回族。世居临夏县韩家集。八国联军侵华期间，马福祥随董福祥入京，抗击八国联军。京城陷落后，护送慈禧、光绪逃奔至西安。卒后葬临夏县阳洼山祖茔。

雷台观

位于武威市金羊镇新鲜村。清乾隆《武威县志》载："灵钧台，城北，晋张茂筑。"雷台即晋筑灵钧台。张茂在《晋书·列

巩家山廊桥南面

雷台观过殿

雷台观三星殿

传》中有记载。现存一土墩台，南北长106 米，东西宽 60 米，高 8.5 米，黄土夯筑。现存建筑为民国二十二年（1933 年）重建，总占地面积 6360 平方米，主要有雷祖殿和三星殿等。其中三星殿为二层重檐歇山顶四周出廊结构，面阔三间，进深三间。雷祖殿面阔三间，进深三间，前后出卷棚抱厦。

1969 年 9 月，墩台下汉代墓葬内出土铜奔马等珍贵文物。1981 年，武威市人民政府筹资对各建筑进行加固维修，同时将武威市内的火神庙大殿前卷棚搬迁至此处，改为过殿。1986 年，武威市人民政府筹资重修了山门、围墙等。1994 年，雷台观被批准为武威市道教活动场所，

1995 年由凉州区道教协会管理和使用。

1993 年，雷台观被公布为甘肃省第五批省级文物保护单位，竖立有文物保护标志碑，保存有历次维修档案资料。2005年，雷台汉墓被公布为第五批全国重点文物保护单位。2005 年，甘肃省人民政府《关于公布甘肃省第五批全国重点文物保护单位保护范围及建设控制地带的通知》（甘政发〔2005〕16 号）确定"雷台观的保护范围属雷台汉墓保护范围之内"。

周郭戏楼

位于宁县焦村乡周郭村委会院内。民国二十二年（1933 年）修建。原有庙宇，已毁，仅存戏楼和大门，占地面积70.5 平方米。

周郭戏楼背面

院落大门坐北面南，单檐双面坡悬山顶，面阔三间（5.9米），进深两间，高6.5米，正面青砖砌筑4座砖柱，明间砌拱券门洞，宽1.4米，高2.8米，门额上嵌一横长方形砖砌匾额，刻当时宁县县长曾建仁题"天下为公"四字；背面建一土木结构遮雨棚，面阔一间，单檐硬山顶，屋面覆盖青板瓦。戏楼建于高1.7米的夯土砖包台基上，面阔三间（7.8米），进深两间（7.2米），高9.5米，明间开敞，有明柱4根。檐柱上部装5个木棂条窗框，两次间檐柱间装木护栏，已毁。山墙通体青砖砌筑，背面墙体土坯砌筑，青砖下碱，草泥罩面。

罗什寺塔

位于武威市凉州区北大街西侧。寺院及佛塔均始建于唐贞观年间，据传为尉迟敬德所建。因埋葬后秦高僧鸠摩罗什舍利而得名。明永乐元年（1403年）重修。清代多次维修。1927年，寺院毁于地震，塔仅存其半。1934年再次重修，期间在佛塔下掘得石碣一块，方一尺二寸，阴刻"罗什地址，四面临街，敬德书"。

现存佛塔为通体砖砌八角十二层空心结构，通高32米。塔座八角形，高2米，周长25米。塔身各层都用青砖叠涩挑出腰檐，檐角下系风铎。门向东开，从下起第三、五、八层均设门，最上层东面设一小龛，龛内置一尊佛像。塔顶覆钵形，其上置宝盖、圆光，顶部置葫芦形铜质宝瓶。近年重修了大殿。

1993年，罗什寺塔被公布为甘肃省第五批省级文物保护单位。现由凉州区博物馆管理。竖立有文物保护标志碑，保存有档案资料。

罗什寺塔

瑞安堡

位于民勤县三雷乡三陶村。俗称"王团堡子"。始建于民国二十七年（1938年）。院落式布局，坐北向南，占地 5089 平方米，院内建筑呈三进四合院布局，总建筑面积 2394 平方米。

瑞安堡主人王庆云（1892~1951 年），字瑞庭，早年曾是一名教师，后升为民勤县教育局长。任西北军阀马步青师部参谋，后返回民勤县，任军需采购站（兵站）站长，继任第一区区长。后任民勤县保安团团长，期间修建了这所庄园。

1951 年，民勤县人民政府没收了该庄园。

现存堡墙南北长 90 米，东西宽 56.5 米，夯土板筑，夯层内加红柳，通高 10 米，底宽 6 米，墙上有车马道，最宽处 2.3 米，最窄处 1.5 米，两侧女儿墙高 2 米。堡门建于南面堡墙上，高 3.6 米，宽 3.2 米，正中开门洞，第一道门为铁门，门上镶 2751 个铁钉。门额嵌石雕"瑞安堡"匾。门洞半圆形，深 8 米，上方设上下贯通的漏孔，与上部门楼贯通。门楼为砖木结构 3 架梁前后出廊硬山顶。堡墙顶部四周分布 7 座亭台楼阁，分别修建在 7 个砖包墙墩上，北墙上有逍遥宫，西北角有望台；西墙上有望月亭，西南角有武楼；正门墙上有门楼，东南角有角楼。堡内分前、中、后 3 个院落，另有一座附院，总平面布局寓意"一品当朝"和"凤凰单展翅"。以三道门楼、中院正堂和双喜楼为中轴线，对称布局，有门楼、亭阁 7 座，房屋 140 多间。

前院呈横长方形，西侧是雇工房、磨房和马厩；东侧是车夫、长工住房和车棚、农具房、草料房等。

中院由 4 个小院组成，呈"品"字形。从二门进入，院内房屋均为七架梁前出廊结构，东、西两侧厢房和左、右侧倒座围成一个四合院，为管家或客人居室。由三门进入后院，经过一个天井院，有南

瑞安堡正面

瑞安堡局部

甘肃省志 文物志

瑞安堡佛堂院

瑞安堡祠堂院

倒座、中西式客厅、双喜楼、佛堂、祠堂及书房等建筑。中西式客厅面阔五间，前后出廊结构，中西合璧式。双喜楼为平面正方形带回廊的三层木楼，单檐歇山顶，面阔、进深各一间，有木梯上下相通。后院是瑞安堡的核心建筑区，由东、西2个小院组成，对称布局，西院为佛堂院，有佛堂、书房、倒座等。东院有祠堂，面阔五间，进深二间，九架梁前出廊硬山顶，两侧厢房为七架梁前出廊结构，面阔五间，为主人卧室；南侧倒座是子女们的起居之所。

后院内有仆人住房、储藏室、磨房、水井、粮仓、厕所等。

瑞安堡的设计充分考虑了防卫、防水、防火和攻防设施，堡墙上设有雨水槽，雨水汇集后沿堡墙流到外面。堡墙内设计有非常隐秘的出逃通道，北墙下有3个出入口，与二门、双喜楼、后院西北角厕所相通，还设2个暗室，分别位于文楼和望月亭下面，开有很多通气孔。堡内不同的地方都布有暗道、暗室、射击孔。暗道夹层纵横交错，宽1.6米、高3米，上可至堡墙，下可至马厩；角楼及女儿墙上配置射击孔。民国十八年（1929年），甘肃军阀马仲英攻入民勤县，瑞安堡因其坚固的防御设施未被攻破。

瑞安堡的设计者生卒不详，曾毕业于日本早稻田大学。

"文化大革命"期间，瑞安堡被民勤县种子培育站占用，拆毁了佛堂及匾额、楹联。1987年，民勤县人民政府筹资维修。1989年，兰州军区政治部在此拍摄了电视剧《西天流星》。2006年，瑞安堡被国务院公布为第六批全国重点文物保护单位。现由民勤县文化体育局、民勤县博物馆共同负责管理。竖立有文物保护标志碑，保存有历次维修档案资料。2009年，甘肃省人民政府《关于公布甘肃省第六批全国重点文物保护单位保护范围和建

设控制地带的通知》(甘政发〔2009〕3号)公布其保护范围为："东至瑞安堡东墙外40米处,南至南墙外50米处,西至西墙外30米处,北至北墙外30米处;建设控制地带为保护范围外向东外延伸10米,向南外延伸50米,向西外延伸20米,向北外延伸70米。"

临夏东公馆

位于临夏市环城东路35号。1938~1945年间建,是西北回族军阀马步青的公馆。时马步青在武威任国民党陆军骑兵第五军军长,负责督办整修兰新公路,获得大量经费,期间修建了东公馆。1949年,临夏市解放,王震率部接管东公馆,作为居住办公场所。1982年,临夏回族自治州(现临夏市)人民政府从兰州军区购买回东公馆。1983年前后,归临夏市科协、民族学校、青少年科技馆、工人俱乐部等单位使用。

现存东公馆坐北向南,平面呈"田"字形,东西宽87.1米,南北长99.3米,集住宅、办公为一体,由4个相互连通的四合院组成,各院落间以一小天井院联系,现存3院171间房屋,建筑面积

临夏东公馆大门

临夏东公馆砖雕《江山图》

临夏东公馆正院堂屋三层楼

临夏东公馆正院倒座与厢房

10956 平方米。

大门系三间八柱牌楼砖砌结构，欧式风格，单坡悬山顶前出廊，面阔三间（7.7 米），进深一间（2.9 米）。廊柱间施木雕雀替和花牙板、莲瓣坐斗。大门内设砖雕二门，门柱为青砖雕仿景泰蓝花瓶状，瓶中牡丹相交组成圆拱门楣。正院是马步青的办公、起居院。大门内有一天井院，东、西、南三面为砖木结构回廊，北面有一大型砖雕影壁《江山图》，由 24 块砖拼合雕刻，长 2.8 米，高 2 米，图面两边砖雕隶书对联"气度雍容开祀业宏基巍然簪缨门第，节麾焜耀备严疆重寄允矣磊落雄才"。影壁后为一长廊，廊内分别置砖雕影壁、砖雕垂花门。主院内中央辟为花园，四周建堂屋、倒座和东、西厢房。堂屋为三层砖木结构楼；东、西两端配有二层西式建筑风格的边楼。主楼由 28 根通天柱支撑，总平面呈"凹"字形，七架梁双面坡单檐悬山顶三层前出廊结构，面阔十三间（48.2 米），进深三间（9.4 米），廊柱间施雀替、云头、花牙板等。屋面覆盖灰筒板瓦，饰琉璃瓦菱花心，正脊两端施吻兽。正面廊柱间装四抹槅扇门。一至三层均铺木地板。一层现辟为奇石馆，二层保留原状，三层为会客厅、陈列室等。山墙外两侧各有砖雕《芭蕉图》《秋月图》。倒座面阔五间（20.8 米），进深两间（6.9 米）

单檐双面坡七架梁悬山顶前出廊结构，现为文物展馆室。东、西厢房面阔各五间（19.6 米），进深各两间（6.2 米），均为单檐单面坡硬山顶前出廊形式，其中西厢房与西北院的东厢房共用一个屋面，东厢房与外院的仓库共用一个屋面。

西南角四合院为马步青的家眷住所，有堂屋、厢房和倒座等建筑。堂屋七架梁单檐双面坡前后出廊结构，面阔五间（19.5 米），进深两间（6.9 米）。廊柱间施木雕雀替、云头、花牙子板，屋面覆盖灰筒板瓦，正脊两端施吻兽，椽头饰藏式彩画，外檐均置槅扇门和支摘窗。东、西厢房均为五架梁单檐单面坡硬山顶前出廊结构，面阔五间（17.1 米），进深两间（5.8 米）。廊柱间施雀替、云头、花牙板，屋面覆盖灰筒板瓦，正脊两端施吻兽，椽头饰藏式彩画，外檐柱间均装槅扇门和支摘窗。倒座与堂屋对称布局，建筑形制一样，廊心墙上砖雕《石榴双喜图》《佛手图》，山墙上有砖雕影壁《春桃迎风图》。

西北角有一座小四合院，现由临夏市民族学校使用。由堂屋和东、西厢房组成，倒座已毁。堂屋和西厢房已被改建，仅存东厢房。

外院也是一处花园式住宅，由观花楼、卫兵楼及车马院组成。花园已不存。观花楼砖木结构单檐卷棚歇山顶二层楼式，外檐置 26 根通柱，前、后、东三面

959

出廊环绕，面阔五间（12.3 米），进深四间（8.2 米），金柱间装六抹槅扇门、槅扇窗。一层廊柱间均施透雕雀替，二层廊柱间装木扶手栏杆，檐下木构件均饰藏式彩画，角梁前后施垂莲柱。

修建东公馆时，共用去大小木料 3 万余根。所用砖瓦均为订制，棉砖 10 万页，台砖、方砖 10 万余页，普通条砖 40 多万页，使用各色颜料千余斤，赤金 10 多万张（折合黄金 10 余两）。负责东公馆木工的工头是石阳保（也作石杨保）、梁延曾等人，泥工、砖雕工头是绽成元，画工为陈炳卿。东公馆有大小砖雕 189 幅，都出自绽成元及其门徒之手。

2003 年，临夏东公馆被公布为甘肃省第六批省级文物保护单位。现由临夏市文化体育局负责管理。竖立有文物保护标志碑，保存有文物档案资料。

临夏蝴蝶楼

位于临夏市前河沿路西端。又名"西公馆"，距东公馆 5 千米。修建于 1945~1947 年间，是西北军阀马步青的私宅。初名"永乐园"，继改为"勤安楼"，因主楼形似蝴蝶，故名"蝴蝶楼"。占地 40 公顷，院落式布局，坐北向南，东西宽 56 米，南北长 74 米。院内方砖铺地，分 4 块花圃种植花木。

主体建筑砖木结构两层楼，单檐双

临夏蝴蝶楼主楼

临夏蝴蝶楼边楼

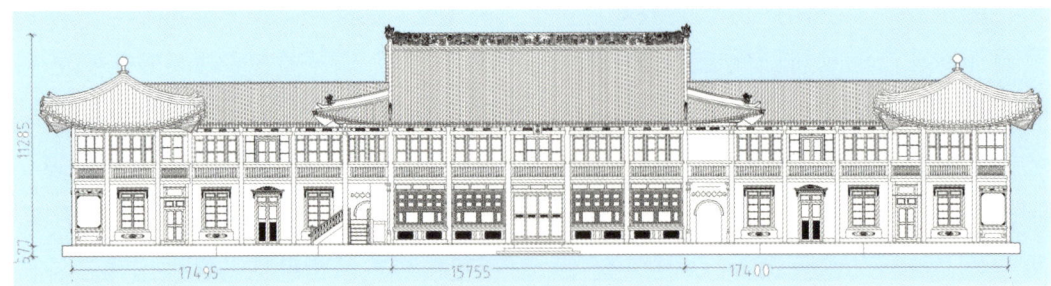

临夏蝴蝶楼主楼立面图

面坡歇山顶四面出廊结构，廊宽2米。中间楼面阔五间（12米），左、右两端各与一间宽10米的边楼相连，边楼外两侧再与一座平面六角形的二层楼阁相连，边楼、六角形楼阁组成一"凸"字形结构，整体建筑外形如一展翅蝴蝶。第二层正中为客厅，边楼为书房、卧室和梳妆室等，室内装有西洋家具。整个建筑没用一枚铁钉。楼后为花园、鸽子房、宠物房等。东侧有伙房院。

院内东、西、南三面有长廊围合，南面正中辟门，西面围墙上开侧门。院子前面建有卫兵房、仓库、马棚、伙房等。院外四周开挖有河渠，宽2米，引大夏河水灌溉园林。

2003年，临夏蝴蝶楼被公布为甘肃省第六批省级文物保护单位。现由临夏市文化体育局负责管理。竖立有文物保护标志碑，保存有文物档案资料。

武威蝴蝶楼

位于武威市凉州区东关街东关花园内。民国时期修建。该花园原为清代凉州知府陈润生的私园，占地面积约1000亩。1938年，西北军阀马步青驻武威期间，买下此园，修建别墅，主楼名为"蝴蝶楼"。

砖木结构仿西式建筑，坐北朝南，平面布局呈三段式蝴蝶展翅状。中间主楼三层，高8米，长9米，宽8.6米；两边各两层，长12米，宽6.6米，高6米，建筑面积761平方米，通体青砖砌筑，无圈梁，屋顶四周砖砌女儿墙；主楼北面入口处有砖砌圆弧形门斗，门檐上有镂空木雕花饰；门洞砖砌拱券形。楼内均铺木地板，有客厅、舞厅、浴池、卧室等。

1949年后，此地改为"东关园艺场"。近年又改建为"东关花园""武威市烈士陵园"等。

灞陵桥

位于渭源县城南清源河上。始建于明洪武间（1368~1398年），取"渭水绕长安，绕灞陵"之语名灞陵桥。早期为"既济行人，复通车马"的平桥，系在木笼内

武威蝴蝶楼正面

灞陵桥

灞陵桥两端的桥廊

灞陵桥桥身结构

装块石做成桥墩，桥面架设木板，行人马车均可通过，后被洪水冲毁。民国三~八年（1914~1919 年），本地木匠何遇江、何遇海仿照兰州市雷坛河卧桥的形式改建为全木结构卧式悬臂拱桥。后桥身严重倾斜，不堪用。1943 年再次重建。

现存桥体南北向，全长 40 米，高 15.4 米，宽 4.8 米，净跨度 29.5 米，中央上层拱梁距河床 9.35 米。属悬臂梁和叠梁拱桥结合形式，在悬臂式桥上穿插一组叠梁拱。首先，桥墩叠梁建造，从两岸桥墩底部相向斜挑出一组悬臂梁，与河面间的夹角 45°，共 5 层。每层并排置 10 根圆木，逐层向河心延伸，每一排、每一层的悬臂梁端头刻榫卯，用一根横枋连接，就组成跨越渭河两岸的五间桥身。其次，桥身使用叠梁拱，即从桥墩底部再挑出一组拱梁，与已有的悬臂梁形成一定夹角，向

河心伸展；该拱梁还搭在各层悬臂梁端部之横枋上，与最后一层（第五层）悬臂梁互相交叠；形成叠梁拱，两端悬臂梁又在桥身中间搭接合拢，这样相互交合的结构形态又形成上部的三间拱形桥身。桥身两侧均竖立木廊柱，柱头上搭建廊屋，也起到束缚两侧悬臂梁的作用，立柱还用于贯通上下各层悬臂梁最外两侧的一组悬臂梁。桥身两侧立柱共 64 根，断面呈八角形，全部立柱将桥身分为 13 间，立柱间架设梁枋、椽子望板，形成 13 间廊屋。单檐卷棚式屋顶，屋面覆盖青瓦，可避风雨侵袭。桥面以下两侧柱根处也装有博风板，用于遮挡风雨。博风板随桥身的起伏而起伏变化，两端宽、中部窄，呈拱形曲线，与南北两端廊屋连为一体，并形成一条圆和的反向曲线。桥面木板铺成，有踏步状通道三道，中间宽，两边窄。两侧装

木栏杆扶手。为减轻桥身负荷，桥面上梁、柱、椽、栏杆和卷棚屋顶都用材细小。

灞陵桥重建后，国民政府要员纷纷题赠匾额、对联、诗文，主要有汪精卫、杨虎城、于右任、启功等，其中杨虎城题写的楹联为"鸟鼠溯灵源，雪浪云涛，东流汇泾渎黄河，函关紫气；陇秦资利涉，月环虹跨，西望是金城杨柳，玉塞葡萄"。于右任题写"大道之行"匾额。汪精卫题写了诗文，刻于石碑上。

1986、2008 年，甘肃省文化厅、甘肃省文物局先后拨款对灞陵桥实施维修。2006 年，灞陵桥被公布为甘肃省第六批全国重点文物保护单位。现由渭源县博物馆负责管理。竖立有文物保护标志碑，保存有历次维修工程档案资料。2009 年，甘肃省人民政府《关于公布甘肃省第六批全国重点文物保护单位保护范围和建设控制地带的通知》（甘政发〔2009〕3号）公布其保护范围为："桥北从北桥墩向东延伸 50 米至小平桥，向西延伸 30 米至公园围墙，向北延伸 30 米至居民区；桥南从南桥墩向东延伸 50 米至小平桥，向西延伸 30 米至水文站门口，向南延伸 40 米至公园围墙。河道：桥体上下游各延伸 200 米以内。建设控制地带为桥南、桥北保护范围外 100 米以内。"

中正山造林碑

位于兰州市城关区徐家山国家森林

中正山造林碑

公园内。1943 年立。

此碑青石质，长方形，高 1.84 米，宽 0.78 米，厚 12.5 厘米。碑阳刻"中正山"3 字，碑阴刻《中正山造林碑记》。碑文为时任甘肃省政府主席谷正伦撰，以纪念蒋介石提倡在徐家山一带开展造林的业绩。落款"中华民国三十二年八月吉日"。

中正山造林碑属甘肃省第三次全国文物普查新发现文物点。

艾黎与何克陵园

位于山丹县城南门外，为纪念国际主义战士艾黎与何克而建。

乔治·艾尔文·何克（1915~1945年），英国人，曾在中国工作生活了 7 年，1945 年病逝于山丹县。路易·艾黎（Rewi Alley，1897~1987 年），新西兰社会活动家、国际主义战士、中国人民的老朋友、甘肃省荣誉公民、北京市荣誉市民，在中国工

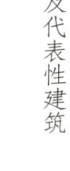

艾黎与何克陵园

艾黎与何克陵园碑刻

作生活了 60 年，其中在山丹县生活了 10 年，创办了培黎工艺学校。两人对中国人民的革命和建设事业做出了重大贡献。

1945 年，山丹县民众组织修建何克陵园。1979 年重建。1986 年改建为仿西洋式砖混结构建筑。1988 年 4 月，根据艾黎的遗愿，将其骨灰安放在何克陵园内，更名为"艾黎与何克陵园"。

现存陵园坐西向东，院落式布局，占地面积 2752 平方米，由照壁、纪事碑、墓冢、纪念碑等组成。照壁外侧有楚图南书写的"艾黎与何克陵园"园名，内侧镶嵌邓小平题写的"伟大的国际主义战士永垂不朽" 13 个镏金大字。院内中间竖立大理石贴面碑记，碑文镌刻路易·艾黎和乔治·何克生平简介。东侧有一座五级平台，平台上南、北两侧分别为路易·艾

黎和乔治·何克墓冢。墓冢后面为纪念碑，高 7.6 米，正面呈桃形，下部有一圆拱门，门上镌刻"国际主义精神永放光芒"等字。

1993 年，艾黎与何克陵园被公布为甘肃省第五批省级文物保护单位。现由山丹县博物馆负责管理。竖立有文物保护标志碑，保存有文物档案资料。

张质生旧居

位于临夏市光华路 42 号。属甘肃省第三次全国文物普查新发现文物点。1946 年修建，属原临夏回族自治州副州长张质生旧居。

院落坐西向东，四合院布局，占地 628.9 三间，进深两间，单檐双面坡硬山顶，前出廊。明间装六抹槅扇门，次间置支摘窗，屋面覆盖灰阴阳瓦。东房为单檐硬山卷棚顶，面阔三间，进深两间，前出

廊，屋面覆盖灰阴阳瓦。南、北两侧为
厢房，对称布局，均面阔三间，进深两间，
单檐单面坡硬山顶，前无廊，明间装六
抹槅扇门，次间置支摘窗。

该民居建筑体现了临夏传统民居建
筑艺术风格和形制。

喇世俊旧居

位于临夏市红园街道办事处大西关
社区喇家巷西端。属甘肃省第三次全国
文物普查新发现文物点。民国时期修建。

院落四合院布局，坐北朝南，占地
370平方米。正房面阔三间，进深二间，
单檐双面坡硬山顶。明间装木槅扇门，次
间为槛墙、槛窗。东、西厢房对称布局，
均面阔三间，进深二间，单檐单面坡硬山
顶。南面倒座为双面坡卷棚结构。各房
屋顶均覆灰阴阳瓦。大门为木雕垂花门，
门楣饰木雕。

喇世俊旧居大门

卢上社民居

位于临夏县先锋乡卢马村。民国时

卢上社民居

卢上社民居北房

期修建。三合院布局，坐北朝南，占地面
积400平方米。现仅存正房，其他房屋均
被改建为现代房屋。正房面阔三间，进
深一间，砖土木结构，平屋顶，明间装
六抹槅扇门，次间置槛墙及木格支摘窗。

该民居院体现了临夏当地传统民居
建筑工艺和风格。属甘肃省第三次全国
文物普查新发现文物点。

岗岭藏民居

位于迭部县达拉乡岗岭村。民国时
期修建，是本区典型的藏族传统踏板房
（板屋）。各住户均无院落，房屋随地势修
建，以土、木、石为主要建筑材料，房屋
四周下部均用砂石土夯筑，厚0.6~0.9米，
墙角处以块石做墙基。房屋主体采用木

岗岭藏民居

岗岭藏民居正面

麻尕吊桥

麻尕吊桥桥面

构梁架，面阔三至五间，进深三至四间，单檐双面坡硬山顶二层前出廊式，两面屋顶上均铺设木踏板（木瓦），木板均搭在"人"字脊两侧，檐口挑出屋檐。室内梁架为抬梁与穿斗式相结合；柱子间分别装木槅扇门、木板、木槅扇墙。家具均预制安装在梁、柱组成的框架内，或镶嵌在槅扇墙壁处。正房中央设火塘，与土炕相连，顶部开天窗，用于排烟、照明。正房一层用于住人，底层用作牲口圈、堆放杂物。

麻尕吊桥

位于碌曲县阿拉乡麻尕村东。民国时期修建，后经多次维修。横跨洮河，为三墩两拱形制，桥墩由纵横7层圆木斜向挑起搭建，圆木左右两侧各有两根直径2.5厘米和一根直径7.5厘米的钢丝绳，分别牵拉在桥头两边的8根圆木柱上，并斜拉至桥墩底下，整个桥面由这两组钢丝绳承载。桥面上铺设木板，木板长3.4米，厚6~10厘米，宽20~30厘米。桥身全长96米，宽3.4米。2000年前后，碌曲县人民政府筹资另建一座现代桥，替代原木吊桥，并禁止重型车辆通行。

麻尕吊桥属甘肃省第三次全国文物普查新发现文物点。

英雄渠渠首

位于嘉峪关市西南讨赖河上。1960年修建。

渠长 7500 米，宽 3.4 米。当时为解决酒泉钢厂工业用水及部分村镇农业灌溉用水，嘉峪关市人民政府筹资在讨赖河上修筑大坝，引水至大草滩水库，再从水库分流到厂区和农村。渠首主要有拦水闸、溢流坝、拦冰栅、排洪口、引水闸、英雄渠等六部分组成，占地面积 2.7 万平方米。拦水闸是渠首的主体建筑，闸门立柱上用油漆书写"人民公社万岁""中国共产党万岁""毛主席万岁""大跃进万岁""总路线万岁"等标语。引水闸东 48米处有一桥梁，桥身刻"英雄渠—1960年 5 月"等字样。

英雄渠属甘肃省第三次全国文物普查新发现文物点。

鳖盖山防御工事

位于嘉峪关市峪泉镇西南。1964~1978 年修建。

20 世纪 60 年代，因中苏关系恶化，中国政府全面开展"三线"建设工程。此项工事依嘉峪关市鳖盖山周边自然地貌修建，占地面积 800 万平方米。区域内修建大量碉堡、坑道、战壕、掩体、人防工

英雄渠渠首正面

英雄渠渠首侧面

鳖盖山防御工事坑道

鳖盖山防御工事暗堡

鳖盖山防御工事路障

程、地面障碍物和演练设施等。此件展示了中国政府全面开展"三线"建设工程取得的成就，折射出 20 世纪 60~70 年代中国政府面临严峻的国际安全形势。

鳌盖山防御工事属甘肃省第三次全国文物普查新发现文物点。

庄浪梯田

位于庄浪县西北部。1964~1992 年修建，分为三个区域。

第一区域为榆林沟流域。流域总面积 56.43 平方千米，涉及水洛镇、柳梁乡、卧龙乡、南湖镇 4 个乡镇、25 个行政村，人口 1.33 万人。呈东南——西北走向，东起水洛镇文湾村马家官路，西至卧龙乡孙家河村，修筑梯田 9000 亩。粮食产量由原来每亩 60 公斤提高到 300 公斤，全流域粮食总产量达 634.5 万公斤。

第二区域为庄浪县北部堡子沟流域。流域总面积 17.89 平方千米，涉及南湖、赵墩 2 个乡镇、7 个行政村，人口 4454 人。始修于 1964 年，止于 1993 年，流域内共修水平梯田 1.5 万亩。粮食产量由原来的亩产 90 公斤提高到 294 公斤。

第三区域为庄浪县赵墩乡庙龙沟流域。这里属黄土高原丘陵沟壑区，葫芦河一级支沟，涉及 17 个行政村，人口 1.5 万人，共修水平梯田 3.6 万亩，占耕地面积的 56.2%。粮食亩产从 50 公斤提高到 200 公斤以上，解决了本区群众的温饱问题。

庄浪梯田属甘肃省第三次全国文物普查新发现文物点。

白茨滩忠字楼

位于白银市白银区水川镇白茨滩村文化站。始建于 1967 年。建筑面积 49 平方米，分上下两层，下层为石砌基座，基座南北两侧用油漆书写"加强纪律性，革命无不胜""团结紧张，严肃活泼"等字，基座中间为公路涵洞；上层主楼坐东朝西，平面呈方形，边长 7 米，通高 5 米，砖土木结构单檐歇山顶仿古建筑，屋面覆盖灰板瓦。背面墙面书写"抓革命、促生产、促工作，促战备""一切献给毛主席，心中唯有红太阳""百花齐放，推陈出新，古为今用，洋为中用"等字。楼

榆林沟流域梯田

堡子沟流域梯田

庙龙沟流域梯田

白茨滩忠字楼

内有泥塑毛泽东立像。

白茨滩忠字楼属甘肃省第三次全国文物普查新发现文物点。

庆一井

位于庆阳市庆城县马岭镇董家滩村。1970年9月26日，中国3208钻井队打出该油井，日产量36.3立方米。现已废弃。井四周装铁防护栏，西侧立一座纪念碑，碑面刻《庆一井铭》。该油井是长庆石油勘探局在陇东马岭油田钻探的第一口油井。

庆一井属甘肃省第三次全国文物普查新发现文物点。

宗家庄忠字台

位于金昌市河西堡镇宗家庄村六社宗家庄小学南300米处。20世纪60年代修建。属甘肃省第三次全国文物普查新发现文物点。

宗家庄忠字台为一座砖混结构牌坊，台高6米，宽4米，占地面积24平方米。红砖砌筑一面"山"字形墙体，正面墙面中间用油漆绘制一幅《毛主席去安源》画像，背面墙壁中间书写宋体大字"路线是个纲，纲举目张"。正、背面墙面均划分为中堂对联式，原对联文字多脱落。宗家庄忠字台是金昌市开展"文化大革命"的重要遗存。

玛曲黄河大桥

位于玛曲县尼玛镇萨河村。1976~1979年建成。横跨黄河。甘肃省公路局工程处第二工程队承建。

桥型为钢筋混凝土三跨箱型肋拱公路桥，全长280米，高31.88米，净跨河面70米，桥面净宽7.5米；下部结构为沉井基础，4个桥台，组合式桥台，深17

庆一井

玛曲黄河大桥

米，分为3节，底节钢筋混凝土，2至3节为混凝土。两端有桥引，桥引基宽8.5米，引线长5928米，永久性涵洞7道。两岸沿井基础用草袋围堰、换土筑岛、分三节浇注的方式构筑。抗震烈度为8度。

玛曲黄河大桥属甘肃省第三次全国文物普查新发现文物点。

黄河母亲雕塑

位于兰州市黄河南岸滨河路中段。1986年4月30日，甘肃省著名女雕塑家何鄂创作完成。

此雕塑由基座和雕像组成，通体红色花岗岩圆雕，长6米，宽2.2米，高2.6米，总重40余吨。由"母亲"和"男婴"构图，母亲秀发飘拂，神态慈祥，微微含笑，抬头微曲右臂，仰卧于波涛之上；右侧依偎一裸身男婴，头微左顾，举首憨笑。构图洗练，寓意深刻，象征黄河母亲哺育中华民族，生生不息、不屈不挠，华夏子孙快乐幸福、茁壮成长。下部基

《黄河母亲》雕塑正面

座刻水波纹、鱼纹，构图源自甘肃史前彩陶图案，反映了甘肃悠远的历史文化及黄河流域先民们对自然的敏锐观察力。黄河母亲雕塑已成为兰州市的标志性景观。雕塑前有1984年8月立"献给中华民族的摇篮——黄河母亲"石碑一通。

黄河母亲雕塑属甘肃省第三次全国文物普查新发现文物点。

吾艾斯拱北

位于玉门市清泉乡东15千米新民堡村。现代。新民堡，旧称"惠回堡"，这里有唐代来华传播伊斯兰教的穆斯林吾艾斯的墓地，称吾艾斯拱北，亦称"玉门拱北"或"惠回堡拱北"。

初唐，伊斯兰教创立后，第三任哈里发奥斯曼（577~656年）曾派遣吾艾斯、盖斯及宛葛斯3位传教士来华传教，他们从丝绸之路进入中国西北地区开展传教活动。吾艾斯（又称吴哀斯、吴哀思、外斯等）于传教途中病故于此，葬于玉门市惠回堡。墓地创建于唐代，此后历代屡毁屡建。该墓地史籍文献多有记载，《明史》称"惠回堡"或"回回堡"，"出嘉峪关西行二十里曰大草滩……又七十里曰回回墓，墓西四十里曰骟马城……"这里是西出嘉峪关的一个重要驿站，属肃州至敦煌的十八马站之一，因有回回人的墓地，故名。明·陈诚《西域行程记》载："明永乐十二年正月十八日，晴，早起向西行，

吾艾斯拱北唤礼楼

门，其他五面均为砖雕墙。第二、三、四层为木构架，六根角柱头施斗拱挑檐，屋面覆盖灰筒板瓦。礼拜大殿前保存有民国二十五年（1936年）国民政府军事委员会上将参议李公谨题写的石碑，碑文为："今奉公西来，劝告汉回各族亲善至肃州。闻嘉峪关外惠回堡有先贤无爱斯之墓，闻讯后于阳历五月三日与马旅长子庄秦参谋长省三，来游查勘清晰，前有清真寺并回教墓地一处，现已平去矣。余询问当地住户回人马云者，言此地现在萧砚田手。即与萧交涉买回，奈伊分文不取，使伊甥张锡岐及马云之甥马致善二人将契约交来，约上系光绪八年经玉门县官买给程姓者，钱五千文整。余将约交肃州清真寺管，业嘱寺内立碑，道谢萧姓。先贤于中国有功，政府通令全国军民人等保护古迹，故立此碑，永志不忘，云耳！国民政府军事委员会上将参议回部全权总代表李公谨。中华民国二十五年十月十九日立。"另有一通民国四年（1915年）刻写的木碑，碑文为："先贤典盖师、挽师、挽尕师三位奉穆圣命，报明唐皇来华，盖师至猩猩峡殁归。西域先贤无爱氏师之墓东鲁兖部□措淮安江苏□知县岁贡生王青选敬献。中华民国四年仲春月立。"现为研究中阿友谊、中外文化交流、中外交通史方面的重要遗迹。

南北皆山，约行七十里，地名回回墓，有水草处安营。"清康熙五十五年（1716年），在"赤金设营守备衙门，……惠回堡设千总公署"；雍正五年（1727年）"筑惠回堡城"。《秦边纪略》载："骟马城，俗称骟马营，在肃州西230里……有惠回堡大冢。"《重修肃州新志》云："回回墓墩在关西离城一百八十里。"

1985年后，群众集资改、扩建，形成现在的规模，占地80余亩，为阿拉伯风格与中国古典建筑融合风格。唤礼楼为20世纪80年代重建，坐东朝西，平面六角形，砖木结构四檐攒尖顶式，底部有条石基座和踏步，底层高大，西面开拱形

吾艾斯拱北属甘肃省第三次全国文物普查新发现文物点。

971

甘肃省志 文物志

1. 甘肃省社会科学院历史研究室编：《陕甘宁革命根据地史料选》，甘肃人民出版社，1981年。

2. 清·胡庭奎：《续庆防纪略》，庆阳县志编纂委员会办公室，1985年。

3. 丁焕章主编：《甘肃近现代史》，兰州大学出版社，1989年。

4. 陕西省档案馆、陕西省社会科学院合编：《陕甘宁边区政府文件选编》，档案出版社，1991年。

5. 庆阳县志编纂委员会编：《庆阳县志》，甘肃人民出版社，1993年。

6. 庆阳地区志编撰委员会编：《庆阳地区志》，兰州大学出版社，1998年。

7. 文史资料办公室：《庆阳文史资料》第一辑，（内部资料）1999年。

8. 乔楠主编：《甘肃革命文化史料选粹》，甘肃文化出版社，2000年。

9. C. D. 布鲁斯著、周力译：《走出西域——沿着马可·波罗足迹旅行》，海潮出版社，2000年。

10. 中共甘肃省委党史资料征集研究委员会编：《中共甘肃历史丰碑录》，甘肃人民出版社，2001年。

11. 甘肃省博物馆编：《甘肃革命文物撷粹》（内部资料），2002年。

12. 中共中央党史研究室编：《中国共产党历史》，中共党史出版社，2002年。

13. 唐晓军等：《甘肃考古文化丛书——古代建筑》，敦煌文艺出版社，2004年。

14. 甘肃地方史志编撰委员会：《甘肃省志·宗教志》，甘肃人民出版社，2005年。

15. 甘肃省文物局编：《甘肃省第三次全国文物普查重要新发现》，陕西出版集团、三秦出版社，2011年。

16. 马啸：《西洋教会与陇东社会——以清末民初庆阳传教史为中心的考察》，《西夏研究》2011年第2期。

17. 唐晓军：《甘肃古代民居建筑与居住文化研究》，甘肃人民出版社，2012年。

甘肃地方志

甘肃省志

·文物志·

（远古—2010）

中册

甘肃省地方史志编纂委员会
《甘肃省志·文物志》编纂委员会 编纂

文物出版社

条带纹彩陶三足钵　大地湾文化　大地湾遗址出土　　　枝叶纹曲腹彩陶盆　仰韶文化　静宁县八里乡郭罗村出土

人头形器口彩陶瓶　仰韶文化　大地湾遗址出土　　　鲵鱼纹彩陶瓶　仰韶文化　甘谷西坪遗址出土

圆圈弧三角纹彩陶壶 仰韶文化晚期 秦安县王窑乡山
王村出土

漩涡纹尖底彩陶瓶 马家窑文化 陇西县吕家坪出土

漩涡网格纹彩陶壶 马家窑文化半山类型 兰州花寨子
28号墓出土

神人纹彩陶壶 马家窑文化马厂类型 临夏市

对顶三角纹贯耳彩陶罐 齐家文化 武威皇娘娘台出土

鹿纹双耳彩陶罐 辛店文化 东乡县达板乡卓子坪村出土

靴形双耳彩陶罐 四坝文化 玉门火烧沟遗址出土

三角垂线纹圜底彩陶罐 沙井文化 古浪县

瓦垄纹青玉琮 齐家文化 静宁出土

玉琮 齐家文化 静宁出土

乍册吾青玉戈 商 庆阳县董志公社野林村出土

青白玉卧羊 十六国前凉 武威市灵均台

大角羊形银车舆器 战国 张家川马家塬出土

虎纹金带饰 战国 张家川马家塬 M4 出土

东罗马银盘 靖远县北城滩出土

青铜人头戟 西周 灵台白草坡墓地出土

青铜车形器 春秋 礼县大堡子出土

铜奔马 汉 武威雷台汉墓出土

木辂车 汉 武威磨嘴子汉墓出土

绿釉陶碉楼院 汉 武威雷台汉墓出土

彩绘木六博俑 汉 武威磨嘴子汉墓出土

王杖诏书令册简 汉 武威磨嘴子汉墓出土

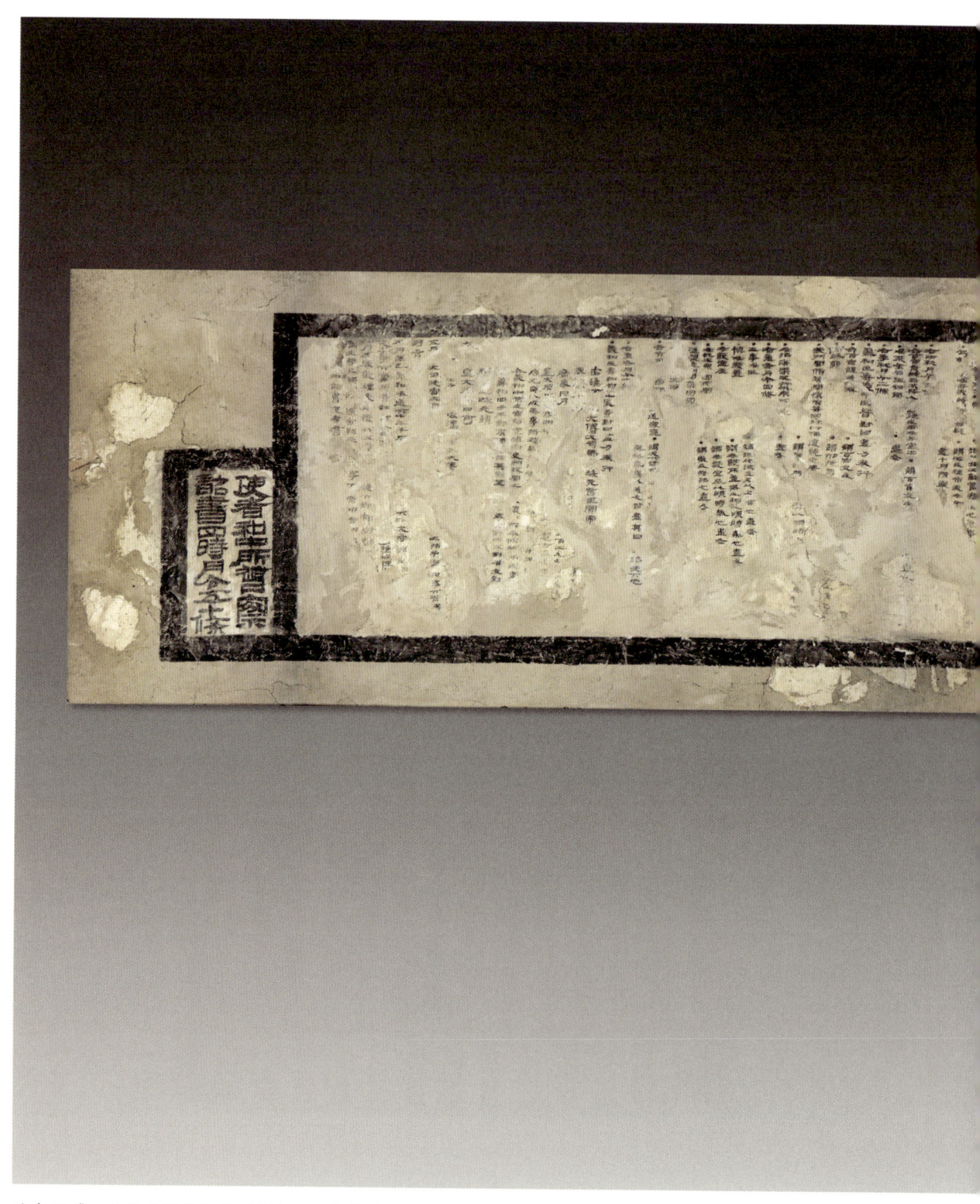

悬泉置《四时月令诏条》墙壁题记 汉 敦煌悬泉置遗址出土

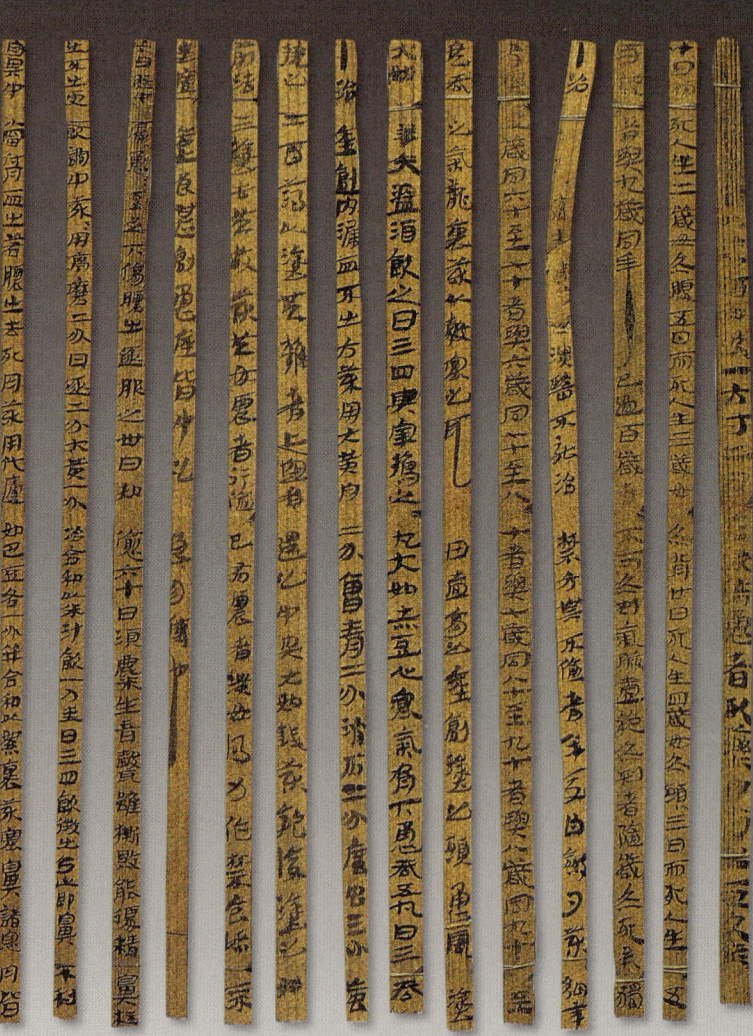

医药木简 汉 武威旱滩坡东汉墓出土

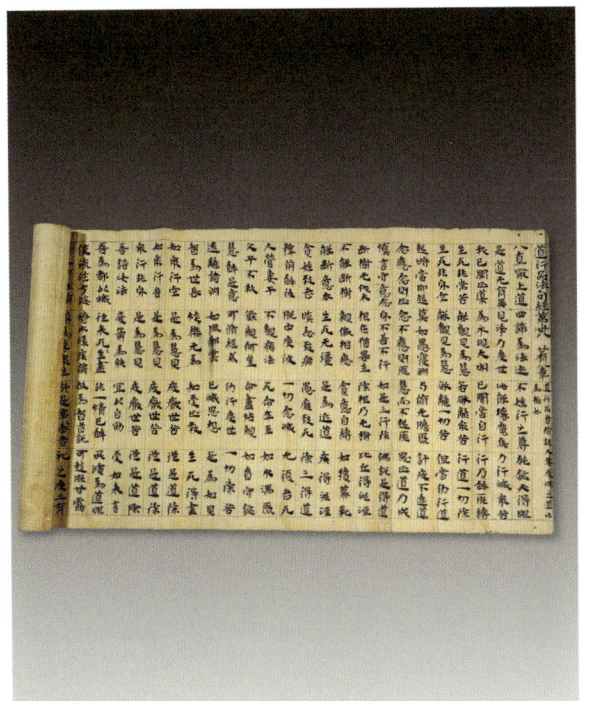
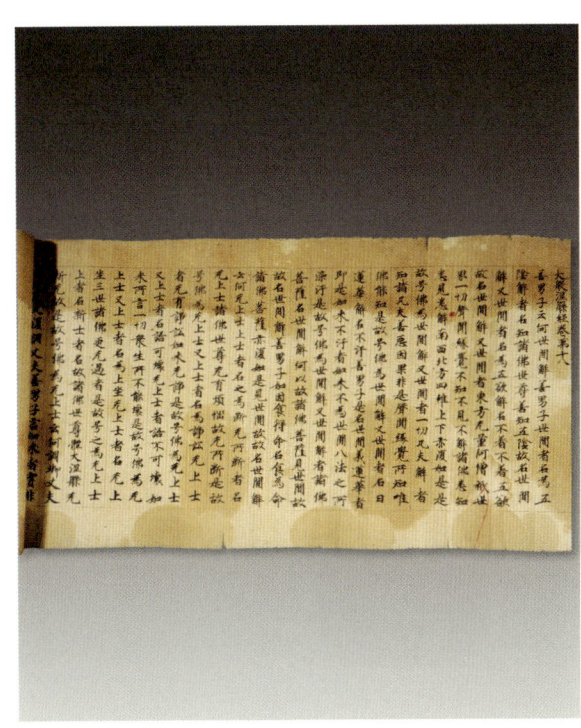

法句经道行品第三十八写经 前梁 敦煌莫高窟藏经洞出土　大般涅槃经迦叶菩萨品之二 唐 敦煌莫高窟藏经洞出土

淳化阁帖肃府本

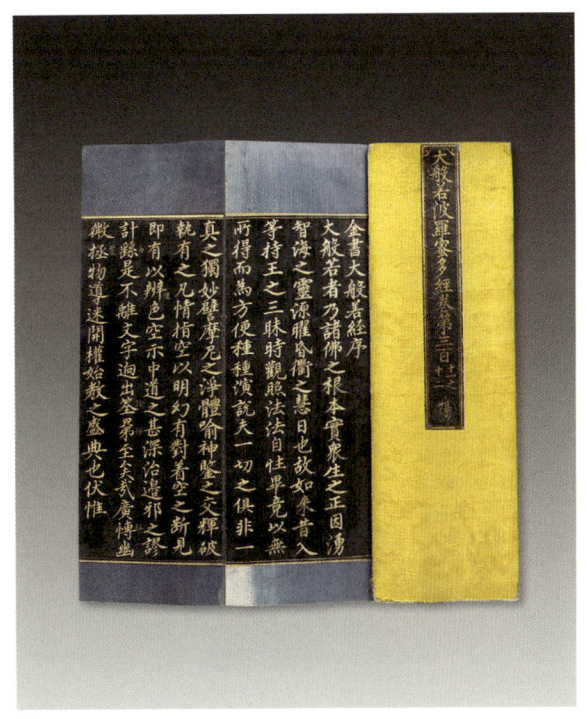

明金银书《大般若波罗蜜多经》

高善穆石造像塔 北凉 酒泉石佛湾
东北处出土

程段儿造像石塔 北凉 酒泉石佛湾
东北处出土

石雕观音菩萨立像 隋 泰安县出土

彩塑坐佛与胁侍菩萨 唐 天梯山石窟第 2 窟

石棺床 隋 天水石马坪出土

金棺、银椁、铜匣 唐 泾川大云寺出土

三彩凤首壶 唐 甘谷县出土　　　　　　玻璃莲花托盏 元 漳县汪氏家族墓出土

木屋 元 漳县汪氏家族墓出土

"坞"字羊马图画像砖 魏晋 嘉峪关魏晋墓出土

"驿使图"壁画砖 魏晋 嘉峪关魏晋墓出土

"庄严妙相"象牙印 明宣德二年 征集

《报父母恩重经变》 北宋 敦煌莫高窟藏经洞

目　录

目　录

目 录

第一章　古生物与古动物化石

　　根据多年来地质学和古生物学文献，甘肃地质历史可追溯到古生代早期，至今有 6.35 多亿年。在漫长的地质历史演化过程中，保存有大量的古生物活动遗迹及古生物化石。从晚元古代开始，经历古生代、中生代和新生代，地层发育序列比较完整，具有多种类型的古生物群化石沉积，部分动物群落形成的化石保存完好，具有极高的研究及科普价值。

　　晚元古代至古生代，甘肃境内大部分是古海洋，发现的化石主要以海相动植物为主，较为典型的化石代表包括在酒泉肃北县大豁落山、榆中县兴隆山和永登县城沟西，曾采集到贝加尔叠层石、包克斯叠层石和莫氏叠层石。此外，在肃北县大红山一带产微古植物化石莱蒙托娃藻和斑点藻，瓜州县大泉及肃北金塔县

芨芨台子产微古植物化石小球藻。

　　古生代早期，三叶虫是这个时期的典型代表。在肃北以西的双鹰山发现的三叶虫包括：北山肃北三叶虫、勃格朗氏虫、库廷虫、疣点叶伯虫、锯形虫。平凉麻川乡东南大台子、河西的永昌县大黄山南坡大口子沟、河西堡南土佛寺、天祝黑茨沟、景泰县蜂台山、武威的莲花山等地发现了众多的三叶虫化石，并有许多新类型。另外，甘肃古海洋中出现了单体和群体的四射珊瑚。在古浪县古浪峡石灰岩中地质工作者曾采到地衣珊瑚、蜂巢虫珊瑚等 5 种珊瑚化石。在该县石门沟灰岩山中还发现弓珊瑚、古巢珊瑚、夜孔珊瑚等，其他门类还有腕足类、腹足类、海百合等动物。晚奥陶世陇东环县发现的化石则以头足类、三叶虫为主。

当时甘肃的原始海洋和古环境气候，与世界各地同期海洋相差无几。泥盆纪时期，迭部、武都、徽县一带和文县、康县一带的泥盆纪地层发育较齐全，古生物化石较丰富，已发现了大量珊瑚、腕足化石，有大量甘肃地方种，如卷曲秦岭珊瑚、秦岭比撒尼珊瑚、弯曲文县珊瑚、对称文县珊瑚、甘肃新岩珊瑚、文县鱼脊珊瑚、甘肃古杯珊瑚；甘肃无洞贝、成县无洞贝、龙骨贝、尖锐阔石燕、次翼耳石燕等等。最有名的泥盆纪生物化石产地是迭部县的当多村、益哇沟一带。石炭纪海洋动物中以珊瑚、腕足类占多数。在肃北县白山－破城山一线，绿条山－甜水井一带，为一套滨海－浅海－次深海相沉积，发现珊瑚化石有：犬齿珊瑚、似犬齿珊瑚、多壁管珊瑚、石柱珊瑚、拟棚珊瑚、贵州珊瑚等。腕足类有：大长身贝、甘肃贝、网格长身贝、细线贝、弯房贝、管孔贝等；还有少量三叶虫、苔藓虫、腹足类，这些都是典型的浅海滨海动物。

甘肃二叠纪岩石地层，柴达木－祁连地层区为浅海陆棚斜坡带环境，生物组合以苔藓虫、腕足、蜓、植物、珊瑚、植物碎片等记录为主。华南地层区以陆棚碳酸盐台地环境为主，生物组合以珊瑚、腕足以及蜓科为主。

三叠纪时期，甘肃陇东及祁连山大部已形成较稳定的大陆，再未下沉。发现植物化石最多的地点是原兰州市的丁家窑一带，尤其是在中三叠世的地层中，植物化石就发现有六层，以新芦木、似托第蕨、丁菲羊齿、鳞羊齿、楔银杏树等形成极茂盛的原始森林。丁家窑地点除植物、鱼类化石外还有节肢动物叶肢介、昆虫等，共同构成一个硕大的、丰富多彩的古生物群落。发现植物化石的还有靖远磁窑、宝积山、景泰福录村。三叠纪的另一生物特征是局部地区有大量的早期鱼类发现。在肃北马鬃山发现了目前甘肃年代最久远、数量最多的化石鱼群。侏罗纪甘肃境内最大的变化是海水全部向东南退去，大规模的海退促使陆地上的湖泊十分发育，生活着大量鱼类。侏罗纪脊椎动物化石中发现最多的是鱼类化石，尤其是陇东的平凉地区大部和定西地区南部的渭源、陇西、通渭一带。其次是酒泉、玉门盆地。陇东地区鱼化石最丰富的地点是华亭县的武村铺，在下南沟、王家沟分布极广，有甘肃狼鳍鱼和董氏狼鳍鱼群，前者在崇信神峪河也采到。此外平凉罗家峡、觅麻湾产隆德鱼和狼鳍鱼化石。甘肃兰州地区侏罗纪植物森林也大片地生长着，集中于窑街、阿干镇两地。曾采集到很多古植物化石，主要有似木贼、耳羽叶、苏铁杉树等。一个重要的发现是在该区最先找到甘肃的爬行动物化石，苗氏孙氏鳄和合川马门溪龙。孙氏鳄是现代扬子鳄鱼的间接祖先。甘肃侏罗纪的发现是在 1993 年至 1994 年间，中加科学考察团在肃北马鬃山地区采获两个比较完整的鹦鹉嘴龙化石骨架，定名马鬃山鹦鹉嘴龙。另外，马鬃山地区还发现有张氏丝路龙、马鬃山原巴克龙、大岛氏古角龙、布氏南雄龙等。1978 年 5 月，甘肃庆阳三十里铺一村民在环河左岸采石场取石料时发现了数件脊椎动物化石，经专家鉴定属于翼龙类，对这一新种定名庆阳环河翼龙。白垩纪植物化石产地有酒泉、玉门、肃南一带，含短叶杉、坚叶杉、耳羽叶、拟叶枝杉及最早的被子植物木兰、胡桃。在通渭县车家坪发现了鸭嘴龙、巨齿龙、食肉龙和蜥脚类的巨龙等恐龙化石。此外，在嘉峪关附近的戈壁滩上发现过一种曾生活在远古湖泊中的恐龙，命名为嘉峪龙。白垩纪甘肃最重要发现是在玉门昌马沈家湾村西北的下沟组中部灰黑色泥岩中，采集到一件罕见的早期鸟类左后下肢骨骼化石，带全部趾骨和爪，呈自然状态连在一起，时代为早白垩世。它显示出早期鸟类进化阶段性的一个代表类型，因此，建立了新的目、科、属、种：甘肃鸟目；甘肃鸟科；目前仅有一属，甘肃鸟属；属型种，玉门甘肃鸟。

距今约 6500 万年以后，甘肃进入地质史上的新生代时期，包括古近纪、新近纪和第四纪。中生代末期，爬行动物恐龙走向了灭绝，哺乳动物开始兴盛起来。这一时期喜马拉雅山开始形成，地势的抬高，对甘肃的气候影响很大，生态环境发生巨大变化，哺乳动物演化加速，新种不断出现，被子植物自然而然地取代了裸子植物，并占据优势地位。渐新世中晚期甘肃有两个较大的化石动物群，均发现于肃北县的党河流域一带。分别为党河上游的沙拉果勒动物群和阿尔金山北麓的塔崩布鲁克动物群。这两个动物群以生活在开阔草原（或山边地带）的小型哺乳动物为主，如食虫类、兔类和啮齿类。种类有中华兔、似速掘鼠、察干鼠和阴河鼠等。在兰州盆地咸水河组下红泥岩中，发现小哺乳动物化石，包括刺猬目、兔形目和除跳鼠以外的其他啮齿类。共 15 属 25 种哺乳动物化石。其中产自下红泥岩中部的峡沟和上西沟等地有 11 属 20 种化石。被称为峡沟动物群，时代为晚渐新世。此外，兰州盆地这一时期也存在不少大哺乳动物，如奇蹄目、犀超科中的巨犀，是生活于亚洲大陆渐新世的一类犀牛。甘肃早中新世以犀类和长鼻类动物群为代表，化石产地集中于陇中盆地，尤以兰州、临夏、秦安地区为主。兰州地区早中新世地

层中，主要包括发现于兰州皋兰山北坡、张家坪等地。化石主要以小型哺乳动物化石，根据邱占祥等的研究，命名为张家坪动物群和对亭沟动物群。甘肃的中中新世气候适合大型哺乳动物的发展。临夏盆地中中新统出露广泛，主要地点有广河县的买家巷、上庄、阿里麻土、杨家、官坊、下寺沟等；东乡县境内的上沟和尕李家等地点；和政县有杨杜家村老沟、官滩沟、新政碌麻山等地点，都含有中中新世哺乳类化石，尤以广河、和政出土化石最多。临夏盆地中中新世哺乳动物化石以象类、犀类、猪类为主，特别是铲齿象尤多，间或发现有嵌齿象和锯齿象。省内发现的同时期化石还包括秦安县安家湾发现的著名的托氏铲齿象，临洮县峡口无角犀臼齿化石。甘肃晚中新世动物群以武都龙家沟动物群为代表。该动物群发现的化石有古猿化石、龟化石、三趾马、大唇犀、始祖鹿最多，其他有长颈鹿、剑齿虎、爪兽等。并在该化石群中，发现并命名了武都森林古猿。就全省来说，晚中新世期间的脊椎动物化石集中于陇东、陇中、陇南一带。陇东以庆阳市化石种类最多，有三趾马、鬣狗、大唇犀、羚羊、鹿、古长颈鹿和啮齿类。产地有教子川起于沟、十里坪鸭沟及辛家沟，陇东华池县、泾川县、合水县也有相同的动物化石发现。

陇中盆地化石在临夏、天祝、秦安、静宁、清水各县呈条带状分布，哺乳动物有各种三趾马、多种大唇犀、羚羊、中华马、剑齿虎、假猫和大量的鼠类化石。临夏盆地晚中新世哺乳类是邱占祥等新命名麝牛亚科新种布氏和政羊。布氏和政羊大量出土于广河县阿力麻土乡后山村。该化石产于灰黄色泥质粉砂岩中。和政、广河、东乡三趾马动物群的化石几乎全部产于这种岩石中。甘肃上新世动物化石首次发现于甘肃灵台的雷家河动物群，另外，在灵台任家沟发现哺乳动物化石包括 5 目 7 科 9 种。属于上新世的哺乳类地点还有一处在甘肃合水板桥狼沟，亦即发现黄河剑齿象地点。

早更新世就甘肃范围来说哺乳动物化石地点较多，相对集中的有庆阳市西峰的巴家嘴动物群，1961 年，西北大学在此采集大量哺乳动物化石，有保罗直隶狼、贾氏獾、桑氏鬣狗、剑齿虎、野猫、长鼻三趾马、拟李氏猪、大角鹿、鹿、羚羊、拟中国羚羊、古野牛、牛科、鼢鼠、丁氏鼢鼠以及大量马属化石等。临夏盆地早更新世有真马动物群和龙担动物群，化石种类有埃氏马、中国长鼻三趾马、山西猞猁、布氏羚羊和泥河湾披毛犀等。兰州地区哺乳动物化石地点包括榆中县甘草店双泉乡宛川河北石山洼、兰州市郊

甘肃省志
文物志

区西果园乡果园村南山半坡，化石种类有鼠兔、三门马、披毛犀。另外，会宁泉坪出土了猛犸象头骨及部分骨骼碎片。

甘肃中更新世化石发现的不多，只有少量出土，目前尚未形成动物群的地点。化石点记录有平凉大秦乡出土的平凉古菱齿象，平凉、天水、陇南出土的东方剑齿象零星化石。晚更新世甘肃气候以干冷为主，形成了西北特色的河套大角鹿－野马动物群，典型代表为甘肃刘家岔、环县楼房子动物群。主要有鸵鸟、鼢鼠、虎、披毛犀、普氏野马、野驴、河套大角鹿、大角鹿、赤鹿、鹿、普氏羚羊、扭角羊、原始牛、猪等化石。另外，位于庆阳西峰区东北巨家塬龙骨沟，哺乳动物化石相当丰富，发现的哺乳动物化石计有9属10种：纳玛古象、披毛犀、马属、普氏野马、野驴、赤鹿、河套扁角鹿、普氏羚羊、扭角羊、原始牛、水牛等。

更重要的是在环县的刘家岔发现了大批的古人类旧石器与动物化石遗存，在平凉市泾川县泾明乡牛角沟遗址、武山县鸳鸯镇苟家山村狼叫凸大沟出土发现人类头盖骨化石，经鉴定时间为3万~5万年，定名为泾川人和武山人。

第一节 古生代动物化石

古生代持续时间约为3亿年。对动物界来说，这是一个重要时期。它以一场至今不能完全解释清楚的进化拉开了寒武纪的序幕。寒武纪动物的活动范围只限于海洋，随着古生代的延续，有些动物的活动转向干燥的陆地。古生代后期，爬行动物和类似哺乳动物的动物出现，古生代还发生了迄今所知最大的一次生物绝灭。

腕足动物化石（Brachiopod）

标本最大：3.5×3×1.5厘米；最小：1.3×0.8×1.2厘米

寒武纪（Cambrian）是显生宙的开始，距今约5.42亿~4.88亿年。腕足类自寒武纪开始出现，晚古生代达到全盛，中生代大量减少，少数种类延至现代，演变显著，分布广泛，是一类重要的标准化石。中国古生代海相地层中的腕足类化石丰富，对古生代地层的划分对比有重要作用。

腕足类化石存在于各类沉积岩中，以灰岩、泥灰岩、页岩中较多，保存较好。古生代的腕足类化石经常出现在礁石地层中，与珊瑚、层孔虫、苔藓虫以及海绵等生活在正常浅海中的动物共生在一起，可以推测，当时的腕足动物生活在盐度正常的浅海之中。

标本现藏于甘肃省博物馆，产地迭部县。

无洞贝化石（Atrypa）

标本最大：3.5×3.5×2厘米；最小：1×0.8×1厘米

无洞贝目（Atrypida）无疹壳。壳多为椭圆形。背壳隆凸显著，呈背双凸式。主端一般阔圆。腹壳壳喙尖。铰合面不发育或无。三角空为三角双板覆盖，

腕足动物化石

无洞贝化石

壳面通常具放射状和同心状两组壳饰，少数平滑。具无洞式腕螺。生活在中奥陶纪至早石炭纪，繁盛于志留纪和泥盆纪。

标本现藏于甘肃省博物馆，产地康县。

拖鞋珊瑚化石（Calceola sandalina）

标本最大：2×1.8×1 厘米；最小：1.5×1×0.7 厘米

拖鞋珊瑚（Calceolasandalina）属腔肠动物门四射珊瑚纲泡沫珊瑚亚目。拖鞋珊瑚营单体生活，形似拖鞋，始部尖锐，轮廓近等边三角形，有时尖锐的始部上跷，背面圆凸，腹面平坦，萼部横断面半圆形，萼穴极深，具有一片或四片萼盖。萼盖沿平直的腹面边缘启闭。是古生代海相泥盆系早中期较具代表性的无脊椎动物之一。

标本现藏于甘肃省博物馆，产自古浪县。

鳞木化石（Lepidodendron）

该化石标本：19×11×3 厘米

属于石松中已绝灭的鳞木目中最有代表性的一属。出现于石炭二叠纪，乔木状，是石炭二叠纪重要的成煤原始物料。木本植物粗直，枝条多次二歧分枝，有宽广的树冠。叶螺旋排列，线形或锥形，长可达半米，具单脉。叶的基部自茎面膨大突出，当叶脱落后其表面留下排列规则的鳞状叶座。叶座绝大多数呈纵菱形或纺锤形，通常不呈纵横行列而为螺旋状排列。叶座作横菱形或斜方形，中央有一个很小的维管束痕，两侧各有一通气道痕或侧痕，有的种在叶痕之下的叶座部位还有一对通气道痕。叶痕的上面有一个很小的叶舌穴，内具一叶舌。鳞木的输导系统在主茎中常为管状中柱型，而小枝则为原生中柱型。中柱在茎的直径中仅占一小部分，皮层部分很厚，由内、中、外 3 带组成，次生周皮自外带皮层中发

拖鞋珊瑚化石

鳞木化石

生，鳞木的输导与支持功能分开。茎干基部为根座，类似根，也作二叉分枝状。根自根座四周生出。根座有很厚的皮层，比较细弱的中柱、很发育的次生组织。

现藏于甘肃省博物馆，产地山丹县。

长身贝化石（Gigantoproductus）

该化石标本：28×23×21 厘米

贝体中等大小，壳宽约 25 毫米；轮廓长方圆形。腹壳隆凸，背壳微凹。壳线较细，不很均匀；腹壳前部壳线通过刺基即隆起成纵脊，两壳同心皱强弱不匀，耳翼及壳顶两侧较发育；壳刺向前部加粗，沿后缘成行，在耳翼成束或排列二至三行。背壳无刺，前缘有板状层带构造。

该标本现藏于甘肃省博物馆，产地天祝。

石燕贝化石（Spiriferida）

该化石标本大：5.5×3×1.2 厘米；小：6×2.5×1 厘米

石燕贝（CyrtospiriferNalivkin）壳棱形，主端尖凸。近等的双凸式。铰合面低矮，略凹曲。中槽、中隆纵贯全壳，其上壳线细密，分枝或插入式增多。侧区壳线较粗，简单不分叉。微细壳饰为壳线上的微细壳纹，齿板长。出现于晚奥陶世至早侏罗世，晚期古生代较多，以泥盆纪、石炭纪最盛。

该标本现藏于甘肃省博物馆，产地康乐县。

长身贝化石

石燕贝化石

蜂巢珊瑚化石（Favosites）

该化石标本：67×58×35 厘米

一些种类像现代脑珊瑚一样形成大的石灰岩穹隆，另一些种类则是扁平呈分枝状，是各种各样的块状复体。个体多脚柱状，个体薄，常见中间缝，连接孔分布在壁上（壁孔），1~6 列。隔壁呈刺状，瘤状或无。

现藏于甘肃省博物馆，产自甘肃靖远县。

海绵化石（Kaliapsidae）

该化石标本：34.5×19×11 厘米

海绵生活在 6.4 亿~6.5 亿年前，是目前为止发现的最早出现在地球上的动物化石。19 世纪以前，海绵一度被误会成植物，事实上它是动物。海绵是一种过滤食物型动物，其生活方式很特别，附着在浅水区海底，借助领细胞的鞭毛运动产生水动力，使携带有微生物的水流通过简单的水沟系统进入体内，然后由海绵腔室内壁的领细胞对水流中的微生物进行滤食以维持生命。

现藏于甘肃省博物馆，产地安定区（原定西县）。

芦木化石 (Calamites)

标本：20.5×12.5×4.5 厘米

古植物，属木贼纲。乔木状，高可达 30 米。茎中间有一很大的髓部，茎有节，节间具纵脊和纵沟，上下节的纵脊交互排列。叶线形或披针形，具单脉，轮生于节上。芦木与鳞木封印木共同组成北半球热带沼泽森林。生存于早石炭世至晚二叠世。

现藏于甘肃省博物馆，产自山丹县。

硅化木化石（Siliciffied Wood）

该化石标本：93×30×19 厘米

硅化木是真正的木化石，几百万年或更早以前的树木被迅速埋葬地下后，被地下水中的二氧化硅替换而成树木化石，保留了树木的木质结构和纹理。

该标本现藏于甘肃省博物馆，产地靖远县。

蜂巢珊瑚化石

海绵化石

芦木化石

硅化木化石

第二节　中生代动物化石

中生代（Mesozoic）是显生宙的三个地质时代之一，分为三叠纪、侏罗纪和白垩纪。中生代年代为 2.52 亿至 6500 万年前，始于二叠纪－三叠纪灭绝事件，结束于白垩纪－第三纪大灭绝事件，前后横跨 1.8 亿年。

中生代蕨类植物，以真蕨类和裸子植物最繁盛。中生代末，被子植物得到很大的发展，裸子植物仍占据重要地位。中生代早、中期，陆地上是爬行动物的天下，原始哺乳动物和原始的鸟类已经出现，被子植物繁盛发展起来。侏罗纪中晚期，大量带羽毛的恐龙、早期鸟类、现代昆虫的祖先类群和被子植物出现，中生代晚期白垩纪末走向大灭绝，繁盛一时的爬行动物走向衰落，恐龙类绝灭，菊石类全部绝灭。

中生代期间，各大陆逐渐移动到接近现在的位置。劳亚大陆分裂为北美和欧亚大陆，南方的冈瓦纳大陆分裂为南美、非洲、印度与马达加斯加、澳洲和南极洲，澳洲没有和南极洲完全分裂。

禽龙化石（Iguanodon）

该化石标本：10×1.5×5 米

禽龙（Iguanodon）属蜥形纲鸟臀目鸟脚下目的禽龙类。禽龙是大型鸟脚类恐龙，一般身长约 6 米，高 2 米，前手拇指有一尖爪，可能用来抵抗掠食者。主要生存于白垩纪早期，距今约 1 亿年前。

禽龙是大型素食恐龙的统称。化石见于欧洲、北非、亚洲东部广大地区的上侏罗统和下白垩统。两足行走，后肢很发达，长而粗的尾起平衡作用。前肢也较发达，具异常的前掌，朝上生长硬如尖钉的拇指与掌的其余部分成直角。牙有锯齿状刃口。该属是最早被发现和研究的恐龙，已找到许多完整个体化石，有些成群被发现，表明他们曾成群行走。有人提出它具有部分水生的习性，当受到威胁时，就会进入河或湖中避难。

禽龙化石

马门溪龙骨架

该标本现藏于甘肃省博物馆，2002年采自甘肃酒泉市。

马门溪龙（Mamenchisaurus）

该化石标本：22×2.2×4米

马门溪龙（Mamenchisaurus）是中国发现的最大的蜥脚类恐龙之一，生活在1.4亿年的晚侏罗纪，属植食性恐龙。该标本是宜宾市马鸣溪渡口发现的化石与甘肃永登县海石湾出土的同种标本相关材料互为补充后复原而成的。

马门溪龙从头顶到尾尖长达22米，身高为7米，体重约55吨，颈部长达9米，是长颈鹿的3倍，长颈鹿仅有7个颈椎，马门溪龙却有19个颈椎，其颈部还特别生有肋骨，称为颈肋，最长可达3米，能与后面第三个颈椎相连，增强了颈部的力量，但也使颈部转动困难。

马门溪龙各部位的脊椎椎体构造不同，颈椎为微弱后凹型，腰椎是明显后凹型，前尾椎是前凹型，后尾椎是双平型，前部背椎神经棘顶端向两侧分叉，背椎的坑窝构造不发育，4个荐椎虽全部愈合，但最后一个神经棘部分离开。肠骨粗壮，其耻骨突位于肠骨中央；坐骨纤细；胫腓骨扁平，胫骨近端粗壮，长度相等。

该标本为甘肃省博物馆复制品。

鹦鹉嘴龙（Psittacosaurus sinensis）

该化石标本：90×60×23厘米

又称鹦鹉龙，属蜥形纲鸟臀目，是角龙亚目鹦鹉嘴龙科的一种恐龙，生存在早白垩纪的亚洲，距今约1.2亿年。

鹦鹉嘴龙是小型鸟脚类恐龙，体长约1~2米。两足行走，头短宽而高，吻部弯曲并包以角质喙。颧骨高向外伸，颧骨发达。外鼻孔小；前额骨位于鼻骨以下；下颞颥孔宽阔；枕骨孔发达，大于枕髁两倍。上颌和下颌上各有7~9个牙齿。齿缘较光滑，齿根长，齿冠低。牙齿为三叶状，齿冠中棱前各有2~4个小脊。颈很短，颈椎6~9个。脊椎13~16个，荐椎5~7个。乌喙骨较小，其上之乌喙孔不封闭。肠骨细长，肠骨上缘的棱脊粗壮，坐骨发达，略呈弯曲状。前肢比后肢略短，前足有四块腕骨，第四指退化，第五指消失。股骨比胫骨略短，跗骨约为胫骨的1/2，后足仅第四趾退化。

鹦鹉嘴龙拥有锐利的牙齿，可用来切割、切碎坚硬的植物，但没有适合咀嚼或磨碎植物的牙齿。鹦鹉嘴龙靠吞食胃石来协助磨碎消化系统中的食物。在鹦鹉嘴龙的腹部位置常发现胃石，有时超过50颗，这些胃石可能储藏于砂囊中，如同现代鸟类。

该标本现藏于甘肃省博物馆，2002年采自甘肃酒泉市。

环河翼龙（Huanhepterus）

该化石标本：133×239×27厘米

环河翼龙（Huanhepterus）是翼龙目翼手龙亚目梳颌翼龙科的一属，发现于甘肃省庆阳市，年代为晚侏罗纪。模式标本是一个部分天然状态骨骸，包含身体左半部与头颅骨喙状嘴部分。

环河翼龙拥有长而低矮的头颅骨，有一个冠饰沿着中央线，往口鼻部侧较高，往眼睛侧较低。牙齿众多且修长，离嘴尖越远，牙齿越短。颈椎长，而且翼龙类肩膀没有出现的复合脊骨。翼展估计为2.5米，如同颌翼龙，使用修长牙齿，过滤水中的食物。

该标本现藏于中科院古脊椎动物与古人类研究所，产自庆阳市。

玉门甘肃鸟（Gansus yumensis）

该化石标本：10.5×8×1厘米

1984年，中科院古脊椎动物与古人类研究所在甘肃省玉门市昌马地区发现该鸟骨化石，中国第一件中生代鸟类化石。化

鹦鹉嘴龙化石

环河翼龙化石

石经中科院侯连海先生研究后，被命名为甘肃鸟（Gansus yumensis）。

　　甘肃鸟与现生鸟类有许多一致性，如胫骨末端已进化为鸟类所特有的胫跗骨关节；跗骨已愈合为一个跗跖骨；已形成鸟类第一趾与其他三趾相对的趾型。甘肃鸟还具有一些明显的原始特征，如胫跗骨远端无骨质腱桥（这是早期鸟类的共同性质）；跗跖骨近端血管孔、胫肌前结节和屈肌腱管均不发育；跗跖骨远端尚未愈合完全等特征。

　　2011年甘肃省博物馆通过对玉门市昌马地区采到多件化石标本，进行补充研究，证实了甘肃鸟具有很强的飞行能力；

根据保存的足蹼印痕，推断甘肃鸟应当适应水中生活，是善飞的潜水鸟类。认为现生鸟类在白垩纪的共同祖先很可能具有水栖生活的特点。

　　该标本现保存于甘肃省博物馆，产地甘肃省玉门市。

玉门甘肃鸟化石

第三节 新生代动物化石

新生代距今 6500~10000 年，是地球历史上最新的一个地质时代。随着恐龙的灭绝，中生代结束，新生代开始。新生代被分为三个纪：古近纪、新近纪、第四纪，包括七个世：古新世、始新世、渐新世、中新世、上新世、更新世和全新世。这一时期形成的地层称新生代。新生代以哺乳动物和被子植物的高度繁盛为特征，生物界逐渐形成了现代的面貌。从古新世到始新世，无脊椎动物和植物的进化已经基本完成，形态与今天没有太大的差别，哺乳动物的进化与繁衍成为地球进化的主旋律。

始新世距今约 5500万~3370 万年。始新世的意思是"近代生命的黎明"。在始新世早期，高温的气候以及温暖海洋，创造了一个潮湿而温和的环境。除了干旱的沙漠之外，地表完全被森林所覆盖。从当时北半球热带和亚热带地区的温度并没有当今热带地区的温度高，但降水极为充沛。温暖的气候为哺乳动物的繁衍生息提供了理想的环境，许多现代哺乳动物都能够在始新世找到自己进化上的祖先。在始新世，远古的蹄兽类进化出现代有蹄类动物，如始祖马、始祖貘、貘犀、王雷兽、恐角兽、爪兽等等，这

些有蹄类动物的体形都非常小，相当于现代家犬大小，后来，其中的一些变成了块头比现代非洲象还要大几倍的动物。在始新世过渡到渐新世，这些远古巨兽几乎都灭绝了。始新世的另一个哺乳动物大家族是啮齿类动物，从遗留的动物化石估算，啮齿类动物与有蹄类动物占据了当时地球上哺乳动物群的半数以上。原始的食虫目动物进化为近代蝙蝠的祖先，现代狐猴和眼镜猴祖先的灵长类动物开始在丛林里栖息繁衍。海洋中出现了第一批水生哺乳动物，如鲸和海牛。在空中，飞翔着同现代鹰、鹈鹕、鹌鹑和秃鹰几乎没有差别的各种鸟类。由于当时的肉食哺乳动物还没有强大掠食能力，地面上还生活着许多不能飞行的巨型鸟类，它们的身高可以达到两米以上。在始新世，非洲大陆和南美大陆四周完全被海水所包围，使它们独立进化出了一个与欧洲、亚洲和北美都有所不同的生物群。

大量现代哺乳动物化石最早出现于始新世早期。始新世开始时，一些新哺乳动物群到达北美，这些原始的哺乳动物，如偶蹄类动物，奇蹄类动物和灵长类动物，有细长的肢，可通过牙齿来区分它们的食性。小型化是主要发展趋势，始

新世所有新产生的哺乳类动物都是小型的，重量轻于 10 千克，基于牙齿尺寸的关系，始新世哺乳动物的体型只有古新世哺乳动物的百分之六十，它们的体型也比其后的哺乳类动物小。人们认为始新世时期较高的温度比较适宜小型哺乳类动物的生存，因为小型哺乳类动物更容易解决散热的问题。

在始新世，植物和海洋动物区系与现在十分接近。许多现代鸟类在始新世首次出现。一些科学家认为第一种灵长目动物出现在 5500 万年前伊普雷斯阶时期，但是分子钟和新发现的一些古生物又表明，地球上第一种灵长目动物可能出现在 9000 万年前的白垩纪。

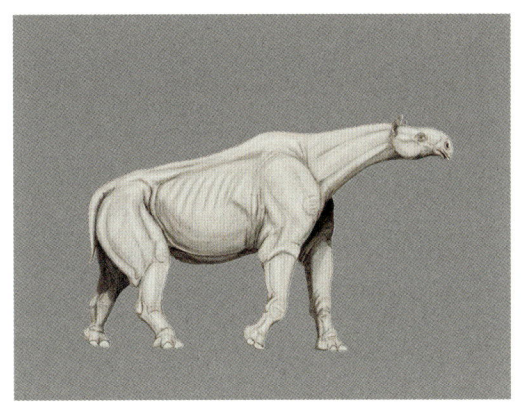

巨犀复原图

巨犀头骨化石

1. 晚渐新世巨犀动物群 (3400万~2300万年）

巨犀（Paraceratherium）

巨犀是亚洲大陆土生（autochtonous）特有的犀类，在欧洲只有零星的发现。巨犀是犀牛的近亲，约 3400 万~2300 万年前分布在中亚地区的森林里。巨犀的体型巨大，与现生犀牛差别很大。在兰州盆地的皋兰县张家坪和临夏盆地的东乡县东源乡采集到巨犀牙齿化石。巨犀是地质历史中最大的陆生哺乳动物，体长超过 8 米，肩高超过 5 米，体重达 15 吨

~20 吨。因巨犀身材高大，脖颈很长，所以它们以树冠上的树叶为食。

巨犀的颊齿构造为原始的低冠齿，以柔嫩多汁的树叶和树枝等为食。其颈椎较长，不同于现生犀牛，这便于它在取食高树的枝叶时向前上方斜伸头部。巨犀的前腿比后腿长，桡骨要比胫骨长许多，在站立时，前半身能抬得更高，这也是取食树叶的适应性状。在临夏盆地发现巨犀化石，反映出晚渐新世时期森

林广布，能够支持食量巨大的巨犀生存。

该化石现藏于甘肃和政古动物化石博物馆，产地东乡县。

2. 铲齿象动物群 (2300 万 ~1200 万年)

铲齿象动物群生活于距今 1500 万~1200 万年前的中中新世时期，这个时期森林更加茂盛，水体更加丰富。铲齿象的铲板被解释是用来从浅水中挖植物的。铲齿象的长鼻应与现代的大象一样，是圆筒状的，且相当灵活，可以帮助铲齿象用铲板铲取草类后再卷送到嘴中咀嚼。以铲齿象为代表的长鼻类动物在中新世动物群中占据显著位置，肉食类动物成为生态系统中的重要组成部分，偶蹄类在多样性上超过奇蹄类，成为动物群中最大的类群。铲齿象在青藏高原北侧都有发现，而同一时期在青藏高原南侧的印巴次大陆却见不到这类动物的踪迹，反映出青藏高原在中新世已经隆升到足以阻碍动物交流的高度。

铲齿象动物群化石包括兔形类跳兔，灵长类上猿，食肉类德氏半熊、他伦半犬、通古尔鬣狗，长鼻类嵌齿象、谷氏铲齿象桃芝、轭齿象，奇蹄类戈壁安琪马、老沟奇角犀、马德里西班牙犀、爪兽，偶蹄类蒙古利齿猪、库班猪、通古尔古麟、土耳其羊等。

铲齿象 (Platybelodon)

该骨架、下颌化石标本：420×205×95厘米 180×47×50 厘米

铲齿象属长鼻目，嵌齿象科，铲齿象属。铲齿象生活在距今 1000 多万年前后的中中新世，是一种十分特化的象类。其下颌极度拉长，前端并排长着一对扁平的下门齿，形状恰似一个大铲子，故名铲齿象。

临夏盆地的铲齿象动物群中以长鼻

铲齿象

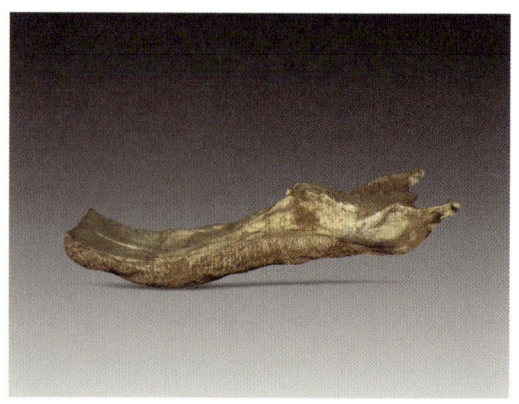

铲齿象

类最为丰富，除铲齿象外，还有嵌齿象和轭齿象，都是大型的动物，铲齿象身长达6米，肩高2.8米，体重4.5吨，铲齿象是长鼻类动物中取食方式高度特化的类群，延长的下颌联合部和着生在前端的宽板形下门齿共同构成"铲板"，突伸于头骨之前。下门齿前端磨蚀面与齿板上表面相交成楔形，表明动物下颌前部具有铲的功能，利用下门齿前部下表面与地面接触向前滑动铲起食物。根据铲齿象特有的杯形下颌联合部，可以推断它以水生植物为食，且具有釉质厚实的研磨－剪切功能结构型颊齿，适合于咀嚼掺和少量泥沙的柔嫩短纤维水生植物。用铲齿切断并铲起浅水中的植物，再用长鼻子帮助把食物推入嘴中，铲齿象的生活环境中有丰富的水体。在亚洲、北美洲、欧洲和非洲都发现了铲齿象类的化石。

展架化石现藏于和政古动物化石博物馆，下颌化石现藏于甘肃省博物馆，产地甘肃和政。

恐象 (deinotherium)

恐象属长鼻目，恐象科，是象形长鼻目中非常特化的一类，生存于中新世中期至更新世早期。雄性恐象的肩高接近5米，估计体重超过15.6吨。上颚没有獠牙，下颚有一对很大向下弯的獠牙，科学家对希腊恐象化石的研究表明，獠牙的磨损形式说明下弯的獠牙用来掘树根或剥去树皮之用。臼齿的特征是有2~3道简单的横向脊骨（齿脊），是用来切割杆物的，与其相对应的咬碎动作则是其他大多数更原始的长鼻目所共有的。

该化石为内蒙古博物院珍藏，出土地为甘肃省和政。

嵌齿象（Gomphotherium）

该化石标本：30×17×20厘米

嵌齿象属长鼻目、嵌齿象科、嵌齿

恐象头骨

嵌齿象牙齿化石

989

象属，又名三棱齿象或四偏齿象，生活在约3000万~2000万年前，即中新世早期至上新世早期，是一属已灭绝的长鼻类，在欧洲、北美洲、亚洲及非洲都有分布。

嵌齿象体高约3米，下颌伸长，上面有一对并列的象牙，上颌的象牙向下前方伸出。上门齿长而大，向下并向外稍弯曲；下颌联合部引长成喙嘴状，嵌在两侧上门齿中间，故名嵌齿象，下门齿微向下弯曲，横切面趋向扁平。颊齿的齿尖成圆锥形（乳头状）。附尖发达，磨蚀后三叶形图案清楚，中间颊齿有三个横脊。嵌齿象的上牙覆盖有一层牙釉质。嵌齿象的头颅骨较现今象的头颅骨长而低。与早期的长鼻目比较，嵌齿象只有很少的臼齿，臼齿上有3道脊来增加摩擦面，齿脊上有乳状突起。颈部较灵活，长有与今天象一样灵活的长鼻。拥有齿柱结构，齿冠很高，有丰富的白垩质，适合研磨食物。

该标本现藏于甘肃省博物馆，产地甘肃天水秦安县。

轭齿象（Gomphotherium）

该化石标本：194×78×52厘米

轭齿象是短颌类型乳齿象的基型属，是旧大陆的典型属。中新世时它广布欧亚，中新世末进入北美，下颌进一步缩短，名为美洲乳齿象。短颌乳齿象的特点是头骨缩短；下颌上的大象牙极端退化或完全消失；颊齿成锐利的脊形，齿尖几乎辨认不出。化石分布很广，亚洲、非洲、欧洲、北美洲均有发现。更新世期间欧亚大陆的轭齿象趋于绝灭，而美洲乳齿象仍相当繁盛，一直生存到美洲人类历史的早期。

该标本现藏于甘肃省博物馆，产地临夏市广河县。

豕脊齿象(Choerolophodon)

该化石标本：320×60×46厘米

轭齿象头骨

豕脊齿象头骨

豕脊齿象属长鼻目嵌齿象科豕脊齿象亚科，豕脊齿象生活约 1600 万年前的早中新世晚期，已接近于中国出现的最早象类（党河铲齿象下颌，约 2000 万年前），众所周知的黄河象生存约 250 万年前。豕脊齿象头骨全长约 0.8 米，象牙长超过 1 米。豕脊齿象是一种原始象类，其臼齿上有大小不一的乳突状结构，故称为乳齿象类。豕脊齿象又具有向上弯曲的象牙和较发达的长鼻，下门牙退化，这些特征与同时代的其他乳齿象迥然不同，而与现代的象类有很多相似之处。

该头骨低平，门齿向外侧及上方弯曲且没有釉质带，臼齿为豕脊型齿，符合豕脊齿象属的鉴定特征，并与嵌齿象属 (Gomphotherium)、铲齿象属 (Platybelodon) 和中华乳齿象属 (Sinomastodon) 等中国常见的嵌齿象类有区别。

豕脊齿象化石在中国很少发现且都为零散的牙齿。根据古生态环境分析，甘肃省和政地区当时的生态环境相当湿润，有众多河流和湖泊，广河出土的化石标本对于认识中国西部、青藏高原东北缘的环境演化也有重要的意义。

该化石现藏于中科院古脊椎动物与古人类研究所，出土地为广河。

四棱齿象（Tetralophodon）

该标本化石：46×12.2×24 厘米

四棱齿象下颌骨

在中中新世，和政地区的长鼻类化石都是大型或巨大的哺乳动物，它们全部都生活在森林中或平原上。到晚中新世时期，随着环境的改变，长鼻类在和政的数量减少，仅以四棱齿象为代表。四棱齿象的象牙很长，比较平直向前长，其下颌也有由门齿形成的铲板，比铲齿象的铲板更窄。长鼻类沿着不同的方向演化，有着复杂的进化历史，许多种类最终灭绝了，现仅剩下亚洲象和非洲象还留存在世界上。

该标本现藏于甘肃和政古动物化石博物馆，产地甘肃省和政县。

库班猪（Kubanochoerus）

该标本头骨、骨架化石：64×27×53 厘米 280×197×75 厘米

库班猪属哺乳纲偶蹄目猪科库班猪亚科动物，库班猪生活在中中新世时期，是旧大陆上的一类体型巨大的猪，其额部长着一个相当大的角。该物种具有一些独

库班猪头骨

到的特征，故在猪的系统演化中占有重要地位。标本征集于广河，头骨长度为64厘米，最大宽度（眼眶部）为40.5厘米；上牙保存完整，单侧有门齿三颗、犬齿一颗，其中最长的犬齿长度达13.4厘米。根据牙齿的性状分析，这是一类高度特化的杂食性动物。生活在距今约1500万年前的第三纪中新世，是国内外保存最为完整、体型巨大的库班猪头骨化石之一。

在世界范围内，库班猪最早发现于甘肃省。1928年，国外古生物学者皮尔森对采自甘肃平番泉头沟（今永登县下街村）的一些库班猪牙齿和肢骨化石予以记述。

该标本现藏于甘肃和政古动物化石博物馆，产地甘肃省广河县。

3. 晚中新世三趾马动物群 (1000万~300万年)

上新世时期，青藏高原地区的平均海拔只有几百米至一千米左右，科学家们在海拔8012米的希夏邦马峰北侧吉隆盆地内，发现了生活在距今1000万到300万年前的三趾马动物群化石。三趾马是现代马的祖先，体型较小，蹄有三趾。上新世时期，生活在地势低平的热带、亚热带森林草原和稀树草原上分布极其广泛，在欧亚大陆、北美及非洲都曾有过它的足迹。和它共生的动物有犀牛、长颈鹿、羚羊、竹鼠等，总称三趾马动物群。在中国华北、西北地区以及印度北部等地的上新世地层中，三趾马动物群化石很常见。除了青藏高原，这些化石点的海拔都只有几百米，最多不过千米左右，说明当时三趾马动物群生活的地方，地势比较低缓，气候也比较暖湿。

过去，青藏高原上没有发现三趾马化石。认为三趾马从中国向南亚迁徙的路线是经过阿富汗、伊朗到达巴基斯坦和印度的。现在，在高原吉隆盆地、在聂拉木、扎达和等地发现了多处三趾马动物化石点。这些地方的海拔都超过4000米，年平均气温在1℃以下，年降水量400毫米左右。三趾马不能在这种气候条件下生活，这证明上新世时期，今天的高原仍然不高，没有构成三趾马动物群自由往来的障碍。三趾马动物群生活的时代是高原地质历史发展中的繁荣期。这是从特提斯海退缩闭合成陆之后的稳定阶段，地壳运动不强烈，山地被剥蚀削低，大量物质被搬运，堆积到盆地、谷地中。沉积物厚达几百米，整个高原地区，以广阔的准平原地貌为特征，没有陡峭的山崖，没有深邃的峡谷，在微微起伏的平原上分布着大大小小的湖泊。藏北地区的湖泊湖面宽广，湖水深幽。

在藏南及喜马拉雅山北麓断陷带上，湖泊呈条带状相间分布。虽然那时冈底斯山、唐古拉山、昆仑山等山脉都已存在，但都不高，喜马拉雅山的平均高度不足3000米。气候冬季较湿润，夏季较温暖，南北年平均温差6℃左右，在这种气候环境下，三趾马动物群成为主宰者。湿润而温暖的气候使土壤发育为红色，至今许多地方都可见这层红色风化壳。

临夏盆地以三趾马动物群最为丰富，以鼬、剑齿虎、鬣狗、四棱齿象、三趾马、犀牛、弓颌猪、长颈鹿、麝牛和羚羊等为代表。临夏盆地的三趾马动物群化石在数量和质量上不但超过了中国山西保德和陕西府谷，也超过了欧洲希腊的皮克米和萨摩斯地点，是欧亚大陆最大的一个晚新生代，特别是三趾马动物群时代的哺乳动物化石的重要产地。三趾马、和政羊、萨摩麟和大唇犀是临夏三趾马动物群中的代表类型。

三趾马动物群的灭绝反映了地质历史进入了新的阶段，即地壳强烈隆升，逐步形成了今天的青藏高原。

三趾马（Hipparion）

该标本骨架化石：215×160×50厘米

三趾马属哺乳纲奇蹄目马科动物，体长1.2米、肩高1米。体型较现代马小，前后肢均为三趾，中趾粗而着地，侧趾较小而不着地。门齿有凹坑。颊齿高冠，棱柱形，前臼齿已臼齿化。上颊齿珐琅质褶皱强烈，白垩质丰富，原尖孤立，圆柱形。下臼齿有两个突起，形成一个纵长的双柱形。

始新世纪时，马生活在森林中，形体似狐狸，背部弯曲，前肢有4趾，后肢有3趾，以吃树叶和嫩枝为生，前肢可撑着树干将身体直立起来，觅食高处的食物。森林中猛兽很多，气候趋于干旱，草原面积增大，三趾马便来到草原。草原的环境与林中大不一样，障碍物少，

三趾马化石骨架

便于奔跑，沟坎壕堑也需要跳跃。

马在吃草时要时常抬头观看四周，同时也要让自己的身体向高长，才能看得更远，而且要不时地奔跑、躲避危险，马的腿、掌、趾骨开始增长，支撑力主要放在中趾上。身体长高便于观察周围环境，步幅增大便于跨沟跃坎。

马的进化方向并不先进，日进草量相当大，对草场占有率很大，因此，包括马在内的奇蹄目动物现在正趋向绝灭。现在野生马仅剩下野驴、斑马和普氏野马，而极少量的普氏野马还是处在圈养和半圈养状态。

该标本现藏于和政古动物化石博物馆，产地甘肃和政。

布氏和政羊（Hezhengia bohlini）

该标本骨架化石：155×140×45 厘米

和政羊属哺乳纲偶蹄目牛科动物。中国著名古生物学家邱占祥院士在甘肃和政地区首次发现并命名。和政羊是和政地区三趾马动物群最有代表性的动物之一，数量非常丰富。

目前和政羊属只发现过一个物种，即布氏和政羊。和政羊体长 1.5~2.0 米，个体大小和体态与现生的羊很接近。和政羊四肢骨很粗壮，通常无侧趾，具有短而粗的角心，其横切面呈三角形，左、右角心的基部在头骨上非常靠近甚至愈合，这是麝牛类的重要特点。头骨构造、角心形态和颈部特征却与现在仅生存于北美阿拉斯加的麝牛更接近，是麝牛类早期的祖先类型。表明麝牛这类动物的起源地应该是亚洲，后来迁徙至北美。和政地区发现的这类动物化石非常多，仅头骨就有 700 多个，居各类动物之首。甘肃和政地区是全世界这种动物化石的唯一产地。

该标本现藏于和政古动物化石博物馆，产地甘肃省和政县。

大唇犀（Chilotherium）

该化石标本：56×30×28 厘米

大唇犀属奇蹄目犀科无角犀亚科大唇犀属，是犀牛的原始类群，生存在中新世中国青藏高原及周边地区。大唇犀体型矮壮，四肢短。前后脚均为三趾。头骨短，鼻骨长而弱，无角。下颌结合部粗壮并扩大成铲状。门齿大，间距宽，向外上方伸出。前臼齿比后臼齿小并向前急速递减。

布氏和政羊骨架

大唇犀

唇犀头骨及下颌骨

临夏鸵鸟腰带

鸵鸟蛋

臼齿具粗大的前刺和反前刺，是大唇犀牙齿的最明显标准。

大唇犀在中新世亚欧大陆一度繁盛，成为当时数量最多的草原植食动物，在中国甘肃、宁夏、陕西、山西等省区境内都有发现，中国发现的大唇犀属物种包括哈氏大唇犀、维氏大唇犀等。晚中新世，大唇犀突然衰落直至灭绝。

该标本现藏于甘肃和政古动物化石博物馆，产地甘肃省和政县。

临夏鸵鸟（Struthio linxiaensis）

该标本：腰带化石 50×14.7×17 厘米、蛋化石 17.5×14×23 厘米

临夏鸵鸟属鸟纲平胸鸵鸟科鸵鸟属鸟类。鸟类因为要适应飞翔，骨骼中空、轻薄，新生代青藏高原的埋藏方式，使鸟类化石很难保存下来。临夏鸵鸟一种巨型鸟类，比现在的非洲鸵鸟还大，鸵鸟是现存鸟类中体型最大的鸟类，它的前肢已经十分退化，胸骨不具龙骨突，没有飞行能力，两趾行走。在鸵鸟化石中，临夏鸵鸟具有迄今为止保存最好的愈合荐椎。临夏鸵鸟的发现表明晚中新世鸵鸟已经广泛分布于非洲和欧亚大陆，临夏盆地当时的环境是广阔的草原，与现在的非洲草原类似。

该愈合荐椎化石现藏于甘肃和政古动物化石博物馆，蛋化石现藏于甘肃省博物馆，产地甘肃省和政县。

甘肃鹫（Gansugyps）

该化石标本：80×60×25 厘米

甘肃鹫属鸟纲隼形目鹰科甘肃鹫属鸟类，是生活在晚中新世的一种大型鸟类。从标本状态来看，其骨骼发育已属成熟个体。前肢解剖学形态已接近现生秃鹫，但次级飞羽乳突不发达，胸骨厚重，龙骨突深度大，强壮结实，具有瞬间爆发飞行的能力，其主要依靠高原气流，通过滑翔捕食猎物。后肢股骨与跗跖骨几乎等长，但胫跗骨较现生秃鹫短，第2、4趾的第一趾节相对远端趾节较短，推测该鸟应该是树栖鸟类。

临夏盆地在晚中新世的古环境，哺乳动物群与现在的非洲热带稀树草原大体相似，食草类动物相当繁盛，其中包括三趾马、犀牛、长鼻目动物、鹿和牛等晚中新世动物，这个地区应该存在着大量清洁鸟，清洁鸟的种类也有多种类并存，这只鸟可能是甘肃鹫属新的类型。自中中新世或者更早，甘肃鹫属鸟类已经开始了演化辐射。

该标本现藏于甘肃省博物馆，产地甘肃省和政县。

甘肃黑犀（Dicerotina）

该化石标本：65×29×50 厘米

黑犀属哺乳纲奇蹄目犀科动物，又名尖吻犀，晚中新世末期出现，比白犀早出现了约两百万年。虽然和白犀是不同属，但仍然是现存犀牛中与白犀关系最近的。古生物界认为，突尼斯发现的纽氏黑犀化石，其特征最原始，是现在白犀的祖先。新近纪时黑犀的足迹一度遍及欧洲东南部和亚洲西部，在希腊、土耳其、伊朗等地中海东部沿岸的一些晚中新世地层中都发现其化石，以前从未在包括中国在内的东亚地区发现过，2005年在甘

甘肃鹫化石

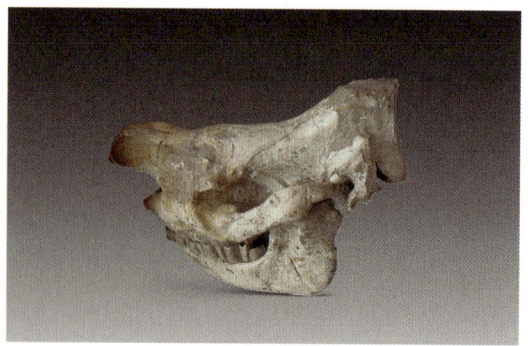

甘肃黑犀头骨及下颌骨

肃省和政县发现了该化石，把黑犀牛的分布范围扩展到了东亚地区。黑犀曾分布于欧、非、亚三洲，但后来由于冰河时期的天气变化、人类捕杀以及栖息地减少，它们的生活范围在1000多年前就只剩撒哈拉以南非洲地区。

该标本现藏于和政古动物化石博物馆，产地甘肃省和政县。

巨鬣狗（Dinocrocuta gigantea）

该化石标本：42.5×29×21厘米

巨鬣狗属哺乳纲食肉目中鬣狗科巨鬣狗属，生活在中新世晚期到上新世早期的亚欧大陆及北非地区，其样子虽然长得像狗，但并不属于犬科，不是真正的狗，而与猫形类有一定的关系。巨鬣狗已经灭绝了，化石仅发现于欧亚大陆、北非，以及中国北方地区。根据中国学者推算，甘肃和政地区的巨鬣狗体重可达210~240多公斤，身高超过1.3米，最大可达1.7米，体重最高可达400公斤。

上新世早期，旧大陆大部分地区气候渐渐变冷变干，植被由森林向草原转化，草食动物、食肉动物逐渐向奔跑型方向演化。

该标本现藏于和政古动物化石博物馆，产地甘肃省和政县。

弓颌猪（Chleuastochoerus）

该化石标本：103×79×17厘米

弓颌猪属哺乳动物偶蹄目猪超科猪科，体长约1.5米，体重450公斤左右，杂食性动物，牙齿为典型的丘形齿。头上无角，尺骨和腓骨分别不与桡骨和胫骨愈合，第三、四掌骨分开或不完全愈合。弓颌猪生活于晚中新世至上新世的亚洲北部，其颧弓前端有独特的板状扩展（前颧弓板），雄性个体中，由上颌骨和前颌骨共同形成齿槽（犬齿弧形围龛）的覆盖于犬齿之上粗壮、弧形的突起，在拱掘时，对头骨及犬齿起到保护作用。

该标本现藏于和政古动物化石博物

巨鬣狗头骨及下颌骨

斯氏弓颌猪原生骨架

馆，产地甘肃省和政县。

林氏额鼻角犀（Dicerorhinus ringstromi）

该化石标本：78×32×34厘米

林氏额鼻角犀生活在晚中新世，是三趾马动物群成员。额鼻角犀的头上有一个粗糙面，粗壮的鼻骨也有一个粗糙面，表明它有一前一后两个庞大的角，鼻骨粗壮，没有鼻间隔板，有上下门齿。

林氏额鼻角犀分布在从青海到山西的广大地区，是一类数量非常多的犀牛，与肥矮大唇犀相比，其四肢比较长，奔跑速度和迁徙能力很强，生态习性接近今天的非洲白犀牛，生活环境是开阔的稀树草原。

该标本现藏于和政古动物化石博物馆，产地甘肃省和政县。

临夏副板齿犀 (Elasmotherium)

该化石标本：100×35×30厘米

临夏副板齿犀属哺乳纲奇蹄目犀科板齿犀亚科动物，是一种大型的板齿犀，与进步的板齿犀不同，副板齿犀颊齿的釉质褶皱很弱。目前，副板齿犀只发现于中国，以前发现的材料都相当少，仅是一些单个牙齿和肢骨，和政地区发现的副板齿犀则有相当完好的头骨材料。临夏副板齿犀的头骨相当长，颊齿列强烈后移以至于最后一枚牙齿位于眼眶之前。鼻骨的游离部相当长，并形成穹隆状粗糙角座，

显示它有一个巨大的鼻角。与第四纪的真板齿犀不同，副板齿犀没有额角，真板齿犀具有一个高耸的额角，却没有鼻角。

该标本现藏于和政古动物化石博物馆，产地甘肃省和政县。

副鬣狗 (Adcrocuta eximia)

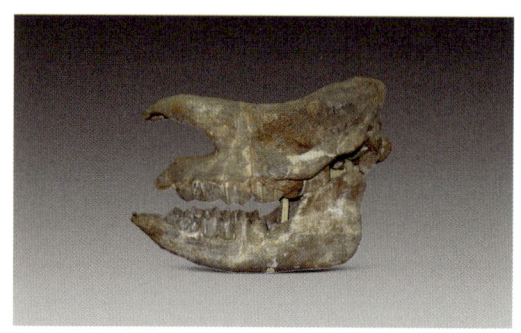

林氏额鼻角犀头骨及下颌骨

临夏副板齿犀头骨

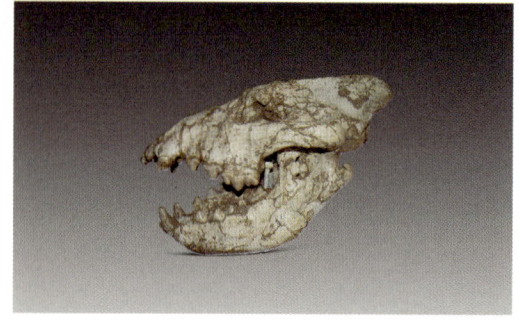

副鬣狗头骨及下颌骨

该化石标本：33.5×17.5×22 厘米

副鬣狗的体型与现代的鬣狗接近。副鬣狗的后腿很短，跑起来有些颠簸。副鬣狗是奔跑追击型捕猎动物，以穷追并群体合作的方式追捕猎物，它们的食物比例中以自己捕食所得的新鲜猎物为主，抢占的猎物只占很小部。

副鬣狗与其他食肉类最大的不同之处在于其特有的粗壮上下颌骨及前臼齿，可轻易咬碎骨骼，从中摄骨髓。一群鬣狗可以在几分钟内吃光一整只斑马。

该标本现藏于和政古动物化石博物馆，产地甘肃省和政县。

鼬鬣狗 (Hyaenidae)

该化石标本：88×68×23 厘米

鼬鬣狗是早期原始的鬣狗，比后期的鬣狗小而轻巧，是晚中新世和早上新世常见的一种小型鬣狗，在华北各地这一时期的动物群中发现过很多它们的化石。

鼬鬣狗的四肢因经常奔跑而变长，牙齿和颌骨因咀嚼骨头而增大。形态特征主要是有由上第四前臼齿和第一下臼齿组成了一对具切割作用的裂齿，犬齿粗大，头骨上矢状嵴高耸，颞窝及下颌冠状突大，以容纳强壮的颞肌，具骨质耳泡，下颌关节突位置低，四肢灵活，尺、桡骨分离，腕骨中舟状骨、月骨和头状骨常愈合，4 或 5 趾，末端具锐爪。

鼬鬣狗喜欢群居捕猎，猎物主要是当时常见的三趾马。鬣狗虽然看起来有些像狗或狼，但它们不是真正的狗，与狗的亲缘关系比较远，与猫的关系更近。

该标本现藏于和政古动物化石博物馆，产地甘肃省和政县。

真猫（True cat）

该化石标本：80×50×26 厘米

真猫分为猫族和豹族两个分支，是现代虎的起源。虎由古食肉动物演化来。大型食肉类在距今 700 万年的新生代第三纪上新世出现并逐渐发展。古食肉类

鼬鬣狗原生骨架

真猫原生骨架

中的猫形类进化出多个分支，其中一支是古猫类，古猫类又分化为恐猫、真剑齿虎类和真猫，经过第四纪冰川期，只有真猫类存活下来，分化为猫族和豹族两个分支。现在的虎就是从真猫类中的猫族演化而来。

该标本现藏于和政古动物化石博物馆，产地甘肃省和政县。

后猫（Metailurus）

该化石标本：63×54×19厘米

后猫属哺乳纲猫科剑齿虎亚科后猫属动物。20世纪20年代，师丹斯基根据中国甘肃省境内发现"大型后猫"（metailurus major）化石而首次命名。后来在亚洲和欧洲发现了后猫化石，近年来，中国就出土了不少。后猫在许多方面与猫亚科动物并没有太大区别，它们的体型与美洲狮相仿，身材较为细长，剑齿扁而短，不是特别发达。后猫和豹子一样，是森林中的捕食者，捕食毫无防备的各种中型食草动物。

该标本现藏于和政古动物化石博物馆，产地甘肃省和政县。

剑齿虎（machairodus）

该化石标本：43×30×22厘米

剑齿虎属哺乳纲真兽亚纲食肉目猫科动物，是大型猫科动物进化中的一个旁支，生活在中新世至更新世时期。剑齿虎最大的特征是上犬齿最长可达120毫米，口合起来，其犬齿仍然清晰可见。剑齿虎一般都较现今的猫科粗壮，前肢肌肉发达，具有可收缩的锋利的爪子，在捕食猎物时只靠前肢的力量把猎物扑倒。大部分剑齿虎亚科成员的捕猎对象是大型食草动物，剑齿虎在早更新世时期灭绝。

在猫科动物中，剑齿虎是中型或大型非常特化的类型，剑齿虎与现代的狮子或豹子差不多大小。作为猫科动物的一员，剑齿虎的下犬齿却退化缩小了。剑齿虎下颌骨的最大特点是具有非常明显

后猫原生骨架

剑齿虎头骨及下颌骨

的颏突，几乎成一个直角型。这种极端特化的发展，也有其不利的一面，即大大缩小对环境和猎物的适应面，随着更新世时期各种大型厚皮食草动物的绝灭，使不善于快速奔跑的剑齿虎也逐渐无所用其长，竞争不过那些比较灵活的并且全面发展的一般食肉类动物，随着它的猎物走向灭绝。代之而起的就是现代虎及其他大型食肉类动物。

该标本现藏于和政古动物化石博物馆，产地甘肃省和政县。

印度半熊 (hemicyoninae)

该化石标本：28×11×10 厘米

印度半熊属哺乳纲食肉目动物，其主要形态特征是由上第四前臼齿和第一下臼齿组成了一对具切割作用的裂齿，犬齿粗大，头骨上矢状嵴高耸，颞窝及下颌冠状突大，以容纳强壮的颞肌，具骨质耳泡，下颌关节突位置低，四肢灵活，尺、桡骨分离，腕骨中舟状骨、月骨和头状

骨常愈合，4 或 5 趾，末端具锐爪。

印度半熊具有巨大的头骨和粗壮的牙齿，裂齿已经失去了切割的功能，臼齿变成方形，上面有钝的齿尖。和政地区的印度半熊标本相当丰富，保存得完好。熊类的尾巴退化到仅有残迹，腿脚变得短而笨重，追捕猎物的能力明显减退。现代的熊更是变成了杂食性动物，与狗类以肉为食的习性相差甚远。

该标本现藏于甘肃省博物馆，产地甘肃省和政县。

萨摩麟 (Samotherium)

该化石标本：61×43×32 厘米

萨摩麟属哺乳纲偶蹄目反刍亚目长颈鹿科，是一种古长颈鹿。萨摩麟的眼后部有对角，口鼻部很长，嘴呈圆形；臼齿齿冠很高，适合侧边咀嚼，与牛和羊相似，适合吃草，它应生活在开阔的稀树草原上。在上新世，萨摩麟分化为两支，一支是霍加狓，另一支是最早的现代长

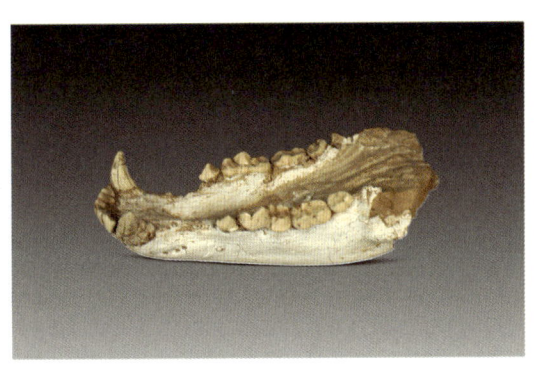

印度熊下颌骨

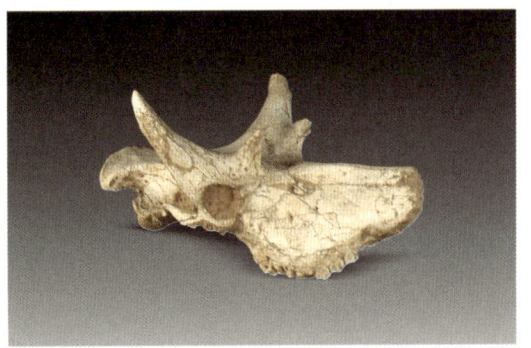

萨摩麟头骨

颈鹿。

萨摩麟属反刍亚目 (Ruminantia)，反刍亚目包括鼷鹿类、鹿类和洞角类。它们从始新世晚期开始出现，到中新世繁盛，成为分布最广、种类和数量最多的有蹄动物。

长颈鹿与鹿有紧密的关系，一般认为长颈鹿是在中新世时从鹿类进化来的。现代长颈鹿保持着中新世长颈鹿和古长颈鹿 (Palaeotragus) 的原始性质。

该头骨化石现藏于甘肃省博物馆，产地甘肃和政。

爪兽（Ancylotherium）

该标本上颌：33.5×13×15.5 厘米

下颌：28.5×1.5×9 厘米

爪兽属哺乳纲真兽亚纲奇蹄目爪兽科动物，是一种很奇怪的奇蹄动物，外形很像马，牙齿与雷兽相似，最特别之处是它的肢骨末端是由蹄特化形成的爪，便于抓取树枝，因而是典型林栖动物。爪兽身高可达 3 米，常用指关节行走，以保护长长的爪子，它那强有力的四肢是非常有效的防卫武器。但是更多的时候，爪兽用它的爪子勾下树枝，以便吃到最鲜嫩的树叶。爪兽的体型与大猩猩很相似，其前后肢之间在长度上的差别很大，后肢很短，说明其奔跑能力很弱。从爪兽的肢骨所反映出的特征表明爪兽以适合于承重的后肢作支撑，用灵活的前肢抓取树木的枝叶来食用。中国是爪兽物种的起源、演化以及灭绝的主要地区，但由于爪兽化石一般比较碎散或磨蚀较为严重，现在发现的许多化石不能准确鉴定，甚至不能分辨这些爪兽的所属准确物种类型。临夏盆地发现的较完整的爪兽化石对于这一物种的研究起到了重要的作用。临夏爪兽鼻骨与泪骨相接触、上臼齿原小尖萎缩、原脊不太发育、下颌粗壮、齿隙短、下犬齿可能出现较弱。临夏爪兽的发现将中国爪兽的演化历史连接成了一条完整的脉络，也就是说，爪兽在中国的演化历程为从短吻爪兽到临夏爪兽，再到

爪兽上颌骨

爪兽下颌骨

武都爪兽，再到黄昏爪兽，并最终灭绝。

　　该标本现藏于中科院古脊椎动物与古人类研究所，产地甘肃省广河县。

4. 早更新世真马动物群

　　更新世亦称洪积世（160 万 ~1.2 万年前），为英国地质学家莱伊尔 1839 年创用，1846 年福布斯又把更新世称为冰川世，属地质时代第四纪的期。这一时期绝大多数动、植物属种与现代物种相似。显著特征为气候变冷、有冰期与间冰期的明显交替，人类也在这一时期出现。

　　更新世的生物群都非常接近现代的形态——许多"属"一级的生物，甚至包括裸子植物、被子植物、昆虫、软体动物、鸟类、哺乳动物和其他生存到今天的生物，已经在此时出现。

　　在第四纪，人类经历了南方古猿（440万~400 万年）、能人（250 万~100 万年）、直立人（200 万~50 万年）、智人（20 万~3.5 万年）四个阶段。在更新世晚期，约2 万年前，现代人类通过白令海峡进入美洲。更新世的几个人属种类中，智人适应能力最高，也是进化最成功的一种。它们可能已经具有了比较复杂的语言和文化。现代人类所属的人种就是智人。

埃氏马 (equus eisenmannae)

　　该化石标本：66×23×38 厘米

　　埃氏马属哺乳纲奇蹄目马科马属动

埃氏马头骨

物，由中国科学院研究人员在甘肃临夏盆地 250 万年前的更新世早期黄土地层中发现一种新的真马化石，后以法国著名的研究马化石的古生物学家埃森曼的名字命名。

　　埃氏马长约 2.7~3 米，高约 1.8 米，体型较现今的马及普氏野马都要大。肢骨较长，蹄较窄。它们的面部较长，达73 厘米，可容纳更大的齿列，用于啃食难以消化的硬草。

　　埃氏马是世界上最大的真马，四肢都仅有一个脚趾，其余脚趾已全部退化。埃氏马的脸部是马类中最长的，超过世界上公认最大的真马头骨化石——北美真马头骨化石。埃氏马的长脸有助于它们在吃草时随时用眼睛观察周围情况，防范凶猛动物的袭击。埃氏马的生活环境中，肉食类动物非常丰富，其中包括大型的剑齿虎、猎豹和鬣狗等。

　　埃氏马化石在龙担剖面的上下两个层位，下层古地磁年龄约为 255 万年，上

层古地磁年龄约为 216 万 ~185 万年。对头骨、下颌、第三掌骨、第三跖骨的研究结果，结合上下两个层位化石间的统计学距离，没有超过现代真马之间的距离，因此，说明上下两个层位的化石属于同一种——埃氏马。

埃氏马上下两层的头骨化石间最显著的差异来自脑颅长度与头基长度的比例，上层（较年轻）的化石脑颅长度较下层（较年老）化石，这一进化趋势体现在整个第四纪真马的进化过程之中。现生真马的脑颅长度在头骨中的比例远大于它们的那些更新世早期的祖先。埃氏马与现生真马相去甚远，两者间不可能有直接的系统发育关系，但这一共同的进化趋势却在埃氏马中有充分体现。说明在第四纪早期，欧亚大陆桥联通之后，大量真马进入欧亚大陆，迅速扩散演化，占领了不同的生态位，与其他物种竞争。大部分真马灭绝了，一部分生存至今，那些灭绝的真马旁支与现代真马存在着相似的进化趋势。这是平行演化在真马属中的一个例证。

该标本现藏于甘肃和政古动物化石博物馆，产地甘肃省东乡县。

龙担日本鹿（Nipponicervus Inogdanensis）

该化石标本：34×108×104 厘米

龙担日本鹿属哺乳纲偶蹄目鹿科动

龙担日本鹿头骨

物，是一种大型三枝角日本鹿，是以甘肃省和政地区化石地点龙担命名的。龙担日本鹿的角很细长；眉枝很长，伸向内上方，位置中等高，与主枝间夹角接近直角；主枝较直，伸向后上方，不强烈向内弯曲；第二分叉位置很高，第二和第三枝大约等长。鹿的角长，断面圆形或稍扁，角面纹饰以沟为主，第二、三角枝长短和粗细大体相当。龙担日本鹿眉枝这一点足以使它和现生水鹿和轴鹿区别开来。日本鹿的眉枝与主枝间的夹角大，且较弯曲，与水鹿有明显的区别。与已知的日本鹿各种类型相比，龙担日本鹿体形都是最大的。

该化石现藏于甘肃和政古动物化石博物馆，产地甘肃省东乡县。

硕鬣狗（Pachycrocuta）

该化石标本：30×9×20 厘米

硕鬣狗属哺乳纲食肉目鬣狗科硕鬣狗属，是一种巨大的短面鬣狗，主要种类包括中华硕鬣狗，桑氏硕鬣狗等。鼻骨和额骨前部微凹，在其后期演化的类型中这种凹陷更加明显；外鼻孔梨形，中上端宽；两鼻孔组成后端尖而窄的三角形；眶后突较大，在其后期演化而来的类型中很长，使眼眶接近封闭；颅部不高，矢状嵴高而长；枕面高，人字嵴在上端向外微突；下颌高而厚，下颌角勾状。

硕鬣狗是一种较大型肉食类动物，具有强大的咀嚼肌和粗壮锥形颊齿，站立时肩高约1米，重200公斤。四肢骨粗壮，前腿长，颈背高于臀部，背部高耸有鬣毛，身上长有较长的被毛。生存于约300万~30万年前上新世晚期至更新世中期。在欧亚大陆及非洲许多地区都发现它们的化石。硕鬣狗可能是成群狩猎的动物，体型如鹿或更大，吃腐肉。硕鬣狗体型较大，并不很适合长距离奔跑，可能会狩猎大型动物。

该标本现藏于甘肃和政古动物化石博物馆，产地甘肃省东乡县。

德氏犬（Canis teilhardi）

该化石标本：18×6×20厘米

德氏犬属哺乳纲食肉目犬科犬属，是一种大型犬。雌性的头骨鼻额部陡坎不明显，个别雄性中陡坎表现明显；额顶面最高点位于矢状嵴前分叉附近，向后逐渐降低；鼻骨后端较宽，有时呈叶状；下颌垂直支顶缘较直，与颌横支以近直角的角度相交。

在甘肃省东乡县龙担化石点发现了大量犬属化石，包括几十件雄性和雌性个体标本，德氏犬是根据龙担材料建立的一个新种。在龙担动物群中还发现，有另外两个犬属的新种，即龙担犬和短头犬，但数量较少。法国神父德日进，曾经记述过中国境内众多地点的犬属化石，而且预测到中国早更新世地层中可能还有没有命名的犬类动物。

该标本现藏于甘肃和政古动物化石

硕鬣狗头骨

德氏犬头骨

博物馆，产地甘肃省东乡县。

短角丽牛（Leptobos brevicornis）

该化石标本：67×30×23 厘米

短角丽牛属哺乳纲偶蹄目牛科丽牛属，是一种大型、宽额，四肢细长的牛类动物，更新世早期分布于欧亚大陆。

雌性短角丽牛无角，雄性具一对短而较直或微向内弯、主要向后平伸的角。角较细，亚柱状，角基始于眼眶稍后，角基至眼眶后缘之间的距离与眼眶本身长，大体相等，角下缘处于枕骨顶面之下，角向后伸，不同程度地互相分离，丽牛的枕面近半圆形，头骨在角后的部分很长。甘肃省和政境内发现的短角丽牛体型大，鼻骨和额部宽阔，其雄性具一对短而较直或微向内弯、主要向后平伸的角，角断面呈横长的椭圆形。

该化石现藏于甘肃省博物馆，产地甘肃省广河县。

秀丽半牛（Hemibos gracilis）

该化石标本：65×36×19 厘米

秀丽半牛属哺乳纲偶蹄目牛科半牛属，是一种头骨较宽的牛类动物，在更新世早期分布于亚洲地区。秀丽半牛的角较长而直，向外后方平伸，角内没有大的空腔，断面呈三角形，两角基部分开距离较短，伸向后外方，直或末端微向内弯，角基断面为前外边宽后内边窄的梯形，前

上棱最锐利，前下棱次之，向上逐渐变为横向长的等边三角形。半牛的头骨角后部分长，牙齿次高冠。现生的水牛也具有三角形断面的角。

该标本现藏于甘肃省博物馆，产地甘肃省广河县。

短角丽牛头骨

秀丽半牛头骨

锯齿虎头骨

锯齿虎 (Homotherium)

该化石标本：35 × 12.1 × 13.5 厘米

锯齿虎属哺乳纲食肉目猫科剑齿虎亚科动物，其分布非常广泛，在亚洲、欧洲生活于上新世到中更新世时期，在北美生活于晚上新世到晚更新世，在非洲生活于晚上新世。

锯齿虎是中至大型具带锯齿马刀形上犬齿的猫类动物。它的门齿、犬齿、上第四前臼齿及下第四前臼齿和第一臼齿的齿缘未磨蚀时有锯齿，四肢骨比较细长。

锯齿虎上门齿突出而且较大，呈一个向前突出的圆弧线，是有锯齿的。上犬齿的齿冠较短，和齿根长度比较接近，后缘较少弯曲，有细腻的锯齿，整个上犬齿最粗的地方是齿根中下部及接近齿颈的位置。厚长比（齿颈处前后径的比值）非常小，不超过 0.5 厘米，上犬齿显得薄而宽。锯齿虎上颌第三恒齿一般比较退化，单齿根或双齿根（双齿根很多是愈合的），长度不超过上裂齿的三分之一，多数仅有一个明显的后附尖或者没有，主尖前后嵴上往往有锯齿。

该标本现藏于甘肃和政古动物化石博物馆，产地甘肃省东乡县。

临夏西瓦猎豹（Sivapanthera linxiaensis）

该化石标本：22.5 × 16 × 15 厘米

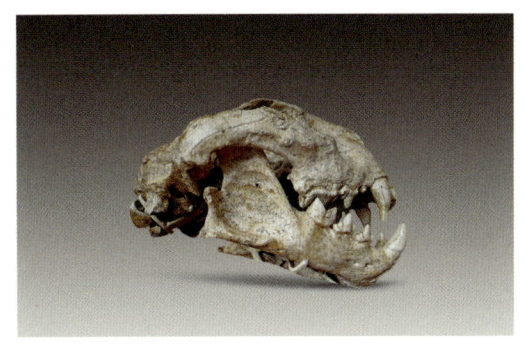

临夏西瓦猎豹头骨及下颌骨

临夏西瓦猎豹属哺乳纲食肉目猫科虎亚科，是大型猎豹，其四肢骨修长，体型大于现生猎豹。

临夏西瓦猎豹颅脑部特别长，头骨眶后突以后部分长于眶后突以前部分，额骨以后的部分较平，矢状嵴发育，眶后突很大。内鼻孔较窄，左右下颌支联合坚固，下门齿轻微地突出于犬齿之前。

甘肃省东乡县境内龙担发现的材料，研究成果表明，西瓦猎豹确实和现生猎豹有显著差异，故以化石产地所在的临夏盆地命名。西瓦猎豹过去发现的材料主要是下颌，头骨材料很少。此前仅在法国的一个地点发现过这类动物的头骨。过去中国早期的猎豹化石只发现过下颌，和政地区发现的完整材料极大地丰富了古生物学界对这种猫科动物的认识。

该标本现藏于甘肃和政古动物化石博物馆，产地甘肃省东乡县。

进步豹鬣狗（Chasmaporthetes progressus）

该化石标本：117×110×22 厘米

进步豹鬣狗属哺乳纲真兽亚纲鬣狗科豹鬣狗属，较大型豹鬣狗。鼻骨短宽，侧缘在额骨鼻突之前的部分略微趋中，颊齿冠高，前臼齿附尖特别发育。有细长的四肢，前肢较后肢长，像现今非洲的猎豹般追捕猎物。

从进化角度来说猫科和鬣狗科拥有较近的关系，豹鬣狗就是这种关系的明显体现。相对其他鬣狗科动物的牙齿相比，豹鬣狗的牙齿更适合切割撕咬肉类。著名种类包括亚洲的进步豹鬣狗和欧洲的月谷豹鬣狗。生活在中国的主要是进步豹鬣狗，年代属于早更新世的甘肃和政真马动物群。

豹鬣狗于 1000 万年前出现，在欧洲及亚洲，最繁盛之时甚至进入非洲和通过白令陆桥进入北美洲，由于北美是犬科动物的进化大本营，因而在与犬科动物的竞争中，进入北美洲的豹鬣狗落败并很快灭绝了，最后的豹鬣狗于早更新世因冰河时期而灭绝。

该标本现藏于甘肃和政古动物化石博物馆，产地甘肃省东乡县。

德氏狗獾（Meles teilhardi）

该化石标本：13×6×6.5 厘米

德氏狗獾属哺乳纲食肉目鼬科狗獾属动物，个体比大部分现生狗獾稍大，头基长约为 0.12 米。吻部长而宽，眶后突发育。

欧亚大陆的狗獾化石非常少，南亚和中亚地区没有关于它们的记录，欧洲地区发现的化石有两种，但都与中国的狗獾不同。法国神父德日进先生在 1945 年讨论贾氏狗獾时指出在中国早更新世应该有另外一种狗獾，但德日进当时并没有建立新种，因为他当时见到的材料大部分都是下颌，头骨和上牙很少，东乡县龙担化石点发现的材料证实了德日进

进步豹鬣狗原生骨架

德氏狗獾头骨及下颌骨

预见的准确性，为了纪念他论断，将在龙担发现的狗獾新种命名为德氏狗獾。

该标本现藏于甘肃和政古动物化石博物馆，产地甘肃省东乡县。

长鼻三趾马（Proboscihipparion）

该化石标本：55×12×14厘米

长鼻三趾马属哺乳纲奇蹄目马科三趾马属动物，体型比现代马小，前后肢均为三趾，中趾粗而着地，侧趾较小而不着地。门齿有凹坑。颊齿高冠，棱柱形，前臼齿已臼齿化。上颊齿珐琅质褶皱强烈，白垩质丰富，原尖孤立，圆柱形。下臼齿有两个突起，形成一个纵长的双柱形。

该标本现藏于甘肃和政古动物化石博物馆，产地甘肃省东乡县。

泥河湾巨颏虎

(Megantereon nihowanensis)

该化石标本：31×12×17厘米

泥河湾巨颏虎属哺乳纲食肉目猫科巨颏虎属动物，生活在600万年前晚新生代早上新世，延续到中更新世，是旧大陆及北美洲一种常见猫科剑齿虎。

巨颏虎上犬齿扁长弯曲，前后刃缘光滑、无锯齿，下颌颏突显著，四肢粗短，颈椎长而腰椎短。在上门齿的排列上，中间略凸出，上门齿较小，没有锯齿。上犬齿齿冠较长，齿根后缘比较弯曲，都没有锯齿，整个上犬齿最粗的地方在

长鼻三趾马头骨

泥河湾巨颏虎头骨及下颌骨

齿根中部。巨颏虎在世界范围内分布相当广泛，亚洲、欧洲、非洲和北美洲上新世或更新世地层都有发现。

甘肃省临夏地区发现的泥河湾巨颏虎体型中等大小，具有微弯匕首状上犬齿的猫类动物，四肢骨比较粗短，但比美洲剑齿虎者细长。1930年，法国神父德日进在中国河北省泥河湾首次发现，命名为泥河湾巨颏虎。

该标本现藏于甘肃和政古动物化石博物馆，产地甘肃省东乡县。

陆龟 (tortoise)

该化石标本：18.5×16×11.5厘米

陆龟属龟鳖目陆龟科，是一种陆栖爬虫类。陆龟背、腹面有甲，前腿粗大而钝圆，后腿如象脚，具短趾，趾间无蹼，行动比较缓慢，仅生活于陆地，食植物。其生存范围分布，涵盖从温带到热带的环境，包含潮湿温暖的灌木林、热带雨林，稍具干燥的干草原和高地，甚至具有明显高温的莽原与沙漠环境中。

该标本现藏于甘肃省博物馆，产地和政县。

祖鹿（Cervavitus）

该化石标本：31×34×48厘米

祖鹿属哺乳纲偶蹄目鹿科祖鹿属，该种中等大小，具三分支鹿角，主枝弯曲，角基脊延伸至额骨上，眉枝长且弯曲。祖鹿是一种最原始的鹿，生活于上新世的中国，是现代鹿的祖先。

陆龟

祖鹿

该标本现藏于甘肃省博物馆，产地和政县。

第四节　第四纪动物化石

第四纪是新生代最后一个纪。第四纪分为更新世和全新世。从第四纪开始，全球气候出现了明显的冰期和间冰期交替的模式。第四纪生物界的面貌已很接近于现代。哺乳动物的进化在此阶段最为明显，人类的出现与进化则更是第四纪最重要的事件之一。

哺乳动物在第四纪期间的进化主要表现在属种而不是大的类别更新上。第四纪前一阶段更新世早期，哺乳类仍以偶蹄类、长鼻类与新食肉类等的繁盛发展为特征，与第三纪的区别在于出现了真象、真马、真牛。更新世晚期，哺乳动物的一些类别和不少属种相继衰亡或灭绝。

至第四纪后全新世，哺乳动物的面貌已和现代基本一致。

大量化石资料证明，人类是由古猿进化而来的。古猿与人之间的根本区别在于：人能制造工具，特别是制造石器；人能直立行走。

黄河剑齿象（Stegodon huanghoensis）

该标本：8×2.1×4 米

黄河古象属长鼻目真象科剑齿象属，学名师氏剑齿象，是地球上早已绝灭的一种大象。这类象的头骨比真象略长，腿长。上颌象牙既长且大，向上弯曲；下颌短，没有象牙；颊齿齿冠较低，断面呈屋脊形的齿脊数目逐渐增加。晚期进步的剑齿象第三臼齿齿脊数多达 10 条以上。臼齿齿冠较低，釉质层较厚。门齿粗大，平行排列，弯曲度小。头骨正方形，额面平缓，鼻上有一"八"字形槽状韧带窝。枕骨过度缓慢。有 7 个颈椎、20 个胸椎、5 个腰椎。背脊单峰，最高点在肩部。四肢粗壮，脚有五趾。各部位骨骼的骨缝、骨骺均与相邻的骨体完全愈合。它的躯体庞大，髋臼支前后弯曲明显，闭孔狭长，盆腔面不够光滑，呈梨形。该具化石是黄河流域发现的，故命名"黄河古象"。

1973 年，剑齿象出土于甘肃省合水县板桥公社马莲河畔。化石高 4 米，长 8 米，门齿长 3.03 米，是世界上个体最大、

黄河剑齿象

黄河剑齿象发掘现场

保存最完整的剑齿象化石。剑齿象在几百万年前分布很广，在外国也发现过它的化石。

据此推测，在 300 万年前，甘肃地区的气候不像现在这样干燥，到处有河流和湖泊。剑齿象在河边饮水时，失足陷入泥潭之中，逐渐被泥沙掩埋。而经过复杂的地质演变，这一地区被抬升为高原，黄河象化石得以重见天日。

黄河古象化石是由中科院、北京自然博物馆和甘肃省博物馆共同发掘的，它

的发现对研究甘肃地区的古地理、古气候提供了珍贵资料，是中国古生物发掘的重要成果之一。

该标本为甘肃省博物馆馆藏复制品。

甘肃副长吻猴

（Paradolichopithecus gansuensis）

该化石标本：6×4×7厘米

甘肃副长吻猴属哺乳纲灵长目赤猴科副长吻猴属，是甘肃省临夏地区发现的一种新型灵长类动物，以产地命名。它的牙齿尺寸比所有已知各种猕猴的牙齿都大，与原黄狒狒接近。原黄狒的头骨和下颌与猕猴很接近，但牙齿与狒狒接近，可能是这两个属的共同祖先。副长吻猴主要分布区于欧洲，其头长20厘米，面部长，与猪猡接近，雄性的犬齿特别发育。东乡县出土地的化石材料显示，与原黄狒区别明显，副长吻猴的个体比原黄狒大。甘肃副长吻猴食物比较干硬。

该标本现藏于甘肃和政古动物化石博物馆，产地甘肃省东乡县。

披毛犀（Coelodonta antiquitatis）

该标本头骨：206×200×95厘米

披毛犀属哺乳纲奇蹄目犀科，又名长毛犀牛，是一种已灭绝的犀牛，归于奇蹄目犀科双角犀亚科。平均体长3.5米，肩高约3.2米，体重平均4.1吨，与现存印度犀牛体型相当，小于白犀牛。因全身披满厚厚的毛而得名。披毛犀有两只扁平的角，可用于推开积雪食草，有一层厚厚的毛皮及脂肪。

披毛犀头部和颈部向下低垂，鼻端有两只角，前端角离眼睛之间的角约20厘米。毛长、耳细、脚短厚，身体敦实。臼齿齿冠很高，釉质层厚，有许多褶皱；齿凹内充填了致密的白垩，适合于咀嚼干燥地的草本植物。

披毛犀的头骨，粗糙面占据整个鼻骨背面，说明它有一只巨大的鼻角，比现生和绝灭的大多数犀牛都大；额骨上还

甘肃副长吻猴上下颌骨

披毛犀骨架

有一个宽而低的隆起，说明它还有一只较小的额角。为了支撑这只巨大的鼻角，其鼻中隔硬骨很大占比例，最后鼻中隔已经全部变为硬骨。西藏披毛犀鼻中隔的硬骨化程度，是披毛犀家族中最低的，只有三分之一的长度为硬骨，是一种较为原始的特征。

披毛犀生存于更新世时期，与真猛犸同一时代，在度过冰河时期存活了下来，活跃在欧亚大陆北部，与其同属真犀科的巨型犀牛板齿犀生活在一起。披毛犀曾是旧石器时代人类的狩猎对象，其灭绝年代至今只有1万年，是最晚灭绝的史前犀。现存犀牛中与披毛犀关系最近的是苏门答腊犀牛，仍然在东南亚存活，是极危物种。

化石分布范围，几乎遍布欧亚大陆北部，最北界限大约在北纬72°，最南到北纬33°。中国的披毛犀化石较集中的分布在东北平原，在华北、西南、西北也有发现。

该标本现藏于甘肃和政古动物化石博物馆，产地甘肃省东乡县。

猛犸象（Mammuthus primigenius）

该猛犸象头骨：135×90×65厘米

猛犸象属哺乳纲长鼻目真长鼻亚目象科，又名长毛象，是一种适应寒冷气候的动物。曾是世界上最大象之一，也

猛犸象头骨

是陆地上生存过的最大哺乳动物之一。

2008年5月，泉坪猛犸象化石发现于会宁县新庄乡泉坪村，这里是一条季节性小河的河床断崖，化石出土点距河床垂直高度2.5米，河谷两岸陡峭，巨石林立，部分断崖裸露红色、橘红色砂岩，质地坚硬，含有多次沉积旋回，化石地层夹砾石条带的第四纪黄土地层，属上新世或更新世，距今约200万年。出土象化石有头骨、下颌骨及部分肋骨、肢骨残片，下颌骨长87厘米。两门齿残缺，仅留存根部，上下四颗臼齿保存完好。这是甘肃省东部地区发现的较完整猛犸象头骨化石，具有非常重要的科学研究价值，为研究猛犸象类群在欧亚大陆的分布与演化提供了重要材料。

猛犸象头骨比现代的象短和高。其肩部是身体最高点，从背部开始往后陡降，脖颈处有一个明显的凹陷。无下门齿，上门齿很长，向上、向外卷曲。臼齿由许

多齿板组成，齿板排列紧密，约有 30 片，板与板之间是发达的釉质层。

猛犸象有粗壮的腿，脚生四趾，头大。母象的象牙长 1.5~2 米，而公猛犸象象牙平均长达 2.2~2.5 米。个别接近或超过 3 米。身上披金、红棕、灰褐色的细密长毛，皮很厚，具有极厚的脂肪层，最厚达 9 厘米。它们广泛生活在欧亚大陆北部。距今约 1.1 万年前，猛犸象陆续灭绝，这被认为是地球第四纪冰川时代结束的标志。在阿拉斯加和西伯利亚冻土和冰层里，多次发现冷冻的猛犸象尸体。因气候变暖，猛犸象的食物减少、栖息地变得分散，其生活状态由聚集变成相互分离。种群数量减少，近亲繁殖增多，遗传变异的缺失使猛犸象无法抵御来自寄生虫、疾病的袭扰，加上人类的捕杀，猛犸象最终走向灭亡。

猛犸象源于非洲，晚更新世时分布于欧洲、亚洲、北美洲北部地区的冻原地带，它的体毛长，有一层厚脂肪可隔寒，夏季以草类和豆类为食，冬季以灌木、树皮为食，以群居为主。与现代象不同，它们并非生活在热带或亚热带地区，而是生活在北半球的第四纪大冰川时期，主要分布于亚欧大陆北部、北美洲北部更新世晚期的寒冷地区。

该标本现藏于甘肃会宁县博物馆，产地甘肃省会宁县。

纳玛象 (Elephasnamadicus)

该化石标本：75×52×29 厘米

纳玛象属哺乳纲长鼻目真象科古棱齿象属，又称纳玛古菱齿象。纳玛象身材较为高大，拥有较高的头骨，额骨平宽，象牙较直且向上方内部弯曲，一般象牙长度可达 3~4 米，臼齿是高齿冠，适合咀嚼坚硬的植物，主要生活在气候温暖湿润，水草繁茂的环境。

纳玛象是古菱齿象的类群之一，是更新世晚期分布于中国华北地区萨拉乌苏动物群中重要的化石代表。在晚更新世晚期（距今约 10 万年前），中国长江流域和淮河流域仍有纳玛象分布，但黄河流域已不多见。根据该纳玛象化石埋藏的地质结构来看，黄河流域纳玛象主要生活在 20 万年前的晚更新世。

该标本现藏于甘肃省博物馆，产地兰州市。

纳玛象下颌

乳齿象（Mastodon）

该化石标本：15.5×7.5×8厘米

乳齿象属哺乳纲长鼻目乳齿象科，因其牙齿上有成对的像乳头形状的突起而得名，已绝种。形似大象和猛犸象，臼齿用来咀嚼，顶端多节，根部长而独特。乳齿象和猛犸象的臼齿是由一系列的牙构成，臼齿表面粗糙不平，成脊状延伸。

乳齿象的上腭处长着长而弯曲的象牙，身上长满蓬松的毛。一些早期乳齿象在下颚处还长着一对短象牙。乳齿象的头顶不像猛犸象那样圆，头下颌都较短，个头中等，身体也比猛犸象瘦一些。象高约2~3米，身长3~4.5米（不包括象牙）。上门牙细而直，最特殊的是它的颊齿，牙面上既有强大的乳头状突起，能压磨植物，又有微小的山脊状的突起，能切割植物，能适应不同的生活环境，成功地生存了几百万年。冰川时代（Ice Age），乳齿象生活在亚洲、东欧和南北美洲地区，常被人类猎杀。大约1万年以前，乳齿象灭绝，原因不明。

该化石现藏于甘肃省博物馆，产地甘肃省广河县。

岩羊（Pseudois）

该化石标本：42×24×18厘米

岩羊属哺乳纲偶蹄目牛科岩羊属，

乳齿象臼齿

岩羊

中等体型。头部长而狭，额骨正中面凹陷，眶突比较发达，顶骨构成颅腔后壁的下半部分，颧骨凹陷明显，颧弓特别发达，上颌骨呈短三角形。岩羊通身均为青灰色，吻部和颜面部为灰白色与黑色相混，胸部为黑褐色，向下延伸到前肢的前面，转为明显的黑纹，直达蹄部。腹部和四肢的内侧则呈白色或黄白色。体侧的下缘从腋下开始，经腰部、鼠蹊部，一直到后肢的前面蹄子上边，有一条明显的黑纹。臀部和尾巴的底部为白色，尾巴背面末端的三分之二为黑色。雄兽和雌兽都有角，但雌兽的角很短，仅有13厘米左右，基部扁，角形直，往上逐渐变得尖细，横切面几乎为圆形。

岩羊是典型的高山动物，栖息在海拔 4000~5500 米的林线以上高原、丘原和高山裸岩与山谷间的草甸，无固定兽径和栖息场所。第四纪岩羊与现生岩羊区别不大，在中国分布于西藏、青海、新疆、甘肃、四川西部等地，还向东北延伸分布至黄土高原。

该标本现藏于甘肃省博物馆，产地甘肃省肃北县。

普氏野马

（ Equus ferus ssp. przewalskii ）

该化石标本：55×21×18 厘米

普氏野马属哺乳纲奇蹄目马科马属，为大型有蹄类哺乳动物，体长约 2.1 米，肩高约 1.1 米，尾长 0.9 米，体重 350 公斤。体型健硕，头部大而短钝，脖颈短粗，口鼻部尖削，嘴钝，牙齿粗大，耳比家马小而略尖。耳短而尖，口鼻有斑点。额发极短或缺如，不似家马具有长额毛。背部平坦，有明显的深色背线，顺脊柱由肩部向后延伸至尾部；四肢短粗，腿内侧毛色发灰，常有二至五条明显黑色横纹，小腿下部呈黑色，俗称"踏青"腿。蹄形比家马小，高而圆。尾基着生短毛，尾巴粗长几乎垂至地面，尾形呈束状。

野生普氏野马栖息于缓坡山地草原

普氏野马头骨化石

上或开阔的戈壁荒漠及水草条件略好的沙漠、戈壁上。原分布于中国新疆北部准噶尔盆地北塔山及甘肃、内蒙古交界的马鬃山一带。

中国是普氏野马的故乡，1957 年，在甘肃省肃北蒙古族自治县野马泉明水一代，人们最后一次观察到野生的普氏野马。中国科学院新疆生态与地理研究所于 1981~1982 年，1998 年开展新疆普氏野马专项调查，未发现普氏野马踪迹，普氏野马灭绝。

1890 年，德国探险家格里格尔从中国境内捕捉了 52 匹野马幼驹运回德国，其中 13 匹成功繁衍，全世界范围内圈养的普氏野马都是这 13 匹野马的后代。至今，普氏野马圈养种群数量已超过 1800 匹，分别饲养于全球 130 多个野生动物繁育中心和动物园内。

该化石现藏于甘肃省博物馆，出土地为榆中县。

主要参考文献

1. 邱占祥、王伴月、邓涛：《甘肃临夏盆地的渐新世巨犀化石》，《古脊椎动物学报》2004年第3期。

2. 邓涛、王晓鸣等：《临夏盆地的新生代地层及其哺乳动物化石证据》，《古脊椎动物学报》2004年第1期。

3. 邓涛：《临夏盆地晚新生代哺乳动物群演替与青藏高原隆升背景》，《第四纪研究》2004年第4期。

4. 邓涛：《临夏盆地晚中新世维氏大唇犀(奇蹄目，犀科)肢骨化石》，《古脊椎动物学报》2002年第4期。

5. 邓涛：《甘肃临夏盆地发现已知最早的披毛犀化石》，《地质通报》2002年第10期。

6. 邱占祥、邓涛、王伴月：《甘肃东乡龙担早更新世哺乳动物群》，科学出版社，2004年。

7. 邱占祥、王伴月：《中国的巨犀化石》，科学出版社，2007年。

8. 刘晓东：《青藏高原隆升对亚洲季风形成和全球气候与环境变化的影响》，《高原气象》1999年第3期。

9. 郑度、姚檀栋：《青藏高原隆升及其环境效应》，《地球科学进展》2005年第5期。

10. 高红山、潘保田等：《青藏高原隆升过程与环境变化》，《青岛大学学报》2009年第4期。

第二章　陶　器

　　大约在一万多年前，一些开始定居、从事农业的人们，需要大量烧煮盛放食物、储存用水的器皿。在尝试生产陶器的实践中，人们终于发现，黏土加水可以捏塑成自己需要的各类形状，再经过一定温度的烧烤，坚固而耐用的陶器便由此而诞生。甘肃是中华文化和文明的重要发祥地，奔腾不息的黄河、雄浑肥沃的黄土高原，孕育了辉煌的史前文化，考古发现中曾有数以万计的造型各异的陶器出土。在整个新石器时代，陶器始终是人们日常生活不可或缺的主要器具，即使进入青铜时代及其以后，仍然起着无可替代的作用。随着社会经济文化的发展，陶器的种类日益繁多，用途越来越广泛。在生活用品和生产工具之外，古代先民还制作了许多妙趣横生的陶塑艺术品。陶制品是古人类文化成就的重要见证，既是我们鉴别古代遗存的依据，也是我们分期断代的主要研究对象。在甘肃各类馆藏文物中，陶器藏品数量众多，精品荟萃，是特色十分鲜明的文物类别，其中绚丽多姿的彩陶是甘肃文物中最为亮丽的特点之一。

　　当人们逐渐认识了天然矿物颜料的特性，又能提高烧陶的温度时，在先民对美的渴望和追求中，彩陶便应运而生。甘肃是中国彩陶的故乡，大地湾文化发现的距今8000年左右的彩陶既是中国的第一批彩陶，也是世界上最早的彩陶之一。甘肃彩陶自新石器时代早期发端，终结于青铜时代晚期，历经5000多年的漫长岁月，可谓源远流长，是中国彩陶延续时间最长的地区。甘肃先民以精湛的技艺制作出一大批璀璨夺目的艺术珍品，为中国彩陶史留下了最为辉煌的篇章。

目前，西北地区最早的陶器出土于大地湾文化，年代距今约 8000~7000 年，重要发现均在渭河、西汉水流域。陶器种类单纯，绝大多数为三足或圜底器，平底器较少，质地不甚坚硬，大多为夹细砂陶，纹饰为交错绳纹。种种迹象显示，陶器还应有更早的先行阶段。作为彩陶的钵形器，均为日常生活中盛饭装水的小型容器。纹饰简单，仅在口沿内外绘一周紫红色的条带纹，表现出彩陶的原始性。

大约距今 7000 年，甘肃东部和洮河、湟水流域先后进入仰韶文化阶段。随着农业的发展，制陶工艺水平显著提高，彩陶也逐渐步入了繁荣期。这时的陶器火候较高，生产出细泥、泥质、夹砂等各种质地。陶器的稳定性增加，平底器成为主要器类，其中葫芦瓶、细颈壶、曲腹盆等器型，美观而实用。新出现一类盛水的尖底器，因其早晚变化明显，被视为判断仰韶文化早中晚的代表性器型。彩陶以黑彩为主，十分醒目。不仅饰彩器类增多，而且纹饰图案多种多样。早期构图元素多为圆点、直线、三角等，常见纹饰有宽带纹、三角纹、鱼纹和几何纹等，风格古朴典雅、图案大方简洁。中期构图以弧线为主，线条流畅柔美，图案华丽精巧。常见纹饰有弧形三角纹、回旋勾连纹、花瓣纹等，表现出大自然生机勃勃、欣欣向荣的景象。晚期彩陶数量虽呈下降趋势，但工艺却比中期更为成熟，大型彩陶器以及内壁绘彩的做法开始出现。常见的纹饰母题有弧边三角形、圆点圆圈纹、漩涡纹、网格纹等。仰韶文化时期，还出现了大量的陶刀、陶纺轮等生产工具以及陶环、陶角等装饰品。

1979 年，中国社会科学院考古研究所在镇原常山遗址发现了晚于仰韶文化而早于齐家文化的新遗存，其陶器为泥质、夹砂红陶，器型有杯、盆、盘、碗、壶、罐、斝等，饰绳纹、篮纹、附加堆纹，有少量的彩陶。还发现窑洞式的房址。于是提出了"常山下层文化"的命名。经考古调查，这类遗存普遍分布在陇东、天水、定西等地区。常山下层文化的提出为解决齐家文化的渊源打开了新的思路。

马家窑文化的中心分布区是甘肃中部的黄河、湟水流域以及河西走廊的东部，宁夏南部、青海东部甚至四川北部均有发现，距今约 5000~4000 年。这是甘肃彩陶的鼎盛阶段，通常分为马家窑、半山、马厂三个持续发展的时期，或称文化类型。彩陶器类和数量明显增多，一般占陶器总数的 30% 以上，个别遗址达 90%；纹饰繁缛而精细，风格绚丽而典雅，艺术表现力和感染力达到了前所未有的高度。马家窑期彩陶多为橙黄陶，施以浓墨式的黑彩，有时辅以少量白彩，大面积彩绘、通体彩绘以及内壁彩绘十分盛行，纹饰以

水波纹、漩涡纹最为多见，还有网格纹、平行线纹、同心圆纹等。以河流百川为大多数图案描绘的主体，成为这一时期纹饰的突出特点。半山期彩陶器体打磨光滑，大量使用红黑两色，最为常见而极富特点的花纹母题是黑色锯齿纹带和红色条带相伴相依，勾画出四大漩涡或圆圈纹、葫芦网格纹、多层水波纹等图案，然后在主题图案中再填充辅助图案，形成多层次彩绘的装饰手法。此时的彩陶精品多为大型瓮、壶、罐等，器型浑圆饱满，图案富丽堂皇，纹饰疏密得当，色彩赏心悦目，不仅是甘肃彩陶艺术的巅峰之作，而且也代表了中国彩陶的最高水平。马厂类型彩陶又回归到单色黑彩，但却流行红色陶衣，红彩逐渐减少乃至弃而不用。器类较前复杂多样，纹饰图案多有创新。代表性纹饰有四大圆圈纹、神人纹、回形纹、折带纹、卐字形纹以及网格纹等，形成了刚健庄重的特点。马家窑文化陶器种类繁多，出现了许多新器型，作为乐器的彩陶鼓尤为引人注目。夹砂陶器物往往加饰多条附加堆纹带，构成别具一格的各类图案。

进入青铜时代以后，甘肃的文化面貌更为复杂，相继出现了齐家、四坝、辛店、寺洼、沙井等文化。这时，中国其它地区彩陶基本销声匿迹，而甘肃彩陶却一枝独秀，上述文化先民大多仍继续制作使用彩陶，为青铜文化增添了独特的魅力。

齐家文化分布非常广泛，甘肃、宁夏、青海以及内蒙古均有分布，但中心区是甘肃中部和东部，距今约4200~3600年。陶器造型优美，类型众多，各种带耳器显著增多，弧形大耳成为鲜明特点，还出现了一些三袋足器。彩陶数量不多，中东部地区多为红彩，以折线三角纹为主要纹饰；西部地区受马厂彩陶影响，红黑彩并用，有三角纹、折线纹、菱形纹等。

四坝文化是河西走廊中西部地区一支重要的早期青铜文化，距今约3900~3400年。陶器形制独特，矛形器盖、长方形陶盒、方鼎、靴形罐、鱼形陶埙、四耳罐均为其他文化少见或不见。玉门火烧沟遗址的彩陶数量占陶器总数的50%以上，同时出土有大量铜器和做工考究的金银器。彩陶以夹砂陶居多，黑彩为主，有一定数量的红彩，盛行紫红色陶衣。纹饰主要有三角纹、条带纹、折线纹、网格纹等，还有犬、蜥蜴等动物纹样，表现出草原戈壁的环境特点。四坝文化彩陶对新疆东部青铜文化产生了强烈的影响。

辛店文化主要分布于甘肃中东部及青海中东部，距今约3400~2800年。陶质均为夹砂陶，器型多见双耳圜底罐、腹耳壶、袋足鬲。黑彩居多，有少量红彩。其常见主题纹饰为极似羊角的双勾纹，还有条带纹、回形纹、S形纹、涡形纹等，以及犬、鹿、鸟等动物纹样，反映出当时畜牧业的繁荣景象。

寺洼文化是与辛店文化、周秦文化同时并存的一支具有独特面貌的青铜文化，它以马鞍口双耳罐为其标志性器物，还有铲足鬲、高圈足豆、高领罐等。彩陶很少，有黑彩和白彩，有的是烧制后再绘彩，容易脱落。很多学者认为，寺洼文化即文献记载中的戎人。

沙井文化分布于腾格里沙漠的西部、西南部边缘地带，即武威、金昌偏北地区，延伸到永登、兰州附近，距今约3000~2500年，是一支以畜牧业为主的青铜文化，其晚期还发现铁器。有一定数量的彩陶，均为红彩。纹饰有三角纹、折带纹、菱形纹、网格纹和昂首飞行的鸟纹等。

陶塑是古代艺术中一个重要的门类。伴随人类的成长和自身意识的觉醒，开始出现人体形象的陶塑作品。彩陶问世之后，陶塑和彩陶的结合造就出许多奇妙构思的艺术杰作，如大地湾的人头形雕塑器口彩陶瓶、临夏的彩绘人头像、玉门火烧沟的彩绘人像，栩栩如生，耐人寻味。

汉代盛行厚葬之风，甘肃各地的汉墓经常出土陶制的楼院、房舍、水井以及灶台的模型，再现了墓主人生前奢华生活的状况。其中武威雷台出土的陶楼院，保存完整，结构复杂，是此类陶器的典型代表。

甘肃地处丝绸之路的要冲，东部邻近唐王朝的中心统治区域，因此天水、平凉、庆阳等地区屡有色彩斑斓的彩绘陶俑与明亮绚丽的唐三彩出土，这些作品凝聚了工匠们的智慧和才能，展示了唐代雕塑艺术的非凡水平。庆城县镇北区唐墓出土的陶俑造型生动、彩绘华丽，墓主人穆泰历任庆州洪德镇副将、灵州河润府左果毅都尉、定远大使等职。这批陶俑既有神怪类的天王俑和镇墓兽，又有形形色色、神态各异的人物俑，是研究唐代服饰的绝佳资料。其中的女俑面庞丰腴，高髻广袖，宽衣袒胸，或雍容华贵，或贤淑典雅，映射出盛唐时代的审美意识；值得注意的是，还有高鼻深目的牵驼、牵马胡人俑，再现了中外文化交流和贸易活动的繁荣，这些唐俑体量巨大，搬运不便，不大可能来自京畿长安地区，应是甘肃本地烧制。唐三彩是一种低温铅釉陶，三彩是多彩的意思，各种釉料熔化后扩散流淌，彼此浸润交融，最终形成晶莹夺目的艺术作品。秦安县杨家沟一座估计为景龙年间的唐墓出土三彩及彩绘陶俑近50件，计有天王俑、镇墓兽、文官武士俑、牵马、牵驼俑、骑马俑、立俑以及陶牛、骆驼等。其中天王俑威武高大、镇墓兽凶猛狰狞、胡人骑马俑形神兼备，堪称甘肃唐三彩中的精品。

第一节　新石器时代

条带纹三足彩陶钵

大地湾文化。1979 年秦安大地湾遗址 209 号墓出土。高 12 厘米，口径 27.5 厘米。随葬品，出土时已破碎，后经粘对复原。夹细砂红陶，敞口圆腹，底附三锥形足。中下腹饰整齐的交错绳纹。口沿内外均饰紫红色条带，沿外彩带宽 2.7~3 厘米，沿内彩带较窄，宽约 0.5 厘米。由于长期使用，口沿外彩部分脱落。这是中国迄今为止考古发现中时代最早的彩陶，同时也说明渭河流域是中国最早制作彩陶的地区。现藏甘肃省博物馆。

条带纹圜底彩陶钵

大地湾文化。1979 年秦安大地湾遗址 3107 号灰坑出土。口径 27.9 厘米，高 9.6 厘米。破裂，复原。敞口，圆腹，圜底。口沿外略内凹，中下腹饰规整的交错绳纹。紫红色彩绘，口沿内为细线纹，沿外饰较宽的条带纹。沿外彩带宽 2.7~3 厘米，沿内彩带较窄，由于长期使用，口沿外彩部分脱落。这是大地湾文化的常见器型。现藏甘肃省文物考古研究所。

筒状深腹三足罐

大地湾文化。1979 年秦安大地湾遗址 371 号房址出土。口径 16.8 厘米，高

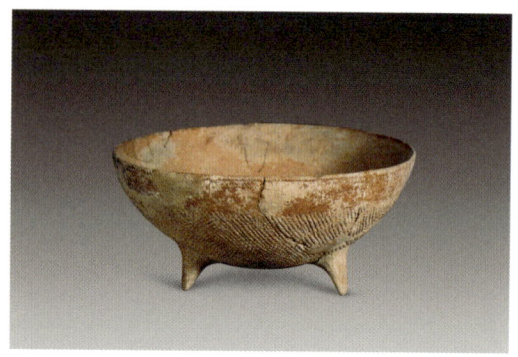

条带纹三足彩陶钵

条带纹圜底彩陶钵

筒状深腹三足罐

26.6 厘米。粘对复原,基本完整。夹细砂褐陶,齿状唇,侈口,筒状深腹,腹壁较直,下腹微收,下附三足,通体饰规整的交错绳纹。为大地湾文化的典型器物,主要作为炊器使用。现藏甘肃省文物考古研究所。

圈足碗

大地湾文化。1979 年秦安大地湾遗址 209 号墓出土。口径 17.8 厘米,高 7.2 厘米。完整,经粘对复原。夹细砂灰褐陶,齿状唇,敞口,斜弧腹,圆底下附圈足。通体饰交错绳纹。器型匀称美观,造型与今天的餐具碗十分相像。现藏甘肃省博物馆。

↓形刻符宽带纹圆底彩陶钵

仰韶文化早期。1981 年秦安王家阴凹遗址探方地层出土。口径 20 厘米,高 7.6 厘米。完整。细泥红陶,微敛口,浅圆腹,圜底。口沿外一周饰宽 2.5 厘米的黑彩带,宽带上刻有↓字形符号。渭河流域仰韶文化早期彩陶钵的宽带纹上常见此类刻划符号,如↑、Ⅰ、Ⅱ、＋等,据统计已发现有 60 多种。学术界普遍认为,此类刻划符号为研究中国文字的起源提供了重要依据。现藏甘肃省博物馆。

鱼纹叠唇彩陶盆

仰韶文化早期。秦安大地湾遗址出土。口径 34 厘米,高 13.6 厘米。残。侈口,叠唇,浅折腹,圜底。黑色彩绘。口沿外饰一周黑宽带,腹部为三条写实灵动的鱼纹,线条精细流畅。现藏甘肃省文物考古研究所。

三角圆点纹圆底彩陶钵

仰韶文化早期。1980 年秦安大地湾遗址出土。口径 15.2 厘米,高 9.2 厘米。完整。口微敛,圆腹,圜底。口沿饰一

圈足碗

↓形刻符宽带纹圆底彩陶钵

条黑色细线，腹部为两组相同的图案：四个圆点中间绘两个斜三角。橙红色的陶地以黑彩描绘，色泽明丽、简约大气。现藏甘肃省文物考古研究所。

花瓣纹彩陶盆

仰韶文化早期。1978年秦安大地湾出土。口径39.3厘米，高15.9厘米。完整。敞口，撇沿，鼓腹，平底。口沿内绘弧形三角纹。沿外一周黑色宽带，宽带下又

饰一周垂弧纹。腹部为六组花瓣，优美的弧三角构成花瓣，舒展的花瓣下方饰以对称的圆点。橙红的陶底，鲜亮的黑彩，无论是器型乃至色彩，无一不在彰显史前陶艺大师超凡的艺术才能。现藏甘肃省博物馆。

变体鱼纹卷沿彩陶盆

仰韶文化早期。1978年秦安大地湾遗址1号房址出土。口径51.2厘米，高

鱼纹叠唇彩陶盆

三角圆点纹圆底彩陶钵

花瓣纹彩陶盆

变体鱼纹卷沿彩陶盆

14.8 厘米。基本完整，粘对复原。细泥红陶，侈口卷沿，浅腹圜底。黑彩，口沿一周饰窄带纹，上腹一周饰两条完全图案化的变体鱼纹，头、身、尾仍可辨识。鱼纹是渭河流域仰韶文化早期最为常见的标志性纹饰。在同一座房址中还出土有另一件形制、大小、纹饰基本相同的鱼纹盆。现藏甘肃省博物馆。

几何纹葫芦形彩陶瓶

仰韶文化早期。1983 年征集所得。经实地调查，该器物出土于张家川县大阳乡阎家村遗址。口径 3.1 厘米，高 26.5 厘米，底径 10 厘米。完整，随葬品。细泥红陶，通体磨光，小口大头细颈，中上腹斜直，下腹内收，平底，整体酷似葫芦造型。黑彩，头部涂黑，中上腹一周饰 3 组纵向图案，以圆点方格双线竖条纹分隔，主体图案由上下两组相同纹饰构成，以弧形条带纹相接形成椭圆形空白，内填细长条形的垂弧纹，颇似张开的嘴巴。葫芦瓶大多仅头部涂黑，类似该器大面积图案少见，纹饰独特，耐人寻味。现藏甘肃省文物考古研究所。

兽面纹细颈彩陶壶

仰韶文化早期。1981 年秦安王家阴洼 53 号墓出土。高 20.6 厘米，底径 6.8 厘米。完整，随葬品。细泥橙黄陶，通体磨光，小口大头细颈折腹，下腹略内曲，

几何纹葫芦形彩陶瓶

兽面纹细颈彩陶壶

平底。黑彩，口部外侧绘 4 组对三角纹，上腹部一周绘连续的兽面纹，以空白圆和圆点分别表示眼睛和鼻孔，以垂弧纹表示嘴巴。有学者将此纹饰称作猪面纹。现藏甘肃省博物馆。

几何纹彩陶罐

仰韶文化早期。20 世纪 70 年征集所得，出土于秦安大地湾遗址。口径 16 厘米，高 25 厘米。完整。细泥红陶，大口圆唇，深腹，中腹略鼓，下腹内收，小平底。黑彩，腹部横向绘三层连续图案，

构图元素主要有弧边三角、垂弧、侧弧及圆点。三层图案各不相同，构图多有变化。仰韶早期陶罐多为夹砂质地，泥质陶罐少见，饰彩陶罐更为罕见。现藏秦安县博物馆。

折线纹彩陶尖底缸

仰韶文化早期。1982年宁县春荣乡徐家董庄遗址征集。口径22.7厘米，高58厘米。基本完整，口沿有少许残缺。泥质红陶，敞口束颈，整体呈桶状，下腹微鼓，小尖底。通体黑彩，腹部饰五周宽折线纹，近底部有上下两层共8组似"火"字形的图案，底部有烟熏痕迹。如此硕大的彩陶尖底器，十分罕见，当有特殊用途。现藏庆阳市博物馆。

人头形器口平底彩陶瓶

仰韶文化早期。1978年征集所得。据发现人讲述，该器物于20世纪70年平田整地时出土，经指认地点，确属秦安大地湾遗址河边台地仰韶文化中心区。高31.8厘米，口径4.5厘米，底径6.8厘米。该器物出土时两侧器耳缺失，上腹开裂。细泥红陶，通体磨光，小口，圆鼓腹，平底。器口为圆雕头像，短发齐额，双目圆睁，挺鼻小嘴，一耳略残，比例适中，五官端正。瓶体从上到下饰三层大体相同的黑彩图案，每层图案分为两部分，一部分是两个弧边三角纹构成圆圈，内

几何纹彩陶罐

折线纹彩陶尖底缸

人头形器口平底彩陶瓶

中填充弧线和垂弧，另一部分由斜直线、侧弧及凹边三角纹组成。有学者认为这是葫芦的纹饰。关于造型，有人认为是风华正茂的少女，也有人从整体造型着眼，推测是一位衣着华丽的孕妇，先民们借以寄托繁衍人口的良好意愿，还有人认为是女神形象。无论这件器物是实用的盛储器还是供奉的祭祀品，这件特殊的彩陶必定蕴含着诸多精神层面的意义。是大地湾仰韶文化彩陶的代表作，也是中国史前艺术集彩陶、雕塑、造型艺术于一身的杰出作品。现藏甘肃省博物馆。

变体鱼纹卷沿彩陶盆

仰韶文化中期。1987年合水县柳沟乡瓦岗川口征集。口径39.8厘米，高13.7厘米。完整，泥质橙黄陶。敞口卷沿，圆腹圜底。黑彩，口沿一周涂黑，腹部一周饰两条鱼纹。由圆点引出长长的弧线，后半部变为条带上下分叉。根据鱼纹的演变规律，圆点表示头部，弧线代表鱼身，分叉条带表示鱼尾。鱼头前部加饰上下错落的弧边三角纹。图案简洁明快，具有高度写意的风格。这是仰韶文化鱼纹系列中最后阶段的纹样，圜底器也逐渐退出历史舞台，被平底器所取代。现藏合水县博物馆。

花瓣纹椭圆形彩陶器

仰韶文化中期。1981年西和县长道

变体鱼纹卷沿彩陶盆

花瓣纹椭圆形彩陶器

乡宁家庄遗址出土。高7.6厘米，大口1.9厘米，小口1.3厘米，最大腹径12.6厘米。完整。细泥红陶，通体磨光。呈椭圆形球体，上下各有一孔相通，通体饰黑彩，孔径较大的一面图案似盛开的鲜花，十字形直线将图案分隔为4部分，空白处形成四大花瓣；孔径略小的一面，纹饰较简单，由半明半暗的橄榄形纹和弧线组成。造型奇特别致，有学者认为是氏族首领的权杖头。现藏西和县博物馆。

回旋勾连纹曲腹彩陶盆

仰韶文化中期。正宁县宫家川遗址

回旋勾连纹曲腹彩陶盆

枝叶纹曲腹彩陶盆

征集。高 17.7 厘米，口径 41.6 厘米，底径 14.1 厘米。完整。细泥橙黄陶，通体磨光。敞口宽卷沿，曲腹平底。上腹部施浅红色陶衣，黑彩，口沿一周饰条带纹和三角纹，腹部饰回旋勾连纹，由弧三角、圆点、弧线以及侧弧组成，这是典型的仰韶文化中期图案。线条流畅洒脱，图案清新柔美，展现了中期彩陶的上乘水平。现藏甘肃省博物馆。

枝叶纹曲腹彩陶盆

仰韶文化中期。1987 年静宁县八里乡郭罗村征集。高 20.2 厘米，口径 30.2 厘米，底径 10.4 厘米。完整。细泥橙黄陶，大口斜平沿，上腹微鼓，下腹内曲，平底。黑彩，口沿外缘一圈饰条带纹，上腹饰 6 组连续图案，每组由 4 个圆点 1 条直线引出 3 条凸弧纹，左右两侧对称，极似枝繁叶茂的植物图案。以圆点弧线构成图案，是这一时期常见的装饰手法，有时由圆点

向上下引出弧线纹，又似天空展翅翱翔的飞鸟。在同一地点还征集到另一件图案、大小相似的彩陶盆，细泥红陶，口径 30 厘米，高 20.7 厘米，底径 12 厘米，枝叶纹中间还夹绘一树形纹，这些彩陶图案反映出史前时期农业部族先民对自然界的认知和感情。现藏静宁县博物馆。

陶鼓

仰韶文化中期。1978 年秦安大地湾遗址探方地层出土。直径 20 厘米，高 65 厘米。基本完整，粘对复原。泥质橙黄陶，直口圆唇，桶状深直腹，小平底，颈部一周附加三个倒钩纽，腹饰交叉绳纹。如将口部蒙以兽皮，将兽皮固定在颈部的三个倒钩纽上，置于平地，正是一个便于擂打的陶鼓。与青海民和阳山村墓葬和甘肃永登乐山坪半山类型墓葬中所出土的喇叭形陶鼓形状虽不相同，但口沿外均有不等数量的倒钩形纽，其

勾叶圆点纹彩陶罐

网格勾连纹彩陶罐

用途大致相同。这是中国迄今为止考古发现中时代最早的陶鼓。现藏甘肃省文物考古研究所。

勾叶圆点纹彩陶罐

仰韶文化中期。宁县焦村出土。口径14厘米，高14厘米。完整。侈口，平沿，鼓腹，平底。红褐色彩绘。口沿饰条带纹，主题图案为圆点、弧三角与勾叶纹。尤以曲美的勾叶弧线环绕圆点。现藏庆阳市博物馆。

圆点垂弧纹彩陶罐

仰韶文化中期。1990年秦安大地湾遗址出土。口径28.2厘米，底径10.2厘米，高15厘米。侈口，卷沿，深腹，平底。黑色彩绘。主题构图为一个小圆圈夹在两个大圆圈之间，圆圈左右饰勾羽状纹饰。圆圈上下绘圆点，中间部位一条弧形与一条垂弧纹组合而成。现藏甘肃省文物考古研究所。

网格勾连纹彩陶罐

仰韶文化中期。1980年秦安大地湾遗址出土。口径29.6厘米，底径13厘米，高25.6厘米。复原。侈口，平沿，深曲腹，平底。黑色彩绘。主题图案为四组网格纹构成的椭圆，两个椭圆又紧凑相对，恰似两张撒开的渔网。内涵丰富的图案，似乎是先民的渔猎生活写照。现藏甘肃省文物考古研究所。

人像雕塑陶瓶口

仰韶文化晚期。1982年秦安大地湾遗址831号灰坑出土。内口径1.5厘米，外口径3~3.6厘米，颈径3~4.6厘米，残高6厘米。瓶形器的口沿残缺过半。泥质红陶，器表磨光。圆形小口，平沿尖圆唇，近直口直颈。颈部一周有3个人像，其中2个为头像，分列于相背的两侧，位于两头像中间的是一个残存的半身像。半身像堆塑而成，头部呈椭圆形，

头顶有向左倾斜的泥棱，可能表示束发；面部表面有少许破损，仅余两小圆孔表示眼睛，略呈扁长形孔表示嘴巴，颈部和上身以堆起的泥条表示。残高 4.2 厘米，最宽处 2.6 厘米，似为一小孩形象。左侧 1.7 厘米处是一堆塑而成的完整头像，脸庞较方，额头有横向泥条，两眼和嘴分别为圆孔和扁孔，鼻子以隆起的泥条表示，上嘴唇左右两侧有隆起的小泥块，为胡须或突起的脸蛋。长 2.4 厘米，宽 1.7 厘米，是一男性形象。右侧 1.6 厘米处是另一女性头像，表现手法与前不同，较为简单，在器表刻出两圆孔表示眼睛，头像中部贴附泥条表示鼻子，在泥条下端压出一横向浅槽表示嘴巴。泥条长 2 厘米，等同于头像长度，两眼最宽处 2.6 厘米，即为头像宽度。3 人雕塑正好是一个父系家庭的组合。现藏甘肃省文物考古研究所。

网格涡形纹平底彩陶瓶

仰韶文化晚期。礼县石沟坪遗址征集。高 43.8 厘米，口径 8.8 厘米，底径 8.8 厘米。完整。泥质红陶，侈口平沿，细长颈，圆肩，斜直腹，平底，中腹两侧有桥形耳。黑彩，图案从上到下分为 3 层，肩部饰弧边三角纹、爪形纹、角形纹；上腹部主要纹饰为两个半圆形网格纹；中腹偏下部由连续的涡形纹和弧边三角纹组成，最下部加饰左右分开的弧线纹。图案左右两侧边以双线分隔。有学者认为上腹部图案是变体鲵鱼纹，中腹偏下部图案为鸟形纹。造型优美，线条细腻。现藏礼县博物馆。

鲵鱼纹平底彩陶瓶

仰韶文化晚期。甘谷县西坪遗址征集。高 38.4 厘米，口径 7 厘米，底径 12 厘米。完整。泥质橙黄陶。小口平沿，颈

人像雕塑陶瓶口

鲵鱼纹平底彩陶瓶

部加饰一堆纹条带，圆肩，近直腹，平底，两侧有桥形耳。腹饰一鲵鱼纹，双眼圆睁，唇张齿露，长条曲折形身躯，首尾相接，两侧饰爪形纹。很多学者认为这是娃娃鱼的真实图案，但另有学者分析图案是人首蛇身，可能是伏羲氏的形象，还有学者认为是龙的原始图形。现藏甘肃省博物馆。

圆圈弧三角纹彩陶壶

仰韶文化晚期。秦安县王窑乡山王村出土。口径 15 厘米，高 28.3 厘米。完整。平沿口、短颈，圆鼓腹，大平底。黑色彩绘。图案分为二层，大体相似，以两个相对的弧三角纹巧妙组成大圆圈，内填竖线或爪形纹。画面简洁清新，布局错落有致。是甘肃东部仰韶文化晚期的代表性器物。现藏秦安县博物馆。

蛙纹彩陶壶

仰韶文化晚期。1987 年甘谷县礼辛遗址修建水平梯田时出土。高 34 厘米，口径 14.5 厘米，底径 16.2 厘米。基本完整，口沿和腹部略有残缺。泥质橙黄陶，喇叭形口，粗颈，圆鼓腹，平底。颈部塑有一对小鼻形耳，上绘黑彩双目，似人面。黑彩，颈部绘波形纹和平行线纹，腹部绘弧边三角纹及半圆形网格纹，在两个相对的半圆形网格纹中间绘有一蛙纹，椭圆形头部，以两个圆点表示眼睛，圆形身躯绘有条形纹，四肢齐全，比例适中，

圆圈弧三角纹彩陶壶

蛙纹彩陶壶

形象生动。蛙纹虽不常见，却是仰韶文化的典型纹饰之一，从早期到晚期经历了由简到繁的演进过程。现藏甘谷县博物馆。

白彩漩涡纹尖底彩陶瓶

仰韶文化晚期。1976 年平凉市崆峒区柳湖镇王坪村征集。口径 10 厘米，高 57.5 厘米。基本完整，口略残。泥质橙黄陶，小口微侈，平折沿，细长颈，溜肩，长腹渐内收，尖底。肩以下通体饰细斜线

纹，颈下部和腹上部各饰一周白彩粗弦纹，间饰 4 组白彩漩涡纹。平沿口尖底瓶是仰韶文化晚期的标型器，所施白彩系陶器烧成后绘制，特征鲜明，容易脱落。现藏平凉市崆峒区博物馆。

漩涡纹彩陶壶

仰韶文化晚期。1961 年平凉市崆峒区柳湖镇二天门村征集。高 24.2 厘米，口径 16.9 厘米，底径 11.5 厘米。基本完整。泥质红陶，通体磨光，施黑彩。敞口，宽平沿外折，矮粗颈，圆鼓腹，平底。口沿绘勾叶纹，颈、腹部二圈平行窄带纹之间绘连续漩涡纹。此宽平沿壶为六盘山以东地区仰韶文化晚期的典型器。现藏平凉市崆峒区博物馆。

犬纹彩陶壶

仰韶文化晚期。1980 年秦安大地湾遗址 366 乙号灰坑出土。高 34.3 厘米，口径 13.4 厘米，底径 16.2 厘米。泥质橙黄陶，大部分完整。图案残缺不全，敞口外侈，圆鼓腹，平底。黑彩，中上腹部一周绘有 4 个栩栩如生的犬形纹，怒目圆睁，尾巴弯卷，两两对视相斗，其中一对犬的下方留有一条鱼。犬身绘网格纹，鱼身绘弧形条纹。此图案描绘了先民身边的日常景物，洋溢着浓浓的生活气息，可称"斗犬图"或"四犬争鱼图"。另有学者认为是四虎争斗。甘肃省文物考古研究所藏。

白彩漩涡纹尖底彩陶瓶

漩涡纹彩陶壶

犬纹彩陶壶

蛙纹彩陶壶

仰韶文化晚期。1982年秦安大地湾遗址820号房址出土。口径7.4厘米，高24.6厘米。残缺。小口，鼓腹。饰黑彩。图案为蛙纹，黑色的头部上，露出橙黄色的陶地，突出表现了两只圆圆的眼睛，圆胖的躯体绘以网格，上肢伸展。陶壶的另一面同样以黑彩绘制了两个圆点引出的弧边三角纹。网格纹表示蛙身躯的画法一直延续到马家窑文化。现藏甘肃省文物考古研究所。

堆塑纹大口缸

仰韶文化晚期。高56.3厘米，口径52.8厘米，底径26.5厘米。泥质红陶，大口平沿，深腹平底。腹部饰一圈附加堆纹带，在堆纹带的上下以泥条、泥饼堆塑多组相同纹样，均以半月形泥条与圆形泥饼组合。有学者认为，纹饰表现的是日月对应。静宁县博物馆藏。

鲵鱼纹平底彩陶瓶

仰韶文化晚期。武山县傅家门遗址出土。口径5.6厘米，高18.7厘米。完整。侈口，长颈，微鼓腹，双耳、平底。黑色彩绘。圆脑袋上勾画出一双眼睛及嘴巴，弯曲的躯体绘网格纹，呈游动状，或伸或曲的肢爪使其形象更加生动逼真。器物造型与纹饰巧妙结合，为仰韶文化彩陶的上乘之作。现藏甘肃省博物馆。

蛙纹彩陶壶

堆塑纹大口缸

鲵鱼纹平底彩陶瓶

花瓣纹深腹彩陶盆

仰韶文化晚期。秦安县魏店乡张底村出土。口径 29.5 厘米，高 27.5 厘米。略残。敞口，深腹，平底。黑色彩绘。图案的巧妙之处在于弧三角纹形成的上下左右陶地形似花瓣纹。画面简单清晰，布局规整。现藏秦安县博物馆。

人形雕塑

仰韶文化晚期。1984 年庆阳市西峰区南佐遗址 16 号灰坑出土。高 12 厘米，头径 2.3 厘米，身宽 3.3 厘米。四肢残，仅余半截右腿。泥质红陶，捏塑后烧制而成。顶部有泥条盘成的发髻，五官俱全，口、眼为凹形小洞，耳鼻捏塑而成，下身着裹腰裙。由此可证，仰韶文化晚期的人们已经有了遮身蔽体的服饰。仰韶文化的人形雕塑极为罕见。现藏甘肃省文物考古研究所。

漩涡纹彩陶壶

仰韶文化晚期。1990 年静宁县深沟乡上杨村征集。高 34 厘米，口径 14.5 厘米，底径 16.2 厘米。基本完整，口沿略有残缺。泥质橙黄陶，喇叭形口，短颈，圆鼓腹，平底。黑彩，颈部以下至中腹部由圆点、弧三角、弧线构成 4 组连续漩涡纹，每组有一大两小旋转的圆窝，图案清新而绚丽，线条流畅而洒脱。漩涡纹兴起于仰韶文化晚期，后来被马家窑文化继承并加以

花瓣纹深腹彩陶盆

人形雕塑

漩涡纹彩陶壶

发挥，成为许多彩陶佳作的主题纹饰。现藏静宁县博物馆。

漩涡纹彩陶壶

仰韶文化晚期。静宁县李店乡店子小学出土。高 21.4 厘米，口径 11 厘米，底径 22 厘米。完整。敞口，鼓腹，平底。黑色彩绘。主题纹饰位于上下平行线之间，由圆点、圆圈、弧三角、别出心裁的网格条带等相互连接，组合为卷扬翻滚的漩涡纹，涡心填充十字圆点。现藏静宁县博物馆。

四足鼎

仰韶文化晚期。1983 年秦安大地湾遗址 901 号房址出土。通高 25.5 厘米，口径 46 厘米，足高 10 厘米。完整，夹粗砂红陶，厚胎，在腹和口沿又加施一层泥质面。敛口，圆卷唇，直腹，上半部为深腹平底盆，下半部为鼎足，足为扁平梯形，与腹连接处略大于足根，足的内壁平，外壁略成弧形。中腹部饰 4 道凸旋纹，腹足相接处饰 1 道凸旋纹。口沿和腹外壁及足上半部加饰红色陶衣，除口沿和底部以及足内壁外，其他部分又饰白色彩绘。依据其出土于大型公共建筑室内，既大又重，可能是祭祀使用的礼器。现藏甘肃省文物考古研究所。

制陶盆形座和托盘

仰韶文化晚期。1982 年秦安大地湾

漩涡纹彩陶壶

四足鼎

制陶盆形座和托盘

遗址探方地层出土附近有一座陶窑。完整。盆形座高 6.6 厘米，口径 20.3 厘米，底径 14.8 厘米；制陶托盘高 5.3 厘米，口径 35.5 厘米，底径 30.6 厘米，内壁圆形泥棱径 20 厘米。盆形座，泥质灰陶，素面磨光，出土时底部朝上倒扣在制陶托盘中。口部外侈，腹斜直，平底。制陶托盘，完整，夹粗砂红陶，沿面上有杂乱绳纹，腹饰横行绳纹。大口浅腹平底，胎厚体重。器底内壁有一周凸起泥棱，与口部呈同心圆。盆形座口径略大于制陶托盘器底内壁的圆形泥棱的直径，正好将盆形座固定于此托盘内。制陶时将托盘置于陶转盘之上，因其厚重，陶盘旋转时平稳，可减少上下晃动，然后将盆形或盘形座倒扣其上，在盆形座上盘筑泥条拉坯成型。此类器物过去考古发掘中常见，但因残破不明用途，

这套制陶工具的出土可以帮助对此类器物用途的认识。现藏甘肃省文物考古研究所。

锯齿网格纹彩陶壶

仰韶文化晚期。征集。通高 30 厘米，口径 15 厘米，底径 14 厘米。泥质橙黄陶，器表打磨光滑。敞口，矮粗颈，丰肩，圆鼓腹，平底。黑彩。肩腹纹饰分两层，上层一周饰 4 组椭圆网格纹及弧线三角纹、大锯齿纹，下层一周饰 6 组椭圆网格纹及弧线三角纹、大锯齿纹。无论器型和纹饰，均属渭河中上游仰韶文化晚期的代表之作。现藏会宁县博物馆。

平行线纹彩陶壶

仰韶文化晚期。庆阳市西峰区南佐遗址出土。高 20 厘米，口径 12 厘米，底径 7 厘米。侈口，宽平沿，粗颈，鼓腹，平底。红褐色彩绘。以平行线填充各种形

锯齿网格纹彩陶壶

平行线纹彩陶壶

状的宽条带纹。构图疏密得当，别具一格。此类宽平沿的粗颈彩陶壶多见于陇东地区。现藏庆阳市博物馆。

人首形盖钮

仰韶文化。镇原三岔镇米家川村高庄遗址出土。高15.8厘米，宽10.2厘米，颈径9.8厘米。下部残缺，原器型难以确定，推测可能是器盖的钮部，红陶，中空。脸形圆润，五官比例适中，眼、嘴部镂空而成，鼻梁高挺，捏塑成形，双耳均有小孔，可系饰物。该器是一件不可多得的史前艺术品。现藏镇原县博物馆。

漩涡纹尖底彩陶瓶

马家窑文化马家窑类型。陇西县吕家坪出土。口径7.1厘米，高26.8厘米。完整。细泥橙黄陶，器表打磨光滑。小口平沿，细颈圆折肩，斜直腹，尖底，腹部有桥形双耳。通体施黑彩，颈部绘平行线纹，瓶身自上到下绘3组以圆点、弧线、弧形三角构成的连续漩涡纹，图案极富动感。马家窑文化极少见到尖底瓶，该器具有马家窑文化和仰韶文化的双重特征，因此更为珍贵。现藏甘肃省博物馆。

圆点弧线纹平底彩陶盆

马家窑文化马家窑类型。1976年积石山县银川乡水地陈家征集。口径28厘米、高10.5厘米、底径10.5厘米。完整。

人首形盖钮

漩涡纹尖底彩陶瓶

圆点弧线纹平底彩陶盆

泥质红陶，大口斜平沿，圆腹平底。内外壁及口沿均施黑彩，以内壁彩绘为主。口沿上均匀分布13个半圆及圆点，其间以多条斜线相隔；内壁底部边缘绘同心圆，圆心内绘数条圆点弧线纹，形象似游动的蝌蚪，同心圆周围的内壁，起伏匀称的线条宛如层层涟漪；外壁绘圆点、水波纹及爪形纹。有的学者认为，盆底纹饰为星斗纹。该器型是马家窑类型的典型器物，纹饰是马家窑期的常见纹饰。现藏临夏回族自治州博物馆。

内彩漩涡纹彩陶盆

马家窑文化马家窑类型。口径23厘米，高9.7厘米。榆中县马家坬出土。完整。口沿外有双耳。器物外壁以浓重的黑彩弧形条带描绘起伏的水波，内壁以同心圆为中心，流畅柔美的线条甩成令人眼花缭乱的大漩涡，口沿内颇似人面的椭圆图案，则另有一番意境。现藏甘肃省博物馆。

十字圆圈纹曲腹彩陶盆

马家窑文化马家窑类型。1984年武威市凉州区韩佐乡五坝山1号墓出土。高18厘米，口径27.7厘米、底径10.4厘米。完整。细泥橙黄陶，大口圆唇，上腹微弧，中下腹内收，小平底，上腹有对称的双錾。内外壁施黑彩，以内彩为主。外壁以竖行宽带纹分隔为相等的

内彩漩涡纹彩陶盆

十字圆圈纹曲腹彩陶盆

方形空间，内填充U形纹；内壁上层绘弧边三角纹、平行线纹和十字圆圈纹，下层绘横行的短条带纹。器物造型优美，纹饰鲜亮如新。这类形体较高、深腹的曲腹盆是河西走廊马家窑类型彩陶的代表性器物。现藏甘肃省文物考古研究所。

舞蹈纹曲腹彩陶盆

马家窑文化马家窑类型。1991年武

威市凉州区新华乡磨嘴子墓地出土。高
14厘米，口径30厘米，底径11厘米。
陶片粘对复原而成，部分残缺。细泥红陶，
大口卷沿，上腹微弧，中下腹内曲，小平
底。内外壁施黑彩，以内彩为主。内壁纹
饰分为上下层，上层一周绘两组舞蹈纹，
每组9人，人物头部和腹部为圆点，身躯
和四肢分别以直线和斜线表示，人物均
手拉手，两组舞蹈纹之间以弧边三角纹和
多条弧线纹相隔；下层绘一周宽带纹和6
条平行线纹，线纹上均匀饰四个圆点，近
底处绘锯齿纹。外壁腹中部绘两道宽带；
其上有三角与竖线纹。该器虽残缺，是
甘肃彩陶截至目前唯一见到的舞蹈纹盆。
现藏武威市博物馆。

圆点弧线纹彩陶壶

马家窑文化马家窑类型。武威新华
乡磨嘴子墓地出土。高32.5厘米，口径7.5
厘米，底径8.5厘米。小口长颈，广肩斜
直腹，双耳平底。黑彩，颈部绘平行条
带纹，肩腹部由圆点、圆圈十字、三角纹、
弧线组成风格独特的图案。与甘肃中部
地区相比，线条粗犷，浓墨重彩。现藏
武威市博物馆。

网格纹束腹彩陶罐

马家窑文化马家窑类型。1958年永
登县杜家台遗址出土。高18.3厘米，口
径15.2厘米，底径7.6厘米。完整。泥

舞蹈纹曲腹彩陶盆

圆点弧线纹彩陶壶

网格纹束腹彩陶罐

质橙黄陶，大口微敛，上腹微鼓、中腹内收、下腹圆鼓，平底。造型独特，整体似陶罐上又加一陶盆。上腹部有一对小鋬，下腹部有一对腹耳。施黑、白彩。口沿绘一周黑色锯齿纹，罐身以白色条带、黑色宽带纹从上到下分隔为三部分，上下腹绘网格纹，中腹为平行线纹，均为黑彩。上腹部一周均匀分布6组白彩梅花点图案；中腹饰8组相同图案，每2组构成1大组；下腹部饰相同图案，但位置与中腹图案错开，分别位于腹耳两侧；每组图案中心为一圆点，周围有8~9个圆点。白彩系陶器烧成后绘制，因此浮于器物表面，容易脱落。黑白彩共用，增添了马家窑期彩陶的艺术魅力，此类彩陶多见于永登大通河流域及青海东部。现藏甘肃省博物馆。

漩涡纹彩陶瓶

漩涡纹彩陶瓶

马家窑文化马家窑类型。兰州市西固区杏核台出土。高25.4厘米，口径7.2厘米，底径7.2厘米。平沿口、细颈，斜直腹，双耳。通体黑彩，颈部绘平行线及圆点；之下围绕前后对称、大小不等的同心圆，勾画出翻腾飞扬、永不停息的漩涡景观。现藏甘肃省博物馆。

漩涡纹大口彩陶罐

马家窑文化马家窑类型。口径21厘米，高32.5厘米。完整。大敞口，深腹，

漩涡纹大口彩陶罐

平底，双耳。主题纹饰由同心圆引出动感强烈、汹涌澎湃的漩涡，周边弧三角内的小圆点如同飞溅的浪花，与大漩涡相辅相成。现藏陇西县博物馆。

漩涡纹彩陶壶

马家窑文化马家窑类型。高25.6厘米，口径9.6厘米，腹径21厘米。完整。双耳，平沿口。口沿至肩部线条粗细不同，腹部刚劲的线条与网纹圆心婉转组

合为激扬的漩涡，气势磅礴。马家窑类型晚期流行通体或大面积绘彩。现藏临夏州博物馆。

内彩漩涡纹彩陶豆

马家窑文化马家窑类型。1976年甘肃康乐县苏集乡出土。高12.2厘米，口径23厘米，底径9.5厘米。敞口，双耳，喇叭状圈足。沿外一周黑色宽带，内壁勾画四组连贯的漩涡。现藏临夏州博物馆。

漩涡纹彩陶三联杯

马家窑文化马家窑类型。舟曲掌坪遗址出土。高12.2厘米，口径7.6厘米，底径9.7厘米。泥质橙黄陶，上部为粘连在一起的三个陶杯，下部共用一高圈足。杯口外侈，深腹，圈足外撇，圈足上部有3孔相通。施黑彩，杯口沿一周绘4条弧线纹，杯身绘一漩涡纹。造型奇特，独具匠心，其纹饰疏朗，体现了甘肃南部和四川北部马家窑文化彩陶的风格。现藏甘肃省博物馆。

长颈鼓腹大罐

马家窑文化马家窑类型。1990年出土于安定区香泉镇堡子坪遗址。通高87厘米，口径30厘米，底径27厘米。泥质灰陶，直颈，鼓腹，平底，通体饰绳纹，腹部有附加堆纹带，用以加固。口沿外饰九个圆饼形錾纽，用于绑扎物品遮盖罐口固定鼓皮，肩腹结合部有对称的两孔。器

漩涡纹彩陶壶

内彩漩涡纹彩陶豆

漩涡纹彩陶三联杯

型硕大，造型罕见，具有重要的研究价值。有学者认为该器物为鼓，口部可固定兽皮，中部两孔为散音孔。现藏定西市博物馆。

蛙纹彩陶壶

马家窑文化马家窑类型。1983年出土于漳县新寺镇。高31.5厘米，口径4厘米，底径13.6厘米。喇叭形口，粗颈，鼓腹平底。黑彩，颈部绘平行线纹，腹部饰弧线纹，占据主要位置的是双眼圆睁的变体蛙纹图案，给人以呼之欲出的感觉。现藏漳县博物馆。

漩涡纹带流彩陶瓮

马家窑文化半山类型。1976年兰州市关庙坪1号墓出土。高32厘米，口径10厘米，底径15厘米。泥质橙黄陶，小敛口、圆鼓腹、大平底。口外一周制作有一管状流及三个錾，中腹部有两耳，该器当有特殊用途。以红黑相间的宽带在上腹部绘出6个小漩涡纹、中腹部则为平行宽带纹。图案简约大气，红彩的应用，令器物更显华丽。该器无论俯视还是平视，都给人以赏心悦目的美感。现藏甘肃省博物馆。

漩涡锯齿纹彩陶壶

马家窑文化半山类型。1973年广河地巴坪墓地出土。高31.5厘米，口径17.9厘米，底径13厘米。泥质橙黄陶，侈口，

长颈鼓腹大罐

蛙纹彩陶壶

漩涡纹带流彩陶瓮

束颈，圆鼓腹，大平底，有一对腹耳。饰黑、红彩，口沿内壁以黑色条带分割为五等分，空间填充黑色锯齿纹和红色垂弧纹，中上腹绘制四大漩涡纹，每一条黑色锯齿纹带和两条红色条带相伴而行，纹饰细腻而规整。半山彩陶造型饱满，纹饰精美，将马家窑文化的造型和装饰推到了艺术的顶峰。现藏甘肃省博物馆。

漩涡网格纹彩陶壶

马家窑文化半山类型。1977 年兰州花寨子 28 号墓出土。高 33.4 厘米，口径 10.6 厘米，底径 13.7 厘米。泥质橙黄陶，小口，直颈，圆鼓腹，大平底，口沿外有一对小鸡冠形耳，腹部有一对桥形耳。黑红彩，颈部饰平行线和大三角纹，腹部图案分上下两部分，上部一周为 4 个红色椭圆形圆圈，圆圈内填充黑色网格纹，圆圈外绘有三角和菱形纹；下部一周为 4 个双色漩涡纹，其间填充黑色三角纹。纹饰黑红相间，疏密得当，留有马家窑类型彩陶的遗风，属于半山早期的作品。现藏甘肃省博物馆。

葫芦网格纹彩陶壶

马家窑文化半山类型。1977 年兰州花寨子墓地出土。高 35.5 厘米，口径 10.7 厘米，底径 12.2 厘米。泥质橙黄陶，小口，直颈，圆鼓腹，平底，口沿外有一对鸡冠小耳，腹部有一对桥形耳。黑

漩涡锯齿纹彩陶壶

漩涡网格纹彩陶壶

葫芦网格纹彩陶壶

红彩，颈部饰网格纹及大三角纹，肩部为平行条带纹，腹部以黑红边框勾画出 6 组葫芦形纹，内填细密均匀的网格纹，葫芦之间用黑色锯齿纹条带及竖行直线分隔。纹饰细腻而精美，充分展示出半山陶艺师纯熟精湛的绘画才艺。现藏甘肃省博物馆。

圆点"个"字纹彩陶壶

马家窑文化半山类型。1982 年定西市安定区石峡湾乡征集。高 41.2 厘米，口径 14.3 厘米，底径 11.5 厘米。泥质橙黄陶，小口，矮粗颈，圆鼓腹，下腹略内收，小平底，双腹耳。口沿内、中腹部以上绘彩。黑红彩共用，口沿内绘黑色垂弧纹、颈部绘上下两层黑斜线纹。中上腹图案从上到下分为三层，其间均以黑色锯齿纹条带和红色条带作为隔离带。第一层由细密的黑色锯齿纹平行条带组成；第二层纹饰格外醒目独特，由 12 组相同纹饰构成，每组的方框内填充两圆点及近似"个"字的纹饰；第三层绘垂弧纹及水波纹。这种方框形纹饰在甘肃彩陶中极为少见，成排方框与"个"字，或许是先民们在描绘他们自己的居所和房舍。现藏定西市博物馆。

锯齿漩涡纹彩陶鼓

马家窑文化半山类型。1986 年永登

圆点"个"字纹彩陶壶

锯齿漩涡纹彩陶鼓

县河桥乡乐山大坪墓地出土。长 30 厘米，大口径 22.5 厘米，小口径 9 厘米。基本完整，两侧口沿略有缺失。泥质橙黄陶，一端呈大喇叭形口，另一端为小敞口，鼓身呈圆桶形，中空，两口同侧各有一环形耳，可系绳索，大喇叭形口沿外有七个小乳鋬，可用于固定鼓皮。施黑红复彩，小口内绘黑色水波纹，口外绘网格纹，鼓

身绘红色条带纹、黑色锯齿纹，红黑相
间，规整有序，喇叭口外壁以红色条带、
黑色锯齿带组成两个大漩涡纹。在同时
发现的一批陶鼓中，该器尤为精美，是
一件弥足珍贵的史前乐器。现藏兰州市
博物馆。

漩涡六角星纹彩陶罐

马家窑文化半山类型。高 33.5 厘米，
口径 11 厘米，底径 12 厘米。小口，鼓腹，
平底，双耳。主体纹饰为红黑双彩绘制的
四大漩涡纹，令人赏心悦目的是漩涡内
的六角星纹，似飞旋的齿轮，动感强烈。
现藏定西市博物馆。

内彩神人纹彩陶盆

马家窑文化半山类型。1977 年兰州
市红古区土谷台墓地 53 号墓出土。高
11.5 厘米，口径 23 厘米，底径 9.5 厘米。
侈口，深腹，平底，双錾。口沿饰一周黑
彩波折纹，盆内以黑红彩绘两组仅有两肢
的神人纹，表示头部的圆圈内填充菱形
网格，所有的黑彩带均有细密的锯齿纹，
具有半山类型的典型风格。现藏甘肃省
博物馆。

菱格纹大口彩陶罐

马家窑文化半山类型。高 34 厘米，
口径 20 厘米，底径 13 厘米。完整。排列
有序的菱格纹，红色的线条将黑色的方块
割裂开来，成行成排，华美大气，下端的

漩涡六角星纹彩陶罐

内彩神人纹彩陶盆

菱格纹大口彩陶罐

水波纹星星点点，波光粼粼，衬托起黑红相济的层层菱格。现藏榆中县博物馆。

漩涡纹彩陶罐

马家窑文化半山类型。高 38 厘米，口径 12 厘米，底径 12 厘米。完整。口沿为网格与大锯齿纹，四大漩涡纹装点于显要部位。黑色的大圆圈内簇拥着红色的小圆圈、黑点与方块网格，交相辉映分布其间，多种纹饰巧妙组合运用，独具匠心。现藏榆中县博物馆。

漩涡纹彩陶罐

神人纹彩陶罐

马家窑文化半山类型。高 42 厘米，口径 13 厘米，腹径 43 厘米。口沿饰网格纹，上腹部突出表现黑红相间的两组大圆圈及两组神人纹，空间填以大小圆点。半山类型是神人纹的起始阶段，头部、躯干及四肢往往完整无缺。整体纹饰疏密有致、布局精巧。现藏会宁县博物馆。

神人纹彩陶罐

葫芦网格纹彩陶罐

马家窑文化半山类型。高 30 厘米，口径 14 厘米，腹径 29.5 厘米。口部为网格纹、三角纹，腹部用红色勾勒出饱满的大葫芦纹，葫芦内描绘着精致的网格纹，葫芦的间隙处以叶纹填充。现藏会宁县博物馆。

漩涡纹彩陶罐

马家窑文化半山类型。高 37 厘米，口径 13 厘米，底径 11.5 厘米。完整。口

葫芦网格纹彩陶罐

部两条大锯齿纹，腹部饰黑红相间的四个大漩涡，漩涡内填充向四面八方伸展的细网格条带，圈外填充规整的锯齿纹，密集与疏朗相辅相成。现藏临洮县博物馆。

葫芦网格纹高低耳彩陶罐

马家窑文化半山类型。高 20 厘米，口径 15.6 厘米，腹径 23.8 厘米。造型别致，两耳分别位于肩及腹部。六组红线绘成的葫芦内填充密集的网格纹，葫芦之间以大块黑色及锯齿纹，与红色线条搭配出与众不同的半圆、垂弧纹，极具视觉的美感。现藏临夏州博物馆。

神人纹彩陶壶

马家窑文化半山类型。高 28.1 厘米，口径 11.4 厘米，腹径 38 厘米。口沿略残。口部折线黑红相同，粗细交错，腹部绘四组构图大同小异的神人纹，双臂张开，错落有致的同心圆装点其间，含义深邃。现藏临夏回族自治州博物馆。

漩涡纹鸟形彩陶壶

马家窑文化半山类型。1977 年兰州市红古区土谷台墓地 47 号墓出土。高 22.5 厘米，口径 8.3 厘米，底径 9.1 厘米。完整。整体造型似鸟，生动别致。器口偏置，广肩鼓腹，小平底，双耳。编口意指鸟头，另一侧的陶鍪代表鸟尾。肩腹部饰三个红黑双彩绘成的连续大漩涡纹，漩涡内填充菱形网格纹和不太规整的圆点纹。

漩涡纹彩陶罐

葫芦网格纹高低耳彩陶罐

神人纹彩陶壶

造型别致，妙趣横生。鸟形壶出现并流行于半山类型阶段。现藏甘肃省博物馆。

网格纹彩陶单耳杯

马家窑文化马厂类型。1973年永昌鸳鸯池墓地147号墓出土。高12.3厘米，口径10厘米，底径9.7厘米。基本完整，口沿略残。泥质橙黄陶。大口，近直腹，平底。口沿外为一单耳，下腹部另一侧有一錾。浅红色陶衣，黑彩，口沿内外绘大锯齿纹，之下为平行线纹，腹部以耳和錾分隔为对称的两组图案，分隔处绘纵向平行线。主体图案由上下左右的短条带纹构成空间，内填匀称细密的网格纹。以网格纹及条带为母题，构成各类纵横交错的折线图案，是马厂期彩陶独到的表现手法，也标志着彩陶艺术的发展和成熟。现藏甘肃省博物馆。

神人纹彩陶壶

马家窑文化马厂类型。高42厘米，口径15厘米，底径14厘米。1986年临夏市征集。完整。泥质橙黄陶，侈口束颈，鼓腹平底，双腹耳。施黑、红彩，口内绘黑色条带纹和圆点，颈部绘折角纹，肩腹部以双色彩绘两组变体神人纹和大圆圈纹。圆圈内填充网格和方格圆点纹。变体神人纹头部为同心圆，圆内填充圆点，躯干为直线，以大折线表示四肢，弯折处及上肢端绘有数量不等的指爪纹。中

漩涡纹鸟形彩陶壶

网格纹彩陶单耳杯

神人纹彩陶壶

腹偏下部为一周水波纹。神人纹是半山、马厂期彩陶的独特纹饰，具有明显的演变规律和时代特征。有的学者也称其为蛙纹。现藏临夏回族自治州博物馆。

人首彩绘陶塑

马家窑文化马厂类型。1994年临夏市征集。高5.5厘米，面长6.5厘米，宽6.5厘米。泥质橙黄陶。根据陶塑下部断茬及残存彩绘判断当为器盖或器纽。面部呈圆形，半圆形大耳，中间穿孔，两眼及嘴巴以刻剔的沟槽形式表达，鼻子堆塑而成。黑彩，以两条细线表示眉毛，并用线条勾画出双眼及嘴的轮廓，头顶和脑后以线条表示毛发，分向左右两边。尤为有趣的是，双眼及鼻孔下部均有两道下垂的线条，构成一副栩栩如生的痛哭流涕状。此陶塑除耳部略显夸张外，其他部位比例大体适中。类似的图案也见于青海柳湾墓地的彩陶，其含意有多种解释，有人认为是哭泣的写照，有人认为是饰物，有人认为是巫师的形象。现藏临夏市博物馆。

神人纹彩陶壶

马家窑文化马厂类型。1984年6月永靖县盐锅峡镇出土。高31.8厘米，口径8.1厘米，底径10.3厘米。完整。小口，鼓腹，单鋬，双耳。口沿为网格纹，最下端饰水波纹，黑红相间组合而成的两组神人纹，与两个大圆圈占据主要画面。

人首彩绘陶塑

神人纹彩陶壶

神人舒展，四肢张扬上举，肢端及转折处还有爪形纹；圆圆的脑袋中心，三个小圆圈好似瞪大的双眼和嘴。对称的大圆圈内以小圆点填充。现藏永靖县博物馆。

肢爪纹彩陶罐

马家窑文化马厂类型。1975年永靖县杨塔乡出土。高21.1厘米，口径18厘米，底径8.4厘米。完整。侈口高领，

鼓腹平底，双耳。口沿有八个孔，当为系绳便于提携之用。主题纹饰为黑红相间折线形的八组肢爪纹，被完全简化的蛙纹虽只剩下肢体，但顶端及弯折处的爪依然存在，构图简单疏朗。现藏临夏州博物馆。

编织纹彩陶罐

马家窑文化马厂类型。口径10.5厘米，高21厘米。完整。侈口，垂腹，双耳，平底。整体以横竖、粗细不同的平行线构图，中间部位直线组成的方格如编织的席纹格外醒目。构图元素简洁，极具装饰效果。现藏甘肃省博物馆。

十字花纹彩陶罐

马家窑文化马厂类型。底径4.3厘米，高7厘米。完整。大双耳。口沿内外饰平行线、圆点。腹部黑红相间的条带上方，八个十字花纹有序排列，下边为六个黑色近菱形纹。现藏甘肃省博物馆。

折线蝌蚪纹彩陶壶

马家窑文化马厂类型。1993年临夏市出土。高28.5厘米，口径10.5厘米，底径8厘米。完整。口沿内绘圆点，沿外颈、肩部的粗折线与细平行线，形成鲜明对比；腹部折线构成的三角空白内，令人叫绝的是，抖动着尾巴的蝌蚪怡然自得上下游动。从仰韶文化直到马家窑文化，先民对蛙和蝌蚪情有独钟，其中

肢爪纹彩陶罐

编织纹彩陶罐

十字花纹彩陶罐

寄托着他们特殊的情怀。现藏临夏州博
物馆。

四大圆圈纹彩陶瓮

马家窑文化马厂类型。1986 年临夏
市出土。高 41 厘米，口径 13 厘米，底
径 10 厘米。小侈口，鼓腹，平底，双耳。
黑红彩相伴相行组成的四个大圆圈为主
体，圈内整齐的细线条相交成十字，疏密
有致、简洁明快。四大圆圈纹是马厂类型
的常见纹饰，其器型大多高度超过腹径。
现藏临夏州博物馆。

叶纹彩陶豆

马家窑文化马厂类型。1987 年，甘
肃永靖县王台乡塔拉坪出土。高 8.8 厘米，
口径 19 厘米，底径 10 厘米。完整。斜平沿，
浅腹，高圈足，足中间有两穿孔。沿外绘
一周宽带及垂弧纹；口沿为密集的折线；
腹内黑彩为主的衬底，巧妙地将空白处
勾勒描绘成一片片排列整齐的叶子，创
意精巧。现藏临夏州博物馆。

刻划蛙面纹提篮

马家窑文化马厂类型。1986 年积石山
县征集。高 34 厘米，口径 7.2 厘米。泥质
红陶，口略敞，拱形提梁，器壁较厚。口
外部一端刻划一蛙面。现藏甘肃省博物馆。

涡纹彩陶瓮

马家窑文化马厂类型。1974 年永登
县蒋家坪遗址出土。高 52.2 厘米，口径

折线蝌蚪纹彩陶壶

四大圆圈纹彩陶瓮

叶纹彩陶豆

刻划蛙面纹提篮

涡纹彩陶瓮

圆圈水波纹双耳彩陶豆

篮纹平底钵

19.7厘米。泥质红陶，敞口，短颈，广肩，鼓腹，腹部靠下位置对称有两个小耳，小平底。施红、黑彩，绘两列连续旋涡纹，上列四个，下列六个，腹下部黑彩绘垂弧纹。器下部不施彩。是目前考古发掘出土最大的彩陶。现藏甘肃省博物馆。

圆圈水波纹双耳彩陶豆

马家窑文化马厂类型。1996年，永靖县西河乡出土。高20.1厘米，口径22厘米，底径11.4厘米。完整。深腹，矮

圈足，双耳。口沿外黑红彩交替绘成宽带与水波纹。内壁中心为同心圆，圆内饰大小圆点；同心圆四周分为两层，整齐排列、引射出宽窄不等、黑红对比的直线，间隙小圆点、小水波纹补空。整体构图异彩纷呈搭配得当。现藏永靖县博物馆。

篮纹平底钵

常山下层文化。1981年秦安县五营乡张塬遗址3号墓出土。高7厘米，口径13厘米，底径4.5厘米。完整。泥质红陶，

敞口，斜直腹，大平底。口沿外饰两条
附加堆纹带，腹部饰横篮纹。以上纹饰
均为常山下层文化的典型纹饰。现藏甘
肃省文物考古研究所。

人首陶塑

常山下层文化。礼县高寺头遗址征
集。通高 12.5 厘米，面宽 8.8 厘米，底径
6.1 厘米。泥质黄陶。此雕塑面部饱满，
中空，双眼及小嘴采用镂空的表现方式，
两耳和鼻子捏塑而成，双耳垂均有穿孔，
鼻孔以两个小眼表示，额头有一贴附的
堆纹带，似为装饰，也有人认为是发辫。
根据面部形象推测，应为女性造型。颈部
和后脑部饰有横篮纹，据此判断当为常山
下层文化遗物。这件史前圆雕艺术作品具
有重要的研究价值。现藏甘肃省博物馆。

喇叭形口篮纹壶

常山下层文化。1979 年秦安大地湾
遗址出土。高 36 厘米，口径 15 厘米，底
径 12.5 厘米。完整。泥质橙黄陶，喇叭
形口外翻，尖圆唇，颈粗矮，圆肩，鼓腹，
平底。颈肩交接处有 4 周浅槽，肩腹交接
处有 1 周窄泥条，其下至底部遍饰横篮
纹。其器型与纹饰皆具备常山下层文化的
典型特征。现藏甘肃省文物考古研究所。

刻划纹四联罐

常山下层文化。镇原县三岔镇大塬
村征集。高 9.7 厘米，单口径 8.1 厘米，

人首陶塑

喇叭形口篮纹壶

刻划纹四联罐

通宽 17.6 厘米。完整。泥质红陶，由四个侈口单耳罐缀联在一起，罐体饰两层纹饰，下面是绳纹，之上再施交叉刻划纹。造型独特罕见，设计精巧，堪称史前文化造型艺术的经典之作。现藏镇原县博物馆。

附加堆纹单耳带盖罐

常山下层文化。1989 年镇原县庙渠乡老虎咀遗址出土。通高 14 厘米，口径 8 厘米，底径 5.3 厘米，盖径 10 厘米。完整。圆形盖，盖上有桥形钮，便于使用。罐体敞口，鼓腹，平底，单耳。特殊的是该器物的纹饰，从盖到罐体，均以堆塑的小泥条装饰，排列整齐，间距相等，小巧玲珑，工艺精湛。现藏镇原县博物馆。

陶水管

常山下层文化。1989 年镇原县庙渠乡老虎咀遗址出土。长 50.3 厘米，直径 11.8 厘米至 17.2 厘米。基本完整，粘对复原。泥质红陶，小口一端为子口，大口端为母口，可与另一件套接。圆筒状，通体施篮纹，管壁外有数道附加维纹以加固器体。据调查，陇东地区多处同期遗址发现制作规整的陶水管，说明四千多年前已经有了人工引水设施。现藏庆阳市博物馆。

网格纹喇叭形口彩陶壶

常山下层文化。镇原县三岔镇大塬遗址出土。口径 15 厘米，高 39 厘米，底径 12 厘米。完整。喇叭形口，直颈，广肩，

附加堆纹单耳带盖罐

陶水管

斜腹，平底。红彩，仅在肩部饰交叉网格纹，肩腹相交处为一周条带纹。常山下层文化的彩陶数量比仰韶文化明显减少，由黑彩改变为红彩，纹饰风格疏朗简约。现藏镇原县博物馆。

绳纹红陶筒瓦

齐家文化。甘肃省灵台县西屯出土。

细泥红陶质，瓦长 15.9 厘米，口内径 7.3
厘米，口外径 8.6 厘米。筒瓦横截面呈半
圆形，瓦面饰绳纹，一端有瓦钉，瓦槽内
泥条盘筑痕迹十分清楚，一端残损。此
瓦应是先以泥条盘筑成筒状，之后剖分
为两半。测定年代距今 3930±10%，是研
究青铜时代建筑构件的实物资料。现藏
甘肃省博物馆。

网格纹单耳彩陶罐

齐家文化。1972 年天水市秦城区华
岐乡下马村出土。高 7 厘米，口径 5.5
厘米，底径 4.3 厘米。基本完整，口部
略有残缺。泥质橙黄陶，敞口，束颈，
垂腹，小平底，单耳。红彩，口沿内绘
折线纹，颈间饰一圈网格纹，腹部一
周饰 3 个大三角形网格纹。现藏天水
市麦积区博物馆。

条带纹彩陶双大耳杯

齐家文化。1994 年榆中清水驿乡齐
家崖湾村岳彦林家征集。高 14.5 厘米，
口径 11.5 厘米，底径 5 厘米。完整。泥
质橙黄陶，敞口，长颈，颈向下斜收，鼓
腹，平底，腹较小，口腹部有双大耳，耳
部有三角形镂孔。颈部上下各饰一周红
彩条带纹，上部条带由 6 条平行线组成，
下部有 4 条，中间的两条平行线内填充短
斜线。器体内收，双大耳外扩，造型美观，
纹饰简洁，突显了齐家文化的鲜明特点。

网格纹单耳彩陶罐

条带纹彩陶双大耳杯

现藏榆中县博物馆。

三角折线纹圜底彩陶罐

齐家文化。1973 年广河齐家坪遗址
20 号墓出土。口径 7 厘米，高 13.5 厘米。
完整。泥质红陶，完整。直口，短颈，颈
腹部两侧有耳，圆鼓腹，圜底。红彩，口
沿内外绘倒三角网格纹，腹部以平行线
划分为上、中、下三层，上下两层图案

为连续水波纹，中间部位饰三角折线纹。构图元素为双线，之间的空白绘以均匀的短线。

齐家文化彩陶并不多见，以红彩、三角折线纹为主，风格雅致，对后来的四坝文化、辛店文化产生了较大的影响。现藏甘肃省文物考古研究所。

三角折线纹圜底彩陶罐

齐家文化。1973年广河齐家坪遗址出土。口径9.5厘米，高22厘米。完整。侈口、束颈、鼓腹、圜底、双耳。红褐色彩绘。通体构图以平行线分隔成三部分：最上部分饰三角网格纹；其他两部分纹饰相同，绘细密的三角折线纹，规整有序，繁而不乱。现藏甘肃省文物考古研究所。

网格条带纹彩陶罐

齐家文化。高20.6厘米，口径8.6厘米，底径8.6厘米。完整。侈口，鼓腹，平底。构图简单明了，由口向腹部呈放射状，形成六组宽条带纹，条带内填充网格纹，构图风格爽朗。现藏临夏州博物馆。

对顶三角纹双大耳彩陶罐

齐家文化。1989年积石山县银川乡出土。高12厘米，口径8.2厘米，底径4.3厘米。完整。侈口，大双耳，平底。红色彩绘。颈部为平行线，腹部四组对顶三角

三角折线纹圜底彩陶罐

三角折线纹圜底彩陶罐

网格条带纹彩陶罐

纹，三角内绘网格纹。造型与构图完美统一，线条简单流畅。现藏临夏州博物馆。

对顶三角纹贯耳彩陶罐

齐家文化。甘肃武威皇娘娘台出土。高 7 厘米，口径 6 厘米，底径 5.5 厘米。完整。侈口，直腹，平底，腹部有两贯耳。纹饰简单，红彩绘成四组对顶三角，其中三组为三角网纹，一组为斜线纹。现藏甘肃省博物馆。

斜条带纹双耳彩陶罐

齐家文化。高 20.5 厘米，口径 9.3 厘米，底径 8.4 厘米。口略残。侈口，双耳，鼓腹，平底。黑色彩绘。颈部绘菱形方块，两耳周围饰锯齿纹，肩腹部以粗细不等的平行线组合为条带纹，条带之间的三角空白处，网格构成的折线巧妙地镶嵌其中，体现了娴熟的彩绘技法。这种类型的彩陶最早出土于武威皇娘娘台墓地，与河东地区的齐家文化不同，河西走廊的为黑彩，较繁缛。有学者称之为"过渡类型"。现藏古浪县博物馆。

三角折线纹单耳彩陶罐

齐家文化。古浪县土门镇青石湾子遗址出土。高 24.4 厘米，口径 9.7 厘米，底径 10 厘米。完整。单耳，鼓腹，平底。通体饰红色陶衣，黑色彩绘。颈部为三角网格纹。肩腹部以平行的折线构成三角，空白的三角内都绘有两条短线条，纹饰

对顶三角纹双大耳彩陶罐

对顶三角纹贯耳彩陶罐

斜条带纹双耳彩陶罐

简单朴拙。现藏古浪县博物馆。

菱形网格纹双耳彩陶罐

齐家文化。高 16.5 厘米，口径 8.5 厘米，腹径 19.5 厘米。完整。侈口，鼓腹，腹部有两錾，双耳，平底。黑色彩绘。颈部饰菱形小方块。双耳以下为六组黑色的条带构成的菱形大方块，方块内又套饰了网格组成的菱形方块。现藏嘉峪关长城博物馆。

菱形方块纹双耳彩陶罐

齐家文化。高 13 厘米，口径 9.5 厘米，底径 7 厘米。完整。侈口，鼓腹，平底，双耳。颈部为菱形方块，肩腹部整个构图繁缛复杂，变幻多样。有网格组成的折线纹、交叉的十字、黑色条带以及菱形方块等。现藏玉门市博物馆藏。

弦纹盉

齐家文化。天水市出土。高 29.2 厘米，底径 10.2 厘米。完整。泥质黑灰陶，椭圆形口，开在一侧，另一侧为上扬的鸟喙形流嘴，颈部内收，腹部微鼓，平底。口腹间有一宽把手。流嘴两侧和把手上端有乳钉纹，口边有圆形划纹，把手上刻有竖行划纹，颈腹部有 3 组凹弦纹，近底部有 1 组凸弦纹。该器造型与龙山文化雷同，齐家文化显然吸收了黄河中下游的文化因素。现藏甘肃省博物馆藏。

三角折线纹单耳彩陶罐

菱形网格纹双耳彩陶罐

菱形方块纹双耳彩陶罐

第二节　青铜时代

靴形双耳彩陶罐

四坝文化。1976年玉门火烧沟84号墓出土。高11厘米，口径4.8厘米，底长3.5厘米，宽2.5厘米。完整，整个罐体似人体的腰腹足部。夹砂橙黄陶，口微侈，鼓腹双耳，靴形双足。红褐彩。口内一周饰竖线纹，通体有菱形、直线、三角、之字纹组成的图案。靴形彩陶罐是河西地区及青海东部青铜文化的特有器型，由此或可看出当时人们服饰的特点。现藏甘肃省博物馆。

三角折线纹彩陶方盒

四坝文化。1984年民乐县六坝乡东灰山96号墓出土。高10厘米，长17厘米，宽6.5厘米。经粘对复原，基本完整，口略残，盖断裂。夹砂红陶，长方体，长方形盖，盖顶略下弧，直腹，平底。红陶衣白彩，通体饰三角折线纹，盖顶面饰变体蛙纹。方形彩陶的出现，说明了制陶工艺的进一步发展。现藏甘肃省文物考古研究所。

人形彩陶罐

四坝文化。1988年玉门火烧沟遗址采集。高21厘米，口径4厘米，底径7.2厘米。经粘对复原，基本完整。整体为人的造型，但内部中空可作器物使用。夹砂红陶，通体施红色陶衣，黑彩。口部略外侈，颈部为人首造型，一眼镂空，一眼刻出外形，嘴部刻划而成，捏塑的双耳有穿孔，鼻部有鼻孔，面部涂黑。胸部左右稍有凸起，似男性乳房。双臂外扩，正好作器物的双耳。两腿粗

靴形双耳彩陶罐

三角折线纹彩陶方盒

壮，双脚硕大如穿肥靴，整体造型高大而威严。颈部画一条黑线和网格纹，犹如项链和胸饰。腰至裆部为网格纹，两腿到脚尖有多条黑色直线及折线作为装饰，似为裤裙。这是目前甘肃史前文化所见唯一的完整人形彩陶雕塑，可能是巫师或首领的形象。现藏甘肃省文物考古研究所。

三角网格纹双大耳彩陶罐

四坝文化。1976年玉门火烧沟115号墓出土。高8.5厘米，口径7.7厘米，底径3厘米。基本完整，口沿略有缺损，局部彩绘脱落。夹砂红陶，侈口，上腹斜直，中腹内敛，下腹折收，小平底，双大耳。黑彩，口沿内为网格纹，口沿外饰宽带纹，上腹部一周由6组多重三角纹构成，一组三角纹为正向，另一组为倒向，下腹部绘网格纹，双耳饰以多道线条。尤为珍贵的是，两耳及下腹部贴附着大小不等的多片绿松石，令这件彩陶显得更加富丽高雅。现藏甘肃省文物考古研究所。

三狼纽盖彩陶方鼎

四坝文化。1976年玉门市清泉乡火烧沟出土。长12厘米，宽23厘米，高27厘米。直角四足，鼎盖上塑三只竖耳站立的狼。方鼎上绘褐色三角网带纹，现已大部分脱落。现藏甘肃省博物馆。

人形彩陶罐

三角网格纹双大耳彩陶罐

三狼纽盖彩陶方鼎

刻划人形纹双耳罐

四坝文化。1976 年玉门火烧沟 152 号墓出土。高 7 厘米，口径 3.2 厘米，底径 2.9 厘米。基本完整，缺一耳。夹砂红陶，敛口，圆鼓腹，平底，一侧上腹残存一横环耳。通体饰红色陶衣。一面器身以刻画手法描绘出人物及各种图案。口外一周饰斜线纹，上腹主题图案由双线构成类似 X 形的折线纹，似人似娃。下腹部显要位置刻画出两个人物形象，左侧人物头部呈圆形，右侧近方形，均宽肩、长臂、两腿间刻小倒三角形，双线条刻画出两臂，躯体及手指、脚趾以单线条表示。中腹部两侧还分别刻有两个较小的 X 形纹。线条古拙，与岩画表现手法雷同，在陶器上刻画人物图案极为少见。现藏甘肃省文物考古研究所。

鱼形彩陶埙

四坝文化。1976 年玉门火烧沟 269 号墓出土。长 9 厘米，宽 6.4 厘米，厚 2.3 厘米。完整。夹砂红陶。整体呈鱼形，中空，头部开圆形小口，扁鼓腹，上腹部左右两边各有一孔，下腹部亦有一孔，尾部呈鱼鳍状，并有一穿孔用于系绳。腹部共有 3 孔，可吹出 4 个音"1、2、3、4"。黑彩，口沿绘黑色平行线纹，腹部为三角纹及网格纹，尾部饰平行线内交叉纹。火烧沟出土的陶埙中，大多为鱼形，正是

刻划人形纹双耳罐

鱼形彩陶埙

这种原始而古老的吹奏乐器，为四坝文化先民半农半牧的游牧生活增添了乐趣。现藏甘肃省文物考古研究所。

双矛形纽盖四耳彩陶罐

四坝文化。1976 年玉门火烧沟 269 号墓出土。高 24.5 厘米，口径 7.6 厘米，底径 6 厘米。完整，彩绘稍有脱落。夹砂红陶，圆形器盖，盖钮呈双矛形，敛口，

鼓腹，平底，上腹及下腹部两侧有对称的环形耳。黑彩，施红色陶衣。器盖与器身绘三角纹及折线纹。此类矛形器盖在其他文化中难以见到，其来源或许来自于北方、西方游牧民族。现藏甘肃省文物考古研究所。

折线犬纹四耳彩陶盖罐

四坝文化。1976年玉门火烧沟墓地出土。口径5.5厘米、通高10厘米、底径4.5厘米。完整。口外一周有四耳，鼓腹，平底，带盖及盖钮。黑色彩绘。纹饰主要为变幻多样的平行线与折线；尤为瞩目的是，腹部绘一组造型生动、尾巴卷扬的犬纹，憨态灵动逼真，是甘肃彩陶纹饰中最为生动的犬纹形象。现藏甘肃省文物考古研究所。

蜥蜴回形纹双耳彩陶罐

四坝文化。1976年，玉门火烧沟墓地出土。高11厘米，口径9.2厘米，底径4.5厘米。完整。侈口，垂腹，平底。施红色陶衣，黑色彩绘。主题纹饰为对称的回形纹与蜥蜴纹。两组回纹之间，描绘出正在爬行、肢爪伸展的上下两只蜥蜴，几千年前的生态生灵得以形象体现，耐人寻味。现藏甘肃省文物考古研究所。

舞蹈纹双耳彩陶罐

四坝文化。1976年，甘肃酒泉市丰乐乡干骨崖墓地出土。高10厘米，口径5.7

双矛形纽盖四耳彩陶罐

折线犬纹四耳彩陶盖罐

蜥蜴回形纹双耳彩陶罐

厘米，底径 3 厘米。侈口，垂腹，小平底，大双耳。施红色陶衣，黑色彩绘。主题纹饰为六组形似舞蹈的图案，三人一组，身躯及头部均为三角形，颇具神秘色彩。现藏甘肃省文物考古研究所。

折线纹彩陶鬲

辛店文化。征集。高 10 厘米，口径 8.2 厘米，足距 11.6 厘米。基本完整，口沿略有缺损。夹砂橙黄陶，口微侈，短束颈，浅腹，下接三个乳状大袋足，足内中空。单肩耳，通体使用黑彩，袋足上饰多重倒三角折线纹，两足之间以多条平行线分隔。一般而言，鬲是作为炊器使用的，多为素面不绘彩，辛店文化彩陶鬲独特而珍稀。现藏临夏州博物馆。

鹿纹双耳彩陶罐

辛店文化。1987 年东乡县达板乡卓子坪村征集。高 18 厘米，口径 10.6 厘米，腹径 16.4 厘米，底径 5.8 厘米。基本完整，腹部有破口。夹砂橙黄陶，大敞口，束颈，圆折腹，下腹渐收，小凹底。双肩耳。饰黑彩，口沿内外饰宽带纹，颈腹部以竖向平行宽带纹分为 4 区，对称饰 4 个同向的鹿纹，以直线和三角块绘出四肢，头部高扬。上下各饰 2 条波折纹。辛店文化彩陶常见鹿纹，该器鹿纹描绘尤为生动，形态传神。现藏临夏州博物馆。

舞蹈纹双耳彩陶罐

折线纹彩陶鬲

鹿纹双耳彩陶罐

折线纹圜底彩陶罐

辛店文化。1983 年临夏市前河沿私人处征集。高 15.6 厘米，口径 8.8 厘米，腹径 14 厘米。基本完整，口沿略有缺损。夹砂橙黄陶，直口、短颈、垂腹、圜底，饰双肩耳。通体施红彩，颈部饰两道平行弦纹和 S 形纹，其间饰一道折线形成的回纹条带，腹部以竖方格带纹分为 6 区，其内填充不同的近似回纹的折线纹的装饰带，形成变化多样。现藏临夏州博物馆。

折线纹圜底彩陶罐

狩猎纹四耳彩陶罐

辛店文化。1985 年东乡县那勒寺郭泥沟征集。高 26.6 厘米，口径 11 厘米。基本完整，口沿略残，腹部有一小洞和一块黑斑。夹砂橙黄陶，口微侈，直颈斜肩，弧腹，近圜底，颈肩部两侧各有一小耳，中腹部两耳较大。黑彩。颈部一侧饰 2 个螺旋纹，另一侧绘相对的 2 个人物，手持物，迈步前行，之间有 4 个有角的动物，其中一个动物被人用绳索拖住。肩部绘一张开双臂的人物，其两侧有姿态不同的 5 个动物，其中一个动物有枝杈形角，显然属于鹿科动物，还绘有 "M" 形纹饰和螺旋纹。从人物、动物的姿态分析，当为射猎场景。现藏临夏州博物馆。

狩猎纹四耳彩陶罐

双勾纹彩陶罐

辛店文化。高 37.5 厘米，口径 15.6 厘米，腹径 25 厘米。完整。双耳。口沿

双勾纹彩陶罐

为黑色宽带，颈肩部绘回形纹、平行的细折线，两耳之间的显要位置以大双勾纹为主、在双勾纹上下，又加绘了密集的小勾，突显了代表羊角的勾形纹的特色纹饰。现藏临夏州博物馆。

双勾犬纹彩陶罐

辛店文化。高 38.5 厘米，口径 18.5 厘米，底径 13 厘米。完整。口沿一周饰黑宽带，下为转折的回纹，两组醒目的勾形纹绘于上下两组平行线之间，双勾正中绘有站立的双犬纹，面对面若虎视眈眈，活灵活现。现藏兰州市博物馆。

鸟纹单耳彩陶罐

辛店文化。1986 年，积石山县征集。高 7.6 厘米，口径 4.3 厘米，底径 3 厘米。完整。施红色陶衣。敞口，单耳，鼓腹，平底。口沿内饰一周圆点纹。图案以平行线分隔为三层，颈部饰锯齿纹，肩部一周绘 6 个鸟形纹，欲飞之状。腹部相互勾连的 6 个弧形三角纹组成连续的涡形纹。构图简洁生动，运笔流畅，有强烈的艺术感染力。这是辛店文化唐汪式陶器的典型器物。现藏甘肃省博物馆。

条带纹三足彩陶罐

辛店文化。高 14.8 厘米，口径 8.7 厘米，底径 4.5 厘米。完整。大双耳。底部有三个小足。口沿外、腹部分绘一条红色宽带，其上又饰黑彩三角折线纹，

双勾犬纹彩陶罐

鸟纹单耳彩陶罐

条带纹三足彩陶罐

宽带之间分别绘平行线、角形纹、S形纹饰，构图简单明快。在辛店文化的彩陶中，三足器十分罕见。现藏临夏州博物馆。

漩涡纹彩陶豆

辛店文化。高 19.6 厘米，口径 11.6 厘米，腹径 13 厘米。完整。敞口，浅腹，圈足。饰红色陶衣，绘黑彩。主要彩绘于圈足部，红色的衬底上，黑色线条流畅地滚动成连续不断的漩涡。现藏临夏州博物馆。

漩涡纹双大耳彩陶罐

辛店文化。高 19.6 厘米，口径 11.6 厘米，腹径 13 厘米。完整。敞口，大双耳。饰红色陶衣，绘黑彩，整体色彩明丽。婉转优美的三角弧线或勾或连，变幻为典雅的漩涡纹。该器物体现了造型与装饰艺术的完美结合。现藏临夏州博物馆。

马鞍口双耳罐

寺洼文化。1993 年临洮县玉井乡征集。高 51 厘米，口径 29 厘米，底径 14 厘米。完整。泥质红陶，口部呈马鞍形，侈口束颈，上腹圆鼓，下腹内收，小平底，双肩耳，素面。该器具有寺洼文化的典型特征，体形高大，是甘肃中部地区寺洼文化的代表性器物。现藏定西市博物馆。

漩涡纹彩陶豆

漩涡纹双大耳彩陶罐

马鞍口双耳罐

双马鞍口双耳陶罐

寺洼文化。临夏莲花台遗址出土。高 12 厘米，口径 10 厘米，底径 4.5 厘米。完整。双马鞍口，束颈，鼓腹，平底，双耳。具有寺洼文化的典型特征。现藏甘肃省文物考古研究所。

单耳陶鬲

寺洼文化。合水九站墓地 23 号墓出土。高 13 厘米，口径 10 厘米。完整。夹砂红陶，敞口，束颈，单耳，分裆，三袋足，足尖外撇。现藏甘肃省文物考古研究所。

锥刺纹陶簋

寺洼文化。合水九站遗址出土。口径 19.5 厘米，高 21 厘米，底 12 厘米。完整，有裂缝。泥质红陶，侈口鼓腹，圈足座。陶簋是盛放食物的器物。现藏甘肃省文物考古研究所。

三角网格纹彩陶罐

沙井文化。1958 年，民勤县沙井遗址出土。高 12.5 厘米，口径 8.5 厘米，底径 7.5 厘米。完整。敞口，粗颈，鼓腹，平底，单耳。通体红色彩绘。口沿饰平行线与折线纹；颈部绘平行竖线；上腹部为平行线及三角网格纹；下腹部涂红彩。现藏甘肃省博物馆。

三角垂线纹圜底彩陶罐

沙井文化。征集。口径 13.7 厘米，

双马鞍口双耳陶罐

单耳陶鬲

锥刺纹陶簋

高 24 厘米。基本完整，口沿略残。夹细砂橙黄陶。施红色陶衣。敞口，斜平沿，斜直颈，圆鼓腹，圜底。双肩耳。通体绘紫红彩，口沿外、颈肩交接处、中腹部绘三条横向彩带将罐体分割为三部分，彩带由平行线纹、菱形纹构成；主体纹饰为细长的倒三角纹，或称为悬针纹、垂线纹，布满整个罐体，有的三角纹上加绘小图案。图案雅致，别具一格。现藏古浪县博物馆。

三角网格纹彩陶罐

大口双耳彩陶罐

沙井文化。永昌西岗墓地出土。口径 15.81 厘米，高 22 厘米。完整。敞口，粗颈，直腹，平底、双耳，口沿上有对称的两个小流。口沿内绘一周红色条带；器表由口沿至上腹部、连同双耳均饰红彩。大多数沙井文化彩陶与该器物相同，仅饰红彩，无图案。（甘肃省文物考古研究所编《永昌西岗柴湾岗：沙井文化墓葬发掘报告》，甘肃人民出版社，2001 年）。现藏甘肃省文物考古研究所。

三角垂线纹圜底彩陶罐

三角垂线纹圜底彩陶罐

沙井文化。武山县洛门镇西旱坪遗址出土。口径 8.7 厘米、高 23.8 厘米。口沿略残。敛口，粗颈，鼓腹，平底，双耳。红褐色彩绘。口沿饰一周菱格纹；肩部为菱格与三角折线纹；颈部及腹部纹饰一致，绘三角垂线纹，腹部垂线拉长。器

大口双耳彩陶罐

三角垂线纹圈底彩陶罐

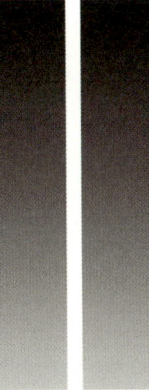

彩绘歌唱人形灰陶瓶

型别致，纹饰精巧。现藏甘肃省博物馆藏。

彩绘歌唱人形灰陶瓶

春秋时期。甘肃省礼县出土。高 38 厘米，底径 12.2 厘米。灰陶，绘红、黑彩，整体呈人形，上半身袒露，双手拢于腹前，下半身呈筒状。头部采用圆雕手法塑造，头微仰，目视前方，呈歌唱状。现藏甘肃省博物馆。

第三节 汉代及其以后

云气纹彩绘陶壶

汉代。武威新华乡磨嘴子墓地出土。高 28 厘米，口径 11 厘米，底径 13 厘米。泥质红陶。侈口，束颈，溜肩，鼓腹，假圈足，平底。主题纹饰为云气纹，黑色勾线，白色填涂；腹中部两组阴弦纹及压印的细绳纹，下腹部饰一周倒三角纹。现藏甘肃省文物考古研究所。

驭马飞奔图彩绘陶壶

东汉。1995 年临夏市市场没收而来。高 38 厘米，口径 15.8 厘米，腹径 30 厘米，底径 21.9 厘米。完整。泥质灰陶，敞口，束颈，溜肩，鼓腹，平底。腹部饰色彩鲜艳的红白黑彩绘，以红白黑相间的平行线纹分为 3 层，第 1 层饰倒三角纹，其间饰云纹；第 2 层以人驭马飞奔为主题，描绘一男子坐于马背之上、驭马奔驰的情景，人和马的形象刻画入微，表现了奔驰中的瞬间景象；第 3 层两侧饰长卷云纹。彩绘艳丽，精美绝伦，充分展示了汉代彩绘的风采。现藏临夏州博物馆。

绿釉陶碉楼院

东汉。1969 年武威雷台汉墓出土。高 105 厘米，长 67.7 厘米，宽 54.4 厘米。完整，随葬品。陶质，施以黄绿釉，由 23 个构件组装而成，可灵活拆卸。庄院四周设围墙，正面开门，门两旁辟窗，装菱格型窗棂。正门之上建两层门楼，院内除正面外均建有夹墙，院墙四隅上立两层角楼。门楼与角楼间有飞栈通连，形成一个四通八达的防卫体系。院中央矗立五层重檐高楼，每层四面坡出檐，由下至

云气纹彩绘陶壶

驭马飞奔图彩绘陶壶

绿釉陶碉楼院

上逐渐收分。中央阁楼及四个角楼之外壁均设透窗，以便对外瞭望观察，防御作战时可发射箭弩。这座碉楼院是东汉后期豪强世家庄园坞壁的真实写照。现藏甘肃省博物馆。

陶楼院

汉代。武威长城乡征集。长 43.5 厘米，宽 37 厘米，楼单层高 32 厘米，屋顶面长 18.5 厘米，宽 17 厘米。由院和两重楼阁上下套接而成。院平面呈正方形，有院墙。院内由十字形隔墙分为四区。前院、后院各有一区开方形门，两门相对。塔式楼阁两重，上下套接。楼身呈细长的四棱柱形，楼有大屋脊顶。楼中部套接回廊，将一重楼阁分为两层，正面开竖长方形门。楼院底部四腿。楼院高大，是研究汉代建筑的珍贵资料。现藏甘肃省博物馆。

梵文彩绘陶塔

唐代。武威市出土，高 66 厘米，塔身呈八角形，每个转角处及上下端用朱红色画出倚柱及地袱和木枋，圆形底座画满了仰莲，盔形顶上也画满唐草及覆莲。葫芦形塔刹被装饰成莲蕾，在相隔的塔身四面上各写四个梵文，这种梵文彩绘陶塔为国内罕见。现藏甘肃省博物馆。

三彩凤首壶

唐代。甘谷县出土。高 31.5 厘米，

陶楼院

梵文彩绘陶塔

口径 4 厘米，底径 8.5 厘米。白胎，直口，凤首口衔珠，细颈，椭圆腹，高圈足。通体施黄釉，点缀白、蓝彩。凤首壶造型受波斯萨珊王朝金银器型影响。现藏甘肃省博物馆。

彩绘杂戏俑

唐开元十八年（730 年）。2001 年庆

三彩凤首壶

彩绘胡人牵马俑（1组2件）

城县镇北区穆泰墓出土。高54厘米。基本完整，左手缺失。泥质灰陶彩绘，头右倾，两脚呈八字形站立于长方形底座上，左臂屈肘斜置于胸前，右臂外撇，手半握。整体形态动作似在鸣锣伴奏。俑裹黑幞头，圆脸丰颐，细目大耳，眉心处饰一红点，一脸喜气。身穿黑底白花团领内衣，外罩浅黑色右衽曳地长袍。腹部束黑色革带，袍左下摆提起掖在带下，露出月白色里子和四瓣花红绫裤，左小臂搭粉色宽袖，足踏白色尖头履。人物神情生动，色彩斑斓绚丽。现藏庆城县博物馆。

彩绘胡人牵马俑（1组2件）

唐开元十八年（730年）。2001年庆城县镇北区穆泰墓出土。俑高53厘米、马身长37厘米、高47.5厘米。完整。泥质灰陶彩绘，牵马俑与马分别站立于长方形底座上。牵马俑头略右向，面阔脸圆，左眼圆睁，右眼紧闭，张口咧嘴，唇红齿白，左臂贴身，用力握拳，右臂曲肘，挽卷衣袖，双手握拳，一高一低，当为拉紧缰绳的动作。头戴红边黑尖帽，帽檐翻卷，露出帽里的花纹。身着橘黄色团领窄袖开襟长袍，内穿白色团花绯色长衣，腰束黑带，左侧腰带下缀黑色鞶囊，足蹬黑靴。从面部和服饰判断，应为胡人。马通身呈灰色，昂首站立，双目圆睁，双耳耸立，张嘴嘶鸣，鬃毛修剪短齐，马尾缚扎上翘，筋肉坚实，膘肥体壮，实为良马。现藏庆城县博物馆。

彩绘牵驼黑人俑

唐开元十八年（730年）。2001年庆城镇北区穆泰墓出土。高50厘米。泥质灰陶彩绘。牵驼黑人俑头扎橘黄色巾，发披垂至颈，发梢上卷。头右上扬，拧眉瞪目，鼻高颊凸，嘴抿上撇，神情紧张专注，耳戴尖形耳坠。身着浅黄色团领紧袖偏襟短衫，腰束黑带。下穿黄地黑花裤，足蹬黑靴，分腿丁字步站于长方形底板上。双臂曲肘高举，手握虚拳，斜腰拧胯，奋力持缰前拉。现藏庆城县博物馆。

彩绘滑稽戏俑

唐开元十八年（730年）。2001年庆城县镇北区穆泰墓出土。高48厘米。完整。泥质灰陶彩绘，立于长方形底座上。头向左倾，肩向右耸，双手笼袖于左腹前，左胯上抬，右腿前曲，身姿略呈S形，显然正在表演。头戴黑色巾帻，面部涂白，宽额上3道皱纹，双眉紧蹙，两眼圆睁，嘴唇涂红，表情丰富。身穿黄褐色团领宽袖长袍，腰间束带，后裙翻卷，足穿乌皮靴，该俑头面部色彩对比强烈，表情夸张而丰富，生动地展现出戏剧表演中的滑稽丑角形象。现藏庆城县博物馆。

彩绘袒怀胡人俑

唐开元十八年（730年）。2001年庆

彩绘牵驼黑人俑

彩绘袒怀胡人俑

城县镇北区穆泰墓出土。高50厘米。基本完整，双臂残断。泥质灰陶彩绘，光头胡人俑袒胸露腹，两臂屈肘置于身后，双腿分立，凶神恶煞般站于长方形台座上。头向左倾，缩颈耸肩，浓眉紧蹙，双目圆，鹰勾高鼻，张口切齿，片状络腮胡须飞翘，可谓吹胡瞪眼，愤怒之极。胸、腹部绘有稀疏体毛。身着浅赭色团领开襟长袍，腹圆如鼓，衣下摆扭结于腹下，露出绿色衬里，白色长裤，足蹬黑靴。无论人物神情和服饰均刻画入微，显露出唐代雕塑艺术的成熟和高超水平。现藏庆城县博物馆。

彩绘贵妇俑

唐开元十八年（730年）。2001年庆

彩绘贵妇俑

城县镇北区穆泰墓出土。高43.5厘米。完整。泥质灰陶彩绘，端庄直立，双手笼于胸前，站于方形台座之上。女俑头梳"凤髻"，乌发浓密遮耳，面颊丰满，额间贴红花钿，蛾眉杏目，鼻直口小，红唇欲滴。上身穿对襟红边内衣，V形领口，胸前系衫，外罩黑色大折领外帔，内穿绯色曳地长裙，露出两条湖蓝色绣带，足蹬淡绿色翘头履。拱手捧香囊，矜持中略带微笑，一幅雍容华贵的贵妇形象。现藏庆城县博物馆。

彩绘牵驼胡人俑（1组2件）

唐开元十八年（730年）。2001年庆城县镇北区穆泰墓出土。俑高53厘米、驼高77厘米、身高50厘米。基本完整，牵驼俑右手稍残。泥质灰陶彩绘，牵驼俑和骆驼分别站立于长方形底座上。头右上扬，拧眉瞪目，鼻高颊凸，络腮胡须上翘，神情紧张专注。左臂屈肘握拳，右臂上扬高举，手用力回握，呈现出奋力牵拉缰绳的姿态。头戴平顶高帽，身着浅色团领紧袖开襟长袍，内穿淡黄色红黑S形纹衣衫，前摆扭结于腹部，后摆下垂，下着紧身花裤，足蹬黑靴。双峰驼，淡黄色，头向左高扬，张口嘶鸣，双峰分别偏向两侧，尾巴上翘卷起，身躯高大，雄健壮美，胸前及驼峰以细线刻画出鬃毛。牵驼胡人俑的出现反映了唐代丝绸

彩绘天王俑（1组2件）

之路中西贸易的繁荣盛况。现藏庆城县博物馆。

彩绘天王俑（1组2件）

唐开元十八年（730年）。2001年庆城县镇北区穆泰墓出土。高104厘米。完整。泥质灰陶彩绘，两天王姿态不同，一个左手握拳高举，右手叉腰按胯，足下踏一卧牛；另一个右手握拳抬臂，左手按胯，脚下踏一卧羊。服饰甲胄大体相同，细部色彩略有区别。头戴兜鍪，顶竖叶形高缨，护耳上卷，颈围护项。立眼竖眉，张口露齿，一副狰狞面孔。肩覆披膊，龙头吞袖，臂缚臂韝，身着青绿明光甲，甲带胸前结为圆扣再横盘至背后，胸甲左右各有一圆护。腰带宽松弯垂，凸露腹甲圆护，下垂鹘尾，着战裙及护腿，足蹬战靴。以各色彩绘勾涂，纹饰精美，制作精良细腻，形态生动传神。现藏庆城县博物馆。

彩绘镇墓兽（1组2件）

唐开元十八年（730年）。2001年庆城县镇北区穆泰墓出土。高97厘米、102

彩绘镇墓兽（1 组 2 件）

厘米。完整。泥质灰陶彩绘。一为兽面，一为人面，胸部和四肢有艳丽的彩绘花纹，均蹲坐于略呈亚腰型的底板之上。昂首挺胸，两足前伸，利爪抓地，兽形足。兽面者头部右向，头部饰龙角牛耳，七支鬃毛涂红，呈火焰状竖起，浓眉怒目，狮鼻阔口，颌下须毛弯卷，面相凶狠无比。人面者头部左向，饰一对弯角及招风兽耳，顶部高耸螺旋形角，眉弯如弓，双目圆睁，鼻翼扩张，双唇紧抿，颌下一缕短须，眉目涂黑，嘴唇血红，似人

似兽。二兽制作精致，怪异狰狞，堪称唐代彩绘雕塑极品。现藏庆城县博物馆。

彩绘男立俑

唐开元十八年（730 年）。2001 年庆城县镇北区穆泰墓出土。高 59 厘米。完整。泥质灰陶彩绘。头戴方形小冠，眉头紧蹙，双目有神，高鼻大耳，开口露齿，唇红齿白，黑色连鬓胡须，浓密翘卷。双臂曲肘贴附于腹下。内穿浅色鸡心领里衣，身着白色对襟广袖冯翼衣，下加红襦，腹部束黑色腰带，带下压一半圆

形红彩衣饰，长衫曳地，足蹬黑白相间如意履。衣纹清晰细腻，色彩对比强烈。现藏庆城县博物馆。

彩绘杂戏俑

唐开元十八年（730年）。2001年庆城县镇北区穆泰墓出土。高38.5厘米。完整。泥质灰陶彩绘。女俑发如圆盖，两旁梳"螺"状髻，头扭向左前，方面鼓腮，拧眉瞪目，鼓鼻露孔，凸颊翘颌，嘴唇紧抿，嘴角下弯，似与他人正在争吵，满面愤怒之色。身穿灰白色团领长袍，右臂微曲贴附身旁，左臂曲肘，长袖低垂，手藏于袖管内，举于胸前，极为生动地捕捉到

彩绘杂戏俑

正在表演中的神情。现藏庆城县博物馆。

彩绘牵马胡俑

唐开元十八年（730年）。人高44.8厘米，马高64厘米。2001年庆城镇北区穆泰墓出土。泥质灰陶彩绘。牵马俑头戴黑色卷沿虚帽，头右向仰起，蹙眉瞪目，双唇紧闭抿嘴，络腮胡须上翘，大耳。身着黄褐色团领开襟长袍，下摆扭结扎于腹下，穿花裤及长筒黑靴，站于方形底板上。左臂曲置身侧，右臂曲肱于面前，双手握虚拳，作持缰状。马通体饰枣红色，站立于长方形底板上。胸肌宽阔，筋肉坚实，膘肥体壮，雄健有力。马头低颔，双耳尖竖。鬃毛修剪短齐，背搭深色障泥，上装鞍鞯。马挺胸塌胯，前腿直立，后腿微弓力蹬，似与牵马俑僵持较劲。现藏庆城县博物馆。

彩绘天王俑

唐代。1990年征集。高132厘米。陶胎，质较松，通体施白彩，用红、黑彩描绘铠甲、服饰等，有少量贴金。天王俑是唐代常见的陶质陪葬品，为墓主人的护卫，一般成对随葬，多置于墓门的两侧。这件天王俑，身穿甲胄，怒目圆睁，左手叉腰，右手握拳高举，足踏卧牛，左腿直挺，脚踩牛背，右腿微抬踩于牛首。造型刚健有力，表现了天王威猛不可侵犯的形象，从而反映出墓主人身份与地

位的显贵。现藏甘肃省博物馆。

胡人牵马俑

唐代。1965 年秦安叶家堡出土。人高 76 厘米、驼高 73 厘米。陶胎，质较松，施红褐色釉。胡人双目圆睁，两撇八字胡高高翘起，身穿大衣，腰系带作结，下着紧腿裤，足穿靴，站立于方形踏板上。双臂前屈，作牵马状。马首内收，口微张，双耳前立，颈部高起，体态肥壮，四腿直立于长方形踏板上。这些由西域来内地通商的胡人，反映出唐代丝绸之路文仕交流，经济贸易的繁荣景象。现藏甘肃省博物馆。

三彩女骑马俑

唐代。1965 年秦安叶家堡出土。高 36.3 厘米。白陶胎，施红、绿、黑、白色釉。仕女俑挽高髻，面部丰满，目视前方，唇涂朱，上着短袖衫，下穿长裤，双手扶缰，神态悠然的骑在马上。白马昂首，两耳直立，双目前视，墨绘辔饰，四腿有力，站于长方形踏板上，形态自然逼真。表现了唐代贵妇人在野外游玩的情形。现藏甘肃省博物馆。

三彩镇墓兽

唐代。1965 年秦安县叶家堡乡杨家沟出土。高 132 厘米，纵 41.5 厘米，横 57 厘米。完整。陶质施釉，兽面兽足，两足前伸，利爪抓地，身躯后蹲，臀部蹲坐

三彩女骑马俑

三彩镇墓兽

踞于束腰树墩形座上，抬头挺胸，羽翼掠张。面部无釉，浓眉紧蹙，怒目圆睁，狮鼻阔口，龇牙咧嘴作愤怒咆哮状。颌下及两髋乱须卷曲。头竖长角，顶插火焰，颈后鬃毛呈放射状竖起。通体施绿、褐、红、黄等色彩釉，面部及双翼、火焰涂以红、黄彩，翼周涂金。现藏甘肃省博物馆。

三彩胡人骑马俑

唐代。1965 年秦安县叶家堡乡杨家沟出土。高 38 厘米，长 36 厘米。完整。胡人施绿釉，马施白釉。马的四蹄踩踏在长方形底板上。马头微抬，脖颈前伸，双目圆睁，两耳尖竖。额前长鬃分披两侧，鬃毛修剪短齐，缚尾上翘。背搭褐绿色障泥，上装鞍鞯。膘肥体壮，雄劲有力。鞍上骑一胡人，身体稍右倾，裹黑色幞头，方形脸庞，浓眉大眼，直鼻凸颊，口半张，唇涂朱，连鬓络腮胡须横张。身穿绿釉折领长袍，足蹬黄褐色长勒靴。双臂曲肱，手握虚拳，似执控缰绳。右肩上残存一陶片，可能是架鹰隼之残迹。唐代胡人喜狩猎，此俑即为胡人纵鹰捕猎的真实写照。现藏甘肃省博物馆。

三彩卧牛

唐代。1965 年秦安叶家堡一号墓出土。高 19.5 厘米、长 40 厘米、宽 16.6 厘米。陶胎，全身施褐色釉。牛体粗壮，呈伏卧状，抬头前视，短角横伸，双目圆睁，

三彩胡人牵马俑

三彩胡人骑马俑

凝视前方。颈粗短，左前腿前伸，其余三腿后蜷，牛身肌肉发达，体态雄健，生机盎然。是唐代三彩雕塑艺术中不可多得的写实精品。现藏甘肃省博物馆。

三彩立牛

唐代。1965 年秦安县叶家堡乡杨家沟出土。高 29 厘米、长 42.5 厘米、宽 16.5 厘米。完整。陶质施釉，通体施白釉，头、背及部分腹部加施褐釉。牛呈站姿，稍向后，抬头前视，短角，两耳竖立，双目圆睁，尾巴下垂。形体雄健，四肢粗短，筋肉发达，生动地刻画出牛的警惕神情。现藏甘肃省博物馆。

彩绘奏乐俑

唐代。1976 年天水市秦城区西湖咀翻修梯田时出土。高 35 厘米，宽 19 厘米。完整。泥质灰陶，施红彩，陶马膘肥体壮，昂首竖耳，乐俑为女性，头绾高髻，上着窄袖紧身翻领长衫，下穿紧身裤，足蹬软靴。面向左侧，胸前怀抱琵琶，左手扶琵琶，右手执拨作弹奏状。琵琶为半梨形音箱，直颈五弦。同时出土的还有吹笛、击鼓、吹排箫等奏乐俑。现藏天水市博物馆。

虎形陶范

宋代。1990 年庄浪县水洛镇西关村寺坪塬征集。长 14.2 厘米，宽 8.3 厘米。完整。泥质红陶，圆角长方形，背部弧

三彩卧牛

三彩立牛

彩绘奏乐俑

鼓，正面内凹，宽平沿。凹面内模印一虎，双耳耸立，额有"王"字，前肢叉开，后肢一前一后，尾垂而卷端。此范虎纹细腻清晰，生动传神，显示了宋代陶塑艺术的风采。现藏庄浪县博物馆。

释迦牟尼涅槃图陶模

宋代。1990年庄浪县水洛镇西关村寺坪塬征集。长6.0厘米，宽4.5厘米。完整。泥质红陶，椭圆形，背面略平，正面浮雕释迦牟尼涅槃图像，释迦牟尼位于正中，侧身枕卧于床上，神态安详，十大弟子围于床周，或掩面哭泣，或双手托钵，或抚佛面，或摸佛足。此模系制作塑

释迦牟尼涅槃图陶模

像用范的模具，人物神态各异，形象生动传神，是研究宋代陶塑艺术的珍贵资料。现藏庄浪县博物馆。

第三章　青铜器

　　青铜器指中国青铜时代（公元前21~前2世纪）用铜合金制造的工具、武器、器皿及乐器和装饰品等，也可泛指其后的青铜制品。铜是人类最早认识和使用的金属之一，在美索不达米亚平原发现的天然铜饰物，其年代约为公元前8000年，有学者认为最早的冶铜技术公元前4000年前后出现在土耳其、伊朗境内。

　　中国铜器的起源时间，有考古材料表明也比较早，在新石器时代仰韶文化、大汶口文化、龙山文化以及分布在甘青地区的马家窑文化和齐家文化的遗存中，都发现有早期铜器或有关线索。早期铜器包括红铜、青铜及黄铜，多为小型工具或饰物。甘肃东乡林家马家窑文化遗存中发现的含锡青铜短刀（距今约5000年），是中国目前发现时代最早的青铜器

之一，大致与世界范围内最早青铜器的时代相当。年代稍晚的齐家文化在生产力上的一项突出成就就是冶铜业的出现。在广河齐家坪、武威皇娘娘台、临潭磨沟等遗址中出土了较多的青铜器，不仅有刀、斧、锥、箭镞等小型工具和武器，还有镜、匕、耳环、手镯等生活用品和装饰物。铜刀比较常见，多作扁体长条形，有明显的脊背和刃口。铜锥也比较多，作圆柱形或四面体长条形，一端尖锋，另一端可安柄使用。齐家文化中的铜镜，出土于甘肃广河齐家坪和青海尕马台，是目前所知中国时代最早的铜镜。有纹饰的铜镜一面为出自青海省贵南尕马台M25的七角星纹镜。另一面为出自甘肃的双重星纹铜镜，镜直径14.6厘米，边厚0.15厘米，正圆形，拱形纽，以纽

为中心将镜背分为三个区域,内区素面,没有纹饰,中区为十三角星纹,外区为十六角星纹,三角形星角内饰斜平行线纹。这种在镜背饰多角星纹和斜平行线纹是齐家文化铜镜纹饰的特点。比这两面铜镜更早的是 1975 年出土于广河齐家坪墓葬中的一面素面弓形纽小铜镜,直径只有 6 厘米。有专家认为甘青地区是中国铜镜的发源地。不过齐家文化中青铜与红铜并存,显示出青铜冶铸初期阶段的特点,并且与中原地区青铜文化存在某种血缘关系。据统计,目前甘肃省发现的早期青铜器已达三百多件,占全国出土的商以前铜器总量的百分之八十以上。对甘肃所出早期青铜器的研究对解决中国青铜器的起源具有举足轻重的作用。

沙井文化是甘肃早期青铜文化类型的另一代表性文化类型。距今约 3100~2400 年,1924 年首先发现于甘肃省民勤县的沙井村,主要分布在甘肃中西部的永登、古浪、武威、天祝、永昌、张掖、民勤一带。沙井文化遗存中出土了较多青铜器,有刀、剑、匕首、镞等武器,还有梳、针筒等生活用具,更多的是各种各样的青铜饰件,有鹰、鹿、马、犬、羊等鸟兽形象,也有连珠、轮形、铲形等几何纹样,明显带有北方草原文化的风格。有专家认为沙井文化居民最初可能是齐家文化族群中的一支,在草原文化影响下,发展成为甘肃中部的一种土著文化。也有不少研究者认为它可能是匈奴族的早期文化遗存,但这还有待于文化考古学的深入论证。

商、周时期是中国青铜器发展的鼎盛时期。这一时期的青铜器铸工精湛,纹饰华美,是当时亚洲大陆上一颗光彩夺目的艺术明珠。西周时青铜器上的铭文具有很高的历史价值。春秋晚期到战国,铜器普遍采用错金银、鎏金、镶嵌、针刻等工艺,美观、闪亮。甘肃的泾河、渭河流域和西汉水流域是周、秦文化的发祥地。20 世纪 60 年代后期至 70 年代中期,甘肃省考古工作者在灵台县的洞山、姚家河、白草坡、西岭等地,清理、发掘了许多西周墓葬,出土了大量珍贵文物,其中以距离灵台县城西北约 15 公里处的白草坡西周墓群的发掘最为重要。这个墓群共清理、发掘了 9 座中小型墓和一座车马坑,共出青铜器 600 多件,包括酒器、食器、兵器、车马饰、工具等。其中青铜礼器全部出自保存较好的 M1 和 M2,有铭文的器物多达 20 多件。根据墓葬形制、规格和出土器物分析,这是两座西周早期的高级贵族墓,墓主人分别是"㵎伯"和"潶伯"。二墓所出青铜器,制作规整,纹饰精美,有些兵器造型独特，形制罕见，如虎纹铜钺、人头饰铜戟、镂空蛇纹鞘青铜短剑等都为西周青铜兵器中罕见的器物。陇东地区西周墓所出器物，其形制、规格、组合关系多能与古文献记载中的周代礼制相印证，为研究西周社会的等级制度、宗法制度和军事制度，提供了珍贵的实物资料。青铜器总体风格与华夏传统青铜文化一脉相承，但是又明显地带有西北少数民族文化的浓烈色彩，表现了文化的相互融合与渗透。

礼县大堡子山秦西垂陵园和圆顶山贵族墓葬、车马坑的发现，是近年来中国重大的先秦时期考古发现，曾被评为2006年全国十大考古发现之一。墓葬所出大量青铜重器对研究秦人早期历史、确定秦人早期迁居地、认识秦统一中国的条件、早期秦与欧亚内陆地区的交流，都弥足珍贵。秦文化与中原文化血脉相通的特性突出体现在秦国青铜器器型、纹饰、铭文格式和铸作技术等方面，有重要价值。从形制方面看，以鼎为例，从春秋早期起，秦鼎的腹部就出现越来越浅的趋势，蹄足也日趋粗壮，圆顶山所出鼎，其腹底已经接近平直，足部已粗大到与器身难成比例。秦簋形制也在向宽、矮的方向发展，簋身呈鼓形，双耳变小，珥渐收缩乃至消失。从纹饰方面看，秦器最大的特点是从春秋中期偏早，即流行一种相互勾连的细密蟠虺纹，这种纹饰在时代较早的大堡子山秦陵所出器物中尚未出现，而在圆顶山秦墓所出器物中，已成主体纹饰，几乎所有青铜礼器上，都能看到蟠虺纹。有的器物上虽然蟠虺纹与瓦垄纹相配使用，但蟠虺纹已居主要位置。圆顶山所出青铜器在装饰方面还有一个引人注目的特征：许多器物的盖、口沿、腹、柄、足等部位都有附饰，均为动物形象，有鸟、凤、虎、龙、熊等，这些动物的嘴角两侧常有一对獠牙伸出，牙尖上弯而对称，有的明显与器物不协调。从铭文字体看，秦文字工整、劲秀，从"不其簋铭"到大堡子山秦公器铭、太公庙武公钟、镈铭，到《秦公簋铭》，可以清晰地看到秦文字的发展脉络；从工艺水平看，年代较早的大堡子山秦器的铸作技术与周器还有很大差距，部分器物器形不够规整，器壁厚薄不匀，纹饰也较粗糙，线条不够流畅，有的铭文是凿刻而成。但是到了年代晚一些的赵坪圆顶山秦贵族墓葬中的青铜器，无论是造型设计还是纹饰精美程度，都远远超过了大堡子山秦陵器物的水平。据研究考证，两墓相距时间约为五十年，可见秦国青铜工艺水平进步之快。甘肃礼县大堡子山秦陵和圆顶山秦贵族墓所出的大量青铜器，为全面认识、评价秦文化开拓了更广阔的视野，也为推动秦国青铜器的研究提供了珍贵的资料。

张家川回族自治县马家塬墓葬和祭祀坑是战国晚期西戎考古的重大发现。出土文物的类别、形制及其中蕴含的文化因素极其丰富。铜壶、铜鼎、铜戈等器物是中原传统器物，铜戈和车辆上的漆绘花纹明显受楚文化的影响；随葬武器和马具数量多的丧葬习俗及銎式三翼镞、长柄穿首刀、空首斧、锛、侧纽柄铜镜等与欧亚草原带上（包括中国北方草原）文化特征相一致；墓地中的金珠及金器中的掐丝、镶嵌等工艺可能来自地中海东岸，戴尖顶帽的人物形象，说明这一地区在战国时期与欧亚草原中部、西部及西亚不仅存在技术和工艺上的交流，很可能还有人员间的交往。马家塬西戎墓地的发掘为全面揭示西戎民族的文化面貌、研究欧亚大陆东、西部地区的交流提供了丰富而珍贵的资料。

秦汉时期青铜礼器减小，日用器增多，呈现出规格化和朴素的风格。由于"丝绸之路"的开通，甘肃经济和文化得到了长足的发展。1969年武威雷台汉墓中发现一组铜车马仪仗俑，由38匹马，1头牛，13辆马车，1辆牛车以及17个军吏武士和28个奴婢组成，其中8匹马胸前刻有铭文。其中的铜奔马，构思巧妙，工艺高超，表现了丰富的想象力和浪漫主义精神，是中国古代青铜器中的佼佼者，被确定为中国旅游的标志。秦安上袁家汉代墓葬中发现的秦代铜权，阴刻始皇帝统一度量衡和秦二世的诏板铭文，字体遒劲，镌刻工整，像这样同时刻有两则诏文的秦权并不多。庆城县博物馆收藏的王莽铜诏版，刻有王莽登基诏文。

魏晋至隋唐时期，甘肃地区青铜器呈现出与中原地区相一致的风格，如敦煌晋墓出土铜龟和"君宜高官"铭铜镜等。

宋、西夏、元以来，甘肃地区发现的青铜器中有一部分与少数民族社会习俗、宗教信仰有关。天祝藏族自治县博物馆收藏的元代铜牦牛很可能是当地笨教寺院供奉的神器。甘肃省博物馆收藏的明嵌红铜阿文铜香炉刻嵌阿拉伯文铭文，是明武宗赏赐给伊斯兰教领袖的。张家川回族自治县博物馆收藏的明阿拉伯文狮纽盖铜熏炉、明阿拉伯文双耳竹节铜炉也是珍贵的少数民族铜器。

第一节 新石器时代至青铜时代

环首铜刀

齐家文化。1986年康乐县苏集乡塔关村出土。长18.6厘米，宽2.9厘米，厚0.2厘米。青铜质。刀体扁平，环首，首部圆环规整，直柄，拱背，刀头略翘，刃前部微弧，锋部尖锐而后部较宽。形制轻巧，轮廓优美。这类短刀适合用来切割肉类，兼有匕的功能。环首可穿系供随身佩带。此刀和马家窑文化青铜刀相比，造型和工艺均有明显的进步。是齐家文化青铜工艺的代表作。现藏甘肃省博物馆。

素面桥纽小铜镜

齐家文化。广河齐家坪遗址出土。直径6.2厘米，厚0.25厘米。青铜质，长圆形，表面锈蚀较多，边沿有多处小缺口。背面光素，没有纹饰，中有一桥纽。这件器物对中国铜镜的来源、形制的产生等具有重要的研究意义。现藏甘肃省文物考古研究所。

铜镯

齐家文化。1986年积石山新庄坪遗址出土。红铜，直径6.4厘米。两端尖锐合成圆环形，系捶打而成。铜镯是齐家文化中较常见的铜制装饰品之一。现藏甘肃省博物馆。

四羊首青铜权杖头

四坝文化。1976年玉门火烧沟墓地出土。高8.5厘米，顶径2.4厘米，底径2.2厘米，宽7.2厘米。权杖头饰呈长圆形，状如橄榄。顶部有孔贯通，一端口大，一端口部略小并延长呈短管状，上饰凸弦纹四道，出土时尚存杖柄残留物。腹部分铸对称的四羊首，羊首圆雕而成，双角向内弯卷，形象生动逼真。羊首采用复合模具分铸后镶嵌于主体部分，是迄今所知中国时代最早的青铜镶嵌铸品。

环首铜刀

素面桥纽小铜镜

以羊首作为权杖的饰物，很可能与以畜牧业为主体经济的四坝文化中羊所占据的重要而特殊的地位有关。权杖头最早发现于美索不达米亚、古埃及、土耳其安那托利亚、黑海及里海周围地区，具有昭示身份、象征权威的作用。中国境内的权杖头主要出土于甘肃、陕西西部、新疆等地，有石、陶、青铜等质地，形状有扁圆形、长圆形、长圆形四周加附装饰等，形状与西亚和中亚发现的同类器物非常相似。现藏甘肃省文物考古研究所。

四羊首青铜权杖头

圆銎青铜斧

四坝文化。1976 年玉门火烧沟墓地出土。长 13 厘米，宽 4.9 厘米，高 0.5 厘米。近长方形，刃部较直且略宽于斧体，顶部有带宽边的长方形銎。铸造工艺制成。四坝文化时期应用了与中原地区相同的复合陶范分铸法铸造器物。现藏甘肃省文物考古研究所。

圆銎青铜斧

锥式青铜矛

四坝文化。通长 13.4 厘米，宽 2.4 厘米。整体锥式，前锋略尖锐，柄部有圆銎。现藏甘肃省文物考古研究所。

锥式青铜矛

鸟形五兽铜带扣

沙井文化。1981 年永昌县三角城柴湾岗墓地发掘出土。长 5.6 厘米，宽 4.5 厘米，厚 0.4 厘米。带扣近长方形，中空，短边一侧有一鸟首状钩，其余三边外缘

鸟形五兽铜带扣

为首尾相连的五兽组成，兽腹下部及腿部镂空。铸做简单，题材少见，造型独特。这种以兽相连（或相叠）的构图方式，在沙井文化的青铜器件中习见。现藏甘肃省文物考古研究所。

铜针筒（皮囊、骨针）

沙井文化。1981年永昌三角城柴湾岗墓地发掘出土。长15.5厘米，直径2厘米；内装骨针长6.8~11.5厘米。针筒呈管状，以束腰式五道弦纹分为六段，每段周圆纵向有多个橄榄形镂空。针筒一端为圆形开口，另一端为一子母口式镂空圆头，筒内有一横梁。出土时针筒内装有一圆形皮囊，皮囊中装有四枚长短不等的骨针。针筒工艺繁杂，制作精细，使用携带方便。现藏甘肃省文物考古研究所。

云雷纹环首铜短剑

沙井文化。1981年永昌三角城柴湾岗墓地发掘出土。长25.8厘米，宽4厘米，厚0.3厘米。整体狭长，环首，柄部扁平，椭圆形格，剑身窄长，双面刃，中有一纵脊，前锋圆钝。剑柄和格表面饰云雷纹。颇具欧亚内陆游牧青铜文化风貌。现藏甘肃省文物考古研究所。

三叠马铜饰牌

沙井文化。1980年永昌三角城遗址发掘出土。长4.6厘米，宽3.3厘米，厚0.3

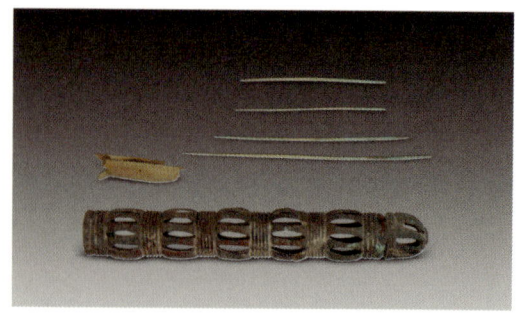

铜针筒（皮囊、骨针）

云雷纹环首铜短剑

三叠马铜饰牌

厘米。饰牌青铜铸造，表面有绿色铜锈。长方形，边框内镂雕上下相叠的三立马，三马首尾方向正反倒置。此牌饰镂空空间大，极富装饰效果。现藏甘肃省文物考古研究所。

卷云纹铜梳

沙井文化。1979年永昌三角城西岗

卷云纹铜梳

人头形柄铜匕

墓地发掘出土。长 5.7 厘米，宽 5.6 厘米，厚 0.6 厘米。青铜质，一侧边缘有锈。梳近方形，梳背正中顶部有一环形纽，梳背两面均饰卷云纹，下有梳齿 11 个，较长，有两个略残，间隔略稀疏。这把铜梳较厚重，而且梳齿间距较大，很可能是用于别系头发。

沙井文化居民主要经营畜牧业，此铜梳也有可能是梳理马鬃毛的用具。现藏甘肃省文物考古研究所。

人头形柄铜匕

青铜时代。1972 年广河县征集。长 14.3 厘米，宽 2.2 厘米。青铜质，匕柄扁平呈长条状，中间略鼓，下端为圆弧形。背部有条形纽。匕首铸一圆形人面，圆脸，双目圆睁，鼻子长挺呈三角形，双唇略厚，撮起微开，双耳外张，轮廓分明，呈现出简洁朴拙但构思巧妙的艺术风格，这种将人头形与匕相结合是早期青铜匕中的独特器型。现藏甘肃省博物馆。

第二节　商周时期

"□父丁"铜角

商代。1972 年灵台白草坡 1 号墓出土。高 24.7 厘米，口径 11.1 厘米。口部分翼呈凹弧形，弧度较小。束颈、深腹、圜底，腹中部鼓出接近卵形。腹下承三

角锥形实心足，足尖外撇。带盖，盖沿与口部凹弧口吻合，盖中脊有半环形纽。腹一侧有牛首鋬，对侧凸起一凤鸟头。盖部以细云雷纹衬地，两侧各一组兽面纹；流尾与颈饰两组兽面纹，腹部一组兽面

纹，均衬以细方云雷纹；足上饰细线蝉纹。商晚期器。鋬内腹侧铸有铭文三字"□父丁"。现藏甘肃省博物馆。

"□父丁"兽面纹铜瓡

商代。征集。高26.5厘米，口径14.8厘米。青铜质，喇叭口，尖唇，束腰，高圈足。颈部饰蕉叶纹，上有云雷纹，其下饰螭纹一组四个，腰部和圈足均凸起四扉棱，浮雕两组兽面纹，以云雷纹衬地。足内壁有铭文"□父丁"三字。商晚期器。

现藏泾川县博物馆。

"□父丁"铜鼎

商代。征集。高22.1厘米。敛口窄缘，双立耳微向外张。深圆腹，下腹略鼓，下承三柱足。制作规整，器型庄重。近口沿内壁有铭文"□父丁"三字。现藏礼县博物馆。

"亚"徽铜鬲

商代。泾川县泾阳乡出土。高15.2厘米，口径12厘米。形体厚重。侈口，斜沿，束颈，分裆，三袋足，足跟平钝。

"□父丁"铜角

"□父丁"兽面纹铜瓡

"□父丁"铜鼎

"亚"徽铜鬲

口沿上有一对圆角方立耳，略外撇，颈腹间饰三组对首夔龙纹构成的兽面纹一周，鼻棱微微突起。器内沿下颈腹处铸有"亚"字形图案，"亚"形框内正中为皿上立兽之象，右侧为一人执箭，框下一"母"字。构图规整，线条遒劲，意象鲜明。"亚"形被认为象征宗庙（有说为官职标志），框内图像是族徽，框下有"母"字，表明这件鬲是某家族为祭祀某位女性先祖所作。有学者认为具有"亚"铭族徽的物主人应是外服诸侯。这件铜鬲为研究商代的家族史、祭祀制度及合理解释"亚"铭含义，提供了珍贵的资料。现藏平凉市博物馆。

"鸟祖癸"铜爵

商代。西峰温泉乡韩家滩征集。高20厘米。杯体较长，卵形腹，圜底，槽形长流，尖尾，有二帽形双柱立于口沿近流一侧，腹侧有一扁条形鋬，鋬上饰兽面纹。腹下三棱形锥足，足尖外撇。腹部饰兽面纹，云雷纹为地，上下边饰以联珠纹。鋬内有铭文"鸟祖癸"三字。现藏庆阳市博物馆。

乳丁纹铜簋

商代。礼县乔川乡新庄村出土。高10.6厘米，口径24.6厘米。敞口，折沿，颈部微束，深腹直壁，高圈足，圈足底部外撇。口沿等距离地分布着三个小兽面，兽面中间有突起的小棱。三兽面间饰三足对夔纹。腹部满饰以雷纹为地的斜方格纹，方格间有突起的乳丁。这种斜方格雷乳纹，又称"百乳雷纹"，源自陶器上的乳堆纹饰。现藏礼县博物馆。

四孔翘首铜刀

商周。1981年灵台县邵寨乡新民村征集。长35.5厘米，宽9.3厘米。青铜质，

"鸟祖癸"铜爵

乳丁纹铜簋

翘首，刀体狭长上有四孔，近脊处有一穿，短柄，刀刃尾部弯卷回勾。该刀造型独特，含有欧亚内陆游牧文化的因素。现藏灵台县博物馆。

"徙遽欒" 铜盉

西周。1972年灵台白草坡1号墓出土。高22厘米。圆子口，高颈微束，肩部丰满向四隅突出，柿形腹，浅分裆形底，下承四柱足，有盖，盖上有桥形纽。肩部斜出一管状流，流口面上斜，与器口平；后有半环形羊首鋬，鋬上部有活链与盖沿小纽相连。盖面饰兽面纹，云纹为地，颈部与流管饰云雷纹。腹部四隅以裆突为鼻棱饰四组大兽面纹，细雷纹为地，臣字形目大而突出，具强烈的视觉效果。四足饰蝉纹，器形规整庄重，纹饰精细富丽。是西周早期盛行的式样之一。盖内铭文二行，六字："徙遽欒（仆）作父

己"。"徙遽"意为快速传递，当时国家在主要通道上都专设驿站类机构，为宣达王命、传递军政信息的使者服务，"徙遽欒"为西周执掌这项事务的长官。此盉乃徙遽欒为其名"己"的父亲所作祭器，是记述中国古代驿传制度早期的实物见证。现藏甘肃省博物馆。

虎纹铜钺

西周。1972年灵台白草坡1号墓出土。长23.5厘米，宽15厘米。异形钺，整体呈耳形的片状，上浮雕一虎纹，虎身弯曲成刃部，虎首位于上部弯曲的顶端处。老虎睁目张口露牙成纳秘之鋬，双牙间有一圆穿孔。下端延长部分有二穿。弧线造型的钺上浅浮雕了狞厉威猛的虎纹，增添了生动与威严之感。此钺造型独特，很可能是礼仪用器。现藏甘肃省博物馆。

四孔翘首铜刀

"徙遽欒" 铜盉

虎纹铜钺

"隒伯"铜卣（2件）

西周。1972年灵台白草坡2号墓发掘出土。高32厘米，口径13厘米；高25.9厘米，口径11.9厘米。器身呈长筒形，上下直径如一，平底，有盖纳于口中，盖顶有圈形捉手。扁条形提梁，梁面饰凤纹，提梁两端饰牛首。盖缘和器腹上下分饰三组鸟纹，中部一组双鸟间以变体兽面纹相隔，上下两组双鸟间则以凸起的纵向扉棱相隔，每组鸟纹上下均有弦纹数周。鸟喙呈闭合的弯钩形，脑后有弯角，鸟身作长条卷尾形。盖内及腹内底对铭"隒伯作宝尊彝"。直筒形的卣较少，此组器物二器成组，一大一小，容量比约为3:2，与另一"潶伯"墓及宝鸡弓鱼国墓所出的组合及标准一致。有专家考证，隒伯的封地在蛮方以南，与"密须以东，达溪河中下游"的潶地相去不远。也有学者释"潶"为"溪"者。现藏甘肃省博物馆。

"隒伯"铜尊

西周。1972年灵台白草坡2号墓发掘出土。高25.3厘米，口径19.3厘米，底径13.5厘米。形体似觚而整体稍粗，大敞口，筒状体，腹中下部略鼓，喇叭形高圈足，腹部上下饰长卷尾鸟纹带两组，双鸟间以凸起的纵向扉棱相隔，两组鸟纹上下及间隔共有弦纹八周。底内铭文六字"隒伯作宝尊彝"。西周早期器。现藏甘肃省博物馆。

"隒伯"铜盉

西周。1972年灵台白草坡2号墓发掘出土。高28.5厘米。盉为鬲形，圆口，口沿外翻，束颈，下腹为三分裆深袋形，三柱足，体形稍高而偏狭。有盖，盖顶有半环形纽。颈部斜出一流。后有环形兽首形鋬，鋬与盖有活链套铸，盖、颈、

"隒伯"铜卣1

"隒伯"铜卣2

"隒伯"铜尊

流饰细兽纹，斜角雷纹，腹部有复道三角折线纹。盖内铭文六字"隥伯作宝尊彝"，鋬内铭文三字"隥伯作"。西周早期器。现藏甘肃省博物馆。

"隥伯"铜方鼎

西周。1972 年灵台白草坡 2 号墓发掘出土。高 24.5 厘米，长 18.5 厘米，宽 14.6 厘米。长方体，腹壁横向较宽，上下稍狭。宽平唇，双直口立耳，腹壁微下斜收，平底，四柱足。腹四隅外缘与四壁正中及柱足上部均起扉棱，四壁饰卷角兽面纹，前后壁两侧各有一直立夔龙纹，四足根各饰兽面纹一组。腹内壁有两行六字铭文"隥伯作宝尊彝"。西周早期器。现藏甘肃省博物馆。

"隥伯"铜簋

西周。1972 年灵台白草坡 2 号墓发掘出土。高 15.2 厘米，口径 20 厘米，底径 16 厘米。侈口翻唇，弧壁深腹，高圈足。兽首双耳，下垂小钩形珥，颈部以兽首为隔，饰细兽面纹；圈足饰兽面纹。腹内底六字铭文"隥伯作宝尊彝"。西周早期器。现藏甘肃省博物馆。

兽面纹铜甗

西周。1972 年灵台白草坡 2 号墓发掘出土。高 38 厘米，口径 23.2 厘米。甗为甑鬲连铸。甑大口外侈，双直立耳微外撇，深直腹微下斜收，束腰，腹内底有活动箅子；鬲分裆，三柱足，足端略粗。双耳饰绹纹，颈部饰兽面纹三组。鬲裆外侧饰兽面纹，兽双目圆睁，巨口下吞柱足。其角似水牛角，角根宽大平展而角尖上翘。西周早期器。现藏甘肃省博物馆。

回纹铜觯

西周。征集于平凉市崆峒区。高 11.8 厘米，口径 8.9 厘米，足径 8.1 厘米。

"隥伯"铜盉

"隥伯"铜方鼎

"隥伯"铜簋

兽面纹铜甗

回纹铜斝

涡纹"祖癸乙"铜盉

铜簋

整体呈椭圆体，侈口，束颈，鼓腹下垂，高圈足，外撇。颈部饰圆圈纹两周，其间饰细凸弦纹两周，弦纹间饰双回纹，制作规整形、精美。这种样式在西周早期比较流行。现藏平凉市博物馆。

涡纹"祖癸乙"铜盉

西周。传出自甘肃灵台县新集乡万宝川农场征集。高20.5厘米，口径7.5厘米。青铜质。侈口，束颈，垂腹，圜底，器体呈长梨形。三棱锥形足，足外撇，肩

部斜出一管形流。兽首半环形鋬耳。有盖，盖上有管形捉手。盖与鋬用活链套铸。盖面及上腹以云雷纹衬地饰涡纹一周。流饰蕉叶纹。下有铭文四字"口且（祖）癸乙"。现藏兰州市博物馆。

铜簋

西周。征集，传出自甘肃灵台县新集乡万宝川农场。高14.6厘米，口径19厘米，足径14.2厘米。侈口翻唇，腹部微鼓。兽首双耳，下有长方形珥。高圈足，

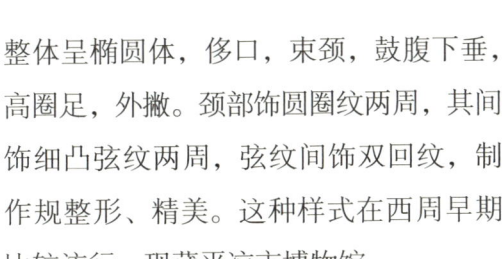

圈足底缘外撇。腹部以云雷纹衬地饰两组蜗身兽纹；圈足饰长尾鸟纹。这种簋的样式是西周早期流行的样式之一。器形规整，纹饰精美。现藏兰州市博物馆。

铜鼎

西周。1972年灵台百里公社洞山队墓葬出土。高60厘米，口径45.7厘米。大口内敛，折沿平唇，唇口较厚，颈微束，器壁较直，深圆腹，圜底。双方立耳厚大，双耳顶部略外撇。三粗柱足，足上下粗，中部略细。腹上部间以六条五齿短扉棱，以扉棱为鼻脊，细云雷纹为衬地，饰卷角兽面纹六组。足上部外侧亦有扉棱，以扉棱为鼻脊各饰兽面纹一组。腹内有铸足形成的三个凹陷圆窝。内壁一侧近口沿处有铭文一字，尚未隶定，也有学者认为是族徽。这件鼎形制浑厚庄重，气势恢宏，

纹饰华丽，铜质精良，铸作精美，其形制、纹饰、铭文等因素都显示西周早期圆鼎的特征，与北京琉璃河西周墓出土的成、康时期的堇鼎十分相似。是目前甘肃出土的同类器物中规格最大的一件。现藏甘肃省博物馆。

铜鬲鼎

西周。1967年灵台白草坡1号墓发掘出土。高18.2厘米，口径18.1厘米。侈口，微束颈，双立耳。浅腹，腹微显袋足状，似鬲，分裆甚浅。三柱足。颈部饰曲折角型兽面纹，腹足饰牛角型兽面纹。足上部饰牛角型兽面纹，巨口下吞柱足。西周早期器。现藏甘肃省博物馆。

"中生父"铜鬲

西周。宁县湘乐乡谢家村征集。高13厘米，口径17.5厘米。鬲体低矮，大口，

铜鼎

"中生父"铜鬲

口沿宽平外折，短颈内收，圆肩，鼓腹，裆部近平，三蹄足微外撇。腹足凸联处有弧形长扉棱，以扉棱为鼻脊饰变体兽面纹，兽面眉纹特长，构图别致。口沿内侧一周铸铭文十九字："中生父作井孟姬宝鬲，其万年子子孙孙永宝用。"器形端庄，纹饰清新，铭文字体工整隽秀，笔态圆匀，颇具观赏性。"井"为国名，"姬"为姓，是西周贵族中生父为其嫁至井国的长女所作媵器。现藏宁县博物馆。

"师伯"铜盨

西周。宁县湘乐乡谢家村征集。高9.9厘米，长33.4厘米，宽15.7厘米。整体呈椭方形，扁鼓腹，兽首双耳，圈足四侧有拱形缺。有盖，盖纽作四矩形。盖正中起一圆突，周边饰夔纹，云雷纹为地；盖沿及上腹部各饰一周日月盾纹，盖面与下腹部饰瓦棱纹。腹内底二行六字铭文："师伯作中姞𠦪尊"。造型庄重，纹饰典雅，是西周青铜器中的精品。"师"为周代军事官职名，"师伯"是驻守地方的军事长官。"姞"为周代大姓，曾与姬姓长期联姻；"中"是排行，将排行置于姓前是周代妇女最常见的名称形式。其铭文表明这件盨是周军事贵族"师伯"为其夫人仲姞所作器物。现藏宁县博物馆。

青铜人头戟

西周。1972年灵台白草坡2号墓发掘出土。长25.5厘米，宽23厘米。整体合铸，戈长胡三穿，援体呈狭长条状并斜向上扬，援中脊呈长条状突起，前锋斜弧形略向下弯。本近援处饰一浅浮雕牛首，牛口与脊棱衔接。长方形直内，内尾出三齿，内上阴刻牛头形徽识，与

"师伯"铜盨

青铜人头戟

浮雕牛首相呼应。刺端为一雕刻人头像，头顶为刃，颈部成椭圆形鐓。人像宽鼻深目，披发蜷须，吻部突出，颧骨处有一刺青，刺青线条粗深，有学者认为人头像是"鬼"方或猃狁等族人的形象，铜戟可能是举行处决异族战俘、举行血祭的"献俘"礼时的礼仪用器。这件戟构思精妙，纹饰造型奇特，是罕见的异型戟。现藏甘肃省博物馆。

镂空蛇纹鞘青铜短剑

西周。1972年灵台白草坡2号墓发掘出土。通长22.8厘米；剑长21.2厘米，宽3.4厘米；鞘长18.7厘米，宽10.5厘米。整体较短，剑身呈长尖三角形，扁茎无格，脊稍为隆起，上部饰夔纹和斜角雷纹。剑鞘亦青铜铸成，上镂雕扭曲环绕的蟠蛇纹，周围缠绕以似藤的纹饰，蛇身上有简单的阴刻浅槽，蛇头呈三角状，双目凸起，脸颊丰满。鞘口两侧各有一只犀牛相背而立，高出口沿，腿足外突。出土时剑鞘内还存有漆木残屑，表明剑身外原来还有一层包裹的内鞘。现藏甘肃省博物馆。

铜啄锤

西周。灵台白草坡西周墓发掘出土。长21.2厘米，宽4.1厘米，厚3.5厘米。整体厚重。援部呈前薄后厚的直楔状，前锋圆钝。援上微起脊棱，脊棱两侧饰带纹。援基处有椭圆形鐓，宽出援部，内部为圆柱状短茎，后连一球形锤。锤、鐓、援为一体连铸，既可砍啄，又可挥击，其造型很可能受到异域青铜文化的影响。现藏甘肃省博物馆。

"吕姜"铜簋

西周。1973年灵台县独店乡吊街村出土。高18.2厘米，口径18.1厘米。弇口，鼓腹下敛，器身低矮呈扁鼓形，双口耳，耳作兽耳衔环。圈足外撇，下承三扁柱高

镂空蛇纹鞘青铜短剑

铜啄锤

足，较细，腹部饰五道横条瓦纹，足根
处饰兽面纹，是典型的西周中期器。簋
内底铸有两行四字铭文"吕姜作簋"。现
藏甘肃省博物馆。

铜戈

西周。1986 年崇信县于家湾墓地发
掘出土。长 22.6 厘米。援近狭长三角形，
前锋圆钝略残。援上有三棱形脊，援、
内之间有上下銎孔，銎呈椭圆形。短胡，
长方形直内，内末端上下有两个小缺口。
现藏甘肃省文物考古研究所。

铜钺

西周。1984 年崇信县于家湾墓地发
掘出土。长 20 厘米，宽 19.5 厘米。长弧
刃，有五孔，两端弯曲上卷，有长管状流，
上有五对长方形方格。銎背中部立一蘑
菇形帽饰。西周早期器。现藏甘肃省文
物考古研究所。

夔纹三穿铜戈

西周。1972 年灵台白草坡 7 号墓发
掘出土。长 28.4 厘米，宽 13.9 厘米。直
援，援锋作弧形尖削。长胡，上有三穿，
胡宽略大于援狭并向下斜出。长方形直
内，内后下端角有小刺，上端略低于援
部。援基部铸一浮雕羊首，羊首双角内卷，
轮廓分明。羊首连接处的内端有三条突
棱。内末端两面饰卷曲夔纹。现藏甘肃
省博物馆。

"吕姜"铜簋

铜戈

铜钺

铜卧虎

西周。征集。长 6.9 厘米，宽 2.3 厘米。青铜铸一卧虎形象。虎眉又长又宽，双目圆睁大如铜铃，嘴部显得宽厚，与面部同宽，两耳警觉地竖起。身体平卧，四足蜷曲，长尾下垂，尾尖后卷。虎背、腹及尾饰细密的波浪纹，四肢近躯干处略向外鼓起，饰三周圆圈，肩、臀部饰鸟、兽纹。卧虎小巧却不乏威猛之势。现藏庆阳市博物馆。

铜卧虎

第三节　春秋战国时期

"秦公"铜鼎

春秋。口径 40 厘米，高 41 厘米。破为碎片，修复。口微敛，平唇，口沿外折，双立耳宽厚微外撇，颈部微束，浅腹下垂，底部微圜近平，有铸造痕迹。三蹄足，三足内侧竖向平直，足端外侧呈半圆形。口沿下饰窃曲纹一周，腹部饰三周间错的垂式重鳞纹，颈腹间以两道凸弦纹相隔，耳部饰长短相间的唇形重环纹，足上部有三齿山字形扉棱，以扉棱为鼻脊饰兽面纹，纹下凸束箍一道。腹内壁刻铭 2 行 6 字："秦公作铸用鼎"，字态匀整，笔势苍劲。形制、纹饰保留较多的西周后期因素，但已初步呈现秦鼎的某些特征。"秦公"有庄公、襄公、文公等之说。现藏甘肃省博物馆。

"秦公"铜鼎

春秋。礼县出土。高 39.2 厘米，耳宽 42.2 厘米，口径 40.1 厘米，腹径 41 厘米。器体扁宽。口微敛，折沿平唇。方立耳宽厚略外倾，腹部中线以下鼓出，浅垂腹，平底。三兽蹄形足，粗大带扉棱。颈部饰含目窃曲纹，腹部饰三排垂覆式重鳞纹，耳外侧饰长短相间的重鳞纹，足上部为变体兽面纹。器腹内壁有两行六字阴刻铭文："秦公作铸用鼎"。春秋早期偏晚器。"秦公"有庄公、襄公、文公等之说。现藏甘肃省博物馆。

波带纹铜鼎

春秋。礼县永兴乡圆顶山秦国墓地2号墓发掘出土。口径31.1厘米，高16.3厘米。为列鼎之一。大口微敛，平唇外折沿，双口方立耳。扁鼓形腹，较浅，圜底近平。三蹄足粗壮，足跟外侧突出，足柱内收，足底圆阔。腹上部饰窃曲纹，下部饰波带纹，其中填简化兽面纹。耳部饰长短相间的重环纹。足上部饰蟠虺纹。腹和三足中间各有凸起的箍棱一道。此鼎形制为圆顶山秦国贵族墓地典型器物，已基本形成了春秋秦鼎的独特风格。窃曲纹为双凤鸟反向共首图案的对称式，为秦器常见纹样。现藏礼县博物馆。

蟠虺纹铜簋

春秋。礼县永兴乡圆顶山秦国墓地2号墓发掘出土。口径17.5厘米，高20厘米，通宽31厘米。为列簋之一。弇口，圆鼓腹略扁。兽首耳无珥，兽首突目，高方角，卷鼻，嘴角两侧展出一对獠牙，上弯如角。圈足外侈，下有三兽形附足。有盖，盖上有圆形捉手。捉手内、盖坡沿、上腹部及圈足，皆饰细密蟠虺纹，盖面及下腹部饰瓦棱纹。现藏礼县博物馆。

椭方凤鸟纹铜壶

春秋。礼县永兴乡圆顶山秦国墓地1号墓发掘出土。高49厘米，通宽44厘米。整体呈椭方形。深子口外敞，长颈束腰，深腹下垂，腹底为最鼓处。高圈足，前后两侧各附两只卧虎为支足。盖为大圈顶覆盘式。双腹耳，结构别致，兽首耳套璧形环，兽口衔方折柱高高支起镂空的凤首。兽嘴和凤喙两侧均弯出一对如角的獠牙，含义颇为神秘。盖沿、颈、腹饰图案化的对凤纹，并突饰高角兽首。现藏礼县博物馆。

椭方蟠虺纹铜壶

春秋。礼县永兴乡圆顶山秦国墓地2

波带纹铜鼎

蟠虺纹铜簋

椭方凤鸟纹铜壶

椭方蟠虺纹铜壶

号墓发掘出土。高 52 厘米，通宽 46 厘米。整体呈椭方形。深子口外敞，长颈束腰，深腹下垂，腹底为最鼓处。高圈足，前后两侧各附两只卧虎为支足。盖为大圈顶覆盘式。双腹耳，结构别致，兽首耳套璧形环，兽口衔方折柱高高支起镂空的凤首。兽嘴和凤喙两侧均弯出一对如角的獠牙，

含义颇为神秘。盖沿及腹部饰线条疏散的双钩蟠虺纹，颈部饰线条风格与腹饰相同的波带纹，并在盖沿和颈部突饰行虎。现藏礼县博物馆。

蟠虺纹铜盉

春秋。礼县永兴乡圆顶山秦国墓地 2 号墓发掘出土。高 21.5 厘米，长 40 厘米，宽 12.2 厘米。整体呈椭方体，覆盘式盖，较深，上有圆形捉手，扁鼓腹，高圈足。盖四圆角处各饰大鸟一只，大鸟喙与尾又弯又大，极度夸张。颈部斜坡四圆角及左右两侧各附饰行虎一只，盖沿前后面各附饰行虎三只，虎首向下。器腹前后两面也各附饰行虎三只，虎首向上，与盖沿之行虎恰相对应，颇具匠心。腹部双大耳为两只凤鸟共身的套合结构，周边各点缀五只行虎和一只小鸟。圈足四圆角处饰四只行虎为附足，虎背上又各立小鸟一只，憨态可掬，妙趣横生。盖与腹规格对称，相互对应地饰蟠虺纹配以瓦棱纹。全器造型浑厚庄重，纹饰繁密华美，附缀虎、鸟多达数十只，且布局匀称，栩栩如生，充分反映了春秋中期秦国的青铜工艺水平。现藏礼县博物馆。

蟠虺纹铜盉

春秋。礼县永兴乡圆顶山秦国墓地 2 号墓发掘出土。通高 32 厘米，长 35 厘米，宽 11 厘米。盉身为扁椭圆体。长方形覆

盘式高盖，盖顶中央饰大鸟一只，鸟冠硕大。四周饰四只同形小鸟。腹一侧斜出一盖流，兽嘴圆张为流口。另一侧为半环形兽形錾。流、錾之兽口中均有獠牙向外突出。四足为头顶行虎的四只蹲熊。盖与腹通体饰细密蟠虺纹，腹部前后两面正中各有1双兽交盘的脐状圆突。器盖与器身连接处的旋纽为盖一侧附饰立虎后足与器身錾上部附饰坐熊前掌的契合。构思精巧且富于情趣。盉身各部位共附饰动物三十多只，把圆顶山秦器擅长动物造型的特色发挥得淋漓尽致。现藏礼县博物馆。

铜车形器

春秋。1998 年礼县永兴乡圆顶山98LDM1 发掘出土。通高 8.8 厘米，舆厢高 3 厘米，长 11.1 厘米，宽 7.5 厘米，轮径 4 厘米。舆厢为盒形，四角各附饰行虎一只，虎首向上。厢盖由可中启的两扉合成，合缝处一侧设蹲坐熊纽，一侧设跪坐人形纽（人首断佚，经修补）。舆顶四角各安装一只立鸟，鸟足可旋动。当四只鸟的方向转至同舆向一致时，厢盖即可开启；如任何一只鸟的方向同舆向错位，厢盖即被锁住。装饰与实用相结合，寓机巧于观赏之中。舆下有带轴的四轮，每轮八辐，车毂突出，軎辖俱全，可转动自如。舆厢周边及顶盖饰细密蟠虺纹。现藏礼县博物馆。

蟠虺纹铜盨

蟠虺纹铜盉

铜车形器

铜人像

春秋。1998 年礼县永兴乡圆顶山 98LDM1 发掘出土。高 9.4 厘米。青铜模铸，铜人浓眉高耸，双目圆睁，大鼻阔嘴，长发披肩，胸突肚鼓，右手握拳平举，左手平搭于左胯处，两腿弯曲，膝盖外撇，右脚尖立起。现藏礼县博物馆。

龙首衔环镳

春秋。礼县圆顶山春秋墓出土。通长 12.9 厘米，宽 1.1 厘米，外径 2.1 厘米。镳体扁平，弧形，整体为巨目，大耳，长嘴，表面满饰波曲纹的夔龙，夔龙口衔圆环一个，背面有并列的两个半环形纽。现藏礼县博物馆。

铜剑

春秋。1998 年礼县永兴乡圆顶山 98LDM3 发掘出土。通长 26 厘米，格宽 4.2 厘米。剑锋较短且略圆，两从较宽，中脊呈直线状隆起，格作凹字形，扁茎。剑首分铸，首孔为扁方形。格饰饕餮纹，茎上饰雷纹。现藏礼县博物馆。

对凤纹铜编钟

春秋。礼县永兴乡赵坪村出土。一套 9 件，最大通高 26.2 厘米，宽 16.7 厘米；最小通高 13.1 厘米，宽 9.7 厘米。形制相同均为纽钟。长方形纽较短小，腔稍短而宽，于浅而平。钟的篆和鼓部饰对凤纹。现藏礼县博物馆。

铜人像

龙首衔环镳

铜剑

对凤纹铜编钟

勾云纹铜和

春秋。1998年6月礼县永兴乡圆顶山98LDM1发掘出土。高8.3厘米，口径31.2厘米。椭圆形，敞口，圆唇，短束颈，扁鼓腹，平底，颈下有两小环纽，表面饰鳞纹。上腹部有双环耳，耳作双目圆睁、翘角卷尾的龙，龙周身饰鳞纹。腹部饰S纹，间以凸弦纹，其下饰内填云纹的三角纹一周。现藏礼县博物馆。

铜镢形器

春秋。1978年在灵台县梁原公社景家庄大队周家坪社春秋墓葬出土。长20.9厘米，宽5.9厘米，銎长8.8厘米，宽3厘米。青铜质，形状大致如镢，作长条形，长宽约为三比一，片状，前端呈弧形并上翘，体中凸起方脊，后端斜起长方管状长銎，銎中部有一圆形穿孔。灵台县博物馆藏。

鼎形铜行灯

战国。平凉市庙庄村72号秦墓出土。收合高16.7厘米，支起高30.2厘米，口径11.3厘米。全器由盖、键、耳、身四部分组成。收合时为一有盖圆鼎（鼎腹盛装燃灯的油料），平顶斜沿母口盖，扁鼓形腹，平底，三足略呈蹄形。附双实耳，耳上部含圆轴键槽，纳键之一端，双键中部曲成半圆形，平卧则恰好合成一环，扣往鼎盖。盖中心为突起的柱状圆銎，两侧分列反向二鸭首，旋转鼎盖，让鸭嘴衔住键梢，全器即扣严。启用时将盖反旋取下，双键支起，键之上端即合成短圆柱，正可插入鼎盖中心的圆銎中，此时却置的鼎盖即被高撑为灯盏。各部分配置科学，其物理功效得到最大程度的发挥，集实用和观赏于一体。设计奇妙，结构精巧，造型优美。现藏甘肃省博物馆。

铜剑

战国。1987年冬，武都县洛塘镇青

铜镢形器

鼎形铜行灯

铜剑

铜戟

云纹铜车軎

崖村出土。全长 52 厘米，首宽 22 厘米，刀部最宽 5.3 厘米。剑身呈柳叶形，前锋狭锐。腊中起高棱脊，腊脊后延与茎脊连为一线。茎扁窄，翼格弧形上弯。剑首形如等腰三角形的底部，两角尖宽，与茎相接处为两个弧形凹窝，首端有槽，似曾衔嵌他物。格上腊基处以脊为中线向两侧分饰细密的平行斜纹，两翼及茎面分区饰细乳钉纹。全器保存完好，通体乌亮，毫无锈蚀，造型奇特，工艺精湛。具有巴蜀文化青铜剑的形制风格，翼格又含草原文化的因素。横阔而带尖角的剑首，不宜于握持挥刺，据首端可嵌物的凹槽判断，当是一种镶柄的仪仗用器。现藏武都区博物馆。

铜戟

战国。1979 年武都区安化镇司家坝出土。长 40 厘米。长胡，有穿，援作弧形，有脊，前锋刃部峻削，援内侧中部有一突起。中部斜出一内，呈扁方管形，末端斜平，可与胡呈等腰三角形立于地面。其造型奇特，制作精美，堪称珍品。现藏武都区博物馆。

云纹铜车軎

战国。征集品。高 7 厘米，軎口径 8.2 厘米，辖长 7.9 厘米。軎、辖均青铜质，軎呈长筒形，一端粗一端细，细端平顶，粗端口部凸起宽边，边沿中间内凹。近粗端处有长方形辖。軎细端顶面及腹部浅浮雕云纹，腹部，辖首圆雕一立虎。虎身饰卷云纹。这套軎、辖制作精巧，是战国车马器中的精品。现藏泾川县博物馆。

"大李"铜壶

战国。征集。高 29 厘米。整体呈扁圆形。小直口，斜溜肩，弧腹，小圈足外撇，肩部有双小耳。底有铭文"大李"二字。现藏秦安县博物馆。

云雷纹铜盉

战国。征集。大口外侈，短束颈，圆鼓腹，平底。上腹部有两个小半圆形纽，两纽间腹中部有一稍大的环形鋬。上腹部饰复弦纹三周，弦纹间分饰云纹和菱格纹，内填云纹。弦纹下饰一周倒三角纹，内和填云纹。现藏甘州区博物馆。

团花纹环耳铜敦

战国。平凉庙庄发掘出土。通高17.5厘米，口径16.9厘米，底径11.5厘米。盖与器相合呈扁圆体。敛口，扁鼓腹，圜底，三蹄足低矮而粗壮。腹上部两侧饰铺首小纽衔环。浅弧盖，盖中心饰旋纹，旋纹外饰蟠螭纹两周，外周蟠螭纹内、外饰团花图案两周。外周蟠螭纹上等距地装饰有三只立虎，虎首向外。腹部饰与盖同样的蟠螭纹和团花图案各两周。这种疏散排列的团花图案是战国时期新出现的一种装饰纹样，类似梅花，却有六个花瓣，花中心饰有清晰的花蕊，细密而整齐。圆形的团花图案与流线型蟠螭纹交错装饰，圆润中显示变化，稳重而不失秀雅。现藏甘肃省博物馆。

铜鹰首

战国。永登榆树沟出土。高5.5厘米，宽5.2厘米。鹰是匈奴等古代北方

"大李"铜壶

云雷纹铜盉

团花纹环耳铜敦

游牧民族崇奉的猛禽。圆睁的巨眼，硕大有力的勾喙，夸张的鹰首造型，显示出鹰的威猛之势。饰有线条简洁的勾云状耳和鳞形羽瓣。颈内中空为銎，上细下粗，呈喇叭口状。颈部两侧有对称方形穿孔。此鹰头饰或系轴杆类顶端的装饰物。现藏甘肃省博物馆。

铜花角鹿

战国。张掖市龙渠乡木龙坝村征集。高 8.5 厘米，长 10.4 厘米。范铸而成立鹿形象，似驯鹿。鹿身体强壮，肌肉丰满。鹿首微昂，粗颈张口，凸目圆睁，双耳后贴，似鸣叫状。鹿角盘绕成并列四个圆环从头顶延伸至腰背，每个圆环顶部还有一个短角向上翘起。四足前蹬，躯体呈后抑姿态，短尾附臀而垂，颈下有毛绺。其形态与西伯利亚、阿尔泰地区所出的大角贴背的卧鹿形饰极其相似。从同批鹿整体造型相同，唯其四蹄下所踩圆环不同。一类蹄下踩三角形环，还有一类四蹄踩半圆形环。有学者认为前一类鹿身体粗壮，后一类腰部较细，蹄下圆环区别可能意在显示雌雄。现藏张掖市博物馆。

铜人

战国。张家川马家塬战国墓地 M4 发掘出土。通宽 2.51 厘米，通高 6.6 厘米。半身铜俑，面部可见眉眼轮廓，鼻子宽大，头戴尖顶护耳帽，着交领左衽短上

铜鹰首

铜花角鹿

铜人

衣，作袖手状。现藏甘肃省文物考古研究所。

错金银铜秘冒

战国。征集。长5.5厘米，宽2.5厘米。中空，横截面呈椭圆形。冒中部对穿两孔，顶部饰一长身、卷尾，回首凝望的长蛇，蛇周身饰错金银的卷云纹。制作精良。秘冒是戈秘上端的装饰物，多作鸟、兽形。现藏甘肃省博物馆。

错金银凤饰鸟纹铜鐏

战国。征集。长10.2厘米，宽4.3厘米。整体扁圆，近底部内收作握手，另一端开口。通体饰错金银卷云纹。中部环饰一长喙巨尾凤鸟。鐏位于戈秘的末端，作装饰用。现藏甘肃省博物馆。

云纹铜敦

战国。张家川马家塬战国墓地2010~2011年发掘。通高21.4厘米，口径14.6厘米，腹径16.3厘米。整体呈卵形，盖与身形制相同，几近对称，均有三龙首环形足和两云形环耳。通体饰卷云纹和三角纹，并采用青铜和黄铜交错为地和镶嵌的手法装饰三角纹，形成变化的对比纹饰。器子口的外缘除对比装饰外还填充有绿松石。现藏甘肃省文物考古研究所。

三足铜壶

战国。张家川马家塬战国墓地2010~2011年发掘。通高24.5厘米，口径7.5厘米，腹径18.1厘米。整体呈卵形，下接三中空蹄足，上腹有对称的铺首衔环。盖顶一桥形纽，内有一环。通体饰凸棱。现藏甘肃省文物考古研究所。

铜盆

战国。张家川马家塬战国墓地M18发掘出土。口径24.6厘米，底径10.7厘米，高12.2厘米。大口微侈，平沿向上斜出，扁鼓腹，小圈足。上腹部均匀地饰三条凸棱，凸棱间饰弦纹两道。现藏甘肃省

云纹铜敦

三足铜壶

文物考古研究所。

铜茧形壶

战国。张家川马家塬战国墓地 M3 发掘出土。口径 9.3 厘米，腹径 28.4 厘米，底径 15.4 厘米，高 25.6 厘米。侈口，短束颈，扁鼓腹，矮圈足。肩部有对称的衔环铺首一对。颈肩部饰贝纹一周，腹部饰纵向瓦棱，瓦棱内间饰蟠螭纹。圈足饰绹纹。壶内底铸篆书"鞅"字。现藏甘肃省文物考古研究所。

虎耳环扣青铜鍑

青铜烹食器。2009 年出土于武威市凉州区张义镇河湾村。青铜鍑通高 1.18 米，口径 0.87 米，深 0.97 米，腹围 3.42 米，圈足高 0.19 米，圈足直径 0.38 米，重约 230 公斤。短颈，平沿，圈足，弧腹，腹肩部位均匀分布三"虎耳"，四"环扣"，虎耳长 0.19 米，高 0.07 米。虎均站立，虎头向上，尾巴下垂，尾尖略向上卷曲。均为焊接而成。腹上部有明显的焊接凸棱，应为分块铸造然后焊接而成，腹下部有一周焊接凸棱。圈足喇叭形，对称各有两圆形镂孔，圈足与腹底有明显的焊接痕。器表局部可见烟熏痕，内壁留有似脂肪的堆积物，说明该器为实用器。该器物为甘肃所见体型最大的战国时期具有北方少数民族特征的青铜鍑。现藏武威天梯山石窟管理处。

铜盆

铜茧形壶

虎耳环扣青铜鍑

第四节 秦汉魏晋时期

两诏铜权

秦代。1967 年秦安上袁家墓出土。高 7 厘米，底径 5.2 厘米，重 250.2 克。整体呈钟形，中空。顶部微弧，上有鼻纽。器身呈多棱面，棱面间阴刻小篆一周共一百字，内容为秦始皇与秦二世关于统一度量衡的诏文二则。一则为始皇廿六年诏文，七行四十字："廿六年，皇帝尽并兼天下诸侯，黔首大安，立号为皇帝。乃诏承相状、绾：法度量则不一、歉疑者，皆明一之。"另一则为二世元年诏文，九行六十字："元年，制诏丞相斯、去疾：'法度量尽始皇为之，皆有刻辞焉。今袭号，而刻辞不称始皇帝，其于久远也，如后嗣为之者，不称成功盛德。刻此诏。'故刻左，使毋

疑。"这就是秦代关于度量衡制度著名的"两诏"。表明它是秦代法定的标准器。从现存各类秦权的实测重量核计，秦制"斤"并不完全一致。这枚铜权保存完好，是确定秦斤重的重要依据。其上铭文字体工整遒劲，布局疏朗开阔，又有较高的书法艺术价值。现藏甘肃省博物馆。

错金银铜卮座

秦代。1976 年秦安上袁家墓 6 发掘出土。器座底径 11.5 厘米，边宽 1.5 厘米，高 3.2 厘米。平面圆形，有内沿，三矮足，带把手和盖顶的三个纽。器身表面错金银，工艺精致，花纹由菱形、对顶三角形和卷云纹组成。环形把手表面错金银，一端呈长方形，四角有孔，另一端突出一圆形把手。盖纽呈圆环形云头突出，表面错金银，下端阴刻篆文"成"字。现藏甘肃省文物考古研究所。

铜镜

秦代。1976 年秦安上袁家墓 6 发掘出土。直径 16 厘米，边宽 1.2 厘米，素面，较薄，镜面微鼓。环形纽，纽中部起棱，纽外有两圈稍凸起的宽带纹形成的纽座，有边缘。表面残留朱砂痕和布纹痕。现藏甘肃省文物考古研究所。

错金银铜卮座

铜戈

秦代。1976 年秦安上袁家墓 7 发掘出土。通长 23 厘米，内长 8.5 厘米，援宽 3.3 厘米，胡长 12 厘米。长胡三穿，穿呈半圆形，有界栏，援胡大于直角，援锋扁平，两侧有刃，援与内略上翘，长内，中部有长方形孔，上下有刃，下刃呈弧形。现藏甘肃省文物考古研究所。

龙鸟纹铜薰炉

汉代。征集。高 16.1 厘米，口径 11 厘米。青铜质，炉体呈半球形，上有镂空的半球形盖，盖顶中雕三鸟首纹，周边镂雕蛇纹。底座为圆盘形，中有承柱与炉体相接，承柱与底座连接处铸三条游龙纹。现藏甘肃省博物馆。

铜车马仪仗队

汉代。1969 年武威雷台汉墓出土。整个仪仗队由 38 匹马、1 头牛、13 辆马车、1 辆牛车以及 17 个持矛、戟武士和 28 个奴婢组成，其中 8 匹马胸前刻有铭文。此外，还有铜奔马，表现了墓主人出行时的壮观场面。其排列顺序，一说如下：2 位骑吏担任前导，随从 15 名手持戟或持矛的骑马武士卫护，1 辆斧车引领，4 名伍佰辟道，4 辆轺车，小车 2 辆紧随，后跟主人的 1 匹主骑，4 匹从骑，家眷分乘 3 辆辇车，另 3 辆辎车拉运辎重，1 辆犊车或坐有书吏。每车有御奴驾驭，并有

铜镜

铜戈

龙鸟纹铜薰炉

铜车马仪仗队

将车奴4人，与从婢4人随行于车之左右。现藏甘肃省博物馆。

铜奔马

汉代。1969年武威市雷台汉墓出土。长45厘米，宽13.1厘米，通高34.5厘米。铜奔马身姿矫健，作奔腾状。原有鞍具、辔勒，已失。马双目圆睁，鼻孔奋张，颈部粗壮，身躯健硕，头微左偏，三足腾空，右后蹄掠踩一展翅飞翔、回首惊顾的飞鸟。鸟尾齐头略束，上有一圆凹坑，应为燕隼类。奔马以黑彩绘鬃尾，口、耳内涂朱红。奔马全身着力点集中于超蹑飞鸟的一足之上，准确地把握了力学平衡原理。蹄踏飞鸟，表现马行迅疾，以飞鸟惊顾回首来衬托，极具匠心。铜奔马铸造精美，构思巧妙，成为当时开拓精神的象征，是中国青铜艺术中的杰作，1984年被中国国家旅游局确定为中国旅游图形标志。对

铜奔马的定名在学术界曾有过热烈的讨论，对马蹄所踩飞鸟就有很多不同认识。概括起来有"飞燕"说、"乌鸦"说、"龙雀"说、"飞隼"说、"飞鹰"说、"鹰鹞"说等，对马的认识也不尽相同，有"天马—良马"说；"天马—神马"说；"名马式—铜马法"说；"奔马—猎骑"说；"铜奔马原型即大宛马"说等。所以，除"铜奔马"外，对它的定名还有"马踏飞燕""马超龙雀""天马戏飞燕""天马超龙雀""马踏飞鹰""马袭乌鸦""马掠鹰鹞""马踏飞隼""凌云奔马""蹄蹭飞鹰奔马"等，是一件罕见的具有极高艺术价值的文物。现藏甘肃省博物馆。

朱雀天马纹铜弩机

汉代。征集品。通高14.5厘米，郭身长15.1厘米，宽3.5厘米；望山高9.9厘米；郭身为长方体，装钩弦、望山、牛。

铜奔马

朱雀天马纹铜弩机

郭面有凹槽二条，一长二短。钩弦上刻
有菱格纹，望山上刻朱雀纹及刻度，郭
身一侧刻朱雀纹及天马纹。现藏甘肃省
博物馆。

铜轺车

汉代。1969年武威雷台汉墓出土。
长44厘米，高35.5厘米，马长31.5厘
米，高39.5厘米。由舆车、伞盖、御者
和马组成。车双曲辕，连衡带轭，两轮
重毂，各有辐条十二支，横长方形舆，
舆前有坡式护档，后无栏。轭中部装伞
柄，上承圆形伞盖。御者头戴翻边帽，
着交领服坐在伞柄一侧，双臂屈于胸前
作驾驭状。马身姿矫健，立于车前。出
土时，伞、舆底残留有织物。现藏甘肃
省博物馆。

"市平"铜量

汉代。征集。高11厘米，口径17.6
厘米，底径16厘米。圆口，直壁下微收，
平底，一侧近口沿处有一圆环形耳。底
内有汉隶"市平"二字，口沿外壁有宽
带纹一周。量为量器。"市平"铜量实测
容量为2495毫升。现藏庆阳市博物馆。

"安定郡库"铜鼎

汉代。灵台县中台镇出土。通高
21.7厘米，口径20厘米。腹围69.7厘米。
敛口，窄沿，深圆腹，圜底，三兽蹄足，
腹中部出扁棱一周。双附耳。有盖，盖顶

铜轺车

"市平"铜量

"安定郡库"铜鼎

有三个等距排列的三角形立纽，纽中央
有一圆孔。盖表及鼎腹中部各阴刻隶书：
"安定郡库鼎一容二升重十八斤二年冶工
偷铸"十九字。现藏灵台县博物馆。

龙首柄铜魁

汉代。西峰彭原李家寺大队庙头咀
队征集。高 11.1 厘米，口径 22 厘米，柄
长 12 厘米。广口，束颈，深腹，平底，
上腹部有凸弦纹五周。一侧有柄，作龙
首形，龙口狭长并张开，双目圆睁，眼
珠突出，龙首布满花纹，颇具动感。现
藏庆阳市博物馆。

博山神兽纹铜樽

汉代。泾川县征集。高 27.5 厘米，
口径 22.3 厘米，底径 23.5 厘米。博山盖，
盖顶中部有一圆孔，子母口，直筒腹，平
底，三熊足，腹两侧中部有一环耳，（一
耳缺失）。盖及腹壁布满浮雕的仙山异兽
及龙、虎、凤、鸟等纹饰。现藏平凉市
博物馆。

鸟首流方柄铜盉

汉代。1978 年灵台县蒲窝乡蒲窝村
周家洼社征集品。通高 16.9 厘米，口径
9.2 厘米，柄长 11.3 厘米。圆盖，上有桥
形纽，圆子口，一侧有子母形插销，扁
球形腹，下承三半圆形兽足。腹中部斜
出一流，流口部为一鸟首状，左侧平伸
出一方管长柄。现藏灵台县博物馆。

龙首柄铜魁

博山神兽纹铜樽

鸟首流方柄铜盉

"永始二年"托盘铜行灯

汉代。1992年平凉市红峰厂家属院出土。高11.2厘米，底径17厘米，重2.14公斤。行灯由带柄三足灯和托盘组成。灯圆形，直壁，浅腹，平底，下有三蹄足。平底内部中央有一个1.2厘米的圆锥状突起。灯盘口沿一侧有一个叶形柄，柄根部上弯向后平伸，尾部尖锐。灯下部是一个圆盘形托盘，口沿宽平，浅斜腹，下腹内收，平底，矮圈足。托盘口沿上有铭文一周17字："朝阳，永始二年四月造铜灯二枚，重九斤半"。永始为汉成帝年号，永始二年是公元前15年。汉代朝阳县有两个，一是济南郡所属的朝阳县，被称作"东朝阳"，另一个是南阳郡的朝阳县。该灯出土于平凉，反映出汉代手工业品生产和流通状况的一个侧影。现藏平凉市博物馆。

"永始二年"托盘铜行灯

双耳铜鍪

汉代。灵台县中台镇南店子村出土。高11厘米，口径9.6厘米。喇叭口，束颈，斜肩，扁鼓腹，圜底，底有烟痕。肩部有双环耳，耳饰绹纹，上腹饰凸弦纹两道。现藏灵台县博物馆。

双耳铜鍪

鎏金铜棺饰

汉代。成县城关石碑村出土。直径27.5厘米。圆片形，中孔，表面鎏金、银并满錾图案。圆孔下方为西王母头戴笼

鎏金铜棺饰

冠，两肩出翼，盘膝端坐。两侧双层重檐
的高大阙楼，上下贯通，气势宏伟。阙
楼两侧为飞龙和凤鸟，两阙檐间出一人
字形拱，拱下书"天门"二字。拱上饰鸟、
兽相交图案。棺饰边沿及图案空隙处饰
灵芝、云气等祥瑞纹饰。现藏成县博物馆。

细线刻花链梁铜罐

汉代。高 8.5 厘米，口径 5.5 厘米。
直口，圆肩，扁鼓腹，下承三矮足，肩部
有双环耳。一耳上有圆环相套组成的长链
作提梁，现已断。自肩部至下腹部分层线
刻三角纹，斜线交叉纹、菱格纹、重鳞纹、
菱格纹等，纹饰间以弦纹作界栏。带盖，
盖平顶，上有桥纽，表面线刻对鹿纹。制
作规整、精细。现藏天水市博物馆。

龙首柄铜熨斗

汉代。征集品。通长 28 厘米，柄长
16 厘米，勺径 12 厘米，红铜。分体制作，
合铸而成。圆体，大口，斜平宽沿，扁圆
鼓腹，圜底，方管状长直柄，柄首饰一
龙首，龙双目圆睁，长嘴大开，颇有气势。
熨斗内还存有黑色炭迹，当为实用器具。
现藏武威市博物馆。

三人足铜洗

汉代。1967 年秦安县陇城公社上袁
家汉墓出土。广口，折沿，弧壁，下腹
斜收，平底，下承三足，足为高鼻深目、
双手叉腰的人形，腹中部两侧有铺首圆

细线刻花链梁铜罐

龙首柄铜熨斗

三人足铜洗

环。现藏甘肃省博物馆。

尚方鸟兽博局铜镜

新莽。临洮汉墓出土。直径 22.5 厘米，厚 0.5 厘米。圆形，镜面光洁。背面正中有半球形纽，柿蒂纹纽座。座周环列十二乳钉，呈正方形排列，乳钉间为阳文十二辰名。外以双线方格围界，构成西汉后期至新莽时代最盛行的博局图案。博局四方配置"四神""八极"和鸟兽。外区一周铸有铭文："尚方作镜真大好，上有仙人不知老。渴饮玉泉饥食枣，徘徊名山采芝草。浮游天下遨四海，寿如金石之天保兮！"镜背宽沿凸起，沿内周饰细密的锯齿纹，外周饰云气纹。"尚方"是秦汉时期"少府"下属机构，主造皇室所用刀剑等兵器及玩赏器物。铭文内容反映了秦汉时期祈求长生不老、得道成仙的思想。现藏甘肃省博物馆。

尚方鸟兽博局铜镜

连枝树式铜灯

东汉。1969 年雷台汉墓出土。高 146 厘米，宽 6 厘米。由盏、叶、干枝和座等部分组成。灯呈树状，立于覆钵形底座上。主干分三段，套插而成。每段均饰有圆环和镂空叶片。三段之间有十字形分枝，中空，枝端立插镂雕鸾凤纹缠枝纹叶片，叶端上托小灯盏一个，每个小灯盏边沿上又插桃形叶饰一个。主干最顶端承托一大立环，环上饰镂雕一仙人骑鹿，仙人双

连枝树式铜灯

臂高举，两手托一大灯盏。原有灯十三盏，现存九盏。现藏甘肃省博物馆。

"建宁元年诏书作"环耳鼎

东汉。泾川县出土。高18.2厘米，口径13.5厘米。盖缺失。直口，近口部双附耳平出上折，柄部环状，扁球形腹，腹中部出扁宽沿一周，下承三蹄形矮足。腹部沿上阴刻隶书"建宁元年八月丁酉诏书作鼎一枚重十二斤太仆监右工史庞善考工令张玮右丞毛迁铜曹史和崟"四十字铭文。现藏平凉市博物馆。

铜灶

东汉。1983年麦积区街子乡街亭出土。长44厘米，宽26.8厘米，通高22.5厘米。灶呈马蹄形，灶面前端有一烟囱斜向竖立，烟囱上细下粗，灶面中部有一圆形火口。目前发现的这一时期的灶多为陶制，铜灶不多，这件铜灶制作精良，是同类器物中的上乘之作。现藏天水麦积区博物馆。

夔龙纹铜镜

三国蜀章武二年（222年）。直径14.9厘米，厚1.2厘米，重0.3千克。圆形，半球形纽，背沿平起边，凸棱同心圆将装饰区域分为内外两区，内区饰两条长尾夔龙相向游动，外区铸阳文篆字"章武二年二月作镜德扬宇宙威震八荒除凶避兵昭民万方"共二十四字。章武（221~

"建宁元年诏书作"环耳鼎

铜灶

夔龙纹铜镜

223 年），三国蜀汉刘备年号。现藏天水麦积区博物馆。

铜龟

魏晋。1988 年征集，传出敦煌七里镇。长 39.4 厘米，宽 18.3 厘米，高 15.4 厘米。青铜质，龟形体矮壮敦实，作爬行状，昂首引颈，目视前方，口微张，前足略短，后足似用力蹬地。尾作锥形，背甲饰长方形回纹、三角纹、勾连纹，腹甲微鼓无纹。造型生动逼真，形象憨态可掬，是魏晋时期青铜器中的精品。现藏甘肃省博物馆。

铜独角兽

魏晋。1956 年酒泉下河清 18 号墓出土。通长 70.2 厘米，宽 11.1 厘米，通高 24.5 厘米。范铸成型，四足另铸，铆焊；角、尾另铸，嵌插。前腿外斜支撑，后腿弓曲力蹬，抵首弓颈颔胸，张口吐舌，耳似削竹。独角如剑，并出歧角，奋力前抵，扁尾上翘，通体铸有鳞片纹及云气纹。独角兽又名獬豸，是古代神话传

铜龟

铜独角兽

铜马与牵马俑

说中的神兽，在古代被奉为司法公正的象征。汉、魏之时也常被安置在墓门左近，充做镇墓兽。现藏甘肃省博物馆。

铜马与牵马俑

魏晋。1993年酒泉西沟村魏晋墓发掘出土。马长29厘米，宽10.5厘米，高38.2厘米；俑高22.5厘米。铜马头颈粗壮，胸背厚实，四腿修长有力，双目圆睁，张口露齿作站立状。马的额部还饰有璎珞，背上配有马鞍。与身形高大，体格健壮的铜马不同，牵马俑瘦小单薄。模铸成型，片状，头戴尖顶帽，身首紧身衣裤，右手自然下垂，左手上举，作牵引状。现藏甘肃省文物考古研究所。

第五节 唐宋元时期

鎏金错银舍利铜棺

唐代。长19.7厘米，宽10.6厘米，高15.7厘米。铜质，通体鎏金，由棺盖，棺身两部分组成。盖若瓦形，覆于长方形棺上。盖、棺两侧及前端均饰唐草、莲花、忍冬等纹饰，纹饰全部采用错银工艺。金银交映，光彩照人。现藏甘肃省博物馆。

鎏金错银舍利铜棺

宝相花铜镜

宝相花铜镜

唐代。1991年征集。直径21.1厘米，厚0.53厘米。八出葵花形，圆纽，花瓣形纽座，纽座外一周连珠纹带。主体纹饰为两种不同的花卉纹各四朵相间环绕。一组为八复瓣莲花，圆圈中间一黑点外围六黑点表示花蕊，圆圈外围一周连珠纹带。另一组花卉中心为旋转的六个花瓣组成，花心周围是六片叶子。素缘。宝相花是中国传统装饰纹样之一，又称"宝仙花""宝花花"。一般以某种花卉（多牡丹、莲花）为主体，中间镶嵌形状不同、大小粗细有别的其他花叶，尤其在花蕊和花瓣基部，用圆珠作规则排列，似闪闪发光的宝珠，富丽华美，故名宝相花。花瓣多层次的排列，使图案具有雍容华丽的美感。隋唐以后宝相花广泛流行于织锦、铜镜以及瓷器的装饰上，含有吉祥、美满的寓意。这面铜镜图案的宝相花呈散点式排列，布局整齐、匀称，花朵圆润、饱满，与花瓣形镜面相得益彰，是唐代流行的镜类，也是其中的精品。现藏宕昌县文化馆。

胡腾舞铜俑

唐代。1980 年 9 月由路易·艾黎征集于西安。通高 13.7 厘米，俑高 10.5 厘米，宽 8 厘米。俑圆目钩鼻，阔嘴大耳，面带笑意。头戴尖顶小毡帽，帽尖空虚略下垂。上身穿紧身窄袖衫，下着过膝宽裙，足登长筒翘头软靴，颈后背系酒葫芦，完全是胡人的相貌和装束。舞俑右手翻飞卷袖，左手轻扬置于胯间。一足挺立于垂瓣莲托之上，另一足斜向踢出，裙摆随舞动翻卷开来，神情与舞姿极其传神，几乎就是唐诗中描绘胡腾舞诗篇的真实写照。唐诗描述"胡腾舞"："胡腾身是凉州儿，肌肤如玉鼻如锥。""织成番帽虚顶尖，细毡胡衫双袖小。""桐布轻衫前后，葡萄长带一边垂。帐前跪作本首语，拾襟搅袖为君舞。""醉却东倾又西倒，双靴柔软满灯前。环行急蹴皆应节，反手叉腰如却月。"胡腾舞源自石国（今乌兹别克斯坦共和国塔什干一带），是一种跳跃腾踏急促多变的男子独舞，南北朝时传入中国，唐代十分流行，当时深得中原贵族赏识，风靡一时。其特点是既雄健迅急、刚毅奔放，又柔软潇洒、诙谐有趣。主要舞蹈动作包括勾手搅袖，摆首扭胯，提膝腾跳，以腿脚功夫见长。现藏山丹县博物馆。

鸾凤衔草葵花镜

唐代。1974 年，从徽县柳林征集。直径 28 厘米。八瓣葵花卉形，背沿平起边，中心有半球形纽。镜背画面分内外两区，内区平面略低于外区。内区镜纽穿孔两侧饰鸾鸟一对，二鸟口衔瑞草相向展翅翘尾。鸾鸟上下饰对称的莲花蔓草纹，

胡腾舞铜俑

鸾凤衔草葵花镜

莲花之上有一对鸳鸯在栖息，两鸾鸟足下饰两朵如意云头纹。外区饰蔓草与相间的纹样四组，分布于八个葵形面积内。整个画面主题突出，疏密有致，制作精美。现藏徽县博物馆。

鸟兽葡萄纹铜方镜

唐代。灵台县文化馆征集。边长11.5厘米。正方形，镜背边沿突起高棱，中心为伏兽纽，纽外有与镜边同向的突起高棱将镜背饰域分为内外两区。内区四狻猊同向攀缘蔓葡萄枝蔓，四角饰孔雀屏纹。外区饰瑞鸟12只：四角各栖卧一鸟，四边中有三边各饰飞鸟一对，另一边则饰一对立鸟，鸟间缀饰缠蔓葡萄纹，角端饰孔雀屏纹。瑞鸟六止六翔，动静相配，止者怡然，动者悠然；狻猊身姿矫捷，腾挪自如；葡萄丰硕，蔓叶错落

有致。镜色纯亮，纹饰鲜明，为镜中珍品。现藏平凉市博物馆。

瑞兽凤鸟葡萄纹镜

唐代。1986年秦安县五营乡陈峡村出土。径长29厘米，厚2厘米。圆形，背沿斜起，伏兽纽。凸棱同心圆将饰域分为内外两区，内区纽周环饰两只凤鸟和六只瑞兽，间缀缠蔓葡萄纹；外区为四对凤鸟和四对瑞兽两两相间的纹饰带，同样缀缠蔓葡萄纹，最外沿饰一周细小花蕾纹。图案繁富华美，鸟兽气韵灵动，线条深晰流畅，通体闪露悦目的银白色，充分显示了唐镜的亮丽风采。堪称唐镜中的精品。现藏秦安县博物馆。

鎏金骑射狩猎纹铜叶饰

唐代。长8厘米，宽5厘米。叶形，顶部有一圆孔。通体鎏金。周边饰卷草纹，

鸟兽葡萄纹铜方镜

瑞兽凤鸟葡萄纹镜

中部的上、下、左、右错落地铸出反身射雁、长矛刺狮、猛狮咆哮、惊鹿奔逃的图案。构图巧妙，制作精良，人物、动物造型写实逼真，体现出唐代雄健奔放、圆润洗炼的艺术风格与精湛高超的制作水平。现藏华池县博物馆。

鎏金铜盏托

唐代。1979 年肃南县马蹄乡二夹皮村大长岭唐墓出土。口径 10.1 厘米，底径 8.6 厘米。圆盘，正中有一矮圆柱形承托，一侧边有三个等距三角排列的乳丁。底中有中空的圆形高足。后由张掖地区文化局收缴。现藏肃南县民族博物馆。

鎏金铜折足盘

唐代。肃南县马蹄乡二夹皮村大长岭唐墓出土。通高 19.5 厘米，直径 24 厘米。盘表捶揲内凹的菱花形，宽边，边沿亦为与盘中图案呼应的菱花形。下承三高足，足中部有子母扣，可折叠以调整高度。现藏肃南县民族博物馆。

狮纽錞于

宋代。1995 年从城关镇王母宫征集。高 98.5 厘米。黄铜质。束颈，鼓腹，腔体直，占整体体积的三分之一，下口平。顶上有狮纽，狮子作站立状，粗眉凸目，双唇紧闭，丰胸短体，四肢粗壮有力，脑后螺饰，长尾后拖，四肢及肩部饰凸云纹。现藏泾川县博物馆。

鎏金骑射狩猎纹铜叶饰

鎏金铜盏托

鎏金铜折足盘

狮纽錞于

摩羯纹铜镜

摩羯纹铜镜

金代。1966 年临洮县北乡麻家坟征集。径长 23.7 厘米，边厚 0.6 厘米。圆形，半球形纽，镜背边沿平起宽边。纽外饰两只摩羯同向环绕，摩羯为龙首鲤身形象，头部高高扬起，前鳍是两张平展宽大的翅膀，颀长的身躯向上弯起，尾巴中分并向两端上翘。两只摩羯头前方各有一宝珠，系带飘飞，摇曳多姿，摩羯周围满布整齐细密的水波纹，似海水般波波相连。神鱼戏珠的意蕴和情趣表现得淋漓尽致。摩羯在佛教故事中是一种神鱼，乃救世如来的化身，传到中国后和鱼龙变化的传说相融合，被塑造成了亦鱼亦龙的艺术形象。一摩羯身侧铸有笔画细微的铭文"陕西西路监造使"，下有花押。金代因铜料缺乏，政府对铜器生产控制极严，制作铜镜须经专门机构审批监管，这面铜镜的铭文印证了这一制度，弥足珍贵。现藏甘肃省博物馆。

铜牦牛

元代。1972 年 6 月天祝县哈溪镇友爱七队村出土。高 77 厘米，长 118 厘米，重 75 公斤。为一雄性牦牛的形象，用写实手法选取了牦牛伫立时的姿态。牛首略前倾，双目圆睁，嘴颔半开，身体健硕，

铜牦牛

四蹄粗壮，双角大而弯曲，丰满的短尾飘然下垂，风格写实、逼真。牦牛是藏族人民深爱的动物，被誉为"雪原之舟"。牦牛还是藏族所崇拜的灵物，有学者认为铜牦牛可能是当地笨教寺院供奉的神器。现藏天祝藏族自治县博物馆。

铜燎炉

元代。通高 34 厘米，口径 48 厘米。燎炉由盖、釜、罩、炉四部分组成。圆盖，上有柱形捉手；釜为圆形子母口，向下渐粗，至三厘米处平出一宽沿，下腹深直，圜底；罩颈部为斜直筒形，上有镂空方眼三组，罩面透雕连续万字纹，下承三云形足。炉为平宽沿，深腹，圜底，人字形三足。现藏庆城县博物馆。

双耳长颈铜壶

元至元丙戌年（1286 年）。征集。高43.5 厘米，口径 11.4 厘米。青铜质，敛口，折沿，长颈，鼓腹，下腹斜收，喇叭形高圈足。颈上部有双衔环龙首耳，颈中部、下腹及足胫处饰回纹间梅花图案。口沿下阴刻铭文十三字"至元丙戌西凉报慈安寺僧仁敏□"。是元初西凉城（今武威）报慈安寺院僧侣所用之物。现藏武威市博物馆。

漆绘描金人物铜镜

明代。张掖大佛寺卧腹内出。直径34.3 厘米，厚 1.6 厘米。圆形，背沿凸

铜燎炉

双耳长颈铜壶

漆绘描金人物铜镜

起宽边，中心为半球形纽。背面采用描金工艺，以朱漆为底，再用泥金描绘山水人物、亭台楼阁。画面错落有致，色泽浓艳华丽，显示出较高的艺术价值。1966年，北京西城区红卫兵来张掖串联，将大佛寺卧佛腹部凿开一洞，入内劫走了一些文物，原县文化馆发现后及时进行了补修，并在清理卧佛腹内时发现了铜镜、铜壶、铜记事牌等文物。现藏张掖市博物馆。

嵌红铜阿文铜香炉

明正德五年（1510年）款。通高12.3厘米，宽21厘米。带盖，为紫檀木制成，盖面上雕有几何纹。炉身为黄铜质，平沿，束颈，炉腹两面嵌红铜阿拉伯文，一面汉译意为"使者说"，另一面汉译意为"最

嵌红铜阿文铜香炉

美最好的祈祷赞真主"。炉底刻有两方铭款，一方为"大明正德五年钦赐回回掌教"，另一方为"臣马大臣"，表明这件香炉是明武宗赏赐给伊斯兰教领袖的，负责铸炉的马大臣也应是回族官员。铜炉色泽明润，嵌文流畅，是研究明代民族政策与伊斯兰文化的珍贵文物。现藏甘肃省博物馆。

主要参考文献

1. 马承源主编：《中国青铜器》，上海古籍出版社，1988年。

2. 董彦文主编：《甘肃文物》，甘肃文化出版社，2006年。

3. 甘肃省博物馆编：《丝绸之路·甘肃文物精华展》，1994年。

4. 祝中熹、李永平著：《遥望星宿——甘肃考古文化丛书·青铜器》，敦煌文艺出版社，2004年。

5. 杜廼松：《全国铜器鉴定所见金文考察》《北方文物》2001年第6期。

6. 宋新潮：《中国早期青铜镜及其相关问题》，《考古学报》1997年第2期。

7. 孙淑云、韩汝玢：《甘肃早期青铜器的发现与冶炼、制造技术的研究》，《文物》1997年第7期。

8. 李水城：《西北与中原冶铜业的区域特征及交互作用》，《考古学报》2005年第3期。

9. 甘肃省文物考古研究所：《永昌西岗柴湾岗：沙井墓葬发掘报告》，甘肃人民出版社，2001年。

10. 甘肃省博物馆文物组：《灵台百草坡西周墓》，《文物》1972年第12期。

11. 早期秦文化考古联合课题组：《甘肃礼县大堡子山早期秦文化遗址》，《考古》2007年第7期。

12. 甘肃省文物考古研究所：《甘肃秦安上袁家秦汉墓葬发掘》，《考古学报》1997年第1期。

13. 甘肃省博物馆文物工作队：《甘肃武威雷台东汉墓清理简报》，《文物》1972年第2期。

14. 甘肃省博物馆：《武威雷台汉墓》，《考古学报》1974年第2期。

15. 甘肃省文物管理委员会：《酒泉下河清第一号和第十八号墓发掘简报》，《文物》1959年第10期。

第四章　瓷　器

中国制瓷历史悠久，制瓷业发达，是最早发明瓷器的文明古国。瓷器的产生，是中国古代物质文明长期发展的一种独特成果。早在 3000 年前的商周时期，开始烧制出了原始青瓷，创造了辉煌的陶瓷文化艺术。随着历史的发展，社会的进步，制瓷技术日臻成熟。最初生产的瓷器称之为原始青瓷。原始青瓷创烧于殷商，盛行于春秋战国，至东汉摆脱瓷器烧制的原始状态，达到现代瓷的烧制标准。这一历史阶段成为中国陶瓷发展史上的重要里程碑。

隋唐时期，中国政治稳定，经济繁荣，社会发展迅速，促进了制瓷业的发展。出现了北方邢窑白瓷"类银类雪"、南方越窑青瓷"类玉类冰"的文化特征，形成了"南青北白"的两大体系。

进入两宋时期，制瓷业空前发展、异常繁荣，出现了百花齐放，百家争鸣的局面。烧制瓷器的窑址星罗棋布，遍及南北大地。而且制瓷名窑迭出，瓷器品类繁多，制瓷业迅速发展。除青、白两大瓷系外，黑釉、青白釉和彩绘瓷纷纷兴起。各地相继出现了官窑、哥窑、汝窑、定窑、均窑、景德镇窑、磁州窑、耀州窑等著名窑口，形成了风格独特、各领风骚的多个瓷窑体系。至此，中国制瓷业呈现出繁荣的局面。

由于海外贸易的发展，元代陶瓷成为重要的出口商品，随着外销瓷增加，生产规模扩大，制瓷工艺有了进一步的提高。元代在景德镇设"浮梁瓷局"统理窑务，发明了瓷石加高岭土的二元配方，烧制出大型瓷器，景德镇创烧的釉里红和发展成熟的青花瓷，是中国古代制瓷技术的突出成就。尤其是元青花烧制成功，在中国陶瓷史上具有划时代的意义，这些成就为明清制瓷工艺的高度发展奠定了基础，景德镇因此成为全国的制瓷中心。

明清两代中国瓷业的发展臻于鼎盛，瓷器生产在工艺技术和产量上都达到了历史上的最高水平。明代中期以后，江西景德镇的瓷器几乎占据了全国的主要市场。除了有其特殊的历史条件和有利的地理环境外，高质量的宫廷用瓷，也主要由景德镇御器厂供应，所以代表时代特征的是景德镇瓷器。御器厂在不断扩大新品种，提高产品质量的同时也带动了各地民窑的进一步发展，出现了一些各具特色的地方陶瓷。景德镇的制瓷业达到了中国陶瓷发展史上的最高峰，盛况空前，并被誉为中国的瓷都。

甘肃地区受地域及自然地理条件的限制，缺乏优良的瓷土，与新石器时代制陶业相比，制瓷业发展相对滞后。甘肃省内各文博单位所收藏的瓷器，以历年来零星出土居多，涵盖了商周以来的各个历史时期，尤其是宋、金、西夏瓷器最具代表性。

甘肃的考古发掘显示，西周时期，甘肃开始出现原始青瓷，如在灵台县白草坡墓地出土有青瓷尊、青瓷罐等。

隋唐时期，西北地区出现了著名的窑系——耀州窑系。耀州窑创烧于唐代，以烧制青瓷为主，兼烧黑釉、白釉瓷等，唐朝以降，耀州窑系迅速在西北地区发展，并达到巅峰。其作品形制多样，花纹雕刻犀利洒脱，形成了别具一格的青瓷窑系。在甘肃东部地区不但出土有大量的耀州瓷，而且还有窑场烧制，天水地区的秦窑就属耀州窑系，目前发现的产品多为碗、盘类，制作工艺以内印花外刻花为主，釉色青中泛黄。

宋金西夏元时期，在甘肃地区出现了一些重要的瓷窑，如平凉地区的安口窑，武威的塔儿湾窑和兰州的阿干窑。西夏瓷器在中国陶瓷史上独树一帜，具有鲜明的时代特色。长期以来，由于西夏瓷出土较少，相当长的一段时期未引起学术界的重视。近年来，西夏瓷不断被发现，尤其是对宁夏灵武、甘肃张掖龙渠乡武当山西夏窑址和武威塔儿湾西夏窑址的调查和科学发掘，出土了大量的西夏瓷器。甘肃河西地区的西夏瓷具有代表性，器型和纹饰粗犷壮美，多为黑、褐、白釉瓷，瓷胎多呈浅黄色，装饰手法以剔、刻釉为主，花卉以大枝大叶牡丹花为主。黑、褐釉与露出的胎体，形成了色彩上的反差和对比。西夏瓷简洁有力的艺术造型体现出西北地区瓷器特有的风格，并体现出党项等少数民族富于民族特色的审美情趣和艺术追求。甘肃武威塔儿湾遗址是中国西夏考古史上迄今发现出土西夏瓷器数量和种类最多，釉色、花纹繁杂的遗址，是西夏在河西地区的一处重要官办瓷窑。塔儿湾遗址西夏瓷器生产作坊生产定做、销售各类瓷器。所生产的瓷器具有独特而浓郁的地域色彩，向世人显示了西夏高度发达的文化。

甘肃地理位置特殊，处于丝绸之路关键地段，是古代民族融合和交往的重要地区，因此许多重要的陶瓷珍品得以遗留。漳县汪世显家族墓出土的珍贵宋代瓷器有：官窑粉青釉多棱直颈瓶、定窑刻花莲花纹刻款白釉洗、釉里红高足杯、龙泉窑青釉瓷匜；临洮县衙下乡出土的有元代景德镇窑青花莲池鸳鸯纹玉壶春瓶、青花鸾凤纹匜。这些陶瓷精品为宋元时期研究东西交流和对外贸易提供了珍贵的实物资料。

第一节　唐宋金时期

巩县窑白釉带流罐

唐代。1956年武威弘化公主墓出土。高40.5厘米，口径12厘米，底径12.3厘米。圆唇，小口外卷，矮颈，溜肩鼓腹，下腹内收，小平底。肩部斜置一管状短流。器身施白釉，釉面光润，施釉不到底，胎色洁白。此罐造型浑圆饱满，端庄丰盈，具有鲜明的唐代风格。器身破裂铜补。现藏甘肃省博物馆。

巩县窑白釉带流罐

耀州窑刻花狮头流执壶

五代。口径4.2厘米，底径9.1厘米，高21.8厘米。直口微侈，长颈，折肩，圆腹，圈足外撇，带盖，宽带形曲柄，流呈坐狮状。唐代壶流较短，五代时流与柄加长，兽形流少见。执壶造型新颖别致，通体施化妆土，罩青釉。腹部刻大朵缠枝牡丹纹，花叶肥满，纹饰简洁潇洒，立体感强，是耀州窑青瓷中的佳品。五代前期的陶瓷造型较多地沿袭晚唐风格，只是圈足逐渐加高，制作更加精细。现藏成县博物馆。

耀州窑刻花狮头流执壶

耀州窑酱釉注碗

北宋。高8.9厘米，口径16.3厘米，底径5.6厘米。直口，弧肩，斜腹，圈足。通体施酱色釉。注碗为温酒器，与执壶

耀州窑酱釉注碗

第四章　瓷器

配套使用，是宋代流行的一种酒具。此器釉色纯正、莹润，胎体灰白。耀州窑以烧制青釉为主，酱釉瓷极少，所以更显得比较珍贵。现藏甘肃省博物馆。

耀州窑青釉刻花五足炉

北宋。高7.6厘米，内径6.5厘米，外径14.1厘米。直口，深直腹，宽边沿，圜形凹底，五足。施青釉，内壁和底部露胎。口沿上刻牡丹花一周，下腹粘贴五足，为模制象首形。胎体致密，釉色纯净。为耀州窑同类器中的佳品。现藏甘肃省博物馆。

耀州窑青釉刻花五足炉

耀州窑青釉印花鹿衔花卉纹碗

北宋。高4.8厘米，口径18.2厘米，底径5.5厘米。敞口，折腹，圈足。腹部呈六棱角形，碗内模印两只形态各异的奔鹿，口衔牡丹，一只抬头前视，一只回首前奔。鹿纹形象生动逼真，周围饰花卉图案，构图清新活泼，碗外壁刻折扇纹。灰白胎，釉色莹润，造型秀美，纹饰罕见。是耀州窑青瓷中的珍品。现藏甘肃省博物馆。

耀州窑青釉印花鹿衔花卉纹碗

耀州窑青釉刻花牡丹纹碗

北宋。环县虎洞乡高庙湾村陈水沟出土。高7.9厘米，口径24厘米，足径6.4厘米。敞口，弧腹，圈足。施青釉，足底露胎，胎呈香灰色，胎釉结合致密。碗内刻折枝牡丹花，花叶茂盛，互相缠绕，

耀州窑青釉刻花牡丹纹碗

甘肃省志 文物志

碗外壁刻牡丹花叶，刀锋犀利，线条活泼流畅，有较强的立体感，圈足旋刻规整、利索。胎壁较薄，质地坚硬，釉色匀净、厚润。是宋代耀州窑瓷器中代表性的作品。耀州窑瓷器刻花刚劲有力，刀锋犀利，形成耀州窑独特风格，为宋代刻花装饰最具代表性的瓷窑。现藏环县博物馆。

青釉十三瓜棱执壶

北宋。天水市秦州区藉口乡出土。高22.1厘米，底径9.5厘米。喇叭形口，宽带形执柄，弯曲细长流，壶腹呈瓜棱状，圈足外撇。口沿下、颈部、肩部饰弦纹。通体施青釉，釉色青绿，晶莹温润，器身无花纹，造型规整，挺拔俊秀，制作精致。执壶是注子的俗称，酒具，盛行于唐中期至宋代，宋代器身变得瘦长。瓜棱壶是宋瓷中比较多见的器形，各窑均大量烧造。此壶是耀州窑瓷器中具有代表性的作品之一。现藏天水市博物馆。

耀州窑青釉印花缠枝菊花纹子母盒

宋代。1972年9月华池县五蛟乡李

青釉十三瓜棱执壶

耀州窑青釉印花缠枝菊花纹子母盒

良子窖藏出土。通高 5 厘米，口径 11.3 厘米，足径 5.7 厘米。盒呈扁圆形，子母口，矮圈足。通体施青釉，盖面模印两朵菊花，盒内底粘有三只敞口平底小杯，之间有拱形花枝相隔。器型秀丽，制作精美。釉色青中泛黄，纹饰简洁明快，制作工艺非常精巧。现藏庆阳市博物馆。

耀州窑青釉印花菊花纹碗

北宋。1982 年崆峒区白水镇征集。高 5.6 厘米，口径 18 厘米，足径 5.8 厘米。敞口，弧壁，圈足。碗内底印四朵缠枝菊花，内壁饰一周花叶，外壁刻折扇纹。通体施青釉，釉色光润。现藏平凉市博物馆。

耀州窑青釉刻花尊

北宋。1979 年灵台县上良乡征集。高 11.3 厘米，口径 11.6 厘米，足径 5.6 厘米。高敞口，鼓腹，圈足。施青釉。颈部刻焦叶纹，腹部刻牡丹花瓣。现藏灵台县博物馆。

耀州窑青釉刻花牡丹纹瓶

宋代。1972 年 9 月华池县五蛟乡李良子窖藏出土。高 27 厘米、口径 5.2 厘米，足径 7.5 厘米。口微侈，直颈，垂腹，圈足。胎体呈香灰色，通体施青绿釉，足底露胎。颈部刻两层仰莲瓣纹，腹部刻缠枝牡丹。造型端庄，釉色莹润，花纹秀丽。现藏庆阳市博物馆。

定窑刻花莲花纹白釉洗

北宋。1972 年漳县汪世显家族墓出土。高 3.6 厘米，口径 14.8 厘米，足径 8.9 厘米。广口，折腹，圈足，芒口。胎体洁白致密，施白釉，釉色白中闪黄。内底刻复线莲花，线条流畅。底足中竖刻"复古殿"三字，右侧刻一"冬"字。由于采用覆烧法，所以口部无釉，呈芒口，外底、圈足满釉。宋代是定窑的发展时期，产量大、质量及制作工艺精细。

定窑刻花莲花纹白釉洗

定窑白瓷一般无款，只有少数刻有"官"字，这种特殊的刻款极为罕见，所以尤为珍贵。现藏甘肃省博物馆。

磁州窑白釉珍珠地刻牡丹纹枕

宋代。清水县上邽三里铺出土，1983 年 10 月 3 日入藏。长 26.2 厘米，宽 18 厘

磁州窑白釉珍珠地刻牡丹纹枕

米，高 11.7 厘米。灰白胎，施白色化妆土，罩乳白色釉，枕呈亚腰形，两侧弧起，中间稍凹。枕面及周壁装饰划花缠枝牡丹纹，花卉周围戳印珍珠纹地。现藏清水县博物馆。

白釉珍珠地刻牡丹纹瓷枕

宋代。1985 年征集。高 13 厘米，宽 11 厘米，长 21 厘米。胎呈褐色，施白色化妆土，釉色乳白。枕呈弧角长方形，前低后高，腰部内弧。采用了剔花和划花技法，枕面饰折枝牡丹纹，周边饰折枝菊花。从胎色和装饰手法看，为当阳峪窑产品（当阳峪窑是宋代北方地区著名民间瓷窑之一。位于河南省焦作市修武县西村乡当阳峪村，南距焦作市区 3 公里。又称修武窑、怀庆窑、河内窑、当阳峪窑系、当阳峪窑群等，是中国宋代瓷窑中风格变化最多、造型与装饰品种最为丰富、做工特别精细的大规模窑场，是民间艺术之瑰宝）。现藏天水市博物馆。

白釉珍珠地菊花纹"齐寿"瓷枕

宋代。长 27 厘米，宽 15 厘米，高 13 厘米。西和县长道镇水泉机砖厂征集。胎呈褐色，施白色化妆土，釉色乳白。枕呈长方形，中间下凹，枕面剔刻"齐寿"二字，周边饰折枝菊花。现藏西和县博物馆。

白釉黑彩缠枝花卉纹梅瓶

宋代。高 38.5 厘米，口径 6 厘米，底径 9.4 厘米。1960 年天水市北道区石佛乡田家庄出土。小口，短颈，丰肩，鼓腹，圈足。通体施白釉，绘黑色折枝牡丹纹，造型优美，纹饰构图严谨，布局合理。梅瓶，盛酒器，宋代称为"经瓶"，南北瓷窑均有烧制。许之衡《饮流斋说瓷》曰："口径之小仅与梅之瘦骨相称。"故名梅瓶。到元明清时景德镇窑厂大量烧制，明清两代变为陈设瓷。现藏麦积区博物馆。

花瓣口长颈瓶

宋代。高 40 厘米，口径 11.7 厘米。

白釉黑彩缠枝花卉纹梅瓶

花瓣口长颈瓶

五曲花口，直颈，丰肩敛腹，圈足，造型秀丽挺拔，施化妆土，绘黑色折枝牡丹纹，罩透明釉。花纹构图纯朴大方，清新活泼，线条流畅，黑白色彩对比极为强烈，是磁州窑系的典型作品。现藏灵台县博物馆。

龙泉窑青釉刻菊纹瓷碗

宋代。1988 年武威市城区汽修厂清理出土。口径 17 厘米，足径 4.5 厘米。敞口，弧壁，小圈足。器形呈菊瓣状，施粉青釉。釉层匀厚，色泽晶莹。现藏武威市博物馆。

耀州窑青釉瓷钵

宋代。1982 年灵台县百里乡古城村野狐湾社出土。高 6.5 厘米，口径 17.7 厘米，足径 4.7 厘米。直口，深腹，浅圈足，施青釉，呈月白色，釉面莹润。造型端庄古朴。现藏灵台县博物馆。

影青釉印花婴戏牡丹纹碗

宋代。1975 年庄浪县文化馆在水洛镇西关村征集。通高 7.5 厘米、口径 20.4 厘米、足径 5.8 厘米。敞口，小圈足，胎薄质润。釉色白中闪青。内饰婴戏牡丹纹，图案线条流畅，生动活泼，为景德镇产品。现藏庄浪县博物馆。

绞胎盘

宋代。高 1.9 厘米，口径 17.8 厘米，底径 11.3 厘米。敞口，圆唇，浅腹，平底。盘口为白色，内外壁白褐色纹理相间，浓淡深浅分明，纹路自然清晰。通体罩透明釉。现藏徽县博物馆。

绞胎碗

宋代。高 4.8 厘米，口径 9.3 厘米，足径 4.8 厘米。直口，圆唇，深腹，浅圈足。碗口沿部为白色，内外壁白褐色纹理相间，呈叶脉纹，罩透明釉。此碗应属河南修武县当阳峪窑产品。现藏徽县博物馆。

绞胎碗

青釉缠枝花卉纹三足炉

宋代。高 11.1 厘米，口径 11.2 厘米。直口，平沿，束颈，鼓腹。外底中央内凹，腹下贴饰模制三兽面足。颈部刻一周仰莲

绞胎盘

青釉缠枝花卉纹三足炉

纹，腹部刻一周缠枝牡丹纹，上下各刻一周弦纹。施青釉，釉色青绿，釉面光洁明亮，玻璃质感较强，有开片、有小气泡，器内及足底露胎。胎色灰白，胎质细密坚硬。现藏徽县博物馆。

耀州窑青釉刻花水波纹钵

宋代。高10.7厘米，口径19.8厘米，足径4厘米。圆唇，直口微撇，弧腹，腹下内收，圜底，圈足。腹部刻画三周水波纹。通体施青釉，釉面均净。现藏平凉市博物馆。

青釉刻花牡丹纹碗

宋代。高3.6厘米，口径18.6厘米，足径6.3厘米。敞口，斜壁，浅腹、圈足。胎色灰白，胎质细腻。釉色匀净。盘内刻一枝盛开牡丹，花朵丰满，枝叶舒展。

耀州窑青釉刻花水波纹钵

青釉镂空炉

耀州窑装饰题材丰富多样，牡丹纹最为常见。工匠门采用刻花工艺，将牡丹与胎、釉巧妙结合，刀锋犀利，线条流畅，立体感较强。现藏灵台县博物馆。

青釉镂空炉

宋代。高11.8厘米，口径14厘米。炉由内腹、镂空外壁、炉身、底足三部分组成。内腹为直口，斜腹，宽沿微弧。镂孔外腹束腰。镂孔呈三层椭圆形孔。底足残缺。施青釉，釉面匀净滋润。炉体内腹、外底露胎。现藏崇信县博物馆。

青釉印花钵

宋代。高6.3厘米，口径11.6厘米，足径4.3厘米。翻沿，敛口，深腹，斜弧壁，圈足。颈部刻三道弦纹，腹部刻U形垂弧纹。通体施青釉，釉色青绿透亮。足端刮釉，露胎处呈火石红色。现藏庆城县博物馆。

定窑印花莲花纹盘

宋代。甘肃省庄浪县物资局出土。高4.6厘米，口径20.9厘米，足径6.5厘米。浅葵口，折腹，圈足。胎色洁白，通体施白釉，微闪黄，盘内饰印花折枝莲花纹，纹饰线条流畅、工整纤美。现藏庄浪县博物馆。

影青釉印花鱼纹盘

宋代。口径14厘米。侈口，斜腹内

收，平底。覆烧、芒口，施青白釉，釉色白中闪青，内饰印花鱼纹。胎体致密，釉面洁净。现藏文县博物馆。

官窑粉青釉多棱直颈瓶

南宋。漳县汪世显家族墓出土。高15.5厘米，口径6厘米，足径8.8厘米。侈口，长颈，折肩，直腹，平底。紫灰胎，瓶身呈多棱形，通体施粉青釉，釉面有稀疏开片，棱角处釉薄而显露胎色。瓶底有六个烧制时留下的支钉痕。现藏甘肃省博物馆。

耀州窑月白釉花卉纹瓷罐

金代。1977年5月在环县县城征集。高38.5厘米，口径21厘米，足径13厘米。大口内敛，鼓腹，圈足。胎呈灰白色，上化妆土，施白釉，釉色乳白。罐腹部用黑彩绘花卉，运笔泼辣，流利洒脱。现藏庆阳市博物馆。

耀州窑月白釉玉壶春瓶

金代。1972年9月华池县五蛟公社李良子出土。高28.8厘米，口径4.5厘米，足径7.8厘米。直口，细长颈，溜肩，鼓腹，圈足。胎色灰白，质地坚硬。釉色月白，白中泛青，釉汁乳浊温润，色泽极富玉石效果。现藏庆阳市博物馆。

磁州窑卧女式瓷枕

金代。1972年清水红堡谢坡宋墓出土。1972年出土后被下乡知青收存，之

影青釉印花鱼纹盘

官窑粉青釉多棱直颈瓶

耀州窑月白釉花卉纹瓷罐

后征收入藏。高 13.5 厘米，长 34 厘米，宽 13 厘米。灰胎，施白色化妆土。瓷枕整体为一女子侧卧形象，枕面圆平微下凹。女子扎两小辫，左臂枕于头下，双腿弯曲。枕面和衣衫为白色，用黑彩勾勒人物细部及服饰、花纹等。枕面绘黑色花卉，衣衫绘兰花，黑色领边上饰珍珠纹，色调对比鲜明。釉色白中闪黄，卧女神态自然悠闲。具有浓郁的民间生活气息。现藏清水县博物馆。

磁州窑荷花图虎形枕

金代。1975 年庄浪县文化馆征集。高 9.8 厘米，长 35 厘米，宽 16 厘米。枕呈伏虎状，虎爪前伸合于颌下，虎尾随枕底弧线自然弯曲，盘于枕前，虎身施浅褐釉，以黑彩绘虎身的斑纹，耳、眼、嘴以白釉为地，用黑彩绘制。虎背为枕面，呈腰圆形开光，施白釉，以黑、褐色绘花卉，生意盎然，野趣横生。此枕造型生动逼真，纹饰线条流畅。现藏庄浪县博物馆。

磁州窑芦雁图虎形枕

金代。1972 年华亭县河西乡新庄村饲养站工地墓葬出土，县文化馆征集入藏。长 33.8 厘米，宽 15.8 厘米，高 10 厘米。胎呈灰色，施化妆土。枕作卧虎状，背为枕面，呈腰圆形开光，施白釉，内绘池塘芦雁图，虎身施赭黄釉。现藏华

磁州窑卧女式瓷枕

磁州窑荷花图虎形枕

磁州窑芦雁图虎形枕

亭县博物馆。

磁州窑蓝釉开光莲花图方炉

金代。1975 年庄浪县文化馆征集。高 18.3 厘米，口径 24.2 厘米。炉身呈方斗形，下承四足。通体施蓝彩。外壁四面在云形开光内绘折枝花卉。此炉造型独特，纹饰粗放，独具风格。现藏庄浪县博物馆。

青釉梨形壶

金代。1989 年合水县板桥乡麻家洼村出土。通高 12 厘米，口径 2 厘米，底径 5.5 厘米。壶呈梨形，通体施青绿釉。口微敛，带盖，圈足。腹两侧分别安附弯管状流和曲柄，素雅大方。现藏合水县博物馆。

耀州窑黑釉龙纹扁壶

金代。1972 年在华亭上关乡杜家岭征集。高 28.2 厘米，口径 7.7 厘米，足径 9.9 厘米。壶身为扁圆形，小口外撇，圈足。胎呈灰白色。短管状流，有四个桥形贯耳用于穿带。两面印龙纹，龙身用圆点装饰，线条柔美。施黑釉，圈足露胎无釉。器型别致新颖，便于携带，应是少数民族使用的生活用具。现藏华亭县博物馆。

白釉黑彩花卉纹瓷罐

金代。征集。口径 22 厘米，足径 13 厘米，高 38 厘米。大口内敛，鼓腹，圈足。灰白胎，罩白色化妆土，施白釉，用黑彩绘花草，阔叶细茎、自然流畅。现藏环县博物馆。

耀州窑青釉三兽足炉

金代。高 10.2 厘米，口径 11.6 厘米。直口，平沿，直颈，斜肩，圆腹，平底，三兽足。近底部有一圈凹弦纹，三足外撇，胎体坚致细密，口沿及外壁施青釉，釉色淡雅纯净。现藏庆阳市博物馆。

青釉刻花莲花纹碗

金代。甘肃省平凉市崆峒区出土。高 6.5 厘米，口径 19 厘米，底径 5.3 厘米。圆唇，敞口，斜腹，浅圈足。碗内心刻莲花纹，外口沿有一圈凸弦纹。通体施青釉，开细纹片，釉色青绿。足底露胎。现藏平凉市博物馆。

青釉刻花莲花纹碗

第二节　西夏时期

黑釉剔划牡丹纹六系罐

西夏。征集。高 58.5 厘米，口径 14.5 厘米，底径 16.6 厘米。口残，鼓腹，圈足，罐身瘦高，肩部有六系。通体施黑釉，颈部饰一圈波浪形凸棱，肩部在六系之间饰梯形开光，内剔刻折枝牡丹，腹部饰三个菱形开光，内剔折枝牡丹两枝，开光两侧刻画牡丹叶和水波纹。风格粗犷，具有浓郁的民族特色。现藏甘肃省博物馆。

黑釉剔划牡丹纹六系罐

黑釉剔花牡丹纹罐

西夏。征集。高 26.5 厘米，口径 20.5 厘米，底径 15.4 厘米。大口，圆腹，圈足。器物胎体厚重，胎质较粗，上半部施褐釉，下腹部露胎。上腹部饰剔花缠枝牡丹纹，剔花技法简练，线条流畅，造型饱满沉稳，是西夏黑釉剔花瓷的代表。现藏甘肃省博物馆。

黑釉剔花牡丹纹罐

黑釉剔花瓮

西夏。肃南县桦树湾村出土。通高 78 厘米，口径 57 厘米，底径 27 厘米。大口微敛，圆唇，鼓腹，平底，外口刻有"三月廿二日"款，近底处有一小孔。施黑釉，口沿与底部露胎。腹部剔划大叶海棠花，纹饰粗犷古朴，器形硕大。此

黑釉剔花瓮

器应是酿酒用具。现藏肃南县博物馆。

白釉褐花缠枝莲纹瓷罐

西夏。1992 年武威市凉州区古城乡塔尔湾遗址出土。高 46.5 厘米，口径 22 厘米，足径 15 厘米。直口，鼓腹，圈足。施白釉，褐彩，下腹部露胎。肩部绘卷草纹，腹部绘缠枝牡丹纹，在下腹部露胎处墨书西夏文草书。现藏武威市博物馆。

白釉剔花牡丹纹罐

西夏。高 40.9 厘米，口径 14.4 厘米，底径 13.3 厘米。征集。直口，平沿，鼓腹，圈足。通体施白色化妆土，剔刻花纹后罩一层透明釉。肩部刻画两周卷草纹，腹部剔划缠枝牡丹纹，花大叶茂，纹饰粗犷，线条流畅，是西夏瓷器中的精品。现藏甘肃省博物馆。

白地黑彩折枝花卉纹四系罐

西夏。1992 年武威市凉州区古城乡塔尔湾遗址出土。高 46 厘米，口径 22.2 厘米，足径 20 厘米。直口，短颈，鼓腹，圈足，肩与口沿间有四系。器外施白釉，釉色乳黄，用褐彩绘卷草纹、缠枝牡丹纹，纹饰简练，线条流畅、活泼。现藏甘肃省文物考古研究所。

白釉黑彩花鸟纹六系瓮

西夏。1991 年 7 月武威市凉州区古城乡塔尔湾遗址出土。口径 17 厘米，足

白釉褐花缠枝莲纹瓷罐

白地黑彩折枝花卉纹四系罐

白釉黑彩花鸟纹六系瓮

径 17 厘米，高 55 厘米。直口，翻沿，直颈，斜肩，圆腹，下腹内收，矮圈足。肩部有六系，系呈四棱宽带状。通体施白色化妆土，罩透明釉。肩部饰六朵褐色牡丹，上下两道弦纹；腹中部绘芦雁与云纹，十只芦雁同向展翅飞翔。内壁施褐釉，外壁施釉不到底。现藏武威市博物馆。

褐釉剔缠枝牡丹纹瓷罐

褐釉剔缠枝牡丹纹瓷罐

西夏。1992 年武威市凉州区古城乡塔尔湾遗址出土。口径 24 厘米，足径 16 厘米，高 48.5 厘米。直口，短颈，鼓腹，下腹内收，圈足。施半截黑釉，腹部剔刻缠枝牡丹纹，纹饰简练粗犷，线条流畅。现藏武威市博物馆。

单耳黑釉瓷罐

西夏。1992 年 2 月武威市凉州区古城乡塔尔湾遗址出土。口径 6.5 厘米，底径 6 厘米，高 14.5 厘米、腹径 10 厘米。侈口，方唇，短颈，斜肩，圆腹，圈足，口沿带流，颈肩部一耳，耳背凸五棱。器表均匀分布多层凸弦纹，为明显的轮制痕迹。白胎，黑釉，施半截釉。现藏武威市博物馆。

单耳黑釉瓷罐

白釉印花卉纹碗

西夏。张掖市甘州区五凤楼出土。口径 17.2 厘米，足径 6.5 厘米，高 7.7 厘米。敞口，弧腹，圈足。施白釉，釉

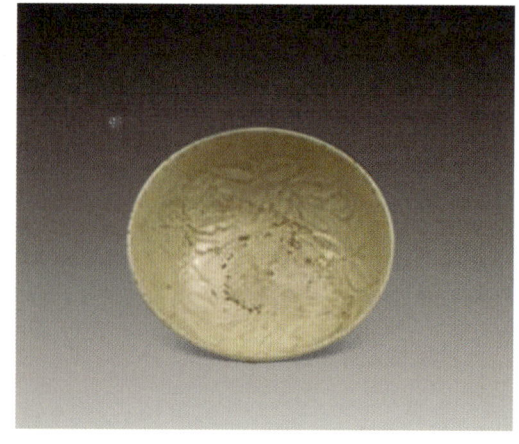

白釉印花卉纹碗

色乳白。胎釉较粗，外壁施半截釉。内壁饰印花牡丹纹。现藏张掖市博物馆。

酱釉剔牡丹花纹四系罐

西夏。1991年7月武威市凉州区古城乡塔尔湾遗址出土。口径15厘米，底径16厘米，腹径40厘米，高57厘米。侈口，斜唇外撇，束颈，溜肩，长圆腹，下内收，圈足。肩部四系，呈四棱条带状，肩颈间一圈堆纹。内外施酱釉，肩部一圈剔釉，腹两侧剔刻开光折枝牡丹。由于有流釉现象，釉色有浓淡之分，产生晕染效果。现藏武威市博物馆。

酱釉剔牡丹花纹四系罐

茶叶末釉扁壶

西夏。1980年5月甘肃武威针织厂出土。高28.5厘米，口径8厘米，底足径8厘米，腹径25厘米，腹侧足径10厘米。直口，卷唇，短直颈，扁圆形腹，腹前后两侧及底部均有圈足，肩部有双系。白胎，其中一足内有阴线刻画符号。通体施褐绿色釉，圈足露胎。现藏武威市博物馆。

茶叶末釉扁壶

旋纹黄釉瓷瓶

西夏。1991年7月甘肃武威古城塔儿湾出土。口径4.3厘米，底径9厘米，高22.5厘米，腹径15.5厘米。小圆口，翻唇平沿，短束颈，溜肩橄榄形腹，矮圈足，肩与腹交接处为折突棱。灰白胎黄釉，施釉至胫部，足底有弦纹和小乳

旋纹黄釉瓷瓶

钉；腹中部阴线划刻一圈多重波浪纹，上下各刻一道复线旋纹。腹部素胎处墨书西夏文九个。东北—西南向分四行排列。译为"斜毁，发酵有（裂）伤，下速斜，小"。现藏武威市博物馆。

褐釉二系瓷罐

西夏。武威南营青嘴喇嘛湾出土。口径12厘米，底径7.5厘米，高19厘米。敛口，卷沿，束颈，溜肩，鼓腹，底内敛，圈足。二系，系一端连于颈部，一端连于肩部。腹部有数道弦纹。灰白色缸胎。器内外壁施褐釉，釉色微泛绿。口沿内有一圈露胎，下腹部、足部不施釉。耳腹部有三处小磕伤。现藏武威市博物馆。

褐白釉梅花点纹碗

西夏。武威市凉州区南营乡青嘴喇嘛湾出土。口径18.7厘米，底径6.6厘米，高7.2厘米。侈口，斜壁，深腹，圈足。灰白色胎，胎质粗糙。内壁施白釉，并有三组褐色釉梅花点纹，每组有九点，外壁施褐釉。口沿微有磕伤。现藏武威市博物馆。

黄釉剔花瓷罐

西夏。1987年5月甘肃武威韩佐乡五坝山征集。口径17厘米，高30厘米，底径13.2厘米。敛口，宽平沿，深弧腹，平底，暗圈足。灰白胎，内外壁施黄釉，

褐釉二系瓷罐

褐白釉梅花点纹碗

黄釉剔花瓷罐

唇沿及腹下部露胎。肩部饰覆莲瓣，腹部主题纹饰为缠枝牡丹，空白处饰波浪卷叶纹，剔刻法装饰，立体感强。胫部有一处洞孔。现藏武威市博物馆。

白釉褐花瓷瓶

西夏。1983 年 8 月甘肃武威韩佐乡五坝山出土。口径 3 厘米，高 18 厘米，底径 6.7 厘米。侈口，翻唇，束颈，折肩，直腹修长，下部稍收，暗圈足。腹下部露胎，白胎白釉褐彩，肩部至下腹部饰三组卷草云气纹，每组间辅以复线弦纹，纹饰简单粗犷，具有地方民族特色。口沿右侧有一小三角口磕伤。现藏武威市博物馆。

褐釉二系瓷罐

西夏。武威南营青嘴喇嘛湾出土。口径 12.4 厘米，底径 8.5 厘米，高 24 厘米。敛口，圆唇，圆腹，下部内敛，圈足。二系，系一端连于颈部，一端连于腹部。腹部有数道弦纹。灰白色缸胎。内外壁施褐釉，口沿露胎，下腹部、足部不施釉。口沿有磕伤。现藏武威市博物馆。

白釉瓷人

西夏。1993 年 9 月武威市凉州区祁连乡祁连村下河组出土。宽 4 厘米，底径 3~4 厘米，高 6.5 厘米。跪姿，面部丰腴，体态丰满。左手上举，右手扶膝。施半截白釉，五官及发均用褐釉点画。人物

白釉褐花瓷瓶

褐釉二系瓷罐

白釉瓷人

形象憨态可掬。现藏武威市博物馆。

白釉褐彩瓷人

西夏。武威市凉州区古城乡塔尔湾遗址出土。高6.5厘米。呈蹲踞状，前置一鼓，双手执鼓槌作敲击状，俑戴圆帽，着窄袖长袍。通体施乳白釉，瓷俑头部、眼睛及全身均饰有褐色点彩。现藏甘肃省文物考古研究所。

瓷马头

西夏。2008年甘肃武威古城塔儿湾采集。长4厘米，宽2厘米，颈长2.5厘米。马头为一小马造型，憨态可掬，十分精致。马头通体施白釉，眼睛及颈部施黑色点彩。现藏武威市博物馆。

褐釉墨书"光定四年"铭残瓷罐

西夏光定四年（1214年）。1992年武威市古城乡塔儿湾出土。残高42厘米，足径15厘米。颈、口残缺，圈足外撇，足跟平切，足底弦纹，下腹近底1孔，径1.2厘米。灰白胎，内外施釉，内壁通体施褐釉，外壁施半截褐绿釉。在下腹部露胎处墨书"光定四年四月卅日郭善狗家瓮"一行十三字，字体为行书汉字。是西夏瓷器断代、鉴识的珍贵资料。现藏武威市博物馆。

墨书褐釉剔花瓷罐残片

西夏。1991年8月甘肃武威古城塔儿湾出土。残高35厘米，最宽处34.5厘

瓷马头

褐釉墨书"光定四年"铭残瓷罐

墨书褐釉剔花瓷罐残片

米。残瓷件。溜肩，鼓腹，上腹部存半截残耳，呈三棱条带状，颈一圈施附加堆纹。黄白胎，内外施褐釉，肩部剔釉露胎。上腹剔刻一圈水波纹，中部剔刻

缠枝牡丹纹。腹中部露胎处墨书西夏文，共十九字。译为"斜毁，发酵有伤，下速斜，小"，意为此物系报废品。现藏武威市博物馆。

第三节　元明清时期

磁州窑白地褐花瓷盆

元代。1988 年征集。高 12.7 厘米，口径 23 厘米，底径 6.6 厘米。大口内敛，短颈，鼓腹。盆内壁施黑釉，外壁施白釉，用黑彩绘缠枝菊花。图案黑白烘托，显得简练粗放。现藏兰州市博物馆。

龙泉窑青瓷镂空缠枝花卉纹梅瓶

元代。1993 年在东华镇嘴头村征集。高 19 厘米，口径 3.8 厘米，底径 6.4 厘米。细颈，侈口，圆肩，曲腹，圈足。肩、腹部镂刻缠枝花卉。胎质洁白细密，由于釉厚而呈现青色，釉色翠青，釉面

光泽度强，温润如玉。龙泉窑是中国南方重要青瓷窑。在浙江龙泉市大窑村一带。创烧于宋，盛烧于南宋至元，明代中期以后渐衰落。元代龙泉窑瓷器与北宋、南宋时期的特点截然不同，器型高大，胎体厚重，创烧许多新器型。此器装饰方法更为丰富，除刻画花以外，出现了褐色点彩及模印吉祥文字、八思巴文。充分表现了制瓷技术的新成就。现藏华亭县博物馆。

钧窑天青釉三足炉

元代。1975 年 9 月在平凉市崆峒区

磁州窑白地褐花瓷盆

钧窑天青釉三足炉

征集。高 8.2 厘米，口径 11.1 厘米。扁式，侈口，束颈，鼓腹，平底，下承三足。施天青釉，釉色凝厚滋润，光泽优雅。三足尖外撇、露胎。现藏平凉市博物馆。

耀州窑褐釉四系扁壶

元代。1982 年在灵台百里乡古城村征集。高 8.9 厘米，腹径 21.8 厘米，足径 6.7 厘米，口径 4.55 厘米。直口，圆唇，短颈，圈足。壶体扁圆，壶口、圈足分别置于壶的两侧，周围有四耳。通体施褐色釉，釉色光亮。此壶穿带背、挂，亦可平置。使用便捷，器形独特。现藏灵台县博物馆。

青釉瓷盘

元代。高 7.3 厘米，口径 41.7 厘米，足径 24.5 厘米。折沿，弧腹，圈足。胎体较厚，施青釉。腹壁呈菊花瓣状，内底心印花卉纹饰。器形硕大，釉色厚润。现藏岷县文化馆。

耀州窑凤鸟纹罐

元代。漳县汪世显家族墓出土。高 36.1 厘米，口径 16.2 厘米，足径 13.3 厘米。短直口，斜肩，圆腹下收，圈足。肩部有双系。肩腹部施白釉，绘黑彩，肩部绘展翅欲飞的凤鸟纹，腹部绘花卉、卷草纹，下腹部和罐内壁施黑釉。现藏甘肃省博物馆。

白釉褐花瓷罐

元代。高 38.5 厘米，口径 21 厘米，足径 13 厘米。大口内敛，斜肩，鼓腹，圈足。肩部有双系。通体施白釉，用黑彩绘花卉、卷草纹。纹饰笔法娴熟，生动自然，流利洒脱，极富民间艺术风格。现藏庆城县博物馆。

黑釉洒水壶

元代。1996 在四十里铺镇清街村征集。口径 12.5 厘米，底径 11.5 厘米，高 37 厘米。长颈、喇叭形喷头，鼓腹，圈足，宽带曲柄，短注口。通体施黑釉，近足一圈露胎。胎体致密，釉色光润。注水孔与执柄呈 60° 角。器形独特少见。现藏平凉市崆峒区博物馆。

釉里红高足杯

元代。1975 年漳县汪世显家族墓出土。高 8.7 厘米，口径 8.9 厘米，足径 3.6 厘米。侈口，深腹，高圈足。胎质细腻，

黑釉洒水壶

施青白釉，腹部一侧呈釉里红斑，色泽
鲜艳明亮，釉质光润。釉里红为釉下彩
瓷，用氧化铜作呈色剂，在坯体上绘画，
然后罩釉，经高温一次烧成，元代创烧。
此杯造型秀美，釉色纯正，为元代釉里
红精品。现藏甘肃省博物馆。

龙泉窑青釉瓷匜

元代。1975 年漳县汪世显家族墓出
土。高 6.3 厘米，口径 14.2 厘米，足径 8.4
厘米。直口，浅腹，矮圈足，白胎。器身
扁圆，在下腹部有一槽形长方流。通体施
青釉，造型优美。匜为盥器，器形来源
于铜器，瓷制品唐代始烧，盛行于元代。
现藏甘肃省博物馆。

青花鸾凤纹匜

元代。临洮县衙下乡寺洼山村双上
社出土。高 4.1 厘米，口径 13.2 厘米，
底径 8.4 厘米。白胎微泛黄。敞口，圆唇，
浅腹，腹壁圆弧，平底内凹。器身扁圆，
有一槽形长方流，流下装饰一卷云状系，
口沿及底足无釉，呈火石红色。内底绘
青花双凤，内壁绘一周缠枝菊花，外壁
绘仰、覆莲瓣纹，线条优美，釉面润白，
青花色泽纯正蓝翠，是元代青花瓷中的
艺术珍品。青花，釉下彩瓷器，用钴料
作呈色剂，在坯体上绘画，然后罩露胎
处透明釉，经高温一次烧成。现藏临洮
县博物馆。

釉里红高足杯

龙泉窑青釉瓷匜

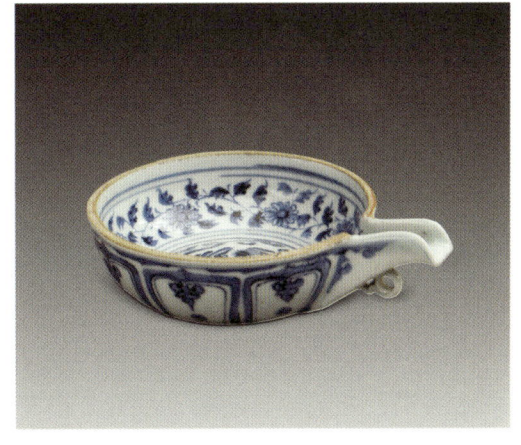

青花鸾凤纹匜

青花莲池鸳鸯纹玉壶春瓶

元代。临洮县衙下乡寺洼山村双上社出土。高 29 厘米，口径 7.7 厘米，底径 9.3 厘米。喇叭口，细长颈，垂腹，圈足外撇。玉壶春瓶，酒器，因唐诗"玉壶先春"而得名。此瓶全器纹饰分九层，主题纹饰为莲池鸳鸯纹、仙鹤纹，还有蕉叶、莲瓣、卷草等纹饰，口沿内饰卷草纹一周。造型优美，胎质细腻，釉面光润，纹饰精细，图案层次分明，疏密有致。青花色调纯正淡雅，是元代青花器中的精品。现藏临洮县博物馆。

青花莲池鸳鸯纹玉壶春瓶

青花人物纹竹节高足杯

元代。武威市凉州区窖藏出土。口径 7.7 厘米，足径 4 厘米，高 8.9 厘米。侈口，深腹，竹节喇叭形高圈足。胎质洁白，釉色白中闪青，圈足内露胎。内口绘卷草纹一周，内底绘仕女骑马弹琵琶，外壁绘三朵缠枝莲花，足部绘倒蕉叶纹。纹饰独特、线条流畅。其题材在国内青花器中极为罕见。现藏武威市博物馆。

青花莲池鸳鸯纹瓷碗

青花莲池鸳鸯纹瓷碗

元代。武威市凉州区窖藏出土。口径 16.3 厘米，足径 6.3 厘米，高 7.7 厘米。侈口，深腹，圈足。胎体洁白，内口绘卷草纹一周，内底绘莲池鸳鸯纹，外腹绘缠枝莲花一周，下腹绘莲瓣纹。青花色彩浓艳，纹饰潇洒明快、生动自然。现藏武威市博物馆。

龙泉窑青釉印花盘

元代。高 3.2 厘米，口径 17 厘米，底径 5.2 厘米。侈口，斜弧腹，腹较浅，圈足。胎色灰白，通体施青釉，施釉较厚，釉面莹润。现藏漳县博物馆。

龙泉窑青釉印花碗

元代。高 4.9 厘米，口径 11.9 厘米，足径 2.9 厘米。敞口，斜弧腹，圈足。胎色灰白，通体施青釉，施釉较厚，釉色青绿莹润。外腹壁饰凸起叶纹。现藏漳县博物馆。

黑釉瓷火蒺藜

元代。合水县出土，高 10.7 厘米，底径 5.5 厘米。瓷蒺藜器形为球状，平底，外表有突刺。瓷蒺藜为军事用炸弹，具有很强的杀伤力。爆炸后散落到路面上的乳突状碎块，还可阻挡敌人骑兵的通过。瓷蒺藜中间为空心药室，底部开一小孔，为装填火药用，下腹部有一置引火线的小孔。外表施黑釉。宋、金、元、明战争中较多使用，但出土不多。现藏甘肃省博物馆。

龙泉窑豆青釉棱瓜荷叶盖罐

明代。1987 年梁家墩村十社墓葬出土。高 26 厘米，口径 21 厘米。直口，圆腹，圈足，胎体厚重。荷叶式盖。罐呈八棱形，腹部饰折枝花卉，下腹部饰莲瓣纹。通体施青绿釉，釉呈豆青色，晶莹滋润。现藏张掖市博物馆。

神兽纹瓷炉

明代。1997 年正宁县月明乡李家川出土。高 31 厘米，底径 6.5 厘米，口径 7 厘米。直颈方口，肩上立两冲耳，下承四足，器腹两面附兽衔环。通体施黄、绿釉，体量大，胎体厚重，造型端庄古朴。

龙泉窑青釉印花碗

黑釉瓷火蒺藜

龙泉窑豆青釉棱瓜荷叶盖罐

神兽纹瓷炉

青花人物图梅瓶

青花人物高足杯

乾隆款珐琅彩驯马图薄胎瓶

现藏正宁县博物馆。

青花人物图梅瓶

明代。永昌县城隍庙移交。高34厘米，底径11.5厘米。小口微向内收，丰肩，收腹。肩部绘青花缠枝莲纹，腹部绘青花人物、云纹、海水。造型优美，线条流畅，釉色莹润。现藏永昌县博物馆。

青花人物高足杯

明代。高11厘米，口径7.7厘米，足径3.7厘米。胎质洁白，口微侈，深腹，下腹较丰满，高圈足。口部饰菱形格锦纹，腹部绘山水人物，足柄绘蕉叶纹。青花蓝中闪灰，微晕散。胎色白，质坚硬，胎体厚重。釉色白，质细腻。现藏山丹县博物馆。

乾隆款珐琅彩驯马图薄胎瓶

清代。征集。口径2.7厘米，足径3厘米，高9厘米。撇口，短颈，溜肩，圆腹，圈足。胎质坚细，釉色光润。器身用珐琅彩绘骏马、柳树竹石、花卉图，题款"春风苹舞柳，骏马乐优游"。底有"大清乾隆年制"款。现藏武威市文物考古研究所。

雍正款青花缠枝莲纹碗

清代。征集。口径6.3厘米，足径5.7厘米，口径15.3厘米。撇口，弧腹，圈足，外壁绘青花缠枝莲纹，绘工精细。应为雍正朝官窑制品。现藏武威市文物考古研究所。

乾隆款珐琅彩鸠犬图薄胎瓶

清代。征集。口径2.8厘米，足径2.5厘米，高10.6厘米。撇口，束颈，圆肩，深腹，圈足。器身用珐琅彩绘鸠犬图，题款"禽语絃相似，兽小义堪夸"。现藏武威市文物考古研究所。

青花供器

清代。香炉高65厘米，花觚高43.5厘米，烛台高43.5厘米。供器一组五件，包括一件香炉、一对花觚和一对烛台。炉呈方鼎式，盘口，朝冠耳，四足。花觚为方体，撇口，平折沿，长颈，颈部有一凸棱，方形腹，肩部呈二层台阶状，足胫部上收下放，方形台座式底足。烛台上部为平折沿方斗形烛盘，烛盘内有一小圆孔形烛插，烛盘下接方塔形长颈，颈部有1道凸棱。烛台下部分为底座，座为束颈，溜肩，弧方腹，台座式方底足。

雍正款青花缠枝莲纹碗

乾隆款珐琅彩鸠犬图薄胎瓶

青花供器（一组）

五件器物釉色和纹饰基本一致，主体均以青花绘缠枝西番莲及蕉叶，口沿、肩、足边等处饰以如意云头纹或折技花卉。佛教自西域传入中国以来，对中国文化产生了深远影响。清朝为了迎合这种信仰和政局稳定大力推崇佛教，制造了一定数量，涉及内容广泛的佛教供器、宗教法器等，受此影响，瓷器中也烧造了大量在寺庙中奉用的器皿，品种多为青花瓷，有的还在器身上书写祈求吉祥如意的语句、信士弟子名称、祈求内容和干支纪年款等。现藏临洮县博物馆。

青花龙纹画缸

清代。高 55.8 厘米，口径 38 厘米，底径 30.5 厘米。缸形硕大周正，敛口，直壁，平底。龙缸外壁用青花饰一条龙穿梭在游云之间，龙五爪，勾爪锋利，双角似鹿，朝天耸立，双目圆睁，张口露齿，毛发横飞，祥云环绕，四肢刚劲。大缸口沿处落楷书"大清光绪年制"六字一行官窑款，字体古朴端正。龙缸瓷质坚硬，胎体厚重。釉质肥厚泛青，青花使用国产料，发色蓝中泛灰。现藏临洮县博物馆。

青花龙纹画缸

第五章　石器和玉器

　　石器是用石头（块）加工制作的器物，包括生产工具、生活用具、武器、礼器、乐器及雕刻艺术品等。甘肃文物藏品中，石器的历史最为悠久，其开端可上溯到旧石器时代中、晚期。甘肃石器发展脉络比较清晰，经历了旧石器时代、新石器时代、青铜时代、秦汉至近代四个阶段。

　　旧石器时代中晚期，初民们以打制石器为生产工具，在陇原大地上传承薪火，生生不息。1920年，法国天主教神甫桑志华在华池县辛家沟黄土层中部和赵家岔黄土底部砾石层挖掘，先后获得1件人工打制的石英石核和2件石英石片，这是中国最早出土、首次有地层记录并且被最早报道的旧石器。1964~1977年，先后在镇原姜家湾、环县楼房子、刘家岔、西峰巨家原、华池赵家岔、泾川大岭上等

遗址采集或发掘，获得不少旧石器时代中晚期的石器，为在甘肃境内探寻古人类及其文化提供了重要线索。石制品主要有石核、石片、刮削器、尖状器、砍砸器、石球、雕刻器等，打制石器的方法主要是锤击法、砸击法，除石核、石片外绝大部分石器都经过第二步加工。

　　新石器时代的石器遍布全省各地，馆藏量数以万计，制作主要以磨制技术为主，并广泛使用钻孔技术，种类繁多，主要生产工具有石斧、石铲、石刀、石镰、石锛、石锯、石凿、石镞、石纺轮、石研磨器等。1979年在秦安大地湾遗址发现大地湾一期文化的石刀、石斧、石铲、砍砸器、刮削器、磨石、石核等23件，存在磨制、琢制和打制并存的现象，时代上早于仰韶文化半坡类型，是甘肃首次发

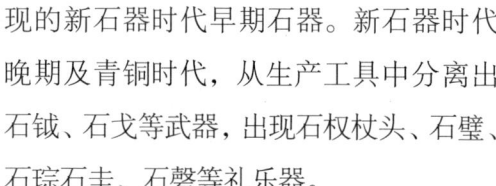

现的新石器时代早期石器。新石器时代晚期及青铜时代，从生产工具中分离出石钺、石戈等武器，出现石权杖头、石璧、石琮石圭、石磬等礼乐器。

到西周，作为生活用具和礼乐器的石器绝大多数被铜器和玉器取代，而乐器中的石磬发展成熟，逐渐形成标明等级身份的编磬制度。春秋战国时期，石磬更加流行，成为象征贵族身份与地位的庙堂重器，1994年礼县大堡子山墓地2号墓出土的石磬、2006年礼县大堡子山遗址K5乐器坑发掘出土的编磬是研究秦国礼乐文化的珍贵资料。

秦汉至近代，石器在生产领域基本退出，但石磨、石碾、石碓、石臼、石杵等为代表的粮食加工工具和手工业中的打磨工具一直经久不衰，生活领域中石凳、石案、石盒（函）、石熏炉、石灯等屡见不鲜。从远古制作彩绘颜料的石研磨器发展而来的石砚，逐渐成为文房必备之具。甘肃石砚种类较多，汉有长方砚、圆形砚，魏晋有多足砚，唐有箕形砚，宋以后流行抄手砚。"黄膘带绿波"的洮砚兴起于宋代，千百年来倍受文人墨客的青睐。彭泽墓出土的"嘉峪石砚"，证明嘉峪砚材在明代已被利用。

东汉许慎《说文解字》讲"玉，石之美者也"。这是汉代人的认识，也是对中国远古以来关于玉的概念的总结。远古先民玉观念的发生就是从旧石器时代开始的，在打制石器的过程中对质地坚硬、色彩美观的石材有所认识和鉴别，这类石材便逐渐成为优先选材。中国旧石器时代是中国治玉史上准备阶段的观点，在甘肃玉器发展史上也可得到具体验证。

甘肃境内的阿尔金山、祁连山、肃北马鬃山、榆中玉石山、临洮马寒山、临夏积石山、陇西鸳鸯沟等地自古就是采集玉石的地点，因而古代玉材多出自本地，但从境外输入的玉料也相当可观。作为"玉石之路"必经之地，甘肃境内相对中原较早地出现并遗留有大量昆仑（和田）玉器，同时又有不少蛇纹石、绿松石、玛瑙、煤精、琥珀等质料的彩石玉器，因此，甘肃古代玉器具有品种繁多、质地多样的特征。甘肃玉器的历史非常悠久，发展历程可划分为新石器时代、商周时期、秦汉到北朝、隋唐至明清等几个阶段，每阶段的特征十分鲜明。

新石器时代是中国玉器的重要发展阶段。甘肃新石器时代玉器主要存在于仰韶文化、马家窑文化、常山下层文化、齐家文化中，制作玉器采用切割、钻孔、打磨等几种技术。早在仰韶文化早期就出现了玉凿、玉斧、玉铲等生产工具，相对于一般石器而言，它们更加坚硬锋利、经久耐用，是当时社会生产力水平的优秀代表。玉器中除生产工具外，也有一些色彩艳丽的佩饰品。1983年秦安县大地湾遗址发掘出土的仰韶文化半坡类型绿松石铲形佩与当时斧铲类生产工具的形状相似，可见美的观念与生产活动息息相关。到仰韶文化晚期又出现了玉权杖头等礼器，例如大地湾遗址第405号房址出土的彩绘汉白玉权杖头，磨制精细，打磨光滑，为部落首领权威的标志。马家窑文化是仰韶文化在甘青地区的继续和发展，甘肃马家窑文化玉器基本延续了仰韶文化传统。

常山下层文化，是由仰韶晚期文化向龙山时代过渡的文化遗存。庆阳市博物馆藏1979年征集于镇原白马景家洼的双孔玉钺、庆城县博物馆藏1981年出土于西峰永丰遗址的三孔玉刀、华池县博物馆藏1983年征集于华池马河村的三孔玉钺、庆阳市博物馆藏1991年采集于镇原大塬遗址的蛇纹石玉瑗（璧）等玉器均属常山下层文化时期。相对于之前的玉器，器型更加精美，种类更加多样，但其功能不再是生产工具，而明显具有原始宗教礼仪性质。值得注意的是，常山下层文化的玉器与陕西神木石峁、延安芦山峁等龙山时代遗存中的玉器相似度很高，缺少或少见琮、璧组合的礼玉器，二者之间存在必然

的联系或者相互影响。

甘肃齐家文化玉器数量众多且极富地方特色。齐家文化处在由新石器时代末期向青铜时代过渡阶段，一方面是承继仰韶文化及常山下层文化传统的生产工具性玉器如斧、铲、凿等的数量仍然大量存在，另一方面是受晚期龙山文化影响而出现的反映原始巫术和宗教的"神器"占相当大的比例，有琮、璧、璜、璋、钺、戚等，同时人体佩饰品也占一定比例，多见笄、玦、环、串珠（管）饰等。武威皇娘娘台是一处齐家文化聚落遗址，经过多次考古发掘，1975年第四次发掘出土玉器300余件，其中仅玉璧多达264件之多。甘肃省博物馆藏武威皇娘娘台和广河齐家坪遗址科学发掘出土的玉璧，因出土地点和文化层位明确，成为识别区分齐家文化玉器的标型器。1974年征集于通渭县西岔的圆筒形玉琮、1988年出土于靖远永和遗址的圆筒形玉琮与在山东诸城前寨遗址出土的大汶口文化晚期同类玉琮接近，而1984年出土于静宁后柳沟遗址祭祀坑（或埋藏坑）中的蚕节纹青玉琮四壁中轴刻有竖槽的特征在山西陶寺文化的玉琮上也可见到，这些玉器在齐家文化玉器中较为罕见，表明齐家文化玉器受到了龙山文化特别是陶寺文化的影响。

甘肃齐家文化玉器从材质上看以就

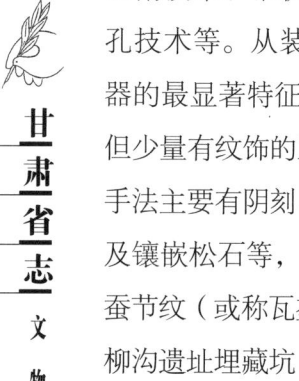

地取材为主，工艺中极高超地运用薄片切割技术、锥状钻头钻孔和管形钻具钻孔技术等。从装饰方面看，齐家文化玉器的最显著特征是素面玉器的比例很大，但少量有纹饰的玉器表现得异常优秀，其手法主要有阴刻、减地雕、浮雕和圆雕以及镶嵌松石等，其中以平行线阴刻细线、蚕节纹（或称瓦垄纹）最为突出。静宁后柳沟遗址埋藏坑（或祭祀坑）中的三琮四璧，被玉器学界称为"齐家七宝"，尤其是蚕节纹青玉琮、弦纹玉琮，纹饰精美，琢磨精湛，充分体现了齐家文化高超的治玉水平，是中国西部远古玉文化中最具代表性的精品之作。1976年征集于庄浪野狐湾的浮雕直线纹玉钺，体大胎薄，内端两侧凹切对称弧形，体中正面浮雕两组由四条凸直线组成的横带纹，工艺之精致、纹饰之简美，在整个齐家文化同类玉器中罕见其匹。

齐家文化先民对玉极为珍视，一方面是使用玉器极为普遍，祭祀活动用玉数量猛增，另一方面是受限于交通条件而获取玉材不易，因而对废旧玉器的改制和对剩余碎料拼组利用的现象十分突出。临夏州博物馆藏1976年征集于积石山县新庄坪遗址的1件青玉璋，其内部一侧边有一个已废半圆孔，显示该器利用废旧玉器改制而成。庄浪县博物馆藏1985年采

集于王宫家遗址的1件玉筒形器，从其外壁微弧曲的现象看，是利用玉琮芯料而加工成新的器物。特别是齐家文化玉器中璜联璧、璜连环为数较多，格外引人关注，一般为三、四璜，个别为五璜联组，每璜的两端往往有单面钻成的小孔，以便系结成整体的璧、环，这种做法即是对生产大件玉器所剩碎料的充分利用，但其功能与完整的璧、环完全一致。

商周时期甘肃东西部文化发展差异较大。在河西走廊西段，四坝文化继马厂类型而起，其玉器种类、工艺技术仍延续马家窑文化的遗风。1976年玉门火烧沟遗址M136出土的墨玉权杖头、M64出土的青玉权杖头均体呈梨形，中央贯孔，打磨光滑，是象征首领权威的特殊用器，与仰韶文化、马家窑文化中的陶、石质权杖一脉相承。陇东平凉、庆阳地区与商周王朝关系较为密切。1977年出土于西峰董志乡野林村的商"乍册吾"青玉戈，援部近阑处阴刻"乍册吾"三字，与殷墟妇好墓出土的"卢方皆"玉戈型制相近，属仪仗类玉兵器。先周及西周早期玉器与晚商玉器相比，风格和技艺无大的差别。灵台县博物馆藏1964年出土于庙头关场的先周文化褐色玉戚，其内部正中有对钻圆孔，阑部两侧有对称扉齿，与晚商同类器物毫无二致。西周玉器大致可分礼

器、仪仗器、装饰品及殓葬用品等种类，突出礼仪性，玉器成为贵族的身份标志；装饰上巧妙配合刚劲的"一面坡"粗阴线与细阴线，产生对比显明的特殊视觉效果。灵台白草坡西周墓中出土的一批玉器中有不少精品，甘肃省博物馆藏1967年出自M1墓葬的圆雕玉人铲、1972年出自M2墓葬的高冠玉人可视为西周玉器的杰出代表。

春秋时期，甘肃出土少量秦国玉器，这些玉器装饰上盛行夔龙纹、兽面纹、饕餮纹、蟠虺纹、垂鳞纹。到战国时期，流云纹、勾连云纹、涡纹、谷纹逐渐成为主流，一器之上往往兼施雕、琢、钻、镂、刻、磋、磨多种工艺，极富地域特色。秦国早期都邑"西犬丘"在陇东南的西汉水中上游一带，礼县境内秦公墓出土有春秋玉器。礼县大堡子山秦国陵墓在20世纪80年代末至90年代初遭遇盗劫，1994年甘肃省文物考古研究所等单位从大堡子山M2、M3两墓发掘仍出土玉琮2件、玉玦3件、垂鳞纹玉饰2件、夔龙纹玉佩1件及724枚肉红石髓珠串饰等，其中2件玉琮分别出土于两墓棺下的腰坑内，可能是齐家文化时期制作的。1998~2000年对圆顶山秦墓抢救性发掘，先后出土玉器近50件，器类主要有匕、玦、璧、圭、璜、斧、觽、环、玉握、四棱饰、片饰、

珠等。大堡子山M2墓中的肉红石髓珠串饰与2006年以来张家川县马家塬遗址的战国中晚期墓葬发掘出土的大量玛瑙和石髓珠并非秦国所产，应来自印度或西域，对研究秦戎关系、丝绸之路的形成与发展等均有特殊意义。

秦汉以降，玉器的礼仪性逐渐淡化，世俗性越来越突出，玉作为财富的意义表现得十分明显，同时艺术观赏性得到重视。这一时期，甘肃玉器有两个特点：一是玉质好，和阗玉料数量增多，选料更精，白玉被视为上品，青玉、青白玉占很大比例；二是先进锋利的铁制治玉工具普遍运用，浮雕、圆雕及镂空玉器明显增多。2004~2005年，早期秦文化联合考古队在礼县鸾亭山发掘出西汉祭天遗址，出土圭、璧、玉人等祭祀用玉50余件，不仅为探寻春秋以来秦国"西畤"提供了重要线索，而且为研究秦汉时期祭天用玉礼仪制度提供了重要实证。这一时期，从陇东到河西的墓葬中出土了大量装饰玉器和葬殓玉器，其中装饰玉器所占比重相当大，葬殓玉富有时代特色。玉璧、玉璜上多施谷纹、蒲纹、涡纹和云纹，玉带钩的钩首一般雕成螭首或兽首，玉璏、玉珌等剑饰上多施加兽面纹、螭虎纹。"八刀"法十分流行，玉蝉琀、玉猪握等多用此法做出大形，而

在头部却精工细作，达到生动逼真的效果，蕴含无穷的艺术魅力。河西魏晋墓葬中还出土了少量琥珀雕刻艺术品，也有汉"八刀"之遗风，造型粗犷，风格简约，具有很高的观赏价值。

自隋唐以来，甘肃玉器受到丝路上各种文化艺术的影响，在继承传统的基础上融合了金银细工、雕塑绘画的某些表现手法，并吸收了中亚、西亚等地艺术特点，融和并形成新的风格，精湛的雕琢技艺、新颖的设计构思、独特的造型艺术，标志甘肃玉器走出了魏晋以来的低谷，开始发展到新的阶段。宋代玉器表现出了强烈的世俗化倾向和浓厚的生活气息，镂空雕法被广泛应用，花鸟图案富有绘画情趣，许多玉器号称"玉图画"。元代玉器上保留了不少的辽金时期"秋山玉""春水玉"的遗风，荷塘鹭鸶、海青天鹅、灵芝螭虎、驱马狩猎题材屡见。张掖市甘州区博物馆藏1970年张掖大佛寺金塔殿下出土的2件青玉荷塘鹭鸶盖顶、1件白玉海青天鹅盖顶、1件白玉灵芝螭虎盖顶，俱小巧玲珑，形象生动，综合运用了镂

空、线刻、浮雕等多种技法，动静虚实配合映衬，把北方粗犷和南国细腻的风格兼容于一体，是元代玉器中不可多得的精品之作。漳县博物馆藏1972年出土于漳县汪世显家族墓地M3中的镂空海青天鹅玉绦环，碾雕海青追逼、天鹅展翅飞穿荷叶之间的灵动意趣，同墓出土的琥珀镂空龙纹佩，镂雕单龙昂首回旋、躯体翻腾的威猛气势，均属罕见的元代佩饰艺术佳作。

明清时期，玉的赏玩与陈设用途遍及士庶，生活化和精品化并存。甘肃省博物馆藏1958年出土于兰州上西园彭泽墓中的镂空绶带牡丹玉带板，运用"花下压花"的镂雕技艺，表现出多层图案，精美异常，巧夺天工。明镶玉饰品很有特色，兰州市博物馆藏1987年兰州市白衣寺多子塔内出土的金累丝嵌白玉鱼篮观音簪、嵌青玉送子观音簪，簪首以累金丝、宝石和珍珠衬托玉观音，簪铤铭文明标乃肃王妃熊氏所施，显示出自肃藩王府，色彩富丽，风度华贵，精湛工艺不逊于宫廷中的"玉作"和"金银作"。

第一节 石 器

尖状器

旧石器时代。1976年平凉地区博物馆在泾川县太平公社（今太平乡）梅家洼岭背后村大岭上采集。长10.5厘米，最大宽8厘米。石英岩质，色呈肉红。用砾石打制成形，体呈三棱锥体，两劈裂面间平整，尖角95°。手握部位局部保留原砾石面。尖部修整较简单，在两条棱上从两侧加工而产生的打击点和放射线较为清晰。为挖掘工具。现藏平凉市博物馆。

砍砸器

旧石器时代。1976年平凉地区博物馆在泾川县太平公社（今太平乡）梅家洼岭背后村大岭上采集。长12.5厘米，宽10.1厘米。石英岩质，色呈紫红。用砾石打制成形，大体呈等腰三角形。器身一面未加工，于另一面打制，片疤很深，打击点、放射线较清晰，但手握部位保留钝厚的原砾石面。刃部长而凸出，约占周长的三分之二。刃口角度为75°~85°，个别部位超过90°。具有砍伐与砸击功能。现藏平凉市博物馆。

长方形双刃刮削器

旧石器时代。1976年平凉地区博物馆在泾川县太平公社（今太平乡）梅家洼岭背后村大岭上采集。长6.7厘米，宽5.1厘米。石英岩质，色呈紫红。以薄石片加工而成，体呈长方形，一面平直，一面有脊。两侧均有刃，极锋利，各有2~3个不相连续的修整痕迹，一侧由刃口向劈裂面修整，另一侧则相反。具有刮削、切割功能。现藏平凉市博物馆。

球形石器

旧石器时代。1965年甘肃省博物馆文物工作队从镇原县太平公社姜家湾7401地点采集。直径9厘米。石英岩质，肉红色。大体呈圆球形。多半保留石核自然面，少半交互打制。属远距投掷狩猎或手持敲击的工具。现藏甘肃省博物馆。

球形石器

凸刃刮削器

旧石器时代。1974 年甘肃省博物馆文物工作队从环县曲子公社楼房子 7405 地点采集。横 8 厘米，纵 4.7 厘米，厚 2.9 厘米。红褐色大理石质。利用较大且厚的石片制成。平面呈半圆形或舌形，劈裂面较平，由劈裂面沿弧边向另一面修整出凸圆弧刃。与刃缘相对的一侧为打制平面，可以手握。具有刮削、切割功能。现藏甘肃省博物馆。

凸刃刮削器

凹刃刮削器

旧石器时代。1974 年甘肃省博物馆文物工作队从西峰县温泉公社巨家园 7404 地点采集。纵 2.9 厘米，横 3.6 厘米，厚 1.5 厘米。石英岩质，紫红色，有灰白斑。平面基本呈长方形，竖剖面呈三角形。利用石片打制。背部较厚。刃部不齐整，内凹呈弧形，刃口有加工、使用痕迹。具有刮削、切割功能。现藏甘肃省博物馆。

凹刃刮削器

偏斜尖状器

旧石器时代。1974 年甘肃省博物馆文物工作队从环县曲子公社楼房子遗址（即 7405 地点）采集。通长 4.7 厘米，宽 3.2 厘米，厚 1.7 厘米。石英岩质，灰白色。利用石片加工，由劈裂面向背面修整而成。体大致呈三棱尖状，器尖歪向一侧，所歪向的一侧边缘修成平直的短刃，另一侧边缘则为凸圆的长刃。器

偏斜尖状器

身较薄，加工十分精致。这种石器既能掘挖，又可刮削，具有复合功能，又称"刮削—尖状器"。现藏甘肃省博物馆。

砍斫器

旧石器时代。1974 年甘肃省博物馆文物工作队从西峰县温泉公社巨家原遗址（即 7404 地点）采集。通长 8.4 厘米，宽 7.8 厘米，厚 8.3 厘米。石英岩质，灰白色。利用较大且厚的石片制成，劈裂面上保存着半锥体，打击点清晰，刃口由劈面向背面加工而成，刃口较为粗糙，修制简单。为砍伐之器。现藏甘肃省博物馆。

弧刃刮削器

旧石器时代。1977 年出土于环县曲子公社楼房子遗址。长 5 厘米，宽 2.8 厘米。石英岩质，紫红色。利用砾石加工而成，体呈不规则形。上半保留砾石面，下半为刃部。刃从一侧打出，呈弧形，如锯齿，打击点与半锥体明显。为当时流行的刮削器具。现藏环县博物馆。

弧刃刮削器

旧石器时代。1977 年出土于环县曲子公社楼房子遗址。长 8.5 厘米，最大宽 5.4 厘米。石灰岩质，灰色。打制成形，大体呈扇状，整体较薄。手握端窄厚。刃部呈弧形，加工与使用痕迹明显。形体近似手斧，具有砍伐和刮削功能，属生产和生活用具。现藏环县博物馆。

砍砸器

旧石器时代。1977 年出土于环县芦家湾公社芦家湾村川口遗址。通长 10 厘米，宽 4.8 厘米。石英岩质，灰白色。实质坚硬，刃口较锋利。整体大略呈长方体，棱角分明。刃部从一侧打制，打击点、放射线较明显。具有砍伐与砸击功能，属生产工具。现藏环县博物馆。

柱状石核

旧石器时代。1978 年甘肃省博物馆、庆阳地区博物馆联合在镇原县平泉公社八山大队（今平泉乡八山村）北徐自然村黑土梁采集。纵 4.3 厘米，横 4.6 厘米。质地为石英岩，色呈紫红。用砾石打制，呈多棱柱状。台面周边有剥离石片疤痕，打击点、放射线、半锥体明显。为剥离石片所剩之核，故名。现藏甘肃省博物馆。

砍砸器

石片

旧石器时代。1978 年甘肃省博物馆、庆阳地区博物馆联合在镇原县平泉公社八山大队（今平泉乡八山村）北徐庄黑土梁采集。纵 4.4 厘米，横 3.4 厘米，厚 1.1 厘米。质地为石英岩，色呈灰白。使用锤击法产生，然后由台面打制，打击、放射线清晰。体呈梯形，上部略窄而有斜面，下部稍宽，石片角约 100。一侧边刃锋利，刃口有使用痕迹。该石器有剥皮、切割功能。现藏甘肃省文物考古研究所。

凹刃刮削器

旧石器时代。1978 年甘肃省博物馆、庆阳地区博物馆联合在镇原县平泉公社八山大队（今平泉乡八山村）北徐庄黑土梁采集。通长 6.3 厘米，宽 5.5 厘米。质地为石英岩，黑色。打制成型，呈三角形，上端较宽，下端尖长。侧刃长并且内凹，由劈裂面向背面修整，刃口凹槽长 16.9 厘米，深 4.3 厘米，有多次修整和使用痕迹。这种石器的功用主要是剥皮、切割和刮削，是当时最主要的生产工具和生活用具。现藏甘肃省文物考古研究所。

盘状刮削器

旧石器时代。1978 年甘肃省博物馆、庆阳地区博物馆联合在镇原县平泉公社八山大队（今平泉乡八山村）北徐庄黑土梁采集。通长 5.0 厘米，宽 4.8 厘米，厚 3.2

厘米。质地为石英岩，黑色。打制成型，体呈圆盘状。周边基本都加工为刃，其中一半刃口由石核的平坦面向凸隆面加工，而另一半刃口则由石核的凸隆面向平坦面加工。功用主要是剥皮、切割和刮削。现藏甘肃省文物考古研究所。

凸刃刮削器

旧石器时代晚期。1978 年 6~7 月甘肃省博物馆文物工作队从环县虎洞公社（今虎洞乡）刘家岔龙骨拐沟发掘出土。通长 4.06 厘米，宽 2.75 厘米，厚 1 厘米。灰色硅质岩。利用厚石片加工，从劈裂面向背面修整而成。体呈长方形，截去两端，从一个侧边打制出向外出的刃口，与刃缘相对的一侧为打制平面，可以手握。功用主要是剥皮、切割和刮削。现藏甘肃省博物馆。

龟背状刮削器

旧石器时代。1978 年 6~7 月甘肃省博物馆文物工作队从环县虎洞公社（今虎洞乡）刘家岔龙骨拐沟发掘出土。通长 4.95 厘米，宽 3.05 厘米，厚 2.45 厘米。质地为石英岩，色深灰。打制，平面呈椭圆形。背部凸起，体如龟背。边缘加工出刃，刃口陡厚。功用主要是剥皮、切割和刮削。现藏甘肃省博物馆。

拇指盖状刮削器

旧石器时代。1978 年 6~7 月甘肃省

龟背状刮削器

博物馆文物工作队从环县虎洞公社（今虎洞乡）刘家岔龙骨拐沟发掘出土。长 2.25 厘米，宽 2.54 厘米，厚 1.01 厘米。打制，形体较小，器形周正，加工精细。石片相对较厚，使用锤击法从劈裂面沿三边的缘部直接修整出半圆弧状刃，刃口疤痕较短，打击点和放射线明显。功用主要是剥皮、切割和刮削。现藏甘肃省博物馆。

鼻形尖状器

旧石器时代。1978 年 6~7 月甘肃省博物馆文物工作队从环县虎洞公社（今虎洞乡）刘家岔龙骨拐沟发掘出土。通长 5.15 厘米，宽 2.08 厘米，厚 1.16 厘米。硅质岩材质，色呈淡绿。打制，体形窄长如鼻状，轮廓近似梭形。石片较厚，圆边有多次修整留下的层层疤痕。尖端特意修去一块，呈扁平凿状，刃口陡厚。功用主要是凿挖、雕刻等。现藏甘肃省博物馆。

龟背状刮削器

旧石器时代。1991 年武山县鸳鸯镇苟家山村狼叫凸遗址出土。纵 12.8 厘米，横 10.4 厘米。质地为石英岩，色呈青黑。从砾石一侧打制剥片成形，状如龟背；另一侧平面微鼓，保留砾石面。片疤放射线、台面清晰可见。刃部凸出并呈弧形，打击点密集，均在刃口一侧。该器形体形较大，介于砍砸器与刮削器之间，兼具砍伐与刮削双重功能。现藏武山县博物馆。

石核

旧石器时代。1974 年于泾川县泾明公社（今泾明乡）白家塬村牛角沟采集。通长 13.3 厘米，宽 11 厘米，高 11.8 厘米。石英岩质，色呈灰白。形近球体，保留小范围砾石面。采用直接打击技术从多个台面打片形成片痕，具有打击点集中、半锥面显著等特征，打片疤痕长且规范。现藏平凉市博物馆。

石球

旧石器时代。1974 年于泾川县城南合志沟采集。直径 8.6~9.24 厘米。石英岩质，色呈灰白。用砾石加工而成。体基本呈球状，保留小块砾石面。整个器身布满石锤打击的片疤，打击点集中，半锥面显著，是一件多面体石球。属既可远距离投掷的狩猎又可手持敲击的工具。现藏平凉市博物馆。

砍斫器

旧石器时代。1980年于泾川县城南合志沟采集。横10.2厘米，纵9.1厘米。石英岩质，色呈灰白。采用砾石加工而成。上半持握部保留砾石面，下半打出刃。刃圆凸呈弧形，刃角在60°~70°间。刃缘大部分由一面加工，三分之一由两面加工。属砍伐工具。现藏平凉市博物馆。

圆盘状刮削器

大地湾一期文化。1988年出土于天水市秦州区太京乡甸子村西山坪遗址。直径7.5厘米，厚2.8厘米，厚0.6~0.8厘米。质地为石灰岩，青灰色。以砾石打制，体大略呈圆片状。台面较平，从边缘向两台面略加修整，三边打制出刃，刃口半锥体、打击点明显，有使用痕迹。现藏天水市博物馆。

石刀

大地湾一期文化。1980年从秦安县

圆盘状刮削器

五营乡邵店村大地湾遗址H3115灰坑中考古发掘出土。长4.7厘米，厚约0.8厘米。石灰石质，色青灰。系打制石片制成，体呈半圆形，扁而薄。一面是破裂面，一面是自然面。刀背略厚且较平直，两侧与刃部无明显夹角。圆刃，从两面加工，加工和使用痕迹明显。现藏大地湾遗址博物馆。

石铲

大地湾一期文化。1980年从秦安县五营乡邵店村大地湾遗址H398灰坑中考古发掘出土。长4.7厘米，宽8.4厘米，厚1.7厘米。石灰石质，色青灰。磨制，体呈半圆形，两面光滑。刃部双面磨出，较锋利。多次使用整修，原刃部的一半因使用而残损，损坏的刃部上留有后来打制加工的疤痕。为原始农业生产工具。现藏大地湾遗址博物馆。

石锛

大地湾一期文化。1980年从秦安县五营乡邵店村大地湾遗址F371房址中考古发掘出土。长12.4厘米，刃部宽4.4厘米，厚1.4~1.6厘米。利用自然长条砾石打制，体呈长圆角三角形，上窄下宽。上部为握端或内部，浑圆且厚。下端稍加工成刃，刃单面磨出，刃口略呈弧形且有斜势，有使用磕缺痕迹。系木作工具之一。现藏大地湾遗址博物馆。

石弹丸

大地湾一期文化。1980 年从秦安县五营乡邵店村大地湾遗址 F371 房址中考古发掘出土。直径 5.1 厘米。石灰石质，色青灰。琢制成型，体呈半圆球状，保留台面。系原始远距离投掷武器或狩猎工具。现藏大地湾遗址博物馆。

敲砸器

大地湾一期文化。1980 年从秦安县五营乡邵店村大地湾遗址 H10 灰坑中考古发掘出土。直径 5.6~7 厘米，厚 2.5~3 厘米。石灰石质，色青灰。利用天然砾石为材，平面近似圆形，剖面椭圆形。周边和上下两面均有密集的麻点状敲砸使用痕迹。既可加工工具，也可敲砸坚果，功用与石锤相仿。现藏大地湾遗址博物馆。

有孔石铲

大地湾二期文化。1983 年从秦安县五营乡邵店村大地湾遗址考古发掘出土。长 21.8 厘米，宽 9.8 厘米，厚 1.8 厘米。大理石质，暗红与浅黄色斑点间杂。形若舌状或长圆角三角形。刃部最宽，双面磨出弧形刃，两角磨圆，刃口有使用磕缺痕。两侧齐直，向上渐收。内部呈半圆状，靠近顶端有一个对钻圆形穿孔，孔径 1.9 厘米，孔壁旋痕明显。为复合性农业生产工具。现藏甘肃省文物考古研究所。

石斧

大地湾二期文化。1983 年出土于秦安县五营乡大地湾遗址 F709 房址中考古发掘出土。长 13.6 厘米，宽 7.2 厘米，厚 2 厘米。灰白色石灰石质。平面呈竖椭圆形，通体磨光。刃部稍宽，双面磨出刃，刃口有使用磕缺痕。两侧边缘及内部均打磨浑圆，不显棱线。为农业生产工具。现藏甘肃省文物考古研究所。

有孔石铲

石斧

石铲

大地湾三期文化。1980年从秦安县五营乡邵店村大地湾遗址发掘出土。长10.5厘米，宽7.1厘米，厚1.5厘米。大理石质，黄褐与灰白色斑点间杂。形若舌状或长圆角三角形。刃部最宽，双面磨出弧形刃，两角磨圆，刃口有使用磕缺痕。两侧齐直，向上渐收，边缘较薄。内部呈半圆状，靠近顶端有一个对钻圆形穿孔。为复合性农业生产工具。现藏甘肃省博物馆。

石耜

大地湾三期文化。初出土于秦安县魏店乡孙庄，1978~1980年甘肃秦安大地湾遗址发掘小组收集。长38.2厘米，宽8.8厘米，厚0.9厘米。泥质页岩材质，青灰色。磨制，表面略加打磨，不甚平整。体呈扁平长条状，耜身如舌，较内部稍宽。内部窄长，顶边弧圆，有一单面钻、直径

石耜

0.4厘米的圆形穿孔以便缚扎长柄。内部与耜身相接处两侧略出对称斜肩。耜身两侧较薄，后直而前圆，前双面磨出弧刃。为复合性农业生产工具。现藏秦安县博物馆。

石祖

大地湾三期文化。1992年12月张家川回族自治县恭门镇恭门村出土，村民捐赠。通长25厘米，最大径8厘米。灰色大理石质，表有灰白色土沁。磨制。体如圆柱形或蘑菇形。龟头约占三分之一，前端浑圆如球状。龟头后略有收分，渐后渐粗。根部较短，约占六分之一，端面较平，略有残缺。系原始社会父系氏族阶段生殖崇拜的产物。现藏张家川回族自治县博物馆。

石祖

大地湾三期文化。20世纪70年代于武山县洛门镇洛门村郭槐观儿下征集。通长22.8厘米，最大径8.1厘米。青石质，表有灰黄色土沁。由卵石磨制而成。体略呈粗竹节形，体分三段。龟头约占四分之一，前端扁圆。龟头后凸起一道棱，棱后收分。根部较短，约占四分之一，也凸起一道棱。系原始社会父系氏族阶段生殖崇拜的产物。现藏武山县博物馆。

石祖

仰韶文化。1971年采集于礼县石桥

公社高寺大队（今石桥镇高寺村）高寺头遗址。通长 15.1 厘米，最大径 6.3 厘米。砂岩材质，灰黄色。由卵石磨制而成，体略圆柱状，体分三段。龟头约占三分之一，前端浑圆。龟头略粗，凸起一道圆棱，棱后收分成束腰状。根部较短，约占九分之一，凸起数道棱。整体打磨光滑，极肖男性生殖，系原始社会父系氏族阶段生殖崇拜的产物。现藏礼县博物馆。

环形石器

大地湾四期文化。1983 年出土于秦安县五营乡邵店村大地湾遗址。长 10 厘米，宽 8.5 厘米，厚 0.9 厘米。蛇纹石质，青灰色。体呈薄片圆环状，略具方形，能体打磨。正中有单面钻成的圆形穿孔，孔径 3.2 厘米，孔壁留有旋状钻痕。外边缘均双面磨成一周薄刃。属环形砍杀器具，既可用于狩猎，也可用于战斗。现藏甘肃省文物考古研究所。

石凿

大地湾四期文化。1983~1984 年，甘肃省文物工作队在秦安县五营乡邵店村大地湾遗址发掘出土。长 11.2 厘米，宽 3.8 厘米，厚 1.2 厘米。玄武岩材，黑色。磨制，体呈棱锥状。上端宽而粗糙，中、上部表面劈裂面保留疤痕，未磨光。下端两面磨出斜尖刃，极锋利。属手握凿刻之器。现藏甘肃省文物考古研究所。

石祖

环形石器

石凿

石匕

大地湾四期文化。1983~1984 年，甘肃省文物工作队在秦安县五营乡邵店村大地湾遗址 F901 房址内发掘出土。通长 21.6 厘米，宽 2.8~5.4 厘米，厚 0.8 厘米。玄武岩质，黑色。磨制，以薄石片加工成形，通体磨光。体呈长条形，手握持部位较窄。两侧及前端皆为刃，匕锋呈三角形。属切割、刺杀之器具。现藏甘肃省文物考古研究所。

石磨盘

仰韶文化庙底沟类型。初出土于华池县五蛟乡五蛟村五蛟初级中学操场，1983 年征集。由磨盘和磨棒组成。磨盘，长 54 厘米，宽 25 厘米；质地为砂岩，土红色；平面呈圆角梯形或鞋底形状，磨面两端均呈圆弧状，中部经长期使用摩擦而略显低凹不平。磨棒，长 20 厘米，径 4.5 厘米；质地也为砂岩，土红色；体呈圆柱状，两端稍扁圆，通体磨光。属谷物加工器具。现藏华池县博物馆。

石纺轮

仰韶文化庙底沟类型。初出土于华池县五蛟乡五蛟村五蛟初级中学操场，1983 年征集。直径 6.2 厘米，厚 1.1 厘米，孔径 1 厘米。燧石材质，黑色。磨制，体呈圆饼形，体中较边缘略厚，表面打磨光滑。中部捻杆孔为圆形，两面对钻，孔壁旋痕清晰。为纺织捻线工具。现藏华池县博物馆。

石网坠

仰韶文化庙底沟类型。1981 年 4 月出土于宁县瓦斜乡庄科村潘坪自然村阳洼遗址。通长 6.6 厘米，直径 4 厘米。质地为石灰岩，青黑色。磨制，体呈陀螺形，小端圆尖，大端齐平，通体打磨光滑。距大端约 1.2 厘米处刻一道系网绳的凹槽，槽深约 0.3 厘米，断面呈 V 形。为渔网之部件，具有沉坠功能。现藏庆阳市博物馆。

双孔石刀

仰韶文化庙底沟类型。1985 年 6 月从镇原县庙渠乡常俭村出土。长 10.5 厘米，宽 4.1 厘米，厚 0.7 厘米。泥质页岩材质，色青灰。用薄石片磨制，平面呈长方形，两面磨光。背部稍直，两侧边略，刃部比背部稍宽。刃部双面磨出，刃线

石磨盘

分明，两角略圆。刃口中部内凹，系长期使用所致。体中近刃部有两个圆形系绳穿孔，均两面对钻而成。为手握式收割农作物工具。现藏镇原县博物馆。

石刀

仰韶文化庙底沟类型。1981 年，甘肃省博物馆在秦安县五营公社袁庄大队（今五营乡袁庄村）王家阴洼遗址发掘出土。横长 8.4 厘米，竖宽 4.6 厘米。石灰石质，色青灰。以薄石片磨制而成，体呈长方形，通体磨光，器形周正。刀背较平直，两侧略弧。刃双面磨出，刃口平齐，两角稍圆，有使用磕缺痕迹。近背处有三个钻孔，中间一孔稍偏上靠近背边，均单面钻成。为手握式收割农作物工具。现藏大地湾遗址博物馆。

赭石锭

仰韶文化庙底沟类型。1981 年，甘肃省博物馆在秦安县五营公社袁庄大队（今五营乡袁庄村）王家阴洼遗址 T3 探方中发掘出土。长 3.5 厘米，宽 2.8 厘米，厚 2 厘米。泥质赤铁矿料，暗棕红色。梯形块状。表面被研磨处较平。局部保留石料自然面。为彩陶颜料。现藏甘肃省博物馆。

T 形石研磨器

仰韶文化庙底沟类型。1983 年 4 月从镇原县庙渠乡常俭村征集。长 10.8 厘米，宽 7 厘米，厚 3 厘米。质地为花岗岩，黑色，较坚硬。磨制光滑，体呈 T 形，形制规整。手握端较宽，顶面呈椭圆形，自两侧向下渐收。至体中成为圆柱状，器头浑圆如半球面。为研磨谷物、颜料等的工具。现藏镇原县博物馆。

石纺轮

仰韶文化庙底沟类型。1980 年天水市秦州区太京乡师赵遗址出土。直径 5.4 厘米，厚 0.4 厘米，孔径 1 厘米。质地为

赭石锭

T 形石研磨器

石英岩，黑色，局部有白色斑纹。磨制，体呈圆饼形，边缘磨圆，体中略厚而平正，表面打磨光滑。中部捻杆孔为圆形，两面对钻，孔壁留有旋痕。为纺织捻线工具。现藏天水市博物馆。

有孔石锄

马家窑文化石岭下类型。从武山县龙泉乡刘坪村征集。通长 27 厘米，宽 16.4 厘米，厚 4 厘米。砂岩材质，色呈青灰。磨制成型，表面较光，形制规整。锄首呈圆形，顶端略齐平，两侧弧圆，正中有一个双面对钻而成的椭圆形銎孔，孔径表面 7~9 厘米、内 4 厘米。锄身呈竖长方形，下端从两面磨出刃。刃口略呈弧形，有使用磕缺痕迹。为原始农业生产工具。现藏武山县博物馆。

石磨棒

马家窑文化石岭下类型。1985 年从静宁县贾河乡杨家沟村征集。残长约 58 厘米，最大径 7.2 厘米。大理石料，青灰色。棒体大致呈圆柱状，中部稍粗，两端略有收分。一端似杵，磨出圆角钝刃，另一端残缺。通体磨光，体中较两端光滑。为加工谷物的工具之一。现藏静宁县博物馆。

有肩石斧

大地湾四期文化（仰韶文化晚期）。出土于庄浪县水洛镇朱家大湾遗址。长 13 厘米，宽 4.5 厘米，厚 4 厘米。质地为石灰岩，青黑色。磨制，打磨精细。内部约占二分之一，略窄，呈方柱状，顶面弧鼓，四角抹圆，四棱齐直。斧身短厚，最宽最厚处在肩部，四棱渐下向两侧面中线弧收相交。刃部双面磨出，刃口呈弧形，保留合用过程中产生的磕缺痕迹。从方内看，原安装有木柄，系复合性砍伐工具。现藏庄浪县博物馆。

有孔石锄

有肩石斧

石矛

大地湾四期文化。初出土于秦安县魏店乡寺嘴坪遗址，1978~1980 年甘肃秦安大地湾发掘小组收集。页岩材质，色青灰。磨制。内部窄长且长方，略有残缺。锋部呈三角形，锋尖略圆，两侧开刃，均略显弧形，双面磨出，刃线清晰，较锋利，刃口留有较多地使用磕缺痕。属刺杀式武器。现藏秦安县博物馆。

有肩石斧

马家窑文化马家窑类型。1976 年出土于岷县茶埠公社（今茶埠乡）山那村山那遗址，后征集。通高 14 厘米，宽 6 厘米，厚 4.2 厘米。质地为石灰岩，青黑色。磨制，打磨精细。内部呈方柱状，四棱齐直，横截面呈长方形，高 4.3 厘米，宽 4.5 厘米，厚 2 厘米。内下四面出肩，肩最宽。自肩而下四棱逐渐收分，两侧面成三角形，四面略弧鼓。双面磨出刃，呈圆角弧形，刃口有使用磕缺痕迹。系复合性砍伐工具。现藏岷县博物馆。

齿轮形石权杖头

马家窑文化马家窑类型。1976 年出土于岷县茶埠公社（今茶埠乡）山那村山那遗址，后征集。直径 8.2 厘米、厚 2.4 厘米。质地为石灰岩，青黑色。磨制，体基本呈厚圆环形，外缘为齿轮状。中间双面对钻出直径 2 厘米的圆形穿孔。这种权杖头的边齿如太阳光芒，显示首领权威来自太阳神所赐，为仪仗器或法器。现藏岷县博物馆。

石研磨器

马家窑文化马家窑类型。1976 年出土于岷县茶埠公社（今茶埠乡）山那村山那遗址，后征集。高 6.8 厘米，底径 9 厘米。砂岩材质，色呈青灰。磨制，表

石矛

齿轮形石权杖头

面一周粗糙。体呈圆柱状，上小下大，体中略内收凹曲。上、下顶面平而微弧，均为打磨面，较为光滑。系制陶过程中使用的打磨器具。现藏岷县博物馆。

石磨盘

马家窑文化马厂类型。1987 年 5 月出土于武威县（今武威市凉州区）南营乡青嘴湾遗址。砂岩质地，色青灰。由磨盘和磨石组成。磨盘，通长 49 厘米，宽 32 厘米，厚 15 厘米；圆角长方形，两端均呈圆弧状，后端稍高于前端；磨面偏后，中部经长期使用摩擦而略显低凹不平；底部较平，保留砾石糙面。磨石，长 27 厘米，宽 16 厘米，厚 19 厘米；体扁厚，磨面较平，背部浑圆。为谷物加工器具。现藏武威市博物馆。

石弹丸

马家窑文化马家窑类型。1960 年甘肃省博物馆在兰州市七里河区黄峪公社陆家沟村西坡坬遗址采集。直径 3.2 厘米。砂岩材质，暗红色。磨制，体呈圆球状。表面有撞击疤痕。为狩猎器具。现藏甘肃省博物馆。

石凿

马家窑文化马家窑类型。1960 年甘肃省博物馆在兰州市七里河区黄峪公社陆家沟村西坡坬遗址采集。长 5.7 厘米，宽 2 厘米，厚 0.6 厘米。板岩石材，青灰色，

石研磨器

石弹丸

石凿

较坚硬。磨制，体呈梯形。握端或内部较窄，渐下渐宽，刃部最宽。单面磨出弧形刃，刃线清晰，刃口有使用磕缺痕迹。为木作挖凿工具。现藏甘肃省博物馆。

石斧

马家窑文化马家窑类型。1972 年甘肃省博物馆在甘谷县新兴公社头甲庄与五甲庄之间灰地儿遗址发掘出土。长 27 厘米，宽 6.2 厘米。质地为花岗岩，黑色，较坚硬。磨制，平面呈长方形，竖截面呈棱形。中间弧鼓，两端有刃。刃均双面磨出，弧形，有使用磕缺痕迹。属砍伐工具。现藏甘肃省博物馆。

石凿

马家窑文化马家窑类型。1977~1978 年从东乡族自治县东塬公社林家遗址发掘出土。长 10 厘米，宽 1.2 厘米，厚 1 厘米。质地为石英岩，黑色，局部有白色斑纹。磨制，体呈扁长条状，上部握端浑圆，体中两面磨扁，两侧圆而无棱，前端磨出单面刃，刃线分明，刃口呈弧形，较锋利，有使用痕迹。为木作挖凿工具。现藏甘肃省文物考古研究所。

石铲

马家窑文化马家窑类型。1977~1978 年从东乡族自治县东塬公社林家遗址发掘出土。纵长 9.3 厘米，横宽 9.8 厘米，厚 1.2 厘米。石灰石材，青灰色，局部有白色斑纹。磨制，体较薄且短。前端刃部双面磨出，刃口呈弧形，刃线不明显，一侧刃角较圆，一侧刃角与侧边分界明显，有使用磕缺痕迹。内部斜平有窄面，近顶部内边约 1 厘米处有一直径 1 厘米的单面钻圆孔，孔壁旋痕明显。为农业生产工具之一。现藏甘肃省文物考古研究所。

长内石砍刀

马家窑文化马家窑类型。1977~1978 年从东乡族自治县东塬公社林家遗址发掘出土。通长 23.4 厘米，宽 7.7 厘米，厚 1.1 厘米。板岩材质，色青黑。先打制基本形状，再磨制修整。刀身背部保留较平的打制窄台面，前端及下缘双面磨出弧形刃，不见刃角；刃口有使用磕缺痕。内部较长，与刀身相比显得窄而薄，后端下边斜收与上边交出圆角。长内应装有木柄，柄无存。为复合性砍杀

长内石砍刀

武器。现藏甘肃省文物考古研究所。

细石刃骨柄刀

马家窑文化马厂类型。1973年出土于永昌县鸳鸯池遗址M57墓中。通长18.3厘米，直径2厘米。刀柄骨质，呈黄色，以动物的骨骼制作。扁长三角形。四分之一为握端，端末双面圆弧刃。四分之三为刀身，下边凿刻出断面V形内槽，前端较尖。内槽内嵌4枚细石片为刀刃。刃口有使用痕，极锋利。具有割剥、切削功能，属复合材料制作的刀具。现藏甘肃省博物馆。

细石刃骨柄刀

石锤

马家窑文化马厂类型。2003~2005年于兰州市红古区海石湾镇下海石湾遗址发掘出土。长13.7厘米，宽4.7~5.6厘米。变质砂岩石料，色青灰。以自然砾石稍加打磨，体呈长棒状，平面基本为椭圆形，表面磨光。上端系手握部位，较浑圆光滑。下端为打击部位，打击面圆钝，有使用过程中产生的打击疤痕，打击点与半锥体、放射线清晰可见。用途如同锤具，系打制石器的生产工具之一。现藏兰州市红古区博物馆。

石斧

马家窑文化马厂类型。2005年出土于武威市凉州区磨嘴子遗址H21灰坑中。长10厘米，宽2.8~3.2厘米，厚1厘米。黑色大理石质。磨制，四棱体，平面基本呈方形，竖截面呈棱形。内部约占整体三分之一。四棱向上渐收。下端双面出刃，刃线分明，刃角略圆，刃口有使用痕。为砍伐工具，磨制较精。现藏甘肃省文物考古研究所。

石凿

马家窑文化马厂类型。2004年出土于武威市凉州区磨嘴子遗址M33墓中。长8.5厘米，宽2厘米，厚1.38厘米。质地为石英岩，黑色。磨制成型，四棱体。上端未磨光，打坯原始痕基本保留，棱不明显，顶略圆。下端打磨光滑，棱线分明，两面磨出窄刃，刃口略呈弧形，有使用磕缺痕。为凿刻工具。现藏甘肃省文物考古研究所。

石磬

马家窑文化马厂类型。初出土于榆中县连搭乡代家窑村马家山遗址，1986

年征集。通长74厘米，宽34.5厘米。板岩质，青灰色。体呈梯形，边沿不甚规整并且多处剥落，脊部齐直无夹角，鼓部下边较平直，鼓博向下斜杀，股部很短，股博略作弧形，近脊部正中处对钻一个供穿系悬挂的圆孔，通体表面略加打磨，局部较光滑。石磬是一种打击乐器，又称"鸣石"。这件石磬时代较早，与夏县东下冯龙山文化遗址、襄汾陶寺龙山文化遗址、乐都柳湾齐家文化墓地等出土的石磬有些共同特征，股鼓分化不明显，个体较大而厚重，磬面不太打磨而粗糙，形制较为原始。现藏兰州市博物馆。

石护臂

马家窑文化马厂类型。1986年出土于榆中县小康营董家湾。长11.8厘米，口径6.7厘米。白云石材，表有较厚的灰白色土沁。磨制成型，体呈圆筒状，中空贯通，外壁向外弧鼓，最大径在筒体中部。通体磨光无纹。石护臂是从石臂环发展而来，兼具装饰与防护作用。现藏兰州市博物馆。

石护臂

马家窑文化马厂类型。1973年5月，出土于永昌县鸳鸯池遗址M127墓中。长15.9厘米，口径8.7厘米，内径7.3厘米。白云石材，表有麻点。磨制成型，体呈圆筒状，中空贯通，通体磨光。随葬前已破

石磬

石护臂

石护臂

裂，于两端每条裂纹两侧对钻两小孔，总计 10 个小孔，以绳系扎。出土时位于墓主右臂肱骨处。石护臂是从石臂环发展而来，已不单是装饰品，而有护臂的作用。可视为甲胄雏形。现藏甘肃省博物馆。

石研磨臼

马家窑文化马厂类型。1987 年出土于永昌县六坝乡九坝滩遗址。高 6 厘米，口径 8.5 厘米，柄长 3.5 厘米。大理石质，青黑色。雕凿兼打磨成形，内外较光滑。体如小碗状，盖佚失。子母口略内敛，圆唇窄沿，鼓腹下收，平底。上腹一侧带短直柄。为研磨颜料的器具。现藏金昌市博物馆。

石祖

马家窑文化马厂类型。1987 年出土于永昌县六坝乡九坝滩遗址。长 25 厘米，最大径 4.5 厘米。石灰石质，青黑色。由卵石磨制而成。体略呈粗锥形，体分三段。龟头约占三分之一，为四棱锥状，前端扁圆。龟头后收分为圆柱状。根部约占三分之一，也是四棱柱状。反映出河西地区在马家窑文化时期处于父系氏族社会阶段。现藏永昌县博物馆。

石磬

常山下层文化。2009 年 8 月环县文物普查小组在四合塬乡三河岔遗址调查时征集。通长 50 厘米，宽 16.5~20 厘米，高 25 厘米，厚 1~5 厘米。质地为石灰石质，青黑色，质地坚硬。打制成坯，再加磨制，边缘人工打凿痕迹明显，两面磨光。大体呈弧月形。顶部与底部弧度相当，底部打削呈凹曲形。距顶部折角 4 厘米处有一圆形穿孔，两面对钻而成，内孔径 1.3 厘米，外孔径 4.2 厘米，有明显的穿绳悬挂痕迹。敲击则发声铿锵，洪亮悠扬。此磬在制作上更多地保留了原始的打制方法，但是其造型已具有标准磬的雏形，倨勾呈钝角，大致在 135°，与《考工记·磬氏》所载的"磬氏为磬，倨句一矩有半"的情形基本一致。现藏环县博物馆藏。

石匕首

常山下层文化。1987 年从镇原县庙渠乡四合村征集。长 33.7 厘米，宽 7 厘米，厚 1 厘米。板岩质，青灰色。系薄石片磨制，两面光滑。后端手持部占二分之一，三边较齐，与刺部相接处渐渐增宽。前

石磬

端匕刺部呈长三角形，上下两边均双面磨出刃，刃线分明，前锋尖圆，较锐利。刃口在使用磕缺痕。为击刺类武器或生活中的宰剥工具。现藏镇原县博物馆。

石矛

常山下层文化。1999 年出土于庆城县桐川乡何家山。通长 23.8 厘米，宽 7.4 厘米，厚 1 厘米。质地为石灰石，青灰色。系薄石片磨制，两面光滑。上端矛头呈三角形，略短，前锋尖圆，两侧双面磨出弧形刃，刃口锋利。下端骹部稍长，内端一角残缺。系安装于木柄上的刺杀武器或投掷式狩猎器具。现藏庆城县博物馆。

石锯

齐家文化。初出土于清水县郭川公社田川村，1977 年天水地区文化馆征集。残长 13 厘米，宽 3.3 厘米，厚 1.0 厘米。板岩材质，色青灰。体呈长条状。前端段残略尖，后端残留较短握柄。背部较齿部稍厚。下边齿部由双面磨薄，残留有 17 个锯齿，前 4 齿较端址，其后 13 齿渐渐向后倾斜。为目前中国发现的最早手锯之一。现藏天水市博物馆。

骨柄双刃石刀

齐家文化。初出土于静宁县李店乡，20 世纪 80 年代征集。通长 20 厘米，宽 12.4 厘米。骨柄是用动物的肩胛骨经琢磨而成，体呈长条扁平状，一面磨平且光

石锯

骨柄双刃石刀

滑，另一面不平整且保留骨面凹槽；前端稍窄，两侧凿有 V 形槽，槽内各嵌一片石片，呈双面刃；后端较粗持握部。石片，页岩材质，色青灰，体细薄，均呈三角形，较厚一边嵌于骨柄凹柄，相对一边为弧形刃，刃口略微呈锯齿状，有明显的使用痕迹。现藏平凉市博物馆。

带柄方孔石刀

齐家文化。初出土于通渭县陇山乡陇山村，后征集。通长 60 厘米，宽 24.5

厘米。变质砂岩石料，色青灰。磨制。刀体基本呈长方形，双面磨出刃，前端刃略弧，后端刃稍真，刃有使用磕缺。内部靠前凿有一个长6.9厘米，宽4.5厘米的方孔，后端延伸出三角状尖柄。该器为大型砍杀或切割工具。形体特大，用途特殊，极为罕见。现藏通渭县博物馆。

石钻

齐家文化。初出土于通渭县碧玉乡李家坪村李家坪遗址，后征集。通长23厘米，宽6厘米。变质砂岩石料，色青灰。体大略为锥形。铤部长达20厘米，上端宽而扁，中部渐收成圆锥形。钻头长近3厘米，圆锥形，略显两道凸棱。该钻铤部保留石材原始粗表，钻头部系多次钻孔形成，磨痕明显。为石器、玉器钻孔的工具。现藏通渭县博物馆。

石璧

齐家文化。1975年7月甘肃省博物馆从武威县皇娘娘台遗址发掘出土。璧径7.9厘米，孔径3.5厘米，璧芯直径2.7厘米。蛇纹石料，色呈灰绿，有黑色斑纹，破裂且残缺。磨制，体呈薄圆片形，边缘局部有多处直边。肉部较厚。好孔单面钻成，孔壁有清晰的螺旋形钻痕。出土时带有璧芯，璧芯圆形，边缘也有螺旋形钻痕，一面大一面略小，大面有崩茬。属宗教礼仪用器。现藏甘肃省博物馆。

齐家文化方孔石刀

石璧

齐家文化。1986年甘肃省博物馆从积石山保安族东乡族撒拉族自治县银川乡新庄坪遗址征集。直径22厘米，孔径6厘米。蛇纹石质，色青灰，表有裂绺。体大体呈圆角方形，一面保留两条锯切割的直线状茬棱，除一边稍直外，其余边缘均有残缺。体中有一个单面钻成的圆形好孔。为宗教礼仪用器。现藏甘肃省博物馆。

石璜

齐家文化。1975年甘肃省博物馆在武威县皇娘娘台遗址发掘出土。通长8.3厘米，宽2.7厘米。蛇纹石料，色呈灰绿，表有较厚钙质土沁。磨制。为璜联璧的给成部分，体约占全璧的三分之一。体呈弧拱片状，两端各有一个钻孔，均单面钻成。属宗教礼仪用器。现藏甘肃省博物馆。

齿形石权杖头

亦称多头斧、星形穿孔石器。齐家

文化。初出土于武威市凉州区皇娘娘台遗址，1985年征集。直径10厘米，孔径6厘米，厚2.3厘米。体如九齿轮形，三齿略残，齿缘似双面磨出刃口，齿尖圆钝。体中有对钻孔，可装柄手持。这种权杖边齿如太阳光芒，显示首领权威来自太阳神所赐，为仪仗器或法器。现藏武威市考古研究所。

石研磨杯

四坝文化。1976年甘肃省博物馆文物工作队于玉门市清泉公社清泉村火烧沟遗址发掘出土。高6.5厘米，口长8厘米、宽4厘米；柄长2厘米、宽1.3厘米。变质砂岩石料，黑色。磨制，杯体方形，横截面呈圆角长方形，直口，直腹，平底。杯内口宽底窄，平面也呈圆角长方形，口长7厘米、宽3.2厘米。腹一侧带有断面呈方形的斜翘直柄，自杯身相接处逐渐向末端收分。杯身正面阴刻两条直线交叉（或X）纹，背面阴刻羊纹。杯内外留有或红或黑色的颜料，当为研磨颜料的器具。现藏甘肃省文物考古研究所。

石箭范

四坝文化。1976年于玉门市清泉公社清泉村火烧沟遗址发掘出土。长6.2厘米，宽4.2厘米，厚2厘米。砂岩质地，色青灰，有黑斑。雕凿成形，体呈长方型。雕刻两枝圆铤双翼式的镞范坑，翼

较浅且边呈弧形，正中有流铜液的槽，槽长3.5厘米、宽1.6厘米、深0.8厘米，较双翼稍深。为铸造青铜镞的范具。现藏甘肃省文物考古研究所。

石磬

春秋时期。1994年从礼县大堡子山墓地M2墓中发掘出土。上鼓长43厘米，股长22厘米，下弦长53厘米，厚5厘米，孔径2.3厘米。石质，浅灰色，有黑色斑纹，较细润。琢磨成型，表面磨光。体为折角三角形，下边齐直无折，鼓博、

石研磨杯

石磬

第五章 石器和玉器

股博斜杀，倨句角为钝角，偏鼓处有一圆形穿孔可用以系挂。表面光素无纹。该磬形制完整，制作较工，为春秋时期秦国礼乐器。现藏甘肃省文物考古研究所。

编磬

2组10件。春秋时期。2006年早期秦文化联合考古队从礼县大堡子山遗址T2802、T2803、T2902、T2903等探方间的K5乐器坑发掘出土。第1组，5件（K5：15~19），通长分别为64.2厘米、51.3厘米、38.3厘米、30.8厘米、25.74厘米，通高分别为20.9厘米、17.6厘米、14.3厘米、12厘米、10.22厘米，倨句分别为142°、142°、139°、138°、146°。第2组，5件（K5：20~24），通长分别为58.6厘米、45.6厘米、37厘米、33.2厘米、27.28厘米，通高分别为20.35厘米、16.7厘米、13.51厘米、12.2厘米、10.89厘米，倨句分别为135°、143°、147°、140°、144°。均石质，浅灰色，有黑色斑纹，较细润。琢磨成型，表面磨光。形制基本相同，大小、厚度与诸角度数各异。体为折角三角形，下边凹曲成弧，鼓博、股博斜杀，鼓下角、股下角均打圆，倨句角为钝角，偏鼓处有一圆形穿孔可用以系挂。表面光素无纹。两组编磬形制完整，为春秋时期秦国礼乐器。现藏礼县博物馆。

石圭

春秋时期。2006年早期秦文化联合考古队从于礼县大堡子山M25墓中发掘出土。长35厘米，最大宽4.8厘米，厚0.6厘米。灰色。磨制。圭尖呈三角形，脊部打磨。圭身上宽下窄，横截面为扁六棱形。最宽处在圭尖与圭身相交处。属祭祀时使用的礼器。现藏甘肃省文物考古研究所。

石磨

1合。汉代。出土于甘谷县大庄乡。直径48厘米，上盘厚15厘米，下盘厚10厘米。大理石质。凿制，圆形。由上、下盘组成。上盘的上面中间雕两半圆形盛粮坑窝，以一条横直梁分隔，坑窝底部各有一个注粮孔；边缘立面凿横长方形銎孔，以便安装木柄；下面为磨面，正中有一圆形轴窝。下盘的上面为磨面，有菱格网状齿，正中凿方形轴孔，嵌装下方体上圆柱形铁质磨轴。为加工粮食的器具。现藏甘谷县博物馆。

石磨

编磬

石磨

1合。魏晋时期。1966年从武威市洪祥公社（今武威市凉州区洪祥镇）征集。直径54厘米，高14厘米。砂岩质地，色青灰。凿制，圆形，边缘较粗糙。由上、下盘组成。上盘上面中间雕有直径30厘米、高6厘米的盛粮圈，圈内以一条横直梁分隔出两个半圆形坑窝，坑窝底部各有一个注粮孔；与直梁直对一侧隆起宽台，台缘立面凿横长方形銎孔，以便安装木柄；下面为磨面，有放射状磨齿，齿窝呈菱形齿，正中有一圆形轴窝，轴窝内遗留铁轴残迹。下盘磨面也有放射状菱窝齿，正中凿方形轴窝，齿也是放射状。为加工粮食的器具，保留秦汉石磨的遗风。现藏武威市博物馆。

石夯具

汉代。1991年8月，环县环城镇红星村刘家湾汉墓群M2墓中清理出土。高20厘米，直径13.5厘米。大理石材质，白色，夹杂黑色斑点。凿雕成型，体呈圆柱状。上端略粗，台面中凿挖出一个圆形銎孔，孔径3厘米，深4.5厘米。渐下渐收分，体中略有束腰。下端夯头部呈微弧面。原安装木把，已朽不存。为夯筑墙体之工具。现藏环县博物馆。

石灯

汉代。初出土于武威市（今武威市凉州区）王景寨七队，1988年2月征集。通高22.5厘米，盘径9.4厘米，座底径9.5厘米。变质砂岩质地，色青灰。雕制成型。灯盘圆型，较浅，直口窄沿，腹下斜收成柱状。腰柱中部略鼓，雕一周折线纹带。座面斜侈，雕一周山峦纹，底圆且平。为随葬之明器。现藏武威市博物馆。

四足石砚

汉代。1979年甘肃省博物馆从敦煌市马圈湾遗址发掘出土。边长、直径为3.5厘米，厚1.5厘米。细砂岩质地，青灰色。雕凿成型，中圆外方。中部圆形砚面凸起，研面之下呈方形，四角雕出四个兽状足。研面较光滑，有墨迹。系屯戍人员使用的文具。现藏甘肃省文物考古研究所。

三兽足石砚

汉代。1976年5月从宁县焦村镇梁高村汉墓清理出土。盖佚失，现存砚身。砚身高4.2厘米，直径18.2厘米，边厚1.8厘米，足高2.3厘米。青石质，色青灰，致密细润。砚面圆形，略起圆台，平整光滑，边沿稍低。底部微平，中心漫突，与顶台面同大，三兽足。兽首似虎，双耳上竖，鼓目圆睛，隆鼻阔口，缩身彭腹，前肢向上曲举，后肢曲蹲，作用力承托之状。通体蒙墨迹，砚面局部残留朱砂色斑。为文房研墨器。现藏宁县博物馆。

三兽足石砚

浮雕人物石摇钱树座

浮雕人物石摇钱树座

汉代。武威磨嘴子汉墓出土。高 30
厘米。青石质地。形如圆柱。座面磨平,
中凿方形插孔;下部较上部直径略大,平
底。外表高浮雕裸体人像 4 个,有的翘首
企望,有的伸手接钱,神态诙谐,意趣
横生。人物之间雕 1 个三角,之下雕两周
三角,有的三角上刻密集斜线表示仙树,
光素三角表示仙山。这件摇钱树座雕制精
美,寓意美好,是研究汉代雕刻艺术和社
会风俗的重要资料。现藏甘肃省博物馆。

石猪

唐代。1980 年于武威县(今武威市
凉州区)青嘴喇嘛湾吐谷浑慕容氏墓群
M6 墓中清理出土。长 6.5 厘米,宽 1.2
厘米,高 2.5 厘米。白云石雕刻。猪体态
圆肥,双耳竖立,前额突出,鼻头微翘,
口唇微张;颈部短而不显,背部宽直,腹
弧贴地,短尾,四肢作奔跑状。这件圆雕
艺术品为幼猪崽形象,生动逼真,按其
性质属随葬品,具有财富饶丰象征意义。
现藏武威市博物馆。

铁券石函

1 合。唐代。1982 年从平凉县四十
里铺公社(今平凉市崆峒区四十里铺乡)
潘原古城刘自政墓发掘出土。长 39 厘米,
宽 21 厘米,高 14 厘米。细砂岩质,灰黄
色。体为长方形,盖作盝顶式,子母口
扣合,函内凿出盛放券书的浅槽,留有
铁券残迹。盖顶中部阴刻楷书"铁券函"
三字,四披减地加线刻,各浅浮雕一朵
折枝牡丹图案;函体四周浅浮雕花叶纹。
现藏平凉市博物馆。

石棋子

66 枚。唐代。20 世纪 70 年代末于
敦煌市阳关镇北工村寿昌城遗址中发掘
出土。每枚直径 1.2 厘米,厚 0.75 厘米,
重 12 克左右。多为花岗岩材质,少量为
玉石质地,其中黑色 41 枚,白色 25 枚。

均磨制，精细光滑，外形美观。圆饼形，两面中部凸起圆鼓，边缘一周呈棱线。这批棋子不仅反映唐代弈棋风气盛行，而且证实文献中关于"敦煌郡贡棋子"的记载真实可靠，表明唐代敦煌以制造棋具而著称于世。现藏敦煌市博物馆。

平凉文庙编磬

1组7件。清光绪十六年（1890年）。

平凉文庙编磬

初保存于平凉府文庙，民国时期存于民众教育馆，新中国成立后藏于平凉县文化馆。1号磬通长65厘米，宽29厘米，厚4厘米，太簇磬通长50厘米，宽21.5厘米，厚3.4厘米，夷则磬通长48厘米，宽19.2厘米，厚3.1厘米，倍无射磬通长51.5厘米，宽21.5厘米，厚3.7厘米，夹钟磬通长52.6厘米，宽20.8厘米，厚3.6厘米，中吕磬通长48.7厘米，17.4厘米，厚2.9厘米，倍应钟磬通长53.5厘米，宽22厘米，厚3.5厘米。均石灰石质，色青灰，有墨绿色斑点，较细润。雕凿加磨制，体均呈折曲状。其中，1号磬不标律吕名，两面均阴线刻双龙图案，正中如意云头纹开光中竖刻楷体阴文，正面"平凉府学制"五字，背面"光绪十六年"五字。其余六件标律吕名，均正面线刻单龙戏珠图案，股侧刻"光绪十六年制"六字，而鼓侧分别刻"太簇""夷则""倍无射"三个律名、"夹钟""仲吕""倍应钟"三个吕名。为清末平凉府文庙祭祀活动所用的乐器。现藏平凉市崆峒区博物馆。

第二节　新石器时代玉器

玉铲

大地湾二期文化。初出土于秦安县古城乡南山遗址，1978~1980年甘肃秦安大地湾发掘小组收集。农业生产工具。长25.8厘米，宽6~7.9厘米，厚1.3厘米。蛇纹岩料，墨绿色，局部有少量白色斑纹。磨制，打磨精细。体呈长条舌形，上宽下窄，中间厚两侧较薄。握端（或内端）顶部有两条斜边，三角均呈钝角；一侧距顶4厘米处有一圆形穿孔，单面钻，孔径0.8厘米。刃部双面磨出，刀口呈弧形，较锋利，一角圆形不明显，有使用磕缺。现藏秦安县博物馆。

绿松石铲形佩

大地湾二期文化。1983年秦安县五营乡大地湾遗址发掘出土。属人体颈项串饰品。长1.5厘米，宽1厘米，厚0.2厘米。松石质，蓝绿色。磨制，体扁平，

绿松石铲形佩

呈铲形，上部窄而略弧，近顶之中一单面钻成的系孔；下部较宽，双面磨刃，刃口略弧。表面打磨光滑，一面上端保留切割棱痕与毛茬，孔上端有豁缺。该佩在外形上与当时的石斧、石铲类生产工具极其相似，说明这种饰品是由生产工具发展而来，反映出当时人们的审美观念与生产工具重要性和玉石色彩美的认识有密切关系。现藏甘肃省文物考古研究所。

蛇纹石玉凿

大地湾三期文化。1983年秦安县五营乡大地湾遗址发掘出土。属生产工具。蛇纹石料，色青灰。长4厘米，宽1.8厘米，厚0.6厘米。体基本呈圆角长方形，两侧齐直。双面磨刃，刃口略呈弧形，有使用磕缺。内部圆厚，边也呈弧形。整体打磨光滑，形制规整。现藏甘肃省文物考古研究所。

半圆形玉佩

大地湾四期文化。秦安县五营乡大地湾遗址发掘出土。为人体佩饰品。外径3.3厘米，宽1.7厘米，厚0.15厘米。绿松石料，色青绿，表有黄色土沁。磨制。体呈半圆，一角残缺。体中略靠弧边处有一单面钻成的穿孔，孔径0.2厘米。现藏甘肃省文物考古研究所。

彩绘汉白玉权杖头

大地湾四期文化。1983年秦安县五营乡大地湾遗址F405房址发掘出土。属礼仪器。通高4.2厘米，最大径10.3厘米，孔径3.6厘米，厚3.5~4.2厘米。汉白玉料，器形完整。体呈圆环状，较为厚重，中间钻出圆形杖孔，孔壁平直。上半部向外圆突，近孔处稍平并绘红彩线，局部颜料脱落；下部急收呈曲腹形，显出孔沿。该权杖头磨制精细，打磨光滑，为仰韶文化时期部落首领的权威标志，反映大地湾遗址F405房址可能是部落或氏族首领的居处，或者是部落或氏族举行公共活动的场所。现藏甘肃省文物考古研究所。

蛇纹石玉凿

彩绘汉白玉权杖头

T形玉笄

大地湾四期文化。秦安县五营乡大地湾遗址 F824 房址中考古发掘出土。为绾结发髻之具。长 17 厘米，笄帽宽 4.3 厘米，股径 0.7 厘米。蛇纹石料，色墨绿。磨制。体平面呈 T 形，笄帽顶平呈椭圆，尚下渐收；体细长如锥，断面呈圆形，锋较尖。体中断残。通体打磨，不甚光滑，有打磨痕。现藏甘肃省文物考古研究所。

玉锛

大地湾四期文化。秦安县五营乡大地湾遗址考古发掘出土。属挖刨工具。长 6.6 厘米，最宽 2.3 厘米，厚 1 厘米。鸳鸯玉（蛇纹石）料，色青灰，有黑色斑点。磨制，体呈六边竖长条形，最大宽在中部，两侧突出钝角，由中向两端斜收。单面磨刃，刃口略弧，有使用痕迹。通体磨制光滑，形制规整。现藏甘肃省文物考古研究所。

玉端刃器

陕西龙山文化时期至周代。1965 年出土于清水县金集公社（今金集乡）连珠村周代遗址中，后征集入馆。通长 16.5 厘米，宽 8 厘米，厚 0.3 厘米。青玉，色青绿，局部有黄色土沁。磨制，器身大体呈竖长方形，体中两侧略收。刃部略宽，双面磨出刃，刃口微向内弧凹且有斜势，一角略缺，一角较尖。内部较长，顶边有残缺，中有 1 个单面钻成的圆孔；内两侧各饰 1 个鉏牙和 3 枚小齿牙，每个鉏牙也突出小齿牙。该器刃口微向内弧凹且有斜势的特征，与龙山时代陕北石峁文化的牙璋形近，可能由残牙璋改制而成。属礼器，为切割用的玉工具，到周代仍然使用。现藏清水县博物馆。

蛇纹石玉瑗

常山下层文化。1991 年 4 月从镇原县

玉锛

玉端刃器

蛇纹石玉瑗

青玉钺

三岔镇大塬遗址一座墓葬中发掘出土。属礼器。直径 10 厘米，好径 6 厘米，厚 0.2 厘米。蛇纹石料，墨绿色，表有少量黄褐沁。琢磨成型，器形平面呈扁平宽环形，不甚规正，单面钻出好孔。好孔之径大于肉部之宽，其比值约 3.1∶1。肉部厚薄不均匀，内厚外薄，两面光素无纹。外边缘有磨制成型之夹角数处。该玉瑗光洁莹润，出土于典型常山下层文化遗址，堪称常山下层文化玉器中的标型器。现藏庆阳市博物馆。

青玉钺

常山下层文化。初出土于华池县五蚊乡（今李良子乡）马河村，1983 年 12 月征集。属礼器。长 18.7 厘米，宽 8.4 厘米，厚 0.7 厘米。青玉，有沁斑，半透明。琢磨成型，平面呈梯形状，体中稍厚，四边略薄且均出刃。前端稍宽，弧形刃，双面磨出，刃口有使用磕缺。两侧一边

刃较直，一边刃略内弯，后端也是直刃，均双面磨出。体有三孔，均系单面钻成，后端一孔稍大，前端与体中两孔稍小且近内弯刃一侧。该玉钺通体打磨光滑，玉质纯正，器形周正完整，特别是四面有刃的特征极为罕见。现藏华池县博物馆。

青玉瑗

3 件。常山下层文化。初出土于华池县乔河乡，1987 年征集。属礼器。青玉，局部有黄色、褐色沁斑。琢磨成型，器形平面呈宽环形，单面钻出好孔，孔径大于肉宽。其一，直径 19.6 厘米，好径 12.5 厘米，厚 0.5 厘米。好与肉比值约 3.1∶1。好孔边缘小径面有钻穿时的茬痕，瑗体外边缘略存磨制成型之夹角数处。其二，直径 12.5 厘米，好径 6.5 厘米，厚 0.5 厘米。好与肉比值约 2∶1。好孔边缘钻穿时的茬痕基本磨光，弧线切割痕迹、瑗体

外边缘磨制成型之夹角不甚明显。其三，直径 11 厘米，孔径 6 厘米，厚 0.4 厘米。好与肉比值约 2.7∶1。表面残留弧线切割痕迹，瑗体外边缘磨制成型之夹角不甚明显。三件玉瑗整体玉材精良，切割、钻磨特征毕具，是研究常山下层文化玉器的珍贵资料。现藏华池县博物馆。

玉斧

常山下层文化。出土于镇原县三岔镇大塬遗址。长 10.1 厘米，宽 3.8 厘米。属砍伐工具。蛇纹石料，青绿色，局部呈墨绿，表有灰白色土沁。磨制，玉料表皮麻点未打磨尽。体呈长条梯形。内部相对较窄，顶边略弧，两角圆距顶边 1.8 厘米处有一圆形穿孔，双面对钻，孔径 0.96 厘米。两侧边棱不甚齐直，体中略有外鼓。刃部双面磨出，刃口齐直，两角较圆，有使用痕迹。现藏镇原县博物馆。

三孔玉刀

常山下层文化。1981 年 8 月出土于庆阳县什社乡（今庆阳市西峰区什社乡）永丰遗址，1982 年 6 月征集。属礼器。通长 42 厘米，宽 7.2~9.8 厘米，厚 0.6 厘米。蛇纹石料，色青泛黑，有黄沁斑，半透明。整体呈扁平长方形，刃部略宽，双面出刃，较锋利，中部近背处有三个等距离并且排成一线的单面钻穿孔。表面打磨平滑，素朴无纹，规整精致，为酋邦首领

权威的象征。现藏庆城县博物馆。

四孔玉刀

常山下层文化。初出土于合水县太白乡葫芦河村，1987 年征集。属礼器。通长 34.5 厘米，宽 11 厘米，厚 0.2 厘米。蛇纹玉质，色灰绿，半透明。整体呈梯形片状，后端较窄，前端略宽，近背处有三个非等距离的单面钻圆孔，后端两孔下有一单面钻小孔，前端齐直，刃部呈内凹弧形，较锋利。表面打磨光亮，素朴无纹。现藏合水县博物馆。

双孔玉钺

常山下层文化。1979 年从镇原县屯

三孔玉刀

双孔玉钺

子镇白马村景家洼征集。属礼器。长 9.7 厘米，宽 6.7 厘米，厚 0.3 厘米。蛇纹石料，色青绿，表有黄褐色土沁。体呈长方形，刃端略宽于内部。刃口斜直，一角略圆。体中上部有两孔，均单面钻成，孔径 1.1 厘米。内顶平直，一角略圆。值得注意的是，一侧边缘也是双面磨出刃，刃较直，上、下两角均略圆；另一侧边缘较厚，中部及上角部保留两个残孔痕，中部孔痕呈半圆，单面钻成，径达 2 厘米。这一现象表明，这件玉钺是利用残旧玉器再次加工修整而成。现藏庆阳市博物馆。

玉琮

常山下层文化。初出土于华池县五蛟乡，1984 年征集。通高 9.5 厘米，射口径 9 厘米。青绿色玉，有褐色沁斑。琢磨成型，光素无纹，但表面打坯坑斑痕或琢点明显。琢磨成型，外方内圆，中间贯通。两端射部较为突出，四面平整无凹槽，四角台面略向外倾。中孔双面对钻而成。高宽比值为 1.1：1。该玉琮制作较为简陋粗糙，器形不规整，是常山下层文化时期的宗教礼仪器。现藏华池县博物馆。

双孔玉铲

常山下层文化。1980 年从环县环城西关路壕采集。为挖掘性生产工具，兼具礼仪功能。长 17.7 厘米，宽 5.5 厘米，厚 0.5 厘米。蛇纹石料，色呈墨绿，表有裂绺。

玉琮

双孔玉铲

磨制。体呈长条形，打磨光滑。刃部稍宽，双面磨出刃，两角稍圆，刃口较直，较锋利，有使用磕缺痕。两侧渐上收分，四棱抹圆。内部略窄，顶端基本呈弧形，沿中线有两个单面钻成的圆孔，一孔在距顶 4.5 厘米处，径 1 厘米，另一孔在距顶 0.3 厘米处，径 0.7 厘米。现藏环县博物馆。

四琮三璧

1 组 7 件。齐家文化。1984 年出土于静宁县治平乡后柳沟齐家文化遗址祭祀坑（或埋藏坑）中。均属祭祀用的礼仪器。

玉琮4件。蚕节纹青玉琮，通高14.7厘米，宽8.2厘米，射径8.2厘米。青玉质，色呈青绿，局部有糖色。体作圆筒形，内圆外方（即横截平面如圆环外加四角略成为正方形），对钻贯空，两端出射，中部凸出四角，角棱磨圆。四面正中竖直减地，四角棱浮雕出阳凸的蚕节状纹饰。祭祀

性的宗教礼仪器。（2）弦纹玉琮：通高16.2厘米，宽7.8厘米，射径7.8厘米。青玉质，色呈青绿，泛糖色及乳白斑纹。体作方柱形，内圆外方，对钻贯空，两端出射，中部四棱略圆。表面上、中、下等距离减地浮雕出三组由五条凸棱状弦纹组成的纹带。（3）素面玉琮：2件。一件通高16.7厘米，宽7.2厘米，射径7.2厘米。青玉质，色呈青绿，有少许瑕

蚕节纹青玉琮

弦纹玉琮

素面玉琮

素面玉琮

斑和糖色。另一件通高 12.8 厘米，宽 8.3 厘米，射径 8.3 厘米。青玉质，色呈青灰，瑕斑较多。两琮均作方柱形，内圆外方，对钻贯空，两端出射，四棱齐直，表面光素无纹。

玉璧 3 件。（1）直径 27.3 厘米，孔径 6.3~7 厘米，厚 0.78 厘米；（2）直径 32.1 厘米，孔径 4.38~5 厘米，厚 0.78 厘米；（3）直径 27.8 厘米，孔径 5.5~5.9 厘米，厚 0.7 厘米。均为青玉质，色青灰，局部泛褐色或糖色，有瑕斑。体呈圆片状，中央有单面钻圆形好孔，中孔较小，肉很宽，表面保留一条或两条直线性切割台痕，两面抛光。三璧形体较大，制作较为规整。

《周礼》有"以苍璧礼天，以黄琮礼地"的记载，说明琮、璧是上古时期祭祀时所使用的重要礼器。以琮、璧为组合的祭祀习俗最初出现于良渚文化中，后传播到龙山文化，进而又影响到齐家文化。

四琮玉质温润，器形规正，为齐家文化代表性玉器。尤其是蚕节纹青玉琮碾琢精湛，纹饰精美，光洁润泽，既充分体现出齐家文化高超的治玉水平，又反映了当时的宗教礼俗，是齐家文化玉器中最具代表性的精品。1996 年 9 月被国家文物局文物鉴定专家组确认为国宝。现藏静宁县博物馆。

玉琮

齐家文化。初出土于庄浪县白堡公社野狐湾遗址，1974 年村民捐赠。属祭祀时使用的礼器。高 6.7 厘米，宽 7.2 厘米，孔径 7 厘米。青玉，大半青白色，少半泛黄，其间一条褐色条纹斜向贯穿，裂绺较多。琢磨成型，通体无纹，光滑细润。属矮体筒状，外方内圆。体中圆孔贯空，对钻而成。两端出射部，均为窄沿圆环状，较短并且略高于方体四角。四立面均为横长方形，中部略鼓，三棱打磨较圆。现藏庄浪县博物馆。

玉璧

蛇纹石玉璧

齐家文化。初出土于庄浪县杨河公社杨河村，1974 年征集。属祭祀时使用的礼器。直径 15.3 厘米，厚 0.6 厘米，孔径 5.2 厘米。蛇纹石玉，青灰色，泛墨绿，表有裂绺。磨制成型，表面打磨光滑。体呈扁平圆片状，肉宽与好径略相等，但外边缘打磨稍薄。正中圆形好孔单面钻成。现藏庄浪县博物馆。

玉璧

齐家文化。1974 年出土于庄浪县良邑公社良邑村苏苗塬头遗址，1985 年征集。属祭祀时使用的礼器。直径 22 厘米，厚 1 厘米，孔径 6 厘米。蛇纹石玉，色青白，微泛黄，有裂绺。磨制成型，表面打磨光滑。体呈扁平圆片状，肉宽大于好径。正中圆形好孔单面钻成，孔径一面稍大另一面稍小，孔壁保留螺旋状钻痕。璧外缘不太圆，局部有直边现象，是按等分逐渐磨出多边形，然后将角磨

玉琮

去。现藏庄浪县博物馆。

青玉瑗

齐家文化。1975 年出土于庄浪县良邑公社良邑村苏苗塬头遗址，1985 年征集。属祭祀时使用的礼器。直径 7.8 厘米，厚 0.6 厘米，孔径 5.93 厘米。微晶质沉积结构青玉，色呈粉青，泛浅绿，有黄褐色和黑色斑点，质地细润。磨制成型，表面打磨光滑。体呈扁平圆片状，肉宽度窄于好径。正中圆形好孔双面钻成。璧外缘不太圆，局部有直边并略存边角痕。现藏庄浪县博物馆。

玉琮

齐家文化。初出土于积石山保安族东乡族撒拉族自治县（1980 年从临夏县分出改置）银川乡新庄坪遗址，1976 年临夏地区文物普查小组在临夏县收集。属祭祀时使用的礼器。高 9.5 厘米，边长 6.2~6.4 厘米，射径 4.7 厘米，高 1.7 厘米，孔径 3.9 厘米。青玉料，青绿色，局部有黑褐斑。琢磨成型，外表打磨光滑，光素无纹。形制为外方内圆高体筒状。两端射部较长，与方体四面对应的外缘打磨成倒三角状的平直面，射口部平面呈有四个短直边圆环。中孔两面对钻而成，孔壁对钻相接处孔径较小。方体四立面均呈方形，平直光滑。这件玉琮器形较小，为微型高体玉琮。现藏临夏州博物馆。

玉琮

齐家文化。初出土于临夏市南龙乡罗家湾村，1976年临夏地区文物普查小组征集。属祭祀时使用的礼器。高4~4.3厘米，宽4.7~4.8厘米，射高1.3厘米、孔径3.9厘米。白色透闪石玉料，有褐色斑点。琢磨成型，光素无纹。呈外方内圆矮体筒状。方体极矮，平面基本呈正方形。射部制作规范，切去四个角而形成，射部的平面呈有四个短直边的圆环形。中孔两端对钻而成，也正中孔径仅2.6~2.8厘米。这件玉琮器形很小，属齐家文化时期的微型矮体玉琮。现藏临夏州博物馆。

无射玉琮

齐家文化。1975年甘肃省博物馆文物队在广河县排子坪乡齐家坪遗址发掘出土。属祭祀时使用的礼器。高3.8厘米，边长3.7~3.9厘米，孔径3.3厘米。青玉料，黄绿色，有灰白色斑点。琢磨成型，外表打磨光滑，光素无纹。器形很小，呈外方内圆的长方形筒状。无射部，两端平口，一个角的平面略微低弧。琮孔两面对钻，内壁光滑，尚存旋纹钻痕。该琮形制奇特，在齐家文化玉器中较罕见。现藏甘肃省博物馆。

圆筒形玉琮

齐家文化。初出土于通渭县西岔，1974年征集。属祭祀时使用的礼器。高3~3.9厘米，外径7.5~7.8厘米，内径6.4厘米。青玉料，青绿色，表有裂绺，褐色沁深入绺隙。琢磨成型，外表光素，形制规整，制作精致。体呈矮体圆筒状，低矮。琮体两端有短射，中孔对钻，孔壁很直，钻痕打磨不显。在琮体外壁减地雕出三个等分的凸出面，间三个竖槽，竖槽两侧减地较深。该琮形制与1980年在山东诸城前寨遗址出土的一件大汶口文化晚期近圆形玉琮接近。现藏陇西县博物馆。

玉琮

圆筒玉琮图片

圆筒形玉琮

齐家文化。1988 年靖远县双龙乡永安堡永和遗址出土，同年征集。属祭祀时使用的礼器。高 4.1 厘米，直径 8.6 厘米，壁厚 0.7 厘米。透闪石玉料，青白色，局部有黄色沁斑，一端射口灰白色石瑕；半透明，有油脂光泽，玉质细润。琢磨成型，通体磨光，光素无纹。体呈矮体圆筒状，琮体两端有短射，中孔对钻，孔壁很直，钻痕打磨不显。在琮体外壁无角棱，以减地手法雕出四个等分的弧形凸出面，间四个竖槽；凸出面展开为横长方形，周边减地凹沟较竖槽深，尤其是射外缘不竖直，竖槽相对呈隐起竖宽棱。该器是齐家文化玉器中罕见的一种玉琮。现藏靖远县博物馆。

玉琮

齐家文化。出土于通渭县寺子乡温家坪遗址。属祭祀时使用的礼器。高 5.3 厘米，宽 7.5 厘米，孔径 6.3 厘米。青玉，青白色，有多处黑褐色石瑕。琢磨成型，通体无纹，光滑细润。体呈矮体筒状，外方内圆。体中圆孔贯空，对钻而成。两端出射部，均为窄沿圆环状，较短并且略高于方体四角，其中一端的一边自射孔边缘呈斜坡状。中部四立面均较平直，但因上下四角面多呈缓斜坡，立面横长方形不规则。现藏通渭县博物馆。

玉琮

齐家文化。出土于西和县城关乡任河村。属祭祀时使用的礼器。高 9 厘米，射径 7 厘米，孔径 5.8~6 厘米。青玉料，呈青绿色，有黑色斑点。琢磨成型，外表光素无纹。体呈外三角内圆矮体筒状，形制特殊。两端射部低矮，射口齐平，平面呈圆形。外壁中部突出三个钝角棱面，减地雕出；每棱面上下面呈三角、两立面呈竖长方形，五棱齐直。齐家文化中这种形制的玉琮极少见，与方体玉琮形状不同。现藏西和县博物馆。

绿松石琮

齐家文化。初出土于灵台县西屯公社大王村，1975 年征集。属祭祀时使用的礼器。通高 8.9 厘米，射径 4.8 厘米；方体高 5.8 厘米，宽 5.2 厘米。绿松石料，表灰白泛绿，裂缝较多。琢制，表面打磨不光滑，无纹饰。形制为外方内圆高体筒状。两端射部较长，射口外缘呈边长不等

玉琮

第五章

石器和玉器

的多边形。中孔两面对钻而成，孔壁厚实且有螺旋状钻痕，对钻相接处孔径较小。方体四立面均呈竖长方形，上下与射口外缘四短边保持一个平面，无竖槽，角棱齐直。现藏灵台县博物馆。

圆角方形青玉璧

齐家文化。1984年11月武威市修建海藏寺公园人工湖时出土，1991年6月征集。属祭祀时使用的礼器。边长7.5~8厘米，孔径2.8~3.4厘米，厚0.9~1厘米。青玉料，青灰色。磨制，体呈不规则方形，四角磨圆。肉部薄厚不均，两面均有长度为7.5厘米的直切台痕，台痕裂茌上保留毛刺。中心好孔单面钻成，两面孔径大小不一，孔壁有明显的螺旋状钻痕。该璧尚未加工完成，但清晰地保留了齐家文化治玉业中切割、钻孔、打磨等工艺特征。现藏武威市博物馆。

青玉璧

齐家文化。1976年从积石山保安族东乡族撒拉族自治县（1980年从临夏县分出改置）银川乡刘王家坪收集。属祭祀时使用的礼器。直径8.5厘米，厚0.6厘米，芯径2.4厘米。青玉料，灰白色，玉质不纯净，约三分之一有灰褐色石瑕，表面黑色斑点较多。磨制，打磨光亮。体呈圆片形，肉部与璧芯的环形凹槽上宽底窄，中部好孔单面钻但尚未钻穿，因而璧芯

仍与璧体相连。通体光素，但璧面有一条直线状切割棱痕清晰可见，边缘局部留有短直边。该璧尚未完工，是研究齐家文化时期玉璧凿制工艺的重要参考品。现藏临夏州博物馆。

青玉璧

齐家文化。初出土于灵台县上良公社三村，1975年征集。属祭祀时使用的礼器。直径13.6厘米，孔径4.8厘米，厚0.8厘米。青玉料，青灰色，有大片黑褐色斑和少量鸡骨白瑕。磨制，打磨不太光滑，两面留有直线状切割线或台棱痕。体呈圆片形，好孔单面钻成，两面直径大小不一，肉宽略与好径二分之一。为当时的宗教礼仪用器。现藏灵台县博物馆。

青玉璧

齐家文化。1958年从广河县祁家坪齐家文化遗址中发掘出土。属祭祀时使用的礼器。直径9.1厘米，孔径3.4~3.7厘米。青玉料，表面布满黄沁，光滑润泽。

青玉璧

体呈圆片形，中心有单面钻孔，中孔较大，一面留有一条直线状切割台痕，光素无纹。此璧经科学发掘出土，出土地点和文化层位明确，形制规整，特征鲜明，是齐家文化玉器中的标型器物。现藏甘肃省博物馆。

白玉璧

齐家文化。1957年从武威县（今武威市凉州区）皇娘娘台发掘出土。属祭祀时使用的礼器。直径8.8厘米，孔径2.4~2.7厘米，厚0.9厘米。玉色青白，周边有黄褐及黑色沁蚀，局部为鸡骨白，表面光洁润泽。体近正圆片形，小孔宽肉，光素无纹。肉部开片平正，厚薄不甚均匀，外边缘打磨痕明显，局部留有短直边，一面有一条直线状切割台痕；中心有单面钻好孔，孔径两面大小不一，钻穿处留有裂纹毛茬。此璧经科学发掘出土，出土地点和文化层位明确，形制相当完好，文化特征非常鲜明，堪称齐家文化玉器中的标型器物。现藏甘肃省博物馆。

玉璧

或玉璧形器。齐家文化。1984年11月武威市修建海藏寺公园人工湖时出土，1991年6月征集。为宗教礼仪用器。通长27厘米，宽20.5厘米，最厚1.5厘米，孔径4.2~4.8厘米。角闪石类青玉，局部青绿，多半灰白，有裂绺，料有残缺。体

白玉璧

玉璧

如璧形，肉之中部较厚，周边较薄，并且边缘不规正，中有单面钻成的圆形好孔。表面有明显打磨痕迹，一面光滑平整，另一面凹凸不平，并留有切割痕迹。现藏武威市博物馆。

青玉璧

齐家文化。出土于通渭县碧玉乡李家坪遗址。属祭祀时使用的礼器。直径17厘米，孔径6.2厘米。青玉料，色青绿，局部泛灰白色，质地温润。磨制成型，两面抛光，形制规整。体呈圆片状，肉宽与好孔径大约相当，边缘较中部略薄，外缘局部留有短直边。中央好孔单面钻成，

两面孔径大小不一。现藏通渭县博物馆。

青玉瑗

　　齐家文化。出土于通渭县碧玉乡李家坪遗址。直径8.3厘米，孔径4.3厘米。青玉料，色青绿，杂有黑色斑点和灰白瑕，局部泛灰白色，两裂绺较长。磨制成型，两面抛光。体呈圆片状，肉宽约为孔径二分之一，边缘较中部略薄。中央好孔单面钻成，两面孔径大小不一。其功能与当时的玉璧相同，属祭祀时使用的礼器。现藏通渭县博物馆。

有领玉璧

　　或环状玉器。齐家文化。1976年从积石山保安族东乡族撒拉族自治县（1980年从临夏县分出改置）银川乡新庄坪遗址采集。通高3.5厘米，直径12厘米，孔径5厘米，边厚0.2厘米。青玉料，色青灰，光滑润泽。磨制成型，光素无纹。体呈扁平圆片形，中心有单面钻孔。与一般玉璧不同的是，该璧好孔两面凸起一周高约1.75厘米的圆领。其功用可能与当时的玉璧相同。有学者研究认为，这种玉璧由中原二里头文化传入的。现藏临夏州博物馆。

青玉瑗

　　齐家文化。1987年7月从榆中县贡井乡营盘村征集。属祭祀时使用的礼器。直径11.9厘米，孔径6厘米，厚0.4厘米。

青玉瑗

有领玉璧

青玉质，表有淡黄土沁。磨制成型，体呈圆片状，中央有单面钻成的圆形好孔。肉部窄，约为好孔直径的三分之一。表面保留一条直线状锯切割台痕。通体磨光，光洁滑润。现藏榆中县博物馆。

璜联璧

　　齐家文化。原出土于礼县宽川乡，1981年天水市文化馆征集。直径16.6厘米，厚0.35厘米，孔径5.8厘米。由三片玉璜联组成璧，肉部之宽与好孔直径约略相等。三璜磨制成型，两长一短；取材同一块青玉料，白中泛青，局部有淡黄土沁；弧形片状，两端边齐直，两端之中部各有一个单面钻小孔。通体磨光，光洁滑润。在当时三璜联璧与玉璧的作用相同，属祭祀时使用的礼器。现藏天水市博物馆。

璜联璧

齐家文化。1985 年出土于庄浪县阳川乡王家高塬遗址。属祭祀时使用的礼器。直径 12 厘米，厚 0.4 厘米，孔径 5 厘米。由三片玉璜联组成璧，肉部之宽较好孔直径窄 1.5 厘米。三璜两长一短，两端基本对称；取材于同一块青玉料，色青白，有黑色斑纹，边缘有黄褐色沁斑；磨制成型，弧形片状，两端边齐直，两端之中部各有一个单面钻小孔。现藏庄浪县博物馆。

璜联璧

齐家文化。1985 年出土于庄浪县阳川乡王家高塬遗址。属祭祀时使用的礼器。直径 10 厘米，厚 0.4 厘米，孔径 4 厘米。由三片玉璜联组成璧，肉部之宽较好孔直径略窄 1 厘米。三璜均取材同一块青玉料，色灰绿，局部有由外向内的糖色条纹，一端的外角处有黄褐色瑕斑；磨制成型，弧形片状，两端不对称，每端之中部各有一个单面钻小孔。现藏庄浪县博物馆。

璜联璧

齐家文化。1975 年出土于庄浪县良邑公社良邑村苏苗塬头遗址，1985 年征

集。属祭祀时使用的礼器。直径 10.2 厘米，厚 0.3 厘米，孔径 6.1 厘米。由四片玉璜联组成璧。肉部之宽约为好孔直径的三分之一。四璜均青玉，色青灰或青绿，其中三片有黄白色瑕斑；均磨制成型，弧形片状，两端边齐直；两片各 3 个小孔（一端有 2 个，另一端 1 个），一片两端各 1 小孔，另一片两端各 2 个小孔，小孔都是单面钻穿。现藏庄浪县博物馆。

璜联环

齐家文化。1975 年出土于庄浪县良邑公社良邑村苏苗塬头遗址。直径 8.3 厘

青玉三璜联璧

璜联璧

米，厚 0.7 厘米，孔径 6.3 厘米。由三片玉璜联组成环，肉宽窄约当好径的四分之一。三璜取材于同一块透闪石玉料，色呈青白，有褐色斑纹，质地莹泽温润，半透明；两长一短，均磨制，弧形片状，两端边齐直，近边处各有一个单面钻成的圆形联结小孔。功能与当时的圆片状玉环同，属祭祀时使用的礼器。庄浪县博物馆藏。

璜联璧

齐家文化。出土于通渭县寺子乡温家坪遗址。属祭祀时使用的礼器。直径 12 厘米，厚 0.7 厘米，孔径 6.2 厘米。由三片玉璜联组成璧，肉部之宽约当孔径的二分之一。三璜两长一短，均磨制成型，弧形片状，两端边齐直，两端之中部各有一个单面钻小孔。但颜色、宽窄不尽相同，一片青白色且宽，另两片略窄分别为青灰色、灰白色，且有黑色斑纹，其中一片有黄褐色沁。通渭县博物馆藏。

青玉璋

或称束柄齿棱端刃器。齐家文化。初出土于会宁县头寨子镇牛门洞遗址，1976 年定西地区文物普查队征集。属祭祀时的割牲用器。长 54.2 厘米，刃部宽 9.9 厘米，厚 0.36 厘米。青玉料，呈青绿色，泛黄色或局部有糖色，表面有土沁斑。磨制，通体打磨抛光精细，素面无纹。体为长条形片状。内端略窄，两角稍圆，顶边

窄面不平直，两侧边对称内凹处有一个中长弧和上下两弧，间以两个细尖齿。阑部以下两侧边平直，从裂绺处断裂并有一处三角形残缺，沿中线距顶边 18.8 厘米处、14.2 厘米处、8.8 厘米处分别有三个单面钻、直径 0.9 厘米圆形穿孔，孔壁有螺旋状钻痕，其中第二孔残半。刃部最宽，双面磨出，刃线清晰，刃口呈弧状，斜势明显。该器是齐家文化玉器中尺寸最大、器身最薄的重器之一。现藏会宁县博物馆。

璜联璧

青玉璋

青玉璋

齐家文化。1976 年临夏州文物普查小组在积石山保安族东乡族撒拉族自治县（1980 年从临夏县分出改置）银川乡新庄坪遗址征集。属祭祀时的割牲用器。纵长 18 厘米，阑宽 5.7 厘米，刃宽 6 厘米，厚 0.6 厘米。青玉料，色青绿，有黑褐斑及灰白色条纹，质地细润。磨制，通体打磨光滑。体竖长方片状。内部较窄，顶边斜直，近中线处有两个单面钻成的圆形穿孔，上孔稍大，孔壁旋性钻痕清晰可见；一侧边有一个已废半圆孔，显示该器利用废旧玉器改制而成。体中两侧出阑，由阑向刃的两侧边弧曲收腰。刃端双面磨出，刃口齐直锋利，两角稍圆，有使用磕缺痕。现藏临夏州博物馆。

玉璋

齐家文化。1983 年出土于积石山保安族东乡族撒拉族自治县甫川乡代山村，1985 年征集。通长 34 厘米，刃宽 4.5 厘米，厚 0.3 厘米。青玉质，色灰白泛青绿，局部有褐斑，裂绺多。磨制，通体磨光，无纹饰。体呈扁平长条形。内部顶边略弧，两侧向内凹曲呈对称弧边；阑的左右各有一个向上微翘弯的鉏牙，鉏牙对称，其间正中处有一个圆形穿孔，双面对钻而成。鉏牙之下璋体修长，两侧也对称略向内凹曲呈长弧边。刃部双

青玉璋

玉璋

面磨出，弧形刃，一个刃角略残。属祭祀时的割牲用器。现藏甘南州博物馆。

浮雕直线纹玉钺

齐家文化。初出土于庄浪县柳梁公社野狐湾村，1976 年征集。通长 29.5 厘米，宽 11 厘米。青玉，色豆青，有糖色斑及

浮雕直线纹玉钺

青玉钺

褐色、青灰色条纹。磨制成型，体大胎薄，加工细致，纹饰简练，光洁莹润，美观大方。体呈长方形。内端顶边斜直，两侧凹切出对称弧形；中线处有一个系扎绑缚的圆孔，单面钻成。两侧边与刃部均较齐直。刃单面磨出，较锋利。体中正面浮雕两组由四条凸直线组成的横带纹，并略出两侧边沿，形同出齿。为酋邦首领使用的礼仪器具。现藏庄浪县博物馆。

青玉钺

齐家文化。初出土于庄浪县水洛镇西关村，1981 年村民捐赠。长 14.2 厘米，宽 6.2 厘米，厚 0.4 厘米。青玉料，色青灰，有黑褐色斑纹及黄沁，质地细润。磨制规整，体呈长条梯形。内部略窄且方角，顶边齐直；近顶边 1.6 厘米处有一个圆形穿孔，单面钻成，孔径 0.8 厘米。两侧边齐直，

渐下渐向外侈张。体中靠近短边 1.1 厘米处也有一个圆形穿孔，单面钻成，孔径 0.7 厘米。刃部双面磨出，刃线分明，刃口略弧且有斜势，两角稍圆，长边近角处有磕缺。属武器或礼器。现藏甘肃省博物馆。

玉斧

2 件。齐家文化。初出土于定西县（今定西市安定区）团结公社高泉村，1989 年征集。其一，残长 17 厘米，宽 9.3 厘米，厚 0.9 厘米。其二，残长 16 厘米，宽 9.3 厘米，厚 1.1 厘米。两件属同一块玉料，均为青玉质，青灰色，有黑褐色斑纹与较多石瑕，宽度、断茬、裂绺与石纹一致。均内部残断，两侧边齐址，双面磨出刃，均有使用磕缺痕迹。前者为弧形刃，一角略残。后者刃口较直，两角稍圆。为砍伐工具。现藏甘肃省博物馆。

玉斧

齐家文化。1975 年出土于庄浪县良
邑公社良邑村苏苗塬头遗址，1985 年征
集。长 12 厘米，宽 6 厘米，厚 1 厘米。
汉白玉料，色白微黄，隐显青色斑点。磨
制，表面光滑，器形规整。体呈长方形。
内端顶边较平直，正中线处有一双面钻、
直径 0.9 厘米的穿孔，此孔偏下处有一个
直径 1.1 厘米的圆孔尚未钻穿，两面均为
浅圆坑状。体中两侧中部略外鼓而呈弧边。
刃部双面磨出，刃线略显，刃口较齐，两
角稍圆。为砍伐工具。现藏庄浪县博物馆。

玉斧

齐家文化。1985 年 10 月于武威市新
鲜乡皇台四社出土，后征集。通长 9.8~10.4
厘米，宽 3~4.5 厘米，厚 0.7 厘米。角闪
石类青玉，局部泛金黄、淡黄沁色，有裂
绺。体呈扁平梯形，中部较厚，两端较薄。
内端略窄，顶边呈弧形，有一单面钻成的
穿孔。刃部双面磨出，刃线分明，刃口略
呈弧形并且向一角偏斜。器形浑圆规整，
通体莹润明彻，碾磨较光。为砍伐工具。
现藏武威市博物馆。

玉斧

齐家文化。1976 年出土于岷县茶埠
公社（今茶埠乡）山那村山那遗址，后征
集。长 31 厘米、最宽 6 厘米，厚 2.4 厘米。
蛇纹石料，色青灰，有黑色斑纹，表有裂

玉斧

玉斧

玉斧

绺。磨制，通身打磨光滑。体呈长三角形，内部较窄且厚，四棱由内部向刃部逐渐侈张，刃部最终宽。刃呈弧形，双面磨出，有使用磕缺痕迹。为砍伐工具。现藏岷县博物馆。

玉刀

齐家文化。1976年出土于庄浪县朱店公社吴家沟遗址。横长10.5厘米，竖宽5.1厘米，厚0.9厘米。石灰石质，黄白色，有黄色条纹。磨制，圆角长方形。背部较直，两侧一端弧边另一端直边。体中偏上有一圆形穿孔，两面对钻而成，孔径1.2厘米。刃部双面磨出，刀口弧形，有使用痕迹。系作物收割工具。现藏庄浪县博物馆。

玉锛

齐家文化。1986年出土于庄浪县水洛镇朱家大湾遗址。长17.2厘米，宽

6.2厘米，厚2.4厘米。鸳鸯玉料，黑灰色，杂灰白色斑纹，质地坚硬。磨制成型，打磨所到处光滑。平面基本呈长方形。顶端略窄，保留打坯时的疤痕。两侧齐直，也保留打坯时的疤痕。刃部稍宽，从一面磨出刃，刃口齐直，较锋利，有使用磕缺痕迹。为木作抛光工具。现藏庄浪县博物馆。

玉钺

齐家文化。1962年出土于秦安县兴国镇堡子坪遗址，村民上交。通长14.7厘米，宽11.1~12.1厘米，厚0.3~0.6厘米。石灰石质，灰绿色浅黄色，有灰黑色和褐色斑纹。磨制，器形规整，加工细致，光洁莹润。体呈扁平长方形，内端弧形，中上部有两个单面钻孔。两侧边齐整。刃部略宽，双面磨出，刃口齐直，两角稍圆。为象征酋邦首领或军事统帅权力的礼仪器。现藏秦安县博物馆。

玉钺

齐家文化。出土于庄浪县赵墩乡石嘴村。通长11厘米，最宽10厘米，厚0.8厘米。蛇纹石料，墨绿色，有灰白色斑纹。磨制，通体抛光，较为光洁规整。体大略呈梯

玉刀　　　　　　　　玉钺

形。内部顶边略弧，两角约 115°，中线上有一单面钻、直径 1.2 厘米的圆形穿孔，孔壁螺旋状钻痕清晰可见。两侧边齐直，渐下侈张，最大宽在刃部。双面磨出刃，刃口有使用过程中产生的磕缺痕迹。为砍杀性武器或生产工具。现藏庄浪县博物馆。

青白玉铲

青玉铲

青白玉铲

齐家文化。1984 年 8 月出土于甘谷县大庄乡付家河村。通长 18.5 厘米，宽 4.3 厘米，厚 0.8 厘米。透闪石青白玉料，局部略泛灰色斑，通体透亮。体呈扁平长方形，较修长。内部略窄，上有两个单面钻成的穿孔，较大一孔偏上且中；刃部双面磨出，呈弧形，刃口有使用痕迹。外边齐整，器形规整，加工细致，光洁莹润。为掘挖性生产工具。现藏甘谷县博物馆。

青玉铲

齐家文化。出土于甘谷县磐安镇。长 21 厘米，宽 6.8 厘米，厚 1.1 厘米。透闪石玉料，色呈墨绿，局部有黄色沁。磨制，通体打磨光洁。体呈长条梯形。内部略窄，顶边微弧，两角近方；距顶边 0.6 厘米、近中线处有一个直径 0.86

厘米的单面钻圆形穿孔，孔壁螺旋状钻痕清晰，其旁有一小孔未钻穿，小孔显示使用管钻技术。铲体两侧边齐直规整，一边稍长，均渐下渐外侈张。刃部宽度最大，磨出弧形刃，刃线略弧。属掘挖性生产工具，兼具礼仪功能。现藏甘谷县博物馆。

玉铲

齐家文化。1987 年从静宁县李店乡店子村征集。长 17.1 厘米，宽 6.5 厘米，厚 0.5 厘米。青玉质，色呈青绿。体为薄长方形，通体磨光。内部一角残缺，三个单面钻成的圆形穿孔基本呈直线自上而下斜向排列，较小的两个距顶端分别为 0.3 厘米、1.2 厘米，稍大的一个距顶端 5 厘米处的正中。两侧边齐直，四棱规整。刃部略宽于内部，双面磨出弧形刃，刃线分明，刃口锋利且有使用磕缺痕迹。

玉铲　　　　　　　　　　玉铲

厘米。青玉料，青灰色，有黑褐色斑点。磨制，表面打磨光滑。体呈长条梯形，内部略窄厚，顶边齐直且有平整窄面，距顶边 3.3 厘米处有一圆形穿孔，单面钻，直径 0.78 厘米。铲体修长，两侧边四棱齐直。刃部双面磨出，刃口较直，一角残缺。属抛挖工具，兼具礼仪功能。现藏甘肃省博物馆。

属掘挖性生产工具，兼具礼仪功能。现藏静宁县博物馆。

玉铲

齐家文化。1977 年武山县马力公社傅家门遗址出土。长 22 厘米，宽 5.5 厘米，厚 1 厘米。蛇纹岩料，坚硬致密，有裂绺，色呈浅绿，局部为墨绿。体大致呈长方形，磨制光滑，规整完好。双面磨出弧形刃，刃口锋利。两侧边齐直，并且四棱抹圆。内部两侧略有收分，顶边略显弧形，一角稍圆；正中近距端边 5 毫米处有一个双面对钻圆形穿孔，孔径 7 毫米。属掘挖性生产工具，兼具礼仪功能。现藏武山县博物馆。

玉凿

齐家文化。1958 年在东乡族自治县采集。长 33.2 厘米，宽 3.6 厘米，厚 0.6

玉凿

齐家文化。初出土于礼县，后征集。长 33.5 厘米，宽 4.3 厘米。青玉，色青灰，表有灰白和黄色沁，裂绺处沁色更深。磨制成型，通体打磨光滑。体呈长条梯形，两侧边齐直；内部略窄，在中线距内顶边 6.5 厘米处有一单面钻圆形穿孔，孔径 0.75 厘米；刃部双面磨出弧形刃，两角略圆，刃口有使用磕缺痕迹。属抛挖工具，兼具礼仪功能。现藏礼县博物馆。

玉凿

齐家文化。初出土于陇南市武都区，后征集。长 29.5 厘米，宽 4 厘米。青玉，灰白色，表有黄色沁，裂绺处沁色更深。磨制成型，通体打磨光滑。体呈长条梯形，两侧边齐直且渐下略侈张。内部略窄，顶

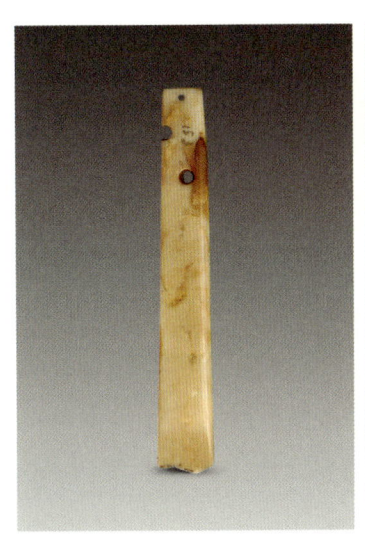

玉凿　　　　　玉铲

边平直，距内顶边 0.6 厘米处、4.8 厘米处各有一个单面钻圆形穿孔；在一侧边距顶边 3.2 厘米处有一个半圆形单面钻废孔痕，显示该玉器系用废旧玉器改再次加工改制而成。刃部双面磨出弧形刃，两角略圆，刃口有使用磕缺痕迹。属抛挖工具，兼具礼仪功能。现藏陇南市武都区博物馆。

玉铲

齐家文化。1983 年在临夏县征集。长 19.8 厘米，宽 4.9 厘米，厚 0.7 厘米。透闪石青玉料，青灰色，有黑褐色、灰白色斑点交杂。磨制，形制较规整，表面打磨光滑。体呈竖长方片状。内部较直，一角有残缺，近顶边 2.7 厘米、4.9 厘米处分别有圆形钻孔，均单面钻，上孔已穿，下孔未通却显示使用管钻技术。

刃部双面磨出，刃线上弓呈弧形，刃口较直，两角略圆。初为复合性生产工具，后兼具礼仪功能。现藏临夏州博物馆。

双孔玉刀

齐家文化。初出土于灵台县西屯公社北庄村乔村遗址，1975 年征集。为砍杀类武器或切割工具。横长 15.5 厘米，纵宽 5.4 厘米，厚 0.15 厘米。磨制成型，

双孔玉刀

通体打磨较好，光素无纹。体近长方形片状，刀身较薄，开片薄而平直，一面留有一条长切割痕。刀身前端齐直而略宽，后端有两个直径0.9厘米的单面钻圆形穿孔，一个靠上近背，一个在横中线之下而偏后。刀部单面磨出，刃口微内凹，较锋利，有多处使用磕缺痕。现藏灵台县博物馆。

五孔玉刀

齐家文化。1954年出土于古浪县峡口遗址。属礼仪用器。长65.5厘米，宽12.5厘米。青玉质，色青灰，有灰白斑纹和黄色土沁，裂绺较多。磨制，体基本呈短梯形片状。刀背短而直，前角稍圆；等距排列四个圆形钻孔，均单面钻。刀头较宽，前斜直；刀尾稍窄，边较短直；在背部最后一孔的斜下另有一个圆形钻孔，孔较小，且位置特殊。刀部最长，两面磨出，刃线分明，刃口略向内收敛成弧形。出土时已断为数块，已黏合修复。现藏甘

肃省博物馆。

玉纺轮

2件。齐家文化。1984年8月出土于甘谷县大庄乡付家河村。为纺织捻线工具。其一，直径2.5厘米，厚0.8厘米。白玉质，纯净透亮。其二，直径4厘米，厚0.5厘米。青白玉质，灰白色，有黄褐斑点。这两件纺轮均利用璧芯类剩余玉料制作，磨制光滑，形状正圆。一面较大，另一面较小。中间有单面钻成的圆孔，孔壁留有螺旋状钻痕。现藏甘谷县博物馆。

三孔玉刀

齐家文化。出土于通渭县碧玉乡李家坪遗址。为切割工具或礼器。通长19厘米，高9厘米。白玉料，有两条裂绺。磨制成型，表面光滑，无纹饰。体呈梯形薄片状。内部窄短，顶边齐直，两角呈110°~116°钝角，距顶边1.5厘米处有

五孔玉刀

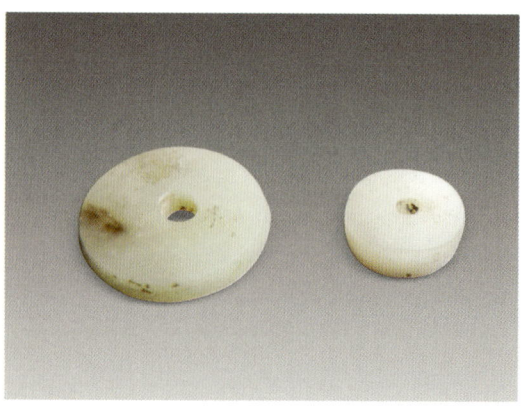

玉纺轮

三个圆形穿孔，均单面钻成，孔径1厘米，孔壁旋性钻痕清晰可见。两侧边基本齐直，不等长。刃部双面磨出，刃线清晰，刃口较直，一角磕缺。通渭县博物馆藏。

玉筒形器

齐家文化。1985年采集于庄浪县盘安乡王宫家遗址。高4.5厘米，口径6.5厘米，孔径5厘米。青玉质，色呈青白，糖色较重，局部为灰白瑕斑。体呈圆筒形，外壁微弧曲而呈束腰状，内壁端直，两端切割规整，上下对称；管壁两端厚而中部稍薄，内外打磨光滑。从外壁弧曲现象看，这件玉器是利用制作玉琮过程中产生的双面对钻后的芯料再次管钻加工而成，反映出齐家文化中存在对生产大件玉器所剩废余料再次利用的现象。其功用可能与玉琮相同。现藏庄浪县博物馆。

玉玦

齐家文化。1985年5月10日从武威市凉州区海藏寺遗址出土，同年7月捐赠武威地区博物馆。属人体佩饰品。外径5.5厘米，内径4.4厘米，重20.4克。青玉质，青灰中泛淡绿，略泛糖色。体呈圆环状，如镯形，肉较厚，上切割出一整齐缺口。玉质纯净，表面光滑，制作精致。现藏武威市博物馆。

玉锛

齐家文化。20世纪80年代从庄浪县征集。为木作或雕刻工具。长5.6厘米，刃宽2.9厘米。青玉料，色呈青绿，局部墨绿，表有灰白色土沁。磨制成型，体呈梯形，器身单薄，通体磨光。上端内部(或握端)略窄，顶有窄平面。两侧较齐直，渐下渐微外侈。刃部稍宽，单面磨成，呈斜势。现藏平凉市博物馆。

玉筒形器

玉玦

第三节　商周至清代玉器

一、商周时期

墨玉权杖头

四坝文化。1976 年玉门市清泉乡火烧沟遗址 M136 墓中发掘出土。高 5.6 厘米，最大径 6.9 厘米，孔径 2~2.3 厘米。黑色蛇纹石质，体呈梨形，上大下小，最大径稍靠上，中央贯通一孔。通体打磨光滑。出土时位于墓主右手中，原木杖已朽。同墓出土随葬品较为丰厚，表明墓主身份特殊。权杖头是一种昭示身份、象征权威的礼仪器。在远古时期，古埃及及西亚、中亚的权威人士都有执持权杖的习俗。分布于河西走廊西段的四坝文化中存在的权杖，应是与中亚文化接触和交流的结果。现藏甘肃省博物馆。

青玉权杖头

四坝文化。1976 年于玉门市清泉乡清泉村火烧沟遗址 M64 墓发掘出土。高 5.5 厘米，最大径 6.5 厘米，孔径 1.5 厘米。青白色玉质，表有土沁。磨制，通体打磨光滑。体如椭圆球状或梨形，中央贯通一孔，可装柄手持。

孔对钻而成，孔壁保留清晰的旋纹状钻痕。该器为象征首领权威的礼仪器。现藏甘肃省文物考古研究所。

玉凿

四坝文化。1976 年于玉门市清泉乡清泉村火烧沟遗址发掘出土。长 14 厘米，宽 2.3 厘米。白玉，光洁圆润。磨制，通体光滑。体略呈长方体或四棱柱状，顶端略残，下端扁刃圆如指尖。为凿挖性生产工具。现藏甘肃省博物馆。

玉铲

四坝文化。1976 年于玉门市清泉乡清泉村火烧沟遗址发掘出土。长 20 厘米，宽 4.5 厘米，厚 1.3 厘米。青玉，青灰色，

青玉权杖头

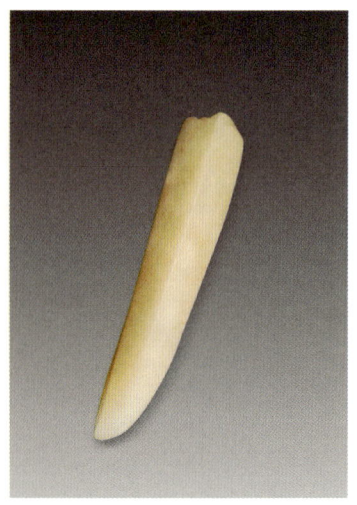

玉凿

裂绺明显，含较多灰白色瑕。磨制，体呈长方条状。内部略宽，顶边窄平齐直，两角稍圆；近顶边 0.96 厘米处、3.15 厘米处分别有一单面钻成的圆形穿孔，孔径 1~0.6 厘米，孔壁留有旋性钻痕，下孔不及上孔周正。两侧边打磨不甚齐直。刃部双面磨出，刃口呈弧形，两角较圆，有使用痕迹。为农业生产工具。现藏甘肃省文物考古研究所。

玉戚

先周文化。1964 年灵台县什字公社庙头村关场社挖出，1980 年县文化馆征集。通长 14.1 厘米，宽 7.6 厘米，厚 0.5 厘米。黄褐色玉质。磨制成型，体呈薄片梯形。上端方内，柄正中有一对钻圆孔。阑部两侧有对称扉齿；刃部双面磨出，略有斜势，刃角较圆。一角的侧边处有一半圆废孔，显示该器由残损作废玉器改制而成。该玉戚细腻温润，制作精美，是先周时期的仪仗类玉兵器。现藏灵台县博物馆。

"乍册吾"青玉戈

商代。1977 年冬出土于庆阳县董志公社（今庆阳市西峰区董志乡）野林村，1978 年 3 月庆阳地区博物馆征集。通长 38.23 厘米，援长 28.2 厘米，宽 8.2 厘米，内长 10.03 厘米，宽 7.2 厘米，厚 0.5 厘米。青玉质，青白色，有少量褐斑。琢磨成

玉戚

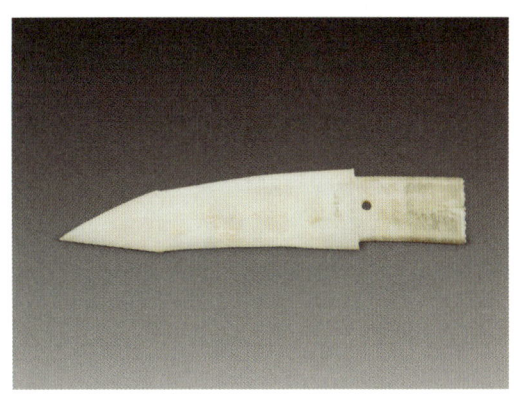

"乍册吾"青玉戈

型，体扁平，援部较长，并且前锋稍下弯，双刃锋利，前锋尖锐；直内，近阑处中有一圆穿，后端突出五组双齿。内后端两面均用阴线刻兽面纹；援部近阑处阴刻甲骨文式"乍册吾"三字，字迹纤细。"乍册"是商代掌理宫廷记录的职官，"吾"乃人名。

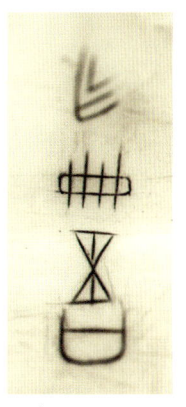

"乍册吾"铭文

此戈雕琢精细，通体抛光，纹饰细如发丝，且有重要刻辞，与殷墟妇好墓出土的"卢方皆"玉戈型制相近，属仪仗类玉兵器。现藏庆阳市博物馆。

黄玉钺

商周时期。1973年从嘉峪关市嘉峪关关城楼下出土。长12.9厘米，宽10.6~9.7厘米。青玉质，青绿色，有青灰色斑纹，表有黄褐色沁，细腻光滑。磨制，体如梯形。内端略窄而方角，顶边平直；近顶边2.9厘米处有一个单面钻成的圆形穿孔，孔径2.3~2.9厘米。两侧边齐直，渐下略侈张，较长的一边有一处磕缺。刃部双面磨出，刃口略呈弧形且有斜势。属仪仗类玉兵器。现藏嘉峪关长城博物馆。

玉戚

西周。1972年甘肃省博物馆从灵台县白草坡M2墓中发掘出土。长6厘米，宽4厘米。青玉质，色青绿，有黄褐色土沁。体呈薄片梯形。上端方内，正中有一双面对钻圆形穿孔；顶边齐直，一角保留一半圆形缺口，系之前旧器上的穿孔痕。体中阑部两侧有对称扉齿，上下齿斜出，中二齿紧靠。刃部略宽，两侧边均有两面斜坡而呈现对称四棱，双面刃呈弧形，刃线分明，刃角圆尖且向两侧突出；刃部有一对钻圆形穿孔。内部一角、刃部穿孔

表明这件器物系废旧玉器改制。该玉戚细腻温润，制作精美，为仪仗类玉兵器。现藏甘肃省博物馆。

玉戚

西周。1972年甘肃省博物馆从灵台县白草坡M2墓中发掘出土。长8厘米，

黄玉钺

玉戚

玉戚

宽4厘米。青玉质，色青绿，有灰白色或褐紫色土沁。体呈薄片斧钺形。上端方内，内顶边斜而不平，正中有一个双面对钻圆形穿孔。体中阑部两侧有对称扉齿，上下齿斜出，中二齿紧靠。刃部略宽，两侧均有两面斜坡边，双面弧刃呈斜势，刃线分明，长角圆尖，短角向外略突出勾势。为西周仪仗类玉兵器。现藏甘肃省博物馆。

玉戈

西周。1967年甘肃省博物馆从灵台县白草坡M1墓中发掘出土。长10厘米，宽3.5厘米。青玉料，青灰色，有黄褐色沁。琢磨成型。体扁平片状。内部短直，上边向后略翘，下边有磕缺。援部直长且宽，中部最厚，三角形锋尖稍下弯，自锋尖直至内部于中线上起脊棱；从部上下开刃，刃线直通内部，下刃有残缺；援基有一个单面钻成的圆形小穿孔，用以固定戈柲，木柲早朽不存。为象征武力、标示贵族身份和地位的仪仗类玉兵器。现藏甘肃省博物馆。

圭援青玉戈

西周。初出土于泾川县罗汉洞公社何家坪村，1977年11月征集。通长16.5厘米，援宽6.5厘米，内宽5.9厘米，重99克。青玉质，有黄色沁。体如圭形，援长而宽，三角形锋，从部出双面刃，

短直内；用减地手法使脊线和从部稍稍凸起，窄棱脊直通锋尖和内端，在援部正中和近内处的中脊上对钻两个圆穿。该戈玉质精良，保存完整，为标示贵族身份和地位的仪仗类玉兵器。现藏泾川县博物馆。

玉人

西周。1972年甘肃省博物馆从灵台县白草坡M2墓中发掘出土。属人体挂饰品。高7.9厘米。角闪石青玉，泛黄色。玉人立像，体呈圆棒状，头戴歧角形高冠，广额巨目。身着袍服，正面上身左右各有四条竖向弧形刻纹，正中两条如"人"

圭援青玉戈

玉人

字，显示笼袖合抱特点；下腹左右各有四条弧形刻纹，斜交于正中，隐显出贴身衣内双腿。下胸上部正中有一穿系孔，无足。这件玉雕人像集阴、阳线刻和圆雕技艺于一身，尤其是纹饰线条使用阴线刻双沟"堆挤"阴线的技法，继承了晚商风格。现藏甘肃省博物馆。

铲足玉人

西周。1967年甘肃省博物馆在灵台县白草坡 M1 墓中发掘出土。高 17.6 厘米。青玉质，泛丝状黄沁，有裂绺。圆雕。玉人发髻如盘蛇，饰虎头；面部宽颊尖颏，阔鼻通额，深眼窝，厚唇前突，双耳有一对钻穿孔；裸身，两手捧腹，两腿间呈"8"形镂空，双足并拢作铲形；下弧形刃从双面磨出，有斜势。该玉人通体打磨光滑，造型神秘诡谲，为西周罕见的圆雕艺术品，兼具佩饰与刻刀功能。现藏甘肃省博物馆。

青玉璧

西周。初出土于灵台县西屯公社北庄村沟堖社，1977年征集。直径 16.8 厘米，孔径 6.75 厘米，厚 0.9 厘米。青玉质，色呈青灰，有灰白斑纹。体呈圆片形，厚而平正，正中有一圆形双面对钻孔，表面保留制器前的设计刻痕。此璧质地精良，形制规整，为礼仪用器。现藏灵台县博物馆。

玉柄形器

2件。西周。1972年甘肃省博物馆在灵台县白草坡 M2 墓中发掘出土。属葬殓用玉。其一，长 11.3 厘米，宽 2.2 厘米，厚 0.6 厘米。其二，长 11.5 厘米，宽 2.7 厘米，厚 0.6 厘米。均青玉，青灰色，有灰白色瑕斑及黄色沁。琢磨成型，体为扁平长方条形，一端琢刻如剑柄。前者平头，顶棱抹圆；颈部略收束，阴线刻出数道平行弦纹，近顶边处有一个单面钻圆孔；

铲足玉人

玉柄形器

颈下显肩，自肩而下逐渐收窄，下端有一个单面钻小穿孔，下边有斜势。后者平顶齐直，颈部收束，数道阴线平行弦纹；颈下显肩，自肩较齐直，下端一角有一个单面钻小穿孔。现藏甘肃省博物馆。

玉笄

西周。1972 年甘肃省博物馆在灵台县白草坡 M2 墓中发掘出土。为绾束发髻之具。残长 8.7 厘米。青玉料，青灰色，含灰白色或黄色沁斑。磨制，长条棒状。笄首残缺不明，残体断面半圆，下端向笄尖部逐渐变细，笄尖较扁。现藏甘肃省博物馆。

玉蝉

西周。1972 年甘肃省博物馆在灵台县白草坡 M2 墓中发掘出土。为葬殓口含之玉。长 3 厘米，宽 1.9 厘米。青玉，纯净温润。雕琢而成，体扁平蝉形，两面线刻蝉之首、身、翼、足等。蝉首宽大，圆睛尖嘴，嘴部有一圆细穿孔；前肢前伸于头之两侧，呈趴伏状；身呈三角形，以两道复线表现节纹，前宽而尾尖；两翼伸张，后肢外撇，与尾构成或弧或圆的三尖。这件玉器使用了圆雕成型、细线勾勒的手法，比例适中，左右对称，简约灵动，意趣横生，极为罕见。现藏甘肃省博物馆。

玉鱼

西周。1972 年甘肃省博物馆在灵台县白草坡 M2 墓中发掘出土。属葬殓用玉。长 4.6 厘米，宽 1.3 厘米。青玉料，色青黄，表有灰白瑕，含黑色杂质。雕琢而成，体扁平鱼形，两面琢雕相同。鱼头近三分之一，鼓突圆睛，大嘴唇，嘴部穿钻一个圆形系孔。背部长鳍，胸、腹下各有一处短鳍。尾部较宽而分叉，上尾尖翘扬，似有游动感。这件玉器使用一面坡式宽线勾勒出鱼头、鱼身，在细部上以减地雕出的鱼眼，以细短阴线刻长短鳍，手

玉蝉

玉鱼

法多样，风格简约而不失生动之趣。现藏甘肃省博物馆。

玉鱼

西周。1986年从崇信县于家湾遗址M34墓中发掘出土。属葬殓用玉。体长7厘米，宽1.5厘米，厚0.4厘米。青白玉料，灰白色，表有淡黄土沁。雕琢而成，体呈长条平片状。鱼头约占全体的四分之一，大圆睛，唇棱突起，嘴部有一个圆形系孔，腮部肥圆，其后有两道一面坡式弧线与身分界。背部长鳍以向后密集斜线刻出，胸、腹短鳍用竖向短线刻就。尾部直长而分叉，上尾尖翘扬，下尾尖略有勾势。整体造型较生动，呈缓游之态。现藏甘肃省文物考古研究所。

玉鱼

西周。1986年从崇信县于家湾遗址发掘出土。属葬殓用玉。长10.7厘米，宽1.6厘米，厚0.2厘米。青玉料，青灰色中泛糖色斑，表有土黄色沁。雕琢而成，体呈长条平片状。鱼头较短，约占整体七分之一，唇部向上斜直，唇棱有鼓张势；头后有两道阴刻弧线与身分界，有一圆形小穿孔。鱼身约占七分之三，背部平齐，长鳍以向后密集斜线刻成；胸、腹间短鳍略突出，也密集斜线刻成。鱼尾一与身基本等长，后端宽而分叉并且下垂，尾尖前勾后伸，似有摆动之势。现藏甘肃省文物考古研究所。

玉蝉

西周。1986年从崇信县于家湾遗址发掘出土。属葬殓用玉。长6厘米，宽2.8厘米，厚0.4厘米。青玉料，青绿色隐显，表有灰白色沁。雕琢而成，体大略呈三角形平片状。碾琢大形，以阴线简约勾勒出各部位，表现出蝉之侧面形象。蝉头部较宽，圆凸眼，以圆形小穿孔为睛，须弯垂，合翅伏趴，尾尖后勾。现藏甘肃省文物考古研究所。

蟠虺纹玉璧

春秋时期。征集。直径9.5厘米，孔径5.0厘米。青玉料，色青灰，表面有灰

玉鱼

玉蝉

白色沁。琢磨成型，扁平圆环状，肉宽不及好径二分之一。两面纹饰相同，均于肉之内郭与外缘处阴线刻弦纹各一周，其间减地浮雕蟠虺纹。初为人体佩饰品，后属葬殓用玉。现藏礼县博物馆。

玉戈

春秋时期。1994 年从礼县永坪乡赵坪村大堡子山墓地 M2 墓中抢救性清理出土。长 9.6 厘米，宽 2.5 厘米，厚 0.2 厘米。蛇纹石料，色青黑，有色斑纹。琢磨成型，两面光洁细润。体扁平片状。内部短直。援部直长，援基稍宽且有一个圆形小穿孔用以固定戈柲，木柲早朽不存，三角形锋尖，锋尖、从部开刃，刃口齐直锋利，刃线直通内部。两面平正，不起脊棱。为标示贵族身份和地位的仪仗类玉兵器。现藏甘肃省文物考古研究所。

夔龙纹玉玦

春秋时期。1994 年从礼县永坪乡赵坪村大堡子墓地 M2 墓中抢救性清理出土。直径 5 厘米，孔径 2.2 厘米，厚 0.4 厘米。青玉质，色泛灰黄，较透明。琢磨成型，体如圆环形。肉部有一个宽约 0.2 厘米的缺口，缺口断面齐直。两面纹饰相同，均阴刻双首夔龙纹，龙身随环形而弯曲，龙首相向对称于缺口处。为秦宫贵族用玉，充满神秘气息。随葬前早已断裂，裂隙处有两个单面钻小孔以加固。初为人

蟠虺纹玉璧

夔龙纹玉玦

垂鳞纹玉饰

体佩饰品，后属葬殓用玉。现藏甘肃省文物考古研究所。

垂鳞纹玉饰

2 件。春秋时期。1994 年从礼县永坪乡赵坪村大堡子墓地抢救性清理出土。

均长 3.2 厘米，宽 2.2 厘米，厚 0.3 厘米。青白玉料，透明细润。琢磨成型，体呈长方形，上下对称。两端均呈"山"字状，正面阴线刻垂鳞纹；体中减地起四道凸棱，中间两道宽而间距小。背面平正，两端各有三个穿孔。为颈部串饰的组件，属人体佩饰品。现藏甘肃省文物考古研究所。

弦纹玉玦

2 件。春秋时期。1994 年从礼县永坪乡赵坪村大堡子墓地抢救性清理出土。大小、质地、形制相同。直径 2.4 厘米，厚 0.3 厘米，孔径 0.9 厘米。均青白玉料，透明细润，其一局部有鸡骨白瑕斑。琢磨成型，体如圆环形，中孔两面对钻。肉部有一个宽 0.18~0.2 厘米的缺口，缺口断面齐直；边缘渐薄，一周边棱抹圆。两面纹饰相同，均阴刻三道弦纹，于弦纹之间各有四道复道短线等分。阴刻线条并不均匀，放大观察呈两面坡状。初为人体佩饰品，后属

弦纹玉玦

葬殓用玉。现藏甘肃省文物考古研究所。

玉琮

春秋时期。1994 年从礼县永坪乡赵坪村大堡子墓地抢救性清理出土。高 6.8 厘米，宽 6.8 厘米，孔径 6.1 厘米。青玉料，色灰白，有黑褐斑纹和鸡骨白瑕斑。琢磨成型，通体光素。体呈圆角方筒状。两端射部低矮，均为窄沿圆环状，外缘四正有齐直短边；中孔两面对钻贯通。方体上下四角略杀减出弯月状小角面，四棱抹圆不显。本为齐家文化礼仪器，至春秋成为葬殓用玉。现藏甘肃省文物考古研究所。

勾云纹玉璜

春秋时期。1994 年从礼县永坪乡赵坪村大堡子墓地抢救性清理出土。长 2.5 厘米，宽 1.7 厘米，厚 0.15 厘米。青玉料，色灰白，有黄褐或灰白沁斑，质地细润透亮。磨制成型，弧形片状，两端边齐直，各有一个单面钻小孔。两面纹饰相同，均以阴线刻出相错两朵勾云纹，云尾呈尖角状，云头勾弯处阴线变宽，局部呈一面坡式宽线。初为佩饰用品，后为葬殓用玉。现藏甘肃省文物考古研究所。

绚纹玉环

春秋时期。1998 年从礼县永坪乡赵坪村圆顶山 M2 墓中发掘出土。直径 2.5 厘米，厚 0.7 厘米，孔径 0.9 厘米。青玉质，

冰青色，微透明，表有灰白沁。琢磨成型。体呈圆环状，肉部截面近似圆形，表面琢雕绚纹。初为佩饰用品，后为葬殓用玉。现藏礼县博物馆。

蟠虺纹玉玦

春秋时期。1998 年从礼县永坪乡赵坪村圆顶山 M2 墓中发掘出土。直径 3.1 厘米，厚 0.2 厘米，孔径 1 厘米。青玉料，青灰色，局部有黄褐色沁。琢磨成型，体如圆环形。肉部有一个宽 0.24 厘米的缺口，缺口断面齐直。两面纹饰相同，均阴刻蟠虺纹。阴刻线条或圆转或方折，或粗或细，并不均匀。初为人体佩饰品，后属葬殓用玉。现藏礼县博物馆。

玉觿

春秋时期。2000 年从礼县永坪乡赵坪村圆顶山 M4 墓中发掘出土。长 4.6 厘米，最宽 0.8 厘米。青玉料，灰褐色。琢磨成型，工整精致。圆弧形扁平体，较薄。觿首呈龙首形，略凸起。龙首斜方，微张口，圆形穿孔为睛，首后凸出扉状饰。觿体如弯牙，尾端尖利，两侧磨成斜面。初为解绳结之器，演变为佩饰品，后作葬殓用玉。现藏礼县博物馆。

玉鱼

战国时期。1987 年出土于崇信县锦屏镇刘家沟村一座战国墓葬中，后征集。属葬殓用玉。体长 6.2 厘米，宽 1.8 厘米，

绚纹玉环

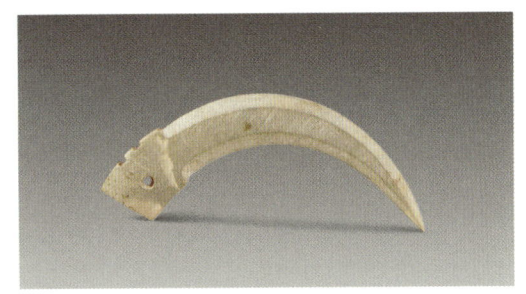

玉觿

玉鱼

厚 0.4 厘米。青白玉料，表有灰色斑。雕琢而成，体呈长条平片状，上下及尾部边缘磨出斜坡。鱼头较短，弧嘴鼓突，对钻圆穿为眼，鱼身上下齐直且向后逐渐增宽，背部长鳍、腹部前后鳍分别以七道、两道短直斜阴线刻成；鱼尾渐后渐宽，尾端分叉，有斜直上扬势。整体造型较生动，呈缓游之态。现藏崇信县博物馆。

肉红石髓觿

战国时期。2007~2008 年从张家川回族自治县木河乡马家塬墓地 M6 墓中出土。长 7.6 厘米，最宽 3 厘米，厚 0.8 厘米。红石髓材质，肉红色，局部呈黄色或紫红色。琢磨成型，工整精致。体如扁平圆弧型，觿首端宽而圆，体中有一对钻圆形穿孔，尾端渐窄而圆尖。光素无纹，边缘略磨圆。初为佩饰品，后作葬殓用玉。现藏张家川回族自治县博物馆。

肉红石髓珠

10 枚。2007~2008 年从张家川回族自治县木河乡马家塬墓地 M6 墓中出土。红

石髓材质，肉红色，局部呈黄色或紫红色。琢磨成型，穿孔都从两端对钻，但是形状、大小不同。其一，多面体珠，6 枚。长 0.7 厘米，宽 0.7 厘米，孔径 0.2 厘米。外缘中部鼓起，表面由中向两端磨出多个四边、五边或六边的斜面，称短双锥多面体。其二，亚腰形珠，1 枚。长 1.4 厘米，宽 0.7 厘米，孔径 0.2 厘米。两端向中渐收束，于中部鼓突起棱。一端有缺口。其三，瓜棱形珠，3 枚。直径 0.8 厘米，孔径 0.2 厘米。两端齐平，对钻穿孔。外缘鼓起，雕出七道或八道瓜棱，美观精致。初为佩饰品，后作葬殓用玉。现藏张家川回族自治县博物馆。

玛瑙环

战国时期。2007~2008 年从张家川回族自治县木河乡马家塬墓地 M6 墓中出土。直径 4.4 厘米，孔径 2.8 厘米。玛瑙质，白色透明。琢磨成型，工整精致。肉部窄，截面呈边长不等的五边形一面凸起

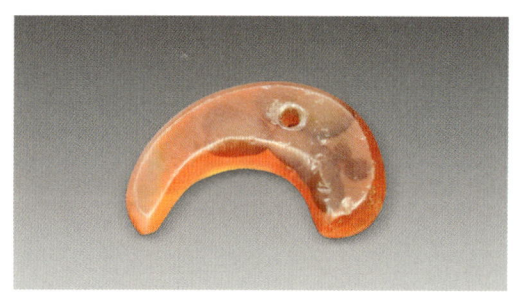

肉红石髓觿

肉红石髓珠

窄带面，又于窄带平面向内外缘磨出斜面。中孔对钻而成，孔壁留有螺旋状钻痕。初为佩饰品，后为葬殓用玉。现藏张家川回族自治县博物馆。

玛瑙环

镂空玉龙佩

战国时期。2004 年出土于庄浪县朱店镇吴家沟遗址。高 12.3 厘米，宽 11.7 厘米，厚 0.4 厘米。青玉质，色青灰。大体雕成三角形。龙昂首，双角斜上贴颈，圆睛长鼻，上唇及胸，下唇向上弯卷；曲腹呈 S 形，龙身两面单线刻涡状云纹鳞；四肢刻三道阴线，前肢分撑，后肢蹲曲，尾上卷；嘴部、尾部及左肩各有圆形穿孔。该佩在造型和装饰风格上与山西太原金胜战国赵卿墓中出土的龙形玉佩大体相同，富有腾跃之势和灵动之感。现藏庄浪县博物馆。

二、秦汉魏晋时期玉器

谷纹玉璜

秦代。1976 年从秦安县陇城公社上

袁家村 M7 墓中发掘出土。通长 13 厘米，肉宽 2.5 厘米，青玉质，色青白，泛黄沁，纯净透亮。体呈扇面形，器身正中有一小孔，周边扉棱出廓。表面饰减地阳凸的谷纹，一面阴刻"左百在一"四个篆字。此璜初为佩饰品，后作葬殓用玉。现藏甘肃省文物考古研究所。

玉圭

西汉。2004 年从礼县鸾亭山祭祀遗址 F3 房址中发掘出土。长 16 厘米，宽 7 厘米，圭尖长 2 厘米。青玉料，色青绿，有白色纹理和黑色斑点。磨制，平片状，体呈上尖下长方。上端尖角 75，两侧边

镂空玉龙佩

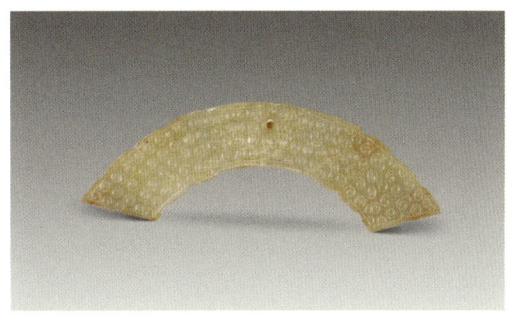

谷纹玉璜

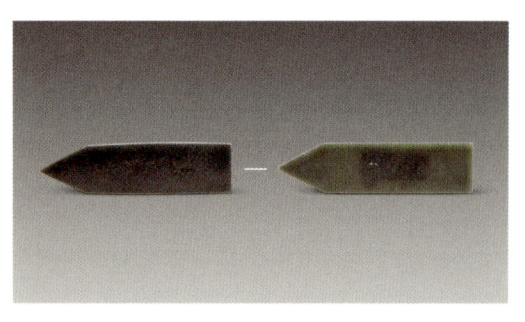

玉圭

等长。中部、下端三边齐直，下端钻有一个圆形小孔，孔径 0.2 厘米。出土时与一件凤鸟纹青玉璧组合在一起，属祭礼用玉。现藏甘肃省文物考古研究所。

凤鸟纹青玉璧

西汉。2004 年从礼县鸾亭山祭祀遗址 F3 房址中发掘出土。直径 14 厘米，孔径 2 厘米。青玉料，色青绿，有白色纹理。磨制，平片状，圆形。孔径极小，当肉宽的三分之一。两面纹饰相同，以两道阴线同心圆圈把璧面分为两圈，外圈内线刻三只圆首凤鸟纹，内圈刻蒲纹，蒲纹格呈菱形。出土时与一件青玉圭组合在一起，属

祭礼用玉。现藏甘肃省文物考古研究所。

玉人

2 件。西汉。2004 年从礼县鸾亭山祭祀遗址 F3 房址中发掘出土。祭礼用玉。男玉人，长 12.2 厘米，女玉人长 11.6 厘米，均宽 2.4 厘米、厚 0.3 厘米。均为青玉料，色青灰，色度上男性深女性浅。磨刻成型，平片状，长方形，身体两侧及下端齐直。男性玉人，头顶较平，右侧有偏髻高竖，面部用阴线刻出弯眉、大眼、直鼻梁，横长方形嘴，上唇八字胡，下颌三道须，腰部阴线刻三角折线纹带。女性玉人，头顶无偏髻，鼻如蒜头，长方嘴较宽，唇颌无胡须，腰部用单道阴线示意以绳扎束之态。出土时与 2 件玉璧、8 件玉圭组合在一起，属祭礼用玉。现藏甘肃省文物考古研究所。

谷纹玉璧

汉代。初出土于泾川县泾明公社吊堡子村，1981 年 10 月泾川县文化馆征集。直径 15.5 厘米，孔径 5.2 厘米，重 248

凤鸟纹青玉璧

玉人

克。青白玉质，青白透洁，局部泛灰黄沁。体呈圆片形，中有圆孔，内外边沿有廓。璧两面内外各阴刻一道弦纹，中间布满减地而出的阳凸谷纹。此璧玉质精良，造型规整，装饰美观，属葬殓用玉。现藏泾川县博物馆。

谷纹玉璧

西汉。1974 年出土于静宁县李店公社王沟村 M1 墓中。直径 16.6 厘米，孔径 4.15 厘米，厚 0.3~0.45 厘米。青玉质，色呈青绿，有灰白沁斑。体呈圆片形，正中有一圆孔，内外有廓，肉缘齐直。孔径近肉宽三分之二。两面纹饰相同，两周阴线同心圆圈间琢雕谷纹，谷粒较高，排列稀疏。此璧碾工精湛，器形规整，属葬殓用玉。现藏静宁县博物馆。

蟠螭纹玉璧

西汉。1974 年出土于静宁县李店公社王沟村 M1 墓中。直径 19.8 厘米，孔径 4.4 厘米，厚 0.4~0.5 厘米。青玉质，色呈青绿，有灰白沁斑。体呈圆片形，正中有一圆孔，内外有廓，肉缘齐直。孔径近肉宽二分之一。两面纹饰相同，外区四组兽面双身蟠螭纹，内区为谷纹，谷粒较高，排列稀疏，内外区以一圈绳纹相间隔。此璧综合使用了线刻、减地、阳凸等手法，碾工精湛，纹饰美观，器形规整。出土时附于漆棺之上，当为棺饰，属葬殓用玉。现藏静宁县博物馆。

谷纹玉璧

西汉。出土于陇南市武都区。直径 14 厘米，孔径 4 厘米。青玉质，色青绿，半透明，有灰白沁斑。琢磨成型，体呈圆片状。中有好孔，孔径略大于肉宽。两面纹饰相两同，于两周阴线同心圆圈间琢蒲纹，蒲纹的菱格内雕谷纹，谷粒较高，排列稀疏。此璧碾工精湛，器形规整，属葬殓用玉。现藏武都区博物馆。

镂空腾龙出廓璧

西汉。1997 年从礼县永坪乡征集。

谷纹玉璧

蟠螭纹玉璧

镂空腾龙出廓璧

通高 11 厘米，壁直径 6.9 厘米，孔径 2.4 厘米，厚 0.4 厘米。初为佩饰用品，后为葬殓用玉。青玉料，青灰色，有灰白沁。琢磨成型，体呈平片状。下部呈圆形，中有好孔，孔径小于肉宽，大半雕稀疏谷纹。龙首与龙尾出于璧廓之外，腹部镂雕在璧好孔之上的肉部，有三个一端弯钩的三角状镂孔，其中下部两个镂孔左右对称。龙昂首下部，躯体屈曲，尾部卷而上贴首后，有腾空而起之势。龙首尾之间有一个不规则的大镂孔，龙嘴上有一圆形小系孔。此璧琢雕精细，龙身穿璧而出，奔放豪迈，造型和构思上与河北满城汉墓出土的出廓双龙纹玉璧异曲同工。现藏甘肃省博物馆。

盘龙纹圆形玉饰

东汉。1959 年武威磨嘴子汉墓群 M22 墓中发掘出土。为人体佩饰品。直径 4.6 厘米。青玉料，色呈青绿，泛黄色沁，温润光洁。琢雕成型，圆形片状，中有一个直径 0.5 厘米的小系孔。一面光素，另一面饰盘龙纹。龙方首右倾，双角，盘曲，卷尾，躯体有阴刻复线几何纹。这种以阴刻复线几何纹表现龙鳞的手法，与殷墟妇好墓出土的圆雕玉龙上的几何纹一脉相承，具有神秘气息。现藏甘肃省博物馆。

汉白玉蝉琀

西汉。1981 年出土于崇信县黄寨乡赵寨村一座西汉墓葬中，后征集。属葬殓用玉。体长 5.4 厘米，宽 2.8 厘米，厚 0.8 厘米。汉白玉料，灰白色。琢雕而成，体呈舌形扁三角状。宽首，两角浮雕圆突状眼，线刻三角形嘴，背部起棱至尾，颈部横刻三线，背两侧浮雕双翼，尖尾。通体磨制光洁，雕刻手法简练。现藏崇信县博物馆。

青玉蝉琀

东汉。1972 年从武威磨嘴子汉墓群

盘龙纹圆形玉饰

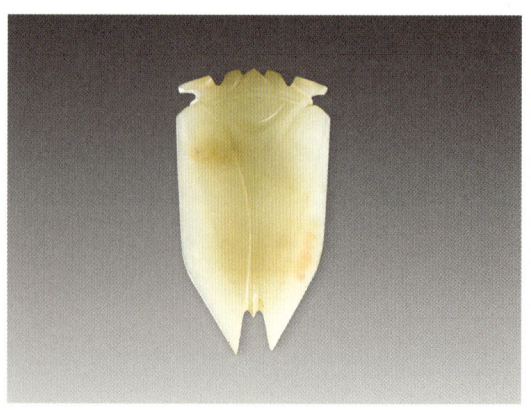

青玉蝉琀

M62 墓中发掘出土。属葬殓用玉。通长 6.4 厘米，宽 3.1 厘米，厚 0.8 厘米。青玉质，色青灰，略泛黄沁，纯净细润。蝉背弧鼓微凸，腹较平，头微弧圆，三瓣嘴出尖，两侧各有一外斜面的不规则椭圆形眼。颈部有两道斜弧线，颈后有一半圆弧，背部用两条双面坡状长弧槽刻出合收的双翼，两侧似钝刃，中脊有直棱，尾尖和两翅末端呈三尖状突出。腹面中部刻两道交叉阴线纹。这件玉蝉造型简约，对称匀美，堪称汉代玉器中使用"八刀"法的典范之作。现藏甘肃省博物馆。

龙首玉带钩

东汉。1969 年甘肃省博物馆从武威县新鲜公社新鲜大队（今凉州区金羊镇新鲜村）雷台汉墓中清理出土。青玉料，色青白，有灰白沁。通长 10 厘米，宽 1.5 厘米，高 2.7 厘米。琢雕而成，体呈 S 形，钩端较细，雕成龙首，双角圆睛，阔唇微张；龙背渐宽，面平而略凹弧，有圆钉状钮，龙腹弧鼓肥厚。为束带部件，属服饰用具。现藏甘肃省博物馆。

猪形玉握

汉代。1972 年从正宁县湫头公社西侯郎汉墓中发掘出土。体长 12.1 厘米，宽 2.4 厘米，高 2.9 厘米。青白玉质，纯净细润，略泛黄沁，有裂绺。琢雕成猪形，通体光滑细润。体如两端齐头的圆棒，上

圆下平。猪头部略细，粗鼻上三道凸棱纹，口闭，獠牙外露，眼睛自头顶分向两侧，削竹双小耳后抿；粗短颈，四肢屈于身下，尾端稍粗，细尾弯曲上贴，呈爬卧状；尾上有凹槽，左后臀有小块残缺。这件玉握在技法上将圆雕与减地雕融于本体，鼻端以抹圆棱凹突出主要特征，双耳及四肢以一面或两面坡式宽线条勾勒大形，雕工简练，手法精到。属葬殓用玉，有象征财富之意，兼有赏玩之趣。现藏甘肃省博物馆。

炭精卧羊

汉代。1956 年从酒泉县（今酒泉市肃州区）北稍门外 M2 墓发掘出土。为人

猪形玉握

炭精卧羊

体佩饰品。长 2.5 厘米，宽 1.4 厘米，高 2.1 厘米。炭精质地，黑色，有裂纹。圆雕，体为卧羊形。羊双角长且后弯，昂首伸颈，躯体圆硕肥壮，四肢曲拢，呈跪卧之态。肩腹处有一对钻而成的圆形小穿孔，可穿系佩挂。现藏甘肃省博物馆。

玉眼罩

1 副 2 片。汉代。1972 年从正宁县湫头公社西侯郎汉墓中发掘出土。均长 5.1 厘米，宽 2.6 厘米，厚 0.2 厘米。青白玉，光润透亮。琢磨成型，制作精细。体呈椭圆叶片状，两端出尖，并且各有一单面钻小圆孔。一面平整，一面略弧鼓。玉眼罩属葬殓用玉，当时观念以为具有防止尸体真气外泄之功能，使用时作为玉覆面的组件而缀于覆面巾上，盖在死者的眼部。现藏甘肃省博物馆。

云纹青玉璏

西汉。1974 年从灵台县梁原公社付家沟村 M1 号墓中清理出土。长 6.9 厘米，宽 2.05 厘米。青白玉，有黑色斑点，半透明，较润泽。琢雕成型。正面两端抹棱，并且向背面弯卷；于长方形框内减地雕出勾连云纹，云头凸起，底纹为蒲纹。背面凸起一个长方形穿孔（供剑鞘穿入），穿孔长 3 厘米、宽 0.7 厘米、深 2.05 厘米；距穿近的一端卷钩末梢尖圆无棱，另一端外缘有棱。与铁剑一起出土。玉璏属

玉具剑的组成部件。现藏灵台县博物馆。

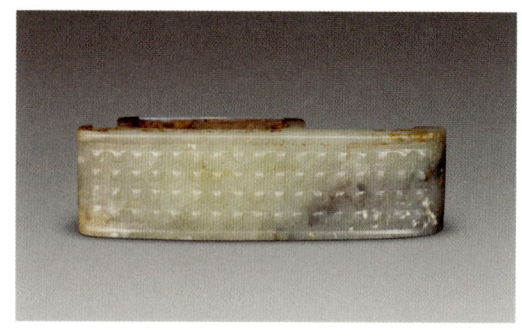

云纹青玉璏

兽面纹玉珌

西汉。1971 年出土于灵台县梁原公社杜家沟前庄汉墓中，后征集。长 5.4 厘米，宽 4.7 厘米。青白玉，有黑褐色斑点，局部有铜绿色沁，半透明，较润泽。琢雕成型。平面呈束腰梯形，横部面呈两端尖、中部弧鼓之柳叶状。两端齐平，后端略窄，前端较宽且斜；两侧边中部内收呈凹弧形，其一边略长。后端正中钻有一圆坑，两旁斜钻两个小圆穿与其相通。正反两面减地浅雕兽面纹，并以细阴线增强装饰效果。这件玉珌制作精细，纹饰神秘，为玉具剑组成部件。现藏平凉市博物馆。

兽面纹玉珌

西汉。1986 年从静宁县李店乡王沟村汉墓 M2 中发掘出土。长 5.4 厘米，宽 4.7 厘米。青玉，色青灰，表面有较厚灰白色沁。琢雕成形。平面呈束腰梯形，横部面呈两端尖、中部弧鼓之柳叶状。两端齐平，

后端略窄，前端较宽；两侧边呈对称凹弧形。后端正中钻有一圆坑，两旁斜钻两个小圆穿与其相通。正反两面于双阴线边框内以细阴线雕刻成兽面纹。这件玉珌形制规整，纹饰精美，为玉具剑组成部件。现藏静宁县博物馆。

兽面纹玉珌

云纹青玉璏

汉代。1998年出土于武威市（今武威市凉州区）东大街街道办事处南侧致富巷安国寺遗址的一座汉代墓葬中。竖长4.2厘米，横宽2.6厘米，厚2.1厘米。和田青玉，色呈青白，有黄褐色沁，洁透温润。琢雕成型，竖长方块状，从两侧面对凿长方形剑鞘口穿孔，孔方整平滑。周表浮雕三道凸棱，间以两匝阴线刻勾连云纹带；窄长面下边缘处以中棱为界，阴线刻出一对扁圆形大眼，双眉以游丝细线刻成。为玉具剑之组成部件之一。现藏武威市博物馆。

青玉枕

魏晋时期。出土于敦煌市七里镇三号桥村魏晋时期墓葬中。长22厘米，宽

18厘米，厚6厘米。和田青玉籽料，色青绿，表有黄褐色沁斑和裂绺，较泽润。磨制。基本保留玉籽料原状，体呈不规则椭圆，稍加打磨，不施雕琢，上下面不平整，边棱浑圆。出土时位于墓主头颈之下，用途为枕具，属葬殓用玉。现藏敦煌市博物馆。

蟠螭纹青玉璏

魏晋时期。1990年出土于酒泉市（今酒泉市肃州区）总寨镇三奇堡魏晋墓葬中。竖长4.3厘米，横宽2.6厘米，厚2.1厘米。和田青玉，色呈青白，有黄褐色沁，洁透温润。琢雕成型，竖长方块状，从两侧面对凿长方形剑鞘口穿孔，孔方整平滑。周表浮雕三道凸棱，间以两匝阴线刻勾连云纹带；窄长面下边缘处以中棱为界，阴线刻出一对扁圆形大眼，双眉以游丝细线刻成。为玉具剑之组成部件之一，属葬殓用玉。现藏酒泉市肃州区博物馆。

炭精猪握

2件。东晋。1979年从嘉峪关市新城

云纹青玉璏

公社观蒲大队魏晋墓出土。属葬殓用玉。均炭精质地，黑色。圆雕，体为卧猪形。其一，长9.3厘米，宽3.9厘米。头部雕刻较细致，嘴宽而微张，三道鼻棱，大眼圆睁，双耳后抿贴背，四肢伏卧，为幼猪。其二，长11厘米，宽4.3厘米，高2.3厘米。雕刻较粗犷，体肥圆，合嘴，圆鼻端一道棱，枣核眼似微闭，项背鬃毛竖起，四肢伏卧，有酣眠之态。两件猪握有"汉八刀"遗风，虽以阴线简练勾勒，但神态逼真。现藏甘肃省博物馆。

青白玉卧羊

十六国前凉。初出土于武威市（今武威市凉州区）灵均台，1970年武威市文化馆移交。属葬殓用玉。通长15厘米，宽6厘米，高8厘米。青白玉质，微透绿色，表破局部有黄褐斑。圆雕成卧羊。羊首平抬，大眼圆睁前视，双角向后下弯并紧贴颈背，双耳后贴角侧，四腿曲于腹下，呈静卧姿势。眼、鼻、嘴俱用阴线刻出。这件玉雕造型饱满，碾磨光滑，借助玉的莹润质地使羊的温顺善良的特征得到充分展现，并且巧妙地利用了后臀和角部的黄褐皮斑，属于难得的"俏色"作品。现藏甘肃省博物馆。

双龙纹琥珀雕扣

十六国西凉。1999年出土于酒泉市（今酒泉市肃州区）果园墓群M6墓中。直径3.2厘米。琥珀料，朱红色。圆饼状，雕工上乘，纹饰华美。扣心有圆形穿孔，边缘有横向穿孔，孔中棉线尚存。表面阴刻双龙纹，龙阔嘴大鼻，双目圆睁（现呈圆形小坑窝，原嵌珠状睛已佚），大形轮廓以稍深的宽线条完就，而细部鳞纹以较浅的细线刻成，有"八刀"遗风。出土时位于墓主"陇西狄道李超夫人尹氏"胸前，与其西凉李氏家族身份相配。现藏酒泉市肃州区博物馆。

青白玉卧羊

双龙纹琥珀雕扣

三、北朝隋唐宋元明清玉器

玉钗

北周至唐代。1969年从泾川县城关镇水泉寺大队五社泾河大桥（原名东方红大桥）工地发掘出土。通长2.9厘米，宽2.1厘米。和田青白玉，光洁纯润，略有黄沁。琢雕成型。体呈桥形或倒"凹"字形，肥宽而厚，顶端作弧形，两角浑圆，双股如圆锥形，股尖较钝，内侧有直棱。此钗梁形体完整，碾作精细，与北周天和二年（567年）宝宁寺舍利石函、开元通宝等同时出土，当为施舍供佛之物。现藏平凉市博物馆。

玉戒指

北周至唐代。1969年从泾川县城关镇水泉寺大队五社泾河大桥（原名东方红大桥）工地发掘出土。直径2厘米，孔径0.8厘米。和田青白玉料，半透明，泛黄色沁，有一条裂纹。琢磨成型，体呈环形，内外棱分明。戒面较宽，前后两边直长，两侧边弧圆而短。除戒面外其余外缘略鼓，最厚处在戒面两侧，与戒面相对边较窄细。该玉戒指制作精细，磨制细腻，属人体饰品。现藏平凉市博物馆。

玉带扣

北周至唐代。1969年从泾川县城关镇水泉寺大队五社泾河大桥（原名东方红大桥）工地发掘出土。扣针佚失，仅存扣环。扣环通长3.7厘米，宽3厘米，孔长1.3厘米、宽0.5厘米。和田青白玉料，半透明，泛黄色沁。琢磨成型，大略呈椭圆形，外露面打磨较光，贴腹面较平且局部未磨光。前端宽而圆厚，正中外缘有一较深凹槽，后端套扣针处为直梁，直梁上有数道刻痕，两端圆鼓且外凸。环孔也略呈椭圆形，前弧后直。为玉带的组成部件之一。现藏平凉市博物馆。

白玉雕狮

唐代。1975年出土于庆阳县彭原公社（今西峰区彭原乡）赵家沟畎村。通高13.7厘米，狮高11.7厘米，座长9厘米，宽7厘米，重1020克。白玉质，细腻洁净，油脂光泽。通体圆雕。狮首高昂，双目圆睁，张口利齿，鬣毛自然下垂或后披，前胸肌肉丰隆突起，前腿粗直向前斜撑，后腿曲蹲腹下。雕狮既有健壮之躯，又有威武之姿，造型十分生动，极富艺术

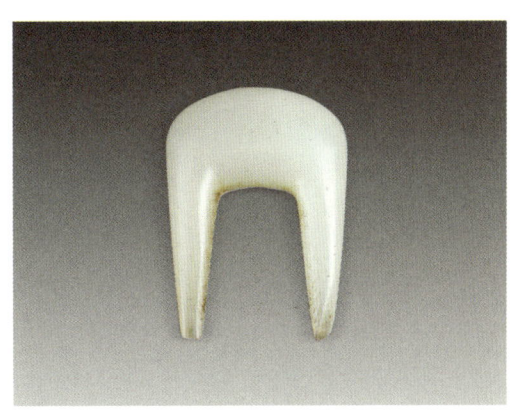

玉钗

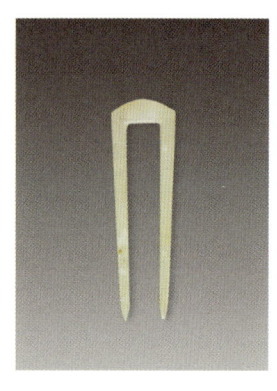

玉钗

价值。现藏庆城县博物馆。

玉钗

唐代。旧藏。通长5.6厘米，宽1.6厘米。和田青白玉，半透明，光洁纯润。琢雕成型。体呈倒"凹"字形，顶端钗梁略宽，外缘作弧形，内缘两角直方；双股细长如棱锥，内侧较直，外侧逐渐收分，股末端细圆且尖。这件玉钗形体完整，碾作精细，与隋李静训墓出土的玉钗形制相似，为当时贵族妇女簪发用具。现藏静宁县博物馆。

青玉盏

宋代。"文化大革命"期间群众捐赠。通高2.4厘米，口径5.5厘米，足径2.6厘米，重38克。青玉质，青灰色，有黄褐色沁斑。体呈六瓣葵花形，敞口，弧壁，外壁上有凸起的六瓣竖弧棱和内凹的六瓣壕界，内壁有内凹的六瓣竖弧壕和凸起的六瓣棱界相对应，底略平，浅圈足。该盏形体小巧，造型规整，碾琢精细，素雅净洁，仿当时流行的金银酒盏制作，在宋代酒具中较为少见。现藏天水市博物馆。

透雕玉炉盖顶

1组4件。元代。1970年张掖县大佛寺金塔殿下出土。均用整块和田子玉镂雕而成，大体呈圆角方形。高3.8~4.5厘米，重36.37~50.15克。（1）青玉荷塘鹭鸶盖顶，2件。外形如馒头，雕刻出一丰茂莲枝，在巨大荷叶下有两只鹭鸶，或一只凝神静立，另一只悠闲理羽，或一只探头觅食，另一只振翅将飞，动静对比鲜明，富有生活情趣。（2）白玉海青天鹅盖顶，1件。外形如馒头，雕刻一只天鹅飞潜荷下，仓皇躲避，上有一只海东青（鹘）紧紧追逐，气氛紧张，动人心弦。（3）白玉灵芝螭虎盖顶，1件。外形如馒头，雕刻一虎爬登云峰，虎如螭形，额部有一"王"字，身扭呈S形，口叼灵芝，尾端勾卷，精气旺盛，力感十足。四件玉纽俱小巧玲珑，形象生动，堪称"玉图画"，并且综合运用了镂空、线刻、浮雕等多种技法，动静虚实配合映衬，把北方粗犷和南国细腻的风格兼容于一体，具有辽金时期"春

青玉盏

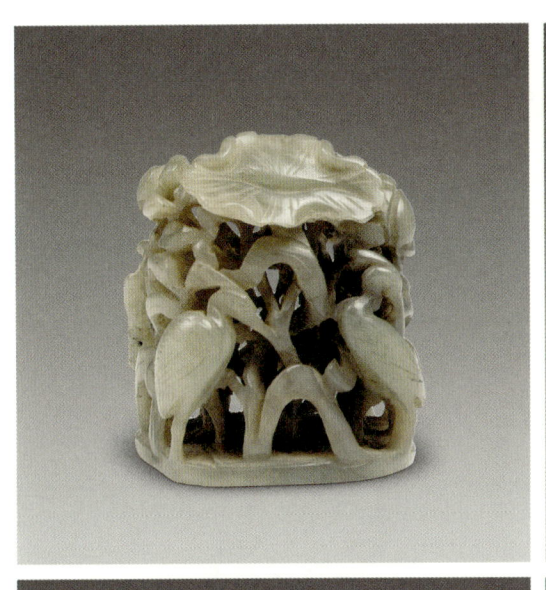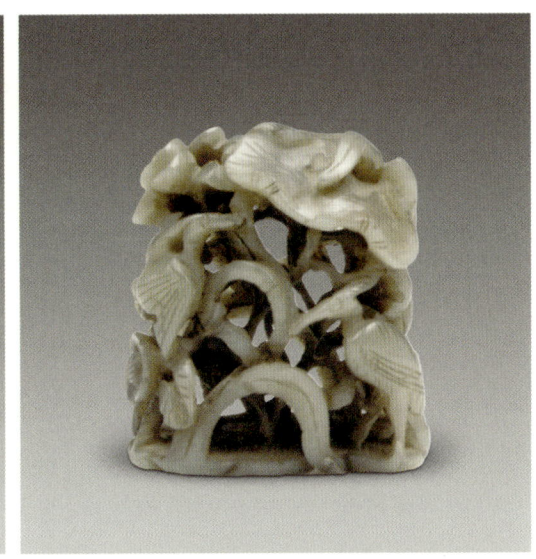

透雕玉炉盖顶

水玉""秋山玉"遗风，为元代玉器中难得的精品。现藏张掖市甘州区博物馆。

镂空海青天鹅玉绦环

元代。1972年出土于漳县城关镇（今武阳镇）徐家坪村汪氏家族墓地M3墓中发掘出土。为绦带组成部件之一。长径7.5厘米，短径6厘米，高1.3厘米。和田青玉料，青白色，半透明，质地细润。碾琢成型，平面呈椭圆形，底部外缘有一环形托座象征荷塘，其内以镂空手法雕荷叶枝蔓，一只天鹅展翅飞穿于荷叶之间，躲避海青追逼。这件玉绦环雕工精美，意趣灵动，具有金代"春水玉"遗风。现藏漳县博物馆。

镂空连年有余玉佩

元代。1972年出土于漳县城关镇（今武阳镇）徐家坪村汪氏家族墓地 M19 墓中发掘出土。为人体佩饰品。长6厘米，宽3.4厘米，厚0.3厘米。和田青玉料，青白色。碾琢成型，大体呈三角平片状。以镂空手法雕出一条口衔折枝莲花的大鱼，扬尾游动。"莲"谐音同"连"，"鱼"谐音同"余"，这件玉佩暗含"连年有余"之意。现藏漳县博物馆。

双螭虎纹玉饰

元代。1972年出土于漳县城关镇（今武阳镇）徐家坪村汪氏家族墓地 M4 墓中发掘出土。长7厘米，宽5厘米，厚0.5厘米，中孔最大径2.3厘米。和田青玉料，青白色。碾琢成型，体如方环，四角倭尖而略圆，中孔由四弧构成椭圆，孔壁凸起四条竖棱。底面平而无纹，正面浮雕两只奔跑螭虎戏逐云间。这件玉饰碾琢精致，纹饰高古，同时出土有1件螭虎纹玉带钩、2件螭虎纹方孔玉环，均为革带饰品。现藏漳县博物馆。

琥珀镂空龙纹佩

元代。1972年出土于漳县城关镇（今

武阳镇）徐家坪村汪氏家族墓地 M3 墓中发掘出土。长6.5厘米，宽5厘米，厚0.5厘米。琥珀材质，黄褐色，局部呈红褐色。镂空雕龙纹。平面呈长方形，右边残缺。龙昂首回旋，张口扬鬣，前肢屈伸，两

镂空海青天鹅玉绦环

琥珀镂空龙纹佩

螭虎纹玉带钩

爪开张，躯体矫健翻腾，后肢蹬云攀附。鬣毛、肘毛等以密集细线刻成，鳞甲以短弧线表现。该佩色彩艳丽，雕工精细，造型威猛，气势潇洒，是罕见的元代佩饰艺术佳作。现藏漳县博物馆。

螭虎纹玉带钩

元代。1973年从漳县城关镇（今武阳镇）徐家坪汪家坟M8墓中发掘出土。通长12厘米，宽2.4厘米，高2.5厘米。青玉质，局部有黄褐烤色。体为琵琶形，前端钩首略窄，雕琢成螭虎头，上刻"王"字；后端较宽且薄，背面有短圆柱形钮，上附黄色丝绦带；正面浮雕饰一螭虎。螭虎身体弯曲，头部阴刻"王"字，四肢用力登爬，尾细长。大小螭虎，暗寓教子之意。此钩形体完整，碾雕精工，而且表现出元代玉器工艺的复古之风。出土时位于男性墓主腰部，当为服饰品。现藏甘肃省博物馆。

铜镶玉带饰

元代。1955年出土于兰州上西园M3墓中。通长12.5厘米，宽4.4厘米。体为长方形，铜质底框内镶一大两小三块玉片，两边小玉片为竖长方形，正面浅浮雕回旋云纹，左右对称；中间大玉片为横长方形，浅浮雕狩猎图，图中一猎人跨骑于奔马背，左手执辔，右臂前举，手托一鹰，一犬奔跃于马前，人与犬马的细部运用细阴线刻出。这件带饰的图案既有宋代"玉图画"的遗风，又反映出元代狩猎流行的风尚。现藏甘肃省博物馆。

镂空双鱼玉佩

元明时期。旧藏。长6.7厘米，宽5.5厘米。和田青白玉，纯净细润，半透明。镂空雕成，体扁平片状。中部双鲤并列，头身肥圆，嘴咬草叶，尾分而卷。鲤首之上有两端卷翘的云纹磬，其上云头状挂纽，磬形穿孔。两侧有对称灵芝状如意，并有帛带呈S形缠绕。鲤尾下接一朵如意云头。"磬"谐音"庆"，"鱼"谐音"余"，芝状如意象征万事如意。这件玉佩采用镂空、线刻、浮雕等多种手法，尤其鲤身细部、华盖与如意云纹等均以细阴线刻出，是一件制作精致、寓意美好的佩饰艺术珍品。现藏天水市麦积区博物馆。

镂空双鱼玉佩

镂空绶带牡丹玉带板

1 组 18 銙（铊尾 2 件，排方 7 件，三台 1 件，圆桃 4 件，辅弼 4 件）。明代。1955 年从兰州市上西园明彭泽夫妇墓中发掘出土。均青玉质，微泛黄沁。铊尾长 8.1 厘米，宽 3.3 厘米，作横长方形，前端边呈圆弧状，透雕绶带牡丹图案，两件图案对称但方向相反，两朵折枝牡丹左右对称，花朵怒放，枝叶扶疏，层次分明；中有雌雄绶带鸟，尖喙圆睛，头顶羽毛向后出尖，长尾翎端卷如云头，一只在下站立，回首反顾，张口欲鸣，一只在上飞翔，弯身将下，应呼而来。三台、排方长 5.1~7.6 厘米，宽 3.3 厘米，横长方形，透雕绶带牡丹图案，构图基本与铊尾相似，折枝牡丹花朵靠近上部两角，略有对称；雌雄绶带鸟两只，或相向静栖，一只昂首伫立，一只俯首欲息，或跳跃枝间，前只回首将后顾，后只拍翅欲追逐，

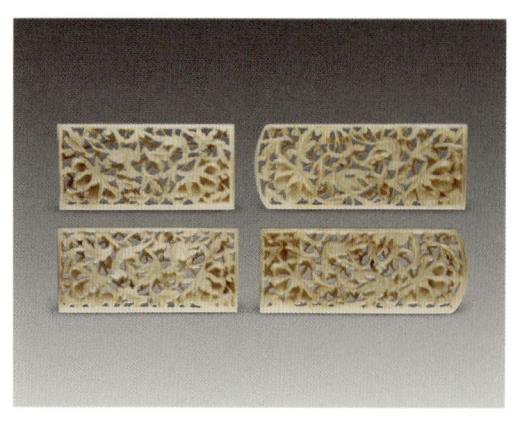

镂空绶带牡丹玉带板

神态不一，动静各宜。圆桃径 3.3 厘米，平面如桃形，雕花朵。辅弼长 3.3 厘米，宽 1.1 厘米，呈竖长方形，刻枝叶。雌雄绶带鸟象征夫妻长寿，牡丹又象征富贵，图案寓意十分美好。这些玉带板质地细腻洁润，风格清新雅致，具有极浓的绘画趣味，尤其能在很薄的平面玉料上使用了"花下压花"的镂雕技法，雕出深浅远近不同层次，使牡丹枝叶、花朵和雉鸡富有立体质感，刀法精细。明代官服革带以玉带为贵，而且唯有皇帝、皇后、妃嫔、太子、亲王、郡王、驸马、公、侯、伯以及一品文武要员才能享有使用玉带的资格。彭泽夫妇合葬，玉带出于彭泽妻吴氏棺中。彭泽(1459~1530 年)字济物，号敬修子、幸庵，兰州人，明弘治三年（1490 年）进士，曾任徽州知府、真定知府、右都御史、左都御史、兵部尚书等职，一生孝友廉直，清忠事国。嘉靖元年彭泽方任兵部尚书，年末其妻一品诰命夫人吴氏病亡，朝廷遣工部营葬，该玉带符合他们的显赫身份。现藏甘肃省博物馆。

金累丝嵌玉观音银簪

2 件。明崇祯五年（1632 年）。1987 年 8 月兰州市博物馆从兰州市城关区白衣寺多子塔第十二层宝刹中清理而出。送子观音簪，通长 10.5 厘米，簪首高 6.4 厘米，宽 4.6 厘米，重 57.5 克。簪首正中嵌

一青白玉圆雕送子观音菩萨，头戴风帽，脸相丰润，身着大衣，左手掌托一小儿于怀，右手抚摩小儿头顶，结跏趺坐；身周和膝下有累金丝莲枝和莲花座，其间嵌以珍珠、宝石点缀；簪铤银质，錾刻"崇祯五年八月初十日，肃王妃熊氏施，伴读姚进兼装"等字。鱼篮观音簪，通长11.1厘米，簪首高7.6厘米，宽5厘米。重36克。簪首正中嵌一白玉镂空鱼篮观音菩萨，高发髻，面相圆润，肩披飘帛，身着广袖长裙，右手提篮，裙裾轻摆，飘帛扬风，微步行来，超凡脱俗，身外接连透雕的尖桃形身光和缠枝忍冬，仿佛出宫降凡，微步行来，度化众生；其外以累金丝莲枝和莲花座围裹，并镶嵌珍珠、宝石点缀；银质簪铤上錾刻"崇祯五年八月初十日，肃王妃熊氏施，伴读姚进兼装"等字。熊妃是明肃王朱识鋐的王妃之一，姚进是肃王府的伴读。白衣寺乃明肃王府属的寺院，清咸丰十年（1860年）《重修白衣寺塔记》碑载"为前明肃藩王所建，相传乃王妃之功德"，这与簪铤刻铭可以印证。二簪首观音形象生动，加以金丝、宝石、珍珠衬托，尤显色彩富丽堂皇，风格雍容华贵，其工艺之精湛，丝毫不逊宫廷玉作或金银作，令人叹为观止。现藏兰州市博物馆。

白玉碗

明代。1952年征集。通高6.5厘米，口径14.5厘米，足径6.5厘米，重200克。白玉，泛嫩绿色，光洁润泽。敞口、窄平沿，尖唇，弧壁，深腹，内底较平，浅圈足。碾作精细，不见制作痕迹，洁净素雅，为生活实用器具。现藏甘谷县博物馆。

白玉鹅

1对2件。明代。1955年从兰州市上西园明彭泽夫妇墓中发掘出土。其一，长4.3厘米，宽3厘米。其二，长4.2厘

金累丝嵌玉观音银簪

白玉鹅

米，宽 2.9 厘米。和田青白玉，局部黄色沁斑。碾琢成型，体呈平片三角状。鹅阔嘴圆睛，回首反顾。翅呈椭圆形，细羽毛以网纹表示，长羽，尾羽均短阴线刻成。鹅首下有圆形小穿孔，供系挂。这对玉鹅雕工简练，生动传神，属人体佩饰品。现藏甘肃省博物馆。

螭首玉带扣

明代。从庄浪县岳堡乡张家岔口村征集。属束带饰具。通长 10 厘米，宽 3.6 厘米，厚 0.7 厘米。和田青玉，青白色。由玉钩、玉扣组成。玉钩后端为方形，截面呈弧形，背面有长方穿钮；前端椭圆，勾首雕成螭首。玉扣后端与玉钩同，惟前端扣部两侧边屈曲，前边齐直，有半圆状扣孔，套扣螭首。现藏庄浪县博物馆。

玉寿星

晚清。旧藏。高 15.5 厘米，宽 9.0

玉寿星

厘米，厚 4.7 厘米。和田青玉籽料，青白色。圆雕寿星形象。寿星头微左倾，桃形额，慈眉善目，长须，着阔袖袍服，足蹬云头履。左手持仙桃，右手挂龙首杖，双足站立，顾视左侧小猴。小猴附依寿星而立，左手抱桃，右肩扛桃枝。该玉雕运用圆雕、线刻、镂孔等多种手法，造型生动，属清代俏色玉雕之精品。现藏庄浪县博物馆。

主要参考文献

一、考古报告、论文

1. 甘肃省文物管理委员会：《兰州上西园明彭泽墓清理简报》，《考古通讯》1957 年第 1 期。

2. 甘肃省博物馆：《甘肃武威磨咀子汉墓发掘》，《考古》1960 年第 9 期。

3. 甘肃省博物馆《武威雷台汉墓》，《考古学报》1974 年第 2 期。

4. 甘肃省博物馆文物工作队、武威地区文物普查队：《永昌鸳鸯池新石器时代墓地的发掘》，《考古》1974 年第 5 期。

5. 甘肃省博物馆文物队、灵台县文化馆：《甘肃灵台县两周墓葬》，《考古》1976 年第 1 期。

6. 甘肃省博物馆文物队：《甘肃灵台白草坡西周墓》，《考古学报》1977 年第 2 期。

7. 谢骏义、张鲁章：《甘肃庆阳地区的旧石器》，《古脊椎动物与古人类》1977 年第 3 期。

8. 甘肃省博物馆：《武威皇娘娘台遗址第四次发掘》，《考古学报》1978 年第 4 期。

9. 灵台县文化馆:《甘肃灵台发现的两座西汉墓》,《考古》1979 年第 2 期。

10. 甘肃省博物馆考古队:《甘肃灵台桥村齐家文化遗址发掘简报》,《考古与文物》1980 年第 3 期。

11. 张映文、谢骏义:《甘肃泾川南峪沟与桃山嘴旧石器时代遗址的发现》,《考古与文物》1981 年第 2 期。

12. 甘肃省博物馆、秦安县文化馆大地湾发掘小组:《甘肃秦安大地湾新石器时代早期遗存》,《文物》1981 年第 4 期。

13. 中国社科院考古研究所泾渭工作队:《陇东镇原常山遗址发掘简报》,《考古》1981 年第 3 期。

14. 甘肃省博物馆等:《甘肃秦安大地湾新石器时代早期遗存》,《文物》1981 年第 4 期。

15. 甘肃省博物馆:《甘肃平凉庙庄的两座战国墓》,《考古与文物》1982 年第 5 期。

16. 甘肃省博物馆:《甘肃环县刘家岔旧石器时代遗址》,《考古学报》1982 年第 1 期。

17. 甘肃省博物馆、漳县文化馆:《甘肃漳县元代汪世显家族墓葬》,《文物》1982 年第 2 期。

18. 甘肃省博物馆、庆阳地区博物馆:《甘肃镇原黑土梁发现的晚期旧石器》,《考古》1983 年第 2 期。

19. 甘肃省博物馆文物工作队:《甘肃秦安大地湾第九区发掘简报》,《文物》1983 年第 11 期。

20. 甘肃省文物工作队:《甘肃秦安大地湾 901 号房址发掘简报》,《文物》1986 年第 2 期。

21. 甘肃省文物考古研究所:《甘肃崇信于家湾周墓发掘简报》,《考古与文物》1986 年第 1 期。

22. 刘玉林:《甘肃泾川大岭上发现的旧石器》,《史前研究》1987 年第 1 期。

23. 刘玉林等:《甘肃泾川发现的人类化石和旧石器》,《人类学学报》三卷 1 期。

24. 临夏州博物馆、康乐县文化馆:《甘肃康乐县边家林新石器时代墓地清理简报》,《文物》1992 年第 4 期。

25. 梁晓英等:《武威新石器时代晚期玉石器遗址》,《中国文物报》1995 年。

26. 甘肃省文物考古研究所、礼县博物馆:《礼县圆顶山春秋秦墓》,《文物》2002 年第 2 期。

27. 李久芳:《明代玉器艺术简述》,《故宫博物院院刊》1996 年第 2 期。

28. 杨伯达:《甘肃齐家玉文化初探—记鉴定全国一级文物所见甘肃古玉》,《陇右文博》1997 年第 1 期。

29. 甘肃省文物考古研究所:《甘肃秦安上袁家秦汉墓葬发掘》,《考古学报》1997 年第 1 期。

30. 梁继红:《武威出土的几件玉器》,《陇右文博》1999 年第 2 期。

31. 杨军锋:《商代青玉大戈》,《陇右文博》2000 年第 1 期。

32. 杨美莉:《齐家文化玉器的性质与特色》,《淡江史学》2000 年第 11 期。

33. 杨伯达:《和田玉文化论纲》,《收藏》2001 年第 7 期、第 8 期。

34. 周述蓉、钱宪和等:《从齐家文化玉器的玉质、次生变化及工艺制作技术看齐家文化的玉文化与科学技术》,《海峡两岸玉学会议论文专集》,2001 年。

35. 景吉元:《嘉峪关出土的一件玉钺》,《陇右文博》2002 年第 2 期。

36. 刘志华、孙玮:《武威皇娘娘台出土的齐家文化玉石器》,《故宫文物月刊》2003 年第 8 期。

37. 李天铭、刘志华:《甘肃省博物馆藏齐家文化玉器》,杨伯达主编《出土玉器鉴定与研究》,紫禁城出版社,2004 年。

38. 何宏波:《史前玉礼的形成和初步发展》,杨伯达主编《中国玉文化玉学论丛续编》,紫禁城出版社,2004 年。

39. 甘肃省文物考古研究所、礼县博物馆:《甘肃礼县圆顶山 98LDM2、2000LDM4 春秋秦墓》,《文物》2005 年第 2 期。

40. 杨伯达:《中国史前玉文化板块论》,《故宫博物院院刊》2005 年第 4 期。

第五章

石器和玉器

41. 栾秉璈：《史前古玉玉质及玉料来源之探讨》，杨伯达主编《中国玉文化玉学论丛三编》，紫禁城出版社，2005年。

42. 梁云：《对鸾亭山祭祀遗址的出土认识》，《中国历史文物》2005年第5期。

43. 早期秦文化联合考古队：《2004甘肃礼县鸾亭山遗址发掘主要收获》，《中国历史文物》2005年第5期。

44. 早期秦文化联合考古队：《2006年甘肃礼县大堡子山祭祀遗迹发掘简报》，《文物》2008年第9期。

45. 甘肃省文物考古研究所、张家川回族自治县博物馆：《2006年度甘肃张家川回族自治县马家塬战国墓地发掘简报》，《文物》2008年第9期。

46. 早期秦文化联合考古队：《2006年甘肃礼县大堡子山东周墓葬发掘简报》，《文物》2008年第11期。

47. 王裕昌：《齐家文化玉器研究》，《陇右文博》2009年第1期。

48. 李晓斌、张旺海：《甘肃齐家文化玉器研究》，《陇右文博》2009年第2期。

49. 甘肃省文物考古研究所、张家川回族自治县博物馆：《张家川马家塬战国墓地2007、2008年发掘简报》，《文物》2009年第10期。

50. 庞耀先、庞萍：《从考古发现的权杖流变谈四坝文化权杖相关问题》，《丝绸之路》2010年第2期。

51. 张宝玺：《宁县梁高等几座汉墓的清理》，《陇右文博》2010年第1期。

52. 甘肃省文物考古研究所等：《甘肃肃北马鬃山古玉矿遗址调查简报》，《文物》2010年第10期。

二. 论著、图录

1. 刘得祯、李红雄：《庆阳文物》，兰州大学出版社，1995年。

2. 国家文物鉴定委员会：《编文物鉴赏丛录》（二），文物出版社，1998年。

3. 李永良主编：《河陇文化—连接古代中国与世界的走廊》，上海远东出版社、商务印书馆（香港），1998年。

4. 杨伯达：《古玉史论》，紫禁城出版社，1998年。

5. 丁广学等编著《文物胜景》，甘肃文化出版社，2000年。

6. 汪保全、李虎生编：《瑰宝遗珍—天水馆藏文物精粹》，甘肃人民出版社，2000年。

7. 秦始皇帝陵博物馆编：《渭水之滨，秦陇一脉—关中天水先秦文化巡礼》，陕西人民教育出版社，2001年。

8. 礼县博物馆、礼县秦西垂文化研究会编：《秦西垂陵区·圆顶册秦贵族墓地》，文物出版社，2004年。

9. 凉州区文化体育局编：《武威市文物志》，甘出准字总564号（2004）014号，2004年。

10. 古方主编：《中国出土玉器全集》15卷《甘肃青海宁夏新疆》，科学出版社，2005年。

11. 甘肃省文物考古研究所：《秦安大地湾—新石器时代遗址发掘报告》，文物出版社，2006年。

12. 甘肃省文物局编：《甘肃文物菁华》，文物出版社，2006年。

13. 甘肃省博物馆编：《甘肃省博物馆文物精品图集》，三秦出版社，2006年。

14. 兰州市地方志编纂委员会、兰州市文物志编纂委员会编纂：《兰州市志·文物志》，兰州大学出版社，2006年。

15. 甘肃省文物考古研究所编著：《兰州红古下海石—新石器时代遗址发掘报告》，科学出版社，2008年。

16. 甘肃省文物考古研究所编：《崇信于家湾周墓》，文物出版社，2009年。

17. 张掖市文物管理局编：《张掖文物》，甘肃人民出版社，2009年。

18. 王维亲主编：《甘肃·通渭博物馆藏珍》，中国国际美术出版社，2009年。

第六章　金银器

　　在我国金银制品在商代早期已经出现，春秋战国时期已有金银镶嵌工艺。金银器皿出现较晚，汉以前少见，至唐代才开始有较多发现。金银器的制作工艺有：钣金、浇铸、焊接、切削、抛光、铆、镀、锤揲、刻凿、镶嵌等。金银等贵金属细腻柔软、延展性强，被历代能工巧匠不断创造、丰富的精湛工艺，加工成精致华美、光彩夺目的艺术品，有着永恒的价值和无穷的魅力。

　　甘肃古代金银器在中国古代金银器文物中占有重要地位。甘肃是中国生产金银制品较早地区之一。在临潭磨沟齐家文化到寺洼文化时期的墓葬中出土了金丝，玉门火烧沟四坝文化墓葬出土了金耳环、银鼻饮等，这些金银器在制作时间上早于中原出土的同类器，其制作技术简约、原始，工艺上主要采用锤揲、錾刻、刻划和切割技术。

　　甘肃礼县大堡子山秦墓出土的西周晚期至春秋时期金器有金虎、鸷鸟饰片、口唇纹鳞形饰片等，数量多，类型丰富，工艺精湛。张家川马家塬战国墓是战国秦墓葬中出土金银器丰富的一个墓葬，金银器多为人体装饰、服饰、车饰件、生活器具。制作工艺包含了剪切、錾刻、锤揲、焊接、宝石镶嵌、模铸、金珠、掐丝等。主要采用平面的造型方式，部分动物造型具有中国剪纸艺术的风格。人体装饰主要有耳环、项饰、臂钏、带饰、带钩、带扣等。动物母体有格里芬、对羊、对鸟、虎、虎噬羊等。金质车饰件主要装饰在车的舆、轮、毂、辀等部位，以金银片錾刻剪切成型。容器有素面的银套杯和银杯。

甘肃汉代墓葬也出土有金银器，如武威雷台汉墓的金璩、武威磨嘴子汉墓的金头花等。

魏晋到隋唐时期，随着丝绸之路的畅通，异域金银容器较多传入中国，甘肃地区是这类金银器的主要运输通道，多有出土，靖远北滩出土的西式浮雕酒神纹鎏金银盘，肃南裕固族自治县西水乡大长岭出土的唐代金壶和鎏金铜盘，是其中有代表性的典型器物。

武威出土的西夏金器，有金盏、金杯等，纹饰华丽，造型优美。

明清时期金银器主要为贵族墓葬出土，兰州上西园肃王家族墓出土有金银饰品，兰州白衣寺塔天宫所出肃藩王妃供奉的金银器，纪年明确，嵌宝镶玉，累丝叠缀，美轮美奂。

第一节　商周及以前

金耳环　金鼻饮　银鼻饮

四坝文化。1976年玉门火烧沟出土。耳环径约0.3~4厘米，重5克，金质。以细柱体弯曲成环，近玦形。由细渐粗，粗头锤打扁平，呈扁平马蹄形。鼻饮径0.28~0.35厘米，重9.3克，金质，细柱体弯曲成开口圆环，呈玦形。两端捶打扁平为马蹄状。鼻饮径0.39~0.41厘米，重4.85克，银质。细柱体弯曲成开口圆环，呈玦形。环体两端捶打扁平，呈马蹄形。

以上三件金银饰品是目前所知中国出土资料中时代相对早的金银器，其工艺、造型地域文化特征鲜明，具有较高的科学研究价值。现藏甘肃省文物考古研究所。

镶嵌绿松石金耳环

沙井文化。1981年永昌柴湾岗出土。径1.8~2.4厘米，重2.6克。金质。用细柱体金丝弯曲叠搭成环形，开口不封闭，一端凸饰乳钉，似蛇首。环一侧立焊一菱形槽匣，内嵌绿松石。制作工艺简单粗放，造型拙朴，金质较纯。是目前国内出土时代较早的复合镶嵌金制品，有较高的科研价值。现藏甘肃省文物考古研究所。

云纹圭形金饰片

春秋。征集品。传礼县秦公墓出土。长13.4厘米，宽7.1厘米，重53.5克。片状，上窄下宽，近梯形。上端略圆弧，呈人字披形，似圭形；下边平直。上端与两侧等距离锤揲出凸线边饰，中部起纵向凸棱一条，并以此为中轴，在两侧捶揲出背向、对称的勾云纹，上下各两

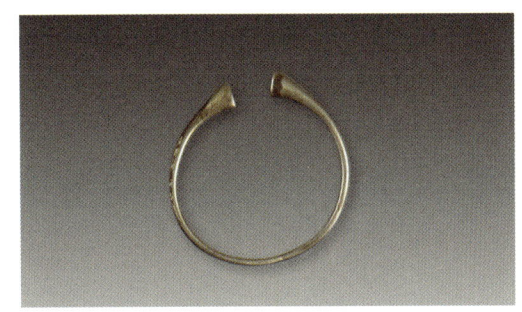

金鼻饮

云纹圭形金饰片

组。金片正面残存大量的朱砂痕迹。很可能是棺椁饰片，有待进一步考定证实。现藏甘肃省博物馆。

口唇纹鳞形金饰片

春秋。征集品。传礼县秦公墓出土。长11.9厘米，宽8.8厘米，重65.4克。长方形箔片，一端齐平，脚下两角各一钉孔。一端剪作圆肩曲弧并拢出尖，似鳞片。片上外缘隐起捶揲出两重与金片轮廓平行但一端不封口的框纹，内饰两组上下一致的重环式口唇纹，颇似"宫"字。一角残存朱砂痕迹，可能是棺椁饰片。其质纯正，纹饰捶揲工艺熟练，说明春秋时期秦国的金属冶炼、加工已经达到了相当高的水平。现藏甘肃省博物馆。

鸷鸟形金饰片

春秋。宽26.1厘米，高45.8厘米。片状。饰片形制为鸷鸟的头部和胸部，造型为钩喙，环目，突胸，屈爪，通体饰不规则的凹凸勾云纹，以象征其翎毛。其边缘有9组18个小孔，应为绑缚其他物品时穿线的部位，推测是因附棺椁而留下的钉孔。现藏甘肃省博物馆。

兽面纹盾形金饰片

春秋时期。礼县大堡子山出土。通高20.3厘米，上宽10.2厘米，肩宽18.5厘米，下摆宽8.3厘米。削肩18.5厘米。

口唇纹鳞形金饰片

鸷鸟形金饰片

兽面纹盾形金饰片

两侧斜收向下，形状似盾。器面上下饰变形兽面纹。领、肩、腹摆部位之左右，各有钉孔一。从锈痕判断，当时以铜钉固定。现藏甘肃省博物馆。

目云窃曲纹金饰片

春秋时期。甘肃礼县大堡子山出土。通高 11.3 厘米，宽 10~10.3 厘米。外形似窃曲，首尾凸出于饰片的左右上下，饰片中心有椭方形眼目一只，左右窃曲环绕，组成目云纹饰，首尾各有钉孔一枚。现藏甘肃省博物馆。

镂空虎噬羊纹金饰片

战国。清水白驼乡刘坪村出土。长 8.5 厘米，宽 4.5~5.5 厘米，厚 0.1 厘米。捶揲制成。不规则片状，正面隆起，边缘剪凿，部分镂空。一虎左向，环目，竖耳，鼻、口、齿刻画清晰。虎弓颈垂尾，后足屈跪，前爪下抓摁一羊，正欲吞噬，羊跪伏于地。虎身上用连环纹表示皮毛和斑条，虎尾饰"〈〈〈〈"形纹，颇富立体感。边角有钉孔。动物咬斗是战国时期草原文化流行的纹饰题材。现藏清水县博物馆。

牛虎纹 U 形银饰片

战国。高 19 厘米，宽 5.5 厘米，U 口径 27 厘米。143 克。银质。饰片呈 U 形薄片，铅灰色，边缘有残缺，两端有钉孔。饰片凹弧部阴线錾饰双牛，瞪目张口，

奋力对角牴首，牛脊及前后身以勾弧线、竖弯线刻画肌肉腹肋骨骼，四肢垂毛，尾巴肥硕，形似牦牛。饰片两端錾饰虎两只，竖耳瞪目，张口龇牙，纵向弧线刻画出老虎特有的纹路。寓意似为虎观牛斗，捕食在后。形象逼真、生动，颇具肃杀之气。现藏清水县博物馆。

兽首连体蛇纹金箔发饰

战国。张家川回族自治县马家塬战国时期 M16 出土。宽 3.16~3.3 厘米，高 1.9~3.4 厘米。金箔发饰共 17 件，出土时散落在墓主人头部周围。金饰片系以锤揲錾刻而成。双鸟头部相连，两头相向向内低头，两双鸟颈部靠上各有一穿孔。可分为三类，一类为鸟颈部下方有较长方形金片，金片底边两角处各有一穿孔，共十四件；一类为颈部下方有较短方形金片，共一件；一类为两鸟颈部靠下位置

镂空虎噬羊纹金饰片

各有一穿孔，下方无方形金片，共二件。从出土位置与金饰穿孔推测，应为一组冠发饰。

马家塬墓地发现的这种注重身体、服饰装饰，并随葬大量带饰的现象，是公元前10世纪以后，广袤欧亚草原文化带（包括中国北方草原）上共同的文化传统，这正是马家塬西戎文化是多种文化因素复合体的证据之一。现藏甘肃省文物考古研究所。

金项饰

战国晚期。张家川回族自治县马家塬M16出土。宽24厘米，高16.8厘米。出土于墓主人头部。半环形，内半弧略向外弯曲，两端各有两个小长方形穿孔。素面，正面经打磨、抛光处理。现藏甘肃省文物考古研究所。

卷云纹金帽饰

战国晚期。张家川回族自治县马家塬M16出土。直径5.1厘米。出土于墓主人头部。系以薄金片剪切成圆形，边缘内折，折边和中部处有穿孔。折边缘錾刻一周凸棱，圆形主体部分錾刻有圆涡状内心的三组卷云纹，局部饰以圆点纹。现藏甘肃省文物考古研究所。

金银环

战国晚期。张家川回族自治县马家塬M16出土。环径2.8厘米。系利用捶打成的金质圆条，弯曲两端对接成圆环形。现藏甘肃省文物考古研究所。

镶绿松石金耳坠

战国晚期。张家川回族自治县马家塬M16出土。出土于墓主头骨左右两侧。由三部分组成，第一部分为最上端的金圆环；第二部分为由两个半球形肉红石髓珠、两片圆形金片和夹在其间的绿松石组成；第三部分为圆饼形金片，金片中部以S形金丝区隔成两部分，分别镶嵌肉红石髓珠和绿松石，金片和圆饼形金片周缘焊接有小金珠。这种类型耳环，也见于马家塬墓地其他墓葬，如十四号墓中出土的耳环，形制与该件相同，仅中间部分以陶珠代替绿松石。现藏甘肃省文物考古研究所。

镶绿松石金耳坠

金臂钏

战国晚期。张家川回族自治县马家

金臂钏

透雕虎噬羊金带钩

塬 M16 出土。长 9.5 厘米，直径 4.8~6.6 厘米。出土于墓主右臂附近。制作精美，工艺复杂，系由长方形金片锤揲出五道凸起的瓦楞纹后卷成扁圆筒形。瓦楞纹两侧焊接由金丝编织而成的麦穗纹，两组麦穗纹间焊饰十一朵金丝圆蕊花瓣纹。臂钏对接边缘各为二道竖向麦穗纹，期间有六朵金丝圆蕊花瓣纹。花瓣纹内及间隔中皆镶嵌有绿松石和费昂斯，惜大部分已脱落。现藏甘肃省文物考古研究所。

透雕虎噬羊金带钩

战国晚期。张家川回族自治县马家塬 M16 出土。长 20 厘米，宽 7.2~7.6 厘米。出土于墓主腰部。钩首呈长颈龙首状，颈为三棱状，肩部三角形边框内镂空雕铸对称的狼形图案，狼躯干后部向上翻转。钩身为长方形，有长方形边框内镂铸的正反对称的虎噬羊图案一组。虎口

咬在羊脖颈，作凌空扑杀状，非常生动。边框以及动物的躯干上有三角形、卷云形等镂空图案，内镶嵌肉红石髓，填以朱砂。虎噬羊的纹样主题，是鄂尔多斯式动物纹中经典的造型，而后肢翻转的动物纹样，更是欧亚草原上广泛流行的特色纹样，约在战国中期传入中国北方地区，成为当地流行的式样。现藏甘肃省文物考古研究所。

透雕虎噬羊金带饰

战国晚期。张家川回族自治县马家塬 M16 出土。长 15.2 厘米，宽 8.1 厘米。出土于墓主腰部，共二件。长方形，由上下两只虎噬咬两只羊组成。虎前足踩羊，嘴大张露出一颗长獠牙，咬住羊的颈部，虎尾上卷。两只羊相对俯卧，两头相互紧靠，羊有长胡须。虎头、腹、腿之间、颈等部位，羊头、背及身上有许多镂空，

镶嵌有肉红石髓。带饰系以薄金錾刻而成，正面经打磨、抛光处理。现藏甘肃省文物考古研究所。

金凤鸟纹银带环

战国晚期。张家川回族自治县马家塬 M16 出土。左：外径 6.7×5.2 厘米，右：外径 6.8×5.4 厘米。椭圆球形，银质。横向两对边为素面，纵向两边银表面嵌金，组成对称连续卷云纹。

出土时位于墓主人腰部带饰附近，有学者推测其为腰带上挂坠的带环，带环下可能悬挂有各类珠子或其他饰件组成的串饰。现藏甘肃省文物考古研究所。

浮雕卧虎金带饰

战国晚期。张家川回族自治县马家塬 M16 出土。长 2.9 厘米，宽 2.1 厘米。M16 墓主人腰部共出土三条金质腰带，此为其一，由二十七件长方形金饰组成。每件金饰上饰两只卧虎，以斜角线对称，虎头呈扁圆状，尾卷曲，腹部填密集的联珠纹。金饰四角各有一小孔，应是用来钉缀在皮质腰带上。金饰系以薄金片锤揲成型，通过模压、錾刻制作浮雕的纹饰图案，表面经抛光。现藏甘肃省文物考古研究所。

浮雕双鸟金带饰

战国晚期。张家川回族自治县马家塬 M16 出土。带头长 9 厘米，宽 5.3~5.5

厘米。带饰长 4.8~5 厘米，宽 2.6~2.8 厘米。M16 墓主人腰部共出土三条金质腰带，此为其二，由二件带头及十九件带饰组成。带头图案为两虎相斗图。带饰图案为两组鸟蛇相斗图。双鸟颈部相交，巨大的勾喙衔住蛇身。鸟为兽身，眼圆睁，小耳，翼向后伸展，腹下有粗壮的兽足，尾上扬，应为格里芬的形象。蛇身缠绕于格里芬腿、尾、腹部。蛇身饰联珠纹。四角有固定用的穿孔，应是用来钉缀在皮质腰带上。金饰系以薄金片锤揲成型，通过模压、錾刻、抛光制成。现藏甘肃省文物考古研究所。

金带饰

战国晚期。张家川回族自治县马家塬 M16 出土。长 4.6 厘米，宽 3.7 厘米。M16 墓主人腰部共出土三条金质腰带，此为其三，一组九件。由正反相对的两组鸟蛇相斗的镂空图案构成。鸟为兽身，眼圆睁，小耳，翼向后伸展，腹下有粗壮的兽足，尾上扬，应为格里芬的形象。巨大的勾喙衔住蛇身。蛇身缠绕于格里芬腿、尾、腹部。蛇身和鸟翼饰联珠纹。格里芬颈、腹、足上方有方形、半拱形小凹坑，镶嵌肉红石髓和琉璃珠。此件带饰纹样主题与同墓所出另一件带饰相同，但此件带饰使用镂空、镶嵌手法，更为复杂奢华。出土时，带饰之间还有煤精、绿松石、

玛瑙珠组成的串饰，带饰上下两侧还出土有小金泡，原应钉缀在腰带边缘。现藏甘肃省文物考古研究所。

银鞋底

战国晚期。张家川回族自治县马家塬M16出土。长21.5厘米。共二件，皆微残，系用薄银片剪切成鞋底形状，脚掌、脚跟处成排分布有小孔三十八个。陕西凤翔秦公一号大墓曾出土一双石质鞋底。在鄂尔多斯地区，也曾出土过有纹饰的银质鞋底。墓中随葬特殊材质鞋底的习俗，有学者认为表达了封土疆域的观念。现藏甘肃省文物考古研究所。

浮雕龙纹金带钩

战国晚期。张家川回族自治县马家塬M14出土。长9厘米，宽3.25厘米。出土时位于墓主右手。钩首呈长颈龙首状，颈部略残，钩身琵琶形，正面高浮雕兽首，上端龙首圆大，双耳高竖，环眼圆凸，两眉对称斜弯呈八字形，方鼻，吻高凸，两侧卷须上翘，口部咬噬龙身，双爪亦扣锁龙身；下端龙首较小，小圆耳，高凸目，额心圆珠纹，短鼻，椭圆形吻部，卷须，口噬龙身，双爪亦扣锁龙身。龙身饰云雷纹、卷云纹、联珠纹及凹窝纹等。带钩系铸造成型，颈部包裹条形弯钩铁胎，锈蚀膨胀后致使钩首金面开裂，带钩背面残存大量锡块。马家塬墓地出土的带钩，体现了北方地区草原文化与以秦文化为代表的中原文化之间的交流与融合。现藏甘肃省文物考古研究所。

浮雕兽面纹金带

战国晚期。张家川回族自治县马家塬M14出土。长6.3厘米，宽3.47厘米。出土时位于墓主左手。钩首呈长颈龙首

银鞋底

浮雕龙纹金带钩

状，钩身长方形，正面高浮雕兽面，兽面有球形凸眼，眉、鼻、嘴呈卷云纹状，额、耳及面部轮廓边缘饰联珠纹，四角钩起的尾部饰羽纹。带钩系铸造成型，背面残存锡块，钩、身连接处开裂，身面局部微残。现藏甘肃省文物考古研究所。

高浮雕兽面纹金带饰

战国晚期。张家川回族自治县马家塬 M18 出土。长 9.2~9.6 厘米，宽 7.6 厘米。整体呈现为近方形大型兽面，兽面由数条蟠龙缠绕构成。球形凸眼，镶嵌蓝色玻璃珠。额头浮雕一兽头，面朝上。鼻梁似蝉形，两侧为两条小龙。口部由两条小龙构成。兽面两侧亦为龙纹盘缠组成，左右对称。龙身饰联珠纹、卷云纹及羽状纹。该饰件系铸造成型。出土于墓主人腰部，应为皮质腰带的构件。现藏甘肃省文物考古研究所。

高浮雕双龙纹金带饰

战国晚期。张家川回族自治县马家塬 M18 出土。长 4.8 厘米，宽 2.4 厘米，高 1.2 厘米。高浮雕双龙缠绕呈璜形。龙双眼凸起，有爪。龙身饰卷云纹、网格纹及云雷纹。金饰出土于墓主人腰部，从出土位置推测，可能与玛瑙环和两件兽形金饰共同组成带环，带环上悬挂玛瑙、煤精、蜻蜓眼玻璃珠等串成的串饰。现藏甘肃省文物考古研究所。

神鸟纹金带饰

战国晚期。张家川回族自治县马家塬 M18 出土。长 5.3 厘米，宽 3.1 厘米。长方形。以中间的圆环为中心，左右为正反相对的鸟。鸟为长弯喙，圆眼，大耳，"S"形长冠羽，鸟翼弯曲，腿部粗壮似兽足，利爪，应为格里芬的形象。颈、腹、腿部镶嵌有肉红石髓和煤精。出土时位于墓主人腰部，共七件，应为皮质腰带上的饰件，带饰之间还有煤精、绿松石、费昂斯组成的串饰。现藏甘肃省文物考古研究所。

高浮雕蟠龙纹金带饰

战国晚期。张家川回族自治县马家塬 M18 出土。长 4.5 厘米，宽 2.7 厘米，高 1.4 厘米。高浮雕盘缠的龙纹形象，图案高度抽象化，饰卷云纹及联珠纹。中间有一个圆圈，原应镶嵌有玻璃，已脱落。现藏甘肃省文物考古研究所。

神鸟纹金带饰

甘肃省志 文物志

高浮雕兽首形金带饰

战国晚期。张家川回族自治县马家塬 M18 出土。长 2.7 厘米，宽 2.5 厘米。浮雕兽首，似牛首状。球形凸眼，眉、耳、鼻、嘴呈卷云纹状，嘴微张。金饰系铸造成型。出土于墓主人腰部，从出土位置推测，可能与玛瑙环和高浮雕双龙纹金饰，共同组成带环，带环上悬挂玛瑙、煤精、蜻蜓眼玻璃珠等串成的串饰。现藏甘肃省文物考古研究所。

圆盒状金腰配饰

战国晚期。张家川回族自治县马家塬 M18 出土。长 7.3 厘米。圆形，由盖与盒两部分组成。盖上由半拱形小凹坑相对分为内外两圈，凹坑裹嵌有肉红石髓及白色矿化物，外圈及内圈有两条金丝编制的绳索纹，盖中心由两层圆形台阶状。底部有一钮及焊接一厚约 0.05 厘米长方形条状金片。盒身顶部由白色未知物及半拱形小凹坑相对分为内外两圈，凹坑裹嵌有肉红石髓、绿松石及白色矿化物，外圈及内圈有两条金丝编制的绳索纹，盒周身有四个金质圆环。现藏甘肃省文物考古研究所。

镂空金车轮饰

战国晚期。张家川回族自治县马家塬 M3 出土。长 6.1 厘米，高 3.7 厘米。这组车轮饰出土于三号墓葬墓室内随葬的豪华车辆上，共十四对二十八件金饰，组成带状圆环，装饰于车轮表面。金饰系以薄金片剪切镂刻成双体鸟首形，表面錾刻数道曲线，周边有钉孔。鸟首内镂空出相互勾连的 S 形组成的双体鸟纹。现藏甘肃省文物考古研究所。

虎形金箔车舆饰

战国晚期。张家川回族自治县马家塬 M3 出土。系以薄金片剪切成型。虎尖耳上翘，大嘴张开，鬃毛卷曲上翘，尾前卷于背部与鬃毛相连，四足着地呈行

镂空金车轮饰

虎形金箔车舆饰

走状。虎身和四肢依身体形状錾刻数道曲线纹。虎形金箔片是马家塬墓地 M3 墓室葬车车舆侧板上的装饰物。M3 为一座九级阶梯式竖穴偏洞室墓，竖穴墓道中共随葬有车四辆，墓葬中随葬有车一辆。其中墓室内葬车以金银饰件、鎏金银铁饰件和珠饰装饰，非常豪华，充分体现了墓主人的身份和社会地位。现藏甘肃省文物考古研究所。

大角羊形金车舆饰

战国晚期。张家川回族自治县马家塬 M16 出土。系以薄金片剪切成型。羊嘴微张，颌下有长须，四足着地呈行走状。花边形大角向后与上翘的尾相连，额前有向下弯曲的小角或装饰。颈和背中部各有一弯曲的角状尾物相对，应是对鸟首的模仿。身体镂刻有镂空的卷云纹，通体有圆孔。该金饰是马家塬墓地 M16 墓室随葬车车舆侧板上的装饰物。M16 为一座九级阶梯式竖穴偏洞室墓，竖穴墓道中共随葬有车四辆，墓室中随葬有车一辆。其中墓室内葬车以金银饰件、鎏金银铁饰件和珠饰装饰，非常豪华。现藏甘肃省文物考古研究所。

第二节　汉代及以后

金头花

汉代。1984 年武威市韩佐乡红花村出土。高 8 厘米，径 6.4 厘米，重 17 克。

金头花

金质。捶揲、焊接、镶嵌制成。造型似树，主干由金箔片卷做直筒形，顶端弯曲伸展出四片带尖阔叶，叶面有茎脉可辨，叶端焊小圆环。四叶中心伸出弯曲的八枝细茎，茎端分饰四朵小花、三棵花蕾和一只小鸟。花心原镶嵌有彩色宝石，已佚。花叶尖及鸟嘴部的细小环，应有饰片衔挂，现佚不全。造型华美，制作精细。反映了汉代妇女的服饰风貌与审美情趣。现藏甘肃省文物考古研究所。

累丝焊珠金饰片

汉代。1989 年武威市古浪县泗水乡

出土。长 2.3 厘米，宽 0.9 厘米，重 1.25 克。金质。金片剪做长方形，正中累丝焊珠出一条伸颈卷尾的龙纹。工艺精湛，造型生动。是研究汉代黄金饰品工艺和龙纹特征的珍贵实物资料。现藏武威市文物考古研究所。

金镰

东汉。1969 年武威市雷台汉墓出土。高 4.2 厘米。金质。梨形，鼓腹圜底，上端尖锐，有一环扣，光素无纹。镰是古代金银饰器之一，但未详形制。从《山海经》"……而穿耳以镰，其鸣如鸣玉"句可知，应为耳饰。现藏甘肃省博物馆。

镂空累丝焊珠金空心球饰

魏晋。1976 年武威凉州区金沙乡出土。直径 1 厘米，重 1.2 克。金质。近球形，中空。用累丝缀珠，焊绕所有镂空口沿，起伏呼应，玲珑剔透。精美豪华，颇为珍罕。现藏武威市文物考古研究所。

西式浮雕酒神纹鎏金银盘

3~4 世纪。征集。1988 年靖远县北滩乡出土。口径 31 厘米，底径 10.9 厘米，高 4.6 厘米，重 3190 克。银质鎏金，呈铅灰色。以铸造、捶揲、模压、鎏金诸工艺结合制成。盘圆形，唇口，弧壁，圈足。盘体铸就，盘内纹饰以银箔锤揲、模压成纹后，叠贴于盘内，鎏金现已大

西式浮雕酒神纹鎏金银盘

部脱落。盘内壁满饰浮雕花纹，分内、外、中心三圈列置。外圈饰有相互勾连的葡萄卷草纹藤蔓，中间藏匿三十余只禽鸟类小动物。内圈外缘饰细小联珠纹，内周环列十二个头像，头像中以动物相间，为希腊神话中奥林匹斯山的十二神。中心为一高浮雕裸体男性，身披长巾，手持图尔索斯杖，倚狮而坐，为希腊神话中的酒神狄俄尼索斯，罗马时代又称为巴卡斯。

盘底圈足内有一行虚点錾刻的铭文，目前学界对其语系、族属、内容尚有争议。另有刻画的粟特文铭文，中亚史专家马尔沙克先生释读为 SYK（推测为器物拥有者的名字缩写）。此件器物发现于丝绸之路甘肃段的黄河渡口，是研究中西交流的重要实物资料，也是非常罕见的丝绸之路遗珍。现藏甘肃省博物馆。

嵌宝石金戒指

唐代。1973年榆中县城关朱家湾村慕容仪墓出土。径1.5厘米，高0.6厘米，重20.55克。金质。环形，粗细不等，内平外凸。戒面镶嵌处宽厚，正中镶嵌一大颗红宝石，两边嵌紫宝石两颗。大戒面两侧有四个小凹坑，原嵌宝石已脱失。宝石质地纯正，色泽沉稳，切割抛磨精湛。此类金银镶嵌宝石工艺为中亚、西亚地区常见，并有希腊、罗马文化的因素，应为传入的外域饰物，反映了唐代中西文化交流的频繁和广泛。现藏榆中县博物馆。

龙纹金饰牌

唐代。1973年榆中县城关朱家湾村慕容仪墓出土。径2.7厘米，重3.55克。金质。扁平圆形。以錾刻工艺饰三周弦纹为内外两区，外区錾饰细栉纹，内区为团龙，龙体弯曲盘绕成C形，背鳞腹甲刻画清晰，头小颈长，长尾，身形矫健有力，龙身两侧空当饰两朵灵芝状云纹。饰牌边有四个不对称小钉孔，用以缝缀。金牌饰上的龙纹与1982年江苏丹徒丁卯桥出土的银盒底部图案如出一辙，当可作为断代旁证。现藏榆中县博物馆。

银凤凰

唐代。宁县城关公社龙一大队出土。长20.6厘米。银质。片状，錾刻、镂空成一只回首向尾的凤鸟，口微张，勾喙，头顶灵芝形羽冠。凤鸟双翼展开，两足贴身，长尾披垂，似在展翅飞翔。凤鸟的翅羽和尾羽均镂空刻凿，羽尖纷列，身羽上錾刻各种羽毛，粗羽不疏，细羽繁密。颈背的鱼鳞状短羽排列有序而不杂乱，足上以细短阴线显示皮皱和趾节。整个凤鸟刻画准确细致，体现了唐代精湛的金银加工技艺。现藏庆阳市博物馆。

三鱼莲瓣纹银碗

唐代。1980年武威南营青嘴湾武氏墓出土。口径11厘米，底径5.5厘米，高5厘米，重195克。银质，捶揲而成。侈口微束，镀金口，弧壁，喇叭形圈足外侈，与碗体焊接，足缘饰一周联珠纹。腹部饰八瓣莲花，莲瓣间隙饰花草纹，内外壁花纹相同。碗内底饰联珠纹一圈，圈内饰水波纹，中心饰四瓣水草花，有三鱼首尾相接，逆时针方向游弋嬉戏。纹饰模压而成，颇具立体感，反映了唐代

嵌宝石金戒指

高超的铸造工艺。武氏，吐谷浑族燕王慕容曦光之妻，武则天大圣皇后侄孙女，太原郡夫人。现藏武威市博物馆。

镶绿松石金壶

唐代。1979 年肃南县西水乡大长岭唐氏墓葬出土。高 17.5 厘米，口径 6.5 厘米，底径 6.5 厘米，重 709 克。金质。捶揲制成。侈口卷沿，高颈溜肩鼓腹，假高圈足，平底。半球形壶盖，盖顶中央有联珠座束腰莲纹捉钮，钮顶镶珠已佚，直边下包壶口。盖与壶颈一侧用活页形铆榫相连，可上下翻转，一侧有扣舌可勾锁封闭。壶肩部施凸弦纹一周，肩腹部铆接一环形把，把上有花形指垫，垫上中央镶一圆形绿松石。有鲜明的中亚、粟特文化风貌。现藏肃南裕固族自治县博物馆。

如意形金饰件

唐代。1979 年 8 月肃南县西水乡二

镶绿松石金壶

夹皮村唐墓出土。长 8.4 厘米，宽 3.5 厘米，高（厚）0.8 厘米。76 克。金质。饰件以捶揲、累丝工艺制成。形似如意，菱花形边，面凸背凹。上端形近葫芦，又如叠桃，下端呈方形，镂空出脚。以累丝法堆饰出三个桃形，内填花蕾，围边为缠枝卷草纹。工艺繁复，有镂空效果。现藏肃南裕固族自治县博物馆。

金钗

唐代。天水市出土。长 14.6 厘米，宽 2.2 厘米，0.04 千克。金质。素体，圆柱体，折曲为双股叉，近 U 字形，钗梁最粗，双股逐渐收细。形制与同时期玉钗相似，对研究唐代妇女发饰有互证价值。现藏天水市博物馆。

折枝牡丹纹金杯

西夏。1987 年武威城区出土。1 件。口径 9.1 厘米，底径 3.2 厘米，高 4.7 厘米，重 200 克。另一件口径 9 厘米，底径 3 厘米，高 4.5 厘米，重 140 克。金质。铸造捶揲而成。侈口卷唇，弧壁略直，深腹圆收，平底。杯口内沿錾刻连续的缠枝菊花图案，上、下各一圈弦纹；杯底三道弦纹内錾刻两枝左右交错的牡丹团花。线条匀称，制作精致、细腻。现藏武威市博物馆。

錾刻折枝花卉纹金钵

西夏。1987 年武威城区出土。口径

9.7厘米，底径5.4厘米，高3.6厘米，140克。金质。铸造捶揲而成。直口，直壁弧收，平底。口沿外錾刻一周缠枝纹，花卉凸起，上下各有两圈细弦纹。钵内底以一圈弦纹分内外两组纹饰：外区饰缠枝海棠花，内区为折枝花卉，以一朵牡丹为中心，周绕莲花、莲蓬、海棠花及花叶。花叶脉络清晰，向背分明，工艺精湛。现藏武威市博物馆。

鎏金凤鸟银冠

辽代。高39.5厘米，径19.2厘米，419.5克。银质鎏金。冠由前、后、左、右、上五片捶揲、镂空、錾刻的镏金银片卷曲连缀而成。冠体用四片镂空网状花瓣形银片卷成圆筒形，上覆穹庐形帽顶，内衬丝织品，现已残朽殆尽。银片边缘作连弧八曲形，边饰联珠纹间缠枝纹，其余部分以镂空成鱼鳞（或菱格形水波）状的网纹作地。冠正面正中錾刻有摩羯宝珠，两旁为翅羽逶迤、翱翔俯瞰的凤鸟、灵芝状云朵。冠侧银片上錾刻折枝菊花、莲荷、如意云头等图案。帽顶饰仰莲，中心立一圆体大鹏金翅鸟，双翼侧举，长尾上翘，冠羽高耸，展翅欲飞。根据其他出土资料和史料记载佐证，此银冠应系王或帝后所戴。工艺繁缛，纹饰华丽，造型高贵，是辽代王或帝后冠中的精美豪华者。现藏甘肃省博物馆。

錾刻折枝花卉纹金钵 1

錾刻折枝花卉纹金钵 2

鎏金凤鸟银冠

金龙

明代。兰州市征集。高 4 厘米，宽 2.5 厘米，重 9.8 克。以掐丝、累丝等技法编结、拧勒而成。龙首耸额巨目，鬣发飞扬，神情凶猛；龙足屈伸相应，利爪如钩，充满力度；龙身似盘似舒，蜿蜒多态；龙尾分叉，形状若叶，轻轻摆动，再配以摇曳的飘带般长须，刻画出飞龙的动势。制作工艺精细入微，造型栩栩如生。现藏甘肃省博物馆。

金凤凰

明代。1958 年兰州市上西园明墓出土。高 4.5 厘米，长 5.4 厘米，重 7.3 克。金质。凤凰昂首引颈，冠羽高扬，颔羽垂拂，长尾飘逸，双足立于一朵金云之上，做展翅飞翔状。凤体与云朵系用金片捶揲而成，其外廓及鳞形羽瓣均以金掐丝技法结勒傅施。编织匀称紧凑，疏密得体。凤凰翼尾及足下云头，各以金片卷焊一个筒状镶孔，内嵌红宝石，益显华美繁丽，精微夺巧。现藏甘肃省博物馆。

德镇都督府银赏牌

明代。1984 年永昌县钟鼓楼宝顶出土。直径 7.5 厘米，厚 0.02 厘米。银质。剪切做圆形薄片，边缘有残缺，上端出廓成连弧形叶饰，内以联珠表现勾云纹，有穿系钉孔。用锤揲、錾击工艺錾两重圈线，将赏牌分为二区。外区两重圈线内饰卷草纹，内区上部自右至左横排："德镇都督府"，下部錾压一"赏"字。制作简率，风格拙朴。现藏永昌县博物馆。

第七章　漆木器与木板画

GAN SU SHENG ZHI WEN WU ZHI

中国是世界上最早发现并使用天然漆的国家，经过长期的实践，漆器制造发展成为一种专门工艺并达到了很高的水平。

浙江余姚河姆渡新石器时代遗址中发现的木胎朱漆碗，距今已有六千余年，外壁有朱红色涂料，涂料物质性能与汉代漆器的漆皮相似。商周时代已用色漆和雕刻来装饰器物，并以松石、蚌壳等作镶嵌花纹。甘肃崇信县于家湾周墓中就发现有镶嵌蚌泡的漆器或漆皮痕迹，如M149随葬的圆形漆盘、M59和M96的杯形器和钵形器。战国时期，中国漆工艺的水平有了重大的发展并进一步繁盛，漆器器物出现在生活的诸多领域，新品种增多，产量增加。考古发掘出土的漆器，幅员广，地点多，数量大，远远超过前代；漆器装饰也达到空前的水平，用色更丰富，花纹精美生动。这种繁盛的局面一直延续并得到发展。

位于西陲的早期秦人就已经开始使用木器与漆器，如：甘肃礼县大堡子山秦公墓出土有木车和木制钟架，且木车轴上和钟架上都存有少量漆皮；甘肃圆顶山春秋秦墓出土有髹漆葬具；甘肃张家川回族自治县马家塬战国墓地出土的木车，车的车辐和车厢侧面都有髹漆的痕迹。

两汉魏晋时期的漆器产量多、规模大、传播广、器物精巧。甘肃是出土汉代漆器较多的地区。汉代漆器多为木胎，间有夹纻胎或匏胎，纹饰以彩绘为主，多为云纹，也有鸟兽奔驰等形象。1959年武威磨嘴子汉墓出土的漆器精品有：漆式盘、鎏金错银铜扣漆樽、鎏金铜扣漆耳杯等，较为名贵的镶鎏金错银铜口沿的"扣器"和剔红代表了汉代漆器制作的高水平。

隋唐时期，漆器在全国都出土稀少。

宋元时期漆器制作更加精良，纹饰精美，剔红、剔犀、戗金等技艺水平达到顶峰。甘肃漳县汪家坟元墓出土的双龙牡丹纹剔红漆案，是一件剔红佳品。明清时期，中国漆工艺进一步走向成熟，髹饰品种增多，工艺上有极高的成就，杨明《髹饰录》序中提到"今之工法，以唐为古格，以宋元为通法。又出国朝厂工之始，制者殊多，是为新式。于此千文万华，纷然不可胜识矣。"甘肃各文博部门都收藏有明清时期的精美漆器，永登博物馆藏明代海棠朱漆山水人物剔红盘，山丹县博物馆藏明代剔犀杯，现藏甘肃省博物馆"龙王进宝"图堆红盒等均为当时精品。

甘肃古代木器，多为发掘出土的随葬明器，以圆雕为主。两汉魏晋的木雕题材以反映社会生活为主，人物、家畜、家禽及马车、牛车等占据了较大比重。艺术风格粗犷奔放，具有鲜明的地方特色。人物造型舍弃一切烦琐，着意刻画大的体块造型，彩绘纹样与立体造型完美结合，塑造出一个个神形兼备、性格各异的人物。动物造型精巧，于俭朴中见细微，以单纯的形体表现丰富的内涵。武威磨嘴子汉墓，出土数量众多的汉代木雕，总计达140余件，大型彩绘木轺车马、彩绘木六博俑、木马、木鸠杖等，风格雄浑质朴。大型的木轺车、木马、木牛采用分部雕琢、嵌接成形的制作方法，刀法酣畅明快。中小型的木俑尺寸比例精准，线条和形体实现了高度的融合，十分流畅、优美。家畜家禽，则多用单块木头砍削而成，木雕外表均施以彩绘，简洁明了，形象生动逼真。木器中的老叟六博俑的专注神情、舞女俑的轻盈舞姿、卧狗的温顺机敏、木猴的机灵顽皮、独角兽的雄强气势等具有极强的艺术感染力。武威旱滩坡墓葬出土的木牛车俑、木屏风、彩绘木连枝灯等，也具有较高的历史和艺术价值。高台骆驼城魏晋墓葬中出土的木牛车马、木制坞堡、木斗帐等木器工艺水平也很高，是汉晋木雕中的精品。

唐代、西夏时期、元代甘肃出土的木雕文物也富有地方特色，武威青嘴湾喇嘛唐墓出土的彩绘半身女仕俑、戴风帽男立俑、武威西郊林场西夏墓天庆七年木缘塔、漳县徐家坪汪家坟元代墓木屋等是其中具有代表性的精品。

甘肃出土汉晋木版画，在中国艺术史上具有重要地位，居延遗址、高台骆驼汉晋墓葬、许三湾魏晋墓葬、武威西郊林场西夏墓、漳县徐家坪汪家坟元代墓、肃南县西水大长岭唐墓等墓葬中都出土了很多精美的木版画，题材主要有车马出行、神兽、飞鸟、神仙、人物和生活场景等，这些木版画色彩鲜艳，人物、动物造型栩栩如生，是中国古代绘画艺术中的精品。

第七章　漆木器与木板画

1267

第一节 漆 器

鎏金错银铜扣漆樽

汉代。武威雷台汉墓出土。高29厘米，口径24.3厘米，底径15.1厘米。夹纻胎，带盖，通体附加鎏金错银铜扣，所有扣件均线刻奇禽异兽，间以流云纹。盖顶隆起，盖顶中心装饰的鎏金错银铜饰形状为馒头形扣件上附两个曲形提饰，盖边缘饰线刻青龙、白虎、朱雀、玄武四神兽纹。樽身中上部一圈等分装饰三个鎏金错银铜铺首衔环，器身饰连续云纹和仙灵异兽纹。器底等分装饰三个兽面鎏金错银铜蹄足。纻在古代指苎麻或苧麻织成的粗布。夹纻即在木薄片内夹入苎麻或麻织粗布，之后再在其上髹漆的制器工艺。另外，在漆器上附加鎏金错银铜扣的方法在汉代漆器工艺中非常流行，称为"扣器"，在漆器中尤为名贵。现藏甘肃省博物馆。

弦纹波纹漆葫芦

汉代。武威磨嘴子汉墓出土。高7厘米，底径3厘米。匏胎，是以天然长成的葫芦为胎。漆葫芦外表髹黑漆，颈部以朱漆绘波浪纹，波浪纹之下为六道平行弦纹。现藏甘肃省博物馆。

涂漆筷子

汉代。敦煌悬泉置遗址出土。长22.5厘米，径0.6厘米。木胎，细长圆柱体，粗细均匀，髹红漆为地，中间段髹黑漆，靠近上端的部分间隔髹黑漆形成两道平行弦纹。筷子古时称箸，起源可追溯到周代。汉代以后，筷子才普遍使用，一般就地取材，南方用竹筷，北方用木筷。现藏甘肃省文物考古研究所。

鎏金错银铜扣漆樽

弦纹波纹漆葫芦

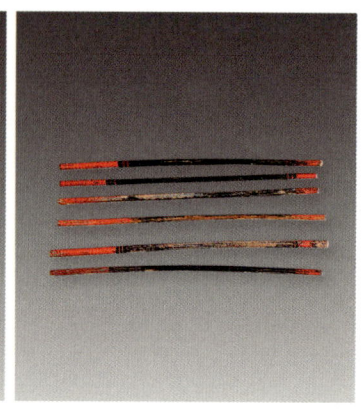
涂漆筷子

漆式盘

变体云纹漆耳杯

彩绘漆木鸠

漆式盘

汉代。武威磨嘴子墓出土。天盘径 6 厘米，厚 1 厘米，地盘边长 9 厘米。木胎，髹深褐色漆。由圆形的天盘和方形的地盘组成，天盘、地盘中心以竹轴相连接，可以转动。天盘中心圈内镶嵌竹制北斗七星，内圈刻十二辰，大吉、神后、徵明、魁、从魁、传送、小吉、胜先、太一、天刚、太冲、功曹。大吉与功曹间有一"月"字。外圈刻二十八宿，东方七宿：角、亢、氐、房、心、尾、箕；北方七宿：斗、牛（牵牛）、女（须女）、虚、危、室（营室）、壁（东壁）；西方七宿：奎、娄、胃、昴、毕、觜、参；南方七宿：井（东井）、鬼（舆鬼）、柳、星（七星）、张、翼、轸。按逆时针方向排列，边缘有圆点刻度一百五十个。地盘由内向外作三层排列，内层无字。中层为十天干和十二地支，（缺地支中的戌、巳），十二地支的"午子卯酉"四字分别间列其中。外圈刻

二十八宿，每条边七宿，均按顺时针排列。地盘中心至四角有双线连接，内镶一大二小三颗竹珠。刻有代表周天度数的 3651/4 度的一百八十二个圆点。

式盘为占卜日时历数的用具，是东汉盛行的天圆地方的浑天说的实物资料，为研究古代天文、历法和复原已经失传的天文仪器提供了珍贵的科学资料。现藏甘肃省博物馆。

变体云纹漆耳杯

汉代。长 13.6 厘米，耳距 12 厘米。夹贮胎，椭圆形器口，器壁弧形，双耳新月形，平底，圈足。器内口沿及器外髹黑漆，杯内髹朱漆。内外口沿、双耳以朱漆绘波折纹及变体云纹。现藏静宁县博物馆。

彩绘漆木鸠

汉代。长 16 厘米，宽 6 厘米，高 11 厘米。木胎，造型为俯卧的鸠，双目平视，口衔圆珠。两翼收拢于背部，尾呈平行

片状，两足屈伸，中有方形卯口，为杖杆接榫处。鸠表面髹褐色漆，眼睛、嘴及全身均用黑漆髹鱼鳞状羽毛，两翼及尾上部用黑漆髹鱼骨状羽毛。髹漆的技法细腻，勾勒出传神的眼睛和细如毛发的羽毛，花纹绚丽，生动活泼。汉代律令规定，鸠杖为汉代七十岁以上老人所持有，是研究汉代尊老养老的实物资料。现藏武威市博物馆。

双龙牡丹纹剔红漆案

元代。漳县汪家坟元墓出土。长70.2厘米，宽35厘米，残高58厘米。案面呈长方形，四圆柱腿，两侧腿之间连接两个横柱。通体髹红漆并剔刻花纹。桌腿及双横柱剔刻缠枝牡丹纹。案面剔刻"双龙串花"图案，以茂盛繁密的牡丹花叶作地，上压两条左右相向嬉戏的飞龙。双龙体态轻盈，左右翻飞，龙头一上一下，极富动感，花叶繁茂，密不见地。剔红是雕漆的一种，自唐代开始出现，到元

代晚期达到登峰造极的地步。这件雕漆木案体现了元代高超的雕漆工艺，是元代家具珍品。现藏漳县博物馆。

大德二年漆托盏

元代。漳县汪家坟 4 号元墓出土。宽 20.9 厘米，高 10.4 厘米，口径 10.7 厘米，底径 8 厘米。夹纻胎，喇叭形外撇圈足，中腰周围有荷叶状托，托上置敛口钵形盏，盏心中空贯通，全形似茶托状。盏内髹黑漆，其余髹红漆，托底有铭文："娇：壹样贰拾伍双，大德贰年五月日造。"此类器物，据最新考古发现与研究认为，是内置高足杯的配套用具。现藏甘肃省博物馆。

海棠朱漆山水人物剔红盘

明代。纵 20.7 厘米，横 26.7 厘米。夹贮胎，盘为海棠形，两面髹朱漆。漆上雕刻人物图案。正面四边雕刻松柏、莲花、牡丹、菊花等花卉。盘心剔刻七位老者，身着不同服饰，骑虎、牛、马、驴等，穿

双龙牡丹纹剔红漆案　　　　大德二年漆托盏　　　　海棠朱漆山水人物剔红盘

行于山水林海之间，以松树山石象征健康长寿。远景为房屋、树木、山石，近景为骑马出行的人物。雕刻繁复细腻，人物形象生动，构图注意远近虚实的结合，刀工圆润，富有流动的美感。

剔红是雕漆的一种，从宋代开始，到元代晚期工艺已经达到登峰造极的地步，明初仍在延续，元、明两代的雕漆工艺对日本的髹漆工艺也产生过深远的影响。现藏永登县博物馆。

剔犀杯

明代。新西兰籍国际主义战士路易·艾黎（1897~1987年）捐赠。高5.5厘米，口径8厘米，底径4.5厘米。木胎，敞口，斜腹，平底，器内素，髹黑褐色漆。酒杯外壁沿口一周削凹弦纹，器身雕刻吉祥云纹五组，黑漆堆积肥厚，刀口内为朱线，层次分明，形制古朴，质地坚实，润滑莹澈。

剔犀是雕漆的一种，是用两种或三种色漆（一般都是两种色漆），在器物上有规律地逐层（每一色层都由若干道漆漆成，各层厚薄并不一致）积累起来，至相当厚度，然后用刀剔刻出云纹、回纹等图案花纹。刀口的断面，可以看见不同的色层。现藏山丹县博物馆。

"龙王进宝"图堆红盒

明代。木胎，盒为圆形通高5.1厘米，分为盒盖和盒身，为字母口套盒，盒盖母口径16.1厘米，高2.8厘米，盒身子口径15.1厘米，足径16厘米，高3.9厘米。堆红，又名罩红。其做法是用漆灰堆花纹，雕刻后上朱漆，或用模子在堆起的漆灰上印出花纹，然后上朱漆，都是用以模仿剔红，故又名"假雕红"。论技法，为堆漆的一种。盖面雕刻"龙王进宝图"，盒侧面雕有折枝花草纹间卷云纹，雕刻圆润，无刀锋显露。盒盖内光素、髹黑漆，有字三行，上下两行已不可辨，中间一行

剔犀杯

"龙王进宝"图堆红盒

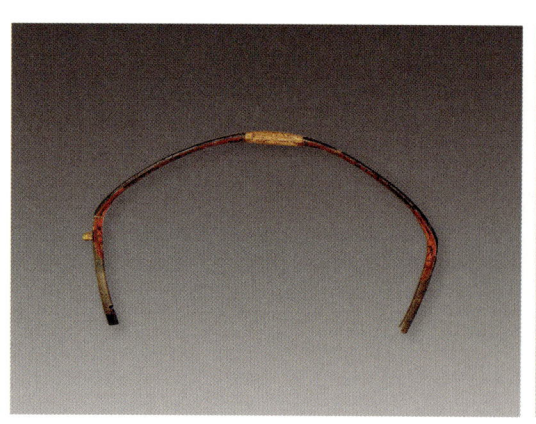

木弓

葵口剔红山水人物漆盘

基本可见，为"□云南大理卫左所"。现藏甘肃省博物馆。

木弓

清代。弓长88.5厘米，纵16.8厘米，直径12.5厘米弓附质地为藤条，弓隈为曲形长条状，上圆、下平直到末端起脊形似三角状，圆面四边刷褐色的漆面，但装饰漆皮略有剥落。中间内部彩绘神人和法宝，上罩透明牛角，用骨条镶嵌边，两头装饰回纹；下绘三角形锯齿纹、回纹、蝴蝶、翎毛、太极等标志的装饰图案，弓（弓肖）用鲨鱼皮装饰，纵20.2厘米，弓弭用牛角制作，并有半圆形系弦的缺口，

从表面和质地看，这张弓做工精致，装饰华丽，赋有民族特征。现藏天水市博物馆。

葵口剔红山水人物漆盘

清代。盘径26厘米。铜胎，红漆，盘内外壁透雕梅花，盘面中心绘山水人物，盘沿和圈足边缘铜胎外露。圈足底内饰菊花纹，正中间篆刻"大清乾隆年制"三行六字。刀法爽利精能，刻痕深陡峻直。

剔红，即雕红漆。用笼罩漆调银朱，在漆器胎骨上层层积累，到一个相当厚度，然后用刀雕刻出花纹的做法。从剔红花纹刀口的断面，有时可以看出施漆的道数。现藏山丹县博物馆。

第二节　木　器

彩绘木俑

汉代。武威磨嘴子汉墓出土。宽 9.7 厘米，高 32.9 厘米。木俑为男俑，身着右衽交领长袍，头戴平巾帻，双手拱于胸前。全身白色涂底，黑色绘巾帻、眉、眼、须发和领、袖、袍的缘边等。

俑的冠饰为平顶的巾帻，没有带冠，长袍色彩为白色，与汉代百姓一律不得穿杂彩之衣、只能穿本色麻布的制度相符，因此，此俑的身份属于身份低微的"卑贱执事"或家属晚辈。现藏甘肃省博物馆。

彩绘木六博俑

汉代。武威磨嘴子汉墓出土。棋盘长 29.2 厘米，宽 19.3 厘米；木俑一高 27.5 厘米，一高 28.5 厘米。棋盘成长方形，前部高起部分为棋盘，上绘黑底白色"规矩纹"图案。旁侧黑色部分用于投案之。木俑为两男跪坐相向博戏。盘右一俑，右手放膝上，左手举于胸前；盘左一俑右臂向前下伸，握一筹。两俑均梳椎髻，身着右衽交领长袍，未带巾帻或冠。面部及双手敷白粉，其上墨绘五官、发髻、胡须、衣领、袖口等，交领长袍用灰色坐底，白色宽带线描绘条状纹饰。"六博"是一种博弈娱乐活动，在春秋时已经出现，战国到汉代非常盛行，博具一般有博局（棋盘）、棋、直食棋、筹码及博局盒。此套博具仅存博局（棋盘）。现藏甘肃省博物馆。

彩绘木舞蹈俑

汉代。武威磨嘴子汉墓出土。宽 4.9 厘米，厚 3.5 厘米，高 26.7 厘米。木俑梳高髻，身着长袍，身体向右倾斜，右臂放于胸前，左臂上举，头右向，作舞蹈状。

彩绘木俑

彩绘木六博俑

彩绘木舞蹈俑

全身涂白粉，以黑、红色彩绘五官、衣领和袍的缘边。造型简洁、质朴，耐人寻味。现藏甘肃省博物馆。

彩绘木舞俑

汉代。武威磨嘴子出土。底宽5.4厘米，高14.5厘米。木俑削制而成，以黑、红色绘五官和衣领、衣缘。木俑做舞状，头发成高髻，长袖袍服。左臂放于胸前，右臂向上平举，而头向右，似看向右上方。木俑彩绘已脱落，雕刻手法简洁生动。现藏甘肃省博物馆。

彩绘木俑

汉代。高台县骆驼城南西干渠墓葬出土。高22厘米。木俑立姿，双手拱于腹前。头顶结三环髻，眉、眼、鼻为墨线勾勒，鼻梁、嘴唇、脸颊涂朱彩，发髻涂黑彩。身着交领长裙，衣领较低，露出饰红边的内裙衣领，外裙衣领饰黑边，上半部施红色条状纹饰，钩黑边；下半部涂红彩，上绘黑色条带。服装上下色彩不同，应为上襦下裙的女服样式，是汉代妇女除了深衣之外的另一种服装样式。襦裙自战国一直到清代始终流行，尽管长短宽窄时有变化，但基本形制始终保持着最初时期的样子。现藏高台县博物馆。

木雕彩绘御奴俑

汉代。1989年甘肃武威市公安局移交，入库收藏。木质，高29.2厘米，肩宽8.5厘米；座长13.5厘米，宽8厘米。木俑由整木削制而成，通体彩绘，但部分脱落。木俑两手端举两侧，跪坐，双膝刻削成椭圆形台座状。头戴三角形黑帽，面部呈三角形，墨绘五官，中间突起为鼻，立体感强。木俑着右衽宽袖白色长袍，以墨笔勾勒袖口、束腰、双足等。此件木俑用雕刻和彩绘相结合的手法，生动地表现了奴仆的顺从和怯懦，是研究汉代雕刻艺术的实物资料。

人物题材是武威汉代木雕的常用题材，直接反映了当时的历史文物风貌，是

彩绘木舞俑　　　　彩绘木俑　　　　木雕彩绘御奴俑

彩绘木男侍俑   彩绘木鸠杖   汉木鸠杖

对现实主义审美观的深刻体现。武威汉代木雕的人物造型生动传神，最显著的特点是流畅的线条运用，大部分人物题材木雕，在形体和线条上实现了高度的融合，整体上看十分流畅、优美。现藏武威市博物馆。

彩绘木男侍俑

汉代。武威磨嘴子出土。底宽 10.3 厘米，高 31.8 厘米。木质，木俑砍削而成，俑站立，戴平顶帽，双手拱于胸前，白粉为底，黑色绘平帻，五官及衣服的领、袖、袍的边缘。俑的衣领部分为粘接而成。现藏甘肃省博物馆。

彩绘木鸠杖

汉代。武威磨嘴子汉墓出土。杖长210厘米，鸠高 9.7 厘米，长 21.2 厘米。鸠干粗细均匀，鸠鸟横卧杆头，黑彩勾画羽毛。《后汉书·礼仪》记载："年始七十者，授之以王杖……端以鸠鸟为饰。"体现了汉代政府为老者赐鸠杖的优抚制度。现藏甘肃省文物考古研究所。

汉木鸠杖

汉代。1988 年 9 月，武威市柏树乡旱滩坡汉墓出土。残长 71.5 厘米，鸠长19.5 厘米，鸠宽 4.8 厘米，鸠高 7 厘米，重量 224.5 克。松木质。鸠杖由杖首和杖杆组成。杖首为一木雕鸠鸟。鸠完整，鸟身为椭圆形，两腿弯曲，呈卧状。口含一物，扁平状尾上翘。用墨笔绘眼睛和羽毛。鸟腹有一圆卵和杖杆相连。鸠杖杆为细长圆木，朽蚀严重，已残断为三截。杖鸠鸟造型生动逼真，简洁朴拙，为研究汉代木雕提供了实例。持鸠杖的老人可以得到社会的尊重。现藏武威市博物馆。

彩绘木鸡栖架

汉代。武威磨嘴子汉墓出土。宽17厘米，高18厘米。底部以两块木板组成十字支架，中间木棍支撑，上搭一块木板，三只木鸡息栖于木架之上。三只木鸡身躯用薄木片削成，只削刻出头和尾，用黑红双彩描绘身体眼睛和羽毛，彩绘与形体有机结合，生动形象，颇富生活情趣。现藏甘肃省博物馆。

彩绘木鸡栖架

彩绘木鸡栖架

汉代。武威磨嘴子汉墓出土。公鸡通长22厘米，母鸡通长19厘米，架通高15厘米，架底长20厘米，宽8厘米。木质，用整木雕成片状公母鸡，公鸡大冠、尖嘴、大尾；母鸡小头、短尾。两只鸡并排栖于"工"字形木架之上。木架由两块长方形木片及一根圆棍状松木套卯粘接而成。两只鸡身通体涂白，以墨线绘嘴、眼、羽毛，并在鸡身两面施彩。风格质朴、简洁，富有情趣。现藏武威市博物馆。

彩绘木鸡栖架

彩绘木卧狗

汉代。武威磨嘴子汉墓出土。长18.2厘米，高7.3厘米。俯卧，两前腿俯地前伸，两后腿曲卧，大尾下垂至地。头左视，竖耳、张嘴、两眼圆睁，全身涂白彩，耳、嘴、眼、四足均用墨线描绘，红彩点染眼睛、耳朵。用简洁古拙的手法表现卧狗警惕的神态，造型精巧，形神兼备。现

彩绘木卧狗

藏甘肃省博物馆。

彩绘木卧狗

汉代。武威磨嘴子汉墓出土。长 23.7厘米，宽3.1厘米，高4.3厘米。用刀削刻出狗匍匐休息的姿态，左侧刻出后肢，右侧光素，尾分体削刻而成并黏合，双前足并拢于头前，长尾、双耳直立，用墨笔绘木狗的口、耳、眼、前肢，以及从头至尾的树枝状皮毛。

汉代木雕技艺惯于采用大刀阔斧的线条进行修饰。这件木卧狗在整体大线条的背景下，在细节上对狗的脸、脊椎、尾巴、爪子等局部进行精细的刻画，皮肤的纹理、眼睛的神态都细致精巧。现藏甘肃省博物馆。

墨绘木卧狗

汉代。武威磨嘴子出土。长18厘米，宽6.5厘米。木质，整木削制而成，侧卧，两只小尖耳直竖，尾上翘，通身墨彩，两眼注视前方，给人以警觉之感。刀法简洁，造型生动，充满了生活气息。现藏武威市博物馆。

木坐狗

汉代。武威磨嘴子出土。长4厘米，高8.8厘米。木质，整木砍削而成，圆雕，狗蹲坐，双耳向下耷拉，尾巴后翘，头部微昂，生动俏皮。木狗白粉为底，身上绘有彩绘。现藏甘肃省博物馆。

木马

汉代。武威磨嘴子汉墓出土。长76厘米，宽19.5厘米，高81厘米。木马形体高大，张嘴嘶鸣，四足直立，作伫立状。通体黑彩，附条状铜当卢、镳衔。尾后举下垂。马鞍用白粉涂底，以红色彩绘云气纹。整体造型雄浑质朴、生动传神。现藏甘肃省博物馆。

彩绘木马

东汉。高台骆驼城墓葬出土。高38厘米，长25厘米。木质雕刻。木马扬头曲颈，旅口露凿，作嘶鸣状，耳向前，鬃

彩绘木卧狗

墨绘木卧狗

木坐狗

木马

彩绘木马

木马

直立，整体肥硕，腰部雕以鞍具，四足着地，作站立状。木马通体施白粉底，用土红，墨线描绘。现藏高台县博物馆。

木马

汉代。武威磨嘴子出土。高 54.5 厘米。木马作站立状，马缺一耳和尾，两腿腐朽。木马通身涂白色，但已脱落，以黑色勾绘马的眼、鼻、唇、蹄等，一耳竖立，双眼圆睁，似在嘶鸣。马身上绘有白鞍，在白鞍上以黑色绘云气纹。现藏甘肃省博物馆。

墨绘木马

汉代。武威磨嘴子出土。长 72 厘米，高 87 厘米。木马通身涂墨，用刀刻出眼、鼻唇，马耳竖起，双目圆睁，作张口嘶鸣状。马颈较长，马身瘦长，马尾上翘，马身上有浅色马鞍，在马鞍上还以黑色勾画出云气纹，马腿粗壮，突显出汉代良马的雄健气势。现藏甘肃省博物馆。

彩绘木独角兽

汉代。武威磨嘴子汉墓出土。长 73

厘米，宽 9.1 厘米，高 31 厘米。身绘红、黑彩，角和尾用黑、红彩绘出纹饰，眼珠为黑色，外以红色勾眶。右前腿抬起，四蹄均涂黑。做前行冲刺的动作，身体造型简洁，四肢动作变化生动，具威猛的气势。独角兽又名獬豸，是一种神兽，能抵御邪狞，起到镇墓辟邪的作用。现藏甘肃省博物馆。

木独角兽

汉代。甘肃武威新华乡磨嘴子出土。身长 21 厘米，身高 19 厘米，触角长 23.5 厘米，尾长 30 厘米，重 320 克。松木质，独角兽的触角、身体、尾、四肢分部件雕刻后黏合而成。身体似牛，四肢弯曲，叶片形耳紧贴身体，头顶正中一剑形触角，刀形尾上竖，臀后缩，足前蹬，作向前冲状。通体彩绘。触角绘红、黑交叉的六条带状纹。身绘红黑圈弧线纹。尾绘红、黑交叉的波状纹五组。形象生动，是研究汉代雕刻艺术、文化生活及葬俗

墨绘木马　　　　　　　　彩绘木独角兽　　　　　　　　　木独角兽

的实物资料。

独角兽又名獬豸，传说中的独角神羊，能触抵邪佞，其置于墓门内，起镇墓辟邪的作用。《异物志》记载："东北荒中有兽，名獬，一角，性忠，见人斗，则触不直，人论则咋不正者。"现藏武威市博物馆。

木虎

西汉。永登县将军山墓出土。长13厘米，高9厘米，厚22厘米。木质。虎身前伸，头高昂回顾，双耳直立，双目圆睁，前双足直立，后双足作跪状，表现虎向上前行回望的形象。造型简约生动。现藏永登县博物馆。

彩绘木卧猫

汉代。武威磨嘴子出土。长6厘米，高19厘米，宽3.7厘米。整木削制，侧卧，面朝前，背拱起，腹内收，面部中间突棱，两耳直立，左眼圆睁，右眼微闭。墨绘耳廓、双目。雕刻技法简练，

巧妙地利用木质特有的纹路表现木猫面部棱角、拱起的背部、内收的腹部加以墨绘，更加生动的表现了猫似睡警觉的特征。现藏武威市博物馆。

木羊

汉代。武威市磨嘴子汉墓出土。长18厘米，高12.7厘米，木质，羊身施以白粉，眼、耳、口用墨线描摹，造型简洁生动，表现出了羊的温顺，充满生活气息。现藏甘肃省博物馆。

彩绘木猴

汉代。武威磨嘴子出土。宽17.3厘米，高32.5厘米。木质，由整木削制而成，全身施黑、白、红三彩，木猴呈蜷缩、蹲卧状，刀法简洁质朴，充满艺术感。现藏甘肃省博物馆。

木牛拉犁

汉代。武威磨嘴子汉墓出土。牛长29.5厘米，宽8.6厘米，高23.5厘米；犁长35.6厘米，宽2.7厘米，高16.6厘米。

木虎

彩绘木卧猫

木羊

彩绘木猴

木牛拉犁

牛通体黑彩，白彩勾绘眼及挽，低首角前倾，屈背，四足蹬地。犁由犁辕，扶手等三部分组成，辕较长，铧头宽大，墨绘。犁与辕之间有支撑，铆眼套合。现藏甘肃省博物馆。

木牛车

汉代。武威磨嘴子汉墓出土。牛：长35.7厘米，宽7.1厘米，高21厘米；车：长67厘米，宽24.9厘米，高24.5厘米。由牛、车两件组成，牛通体呈黑色，尖直的长角斜上伸出，小耳两侧平

展，四肢直立，尾下垂贴臀，眼睛、鼻子用十分醒目的白色线描摹。车为松木本色，木板作辀和轵，轵高耸，两轮巨大，车轮尚能转动，这种高轮车是西域乃至河西走廊特有的样式。现藏甘肃省博物馆。

木轺车

汉代。武威磨嘴子汉墓出土。马长78.8厘米，高88.2厘米；车高95.2厘米，长96.5厘米。由舆车、伞盖、御奴和马组成。舆车有双辕，双轮各有辐条15根。

御奴跪坐，作双手持缰状，以黑、白两色勾出眼、鼻及冠服。马用红、白、黑三色彩绘，头部有铜当卢、兽面饰衔嚼一副，颈上套轭。据汉代制度，当为六百石至千石的官吏享坐的车。现藏甘肃省博物馆。

木斗

汉代。武威磨嘴子28号墓出土。口外宽18.6厘米，底外宽14.8厘米，通高12.8厘米；口内宽16.6厘米，底内宽12.8厘米，内高11.8厘米，口大底小，呈梯形状，四壁由公母卯合形，斗底钉合。容积为2564.0立方厘米。现藏甘肃省博物馆。

墨绘人身柄木剑

汉代。武威磨嘴子汉墓出土。长14.5厘米，宽2.4厘米，厚0.3厘米。木剑上墨绘戴冠男子，眉、目、口、鼻、衣冠清晰，下部削为叶形。附有少量丝织品残迹。此种木剑，可能是起避邪的作用。现藏甘肃省博物馆。

墨绘人身柄木剑

汉代。武威磨嘴子汉墓出土。长9.7厘米，宽1.9厘米，厚0.3厘米。木剑上部墨绘戴冠男子，眉、目、口、鼻。衣服描绘清晰，下部削为叶形，插于墓内角上辟邪。武威汉代木雕多将人物木雕与刀剑木雕结合在一起，刀剑木雕多成片状，雕刻的成分并不多，多采用绘画的方式进行装饰。现藏甘肃省博物馆。

彩绘云气纹木盒

汉代。武威磨嘴子12号墓出土。长37.6厘米，宽17.1厘米，高15.8厘米。长方形，盝顶形盖，盖顶涂红彩。器身白粉敷底，但大部分脱落，用红、黑、蓝三彩在器身、器盖上描绘云气纹，线条

木牛车　　　　　　　木轺车　　　　　　　木斗

活泼而流畅。现藏甘肃省博物馆。

木鞘竹剑

汉代。武威磨嘴子汉墓出土。长78.1厘米，宽3.2厘米，厚2.4厘米。剑鞘及柄绘黑彩，鞘中部为红地黑方块彩绘，有耳形凸穿，是为系佩之孔。剑刃为竹制。剑及鞘尖端少残。现藏甘肃省博物馆。

木匙

汉代。居延甲渠候关出土。长20.5厘米，宽4.5厘米，厚0.6~1厘米。用松木削制而成，木质扁平体，细长直柄，椭圆形宽匙头，匙柄上缠绕着一段麻绳。是汉代士兵食用和炒面的食具。现藏甘肃省文物考古研究所。

木勺

汉代。武威新华乡磨嘴子汉墓出土。通长27厘米，勺径6厘米。整木削挖而成。勺为浅弧腹，内外壁有自然形成的木纹，勺柄为四棱长条形，柄端弯曲，刻挖简单。现藏武威市博物馆。

墨绘人身柄木剑

墨绘人身柄木剑

彩绘云气纹木盒

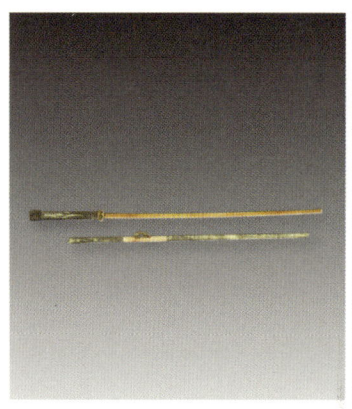

木鞘竹剑

木匙

木勺

木篦

汉代。甘肃敦煌悬泉置遗址出土。长 7.6 厘米，宽 6 厘米，厚 0.77 厘米。素面，顶部半圆形，下部长方形，篦齿细密，齿端有残损，表明是梳妆用具。现藏甘肃省文物考古研究所。

木篦

出火燧

汉代。敦煌马圈湾遗址出土。长 7.6 厘米，宽 6 厘米。红柳木制造，表面有十个钻灼的小孔，内存烧痕，是钻木取火的燧木。现藏甘肃省文物考古研究所。

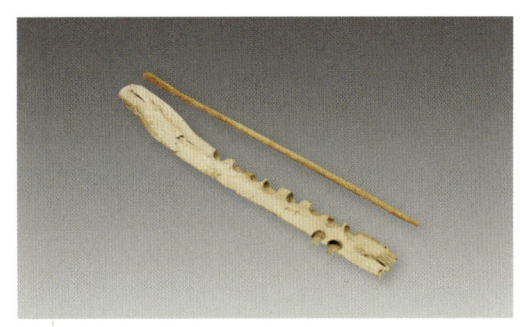

出火燧

木尺

汉代。金塔肩水金关遗址出土。长 23.2 厘米，宽 1.6 厘米，厚 0.25 厘米。木质长方形条状。有黑墨线分为十等份刻度，为汉"十寸"，约相当于现代度量的七寸。现藏甘肃省文物考古研究所。

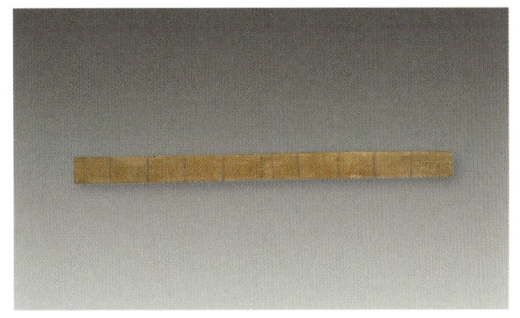

木尺

木转射

汉代。1974 年额济纳旗居延甲渠候官第四烽燧遗址出土。长 40 厘米，宽 40 厘米，厚 7.5 厘米。由四根方形松木榫铆接成，中心置一圆柱，轴中心开一内高外低的斜孔，圆轴下部安装木小柅，可使中轴左右转动。正面平整光洁，涂红色。背面制作粗糙。

转射为一种守御工具，一般嵌砌在坞墙埠坭之上。转射中心圆轴上，可架设弩臂或弓矢，能向左右转动 120 度。士

木转射

兵站在坞（防御建筑）上，可通过斜下方孔向坞下瞄准放箭或观察敌情。必要时，转动圆轴封闭射孔，以防冷箭偷袭。现藏甘肃省文物考古研究所。

木几案

汉代。武威新华乡磨嘴子汉墓群出土。高 22 厘米，几面长 102 厘米，宽 13.5 厘米。木质，几面长条形，两边各排列三个方形套卯孔，系套接几腿之用，几腿呈 S 形外撇。制作简单，是研究汉代木器制作工艺的实物资料。现藏武威市博物馆。

毛刷

汉代。金关北长城遗址采集。通长 18 厘米，柄长 12.8 厘米，柄宽 1.6 厘米。刷柄为木质，刷头为羊毛，用麻绳扎捆而成。现藏金塔县博物馆。

烙花圆木樽

汉代。1959 年武威磨嘴子 20 号墓出土。高 26.8 厘米，口径 29.4 厘米，底径 28.1 厘米。带盖，盖上有刻划纹构成的四等份几何图案。现藏甘肃省博物馆。

汉封桨

汉代。甘肃居延破城子遗址出土。长 16.5 厘米，横木长 23 厘米，封检槽长 6.1 厘米，宽 3.7 厘米。木质，三件组成，上为 V 字形木条和一横木条，横木条两端有二槽，中部穿孔，贯以封检。

木几案

毛刷

烙花圆木樽

汉封桨

甘肃省志 文物志

封棨是古代作通行凭证用的一种木制符信。《后汉书·百官志二》："若外人以事当入，本官长史为封棨传。其有官位，出入令御者言其官。"现藏甘肃省文物考古研究所。

彩绘木梨

汉代。武威磨嘴子汉墓出土。宽 4 厘米，高 5.9 厘米。木质，以整木雕刻成梨状，木梨上方雕出一凸起，作为梨把，木梨上以红、黑彩绘出花纹，颜色鲜艳，写实性强，是一件精美的古代艺术品。现藏甘肃省博物馆。

彩绘木梨

汉竹钗

汉代。武威磨嘴子出土。长 20.3 厘米，宽 1 厘米。木质，竹钗成长条形，有七根齿，均匀细密排列。钗为古代妇女的一种首饰，为研究古代装饰品提供了实例。甘肃省博物馆藏。

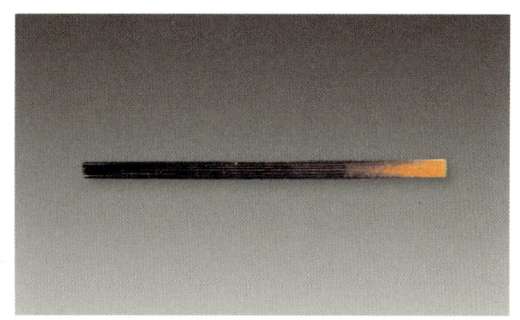

汉竹钗

木梳

汉代。武威磨嘴子汉墓出土。高 7 厘米，宽 5.1 厘米。木梳上圆下方，梳把面稍厚，齿端略薄，梳齿 37 根，均匀排列。现藏甘肃省博物馆。

木梳

彩绘半身男木俑

魏晋。通高 45 厘米。深目高鼻，高颧骨，眼睛外凸，鼻棱直，口微张，身着交领上襦，头戴风帽。墨线勾勒眉、眼、胡须和衣领纹饰；衣领涂红彩，帽涂黑彩，

彩绘半身男木俑

嘴唇涂朱。其五官与所戴风帽是典型的胡人形象，反映了当时胡汉杂居及来自北方游牧民族和西域的服饰对汉族传统服饰的影响。人物造型讲究细部雕刻，具有少数民族的特征。现藏武威市博物馆。

彩绘牛车

魏晋。高台县骆驼城南黑河总干渠墓葬出土。牛高20厘米，长39厘米；车长58.5厘米，高35厘米。木牛，以整块木头雕刻做牛身，上用墨笔勾绘出眼、眉弓，及皮毛等。在头部上额角凿木眼，插嵌两角，臀部插一牛尾。均上黑彩，牛腹部平整，卯装四足。牛车由车辕、车舆、衣蔽、车轮组成。双直辕，车舆成长方形，车舆左右、背后以黑色绢帛围拢成衣蔽，前后均开门两扇，可自由开启，车橑较长。车轮的辐条18根，两轮由横轴相连，并有辖䡇及毂套。车门边框描绘红底黑点，车轴及车辋以黑彩涂黑。牛车车舆前出长橑，又称长橑车，高大严密，车中

设凭几，可以任意倚坐。以前驾马的轺车，大都四面敞露，而此种牛车四周有衣蔽，而且乘坐舒适。现藏高台县博物馆。

木连枝灯

魏晋。1985年武威旱滩坡墓出土。高120厘米、围径约75厘米。底座呈四方覆斗形，上用黑彩描边，四面斜坡与底面上用黑、红双彩描绘花朵纹。中心主干为八棱形，其上白粉敷底，红、蓝双彩间隔勾勒平行条带。主干上嵌插三层十二枝支干，每层支干呈十字形两两相对。每个支干均镂空雕刻凤鸟一只，凤鸟头部朝向灯盏。凤鸟以白粉敷底，用黑、蓝双彩勾勒鸟身，用红彩勾勒鸟冠。每个支干末端均有灯盏一个，灯盏中心有三角形薄片，并涂朱红色，象征燃烧的火焰。顶部应该有较大的灯盏，但已佚失。整个灯盏器型完整，造型与汉代流行的铜连枝灯类似，但从选材和细节上又有创新和突破。现藏甘肃省文物考古研究所。

彩绘牛车1　　　　　　　彩绘牛车2　　　　　　　木连枝灯

木质坞堡

魏晋。高台县许三湾墓出土。长 86 厘米，宽 78 厘米，高 74 厘米。长方形木制坞堡模型。正面左侧开一正门，右侧开一小门，院墙用红、黑双彩钩边，其上墨绘戈、矛、剑、削等兵器。院墙四角建望楼，望楼上绘鸟栖树的图案。前面两望楼楼顶为四面坡顶，上涂黑彩，后面两望楼楼顶较平，近似四面坡顶，亦涂黑彩。四望楼一面开一门，朝向院落，用朱彩勾勒门边；另一面用朱彩描绘田字形，表示窗户，朝向院落外侧。院落中心建主楼一座，顶为双层四面坡形，用黑彩间隔描绘条带纹。坞堡式建筑在东汉后期豪强世家庄园非常流行，作为明器一般制成釉陶，木制坞堡罕见，为研究中国古代建筑、特别是从东汉到魏晋时期建筑的变化提供了珍贵的实物资料。

木制长方形院落，正面开一正门、一侧门、侧门略小。四周有院墙，院墙四隅角墩之上建有角楼，楼院中间建有重檐望楼。四角楼均向院内方向开两门，角楼乃望楼，屋顶均作四面坡，正面院墙外门侧用墨笔、土红会有戈、矛、剑、削等兵器。角墩上各绘树一株，上栖一鸟。现藏高台县博物馆。

木屏风架

魏晋。甘肃武威柏树乡桥儿村旱滩坡出土。长 73.5 厘米，宽 45.8 厘米；座高 6 厘米，长 14 厘米，宽 3.3 厘米。松木质，由四根长条形木片套卯成长方形框架，两个兽足形插座。框架通体施白衣，正面绘饰缠枝花卉，红色花蕾，褐色枝叶，花蕾上下、左右对称；插座体涂白衣，红色勾边。制作工艺简单，纹饰精美，是研究魏晋时期生活用具的实物资料。现藏武威市博物馆。

木牛车

魏晋。1972 年凉州区柏树乡旱滩坡出土。牛高 17 厘米，长 29 厘米；车高

木质坞堡

木屏风架

木牛车

22.2 厘米，长 66 厘米；俑高 24.2 厘米。木质。由一牛一车二人组成。木牛似斧劈刀砍般，轮廓分明，牛眼以墨笔绘出，驾于车辕间。木车四面有栏板，前后设门，一木俑坐于车中，似主人。一车奴立于车前驱牛前行，作行走状。木俑面部墨笔绘出眉、眼、口，眉目清晰。整体造型简洁古朴，主次分明，是一件充满了生活情趣的木质艺术品。现藏武威市博物馆。

彩绘木鱼

魏晋。高台许三湾墓葬出土。长 23 厘米，宽 2.5 厘米，高 3.5 厘米。木质，鱼体用木板削成。用墨笔绘鱼嘴、眼睛、鱼鳃、鱼鳞，并饰以红色。此彩绘木雕鱼为陪葬明器，寄托了死者希望年年有余的愿望，也说明高台在这一时期水资源较为丰富。现藏高台县博物馆。

木马

魏晋。通高 48 厘米，通长 56 厘米。木质，马颈、四肢、马鬃、荐、马尾均粘接。马头部缺一耳，马耳、鼻、眼、嘴均有黑色彩绘。马鬃的后半部分为新配。木马体型较为粗壮，马颈肥短。全身施以赭色粉底，现大部分脱落，隐约可见黑色的彩绘。马衔以红、黑色彩绘，马荐以白色作底，上面绘有三组卷云纹。马的造型饱满健壮，神态活泼，造型栩栩如生。现藏甘肃省博物馆。

彩绘木俑

魏晋。高台骆驼城西干渠墓葬出土。高 24 厘米，肩宽 5.5 厘米。木质，圆雕。木俑头顶部墨绘黑发，眼、耳、口、鼻皆以墨线描绘。浓眉圆眼，口饰红色，身着交领束腰衣服，通体施白粉底，浓墨勾勒衣褶及腰间带饰。现藏高台县博物馆。

彩绘木鱼

木马

彩绘木俑

彩绘斗帐

魏晋。高台县骆驼城南西干渠东汉墓出土。长46厘米，宽46厘米，厚39厘米。帐顶覆斗状，顶下帐体为长方体。帐身构架为木料，有铆榫连接。木构架外张饰粗麻布，麻布上涂白粉作辅色，并彩绘之。帐顶分为四个三角区，每区内饰云纹，斗壁饰云纹。斗帐门两侧绘挽髻、用簪、着交领襦、红裙的两侍者。现藏高台县博物馆。

牵马胡俑

前秦。高台县许三湾南前秦墓葬出土。俑高28厘米，肩宽6厘米；马高40厘米，长38厘米。木俑直立，头戴浑脱帽，两臂袖于胸前，两腿微分，足部固定在一小木板上。墨笔绘帽饰、头发、眉眼口鼻及服饰花纹。浑脱帽又称"胡帽""胡公帽"，顶部小，有外翻的边沿，是西域人常戴的帽子。马作嘶鸣状，耳向后，眼微突。整体肥硕，身部雕以鞍具，四足着地作站立状，鬃毛、尾巴、四蹄均涂黑，头、臀、肩，鞍具等部位用墨笔描绘。现藏高台县博物馆。

彩绘半身女仕俑

唐代。武威南营青嘴喇嘛湾吐谷浑3号墓出土。通高15厘米，面宽4厘米。面容丰满，高鼻、小嘴、长颈，梳回鹘髻。底饰白彩，头发、眼、眉均涂黑彩，唇涂朱彩，面部、嘴角两侧各饰黑色面靥，眉心饰朱彩花钿。回鹘髻底部束箍，上部如梨形，侧向一边，加上花钗、梳子点缀其间，象征鸟般凌空翱翔，勇猛而矫健，是初唐时宫廷妇女流行的发式式样中比较主要的一种发式，这种发式在永泰公主墓、章怀懿德太子墓的壁画、石刻中有很多表现。眉心朱彩点染的花钿和面部、嘴角的黑色面靥，也是唐代贵族妇女特有的面部妆饰。现藏武威市博物馆。

彩绘斗帐　　　　　　牵马胡俑　　　　　　彩绘半身女仕俑

戴风帽男立俑

唐代。武威南营青嘴湾出土。高30厘米，宽7.6厘米。立姿，右手握举胸前，戴风帽，着交领束腰长袍，外披翻领长大衣。面部及右手涂红彩，大衣有黑蓝彩痕迹。风帽的形式来自于北方游牧地区，也是胡帽的一种，主要用来避风沙，男女通用。而翻领大衣，则是典型的胡人服饰。表现出胡汉杂居，来自北方游牧民族和西域的服饰对汉族传统服饰的影响。现藏武威市博物馆。

木雕男立俑

唐代。武威南营青嘴喇嘛湾吐谷浑5号弘化公主墓出土。高62.5厘米，肩宽10厘米，最宽23.5厘米。俑立姿，双手半握拳举于胸前。上着右衽窄袖翻领及膝大衣，下着紧身裤，足蹬翘头靴。大衣及面部施白彩，眉、眼、头发施黑彩。男子面部特征为汉族，而所穿右衽翻领大衣则是胡服的典型式样，反映出唐代在服装式样上兼容并蓄的博大胸怀。现藏武威市博物馆。

彩绘高髻女立俑

唐代。高26.8厘米，肩宽4.6厘米。立姿，领首，双手袖与身体两侧，梳大髻，身着交领小袖紧身裙，足蹬高履，衣裙赭红色，披蓝色披肩，彩绘大部分脱落。发髻蓬松，密鬓拥面，这种发式加入了义髻，即衬入假发，将头发加大加松。贵妇以假髻为首饰，《新唐书·五行志》曰"义髻"。唐末（应说盛唐末）妇人梳髻以两鬓抱面，称"抛家髻"。

窄袖长裙，主要受到胡服的影响，反映了唐代自贞观到开元这段时间的流

戴风帽男立俑　　　　　木雕男立俑　　　　　彩绘高髻女立俑

木兽面

彩绘木塔

行风尚，称为时世装，但与胡服有一定区别。唐代所谓的胡服，实际上包括西域地区的少数民族服饰和印度、波斯等外国服饰。据大量文献资料显示，唐代流行胡服的原因，与当时流行的舞蹈有关。现藏武威市博物馆。

木兽面

唐。两件，第一件长15.5厘米，宽14.9厘米；第二件长17厘米，宽15.6厘米。木质，两个兽面鼻上方，右侧面腐朽，上、下、后均削平整，面部为半圆形，眼大凸出，鼻翼扩张，嘴阔，双唇紧抿，嘴部使用镂雕。兽面造型夸张、生动。现藏甘肃省博物馆。

彩绘木塔

五代。安西榆林窟出土。高68厘米，塔径34厘米。塔成八角形，攒尖顶，塔顶及塔身每面彩绘菩萨三身，每个转角梁上插一木牌，上有彩绘菩萨一身，菩萨均

结跏趺坐，各持摩尼珠、法螺、金刚杵、斧、剑等法器。据记载出土时塔内有银塔一座，上刻"于阗国大师从德"字样，惜银塔已不知下落。此塔可能是于阗国给沙洲曹氏政权的奉品，对研究西域与沙洲地区的交往是重要资料。现藏甘肃省博物馆。

西夏天庆七年木缘塔

西夏。1977年6~10月，武威县西郊林场西夏墓出土。通高73厘米，顶径48.5厘米，底径28厘米。松木质。塔由座、身、顶、刹四部分组成。呈八角形。塔座为四级八角形，饰红色。塔身为八块木板合成，合缝处以长方形四角带钉的铁片（已锈蚀）上下两道相连，塔身涂蓝色，用黄色书写梵文咒语，并有汉字题写的"一切如来咒""圣口光天母心咒""归衣三宝咒"等经咒标题。塔身顶部另有八块小木板作榫卯与塔身相连接，表面涂红色。塔顶为八块近三角形弯曲的木板组

西夏天庆七年木缘塔　　　　西夏天庆七年木桌　　　　木屋

成八角攒尖顶，八角形木板盖内有墨书题记。塔刹底部由八块小木板组成围栏，面涂红色，刹另制，中心有轴和塔顶串联。为研究西夏的文化、宗教、建筑技术、绘画艺术、葬俗等方面提供了重要资料。现藏武威市文物考古研究所。

西夏天庆七年木桌

西夏。1977 年 6~10 月，武威县西郊林场西夏墓出土。长 54 厘米，宽 30 厘米，高 30 厘米。松木质。表面饰土红色。桌呈长方形。桌面打磨光滑，边缘处施凹形线一道。四足上方下圆，均施桌牙。前后为双撑，两侧为单撑。是研究西夏家具制作工艺的重要实物资料。现藏武威市文物考古研究所。

木屋

元代。1973 年漳县徐家坪汪家坟墓出土。长 180.5 厘米，宽 55.7 厘米，高 74.8 厘米。木屋（棺罩），出土时置北棺盖上，东西向顺放。木屋为七间歇山顶，屋顶两面坡，比较平缓，顶表以墨绘出宽条瓦楞。正脊上原有五个饰物，出土时已无存；角脊头端作云头形。斗拱为单抄一下昂，计心造四铺作；昂嘴作劈竹状，耍头为蚂蚱头。一跳华拱前伸出一个假昂，正背面各为十一朵，四角有双下昂转角铺作各一，两山面下各为一朵，共为二十八朵。柱壮举科；攀间科的制作不甚端正照应。撩檐枋与普柏枋在转角处都是交叉，普柏枋与栏额断面呈 T 字形，屋东头（即东山墙下）天地栿及两立颊均在外，门二扇安在墙里。正、背屋子门均悬牙雕刻。正面（南）当心间作壶门，上彩绘二立侍女；背面（北）当心间亦作壶门，上亦绘二立侍女。东门内另插一木板，绘垂帐檐下端坐一老妇人。元代木屋保存完整，是反映元代民居的珍贵实物模型。现藏甘肃省博物馆。

第三节　木板画

彩绘凤鸟图木案

汉代。1957 年武威磨嘴子汉墓出土。长 54 厘米，宽 39 厘米，高 25 厘米。木案四边有隆起的边框，正面白粉敷底，红色彩绘朱雀，黑色勾勒轮廓。背面墨线勾勒朱雀、仙鹤、松鼠、云纹等。线条流畅均匀，生动而有气势。几案呈长方形，由两块木块拼成，几面系铲挖制成，边沿凸起。背面两条衬，衬上粘四腿。几面涂墨彩，中心用红彩圈出一长方形框，内边勾黑线，中以白彩作地，用墨线绘一朱雀，中填红彩。背面穿衬间以墨线勾绘出朱雀、乌鸦、大雁及小动物各一只，并在朱雀前绘有云气纹。现藏甘肃省博物馆。

人猪图木板画

汉代。1957 年武威磨嘴子汉墓出土。长 36.3 厘米，宽 8.1 厘米，高 1.1 厘米。木板为长方形，左侧墨绘穿宽袖深衣戴冠之人，高髻，右手前伸，似欲喂食。右侧墨绘猪一头，拱嘴翘尾，并用墨线勾勒猪鬃，线条流畅生动。现藏甘肃省博物馆。

彩绘人物木板画

汉代。1957 年武威磨嘴子 5 号墓出土。长 37.6 厘米，宽 12.2 厘米。白粉敷底，红、黑双彩绘相对而立的主、婢二人，黑色发髻，红色交角领宽袖深衣，均用墨线勾勒轮廓。右侧绘树一棵，树为红干，黑叶。主、婢二人大小有别，比例适中，线条流畅，已具备成熟的人物画技法。现藏甘肃省博物馆。

墨绘胡人像木板画

汉代。1957 年武威磨嘴子 72 号墓出土。长 35.7 厘米，宽 9.4 厘米，厚 1.5 厘米。长条形木板，墨线绘一胡人侧立像，深目高鼻，穿左衽长袍，腰束带，膝下朽损不清，左手下垂，右手握拳上举。中上部断开粘接，右下部朽损，左侧尚与

彩绘凤鸟图木案

人猪图木板画

整体联结。现藏甘肃省博物馆。

墨绘马厩图木板画

汉代。金塔县肩水金关遗址出土。长25.5厘米，宽20厘米。厚2厘米两块木板内侧边缘穿孔，用麻绳连接成一副完整图画。画面用墨线绘制。画面左方绘一大树，树枝上栖落飞鸟，树下画三人正在奔跑，中心部位绘一匹黑马，被拴在树上，昂首嘶鸣。右方画一人双手牵马尾，头梳发髻，身穿长袍，腰系束带，双足穿履。现藏甘肃省文物考古研究所。

彩绘女娲图木板画

魏晋。1979年嘉峪关新城魏晋墓出土。长294厘米，宽60厘米，厚8厘米。棺板画为棺盖，画面彩绘女娲像及云纹图案，构图生动，线条清晰。现藏嘉峪关长城博物馆。

牛车出行图木板画

魏晋。1999年，高台县骆驼城南出土。长210厘米，宽32厘米，厚6.5厘米。棺板长方形，棺板中部以土红画两道竖线，两竖线内横向构图以墨笔绘一牛车，一人牵牛，车后为一着大氅、挽高髻、

彩绘人物木板画

墨绘胡人像木板画

墨绘马厩图木板画

彩绘女娲图木板画

牛车出行图木板画

用簪人物。车前绘一斗帐，帐内有卧具。现藏高台县博物馆。

扶桑人物图棺板画

魏晋。高台骆驼城南墓葬出土。长59厘米，宽40厘米，厚5厘米。画面以墨线勾画而成，画面下部绘方格纹图案，上绘一株树，树顶落有一只鸟，鸟翅微张，三足。树下绘有两人，相对而坐，似在交谈什么。

三足鸟是中国古代神话传说中的三足金乌，是会飞翔的太阳神鸟，《山海经·大荒东经》载："汤谷上有扶木，一日方至，一日方出，皆载于乌。"现藏高台县博物馆。

牛车人物图木板画

西晋元康元年。高台县骆驼城西晋墓出土。长32厘米，宽23厘米，厚1.5厘米。木板长方形，画面横向构图。白粉敷底，左侧绘一牛车，车前有驾车者。牛车为河西走廊特有的高轮车，车顶有蓬，右侧绘枣红色高头大马，马头饰雄胜，身披鞍鞯，马前为牵马者。此墓葬出土柩铭一块，墨书"晋故元康元年凉州酒泉表是"。现藏高台县博物馆。

牛车人物图木板画

前秦建元十八年。高台县骆驼城南出土。长40厘米，宽18厘米，厚1.8厘米。木板基本为长方形，原系陪葬明器卧具

（相床）之后屏，现左侧尚有铆榫。画面横构图，上边绘云纹，下边左右两端绘象征太阳、月亮的金乌和蟾蜍。日、月下有榜题"使娘"，为一着襦、挽髻的女子，牵一牛车，车后有一人，人后绘一树。

扶桑人物图棺板画

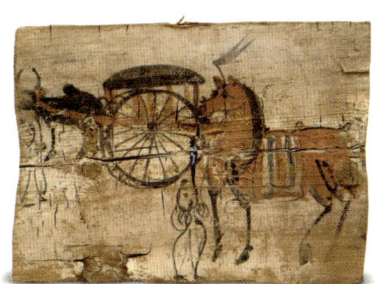

牛车人物图木板画

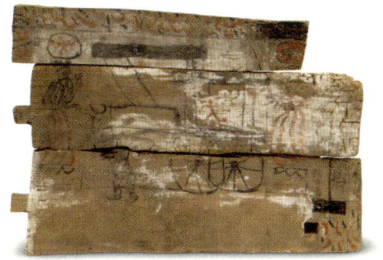

牛车人物图木板画

画面以白粉涂底，墨笔描绘，饰以土红。上有"日""月""使娘""牛""羊""树"等榜题八处。同墓出土木牍一方，知墓主人名高容，埋葬时间为前秦建元十八年。现藏高台县博物馆。

垂帐人物图木板画

前秦。高台县许三湾南墓葬出土。长52厘米，宽32厘米，厚2厘米。木板长方形，原系陪葬明器卧具（胡床）后屏。以白粉敷地，横构图于画面上方以墨笔绘横贯画面的垂帐，饰以石青、土红。垂帐下绘树一株，树右绘有鞍马一乘，树左绘一拱手、端坐、头着冠、身穿交领广袖、长服蓄须的男子。现藏高台县博物馆。

垂帐人物图木板画

该画构图奇特，寓意深刻，富于艺术魅力和神秘色彩。这种图案一般出自夫妻合葬墓中，以木板钉在墓顶上，或覆在尸体上。伏羲、女娲是中国古代传说中的天神和人类的始祖。据说伏羲教导人们从事生产，女娲教导人们婚姻伦理。现藏高台县博物馆。

兵器架木板画

前秦。高台许三湾南墓葬出土。长39厘米，宽19厘米，厚2厘米。木质，白粉涂底，墨笔勾绘，淡墨渲染，间饰土红色、绿色画面上方绘一悬挂帷帐，下有一木架，上挂刀、剑兵弓器矛等兵器。现藏高台县博物馆。

门楼图木板画

唐代。肃南县西水乡大长岭唐墓出土。高66厘米，宽70厘米。由三

前秦"左日右月"伏羲女娲图棺板画

前秦"左日右月"
伏羲女娲图棺板画

前秦。高台许三湾西南墓葬出土。长223厘米，宽52厘米，厚5厘米。画面竖构图，内容基本采用轴对称构图法。作者以墨笔绘人首蛇身的女娲、伏羲形象，女娲挽髻，伏羲头着冠。女娲、伏羲胸前各有一圆轮，女娲胸前圆轮内墨书"右月"，伏羲胸前圆轮内墨书"左日"。两神蛇身交缠，成"8"字状。

兵器架木板画

块木板缀合而成。松木质，棺木板，上边呈半圆形状，左右边及下边为直边。画面上部为盝顶形，顶部中心墨线绘大鹏金翅鸟，翅膀敷朱彩，左右各绘祥云一朵，鸟下方绘单檐歇山顶门楼，大门两侧各绘一武士，武士头戴高冠风帽，身着软甲，一手叉腰，一手持剑。屋檐、斗拱均用墨线勾勒。门下绘台阶。屋顶、台阶均用墨线勾勒，廊柱、大门用朱彩平涂，墨线勾边，上有圆形门钉 16 个，带门叉的门环两个。门楼的造型反映了唐代吐蕃时期的建筑风格。现藏肃南裕固族自治县博物馆。

蛇马生肖木板画

唐代。肃南县西水乡大长岭唐墓出土。长 87 厘米，宽 24.5 厘米。长方形木板，朱红色敷底。左右各绘壸门，壸门内敷白粉底，大都脱落。左侧门内，墨线勾勒站立的骏马一匹，马的两侧各绘祥云一朵，左侧壸门内墨线勾勒盘蛇一条，蛇的两侧各绘祥云一朵。具有唐代绘画的风格。

木板呈长方形，画面用墨线清绘，左边绘马，呈站立状，右绘蛇呈盘状。蛇头扬起，张口吐舌。周围马、蛇两边为绘瑞云一朵，用土红着色。现藏肃南裕固族自治县博物馆。

唐（吐蕃）彩绘"鼠、猪"生肖图木板画

唐代。肃南县西水大长岭唐墓出土。长 57 厘米，宽 20 厘米。木板呈长方形，

门楼图木板画

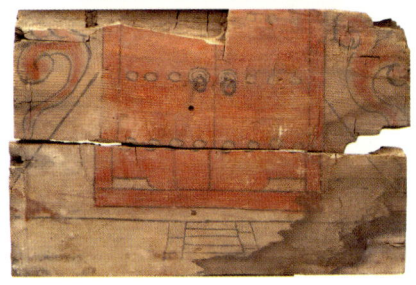

蛇马生肖木板画

唐（吐蕃）彩绘"鼠、猪"生肖图木板画

上用墨笔双线勾勒一壸门开光。壸门内木板底色为本色，并用墨线勾绘长尾尖耳老鼠和尖嘴猪。

老鼠身上用土红色晕染，猪身通体墨色晕染，酷似野猪。壸门内老鼠与猪

的下边有蘑菇状云朵。壶门外用土红色着色。现藏肃南裕固族自治县博物馆。

彩绘"鸡、猴"生肖木板画

唐代。1979年，肃南县马蹄乡二夹皮村大长岭唐墓出土。猴生肖木版画长73厘米，宽22厘米；鸡生肖木版画长64厘米，宽12厘米。猴生肖木版画，木板呈长方形，上用墨笔双线勾勒一壶门开光。壶门内用墨线勾勒一猴，其双手环抱膝盖至胸前，猴子两侧绘有两朵升腾的祥云。壶门外饰以土红色。

鸡生肖木版画上用墨笔双线勾勒一壶门开光，壶门内为木板本色，用墨线勾勒一站立的鸡，鸡通体以墨色晕染，两侧绘有土红色祥云。壶门外饰以土红色。现藏肃南裕固族自治县博物馆。

彩绘牵马"大六"木板画

西夏天庆七年(1196年)。武威市西郊林场2号墓出土。纵14厘米，横8厘米。牵马人身着交领左衽窄袖长袍，腰扎黑色束带，足蹬长筒靴。前额剃发，两侧挽髻，余发披垂脑后。左手勒马，右手执鞭。马昂首扬尾作奔腾状，四蹄腾起作飞奔姿态。身配黄色马鞍、肚带。木板背面墨书："大六"二字。形象生动，栩栩如生，很有感染力。现藏武威市文物考古研究所。

"五侍男"木板画

西夏天庆七年(1196年)。1977年武威市西郊林场2号墓出土。长21.5厘米，宽12厘米。五侍男身着圆领窄袖长袍，腰扎束带，脚踏乌靴。头均偏向左侧，额发中分，两边侧发挽髻，余发披垂脑后。衣服色彩自左及右依次为灰色、黄褐色、赭色、青色及蓝色，分别佩宝剑、跨包袱、执托盘、捧唾盂、披长巾。这件木版画是研究西夏发式、服饰生活用具的重要资料。现藏武威市博物馆。

彩绘"鸡、猴"生肖木板画

彩绘牵马"大六"木板画

"五侍男"木板画

"五侍女"木板画

西夏天庆七年 (1196 年)。1977 年武威市西郊林场 2 号墓出土。长 21 厘米，宽 12 厘米。柏木质。木板呈长方形，以土红色打底。表面横向彩绘五女侍图，用墨线勾画轮廓，然后填彩，人物形象逼真。五侍女着交领长袍，腰束带，腰下侧开叉，自左及右第一、第三和第五位侍女着红色长袍，间隔两侍女分别穿蓝色和浅赭色长袍。头均偏向右侧，左一矮个子侍女散发披肩，其余四侍女头顶束高发髻，余发披于脑后。自左及右分别披长巾、挎包袱、执拂尘、托盘（盘中放置一束口锦袋）、捧盒。这件木版画是研究西夏发式、服饰生活用具的重要资料。现藏武威市博物馆。

人物木板画

西夏。1997 年甘肃武威市凉州区西关街武警支队家属楼工地出土。长 54.2 厘米，宽 22.8 厘米，厚 1.6 厘米。柏木质，木板呈长方形，以土红色打底。表面横向彩绘四男一女，先用淡白色打底，再用淡墨淡彩作画。五人站成一字形，头向各不一致，有的正面，有的略侧向一边，有的完全侧向一边。基本上都是髡发（唯第二人头发蓬松隆起），后两侧各有一条短辫垂于肩部。第四人头顶左侧戴一朵白花，除第四人外均有胡须，有

的络腮胡，有的八字胡，有的似五绺长须。身上均穿圆领束袖长袍，腰系丝带，双手多拱举胸前，唯第四人双手拊腹。这副版画是研究西夏社会生活和绘画艺术的珍贵实物资料。现藏武威市文物考古研究所。

西夏天庆七年彩绘武士木板画

西夏。1977 年凉州区西郊林场出土。

"五侍女"木板画

人物木板画

西夏天庆七年彩绘武士木板画

长 15.5 厘米，宽 7.2 厘米。木板画下边缘绘有武士双脚的地方残。仅有双脚穿靴的上半部。武士面圆鼻直，双目炯炯有神，头戴红缨毡帽，身穿广袖红色战袍，束盔甲皮铠，革带揽裙，肩披红色战巾。体魄雄伟高大，一副威风凛凛的年轻战将模样。画面色泽鲜亮，是西夏绘画中的上乘佳作。现藏武威市文物考古研究所。

主要参考文献

1. 中国美术全集编辑委员会编：《中国美术全集8·漆器》，文物出版社，1989 年。

2. 王世昌：《中国文物精华大辞典·金银玉石卷》，上海辞书出版社，1996 年。

3. 李永良：《河陇文化》，上海远东出版社，1998 年。

4. 黄能馥、陈娟娟：《中华历代服饰艺术》，中国旅游出版社，1999 年。

5. 沈从文：《中国古代服饰研究》，上海书店出版社，1997 年。

6. 何双全：《天水放马滩秦墓出土地图初探》，《文物》1989 年第 2 期。

7. 陈梦家：《汉简缀述》第三节《汉代占时测时的仪具，一式》，中华书局，1980 年。

8. 李零：《中国方术考》，第二章《式与中国古代的宇宙模式》，东方出版社，2001 年。

9. 严敦杰：《式盘综述》，《考古学报》1985 年第 4 期。

10. 王世襄：《中国古代漆器》，三联书店，2014 年。

11. 王世襄编著：《髹饰录解说》，三联书店，2016 年。

12. 张朋川：《中国汉代木雕艺术》，辽宁美术出版社，2003 年。

13. 冯昌泰：《论武威汉代木雕的造型特点》，西安美术学院，2012 年。

14. 朱安、张振华等：《甘肃武威磨嘴子汉墓发掘简报》，《文物》2011 年第 6 期。

15. 甘肃省文物局编：《馆藏——级文物——甘肃卷（上、下）》，2005 年。

16. 武威市文物考古研究所：《甘肃武威凉州区磨嘴子汉墓清理发掘简报》，《陇右文博》2009 年第 1 期。

17. 甘肃省博物馆：《甘肃武威磨嘴子汉墓发掘》，《考古》1960 年第 9 期。

18. 甘肃省博物馆：《武威雷台汉墓》，《考古学报》1974 年第 2 期。

19. 吴荭：《甘肃高台县骆驼城墓葬的发掘》，《考古》2003 年第 6 期。

20. 张小刚、王建军、张景峰等：《甘肃高台县骆驼城南墓葬 2003 年发掘简报》，《敦煌研究》2006 年第 3 期。

21. 《甘肃高台骆驼城西晋墓》，见国家文物局主编《1998 中国重要考古发现》，文物出版社，2000 年。

22. 钟长发：《甘肃武威旱滩坡东汉墓》，《文物》1993 年第 10 期。

23. 甘肃省博物馆、漳县文化馆：《甘肃漳县元代汪世显家族墓葬——简报之一》，《文物》1982 年第 2 期。

24. 漳县文化馆：《甘肃漳县元代汪世显家族墓葬——简报之二》，《文物》1982 年第 2 期。

25. 叶林勇：《赏析武威汉代木雕的造型题材与艺术特色》，《艺术大观》2013 年第 5 期。

26. 甘肃省文物考古研究所、张家川回族自治县博物馆：《2006 年度甘肃张家川回族自治县马家塬战

国墓地发掘简报》，《文物》2008 年第 9 期。

27. 早期秦文化联合考古队：《2006 年甘肃礼县大堡子山 21 号建筑基址发掘简报》，《文物》2008 年第 11 期。

28. 早期秦文化联合考古队：《2006 年甘肃礼县大堡子山祭祀遗址发掘简报》，《文物》2008 年第 11 期。

29. 早期秦文化联合考古队：《2006 年甘肃礼县大堡

子山东周墓葬发掘简报》，《文物》2008 年第 11 期。

30. 甘肃省文物考古研究所、礼县博物馆：《甘肃礼县圆顶山 98LDM2、2000LDM4 春秋秦墓》，《文物》2005 年第 2 期。

31. 甘肃省博物馆：《武威磨嘴子三座汉墓发掘简报》，《文物》1972 年第 12 期。

第七章

漆木器与木板画

甘肃省志 文物志

第八章　简　牍

甘肃地下出简，由来久矣。据唐人牛僧儒《玄怪录》卷二记载，早在北周静帝宇文衍时期，就曾在居延一座古宅里挖出过竹简。到了北宋末年，有记载的出简就有两次。一是邵博《邵氏闻见后录》卷二十七所载："崇宁（1102~1106年）初，经略天都，开地得瓦器，实以木简札，上广下狭，长尺许，书为章草，或参以朱字，表物数曰：缣几匹，绵几屯，钱米若干，皆章和年号。松为之，如新成者，字遒古若飞动，非今所畜书帖中比也。其出于书吏之手尚如此，正古谓之札书。"得简之地"天都"，在甘肃六盘山以东之平凉、固原一带。"章和"为东汉章帝刘炟的年号，时在公元87~88年，说明所出木简乃东汉之物。一是赵彦卫《云麓漫钞》卷七所载："宣和中（1120~1125年），陕右人

发地，得木简于瓮，字皆章草，朽败不可诠次。得此檄云：'永初二年六月丁未朔廿日丙寅，得车骑将军莫府文书，上郡属国都尉、二千石守丞、廷义县令三水，十月丁未到府受印绶，发夫讨畔羌，急急如律令。马四十匹，驴二百头，日给。'"这是保留原简文字的唯一一条记载，弥足珍贵。简文中"永初"为东汉安帝刘祜的年号。"永初二年"即公元108年。依照《后汉书·邓骘列传》的记载，永初元年夏（107年），"凉部畔羌摇荡西州，朝廷忧之，于是诏骘将左右羽林、北军五校士及诸部兵击之"，由此可知，永初元年西羌叛乱，朝廷命车骑将军邓骘率军镇压。这道檄书就是次年由邓骘发出的，二年六月传达至西州各郡。可惜，这些简牍实物都没有留存下来。

到了近代，时至清朝末年和民国时期，甘肃汉简才有大批量的发现和出土。第一批是 1907 年和 1914 年，英籍匈牙利人斯坦因（Marc Aurel Stein）在其第二、第三次中亚考察时，在敦煌、酒泉长城沿线挖掘汉简 3000 多，现在收藏在英国大英图书馆。第二批是 1930 年中瑞西北科学考察团成员瑞典考古学家贝格曼（Folke Bergman）在汉代的居延一线包括今天的酒泉金塔和内蒙古额济纳旗发现汉简 10000 多枚。抗战期间，为保护这批国宝，很多爱国志士历尽艰险，从北京运到香港，又从香港转运到美国，寄存在美国国会图书馆，一放 25 年，直到 1965 年才从美国运抵台湾，现藏台北历史语言研究所。

1949 年后，甘肃又有大量汉简被发现出土。其中重要者有：1959 年在武威磨嘴子汉墓出土的《仪礼》简和王杖简，是完整的古代典籍和有关尊老养老的法律；1972~1974 年在今内蒙古额济纳旗和甘肃金塔县即两汉的居延地区发掘了甲渠候官遗址和肩水金关及地湾遗址，出土汉简 20000 多枚，主要是军事屯戍文件，对研究两汉时期的西北边防和汉匈关系具有重要价值；1979 年，发掘敦煌西北 95 公里的马圈湾烽燧遗址，出土汉简 1200 多枚，是研究玉门关位置、西域诸国及丝绸之路的重要材料；1990~1992 年

发掘的敦煌悬泉置遗址，出土汉简 23000 多枚，不仅数量多，而且因为悬泉置遗址地处中西交通的重要站点，对研究丝绸之路和西域国家具有重大价值，被评为"八五"期间全国十大考古发现之一和当年全国十大考古发现之一。此外，敦煌玉门关及北部烽隧一线还有一些零星的发现，共出汉简 600 多枚。

除了汉简之外，甘肃地区还有秦简和晋简的发现。1986 年在天水市北道区放马滩出土秦简 460 枚，有选择吉凶的《日书》和类似于后世《搜神记》的《志怪故事》，同湖北睡虎地秦简一样，对研究秦人的社会生活和思想信仰具有重要价值。2010 年，在临泽黄家湾晋墓出土晋简 37 枚，涉及晋代西北的土地制度。

从 1907 年到 2010 年的一百多年里，全国出土汉简 70 多批、次，而甘肃就出土 30 多批、次，占一半多；全国出土汉简 73600 多枚，而甘肃就出土 60000 多枚，占全国所出汉简的 82%。

甘肃汉简有着极高的学术价值，是研究两汉时期政治、法律、经济、文化、军事、外交、民族、民俗、邮驿交通、西北史地、丝路贸易、文字书法、科学技术以及生态环境等诸多领域的第一手资料。汉简中大量郡县官职的记载，补充了历史文献中官职资料的不足；诏书律令的出土

附：甘肃所出简牍一览表

时间	出土地点	时代	数量	说明及出处
1986	甘肃天水放马滩 1 号墓	秦	460	《文物》1989 年第 2 期等。
1907	敦煌长城烽燧遗址	汉	3000	1913 年沙畹《斯坦因东土耳其斯坦沙漠发现的汉文文书》发表 702 枚，其余 2300 多枚 2007 年发表。
1914	敦煌等地长城烽燧遗址	汉	230	1953 年，马伯乐《斯坦因第三次中亚考察所获汉文文书》，公布 166 枚，另有 60 余枚未及发表。
1920	敦煌小方盘城附近	汉	17	周炳南所得之零简。
1930	河西居延地区	汉	11000	《居延汉简甲乙编》，中华书局，1980 年。
1944	敦煌小方盘城	汉	49	夏鼐《考古学论文集》，科学出版社，1961 年。
1945	武威喇嘛湾	汉	7	《居延汉简补编》，台北史语所专刊之九十九，1998 年。
1959	武威磨嘴子 6 号汉墓	汉	469	《武威汉简》，文物出版社，1964 年。
1959	武威磨嘴子 18 号墓	汉	10	王杖十简。《武威汉简》，文物出版社，1964 年。
1971	甘谷刘家坪	汉	23	《汉简研究文集》，甘肃人民出版社，1984 年。
1972	武威旱滩坡汉墓	汉	92	《武威汉代医简》，文物出版社，1975 年
1972	居延地区	汉	14	《居延新简》，中华书局，1994 年
1973	金关遗址	汉	12000	《文物》1978 年第 1 期等。
1974	居延甲渠候官与第四隧	汉	8420	《居延新简》公布 8420 枚。
1977	玉门花海汉简	汉	91	《汉简研究文集》，甘肃人民出版社，1984 年。
1979	敦煌烽燧遗址采集	汉	25	《敦煌汉简》，中华书局，1991 年。
1979	敦煌马圈湾烽燧	汉	1217	《敦煌汉简》，中华书局，1991 年。
1981	敦煌酥油土烽燧	汉	70	《敦煌汉简》，中华书局，1991 年。
1981	武威磨嘴子征集汉简	汉	26	《汉简研究文集》，1984 年。
1981	甲渠候官、第四隧采集	汉	87	《居延新简》中华书局，1991 年。
1986	敦煌烽隧遗址采集	汉	145	《敦煌汉简》中华书局，1991 年。
1989	武威旱滩坡汉墓	汉	17	《文物》1993 年第 10 期。
1990	敦煌清水沟东墩	汉	41	《简帛研究》1996 年第二辑。
1992	敦煌悬泉置遗址	汉	23000	《文物》2000 年第 5 期。
2000	武都赵坪（实则可能在河西）	汉	12	《文物》2003 年第 4 期。
1984	武威五坝山 3 号墓	汉	1	《散见简牍合辑》。
1985	武威旱滩坡 19 号墓	晋	5	《散见简牍合辑》。

1986	高台常封晋墓	晋	1	《散见简牍合辑》，文物出版社，1990 年。
1998	高台骆驼城晋墓	前凉	2	《丝绸之路》1999 年第 3 期。
1991	武威	前凉	5	《陇右文博》1997 年第 2 期。
1996	武威	前凉	1	《简帛研究》第二辑。
1972	武威小西沟岘	西夏	1	《考古》1974 年第 3 期。
1997	武威	西夏	1	《中国文物报》1997 年 6 月 29 日。
1998	武威西郊	西夏	1	《陇右文博》2000 年第 2 期。
1998	武威永昌镇	元	1	《中国文物报》1998 年 8 月 23 日。
2008	永昌县红山窑乡水泉子村	汉	700	《文物》2009 年第 10 期。
2010	临泽县黄家湾魏晋墓群	晋	37	《中国经济史研究》2012 年第 1 期。
合计			61241	其中汉简 60763 枚

说明：1. 上表所列只是不完全统计；2. 有些只是约数，所以合计数中后两位数并不精确。

为研究秦汉法律制度和法律条文提供了新材料；大量经济资料的出土为研究两汉西北地区农业、畜牧业、手工业、商业的发展以及地租、赋税形态提供了新证据；汉简中保留的儒家经典和古代典籍有的为我们提供了汉人与今不同的新版本，有的则是亡佚了几千年的古书；汉简中西北障塞防御体系、屯兵戍守、军队布防的详细记录是当年国家统一强盛的反映，是研究军事史的珍贵史料；汉简中关于西域各国的详细情况以及对中亚、西南亚、地中海沿岸各国的记载不仅是研究西域各国早就归入中原版图的第一手资料，而且是古代中国同中亚、印度、伊朗、罗马等地区中外关系、商贸往来、友好交往的历史见证；汉简中对月氏、乌孙、匈奴、羌等少数民族的记载，证明中国自古以来就是一个多民族聚居融合的国家，各民族人民共同努力才开拓建设了我们美好的家园；有关当时人们衣、食、住、行、用方面的翔实记录，提供了两汉时期西北社会生活及民俗风情的方方面面；大量的邮驿资料、交通车马方面的记录，为我们显示了汉代邮驿交通方面的生动景象；文字书法的再现，不仅使我们看到了小篆、隶书、草、行、楷各种书体的产生和流变，同时还是今人研习书法艺术的实物范本。关于历法、算术、医学等方面的古籍，体现了当时的科学发展水平。总而言之，甘肃汉简涉及的学科门类是多方面的，其学术价值也是多方面的。

本章所选 110 组（篇），即是上述 1949 年以后出土并收藏在甘肃的秦汉简牍（帛书）具有代表性的内容。

第一节　天水放马滩秦简

1986年6月出土于天水市北道区党川乡放马滩1号秦墓。墓型为长方形竖穴墓，长5米，宽3.5米，深3米。墓内一棺一椁，竹简置棺内死者头部右上方。同出器物还有算筹、毛笔、笔套等。所出竹简460枚，系三种文书：一是《志怪故事》，7简；二是《日书》甲种，73简；三是《日书》乙种，380简。简长27.5厘米，宽0.7厘米，厚0.2厘米。两端及中部编纶共三道，文字上下两栏。编绳虽已朽蚀，但有丝织物痕迹，简右编绳处有锲口。每简容字25~40字不等，最多者达43字。《志

怪故事》类似于《搜神记》的有关内容，但年代比《搜神记》早了500年，对研究志怪故事这类文学形式的起源有重要价值。《日书》两种，是继湖北睡虎地秦墓《日书》出土后又一次先秦术数文献的重大发现，是研究秦人的天地观念、思想信仰、社会生活和风俗习惯的珍贵资料。现藏甘肃省文物考古研究所。

木板地图

1986年6月出土于天水市北道区党川乡放马滩1号秦墓。在四块木板上绘制地图七幅，其中3块正反两面绘制，1块只一面绘制。7幅地图有1幅尚未完成，只绘部分线条，未标注地名，故完整地图有6幅。第一块木板由3块拼接而成（出土编号M1:7、8、11），长26.7厘米、宽18厘米、厚1厘米。正面绘山脉、河流等若干线条，标注地名10处：邦丘、略、中田、广堂、南田、邸、漕、杨里、贞里、锴；背面亦绘山川河流，标注地名8处：广堂、中田、光成、山格、明溪、故西山、故东谷、关。第二块木板（出土号M1:9）长26.6厘米、宽15厘米、厚1厘米，单面绘制，有山川地形和关隘道路，标注地名10处：上临、苦谷、燔史谷、燔史关、

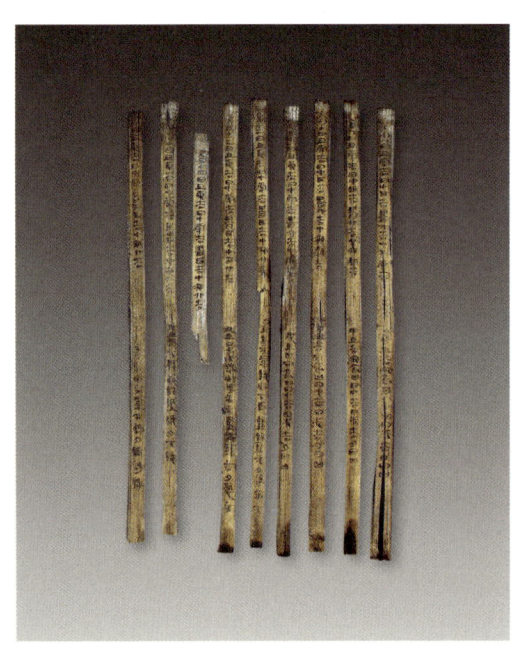

放马滩秦简

大松、大镇、松利、大松利、杨谷、柏谷等，还有大小关口 5 处和林木资源、各地道里。第三块木板（出土号为 M1:12）长 26.5 厘米、宽 18 厘米、厚 1 厘米。正面除绘山川道路外，标注地名 12 处：北谷、苦谷、九员、炎谷、上辟磨、下辟磨、虎谷、上临、下临、上杨谷、下杨谷、兴溪。背面所绘未完成。第四块木板（出土号 M1:21）长 26.8 厘米、宽 16.9 厘米、厚 1 厘米。正面除绘有山川地形外，标注地名 18 处：东庐、韭圆、兴溪、下杨、上杨、下临、上临、虎谿、鬱溪、井溪、西庐、下获思、上获思、下辟磨、上辟磨、九员、苦谷、仑溪；背面亦绘山川地貌，并标注地名 9 处：苦史、夹比、盂溪、广堂史、夹比端溪、大祭纵、大祭相铺溪、中邦、小邦。6 幅地图单则为分幅图，合则可拼为一幅整图，大体反映今天水、秦安、清水一带的地形地貌。放马滩木板地图是考古发掘的最早的木板地图，为研究地图绘制史、历史时期该地区的地貌特征等提供了重要资料。现藏甘肃省文物考古研究所。

秦简·星分度

1986 年出土于天水放马滩一号秦墓，为乙种日书的一个篇章，简牍编号乙 167–178，共 14 枚简，均为竹简，简长 23.0 厘米、宽 0.6 厘米，多有残缺。简文内容记述二十八宿分度及十二月朔宿，可与《淮南子·天文》"星分度""月建"等节对读，是研究古代天文学的重要史料。简文记载的二十八宿分度与《淮南子·天文》及《汉书·天文志》中的"今度"系统存在较大的差异，而与唐《开元占经》

天水放马滩木板地图

所引刘向《洪范传》及阜阳西汉汝阴侯墓所出"二十八宿圆盘"中的"古度"接近。从相关材料考察，天水放马滩星分度中的星宿距度可能是占卜所用。现藏甘肃省文物考古研究所。

秦简·建除

1986 年出土于天水放马滩一号秦墓。《建除》为放马滩秦简甲种的一个篇章，由 21 枚竹简组成。简长 27.3 厘米，宽 0.60 厘米，厚 0.1 厘米。其中简 1~12 为月建表，排列了正月至十二月每月建除十二辰建、除、满、平、定、执、破、危、成、收、开、闭与十二地支相配之次序，简 13-21 分别解说建除十二神煞的吉凶宜忌。放马滩秦简乙种日书也有相同的内容。建除是古代术数家择日的重要依据。天水

放马滩秦简日书《建除》可与睡虎地秦简、孔家坡汉简等多批日书对读并互相发明，对全面了解秦代术数文化及民间习俗具有重要参考价值。现藏甘肃省文物考古研究所。

秦简·十二支占盗

1986 年出土于天水放马滩一号秦墓。《十二支占盗》甲、乙两种日书均有，简文以日支及其对应的十二禽为线索占算可否捕获盗窃财物者，并对盗进出方位、外貌特征、身份贵贱、姓名、藏匿之处等情况加以推测。如甲 30："子，鼠殹，以亡，盗者中人，取之，藏穴中、粪土中，为人鞼面，小目目开然、扁然，名曰'辄'、曰'耳'、曰'芯'、曰'声'。贱人殹，得。"十二支占盗简文内容与睡虎地秦简

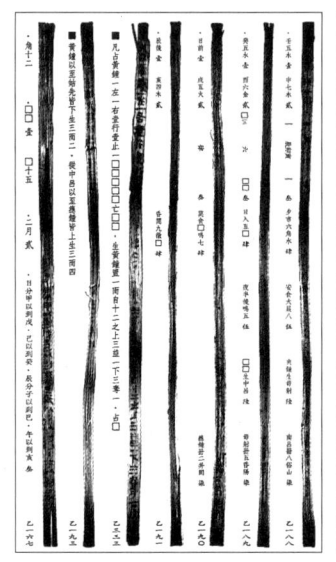

秦简·星分度

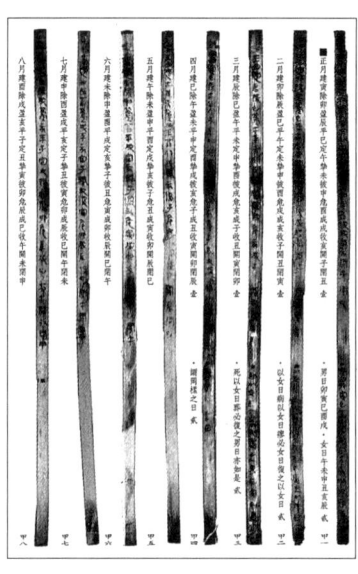

秦简·建除

秦简·十二支占盗

日书甲种《盗者》、孔家坡汉简日书《盗日》等类似，但也有不少重要异文，对于认识十二生肖的起源具有重要价值。现藏甘肃省文物考古研究所。

秦简·吏篇

1986 年出土于天水放马滩一号秦墓。《吏篇》为甲种日书的一种，竹简 12 枚，简长 27.5 厘米，宽 0.7 厘米，厚 0.2 厘米。编号为甲 54—65。简分上下两栏书写，上栏内容为《禹须臾行日》，详细排列了一月之中每天日旦、日中、昏、中夜四个时段中宜于出行的方向。下栏内容为《吏篇》，简文罗列了从子至亥十二日中旦（平旦）、安（晏食）、昼、夕等四个时段求见长官的不同结果，便于下级官吏选择求见上司的时机。如简 54："子，旦有言，喜，听。安，不听。昼，得美言。夕，得美言。" 简 55："丑，旦有言，怒。安，得美言。昼，遇恶言。夕，恶言。" 天水放马滩秦简吏篇，对于了解秦代术数文化及社会关系具有重要参考价值。现藏甘肃省文物考古研究所。

汉纸本地图

1986 年出土于天水放马滩五号汉墓。纸本地图，残长 5.6 厘米，宽 2.6 厘米，编号 86TBFM5:5。该地图出土时位于死者胸部近肩处，由于与泥土粘连，出土时已残破成碎块。地图纸质薄而软，刚出土时呈浅黄色，干燥后黄色稍褪，纸面粘有

黑色斑点。纸面平整，较光滑，用细黑线绘制山川、河流、道路等地形，绘法接近长沙马王堆汉墓出土帛画。纸质经中国科学院自然科学史研究所鉴定化验，为麻类植物纤维纸。与西汉早期的灞桥纸比，天水放马滩纸年代较早，但纤维分散及分布比灞桥纸还要好，是可用于书写的早期麻纸。现藏甘肃省文物考古研究所。

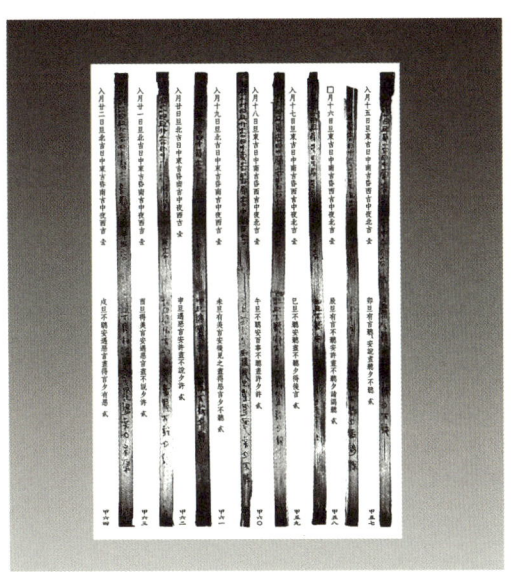

秦简·吏篇

天水放马滩汉纸地图

第二节　武威汉简

武威汉简包括《仪礼简》《王杖十简》《王杖诏令册》和武威医简，除《王杖诏令册》为1981年征集外，其余都出自武威汉代墓葬。

仪礼简

1959年7月出土于武威县新华乡缠山村磨嘴子6号汉墓。简长54~58厘米，宽0.8~1厘米。墨书隶体。每简有字60~80字不等，但以60字为多。在正面或背面写有序号，原有编纶4道，今已不存。内容为《仪礼》的部分篇章。可分为三个部分：甲本，七篇，木简378枚，即：《士相见》第三，16简；《服传》第八，55简；《特牲馈食》第十，49简；《少牢馈食》第十一，45简；《有司彻》第十二，73简；《燕礼》第十三，39简；《大射》第十四，101简。只有《士相见》一篇保存完整，其余六篇均有缺失，共缺40余简。乙本，亦为《服传》一篇，木简37简。和甲本《服传》是相同的抄本，只是简形短而狭，字体小而密。丙本，是抄在竹简上的《丧服》经，计34简。甲、乙、丙三种《仪礼》共九篇，总字数约有27400余字，较之熹平石经七经残存的《仪礼》文字要多近20000字。三种《仪礼》的出土，具有重大意义，它不仅使今人看到了汉代写本《仪礼》的真实面貌和汉人诵习的经书样式，而且对研究《仪礼》的版本、流变和文字训诂等都有重要意义。1964年，文物出版社有《武威汉简》一书，包括《仪礼》简的图版、摹本、释文和研究文章。现藏甘肃省博物馆。

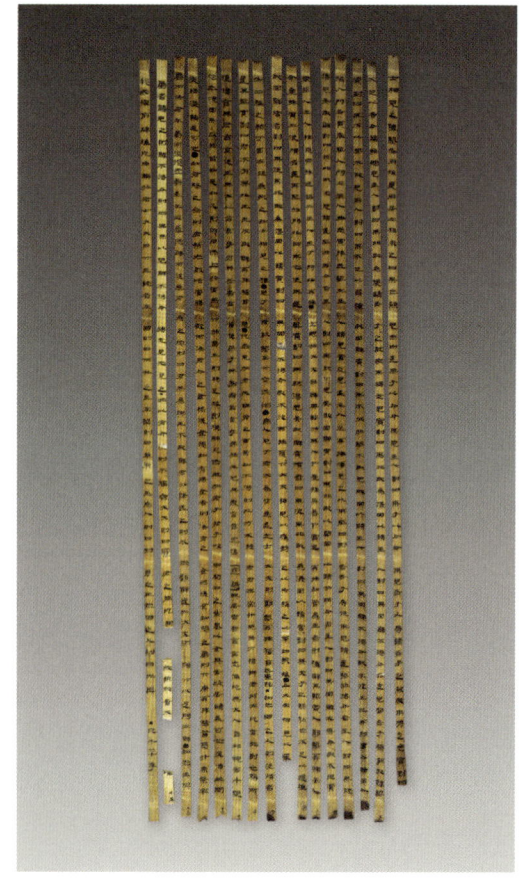

仪礼简

王杖十简

1959 年出土于武威县新华乡缠山村磨嘴子 18 号汉墓。共 10 枚，松木，简长 23 厘米、宽 1 厘米。简容字多者 37 字，少者 6 字。共 240 字。内容主要是汉代养老敬老，尊礼高年的规定。第 1、2 简为成帝建始诏，第 3~8 简，引述兰台令对具体案例的处理。第 9 简为东汉永平十五年（72 年）一位名幼伯者受王杖的记载，第十简为检署。自出土以来对简文的排列和内容曾引起热烈讨论。中国学者郭沫若、陈直，日本学者大庭脩等都有论文发表。简文为：

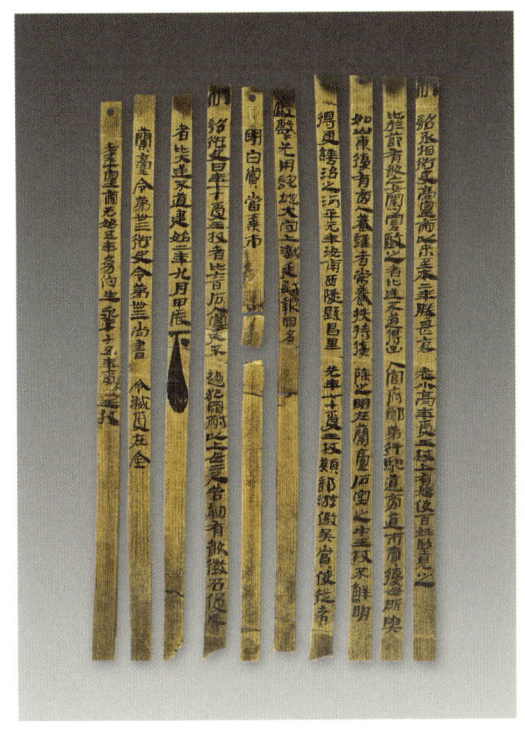

王杖十简

制詔御史曰：年七十受王杖者比六百石，入官廷不趨，犯罪耐以上毋二尺告劾，有敢徵召侵辱

·者比大逆不道。建始二年九月甲辰下。

制詔丞相御史：高皇帝以來至本二年，勝（朕）甚哀老小，高年受王杖，上有鳩，使百姓望見之

·比於節，有敢妄罵詈毆之者比逆不道，得出入官府節弟，行馳道旁道，市賣復毋所與，

·如山東復，有旁人養謹者常養扶持復除之，明在蘭臺石室之中。王杖不鮮明，

·得更繕治之。河平元年汝南西陵縣昌里先，年七十受王杖，頩部游儌吳賞使從者

·毆擊先，用訴，地大守上讞廷尉，報罪名

·明白，賞當棄市。

·孝平皇帝元始五年幼伯生，永平十五年受王杖。

·蘭臺令第卅三、御史令第冊三　尚書令滅受在金

汉代以孝治天下。王杖十简的内容是汉人尊老敬老，崇奉祖先的伦理思想在政治上的体现，也是古人对"老有所终，壮有所用，幼有所长，矜寡孤独废疾者皆有所养"的大同理想的追求。是研究汉代思想观念和社会制度的实物资料。现藏甘肃省博物馆。

王杖诏书令册简

1981 年 9 月，武威县文物管理委员会在调查重点文物时，新华乡缠山村社员袁德礼交出一份近年在磨嘴子汉墓出土的《王杖诏书令》木简 26 枚，长 23 厘米、宽 1 厘米。原简背面有编号第一至第廿七，但第十五已缺佚。正面有字 556 个。内容包括兰台令第卌二（第 1-3 简）、成帝建始元年诏书（第 4-6 简）、高年赐鸠杖的法律内容和一件具体案例（第 7-11 简）、元延三年诏书（第 12-20 简）、兰台令第卌三和十一件被弃市的案例（第 21-26 简）以及诏书令册的检署（第 27 简）。检署简题"右王杖诏书令，在兰台第卌三"，知当时已如此称名。"王杖诏书令"册和 1959 年磨嘴子 18 号墓出土的"王杖十简"属同类性质的诏令，内容比"王杖十简"更丰富更完整。两者相得益彰，同为研究汉代养老制度的珍贵资料。现藏武威市博物馆。

武威医简

1972 年 11 月，出土于武威县柏树公社下五畦大队旱滩坡东汉墓中。共有木简 78 枚，木牍 14 枚，总 92 枚。木简完整者长 23 厘米、宽 0.5~1 厘米不等。曾编绳三道，先编后写，编绳空白处明显

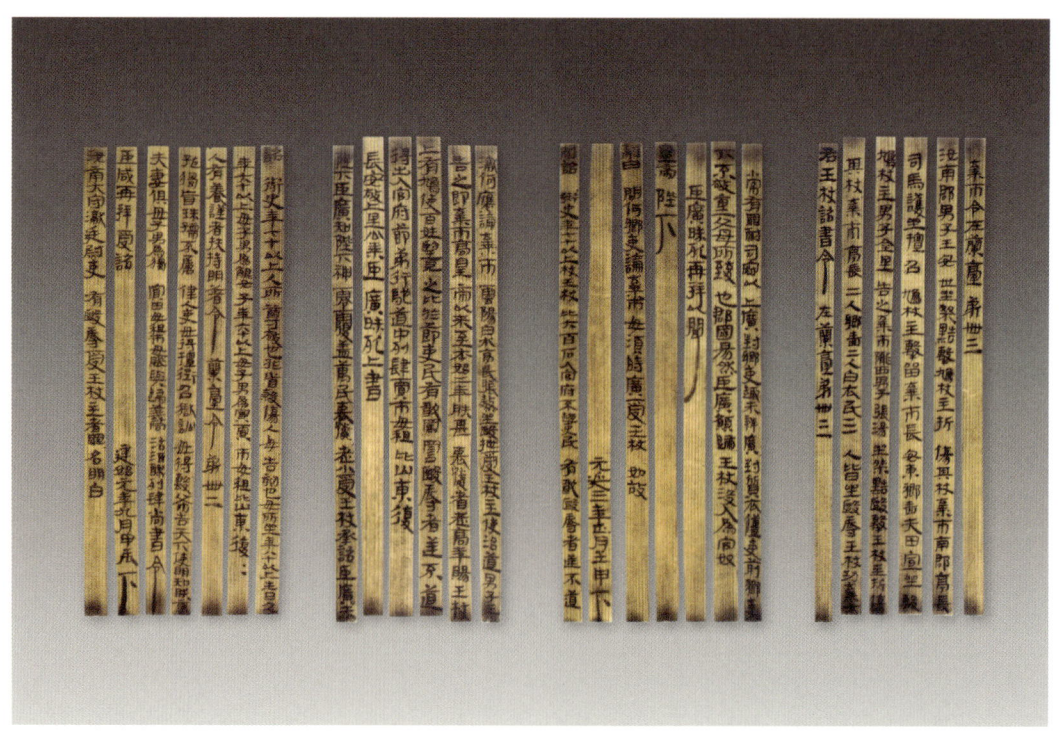

王杖诏书令册简

可见。其中一枚简有"右治百病方"五字，当为简册尾题。木牍长22.7~23.9厘米，宽1~4厘米不等。两面书写文字。每牍少者一行，多者六行，每行33~40字左右。简牍文字大多为章草，飘逸潇洒，古风盎然，有极高的书学价值。全部内容均属医方。一病一方，共存医方三十多个。每方先列方名、病名、症状、药物名、用药剂量、服药方法、针灸穴位、禁忌等。涉及内科、外科、妇科、五官科、针灸科。方剂总共用药100多种，69种见于《神农本草经》，11种见于《名医别录》，另有20多种不见于上述两书。药物多以复方成分出现，有的方剂用药多达十五味之多。包括临床医学、药物学、针灸学等丰富内容，为研究中国古代医学，特别是汉代医学，提供了珍贵资料。1975年10月，文物出版社出版了由甘肃省博物馆和武威县文化馆合编的《武威汉代医简》一书，包括全部图版、摹本、释文、注释以及由中医研究院医史文献研究室撰写的《武威汉代医药简牍在医学史上的重要意义》。此后30年间，先后有60多篇（部）论著发表。现藏甘肃省博物馆。

武威医简

第三节　居延新简

"居延新简"相对于 1930 年出土的"居延汉简"而言。主要包括 1973~1974 年在甲渠候官遗址和甲渠塞第四隧两个地点出土的汉简，共 8206 枚（其中甲渠候官 7944 枚，第四隧 262 枚）。甲渠候官遗址，俗称破城子，位置在北纬 41°47′34″，东经 100°56′54″。1930 年中瑞西北科学考察团成员贝格曼在此地发掘汉简 4422 枚，将此地标为 A8。第四隧位于甲渠候官遗址南面 5 公里处，北纬 41°45′4″，东经 100°55′26″。当年贝格曼将此地标为 P1，蒙古语称为保都格。居延新简是第一次科学发掘的产物，简牍形制品类齐全，内容十分丰富，尤其是出土了完整

和基本完整的册书 70 余个，具有极高的历史文献价值。纪年简最早为西汉昭帝始元二年（前 85 年），最晚为东汉安帝永初五年（111 年）。前后跨越 200 年之久，是研究这一时期历史文化和政治社会最重要的材料。释文和简影集中收录在《居延新简》一书中。现藏甘肃省文物考古研究所。

新莽天凤四年当食者案

1974 年出土于居延甲渠候官遗址。木简 14 枚，编号 EPT68:194-207。除个

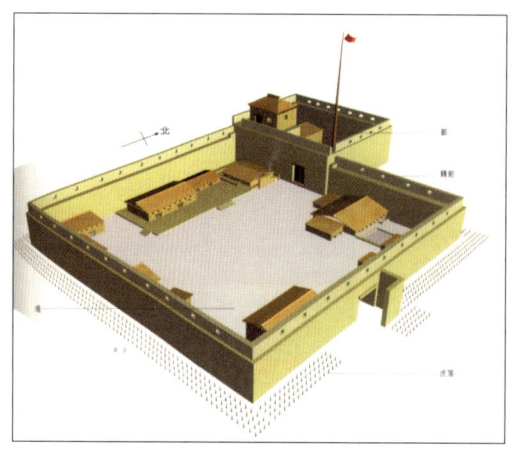

甲渠候官复原模型

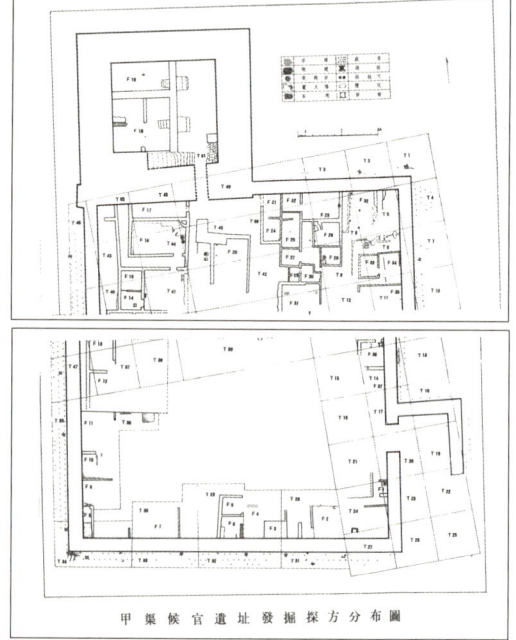

甲渠候官遗址发掘探方图

新莽天凤四年当食者案

別有斷殘外，其余均長 23 厘米，寬 1.2 厘米。内容主要是记述王莽天凤四年（17年）居延都尉所属三十井候官发入口粮的记录，是一份比较完整的册书。

简文是：

始建國天鳳三年六月甲申朔丁酉三十井鄣候習敢言之謹移三月盡六月當食者案敢言之

·三十井候官始建國天鳳三年三月盡六月當食者案

三月餘戌卒二十一人，三月盡六月積六十三月。

出戌卒二十一人，三月二十日盡六月晦減積三十九月。

入戌卒十九人，三月盡六月積五十柰月。

出戌卒十九人，三月盡五月三日減積二十

月二十柰日。

入戌卒三十一人，三月盡六月積百二十三月。

出戌卒三十一人，三月盡五月三日減積三十一月。

入戌卒柰人，三月盡五月三日積二十一月。

出戌卒柰人，三月盡五月三日減積柰月二十一日。

入戌卒二十八人，三月盡六月積八十三月。

出戌卒二十八人，三月盡五月晦減積五十六月。

·凡戌卒百一十六人，三月盡六月定積百柰十三月五日。

该册书的发现，对于了解居延边塞吏卒的廪食配给制度以及戍边吏卒的后勤供应有重要价值。相关研究论文有

《〈始建国天凤四年当食者案〉册书之考察—以汉代"案"字语义为中心》(《简帛研究二〇〇一》,广西师范大学出版社,2001年)。现藏甘肃省文物考古研究所。

河平元年九月不侵守候长士吏猛上言衣严事

1974年出土于居延甲渠候官遗址。木牍2枚,编号EPT59:1-2。第一枚长23厘米,宽2.5厘米,第二枚上部略有残断。记载了居延地区基层官吏的军纪管理和防御设备。

简文是:

河平元年九月戊戌朔丙辰,不侵守候长士吏猛敢言之,谨验问不侵候史严辤曰:士伍居延鸣沙里,年卅岁,姓武氏,故民今年八月癸酉除为不侵候史,以日迹为职,严新除未有追逐器物。自言尉骏所曰:毋追逐物。骏遣严往来毋过

☐☐日且入时严归,以戊申到郭东田舍,严病伤汗。即日移病书,使弟赦付覆胡亭卒,不审名字。己酉有☐追逐器物,尽壬子积六日。即日严持绛单衣、甲带、旁橐、刺马刀凡四物,其昏时到部,严期一日还。

木牍记载甲渠候不侵部士吏孙猛的上书。记载衣严初除为不侵候史之后未配备追逐器物,因此自到塞尉处领取追逐器物。衣严约九月十日出发,由于生病,直到十五日才到部,违反了当初一日归还

的约定,九月十九日,不侵守候长士吏猛上报了这件事情。木牍内容为研究汉代边塞戍卒的防御器备和日常管理提供了具体材料。现藏甘肃省文物考古研究所。

河平元年九月不侵守候长士吏猛上言杜未央事

1974年出土于居延甲渠候官遗址。木牍两枚,编号EPT59:3-4。长22.5厘米,宽2.3厘米。简文记载不侵守候长对驷望隧长杜未央不尽职责,防御器不符规定提出罢免的报告。

简文是:

河平元年九月戊戌朔丙辰,不侵守候长

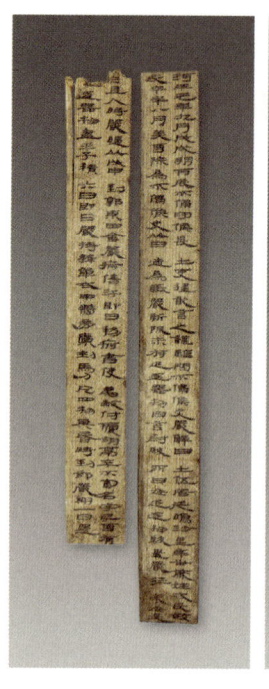
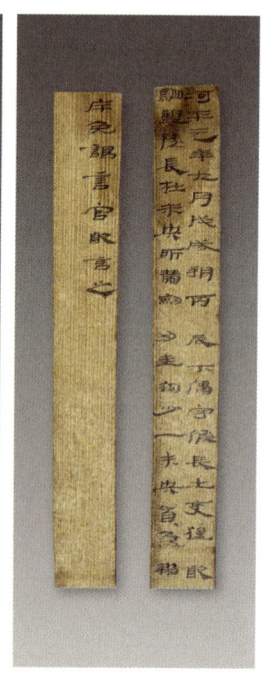

河平元年九月不侵守候长士吏猛上言衣严事　　河平元年九月不侵守候长士吏猛上言杜未央事

士吏猛敢言之：將軍行塞舉駒望隧長杜未央所，帶劍刃圭，狗少一。未央貧急輠弱毋以塞舉，請斥免。謁言官，敢言之。

此简内容对研究基层官吏的日常职责和罢免程序有重要价值。现藏甘肃省文物考古研究所。

建武五年秋祠社稷令

1974 年出土于居延甲渠候官遗址。木质简牍 9 枚，编号 EPF22:153−161。长 23 厘米，宽 1~1.2 厘米。册书为东汉建武五年（29 年）居延都尉府下发的一份关于秋祠社稷的文书。

简文是：

建武五年八月甲辰朔戌申，張掖居延城

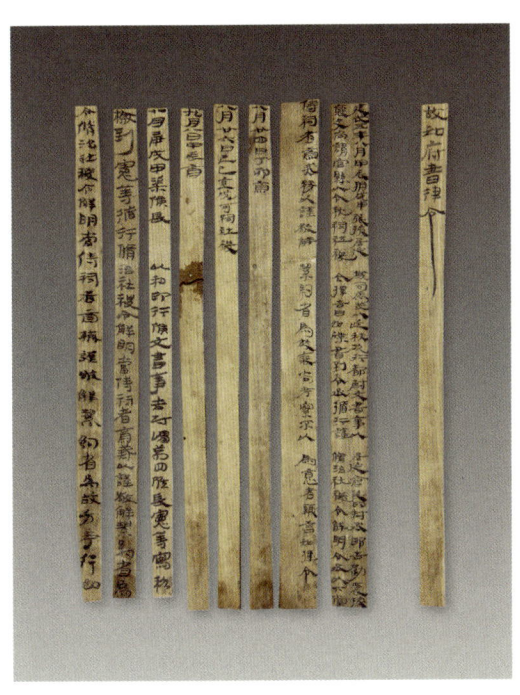

建武五年秋祠社稷令

司馬武以近秩次行都尉文書事，以居延倉長印封，丞邯告勸農掾褒、史尚，謂官縣以令秋祠社稷。今擇吉日如牒，書到令、丞循行，謹脩治社稷令鮮明。令丞以下當

侍祠者齋戒，務以謹敬鮮絜約省爲故。褒、尚考察不以爲意者輒言，如律令。

八月廿四日丁卯齋

八月廿六日巳巳直成，可祠社稷

九月八日甲辰齋

八月庚戌，甲渠候長以私印行候文書事，告尉，謂第四候長憲等寫移

檄到：憲等循行脩治社稷令鮮明，當侍祠者齋戒以謹敬鮮絜約省爲

故，如府書律令。

令脩治社稷令鮮明。當侍祠者齋械謹敬，鮮絜約省爲故。方考行如

掾陽、兼守屬習、書佐博。

该简册为秋祠社稷的相关文书。其中有甲渠候官钞录居延都尉府下发给劝农掾史至候官处督察秋祠社稷的相关事宜及社祭日期的牒书，有甲渠候官上报第四部候长宪已按照府书要求准备好秋祠工作的报告。对于研究汉代社祭源流和形式具有重要价值，亦对了解汉代的社会习俗有重要意义。现藏甘肃省文物考古研究所。

始建国天凤五年吏除补牒

1974 年出土于居延甲渠候官遗址。

木简两枚，编号 EPF22:439-440。简长23.2 厘米，宽 1.2 厘米，第二枚上部略残缺。主要内容是一份王莽天凤五年（18 年）居延边塞基层吏员的任命书。

简文是：

第十三隧长居延萬歲里上造馮彊，年二十五，始建國天鳳五年正月辛亥除補甲溝候官尉史，代夏侯常

☐☐☐甲渠塞候長居延肩水里公乘寶何，年卅五，始建國天鳳上戊五年正月丁丑除

两简作为居延边塞对基层官吏的任命文件，对研究新莽时期边防军事制度有一定研究价值。现藏甘肃省文物考古研究所。

新莽甲渠候官兵簿

1974 年出土于居延甲渠候官。木简11 枚，编号 EPF22:175-185。均长 22.3 厘米，宽 1.3 厘米。简文是王莽时期甲渠候官所属各部弓弩及箭镞配备情况的记录。

简文是：

萬歲部：弦三十枚。稾矢二千柒百，見千九百。茝矢千二百卩

第三部：弦三十三。稾矢三千五十，見二千二百五十五，候長言簿出柒百九十五。茝矢二千二百五十，見千九百六十六少，今簿出茝矢二百八十三。

第十部：弦二十柒。稾矢三千五百，見千三百五十，簿出見千三百二，少六百三十八甲。稾茝矢二千三百，出九百，見千二十八，

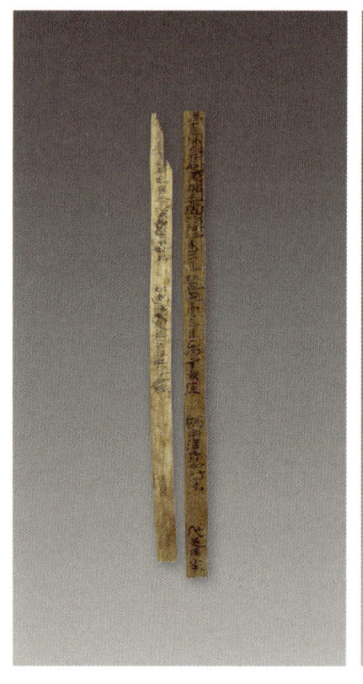

始建国天凤五年吏除补牒

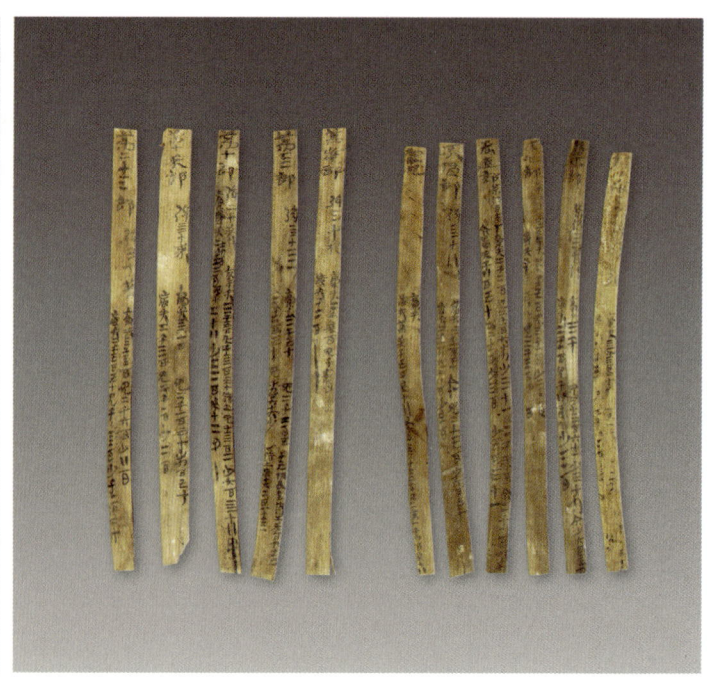

新莽甲渠候官兵簿

少三百枲十二甲

第十枲部：弦三十枲。稟矢三千一百，见二千一百五十，少九百五十。苋矢二千三百，见二千一百，少二百。

第二十三部：弦三十枲。稟矢三千三百，见二千六百，少八百。苋矢二千五百五十，见千三百少，千一百五十。

鉼庭部：弦六十九。稟矢三千三百五十，见三千三百□□□□□□□五十。苋矢二千三百，见二千二百，今少百……

推木部：糸弦三十六。稟矢三千，见二千五百六十一，少三十九，今少六百三十九。苋矢二千一百。见千八百。今少三百。

诚北部：糸弦五十三。稟矢三千五百，见三千一百，少三百。苋矢二千三百五百五十，见二千三百，少□百□。

吞遠部：糸弦三十三。稟矢二千二百，见二千一百六十九，少三十一。故二千枲百，今二千一百六十九。今苋矢千八百五十，故二千一百，少三百少五百三十一。今千八百五十。

不侵部：弦三十八。稟矢三千一百五十，今见二千五百，少六百五十。苋矢二千一百，见千八百，少三百。

•最凡稟矢、苋矢萬枲千五百枲十八，又□三千三百，凡二萬一千九百枲十八。

从简文可知，此时甲渠候官所辖部实为十个，即万岁部、第三部、第十部、

第十枲部、第二十三部、鉼庭部、推木部、诚北部、吞远部、不侵部。该册书完整地记载了新莽时期甲渠候官所辖各部的名称和数量，以及各部的兵器配备情况。有助于了解居延边塞军事防御体系和规模。研究文章有《汉代居延甲渠候官部燧考》（《史学月刊》1994年第3期）。现藏甘肃省文物考古研究所。

建武四年三月甲渠候官万岁部秦恭失鼓爰书

1974年出土于居延甲渠候官遗址。木牍5枚。编号EPF22:328-332。均长21厘米，宽1.8厘米。

时代为东汉初期。本册简制为木两行，制作规矩，正隶书，严谨整齐。其中，简328下部残断，简332上部残，文字模糊，余三枚皆完整。两道编。标准隶书，书写规矩。

简文是：

建武四年三月壬午朔丁酉，萬歲候長憲□□

隧•謹召恭詣治所，先以證縣官城樓守衡□

建武四年三月壬午朔己亥，萬歲候長憲敢言之，官記曰：第一隧長秦恭時之俱起隧，取鼓一持之，吞遠隧李丹、孫詡證知狀。驗問，具言前言狀•今謹召恭詣治所驗

而不更言請，讞所出入罪反罪之律辨告，

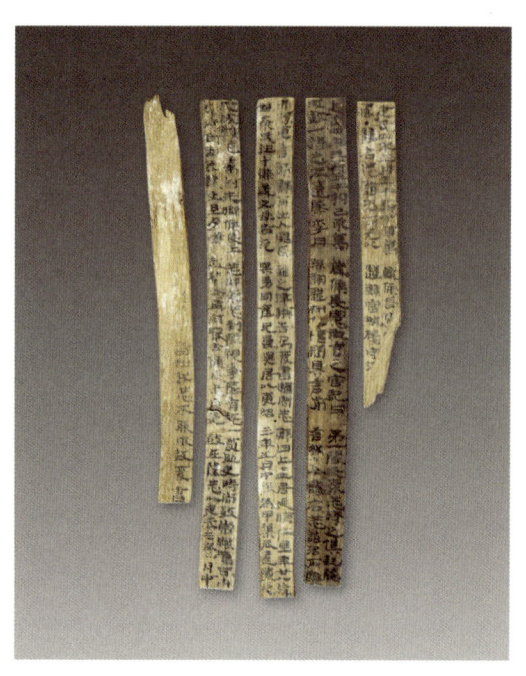

建武四年三月甲渠候官万岁部秦恭失鼓爰书

乃爰書驗問，恭辭曰：上造居延臨仁里，年廿八歲，姓秦氏。往十餘歲父母皆死，與男同產兄良異居，以更始三年五月中除爲甲渠吞遠隧長

代成則。恭屬尉朱卿、候長王恭即秦恭到隧視事。隧有鼓一，受助吏時尚。鼓常縣塢戶內東壁，尉卿使諸吏旦夕擊鼓，積二歲，尉罷去，候長恭斥免。鼓在隧，恭以建武三年八月中

☑□□□□□李丹、孫詡皆知狀，恭不服取鼓爰書。

五枚簡字跡同，內容相關，屬同一簡冊。爲萬歲部上報候官之正式公文——即關于第一隧長秦恭當賠償守御器官鼓

事的爰书。该爰书有两份，即丁酉和己亥爰书。爰书所记事情大致是万岁候长宪因甲渠候官下书云第一隧隧长秦恭从俱起隧取鼓至吞远隧，有二人知情，命令审讯秦恭，得供辞称：更始三年五月（即建武元年）任吞远隧长，上任时鼓即悬该隧坞内东壁，塞尉朱卿指派诸吏每天早晚各击鼓鸣号，积二年，塞尉、候长皆罢职离去，鼓仍在该隧。建武三年八月秦恭徙补为第一隧长，离开了吞远隧。建武四年二月，女子通耐向官告发秦恭从其丈夫当之处取走鼓。恭任职已三年，当从未……，是尉命执胡隧长从当的烽燧（俱起隧）取鼓到吞远隧的，秦恭本人未亲见此事。秦恭坚称未从俱起隧取鼓。该简册对于深入研究汉代司法程序、爰书性质和相关律令具有重要参考价值。现藏甘肃省文物考古研究所。

新始建国地皇上戊四年行塞劳勒吏卒记

1974年出土于居延甲渠候官遗址。木简5枚，编号EPF22:242-246。木质。简长21.7厘米，宽1.3厘米。第一简下部略残。是王莽时期对边塞戍卒慰劳和体恤的内容。

简文是：

新始建國地皇上戊三年十月三日行塞勞勒吏卒記

•天子勞吏士拜√它何疾苦，祿食盡得

不✓吏得毋侵冤假貸不賞有者言

• 吏士明聽教

告吏謹以文理遇士卒✓病致醫藥，加恩仁恕，務以愛利省約爲首✓毋行暴毆擊

从出土情况、质地、书体、内容等综合来看，此五简属同一册书。行塞是上级部门对所属下级部门的一种督察制度。主要有行塞举、行塞省和行塞劳等三种。此册书属行塞劳。是甲渠候官对上级下传文件的抄录。虽是残册，但从简文所记录的对边塞吏卒的劳塞条目可知，王莽时期对边塞的军事塞防要求相当细致，对戍边吏卒的服役亦较体恤。此简册对研究汉代政令和边塞军事管理制度具有

重要价值。现藏甘肃省文物考古研究所。

万岁部建武三年六月胡虏所盗兵

1974 年出土于居延甲渠候官遗址。木简 3 枚，编号 EPF22:432-434。均长22.3 厘米，宽 1.5 厘米。简文记载戍吏所配兵器被匈奴所抢掠之情况。

简文是：

• 萬歲部建武三年六月胡虜所盜兵

第七隧長徐循，今年四月中休田，持隧六石具弩一，稾矢銅鍭卌枚。迺六月一日胡虜

虜持循弩箭去審

以上三简字迹相同，文意相关，出土地一致，当为一简册中的三枚简，从文意来看，当有脱简。简文大意是说，万岁

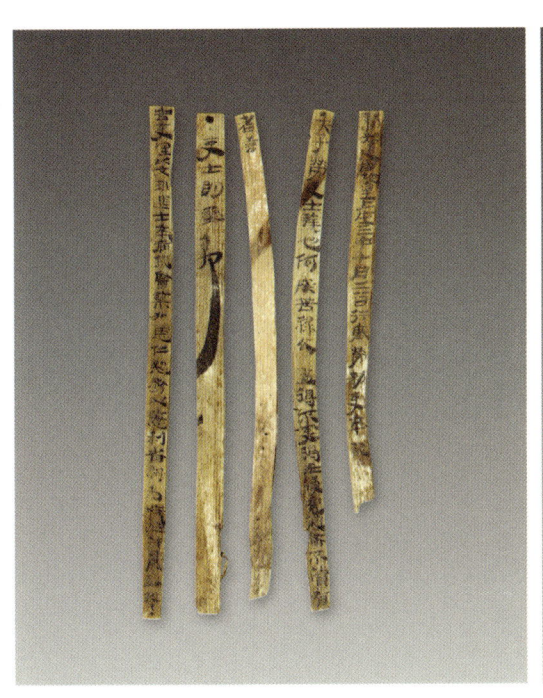

新始建国地皇上戊四年行塞劳勑吏卒记

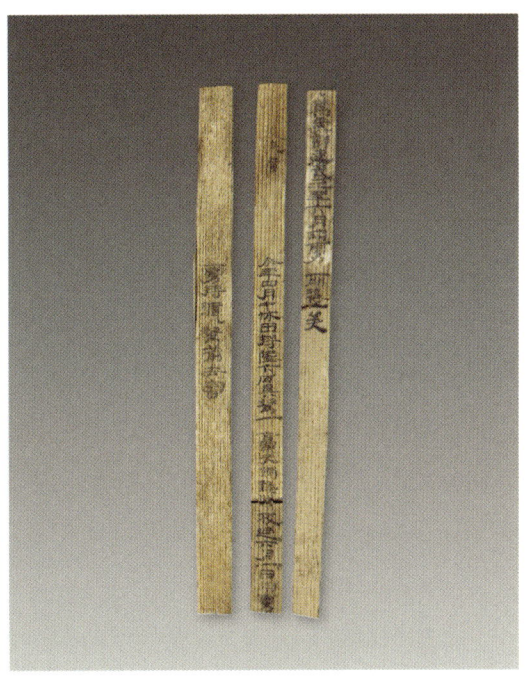

万岁部建武三年六月胡虏所盗兵

部发生了胡虏盗兵物以及第十七隧长徐循被胡虏抢略失踪。对于研究东汉建武初期西北边境与北方匈奴的民族关系具有一定参考价值。现藏甘肃省文物考古研究所。

建武三年七月万岁候长宪上书

1974年出土于居延甲渠候官遗址。木牍2枚,编号EPF22:61—62,长22.4厘米,宽2.8厘米。文意是万岁候长对下属兵器情况的报告。

简文是:

建武三年七月乙酉朔丁酉,萬歲候長憲敢言之,徙署弸癸巳視事,校閱兵物多不具

竇何辤與循俱休田,循服六石弩一,稾矢銅鍭百,鍉督各一,持歸游擊亭。循何□

亭部不復與循會,證知者如牒。唯

官簿出七月盡九月四時,叩頭死罪敢言之。

此二简文意不完整,当有缺简。简中"循"系指第七隧长徐循,徐循在建武三年四月休田时被胡虏所虏获,随身携带的弩箭亦一并被胡虏掠夺。六月胡虏又盗万岁部兵器。七月癸巳日,万岁候长宪视察所辖部隧兵物留存情况时,发现"兵物多不具",质询窦何,窦何言他与徐循俱归休田,徐循归时携带了弩、稿矢铜鍭和鍉督等兵物至游击亭。后来窦何与徐循失去联系。现藏甘肃省文物考古研究所。

建武七年窦昭公到高平还道不通军情书

1974年出土于居延甲渠候官。木牍一枚,简号74EPF22:325。长22.7厘米,宽1.7厘米。简文所记东汉初年割据河西的窦融与初建东汉政权的光武帝刘秀的来往情况。

简文是:

•范君上月廿一日過。當曲言:竇昭公到高平還,道不通•天子將兵在天水,聞羌胡欲擊河以西。今張掖發兵屯諸山谷。麥熟石千二百,帛萬二千,牛有賈,馬如故。七月中恐急忽忽,吏民未安(正面)

史將軍發羌騎百人,司馬新君將度,後三日到居延。居延流民亡者皆已得度,今發遣之居延。它未有所聞•何尉在酒泉,但須召耳•聞赦詔書未下部•月廿一日守尉刺白

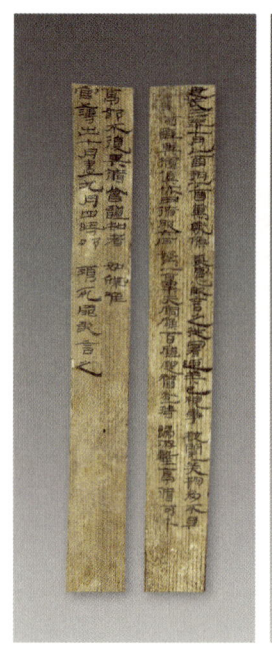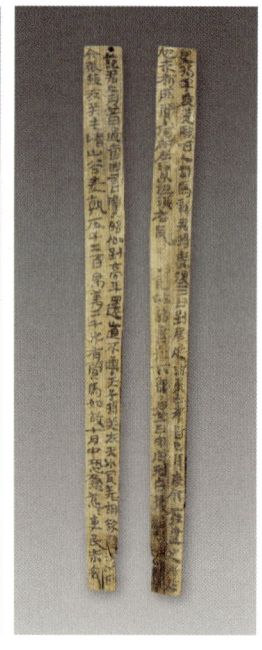

建武三年七月万岁候长宪上书　　建武七年窦昭公到高平还道不通军情书

掾 • 甲渠君有恙未來，趨之莫府（背面）。

该简正、背面书写，内容完整。为甲渠塞守尉某致掾之记。此简之窦昭公为窦融之弟窦友，时在东汉建武七年（29年）秋。窦友代表窦融赴洛阳表述忠顺之意，因隗嚣反叛道绝，至高平（今固原）而返。建武七年至八年间，保据河西五郡的窦融与东汉光武帝刘秀对隗嚣进行合围打击。此简所记正是对大战前夕动荡局势的反映。此简所记对补证《后汉书》有关东汉建武初期河西地区的史事具有重要价值。现藏甘肃省文物考古研究所。

甲渠言丁宫等入关檄留迟推辟书

1974年出土于居延甲渠候官遗址。木简26枚，编号EPF22:125-150。均长22厘米，宽1.1厘米。内容主要是东汉初年居延边塞在官府文书传送时未能及时送达而当事人被追责举劾的文件。

简文是：

甲渠言：卅井關守丞匡檄言，都田嗇夫丁宫等

薄入關檄留遲，謹推辟如牒：

建武四年十一月戊寅朔乙巳，甲渠鄣守候博叩頭死罪

敢言之，府記曰：卅井關守丞匡檄言，居延都田嗇夫丁

宫、祿福男子王歆、郭長等入關檄留遲。後宫等到，

記到，各推辟界中，定吏主當坐者名會月晦 • 謹推辟

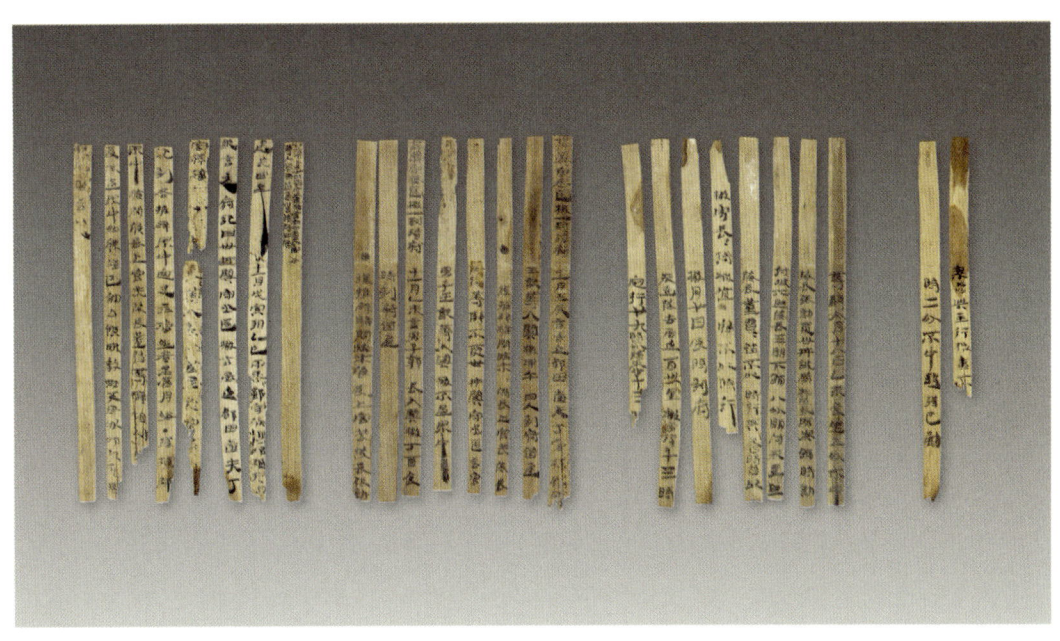

甲渠言丁宫等入关檄留迟推辟书

界中驗問候長上官武、隊長董習等辤相
付受☒

及不過界中如牒,謹已劾厶領職教勅吏
毋狀。叩頭死罪

死罪敢言之

卅井關守丞匡檄一封詣府,十一月壬辰
言:居延都田嗇夫丁宮、祿福男子

王歆等入關檄,甲午日入,到府留遲

•謹推辟驗問臨木候長上官武、隧長
陳陽等辤不受,卅井關守丞匡言宮

男子王歆等入關檄不過界中

卅井關守丞匡檄一封詣府,十一月乙未
言,男子郭長入關檄,丁酉食

時到府留遲

•謹推辟驗問臨木候長上官武、隊長張勳
等辤,今月十八日乙未食坐五分,木中

隧長張勳受卅井誠勞北隧長房岑,餔時勳
付城北助隧長王明,下餔八分明付吞遠助

隧長董習,習留不以時行,其昏時,習以
檄寄長,長持檄,道宿不以時行,

檄月廿日食時到府,

吞遠隧去居延百卅里,檄當行十三時,
定行廿九時二分,除界中十三時☒
案習典主行檄書不☒

時二分,不中程,謹已劾。

以上諸簡字跡相同,内容相近,當屬
同一簡册。部分簡有殘斷。所記為甲渠障
守候博對居延都尉府下發的追查丁宮等人

传递文书留迟之事文书的回复呈文。此呈
文应不止一份,其简序尚待调整。该册书
对于研究汉代邮驿制度和行政管理具有重
要价值。现藏甘肃省文物考古研究所。

居延都尉府致甲渠候官檄书

1974 年出土于居延甲渠候官。木觚
一枚,简号 EPF22:151。简长 54.7 厘米,
宽 2.3 厘米,厚 1.6 厘米。一份通报性质
的文件,对官府文件未能及时送达而进
行通报处分的檄书。

简文是:

甲渠鄣候以郵行回府告居延甲渠鄣候、
卅井關守丞匡十一月壬辰檄言:居延都田嗇夫
丁宮、祿福男子王歆等入關檄,甲午日入到
府,匡乙未復檄言(A)

男子郭長入關檄,丁酉食時到府,皆後
宮等到,留遲,記到各推辟界中,定吏主當
坐者名會月晦有(B)

教。建武四年十一月戊戌起府(C)

十一月辛丑,甲渠守候　告尉謂:不侵
候長憲等寫移檄到,各推辟界中,相付受,
日時具狀,會月廿六日,如府記律令(D)

此简形制为觚,四面书有文字。其
中 A、B、C 三面所记为居延都尉府致甲
渠候官的檄书。D 面所记为另一事,为
甲渠守候某致不侵候长的官记。A、B、
C 三面所言事与 EPF22:125 至 150 事相
同,为居延都尉府下发到甲渠候官追查

居延都尉府致甲渠候官檄书

丁宫等人传递文书留迟之事。因该文书属檄书性质，故单独成文。此檄书书于一觚之上，上有封检，为上级部门下发的具有通告性质的文件。该简对于研究汉代檄书性质、文书传递以及檄书书写特点都有一定价值。现藏甘肃省文物考古研究所。

甲渠候官隧长取十二月臈钱簿

1974 年出土于居延甲渠候官。木简16 枚，简号 EPF22:205-220。其中完整简均长 22 厘米，宽 1.1 厘米。内容主要是东汉初年甲渠候官发放腊钱的详细记录。

简文是：

☑钱百廿。十二月庚申妇母佳君取。

不侵隧长石墅，臈钱八十，十二月壬戌妻君宁取。

吞北隧长吕成，臈钱八十，十二月壬戌母与取。

第十一隧长陈当，臈钱八十，十二月乙丑妻君閒取。

第卅二隧长徐况，臈钱八十，十二月壬戌妻君真取。

俱南隧长左隆，臈钱八十，十二月己巳☑。

止北隧长窦永，臈钱八十，十二月辛酉妻君佳取。

第九隧长单宫，臈钱，十二月辛酉母君

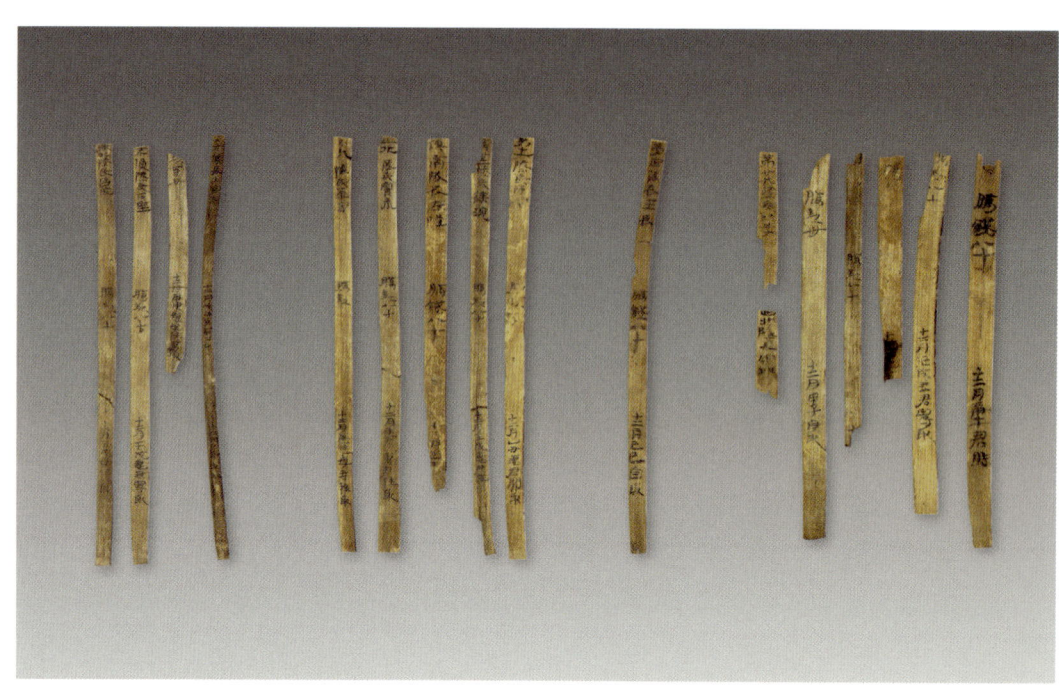

甲渠候官隧长取十二月腊钱簿

程取。

第四隧长王长，腊钱八十，十二月己巳自取。

☑腊钱八十，十二月庚午君赋。

☑腊钱八十，十二月壬戌妻君曼取。

☑腊钱八十，十二月辛酉☑。

☑☑　　腊钱八十，十二☑

☑腊钱卅十，二月甲子自取。

第廿九隧长郑孝

止北隧长宋并☑

此 16 枚简出于同一地点，字体一致，内容相关，当属同一简册，是关于某年十二月甲渠候官所属隧长取腊钱的名册。汉代上自中央下至地方县乡，皆重视冬月腊祭。此简册表明，汉代居延边塞亦举行腊祭仪式，腊祭后还给边塞官吏分发腊钱，这在史籍中并无记载。该简册对于汉代社会风俗、祭祀制度的研究提供了重要的史料。现藏甘肃省文物考古研究所。

《急就篇》

1974 年出土于居延甲渠候官。木牍一枚，简号 EPT5:14。长 18 厘米，宽 2.1 厘米。内容是急就篇的残文。

简文是：

急就奇觚予众异罗列诸物名姓字分别部

居不杂厕用日约少诚快意勉力务之必有

熹请道其章

宋延年鄭子方衛益壽

此简正反两面书写。颜师古注本、王应麟补注本《急就》皆不分章，起首为"急就奇觚与众异"，无"第一"二字。松江本等则除首章外，余皆标注"第几"。惟《玉海》中所附宋太宗本则自首章始皆标"章第几"。敦煌出土汉简《急就》自首章始皆标有"第几"诸字。且在章首"第几"前有章标示符号"·"。此简无"·"和"第一"，且今传本"与"字作"予"，从书写来看，较为随意。该简对于研究西汉后期《急就篇》的版本流传具有重要价值。现藏甘肃省文物考古研究所。

《苍颉篇》

1974 年出土于居延甲渠候官。竹简 1 枚，两面书写。简号 EPT50:1。长 23 厘米，宽 1.1 厘米，厚 0.3 厘米。此简是《苍颉篇》的残文：

简文是：

蒼頡作書，以教後嗣，幼子承昭，謹慎敬戒，勉力風誦，晝夜勿置，苟務成史，計會辨治，超等軼群，出尤別異

初雖勞苦，卒必有憙，愨願忠信，微密㑦言言，賞賞

此简是目前河西汉简中所见最为完整的《苍颉篇》首章部分文句。简末二字"赏赏"是习字者随意所书。共存 59 字。此《苍颉篇》即《汉书·艺文志》所说汉兴以后，由闾里书师合《苍颉》《爰历》《博学》三篇为一篇的汉《苍颉篇》。河西汉简中的《苍颉篇》残简对于研究汉代《苍颉篇》的版本流变、构成形式和具体内容具有重要价值。现藏甘肃省文物考古研究所。

甲渠候官祠社祷祝文

1974 年出土于居延甲渠候官。木简 6 枚，编号为 EPF22:830-832、EPF22:544、EPF22:835+836、EPF22:866。均有残断。文意不连贯，当还有缺简。隶书。

释文：

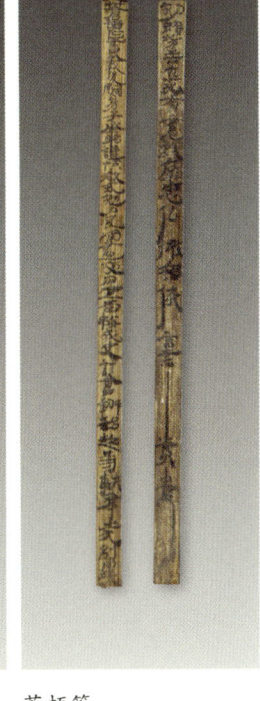

急就篇　　　　苍颉篇

□今進埶清酒飯黍白黃人禺

鄉至社稷神君所強飲強食方相甲渠

□肥豬社稷神君所清酒白黃

□社稷神君所君且所陽方令宰人殺享

胡虜犯甲渠塞神強飲強食再拜☒

☒神君方相☒

上列6简均出土于甲渠候官编号F22的房址内，书体相同，内容相近，故推测此六简当属同一简册，所记为社祭所用之祝祷辞。关于居延边塞社及社祭的情况学者们已根据传世文献记载及简牍资料有较全面的研究。此"社稷"简文

的发现，为深入探究居延边塞社的形式、性质及社祭的祭品、程序、祝辞和参与人员等提供了新的材料，对研究汉代社会风俗具有较高价值。现藏甘肃省文物考古研究所。

甲渠言部吏毋铸作钱者

1974年出土于居延甲渠候官遗址。木牍2枚，编号EPF22:40—41。木质。长23厘米，宽1.75厘米。简文为东汉初年窦融统治河西时禁止民间盗铸私钱的报告。

简文是：

• 甲渠言部吏毋鑄作錢者

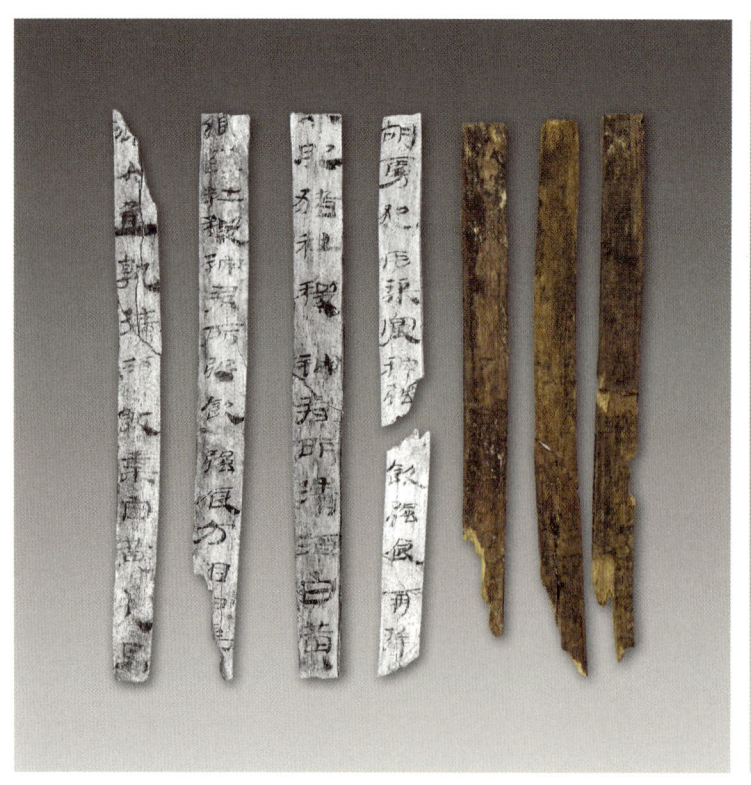

甲渠候官祠社祷祝文

甲渠言部吏毋铸作钱者

不如舊時行錢法渡，自政法罸，令長吏知之，及鑄錢所依長吏豪彊者名，有無四時言·謹案部吏毋鑄作錢者，敢言之。

该二简字体相同，内容相关，属同一简册。该简册亦属于应书公文，仅存标题简和执行汇报两部分，阙转钞府下文书内容。此简册对于研究东汉初期河西地区的社会局势和经济状况有参考价值。现藏甘肃省文物考古研究所。

候粟君所责寇恩册

1974 年 8 月出土于甲渠候官遗址第 22 号房址内。木质简牍 36 枚。其中文件题签一枚，长 9 厘米，宽 2.5 厘米；木简 21 枚，长 22.8 厘米，宽 1.2 厘米；木牍 14 枚，长 22.5 厘米，宽 2 厘米。原编号为 EPF22:1-36。全文 1526 字，（其中 6 字漫灭不清，重文符 3 个）。内容是东汉建武初年甲渠候官粟君和客民寇恩之间发生的一宗经济纠纷案的案卷材料。文件

题签"建武三年十二月候粟君所责寇恩事"，包括四部分：一是建武三年十二月癸丑朔乙卯（初三日），都乡啬夫宫根据居延县转来甲渠候官的文书，对被告寇恩进行传讯的口供笔录；二是十二月戊辰（十六日）的另一份爰书，除日期不同外其他内容与前大致相同；三是十二月辛未（十九日）都乡啬夫就此案验问情况给县廷的报告；四是十二月己卯（二十七日）居延县廷对此案的判辞。全文是：

建武三年十二月候粟君所責寇恩事

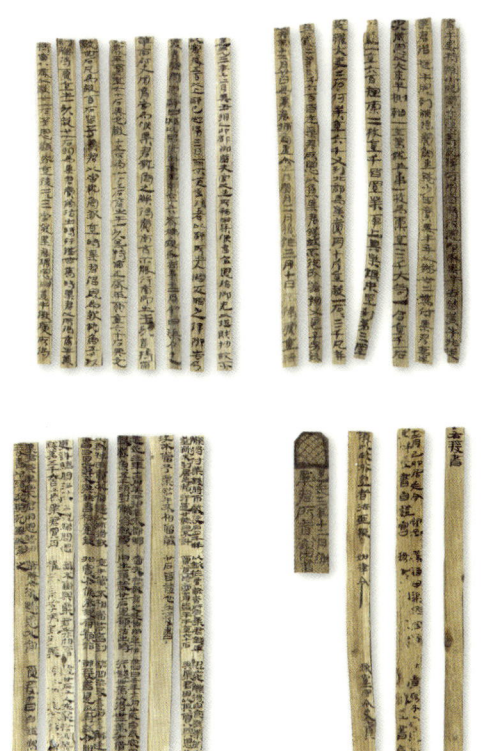

候粟君所责寇恩册

建武三年十二月癸丑朔乙卯，都鄉嗇夫宮以廷所移甲渠候書召恩詣鄉，先以證財物故不

以實，臧五百以上，辭已定，滿三日而不更言請者，以辭所出入罪反罪之律辯告。乃

爰書驗問，恩辭曰：潁川昆陽市南里，年六十六歲，姓寇氏。去年十二月中，甲渠令史

華商、尉史周育當為候粟君載魚之觻得賣。商、育不能行。商即出牛一頭，黃、特、齒

八歲，平賈直六十石，與它穀十五石，為穀七十五石；育出牛一頭，黑、特、齒五歲，平賈直六十石，與它

穀四十石，凡為穀百石，皆與粟君以當載魚就直。時，粟君借恩為就，載魚五千頭

到觻得，賈直牛一頭，穀廿七石。約為粟君賣魚沽出時行錢冊萬。時粟君以所得商牛黃、

特，齒八歲、以穀廿七石予恩顧就直。後二、三[日]當發，粟君謂恩曰：黃牛微庾（瘦），所得

育牛黑、特，雖小，肥，賈直俱等耳，擇可用者持行。恩即取黑牛去，留黃牛，非從

粟君借犁牛。恩到觻得賣魚盡，錢少，因賣黑牛，並以錢卅二萬付粟君妻業，

少八歲（萬）。恩以大車半槲軸一，直萬錢；羊韋一枚為橐，直三千；大笥一合，直千；

一石

去盧一，直六百；椷索二枚，直千，皆置業車上。與業俱來，還到第三置，

恩糴大麥二石付業，直六千；又到北部，為業賣（買）肉三十斤，直穀一石，石三千，凡並

為錢二萬四千六百，皆在粟君所。恩以負粟君錢，故不從取器物。又恩子男欽

以去年十二月廿日為粟君捕魚，盡今正月、閏月、二月，積作三月十日，不得賈直。時，

市庸平賈大男日二斗，為穀廿石。恩居觻得付業錢時，市穀決石四千。以欽作

賈穀十三石八斗五升，直觻得錢五萬五千四，凡為錢八萬，用償所負錢

畢。恩當得欽作賈餘穀六石一斗五升付。恩從觻得自食為業將車到居延，

[積]行道廿餘日，不計賈直。時，商、育皆平牛直六十石與粟君，粟君因以其

賈予恩，已決。恩不當與粟君牛，不相當穀廿石。皆證，它如爰書。

右爰書

建武三年十二月癸丑朔戊辰，都鄉嗇夫宮以廷所移甲渠候書召恩詣鄉，先以證財物故不以實，臧五百以上，辭以定，滿三日而不更言請者，以辭所出入罪反罪之律辯告。乃爰書驗問。恩辭曰：潁川昆陽市南里，年六十六歲，姓寇氏。去年十二月

中，甲渠令史華商、尉史周育當為候粟君載魚之觻得賣。商、育不能行。商即出牛

一頭，黃、特、齒八歲，平賈直六十石，與交穀十五石，為穀七十五石；育出牛一頭，黑、特、齒五歲，平賈直六十石，與交穀卅石，凡為穀百石，皆予粟君，

以當載魚就直。時，粟君借恩為就，載魚五千頭到觻得，賈直牛一頭、穀廿七石，約為粟君賣魚沽出時行錢卅萬。時粟君以所得商牛黃、特、齒八歲，穀廿七石予恩顧就直。後二、三日當發，粟君謂恩曰：黃牛

微庾（瘦），所得育牛黑、特，雖小，肥，賈直俱等耳，擇可用者持行。恩即取黑牛去，留黃牛，非從粟君借牛。恩到觻得賣魚盡，錢少，因賣黑牛，並以錢卅二萬付粟君妻業，少八萬，恩以大車半樻軸一，直萬錢；羊韋一枚為橐，

直三千；大笥一合，直千；一石去盧一，直六百；樻索二枚，直千；皆在業車上。與業俱來，還到北部，為業買肉十斤，直穀一石。到第三置，為業糴大麥二石，凡為穀三石、錢萬五千六百，皆在業所。恩與業俱來到居延，後恩

欲取軸器物去，粟君謂恩："汝負我錢八萬，欲持器物？"怒。恩不敢取器物去。又恩子男欽以去年十二月廿日為粟君捕魚，盡今正月、閏月、二月，積作三月十日，不得賈直。時，市庸平賈大男日二斗，為穀廿石。恩居

觻得付業錢時，市穀決石四千。並以欽

作賈穀當所負粟君錢畢。恩又從觻得自食為業將車坓斬來到居延，積行道廿餘日，不計賈直。時，商、育皆平牛直六十石與粟君，因以其賈與恩，牛已

決，不當與粟君牛，不相當穀廿石。皆證，它如爰書。

建武三年十二月癸丑朔辛未，都鄉嗇夫宮敢言之。廷移甲渠候書曰：去年十二月中，取客民寇恩為就，載魚五千頭到觻得，就賈用牛一頭、穀廿七石，恩願沽出時行錢四十萬，以得卅二萬。又借牛一頭

以為輝，因賣不肯歸以所得就直牛，償不相當穀廿石。書到，驗問，治決言，前言解。廷郵書曰：恩辤不與候書相應，疑非實。今候奏記府，願詣鄉爰書是正。府錄令明處，

更詳驗問，治決言。謹驗問，恩辤：不當與粟君牛，不相當穀廿石。又以在粟君所器物直錢萬五千六百；又為粟君買肉、糴穀三石；又子男欽為粟君作，賈直廿石。皆［盡償所負］

粟君錢畢。粟君用恩器物幣敗，今欲歸，恩不肯受。爰書自證。寫移爰書，叩頭死罪死罪敢言之。

十二月己卯，居延令　守丞勝移甲渠候官。候［所］責男子寇恩［事］，鄉置辤，爰書自證。寫移書到□□□□□辤，爰書自證。

須以政不直者法，亟報，如律令。掾黨、守令史賞。

寇恩册是一份完整的司法文书，内容涉及军事、民政、法律、经济等各方面内容，是研究东汉初年社会历史的重要文献。出土以来有研究论著 20 多种，主要有：《〈粟君所责寇恩事〉简册略考》（《文物》1978 年第 1 期）、《新发现的居延汉简的几个问题》（《中国史研究》1979 年第 4 期）、《居延汉简〈责寇恩事〉的几个问题》（《考古与文物》1981 年第 3 期）、《居延新简粟君债寇恩民事诉讼个案研究》（《中外法学》1996 年第 5 期）。现藏甘肃省文物考古研究所。

候史广德坐罪行罚檄

1974 年出土于甲渠候官遗址。用一根树枝做成，形制特别，俨然一根棍子。编号 EPT57:108。长 82 厘米，下部直径 3.5 厘米，上部 1.5 厘米。正背两面刮削写字，左右两侧未加刮治。正面写檄文标题："候史广德坐不循行部、涂亭、趣具诸当所具者，各如府都吏举，部精不毕，又省官檄书不会会日。督五十"，背面写候史广德坐罪行罚的具体事由。檄文分 22 栏书写，列举了第十三、十四、十五、十六、十七、十八 6 个隧守御器和防御设施废弛败弊的情况，十分细致。如十八隧的情况："亭不涂，毋非常屋，蓬少一，蓬三币，毋深目，毋马牛矢，毋狗笼，毋芮薪，沙灶少一，表小币，笼灶少一，天田不画，

县索缓，拎柱廿不坚，积薪六皆卑，小积薪少二"等 17 项应作而未作之事，追责于主管候史广德的失职行为，将其责打五十大板，并以檄文形式通报其他各部。檄文完整具体，对研究居延防线各部隧的防御设施及边防吏卒的管理制度具有重要意义。主要论文有《居延汉简〈候史广德坐罪行罚檄〉》（《文物》1979 年第 1 期）、《居延出土的"候史广德坐不循部"檄》（《考古》1979 年第 2 期）、日本学者永田英正《"候史广德坐罪行罚"檄考》（《简帛研究》第一辑，法制出版社，1993

候史广德坐罪行罚檄

年 10 月）。现藏甘肃省文物考古研究所。

驿置道里簿

1974 年出土于甲渠候官遗址，编号 EPT59:582。木牍，牍长 22.7 厘米，宽 2.2 厘米，厚 0.2 厘米。松木。牍上有文字四栏，每栏四行，记录了从长安出发西至张掖郡氐池县的 20 个地名和各地名之间的里程。原文第一栏："长安至茂陵七十里，茂陵至伏置卅五里，伏置至好止七十五里，好止至义置七十五里。"第二栏："月氏至乌氏五十里，乌氏至泾阳五十里，泾阳至平林置六十里，平林置至高平八十里。"第三栏："媼围至居延置九十里，居延置至觻里九十里，觻里至觻次九十里，次至小张掖六十里。"第四栏："删丹至日勒八十七里，日勒至钧者置五十里，钧者置至垔兰五十里，垔兰至屋池五十里。"此简内容与 1990 年出土于敦煌悬泉置遗址的另一枚"里程简"相衔接，记录了从长安出发经三辅、安定进入河西走廊到敦煌的道路里程，为研究丝绸之路东段路线提供了重要资料。现藏甘肃省文物考古研究所。

建武三年隧长病书

1974 年 8 月出土于甲渠候官遗址第 22 号房址内。全文由 3 枚木牍组成，柽柳，长 22.5 厘米，宽 1.5 厘米，厚 0.2 厘米。简号 F22:80-82。3 枚木牍共 81 字，是一份完整的文件。简文是："建武三年三月丁亥朔己丑，城北隧长党敢言之，乃二月壬午病加，两脚雍种，匈胁支满，不耐食饮，未能视事，敢言之。""三月丁亥朔辛卯，城北守候长匡敢言之，谨写移隧长党病书如牒敢言之"。"今言府请令就医"。该文书包括三项内容：一是城北隧长党关于自己的病情向候长请病假的陈述；二是城北守候长匡将隧长党的病书上报候官的行文；三是候官的处理批示，上报都尉府请同意隧长党去就医治病。前两份文书以规整的汉隶写成，而候官的批示则比较潦草。这份文书对研究戍边

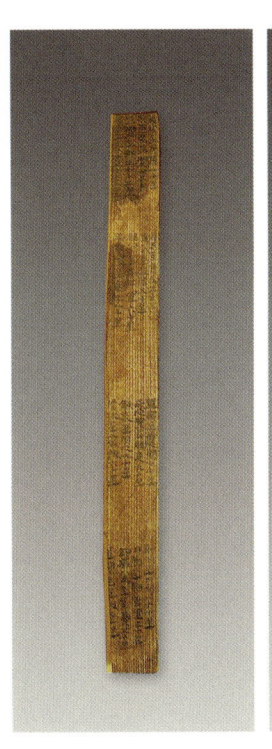

驿置道里簿　　　　建武三年隧长病书

吏卒的日常生活和疾病医疗具有重要意义，同时对研究基层军事单位的公文传递和有关程序有一定价值。研究文章有：《居延汉简中的"病书"牒》（《文物天地》1988 年第 2 期）。现藏甘肃省文物考古研究所。

居延令移甲渠吏迁补牒

1974 年出土于甲渠候官遗址第 22 号房址内。是一份完整的官吏任免文件。共 5 枚，简号为 EPF22:56-60。长 22.7 厘米，第 1 枚宽 1.6 厘米，其它 4 枚宽 1 厘米。存字 141 字。第一简文字："牒书：吏遷斥免、給事補者四人，人一牒。建武五年八月甲辰朔丙午，居延令 丞審告尉謂，鄉移甲渠候官，聽書從事，如律令。"这是文件标题和行文要求。"居延令"之后尚留空白，发出前填上名字。其它 4 简为任免内容：

甲渠候官尉史鄭駿，遷缺。

故吏陽里上造梁普，年五十，今除補甲渠候官尉史代鄭駿

甲渠候官斗食令史孫良，遷缺。

宜穀亭長、孤山里大夫孫況，年五十七，薰（謹）事，今除補甲渠候官斗令史，代孫良。

第一简背后是发文登记和书吏落款："甲渠·此书已发，传致官，亭閒相付前。掾党、令史循。"该文书反映的基层吏员的任免除补过程、任命文书的基本程式

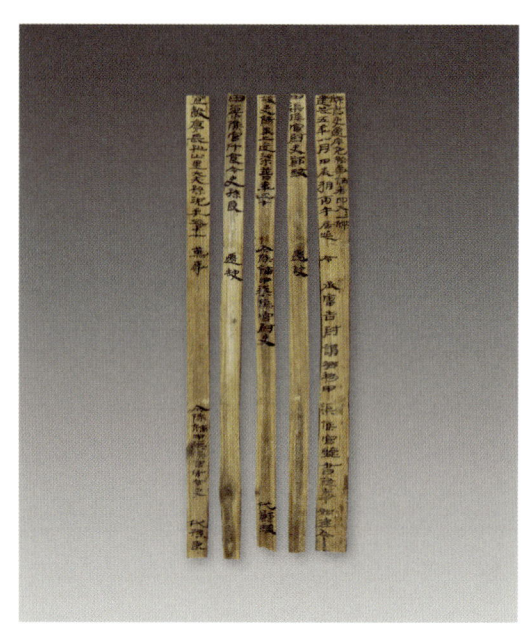

居延令移甲渠吏迁补牒

以及吏员身份、爵位、年龄、品行等情况，对研究汉代戍边驻军的基层组织有重要价值。研究论文有《谈简牍文书—官吏任免书》（《文物天地》1989 年第 1 期）。现藏甘肃省文物考古研究所。

塞上烽火品约

1974 年 8 月出土于甲渠候官遗址第 16 号房址内。共 17 枚，简号为 EPF16:1-17。松木，每简长 39 厘米、宽 1.5 厘米、厚 0.2 厘米。每简文字前有一墨点，作为每条品约的起始处。每简容字多者 50 字，少者如最后一简品题只 7 个字，总共有 610 多字。内容主要是居延地区殄北塞、卅井塞、甲渠塞遇到匈奴来犯时，根据不同情况发出不同的警报信号的规定。简

文是：

·匈人奴畫入珍北塞，舉二蓬□、煩蓬一、燔一積薪；夜入，燔一積薪、舉堠上離合苣火，毋絕至明。甲渠三十井塞上和如品。

·匈人奴畫甲渠河北塞，舉二薰、燔一積薪；夜入，燔一積薪、舉堠上二苣火，毋絕至明。珍北、三十井塞和如品。

·匈奴人畫入甲渠河南道上塞，舉二薰、塢上大表一、燔一積薪；夜入，燔一積薪、舉堠上二苣火，毋絕至明。珍北、三十井塞上和如品。

·匈奴人畫入三十井降虜隧以東，舉一薰、燔一積薪；夜入，燔一積新、舉堠上一苣火，毋絕至明。甲渠、珍北塞上和如品。

·匈奴人畫入三十井候遠隧以東，舉一薰、燔一積薪、堠上煙一；夜入，燔一積薪、舉堠上一苣火，毋絕至明。甲渠、珍北塞上

和如品。

·匈奴人渡三十井縣索關門外道上隧，天田失亡，舉一薰、塢上大表一、燔二積薪；不失亡，毋燔薪。它如約。

·匈奴人入三十井誠劈北隧縣索關以內，舉薰、燔薪如故；三十井縣索關誠劈隧以南，舉薰如故，毋燔薪。

·匈奴人入珍北塞，舉三薰；後復入甲渠部，累舉旁河薰；後復入三十井以內部，累舉堠上直上薰。

·匈奴人入塞，守亭鄣不得下燔薪者，旁亭為舉薰、燔薪，以次和如品。

·塞上亭隧見匈奴人在塞外，各舉部薰如品，毋燔薪。其誤，亟下薰滅火，候尉吏以檄馳言府。

·夜即聞匈奴人及馬聲若日且入時，見匈奴人在塞外，各舉部薰，次亭晦不和，夜

塞上烽火品约

第八章 簡牘

入，舉一苣火，毋絕盡日夜滅火。

· 匈奴人入塞，候尉吏亟以檄言。匈奴人入，蘳火傳都尉府，毋絕如品。

· 匈奴人入塞，承塞中亭隧舉蘳、燔薪□□□□蘳火品約官□□□舉□□蘳，毋燔薪。

· 匈奴人即入塞，千騎以上，舉蘳、燔二積薪；其攻亭、鄣、塢壁、田舍，舉蘳、燔二積薪，和如品。

· 縣田官吏、令、長、丞、尉見蘳火起，亟令吏民□蘳□□誡敖北隧部界中，民田畜牧者□□……為令。

· 匈奴人入塞，天大風風及降雨，不具蘳火者，亟傳檄告，人走馬馳以急疾為故。

· 右塞上蘳火品約

虽然肩水都尉、敦煌玉门都尉和中部都尉的烽火品约也有一些零星发现，但像居延这样完整系统的烽火品约还是第一次发现，它对研究汉代边塞地区的烽火报警系统和防御设施具有重要价值。主要研究论文有：《居延、敦煌发现的〈塞上蓬火品约〉——兼论汉代的蓬火制度》（《考古》1979 年第 5 期）、《居延烽火考述》、《汉代蓬火制度探索》（《汉简研究文集》甘肃人民出版社，1984 年 9 月）。现藏甘肃省文物考古研究所。

捕斩匈奴虏、反羌购赏科别

1974 年 8 月出土于甲渠候官遗址第 22 号房址内。共 14 枚，多残断，完整者长 23 厘米，宽 1 厘米。能释读者 248 字。中间有缺简，内容略残，但整个文书内容是清楚的。主要是悬赏捕斩匈奴和反叛羌人的赏格。简号 EPF22:222—235。全文是：

· 捕斬匈奴虜、反羌購賞科別

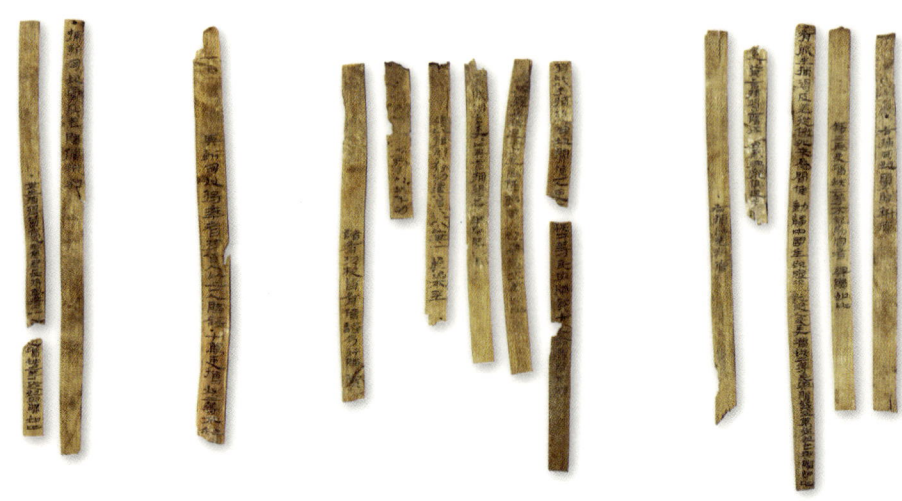

捕斩匈奴虏、反羌购赏科别

·其生捕得酋豪、王侯、君長、將率者一人，吏增秩二等，從奴與購如比

其斬匈奴將率者，將百人以上一人，購錢十萬，吏增秩二等，不欲為□

有能生捕得匈奴閒侯一人，吏增秩二等，民與購錢十□，人命者除其罪。

能與眾兵俱追，先登陷陣，購錢五萬如比

□有能謁言吏，吏以其言捕得之，半與購賞

□追逐格鬥有功，還畜參分以其一還歸本主

□……能持□與半功

諸有功校皆有信驗，乃行購賞

右捕匈奴購科賞

錢三萬吏增秩二等，不欲為官者與購如比

·有能生捕得反羌從傲外來，為閒候動靜中國兵，欲寇盜殺略人民，吏增秩二等，民與購錢五萬，從奴它與購如

□言吏，吏以其言捕得之，購錢五萬，與眾俱追，先登□□

·右捕反羌科賞。

汉匈关系、汉羌关系始终是影响汉王朝政治、经济、军事、社会的重大因素。如此详尽具体的购赏科别，对研究两汉时期的民族关系和社会稳定具有重要价值。现藏甘肃省文物考古研究所。

相利善敝剑册

1974年出土于甲渠候官遗址。共6简，每简长22.3厘米，宽1.2厘米，木质，每简一行。原有编纶三道，编绳处右侧有锲口，编绳已朽毁不存。简号EPT40:202-207。六简容字210个。规整隶书，墨色如新。内容主要是辨识宝剑的标准和方法，提出鉴定善剑四条标准、鉴定敝剑六条标准以及辨识善剑敝剑纹饰的四条标准。全文是：

·欲知劍利善、故器者，起拔之，視之，身中無椎處者，故器也。視欲知利善者，必視之身中有黑兩桁不絕者

其逢如不見，視白堅未至逢三分所而絕，此天下利善劍也。又視之身中生如黍粟狀，利劍也，加以善。

·欲知敝劍以不報者，及新器者，之日

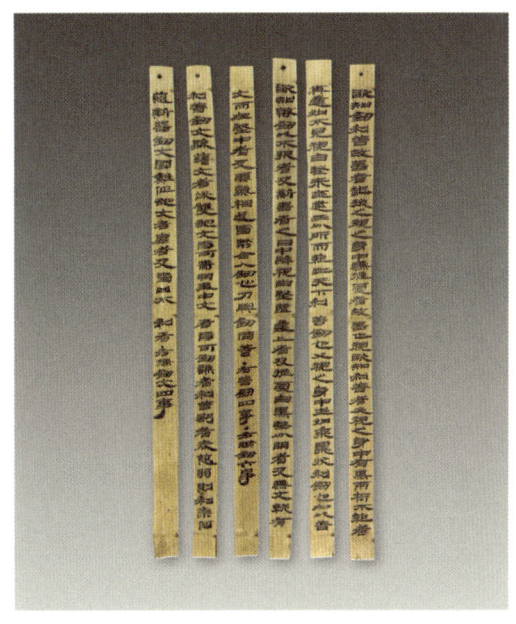

相利善敝剑册

中鋒，視白堅隨逢上者，及推處白、黑堅分明者，及無文，縱有

文而在堅中者，及雲氣相遂，皆敝合人劍也。刀與劍同等，·右善劍四事，·右敝劍六事。

·利善劍文，縣薄文者，保雙蛇文，皆可；帶羽，圭中文者，皆可。劍，諒者利善，強者表惡，弱則利，奈何？

·惡、新器劍文，鬥雞、征蛇文者，粗者，及皆凶不利者，·右敝劍文四事。

《汉书·艺文志》有《相宝剑刀》二十卷，此册的出土或为《相宝剑刀》的内容。对研究汉代的金属冶炼和兵器制造具有重要意义。研究论文有《居延汉简〈相剑刀〉册初探》(《敦煌学辑刊》1983 年第 3 期)、《〈居延新简〉相利善刀剑诸简选释》(《考古与文物》2002 年第 6 期)。现藏甘肃省文物考古研究所。

隧长焦永死驹劾状

1974 年出土于甲渠候官遗址第 22 号房址内。共 16 简，木质，长 21.2~23 厘米，宽 0.9~1.1 厘米。除一枚略有残蚀外，其余各简均清晰如初。全篇章草，一气呵成，潇洒飘逸，既是一篇重要文献，又是一幅书法珍品。可释读者 409 字。文义连贯，内容完整。第一枚为题签，第二简以下为正文，简背有书吏之签署。内容是一份追查死驹责任的文书。编号为：EPF22:186-201。全文如下：

·甲渠言：永以縣官行事警橄，牢駒隧

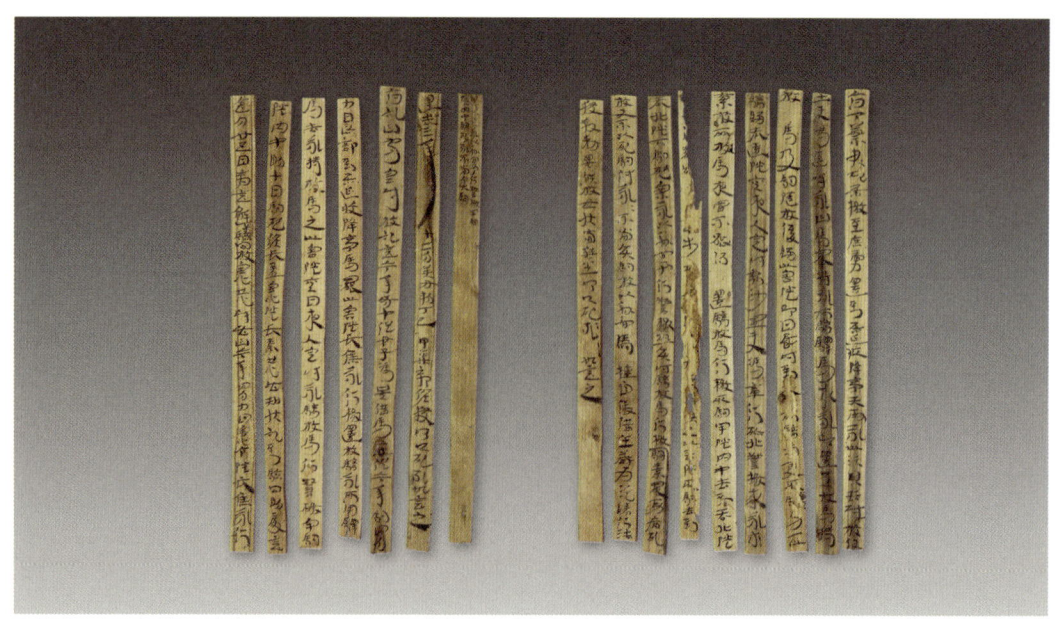

隧长焦永死驹劾状

内中，駒死，永不當負駒。

建武三年十二月癸丑朔丁巳，甲渠障候獲叩頭死罪敢言之。

府記曰：守塞尉放記言：今年正月中，從女子馮吳借馬一匹，從今年駒。四月

九日詣部到居延收降亭，馬罷。止害隧長焦永行檄還，放騎永所用驛

馬去，永持放馬之止害隧。其日夜人定時，永騎放馬行警檄，牢駒

隧內中。明十日，駒死。候長孟憲、隧長秦恭皆知狀。記到驗問，明處言，

會月二十五日。前言解，謹驗問，放、憲、恭辭皆曰：今年四月九日，憲令隧長焦永行

府卿蔡君起居檄至遮虜，還，到居延收降亭，天雨，永止，須臾去，尉放使

士吏馮匡呼永曰："馬罷，持永所騎驛馬來。"永即還，與放馬，持

放馬及駒隨放後，歸止害隧。即日昏時到吞北，所騎馬更取留隧驛馬一匹，

騎歸吞遠隧。其夜人定時，新沙置吏馮章行殄北警檄來，永求

索放所放馬，夜冒不能得。還，騎放馬行檄，取駒牢隧內中，去到吞北隧

☑☑☑☑罷☑☑☑☑中步到……俱之止害隧，取駒去，到

吞北隧下駒死。案：永以縣官事行警檄，恐負時，騎放馬行檄，駒素罷勞，病死，

放又不以死駒付永，永不當負駒。放以

縣官馬擅自假借，坐藏為盜，請行法。

獲教劾要領放毋狀，當並坐。叩頭死罪死罪，敢言之。

掾譚、尉史堅。

該冊書具體生動，宛然一幅戍邊士卒月夜巡行圖。冊書內容對研究漢代的馬政、邊塞行檄制度、責任追究制度等都有重要價值。簡文書法，是研究漢代章草的典範之作。研究論文有《居延新簡"駒罷勞病書"冊書》（《簡帛研究譯叢》第二輯，湖南人民出版社，1998 年 8 月）。現藏甘肅省文物考古研究所。

建武三年居延都尉吏奉例

1974 年 8 月出土于甲渠候官遺址第 22 號房址內。由 10 枚簡組成，每簡長 22.8 厘米，前兩簡寬 2.5 厘米、其余 8 簡寬 1.4 厘米。全文 200 字。編號為 EPF22:70-79。內容為東漢建武三年（25 年）竇融統治河西期間留下的一份完整的財政文書。第一簡為建武三年四月辛巳領河西五郡大將軍張掖屬國都尉竇融為居延都尉所屬官吏制定的"奉谷令"，第二簡為守張掖居延都尉曠和丞崇于六月十七日向下傳達的文件，簡背有"已鞲"二字。其余 8 簡是具體規定，規定了居延都尉、丞和居延縣令、丞、尉每月的奉谷數量，對城司馬、千人、候、倉長、丞、塞尉等各級吏員的月奉可根據倉儲和財

力情况具体对待。简文为：

　　建武三年四月丁巳朔辛巳，領河西五郡
大將軍、張掖屬國都尉融移張掖居延都尉，
今為都尉以下奉各如差，司馬、千人、候、
倉長、丞、塞尉職閒，都尉以便宜財予，從
史、田吏如律令。

　　六月壬申，守張掖居延都尉曠、丞崇告
司馬、千人官，謂官縣，寫移書到，如大將
軍莫府書律令。掾陽、守屬恭、書佐豐。

　　居延都尉，奉穀月六十石。

　　居延都尉丞，奉穀月卅石。

　　居延令，奉穀月卅石。

　　居延丞，奉穀月十五石。

　　居延左右尉，奉穀月十五石。

・右以祖脫穀給，歲竟壹移計。

居延城司馬、千人、候、倉長、丞、塞尉，

・右職閒，都尉以便宜予從史令田

　　竇融"奉谷令"的出土，為研究兩
漢交替之際竇融割據河西期間的財政狀
況和官吏的薪奉發放情況提供了第一手
資料。研究論文有：《建武三年居延都尉
吏奉例略考》(《敦煌學輯刊》1983 年第 3
期)。現藏甘肅省文物考古研究所。

**建武六年甲渠言部吏毋鑄作錢發冢販賣
衣物于都市者書**

　　1974 年出土于甲渠候官遺址第 22 號
房址內。木牘 3 枚，編號 EPF22:37-39。
長 22.8~23.3 厘米、寬 1.8~2 厘米，157 字。

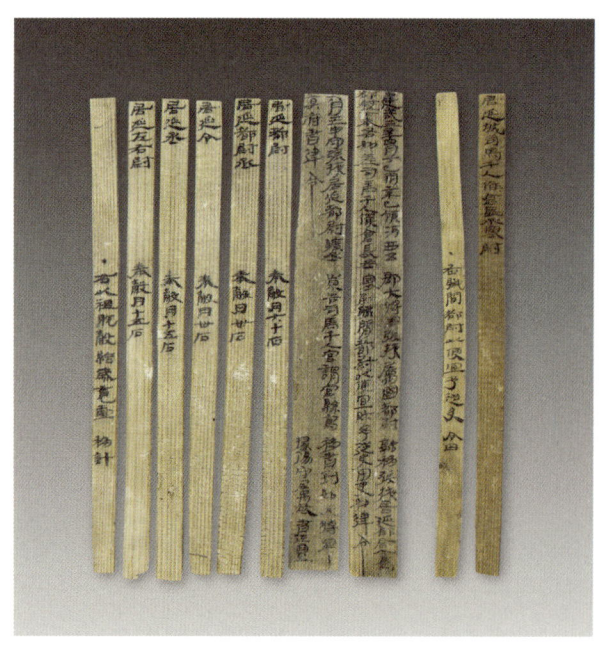

建武三年居延都尉吏奉例

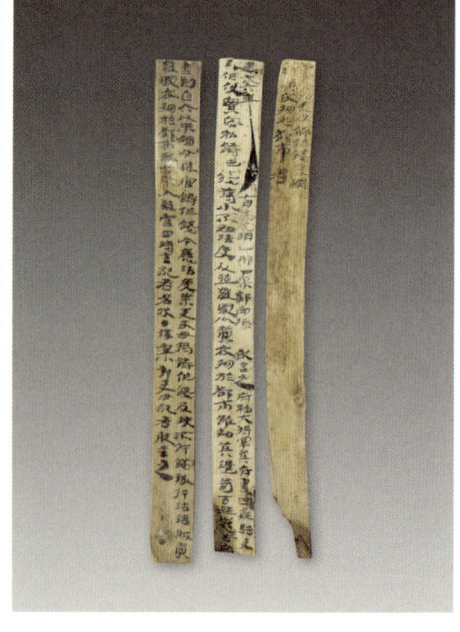

建武六年甲渠言部吏毋鑄作錢發冢販卖衣
物于都市者书

内容是甲渠郚候向大将军幕府每季度按一定要求上报的文件底稿存档。第1枚为文件标题，第2枚是对大将军幕府来文的转述，第3枚是报告内容。其时，窦融领河西五郡大将军，禁止河西兵民铸私钱、盗墓和吏卒私卖衣物，而且要求每季度将情况报告一次。全文是：

·甲渠言部吏毋鑄作錢、發冢、販賣衣物於都市者。

建武六年七月戊戌朔乙卯，甲渠障守候敢言之。府移大將軍莫府書曰：姦黠吏民，作使賓客私鑄作錢，薄、小，不如法度，及盜發冢、私賣衣物於都市，雖知莫譴苛，百姓苦患之。

書到。自今以來，獨令縣官鑄作錢，令應法度，禁吏民毋得鑄作錢及挾不行錢，輒行法；諸販賣發冢衣物於都市，輒收沒入縣官。四時言犯者名狀。·謹案：部吏毋犯者。敢言之。掾譚、令史嘉。

该简册文书的出土，对研究东汉初年窦融统治下的河西社会的政治、经济等情况有重要价值。现藏甘肃省文物考古研究所。

建武六年甲渠言部吏毋作使属国秦胡卢水士民者书

1974 年出土于甲渠候官遗址 F22 号房址内。木牍 3 枚，编号为 EPF22:696、42/322、43。长 22.7~23.5 厘米，宽 2 厘米。原册已散乱，编号不连接，而且第 2 牍断为两截。现在的内容是根据木牍形制、文字笔画和上下文关系连缀复原的。第 1 简文件标题，第 2 简复述大将军府的来文内容，第 3 简上报内容。全文 116 字。

·甲渠言：部吏毋作使屬國秦胡盧水士民者

建武六年七月戊戌朔乙卯，甲渠障守候

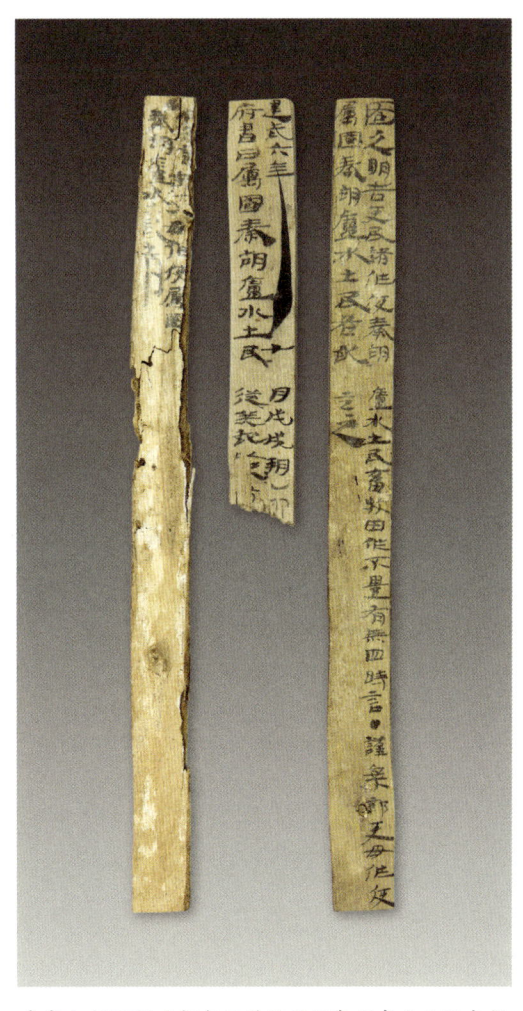

建武六年甲渠言部吏毋作使属国秦胡卢水士民者书

敢言之。府移大將軍莫府書曰：屬國秦胡盧水士民，從兵起以來，□困愁苦，多流亡在郡縣，吏

匿之。明告吏民，諸作使屬國秦胡盧水士民畜牧、田作不遣，有無？四時言。

·謹案：部吏毋作使屬國秦胡盧水士民者。敢言之。

该册文书的出土，为研究窦融统治河西时期的民族政策、民族关系提供了第一手资料。研究论文有：《释"秦胡"——读新出居延汉简"甲渠言部吏毋作使属国秦胡卢水士民书札记"》（《中国历史博物馆馆刊》1979年第1期）、《秦人、秦胡蠡测》（《考古》1983年第3期）。现藏甘肃省文物考古研究所。

建武四年甲渠言部吏毋嫁娶过令者书

1974年出土于甲渠候官遗址第22号房址内。木牍3枚，原号为EPF22:44、45、690。长22.8~22.9厘米、宽1.6~1.9厘米，两行书写，98字。第2牍背面有"掾谭"的书吏签署。第1简是检署，第2简是转述的诏书内容，第3简是上报内容。主要是禁止奢靡，婚嫁不得过制，否则财物奴婢没官的四时上报书。原文是：

·甲渠言：部吏毋嫁娶過令者

建武四年五月辛巳朔戊子，甲渠塞尉放行候事敢言之。詔書曰：吏三百石、庶民嫁娶毋過萬五千。關內侯以下至宗室及列侯子

娉聚（娶）各如令，犯者沒入所齎奴婢財物縣官。有無？

四時言。·謹案：部吏毋嫁娶過令者。敢言之。

编号不连接，整理时根据内容复原。该文书虽为窦融统治河西时期的四时簿，但转述内容是诏书而非大将军幕府书。对研究东汉初年河西地区的婚丧习俗以及窦融与朝廷的关系提供了实物资料。现

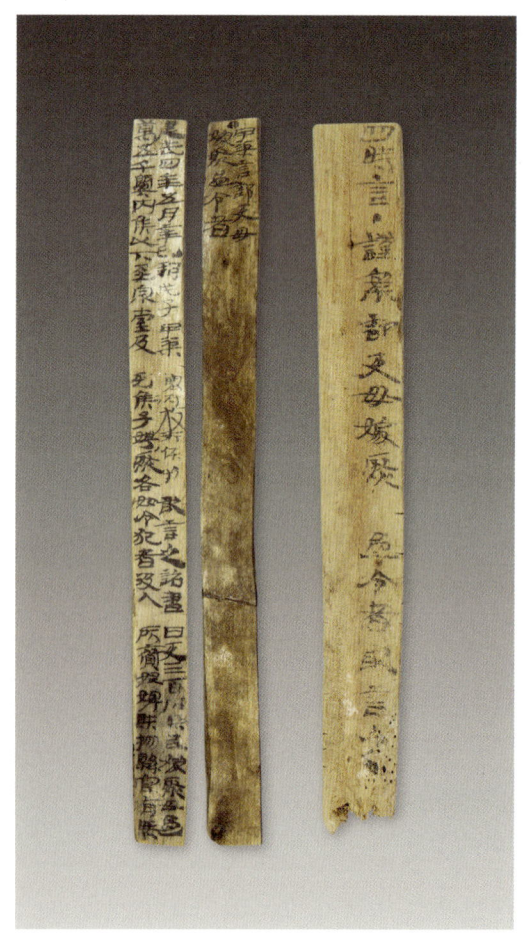

建武四年甲渠言部吏毋嫁娶过令者书

藏甘肃省文物考古研究所。

建武四年甲渠言部吏毋犯四时禁者书

1974 年出土于甲渠候官遗址第 22 号房址内。木牍 2 枚，编号为 EPF22:49、50。长 22.8 厘米，宽 1.6 厘米。第 1 枚标题，第 2 枚正文，转述府书内容，背面署"掾谭"。内容为窦融统治河西时期甲渠部候按时上报的四时簿底稿。全文 63 字。

· 甲渠言部吏毋犯四時禁者

建武四年五月辛巳朔戊子，甲渠塞尉放行候事敢言之。府書曰：吏民毋犯四時禁。有無？四時言。·謹案：部吏毋犯四時禁者。敢言之。

文书中的"四时禁"，当指依照"四时月令"一类规定，在一定时期内不得上山伐木、不得屠宰牲畜之类。同样内容的文书还有 EPF22:51、52 两牍。除了时间为"建武六年七月戊戌朔乙卯"外，其他内容几乎完全雷同，对研究东汉初年河西地区对类似"月令"文件的执行和对生态的积极保护有一定参考价值。现藏甘肃省文物考古研究所。

甲渠言部吏毋屠杀牛马者书

1974 年出土于甲渠候官遗址第 22 号房址内。木牍 1 枚，编号 EPF22:47。长 22.8 厘米，宽约 1.8 厘米。正反两面书写，存字 55 个。背面只是书吏"掾谭"的签署。内容为四时簿的上报底稿，全文为：

建武四年五月辛巳朔戊子，甲渠塞尉放行候事敢言之，府移使者□所詔書曰：毋得屠殺馬、牛。有無？四時言。·謹案：部吏毋屠殺馬、牛者。敢□□。

根据内容和文例，可以补充文书标题为："甲渠言部吏毋屠杀牛马者"，当在另一简，惜已不存。该文书的出土，对研究东汉初年窦融统治河西时期对畜牧业采取的保护发展政策有重要参考价值。

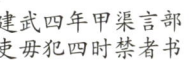
建武四年甲渠言部　　甲渠言部吏毋屠
吏毋犯四时禁者书　　杀牛马者书

现藏甘肃省文物考古研究所。

建武六年甲渠言部吏毋伐树木者书

1974 年出土于甲渠候官遗址第 22 号房址内。木牍 1 枚，编号 EPF22:53。长 22.5 厘米，宽 1.8 厘米。内容为东汉初年窦融统治河西时期四时簿的上报底稿。正面为正文，背面为书吏签署，存 46 字。

建武六年七月戊戌朔乙卯，甲渠障候敢言之，府书曰：吏民毋得伐树木，有无四时言。谨案部吏毋伐树木 [者，敢言之

掾谭、令史嘉

根据内容和文例，可补文书标题为"甲渠言部吏毋伐树木者"，当在另一简

上，今已不存。该文书的出土，对研究东汉初年河西地区对林业的重视和生态的保护有重要意义。现藏甘肃省文物考古研究所。

建武五年甲渠言赦令诏书毋应书者

1974 年出土于甲渠候官遗址第 22 号房址内。木简 4 枚，简号为 EPF22:162–165。长 23 厘米，宽 1.2 厘米。全文 76 字。内容是甲渠鄣候上报给都尉府的文件。第 1 简标题，第 2、3 简转述都尉府来文内容，第 4 简为上报内容。主要是根据朝廷的赦令诏书，要求甲渠鄣候上报被赦人员名籍和每人所判罪名、刑罚。全文是：

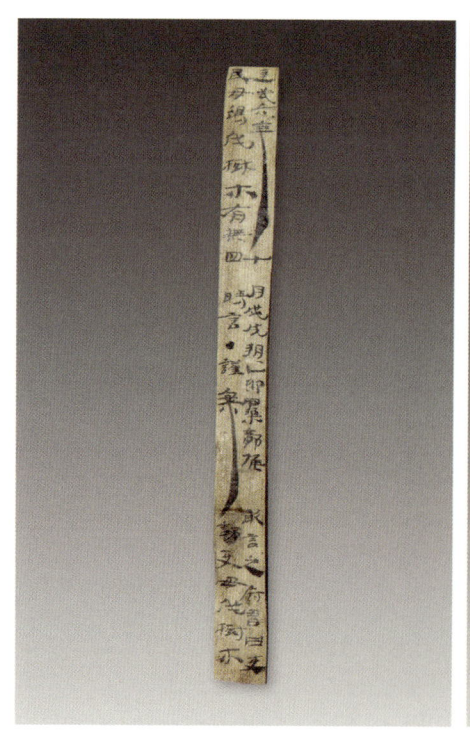

建武六年甲渠言部吏毋伐树木者书

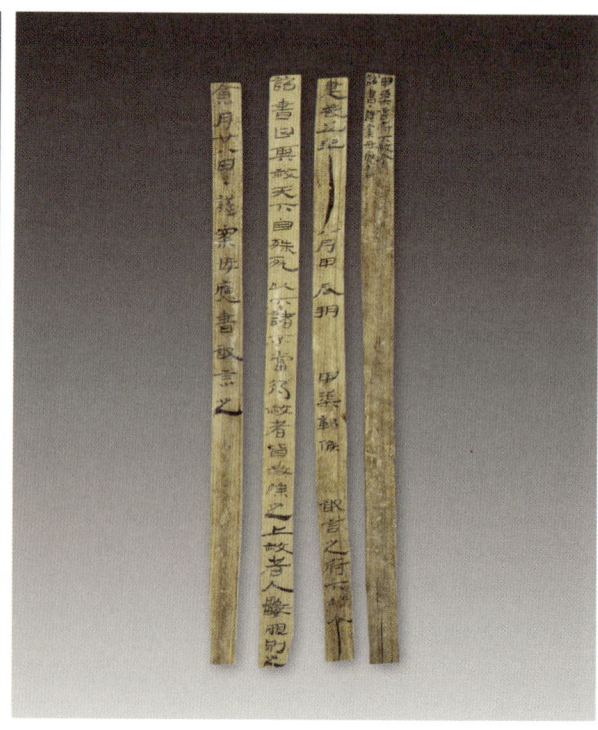

建武五年甲渠言赦令诏书毋应书者

·甲渠言府下赦令詔書·謹案毋應書

建武五年八月甲辰朔,甲渠障候　敢言
之。府下赦令

詔書曰:其赦天下自殊死以下,諸不當
赦者皆赦除之。上赦者人數,罪別之,

會月廿八日。·謹案:毋應書。敢言之 。

该文书的出土,为研究东汉初年窦
融统治下的河西社会的法律制度、刑徒
服刑、戍卒人员的成分构成等具有重要
价值。现藏甘肃省文物考古研究所。

建武五年四月吏调守书

1974 年出土于甲渠候官第 22 号房址
内。木简 8 枚,简号为 EPF22:250-257。
每简长 22.5~23 厘米,宽 1.3 厘米。前 4
简为 1 份文件,后 4 简为另 1 份文件,两
份文件涉及同一个人。内容主要是隧长、
士吏、候长的人事调动。全文为:

建武五年四月丙午朔癸酉,甲渠守侯
謂第十四

隧長孝,書到,聽書從事如律令。

第十士吏馮匡,斥免缺。

第十四隧長李孝,今調守第十守士吏

建武五年四月丙午朔癸酉,甲渠守侯
謂第十守

士吏孝,書到,聽書從事如律令。

萬歲候長何憲,守卅井塞尉。

第十守士吏李孝,今調守萬歲候長,有
代罷。

两份文件是同一天发出的。隧长李
孝从隧长调任守士吏、再调任守候长也
是同一天任命的。对研究边塞基层官吏
的任命权限和调任程序有重要价值。现
藏甘肃省文物考古研究所。

地皇四年行塞省兵物录

1974 年出土于甲渠候官第 22 号房址
内。木简 6 枚,编号为 EPF22:236-241。
下部变形残断,长 16~22 厘米不等,宽 1.2
厘米。内容为检查部、隧守御器具和吏
卒烽火品约知识的记录。全文为:

·新始建國地皇上戊三年七月行塞省兵
物錄

省候長鞍馬追逐具,吏卒皆知烽火品約不?

省烽干、鹿盧索完堅調利,候卒有席薦不?

省守御具、塢戶調利,有狗不?

☑☐不?

■右省兵物錄。

简中"不"即"否",古通用。该简
册的出土,为研究王莽时期居延边塞的
守御器种类、兵器装备以及平时的检查
制度提供了翔实具体的实物资料,有重
要价值。现藏甘肃省文物考古研究所。

建武三年候长言兵物不具书

1974 年出土于甲渠候官遗址第 22 号
房址内。木牍 2 枚,编号 EPF22:61-62。
长 22.3 厘米,宽 2.5~3 厘米。松木,规
整的隶书书写。两牍正面为正文,第 2 牍

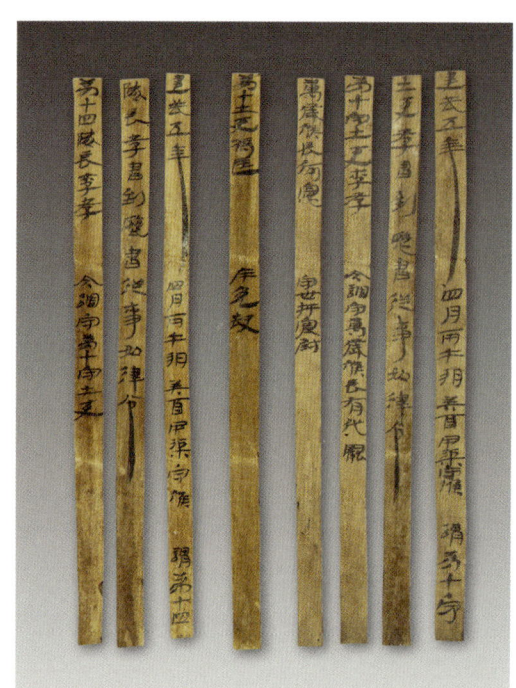

建武五年四月吏调守书

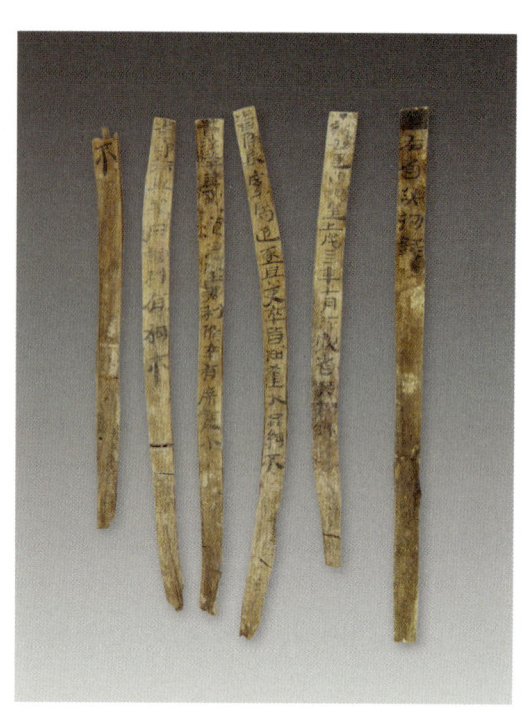

地皇四年行塞省兵物录

背面有"七月戊戌来"的来文登记。内容是万岁候长上任后对本部兵器配备进行检查，然后对缺失流转情况向候官作的报告。全文是：

建武三年七月乙酉朔丁酉，萬歲候長憲敢言之。徙署，迺癸巳視事，校閱兵物多不具。竇何辭與循俱休田，循服六石弩一、槀矢銅鍭百、鎧鞮瞀各一，持歸遊擊亭。循、何□亭部，不復與循會，證知者如牒。唯官簿出七月盡九月四時。叩頭死罪，敢言之。

七月戊戌來。

该文书的发现，对研究东汉初年居延边塞各部隧的兵器装备有一定价值。现

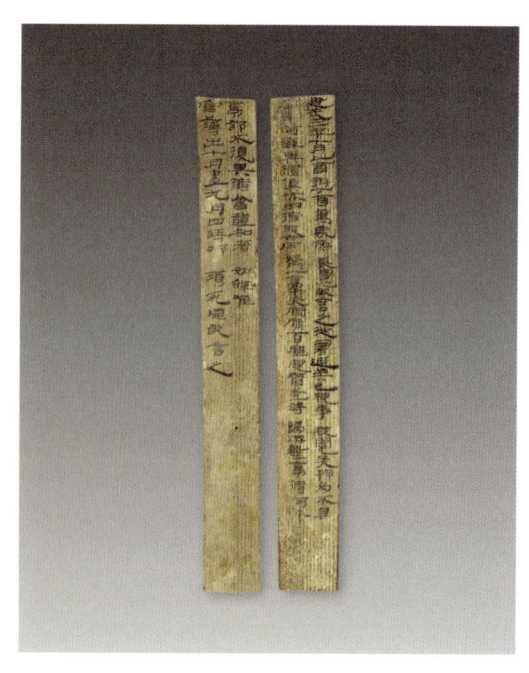

建武三年候长言兵物不具书

藏甘肃省文物考古研究所。

甲渠吏廪食名籍

1974 年 8 月出土于甲渠候官遗址第 22 号房址内。木简 42 枚。编号 EPF22:83-124。完整者长 23 厘米，宽 1.2 厘米。中间有残断和连缀，是一组甲渠候官吏领用口粮的记录。简文如"第六隧长皇隆，正月食三石，正月辛酉自取"；"第十三隧长王习，正月食三石，正月辛酉自取。"每简都记载了吏员的姓名、职务、所属隧名、某月口粮、领谷数量、领取时间、是自取还是别人代领等七项内容。虽然格式单调，大多雷同。但综合考察，该组简文所记载的人名、隧名、吏卒的口粮标准以及正月到十二月的发放记录，

对研究居延边塞的烽隧分布系统、每隧戍卒的配备以及当时的粮食供应情况具有重要价值。现藏甘肃省文物考古研究所。

建武四年三月不侵守候长陈业劾状

1974 年出土于甲渠候官遗址第 68 号探方中。木简 20 枚，原编号为：EPT68:54-64、68-76。均完整。简长 22.5~23.3 厘米，宽 1~1.3 厘米。内容是亭长和客民五人逃亡并带走官物兰越塞天田，不侵部守候长陈业对此事的举劾文书。原文是：

建武六年三月庚子朔甲辰，不侵守候长业敢

言之。谨移劾状一编，敢言之。

迺今月三日壬寅，居延常安亭长王闳、

简牍

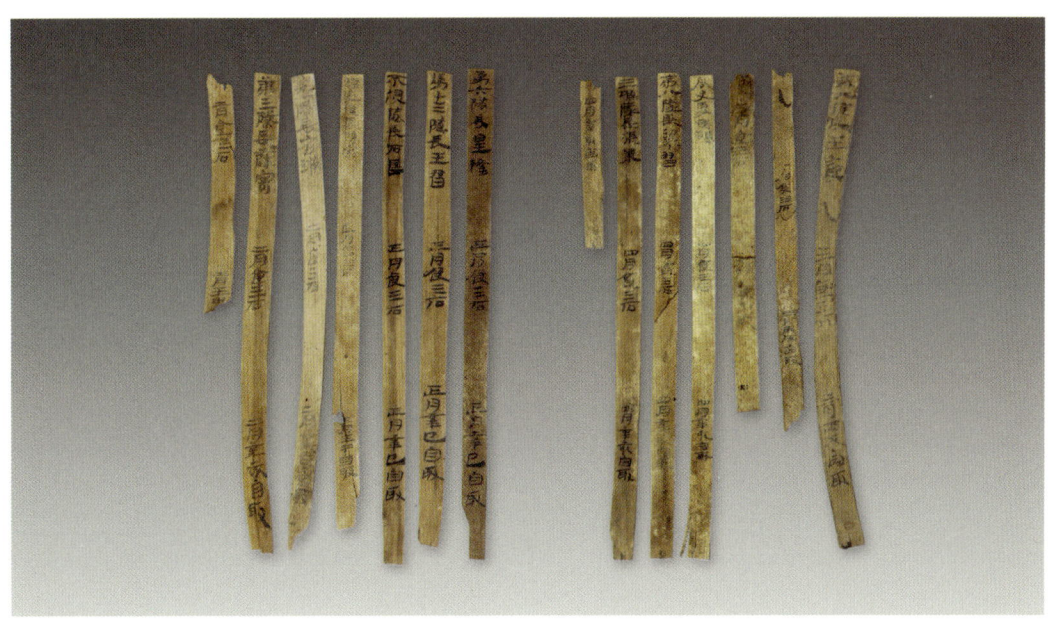

甲渠吏廪食名籍

閣子男同、攻虜亭長趙

　常及客民趙閣、范翕等五人俱亡，皆共盜官兵，

　臧千錢以上，帶大

　刀劍及鈹各一，又各持錐、小尺白刀、箴各一，蘭越甲渠當

　曲隧塞，從河水中天田出。○案：常等持禁物

　蘭越塞于邊關徼，逐捕未得，它案驗未竟。

　建武六年三月庚子朔甲辰，不侵守候長業劾移

　居延獄，以律令從事。

●狀辭曰：公乘、居延中宿里、年五十一歲，姓陳氏，今年正月中，府調業守候長，署不侵部，主領吏

迹候備寇虜盜賊為職。迺今月三日壬寅，居延常安亭長

　王閣、閣子男同、攻虜亭長趙常及客民趙閣、范翕等

　五人俱亡，皆共盜官兵，臧千錢以上，帶大刀劍及鈹各一、

　又各持錐、小尺白刀、箴各一，蘭越甲渠當曲隧塞，從河

　水中天田出。案：常等持禁物蘭越塞于邊關徼，逐捕未得，它案驗未竟，以此知而劾，無長吏使劾者，狀具此。

　三月乙酉，甲渠守候　移移居延，寫移如律令。／掾譚、令史嘉。

　該劾狀格式完整，為復原和研究類似文件提供了參照樣本。同時為研究邊

建武四年三月不侵守候长陈业劾状

塞吏卒的逃亡和法律制度、诉讼程序提供了原始记载。研究论文有：《居延汉简劾状册书的复原》（《简帛研究二〇〇一》，广西师大出版社，2001年8月）。现藏甘肃省文物考古研究所。

建武五年士吏冯匡被劾状

1974年出土于居延甲渠候官遗址第69号探方中。木简12枚，编号为：EPT68:1~12。均完整，长22.5~23厘米，宽1~1.3厘米。主要内容是甲渠候官主官令史夏侯谭举劾第四部百石士吏冯匡"软弱不任吏职"的劾状。原文是：

建武五年五月乙亥朔丁丑，主官令史谭敢言之。

谨移劾状一编，敢言之。

甲渠塞百石士吏居延安国里公乘冯匡，年卅二岁，始建国天凤上戊六年

三月己亥除，署第四部，病欬短气，主亭隧七所眴呼。

七月□□除，署第四部士吏。□：匡软弱不任吏职，以令斥免。

建武五年五月乙亥朔丁丑，主官令史谭劾移

居延狱，以律令从事。

●状辞：公乘、居延鞮汗里，年卅九岁，姓夏侯氏，为甲渠

候官斗食令史，署主官，以主领吏、备盗贼为职。士吏冯匡，

始建国天凤上戊六年七月壬辰除，署第十部士吏。案：匡

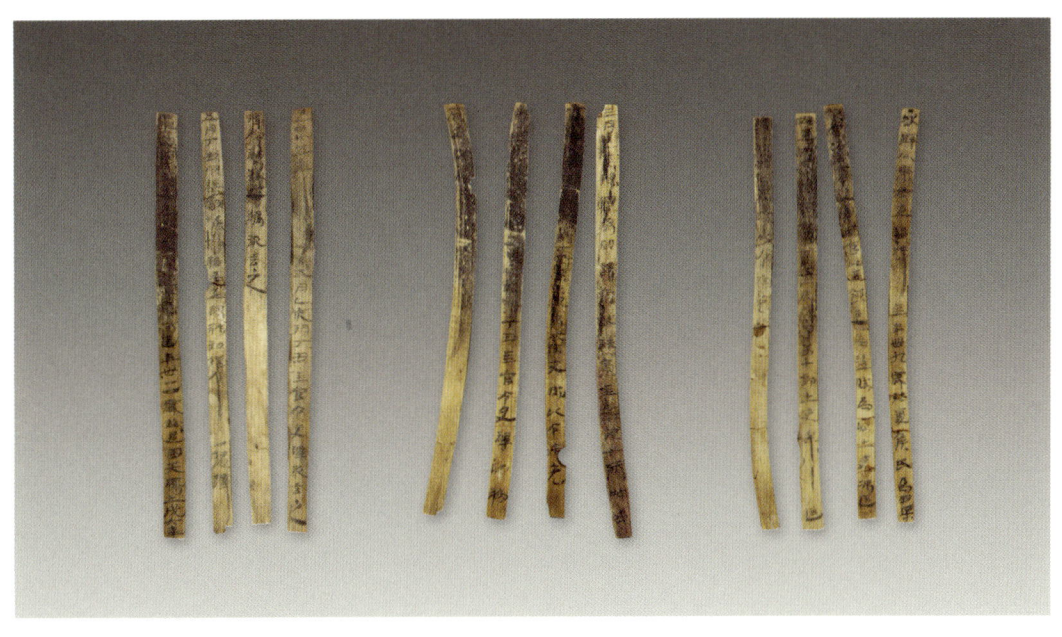

建武五年士吏冯匡被劾状

軟弱不任吏職，以令斥免。

五月丁丑，甲渠守候博移居延，寫移如律令。/掾譚。

该劾状的出土，为研究居延边塞基层吏卒的基本职守、任职条件以及罢免程序具有重要价值。现藏甘肃省文物考古研究所。

建武五年候长原宪被劾状

1974 年出土于居延甲渠候官遗址第 68 号探方中。木简 18 枚，原编号为：EPT68:13–28、42、79。大多完整，第 42 简下部烧残。完整者长 22～22.5 厘米，宽 1～1.2 厘米。全部文字大多可以连贯，唯第 42、第 79 两简是出土后根据内容连缀复原的。内容是第四守候长原宪和主官令史夏侯谭斗殴，原宪刺伤对方并持官物越塞天田出逃后，甲渠候官令史周立举劾原宪的劾状。原文为：

建武五年九月癸酉朔壬午，令史立敢言之，謹移劾劾狀

一编，敢言之。

迺九月庚辰，甲渠第四守候長、居延市陽里，上造原憲，與主官

夏侯譚爭言鬮，憲以所帶劍刃擊傷譚匈一所，廣二寸，

長六寸，深至骨。憲帶劍，持官六石具弩一，稟矢銅鏃十一枚，持大

橐一、盛糒三斗、米五斗、騎馬蘭越隧南塞天田出。案：憲鬮傷、

盜官兵、持禁物，蘭越於邊關傲亡，逐

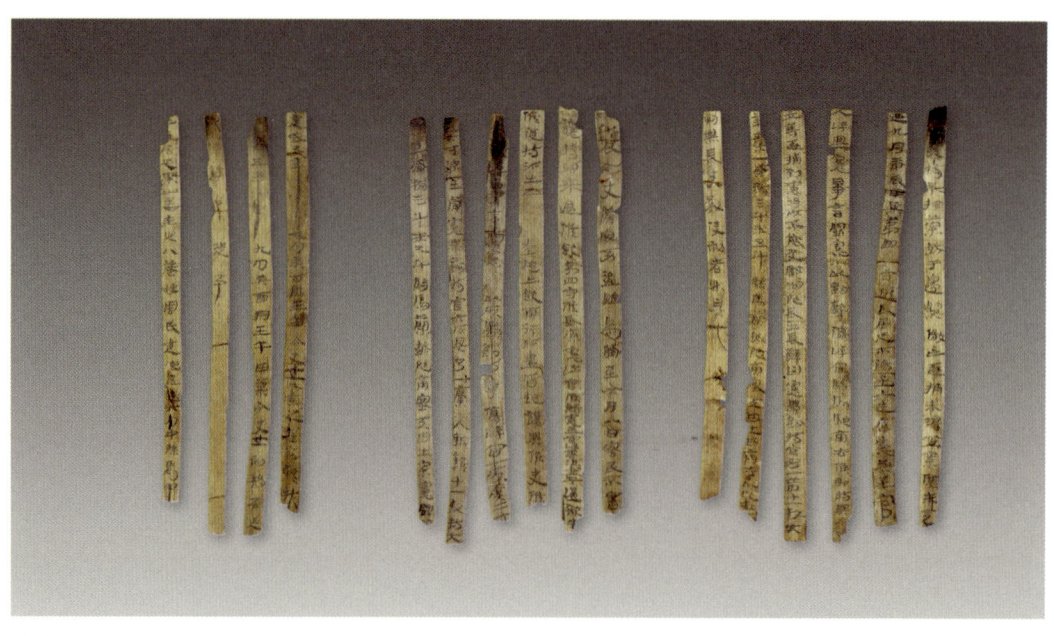

建武五年候长原宪被劾状

捕未得，它案驗未竟。

建武五年九月癸酉朔壬午，甲渠令史立劾，移居延

獄，以律令從事。

□上造、居延累山里，年卌八歲，姓周氏，建武五年八月中除為甲

渠官斗食令史，備寇虜盜賊為職。至今月八日，客民不審

□讓持酒來，過候飲。第四守候長原憲詣官，候賜憲、主官譚等酒，酒盡，讓欲去，

候復持酒出之堂煌上，飲再行，酒盡，皆起。讓與候史候□

人。譚與憲爭言鬥，憲以劍擊傷譚匈一所，騎馬馳南去。候即時與令史

立等逐捕，到憲治所，不能及。驗問隧長王

長，辤曰：憲帶劍，持官弩一、箭十一枚，大

革囊一，盛糒三斗、米五斗，騎馬蘭越

隧南塞天田出，西南去。以此知而

劾，無長吏教使劾者，狀具此。

九月壬午，甲渠候□移居延，寫移書到，如律令／令史立。

該劾狀的出土，為研究邊塞吏卒的日常生活和管理提供了重要資料。現藏甘肅省文物考古研究所。

建武五年候长王襃等被劾状

1974 年出土于居延甲渠候官遗址。木简 22 枚，编号为：EPT68:83-92、81-82、93-102。大多完整，少量残断。完整者长 22.5~23 厘米，宽 1~1.3 厘米。主要内容是匈奴犯塞时烽火不如品以及人马

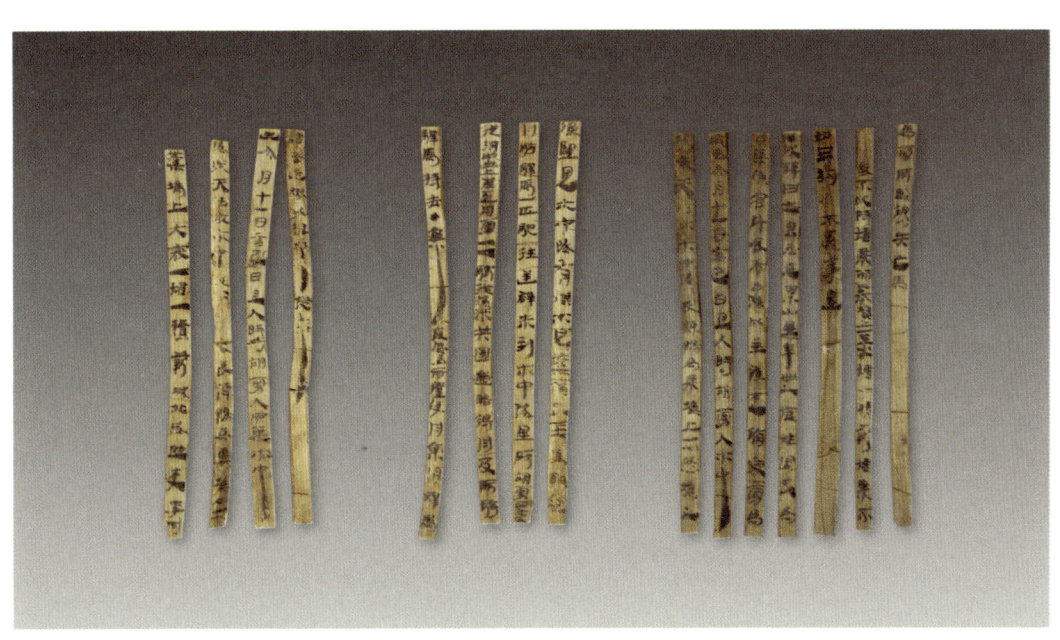

建武五年候长王襃等被劾状

被掳掠后对责任人进行的举劾。劾状全文为：

迺今月十二日辛巳，日且入時，胡虜入甲渠木中

隧塞天田，攻木中隧。隧隊長陳陽為舉堠上二

蕙，塢上大表一，燔一積薪。城北隧助吏李丹

候望，見木中隧有煙，不見蕙，候長王襃即使

丹騎驛馬一匹馳往逆辟，未到木中隧里所，胡虜四步人

從河中出，上岸逐丹，虜二騎從後來，共圍遮，略得丹及所騎

驛馬持去。●案：襃典主而擅使丹乘用驛馬，

為虜所略得，失亡馬；

不以時燔舉，而舉堠上一苣火、燔一積薪，舉不

如品約，不憂事邊。

建武五年十二月辛未朔戊子，令史　劾，將襃

詣居延獄，以律令從事。

●狀辤曰：上造，居延累山里，年卌八歲，姓周氏，為

甲渠候官斗食令史，以主領吏備寇虜為職。迺今月十一日辛巳，日且入時，胡虜入木中

隧塞天田，攻木中隧。隧長陳陽為舉堠上二蓬，塢上

大表一，燔一積薪。城北隧助吏李丹候望，見

木中隧□□☑□□，候長王襃即使丹騎驛馬一匹馳□□☑里所，胡虜四步人，從☑得丹及所騎驛馬，

☑□丹乘用驛馬☑

☑□舉堠上苣火☑。

册书是出土后复原的，中间或有缺简，编号也不连贯，但文义和劾状格式是清楚的。该文书的出土，对研究东汉初年的司法程序、诉讼文书、边防态势以及汉匈关系都有重要意义。现藏甘肃省文物考古研究所。

建武五年隧长王尊被劾状

1974年出土于甲渠候官遗址第68号探方内。木简30枚，原编号分别为：EPT68:179、163-164、167-168、171、169-170、172-175、177、176、162、180、165-166、181-188、190、189、191-192。完整者长22.3~23厘米，宽1~1.3厘米。出土时已散乱，下面的次序是出土后根据内容、格式和书体复原的。内容是候长王良督促隧长王尊作治靳幡而王尊不服并与之械斗，用刀剑刺伤王良后逃至第十候长赵彭处，赵彭对此进行的举劾。原简是：

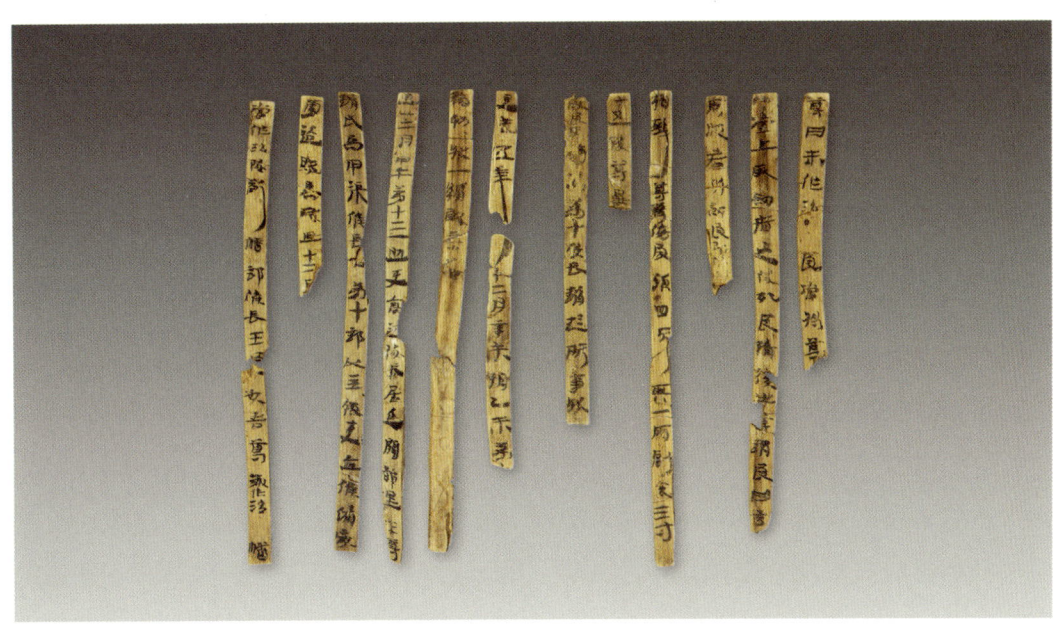

建武五年隧长王尊被劾状

建武五年十二月辛未朔己未，第十候长
☐敢言之。謹

移劾狀一編，敢言之。

迺十二月甲午，第十三助吏、高沙隊長、
居延關都里王尊

當作治隧靳幡，部候長王良數告尊趣作
治幡，

尊曰：未作治。良當將尊☐

☐尊裝先出，之隧☐

中堂上取劍盾之隊外，良隨後出，尊謂
良曰：言☐

所服若拔劍。良即取所☐

相擊，尊擊傷良頭四所，其一所創衰三寸，
十五隧尊署☐

☐取良馬騎之第十候長趙彭所，事狀

彭劾將尊☐☐

居延獄，以律從事

☐吏●案：尊以縣官事賊傷辨

☐吏盜良馬

建武五年十二月辛未朔己未，第☐☐

趙氏為甲渠候長，署第十部，以主領吏
迹候備寇

虜盜賊為職。迺十二月☐

☐午第十三助吏、高沙隊長

☐當作治隧靳幡

☐部候長王良數告尊

治幡。尊曰：未作治。良當將尊詣官，尊一
先出，

之隧中堂上取劍盾之隧外。良隨後出，尊謂
良曰：言多，所服若拔劍。良即取所帶劍，

尊□

　　□□相擊。尊擊傷良

　　頭四所，其一所創衰三寸，三所創衰二寸半，皆廣三分，深至骨。良

　　北走奏第十五隧。尊

　　□取良馬騎之第十候長趙彭

　　□案：尊以縣官事賊傷辨治

　　□□吏盜良馬□□

　　該組劾狀文書的出土，為研究邊塞地區基層官吏的人際關係和社會關係提供了具體材料。現藏甘肅省文物考古研究所。

建武六年隧长王长被劾状

　　1974 年出土于居延甲渠候官遗址第 68 号探方内。木简 20 枚，原编号分别是：EPT68:134－135、142、145、144、146、154、153、152、137、139－140－141、151、148、143、147、155－156、136。有些残简可以拼接，有些已无法拼接。简文顺序是出土后复原的，中间有缺简，但文义仍可连读。主要内容是隧长、戍卒离署不归，令史张嘉对其进行举劾的文书。原文为：

　　建武六年正月辛丑朔癸丑，令史嘉敢言之。

　　謹移劾狀一編，敢言之。

　　□年九月九日，甲渠第四隧長，居延平明里王長

　　□長因亡，盡今年

　　正月十三日□

　　□不還●案□

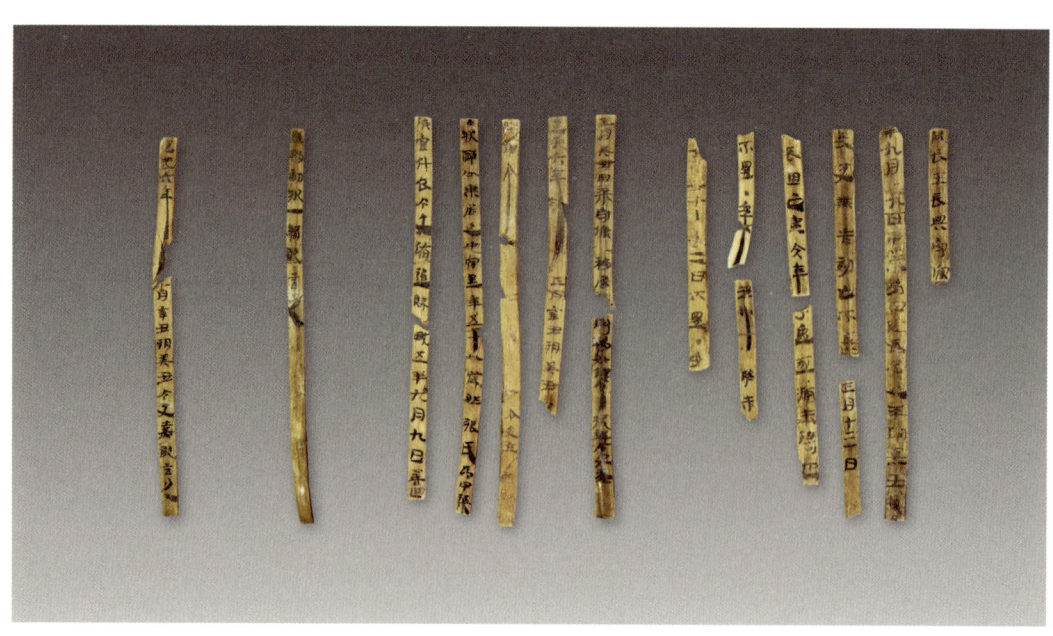

建武六年隧长王长被劾状

□長吏無告劾亡□

□事邊，逐捕未得，它

案驗未竟。

建武六年正月辛丑朔癸丑，令□

●狀辭：公乘，居延中宿里，年五十八歲，

姓張氏，為甲渠

候官斗食令史，備盜賊□職。五年九月

九日，第四

隊長王長與守塞□

□十三日積五□

□□十三日不還●案：

長吏無告劾亡，不憂事邊，逐捕未得，它

案驗未□

□以此知而劾，無長吏使劾□

者，狀具此。

正月癸丑，甲渠守候移居延□，寫移，
如律令。掾譚、令史嘉。

該文書的出土，為研究邊塞士卒的
軍事紀律、日常生活提供了有價值的材
料。現藏甘肅省文物考古研究所。

建武六年客民赵良被劾状

1974 年出土于甲渠候官遗址第
68 号探方中。木简 18 枚，原编号为：
EPT68:29−30、47−50、65−66、31−32、
34−40、33。完整者简长 22.5~23 厘米，
宽 1~1.2 厘米。主要内容是甲渠守候长昌
林举劾边民赵良因采挖野菜迷路而兰越
塞天田的劾状。原文为：

建武六年四月己巳朔戊子，甲渠守候长昌林
敢言之，谨移劾状一编，敢言之。

建武六年客民赵良被劾状

迺四月戊子，新占民居延臨仁里□□
食，之居延博望亭部采胡于，其□□
中夜行，迷渡河□
出。案良□
蘭越塞天田出入□
□典主不發覺●案□
建武六年四月己巳朔己丑，甲渠候長昌
林劾，將
良詣居延獄，以律令從事。
●狀辤皆曰：名、爵、縣里、年、姓、
官祿各如律，皆□
迹候備盜賊寇虜為職。迺丁亥，新占民
居延臨仁里
趙良蘭越塞，驗問，良辤曰：今月十八日，
毋所食，之居延博望亭

部采胡于，其莫日入後，欲還歸邑中，
夜行迷河河
蘭越甲渠却適隧北塞天田出。案：良蘭
越塞天田出入，以此知而劾，無長吏使
劾者。狀具
此。
四月己丑，甲渠守候　移居延，寫移如律令。

劾狀全文是出土后根据劾状的内容和格式复原的，中间可能有缺简，但基本内容是清楚的。该文书的出土，为研究边塞防御体系和边民生活提供了生动材料。现藏甘肃省文物考古研究所。

建武六年尚林等被劾状

1974 年出土于居延甲渠候官遗址第 68 号探方中。木简 11 枚，原编号分别是：

建武六年尚林等被劾状

EPT68:111、109—110、113、108、112、114—105—107、116。顺序是出土后复原的。内容是候长擅自离署导致隧长逃亡，令史对其进行举劾的劾状。内容为：

□□□良私去官□□□……

归第八亭部田舍。月廿四日，还诣部，积六日。又月廿一戊子，第四

守候长，居延鸣沙里尚林私去署，隧□□□□□□□月三日

还诣部，积三日。

良、林所部主隧长郑孝、侯云亡，兰越塞天田出，不得。

案：良、林私去署，皆□宿止，且乏迹候，失兰，不忧事边。

建武六年七月戊戌朔壬寅，令史嘉劾，将良、林诣

居延狱，以律令从事。

●状辞曰：居延中宿里、公乘、年五十八岁、

☑斗食令史☑以主领吏备。

该文书的出土，为研究边塞地区的法律制度以及吏卒的管理、纪律以及士卒的逃亡情况有参考价值。现藏甘肃省文物考古研究所。

张掖都尉棨信

1973年出土于肩水金关遗址（编号EJT21:01）。长21厘米，宽16厘米，红色织物，上边有系，正面墨书："张掖都尉棨信"六字，为西汉晚期遗物。棨信，《说文》称綮，"一曰徽帜，信也"。"棨""綮"为通用字，因棨信用帛制，所以也写作"綮"。作为徽帜的棨信，即是幡信，或曰信幡。《古今注》："信幡，古之徽号也，所以题表官号，以为符信，故谓之信幡也。"主要作用是用来传令启闭关门。形制上不同于木刻的棨信、棨戟和传信。另外，古称秦书八体，"四曰虫书"。新莽六书，"六曰鸟虫书，所以书幡信也"，"张掖都尉棨信"六字，虽篆意很浓，但每个笔画都有屈曲，故作蜿蜒，或可作为虫书书写幡信的例子。这件棨信的发现，为研究两汉时期的棨信种类和书写形式提供了实物资料。研究论文有：李学勤《谈"张掖都尉棨信"》（《文物》1978年第1期）等。现藏甘肃省文物考古研究所。

张掖都尉棨信

第四节　肩水金关汉简

1973年出土于甘肃金塔境内汉代肩水金关遗址。北纬40°35′18″，东经99°55′47″。整理编号的简牍共10661枚。1930年西北科学考察团成员贝格曼在此地出土汉简724枚，同当时额济纳河流域其他地区出土的汉简统称之为"居延汉简"。但此次在金关遗址所出汉简，因其数量大，且出土地单一，内容集中，故直称之为"金关汉简"。金关汉简就其形制而言，包括了简、牍、觚、两行、签楬、梯片等；就内容而言，主要是边塞地区军事驻防和戍卒生活的具体记录，有极高的历史、科学和艺术价值。金关汉简是又一批地下文献的大宗出土，对研究汉代西北边防、军队体制、民族关系以及日常社会生活具有重大价值。现藏甘肃省文物考古研究所。

张宣致稚万书

1973年出土于肩水金关遗址。木牍一枚，松木上部一侧有残缺。长23.50厘米，宽6.0厘米，厚0.3厘米，编号73EJT30:28。双面书写。正面为张宣致稚万书：

宣伏地言：稚萬足下，善毋恙，勞道決府，甚善。願伏前，會身小不快，更河梁難，以故不至門下拜謁，幸財罪請，少偷，伏前因言，累以所市物，謹使＝再拜，受幸，願稚萬以遣使，天寒已至，須而以補，願斗食遣之，錢少不足，請知數推奏，叩頭幸甚，謹持使奉書，宣再拜。　張宣

背面为禹致友朋书，为禹写给诸多友朋表示慰问的书信，简文如下：

前寄書……言必代贛取，報言都尉府，以九月十六日召禹對，以表火□□□□責，致八日乃出，毋它緩急。禹叩頭多問功如稚公、少負聖君、幼闌子贛郵君、莫旦龐物諸兒、宜馬昆弟、君都得之何齊·負贛春、王子明君、子卿長君、子恩政君、回昆弟子文都君·見朱贛中君、子寶少平，諸嫂請之，孔次卿平君、賞稛卿春君，禹公幼闌得換為

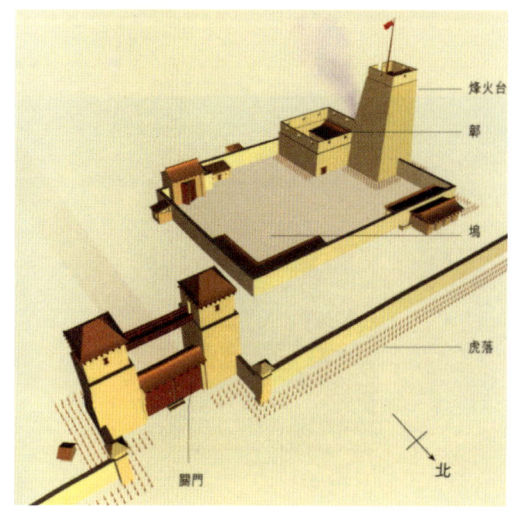

肩水金关示意图

（图中标注：烽火台、鄣、塢、虎落、闕門、北）

令史去置，甚善，辱幸使肩水卒史徐游君、薛子真存請，甚厚，禹叩＝頭＝，今幼闌見署何所，居何官，未曾肯教告，其所不及，子贛射罷未□。

两封书信对研究汉代人的书信来往、日常生活及人际关系具有重要参考价值。现藏甘肃省文物考古研究所。

甘露四年陈同传书

1973 年出土于肩水金关遗址。木牍一枚，松木，长 23.5 厘米，宽 2.5 厘米，厚 0.3 厘米，简号 73EJT10:120。简牍双面书写，正面为传书正文，汉代南阳郡西鄂县发出传书，说明该县南乡临利里大夫陈同要到张掖郡居延县为家私市，经检查无违法行为，可以发出传书。简文如下：

甘露四年正月庚辰朔乙酉，南鄉嗇夫胡敢告尉史，臨利里大夫陳同自言，爲家私市張掖居延界中，謹案同毋官獄徵事，當得傳，可期言廷，敢言之。正月乙酉，尉史贛敢言之。謹案，同年爵如書，毋官獄徵事，當傳移過所，縣侯國勿苛留，敢言之。正月乙酉，西鄂守丞樂成、侯國尉如昌移過所，如律令／掾干將，令史章。

背面为印文记载"西鄂守丞印"。

该简所记南阳西鄂县大夫陈同前往居延边地进行长途贩运，对研究当时的商品贸易、边地与内地的关系提供了重要价值，同时书法秀美，笔意流畅，堪称

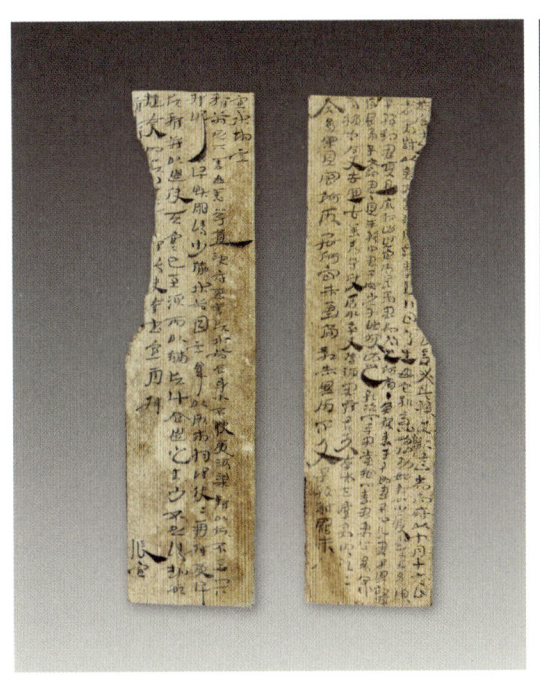

张宣致稚万书

甘露四年陈同传书

书法精品。现藏甘肃省文物考古研究所。

《论语·知道》篇残简

1973 年出土于肩水金关遗址。木牍 1 枚，松木材质，下部残缺，简长 9 厘米，宽 1.2 厘米，厚 0.2 厘米，简号 73EJT22:6。简文字体为隶书，书写随意。简文："·孔子知道之易也，易 = 云者，三日，子曰，此道之美也☒"此简内容为已经亡佚的《齐论·知道》篇，在江西南昌海昏侯墓出土文物中，发现了同样内容的汉简，简背有篇题"智道"，可知正是《齐论·知道》篇。肩水金关汉简《知道》简首有"·"符号，表明是篇章开始部分，可见汉代《论语》的抄本形态。研究论文：肖从礼、赵兰香《肩水金关汉简"孔子知道之易"为〈齐论·知道〉佚文蠡测》（《简帛研究二〇一三》，广西师范大学出版社，2014 年）。现藏甘肃省文物考古研究所。

居延都尉史曹解掾葆与杜同出入关致

1973 年出土于肩水金关遗址。一牍一简，松木，简号 73EJT8:51-52。木牍较宽，右上侧略有残缺，长 27 厘米，宽 3.7 厘米，简文：

居摄二年三月甲申朔癸卯，居延库守丞仁移卅井、縣索、肩水金關：都尉史曹解、掾葆與官大奴杜同俱移簿大守府，名如牒，書到，出入如律令。居延庫丞印，嗇夫當發君門下，掾戎佐鳳。

《论语·知道》篇残简

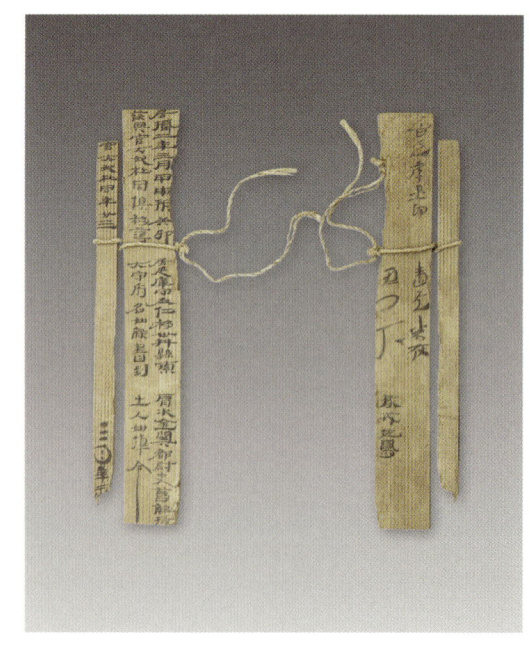

居延都尉史曹解掾葆与杜同出入关致

木简较窄，下部残缺，长 23.6 厘米，宽 1.3 厘米，简文："官大奴杜同年廿三，三月辛亥☐"两简内容相关，字体相似，编绳依旧，为同一册书。是典型的出入关致，对研究两汉时期的出入关制度有重要价值。现藏甘肃省文物考古研究所。

元康二年使者传书

1973 年出土于肩水金关遗址。木简一枚，胡杨，简长 22.5 厘米，宽 1.2 厘米，简号 73EJT3:98。简牍分七栏书写，上部六栏双行小字，记载经过肩水金关使者团队的吏员、随从、马匹、车辆的情况，下部单行书行，记载通过关隘的时间以及检查登记的吏员姓名。简文：

"使者一人，吏八人，假司马一人，厩御一人，骑士廿九人，民四人，·凡卅四人，官马卅五匹，传车二乘，马七匹，轺车五乘，候临。元康二年七月辛未啬夫成佐通内。

从简文记载来看，这一使团人数众多，反映出这一使团是针对边塞防御而出使，具有重要研究价值。研究论文有：《肩水金关汉简元康二年使者简浅论》(《陇右文博》2015 年第 1 期）。现藏甘肃省文物考古研究所。

《诗经》残简

1973 年出土于肩水金关遗址。共有木简 3 枚，记载《诗经》相关内容。一简是《诗经·小雅·小宛》。简长 22.5 厘米，宽 1.5 厘米，简号 73EJT31:102。简文为：

诗曰：题积令，载蜚载鸣，我日斯迈，而月斯征，蚤兴夜未，毋天璽所生者，唯病乎其勉之。

今本《小宛》内容为："题彼脊令，载飞载鸣。我日斯迈，而月斯征。夙兴夜寐，毋忝尔所生。"简文与今本相比，文字有数处不同，后有"唯病乎，其勉之"，应是对诗的评论。

一简是《诗经·大雅·行苇》的评

元康二年使者传书　《诗经》残简

论，下部残缺，简长 18 厘米，宽 1.2 厘米，简号 73EJT31:141。简文为：

行苇，则兄弟具尼矣，故曰：先之以博爱而民莫遗其亲·百廿七字。

《行苇》一诗的主题，主要是说明兄弟亲近之情。《诗传》说："《行苇》，忠厚也。周家忠厚，仁及草木，故能内睦九族，外尊事黄耇，养老乞言，以成其福禄焉。"而简文解为"兄弟具尼矣"，是说明"兄弟"所应秉持的态度。简文还引用了《孝经》的语句，所谓"故曰：先之以博爱，而民莫遗其亲"，来解释《行苇》一诗的主旨。

一简是子贡论诗，简长 18.70 厘米，宽 1.20 厘米，简号 72EJC:607。简文为：

子赣曰：九變復貫，知言之纂，居而俟

合，憂心操＝，念國之虐。子曰，念國者操＝，呼衡門之下。

简文子赣即子贡，故简文应是子贡诗论。《汉书·武帝纪》："春三月甲子，立皇后卫氏。诏曰：'朕闻天地不变，不成施化；阴阳不变，物不畅茂。'《易》曰'通其变，使民不倦'。《诗》云'九变复贯，知言之选'。朕嘉唐、虞而乐殷、周，据旧以鉴新。其赦天下，与民更始。诸逋贷及辞讼在孝景后三年以前，皆勿听治。"与简文所引诗相合，可见该诗论在汉代流传广泛。现藏甘肃省文物考古研究所。

《急就章》残简

1972 年居延地区查科尔帖（A27）采集。木牍 5 枚。

《急就章》残简

简 72ECC:3，胡杨，上下残缺，残长 19.3 厘米，宽 2.5 厘米，简文为：

總領煩亂決疑文辨鬭殺傷。

此为今《急就章》第二十八章，今本内容为："总领烦乱决疑文。变鬭杀伤捕伍邻。"

简 72ECC:5，松木，上下残缺，残长 19.7 厘米，宽 1.4 厘米。正面释文为"羜翰六畜蕃殈豚彘豬羖羳狡狗野雞雛"，简背释文为"第六十一"，此为今本《急就章》第二十一章，今本内容为"羘殺羯羠羝羜翰，六畜蕃息豚豕豬，羖羳狡犬野雞雛"。

简 72ECC:6，木简，松木下部残缺，残长 13.70 厘米，宽 1.3 厘米。正面释文："疾狂失乡痕撇积痛麻温病"，背面释文"第六十六　甲子乙丑□□"。此为今本《急就章》第二十三章，今本内容为："疝瘕颠疾狂失響，瘧瘚瘀痛瘻温病。"

简 72ECC:17，木简，松木，上下残缺，残长 10.5 厘米，宽 1.3 厘米。释文："□江水泾谓街术曲。"此为今本《急就章》第三十一章，今本内容为："乃肯省察讽谏读，泾水注渭街术曲。"

简 72ECC:19，木牍，胡杨上部残缺，残长 8 厘米，宽 1.7 厘米。释文："痛麻温病"，此为今本《急就章》第二十三章，今本内容为"瘧瘚瘀痛瘻温病"。以上简本《急就篇》的内容，文字及章次与今

本都有明显不同，具有重要校勘价值。现藏甘肃省文物考古研究所。

《孝经》残简

1973 年出土于肩水金关遗址。木简 4 枚，均为肩水金关采集简。

简 73EJC:37，松木，上下残缺，残长 6.5 厘米，宽 1.0 厘米。简文："中尼居，曾子寺，子曰:先。"此为《孝经》的《开宗明义章第一》，今本作："仲尼居，曾子侍。子曰：'先王有至德要道，以训天下，民用和睦，上下无怨，汝知之乎？'"简文总体上与今本相一致，但也有数处异文。一是"仲尼"之"仲"，简本作"中"，"仲"从"中"得声，可通用，当以"仲尼"为正；二是"寺"，今本作"侍"，"侍"意为侍坐，二字可通用。

简 73EJC:179，松木，上下残缺，残长 22.1 厘米、宽 0.9 厘米。简文："不及者，未之有也。曾子曰:甚哉□"，此为《孝经》的《庶人章第六》和《三才章第七》。简文抄录了《庶人章》末尾几字和《三才章》开篇几字。今本《庶人章》："用天之道，分地之利，谨身节用，以养父母，此庶人之孝也。故自天子至于庶人，孝无终始，而患不及者，未之有也。"《三才章》："曾子曰：'甚哉！孝之大也。'子曰：'夫孝，天之经也，地之义也，民之行也。天地之经，而民是则之，则天之明，因地之利，

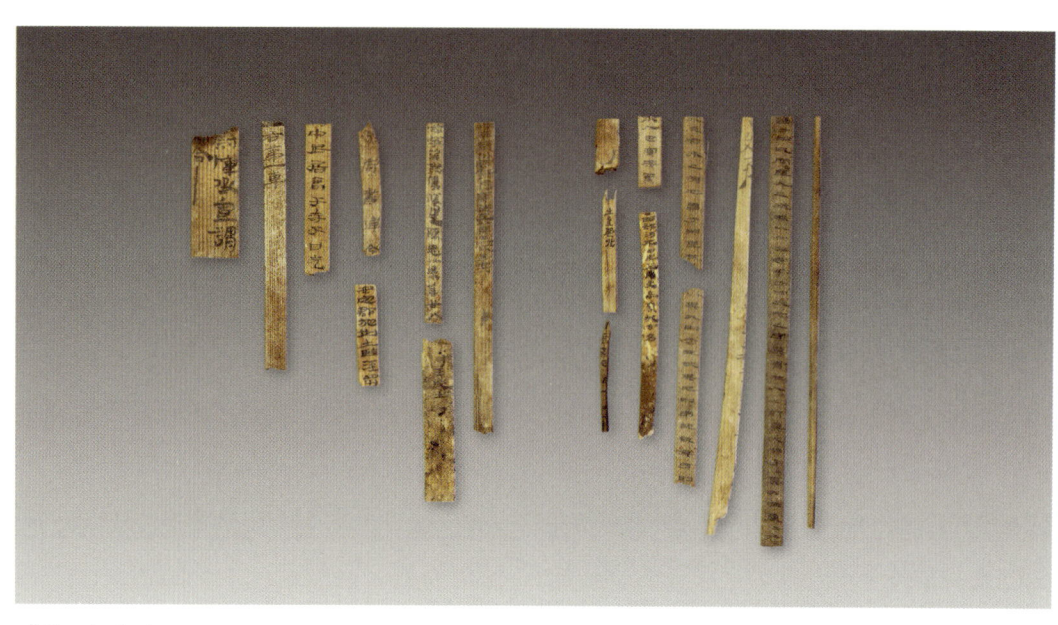

《孝经》残简

以顺天下。是以其教不肃而成，其政不严而治……'"可以看出，简本次序与今本相同，前后衔接一致，文本内容也相同。

简 73EJC:176，松木，长 23 厘米，宽 1.2 厘米。简文："曾子曰：敢問聖人之德，無以加於孝乎？子曰：天地之間，莫貴於人。人之行，莫大於孝。孝莫大於嚴＝父＝。"该简为《孝经》的《圣治章第九》。今本《圣治章》："曾子曰：'敢问圣人之德，无以加于孝乎？'子曰：'天地之性，惟人为贵。人之行，莫大于孝。孝莫大于严父，严父莫大于配天，则周公其人也……'"其中"天地之性，惟人为贵"，简文作"天地之間，莫貴於人"。"天地之間"，只是说明范围，而"天地

之性"，则是说天地之间的万物生灵，二者在句意上有所不同。

简 73EJC:180，松木，上下残缺，残长 10.8 厘米，宽 1.1 厘米。简文："□其父，則子說，敬其兄，則弟說，敬其君，則"，此为《孝经》的《广要道章第十二》，今本《广要道章》："安上治民，莫善于礼。礼者，敬而已矣。故敬其父，则子悦。敬其兄，则弟悦。敬其君，则臣悦。敬一人而千万人悦。所敬者寡而悦者众，此谓之要道也。"今本"悦"，简文作"說"，二字通用。从简文来看，简本与今本语序一致。

肩水金关汉简《孝经》反映了汉代以孝道治天下，是儒家文化在边疆传播

的典型反映。研究论文有：郝树声《从西北汉简和朝鲜半岛出土〈论语〉简看汉代儒家文化的流布》（《敦煌研究》2012年第3期）。现藏甘肃省文物考古研究所。

广地后起隧长逢尊家属符

1973年出土于肩水金关遗址。木牍一枚，松木材质，长12.7厘米，宽3.5厘米，厚0.7厘米，简号73EJT6:41。简文分三栏书写，第一栏为候官名称，第二栏为家属人名，第三栏为随行车辆、马匹、牛的信息。简文内容为：

广地後起隧长逢尊妻居延广地里逢廉年卅五，子小女君曼年十一岁，葆甥居延龍起里王都年廿二，大車一兩，用馬二匹，用牛二。

简左侧有刻齿，刻齿下有残缺字迹，可知是分剖而成。该家属符是过关使用的符传，对研究汉代家庭构成和关隘管理具有重要意义。此外，该简将逢尊女婿也作为家属成员登记，而且身份为葆，具有重要认识价值。现藏甘肃省文物考古研究所。

五凤三年环读式历谱

1973年出土于肩水金关遗址。木牍一枚，松木材质，牍长23.2厘米，宽5.1厘米，厚0.2厘米。上、下略有残缺。木牍双面书写，正面为五凤三年环读式历谱，牍上下两端各书正、三、五、七、九、十一和二、四、六、八、十、十二月的大小、朔日干支，牍两侧按顺序分列干支日和二分、二至、四立及初、中、后伏历注，月日的干支逆时针方向环读，从而将五凤三年一年的干支体现在一枚木牍上，设计十分巧妙。简牍背面是五凤三年二月的历谱，逐日列出干支标明晦日，写在木牍顶端，该历谱集中体现了汉代历法文化，反映了先民智慧，是汉代丝绸之路上的文物珍品。研究论文有：何茂活《肩水金关出土的环读式历谱》（《文史知识》2015年第1期）。现藏甘肃省文物考古研究所。

广地后起隧长逢尊家属符

五凤三年环读式历谱

褒致子元书

1973 年出土于肩水金关遗址。木牍一枚，胡杨木材质，长 16.8 厘米，宽 2.4 厘米，厚 0.3 厘米，简号 73EJD:32。简牍双面书写，内容为汉代书信。正面释文：

褒伏地再拜子元足下，身临事，辱赐书告以事，甚厚，叩＝頭＝，謹奉教盡力，不敢忽然。

背面释文：

平事察勿忽，必得為故，得白狀，事之非有所拜也，且勿進也，比數日間耳，獨恐其主不在耳，又得。

该简为褒致问子元的书信，简文用草书写成，书风潇洒飘逸，具有很高的艺术价值。现藏甘肃省文物考古研究所。

大湾驿马田官第四部屯田简

1972 年大湾遗址采集。木牍一枚，松木材质，简中部有残缺。长 22.5 厘米，宽 2.5 厘米，厚 0.3 厘米，简号 72EDC:7。简文分三栏书写，第一栏中部大字书"第四長安親"数字，第二栏为正文，竖行四列。第三栏为一大字"三"。简文如下：

第四長安親，正月乙卯初作盡八月戊戌積二百□日，用積卒二萬七千一百卌三人率日百廿一人奇卌九人，墾田卌一頃卌四畝百廿四步率人田卅四畝奇卅畝百廿四步，得穀二千九百一十三石一斗一升率人得廿四石奇九石。三。

褒致子元书　　　　　　大湾驿马田官第四部屯田简

这枚汉简记载了大湾驿马田官第四部劳作的具体情况，劳作日期从正月乙卯日开始，到八月戊戌日结束，累积人工达到 27143 人，平均每日劳作 121 人多，开垦田地总数 4134 亩，平均每人开垦 34 亩多，总得谷数 2923.11 石，平均每人得谷 24 石多。这枚汉简是大湾屯田的真实记录。现藏甘肃省文物考古研究所。

永始三年诏书

1973 年出土于肩水金关遗址。诏书全文 13 枚。编号为：73EJF1：1~10，73EJF1：13~15。简长 23 厘米，宽 2.2 厘米，大多下部烧残。"制可"以前 7 简是时任丞相翟方进和御史大夫孔光上给汉成帝的奏文，皇帝批准"制可"后就成了发向全国的诏书。"制可"以后5简，是依次由御史大夫下发给丞相，又由丞相下发给中央各官府和各郡。张掖太守收到后再下达给肩水都尉，肩水都尉照文下发给肩水候官，最后由肩水候官下发给行塞尉和关啬夫具体执行。诏书全文是：

丞相方進、御史臣光昧死言：明詔哀安元元，臣方進、御史臣光，往秋郡被霜，冬無大雪，不利宿麥，恐民□□，

郡國九，穀最少，可預稍為調給。立、輔既言民所疾苦，可以便安□

弘農太守丞立、山陽行太守事湖陵令堪上□□

調有餘，給不足，不民所疾苦，必可以便安百姓者，問計長吏守丞□□臣光奉職無狀，頓首死罪，頓首死罪。臣方進、臣光前對問，上計弘農太守丞立□

令堪對曰：富民多畜田出貸，□□□□移□□，

來去城郭流亡，離本逐末，浮食者□□，與縣官並稅，以成家致富，開並兼之路□□□

治民之道，宜務與本，廣農桑□□來出貸或取以賈販愚者苛□□

言既可，許臣請除貸錢它物律。詔書到，縣道官得取□□□縣官還息與貸者，它不可許。它別奏。臣方進、臣光愚戆，頓首死罪，頓首死罪。□

制可。

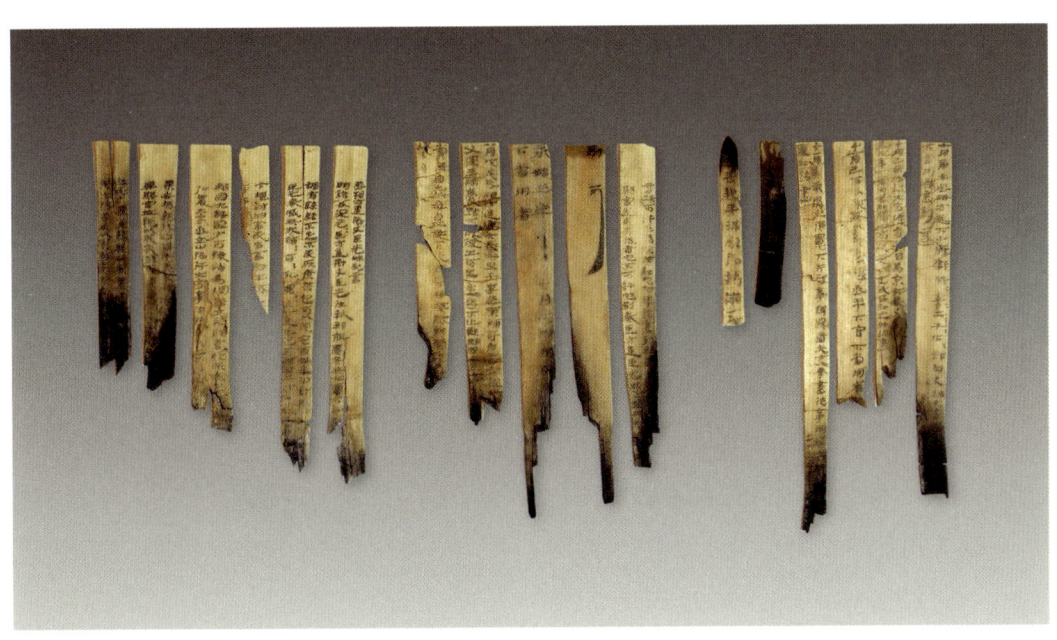

永始三年诏书

永始三年七月戊申朔戊辰……下当用者。

七月庚午，丞相方进下小府衞将军、将军、中二千石、二千石、部刺史、郡太守、诸……下当用者。书到言。

十月己亥，张掖太守谭、守郡司马宗行长史□书从事，下当用者明扁悬亭显处，会吏民皆知之，如诏书。

十一月己酉，张掖肩水都尉谭、丞平下官，下当用者如□

十一月辛亥，肩水候宪下行尉事，谓关啬夫吏，承书从事，明扁亭隧□□处如诏书。士吏猛。

《永始三年诏书》从大臣上奏到皇帝制可，再从朝廷逐级下发到最基层，是汉代公文运行的一个完整过程。对研究汉代的公文范式、行文习语以及运行程序提供了第一手实物资料，研究论著有：《新发现的一份西汉诏书—〈永始三年诏书简册〉考释和有关问题》（《西北师院学报》1983 年 4 期）、《论肩水金关出土的〈永始三年诏书〉简册》（《敦煌学辑刊》1984 年 2 期）和《汉简研究》（广西师范大学出版社，2001 年 9 月）。现藏甘肃省文物考古研究所。

甘露二年御史书

1973 年出土于肩水金关遗址。木牍 3 枚，简号 73EJT1：1-3。长 23 厘米，第 1 牍宽 3 厘米，其余 2 牍宽 2 厘米。有字 528 个，是一份字数较多，内容较为完整的文件。丞相府、御史府联合发文，追查一名叫丽戎的嫌犯。此人早年是鄂邑长公主家的奴婢，元凤元年（公元前 80 年）长公主勾结燕王刘旦、上官桀、桑弘羊等人谋反伏诛后逃亡民间，后来又与广陵王刘胥谋反有牵连。五凤四年（公元前 54 年）刘胥有罪自杀，丽戎也连带受到追查。该文就是两年后即甘露二年（公元前 52 年）陆续追查相关人员的文件。文书由四部分组成：一是御史书对丽戎基本经历和相貌特征的描述以及对各地严加追查的要求；二是张掖太守向下属的传达文件；三是肩水都尉府的下达文件；四是肩水候官向部隧下达要求

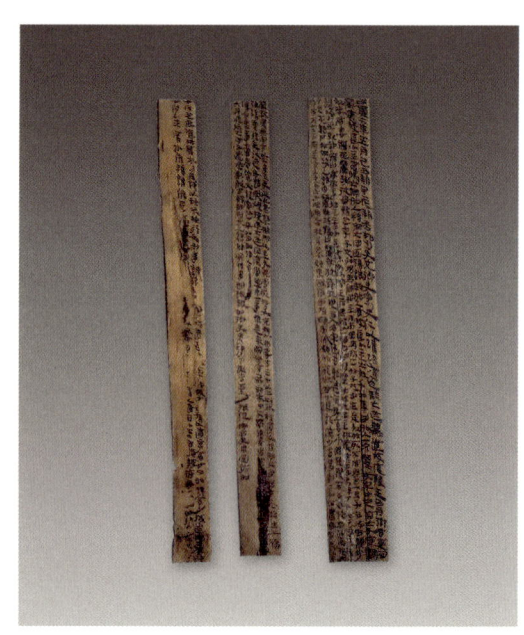

甘露二年御史书

具体执行的文件。全文如下：

甘露二年五月己丑朔甲辰朔（朔为衍字），
丞相少史充、御史守少史仁以请：詔有逐验
大逆無道故廣陵王胥御者惠同産弟、故長公
主蓋卿大婢外人，移郡大守，逐得試知外人
者，故長公主大奴千秋等曰：外人一名麗戎，
字中夫，前太子守觀奴嬰齊妻，前死，麗戎
從母捐之字子文，私男弟偃，居主馬市里弟。
捐之姊子、故安道侯奴林取不審縣里男子字
游，爲麗戎聟（婿），以牛車就載籍田倉爲事。
始元二年中，主女孫爲河間王后，與捐之隨
之國，後麗戎、游從居主机菜弟，養男孫丁
子池。元鳳元年中，主死絕戶，奴婢沒入詣
官，麗戎、游俱亡。麗戎脫籍，疑變更名字，
匿走絕迹，更爲人妻，介罪民間，若死毋從
知。麗戎亡時年可廿三四歲，至今年可六十，
所爲人中壯、黃色、小頭、黑髮、隋面、拘
頤、常戚額如頻狀，身小長，詐䦧少言。書到，
二千石遣毋害都吏

嚴教屬縣官、令以下、嗇夫、吏正、父
老襍驗問鄉里，吏民賞取婢及免婢以爲妻，
年五十以上，形狀類麗戎者，問父母昆弟本
誰生子，務得請實發生從迹，毋督聚煩擾民。
大逆同産當坐重事，推迹未窮，毋令居部界
中不舉，得者書言白報，以郵亭行，詣長安
傳舍。重事當奏聞，必謹密之，毋留如律令。
六月，張掖大守毋適、丞勳敢告部都尉卒人，
謂縣：寫移書到，趣報如御史書律令，敢告

卒人。／掾很、守卒史禹、置佐財。

七月壬辰，張掖肩水司馬陽，以秩次兼
行都尉事，謂候、城尉：寫移書到，搜索部
界中，毋有，以書言，會廿日。如律令。／
掾遂、守屬況。七月乙未，肩水候福，謂候
長廣□□：寫（移書）到，搜索部界中，毋有，
以書言，會月十五日，須報府，毋忽，如律令。
／令史□。

燕王旦和广陵王胥先后谋反，时跨
二十多年，是当时昭、宣时期的重大政
治事件。此文书的发现，为研究西汉中、
晚期一些重大历史事件提供了第一手资
料。相关内容的残文，在甲渠候官遗址也
有发现，说明这份"通缉令"是发往全
国各地的。研究论文主要有：《居延简册
〈甘露二年丞相御史律令〉考述》（《考古》
1980 年第 2 期）、《关于新出甘露二年御
史书》（《考古与文物》1981 年第 1、3 期）、
《对〈居延简册甘露二年丞相御史律令考
述〉的商榷》（《河南师大学报》1982 年
第 4 期）等。现藏甘肃省文物考古研究所。

新莽劳边使者过界中费册

1973 年出土于肩水金关遗址。全册 9
简，编号为 73EJT21:2-10。编绳两道，完
好无缺。每简长 23 厘米，宽 1 厘米。内
容是朝廷派使者慰问边地吏卒途经肩水金
关时的费用记录。全文 276 字。简文为：

·勞邊使者過界中費

梁米八斗，直百六十。

即米三石，直四百五十。

羊二，直五百。

酒二石，直二百八十。

鹽、豉各一斗，直卅。

薺將畺，直五十。

·往來過費凡直千四百七十。

·肩水見吏廿七人，率人五十五。

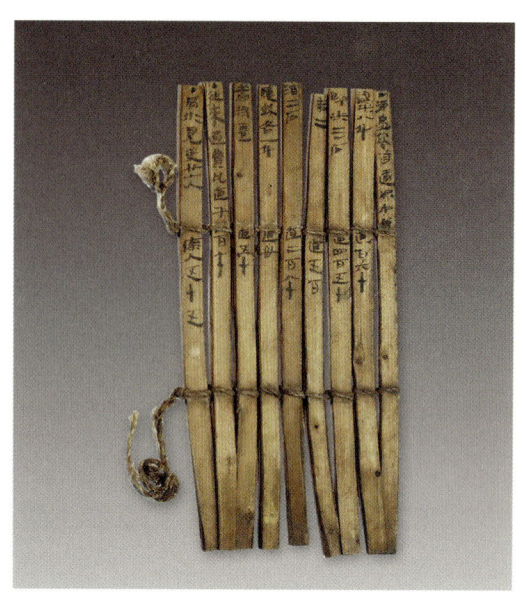

新莽劳边使者过界中费册

该册的出土为研究汉代人的饮食构成、接待习俗、劳边制度以及册书编联形式提供了实物依据。研究论文有：《〈劳边使者过境中费〉册析》（《西北史地》1991年第1期）。现藏甘肃省文物考古研究所。

第五节　敦煌马圈湾汉简

敦煌马圈湾烽燧遗址，位于敦煌市西北95公里，位置在北纬40°20′35″，东经93°44′24″。1979年10月发掘。共出汉简1217枚。其中竹简16枚，其余均为木简。形制有简、牍、觚、两行、符、签、封检、削衣等。简文类别有诏书、律令、爰书、檄、记、品约、牒书、符传、簿册、书牍、历谱、术数、医药、契券等。纪年简63枚，最早为西汉宣帝本始三年（公元前71年），最晚为王莽始建国地皇二年（公元21年），这批简牍中，出入玉门关的资料为探索玉门关的确切位置提供了新证据；有100余枚王莽时期进军西域的奏记抄件，是研究新莽与西域关系的重要资料。还有若干玉门

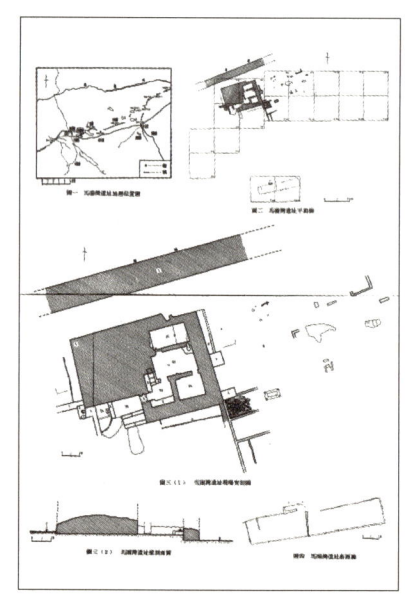

敦煌马圈湾遗址图

关候屯戍活动的记载是研究边塞防御的第一手资料。其他诸如相马术、九九术、医方、仓颉、急就之类也都十分重要。考古报告和汉简图文见《敦煌汉简》(中华书局，1991 年)一书。现藏甘肃省文物考古研究所。

苍颉篇

1979 年出土于敦煌马圈湾烽燧遗址。木觚一枚，长 30 厘米，宽 2.1 厘米，高 5.5 厘米，编号 79DMT7:26。该觚出土时已有扭曲，简文用篆书写成，释文如下：

▲焦黨陶聖，陳穀魏嬰，程顗樛平，梁賢尹寬，榮雍尚

贛，岑麠露騫，彭續秦參，涉競夏連，樂

恢椷更

唐美耿瞥，庶遝塵諜，黄文訾山，肥赦桃脩，賈蘭鄧

難，季偃田硯

该觚是汉代字书《苍颉篇》抄本，内容完整，形式独特，是研究汉代文字书写和童蒙教材的重要文物。现藏甘肃省文物考古研究所。

逐捕辛兴党与书

1979 年出土于敦煌马圈湾烽燧遗址。简牍 3 枚，简 79DMT9:24、79DMT8:49、28。简文为：

■右能捕興黨與粟次伯等一人，購錢十萬，知區處，語吏，吏以其言捕得之，購錢

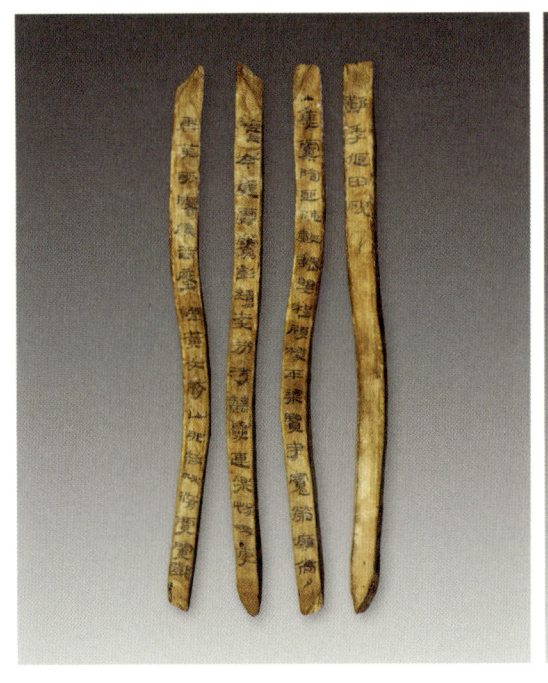

苍颉篇

逐捕辛兴党与书

人五萬起，從人三萬

滑不道賊辛興，及從者就、黨與粟次伯等，疵厥職物色及購品，皆以前□□

興客不審郡縣姓，名習，字子嚴，年卅，所爲人短壯，黃色，毋須，短面

三简内容相关，均为新莽时逐捕辛兴党与的文书。辛兴，史籍有记载，《汉书·辛庆忌传》："及吕宽事起，莽诛卫氏。两甄构言诸辛阴与卫子伯为心腹，有背恩不说安汉公之谋。于是司直陈崇举奏其宗亲陇西辛兴等侵陵百姓，威行州郡。莽遂按通父子、尊、茂兄弟及南郡太守辛伯等，皆诛杀之。辛氏繇是废。"汉简正是对此事的记载。名逐文书在敦煌地区出土，可见汉代行政运行制度。现藏甘肃省文物考古研究所。

帛书

1979 年出土于敦煌马圈湾烽燧遗址。帛书一件，编号 79DM12:067，出土时揉作一团，与草渣、木简、丝织残片及沙砾等混杂在一起。帛书为匹帛的首端，呈长条形，长 43.4 厘米，宽 1.8 厘米。左侧为毛边，系绢帛织成下机时，裁割形成。右侧边缘较齐整，为裁制衣服时留下的剪边。上端作半弧形，边缘平齐，显系剪口。下端平直，为原帛边。帛书上端往下至 27 厘米处，呈麦穗色，为整匹绢帛染色时，有意留下，以作录文之用的空白部分。其

上端因被剪去，形制不明。下端有染色时缝合的痕迹，染色后拆开，故留有明显的褶皱和不规则色块。空白部分的两侧和下端，染为红色。帛书文字为绢帛染色后所写，书于空白部分的中间偏右部位。墨书一行，为："尹逢深，中絯左长傳壹，帛壹匹，四百卅乙株币。十月丁酉，亭长延壽，都吏稚，鈋。"简文为隶体，部分带有小篆笔意，墨迹清晰秀美，似属西汉中期流行的书体。帛书为研究汉代市贸制度、绢帛价格和边塞的绢帛来源等问题提供了实物资料。著录见甘肃省文物考古研究所编《敦煌汉简》（中华书局，1991 年）。现藏甘肃省文物考古研究所。

敦煌马圈湾出土帛书

第六节　悬泉汉简

1990~1992 年出土于敦煌悬泉置遗址。遗址位于今瓜州县和敦煌市交界处瓜敦公路以南 2 公里处，北纬 40° 15′ 51″，东经 95° 19′ 45″。该遗址在汉魏时期为一驿置机构，名悬泉置。共出有字汉简 23000 多枚，其中经过整理编号者 17916 枚，其余 5000 多枚多为碎片。纪年简 2086 枚，占全部简文的 11.6%。最早的纪年为汉武帝元鼎六年（前 111 年），最晚者为东汉安帝永初元年（107 年）。内容有诏书、律令、科品、檄记、簿籍、爰书、劾状、符、传、历谱、术数、典籍字书、医方、相马经以及私人书记等。涉及政治、经济、军事、文化、民族、外交、邮驿、交通等方面，尤以邮驿资料、西域资料和民族关系方面的材料为特色。相关报告、释文和研究论著有《甘肃敦煌汉代悬泉置遗址发掘简报》《敦煌悬泉汉简内容概述》《敦煌悬泉汉简释文选》（均见《文物》2000 年第 5 期）和《敦煌悬泉汉简释粹》（上海古籍出版社，2001 年）等。

悬泉帛书·元致子方书

悬泉遗址出土帛书 10 件，均为私人书信，其中"元致子方书"最为完整。1990 年出土时折成 16 折，受潮后墨迹浸洇，正体字下可看出浸染的反体字影。长 34.5 厘米，宽 10 厘米。黄色绢帛，墨书隶体，共 322 字。抬头一行 6 字，落款一行 18 字；正文 8 行，每行 29~43 字不等，是两汉地下出土物中保存最完整、字数最多的私人信件。全文如下：

元伏地再拜请

子方足下善毋恙，苦道子方發，元失候，不侍駕，有死罪。丈人家室兒子毋恙，元伏

悬泉置遗址

悬泉置遗址复原图

悬泉帛书·元致子方书

地願子方毋憂。丈人家室，元不敢忽驕，知事在庫，元謹奉教。暑時，元伏地願子方適衣幸酒食察事，幸甚。謹道會元當從屯敦煌，乏沓，子方所知也。元不自外，願子方幸為元買沓一兩，絹韋，長尺二寸；筆五枚，善者元幸甚。錢，請以便屬舍，不敢負。願子方幸留意。沓，欲得其厚可以步行者，子方知元數煩擾，難為沓，幸甚幸甚。所因子方進記□次孺者，願子方發過次孺舍來報，次孺不在，見次孺夫人容君來報，幸甚，伏地再拜。

子方足下·所幸為買沓者，願以屬先來吏，使得及元，幸甚。元伏地再拜再拜。

·呂子都願刻印，不敢報，不知元不肖，使元請子方，願子方幸為刻御史七分印一塊，上印曰呂安之印。唯子方留意，得以子方成事，不敢復屬它人。

·郭營尉所寄錢二百買鞭者，願得其善鳴者，願留意。

自書所願以市事，幸留意留意，毋忽異於它人。

現藏甘肅省文物考古研究所。

《四时月令诏条》墙壁题记

1992年出土于悬泉置遗址坞院东北角一座编号为F26的房址内。全部文字写在墙壁上，倒塌时朝向地面，墙体破碎。写字部分先作过抹光和粉刷处理，长222厘米，宽48厘米。周边用墨线框栏，栏线宽3.25厘米，文字写在线框内。有正文101行，约1600多字，行与行之间以赭色画线隔开；标题2行："使者和中所督察诏条四时月令五十条"。正文在前，署题在后。主要内容是根据每月的气象、物候对自然资源进行保护利用的规定，类似于《夏小正》《吕氏春秋·十二纪》《礼记·月令》《淮南子·时则训》等传世文献。发布的时间是"元始五年五月甲子朔丁

《四时月令诏条》墙壁题记

丑"，即公元 5 年夏历五月十四日。此时正值王莽居摄前一年，西汉朝政已在王莽专制之下。《月令诏条》的发现，为历史研究和文献研究提供了珍贵资料。《诏条》所记载的一些职官如羲和丞等，为史书所不载；《诏条》这种律令形式此前亦不曾见到实物。此外，《诏条》文字对《吕氏春秋》和《礼记·月令》的有些文字可校订旧释之误。研究论著有《敦煌悬泉月令诏条》一书（中华书局，2001 年 8 月）。现藏甘肃省文物考古研究所。

元康五年悬泉置过长罗侯费用簿

1990 年出土于敦煌悬泉置遗址。木简 18 枚，简号为 I 90DXT0112 ③ :61-78。每简长 23 厘米，宽 0.8 厘米。内容为元康五年（前 61 年）长罗侯常惠出使乌孙时，悬泉置招待其路过军吏的费用记录。全文为：

·縣泉置元康五年正月過長羅侯費用簿縣掾延年過

入羊五，其二羍（羔），三大羊，以過長羅侯軍長吏具。

入鞠（麴）三石，受縣。

出鞠（麴）三石，以治酒六釀。

入魚十枚，受縣。

入豉一石五斗，受縣。

今豉三斗。

出雞十隻一枚，以過長羅侯軍長吏二人，

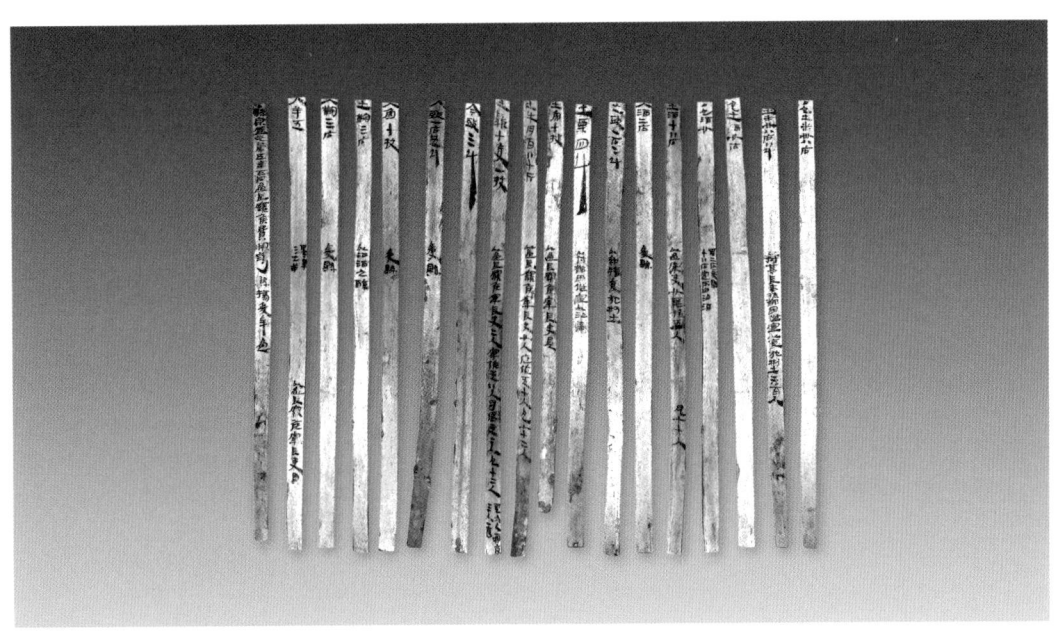

元康五年悬泉置过长罗侯费用簿

军候丞八人，司马丞二人，凡十二人。其九人再食，三人一食。

出牛肉百八十斤，以过长罗侯军长吏廿（二）人，斥候五十人，凡七十二人。

出鱼十枚，以过长罗侯军长吏具。

出粟四斗，以付都田佐宣，以治庚。

出豉一石二斗，以和酱，食施刑士。

入酒二石，受县。

出酒十八石，以过军吏廿，斥候五（十）人，凡七十人。

·凡酒廿，其二石受县，十八石置所自治酒。

凡出酒廿石。

出米廿八石八斗，以付亭长奉德、都田佐宣，以食施刑士三百人。

·凡出米卅八石。

该册书的出土，不仅为研究悬泉置的功能和经费物品的收支情况提供了第一手资料，更重要的是为研究西汉王朝与西域关系，尤其是同乌孙的关系提供了重要资料，可补传世史籍之阙载。研究论文有：《〈长罗侯费用簿〉及长罗侯与乌孙关系考略》（《文物》2000 年第 9 期）。现藏甘肃省文物考古研究所。

悬泉置厨食簿

1990 年出土于敦煌悬泉置遗址。全册 4 简，用麻绳编联，上部编绳犹存。简号为Ⅰ 90DXT0112 ③ :79-82。每简长

23.5 厘米，宽 1 厘米。主要是悬泉置为过往官员提供膳食的记录。全文是：

出粟三升，以食案上书事使者贾廣，九月辛亥过，西。

出粟九升，以食长史行县，从者一人，从事吏一人，凡三人，九月壬子过。

出粟三升，以食尉曹赵光，九月庚戌过，西。

出米一斗，九月丁巳以奏课。

该册书的出土，为研究悬泉置为过往官员供给口粮品类和标准提供了直接依据。同时也为册书的研究提供了实物范式。现藏甘肃省文物考古研究所。

悬泉置厨食簿

阳朔二年传车鼍轝簿

1990 年出土于敦煌悬泉置遗址。木简 10 枚，松木，前 9 简中两简完整，长 23 厘米，宽 1 厘米，最后 1 牍宽 2 厘米，编号Ⅰ90DXT0208②:1—10。两道编绳尚完好，存字 106 个，主要记载悬泉置传车和鼍轝的完好敝损情况。简文是：

□□敦煌□

□故完可用□

□乘，敝可用。

第四传车一乘，敝可用。

第五传车一乘，轝完，輪□敝盡，會槅四折傷，不可用□。

第六传车一乘，轝左軸折，輪□敝盡不可用□。

鼍轝一，左軸折。

鼍轝一，左軸折。□

鼍轝一，左軸折。

陽朔二年閏月壬申朔癸未，縣泉置嗇夫尊敢言之，謹移傳車車鼍轝簿一編敢言之。

简文中"鼍"当为"氈"，两字古音均在元部，"鼍"为端母字，"氈"为章母字，音近可通。该册书在形制上较为完整，不仅为研究悬泉置的车辆种类和配备情况提供了原始记录，同时为研究册书形制和书体演变提供了实物资料。现藏甘肃省文物考古研究所。

永光五年康居王使者自言献驼直不如实册

1990 年出土于敦煌悬泉置遗址。木质简牍 7 枚，柽柳，均长 23.5 厘米，前 4 简宽 1 厘米，后 3 牍宽 1.7 厘米。编号Ⅱ90DXT0216②:866—883。前简后牍，简牍混编，两道细麻绳编联，册书形制保存完整。内容是康居（今哈萨克斯坦和乌兹别克斯坦部分地区）等国使者来汉朝贡，所献骆驼被酒泉太守评估不实而上诉朝廷，而朝廷则由使主客谏大夫下文敦煌太守，敦煌太守又下文效谷县，效谷县下文悬泉置，要求将当时情况如实上报。原文是：

康居王使者楊伯刀、副扁闐，蘇薤王使者姑墨、副沙困即，貴人為匿等皆叩頭自言：前數為王奉獻橐佗入敦煌

關，縣次贖食至酒泉昆蹏官，大守與楊伯刀等雜平直肥瘦。今楊伯刀等復為王奉獻橐佗入關，行道不得

食，至酒泉，酒泉大守獨與小吏直畜，楊伯刀等不得見。所獻橐佗，姑墨為王獻白牡橐佗一匹、牝二匹，以為黃；及楊伯刀

等獻橐佗皆肥，以為瘦，不如實，冤。

永光五年六月癸酉朔癸酉，使主客諫大夫漢侍郎當移敦煌大守，書到驗問言狀，事當奏聞，毋留，如律令。

七月庚申，敦煌大守弘、長史章、守部候脩仁行丞事，謂縣：寫移書到，具移康居、

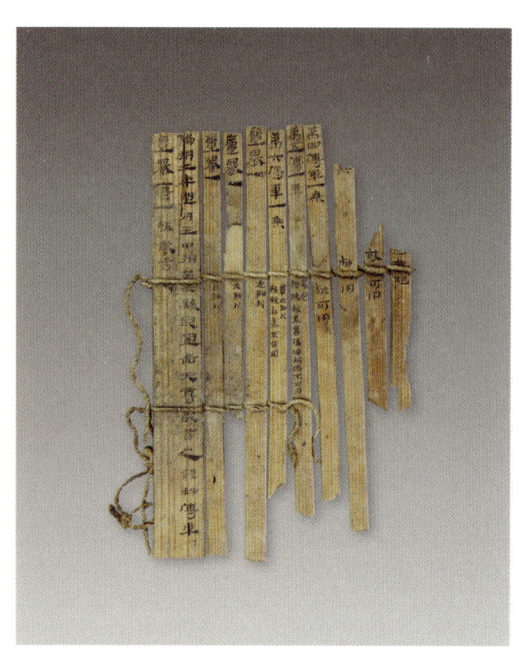

阳朔二年传车宣攀簿

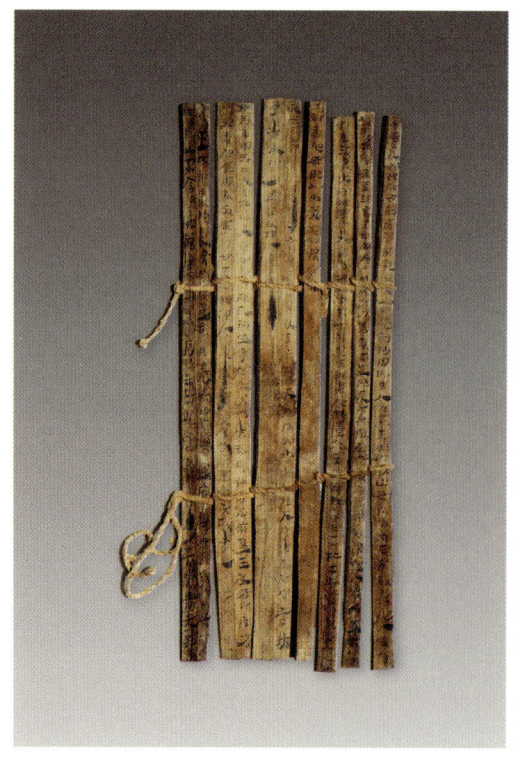

永光五年康居王使者自言献驼直不如实册

蘇薤王使者楊伯刀等獻橐佗食用穀數，會月廿五日，如律令。／掾登、屬建、書佐政光。

七月壬戌，效穀守長合宗、守丞敦煌左尉忠，謂置：寫移書到，具寫傳馬止不食穀。詔書報，會月廿三日，如律令。／掾宗、嗇夫輔。

康居是两汉时期的中亚大国，不属西域都护管辖。该册书的出土，为研究西汉王朝与康居等国的关系以及两汉时期的丝绸之路提供了重要资料。研究论著有：《敦煌悬泉汉简释粹》（上海古籍出版社，2001 年 8 月）。现藏甘肃省文物考古研究所。

元康四年悬泉置鸡出入簿

1990 年出土于敦煌悬泉置遗址。木简 19 枚，编号为：Ⅰ 90DXT0112 ③:113-131。每简长 22.5 厘米，宽 1.0 厘米。出土时已经散乱，但内容相关，书体相同，尤其是册书标题和最后两简总括文字与上报行文，可认定应属一个簿籍。中间简文有遗漏，简次也无法排列，但主要内容是完整的。全部简文为：

·縣泉置元康四年正月盡十二月丁卯鷄出入簿

出鷄一枚，以食長史君，一食，東。

出鷄一隻，以食使者王君所將客，留宿，再食，東。

出鷄二隻，以食大司農卒史田卿，往來

四食，東。

出鷄一隻，以食丞相史范卿，往來再食，東。

出鷄二隻，以食長史君，往來四食，西。

出鷄一枚，以食大醫萬秋，一食，東。

出鷄一隻，以食刺史從事，吏一人，凡二人，一食，東。

出鷄一隻，以食大司農卒史馮卿，往來再食，東。

出鷄一枚，以食使者王君，一食，東。

九月毋餘鷄。

今毋餘鷄。

入鷄二隻，十月辛巳，佐長富受廷。

入鷄一隻，十月甲子，廚嗇夫時受毋窮亭卒□。

入鷄一隻，十二月壬戌，廚嗇夫時受魚

離鄉佐逢時。·縣泉置元康四年十月盡十二月丁卯鷄出入簿

十月盡十二月丁卯，置所自買鷄三隻，直錢二百卌，率隻八十，唯廷給。

·最凡鷄卌四隻，正月盡十二月丁卯，所受縣鷄廿八隻一枚；正月盡十二月丁卯，置所自買鷄十五隻一枚，直錢千二百一十五，唯廷給。

元康四年十二月甲寅朔戊辰，縣泉廚嗇夫時敢言之，謹移正月盡十二月丁卯鷄出入簿一編敢言之。

該組簡的出土，为研究悬泉置钱、物来源和消费情况，过往客人的成分构成和招待规格提供了依据。研究论文有：《悬泉置元康四年鸡出入簿》(《敦煌研究》

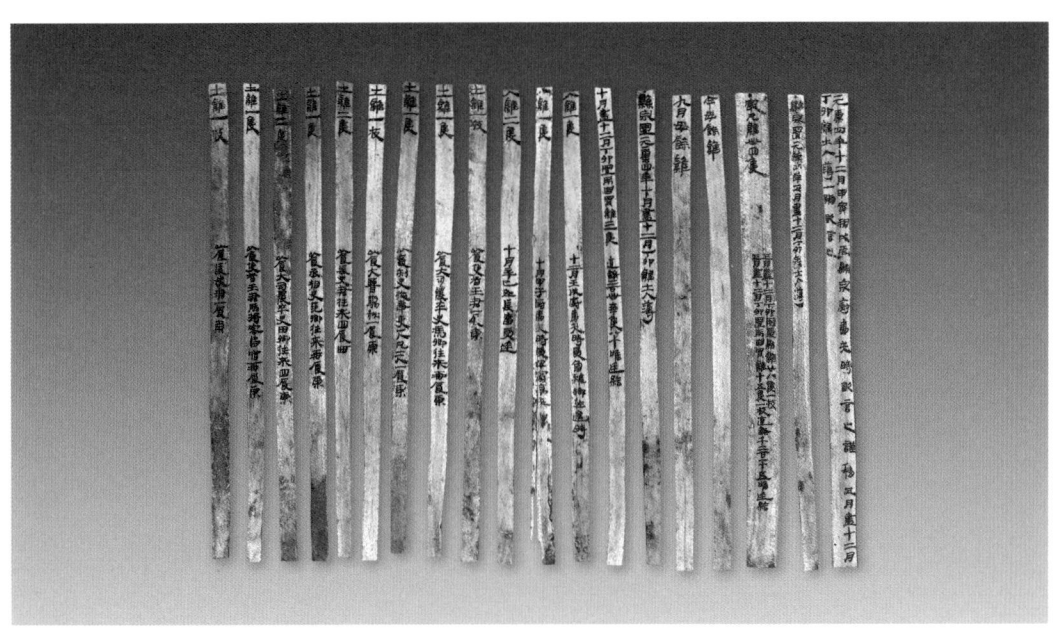

元康四年悬泉置鸡出入簿

1996 年第 5 期）。现藏甘肃省文物考古研究所。

建昭三年付悬泉厩穬麦簿

1990 年出土于敦煌悬泉置遗址。6 枚简牍编为一册，两道编绳完好如初。柽柳。均长 23 厘米、前 5 简宽 1.0 厘米，后 1 牍宽 1.7 厘米。编号：Ⅱ 90DXT0216 ② :43-48。这是一份由渊泉县发给悬泉置的文件，主要是仓啬夫给付悬泉置穬麦的账目，该"仓啬夫"可能归属渊泉县。全文是：

出穬麦小石十六石，建昭三年四月辛亥，倉啬夫竟付縣泉廄佐延年。

出穬麦小石十六石，建昭三年四月癸丑，倉啬夫竟付縣泉廄佐延年。

出穬麦小石廿四石，建昭三年五月甲子，倉啬夫竟付縣泉廄佐延年。

出穬麦小石七石，建昭三年五月丙寅，倉啬夫竟付縣泉廄佐延年。

·凡穬麦小石六十三石。

建昭三年六月丙戌朔丁未，渊泉守长长、守丞舜移縣泉置，遣吏御持傳馬送迎使者諸國客廩如牒。今寫券墨移書到，頃令史受簿入七月報，毋令繆，如律令。

／掾延年、啬夫竟。

悬泉置本属效谷县管辖，该册书的出土，为研究悬泉置与周邻各县的关系提供了具体材料。现藏甘肃省文物考古研究所。

建昭三年悬泉置穬麦受簿上报书

1990 年出土于敦煌悬泉置遗址。木

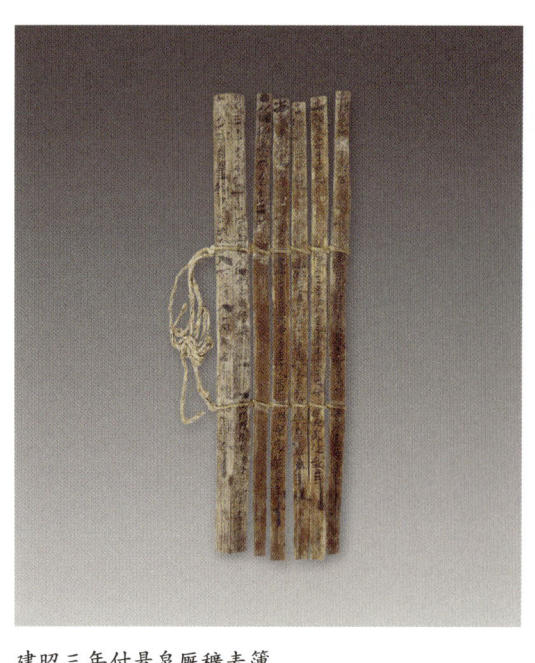

建昭三年付悬泉厩穬麦簿

建昭三年悬泉置穬麦受簿上报书

简 4 枚，编为一册，两道编麻尚在。编号：Ⅱ 90DXT0216 ② :66-69。每简长 23 厘米，第 1 枚木牍宽 1.3 厘米，其余 3 简宽 1.0 厘米。柽柳。内容是效谷县发给悬泉置和遮要置的文件，要求二置在一定时间内将接收穬麦的"受簿"（如今之收据）报送到发物单位渊泉县。全文是：

十月己巳，效穀守丞尊謂遮要、縣泉置：寫移書到，受簿入十月報，會月五日。毋令繆如律令。／掾 、守嗇夫尊。

建昭元年十月丙寅朔辛未，縣泉廄嗇夫遂成敢言之，廷移

淵泉書曰：出穬麥小石七十三石五斗，付嗇夫建等以食傳馬。書到，受簿入十月報。·謹受簿入十月，謁報淵泉敢言之。

该册书编联在一起，为研究悬泉置和遮要置平时马牛草料的来源和发放程序提供了依据。现藏甘肃省文物考古研究所。

神爵二年悬泉厩佐迎送日逐王廪食册

1991 年出土于敦煌悬泉置遗址。木简 2 枚，简号：Ⅰ 91DXT0309 ③ :167-168。长 23 厘米，宽 1 厘米。柽柳。原为一册，两道编绳犹存，惜仅存两简，后面简文散失，存字 63 个。文件为广至县发往悬泉置的谷簿，记录悬泉厩佐送迎日逐王路过广至时提供膳食的记录。简文为：

廣至移十一月穀簿，出粟六斗三升，以食

縣泉廄佐廣德所將助御、效穀廣利里郭市等七人送日逐王，往來

三食，食三升。校廣德所將御故稟食，縣泉而出食，解何？

神爵二年（公元前 60 年），匈奴在西域的日逐王降汉，汉朝始设西域都护府，派西域都护骑都尉郑吉都护西域诸国，从此，汉朝在西域实施有效管理，西域版图归属中原。此册当为日逐王降汉时路过敦煌的记录，是研究中原与西域关系和汉朝大一统局面形成的重要物证，具有重大的历史价值。现藏甘肃省文物考古研究所。

神爵二年悬泉厩佐迎送日逐王廪食册

建昭三年广至效谷案查刑徒逃亡书

1990 年出土于敦煌悬泉置遗址。木质，两行，2 枚，编号 Ⅱ 90DXT0115 ② :1–2。出土时尚有两道编绳编在一起。简长 23.5 厘米，宽 1.7 厘米。刑徒在服刑期间逃亡，该文书是效谷县为追查刑徒而发往悬泉置的文件。两面书写，有字 158 个。全文为：

建昭三年三月丁巳朔辛巳，廣至長朔、丞　移效穀。亭長封苛問一男子，自謂司寇大男尹齊，故冥安安里，署屬縣泉置，迺己卯去署亡。書到，案齊有告劾毋有，有云何告劾？當移繫所，並論者，非不當，白報，須決獄。毋留，如律令。

泉。／掾敞、獄史長。（背面）

三月丙戌，廣至丞壽重。／掾禹、獄史長。四月乙未，效穀守長江、丞光謂縣泉置嗇夫吏：寫移書到，案有告劾毋有，逐報如律令。／掾宗、守獄史宗。

效穀印。四月丁酉餔時，毋窮卒以來。（背面）

该文书的出土，为研究汉代刑徒的流放、服刑、管理等提供了实物材料，是重要的法律文献。现藏甘肃省文物考古研究所。

汉律令辑录

1990 年出土于敦煌悬泉置遗址。木简 3 枚，为一组律令。编号 Ⅱ 90DXT0216 ② :39–

建昭三年广至效谷案查刑徒逃亡书　　　汉律令辑录

41。简长 23 厘米，宽 1 厘米。第 2 简下部
稍残。每条简文前有一墨点，标志条款
的开头，文字用规整的汉隶写成。内容
涉及禁羌人买谷民间、复作徒修治沟渠、
禁豪黠少年斗殴等。简文是：

·聞羌人買穀民間，持出塞甚衆，長史
廢不為意，未有坐者，務禁防之。

·徒復作在縣者各有數，有可以助民脩
治溝渠者，務盡其力，其盜徒廩以久麋□

·聞豪黠少年不傅田作，事訟，帶刀劍
倚閭敖戲，督盜賊武吏不禁止，是以鬭辨相
殘者衆，又毋所

该组律令条文的发现，为研究汉代
法律条文提供了具体内容。现藏甘肃省
文物考古研究所。

敦煌归义羌人名籍

1990 年出自敦煌悬泉置遗址。木简 12 枚，
编号为 Ⅱ 90DXT0214 ① :1–6、Ⅱ 90DXT0214
② : 661、Ⅱ 90DXT0114 ② :180、181、185、
Ⅱ 90DXT0114 ③ :423、459。每简长 23 厘米，
宽 1 厘米。柽柳。从简形、木质、行文格式、
书体特征和简文内容看，当为同类性质的册
书。再根据 3 支标有"■"号的总括简，当
为 3 封内容相似的册书。但每册几简，如何
排列，尚待研究。原简文是：

歸義聊臧耶芘種羌男子東憐
歸義聊卑為芘種羌男子唐堯
歸義聊卑為芘種羌男子蹑當

歸義壘卜芘種羌男子封芒
歸義橀良種羌男子落蹑
■右橀良種五人。
歸義壘渠蹑種羌男子奴葛
歸義聊橀良種羌男子芒東
■右渠蹑種十一人
歸義壘甬種羌男子潘朐
歸義壘卜芘種羌男子狼顛
■右留隗種一人

该组羌人名籍的发现，对研究两汉
时期的民族关系尤其是羌汉关系具有重
要价值。现藏甘肃省文物考古研究所。

敦煌归义羌人名籍选登

西汉羌人斗殴册

1990 年出土于敦煌悬泉置遗址。木简 3 枚，编号为：Ⅱ 90DXT0214 ① :124、26、Ⅱ 90DXT0114 ③ :440，是出土后根据内容、形制、字体等复原的。3 枚简内容连贯，当为一份文书的中间部分，头尾虽缺，但此 3 简可以连读。简长 23 厘米，宽 1 厘米。内容主要是羌人斗殴告官的记载。简文是：

年八月中徙居博望萬年亭傲外歸蓑谷，東與歸何相近。去年九月中，驢掌子男芒封與歸何弟封唐爭言鬬，封唐

以股刀刺傷芒封二所，驢掌與弟嘉良等十餘人共奪歸何馬卌匹、羊四百頭。歸何自言官，官為收得馬廿匹、羊五十

九頭，以畀歸何，餘馬羊以使者條相犯傲外在赦前不治、疑歸何怨恚，誣言驢掌等謀反。羌人逐水草移徙。

该册书残文的发现，对研究羌人在河西的分布情况和生活习俗以及羌汉关系都有重要意义。研究论文有：《悬泉汉简羌族资料辑考》（《简帛研究二〇〇一》广西师大出版社，2001 年 8 月）、《悬泉汉简羌人资料补述》（《出土文献研究》第六辑，上海古籍出版社，2004 年 12 月）等。现藏甘肃省文物考古研究所。

建昭二年敦煌太守调史监置书

1990 年出土于敦煌悬泉置遗址。简

西汉羌人斗殴册

建昭二年敦煌太守调史监置书

牍 4 枚，编号：Ⅱ 90DXT0216 ② :241-244。两道编绳联编一起。其中前 4 枚，二简二牍，紧编一起，长 23~23.5 厘米，宽 1 厘米，牍宽分别为 1.8 厘米，1.4 厘米。柽柳。内容为敦煌太守发给效谷县，效谷县再发给悬泉置的一份人事任命文件，"调守属解敞监遮要置"。全文为：

监遮要置史张禹，罢。

守属解敞，今监遮要置。

建昭二年三月癸巳朔丁酉，敦煌大守彊、长史章、守部候脩仁行丞事，告史敞，谓效谷：今调史监置如牒，书到，听与从事，如律令。

三月戊戌，效谷守长建丞　谓县泉置啬夫：写移书到，如律令。/掾武、守令史光、佐辅。

该文书的发现，对研究悬泉置、遮要置的管理体制、隶属关系等有重要价值。另，该册书共 6 简，而后 2 简却与上述内容无关。第 5 简和第 6 简之间虽有编绳，但中间缺简，因而该册书究竟包括几份文件尚难断定。这对研究册书的编联、考察册书内容等具有重要意义。研究论著有：《敦煌悬泉汉简释粹》（上海古籍出版社，2001 年 8 月）。现藏甘肃省文物考古研究所。

《论语·子张》篇残文

1992 年出土于敦煌悬泉置遗址。木简 2 枚，松木。其中一简长 23 厘米，宽 0.8 厘米，简上抄录三章《论语·子张》篇残文，章与章之间用墨点隔开。简文为："乎张也，难与并而为仁矣。·曾子曰：吾闻诸子，人未有自致也者，必也亲丧乎。·曾子曰：吾闻诸子，孟庄子之孝，其他可能也，其不改父之臣与父之"。编号为 Ⅴ 92DXT1812 ② :119。而今本传世文献此三段文字是："曾子曰：'堂堂乎张也，难与并为仁矣。'曾子曰：'吾闻诸夫子：人未有自致者也，必也亲丧乎。'曾子曰：'吾闻诸夫子：孟庄子之孝也，其他可能也，其不改父之臣与父之政，是难能也。'"

另一简长 13 厘米，宽 0.8 厘米。简文为："▨□子张曰：执德不弘，信道不笃，焉能为有，焉能为亡。·子夏之门人问交于子张，子张曰。"编号为 Ⅴ 92DXT1812 ② : 215。而传世本文献中此两段文字为："子张曰：'执德不弘，信道不笃，焉能为有，焉能为亡？'子夏之门人，问交于子张。子张曰：'子夏云何？'对曰：'子夏曰：可者与之，其不可者拒之。'子张曰：'异乎吾所闻。君子尊贤而容众，嘉善而矜不能。我之大贤与，于人何所不容；我之不贤与，人将拒我，如之何其拒人也？'"简上文字与传世本《论语》的文字略有小异，在版本学和校

勘学上有一定价值。另外，《论语》残文的发现，为研究儒家学说在河西的传播提供了重要依据。现藏甘肃省文物考古研究所。

里程简

1990 年出自敦煌悬泉置遗址。木牍，长 19 厘米，宽 2 厘米，厚 0.2 厘米。左侧残，下段缺，有文字三栏，每栏四行，记录了从武威郡仓松到酒泉郡渊泉的 14 个地名和里程。第一栏文字："仓松去鸾鸟六十五里，鸾鸟去小张掖六十里，小张掖去姑臧六十七里，姑臧去显美七十五里。"第二栏文字："氐池去䎱得五十四里，䎱得去昭武六十二里府下，昭武去祁连置六十一里，祁连置去表是七十里。"第三栏文字："玉门去沙头九十九里，沙头去乾齐八十五里，乾齐去渊泉五十八里，·右酒泉郡县置十一·六百九十四里。"（Ⅱ 90DXT0214 ①：130）。此简内容与甲渠候官遗址所出"驿置道里簿"可以衔接，两者完整记录了从京城长安到敦煌的路线、里程以及沿途经过地区，是研究丝绸之路东段交通的重要资料。现藏甘肃省文物考古研究所。

三十二时辰简

1992 年出土于敦煌悬泉置遗址。木牍一枚，胡杨木材质，简牍长 10.7 厘米，宽 2 厘米。牍上四栏文字，第一栏一行，第二、三栏各五行，第四栏六行。释文如下：

十月十二月，平旦日出，二干至蚤食，食时至食坐，日未中至日中，日失至蚤餔，餔时到餔坐，下餔至夕时，日未入至日入，昏时至定昏，夜食至人定，几少半至夜少半，夜过少半至夜几半，夜半至过半，夜大半至大晨，鸡前鸣至中鸣，後鸣至几旦。

简文编号 Ⅵ 92DXT1222 ②：19。该简记载的时辰对于认识汉代时制构成具

《论语·子张》篇残文　里程简

有重要研究价值。现藏甘肃省文物考古研究所。

失亡传信册

1990 年出土于敦煌悬泉置遗址。木牍五枚，柽柳材质，均为两行形制，长 23.2 厘米，宽 1.4 厘米，简号 Ⅱ 90DXT0216②：866~870。简文如下：

永光五年五月庚申，守御史李忠監嘗麥祀祠孝文廟，守御史任昌年為駕一封軺傳。外百卌二。御史大夫弘謂長安：以次為駕，當舍傳舍，如律令。永光五年六月癸酉朔乙亥，御史大夫弘移丞相、車騎將軍、[將軍、]中二千石、[二千石、]郡大（太）守、諸侯相：五月庚申，丞相少史李忠守御史假一封傳信，監嘗麥祠孝文廟事。已巳，以傳信予御史屬澤欽，欽受忠傳信，置車笭中，道隨（墮）亡。今寫所亡傳信副，移如牒。書到，二千石各明白布告屬官縣吏民，有得亡傳信者，予購如律。諸乘傳、驛駕，廄令、長、丞丞案□傳，有與所亡傳同封弟（第）者，輒捕轂（繫），上傳信御史府，如律令。七月庚申，敦煌大守弘、長史章、守部候脩仁行丞事，敢告部都尉卒人：謂縣官，官寫移，書到，如律令。／掾登、屬建、佐政、光。七月辛酉，效穀

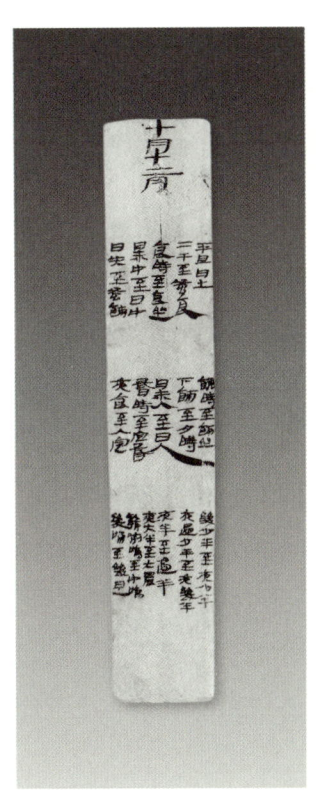

三十二时辰简

失亡传信册

守長合宗、守丞敦煌左尉忠,告尉:謂鄉、置,寫移,書到,如律令、掾禹、佐尊。

该册书是由御史大府发出通告,追查传信失亡的事件。敦煌郡收到文件后又向下转发,而后效谷县发到悬泉置,可见汉代对传信的管理。该册书将另一封敦煌各县长丞名籍并联在一起,也具有重要认识价值。研究论文:张德芳《悬泉汉简中的"传信简"考述》(《出土文献研究》第七辑,上海古籍出版社 2005 年 11 月版)等。现藏甘肃省文物考古研究所。

建昭元年报受稑麦书

1990 年出土于敦煌悬泉置遗址。四枚木简组成,柽柳材质。第一枚为两行木牍,长 23.3 厘米,宽 1.3 厘米,厚 0.6 厘米,后三枚为单行简,长 23.05 厘米,宽 0.8 厘米,厚 0.2 厘米,简号 Ⅱ 90DXT0216 ② :66-69。简文如下:

十月己巳,效穀守丞尊謂遮要、縣泉置,寫移書到,受簿入十月報,會月五日,毋令繆,如律令/掾守嗇夫尊。建昭元年十月丙寅朔辛未,縣泉廄嗇夫遂成敢言之,廷移淵泉書曰,出稑麥小石七十三石五斗,付嗇夫建等,以食傳馬,書到受簿入十月報·謹受簿入十月謁報淵泉敢言之。

该册书用麻绳系联为一个册书,效谷县下发文到遮要、悬泉置,要求汇报十月谷物出入情况。悬泉置收到文后,上报

建昭元年报受稑麦书

十月稑麦出入的情况。该册书反映了敦煌效谷县与下辖遮要、悬泉置的管理关系。现藏甘肃省文物考古研究所。

"付子"包药纸

1990 年出土于敦煌悬泉置遗址。汉代纸张,色灰黄,纸面粗而不平整,有韧性。长 18 厘米,宽 12 厘米,编号 90DXT0212 ④ :1。该纸整体呈长方形,上有明显的折皱痕迹。从折痕来看,纸张呈两个中心的折叠状,两个中心位于纸张两侧,可见纸张原本是对折在一起的,符合包装用纸的特征。纸张两个中心点

处破损严重，应该就是因包装物品而磨损。纸张右半的左下侧写有"付子"二字，墨色书写，隶书写就，字体优美大方。付子即附子，中药名，为多年生草本毛茛科植物乌头的旁生块根。《神农本草经》："附子，味辛，温。主风寒咳逆邪气，温中，金疮，破症坚、积聚血瘕，寒湿踒躄，拘挛膝痛不能行步。生山谷。"纸张上写有付子，应是包药之用。《汉书·外戚传》记载有裹药的"赫蹏书"，旧注认为是西汉的纸张，悬泉置出土汉代纸文书印证了史书的记载。现藏甘肃省文物考古研究所。

"薰力"包药纸

1990年出土于敦煌悬泉置遗址。汉代纸张，色灰黄，纸面粗糙而不平整，有韧性，破损严重，残长18厘米，宽7厘米，编号90DXT0212④:2。该纸折皱痕迹明显，纸面上墨书"薰力"二字，墨色较浅，书写顺序从左至右，写法少见。薰力，即薰陆，亦名乳香，为橄榄科植物卡氏乳香树的胶树脂。《本草纲目》卷三四："薰陆主风水毒肿，去恶气伏尸，瘾疹痒毒……消痈疽诸毒，托里护心，活血定痛伸筋，治妇人产难折伤。"从药理可以看出，薰陆具有活血、消痈、促进肌肉生长的功效，因此是边塞重要的备用药物。薰陆生于热带沿海山地，分布于红海沿岸

至利比亚、苏丹、土耳其等地。悬泉置发现的薰陆，应该是从西域传播而来，反映出西汉早期的中西文化交流，具有重要认识价值。现藏甘肃省文物考古研究所。

"付子"包药纸

"薰力"包药纸

第七节　其他简牍

敦煌酥油土汉简

1981 年 3 月出土于敦煌西北 57 公里酥油土以北汉代烽燧遗址。位置在北纬 40° 27′，东经 94° 08′。共出汉简 76 枚。纪年简有西汉昭帝始元七年（前 80 年）简。形制有简、牍、觚、符、签、封检及削衣等。内容有诏书、律令、日常屯戍文件等。此段烽燧西汉属敦煌中部都尉的管辖范围，大致从东经 94~95°。王国维《流沙坠简》认为，敦煌中部都尉从西到东应有平望、破胡、吞胡、步广、万岁五个候官。而酥油土汉简证明敦煌中部都尉领属的候官只有四个，没有步广候官。另"平望青堆燧惊候符左券齿百"的发现，为研究"惊候符"的形制提供了实物依据。出土的《击匈奴降者赏令》是捕斩匈奴购赏令的具体条文，对研究汉匈关系和边疆防御有重要价值。研究论文有《敦煌酥油土汉代烽燧遗址出土的木简》，收入《汉简研究文集》（甘肃人民出版社，1984 年）。现藏敦煌市博物馆。

敦煌清水沟汉简

1990 年 4 月出土于敦煌马迷兔西北 11.6 公里的清水沟汉代烽燧遗址。位于北纬 40° 21′，东经 93° 20′。该烽燧遗址

1903 年斯坦因考察时，标为 T1，是疏勒河尾间汉代烽燧最西端西北三燧之一。共出简牍 41 枚，其中 27 枚为地节元年（前 69 年）历谱，柽柳，长 36~37 厘米，宽 0.6~1.3 厘米。从右至左，一日一简；从上到下，一月一行。缺一、二、三日 3 简外，四至

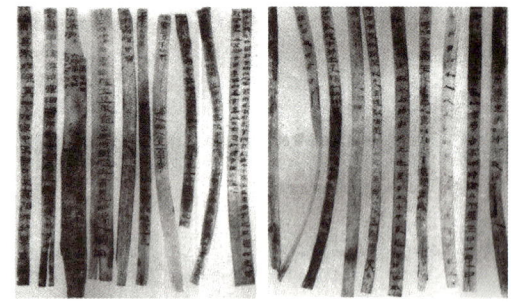

敦煌酥油土汉简

敦煌清水沟汉简

三十日简完整无缺。编绳三道，上道完好，中道残缺，下道缺失。根据已有历日可以准确无误地排列出所缺三日的历谱。是今存年代最早排列最为完整的太初历谱，对研究西汉中期的历法具有重要价值。另有散简14枚，其中"不警符"（即取消报警信息之符）的出土，同"惊候符"一样，为研究边防符信系统提供了实物。简文记载的"延年亭"，正是大煎都候官下属十五亭燧之一。赖此，玉门都尉所属大煎都候官领辖的十五个烽燧称名得以准确恢复。它们是：广昌、厌胡、大煎都、凌胡、步昌、益昌、广武、富昌、获虏、斥地、美水、服胡、破胡、莫当以及延年。报告和论文有《敦煌清水沟汉代烽燧遗址出土文物调查及汉简考释》《敦煌清水沟汉代烽燧遗址出土〈历谱〉述考》，收入《简帛研究》第二辑（法律出版社，1996年）。

玉门花海汉简

1977年8月出土于玉门花海乡东北约30公里处一座烽燧遗址。具体方位在北纬40°15′，东经98°08′。共出木简、木觚和柿片91枚。重要者一是皇帝遗诏，二是《仓颉篇》佚文。皇帝遗诏抄录在一枚七稜觚上，觚长37厘米，墨书213字，前132字为一遗诏内容，后81字为其他内容。遗诏全文为：

制诏皇大子：朕体不安，今将绝矣，与地合同，众（终）不复起。谨视皇大（天）之筍（嗣），加曾朕在，善禹（遇）百姓，赋敛以理；存贤近圣，必聚谮士；尧舜奉先，

玉门花海汉简

自致天子，胡亥自氾（圮），滅名絕紀。審察
朕言，衆（終）身毋久（已）。蒼蒼之天，不
可得久視；堂堂之地，不可得久履。道此絕
矣，告後世及其孫子（子孫）忽忽錫錫，恐
見故里，毋貳天地。更亡更在，去如舍廬，
下敦閭里。人固當死，慎毋敢妄……

《仓颉篇》三章：其中知"苍颉作书"34
字为第一章内容，其余两章分别有14字
和23字，尚不知章次。"皇帝遗诏"的出
土为研究西汉时皇帝的传位立嗣制度提
供了新资料；《仓颉篇》佚文为辑录整理
《仓颉》一书提供了新内容。研究论文有
《玉门花海汉代烽燧遗址出土的简牍》，收
集在《汉简研究文集》（甘肃人民出版社，
1984年）一书中。现藏嘉峪关长城博物馆。

地湾汉简

1986年出土于甘肃金塔地湾遗址。
位于北纬40°35′02″，东经99°35′47″。
此地在肩水金关稍南500米处，为汉代
为肩水候官驻地。1930年在此出土汉简
2383枚。收录在《居延汉简甲乙编》等
书中，通称为"居延汉简"。此次出简
700多枚，大都为松木、胡杨和柽柳。因
专门就此一个地点进行的发掘，习惯上将
此次出土的汉简称为"地湾汉简"。最早
的纪年简为始元六年（公元前86年），最
晚为建武三年（公元27年）。与1930年
所出简性质相同，内容主要为肩水候官

地湾故城

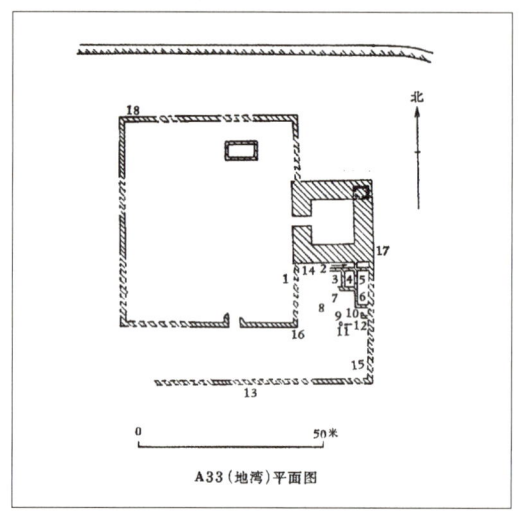

A33（地湾）平面图

地湾平面图

的屯戍记录和往来公文。为研究汉代张
掖、居延一线的边塞防务增加了新资料。
现藏甘肃省文物考古研究所。

甘谷汉简

1971年12月出土于甘谷县渭阳人民
公社十字道生产大队刘家岔坪上一座东
汉墓中。共23枚，完整者长23厘米，宽
2.6厘米，厚0.3厘米。松木。原简为一

册书，两道编绳，因编绳已朽，仅留空白处。正面抄录正文，墨书隶体，文字两行。简背上端有"第一"至"第廿三"的编号。中间缺第四、第八、第十三、第十九4简，其中伴出碎简当为此4简的残断部分。现存简文964字，平均每简60字左右，最多者74字。简文内容为东汉桓帝延熹元年（158年）宗正刘柜（矩）为宗室事上书皇帝的奏书，而后又以诏书形式于次年颁行天下，要全国一体遵行。甘谷汉简虽多残断，但首尾基本完整。主要反映东汉末年顺、桓之际宗室贵族和地方豪强官吏之间的矛盾。当时宗室衰微，朝廷规定的一些特权如"行复除"（免除徭役）、"有罪请"（有罪判刑要上闻朝廷）等得不到

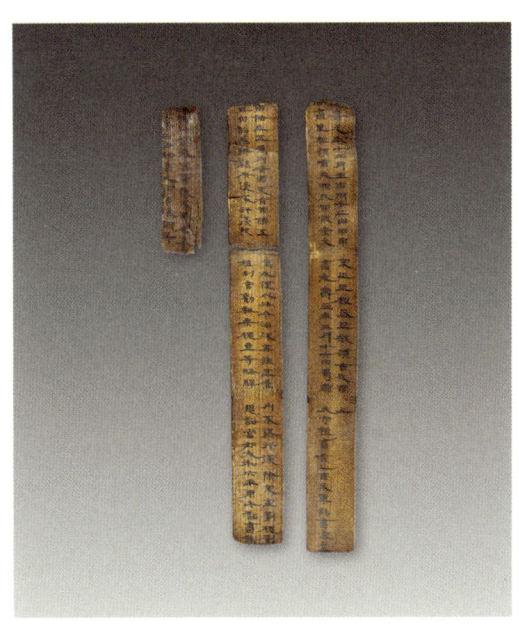

甘谷汉简选登

保障，相反还要随时受到县乡官吏的侵夺。刘姓宗室不断告状到宗正府，宗正又上书皇帝下诏全国，以保障宗室利益。第一简简文如：

延熹元年十二月壬申朔十二（三）日甲申，宗正臣柜、丞臣敬顿首死罪，上尚书。臣柜顿首死罪死罪，謹案文書"第二简如："番諸侯五屬內居國界，有罪請；五屬外便以法令治；流客雖五屬內，不得行復除。宗室劉槐、劉直自訟為鄉縣所侵，不行復除。稙到官勸耕桑，槐、直等駱驛愬訟。當如永和六年庚午詔書，謁。

其它各简完残不同。主要论文有张学正《甘谷汉简考释》，见《汉简研究文集》（甘肃人民出版社，1984年）。现藏甘肃省文物考古研究所。

永昌水泉子汉简

2008年出土于甘肃省永昌县红山窑乡水泉子村5号汉墓。连同残片共计约1400多枚，较完整者600多枚。木简均为松木。长度约在19~20厘米间，木简宽度有0.6厘米，1厘米，1.5厘米不等。先书后编，上下二道编痕。内容主要有两种：一种是《仓颉篇》类字书，约130枚（无完整简），存字数约900多字。水泉子《仓颉篇》的章法和句读与过去发现的同类识字教材多有不同，为研究汉代《仓颉篇》的内容、流传和版本提供了新

第八章 简牍

资料。一种是日书简的文字，分栏书写，其内容主要有建除、丛辰、裁衣、男女、生子、入官、捕盗、出行、日用禁忌等。水泉子日书简对研究汉代河西地区日常生活和精神信仰有重要的参考价值。现藏甘肃省文物考古研究所。

临泽黄家湾晋简

2010年出土于张掖市临泽县黄家湾，木质简牍37枚。其中完整简约长23.2厘米，宽2厘米。简有一行书和两行书。题署有"建兴元年"（313年）。简文内容是一份西晋愍帝建兴元年十二月间张掖郡临泽县地方政府对一起"兄弟争田"民事案件的审理记录。涉及汉晋时期占田制度、家庭与宗法制度、占物入官制度等若干经济史问题，对于两汉魏晋南北朝时期的经济史研究，具有重要的史料价值。现藏甘肃省文物考古研究所。

永昌水泉子汉简选登

临泽黄家湾晋简

主要参考文献

1. 甘肃省博物馆：《甘肃武威磨嘴子汉墓发掘简报》，《考古》1960年第9期。

2. 中国科学院考古研究所编辑室：《武威磨嘴子汉墓出土王杖十简》，《考古》1960年第9期。

3. 甘肃省博物馆、武威县文化馆合编：《武威汉代医简》，文物出版社，1975年。

4. 甘肃省文物工作队：《居延汉代遗址的发掘和新出土的简册文物》，《文物》1978年第1期。

5. 甘肃省文物工作队编：《汉简研究文集》，甘肃人民出版社，1984年。

6. 甘肃省文物考古研究所、天水市北道区文化馆：《甘肃天水放马滩战国秦汉墓群的发掘》，《文物》1989年第2期。

7. 甘肃省文物考古研究所编：《居延新简释粹》，兰州大学出版社，1988年。

8. 何双全：《天水放马滩秦简综述》，《文物》1989年第2期。

9. 甘肃省文物考古研究所编：《秦汉简牍论文集》，甘肃人民出版社，1989年。

10. 甘肃省文物考古研究所编：《敦煌汉简》，中华书局，1991年。

11. 甘肃省文物考古研究所、甘肃省博物馆、中国文物研究所、中国社会科学院历史研究所编：《居延新简》，中华书局，1994年。

12. 甘肃省文物考古研究所：《甘肃敦煌汉代悬泉置遗址发掘简报》《敦煌悬泉汉简内容概述》《敦煌悬泉汉简释文选》，均见《文物》2000年第5期。

13. 胡平生、张德芳：《敦煌悬泉汉简释粹》，上海古籍出版社，2001年。

14. 中国文物研究所、甘肃省文物考古研究所编：《敦煌悬泉月令诏条》，中华书局，2001年。

15. 雍际春：《天水放马滩木板地图研究》，甘肃人民出版社，2002年。

16. 甘肃省博物馆、中国科学院考古研究所编：《武威汉简》，中华书局，2005年

17. 甘肃省文物考古研究所：《天水放马滩秦简》，中华书局，2009年。

第八章

简牍

第九章 造 像

GAN SU SHENG ZHI WEN WU ZHI

佛教于两汉之际传入中国，魏晋南北朝全面发展，佛教造像普遍流行，有铜、铁、石、木、泥、陶等各种材质，造像形式有单身造像、造像塔、造像碑、背屏式造像等。甘肃省境内发现的最早单体佛教造像以十六国时期北凉造像塔为代表，迄今为止，已在武威、酒泉、敦煌、吐鲁番等地共出土14座，其中3座已流向国外。其中有纪年的造像塔七座，最早的为敦煌□吉德塔（玄始十五年，426年），最晚的为酒泉程段儿太缘（太延）二年（436年）造像塔。这批造像塔现藏甘肃省博物馆、酒泉博物馆、敦煌博物馆等地。这些石塔是目前时代最早的中国石塔的实例，是研究十六国北凉佛教、佛教艺术及佛教传播非常珍贵的实物资料，对研究北凉历史及认识北凉早期佛教

艺术具有非常重要的价值，自发现以后，引起了学术界广泛的重视，产生了诸多研究成果。泾川玉都出土的十六国鎏金铜造像及甘肃省博物馆、天水市博物馆保存的数件小型的铜造像是目前甘肃地区保存的十六国时期为数不多的金铜造像。其中玉都出土的十六国鎏金铜造像有明确的出土地点，保存完整。

造像碑是将古印度佛教艺术与中国古代刊石纪功技术融为一体，在石碑上开龛造像，又刊刻佛经、题记、发愿文等。魏晋南北朝时，甘肃境内佛教兴盛，名僧云集，大量翻译佛经，石窟寺的开凿兴起并得到发展，保留下来的单体造像、造像塔和造像碑的数量最多，集中在泾、渭流域及陇山、子午岭两麓地区。如泾河流域平凉市潘原故城（北魏阴盘县）禅

佛寺遗址出土造像残件 40 余件；灵台县、崇信县博物馆现藏各类造像碑塔 20 余件。有一件北魏太和十六年（492 年）阴密县（灵台）郭元庆造像塔现藏日本大阪市立美术馆。马莲河流域宁县城佛寺遗址于 1999 年出土造像碑、造像塔 89 件，纪年最早者为北魏太和十二年（488 年）成丑儿造像碑。近年来，合水县博物馆收集北朝、宋、金、元、明造像达 160 余件，多数来自子午岭山区。周边庄浪县、华亭县也留存大量佛教造像，华亭县南川乡南谢家庙寺院遗址曾出土窖藏造像碑、塔 23 件。渭河流域的天水市、甘谷县、秦安县、清水县、张家川回族自治县等地也有数十件佛造像，甘肃省博物馆收藏的一些造像也出自这里。麦积山石窟收藏各类石造像碑、塔 50 余件，仅第 133 窟就有造像碑 18 通。

北魏石造像最早者为太和年间，有纪年的有宁县北魏太和十二年（488 年）成丑儿造像碑、灵台（阴密）北魏太和十六年（492 年）郭元庆造像塔（现藏日本大阪市立美术馆），酒泉果园出土的曹天护造像塔（499 年）等。北魏晚期以后，造像碑、塔数量明显增多，形体增大，风格发生变化，如庄浪卜氏塔、西魏大统十二年（546 年）权旱郎千佛造像碑、麦积山石窟第 133 窟的 18 座碑刻等是这一时期的杰作。

北周佛教造像碑主要特征是文图并举，如正宁县罗川出土北周保定元年（561 年）豆卢子光等 130 人结社造释迦立像、保定四年（564 年）王文超造像碑、建德二年（573 年）王令猥造像碑、建德三年（574 年）吕建崇造像碑（现藏西安碑林）等均文图各半。造像呈现出丰壮厚实的特征。这一时期出现了单体圆雕的立佛像、菩萨像等，如正宁释迦立佛像、泾川宝宁寺出土立佛像及麦积区博物馆藏建德二年（573 年）刘长寿造观音像等。

隋代佛教造像多出于陇东南地区，多单体圆雕造像出土，如宁县县城窖藏出土的观音菩萨立像、甘肃省博物馆藏隋代石雕观音立像等，造像碑和造像塔数量开始减少，泾川县水泉寺隋开皇元年（581 年）李阿昌造像碑是最有代表性的作品。唐代中叶以后，佛教艺术达到前所未有的高度，但石造像明显减少。

宋金时期，陇东地区石刻造像数量增多，合水县子午岭一带是佛教造像集中的地区，20 世纪 70~90 年代出土了不少造像塔、碑及龛像等。双塔寺造像塔和塔儿湾造像塔是在佛塔上雕刻大量造像的大型石塔，尤为珍贵。

造像碑主要用于雕刻佛像，兼有功德主刻写发愿文、铭记、供养人题名的功用。龛是造像碑的重点雕饰部位，有圆拱龛、方形龛、尖拱龛、帐形龛等，龛楣多饰蟠龙、飞天等。雕刻题材主要有：佛传、佛本生故事情节（如乘象入胎、步步生莲、九龙灌顶、阿私陀占相、树下思惟、牧羊女奉乳、车匿还宫、鹿野苑初转法轮、舍身饲虎、阿育王施土、燃灯佛授记等）、千佛像、其他尊像等。造像碑、造像塔发愿文多数是"为父母报恩""各为十种父母报恩""为父母合家立此石塔"，也有"为父母君王""愿此福报使国主""为父母师长君王国主及一切众生成最正觉""各为父母师长君王国主及一切众生愿共成最正觉"等。

金属造像多用铜、青铜、铁等铸造，多数表面鎏金。多供奉在寺院或供养在宫中，也有在家庭中供养者，以藏传佛教造像为大宗。最早者为甘肃省博物馆藏十六国时期鎏金造像，造像风格明显受犍陀罗佛像造型艺术的影响。北魏以后，佛像长脸而瘦，高鼻大耳，高额发髻，披袈裟，袒右肩。有项光、背光，皆尖拱状，周围作有火焰纹。隋唐时期，金铜佛像的铸造进入新阶段，最著名的是天水市博物馆保存的十一面观音造像。宋元以后，藏传佛教艺术逐渐向内地传播。元、明、清代，藏传佛教造像出现高潮，甘肃境内已发现相当数量的元、明、清代藏传佛教金铜造像，如岷县大崇教寺藏"大明永乐年施"嵌红铜曼陀罗、"大明宣德年施"旃檀佛像等，从其风格、铭刻断定，当属明代宫廷造藏传佛教艺术品。清代藏传佛教金属造像不断走向世俗化，甘肃省博物馆藏宗喀巴铜像，炳灵寺藏五方佛像、黄财神像、弟子像及绿度母佛像等，集中表现了清代藏传佛教造像工艺水平。

泥塑像多供奉于石窟、寺院内。影塑是泥塑造像中的佼佼者。圆塑是最主要的一类，形体高大，立体感强，有很强的表现力。炳灵寺石窟第169窟西秦泥塑佛是甘肃石窟中有最早纪年的泥塑造像。其他典型的作品有敦煌莫高窟出土的两件北魏彩绘影塑菩萨（现藏甘肃省博物馆）、麦积山石窟两件北魏影塑菩萨像（现藏甘肃省博物馆）、麦积山石窟第102窟圆塑菩萨立像等。武威天梯山石窟唐代泥塑像较多，其中第2、3窟的唐代泥塑造像（现藏甘肃省博物馆）是唐代泥塑佛像的代表作。

用各种珍贵木料雕造佛像，供养于家中或寺院内，是佛教徒表达信仰的一个重要手段。木雕佛像的雕刻技法更加细腻，具有很高的艺术和收藏价值，既有汉传佛教造像，也有藏传佛教。甘肃各地木雕佛像保存较少。

除佛教造像外，唐代之后在甘肃也有一部分道教造像，如武威市张妙端造天尊像等，明清之际金铜道教造像明显增多。

第一节　石造像

马德惠造像塔

石雕佛教造像塔。1923~1935 年间出土于酒泉市石佛湾子。北凉承阳二年（426年）。残高 34 厘米，底径 16 厘米。塔基八角形，各面均线刻神王各一身，神王头顶上各刻有一八卦符号。塔身圆柱形，塔身刻《增一阿含经·结禁品》部分经文和发愿文，纪年为"承阳二年岁次丙寅次于鹑火十月五日"。塔肩覆钵，一周浮雕八龛像，内浮雕七坐佛一交脚菩萨。造像题材为七佛加弥勒菩萨。其中四佛着通肩袈裟，禅定印，三佛着右袒袈裟，说法印。龛上方浮雕飞天八身，飞天袒上身，下着裙，身躯微曲。塔顶残。这种塔的形制受到印度佛塔的影响，造像

七佛加一弥勒的组合体现三世佛的信仰，其最初的渊源来自于印度和中亚的组合。将八卦符号刻于佛教的塔上，反映了佛教传入中国并在中国传播时受中国传统文化影响的现象。塔身刻佛经的做法，是中国目前发现最早将佛经刊刻于石材的做法。现藏甘肃省博物馆。

高善穆造像塔

石雕佛教造像塔。1969 年出土于酒泉市（今肃州区）石佛湾东北处。北凉承玄元年（428 年）制。是现存北凉石塔中保存最完整的一件。通高 44.6 厘米，底径 15.2 厘米。塔基八面体，各面均线刻神王像，共八身，神王像侧各刻一八卦符号。塔腹四周刻《增一阿含经·结

马德惠造像塔　北凉

高善穆造像塔　北凉

禁品》部分经文和发愿文，发愿文称"高善穆为父母报恩，立此释迦文尼得道塔……承玄元年岁在戊辰四月十四日"。塔肩一周刻八龛像，高浮雕七佛一弥勒菩萨，佛像均禅定印，着通肩袈裟，弥勒菩萨着裙，冠上中间刻小佛。塔顶刻七重相轮，顶宝盖上刻北斗七星。现藏甘肃省博物馆。

程段儿造像塔

石雕佛教造像塔。1969 年出土于酒泉市（今肃州区）石佛湾东北处。雕于北凉太缘二年（436 年）。通高 42.8 厘米，底径 12 厘米。塔基八面体，四面刻八神王像。塔顶有七重相轮，宝盖宽大。塔身覆钵形，四面刻经文和发愿文，纪年为"凉太缘二年岁在丙子六月中旬"，塔肩一周雕八个龛像，其中右旋第 1、3、7 龛佛像着交领袈裟，第 2、4、6 龛佛像着通肩

程段儿造像塔 北凉

袈裟，第 8 龛为弥勒菩萨。现藏酒泉市肃州区博物馆。

□吉德造像塔

石雕佛教造像塔。雕于北凉丙申年（426 年）。通高 36 厘米，底径 18.7 厘米，塔顶残。塔基八面体，四周刻发愿文："……丙寅道人□吉德一心供养……立此石塔，将是福愿与七世父母兄弟亲□及一切众生，共成无量道。"塔身覆钵形，四周线刻结跏趺坐佛八身、立菩萨像一身，分别有题名，右旋第 1、4、6 身着右袒袈裟，右手半举施无畏印；第 2、3、5 身着通肩袈裟，禅定印。题名之第 1、2、3 身为"第二式佛""第三随叶佛""第四句留秦佛"；第 4、5 身无题名；第 6 身为"第七释迦□□"，第 7 身为立菩萨像，题名"弥勒佛"。塔身刻经文，线刻佛像一身，佛像题名为"第一维□□"。现藏敦煌市博物馆。

田弘造像塔

石雕佛教造像塔。1969 年出土于酒泉市（今肃州区）石佛湾。雕于北凉承玄二年（429 年）。残高 41 厘米，底径 21 厘米。塔基八面体，四周线刻神王像，现残存六身，神王像侧刻八卦符号。塔腹刻《增一阿含经·结禁品》部分经文和发愿文，中间部分残缺，纪年为"承玄二年岁在戊辰二月廿八日丙寅"。塔顶残，塔肩残存

三龛像，皆佛像，均禅定印，着通肩袈裟。现藏甘肃省博物馆。

王□坚造像塔

石雕佛教造像塔。又称"三危山塔"。雕造于北凉时期。通高36厘米，底径12.7厘米。塔基八角形，四面刻神王像8身，神王像侧刻八卦符号，现存4身，余均残损。塔顶相轮五重，纵向中分五格，顶端为扁平球形，刻覆莲瓣。塔肩四周凿八龛，右旋第3龛残损，其余7龛完整，其中第2、4身佛像着通肩袈裟，第5、6身佛像着交领袈裟，第1、3、7身佛像有残损，佛像均禅定印，第8身为弥勒菩萨。塔身圆柱形，四周刻经文，发愿文"……休息昙智、法定信士王□坚妻韦……"。现藏敦煌市博物馆。

沙山石塔

石雕佛教造像塔。1966年从敦煌南沙山一土塔中出土。张维《陇右金石录》称为"金刚经石幢"。北凉。通高60厘米，底径21厘米。塔基八面体，四周分别刻八神王像和八卦符号。塔顶三重相轮，上有半球形宝顶。塔身圆柱体，四周刻经文。塔肩周边开八龛像，右旋第1、2、4、6身佛像右手半举，着袒右肩袈裟，说法印；第3身佛像着袒右肩袈裟，禅定印；第5、7身佛像着通肩袈裟，禅定印，第8身为结跏趺坐菩萨，菩萨冠上饰小佛

田弘造像塔　北凉

王□坚造像塔　北凉

沙山石塔　北凉

现藏敦煌市博物馆。

岷州庙石塔

石雕佛教造像塔。原为敦煌岷州庙内供奉之物，寺庙早年毁，石塔弃于民间。北凉。张维《陇右金石录》称之为"梵文经幢"。1943年，向达旅居敦煌时，见到该残塔，撰写《记敦煌出六朝婆罗谜字因缘经经幢残石》一文（《现代佛学》1963年1月），记述当时还有残损的石塔两块，村民打制成石臼。他打制了拓本，交给在印度学习的周达夫，周达夫请其师戈哈理（V.V.Gokhale）教授研究，认为残石塔上的文字是古印度婆罗谜字（Brahmi），戈哈理撰《敦煌所出婆罗谜字石刻（拓本）之研究（A Brahmi Stone Inscription from Tunhuang）》一文，将塔上所刻婆罗谜文《缘起经》(Pratītyasamutpādasutra) 转写为拉丁字母，认为敦煌残石塔文字比印度那烂陀砖刻早，属公元5世纪中叶之物（北魏太平真君前后）。石塔残存汉文11行。

现存石塔残高96厘米，直径48厘米。塔基圆柱体，大部残损，仅存形体模糊的立像一身。塔身圆柱体，上方刻婆罗谜文，下方刻汉文，残损严重。婆罗谜文下方有一片残文，纵列是9行，横列是5行，纵读、横读均能读通文意，若由左到右分五行横读，则第四、五行为发愿人名。塔肩四周凿八龛佛，仅残存五龛，右旋第

岷州庙石塔 北凉

1、3龛全毁；第4、6龛佛像均着通肩袈裟；第5、7龛佛像着交领袈裟；第8龛弥勒菩萨龛像。佛像皆禅定印，头部残损。各龛间隙处雕供养人像，现仅存三身，有比丘、着交领袍服男供养人等。塔顶残佚。现藏敦煌研究院。

婆罗谜文属古印度文字，最早见于公元前3世纪阿育王碑铭上，有两种：一为驴唇体（kharosthi，中国古代称为"佉卢"书），向左行书写。第二种为"婆罗谜"体（Brāhmi），向右行书写。近代印度各种书体就是从婆罗谜书演变而来。

武威北凉造像塔

石雕佛教造像塔。出土地点不详。北凉。青色砂岩质。残高77厘米，底径27厘米。基座方形，塔身圆形，塔顶残。塔身凿三层佛龛，每层8个，共24龛，

龛皆拱形，尖拱形龛楣。上层八龛内各雕一坐佛，中层八龛内雕七坐佛、一交脚弥勒菩萨，下层八龛内雕七坐佛、一半跏思维菩萨。佛像皆着通肩袈裟，禅定印。该塔是目前公布的北凉石塔中时代最晚的一件。现藏武威市凉州区博物馆。

曹天护造像塔

石雕佛教造像塔。1964年出土于酒泉市果园乡。北魏太和二十三年（499年）造。残高38厘米，底边宽16厘米。塔身三层，下有基座，上有塔刹。塔檐、基座部分残缺。塔基座平面方形，四面刻发愿文，每面9行，每行2字，共68字："己卯岁有信士曹天护仰惟玄宗遐邈非积诚／无以阶生死幽崄非智德无以断是以每竭其／私建立斯塔愿缘微诚令三界群□□□□□／□□无上之庆十方有识普齐斯趣"。塔身每层四面均凿一佛龛，四面挑出仿木构瓦垄和屋檐。正面：上层中间雕尖楣圆拱龛，龛内雕一结跏趺坐佛，龛外两侧各雕一胁侍菩萨。中层和下层中间各雕一尖楣圆拱龛，龛内各雕一坐佛，龛外两侧上下各二小坐佛，共四身；左面上层中间雕一结跏趺坐苦修佛像，两侧各雕一站立胁侍菩萨，外侧对称各雕一树。中层中间雕一尖楣圆拱龛，龛内雕结跏趺坐佛，龛外两侧对称雕四身供养天。下层中间雕佛传之九龙灌顶，两侧各一站

立胁侍菩萨；背面上层中间雕一盝形帷幕龛，龛内一交脚菩萨，龛外两侧对称雕四身供养天。中层中间尖楣圆拱龛内一结跏趺坐佛，龛外两侧对称雕四身小坐佛。下层中间雕树下诞生，两侧各一站立胁侍菩萨；右面上层中间龛内雕结跏趺坐佛，龛外两侧上层对称各雕一小坐佛，下层

武威北凉造像塔

曹天护造像塔 北魏

对称各雕一供养天，中层龛内雕一坐佛，龛外两侧对称雕四身小坐佛，下层中间龛内雕二佛并坐，龛外两侧各雕一站立胁侍菩萨。现藏酒泉市肃州区博物馆。

卜氏造像塔

石雕佛教造像塔。1976年出土于庄浪县水洛城徐家碾。北魏。砂岩质。石塔共五层，断面呈梯形，逐层向上收分。通高220厘米，底宽34厘米，顶宽28厘米，顶刹及基座已失。底层高51厘米，第二层高47厘米，第三层高43厘米，第四层高41厘米，第五层高34厘米。每层四面刻成梯形方框，框内刻佛像和佛传故事，其中第一层背面分层雕有骑马供养人共六身，上层雕三人骑马，第一人骑马，旁有题名（已残缺），应是造塔功德主，第二骑手掌华盖，题名为"亡父卜外通"，第三骑掌持翠扇，题名为"亡母乐保朱"；下层也雕三人骑马，第一人题名残剥，第二骑题名为"亡兄卜口安"，第三骑掌持翠扇，题名为"亡妹卜永安"。其他各层分别雕刻佛、菩萨尊像、佛传故事等，造像组合有弥勒像、释迦多宝并坐像、说法像、思维像，飞天、药叉等，佛传、佛本生故事有"乘象入胎""树下诞生""九龙灌顶""阿私陀占相""出城游观""逾城出家""白马还宫""摩顶受戒""涅槃""阿育王施土"等。无纪年，

从造像形式、题材及风格来看，为北魏晚期作品。现藏甘肃省博物馆。

张长等造像碑

石雕佛教造像碑。1953年泾川水泉寺出土。北魏。砂岩质。高48厘米，宽24厘米。正面中央开一尖楣圆拱形帷幕大龛，龛楣两端双龙反顾，龛楣刻火焰

卜氏造像塔

张长等造像碑　北魏

纹。龛内正中高浮雕交脚菩萨像及二胁侍菩萨像，主尊交脚菩萨戴宝冠，面形方圆，薄衣贴体，衣纹为凸起的细线。腰束宽带，下着羊肠纹大裙，衣纹密集，紧贴双腿。双手作转法轮印，交脚坐，赤足外露。座下两侧各雕一蹲狮，作反首相顾状。菩萨两侧浮雕飞天两身，有发髻，头光，身体呈 V 字形，张双臂。龛外两侧各雕一站立供养人，左面供养人旁阴刻榜题"清信士张长供养"，右面供养人榜题"清信女"。大龛之上开一尖楣圆拱形小龛，龛楣雕饰火焰，龛内雕思维菩萨一尊，两侧各雕一胁侍菩萨，龛外两侧各雕一胡跪供养天。碑面下部浮雕一列联系翻转忍冬纹，最下层刻 8 身供养人，均穿交领窄袖上衣，下穿长裙。供养人各有题名，多难以识别。碑左侧面也雕两身供养人，右侧上下各一供养人。造像反映弥勒信仰。造像风格古朴粗犷，衣纹密集，具有陇东地区早期造像的特征，其时代为北魏孝文帝迁洛前后。现藏甘肃省博物馆。

成丑儿造像碑

石雕佛教造像碑。1999 年宁县城内普照寺附近窖藏出土。北魏太和十二年（488 年）造。砂岩质。高 60 厘米，宽 30 厘米。碑正面中心开一大龛，龛尖楣圆拱形，龛楣较窄，龛楣两端刻二龙及二小佛。龛内雕一佛二菩萨，佛肉髻高大，

成丑儿造像碑 北魏

圆球形，波状发纹。着覆搭右肩袈裟，楞状衣纹密集，结跏趺坐，禅定印，方形束腰座。二菩萨作裙披式，面容胖圆，站立于高方台上。碑上部雕尖楣圆拱小龛两排十一个，上排五个，下排六个，内各雕一禅定印坐佛。碑下部浮雕供养人七身，左四身为男供养人，均头裹巾帻，着窄袖短袍，腰束带；右三身为女供养人，上衣下裙，系鲜卑族改制前服饰。碑右侧、供养人之上刻发愿文和供养人题名，其中右侧发愿文共两行 43 字："太和十二年岁次戊辰二月十二日弟子成丑儿合家眷属／为七世父母历劫诸师一切众生敬造石像十四区"。此为成氏家族造像。现藏宁县博物馆。

梁俗男造像基座

石雕佛教造像。北魏。砂岩质。原

造像布局不清，现仅存造像基座，座上残留莲花瓣一周。基座平面方形，高36厘米，宽35厘米，四面雕刻，其中正面刻供养人7身，3男、4女，供养人旁题名为："息子绍一心供养佛时／息子荧一心供养佛时／梁俗男一心供养佛时／妻王洛容一心供养佛时／息女子妃一心供养佛时／息女□供养／息女□□供养／息□□供养。"另一面刻供养人5身，2男3女，供养人旁有题名："□息一心供养佛时／息女相女一心供养佛时／妻王阿妃一心供养佛时／息洪受一心供养佛／□□息□□□。"均侧身顺序站立捧花供养状，身姿高低不一。其中男供养人穿圆领窄袖胡服，女供养人均穿交领宽袖上衣，下穿裙，衣纹阴刻。现藏庄浪县水洛城紫荆山。

黄花背屏式造像

石雕佛教造像。崇信县黄花乡黄花塬出土。北魏。背屏式造像。砂岩质，高106厘米，宽91厘米，厚21厘米。正面雕一坐佛二菩萨，背屏外缘一周火焰纹。佛头残损，结跏趺坐，禅定印，穿偏袒右肩袈裟。外背光外圈有一周连珠纹。方形佛座两侧各雕一回首反顾状蹲狮子，两侧有胁侍菩萨站立于圆形莲台上。菩萨佛项光上浮雕伎乐天六身，左侧三身分别手持筝、羯鼓、琵琶，右侧三身分别手持笛、腰鼓、曲项琵琶。每身伎乐天旁边均有

黄花背屏式造像

榜题，其中有"德□打鼓""劫（羯）鼓""□诤（筝）"等。佛侧浅浮雕二持花供养人，旁边浅刻题名，不清。从造像形制和特征分析，属北魏太和时期作品。现藏崇信县博物馆。

老庄寺交脚弥勒造像（2件）

石雕佛教造像。原置于合水县太莪乡黑木村老庄寺内。砂岩质。共2件。第1件背屏式，施彩装，通高70厘米，宽41厘米，厚8厘米。正面雕一交脚弥勒菩萨，高42厘米。发髻残，发纹刻画规整，宝缯斜竖，面施金粉，面型长圆，颈戴项圈，胸挂璎珞，于腹部交叉，臂戴钏。披帛绕肘垂于腿部两侧。下着羊肠裙，衣纹凸起，衣褶细密，右臂曲肘前伸，手残，左手抚膝。背光施黄色底，勾勒红色宽带纹。背光顶端附雕一扁平状光云。方形佛座两

侧各雕一狮子，残损。造像下方高台座正面阴刻"泰和五年"（金章宗泰和五年，1205 年），应为金代其他造像台座。

第 2 件背屏式，高 41 厘米，宽 15 厘米，雕一佛二胁侍像，通体施彩。主尊交脚弥勒，高肉髻，面方圆，五官稍残，身着圆领通肩袈裟，衣纹阴刻。双手于胸前作转法轮印。跣足交脚坐于长方形台座上。二胁侍位于主尊两侧，为供养天人形象，均骑白象，跣足胡跪于象背上，面相丰满，五官稍残，披天衣，袒胸露脐，下系曳地裙，双手合十。象鼻前伸托菩萨双足。交脚坐的佛装弥勒为弥勒下生信仰。两侧二天人骑象的组合十分罕见。根据造像风格判断，两件造像的年代为北魏太和时期。现藏合水县陇东石刻艺术馆。

交脚弥勒菩萨龛像

石雕佛教造像。出土于合水县老城镇全家巷子。北魏。红砂岩质。高 36.5 厘米，宽 23 厘米，厚 6 厘米。正面开一尖拱龛，龛楣内又雕 7 个小尖拱龛，内有 7 尊浮雕禅定坐佛。大龛内高浮雕一交脚弥勒像，头戴莲花宝冠、面形方圆，细眉高挑，颈饰桃形项圈，帔帛交叉于胸前穿环，衣纹宽疏，底边作双重八字形展开，交脚露足，双手施无畏与愿印。两侧各有一胁侍菩萨，体貌特征与弥勒大致相似。座两侧各雕一伏身狮子，反首相顾。

老庄寺交脚弥勒造像

老庄寺交脚弥勒造像

交脚弥勒菩萨龛像

主尊弥勒菩萨与龛楣七佛为七佛加一弥勒的组合，表现三世佛信仰。突出未来弥勒佛，是从云冈石窟开始的组合形式，流行于北魏晚期之后。从艺术风格、形态、服饰上分析，与龙门石窟古阳洞弥勒造像相似，属北魏宣武帝前期（500~510年）。现藏合水县陇东石刻艺术馆。

石道法造像塔

石雕佛教造像塔。北魏。属寺院供养造像塔。灰色砂岩质。高43.5厘米，宽22厘米。基座平面方形。塔身二层，平面均方形，上小下大，每层均雕方形塔檐，刻出瓦垄，塔檐有残损。塔身每面各凿一方形龛，内各雕一禅定印结跏趺坐佛，穿圆领通肩袈裟，其服饰均施朱红彩，现部分脱落。塔顶残。塔底座一面刻造像题记："石道法□□息女□□造石像□□区供养。"现藏宁县博物馆。

禅佛寺造像塔

石雕佛教造像塔。北魏。出土于平凉市东20公里潘原古城禅佛寺遗址。砂岩质。禅佛寺遗址先后出土北朝石造像塔、造像碑及其残件四十余件，有景明四年（503年）、延昌三年（514年）、神龟元年（518年）等。其中北魏景明四年（503年）造像塔高44厘米，现存一层，四面开龛，龛内皆雕一佛二菩萨像，下部刻铭文，正面为"景明四年，太岁在癸未，

太阴在巳，大将军在午，白虎在寅，清龙在子。四月癸（以下残）"；右面、背面、左面亦刻文字，漫漶严重，多不可辨识。北魏延昌三年（514年）造像塔高34厘米，宽26厘米，共三层，第一层四面开龛，龛内均雕一佛二菩萨像，塔身各面均刻发愿文，其中有"延昌三年□□十五日□亥，

石道法造像塔

禅佛寺北魏延昌三年石造像塔

泾州郡□□□（以下残）"等文字。现藏平凉市博物馆。

张氏造像塔

石雕佛教造像塔。1990年华亭县安口镇谢家庙社一埋藏佛教造像的窑洞中出土。北魏熙平元年（516年）雕造。黄色砂岩质，高90厘米，底宽25厘米。通高三层，各层四面均开一龛，其中第一、二层各龛内雕一坐佛二菩萨像；第三层正面、右面龛内雕一坐佛二菩萨像，左面龛内雕佛本生故事"阿育王施土"；背面龛内雕一交脚弥勒菩萨和二胁侍菩萨。第三层龛侧面刻发愿文："熙平元年……／太岁／在申／为张／何回／张双□……／清信士供养□□河（合）门／大小／张永／奴□／所愿／从心／河（合）门大小……｜□者得……"现藏华亭县博物馆。

赵小欢造像碑

石雕佛教造像碑。出土于泾川县上蒋家村。北魏正光四年（523年）雕造。砂岩质，高47厘米。背屏式造像碑。碑额尖拱形，内雕七佛，佛穿双领下垂或圆领通肩袈裟，禅定印。碑面正面中凿一大龛，尖拱形龛楣上雕忍冬纹纹饰，龛楣两端雕二龙头，龙首反顾。龛内雕一佛二菩萨，佛坐狮子座。佛高肉髻，水波纹发髻。穿双领下垂袈裟，禅定印。衣裾三瓣外撇。

赵小欢造像碑

两侧胁侍菩萨风化剥蚀严重。龛下缘雕七身供养人，左起第三人为光头僧人形象，没有题记，其余六人身旁均有阴刻榜题。左起第一人女性，题名"女伏奴"；第二人女性，题名"姊□□□"，第四人男性，题名"赵小□"，第五人女性，题名"息□□"，第六七身女性，榜题不清。供养人下缘刻发愿文："正光四年□二月十日，赵小欢为眷属□□石像□□□□□。"可知此为赵氏家族造像。现藏泾川县博物馆。

永兴二年□节造像碑

石雕佛教造像碑。1990年华亭县安口镇谢家庙社一埋藏佛教造像的窑洞中出土。北魏永兴二年（533年）雕造。黄砂岩质，高30厘米，宽26厘米。碑正中凿圆拱形大龛，尖拱形龛楣，龛楣刻细密的火焰纹，楣端饰三叶卷草纹。龛内雕一坐佛二胁侍菩萨。佛柱状高肉髻，脸型瘦长，颈细长，颈戴尖形项圈。穿双领下垂袈裟，衣纹阴刻，衣裾外撇，佛施无畏与愿印，结跏趺坐。胁侍菩萨戴宝冠，颈戴项圈。外穿法衣，下穿长裙覆脚。龛下端阴刻发愿文："永兴二／年（533 年）二月／九日／弟子／□□／节造／石像／一区／愿七／□（世）□（父）／□（母）□／□过……"现藏华亭县博物馆。

木和千佛造像碑

石雕佛教造像碑。出土于张家川回族自治县木河乡店子村。北魏永熙年间（532~534 年）雕造。砂岩质。高 174 厘米，宽 70 厘米。圆拱形碑额上端刻两蟠龙相交，两面额下正中各雕一尖拱形龛，背面龛楣对称各雕一凤鸟，龛外下侧对称各雕一树下禅僧。龛内均雕一佛二菩萨像。碑阳、碑阴均刻千佛像，正面 21 排，正面 12 排。背面下部刻发愿文，共 18 行，每行 11 字："夫道弥幽微□□年形圣□／虚玄明志感□今舍生而莫／迦开波若之□□□证□六／建三宝之信□前迷□之／三乘弘／三界之善祥施致运／福今身不树善□□颠将来／门之因大□□轩龙飞陇小／国人□建善清信弟子使□／将军都督武威王成子多□／生□三有沈落幽俗处在轮

／是本风驰栖霜□拥世嵫龟／辜遭□六行莱□□运□莫／烦□行息□恨誓莜莜颠减／屈雇高□莫□妙手仰为旷／七世所生六道所趣远雅三／八难有形之愿□□□□／龙华初会果□□时寻□□／大代永□年岁次。"现藏张家川县博物馆。

永兴二年□节造像碑

木和千佛造像碑

麦积山第 133 窟 10 号造像碑

石雕佛教造像碑。麦积山石窟第 133
窟内。北魏。石雕。第 133 窟内。圆首方
形，通高 138 厘米，宽 78 厘米，厚 12 厘米。
第 133 窟又称"碑洞"，窟内保存北魏晚
期至西魏时期造像碑 20 余件。其中 10 号
造像碑为精品。碑阳中间竖向分格从上到
下凿三个龛，龛内分别雕释迦多宝并坐、
交脚弥勒菩萨、释迦佛，表现大乘思想
的三世佛。下龛左侧外雕屋形龛，龛内
雕维摩诘经"文殊问疾品"内容。边缘
诸龛内雕佛传故事燃灯授记、乘象入胎、
诞生、剃发出家、树下思维、降魔成道、
鹿野苑说法、涅槃等内容，是北朝时期
保存情节众多、雕刻精美的佛传故事造
像碑。现藏麦积山石窟第 133 窟内。

禄文造像碑

石雕佛教造像碑。北魏。砂岩质，
高 150 厘米，宽 60 厘米。碑文中有"城
太守□州别驾邑主禄文"题名，故名。碑
额已残缺。碑身分三层开龛，龛内分别刻
佛像、佛传及佛本生故事。其中上层为
维摩变文殊问疾品及不可思议品，维摩
像略残，仰卧在帷幕形帐内病床上示疾，
室内现有三身弟子像，文殊在一侧问疾，
其前部一身形矮小的弟子；左侧刻《不思
议品》，一天人手举束腰狮子座从天而降，
身前后有三身弟子随行。中层分四栏雕四
个长方形龛，中间二龛分别雕交脚菩萨
坐于盝形龛内并二弟子、顶有华盖的倚
坐佛并二弟子，分别代表弥勒菩萨上生、
下生。两侧龛内分别雕阿育王施土、牧女

麦积山第 133 窟 10 号造像碑

禄文造像碑

献乳故事，其中"阿育王施土"画面有一佛站立，右手前伸，前有三小儿，最下者爬于地下，中间一小儿站于其背部，双手托举上边一小儿，双手向佛供献物品；"牧女献乳"一菩萨侧身站立，有通身背光，顶有华盖，前方一女向菩萨施食。下层为尖楣圆拱形大龛，内雕一坐佛、侧立四弟子，龛外雕二菩萨，龛楣外侧各一飞天。碑下部风化剥落严重。碑背面上部刻发愿文，大部残，仅余每行下端二三个字，不能成文；下部刻30多位邑主、寺院维那的姓名。右侧面刻9位邑主姓名，施主身份包括平民、官吏与比丘。现藏甘肃省博物馆。

石雕佛坐像

石雕佛教造像。原位于麦积山石窟第117窟内。西魏，圆雕造像。造像高88厘米，宽45厘米，背光部分残损。主尊佛磨光高肉髻，内着僧祇支，外穿双领下垂袈裟，衣裾圆弧形内收，褶襞繁复，结跏趺坐于工字形佛座上。身光右侧浅浮雕一弟子像，其左侧的已残。这种背光上有二弟子像的做法在麦积山始于西魏，北周流行。造像上的色彩大部分保存完好。麦积山第117窟开凿年代待考，现存有两身宋代重修的泥塑造像。这件石雕造像原不属于该窟的造像，何时何因搬入该窟不明。现藏麦积山石窟艺术研究所。

背屏式三尊像

石雕佛教造像。1987年出土于甘谷县古坡乡。西魏。通高39厘米、宽24厘米。正面雕一佛二菩萨，佛像双层圆形头光，

石雕佛坐像

背屏式三尊像

坐于须弥座上，佛座大部残损。佛像圆形磨光高肉髻，双眉修长，目下视，外穿双领下垂袈裟，中衣于腰部结带，内穿僧祇支，右肩残断，右手作降魔印。二菩萨高髻宝冠，裙饰拖地。座两侧各刻一蹲狮，尾高翘。左右下角风化严重，可见一供养人双手捧物。现藏甘谷县博物馆。

王绍明造像碑

石雕佛教造像碑。1979 年西川乡雏堡（川）村出土。西魏大统四年（538 年）雕造。已断为两截。青石质，方形碑座，碑额雕蟠螭，龙头向下。通高 64 厘米。碑额高 24 厘米、宽 30 厘米、厚 65 厘米，碑身高 40 厘米、宽 23 厘米、厚 65 厘米。正面碑额中间刻文 5 行，每行 5 字，文"秦州天水郡/□县民三柰/乡显亲里安/□（远）将军河州/刺史王绍明"；碑身正文 7 行，每行 10 字，发愿文为"□殖置根于幽极任冲和/□托生禀性儒雅聪哲朗/□幼而孝悌仁义并举雄/□智士武略影世□敬三/□逢崇灵梵不聿短命九/四□丧合境敏惜莫不应/心□造碑铭以示后□耳"。背面碑额中间刻一人骑马，身后跟一随从；碑身通体刻发愿文"大统四年岁次戊午三月/□酉朔十二日壬申，假节/□□将军步兵校尉西道/行台河州刺史兰香县开/□子大都督王绍明"。现藏秦安县博物馆。

大统四年造像塔

石雕佛教造像塔。出土于秦安县郭集乡邵庄村。西魏大统四年（538 年）雕造。原为多层塔，现仅存底一层。青砂岩质，高 57 厘米，宽 48 厘米，四面开龛造像，正面龛内雕一坐佛二胁侍菩萨，下部雕 9 身供养人；左面龛内雕一坐佛二胁侍菩萨，下部雕 10 身供养人；右面龛内雕一交脚弥勒菩萨、二胁侍弟子，下部雕 10 身供养人；背面分三层雕刻，上层龛内雕一坐佛二胁侍菩萨，中部刻发愿文，下层刻供养人列队，前二人头戴冠帽，分别手持博山炉和团扇，后随一牵马童子，一驭者驾驭敞篷牛车。发愿文多是供养者姓名，多漫漶不清，共 17 行，每行 5~7 字，可识别者有："□□□□令□□□□八□□命钵□□众生□仰如□若□如来济□□□□佛弟子/王□□，□心三宝造石浮图三劫，上为皇帝比（陛）下、历劫诸师、七世父母、见存眷属一切群生，随时成佛，所愿从□□□仞。大统四年太岁在戊午五月辛未朔十二日□值□□□吉。"左面上缘刻铭文："弟王罿昊、妹王胡、小胡；息秦庚、有信、姊雄□女，供养佛时，合家大小，现世（下残）。"右面上缘刻铭文："有信吕□供养佛时（下残）养时，合家大小，现世（下残）。"现藏秦安县博物馆。

王绍明造像碑

大统四年造像塔

权旱郎千佛造像碑

石雕佛教造像碑。出土地址不详。西魏大统十二年（546年）雕造。砂岩质，高181厘米，宽67厘米，四面雕刻，碑首为四龙蟠交，正面交龙中间雕一兽面，口衔龙身，龙身下部开一圆拱浅龛，龛楣饰火焰纹，龛内雕一佛二弟子二菩萨。佛说法印，结跏趺坐于束腰须弥座上，高肉髻，面相浑圆，着双领下垂式大衣，衣角圆润，下摆呈扇形展开于座前，身后有圆形头光、舟形身光；两侧弟子着双领下垂式袈裟；菩萨上身帔帛，下身系长裙。龛外右下侧雕二供养人，一长者侧身跪拜，一童子立于前，左侧有一高足博山炉，右下侧又有三身供养人。龛下雕七个小尖拱龛，每龛内雕一坐佛，组成七佛，七佛下为十排横列浮雕千佛，线条细密，神形俱足。千佛以下浅刻八身供养人，左侧有题名。碑面最下刻两排供养人车马出行图，最前方为功德主骑马，侍从手举曲柄伞盖，身后有五个骑马从吏，最后面为一辆带盖牛车。出行图下又有一排十身供养人，每身供养人右前方各刻题名，可辨者以权氏居多。碑阴额刻蟠龙相交，正中亦为佛龛，内雕一佛二弟子二菩萨，佛全跏趺坐，双手施无畏印，外着双领下垂式大衣，内衬僧祇支，大衣下摆呈八字形展开，龛外两侧刻蹲踞两只狮子，

权旱郎千佛造像碑

北周三层造像塔

前有半脆状驭狮奴牵引。龛上部有两身自上而降的飞天。碑身左侧中部及上部均刻千佛，共18排，每排30身，计540身。下部为发愿文24行，每行11字，尾书"大魏大统十二年岁次丙寅二月"。供养人左侧边栏竖向阴刻"弟子权旱郎供养佛""弟子权□□""弟子权□□"。现藏甘肃省博物馆。

北周三层造像塔

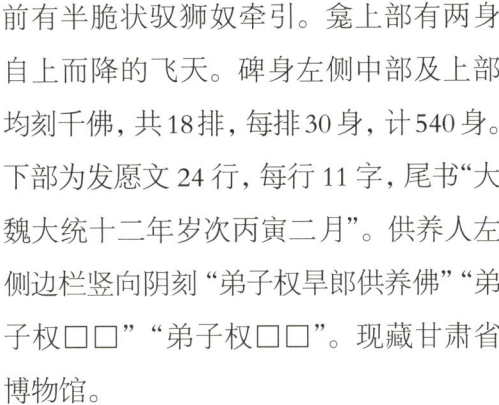

石雕佛教造像塔。出土于秦安县。西魏。砂岩质，现存三层，高170厘米，平面正方形，底边长32厘米。塔身每层各面均开龛，有尖楣圆拱龛和帐形龛，龛内造像组合形式多样，有一佛二胁侍二菩萨、一倚坐菩萨二胁侍二菩萨、一交脚弥勒二胁侍二菩萨、涅槃像，另有佛本生故

事舍身饲虎等。第二层一龛内一倚坐佛的佛座两侧各雕一象，另一倚坐佛座两侧各雕一狮子，最下层一交脚菩萨座两侧各雕一狮子。早期造像的交脚坐菩萨和倚坐佛多为弥勒菩萨，分别代表上生和下生不同阶段的弥勒形象，且弥勒座两侧多雕狮子。第三层为涅槃龛，帐形龛，佛右胁卧于高床上，穿袒右肩衣，右臂前伸在身体下，与一般右手置枕上或压于头下的形象不同，佛身后站立数身弟子。卧床的下方分为三格，左右格内各雕一力士，中间格内雕几身供养人。下层一龛内雕一坐佛四弟子，龛外左右、上下雕舍身饲虎图，采用浅浮雕与线刻相结合方式；整体构图从左侧向上，再转向右侧，再到下部，呈S形展开，主要情节有三兄弟出

游、林中遇虎、太子跳崖、太子以身饲
饿虎、众虎啖食太子、宫中国王及王后、
父母怀抱死去的太子等。现藏甘肃省博
物馆。

圣容寺石佛头

石雕佛教造像。原存圣容寺石窟。
北周闵帝元年（557年）雕，砂岩质，高
67厘米。佛教文献称为"凉州瑞像"，刘
萨诃，事迹见《高僧传》《法苑珠林》等。
佛身雕于北魏正光元年（520年），佛头
成于北周闵帝元年（557年）。低平肉髻，
螺髻，面形丰满、圆润。现藏永昌县博
物馆。

倚坐弥勒菩萨像

石雕佛教造像。北周。高28厘米。
菩萨倚坐于双狮座上，右臂上举，左臂
下伸作降魔印。束双丫髻，宝缯下垂于
肩后，莲瓣形头光，上身袒露，戴项圈，
胸前饰长璎珞，下着裙，披帛穿臂下扬。
现藏秦安县博物馆。

石雕菩萨立像

石雕佛教造像。北周。高52厘米。
菩萨立于一圆莲台上。莲瓣形头光，中心
部刻莲瓣。宝冠高髻，双眼微微下视，面
形圆润，略带微笑，宝缯束发垂于双肩，
上身袒露，戴项圈，着斜披内衫，下着
裙，披帛自双肩绕臂下扬。胸前饰长璎珞。
右臂举于肩前，手持一物，左臂下垂手

圣容寺石佛头

倚坐弥勒菩萨像

石雕菩萨立像

持帛带。莲座正面中间刻莲瓣，两侧各刻一狮子。现藏秦安县博物馆。

路为夫造像塔

石雕佛教造像塔。1992 年华亭县南川乡谢家庙村征集。北周明帝二年（558年）雕造。砂岩质，高浮雕。分三级，梯形四棱柱状，自下而上逐层收分，底边长26 厘米，顶边长 15.2 厘米，通高 78.6 厘米。顶层四面均开拱形龛，龛内雕一佛二弟子，佛着通肩大衣，施禅定印，结跏趺坐；弟子侧身立于两侧莲花之上。中层四面亦开拱形龛，龛内均雕一佛二弟子，佛施与愿印。下层四面亦开拱形龛，其中正面、左侧面及背面均雕一佛二弟子，右侧龛内雕释迦、多宝二佛并坐，均说法印。正面、右侧面及背面龛柱上刻发愿文，共 79 字："二年岁次戊寅六月癸未朔十七日己卯清信佛弟子路为夫长功曹南之辅□□中敬造石像一区，愿三深地狱□□□□，愿一切众生龙花三会，得成佛道□，所愿从心。佛弟子那安家□大小常住三宝。"现藏华亭县博物馆。

张丑奴造像碑

石雕佛教造像碑。1990 年华亭县南川乡出土。北周保定四年（564 年）。砂岩质，高 84 厘米，宽 29 厘米。圆弧形碑首，刻宝珠山花蕉叶。碑阳分上、中、下三层开龛造像。上层为帷幕形龛，内雕

路为夫造像塔

张丑奴造像碑

释迦多宝并坐说法，其中右侧右手斜举者应为释迦牟尼佛，二佛中间及两侧共有 5 身弟子。中层中间为尖楣圆拱形大龛，内雕一佛二弟子，龛外两侧各一菩萨像，

顶有华盖。下层并列两龛，一为弥勒佛及二弟子龛，一为一坐佛二弟子龛。碑阴额刻一列垂帐纹，垂帐下线刻一佛二弟子龛像，其下再刻北周保定四年（564年）张丑奴造像发愿文"保定四年十一月己卯朔岁次佛弟/张丑奴为身为息墟仁为忘息墟子/父子三人为造石像一区愿忘者三/人三除地狱速令解脱愿忘者上生/天上愿得佛道□儿母路女妃愿身/道报长命百岁愿息女姊女息□女/愿女今□长祐得佛□所愿从心/"。现藏华亭县博物馆。

张氏造像碑

石雕佛教造像碑。泾川县上蒋家出土，仅存上半部，下半部残失。北周武成二年（560年）雕。砂岩质，高50厘米，宽34厘米。圆拱形碑额，碑阳分三层造像。上层雕释迦多宝并坐；中层雕维摩文殊变，其中维摩手拿拂尘坐于右侧榻几上，文殊手拿如意坐于左侧，文殊身后站立一位托举佛座的菩萨，表现《维摩诘经·不可思议品》，以示三万二千狮子座从天而降，舍利弗站在维摩身后，也与另一僧辩论。下层残损严重，仅存佛头。碑阴额正中开一小龛，龛内雕一佛二菩萨，左侧又刻二供养人，右侧刻树下一坐佛；下部刻发愿文，已漫漶不清，可释读者有："夫妙觉冲□……述所究然从回……彼蒙俗要开……张氏李前发弘……真容

于玉石……祥应藉此……福炎殃消……登初首行斋……大周武成二年……"现藏泾川县博物馆。

"庚辰"纪年造像碑

石雕佛教造像碑。泾川县上蒋家出土。北周武成二年（560年）雕造。砂岩质，残高45厘米，宽37厘米。碑额已残，仅存造像衣裙下摆、几座，似为维摩文殊像。中部主龛内雕一坐佛二胁侍菩萨。龛外上侧雕二思维菩萨坐于树下，右下侧雕一立佛，施无畏与愿印，左下侧一菩萨。下半部碑身亦残缺，不可辨识。碑阴刻发愿文，漫漶不清，可辨识者为："……一或铸金式像或镂玉表真……/景行之本皆所以阐杨冲……/恩天地无以均其德，鞠育……/……我孤诚证彼妙果于是采……/……宝共塔无量寿弥勒观世音……/……各一躯丹青金碧之餝，荧……/……同

"庚辰"纪年造像碑

仰愿亡考遇影兜率……/……轮之法主现存亲眷尊卑……□□积智成明从凡至圣……/……经始庶感鸿庆眷彼安养……/……座表迹仿佛尊仪图容镌石/□□庚辰四月壬午朔十五日。"现藏泾川县博物馆。

保定元年石雕释迦立佛像

石雕佛教造像。正宁县罗川乡出土。北周保定元年（561年）雕造。佛立于莲座上，身高160厘米，着通肩大衣，衣纹流畅，左臂略曲，手握衣袖，右肘曲平，掌心向前。螺髻，修眉长目，鼻翼较小，嘴略上翘，面相丰颐。佛座高47厘米，正面有二护法狮，两侧雕双圆莲花，花瓣向上，四面刻发愿文及功德题名"合邑生一百三十人等"发愿"造释迦石像一躯"，"保定元年正月十五日合邑生一百三十人

等共同尊心为法界众生千发洪愿造人中释迦石佛一躯愿使黄（皇）帝比（陛）下明中日月法界众生□浩此福公（功）得（德）圆满果保（报）成佛"。题名者共158人，其中南面30人，西面49人，北面52人，东面27人，结社人物包括宗教神职人员、斋主、典录、化主、唯那、都香火、都唯那、都邑政、邑主、都化主、都邑谓、师都督、都像主、大都督、都邑主、邑师、佛堂主、都典、邑生、典坐等。现藏正宁县博物馆。

王文超造像碑

石雕佛教造像碑。秦安县新化乡任吴村征集。北周保定四年（564年）造。砂岩质，高96厘米，宽43厘米，厚12厘米。碑首雕四蟠龙。正面碑额中间刻

保定元年石雕释迦立佛像

王文超造像碑 碑阴

"还缘寺"三字，下面开一内尖拱外方形大龛，龛内雕一佛二弟子。大龛两侧各开一小龛，龛内各雕一坐佛。背面碑额上部也开一大拱形龛，内雕一佛二弟子，大龛两侧也各开一小龛，左龛为屋形龛，内雕戴冠倚坐维摩诘，手持羽扇，作辩论状；右龛为帐形龛，内雕游戏坐文殊，手持如意，作应辩状。碑身四面均刻发愿文，纪年为"保定四年二月庚寅朔十四日"。正面发愿文为"保定四年二月庚寅朔十四日／夫先出轩辕支惟帝喾姬仲□／王之次子江亭周世之封名兹／于百代焕乎方策累叶簪缨天／下称为盛后选士豪常为次弟／自入起战已来蒙假辅国将军／中散仪同司马王文超属逢透／未薄识□姿生之人造浮／图三劫并铭一所选石凿山工／过世表仰愿四海宁往生净土"。背面发愿文为"佛弟子王文超妻吕阿□／岐鲜愁息王景景先小□／侄苟与郎妻权帛香息□／明息女善徽外吕绍吕□／趣姊僧姿眇姿茹何□／妹帛姿羌姿外子晕僧□／叔父王清仁弟白福鸿□／肆保侄王显弟显达清□／义珍庆崇买□僧空永□／吕仕斌权洛万王绍子相□"。右侧发愿文为"吕定炽常桂妙乐其辞曰子超洪进□／吕正明外权道生弟子袭标达庆标□／义达僧绍从弟王茧仁子明始□略／权杏保小妹夫权舅仁奴阳仁来"。左侧发愿文为"忘父坞进忘母续男

忘兄令炽嫂帛朱／忘伯父进富忘叔烦进叔拜侍妹菴没／亡叔仵烦／卜乌儿朗富兄安超妹帛汝"。从发愿文中人名可看出，这是一件由王文超为首的王、吕、权、仵等姓氏构成的家族造像。现藏甘肃省博物馆。

鲁恭姬造像碑

石雕佛教造像碑。位于清水县城西北 1 公里处的牛头河北岸第一台地上。赵充国墓东侧，六角木结构碑亭内。北周天和二年（567 年）刻。砾岩质。高 200 厘米，宽 85 厘米，厚 56 厘米。碑首圆拱形。碑额正中浮雕菩提树，两侧二飞天，二小坐佛龛。正面凿尖拱形龛，高浮雕佛立像，侧立二胁侍菩萨。佛扁平肉髻，着通肩大衣，左手胸前托钵，右手与愿

鲁恭姬造像碑

印，脚踩仰莲。碑阴碑额正中浮雕一坐佛，两侧刻二胁侍。最外侧雕骑象人物，上部刻七身坐佛。碑身刻发愿文"天和二年六月十口口／右员口侍郎南阳枸罕二郡太守／郡功曹郡平望清水句法袭为亡／妻鲁恭姬造释迦定光并等身像／二躯息刺史蔡国公土曹从事功曹／长晖次息长荣佺仕遵僧允僧进显昌／孙怀口杨氏妹姜垣氏女永妃／毕氏女嫁女女保妃"。碑两侧上部浮雕佛传故事，大多模糊不清，能辨识的有树下诞生等内容。两侧下部浮雕两排供养人像。《甘肃新通志稿》《秦州志续编》《陇右金石录》对碑文均有载述。碑刻书法为现存的北周佳作，具有一定的历史、考古和书法艺术价值。2003 年甘肃省人民政府公布该碑为省级文物保护单位。2006 年被国务院公布为第六批全国重点文物保护单位时，将"鲁恭姬造像碑"合并于第一批全国重点文物保护单位麦积山石窟中。现由清水县博物馆管理。

权道奴造像碑

石雕佛教造像碑。1965 年征集于秦安县。北周保定三年（563 年）雕造。砂岩质，高 82 厘米，宽 32.5 厘米。碑额雕蟠龙。碑阳额中刻一屋形佛龛，龛内雕倚坐弥勒像，碑身雕一马一牛车，旁边立供养人，其左边沿刻"匠手权帛郎"。下部刻造像主权道奴及其子侄、女、孙、

姐等在内近 30 人家族供养人题名，其中最前面的为"荡难殿中二将军都督渭州南安郡口／阳县开国伯权道奴供养佛时"。

碑阴碑额中间刻"伏富寺"三字，碑身为两段，上段刻造像发愿文，全文为："周保定三年岁在癸未六月甲午／朔廿日癸丑佛弟子权道奴割施／财产之余发誓斯愿为家口／大小建立弥勒石像一区并为亡父母／兄等造碑一所亲迎妙匠尽奇／巧思担石表容兹俨然愿家眷／休延命齐天寿仕官高迁富／禄无穷子孙昌炽流光万世亡者／归真永断苦因国主清化民安／丰洛佛法长辉取迷归正义／口之愿普沾灵觉。"下段刻包括其亡父母在内该家族已亡故人员 20 人的名字。该造像碑的价值在于碑中出现寺院名称以及工匠姓名，对于

权道奴造像碑

研究北朝时期秦州一带佛教状况具有重要价值。现藏甘肃省博物馆。

神峪背屏式立佛像

石雕佛教造像。华亭县神峪乡神峪河自然村出土，现藏华亭县博物馆。北周天和元年（566年）雕造。砂岩质，高29厘米，宽16厘米。正面雕一立佛二菩萨。佛高肉髻，穿圆领通肩袈裟，左手下垂握衣角，右手举于右肩处。圆形头光内刻连续忍冬纹，莲瓣形大背光内刻火焰纹。脚踩圆形莲台，下为方形基座，座两侧有二供养人，正面刻发愿文"天和元年十/月十日为忘/□父□敬/造石像一/区愿使忘/□免坠三途/八难速令解脱"。

宝泉寺龙氏造像碑

石雕佛教造像碑。庄浪县良邑乡李家村宝泉寺出土。已断裂，现仅存下半段。北周天和二年（567年）雕造。砂岩质，高55厘米，宽45厘米。正面开一佛龛，内雕一坐佛二胁侍菩萨。佛龛下部有乘马功德主，身后随从一骑、一辆牛车。碑身背面及左、右两面均刻千佛像，其中左面刻发愿文"车骑大将天和二□□□丁酉朔□寅，发心舍车，为家□造立石旌一坎，愿家□受命□长命□之，不经八难，常得扶道诸□□"等；右面刻发愿文"亡父龙胡仁、母何征、忘兄道和、姊雅忏、男儿何聪、女明妃，好者生天，愿后世

之人□受穷乐□得□□□□□"等。现藏庄浪县博物馆。

夏侯纯陀造观音菩萨像

石雕佛教造像。原为邓宝珊私人收藏品。北周天和四年（569年）造。砂岩质，高64厘米，宽22.5厘米。正面造高浮雕菩萨立像，莲瓣形背光，桃形头光

神峪背屏式立佛像

夏侯纯陀造观音菩萨像

浅浮雕一周忍冬纹。菩萨头戴宝珠冠，高髻，戴项圈，佩长璎珞，左手持净瓶，右手执柳枝，跣足立于仰莲上，莲台两侧各雕一卧狮。基座上部开三个拱形龛，每龛内雕一禅定印坐佛。现仅存碑阴发愿文6行，行18字："以如来应缘摧降舍卫闻耀教潜化是故佛弟 / 子夏侯纯陀割舍双珍为亡父造像一区愿使 / 睹悉发菩提心达解法相复愿天主永隆历 / 劫师徒七世父母一切众生合家大小永离盖 / 縀托生兜率面奉弥勒常闻正法所愿如是 / 天和四年六月十五日同造佛像一区 / 。"现藏甘肃省博物馆。

刘长寿造观世音立像

石雕佛教造像。北周建德二年（573年）造。砂岩质，通高70.5厘米，像高65厘米，头戴宝珠冠，戴项圈悬挂长璎珞，右手提净瓶。脚踩仰覆莲台，基座两侧各雕一狮子。基座高5.5厘米，座上刻发愿文"观世音 / 菩萨弟 / 子刘长 / 寿为合 / 家大小法 / 界众生 / 普得佛道 / 建德二 / 年四月廿 / 日敬造"等。现藏天水市麦积区博物馆。

王令猥造像碑

石雕佛教造像碑。1973年出土于张家川回族自治县。北周建德二年（573年）雕造。通高113厘米，由基座、碑额、碑身三部分组成，四面开龛造像。碑座高21.5厘米，宽23.5厘米。碑额雕四龙交蟠。碑身高67厘米，宽39厘米，正面上部开一方形帷幕龛，龛楣饰花蕾，并有帐幔帷幕下垂，两侧刻方形龙首龛柱，龙首向

刘长寿造观世音立像

王令猥造像碑正面

外，口衔流苏。龛内雕刻一佛二菩萨，佛面相丰圆，低肉髻，内着僧祇支，外着双领下垂大衣，施无畏与愿印，结跏趺坐；左右为胁侍戴花鬘冠，宝缯下垂，双肩饰圆形宝镜、飘带，有项圈，帔帛于腹部相交，下着长裙，跣足，均一手拈花蕾置于胸前，一手执桃形物下垂。下部又有四个方形浅龛，中间二龛内各雕一单跪护法天王，颈饰宝珠璎珞、帔巾，一手抚膝，一手握拳置于胸前，两侧各有一护法狮子，狮回首面向天王。背面上部居中开一尖拱龛，龛内雕一佛二菩萨。佛面方颐，旋纹低肉髻，有项圈，内着僧祇支，外披大巾，帔巾由双肩下垂相交于腹部穿环。施无畏与愿印，善跏趺坐于方形台上，跣足。两侧为胁侍菩萨立像，菩萨面方颐，皆戴三花瓣式花鬘冠，有项圈，帔巾分别于胸部和膝下各横一道，穿肘下垂至地，均一手拈花置于胸前，一手持桃形物下垂。下着长裙，跣足。龛两侧刻供养人姓氏，右侧为"猥清信息女□容清信女颜容清信□容供养"；左侧为"猥弟永世法□伍元庆弟主簿王安绍先孙何□"。下部分两层刻供养人、车、马行列，其中上层前方一辆牛车，车窗内有一人，旁刻"忘息女□女乘车供养佛时"。车后一人骑马，头戴卷檐毡帽，着圆领窄袖紧身衣，旁刻"忘息延庆乘马供佛时"。坐骑后外侧有一侍者，手持华盖。下层构图内容、衣着基本同上层，亦为前一牛车，后一坐骑，车、马之间刻满供养人和扶车奴姓氏，主要有"忘息延明乘车马供养佛时，忘父元□供养佛时，忘母皇甫男奸供养佛时，忘息女香□供养佛时，扶车奴□德"等。碑身两侧面的上方又各开一小佛龛，龛下刻发愿文，其中左侧内雕一善跏趺坐佛；右龛楣雕菩提树，内雕一交脚弥勒，头戴花鬘冠，交脚坐于方形台座上。发愿文刻在碑身三面的下部："建德二年岁次癸巳五月丙寅朔／正信佛弟子堡主王令猥嘱值伯／陆盈缩无常知德可舍知善可崇／以减割妻子衣食之入为忘息延庆／延明父／母等敬造／石铭壹区／高四尺弥／勒壹堪释加门壹堪／前有二师／子伏令忘／息等神生净土值遇／诸佛龙花／三会愿在／□首合家／眷属一年／以来百年／以还众灾／消灭含生／之类普同／斯愿佛弟／子堡主王／令猥息旷／野里将军殿中／司马别将嵩／庆孙子彦子／茂子开子初／清信梁定姿／清信张女妃／清信权男婴／清信权影晖／女子晖贤晖。"现藏甘肃省博物馆。

李阿昌造像碑

石雕佛教造像碑。原置于泾川县水泉寺内，明清时，寺院颓废，碑身断为两截，文字和图像多处漫漶。隋开皇六年（586年）造。多龛高浮雕敷彩造像碑。圆首长方形。碑高150厘米，宽80厘米，四面开龛造像。

正面自上而下分布有四层龛。第一层正中开一垂幕形方龛，龛顶浮雕三个宝珠，龛内中间雕释迦与多宝如来并坐说法，皆半跏趺坐，着通肩大衣，二弟子两侧侍立，佛座下有仙鹿两对，屈膝跪伏。此龛两侧又各开一尖楣圆拱龛，龛内均雕一佛二弟子，佛着双领下垂袈裟，半跏趺坐于束腰方台上。三龛之龛楣上端两角又各雕一弟子立像。第二层正中开一尖楣圆拱龛，内雕一佛二菩萨，佛半跏趺坐，二菩萨侍立两旁，两侧各刻一菩提树，树下分别雕思维菩萨及侍立弟子。龛外顶部两侧又各雕四弟子，面向佛龛拱手而立。第三层正中开尖楣圆拱龛，内雕一佛二弟子，佛着通肩大衣，右手持钵，左手抚膝，善跏趺坐于半圆莲台上，二弟子侍立左右。此龛两侧又各开一尖楣圆拱小龛，内均雕一佛二弟子。在两个小龛外顶部各雕三身供养弟子，均作半跪供养状。第四层并排四个长方形龛，龛内雕《维摩变·问疾品》，自左至右第一龛内雕华盖、一拱手侍立弟子；第二龛内华盖下为维摩诘踞坐于床榻上，手挥麈尾，身后五弟子侍立，榻下一卧狮，作仰首聆听状；第三龛华盖下为右舒相坐文殊

师利，手挥如意，面向维摩，两侧四弟子侍立；第四龛内雕两身飞天及二弟子，内容表现《维摩诘·不可思议品》。碑身左右两侧自上而下各开四龛，其中一、三龛为帷幕龛，第二、四龛为圆楣尖拱龛，各龛内均雕一佛结跏趺坐，二弟子侍立。背面上部正中开一屋顶形帷幕龛，内雕一菩萨二弟子，菩萨高髻宝冠，宝缯下垂至肩，袒露右臂，戴颈圈璎珞，着长裙，善跏趺坐于方台上，台基为束腰仰覆莲。佛龛两旁及下部刻发愿文及施主29人姓名，施主有"邑师比丘僧钦""邑师比丘道珍""化主董伯奴""都化主杨奴奴"等。发愿文首题"开皇元年（581年）岁辛丑四月庚辰朔廿三日壬寅／佛弟子李阿昌囗

李阿昌造像碑

甘家……"邑生姓氏有周、梁、庞、刘、胡、李、吕等。最后一名题名"邑生辅国将军前河东太守梁令伯"。碑两侧各开一列四个小龛,龛内雕一佛二弟子像。现藏甘肃省博物馆。

石雕观音菩萨立像

石雕佛教造像。秦安县出土。隋代。高144厘米,头戴化佛冠,高发髻,面形圆润,双目微垂,鼻高唇薄,长颈,上身袒露,戴手环、臂钏、项圈,下着长裙,胸前挂交叉式长璎珞,披帛自双肩垂下又于膝下上卷穿臂下垂,右臂举于肩侧,手持莲蕾,左臂下垂手提净瓶,跣足而立。该造像雕饰精细,为隋代造像的精品。现藏甘肃省博物馆。

段荣造像碑

石雕佛教造像碑。1986年出土于合水县蒿咀铺乡九站村。唐永徽七年(656年)雕造。红砂岩质,竖长方形,通高57厘米。碑身上部开一佛龛,龛楣雕团花,上部雕四身伎乐天,坐于莲花上,均有残损,其中一身弹奏琵琶。龛内雕一佛二菩萨、二供养人。佛结跏趺坐,高髻,面相慈祥,身着覆搭右肩袈裟,右手举于肩部,左手置于膝上,托一钵。二菩萨头戴宝冠,站立。菩萨前各跪一供养人。龛外两侧面雕天王,手持兵器,脚踩魔怪或卧牛,下部雕二力士、两卧狮。碑基座下刻造像记,竖行楷书10行,行5字:"永徽七年岁 / 次景辰正月 / 景寅朔十四日 /

石雕观音菩萨立像　　　　　段荣造像碑

己卯佛弟／子段荣为身／敬造阿弥陀／像一区并七／代父母见存／眷属法界众／生俱登正觉。"现藏庆阳市博物馆。

武周圣历元年石雕刘萨诃瑞像

石雕佛教造像。原藏古浪县文化馆。唐代武周圣历元年（698年）雕造。背屏式造像，圆雕，青灰色砂岩质，质地较细腻。通高92.5厘米，下有方形高台座，座宽37厘米，高20厘米。台座上雕竖直、上下均宽的圆弧形顶背屏，作为佛像的通身背光。背屏高72厘米，宽36厘米，厚8～10厘米，侧面看呈弧形并向后仰。背屏中央高浮雕立佛，高48厘米。肉髻已残，磨光无发纹。面较圆饱满，眉弯曲，双眼下视，眼角上翘。鼻头略残，嘴略小，嘴唇饱满。双耳较大，垂至肩头。颈粗短，阴刻两道。头后浅刻圆形头光，头光内残留有朱红色彩，原应施彩。肩宽而平，肩头溜圆。穿偏袒右臂袈裟，整个右臂及右胸袒露。右臂紧贴背屏下垂，右小臂残断。袈裟从左肩斜向右下方紧裹右腋。上身衣纹为阴刻平行线，呈阶梯状。左臂屈肘于胸上部，左手大拇指跷起，余四指紧握沿左臂垂下折叠的衣角。衣缘刻连续波浪状纹。左腿外侧垂下的衣边呈连续弧状。两腿直立，腿部及两腿间衣纹呈U字形。衣裙覆盖脚面，两侧为外侈。双脚并列，脚踩圆形仰莲。头光外侧与背屏边缘之间

对称各雕一飞天，飞天高发髻，俯身下冲，一手叉腰，一手前伸举供物，飘带呈环状向上。飞天身体表面残存朱红色颜料。背屏边缘刻成起伏的山峦状，中部两侧各雕两个坐于龛内头戴禅帽禅修的禅僧，背屏上部正中雕一兽面。台座正面两侧各雕一竖长方形浅龛，龛内各雕一跪坐的供养人，均面向中间。左侧龛内的男供养人头戴巾帻，穿圆领窄袖紧身衣，双手端供物（香炉？）。右侧龛内的女供养人高髻，穿交领上衣，肩披披巾，双手于胸前举麈尾。两龛间阴刻铭文，共七行，行五字，下部因表面脱落，个别字残泐，文中有不少武周时期造的新字，铭文内容为："圣历元年□／戊戌弟子□／□（宝）

武周圣历元年石雕刘萨诃瑞像

意为七代／父母及法界／众生造圣容／□（像）□□功讫／□太□□□□。"研究者认为，此发愿文中的"圣容像"即为刘萨诃瑞像。发愿文两侧刻两身脆式男女供养人。碑阴碑额雕二龙，额中间开一龛，内雕一禅僧。碑身刻《般若波罗蜜多心经》，共14行，每行25字，尾题部分文字漫漶不清。全文为："般若波罗蜜多心经／观自在菩萨行深般若波罗蜜多时照见五蕴皆空度一切苦／厄舍利子色不异空空不异色色即是空空即是色受想行识亦／复如是舍利子是诸法空相不生不灭不垢不净不增不减是故／空中无色无受想行识无眼耳鼻舌身意无色声香味触法无眼／界乃至无意识界无无明亦无无明尽乃至无老死亦无老死尽／无苦集灭道无智亦无得以无所得故菩提萨埵依般若波罗蜜／多故心无罣（挂）碍无罣（挂）碍故无有恐怖远离颠倒梦想究竟涅槃三／世诸佛依般若波罗蜜多故得阿耨多罗三藐三菩提故知般若／波罗蜜多是大神咒是大明咒是无上咒是无等等咒能除一切／苦厄真实不虚故说般若波罗蜜多咒即说咒曰揭谛揭谛／波（般）罗揭谛波（般）罗僧谛菩提莎婆诃（僧莎诃）……／九十五种邪道若欲供养十方诸佛报十方诸佛……／萨般若百遍千遍灭罪不□（虚）昼夜……"现藏甘肃省博物馆。

张妙端造道教天尊像

石雕道教造像。1979年4月30日武威市共和街郭中藩捐赠。唐垂拱三年（687年）雕造。砂岩质，高35厘米，底座长21.5厘米，宽10.7厘米，高10厘米，碑身宽20厘米，厚8厘米，正面雕一垂帐式龛，内雕天尊像并二胁侍，天尊像束发髻，身着双领下垂衣饰，身前置案，左手置于案上，右手举团扇。二胁侍为仙童玉女，头结双髻，饰项圈，披巾，袒上身，下着裙，立于莲台上。基座上刻发愿文："垂拱三年八／月七日女道／士张妙端为／天皇及见存／父母并一切／众生敬造天／尊像并仙童／玉女一区功就／愿一切众生／离苦解脱。"该造像碑为甘肃现存为

张妙端造道教天尊像

数不多的唐代道教造像，造像仪式与当时的佛教造像基本相同。现藏武威市考古研究所。

阿难弟子像

石雕佛教造像。唐代。原位于炳灵寺石窟第20龛南壁。第20龛开凿于唐代，龛内石雕一佛二弟子二菩萨像，此像为佛南侧弟子像。弟子像为红砂岩圆雕，通高65厘米，重18.5公斤。弟子光头，面丰圆，丹凤眼，嘴小，内着长衫，外斜披袈裟，袖手，赤足立于圆台上，为少年阿难形象。雕刻刀法简练，造型简约传神，具有唐代长安地区丰满圆润的面貌特征。弟子像的嘴唇、鼻尖、袈裟边缘风化，彩绘褪色、变色。2000年1月16日，该像从第20龛移入炳灵寺石窟文物库房保存。

2001年列为炳灵寺文物保护研究所馆藏可移动文物。

迦叶弟子像

石雕佛教造像。唐代。原位于炳灵寺石窟第155龛佛北侧。第155龛开凿于唐代，龛内石雕一佛二弟子二菩萨像，该像为佛北侧弟子，红砂岩圆雕，通高65厘米，重19.2公斤。弟子光头，双眉上扬，双目下视，嘴紧闭，内着长衫，外斜披袈裟，袖手，赤足立于圆台上。弟子像面部刻画入微，头顶、额际、颧骨、锁骨、胸骨凸起，凸显了一个老成持重、瘦骨嶙峋的佛弟子形象。弟子像彩绘褪色，右臂绿彩较清晰，衣纹边缘彩绘变色。雕刻技法娴熟，写实性强，衣纹线条流畅，保存完整。1997年12月9日，该

阿难弟子像　炳灵寺第20龛南壁

迦叶弟子像　炳灵寺第155龛佛北侧弟子像

像从第 155 龛移入炳灵寺石窟文物库房保存。2001 年列为炳灵寺文物保护研究所馆藏可移动文物。

天王像

石雕佛教造像。唐代。原位于炳灵寺石窟第 11 窟北壁。第 11 窟开凿于唐代，窟内石雕一佛二弟子二菩萨二天王像，此像为北壁天王像，红砂岩圆雕、彩绘，通高 85 厘米，重 34.6 公斤，发髻高圆，双眉紧蹙，双眼圆睁，嘴紧闭，上身着甲胄，下身着战裙，足着靴，站立于方台上，双手相握于腹前。彩绘大部分脱落，发髻、面部、胸部风化。1997 年 12 月 9 日移入炳灵寺石窟文物库房保存。2001 年列为炳灵寺石窟文物保护研究所馆藏可移动文物。

阿难弟子像

石雕佛教造像。唐代。原位于炳灵寺石窟第 10 窟佛南侧。弟子像为红砂岩圆雕，通高 83 厘米，重 29 公斤，头微侧，眼微睁，隆鼻，嘴微启，身着袈裟，双阴刻衣纹，右手抚左肘，赤足立于圆台上。弟子像清秀俊美，面带微笑，姿态自然而生动，宛如一个活泼可爱的小弟子。彩绘大部分脱落，面部被烟熏污染，保存完整。1997 年 12 月 9 日，该像从第 10 窟移入炳灵寺石窟文物库房保存。2001 年列为炳灵寺文物保护研究所馆藏可移动文物。

天王像

石雕佛教造像。石雕彩绘。原位于炳灵寺石窟第 10 窟北壁。第 10 窟开凿于

天王像　炳灵寺第 11 窟北壁

阿难弟子像　炳灵寺第 10 窟佛南侧弟子像

唐代，窟内石雕一佛二弟子二菩萨二天王像，此像为北壁天王像。天王像为红砂岩圆雕，通高 83 厘米，重 39.3 公斤。天王头束高髻，面方圆，双眉紧蹙，双眼圆睁，唇上有"八"字形胡须，唇下有一撮小胡须，上身着甲胄，下身着战裙，双手握拳，足着长靴立于方台上。彩绘已变色、褪色，战裙上尚有绿色花纹，保存完整。雕刻刀法劲健有力，脸部刻画生动，显露了天王健硕威猛的艺术气韵。1997 年 12 月 2 日，永靖县安集乡杨家湾村村民司马铺在卧佛沟内发现了这尊被盗的天王像，9 日移入文物库房保存。2001 年列为炳灵寺石窟文物保护研究所馆藏可移动文物。

石雕菩萨立像

平凉市崆峒区征集。唐代。青砂石质，高 30 厘米。菩萨立于圆形莲台上，下为方形基座。高发髻，发纹清晰规整，发辫分三绺披于肩头。头后有莲瓣形投光。面型丰满，颈戴项圈，上身袒露，腹部微凸。下穿裙，裙腰外翻，裙裾覆盖脚踝。左臂上屈，左手握莲蕾，右臂下垂，贴于右腿。披帛贴体垂于台座上。现藏平凉市博物馆。

杨贵造像碑

石雕佛教造像碑。出土地不详，五代。黄砂岩质，竖长方体，已残，残高 120 厘米，宽 110 厘米，厚 27 厘米。正面雕造

天王像 炳灵寺第 10 窟 唐代

石雕菩萨立像

杨贵造像碑

像7身，主尊为释迦牟尼坐像，双耳垂肩，蚕眉凤眼，两颊丰满，右袒袈裟，下着裙，禅定印，结跏趺坐于莲花座上；佛座下为一排小坐佛，现存15身。佛身后两侧各有一菩萨立像，其中左菩萨已残损，仅留残臂，菩萨均头戴化佛冠，身着大衣，腰系裙，面部丰满，双手合十。外左右两侧分别为迦叶和阿难及两供养人，其中左侧供养人已残损，右侧供养人高卷发髻，身着大衣，手持莲花。碑身侧面残留部分题记，右侧刻"杨贵妻子李／妻子史□／男刘遂妻□□氏孙男张臾"等文字。现藏庆阳市博物馆。

"西方三圣"造像

"西方三圣"造像出土于合水县板桥乡孙家咀村三圣殿。三像即：阿弥陀佛、观音菩萨和大势至菩萨。三像通体饰重彩，高贵华丽，楚楚动人。主尊阿弥陀佛，高186厘米，螺髻，面相清瘦，眉间有白毫相，身披描金绣花袈裟，内穿僧祇支，袒胸，下系裙，披帛绕臂飘扬，衣褶纹理流畅，手施禅定印，结跏趺坐于圆形束腰莲花座上；观音菩萨高113厘米，头、臂残；大势至菩萨高111厘米，仅存下肢，细腰曲扭，穿天衣，结跏趺坐。

三像佛座均为束腰莲花形宝座，每个莲花座的束腰部均对称雕造四个桃形浅龛，龛内伎乐天或手弹竖琴，或口吹笙箫，或敲击鼓钹，或扭曲身姿舞蹈，神情专注，姿态各异，每像四幅，共计十二幅。所见乐器除竖琴、大阮、箜篌外，还有笛、笙、大鼓、细腰鼓、排箫、铜钹等民族乐

"西方三圣"造像

器，是研究北宋音乐、舞蹈的珍贵实证资料。现藏合水县陇东石刻艺术博物馆。

老庄寺宋宣和二年彩绘造像

宋宣和二年（1120年）雕造的4尊彩绘单体石像，为二佛二弟子，出土于合水县太莪乡老庄寺。一号佛高126厘米，螺髻，着通肩大衣，袒胸，下系裙，袖手结跏趺坐仰覆莲束腰须弥座上，上身后仰，似在侧耳倾听；二号佛高119厘米，高肉髻，髻前有佛光，身着通肩大衣，袒胸，下系裙，手施禅定接迎印，结跏趺坐仰覆莲5层须弥座上。大弟子迦叶像高89厘米，着袈裟，手施智拳印并足立于莲花座上，面相苍老；二弟子阿难像高80厘米，面相圆润，年轻睿智，着装与迦叶相同，双手合十，立于莲花座上。现展出于合水县陇东古石刻艺术博物馆。现藏合水县陇东石刻艺术博物馆。

石雕罗汉像

镇原县上肖乡姜曹村出土。宋代。灰色砂岩质。高12厘米。罗汉光头，头顶较尖。脸型瘦长，额刻圆形毫光。弯眉，高鼻，颈刻三道。穿交领钩钮僧衣，衣纹为写实的阶梯状凸棱，衣领边阴刻一道表示衣边，短衣裾垂于腿部。结跏趺坐，右足押于左股上。左手置于左脚上，手心托一钵，右臂屈肘向前，手心空握。坐于莲花上。莲花下为叠涩束腰台座。束腰部

分正面雕一狮子头。现藏镇原县博物馆。

石雕水月观音像

镇远县城关镇莲池村北山出土。宋代。砂岩质，高121厘米。菩萨戴高宝冠，宝冠正面雕一化佛坐于莲花上，宝缯垂于肩头。面型丰满，额刻白毫相。眼睛半睁，眼角刻成鱼尾状。颈戴项圈、串珠项饰。

石雕罗汉像

石雕水月观音像

斜披络腋，下穿长裙。披帛覆肩绕臂，左臂直向下支于台座上，右臂搭于右腿上，右手握披帛。左腿平置于台座上，左腿支起，斜身游戏坐于岩石上。台座正面雕一龙。造像表面施朱红彩和白彩。水月观音为唐代周昉所创，是佛教艺术中国化的表现，宋代以后十分流行。现藏镇原县博物馆。

石雕涅槃像

出自于合水县塔儿湾石雕造像塔内。该塔原址坐落在子午岭林区太白镇塔儿湾村一级阶地上。2002年5月，不法分子用炸药引爆塔基，致使塔身5层被毁，整体倾斜。经甘肃省文物局批准，搬迁回博物馆保护，2006年修复竖立于陇东古石刻艺术博物馆。

塔体平面八角形，以凿磨之红砂岩叠砌而成，密檐式建筑，高1100厘米，共计十三层。第一层直径129厘米，二层以上逐渐缩小，到达顶层，直径仅59厘米，塔身清癯纤细，好似经幢。塔身第一层八个面均浮雕石刻造像，每面四幅，共计40幅，造像600多身，内容多为佛说法图。经清理，塔身第一层出土小型石函一口。石函内置涅槃佛像及铜镜六枚，古钱币100多枚。涅槃像长40厘米，高10厘米，头北脚南面西，右手枕于头下，左手自然下垂平升，双足叠压，横卧在棺床之上。像身原有七彩袈裟和刷金现已氧化剥落，仅残存佛像胸部、脚部一点痕迹。现藏合水县陇东石刻艺术博物馆。

安定寺石雕佛头像

石雕佛教造像。原存合水县太白乡安定寺石窟内。金代。高88厘米。佛像面形丰圆，双眉秀美，两眼细长，眼角上挑，鼻直面宽，嘴小唇厚，双眉间有圆毫，低平螺髻，中雕肉髻珠，双目半睁半闭，微微下视。原佛头所在洞窟有金代大定

石雕涅槃像

安定寺石雕佛头像

十八年（1178 年）刻写的铭文。现移存藏于合水县陇东石刻艺术博物馆。

曹恭妻高氏造像碑

石雕佛教造像碑。1999 年出土于西峰区董志乡庄子洼刘家咀石窟内。明正德十一年（1516 年）造。当时出土大小石刻佛、菩萨、罗汉等 20 余件，部分造像敷彩绘。该造像碑位于北窟佛台前，砂岩质，高 80 厘米，正面刻发愿文"时岁正德十一年孟夏月／吉日发心功德施主／曹恭妻高氏从修／佛洞一处"。现藏西峰区博物馆。

第二节　金属造像

鎏金铜坐佛像

金铜佛教造像。十六国。是甘肃省现存最早的金属佛之一。佛像高 7.7 厘米，红铜鎏金，金质磨损殆尽，仅于凹处残留金色。无背光。磨光高肉髻，呈束发形。面相长圆，宽鼻长眼，微含笑意。身着通肩式大衣、阴刻的平行状衣纹于胸前呈现 U 字形下垂，双手重叠作禅定印，跏趺坐于四方台座上。台座左右应各伏一狮，现已磨蚀殆平。此像为释迦佛禅定像，出土地点不详，又无年款，但从形制衣纹等各方面分析，当为典型的十六国时期铜佛像。现藏甘肃省博物馆。

玉都鎏金华盖铜坐佛像

金铜佛教造像。十六国。泾川玉都乡出土。像高 19 厘米，由华盖、背光、

十六国鎏金铜佛像

玉都鎏金华盖铜坐佛像

佛身、底座四部分组成，有榫卯套叠在一起。华盖呈荷叶状，直径 135 厘米，边沿下折，上有阴刻荷叶纹，中间有孔连接伞柄，孔周有两道阴刻同心圆弦纹。折沿上有孔十六个，是用于装饰璎珞铃铛的。背光由圆形的项光和圆形的身光合铸一体，呈葫芦形，中心饰以放射状莲花，边缘刻细小的云气纹。背光顶端两侧各有两个圆。现藏甘肃省博物馆。

鎏金铜佛造像

金铜佛教造像。北魏。青铜刻铸，高 21.8 厘米，由背光、佛身和佛座合铸一起。桃形背光，正面为高浮雕佛身。佛螺髻，面相椭圆，宽鼻大眼，大耳垂肩。着通肩大衣，衣纹用细密的隆线刻出。双手作禅定印。佛像周围的背光上线刻禅定坐佛七尊，形制风格与主佛相仿。七佛外缘及大佛背光都刻满火焰纹。佛座为深

束腰四足床跌，也刻满花纹，束腰部刻菱格纹，上缘刻水波纹，下部刻忍冬纹，下接三角垂帐纹。座足上线刻二身供养人，双手拢袖，怀抱长茎莲蕾。背光背面浮雕一拱形龛，龛内上部刻三世佛，下部刻二伎乐天；龛外刻火焰。此像从形制、风格等方面来看，当为 5 世纪末 6 世纪初之遗物。现藏庆阳市博物馆。

张陵宝造铜佛像

铜佛教造像。北魏太和八年(484 年)。高 21 厘米。两面铸造，正面为一坐佛，佛螺旋纹丰圆髻，面形丰圆，细眉大眼，高鼻小口，双耳垂肩，形体雄健，着半披肩袈裟，结跏趺坐于四足台座上，双手作禅定印。圆形头光中饰莲花，外饰火焰纹上饰火焰纹。佛之衣饰阴刻线纹密集劲健而有规律，富装饰趣味。背面上端阴刻华盖，下刻二身菩萨立于莲台上，

鎏金铜佛造像

张陵宝造铜佛像

二菩萨一臂下垂，一臂半举，手内持一粗茎莲蒂，两枝交叉倒垂如树荫笼罩。佛、菩萨在很大程度上还没有摆脱古代西域佛教造像的影响，有古拙之感。佛座三面阴刻造像铭文："太和八年四月廿七日清信仕张陵宝造坐佛一区……"太和八年即公元484年，北魏政权处于繁荣和佛教昌盛时期，该造像是研究中国早期佛教艺术发展的珍贵资料。现藏清水县博物馆。

宣景达夫妻造鎏金铜弥勒像

金铜佛教造像。单体造像。北魏正光六年（525年）。高26.9厘米，宽9.8厘米，厚6厘米。造像正面高浮雕立菩萨像，背屏呈莲花瓣形状，背光外缘刻火焰纹饰。菩萨螺旋形高发髻，面相长方，双眼细长微睁，平视前方，略带微笑，披巾分两侧向外飞扬。右手施无畏印，左手

半握，跣足立于莲台。造像多用细密的阴刻线，衣褶紧密，雕刻细腻，具有北魏"秀骨清像"之风格。下为方形四足台座，已断裂为前后两部分。背面有铭文："正光六年六月十日北林／庄村宣景达夫妻敬造／弥勒像一区上为国家四／方安静一切沧生之类／普同其愿。"该造像铭文被韩理洲等辑校编年《全北魏东魏西魏文补遗》收录。现藏麦积山石窟艺术研究所。

九佛铜造像

金铜佛教造像。征集于灵台县西屯乡。北魏。长18.5厘米，宽12.6厘米。九佛从上至下按"一三三二"排列，两边各有三龙联结，佛与佛之间镂空。佛像均高发髻，圆脸，面带微笑，着圆领大衣，施禅定印，结跏趺坐于覆莲座上，身后桃形背光。衣纹线刻，线条流畅。六条

宣景达夫妻造鎏金铜弥勒像

九佛铜造像

龙首尾俱全，形象逼真。该造像为北朝珍贵文物。现藏灵台县博物馆。

铜观音菩萨三尊像

金铜佛教造像。征集于灵台。隋仁寿二年（公元602年）。黄铜质通高13.5厘米，菩萨高7.1厘米。正中观世音菩萨，台座两侧二弟子。菩萨长方脸，高鼻梁，细腰；背有方榫，套火焰纹桃形背光；肩披长帛，腰下长裙，衣纹均线刻；右臂上举手执柳枝，左臂微曲缠垂披帛，跣足并立于覆钵座上。座下四足方座，座正面及右侧錾刻"仁寿二年十二月十一日，佛弟子贺延積、贺道宝为合门大小造观世音像一区。"30字题记，两侧上缘各有一圆孔，插二胁侍菩萨。二菩萨面貌相同，长脸，高鼻，首后桃形顶光，右手上扬，左手曲垂，跣足立于莲蓬之上，下端插榫一右折，一左折，此造像为研究隋代佛教艺术的珍贵资料。现藏灵台县博物馆。

铜观音菩萨五尊像

金铜佛教造像。征集于崇信县。隋代。高22厘米。为一观音二菩萨二弟子组合。中间主尊观音菩萨头戴莲花冠，面相长圆，眉目清秀，着帔帛与裙，颈系顶圈，璎珞于腹前穿环下垂至膝，左手下垂执净瓶，右手上举握柳枝，披帛沿体侧下垂，跣足立于仰莲座上。莲瓣形头光外缘饰，内圈为莲花，莲花伸出三茎莲花，莲花上分别坐一佛。两侧胁侍菩萨头戴莲花冠，披帛于腹部×状交叉。跣足立于莲茎座上，莲瓣形头光饰火焰纹。二弟子秃发，面相方圆，身着袈裟，侧身而立。五尊造像均作榫卯式连接于上圆下方四足台座上。现藏平凉市博物馆。

铜观音菩萨三尊像

铜观音菩萨五尊像

甘肃省志 文物志

鎏金铜坐佛像

金铜佛教造像。唐代。高 13.6 厘米，由佛座、佛身和背光组成。佛面相方圆，肉髻高耸，阔肩细腰，庄严慈祥。左手扶膝，右手上举，掌心外翻作说法印。身着右肩半披式大衣，内衬菱格纹僧祇支，衣缘刻有忍冬纹，露左肩及左臂。结跏趺坐于八角折楞高束腰覆莲座上。背光由身光和头光合铸一体，呈葫芦形，内层为镂空缠枝忍冬，外层为火焰，玲珑透剔。现藏平凉市博物馆。

鎏金铜立佛像

金铜佛教造像。唐代。高 13 厘米，背光已失。佛肉髻低平，脸面圆满、长眉细目，嘴角含笑、神态平易亲切，身着通肩大衣。右手微上举，左手前伸，赤足立于八角覆莲座上。现藏平凉市博物馆。

鎏金铜坐佛像

金铜佛教造像。唐代。平凉市出土。通高 18.6 厘米。佛高肉髻半圆形，面如满月，细眉凤眼，鼻直唇厚，双耳垂肩，躯体丰健，肌肉饱满。上着袒右肩内衫及袈裟，内衫上刻方格形阴纹，结跏趺坐于束腰叠式高台座上。台座下端雕饰莲瓣。左手抚膝，右手举于肩侧作遮文荼印。背项光为二圆形相叠，内楼空雕饰卷草花纹，外饰火焰纹。造像以其丰厚健美的形象，庄重肃穆的神情和富贵华丽的装饰，反映出唐代佛像雕作工艺水平。现藏甘肃省博物馆。

鎏金铜佛菩萨像

金铜佛教造像。唐代。高 24.8 厘米。长方形壶门座，座上中间莲台伸出三枝，佛结跏趺坐于其上，高肉髻，面形丰圆，眉目清俊，着袒右肩袈裟，左臂放置膝上，右臂高举作说法之状，端庄、安详。圆形镂空背光外沿雕火焰纹，简明精巧。最上端雕一倒飞的飞天。佛两侧二菩萨，高髻上束宝缯，面形丰圆，上身袒，下着裙，立于莲茎台上，身形优美。其中佛左侧菩萨左手下垂提净瓶，应为观音菩萨，右侧菩萨为大势至菩萨。佛、菩萨前左侧有一力士，弯腰举臂，威猛而立；右侧有一人首鸟身之迦陵频伽。精巧别致的布局和构思，洗练纯熟的制作工艺，

鎏金铜佛菩萨像

甘肃省志

文物志

优美华丽的服饰，都体现了唐代社会的繁荣与佛教艺术的高超水平。由佛座前雕迦陵频迦像推断，主尊像为阿弥陀佛。现藏镇原县博物馆。

鎏金铜观音像

金铜佛教造像。唐代。高8厘米，身体呈显著的S形，肌体丰盈，优美，平胸，溜肩，腰身细软，头上饰化佛。右手曲股上举杨柳枝，左手下垂持净瓶。上身袒，下着裙，戴两重项圈，璎珞单肩斜挂，帔帛自双肩绕双臂迤逦而下，裙体贴身，现出双腿轮廓，跣足立于素面莲蓬上，为盛唐遗物。现藏秦安县博物馆。

鎏金铜十一面观音菩萨像

金铜佛教造像。原为天水市水月寺的传世品。唐代。通高84厘米，宽32厘米。六臂十一面。突出主体观音正面像，以其

鎏金铜十一面观音菩萨像

余十个小头组成主体观音的宝冠，结构巧妙而得体。十一面由下而上作3、4、3、1排列。冠居中为1小坐佛，最上1层为佛头，第2层为3菩萨头，第3层为4菩萨头，第4层正面为主像，两侧为2菩萨头，皆作慈悲相。十一面中前三面作菩萨相，左三面作威怒相，右三面似菩萨相狗牙上出，后一面作大笑相，顶上一面作如来相，十一面各戴花冠，冠上各有阿弥陀佛，共十一面六臂，上二身屈肢侧伸，正二手胸前合十，下二手下垂结印。饰璎珞、手镯，上身袒、下系裙，赤足立于素面莲蓬上。十一面观音前后左右十面代表施、戒、忍、精进、静虑、般若（智慧）、方便善巧、愿、力、智等十项。最上面的佛面代表第十一地——佛果。晚唐、五代、宋代的十一面观音的造型特征主要表现在正面主像的突出，按正常比例造型，其余十面较小，既为十面造像，又构成了正观音的宝冠。现藏天水市博物馆。

彩绘观音菩萨铜立像

金铜佛教造像。原属平凉市崆峒山寺院造像。宋代。高144厘米。菩萨高发髻，戴花冠，缯带分附两肩，脸庞丰满，额有白毫，大耳坠珠。颈戴项圈，胸饰璎珞，披帛披肩，绕肘长垂，右臂残断。左臂下垂，手提净瓶，瓶体残失。跣足立于圆形莲台上。花冠及肌肤均涂金，披

帛与裙施绿彩。此件造像为甘肃现存为数不多的宋代寺院单体彩塑造像。现藏崆峒区博物馆。

弥勒菩萨铜立像

金铜佛教造像。元代。通高 100 厘米。弥勒菩萨跣足立于圆形铜板上，头戴花冠，顶结高耸发髻，两耳饰大耳环，双目微睁，眉心嵌饰桃形饰物，脸上贴泥金。面相沉静，似在思考。右手曲臂举于胸前，结施无畏印，表示能除众生恐怖。戴项圈，胸前及臀部饰璎珞长链，上身袒露，下着錾刻花卉薄裙，臂上饰有钏。两枝莲茎自菩萨足下生起，菩萨左手牵引莲茎，右边莲茎绕肘而上。莲花饰于两肩，花上分别饰宝瓶和法轮。此尊造像制作精美典雅，有明显的印度帕拉艺术特征。现藏敦煌研究院。

铜空行母像

金铜佛教造像。元代。残高 53 厘米，肩宽 50 厘米。空行又称勇士空行，是藏传佛教中比较特殊的护法神。空行神有男女性别之分，男性称为勇士，女性为空行母，主要起护持佛法的作用，是众生修行举止的对象。以女性的空行母为常见。此空行母缺损顶冠、下半身及两小臂，仅存上半身及头部。袒胸丰乳，肌体健美，脸向左微微上仰，戴大耳环，双唇微启，披发卷曲。是一个天真纯洁、美丽无瑕

彩绘观音菩萨铜立像

弥勒菩萨铜立像

铜空行母像

的少女形象。现藏敦煌研究院。

鎏金铜文殊三尊联坐像

金铜佛教造像。元代。1967年秦安县王尹乡收购站征集。通高(自左及右)7.5厘米，9.7厘米，8.5厘米。黄铜像，文殊三尊脸上刷泥金。文殊菩萨是智慧菩萨，以"司一切如来之智慧"而著称，是藏传佛教中极为尊崇的菩萨之一。造像的正中文殊高发髻，髻上有宝珠，大耳铛搭于肩，身着贴身衣裙，坐于顾首卧狮背驮莲座上，身体微微右倾，施说法印；左右两侧各生一长茎乌巴拉花，左肩花蕊中置梵荚。左面菩萨两侧各有三臂，左肩有莲花，坐姿与主尊文殊同。右面为金刚萨埵，金刚两侧帔帛上扬，右手置腰间，握金刚铃，左手置于胸前，握金刚杵，结跏趺坐于莲座上。莲座椭圆，莲瓣肥厚，三莲座分别置于一圆形莲台上引出的三枝莲茎上，中间为主茎，两侧莲茎下为镂空缠枝莲。该造像雕饰精美，造型别致。现藏秦安县博物馆。

铜释迦牟尼佛像

金铜佛教造像。元代。高27厘米。高髻似圆锥，螺发，面形方圆，双眉直平，两眼细长，眼睑下垂成弧线，鼻直而挺，嘴小唇厚，大耳垂肩，肌肤饱满。身着袒右肩袈裟，结跏趺坐，左手置脐下为禅定印，右手抚膝作触地印。眼睛微闭下视，神情沉静，体现出佛的智慧与崇高，雕塑技艺洗练自若，紧贴身躯的袈裟轻柔而富有质感，饱满的肌肉似有弹性。元代佛教艺术在吸收中原、西藏、尼泊尔、印度等地造像艺术的同时，与本民族的佛教造像艺术融合，此尊佛像具有比较鲜明的民族与地域特色。现藏古浪县博物馆。

铜莲花手观音像

金铜佛教造像。元代。紫铜铸成，像高151厘米，头戴五叶冠，束高发髻，耳垂优婆罗花，鼻高且挺，双眼细眯，面带微笑。颈戴项圈、璎珞，有手镯、臂钏、肩饰，身体曲线流畅圆润，宽肩丰乳、细腰阔臀，腰扎帛带。上身袒，下裳薄衣贴体，近乎全裸，只在腿脚部有简单的衣纹刻画。为右舒坐式，右手扶膝，左手上举，中指和拇指相捻，双手作触地印。右脚有

鎏金铜文殊三尊联坐像

莲台承足。身体两侧有茎莲围绕。椭圆形带束腰仰覆莲座，莲瓣肥大，瓣尖微翘，莲座上缘有一排珍珠镶边。色泽沉稳，光亮滑润。从造像的风格及许多技法上看，明显受西北印度斯瓦特、克什米尔的影响，为10~13世纪西藏后弘前期模仿外来造像的产物。现藏甘肃省博物馆。

铜绿度母坐像

金铜佛教造像。元代。通高9厘米，座高2.4厘米，座宽5.3厘米，铜质，通体鎏金。度母脑后束发髻，面相丰圆清俊，鼻梁挺直，双目微睁，肃穆含笑；裸上身，丰乳细腰，戴项圈、臂钏、手镯，下着裙，斜向阴刻双线衣纹。左手曲于胸前握莲花，莲花自左臂外侧上升开敷。右手自然置于右膝上。游戏坐于束腰仰覆莲座上；右脚下踩莲花。披帛绕左臂垂于座后，绕右臂竖起。造型优美，装饰华丽，头部略向右偏，腰肢稍扭，刻画出优美的曲线。1986年6月征集于靖远县五合乡白塔村，现藏靖远县博物馆。

大明永乐年施三昧耶曼陀罗铜盘

金铜佛教器物。明永乐年间（1403~1424年）。铜制，圆形，直径79.2厘米，厚0.6厘米，重33.25公斤。此三昧耶曼陀罗图用红铜嵌刻于圆形黄铜板上，正面纹饰浅显，中间是装饰华丽典雅的方形坛场，坛场的四个出口为装饰变形的金刚

杆，其外一圈为压缩了的莲瓣，莲瓣旋线外是坛场护法神和天葬的场景。背面圆中阴刻两圈梵文咒语，其内为十字交叉的金刚杵，杵柄处方形莲瓣内刻一圈连珠纹，

铜绿度母坐像

大明永乐年施三昧耶曼陀罗铜盘

其内竖刻"大明永乐年施"铭文。此曼陀罗人物众多，天葬场面逼真，纹饰繁缛有序，嵌刻工艺高超，坛场豪华精美，代表了永乐时期宫廷嵌刻技艺的最高水平。现藏岷县博物馆。

鎏金铜阿弥陀佛坐像

金铜佛教造像。明宣德年造，通高106厘米，座高30厘米，座宽52厘米，青铜质，表面鎏金，座、像分铸。佛螺髻，顶有肉髻珠，耳垂肩，面相丰圆，眉细而弯，双眼微闭下视，鼻高唇小，眉间有白毫相。颈部刻三道纹，身着下垂式袈裟，衣边刻精细的莲花。佛胸前刻一"卍"字符。腰系长裙，裙带于腹部打结下垂，裙边折叠，刻宝相花，花心刻一"佛"字，共五个。双手作弥陀定印，全跏趺坐于束腰莲座之上。该像高大，雕刻精细，是明代佛教造像中的精品之作。原供奉于靖远县广福寺内，现藏靖远县博物馆。

明宣德年施铜鎏金旃檀佛立像

金铜佛教造像。明宣德年间（1426~1435年）。一组二件。通高62.5厘米，佛座底径21.6厘米，重17.65公斤。第一尊铜像身着通肩袈裟，衣纹为阴刻U形波纹，无铭刻。佛经记载，释迦牟尼成道时，在忉利天宫为母亲摩耶夫人说法，人间的优填王十分想念佛陀，就命工匠用旃檀木雕造了佛陀像，称旃檀佛像。旃檀佛像在东晋十六国时传入中国。佛像跣足立于覆莲台座上，莲瓣肥厚，下缘饰联珠纹。面容安详，慈眉善目。左手下垂结与愿印，表示满足众生愿望；右手曲臂举于胸前，结施无畏印，表示能除众生恐怖。第二尊铜像身着通肩袈裟，衣袖肥大。右侧铜佛衣纹阳刻U形波纹，如出水之状。正面莲座上刻铭"大明宣德年施"。整躯造型华贵高雅，表现了宣德时期造像的风格。

鎏金铜阿弥陀佛坐像

明宣德年施铜鎏金旃檀佛立像

后世不论材质，凡是雕造成这种式样的释迦牟尼佛像皆称旃檀佛。原为明廷赐给大崇教寺造像。现藏岷县博物馆。

明宣德鎏金铜不动金刚立像

金铜佛教造像。明宣德年间（1426~1435 年）。铜制，佛教造像，通高 29 厘米，底座长 22.6 厘米，宽 13 厘米，重 5.28 公斤。此造像三目圆睁，须眉竖立，獠牙外露，头戴宝冠，红发髻高举，束发缯带弯曲上举，双耳坠大耳珰，袒身形，大腹，全身披挂繁密的璎珞珠饰，雕刻精细入微，繁缛华丽，帛带饶身翻卷，极富动感，左手结降魔印，右手举金刚剑，剑刃残缺。两短腿展左立于覆莲座上，莲瓣修长饱满，瓣尖雕刻卷草纹，莲座上下沿饰联珠纹，封底边缘有剁口，莲座内堂底面有"一号"阳文字样。

佛像华丽精美，属明宣德时期宫廷作品。现藏岷县博物馆。

明宣德鎏金铜手持金刚立像

金铜佛教造像。明宣德年间（1426~1435 年）。铜制，通高 28.6 厘米，底座长 21.5 厘米，宽 13 厘米，重 4.45 公斤。此造像与上件不动金刚为一组造像，除右手持物不同外，金刚的面部表情也有细微的差异。莲座内堂底面錾刻"三号"字样，是明宣德时期的宫廷作品。现藏岷县博物馆。

铜佛坐像

金铜佛教造像。1990 年征集于靖远煤矿二处。明成化二十年（1484 年）造。铜质，中空。通高 16.5 厘米，座高 4.1 厘米，座宽 8.5 厘米，佛高螺髻，顶有宝珠，面相丰圆，细眉长目，双眼下视，嘴微张，面带微笑。穿覆搭右肩袈裟，袒胸，

明宣德鎏金铜不动金刚立像

明宣德鎏金铜手持金刚立像

双手于腹前作弥陀定印，结跏趺坐于束腰仰覆莲台上。座背部有"喜舍四十八愿／信士姚福海／妻马氏／成化廿年／十三日造"铭文。造像铭文"四十八愿"出自《佛说无量寿佛经》，可知该像为阿弥陀佛（无量寿佛）。现藏靖远县博物馆。

明永乐鎏金铜阿弥陀佛像

金铜佛教造像。明代。高 20.3 厘米。为阿弥陀佛的报身像，即秘密相，为菩萨装。头戴五叶冠，乌发高髻，脸呈"国"字形，两眼细长，面相清秀，阔肩细腰，比例匀称，佩饰耳珰、项圈、臂钏、手镯、脚镯，着披肩、短裙，全跏趺坐于仰覆莲上，莲座上下边缘有两排连珠纹。座底刻"大明永乐年施"。是明内廷颁赐给宗教领袖及寺院的赐品，虽然还保留着元代以来阿尼哥"梵像"的影响，但造型已趋于遒劲妩媚。现藏甘肃省博物馆。

鎏金铜释迦牟尼像

金铜佛教造像。明代。高 17.4 厘米，为典型的藏式佛像，高螺髻，项饰摩尼宝珠。双耳垂肩，直鼻垂目，眉间有白毫，嘴角含笑，神态安详，在静观默想之中，表现悲天悯人之态。身着藏式袈裟，袒胸露右臂，左手平置脐前，右手垂膝，作触地印，跏趺坐于莲花宝座中央。现藏甘肃省博物馆。

鎏金铜宗喀巴像

金铜佛教造像。明代。高 93 厘米，

铜佛坐像

明永乐鎏金铜阿弥陀佛像

鎏金铜宗喀巴像

宗喀巴头戴桃形尖顶黄帽，身披藏式袈裟，袒右臂，双手牵莲花蔓作说法印，双莲上原饰宝剑和经夹，表明他是文殊菩萨的化身。双腿结跏趺坐于仰覆莲座上，嘴角含笑，双目微眯，目光下视，面容慈祥，富有个性。此像用西藏传统技法制成，将整个佛像分成若干部分，用若干块铜片敲打成型，然后铆接焊合在一起，锤打抛光后鎏金，此像不仅造型优美，焊例缝隙光滑平整，浑然一体，而且衣裙线条清晰，生动自然，反映出藏族造像的高超工艺。宗喀巴（1357~1419年），为藏传佛教中最大的教派——黄教的创始人，普遍受到教徒的尊崇，被誉为"雪域佛陀"。现藏甘肃省博物馆。

鎏金铜莲花手观音

金铜佛教造像。明代。高 20.5 厘米。菩萨宝髻花冠，耳垂戴莲花，头微低，垂目下视，颈饰项圈、有手镯、臂钏、脚镯，双臂缠帔帛，上身袒，下系裙，右手屈肢平端，手掌前伸作施无畏印，指间牵长茎莲花，左手下垂，牵长茎莲花。赤足立于带束腰的仰覆莲台上。腰身扭曲，身姿优美，装饰简洁，带有明显的明代永、宣时期的风格。现藏甘肃省博物馆。

鎏金金刚手菩萨铜像

金铜佛教造像。明代。高 23 厘米，宽 16.5 厘米。忿怒像。身形粗壮，左展立，

腰围虎皮裙。身饰飘扬帔帛、项圈、臂钏、手镯、脚镯、耳铛，腰间束宝带，垂于腿间，宝带与莲座上的金翅鸟连接。红发竖起，头戴化佛花冠，火焰眉，三目圆睁，表情忿怒，右手高举刚杵，左手结期尅印。现藏敦煌研究院。

永乐鎏金铜无量寿佛像

金铜佛教造像。明代。通高 20.3 厘米。梵语音译阿弥陀佛，汉译有无量寿佛、无量光佛等十三个名号，他是西方极乐世界的教主。此尊像头戴花冠及发髻冠，广额丰颐，双目微垂，面容慈祥。双手置脐下结禅定印，身披帔帛，胸部前饰璎珞，衣纹弧线流畅优美，下裙宽大贴体，结跏趺坐于深束腰仰覆莲台座上，莲瓣细长、饱满。正面莲座缘上阴刻"大明永乐年施"铭文。佛像整体结构匀称，雕刻细腻精致，是明代永乐宫廷造像的典型风格。现藏甘肃省博物馆。

鎏金铜文殊菩萨像

金铜佛教造像。明代。通高 32 厘米。文殊菩萨跏趺坐于仰覆莲座上，莲瓣较饱满，面相安详秀美，耳穿大耳环。右手握宝剑高举过。左手手心向外置于胸前，莲茎自左肘弯曲齐肩，肩上莲花蕊上原置经卷，已失。菩萨头戴花冠，顶结高发髻，髻上有金刚杵。上身袒露，颈饰项圈，胸前佩挂长链，下着薄裙，衣纹简洁，

手、臂有钏饰。宽肩细腰，微微扭腰右倾，表现了婀娜少女的优美姿态和神情。现藏炳灵寺文物保护研究所。

鎏金铜高僧坐像

金铜佛教造像。明代。高48厘米。藏传佛教中又将高僧称为上师，上师是藏传佛教尊奉的在修学和弘法上有杰出成就的高僧大德，藏传佛教习惯称之为"喇嘛"，意为上师，格外受到尊崇，列在"三皈依"之前，奉为四皈依之首。此尊通体鎏金，高贵豪华。头戴三角形平帽，右手施智印，左手自然垂放膝上，身着通肩袈裟，结跏趺坐，面容写实、安静慈祥。现藏敦煌研究院。

鎏金铜释迦牟尼佛像

金铜佛教造像。明代。通高30厘米。佛全跏趺坐。左手禅定印，右手结触地印。螺发，肉髻高隆，顶饰髻珠，袒右肩袈裟，右肩反搭袈裟缘角，衣纹流畅写实，立体效果强，最典型的汉地造像国字脸特征，是汉地传统表现手法。束腰仰覆莲座，上下边缘饰联珠纹，整体造型丰满端庄。现藏炳灵寺文物保护研究所。

鎏金铜绿度母像

金铜佛教造像。明代。度母共有二十一尊，皆为观音菩萨之化身。藏传寺庙里多见绿度母和白度母。绿度母现少女相，全身绿色，一身二臂，现慈悲相。

鎏金铜高僧坐像

此尊头戴五佛冠，发髻高耸，双目微睁，面带微笑，大耳铛垂于肩上。颈戴璎珞项饰，着紧身衣，薄裙贴体，衣裙写实，腰间一圈连珠状纹饰。菩萨半跏趺坐于莲座上。右手向外置于右膝上，作施愿印，左手置胸前，两手各持乌巴拉花花茎。坐姿优美，有藏族美丽少女的神韵和藏东地区造像的特点。现藏炳灵寺文物保护研究所。

鎏金铜黄财神像

金铜佛教造像。明代。半跏趺坐，高莲座，大珍珠纹饰缘。头戴花冠，顶结发髻，耳后有扇形结并缯巾，圆脸大眼，鼻高口阔，嘴角上翘，耳饰硕大，肢体健壮，腹部胖大，戴项圈挂U形饰，下着錾梅花薄裙，身体两侧帔帛飘起。左腿盘曲，右腿伸出莲座下踏海螺。右手握桃形宝珠，左手握吐宝鼠鼬，身体微向左倾，姿态优美，生动传神。现藏炳灵寺文物保护研究所。

鎏金铜尊胜佛母像

金铜佛教造像。明代。通高51.5厘米，宽21.5厘米。尊胜佛母结跏趺坐，头发下垂卷曲，顶束珠髻，涂蓝色。三面八臂，每面三目。每臂手中都应有法器，主臂双手置于胸前，右第三手结与愿印。此尊佛母手中法器皆无，台座及一臂已失。面容慈祥，身形优美，丰胸，戴臂钏、璎珞。尊胜佛母是藏传佛教中供奉较多的佛母之一，其与长寿佛、自度母组合称长寿三尊。现藏敦煌研究院。

铜金漆弥勒菩萨立像

金铜佛教造像。明万历二十九年（1601年）。铜制，通高121厘米，底座长51厘米，宽40厘米，高12.5厘米，重85公斤。弥勒菩萨跣足立于覆莲台座上，莲座下缘饰落地珠纹。弥勒头戴花冠，饰耳环，双目低垂，面相沉静。右手曲臂举于胸前，结施无畏印，两手心各牵上茎莲花，右肩莲花上饰宝瓶，左肩花上饰法轮，为其形象重要标识。颈戴项圈，胸前饰璎珞长链，下着长裙，披帛垂地。莲座正面錾刻"万历二十九年二月二日造"。弥勒立像造型较为敦实呆板，反映出万历时期佛像制作工艺已趋衰落的时代特征。现藏岷县博物馆。

鎏金铜五世噶玛巴坐像

金铜佛教造像。原存于岷县大崇教寺内。明代。铜制。通高56.6厘米，底座长41.2厘米，宽33厘米，重15.51公斤。祖师头戴黑色僧帽，身着袒右肩袈裟，袈裟由联珠纹及錾刻的折角纹分隔成田相格，田相格中间凿刻一朵五瓣莲花，袈裟边缘有两条联珠纹及錾刻的花边组成的图案，衣边上刻画两道精美花纹，由里向外依次为莲花、卷草纹和麦粒纹。袈裟外披帔帛，帔帛用高起的垂直衣纹分隔，上雕刻有连续的圆形莲花纹饰。袈裟如濡湿一般紧贴祖师身躯，胸部高挺、肩膀宽厚浑圆，手臂下垂，趺坐的双腿很敦实厚重。祖师右手结触地印，左手结禅定印，全跏趺坐，下承仰覆莲座，祖师像与莲座整体铸造，莲瓣宽肥饱满，而且在莲瓣头部雕刻卷草纹。莲瓣上小下大对称排列，莲座上沿饰大联珠纹，下沿饰小联珠纹，在莲座的底边留有一些较深的剁口，封底遗失。铜质细密，铸完后进行镀金处理，金质纯厚，亮丽悦目。现藏岷县博物馆。

铜释迦牟尼坐像

金铜佛教造像。明万历三十五年（1607年）造。铜质。通高77厘米，座高19厘米，宽50厘米，佛低螺髻，有肉髻珠，面相丰圆，有白毫，双眼微闭下视，鼻梁高直，颈部刻三道纹，身着双领袈

铜金漆弥勒菩萨立像

鎏金铜五世噶玛巴坐像

铜释迦牟尼坐像

裟，内着僧祇支，腰间裙带作结，胸前刻"卍"字符，衣边为凸起的卷云纹。双手作禅定印，脚心印有法轮，全跏趺坐于仰莲座上，莲花瓣上有莲花纹。座背阳刻楷体铭文："靖虏卫军政掌印泉／住守备指挥同知／赵相普男生员／赵率性／原任参将／赵率教／功德主展天性／路元鼎／安汝志／赵从德罗尚德／本寺僧道环徒行潮行激／真喜徒（阴刻）如乔真惠徒如亮／化主杨道羽／醴泉县清平里史德材／金火匠人薛天仁天吉／万历三十五年五月十六日造／信女阡门／佐氏／口门刘氏"。现藏靖远县博物馆。

赵相普，生卒年不祥，字雪庵，入籍靖虏卫。顺天府遵化卫人。正统间，父赵升均以勇获捷，升受靖虏卫指挥佥事，始入籍靖虏。相普中武举，袭职任永安堡守备。明万历十二年（1584年），任靖卫虏指挥佥事。

赵率性，赵相普长子，明天启年间曾任靖虏卫指挥，怀远将军。

赵率教（1569~1629年），字希先，号明善，靖卫虏（今靖远县），赵相普次子。长嗜书，娴韬略。明万历十九年（1591年）中武进士。历任甘州都司、靖虏卫参将。明崇祯元年（1628年）他奉命再守山海关，升平辽将军。著有《复辽私议》《平辽奏稿》《挥尘兵谭》《投戈随笔》等书。

该佛像原供奉于靖远县白衣寺内。靖远县有多座白衣寺，一在西廓外，明崇祯年修，原为赵率教佛堂；一在南关；一在永安堡门外；一在大庙堡。今皆不存。据《白衣寺济川和尚宗派》碑记载："济川其字乃本寺第四世行僧也。师宗风克振教象以兴宝为法门之领袖。先是雍正年间，有口慈岸禅师，承临济宗派主掌白衣禅院，续慈岸灯者，则为文太和尚，讳通登，号文熙。善门赵氏之子。赵氏在前明山海关总兵。就城西郊建有佛堂，即今之白衣寺。"（此碑文录于永新乡《雪山寺道人沟济翁和尚碑》，碑已不存。）

鎏金铜嵌松石十一面八臂观音立像

金铜佛教造像。明代。通高 31 厘米，宽 16.5 厘米，通体鎏金，宝冠、项圈、臂钏等饰物上镶嵌松石、珠宝。八臂十一面。头部五层十一面均匀对称，作 3、3、3、1、1 层按比例由下而上逐渐缩小排列，呈塔形状。与宋以前的十一面观音造型不同的是层位的变化，由早期的 4 层增至为 5 层，由下至上 1 至 3 层各为 3 个菩萨面、第 4 层为忿怒面、第五层（顶部）为佛面。虽头部比例超常，但无堆积之感，反而强调了十一面观音的神秘、化身无限、法力无边。两主臂于胸前双手合十，两臂下垂于前，其中左手执净瓶，右手手心有一眼，两臂平伸，后两臂上举，跣足而立。现藏合水县博物馆。

镀金大日如来铜坐像

金铜佛教造像。明代。鎏金铜质，通高 120 厘米，宽 62 厘米。此尊造像头戴五佛宝冠，额发微曲，有白毫，双目微闭，面容慈祥。饰圆形耳铛，宝缯垂肩，

鎏金铜嵌松石十一面八臂观音立像

镀金大日如来铜坐像

表面刻四出花瓣纹，端部缀饰珠宝。着双领下垂袈裟，披帛裹肩，腰系长裙，腰间裙带打结，裙带下垂，衣纹简约，线条流畅。衣边刻忍冬纹。双手结智拳印，全跏趺坐于六边形壶门六足须弥莲花座上。宝座造像别致，六足壶门底座上承托六边形台基，台基周围建勾栏（栏杆），共有 10 根望柱，望柱顶端为宝珠，下部有莲花柱础。华板做成莲瓣形。地霞表面浮雕几何形装饰纹样。寻杖为圆柱状，寻杖与盆唇间在望柱两侧以云栱支撑。勾栏内台基雕刻水波纹，中间连体铸莲茎，莲茎上为三重仰莲。整体造型端庄，法相庄严，为典型的明代汉式造像。现藏崆峒区博物馆。

四面八臂金刚铜坐像

金铜佛教造像。明代。铜质，通高 78 厘米。此尊造像头戴五叶宝冠，冠中部有一坐佛，坐佛背部高耸一莲花背光。造像额发微曲，额中有一目，面目狰狞，怒目圆睁。戴圆形耳铛，饰璎珞珠串、臂钏、手镯。上着右衽偏衫，下着裙，斜披络腋，披帛自颈后呈圆形绕双肘垂于莲座。中央主臂屈肘置于胸前，左手拇指与食指轻捏，右手持宝螺。二主臂屈肘置于小腹前，左手托钵，右手持金刚杵。其余四臂分别向两边伸出，各持金莲、净瓶、宝剑等不同法器，作扇形分布。全跏趺坐于束腰仰莲座上，莲瓣圆鼓，饰卷云边，

四面八臂金刚铜坐像

座下有托座力士和童子。整体造像置于舟形船座上，船身沿边设有勾栏，船体左右两边各一自在坐观音，其旁各侍立一善财童子双手持经箧。右侧观音旁立一托塔天王像。船下类矩形海面上雕众生济度，表现慈航普度。整体造型法相庄严，内容丰富，工艺精细，品相精美，气势恢宏。该造像宝冠上有化佛，手持物中有净瓶，加之下部海中大船，表现观音救度，主尊做成八臂金刚形，为观音的化身表现。此造像是一尊十分难得的明代汉传佛像作品。现藏崆峒区博物馆。

十一面二十四臂观音铜坐像

金铜佛教造像。明代。铜质，高 74 厘米。此尊造像头戴宝冠，冠内置三层共九面佛头，最顶部佛头饰扇形尺梳。观音额发微曲，肩上留数根小辫式余发，饰

圆形耳珰，戴璎珞珠串、臂钏。上披披帛，披帛绕肩下垂，从身下出，在莲座前伸出，下着长裙。中央主臂合掌置于胸前，主下双臂轻置小腹，拇指与食指作微屈之状。其余手臂分别向两边伸出，各持宝月、锡杖、杵、梵箧、宝镜、金铃、莲花、莲蕾等不同法器，作扇形分布。全跏趺坐于莲花座上，莲座束腰不深，莲瓣宽大，排列疏朗，尖部饰卷草纹，座上下缘施排列疏朗的联珠纹，联珠雕刻略浅。此尊是观音菩萨众多化身之一。明代早期，特别是永乐和嘉靖年间，藏传佛教在内地较为活跃，到了嘉靖时期，佛教造像艺术又回到了汉传佛教艺术风格的道路上，但受到藏传佛教影响的部分不但没有消失，反而更加融为一体。此造像是典型的明代汉地所铸带有藏传风格的佛像精品。现藏崆峒区博物馆。

襄陵王朱璟洗造铜背光

佛教造像背光。明崇祯元年（1628年）。铜质，圆形，直径118厘米，厚1.7厘米，重134公斤。中心上下各铸有一长方形穿孔。中心铸"回光返照"四字。上面穿孔上方有一长方形牌位，下有束腰底座，上有宝盖，中间铸四行铭文，楷书，"皇图永固／帝道遐昌／佛日增辉／法轮常转"。右侧中下部铸发愿文，"述祖伏愿／慈亲延寿／夫妇团圆／子孙昌盛

／臣庶忠贤／内外雍睦／保安万年"，下有方形钤印"皇明襄陵王亲书之印"。左侧铸"大明太祖高皇帝十世孙襄陵王景洗／妃王氏／长子逵槐／次子庆哥宁哥福哥"，最左侧尾题"龙集崇祯元年岁次戊辰孟夏谨造"。下方穿孔左侧铸"监造官内侍□□／散官"。 朱璟洗，明太祖朱元

十一面二十四臂观音铜坐像

襄陵王朱璟洗造铜背光

璋十一世孙，韩宪王朱松十世孙，襄陵温恪王朱朗锁嫡一子，万历三十三年（1605年）封为世子，既而袭封襄陵王，后事不详。朱逵楥为长子，袭封。明韩藩王崇佛，在平凉等地多有崇佛之举。明代王源瀚诗云："东关浮屠起土层，弹房罗列夜传灯。韩藩好佛人多化，处处经声处处僧。"此为崇祯元年第十世韩王襄陵王朱璟洗与其妃子王氏及其儿子朱逵楥等一家亲造给崆峒山真武殿供献的。现藏崆峒区博物馆。

铜能胜三界救度佛母像

金铜佛教造像。明代。铜质，通体鎏金。佛头戴宝冠，面相威严，额点白毫，四臂，或持蛇，或舞剑，佩项圈，挂璎珞，饰臂钏，嵌绿松石，结跏趺坐于仰覆莲花宝座上。透雕铜质鎏金火焰纹背光。佛像座底为木质髹漆须弥座。现藏甘肃省博物馆。

鎏金铜药师佛坐像

金铜佛教造像。明代。像高135厘米，宽100厘米。鎏金圆雕，青铜质。螺发，高肉髻。双耳下垂，眉目匀称修长，双眼微闭，眉间有白毫，身着袒右肩袈裟，衣饰莲花纹，全跏趺坐，左掌叠足上，掌心向上，右手曲指，食指间夹有药丸，整尊佛像体态端庄，神色庄严，生动地展现了药师佛济世众生的慈悲形象。现藏甘州区博物馆。

鎏金铜释迦牟尼坐像

金铜佛教造像。明代。藏传佛教造像。高11厘米。通体鎏金，圆雕，绀青色螺髻，双目修长、鼻梁高耸，双唇紧闭，双耳下垂，面容清秀，身披袒右肩袈裟，袈裟

鎏金铜药师佛坐像

鎏金铜释迦牟尼坐像

轻薄，紧贴身躯。左手手掌向上置于腹前，右手做降魔印置于右膝前。全跏趺坐于仰覆莲宝座上，宝座正面饰金刚杵纹饰，底部有錾刻的"十"字状羯磨杵及莲花纹饰。现藏甘州区博物馆。

铜接引佛像

金铜佛教造像。明代。像高 178 厘米。铜铸圆雕立姿像，中空，螺髻，高肉髻，有肉髻珠。双耳下垂，耳垂穿孔，眉目清秀，表情端庄，身着通肩袈裟，衣边饰缠枝莲花纹。腰系裙带，作环扣结，长裙垂于脚面，赤足踩双层仰莲台。左手接引印，右手上举，施说法印。现藏甘州区博物馆。

铜千叶宝莲佛造像

出自于合水县西华池镇千佛寺。明代天启七年 (1627 年) 铸造。佛像通高 171 厘米，像高 100 厘米。底座为圆柱形，高 18 厘米，直径 38.2 厘米；中部为仰钵形莲座，高 53 厘米，直径 90.7 厘米。莲座表面分 13 层铸造 1013 个小莲瓣，每个莲瓣上均铸造坐佛一尊，计 1013 尊，连同主尊共有 1014 尊。从底部起，第一层 47 尊，第二层 68 尊，第三层至第十二层均为 75 尊，第十三层 148 尊。主尊结跏趺坐，禅定印。螺髻，中有肉髻珠。穿双领下垂袈裟，胸前刻卍字符。圆柱形的底座上铸铭文："庆阳府乡官 / 奉政大夫应

天 / 府治中杜冠时 / 功德主李自显 / 华池所户侯 / 廖承祚 / 统领众善铸 / 造洛川县化 / 主刘见喜 / 礼泉县金火 / 匠强君魁 / 强从试 / 造 天启七年二月八日壬口财善口极乐国 / 千佛寺住持铸 / 僧惠时 / 如秀 / 徒 / 性广 / 性俭 / 性让 / 孙 / 唯真 / 海法 / 海净。"佛像后背部铸铭文为："庆阳

铜接引佛像

铜千叶宝莲佛造像

府华池寺僧发心造／千叶宝莲佛一千尊／住持僧惠时／如秀／徒／性广／性俭／性让／孙／唯真／海法／海净化主如监刘见喜／礼泉县金火匠强君魁强登所强从试铸／天启七年二月吉日造。"造像主尊为毗卢遮那佛，梵语 Vairocana Buddha 之译音，又译作卢舍那佛，或称为大日如来，梵文的意译是光明遍照，表示佛身光明遍照，普周法界无碍，离闇觉照也。毗卢遮那佛，属佛部，能除五毒中之痴毒，能转识蕴属空大，可转第九识成"法界体性智"。卢舍那佛是三身佛中的报身佛像。卢舍那佛的莲座是千叶莲花，每一莲瓣上有一尊小佛，那是应身释迦佛。根据《梵网经》（卷下）所说："我今卢舍那，方坐莲花台，周匝千花上，复现千释迦。一花百亿国，一国一释迦，各坐菩提树，一时成佛道。"整个莲座代表华藏世界（鸠摩罗什译《梵网经》，《大藏经》第 24 册，第 1003 页）。现藏合水县陇东古石刻艺术博物馆。

鎏金铜吉祥天女坐像

征集于平凉市崆峒区。明代。通体鎏金，高 27 厘米。头戴五骷髅冠，橘红色头发竖立，表示愤怒；发上有半月，表示法是无上的；面有三目，这是"空"的象征；大口如盆，露出两虎牙；右耳以狮子为耳环，象征着听佛道；左耳以蛇为耳环，表示愤怒；颈上挂着人骨念珠；肚

鎏金铜吉祥天女坐像

脐上有太阳，象征智慧方面，球眼凸鼻，阔嘴獠牙，横咬药叉的身子。上身袒露，下着短裙，右臂向右斜举，掌心向外作捻指状，左臂曲于胸前持法器（法器已失），左腿盘曲，右腿向前斜蹬，骑坐于骡子背上。吉祥天女本是印度婆罗门教、印度教的吉祥女神和幸福女神。藏传佛教非常流行吉祥天女信仰，又称骡子天王。现藏崆峒山文管所。

铜真武大帝坐像

道教造像。征集于平凉市崆峒山。明代。通体涂金。高 35.4 厘米。长发披肩，垂耳弯眉，胡须左飘，内着长袍，腰束革带，腕带护甲，外披宽袖大衣，衣纹流畅，长袍垂于脚部，两手心朝下，放于腿根部，赤足倚坐于四足方座之上，座前中间雕一玄武。真武大帝又称玄天上帝、玄

武大帝、佑圣真君玄天上帝、荡魔天尊、玉虚师相、九天荡魔祖师、无量祖师，全称真武荡魔大帝，是中国神话传说中的北方之神，为道教神仙中赫赫有名的玉京尊神。现在湖北武当山供奉的主神就是真武大帝，道经中称他为"镇天真武灵应佑圣帝君"，简称"真武帝君"。中国民间称荡魔天尊、报恩祖师、披发祖师。现藏崆峒区博物馆。

铜雷祖坐像

道教造像。征集于平凉市崆峒山。明代。高 40.8 厘米。由雷祖、坐骑和底座部分组成。雷祖长发披肩，大耳，额生天眼，面容丰满，眉目清秀，身着甲胄，飘带绕体，左臂曲举于胸前，手持弹丸，右臂曲放于膝盖，手握宝剑，昂首挺胸而坐。右腿盘放善颈，赤足，足心向前。左腿下伸，赤足，足心蹬于座沿，衣摆附掩兽身。坐骑似鹿形，头生独角，火焰形鳍，削竹双耳，凸眉，球目，长嘴略尖，下颌生须，曲颈前视，右前足曲站，左前肢跪地，后身卧伏，粗尾翘卷，脊饰鳍，体鳞纹。下为四足长方形座。现藏崆峒区博物馆。

鎏金铜弥勒菩萨像

金铜佛教造像。清代。高 13.6 厘米，仪容端庄，温婉秀丽。丰乳细腰，姿态典雅。头戴五叶宝冠，乌发宝髻，柳眉细眼，

双目低垂，丰颐薄唇，下额微启，双手作转法轮印。上身着云肩飘带，下身为长短重裙，佩饰耳珰、项圈、璎珞、手镯、臂钏和脚镯，跏趺坐于仰覆莲台上。现藏甘肃省博物馆。

鎏金铜四臂观音像

金铜佛教造像。清代。高 21.1 厘米，

铜真武大帝坐像

铜雷祖坐像

通体鎏金，并镶嵌珍珠、宝石、绿松石，金光闪闪，华贵艳丽。菩萨头戴五叶冠，耳珰垂肩，带项圈、璎珞、臂钏、脚镯等佩物，著披肩、飘带，丰肩细腰，眉目清秀，眼角、唇角略带笑意，表情温婉亲切。四臂中上二手曲肱上伸作捻物状，正二手合掌当胸，跏趺坐于圆角三角形莲座上。宽额，藏式造像风格明显，属明永乐、宣德时期的风格。现藏甘肃省博物馆。

鎏金铜十一面观音像

金铜佛教造像。清代。高 36 厘米，立姿，基座已失。此像为藏密十一面观音，十一面八臂。在众多佛教神祇中，十一面观音为密宗六观音菩萨之一，是僧俗极为

鎏金铜十一面观音像

崇奉的神祇，观音菩萨可以有多种化身，以救苦救难，免除人间"十五恶死"之灾厄。因此，常见的十一面观音是观音多种化身之一，也称大光普照观音，造型有 2 臂、4 臂、6 臂、8 臂等，其首为十一面。该造像的第一层三面为法身三面，第二层三面为增长三面，第三层为报身三面，正三面为菩萨相，右三面为颦眉直视的微怒相，左三面为喜悦相，第四层为大怒明王相，第五层为弥陀佛的化身面相，四、五层之间为舟形红色火焰纹背光。八臂中上二手曲肱上举拇食指相捻，中二手侧平举拇中指相捻，下二手下垂，右手持水瓶，正二手合于胸前持法螺。佩饰耳珰、璎珞、臂钏，交镶嵌红宝石及绿松石。体形优美，比例匀称，为藏式造像中的上品。现藏甘肃省博物馆。

鎏金铜无量寿佛像

金铜佛教造像。清代。跏趺坐，双手置脐下结禅定印，手心托长寿宝瓶，头戴花冠，发髻高耸，神情坚定，面容寂静。耳坠大耳环，耳后缯带翻卷，长发披肩。颈戴三角形状项圈，胸前饰 U 形璎珞，两肩帔帛飘逸。薄裙贴体，整刻花纹繁复齐整，嵌刻金点精美，手、臂有钏饰，面贴泥金，台座两层，下层为多角叠涩须弥座，上层为莲台。现藏平凉市博物馆。

鎏金铜大黑天立像

金铜佛教造像。清代。藏传佛教造像，铜制，通高31厘米，底座长23.5厘米、宽10厘米，2.34公斤。大黑天獠牙外露，怒目圆睁，红色的眉毛与火焰发上举，头戴五骷髅冠，胸前垂挂红色的人头大项鬘和宝珠璎珞，一条帛带绕身翻卷，极富动感，两手持物已失，下身穿虎皮裙，脚下踏一仰卧魔，下承仰莲座，座底上沿饰一圈串珠，整尊造像采用锤揲工艺精制而成。现藏岷县博物馆。

鎏金铜大黑天立像

第三节 泥塑造像

泥塑坐佛像

泥塑佛教造像。北魏，影塑高浮雕。高26.2厘米，宽14.7厘米，厚5.7厘米。磨光高肉髻，面型方圆，眉毛弯曲，眼角细长，眼睑突鼓，双目平视；嘴阔内敛，微微上翘；鼻隆耳大，短颈，端肩平腹。内着僧祇支，外披偏袒右肩式袈裟。双手结禅定印置于腹前。结跏趺坐。通体施彩，色彩鲜艳如新，宽边服饰采用石青色，袈裟施朱砂色。为麦积山北魏早期代表作。20世纪80年代麦积山石窟山体加固维修工程期间由第164窟移入文物库房保存。

泥塑坐佛像

彩绘泥塑供养菩萨像

泥塑佛教造像。北魏，高浮雕，彩塑。高39厘米，宽15厘米。菩萨左膝着地，右腿支起胡跪。有圆形头光。高发髻，束带，额发中分。短宝缯。耳戴耳珰。穿偏袒右肩的紧身上衣，衣纹为整齐规整的阴刻线。衣服表面施绿彩，肌肤所露部分施赭红彩。右臂下屈，右手置于左腿内侧，右臂斜上举，手中托一莲蕾，莲蕾表面施绿彩。背面平整，为贴塑的泥皮地仗。该供养菩萨的形象，与莫高窟第251、254、257等窟中心柱上部贴塑的影塑相同，应出自莫高窟这几个洞窟之中。现藏甘肃省博物馆。

泥塑释迦多宝像

泥塑佛教造像。出处不详。北魏，高浮雕，泥塑彩绘。高15.8厘米，宽18.5厘米。泥质细腻坚硬。正面二佛结跏趺坐，并坐于低台上，背后有靠背，靠背边缘浮雕联珠纹。二佛头微侧相对，均有莲瓣形头光，略残，外缘刻火焰纹。高肉髻，左侧佛旋涡纹发纹，右侧佛螺髻。左侧佛穿双领下垂袈裟，右侧佛外穿覆搭右肩袈裟。衣裾为悬裳式，衣摆皱褶繁复，衣纹阴刻，细密。二佛均右手举起作与愿印，左手残断。二佛两侧边缘似有胁侍造像，残缺不清。造像衣服施赭红彩，头部施蓝色，肌肤所露部分施白彩。造像面容清秀，脖颈细长，衣饰宽博，整体造型体现北魏孝文帝迁洛以后的特征。二佛并坐出自《法华经·见宝塔品》，是法华思想的体现，是北朝时期流行的造像题材。现藏甘肃省博物馆。

彩绘泥塑供养菩萨像

泥塑释迦多宝像

泥塑佛立像

泥塑佛教造像。北魏。原存麦积山石窟第 162 窟。高 22 厘米，宽 8 厘米，厚 3 厘米。柱状磨光高肉髻，广额，额际略向下呈弧形，面形长圆，长眉、细眼，眼睛带有笑意。高鼻，嘴角内凹。脖颈细长。脖子与身体相接处裂开，可见头部是制作好后安插到身体上的。内穿僧祇支，外穿双领下垂宽博裂裟，胸前衣领外翻。右手举于胸前作与愿印，左手于腹部握衣角。衣纹阴刻较深，腹部衣纹为 U 字形均匀下垂。内穿长裙，裙裾覆于脚面。跣足立于原形莲台上。此像衣缘有残存的石绿色彩，已退化不鲜艳，知原来是敷彩泥塑像。现藏甘肃省博物馆。

泥塑佛立像

泥塑菩萨像（一组）

泥塑佛教造像。北魏。两件，高分别为 36 厘米，35 厘米。两身菩萨姿势左右相反，可知是左右对称布局的。头戴宝冠，素发无纹，额中间分开。脸型秀长，细眉长眼，嘴角略带笑意。内穿三角领内衣，外穿交领宽袖衣，披帛于腹部交叉。一身左手于胸前，右手拢于衣袖中斜置于腰部，腹部略鼓起，扭腰重心向后侧立，另一身姿势正好相反。衣裙曳地，不露足，裙裾成喇叭状，折叠外撇，飘逸流畅。衣纹阴刻流畅。菩萨长颈削肩，清秀俊美，是不可多得的北魏晚期造像精品。根据

泥塑菩萨像（一组）

记录为麦积山第 162 窟的影塑造像。现藏甘肃省博物馆。

影塑飞天像

泥塑佛教造像。原贴于麦积山第 133 窟第 11 龛龛楣上。北魏。浮雕影塑造像，高 22 厘米，宽 9 厘米，厚 2.5 厘米。头顶束扇形高发髻，面型长方，弯眉细目，眉宇舒展，目视前方。长颈，平胸鼓腹，右手手掌向上举于肩部，左手于腹部握

莲蕾。双腿作弯曲状。内着僧祇支，外穿汉式交领宽袍大袖束腰长衫，披帛自双肩穿肘向后飞扬，裙裾向后。衣纹采用阴刻线来表现，简洁明快，雕刻精细。20世纪80年代麦积山石窟山体加固维修工程期间由133窟移入麦积山石窟文物库房保存。

泥塑佛头像

泥塑佛教造像。北魏。高22.2厘米，宽31.7厘米，厚10.3厘米。柱形磨光高肉髻，宽额，发际线平整。面型长方，弯眉，细长目，眼睑薄，双目微睁。鼻高且直，鼻翼宽厚，鼻梁直通额际。薄唇内敛微微上翘，脸颊瘦削，双耳紧贴于两侧后颊。下颌上翘。长颈。面目清秀俊朗，流露出恬静之微笑，体现"秀骨清像"特征。局部有磨蚀的痕迹。20世纪80年代麦积山石窟山体加固维修工程期间由第17窟移入文物库房保存。从造像头部特征看，该头像与第17窟造像不同，故不属于该窟，应是其他洞窟造像残损后移到第17窟保存的。

泥塑佛头像

北魏泥塑头像，圆塑。高34.4厘米，宽12厘米，厚10.1厘米。柱状磨光高肉髻，头方脸圆，两颊丰润。宽额，发际线清晰可见。弯眉细目，双目平视。鼻准高，两翼宽，鼻梁直通额际;唇薄且小有红彩，

影塑飞天像

泥塑佛头像

泥塑佛头像

嘴角内敛微微上翘，下颌稍尖，双耳长且紧贴于两侧后颊，长颈。雕塑手法娴熟，做工精细，多采用圆弧转角线条，潇洒劲健，质感浑厚。为麦积山北朝时期的代表之作。头部有磨蚀痕迹，面部少量色彩保留。20 世纪 80 年代麦积山石窟山体加固维修工程期间由第 165 窟移入麦积山石窟文物库房保存。

泥塑坐佛像

北魏泥塑头像。高浮雕。北魏。影塑造像，高 18.9 厘米，宽 10.5 厘米，厚 4.6 厘米。佛柱状高肉髻，面部长方，双目平视半睁，鼻隆且直，与眉骨相连；两颊略瘦，嘴小内敛微微上翘，双耳紧贴于两侧后颊。面容清秀，微微俯视，细颈削肩，躯体扁平。左手曲肘抚于腹部，右手掌心朝外贴于胸前。内着僧祇支，腰间束带，外披偏右袒袈裟，衣摆外搭于左臂分两瓣垂于佛座之下。衣褶处有阴刻线装饰，宽边衣饰线条流畅，衣褶襞反转自如，体现娴熟的技艺。整体敷彩，色泽鲜艳如新。20 世纪 80 年代麦积山石窟山体加固维修工程期间由第 162 窟移入麦积山石窟文物库房保存。

泥塑弟子像

泥塑佛教造像。北魏，影塑高浮雕造像。高 24.5 厘米，宽 9.3 厘米，厚 4.1 厘米。面型长方圆润，弯眉细目，鼻梁

直通额际，双唇薄，嘴角内敛，低眉微笑。细颈削肩，平胸鼓腹。内着僧祇袟，下穿长裙，外披圆领通肩袈裟；衣角外搭于左臂自然下垂；右手托一方形物品，置于胸前，左手持一莲蕾贴于腹部。服饰上阴刻线疏密有致、简洁流畅彰显厚重沉稳。修长的身躯略向前倾，上身微

泥塑坐佛像

泥塑弟子像

微扭动。麦积山北魏晚期代表作之一。20世纪80年代麦积山石窟山体加固工程期间由第20窟移入麦积山石窟文物库房存放。

泥塑坐佛像

泥塑佛教造像。隋代，圆塑。高30.4厘米，宽28.6厘米，厚18.3厘米。佛像低平肉髻，面形方圆饱满，鼻梁高直，双眉弯曲，眼细长如月，半闭半睁。嘴平且阔，棱角分明；嘴角微微上翘，双唇略启。双耳较大，紧贴两侧面颊，短颈，并刻有三条阴刻纹。端肩。左手叠压在右手之上平放于腹前，为结禅定印，呈跏趺坐。内着僧祇支，外披垂领式袈裟，纹饰线条简洁，清晰可见。整体造型呈"三角"状，上小下大，具有一定的稳定性；

面部、头及双膝有磨蚀和残损。是麦积山隋代塑像中的代表作品之一。20世纪80年代麦积山石窟山体加固维修工程期间由第24窟移入麦积山石窟文物库房保存。

泥塑坐佛像

泥塑佛教造像。隋代。原为麦积山石窟泥塑造像。高30厘米。圆雕，肉髻很低，与发髻无法区别，无发纹。面形较圆，五官较小，低眼下视，耳垂较高。内穿僧祇支，外穿低垂领袈裟，衣纹稀疏，简练，写实性较强。双手笼于衣袖中，禅定印，结跏趺坐。右腿残缺。泥塑泥质细腻，塑泥整体成浅黄色。现藏甘肃省博物馆。

泥塑倚坐佛像

泥塑佛教造像。原存麦积山石窟第

泥塑坐佛像

泥塑坐佛像

135窟内。隋代，泥塑。残高84厘米。低肉髻，弯眉阔目，脸颊丰润，双眼下视，嘴角微陷，表情恬静。双手圆润，抚于胸部。内穿僧祇支，外披袈裟，袈裟衣纹稀少，写实性较强。双足残。现藏麦积山石窟艺术研究所。

泥塑坐佛像

泥塑佛教造像。天梯山石窟第3窟左壁龛内坐佛。唐，明重妆。木骨泥塑。高108厘米，宽70厘米。因黄羊河水库建设，1960年天梯山石窟除第13窟外，大部分洞窟的造像和壁画被搬迁保护。第3窟为三壁三龛窟，窟始建于初唐，西夏、明代重妆彩绘。每龛内塑一佛二菩萨像，三龛主尊组成三佛。左壁龛内主尊佛像经甘肃省博物馆保护加固。水波纹发髻，肉髻略低平，圆脸，颈刻三道，身穿通肩袈裟，圆弧状衣领垂支胸部，露出内部僧祇支。右手抚膝，左手掌心向上平置于结跏趺坐的双腿之间，袈裟贴身裹足，衣纹为写实的凸起棱状加一道细阴刻线。造像衣服施红彩，面部施白彩。原造像背光和头光为明代重绘，现背光部分保存在武威市博物馆。造像现藏甘肃省博物馆。

泥塑供养菩萨像（2件）

泥塑佛教造像。天梯山石窟第2窟正壁前方，唐代。天梯山第2窟为平面方形三壁两龛窟，造像组合为三佛。四壁前

泥塑倚坐佛像

泥塑坐佛像

有坛基，正壁前部坛基上塑二供养菩萨。1960年天梯山石窟搬迁时搬至甘肃省博物馆保存，后经甘肃省博物馆保护加固复原。两身菩萨跪于高大的莲座上，莲座规整优美精巧，下部有六重八角形叠涩基座，最下一层较大，通宽64厘米，上边五层逐层缩小。叠涩式基座上作一高11厘米的八角形束腰，束腰上为向下叠涩平台。基座平台上塑覆莲，莲瓣中间直立高

泥塑供养菩萨像（2件）

20厘米的圆柱，圆柱顶支撑高46厘米的四重仰莲。菩萨均高82厘米。头部略扬起，高发髻，戴宝冠。穿大翻领束腰紧身衣，袖口宽大上卷。左侧菩萨双臂残断，双膝并拢跪于莲台上，披帛从右肩和左臂上绕过垂于莲台上。右侧菩萨左臂屈肘上举，左手握拳，左臂向下握拳，左腿胡跪，右腿从莲台一侧下垂，右足残断。两身菩萨现藏甘肃省博物馆。

泥塑坐佛像

泥塑佛教造像。木胎泥塑。西夏。高0.53米。佛像头束高髻，面相清秀，眉细弯，眼细长，唇上有"八"字形胡须，唇厚，宽肩细腰，上身袒露，身上绘有红色莲花纹，左肩斜披络腋，下着长裙，双手禅定印，结跏趺坐。佛像右眼、左腮、下颌部彩绘层脱落，胸部、腹部、右臂部彩绘层脱落，左手腕处破损，莲座残缺。

泥塑坐佛像

2001 年，该像从第 46 窟移入文物库房保存，现列入炳灵寺石窟文物保护研究所藏可移动文物。

米拉日巴像

泥塑佛教造像。西夏。出于武威亥母洞石窟。圆塑。高 30 厘米。亥母洞石窟为西夏开凿，现存四个洞窟，此件造像出自哪个窟不明。造像头发向后梳，施蓝色彩。面容消瘦，面露微笑，额头刻三道皱纹，眉头紧皱，细长眼睛，嘴巴微张，露齿。脖颈细长，上身穿偏袒右肩衣，衣边外翻施蓝色彩。左臂下伸，左手掌心向上置于腹前。右臂屈肘上举，右手五指微张举于头侧。赤足而坐。造像整体瘦削，表示苦修后的身形。米拉日巴尊者又译密勒日巴、米勒日巴尊者（1040~1123 年），藏传佛教噶举派第二代祖师，著名高僧、密宗修行大师。出生于芒域贡塘地区（今

米拉日巴像

日喀则地区吉隆县）。本名米拉日巴·脱巴噶，法名协巴多吉。原属琼波家族，自祖父定居贡塘后，称米拉家族，先祖为宁玛派信徒。噶举派上师，其本尊为喜金刚，根本上师为玛尔巴。是西藏最著名的苦行僧，圆寂于绒辖沟的曲嘎寺。造像现存武威市博物馆。

第四节　木雕造像

木雕菩萨像

木雕佛教造像。菩萨圆形，高髻上戴花形宝冠，面容俊丽，长发披肩，上身袒，戴臂钏、手环，圆形项圈下饰满璎珞珍宝，下着裙，轻薄透体，腰间饰细串珠，游戏坐于椭圆形仰覆莲台之上。左臂下伸于胯后撑地，右臂搭于膝前，帔帛自双肩搭下到穿臂下垂，姿态恬静，优雅而自在。尤其低首含睇的温婉的情态，体现出一种庄重深沉和高尚典雅之美，充

满了菩萨大智大悲的神韵。雕作手法精巧细腻，繁而不乱，一丝不苟，是明代木雕造像的精品。现藏酒泉市博物馆。

卧佛寺木雕佛像

木雕佛教造像。明代。共3尊，释迦牟尼、大势至菩萨、观音菩萨，像均高1.8米，均以十一面观音菩萨造像为基础，在菩萨正面头像上重叠有十张面孔，即正面为慈悲面（温柔）三面，左方瞋怒面（忿怒）三面，右方狗牙上出面（露獠牙）三面，后方暴恶大笑面（大笑）一面，再加最顶部一面作佛面。3座千手木雕菩萨身后周围都用盘龙杆、飞凤、金刚、兽杆、天井（天王小像）、贡布、秽迹金刚、祥云组成了巨型菩萨汇聚的画面。造型独特、技法娴熟、精雕细刻的卧佛寺佛像木雕艺术品。现藏兰州市五泉山公园卧佛寺大殿内。

鎏金木雕菩萨像

木雕佛教造像。明代。木雕鎏金。高0.32米，重1.83公斤。菩萨像头束高髻，戴五叶花冠，额际黑发整齐，面方圆丰润，眉细长，嘴角微笑，耳饰圆铛，长发披肩，胸部饱满，佩戴璎珞、臂钏，披帛穿臂，下着长裙，腰间流苏庄严，结跏趺坐，右臂置于胸前，左臂置于腿后。菩萨像双手残缺，底座缺失，鎏金表面有污渍，保存不完整。菩萨造型端庄凝重，

衣饰精致华丽，身躯协调匀称。现藏炳灵寺文物保护研究所。2010年6月，甘肃省博物馆实施修缮。

木雕弥勒菩萨像

木雕佛教造像。清代。木雕，藏传佛教造像，高0.98米，重18.4公斤。菩萨像头束花髻，戴五叶花冠，额际宽阔，

鎏金木雕菩萨像

木雕弥勒菩萨像

眉长而弯，鼻高挺，唇厚，佩戴璎珞、臂钏，胸中装置格鲁派祖师宗喀巴像，上着披帛，下着长裙，腰间流苏庄严，右臂花蕾上置法轮，左臂花蕾上置宝瓶，立于束腰莲台上。菩萨饰物镶嵌宝石，宽臀细腰，身躯微倾，姿态轻柔，具有浓郁的藏地艺术特色。造像雕刻细腻，配饰精致，造型优美，是木雕造像中不可多得的艺术精品。鎏金的冠叶、法轮、宗喀巴像、左手及木质仰莲台为后来补做。现藏炳灵寺石窟文物保护研究所。

金漆木胎菩萨立像

木雕佛教造像。原存岷县圆觉寺。清康熙年间（1662~1722 年）。木质，佛教造像，底座直径 45.5 厘米、底座高 21 厘米、通高 110 厘米、底座重 18.45 公斤，佛身重 12.9 公斤。此尊菩萨以木为胎，上髹金漆装饰。发髻高束，面容圆润，弯眉长鼻，双目冥闭，大耳垂肩，面容饱满圆润，慈祥安定。颈戴项圈，胸前挂佩，身上佛衣层层，衣褶流畅相迭，垂然而下。双臂分别缠绕飘扬的帛带。菩萨立于四层仰覆莲台坐上。给人庄重肃穆而又充满慈祥和蔼之感。但因年代久远，顶上葫芦形发髻皆失，菩萨像手部均有残缺，髹漆多有剥落，更显苍古厚重之气。现藏岷县博物馆。

金漆木胎菩萨立像

木雕佛教造像。原存岷县圆觉寺。清康熙年间（1662~1722 年）。木质，佛教造像，通高 110 厘米，底座直径 46 厘米，高 22 厘米，重 17.34 公斤，佛身重

金漆木胎菩萨立像

金漆木胎菩萨立像

12.94 公斤。此尊菩萨以木为胎，上髹金漆装饰。发髻高束，面容圆润，弯眉长鼻，双目冥闭，大耳垂肩，面容饱满圆润，慈祥安定。颈戴项圈，胸前挂佩，身上佛衣层层，衣褶流畅相迭，垂然而下。双臂分别缠绕飘扬的帛带。菩萨立于四层仰覆莲台坐上。给人庄重肃穆而又充满慈祥和蔼之感。但因年代久远，顶上葫芦形发髻皆失，菩萨像手部均有残缺，髹漆多有剥落，更显苍古厚重之气。现藏岷县博物馆。

主要参考文献

1. 史岩：《酒泉文殊山的石窟寺院遗迹》，《文物参考资料》1956 年第 7 期。

2. ［印度］戈哈理（V.V.Gokhale）著，景行译《敦煌所出婆罗谜字石刻拓本之研究》，《现代佛学》1963 年第 1 期。

3. 李函阆：《关于"记敦煌出六朝婆罗谜字因缘经经幢残石"的一点意见》，《现代佛学》1963 年第 3 期。

4. 觉明居士：《记敦煌出六朝婆罗谜字因缘经经幢残石》，《现代佛学》1963 年第 1 期。

5. 王毅：《北凉石塔》，《文物资料丛刊》1977 年第 1 期。

6. 阎文儒：《元代速来蛮刻石释文》，《敦煌研究》1981 年创刊号。

7. 李永宁：《敦煌莫高窟碑文录及有关问题》（二），《敦煌研究》1983 年第 2 期。

8. 秦明智、刘得祯：《灵台舍利石棺》，《文物》1983 年第 2 期。

9. 秦明智：《隋开皇元年李阿昌造像碑》，《文物》1983 年第 7 期。

10. 孙修身、党寿山撰《〈凉州御山石佛瑞像因缘记〉考释》，《敦煌研究》1983 年创刊号。

11. 孙修身：《刘萨诃和尚事迹考》，敦煌研究院《1983年全国敦煌学术讨论会文集》，甘肃人民出版社，1985 年。

12. 董玉祥：《精美的北魏石造像塔》，《中国艺术》第 5 辑（甘肃专辑）。

13. 陈瑞琳：《甘肃正宁县出土北周佛像》，《考古与文物》1985 年第 4 期。

14. 宿白：《凉州石窟遗迹和"凉州模式"》，《考古学报》1986 年第 4 期。

15. 吴怡如：《北周王令猥造像碑》，《文物》1988 年第 2 期。

16. 陈炳应：《北魏曹天护造方石塔》，《文物》1988 年第 3 期。

17. 合水县博物馆：《合水县发现百余身古代石刻造像和四座宋金时代经幢》，《中国考古学年鉴》1988 年第 2 期。

18. 蒋毅明：《麦积山石窟 10 号造像碑的艺术特色》，麦积山石窟艺术研究所编《石窟艺术》，陕西人民出版社，1990 年。

19. 张学荣、何静珍：《麦积山第 133 窟 10 号造像碑内容辨析》，《敦煌学国际研讨会文集》，辽宁美术出版社，1990 年。

20. 殷光明：《敦煌市博物馆藏三件北凉石塔》，《文物》1991 年第 1 期。

21. 周伟洲：《甘肃正宁出土的北周造像题铭考释》，《马长寿纪念文集》，西北大学出版社，1993 年。

22. 何静珍、张学荣：《麦积山第 133 窟 10 号造像碑内容辨析》，《1990 年敦煌学国际研讨会文集》，辽宁美术出版社，1995 年。

23. 松原三郎：《中国佛教雕刻史论》，吉川弘文馆，1995 年。

24. 李静杰：《造像碑佛本生本行故事雕刻》，《故宫博物院院刊》1996 年第 4 期。

25. 程晓钟、丁广学：《庄浪县出土北魏石造像塔》，《敦煌学辑刊》1997 年第 2 期。

26. 李静杰：《佛教造像碑》，《敦煌学辑刊》1998 年第 1 期。

27. 殷光明：《北凉石塔研究》，台湾觉风佛教艺术文化基金会，2000 年。

28. 王明珠、林太仁：《甘肃省博物馆藏北魏石塔有关题材考证》，《敦煌学辑刊》2001 年第 1 期。

29. 张宝玺：《甘肃佛教石刻造像》，甘肃人民美术出版社，2001 年。

30. 张锦秀编：《麦积山石窟志》，甘肃人民出版社，2002 年。

31. 李静杰：《中国における 5~6 世纪の法华经美术の研究——麦积山北魏晚期第 10 号碑像の图像构成》，《鹿岛美术研究》年报第 19 号别册，鹿岛美术财团，2002 年。

32. 安建平：《秦安出土"大统四年"石造像塔》，《陇右文博》2003 年第 1 期。

33. 陈清香：《麦积山 10 号造像碑的图像源流与宗教内涵》，《麦积山石窟艺术文化论文集》，兰州大学出版社，2004 年。

34. 谢生保、陈玉英：《麦积山石窟第 133 窟造像碑研究综述》，《敦煌研究》2003 年第 6 期。

35. 陈清香：《麦积山 10 号造像碑的图像源流与宗教内涵》，《麦积山石窟艺术文化论文集》，兰州大学出版社，2004 年。

36. 魏文斌、郑炳林：《甘肃正宁北周立佛像研究》，《历史文物》（台湾）2005 年第 9 期。

37. 甘肃省宁县博物馆：《甘肃宁县出土北朝石造像》，《文物》2005 年第 1 期。

38. 甘肃省文物局编《甘肃文物菁华》，文物出版社，2006 年。

39. 韩理洲等辑校编年《全北魏东魏西魏文补遗》，三秦出版社，2010 年。

第九章

造像

第十章　画像砖

　　中国古代对墓室建筑进行装饰，既是对死者身份地位及财富的炫耀，更是古代宗教礼仪思想的展示，是丧葬文化中重要的物质资料。随着时代的变迁，墓葬结构与材料发生了改变，促使墓葬装饰从材质到形式内容也有了变化。先秦时兴盛的木椁墓到了西汉开始走向消亡，石室墓、砖石墓开始流行，并逐步取代木椁墓成为主流，墓葬进一步朝着模仿地面建筑形式的方向发展。从汉代开始，与丧葬礼仪相关的墓内装饰发展为以模印、雕刻、彩绘等技法制作的图像砖，并在之后的历史长河中长盛不衰，成为中国墓葬文化重要的组成部分，对中国古代丧葬文化及艺术史研究意义重大，也是中国墓葬文化的一个亮点。

　　甘肃地区古代墓葬数量众多，自汉以来画像砖墓、壁画墓就出现，并在魏晋十六国、唐、宋、金、元等时期获得了极大的发展，成为了甘肃墓葬文化的重要组成部分。

　　甘肃地区秦汉时期壁画墓、画像石、画像砖墓发现较少，主要有武威市韩佐乡五坝山汉墓群、武威市新华乡磨嘴子汉墓中的壁画墓。天水市甘谷县曾收集到汉代模印砖。1984年发掘的韩佐乡五坝山二区7号墓壁画分布于墓室的东、南、北三面的壁面：东壁正中绘制一头神兽，昂首翘尾，身上饰虎纹，其背上立一残存树干。发掘者认为画像表达的内容是史籍中的"开明兽与不死树，食之不老不死"。南壁绘一舞蹈状人物。北壁绘画全貌不清楚，可辨的形象有虎、牛、马。磨嘴子汉墓中绘制日月、羽人、百戏、大象等。

这两座汉墓壁画多线条构图，造型简洁，色彩艳丽。

天水市甘谷县收集到 3 块汉代模印砖，其内容为狩猎、青龙、瑞兽等。狩猎砖长方形，整个砖面分上下四栏，各栏排列整齐，内容相同，为山涧狩猎题材。青龙砖方形，砖面中间模印一青龙。瑞兽砖方形，格线将砖面分为 6 个区域，分别饰朱雀、青龙、蟾蜍、羊、鹿、人物等形象。这三块砖的题材都是汉代画像中常见的内容，体现了较为成熟的模印技法，是目前所知甘肃地区汉代画像砖的代表。

魏晋南北朝时期，政权分裂，政治中心更迭频繁，中原政权势衰，边疆地区较为安定。两汉以来的厚葬之风始衰，曹氏父子提倡薄葬，中原地区壁画墓数量较少，而北方边疆地区却保留了大量的壁画墓，其中以河西地区魏晋十六国壁画墓、画像砖墓和辽阳地区壁画墓为代表。大量中原人口的迁徙，使得魏晋十六国时期的河西地区较为完整的保留了中原文化习俗。同时，当地文化习俗也在壁画中有了充分的展示，因此，这一时期的河西墓室壁画、画像砖特征既是对汉文化的继承又体现了边疆文化因素。

20 世纪 70 年代以来，甘肃河西走廊地区陆续清理发掘了一大批魏晋十六国壁画墓或画像砖墓，其中以敦煌佛爷庙湾、酒泉西沟、嘉峪关新城、高台骆驼城等地为代表。这些墓葬的清理发掘，不仅使我们对该地区该时期墓葬制度与形式等有了一定的认识与了解，更为重要的是为我们探寻独具特色的墓葬壁画、画像砖的风格与艺术特点打开了窗口。

河西地区魏晋十六国墓从材质上可以分为洞室墓、砖室墓。无论洞室墓或是砖室墓，壁画多分布在墓室顶部及四壁，画像砖除了镶嵌在墓室内四壁外，在墓葬照墙上也普遍出现。洞室墓将墓壁修理平整，涂白垩后，整壁作画。砖室墓是河西魏晋十六国墓的主要形式，个别砖室墓中出现整壁绘画的形式。大部分砖室墓都是单砖一画的镶嵌式小砖形式。整壁做画墓葬以酒泉丁家闸 5 号墓为代表，该墓壁画规模宏大，内容丰富，分天上、人间、地下三重境界及神话传说、圣贤故事、祥瑞吉兆等，整个壁画气势非凡。小砖画又分为绘制、摹印彩绘等形式，此类墓葬不仅数量多，内容也较为丰富。一般照墙或墓壁分层，每层均镶嵌立砖，在砖的立面上雕刻或绘制壁画。照墙上雕砖较普遍，多为门阙、力士、兽首人身像、历史故事、神兽等。墓室内部多单砖绘制画像，同层壁面的内容多反映相同的主题，如世俗生活、祥瑞神兽、历史人物、装饰纹样等内容。

世俗生活是河西魏晋十六国画像砖表现的主要内容，它包含了农牧生产、日常生活、军事活动、庄园经济、文化交流等等。农业生产场景有犁地、耙地、播种、打场、扬场、采桑等。狩猎图以表现猎人张弓涉猎、众人围猎为主。牧人、马群、牛群、羊群、飞鸟等是畜牧题材的主要内容。日常生活以家居内容为主，宴饮、庖厨、宰割、妇人装扮等是较为常见的画面。出行图中牛车、马车是认识魏晋交通工具，判定墓主人身份地位的重要资料。河西地区魏晋十六国墓葬墓主人身份多为当地大族豪绅及郡县官吏，如画像砖中的"段清"，即为河西豪族段氏之后裔。画像砖中"坞"是世族庄园经济和庄园建筑的反映与写照。

祥瑞神兽图中常见的内容是中国传统文化中的四神，即青龙、白虎、朱雀、玄武。另外，还有受福、飞鱼、神马、仁鹿、神羊、麒麟、舍利、天禄、羽人等，它们的大量出现反映了河西地区魏晋十六国时期文化承袭传统汉文化的面貌。大量神兽祥瑞图在墓葬中出现，表明人们期盼升天后得到保佑的心理。

神话故事、历史人物是画像砖的又一重要题材，如伯牙抚琴、李广射虎、东王宫、西王母、伏羲女娲等都是人们耳熟能详的内容。

天象图是魏晋十六国墓葬中另一内容，大都绘制在墓顶，表达了当时人们对宇宙天体的认识。

河西魏晋十六国墓葬中装饰图案数量较少，但它们不仅起到墓室装饰效果，同时也反映了一定的宗教信仰。如莲花方砖的出现，就表明佛教对河西魏晋十六国的影响。

甘肃北朝时期墓葬发现较少，其面貌不清。好在莫高窟、麦积山等石窟寺中存有大量此一时期的壁画、塑像，使我们得以了解其特点。

隋代是中国封建体制再一次获得大一统的时期，但因其统治时间较为短暂，文化面貌上仍以南北朝晚期特点为主，另外，北朝晚期西域等外来的文化渗入，使得隋代墓室装饰呈现出一种新的面貌。

隋墓在甘肃发现较少，有墓室装饰内容的以天水石马坪出土的隋墓最为著名。虽然此墓室内四壁不见壁画或画像砖，但其石棺床及屏风上的刻绘内容，代表了一种更为精致的墓室装饰形式，且这种新形式是北朝晚期至隋代较为流行的一种贵族墓葬装饰样式。屏风上减地雕刻了狩猎、宴饮、出行、泛舟等生活画面和亭台楼阁、水榭花园等建筑。近年考古新发现的此类北朝晚期－隋代墓葬较多，如北周安伽墓、史君墓、康业墓，安阳、青州北齐墓，隋史射勿墓、虞弘墓等，这种形式的墓葬装饰与之前的墓室壁画同样，反映了丧葬礼仪及宗教信仰。更为重要的是这些墓葬反映了粟特人在内迁中国过程中的丧葬文化特点及其与中国文化融合的特点。而屏风装饰形式，对于之后的唐代墓室壁画有着深远的影响。

唐帝国不仅政权统一，国力强大，其包容并蓄的状态反映在社会文化的各个方面，其墓室壁画水平达到了中国墓室壁画的高峰，同时也具有明显的唐文化的烙印。唐早期继承北朝以来的特点，多天井的墓葬结构象征重重院落的深宫大院，所以，墓道是壁画绘制的主要位置，在过洞、天井、甬道等的壁面分栏绘制，保留了北朝旧制，飞天导引，仪仗出行、游猎、宫廷生活、家居生活、农耕、礼宾，甚至佛寺、道观等内容都集中绘制在墓道中，而四神等多绘制在墓室内。唐中期，墓道内壁画不再分栏，延续前期内容，四神等从墓室移至墓道中，墓室内影作木构普遍出现，柱间描绘男女侍，加强了墓内宅院化的特点。之后，墓道装饰简化，墓室壁面流行墓主人像及人物屏风画，从而形成了唐墓壁画的典型内容。

目前甘肃地区发现的唐代墓葬主要分布在陇东及河西地区。陇东地近中原，受中原文化影响较深。其墓葬特点、葬俗及墓室装饰与太原及西安地区唐墓相似。唐墓以土洞墓为主，壁画为通壁绘制，且为中原唐墓常见的屏风画的形式，如树下人物等。敦煌、酒泉是河西唐模印砖墓的主要发现地区，张掖也有零星砖墓。模印砖内容主要为胡商牵驼、骑士巡行、十二生肖、四神、龙首犬身怪兽、伎乐、忍冬、宝相花、缠枝葡萄装饰纹样等，主要还是继承了河西地区自汉以来的墓室壁画内容，同时也吸取了唐长安地区的内容，如影做木结构，只是长安唐墓多以绘制的形式表现，而河西地区用砖雕刻出来。河西地区唐墓模印砖的内容主要反映该地区重要的边防作用和在中西交通上的重要地位。它们生动地刻画出了当时当地的民俗、西域胡人形象等，凸显了随着丝绸之路的繁荣，唐代河西地区对外经济文化交流频繁的情景。另外，在甘肃还发现唐代石质线刻画，最著名的如泾川大云寺地宫石门上阴线刻。灵台出土唐末—五代舍利石棺及彩绘伎乐雕砖。这些不仅是我们认识唐—五代佛教文化的重要资料，同时也反映了此时期线刻、砖雕艺术的面貌。

北宋是中国社会的另一个重要变革时期，此时商品经济活跃，都市繁荣兴起，城市中商业和娱乐活动中心随处可见。在这种商业文化生活的刺激下，社会以竞富为尚，浮夸为风，表现在房屋建筑上就是竞相追求华丽奇巧，这种风气反映到墓葬文化中，便导致宋代仿木结构建筑砖雕墓葬的普遍兴起。金代、元代是北方草原游牧文化和中原农耕定居文化相互混融的时期，也是各少数民族进入中原和汉族交流融合的特殊时期。元朝统治者采取宗教信仰自由、"近取宋金，远法汉唐"，这种背景使得宋代、金代、元代墓葬具有广泛的统一性。

宋金元代雕砖墓是甘肃地区墓葬中具有独特面貌的墓葬形式，墓葬以单室墓为主，墓葬规模缩小，平面变得多样，圆形、方形、多边形等均出现，墓室仿木构建筑砖筑而成，装饰变得华丽复杂。墓室内镶嵌雕砖，刻画出板门、直棂窗、雕花格子门等，这些是了解此时期建筑形式的重要资料。另外，表现日常生活场景也是其主题，如舂米、磨面、驱马、牵马和牵驼、商旅、文武官吏、男女侍者、开芳宴图、备茶图、备酒图、杂剧图、散乐图、妇人启门图等。同时，还有伎乐、花卉、神兽、桌、椅、屏风、花卉、二十四孝图及佛教内容。总体看雕砖内容极具生活气息，与宋金元代整体文化特性相一致。目前甘肃宋金元墓葬主要出土地有陇西、天水、镇原、合水、会宁、临夏、清水、兰州等地。

西夏时期，甘肃的党项族主要分布在庆州（今甘肃庆阳西峰市）、环州（今甘肃环县）及河西走廊地区。西夏墓葬分土洞墓、砖室墓，但从目前出土情况看，墓室内装饰较少，武威地区西夏砖室墓中不见雕砖装饰，但随葬有一定数量的木版画。这些木版画是认识西夏绘画艺术的一个重要窗口。目前仅在庆阳市西峰彭原乡采集到了一批西夏的方形雕砖，题材有象征吉祥的凤鸟、莲生贵子以及表现佛教内容的飞天等。

墓室壁画、画像砖、模印砖、雕砖是中国古代美术史中璀璨的奇葩，它们以洗炼的手法，真实地反映了社会生活的各个方面，为我们打开了一幅历史画卷，是极为珍贵的艺术瑰宝。甘肃地处丝绸之路带上，其汉至元代的墓室壁画、画像砖、模印砖、雕砖等，不仅反映了各自的时代特点，也呈现出东西文化交流的景象，它们就像是颗颗璀璨的珍珠，将甘肃古代墓室装饰艺术的瑰丽画卷连接起来，并再次证明了甘肃丝路文明的繁盛。

甘肃省志
文物志

第一节　汉至魏晋时期

狩猎纹模印砖

汉代。1987 年天水市甘谷县收集。砖长方形，略残，残长 44~45.6 厘米，宽 26~26.9 厘米，厚 6~12 厘米。整个砖面分上下四栏，各栏排列整齐，内容相同，为山涧狩猎题材。山谷间雕刻出奔马、猎人、猛虎、野猪、羚羊、鹿和飞翔的小燕等。整个图像以四方连续形式展开，是较为典型的汉代构图方式。现藏天水市博物馆。

青龙纹模印方砖

汉代。1987 年天水市甘谷县收集。模印方砖，略残，砖长 29.4 厘米，宽 31 厘米。砖上沿刻画二花瓣。右边和底边装饰锯齿状纹饰。砖面中间模印一青龙，昂首腾飞，马首蛇尾，头上两长角，张口露齿，吐舌，脊有二长须，四爪伸张作腾飞状，尾上卷成 S 形。青龙上方一飞燕，下饰三个柿蒂纹。青龙为中国神话中的东方之神，属木，色青，又名苍龙。现藏天水市博物馆。

瑞兽模印方砖

汉代。1987 年天水市甘谷县收集。模印方砖，砖长 34.5 厘米，宽 30 厘米，厚 3.3 厘米。砖上沿为锯齿状纹，格线将

狩猎纹模印砖

青龙纹模印方砖

瑞兽模印方砖

砖面分为大小不等的 6 个区域，分别饰朱雀、羚羊、蟾蜍、青龙、鹿、人物等形象。朱雀，喙尖长，脖颈细长呈 S 形，双翼飞展，大尾上翘，充满活力。羚羊身躯肥厚，四足直立，两角弯曲，小尾下垂。蟾蜍，方头圆眼，前腿侧伸，胸腹挺圆。青龙、鹿、人物形象只出现一半。青龙昂首，头上长角，脊有二长须，二爪前伸。小鹿，回首，两耳直立，两前腿奋力前奔。人物双膝跪地，身边一飞鸟。现藏天水市博物馆。

兔纹画像砖

西晋。1997 年 6 月瓜州县踏实乡 2 号墓出土。砖长方形，长 30.5 厘米，宽 15.3 厘米，厚 4.7 厘米。砖白垩打底，红线绘制边框。画面中部彩绘卧兔一只，墨线勾勒轮廓，施红彩点睛。兔身弯曲，两耳直立，四肢作趴卧状，细尾弯曲上翘，整个形象生动可爱。现藏瓜州县博物馆。

飞凫画像砖

西晋。1997 年 6 月瓜州县踏实乡 M2 出土。砖长方形，长 31.6 厘米，宽 15.6 厘米，厚 5 厘米。砖底涂白垩，红线绘制边框。砖正中彩绘飞鸭一只，墨线勾勒轮廓，红彩点睛、涂喙、描羽、画爪。飞鸭低头做飞翔状，长颈直伸，振翅奋前。现藏瓜州县博物馆。

神羊图画像砖

西晋。1995 年敦煌佛爷庙湾 M37 出

兔纹画像砖

飞凫画像砖

神羊图画像砖

土。长 31.5 厘米，宽 15.5 厘米，高 6.5 厘米。小型单幅画像砖，砖面涂白垩，其上施彩作画。神羊高昂首，曲角，整个

身体作趴卧状，羊尾上翘，躯体及四肢处绘羽毛状饰物。墨线勾勒轮廓，再用赤铁矿等矿物质颜料施彩填绘。此"神羊"画砖当为古人以"羊"取吉祥如意之寓意。现藏甘肃省文物考古研究所。

伯牙抚琴图画像砖

西晋。1995年出土于敦煌佛爷庙湾37号墓。长31.5厘米，宽15.5厘米，高6.5厘米。伯牙跪坐于地，头戴平巾帻，上唇饰八字胡，下颌绘须，身穿交领广袖袍服。膝上置琴，双手拨抚古琴，身旁飞鸟盘旋不去。画像墨线勾勒轮廓，红黄两色填充。伯牙抚琴、子期听琴为春秋"知音"的故事。现藏甘肃省文物考古研究所。

神荼郁垒图画像砖

西晋。1995年出土于敦煌佛爷庙湾37号墓。长31.5厘米，宽15.5厘米，高6.5厘米。红色方框内绘兽面，为虎头形，额微凹，额正中绘弧形斑纹，耳大而下垂，双目圆睁，上眼睑呈丘形，下眼睑重墨描绘，狮形鼻，巨口扁平，上下獠牙相对，舌平伸，面部胡须下垂。整个形象狰狞可怖。神荼、郁垒为门神之滥觞，《山海经》中记：其为统领万鬼之二神人，对于恶毒之鬼，执以苇索而以食虎。后以二人为门神，画于门户上，御凶魅。墓葬中经常出现在墓门上方，同样具有镇邪防疫之作用。现藏甘肃省文物考古研究所。

莲花图画像砖

西晋。1995年出土于敦煌市佛爷庙湾39号墓。长38.5厘米，宽38.7厘米，

伯牙抚琴图画像砖

神荼郁垒图画像砖

莲花图画像砖

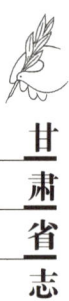

高 6.3 厘米。此莲花砖是 39 号墓藻井，画面正中绘莲蓬，对称外延出八瓣莲叶。莲瓣尖端外围空隙处绘有凫、鱼等。藻井莲花色彩艳丽，画砖底涂黑色，莲瓣红白相间，凫、鱼墨线勾勒轮廓，内中施红白两彩，效果对比强烈。莲华系佛教的代表图像，西晋墓葬中出现莲花藻井，表明了佛教在东渐过程中对本土文化的影响。现藏甘肃省文物考古研究所。

游戏图画像砖

西晋。1995 年出土于敦煌市佛爷庙湾 39 号墓。长 31 厘米，宽 15.8 厘米，高 6.5 厘米。画面中共三身人物，中间一身为童子，面圆，五官清秀，束髻，头后飘两缕发辫，上身外着无袖短衫，内穿肚兜，下身赤裸。右手握一竹竿，于跨下作骑马状。童子身后为一面阔女子，头梳高髻，身着博衣，踞坐，双手前伸作保护状。童子前一侍者，一手持便面，一手持叉形物。三位人物形象及五官均墨线勾勒，肌肤、衣物施橘红色填充。画面对人物亲情、身份、关系把握准确，充满了生活气息。现藏甘肃省文物考古研究所。

白象图彩绘雕砖

西晋。2000 年 8 月敦煌市佛爷庙湾墓群出土。砖长 33 厘米，宽 16 厘米，厚 6 厘米。砖彩绘与雕刻相结合，减地平雕，地涂黑色，边框用土红色勾绘，既不同于画像砖，又不同于模印砖。浮雕彩绘宝象一头，垂首曲鼻，大耳剑齿，弧腹圆臀，作行走状，后胯处绘羽毛状物，象背绘鞍鞯，上彩绘四排波浪纹，象四周点缀四瓣白叶花。白象为佛教中的重要瑞兽，威力大而性情柔顺，故菩萨入母胎时，或乘六牙白象，或作白象形，表示菩萨性善柔和而有大势。另外在佛教中白象之六牙表示六度，四足表示四如意。现藏敦煌市博物馆。

游戏图画像砖

白象图彩绘雕砖

青龙图彩绘雕砖

西晋。2000 年 8 月敦煌市佛爷庙湾墓群出土。砖长 33 厘米，宽 16 厘米，厚 6 厘米。砖减地平雕，地涂黑色，边框用土红色勾绘。图案部分，先涂白底，墨线勾勒，再施红、黄等色涂绘。龙首高昂，双目圆睁，张口露齿，前爪腾跃，后爪作行走状，龙尾上扬。龙身上饰排状短羽。青龙长颈卧身曲尾，整个构图呈 S 形。青龙为中国传统四神之一，现藏敦煌市博物馆。

朱雀彩绘雕砖

西晋。2000 年 8 月敦煌市佛爷庙湾墓群出土。砖长 33 厘米，宽 16 厘米，厚 6 厘米。砖灰色，呈长方形，砖减地平雕，地涂黑色，边框用土红色勾绘。朱雀喙闭合，眼圆睁，头尾均有翎，双翼张扬，尾部上翘，双足作行走状，雀身墨线勾绘羽毛。雕砖以疏密有致的线条勾勒出朱雀轻盈的双翅，上扬的华尾，表现了朱雀的华美神韵。朱雀为中国传统四神之一。现藏敦煌市博物馆。

猞猁彩绘雕砖

西晋。2000 年 8 月敦煌市佛爷庙湾墓群出土。砖长 33 厘米，宽 16 厘米，厚 6 厘米。雕砖减地平雕，地涂黑色，绘红白两色花卉。此猞猁头顶有长角，昂首垂须，粗颈长尾，肩胛处生双翼，四肢

青龙图彩绘雕砖

朱雀彩绘雕砖

猞猁彩绘雕砖

作奔腾状，兽身饰羽状物。猞猁本为小型食肉动物，毛皮贵重，西晋墓葬猞猁视为瑞兽。现藏敦煌市博物馆。

白虎彩绘雕砖

西晋。2000 年 8 月敦煌市佛爷庙湾墓群出土。砖长 33 厘米，宽 16 厘米，厚 6 厘米。白虎昂首奔腾状，四肢腾跃，前膀处有排羽状翼，翼大上挺，尾弯曲上扬，虎身墨线勾绘环带状斑纹。现藏敦煌市博物馆。

骑射墨绘砖

西晋。2000 年 8 月敦煌市佛爷庙湾墓群出土。砖长 33 厘米，宽 16 厘米，厚 6 厘米。砖灰色，呈长方形，黑色边框，墨线勾绘人物。头戴冠，面阔，下颔蓄胡须，身穿交领衣，骑乘于一疾驰的骏马上，返身张弓搭箭，一副蓄势待发的神态。骏马备鞍鞯，张口嘶鸣，奋蹄疾奔。现藏敦煌市博物馆。

西王母墨绘砖

西晋。1999 年 5 月敦煌市佛爷庙湾墓群出土。砖长 33 厘米，宽 16 厘米，厚 7 厘米。砖灰色，呈长方形，墨色边框。画面中央墨线勾绘三人，中间坐者为西王母，左、右为仆人。西王母云髻戴胜，身穿交领宽袖大袍，盘腿而坐，双手抱握于胸前，臂生双翼。左、右两仆人面向西王母而跪，手持华盖。东王公、西

白虎彩绘雕砖

骑射墨绘砖

西王母墨绘砖

王母是中国古代神话中著名的神祇。现藏敦煌市博物馆。

白虎墨绘砖

西晋。2000 年 8 月敦煌市佛爷庙湾墓群出土。砖长 33 厘米，宽 16 厘米，厚 8 厘米。砖灰色，呈长方形，四周绘黑色边框，墨线勾勒虎形。白虎昂首，双目圆睁，张口露齿，作怒啸状。前肢腾跃，后肢触地。前膀处绘排状翼，虎尾弯曲上卷。白虎孔武健硕。现藏敦煌市博物馆。

宴饮犊牛车图画像砖

西凉。敦煌祁家湾 369 号墓葬出土。长 35 厘米，宽 17 厘米，厚 5 厘米。画面分为上下两个部分，上部分绘一帷帐，墓主夫妇坐于帷帐之中，观赏杂耍驯兽，其身前一人在玩杂耍，男主人头戴有歧之帢，穿深色衣袍，女主人头结发髻，着深色衣袍。男主人身侧放一几，几上放置樽，几下置一酒瓮。一侍女手持长勺从樽内取食。下半部分绘一女子坐于篷车之内，驭者持鞭立于篷车右侧。上半部分所绘应为墓主人燕居图，下半部分表现了出行场景。现藏甘肃文物考古研究所。

前秦建元十四年出征图画像砖

前秦建元十四年（378 年）。1999 年高台县许三湾西南墓葬出土。砖长 36.5 厘米，宽 18 厘米，厚 4 厘米。墨线绘制，画面表现出征场面。画中人物全副武装，

白虎墨绘砖

宴饮犊牛车图画像砖

前秦建元十四年出征图画像砖

第十章　画像砖

头戴帽，脚穿长靴，一手紧握缰绳，一手持旌旗，身后高头战马一匹，身瘦长，前蹄短小，马尾长扬，马身饰鞍。画面表现了准备出征的情景，技法稚拙简约。该墓葬前室南壁西侧上部一砖上墨书"建元十四年十二月十三日安错……"题记。前秦，十六国之一，由氏族贵族苻氏建立的政权。357 年苻坚灭前燕、前凉、代国，统一了北方。现藏高台县博物馆。

伏羲画像砖

魏晋。1991 年 12 月佛爷庙湾墓群出土。砖呈正方形，边长 37 厘米，厚 5 厘米。砖四周勾绘白色边框，画面中央绘伏羲一身。白色打底，墨线勾勒轮廓，然后施以红、黄等色。伏羲，人首蛇身，头戴三梁冠，脑后发丝飘起，下颌蓄胡须，左肩长翼，手持规，尾弯曲，墨线勾绘网状纹。伏羲胸部画有圆圈，外圈墨线、内圈红粗线绘制。圈内墨绘金乌，昂首、长颈，展翅飞翔状。现藏敦煌市博物馆。

伏羲图画像砖

魏晋。2001 年高台县骆驼城西南苦水口 1 号墓出土。砖长 41 厘米，宽 21 厘米，厚 7 厘米。画砖位于 1 号墓前室顶部，作为藻井使用。伏羲人首蛇尾，头戴三梁冠，着交领广袖袍服，手中持规腹部绘一轮红日，红日中墨绘三足乌。伏羲女娲为汉魏时期流行于河西地区的神话传说，是河西

伏羲画像砖

伏羲图画像砖

魏晋墓葬中常见的题材。作为藻井的伏羲女娲图出现较少，此幅画像砖十分珍贵。现藏高台县博物馆。

羽人神兽图画像砖

魏晋。2001 年高台县骆驼城西南苦水口 1 号墓出土。砖长 42.5 厘米，宽 20 厘米，厚 6.5 厘米。砖面涂白垩，墨线勾勒轮廓，红彩涂施。画面左侧羽人头小颈细长，四肢生羽毛状物，手持云状物。

神兽马身、牛首、鹿耳、双翼，与羽人相向而立。此神兽似为天禄，亦称天鹿，是可载人升仙的神兽，墓葬中出现此神兽表明墓主人对死后升仙的希冀。画砖线条流畅自如，色彩艳丽如新。现藏高台县博物馆。

羽人神兽图画像砖

东王公西王母图画像砖

魏晋。东王公羽人图砖长39厘米，宽19.3厘米，厚4.7厘米；西王母图砖长39厘米，宽19.2厘米，厚5厘米。砖面皆先饰一层白色底，四周以土红色勾绘界栏，然后以红黑彩绘制出图像。图中东王公脸上绘有胡须，头戴三棵冠，身着右衽长袍，肩上生双羽翅，面前云朵升起，身后有一株扶桑树。西王母身着朱红色宽袖长袍，拱手端坐，云髻高绾，面前有一株扶桑，身后有祥云升起。西王母、东王公是汉画像砖的常见题材，西王母有时与东王公对出，有时单出。现藏高台县博物馆。

东王公画像砖

"鼓史"图画像砖

魏晋。1993年酒泉市果园乡西沟村魏晋7号墓出土。长34.5厘米，宽17.5厘米，高4.5厘米。画像砖前方的士卒头戴白帻，上身穿红缘交领衫，下着裤，骑于马上，双手执长矛刺向前方。后一身骑卒，头戴兜鍪，上着黑缘交领衫，下着裤，骑于白马上，身前置一鼓，左手

西王母画像砖

高举鼗鼓，紧随其后，身旁榜题"鼓史"。画中马蹄腾空，颇具动感。墨线勾勒轮廓，红色点染，画面色彩清新明快。"鼓史"为击鼓鸣金的官吏。关于鼗鼓《周礼·小师》载："鼗如鼓而小，持其柄摇之，旁耳还自击。"也就是俗称的拨浪鼓，一般木柄上贯以一到三个小鼓，两侧系垂耳，摇动击鼓面发声。最早见于汉画像石中。本此砖所绘鼓史可能是车马出行时的仪仗成员。现藏甘肃省文物考古研究所。

"鼓吏"图画像砖

"童史"图画像砖

魏晋。1993 年酒泉市果园乡西沟村魏晋 7 号墓出土。长 34.5 厘米，宽 17.5 厘米，高 4.5 厘米。两士卒均头戴兜鍪，上着红缘交领衫，下着裤，右手紧握缰绳，左手持长幡，幡头为黑色牛尾。前者榜题"童史"，后者榜题"都伯吴才"。图中骏马做奔腾状。人物衣服、骏马一白一灰，协调对称，红彩点染，使画面生动而具活力。"童史"即"幢史"，为负责持旌幡幢旄一类仪仗的官吏。画中榜题为了解魏晋时期"童史"及其职责等提供了实物资料。现藏甘肃省文物考古研究所。

"童史"图画像砖

"李广"画像砖

魏晋。1991 年 12 月敦煌市佛爷庙湾墓群出土。砖长 30 厘米，宽 15 厘米，厚 5 厘米。砖灰色，呈长方形，四周勾绘白色边框。图中骏马备鞍鞯，四蹄腾空，马

"李广"画像砖

尾飞扬，做奔腾状。马上人物头戴冠，阔面丰颐，上唇蓄八字须。穿交领窄袖衫，转身回头拉弓欲射，榜题"李广"。画砖墨线描绘，寥寥数笔，较好的表现了千钧一发回头射箭的瞬间。现藏敦煌市博物馆。

牛车出行图画像砖

魏晋。1993年酒泉市果园乡西沟村魏晋7号墓出土。长34.5厘米，宽17.5厘米，厚4.5厘米。画面主体为一单牛拉车，牛壮硕，车轮高大，车上一农夫，头戴白帻，身穿红缘交领衫，右手持握弯镰。牛车旁站立一妇人，亦穿交领衫，左手高举伞盖，似与农夫告别。寥寥数笔，勾勒出依依惜别之情。现藏甘肃省文物考古研究所。

篷车出行图画像砖

魏晋。高台县骆驼城南苦水口墓葬出土。长43厘米，宽21.8厘米，厚6.5厘米。画面绘一辆马拉篷车正在疾驶，篷车四角竖直木，上面安装平顶篷。篷车上端坐一人，应为主人，身着宽袖长袍，头戴巾帻。驭者随于马之左侧，车后跟随一侍从，两者皆身着高领宽袖长服。此图用笔简练，却十分生动传神，是画中精品。现藏高台县博物馆。

宴乐图画像砖

魏晋。1993年酒泉市果园乡西沟村魏晋7号墓出土。长34.5厘米，宽17.5

牛车出行图画像砖

篷车出行图画像砖

宴乐图画像砖

厘米，高 4.5 厘米。画面中二人物，均头戴白帻，着交领广袖大袍，席地相对而坐。左侧人物横抱阮弦，右侧人物膝前置琴，双手抚琴。墨线勾勒人物形象与衣饰，红彩涂施。现藏甘肃省文物考古研究所。

饮宴图画像砖

魏晋。嘉峪关市新城 1 号墓出土。长 35.5 厘米，宽 16.5 厘米，厚 4.5 厘米。墓砖呈长方形，砖面施一层白色底，四周勾绘土红色边栏，然后用黑红彩描绘画面。墓砖绘主人与两位宾客跪坐在榻上面，前面摆放着食具、酒具，主人正伸出左手与对面的乐师交谈，而乐师正在抚琴，场面表现了河西大族日常宴饮宾客的场景。现藏嘉峪关长城博物馆。

饮宴图画像砖

燕居图画像砖

魏晋。嘉峪关市魏晋 4 号墓出土。长 35.5 厘米，宽 16.7 厘米，厚 5 厘米。墓砖为长方形，以朱红色勾勒边框。画面中部绘跪坐的女主人，身旁跪坐侍女四人，左右两侧各两人，其中三人手持扇，为女主人摇扇，一人持物侍奉主人。画面正上方绘盘、樽、勺等器具。现藏甘肃省博物馆。

燕居图画像砖

乐舞图画像砖

魏晋。嘉峪关市新城 4 号墓出土。长 35 厘米，宽 17 厘米，厚 5 厘米。砖面施一层白色底，以朱红色绘边框。画面左

乐舞图画像砖

侧绘有一棵大树,树干为朱红色,树下
有一年长者为乐师,正在弹奏阮咸琵琶,
乐师身后跟随一童子,双手上举,似在
随乐舞蹈,乐师神态专注,舞者动作幅
度不大,配合默契,表现了魏晋时期民
间的作乐形式。现藏嘉峪关长城博物馆。

奏乐图画像砖

魏晋,酒泉市果园乡西沟村魏晋7
号墓出土。长 35 厘米,宽 17 厘米,厚 5
厘米。墓砖呈长方形,砖三分之一处断
为两截。画面以墨线勾绘两女子,身着交
领朱衣,相对跪坐,右边的女子在演唱,
左边相对而坐的女子在弹阮伴奏。现藏
酒泉肃州区博物馆。

进食图画像砖

魏晋。嘉峪关市新城 4 号墓出土。
长 17 厘米,宽 17 厘米,厚 5 厘米。墓砖
为正方形,以朱红色勾绘边框,画面以墨
线勾勒一侍女,头结云髻,着朱红色交
领上衣,腰系带,右手举托盘,盘内盛
有食物,左手提一黑色匣子,跨步向前,
神态专一,画面应表现了主人进食的场
景。嘉峪关壁画墓中进食的画面比较多,
一砖画一至四人不等,此画像砖为一人
一砖,刻画生动。现藏嘉峪关长城博物馆。

进食图画像砖

魏晋。嘉峪关市新城 1 号墓出土。
长 34.5 厘米,宽 17 厘米,厚 5 厘米。墓

奏乐图画像砖

进食图画像砖

进食图画像砖

砖为长方形，中段断裂，砖面施一层白色底，四周勾绘土红色边栏，然后用黑红彩画出图案。画面绘有四个侍女，皆手托餐具，前三位女子手捧食盒，最后一人手持托盘，上置箸，缓步向前。画面表现的是侍女为主人或宾客奉送食物和餐具的场面。画面线条清晰，人物表情传神，以红色点染发式、腮部、唇部，明丽生动。现藏嘉峪关长城博物馆。

井饮图画像砖

魏晋。1972年嘉峪关市新城1号墓出土。砖长34厘米，宽17厘米，厚5厘米。画面分上下两部分，上部绘草木，下部中央绘水井一口，上架辘轳，井旁一人头戴葛巾，执辘汲水。其前后水槽旁牛、马正在饮水，而牛后三只鸡、鸟正在引颈等候饮水，充分反映了牛马等围绕井台汲水的场面。井旁榜题"井饮"二字。现藏嘉峪关长城博物馆。

汲水画像砖

魏晋。1993年酒泉市果园乡西沟墓群出土。长35厘米，宽17厘米，厚5厘米。砖的右侧绘有一红色的水井，一婢女上着交领襦，下着裙，站在井旁用井绳吊着皮囊汲水，婢女的身后还放着一个大瓮，用于盛水，该砖所绘内容，生动形象地反映了魏晋时期饮用井的建造及使用情况。现藏酒泉市博物馆。

井饮图画像砖

汲水画像砖

"段清"榜题画像砖

魏晋。1972年嘉峪关市新城1号墓出土。长34.7厘米，宽16.6厘米，厚5厘米。画砖土红色勾边，白粉打底，左右各绘一人物。右侧人物坐于方塌上，头戴黑介帻，长眉细目，唇上八字胡，身穿交领宽袖大袍，右手持便面，为墓主人，身旁朱书题记"段清""幼絮"。画面左侧一侍者戴角巾，长眉三角眼，八字胡，着黑边交领长衫，腰束带，左手持肉串递与主人。整个画面表现了居家宴饮的场景，是嘉峪关壁画墓中十分常见的内容。图中榜题标明了墓主人的身份，"段清"为墓主人的名，"幼絜"或是字。现藏嘉峪关长城博物馆。

帐居图画像砖

魏晋。高台县骆驼城南苦水口墓葬出土。长 42 厘米，宽 21 厘米，厚 6.5 厘米。墓砖为长方形，白粉涂底，墨线描绘。画面主体绘穹隆形朱红色帷帐，帷帐内一男子头戴黑色巾帻，身着宽袖皂袍坐于榻上，似为墓主人。榻前站一侍女，着红色衣裙，束高髻，双手捧一托盘向主人奉物，神态恭敬。主人抖袖高举双手，神态怡然。图中所绘帐幕，又称斗帐，亦即所谓帷幄。帷幄是古代官吏、贵族在朝觐、会见、军旅、田役、祭祀等活动中用于歇息的帐具。画像构图简练，人物生动传神，表现了墓主人生前的生活场景。现藏高台县博物馆。

主仆图画像砖

魏晋。高台县骆驼城南墓群出土。长 39.4 厘米，宽 19.3 厘米，厚 5 厘米。墓砖为长方形，砖面先饰一层白色底，四周以土红色勾绘边栏，然后再以红墨彩画出图像。画面绘有两男子，右边的男子身着浅色长袍，跪坐，头戴黑色进贤冠，眼睛直视前方站立的男子，神情肃穆，右

"段清"榜题画像砖

帐居图画像砖

主仆图画像砖

边男子应是墓主人。墓主人前方站立一身着红色衣袍的男子，头发椎结，双手放于胸前，眼睛看向地面，态度恭敬，这个男子应是仆人，正在向主人汇报事务。现藏高台县博物馆。

赠剑图画像砖

魏晋。高台县骆驼城南苦水口墓葬出土。长 42.5 厘米，宽 21 厘米，厚 6.5 厘米。画面左侧以墨线绘一株古树，古树施以朱红色。中部绘一男子头戴进贤冠，着红色衣缘的白袍服，双手托盘，盘中何物已漫漶不清。右侧也绘一男子，头戴双歧帽，着白衣缘朱红色袍服，双手于胸前似捧一环首剑。据考证，画面内容当为春秋时期吴公子季礼赠剑的故事。画像设色艳丽，人物清隽。现藏高台县博物馆。

人物图画像砖

魏晋。酒泉市果园乡西沟村魏晋墓出土。长 39 厘米，宽 19 厘米，厚 5 厘米。墓砖两侧断裂，画面右侧绘两人匍匐长跪，戴进贤冠，穿皂色深衣，手持名刺，眼看前方。后面站立两人，头戴红帽，身着浅色衣袍，右手各持一棍，表情严肃，有学者认为是表现行刑时的场面。现藏甘肃省文物考古研究所。

"坞" 字羊马图画像砖

魏晋。1972 年嘉峪关市新城魏晋壁画墓群 1 号墓出土。砖长 34.5 厘米，宽

赠剑图画像砖

人物图画像砖

"坞" 字羊马图画像砖

16.5 厘米，厚 5 厘米。画面以坞堡为界，分为坞内坞外。坞堡四周高墙围绕，城垣转角处开一门，其上建有角楼，供瞭望用。坞堡外侧，榜题 "坞" 字。坞外，上部牛羊成群，下面桑树旁马、牛栖息。现藏嘉峪关长城博物馆。

坞堡射鸟图壁画砖

魏晋。高台县骆驼城南苦水口墓葬出土。长 42.5 厘米，宽 21 厘米，厚 6.5 厘米。墓砖呈长方形，砖面先施一层白色饰底，然后再以红、黑彩绘画。画面大部分绘一橙黄色坞堡，坞堡有两层，坞壁高墙上筑有防御性城垛，正中有一红框白门。坞堡的侧面绘有一株大树，大树施以朱红色，树枝上栖有两只黑色的鸟，树下立有一人，身着交领束腰白袍，头戴巾帻，正搭弓射鸟，而两只鸟浑然不知。壁画反映了庄园生活的一个侧面，坞堡、高树土红，双鸟乌黑，色彩对比强烈，画面鲜明生动，表现了河西庄园生活的情趣。坞堡在汉晋时期具有司守望，坚壁清野，御寇防贼的功能。现藏高台县博物馆。

鹰猎图画像砖

魏晋。1972 年嘉峪关市新城魏晋墓出土。砖长 34 厘米，宽 17 厘米，厚 5 厘米。白垩打底，红色边框。画面表现三猎人放鹰犬追逐逃兽的场面。三猎人圆

坞堡射鸟图壁画砖

鹰猎图画像砖

脸，八字胡，着交领长衫，腰束带。右侧有二棵树，左侧一猎人放鹰追鹿，中间一猎人手臂落一猎鹰，右侧猎人手提捕获的猎物。画面下方有三只猎犬，呈飞奔状。此砖构图生动，技法简单准确，极具情趣。现藏嘉峪关长城博物馆。

放鹰猎兔图画像砖

魏晋。嘉峪关市新城 4 号墓出土。长 35 厘米，宽 17 厘米，厚 5 厘米。墓

砖右侧断裂，砖面施一层白色底，四周勾绘土红色边栏，然后用黑红彩画出图案。画中绘一人手持鹰架，鹰已经放出，正在追逐一只兔子。其后一人跟随，似在奋力奔跑，欲获取猎物。鹰振翅俯冲向兔子，勾喙突出，兔子为逃命奋力奔跑，竖耳回头惊顾。画面展现了河西地区狩猎活动场景。现藏嘉峪关长城博物馆。

狩猎图画像砖

魏晋。高台县骆驼城南苦水口墓葬出土。长43.5厘米，宽21厘米，厚7厘米。砖呈长方形。砖面先饰一层白色底，再以红黑彩画出图案。画面右侧三骑并驰，均戴进贤冠，从左至右，分别乘白红黑色马。后面随行的两骑，左边一骑为红色马，牵猎犬，右边一骑为白色马，马上之人手臂驾鹰。前者和后者应为主仆关系，可以看作是墓主人的狩猎场景。群马奔驰，场面热烈，氛围浓郁，色彩明丽。狩猎既是生产辅助的手段，也是豪强家族训练家兵的活动。魏晋时期狩猎也是大会宾客、共同游玩、交流感情、加深理解的一种非常有效的、合作性很强的社会交际方式。现藏高台县博物馆。

狩猎图画像砖

魏晋。嘉峪关市新城1号墓出土。长33.5厘米，宽16厘米，厚5厘米。墓

放鹰猎兔图画像砖

狩猎图画像砖

狩猎图画像砖

砖呈长方形。砖面施一层白色底，四周勾土红色边栏，然后用黑红彩描绘画面。画面绘有三位骑着马的人，第一人骑黑马，回身弯弓俯射，其后紧随二骑。第二人骑着红马，第三人骑着白马，两骑策马追赶堵截，猎物在马蹄间逃窜。猎者穷追不舍，猎物四处奔命。画面表现了围猎时紧张生动的场景，构图饱满，线条鲜明。现藏嘉峪关长城博物馆。

仕女图画像砖

魏晋。1972年嘉峪关市新城魏晋墓出土。砖长40厘米，宽20.5厘米，厚6.5厘米。砖面白垩打底，墨线勾勒轮廓。二妇人挽髻，圆脸，细眉大眼，红彩点唇妆面。身着交领广袖衣，上饰云气纹，衣角弯曲上翘，为魏晋时期贵族妇女所着的袿衣，一派华丽富贵之气。二妇人中间绘有长方形奁盒，奁盒由盒身、盒盖组成，上绘网格纹，应为竹席编织而成。画面反映了魏晋河西贵族妇女化妆的场

景。现藏嘉峪关长城博物馆。

裁剪图画像砖

魏晋。高台县骆驼城南苦水口墓葬出土。长43厘米，宽20.5厘米，厚6厘米。墓砖呈长方形，砖面先饰一层白色底，然后以红蓝黑彩绘画。砖面上部边缘以蓝、红饰边，以黑色饰竖线，以示屋檐。屋檐下绘两个跪坐女子用手共扯一织物，织物下方置一筐奁。左边女子着红袍，梳高髻，左手执织物，右手执一削刀，正准备裁剪。右边女子着白袍，梳高髻，一手执织物，表明二女正在互相配合裁剪衣料，画面生动地反映了民间的生活场景。在河西壁画墓中，裁剪题材颇为少见。现藏高台县博物馆。

开箱图画像砖

魏晋。高台县骆驼城南苦水口墓葬出土。长42厘米，宽21厘米，厚6.5厘米。墓砖呈长方形，砖面先以白色饰底，后以红、黄、墨彩绘画。画面绘一女子，

仕女图画像砖

裁剪图画像砖

头梳髻，上身着绿色上衣，衣领、袖口为朱红色，下身着灰色裙子。女子面前放有一黑色饰以红色花纹的大箱子，箱中以朱红色表示箱中之物，应为衣物之类的物品，女子一手扶箱盖，一手从箱中取物。画面色彩鲜艳，人物生动，表现了河西民众的日常生活。现藏高台县博物馆。

牧鹿图画像砖

魏晋。1994年高台县骆驼城南墓群出土。砖长39厘米，宽19.8厘米，厚5厘米。画面主体绘鹿群，鹿姿态各异，或奔跑，或站立，或蹲卧。画面右下角牧人持鞭站立，牧人梳高髻，上着交领广袖衫，下穿裤，一幅悠闲自在的神情。鹿群、牧人均墨线勾勒轮廓，部分鹿身涂绘红彩。牧人形象质朴可爱，技法简单稚拙。现藏高台县博物馆。

畜牧图画像砖

魏晋。1972年嘉峪关市新城1号墓出土。长34.5厘米，宽17厘米，厚4.8厘米。砖长方形，土红彩勾边，画面自左向右绘黑山羊三只，白山羊九只，白牛一头，黑牛一头。右下方绘一牧者，身着交领衫，右手前伸作扬鞭状，身前朱书"牧畜"二字。此画真实地反映了魏晋时期河西的畜牧状况。现藏甘肃省博物馆。

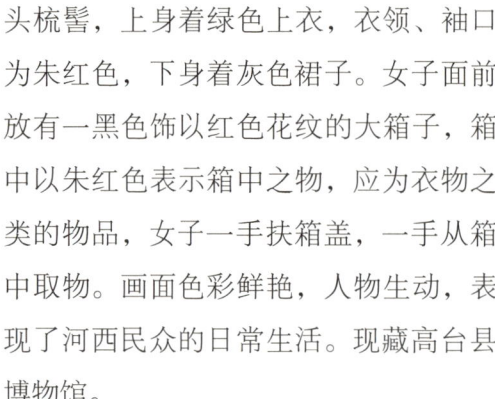

开箱图画像砖

牧鹿图画像砖

畜牧图画像砖

牧羊画像砖

魏晋。酒泉市果园乡西沟村魏晋墓
出土。长39厘米，宽18.5厘米，厚5厘米。
墓砖左侧断裂，画面以墨线绘六只羊，羊
群向前缓慢行进，羊群后面站有一男子，
应是牧羊人，男子深目粗眉，头发椎结，
身披毡衣，毡衣上装饰有圆形纹饰，腿着
裤，脚穿靴，双手抱于胸前，握有一牧鞭。
此椎结形发式，有学者推测为羌人或月
氏人。现藏酒泉市博物馆。

牧羊画像砖

放牧图画像砖

魏晋。高台县骆驼城南墓群出土，
长39厘米，宽19厘米，厚5厘米。墓砖
呈长方形，以红色勾勒边框。画面绘一
牧人头发椎结于顶，身穿交领服，持鞭立
于两马之间，高鼻深目，双眼遥望远方，
两匹马悠闲地吃草，后面绘有淡墨写意的
骆驼、毛驴和马。画像运用中国传统的线
描技法来表现物体的前后空间层次，生活
气息浓郁，写实性强。现藏高台县博物馆。

放牧图画像砖

双驼图画像砖

魏晋。嘉峪关市魏晋5号墓出土。
长35.5厘米，宽16.7厘米，厚5厘米。
墓砖以朱红色勾勒边框，左侧有磨损。画
面左侧绘一棵大树，树干为朱红色，树叶
施以墨色，树下，绘有一大一小两匹骆
驼，大骆驼昂首吃树叶，小骆驼抬头望着
大骆驼，大小骆驼应为母子，画面生动、

双驼图画像砖

温馨。现藏甘肃省博物馆。

烤肉煮肉画像砖

魏晋。1972年嘉峪关市新城1号墓出土。砖长35厘米，宽17厘米，厚5厘米。砖呈长方形，红色边框。画面右侧绘一案，一头戴葛巾男子坐于案后切肉，案前置一盆，内盛肉。画面中央钩挂四条肉，下面有肉盆。画面左侧火上架釜，旁一男子煮肉。此画砖形象地再现了河西地区日常生活的一个侧面。现藏甘肃省博物馆。

烤肉煮肉画像砖

炊事图画像砖

魏晋。嘉峪关市新城4号墓出土，长35厘米，宽16厘米，厚5厘米。墓砖绘一女子头梳髻，身着红衣长裙跪坐在地上，左手拿着一根棍状物（烧火棍），正在看火做饭，炉膛里的火饰以红色，炉灶上放着大甑正在煮食物，女子身后有一大盆，盆中应放着食物或者水，女子目光专注，表现了河西民众日常生活炊饮的情景。现藏嘉峪关长城博物馆。

炊事图画像砖

庖厨图画像砖

魏晋。1972年嘉峪关市新城1号墓出土。长35厘米，宽17厘米，厚5厘米。墓砖为长方形。左侧五分之一无图案。砖面施一层白色底，四周勾绘土红色边栏，然后用黑、红彩画出图案。画面绘有两个人物，一个男子踞坐于一几案前，身体向前倾，左手抓着一块肉，右手握刀，

庖厨图画像砖

作切割状，几案下有一盆，切割好的肉块放置在盆中。男子右侧绘有一女子，女子上方的墙上以铁钩挂着三条肉，女子右手拿着一双筷子，正在甑中捞取食物，画面上方还绘有放置着烤肉的铁盘。现藏嘉峪关长城博物馆。

切肉图画像砖

魏晋。高台县骆驼城南苦水口墓葬出土。长 42.5 厘米，宽 20.5 厘米，厚 6.5 厘米。墓砖呈长方形。砖面先施一层白色底，再以红、黑、蓝色画出图案。画面上部边缘以蓝色饰边，黑色画竖线，以示屋檐，屋檐下方，绘一长几，几后一左一右跪坐两个男子，两个男子皆右手持刀，正在切割压在左手下的肉块，男子身下各有一个盆子，切好的肉块皆落入盆内。画面反映了魏晋河西民众的日常生活场景。现藏高台县博物馆。

宰猪图画像砖

魏晋。高台县骆驼城南苦水口墓葬出土。长 42.5 厘米，宽 21 厘米，厚 6.5 厘米。墓砖呈长方形，砖面有泥污，画面以白粉涂底，后以红墨彩作画。画面左边绘有一几，几上放置着一头猪，几的旁边站着一个男子，左手持刀，右手扶着猪的头部，准备宰猪，男子身后放置一陶盆，应是放置猪肉的。现藏高台县博物馆。

切肉图画像砖

宰猪图画像砖

耕种图画像砖

耕种图画像砖

魏晋。1972 年嘉峪关市新城 1 号墓出土。长 35 厘米，宽 17 厘米，厚 5 厘米。砖呈长方形，四周以红彩勾边。画面分上下两层，上层左起二牛驾直辕犁，一男子扶犁，中间一女子撒种，后面二牛抬杠耱地，农夫右手拉缰绳，左手持鞭。下层内容与上层相仿。画面右上角朱书"（耕）种"。反映了魏晋时期河西的农耕状况。现藏甘肃省博物馆。

耱地图画像砖

魏晋。高台县骆驼城出土。长 39 厘米，宽 19 厘米，厚 5 厘米。墓砖上绘一牛正在拉耙，牛前站立一人，深目高鼻，头发椎结，衣袍左衽，双手合抱，手中握有缰绳，怀中抱着一木棍状物。现藏高台县博物馆。

播种图画像砖

魏晋。高台县骆驼城南苦水口墓葬出土。长 42 厘米，宽 20.8 厘米，厚 6 厘米。墓砖呈长方形，砖面先涂一层白色底，再以红黑彩绘画。画面描绘了播种的场景，一男子身着红领长袍，左手托着一盆，盆中应放着种子，右手正在将种子播撒在田地里，其身后跟着一女子，手持牧鞭正在赶牛耙地，播种的男女都神情专注，黑牛拉着红色的无齿耙奋力向前。无齿耙汉代就已开始使用，主要用于播种后耱平土

耱地图画像砖

播种图画像砖

采桑图画像砖

甘肃省志 文物志

壤。现藏高台县博物馆。

采桑图画像砖

魏晋。高台县骆驼城南苦水口墓葬出土。长42厘米，宽21厘米，厚7厘米。墓砖呈长方形，右角缺损，砖面以白色饰底。以红黑彩绘画，画面中间绘有一棵桑树，树枝繁盛，桑树的两侧各站一女子。左边的女子身着红衣，浅色长裙，红色鞋子，黑发梳髻，右手提一篮子，左手正在桑树上采桑叶，神情专注。桑树右边的女子身着红领白衣，红白相间的长裙，黑发梳髻，左手提篮，右手正在采摘桑叶。图像反映了河西地区在魏晋时期种植桑树、养蚕的状况。现藏高台县博物馆。

提匣牵羊图画像砖

魏晋。嘉峪关市新城4号墓出土。长35厘米，宽17厘米，厚5厘米。墓砖右侧断裂，以朱红色勾勒边框，画中绘一女子右手提匣前行，身后一童子双手牵羊跟随，而羊畏缩不前，童子似双手使劲拉羊前行，生活气息浓郁。现藏嘉峪关长城博物馆。

羌女送行图画像砖

魏晋。酒泉市果园乡西沟村魏晋7号墓出土。长34.5厘米，宽16.7厘米，厚6厘米。画砖左侧断裂，图中以墨线绘一男子骑白花骏马飞驰，一女子跟在马后，女子长发披肩，身着圆领浅地袭氅，

提匣牵羊图画像砖

羌女送行图画像砖

长裙拖地，裙裾镶有花边，身后挎一壶（水壶或酒壶）。女子面露愁容，与男子依依惜别，男子侧身以眼睛的余光看着送别的女子。画面反映了魏晋时期河西地区戍边屯垦士兵与妻相别时的动人情景。现藏酒泉肃州区博物馆。

穹庐羌女画像砖

魏晋。酒泉市西沟村魏晋墓7号墓出土。长34.5厘米，宽17.5厘米，厚4.5

厘米。墓砖绘一少女，披发，身着红领缘，黑红相间花边的大华毡，缓步走向前方位于群山之间的穹庐，穹庐帐中立一鼎，人物表情凝重，心事重重，似乎离别的伤感还在心中徘徊。女子披发着华毡，当为羌族女性。现藏甘肃省文物考古研究所。

"驿使图"画像砖

魏晋。嘉峪关市魏晋 5 号墓出土。长 35 厘米，宽 17 厘米。墓砖呈长方形，画面绘一信使，头戴黑帻，着皂缘领袖中衣，左手持棨传文书，跃马疾驰，驿马四蹄腾空，马身施以朱红色圆点，奔驰在道路上。棨传为通过关卡、驿站时的信物。驿使图生动地再现了当时西北地区驿使驰送文书的情景，是中国古代邮驿使的珍贵形象资料。1982 年 8 月 25 日为纪念中华全国集邮联合会第一次代表大会的召开，邮电部发行《驿使图》纪念邮票。现藏甘肃省博物馆。

穹庐羌女画像砖

"驿使图"画像砖

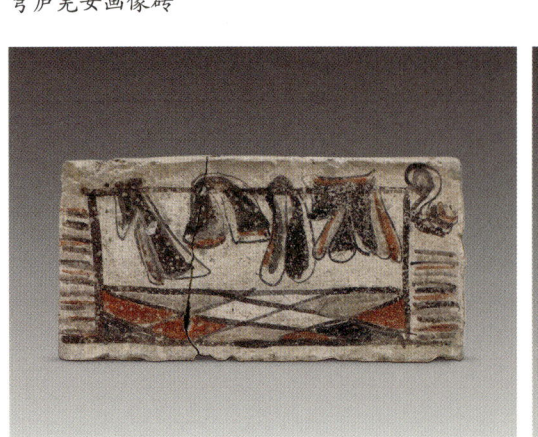

晾衣图画像砖

"亭灯""炭炉"图壁画砖

晾衣图壁画砖

魏晋。1999 年高台县许三湾遗址东南生地湾农场西端南戈壁魏晋墓群 Q3 号墓出土。砖长 40 厘米，宽 19.7 厘米，厚 4 厘米。画砖白垩打底，墨线勾绘衣架，袈底绘制网格纹，两侧画数道短线，袈上晾晒衣物数件，反映了日常生活场景。画面红黑相间，热烈明快。现藏高台县博物馆。

"亭灯""炭炉"图壁画砖

魏晋。1999 年高台县许三湾西南 4 公里处魏晋墓群 4 号墓出土。砖长 39.5 厘米，宽 20 厘米，厚 5 厘米。画面中亭灯、炭炉，均半圆形底座，圆柱形柄，形状似"豆"，柄身绘制网格纹，弧形炭炉与灯台。炭炉内熊熊烈焰，灯台上烛火燃烧。画面外榜题"炭炉""亭灯"。许三湾西南 4 号墓中出土了较多带有榜题的画像砖，多为当时的生活用品，使我们能够准确解读画面内容，并对魏晋的日用品有了直观形象的认识。现藏高台县博物馆。

第二节　唐五代时期

出行图模印砖

唐代。1985 年酒泉出土。长 36 厘米，宽 18 厘米，厚 5 厘米。浅灰色长方形条砖，正面印有二人骑马出行图。两骑士头戴幞头，身穿交领窄袖衫，分别骑于骏马上。前身吏士身背战刀，左手握缰，右手提鞭，身后插旌旗，旗向后倾斜，旗端飘四旒。后一身吏士亦骑马带刀，左手握缰，右手提鞭，跟随其后。此类模印砖不同于画像砖，砖面呈现浅浮雕状。它是制坯时将图案模印上，之后烧制，且一模可重复制作。现藏甘肃省文物考古研究所。

仪卫出行图模印砖

唐代。2000 年 4 月山丹一中唐墓出土。二块，皆长 32.5 厘米，宽 21.5 厘米，厚 5.5 厘米。画面为仪卫骑马出行，每块砖上有二人骑马、带旌旗，一块二人面左行进，一块二人面朝右行进。朝左行进的二人，第一人身着绿衣骑红马，第二人身着红衣骑紫色大马，两人一前一后，缓慢行进。面朝左行进的二人，第一人身着白衣骑红马，第二人着红衣骑白马。四人皆头戴黑色幞头，身穿窄袖圆领长袍，束腰，佩剑及箭囊，背扛旌旗，足登黑靴。仪卫是古代朝廷皇亲国戚、文臣武将、地方官吏出行时的仪仗人员，仪卫的多少显示了官职的高低。此画面表现了墓主人的出行仪仗场景，反映了墓主人生前的身份及政治地位。

出行图模印砖

仪卫出行图模印砖

胡商牵驼图模印砖（左）

模印砖造型生动，敷彩艳丽。现藏山丹县博物馆。

胡商牵驼图模印砖（左）

唐代。1995 年敦煌佛爷庙湾墓群 123 号墓出土。砖灰色，长 36 厘米，宽 24 厘米，厚 6 厘米。图案模印凸起成浅浮雕状，四周有凸起边框，浮雕为一胡人牵一骆驼。胡商头戴尖顶帽，高鼻，尖下颌。身着窄袖长衫，腰系带。右手牵驼缰，左手握竿扛于肩上。骆驼矫健雄武，脖颈长伸，张口作嘶鸣状，阔步而行，颈上套一项圈。驼峰间架长方形驼囊，驼囊上为菱形物，其后趴卧一小猴，猴尾上扬，生动可爱。画砖是丝绸之路东西方贸易交流的反映。现藏敦煌市博物馆。

胡商牵驼图模印砖（右）

唐代。1995 年敦煌佛爷庙湾墓群 123 号墓出土。砖灰色，长 36 厘米，宽 24 厘米，厚 6 厘米。胡商头戴尖顶形帽，着 V 形领过膝长衫，腰系带，侧身回顾牵驼，右手执鞭，左手牵缰绳。骆驼圆眼张口，驼峰上驮伏椭圆形驼囊，驼囊十字形捆绑，其上立一小鸟。现藏敦煌市博物馆。

胡商牵驼模印砖

唐代。2000 年 4 月山丹一中唐墓出土。长 32.5 厘米，宽 21.5 厘米，厚 5.5 厘米。墓砖呈长方形，一面平素，一面绘一胡商，深目高鼻，头戴尖顶白色毡帽，帽顶后倾，身着窄袖短衫红色衣袍，腰束黑带，腰间挂黑色皮囊，下身穿黑色裤子、脚蹬靴子，右手揽缰牵驼，左手持棒扛于肩上，大步向前走。胡人身后牵的骆驼，昂首矫健，施以土红色，骆驼身驮两大包货物。此砖生动的表现了唐代胡商不辞辛苦用骆驼驮运货物，于丝绸之路进行商贸往来的场景。现藏山丹县博物馆。

骆驼纹模印砖

唐代。敦煌佛爷庙湾唐墓出土。长35.8厘米，宽34.5厘米，厚5厘米。墓砖为砖红色，模印一带尖顶帽的西域胡人，高鼻深目，身穿圆领窄袖服，手牵缰绳，拉着一匹骆驼缓步向前。骆驼身形矫健，双峰之间驮着货物，昂首阔步，甩尾前进。砖面构图均匀、紧凑。造型比例适度，神态真实生动，刀法熟练。现藏敦煌研究院。

天马纹模印砖

唐代。敦煌三危山老君堂建筑遗址出土。长42厘米，宽20厘米，厚8厘米。墓砖上模印一天马，天马为马身、鹿头、狮尾生有角的理想化的马。马顶饰雄胜，双耳尖长，双目圆睁，昂首，颈部系有飘带，因正在疾驰，飘带随风飘起。马身瘦长，长尾飘举，似在空中飞起，十

胡商牵驼图模印砖（右）

胡商牵驼模印砖

骆驼纹模印砖

天马纹模印砖

骑士巡行图模印砖（右）

骑士巡行图模印砖（左）

分灵动。前足饰有"翼"一样的忍冬纹。有翼的不仅仅是天马，古伊朗的文物中，有翼兽和动物互斗纹样随处可见，动物脚部系有忍冬纹似的东西。受其影响汉魏、六朝狮子、老虎、骆驼等动物也有翼，这种忍冬纹，可能是翼的图案化纹样。现藏敦煌研究院。

骑士巡行图模印砖（右）

唐代。1995年敦煌佛爷庙湾墓群123号墓出土。砖长35厘米，宽24厘米，厚6厘米。骑士头戴幞头，身穿V形领窄袖衫，骑乘于骏马上。骏马鬃发竖立，圆臀长尾，昂首扬颈，四足腾空，矫健阔步。前身骑士手持旌旗，旌旗直立，旗端飘三旒，后侧骑士佩戴长剑。画面表现了骑士的英姿。现藏敦煌市博物馆。

骑士巡行图模印砖（左）

唐代。1995年敦煌佛爷庙湾墓群123号墓出土。砖长35厘米，宽24厘米，厚7厘米。骑士头戴幞头，身穿V形领窄袖长衫，前者手执旌旗，旌旗向前倾斜，旗尾飘三旒。后一骑士腰间悬挂箭囊。前身骑士回头与后者交谈，骏马俯首前行。现藏敦煌市博物馆。

伎乐彩绘雕砖（六块）

唐代。1957年灵台县寺咀遗址出土。共出六块雕砖，泥质灰陶，为正方形，边长36厘米，厚6.2厘米。砖正面雕刻壶门，内刻绘佛像或伎乐。佛像雕砖2块。壶门内刻绘佛像，佛圆形头光与背光，高肉髻，面相方圆。着偏袒右肩式袈裟，一身着袈裟，双手合十，结跏趺坐于莲座上。击方响伎乐雕砖1块壶门内刻绘伎乐一身，头后圆形项光，头戴冠，上身袒裸，戴项圈、臂钏，披巾绕臂外飘，下着裙，坐于莲座上。其前悬挂方响，伎乐双手持锤敲击演奏。方响始于南北朝的梁，《旧唐书·音乐志》记"方响，以铁为之，修八寸，广二寸，圆上方下，架如磬而不设业。倚于架上，以代钟磬"。唐时用于宫廷燕乐。宋《乐书》有方响的图载，可知，方响由16块大小相同的长方形铜板（铁板）组成，分上下两排，垂悬于木架上，以小铁锤敲击。从以上文献记载可知，方响为唐宋时期较为流行的打击乐器。击钲质乐雕砖1块。壶门内刻绘伎乐一身，身形同击方响伎乐。身侧置钲，手执锤击打表演。钲又称铙，古代军乐器。形似钟、铃，狭长，有柄。击拍响板乐雕砖1块。伎乐一手执板，一手拍打。执靴鼓伎乐雕砖1块。伎乐左手执靴鼓，右手弯曲于胸前。靴鼓为有柄小鼓，以木贯之，摇之作声。即民间俗称浪鼓。现藏灵台县博物馆。

伎乐彩绘雕砖（六块）

天马纹模印砖

五代。1981年敦煌三危山老君堂采集。砖长42厘米，宽19.5厘米，厚8厘米。砖灰色，呈长方形，图案模印凸起成浅浮雕状。天马躯体矫健，昂首扬颈，颈后飘飞两拂带，肩雕饰羽翼，四足腾空，马尾粗壮飞扬。现藏敦煌市博物馆。

龙纹模印砖

五代。1981年敦煌市三危山老君堂采集。砖长52厘米，宽26厘米，厚8.5厘米。砖灰色，呈长方形，图案模印凸起成高浮雕状。龙身前曲后伸，起伏转折，龙首高昂，张口吟啸。前肢蹬腾，后肢做行进状。前膀处有排羽状翼，向上挺出。现藏敦煌市博物馆。

凤纹模印砖

五代。1981年敦煌市三危山老君堂采集。砖长52厘米，宽26厘米，厚8.5厘米。砖灰色，呈长方形，图案模印凸起成高浮雕状。凤首高昂，长颈弯曲，喙微张，衔一"同心结"飘带，双翅振展，尾部羽翎呈放射状。雕刻细腻，技法高超，是难得的精品。现藏敦煌市博物馆。

五代凤纹模印砖

五代。敦煌市出土。长50.3厘米，宽26.5厘米，厚10厘米。砖上模印一凤凰图案，占满整个砖面，眉目及身体、两翼、尾部的纹路清晰，两翼和尾部均

天马纹模印砖

龙纹模印砖

五代凤纹模印砖

给人以夸张感，两翼展开，面积超过身体，显得有力，砖上的凤喙叼着飘带，羽翼舒展，飘带在凤颈和尾部下方有两个结，增强了凤的轻盈飘逸，似在腾云驾雾一般，整幅画面充满动感。古时候，凤被称为瑞鸟，是麟、凤、龟、龙四兽之一。通常凤为雄，凰为雌。在敦煌佛寺或道观建筑的下部多装饰着龙纹和凤纹花砖。现藏敦煌研究院。

凤纹模印砖

第三节　宋金西夏时期

"吹笙图"雕刻砖

辽代。兰州市公安局移交。长 29.3 厘米，宽 15 厘米，厚 3.8 厘米。墓砖呈长方形，砖面浮雕一人物，头戴黑冠，上身着黑彩窄袖衣，下着黄裙，双手捧笙，似正在吹奏。人物雕刻线条清晰，眉目生动。现藏甘肃省博物馆。

彩绘笛箫吹奏图雕砖

宋代。1985 年天水市北道区伯阳乡南集村出土。砖正方形，边长 30 厘米，厚 5 厘米。砖上浅浮雕两男官伎，一人吹笛，一人吹箫。二人长眉吊眼，头戴竖向翅冠，身着圆领广袖博衣，腰束带。吹箫之人，两腮鼓胀，神情专注，形象逼真。现藏天水市麦积区博物馆。

"吹笙图"雕刻砖

彩绘笛箫吹奏图雕砖

彩绘编磬击乐图雕砖

宋代。1985 年天水市北道区伯阳乡南集村出土。砖正方形，边长 30 厘米，厚 5 厘米。雕砖右面雕刻编磬，左侧刻伎乐人物一身。编磬共有十四枚，分上下两排，置于架上，磬架施红彩，架座结构齐全，并有装饰件。伎乐人物戴双角冠，着黑色圆领广袖长衣，腰束带，双手各执一锤作敲击状。磬为古代的打击乐器，原始社会已出现，战国时编磬成为宫廷雅乐乐队的重要组成部分，及至汉代逐渐衰落。现藏天水市麦积区博物馆。

彩绘编磬击乐图雕砖

彩绘吹笙击鼓图雕砖

宋代。1985 年甘肃省天水市北道区伯阳乡南集村出土。砖正方形，边长 30 厘米，厚 5 厘米。砖刻吹笙击鼓人物各一。吹笙人头梳双髻，上着圆领长衫，下穿裤，侧身举笙做吹奏状。击鼓人头戴翅冠，上身着博衣，下身穿裤，腹前横置细腰鼓，右手持锤击鼓，左手拍鼓，边鼓边舞。二人神情陶醉，配合默契，整个画面呈现出动感与活力。雕砖红彩清晰可辨。现藏天水市麦积区博物馆。

彩绘吹笙击鼓图雕砖

彩绘宫伎拍板图雕砖

宋代。1985 年天水市北道区伯阳乡南集村出土。砖正方形，边长 30 厘米，厚 5 厘米。砖上刻一宫伎，戴冠，长眉吊眼，身着圆领束带长衣，手执响板，作拍

彩绘宫伎拍板图雕砖

击状。砖彩绘清晰。关于人物的冠，应为局脚幞头，局脚即是两脚弯曲。《东京梦华录》卷九称此种为卷脚幞头，两角向上卷起。在河南白沙宋墓中，出现过戴此类冠的人物形象。现藏天水市麦积区博物馆。

仕女图画像砖

金代。渭源县蒲川乡刘营村出土。砖长29.5厘米，宽30.1厘米，厚4.3厘米。砖面白垩打底，墨线勾勒二妇人，似为一主一婢。二人侧身站立，主人包红色头巾，身着交领长裙，裙带下垂，双手拢于胸前。婢女梳髻，身着交领长裙，双手拢于胸前。现藏甘肃省博物馆。

泰和六年仕女图画像砖

金泰和六年 (1206年)。1971年武山县洛门镇西旱坪村出土。砖长33.5厘米，宽32.5~33厘米。白粉打底，墨线勾勒轮廓，涂绘黑红两彩。画面以帷帐为背景，帐前立一侍女，黑发用红巾挽起，身着长裙，彩色飘带，双手托盘，盘中盛放食物。侍女身材修长，神态恭顺，造型优美。尤其珍贵的是画面左侧，署有泰和年号题款。此画线条简洁，色彩淡雅，代表了金代绘画的风格。现藏甘肃省博物馆。

凤鸟纹雕砖

西夏。庆阳市西峰区彭原乡张坳村北咀采集。砖呈方形，青灰色，砖边长

仕女图画像砖

泰和六年仕女图画像砖

凤鸟纹雕砖

33厘米，厚6厘米。画面雕刻一凤鸟昂首站立于卷云之上，上方有一轮太阳冉冉升起。凤鸟巨冠昂首，羽翼飞展。卷云流畅。此砖制作规整，雕刻技法娴熟。现藏庆阳市博物馆。

飞天雕砖

西夏。庆阳市西峰区彭原乡张坳村北咀采集。边长33.2~33.4厘米，厚6.6厘米。砖呈正方形，画面为一"飞天"，身着长裙，身体向上卷曲为半环状，作凌空腾飞之势。"飞天"直鼻大眼，上裸，戴项圈，飘带绕臂上扬，两手抱于胸前。身下雕刻卷叶缠枝纹。画面是在磨光的青砖上浅雕而成，构图生动，刀工精炼，线条流畅。现藏庆阳市博物馆。

飞天雕砖

西夏。庆阳市西峰区彭原乡张坳村北咀采集。砖呈正方形，边长33.2~33.4厘米，厚6厘米。画面为一飞天，发髻高耸，大眼直鼻，圆脸丰满，袒上身，戴项圈，披帛绕臂上飘，下着裙，长裙飞扬，双手持莲枝，身体向上卷曲为半环状，作凌空飞舞的姿态。飞天下饰有卷叶缠枝纹。此砖构图生动，雕刻精炼，线条流畅。现藏庆阳市博物馆。

凤鸟纹雕砖

西夏。庆阳市西峰区彭原乡张坳村北咀采集。边长33厘米，厚6.2厘米。

飞天雕砖

飞天雕砖

凤鸟纹雕砖

砖青灰色，正方形，雕刻一凤鸟口衔长幡，站立于卷云之上。凤鸟圆眼、长喙、巨冠，羽翼飞扬，华尾上翘。此砖制作华美规整，雕刻技法娴熟。现藏庆阳市博物馆。

荷花纹雕砖

西夏。庆阳市西峰区彭原乡张坳村北咀采集。边长 33.2~33.4 厘米，厚 6.5 厘米。砖青灰色，正方形，砖雕一盛开的荷花，荷花正中雕有颗粒饱满的莲子，莲瓣舒展外伸，荷叶硕大，枝叶茂盛。整体观之，画面构图饱满，布局紧密，层次分明。现藏庆阳市博物馆。

莲生贵子雕砖

西夏。庆阳市西峰区彭原乡张坳村北咀采集。边长 33 厘米，厚 6 厘米。砖青灰色，正方形，砖上雕一童子卧于荷叶上，童子面部丰圆，高鼻大眼，颈后饰有飘带。盆形荷叶承托着胖胖的童子，荷叶飘浮在波浪起伏的水中。此画面构图新颖，雕刻简练。现藏庆阳市博物馆。

荷花纹雕砖

莲生贵子雕砖

1. 陈贤儒：《甘肃陇西县的宋墓》，《文物参考资料》1955 年第 9 期。

2. 甘肃省文物管理委员会：《兰州中山林金代雕砖墓清理简报》，《文物参考资料》1957 年第 3 期。

3. 甘肃省文物管理委员会：《酒泉下河清第 1 号和第 18 号墓发掘简报》，《文物》1959 年第 10 期。

4. 甘肃省文物工作队：《甘肃省泾川县出土的唐代舍利石函》，《文物》1966 年第 3 期。

5. 嘉峪关市文物清理小组：《嘉峪关汉画像砖墓》《文物》1972 年第 12 期。

6. 宁笃学、钟长发：《甘肃武威西郊林场西夏墓清理简报》，《考古与文物》1980 年第 3 期。

7. 甘肃省博物馆漳县文化馆：《甘肃漳县元代汪世显家族墓葬简报之一》，《文物》1982 年第 2 期。

8. 宿白：《西安地区唐墓壁画的布局和内容》，《考古学报》1982 年第 2 期。

9. 嘉峪关市文物管理所：《嘉峪关新城十二、十三号画像砖墓发掘简报》，《文物》1982 年第 8 期。

10. 秦明智、刘得祯：《灵台舍利石棺》、《文物》1983 年第 2 期。

11. 许俊臣：《甘肃镇原县出土北宋浮雕画砖》，《考古与文物》1983 年第 6 期。

12. 宁笃学：《武威西郊发现西夏墓》，《考古与文物》1984 年第 4 期。

13. 平凉地区博物馆：《甘肃静宁发现金代墓葬》，《考古》1985 年第 9 期。

14. 甘肃省文物工作队、甘肃省博物馆、嘉峪关市文物管理所：《嘉峪关壁画墓发掘报告》，文物出版社，1985 年。

15. 张朋川、张宝玺编著《嘉峪关魏晋墓室壁画》，人民美术出版社，1985 年。

16. 何双全《武威县韩佐五坝山汉墓群》，《中国考古学年鉴（1984）》，文物出版社，1985 年。

17. 庆阳地区博物馆：《甘肃合水县三座宋墓测绘简报》，《考古与文物》1987 年第 3 期。

18. 甘肃省文物考古研究所：《酒泉十六国墓壁画》，文物出版社，1989 年。

19. 周祖昌：《天水南集宋墓乐伎画像砖》，《音乐研究》1990 年第 4 期。天小市博物馆《甘肃甘谷县发现三方汉代画像砖》，《考古》1994 年第 2 期。

20. 临夏回族自治州博物馆：《甘肃临夏金代砖雕墓》，《文物》1994 年第 12 期。

21. 甘肃省文物考古研究所：《敦煌祁家湾——西晋十六国墓葬发掘报告》，文物出版社，1994 年。

22. 党寿山：《甘肃武威磨嘴子发现一座东汉砖画墓》《考古》1995 年第 11 期。

23. 甘肃省文物考古研究所：《甘肃酒泉西沟村魏晋墓发掘报告》，《文物》1996 年第 7 期。

24. 陈履生、陆志宏：《甘肃宋元画像砖》，人民美术出版社，1996 年。

25. 张掖地区文物管理办公室、高台县博物馆：《甘肃高台骆驼城画像砖墓调查》，《文物》1997 年第 12 期。

26. 董秀荣：《酒泉发现一座唐代模印画像砖墓》，《陇右文博》1997 年第 2 期。

27. 甘肃省文物考古研究所：《敦煌佛爷庙湾西晋画像砖墓》，文物出版社，1998 年。

28. 甘肃省清水县博物馆：《清水宋代雕砖彩绘墓》，《陇右文博》1998 年第 2 期。

29. 魏文斌等：《甘肃宋金墓二十四孝图与敦煌遗书"孝子传"》，《敦煌研究》1998 年第 3 期。

30. 林少雄：《古冢丹青——河西走廊魏晋墓葬画》，甘肃教育出版社，1999 年。

31. 王延璋：《山丹县一中唐墓清理简报》，《陇右文博》2000 年第 2 期。

32. 姚永春：《武威西郊西夏墓清理简报》，《陇右文博》2000 年第 2 期。

33. 张宝玺：《嘉峪关酒泉魏晋十六国墓壁画》，甘肃人民美术出版社，2001 年。

34. 武威地区博物馆：《武威西关西夏墓清理简报》《陇

右文博》2001 年第 2 期。

35. 甘肃省文物考古研究所:《甘肃天水市王家新窑宋代雕砖墓》,《考古》2002 年第 11 期。

36. 郑岩:《魏晋南北朝壁画墓研究》,文物出版社,2002 年。

37. 甘肃省博物馆:《敦煌佛爷庙湾唐代模印砖墓》,《文物》2002 年第 1 期。

38. 张梅:《嘉峪关＜驿使图＞画像砖》,《陇右文博》2002 年嘉峪关专号。

39. 敦煌市博物馆编:《敦煌文物》,甘肃人民美术出版社,2002 年。

40. 张克仁:《定西元墓清理简报》,《陇右文博》2002 年第 2 期。

41. 梁文国:《甘肃临夏县宋墓清理简报》,《陇右文博》2002 年第 1 期。

42. 赵建龙:《庆阳县城开发区隋至清代墓群》,《中国考古学年鉴 (2002)》,文物出版社,2003 年。

43. 张亚萍:《甘肃环县宋代彩绘雕砖墓》,《文博》2003 年第 3 期。

44. 甘肃省文物考古研究所:《甘肃高台县骆驼城墓葬的发掘》,《考古》2003 年第 6 期。

45. 嘉峪关长城博物馆:《嘉峪关新城魏晋砖墓发掘报告》,《陇右文博》2003 年第 1 期。

46. 甘肃省文物考古研究所:《甘肃会宁宋墓发掘简报》,《考古与文物》2004 年第 5 期。

47. 罗丰:《胡汉之间——"丝绸之路"与西北历史考古》,文物出版社,2004 年。

48. 岳邦湖等:《岩画及墓葬壁画》,敦煌文艺出版社,2004 年。

49. 南宝生著《绚丽的地下艺术宝库—清水宋金砖雕彩绘墓》,甘肃人民出版社,2005 年。

50. 甘肃省文物局编:《甘肃文物菁华》,文物出版社,2006 年。

51. 定西市安定区博物馆:《定西金代仿木彩绘砖墓》,俄军主编《甘肃省博物馆学术论文集》,三秦出版社,2006 年。

52. 兰州市博物馆、榆中县博物馆:《兰州榆中金代墓葬清理简报》,俄军主编《甘肃省博物馆学术论文集》,三秦出版社,2006 年。

53. 甘肃省文物考古研究所:《甘肃高台地埂坡晋墓发掘简报》,《文物》2008 年第 9 期。

54. 甘肃省文物考古研究所、张家川回族自治县博物馆:《甘肃张家川南川宋墓发掘简报》,《考古与文物》2009 年第 6 期。

55. 马悦:《张家川回族自治县南川村砖墓发掘情况及相关问题》,《陇右文博》2010 年第 1 期。

56. 甘肃省文物考古研究所,甘肃陇东古石刻艺术博物馆:《甘肃合水唐魏哲墓》、《考古与文物》2012 年第 4 期。

57. 安定区博物馆:《安定区巩镇苦河金墓清理简极》、《陇古文博》2013 年第 2 期。

58. 会宁县博物馆:《会宁康湾金丰元初壁画墓清理简极》、《陇古文博》2015 年第 1 期。

59. 马珑主编:《临复考古——临复回族自治州博物馆论文集》,甘肃文化出版社,2016 年。

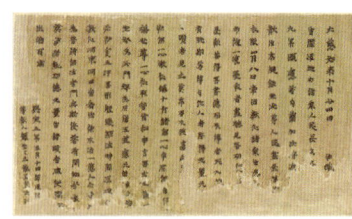

甘
肃
省
志

文
物
志

第十一章 文 献

GAN SU SHENG ZHI WEN WU ZHI

　　甘肃省的文献文物主要是出自敦煌莫高窟藏经洞的古代写本文献。1900年，敦煌莫高窟藏经洞开启，出土了大量4~11世纪的古代各民族文字的写本、印本，各类质地的美术品等文献。莫高窟藏经洞出土的敦煌文献，从形式上讲，主要是大量的写本和少量的印刷品两类；从内容方面讲，也主要是写（印）经（主要是佛经，也含有一定数量的儒家经典、道经及其他宗教经典）和文书两大类；包括汉文和藏文等其他民族文字的写本和印本。在全部敦煌文献中，社会文书，包括政治、军事、法律、民族关系、经济（人口、土地、租典、贸易、买卖、借贷等等）、文化、文学（小说、诗歌、变文、蒙书、类书、文选等）、乐舞、教育、科学技术（医学、历算），杂术（巫卜、方

术等）、历史地理（正史、方志、游记等）等包罗万象的内容，堪称敦煌及中国古代历史社会的百科全书。被看作世界近代考古史上的重大发现。

　　藏经洞开启以来，窟内珍贵文物不断流失：先是守护藏经洞的王圆箓道士为讨好地方官员和募捐"修缮"莫高窟的费用，为了寻求乡绅、官宦的布施，将敦煌文献作为礼品任意送人；接着，从1907年开始，先后有英国的斯坦因、法国的伯希和、俄国的鄂登堡、日本的吉川小一郎等对敦煌藏经洞文物进行了骗取和掠夺；1910年清朝政府派人将劫余部分运至北京，敦煌文献在运送北京途中又遭沿途官员截获和偷窃；而留在敦煌的藏文写经在1920年后又流失民间，所以在当时社会上有为数不少的敦煌文献流散。敦

煌藏经洞文献流散世界各地，引起了国际学术界的重视，敦煌历史文化的研究遂成为一百多年来的国际显学。就写本文献讲，主要为汉文文献，现已公布的国内外收藏总数达 56000 多件（号）；其中大部分流失国外，主要收藏于英、法、俄等国家，约 40000 件；国内国家图书馆及各地图书馆、博物馆藏总计约 15000 件，甘肃省各地藏约 1000 件。其次为藏文文献，或曰敦煌吐蕃文献，目前已调查清楚者近 12000 件（号），其中海外约 5000 件，国内其他地方约 300 件，甘肃省各地藏 6500 多件。

新中国成立以来，甘肃各地的文物工作者，通过各种渠道、利用各种方法手段，或接受捐赠，或从民间征集，或从市场购买，或接收单位转让，陆续搜集到一部分敦煌写本收藏。这些收藏单位即：甘肃省博物馆、定西市安定区博物馆、永登县博物馆、武威市博物馆、高台县博物馆、张掖市博物馆、酒泉市博物馆、敦煌市博物馆、敦煌研究院、西北师范大学博物馆等。还有一部分收藏于非文物单位或私人手中。

甘肃藏敦煌汉文文献，上迄北朝，下至宋元；装帧形式以卷轴式为主，也有少量的蝴蝶装册子本和经折装册页。内容主要是写经，也有一部分历史文献、社会文书、文告等。其中如敦煌研究院藏《三国志·步骘传》《唐奴婢买卖市券副本》《张君义勋告》《腊八燃灯分配窟龛名数》，敦煌市博物馆藏《唐地志》《六组坛经》等，都是敦煌文献中的奇珍。

甘肃各地藏敦煌藏文文献，基本是写经，时代集中在吐蕃统治敦煌后期的830 年前后，内容主要分为卷式《大乘无量寿经》与贝叶式《般若经》，也有一少部分是记录吐蕃时期各类活动的社会文书。写经中卷轴装的《大乘无量寿经》使用长 45 厘米，高 31 厘米的白麻纸抄写粘接而成，一般一份三纸，楷书，字迹工整；白麻纸纸质较薄、稍粗，有横线乌丝栏；文从左至右横写，上下有天头、地脚，左右有边距；每纸左右两栏抄写，中间有宽 1.5 厘米界栏，近似古籍刻本版式；两纸粘贴处空白与界栏宽大致相等；大多尾题抄经人，校经人、有一份一卷者，也有两份或多份一卷者，最多的一卷为 11 份粘接在一起。

梵夹装的《十万般若颂》，一般长 70~73 厘米，宽 20 厘米许，页书 12 行，双面书写；双孔，孔距为 30 厘米左右；天头2~2.5 厘米，地脚 3 厘米许；前后边距均4 厘米许，乌丝栏距 1.2~1.5 厘米。根据保存现状可分三种类型：第一类是原标明部类和页码之经叶。原经叶上先是按藏文

字母顺序分为 KA、KHA、GA、NGA 等 22 部，每一部下又分若干页。其中 KA 部（第一部）和 KHA 部（第二部）各有五至六份页码相同但内容不同的经叶，每份存数十页至数百页不等。第二类是无部类、无页码经叶，这类经叶又分为两部分：第一部分是有卷、品名（首全）和写经校经题记（尾全）者，敦煌市博物馆藏 .t.1918 以下有 1000 多页（号）均为这种情形，甘肃省图书馆藏品中也有 100 余件（号）；第二部分为无页码、无卷品名、无写校题记的"三无"经叶。第三类为"报废经叶"。在这类写经中，一般都有朱笔圈点、打叉，首尾批语，中间剪断、剪边等痕迹，批语中明确指出其为报废经页。但由于当时纸张的珍贵，这些报废经页并没有被毁，而是保存了下来，有些还在空白处书写其他社会文书；加上原有的卷目、品名及写经、校经题记，这类经页上反映的内容十分丰富，使这些经页具有了写经与文书的双重性质和更大的价值意义。

除敦煌写本外，甘肃各地的博物馆还收藏有唐、宋、西夏、金、元、明、清等各个时期以来的汉文、西夏文、藏文等各种文字的写本和印本。汉文大藏经包括两部由明王朝朝廷赐予的《永乐北藏》：一部在张掖市甘州区博物馆（张掖大佛寺），目前连同藏经木柜一起完整保存；另一部保存在永登县博物馆，原属现为全国重点文物单位的感恩寺旧藏，缺失较多。汉文文献内容也包括写经和文书两类，自唐至清各个朝代都有，特别是除了墨书之外，还有用金银粉抄写于特制的瓷青纸上的；这些写经和文书目前保存于甘肃河东河西各地。民族文献方面，主要是西夏文和藏文两类，以 1989 年清理的武威市凉州区新华乡缠山村亥母洞出土旧藏最为丰富，现收藏于武威市凉州区博物馆（武威文庙）和西夏博物馆的西夏文、藏文文献基本全部出自此处。西夏文献多为印本，内容亦以佛经为多，但也保存一些应用于社会生产、生活方面的文书。藏文文献多为大藏经，系河西各地藏传佛教寺院从藏区请来。麦积山石窟艺术研究所保存有麦积山石窟及瑞应寺唐代以来的佛教、道教及社会文书等 1500 多件，多是明清时期的佛教经典，其中不乏珍品，反映了麦积山石窟佛教信仰的特征。

第一节　敦煌汉文文献

《三国志·步骘传》

晋写本，卷轴装。敦煌莫高窟藏经洞出土。硬黄纸。首尾俱残。长41.8厘米，高24.4厘米。天头1厘米，地脚1.4厘米，乌丝栏，栏宽1.6厘米。楷体墨书，前半纸18行，后半纸7行，总25行，行19~20字。前16行为步骘传，后9行为周昭等对步骘、严畯、诸葛瑾、顾劭、张承的评语。此件共440字，与现行中华书局标点本不同者41字，可资互校者10多处。其中最主要者，记凤凰元年（272年）步阐投降于晋，并派人到洛阳当人质事，现刊本作"（步阐）遣玑与弟璿诣洛阳为任"，而写本则作"遣玑弟璿诣洛阳为任"，以证"步氏泯灭，唯璿绍祀"之史实，写本珍贵之处彰显于世。现藏敦煌研究院。

《法句经》卷下

前凉升平十二年（368年）写本，卷轴装。敦煌莫高窟藏经洞出土。黄麻纸。首尾俱全。全卷长135厘米，高24.9厘米。天头1.1厘米，地脚1厘米，乌丝栏，栏宽1.6厘米。楷体墨书经文，单纸长42.2厘米，书26行，共2纸又前纸6行，后纸9行，总67行，行16~24字不等。每行分为上下四段，品名及段首有墨书章节符号。卷首有剪截痕，卷中部有水渍。首题"道行品法句经第卅八"，品题"泥洹品法句经第卅九"。题记："升平十二年沙弥净明。咸安三年十月廿日沙弥净明诵习法句起。"卷中有雌黄改字。此件似为最早有题年的雌黄改字经卷。文见《大正藏》第4卷（分卷不同），尊者法救撰。现藏甘肃省博物馆。

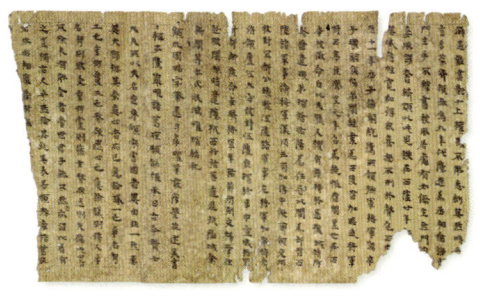

《三国志·步骘传》

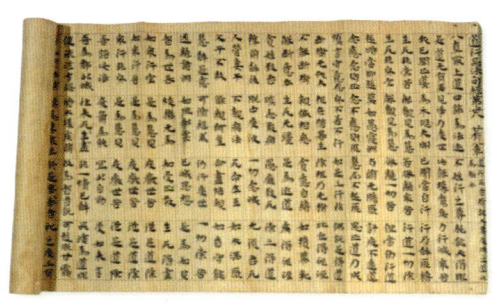

《法句经》卷下

《佛说阿难律经》

西凉写本，卷轴装。敦煌莫高窟土地庙出土。白麻纸。由两残卷缀合而成，前卷首全尾残，长 57.4 厘米；后卷首缺尾残，长 10.6 厘米。两卷均高 24.8 厘米。天头 1 厘米，地脚 1 厘米，乌丝栏，栏宽 1.3 厘米。楷体墨书总 31 行，行 19 字。经文曾作校勘。此为佚经，弥足珍贵。现藏敦煌研究院。

《大慈如来告疏》

北魏兴安三年（454 年）写本，卷轴装。敦煌莫高窟土地庙出土。白麻纸。首尾俱全，上部完好，下部残缺。长 37.1 厘米，残高 21.9 厘米。天头 1 厘米，无界栏，行宽 2 厘米。楷体墨书，总 18 行，行 10~18 字不等。首题"大慈如来十月廿四日告疏"，末尾题记："兴安三年五月十日谭胜写 / 传教人愿生生之处长直弥勒。"告疏正文大意为：得此告疏者，须传与他人；传者得益，不传者"死入地狱，无有脱期"。此卷为敦煌文献中唯一一份告疏，反映了北魏时期民间的弥勒信仰。现藏敦煌研究院。

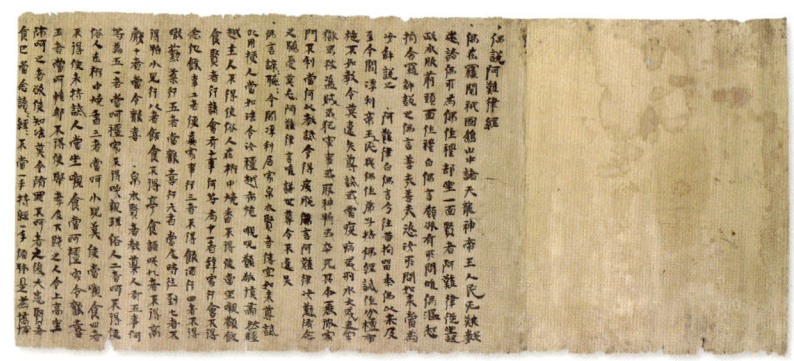

《佛说阿难律经》

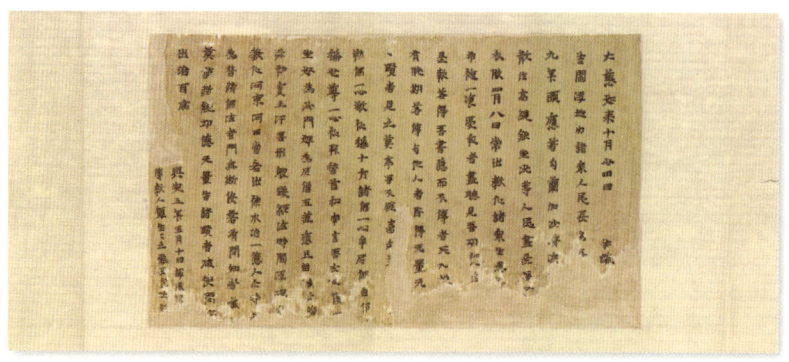

《大慈如来告疏》

天安二年令狐归儿课

北魏天安二年（467年）写本，卷轴装。敦煌莫高窟藏经洞出土。白麻纸。首尾俱残。长29.4厘米，高27.7厘米。天头2.2厘米，地脚1.7厘米，乌丝栏，栏宽1.68厘米。楷体墨书总13行，每行字数不等。第10、11行书题记："天安二年八月廿三日令狐归儿课，／王三典、张演虎等三人共作课也。"记令狐归儿随手写下3人一起做功课事。反映了北朝时经生写经制度：先写经题，次写经文，品题首行的天头用墨点提示，功能等同于汉简中的章节号，经文抄完后书写尾题。最后是写经人、用纸多少等记录。现藏敦煌研究院。

皇兴二年四月八日清信士康那造幡发愿文

北魏皇兴二年（468年）写本，卷轴装。敦煌莫高窟藏经洞出土。白麻纸。首尾完整。长38.7厘米，高26.8厘米。无界栏，行宽2厘米。楷体墨书总11行，行15~17字。为皇兴二年四月八日清信士康

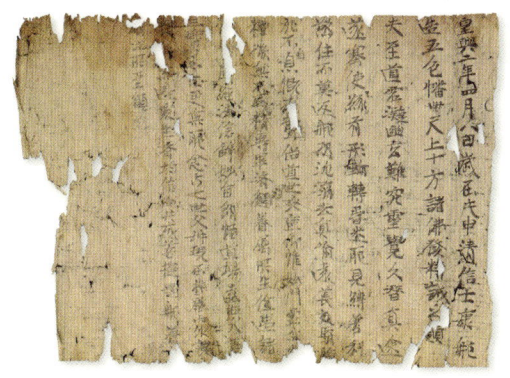

皇兴二年四月八日清信士康那造幡发愿文

那造五色幡卅尺发愿文，云"弃恶入善"，"七世父母，现在眷属，内外诸亲，并无边界众，齐均信向，共成菩提，是那眷属之所至愿也"。现藏敦煌研究院。

《国语卷三·周语下》

北魏写本，卷轴装。敦煌莫高窟藏经洞出土，系日人青山庆示捐赠。白麻纸。首尾俱残。长70.1厘米，高24.5厘米。天头0.8厘米，地脚0.7厘米，乌丝栏，栏宽1.6厘米。楷体墨书单纸书26行，共1纸又前17行，总43行，每行字数不

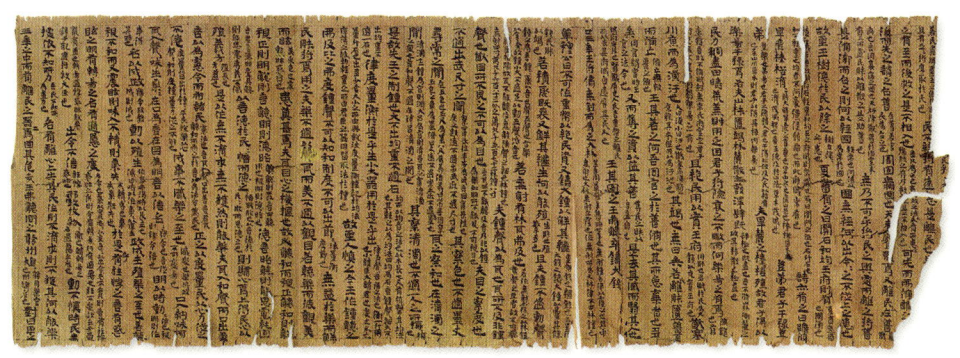

《国语卷三·周语下》

等。内容存景王二十一年至景王二十三年，中有雌黄改字，正文中有双行小注。卷背书北魏太平真君十一年（450年）、十二年（451年）历日。现藏敦煌研究院。

《佛图棠所化经》

北朝写本，卷轴装。敦煌莫高窟藏经洞出土，系日人青山庆示捐赠。白麻纸。1纸，首尾俱全。长17.5厘米，高27.2厘米。无天头地脚、界栏，行宽1.5厘米。楷体墨书总11行，每行28字。此经是流行于民间的佛教传帖，无传世本，敦煌藏经洞仅出土此一件。是佛教中国化、社会化的产物，反映了佛教流传过程中的神僧信仰，是研究佛教中国化及民间信仰的绝好资料。现藏敦煌研究院。

《佛说斋经》

北朝写本，卷轴装。敦煌莫高窟藏经洞出土。黄麻纸。由二残缀合而成，首尾俱缺。长40.3厘米，高24.5厘米。天

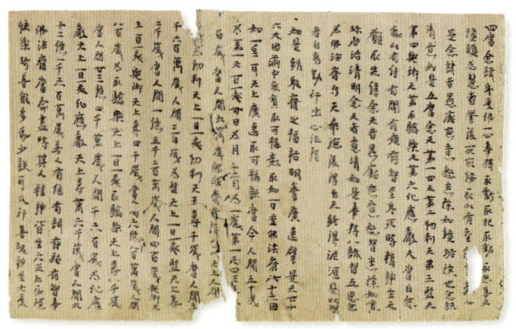

《佛说斋经》

头1厘米，地脚1厘米，乌丝栏，栏宽1.7厘米。楷体墨书总29行，行18~26字不等。前卷卷末4行为吴月氏居士支谦译《佛说廿一意》，首尾完整，文见《大正藏》第1卷。现藏敦煌研究院。

《增一阿含经》摘要

北朝写本，卷轴装。敦煌莫高窟藏经洞出土，白麻纸。首尾俱残。长72厘米，高24.5厘米。天头、地脚均残损，无界栏，行宽2.5厘米。二半张纸，楷体墨书前纸16行，后纸11行，总27行，行12

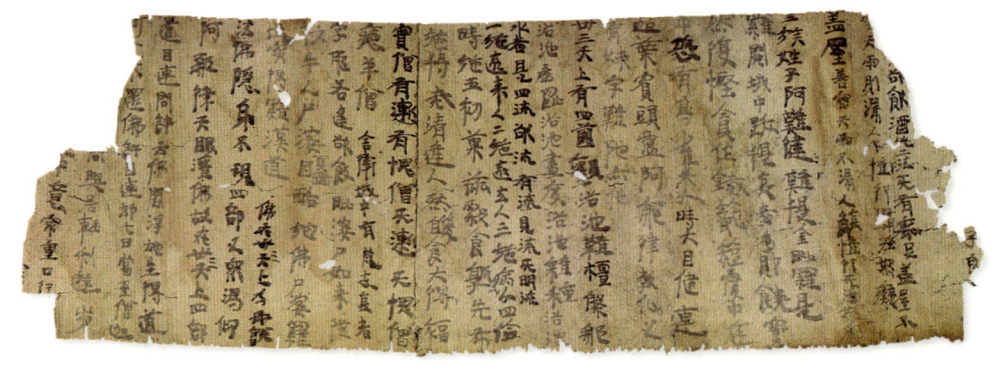

《增一阿含经》摘要

字。字大行疏，书写随意。短文包括 9 个故事，涵盖面竟达《增一阿含经》28 卷。其摘抄的形式、内容独特奇妙，敦煌文献中仅此一件。敦煌研究院藏。

《佛说坛特罗麻油述经》与《佛说祝毒经》

北朝写本，卷轴装。敦煌莫高窟土地庙出土。白麻纸。长 40.2 厘米，高 12.6 厘米。天头 1 厘米，地脚 0.6 厘米，乌丝栏，栏宽 1.2 厘米。楷体墨书，总 33 行，行书 11 字。前后抄写两种佛经。《佛说坛特罗麻油述经》首缺尾全，存 14 行，为该经的后半部分，东晋竺昙无兰译，敦煌藏经洞仅出土此一件。《佛说祝毒经》首全尾残，存 19 行，东晋竺昙无兰译，属早期密教咒语，至唐代此经已佚亡。此《佛说祝毒经》，在佛教目录学上有非常珍贵的文献价值，敦煌文献中仅此一件；《大正藏》存东晋帛尸梨蜜多译《灌顶七万二千神王护比丘经》与此内容稍异，当为此经另一译本。现藏敦煌研究院。

《维摩诘经》疏释

北朝写本，卷轴装。敦煌莫高窟藏经洞出土，现藏敦煌研究院编号敦研 066、247、248、249、250、251、252、375（其中 375 号为日本青山庆示捐赠）。白麻纸。内容为《维摩诘经》品三至品十一的疏释，中缺品六，不可缀合，经释注者不明。各卷纸长度 32~45 厘米不等，高 26.5 厘

米。天头 0.8~0.9 厘米，地脚 0.7~0.8 厘米，乌丝栏宽 1.13 厘米许。楷体墨书，双面书写，正面每纸 29~40 行不等，背面 16~22 行不等，每行字数不等。066 号为《维摩诘经弟子品第三》疏释，首尾俱残；247 号为《维摩诘经菩萨品第四》疏释，首残尾缺；248 号为《维摩诘经文殊师利问疾品第五》疏释；249 号为《维摩诘经观众生品第七》疏释，首尾俱缺；250 号为《维摩诘经佛道品第八》疏释，首尾俱缺；251 号为《维摩诘经入不二法门品第九》、《香积佛品第十》疏释，首尾俱缺；

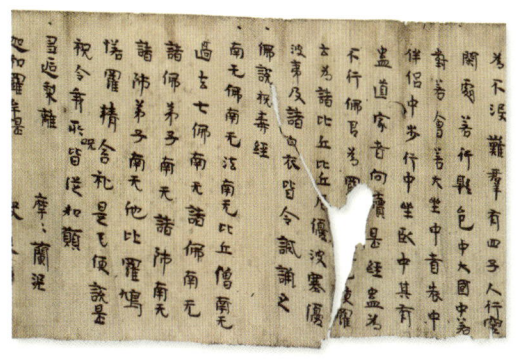

《佛说坛特罗麻油述经》与《佛说祝毒经》

《维摩诘经》疏释

252 号为《维摩诘经香积佛品第十》、《菩萨行品第十一》疏释，首尾俱缺。

北魏禁军军官籍簿

北朝写本，卷轴装。敦煌莫高窟土地庙出土。白麻纸。首尾俱残。长 27.1 厘米，高 27.8 厘米。楷体墨书，总 19 行。其书写次序为：职官名称、姓名、正职或兼职，末尾为总表。此北朝时代职官表，可见军职有统吏、幢将、军将、军长史等。现藏敦煌研究院。

《佛说无垢贤女经》

北朝写本，卷轴装。分别出土于敦煌莫高窟土地庙（敦研 072）和藏经洞（敦研 269）。白麻纸。072 号 1 纸，首尾俱残，起"子于腹中"，讫"庄校女身"；269 号 1 纸，首尾俱缺，起"发菩萨心"，讫"为一切导"。两卷均长 41 厘米，高 25 厘米。天头 1 厘米，地脚 0.7 厘米，乌丝栏，栏宽 1.56 厘米。072 号 18 行，269 号 8 行，楷体墨书总 36 行。每行 21~23 字不等。可缀合，经文经墨笔校勘。传世有竺法护译本；昙无谶译《佛说腹中女听经》与此经相符；第 269 号后 8 行内容为五百青雀故事。现藏敦煌研究院。

佛经戒律

北朝写本，卷轴装。敦煌莫高窟藏经洞出土。黄麻纸。首尾俱残。长 52.8 厘米，高 25.5 厘米。天头、地脚均 2.6 厘米，乌丝栏宽 1.67 厘米。单纸长 42.5 厘米，楷体墨书 25 行，共 1 纸又前 3 行后 3 行，总 30 行，行 18 字。前 22 行与之《梵网经卢舍那佛说菩萨心地法门戒品第十卷下》内容基本相同，但译文有异；第 23 行经题："鸠摩罗什法师诵法　慧融集"；

北魏禁军军官籍簿

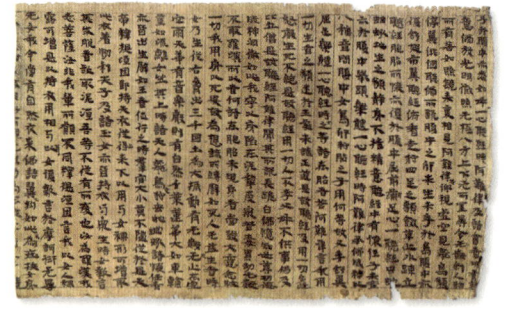

《佛说无垢贤女经》

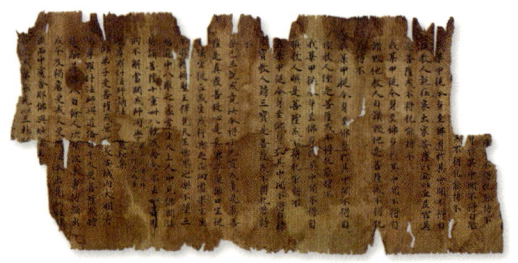

佛经戒律

后 7 行非鸠摩罗什译。现藏敦煌研究院。

比丘受戒文

北朝写本，卷轴装。敦煌莫高窟藏经洞出土。白麻纸。首尾俱全。长 79.5 厘米，高 24.7 厘米。天头 1.8 厘米，地脚 1 厘米，无界栏，行宽 1.6 厘米。单纸长 42 厘米，楷体墨书 25 行，共 1 纸又后 19 行，总 44 行，行 19~23 字不等。内容记比丘受戒事。现藏敦煌市博物馆。

《悲华经》卷第三大施品第三之二

北魏写本，卷轴装。敦煌莫高窟藏经洞出土。白麻纸。首尾俱残。长 29 厘米，高 28.2 厘米。天头 1.5 厘米，地脚 1.6 厘米，乌丝栏宽 1.7 厘米。楷体墨书，书总 17 行，行 17 字，中有颠倒符。北凉昙无谶译。现藏敦煌市博物馆。

《大方广佛华严经》卷第五十五

西魏写本，卷轴装。敦煌莫高窟藏经洞出土。黄麻纸。首残尾全。长 754.5 厘米，高 26.5 厘米。天头 3.8 厘米，地脚 3.7 厘米，乌丝栏宽 1.56 厘米。单纸长 37 厘米，楷体墨书 23 行，共 20 纸又后 13 行，总 464 行，行 17 字。卷尾背面有一墨书"上"字。尾题："大方广佛华严经卷第卅五"。东晋佛陀跋陀罗译本，该经是印度大乘佛教主要经典，五十卷；后由慧观等人校定重审，开为六十卷，两种卷本同时流通。敦煌写卷中以五十卷为主，传世刊本收录为校定重开后的六十卷本。现藏敦煌市博物馆。

《入楞伽经》卷第九

西魏戊寅（558 年）写本，卷轴装。敦煌莫高窟藏经洞出土。黄麻纸。19 纸。首尾俱全，卷首 18 行下部残缺。长 808.8 厘米，高 28 厘米。天头 4.3 厘米，地脚 4.2 厘米，乌丝栏宽 1.7 厘米。单纸长 42 厘米，楷体墨书 25 行，总 469 行，行 20 字。有轴。有刮削改字痕迹。首题"入伽经思品第

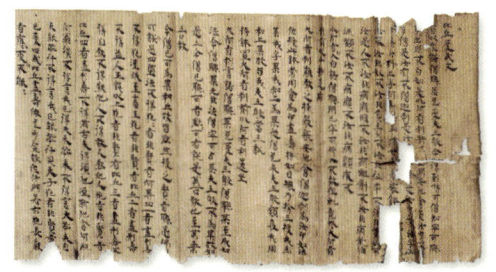

比丘受戒文

《入楞伽经》卷第九

十八"，尾题"入楞伽经卷第九"。题记："岁次戊寅十月卅日，比丘尼元英敬写大集经／一部楞伽经一部为七世师宗父母法界众／生三途八难速令解脱一时成佛。"《入楞伽经》为元魏天竺三藏菩提流支译本。比丘尼元英，又名元法英，系西魏宗室、瓜州刺史东阳王元荣之女，其夫邓彦，在东阳王死后杀元荣之子元康自领刺史。现藏甘肃省博物馆。

《贤愚经》卷第一、卷第二

西魏写本，卷轴装。敦煌莫高窟藏经洞出土。黄麻纸。首缺尾全。长 736 厘米，高 24 厘米。天头 3 厘米，地脚 2 厘米，无界栏。单纸长 37.8 厘米，楷体墨书 23 行，共 19 纸又半纸，共 447 行，行 17 字。品题"须阇提品第七、波斯匿王女金刚品第八、金财品第九、华天品第十、宝天品第十一、羼提婆梨 [提] 品第十二、慈力王血施品第十三"；尾题"贤愚经卷第二"。题记"敦煌太守邓季彦妻／元法英供养为一切"。现藏甘肃省博物馆。

《优婆塞戒经》卷第十

隋仁寿四年（604 年）写本，卷轴

装。敦煌莫高窟藏经洞出土。黄麻纸。9纸，首残尾全。长 459 厘米，高 25.7 厘米。单纸长 52.2 厘米，天头 3.1 厘米，地脚 3.1厘米，乌丝栏宽 1.8 厘米。楷体墨书每纸书 29 行，行 17~20 字。有轴。尾题："优婆塞戒经卷第十"。题记："仁寿四年四月八日槛维珍目向京为亡父写灌顶经一部，优婆塞经一部，善恶因果经一部，太子成道经一部，五百问事经一部，千五百佛名经一部，观无量寿经一部；造观世音像一躯；造四十九尺续命神幡一口。所造功德，为法界众生一时成佛。"北凉三藏昙无谶译本。现藏甘肃省博物馆。

《文选·运命论》

隋写本，卷轴装。敦煌莫高窟藏经洞出土。黄麻纸。首尾俱残。长 42.4 厘米，高 28.3 厘米。天头 3.3 厘米，地脚3 厘米，乌丝栏宽 1.9 厘米。楷体墨书，共 22 行，行书 16~17 字，中有雌黄改字。内容为历代文章辑录，辑者不详；残卷无注，"渊"字不避唐讳，可证其为隋书；抄写年代早于广为流行的唐李善《文选》注本，内容更接近于原著。现藏敦煌研

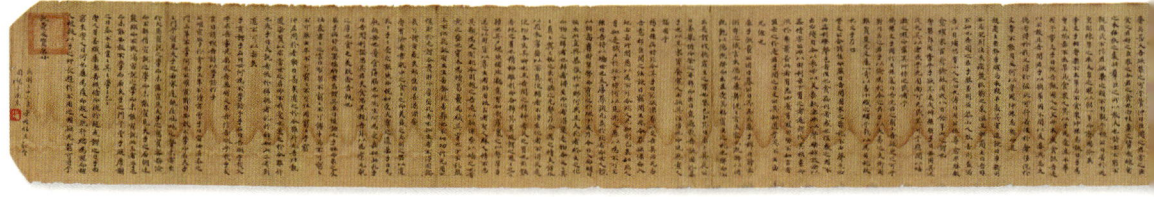

《说苑·反质》

究院。

《说苑·反质》

隋至初唐写本，卷轴装。敦煌莫高窟藏经洞出土。黄麻纸。首缺尾全。长383厘米，高28.6厘米。天头1.9厘米，地脚2厘米，乌丝栏宽2厘米。单纸长43.3厘米，楷体墨书22行，共8纸又前5行、后9行，总185行，行19~24字不等。尾题"说苑反质第廿"。残卷自《反质篇》第6段"秦始皇即兼天下"起，至"欲无穷可得乎"止，共20节。刘向著《说苑》，宋以后第15篇以下缺佚，现刊本20篇系据高丽本补齐；此件为隋唐间写本，比现行高丽本更接近刘向原著。卷首有题跋"民国三十六年（1947年）于右任、王新令同观于南京"，跋文下有于右任印章一枚。卷末上方钤"敦煌县政府印"。现藏敦煌研究院。

《妙法莲华经》授记品第六

唐写本，卷轴装。敦煌莫高窟藏经洞出土。黄麻纸。长806厘米，高26厘米。无轴，未装裱。墨书楷体手抄《妙法莲华经》授记品第六，以细线设天地界栏，

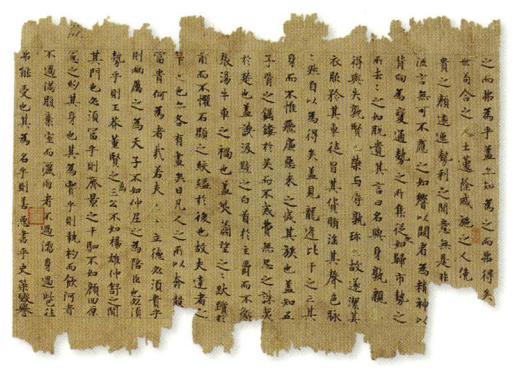

《文选·运命论》

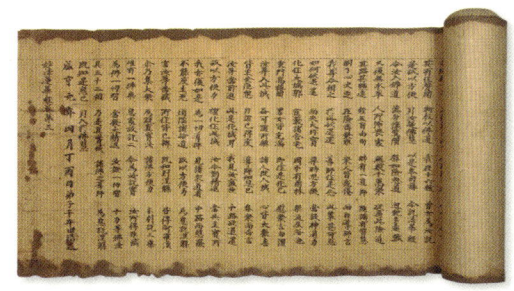

《妙法莲华经》授记品第六

每版28行（偶有29行），每行16~19字不等，全卷共454行。末尾款题"咸亨元年（670年）四月丁酉日弟子千牛田清送"。最末一行"妙法莲华经卷第三"为另一人所写。现藏张掖大佛寺。

《太玄真一本际经》道性品第四

唐写本，卷轴装。敦煌莫高窟藏经

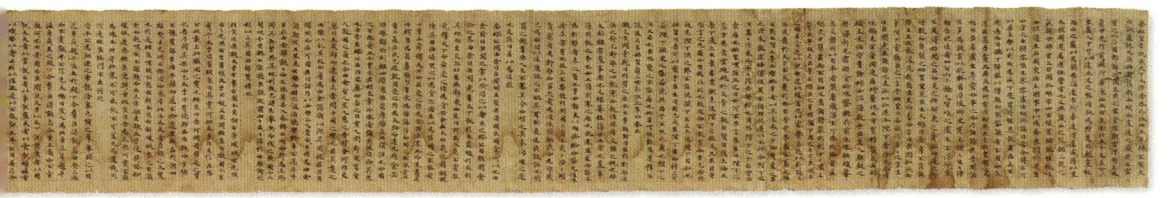

洞出土。黄麻纸。首尾俱残，起"疑惑太上"，讫"导"。长36.3厘米，残高21.2厘米。天头2.5厘米，地脚残缺，乌丝栏，栏宽1.7厘米。楷体墨书前纸12行，后纸9行，总21行，每行最多14字。现藏敦煌研究院。

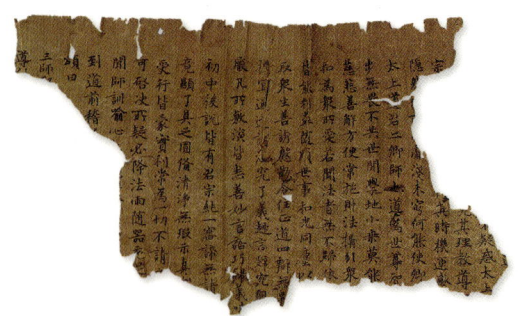

《太玄真一本际经》道性品第四

《金刚般若波罗蜜经注》

唐写本，册页装。敦煌莫高窟藏经洞出土。厚黄麻纸。册高15.5厘米，宽11.5厘米，厚1.5厘米。天头1.1厘米，地脚1.1厘米，乌丝栏，栏宽1.64厘米。共74页，每半页书6行，行11~15字不等，总933行；朱、墨两色楷体书写，朱笔书经，墨笔书注。首尾完整，有题记"大唐天宝元年（742年）五月□日白鹤观御注"，其字体与正文字体相去甚远，系后加。现藏敦煌研究院。

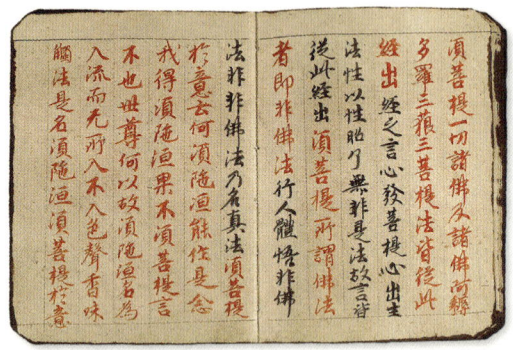

《金刚般若波罗蜜经注》

唐奴婢买卖市券副本

唐天宝三年至乾元元年间（744~758年）写本，卷轴装。敦煌莫高窟藏经洞出土。原为1件，后断为2纸，前纸长14厘米，残高23厘米；后纸长15厘米，残高19厘米。总15行，墨写行书。前者9行，第1行上下残，其余各行上部残；后者6行，除第1行缺4字外，余均完好。记行客王修智出卖胡奴多宝于惠温一事，有敦煌郡百姓安神庆、左怀节、行客张思禄以及健儿王奉祥、高千丈作保，市令秀昂给

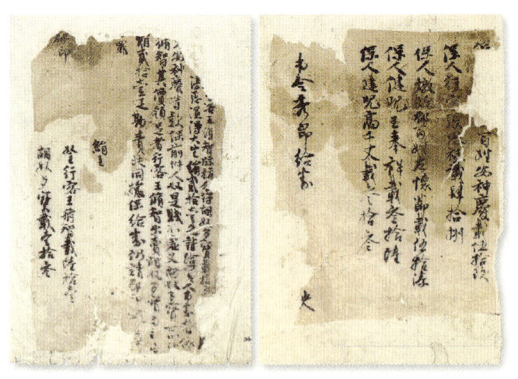

唐奴婢买卖市券副本1　唐奴婢买卖市券副本2

券。按唐代律法，奴婢买卖成交以后投验官府，给以印凭的"市券"，文书正本上部须钤郡印，此件市券无印而只书"郡

印"2字，可知其为"市券"副本。敦煌文献中奴婢买卖的市券只此1件，弥足珍贵。现藏敦煌研究院。

张君义勋告

唐景云二年（711年）写本，卷轴装。白麻纸。长155.1厘米，高27.6厘米。天头、地脚残缺，无界栏，行宽2.5厘米。共4纸，墨写行书总50行。1941年张大千得此件于莫高窟窟前沙堆中，同时出土的还有：有关张君义立功的"公验"2件，乘驿文牒1件（此3件现为日本天理图书馆收藏），人头一，左手腕一，右手大拇指一（以上3件现藏敦煌研究院）。张大千曾将这4件文书等随身携往日本装裱，并将张君义勋告以外的文物售予天理图书馆。1962年文化部派人赴香港买回此件，并于1963年8月拨归敦煌研究院收藏。此件内容是唐朝廷为张君义等人因战功受勋的告书，上有同时受勋的263人姓名、籍贯，是研究唐代告身制度的珍贵史料，敦煌文献中仅此一件。现藏敦煌研究院。

《采华违王上佛授决号妙华经》

唐武周时期写本，卷轴装。敦煌莫高窟藏经洞出土。黄麻纸。2纸，首尾俱全。全长106.7厘米，高25.8厘米。天头3.3厘米，地脚3.3厘米，乌丝栏，栏宽1.66厘米。单纸长47.7厘米，楷体墨书28行，总51行，行17字。经文卷中"授""国""臣""载"用武周新字，"民""愍"缺笔避讳。东晋天竺三藏竺昙元兰译本。现藏敦煌研究院。

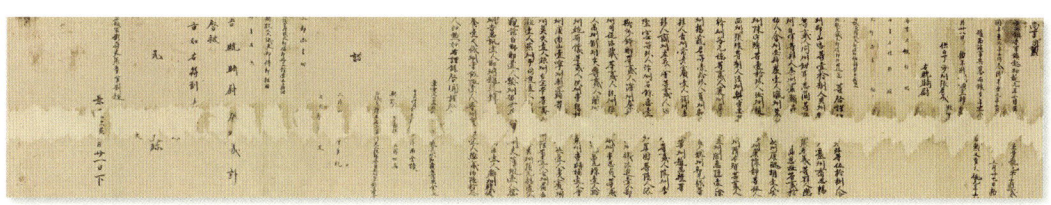

张君义勋告

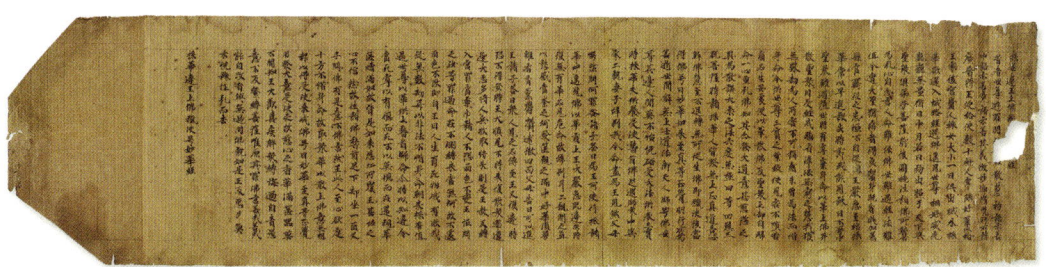

《采华违王上佛授决号妙华经》

第十一章　文献

1529

《大乘百法明门论开宗义记》

唐写本，卷轴装。敦煌莫高窟藏经洞出土。白麻纸。首全尾残。长94.3厘米，高28.2厘米。天头0.7厘米，地脚0.8厘米，行宽1.5厘米。单纸长39.4厘米，共2纸又后8行，楷体墨书总59行，行25字。后半部分下半截残缺严重。经文首题"大乘百法明门论开宗义记　京西明道场沙门昙旷译"。此经无传世本，敦煌藏经洞出土19件，现收入《大正藏》第85卷。现藏敦煌研究院。

《大般若波罗蜜多经》卷第十一

唐写本，卷轴装。敦煌莫高窟藏经洞出土。黄麻纸。首尾俱全。长908.5厘米，高25.8厘米。天头3.4厘米，地脚3.1厘米，乌丝栏宽1.7厘米。单纸长48.6厘米，楷体墨书28行，共18纸又8行，总510行，行17字。有轴。为三藏法师玄奘译《大般若波罗蜜多经》卷第十一之初分教试教授品第七之一内容，中有"报恩寺藏经印"

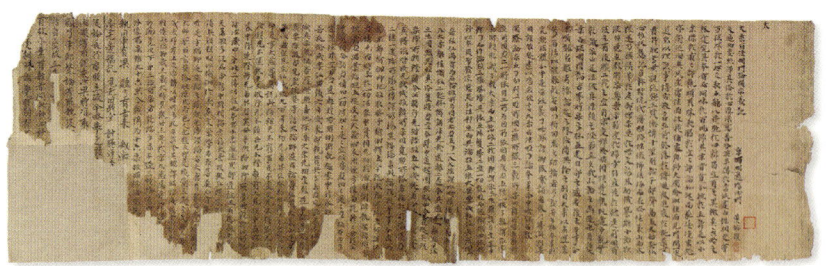

《大乘百法明门论开宗义记》

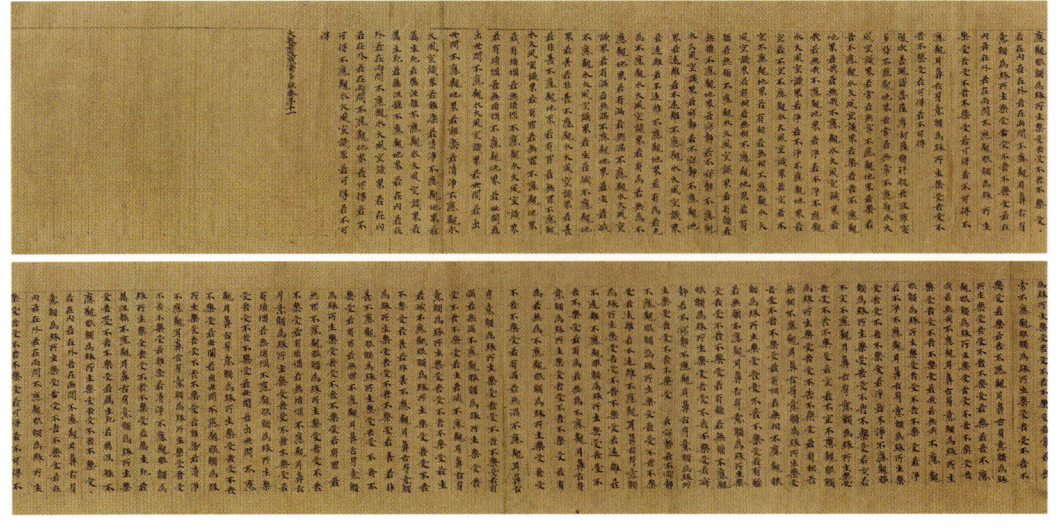

《大般若波罗蜜多经》卷第十一

骑缝印，仅存半边，报恩寺是盛唐至北宋时期的敦煌寺院。现藏敦煌研究院。

《妙法莲华经》节抄

初唐贞观十五年（641 年）写本，卷轴装。敦煌莫高窟藏经洞出土。白麻纸。首缺尾全。长 30 厘米，高 23 厘米。天头 1.2 厘米，地脚 1.4 厘米，乌丝栏，栏宽 1.4 厘米。楷体墨书经文 18 行，行 20~22 字不等，题记 1 行："唐贞观十五年四月朔三日女㼟去沐手 敬录"。全卷 19 行中，前部抄《妙法莲华经》法师功德品尾部，中部抄常不轻菩萨品数句，后部又抄法师功德品。文见《大正藏》第 9 卷。卷背收藏者书写"庚申春三月廿八王道送来"，可知此卷为庚申年（1902 年）藏经洞发现者王圆箓送给原收藏者。现藏敦煌市博物馆。

《妙法莲华经》卷第三

唐上元二年（675 年）写本，卷轴装。敦煌莫高窟藏经洞出土。黄麻纸。首尾俱全。长 784 厘米，高 26.4 厘米。天头 3.1 厘米，地脚 3 厘米，乌丝栏，栏宽 1.7 厘米。单纸长 43 厘米，楷体墨书 25 行，共 18 纸又后 5 行，总 453 行，行 17 字。最后 5 行无界栏，字体和纸质与前面略有不同，系拼接而成。题记云"上元二年十月廿三日公孙约写"。后秦鸠摩罗什译本。现藏甘肃省博物馆。

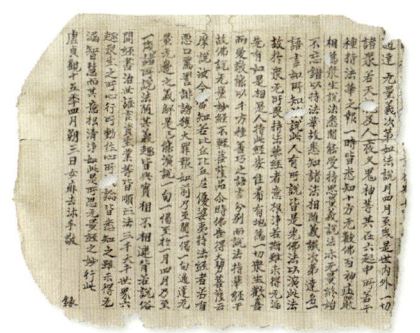

《妙法莲华经》节抄

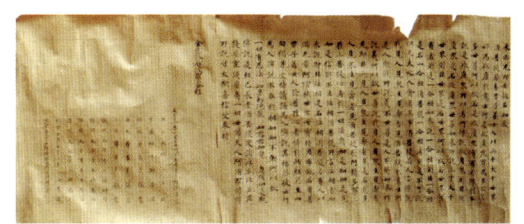

《金刚般若波罗蜜多经并序》

《金刚般若波罗蜜多经并序》

唐咸亨三年（688 年）写本，卷轴装。敦煌莫高窟藏经洞出土。檗染硬黄纸。首尾俱全。长 487.5 厘米，高 26.2 厘米。天头 3.2 厘米，地脚 2.8 厘米，乌丝栏，栏宽 1.45 厘米。共 12 纸，单纸长 45.2 厘米，墨写楷书 31 行，行 17 字，总 342 行，题记 12 行。纸质细腻，书法流畅，系宫廷写经，有原木轴。内容包括"金刚般若经序"、经文正文和咸亨三年宫廷写经、校经人题记。后秦鸠摩罗什译本。此件原系酒泉驼商人李培芝于 1942 年从敦煌侯士祖处购得，1947 年归高台县教育界民主人士公维义收藏，公维义 1952 年捐献

高台县人民政府文教科，1953 年归高台县文化馆保存。1993 年移交高台县博物馆珍藏。现藏高台县博物馆。

《大般涅槃经后分》卷第四十二

唐武周久视元年（700 年）写本，卷轴装。敦煌莫高窟藏经洞出土。黄麻纸。17 纸，首尾俱全。单纸长 51 厘米，总长 857.5 厘米，高 25.8 厘米，天头 3.4 厘米，地脚 2.9 厘米，乌丝栏宽 1.85 厘米。墨写楷书，经文，单纸书 28 行，共 463 行，行 17 字。经文间有朱笔校勘及刮削改字痕迹。内容存机感茶毗品、圣躯廓闰品，尾题"大般涅槃经后分卷第卅二"。题记："久视元年六月卅日，宁远将军守 / 右武

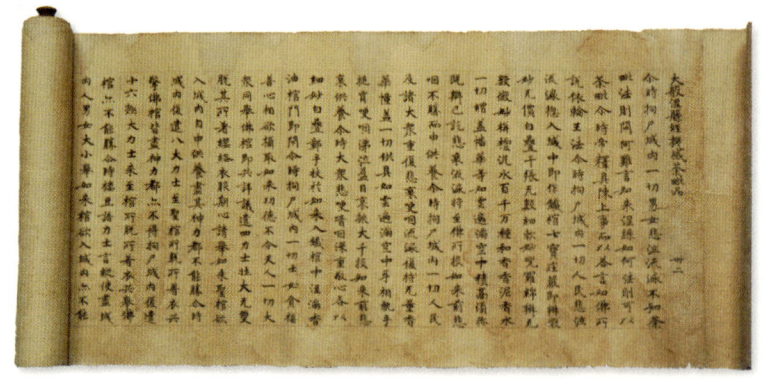

《大般涅槃经后分》卷第四十二

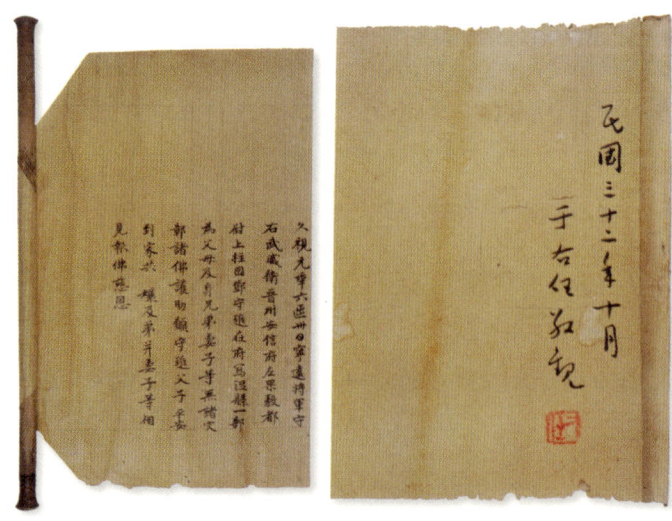

《大般涅槃经后分》卷第四十二

威卫晋州安信府左果毅都／尉上柱国邓守琎在府写涅槃一部，为父母及身，兄弟、妻子等无诸灾障，诸佛护助。愿守琎父子平安到家，共娘及弟并妻子等相见，报佛慈恩。"题记中"年""月""日""国"用武周新字。引首背面题签："大般涅槃经卷第四十二 冬 显"。"冬"为千字文编号，"显"指敦煌显德寺藏经。《大般涅槃经后分》之"圣躯廓闰品"在敦煌遗书中仅此一件。唐沙门若那跋陀罗译本。卷首有题"民国三十二年十月于右任敬观。"现藏甘肃省博物馆。

道士索澄空与三洞法师之盟文

唐景龙三年（709年）写本，卷轴装。敦煌莫高窟藏经洞出土。黄麻纸。1纸，首尾俱全。高22.4厘米，长14厘米。楷体墨书，存8行，行约24字。内容为唐景龙三年正月四日沙州敦煌县平康乡修武里神泉观道士索澄空（21岁）与三洞法师之盟约文书。敦煌文献中此"盟文"另有5件，为《十戒经》尾部的文字，相

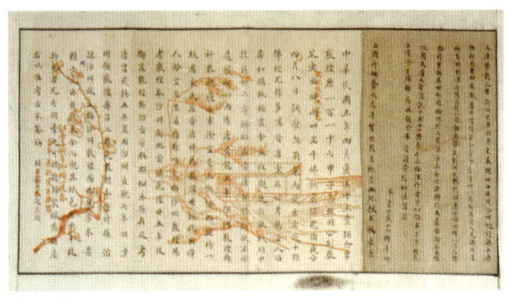

道士索澄空与三洞法师之盟文

当于佛经尾部的题记或发愿文。唐代敦煌县有多处道观，神泉观在沙州东北40里神泉驿，是较大的道观之一，敦煌所出道经，多有此观写本；三洞法师其人能洞真、洞玄、洞神。现藏甘肃省博物馆。

《金刚经真言》

唐写本，卷轴装。敦煌莫高窟藏经洞出土。黄麻纸。长21.6厘米，高24.9厘米。天头2厘米，地脚1.5厘米，朱丝栏宽2厘米。内容存经题1行，金刚经真言2行4句，题记6行。楷体墨书，总9行，行17~18字。题记云"朔方军节度衙前虞刘从章，奉为亡父母，愿事官清吉，福禄日新；应灾障总愿清除，父母眷属兄弟姊妹，合宅万福；冤家债主，并愿乘此功德，往生西方，于上都写，日常受持。咸通四年（863年）十二月九日彭城刘从章书"。经名、真言与题记非一人所写。现藏甘肃省博物馆。

《妙法莲华经》卷第三

唐写本，卷轴装。敦煌莫高窟藏经洞出土。黄麻纸。首尾俱全。卷长806厘米，高26.1厘米。天头2.9厘米，地脚3.3厘米，乌丝宽1.71厘米。单纸长48.5厘米，楷体墨书28~29行不等，共16纸又前8行，总454行，行17字。中有校勘刮削改字痕迹；"世""愍"缺笔。纸经檗染；有"妙法莲华经授记品第六""妙法莲华经化城

喻品第七"品题，尾题"妙法莲华经卷第三"。后秦鸠摩罗什译本。有后人添写题记"咸亨元年四月丁酉日弟子千牛田清送"。现藏张掖市博物馆。

《唐地志》及《紫微宫星图》《占云气书》

唐写本，卷轴装。敦煌莫高窟藏经洞出土。麻纸，纸质较厚，坚韧，略呈浅棕色。7纸，首缺尾略残。长301.9厘米，高31厘米。无边栏及界栏，行距宽窄不一。单纸长45厘米，每纸所书行数与每行所书字数均不等。楷体书写总160行。《唐地志》书写于卷子正面，起于陇右道成州，讫于岭南道澄州。现存5道137州、府，614县。每道名称之下，列所领州数。州、府名用大字竖写，州、府名上以大字横写郡名。州、府下用小字为该州至京都的里程数、该州的土贡名称和公廨本钱数。各道名称上方有朱笔作▲符号。在至京都的里程数上有朱点。各州、府的等第，以朱笔在其名称上端标出；县的等第，以朱笔在其名称旁注出。文字经过校勘，正文内有朱笔补入的文字或说明。《紫微宫星图》绘于《地志》背面，位于起首处，左右约31厘米；诸星绘于直径分别为26厘米与13厘米的两个同心圆内，内圆顶端竖写"紫微宫"3字。用红色圆点、黑色圆点和黑色圆圈表示三家星象。黑色表示甘德星、红色代表

石申星和巫咸星。其方位是上南、下北、左西、右东，与同时代的星图方位不同，同仰视星空一致。现存星名32个，黑星87颗，红星51颗，共138颗。《占云气书一卷》绘于《紫微宫星图》之后，约271厘米。内容包括"观云章""占气章"两部分，首题"占云气书一卷"，后书"观云气章第壹"；在第24图之后小字书"占气章"。云、气均以彩色绘出，上下两列，上列41幅，下列39幅，总计80幅。图形下附说明文字。其中一处有字无图，卷末29幅图有图无字。说明文字写在图下或图侧，文字行款不一，或并列书写，或

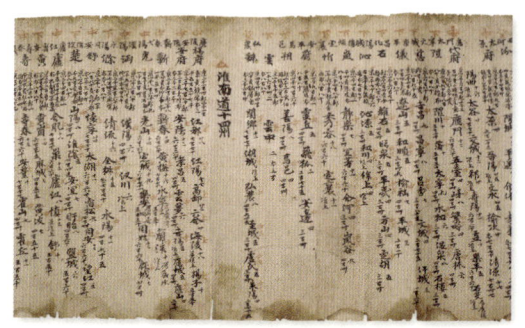

《唐地志》

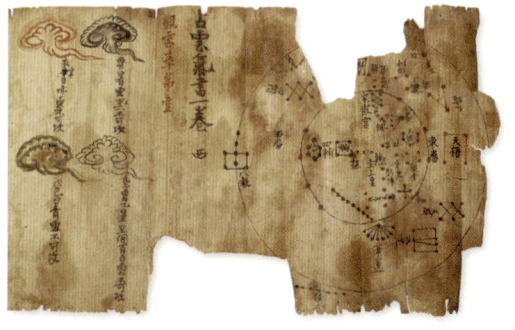

《紫微宫星图》《占云气书》

首句提行，或首几字提行。文字字迹与星图相同，出于一人手笔。本卷出土后，为敦煌县邮局蔺国栋收藏。后归王鸿武收藏。1953 年，敦煌县政府将此卷交给县文化馆（敦煌市博物馆前身）保存。现藏敦煌市博物馆。

《金光明最胜王经》卷第八

唐写本，卷轴装。敦煌莫高窟藏经洞出土。粗黄麻纸。7 纸又前 22 行，首残尾全，前 13 行下部残。卷长 344 厘米，高 25.3 厘米。天头 2.5 厘米，地脚 2.8 厘米，乌丝栏宽 1.62 厘米。单纸长 45.6 厘米，楷体墨书 28 行，总 208 行，行 17 字。经文中"世"字缺笔，有刮削改字痕迹。后附经字音。内容有卷八之大辩才天女品、大吉祥天女品第六、大吉祥天女增长财物品等；题记云龙兴僧智照写。另有"僧慎尔耶药叉大将品"；"王法正论品"；经文有两处缺品、断文。后 2 纸与前 5 纸经文不衔接，纸质不一，且字体有别，"龙兴僧智照写"经文仅后 2 纸。智照为唐代敦煌僧人，所抄经卷颇多，有题记者约 15 件。现藏酒泉市博物馆。

《大方便佛报恩经》卷第一至卷第三

唐元和三年（808 年）写本，卷轴装。敦煌莫高窟藏经洞出土。白麻纸。16 纸，首尾俱全，卷首下半部破损。总长 1198.5 厘米，高 28 厘米。天头 1.5 厘米，地脚 1.7 厘米，乌丝栏宽 1.35 厘米。单纸长 75.5 厘米，楷书 57~58 行，行 28 至 31 字不等，字小行密，总 895 行，经文间有朱笔校勘。内容有"大方便佛报恩经"卷一之序品第一、孝养品第二，卷二之对治品第三、发菩提心品第四、卷三之论品第五等；尾题"大方便佛报恩经卷第三"；题记"元和三年岁乙丑六月廿八日于报恩西院交讫（朱笔）"。现藏甘肃省博物馆。

《大乘无量寿经》

唐写本，卷轴装。敦煌莫高窟藏经洞出土。白麻纸。8 纸。总长 340 厘米，高 31 厘米。天头 1.8 厘米，地脚 1.9 厘米，乌丝栏宽 1.43 厘米。单纸长 42.8 厘米，楷体墨书 29 行，总 251 行，行 37 字。书写二遍，末尾均题"令狐晏写"。敦煌写经中，令狐晏又作"令狐晏儿"，所写《大乘无量寿经》超过 30 件。现藏甘肃省博物馆。

《瑜伽论第卅七分门记》

《药师琉璃光如来本愿功德经》

唐写本，卷轴装。敦煌莫高窟藏经洞出土。黄麻纸。5 纸，首缺尾全。长 196 厘米，高 27.2 厘米。天头、地脚 2.9 厘米，乌丝栏宽 1.9 厘米。单纸长 39 厘米，楷体墨书 20~22 行，总 101 行，行 19~25 字不等。首起"复次曼殊"。经校勘，中有颠倒符。尾题："药师经"。唐玄奘译一卷本。现藏永登县博物馆。

《大乘无量寿经》

唐写本，卷轴装。敦煌莫高窟藏经洞出土。白麻纸，纸质厚柔韧。5 纸，首尾俱全。长 228 厘米，高 30.5 厘米。天头 2.1 厘米，地脚 2 厘米，乌丝栏宽 1.48 厘米。单纸长 46 厘米，楷体墨书 31 行，总 152 行，行 30~32 字不等。写经生题记"李弁"，或作"李弁子"。现藏定西市安定区博物馆。

《瑜伽论第卅七分门记》

唐写本，卷轴装。敦煌莫高窟藏经洞出土。白麻纸。首全尾缺。长 398.6 厘米，高 31.7 厘米。天头 1.4 厘米，地脚 1 厘米，乌丝栏宽 1.34 厘米。单纸长 46.4 厘米，书 34 行，共 8 纸又前 23 行，总 272 行，每行字数不等。断为 8 段，行书，中用朱笔标点，起行处有朱笔所标多层圆圈、莲花瓣等符号。首题"瑜伽论第卅六分门记竟 国大德三藏法师法成述 智慧山随听手记 智慧山"。唐玄奘译本。现藏定西市安定区博物馆。

杂经

唐写本，册页装。敦煌莫高窟藏经洞出土。厚白麻纸。封面缺。册页高 14.8 厘米，宽 10.3 厘米。天头 2.1 厘米，地脚 1.2 厘米。无界栏。楷体墨书，单页书 10~14 行不等，共 15 页，总 173 行，行 10~16 字不等。内容为：1.《劝善经》一卷。首尾俱全，共 25 行。首题："劝善经一卷"。题记：贞元十九年（803 年）廿三日下；2.《佛说地藏菩萨经》，首尾俱全，共 27 行；3.《佛说摩利支天经》，首尾俱全，共 32 行；4.《佛说如来成道经》，仅存经题，无经文；5.《佛说延寿命经》，首尾俱全，共 21 行；6.《佛说续命经》，首尾俱全，共 21 行；7.《佛说观世音经》，首尾俱全，共 21 行；8.《佛说大威德炽盛光如来吉祥陀罗尼经》，首尾俱全，共 24 行。本册所辑多为所谓"疑伪经"，是研究佛教中国化及中国民间信仰的珍贵资料。现藏甘肃省博物馆。

《佛说解百生怨家陀罗尼经》

唐至五代写本，卷轴装。敦煌莫高窟藏经洞出土，敦煌市博物馆藏。双层黄麻纸。1 纸，首尾俱全。分为引首、经文、经尾三段，引首及经文为五代纸，纸厚质粗，帘纹宽，经尾为唐纸。引首、卷

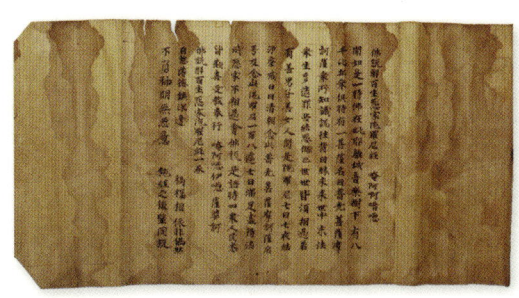

《佛说解百生怨家陀罗尼经》

尾各长 17 厘米；总长 53 厘米，高 25 厘米。天头 2.1 厘米，地脚 3 厘米，乌丝宽 1.73 厘米。楷体墨书，行 17 字，总 13 行。首题"佛说解百生怨家陀罗尼经"，尾题"佛说解百生怨家陀罗尼经一卷"。尾题后七言诗一首："自惭薄德镇深边，福祸相依非偶然。不负神明无恶意，施经之后望周旋。"卷首有竹篾，中系宽 0.7 厘米，长 19.3 厘米的绛红色绢带。此经未见有传世本，敦煌写本中另有 S.5677d 为同经，皆为供养经。现藏敦煌市博物馆。

三界寺藏内经论目录

五代后唐长兴五年（934 年）写本，卷轴装。敦煌莫高窟藏经洞出土。白麻纸。长 377.2 厘米，高 25.1 厘米。天头 2.9 厘米，地脚 2 厘米，无界栏。双面书写书体为楷体，单纸长 43.4 厘米，书 23 行左右，共 8 纸又前 11 行，总 194 行。书记长兴五年六月十五日敦煌三界寺比丘道真寻访古坏经文收入寺，修补头尾供养事，实为三界寺收藏的佛经目录，有经名、部、卷、几经几帙，梵文经下并注"梵本"，不但对研究佛经的翻译、流传有重要价值，也是研究中国寺院藏书史的绝好材料。在敦煌文献中，与此事有关的另有北图续 0329 号、S.3624 号。3 件文书反映道真清理登记三界寺本寺所藏经卷、寻访古坏经文、修补头尾活动的三个阶段。敦研 345 号是第一阶段。现藏敦煌研究院。

《六祖坛经》等

五代写本，册页装。敦煌莫高窟藏经洞出土。粗白麻纸。册页高 32.2 厘米，宽 11.7 厘米，厚 1.8 厘米。天头 1 厘米，地脚 1.2 厘米，乌丝栏，栏宽 1.6~1.9 厘米。单纸长 23.4 厘米，对折为页，每 4~6 纸

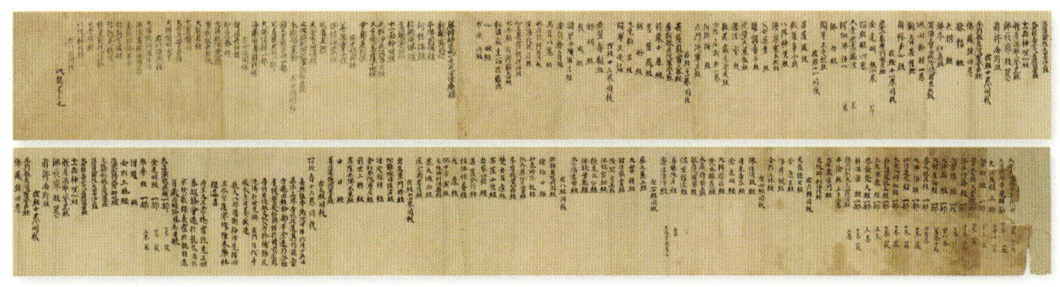

三界寺藏内经论目录

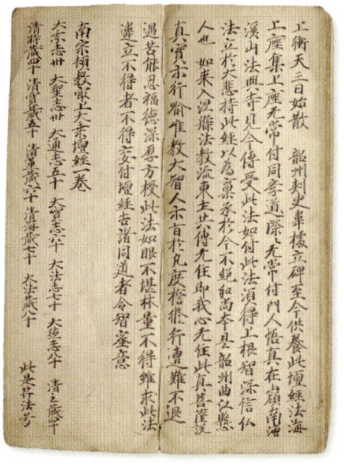

《六祖坛经》等

叠在一起，现残存 9 叠，细麻绳装订成册。每页楷体墨书 6 行，共 93 页，总 1082 行，行 22~26 字不等。小册子切口三面刷涂银粉。内容有：1.《菩提达摩南宗定是非论》一卷（尾题）。唐神会述。首尾俱全。题记"写了（朱笔）"；2.《南阳和上顿教解脱禅门直了性坛语》，唐神会撰，首尾俱全，首题前有朱笔花纹。中有任子宜题跋"民国廿四年四月八日获此经于敦煌千佛洞山之上寺任子宜敬志"。3.《南宗定邪五更转》（首题），仅存题；4.《南宗顿教最上大乘坛经》（即《六祖坛经》）一卷，唐慧能述，弟子法海集记，首尾俱全，经文首题前有朱笔符号；5. 佛经目录。清理佛经目录 2 行；6.《注般若波罗蜜多心经》，李知非作序，净觉注经，注文双行小字，文后有诗一首及杂写。本册除两

行佛经目录外，其余 5 种文献均为学术界公认的敦煌文献中的善本。此册原保存于莫高窟上寺，1935 年归任子宜收藏，后归敦煌市博物馆。任子宜（1901~1972 年），名禄，字子宜，敦煌人。新中国成立前曾任敦煌县教育局长、民众教育馆馆长等职。新中国成立后任敦煌县人民委员会文教卫生科副科长等职。生前为甘肃省政协委员。现藏敦煌市博物馆。

腊八燃灯分配窟龛名数

五代辛亥年（951 年）写本，卷轴装。敦煌莫高窟藏经洞出土。黄麻纸。长 47 厘米，高 24.9 厘米。墨写行书，共 18 行。前 2 行为原题："辛亥年十二月八日夜□□□社人遍窟燃灯／分配窟龛名数"，第 3 行至第 14 行上为燃灯负责者姓名，下双行小注注明其所管区内燃灯数的分配。

第15行至18行为榜文及发榜者释门僧政道真署名。此卷系吴曼公捐献，卷末有吴曼公题跋。腊八燃灯为敦煌岁时民俗，为庆祝佛降伏六师外道。此卷是当时敦煌佛教界担任僧政职务的道真于腊八的前一天向社人发布的在莫高窟遍窟燃灯的告示。此告示将莫高窟划分为十个燃灯区域，按洞窟的大小等内容，规定燃灯的数量。而且各区负责人，要尽心尽责，"如有阙然"或者"罚布一疋"，或者"痛决尻杖十五"，任何人不得幸免。此卷反映了951年时莫高窟的大体面貌和规模，当时的窟龛数量将近600个，比现存的492个多100多个，是有记载洞窟最多的时期。此卷是研究敦煌莫高窟史的难得资料。道真（约951~987年），敦煌僧人，出家于沙州三界寺，后任沙州僧政。现藏敦煌研究院。

李翰自注《蒙求》

五代写本，蝴蝶装。敦煌莫高窟藏经洞出土。白麻纸。首尾俱缺。残高22.7厘米，宽15.8厘米。天头0.7厘米，地脚残缺，无界栏，行宽1.5厘米。全长79厘米，首页被撕，现存5页。楷体黑书，每页8行，总73行，行17字。始为李良荐《蒙求表》，后为《蒙求》正文并注，正文大字，注双行小字。正文四字一句，两句一韵。李翰，唐代人，著自注《蒙

腊八燃灯分配窟龛名数

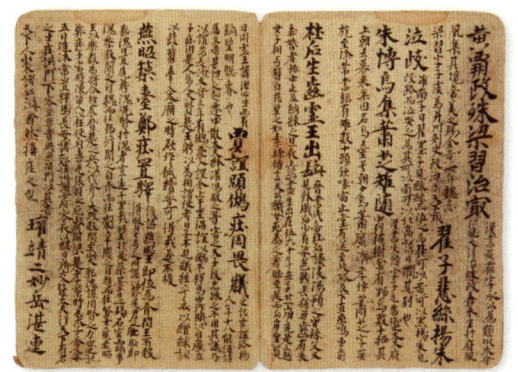

李翰自注《蒙求》

求》，共596句，2384字。以人物为经，事件为纬，全书涉及600余人，语言洗练押韵，内容生动简要。现藏敦煌研究院。

《四分戒本·出昙无德律》

五代写本，卷轴装。敦煌莫高窟藏经洞出土。白麻纸。首尾俱全。长661.4厘米，高26.5厘米。天头2.5厘米，地脚3.4厘米，乌丝栏宽1.47厘米。单纸长43厘米，楷体墨书28行，共14纸又后13行，总413行，行12~24字不等。有校改痕迹。首题"四分戒本　出昙无德律"；背有杂写数字，"戒本"是僧尼的行为准则。此为僧戒本。"比丘玄归"持戒本题记亦见

于北图昆 71 号。现藏酒泉市博物馆。

《佛说佛名经》

五代写本，卷轴装。敦煌莫高窟藏经洞出土。粗麻纸。5 纸，首尾俱残。长233 厘米，高 31 厘米。天头 1.35 厘米，地脚 1 厘米，乌丝栏宽 2.4 厘米。单纸长47 厘米，楷书 19 行，总 95 行，行 16~18字不等。卷尾有彩绘佛像一尊，高 4.2 厘米，宽 3 厘米。失译三十卷本，敦煌曹家抄经。现藏敦煌市博物馆。

《佛为首迦长者说业报差别经》《佛说无量大慈教经》

宋写本，经折装。敦煌莫高窟藏经洞出土。粗麻纸。首尾俱全。高 14.2 厘米，宽 9.2 厘米，厚 1.1 厘米。天头 1.2 厘米，地脚 1.3 厘米，乌丝栏，栏宽 1.4 厘米。共 17 纸，每纸首尾粘连，全长 780.4 厘米。单纸长 46.5 厘米，折为 5 折，全经共 85页。每折页双面书写，楷体墨书，面书 6行，总 746 行，行 10~12 字不等。封皮无文字，有素纸约 44 折面。内容为:1《佛为首迦长者说业报差别经》，隋瞿昙法智译，首尾俱全，首题脱"说"字；经文532 行，其中 503 行书于正面，29 行书于背面。2.《佛说无量大慈教经》，首尾俱全，尾题"佛说无量大慈教经一卷"；经文 214 行，书于背面《佛为首迦长者说业报差别经》之后。现藏敦煌市博物馆。

《大般若波罗蜜多经》卷第九十九

北宋咸平元年（998 年）写本，卷轴装。敦煌藏经洞出土。黄麻纸。首残尾全，前 3 行残。总长 615 厘米，高 26.2 厘米。天头 3.8 厘米，地脚 2.6 厘米，乌丝栏宽1.6 厘米。单纸长 47.2 厘米，楷体墨书 28行，共 13 纸又 8 行，总 364 行，行 17 字。品题"初分摄受品第廿九"，尾题"大般若波罗蜜多经卷第九十九"；题记："咸平元年四月八日，济法寺法度沙门普惠敬造《大般若波罗蜜多经卷》，拔济有缘，愿一切众生 / 咸蒙斯福。"现藏甘肃省博物馆。

归义军衙府酒破历

宋写本，卷轴装。敦煌藏经洞出土。为宋乾德二年（964 年）瓜沙归义军衙府酒账。粗白麻纸。首尾俱缺，割裂为二。

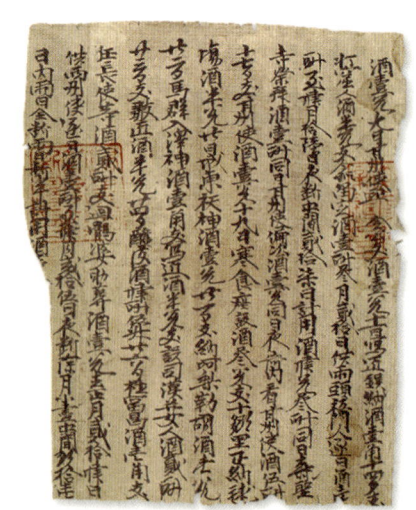

归义军衙府酒破历

全长 105 厘米，书 49 行书体为行书。前件长 24 厘米，两个半张纸，前纸 9 行、后纸 2 行，共 11 行，行 25 字。卷中有两半"归义军节度使新铸印"（其中一方只剩半边字），阳文，纵长方形，纵 6.1 厘米，横 5.8 厘米。后件长 81 厘米，1 纸又前 14 行、后 9 行，单纸长 34.5 厘米，书 16 行，总 39 行，行 25 字。中有两方"归义军节度使新铸印"。"五月""六月"用朱笔书写。卷背书《金刚经注疏》。两卷高 30 厘米。天头 1 厘米，地脚残缺，无界栏，行宽 2 厘米。第 001 号藏敦煌研究院；第 369 号割裂后初归董希文先生收藏，后辗转为日本友人青山杉雨收藏，1997 年青山杉雨之子青山庆示将其父收藏的 8 件敦煌文献捐赠敦煌研究院，此为其中之一。现藏敦煌研究院。

第二节　敦煌藏文文献

昂楚校《般若波罗蜜多心经》（疑）

写于吐蕃时代，卷轴装。敦煌莫高窟藏经洞出土。麻纸。长 61.5 厘米，高 32 厘米。天头 1.5 厘米，地脚 3.3 厘米。共 1.5 纸，楷体抄写有 1 处题记。有水渍痕迹。《般若波罗蜜多心经》系由吐蕃名僧、三藏法师法成由梵文译出。校经人系吐蕃赞普墀祖德赞 (khri gtsug lde btsan，约 815~838 年在位) 妃子贝吉昂楚，她于公元 830 年前后赴敦煌协助吐蕃沙门宰相贝吉云丹弘扬佛法，并亲自参与抄经事业。本件是敦煌文献中唯一一件由吐蕃王妃签名的《般若心经》，是公元九世纪吐蕃上层推动敦煌佛教事业的历史见证，也是藏汉人民团结的真实的历史记载。现藏敦煌研究院。

吴洪辩抄《大乘无量寿宗要经》

写于吐蕃时代，卷轴装。敦煌莫高窟藏经洞出土，分两卷。麻纸。长 133 厘米，高 31.1 厘米。天头 2.8 厘米，地脚 2.4 厘米。单纸长 45.4 厘米，共 3.5 纸。每纸二栏，隔栏宽 1.5 厘米。藏文楷体抄写，栏 19 行。最后半纸跟其他纸颜色、纸质

昂楚校《般若波罗蜜多心经》（疑）

不一样。共 1 份，抄写 1 遍，首尾完整。题记：吴洪辩抄。吴洪辩在吐蕃统治敦煌期间任都教授，归义军时期，任都僧统。都教授和都僧统都是中晚唐敦煌的最高一级僧官，统治着数以千计的僧尼大众。吴洪辩是归义军成立后的第一任河西都僧统，在归义军时期，都僧统是仅次于归义军节度使的重要人物，历代都僧统对同时代的节度使的辅佐，是敦煌地区社会安定和文化发展的一个重要因素。现藏敦煌市博物馆。

张意之抄《大乘无量寿宗要经》

写于吐蕃时代，卷轴装。敦煌莫高窟藏经洞出土。麻纸。长 410 厘米，高 30.8 厘米。天头 2.8 厘米，地脚 2.4 厘米。单纸长 45.9 厘米，共 9 纸。每纸二栏，隔栏宽 1.5 厘米。楷体抄写，栏 19 行。共 3 份，抄写 3 遍，抄写人均是张意之。张意之为敦煌吐蕃时代的汉族抄经生抄写多封藏、汉文佛经。现藏敦煌市博物馆。

孟勒抄《大乘无量寿宗要经》

写于吐蕃时代，卷轴装。敦煌莫高窟藏经洞出土。麻纸。长 411.3 厘米，高 31.5 厘米。天头 2.8 厘米，地脚 2.4 厘米。单纸长 45.7 厘米，共 9 纸。每纸二栏，隔栏宽 1.5 厘米。楷书抄写，栏 20 行。共 3 份，抄写 3 遍，首尾均完整，从题记可知均为孟勒一人所抄。第一、三遍末尾尾题下方有一方正方形红印，边长 6.5 厘米，内有坐佛画像一尊。现藏敦煌市博物馆。

吴洪辩抄《大乘无量寿宗要经》

张意之抄《大乘无量寿宗要经》

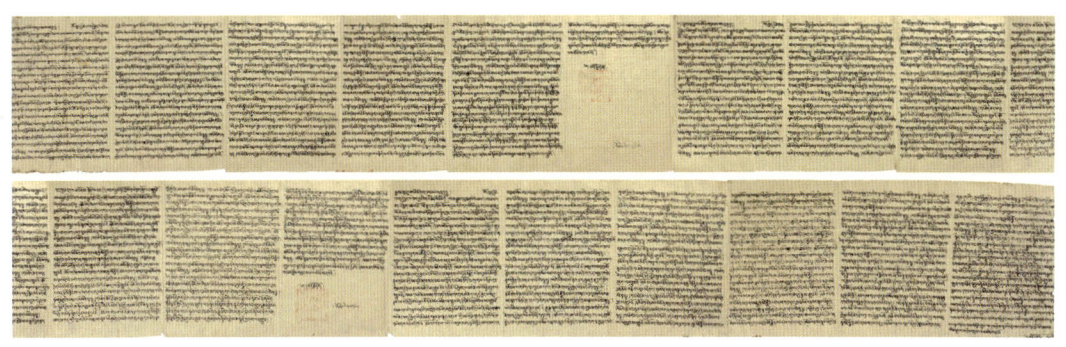

孟勒抄《大乘无量寿宗要经》

长卷《大乘无量寿宗要经》

写于吐蕃时代，卷轴装。敦煌莫高窟藏经洞出土。麻纸。长 1350 厘米，高 31 厘米。天头 2.8 厘米，地脚 2.4 厘米。单纸长 45.7 厘米，共 30 纸。每纸二栏，隔栏宽 1.5 厘米。楷体抄写，栏 21 行。共 10 份，抄写 10 遍，第 1~5 遍末尾有写经题记，第 6~10 遍末尾无题记。第 10 遍尾题下方有 6 厘米 ×6 厘米红印一方。第 19 纸有汉文题记"李光"。题记：阎拉默抄。此类长卷古藏文无量寿经尚保存有多卷。现藏敦煌市博物馆。

法成校《大乘无量寿宗要经》

写于吐蕃时代，卷轴装。敦煌莫高窟藏经洞出土。麻纸。长 178 厘米，高 31 厘米。天头 2.8 厘米，地脚 2.4 厘米。单纸长 45.7 厘米，共 4 纸。每纸二栏，隔栏宽 1.5 厘米。楷体抄写，栏 19 行。首纸前半栏空白。共 1 份，抄写 1 遍，首尾完整。卷首用芨芨棍作卷轴，首页另有一字，尾横写一行，有朱笔校注。题记：包晟抄、校，法成二校，帕布藏三校。大校阅师、翻译家法成，吐蕃僧人。通晓藏、汉、梵文。20 岁受戒，于唐贞元十七年

长卷《大乘无量寿宗要经》

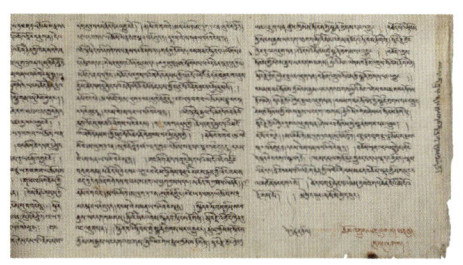

法成校《大乘无量寿宗要经》

（801 年）至敦煌弘法，驻锡永康寺，译经撰述。842~846 年间，移居甘州修多寺译经。唐元和十年（815 年）彝泰赞普（可黎可足）即位后，法成被召入蕃，令译《金光明最胜王经》《贤愚经》等释典为吐蕃文。848 年张议潮举事后，力加挽留，法成回到沙州，居开元寺译经，同时开讲《瑜伽师地论》。现藏敦煌市博物馆。

《十万般若颂》卷轴

写于吐蕃时代，卷轴装。敦煌莫高窟藏经洞出土。残片 2 页。其一长 254 厘米，高 28 厘米。双面书写，楷体背面既有汉文杂写，也有藏文社会文书、十万颂般若经文。其中有如下内容：书信，是东玛致内臣论玛札、论玛热、论东桑的问候信；写经记事，"这四行经文在瓜州经文中无，属多余部分，暂且搁置"。其二长 90 厘米，

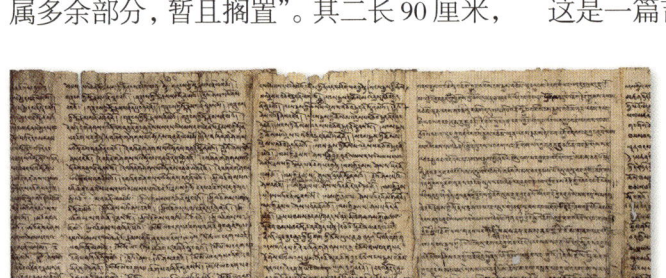

《十万般若颂》卷轴

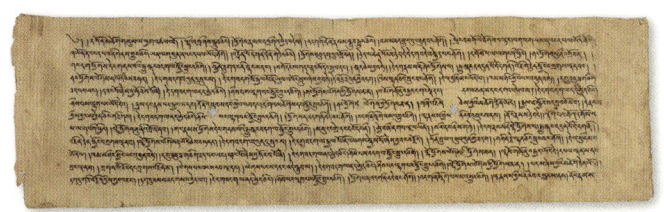

吉祥颂

高 28 厘米，中间断为两截，有用朱笔修改过的记录。现藏敦煌市博物馆。

《十万般若颂》并吐蕃内臣书信

写于吐蕃时代，梵夹装。敦煌莫高窟藏经洞出土。麻纸。残片，破损严重。长 62 厘米，高 27.5 厘米。存 21 行，双面书写字体为楷体。背面为社会文书，内容为禄祚致信给内臣论玛松书信一行，充木勒致信给内臣论玛松书信一行，卡卫朵致信给内臣论赞松书信一行。现藏敦煌市博物馆。

吉祥颂

写于吐蕃时代，梵夹装。敦煌莫高窟藏经洞出土。麻纸。1 页。长 78 厘米，高 22.3 厘米。双面书写，楷体，面书 12 行。双孔，孔距 29.5 厘米。页面有泥水渍。这是一篇吉祥颂。文中列出天象中东、南、西、北四个方位各有七个星宿，并一一列出了这二十八星宿的名称，祈愿这二十八星宿保佑人们幸福、安康。文中还祈愿三十二位女神以及其他诸神祇保佑人们出入平安，逢凶化吉。现藏敦煌市博物馆。

（疑）云丹、贝吉仲玛等校双数码《十万般若颂》

写于吐蕃时代，梵夹装。敦煌莫高窟藏经洞出土。麻

纸。14 页。页长 71.5 厘米，高 20.5 厘米。双面书写，楷体面书 12 行。双孔，孔距 29.5 厘米。属《十万般若颂》第一卷第三品、第四品和第五品内容，原页码第一函 27 页至 41 页（中缺第 30 页）。第三品首缺尾全，有题记：马猴猴抄，森格校，勒堆二校，吉藏三校，禄赞四校；第四品首尾全，有题记：马猴猴抄，格勒校，云丹二校，刚刚三校，贝吉仲玛四校；第五品首全尾缺。此 14 页写经用吐蕃文数字与现代藏码标明页码，是所有敦煌文献中唯一一份用两种数字标明页码的写经，也是唯一使用现代藏码的经页，证明现代藏码早在吐蕃时期就已经使用。"钵阐布"贝吉云丹是吐蕃统治敦煌时期受赞普委

托主持吐蕃重大内外事务的最高级僧人，和吐蕃王妃贝吉昂楚一道亲赴敦煌，一来处理吐蕃在河西的重大事务，二来兴佛，这在藏汉文史籍中没有记载，敦煌藏文写经填补了这一历史空白。现藏敦煌市博物馆。

智光抄、校《十万般若颂》

写于吐蕃时代，梵夹装。敦煌莫高窟藏经洞出土。麻纸。12 页。页长 72.5 厘米，高 22.5 厘米。双面书写，楷体，面书 10 行。双孔，孔距 22.2 厘米。有轻微黑色油污。原页码为第 1 至第 12 页，第 12 页有题记：比丘智光抄、校，三界寺所藏经卷。首尾全，有题记。三界寺是敦煌大寺之一，始建于公元 834 年前后，

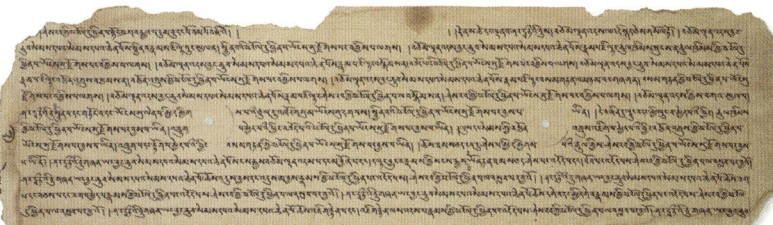

（疑）云丹、贝吉仲玛等校双数码《十万般若颂》

智光抄、校《十万般若颂》

寺内设有寺学。现藏敦煌市博物馆。

张意之抄《佛说大宝积经》

写于吐蕃时代，梵夹装。敦煌藏经洞出土。麻纸。1页。页长44.3厘米，高8厘米。双面书写楷体。为《佛说大宝积经》第一百二十三品内容，原页码第八函第77页；正面经页页面有黑斜杠4道，系报废经页。正面有张意之报废记录；背面有杂写：董都俊抄写三卷，根却乎抄写一卷，猴猴抄写一卷。现藏敦煌市博物馆。

《十万般若颂》第二卷第二十二品废页、云丹书信等

写于吐蕃时代，梵夹装。敦煌莫高窟藏经洞出土。麻纸。1页。长75.5厘米，高20.3厘米。双面书写，楷体面书13行。双孔，孔距29.5厘米。经页正面为《十万般若颂》第二卷第二十一品末尾与二十二品开首，系报废经页；正、反面总共有四

《十万般若颂》第二卷第二十二品废页、云丹书信等

《十万般若颂》第一函第四百五十五页废页、备战令稿等

封书信，其中之一是热布贡朵赞和嫩赞勒写给吐蕃宰相贝吉云丹的请示信，还有贝吉云丹的回复："照准"。这件文书是吐蕃宰相贝吉云丹直接管理敦煌事务的有力证据，其中的奏事人之一朵赞，来自热布贡，热布贡即今青海同仁县，这在地理位置上标出了写信人的籍贯，对吐蕃的疆域管辖范围等方面的研究有一定的资料价值。经页背面书一个形似大树的美术字，是吐蕃文中六字真言的第一字"吽"，用双线勾成。现藏敦煌市博物馆。

《十万般若颂》第一函第四百五十五页废页、备战令稿等

写于吐蕃时代，梵夹装。敦煌莫高窟藏经洞出土。麻纸。1页。长66厘米，高18厘米。双面书写，楷体，面书14行。双孔，孔距29.5厘米。左、右两侧乌丝栏界栏外空白边沿有剪边痕迹，系报废经页，原页码第一函第四百五十五页。上写有军事备战令抄件一份，内容是大尚论发给芒波赞桑贡和孟赞两位将军的命令，让他们为鸡年秋后的军事行动做好准备；另有书信二件，一是代东发给内臣论格桑的问候与请示信；二是赞拉措发给内臣论赞热的信，尾残。现藏敦煌市博物馆。

《十万般若颂》废页、书信、愿文、美术字、记年等

写于吐蕃时代，梵夹装。敦煌莫高窟藏经洞出土。麻纸。1页。长 69.5 厘米，高 20.2 厘米。双面书写，楷体，面书 12 行。双孔，孔距 29 厘米。首尾缺，系报废经页。背面书有为发给论野心儿的信一行；张赞贡发给内臣贝却乎的问候和请求贝却乎为众生发愿祈福的信；写于鸡年春天藏历正月 25 日之祈愿文；有一双线勾藏文美术字。现藏敦煌市博物馆。

愿文、书信、写经记事、纪年等

写于吐蕃时代，梵夹装。敦煌莫高窟藏经洞出土。麻纸。1页。长 68.5 厘米，高 23.5 厘米。双面书写，楷体，面书 6 行。无孔。缺少半页，边部多处破损，中间有一道 17.8 厘米的裂口，系报废经页。另有愿文一篇（残缺），王本本写

《十万般若颂》废页、书信、愿文、美术字、记年等

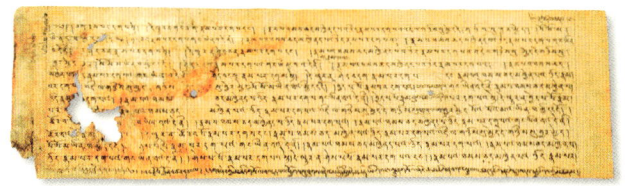

《十万般若颂》废页、纪年书信、杂题等

经记事，都热写给内臣论格热的问候信，杂写年代"鼠年春"等。现藏敦煌市博物馆。

《十万般若颂》废页、纪年书信、杂题等

写于吐蕃时代，梵夹装。敦煌莫高窟藏经洞出土。麻纸。1页。长 73 厘米，高 20.5 厘米。双面书写，楷体，面书 12 行。双孔，孔距 29.5 厘米。品题为《十万般若颂》第二卷第一品，系报废经页，有抄经人题记。有书信四份：1."牛年夏天论息热"，不完整；2. 是都热写给内臣论赞热的问候信，并请求回信，不完整；3. 给噶尔勒热的信，不完整；4."龙年夏论格热等"，不完整。另有习字杂写。现藏敦煌市博物馆。

吐蕃相、论、僧官记事

写于吐蕃时代，梵夹装。敦煌莫高窟藏经洞出土。麻纸。1页。长 76.5 厘米，高 25 厘米。双面书写，楷体，面书 7 行。系报废经页，有抄经记录"阴禄勒经页"两处。其他内容有内臣论都玛腊于虎年写给尚论的信，内臣论都热写的信，习字杂写，大尚论尚绮立心儿和论辰热寄给德论的盖印公函，勒贡写给内臣赞松的信，仲勒热写给内臣尚勒热的信。现藏敦煌市博物馆。

吐蕃相、论、僧官记事

《十万般若颂》废页、书信、杂写、特殊三角剪边等

《十万般若颂》废页、书信、杂写等

《十万般若颂》废页、书信、诗文、杂写等

《十万般若颂》废页、书信、杂写、特殊三角剪边等

写于吐蕃时代，梵夹装。敦煌莫高窟藏经洞出土。麻纸。1页。长67厘米，高20.4厘米。双面书写，楷体，面书12行。双孔，孔距29.4厘米。正面上方有三个三角形剪角口。左右两侧均有剪边痕迹，系报废经页。另有官文书抄件"大蕃神圣赞普殿前，贝勒给内臣论赞心儿……"内容不完整。现藏敦煌市博物馆。

《十万般若颂》废页、书信、杂写等

写于吐蕃时代，梵夹装。敦煌莫高窟藏经洞出土。麻纸。1页。长67.3厘米，高17.8厘米。双面书写，楷体，面书14行。双孔，孔距23.2厘米。左侧乌丝栏界外有剪边痕迹，背面有黑色斜杠一道，系报废经页。另有盼喇贡和都赖布写给内臣论都心儿和论格热的回信；残书信抄件。现藏敦煌市博物馆。

《十万般若颂》废页、书信、诗文、杂写等

写于吐蕃时代，梵夹装。敦煌莫高窟藏经洞出土。麻纸。1页。长74.5厘米，高22.2厘米。双面书写，楷体，面书12行。双孔，孔距29.5厘米。经页中间有一道剪口，左侧有剪边痕迹，系报废经页；另有索都赖布和康曾达等写给内臣论央桑的信，要求对方回信，并简单介绍了己方情况；杂诗文两行。现藏敦煌市博物馆。

《十万般若颂》第142页废页、重复校经题记等

写于吐蕃时代，梵夹装。敦煌莫高窟藏经洞出土。麻纸。1页。长70.5厘米，高19.5厘米。双面书写，楷体，面书12行。双孔，孔距30厘米。多处残破，原页码第142页。题记：聂西校，贝吉勋奴二校，罗那难，曹格端抄，文序校，林照二校，达木宗三校，格端二校，多杰三校。现藏敦煌市博物馆。

《十万般若颂》废页、社会文书、书信等

写于吐蕃时代，梵夹装。敦煌莫高窟藏经洞出土。麻纸。1 页。长 67 厘米，高 20.2 厘米。双面书写，楷体，面书 9 行。双孔，孔距 22 厘米。正面画黑叉，背面右孔画朱圈，系报废经页。另有社会文书：1. 蛇年藏历十月十九日由温江岛官用印颁发之告牒，由金牌使者张拉勒负责、有专人护送，快速发往瓜州军镇。严令沿途驿站密切配合，不得拖延，并申明信件到瓜州军镇后方能开封；信中对使者沿途经过农区和牧区时的伙食标准都有严格规定。2. 书信一封：是贝勒、格勒、党勒、赞松、项贡和丹勒发给内臣论赞松热、论格热、论赞热、论桑热、论都热等人的问候信。3. 蛇年藏历十月八日由温江岛官用印颁发之告牒，由金牌使者杜端勒负责、有专人护送，快速发往瓜州军镇。现藏敦煌市博物馆。

心经废页、报废记录、论相书信、题记、杂写、记年等

写于吐蕃时代，梵夹装。敦煌莫高窟藏经洞出土，敦煌市博物馆藏。麻纸。1 页。长 70 厘米，高 20.4 厘米。双面书写，楷体，面书 15 行。双孔，孔距 29.7 厘米。原页码第一函第 251 页；系报废经页，有抄经人（报废人）及校经人苟赞松姓名。另有论野松发给塞东巴、囊东巴和莫日巴等诸位官员的信，赞喇措发给内臣论赞热的信，赞喇措写给论冬藏的信，都拉赞写给内臣论勒松的信，"狗年春从兰伽宫……"杂写等。现藏敦煌市博物馆。

护经纸、杂写、书信、经卷分配记录、线描画

写于吐蕃时代，梵夹装。敦煌莫高窟藏经洞出土。黄麻纸。1 页。长 77.5 厘米，高 24.2 厘米，宽 20.4 厘米。双面书写，楷体，面书 8 行。无孔。页面有水渍、油污，边缘有磨损。有品题"护经纸"。正面有诗歌四行；杂写十行：1. 谁在介先的护经纸上胡乱

《十万般若颂》废页、社会文书、书信等

心经废页、报废记录、论相书信、题记、杂写、记年等

涂画？他父母命不长！正面经文下方倒写杂写一行；人名一行：康果；习字一行。正面右侧边缘上横写给内相（囊）杰波论多热的书信两行；正面右侧横写经卷分配记录三行：2.给悉诺热一；3.给六六一；4.给兰泽一。背面有丹贡给内相（囊）杰波论的书信两行。信后有一副线描画，状似一人骑牛。现藏敦煌市博物馆。

《十万般若颂》第一卷第二十一、二十二品废页、社会文书

写于吐蕃时代，梵夹装。敦煌莫高窟藏经洞出土。麻纸。1页。长75厘米，高20.4厘米。双面书写，楷体，面书11行。双孔，孔距29.5厘米。有品题"十万般若颂第一卷第二十二品。"有"阴都玛抄，浑纹校，赵江二校，多杰佐三校"之题记；中有剪口，系报废经页。另有央勒写给内臣尚勒松的信。现藏敦煌市博物馆。

法成校出《十万般若颂》废页

写于吐蕃时代，梵夹装。敦煌莫高窟藏经洞出土。麻纸。1页。长71.5厘米，高20.5厘米。双面书写，楷体，面书12行。双孔。正面左侧乌丝栏界栏外空白部分有剪边痕迹，正面自上方边沿起有剪口至右孔处，背面页面有朱叉，系报废经页，首缺尾全，有题记：曹端贡报废；曹端贡抄，帕布丁校，项曲二校，法成三校，勘了。现藏敦煌市博物馆。

护经纸、杂写、书信、经卷分配记录、线描画

王禄勒抄《十万般若颂》废页、杂写

写于吐蕃时代，梵夹装。敦煌莫高窟藏经洞出土。黄麻纸。1页。长70.6厘米，高20.5厘米。双面书写，楷体，面书12行。双孔。首尾俱残，正面左侧自上方边缘起有剪口且剪穿左孔，左侧剪边；系报废经页，有报废

《十万般若颂》第一卷第二十一、二十二品废页、社会文书

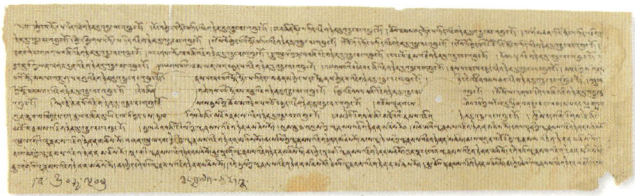

王禄勒抄《十万般若颂》废页、杂写

记录：王勒禄废页。背面下方空白边缘有杂写。现藏敦煌市博物馆。

张拉禄抄《十万般若颂》废页

写于吐蕃时代，梵夹装。敦煌莫高窟藏经洞出土，敦煌市博物馆藏。黄麻纸。1 页。长 73 厘米，高 20.5 厘米。双面书写，楷体，面书 12 行。双孔。首尾俱残，页面有水渍。正面左侧剪边，剪条存，右侧自上方边缘起有剪口且剪穿右孔；背面经文第二行有长达 52 厘米的删除线；系报废经页。有报废标记和报废记录。正面左侧剪条上横写：张拉禄废页，由二校抽出；背面左侧空白边缘上横写：张拉禄废页。现藏敦煌市博物馆。

张拉禄抄《十万般若颂》废页

洪辩抄《十万般若颂》废页

写于吐蕃时代，梵夹装。敦煌莫高窟藏经洞出土。麻纸。1 页。长 64.2 厘米，高 20.3 厘米。双面书写，楷体，面书 12 行。双孔。左侧残缺，有水渍，右侧自上方边沿起有中间剪口至右孔处，系报废经页。报废人是吴洪辩，唐沙州僧人，幼时出家，长即为僧，有辨才，谙蕃语，传译佛书，知大蕃沙州释门都法律兼摄副教授十数年，迁释门都教授；大中二年助张议潮起事，唐宣宗敕封为京城内外临坛供奉大德，充河西释门都僧统，摄沙州僧政、法律三学教主；蕃历水鼠年至木虎年（832~834 年）于莫高窟开七佛堂（今第 365 窟）。现藏敦煌市博物馆。

法成校出《十万般若颂》废页

写于吐蕃时代，梵夹装。敦煌莫高窟藏经洞出土。麻纸。1 页。长 70.5 厘米，高 20.5 厘米。双面书写，楷体，面书 12 行。双孔。正面左、右侧乌丝栏界栏外空白部分有剪边痕迹，左侧剪条未脱落，正面右侧自上方边沿起有剪口至右孔处，正面页面有黑笔斜杠五道，系报废经页，内容有令狐席衡报废记录及校勘记录"席衡废页由法成检出。"现藏敦煌市博物馆。

《十万般若颂》废页、杂写、马年记年等

写于吐蕃时代，梵夹装。敦煌莫高窟藏经洞出土。麻纸。1 页。长 72 厘米，高 20.5 厘米。双面书写，楷体，面书 12 行。双孔。正面右侧乌丝栏界栏外空白部有剪边痕迹；正面右侧自上方边沿起有剪口至右孔处，背面有红色竖杠两道，系报废经页，有余端贡报废记录、贺进校勘记录及"废纸在马年冬"之抄写年代记录。现藏敦煌市博物馆。

《十万般若颂》废页、书信、题记等

写于吐蕃时代，梵夹装。敦煌莫高窟藏经洞出土。麻纸。1页。长71厘米，高20.5厘米。双面书写，字体为楷书，面书12行。双孔。原页码第二函第180页；正面左侧乌丝栏界栏外空白部有剪边痕迹；正面左侧自上方边沿起有剪口至左孔处，系报废经页；另有题记：王都息报废，王都息抄，项曲校，憨子二校，翟进三校，朵嫩四校；以及兴吉乃寄给内臣贝勒的信。现藏敦煌市博物馆。

《十万般若颂》废页及废经处理记录

写于吐蕃时代，梵夹装。敦煌莫高窟藏经洞出土。麻纸。1页。长69.5厘米，高20.5厘米。双面书写，楷体，面书12行。双孔。正面左侧乌丝栏界栏外空白部有剪边痕迹，正面右侧自下方边沿起有剪口至右孔处，正面第一行有一段长约30厘米的删除线，系报废经页。有题记：氾勒藏抄、沃嫩校、达木恩二校、多杰三校、玛勒四校，氾勒藏报废，春木结兑换。现藏敦煌市博物馆。

云丹校出《十万般若颂》第二卷第六十三品废页

写于吐蕃时代，梵夹装。敦煌莫高窟藏经洞出土。麻纸。1页。长72厘米，高20.2厘米。双面书写，楷体，面书12行。双孔。首题"十万般若颂第二卷第六十三品"，原页码第二函第438页；正面右侧乌丝栏界栏外空白部被撕去，并自下方边沿起有剪口至右孔处，系报废经页，有阴祖勒报废记录并校经题记：林照校，刚刚二校，云丹三校，森格四校。现藏敦煌市博物馆。

《十万般若颂》废页、特殊杂写

写于吐蕃时代，梵夹装。敦煌莫高窟藏经洞出土。麻纸。1页。长73厘米，高20.5厘米。双面书写，楷体，面书12行。双孔。正面右侧乌丝栏界栏外空白部有剪边痕迹，系报废经页。另有如下内容：1. 写经记事：为平安而敬抄；2. 题记：康赞热抄，端勒校，良友二校；3. 抄经记事：并无错，但被抽出（作为废页），（检出者）后

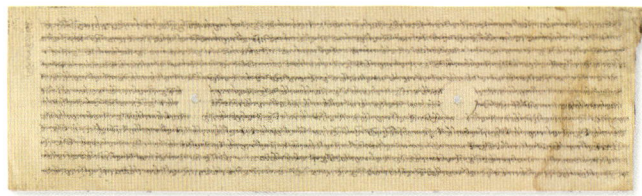

云丹校出《十万般若颂》第二卷第六十三品废页

《十万般若颂》废页、特殊杂写

世将坠入三恶趣；4.交换记录：已兑换（新纸）。现藏敦煌市博物馆。

《十万般若颂》废页及处理记录

写于吐蕃时代，梵夹装。敦煌莫高窟藏经洞出土。麻纸。1页。长73.5厘米，高20.5厘米。双面书写，楷体，面书12行。双孔。正面左侧乌丝栏界栏外空白部有剪边痕迹，剪条未脱落；自上方边沿起有剪口至右孔处，双孔间有红叉，系报废经页；有校勘记录：勘了，张勒赞报废，由二校抽出；报废记录：张锁锁报废；兑换记录：已兑换。现藏敦煌市博物馆。

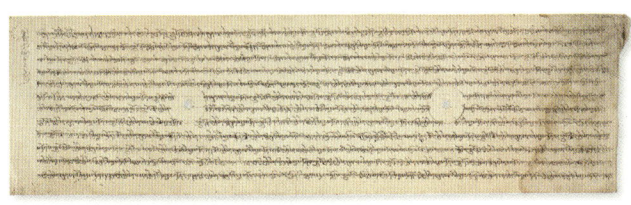

《十万般若颂》废页及处理记录

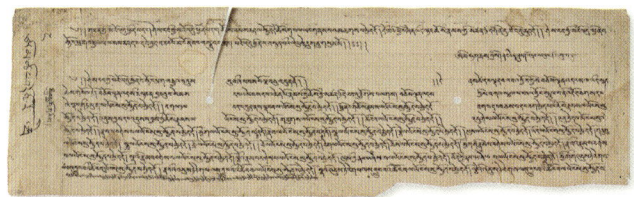

《十万般若颂》废页、废弃过程详细记录

《十万般若颂》废页并废弃记录

《十万般若颂》废页、废弃过程详细记录

写于吐蕃时代，梵夹装。敦煌莫高窟藏经洞出土。麻纸。1页。长75.2厘米，高20厘米。双面书写，楷体，面书12行。双孔。正面左侧自上方边沿起有剪口至左孔处，右下方空白边沿有长31厘米、高2厘米的一段被裁去。内容为《十万般若颂》第五十六品尾及五十七品首，原页码第四函第391页，系报废经页。第五十六品尾全，有题记：阴都玛抄，浑纹校，沃嫩二校，多杰三校；第五十七品首全，有品题；另阴仓奴报废记录。现藏敦煌市博物馆。

《十万般若颂》废页并废弃记录

写于吐蕃时代，梵夹装。敦煌莫高窟藏经洞出土。1页。长73.5厘米，高20.5厘米。双面书写，楷体，面书12行。双孔，正面左孔有朱圈。左侧乌丝栏界栏外空白部有剪边痕迹，剪条未脱落，正面右侧自上方边沿起有剪口至右孔处，系报废经页。有校经批示云：金勒贡的废页，公子一校，云子二校，都未发现缺漏，三校帕布藏抽出；校勘记录：勘了；报废记录：金勒贡报废；另有习字杂写和双线勾美术字。现藏敦煌市博物馆。

第十一章 文献

法成校《十万般若颂》第一卷第十一、十二、十三品

写于吐蕃时代，梵夹装。敦煌莫高窟藏经洞出土。麻纸。24 页。页长 73.5 厘米，高 20.5 厘米。双面书写，楷体，面书 12 行。双孔。为《十万般若颂》第一卷第十一、十二、十三品内容，原页码第一函 81 页至 104 页。第十一品首尾完整，有题记：赤勒抄，吉僧校，吉刚二校，法成三校；第十二品首尾完整，有题记：张议潮抄，帕布丁校，吉刚二校，浑纹三校，法成四校；3、第十三品首尾完整，有题记：氾德子抄，帕布丁校，吉刚二校，法成三校。现藏敦煌市博物馆。

（疑）云丹校《十万般若颂》第一卷第五十四至五十八品

写于吐蕃时代，梵夹装。敦煌莫高窟藏经洞出土。麻纸。31 页。页长 73 厘米，高 20.5 厘米。双面书写，楷体，面书 12 行。双孔。为《十万般若颂》第一卷第五十四品至第五十八品内容，原页码第一函 403 页至 433 页：第五十四品首缺尾全，有题记：宋野勒抄，和子校；第五十五品首尾

法成校《十万般若颂》第一卷第十一、十二、十三品

完整，有题记：宋野勒抄，格勒校，云丹二校，刚刚校，贝吉仲玛校；第五十六品首尾全，有题记：曹禄玛抄，贝吉仲玛校；第五十七品首尾完整，有题记：曹禄玛抄，格勒校，云丹二校，刚刚三校，贝吉仲玛校。第五十八品首尾全，有题记：曹禄玛抄，格勒校，云丹二校，刚刚三校，贝吉仲玛校。现藏敦煌市博物馆。

（疑）昂楚校《十万般若颂》第一卷第六十一至六十九品

写于吐蕃时代，梵夹装。敦煌莫高窟藏经洞出土。麻纸。55 页。页长 73 厘米，高 20.5 厘米。双面书写，楷体，面书 12 行。双孔。原页码第一函 455 至 509 页，为《十万般若颂》第一卷第六十一、六十二、六十三、六十四、六十五、六十六、六十七、六十八和六十九品内容，第六十一品首尾全，有题记：氾九九抄，贝吉仲玛校，蒋勒堆二校，昂楚三校；第六十二品首尾全，有题记：氾九九抄，拉端校，狮子吼二校，格勒三校；第六十三品首尾全，有题记：氾九九抄，贝吉仲玛校，蒋勒堆二校，昂楚三校；第六十四品首尾全，有题记：氾九九抄，贝吉仲玛校，蒋勒堆二校，昂楚三校；第六十五品首尾全，有题记：氾朵介抄，拉端校，狮子吼二校，索格勒

三校，昂……第六十六品首尾全，有题记：苟和子抄，贝吉仲玛校，蒋勒堆二校，昂楚三校；第六十七品首尾全，有题记：苟和子抄，拉端校，勒堆二校，昂楚三校；第六十八品首尾全，有题记：苟和子抄，贝吉仲玛校，蒋勒堆二校，昂楚三校；第六十九品首全尾缺。现藏敦煌市博物馆。

（疑）云丹校《十万般若颂》第一卷第三十一、三十二、三十三品

写于吐蕃时代，梵夹装。敦煌莫高窟藏经洞出土。麻纸。16 页。页长 73 厘米，高 20.5 厘米。双面书写，楷体，面书 12 行。双孔。为《十万般若颂》第一卷第三十一、三十二、三十三品内容，原页码第一函 243 页至 258 页；第三十一品首尾全，有题记：张赤勒抄，格端校，贝吉仲玛校，狮子吼三校，勒堆四校；第三十二品首尾全，有题记：张赤勒抄，格勒校，云丹二校，刚刚三校，禄赞四校；第三十三品首全尾缺。现藏敦煌市博物馆。

（疑）云丹校《十万般若颂》第十一至十六品

写于吐蕃时代，梵夹装。敦煌莫高窟藏经洞出土。麻纸。44 页。页长 72.5 厘米，高 20.5 厘米。双面书写，楷体，面书 12 行。双孔。为《十万般若颂》第一卷第十一、十二、十三、十四、十五、十六品，原页码为第一函第 84 至 127 页。第十一品首尾全，有题记：宋公略抄，狮子吼校，勒堆二校，吉藏三校，禄赞四校；第十二品首尾全，有题记：宋公略抄，格勒校，云丹二校，刚刚三校，贝吉仲玛四校；第十三品首尾全，有题记：宋公略抄，狮子吼校，云丹二校，刚刚三校，贝吉仲玛四校；第十四品首尾全，有题记：宋公略抄，格勒校，云丹二校，刚刚三校，贝吉仲玛四校。第十五品首尾全，有题记：杜谈讯抄，格勒校，云丹二校，刚刚三校，贝吉仲玛四校；第十六品首尾全，有题记：安文才抄，格勒校，云丹二校，刚刚三校，贝吉仲玛四校。现藏敦煌市博物馆。

（疑）云丹校《十万般若颂》第三十二、三十三、三十四品

写于吐蕃时代，梵夹装。敦煌莫高窟藏经洞出土。麻纸。19 页。页长 73 厘米，高 20.3 厘米。双面书写，楷体，面书 12 行。双孔。为《十万般若颂》第一卷第三十二、三十三、三十四品，原页码第一函 253 页至 271 页。第三十二品首尾全，有题记：杨国俊抄，帕布藏校，林照二校，达木宗三校，窦刚和格端校，坚赞和贝却乎又校，格端校，翁党三校；第三十三品首尾全，有题记：曹端贡抄，翁洪校，林照二校，普哥三校，窦刚和

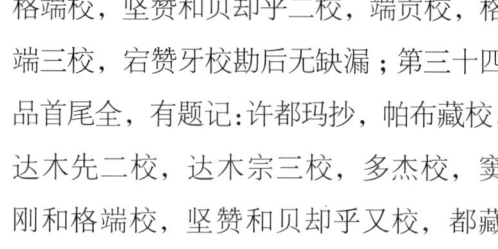

格端校，坚赞和贝却乎二校，端贡校，格端三校，宕赞牙校勘后无缺漏；第三十四品首尾全，有题记：许都玛抄，帕布藏校，达木先二校，达木宗三校，多杰校，窦刚和格端校，坚赞和贝却乎又校，都藏校勘一遍。现藏敦煌市博物馆。

（疑）昂楚、云丹共校《十万般若颂》第一卷第三十五品

写于吐蕃时代，梵夹装。敦煌莫高窟藏经洞出土。麻纸。9页。页长73厘米，高20.2厘米。双面书写，楷体，面书12行。双孔。内容为《十万般若颂》第一卷第三十五品，原页码第一函272页至280页，首尾全，有题记：康赞热抄，帕布藏校，达木先二校，普哥三校，贝吉昂楚校，窦刚和格端校，坚赞和贝却乎又校，安达校。现藏敦煌市博物馆。

（疑）云丹校《十万般若颂》第一卷第四十一至五十品

写于吐蕃时代，梵夹装。敦煌莫高窟藏经洞出土。麻纸。67页。页长73厘米，高20.5厘米。双面书写，楷体，面书12行。双孔。内容为《十万般若颂》第一卷第四十一、四十二、四十三、四十四、四十五、四十六、四十七、四十九、五十品，原页码第一函第309页至376页（中缺第363页）。第四十一品首尾全，有题记：张拉端抄，狮子吼校，勒堆二校，吉藏三校，禄赞四校；第四十二品首尾全，有题记：张拉端抄，云丹校，格勒二校，吉藏三校，禄赞校；第四十三品首尾全，有题记：张拉端抄，格勒校，云丹二校，刚刚三校，贝吉仲玛校；第四十四品首尾全，有题记：张拉端抄，狮子吼校，勒堆二校，吉藏三校，禄赞校；第四十五品首尾全，有题记：张拉端抄，格勒校，云丹二校，刚刚三校，贝吉仲玛校；第四十六品首尾全，有题记：张公略抄，狮子吼校，勒堆二校，吉藏三校，禄赞校；第四十七品首尾全，有题记：张公略抄，格勒校，云丹二校，刚刚三校，禄赞校；第四十八品缺；第四十九品首尾全，有题记：张公略抄，格勒校，云丹二校，刚刚三校，贝吉仲玛四校；第五十品首尾全，有题记：张公略抄，格勒一校，云丹二校，吉藏三校，禄赞校。现藏敦煌市博物馆。

张意之写《十万般若颂》第一卷第三十三品

写于吐蕃时代，梵夹装。敦煌莫高窟藏经洞出土。麻纸。5页。页长73.5厘米，高20.5厘米。双面书写，楷体，面书12行。双孔。内容为《十万般若颂》第一卷第三十三品，原页码第一函254页至258页，首尾全，有题记：张意之抄，吉僧校，项曲二校，浑纹三校。现藏敦煌市博物馆。

（疑）云丹校《十万般若颂》第一卷第六十九品

写于吐蕃时代，梵夹装。敦煌莫高窟藏经洞出土。麻纸。8页。页长73.5厘米，高20.5厘米。双面书写，楷体，面书12行。双孔。为《十万般若颂》第一卷第六十九品，原页码第一函507页至514页；首尾全，有题记：宋野勒抄，索格勒校，云丹二校，刚刚三校，索禄赞四校。现藏敦煌市博物馆。

灵图寺藏《十万般若颂》废页

写于吐蕃时代，梵夹装。敦煌莫高窟藏经洞出土。麻纸。1页。长62.5厘米，高20.2厘米。双面书写，楷体，面书12行。双孔。系报废经页残页，首尾残缺。有汉文杂写经名"大般若经第三品"及寺院简称"图"（即敦煌灵图寺）。现藏敦煌市博物馆。

（疑）贝吉昂楚校《十万般若颂》KHA部第477页

写于吐蕃时代，梵夹装。敦煌莫高窟藏经洞出土。麻纸。1页。长72.6厘米，

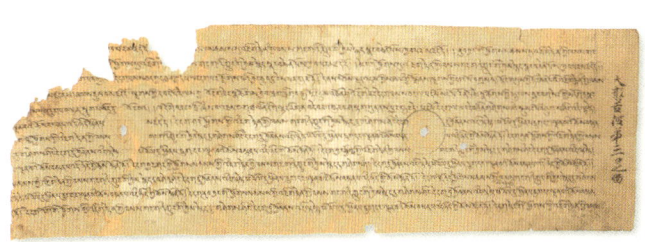

灵图寺藏《十万般若颂》废页

高20.2厘米。双面书写，楷体，面书12行。双孔。原页码第二函第477页；首缺尾全，有题记：都赖布抄，帕布丁校，达木先二校，文序三校，贝扎校，却吉昂楚校，贝吉勋奴二校，贝吉昂楚五校。现藏敦煌市博物馆。

仲玛校《大乘无量寿宗要经》

写于吐蕃时代，卷轴装。敦煌莫高窟藏经洞出土。麻纸。长154厘米，高31.5厘米。天头2.5厘米，地脚2厘米。单纸长44厘米，共3.5纸，后半纸长21厘米。每纸二栏，隔栏宽1.5厘米。楷体抄写，栏19行。抄写1遍，首尾全，有题记：盼盼抄（墨书）仲玛校（朱书），吉刚二校（朱书），林宝三校（朱书）。背面有汉文墨书"金有陀罗尼经"经文开头28行，行均16字；背面另有杂写一行："敦煌郡千佛洞大唐宝花解释经一卷"。酒博·T.011、酒博·T.012亦为《仲玛校大乘无量寿宗要经》各一份。现藏酒泉市肃州区博物馆。

玛贡抄《大乘无量寿宗要经》

写于吐蕃时代，卷轴装。敦煌莫高窟藏经洞出土。麻纸。长541厘米，高31厘米。天头2厘米，地脚1.5厘米。单纸长45厘米，共12纸，每纸二栏，隔栏宽1.5厘米。楷体抄写，栏

第十一章　文献

19 行。抄写 4 遍，首尾完整，有题记：玛贡抄。四份同。1981 年 7 月于张掖西街一唐姓人家征集，现藏张掖市甘州区博物馆。

愿文

写于吐蕃时代，卷轴装。敦煌莫高窟藏经洞出土。白麻纸。1 纸。长 51 厘米，高 30 厘米。横写，楷体，总 31 行。内容似为愿文之文范"陈十恶忏悔文"。有残损，右边沿残缺严重，中间二处破损，上下沿破损。吐蕃时期的藏文愿文文献是吐蕃文化的重要组成部分，并与此时期的其他文化样式有着紧密的联系，构成了吐蕃文化的整体。现藏武威市博物馆。

第三节　其他文献

（1）汉文文献

《金光明经》卷第四

唐末写本，卷轴装。1983 年 6 月出土于麦积山石窟东崖大佛（现编第 13 号）头像右颊破损处。全卷长 740 厘米，高 25 厘米。书眉 2.5 厘米，地脚 21 厘米。竹卷轴，高 28 厘米，竹轴上下两端涂有黑漆，轴的上端有部分火烧痕迹。用药涂色，已裱褙，上下乌丝栏，有黑灰色铅界行。墨写汉文楷书，总 424 行，行 15~17 字不等。无题年。《金光明经》共有四卷，其余三卷失佚，仅存《金光明经》卷第四。其中卷四中"金光明经流水耆子品第十六"残（五段），"金光明经舍身品第十七""金光明经赞佛品第十八""金光明经嘱累品第十九"保存完好。与此同时出土的"绍兴二十七年（1157 年）"宋瓷碗上的环读墨书题记可证明书写此经的时间应在宋代修复大佛之前。故时间下限为宋初或宋以前的唐或五代。这是麦积山迄今为止保存最早的珍贵卷轴装抄本佛经。此本于 2008 年 4 月入选第一批《国家珍贵古籍名录》（编号 00141），并获得中华人民共和国文化部颁发的国家珍贵古籍名录证书。现藏麦积山石窟艺术研究所。

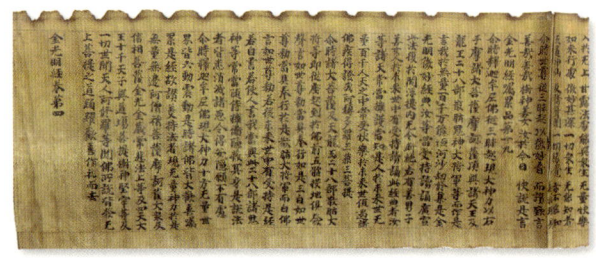

《金光明经》卷第四

西夏乾祐廿三年汉文木板买地券

西夏乾祐二十三年 (1192 年) 写本。1998 年 9 月甘肃武威西郊响水河煤矿家属院地基西夏墓葬中出土。松木质。长方形单块，高 31.6 厘米，宽 17 厘米，厚 1.2 厘米。正面汉文朱砂楷书，自右至左书写，总 16 行，每行字数不等。背面无文字。部分字迹稍模糊，左下角有裂痕三处。正面文字首行："维大夏乾祐廿三年岁次……"内容为墓主窦依死后，咩布勒嵬为其买地所花费用和墓地四至，有冥间通行证的作用。1997 年在武威武警支队西关家属院地基西夏墓葬中出土的《西夏乾祐十六年汉文木板买地券》，行文格式和文字内容同此件基本相同。根据相关学者考证研究认为，《重校正地理新书》中记录的北宋买地券范文，与这两件西夏木板买地券内容如出一辙，说明西夏时期的这种丧葬形式，完全借鉴宋朝。1998 年，武威永昌镇发现的一座元代至元二十六年（1289 年）的墓葬中，也出土过一件内容和行文格式与这两件西夏木板买地券基本一致的木板买地券，说明到了元代，武威地区依然流行这种风俗。现藏武威市博物馆。

延祐三年永昌税吏司文书

元仁宗延祐三年（1416 年）写本，卷轴装。敦煌莫高窟出土。白麻纸。长22 厘米，高 28.9 厘米。行草墨书，总 7 行。内容为元代的人口买卖契约。此件给我们提供如下信息：1. 永昌，即"永昌路"，在河西，为元代的建置；2. 延祐年间"中统钞"是当时使用的货币；3. 当时的人口买卖设有"官牙人"，用今天的话说就是"国营的经纪人"；4. 人口买卖的最后一道手续是"赴务投税"，即到税务所纳税。现藏敦煌研究院。

明永乐二十年"为钞法事"榜文

明永乐二十年（1422 年）刻本。2002 年 2 月从平凉市灵台籍人塬《甘肃

西夏乾祐廿三年汉文木板买地券

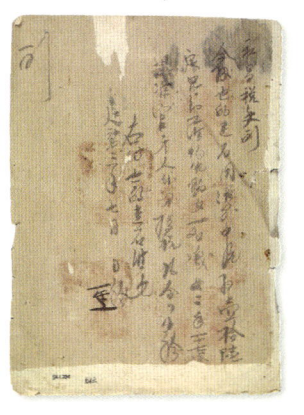

延祐三年永昌税吏司文书

日报》社主任编辑王锡龄处征集。毛边纸。1纸。长155厘米，高66厘米。首尾完整，榜面有1~4厘米残洞15处，边缘有1~14厘米长的破裂9处，少量字迹磨损褪色。这件文书是永乐二十年九月陕西等处提刑按察司印发的都察院"为钞法事"榜文，榜首及榜尾钤盖朱文篆书"陕西等处提刑按察司印"。板印墨色楷书，自右至左，总28行，计311字。榜文正文25行，内容为针对有商人不肯收钞（明代官方印行的"大明宝钞"）或只收新钞，拒收"昏软旧钞"而"阻滞钞法"和影响商品交换的情况，明确规定"新旧昏软钞贯务要一般行使不许阻滞"，有不遵法令的"均要所在官司拿问／那正犯人依法处死户下追钞／全家发边远充军。"榜尾大字两行"右榜谕／众遵知"，右下末端小字一行"发贴七府十州七十三县"。此榜是研究明代金融货币史的重要资料。现藏灵台县博物馆。

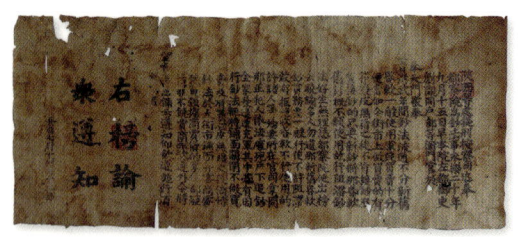

明永乐二十年"为钞法事"榜文

明弘治元年陈勖及妻吴氏诰封

明写本，卷轴装。从天水市清水县上珏乡陈塬征集。五色绫锦。长330厘米，高40厘米，重350克。无轴。为弘治元年（1488年）明孝宗进直隶省河间府沧州知州陈勖阶为奉直大夫，并封其妻吴氏为宜人的诰封。保存完好，首尾完整，字迹清秀，图案精美端庄，色彩艳丽，焕然一新。诰封自右至左为藏蓝、绯红、明黄、白、浅棕五色。右首藏蓝色部分织银色"奉天诰命"四字篆文，篆文两侧织有银底蓝线双龙图案。中间绯红、明黄、白色绫锦上织祥云托底纹（绯红、明黄上织白色祥云，白色上织水印祥云），其上墨书诰命文字。诰命文字为方寸工楷，总21行，183字。具体内容自右至左为"进陈勖阶奉直大夫诰"，后钤一方朱文篆印"制诰之宝"，印文上工笔小楷书陈勖迁转两行："初任直隶大名府内黄县知县／二任　　今职"；"封吴氏为宜

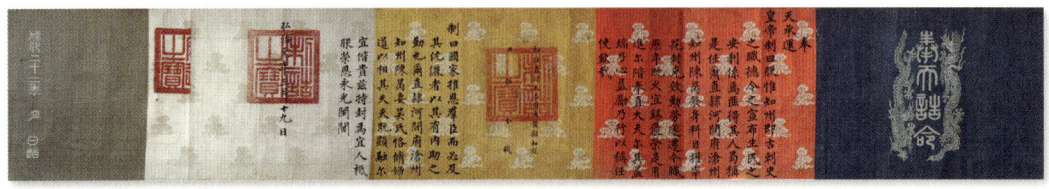

明弘治元年陈勖及妻吴氏诰封

人诰"，后钤同前朱印一方，印文上落款一行"弘治元年三月十九日"，其后有半方略小朱文篆印"制诰之宝"。诰封尾部浅棕色绫锦末端织银色篆文一行"成化二十二年 月 日诰"，则此件诰封绫锦为明宪宗成化二十二（1486年）年制。现藏清水县博物馆。

永登县博物馆藏《永乐北藏》

明代文献，经折装。绝大多数为刻本，也有少量手抄本。共603函，千字文编号从"天"至"石"（中间有缺函），每函1~10册（部分函有缺失）不等。完整经卷共4894册，编号2541~2555为残破经卷。毛边宣纸，纸质薄细。折页为册，每册视经文内容而定。每折页高31厘米，宽11厘米。上下栏线，墨线单栏或双栏，天头4厘米，地脚2.8厘米，部分页面无栏线。字体为楷书，每页6行，每行17字。部分经卷有正统、正德、万历年间造经题记，并有明崇祯及清代各朝阅经发愿题记。现藏永登县博物馆。

武威市博物馆藏汉文大藏经

明代文献，经折装。共667函6309册。每册页高35.8厘米，宽12.8厘米。上下双栏，天地疏朗。每页5行，行17字，印刷精美，装帧典雅。大多为刻本，也有部分明代手抄本和金粉抄本书体为楷

书。其结构为：1. 大乘经201函，1963册；2. 小乘经79函，788册；3. 大乘律5函50卷；4. 小乘律48函459卷；5. 大乘论50函484卷；6. 小乘论73函727卷；7. 续诸论211函1838卷。其中明万历四年（1576年）印本永乐北藏661函6265册入选第一批国家珍贵古籍名录。现藏武威市博物馆。

明正统皇帝敕赐《北藏》圣旨

明写本。1纸。长170厘米，高48.5厘米。蜡笔纸质地，黄地黑字。为明正统十年（1447年）二月十五日颁赐张掖大

武威市博物馆藏汉文大藏经

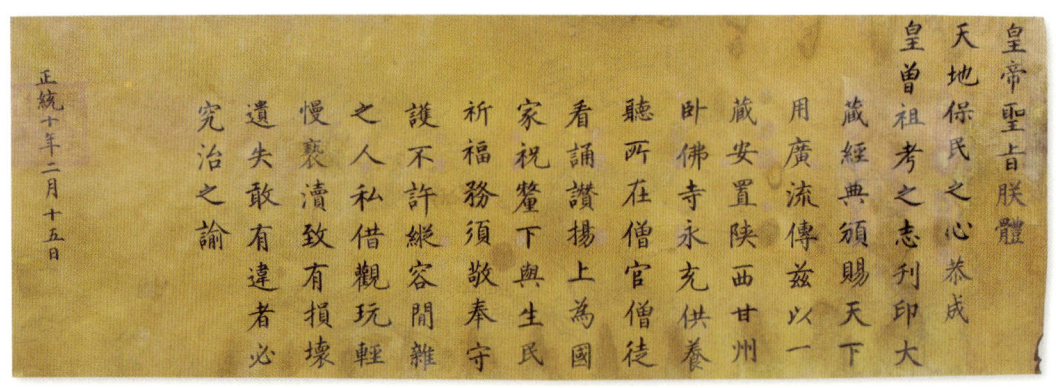

皇帝聖旨朕體
天地保民之心恭成
皇曾祖考之志刊印大
藏經典頒賜天下
用廣流傳兹以一
藏安置陝西甘州
卧佛寺永充供養
聽兩在僧官僧徒
看誦讚揚上為國
家祝釐下與生民
祈福務須敬奉守
護不許縱容閒雜
之人私借觀玩輕
慢褻瀆致有損壞
遺失敢有違者必
究治之諭

正統十年二月十五日

明正统皇帝敕赐《北藏》圣旨

佛寺《大明三藏圣教北藏》圣旨，内容为赐经籍共636卷，至大佛寺永允供养，要求闲杂人等不许私借观玩，否则将治重罪。圣旨书体为工整的楷书，是大佛寺藏经系皇帝御赐最有力的证据。张掖大佛寺遗藏。

明御赐《大明三藏圣教北藏经》

明刻本，经折装。《大明三藏圣教北藏经》又名《永乐北藏》，为明成祖永乐八年（1410年）敕令在北京开雕之大藏经。正统六年（1441年），《北藏》首部佛经《大般若波罗蜜多经》到达甘州（张掖），至正统十年（1445年），全部《北藏》赐经完毕，举行了承旨仪式。藏经自大乘般若经起，至明三藏法数，共收经1621部，6361卷，分作636函，依千字文编次自"天"至"石"。大佛寺藏《北藏》，在清初米喇印起义中失毁900余卷，现存5301卷。《北藏》藏经装帧、印刷考究，函套和经本上下掩面一般裱绫或绢，封面以蓝绢为底，墨色经题下有千字文函号、册次。卷首题名下标注千字文编号及号、册次及版次，函号和册次均为阴文，在圆形双线边框内。每版录经文25行，折为5页，每页5行，行17字。通篇采用赵体字。版式的特点是扩大了版心，加大了字体，充分显示出官版大藏经的气派和华贵。版框

明御赐《大明三藏圣教北藏经》

天地边线为子母线，外粗内细，外框高约27.3厘米，内框高约26.3厘米。每折页高约36.6厘米，宽12.8厘米，天头高约7厘米，地脚约2.6厘米。每卷卷首有扉画一种，画幅为一版五页，边框系上下双边，左右单边，长约63厘米。扉画中央绘释迦牟尼佛结跏趺坐于莲花宝座上，身着莲花图案袈裟，右手臂上曲于胸前作手印，左手臂平曲于腹前，掌心向上。释迦牟尼佛两侧闻法僧众各32位，有菩萨、四大天王、天龙八部、十八罗汉。各函首册扉画前有御制藏经牌，末册尾一些印本还有御制施经牌，函末亦有护法神韦驮像。《北藏》佛经在大佛寺的入藏，极大地丰富了大佛寺佛教文献的内容，满足了僧官、僧徒看念诵经的需要，对研究中国大藏经的历史和内容均具有极高的历史价值，是大佛寺蜚声海外的镇寺法宝。张掖大佛寺旧藏。

明金银书《大般若波罗蜜多经》

明写本，经折装。为正统年间钦差镇守陕西甘肃等处御马监兼尚宝监太监鲁安公王贵集地方名士，以御赐之《北藏》首部《大般若波罗蜜多经》为蓝本所造，依千字文编号，共计600卷。现存558卷（279本），分30函，每函5本，每本2卷，合为10卷。绀青纸粘裱折页成卷，经页连绵不绝。经书封皮以绫锦装帧，刺绣龙

纹图案，尽其华贵。每函卷首扉页置精美的金线描曼陀罗一副，共计28幅，分5折页金线描绘，画幅总宽61厘米，高28.5厘米，面积0.17平方米。曼陀罗画画面以本尊释迦牟尼坛城为中心，周围绘以十方众佛、菩萨、诸天、罗汉、神众等尊像，人物多达108尊，显密兼顾、佛道相杂，人物精丽、线条柔美，透射出强烈的艺术感染力。序言通篇以金泥书写，经文文字以银泥书写，凡"佛""菩萨""世尊""菩萨摩诃萨"等尊谓，皆用金泥加以重描。晦涩之字注通假字以便诵读。经文书法结体，字体清雅俊美。金银书《大般若波罗蜜多经》充满经久不褪，华美庄严的金粉之气，其汉藏交融的艺术风格，是民族文化相互交融的历史见证，也是张掖先民聪明才智与艺

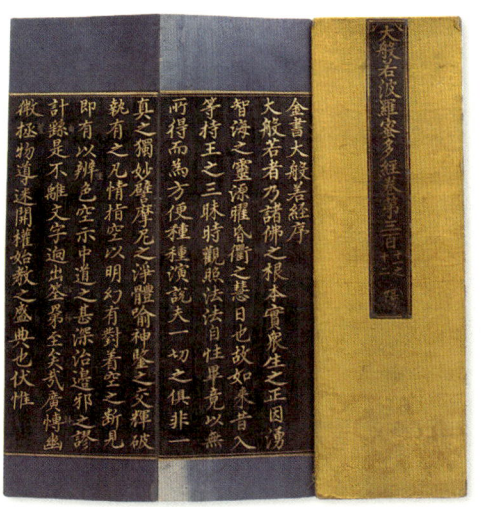

明金银书《大般若波罗蜜多经》

术才华的充分展示，真实反映了明代张掖佛教文化艺术发展的繁荣与兴盛。张掖大佛寺旧藏。

明金银书《大方广佛华严经》

明写本，经折装。存 60 册，每册页高 36 厘米，宽 12 厘米。以加厚绀青纸粘接，折页成卷，每卷视经文内容多少制宜。封皮用硬厚纸板以红、黄、蓝、花格等各色绫锦附面装裱，色彩艳丽美观。折页通体以宽、细二道金线绘出天、地界栏，内涂黑色，文字书写于其上。页书 5 行，行 15 字，银粉楷体手抄，文字工整娟秀，折页连绵不断。背面以白色宣纸附背，无文字。每十六、廿一、三十一，三十六，四十六、五十一、六十一卷，七十一卷分别有金银设色线描扉画。张掖大佛寺遗藏。

明金银书《大般涅槃经》

明写本，经折装。存 42 册，每册页高 36 厘米，宽 12 厘米。加厚绀青纸粘接折页成卷，薄厚因内容多少制宜。封皮用硬厚纸板附各色花格绫锦裱面，色彩艳丽美观。折页以二道金线绘出天、地界栏，内书金银粉文字，页书 5 行，行 15 字，楷体工抄，工整娟秀。背面无文字。第一卷卷首有一幅金线描释迦涅槃扉画，系释迦佛祖去世的瞬间场面，释迦侧卧于禅床，弟子含泪立泣于身旁，线条细腻流畅，金粉设色，属曼荼罗画中之精品。其经书的书法、绘画，题记等对研究佛教历史、艺术具有极高的价值。张掖大佛寺遗藏。

明金银书《金光明最胜王经》

明写本，经折装。存 9 册，每册页

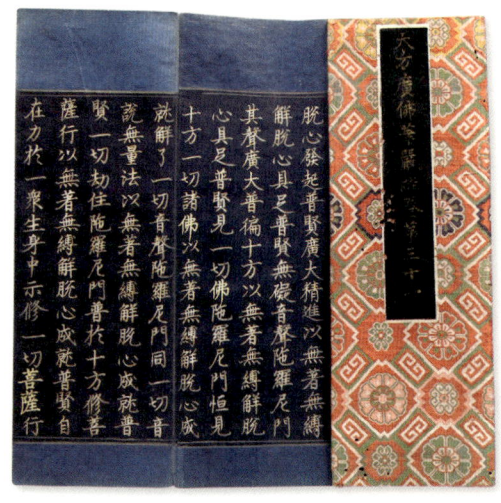

明金银书《大方广佛华严经》

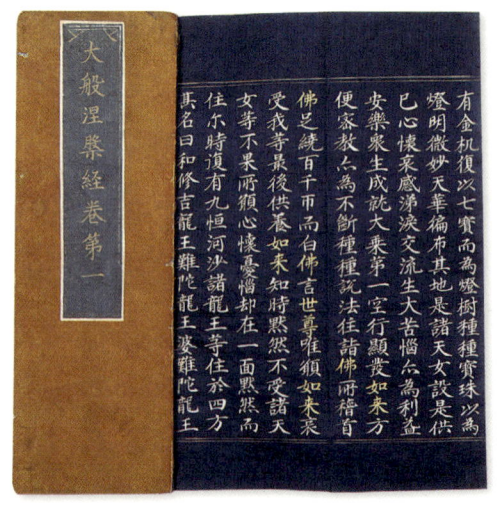

明金银书《大般涅槃经》

高 36 厘米，宽 12 厘米。以深蓝色加厚绀青纸粘裱折页成卷，封皮用硬厚纸板以红、黄、蓝、黑等各色绫绵附面装裱，色彩鲜丽美观，折页通体以宽、细二道金线绘出天头、地脚界栏，文字写于线内。页书 5 行，行 15 字，用金、银粉楷体手抄而成，文字工整秀美，折页连绵不断。背面无文。其真实地反映了明代的造纸、书本装裱工艺，对研究明代书法、佛教典籍理论、艺术具有很高的价值。张掖大佛寺遗藏。

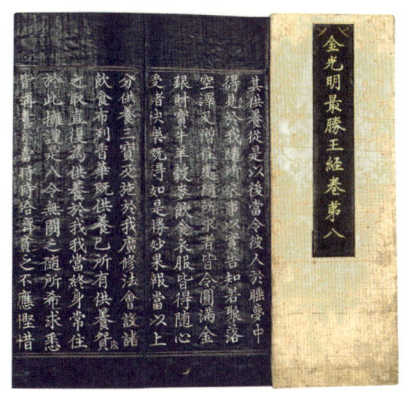

明金银书《金光明最胜王经》

明金银书《大乘本生心地观经》

明写本，经折装。存 8 册，每册页高 36 厘米，宽 12 厘米。以深蓝色加厚绀青纸粘裱折页成卷，每卷薄厚因内容多少制宜。封皮用硬厚纸以红、黄、蓝、黑等各色绫锦附面装裱，色彩鲜丽美观。折页通体以宽、细二道金线绘出天、地界栏，金银粉楷体工抄经文，文字工整秀美，经卷连绵不断。背面无文字。对研究明代书法和佛教典籍理论、艺术具有很高价值。张掖大佛寺遗藏。

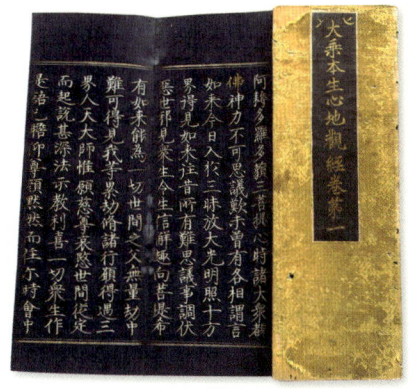

明金银书《大乘本生心地观经》

明金银书《大方便佛报恩经》

明写本，经折装。存 7 册，每册页高 36 厘米，宽 12 厘米。锦绫封面，首卷卷首工笔彩绘释迦弘法图，金线钩描，五色填彩，画现繁缛富丽，人物法相庄严。佛经内容以金线充栏，栏内以金、

明金银书《大方便佛报恩经》

第十一章 文献

1565

报恩科仪

银粉手抄工楷经文，每折页书7行，每行书15字。整卷经书装饰华美，书法工整，为明代写经不可多得的珍品。张掖大佛寺遗藏。

报恩科仪

明弘治四年（1491年）写本，经折装。由《报恩密教上》《报恩仪文中》《报恩提纲赞》《报恩仪文下》《报恩教诫仪》、《报恩仪文上》《报恩密教中下》七卷组成。明弘治四年伏羌县（今甘肃省天水市甘谷县）儒学廪膳生员谢子宁述、珍荆峰、永珍记。瑞应寺僧人吴恭玲收执。其中"报恩教诫仪"为思觉集西山邵（郡）学士化众设初会疏语右儒林郎新知合州汉初县事马伯康书。每纸上下无栏，折页高27厘米，宽9厘米。书眉4厘米，地脚2厘米，版面9厘米×21厘米，版心为白口。页书5行，行15、16字不等。两种楷体

书写而成，约八万字。"报恩科仪"产生于南宋，由四川绵竹大中祥符寺住持长讲华严海印大师思觉集。全称"竖宗立教、儒释兼济、真俗混融、释迦如来、孝顺设供、拔苦报恩道场仪"。由"报恩教诫仪、报恩仪文、报恩提纲、报恩三时对赞、报恩密教"五部分组成。《报恩道场仪》是以圭峰禅师宗密的《佛说盂兰盆经疏》、慈觉禅师宗赜的《孝行录》、明教大师契嵩的《孝论》为基础，并摘取佛经中的因缘故事统合而成。此科仪是目前国内现存最早的"报恩科仪"全本，为明抄的宋本，价值非常高，十分重要，与云南现存的清代同类本子内容接近，与四川大足石刻"报恩经变"内容关系密切。宋代慈觉禅师的《孝行录》久佚，在《报恩仪文》中大量引用宗赜《孝行录》内容及其相关资料，对研究其思想及孝行

提供了实物资料。所以"报恩科仪"是中国古代佛教孝道著述之集大成，也是研究中国佛教报恩行孝思想的重要资料。现藏麦积山石窟艺术研究所。

血书《大乘妙法莲华经》七卷本

明成化四年（1468年）刻本、写本结合版本，经折装。《妙法莲华经》，姚秦三藏法师鸠摩罗什译。此本系双面书，正面为血书《妙法莲华经》，背面为写本"报恩道场科仪"。 卷尾通列每卷本施主姓名。其中《妙法莲华经卷第七》有发愿文："比丘恭能发心刺血书写／大乘妙法莲华经一部专祈保佑／信官宋／四恩念报三有均资／法界有情同缘种智"，尾题"成化十四年四月八日书写"。此本系木刻版印制，朱墨印楷书，后系人用血描润，字体表面凹凸不平。前六卷字迹血色较浅，后被人加墨描润，第七卷未描润，保存较好。第七卷后封刻印四个小花纹，其中二个被墨描润，二个未描润，

此做法较罕见。现藏麦积山石窟艺术研究所。

观音道场仪

明万历年间写本，册页装。全名《圆通三慧大斋道场仪》或《三慧圆通大斋道场仪》，作者为宋代居士侯溥，在四川、云南、甘肃、贵州、湖南等地都有流传。另据来源于四川叙州府、宝宁府及《报恩道场仪》的来源地"汉州绵竹大中祥符寺"以及来自眉州（今眉县）的明代写本《观音道场仪》等文书，其中在《观音道场仪文卷之中》，首题"眉州著作佐郎成都府学教授侯溥贤良"，据云南科学院侯冲先生介绍，"眉州著作佐郎成都府学教授侯溥贤良"，是集《圆通三慧大斋道场仪》之人，多次在云南阿吒力教经典中出现。这些充分表明当时以麦积山为中心的甘肃东南部地区与四川、云南的密切交流，这也是麦积山自开窟造像以来就与蜀地发生交流传统的延续。麦积山明、清时

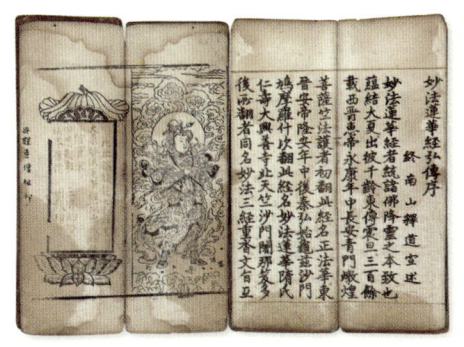

血书《大乘妙法莲华经》七卷本

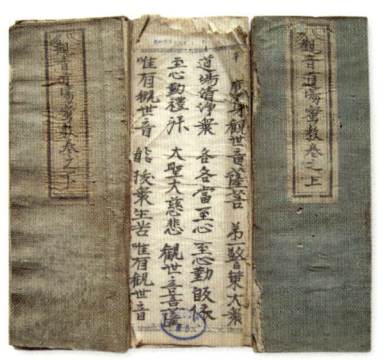

观音道场仪

期由于藏有《报恩道场仪》《观音道场仪》《销释金刚科仪》以及其他一些有关道场文书和水陆画的遗存，充分说明麦积山瑞应寺当时很可能就是一个比较大的佛教水陆道场所在地。现藏麦积山石窟艺术研究所。

《六祖大师法宝坛经》

明刻本，线装。白棉纸。首尾略残。共 89 页半。页高 27 厘米，宽 15.6 厘米。四周文武栏，书眉 4.7 厘米，地脚 1.4 厘米，版面 12.3×20.9 厘米，版心 1 厘米×20.9 厘米，花口，上鱼尾，鱼尾上题"坛经"二字。墨印楷书，页 8 行，行 19 字。起：六祖大师法宝坛经略序，止：救苦会尹禄薛兆行姬世降朱万宝等施银六钱。前首封页刻题："陕西巩昌府陇西县北关文昌宫藏板"（仿宋体），首有"六祖大师法宝坛经略序"，中有"悟法传衣第一""释功德净土第二""定慧一体第三""教授坐禅第四""传香忏悔第五""恭请机缘第

六""南顿北渐第七""唐朝征诏第八""法门对示第九""付嘱流通第十"/六祖禅师法宝坛经终。后附有"守塔沙门今常舀录"及"大藏诚字函出家功德尸利苾提缘品/玄门全阳敬识/延龄谨识"，后封页刻"文昌帝君洞经颂"及印经流布："漳县正堂刘应瑞施银四两印经八十部 两当县正堂江中楫施银壹两印经二十部 续印信士李毓芳……黄箓会……玉光会……火帝会……文昌会……关圣会……天齐会……朝山会……初七会……修桥会……救苦会……"尾刻题印经流布施主姓名，中有诸如黄箓会、玉光会、火帝会、文昌会等民间组织名称。这为研究漳县、两当县的明代地方教会组织提供了详尽的资料，有助于地方史研究。现藏麦积山石窟艺术研究所。

佛经雕版

明清文献。存 795 块，呈长方形，块长 35~105 厘米，宽 13~45 厘米，厚 2.5~5厘米。佛经雕版版面雕刻出佛经经文或佛教人物、故事、曼荼罗画等，字体为楷书，画为线雕，大多正反两面雕刻，个别仅雕一面，雕版文字内容有《金光明经》《华严经》《心地观经》《大般若波罗蜜多经》等。现藏张掖大佛寺。

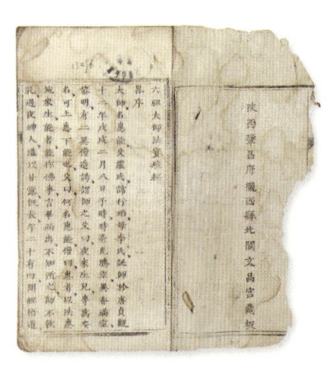

《六祖大师法宝坛经》

佛经雕版

清补《大明三藏圣教北藏经》写经

清写本，经折装。存 852 册。每册页高 38 厘米，宽 12.7 厘米。白宣纸粘接折叠而成，每卷薄厚因经文内容多少而制宜。上下封面以薄硬纸板相连，表面附仿绫各色花纸裱饰，黄条纸书经名，款式与体量均仿御赐《北藏》经版式而制。经文以楷体墨书手抄，每折页书 5 行，行 17 字，文字端庄整齐。官版《北藏》华美，但顺治补造经，弥补了米喇印、丁国栋起义中焚毁的官版经书，对研究清代书装绘画，书法造纸技艺具有科学、艺术、历史价值。现藏张掖大佛寺。

《佛说诸品仙经》

清写本，经折装。共 37 页。每折页高 29 厘米，宽 10.7 厘米。上下墨线文武栏。版心为白口。页书 4 行，行 10 字。首起"摩那长者胜功能"，尾题"雍正八

年（1730 年）八月吉时抄写""弟子性体敬书"。内容由《佛说荷担报恩经》《佛说大藏正教血盆经》《佛说金刚般若波罗蜜经篡》和《华严字母》四种小经组成。由于卷首的《佛说荷担报恩经》抄写于"雍正十二年（1734 年）五月初九日"，而卷末的《佛说金刚般若波罗蜜经篡》则抄写于"雍正八年（1730 年）八月吉时"，现在装裱成册的先后顺序与抄写顺序不符，说明抄写与装裱成册不同时。其中以《佛说金刚般若波罗蜜经篡》最为珍贵。现藏麦积山石窟艺术研究所。

瑞应寺住持传灯录

清写本，经折装。此本为麦积山瑞应寺清代住持传灯录，首尾残缺楷体墨书。记载临济正宗第三十七至第三十九世和尚和瑞应堂几代禅师的传承关系，内容为：

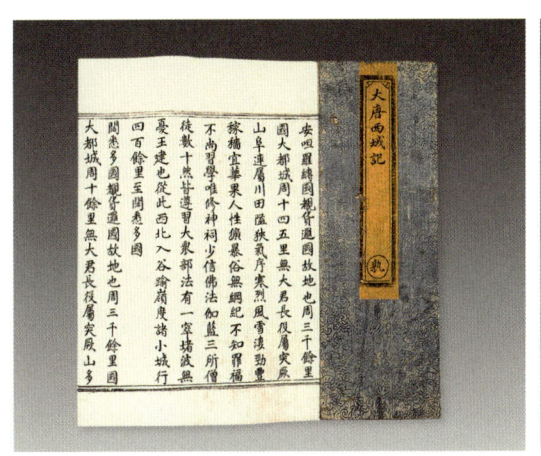

清补《大明三藏圣教北藏经》写经

《佛说诸品仙经》

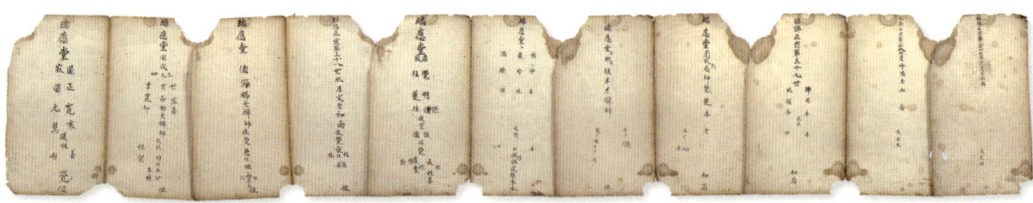

瑞应寺住持传灯录

1. 临济正宗第三十七世湛然意老和尚 徒／達唤　　位

2. 临济正宗第三十八世景峰焕老和尚 徒／悟本　　位

3. 临济正宗第三十九世归园 本脱颖存 徒／真参／真桂 和尚

4. 瑞应堂圆寂大恩师觉莲参老和尚 徒／空有／空琳／空绪

5. 瑞应堂上脱下颖存老禅师 徒／真杰 徒／真桂 孙／空德 位

6. 瑞应堂上德仲有 藏珍琳 德机绪 徒／觉喜 觉树 觉照 觉印 孙性根 徒孙本太

7. 瑞应堂圆寂觉明杰 柱莲桂　　徒／空禄 空德 孙／觉长 觉爱 觉秀 觉登 徒孙／性春

8. 临济正宗第三十八世水月定老和尚 徒／觉乘 孙／性满 性善　　位

9. 瑞应堂德海鹤老禅师　徒／觉慧 孙／性西 徒孙／本善　位

10. 瑞应堂圆寂三世宏喜 大宗寿树老禅师 四吉宽印　徒／性明 性宗 孙／本分 本桂 位

11. 瑞应堂圆寂正觉乘 圆光慧　徒／性善 性觉 性西　位

12. 瑞应堂圆寂恩师上性下西法师　徒本善 孙常清 常静 常元

瑞应寺院的香炉上铸铭有临济正宗三十六世圆慧为乾隆年间住持，因此，以上临济正宗为瑞应寺清代的住持。现藏麦积山石窟艺术研究所。

《佛说混源道德经》

时代不明，写本，经折装。共47页。首全尾残，页面褶皱，有水渍，边缘磨损。折页高31厘米，宽11.9厘米。上下墨色

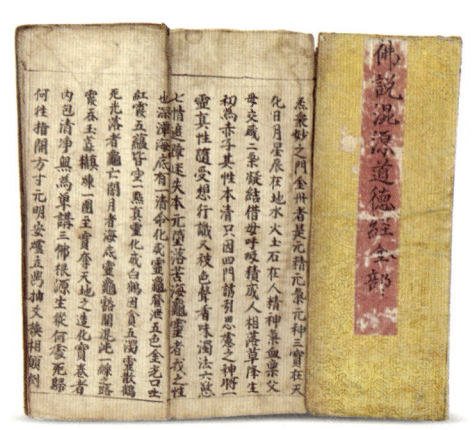

《佛说混源道德经》

单栏，书眉 3.4 厘米，地脚 1.1 厘米，版面 11.9×25.8 厘米，版心为白口。楷体墨书页书 6 行，行 22 字。首题为"佛说混源道德金丹龟灵闾月宝卷者，乃无始天尊发明万物之祖气也，混元者，是先天三极宗命化成万相以成天地人三才。道德者，道运阴阳互相动静乾坤……"共十五卷：养气固精分第一；发愿救苦分第二；戒律身心分第三；道本无形分第四；求师气诀分第五；按候炼丹分第六；八卦动静分第七；授持戒惠分第八；运火煅炼分第十；筑基炼己分第十一；迷失真性分第十二；五行分第十三；蓬莱渴分第十四；龙虎交感分第十五（残缺）。起"无上甚深微妙法，百千万劫难遭遇"偈，止于"画眉絮"唱曲，为宝卷宣演前仪。此书为混源教宝卷，本名"佛说混源道德金丹龟灵闾月宝卷"，略称"佛说混源道德金丹"、"道德宝卷"。乃是佛道相糅合的一部经，亦不见诸家佛道目录，较为罕见。现藏麦积山石窟艺术研究所。

《古佛天真考证龙华宝经》

清写本，经折装。原由漳县本地宗教组织"三宝门"传下，"文化大革命"期间，"三宝门"一许姓门徒后人将之藏于漳县遮阳山"藏经洞"，后转移至漳县政协保存。共 4 册，每册封面经名之下分别书"元""亨""利""贞"4 字。边缘破裂，残损严重。《古佛天真考证龙华宝经》，简称《龙华宝经》，是明末清初大乘圆顿教祖师弓长所撰伪经。弓长，原名张海量，明万历至清康熙年间人，生于直隶省霸州（今河北省霸州市）。弓长在万历末年成为东大乘教徒，于天启四年（1624年）创立大乘天真圆顿教，自号"天然子"，被教内尊为"弓长祖"。弓长在融汇东大乘教和黄天道、龙天教、无为道的经书后在顺治九年（1652 年）写成《龙华宝经》。此经分四卷，每卷六品，共二十四品，内容为混沌初分品第一，古佛乾坤品第二，无生传令品第三，家乡走圣品第四，弓长领法品第五等等。《龙华宝经》继承并发展了无为教的无生老母信仰，宣称现在是弥勒佛掌世，弥勒佛为了完成无生老母交给他的使命，亲自下凡度人，而弥勒佛的化身，就是弓长的师爷——东大乘教的祖师王森，王森之后是天真老祖和翠花张姐，然后就是弓长自己。弓长俨然以弥勒佛四世自居，宣称他所创立的大乘天真圆顿教，正是为了实现"末劫总收圆"而创立的，由于"末劫总收圆"的任务神圣、伟大而艰巨，天上佛祖、神仙都会下凡帮助他完成"末劫总收圆"，同赴龙华三会。大乘天真圆顿教和《龙华宝经》，影响非常巨大和长远，直到清朝嘉庆年间，才被彻底查禁。民国年间，

一贯道道首张光璧为了扩大影响，把《龙华宝经》奉为经典，其教义思想与大乘天真圆顿教一脉相承。现藏漳县博物馆。

上海小刀会刘丽川告示

清写本。平凉市灵台县籍人塬《甘肃日报》社主任编辑王锡龄捐赠。茶色毛边纸。1纸。高95.5厘米，宽68厘米。首尾完整，边缘残损、出现毛边，有污渍，正文最后3行上部文字磨损褪色不可读。刘丽川（1820~1855年），清末上海小刀会首领，广东香山人，1845年参加天地会，1853年在上海组织小刀会举行反清起义，9月7日占领上海，称汉大明国统理政教招讨大元帅，1855年2月在上海虹桥牺牲。此件文献是刘丽川在上海发布的告示。题头铃盖朱文"汉大明统兵大元帅刘丽川印"，尾行首端印同之。墨书楷书16行，满行20字，计234字。首行署"汉大明国统理政招讨大元帅　刘"，告示正文前半部分声明其起义是顺应天命反清复明、剿灭贪官、诛除残暴，其部下军纪严明秋毫无犯，民众当各安其业。后半部分开列"法禁条款"，包括文武官员投顺、州县按时呈报钱粮册籍、去除满清服饰、官家女子十五以下候选皇后、"不准薙发"等内容（最后两条内容磨损褪色不可读），违反者皆斩首。末行书"□□各州县城门"。此告示为研究清末上海小刀会起义的重要资料。现藏灵台县博物馆。

（2）民族文献

金书西夏文《大方广佛华严经卷第十五》残页

西夏写本，经折装。新中国成立前出土于宁夏。该经出土时数量较多，后散失，仅存8页。由定西康平侯先生于20世纪50年代捐献给定西县文化馆（定西市安定区文化馆前身）。瓷青纸，8页，首尾俱残。折页高31厘米，宽11.5厘米。上下双栏，栏高23.7厘米。泥金西夏文楷书，页书6行，行2句，14字。内容为《大方广佛华严经》卷第十五《贤首

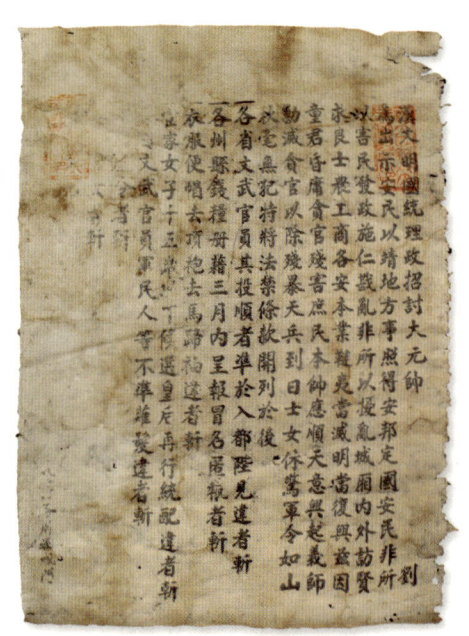

上海小刀会刘丽川告示

品第十二之二》中的部分偈语，起"庄严佛从佛塔处"，讫"非为世间不出日"，共48行96句。文字端庄，书法精美，系中古时期泥金写经的上品，数百年至今仍灿然如新。现藏定西市安定区博物馆。

图解本西夏文刻本《妙法莲华经观世音普门品》

西夏刻本，经折装。1959年出土于莫高窟大泉河东岸喇嘛塔。纸质薄细柔软。共27页，54面。折页高20.5厘米，宽8.9厘米。首尾完整，图文并茂。扉页双面刻画一幅精美的《水月观音图》。栏高16厘米。经文及图解部分，版面分为上下两栏。栏内上部四分之一空间处为木刻版图画，每幅图画是下面经文的图解，共53幅。栏内下部四分之三空间处排印楷书经文，每面5行，每行绝大多数为10字，少数页面为9字。经末有三行通栏发愿文，第一行14字，第二、三两行均各10字。全文25页另6行（51面另1行），总256行，2332字。字体为西夏小楷，字形大小不尽相同，笔道粗细亦不一致，书法好坏程度有差。可见并非同一个书手和工匠所书写镂刻，可能系多人分工合作。经文刻工比较粗简草率，刀法不够遒劲流畅，字形亦不够标准化和规范化。全部版画共55幅，起首大幅扉画1幅，题图1幅，经文图解53幅，所涉及

的神怪和世俗人物约七十种，是现存最早的佛教连环画之一。此图解本西夏文《观世音经普门品》为现存海内孤本，它为考察研究西夏佛教译经史和雕版印刷史提供了新的实物资料，对于考察研究西夏时期的版画艺术，更是珍贵的资料。另外，该经连环式版画中许多世俗人物形象，对于研究西夏时期的衣冠服饰、发式以及社会生活的某些侧面，也是理想的参考材料。现藏敦煌研究院。

西夏文刻本《音同》残页

西夏刻本，蝴蝶装。1989年9月甘肃武威新华乡缠山村亥母洞出土。土黄色麻纸。单页，高25厘米，宽17.5厘米。上下单栏，右边双栏，栏高22厘米。左边版心残缺处存2字，残缺不全，疑为页

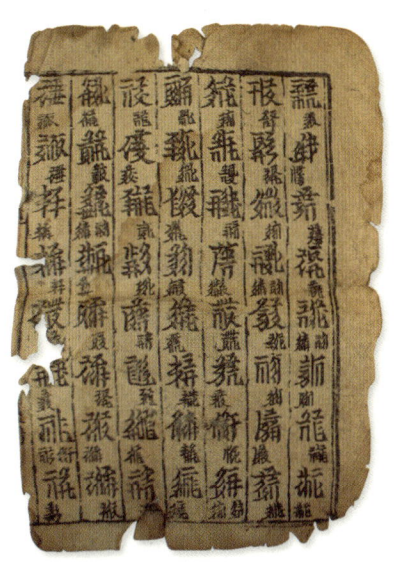

西夏文刻本《音同》残页

码。单面排印西夏文楷书 7 行，行间均有细墨线界栏，每行 8 个大字，每个大字下均附两行小字，1 到 2 个不等。共计大字 56 个，小字 61 个。《音同》是西夏文重要辞书之一，是研究西夏语言文字尤其是研究西夏语音系统的重要资料。《音同》有甲、乙两个版本，全书按声母类别分为九品，依次为重唇音一品，轻唇音二品，舌头音三品，舌上音四品，牙音五品，齿头音六品，正齿音七品，喉音八品，来日舌齿音九品。此页《音同》是乙种本第四十六页右面，是国内保存较完整的一面，残存的 56 个大字均属喉音八品。从文献残存内容和版本特点可知，该《音同》残页是西夏仁宗仁孝（1140~1193 年）时期的版本。现藏武威市博物馆。

西夏文《维摩诘所说经》下卷

西夏泥活字印本，经折装。1989 年 9 月甘肃武威新华乡缠山村亥母洞出土。土黄色麻纸。16 张纸印刷并粘接，存一册 54 面。首全尾缺，边缘残损。折页高 28.5 厘米，宽 11.6 厘米。上下粗墨线单栏，栏高 22 厘米。面 7 行，行 17 字。卷首有西夏文经题"维摩诘所说经卷下卷"，经题后有落款，内容为西夏仁宗仁孝皇帝的徽号——奉天显道耀武宣文神谋睿智制义祛邪惇睦懿恭。经文最后部分残缺。其中共保存《维摩诘所说经》下卷中四

品的内容，包括《香积佛品第十》和《菩萨行品第十一》的完整内容，《见阿閦佛品第十二》和《法供养品第十三》的大部分内容。此件印本经名和经文内容由泥活字印刷而成，字体为西夏文楷体，字迹墨色不均，线条粗细不匀，行、列排列不齐，每字摆放也不平整。但是经名和经文之间的仁宗仁孝皇帝 20 字徽号落款，却是雕版印刷而成。这一独具特色的印刷方式，当是西夏独创。此件泥活字版本《维摩诘所说经》是目前国内保存最早的，也是唯一完整的泥活字版印本实物，为研究中国早期活字印刷术——泥活字版本学提供了珍贵的资料，对研究西夏的佛教也具有重要价值，现已被列入国家珍贵古籍名录。现藏武威市博物馆。

西夏文《维摩诘所说经》下卷

西夏文乾定戌年卖驴契及账单

西夏乾定戌年（1226 年）写本。1989 年 9 月甘肃武威新华乡缠山村亥母洞出土。浅黄色麻纸。长方形单页，由两张纸粘接而成。高 17 厘米，宽 55 厘米。单面书写西夏文行书 12 行，满行 15 字。纸张中间有粘接痕迹，前后两段文字内容不相连，前半段内容是卖驴契约，后半段内容是记账单，两份内容均不完整，故考虑应当不是正式的契约文书，而是契约草稿内容。现藏武威市博物馆。

西夏文乾定酉年卖牛契约

西夏乾定酉年（1225 年）写本。1989 年 9 月甘肃武威新华乡缠山村亥母洞出土。浅黄色麻纸。单页，高 30 厘米，宽 44 厘米。有皱折，字迹磨损。单面书写，墨书西夏文草书 9 行，满行 19 字。左下角另黏附一小纸，高 15 厘米，宽 2 厘米，草书西夏文字 3 行，满行 17 字。内容为西夏文乾定酉年卖牛契约。这是一份相对标准的牲畜买卖契约，有立契时间、买者和卖者的姓名、买卖物品的名称、数量、价钱、违约处罚，还有立契人和同立契人、证明人的签名画押。较为特殊的是，在契约末尾，还黏附了一小块纸条，草书西夏文三行，字迹潦草模糊，从保存较为清晰的内容来看，这应该是对上述契约内容的补充。现藏武威市博物馆。

西夏文乾定申年典麋契约

西夏乾定申年（1224 年）写本。1989 年 9 月甘肃武威新华乡缠山村亥母洞出土。浅黄色麻纸。长方形单页，高 18 厘米，宽 27 厘米。单面墨书西夏文行书 11 行，满行 15 字。页面褶皱，边缘卷裂，

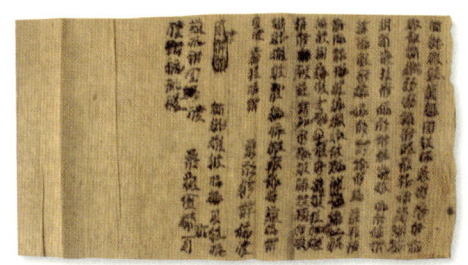

西夏文乾定戌年卖驴契及账单

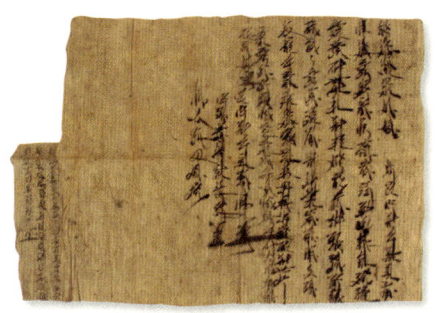

西夏文乾定酉年卖牛契约

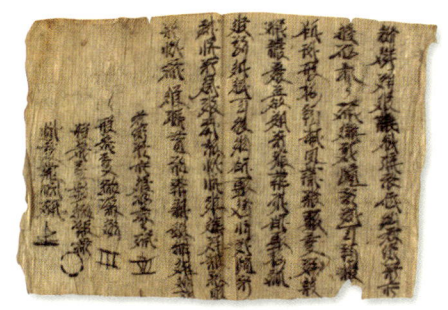

西夏文乾定申年典麋契约

字迹磨损。首行内容为："乾定申年二月二十五日文状……"最末四行为签名及画押。此件文献是西夏乾定申年二月的一件粮食借贷契约，内容完整，有明确的立契时间、立契者姓名、放贷者姓名、放贷品名和数量、利息、偿付期限、违约处罚等，还有立契人、担保人和证明人的签字画押。粮食借贷是发生在西夏社会底层的经常性、影响很大的活动。西夏地处西北，寒冷的气候条件，决定了其"春种秋收"的固定耕作方式。每年的春夏之交，也是青黄不接之时。贫困的西夏百姓大多在二月至五月借高利贷粮食以度过饥荒，等到秋天收获时再偿还高额的利息。黑水城出土的诸多同类契约，也都发生在这一季节，说明此现象在西夏社会存在普遍性。现藏武威市博物馆。

西夏文西夏乾定酉年增纳草捆文书

西夏乾定酉年（1225 年）写本。1989年 9 月甘肃武威新华乡缠山村亥母洞出土。土黄色麻纸。2 纸，均为单页。1 纸高 7.5 厘米，宽 13 厘米。双面书西夏文，正面文字 8 行，有楷书印字和草书手写字，草书手写字为后填。两处画押，最上方钤正方形朱文印，仅钤一半，印纹呈倒三角。背面草书文字 2 行，一处画押，页面中间钤竖长方形四字朱文印一方，印文汉译文为"守库主管"。文书末尾最上角处，有一个大字，为手写西夏文草书"官"。1 纸页面褶皱残破，高 19 厘米，宽 13.5 厘米。双面西夏文，正面文字 2 行，有楷书印字和草书手写字，一处划押。背面草书文字 1 行，模糊不清，一处画押，中间钤竖长方形四字朱印一方，印文汉译文为"守库主管"，此印形制、大小和内容都与前款相同，当是同一方印章所钤盖。文书末尾最上角处，有一个大字，为手写西夏文草书"户"。两份文书都是关于农户没细苗盛向官府增纳草捆的记载，系一式两份的官方文书。西夏法典《天盛律令》中记载，西夏政府在收取租赋时，有专人负责填写纳税凭据，凭据一式两份，官府保存一份备档、备查，农户保存一份也要随时接受检查。此类西夏文献存世罕见，为研究西夏公文文书制度的重要资料。现藏武威市博物馆。

西夏文西夏乾定酉年增纳草捆文书

西夏文《大千守护经中说五种守护吉祥颂》等经颂

西夏写本，缝缋装。1989年9月甘肃武威新华乡缠山村亥母洞出土。土黄色麻纸。残存53页，计106面。单面高14厘米，宽11厘米。每面墨书西夏文楷书3~5行，满行11字。首尾不全，边缘卷裂，有污渍。该写本由3个大小相同的册子，用黄色细麻线在书脊折缝处缝合连缀而成。册子中的每一页纸都是由两张大小相同的薄麻纸合背而成。三个小册子之中两个都是48面，另一个仅残存10面，从经文内容缺首尾的情形来看，组成该写本的小册子，每个都应该是48面，且写本至少由3个小册子组成。此件文献共保存了《大千守护经中说五种守护吉祥颂》《喜金刚变幻八智生成八天母顺》《仁王护国般若波罗蜜多经》等十八种佛经、经颂和真言的内容。《大千守护经中说五种守护吉祥颂》是其中保存最完整

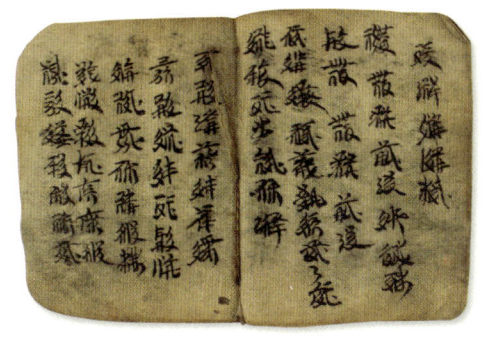

西夏文《大千守护经中说五种守护吉祥颂》等经颂

的内容，从第2本小册子的第58页起，到第3本小册子的第103页止，共38面，内容完整，有经题。此件是译自藏文的佛经，与西夏文内容完全相同的汉译文收录在《俄藏黑水城文献》中，经题为《护国三宝偈》。《中华大藏经》中收录的《佛说守护大千国土经》中的颂偈部分，内容与此件西夏文本大致相似。西夏沿袭唐宋时期的度僧制度，对僧尼有严格的考核制度。根据西夏法典《天盛律令》的规定，要求加入僧尼行列的一等番、汉、羌（藏）人必须通晓读诵的经颂有十一种，《守护国吉祥颂》（即《大千守护经中说五种守护吉祥颂》）就是其中之一。《喜金刚变幻八智生成八天母顺》等佛经和真言的内容，大多涉及藏传密教的内容，在汉文《大藏经》中未见收录，应当是译自藏文的佛经。《仁王护国般若波罗蜜多经》仅残存3面，内容是该经下卷中《护国品第五》中的一小段，此经也是西夏法典要求在家僧人必须能够诵读的佛经之一。现藏武威市博物馆。

西夏文《五更转》

西夏写本。1989年9月甘肃武威新华乡缠山村亥母洞出土。土黄色麻纸。单页，高18厘米，宽32厘米。单面草书西夏文，共存文字16行，行10~14字不等。内容为西夏文《五更转》，首尾俱全，结

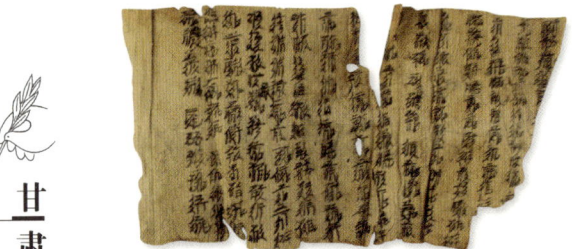

西夏文《五更转》

尾有持有者姓名——此本主人韦勒般若华所做编撰。西夏文《五更转》，在国内外保存的极为罕见，目前仅知俄罗斯科学院东方研究所圣彼得堡分所收藏一件残件，在国内收藏中，此藏本尚属唯一一件。现藏武威市博物馆。

西夏文《净国求生礼佛盛赞颂》

西夏刻本，经折装。1989年9月甘肃武威新华乡缠山村亥母洞出土。土黄色麻纸。残存7页，每折页高21厘米，宽9厘米。折叠处残裂。上下墨线单栏，栏高15.5厘米。木刻版印制，单面印西夏文楷书，每面6行，满行最多32字，字分大小两种，大字一行，下列两行小字。文字多以七言形式排列。此件文献中保存的《净国求生礼佛盛赞颂》，是名为"林峰岭寂真国师"所集录的赞颂偈，颂偈前有"思佛发愿文"，发愿文中的四句偈，"乃至空虚世界尽，众生复业烦恼尽。如是一切无尽故，我愿究竟恒无尽。"出自《大方广佛华严经》卷第四十中"普贤广

大愿王清净偈"。 现藏武威市博物馆。

西夏文《志公大师十二时歌注解》

西夏写本，卷轴装。1989年9月甘肃武威新华乡缠山村亥母洞出土。土黄色麻纸。由三页纸粘接而成，粘痕两处。总长120厘米，高17厘米。卷首完整，四边残，卷尾残佚四段歌词及注解。墨书西夏文楷书，首行译为"志公大师十二时歌注解"。字体分大、小两种，大字残存68行，行3~10字不等，内容是志公所做《十二时歌》。除首行和第三行外，每行大字下均排两行小字，第十、十一行之间又添加一行小字，小字行2~24字不等，内容为注解。第三、四行末尾缺二字；第十一、十二行行首缺五字。《十二时歌》，

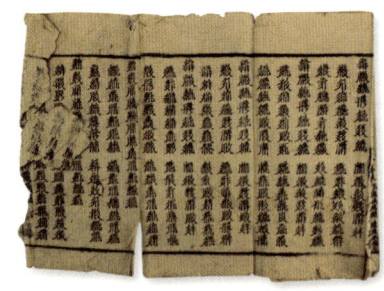

西夏文《净国求生礼佛盛赞颂》

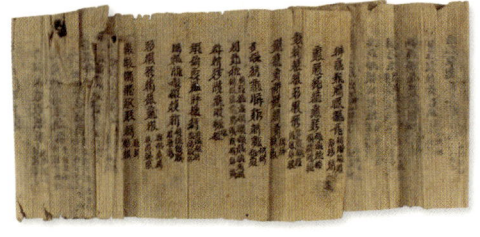

西夏文《志公大师十二时歌注解》

或称《十二时颂》，南朝齐梁时的高僧宝志（也称宝公、志公）所作，"注解"即保留了志公《十二时颂》原文本意，也加入了具有本民族特点的元素，语言朴实、生动、直白而富有哲理，是不可多得的研究西夏语言的资料。现藏武威市博物馆。

藏文大藏经

武威市博物馆藏藏文大藏经新中国成立前均供奉于凉州各地的藏传佛教寺院，内容以大藏经甘珠尔为主，间有少量丹珠尔的内容，共410函。根据函数和纸张格式分析，约有4套，共计5300部、10万余页（双面）、8000多万字，98%是手抄本。上等优质藏纸，装裱十分考究，既有蓝边黑底，也有灰边黑底，质地柔软光滑，写字部分加有防虫、防腐剂。主要采用金、银、珍珠、珊瑚、海螺等贵重物品，研磨成汁，藏文楷体精工抄写。另有少数几部经籍是在优质上等墨汁中加入金粉、麝香、紫檀粉等贵重物品精工抄写的。其抄写时间，有元代和明代的确切纪年，虽经历了数百年乃至上千年的历史，但大多数字迹仍然焕然一新。在大多数佛经的封面上都绘制了精美的佛像，在《贤劫经》的每页经的中行位置绘有千佛，最后一页绘有四大天王像。有些佛经的扉页上还绘有藏王松赞干布、牟尼赞布的画像。从佛像的造型艺术上看，多为藏传佛

教宁玛派和噶当派的画法。《甘珠尔》以《般若》部起首，只有6页《总目录》，属于西藏纳唐版《旁唐目录》。另外，有2函铜刻朱印本《大藏经》，是明永乐年间在北京铜刻的赤字版，5页题记中注明了抄经的时间、地点、供养人姓名等，具有很大历史研究价值。特殊版本的几张抄经所选用的纸张是非常稀有的棉花纸。

金塔县博物馆藏藏文写经

明写本。1987年维修金塔县"金塔"时从塔顶出土，为金塔装藏之物。存90页，无装订。页长38厘米，高13.6厘米，

藏文大藏经

厚 1.9 厘米。纸质应为瓷青纸，蓝边黑底。藏文楷体抄写，有金汁写字。内容有：《佛顶大百伞盖陀罗尼经》《大乘无量寿宗要经》《金刚波若波罗蜜经》《五千五百佛名神咒除障灭罪经》等。据专家考证为明代经卷，为研究金塔县的佛教文化提供了实物证据，具有较高的研究价值，被鉴定为国家一级文物。现藏金塔县博物馆，编号 201。

金塔县博物馆藏藏文写经

肃州区博物馆藏藏文写经

明清写本，梵夹装。1994 年 11 月出土于金佛寺镇丰乐口鄂博下，编号 3427。瓷青纸。若干页，页长 63.7 厘米，高 23.4 厘米。蓝边黑底，质地柔软光滑，写字部分加有防虫、防腐剂。部分页面磨损，有水渍，边缘破裂。双面书写，精工抄写藏文楷体，页书 2~14 行不等。经文多残缺不完整，有《佛说大孔雀咒王经》（完整）《能断金刚经》《佛说守护大千国土经》《本续王吉祥上乐略要》《大随求陀罗尼经》《大密咒随持经》《大寒林经》。现藏酒泉市肃州区博物馆。

肃州区博物馆藏藏文写经

明清写本。1982 年出土于西洞镇渠首洞，由一刘姓村民上交，酒泉市肃州区博物馆藏。瓷青纸。若干页，页长 29 厘米左右、高 10 厘米左右。蓝边黑底，质地柔软光滑，写字部分加有防虫、防腐剂。页面残损、边缘卷裂。书体为藏文楷体，双面书写，页书 3~5 行不等。内容为《能断金刚经》《大乘白伞盖经》、金书《大乘金刚经》。

大佛寺藏藏文写经

明清写本，梵夹装。瓷青纸。1000 余页。尺寸不等。既有蓝边黑底，也有灰边黑底，质地柔软光滑，写字部分加有防虫、防腐剂。多以海螺研磨成汁精工书写藏文楷体，间有金汁书写。部分页面彩绘佛菩萨、金刚、度母、僧人，或页面上部手绘白色鎏苏，书写精美，装帧典雅。经页保存程度不一，部分经页边缘卷裂，发霉、灰渍、虫蛀严重。经页多有藏文页码，写经多残缺不全。内容有：《金光明最胜王经》（古格王朝时期）《大方等大集经》《大般若波罗蜜多心经》（首尾完整）《能断金刚经》《普贤菩萨行愿经》《宝星陀罗尼经》《圣大解脱经》等。张掖大佛寺旧藏。

感恩寺藏藏文大藏经

清代文献。约 6000 页。纸质不一，

有白棉纸、瓷青纸等，纸张厚薄不一、尺寸不等。保存状况不一，部分页面保存完好，字迹清晰；部分页面有不同程度的褶皱、破损、水渍和发霉、虫蛀；少数页面粘连，文字漫漶不可读。多数经文为手写本，双面墨书或墨书、朱书隔行书藏文楷体，有手写《十万颂般若波罗蜜多经》《大密咒随持经》《佛说大孔雀咒王经》《普曜经》《佛说守护大千国土经》等。部分经文为雕版印本，有《佛说大孔雀咒王经》《佛说守护大千国土经》等；并有印刷题记一页：这五部陀罗尼在炳灵寺完成。现藏永登县红城镇感恩寺。

清写本藏文《莲花生大师传》

清写本，梵夹装。研光纸。现存368页（其中2页残半），页长60厘米，高16厘米。双面文字（其中1页为单面），有字面735面，书体为藏文楷体。面书7行，双色书（墨书为主，部分页面间有朱书），四周红色双栏（个别页面磨损或没有），其中4页文字两侧墨绘佛、菩萨或上师说法图案，1页附有丝织品残片。页面基本完整、清洁，部分页面有水渍、污渍、虫蚀、霉变等病害。内容略有残缺。据相关专家研究，其书写年代当为清代。现藏武威市博物馆。

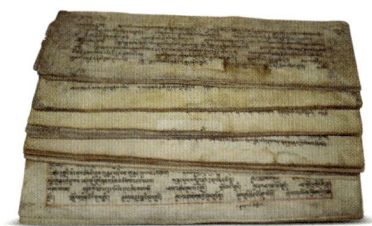

清写本藏文《莲花生大师传》

主要参考文献

1. ［清］杨春茂著，张志纯等校点：《重刊甘镇志》，甘肃文化出版社，1996年。

2. ［清］黄文炜著，吴生贵、王世雄校注：《重修肃州新志校注》，2007年。

3. 段文杰主编：《甘肃藏敦煌文献》第1~6卷，甘肃人民出版社，1999年。

4. 吴正科：《大佛寺史探》，甘肃人民出版社，2004年。

5. 甘肃省文物局编：《甘肃文物菁华》，文物出版社，2006年。

6. 赵向群：《五凉史探》，甘肃人民出版社，2007年。

7. 杜斗城等：《河西佛教史》，中国社会科学出版社，2009年。

8. 赵永红：《河西走廊藏文化史探》，甘肃民族出版社，2010年。

9. 麦积山石窟艺术研究所编：《瑞应遗珍》，甘肃人民出版社，2008年。

10. 马德主编：《甘肃藏敦煌藏文文献叙录》，甘肃民族出版社，2011年。

第十二章 书 画

甘肃书画艺术在历史遗存中占有重要地位，存世的甘肃书画遗存分为三大部分，一为敦煌莫高窟"藏经洞"发现后流失到海外的书画类文物，一为国家文化教育部门、事业单位、社会团体的收藏，一为民间私人收藏。无论在中国书画史上，还是作品的总量上，甘肃书画艺术品都占有十分重要的位置。

在中国古代，书画不仅有"存形"的目的，而且具有"成教化，助人伦"的功能，甘肃地处丝绸之路的重要路段，敦煌艺术的故乡，书画资源丰富。本编所列主要是甘肃文博部门的收藏。

甘肃是中国绘画的早期发生地，大地湾遗址出土有距今5000年的人物图像地画，甘肃彩陶纹饰华丽繁缛，给观者以抽象神秘感。周秦青铜礼器纹饰，与中原地区一脉相承，以饕餮纹饰为主要特征。战国秦时期，甘肃出土金银器受到北方游牧民族艺术的影响，各种类型的动物纹饰和动物变体纹饰成为一种风格。马家塬战国墓出土马车施以漆髹，绘以云纹，十分华丽精致。

汉晋时期的考古发掘中，绘制在木质板上的木版画中，反映当时边塞生活的"胡人图""宰猪图"都以黑色的墨线勾勒线条，写实而拙扑。武威、张掖出土汉代壁画墓中有中原地区常见的神兽和伏羲女娲形象，到魏晋早期这类题材的图像仍然出现在墓葬中。魏晋时期河西走廊地区的彩绘砖墓，从敦煌到武威都有分布，学术界认为是敦煌美术的"先声"和"预备"，是甘肃古代绘画艺术对中国古代绘画艺术的一个突出贡献。河西魏晋墓壁画以天然矿石原料着色，红黑色为主要色调，彩绘砖的内容基本可以分为三类，一类是历史故事题材，如敦煌晋墓出土的"李广骑射"彩绘砖、"伯夷弹琴叔齐听琴"彩绘砖，一类是表现符瑞思想和信仰的彩绘砖，如敦煌晋墓出土"四神"彩绘砖、"大象"彩绘砖等，内容最丰富的是反映当时河西贵族和劳动者衣食住行的彩绘砖，如嘉峪关壁画墓出土的"驿吏图"彩绘砖、骑兵出行彩绘砖等。甘肃魏晋墓陶瓶上所绘"道符"，其价值主要在学术方面，是认识和研究探讨这一时期道教的第一手资料。

作为世界文化遗产，敦煌壁画从魏晋延续到明清，是世界绘画艺术的宝库。因天梯山石窟搬迁，现由甘肃省博物馆收藏北凉时期的站立菩萨壁画十分珍贵，菩萨相貌上为南亚地区人种，深目高鼻，肤色显棕褐色，身挂透明玻璃瓶，褒衣博带，是中国佛教壁画中难得的珍品。

敦煌莫高窟出土书画作品的时代从隋唐延续到宋、西夏，以佛教写经和佛教壁画为大宗，也涉及祆教、景教、摩尼教等内容，是人类宝贵的遗产。敦煌莫高窟出土绢质地和纸质的画作，除分散于海内外许多收藏机构外，甘肃的文博单位也有收藏，甘肃省博物馆藏北宋淳化年间的绢地《报父母恩重经变》画，尺幅大，

画中文图并茂，人物众多，并绘有建筑、器物，对研究当时宗教礼仪和信仰、中原和边地居民服饰服装等具有重要价值，是敦煌卷轴画中的精品。

甘肃考古发现的西夏时期书画作品主要是佛教绢画，在黑城遗址被盗掘的反映密教内容的一些绢画，收藏在俄罗斯艾尔米塔什博物馆等地。甘肃考古发现的元代书画也主要是佛教绢画，武威和张掖的古代建筑维修中有发现。这些绘画作品对研究当时佛教信仰和佛教艺术具有重要价值，也可以填补中国古代绘画链条上的空白。

甘肃书画中存量较多的是明清民国时期的水陆画，水陆法会，全称为"法界圣凡才陆普度大斋胜会"，是指开设法会时救度者与被救度者集会于一堂，凡与会者都能得到超度施法与施食同时进行，普度受苦众生，是一种设斋供奉佛神以追荐超度亡灵众鬼的大法会，是中国宗教活动中最隆重、规模最盛大、所需时间最长的一种仪式。水陆画是随着水陆法会的产生而出现，是寺院或私人举行水陆法会时悬挂的宗教画。甘肃河西、陇东地区的许多博物馆都收藏有水陆画。

近代以来，甘肃是官员流放新疆的必经之地，清代晚期重臣在此坐镇拥兵，民国以来书画名家多有到达。甘肃各地

博物馆收藏有林则徐、左宗棠、于右任书法对联，常书鸿、吕斯百、黄胄等画家的作品各博物馆和民间均有收藏。甘肃部分文博单位注重收藏明清文人书画，尤以甘肃省博物馆的藏量为多。

大量流传于世，优秀的古代文人书画墨迹卷轴，亦为甘肃文博单位着意收集，其中不乏精品，既有声名远播，享有盛誉的如黄辉、王问、张瑞图、王铎、赵左、吴伟、吴历、高凤翰、黄慎、李鱓、樊沂、金廷标、刘墉、王文治等名家作品，也有如王了望、张澍、唐琏等独具地域特色的古代陇上书画作品，更有近现代的吴昌硕、齐白石、张大千、徐悲鸿、于右任等诸多名家的精品佳作。

第一节 文人书画

王问行书观落花劝饮歌卷

明代行书长卷。王问书。纸本。纵高34.6厘米，横宽770厘米。款署"仲山王问书于来凤堂西窗下嘉靖癸亥夏日"；钤"王氏子裕"朱文方印、"台宪之章"朱文方印。内容为：行书"亭上观落花劝饮歌"自作诗。亭上观落花劝饮歌昨日一花并今日一花飞飞不上树…杯入手莫停歌湘□有赋今人读何事一生仇怨多。以秃笔作大字，字大如拳，墨浓笔沉，风骨遒劲，渴笔纵横，雄健豪爽。可见其胸中浩荡，笔底功深，故略无疑滞，举重若轻如是。一时惟陈道复可与雁行。行中兼楷，自成一体。明人王锡爵云："问书类米芾，又涪翁（黄庭坚）。"取法广而善变化。王问（1497~1567年），明无锡（今属江苏）人。字子裕，原号笨斋，尊称仲山先生。工诗文书画，清修雅尚。嘉靖十七年（1538年）进士。授户部主事，监徐州仓，调南京兵部，任车驾郎中。又调任广东按察佥事，未至即弃官回乡归隐。事亲严孝，淡于仕进。士人皆仰慕之。著有《仲山诗选》《原笨斋集》《崇文馆稿》等。为《中国古代书画图目》著录。现藏甘肃省博物馆。

沈周山水扇页

明代水墨设色山水扇面。作者沈周。泥金纸本。纵高20.2厘米，横宽39.5厘米。款署"沈周"；钤"启南"朱文方印。平远布局，设色写意水墨绘竹树茅舍、山野坡石，江面辽阔，扁舟渔翁独钓，水鸟翔于水面，远景丛山相叠，连亘无际绘若隐若现。扇面虽小，却层次分明。墨色浓淡相间，皴法简练生动，实中有虚，虚中有实。润泽酣畅与疏秀清朗间，得平淡天真之趣，尽显茅舍幽居，平淡恬静。沈周四十岁前多画小幅，后拓为大幅，用中锋秃颖，笔力挺健而蕴藉，风格沉着浑厚，画以意境趣味为重。沈周（1427~1509年），明长洲人，字启南、号石田、

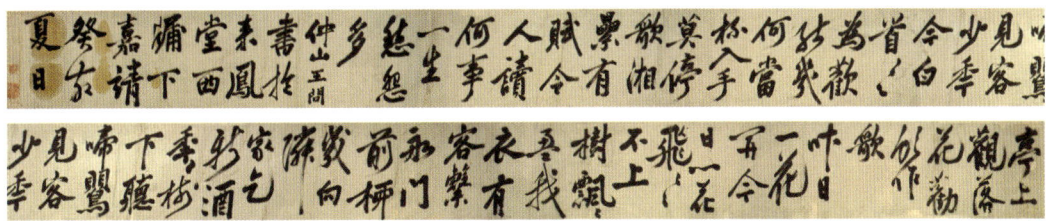

王问行书观落花劝饮歌卷

沈周山水扇页

白石翁、玉田生、有竹居主人等，山水初承家法，兼师杜琼、赵同鲁，后取法董源、巨然、李成，中年以黄公望为宗，晚年醉心吴镇，於广收博取中自拓新意。吴门画派的创始人，与文徵明、唐寅、仇英并称"明四家"。为《中国古代书画图目》著录。现藏甘州区博物馆。

吴门画帖集览册

明代山水书法册页。泥金纸本。纵30.2厘米，横38.4厘米。二十开，十开山水，十开书法，为王峻、杜照、文从简、朱士瑛、张澂、吴徵、宋珏、文彦可、文震亨、郑敷教、朱陛宣、王心一、陈裸等十三人所作。款署"吴郡王峻写／黄鹤风烟／壬申四月杜照写／文从简在草筑写／壬申清和仿赵松年笔朱士瑛／壬申夏日仿梅道人笔意王峻／篆书天中幽赏壬申端阳日写于清籁阁张澂／云山行处合风雨兴中秋吴徵／壬申清和效大痴老人笔法王峻／壬申清和既望写于吉祥精舍道樗／"。书法内容：启明渐高红入窗，翠压遥波山影

双，主舰逆水不得上，长年呼风来相帮，尽情看月□秋枝，当饱餐霞输晓江，□竹居然解幽赏，一般击节为新腔 珏；行路未春草，还家飞夕萤，为园背□堞，分趣与闲垌，山鸟啼傍屋，烟溪流入□，阶桐长几尺，曾□叶青青，岸转路疑尽，不知栖更深，带来寒月夜色，分照幽人心，积水明屋角，远烟开野阴，持杯问梅信，几朵圻冰林，文从简；树老野泉清，幽人好独行，去闲知路静，归晚喜山明，兰芝通荒井，牛羊出古城，茂陵秋最冷，谁念一书生，文震亨；竹树远风至，有人微咏来，新阴刚复坐，片野正当怀，雨过看成夏，花飞欲变苔，莫空今日酒，郑重送春归，文震亨；瓜已东门熟，东皋秋尚芜，在田自耕耦，不酒醉为徒，客莩先霜白，蝉声共暑徂，薄登山果赋，玉鸟任成逋，文震亨；山色峨眉秀，江流燕尾分，乱蝉吟落日，独鹤引归云，黄叶溪边树，青帘雨外村，兴来留客坐，随意倒芳樽，文震亨；嬴氏乱天纪，贤者避其世，黄绮之商山，伊人亦云逝 往迹浸复湮，来径遂芜废，相命肆农耕，日入从所憩，桑竹垂余阴，菽稷随时艺，春蚕收长丝，秋熟靡王税，荒路暖交通，鸡犬互鸣吠，俎豆犹古法，衣裳无新制，童孺纵行歌，斑白欢游诣，草荣识节和，木衰知风厉，虽无纪历志，四时自成岁，怡然有余乐，

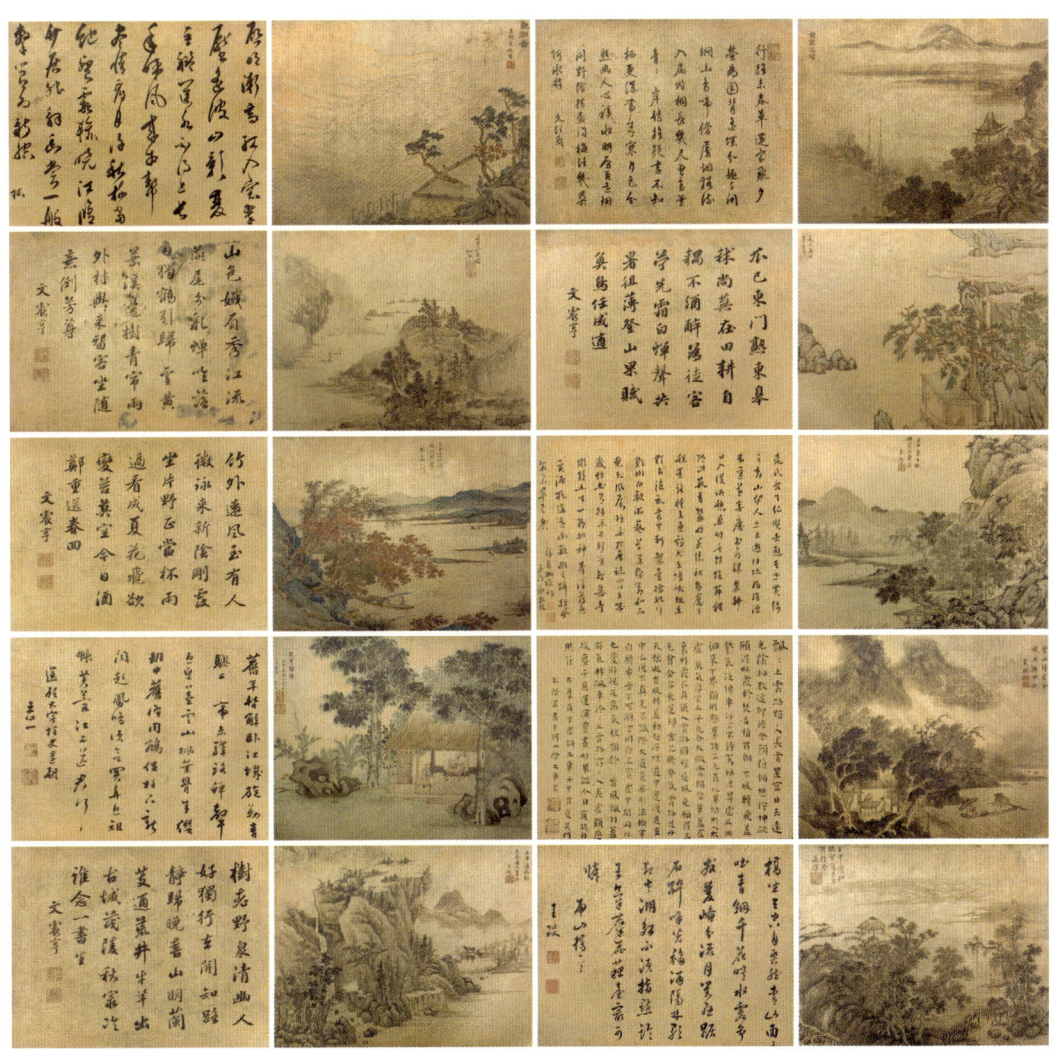

吴门画帖集览册

于何劳智慧，奇踪隐五百，一朝敞神界，淳薄既异源，旋复还幽蔽，借问游方士，焉测尘嚣外，愿言蹑轻风，高举寻吾契，靖节桃源诗，吴门郑敷教；旧年暂解卧江城，旋勒青骢上帝京，驿路返皂盖，云山枫叶□朱缨，班中旧识同鸳侣，柱下新闻起风鸣，便欲买舟返祖帐，芙蓉江上送君行，送顾太守柱史还朝，王心一；飘飘上云路，黯黯入长霄，星宫日去远，光阴劫数遥，仰德金颜隐，倾想仁神飚，愿得映霞轸，焚香稽首朝，玄风转飞盖，紫气泛仙车，浮空不待驾，倏忽升虚无，

徘徊哀下界，顾眄愍群诸，三元真化毕，
倏然入太虚，万气浮空上，千光合太微，
霄间望华盖，虚里眄霞衣，真仪入云路，
圆曜逐风飞，愿得三元会，金容乘运归，
吉光腾紫气，霄路逸丹天，幡扬香风转，
盖动超浮烟，道中还复道，玄中已复玄，
真光不识际，大道竟无形，法轮常自转，
希音不可听，空闲待三宝，虚中闻洞经，
七变游魂反，万气驻颓龄，香风飘羽盖，
游气转飚车，冷冷上云路，窈窈入长虚，
顾愍埃尘子，应运演灵书，妙果谐今日，
冥契自然符，右群真步虚词五章，壬申首
夏吴门朱陞宣书于阿山阴之草堂；桥坐填
空自爽然，青山面面吐青烟，千花映水霞
争发，双嶂分流月对悬，踞石醉呼光福
酒，隔林歌起太湖船，不须指点论王气，
麋鹿苏台最可怜，王琰。钤"宋珏之印"
朱文方印、"王峻之印"白文方印、"雁
门世家"朱文长方印、"文彦可"朱文方
印、"文从简印"白文方印、"文震亨印"
朱文方印、"启美"朱文方印、"杜照之印"
白文方印、"□润"白文方印、"从简之印"
白文方印、"文""父"朱文连珠方印、"郑
敷教印"朱文方印、"士敬氏"朱白文方
印、"王心一印"朱文方印、"自心齐延"
朱文方印、"张澂"朱文长方印、"清孟"
白文方印"德父""朱陞宣印"白文方印、
"吴徵"朱文方印、"王琰之印"白文方印、

"白字□人"白文方印宋。

"吴门画派"简称"吴门"，是明代
具有重要历史地位的画家群体和绘画流
派。沈周、文徵明、唐寅、仇英是其代表，
并称为"吴门四家"或"明四家"。在明
代中期以后"吴门画派"逐渐取代宫廷
绘画和"浙派"的地位而占据画坛主位，
他们绘画技巧和风格对当时、后世都产
生了极大的影响。吴门派形成后，其派
系世代相传，绵延不断。有成册约在明末，
皆"吴门"各家所作。在"吴门"后期
画家中，艺术上较全面地继承了宋元以
来的优秀传统，并形成各自的独特风格，
开创一代新风。注重笔墨表现，通过对
笔墨的状物而抒情，强调感情色彩和幽
淡的意境，追求平淡自然、恬静平和的
格调、文雅幽静的审美情趣。同时注重诗、
书、画的有机结合，诗的内容多述画意，
有感而发，诗书画相辅相成，以自然物象
的美寄情寓性。为《中国古代书画图目》
著录。现藏甘肃省博物馆。

陆治疏林听泉图轴

明代设色水墨山水立轴。作者陆治。
纸本。纵 165 厘米，横 85 厘米。款署"落
日低山色，疏林起青云，泉声与渔唱，空
谷自相闻，包山陆治为次华先生作；结屋
华山簏，拒客万玉攒，主人称傲吏，猿
□草堂□，□□□为次华先生题。"钤"陆

治"白文方印、"包山子"白文方印。高远、深远相结合的构图。陡山巍峨，耸立直冲霄汉，瀑布帘挂峰岩，山间烟云缭绕，溪泉潺湲而下，水阁筑于谷间疏林，阁下流水淙淙，阁中二士凭窗对坐，溪畔山石独坐伊人。深邃和静谧之感悠然，题诗与画意相得益彰。山石多用秃笔，以断续线条勾勒轮廓和脉络，以折笔干擦作皴，笔触苍凝劲秀；山麓、树木以赭石作渲染，山石间偶用浓墨点醒、提神，浓淡错落有致。房舍、人物画法不刻意求工。全图用笔苍劲，设色明润，为陆氏山水画代表风格。陆治（1496~1576年），明吴县（今江苏苏州）人，字叔平，自号包山。好诗文，善书画。山水受吴门派影响，也吸取宋代院体和青绿山水之长，用笔劲峭，景色奇险，意境清朗，自具风格，在吴门派画家中具有一定新意，与陈淳并重于世。

陆治疏林听泉图轴

为《中国古代书画图目》著录。现藏武威市博物馆。

王世相行书十咏海翁赞诗文卷

明行书长卷。王世相书。纵高31厘米，横宽378厘米。纸本，款署"嘉靖乙未季春中浣之吉，河东冶下后学生王世相顿首书"。钤"世相印章"白文方印、"双竹书屋"朱文方印、"清溪"朱文长方印。书写内容：是图也作之者何也伏以，衣，主人海翁老先生三番事竣，复命天朝威德思报准留而不可得之意题曰……神州金阙……天汉灵槎……金波涌至……环岛奠鳌，水天一碧，鱼鸟同春，春荣华霭碧树昂霄……云吞风雷……行书，以神州金阙、天汉灵槎、金波涌至、环岛奠鳌、水天一碧、鱼鸟同春、春荣华霭、碧树昂霄、云吞风雷等为题，诗文十咏海翁德行。行草相间，笔力矫健，结体奇崛，极见功力。王世相，生卒不详。字季邻，号清溪。蒲州人，明代医家。为《中国古代书画图目》著录。现藏甘肃省博物馆。

黄辉行书诗卷

明行书长卷。黄辉书。纸本。纵高27厘米，横宽：引首127.5厘米，书心270厘米。黄辉(1559~?年)，字平倩，号慎轩，四川南充人。官至少詹事。其书楷法宗钟繇，并善行书，独操机杼。此卷纸本，引首为浅蓝色洒金笺，榜书"乱

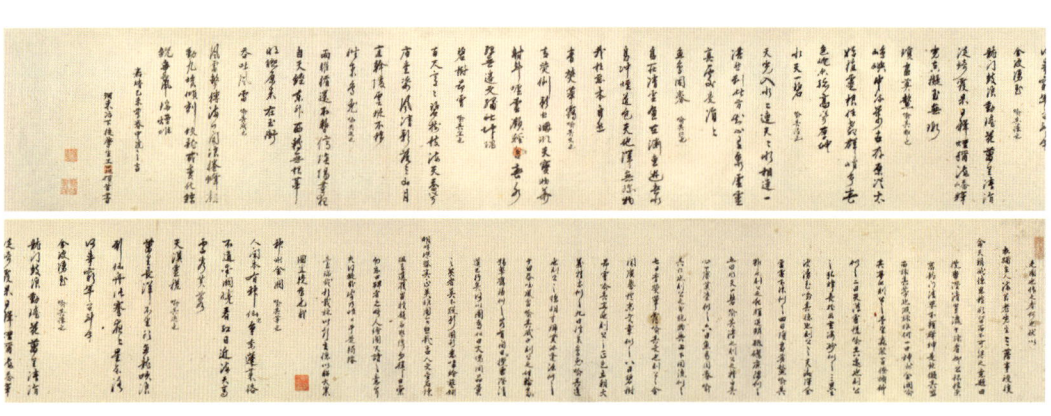

王世相行书十咏海翁赞诗文卷

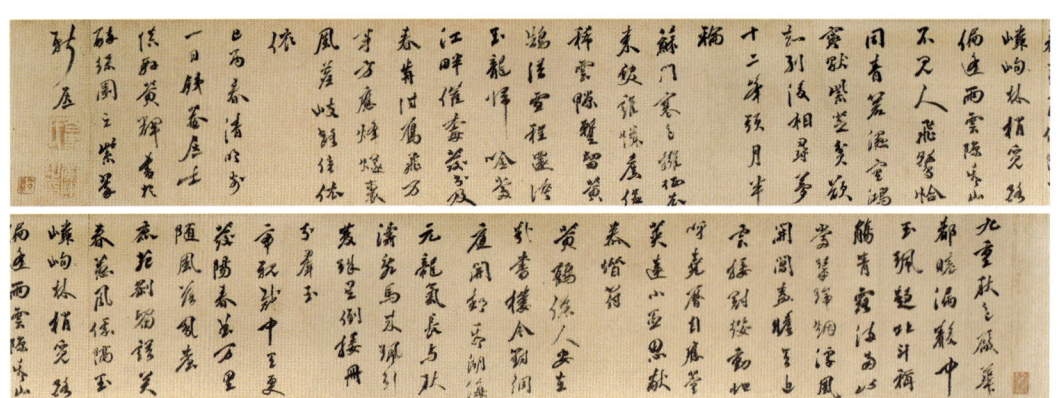

黄辉行书诗卷

石惊涛"，笔势奔放，有飞动跳跃之势，款署"南充黄辉"，钤白文"太史氏""黄辉之印"。书心为行书七言诗，署"己酉春清明前一日，铁庵居士慎轩黄辉书于醉丝园之紫翠新居"。所钤印与引首同。笔法洒脱自然，行草相间，偶露飞白笔意，结体正欹错落，变化有致，颇得晋人遗韵。在明代书法中，亦属上乘之作。时人评万历十七年同馆者，诗文推陶周望、书画推董其昌。而辉之诗、书与二者齐名。

观此卷知其誉非虚也。为《中国古代书画图目》著录。现藏甘肃省博物馆。

张瑞图行书轴

明代行书立轴。张瑞图书。纸本。纵高350厘米，横宽98厘米。款署"瑞图"；钤"张瑞图印"白文方印、"大学士章"朱文方印。书写内容：青山鹤龄樵甫白水渔矶丈人。高头巨轴，字大如斗，以楷带行，既见北魏笔法，又呈颜王风骨。下笔直入平出，平实中暗藏险峻，结体拙野狂怪，字形饱满结实，硬峭纵放，布局犬齿纵横交错，点画凝重厚实，笔势相互牵连呼应，神气不散，真气弥漫，磅礴凌厉之气势，贯穿全幅。此罕见行书巨轴，是晚明书风转变的代表，也反映出其时建筑"高堂挂轴"的风尚。张瑞图（?~1644 年），明泉州（今属福建）人。字长公，号二水。工书善画。书法奇逸，与邢侗、米万钟、董其昌齐名，时称邢张米董。为《中国古代书画图目》著录。现藏甘肃省博物馆。

张瑞图草书七言诗轴

明代草书立轴。张瑞图书。绢本。纵高 188 厘米，横宽 56 厘米。款署"瑞图"；钤"张瑞图印"白文方印、"舞画"朱文方印。草书七言自作诗，其书运笔直入平出，起、止、转、折几乎不作任何回锋、顿挫，笔画盘旋跳荡，点画翻飞，锋芒显露，翻折用笔使转折棱角外显而不薄，方折紧束的解体，增强了跌宕之感，章法布局上，匠心独运，有意将加宽行距，给人以朗月荡心之感。笔墨随兴而运，肆意挥洒，棱角毕露，字势的荡逸，字距的疏密充分地体现张瑞图个性张扬的书法风格。现藏甘肃省博物馆。

刘重庆草书临王帖轴

明代草书立轴。刘重庆书。绫本。纵高 222.5 厘米，横宽 66.5 厘米。款署"刘重庆临"；钤"刘重庆印"白文方印、"幼孙"白文方印、"柱史之章"白文方印。用笔坚挺，豪放苍劲，论者谓与邢侗在伯仲之间，实开傅山、王铎巨幅狂草之先河。刘重庆

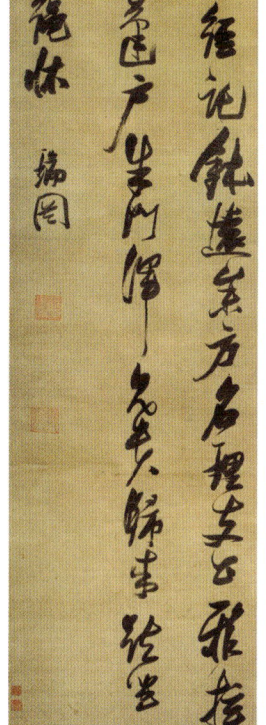

张瑞图行书轴　　张瑞图草书七言诗轴　　刘重庆草书临王帖轴

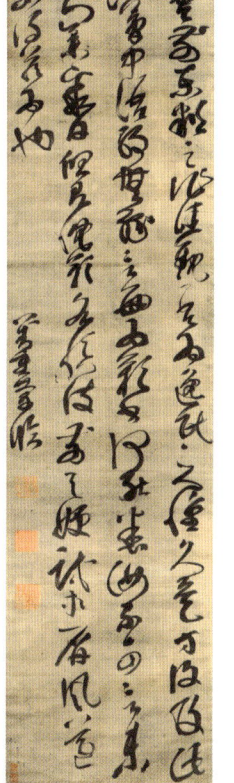

（1579~1632 年），明山东掖县城关东南隅人（现为山东莱州镇东南隅）。字幼孙，号耳枝，明代后期著名书法家，官至户部右侍郎，为《中国古代书画图目》著录。现藏甘肃省博物馆。

赵左江村僻幽图卷

明代设色山水长卷。作者赵左。绢本。纵高 33.5 厘米，横宽 230 厘米。款署"丁巳长夏仿黄鹤山樵赵左"；钤"赵左之印"白文方印。引首孙谋书题"江村僻幽"。卷中绘万壑千岩、奇峰危石、深涧幽谷、长河帆影、茂林烟树、孤村崇阁、云泉溪桥……正是作者理想中的文人归隐之所，是意中之山水。赵左主张画山水，须得山川林木、楼观舟车、人物屋宇之势，做到取势布景，交错而不繁乱；景物布置，须一一自然合理；景色先以朽笔勾出，然后落墨，使景致、笔墨交融，成画后才富有意味秀劲飘逸的韵致。此卷构图忽平远辽阔，忽险绝巍伟，忽幽忽奇。笔法用王蒙解索皴，缜密松秀，苍莽严谨而有空灵洒脱之趣，敷彩淡冶而得亮丽厚朴之致。烟岚云雾流动于层峦叠嶂、坡谷幽溪间，并以斜径、溪桥、房屋、树木，掩映穿插；浅绛设色，与淡墨染出山峦向背，同时渍出雾霭浮动；干笔焦墨点苔繁复，设色烘染湿润。近景树木枝叶细致刻画，几株红叶点缀林间，极富神韵。此图万历丁巳年（1617 年）作，正是赵左绘画风格由早期受吴门影响与仿唐、五代至宋、元诸

赵左江村僻幽图卷

家的仿古倾向，开始形成自己面貌的阶段，画面中可以看到，受董其昌的影响，笔墨开始由工谨变为自由活泼，造型由精细、写实向简化、平面和形式化转变。最终成为明代松江派山水画家重要的代表。赵左（1573~1644年），明华亭（今上海松江）人。字文度。其画远宗董源，兼有倪、黄笔意，画云山有似米非米之妙。松江派重要画家。董其昌代笔人之一。现藏甘肃省博物馆。

傅翰行书诗笺

明代行书诗笺。傅翰书。砑花笺纸。纵高35厘米，横宽61厘米。款署"傅翰稿呈西涯先生"。内容为行书七言一首：奉和庆成联句之什录求改教……长方形砑花笺纸，暗印花卉纹，意为对设宴者的溢美之词，书法挥洒有度，徐缓流畅，章法规谨，文气十足。为《中国古代书画图目》著录。现藏甘州区博物馆。

罗景行书诗笺

明代行书诗笺。罗景书。洒金笺纸。纵高35厘米，横宽61厘米。款署"契未罗景稿复宾之先生吟席十二日"。行书自作七言一首。内容：庆城宴席愧不能陪，辱示联句之作敬用效颦盖将以纪……□得宫华幽御筵，凫鹥新咏诧群仙，九重圣德符三五，四海休徵有万千，粟帛但期天下足，凤鸾宜在日边联，不才自愧虚瑶席，湛露恩深又一年。由宴席而联想到天下苍生之温饱，字里行间透射出忧国忧民之情怀。书法笔墨酣畅淋漓，严谨中透出舒放，诗句与书法相得益彰，读来只觉荡气回肠。罗景（1432~1503年），字明仲，号冰玉，江西泰和人。天顺七年（1436年）进士，除编修，弘治中为南京国子祭酒。工书。为《中国古代书画图目》著录。现藏甘州区博物馆。

程敏政行书诗笺

明代行书诗笺。程敏政书。砑花笺纸。纵高35厘米，横宽61厘米。款署"敏政再拜宾之先生寅兄"。长方形砑花笺纸，行书七言诗，述宴席盛景，为文人席间

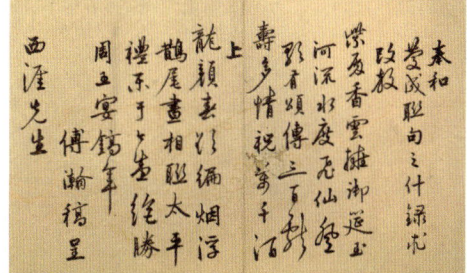

傅翰行书诗笺

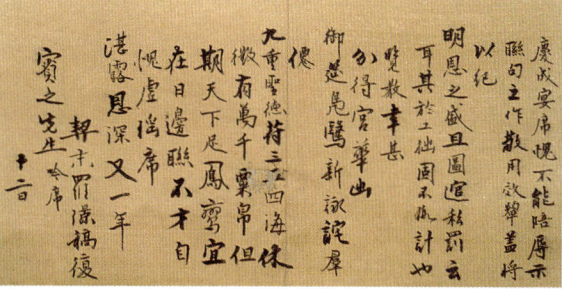

罗景行书诗笺

唱和。笔墨酣畅，体势放纵，用笔灵动秀活，结体欹侧多姿，布白参差错落，变化万千。程敏政（1446~1499 年），字克勤，号篁墩，时人称程篁墩，明休宁人。早慧，学识渊博。官终礼部右侍郎，后赠礼部尚书。为《中国古代书画图目》著录。现藏甘州区博物馆。

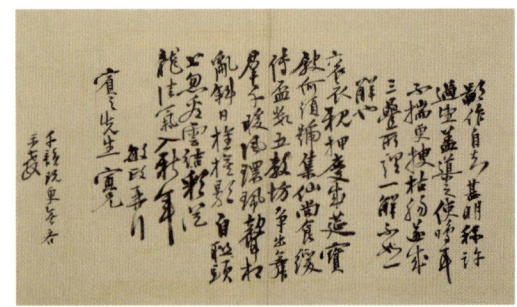

程敏政行书诗笺

杨一清行书诗笺

明代行书诗笺。杨一清书。砑花笺纸。纵高 35 厘米，横宽 61 厘米。款署 "一清附录求"。内容为行书七律二首：洮岷道中岷西六月暑气傲……为文人席间唱和。书写刚劲浑朴、雄健沉着，苍古有奇气。杨一清（1454~1530 年），字应宁，号邃庵，别号石淙，谥文襄。明丹徒人。一作安宁人。善书画，工诗文。成化八年进士，历经成化、弘治、正德、嘉靖四朝，为官五十余年，官至内阁首辅，号称 "出将入相，文德武功"。为《中国古代书画图目》著录。现藏甘州区博物馆。

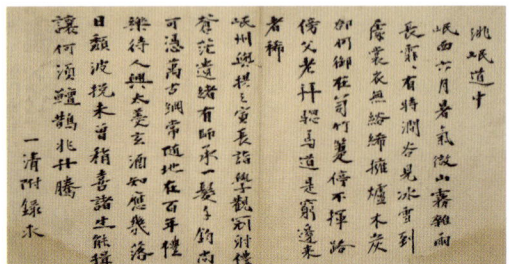

杨一清行书诗笺

□泰行书诗笺

明代行书诗笺。□泰书。砑花笺纸。纵高 35 厘米，横宽 61 厘米。款署 "泰再拜原博先生传史"。内容为行书七言自作诗："奉和诸公／庆成宴上联句……" 是文人席间唱和之作。书体用笔以中锋立骨，侧笔取妍，疏朗通透，风神潇洒。为《中国古代书画图目》著录。现藏甘州区博物馆。

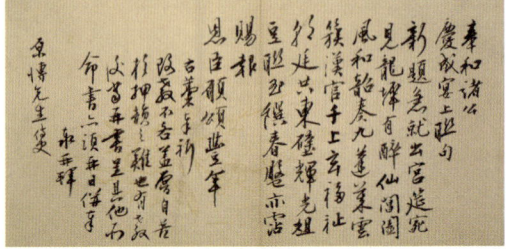

□泰行书诗笺

吴伟业山水图轴

明代水墨山水立轴。作者吴伟业。绢本。1980 年 6 月新西兰路易·艾黎捐赠。纵高 99 厘米，横宽 49 厘米。吴伟业（1609~1671 年），字骏公，号梅村，江苏太仓人。明崇祯四年进士。书法赵孟頫，画山水得董、黄法。笔意秀雅，超脱时习。水墨绘山水，右上角远山近峦叠嶂，山峰

甘肃省志 文物志

吴伟业山水图轴

高耸入云，山腰丛树葱郁挺拔，沟壑间云雾弥漫，有山庙一角隐现；山脚下枯树交错，虬枝盘曲，下掩茅屋两幢，有高士凭窗临流；周边水波不兴，静若镜面。构图疏密有致，笔墨酣畅淋漓，意境幽远，应是吴氏近晚年的得力之作。现藏山丹县博物馆。

王铎草书诗卷

明代草书长卷。王铎、康范生、王维藩、陈步稷书。绢本。纵高 18.6 厘米，横宽 457 厘米。款署"戊寅春月，用羲之、献之、薛绍彭、褚遂良、阮研等数家笔意 数月病□久废墨事，因紫老乡翁过鄮斋，戏书近作，框我辙迹，引入正轨，王铎草草／是岁六月既望，为扶谦吴老社翁书，江右康范生／扶谦吴老先生，南州王维藩／撝谦老父母盟□教正，黍丘弟陈步稷稿。"钤"王铎之印"白文方印、"太史氏"白文方印、"康范生印"白文方印、"王维藩印"白文方印、"陈希稷印"白文方印、"溪南简庵"白文方印。内容为王铎、康范生、王维藩、陈步稷数家诗稿，明崇祯十一年（1638 年）书。草书笔力雄健，布局精妙。王铎（1592~1652 年），字觉斯，一字觉之，号嵩樵、十樵，又号痴庵。孟津（今河南孟津）人。天启年进士。南明为东阁大学士。后降清，授礼部尚书、弘文院学士，加太子少保。王铎身为明朝重臣，却降清失节，被列入《贰臣传》，故历来为文人所诟病。但其晚年书法上的成就，在明清之际出类拔萃，颇受书界好评，名重当代。今人启功称赞"觉斯笔力能扛鼎，五百年来无此君"。遗存至今的书作甚丰，以草书具多。为《中国古代书画图目》著录。现藏甘肃省博物馆。

第十二章 书画

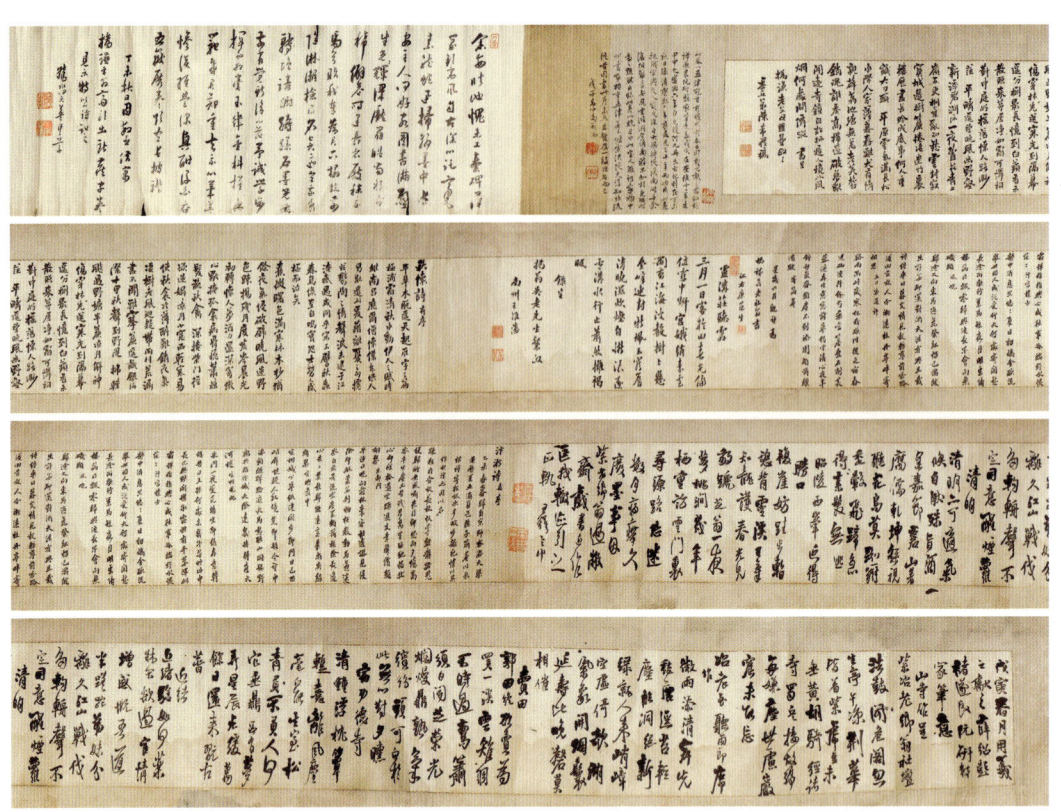

王铎草书诗卷

王铎草书轴

清代草书立轴。王铎书。绫本。纵高324.5厘米，横宽51.4厘米。王铎博学好古，工诗文，精于书画，行草出入二王，亦能自出胸臆，名重当代。有《拟山园帖》传世。署款"己丑秋夜书，丙子南都摄山作，时偕张湛虚。今十四年，黄岗官凝之以此深相知，言之怀思不禁。拙庵箅年丈正之。河洛王铎具草"。钤白文"王铎之印""烟潭渔叟"印。左下角有胡佩衡、胡橐收藏印。此轴高头大卷，结体变化敧侧、起伏跌宕，用笔苍老劲健，气势雄奇，一气呵成。己丑为顺治六年（1649年），王铎时年58岁，为其去世前三年所书。是王铎晚年的精品之作。为《中国古代书画图目》著录。现藏甘肃省博物馆。

张怡山水图轴

清代水墨山水立轴。作者张怡。纸本。款署"白云怡道者"；钤"白云张怡"白文方印及"菏泽居士"白文方印。画题："周吉词兄，博古洽闻，为乡里所重，弱冠时即胸饶赣蓄，性好编录，几格不虚，巾箱

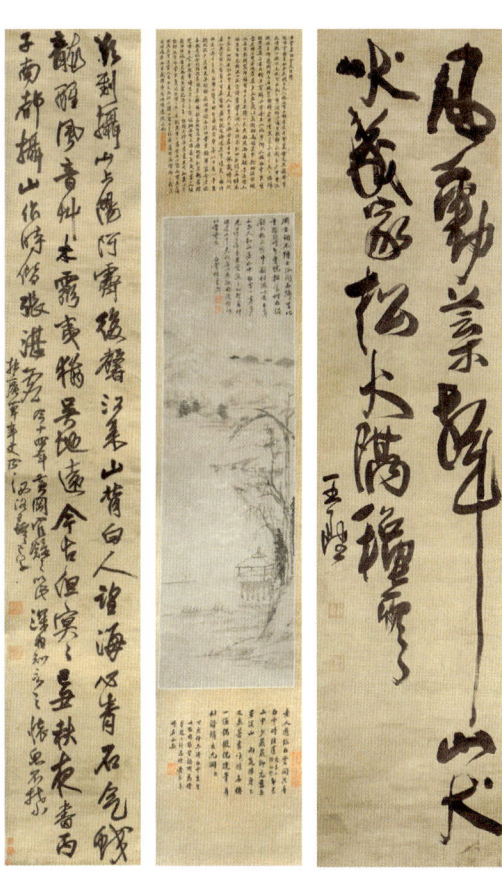

王铎草书轴　　张怡山水图轴　　王了望草书七言诗轴

一幅山林隐居景象。裱边上录清张苞《白云先生传》，边款署："丁亥仲冬得白云先生此幅因录望谿□为传卒题二绝志快黄彭年时在西安。"张怡（1607~1695年），江苏上元（今南京市）人。原名鹿征，字摇星，号薇庵，又号荷泽居士明亡不仕，隐居摄山白云庵，人称白云先生。善山水，流传甚少。为《中国古代书画图目》著录。现藏甘肃省博物馆。

王了望行书卷

清。纵29.4厘米，横84.7厘米。康熙十八年（1679年）为汪琴侣所作书跋，纸本，用笔纯真自然，结体豪放跌宕，墨气淋漓，意蕴高迈。为其七十四岁所书，可称上乘之作。现藏甘肃省博物馆。

王了望草书七言诗轴

清代草书七言诗立轴。作者王了望。绫本。纵高207.3厘米，横宽49.1厘米。款署"王了望"；钤"荷泽"白文方印、"王了望"朱文方印。草书：风动叶声山犬吠，几家松火隔秋云。笔墨饱满，把握节奏、轻重的变化，求得通篇气运贯通。解体采取偏旁不对称关系的书写方式，打破当时主流的馆阁体书写形式，在不对称中寻求平衡和谐，造成奇崛险峻的观感，张扬个性、直率。王了望（1607~1686年），原名家柱，字胜用，一说为肃王后裔，后改名予望、了望，别号为绣佛头陀。

恒满吟咏自适，不求人知所著，山中白云一卷，多见道之言，予甚敬爱之，乙卯春仲，偶过山中见访，无以为款，因漫写此，以当剪韭。"构图清雅，淡雅松秀，景物极简，远山层叠，疏林坡岸，浅水遥岑。崖边水面耸起一座方形亭阁，下承高柱，上覆茅苫，依山傍溪。水面孤舟，一老人隐身垂钓。枯笔干墨，略加皴染，著墨非多，然笔笔得之，以减为加，气格毕显，意境荒寒空寂，风格萧散超逸。

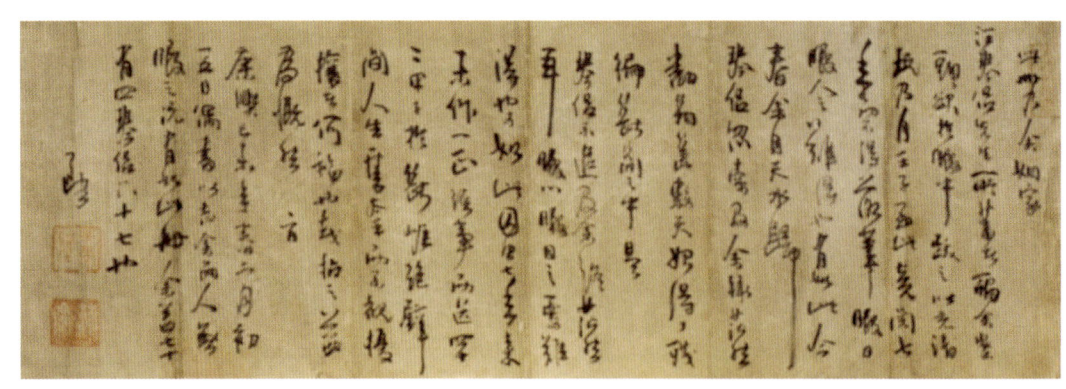

王了望行书卷

巩昌府（陇西）人。明清之际陇上学者、书法家。自幼勤奋好学，能文工诗，擅长书法。清顺治五年应选入贡，十五年任福建同安县令，曾同情郑成功抗清复明之举。康熙初辞官归故里，游览名山胜水，探访高人韵士，钟情于诗文书艺，成为陇上著名的书法家。其楷书师承钟繇，行草崇尚颜真卿，受怀素帖影响，在书法成型期，又受到徐渭、张瑞图、黄道周、倪元璐、王铎、傅山等直接影响，擅草书，其书骨力劲挺，挥洒自如。章法恣纵错落，笔势连绵流畅。为《中国古代书画图目》著录。现藏甘肃省博物馆。

姚文燮四轩图卷

清代青绿山水长卷。作者姚文燮。绢本。纵高31厘米，横宽246.5厘米。款署"四轩图应敦复先生命，同学弟姚文燮，画时康熙己未冬日／四轩图成附之以歌并呈笑政，耕壶听□道人燮草／四轩图记，龙眠居士英撰并书／康熙庚申夏五月昆山徐乾学谨记／康熙二十二年岁在癸亥孟秋同学愚表甥潘江记。"引首"清桐城姚燮湖绘张文端公四轩图张爱"。钤"文燮"白文方印、"燮湖"朱文方印、"燮湖"白文方印、"徐乾学印"白文方印、"乐在烟霞泉河间"朱文长方印、"木崖"朱文方印、"潘江之印"白文方印、"雪翁"朱文方印。布局兼具深远、平远之法，画面上峰峦起伏绵延，高崖飞瀑，曲径通幽；蕉叶红花，长松修竹，点缀其间；野渡水榭、柴扉瓜架、茅屋草舍、水磨长桥各依地势而置；或临流结网，或横吹牧笛，或清读访友，一派匿身世外、屏却尘虑、乐安天命之意。用笔简括，钩廓山石树木，间以细密的皴点，线条硬朗且疏密有别；设色匀净清丽，以石青、石绿为主，掺粉加赭渲染，突出石青石绿的厚重苍翠，具"精工之极，又有士气"的雅致清润之

姚文燮四轩图卷

貌。此图卷是姚文燮应张英敦复之命所绘，卷后为张英敦复《四轩图记》，撰书颂学圃先生于龙眠山中所筑四轩，表文人情怀。卷后为徐乾学、潘江唱和。姚文燮（1628~1693年），字经三，号羹湖，晚称黄药山樵。清安徽桐城人。顺治十六年进士，工诗文，擅山水。用笔简贵，设色淡雅。为《中国古代书画图目》著录。现藏甘肃省博物馆。

梁铉孤山放鹤图卷

清代水墨设色山水长卷。作者梁铉。绢本。纵高29.5厘米，横宽168.5厘米。款署"己亥孟夏，三原梁铉画赠坦翁张老父台并跋／苏堤种柳记，戊戌春仲朔三日，三竺主者张缙彦／孤山放鹤记，顺治戊戌夏五，西湖长张缙彦大隐甫／十月既望昆明虞世璂书／顺治己亥春三月，孟津陈旷拜序并书／依水园主人张缙彦敬书"；引首"沈尹默题孤山放鹤图"；钤"梁铉印"白文方印、"关中世寒"白文方印、"张缙彦印"朱文方印、"燕笺"朱文长方印。绘北宋诗人林逋"梅妻鹤子"典故。"冈陵四合，隐然如大环"，西湖湖面波光粼粼，孤山之上放鹤亭，古朴雅致，远处山峦起伏，丛林茂盛，拱桥与柳岸相接。主仆站立在亭前抬眼眺望，空中双鹤飞翔，一鹤腾空而起，一鹤回颈嘶鸣。简笔勾勒山石、树木、茅亭、人物、双鹤，略加皴擦，笔墨简约，具平和清淡之韵味。受款人为明崇祯进士张缙彦，画接张缙彦《苏堤种柳记》《孤山放鹤记》两文，虞世璂、陈旷拜与张缙彦再跋，尾纸有周容、

梁铉 孤山放鹤图卷

谷应泰、潘伯鹰观跋。梁铉（？~1715年），清陕西三原人，字子远。顺治十二年（1655年）进士，官至户部侍郎。长于山水，山水苍古，思致精妙。为《中国古代书画图目》著录。现藏甘肃省博物馆。

康熙临米芾行书轴

清代行书立轴。玄烨书。纸本。旧藏。纵高230厘米，横宽77厘米。洒金白宣。墨笔行书五言律诗："深秋桂怒发，寒细菊余菲。波拥群凫至，风飘朔雁归。月笑生还落，云枝似复非。凝宸阅西亩，观文仁少微。圣敬韬前哲，先天谅不违。临米芾元章书。"右上钤引首印"渊鉴斋"（长方白文），左下钤"康熙宸翰""敕畿清晏"（朱文篆书方章）。书体丰润俊朗，既有米书之温厚，又具一代贤君的潇洒。是一件珍贵的帝王墨宝。现藏张掖市博物馆。

康熙西山爽气行书轴

清代行书立轴。玄烨书。纸本。旧藏。纵高230厘米，横宽77厘米。墨笔行书五言律诗："霏翠连群岫，相看色愈新。图书宜永画，风露喜凌晨。寂静无纤累，虚空绝点尘。肃清寰宇遍，万象入洪钧。西山爽气。"右上钤椭圆引首印"承华"（篆体朱文），左下钤"养慎东序"、"循具玉黄"二方印（皆篆体朱文）。书体婉丽道劲，流畅柔美，散发出康熙帝鲜明的书法特点和杰出的艺术才华。现藏张掖市博物馆。

陈奕禧草书七言诗轴

清代草书立轴。陈奕禧书。绢本。纵高128厘米，横宽43厘米。陈奕禧（1648~1709年），字六谦，又字子文，号香泉，晚号葑叟，浙江海宁人，贡生。康熙四十七年（1708年）擢南安知府，卒

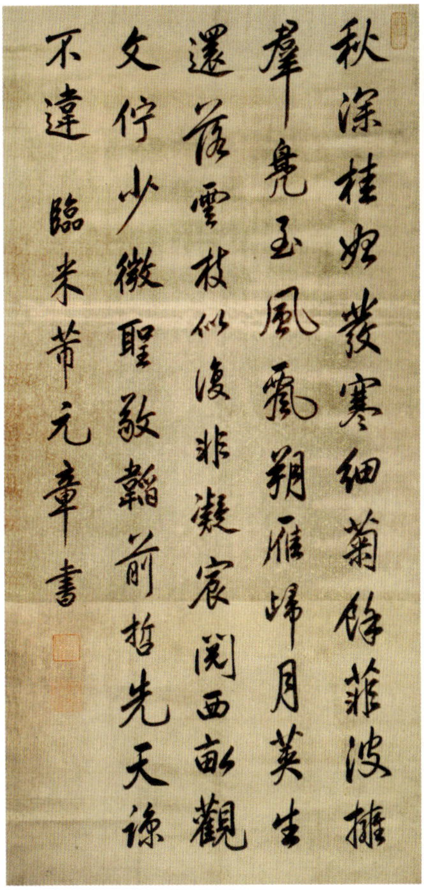

康熙临米芾行书轴

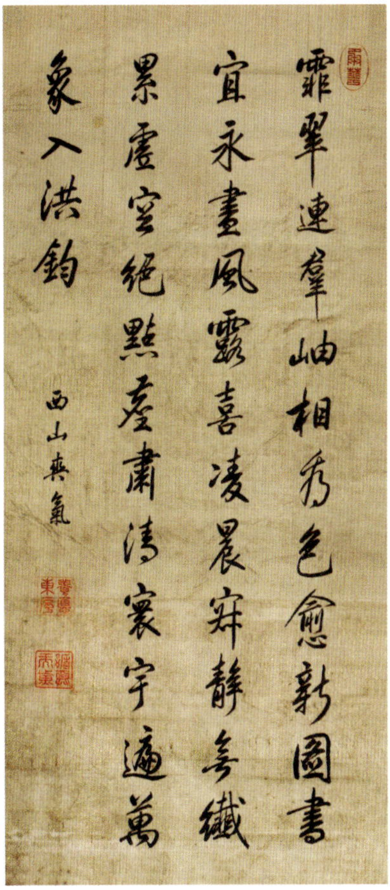

康熙西山爽气行书轴

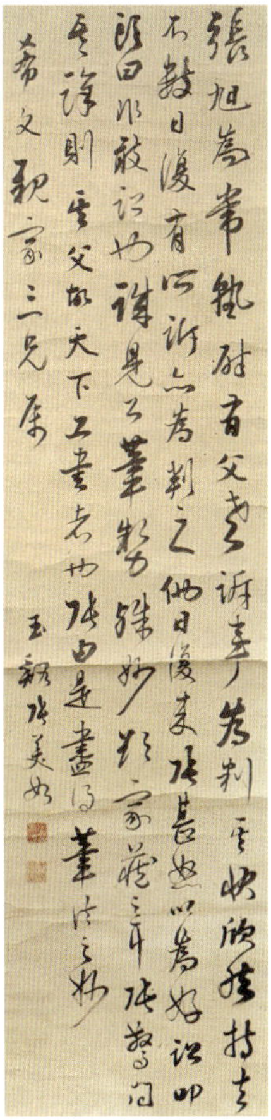

陈奕禧草书七言诗轴

于官。诗歌、书法，著名当世。其书专法晋人，富收藏，精鉴别，好作小楷，媚而少骨，但大书条幅则沉着浑融，风流秀劲。草书七言诗一首："晋（吾？）台径石依然在，梧雨荒凉更岁秋；少伯已将西子去，山僧曾引客来游。"署"奕禧"，钤印两方：一为"海宁陈奕禧章"（朱），一方四字白文漫漶不识。是本省为数不多的陈奕禧藏品。现藏武威市博物馆。

樊沂山阁读书图轴

清代水墨设色山水立轴。作者樊沂。绢本。纵高152.1厘米，横宽56.2厘米。款署"樊沂"；钤"浴沂氏"白文方印。布局兼具高远、深远之法，画面上方峰峦峻峭，巍峨高耸，壁立千尺，山下林木茂密，疏篱板舍傍水而筑，数株梧桐傲立左右，两岸巨石嶙峋，水中卵石四布。整幅画作真山真水，勾勒精细，刻画严谨，中锋侧锋并施，皴法细密，斧劈、披麻、雨点并用。复以水墨、浅绛、青绿晕染，将南宋院体与明代吴门笔墨风格继承融汇，而凝重恬静，气韵脱俗。樊沂画作流传极少，名为其弟樊圻所掩，此画可见其传统笔墨功底之深厚。樊沂生卒不详，字浴沂。清江宁（今南京）人。为樊圻之兄，与其弟有"双丁二陆"之名，为明末清初金陵八家之一。明代灭亡后遁居金陵城南隐逸生活，依靠鬻画卖艺为生，山水、人物、花卉均精妙。为《中国古代书画图目》著录。现藏甘肃省博物馆。

罗牧长松清泉图轴

清代水墨山水立轴。作者罗牧。绢本。纵高 187.5 厘米，横宽 48.2 厘米。款署"乙卯重九竹溪罗牧画"。画题：长松亭亭满四山，山间乳窦流清泉，泂溪正在此山里，乳水松膏常灌田，松膏乳水田肥良，稻苗如蒲米粒长，糜色如珈玉液酒，酒熟犹闻松节香，溪边老翁年几许，长男头白孙嫁女，问言只食松田米，无药无方向人语，浯溪石下多泉源，盛暑大寒冬大温屠苏宜在水中石，泂溪一曲自当门，吾今欲作泂溪翁，谁能住我舍西东，勿惮山深与地僻，罗浮尚有葛仙翁。钤"罗牧之印"白文方印、"饭牛"朱文方印。布局兼具高远、深远之法，水墨画山峦阜塈，渐次推出，丘陵起伏，巡回而上，咫尺之

间有数百里之感，山中松林殿宇，荆扉茅舍，若隐若现，溪水曲折，并有小桥横亘在两岸山石之间，野趣盎然。坡石多用长披麻皴，线条略粗阔，但转折顿挫，正侧锋并用，随意而变化多端，自然流畅，画树粗枝大叶，直勾少皴，亦不多染，画面山寂水静，苍树遍野，鸟迹人踪杳然难觅。远近虚实得当，繁简疏密有致。罗牧（1622~1704 年），清江西宁都人。字饭牛，能诗善画。工楷法，画山水笔墨秀雅工稳，为清江西画派创始人。为《中国古代书画图目》著录。现藏甘肃省博物馆。

樊沂山阁读书图轴　　　　罗牧长松清泉图轴

毛奇龄行书自作诗轴

清代行书立轴。毛奇龄书。绫本。纵高220厘米，横宽49厘米。款署"天叙年道兄清鉴，西河毛奇龄"。钤"毛奇龄印"白文方印、"大学侍从之印"朱文方印。内容为行书自作诗:清溪深处一亭幽，曾傍阑干洗玉瓯，二十年前亭下水，至今犹带落花流……行笔结体有魏碑之意，结字大小一任自然，拙中富巧，笔致凝练而秀逸，章法疏朗宕润，气度轩昂，通幅又意连势重，浑然一体，笔画清劲洒脱，方圆粗细，轻重长短，随意而安，用笔不浮不躁，不激不厉，舒展自如，节奏铿锵。全幅情调统一而和谐，情真而率直。毛奇龄(1623~1716年)，清浙江萧山人，原名甡，又名初晴，字大可，又字僧开、僧弥，号秋晴、初晴、晚晴等，以郡望西河，尊称西河先生。清初经学家、文学家，与弟毛万龄并称为"江东二毛"明末诸生，清初参与抗清军事，流亡多年始出。康熙时荐举博学鸿词科，授检讨，充明史馆纂修官。治经史及音韵学，著述极富。著《西河合集》分经集、史集、文集、杂著，共四百余卷。工书擅画。为《中国古代书画图目》著录。现藏甘肃省博物馆。

吴历山水轴

清代水墨山水立轴。作者吴历。纸本。纵高66.8厘米，横宽21厘米。吴历（1632~1718年），字渔山，江苏常熟人。清初"四王吴恽"六大家之一。水墨绘云山隐约，雨树含烟，于清溪曲径间，点缀几间屋宇。意境迷离深幽。款题："云开见山家，云合失山路。闻语知有人，欲寻已迷误。小春晴窗用米（芾）、高（克恭）两家法画成，为子襄道兄。墨井道人。"钤"墨井"（朱）印。右下角钤"吴历之印"。此轴自题用米、高两家法，但

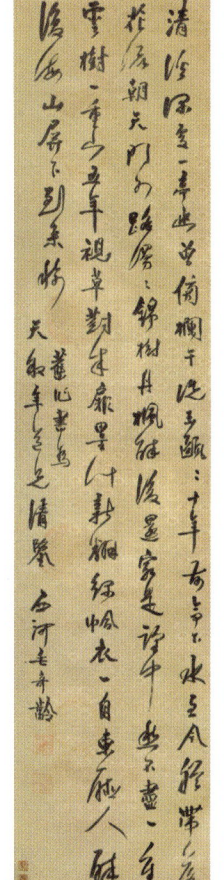

毛奇龄行书自作诗轴　吴历山水轴

可看出其画法深受元人王蒙的影响，用笔苍劲沉着，枯中带润，体现出"干裂秋风，润含春雨"的意蕴。于四王之外，别开生面。具有很高的艺术水准。为《中国古代书画图目》著录。现藏甘肃省博物馆。

王概松涛层峦图轴

清代水墨设色山水立轴。作者王概。绢本。纵高198厘米，横宽60厘米。款署"乙亥十月三日画成并题为世翁年□先生教正，绣水弟王概"；钤"王概之印"朱白文方印、"安节"朱文方印。层峦邃壑，怪石嶙峋，涧前飞瀑遥挂，氤氲弥漫，松影婆娑，茅屋若隐若现，石间流水，淙淙沿山而逝。溪畔古松苍劲，虬枝老干横出，蜿蜒蟠屈，松针茂密，一亭，二隐倚栏凭眺，虹桥卧溪，桥上一隐负手静听，松声水声，超然出尘。山石、树木以干笔勾勒皴擦，苔点繁茂，线条缜密，细劲方硬，淡墨渲染，略施浅绛、石绿。此轴松涛层峦图是王概中后期山水的面貌代表。王概，清浙江秀水（今浙江嘉兴）人，久居江苏金陵（今南京）。初名丐，亦名丐，字东郭，后改今名，字安节，三十五岁时为《芥子园画传》编绘山水集。为《中国古代书画图目》著录。现藏甘肃省博物馆。

禹之鼎风竹图轴

清水墨花鸟画立轴。作者禹之鼎。纸本。纵高102厘米，横宽60厘米。款署"广陵禹之鼎写"；钤"禹之鼎印"白文方印、"香斋"朱文方印、"止水斋"朱文长方"只可自怡悦"白文长方印。一改惯用精工刻画的细腻笔法，运笔逆来顺往，横涂竖抹，浓墨勾节，淡墨写叶，浓淡相生。在疾风的鼓荡下，健竹一竿逆风岿然，嫩竹三枝不弯不揖，枝叶顺风飞扬而不折。竹叶横向的走势打破了竹竿斜向的布局结构，在不平衡中取得稳定，令画面充满动感，浓淡墨写出风雨中竹叶重叠交错，相互映衬，丰富了视觉效果，扩展了画面的空间层次。通过描绘竹叶的动态变化，使不可见的风有了可视的形象，为禹之鼎不多的写意风竹画作。禹之鼎（1647~1716年），字尚吉，一字尚

王概松涛层峦图轴　　　禹之鼎风竹图轴

基，一作尚稽，号慎斋。广陵（江苏兴化）人，后寄籍江都（今江苏扬州）。清康熙二十年(1681年)官鸿胪寺序班，以画供奉入畅春园。善画人物、山水，尤精写真。入京供奉内廷后"一时名人小像皆出其手"。所绘人物形神兼备，生动传神，独具一格。为《中国古代书画图目》著录。现藏甘肃省博物馆。

马元驭陂塘菡萏图轴

清代设色花鸟画立轴。作者马元驭。绢本。纵高171厘米，横宽70.4厘米。款署"坡塘菡萏，揖山斋栖霞生马元驭"；钤"元驭之印"白文方印、"扶羲"朱文方印。绢本设色，绘夏日荷塘。荷叶娉娉婷婷，似华盖摇曳，雍容高贵，开合卷舒，姿态优雅，一片残荷翻卷，满布虫蚀，平添了几许生气。荷花出泥不染，清丽冷艳。叶用墨线勾勒，以墨及淡彩渲染，浓淡有致。叶筋勾勒疏密得当，脉络清晰，用笔虚实相间，表现叶面向背反正。没骨画花朵，花瓣桃红层层晕染，罩以白粉，亮丽醒目，花蕊勾点精细，暗香浮动。构图疏密有致，用笔挥洒自如，生动典雅，虽工整细腻、但意态生动，充满书卷气息。马元驭(1669~1722年)，清江苏常熟人。字扶羲，号栖霞，又号天虞山人。精于书画，书法隽永，绘画重写生，得恽寿平亲传，气韵超逸，其花鸟画风点染生动，墨色妍

雅，不落窠臼，名重一时。是清代花鸟画发展进程中代表性人物之一。为《中国古代书画图目》著录。现藏甘肃省博物馆。

马元驭陂塘菡萏图轴

金廷标苏门学士图横幅

清代设色人物画横幅。作者金廷标。纸本。纵高131厘米，横宽350厘米。金廷标字士揆，清乌程（浙江湖州）人。工山水、人物和花卉。乾隆二十五年，命入内廷供奉，所绘写意秋果、人物，曾得高宗嘉赏。在一松竹繁茂，山花烂漫，流水潺潺的去处，石桥左侧翠竹林中，一僧人蒲团打坐，与一学士对语。溪右山崖处，一学士题壁，一人侧立观看。溪水下方棕榈树旁，以石为案，一学士凝神作书，三人观赏。中间四人，以石为凳，或弹丝弦，或观书，或挥扇。右侧一处，备有书案、椅凳，一老者居中作画，三人观赏，旁立二高髻冶容侍女。左下角题"臣金廷标恭绘"，钤朱文"臣廷标印"。这幅苏门学士图，是他供奉内廷时所作。现藏会宁县博物馆。

钱履坦梅花唱和图卷

清代水墨花鸟画横幅。作者钱履坦。纸本。纵高27厘米、横宽612厘米。钤"钱"朱文圆印、"钱履坦印"白文方印、"梅

金廷标苏门学士图横幅

钱履坦梅花唱和图卷

皋老人" 朱文印。写意墨梅, 枝干苍劲, 笔清墨润, 花繁瓣盈, 疏密得当。此卷作于嘉庆七年春 (1742 年), 钱履坦画梅, 与江浙一带名士洪亮吉、李庆来、蒋承曾、千垣氏、裘行简、吴口麒、周澍、程开泰、钱伯坰、继辂、嗣绶等人为南昌名士万梅皋老人 84 岁贺寿唱和之作。梅皋老人于嘉庆七年十一月四日赋诗一首。钱履坦 (1760~1806 年), 字像启, 号素园, 江苏武进人, 画山水法族父钱维城, 后专意写生, 尤工画梅。笔清墨润, 意趣在金农、罗聘之间。兼精篆刻。现藏山丹县博物馆。

长江江防图卷

清代舆图。无款。绢本。纵高 59.7 厘米, 横宽 1340 厘米。采用传统的山水画技法绘出上起九江下至镇江的山川、城池、兵营、炮台、战船等江防设施。全图分为九江营、南湖营、安庆营、荻港营、游兵营、奇兵营、仪真营、巡江营、瓜洲营、山营、三江营等十一营。各营皆有金书大榜题, 说明其地理位置的重要和兵

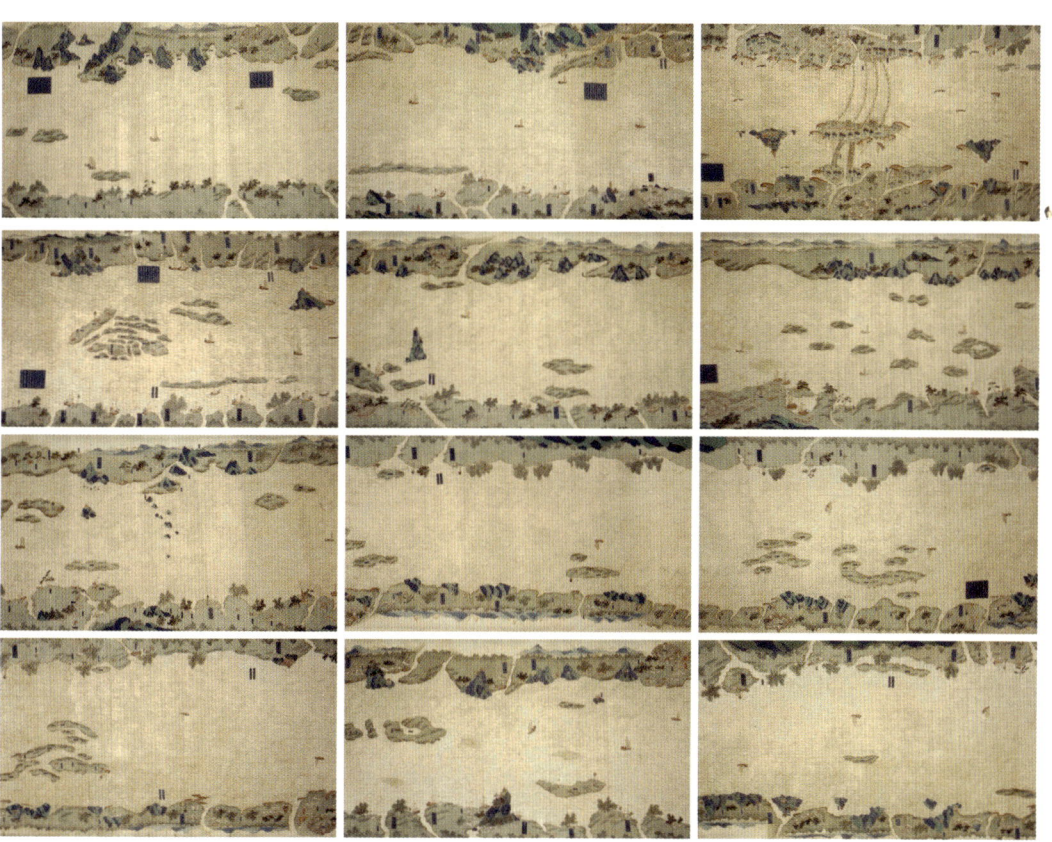

长江江防图卷

员、战船等防务情况。并标出所辖各汛名。清沿明制，设操江巡抚统领沿江防务。清代初年，操江巡抚李日芃等，为防御郑成功、张煌言进窥长江内地，屡有在镇江设置炮台、拦江缆的记载。此图可能是顺治十六年蒋国柱绘制并奏呈朝廷的长江险要形势图。该图的发现，为研究清初长江江防建制和军事设施，提供了第一手材料。现藏甘肃省博物馆藏。

乾隆帝南巡路线图卷

清代舆图。无款。绢本。纵高37厘米，横宽260.5厘米。绘制了乾隆帝南巡的旱路、水路自任丘始，经河间府、泰安府、沂州府、淮安府、嘉兴府、杭州府至绍兴府止。沿途所经州府、县镇、村庄及湖泊、河流、山麓皆细笔绘出，标识清楚。据档案载，乾隆十六年正月十三日，乾隆离京，开始第一次南巡江浙。经过直隶、山东到达江苏，驻跸徐州府宿迁县叶家庄。二月初八日，渡黄河阅视天妃闸、高家堰，经过淮安、高邮到江都县香阜寺；然后自瓜洲渡长江，巡幸镇江、无锡、苏州。三月初一日，到达杭州，遍游西湖名胜，同时至绍兴祭大禹庙。回京时，从南京绕道祭明太祖陵，之后又在扬州游玩，驻跸高旻寺。随即沿运河北上，从陆路到泰安。五月初四日，历经四个多月，回到京城。绘制精细翔实。引首郭沫若题写"乾隆帝南巡路线图"并考"此乃清高宗十六年第一次南巡路线图"。现藏山丹县博物馆。

高凤翰山水画

清代山水立轴。作者高凤翰。纸本。纵高54厘米，横宽33.5厘米。高凤翰（1683~1748年），山东胶州人。字西园，号南村。工书画，草书圆劲，善山水，纵逸不拘于法，纯以气胜。晚病痹，左手挥洒，笔愈苍辣。浅绛设色。绘远山崇岭，烟云横亘，中有戍楼一座，旗帜飘动；其下疏柳寒松，屋舍数间，错落有致。右上题隶书"烟汀野戍"。款署"丁未正月来山中驴背所见，自笃家岭止黄金塔，横亘一带，远倚柏倪、铁镵诸山，大可入画，解

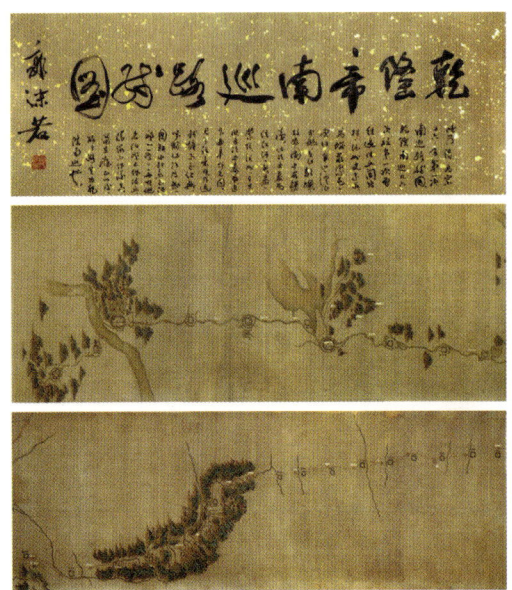

乾隆帝南巡路线图卷

鞍后即为山民兄图之。弟高凤翰。"钤朱文"凤""翰"印。此幅作于雍正五年，系高氏痹右手之前所绘。构图奇险，不拘一格。体现出扬州画风求新求变的艺术时尚。是高凤翰山水画中的上乘之作。为《中国古代书画图目》著录。现藏甘肃省博物馆。

黄慎柳塘鸬鹚图轴

清代水墨设色花鸟画立轴。作者黄慎。纸本。纵高 112.6 厘米，横宽 57.4 厘米。款署"乾隆十一年春二月写于芜成堂宁化黄慎"。钤"黄慎"白文方印、"瘿瓢"白文方印。三两柔软的柳枝自画面上方垂下，疏落的柳叶随风摇曳。池塘两只白鹭，一只闭目独立，一只行走觅食，画中景物极简，逸笔草草，意趣自足。精练的线条概括地勾画双鹭，或静或动，形神俱妙。用草书的笔意，迅捷劲利写出疏密错落的柳条，神韵飘洒。写实与

高凤翰山水画

黄慎柳塘鸬鹚图轴

写意相结合，以简洁的构图营造出丰富的空间感，画面充盈而丰满。章法简洁，意到笔精，极富艺术情趣，表现出深厚的艺术修养和功力。黄慎，（1687~1768年），清福建宁化人。字恭寿，一字恭懋，号瘿瓢，工书善画。为"扬州八怪"之一，其艺术成就，对后世中国书画发展产生深远的影响。为《中国古代书画图目》著录。现藏甘肃省博物馆。

李鱓三阳开泰图轴

清代水墨花鸟画立轴。作者李鱓。纸本。旧藏。纵高169厘米，横宽91厘米。李鱓（1686~？年）字宗扬，号复堂，又有懊道人、苦李等别号。江苏兴化人。花鸟为蒋廷锡弟子，又得高其佩旨传，因画风不为宫廷所容，乃卖画扬州，为"扬州画派"之一。以没骨笔法在画面左侧绘三株柳树，两株枯枝老杆，其间一株已生新枝，袅袅下垂，坡间春水汩汩。右旁伸一杆报春梅花，花蕾粉嫩，前置一玲珑剔透的太湖石，上栖一只喜鹊，引颈翘尾，与柳枝上的一只俯鸣喜鹊对鸣欢唱。画面右侧空白墨书诗一首并长题："山谷空灵本太湖，百花魁畔柳三株；非惟喜上梅梢意，正是三阳开泰图。"梅柳渡江春，固是岁朝妙句，又不如老杜所谓"岸容待腊将舒柳，山意衔寒欲放梅"之句，新年残岁风景两得之矣。近世画三阳开泰

李鱓三阳开泰图轴

者，俱旧人粉本，今则杨树三株，太湖一石，虽不能另开生面，喜无作家习气。乾隆十四年（1749年）腊月客湖村画并题复堂懊道人李鱓"钤"鱓印"（白）、"宗扬"（朱）"衣白山人"（朱）。李鱓此时已63岁，用笔纵横驰骋，不拘绳墨，天趣十足，是其极具个人风貌的代表佳作。现藏武威市博物馆。

王杰行书临蔡襄扈从帖轴

清代行书立轴。王杰书。绢本。纵高 148 厘米，横宽 70 厘米。款署"王杰"；钤"臣王杰"白文方印、"清机兼理"白文方印。内容为临蔡襄《扈从帖》：襄拜，今日扈从迳归，风寒侵人，偃卧至晡，蒙惠新萌，珍感，珍感，带胯数日前见数条，殊不佳，候有好者，即驰去也，襄上，公谨太尉阁下。《扈从帖》是"宋四家"蔡襄传世行书简札中最为精彩的一件，较为地道地表现了"二王"书法的精髓，可谓笔笔有来历。王杰意临此帖，所谓"神采为上，形质次之"，用笔方圆结合，运笔流畅纯熟，结构严谨规矩，行气通畅，韵意并臻，将疏淡清雅、秀丽可爱的尺牍临写为圆润饱满，雍容大度而自成一格。王杰 (1725~1805 年)，字伟人，号惺国，陕西韩城人。清乾隆二十六年状元、名臣，官至东阁大学士，加太子太保。谥号文端。为《中国古代书画图目》著录。现藏甘肃省博物馆。

刘墉行书七言联

清代行书七言联。刘墉书。蜡笺纸本。纵高 173.5 厘米，横宽 33.5 厘米。款署"刘墉"；钤"刘墉之印"白文方印、"石庵"朱文方印。行书：晋澹朱丝传贺若，诗豪石鼎托轩辕。用笔醇厚含蓄，墨浓笔沉而无迟涩痴滞，书体圆润婉转，看

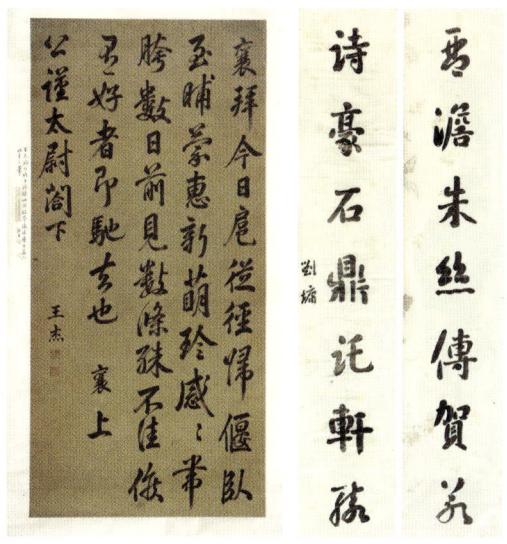

王杰行书临蔡襄扈从帖轴　刘墉行书七言联

第十二章　书画

似柔软无骨，细审则骨骼分明，虽笔藏锋敛，却神清气爽，前人评其书为"棉里裹针"。刘墉的笔墨之法，不仅为清代的帖学书法开辟了一个全新的境界，并且对后来的碑派书法产生了深远的影响。刘墉 (1719~1804 年)，清山东诸城人，字崇如，号石庵，谥号文清。乾隆辛未（1751 年）进士，官至体仁阁大学士。书法魏晋，习赵孟頫，后自成一家。书法造诣深厚，是清代著名的帖学大家，其书用墨厚重，貌丰骨劲，味厚神藏，有"浓墨宰相"之称。因其书与翁方纲、梁同书、王文治四人书并称"翁刘梁王"。后人称为清四家。著《石庵诗集》。为《中国古代书画图目》著录。现藏甘肃省博物馆。

王文治行书七言诗轴

清代行书立轴。王文治书。纸本。纵高172厘米，横宽33.5厘米。款署"春日再至艾衲亭看雪之作，梦楼王文治"；钤"王文治印"白文方印、"曾经沧海"白文方印、"柿叶山房"朱文长方印。行书七言自作诗：艾衲亭前竹树多，雪晴素影更婆娑，主人布被蒙头卧，莫报邻翁杖履过。行笔流畅且缓急相间，布局宽舒且简约有序，偶有淡墨飞白，结构紧密而内敛，以淡墨书写，用笔转少折多，侧锋取势，笔势空灵轻捷，提按变化多，瘦硬的笔画略带圆转之意，既妩媚动人，又俊爽豪逸。通幅从容潇洒，欹正相生，爽利跳宕，简捷率意，忠实地秉承帖意，却无流转圆媚与轻滑，出之以平和自然，不故作惊人之姿。清妙妍美、温文恬静的神韵溢出纸面，清新拔俗。王文治(1730~1802年)，清江苏丹徒人，字禹卿，号梦楼。乾隆二十五年进士，授编修，擢侍读，官至云南临安知府。罢归。工书，秀逸天成，与刘墉有"浓墨宰相，淡墨探花"之称，与翁方纲、刘墉、梁同书四人因书享誉，时称"翁刘梁王"。后人称为清四家。为《中国古代书画图目》著录。现藏甘肃省博物馆。

张崟山静日长图轴

清代水墨设色山水立轴。作者张崟。纸本。纵高176.5厘米，横宽94厘米。款署"□□兄先生雅属爱仿李复古法作山静日长图奉正乙酉七／月既望夕庵张崟并题"；钤"张崟之印"朱白文方印、"夕庵"白文方印。画题：幽人去鹤极云游，疑是商山绮角俦，松柏桐椿四君子，八千聊作一春秋。远山巍峨，云气弥漫。山前溪水坡坂间，松、柏、桐、

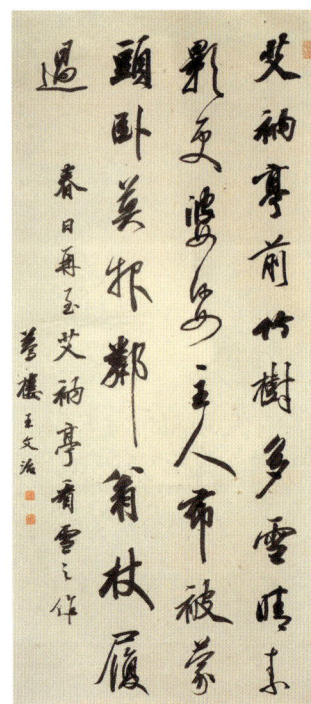

王文治行书七言诗轴　　　　张崟山静日长图轴

椿环伺茅舍竹篱，门前空地，一鹤引颈起舞。屋内宽敞整洁，置几案矮榻，文具书卷陈列。一士斜倚榻中，清观鹤戏，书童手捧茶盏，清和静谧。山石、树木以长线领之，枝叶、居舍、人物、家具、书籍等勾画谨细平和，细密入微，浓墨健笔，笔笔写出。用色沉稳干净，既深浅有别又色调统一，笔墨色彩重轻虚实，交相呼应，从容淡定，独具美感。张崟(1764~1829年)，清丹徒(今江苏镇江)人，字宝厓，号夕庵，晚号且翁。以卖画为生，工诗善画，尤精山水，长画松，故有"张松"之称。为《中国古代书画图目》著录。现藏甘肃省博物馆。

翁同龢幽亭秀木图轴

清代水墨山水立轴。作者翁同龢。纸本。纵高62厘米，横宽33.5厘米。款署"戊子正月十三日大雪戏作，瓶生"；钤"翁同龢印"白文方印。画题：不铸黄金不塞河，问渠何事苦吟哦，剡藤一幅归田券，太息江湖鸿忧多。此图作于光绪十四年(1888年)。平远布局，前景坡岸茅亭，亭前杂树数株，浅水遥岑，远山矶头点点。折带皴写坡石，用笔若淡若疏，骨力内蕴。茅亭树木的勾勒简疏，复笔皴擦，看似简淡，实含腴润，水岸之间，无一笔画水，却感万顷之烟波浩渺，水天一色。用笔无多，虽淡无可淡，而饶

有余韵。干湿相和，浓淡有致，简率苍劲中一派荒凉寂寞、寒冬肃杀。有文人逸笔之趣，抒己胸臆。翁同龢(1830~1904年)，清江苏常熟人。字叔平，号松禅，别署均斋、瓶笙、瓶庐居士、并眉居士等，别号天放闲人，晚号瓶庵居士。咸丰六年一甲一名状元。官至协办大学士，户部尚书，参机务。先后任同治、光绪两代帝师。光绪戊戌政变，罢官归里。工诗，间作画，尤以书法名世。为《中国古代书画图目》著录。现藏甘肃省博物馆。

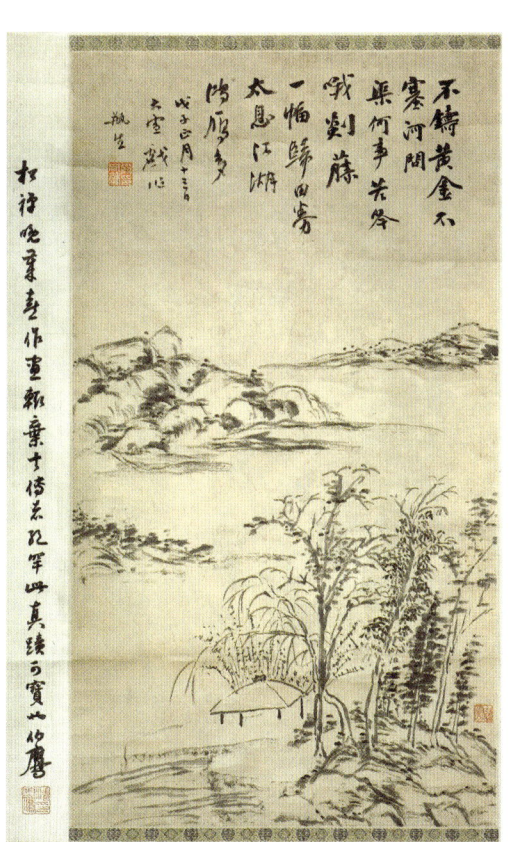

翁同龢幽亭秀木图轴

左宗棠行书轴

清代行书立轴。左宗棠书。纸本。纵高113.5厘米，横宽54厘米。款署"左宗棠"；钤"大学士章"白文方印、"青宫太保恪靖伯"朱文方印、"御赐旅常懋绩"朱文方印。行书：粒谷必珍富之本也，只字必惜贵之原也，微命必护寿之根也，小过必惩德之基也。书风文辞通畅，沉着激迈，开张大气，气势恢宏，笔力雄健，肃然森立，整体气脉灵动，点画痛快淋漓，笔墨浓淡相宜。瘦劲的笔致、清峭的结字和疏朗的布局，透露着踌躇满志的盛气。左宗棠身为武将，兼通文墨，擅书法，崇碑版，篆、隶、行、草兼善，楹联作品流传颇多，为时人所爱。左宗棠（1812~1885年），湖南湘阴人，字季高，一字朴存，号湘上农人。晚清重臣，军事家、政治家、湘军著名将领，洋务派首领。现藏甘肃省博物馆。

林则徐行书轴

清代行书立轴。林则徐书。纸本。纵高137.5厘米，横宽64.5厘米。款署"林则徐书"；钤"臣林则徐字少穆印"白文方印、"身行万里之天下"朱文方印。行

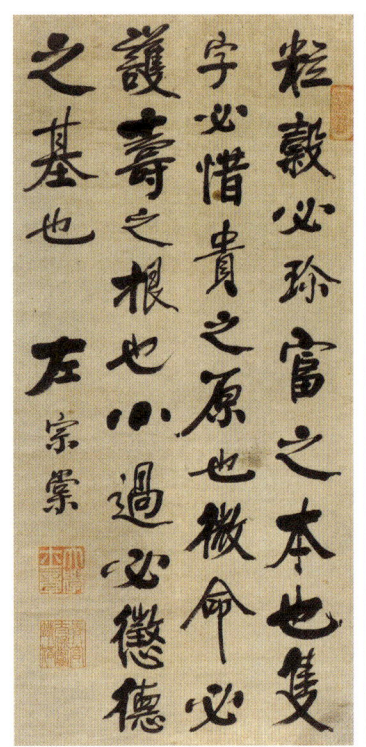

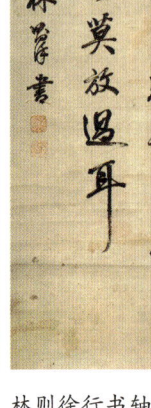

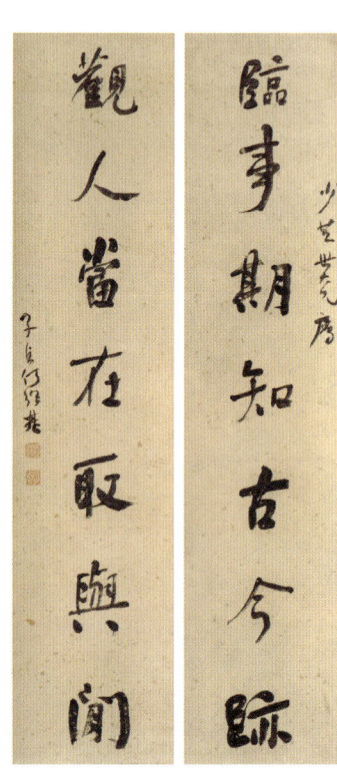

左宗棠行书轴　　　　　　　林则徐行书轴　　　　　　　何绍基行书七言联

书录南宋学者赵师恕语：昔人尝云平生有三愿，一愿读尽世间好书，二愿交尽世间好人，三愿秀尽世间好山水，或为下一转语曰，尽责不能，惟眼所遇者切莫放过而。章法紧凑严谨，笔墨轻重随意，错落有致，刚劲潇洒，点画劲健，结体端庄平正，起伏呼应。其书法宗欧而上溯王羲之，但不拘泥，自成一格。清劲秀博之风，绝无矫揉造作，柔中含刚，宽博疏朗，一如人品，笔力犀利，刚劲之中带秀气，给以人浩然正气、刚毅正直之感。林则徐（1785~1850 年），福建侯官（今福州市闽侯县）人，字元抚，又字少穆、石麟，晚号俟村老人、俟村退叟、七十二峰退叟、瓶泉居士、栎社散人等。是清朝时期的政治家、思想家和诗人，官至一品，曾任湖广总督、陕甘总督和云贵总督，两次受命钦差大臣，因其主张严禁鸦片，有民族英雄之誉。现藏甘肃省博物馆。

何绍基行书七言联

清代行书七言联。何绍基书。纸本。纵高 124.5 厘米，横宽 27.8 厘米。款署"少芝世大兄属，子贞何绍基"；钤"何绍基印"朱文方印、"子贞"朱文方印。行书七言联：临事期知古今迹，观人当在取与间。行书七言联。墨色饱满，稍用"涨"笔，结体以颜柳构架，参合魏碑与隶意，中侧兼用、笔圆劲道、使转自如、曲中

有直、刚柔并现，笔意纵逸超迈，体势敧中得正、潇洒飘逸，显露出开阔峭拔。笔画粗细长短错落，字间"春蚕吐丝"，映带牵连，松而不弛，绵中寓刚的颤笔，无"做作"之嫌，醇厚有味。雍容大度、典雅洒脱。何绍基（1799~1873 年），湖南道州（今道县）人。字子贞，号东洲、晚号蝯叟。清道光十六年 (1836 年) 进士，官翰林院编修、国史馆总纂，历充广东乡试考官、提督，视学浙江，擢四川学政，晚年主山东泺源、长沙城南、苏州扬州诸书院，工经术辞章，尤精说文考订之学，旁及金石碑版文字。书法风格独特，结体、执笔均有特色。卓然自成一家。现藏甘肃省博物馆。

李世倬雪霁渔隐图轴

清代水墨设色山水立轴。作者李世倬。绢本。纵高 130.2 厘米，横宽 55.5 厘米。款署"忆雪霁渔隐图笔意世倬"；钤"李氏长寿"朱文方印、"篆园"朱文长方印。寒江阴霾，水天空阔，潇淡疏远，坡岸竹桥，渔翁披蓑戴笠、手提一尾鳜鱼，弯腰曲背、佝偻彳亍。石间残叶枯枝，稀稀落落，沉寂萧疏。几干梅枝横斜，凌空屈曲，清劲的细枝劲挺前伸，几点红梅悄然绽放。枯笔焦墨细擦，得轻重浅深之致，线条古朴遒劲，用笔寥寥，传神达意，画境和谐。李世倬（？~1770 年），奉天（今

辽宁沈阳）人。字天章，一字汉章、天涛，号毅斋，又号隶园，别号十石居士。山水、人物、花鸟各臻其妙。为《中国古代书画图目》著录。现藏甘肃省博物馆。

李世倬雪霁渔隐图轴

祁隽藻草书自作诗卷

清代草书长卷。祁隽藻书。纸本。纵高33.1厘米，横宽337.5厘米。款署"奉和松禽七兄先生寄诗见怀二首，即求教正，丙辰岁八月，愚弟祁隽藻拜稿／岁在丁巳仲冬既望祁隽藻初稿／咸丰七年十二月望祁隽藻初脱稿"；钤"漫欲亭"（朱）、"漫欲亭长"朱文方印、悉率山枢之人朱文方印（朱）。"观斋"朱文长方印。草书自作诗文稿。信手写来心态平和，流美率真，和气生动，墨不轻施，无雕饰造作之意，"书出颜柳，追二王，兼松雪之圆、山谷之韵"自成一格，宏厚遒健、庄重平实。祁隽藻被人尊为道光年间诗坛领袖，一生集诗3000余首。祁隽藻(1793~1866年)清山西寿阳人。字叔颖，一字淳甫，避讳改实甫，号春圃、息翁。字叔颖，一字淳甫，避讳改实甫，号春圃、息翁，山西寿阳人。清朝大臣，三代帝师。嘉庆十九年(1814年)进士，由庶吉士授编修，累官至体仁阁大学士、太子太保。谥号文端。编《谷曼谷九亭集》十二卷，《谷曼谷九亭后集》十二卷。为《中国古代书画图目》著录。现藏甘肃省博物馆。

张澍行书诗轴

清代行书立轴。张澍书。纸本。纵高137.2厘米，横宽54厘米。款署"介侯张澍"；钤"张澍之印"白文方印、"介

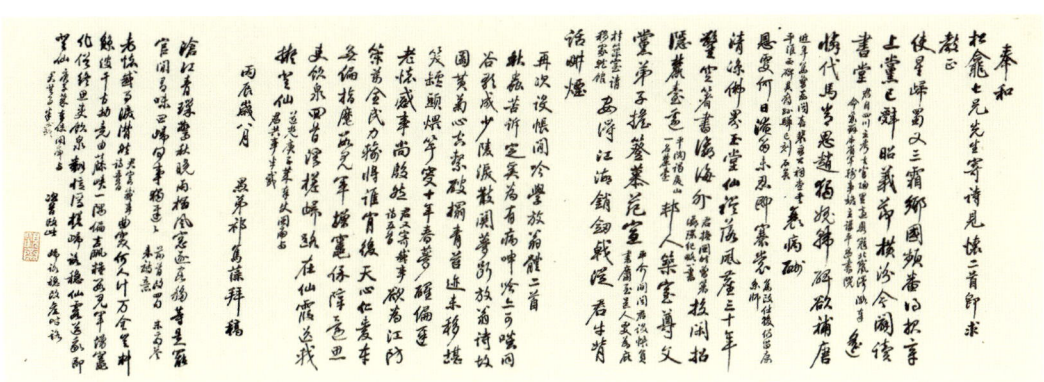

祁寯藻草书自作诗卷

侯"朱文方印。行书诗文,其书以隶入行,结体取势向左下、右上伸展,"乱石铺街"之味甚浓。字大者二寸有余,小者不至足寸,小大由之,方圆、长短、正欹、粗细、轻重、巧拙兼备,一任自然。张澍能在郑板桥之后,另辟蹊径,不落前人窠臼,实属难能可贵。张澍(1776~1847年),清凉州府武威县(今甘肃武威市)人。字伯沦,一字寿谷,号介侯,又号介白。嘉庆进士,选庶吉士。历任玉屏、屏山、兴文、永新诸知县,署临江通判,所至有政声。长于姓氏之学,工辞章,兼治金石,辑刊刻关、陇文献,纂著诗文颇多。清代陇上经学家、史学家和金石学家,工书。有《姓氏五书》《续黔书》《秦音》《养素堂集》,又辑刊《二酉堂丛书》《五凉旧闻》《三古人苑》《诗小序翼》《说文引经考证》等。《养素堂文集》收入的《书西夏天佑民安碑后》,是张澍对《重修凉州护国寺感应塔碑》(即"西夏碑")的发现研究,拉开了西夏学研究的序幕,成为自西夏文消亡后第一个识别出它的学者。现藏甘肃省博物馆。

吴镇草书自作诗轴

清代草书立轴。吴镇书。纸本。纵高168厘米,横宽88厘米。款署"黄鹤楼旧作松岩老人吴镇";钤"吴镇之印"白文方印、"松崖"白文方印。草书七言自作诗:"江城风物总如斯,尚有仙楼占古阵。黄鹤倦看人醉酒,青连应笑我题诗。十报花谢云空返,一户烟消水不知。回首秦关何处是,凭栏多在日斜时。"浓墨重笔,笔法古秀苍劲,笔力雄健,别有天趣。吴镇(1721~1797年),狄道(今甘肃临洮县)人。字信辰,一字士安,号松崖,别号松花道人,乾隆庚午年举人,官至湖南兴国知州、沅州府知府。晚年主讲兰山书院,著《松花庵全集》十二卷。

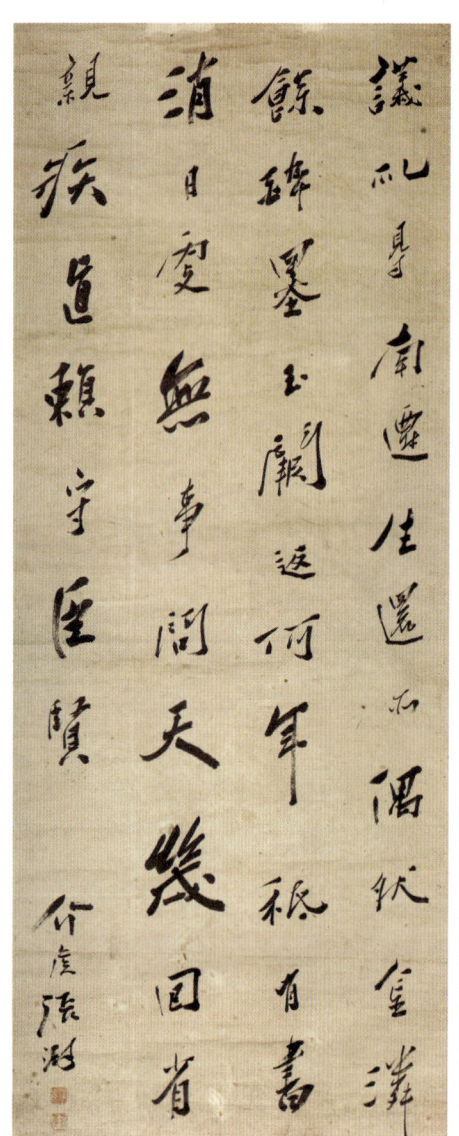

张澍行书诗轴

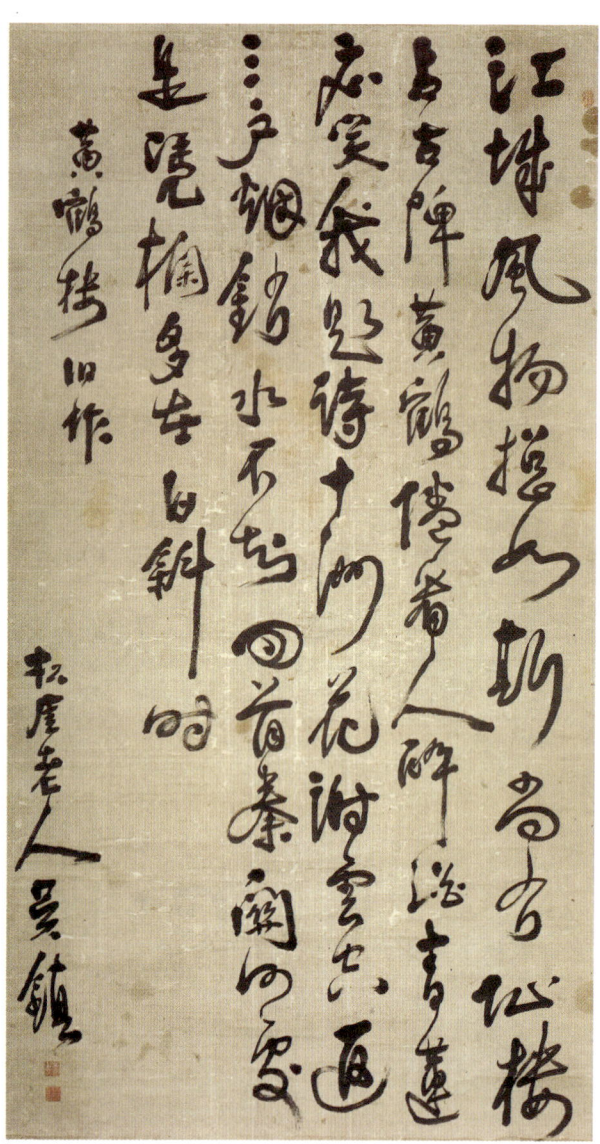

吴镇草书自作诗轴

清代陇上著名诗人，以诗名显，擅草书。现藏甘肃省博物馆。

唐琏行书从师序横幅

清代行书横幅。纸本。唐琏书。纵高34.5厘米，横宽148厘米。款署"嘉庆十三年莫春叙，道光十二年九月书，唐琏时年七十有九"；钤"介"朱文方印、"亭"朱文方印、"松石斋"白文长方印。行书自作从师序文："盖闻德无常师主善为师以是无定在惟善则是听人自得之也琏不

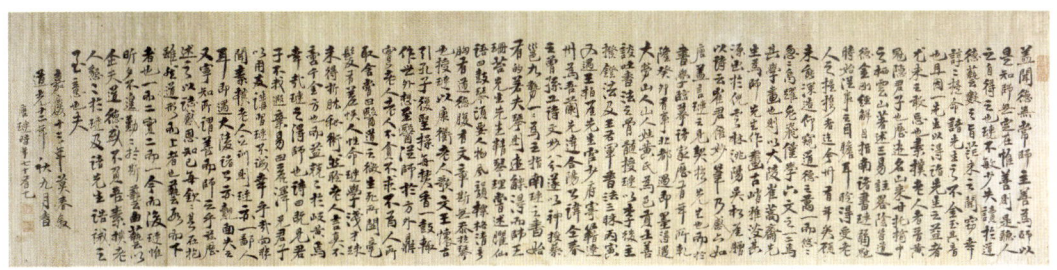

唐琏行书从师序横幅

唐琏指画山水图横幅

敏少失读于道德艺数之旨盲为之闻……"
行书有隶意。唐琏（1756~1836年），字
汝器，号介亭，别号栖云山人，书室名
松石斋，又称松石老人。清皋兰（今兰
州市）人。平生隐居不仕，工书、善画，
人称"小子畏"（唐寅），多才多艺，诗、文、
书、画、篆刻、琴、医、道学皆有成就。
山水骨骼清奇，笔意生动；书法不落馆
阁体窠臼，布局茂密，意境古雅。门下
从学弟子及后学者众，在陇上影响颇大。
现藏甘肃省博物馆。

唐琏指画山水图横幅

清代水墨设色山水画横幅。纸本。
作者唐琏。纵高103厘米，横宽218厘米。
款署"嘉庆元年栖云山人唐琏指头粘墨"；
钤"介"朱文方印、"亭"朱文方印、"介亭"
朱文长方印。平远空旷，溪水源自谷中，
水波不兴，右岸云烟雾霭间远山重峦，左
岸山石高耸，山前林木茂密，浓雾萦绕
林间，树冠枝繁叶茂，近景一座板桥横
跨左右岸，连接小径没于林中，一蓑笠
老翁踱步徐行桥上。指画灵活随意点染，

枯湿浓淡兼施并用，水墨酣畅淋漓。唐琏绘画以山水为主，兼及花鸟、人物。现藏甘肃省博物馆。

朱克敏隶书七言联

清代隶书七言联。朱克敏书。纸本。纵高 164.5 厘米，横宽 34.5 厘米。款署"巨卿贤大夫余契交也通达和平迥殊庸俗，□承庭训谊订金兰已三十年矣，丁巳冬日赴任大通教职过湟中，小住樽酒畅谈幸乐无涯，因出刘石庵相国楹帖，东吕话别亦识天地间所最长久者莫如书画，岂止雪泥鸿爪之意耶，并希雅正，六二老愚朱克敏呵冬试笔记"；钤"游华山人"朱文方印。隶书七言联"心得交游是风月，天开图画即江山"。短锋硬毫行笔，间多飞白，四围方整，不斤斤计较于隶书的蚕头燕尾，体势茂密充实，稳健平直，左右行书落款，回转盘桓于隶书两边，和谐相融。朱克敏 (1792~1873 年)，甘肃皋兰人，字时轩，号游华山人、凤林山樵、艮道人、遁道人、重游青海太华山人。晚号太华山人、颐道人。生于清乾隆五十七年，卒于同治十二年，终年八十一岁。自称五朝元老，尝刻一印曰："乾隆年生，嘉庆秀才，道光优贡，咸丰教官。"自幼攻读经史，博览群书，书画俱佳，长于诗文，在陇右颇负盛名。曾任陕西蓝田玉山书院山长，又主讲于靖远乌兰书院、金城兰山书院，

后任青海大通县儒学训导。朱克敏在书法上用功尤深，篆、隶、真、草诸体皆备，尤精隶书，取法张迁、西狭、衡方两汉名碑，广采博纳，师古不泥，以个人的审美趣味来改造隶书，终成自家面貌，人称

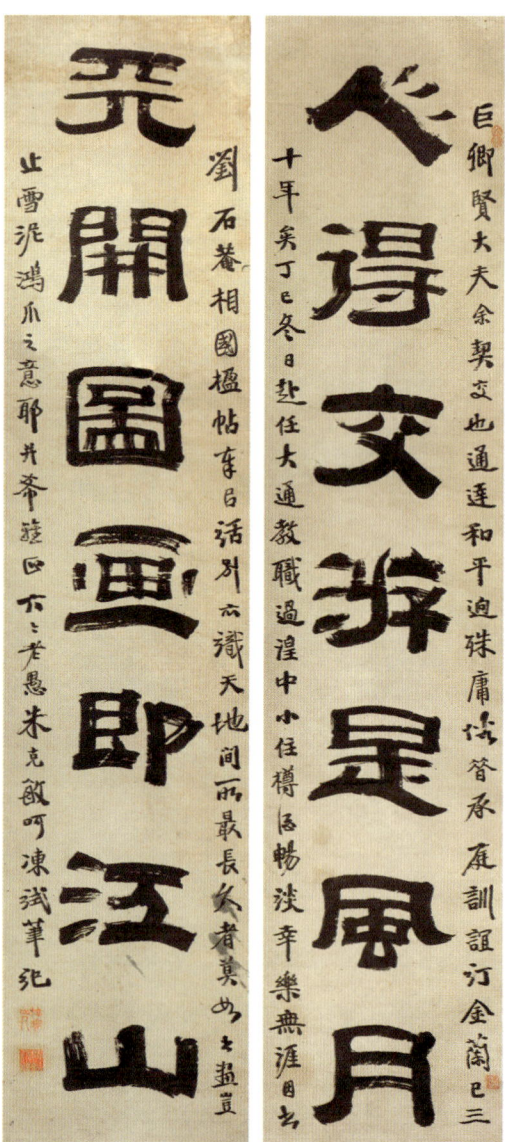

朱克敏隶书七言联

八分书，书写庄严浑厚，风格气魄博大。亦作水墨花鸟，间写山水、人物。现藏甘肃省博物馆。

张美如茅舍双松图轴

清代水墨山水画立轴。作者张美如。纸本。纵高75厘米，横宽42厘米。款署"道光四年五月四日第五山樵张美如画并识"；钤"张美如印"白文方印、"玉溪"朱文方印。一水两岸构图，绘坡石、溪水、杂木，远山群峰互相遮掩，雾霭弥漫，

张美如茅舍双松图轴

近景竹林掩映，数笔寥寥勾画草舍疏篱，舍后两株参天巨松苍劲，纯用墨笔，使用披麻皴法，用笔简练，墨色勾勒，虚实并用，荒寒之气简远逸迈。草书画题："梅花道人作画善用焦墨而烟云之气溢于纸上此为石田翁能及……"张美如（？~1834年），字尊五，号玉溪。又号第五山樵，甘肃武威人。嘉庆13中进士，选翰林院庶吉士。嘉庆十四年授户部主事。先后主讲天梯书院、兰州兰山书院，道光十二年主讲西安关中书院，能诗善画，清代陇上著名书画家。现藏甘肃省博物馆。

温虚舟仿大痴笔意山水图轴

清代水墨设色山水画立轴。作者温虚舟。纸本。纵高111.5厘米，横宽43.5厘米。款署"壬戌夏六月仿大痴老人法，虚舟温又新画"；钤"又新"白文方印、"野园"朱文方印。图中高远深远构图兼用，溪岸两边，群峰高耸，山林间遍布村屋、疏篱，庙宇、竹桥、茅亭与杂木巨石相互掩映，近景坡岸三两株苍松古柏与对岸水榭相望，苍劲高旷，一叶扁舟，游于水面。画用干笔焦墨勾点，用笔沉着，淡墨层层皴擦，略以赭石、花青晕染。临仿"元四家"黄公望的风格，意境悠远。温虚舟（生卒年不详）字又新，号野园居士，清嘉庆至同治间陇上著名的山水人物画家。师从唐琏，擅长以指墨作画，苍劲老辣、

泼墨淋漓。其画室名曰半砚斋、垒石山之瞻斗轩。现藏甘肃省博物馆。

诸升墨竹图轴

清代水墨花鸟画立轴。作者诸升。绢本。纵高 306 厘米，横宽 165 厘米。款署"钱塘诸升写"；钤"诸升之印"朱文方印、"曦庵"白文方印。竖式构图，飞瀑流泉，丛篁簇列，参差掩映，彼此呼应，山石陪衬。几竿竹子支撑整个画面，发竿劲挺，横斜曲直，不失法度，前后错落，和谐分布，竹叶皆个分，疏密浓淡有致。山石以简括的粗笔勾廓，稍有皴擦，随意点苔，山石根部，细草丛生。用笔虚实相间，工整不乏变化，画面层次丰富，雾中竹影婆娑，若隐若现。绢本巨幅，气势恢宏、用笔遒劲、意境清雅。诸升（1618~？年），仁和（今杭州）人，字日如，曦庵。擅画兰竹石，所绘雪竹尤佳。现藏甘肃省博物馆。

黄易古木新篁图轴

清代水墨花鸟画立轴。作者黄易。纸本。纵高 108 厘米，横宽 38 厘米。款署"乾隆庚子春三月清明后一日，拟倪高士古木新篁图，泉唐秋庵黄易画于山

温虚舟仿大痴笔意山水图轴　　诸升墨竹图轴　　　　　　　　黄易古木新篁图轴

左官解"；钤"黄易之印"朱文方印、"老九"朱文方印。绘巨石、古木、秀竹。平坡巨石，石后古木枯干虬屈，藤条缠绕，新篁数竿破土而出，瘦削挺拔，立于石旁，生意盎然。构图简洁明快，以书入画，中锋侧锋并用，篆书写古木，隶书写竹叶，用笔草草，不求形似然气韵独绝。墨色浓淡干湿有致，勾皴点染，拿捏有度老到，萧散简远，金石味道浓郁。黄易（1744~1802年），字大易，号小松、秋盦，又号秋影庵主、散花滩人。浙江钱塘人，兼擅篆刻，与丁敬都并称"丁黄"，为"西泠八家"之一。现藏清水县博物馆。

苏六朋三教九流图轴

清代水墨设色人物画立轴。作者苏六朋。纸本。纵高126厘米，横宽65厘米。款署"怎道人六朋"；钤"苏六朋"白文方印。画面以"性命连宝"方穿圆钱为主题，在圆钱方孔内与圆钱周围，绘三十九个各式人物，三教九流围着铜钱团团打转，而钱眼中正是一群衣冠楚楚的倨傲官员。人物造型准确，神态刻画惟妙惟肖，线条简练奔放，尽嬉笑怒骂之能事，将为攫取"方孔钱"不择手段的丑态，入木三分、淋漓尽致地表现出来。画题：四字孔方兄，老大翁，小儿童，九流三教凭他弄，穿鼻孔，臭黄铜，心黑眼眼红，弄成癫，气成疯，三教九流何足道，最怜世禄三

公，嗜钱此心亦相同，一被铜气烘，方寸自昏蒙，聪明不聪，忠良不忠，升降政事俱颠倒，弄成大局成瘫，问渠何以对苍穹，问渠何以对苍穹。苏六朋(1791~1862年)，字枕琴，号怎道人、怎叔、南水村佬、南水村老、罗浮道人、罗浮樵子、南水渔郎、南溪渔隐、溪山樵子、云裳道人、石楼吟叟、第七洞天樵子、七十二洞天散人、四百三十二峰散人等，室名枕琴庐、

苏六朋三教九流图轴

石亭池馆、毕竟如是轩等。清广东顺德人。师承黄慎，长于人物画，内容大多取材于市井生活、道释、仙人及民间故事，与道光年间顺德籍苏仁山并称"二苏"。现藏山丹县博物馆。

康有为草书游华山诗横幅

清代草书横幅。康有为书。纸本。纵高79厘米，横宽147.5厘米。款署"癸亥九月入陕肖梅世兄……同游华山写此诗康有为"；钤"康有为印"白文方印、"维新百日出亡十四年三周大地游遍四洲经三十一国行六十万里"朱文方印。草书：太华峰头踏碧鬟，餐霞三日不思还，帝释岩高谢世路，莲华界妙岂人间，骑龙青天览日月，闻鹤碧夜抚河山，即未成仙乐长隐，石泉齿齿松柏顽。融篆隶于意，运笔全从碑出，迅起急收，长锋羊毫饱蘸浓墨，行笔中见飞白，笔画粗茁、圆浑苍厚，转折之处提笔暗过。墨色苍润相间，古朴雅致，结字上紧下松，纵横奇宕，变化多姿、不拘一格。康有为(1858~1927年)，又名祖诒，字广厦，号长素，号更生，晚年别号天游化人，广东南海人，人称"康南海"，清光绪年间进士，官授工部主事。近代著名政治家、思想家、社会改革家、书法家和学者，著有《康子篇》《新学伪经考》《春秋董氏学》《孔子改制考》《日本变政考》《大同书》《欧洲十一国游记》《广艺舟双楫》等。现藏甘肃省博物馆。

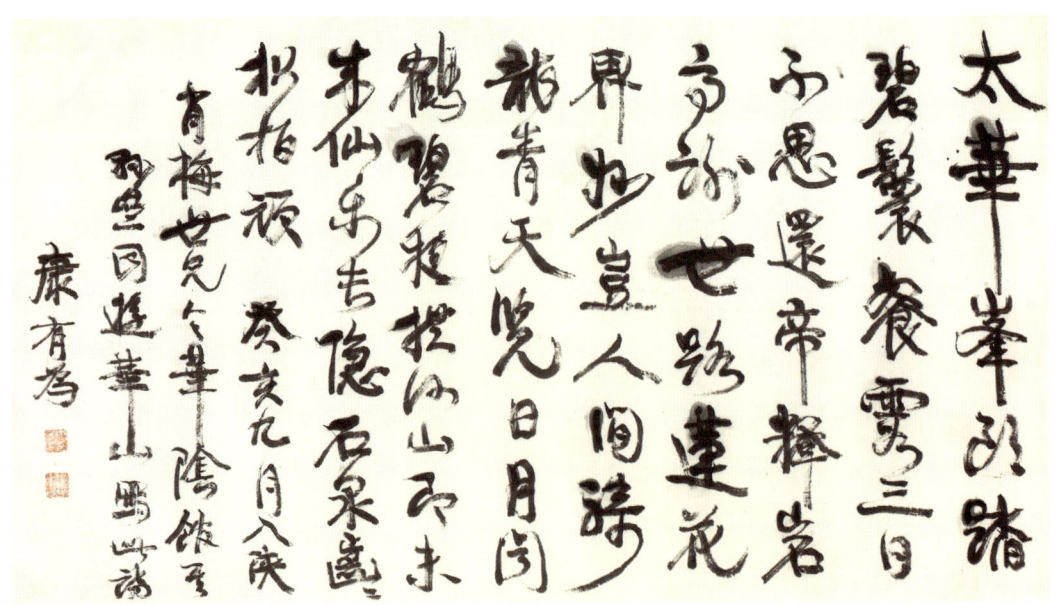

康有为草书游华山诗横幅

康有为行书轴

清代草书立轴。康有为书。纸本。纵高 171 厘米、横宽 93 厘米。款署"同薇长女来扈见此爱而与之，癸亥正月人日新试笔，游存老人康有为"；钤"游存"朱文方印、"康有为印"白文方印、"维新百日出亡十四年三周大地游遍四洲经三十一国行六十万里"朱文方印。草书：小浪接天，浮雪花堆，万龙轰斗。以魏碑结字用笔，平长弧线为基调，转折圆转，线条张扬带出结构的动荡，长撇大捺，气势开张、逆笔藏锋，迟送涩进，浑穆大气的阳刚之美，自成一格。称"康南海体"。现藏甘肃省博物馆。

李瑞清魏碑五言联

清代魏碑五言对联。李瑞清书。纸本。纵高 172.3 厘米，横宽 45.8 厘米。款署"石松仁兄法家正之，玉梅华庵道士清"；钤"梅庵主人"朱文方印、"玉梅花庵"白文方印。魏碑题书：三监荣勑使，四国访风诗。以纸追石，以笔追刻，不偏不倚，法度严谨又气势恢宏的金石书风，大气磅礴，气韵流畅，沉雄浑厚，毫无做作之感，是其魏碑本貌，而非晚年沪上鬻画之作。李瑞清（1867~1920 年），江西临川人。名文洁，字仲麟，改字阿梅，号梅痴、梅庵、梅花庵主、玉梅花庵道士，晚号清道人，又自号"李百蟹"。与曾熙并称"南曾北李"，时人重之。现藏甘肃省博物馆。

马虎臣山水图横幅

清代水墨设色山水横幅。纸本。作者马虎臣。纵高 80.5 厘米，横宽 147.2 厘米。款署"仿吴仲圭先生笔法于大碧山馆之北窗下，以世臣仁兄大人雅属并正，兰山虎臣马文炳写意"；钤"文炳"白文方印、"虎臣氏"朱白文方印。画面平远深远布局，水墨写意雨景，大笔斜刷作雨幕，

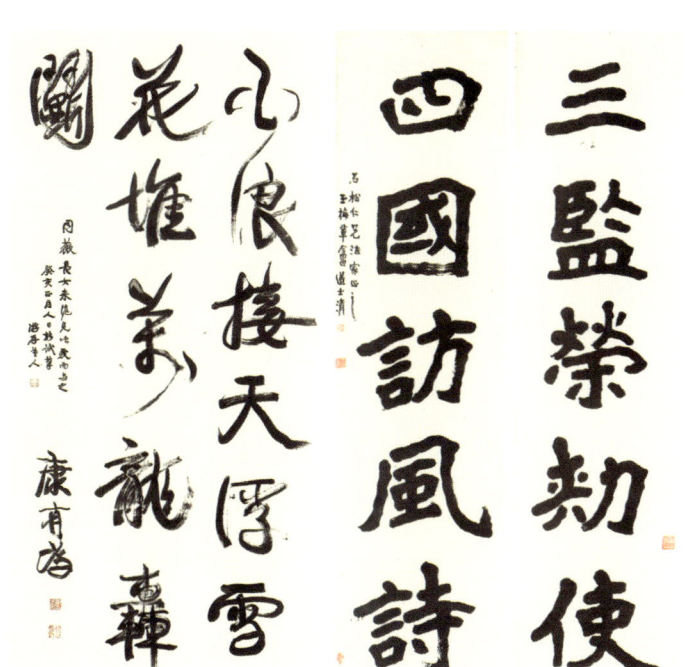

康有为行书轴　　　　李瑞清对联

马虎臣山水图横幅

云山绵延，雾霭弥漫，取云锁雾遮峰峦岀没的高远意境。水岸树木葱郁，为风催动，掩映村舍茅亭篱墙，画面下角，置水榭，内二人对坐把酒，窗外板桥，一农人举伞顶风前行。大笔泼墨，笔意纵肆，赭石点染，萧疏中见蓬勃生机。马虎臣（1825~1898年），清代兰州人。回族。名文炳，号正山道人、南潭遗叟、五泉髯叟，画名大碧山馆、碧云仙馆、养正书屋、大碧吟馆。花鸟画取法八大山人、石涛、李复堂。尤工牡丹，时人戏称"马牡丹"。亦绘山水，山水上追董北苑、梅花道人。得云南名画家孙铁洲教导，复投师道士马安吉攻山水，并广搜名家作品反复临摹，集众家之长，结合观察花草鸟虫的体会，

使绘画更具气色神韵，画名日隆。现藏甘肃省博物馆。

赵冲谷操琴侍女图轴

清代仕女图立轴。作者赵冲谷。纸本。纵高96厘米，横宽48.7厘米。款署"六十七耕烟散人怀庭赵冲谷"；钤"冲谷"白文长方印、"怀庭"朱文印。此图描绘一仕女，着袍戴帽，坐于山石，左手把琴，右手操弓。细笔描眉，浓淡墨渲染鬓发、帽袍领袖裳边，赭石晕染袍带。人物体态转动自然得体，衣纹线条简略流畅、抑扬顿挫，不重外形重意态气质的描绘，使得人物形象饱满生动。赵冲谷生平不详，金城（兰州）人，字怀亭，号耕烟散人。画工出身，师满族画家明福，长于人物风

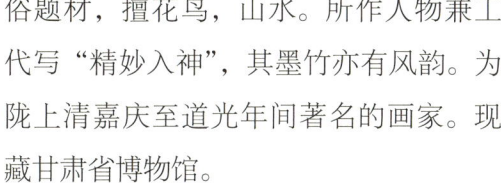

赵冲谷操琴侍女图轴

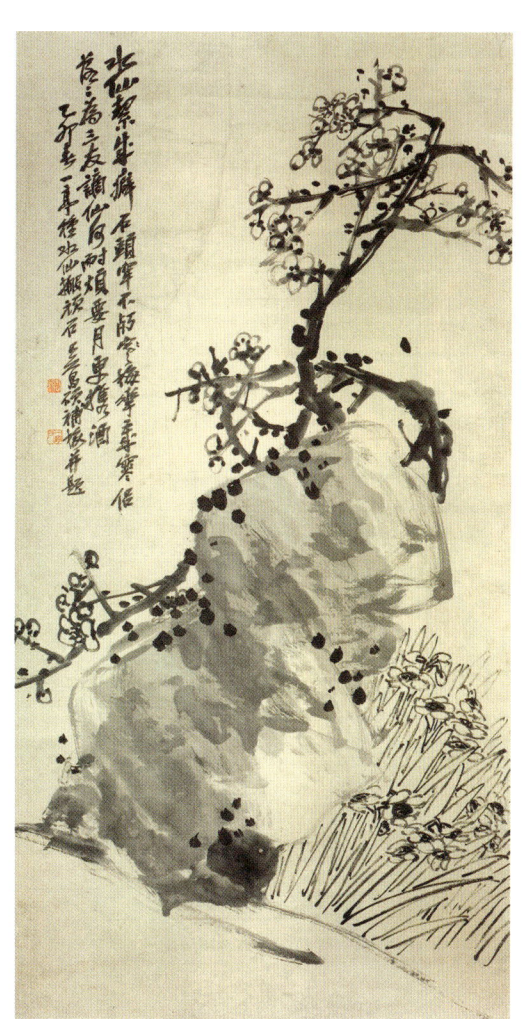

吴昌硕、王一亭梅花水仙图轴

俗题材，擅花鸟，山水。所作人物兼工代写"精妙入神"，其墨竹亦有风韵。为陇上清嘉庆至道光年间著名的画家。现藏甘肃省博物馆。

吴昌硕、王一亭梅花水仙图轴

清代水墨花鸟画立轴。吴昌硕、王一亭合作。纸本。纵高 128.5 厘米，横宽

63.3 厘米。款署"乙卯春一亭种水仙搬顽石，吴昌硕补梅并题"；钤"缶翁"白文方印、"一亭父"朱文方印。构图险奇，巨石斑驳浑厚，梅树老干桠槎，铁骨铮铮，新枝旁出，穿插于其间，凌空屈曲，花开数朵，疏落有致，石旁水仙茂盛，纤尘不染。兼用石鼓篆法、狂草笔意入画，

色酣墨饱，雄健古拙，顿挫转折透出金石趣味，力透纸背，用笔枯润苍秀而气脉连贯，苍迈雄浑。吴昌硕、王一亭合璧之作。吴昌硕画梅并题，王一亭画石、水仙。吴昌硕，（1844~1927年），浙江安吉人。初名俊、俊卿，字昌硕，别号很多，缶庐、苦铁、大聋、老击、老苍。王震（1867~1938年），浙江吴兴（今湖州）人。字一亭，又署一亭父，号白龙山人、海云楼主、梅花馆主，法名觉器，室名海云楼、芷园、梓园、梅花馆、六三园。画人物、花鸟、走兽、山水，尤擅佛像。现藏甘肃省博物馆。

王一亭风尘三侠图轴

清代水墨设色人物画立轴。作者王一亭。纸本。纵高81.2厘米，横宽148.8厘米。款署"己未冬仲白龙山人王震写于海云楼"；钤"一亭大利"白文方印、"白龙山人"朱文方印。水墨设色绘，灵石旅社，红拂女屋内对镜红妆，窗外参天巨树下，虬髯客、李靖相见，二白马一黑驴旁立。人物面部刻画细腻，略加皴擦，适度变形夸张，以形写神，衣纹勾勒放达不羁，衣褶动态飘逸，树木粗枝大叶，驴马生动，设色明丽雅逸，石鼓大篆笔意入画，用笔疾快捷，求其大势而不特究其细节，恣肆烂漫。王一亭早年师从任伯年，画风相对秀逸清俊，后与吴昌硕亦

王一亭风尘三侠图轴

师亦友，逐渐变得拙重强悍，并综合任、吴两家独具神采。此图亦受吴昌硕影响。现藏甘肃省博物馆。

刘尔炘梅花图轴

清代水墨花鸟画立轴。作者刘尔炘。纸本。纵高131厘米，横宽63厘米。款署"得苏州棉料纸，用南田竹衣意。写梅一本不知与梅花逸致有相合处，愿质

诸赏音一参证也。辛未夏五月，五泉山人时年六十有八"。钤"五泉山人"朱文长方印画面绘老梅一株，枝干盘折虬曲，交叉错落，转折布势具生拙趣味，疏梅点点，盛开则圈画点蕊，另有花苞可人。用书法笔意，淡墨双勾枝干，再用浓墨皴染写勒勾点，干湿结合，虚实相生。画

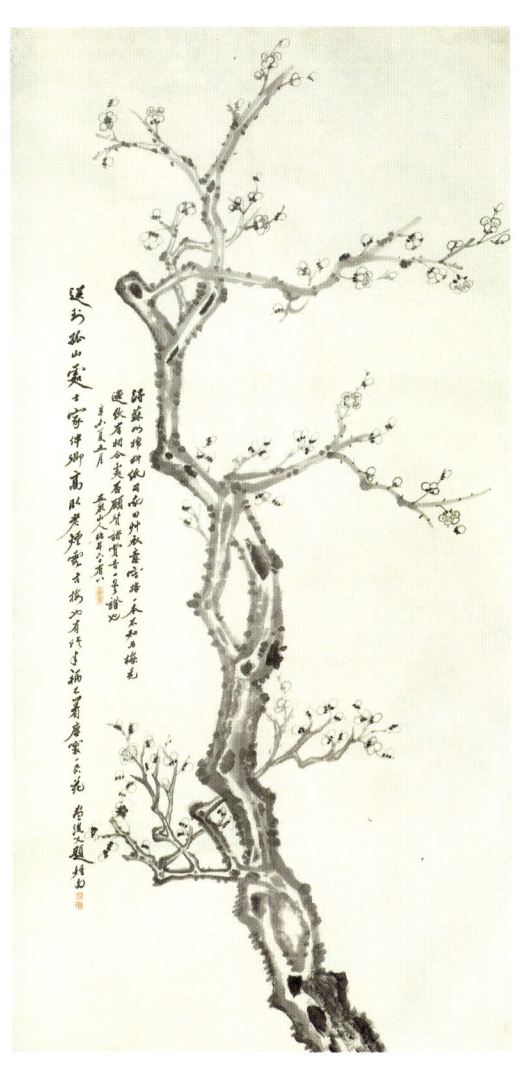

刘尔炘梅花图轴

题："送香孤山处士家伴乡高卧老烟露古梅也有修半福不着尘埃一朵花画后又题短句。"刘尔炘（1864~1931年），甘肃兰州人。字又宽，号晓岚、号果斋，又号五泉山人。光绪乙丑科进士，授翰林院庶吉士、编修，在京供职3年，辞官归里，主讲五泉书院，复又任甘肃文高等学堂总教习，专心治学，培育人才。著有：《果斋一隙记》《劝学迹言》《尚书授经日记》《周易授经日记》《诗经授经日记》《春秋授经日记》《果斋日记》《果斋前集》《果斋续集》《果斋别集》《辛壬贩灾记》《兰州五泉山修建记》《拙修子太平书》及《陇右铁余集》等。所撰白话槛联，富有哲理。善书法，楷书遒丽柔婉，隶书雄朴壮健，晚年习画，以梅、兰见长。现藏甘肃省博物馆。

名人集锦册

近现代水墨设色山水、花鸟画册页。纸本。作者为溥儒、秦裕、胡佩衡、邵逸轩、徐操、齐白石。纵高32厘米，横宽42.2厘米。纸本。十八开，为近现代京津名家所作山水、花鸟画，有溥儒、秦裕、胡佩衡、邵逸轩、徐操、齐白石六人。皆精心之作。款署"子云将军正溥儒／空江积雪仿李成意，丁丑春日仿古山水四幅奉子云将军正之，仲文秦裕／丁丑之春写奉子云将军雅鉴，冷庵胡佩

名人集锦册

衡并题／子云将军教正，丁丑初春浙东邵逸轩写于故郡／子云仁兄方家雅属燕孙徐操／子云将军属白石／子云将军鉴正丁丑春萧逊"；钤"旧王孙"朱文方印、"溥儒之印"白文方印、"心畬"朱文方印、"仲文"朱文方印、"胡"朱文方印、"佩衡"朱文方印、"冷庵"白文方印、"逸轩"白文方印、"燕孙"朱文双钱印、"木人"朱文方印、"白石翁"白文方印、"萧逊之印"白文方印。溥心畬（1896~1963年），原名爱新觉罗·溥儒，初字仲衡，改字心畬，自号羲皇上人、西山逸士。北京人，满族，为清恭亲王奕䜣之孙。诗文、书画，皆有成就。与张大千有"南张北溥"之誉，又与吴湖帆并称"南吴北溥"；秦裕（1896~1974年），原名秦裕荣，号仲文，别署梁子河村人，画室名群峰扶翠之居。生于河北省遵化县；胡佩衡（1892~1965年），谱名锡铨，又名衡，字佩衡，号冷庵，外号胡涂克图，蒙古族，原籍河北省涿县；邵逸轩(?~1954年)名锡瀍，亦仙。浙江东阳人；徐操（1899~1961年），字燕孙，河北深县人，生于北京；齐白石(1863~1957年)，湖南湘潭人。原名纯芝，号渭青、兰亭，后改名璜，号濒生，别号白石、白石老人，别署杏子坞老民、星塘老屋后人、借山吟馆主者、寄萍、齐大、木居士、湘上老农、三百石印富

翁等；萧谦中（1883~1944年），原名萧逊，字谦中，号大龙山樵。安徽怀宁人。现藏甘肃省博物馆。

齐白石山水册

近现代水墨设色山水画册页。作者齐白石。纸本。纵高34.5厘米，横宽36.3厘米。八开。为齐白石1912年在湘潭，将1902~1903年"五出五归"的第一次远游陕西、河北期间创作的一些山水写生重新勾画整理，每一幅都堪称布局奇妙，意趣横生。山形起伏有势、皴法不乱，水面亦颇有特色，整体极尽简括之能事，与传统的山水画作品有着天壤之别，迥异于当时讲究形式和笔墨趣味的"四王"传统，代表着齐白石重视直观经验，注入生活气息，多勾少皴，敢于用色，构图简约，善于造境的山水画风格。款署"壬寅冬之长安，癸卯春复游，辛亥画纪游图二十有六此其八，还乡以赠宝威公孙□游为行遣清赏齐璜"；钤"齐"白文方印、"璜"白文方印、"臣璜"白文方印、"寄□"朱文方印、"臣璜"白文方印、"寄□堂"白文方印、"三百石印□"白文方印、"白石山人"白万年方印、"齐大曾画"白文方印。现藏甘肃省博物馆。

徐悲鸿哀鸣思战斗图轴

近现代水墨花鸟画立轴。作者徐悲鸿。纸本。纵高72厘米，横宽40厘米。

齐白石山水册

徐悲鸿哀鸣思战斗图轴

水墨立马嘶鸣。将西画技法融入国画改革，用饱酣奔放的墨色勾勒马的头、颈、胸、腿等大转折部位，造型、结构把握准确，透视感较强，并以干笔扫出鬃尾，使浓淡干湿的变化浑然天成。款署"树藩先生正之，哀鸣思战斗，癸未徐悲鸿"；钤"悲鸿之印"白文方印。徐悲鸿（1895~1953年），江苏宜兴人。原名徐寿康。曾留学法国学西画，归国后长期从事美术教育，先后任教于国立中央大学艺术系、北平大学艺术学院和北平艺专、中央美术学院院长。擅长人物、走兽花鸟，主张现实主义，并强调作品的思想内涵，作品融会中西，贯通古今。现藏甘肃省博物馆。

于右任草书五言联

近现代草书五言对联。纵高196厘米，横宽38厘米。纸本。草书"无极原有极，口仁存至仁"。用心布白，笔法娴熟，中锋用笔，体现用笔的节奏感、韵律感，轻重不同的提、按、导、送，产生了笔画的强弱粗细变化，用三折笔法、收笔蓄势表现笔势的跌宕、疾涩、力感、动感，于宽博潇洒中别具神韵。款署"于右任"；钤"任"朱文方印。于右任（1879~1964年），陕西三原人，祖籍泾阳，原名伯循，字诱人，尔后以诱人谐音右任为名，别署骚心、髯翁，晚年自号太平老人。于右任早年系同盟会成员，后长期任国民政府检察院院长等职。擅诗文，工书法，是中国近现代政治家、教育家、书法家。创标准草书，著有《于右任诗词集》《标准草书千字文》等。现藏甘肃省博物馆。

张大千黄子久画意山水扇面

近现代设色山水、书法扇面。作者张大千。腊笺纸本。纵高19厘米，横宽52厘米。一面水墨设色山水，一面草书

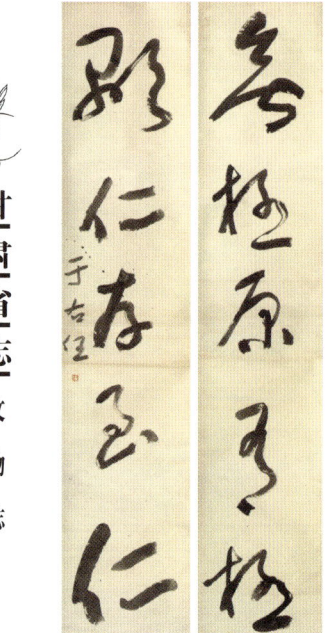

于右任草书五言联

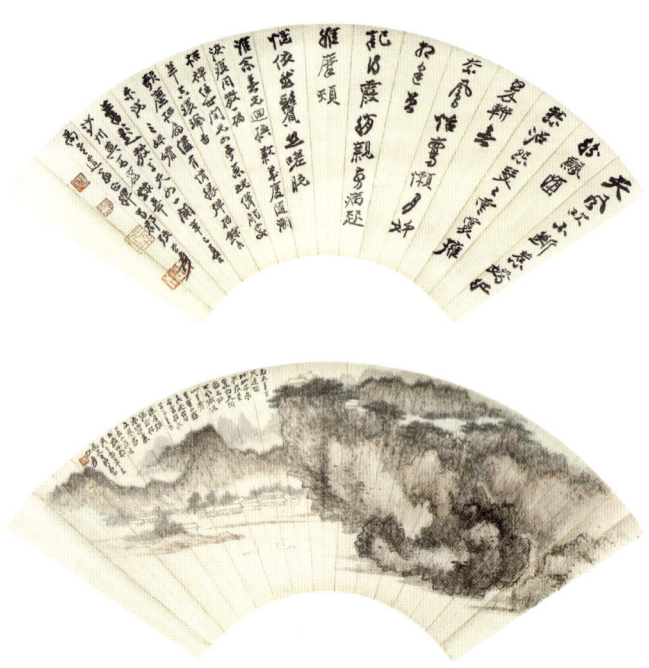

张大千黄子久画意山水扇面

诗文。款署"黄鹤山樵真迹传世者，当推狄平子青卞隐居，张汉卿林泉清集及寒家夏山隐居为最，此参用三家图，笔呈禹长吾师教正张爰 / 旧题散花天女一阙，辛巳夏日沙州莫高窟录奉，禹老道翁正律，蜀郡张大千爰"；钤"张爰"白文方印、"大千居士"朱文方印、"大千三千"朱文方印、"曾经横绝峨嵋颠"白文长方印。张大千（1899~1983 年），生于四川内江。原名权，改名爰，字季爰，号大千，斋名大风堂。其人物、山水、花鸟、鱼虫、走兽，工笔等中国画无所不能，无一不精。诗文真率豪放，书法劲拔飘逸、外柔内刚、独具

风采。后旅居海外，画风工写结合，重彩、水墨融为一体，尤其是泼墨与泼彩，开创了新的艺术风格，因其诗、书、画与齐白石、溥心畬齐名，故又并称为"南张北齐"和"南张北溥"。与黄君璧、溥心畬以"渡海三家"齐名。现藏甘肃省博物馆。

张大千青灯课子图卷

近现代水墨设色山水长卷。作者张大千。纸本。款署"青灯课子图，癸未秋孟应，禹勤道丈命谨写，太夫人课子图并赋求正，蜀郡后学张爰 / 寅愚侄曹蕴键拜题"；钤"千秋万岁"朱文方印、"爰木"白文方印、"大千"朱文方印、"曹蕴键

张大千青灯课子图卷

印"白文方印。绘林阁、孤灯，一夫人课三子夜读。构图巧妙，主题突出，笔墨生动逼真，通过色彩冷暖和光线明暗对比，突出画中人物，刻画了慈母情怀。画卷是应甘肃名儒范振绪之邀，描绘幼时其母娄太夫人教子课读之事。画后张大千行书题诗：巍巍怀青台，高节垂彤史。百世播流风，惟母良足企。范公幽介士，清华知所以。欧阳陇岗文，千秋嗟并美。昔共先师李与曾，英年挟笔动觚梭。黄尘海水清庙屋，公为生民谢不能。小子年来须已白，李公曾公墓木拱。西来叩谒登堂上，客顽稚子健曳踵。人前每颂白华诗，树静风摇泣罔极。永忆高堂寸草心，百年留照丹青色。肃穆拜公命，载笔为斯图。明贤唯有母，在昔慰醇醨。现藏甘肃省博物馆。

黄宾虹山水图轴

近现代水墨山水画立轴。作者黄宾虹。纸本。纵高 146 厘米，横宽 38 厘米。款署"春圃先生有道，六法已臻妙境⋯

甲申初冬宾虹"；钤"黄宾虹"白文方印。画面溪山杂树，小桥茅舍，水在林间隐约，人在亭中独坐，此画作于 1944 年，黄宾虹 81 岁，是其晚年"黑宾虹"风格成熟时期，山脚、块石和山峰，连点作皴，墨色浑厚华滋，意境郁勃澹宕。黄宾虹（1865~1955 年），安徽歙县人，生于浙江金华。初名懋质，后改名质，字朴存，号宾虹，别署予向、虹叟、黄山山中人。近现代著名画家、学者。擅画山水，为山水画一代宗师。早年受"新安画派"影响，以干笔淡墨、疏淡清逸为特色，为"白宾虹"；八十岁后以黑密厚重、黑里透亮为特色，为"黑宾虹"。他的技法，行力于李流芳，程邃，以及髡残，弘仁等，但也兼法宋、元名家。所作重视章法上的虚实、繁简、疏密的统一；用笔如作篆籀，洗耳恭听练凝重，遒劲有力，在行笔谨严处，有纵横奇峭之趣。所谓"黑、密、厚、重"的画风，正是他显著的特色。他的书法"钟鼎"之功力较深。其画风苍浑华滋，意

黄宾虹山水图轴　　　陈师曾群壑秋林图轴

境深邃。偶作花鸟草虫亦奇崛有致。曾在北京、杭州等地美术学院任教、任中国美术家协会华东分会副主席。著有《黄山画家源流考》《虹庐画谈》《画法要旨》等。现藏甘肃省博物馆。

陈师曾群壑秋林图轴

近现代水墨山水画立轴。作者陈师曾。纸本。纵高176厘米，横宽46厘米。款署"南孙先生指正之衡恪"；钤"师曾"朱文方印、"陈朽"白文方印又钤收藏印"胡橐之印"白文方印、"胡佩衡印"朱文方印、"一日之际"白文方印。图中以墨笔勾勒，远景山势高耸，山间流泉飞瀑，江面平静，两岸草庐水榭，山石树木掩映，近景为一高士依杖出庐。画题："群壑淡将夕，孤云寒未归。石上动情听，杖边生晚晖。抚景哀时荣，况览林叶稀。宿驾忆前诺，忘言抑何为。"陈师曾（1876~1923年），又名衡恪，号朽道人、槐堂，江西义宁（今修水）人，陈寅恪之兄。善诗文、书法，尤长于绘画、篆刻。是吴昌硕之后革新文人画的重要代表。其山水画"师古人之心而不师其迹"，保留着传统文人画的审美特色，又有新世纪的时代精神，成为山水画复兴的先驱。其山水画强调笔墨并重，用笔挺拔雄健、用墨深厚。其画气势雄强，豪气逼人，笔墨淋漓独具面貌。现藏甘肃省博物馆。

范振绪仿董其昌山水图轴

近现代水墨山水画立轴。作者范振绪。绢本。纵高112厘米，横宽52厘米。款署"董玄宰临元人本，绍观仁兄同年大人指正弟范振绪"；钤"禹勤"朱文方印。画面用深高远构图，山峰耸立，山脉绵延伸向远方，谷间溪水清澈，逶迤山下，山下水岸遍布古树，近处的坡地上稀疏地

范振绪仿董其昌山水图轴

范振绪山水因缘册

几株松柏树杂树，高大参天。山中群松掩映着几间草庐，草庐中一高士独坐抚琴。人烟寥寥，呈现出山林间静谧安然的画意。本画笔墨清新秀丽，披麻皴、苔点以及松树的变现，均体现出作者深厚的传统山书画功力。范振绪（1872~1960 年），字禹勤，号南皋，晚号东雪老人、太和山民，甘肃靖远人。光绪二十九年（1903 年）癸卯科进士。光绪三十二年（1906 年）留学日本，并参加了同盟会。工书画，书法苏轼，山水师王翚，王原祁两家。偶写侠客、佛像，亦有士气。现藏甘肃省博物馆。

范振绪山水因缘册

近现代水墨设色山水花鸟册页。作者范振绪。纸本。纵高15厘米，横宽9.7厘米。款署"杏而耕田古来农事如此作春耕图，振绪/夏日山雨欲来时便为此景，禹勤/秋江信泊写云林禅林图意，振绪/柴门闻犬吠，风雪夜归人，甲午初夏为公同志正，范振绪时年八十一岁/九十三岁白石/苦禅写/云山雨意丁酉七月为公同志指正段梦九/黄胄写"；钤

"范振绪印"白文方印、"禹勤"朱文方印、"李氏苦禅"朱文长方印、"黄胄之印"白文方印、"悔鸟堂"朱文长方印、"齐白石"白文方印。十七开八幅书画作品。范振绪以四季为题作水墨设色山水画八开四幅，山水画宗"四王"一路，段梦九水墨山水画两开一幅，李苦禅墨兰两开一幅，黄胄水墨双驴图两开一幅，齐白石篆书三开一幅。册页袖珍可人，画面精细。现藏甘肃省博物馆。

第二节　宗教绘画

千手千眼观音绢画

五代。1988年安西县文化馆移交。长76厘米，宽60厘米。绢画边缘残破较多，主体近正方形。绘一千手千眼观音跣足立于仰瓣莲花台座上。观音丰颊长耳，弯眉修目，直鼻小口，生三只眼目，长上下髭须。头戴花冠，上饰小化佛，挂耳环、项链、手镯、臂钏。上身袒胸露脐，长巾兜胸缠臂；下体着红色花裙。观音十八臂，前身六臂，或捻荷莲，或合十，或捧结于腹。身旁十二手：两手（左右）托日（绘赤乌）月（绘月桂），两手执莲蓬、菩提树，两手执金刚杵、经书，两手顶柳枝、明灯，两手提提梁宝罐、净

水瓶，两手下垂指地面。头光为七色重环，身光为红白绿黄四色重环，内绘千手千眼。身光两侧绘如意云头，右上角存菩萨五身，左右下角绘护法、弟子及供养人。

千手千眼观音绢画

供养人虽残存仅半，但五官装束显为回鹘族类。此件绢画绘制精美，构图繁密，敷色艳丽，是早期唐卡类绘画的代表作，是佛教绘画艺术的高超作品，也是研究佛教文化传入安西，与当地宗教文化影响融合的珍贵资料。现藏瓜州县博物馆。

《报父母恩重经变》图轴

北宋。发现于敦煌莫高窟藏经洞。纵182厘米，横127厘米。绢本傅彩。上部绘七佛、七宝、中间绘佛说法图。下部中间书经变文及发愿文，题款"于时淳化二年（991年）岁次辛卯五月二十二日

《报父母恩重经变》图轴

纪"，两侧绘引导菩萨及地藏菩萨。说法图周围绘父母恩重情节，连环画形式分布于说法图两侧，共十五幅，各有榜题，如"十月将满，产后母子俱显洗浴时""母为其子开怀出乳，以乳乳之时""父母养育，卧在栏车时"等。绘出用陶盆洗儿、哺乳、栏车摇儿、携子出行等场面。所用颜料有石青、石绿、朱砂、赭石等十余种。先用淡墨勾出轮廓，然后傅彩。画人物用线描加晕染，画山石用小斧劈皴法，兼有工笔和水墨的效果。这是一幅以孝道为题材的经变画，是儒释思想融合的产物。现藏甘肃省博物馆。

文殊菩萨像唐卡

西夏。1989年9月武威新华乡亥母洞发掘清理出土。纵67厘米，横46厘米。布地彩绘。主尊为文殊菩萨，观自在式坐于莲座上，座下为青鬃回头狮子，菩萨戴三叶佛冠，黄色身相，双手于胸前作说法印；右肩饰莲花短剑，左肩饰莲花梵箧。其余人物对称安置在菩萨上下左右的方格内，有释迦佛、药师佛、西夏上师，黑帽白衣西夏官员等，共三十五位。是研究西夏佛教绘画艺术的珍贵资料。现藏武威市博物馆。

彩绘文殊菩萨像唐卡

西夏。1989年9月武威新华乡亥母洞寺遗址发掘清理出土。纵67厘米，横

彩绘文殊菩萨像唐卡

彩绘佛像唐卡

46 厘米。布地彩绘，长方形，下半部残破缺损。中心绘文殊菩萨，观自在式坐于莲座上，座下绘回头青鬃狮子。菩萨广额丰颊，弯眉修目，头戴三叶冠饰，黄色身相，身光青灰，头光白色，着红色花裤，双手合十作说法印。右肩饰莲花短剑，左肩饰莲花梵笑。四周分格对称绘释迦、药师、普贤、八臂观音等佛陀及西夏上师和黑帽白衣西夏官员等人物，共 35 位。绘制拙朴，敷色艳丽，是研究早期唐卡和西夏佛教艺术的珍贵实物资料。现藏武威市博物馆。

彩绘佛像唐卡

元。1989 年 9 月武威新华乡亥母洞寺遗址发掘清理出土。纵 49 厘米，横 39 厘米。布地彩绘，竖长方形，右下及边缘残缺。中心绘主佛宗喀巴，头戴黄色尖顶帽，着红色藏式袈裟，结跏趺坐于莲花座上，双手于胸前作说法印。佛脸庞丰圆，弯眉细目，眉心点红，抿唇含笑。上端两角绘四尊小佛，服饰与主尊同，均左衽右袒。主佛两肩及下端亦置四尊小佛，短发红衣，两露臂，两袒肩，均作持卷说法印。画面以赭红为主，衬黄绿二色，深沉艳丽。现藏武威市博物馆。

彩绘佛像五智冠残件

西夏。1989 年 9 月武威新华乡亥母洞发掘清理出土。单叶纵 15 厘米，横 7~10 厘米。多层棉纸合裱而成，下缘丝帛包边。折叠式，呈莲瓣状，应有五瓣，为五智冠饰，现存两叶。叶面中心绘佛像，佛结跏趺坐于须弥座上，丰颊广额，高发髻，饰耳环、臂钏、腕镯，袒上身，着红裙，右手施与愿印，左手捧念珠成禅定印。身光蓝色，头光浅灰。头光两侧绘白鸟，长尾卷曲，相交成卷云，云端绘人面。另一叶描绘相同，仅佛身黑色，鸟黄色。冠饰背面涂赭红色，墨书少数民族文字一行。现藏武威市博物馆。

六臂玛哈嘎拉唐卡

十七世纪。纵 67 厘米，横 81 厘米。麻布。此幅唐卡画面是较为特殊，密布各式人物、法器、动植物花卉，主尊没有以明确的形象出现在画面上，是以其标志

彩绘佛像五智冠残件

六臂玛哈嘎拉唐卡

米拉日巴画传唐卡

性的法器和骑乘，代表主尊的存在。画面中上部三团火焰即是三尊护法神。中间为六臂玛哈嘎拉（大黑天），一侧是骑黄色三眼骡子的班丹拉母（吉祥天母），另一侧为踏蓝色水牛的嘎拉路巴（地狱主）。现藏甘肃省博物馆。

米拉日巴画传唐卡

十七世纪。纵高 94 厘米，横宽 61 厘米。麻布。以回环式构图来表现噶举派大成就者、修行者、诗人米拉日巴学习、修行、生活的场面。主尊米拉日巴肩披长发，穿白色袒右长袍，半跏趺坐于坐垫上，右手扶腮，左手托钵，放声歌唱。画面线条圆润流畅，人物结构合理，体态优美，形象生动，风格技法受到较多汉地绘画的影响。原图附有张大千的题"唐人布画密教故事壬午四月仲翔道兄从西安携此画来观审其笔法是唐时物也大千张爰记"今天看来，张大千对于此幅唐卡的时代断定是有局限性的，依其绘画风格、表现技法以及画面的细部描写，当为十七世纪左右的作品。现藏甘肃省博物馆。

主要参考文献

1. 杨仁恺主编：《中国书画》，上海古籍出版社，2001 年。

2. 中国古代书画鉴定组编：《中国古代书画图目》，文物出版社，2001 年。

3. 俞剑华：《中国美术家人名辞典》，上海人民美术出版社，1981 年。

4. 上海博物馆编：《中国书画家印～款识》，文物出版社，1987 年。

5. 俄军主编：《甘肃省博物馆馆藏书画精品》，甘肃人民美术出版社，2014 年。

6. 杨重琦：《陇上珍藏》，敦煌文艺出版社，2001 年。

7. 谢继胜：《西夏藏传绘画——黑水城出土西夏唐卡研究》，河北教育出版社，2002 年。

8. 谢继胜：《藏传佛教艺术发展史》，上海书画出版社，2010 年。

9. 海瑟·噶尔美著，熊文彬译《早期汉藏艺术》，中国藏学出版社，1994 年

10. 王南南：《唐卡杂谈》，《收藏 拍卖》2005 年第 11 期。

11. 甘肃省文物局编：《甘肃文物菁华》，文物出版社，2006 年。

12. 甘肃省博物馆编：《丝绸之路甘肃文物精华》，1994 年。

13. 山丹县艾黎捐赠文物陈列馆、甘肃省文物考古研究所编：《艾黎捐赠文物精粹》，文物出版社，1997 年。

14. 田晓主编：《酒泉文物精萃》，中国青年出版社，1998 年。

15. 甘肃省文物局编：《馆藏一级文物·甘肃卷》（上、下），内部刊行，2005 年。

16. 甘肃省博物馆编：《甘肃省博物馆文物精品图集》，三秦出版社，2006 年。

17. 张掖市文物管理局：《张掖文物》，甘肃人民出版社，2009 年。

第十三章 织 绣

中国纺织技术初生阶段，大约距今10000~7000年，甘肃秦安大地湾一期文化（距今8000~7300年）遗址中，出土有陶纺轮10多件，作为捻纺工具的纺轮、纺坠，在甘肃新石器时代的各个文化类型遗址均有发现，且数目不断增加。这表明，除石器、陶器外，纺织是人类较早掌握的工艺和技术。古人为了适应气候的变化，利用自然资源作为纺织和印染的原料，选用的纺织原料有织物纤维葛、麻，动物纤维丝、毛。

甘肃东乡林家马家窑文化遗址，出土有公元前3000年左右的大麻籽，说明当时可能已有人工种植的大麻。甘肃永靖大何庄齐家文化出土陶器上，留有平纹织物组织痕迹，细密清晰，经纬密度达到每平方厘米30根×30根，极有可能是大麻织物。甘肃临洮冯家坪出土的齐家文化红陶双联罐上，两罐体腹部均有用阴线刻划的三条蚕纹，可能是家蚕的形象。永昌鸳鸯池29号墓出土的黄色毛织物，年代距今4300~4000年，是目前国内已知最早的毛织物之一。丝、麻等纺织技术，在新石器时代中、晚期的黄河流域和长江流域地区，获得迅速的发展，随后历经夏、商、周时期的手工机具纺织的不断成熟，最晚至春秋战国时期，缫车、纺车、脚踏斜织机等手工机器和腰机挑花以及多综提花等织花方法均已出现。织物品种已发现有绡、纱、纺、縠、缟、纨、罗、绮、锦等，也出现了刺绣制品。

中国是家蚕丝的发源地，饲养家蚕和缫丝织绸是中国古代在纤维利用上最重要的成就。中国不但是发明丝绸的国家，并且在很长一段时期，保有着饲养家蚕和缫丝织绸技术。中国丝绸传播到西方后，当时的欧洲人把这种质地轻柔、色泽华丽的丝织物看作是神话中"天堂"里才有的东西。古希腊人干脆称中国为赛里斯（Seres），即丝之国。

汉代张骞"凿空"西域，打通了连接中原地区与中亚、西亚的通道，将中国精美的丝绸不断地向外输出，"丝绸之路"这条以丝绸命名的道路，横亘出现在欧亚大陆，形成了以丝绸贸易为主要载体的东西方文化贸易交流的通道，也迎来了汉唐时期中国以丝绸为代表的纺织品发展的一个鼎盛时期。

在甘肃河西走廊丝绸之路沿线遗址中，出土了大量汉唐纺织品实物，棉、毛、丝、麻俱全，品种繁多，色彩丰富。

敦煌马圈湾烽燧遗址出土西汉纺织品140件，其中丝织品114件。品种有锦、罗、纱、绢等。"绿地云气菱纹锦"，以绿色作地，黄色为花，蓝色勾递，基本纹样为云气和菱形几何图案；《四经绞罗》，其经纬纤度极细，轻薄柔美，是少见的精品；"黄色实地花纱"，是目前中国所见最早的实地花纱之一。绢92件，其特点是经纬一般均不加捻，织物平挺、紧密，色彩丰富、绚丽。颜色有：红、黄、绿、蓝、青、乌黑、紫、本色、青绿、草绿、墨绿、

深绿、朱红、橘红、暗红、褪红、深红、绯红、妃色、褐黄、土黄、红褐、藕褐、蓝青、湖蓝等二十五种；出土毛织品13件，品种有罽、褐、缂毛带、毡垫、毡靴等。有图案精美的"方格罽"，平纹组织，经线有两股和单股两种，纬线均单股，组织细密，作黄地棕色方格图案，工艺水平极高；"晕繝罽"，花部依次由黄向蓝变化，呈晕色效果。这是目前中国发现最早的一件晕繝毛织物，它对唐代晕繝锦的产生，无疑起过重大影响。学者研究汉代河西市场流通的衣服类计有：皂布衣、韦绔、皂袭、皮绔、皂襜褕、布复襦、绛单襦、皂练复袍、布复袍、皂襦、缥复袍、白䌷襦、袭布绔、皂复绔、单衣、缣长袍、皂绔、裘、绔复襦等。布帛类计有：七稯布、八稯布、九稯布、练、缣、皂练、白素、皂布、布、絣、鹑缕、廿两帛、白缣、絮巾、緹续、系絮、丝等。河西烽燧遗址发现的大量的汉代丝织品，正是丝绸之路纺织品贸易繁荣的生动见证。

武威磨嘴子汉墓群出土有大量纺织品，菱纹绒圈锦，制造技术复杂，美观耐用，极为特殊。锦绣针黹盒，苇编作胎，用赭、白二色云气纹经锦包裹，缝缀绢地刺绣，细丝线锁绣卷草纹，盒内装丝带、丝线、刺绣花边以及铜针、线锭等女工用品，保存基本上完好，所涵纺织技术和多

甘肃省志 文物志

1644

样性文化，真实反映其功能和使用情况。武威磨嘴子出土的几只苇箧，表面装裱着一种套色印花绢，绛色绢地上套印白色、暗绿色涡旋卷云纹，是西汉早期镂空版涂料印花技术的发展延续。广山锦，棕色地，黄、褐、绿三色显花，经锦，经密每厘米26根，纬密每厘米16根，在变体云纹之间，织有青龙、白虎作相对奔走状，在龙、虎纹间织"广""山"汉字隶书，与楼兰、尼雅所出广山锦相似。织锦衣领边饰带，为上一领口边饰，黄地、淡黄、褐、橘黄、石蓝显花，斜经组织。上下间以长方格对称，内用淡黄、褐色织出龙虎等图案，经密每厘米60根，纬密每厘米38根。

魏晋时期，中原战乱，河西社会相对安定。"天下方乱，避难之国唯凉土耳。"（《晋书》卷八十六列传第五十六）在"课农桑""务农桑，修邻好"的政策下，桑蚕丝织业繁荣发达，嘉峪关魏晋墓壁画砖中，采桑、蚕茧、丝帛以及桑蚕缫丝工具的画面总计有一百四十余幅，生动真实地反映了当时河西走廊兴旺的桑蚕丝织业。中国缬染实物出现在魏晋时期，敦煌佛爷庙北凉墓葬、玉门花海魏晋墓均有出土，最初多为小点状图案，亦有少量网目状和花朵图案。至敦煌莫高窟出土的大量隋唐时期缬染实物，绞缬（扎染）、蜡缬灰缬、夹缬品种齐备，由单一

技法、单一颜色发展出多技法、多色彩并用，将纺织品印染技术推上了新的高度。

玉门花海毕家滩墓地M26出土的"大女孙狗女"丝绸"碧裤"裆部，由碧娟与红色云气鸟兽纹纬锦拼接而成。据衣物疏记载，墓主人死于升平十四年（377年），这是目前所知最早有明确纪年的平纹纬锦。敦煌藏经洞的发现，使无数的织锦、刺绣、夹缬及缂丝等丝绸织物制成的佛幡、经帙、绣像及残片昭显世界，其中大部分被斯坦因、伯希和盗运境外。初唐开始，纬锦中出现了斜纹纬锦，如敦煌莫高窟出土的团窠尖瓣对狮纹锦、红地联珠对羊对鸟纹锦、黄地联珠对兽纹锦、红地宝相花纹锦等，以及散轶在文博单位传都兰出土的瓣窠衔绶带鸟纹锦等。织锦风格从此产生剧变，萨珊波斯艺术中联珠纹骨架下的对鸟对兽的图案开始出现，并被消化吸收，形成具有中国特色的联珠团窠，发展出由环式联珠团窠演变的新型图案——"陵阳公样"。纺织品图案由秦汉以来的"云间众兽"被盛唐的"鸟语花香"取代，成就了中国古代纺织艺术新的辉煌。

元代，织锦中称作"纳石失"的织金锦，使用两组纬线，一组专门起地组织，另一组专门固定起花金质纬线，金质纬线通常将金箔贴在羊皮上切割而称片金，或将片金绕在纱芯上，称圆金。漳

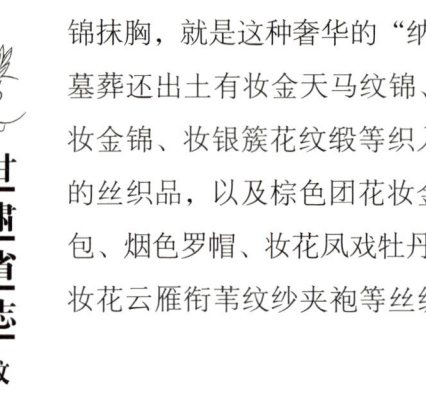

县汪世显家族墓出土的黄地宝相花织金锦抹胸，就是这种奢华的"纳石失"。此墓葬还出土有妆金天马纹锦、褐地团花妆金锦、妆银簇花纹缎等织入金银材质的丝织品，以及棕色团花妆金缎云头荷包、烟色罗帽、妆花凤戏牡丹纹绫夹衫、妆花云雁衔苇纹纱夹袍等丝绸服饰，是国内极为重要的元代纺织品集中出土地。

甘肃作为中国古代文明的发祥地之一，丝绸之路的要冲，保存了各种质地的珍贵纺织样品，这些实物标本是中国古代纺织技术进步的体现，同时也反映了中国古代丝织工艺的精湛技艺和辉煌成就。

第一节 织 物

毛织裤

汉代。征集。裤长 105 厘米，宽 50
厘米。黄色毛线织成，残存一裤腿，腿脚
有三褶。裤腿外侧一红、蓝、黄三色织
出卷云纹，卷云纹中为一带状条纹。现
藏甘肃省博物馆。

毛织锦带

汉代。征集。长 184 厘米，宽 13.5
厘米。表面磨损严重，背面经线断失。长
条形，一端粗，另一端较细，棕色底，其
上隐约可见菱格纹。现藏甘肃省博物馆。

织锦残片

汉代。敦煌马圈湾出土。长 27 厘米，
宽 5 厘米。丝质残片。由纬纱褐色，经纱
青色，经显花。锦褐色为底，青色卷云、
菱形纹样，图案花纹呈二方连续状。

仅存残片上有四组连续纹饰。现藏
敦煌市博物馆。

蓝色绞缬绢残片

西凉。敦煌佛爷庙墓群出土。长
19.5 厘米，宽 4 厘米。丝质残片。残片近
长方形。深蓝色的平纹绢，斜向排列着不
规则的白色菱格纹，图案布局斜线排列，
较为工整。为绞缬印染。现藏敦煌市博
物馆。

云纹锦

魏晋。1998 年 7 月高台县骆驼城墓
葬出土。长 32 厘米，宽 12 厘米。丝质残
片。锦长方形，一边为织边，完整，其
余三边残损有缺，成不规则形。有褪色、
水渍。鲜红色地，上用黄、白、蓝三色
丝线织绣出云气纹。色彩对比醒目强烈，
纹路极富流动感。是研究魏晋时期丝织
物的珍贵实物资料。现藏高台县博物馆。

织锦残片

蓝色绞缬绢残片

"长相好"字纹织锦

魏晋。2000年高台县骆驼城墓葬出土。长23厘米，宽23厘米。丝质残片。织锦正方形，有黄色平绫配边，配边残甚，污渍严重。红色地，上饰墨色云气纹图案并织绣连续排列的"长相好"工整隶书字样。经线110根，纬线130根。此类题材和类型的丝织品，出土较少，颇为珍罕。现藏高台县博物馆。

缬染绢幡

唐代。长164厘米，宽13.5厘米。1965年莫高窟第130窟出土。为加固南壁西端壁画时发现。丝质。三角形幡首，为浅驼色双层印花纱印白色花卉纹，镶深红色绢边，绢边延伸成穗。幡身六段组成，由方形绿、紫、黄单色绢相错连缀，第一、五段绿地，第二、四、六段为紫地，均为单色地扎缬平纹绢，白色缬点近菱格形，斜向成行整齐排列第三段黄色蜡缬绢，黄地缬染白色流云、鸟禽、花卉纹。幡身各段相接处两侧缀蓝色短丝穗。幡尾两列，末端渐窄，为青色绢制。现藏敦煌研究院。

开元十三年发愿文绢幡

唐开元十三年（725年）。1965年莫高窟130窟出土。长162厘米，宽15厘米。为加固南壁西端壁画时发现。丝质。幡首为三角形，由二层红绢缝制而成；幡身七段，由红、素二色方形绢交错相连，各段都有白色绢质幡手缀于两侧（其中第一段缺右边一条）；幡尾分为两条状，素绢制。幡身上第一段有墨书六列发愿文，释文："开元十三年七月十四日康优婆姨造播（幡）一口为己身患眼若得（损）日还造播（幡）一口保佛慈因故告"。现藏敦煌研究院。

人字纹绮幡

唐代。1965年莫高窟第130窟出土。长28.5厘米，宽8.5厘米。为加固南壁西端壁画时发现。丝质。现存四段，分别为白、紫、绿、黄方形丝织物。黄地为人字纹绮，其他色为绢，白色质地较厚，白色段右上角缝一黄、绿绢缝合的带子，

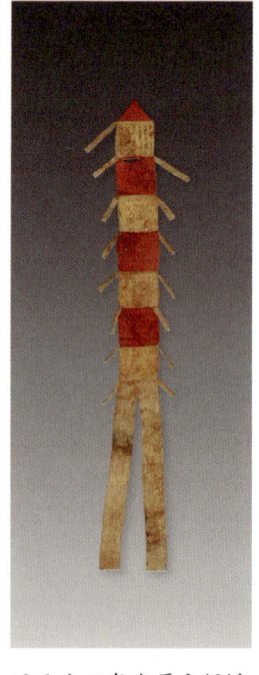

缬染绢幡　　　　　　　　开元十三年发愿文绢幡

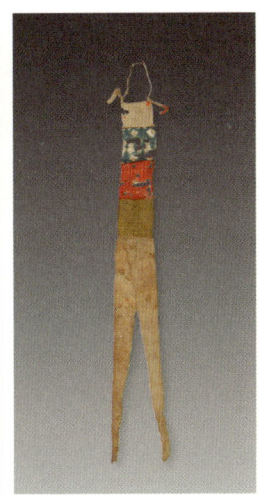

人字纹绮幡　　　　　夹缬绢幡

晕綱提花锦幡　　　　拓印联珠对禽纹绢幡

色绢质幡尾两列相叠，末端渐收。现藏敦煌研究院。

晕綱提花锦幡

唐代。1965 年莫高窟第 130 窟出土。长 15 厘米，宽 4 厘米。为加固南壁西端壁画时发现。丝质。幡身三枚经斜纹单层锦，由绿、蓝、白、黄、褐经线织成晕色彩条，褐色纬线显菱形小花。锦的左边幅边，也是三枚经斜纹组织，幅边与晕色彩色条之间以平纹组织过渡，平纹组织所用的经线都是褐、蓝两色合并的双丝。幡尾平纹组织素色绢，两列相叠，末端渐收。现藏敦煌研究院。

拓印联珠对禽纹绢幡

唐代。1965 年莫高窟第 130 窟出土。长 13 厘米，宽 8 厘米。为加固南壁西端壁画时发现。丝质。幡残存幡首、幡身一段。三角形幡首为素色平纹绢，经密每厘米 35 根，纬密每厘米 17 根，较为稀疏，一面为墨印联珠对鸟纹，一面墨印联珠和卷草纹，它们是由一块单面拓印的黑色联珠对鸟纹绢折叠而成。外镶水淡蓝色绢边。这类联珠纹图案，在莫高窟隋、初唐的壁画中比较多见。幡身为土黄色平纹绢。现藏敦煌研究院。

蜡缬禽鸟纹绢残片

唐代。1965 年莫高窟第 122、123 窟前出土。长 19 厘米，宽 6 厘米。丝质残

各色相接处缀丝穗。现藏敦煌研究院。

夹缬绢幡

唐代。1965 年莫高窟第 130 窟出土。长 76 厘米，宽 7 厘米。为加固南壁西端壁画时发现。丝质。空幡首，幡身四段。第一段湖蓝色夹缬绢，图案为白色菱格纹，以下各段绛色、草绿色、素色绢，素

片。残损裂成二片，近长方形，湖蓝色平纹绢，蜡缬出浅色禽鸟、云头、花叶纹，纹饰斜向排列。现藏敦煌研究院。

红地中窠小花对鸟纹锦

唐代。征集。传为青海省都兰出土。长55厘米，宽7.5厘米。红地中窠小花对鸟锦以十对椒形的小花组成团窠环，环中应为一对站立于棕榈座上的对鸟，鸟身以方格纹装饰，鸟尾华丽上翘，与大量同一时期立鸟纹不同的是，此鸟不带任何联珠纹的装饰，没有戴胜，也没有含绶，鸟头长有双角，十分罕见。图案具有中亚织锦的特点。现藏甘肃省博物馆。

红色独窠蝶绕宝花纹绫

唐代。征集，传为青海省都兰出土。长74厘米，宽40厘米。绫质平纹地暗花织物，主体图案是一个独窠的宝花纹样，中间是正视的莲瓣簇拥莲子的莲花纹。在一圈联珠之后是蕾式的莲花纹，一圈八

个，外面再绕一圈八朵侧式花，花间并有蝴蝶穿插，并以一种十样花作为宾花。纹样造型丰腴，主纹突出。唐代生产独窠绫所需的技术难度远远高于其他普通的绫，唐代朝拜于唐代宗大历六年（771年）颁发《禁大花绫锦等敕》，明确将独窠绫列于禁断之列。此红色独窠蝶绕宝花纹绫当为唐代织物中的珍品。现藏甘肃省博物馆。

麻地敷绢缬染经袱

唐代。旧藏。长46.5厘米，宽29厘米。经袱是古人包裹经卷所用。经袱以麻布做背衬，表面敷绢。绢面采用绞缬印染工艺，以四方连续的红色菱格为图案单元，满布全幅，菱格单元内簇点花叶纹，绿叶黄花，虽历千年任鲜艳华丽。纺织品的缬染工艺大约出现在南北朝时期，唐人《一切经音义》对"缬"字作了这样的解释："谓以丝缚缯染之，解丝成文曰缬也。"亦可

蜡缬禽鸟纹绢残片

麻地敷绢缬染经袱

通过不同部位的多次结扎而染出多种色彩。由于图案是结扎染色而成，不甚规则的色晕图案，形成了缬染制品的独特风格。而唐代缬染丝织品存世甚少，保存如此完好的更为罕见。传出自敦煌藏经洞。现藏甘肃省博物馆。

凤鸟花卉纹锦

唐代。丝质残片。此锦共四片残片，分别长 34 厘米，宽 5.7 厘米；长 55 厘米，宽 5.8 厘米；长 25 厘米，宽 5 厘米；长 19 厘米，宽 18 厘米。征集。其中三片均被裁成宽 7.5~8 厘米的带状，长度不一。带状残片的两侧均有边饰。一侧由内至外为黄、棕、绿三色绢边，宽约 0.4 厘米。另一侧由内至外为绿、黄、棕、棕红四色绢边，并与褐色绢相缝。另一片基本呈方形。此锦的基本组织是 1：2 的四色左向斜纹纬重组织，背面无纬浮。经线分成夹经和明经两组，明经与夹经的比例为 1：2，均加有强 z 捻紫色经线。此锦以十对椒形的小花组成团窠环，环中应为一对站立于棕榈座上的对鸟，环外是由倒桃形组成的圆形宾花。据传此件丝织品出土于青海都兰。现藏甘肃省博物馆。

黄地宝花纹锦

唐代。丝质残片。此锦共有两片，大小不规则，均有残破。分别长 41 厘米，17 厘米；宽 17 厘米，14 厘米。征集。织物的组织是 1：4 的五色左向斜纹纬重组织，经线是加有强 s 捻紫色丝线，明经与夹经的比例为 1：2。纬线有蓝绿、浅黄、黄、棕红四色可见，其中以黄色作地，浅黄色勾边，棕红和蓝绿色作主要花瓣的色彩。图案为一六出团窠宝花作主题纹样，配以十样小花作宾花，使图案显得均匀

凤鸟花卉纹锦

黄地宝花纹锦

端正。据传此件丝织品出土于青海都兰。现藏甘肃省博物馆。

蓝地四朵花卉纹印花绢

唐代。征集。长34厘米，宽20厘米。丝质残片。共两片，大小不规则，均有残破。绢地的经密和纬密各为每厘米56根和38根，其中一件有幅边，边宽0.6厘米。织物的纹样是由四朵小花组成的菱形状的十样花，各朵花为两两排列，中间没有宾花。制作技法为唐代典型的灰缬印花技法。现藏甘肃省博物馆。

红地联珠菱格条纹锦

唐代。征集。长35厘米，宽15.7厘米。丝质残片。残片呈长方形，为斜纹纬锦，锦作红地，以黄、蓝色丝线显花。织物的中部为一条红、蓝、绿彩色菱格纹带，两边饰有联珠纹带，联珠纹上下为对称的彩条，色彩按蓝、绿、红、黄的顺序排列，色彩搭配和谐。现藏甘肃省博物馆。

红地团窠对鸟纹锦

唐代。长69.5厘米，宽14厘米。征集。丝质残片。残片呈长方形，锦作红地，以黄、蓝色显花。主体纹样以椒形的小花组成团窠环，环中为一对站立于棕榈花座上的对鸟，鸟分两种，一种颈部为条状联珠，鸟身以方格纹装饰，鸟尾华丽上翘，一种颈部位环形联珠，尾羽短小，头上有飘带，嘴衔圆珠。环形纹之间饰以忍冬纹。

蓝地四朵花卉纹印花绢

红地联珠菱格条纹锦

红地团窠对鸟纹锦

残存的锦上缀有绿色绢片，为纹锦内衬。现藏甘肃省博物馆。

对鹿纹锦

唐代。征集。长18厘米，宽22.9厘米。丝质残片。残片略成方形，为红色斜纹锦作地，黄、蓝、白三色丝线显花。于联珠圆环中饰一对站立于棕榈座上的对鹿，联珠圆环以外四角装饰有鸟纹残缺不全。色彩富丽。现藏甘肃省博物馆。

红地联珠团窠对鸟纹锦袜

唐代。征集。通长16厘米，下宽23.5厘米。锦袜由黄色袜筒和红色袜面两部分织锦组成，两部分织锦其纹样都残缺不全，袜面为残存红地联珠对鸟纹局部及联珠间的忍冬花，袜筒为残存黄地宝花团窠对鹿纹锦局部。现藏甘肃省博物馆。

黄地瓣窠鸟纹锦

唐代。征集。残长28厘米，宽15厘米。丝质残片。黄地斜纹锦，以蓝、白色显花。残存部分由四瓣拼缝而成。从残存部分看，此锦纹样部分为残存瓣窠、鸟的尾羽及瓣窠之外头戴联珠环的鸟头。现藏甘肃省博物馆。

红地团窠对鸟纹锦

唐代。征集。残长41.8厘米，宽21.5厘米。丝质残片。为红地斜纹锦，以黄、蓝色显花。由心形花样组成的团窠之内饰以对鸟纹样，鸟的尾羽后翘直抵项

对鹿纹锦

红地联珠团窠对鸟纹锦袜

黄地瓣窠鸟纹锦

后。团窠之外填饰圆形联珠四瓣花纹样。现藏甘肃省博物馆。

红地莨苕纹锦

唐代。征集。残长23厘米，宽21厘米。丝质残片。锦作红地，以黄、褐、蓝等色显花。纹样仅存。此锦残存图案为团窠莨苕纹之间十字花的局部，应是原先织锦主花之外的宾花部分。现藏甘肃省博物馆。

蓝地翼马纹锦

唐代。征集。残高54厘米，宽31厘米。丝质残片。锦作蓝地，以黄、白两色显花。残存部分呈条状，纹样为两匹翼马。翼马头顶花冠，后竖有三根羽毛并系有飘带，项戴七颗联珠环，胸前双翼呈张开状，翼上饰联珠纹，马腿四肢关节处均有似蝴蝶结的飘带。造型华丽丰满。现藏甘肃省博物馆。

红地团窠对鸟纹锦残片

唐代。征集。残长75厘米，宽49厘米。丝质残片。锦作红地，以黄、蓝色显花。残存部分略呈梯形，纹样由圆形花卉组成的团窠之内填以立于棕榈花座之上的对鸟。鸟首直立，尾羽上翘直抵项后。团窠之外饰以十字唐草纹宾花。现藏甘肃省博物馆。

红地团窠对鸟纹锦残片

唐代。征集。长79厘米，宽15厘米。丝质残片。残片呈长方形，锦作红地，以

红地团窠对鸟纹锦

红地莨苕纹锦

蓝地翼马纹锦

红地团窠对鸟纹锦残片

红地团窠对鸟纹锦残片

黄地团窠对鸟纹锦

红地双联珠团窠对鸟纹锦

黄、蓝色显花。主体纹样以椒形的小花组成团窠环，环中内填有立于棕榈花座上的对鸟，对鸟两翼呈张开状。环形纹外由心形纹饰组成的圆形图案。织锦一侧缀有绢片，为内衬。现藏甘肃省博物馆。

黄地团窠对鸟纹锦

唐代。征集。残长50厘米，宽60厘米。丝质残片。锦作黄地，以红、蓝、绿色丝线显花，颜色呈渐变效果。图案由二十二个四瓣花联珠组成的团窠内饰以立于棕榈花座之上的对鸟，对鸟共衔珠饰。团窠之外空间还饰有立于联珠台座之上的对鸟，鸟尾修长后翘。织锦背后衬有绿色绢质里衬。色彩艳丽。现藏甘肃省博物馆。

红地双联珠团窠对鸟纹锦

唐代。征集。长53.7厘米，宽47.3厘米。丝质残片。近方形，为红地，黄、蓝色显花。图案为双排复合联珠圆环内饰立于花座之上的对鸟。鸟尾华丽上翘，头戴联珠光圈，花座上饰有唐草纹。圆环外填有联珠花卉装饰。现藏甘肃省博物馆。

红地瓣窠含绶鸟纹锦

唐代。征集。残长139.5厘米，宽41.5厘米。丝质残片。残存部分约呈三角形，锦作红地，蓝线勾轮廓，以黄、蓝、绿等色显花。五个团窠圆环排列成横带

状，外环以八片花瓣装饰，中间立有一鸟。鸟分为三类，一类鸟头戴联珠光圈，颈部饰有项圈状物，身部有花瓣状的羽纹，鸟头后有一条飘带。第二类鸟嘴衔联珠飘带，项系联珠带，鸟头后生出两条平行的、带结的飘带，鸟身有方形排列整齐的羽纹，翅膀和尾部用横条或斜线表示。第三类鸟头带瓣窠光环，鸟头后有一条飘带，颈部饰有项圈状物，身部有鳞甲片状的羽纹，鸟尾向上翘起。圆环之外饰以宾花，宾花为对称的十样花，花中心为八瓣小团花，四周方形花，四向伸出花蕾。现藏甘肃省博物馆。

黄地联珠团窠狩猎纹锦

唐代。征集。残长 45 厘米，宽 16.8 厘米。丝质残片。锦作黄地，蓝、青斜纹花。残存部分呈长方形，图案为五个联珠圆环横向排列，圆环中立有双手举起、面部和身体有圆珠纹样一人，他的上方是两人骑牛相对奔驰，他的两侧各一回头弯弓射箭的骑马人，下边是两只猎狗相对驱驰。联珠相连处饰一兽头。织锦上下边缘饰有彩色装饰带。现藏甘肃省博物馆。

黄地宝花纹锦

唐代。征集。长 94.8 厘米，宽 77.5 厘米。丝质残片。残存部分略呈梯形，为黄色地，以作蓝、白等色显花的斜纹经锦。图案四方连续，以圆形的六出团窠

红地瓣窠含绶鸟纹锦

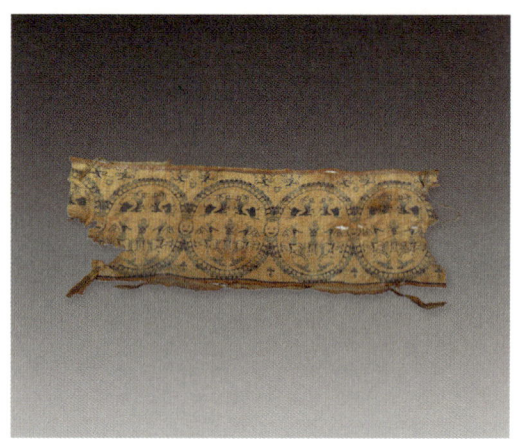

黄地联珠团窠狩猎纹锦

黄地宝花纹锦

宝相花为主体，宾花是唐草组成的菱形纹样，主宾图案相间，色彩质朴大方。现藏甘肃省博物馆。

褐地花卉纹锦半臂

唐代。征集。衣长 67 厘米，两袖通长 86 厘米，下摆宽 52 厘米。圆领，直襟、短袖半臂以斜纹锦做面料，以红、蓝等色显花。锦上织有四角互相交叠的方形，方形内填有忍冬纹。内有里衬。现藏甘肃省博物馆。

黄地宝花纹锦

唐代。征集。长 39.5 厘米，宽 30.2 厘米。丝质残片。锦作黄地，以褐、蓝、白等色丝显花。宝相花是用在唐代织物最多的一种传统装饰纹样。此锦中主题图案为团窠宝相花，基本以唐草卷叶组成，内外两层，构成细致，团窠外配以宾花。现藏甘肃省博物馆。

红地团窠对鸟纹锦半臂

唐代。征集。衣长 64 厘米，两袖通长 86 厘米，下摆宽 69 厘米。交领右衽，袖短而宽。土红色锦，上以青、红、浅褐等色丝线织成，在以联珠纹组成的团窠环，衣身由两种图案织锦组成。衣身主体纹样为四方连续的团窠对鸟纹，衣袖及腋下部分纹样由联珠纹组成的十字状。环中为一对站立于棕榈座上对鸟，鸟双翼张开。环外是由一倒桃形组成圆形宾花，

褐地花卉纹锦半臂

黄地宝花纹锦

红地团窠对鸟纹锦半臂

主题花纹两两相间，宾花纹样安置其间，整个构图为典型的唐代团窠纹样。现藏甘肃省博物馆。

番锦襟袖黄地团窠宝花纹锦半臂

唐代。征集。衣长72厘米，通袖长92.5厘米，下摆宽81厘米。半臂作左衽交领，袖短而宽，衣长及腰。衣身由两部分织锦组成，衣身主体为浅褐色锦，以绿、红、青等色丝线织成，四方连续团窠宝相花，团窠之间再以唐草组成的菱形纹样为装饰。衣襟和衣袖部分为蓝地联珠八瓣团窠宝花。现藏甘肃省博物馆。

锦缘黄地团窠宝花纹锦半臂

唐代。征集。衣长63厘米，通袖长113厘米，下摆宽71厘米。半臂作斜襟交领，袖短而宽，衣长及腰。半臂通体由黄地团窠宝相花纹锦制成，图案以青褐等色丝线织成，主体为盛开的六瓣宝相花，宝相花之间为菱形宾花。斜襟蓝地宝相花纹锦绲边，内浅褐色绢衬里。现藏甘肃省博物馆。

黄色菱格纹绫

唐代。征集。分别长76厘米，88厘米，宽47厘米，50厘米。丝质残片。共有两片，相对完整，均有完整门幅，边宽约0.7~0.8厘米，各用46根边经织成。织物由无捻的经纬丝织成，经密每厘米46根，纬密每厘米40根，平纹为

番锦襟袖黄地团窠宝花纹锦半臂

锦缘黄地团窠宝花纹锦半臂

黄色菱格纹绫

地，斜纹为花，采用典型的 2—2 织法织出菱格纹样。一个菱格单元约为 0.7 厘米 ×0.8 厘米，含 32 根经丝和 32 根纬丝。现藏甘肃省博物馆。

方格纹绫

唐代。征集。分别长 100、68 厘米，宽 46、45 厘米。丝质残片。共有两片，相对完整，均有完整门幅。织物由无捻的经纬丝织成，经密每厘米 56 根，纬密每厘米 36 根，一种方格为平纹组织，另一种为斜纹，采用典型的 2—2 织法织出方格纹样，织造比较方便、也比较随意。现藏甘肃省博物馆。

红色独窠蝶绕宝花纹绫

唐代。征集。分别长 101、40、22、19、16、50 厘米，宽 44、55、16、54、40 厘米。丝质残片。共计六片，大小不规则，其中两件的两侧均有幅边，可知其幅宽为 54~55 厘米，其中包括 1 厘米的幅边。此绫由基本无捻的经纬丝线交织而成，其地部组织为平纹，花部组织为 1/3s 斜纹，经纬密度分别为 50/ 厘米和 32/ 厘米。纹样是一个独窠的宝花纹样，中间是正视的莲花纹，可见莲子和莲瓣，在一圈联珠环之后是蕾式的莲花纹，一圈八个，外面再绕一圈八朵侧式花，花间有蝴蝶穿插，配以十样花作为宾花，主题花纹两两排列，宾花安置其间，整个构图还是典

方格纹绫

红色独窠蝶绕宝花纹绫

型的唐代团窠宝花。现藏甘肃省博物馆。

绿色缠枝葡萄纹绫

唐代。征集。分别长 92、50、75、31、81、67 厘米，宽 50、39、42、34、32、63 厘米。丝质残片。此绫共计六片，大小不一。此绫由无捻的经纬丝线织出平纹地上显 1/3z 斜纹花的组织，经纬密度分别为 52/cm 和 32/c，织物存有单面幅边，宽约 0.8cm。织物的图案左右上下对称循环，主题是缠枝葡萄，它以四瓣小花为中心向四边发展，葡萄藤作为缠枝的骨架，葡萄叶与葡萄串则穿插于其间。现藏甘肃省博物馆。

对鸟纹锦残片

唐代。分别长 63、59 厘米，宽 46、42 厘米。征集。丝质残片。残片两块，绛色底，蓝、绿、黄色丝线织出独窠图案，中有对鸟和花卉纹，以二方连续排列。局部缝缀，有破洞若干。现藏甘肃省博物馆。

对鸟纹锦残片

唐代。征集。长 58 厘米，宽 50 厘米。丝质残片。一块，绛色底，蓝、绿、黄色丝线织出图案，中有对鸟纹，周边有方格纹。锦边三面有棕色缝线。现藏甘肃省博物馆。

菱格变体花卉纹锦残片

唐代。征集。长 20.5 厘米，宽 19.5 厘米。丝质残片。残破已修复。黄色地，

绿色缠枝葡萄纹绫

对鸟纹锦残片

对鸟纹锦残片

绿色及白色丝线织出菱格变体花卉纹。现藏甘肃省博物馆。

双鸽纹锦残片

唐代。征集。长64厘米，宽48厘米。浅棕色地，蓝、绿、白、黄色丝线织出对鸽立于树下，周围有花、石图案。现藏甘肃省博物馆。

浅驼色缬染绢残片

唐代。征集。边长56厘米。方形，浅驼色底，上有缬染圆点纹，正中另缀有一正方形刺绣品，上以蓝色丝线为主，间有黄、浅蓝、白色等丝线平绣柿蒂纹图案，绣品正中缀有一绿色绢带。四角缝缀有蓝色丝线。现藏甘肃省博物馆。

五色鸟纹锦

唐代。征集。长69厘米，宽32厘米。丝质残片。由三块残片组成，大小不规则，但完全是同一织物，都无幅边；其中较小的两块基本呈三角形，一边有一开裂，已修复。锦为黄色底，联珠纹团窠环内饰有青、褐色等色丝线织成的五色鸟纹，环外是由一十字花组成宾花，联珠鸟纹及周围宾花基本完整。现藏甘肃省博物馆。

双翼马纹锦

唐代。征集。分别长39、41.45厘米，宽9、10.38厘米。丝质残片。共计两片，大小不规则，均有残破，已修复。褐色锦，包边饰联珠纹翼马纹锦，角缀圆形同款

菱格变体花卉纹锦残片

浅驼色缬染绢残片

五色鸟纹锦

饰片。现藏甘肃省博物馆。

对鹿纹锦

唐代。征集。长55.5厘米，宽16厘米。丝质残片。此织锦基本呈长方形，面料以蓝色作地，浅黄色丝线显花。织物的图案非常完整，以小联珠纹组成的团窠环，环中为一对站立于棕榈座上对鹿，对鹿头上有双角，头部上方及身上有朵花装饰；环外是由一十字花组成宾花，主题花纹两两相间，宾花纹样安置其间，整个构图为典型的唐代团窠纹样。现藏甘肃省博物馆。

猪头马面纹锦

唐代。征集。长78厘米，宽75厘米。均有残破，已修复。锦以褐色为底，周边一圈，为豆绿、绛色、黑色、浅咖色卡其等色绢织物组成的百褶式扉边；中间地织物为绫，圆孔及周围的包边装饰联珠纹及猪头纹等图案，下有一件带有流苏的椭圆形配件。整件织锦可能为马敷面，但具体用途不明确。现藏甘肃省博物馆。

团窠宝相花纹褐锦残片

唐代。征集。长89厘米，宽72厘米。丝质残片。褐色锦残片，以黄色作地，浅黄色勾边，棕红和蓝绿色作主要花瓣的色彩，其图案为唐代最为典型的宝花图案，是由一个团窠环和中心团花两部分组成，中心团花是六出形的侧式小宝华；

双翼马纹锦

对鹿纹锦

猪头马面纹锦

在四个团窠环之间由一个四出侧式小宝华组成菱形图案，作为宾花安置于其间，循环排列。现藏甘肃省博物馆。

狩猎联珠纹缂丝

唐代。征集。长32.6厘米，宽32厘米。丝质残片。整体近正方形。图案主体是直径15.8厘米的联珠大团窠，团窠中的主体纹样是两骑披铠甲，装束接近的人物，容貌不甚清楚，胯下有翼神马，回首引弓搭箭作狩猎状。联珠环上有44颗联珠，团窠外以宝相花作宾花。现藏甘肃省博物馆。

奔鹿纹缂丝

宋代。征集。长37厘米，宽32.2厘米。丝质残片。整体长方形。整幅缂丝使用了红色、绿、绛、土红、浅棕色线，以梅花图案为地，中心是奔鹿纹团窠和龟背纹连四朵花卉纹。现藏甘肃省博物馆。

罗质夹袄

元代。甘肃漳县汪世显家族墓出土。衣长66.1厘米，两袖长约177厘米。此件夹袄黄褐色，对襟直领，短衣窄袖，在衣服内里蓄有棉絮。这种夹袄为汉族妇女穿的冬装，一般在棉袄的下面有一件长裙相配。现藏甘肃省博物馆。

妆金纱残片

元代。甘肃漳县汪世显家族墓出土。残长13厘米，宽11厘米。丝质残片。甘肃漳县汪世显家族墓出土了许多元代的

狩猎联珠纹缂丝

奔鹿纹缂丝

罗质夹袄

高级丝织品，它们不仅是罕见的早期缎物标本，而且花色品种很多，非常珍贵。此件妆金纱就是其中高级缎纹织物的一件。这件残片上以黄色缎纹为地，上以妆花技术织出团花图案，非常精美。现藏甘肃省博物馆。

妆金纱残片

烟色罗帽

元代。甘肃漳县汪世显家族墓出土。宽 109.5 厘米，高 43.2 厘米。有多处残破，面为深烟色四经绞罗，里为浅棕色罗。现藏甘肃省博物馆。

烟色罗帽

元代。甘肃漳县汪世显家族墓出土。宽 61.1 厘米，高 43.4 厘米。有多处大小不一的残破，面为深烟色四经绞罗，里为浅棕色罗。现藏甘肃省博物馆。

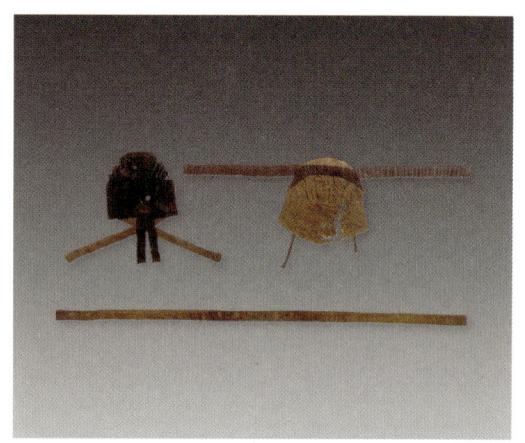

烟色罗帽

妆花凤戏牡丹纹绫夹衫

元代。漳县汪世显家族墓出土。衣长 63 厘米，两袖通长 115 厘米。对襟直领，花纹为挖梭织制，即所谓的妆花。图案为两方连续的花鸟纹，凤凰和花朵相间排列。对襟镶棕色边。此类夹衫在内蒙古自治区元集宁路故城窖藏大瓮中也曾出土过，一般穿着时都套在窄袖衫的外面。现藏甘肃省博物馆。

妆花云雁衔苇纹纱夹袍

元代。漳县汪世显家族墓出土。衣长 158.5 厘米，两袖长约 190 厘米。交领、

妆花凤戏牡丹纹绫夹衫

左衽、窄袖。袍面用四方连续的云雁衔苇纹纱，方孔纱做里，在前胸还绣有鸾鸟衔枝纹图案。面料薄透、轻柔，显示了元代高超的纺织技术。现藏甘肃省博物馆。

黄地宝相花织金锦抹胸

元代。1971年漳县汪世显家族墓出土。长26厘米，宽30厘米。抹胸形似背心，以色彩艳丽的菱格宝相花纹织金锦为表层，衬里为褐色的麻制品。前面开襟，前襟位置九副织物盘花袢扣，袢脚呈现明显的花形，背后有两条下垂的带子，还有棕色相交叉的布带两条，这种抹胸是目前国内唯一的一件。现藏甘肃省博物馆。

褐黄色丝带

明代。征集。长70厘米，宽5.5厘米。丝带呈长方形，褐黄色，绢质。两头留有编织丝穗。丝带有破裂。现藏甘肃省博物馆。

印金花卉纹祝寿帕

明代。征集。长118厘米，宽60厘米。帕作蓝地，以黄、白色丝线显花。残存部分呈条块状，大面积绘有白色小花，花纹排列整齐有规则。对角斜向印金，印金部分近梭形，图案为折枝花卉，花卉纹枝。较完整的一边织有连续"祝寿帕"字样，底边上还有15厘米长的黄色流苏。现藏甘肃省博物馆。

绢地蓝印花龙纹巾

明代。兰州上西园彭泽墓出土。长

妆花云雁衔苇纹纱夹袍

黄地宝相花织金锦抹胸

褐黄色丝带

146 厘米，宽 65.7 厘米。长方形，两边留
有丝穗。在蓝色绢面地上，排列着 14 排，
每排 8 个的黄色龙纹图案，图案采用凸版
印花手法。两侧各分为两层区域，一层
为八个圆形花卉图案，图案之间两两相间
七个印记，上书"余清泉记"四字；二层
为八个一边奔跑一边回头的奔马，两马之
间印有"贺叁"两字。整个图案排列有序，
疏密均匀，反映出当时印染技术所达到
的娴熟程度。现藏甘肃省博物馆。

缠枝莲纹浅褐色妆花缎被

明代。移交。长 160 厘米，宽 88 厘
米。长方形，大小四块拼接而成。大块
缎面图案为缠枝莲纹，小块缎面图案为
两方连续莲花纹；夹被中间残留有棉花。
现藏甘肃省博物馆。

玄宰款暗花黄缎荷包

明代。1987 年 8 月维修白衣寺多子
塔塔顶出土。长 7.1 厘米，宽 4.7 厘米。
丝质。长方形包状。色淡黄缎，暗提花
菱格纹，内有柔软填充物。上以丝线编
结成花形结，下接流苏，同色丝线编结系
扣，以便佩戴。荷包两面绘有玄宰款的字、
画各一幅。画面为一枝斜伸出的梅花，草
书"怜君有□节，不为岁□□"。画面简洁，
颇有骨力，字体秀丽，为明肃藩王朱识
𬮱妃所用之物。于明崇祯五年作为塔装之
物藏于多子塔塔顶。现藏兰州市博物馆。

印金花卉纹祝寿帕

绢地蓝印花龙纹巾

缠枝莲纹浅褐色妆花缎被

玄宰款暗花黄缎荷包

第二节　刺　绣

绢地刺绣花边

汉代。1959 年威武磨嘴子汉墓出土。长约 60 厘米。花边呈锯齿形，采用辫绣法施绣。在不到一平方厘米的三角形空间里连续绣出姿态各异，楚楚动人的水鸟。配色古雅，醒目柔和，其刺绣工艺已达到很高的水准。此花边应为当时妇女衣衫的领边，对研究汉代服饰有重要参考价值。现藏甘肃省博物馆。

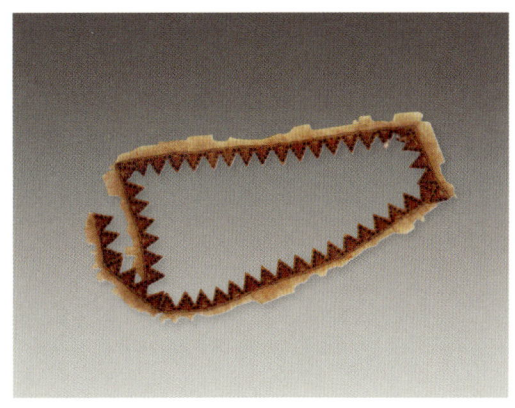

绢地刺绣花边

绢底平绣屯戍人物图

汉代。武威磨嘴子汉墓出土。长 7.5 厘米，宽 7.5 厘米。丝质残片。汉代刺绣以花草等装饰图案为多，反映现实生活场景的作品数量极少。这幅刺绣人物图似为初学之作，尚未全部完成：红色绢底上还残留墨线画稿的痕迹。左立者着黑色窄袖紧身长袍，戴单梁冠，似为小吏，右立者长发及肩，着交领右衽长袍。两者之间似为营门，周围立有盾牌和戟戈，反映了汉代军营屯戍的场景。现藏甘肃省博物馆。

绢底平绣屯戍人物图

织锦针黹盒

汉代。1959 年武威磨嘴子汉墓出土。长 33 厘米，宽 20 厘米，高 17.5 厘米。针黹盒由盖和盒组成，盖为顶。整个针黹

织锦针黹盒

盒是以苇草作胎，外面包裱白、褐两色云气纹锦，织锦花纹富丽精细，结构复杂。中部缝缀绢地卷草纹刺绣。针黹盒上的刺绣和织锦，保存至今虽已近 2000 年，仍完好如新，更显其珍贵与难得。针黹盒出土时，内装丝带、丝线、刺绣花边以及铜针、线锭等女工用品。现藏甘肃省博物馆。

刺绣佛画残片

北魏。1965 年敦煌莫高窟 125 窟至 126 窟之间裂缝中出土。长 59 厘米，宽 30 厘米。残为多片。丝质残片刺绣。残损较重，应为说法图。残存部分可见主尊为结跏趺坐于覆莲莲座，着红色袈裟，跣足，有胁侍菩萨，跣足而立。佛座下方有发愿文，共 14 行，行 11 字，现存半数，有"……和十年四月八日直广阳王慧安造"。发愿文两侧为供养人，右侧第一身为前导比丘，第二身为男供养人，存题记"……王"。左侧存 5 身供养人，第一身为前导比丘尼，题记"师法智"；第二身戴高冠，着窄袖对襟长衫，题记"广阳王母"；第三、四、五身形像同第一身，题记"妻普贤""息女僧赐""息女灯明"。横幅花边由联珠龟背纹与圆纹叠套组成主体纹样，空隙内填饰忍冬、联珠状龟背纹相互套叠组成，四周空处饰以花苞和鱼纹。绢地，多种彩线辫子股绣，绣法精妙，构图严谨，用色丰富。

刺绣佛画残片

绣团花几何纹鞋

褐地刺绣花卉绫袋

刺绣的年代可能是北魏太和十一年。四月八日为佛诞节，这件刺绣属于信徒向寺院供奉之物。发愿文题"广阳王慧安"之名不见史书，可能慧安是广阳王元嘉的佛教名字。元嘉以佞佛著称，元嘉造刺绣佛像、本人以及妻女的名字都是佛家的"法名"。这件皇室成员供奉物能流传到敦煌，并不罕见。当为此时敦煌与中原关系比较密切，一些中原制作的经像流传到敦煌。现藏敦煌研究院。

红地刺绣圆珠纹绫袋

绣团花几何纹鞋

南北朝。征集。长31.30厘米，宽13.14厘米。丝质残片。残破严重，均无底，只存鞋面。由驼色地，采用平绣、辫子绣、钉针绣等绣法，花纹为菱格、三角、方块纹等几何纹饰。履底尖，绣五瓣梅花的花卉纹，颜色为蓝、绿、驼色等，周边纹为一圈六根绿色的编织带；内衬为斜纹印花绢，上有蓝、绛色相间的花卉纹。现藏甘肃省博物馆。

褐地刺绣花卉纹囊袋

褐地刺绣花卉纹绫袋

唐代。征集。长14厘米，宽9厘米。袋子略呈椭圆形，以褐色暗花绫为地，用黄色绣线以锁绣绣出三瓣小花，中间和底部再用锁绣绣出直线和圆珠作装饰。袋口系由四条绳用以抽系。现藏甘肃省博物馆。

红地刺绣圆珠纹绫袋

唐代。征集。长12厘米，宽8厘米。

茶褐地刺绣花卉纹绣片

袋子略呈椭圆形，以红色暗花绫为地，以锁绣绣出竖排三层联珠环，环两边用锁绣绣有两条直线，直线内绣有三瓣小花，袋子底部绣以圆珠环装饰。袋口缀以绳带用以抽系。现藏甘肃省博物馆。

褐地刺绣花卉纹囊袋

唐代。征集。长7.5厘米，宽13厘米。袋身通体以黄、褐、蓝等色绣线用劈针绣出。图案先用褐色线绣出大致纹样，再以其他颜色绣线绣填，袋身纹样为在方形框内绣有四瓣花卉，方框外绣有唐草纹。袋口用线编织而成。现藏甘肃省博物馆。

茶褐罗地刺绣宝相花纹绣片

唐代。征集。分别长25.2厘米，26.5厘米，宽13.2厘米,13.2厘米。丝质残片。茶褐色罗质。绣片一对，近平行四边形，以茶褐色罗为地，用土色锦缘边。地上用蓝、白、黄、褐、红等色丝线以劈针绣，主题图案由圆形团窠环和中心宝相花两部分组成，两两相间有十样小花作宾花。缘边锦有花卉纹样，分割不详。现藏甘肃省博物馆。

纱地绣山石花卉纹束带

元代。甘肃漳县汪世显家族墓出土。长158.6厘米，宽4.5~6厘米。纱地白色丝线绣花叶、联珠、山石图案。绣花规整，多种袖法结合，有网针绣、钉线绣、套针绣、辫子股绣等，山石保留石绿染色。

现藏甘肃省博物馆。

枕头

明代。兰州上西园彭泽墓出土。长20厘米，宽20厘米。一对两件，正方形。枕顶图案为狮子，四肢着地站立，黄色绢面上以钉金绣技法绣出，狮子颈部的项圈、身上的鞍配、秋、杏叶均以绿色丝线绣成；狮子前后各绣有一个宝瓶，宝瓶内各插有花卉；狮子周边绣有方胜、金钱、花卉等代表吉祥的八宝图案。侧面四周为代表吉祥如意的一圈祥云图案。此件文物色彩明亮，绣法多样，采用钉金绣、锁绣、平绣、纳绣等刺绣技法。现藏甘肃省博物馆。

纱地绣山石花卉纹束带

枕头

主要参考文献

1. 甘肃省文物考古研究所：《秦安大地湾：新石器时代遗址发掘报告(上下)》，文物出版社，2006 年。

2. 甘肃省文物考古研究所：《敦煌马圈湾汉代烽燧遗址发掘报告》，载《敦煌汉简》，中华书局，1991 年。

3. 徐乐尧：《居延汉简所见的市》，《秦汉简牍论文集》，甘肃人民出版社，1989 年。

4. 傅筑夫：《中国封建社会经济史》第 2 卷，人民出版社，1982 年。

5. 武威市文物考古研究所：《甘肃武威磨嘴子汉墓发掘简报》，《文物》2011 年第 6 期。

6. 乔今同：《甘肃漳县元代汪世显家族墓葬——简报之一》，《文物》1982 年第 2 期。

7. 中国科学院考古研究所甘肃工作队：《甘肃永靖大何庄遗址发掘报告》，《考古学报》1974 年第 2 期。

8. 《花海毕家滩魏晋时期墓葬》，刘庆柱主编《中国考古学年鉴》，文物出版社，2003 年。

9. 蒲朝绂、员安志：《甘肃永昌鸳鸯池新石器时代墓地》，《考古学报》1982 年第 2 期。

10. 员安志：《永昌鸳鸯池新石器时代墓地的发掘》，《考古》1974 年第 5 期。

11. 王庆瑞、敦德勇：《甘肃东乡林家马家窑文化遗址出土的稷与大麻》《考古》1984 年第 7 期。

12. 赵丰：《万里锦程——丝绸之路出土织锦及其织造技术交流》，载国家文物局编《丝绸之路》，文物出版社，2014 年。

13. 甘肃省博物馆：《敦煌马圈湾汉代烽燧遗址发掘简报》，《文物》1981 年第 10 期。

14. 甘肃博物馆：《甘肃武威汉墓发掘》，《考古》1960 年第 9 期。

15. 甘肃博物馆：《甘肃武威磨嘴子 6 号汉墓》，《考古》1960 年第 5 期。

16. 甘肃博物馆：《甘肃武威郭家庄和磨咀子遗址调查记》，《考古》1959 年第 11 期。

17. 甘肃省文物队：《嘉峪关壁画墓发掘报告》，文物出版社，1985 年。

18. 韩跃成、张仲：《敦煌佛爷庙湾五凉时期墓葬发掘简报》，《文物》1983 年第 10 期。

19. 敦煌文物研究所：《新发现的北魏刺绣》，《文物》1972 年第 2 期。

20. 敦煌文物研究所：《莫高窟发现的唐代丝织物及其他》，《文物》1972 年第 12 期。

21. 《晋书》卷八十六《张轨等》，中华书局，1996 年。

22. 《魏书》卷二十六《长孙肥尉古真》，中华书局，1974 年。

第十四章　杂　珍

中国传统的文物分类，一般按照质地，将文物分为陶瓷、青铜、玉石器、书画等几个类别，除此四类均称为杂项文物。本编所指杂珍文物就是这类文物，但考虑甘肃文物实际特色，杂项文物中木雕漆器、织绣、造像等类，单独成章，故不在此杂珍章节中记录。

甘肃包罗万象、丰富多彩、颇有特色的杂项文物，记录着历代先民生息、劳动所及的各个方面和领域，涉及宗法礼仪、政治经济、军事武备、生产劳作、饮食起居、文化艺术等诸多方面。

印信符牌。"印者，信也"（刘熙《释名》）。作为昭明信用凭证的古代印玺，是古代行政机构行使职权及管理的古代官印符牌，极具文物研究价值。"陇东太守"玉印、"武乡亭侯"鎏金铜印是汉代中央

集权下的职官制度的形象实物资料；1974年出土于额济纳旗居延破城子（甲集侯官）遗址罕见的"万石"木质仓印，是研究汉代粮食囤积、管理制度的重要实物依据，补充和印证了文献中相关记载。"晋归义氐王""晋归义羌侯""魏归义氐侯"三方金质驼钮官印，是三国曹魏、晋政权颁给西羌、氐部落首领的印信。唐宋时期开始的印牌制度在国家管理中发挥着不可替代的作用。"置职印，任其职者，传而用之。其印盛之以匣，当官者寘之卧内，别为一牌，使吏掌之，以谨出入，印出而牌入，牌出则印入，故谓之牌印"（司马光《资治通鉴》卷二五六胡三省注）。甘肃省博物馆藏北宋"熙州官内观察使印牌"、通渭县博物馆藏北宋"锦州防御使印牌"两面铜质印牌，均铸"牌入印出，

印入牌出"八字，正是宋代通过官印印牌制度，加强封建集权制度的表现。甘肃亦遗存大量少数民族政权官印，如西夏文"首领"铜印、元八思巴文"中书右司都事所印"铜印、元八思巴文狮纹银牌等，具有重要的历史、学术价值。

文房用具。文房用具是古代传统文化的重要器具。汉"白马作"毛笔、汉丸墨、汉肩水金关纸、汉蟠螭纹带盖石砚等"文房四宝"的出土，使得中国汉字记录书写方式，证明在汉代就完成了所有的物质准备。甘肃多次发现汉残纸，放马滩纸、旱滩坡纸、肩水金关纸、马圈湾纸，居延纸、敦煌纸等都是"蔡侯纸"之前的遗物，以确凿的证据将中国造纸术的发明时间提前了近300年。

生活用品。生活在甘肃这块土地上的古代先民，通过实践和创造彰显着勤劳与智慧，6000年前半坡类型的骨鱼钩，制作精巧，实用方便。永昌鸳鸯池出土的镶骨珠骨笄、镶骨珠人面石坠，通过磨刻、钻孔、镶嵌、粘接多种工艺，组合不同材质，工艺娴熟，是新石器时代原始先民对美认知和追求。河西地区出土的黄羊夹、渔网等渔猎工具，汉代皮鞋等生活用品，具有鲜明的地域风貌，是反映汉代河西地区经济生活、民俗风情的珍贵资料。武威出土的唐嵌螺钿绿松石花果纹骨梳，

穷工极巧，雍容奢华，体现着盛唐物质文化的繁荣。元代漳县汪世显家族墓出土的钹笠棕帽，细密的棕丝编结，坠饰金玉珠串，朴素稳重、高贵典雅。

"蹴鞠者，传言黄帝所作……蹴鞠，兵势也，所以练武士知有才也"（刘向《别录》），源于练兵目的的蹴鞠，至汉逐步成为娱乐表演游戏，并长期流行，"康庄驰逐，穷巷蹹鞠"（桓宽《盐铁论·国病》）。古代画像砖、绘画、笔记等虽记录了众多的形象、文字资料，但直至1979年敦煌马圈湾烽燧遗址出土了汉代蹴鞠，才解决了缺乏实物依据的遗憾。蹴鞠，椭圆球形，充填毛麻制成，为目前仅见汉代蹴鞠实物。唐宋时期，无论是贵族公卿的雅玩，或是市井坊间游乐，双陆棋、象棋风靡流行，武威弘化公主墓出土的唐象牙雕双陆棋子，精美典雅，西河县南村出土宋代铜象棋子，古朴大方，印证着"鼓应投壹马，兵冲象戏车。评棋局上事，最妙是长斜"。武威出土的唐嵌骨阮咸制作精美，虽琴身不存，但仿佛依稀能听到恬静、圆润、深沉，几进绝响的阮声。

伴随着"丝绸之路"的开通，东西方贸易往来频繁，古代甘肃在某些历史时期得到了较大的繁荣与发展，"自安远门西尽唐境万二千里，闾阎相望，桑麻翳野，天下称富庶者无如陇右"（司马光《资

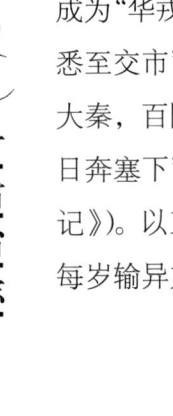

治通鉴》)。西域各道"总凑敦煌",敦煌成为"华戎所交一都会",张掖"西域诸国,悉至交市",一时间"自葱岭以西,至于大秦,百国千城,莫不款附,商胡贩客,日奔塞下"(北魏·杨衒之撰《洛阳伽蓝记》)。以至于可以"潜于诸道商胡兴贩,每岁输异方珍货计百万数"。甘肃考古发现的大量的汉至魏晋时期的料耳珰、灵台出土的西文铅饼等是丝路贸易繁荣的结果。

质地多样、工艺繁杂、种类丰富、用途广泛的杂项文物,以其独特的实用与审美、工艺和材质,折射出瑰丽奇异的光彩,反映着古代先民生活的全貌。

第一节　印信符牌

木封检

西汉。1989年玉门花海汉长城采集。长 5.4 厘米，宽 2.7 厘米，厚 1.9 厘米。木质，检体为长方形，中间凹处有封泥，封泥上篆书"居延都尉"四字，检体与封泥之间有一截细麻线缠绕。封检用以封缄文书或实物，封泥多为官印所押。居延都尉府是西汉时期居延地区的最高军事指挥机构，隶属于张掖郡太守管辖，下设军事建制主要有三大候官，分别为北部一线的殄北候官、西部一线的甲渠候官、南部一线的卅井候官。每个候官下辖若干部，部下设若干燧。现藏嘉峪关长城博物馆。

汉木"万石"仓印

汉代。居延破城子甲集侯崖遗址发掘。长 15 厘米，宽 12 厘米，厚 3 厘米。木质。长方体，四边裁减成二层台，使印面凸出，便于印拓。印面平整，上阴刻篆书"万石"二字；背面四边斜坡，似覆斗，正中有一方孔，可能原先装有印柄，已脱失。仓印是当时官衙粮仓所置。简牍中有记录吏卒的"廪食"簿，定时发放守卒粮食。出土的仓印正是每次收发粮食之后封囤之用。对研究汉代粮食生产及当时的囤积、管理制度，均有重要参考价值。现藏甘肃省文物考古研究所。

汉"爰长口印"木穿带印

汉代。敦煌悬泉置遗址发掘出土。长 1.5 厘米，宽 1.5 厘米，厚 1.3 厘米。木质。正方形印，印面阴刻篆书"爰长口印"，印侧正中横穿一孔，可穿系佩戴。现仍穿存麻质绳索。现藏甘肃省文物考古研究所。

木封检

汉木"万石"仓印

汉"爰长口印"木穿带印

汉木"纪田之印"

汉代。敦煌悬泉置遗址发掘出土。长1.6厘米，宽1.6厘米，高1.6厘米。木质。方形，龟钮，钮下有穿孔。印面阴刻篆书"纪田之印"。纪田，人名，故这是一枚私人用印。现藏甘肃省文物考古研究所。

汉"杜宝"玉印

汉代。旧藏。印面长1.3厘米、宽1.3厘米、通高1.35厘米。和田白玉。方形，龟钮。印面以铁线篆镌刻"杜宝"二字。玉质洁白莹润，雕刻精细生动，镌刻细劲，书体秀美。古代印章以玉作印材的，秦汉以前比较少见。《史记·秦始皇本纪》《集解》引卫宏曰"……天子独以印称玺，又独以玉，群臣莫敢用"，此说虽主要指官印而言，但至汉代若无僭越之风，一般人是不敢用玉印的。杜宝此人虽不可考，但其身份绝不会是百姓庶民。故这是一件质地上等，雕刻制作绝佳，十分珍罕的汉代私人名章。曾得到罗福颐等的激赏。现藏甘肃省博物馆。

"魏归义氐侯"金印

曹魏。1987年征集，传西和县出土。长2.3厘米，宽2.3厘米，高3厘米。金质。铸造镌刻而成。方座，双峰驼钮，驼呈跪卧状，四肢曲拢，身上阴刻眉目、口鼻，以平行细短阴线表示毛发。身下有圆形穿孔，为系带之用。印面正方形，镌刻阴文小篆体"魏归义氐侯"。是曹魏王朝颁赠地处西北，归顺中原的氐族部落酋领的印信。传出土西和一带，或与仇池政权有某种联系。现藏甘肃省博物馆。

"晋归义羌侯"金印

西晋。1951年征集，传1948年西和县出土。长2.3厘米，宽2.3厘米，高3厘米。金质。铸造镌刻而成。方座，双峰驼钮，驼呈跪卧状，四肢曲拢，身上凿刻眉目、口鼻，以平行细短阴线表示毛发。身下有圆形穿孔，为系带之用。印面正方

汉木"纪田之印"

玉"杜宝"印

"魏归义氐侯"金印

形，镌刻阴文小篆体"晋归义羌侯"。是西晋王朝颁给地处西北，归顺中原的羌族部落酋领的印信。现藏甘肃省博物馆。

"晋归义氐王"金印

西晋。1951年征集，传1948年西和县出土。长2.3厘米，宽2.3厘米，高3厘米。金质。铸造镌刻而成。方座，双峰驼钮，驼呈跪卧状，四肢曲拢，身上凿刻眉目、口鼻，以平行细短阴线表示毛发。身下有圆形穿孔，为系带之用。印面正方形，镌刻阴文小篆体"晋归义氐王"。是西晋王朝颁给地处西北，归顺中原的氐族部落酋领的印信。现藏甘肃省博物馆。

武乡亭侯铜印

魏晋。1977年酒泉果园一新城墓群出土。印面边长2.4厘米，通高2.5厘米。铜质鎏金。方形印体，龟形钮，龟首前昂，龟背起脊，有鳞甲纹。印面凿刻阴文篆书"武乡亭侯"四字。亭是汉代基层行政机构。汉代设爵位之制，据《后汉书·百官志》载："列侯，功劳大者食县禄，功劳小者食乡、亭禄。"乡亭侯是以乡亭为食邑的列侯。此印应是武姓乡亭侯的官印。现藏甘肃省博物馆。

铜虎符

隋。1973年庄浪县阳川乡唐家坪征集。长7厘米，高4.7厘米。铜质铸造成型。体呈虎形，均系左半片。虎昂首，双目圆睁，耳耸立，张口露齿咆哮。胸腹前突，前足立撑而后腿曲蹬，虎尾斜上挺直，尾尖稍弯。虎耳下有一圆穿。对合面中部凸起"十"字形榫。虎符身体两侧均阴刻篆书铭文"甘松府""右武卫甘松三"，"渭川府""右翊卫渭川二"，"洪追府""右御卫铜虎符三"，"清宁府""左骁卫铜虎符二"，"义门府""左武卫铜虎符四"，"安亲府""右御卫铜虎符三"，"安川府""左屯卫铜虎符三"，"河阳府""右翊卫铜虎符五"，"清苑府""左屯卫铜虎符三"，"兰丰府""右骁卫铜虎符二"，"永安府""右

"晋归义羌侯"金印　　　　　"晋归义氐王"金印　　　　　武乡亭侯铜印

铜虎符

翊卫铜虎符四"。虎背脊上亦阴刻铭文，但只存其半，左右两片合符时才得全文，以便合符时验证。为研究隋代军制的重要实物资料。现藏庄浪县博物馆。

铜鱼符

唐代。路易·艾黎捐赠。高6厘米，宽1.5厘米，厚0.4厘米。铜质，鱼形，鱼直身，外侧凸起垂鳞鱼纹，头部有一圆孔，可以穿绳系挂。合面平整，阳文"同"字字形榫卯，可相契合，下部印刻"左武卫将军传佩"符是古代朝廷传达命令或征调兵将的凭证，最早呈虎形，亦称虎符。至唐，高祖为避其祖李虎的名讳，废止虎符，改用鱼形符，称为"鱼符"。鱼符分为左右两半，注明佩符人身份或鱼符的使用范围，有些鱼符中缝处刻有"合同"两字，所以又称此符为"合同"。唐代鱼符按其功用可分为三类：有用于调动军旅、更换首领的铜鱼符；有用于表明官员身份的随身鱼符；还有用于出入宫门、开关宫门的交鱼符、巡鱼符。鱼符逐渐演变为官员尊显其高贵身份的饰物。现藏山丹县博物馆。

"强猛第八副指挥使"铜印

宋代。1993年镇原县屯子镇杨宁村出土。印面边长5厘米，通高4厘米。铜质，正方形，撅形倒角直柄钮。印面铸九叠篆文"强猛第八副指挥使之朱记"。印背钮右侧楷书镌刻"熙宁四年"，左侧镌刻"少府监铸"。铸造十分精美。印背"熙宁四年"及"少府监制"。"强猛"为熙宁七年（1074年）正月诏颁的禁军名额中侍卫步军司一个军的番号，此军当时屯戍庆州（《宋史·兵志》）。"指挥"是北宋禁军中最重要的军事编制单位，往往一指挥约辖500人，其统兵官是指挥使和副指挥使，军队的屯戍和调遣常以指挥作为基本单位。虽然"强猛"正式诏颁见于熙宁七年，但镇原发现的这枚军印说明，熙宁四年（1071年）强猛第八指挥已经设置。当时彭阳

铜鱼符

"强猛第八副指挥使"铜印

县北宋时属原州辖区,为当时宋夏的边境所在。宋与西夏虽于庆历四年(1044年)达成和议,但此后两国仍征战不断,宋为抵御西夏入侵,在边境必然派兵驻守。此印的发现,说明强猛军曾经在原州彭阳县一带驻守,是当时宋夏边境战争的历史见证。现藏庆阳市博物馆。

铜"熙州官内观察使印牌"

北宋。定西市出土。长22.7厘米。铜制,长方条形,印牌顶端呈"亚"字形,有一穿孔。印牌正面刻"熙州官内观察使印牌",背面刻"牌入印出,印入牌出"。熙州即今甘肃临洮县,北宋熙宁五年(1072年)置熙州。这件铜印牌是研究古代牌符制度的重要实证。古代对于官印的管理使用,有着严格的制度,特别到唐宋时期的印牌制度"置职印,任其职者,传而用之。其印盛之以匣,当官者寘之卧内,别为一牌,使吏掌之,以谨出入,

印出而牌入,牌出则印入,故谓之牌印"。现藏甘肃省博物馆。

铜"锦州防御使印牌"

北宋。1983年通渭县第三铺阴坡村魏家庄出土。长22.7厘米,宽5.6厘米,厚0.7厘米。铜质,长方条形,印牌顶端呈"亚"字形,有一穿孔。正面竖刻楷书"锦州防御使印牌"一列七字,背竖刻楷书"牌入印出,印入牌出"两列八字。防御使唐前期置于西北边镇,至德元年(756年)后,置于中原大都、军事要地,掌管军事,由刺史兼任,后又常与团练使互兼。宋为武将兼衔,高于团练使而低于观察使,为武将叙迁之阶。宋代通过官印印牌制度,加强封建集权制度。现藏通渭县博物馆。

铜"泾州之印"

金承安三年(1198年)。征集自泾川县城关公社完颜大队。印面边长7.1厘米,高5.3厘米。铜质。方台状印体,长方橛

铜 "熙州官内观察使印牌"

铜 "锦州防御使印牌"

铜 "泾州之印"

形直钮。印面铸阳文九叠篆书 "泾州之印"，印体上端边侧对应錾刻楷书 "泾州之印"。印背钮两侧分别錾刻 "承安三年十一月" "礼部造"。此印铸做颁用出自官方，纪年确切，是研究金代官制、玺印及泾州建制的重要资料。现藏泾川县博物馆。

西夏文 "首领" 铜印

西夏。征集。印面边长 5.3 厘米，通高 3.1 厘米。铜质，铸造。圆角方印，印台较薄，撅形直柄钮。印面铸西夏文，九叠篆书，译为 "首领"。另印背楔钮两侧及钮柄上也镌刻西夏文，纽上刻西夏文 "上" 字，在纽左右两侧分别刻有受印人姓名以及授印的年款，为随身携带方便，在纽底部有一小孔，为印绶绾结之处。"首领" 一词在西夏史籍中常见，系指各级地方官。

铸造工艺精湛，做工严谨，印文布排充实饱满、印文线条整齐规矩、灵动厚重。现藏甘肃省博物馆。

西夏印（2 方）

两方西夏印均为翻砂浇铸的铜印。印背上的年款、人名等是授印后凿刻上去的。一号铜印，近正方形，圆角，印面四边向外弧；边长分别为 5.2 厘米，5.3 厘米，印厚 0.6 厘米；带钮通高 2.8 厘米，钮高 2.0 厘米，重 144.8 克。柱钮，纽上有一

西夏文"首领"铜印

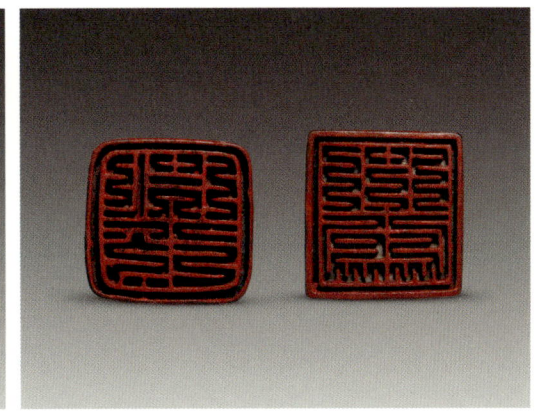

西夏印（2方）

近圆形穿孔。印文为阴文，书体九叠篆；文字竖行排列，为"首领"二字，印文四周有边框。背款为凿刻的行书体西夏文，印纽上端刻"上"字，右侧刻"正德七年"（1133年）。

二号铜印，近正方形，圆角。边长分别为5.7厘米，5.8厘米，印厚0.8厘米；带钮通高2.8厘米，钮高1.8厘米，重227.3克。柱钮，钮上有一近圆形穿孔。印文为阴文，书体九叠篆；文字为竖行排列的"首领"二字，印文四周有边框。背款为凿刻的行书体西夏文，印纽上端刻"上"字，右侧刻"正首领兀西口玉"，应为受印人官职姓名；左侧刻有"天盛乙酉十七年"（1165年），"天盛"为西夏仁宗李仁孝年号。

两印基本合乎僧监、副判、权首领印的尺寸，但重量比规定略轻。现藏西

北师范大学博物馆。

荷叶钮铜腰牌

西夏。路易·艾黎捐赠。高6厘米，宽4.5厘米。铜质鎏银，圆形牌面凸铸一童子，作奔跑状，左手高举过头；另面凿刻西夏文三字，意为"唵嘛尼"。牌上部作荷叶状钮，荷叶写实，叶脉凸起饱满，叶茎处为圆形穿孔。牌上童子应是两宋时期流行的执荷童子题材延续，西夏文"唵嘛尼"是"唵嘛尼叭咪吽"六字真言的简写，西夏崇佛教，此牌或与此有关。现藏山丹县博物馆。

八思巴文"中书右司都事所印"

北元宣光二年（1372年）。旧藏。印面宽6.4厘米，厚1.5厘米。铜质，铸造，方形印台，直钮残。印文为八思巴文正体"中书右司都事所印"，印背凿款楷书汉字三行："中书右司都事所印""宣光

荷叶钮铜腰牌

八思巴文"中书右司都事所印"

八思巴文狮纹银牌

二年五月""中书礼部造"。印背凿款第一行汉字与印面意同。按元制，中书省有左司和右司，设有"都事"官职。元代官印由中书省礼部造发，用八思巴字。此印背凿款宣光二年，此时明朝已经建立，北元统治者已避居北方，但仍用八思巴字铸造官印，为目前已知的北元最晚的铸造官印之一。现藏甘肃省博物馆。

八思巴文狮纹银牌

元代。兰州废金属仓库拣选。高18厘米，宽11.7厘米。铁质，周边隆起，上有趺座和用于穿系佩带用的活环。趺座双面均铸凸起正面虎头、前爪和云气纹。毛发冲天，巨目圆睁。圆符内有弦纹一道。圆牌两面镶嵌凸起的元朝官方文字八思巴文正体字五行，正面从左至右自上而下读，汉译为"长生天气力里，皇帝圣，旨，不从者治罪"（或"长生天底气力里，圣旨，如不虔敬者治罪"），文字和虎纹毛发上镀银。这件符牌对研究元代政治行政管理制度有重大意义。现藏甘肃省博物馆。

罗罗斯铜牌

元代。路易·艾黎捐赠。长9厘米，宽3.2厘米。铜质，长条圭形，周边有廓，上有一圆穿，为元官员随身携带之符牌。牌面铸阳文楷书三列，自左至右为"中奉大夫罗罗斯宣慰使火儿灰奉议大夫罗罗斯宣慰同知布颜承直郎罗罗斯宣慰司经历元祯"。"罗罗斯"为元土司名,"宣慰使""同知""经历"均为官职,治所在建昌路(今四川西昌),至元十九年(1282年)又改罗罗斯宣慰司隶属云南行省。此类元代西南少数民族地区官员的符牌极为少见。现藏山丹县博物馆。

守卫铜牌

明代。长14.5厘米,宽6.5厘米,厚0.7厘米。铜质。腰牌为长方形,顶端弧形。上部有一圆孔,牌额处刻狮子图案。正、背两面均有字。背面为"凡守卫官军悬带此牌无牌者依律论罪借者与借与者罪同";正面为"守卫"二字,左侧刻"勇字贰千叁佰贰拾号"。守卫牌是明代长城沿线守御官兵过往关口时的重要凭证。现藏嘉峪关长城博物馆。

铜令牌

明代。高14厘米,宽11.5厘米,厚0.5厘米。铜质。柿蒂形如意卷云钮,上有一穿孔,正面为一楷书"令"字,台阁体。字外三道弦纹,夹一圈卷云纹,背面为"肃字捌佰肆拾伍号""永昌卫指挥使司夜训牌"。此牌属明代长城防御系统守卒悬带物,反映了明代长城防御严密的管理制度。现藏嘉峪关长城博物馆。

"灌顶净觉佑善国师西天佛子"象牙印

明代。原为法藏寺用印,后移交岷县文化馆。印面边长6.9厘米,通高12

罗罗斯铜牌

守卫铜牌

铜令牌

厘米。象牙质。正方覆斗形印体，法轮式钮。钮座为合体相捧的两个象首，长鼻背向上伸勾卷。其下雕云气、海水纹和双层联珠、莲瓣。在法轮与钮座之间有一横穿孔，用作穿系。印面镌刻九叠阳文篆书，共12字"灌顶净觉佑善国师西天佛子"。据《岷州志》载，此印系明宣宗于宣德年间颁赐岷州大崇教寺法王的。反映了此一时期中央王朝对甘青地区的宗教政策和管理制度。现藏岷县文化馆。

狮钮"灌顶净觉佑善大国师"象牙印

明代。2009年岷县博物馆从岷县大崇教寺僧人手中征集。通高7.65厘米，印台厚1.9厘米，边长5.25厘米，重165克。整体由象牙雕刻而成。印纽狮子蹲踞方形印台之上，口鼻略大，凸目浓眉，耳朵贴垂，颈系铃铛，头后雕12卷鬃毛，下颚雕2卷鬃毛；前腿呈直立状，后腿呈屈蹲状，腿后均饰有鬃毛，爪分三趾，狮尾自然地放置于身左后侧。狮子整体形态威武雄壮，面部、鬃毛以及整个身体轮廓刻画的细微生动。印台为正方体，印面镌刻阳文九叠篆书"灌顶净觉佑善大国师"。此印制作精美，造型雄浑，除因象牙年代久远而产生天然裂纹、钮体部分存有污迹外，保存比较完整，雕刻较为精细，印文十分清楚，具有很高的艺术性和历史价值。现藏岷县文化馆。

"灌顶净觉佑善国师西天佛子"象牙印

狮钮"灌顶净觉佑善大国师"象牙印

"庄严妙相"象牙印

明宣德二年（1427年）。征集。长4.2厘米，宽4.2厘米，高6.5厘米。象牙质，雕刻制成。正方体印台，法轮钮，下为仰覆莲瓣钮座，印面正方，镌刻阳文九叠篆书"庄严妙相"，有边栏。印背钮两边分别阴刻楷书"宣德二年月日"和"赐剌麻班丹领占"背文。班丹领占系岷州卫喇嘛，曾于宣德元年赴京贡马。明宣宗在宣德二年回赐财物，以示褒奖，印应为其中之一。此印与宣德二年赐给青海乐都主持修寺喇嘛卓失吉领占的"真修无碍"象牙印的大小、形制相近，相似。现藏甘肃省博物馆。

"庄严妙相"象牙印

第二节　生活用品

骨鱼钩

新石器时代。长3.2厘米，宽2.2厘米，径0.3厘米。骨质。削制而成，直钩形，底部方折，近似U形。钩部稍短，有倒刺。尾端有一凹弦纹，用以栓系钓索，与现代鱼钩无异。是早期人类渔猎生活的珍贵实物资料。现藏甘肃省文物考古研究所。

骨臂饰

马家窑文化马厂类型。永昌鸳鸯池出土。长23.2厘米，宽12.2~15.5厘米，高2.5厘米。该骨臂饰中心为大小两根兽骨，兽骨上覆以条形骨片粘接而成的长方形骨板，两面均同，骨片宽窄不一，一面为十三四条。现藏甘肃省博物馆。

镶骨珠骨簪

马家窑文化马厂类型。永昌县鸳鸯池出土。长10.5厘米，直径2.4~3厘米。骨簪顶端以黑色胶状物制成圆锥体，上粘接一白色圆形骨片。黑胶圆锥体周身镶36颗白色骨珠，其余部分为骨本色，是为原始社会骨簪中的精品。现藏甘肃省博物馆。

骨璧

齐家文化。1959年甘肃永靖何家庄出土。直径5.6厘米，厚0.4厘米，孔径0.6厘米。骨质，以动物肩胛骨磨制而成。近圆形，片状，表面光素，中心穿直径0.6厘米圆孔。齐家文化从早期以农耕为主的定居生活，发展到晚期农牧并重，家畜饲养业比较发达，以猪、羊为主，也有牛、狗、鸡和对马和驴的驯养，所制骨器，多选材于这些动物骨骼。现藏甘肃省博物馆。

骨璧

齐家文化。1959年甘肃永靖何家庄出土。直径4.4厘米，厚0.6厘米，孔径0.6厘米。以动物肩胛骨磨制而成，片状，近圆形，表面光素，中心穿直径0.6厘米圆孔。应作为纺轮使用。齐家文化有大量纺织缝纫工具的出土，在出土遗物上亦发现有清晰的织物组织痕迹，经纬线清晰，表明纺织技艺已达到相当高的水平。现藏甘肃省博物馆。

蹴鞠

汉代。敦煌马圈湾出土。长22.5厘米，

骨鱼钩

骨臂饰

镶骨珠骨簪

骨璧

骨璧

蹴鞠

宽 22.5 厘米，高 16 厘米。用麻绳和白绢捆成不规则椭球椭圆球体，内充填毛麻制成。富有弹性，结实耐用。"蹴鞠者，传言黄帝所作……蹴鞠，兵势也，所以练武士知有才也"，源于练兵目的的蹴鞠，至汉逐步成为娱乐表演游戏，并长期流行，"康庄驰逐，穷巷蹋鞠"，蹴鞠也是戍边将士们竞技娱乐的重要组成部分。古代画像砖、绘画、笔记等虽记录了众多的形象、文字资料，但直至 1979 年敦煌马圈湾烽燧遗址才得见汉代出土蹴鞠实物，为目前已知汉代蹴鞠实物之一。现藏甘肃省文物考古研究所。

皮鞋

汉代。敦煌悬泉置遗址出土。长 12.5 厘米，宽 6 厘米，高 4.2 厘米。皮质。圆口童鞋，鞋帮鞋底均用真皮，以明线缝制，鞋口中后段有系袢。鞋帮一侧残破，另端系带亦缺失。底有许多蛀孔。是研究汉代物质生活形态与古代服饰发展史的珍贵实物资料。现藏甘肃省文物考古研究所。

渔网

汉代。肩水金关出土。长 165 厘米，宽 65 厘米。质地丝，编结而成。水产养殖及捕捞，是秦汉时期多种经营的一个重要方面，居延汉简多有关于当时从居延海捕鱼并进行贩卖的记录。现藏甘肃

皮鞋

渔网

省文物考古研究所。

黄羊夹

汉代。敦煌马圈湾出土。直径 15 厘米，厚 2.5 厘米。木质。以多根红柳枝编作圆圈，再将尖长三角形木板条沿圈边一周，从外向中心辐射状别插，成为中心有张力弹性的夹子。黄羊蹄踩入夹中心，即可陷入并被夹刺刺伤或卡住。设计精巧，

制作经济实用。是当时狩猎黄羊的捕获工具。现藏甘肃省文物考古研究所。

汉苣

汉代。汉代居延破城子出土。长245厘米，径20厘米。草质。三件长短不一，粗细有别，长捆形。用细麻绳将芦苇秆分段扎束而成。两件捆扎三匝，一件捆扎四匝。苇秆土红色，干燥易燃。苣的用途是长城防卫系统传递信息情报时的烟火工具。点燃后的大苣，燃烧苣，昼可视烟，夜可观火，常与积薪、表、燧配合使用信息情报可以迅速传递。现藏甘肃省文物考古研究所。

铜鎏金嵌贝卧鹿镇

汉代。1992年灵台县百里乡路家沟村征集。高5.2厘米，长9.8厘米，宽7.8厘米。镇体作一挺颈昂首，双目圆睁，屈肢伏卧的鹿形。椭圆形腹，底平，鹿背似空盘，边缘浮雕四肢，表面鎏金，以一圆形褐斑海贝卡嵌盘中，象征鹿身。是一件复合加工技术的精美佳作，有着华美绚烂的艺术效果。从其体积看，当为卧榻时用的席镇。现藏灵台县博物馆。

嵌螺钿绿松石花果纹骨梳

唐。1980年武威南营青嘴喇叭湾唐墓出土。长9.3厘米，宽5.3厘米。骨质削刻而成，片状。圆弧形梳背，背两面边缘以绿松石和螺钿镶嵌为联珠纹，内则分

黄羊夹

汉苣

铜鎏金嵌贝卧鹿镇

别为镶嵌梅花、桃、石榴等花果纹饰。梳齿细密，排列整齐。反映了唐代高超、精致的雕刻镶嵌工艺。现藏武威市博物馆。

象牙雕双陆棋子

唐。1980年武威南营乡青嘴喇嘛湾弘化公主墓出土。现存21枚，子数不全。底径1.6厘米，高1.7厘米。象牙质。半球体，底圆平，顶部另嵌圆球形短柄，状如截柿。器表浅雕各色花朵、飞鸟、蝴蝶等，生动逼真，部分棋面涂红彩。棋子又称"马"或"双马"等。"以象牙为白子，乌梅木为黑子，或以红牙（染饰成红色的象牙）为黑子"，双陆是古代一种博弈游戏，源于印度，经西域传入中国，开始流行于曹魏，以后各代盛行，明清两代逐渐衰落，其玩法现已失传。现藏武威市博物馆。

铜象棋子

宋代。1972年西和县南村出土。直径2.7厘米，厚0.3厘米。青铜铸造，圆形片状，大小相同，边沿有廓，双面铸有阳文宋体楷书"将、仕、象、相、车、马、炮、卒"。一组字面有涂红色。棋子成套完整，共三十二枚，分红、黑二色。

象棋又称"象戏"，起源于唐代，至宋代完善，流传至今，规则与现在完全相同。棋子成套，字口清晰，是中国古代象棋遗物的精品。现藏西和博物馆。

嵌螺钿绿松石花果纹骨梳

象牙雕双陆棋子

铜象棋子

骨柄牙刷

元代。漳县徐家坪汪世显家族墓9号墓出土。毛长3.5厘米，杆长17.3厘米。骨柄，刷柄头宽尾细，两头略微翘起，柄头植入"刷毛"，制作精良，与今日牙刷无异。牙刷的称谓，元代已有，元末郭钰《郭恒惠牙刷得雪字》诗中云："老气棱棱齿如铁，曾咀奸腴喷腥血。倦游十载舌空存，欲挽银河漱芳洁。南州牙刷寄来日，去腻涤烦一金直。"现藏甘肃省博物馆。

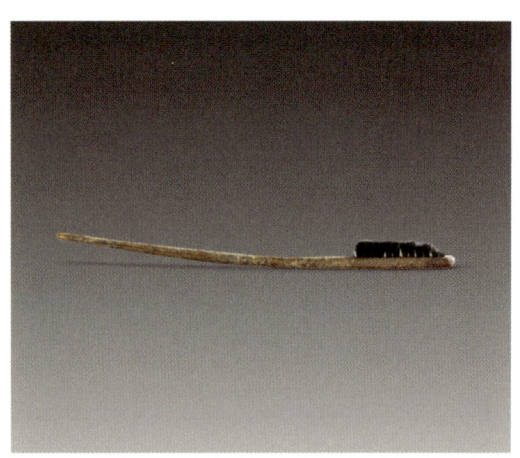
骨柄牙刷

玻璃莲花托盏

元代。漳县汪世显家族墓出土。盏高4.9厘米，口径8.9厘米，底径3.4厘米；盏托高1.2厘米，口径15.2厘米。玻璃熔模压制，整体呈普蓝色，晶莹润泽，色泽纯正，内含少量气泡，不甚透明。分盏和托盘两部分组成。托平口，浅盘状内凹折，八瓣莲花形边沿，平底。盏为花口，由七瓣上仰莲组成，弧壁，有七条弧棱出筋，平底饼状假圈足。此件托盏造型华美，完整成套，颜色高贵，是中国古代玻璃制品的瑰宝。现藏甘肃省博物馆。

玻璃莲花托盏

钹笠帽

元代。漳县汪世显家族墓出土。直径35厘米。帽圆形宽沿，以棕为胎，外裹黑纱，帽顶镶金裹玉。帽顶垂系三十一

钹笠帽

颗珠玉组成的串饰。帽上垂串饰是元代贵族的时尚，这种帽子的流行始于元成宗大德年间（1297~1307 年），以后元代皇帝相承袭，凡正旦及天寿节大朝贺时都戴这种钹笠帽。现藏甘肃省博物馆。

黄花梨官帽椅

清代。高 121 厘米，宽 61.5 厘米。一对，四出头式，高背，长方形座，座中心微陷，内垫藤席。扶手弧形，接头处饰铜件。四腿间有横撑。并装饰有木质雕刻花纹图案。原为清代武威人，官至两江总督牛鉴的用品，1949 年后交武威县文管会，保存至今，现藏武威市博物馆。

沉香花插

清代。木制。一套四件"甲"字款口径最大 7.6 厘米，高 9.3 厘米，"乙"字款口径最大 7.6 厘米，高 9.3 厘米，"丙"

黄花梨官帽椅

字款口径最大 7.8 厘米，高 9 厘米，"丁"字款底。杯内壁光滑，外壁浮雕山石、菊花图案。山石镂空，枝叶线条自然弯曲，菊花或怒放或含苞。雕刻精致、生动。酒杯内口沿分别朱书"甲""乙""丙""丁"四字。现藏武威市博物馆。

沉香花插

第三节　文房用具

白马作毛笔

汉代。1972年武威磨嘴子出土。长21.9厘米，径0.6厘米，笔头长0.6厘米。竹制笔杆，端直均匀，管状中空，外表为浅褐色，包笔头处稍有收分，笔杆前端缚扎丝线并且髹漆。笔芯及锋呈黑紫色，外覆黄褐色狼毫。笔杆中部有阴刻三字隶书铭文"白马乍"。作为文房用具，此笔制作精良，在汉代纸张出现，与简牍并用的情况下，书写工具的进步必然促进书法艺术的繁荣，刻铭之笔，物勒工名，尤显珍贵。甘肃省博物馆藏。

史虎作笔杆

汉代。武威市磨嘴子汉墓出土。通长20.9厘米。竹质笔杆基本完整，杆尾尖削，笔头脱失。前端一段髹漆，在髹漆段之后阴刻"史虎作"，字体细劲。物

勒工名，尤显珍贵。现藏甘肃省博物馆。

丸墨

汉代。武威市磨嘴子汉墓出土。长约5厘米，宽约3.3厘米。色泽黑，呈不规则椭球形，裂有多块，后经粘接。现藏甘肃省博物馆。

熊足砚

汉代。1982年敦煌市南湖林场汉墓出土。直径12厘米，高2.5厘米。灰色石质较细，圆形，圆形石砚下有等距离的三足，三个足为熊头造像，圆目怒齿，雕刻精致。砚池平整，微凹。砚外缘有一圈下陷小台，似为盖盖的合口，盖轶。外沿阴刻一周锯齿纹。现藏敦煌市博物馆。

蟠螭纹石砚

汉代。通高12.5厘米，径13.4厘米。石砚分为盖和底两部分，砚盖圆雕相互盘

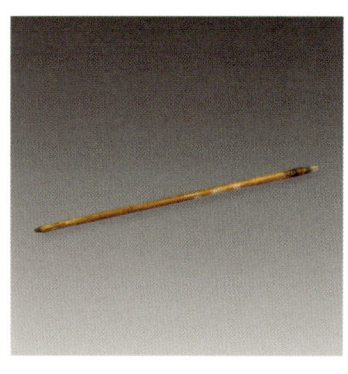

白马作毛笔

史虎作笔杆

丸墨

熊足砚

蟠螭纹石砚

肩水金关纸

绕的双螭，双螭互咬对方的颈部，颈下透雕成孔。前右足斜立向外，左前足曲跪，中腰盘转，后二足匍伏。盖四周斜面阴刻二虎和斜平行线，曲凹处残留朱红色痕迹。盖内凿有放研石的凹槽，砚面平整，略高于边沿，砚底三足正面浮雕熊首。现藏甘肃省博物馆。

肩水金关纸

汉代。金塔县肩水金关出土。长约21厘米，宽约19厘米。系用废旧麻絮、绳头、敝布等原料制成，成分以苎麻为主。色泽匀净，质地细密坚韧，纤维有明显的分丝帚化现象，纸背有帘纹。现藏甘肃省博物馆。

嘉峪石砚

明代。1955年兰州上西园彭泽与妻吴乐合葬墓（1号墓）出土。长18.8厘米，宽6.5~7.8厘米。保存基本完整。石砚由整块嘉峪石制成，呈青灰色，雕作琴状，琴面中部为砚面，有椭圆形水池。背部四足，亦雕作琴柱形状。四足间有一狭长方框，方框内阴刻"嘉峪石砚"四字。石砚整体雕刻精美，铭刻较为重要。现藏甘肃省博物馆。

竹笔

西夏。武威张义公社小西沟岘出土。长13.6厘米，直径0.8厘米。以细竹竿制成，色泽淡棕黄，一头侧削成笔尖形，笔尖中部划开一道凹槽，尾部有竹节。未见有使用痕迹。现藏甘肃省博物馆。

"大宋陶砚"

宋代。捐赠。长17.7厘米，宽10.6厘米，高2.5厘米。陶制。形似抄手式。呈黄褐色，形状似瓦，两面都有砚池，其一椭圆形的砚池，一端高，另一端下凹背面形似簸箕和上有铭文"天水刘顾"，并附一方阴文印，文为"大宋陶砚"，还有用黄金粉书写"陶砚大有藏"楷书。造

嘉峪石砚

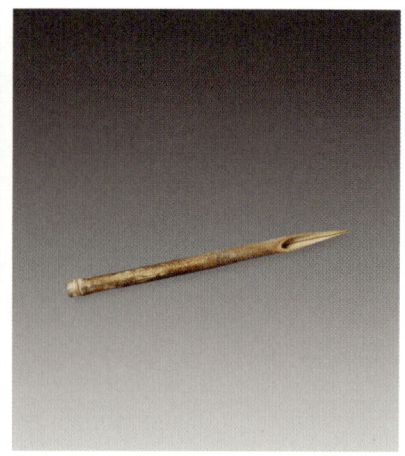

竹笔

型端庄，制作规整。现藏天水市博物馆。

花口双池方石砚

南宋嘉泰二年（1202年）。成县出土。长15厘米，宽15厘米。青灰石质，有黄色石斑。砚正方形，雕并联的两个长方花口砚池。池面平整如镜，四角连弧圆转自如。砚底呈槽形斜坡，也应属抄手砚式。刻铭"嘉泰二年二月"。嘉泰为南宋宁宗赵扩年号。明确纪年刻铭之砚，颇为珍贵。现藏成县博物馆。

"泰和"铭抄手陶砚

金泰和六年（1206年）。1963年秦安县兴国镇征集。长18.5厘米，宽11.8厘米，厚2厘米。灰陶质。长方形，三面起窄边，平整砚面，于砚首上端缓坡下凹，铲凿成蓄墨砚池。背面内凹，铲凿粗率，似∩形，正可伸抄入手。竖刻行楷砚铭

"大宋陶砚"

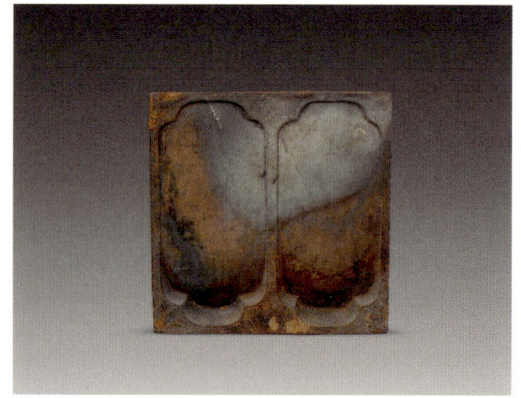

花口双池方石砚

十四字："泰和丙寅岁次孟夏上旬颍川口记"。泰和为金章宗完颜璟年号，丙寅为泰和六年。此砚制作规整、秀挺，刻铭纪年明确，为研究中国文房之一的砚式，提供了确切依据。现藏秦安县博物馆。

万历赵淑贤铭石砚

明万历四十一年（1613年）。长25厘米，宽42厘米，厚17厘米。青石质。长方形，中刻墨池。砚背阴刻铭文，楷书苍劲有力。铭文内容为："明万历四十一年岁次癸丑七月二十一日壬辰科进士吏部稽勋清吏司郎中陕西真宁赵邦清造男赵淑贤收用三水文毓凤书长安卜栋镌。"此砚为明代名人赵邦清遗物。赵邦清，字仲一，号乾所，明真宁永和乡于家庄人，万历年进士。曾任山东滕县令、吏部稽勋司郎中、遵义道监军等职。现藏正宁县博物馆。

万历赵邦清铭石砚

明万历四十年（1612年）。长125厘米，宽13厘米，厚3厘米。青石质，长方形。中刻椭圆形墨池。石砚背部阴刻铭文："明万历四十年岁次壬子正月望日壬辰科进士吏部稽勋清吏司郎中陕西真宁赵邦清造。"楷书苍劲有力。此砚为明代名人赵邦清之物。现藏正宁县博物馆。

嵌牙木镇尺

明代。长43.5厘米，宽3.9厘米，厚2.9

"泰和"铭抄手陶砚

万历赵淑贤铭石砚

万历赵邦清铭石砚

厘米。路易·艾黎捐赠。檀木长方形体，在一侧中部粘一用象牙雕刻的怪兽。路易·艾黎（1897~1987年），新西兰人，于1927年4月来到中国，在中国生活、工作六十年。早期创办了"工合"和"培黎工艺学校"，20世纪80年代将个人收藏的三千多件文物捐赠给了山丹县博物馆。1987年12月去世。现藏山丹县博物馆。

海水马纹抄手砚

明代。长23.3厘米，宽14.5厘米，高7.3厘米。青石质。砚呈长方形。表面雕刻一浅砚池，一端凹槽，底部为凹形斜面，砚周围四面均雕刻海水、海马纹图案。砚底有阴刻篆书款和草书字。现藏武威市考古研究所。

铜胎掐丝珐琅二龙戏珠纹三足盘

明代。口径17.7厘米，高4厘米。旧藏。铜胎掐丝珐琅。盘口斜边浅腹，平底。盘内天蓝色釉，掐单丝云纹，盘中二龙戏珠图案，烧白、紫色釉。盘口沿绿釉为底，饰折枝花卉纹一周，花朵为紫色釉。三兽足，盘外鎏金无掐丝施釉。现藏甘肃省博物馆。

兰亭序端砚

明代。纵27.7厘米，横16.9厘米，厚8.2厘米。呈棕红色长方体，内凿长方形墨池。砚背面中下部已磨损光滑，除中部高浮雕纹饰外，其余均有阴刻浅浮

嵌牙木镇尺

海水马纹抄手砚

铜胎掐丝珐琅二龙戏珠纹三足盘

兰亭序端砚

仿汉未央宫瓦砚

雕无盖。墨池内阴刻王羲之《兰亭集序》全文，计11行，砚面及四周侧面采用浅浮雕手法，刻有兰亭序故事人物，共计40人，砚上侧边有铭文"去来悠悠子被褐足超迹独往真契古今"。下侧面有铭文"庄浪优律巢步颖著冥心真寄千载同归"。右侧有铭文"肆躬岩岫临泉濯趾感兴奠高安居幽峙"。左侧有铭文"在俗雅甘味存朴岭今我斯游神怡心养静"。砚棱有磨损和划痕。画面人物形态各异，有亭台楼阁水榭、小桥流水等自然环境和景物。

现藏麦积山石窟艺术研究所。

仿汉未央宫瓦砚

清·乾隆。长31.3厘米，宽14.5厘米，厚2.1厘米。捐赠。细腻灰陶质。平面长方形，中部拱起。侧面双钩篆书：汉隗嚣宫瓦；砚面一端开椭圆形直壁砚堂，一端有楷书题记：仿汉未央宫瓦砚，此瓦掘自天水城北隗嚣宫故址，爰命工人琢磨成砚，真而藏焉，并识岁月。时乾隆甲午秋八月也。有印一方：供我挥毫。现藏天水市博物馆。

第四节　货币度量衡

骨贝

齐家文化。长 2.7 厘米，宽 2 厘米，厚 0.6 厘米。1975 年甘肃武威皇娘娘台出土。扁平状，上下两端较锐，近菱形。表面平整光洁，表面中部有一直线凹槽，凹槽平直，深约 0.15 厘米，宽 0.2 厘米。凹槽内两端各有一穿孔。此骨贝是否具有交换功用，现有待研究，但根据各出土齐家遗物判断，齐家文化与其他地区有着多方面的贸易交流。现藏甘肃省博物馆。

铜诏铁权

秦代。通高 19 厘米，底径 25 厘米。权呈馒头状，底部有因重量不足而添加的金属。拱桥形圆棒提梁，提梁一侧银挂一铜诏版，诏版长 9 厘米，宽 9 厘米。上阴刻篆书 40 字，共 6 行，其中第 4、6 行为 6 字，其余 4 行为 7 字，内容为秦廿

六年铜诏全文。现藏甘肃省博物馆。

两诏铜权

秦代。高 7 厘米，底径 5.2 厘米。秦安县上袁家村秦墓出土。刻秦始皇廿六年诏书七行 40 字和秦二世元年诏书九行 60 字。权整体造型为钟形，中空。顶部微有弧度，鼻钮。器表铸有多道觚棱，诏纹阴刻在觚棱之间的平面上，字体小篆。此权保存完好，重 250 余克，为秦一斤。反映了秦斤的标准重量，是研究古代衡制的重要实物。现藏甘肃省博物馆。

骨尺

汉代。长 23 厘米，宽 1.8 厘米，厚 0.5 厘米。1983 年甘谷新兴公社七甲庄出土。骨质削刻而成，淡黄色，扁平长条形。正面刻 5 阴线，将一尺分为五等份，每段均饰十字状长花二方连续纹样。背面

骨贝

铜诏铁权

两诏铜权

以黑漆绘边栏，两端对三角形几何纹饰，中点缀璧形纹和星点。内区为云气图案，中间两只长尾凤鸟相向飞翔，一侧一只长耳梅花鹿奔驰，另一侧相向者似浮于水面，尾饰云卷纹。现藏甘谷县博物馆。

骨尺

西晋。长 24.3 厘米，宽 2.1 厘米，厚 0.3 厘米。敦煌市佛爷庙出土。骨质削刻而成，淡黄色，扁平长条形，正面稍弧凸，背面平整。边缘有残损。正面横向边缘阴刻边栏，竖向刻线，将全尺均分为十等分格，格长一寸，每寸在两侧边栏上旋刻二圆圈为尺星，中连竖线

为界；相近寸圈间浅刻斜线，组成等腰三角形，内划刻网格。两条线相交处为半寸刻度。尺正中五寸处以五个圆圈组成菱形图案。一端半寸处有圆孔可穿系。现藏敦煌市博物馆。

错金一刀平五千

新莽。民乐县永固乡八卦营村出土。通长 7.5 厘米，宽 2.7 厘米，厚 0.4 厘米。分为环柄和刀身两部分，环柄为一方孔圆钱，环文上"一"，下"刀"，错金篆书。刀身上铸有阳文"平五千"三字，其中"平"是"值"的意思，即表示一枚刀币价值等于五千，就是相当于五千枚五铢钱。王莽推行币值改革，铸行高额而大幅减重的货币，造成经济畸形，激化了社会矛盾，使其政权夭折，但精美的错金"一刀平五千"币却有了"金错刀""钱艳"等美誉，受后世追藏。现藏民乐县博物馆。

五铢陶钱范

汉代。1982 年 3 月环县科技委员院出土。长 25 厘米，宽 8 厘米。五铢钱范，陶制。一端有孔 2 个，一端孔 1 个，2 孔一端有扁平状浇口，正面范两排，每排 7 枚钱模，钱模间有凹槽，连通以便浇铸。现藏环县博物馆。

大泉五十铜范

新莽。1973 年酒泉野猪湾墓群出土。

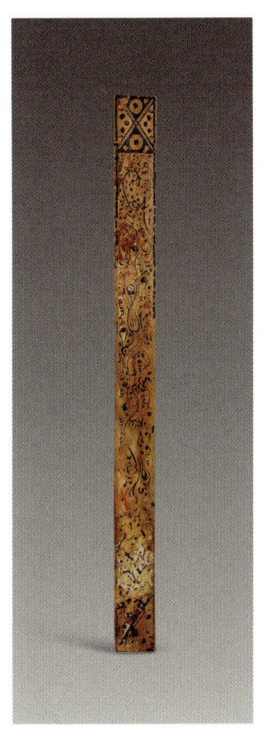

骨尺

骨尺

错金一刀平五千

大泉五十铜范

五铢陶钱范

边长 10 厘米。铜质，每范铸"大泉五十"四枚，范背光素。浇口在范中部，一侧留有流口。此为民间盗铸钱范。"大泉五十"铸行时间虽然仅有 13 年，但其却是王莽通行货币中流通时间最长，铸量最大的货币。现藏酒泉市博物馆。

骨尺

曹魏。1972 年嘉峪关新城出土。长 23.7 厘米，宽 1.6 厘米，厚 0.1 厘米。骨质削刻而成，扁平长条形。正面横向边缘

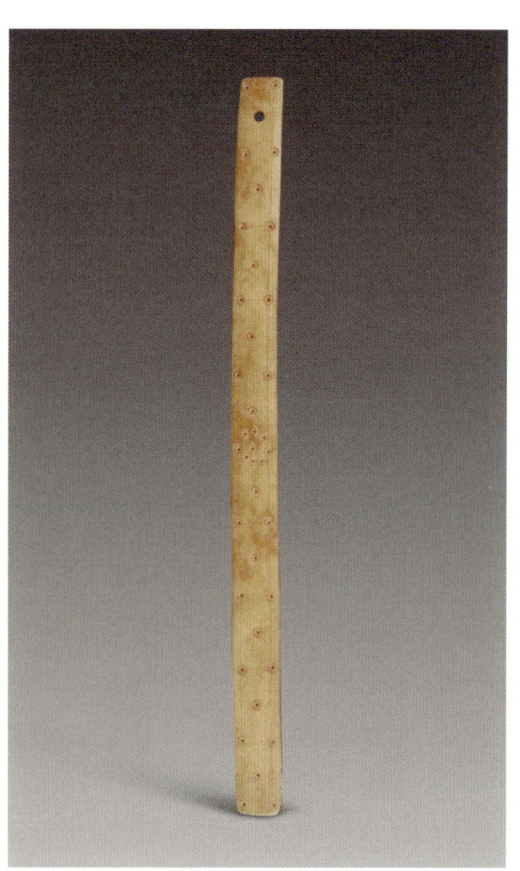

骨尺

阴刻边栏，竖向刻十一条线，均分全尺为十等分格。格长一寸，每寸在两侧边栏上旋刻二圆圈，中连长竖线为界；每半寸刻一短竖线，接中部一圆圈为其刻度。中间五寸处以九个圆圈组成团花形状。一端半寸处有圆孔可穿系。现藏甘肃省博物馆。

波斯卑路斯王银币

457~484 年。1970 年张弛大佛寺金塔殿出土。直径 2.6~2.9 厘米，重 3.5~4.1克。银质打压成型，不规则圆形片状。四枚分为 A 型和 B 型两种，正面为卑路斯（Pirouz）国王头像，面向右侧，两肩上各飘一纽结形带，头戴王冠，中间为雉堞形饰，前后各有一翅膀，冠顶为新月环抱一圆球，左侧为六瓣花状星饰，边缘饰一圈联珠纹。背面中间为拜火教祭坛，

波斯卑路斯王银币

坛位燃烧着圣火，火焰上左右各有一星一月，祭坛左右两侧各站立着一位祭司。边缘饰一圈联珠纹。钱币上有钵罗婆文的铭文，意为："主上、卑路斯、王。"是古代丝绸之路经济、贸易、交流的见证。现藏张掖市博物馆。

第五节　其　他

兽面纹牙雕

商代。路易·艾黎捐赠。长 9 厘米，12 厘米，6 厘米。共 3 件。一件呈圆锥形，缺尖部，下端饰云纹，上为窃曲纹、三角纹；一件呈扁圆柱形，上部断缺，上细下粗，表面下饰窃曲纹，上饰饕餮纹；一件呈扁圆柱形，中间细，两头粗，上部断缺，下部饰窃曲纹，上部饰饕餮纹。

现藏山丹县博物馆。

蚌雕嵌件（二件）

西周。长 9.4 厘米，宽 3 厘米。蚌质雕成。竖看似凤鸟，鸟首勾啄，细长弯颈，胸腹圆凸，身尾长羽倒弯向上，紧贴鸟的颈首，成一独特的镶嵌雕件。此件蚌雕制品个体较大，雕琢奇异，十分罕见。而地处西北黄土高原的古代甘肃出土此

兽面纹牙雕

蚌雕嵌件（二件）

物，显系交流遗物。现藏灵台县博物馆。

西文铅饼

约公元前1世纪。灵台县康家沟出土。径5.5厘米。铅质铸压成型。铅饼正面圆凸，图案为凸起的浮雕兽纹，兽躯卷成涡形。背面内凹，边缘处铸有西文字母拼写的铭文一圈，并戳有两个方形印记。同时出土共274枚，覆以汉代半筒瓦。目前尚未能考证出这批铅饼的来源及制造地。是古代丝绸之路文化交流的遗物。现藏灵台县博物馆。

西文铅饼

骨笄头

西周。路易·艾黎捐赠。长3.5~5.5厘米。九件。骨质，片状，有黄白色、黑白色。鸟形，鸟或蹲或立，圆眼，额上有高冠，表面刻单阴线表鸟翅羽，为西周时鸟的造型。笄头磨光，有的镶绿松石珠。

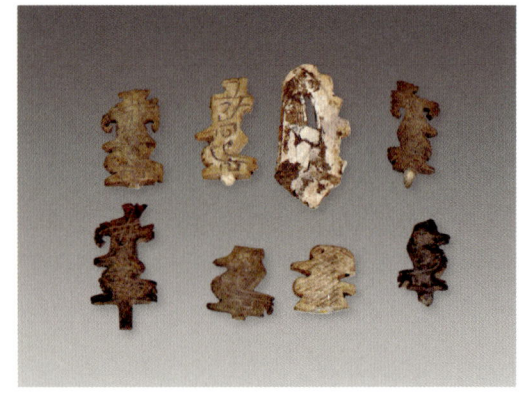

骨笄头

下部均有榫眼，为笭杆插入位置。现藏
山丹县博物馆。

琥珀雕对鸟纹佩饰

汉代。1987 年 4 月金塔县金塔乡五
星村采集。长 4.5 厘米，宽 5.8 厘米。橙
黄色，表面泛白。整体似锁形，雕作连
体交颈对啄的双鸟。鸟体扁圆，颇似并体
的豆荚。鸟双目似珠，啄喙尖长，相接相
吻，应属水鸟。二鸟双喙处呈三角形穿孔，
近鸟身中下部亦有一横穿孔，可随机穿
系。此件琥珀雕件，题材新颖，琢制巧妙，
颇具美感。现藏金塔县博物馆。

炭精雕猪形握

魏晋。长 7.9 厘米，宽 1.7 厘米，高
3.1 厘米。煤精质。扁圆长柱体，雕作伏
卧的猪形。一头稍细，成张嘴龇牙的猪首，
一头浑圆，为猪臀。以雕琢与斜面刀雕
出猪的鼻唇、眼睛、耳朵及收拢曲贴于
腹下的前后肢。以细密的阴线刻雕出猪
的鬃毛。整个造型简洁浑圆，憨淳可爱，
亦适手握。是较多炭精制品中的珍品。现
藏甘肃省文物考古研究所。

琥珀雕双龙佩

魏晋。果园乡丁家闸村二祖陶家庄
墓群 M6 出土。径 3.2 厘米，厚 0.7 厘米。
圆形饼状，正面刻作两条反向蜷曲的龙
纹，短鼻圆目，粗刀刻中脊与肢爪，细刀
刻毛发，背面刻有腹纹与毛发，佩饰中

琥珀雕对鸟纹佩饰

炭精雕猪形握

琥珀雕双龙佩

心钻有直径0.3厘米的圆孔，侧面通穿一孔。尚存残断绳索，出土时置墓主夫人胸前。此佩雕刻精细，小巧玲珑，质地莹透。现藏酒泉市肃州区博物馆。

炭精猪形握

东晋。1979年从嘉峪关市新城公社观蒲大队出土。2件。其一，长9.3厘米，宽3.9厘米。均炭精质地，黑色。圆雕，体为卧猪形。头部雕刻较细致，嘴宽而微张，三道鼻棱，大眼圆睁，双耳后抿贴背，四肢伏卧，为幼猪。其二，长11厘米，宽4.3厘米，高2.3厘米。雕刻较粗犷，体肥圆，合嘴，圆鼻端一道棱，枣核眼似微闭，项背鬃毛竖起，四肢伏卧，有酣眠之态。两件猪握有"汉八刀"遗风，虽以阴线简练勾勒，但神态逼真。属葬殓用玉。现藏甘肃省博物馆。

嵌骨阮咸

唐代。1980年武威南营青嘴湾唐墓发掘出土。长28.5厘米，宽26厘米，厚1.8厘米。木质。琴身不存，仅存琴首与琴颈。琴颈半圆柱形，向上平面，长12.2厘米，具指板用途。琴首长方柱形，略束腰，正面中下部凿挖窄长凹槽，是为弦槽。长6.5厘米，上宽0.5厘米，下宽1.2厘米，两侧各二孔，正可嵌插四个旋（弦）钮。旋（弦）钮圆柱，长7.2厘米，近锥体，周饰九道弦纹。琴首琴颈通体镶嵌

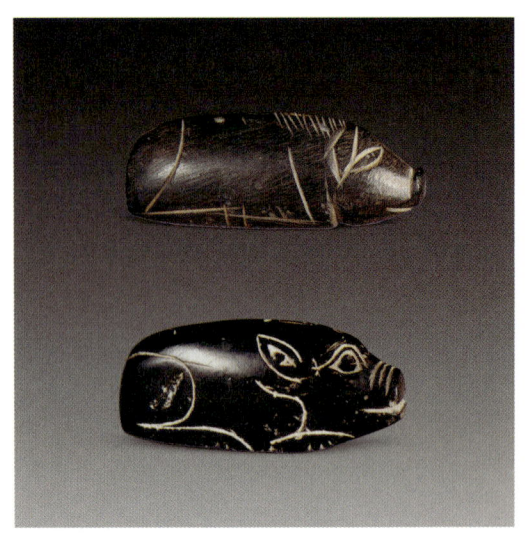

炭精猪形握

嵌骨阮咸

骨质六瓣梅花。弦钮一端亦嵌骨饰。阮咸直柄木制，圆形共鸣箱，四弦十二柱，竖抱用手弹奏。古籍上所说的阮为三尺，象天地人，而四弦法四时，虽惜为残件，但制作精细，装饰华美，仿佛依稀能听到恬静、圆润、深沉，几迸绝响的阮声，对研究中国古代音乐，具有重要价值。现藏武威凉州区博物馆。

铁狮

铁狮

明代万历三十年（1602 年）。一对。通高 150 厘米，身长 153 厘米，底座长 110 厘米，宽 62 厘米。狮铁质，体呈蹲伏状，一只昂首右顾。扬颈，粗眉圆睛，双耳下垂，口微张。颈部宽带项圈，胸垂响铃，左前腿直立，右前足踩绣球，后肢蹲坐，尾上扬而贴脊。一只昂首左顾，扬颈，粗眉圆睛，双耳下垂，口微合。颈部宽带项圈，胸垂响铃，双前腿直立，腿间卧一幼狮。胸下置长方牌，上题"主簿王宾，典史李□，万历三十年岁次壬寅夏月吉日"。下为长方坐，座沿铸制造人员及众会施财人姓名。此狮造型高大威猛，是研究明代雕塑艺术的宝贵资料。现藏灵台县博物馆。

主要参考文献

1. 甘肃省文物管理委员会：《兰州上西园明彭泽墓清理简报》，《考古通讯》1957 年第 1 期。

2. 甘肃省文物队等编：《嘉峪关壁画墓发掘报告》，文物出版社，1985 年。

3. 甘肃省文物考古研究所编：《酒泉十六国墓壁画》，文物出版社，1989 年。

4. 甘肃省博物馆编：《丝绸之路甘肃文物精华》，1994 年。

5. 山丹县艾黎捐赠文物陈列馆、甘肃省文物考古研究所编：《艾黎捐赠文物精粹》，文物出版社，1997 年。

6. 郑汝中、董玉祥主编：《中国音乐文物大系·甘肃卷》，大象出版社，1998 年。

7. 田晓主编：《酒泉文物精萃》，中国青年出版社，1998 年。

8. 甘肃省文物局编：《馆藏一级文物·甘肃卷》（上、下），内部刊行，2005 年。

9. 甘肃省博物馆编：《甘肃省博物馆文物精品图集》，三秦出版社，2006 年。

10. 甘肃省文物局编：《甘肃文物菁华》，文物出版社，2006 年。

11. 张掖市文物管理局：《张掖文物》，甘肃人民出版社，2009 年。

第十四章　杂珍

第十五章　近现代文物及少数民族文物

甘肃文博机构和有关部门收藏有丰富而珍贵的近现代文物文献。近现代文物文献是指博物馆、纪念馆和其他文物收藏单位收藏的1840年以后具有历史、艺术、科学价值的文物。近现代文物文献种类繁多，依其内容、形式，用途和意义，可以概括为以下种类：

书刊、书信、手稿、墨迹类：书刊类包括书籍、报纸、期刊、号外、时事材料、文件汇编等印刷品。书信、手稿、墨迹具有原始文字物证的特点，是历史研究的第一手材料，具有珍贵的史料价值。

文件、布告、传单类：各种重要会议的决议、决定、宣言，各种机关（党派、政府、军队、团体及其他机构）的文书、布告、电报、报告、指示、通知、总结等原始正式文件。著名人物等亲笔起草的文件、电报、作品、信函、题词等的原件。重大事件和群众性运动中散发、张贴的传单、标语、漫画，重要战役的捷报、交战双方向敌方散发的宣传品等。

章证、旗帜、货币类：章证包括各类奖章、勋章、奖状（立功喜报）、纪念章、机关（学校、团体）证章、证件、证书、代表证，以及其他标志符号等。旗帜类包括国旗、军旗、奖旗、舰旗、队旗、锦旗、贺幛等各种标志性、识别性旗帜。

武器装备类：武器装备类包括：各种兵器、弹药和军用车辆、机械、器具、地图、通信器材、防护器材、观测器材、医疗器材及其他军用物品。

生产、生活、办公用品、艺术品和其他类：能够反映社会历史发展的生产、生活器物、各类艺术品和其他类型的文物。

甘肃近现代历史，既具有近现代中国所具有的共性，又有地域和其他因素所制约的特性。近代以来，甘肃社会处于半殖民地半封建社会状态，19世纪60年代，西北回民起义在甘肃活动了较长时间；在洋务运动的影响和推动下19世纪70~80年代，左宗棠在兰州先后主持开办了兰州制造局和兰州织呢局，在中国近代工业发展中发挥了重要作用。辛亥革命风云之际，甘肃各族人民响应全国革命，发动武装起义，开展了反对清王朝和反动军阀的斗争。新民主主义革命时期，甘肃是西北地区中国共产党建立组织较早，有着重要活动的省区。陕甘边红军游击队在陇东开展革命斗争并创立了根据地。中国共产党较早地在甘肃开展了统战工作和民族工作的实践，取得了宝贵经验，产生了影响。红军长征途经甘肃大部分地区，党中央召开了俄界会议、哈达铺会议、榜罗镇会议；红军三大主力在会宁胜利会师；红西路军血沃河西，历程悲壮，可歌可泣。抗日战争时期，陇东地区的部分是陕甘宁根据地的组成部分，军民鱼水，勇斗顽敌，团结抗战，开展大生产运动，新民主主义的政治、经济、文化得到发展。八路军兰州办事处的设立和中共甘肃工委的活动，推动了甘肃抗日救亡运动的高涨。

1949年中国人民解放军挺进甘肃，8月26日兰州解放。1950年1月8日甘肃省人民政府在兰州成立。甘肃近现代文物的主要部分是反映这个历史进程的。甘肃近现代文物文献，分属于旧民主主义革命时期、新民主主义革命时期以及社会主义革命和建设三个历史时期。甘肃各博物馆收藏的新民主主义革命时期的文物文献以第二次国内革命战争时期、红军长征时期、陕甘宁根据地时期的数量多，内涵丰富，历史和文献价值高。

1954年和1955~1956年，甘肃省文物部门分两次在陇东老区等地征集陕甘宁根据地文物，征集的文物主要有文献；书刊、传单；勋章、徽章、证件；旗帜手稿；武器装备等。1958年，甘肃文物部门沿着红军长征在甘肃的行进路线，征集到当年干部群众冒着生命危险保护下来的文物，主要有文献、木板标语、武器装备等。这些文物，具有重要的历史价值和学术价值，成为甘肃各博物馆、纪念馆和其他文物收藏单位收藏近现代革命文物的组成部分。此后，甘肃各文博机构和部门重视近现代革命文物的征集、研究和陈列展览工作。甘肃省博物馆是全省近现代文物的主要收藏机构，自20世纪70年代以来，先后举办了多次近现代革命文物的陈列展览。1977年，《红军

长征在甘肃》展出了馆藏红军长征文物，参加过红军的老同志亲自参加策划展览，并率领工作人员重走长征路，解决了长征史研究中的一些疑难问题。中共甘肃省委在 1991 年举办的《中国共产党甘肃新民主主义革命史展览》对全省范围内的革命文物文献进行了系统的展示。2001 年，《光辉的历程——纪念中国共产党成立 80 周年展》中，甘肃省博物馆收藏的许多近现代革命文物成为主展品。这些展览在对广大群众和青少年进行革命传统教育、爱国主义教育方面发挥了作用，近现代文物的展览陈列工作取得了突出的社会效益。

甘肃是中国多民族省份之一，目前有民族乡以上行政建制的有回族、藏族、东乡族、裕固族、保安族、蒙古族、土族、撒拉族、哈萨克族其九个少数民族。

甘肃自古就是多民族地区，甘肃现有的少数民族既有古代延续下来的民族，又有元明时期形成的民族，也有近代由其他地区迁徙来的民族。就民族文物资源而言，甘肃基础雄厚，文物源远流长，种类繁多，异彩纷呈，既有丰富的民族多样性的特点，又有多姿多彩的地域性特征。甘肃少数民族文物从衣、食、住、行等反映物质文化的各种实物资料到文化、宗教艺术等反映精神文化的各种实物资料，举凡政治、经济、文化无所不包，既有众多的不可移动文物，又有大量的可移动实物资料。甘肃现有博物馆收藏的民族文物，在分类上有生产工具、生活用具、民族服饰、民间工艺品、宗教文化用品和宗教文化艺术品等不同类别。这些文物资料基本上能反映近代甘肃少数民族的整体面貌。

甘肃省志
文物志

第一节　近现代革命文物

辛亥革命十八星旗

武昌起义时各革命团体统一使用的军旗，又称"铁血十八星旗"或"首义之旗"。红布质地，上贴黑白图案。长102厘米，宽97厘米。图案由内外两部分组成，拼贴在旗帜上，内为黑色九角星，上有十颗白星，中间一颗稍大，外围九颗略小，角外一圈九颗白星大小相同，俗称"十八星旗"。辛亥革命爆发后，甘肃各地纷纷响应，该物原为驻防兰州的清朝甘肃陆军周务学部同情革命的第二营管代周炳南所珍藏。现藏甘肃省博物馆。

"鄂军政府起义"纪念章

1911年10月10日后发行，当为纪念辛亥革命武昌起义。黄铜质，模压工艺制作。圆形，上部有拱形别件。面径5厘米，厚0.05厘米。主体图案为辛亥革命军十八星军旗和中华民国国旗，二旗帜旗杆相交。上边缘逆时针铸"中华民国"，旗杆相交上叉处横铸"鄂军"二字，下竖铸"政府"二字，下叉处"起义"二字竖铸，"纪念"二字横铸。各字相连，可合读为"中华民国鄂军政府起义纪念"。右、下、左边逆时针铸"黄帝纪元四千六百有九年八月十九日"，即公元1911年10月10日。

现藏甘肃省博物馆。

《新陇》创刊号

新文化运动时期陇籍旅京学生创办的进步刊物，1920年出版。铅印本。纵24.5厘米，宽17厘米。《新陇》为月刊，创刊号封面上横排"新陇"二字刊名，中间为"要目"，下署"第一卷第一期"，"新

辛亥革命十八星旗

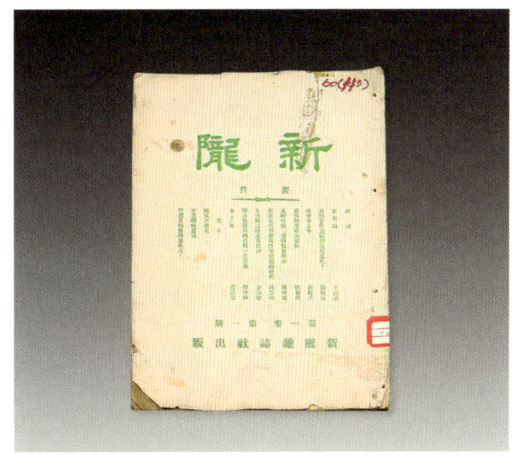

《新陇》创刊号

陇杂志社出版"。"卷首语""办刊启示"中写到"吾陇偏处西陲，交通不便，重以环境黑暗，各方压抑，间有一二新闻纸，作片羽吉光者，亦不能永远存在。留学同人忧之，常思各举所知贡献邦人，或迫于时间，或碍于经济，迟迟而未行也，迩来新潮澎湃一日千里，回顾我梓乡，长夜漫漫，暮气沉沉，用是不揣简陋，勉为其难，欲于输送实用之知识，传播现代之思潮，并以宣告本省状况于外界。庶乎稍尽绵薄，能补万一，使我羲轩桑梓，峙立于现代潮流中，不至不能适存也"。《新陇》月刊及时传播当时国际国内新文化新思想，批评甘肃时政，为促进甘肃青年学生觉醒和思想启蒙发挥了积极进步作用。现藏甘肃省博物馆。

《张一悟致恒德弟家书》

甘肃早期共产党员张一悟写给弟弟的亲笔信。共两封，均为墨笔书写。张一悟（1895~1951年），甘肃榆中人，1924年加入中国共产党，翌年与随国民军来兰的共产党员宣侠父、钱靖泉在兰州成立了甘肃最早的党组织——中共甘肃特别支部，任特支部书记。中华人民共和国成立后，张一悟曾任甘肃行署教育处第二处长、兰州市军管会委员、甘肃省人民政府委员等职务。1951年病逝于兰州。《张一悟致恒德弟家书》，一封一页，主要内容

为邮寄《响导》读物等事。写于1925年10月。一封二页，纵29厘米，宽25.8厘米。主要内容为勉励其弟努力向前，争取光明前途。尾具"四·六"（当为4月6日）时款，未具年份。两封均以"宜五"落款。现藏甘肃省博物馆。

王孝锡读物《陕西国民日报·列宁三周年纪念特刊》

革命烈士王孝锡阅读过的报纸。铅印，红字。纵58厘米，横40厘米。出刊于1927年1月21日。刊登内容有《列宁纪念大会宣言》《列宁在中国》、于右任诗《吊列宁歌》等。

王孝锡（1902~1927年），甘肃宁县人。1918年考入国立西北大学。1927年在兰州参与组建中国共产党兰州特别支部，任组织委员，期间先后担任国民党甘肃省党部青年部长、兰州青年社社长等职。1927年，王孝锡在宁县开展革命活动，参与了陕西旬邑暴动。1927年11月被捕，12月在兰州就义。现藏甘肃省博物馆。

王孝锡《解决中国问题草案》手稿

革命烈士王孝锡的手稿。写于1927~1928年。纵26厘米，横22厘米。纸质，有红格，4页。1、2、4页用墨笔书写。内容有《解决中国问题草案》及"序言"等15条款。第3页用铅笔书写，标7~11

甘肃省志 文物志

条文，内容涉及建立革命武装等问题。现藏甘肃省博物馆。

宣侠父《饬令马麒退出拉卜楞呈文》手稿

《饬令马麒退出拉卜楞呈文》为宣侠父手稿。手稿写就时间为1925年冬至1926年春。长67厘米，宽31厘米。纸质，墨笔书写，1张。内容中叙述了马麒在甘南摧残村寺、劫掠牛羊、残杀无辜，迫使民众流离失所，并逼迫嘉木祥活佛离开拉卜楞寺到川边避难、不敢还寺等事实。呼吁警惕英帝国主义对中国西藏的侵略。左后上部有"缮过"二字，左下部写"各番总代表黄正清及代表罗占彪、黄祥、杨真如、邵光宇"等。《饬令马麒退出拉卜楞呈文》手稿是宣侠父在晚些时候围绕解决拉卜楞问题替甘南僧俗代表起草的《甘边藏民泣诉国人书》《甘边藏民请愿书》《甘边藏民后援会宣言》的蓝本。

宣侠父（1899~1938年），浙江诸暨人，1922年加入中国共产党。1925年随西北军到甘肃，参与组建中国共产党甘肃特别支部，任委员。在甘肃期间支持甘南僧俗民众开展反抗军阀马麒的压迫，帮助成立"藏民文化促进会"。抗战初期宣侠父任八路军驻西安办事处少将参议。1938年在西安被国民党特务暗杀。现藏甘肃省博物馆。

陕甘边区二将川农民联合会赤卫队第一中队旗

第二次国内革命战争时期陕甘边区武装赤卫队的旗帜。布质，亚正方形，红底黑字，边长68厘米，基本完整。右边墨书竖写"陕甘边区二将川农民联合会赤卫队"一行小字，居中横排由右到左写"第一中队"四个大字。1934年11月7日，华池县苏维埃政府在南梁何沟门成立。华池全县划分为四个区，二将川属第四区管辖，区主席为边海旺，下辖三个乡苏维埃政权。现藏甘肃省博物馆。

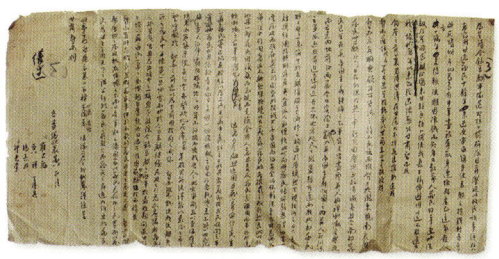

宣侠父《饬令马麒退出拉卜楞呈文》手稿

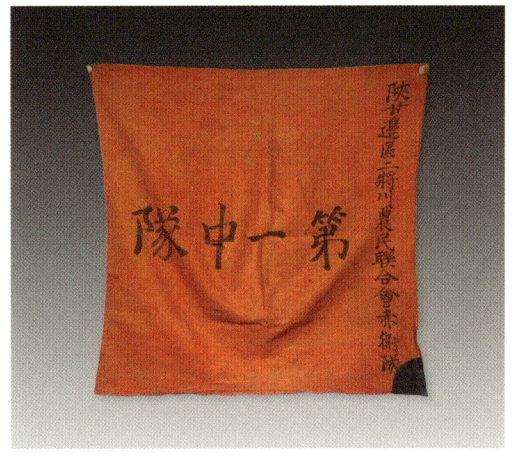

陕甘边区二将川农民联合会赤卫队第一中队旗

陕甘边区柔远川农民联合会代表团旗

第二次国内革命战争时期陕甘边区农会旗帜。布质，亚正方形，红底黄字，边长75厘米。上由右到左书"柔远川农民联合会"。中间竖写"代表团"三个大字。1934年12月，庆北县苏维埃政府在柳湾狗柏树掌成立。下辖两个区，柔远为二区，下辖打扮、张岔、庙巷、温嘴子四个乡苏维埃政府。现藏甘肃省博物馆。

陕甘边区安塞苏维埃政府第七区赤卫队第四中队旗

第二次国内革命战争时期陕甘边区武装赤卫队的旗帜。纵79厘米，宽83厘米。红色，布质，红底黑字。上、左两边逆时针写"全世界无产阶级及被压迫民族联合起来！"中间和右上角各有一像"山"字的五角形图纹。内绘一镰刀斧头图案。右边竖写"陕甘边区安塞苏维埃政府第七区赤卫队第四中队"文字两行。现藏甘肃省博物馆。

《庆北苏区的建立和路线的执行》

第二次国内革命战争时期陕甘边区党组织文献。手写本，计32页，在旧油印文书的反面，用墨笔书写。共计23页，纵20厘米，宽14厘米。主要内容有庆北在建立苏区前的情况和群众斗争；庆北苏维埃的建立与扩大；庆北党组织的建立；庆北游击队的建立与扩大；庆北苏维埃政府各种政策的实施；苏维埃政权的恢复与被敌人占领期间党的工作；群众对苏维埃政权的保护等。庆北指陕甘边根据地的庆北县，辖今庆阳县城以北的地区和今华池县的柔远、温台、定汉、城壕乡和悦乐镇一部分。1934年12月，庆北县苏维埃政府在柳湾狗柏树掌成立。下辖田河、柔远、城壕三个区，强家珍任主席。中国共产党在庆北县的组织有杜家河、武家河、城壕川三个支部。现藏甘肃省博物馆。

吉鸿昌"发扬蹈厉"大刀

吉鸿昌烈士遗物。吉鸿昌在1929年赠送给陇南国术比赛大会的纪念品。长90厘米，刃宽4.7~7.7厘米，脊厚0.6厘米，柄长20厘米。钢铁质地。附木刀鞘，略残。刀刃一面根部阴刻"民国十八年春季陇南国术比赛大会，吉鸿昌赠"等字，另一面根部双勾阴刻"发扬蹈厉"。护手为椭圆形，黄铜质地。现藏甘肃省博物馆。

吉鸿昌"发扬蹈厉"大刀

吉鸿昌 (1895~1934 年)。原名恒立，字世五。河南扶沟人。中国共产党党员，抗日名将。1913 年入冯玉祥部，从士兵递升至团长。1926 年任第 36 旅旅长，10月，率部参加北伐战争，由兰州兼程东进，参与解西安之围。1927 年任第 19 师师长，5 月出潼关占河南洛阳，在黄沙峪率师夜渡黄河，击退奉军，连克新乡、安阳数城。1928 年任第 30 师师长，调防甘肃天水。1929 年任第 10 军军长兼宁夏省政府主席。1933 年 5 月，吉鸿昌与冯玉祥、方振武在张家口建立察哈尔民众抗日同盟军，任第 2 军军长，旋任北路前敌总指挥，率部向察北日伪军进击，连克康保、宝昌 (今并入内蒙古太仆寺旗、正镶白旗、正蓝旗)、沽源、多伦四县，将日军驱出察境。1934 年参与组织中国人民反法西斯大同盟，被推为主任委员，秘密印刷《民族战旗》报，宣传抗日，联络各方，准备重新组织抗日武装。11 月 9日，吉鸿昌在天津法租界遭工部局逮捕，引渡到北平军分会。24 日被杀害于北平陆军监狱。刑前题诗一首："恨不抗日死，留作今日羞。国破尚如此，我何惜此头？"

吉鸿昌给王欧村的信

吉鸿昌烈士手书信件。纸质。长 27厘米，宽 19 厘米。信封上竖写"西安西街乾元客栈王琛先生合启"，落款为"讨逆军二十二路总指挥部缄"(红色印刷字)，"潢川，吉"(手写)。信纸为蓝框细竖蓝天格，上写"陈弟鉴来函阅悉，能受训练即是有志深造，殊堪嘉慰，望努力，勿懈怠，终有一前途远大，无限量也。此复，即颂问。吉鸿昌，八、一、八"。现藏兰州八路军办事处纪念馆。

《西北人民》

第二次国内革命战争时期陕西省农民协会创办的刊物，旬刊，由该协会筹备处编行。该刊为第二期，1927 年 5 月 11日出版。薄光纸质，铅印本，纵 21 厘米，宽 14 厘米，略残。封面有五角星和镰刀斧头组成的图案，中衔刊头"西北人民"四个黑体字。封内有口号或警语式文字三行：我们的旗帜——列宁；我们的武器——列宁主义；我们的任务——世界革命。其主要内容有独秀《国民党党内纠

《西北人民》

纷与中国革命》、怀伊《蒋介石叛党后之教训》、安农《西北农民问题与政治前途》、毛泽东《湖南农民运动考察报告》等。

《红军须知》宣传文书

红军长征时期文书。纸质。油印本。纵 10 厘米，宽 8 厘米。其第 4 页左边缝处印有"红军须知"和"第三册"字样。文书后署"红二十五军印"和"陕甘边区苏维埃政府翻印"等字样，时间为 1935 年 9 月 10 日。现藏甘肃省博物馆。

文书中的内容主要有"红军中为什么要政治委员？""政治委员的职责与工作""政治部是什么？""苏维埃是什么？""红军是那个的军队？""红军的宗旨是什么？""红军的纪律有几条？""红军经常做些什么工作？""怎样才能是好的革命战士？""常夫、伙夫、勤务、马夫十大注意"等。

陕甘边区苏维埃政府成立于 1934 年 11 月。红二十五军与陕北红军会师于 1935 年 9 月。

红军《怒潮》壁报板

红军长征时期的壁报。岷县西川区雅鸟乡征集。长 118 厘米，宽 55 厘米。以木板为底托，上贴纸张，复以墨笔书写勾画。壁报左上部有刊头"怒潮"及"1936 年 9 月 18 日""第一期"等字样。在右下部画有人物、空格等。1936 年 9 月 18 日

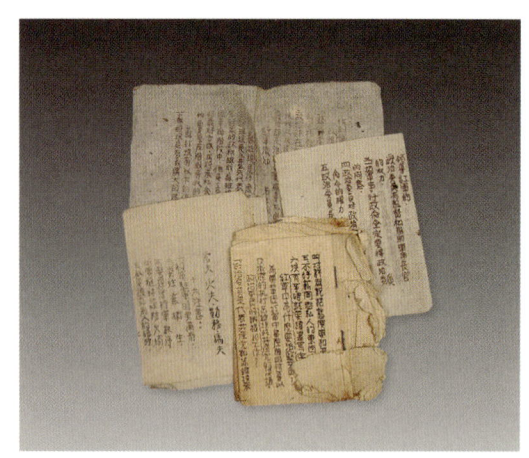

《红军须知》宣传文书

红军《怒潮》壁报板

中共中央西北局会议（岷州会议）在岷县三十里铺召开，张国焘、任弼时、朱德等出席会议。现藏甘肃省博物馆。

红军《争取番民的歌，十要十不准》宣传手册

油印本，计 20 页，各页长 12 厘米，宽 10 厘米。内容为红军"争取番民的歌，十要十不准"，即尊重藏族等少数民族的风俗习惯，加强军队和少数民族的团结，

红军《争取蕃民的歌，十要十不准》宣传手册

维护少数民族利益。音乐采用"小放牛"的曲调。共47节，前4节为"引子"，每节8句，每句6字。"十要十不准"共有二十条。

第5节共3小节，为"十要"内容，每小节8句，每句5~6字。第6节共4小节，为"十不要"内容，每小节8句，每句5~6字。第7节8句，每句5字，强调严格执行。

一

目前的工作，什么最重要？
红色指战员，样样要做到。
争取那番民，怎么做得好？
怎么使番民们，拥护我红军？

二

少数民族的，工作最重要。
十要十不准，样样要做到。
接近那番民，乡亲如兄弟。
打汉官和帝国，拯救那番民。

三

十要十不准，什么人号召？
里面包含着，什么内容呀？
十要十不准，一共几多条？
怎么能使那，条条都做到？

四

十要十不准，政治部号召。
一切的纪律，具体规定了。
十要十不准，一共二十条。
一个个都清楚，条条都做到。

五（十要内容）

（一）

要细心调查，番民的情形。
要耐烦号召，番民来回家。
向番民宣传，我们的主张。
拿兄弟的态度，对待那番民。

（二）

要尊重那番民，风俗和习惯。
住房子留一份，让给番民。
筹粮食遵守，红军的纪律。
打反动要努力，争取那群众。

（三）

要优待通司，和学习番语。
十要都做到，句句都不差。
一定能争取，番民的群众。
使他们和红军，真是一家人。

六（十不准内容）

（一）

不准随便说，番民是蛮子。

违犯那番民，习惯和风俗。

不准去乱反翻，拿番民的东西。

不准那任何人，私自乱没收。

（二）

不准任何人，山上乱打枪。

乱去拉群众，家里的牛样。

不准呀随便，捉拿番民们。

不准呀那一个，估卖和估买。

（三）

不准失火烧，群众的房屋。

不准呀践踏，群众的庄稼。

不准呀毁坏，神像和法器。

（四）

不准拿经书，垫床垫屁股。

不准呀随地，胡乱大小便。

少数的民族，努力争取到。

增加了我红军，抗日的力量。

七

假如不执行，十要十不准。

就是违犯了，红军的法令。

知了法犯法，罪更来加重。

决不能宽容，丝毫未放松。

歌词的后面，署有"总政治部，三月十六日"。三月十六日即1936年3月16日。在中国工农红军三大主力中，第一方面军进入藏族群众聚居区是1935年

5~9月。红二方面军是1936年4月底到达四川甘孜藏族聚居区，7月与红四方面军会师。"三月十六日"的时间与红四方面军在四川藏族聚居区的活动相契合。根据徐向前《历史的回顾》的记述，红四方面军是1936年2月上旬撤离宝兴、丹巴、懋功地区，向康定等地转移的。1936年3月15日，红四方面军总部进驻炉霍。现藏甘肃省博物馆。

红军长征标语

甘肃部分博物馆收藏有红军长征时期留存在甘肃的标语，纯纸质的留存很少，多写在墙壁和木板上，主要发现地是甘南藏族自治州、通渭县和河西走廊各地。主要内容是宣传中国共产党的方针政策，反对独裁统治，呼吁团结抗日。标语口号有"共产党是领导全国民众抗日的政党""建立抗日的西北根据地""誓死保卫中国""联合各党各派的力量，一致对日作战""一切不愿当亡国奴的军民联合红军抗日反蒋""番民组织自己的政府管自己的事""信教自由，保护清真寺"等内容。2002年，甘肃省文物保护维修所研究人员在甘南藏族自治州迭部县发现红军长征时期写在两扇门板上的藏、汉文文章。文章内容包括尊重当地人的宗教信仰等共9个条款，落款为红军政治部。通渭县博物馆收藏一木板（门

装板）标语，上墨书"取消一切苛捐杂税！勇卫"。现藏甘肃省博物馆。

"中华苏维埃共和国中央执行委员会人民委员会财政人民委员"印

木质，圆面，方柱钮，面径10厘米，钮长8厘米。印面文字上下沿边布局。中间为地球，上有镰刀斧头。围绕以扎把的麦穗和稻穗，在麦穗和稻穗梢间有五角星。发现印章的迭部县位于甘南地区。1935年9月毛泽东等率领长征中的红军左路军进入甘肃。9月12日，党中央在迭部县的高吉村（又称俄界村）召开了政治局扩大会议。现藏迭部县文化馆。

"中华苏维埃共和国国家政治保卫局中国工农红军第二军团第六师第十七团特派员"印章

木质，圆形，直径6.85厘米。外圈刻"中华苏维埃共和国国家政治保卫局中国工农红军第二军团第六师第十七团特派员"，并有两枚五角星间隔文字。圆心刻地球上置镰刀斧头图案，图案外为麦穗。现藏礼县博物馆。

《中国共产党党章》

薄光纸张，油印本，纵12厘米，宽10厘米。征集于张掖，当为红军西路军中中共党员或党的组织使用。扉页图案由三部分组成，上部为五角星的光芒四射和镰刀斧头；中部为地球图案，并书"中国共产党党章"；下面书"第三十军政治

部翻印"，再下为时间"1934.4.5"。正文内容计有15章53条。这份党章的内容与1928年6月在莫斯科召开的党的第六次全国代表大会通过的党章相同。这个党章中的内容包括党的名称、党员、党的组织系统、支部、城乡区的组织、县或市的组织、省的组织、党的全国会议、党团与共产主义青年团的互相关系。在组织制度方面提出了民主集中制的根本原则。党章上所记时间为1934年4月，当为活

"中华苏维埃共和国国家政治保卫局中国工农红军第二军团第六师第十七团特派员"印章

《中国共产党党章》

动在川陕根据地的红三十军政治部翻印的六大通过的党章。1936 年底到 1937 年初，在红西路军中这个党章仍被西路军战士保存着。这个时期，红西路军在河西走廊的张掖一带曾进行了艰苦卓绝的战斗，高台战役、倪家营子战役中许多红军战士献出了宝贵的生命，为中国人民的解放事业流尽了最后一滴血，董振堂、杨克明等烈士都是在高台战役中牺牲的。在如此艰苦的岁月里，党章仍被红军干部战士携带在身上，体现了中国共产党党员对党的事业的忠诚和对共产主义的信念。现藏甘肃省博物馆。

中国共产党党证

纸质，纵 19.5 厘米，宽 13.5 厘米，上有列宁、斯大林的头像和五角星、镰刀斧头图案。下部为表格，空白。有姓名、籍贯、住址、年龄、性别、何时何地入党，何人介绍等栏目。上有"中国共产党红四方面军第卅军党务委员会"方形印章。现藏甘肃省博物馆。

红军木板标语（一组 3 件）

（1）1956 年 8 月，征集于临潭旧城。纵 50.6 厘米，宽 98 厘米，基本完整。木质，上以紫色墨笔书写："创造西北抗日根据地"九个大字。后署"抗日红军政治部"小字一行。此物为红四方面军书写于驻地门板或墙板上的宣传标语。

1936 年 8 月，中共中央西北局发起岷洮西固战役之后，党中央、中央军委即发布了《关于今后战略方针与国民党各派统战策略的建议》等指示，指出一、二、四方面军有配合东北军打通苏联，巩固内部，出兵绥远，建立西北国防政府之任务。并指示二、四方面军尽可能夺取岷县或其附近地区作为临时根据地。不断发展抗日局面，扩大抗日根据地。现藏甘肃省博物馆。

中国共产党党证

红军木板标语 (1)

甘肃省志 文物志

（2）征集于临潭新城区。纵 98.7 厘米，宽 51 厘米，基本完整。木质，该物两面均有墨笔书写的文字各三行。一面内容为"联合各党各派的抗日力量，一致对日作战"；另一面内容为"一切不愿当亡国奴的军民联合红军抗日"。后署"红军保宁政宣"字款，当为红四方面军在 1936 年 8~9 月之间所写。现藏甘肃省博物馆。

（3）1956 年 8 月征集于临潭一带。纵 96 厘米，宽 48.5 厘米完整。木质，上以墨笔书写"信教自由，保护清真寺！"九个大字后落"红军保宁政"字款。当是红四方面军在甘南教区书写的宣传党的民族政策的标语。现藏甘肃省博物馆。

红军陕甘支队墙壁标语

长方形，纵 41 厘米，宽 104 厘米。由于表土自然变化，字迹略显模糊。1975 年 8 月，甘肃省博物馆专业技术人员对该墙壁进行实地采集复原，标语内容为"勇敢的工农当红军"八个字。此物即为陕甘支队红军在通渭县榜罗镇期间书写于墙皮上的标语。

1935 年 9 月 26 日，党中央率陕甘支队攻占通渭县榜罗镇。翌日，中央政治局在榜罗镇召开常务会议。会议讨论了国内外形势和下一步战略方针，决定党中央率陕甘支队进至陕北，把陕北作为领导全国革命的大本营。9 月 29 日，陕甘支队在

红军木板标语 (2)

红军木板标语 (3)

红军陕甘支队墙壁标语

榜罗镇小学门前打麦场上召开全军连以上军政干部会议，毛泽东作了重要政治报告，动员部队到陕北去，到抗日前线去。张闻天、彭德怀等出席会议并讲话。现藏甘肃省博物馆。

红四方面军宣传手册

油印本，线装，共 22 页，41 面。长 14 厘米，宽 9 厘米，厚 0.3 厘米。每面竖排 11 行，每行满行 15 字。内容分为甲、乙、丙、丁、戊五部分。甲标题已缺，内容为揭露胡宗南，进而宣传红军的英明和政策。乙为"告胡宗南部白色士兵大纲"，丙为"告松潘一带群众"，丁为"告少数民族传单"，戊为"告群众"。印刷字迹清楚，内容丰富，是研究红军长征史的珍贵材料。现藏古浪县博物馆。

红军党员登记表

纸质，圆角方形，可对折，长 20.5 厘米，宽 21 厘米。表上部有手写"党员登记表"五字。下为红墨水笔所画表格。现藏会宁县博物馆。

中央致一、二、四方面军贺电

纸质，2 页，略残。纵 21 厘米，横 27 厘米。文分甲、乙、丙、丁四部分，主要内容为分析红军三大主力会师的意义，号召抗日救国。口号有"中国人民红军抗日先锋队万岁！中华民主共和国万岁！中华苏维埃万岁！中华民族自由

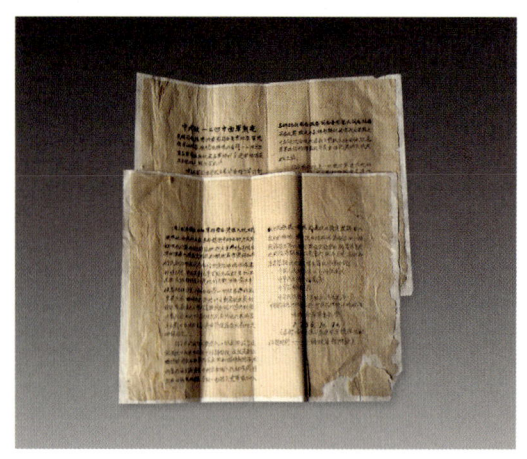

中央致一、二、四方面军贺电

平等独立解放万岁！"贺电后署中国共产党中央委员会、中华苏维埃中央政府、中央革命军事委员会。时间为 1936 年 10 月 10 日。现藏甘肃省博物馆。

中华苏维埃共和国银币

银质，面径 2.4 厘米，厚 0.1 厘米，表层部分剥落。正面中位竖排"贰角"二字。背面中下部有麦穗、地球和镰刀斧头图形。此币由中华苏维埃共和国国家银行于 1932 年发行，中央造币厂铸造。现藏甘肃省博物馆。

中华苏维埃共和国铜币

面值分两种：一分和五分。面值一分以紫铜浇铸而成，面径 1.8 厘米，厚 0.08 厘米。正面上沿有"中华苏维埃共和国"字样，阳文；中下部为镰刀斧头图案，上叠压阿拉伯数字"1"。背面中部有"一分"二字；两边饰有麦穗等图案。面值五分以

紫铜浇铸而成，面径 1.2 厘米，厚 0.12 厘米。正面中圆内有镰刀斧头和地图造型；背面中心有"五分"二字。这组铜币都是北上红军在甘肃活动期间遗留的实物。由苏维埃共和国国家银行于 1932 年发行，中央造币厂铸造。现藏甘肃省博物馆。

中华苏维埃共和国国家银行西北分行纸币

纸币面值分为：五角、贰角、一角、五分、一分。

面值五角一种。薄型纸质，单面彩印，上有淡红色人物图形，墨绿色边栏，纵 6.8 厘米，宽 11.8 厘米。无印制或发行年款。

面值贰角分两种。一种为黑色字纹，有红色编号与印记，纵 15 厘米，宽 7 厘米，1935 年印制；另一种为蓝、红色字纹，纵 6 厘米，宽 10.3 厘米，无印制年款。

面值五分一种。厚棉纸质，黑色字纹，纵 5.8 厘米，宽 10.5 厘米，1935 年印制。

面值壹分一种。厚棉纸质，黑色字纹，纵 4.8 厘米，宽 8.5 厘米，1935 年印制。

1935 年 11 月，中央红军（陕甘支队）到达陕北后，中华苏维埃共和国国家银行改称为中华苏维埃共和国国家银行西北分行，行址初设瓦窑堡，后迁至保安。林伯渠、曹菊如为行长。发行纸币（时称苏维埃纸票），流通于陕甘根据地。1936 年，该行更名为中华苏维埃人民共和国国家银行西北分行后，前西北分行苏维埃纸票即体质发行。现藏甘肃省博物馆。

川陕省苏维埃铜币

铜币按面额分两种："500"文和"200"文。

面额为"500"文铜币。面径 3.3 厘米，厚 0.1 厘米。正面上部沿边为"川陕省苏维埃造"字样。中圆弦纹内为"500"阿拉伯数字。下有"五百文"三个小字；背面上边为"全世界无产阶级联合起来"字样。下部有"一九三四年"铸造时间。中有五角星、麦穗、镰刀斧头等图纹。1956 年临潭县征集。

面额为"200"文铜币。个体略小于"500"文币。面径 2.8 厘米，厚 0.1 厘米。正面除面额字纹外，其余字纹多同于"500"文币；背面有"赤化全川"四个隶字，铸造时间亦为 1934 年。1956 年，临潭新

川陕省苏维埃铜币 500 文

城区征集。现藏甘肃省博物馆。

爱国捐粮证

纵 19.5 厘米，横 14 厘米。纸质，紫蓝色油印，上部印"工农兵学商联合起来对日作战"口号。以下栏格李用墨笔填写捐粮者姓名、数字。捐粮证上有"在困难时期，慷慨捐助抗日军粮，这种热情实为可佩可钦，本政府、政治部特予道谢"一段文字，落款为镇原县县长邹、人民抗日红军政治部主任王、付主任谢。盖有邹介民、谢扶民的小方印和"中国人民抗日红军第三十一军政治部"圆印、"镇原县政府"方印。时间为 1937 年 6 月 3 日。现藏甘肃省博物馆。

中国抗日人民红军政治部布告

纵 37 厘米，宽 27 厘米。纸质，石印，右起竖排。布告题"中国抗日人民红军政治部布告"，后署时间"一九三七年六月二日"，主要内容为红军已于 5 月 15 日之后宣布停止筹粮，但在平凉、泾川一带，有人冒充红军"勒索考榨人民粮款"，发现以后将"严格惩办，以昭炯戒，以安地方"。布告后署"主任王新亭，副主任谢扶民。"盖有"中国抗日人民红军第四方面军第三十一军政治部"红色圆形印记。现藏甘肃省博物馆。

陕甘宁边区政府指示信

白麻纸质地。油印一页。纵 25.5 厘米，宽 36.5 厘米。右起竖写"陕甘宁边区政府指示信"下有"指字 35 号"和时间"中华民国三十一年九月一日"等内容。盖"陕甘宁边区政府"红色方形印记。左方信末署"主席林伯渠、副主席李鼎铭、民政厅长刘景范、副厅长唐洪澄"，是边区政府推行"三三制"、发动普遍的乡选运动而致各分区专员及各县市长的指示信。现藏甘肃省博物馆。

陕甘宁参议会、陕甘宁边区政府开会通知

薄光纸质，右起竖写，纵 28.5 厘米，宽 19.7 厘米。右起竖写。前油印"通知"二字，下以墨笔书写"民国三十三年十一月十三日发"小字一行。通知内容为陕甘宁边区参议会、陕甘宁边区政府邀请甘肃镇原籍李焕章议员，到延安参加"参议会常驻委员第十一次、政府委员第五次联系会议"。左后署名的有"高岗、安文钦、谢觉哉、林伯渠、李鼎铭"。现藏甘肃省博物馆。

抗大七分校烧制的瓦当

一组 4 件，长 23~24 厘米，宽 9.5~14 厘米不等。一件主体显窄，拱度较大，滴水呈圆形，上模印"抗大"二字及镰刀斧头、五角星等阳刻图纹。另三件主体较宽，拱度略小，滴水部分呈三角形，其上分别模印"七""分""校"。四瓦滴水文字合成"抗大七分校"。"抗大"即中国人民抗

日军政大学，七分校设于陇东地区。瓦当为抗大七分校开展大生产运动的物证。现藏甘肃省博物馆。

中国共产党陕甘宁边区第二次代表大会《告边区群体党员书》

熟宣纸质，油印本，计12页。纵15厘米，宽9.7厘米，完整。内容为号召党员和全边区人民积极参加全国范围内反投降、反分裂、反倒退的斗争；继续加强抗战动员，扩大、提高我们的军队，巩固人民自卫军；加强除奸保卫工作，继续发展边区经济，改善人民生活；提高人民的文化生活；充实民众团体的经常工作，改善人民生活；提高人民的文化生活；充实民众团的经常工作，改善乡村群众团体的组织形式；更加巩固我们的党等八项任务。印发时间为"中华民国二十八年（1939年）十二月十日"。现藏甘肃省博物馆。

《陕甘宁边区施政纲领》

白绵纸质，油印本，计4页，纵19.8厘米，宽13厘米。主要内容有：团结边区内部各阶级和边区境外友党友军，提高边区武装战斗力，优待抗日军人家属，与一切群众团体联盟，保证一切抗日人民的人权、政权、财权及言论、集会、结社、信仰……的自由，改进司法制度，废止肉刑，厉行廉政，发展生产与商业流通，调整劳资关系，实行合理的税收制度，消灭文盲，推广卫生行政，依照男女平等原则发挥妇女积极性，尊重民族信仰、习惯，欢迎海外侨胞来边区求学工作或兴办实业，团结教育游民从业，宽大被俘人员，允许外国人来边区游历、工作、兴业等计21项。是由中共边区中央局修改完善后，经中共中央政治局于1941年5月1日批准印发。

抗战爆发后，中国共产党领导的人民抗日力量不断发展壮大，截止1940年，创建抗日根据地十六块，约一亿人口，在全民族抗战中发挥着日益重大的作用。为了坚持抗战，巩固发展敌后根据地的各项建设，陕甘宁边区遵照中央指示，制定了《陕甘宁边区施政纲领》，是中国共产党在抗日根据地内实行的基本政策纲领。现藏甘肃省博物馆。

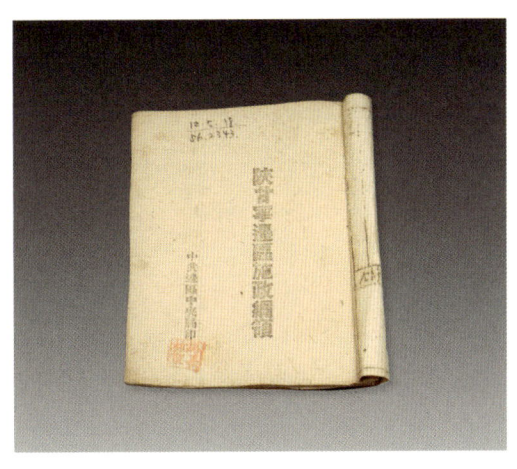

《陕甘宁边区施政纲领》

颁给"劳动英雄"张振财的木匾

1943年11月陕甘宁边区陇东分区首届生产展览会上，陇东地委书记马文瑞赠给生产模范张振才（又名张振财）同志的，以奖励其在大生产运动中，带头组织变工队，创造模范村的先进事迹。木匾以桐木制做，长175厘米，宽100厘米，厚4厘米，手工镌刻而成。木匾正面右起刻有："时在中华民国三十二年陕甘宁边区陇东分区首届生产展览会赠给生产模范首席张振财同志。"小字之后一行竖排"劳动英雄"四个大字。落款为"马文瑞题"。匾面用黑漆漆成，字刻成凹形，上施红色颜料。

张振财，陕甘宁边区陇东分区华池县城壕村人。1904年出生，1934年投身革命，1942年，张振财在大生产运动中开荒耕种，被评为陇东分区劳动模范，出席了陇东分区首届展览及劳动英雄大会，中共陇东地委书记马文瑞亲笔题写"劳动英雄"木匾一面以奖励。1943年12月，作为陕甘宁边区特等劳动模范，张振财出席了陕甘宁边区第三届生产展览会和第一届劳动英雄大会，向中央领导介绍了城壕村变工队的生产经验，得到了中央领导的肯定。1944年1月3日，《解放日报》以《张振财和模范的城壕村》为题，报道了特等劳动英雄张振财的先进事迹。

1946年，张振财任城壕村四乡党支部副书记。新中国成立以后，张振财任城壕村高级农业社社长，1963年任城壕村大队党支部书记，1977年当选为中国共产党第十一届全国代表大会代表。现藏甘肃省博物馆。

张振财生产模范奖状

布质，白底彩印墨写，纵26厘米，宽32厘米。上有人物头像和以五角星、红旗、麦穗等纹样组成的彩色边栏。奖状颁发的时间为"中华民国三十二年十一月二十五日"，地点为"陕甘宁边区生产展览会"。奖状由时任陕甘宁边区政府主席的林伯渠签署，内容为"张振财英雄，生产模范，林伯渠"，奖状上的人物头像疑为当时任陕甘宁边区政府的主席林伯渠和副主席李鼎铭。现藏甘肃省博物馆。

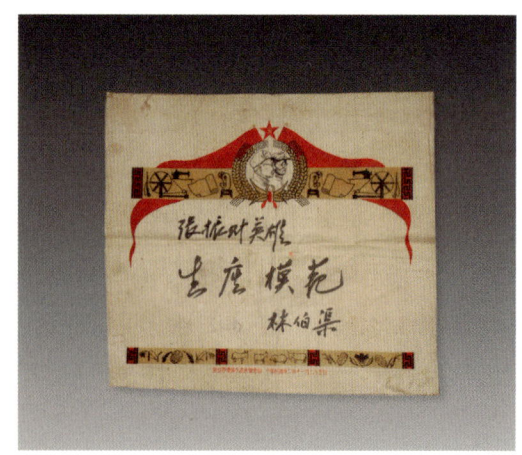

张振财生产模范奖状

毛泽东版画像

布质，纵28厘米，宽25厘米。上拓印有黑色木刻板画毛泽东头像及毛泽东题词手迹"向前发展"等字纹。下印有"陕甘宁边区第二届农工业展览会赠"小字一行。现藏甘肃省博物馆。

三八五旅第三次群英代表大会奖状

布质，纵28厘米，宽33厘米。上彩印毛泽东头像、骑兵人物，边框有纺线、耕种等人物图案。中框文字右起竖写，第一行为"三八五旅第三次群英代表大会奖状"；第二行起为"王德全同志在一九四四年农业生产成绩卓著，选举为农业劳动英雄"。后署名"旅长王维舟、副旅长陈伯钧、副政委冼恒汉、政治部主任刘随春"。时间为1944年12月。八路军三五八旅在抗战期间曾驻防陇东。现藏甘肃省博物馆。

中国回教救国协会陕甘宁边区分会关中支会印章

木质，呈长方形覆斗状。印面长4.9厘米，宽3.2厘米，厚3.7厘米。印面刻阳文，横三排。上排为"中国回教救国协会"，中排为"关中支会"，下排"陕甘宁边区分会"。中国回教救国协会是1938年成立的一个全国性抗战社团组织，陕西等省设有分会、支会组织。现藏甘肃省博物馆。

毛泽东版画像

三八五旅第三次群英代表大会奖状

中国回教救国协会陕甘宁边区分会关中支会印章

中华苏维埃人民共和国中央政府内务部婚姻证

纸质，油印。三联式文书之二联部分纵 18 厘米，宽 17 厘米。上部书："中华苏维埃人民共和国中央政府内务部。"左下部分分别填写结婚人男王××、女张××以及介绍人田××、婚姻登记科长石××姓名。姓名前有：二"同志经双方认为情感意合，遵照苏维埃婚姻法愿意结为夫妇，特向苏维埃登记，各执此证为凭"。签发时间为 1937 年 1 月 14 日。为三联式文书的左二联部分。现藏甘肃省博物馆。

结婚证

梅江纸质，纵 31 厘米，宽 19.5 厘米。当为手写二联式文书的左半。为农民张进福与穆姓寡妇石氏的结婚证明，有二人的手印和"环县环城区革命委员会"的长方形印记。上以墨笔写有"张进福情愿与石氏结为合法夫妻"，（编号 12）等文字内容。签发时间为 1937 年 12 月 9 日。现藏甘肃省博物馆。

中国人民抗日军政大学第二分校毕业证书

布质，纵 23 厘米，宽 19 厘米。石印蓝色边框字纹。用墨笔填写姓名等内容。为抗大二分校校长陈伯钧、副校长邵式平签发给学员杨明，上署红色名记。毕业证上有毛泽东题词："勇敢、坚定、沉

中华苏维埃人民共和国中央政府内务部婚姻证

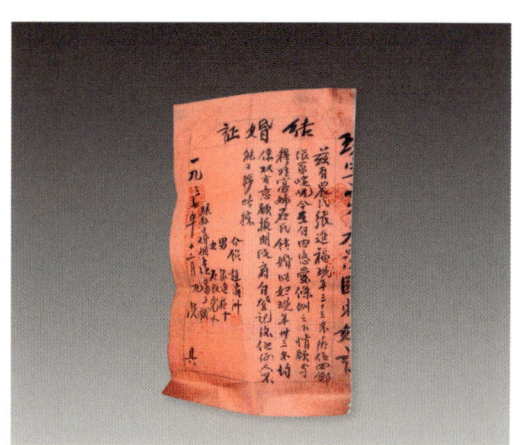

结婚证

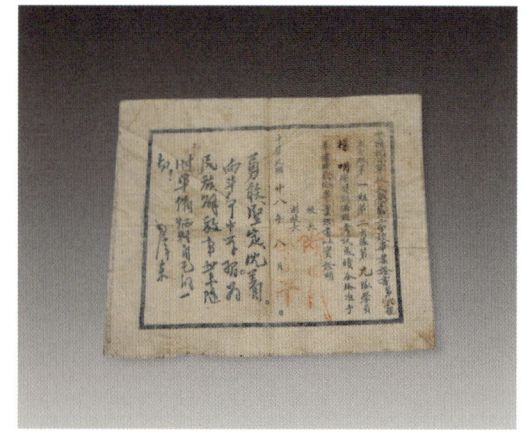

中国人民抗日军政大学第二分校毕业证书

着、向斗争中学习，为民族解放事业随时准备牺牲自己的一切。"编号780号，签发时间为1939年8月。现藏甘肃省博物馆。

抗战八周年纪念口号

纸本。内容为纪念"七·七"，向全国抗日将士致敬，向全国抗日人民致敬，要求立即释放张学良、杨虎城、叶挺等口号计二十二条。后署"中国共产党中央委员会""关中报社翻印"等字款，无年款。仅据题头"纪念抗战八周年"之提法和当时的习惯算法，该物当为1945年"七·七"前夕或略晚一些时期，中共中央为纪念抗战八周年而编发的宣传物。为中共中央编发、关中报社翻印。现藏甘肃省博物馆。

"抗战胜利结束日寇签字投降"剪报

抗日战争时期后期陕甘宁边区新闻剪报。计三则四页，黄草纸质，铅印，尺寸大小不等。

（1）由二页组成。一页大字标题为：延安总部发布命令，限令敌伪投降；我军应即进占所有城镇交通要道，实行军事管制；第二页为新华社延安10日电。主要内容为延安总部向各解放区武装部队发布的命令。命令内容计四条。后署"总司令朱德"名款，时间为"中华民国三十四年（1945）八月十日二十四时"。

（2）新华社延安15日电：朱总司令

抗战八周年纪念口号

命令冈村宁次投降。内容有七条。后署"中国解放区抗日军总司令朱德"名款，时间为"中华民国三十四年（1945）八月十五日十五时"。

（3）为新华社报道二则。一为报道"抗日战争胜利结束，日寇签字投降"的消息；二为转载路透社2日电，内容为投降书的正式原文。无年、月时间，仅据其报道内容和所发生的历史事件加以推断，二则报道的确切时间应为1945年9月3日和2日。现藏甘肃省博物馆。

《中共中央对目前时局宣言》

黄褐纸质，托裱，计一页。纵26.2厘米，宽34厘米。主要内容为"承认解放区的民选政府和抗日军队"等六条紧急措施，以作为中共参加重庆谈判的基本条件。是陇东报社《今日新闻》第二期于八月二十七日转发的《中共中央对目前时局

宣言》的油印件。1945 年 8 月 11 日日本投降前夕，蒋介石一面命令国民党军队要"加紧作战努力，一切依照既定军事计划与命令积极推进，误稍松懈"；一面又命令共产党领导的第十八集团军"应就原地驻防待命"。同时，命令沦陷区的伪军"维持治安"，且只准接受国民党军队的收编。其险恶用心，昭然若揭。针对蒋介石政府的这一"命令"。新华社于 8 月 13 日发表了《蒋介石在挑动内战》的评论文章。同日，毛泽东在延安干部会议上作了《抗日战争胜利后的时局和我们的方针》的讲演。指出："对于蒋介石发动内战的阴谋，我党所采取的方针是明确的和一贯的，这就是坚决反对内战……" 8 月 25日，毛泽东率中共代表团赴重庆同蒋介石为首的国民党政府进行和平谈判的同时，中共中央发表了由毛泽东起草的《中共中央对目前时局宣言》，阐明了中国共产党对当前时局的认识和主张。现藏甘肃省博物馆。

刘少奇《关于修改党章的报告》单行本

黄草纸质，铅印本，计 123 页，纵17.7 厘米，宽 12.5 厘米。主要内容有：引言、关于党员、关于党员的义务与权利、关于党内民主集中制等八个部分。为当时出版的单行本原件。1945 年 5 月 14日，刘少奇在中国共产党第七次全国代表大会上做了题为《关于修改党章的报告》的报告。在报告"引言"中称："我们的党章，从 1928 年六大修改至今已有十七年了，党内外情况有了极大的变动，许多部分已不能适用。几天又有了全新的政治任务，七大必须制定完全适合于现实情况的党章……"此当为刘少奇这一报告，抑或修改党章的宗旨和缘由所在。现藏甘肃省博物馆。

《中共中央对目前时局宣言》

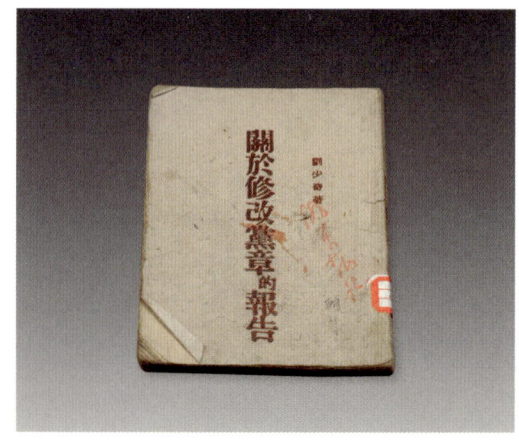

刘少奇《关于修改党章的报告》单行本

毛泽东《论联合政府》单行本

黄草纸质，铅印本，计 98 页，纵 17.3 厘米，宽 12.2 厘米。内容有中国人民的基本要求；国际形势与国内形势；抗日战争中的两条路线；中国共产党的政策；全党团结起来，为实现党的任务而斗争等，最后以"打倒日本侵略者！中国人民解放万岁！"两句口号结束。是 1945 年 5 月由延安解放社编辑出版。现藏甘肃省博物馆。

毛泽东《组织起来》

黄草纸质，铅印本，计 21 页，纵 13.2 厘米，宽 9.7 厘米。据尾页"录自民国三十二年十一月二十九日《解放日报》"等文字分析，当为由解放社或新华社翻印的出版物。出版时间，当与《解放日报》发表改文时间相去不远。是毛泽东这一"讲话"最早的印本之一。该印本除刊有毛泽东的这一讲话之外，还刊有《高岗同志在边区劳动英雄代表大会与生产展览会开幕典礼上的讲话》。现藏甘肃省博物馆。

毛泽东《在延安文艺座谈会上的讲话》单行本

黄草纸质，铅印本，计 40 页，无封面与底页。纵 18 厘米，宽 12.7 厘米。1943 年 10 月 19 日，《解放日报》为纪念鲁迅先生逝世七周年，出版毛泽东于 1942

毛泽东《论联合政府》单行本

毛泽东《组织起来》

毛泽东《在延安文艺座谈会上的讲话》单行本

第十五章 近现代文物及少数民族文物

年 5 月 23 日《在延安文艺座谈会上的讲话》单行本。是毛泽东同志这一重要"讲话"最早的印本之一。现藏甘肃省博物馆。

陇东分局《粮讯》创刊号

《粮讯》是陕甘宁边区陇东分区于抗战时期创办的刊物，该印本为创刊号。黄色元书纸质，油印本，计 8 页，纵 18 厘米，宽 13 厘米，1941 年 12 月 1 日出版。由粮讯编委会编行，陇东分区负责人马锡五题写刊名。主要内容有王维舟《发刊词》、冯治国《庆阳县人民的负担真的太重了吗？》等文章。开辟有《工作介绍》《问题解答》《时事报导》等栏目。后页双勾油印马锡五手书题词："愿大家为完成三万六千救国公粮而奋斗到底。"现藏甘肃省博物馆。

毛泽东《论新民主主义》单行本

毛泽东同志著作，纵 20 厘米，宽 14.3 厘米，计 41 页。封面与底页以黑麻纸装订，文章主要内容有：中国向何处去，我们要建立一个新中国，中国的历史特点、中国革命是世界革命的一部分、新民主主义的政治、新民主主义的经济等计 15 个章节。毛泽东的这篇著名文章本于 1940 年 1 月最先发表于《中国文化》创刊号上，原名为《新民主主义的政治与新民主主义的文化》。该油印本为该文最早发行的单行本之一。现藏甘肃省博物馆。

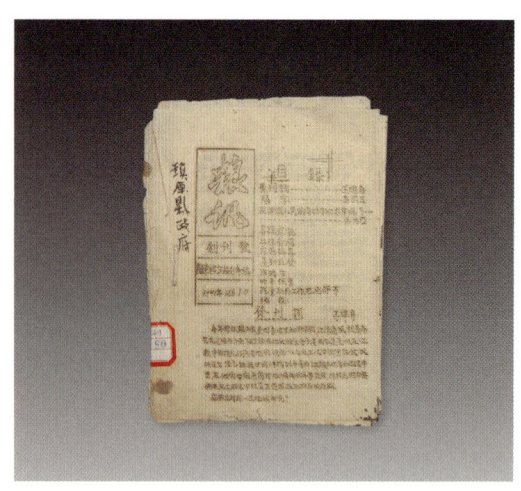

陇东分局《粮讯》创刊号

光华商店代价券（一组）

陕甘宁边区证券。面值伍角，精 5 纸质，正面蓝色，背面褐色，中华民国二十七年（1938 年）印制。纵 6.5 厘米，宽 12.3 厘米。第二次国共合作时期，陕甘宁边区便以延安光华商店名义发行的辅币。是抗战时期，中国共产党领导的抗日根据地发行时间最早的有纸币职能的代价券。现藏甘肃省博物馆。

卅里铺社火团锦旗

长方形，红缎面料，白绸扉牙，长 60 厘米，宽 40 厘米。锦旗首款为"卅里铺社火团"，中书"向前努力"四个仿宋大字，落款为"陇东地委专署赠"。1944 年，陕甘宁边区文教代表大会在延安召开，会议期间，毛泽东、朱德、周恩来等领导人观看了陇东分区庆阳县卅里铺乡黄润创作演

光华商店代价卷（一组）

出的秧歌剧《减租》后，十分赞赏，并接见了社火队领队黄润，鼓励社火队再接再厉，努力向前。这面锦旗应是边区奖给卅里铺社火队的奖品。现藏庆阳市博物馆。

"陇东报刊"四种

抗日战争时期，陕甘宁边区陇东分区的新闻出版事业得到发展。报纸出版和发行对宣传抗日救国，动员人民武装发挥了重要作用。

（1）《救亡日报》。桑皮纸质，色褐黄。计二版，留有中缝，纵37厘米，宽50.5厘米。《救亡日报》由陇东通讯社编辑出版，社址在庆阳南街。1937年11月28日出版。上载有《八路军驰骋山西》的报道以及洛甫撰写的文章《转战中的时局》等。

（2）《救亡报》。淡黄色宣纸，计一版，纵41厘米，宽26.5厘米。《救亡报》由中共陇东特委创办于1937~1938年，原为周刊，后改为五日刊。社址在庆阳北街。这件为第263号，中华民国二十九年（1940年）五月十四日刊行。上载有《庆环分区保安部队第二次党代会胜利开幕》的消息等内容。

（3）《新宁报》。宣纸，色淡黄，计一版，纵38厘米，宽27.5厘米。由新华联社编印。这件为《新宁报》第4期，中华民国三十三年十二月二十一日刊行。载有"干训班"消息等。

（4）《陇东报》。宣纸，色淡黄。计二版，有中缝与细纹边栏，纵36.5厘米，宽55.5厘米，基本完整。《陇东报》1942年7月7日由《救亡报》更名改版发行。这件为第164期，中华民国三十四年六月二十六日刊行。上有报道《中国共产党第七次全国代表大会闭幕》的消息等内容。现藏甘肃省博物馆。

《民主共和国读本》

抗日战争时期中共中央西北局于

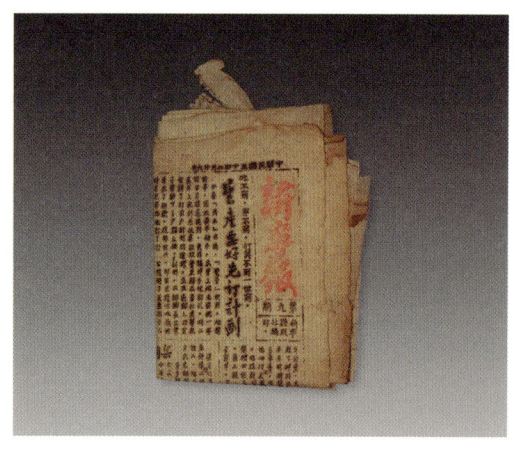

新宁报

陇东报

《保卫西北》

1937 年编印的通俗读物。纵 19 厘米，宽 15 厘米。红、绿纸质油印本，共计 27 页。内容有：中国人民受压迫、人民大众没有自由、工人没有民主、农民没有民主、学生没有民主、小商人和士兵也没有民主、工农商学兵团结救国、为民主而斗争、民主共和国、国会、民主政府、发展人民经济等计二十六个章节。每个章节由左右二页组成，右页上文下图，左页为英文。现藏甘肃省博物馆。

《保卫西北》

抗日战争时期的宣传抗日的刊物。为该刊第五期。红、绿、白三色纸质，油印本，计 15 页。纵 15 厘米，宽 10 厘米。无刊印单位和时间。内容和封面人物所擎旗帜上有"抗日救国会"等字样，可能是西北青年救国联合会编印，主要内容有《红军三十八将领给国民党革命军西北各将领书》《反对阻拦红军抗日的去路》等。现藏甘肃省博物馆。

罗云鹏信函

罗云鹏烈士在狱中写给房东席维翰的书信。计二函。一纵 22.8 厘米，宽 13.2 厘米；以纵 25.7 厘米，宽 10.2 厘米。纸质，一白发暗，一略泛黄以墨笔书写。托裱处理。二函均未署年款。一函仅具"元月廿日"，一函具"二月十九日"。以内容分析，二函当为罗云鹏狱中所写。具体时间约在罗入狱后的第二年，即 1941 年年初。时逢"皖南事变"发生，形势紧迫。据罗妻樊桂英写的回忆文章称，时罗等正积极准备越狱。于是罗连写二函，嘱席维翰将其有关物资变卖成钱，或设法筹款若干火速送来，以应急用……

罗云鹏（1910~1946 年），原名张会。1910 年生于黑龙江省巴彦县兴隆镇大房身屯一户殷实的家庭。1926 年春就读于齐齐哈尔省立第一中学。20 世纪 30 年代在天津、上海、北京等地从事革命活动。1938 年初，受党的委派到兰州，担任中共甘肃工委副书记，主编《党的生活》，指导基层发展党的组织，成绩卓著。1946 年 2 月 25 日，英勇就义。

"陕甘宁边区陇东保安分处通行证"印版

抗日战争时期。长 14.7 厘米，宽 12.7 厘米，厚 3.5 厘米，重 416 克。木质，印版呈正方体，正面分左右两部分。左面为通行证正件，右边为存根，中间为顺序号。左边：姓名、性别、年龄、籍贯、住址、职业、身长、面貌特征、同行几人及姓名、何处动身、经过何处、到何处去、携带物品、马匹、武器，从月　　日到月　　日废　陕甘宁边区陇东保安分处填写机关签名。中间："第号"右与左内容相同。现藏庆阳市博物馆。

《中国人民解放军总部颁布约法八章维文布告》

解放战争时期布告。纸质，淡黄色，纵 80 厘米，宽 54 厘米。石印红色维吾尔文，横排。右下部印有"中国人民解放军总部颁布维文布告"汉文小字一行。中国人民解放军总部于 1949 年颁布"约法八章"，此布告即当时印发的维吾尔文的"约法八章"布告。现藏甘肃省博物馆。

第一野战军政治部编印《告少数民族书》

解放战争时期出版物。铅印本。26 页，纵 17.8 厘米，宽 12.8 厘米。中国人民解放军第一野战军政治部编印，时间在 1949 年 8 月 28 日以后。收录的文章有中国人民解放军第一野战军政治部《告甘宁青新回蒙藏维哈族同胞书》《高岗在内蒙干部会议上的讲话节录》、蒙古族知识分子、陕甘宁晋绥人民政府民族事务委员旗海田先生的广播词《告蒙古同胞书》、陕甘宁边区第二分区发布的《保护蒙民政治训令》。陕甘宁边区政府制定的《战时勤务动员暂行办法》共七章三十三条，包括总则、动员与组织、调遣与使用、民夫与牲畜的供给、记工算账、奖惩与抚恤、附则等。现藏甘肃省博物馆。

"支前有功"锦旗

解放战争时期旗帜。红绸芯，黄纱扉边，纵 107 厘米，宽 81 厘米。上剪贴

《中国人民解放军总部颁布约法八章维文布告》

第一野战军政治部编印《告少数民族书》

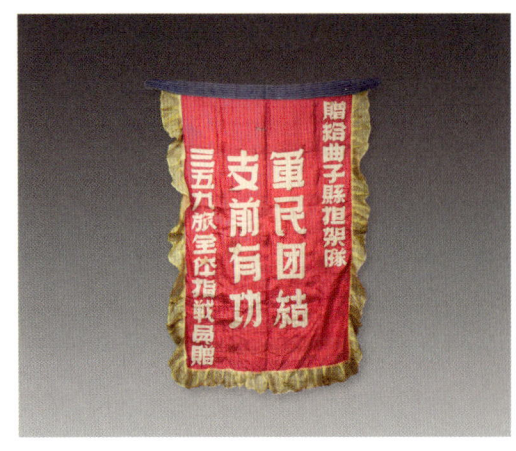

"支前有功"锦旗

白布字四行。右起竖排，内容为："赠给曲子县担架队"（第一行），"军民团结"（第二行），"支前有功"（第三行），"三五九旅全体指战员赠"（第四行）。现藏甘肃省博物馆。

"歼灭胡马解放西北"锦旗

解放战争时期旗帜。红缎芯，褐绸牙边。纵243厘米，宽105厘米。上贴黄、白字四行。右起竖排，内容为："献给五旅升级纪念（第一行），荣升主力英勇西进（第二行），歼灭胡马，解放西北（第三行），华北独六旅司令部、政治部（第四行）。"现藏甘肃省博物馆。

曲子县颁发的土地所有权证

纸质，铅印，制作精良。长20厘米，宽17厘米。发证单位是陕甘宁边区曲子县，签发人是曲子县县长马锡五。此证是颁发给曲子县曲子区第三乡第三村罗家咀胡进贵的。胡进贵所有土地分为三类，即农耕土地三十垧、荒地五垧、牧地两垧。土地所有权证对土地的起至、土地所有者的年龄、性别、成份均有记载。胡进贵是贫农成分，这件土地所有权证的编号为："曲家第贰柒拾玖号"即为279号。在土地所有权证最后一栏内还有"右之土地经本县政府依法令确定为胡进贵所有，特给此证为凭"。发证时间为"中华民国叁拾捌年二月初五日"。

现藏庆阳市博物馆。

新宁县发布命令

解放战争时期中国共产党领导的新宁县相关机构发布的命令，共3件。

（1）新宁县政府命令。编"民字第7号"，时间为中华民国三十六年（1947年）四月十五日。白麻纸质，以铅笔复写一页，纵27.5厘米，宽20.5厘米。系由新宁县县长王立成（署名）致王区长，布置要求迅速完成制作750双军鞋的任务。钤有宁县县政府红色方形印记。

（2）《新宁大队部命令》。白麻纸质，以墨笔书写一页，纵26.5厘米，宽21厘米。编"战字第13号"，时间为1947年5月31日。内容为：延安敌人开始崩溃，陇东分区我军已转入主攻，近来蒋军逃跑士兵颇多，要注意严加盘查。后署政委王秉祥、大队长王立成、副队长郝伯雄三人名款。

（3）《新宁县政府命令》。白马纸质，复写一页，纵34.5厘米，宽26厘米。编"新字第3号"，发布时间为"民国三十五年（1946年）"二月二十五日。内容为粉碎蒋胡敌军对我关中分区的进攻，供给前线部队是我新宁人民当前的中心任务。各乡区要不分昼夜地完成草料米面任务，集中起来，以便支前。后署县长王立成名款。钤宁县县政府方形印记，字迹模糊。现藏甘肃省博物馆。

战时动员支前指示信

解放战争时期中国共产党政权机构动员民众支援前线的指示信。共4件。

（1）新宁县盘克区区长赵国栋写的指示信。白麻纸质，以墨笔书写，计一页，纵20.5厘米，宽13.2厘米。内容为：指示某乡动员长脚牲口12头，到张村驿附近驮运军用物资。后署赵国栋名款，钤小方印记。

（2）新宁县盘克区区长赵国栋写给各乡长、组长的指示信。白麻纸质，以墨笔书写，计一页，纵20.3厘米，宽13.3厘米。内容为：指示各乡和各组快速动员担架、牲口，并集结于指定地点，越快越好。后署区长赵国栋名款，钤新宁县盘克区区政府竖条形印记。

（3）宋治堂、邓富祥等发出的指示信。宣纸，以墨笔书写，计一页，纵22.2厘米，宽17.7厘米。内容为：接县政府通知，华北野战兵团已到早胜，指示各乡"不分星夜"，从速准备担架、水站并组织慰问、洗衣等，以乡为单位集中，准备出动。后落宋治堂、邓富祥二人名款，钤小方印记，时间仅具"7月3日"。

（4）宋治堂、段生芳等发出的指示信。宣纸，墨写，计一页，纵22.3厘米，宽13.3厘米。内容为：指示王乡长迅速布置完成1948年、1949年拥军鞋920双的任

务，并保证质量，限 15 天内交一半，20 天内全部收齐。后署宋治堂、段生芳名款，钤小方印记。现藏甘肃省博物馆。

关中分区支援委员会指示信

解放战争支前文书。纸质，色微黄，印有蓝色字纹与长格，当为当时电报用纸，其上复以墨笔书写，计二页，通联，纵 18.5 厘米，宽 34 厘米，略残损。内容为筹集粮食担架军鞋，限时集中，以供野战部队之需。具体内容有四条。该物首页题头下写有"密"字，当为战时密件。上钤"关中分区支援委员会"紫色长方形印记。尾页后署杨玉亭名款，钤红色小方印记，落"五、四晚"时款，当为 1949 年 5 月 4 日。现藏甘肃省博物馆。

环县县政府给各区、乡《关于做义务军鞋的指示信》

宣纸，油印，计 3 页。纵 18.5 厘米，宽 14.5 厘米，完整。首页文头下编"战字第 55 号"，时间为"民国三十八年（1949 年）十月二十日"。钤有环县县政府红色方形印记，内容为：提高质量，分两期完成七千双军鞋任务，以及军鞋数目表、对过去做鞋质量评价等。尾页署县长赵彦杰、谢占儒名款，钤二人小方印记。现藏甘肃省博物馆。

庆阳《一乡土地改革报告》

薄桑皮纸质，油印本，计 5 页，纵

19.5 厘米，宽 10.7 厘米，基本完整。内容为：土改前简况、发动群众成立农会、斗争恶霸分配果实等计八项。"报告"无具体印制时间。仅据有关内容进行分析，"报告"的印制时间当在 1948 年 5 月以后，即毛泽东《在晋绥干部会议上的讲话》（4 月 1 日）以及《中央关于 1948 年土地改革工作和整党工作的指示》（5 月 25 日）发布之后。现藏甘肃省博物馆。

关中分区支援委员会指示信

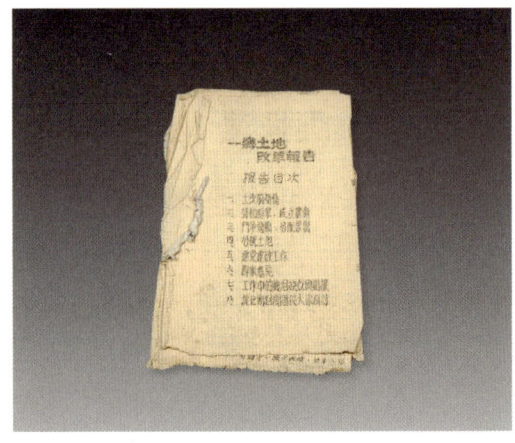

庆阳《一乡土地改革报告》

《中共中央关于 1948 年土地改革工作和整党工作指示》

毛边薄光纸质，油印本，主文计 4 页。纵 18.8 厘米，宽 14 厘米。1948 年 4 月 1 日，毛泽东在晋绥干部会议上的讲话发表之后，中共中央就土地改革和整党工作发出了指示。该指示当为 1948 年 5 月 25 日由关中报社印发的这一"指示"。内容为土改、整党的政策、实践等计八条。现藏甘肃省博物馆。

《中共中央关于 1948 年土地改革工作和整党工作指示》

《毛主席在晋绥干部会上的讲话》

单行本。薄光纸质，油印本，计 7 页，纵 18.5 厘米，宽 12.3 厘米。陇东报社根据新华社 1948 年 4 月 1 日发布的《毛主席在晋绥干部会上的讲话》整理印发的单行本。毛泽东主席充分肯定了晋绥解放区土地改革和整党等项工作的成绩，指出今后努力的方向，从而对全国工作产生积极影响。现藏甘肃省博物馆。

《毛主席在晋绥干部会上的讲话》

艾黎使用过的自行车

长 174 厘米，高 96 厘米。新西兰制造，钢制车架，橡胶轮胎。钢管架脱漆成黄色，车把镀锡，牛皮座套，倒刹制动。双轮无瓦。其他配件均完整。内外胎及启动系统均保存完好。路易·艾黎自 20 世纪 30 年代到山丹开展工合运动，一直使用骑行。

路易·艾黎 (RewiAlley)（1897~1982年），国际主义战士，中国人民的老朋友。

艾黎使用过的自行车

1897 年 12 月 2 日生于新西兰坎特伯里的斯普林菲尔德。曾获惠灵顿维多利亚大学名誉文学博士学位。1917 年至 1918 年在新西兰第二远征军服役，两次负伤。1920 年至 1926 年在维弗莱附近的牧场工作。1927 年 4 月 21 日来到中国，此后长期居住中国。他与中国人民风雨同舟、患难与共，为中国人民的解放和建设事业奋斗了整整 60 年。

20 世纪 30 年代，路易·艾黎积极参加了在上海的国际性的马列主义学习小组，并向国外撰写了大量宣传中国人民抗日斗争的文章。抗日战争时期，他积极参加并发起组织了工业合作社运动（简称工合），成为失业工人和难民生产自救、支援抗战而兴起的一支独特的经济力量。在那硝烟弥漫、战火纷飞的艰苦岁月，它为供应战时军需民用、特别是援助中国共产党领导下的人民游击战争做出了重要贡献。

20 世纪 40 年代，路易·艾黎在甘肃省山丹县创办了以手脑并用、创造分析、理论联系实际为办学宗旨的培黎工艺学校，吸收劳动人民子弟，为新中国培养了一批能吃苦、讲实干的技术人才。他同当地人民一起生活了 9 年，1953 年到北京。新中国成立后，路易·艾黎致力于维护世界和平与各国人民友好事业。他热爱新中国，宣传新中国，为发展中国人民同新西兰及各国人民间的友谊、增进各国人民对中国社会主义建设成就的了解，做出了重要贡献，赢得了中国人民、新西兰人民和广大国际友人的尊敬和爱戴，曾受到我党和国家领导人毛泽东、周恩来、邓小平、宋庆龄、邓颖超等的亲切会见。1982 年路易·艾黎 85 岁寿辰时，北京市政府授予他"荣誉市民"称号。1985 年，甘肃省政府授予他"荣誉公民"称号。1987 年 12 月 27 日在北京病逝。邓小平为他题词：伟大的国际主义战士永垂不朽。

路易·艾黎著有诗集《工合》（1948 年）、《山丹笔记之页》（1950 年）、《充满生气的北京的片断》（1955 年）、《今日中国》（1957 年）；散文《京戏》（1953 年）、《外蒙古之行》（1957 年）、《洪湖精神》（1966 年）；论著《中国：古代瓷窑和现代陶瓷》（与加纳西合著）等。此外还有《艾黎自传》《中国见闻录》等。还将一些中国古典诗集译成英文。现藏山丹路易·艾黎捐藏文物陈列馆。

何克使用过的打字机

铁皮质，方形带盖。长 31 厘米，宽 25 厘米，高 11 厘米。打印纸固定在磙子上，每个圆形键上都有英文字母，共标注 26 个英文字母，与击键连接。

乔治·何克（1915~1945 年），国际

何克使用过的打字机

甘肃省人民政府铜印

主义战士。生于 1915 年，英国人。毕业于牛津大学，以美国合众国际社记者身份来到中国，辗转于上海、武汉等地。1939年秋，采访晋察冀军区和武乡砖壁八路军总部，在此期间，专赴武乡土河村采访了朱德总司令主持召开的榆（社）武（乡）士绅大会。后到甘肃山丹参与新西兰友人路易·艾黎创办的工业合作运动（工会），1945 年病逝于甘肃山丹，时年 30 岁。现藏山丹路易·艾黎捐藏文物陈列馆。

甘肃省人民政府印

铜质。印面呈正方形，边长 7 厘米，印面厚 2.2 厘米，印柄圆柱形，长 9.2 厘米，直径 2.5 厘米。印上刻"甘肃省人民政府印"8 个宋体字，阳文，竖排两行。印背靠边处阴刻款文三行，右竖刻"甘肃省人民政府印"，左竖刻"一九四九年十二月　日"，下横刻"第陆壹号"。为新中国成立后首届甘肃省人民政府使用。现藏甘肃省博物馆。

第二节　少数民族文物

一、民族服饰

银镶玉麒麟送子牌

近代回族佩饰。横最大宽度 22 厘米，纵最大宽度 18.5 厘米。项牌牌面形如如意头，项牌中下部镶如意形青玉雕麒麟送子牌，玉牌饰周围的银面上錾刻圈纹，圈纹左右两侧錾荷花折枝花卉，上部錾刻盆花兰草。项牌上边缘连接粗壮挂链，下边坠银链及响铃。此类项牌是近代聚居甘肃的回、东乡族等少数民族青年女子

成婚时所佩戴的饰品之一，其图案在一个侧面直观表现了近代社会的民俗风情。现藏甘肃省博物馆。

蓝地云气花卉镶獭皮边缎袍

近代藏族服装。衣长 140 厘米，袖长 74 厘米，摆宽 103 厘米。该袍为斜领右衽袍，有表有里，袍面为织绣云气花卉缎，袍面上的云气纹均变幻为变体蝙蝠。长袍的斜领、衣襟和袖口均镶宽窄相同的獭皮边，獭皮边均较宽。该袍属近代安多藏族最为华贵的男子袍服之一。衣身及袖均宽大，袍服选料上乘，制作精细，皮毛边宽阔有气度，较有力地表现了服装穿着者的豪华富足。现藏甘肃省博物馆。

红色皮面彩靴

近代藏族服装。靴底长 31 厘米，腰高 43 厘米，靴为棉靴。靴面为皮，靴里衬毡，靴底厚重，呈船形，鞋尖上翘，靴面、鞋梁及后跟等处加彩绣，绣线依靴面曲线变化施加彩虹及云纹状彩色图案，间有几何纹饰。图案的线条以红、黄、靛青、绿、白色五种象征地、水、风、火、空的颜色构成。靴面选用藏传佛教僧侣惯用的红色，红色象征佛僧有"我不入地狱谁入地狱"，以自己的献身精神来普度众生的大无为情怀。靴底采用翘尖的靴底，一方面便于骑马踩蹬，一方面便于在草地行走。现藏甘肃省博物馆。

银镶玉麒麟送子项链

蓝地云气花卉镶獭皮边缎袍

红色皮面彩靴

嵌银圆头面

近代藏族服饰。长 100 厘米，宽 23 厘米。主体为布胎，其上镶嵌银圆和银盾，布胎下边坠红色丝穗。布胎中间布面为红色，边缘绲黑色边，布胎四周用两股金黄色丝线做装饰，外面一股沿黑布边缘缝缀，里面一股沿外面一股的里边做成波浪形饰带。头面中五十六枚银圆在丝带边框内由左至右均匀排列为四行，由上到下均匀排列为十五排，其中由上往下五六两排中间与中间两行处镶嵌一枚半球形錾刻莲花等图案的银盾。此头面藏语称为"热哇"，是服饰中背饰的一个组成部分。现藏甘肃省博物馆。

线帽

近代东乡族服饰。帽径 21.5 厘米，口径 13 厘米。棉线钩制，红色地线配黄色、绿色、白色等色线在圆形帽子上钩出牡丹花卉和叶瓣。此帽是东乡族妇女日常生活中佩戴的帽子。帽子制作简洁，图案精美，有很强的艺术性。现藏甘肃省博物馆。

紫红地织花镶锦边缎马褂

近代保安族服装。衣长 55 厘米，袖长 60 厘米。衣为立领斜襟夹马褂，其领口缘、斜襟及袖口均加饰 1.6~1.8 厘米宽的暗黄色织锦边，衣料为织有稠密的宝瓶图案的紫红色缎。保安族在清同治年

黑地线织花帽

紫红地镶织锦边马褂

以前居住于青海同仁，其服饰长期受蒙、藏民族的影响，同治年间由同仁迁居甘肃积石山县，生活环境发生了巨大变化，保安族的服饰面貌随即发生变化，其服饰逐渐向回、汉、东乡等民族靠近。这件马褂反映了保安族迁居积石山后为适应生活环境和时代潮流所选择的服装样式，其鲜艳夺目的服装表现出保安族在

信仰伊斯兰教的同时，在着装习惯上仍保持着自己民族独特的个性。现藏甘肃省博物馆。

镶花边褐子长袍

近代裕固族服装。衣长 131 厘米，袖长 47 厘米。该长袍为立领右衽大襟袍，长袍主体用毛褐子布，但立领用红色平纹布，其上再加饰一圈黄地绣花织锦，肩部缝一圈黑布，又于其边缘加饰黄地绣花织锦花边，衣襟镶绲宽黑布边，其上再缝一条白地红花饰带，袖口部分用不同质料的花布装饰，将整个袖子装饰成彩袖，下摆左右开衩，开衩处饰云头形装饰，下摆加黑布宽边，此外整个衣服的边缘再以红地花布绲边，衣服制作有一种重视装饰的感觉。毛褐制作是裕固族的传统工艺，该长袍衣料反映了裕固族的毛褐制作水平，衣服装饰则表现了裕固族的审美爱好。现藏甘肃省博物馆。

妇女头面（前片）

近代裕固族服饰。裕固族妇女的头面由前两条和后一条共三条组成一整副。该头面前两片通长均为 113 厘米，每一条都由表面缀珊瑚珠串的三小条呈长条形的硬布块组成，硬布块中间用铸有图案的金属环互相连接，其中三块布块中最上一块布块的顶端呈三角形。三条布块表面的装饰如下，最上一块先在上部由红、

头面（前片）

白、蓝三色珠拼出变体火焰形装饰图，再在其下的大面积的珊瑚珠串中用料珠镶嵌火焰纹装饰图案和錾刻花卉并施加烧蓝工艺的银装饰片；中间及下面布块的表面均由各色珠子镶饰几何形方格图案，每个方格图案中间镶一片白色贝壳图片；两条头面的最下端都在镶有珊瑚珠的圆形银饰片的下端连接红、绿两色丝穗。裕固语称整副头面为"坎姆拜什"，称胸前的两条为"卡愣"，前两片也是头面装饰最华丽的部分。头面为裕固族已婚妇女的特殊佩带物，即已婚妇女的标志。现藏甘肃省博物馆。

妇女头面（后片）

近代裕固族服饰。该头面后片长 148 厘米，上端宽 14 厘米，下端宽 10 厘米，由硬布胎及其表面镶缀的各种装饰物组

合而成。头面表面装饰如下，首先在表层裹有一层蓝色布面的硬布胎的边缘用色线绳出五彩彩虹边饰，然后在其边框内镶缀各种装饰物。头面装饰可分上下两部分，上半部分于布胎正中间镶缀一列嵌红珊瑚珠的圆形烧蓝银饰片，银饰片以外的空余地方镶缀红色小珊瑚珠串、白色料珠和纽扣，并由其组合为正方形图案，下半部分于中间镶缀一列紧密相连的圆形贝壳，其两侧相间缀饰白色和红色小料珠串，头面最下端垂五彩丝穗。该头面是裕固族妇女背后佩戴的装饰带，裕固语称"顿得斯格"，是整个"坎姆拜什"的一个组成部分。现藏甘肃省博物馆。

荷包串腰饰

近代裕固族服饰。荷包串通长 60 厘米，整体由皮带环、金属连接环、彩色编织带以及料珠串饰与荷包织成。荷包与料珠串联在一起再系于金属环上，腰饰荷包一副五个，荷包形制有楔形和花朵形两种。荷包面上或刺绣或贴绣有装饰图案，图案内容为羊角变体纹和蝴蝶形、编织花带和荷包下边均缀各色丝穗，具有很强的装饰性，为裕固族妇女传统服饰不可缺少的组成部分。荷包裕固语称为"艳达尔"，荷包常系于妇女系腰左侧。五只组合的"艳达尔"，形制不同，用途也有区别。现藏甘肃省博物馆。

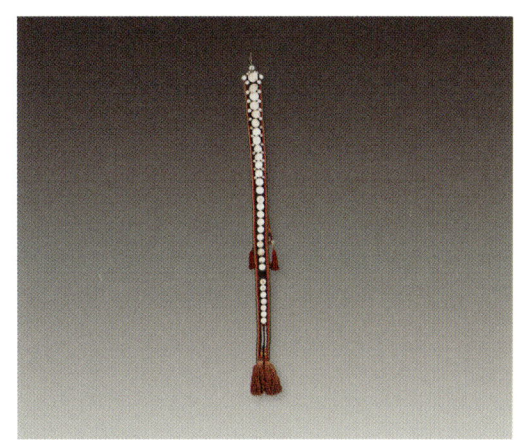

头面（后片）

荷包串腰饰

红色皮面半长筒靴

红色皮面半长筒靴

近代蒙古族服饰。靴通高 33.5 厘米，长 25.5 厘米，腰口宽 18.5 厘米。靴子靴底为牛皮厚底，靴面用红色压方格纹牛皮，靴帮口沿与靴腰连接处，鼻梁及靴腰筒缝合处均加三股黑色皮条，靴腰腰口绲一道黑色皮边，靴底周圈用麻绳纳制并与靴帮缝合。该皮靴样式简洁，较清晰地表现了蒙古靴的特点。现藏甘肃省博物馆。

圆盘形珠贝镶嵌佩饰

近代土族服饰。该圆盘形镶嵌珠贝佩饰直径 33 厘米，背面为硬布胎，表面依圆心坠一圈圈串联的白色料珠，佩带物整个表面由无数同心圆珠串镶饰组成一个大圆盘形物体，其边缘镶以白色贝壳，中心嵌一圆形贝壳片。佩饰背面硬布胎的上缘缝两个布带环，环中穿长 38 厘米，宽 5.5 厘米的厚硬布带，布带的正面竖向镶一排细辫状丝带，其形式似发辫。圆盘形嵌珠贝佩饰是土族妇女古老佩饰"纽兀答儿"（土族妇女佩带的固姑冠）的组成部分之一，它佩带于妇女后背发梢下部的系腰处。现藏甘肃省博物馆。

白地富贵牡丹贴绣肚兜

近代撒拉族服饰。肚兜纵 45 厘米，横 56 厘米。肚兜呈菱形，表面整体用蓝

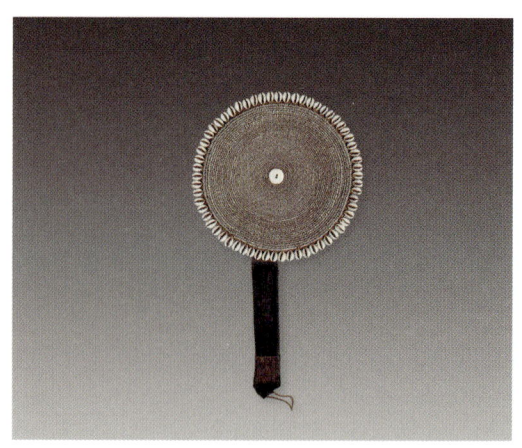

镶珠贝圆形佩饰

白地富贵牡丹贴绣肚兜

色土布做成，上端有吊带，两侧有系带。肚兜下部绣片部分既是肚兜的一部分，又兼口袋的功能。绣片以白部为底地，口沿处缝约 2 厘米的边，白布地部分均匀分配，用黑、红、蓝、绿等色布块剪裁、贴绣出牡丹、蝴蝶、飞鸽等花鸟昆虫组合图案，图案组合色彩丰富，内容活泼热烈，有很强的观赏性。现藏甘肃省博物馆。

毡袜

近代哈萨克族服饰。袜长27厘米，通高70厘米。羊毛制作，形制为长腰袜形，腰口用黑布缝宽边，并用红线绣出波浪形花纹。此袜羊毛毡赶制精细，质朴大方，富有民族个性。现藏甘肃省博物馆。

二、生活用具

阿文掐丝珐琅炉

明代。高9.2厘米，口径13.7厘米。这只掐丝珐琅炉为敞口宽平沿束颈扁鼓腹三足炉，铜胎，器表以铜丝圈定开光区、阿文字及花卉图案，在不同图案的框内再分别填入黑、白、蓝、黄、红等不同颜色的珐琅料熔制而成。器物口沿下饰一周云头纹，腹部平均分布三方圆角长方形开光，开光区内显示白底黑阿文字，腹部其余部分大面积描绘菊花花卉和叶瓣纹，足部饰荷花。器物装饰精美，整体美观大方。珐琅炉腹部的阿文为伊斯兰教赞词"最美的祈祷词是一切赞美全归真主"。现藏甘肃省博物馆。

银奶桶

近代藏族生活用具。高22厘米，底径18厘米，口径14.8厘米。质地铜，表层镀银。器物造型为桶状，口沿、底边及中部加三条箍状花带装饰，肩部对称嵌两对环形耳錾，耳錾嵌于固定在桶身的

银奶桶

鏨刻有牡丹花卉枝叶纹的花半角长方形板上。口沿箍下端有一周鏨刻加镂空的云头纹装饰，底边箍上端有一周鏨刻加镂空的云头纹装饰，桶身中部的箍上下两端均加饰有一周鏨刻加镂空的云头纹装饰，每道箍平均分布鏨刻四组吉祥结图案。该奶桶造型敦实厚重，装饰精美华丽，是具有较高艺术价值的实用器具。现藏甘肃省博物馆。

银饰木碗

近代藏族生活用具。高4.6厘米，口径12厘米，底径7厘米。木胎银碗，碗形为敞口直腹圈足造型。碗心由树根旋刻而成，银皮包镶碗内壁及口沿，碗外下腹部、圈足和碗底均嵌银饰。碗外壁下腹部主体银饰为镂空细小草叶纹间有莲花和吉祥纹图案，银饰上部边缘为云头纹；底足用银皮包裹，底足外墙鏨刻回纹，底足

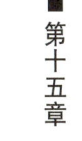

银饰木碗

鞣皮工具

鎏金马鞍

桦树皮藏文经

外侧錾细密联珠纹；足心镶嵌镂空龙云、莲花枝蔓组合的银饰。碗整体精细美观，有较高的艺术价值。现藏甘肃省博物馆。

鞣皮工具

近代藏族加工皮料的工具。长 78 厘米，最大宽度 3.8 厘米，厚 2 厘米。木质，形体为方棱形长木棒，略呈弓形，弯弓内侧刻出锯齿。此工具为藏族地区土法鞣制皮革的工具之一。现藏甘肃省博物馆。

鎏金马鞍

近代藏族交通用具。长 60 厘米，宽 40 厘米，高 38 厘米。马鞍主体为木质，马鞍前后桥及外露护板镶嵌鎏金银饰。银饰为镂空云龙花草图案，表面鎏金，局部镶嵌绿松石。马鞍整体高贵华丽，局部加工精细优美，具有极高的工艺价值。现藏甘肃省博物馆。

三、文化艺术品

桦树皮藏文经

宋代。长 29.7 厘米，宽 21.2 厘米。质地为桦树皮，其上有古藏文墨书，两面书写，内容为佛经中的佛本生故事。这种写经原是佛像腹内装藏之物，具有较高的历史价值。现藏甘肃省博物馆。

擦擦铜印模

明代。模面长 12 厘米，宽 12 厘米，后有柄，通高 10 厘米。铜铸造，印面边

缘有边栏，中间凹进，凹进部分呈三三均
匀排列九尊带背光的佛教造像。造像为
阴刻，全为坐像，像之间两排阴刻藏文
咒语。造像有祖师、佛和菩萨，有单身像，
也有双身像。此铜印模为制作泥制等材
料"擦擦"，即模印小型佛菩萨像的模具。
此印模线条清晰，造像有极强的立体感，
是具有很高工艺水平的印模。现藏甘肃
省博物馆。

擦擦铜模印

《法典》手抄本

清代，顺治五年（1648 年）。纵 45.2
厘米，横 32.2 厘米。纸质，墨书。该法
典即伊斯兰教法，阿拉伯语译的"沙里
亚"。伊斯兰教法是在古代阿拉伯部落习
惯法基础上发展起来的，伊斯兰教法有
四大依据：《古兰经》《圣训》、公议和类
比，其主张都来自《古兰经》，在穆斯林
看来，它是真主所昭示的法度、定制和
律例，必须无条件地服从。在穆罕默德
以后，伊斯兰教法形成独立于经典之外
的教法——"沙里亚"，其意为安拉降示
的神圣命令的总和，故又被称为穆斯林
法。中国穆斯林抄录伊斯兰教经典的历
史早在元代即已开始，抄录本极其重视
质量，中国穆斯林抄录的伊斯兰教经典
既反映了中阿文化交流的结果，又为中
阿文化发展做出了贡献。现藏甘肃省博
物馆。

《法典》手抄本

紫红织锦藏戏袍

近代藏传佛教跳"羌姆"法舞的着装。
衣长 144 厘米，袖长 48 厘米。衣服质料
为织锦缎，紫红地五彩云龙图案。服装
样式为小圆领三角宽袖长袍，袖长仅 48
厘米，袖口端宽度却达 144 厘米，整个袖
子从肩端到袖口呈一大三角形。衣服胸、
背及袖子上半部分为五彩云龙装饰，腰部
横向加饰黄红黄三条宽窄相等的装饰带，
衣袖中间开始向外竖向加饰黄红黄三条

紫红织锦藏戏袍

黄色人头面具

宽窄相等的装饰带，腰以下下襟上半部分有五彩云龙装饰，下摆部分为平针刺绣的海水山崖图案。此服装织绣图案精美，有很强的艺术感。现藏甘肃省博物馆。

黄色人头面具

藏传佛教法舞和藏族戏剧用面具。通高 28 厘米，最大宽度 25.5 厘米。纸精制作，内胎纸精，外面涂漆绘制。面具

面部为黄色，眉、须、发部以黑色涂饰。此面具是藏语称为"阿杂来"或"阿杂拉""阿扎尔"表演者佩戴的面具，阿杂来是充满智慧和灵气的角色，在表演中常起到插科打诨，调节气氛的作用。此面具是甘肃藏族地区制作的面具，其制作材料和方法与其他地区有一定的区别。现藏甘肃省博物馆。

主要参考文献

1. 国家文物局：《近现代文物征集参考范围》，《近现代一级文物藏品鉴定标准（试行）》。

2. 中共中央党史研究室：《中国共产党历史》，中共党史出版社，2002 年。

3. 丁焕章主编：《甘肃近现代史》，兰州大学出版社，1989 年。

4. 甘肃省社会科学院历史研究室编：《陕甘宁革命根据地史料选》，甘肃人民出版社，1981 年。

5. 中共甘肃省委党史资料征集研究委员会编：《中共甘肃历史丰碑录》，甘肃人民出版社，2001 年。

6. 陕西省档案馆、陕西省社会科学院合编：《陕甘宁边区政府文件选编》，档案出版社，1991 年。

7. 甘肃省博物馆：《甘肃革命文物撷粹》，内部资料。

8. 乔楠主编：《甘肃革命文化史料选粹》，甘肃文化出版社，2000 年。

甘 肃 省 志

·文 物 志·

（远古—2010）

下 册

甘肃省地方史志编纂委员会
《甘肃省志·文物志》编纂委员会 编纂

文物出版社

目　录

目　录

目 录

甘肃省文物保护条例

第一章　文物事业

　　甘肃是华夏文明的重要发祥地和古代东西方文明交流的重要通道，境内史前文化构成了完整而漫长的发展序列，历代古城遗址众多，是国内出土汉简最多的省份和长城大省，素有"石窟艺术之乡"、"彩陶故乡"的美誉，敦煌石窟是全人类共同的文化瑰宝。自19世纪末期始，长期"藏在深闺人未识"的甘肃文物资源逐渐向世人揭开了神秘的面纱，既承载着光荣与梦想，又蒙受了浩劫与苦难。莫高窟藏经洞被发现后，围绕敦煌遗书上演了一幕幕活剧；随着敦煌石窟艺术逐渐引起国内外学术界关注，西行道上，猎宝者和朝圣者络绎不绝；国立敦煌艺术研究所的成立标志着敦煌石窟保护管理和研究工作成为国家行为。自清末以降，外国学者在甘肃境内陆续开展了一系列意义深远的文物调查和考古工作，斯坦因和中瑞西北科学考查团之于简牍出土、桑志华和安特生之于甘青史前考古以及抗日战争与解放战争时期中国学者在甘肃境内的考古工作，皆在中国考古学史上留下了浓墨重彩的一笔。民国时期，甘肃境内的文物保护既受到社会变迁的影响，同时也得到了官方和民间一定程度的重视，出台文物保护法规、成立文物管护机构、兴办博物馆等事业相继开展。在中共领导下，陇东革命老区的文物保护工作亦有一定成效。总体而言，近代以降特别是民国以来，官方和民间开展的文物保护管理工作虽然零星且不成系统，但亦为甘肃文物事业之先声。

第一节　中华人民共和国成立前的甘肃文物事业

一、敦煌文物的发现与管护

（一）清末时期

清光绪五年（1879年），匈牙利人洛克齐赴敦煌莫高窟考察，欧洲学者始知在中国西部沙漠中还有这样一座艺术宝库，但当时尚未引起国内外学术界的注意。清光绪二十六年（1900年），藏经洞被发现后，发现者并未认识到这些文物的价值，只有一些嗜好金石的地方官员以各种途径获取了部分经卷文书用于鉴赏收藏。时任甘肃学政叶昌炽曾建议藩台衙门将敦煌文物运往兰州保存，但据说因地方财政紧张无力支付运费而搁浅。光绪三十年（1904年），甘肃藩台令敦煌知县汪宗瀚清点封存藏经洞出土文物，但汪宗瀚乘机从中挑选精品，分赠新疆、甘肃两省部分官员，拉开了敦煌遗书外流的序幕。

清光绪二十八年（1902年），国际东方学者会议在德国汉堡举行，决议成立国际中亚及远东探险协会，极大地鼓舞和膨胀了各国冒险家们的野心，操不同语言的"夺宝奇兵"掀起了新一轮猎取中国文物的狂潮。清光绪三十一年（1905年），俄国人奥布鲁切夫潜至敦煌莫高窟，以低廉的价格自管护者王道士处购得写经两大包。光绪三十三年（1907年），英国人斯坦因赴莫高窟考察并自王道士处低价购得藏经洞出土之美术品和工艺品5大箱，包括绢画、麻布画、刺绣、丝织品等共536件，写经24箱，包括古代汉文、藏文和于阗文文书13000余件。光绪三十四年（1908年），法国人伯希和接踵而至，他用了三个星期时间将藏经洞中的所有文物进行了系统的检阅，取其精华部分运回法国，其中包括汉文及回鹘文、梵文、于阗文等中亚古代民族文字写卷2800余件，古藏文写卷2700余件，绢幡绘画木刻等艺术品240余件。宣统二年至民国元年（1910~1912年），日本人橘瑞超和吉川小一郎在敦煌又从王道士处购得藏经洞经卷文物600余件。

宣统元年（1909年），伯希和在北京公开展示其所获之部分敦煌写本，引起中国学术界对于敦煌文物命运的关注并敦促清政府内阁学部加以保护。宣统二年（1910年），学部咨甘肃学台将藏经洞劫余古物残卷运京保管，但在起运和运输途中，王道士及各地官吏极尽转移藏匿和调换盗窃之能事，使许多敦煌文书遗失，运入北京后，其中精华经卷又遭官员窃取，甚至将经卷一拆为二充数，待移交京师图书馆收藏时，历经磨难的敦煌遗书仅剩 18 箱 8697 件。敦煌藏经洞发现后延续多年的大规模文物流失，成为甘肃乃至中国文化史、学术史和文物事业史上永远的创伤，正如学者陈寅恪所言，"敦煌者，吾国学术之伤心史也"。

20 世纪初期，随着敦煌藏经洞的发现和经卷文物的大量外流，敦煌文物在西方世界的影响力和知名度也与日俱增。宣统三年（1911 年）4 月，清政府内阁学部咨京师图书馆称："奥（匈）国皇帝八旬万寿，维也纳设立实业手工艺博物院，院内陈列极古极要之品，惟纸张一物，愿将中国纸张出品及造纸器具陈列院内。查贵部前由敦煌石室所得经卷，为古纸之特品，拟请选择数种，咨送本部，以便转送该院陈列。"京师图书馆接函后，即从所接收之敦煌写经中检选出羽字第 48 卷等 4 卷写经，"咨请大部检收转运奥京陈列。"这也是目前可考的敦煌藏经洞文物首次由中国官方组织的赴外展览活动。

（二）中华民国前期

民国肇始，百废待兴，全国文物安全形势并未因政体更迭有所好转。民国二年（1913 年），英国人白理克潜至酒泉、敦煌一带，雇用当地居民数十人，私自开展考古发掘，盗走许多珍贵文物。民国三年（1914 年），斯坦因二次潜至敦煌，以五百两白银代价自王道士处再次购去写本经卷 570 余卷；民国三至四年（1914~1915 年），俄国奥登堡探险队自莫高窟运走大量经卷文物，这些收集品中大型和完整的写本数量虽然不如其他国家考察队的收集品多，但以其数量取胜，超过了 12000 件，此外还剥取了多幅洞窟壁画。

民国十二年（1923 年），美国人华尔纳在猎宝竞赛中姗姗来迟，面对被各国同行洗劫一空的藏经洞，他将目标转向了石窟壁画，以特制的化学溶液揭取莫高窟第 139、141、144、145 窟唐代壁画 11 方（亦有 26 方之说），总面积达 3.2 平方米，并盗走第 328 窟中一尊精美的盛唐时期菩萨塑像。华尔纳这样为他的行径进行了辩护："我的任务是不惜粉身碎骨来拯救和保存这些即将毁灭的任何一件东西，若干世纪以来，它们在那里一直是安然无恙的，但在当前看来，它们的末日即将到来。"民国十四年（1925 年），华尔纳和美国福格博物馆组织的远征队试图再次潜至敦煌，企图继续未尽的猎宝事业，引起当地民众公愤，被驱逐出境。

民国六至十年（1917~1921 年），张广建督甘期间，一方面对于敦煌文献"尽量搜求，不少无耻官僚用为谋缺工具。"另一方面又责成有关部门保护莫高窟古迹文物。民国九年（1920 年），甘肃省教育厅派员会同敦煌县政府，共同对莫高窟所藏文献进行清理，自第 17 号窟内清

理出藏文经卷 94 捆 440 余斤、带夹板经书 11 打 1744 斤。同年 9 月，北京政府将滞留新疆的白俄军队 900 余人遣送至莫高窟临时安置；该部在洞窟中生火造饭，熏黑壁画，还破坏窟内塑像，在壁画上任意涂鸦刻划，直至民国十年（1921 年）8 月才被遣送出境。

民国十四年（1925 年），北京大学陈万里随同美国哈佛大学考察队赴中国西北考察，在敦煌停留期间，陈万里对莫高窟进行了初步的调查，摘录题记并摄影。其在所著《西行日记》中指出："如此伟大之古迹，恐在国内无第二处足以相抗。单就摄影计划言，非有半年工作不可。"他还对于莫高窟的全面保护提出了相对系统的意见，一是测定各洞窟年代并分析壁画化学成分，二是对壁画所反映的佛教教理、美术风格以及建筑、服饰、器具、军备、风俗等内容进行考证研究，三是对塑像与石像进行比较，四是充分记录及整理各种题记，五是详细探索有无被流沙所湮没之洞窟。他同时希望"未来有组织、有计划、有各种专门学者分工担任之中国敦煌考古队，以从事于各方面之研究；并在实地经验上计划保存方法，若仅仅以敦煌经典为范围，求所以影印、纂述、留传者，抑亦狭矣。"民国十七年（1928 年），陈万里出版《西陲壁画集》，其中收录敦煌千佛洞壁画 3 窟 8 幅，安西万佛峡壁画 5 窟 6 幅，安西万佛峡壁画补遗 3 幅，瓜州口驿南破屋中残画 1 幅。陈万里的考察成果对于扩大敦煌文物在中外学术界的影响产生了一定作用。

20 世纪 30 年代，随着莫高窟知名度的逐步提升和国内外敦煌学研究的日益深入，慕名前往参观考察者日众且多有文字传世。民国二十三年（1934 年）出版的明驼著《河西见闻记》中，对于莫高窟上寺、中寺等处情形和佛像维修工程均有描述，对洞窟疏于管护的现状亦有入木三分的描写。当时曾于报纸连载、后结集出版的高良佐著《西北随轺记》记叙了作者陪同国民党元老邵元冲民国二十四年（1935 年）视察西北之行止，其中"千佛洞"一节详细描述了敦煌石窟的塑像、壁画艺术及其在佛教、美术等领域的价值，并附有敦煌千佛洞调查表。《西北导报》1936 年 1 卷 11 期刊登《世界著名石刻之一甘肃敦煌莫高窟》一文，称莫高窟"规模宏伟，雕錾精工"，"为中国石窟刻像之始"并简述了莫高窟历史沿革和艺术特色。

（三）抗日战争和解放战争时期

敦煌文物真正引起社会各界特别是国民政府重视，并被收归国有得到妥善管护，是在抗日战争时期。张大千于民国二十七年（1938 年）和三十年（1941 年）两次赴敦煌，对千佛洞洞窟进行编号，并临摹壁画 276 幅，后在成都举办了

国立敦煌文物研究所工作人员合影

画展，轰动一时。民国三十一年（1942年）后，劳贞一、王子云、向觉明、于右任、高一涵、卫聚贤等人和教育部艺术文物考察团、西北史地考察团先后赴敦煌千佛洞考察，并在国统区报章上撰文介绍千佛洞保存之现状及亟待解决的问题，同时举办敦煌艺术展览，在国统区文化艺术界进步人士中引起强烈反响，要求加强敦煌文物保护管理的呼声在国统区逐渐形成了舆论氛围。于右任在第75次国防最高委员会上提案设立敦煌艺术学院，并疾呼："似此东方民族之文艺渊海，若再不积极设法保存，世称敦煌文物恐逐湮销！非特为考古暨博物学家所叹息，实是民族之最大损失"。提案经国防最高委员会审议通过交由国民政府教育部承办。教育部后将"敦煌艺术学院"改名为"国立敦煌艺术研究所"，成立了"国立敦煌艺术研究所筹备委员会"，高一涵为主任委员，有

着长期留法经历的常书鸿任副主任委员，王子云等人为委员。国民政府教育部曾拨款5万元作开办经费，由于经费不足，常书鸿不得不在临行前在重庆举办个人画展，筹措款项。民国三十二年（1943年）2月，筹备委员会在兰州召开了两次会议，研究通过了保管研究计划大纲。会后，常书鸿一行六人乘坐卡车经河西走廊至安西（今酒泉市瓜州县），换乘骆驼于3月下旬抵达莫高窟，正式将这处文物宝库收归国有。民国三十三年（1944年）元旦，国立敦煌艺术研究所正式成立，常书鸿任所长。民国三十四年（1945年）7月，国民政府教育部决定撤销该所，全部工作移交给敦煌县政府，后又决定机构人员由国立中央研究院接收。

国立敦煌艺术研究所在抗日战争时期极端艰苦的工作生活条件下，比较系统地规划了莫高窟的保护研究工作，在当地驻军百姓的帮助下，清除了多年形成的洞窟内积沙，修筑了保护围墙，修补了窟前栈道，绘制了莫高窟全景图，对石窟群进行了编号，编写了各窟内容说明牌，对洞窟进行了详细考察并逐一做了内容记录。同时着手临摹壁画，主要作品有第156窟"张议潮、宋国夫人出行图"、第257窟"鹿王本生"等。还与四川华西协和大学合作

出版了《供养人画像题识》。民国三十三年（1944年）8月，西北史地考察团的夏鼐、向达、阎文儒等著名学者赴莫高窟考察时，曾指导敦煌艺术研究所对刚刚发现的北魏写经残卷进行了初步整理。

国立敦煌艺术研究所成立后，民国三十三年（1944年）2月，敦煌县警察局派驻该所一个班（巡官1名，警士9名）负责警卫工作，次年裁撤；民国三十五年（1946年）敦煌县警察局又派驻一个班（6人）进驻该所驻守。民国三十五至三十六年（1946~1947年）期间，国立敦煌艺术研究所的保护和研究力量得到一定程度的加强，并置办了部分必需器材。据统计，自国立敦煌艺术研究所成立至敦煌解放前，该所共修整洞窟甬道地面146平方米，修防沙墙（沟）30米，清除洞窟前积沙150立方米，安装洞窟门窗30合，修缮壁画150平方米，修缮古代土塔4座。对洞窟进行了平面和立面测量，完成了对莫高窟各洞窟的重新编号，新发现洞窟12个，收集文物231件，编辑图录专著2部，临摹各时代壁画321平方米，临摹各时代彩塑15件，拍摄洞窟及文物黑白照片400张。民国三十八年（1949年）9月，敦煌解放前夕，为防止溃兵抢劫破坏，国立敦煌艺术研究所组织人力，储备物资，依靠几条旧枪，枕戈待旦，终于迎来了解放，使敦煌文物保护事业获得了新生。

二、文物调查研究和考古工作

（一）早期阶段

清光绪三十三年（1907年），斯坦因在敦煌西北汉代烽燧遗址发掘，获得简牍700余枚。

民国九年（1920年），法国传教士、天津北疆博物院负责人桑志华在今甘肃庆阳华池县赵家岔洞洞沟的黄土层中首次发掘出中国旧石器时代的石英制品。

民国十二年（1923年）6月~十三年（1924年）10月，瑞典地质学家和考古学家、北京政府农商部矿政顾问安特生为了验证彩陶文化西来说，在今甘肃、青海境内（青海1928年前隶属于甘肃省）的河谷地带寻找史前文化遗迹，开展了长达一年多的考古调查与发掘工作，先后调查发掘了卡约、辛店、齐家、马家窑、马厂、半山、沙井等文化类型的多处遗址和墓葬。民国十二年（1923年）6月，安特生率袁复礼等人自西安抵达兰州，随即沿湟水谷地向西宁进发，在西宁以东的十里堡村进行了一周的发掘，发现了石器、骨器和彩陶碎片，随后又在青海湖沿岸发现了史前的陶器遗存。同年夏秋之际，安特生在贵德县发现并发掘了罗汉堂遗址；9月，发掘了西宁附近的朱家寨遗址，揭露了大量居址和墓葬，在墓葬区发掘了43具人骨及随葬物品。同年，安特生在朱家寨以北发掘了卡约文化遗址。民国十二年(1923 年)冬至十三年(1924 年)春，安特生等留驻兰州并收购了大量的陶器。民国十三年（1924 年）4~7 月，安特生一行在甘肃洮河流域继续进行考古调查与发掘工作，先后在今临洮、广河县境内发掘了辛店遗址、齐家文化遗址、马家窑遗址和半山墓葬群，发现了寺洼文化遗存。安特生的助手白万玉在天水、礼县等地也发现并采集了一批石器和彩陶片。同年 7~10 月，安特生一行兵分两路，一路由其助手再赴今青海境内，在民和县发现并发掘了马厂文化墓葬，安特生本人则北上河西走廊地区，在民勤县发现并发掘了沙井文化遗存，在柳湖、沙井等处发掘了 40 余座墓葬，此外还调查了附近的三角城遗址。民国十四年（1925 年），安特生出版《甘肃考古记》，详细记录了他在甘肃的考古活动。他在书中写道："此次甘肃考古，足迹所涉，几近甘省大半。所得结果，颇出意料所及。盖不仅器物丰盈之仰韶纪遗址，为吾人所获，而多数前古未闻之重要葬地，亦竟发现。其中完整之彩色陶瓮多件，类皆精美绝伦，可为欧亚新石器时代末叶陶器之冠。"他在该书中首次对甘肃史前文化进行了分期，以地层叠压关系和类型学理论为主要依据，将甘肃史前文化划分为齐家、仰韶、马厂、半山、辛店、寺洼和沙井六期，其中前三期为新石器时代和铜石并用时代，

安特生著《甘肃考古记》

后三期为早期青铜时代，此即著名的甘青史前文化"六期说"。

受当时客观条件制约，安特生在华之考古活动也存在着时代的局限性，比如在研究中未能充分利用中国的典籍材料，调查与发掘工作有走马观花之嫌，粗心挖掘、随便毁坏出土文物标本，特别是一旦发掘未果，则就地收购相关文物用于研究，影响了研究成果的科学性和真实性，等等。这种（收购）行动还意外地引起了甘肃、青海等地对于史前文化遗存的盗掘之风，客观上对文物安全造成了威胁。时任中央研究院历史语言研究所所长傅斯年曾就此批评道："关于购买一层，最不可靠，因为不知道它的来源，不如亲自掘出来的较为确实可信"，"安特生对于

（中国）考古的功劳，着实不小，但是它对于甘肃一带的古物，因发掘时的不细心而毁坏去的，却也是不少。"

民国十四年（1925年）春，受北京大学研究所国学门委托，陈万里随同美国哈佛大学考察队，先后赴晋、陕、甘诸省考察，历时六个多月，行程万余里，尤以在甘肃境内考察为详细并展望了未来的研究目标。其一是石窟寺，考察队对泾川王母宫和南石窟寺做了重点调查，指出天水至平凉道中石窟颇多，造像亦美；镇原、中卫境内均有石窟，其他散在者恐复不少；其二是出土陶器，陈万里介绍了安特生的学说，并认为今后考古学家应在甘肃境内注意发掘以释疑；其三是敦煌千佛洞中壁画，"包含史料，至为广漠……非竭多数人之才力，穷长时间之研究不为功。"其四是阳关和玉门关遗址的准确位置，陈万里认为"苟能发掘，必可解此疑团。"其五是出土简牍，陈万里认为"苟能假以岁月，充分调查之后，继以发掘，所得必较斯坦因氏为丰富。"其六是指出甘肃境内"汉唐古城之埋于地中者，约有百数十处。"今后应当加以注意相关考古工作。

民国十六年（1927年）4月，中国学术团体协会与瑞典人斯文·赫定合组中瑞西北科学考察团，考察团下设三组：甲组负责考察汉代木简及唐以前古物；乙组负责考察地质；丙组负责考察唐以后古物。中方团长为徐炳昶，成员有袁复礼、黄文弼等。考察团经费由中华教育文化基金董事会每年资助15000元，为期3年，斯文·赫定个人赞助考察团经费850元/月。中瑞西北科学考察团在包括内蒙古、新疆、甘肃、青海、宁夏等省的广阔区域开展了涉及考古、地质等方面的多学科综合性考察，考察团还在额济纳河流域和居延地区调查了汉代烽燧遗址并采集了近万枚汉代简牍。

（二）抗日战争阶段

20世纪30年代，国民政府蒙藏委员会选派南京蒙藏训练班首期毕业生若干人，拟进驻新疆开展民族工作，被新疆督办盛世才阻拦于甘肃酒泉待命，遂于民国二十四年（1935年）在酒泉县、敦煌县、额济纳旗相继设立了河西调查组及平行机构，主要任务是调查研究河西各少数民族的历史沿革、宗教习俗及政治、经济、文化等发展状况。其中第三任组长马兴邦于民国三十一年（1942年）到任后，深入牧区调查搜集了许多藏、维、哈等少数民族头人世代珍藏的明、清时期朝庭颁赐的封赏诏书、印信、衣冠等珍贵文物，结合采访素材，后著成《河西走廊的四边》一书。

抗日战争时期，甘肃成为战略大后方。随着开发西北的呼声日益高涨，社会各界对甘肃的关注程度亦不断提高。这一时期，西北史地考察团、西北科学考察团、教育部艺术文物考察团等学术团体和一些著名历史或考古学者几乎走遍了甘肃各地，重点在兰州周边、河西走廊以及陇东南地区等地进行了一系列文物调查和考古发掘工作。

民国二十六年（1937年）11月~二十七年（1938年）8月，顾颉刚在兰州、临洮、渭源、岷县等地调查秦代长城，并对甘南临潭一带的少数民族民俗和宗教文化进行了考察，后著有《甘肃秦长城遗迹》。民国二十九年（1940年）6月，经王子云发起，国民政府教育部组建了艺术文物考察团，王子云任团长。在甘肃期间，该团曾调查了敦煌莫高窟等文物古迹，并通过摄影、测绘等方式收集了大量宝贵资料。民国三十一年（1942年），国立中央研究院历史语言研究所、国立中央博物院筹备处和中国地理研究所联合组成西北史地考察团，辛树帜任团长；其中历史考古组以中央研究院历史语言研究所为主组建。该团向达、石璋如等人在甘肃敦煌附近考察了额济纳河流域的黑城子、汉代长城及烽燧遗址，发现许多汉代简牍。民国三十二年（1943年）3月~三十四年（1945年）3月，夏鼐、吴良才等人在兰州市中山林、十里店、西果园等处调查发掘古遗址多处。民国三十三年（1944年）至三十四年（1945年）期

间，由国立中央研究院历史语言研究所、国立中央博物院筹备处、北京大学文科研究所、中国地理研究所等机构联合组成西北科学考察团，该团历史考古组由向达任组长，夏鼐和阎文儒为成员，在敦煌佛爷庙附近发掘了一些魏晋和唐代墓葬，后又考察了阳关、玉门关及长城烽燧遗址。在小方盘城以东的疏勒河流域考察时，调查发掘了汉代烽燧遗址多处，获得简牍44枚。随后，又在永昌、山丹、民乐、张掖、酒泉等地对永昌三角城遗址，民乐大都麻河沿岸崖墓、张掖城东汉代墓葬、马蹄寺石窟、文殊山石窟等，进行了一系列调查和考古发掘活动。在此期间，黄文弼在甘肃洮河流域进行了史前考古调查。夏鼐在武威南营青咀喇嘛湾主持进行考古发掘，发现吐谷浑国王慕容忠妻金城县主和燕王慕容曦光墓，出土墓志两合和一批文物，后带回中央研究院历史语言研究所保存。诚如阎文儒所言："这两年中几乎走遍了河西，对西北考古来说，应是比较精致的。"

抗日战争时期，甘肃本土学者在文物调查研究领域亦颇有建树。临洮籍学者张维著有《陇右金石录》凡十卷，顾颉刚称此书"博大精通，确后学之所必需"。民国三十年（1941年），天水籍学者冯国瑞考察麦积山石窟，后撰《麦积山石窟志》石印刊行；并向国民政府教育部及甘肃省

政府陈情呼吁保护维修麦积山石窟。民国三十二年（1943年），甘肃省政府命天水中学勘察绘图，提出保护办法。民国三十三年（1944年），冯国瑞与刘文炳对洞窟进行编号绘图，写成《调查麦积山石窟报告书》并提出了初步的保护管理方案。民国三十二年（1943年）至三十三年（1944年），西北师范学院和甘肃学院史地系相继开设考古课程，由何乐夫任教，带领学生在兰州附近地区对石器时代古文化遗址进行了考古调查与试掘。

（三）解放战争阶段

民国三十六年（1947年）7~10月，裴文中、米泰恒、辛树帜等在甘肃进行考古调查，历时三月有余，所涉及范围包括渭河上游、西汉水流域、临洮、临夏及兰州附近，所调查的遗址达93处，并做了部分试掘，在甘肃史前考古学史上代表一个重要的阶段。

民国三十七年（1948年）5~10月，由国民政府经济部中央地质调查所南京总所、北平分所和兰州分所组成西北地质调查队，南京总所新生代研究室杨钟健任队长，北平分所新生代研究室裴文中为副队长，成员有贾兰坡、刘宪亭、米泰恒、刘东生、王曰伦等五人，重点对甘肃河西走廊的大部分、甘青交界的享堂峡恐龙化石及旧石器时代遗址和青海湟水流域进行了田野调查，对这一带史前遗址

的分布、分期以及史前时期的"丝绸之路"的存在等学术问题提出了重要的认识。

民国三十七年（1948年），国际主义战士、新西兰友人路易·艾黎创办的山丹培黎工艺学校师生在山丹县四坝滩开渠时挖出大批文物，是为"四坝文化"发现之始。

三、文物保护管理和博物馆事业

（一）文物保存状况

民国时期，甘肃境内文物保护面临着自然和人为双重风险。

就自然因素而言，民国九年（1920年）12月16日之海原大地震波及现甘青宁诸省，著名地质学家翁文灏就地震对灾区古建筑的影响进行了分析："震中区域内，虽厚至数尺乃至丈余之城垣，亦多倾倒。……愈高耸之建筑愈易坍塌，故城垣之雉堞及钟鼓楼等，最易受损。他如铁旗杆神道碑等有截为二段者，力大可知。"民国十六年（1927年）5月23日，第二次西北大地震中，甘肃甘、凉等州受灾最重，古浪县"城隍庙、吕祖庙、泾宫、眼光殿、财神庙、菩萨楼、百子宫、土主庙、总义会馆、山西会馆等各祠庙于震中颓废。"武威地区"数千年来之古迹，同时浩劫。"

就人为因素而言，民国五年（1916年），因地方财政困难，甘肃省财政厅拟

将崆峒山名胜古迹和森林等整体估价拍卖，后遭社会各界反对而搁浅。民国十七年（1928年），夏河拉卜楞寺宗喀巴佛殿及诺如仓、高大仓两囊欠遭兵灾焚毁。民国十八年（1929年）初，"尕司令"马仲英起事，在临潭、卓尼一带纵兵劫掠，火烧禅定寺，寺内经卷文物皆毁。民国二十一年（1932年）5月，甘肃省立民众教育馆陈列之新莽权度（含标准铜杖、铜钩、铜环等）被盗，甘肃省政府致函中央古物保管委员会北平分会请求协查，兰州市公安局亦悬赏缉拿；该批被盗文物后在天津海关被查获。民国二十四年（1935年）9月，有河南口音盗匪五人潜至永登明肃王陵踩点试掘；当地民众发现盗洞后即"加意防守"，待其再次盗掘时，"该处保甲人员向前围捕"，群盗则放枪拒捕，一时"枪声乱响"，后在围追堵截之下有三名盗墓贼落网。民国二十八年（1939年），日军空袭兰州，唐代古刹普照寺被炸毁。民国二十九年（1940年），军阀马步芳派人至千佛洞盗走宋天禧三年银塔及《造塔记》等珍贵文物。民国三十二年（1943年），著名建筑学家梁思成在《为什么研究中国建筑》一文中指出："雄峙已数百年的古建筑，充沛艺术特殊趣味的街市，为一民族文化之显著表现者，亦常在'改善'的旗帜之下完全牺牲。近如去年（1942年）甘肃某县为扩宽街道，'整顿'

市容，本不需拆除无数刻工精美的特殊市屋门楼，而负责者竟悉数加以摧毁，便是一例。"

（二）文物保护管理

民国十七年（1928年）9月，国民政府内政部颁布《名胜古迹古物保存条例》，并以"名胜古迹古物，关系民族文化至为重要"，"制表通行查报"，至民国二十二年（1933年）底已有25个省（市）将调查结果报内政部。甘肃省因当时政局不稳，仅有华亭、岷县等县依表填报。后经内政部和甘肃省政府催办，截至民国二十四年（1935年）11月，已有皋兰等43县及康乐设治局，填报古迹古物调查表77份，经甘肃省民政厅审核后呈报内政部。

民国十七年（1928年），由社会贤达人士发起成立武威文庙管理委员会，除对文庙古建筑进行保护维修外，还负责收集保管地方出土文物和古籍。民国二十三年（1934年）12月，兰州市名胜古迹古物保存会成立，甘肃省政府委任萧椒石为常务委员。民国二十九年（1940年），平凉县崆峒山寺庙古迹管理委员会成立，内设总务和保建两股，宗旨是管理崆峒山名胜古迹、寺庙土地、森林产业并促进发展，委员由县政府聘各机关、各法团文化界首领、地方士绅及该山保长及释、道推举各二人充任之。

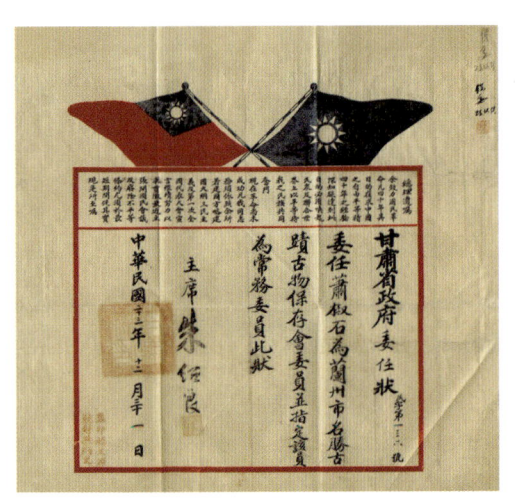

甘肃省政府颁发的萧椒石委任状

抗日战争时期，为防止日伪劫迁位于内蒙古伊克昭盟东北部的成吉思汗陵，国民政府于民国二十八年（1939 年）6 月，派部队将成吉思汗灵柩迁走；同年 7 月，成吉思汗灵柩抵达甘肃榆中，经甘肃省政府公祭后，停放于兴隆山上，伊克昭盟还专门成立了驻甘护陵机构。民国三十三年（1944 年）夏，成吉思汗灵柩迁往西宁塔尔寺。

民国三十年（1941 年），甘肃省政府成立甘肃省古物保管委员会，负全省古物调查鉴定及保管之责；省政府主席、民政厅长、教育厅长为当然委员，另聘公正士绅及古物专家四至六人为委员，由省政府主席担任主任委员。

为切实加强文物保护管理工作，甘肃省政府根据《古物保存法》及其施行细则第十七条规定，制订《甘肃省古物保管办法》凡十一条，于民国三十年（1941 年）4 月 24 日公布施行。《甘肃省古物保管办法》规定：本省各机关所有古物经鉴定后由省古物保管委员会集中保管，地点暂定省立民众教育馆；私有之重要古物应向当地县政府登记，呈由省政府汇报教育内政两部及中央古物保管委员会备查；前条应登记之私有古物，不得私售转让于外人，违者没收其古物，不能没收者追缴其价额；埋藏地下及由地下暴露地面之古物，私人及外国人民不得自行采掘，遇有古物发现时，应由发现人立即报告县政府，呈由省政府转请教育内政两部及中央古物保管委员会办理并得酌给奖金；本省直辖学术机关如须采掘古物，应呈由省政府请中央古物保管委员会审核，转请教育内政两部会同发给采掘执照，采掘所得之古物，由省政府向中央古物保管委员会商定保管办法；本省名胜古迹应永远保存，但依土地征收法应征收时，得由省政府咨内政部核办并分报中央古物保管委员会备查；本省保管之古物，应由保委会制成可垂永远之照片分存保管处所、省政府及中央古物保管委员会；本省保管之古物，每年年终应由保委会检查一次，依照中央规定表式填具表册，分报省政府、教育内政两部及中央古物保管委员会。

民国三十五年（1946 年），冯国瑞征

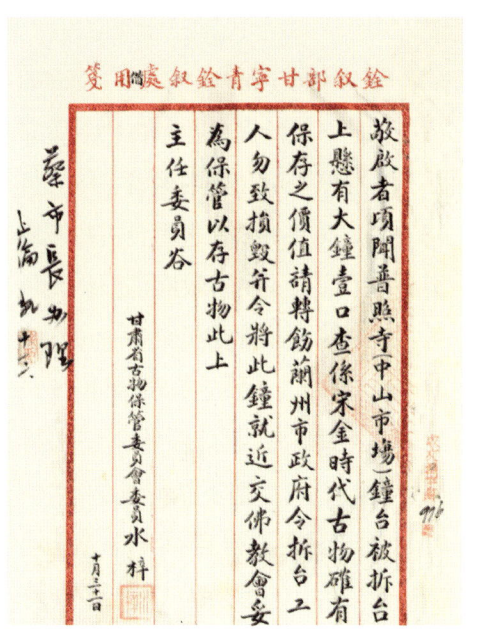
水梓关于保护兰州普照寺大钟的信函

得专员胡受谦支持，主持修复麦积山石窟东崖卧佛洞至牛儿堂的栈道，并筑"麦积山馆"五楹，吴稚晖题写馆名。民国三十六年（1947年）2月，冯国瑞邀请地方贤达成立麦积山建修保管委员会，拟定规划，因故未能施行。

（三）博物馆事业

民国十七年（1928年），兰州市立博物馆成立，是为西北地区首座国立博物馆。民国二十七年（1938年）夏，中英庚子赔款董事会派燕京大学文学院院长梅贻宝、燕京大学教授顾颉刚等赴兰州筹办甘肃科学教育馆。民国二十八年（1939年）元旦，甘肃科学教育馆正式开馆，内设自然科学教育和社会科学教育两个组，

梅贻宝为首任馆长。该馆从武汉购置图书仪器，在兰州贤后街、西城巷、南稍门外等处租用民房三处作为馆舍。民国二十九年（1940年），该馆又将自然科学教育组分为数理化和博物两组，主要进行化学分析、生物研究，兼顾辅导各中学进行理化实验，同时开展天文观测。民国三十年（1941年），该馆在今兰州市通渭路新址新建两层楼房一座，内设四个实验室。民国三十一年（1942年），增建面积约60平方米的陈列厅一座，将馆藏动物、植物和矿物标本公开展出。民国三十二年（1943年），甘肃省科学教育馆被国民政府教育部接管，更名为国立甘肃科学教育馆。民国三十四年（1945年）6月，国民政府颁布《国立甘肃科学教育馆组织条例》。抗日战争时期，甘肃地方当局还注重利用陈列展览形式宣传抗日，激发民众爱国热情。民国二十八年（1939年）2月底至3月初，兰州市在中山林和市民众教育馆举办击落日机残骸展，观众达数万人次；民国三十一年（1942年）8月，甘肃省政府在兰州主办物产、建设、工业、文物四大联合展览会，历时三周；民国三十三年（1944年）2月，中苏文化协会兰州分会在兰州举办苏联抗战照片展览。20世纪三四十年代，全省各级民众教育馆或图书馆亦多负有文物征集、保管和展示之责。

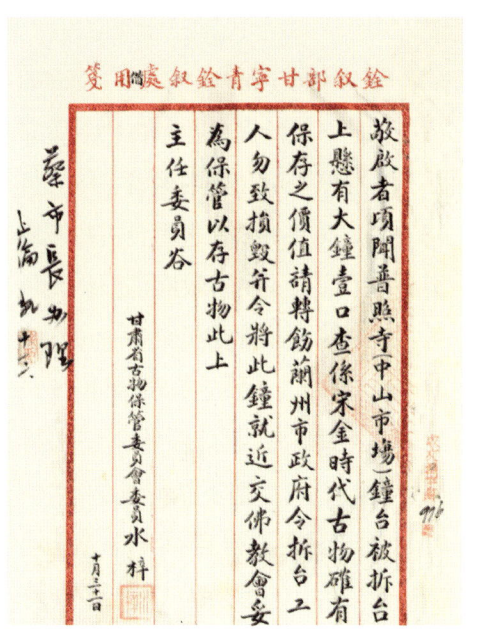 第一章 文物事业

四、中共领导下的文物保护工作

甘肃是革命老区。民国二十六年（1937年）9月，陕甘宁边区政府成立；民国二十九年（1940年）初成立陇东分区，下辖甘肃境内的庆阳、合水、镇原、曲子、环县、华池等6县（1949年6月，正宁、宁县也划归陇东分区）。中国共产党领导下的文物事业在陕甘宁边区时期即已开创。

民国二十六年（1937年），为纪念红军诞生10周年，中共中央决定大规模编辑红军战史，并发出《军委关于征集红军历史材料的通知》，征集范围包括红军时期的报纸、传单、标语、宣言、图书、文艺作品、日记、像片、纪念品、旗帜、战利品以及红军和苏维埃政府印发的决议、命令、通知、报告、法令等。民国二十七年（1938年）7月，延安解放社、中央秘书处、办公厅、组织部、中共西北局等单位发出启事，要求各机关、团体及个人帮助收集革命文献、实物。民国二十八年（1939年）12月，陕甘宁边区政府发布第163号通令指出"为收集革命文献和实物送缴革命博物馆，作为重要的永久性的宣传教育资料，特决定即时（迟则不易收集）广泛收集革命史料。"陇东分区认真贯彻落实边区政府的有关政策和法令，力所能及地开展了革命文物征集和保护工作。

民国二十八年（1939年）2月，陕甘宁边区参议会通过的《陕甘宁边区政府组织条例》中规定，边区政府设教育厅，负责掌理图书馆、博物馆、科学馆等管理工作。同年11月23日，陕甘宁边区政府发布了由主席林伯渠、副主席高自主、教育厅长周扬签发的《陕甘宁边区政府为调查古物、文献及名胜古迹事给各分区专员、各县县长的训令》。《训令》指出："查中国西北一带，原系祖先发祥之地，而边区又为西北之要地，历代所遗文物胜迹之多，自不待言。此项古物古迹，或已被发现而尚无适当保管，或保存未尽妥善，或有经发现即为私人收存，未被社会所晓，更有埋没未经发现者，当不在少数。而历代古物、文献与古迹实为研究过去社会历史与文化之发展的必需参考材料。我边区既有丰富之历代文物胜迹，乃过去未加注意，任其弃置散失或深藏，不惟足以抱憾，实亦文化上之损失。本政府现在决定对边区内所有古物、文献及古迹加以整理发扬，并妥予保存。为达到此任务，先在各县进行调查，兹制定古物、文献、名胜古迹调查表三种，印发各县，仰该专员、县长转发所属各区、乡政府机关，着手调查，依表填记，统限于本年底查填完竣，汇集呈送教育厅"。《训令》比较全面、具体地规定了文物调查的指导思想、重要意义、具体方法及奖励措施，具有较强的科学性和系统性，体现了中共对民族文化遗产的高度重视。

民国三十一年（1942年）3月，陕甘宁边区政府主席林伯渠、副主席李鼎铭签署政令颁行《违警处罚暂行条例》，其中规定："无故损坏古物、公堂、庙宇者，处以5日以下拘留或5个月工资以下罚金"。

民国三十六年（1947年）10月，中共中央在河北省平山县西柏坡召开的全国土地会议上通过并公布了《中国土地法大纲》，成为指导农村土地改革的重要文献。《中国土地法大纲》共分十六条，其中第九条"若干特殊的土地及财产之处理办法"丙款规定："名胜古迹，应妥为保护。被接收的有历史价值或学术价值的特殊的图书、古物、美术品等，应开具清单，呈交各地高级政府处理。"这是解放区最早的以法律形式明确的文物保护法规条款，陇东分区认真贯彻落实有关规定，在土地改革中抢救保存了一批珍贵文物。

在解放大西北的进程中，中国共产党和人民解放军高度重视文物保护工作。民国三十七年（1948年）3月，陕甘宁边区政府、陕甘宁晋绥联防军司令部、中共中央西北局《关于保护各地文物古迹布告》规定："凡属老区、新区的古迹名胜的碑塔、陵墓、雕刻、塑像、古树木、寺院、庙宇及其他一切有历史价值的建筑物等均须一律保护，必要时由当地县级党政府或军队团政治处以上的负责机关指定专人保管移交，以免损坏"。中国人民解放军第一野战军司令员兼政治委员彭德怀专门召开会议，部署西进过程中的文物保护工作，要求指战员要像珍视生命一样保护好敦煌石窟。民国三十八年（1949年）8月，天水解放，麦积山石窟为人民政府接管。兰州解放后，甘肃民众教育馆改为甘肃省立人民文化馆，在原有文物陈列的基础上继续充实品类和数量供群众参观。

第二节　中华人民共和国成立后的甘肃文物事业

文物保护利用工作整体性、综合性较强，涉及面较广，与经济社会发展有着千丝万缕的联系。中华人民共和国成立以来的六十多年，在国家文物行政部门的正确指导下，在全省各级党委、政府的关心重视下，在社会各界的积极参与下，甘肃省在文物保护法制建设、文物工作机构与队伍、文物资源调查、文物安全管理、文物合理利用等方面取得长足进展，较好地支持和保障了文物保护管理和研究利用工作的顺利开展。

一、法制建设

中华人民共和国成立后至1989年前，全省文物保护管理工作主要依据各级党委政府及其职能部门制定的政策规章、规范性文件、国务院《文物保护管理暂行条例》和《中华人民共和国文物保护法》开展。1989年后，全省地方文物保护立法进程逐步加快，经过20多年的发展，基本形成了以《中华人民共和国文物保护法》为主体、地方性文物保护法规为指导、政府规章和规范性文件为骨干、部门规章为补充的省级文物保护法规体系。

（一）1989年前颁行的文物保护政策规章及规范性文件

1951年12月，西北军政委员会发布关于保护文物古迹的六条指示：一是各级人民政府必须认真重视保护文物史迹的工作，以县（市）为单位进行文物检查，做好登记和保管工作；二是在土地改革运动中注意文物保护，对地主家收藏的古物令其妥藏不得破坏，具有历史价值的古建筑原则上不作分配处理；三是加强基本建设工程中的文物保护，建设单位和地方文教部门应做好配合工作；四是做好历史文物和革命文物搜集整理工作，筹建西北历史博物馆和革命文物陈列馆；五是各地应按照具体条件，对辖境内的文物古迹进行保护维修；六是各地政府

应及早组织成立文物管理委员会。甘肃省人民政府全文转发上述指示并要求各地区政府遵照执行。

1956年7月，甘肃省人民委员会转发国务院《关于贯彻在工农业建设中保护文物的通知》，要求各地区在工农业建设中加强文物保护；同月，甘肃省人民委员会根据国务院通知精神印发《关于注意保护古文物的通知》，要求各地对辖区内文物进行一次普查，并分期分批公布重点文物古迹保护单位。

1959年3月，兰州市人民委员会批转执行兰州市文化局制定的《兰州市文物古迹保护办法》，是为中华人民共和国成立后甘肃省首个地方性文物保护规章。

1960年6月，甘肃省文化局和甘肃省公安厅联合印发《关于加强文物保护工作的意见》，就加强全省文物安全保卫工作提出了四点意见：一是建立健全文物机构，加强同有关单位的协作；二是清理人员，纯洁内部；三是建立健全文物管理制度，堵塞漏洞；四是加强防护工作，改善保管设备。

1961年3月，国务院公布第一批全国重点文物保护单位共180处，甘肃省有6处入选。同年4月，甘肃省人民委员会发出《关于贯彻执行国务院进一步加强文物保护和管理工作指示的通知》，就做好全省文物保护管理工作提出三点

要求：一是 6 处全国重点文物保护单位所在地的县、市人民委员会应当督促有关部门认真做好保护管理工作；由省文化局协同酒泉市人民委员会派员勘察确定万里长城——嘉峪关保护范围；迅速搬离安西榆林窟附近存放的易燃品；由武威县人民委员会指定有关机构或专人负责保护管理西夏碑。二是各地应切实保护好省人民委员会已经公布的两批全省重点文物保护单位，确定保护范围、作出标志说明、逐步建立科学记录档案。各县、市对当地的历史和革命文物要继续进行调查了解，经过选择，公布为县、市级文物保护单位，其中价值重大者应上报核定为全省或全国重点文物保护单位。三是各级人民委员会应当加强对文物保护工作的领导，定期检查文物保护管理工作，对现有的文物保管机构进行整顿；教育群众，依靠群众，保护好祖国宝贵的文化财产。

"文化大革命"开始后，受"破四旧"风潮和动乱冲击，行之有效的文物保护管理规章制度一度废弛，文物法制建设停滞不前，全省文物保存状况不容乐观。"文化大革命"中后期，文物保护管理工作得到一定程度的重视，逐步得到恢复。

1971 年 9 月，甘肃省革命委员会发出《关于加强文物保护工作的通知》，对全省文物保护工作提出六点要求：一是各级革命委员会要加强对文物保护工作的领导；二是对于国务院或省、县批准公布的重点文物保护单位要继续加强保护、管理工作；三是各单位若在战备、基建工程或生产劳动中发现重要文物，应立即就地保护现场，并报告当地文化主管部门；四是一切文物遗存均归国家所有；五是各地废旧物资回收部门，对于收进的文物应暂时就地集中保存并及时通知省博物馆和本地文化部门鉴定挑选；六是各级革命委员会要对本地区、本部门"文化大革命"以来文物保护工作情况进行一次检查。

1975 年 6 月，甘肃省革命委员会批转省文化局《关于进一步开展文物工作的报告》，同意《报告》提出的以无产阶级专政理论文物工作、大力开展群众性的革命文物工作、加强文物保护的宣传工作、健全管理机构、保障文物保护经费等五条意见。同年 10 月，甘肃省革命委员会发出《关于加强文物保护工作的通知》，要求各地各部门充分认识文物工作的重要意义，加强领导，认真做好文物的保护、发掘、征集和研究工作，建立健全各级文物管护机构和队伍，配备文物专职干部。

1976 年 7 月，甘肃省革命委员会批转省文化局《关于文物保护工作中一些问题的报告》，要求各地和各有关部门引起重视，加强不可移动文物保护单位管护，在基本建设中注意保护出土文物，严厉

省革命委员会关于文物保护的通知

打击文物犯罪，配备文物专职干部，开展文物普查。

"文化大革命"结束以后，全省文物保护管理工作逐步回到正轨；与此同时，文物保护管理领域也出现了一些新情况和新问题，生产生活中破坏文物古迹特别是盗窃、盗掘和贩卖、走私文物等违法犯罪活动有抬头趋势，文物工作所处社会环境一度复杂而严峻。

1980年11月，甘肃省人民政府发出《关于保护历史文物的通告》，《通告》指出：一切保存在地下、地上的历史文物（含古生物化石）统属国家所有；一切有历史意义和艺术价值的古建筑、石刻、石窟等历史文物，任何单位不得擅自拆除、改建，严禁损伤或破坏；严禁贪污盗窃历史文物，严禁用历史文物进行贩卖走私、投机倒把；历史文物是祖国文化遗产，是人民的宝贵财富，保护文物、人人有责。

1982年4月，甘肃省人民政府发布《关于加强文物市场管理的通知》，针对当时存在的挖盗古墓、倒卖文物、私设文物销售点等现象，作出三项规定：一是整顿文物市场，文物只准向国营文物商店及其代购门市部出售；二是改善和加强对文物的保管，整章建制，严禁文物外流或遗失损坏；三是坚决打击文物走私和投机倒把活动。

1986年10月，甘肃省人民政府发布《关于加强文物保护管理工作严厉打击盗挖倒卖走私文物活动的通告》。1987年1月，中共甘肃省委政法委发出《关于打击盗窃、倒卖、走私文物犯罪活动的通知》。

1987年12月，甘肃省文化厅、公安厅联合发出《关于禁止随意发布考古发掘和新发现文物点的消息的通知》，要求对考古发掘和文物普查所发现情况，未经省文化行政主管部门批准，一律不作新闻报道，以确保文物安全。

1988年7月，为切实加强馆藏珍贵文物保护管理工作，甘肃省人民政府印发《甘肃省馆藏珍贵文物安全管理暂行办法》凡十一条，对珍贵文物的定义、保存环境、安全责任、登记建档、陈列展览和提取、调拨、交换等进行了明确规定。

（二）1989年以后颁行的地方性文物保护法规、规章及规范性文件

1. 地方性文物保护法规

（1）《甘肃省实施〈中华人民共和国文物保护法〉办法》

1989年1月20日，甘肃省第七届人民代表大会常务委员会第六次会议审议通过《甘肃省实施〈中华人民共和国文物保护法〉办法》，这是中华人民共和国成立后甘肃省首部地方性文物保护法规。该《实施办法》分为总则、文物管理机构和经费、文物保护单位、历史文化名城、考古调查与发掘、馆藏文物、流散文物与文物出境、奖励与惩罚和附则等九章三十七条，以《文物保护法》为基本遵循，结合甘肃实际情况，较为

全面地对相关权利、义务、责任等进行了调整和规范，为新时期全省文物保护管理工作提供了具有较强针对性和操作性的法律依据。

（2）《甘肃敦煌莫高窟保护条例》

2002年12月7日，甘肃省第九届人民代表大会常务委员会第31次会议经过二审审议，表决通过《甘肃敦煌莫高窟保护条例》，自2003年3月1日起施行。《条例》分为总则、保护对象与保护范围、保护管理与利用、奖励与处罚、附则等五章四十一条，对敦煌莫高窟的保护以及在莫高窟保护范围内游览、考察或进行其他活动的机关、组织和个人的行为进行了规范，逐级明确了莫高窟保护管理的责任。

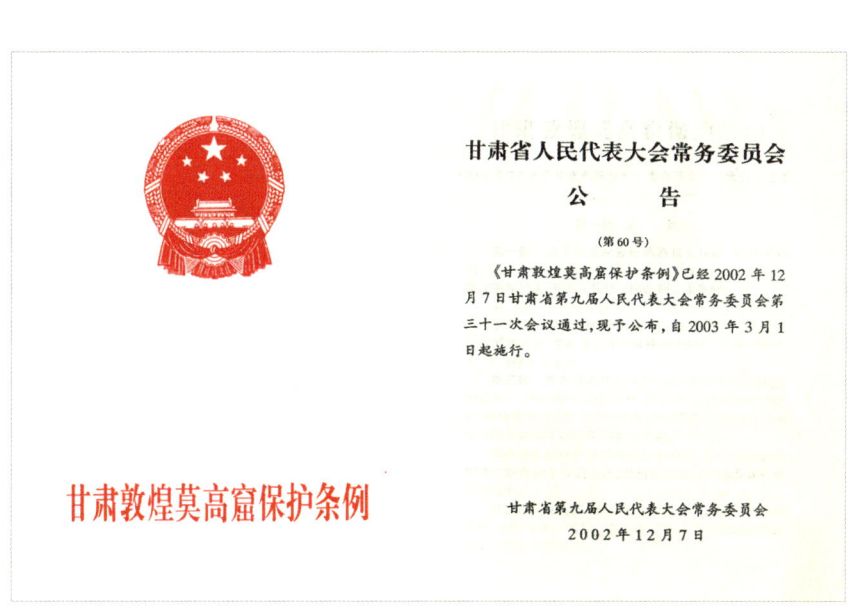

省人大常委会颁布《甘肃省文物保护条例》

（3）《甘肃省文物保护条例》

2005年9月23日，甘肃省第十届人民代表大会常务委员会第十八次会议审议通过《甘肃省文物保护条例》，自2005年12月1日起施行。《条例》依据《中华人民共和国文物保护法》《中华人民共和国文物保护法实施条例》及相关法律法规，结合甘肃实际而制定，共四十三条。《条例》吸纳了当时最新的文物保护政策精神，同时体现了鲜明的地方特色，如第六条规定各级人民政府应当对长城、石窟寺、大型古文化遗址和彩陶、简牍等馆藏文物以及有重大纪念意义的革命历史文物实行重点保护，这几类文物都是甘肃特有或具有较强优势的文物资源。

2. 政府及部门规章

（1）省政府规章

2008年4月，甘肃省人民政府第45号令颁布《甘肃省重大文物安全事故行政责任追究规定》，自2008年8月1日起施行。该《规定》共十六条，明确了重大文物安全事故的八类定义，对文物安全事故的预防、处置、报告、调查工作进行了规范，区分不同性质和程度，对重大文物安全事故的责任追究和处分形式做了具体规定。

2008年10月，配合丝绸之路申遗工作，甘肃省人民政府办公厅印发《麦积山石窟保护管理办法》、《炳灵寺石窟保护管理办法》、《榆林窟保护管理办法》，为相关申遗备选点的保护管理提供了法制依据。

（2）部门规章

2006年3月，甘肃省文化厅和甘肃省文物局报请省政府同意，联合印发《甘

省人大常委会颁布《甘肃敦煌莫高窟保护条例》

甘肃省人民政府颁布《甘肃省文物重大安全事故行政责任追究规定

肃省文物安全突发事件应急预案》，这是全国文物系统首个文物安全突发事件应急预案。《预案》印发后，国务委员、国务院秘书长华建敏作出重要批示，对甘肃省在文物安全突发事件应急管理方面先行先试给予肯定。

2006年3月，甘肃省文物局和甘肃省建设厅联合印发《甘肃省文物保护单位保护范围和建设控制地带划定办法（试行）》，进一步规范了全省文物保护单位"四有"工作。

3.规范性文件

（1）国务院规范性文件

2010年5月，国务院办公厅印发《关于进一步支持甘肃经济社会发展的若干意见》，明确提出要加强甘肃省市级博物馆、文物大县和重点遗址博物馆建设。支持丝绸之路整体申遗及沿线重要遗址保护，加大重点文物保护和少数民族文化遗产抢救力度。

（2）省政府规范性文件

1989年12月，甘肃省人民政府办公厅发出《关于在全省进行文物安全大检查的通知》，自是年始，建立起每年一次的全省文物安全大检查制度。

1991年11月，为进一步落实全省文物保护单位保护管理基础工作，甘肃省人民政府发出《关于进一步做好文物保护单位"四有"工作的通知》。

1992年5月，针对河西地区在土地资源开发过程中比较突出的文物保护问题，甘肃省人民政府办公厅转发省文化厅《关于在土地资源开发利用中应重视文物保护的意见》，要求各地各部门在开发利用土地资源时，保护好各种文物资源。

1996年5月，为进一步落实各级政府保护文物的职责，切实加强全省文物工作，甘肃省人民政府印发《关于实施文物保护"五纳入"的通知》。

1997年12月，甘肃省人民政府印发《关于全省文物出国（境）展览有关问题的通知》，就全省文物出国（境）展览有关问题作出了七条规定。

2003年7月，甘肃省人民政府印发《甘肃省人民政府关于进一步加强文物保护工作的意见》。

2006年6月，甘肃省人民政府印发《关于进一步加强文化遗产保护工作的意见》。

（3）地方政府规范性文件

2008年12月，张掖市人民政府办公室印发《张掖大佛寺保护管理办法》、《高台骆驼城、许三湾遗址及墓群保护管理办法》、《肃南马蹄寺石窟群保护管理办法》。

2009年4月，山丹县人民政府公布实施《山丹县长城保护管理办法》，是为甘肃省首个由县级政府出台的长城保护管理办法。

2009 年 8 月，武威市凉州区人民政府印发《武威市凉州区长城保护管理办法》。

（4）省直部门规范性文件

1989 年 7 月，甘肃省文化厅发出《关于禁止各级钱币学会收购古钱币的通知》。

1995 年 1 月，甘肃省文物局、公安厅、工商局及兰州海关联合发出《关于进一步加强文物市场管理的通知》。

1996 年 8 月，甘肃省文物局发出《关于进一步规范管理全省文物市场的通知》，就文物监管物品管理、文物拍卖管理和文物内销等问题作出明确规定。

2003 年 12 月，甘肃省文物局、省发展计划委员会、省国土资源厅、省建设厅、省交通厅、省水利厅联合印发《关于工程建设中进一步做好文物保护工作的意见》。

（5）会议纪要

会议纪要虽不属法规、规章或规范性文件，但在特定情况下，对于文物保护管理工作亦具有相应的规范、指导作用和一定的行政约束效力。

1990 年 5 月 16 日，甘肃省人民政府印发《全省文物工作会议纪要》，进一步明确了全省文物工作会议决定的加强文物工作的十项措施：一是各级人民政府必须依法履行本行政区域内的文物保护责任，出了问题首先追究领导责任。二是在全省实行文物保护管理责任制，明

确了文物保护三级责任体系。三是坚持文物工作正确方向，反对一切"向钱看"的错误倾向。四是坚决贯彻执行《文物保护法》，营造"保护文物，人人有责"的良好社会风气。五是建立专管与群管相结合的文物保护队伍。六是全面整顿各级文物收藏单位和博物馆。七是文物收藏单位要基本建起文物库房并达到"三铁一器"（即铁门、铁窗、铁柜和报警器）安全标准。八是由非文博单位使用或管理的文物要按照"谁使用谁维修"原则做好保护维修并接受文物部门监督检查。九是有关职能部门各司其责、齐抓共管，一方面严厉打击和惩处违反《文物保护法》的案件，一方面在保护好文物的前提下兼顾各方利益，互相促进，共同发展。十是建立文物安全大检查制度，县（市、区）每季度一次，地、州、市每半年一次，省上每年一次。

1997 年 1 月 7 日，甘肃省人民政府就河西走廊疏勒河项目开发建设中文物保护问题专门召开会议，形成了《关于疏勒河项目开发建设中文物保护问题的会议纪要》，明确在项目区进行全面文物调查、制定文物保护方案、项目区内古遗址（墓葬）应先由文物考古部门清理发掘再行施工、文物保护经费来源等五项基本原则，并要求今后在省内其他水利建设项目中涉及文物保护问题者，亦按此执行。

2009年2月25日，甘肃省人民政府副秘书长张正锋主持召开会议，专题研究张家川马家塬战国墓地考古发掘与文物保护工作相关事宜，省文化厅、省文物局、省文物考古研究所，天水市、张家川县政府及有关部门负责人参加会议。会后印发《关于张家川马家塬战国墓地考古发掘与文物保护工作协调会议纪要》。

（三）文物行政执法与普法

20世纪五六十年代，党和国家对甘肃文物保护工作十分重视，中央政府多次以指示、批示等形式就严肃文物保护法纪问题对甘肃提出明确要求。1950年7月，中央人民政府政务院发出《关于保护古文物建筑的指示》，指出："近查各地对具有历史文化价值之文物建筑，常有弃置、拆毁、破坏情事"；特别针对"甘肃省山丹县唐、宋所建之庙宇及其中唐、宋佛像亦多为借用庙宇者所弃置损毁"问题，通令各级人民政府对文物建筑及其原有附属物均应加意保护，严禁毁坏，保持旧

1952年拆除前的兰州雷坛河卧桥

观，如确有必要拆除或改建时，须呈报大行政区文教主管机关同意后始得动工。1952年3月，兰州市明代古建筑雷坛河卧桥因扩建西津东路被拆除。文化部社会文化事业管理局致函甘肃省人民政府，要求呈报事件经过，并提出处理意见，认为未经大行政区文教主管机关批准不应拆除卧桥。1960年4月，国务院发出《关于保护敦煌西千佛洞艺术问题的批示》，要求有关地方政府立即纠正在兴修水利、整治党河河道过程中存在的危害文物安全的问题。

20世纪80年代以来，针对甘肃经济社会发展中存在的影响文物保护的突出问题，国务院、国家文物局及甘肃省均高度重视，依法依规进行提醒和纠正。1981年4月10日，国务院办公厅转发文化部、国家文物事业管理局《关于长城破坏情况的调查报告》，《报告》指出，甘肃河西走廊之长城全为土筑，近年来成了当地社员平地造田的原料和肥料的来源，破坏汉代玉门关汉长城及烽燧遗址积薪的情况也相继出现，永昌县甚至还发生过用炸药爆破长城取土的事件。国务院办公厅要求相关省区政府加强宣传，开展长城普查，严肃法纪，落实长城保护组织和保护经费。1989年1月，国家文物局致函甘肃省人民政府，指出敦煌莫高窟上中下寺、麦积山瑞应寺两处文物单位均不应交宗

教部门管理，如有关方面坚持进驻并进行宗教活动，应予以劝阻。1996年7月，甘肃省文物局致函兰州市人民政府，提请兰州市在城市建设中应注意保护古代建筑。

与此同时，甘肃省人大常委会、省文物管理委员会及文物行政部门不断加大行政执法和普法力度，切实维护法律尊严，主要开展了以下工作。

开展执法检查。1996年7月，甘肃省人大常委会组织开展全省《文物保护法》执行情况大检查；省人大常委会副主任姚文仓率执法检查组对张掖、武威两地区进行重点抽查。2007年1月，甘肃省文物局印发《甘肃省文物局行政执法过错责任追究暂行办法》；同年6月，甘肃省文物局副局长廖北远带队对酒泉市文物行政执法工作进行专项督查。2007年8月，全国人大常委会委员、教科文卫委员会副主任委员蒋祝平，全国人大常委会委员、教科文卫委员会副主任委员、中科院院士、民进中央副主席、北京市政协副主席陈难先率领的全国人大《文物保护法》执法调研组在兰州听取了省政府关于文物执法和文化遗产保护工作的情况汇报；省人大常委会副主任程有清主持汇报会，副省长咸辉汇报甘肃省文物保护法执法工作情况。2008年10月7~9日，甘肃省人大常委会对《中华人民共和国文物保护法》和《甘肃省文物保护条例》实施情况进行执法检查，省人大常委会副主任崔玉琴带队对定西、天水两市进行执法检查。10月14日，甘肃省人大常委会教科文卫委员会在兰州召开《中华人民共和国文物保护法》和《甘肃省文物保护条例》实施情况执法检查汇报会。11月26日，甘肃省第十一届人大常委会第六次会议召开第二次全体会议，听取省人大常委会执法检查组关于检查甘肃省贯彻实施《中华人民共和国文物保护法》和《甘肃省文物保护条例》实施情况的报告。

加强行政执法。20世纪90年代中后期以来，随着文物保护行政管理机构日益健全，全省文物行政执法逐渐步入正规，各级文物行政部门及具有行政执法权的省直文博单位陆续完成执法人员

省人大常委会执法检查

国家文物局赴甘肃省博物馆执法督察

资格审核与业务培训，并依法申领了行政执法证件（包括省政府和国家文物局制发的两种行政执法证件）。主要执法工作包括对文物保护工作依法进行督查和查处违法案件两方面。执法督查的典型事例有：1996年5月，甘肃省文物局牵头成立省文物市场管理协调小组，文物、公安、海关、工商等职能部门负责人为成员，省文物局一名副局长任组长。此后，甘肃省文物局组织省文物市场管理协调小组成员单位多次对兰州市、临夏州两个文物监管物品市场进行检查整顿，促进了全省文物监管物品市场管理日趋规范化。2010年，甘肃省文物局组织开展文物行政执法专项督察工作，对4市（州）14县（区）文物安全和行政执法情况进行了检查。查处违法案件的典型

案例有：2000年初，甘肃省文物局依法调查处理了泾川县擅自改变全国重点文物保护单位南石窟寺和省级文物保护单位王母宫石窟管理体制问题；同年4月，两处文物保护单位恢复原有管理体制，由旅游部门交由文化部门管理。2002年1月，甘肃省文物局对中央电视台科教中心《复活的军团》摄制组未经批准擅自拍摄全国重点文物保护单位大堡子山遗址和礼县博物馆馆藏一级文物事件进行了查处。2005~2006年，根据群众举报和国家文物局、省政府领导批示精神，甘肃省文物局调查处理了甘肃省博物馆资料中心特藏室管理人员私自向《中国西北文献丛书》编委会提供馆藏古籍善本资料并出于编辑需要翻拆、重订、裁切、挖补古籍善本的事件，依法进行了专项执法督察。2006年11月，永登县文体局依法对《黄石的孩子》剧组未经批准在全国重点文物保护单位鲁土司衙门旧址布景拍摄的事件进行处理，给予罚款，责令撤出并对鲁土司衙门博物馆给予通报批评。2008年，甘肃省文物局依法督办查处了兰临高速公路广河段施工过程中破坏汉代墓葬事件。2009年12月~2010年1月，临夏州及东乡县两级文物部门按照州政府要求依法对东乡县东塬乡东塬村村民马克力擅自在省级文物保护单位罗家尕塬遗址东北角挖掘取

土事件进行了查处。2010年，甘肃省文物局依法查处了酒泉汇鹏矿业有限公司在全国重点文物保护单位果园—新城墓群保护范围内建厂等违法案件，白银市文物局根据群众举报成功追回一批自靖远县大芦乡周湾村出土的隋唐时期佛教铜造像。

进行普法宣传。1987年5月，甘肃省司法厅、公安厅、工商局、文化厅联合发出《关于在全省普法教育中安排学习〈中华人民共和国文物保护法〉的通知》，将《文物保护法》纳入全省普法教育体系。1992年11月19~25日，中共甘肃省委宣传部和省文化厅在全省举行纪念《文物保护法》颁布10周年宣传周活动。1997年11月19日，甘肃省文物管理委员会在兰州举办纪念《文物保护法》颁布实施15周年座谈会，省文物管理委员会主任、副省长陈绮玲出席会议并讲话。2002年11月21日，甘肃省文物局在兰州召开学习贯彻《文物保护法》座谈会，纪念《文物保护法》颁布20周年。2003年3月24日，甘肃省人大常委会教科文卫工作委员会和省文物局在兰州联合召开宣传贯彻《文物保护法》和《甘肃敦煌莫高窟保护条例》座谈会，省人大常委会副主任杜颖出席并讲话。2005年11月28日，甘肃省人大常委会教科文卫体委员会和省文物局在兰州联合召开学习

宣传贯彻《甘肃省文物保护条例》座谈会，省人大常委会副主任杜颖出席并讲话；会议确定每年12月为全省文物法制宣传月。自20世纪90年代末以来，按照"谁执法，谁普法"的原则，全省各级文物行政部门及文博单位依托国际博物馆日、国际古迹遗址日、文化遗产日等节点，因地制宜组织开展形式多样、群众喜闻乐见的文物保护法律法规宣传教育活动；特别是从2006年起，每年文化遗产日前后，文物部门都在兰州市及各市州县同步组织开展文物普法活动，推动了"保护文物，人人有责"良好社会氛围的形成。

二、机构队伍

中华人民共和国成立后，甘肃省文物保护、管理和研究机构不断完善，文物工作队伍日益壮大，从业人员素质持续提高，有力促进了全省文物事业健康发展。

（一）机构沿革

1950年5月，原国立敦煌艺术研究所更名为敦煌文物研究所，隶属中央人民政府文化部文物局，常书鸿任所长，是为中华人民共和国成立后甘肃省成立的首个文物保护事业单位。同年8月，中央人民政府文化部委派西北军政委员会文化部文物处处长赵望云等接管原国立敦煌艺术研究所。同年，国立甘肃科学教育馆更名为西北人民科学教育馆。

1952 年 5 月，甘肃省人民政府批准成立甘肃省文物管理委员会，省委（省政府）秘书长陈成义兼任主任委员，下设办公室、文物调查组和文物保护组，组长分别由何乐夫、冯国瑞担任，何乐夫兼任办公室主任。马济川、水梓、范振绪、裴建准、魏自愚等为文管会委员。办公地点设在志果中学（今兰州二中）。

1953 年 1 月，为落实《关于贯彻保护文物古迹的法令及筹设西北历史博物馆和西北革命文物陈列馆的决定》，西北军政委员会文化部将西北人民科学教育馆改组为甘肃省博物馆筹备处，隶属甘肃省文化局领导。

1953 年 9 月，根据麦积山石窟勘察团建议，甘肃省人民政府天水区专员公署批准成立天水麦积山文物保管所，首任所长王正东，隶属天水县文教局领导。

1955 年 5 月，根据炳灵寺石窟勘察团建议，甘肃省人民政府临夏区专员公署批准成立炳灵寺文物保管所，首任所长王有举。

1956 年 2 月，甘肃省博物馆正式成立，为省级地志类博物馆，首任馆长陆长林。

1963 年 2 月，甘肃省人民委员会批准成立庆阳北石窟寺文物保管所，隶属甘肃省文化局领导，首任所长王荫槐。同月，甘肃省文化局接管炳灵寺文物保管所，更名为永靖炳灵寺文物保管所，王万青任所长；甘肃省博物馆文物队更名为甘肃省文化局文物工作队，与省博物馆合署办公。

1973 年 6 月，甘肃省文化局设立文物处，负责全省文物行政管理工作，首任处长王毅。1983 年 4 月起为甘肃省文化厅文物处。

1978 年 9 月，国家文物局批准成立甘肃省文物商店，是为甘肃省内唯一从事社会流散文物征集及销售的专营单位。

1981 年 8 月，邓小平同志视察敦煌莫高窟，指出："敦煌文物天下闻名，是祖国的文化遗产，一定要想方设法保

20 世纪 50 年代的省博物馆筹备处外景

省政府筹建敦煌研究院的批复

护好。"并指示有关部门解决敦煌文物研究所办公楼、宿舍楼建设经费问题。1984年1月，中共甘肃省委常委会研究决定，在原敦煌文物研究所基础上建立敦煌研究院，为地级建制学术单位，分别在兰州和敦煌两地办公，隶属省文化厅归口管理。

1984年8月，中共甘肃省委常委会第26次会议研究决定，甘肃省博物馆由县级建制升格为副地级建制。11月，省编制委员会批准麦积山文物保管所升格为县级建制。

1985年11月，中共甘肃省委第29次省委书记办公会议决定，成立甘肃长城博物馆筹备处，隶属省文化厅管理。

1985年12月，中共甘肃省委第31

次省委书记办公会议决定，成立甘肃省秦安大地湾文物保管所和榆林窟文物保管所，均为科级事业单位，前者隶属省文化厅管理，后者由敦煌研究院代管。次年3月，省编制委员会给两个文管所各确定事业编制5名。

1986年3月，中共甘肃省委、省人民政府决定在原甘肃省文物工作队基础上成立甘肃省文物考古研究所。同时决定将天水麦积山文物保管所更名为麦积山石窟艺术研究所，县级建制，隶属省文化厅管理。同月，甘肃省人民政府决定恢复省文物管理委员会，分管副省长兼主任。

1992年5月，中共中央政治局常委、全国政协主席李瑞环视察敦煌莫高窟和西千佛洞，期间指示陪同考察的甘肃省委、省政府负责同志要重视文物保护工

省编委关于成立甘肃省文物局的通知

作，加强文物行政管理机构建设。同年9月，根据中共甘肃省委常委会第176次会议纪要精神，省机构编制委员会批准成立甘肃省文物局，为省文化厅管理的二级局，核定领导职数2名，局长由省文化厅一名副厅长兼任。此后，省政府先后于1995、2001、2010年三次核定公布省文物局"三定"方案，省文物局内设机构和人员编制逐步扩充。

1996年5月，甘肃省机构编制委员会同意甘肃省文物管理委员会作为省政府对全省文物事业进行领导、管理的议事协调机构，副省长陈绮玲兼任主任，省委宣传部、省计委等部门负责人共19人为成员，省文物局局长兼任省文管会办公室主任。

1997年4月，甘肃省机构编制委员会办公室批准将甘肃省长城博物馆（筹）更名为甘肃省文物保护维修工程管理办公室，增加事业编制5名。

1999年7月，甘肃省机构编制委员会办公室批准甘肃省秦安大地湾文物保管所更名为甘肃大地湾文物保护研究所，庆阳北石窟寺文物保管所更名为甘肃北石窟寺文物保护研究所。

2005年4月，甘肃省机构编制委员会办公室批准甘肃省文物保护维修工程管理办公室更名为甘肃省文物资料信息中心。

2007年1月，甘肃省机构编制委员会办公室批准成立甘肃简牍保护研究中心，在省文物考古研究所加挂牌子，增加全额拨款事业编制8名，处级领导职数1名。

（二）机构分述

1. 甘肃省文物管理委员会

1952年3月，甘肃省人民政府批准成立甘肃省文物管理委员会，是为中华人民共和国成立后甘肃省首个文物保护管理行政机构。1958年后，省文物管理委员会与省博物馆合署办公。1964年，甘肃省文化局成立文物科（1973年升格为文物处），省文物管理委员会主要职能划入。20世纪80年代后，随着经济社会的发展，全省文物保护管理工作日益繁重，经省委书记第三十一次办公会议研究决

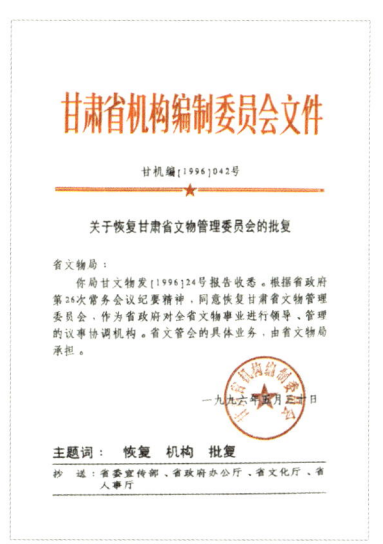

省编委关于恢复省文管会的批复

定，1986 年 1 月，甘肃省文化厅向省政府上报《关于恢复甘肃省人民政府文物管理委员会的报告》，提出了省文物管理委员会的性质、任务、人员组成及办事机构等意见。同年 3 月 25 日，省政府发出《关于恢复甘肃省人民政府文物管理委员会的通知》（甘政发〔1986〕41 号），明确省文物管理委员会是省政府对全省文物事业进行领导、管理的机构，由分管副省长兼任主任，省直 23 个部门和高等院校相关领导为成员。省文物管理委员会恢复后，先后召开了四次全体会议，讨论研究了一系列文物保护管理方面的重大问题，为全省文物事业发展起到了积极作用。1990 年和 1993 年，省政府两次对省文物管理委员会成员进行了调整。1996 年甘肃省文物局成立后，根据省政府第 26 次常务会议的决定，省文物管理委员会为省政府对全省文物事业进行领导、管理的议事协调机构，其具体业务由省文物局承担。

2003 年，根据工作需要，甘肃省文物局在充分调研和征求意见的基础上，报请省政府重新调整省文物管理委员会成员。同年 7 月，省政府办公厅以甘政办发〔2003〕73 号文件对包括省文物管理委员会在内的各议事协调机构成员进行了重新调整。调整后的省文物管理委员会由省政府分管副省长兼任主任，由省文化厅厅长和省政府分管副秘书长任副主任，省文物局局长任办公室主任。组成人员包括省委宣传部、省发展计划委员会、省财政厅、省公安厅、省建设厅、省水利厅、省国土资源厅、省交通厅、省农牧厅、省林业厅、省文化厅、省文物局、省旅游局、省宗教局、省环保局、省工商行政管理局、兰州海关、敦煌研究院、省博物馆等 19 个省直部门（单位）的负责同志。同月，省文物管理委员会召开全体会议，讨论通过了《甘肃省文物管理委员会工作制度》和《甘肃省文物管理委员会成员单位主要职责》。

2003 至 2010 年期间，省文物管理委员会召开了三次全体会议。各成员单位密切协作，先后联合印发了 50 余份文件，配合省文物局开展了大量工作，有力推进了全省文物保护工作。

文物安全工作方面。省文物局、公安厅两次召开全省文物安全工作会议，联合印发《甘肃省文博单位安全保卫工作管理办法》《甘肃省文物风险单位安全防范工作规范（试行）》《甘肃省文物安全检查巡视报告制度》，建立了防范和打击文物犯罪联席会议制度；省文化厅和文物局联合印发《甘肃省文物安全突发事件应急预案》，省文物局、财政厅、公安厅、工商局、兰州海关联合印发《关于依法做好没收、追缴文物移交工作的通知》。省

文物局、公安厅联合在全省集中开展了野外文物安全专项整治行动，按照公安部和国家文物局统一部署，开展了打击文物犯罪专项行动，破获了一批文物犯罪案件，其中包括公安部挂牌督办的重大案件；省文物局、公安厅、宗教局联合开展了文物建筑消防安全专项治理工作，发现整改了一批消防安全隐患。

文物考古方面。省文物局按照既有利于文物保护又有利于经济建设的"两利"原则，积极与相关成员单位沟通协调，不断总结经验，转变理念，规范程序，提前介入重大项目建设，主动服务项目建设单位，据不完全统计，"十一五"时期，省文物局就工程建设中的文物考古工作先后与各项目建设单位沟通76次，与发改、财政、建设、交通、国土、环保等成员单位协调30余次，确保了包括西气东输工程在内的关系国计民生的近百项国家和省级重点建设项目顺利实施。

文物保护方面。省文物局、发展计划委、国土资源厅、建设厅、交通厅、水利厅联合印发了《关于工程建设中进一步做好文物保护工作的意见》。省文物局、建设厅、国土资源厅联合公布实施了《甘肃省文物保护单位保护范围和建设控制地带划定办法（试行）》。省建设厅、文物局联合公布了首批省级历史文化名镇（村）。相关成员单位积极配合省文物局做

好第三次全国文物普查、长城资源调查、丝绸之路申遗工作，确保了上述工作优质高效推进。

项目安排和经费保障方面。据不完全统计，"十一五"时期，省文物局先后正式与省发改委沟通协调29次，与省财政厅沟通协调77次，与建设、交通、国土、环保等成员单位沟通协调14次，协调省级财政逐年递增文物保护专项经费，促成了敦煌莫高窟保护利用设施、省博物馆新展览大楼改扩建等一批事关全省文物事业可持续发展大局的重点项目顺利立项，保障了全省博物馆纪念馆免费开放等重点工作的顺利开展。

2. 甘肃省文物局

甘肃省文物局成立后，一直与省文化厅合署办公。1994年1月，甘肃省机构编制委员会批准甘肃省文物局增设文物处，另在甘肃省长城博物馆（筹）和省文物管理委员会办公室分别加挂省文物局博物馆处和办公室牌子。1995年11月，甘肃省人民政府印发《甘肃省文物局职能配置、内设机构和人员编制方案》，确定省文物局为省文化厅管理的二级局（副厅级），内设办公室、综合处、博物馆处、文物处四个职能处室和机关党委，核定行政编制23名，事业编制4名。自1996年始，省文物局开始独立履行职责。2001年2月，省政府办公厅印发《甘肃

省文物局职能配置内设机构和人员编制规定》，确定省文物局为省文化厅归口管理的主管全省文物和博物馆工作的机构，副厅级建制，内设办公室、政策法规处、文物保护处和博物馆处，核定行政编制18名，事业编制10名，其中处级领导职数7名。2003年7月和2004年4月，甘肃省机构编制委员会办公室先后批准省文物局增设安全督查处并在办公室加挂计划财务处牌子。2009年，在省政府机构改革中，省文物局职能划入省文化厅，在省文化厅加挂省文物局牌子。2010年，为了加强全省文物保护和管理工作，经省委、省政府研究同意，恢复设立甘肃省文物局，副厅级建制，归口省文化厅管理。同年10月25日，省政府办公厅印发《甘肃省文物局主要职责、内设机构和人员编制规定》，确定省文物局内设办公室（加挂计划财务处牌子）。政策法规处、文物保护与考古处（加挂重大项目建设文物保护办公室牌子）、博物馆与社会文物处、安全督查处5个处室。同时按照有关规定设置了机关党委。省文物局机关核定行政编制28名，其中：局长1名（副厅级，由1名省文化厅副厅长兼），副局长2名（正处级），处级领导职数10名，核定机关后勤事业编制6名。甘肃省文物资料信息中心（前身为甘肃省文物保护维修工程管理办公室）自成立后，其机构与人员一直附设于省文物局机关。

历任局领导：

局　长　马文治　苏国庆　马少青（兼负责人）杨惠福

副局长　贾若楠　张珑　张正兴　廖北远　杨惠福　马玉萍

3.省直文博单位

（1）敦煌研究院

敦煌研究院是国家设立的负责敦煌石窟（莫高窟、榆林窟、西千佛洞）保护、研究和管理的综合性学术机构，现为世界上规模最大的敦煌文物保护基地和学术研究实体，是国家古代壁画保护工程技术研究中心的依托单位和古代壁画保护国家文物局重点科研基地、甘肃省古代壁画和土遗址保护工程技术研究中心、国际岩石力学学会古遗址保护专业委员会、中国文物保护技术协会、古代壁画与古遗址保护专业委员会的挂靠单位。截至2010年底，该院内设党委办公室、院长办公室、人事处、计划财务处、总务处、外事处、科研处、保卫处、保护研究所、美术研究所、考古研究所、文献研究所、民族与宗教文化研究所、信息资料中心、敦煌石窟保护研究陈列中心、数字中心、编辑部、接待部等职能部门；有正式职工292人，其中专业技术人员221人，具有高级专业技术职称的46人、中级专业技术人员105人、初级专业技术人员48人；

博士学历人员 20 人，硕士学历人员 29 人，大学本科学历人员 150 人，涉及 32 个专业学科；另聘用合同制职工 280 人。

历任院领导：常书鸿 段文杰 樊锦诗

（2）甘肃省博物馆

1956 年，甘肃省博物馆正式成立。1957 年，中共甘肃省委、省人民委员会拨款 250 万元，在兰州市七里河区划拨土地 107 亩为新馆馆址；1959 年 9 月新馆落成开放。1999 年 10 月，省博物馆展览大楼加固改造扩建工程开工，2006 年 12 月 26 日新展览大楼落成开馆。新展览大楼总建筑面积 2.85 万平方米，设展厅 18 个，有《甘肃丝绸之路文明》、《甘肃彩陶》、《甘肃古生物化石》三大基本陈列展览。2008 年 3 月起向社会免费开放。截至 2010 年底，甘肃省博物馆有藏品 35 万余件，馆藏文物及标本以彩陶、汉代简牍（文书）、佛教艺术、古生物化石等为特色。该馆内设党委办公室、办公室、历史部、自然部、文物保护修复中心、社会教育部、开放管理部、信息资料中心、陈列设计部、研究部、工程设备部、产业经营处、保卫处共十三个部门。工作人员 147 人，业务人员占三分之二以上，其中在职高级职称专业技术人员 30 名，中级职称专业技术人员 56 名。

（3）甘肃省文物考古研究所（甘肃简牍保护研究中心）

该所前身为 1958 年成立的甘肃省博物馆文物队，1963~1968 年为甘肃省文化局文物工作队，1968~1983 年恢复原称，1983 年 12 月更名为甘肃省文物工作队。1986 年 3 月，经省委、省政府批准，更名为甘肃省文物考古研究所，县级全额拨款事业单位。2007 年 1 月起加挂甘肃简牍保护研究中心牌子。该所主要职责是贯彻落实《中华人民共和国文物保护法》等文物法律法规，执行上级主管部门下达的文物调查、保护、发掘、研究和宣传等工作任务，同时对各市、州、县文物考古工作进行业务指导。截至 2010 年底，甘肃省文物考古研究所是全省唯一具有团体领队资格的考古发掘单位，内设简牍保护中心、行政办公室、基本建设项目办公室、史前研究室、历史研究室、技术保护室、图书资料室和监控室。核定编制 53 名，有正式在职职工 52 人，其中高级职称 13 人，中级职称 17 人，初级职称 17 人，具有考古发掘领队资格的领队 7 人。2009 年，甘肃省文物考古研究所因其长期以来的工作成绩而受到省政府通报表彰。

（4）甘肃省文物保护维修研究所

该所前身为甘肃省文物古建筑工程队，成立于 1984 年 11 月，县级事业单位，隶属省文化厅管理；1990 至 1993 年期间，与省文物考古研究所合署办公。1994 年 12 月更为现名，县级全额拨款事业单位，核定编制 21 人；截至 2010 年底，实有编制 22 名，其中领导职数 3 人。内设办公室、文物保护室、文物研究室。该所主要职责是：负责对全省各级文物保护单位和其他具有文物价值的古建筑、石窟寺、石刻及近现代纪念建筑物进行保护修缮及科学研究；负责全省各级文物保护单位的勘察设计、编制维修方案、实施维修加固；根据上级主管部门的授权，从事文物保护维修工程的组织施工、技术监督、工程验收及全省文物建筑档案的管理工作。该所具有国家文物局颁发的文物保护单位勘察设计甲级资质证书和文物保护工程监理甲级资质证书。

（5）甘肃省文物商店

该店成立于 1978 年，是全省唯一专门从事社会流散文物征集及销售、并有计划地为国有文物收藏单位提供藏品的单位，1986 年 12 月，省机构编制委员会批准省文物商店为县级事业单位，实行企业管理，自负盈亏。该店主要经营清乾隆六十年（1795 年）以后的各类文物及其复仿制品和新工艺品。该店自成立以来，征集了大量具有历史、艺术和科研价值的文物，截至 2010 年底，先后向国有文物收藏单位提供藏品 400 余件，同时培养了一批文物鉴定及相关专业人员。

（6）麦积山石窟艺术研究所

麦积山石窟为第一批全国重点文物保护单位。始建于西秦，历经北魏、西魏、北周、隋、唐、五代、宋、元、明、清等各代增建和重修，现有窟龛 221 个，泥塑及石雕造像 7000 余身，壁画 1000 平方米，尤以北朝泥塑最为著名，素有"东方雕塑陈列馆"美誉。麦积山石窟艺术研究所为县级全额拨款事业单位。截至 2010 年底，该所内设办公室、人事教育科、保卫科、接待室、保护室、资料室、美术室、考古研究室等 8 个科室，编制 78 人，其中高级职称 10 人，中级职称 35 人。

（7）炳灵寺文物保护研究所

炳灵寺石窟为第一批全国重点文物保护单位，开凿于西秦，历经北魏、北周、隋、唐、宋、元、明、清历代修建，其中建弘元年题记是国内石窟断代的标尺。石窟分布在下寺区、洞沟区和上寺区，现存窟龛 216 个，大小石雕泥塑造像 815 身，壁画 1000 余平方米，可移动文物 300 多件。炳灵寺文物保护研究所为科级全额拨款事业单位。截至 2010 年底，该所内设四个办公室、保卫科、业务室、接待部。事业编制 20 人，其中全额拨款 15 人，自收自支 5 人；正式职工 19 人（其中全额 15 人，自收自支 4 人），退休职工 4 人。

（8）大地湾文物保护研究所

大地湾遗址是一处新石器时代大型聚落遗址，位于秦安县五营乡邵店村东侧，遗址最早年代距今约为 7800 年左右，

最晚年代距今约为4800年；遗址总面积约275万平方米，建设控制地带总面积约1060万平方米。大地湾文物保护研究所为科级事业单位，事业编制18人，驻天水市秦安县五营乡，承担全国重点文物保护单位大地湾遗址保护、管理、研究和展示工作。

（9）北石窟寺文物保护研究所

北石窟寺是陇东地区规模较大的一处佛教石窟群，位于庆阳市西南25千米处，始建于北魏宣武帝永平二年（509年），西魏、北周、隋、唐、宋各代均有开窟造像，为第三批全国重点文物保护单位。截至2010年底，北石窟寺文物保护研究所负责管护的石窟群共五处，分别为：寺沟主窟群、楼底村1号窟、石道坡石窟、花鸨崖石窟、石崖东台石窟；含有编号窟龛308个，石雕造像2429身，壁画90多平方米，石碑8通，阴刻和墨书题记150多方，古代建筑遗迹3处。该所为科级事业单位，事业编制15人，其中全额拨款编制5人，自收自支编制10人；内设办公室、业务室和保卫科。在岗职工12人，其中所长1名（副县级），副所长1名；专业技术人员5人，工勤人员4人，计划外用工2人。

4.市州县文物行政部门及相关研究机构

截至2010年底，全省有8个市、14个县区成立了独立建制的文物行政管理机构。市州级文物行政管理机构有：兰州市文物局、白银市文物局、嘉峪市文物局、酒泉市文物管理局、张掖市文物管理局、平凉市文物管理局、武威市文物局、甘南藏族自治州文物局。县（市、区）级文物行政管理机构有：敦煌市文物局、肃州区文物局、瓜州县文物局、甘州区文物局、高台县文物局、山丹县文物局、临泽县文物局、民乐县文物局、武山县文物局、秦安县文物局、清水县文物局、礼县文物局、肃南裕固族自治县文物局、肃北蒙古族自治县文物局。有关市还成立了相应的文物保护研究机构，如嘉峪关长城保护研究所（与嘉峪关长城博物馆合署办公），金昌市文物工作队（在市博物馆加挂牌子），天水市文物考古研究所（挂靠在市博物馆，科级全额拨款事业单位），张掖市文物保护研究所等。

（三）队伍建设

截至2010年底，全省文物系统有从业人员3000余人，其中高级职称127人，本科及以上学历700余人。5人享受国务院政府特殊津贴，分别为：敦煌研究院樊锦诗、段文杰、李正宇、李最雄；甘肃省博物馆初世宾。13人入选全省领军人才队伍，其中第一层次领军人才4人，分别为：敦煌研究院樊锦诗、王旭东，甘肃省博物馆俄军，甘肃省文物考古研究所张德芳；第二层次领军人才9人，分别为：敦煌研究院杨秀清、杨富学、苏伯民、汪万福、赵声良、吴健，甘肃省文物考古研究所王辉，麦积山石窟艺术研究所魏文斌，天水市博物馆李宁民。

中华人民共和国成立以来，全省各级文物行政部门高度重视提升从业人员整体素质。自20世纪50年代始，组织开展了大量卓有成效的教育培训工作（含国际组织和国家文物局委托培训与央地联合培训项目）。主要类型包括：

1. 业务讲习与实践

1956年，中国科学院考古研究所研究员安志敏应甘肃省文物管理委员会邀请，在兰州作了题为《甘肃远古文化》的学术报告。

1957年3月，甘肃省文物管理委员会在兰州举办"文物讲习会"，培训学员31人，实习发掘清理兰工坪东汉晚期墓葬一座。同年，还在武威、平凉、天水、临夏等地举办文物讲习班，为各地培养了一批专业人员。

1960年10月，甘肃省博物馆和敦煌文物研究所联合在敦煌举办文物考古训练班，期间组织学员对敦煌新店台魏晋墓进行了实习发掘。

1971年，甘肃省革命委员会政治部文化组在兰州市举办文物干部培训班。

1972年4月，甘肃省革命委员会政治部文化组派员赴北京、洛阳、西安等地参观学习文物管理工作经验。

1972年8月，甘肃省文化局在甘谷县举办为期一个月的地县文物干部培训班，培训地县文物干部90余人，并在甘谷县灰地儿遗址和渭阳汉墓群进行了实习发掘。

1975年5月，甘肃省博物馆举办全省工农兵学员考古训练与大批判学习班。

1976年4月，兰州市召开全市文物工作座谈会，邀请甘肃省博物馆专业人员为与会代表讲解文物基础知识。

1976年10月，甘肃省文化局在武威县（今武威市凉州区）举办为期45天的"武威汉墓亦工亦农考古短训班"，武威地区各县学员40名参加培训，期间实习发掘

甘肃省第一届文物博物馆训练班学员合影

了省级文物保护单位王景寨汉墓群。

2.学历教育

1989年，甘肃省文化厅和甘肃省联合大学举办文博大专班，学员40人，学制2年。

1993年，甘肃省文物局与西北师范大学联合举办文博专业脱产大专班，至1995年共招收学员三届139人。

2000年，甘肃省文物局委托西北师范大学开办历史学（博物馆学方向）专升本函授班，首期招收学员38名，其中文博系统干部职工26名。至2006年，函授班共举办六届（2003年因非典疫情未办），先后有193名学员毕业。

3.在职培训

1980年6月，定西地区文化局举办文物考古业务干部训练班，省博物馆派专业人员进行讲解辅导。

1981年2月，甘肃省文化厅在兰州举办为期一个月的全省文物博物馆业务干部学习班，学员70余人。

1982年7月，文化部文物事业管理局委托甘肃省博物馆举办了为期三个月的北方十三省市（区）文物保护修复干部学习班，主要课程为文物保护、修复概论及各类文物保护修复技术，学员20余人。

1993年9月，甘肃省文物局在兰州举办为期两个月的全省文博在职人员岗位培训班。

1994年4月，甘肃省文物局在麦积山石窟艺术研究所举办全省石窟保护培训班，由北京大学教授马世长主讲。

1997年，甘肃省文物局为嘉峪关长城博物馆等10余座重点博物馆配备安装了防盗、防火报警系统；同年11月，甘肃省文物局在兰州举办报警系统操作员培训班。

2000年12月、2001年4月和11月，甘肃省文物局先后在兰州和天水两地举办了三期全省文物藏品保管员培训班；基本完成了全省文物藏品保管员培训任务，共培训学员157人。

2003年2月，甘肃省文物局在兰州市举办全省馆藏文物调查专业组人员培训班。

2003至2004年，甘肃省文物局先后举办五期全省文博系统信息化普及培训班。

2003年9月，甘肃省文物局在敦煌莫高窟举办全省首届石窟塑像与壁画保护修复培训班，来自13个市州地和6个省直文博单位的28名基层文物工作者参加培训。

2004年5月，甘肃省文物局在兰州市举办全省全国重点文物保护单位记录档案备案工作培训班，全省10个市地文物行政主管部门的有关工作人员、各项目实施小组代表和敦煌研究院、省考古所的业务人员共 36 人参加培训。

2004 年 8 月，甘肃省文物局在兰州市举办省直文博系统公文处理培训班。

2005 年 12 月，甘肃省文物局在兰州市举办全省前四批全国重点文物保护单位记录档案重新编制工作培训班和全省馆藏文物数据采集审核及管理工作培训班。

2006 年 7 月，甘肃省文物局在兰州市举办全省文物行政执法培训班。国家文物局副局长董保华莅临指导并授课。

2006 年 11 月，甘肃省文物局在兰州市举办全省首期文物局长培训班，各市州文物（文化）局局长和部分县市区文物（文化）局局长 50 多人参加培训。

2007 年 4 月，甘肃省文物局在嘉峪关市举办全省长城资源调查培训班全省长城沿线各市、县、区和省基础地理信息中心共 39 个单位的 49 名学员参加培训。

2007 年 8 月，甘肃省文物局在兰州市举办全省第三次全国文物普查培训班，各市州文物（文化）局负责人，各县（市、区）文物普查组业务骨干共 150 人参加培训。

2008 年 12 月，甘肃省文物局在兰州举办全省免费开放博物馆讲解员培训班，60 多名讲解员参加培训。

2009 年 4 月，甘肃省文物局在兰州举办全省文物局长培训班，全省各市州、县市区文物（文化）局长及省直有关文博单位负责同志 110 余人参加培训。此次培训班被纳入全国市县文物行政部门负责人培训计划，国家文物局在培训经费、课程设置、师资力量安排等各方面给予补助和支持。

2009 年，甘肃省文物局分三批组织 30 多个市县博物馆馆长赴湖南、湖北、陕西、江苏、浙江、上海等省（市）考察学习。

2010 年 10 月，甘肃省文物局在兰州市举办全省博物馆纪念馆馆长培训班，来自全省文博系统及行业、民营博物馆纪念馆馆长共 105 人参加培训。

4. 委托培训与联合培训

1990 年 11 月，国家文物局、甘肃省文化厅在敦煌联合举办全国文博系统岗位培训工作会议，参训学员 68 名。

1994 年 9 月，敦煌研究院受联合国教科文组织和国家文物局委托，在莫高窟举办为期一个月的中国石窟文物保护培训班。

2001 年 9 月，文化部和国家文物局在兰州市联合举办全国文化文物系统统计报表制度及软件使用培训班。

2008 年 10 月，国家文物局主办、甘肃省文物局承办的北方地区大遗址保护暨甘肃省全国重点文物保护单位保护管理机构负责人培训班在兰州举办。

北方地区大遗址保护暨甘肃省全国重点文物保护单位保护管理机构负责人培训班

2010年5月，国家文物局在兰州市举办全国金属文物保护修复专业技术培训班。本次培训班历时70天，共有来自全国28个省（区、市）的63位学员参加培训。培训分为基础理论课程学习和修复技能实践操作学习两个阶段，参训学员完成了60余件天水市张家川县马家塬战国墓地出土青铜器、铁器、金银器文物的保护修复工作，建立了规范的修复档案，通过了国家文物局专家组验收。

2010年8月，国家文物局主办、甘肃省文物局承办的2010年度全国文物行政执法人员第六片区（西北地区）轮训班在兰州市举办。来自陕西、甘肃、青海、宁夏和新疆等五省区各级文物行政执法机构的行政执法人员共148人参加培训。

三、文物资源调查

中华人民共和国成立后，甘肃省以不可移动文物为对象先后组织开展了5次文物普查；其中3次为全国文物普查，2次为省级文物普查。与此同时，各级文物行政部门和学术机构及专家还针对长城、秦直道、革命文物等进行过若干专题调查。

（一）文物普查

1.第一次文物普查（1956~1960年）

1956年4月2日，国务院发布《关于在农业生产建设中保护文物的通知》，要求"在全国范围内对历史和革命文物遗迹进行普查调查工作"。同年7月，甘肃省人民委员会发布《关于注意保护古文物的通知》，要求各地对辖区内文物进行一次普查，并分期分批公布文物保护单位。自1956年启动的文物普查是中华人民共和国成立后甘肃省首次全省性文物普查。1956~1957年期间，甘肃省文物管理委员会分片举办文物普查培训班。自1958年始，以甘肃省博物馆为主要力量，分地区启动实地调查，历时两年，发现各类文物点1000余处。

2.第二次文物普查（1972~1976年）

为准确掌握"文化大革命"中全省文物古迹受损情况，切实加强文物管护工作，1972年，按照甘肃省革命委员会要求，省、地、县三级文物行政部门再次组织开展文物普查工作。根据普查掌握的情况，1975年10月，甘肃省革命委员会发出《关于加强文物保护工作的通知》。各地根据

普查结果，公布了一批市县级文物保护单位，武威等地刊印了辖区文物概况等基础资料，并刊布了部分普查资料。

3. 第三次文物普查（1981年 即第一次全国文物普查）

1981年，国务院批转国家文物事业管理局《关于加强文物工作的请示报告》，要求"各省、市、自治区要分别情况进行一次文物普查或文物复查工作。原已公布的各级文物保护单位名单，经过调整和补充后予以公布"。甘肃省文化局据此通知各地自行普查，落实"划定保护范围、树立保护标志、建立记录档案、落实机构或人员"的四有工作。在普查基础上，1981年10月，甘肃省人民政府对前三批省级文物保护单位名单调整并新公布一批省级文物保护单位。

4. 第四次文物普查（1986~1989年即第二次全国文物普查）

根据国家文物局部署，1986年8月，甘肃省文化厅发出《关于进一步开展文物普查工作的通知》，要求各地组织力量集中进行文物普查；1987年2月，甘肃省文化厅召开全省文物工作会议，出台普查方案，成立全省文物普查总队；同年4月，甘肃省人民政府办公厅批转省文化厅《关于开展全省文物普查工作的报告》，提出"全面普查，突出重点，讲求科学，保质保量"的原则，对普查工作进行统一部署。

甘肃省文化厅成立"甘肃省文物普查工作队"，由主管副厅长任总指挥，文物处处长任队长；各地（州、市）成立普查分队，由行署专员、市州长或文化处（局）长担任分队长。全省分为河西、白银、定西、兰州、陇东、天水、陇南、甘南、临夏等片区，由省文化厅文物处副处长、普查工作队副队长和省内文物专家分别包干负责，并从厅属有关单位抽调18名业务骨干，到各分队担任业务辅导员，指导协调各地田野普查工作。至1989年8月，基本完成田野调查，转入室内资料整理，部分地区还进行了复查及补课。1989年春，各片区长对主管片区进行初步验收。1989年6月~1990年3月，甘肃省文化厅对全省普查工作进行验收。1990年5月，在甘肃省博物馆举办了为期一周"全省文物普查成果展"。普查结束后，启动《中

《中国文物地图集·甘肃分册》

国文物地图集·甘肃分册》编纂工作（测绘出版社，2011年）。普查期间，全省共组织普查队员430名，行程89万千米，查明全省有各类不可移动文物13603处，长城2280余千米、烽燧1100余处，征集流散文物15473件、登记传世文物4593件；采集标本9万余件、原始记录16000份、绘图11000份、照片35000张、拓片300余份。

5. 第五次文物普查（2007~2011年即第三次全国文物普查）

2007年4月，国务院印发《关于开展第三次全国文物普查的通知》，普查标准时点为2007年9月30日。同年9月，国务院召开第三次全国文物普查电视电话会议；甘肃省人民政府随即召开全省第三次文物普查电视电话会议，动员部署全省普查工作。同年10月，甘肃省人民政府印发《关于开展全省第三次文物普查工作的通知》。普查正式启动前，甘肃省文物局于2006年选择兰州市和白银市景

泰县进行普查试点。2007年8月，甘肃省人民政府成立由分管副省长任组长的甘肃省第三次全国文物普查领导小组，14个省直部门和省军区有关负责同志为成员，领导小组办公室设在甘肃省文物局。各市（州）县（市、区）比照省上亦成立相应的普查领导小组及其办公室101个，组建普查队伍87支。至2009年12月底，全省文物普查实地调查基本结束，转入室内资料整理阶段。普查期间，先后有1000余人参与，调查登记文物点16895处，其中：复查10257处，新发现6368处。调查登记的文物点中，包括古遗址10550处，古墓葬2130处，古建筑1432处，石窟寺及石刻730处，近现代重要史迹及代表性建筑1879处，其他174处，调查登记消失文物1111处。普查结束后，陆续编纂完成普查工作报告，编印出版《甘肃省第三次全国文物普查重要新发现》（三秦出版社2011年版）并启动全省不可移动文物管理信息系统建设工作。

（二）长城资源调查

1.2006年以前的长城调查

甘肃省长城调查始于近代，国内外学术机构和学者、长城爱好者曾开展过不同侧重点的调查工作。举要如下：

清光绪三十四年（1907年），英籍匈牙利人马尔克·奥

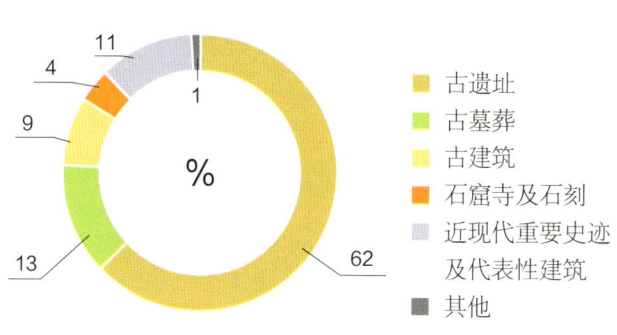

甘肃省第三次全国文物普查各类别文物所占比例图

古遗址
古墓葬
古建筑
石窟寺及石刻
近现代重要史迹及代表性建筑
其他

马尔克·奥莱尔·斯坦因

莱尔·斯坦因在敦煌西北疏勒河流域考察时首次发现敦煌汉塞，并造访嘉峪关明代长城。民国二～四年(1913~1915年)期间，斯坦因重返敦煌，沿疏勒河流域考察了瓜州、玉门和金塔等地汉代长城烽燧遗址。斯坦因的考察使汉代长城边塞及汉简始被世人所知。斯坦因两次考察在甘肃境内共获汉简789枚以及粟特文、佉卢文及婆罗米文文书，汉简及文书1000余件。

民国十四年（1925年），北京大学国学门派遣陈万里参加美国福格艺术博物馆考察队，其所著《西行日记》中亦有考察甘肃境内汉、明长城内容。

民国十六年(1927年)10月，中国和瑞典合组之西北科学考察团黄文弼及助手庄永成调查发现居延遗址，获汉简4枚。民国十九年（1930年），该考察团贝格曼等在居延地区沿黑河流域至高台金塔交界处的镇夷峡北口进行调查发掘，调查城障烽燧200余座，试掘29个地点，采集发掘汉简1.4万余枚以及汉代毛笔等文物。

民国二十七年（1938年），顾颉刚考察临洮、渭源两县境内战国秦长城，指出"秦城起自秦代之临洮，即今岷县，由是东折至渭源，又北东至临洮，又北至皋兰，皆有其遗迹，唯存者已仅耳"。他还赴岷县进行考察，未发现长城遗迹。

民国三十一年（1942年），西北史地考察团劳干、石璋如等考察敦煌阳关和玉门关遗址以及居延汉塞。民国三十一～三十二年（1942~1943年），西北史地考察团向达赴敦煌考察部分汉塞及附近城址。民国三十三年（1944年），夏鼐和阎文儒对敦煌小方盘城以东的汉代烽燧遗址进行考察与试掘，出土汉简40余枚及晋泰始十一年（275年）乐生题记石碣等。

西北史地考察团由兰州赴敦煌途中

中华人民共和国成立后甘肃省历次文物普查期间，各地分别对本地区长城资源进行调查。有关学术机构及学者亦以不同旨趣开展过长城专题调查。

1963年，罗哲文勘察临洮长城坡秦长城、敦煌玉门关汉长城和嘉峪关关城及其附近明长城，发表《临洮秦长城、敦煌玉门关、酒泉嘉峪关勘查简记》。

1972~1986年，甘肃居延考古队对居延地区汉代遗址陆续进行踏查和发掘，全面揭示了居延地区军事建筑群形制和级别，出土简牍2.2万余枚和其他文物2300余件。成果详见甘肃居延考古队《居延汉代遗址的发掘和新出土的简册文物》、王勤台《居延汉代遗址考古调查回顾》。

1979~2002年，甘肃省文物考古研究所（前身为甘肃省文物工作队）在相关市县文博单位配合参与下陆续完成河西

居延考古队发掘简报

汉塞全线调查。成果见吴礽骧《河西汉塞调查与研究》、甘肃省文物工作队和甘肃省博物馆合编之《汉简研究文集》等。

1981年7~10月，定西地区文化局抽调有关县文物干部对定西境内战国秦长城进行调查并发表《定西地区战国秦长城遗迹考察记》。调查查明定西境内战国秦长城全长300余千米。

1981年和1984年，西北师范大学陈守忠分别偕陈秉璋和李并成对甘肃战国秦长城进行全线调查，发表《甘肃境内秦长城遗迹调查及考证》、《陇上战国秦长城调查之一——陇西段》和《陇上战国秦长城调查之二——陇东段》。

1984年，甘肃省博物馆对甘肃东部秦长城进行重点调查；同年，酒泉市（今肃州区）博物馆开展长城普查，查清全市长城走向及现状，绘制了长城烽燧线路图并形成了调查报告。

1984~1990年，永登县文物部门对境内汉代长城遗迹进行多次考察，发表《永登县汉代长城遗迹考察》，确认永登境内长城分别筑于汉元鼎六年（前111年）和明万历以前。

1985年5~6月，庆阳地区博物馆李红雄、杨军峰对庆阳地区长城进行调查，华池县文化馆赵保州、环县文化馆道全耀和镇原县文化馆郑益清分别参加本县境内长城调查。发表《甘肃庆阳地区境内

长城调查与探索》，调查确认庆阳境内长城 242 千米，明显可辨的城障遗址 10 座，保存较好的墩台 97 座。

1986~1988 年，宝鸡文理学院彭曦等全线考察包括甘肃在内的战国秦长城，其中甘肃境内战国秦长城 600 余千米，出版《战国秦长城考察与研究》。

1992 年 4 月~1995 年 11 月，甘肃省文化厅组织厅文物处、甘肃省文物考古研究所和敦煌研究院等单位对疏勒河流域汉代长城进行全线考察。期间，考察队五进罗布泊，考察长城 500 余千米，烽燧 229 座，障城 45 座，古城 32 座，后出版《疏勒河流域汉长城考察报告》。

调查疏勒河流域汉长城

2003~2004 年，在甘肃省基础地理信息中心协助下，敦煌研究院与兰州大学、甘肃省文物保护维修研究所等单位对临洮县望儿台、渭源县马家山、通渭县四罗坪和姚家湾等 4 个地点进行调查和试掘；同期还对敦煌市、安西县、玉门市等三

个市县汉长城墙体和烽燧进行专题调查，完成《甘肃境内战国秦长城、汉长城（烽燧）现状调查报告》（内部资料）等。

2.2005 年以后的长城资源调查

2006 年 2 月，国家文物局在河北省秦皇岛市召开长城保护工程启动工作会议，决定选择河北与甘肃两省承担长城资源调查试点工作。其中，甘肃省承担全国长城资源调查土质长城调查试点工作。甘肃省文物局选择临洮战国秦长城和山丹汉、明长城作为试点段，委托甘肃省文物考古研究所会同定西、张掖两市县组成调查组承担试点任务。试点期间，测绘部门介入调查工作，承担外业调绘和数据生产。试点工作以"文物定性、测绘定量"为基本分工，以"调查与测绘同步、严格数据整合程序"为技术路线，以"文物与测绘紧密合作"为工作模式，以"点、段、面相结合"为基本调查思路。试点工作结束后，形成了《全国长城资源调查甘肃省试点工作总结报告》，出版《临洮战国秦长城和山丹汉、明长城调查报告》。2006 年 12 月，国家文物局与国家测绘局联合发出《关于合作开展长城资源调查工作的通知》；2007 年 2 月，国家文物局和国家测绘局联合在北京召开全国长城资源调查工作会议；同年 3 月，甘肃省文物局和甘肃省测绘局联合印发《关于成立甘肃省长城资源调查工作领导

永昌县王信堡汉长城墙体调查工作现场

测绘队员在野外清绘图片

小组的通知》，共同设立全省长城资源调查工作领导小组及工作小组，正式启动全面调查。甘肃省文物局联合甘肃省测绘局抽调甘肃省文物考古研究所、甘肃省基础地理信息中心、省内有关市县文物单位和西北大学（2010年参加）等单位人员组成调查组承担全省长城资源调查任务。调查分为明长城资源调查(2007~2009年)、秦汉及其他时代长城资源调查（亦称"早期长城资源调查"，2009~2011年）两个阶段，采取"试点先行、国家组织、省级组队、分县调查、组长负责"的思路，以传统考古调查手段为主，同时引入遥感技术（Remote Sensing，RS）、地理信息系统（Geographical Information System，GIS）、全球定位系统（Global Positioning System，GPS）等高科技手段。2011年2月，启动全省长城资源认定和调查资料整合，同年底将长城资源调查资料报至国家文物局，长城资源调查工作基本结束。

全省前后共有近200人参与调查相关工作。调查查明，全省长城总长度3663.39千米，分布在全省11个市（州）38个县（市、区）。其中，战国秦长城长度409.03千米，分布在3个市8个县；汉长城长度1457.47千米，分布在5个市15个县（市、区）；明长城长度1796.89千米，分布在9个市（州）27个县（市、区）。调查期间，还登录长城沿线关堡155座、单体建筑2243座、与长城相关的遗存144处。

（三）其他文物资源调查

中华人民共和国成立后，省地县各级和相关单位陆续自行组织开展过若干专项文物资源调查工作。

1.综合性文物调查

1952年5~6月、1953年4~6月和1962年，武威县三次自行组织开展辖区文物普查。

1964年，甘肃省博物馆在天水地区开展文物普查。

1976年11月~1977年2月，天水地区文化局组织各县市文物干部开展全区文物普查。

1977~1978年，酒泉地区文化处从各市县文物部门抽调人员以县域为单位开展全区文物普查。

1980年8月~1981年1月、1984年6~9月和1987年、1988年，甘南藏族自治州博物馆先后四次对全州进行分区域文物普查，主要成果见《甘南藏区考古集萃》（民族出版社2001年版）。

2.秦直道调查

1989年4~5月，庆阳师范高等专科学校、庆阳地区博物馆对庆阳市境内秦直道遗址进行调查，发表《甘肃庆阳地区秦直道调查记》，确认境内秦直道长约290千米，从正宁县刘家店始，经宁县、合水，至华池县白咀入陕西省定边县。

1991~1994年，钟圣祖、岳邦湖、许俊臣、刘得祯、李红雄、花平宁、负锦鸿等先后9次调查甘肃、陕西、内蒙古境内的秦直道及其沿线文物遗存，出版《秦直道考察》。经调查，秦直道全长约850千米，甘肃境内长约300千米。

3.古建筑和传统民居调查

1987年12月，甘肃省文化厅发出《关于对全省纪念建筑、古建筑、石窟寺进行全面调查的通知》，决定由甘肃省文物古建筑工程队对全省纪念建筑、古建筑

《秦直道考察》封面

和石窟寺（含由宗教、旅游、城建、园林等部门管理使用的文物古建筑）进行全面调查。

2003年，天水市文化出版局组织对秦州区40余处古民居进行普查。

4.革命文物和少数民族文物调查

1972年，甘肃省革命委员会政治部文化组组织调查红军长征经过甘肃的路线，并征集革命文物。

1974年，甘肃省博物馆调查甘肃境内长征路线革命文物。

1975年，为纪念中国工农红军长征40周年，向人民群众进行革命传统教育，天水地区文物干部沿红军长征经过天水各区县的路线，对红一、二、四方面和红二十五军长征中的途径、活动、军民关系等进行调查，征集革命文物19件。

1976 年 9 月，甘肃省革命委员会及甘肃省文化局抽调人员组成革命文物调查组，陪同老红军陈昌奉调查甘肃境内长征文物。以此次调查成果为基础，于 1977 年举办"红军长征过甘肃四十周年革命文物展览"。

1999 年 5 月，甘肃省文物局发出《关于进行革命文物和少数民族文物调查的通知》，组织对全省革命文物和少数民族文物进行调查。

5. 馆藏文物调查

2002 年 10 月~2003 年底，甘肃省文物局组织开展全国文物调查及数据库建设甘肃省试点暨甘肃省馆藏文物调查工作，对全省三级以上馆藏文物进行调查和数据采集。2004 年 11 月，通过国家文物局专家组的验收和财务审计。调查结束后，编印有全省馆藏一级文物图录和二、三级文物目录。

自 2004 年 10 月始，根据国家文物局部署，甘肃省文物局组织开展全省馆藏文物腐蚀损失调查工作，调查范围为全省 96 家国有文物收藏单位的金属、石质、陶瓷、纸质、纺织品、竹木漆器及其他等 7 类文物。共普查文物 41 万余件。

6. 工业遗产调查

2006~2007 年，经兰州市人民政府同意，兰州市文物局组织各县区文物部门开展兰州市工业遗产专项调查。成果见《兰

《兰州工业遗产图录》

州市工业遗产图录》，共收录全市工业遗产 33 处。

全省石窟和岩画调查详见本编第五章第五节。

四、文物安全管理

安全是文物工作的底线、红线和生命线。中华人民共和国成立后至改革开放前的阶段，影响甘肃省文物安全的主要因素是人为侵害。如 1956 年 11 月 5 日，敦煌县月牙泉天王殿、药王殿遭纵火焚毁；"大跃进"时期，部分地区在"大炼钢铁"和"人民公社化"运动中存在破坏文物古迹的现象；"文化大革命"时期，以兰州市为例，省级文物保护单位西关清真大寺被拆毁，桥门清真寺古建筑被拆除；庄严寺古建筑群、后五泉古建筑群、金天

观壁画塑像及藏书、兰州府文庙塑像等文物古迹均遭严重破坏或拆除；榆中县兴隆山清代庙宇和青城古建筑群被拆毁；永登县明肃王墓群被破坏，红城大佛寺塑像和绝大部分《大藏经》及壁画被毁。据1976年2月甘肃省文化局《关于文物破坏情况的通报》统计，"文化大革命"期间，全省已经普查的8个地（州、市）共80处省级文物保护单位中，有21处遭受较为严重破坏，其中11处已灭失。改革开放以后，影响全省文物安全的因素日益多元化，特别是盗窃盗掘甚至暴力破坏或抢劫文物的案件一度猖獗。各级党委、政府及文物行政部门从完善文物安全管理制度、强化三级文物保护网络、加强文博单位安全防护、防范和打击文物犯罪等方面入手，开展了大量工作。

（一）文物安全管理制度

20世纪八九十年代，省委、省政府及文物行政部门高度重视文物安全工作，

出台了一系列政策措施和规范性文件，全省文物安全管理逐渐法制化、规范化。1980年11月，甘肃省人民政府发出《关于加强历史文物保护的通告》。1982年，甘肃省人民政府发出《关于加强文物市场管理的通知》。1986年10月，甘肃省人民政府发出《关于加强文物保护管理工作严厉打击盗掘倒卖走私文物活动的通知》。1987年1月，中共甘肃省委政法委发出《关于打击盗掘、倒卖、走私文物犯罪活动的通知》。1989年1月，甘肃省人大常委颁布《甘肃省实施〈文物保护法〉办法》，对于文物安全管理提出了具体要求，规定了新的原则和措施。1989年11月，甘肃省人民政府发出《关于在全省范围内进行一次文物安全大检查的通知》，建立起年度文物安全大检查制度。1990年9月，甘肃省文化厅发出《关于禁止各级钱币学会收购古钱币的通知》，明确指出古钱币属于文物，应由文物部门征集、管理，其他任何单位和个人不得以任何名义征收古钱币。1992年8月，甘肃省文化厅、甘肃省公安厅、甘肃省工商局、兰州海关联合印发《关于加强文物市场管理的通知》。1993年6月，甘肃省文物局、甘肃省公安厅、甘肃

省政府召开全省文物安全工作电视电话会议

省工商局、兰州海关联合发出《关于加强文物市场管理的通告》。1993年12月，甘肃省人民政府发布《关于严厉打击盗挖倒卖走私文物活动的通告》。1995年1月，甘肃省文物局、甘肃省公安厅、甘肃省工商局、兰州海关联合发出《关于进一步加强文物市场管理的通知》。1997年6月，针对1996年下半年以来全国盗窃田野石刻造像文物犯罪猖獗的动向，甘肃省文物局向各地发出《关于进一步加强野外不可移动文物保护，严厉打击文物犯罪活动的通知》。

进入21世纪以后，甘肃省文物行政部门针对全省文物安全管理中存在的突出问题，结合省情，有的放矢，进一步优化管理流程、精简管理层次、提高管理水平、文物安全管理制度建设日益细化、标准化和具有可操作性。2006年3月，甘肃省文化厅、甘肃省文物局经省人民政府同意，联合印发《甘肃省文物安全突发事件应急预案》，是为国内首个相关预案，中央领导同志曾就此作出重要批示。2008年4月，甘肃省文物局报请省人民政府公布实施《甘肃省文物重大安全事故行政责任追究规定》；这是全国首个相关规定，旨在实行文物安全事故责任追究制度，提高各级领导干部认真履行文物安全工作主体责任的意识和正确处理文物保护与经济社会发展综合

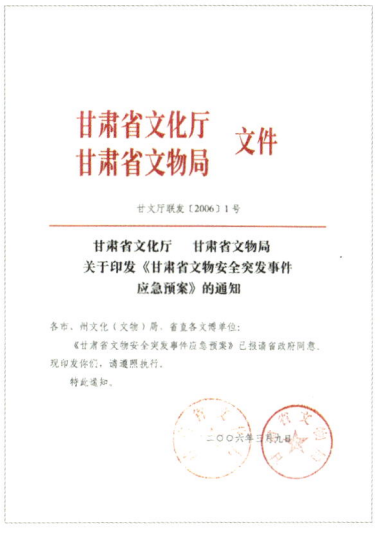

甘肃省文物安全突发事件应急预案

决策的能力，坚决改变有法不依、执法不严、违法不究的现象。2009年，甘肃省文物局印发了《甘肃省文物安全检查巡视报告制度《甘肃省文物安全技术防范系统安全检查工作规程》等；与甘肃省公安厅联合印发《甘肃省文物风险单位安全防范工作规范（试行）《甘肃省文物机构安全保卫工作管理办法《甘肃省文物风险单位安全保卫工作规范》等。

（二）三级文物保护网络

为切实解决田野文物安全管理问题，甘肃省文物行政部门根据文物保护法律有关规定，自20世纪90年代始，结合省情，提出并逐步建立完善了专管与群管相结合的田野文物管护机制，聘请一批具有一定政治觉悟和文化水平，责任心较强的村干部或群众担任业余文物保护员，

甘肃省文物局在天水市博物馆（伏羲庙）举办全省文博系统消防演练活动

甘肃省文物局为基层文物管护单位配发文物安全督察车

组成保护小组，对暂不具备建立专业管护机构条件的文物保护单位进行日常管护。在实践中形成了抓三个方面三个责任制的有效做法。即：政府方面从县政府到乡政府到村委会，政法部门从县公安局到乡派出所到基层治保员，文化文物系统从县文物（文化）局到博物馆（乡文化站）到文物保护小组；三个方面层层建立责任制，环环相扣，责任到人，做到定点、定位、定人，文物保护员档案基本完善，培训基本到位，文物保护员在文物保护意识、法律观念、政策水平、业务知识等方面不断提高，构筑起一个横向到边、纵向到底的文物保护网络体系。三级文物保护网络是遵循文物工作自身规律，结合甘肃省情实践"国家保护为主，鼓励全社会广泛参与保护"这一文物管理体制和运行机制的具体模式。实践证明，专管与群管相结合是符合甘肃实际和行

之有效的文物保护体制，遍布全省各地的业余文物保护小组及文保员是全省文物保护工作中一支非常重要的群众力量。为进一步加强群众性文物保护队伍管理，调动基层文物保护员工作主动性和积极性，自20世纪90年代初期始，省财政每年安排30万元用于文物保护员补助；2003年，甘肃省文物局印发《甘肃省文物保护员管理暂行办法》，省财政同时相应提高省级文物保护单位文物保护员补助标准，截至2010年底为每处文物保护单位1000元／年。

（三）文博单位安全防护

文博单位安全防护主要包括安防、消防、防雷。20世纪90年代前，全省文博单位安防设施以"三铁一器"（铁门、铁窗、铁锁和报警器）为高端配置，很多基层文博单位安防措施仅为人防和犬防。古建筑消防安全隐患亦较多，1984

年兰州府城隍庙火灾和1985年夏河拉卜楞寺大经堂火灾损失较大。甘肃省财政自1998年始，每年安排40万元专款用于修建具有"三防"（即防盗、防火、防地震）功能的文物库房；连续6年累计拨款240万元，地方财政亦安排一定配套资金，在有关市（县）共建成69个标准化文物库房，初步改善了基层文博单位安防硬件设施。1994~2003年期间，经公安部、国家文物局确认，分三批公布全国文物系统一级风险单位，其中甘肃省有44处（全国重点文物保护单位43处，省级博物馆1处）；经甘肃省公安厅、甘肃省文物局确认，公布全省文物系统二级风险单位2处、三级风险单位69处。1996~2001年期间，甘肃省文物局筹措资金260余万元，地方政府和有关文博单位配套100余万元，严格按照《文物系统博物馆风险等级和安全防范级别的规定》逐步为68个市、县级博物馆安装安防报警设施。截至2010年底，甘肃省文物系统二、三级风险单位均达到国家文物局、公安部的风险等级技防要求。自2002年始，甘肃省文物局在全省中小石窟调查工作基础上，先后投入400余万元用于安全隐患较大的中小石窟安全防护设施建设。截至2010年底，文博单位火灾防控基础工作进一步强化，部分文博单位建立了专兼职消防队和微型消防站，配备了相应设施和装备；绝大多数以木构或砖木结构为主体的文物保护单位均配备了灭火设备。甘肃省文物局、甘肃省公安厅、甘肃省宗教局联合开展文物建筑消防安全专项治理工作，发现并整改了一批消防安全隐患。

附：甘肃省文博系统一、二、三级风险单位名单

一级风险单位

1. 莫高窟
2. 甘肃省博物馆
3. 武威市博物馆（文庙）
4. 张掖市博物馆（大佛寺）
5. 榆林窟
6. 麦积山石窟
7. 炳灵寺石窟
8. 万里长城——嘉峪关
9. 重修护国寺感应塔碑（西夏碑）
10. 拉卜楞寺
11. 北石窟寺
12. 南石窟寺
13. 大地湾遗址

14. 马家窑遗址

15. 居延遗址

16. 玉门关及长城烽燧遗址（包括大方盘、小方盘）

17. 齐家坪遗址

18. 骆驼城遗址

19. 锁阳城遗址

20. 兴国寺

21. 鲁土司衙门旧址

22. 马蹄寺石窟群

23. 会宁红军会师旧址

24. 东千佛洞石窟（归入榆林窟）

25. 南佐遗址

26. 大堡子山遗址及墓群

27. 黑水国遗址

28. 悬泉置遗址

29. 许三湾城及墓群

30. 白塔寺遗址

31. 果园—新城墓群

32. 汪氏家族墓地

33. 胡氏古民居建筑

34. 雷台汉墓

35. 伏羲庙

36. 凝寿寺塔

37. 圆通寺塔

38. 圣容寺塔

39. 东华池塔

40. 武康王庙

41. 西峡颂摩崖石刻

42. 水帘洞—大像山石窟

43. 天梯山石窟

44. 文殊山石窟

45. 哈达铺红军长征旧址

46. 骆驼城墓群（并入骆驼城遗址）

47. 甘肃省文物考古研究所

二级风险单位

1. 兰州市博物馆

2. 甘肃省文物商店

三级风险单位

1. 敦煌市博物馆

2. 安西县博物馆

3. 玉门市博物馆

4. 酒泉市博物馆

5. 金塔县博物馆

6. 嘉峪关长城博物馆

7. 嘉峪关魏晋墓博物馆

8. 高台县博物馆

9. 民乐县博物馆

10. 山丹艾黎捐赠文物陈列馆

11. 肃南裕固族自治县民族博物馆

12. 临泽县文化馆

13. 永昌县博物馆

14. 武威市博物馆

15. 民勤县博物馆

16. 天祝藏族自治县博物馆

17. 古浪县博物馆

18. 八路军兰州办事处纪念馆

19. 永登县博物馆

20. 榆中县博物馆

21. 靖远县博物馆

22. 会宁县博物馆

23. 会宁三军会师纪念馆

24. 景泰县文化馆

25. 定西地区博物馆

26. 定西县博物馆

27. 临洮县博物馆

28. 漳县博物馆

29. 陇西县博物馆

30. 通渭县博物馆

31. 渭源县博物馆

32. 岷县文化馆

33. 天水市博物馆

34. 北道区文化馆

35. 秦安县博物馆

36. 张家川回族自治县博物馆

37. 清水县博物馆

38. 武山县博物馆

39. 甘古县博物馆

40. 庆阳市博物馆

41. 西峰区博物馆

42. 庆阳县博物馆

43. 宁县博物馆

44. 正宁县博物馆

45. 合水县博物馆

46. 镇原县博物馆

47. 华池县博物馆

48. 环县博物馆

49. 平凉市博物馆

50. 崆峒区博物馆

51. 静宁县博物馆

52. 庄浪县博物馆

53. 华亭县博物馆

54. 泾川县博物馆

55. 灵台县博物馆

56. 崇信县博物馆

57. 武都县博物馆

58. 礼县博物馆

59. 西和县博物馆

60. 徽县博物馆

61. 文县博物馆

62. 成县博物馆

63. 临夏回族自治州博物馆

64. 临夏市博物馆

65. 和政县文化馆

66. 永靖县文物保护管理所

67. 广河县文物保护管理所

68. 积石山保安族东乡族撒拉族自治县文
化馆

69. 甘南藏族自治州博物馆

（四）防范和打击文物犯罪

20 世纪 80 年代中期以降，受国内外大环境影响，甘肃省境内盗窃盗掘走私甚至暴力破坏或抢劫田野文物与馆藏文物的犯罪活动有所抬头，在局部地区甚至达到猖獗程度，虽经打击和整治，仍时有反弹和回潮。据公安机关不完全统计，1985~1990 年期间，全省侦破各类文物案件 121 起，追缴涉案文物 3271 件（含一级文物 47 件），抓获犯罪嫌疑人 211 名。其中包括震惊中外的 1989 年敦煌莫高窟第 465 窟壁画被盗案。倒卖、走私出土文物案件亦开始出现，1990 年公安机关侦破此类案件 18 起，查获涉案文物 422 件和古钱币 413 枚。进入 20 世纪 90 年代后，文物犯罪活动呈愈演愈烈之势。据公安部门统

敦煌莫高窟 465 窟壁画被盗案告破，公安机关向敦煌研究院移交被盗壁画

计，1991 年发案 28 起，其中盗掘古墓葬案件 21 起，被盗掘古墓葬 200 余座，破案后追缴出土文物 3400 余件；1992 年发案 45 起；1993 年上半年仅张掖地区就有 60 余座古墓葬被盗掘，侦破 28 起，追缴出土文物 53 件。1991 年初至 1993 年上半年，侦破倒卖、走私出土文物案件 28 起，查获涉案文物 1000 余件。馆藏文物和文物保护单位被盗案件亦时有发生。1987~1993 年期间，全省发生馆藏文物和文物保护单位被盗案件 35 起，被盗文物 400 余件。1996 年，永昌县博物馆发生值班员被杀害、15 件馆藏文物被盗的恶性案件，为全国罕见。

礼县大堡子山遗址群体性盗掘事件是 20 世纪八九十年代甘肃省性质较为恶劣、造成后果比较严重的文物犯罪案件。由于当地社情复杂，地方政府对打击文物犯罪认识不足、力度偏软，且受外来不法分子诱惑，自 1987 年始，以所谓挖掘"龙骨"为开端，礼县地区掀起一股以大堡子山先秦遗址为作案目标的盗掘古遗址墓葬的歪风并一度波及西和等地，20 世纪 90 年代初达到高潮，当地曾流传"文家、蒙张人挖得早，赵坪、龙槐人挖得好，爷池人胡乱挖，峡口人跟着跑"的顺口溜，可见盗墓活动范围之广，牵涉层面之深；甚至有 10 余人因盗墓丧生。大量被盗掘出土文物流失海外。

2000 年以来，随着国内文物犯罪活动的升温和文物犯罪分子将作案目标向西北地区转移，甘肃省境内文物犯罪案发率居高不下，大案要案接连不断，文物安全形势十分严峻。据统计，2000~2002 年期间，全省共发生文物犯罪案件 36 起，其中 2000 年 6 起，2001 年 14 起，2002 年 16 起（含犯罪未遂 5 起）；有三分之一的案件涉及石窟寺、古塔类文物被盗。

尤其是 2000 年发生的省级文物保护单位华池县双塔寺 1 号石造像两次被盗，2001 年发生的全国重点文物保护单位肃南县金塔寺石窟、省级文物保护单位武山县木梯寺石窟、全国重点文物保护单位高台县许三湾墓群、省级文物保护单位庄浪县云崖寺石窟、全国重点文物保护单位安西县下洞子石窟被盗，2002 年发生的省级文物保护单位宁县湘乐砖塔、合水县塔儿湾石造像塔被炸和古浪县博物馆被盗等恶性案件，损失惨重，影响恶劣。

针对严峻的文物安全形势，全省各级公检法机关保持对文物犯罪案件的高压态势，侦破了一批大案要案，及时将犯罪分子绳之以法。1986 年 6 月，永靖县孔家寺等地发生大规模盗掘古文化遗址事件，公安机关及时出击，收缴文物 104 件，行政拘留 142 人。1989 年 1 月 13 日，敦煌莫高窟第 465 窟后室元代藏传佛教密宗壁画约 1 平方米被盗割，经过各级公安机关奋战，4 块遗失壁画全部追回；2 名罪犯后被依法判处死刑。1989 年 12 月，武威市省级文物保护单位磨咀子汉墓群发生大规模盗掘活动；案发后拘留 40 余人，依法逮捕 12 人，追缴出土文物 54 件。1993 年，在省委、省政府高度重视下，各级公安、文物部门严厉打击礼县大堡子山遗址群体性盗掘事件；此案共查获犯罪嫌疑人 357 人，依法逮捕 49 人，公判 17 人，查获各类文物 600 余件。2000 年 3 月和 5 月，华池县省级文物保护单位宋代双塔寺遗址 1 号石造像塔两次被盗；同年案件告破，被盗文物自台湾追回。2001 年 2 月，肃南裕固族自治县全国重点文物保护单位马蹄寺石窟群金塔寺石窟被盗，丢失高肉雕彩塑飞天、胁侍菩萨、坐佛等 6 身塑像和壁画 (约 1 平方米) 等文物；案件于 2002 年 5 月告破，5 名案犯归案，主犯塔洛伏法；被盗文物自西藏和尼泊尔追回后修复。2004 年 1 月，永靖县三条岘乡青和村小叭咪山古墓葬遭群体性盗掘破坏；案发后收缴涉案文物 73 件，其中三级文物 17 件、一般文物 56 件。2005 年 2 月，秦安县陇城镇上袁村姚官坪古墓葬被盗掘；破案后缴获铜镜、铜鼎、铜勺、铜钫、铜币等 70 余件青铜器。

临夏市公安部门侦破盗卖文物案

在省委、省政府的重视和支持下，各级文物、公安部门在打击文物犯罪活动的同时，积极探索建立防范和打击文物犯罪的长效机制。2003年3月，甘肃省人民政府召开全省文物安全工作电视电话会议，安排部署加强文物安全防范和打击文物犯罪工作。会后，各级政府认真落实会议精神，严厉打击文物违法犯罪活动，在较短时间内扭转了文物安全工作被动局面，发案率大幅度下降。2003年以来，甘肃省文物局进一步加强与公安、海关、工商等部门的合作，初步建立了联动机制、形成了工作合力。甘肃省文物局、甘肃省公安厅建立了防范和打击文物犯罪联席会议制度；甘肃省文物局、甘肃省财政厅、甘肃省公安厅、甘肃省工商行政管理、兰州海关联合印发《关于依法做好没收、追缴文物移交工作的通知》。甘肃省文物局、甘肃省公安厅联合在全省范围集中开展野外文物安全专项整治行动，按照公安部和国家文物局统一部署开展打击文物犯罪专项行动。适时开展联合专项行动。2003年7月，经省机构编制委员办公室批准，甘肃省文物局增设安全督查处，其主要职能即包括为有关部门查处盗窃、破坏、走私的大案要案提出文物方面专业意见、负责与地方政法部门搞好协同配合和联合执法工作，加大打击文物犯罪力度等。2004年6月，甘肃省文物

局在兰州市召开全省文物安全工作会议。2005年10月，甘肃省文物局为全省基层文博单位配发首批安全督察车。2009年，由甘肃、陕西、宁夏、青海、新疆文物行政部门发起的"西北五省（区）文物安全协作会"在西安市召开，建立了五省（区）文物安全协作机制。

五、文物合理利用

中华人民共和国成立后，在各级党委政府的关心重视下、在文物工作者的不懈努力下，在社会各界的积极参与下，甘肃省厚重的文物资源逐步得到挖掘、保护和合理利用，日益成为经济社会发展的重要一极。主要体现在文化旅游、文物拍摄和服务经济社会发展等方面。

（一）文化旅游

中华人民共和国成立前，甘肃省已有包括敦煌莫高窟在内的部分知名文物古迹吸引着国内外游客不远千里而来，游客构成主要是相关领域的专家学者、知识分子和因公赴甘的政府官员；分布在陇原城乡的古建筑类寺庙祠观因其在地方公共生活中的特殊地位，亦多引时人前往访古。总体而言，文化旅游在当时缺乏必要的社会基础和软硬件设施，并非普及型的大众文化活动。中华人民共和国成立后，全省文物工作以抢救保护为重点，文物利用力所不逮；改革开放以后，以文物

资源为依托的文化旅游逐步发展，成为全省旅游业的重要支撑。以敦煌石窟为例，1979年，莫高窟正式对外开放；1982年12月，国家物价局、文化部、国家旅游局联合印发《关于确定第一批特殊文物参观点甲种门票价格的通知》，甘肃敦煌莫高窟等五处文物点被列为第一批特殊文物参观点，其门票分为甲、乙两种；1997年4月，国家文物局批准敦煌西千佛洞对国内外游客开放，安西榆林窟可选择少量洞窟有计划地接待参观考察。

文物资源是甘肃省传统和特色旅游资源，对于价值重要、适合参观、交通便利的文物保护单位，各级文物部门优先安排保护研究项目，去险除病，为开放参观创造条件。除部分古遗址古墓葬外的全国重点文物保护单位和重要省级文物保护单位均已对外开放。与此同时，不断完善文物景区基础设施，丰富展示手段，提升开放水平，敦煌莫高窟、天水麦积山石窟、嘉峪关关城、张掖大佛寺、平凉崆峒山等历史文物和南梁、两当兵变、会宁会师等革命旧址已成为甘肃省知名旅游品牌。2005年2月，国家发展改革委、国家文物局等十三部委联合印发《全国红色

旅游精品线名录》和《全国红色旅游经典景区名录》。甘肃省腊子口战役遗址等六处文物保护单位入选红色旅游精品线；红军长征红色旅游系列景区、八路军驻兰州办事处旧址、华池县陕甘边区苏维埃政府旧址和高台烈士陵园入选红色旅游经典景区。

全省对外开放的文化遗产地及具有甘肃特色的丝绸之路博物馆体系日益成为带动旅游业发展的重要依托和支撑，对于全省经济社会发展发挥了积极推动作用。据不完全统计，截至2010年底，全省72处全国重点文物保护单位中，有50余处对公众开放；全省19个4A级以上旅游景区中，以文物保护单位为主体的有11个；全省8个红色旅游景区中，有7个以文物保护单位为依托；全省8个中国优秀旅游城市中有5个是国家和省级历

敦煌莫高窟保护利用工程开工仪式

史文化名城。

各级文物行政部门及文博单位主动作为，积极为合理利用文物资源，促进文化旅游发展出谋划策。

2003年3月，全国政协十届一次会议期间，敦煌研究院院长樊锦诗等25位委员联署《关于敦煌莫高窟保护利用设施建设的提案》，被列为全国政协2003年重点提案。是年8月，全国政协组织由国家发展改革委、国家旅游局、国家文物局等有关部门负责人参加的联合调研组赴莫高窟进行实地调研，调研报告上报中共中央办公厅和国务院办公厅后，国务院总理温家宝、国务委员陈至立分别作出重要批示。2007年底，国家发展改革委批准敦煌莫高窟保护利用工程立项。该工程是甘肃有史以来最大的集文物保护、基础设施建设和环境治理于一体的综合性文物保护基础性工程，包括保护利用设施、崖体加固及栈道改造、风沙防护和安防工程四个子项目，项目建设总投资2.6547亿元，被国家发展改革委列为扩大内需、拉动经济增长宣传推荐的重点项目。其中的核心项目是保护利用设施，旨在通过先进的数字技术实现莫高窟洞窟的虚拟实景漫游，有助于减少游客承载量和参观滞留时间，最大限度地保存珍贵的莫高窟文物。该工程于2007年12月奠基开工，截至2010年底，各子项目按照进度顺利

实施，其中游客服务中心地下工程全部完成，地上部分主体工程完成70%的工程量，整体建筑初具规模；完成了莫高窟6个洞窟近470平方米的高精度壁画数字化摄影工作，为数字电影的制作提供了高质量的素材。2014年，莫高窟游客承载量核定公布，数字展示中心投入使用，在国内率先实行了游客全员预约、数字展示与实体洞窟相结合的开放新模式，较好地处理了有效保护和合理利用的关系，敦煌研究院因此被国家旅游局评为"2015年度中国互联网＋旅游先行者"。

2010年7月，全省旅游发展大会召开后，省文物局迅速召开省直文博系统会议，传达大会精神，研究加强文物保护，加快文物合理利用，推进文物旅游发展的举措，同时进一步加强了对省文物局直管的敦煌莫高窟、麦积山石窟、炳灵寺石窟等重要对外开放文物景区的管理，加大投入力度，不断提升接待能力和服务水平。

为进一步加强部门协作、推动文物保护利用与文化旅游深度融合，2010年7月，甘肃省文物局在敦煌市召开文化遗产保护与促进经济社会发展座谈会。省政府研究室、省旅游局负责人应邀出席并发言。与会人员认真学习了中央领导同志关于文物保护利用的重要文章、国务院办公厅印发的《关于进一步加强文物工作的意见》以及《关中－天水经济区发展规划》、

国家文物局和国家旅游局签署的《旅游发展与文物保护战略合作框架协议》，统一了思想，对深入持久地推动文物资源与文化旅游融合发展进行了安排部署。同年11月，甘肃省文物局在永靖县召开加强炳灵寺石窟保护管理利用工作座谈会，协调解决炳灵寺石窟保护范围内文物保护和旅游开发工作中存在的有关问题，省委第二巡视组、省文物局、临夏州、永靖县相关负责同志参加会议。炳灵寺文物保护研究所汇报了文物保护、管理、研究、利用工作，永靖县政府就整合县域旅游资源、炳灵石林旅游开发等问题做了说明。会议强调，炳灵寺文物保护研究所要在继续做好文物保护研究工作的同时，主动加强与地方政府、周边群众的联系和沟通，出台惠民举措，支持地方经济社会发展。地方政府要从炳灵寺石窟申遗大局出发，加强石窟周边环境整治，确保文物安全。

（二）文物拍摄

20世纪初期，外国学者将所拍摄的敦煌千佛洞照片结集为图录出版后，国内外学者始知除藏经洞遗书外，莫高窟的佛教造像和壁画艺术亦博大精深，为敦煌学的兴起助力不少。文物拍摄为甘肃文物走向世界和世界认识甘肃打开了全新的窗口，但在民国时期和中华人民共和国成立后的相当一段时期里，文物拍摄的主要目的是为了留存资料和学术研究；改革开放以后，长期以来"藏在深闺人未识"的甘肃文物资源逐渐引起国内外瞩目，出于研究、宣传及商业目的的文物拍摄事项日益增多，对于提高甘肃文物知名度和宣传甘肃发挥了一定作用。

1. 文物拍摄管理

1981年12月，国家文物事业管理局致函甘肃省文化厅，同意《拍摄敦煌莫高窟文物的几项暂行规定》，这是甘肃省首个关于文物拍摄管理方面的专项规定。

1989年10月，甘肃省文化厅转发国家文物局《关于严格控制文物复制资料的通知》，要求各地各单位对所收藏管理的文物资料进行清理，凡经批准用于文物复制、拍摄的文物资料必须严格办理使用手续。

2001年6月，国家文物局颁行《文物拍摄管理暂行办法》；甘肃省文物局亦下发文件，就加强全省文物拍摄管理工作做出进一步规范，就相应的申请、审批、收费、监管等问题明确了具体流程。

2. 文物拍摄项目

20世纪80年代，中日合拍电影《敦煌》在甘肃取景拍摄，为此专门修建了敦煌影视城，在国内外引起"敦煌热"。

20世纪90年代，脍炙人口的新派武侠电影《新龙门客栈》在甘肃河西地区取景拍摄，片中相继出现了嘉峪关关城及清代戏楼内外景、安西东千佛洞等文物保护单位，较好地渲染了剧情氛围，给观众留下深刻印象。

进入 21 世纪后，国内外影视制作机构赴甘肃进行文物拍摄活动呈持续增长趋势。据不完全统计，仅"十一五"期间，甘肃省文物局共审批同意国内电视台和美国、意大利、以色列、日本及港澳台地区影视制作机构在甘肃境内拍摄涉及文物元素的影视作品和专题片 30 余部。自 20 世纪 90 年代末至 2010 年底期间，以甘肃境内文物为元素或外景地的文物拍摄项目主要有如下几类。

一是影视剧。代表项目有：电视连续剧《西部检察官》（1998 年），最高人民检察院办公厅制作，拍摄莫高窟九层楼和嘉峪关长城外景；国庆五十周年献礼影片《横空出世》（1999 年），拍摄敦煌莫高窟洞窟内景和嘉峪关关城外景。

二是电视专题片。代表项目有：电视系列片《中国一绝》（1997 年）和《龙的腾飞》（1998 年）拍摄甘肃文物古迹，法国联合电视摄制组中国旅游宣传片拍摄甘肃代表性文物古迹（1998 年），英国制片公司《长城》电视专题片拍摄甘肃境内长城（1998 年），香港凤凰卫视电视专题片《千禧之旅》拍摄甘肃文物（1999 年），中央电视台纪录片《西夏王国》《玄奘之路》拍摄甘肃境内相关文物保护单位及馆藏文物（2002 年），韩国专题片《黄河》拍摄莫高窟、嘉峪关关城、玉门关和阳关遗址（2006 年），中央电视台科教频道专题片《探索发现·甘肃古事》拍摄礼县秦文化遗址（2010 年）。

三是学术研究需要。代表项目有：配合《中国美术分类全集》出版拍摄文物（1998 年），配合中国藏学研究中心科研需要拍摄甘肃有关佛教文物（2002 年）。

四是配合党和国家宣传工作。代表项目有：国庆五十周年前夕，配合文化部邀请外国摄影艺术家来华进行摄影创作，拍摄甘肃境内有关文物（1999 年）；文献纪录片《社会主义四百年》和反邪教专题片《中国佛教反邪万里行》（2002 年）拍摄甘肃境内有关革命文物和佛教文物。

（三）服务经济社会发展

甘肃文物资源特色鲜明、优势突出，其厚重的历史文化底蕴为经济社会发展提供了不竭的创意元素和文化正能量，以多种形式为甘肃文化影响力的提升做出了应有贡献。

1. 形象大使

1982 年，武威县文物管理委员会为人民大会堂甘肃厅复制一尊高 61.4 厘米、长 80 厘米的国宝级文物"铜奔马"进行陈列。

1983 年 12 月，武威雷台汉墓出土的国宝级文物"铜奔马"被国家旅游局确定为中国旅游标志。"铜奔马"因之成为当代中国知名度最高的可移动文物。

甘肃省嘉峪关魏晋墓出土画像砖上的"驿使图"是目前世界上已知最早的反映驿使形象的美术作品。1982年8月，为纪念中华全国集邮联合会第一次全国代表大会召开，邮电部发行以"驿使图"为主题的小型张一枚，受到集邮者喜爱，"驿使图"自此逐渐成为中国邮政非官方的形象标识。2003年，嘉峪关魏晋墓出土画像砖中的"驿使图"图案被选用为中国邮政储蓄绿卡正面图版；当年该卡发卡量即达5092万张，驿使形象更加深入民心。

2. 配合国家及全省重大活动

1997年7月1日~8月1日，为庆祝香港回归祖国，甘肃省文物局要求全省各级各类博物馆、纪念馆和对外开放文物保护单位对持有香港特别行政区证件的观众实行免费接待和义务讲解。

2000年7月，文化部、甘肃省人民政府、国家文物局联合在北京举办敦煌藏经洞发现暨敦煌学百年纪念系列活动。期间，先后举办了"敦煌艺术大展"和"敦煌藏经洞发现百年特别展"，召开了敦煌藏经洞发现暨敦煌学百年纪念大会和"敦煌文物保护研究特殊贡献奖"颁奖大会。

2003年第十一届兰州投资贸易洽谈会期间，甘肃省文物局积极与省内有关文物复仿品生产经营单位沟通协调，在全省范围内遴选确定了能够代表甘肃文物特点的金、银、铜、陶、瓷、泥塑、壁画等内容的文物复仿制精品共435件，参加兰洽会文化产品展销，取得较好的经济和社会效益。

2004年8月，甘肃省人民政府和国家文物局联合在敦煌莫高窟举办敦煌研究院成立60周年暨常书鸿先生诞辰100周年纪念系列活动。

2007年8月，甘肃省人民政府和国家文物局联合举办段文杰先生从事敦煌文物和艺术保护研究60周年纪念系列活动，授予段文杰先生敦煌文物和艺术保护研究终身成就奖。

2008年1月22日~3月21日，敦煌研究院和中国美术馆联合在中国美术馆举办迎奥运重大文化项目"盛世和光——敦煌艺术大展"。共展出莫高窟复制洞窟

2008年在中国美术馆举办的《盛世和光——敦煌艺术大展》

10 个、壁画临本 120 幅、藏经洞出土写经真迹 10 件。展览期间接待观众 66 万人次，刷新了中国美术馆建馆以来日参观量、月参观量、个展参观量三项纪录。

2008 年 7 月 5~7 日，北京奥运圣火依次在世界文化遗产地敦煌莫高窟、嘉峪关关城和全国重点文物保护单位兰州黄河铁桥传递。

北京奥运会火炬在世界文化遗产莫高窟传递

2009 年 8 月 26 日，兰州市委、市政府在全国重点文物保护单位兰州黄河铁桥举办"中山铁桥百年庆典活动"。

2010 年 4 月 20 日，上海世界博览会甘肃馆投入试运行。甘肃馆中展示了大地湾史前先民生活场景的视频和来自敦煌研究院的木雕、塑像、经卷等珍贵文物，

同时原大复原敦煌莫高窟第 45 窟；据现场监测，最火爆的 4 月 25 日几乎每秒钟就有一位游客入馆参观。以至不得不限制游客在洞窟内停留时间。

3. 公共文化服务

（1）爱国主义教育示范基地。1995 年 3 月，甘肃省会宁红军会师旧址、敦煌莫高窟、嘉峪关入选首批全国爱国主义教育示范基地名录。1996 年 10 月，国家教委、民政部、文化部、共青团中央、国家文物局、解放军总政治部联合印发《关于命名和向全国中小学推荐百个爱国主义教育基地的通知》，甘肃省敦煌莫高窟和嘉峪关关城入选。截至 2010 年底，全省 13 个全国爱国主义教育示范基地中，有 12 个是文物系统所属对外开放文物保护单位和博物馆、纪念馆；全省 60 余个省级爱国主义教育示范基地中，80% 以上为各级各类文博单位。

（2）开放服务与社会教育。中华人民共和国成立至 2008 年 3 月之前，全省各级各类博物馆和纪念馆作为甘肃对外宣传的重要窗口和传播普及历史文化科学知识的重要阵地，在观众接待、讲解服务、社会教育等方面力所能及地开展了相关工作，取得了较为显著的成绩。特别是改革开放以后，各级各类博物馆和纪念馆因地制宜制作流动展览下基层巡展，积极组织开展陈列展览"四进"（进

20世纪90年代中期，甘肃省博物馆一方面不得不靠出租展厅补贴开支，一方面仍然坚守阵地开展社会教育，这在某种程度上亦是当时全省大多数国有博物馆共同面临的窘境。

为有限的参观门票收入无法满足改造提升陈列展览和发挥社会教育职能的迫切需求。特别是改革开放以后，在市场经济大潮冲击下，有的博物馆甚至不得不靠出租展厅补贴开支。博物馆尤其是公益性质的公共博物馆出售门票在客观上也令相当部分潜在观众望而却步，制约了博物馆公共文化服务职能

学校、进社区、进部队、进农村）活动。同时针对特定群体开展服务，如1985年9月，甘肃省文化厅通知各地、县博物馆在首个中国教师节期间向全省优秀教师、骨干教师和老教师颁发"博物馆之友"证书；1996年11~12月，甘肃省博物馆和兰州市七里河区教育局联合举办"偏远农村儿童免费参观月"活动；1999年7月，陇西县博物馆与团县委、陇西师范附属小学联合举办文博夏令营。全省对外开放文物保护单位亦严格执行国家有关门票优惠减免政策，为法定特殊群体提供优质参观接待服务。

与此同时，传统的经费保障机制和运行机制也在很大程度上制约了博物馆进一步发展和质量提升。各级财政仅负担博物馆的日常运行经费和人头费，极

的有效发挥。经过积极争取，甘肃省被国家列为全国首批博物馆免费开放试点省。自2008年3月28日起，全省首批19座博物馆和纪念馆正式向社会免费开放；至当年底，全省有39座博物馆和纪念馆免费开放并享受中央财政补助经费。至2010年底，全省共有近百座博物馆和纪念馆向社会免费开放（含部分自行免费

甘肃省博物馆免费开放当日，观众排队领取参观门票

开放馆），其中60座博物馆和纪念馆被列入中央财政补助的免费开放名单。为切实加强免费开放工作，2009年8月，甘肃省文物局印发《甘肃省免费开放博物馆（纪念馆）管理办法（试行）》。国家关于博物馆免费开放的政策有力推动了甘肃博物馆事业发展特别是公共文化服务能力提升。据不完全统计，全省博物馆免费开放后，2008~2010年三年间共接待观众1300余万人次，其中青少年350余万人次，外宾15余万人次；新推出或改造提升上百个陈列展览，仅2010年一年就推出新陈列展览27个、改造陈列展览12个、引进临时展览129个、制作流动展览84个；组织开展"四进"（进学校、进社区、进部队、进农村）活动293次。

4.文艺创作源泉

以敦煌文物为优势和特色的甘肃文物资源，历来是文艺创作的灵感源泉和素材宝库。1979年首演的大型民族舞剧《丝路花雨》，取材于古丝绸之路历史和敦煌莫高窟壁画艺术，数十年来常演不衰，被誉为中国民族舞剧典范。2000年首演的舞剧《大梦敦煌》，以莫高窟营建历史为时代背景，以敦煌佛教艺术为舞美设计元素，先后获得中宣部"五个一工程奖"、文化部"文华奖"等奖项，经济和社会效益双丰收。"十一五"时期，省内有关地方文化文物部门还以地方文化遗产或文物工作为背景或题材，编排了多部兼具艺术性和现实性的剧目。如庆阳市文物管理局和华池县人民政府联合出品的现代陇剧《双塔情缘》，以省级文物保护单位华池县豹子川双塔寺双塔被盗失而复得的真实案件为背景，开创了以传统戏曲形式反映文物保护工作甘苦、宣传文物工作者奉献精神的新领域。又如天水市文化文物出版局策划的大型历史秦剧《麦积悲歌》，以南北朝时期麦积山石窟第44号洞窟开凿为历史原型而编创，突出表现了麦积山石窟文化元素，在甘肃、陕西两省秦腔界反响热烈；先后荣获甘肃省庆祝新中国成立六十周年新创剧目"剧目大奖"，被省委宣传部确定为全省重点艺术创作生产资助项目。2010年，被省文化厅确定为第五届中国秦腔艺术节参演剧目。

第二章　不可移动文物保护管理

自 1961 年始至 2010 年底，国务院先后公布 6 批全国重点文物保护单位，包括甘肃省 73 处，其中敦煌莫高窟和万里长城——嘉峪关于 1987 年被联合国教科文组织列入《世界遗产名录》。自 1957 年始至 2010 年底，甘肃省人民委员会和省人民政府先后公布 6 批 515 处省级文物保护单位。截至 2010 年底，全省各市（州）、县（市、区）人民政府共公布市、县级文物保护单位 3601 处。中华人民共和国成立特别是改革开放以来，全省不可移动文物保护管理工作坚持"保护为主、抢救第一、合理利用、加强管理"的方针，文物保护单位"四有"（有保护标志、有记录档案、有保护范围和建设控制地带、有专职管护机构或人员）工作、文物保护单位保护规划编制公布工作、大遗址保护和丝绸之路申报世界文化遗产等工作稳步推进。坚持"先救命，后治病"原则，集中有限的财力首先抢救维修濒危病险文物；截至 2010 年底，共完成文物保护维修工程 450 余项，基本实现了全省全国重点文物保护单位无险情，重要省级文物保护单位得到有效保护的目标；与此同时，还培育了一支专业过硬、能力较强的文物保护工程从业队伍。

第一节　世界文化遗产

1972 年 11 月 16 日，联合国教科文组织第 17 届大会通过《保护世界文化和自然遗产公约》；1976 年 11 月，联合国教科文组织设立文化遗产和自然遗产的政府间委员会即世界遗产委员会，负责《保护世界文化和自然遗产公约》的实施，并建立了《世界遗产名录》。世界遗产分为世界文化遗产、世界文化景观遗产、世界文化与自然双遗产、世界自然遗产四类。1985 年 12 月 12 日，中国加入《保护世界文化和自然遗产公约》。1987 年 12 月 7~11 日，在法国巴黎召开的第 11 届世界遗产委员会上，中国的长城、故宫、周口店北京人遗址、敦煌莫高窟、秦始皇陵、泰山等 6 处文化与自然遗产被列入《世界遗产名录》。截至 2010 年底，中国共有 40 项世界遗产，其中世界文化遗产 28 项，世界自然遗产 8 项，文化与自然双遗产 4 项；其中甘肃省有 2 处世界文化遗产，即敦煌莫高窟和万里长城——嘉峪关（嘉峪关与国内其他长城关隘共同列入《世界遗产名录》）；另有 11 处丝绸之路申遗备选点。2014 年 6 月 22 日，在卡塔尔首都多哈举行的第 38 届世界遗产大会上，中国、哈萨克斯坦、吉尔吉斯坦联合申报的"丝绸之路：长安——天山廊道的路网"项目，作为线型文化遗产被列入《世界遗产名录》，其中包括甘肃省麦积山石窟、炳灵寺石窟、锁阳城遗址、悬泉置遗址和玉门关遗址，甘肃省世界文化遗产地增至 7 处。

一、甘肃的世界文化遗产

（一）莫高窟

莫高窟俗称千佛洞，始建于前秦建元二年（366 年），历经北凉、北魏、

聯合國教育科學文化組織
世界文化和自然遺産保護公約

莫高窟

世界遺産委員會已將莫高窟列入世界遺産清單凡被列入此清單的文化和自然遺址均證明其具有特殊的和全球性的價值為了全人類的利益需加以保護
列入日期 1987 年 12 月 11 日
聯合國教育科學文化組織 總幹事
費德里科 馬約爾

敦煌研究院
1993 年 10 月立

UNITED NATIONS EDUCATIONAL,
SCIENTIFIC AND
CULTURAL ORGANIZATION

CONVENTION CONCERNING
THE PROTECTION OF THE WORLD
CULTURAL AND NATURAL
HERITAGE

The World Heritage Committee
has inscribed

The Mogao Caves

on the World Heritage List

Inscription on this List confirms the exceptional
and universal value of a cultural or
natural site which requires protection for the benefit
of all humanity

DATE OF INSCRIPTION
11 December 1987

DIRECTOR-GENERAL
OF UNESCO

联合国教科文组织颁发的世界文化遗产证书（莫高窟）

西魏、北周、隋、唐、五代、宋、回鹘、西夏、元各朝代连续千年不断的凿窟造像以及修缮、重绘、重塑，是一座内容丰富、规模宏伟的石窟群，是中国也是世界上现存规模最宏大、历史最悠久、内容最丰富、保存最完好的佛教和石窟艺术宝库。莫高窟现存洞窟共 735 个，其中有壁画、彩塑的洞窟 492 个，彩塑 2400 多身，壁画 4.5 万多平方米，唐宋时代木构窟檐五座，还有民国时期（1927~1935 年）重修的作为莫高窟标志的九层楼。莲花柱石和舍利塔 20 余座，铺地花砖 2 万多块。清光绪二十六年（1900 年）藏经洞（莫高窟第 17 窟）被发现，公元 4~14 世纪的 5 万余件文书、刺绣、绢画、纸画等文物重现天日。莫高窟藏经洞发现后历经劫难，大批敦煌文物与石窟中的一些壁画和彩塑先后被英、法、日、俄、美等国的探险者运往国外，流散收藏于多个国家的博物馆和图书馆。以藏经洞出土文书与敦煌石窟艺术为主要研究对象的"敦煌学"因之在世界范围兴起，成为国际显学。

莫高窟是国务院 1961 年公布的第一批全国重点文物保护单位，1987 年，它以符合世界文化遗产全部 6 条标准被列入《世界遗产名录》（全世界仅泰山、莫高窟、威尼斯及其环礁湖 3 处遗产地符合全部 6 条标准）。相关标准分别是：（1）代表了一种独特的艺术成就，一种创造性的天才杰作；（2）能在一定时期内或世界某一文化区域内，对于建筑艺术、纪念物艺术、城镇规划或景观设计方面的发展中，产生过重大影响的作品；（3）包含对一种文化传统或依然存在或已经消失的文明的独一无二或至少是与众不同的证明；（4）是表现人类历史重要阶段的一类建筑物或建筑或技术整体或景观的杰出典范；（5）可作为传统的人类居住地或使用地的杰出范例，代表一种（或几种）文化，尤其在不可逆转之变化的影响下变得易于损坏；（6）与具特殊普遍意义的事件或现行传统或思想或信仰或文学艺术作品有直接或实质的联系。

莫高窟的管理机构为敦煌研究院。1999 年 12 月，甘肃省人民政府公布莫高窟保护范围。2002 年 12 月 7 日，甘肃省人大常委会公布《甘肃敦煌莫高窟保护条例》，2003 年 3 月 1 日起施行。2010 年 12 月 31 日，甘肃省人民政府公布实施《敦煌莫高窟保护总体规划（2006 — 2025）》，该规划由中国建筑设计研究院建筑历史研究所、美国盖蒂保护所、澳大利亚遗产委员会、敦煌研究院 3 国 4 方合作编制，是中国首个文化遗产保护规划编制国际合作项目，该规划将敦煌莫高窟保护区划为保护范围、建设控制地带和环境控制区 3 个层次：（1）保护范围划分为重点保护区和一般保护区 2 级；（2）建设控制地带不分类;(3)环境控制区划分为 3 类。依法划定的莫高窟保护范围和建设控制地带同时亦为世界文化遗产的遗产区和缓冲区。敦煌莫高窟已初步建立了涵盖环境、文物本体、安全防范、游客承载量等领域的综合监测体系,业已成为中国以至国际上世界文化遗产地监测的典范。

(二)万里长城——嘉峪关

万里长城——嘉峪关位于嘉峪关市西约 6 千米处,是明万里长城的西端起点。嘉峪关是古丝绸之路上的交通咽喉,是中国现存长城中保存最好的关隘。嘉峪关关城和相互毗连的墙体、壕堑、关堡、烽火台、驿站等,共同构成了一个完整的嘉峪关长城防御工程体系。万里长城——嘉峪关符合世界文化遗产的第(1)(2)(3)(4)(6)5 条标准。万里长城——嘉峪关管理机构为嘉峪关文物景区管理委员会。1999 年 12 月,甘肃省人民政府公布万里长城——嘉峪关保护范围。

二、丝绸之路申遗

丝绸之路是古代横贯亚洲,连接非洲和欧洲的陆上商路的总称,是东西方经济、政治、文化交流的重要通道,是沟通古代中国与欧亚大陆中西部的友谊之路。19 世纪 70 年代德国地理学家李希霍芬首先提出该名称,后被广泛使用。丝绸之路作为人类历史上规模最大的文化、贸易、宗教、技术交流的文化线路,它汇聚了古老的中国文明、印度文明、波斯—阿拉伯文明与希腊—罗马文明、中亚文明以及其后的诸多文明,沟通了亚欧大陆上游牧民族与定居民族之间的文化交流,促成了人类历史上多元文化的发展。它作为东西方之间融合、交流和对话之路,在人类文明与文化的交流史上拥有无可比拟的影响与突出的地位,在近两千年的历史上为人类的共同繁荣做出了重大而杰出的贡献。

(一)丝绸之路申遗前期工作

为了强调中西相遇时所产生的复杂文化交流,并且帮助塑造多元特性以及丰富欧亚大陆的共同遗产,1988 年,联合国教科文组织启动了"对话之路:丝绸之路整体性研究"项目,开始着手协调有关国家开展丝绸之路沿线的文化遗产保护,并组织一系列国际学术会议对相关问题进行探讨,探究丝绸之路在世界遗产视野中突出的普遍价值。2003 年 8 月~2004 年 7 月,联合国教科文组织通过对丝绸之路中国段的实地考察,确定了将丝绸之路作为一条文化线路整体申报为世界遗产的工作思路,并协调中国和中亚五国共同启动丝绸之路整体申报世界遗产工作。

2006 年 8 月,联合国教科文组织世界遗产中心组织中国和中亚 5 国文物部门在中国新疆召开协调会,草签了相关概念文件，正式启动丝绸之路跨国系列申遗工作。中国共有新疆、甘肃、青海、宁夏、陕西、河南 6 个省区参与跨国申遗工作。甘肃是古丝绸之路的关键区段，各个时期的文化遗存都有大量分布。甘肃省按照国家统一部署，积极组织开展申遗工作。2007 年 9 月，甘肃省人民政府成立了由分管副省长任组长，省委宣传部、省文化厅、省发展改革委等 13 个部门和相关市州政府领导为成员的丝绸之路申遗工作领导小组，两次召开领导小组会议；省政府办公厅印发《关于做好丝绸之路甘肃段申报世界文化遗产工作的通知》，安排部署和推进申遗工作。相关市(州)及县(市、区)政府，各级文物部门积极行动，在较短时间内配合国家文物局完成了全省申遗备选点的遴选推荐工作。经过审核论证，于 2007 年确定中国 6 省区 48 处文物保护单位作为首批申遗备选点，甘肃省麦积山石窟、炳灵寺石窟、水帘洞石窟群、榆林窟、马蹄寺石窟群、锁阳城遗址、骆驼城遗址、悬泉置遗址、玉门关遗址、果园—新城墓群、张掖大佛寺等 11 处遗产点入选。

（二）甘肃省申遗备选点简介

1. 麦积山石窟

麦积山石窟位于天水市麦积区，创建于十六国后秦时期，是 5~18 世纪丝绸之路佛教文化艺术交流荟萃之地。石窟开凿在秦岭山脉西段北麓状若麦积的红砂岩崖面上，现存窟龛 221 个，各类造像 7800 余身，壁画 1000 余平方米，尤以石胎泥塑最为传神精美，被誉为"东方雕塑艺术馆"。麦积山石窟所保存的佛教题材的雕塑、壁画以北朝最为齐备，以盛唐最为绚烂，反映了佛教艺术与中国本土艺术的完美结合。麦积山石窟是中国石窟遗产中北魏、西魏、北周石窟的代表窟群之一，也是中国佛教石窟群经云冈石窟汉化的进一步延续与发展。麦积山石窟以其明显反映中国佛殿建筑形象的石窟形式、最早期的经变画等遗迹，影响广泛，成为丝绸之路佛教艺术自东向西影响的转折性阶段重要遗迹。1961 年 3 月，麦积山石窟被国务院公布为第一批全国重点文物保护单位，其管理机构为麦积山石窟艺术研究所。

2. 炳灵寺石窟

炳灵寺石窟位于临夏回族自治州永靖县境内的小积石山沟崖中，濒临刘家峡水库，是 4~10 世纪黄河岸边丝绸之路要道上的一处重要的大型石窟群。始凿于十六国时期西秦建弘元年（420 年）前后，历经北魏、北周、隋唐宋元明诸代的营造或重修重绘，西秦、北魏、唐代和明代是炳灵寺历史上佛教最为兴盛的四个阶段。现存窟龛主要集中在下寺沟的峭壁上，附近的佛爷台、洞沟、上寺等处也有零星窟龛分布。炳灵寺石窟以石刻造像闻名，现存窟龛216个，彩塑和石雕造像776躯，壁画1000余平方米。在169窟北壁保存有西秦建弘元年（420年）墨书题记，是中国已知最早的造窟题记。炳灵寺石窟佛教艺术受到了同时代西方、南方和中原的多重影响，是佛教初传入汉地时中国早期石窟面貌的特殊证据。1961年3月，炳灵寺石窟被国务院公布为第一批全国重点文物保护单位，其管理机构为炳灵寺文物保护研究所。

3.锁阳城遗址

锁阳城遗址位于酒泉市瓜州县，是中国保存最为完好的汉、唐时期的古城之一，在河西政治、经济、文化及军事诸方面曾起到过非常重要的作用。始建于汉代，在唐代为瓜州的政治、经济文化中心。明代更名苦峪城，明末城废。锁阳城遗址汇集了古城址、古寺院、古墓群、古渠道、古垦区等多种遗迹，集历史人文景观和自然景观为一体，它的多样性和复杂性为国内少有，尤其是保存基本完整的大量灌溉系统，显示了这一地区古代灌溉农业的发达及其以后沙漠化的进程。锁阳城遗址是古代丝绸之路上连接中原与西域地区的交通枢纽，是河西走廊上人类土地利用的杰出范例，展现了长距离交通条件下人类对荒漠戈壁自然环境的依托、利用和改造，是人类开展长距离交通和交流的典型保障性城址，与丝绸之路沿线商贸活动关联密切。1996年11月，锁阳城遗址被国务院公布为第四批全国重点文物保护单位，其管理机构为锁阳城遗址文物管理所。

4.悬泉置遗址

悬泉置遗址位于敦煌市，处于省道314线公路边。该遗址是公元前2世纪～公元3世纪汉代设立在丝绸之路上接通中原与西域诸国的重要驿站遗址，因出土的汉简上书"悬泉置"三字而定名。创建约在西汉武帝元鼎年间，延续近400年。遗址由主体建筑坞堡和附属建筑仓、厩构成。遗址出土铜、铁、漆、木等文物，尤其是简牍3万余枚，对研究汉晋驿站的结构、形制和布局提供了极为重要的实物资料，出土的大量简牍及其他遗物为研究汉代邮驿制度及西北边郡地区的政治、经济、军事及文化生活等方面具有重要价值，见证了其对丝绸之路长距离交通和交流的保障。2001年6月，悬泉置遗址被国务院公布为第五批全国重点文物保护单位，其管理机构为悬泉置文物管理所。

5.玉门关遗址

玉门关遗址位于敦煌市，是公元前2世纪～公元3世纪汉帝国设立在河西走廊地区西端最重要的关隘遗存，位于祁连山西端疏勒河南岸戈壁。遗址包括玉门关

（俗称小方盘城）与河仓城（俗称大方盘城）两部分。小方盘城为汉代玉门都尉、东汉玉门障尉治所遗迹。河仓城是边防储备粮秣的军需仓库。汉晋时期，玉门关保护丝绸之路的安全，开展对外经济、文化交流等方面做出了不可磨灭的历史贡献，见证了汉代大型交通保障体系中的交通管理制度、烽燧制度与长城防御制度，及其对丝绸之路长距离交通和交流的保障。1988 年 1 月，玉门关遗址被国务院公布为第三批全国重点文物保护单位，其管理机构为玉门关文物管理所。

6. 水帘洞石窟群

水帘洞石窟群位于天水市武山县榆盘乡钟楼湾村鲁班峡。时代为北朝至唐。现存千佛洞、水帘洞、拉梢寺、显圣池四个部分，造像 60 余尊，壁画 1000 多平方米。依天然洞穴或崖壁开龛造像或绘制壁画。形制以尖楣圆拱、平顶和方形浅龛为主，造像以摩崖泥塑为主。拉梢寺又名大佛崖，现存窟龛 23 个。主要为摩崖造像、圆拱浅龛、平面方形平顶龛、塔龛、平面长方形斜顶窟。1 号造像为主体，总高 42.5、宽 43 米，浮雕一佛二菩萨巨像。佛结跏趺坐，禅定印，着圆领通肩袈裟，佛座由莲花、卧狮、卧鹿、立象相间共七层浮雕组成。胁侍菩萨立于佛两侧，戴三瓣莲式宝冠。水帘洞为一天然洞穴，高 30、宽 50、深 20 余米，洞穴东壁上绘

制大面积壁画，现存壁画及浮塑塔 19 幅（个），面积最大的为第 6 号北周壁画宽约 5、高 4 米，为一佛二菩萨及供养菩萨、弟子、飞天、供养人行列等大型说法图。壁画施色以石青、石绿、赭红为主，附以墨线、粗红线条。千佛洞又名七佛沟，在一长约 25、高 25、深 8 米的天然洞穴壁上摩崖泥塑浅龛造像并绘制壁画。现有窟龛 36 个，主要有尖楣圆拱和平顶浅龛、方形浅龛。现存北周造像和壁画内容有一佛二菩萨、一佛二弟子二菩萨、七佛（仅存其中一佛头，高 1.2 米）、说法图、千佛、飞天、供养人、龙、狮等。造像均为泥塑，衣纹手法为凸起泥条加阴刻线。五代壁画有说法图、千佛等。显圣池为一天然洞窟。面积约 150 平方米，现存北周壁画 12 幅，悬塑 2 尊。2001 年 6 月，水帘洞石窟群被国务院公布为第五批全国重点文物保护单位，其管理机构为水帘洞景区管理局。

7. 榆林窟

榆林窟位于瓜州县城西南 76 千米踏实河（又名榆林河）两岸，是"敦煌石窟"重要组成部分，与莫高窟为姊妹窟。共有洞窟 43 个、壁画 4200 平方米，彩塑 259 身。现存洞窟最早开凿于初唐（618~704 年），经中唐（786~848 年）、五代、北宋、回鹘、西夏续建，终于元。洞窟形制主要有中心佛坛窟、中心塔柱窟、大像窟等

三种。各类窟形均始于唐代，以后成定式沿用。但东西两崖上层洞窟前面多有较深的甬道，且横开连通毗邻各窟的长穿道，不同于莫高窟。塑绘结合的彩塑内容主要有佛、菩萨、弟子、天王、力士像等，形式有圆塑、浮塑等。除6窟大佛殿唐代塑的高24.35米的善跏坐佛像和第5窟长13米的卧佛像各一身为石胎泥塑外，其余均为木骨泥塑。彩塑破坏较甚，所存极少。现存300余身塑像均经重妆。大多属等身群像，一铺三至九身不等。第25窟为中唐杰作，绘有南北天王、文殊普贤变、弥勒净土、西方净土变，画面结构严谨，为唐代壁画中所罕见。五代、宋初、西夏和元代的各种经变，有的画中还穿插以耕获、嫁娶、宴饮、弈棋、酿酒、冶铁、音乐、舞蹈等画面。特别是五代、宋代大量的供养人画像和题名阶衔，是研究曹氏政权统治河西（瓜、沙二州）的珍贵资料。其壁画艺术风格与敦煌莫高窟艺术有密切关系。第6窟唐塑弥勒大像高23米，保存完整。第4窟原藏初唐由印度传入的中世纪第三期巴拉胡提王朝犍陀罗佛教象牙雕像具有很高的历史和艺术价值。榆林窟西夏时期的代表作，除了继承敦煌壁画的主题和技法外，还吸收了宋朝的白描人物画法，取得了前所未有的成就，并为莫高窟和榆林窟元代壁画的技法打下了深厚的基础。此外，

榆林窟还出现了不少画工题名。这些都是研究中国石窟艺术绘画历史的珍贵资料，榆林窟丰富的壁画内容补充了莫高窟壁画内容的不足之处，受到国内外学者的重视。1961年3月，榆林窟被国务院公布为第一批全国重点文物保护单位，其管理机构为榆林窟文物保护管理所。

8. 马蹄寺石窟群

马蹄寺石窟群位于张掖市肃南裕固族自治县马蹄区的临松山中，初名"薤谷石窟"，后因现编第8窟（马蹄殿）窟内马蹄迹印而得名。包括马蹄南、北二寺、金塔寺、千佛洞以及上、中、下观音洞七个部分，现存窟龛70余个。各窟群均开凿在马蹄山谷或近水的红沙岩崖壁上，间距2.0~7.0千米，各部分有2~20余窟不等，洞窟排列既有横向亦有竖向，最高的"三十三天"达5层。马蹄寺石窟群中，就现存造像和壁画而言，以金塔寺和千佛洞最重要，就其洞窟规模而言，以马蹄寺北寺为最突出。金塔寺石窟开凿在大都麻乡刺沟内的红砂崖壁上，东、西两窟均为平面呈长方形的早期中心柱窟，覆斗顶。中心柱四面分三层开圆拱形龛，龛内泥塑造像。四壁顶部绘壁画。塑像大部为北凉原作，元代重修，壁画有两层或三层，下层为北凉原作，上层为元代重绘。最具特色的是东窟一层龛楣两侧悬塑的飞天，相对作凌空飞舞之

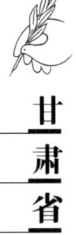

势。马蹄寺石窟是窟群中心。马蹄寺又名普观寺，分南、北二寺，南寺又名胜光寺，现存窟龛无几，多为浮雕及喇嘛式塔；北寺又名普光寺，有大小窟龛30余个，其中以第3、7、8窟为代表，其第三窟为北寺规模最大、结构较特殊的洞窟，又名"三十三天"。该窟分五层，自下而上，第一～三层，每层平面平列佛窟五个；第四层列三窟；最上一层为一个窟。窟内平面多方形，人字坡顶，或盝顶四面坡，每窟内正壁开一大龛，每龛内塑一佛，龛外四壁上方影塑千佛，下方绘壁画。该窟由外观看，各层窟的排列似一宝塔，高达数十米。第7窟又称"站佛殿"，为平面呈纵长方形的平顶大窟，规模仅次于第3窟，高约15.0、宽26.3、深33.5米。窟前凿窟门三个，门内为前堂，前堂后是一种中心柱式的倒凹形拜殿，拜殿正面设坛基，坛基后部开三个圆拱龛，右壁残存大型元代壁画——菩萨立像，拜殿两侧及后部为甬道，甬道两侧开46龛，龛内各塑一结跏趺坐的元代坐佛，甬道左、右侧遗存元、明代壁画——金刚力士像。马蹄寺石窟群极具地域特点和民族风格，是研究古代丝绸之路各国政治、经济、历史、文化、宗教、建筑、科学技术和民族文化交流发展的宝贵资料，在中国佛教石窟艺术发展史上占有重要地位。1996年11月，马蹄寺石窟群被国务院公布为

第四批全国重点文物保护单位，其管理机构为马蹄寺景区管理委员会。

9.骆驼城遗址及墓群

骆驼城遗址位于张掖市高台县城西20千米处，全国重点文物保护单位，时代为汉至唐。城址坐北向南，平面呈长方形，东西425、南北704米，面积为29.92万平方米。城垣为黄土夯筑，夯层厚10~15厘米，底宽6、残高7米，城垣除东北角外，其他三角都筑有角楼。该城分为南、北两城。南城平面近方形，东西425、南北494米，面积为21万平方米，东、西、南正中各辟有一门，门外皆有方形瓮城。城内西南角有一座东西79米、南北132米小城，俗称"宫城"，城内有古井一眼。北城，俗称"皇城"，东西425、南北210.0米，面积为8.92万平方米，南面正中筑方形瓮城，开东、西向城门，与南城相通。城垣四角有方形角墩。城内地标遗存有汉至唐代的砖、瓦、陶片，北城内有建筑遗迹9处。城内地表散见焦兽骨、灰陶片，出土过汉五铢钱币、陶纺轮、唐代铜器、铁器等。城西南2千米处有一小方城，俗称"羊蹄鼓城"，长55、宽40米，向东开一小城门，是主城外围防御堡垒，二者互为犄角之势。墓群以城址为中心，分布在城南、西、北三面。城南墓群面积27平方千米，有封土墓葬近2000余座。封土堆呈圆形或方形，分

土圹墓和砖室墓，出土有大量的彩绘画像砖，并出土有前凉时期的木牍、木俑及西晋时期的彩帛旌铭、木版画。城西南墓群五凉时期墓葬，出土有彩绘画像砖，内容有伏羲、女娲、农耕、畜牧、家居等，并出土有前凉时期木牍、木俑及西晋时期彩帛旌铭、木版画。城西南墓群距城址西南 1 千米，墓葬均为高大的方形夯土墩，土墩底边长 6.0~8.0、高 5.0~6.0 米，为五凉时期墓葬，经发掘为砖室墓和土圹墓，出土有彩绘画像砖、胡运子衣物疏、红纱旌铭、青海神树等。城北 1.5 千米处有古窑址 9 座，窑底周长 50.0、窑高 8.0~10.0 米，地表散见大量砖瓦、陶器残片和少量墓葬。骆驼城遗址及墓群内涵丰富，为研究河西地区汉唐时期城市布局、文化交流和发展具有重要意义。1996 年 11 月，骆驼城遗址及墓群被国务院公布为第四批全国重点文物保护单位，其管理机构为骆驼城遗址文物管理所。

10. 果园—新城墓群

果园—新城墓群位于酒泉市肃州区果园乡北面、嘉峪关市新城乡西南戈壁滩上，面积达 13 万平方米，有墓葬千余座。地表大多可见隆起的砂砾堆积的封土、墓道及茔圈。墓道最长的达 30 多米。同一茔圈内的家族墓葬按相同方向依次布局。魏晋、十六国墓葬均由长斜坡墓道、墓门、墓室组成。墓门上方为砖砌门楼，门楼砖上有彩画，并雕刻成各种内容的造型，如侧兽、托梁赤帻力士、雷公、鸡首人身或牛首人身像等。从门楼普遍使用斗拱、托梁力士等建筑造形砖的现象分析，当是世家豪族或兼为官吏生前住所，建有楼橹或阙的一种反映。墓室一般为二室或三室。均用双层长 34.5、宽 17.0、厚 5.5 厘米的灰条砖砌成，前、中室作盝顶，平面近方形，后室一般为券顶，平面呈长方形。墓壁有用砖刻成象征楼阁建筑的屋檐或屋椽。墓室壁建有壁龛或耳室，壁龛旁墨书 "各门"、"藏内"、"炊内"、"牛马圈" 等，充分反映了墓主生前宅第的设置情况。葬具用木棺，有的棺盖上绘伏羲、女娲、连璧纹等。有单人葬、二人、三人或四人合葬，有些棺下有垫棺陶龟。随葬器物有陶、铜、铁、玉、石、金、银、木、漆、骨、丝绸和货币等。出土物中以新城 M4 所出铜尺及 M2 所出骨尺最为珍贵。发掘的 24 座魏晋十六国墓中有 11 座为壁画墓。多为一砖一画，内容丰富、题材广泛，包括农桑、畜牧、酿造、狩猎、屯兵、出行、宴乐、驿传、六博和建筑装饰图案画等，均取材于当时的现实生活，以描写墓主人豪华生活、农业生产活动和手工业活动等为主。壁画用墨线勾勒，用石黄、朱红、赭石、浅绿等施彩，线条粗犷奔放，色彩明快，艺术价值较高。西沟唐墓中 1 号墓为砖筑双室，2、3

号墓为单室。1号墓为覆斗顶，墓室通长 5.23、宽2.46米，全用一侧有模印锯齿形花牙砖砌成，仿木结构，后室后壁砌平台棺床。墓室嵌十二生肖、伎乐和骑士雕砖。伎乐砖共52块，分管乐伎和弦乐伎，乐器有箫、笛、箜篌、竽等。仪仗骑士砖共70块，每二人二组乘马相随而行。棺床和地面铺莲花纹方砖。2号、3号墓为模印彩绘画砖，内容与1号墓略同。2001年6月，果园—新城墓群被国务院公布为第五批全国重点文物保护单位，其管理机构分别为酒泉市肃州区文物局和嘉峪关市魏晋墓文物管理所。

11. 张掖大佛寺

张掖大佛寺位于张掖市甘州区南大街。始建于西夏永安元年（1098年），明清屡有修葺。占地面积2.3万平方米，现存大佛殿、藏经阁、土塔。大佛殿面阔九间（48.3米），进深七间（24.5米），殿高20.2米，占地面积1370平方米。重檐歇山顶，两层楼，抬梁式构架，砖木结构。殿门两侧各镶以六平方米的砖雕一块，左为"西方圣境图"，右为"祇园演法"。殿内有木胎泥塑卧佛，长34.5、肩宽7.5、高7.8、脚长4.0、耳长2.0米，金装彩绘，是全国现存最大的室内卧佛。卧佛身后塑十大弟子，两侧廊房塑十八罗汉，殿内四壁为《西游记》和《山海经》壁画。藏经阁内珍藏有明英宗颁赐《大明三藏圣教北藏》一部计3584卷，另有明正统初泥金书经600卷。寺后有33.37米高的密宗覆钵式金刚宝座土塔，为张掖五行塔之一，一、二层台座四隅各建一小塔。张掖大佛寺作为河西胜地的重要佛教寺院，为佛教思想交流、民族团结稳定乃至东西方文化交流均发挥过极其重要的作用，其古建筑是河西走廊多元文化共生、交融与发展的结果，独具地方特色和艺术魅力，是中国建筑艺术宝库中不可或缺的内容。1996年11月，张掖大佛寺被国务院公布为第四批全国重点文物保护单位，其管理机构为张掖市甘州区博物馆。

（三）甘肃省丝绸之路申遗历程（2010年底前）

1. 成立组织机构，制定工作方案。2007年9月，省人民政府成立省申遗领导小组及办公室，随后又成立了由10位专家组成的专家组。各遗产点所在市州和相关省直文博单位也分别成立了申遗领导和工作机构，层层制定工作方案，组织推进具体工作。有的地方财政安排了专项经费，有的地方成立了专家组，有的地方通过召开工作会、现场办公会等方式解决申遗工作中的突出问题，推动了申遗工作顺利开展。

2. 编制申报文本。在各地、各单位组织提供的申报文本初稿基础上，省申遗办组织专业力量编制完成了丝绸之路

甘肃段申遗文本。根据国家文物局审查意见，对11个申遗备选点的申报文本进行了多次修改完善，于2009年正式上报国家文物局。

3. 制定公布专项保护管理办法。按照实施世界遗产公约操作指南等要求，省申遗办结合全省申遗备选点实际，研究确定了专项管理办法的主体框架、基本要素和主要内容，组织各地、各单位起草了11个申遗备选点的保护管理办法。2008年10月，省政府办公厅印发麦积山石窟、炳灵寺石窟、榆林窟保护管理办法。至2008年末，天水、张掖、酒泉、嘉峪关四市政府分别印发其他8个申遗备选点保护管理办法。

4. 编制申遗管理规划和文物保护规划。2008年初，省申遗办统一组织启动11个申遗备选点管理规划编制工作，同时积极推进文物保护规划编制工作。经各地、各单位不懈努力，各申遗备选点管理规划编制工作取得阶段性成果，麦积山石窟、炳灵寺石窟、马蹄寺石窟群、水帘洞石窟群、骆驼城遗址文物保护规划如期完成并报请省人民政府公布实施。截至2010年底，悬泉置遗址、玉门关遗址、锁阳城遗址、榆林窟、张掖大佛寺、果园新城墓群文物保护规划基本编制完成。

5. 推进文物本体保护工作。截至2010年底，省申遗办组织开展了涉及11个申遗备选点的19项重点文物保护项目，其中13项经国家文物局批准并落实经费全面实施，3项由国家文物局批准立项，3项报国家文物局申请立项实施。麦积山石窟壁画塑像保护等5个保护项目已完成，炳灵寺石窟171龛大佛维修等4个保护工程正在实施。

6. 多方筹措申遗经费。自2008年始至2010年底，各地、各单位按照申遗工作要求，对各申遗备选点的环境整治、"四有"工作、基础设施建设、展示利用、遗产监测等工作内容进行了梳理细化和经费测算，共需经费2.3亿元。部分市县区、省直文博单位积极努力，多方筹措经费。省财政厅安排500万元对各申遗点相关工作给予了补助，嘉峪关、肃南、瓜州等地通过争取世行贷款项目解决了马蹄寺石窟群、新城墓群、锁阳城环境整治部分项目资金。麦积山石窟、炳灵寺石窟、锁阳城遗址遗产地基础设施建设项目获得国家发展改革委立项并分别下达资金2000万元、1200万元和1300万元。张掖市开展了大佛寺周边环境整治工作，拆除搬迁了张掖宾馆及甘州区委、区政府，降层改造了周边超高建筑，修建了大佛寺广场。

第二节　文物保护单位公布管理

甘肃省文物保护单位公布与管理工作涵盖全国重点文物保护单位、省级文物保护单位和市县级文物保护单位三个层面。

一、全国重点文物保护单位

1961 年 3 月，国务院公布第一批全国重点文物保护单位共 80 处，甘肃省莫高窟、榆林窟、麦积山石窟、炳灵寺石窟、万里长城——嘉峪关、重修护国寺感应塔碑等 6 处入选。

1982 年 2 月，国务院公布第二批全国重点文物保护单位共 62 处，甘肃省拉卜楞寺入选。

1988 年 1 月，国务院公布第三批全国重点文物保护单位共 258 处，甘肃省北石窟寺、南石窟寺、大地湾遗址、马家窑遗址、居延遗址、玉门关及长城烽燧遗址（包括大方盘、小方盘）等 6 处入选。

1996 年 11 月，国务院公布第四批全国重点文物保护单位共 250 处，甘肃省齐家坪遗址、骆驼城遗址、锁阳城遗址、张掖大佛寺、兴国寺、武威文庙、鲁土司衙门旧址、马蹄寺石窟群、会宁红军会师旧址等 9 处入选。东千佛洞石窟合并归入榆林窟。

炳灵寺石窟　　　　　　　　　重修护国寺感应塔碑

2001 年 6 月，国务院公布第五批全国重点文物保护单位共 518 处和与已有全国重点文物保护单位合并项目共 23 处，甘肃省南佐遗址、大堡子山遗址及墓群、黑水国遗址、悬泉置遗址、许三湾城及墓群、白塔寺遗址、果园—新城墓群、汪氏家族墓地、雷台汉墓、伏羲庙、胡氏民居、凝寿寺塔、圆通寺塔、圣容寺塔、东华池塔、武康王庙、西狭颂摩崖石刻、水帘洞—大象山石窟、天梯山石窟、文殊山石窟、哈达铺会议旧址等 21 处入选。骆驼城墓群合并归入骆驼城遗址。

2006 年 5 月，国务院公布第六批全国重点文物保护单位名单共 1080 处和与已有全国重点文物保护单位合并项目共 106 处，甘肃省林家遗址、牛门洞遗址、寺洼遗址、西河滩遗址、火烧沟遗址、破城子遗址、八卦营遗址、八角城遗址、永泰城址、明肃王墓、湘乐砖塔、玉泉观、后街清真寺、红城感恩寺、秦安文庙、张掖鼓楼、西来寺、罗川赵氏石坊、永昌钟鼓楼、延恩寺塔、张掖会馆、云崖寺和陈家洞石窟、木梯寺石窟、王母宫石窟、《新修白水路记》摩崖、兰州黄河铁桥、瑞安堡、灞陵桥、俄界会议旧址等 29 处入选。显教寺和雷坛合并归入鲁土司衙门旧址、仙人崖石窟和鲁恭姬造像碑合并归入麦积山石窟、锁阳城墓群合并归入锁阳城遗址、甘肃境内战国至明长城归入万里长城。

甘肃省全国重点文物保护单位中，包括古遗址 22 处，古墓葬 4 处，古建筑 25 处，石窟寺及石刻 16 处，近现代重要史迹及代表性建筑 6 处。

二、省级文物保护单位

1956 年 6 月，甘肃省人民委员会发出《关于注意保护古文物的通知》，要求各市、县人民委员会应责成有关部门对境内文物遗迹进行一次普遍调查工作，在当年 7 月底以前将境内已知的重要古文物遗址、古墓葬和重要革命遗迹、纪念建筑物、古建筑、碑碣等，提出保护单位名单，报告省人民委员会批准公布，由县、乡做出标志加以保护，并报中央颁发由当地人民委员会负责保管的执照。经过重点调查，根据各县上报材料和省文物管理委员会掌握的材料，省人民委员会于 1957 年 4 月公布全省第一批重点文物古迹保护单位共 278 处。其中：石窟造像 14 处，古文化遗址 202 处，古墓群 20 处，古建筑 31 处，石刻（碑碣）6 处，钟 5 口。

第一批省级重点文物古迹保护单位公布后，甘肃省有计划、有步骤、有重点地结合各地中心工作在全省范围内开展了全面文物普查工作。截至 1959 年 10 月，已将全省文物基本普查完毕。按照文物价值，经过慎重选择，甘肃省文化局提出第二批省级重点文物古迹保护单位名单共182处；其中革命遗址5处，古文物遗址126处，古墓葬24处，古建筑7处，石刻（石碑）6处，石窟造像4处，古城址4处，古钟6座。1960年1月，甘肃省人民委员会批准公布。1963年2月，甘肃省人民委员会根据国务院《文物保护管理暂行条例》有关规定，经审定，重新公布省级文物保护单位共136处（含6处全国重点文物保护单位）。

1963年省人民委员会颁布省级文物保护单位标志样式

"文化大革命"时期，全省文物古迹遭到不同程度破坏。1976年2月，甘肃省文化局《关于文物破坏情况的通报》指出，全省已经普查的8个地（州、市）的80处省级文物保护单位中，"文化大革命"期间有21处受损严重，其中11处已灭失。有鉴于此，经重新普查、调整、补充后，1981年9月，甘肃省人民政府重新公布省级文物保护单位230处（含全国重点文物保护单位）。其中革命遗址及革命纪念建筑物13处，石窟寺17处，古建筑及历史纪念建筑物40处，石刻及其他25处，古遗址110处，古墓葬25处。

1993年3月，甘肃省人民政府公布第五批省级文物保护单位217处（实为215处）。其中近现代纪念性建筑物10处，古遗址109处，古墓葬45处，古建筑30处，石窟寺及石刻21处。

1996年4月，甘肃省人民政府公布礼县大堡子山秦公墓地为省级文物保护单位。

2003年7月，甘肃省人民政府公布第六批省级文物保护单位80处。其中古遗址32处，古墓葬7处，古建筑32处，石窟寺及石刻4处，近现代重要史迹及代表性建筑3处，其他2处。一批富有甘肃地方特色的古民居、祠堂、伊斯兰教建筑、近现代代表性建筑被纳入文物保护单位序列，使省级文物保护单位的涵盖面更加广泛、合理。

2006年，鉴于前五批省级文物保护单位不同程度存在名称不科学准确、内容界定不清等问题，加之个别文物保护单位已经灭失，甘肃省文物局报请甘肃省人民政府同意，经合并、撤销和核定，重新公布前五批省级文物保护单位共435处（原为446处）。截至2010年底，甘肃省共有省级文物保护单位515处（含全国重点文物保护单位）。其中古遗址253处，古墓葬73处，古建筑96处，石窟寺及石刻 58 处，近现代重要史迹及代表性建筑 28 处，其他 7 处。

三、市、县级文物保护单位

甘肃省市、县级文物保护单位的公布工作始于 1962 年。是年，甘肃省人民委员会重新核定公布前两批省级文物保护单位时，除其中 136 处重新公布为省级文物保护单位外，其余 303 处交由各县公布为县级文物保护单位。在以后历次全省文物普查结束之后，各市（州）、县（区）根据普查资料，选择部分不可移动文物公布为市、县级文物保护单位。各市（州）、县（区）亦不定时开展本行政区域内的文物普查或专项调查工作，并据此公布相应的市、县级文物保护单位。截止 2010 年底，全省共有市、县级文物保护单位 3061 处。

四、文物保护单位管理

1957 年 4 月，甘肃省人民委员会在公布第一批省级重点文物古迹保护单位时，即要求各县、市人民委员会"做出标志，加以保护。" 1960 年 1 月，甘肃省人民委员会《关于印发甘肃省第二批重点文物古迹保护名单的通知》中明确要求：各级人民委员会对于已公布的省级重点文物古迹保护单位必须加强管理，妥善保护；要广泛地开展爱护国家文物古迹的宣传教育，发动群众，依靠群众，保护好国家的文物古迹；各级文化部门应当加强对文物古迹的维护工作，经常进行检查，防止自然和人为的损毁；对于省级重点文物古迹保护单位，任何单位和个人均不得擅自挖掘、搬迁、取土和使用建筑材料；如果因基建和兴修水利等需要拆迁时，必须事前报省文化局审查并经省人民委员会批准，现由机关、团体、学校使用的，必须负责维修，并不得存放易燃和爆炸物品；未列入重点保护名单的文物古迹，由各县、市根据具体情况决定，作为县、市的保护单位，并报省文化局备案；各县、市人民委员会应对已公布的第一批省级重点文物古迹保护单位保护情况进行一次检查，如发现损毁，应及时处理。

1961 年 3 月，国务院颁布《文物保护管理暂行条例》，首次明确提出了文物保护单位概念及文物保护单位"四有"（有保护标志、有记录档案、有保护范围、有专职保护机构或人员）工作要求。

1962 至 1963 年间，中央文化部批复甘肃省文化局，同意对甘肃省 6 处全国重点文物保护单位保护范围的划定意见。甘肃省文物行政部门同时对 136 处省级文物保护单位逐个划定了安全保护区和一般保护区，统一制作了永久性文物保护标志和简要文字说明，充实了科学记录档案，组建了以乡村党政负责人为首的群众性文物保护小组。

1972 年 11 月 10 日，甘肃省文化局在庆阳县北石窟寺召开全省文物保护与"四有"建设现场会。1973 年 3 月，省革命委员会政治部文化组发出《关于全面检查石窟保护情况的通知》。同年 11 月召开的全省石窟保护管理工作会议要求做好零散石窟安全保护工作。全省各级文物保护单位的日常管理工作，以"四有"工作为依托，以石窟寺保护为重点逐步开展。1982 年 2 月，国务院公布第二批全国重点文物保护单位后，同年 4 月，甘肃省文化厅在临夏市召开全省文物"四有"工作座谈会。

1991 年 11 月，甘肃省文化厅起草了《关于划定甘肃省重点文物保护单位保护范围的报告》；经甘肃省人民政府同意后，以省政府名义发出《关于进一步做好文物保护单位"四有"工作的通知》。1992 年 2 月，甘肃省文化厅发出《关于做好文物保护单位"四有"工作的通知》，要求在 1993 年前基本完成省级文物保护单位"四有"工作。1997 年 9 月，省人民政府公布礼县大堡子山秦公墓地保护范围和建设控制地带。同年，甘肃省文物局统一刻制部分全国重点文物保护单位和省级文物保护单位标志说明碑，并运往各地安装。1999 年 2 月，省人民政府公布全省 23 处全国重点文物保护单位保护范围。

进入 21 世纪后，全省文物保护单位"四有"工作得到进一步加强。2001 年 9 月，省政府办公厅印发《关于加强全国重点文物保护单位保护管理工作的通知》，对全省全国重点文物保护单位和重要省级文物保护单位保护管理工作提出了具体要求。2003 年 7 月，甘肃省人民政府印发《关于进一步加强文物工作的意见》，强调各级政府要加强领导，建立和完善保护管理、保障机制，对文物保护单位"四有"基础建设提出了明确要求和具体任务。2003 年 8 月召开的全省文物工作会议将"四有"工作的不断落实作为 7 年来全省文物保护工作的基本经验进行了肯定，并就贯彻实施新修订后的《文物保护法》关于"四有"工作的新要求，继续完善全省"四有"工作提出了基本原则和主要任务。2005 年 11 月，甘肃省文物局在天水市召开全省文物保护单位"四有"工作座谈会，总结分析了"九五"以来的"四有"工作，讨论通过了《甘肃省文物保护单位"四有"工作安排意见（2006~2010）》。《意见》明确提出，"十一五"期间的"四有"工作要以划定、公布省级文物保护单位保护范围和建设控制地带为突破口，以建立和完善文物保护单位记录档案为重点，以文物资源信息化为导向，以全面加强市、县级文物保护单位"四有"工作为基础。会后，省文物局、省建设厅、省国土资源厅联合印发《甘肃省文物保护单位保护范围和建设控制地带划定办法（试行）》。

经过近半个世纪的持续推进，全省各级文物保护单位保护管理特别是"四有"工作取得较为显著成绩。其中：全省73处全国重点文物保护单位的保护范围及建设控制地带已全部由省政府依法公布，同时树立了规范的保护标志，设置了专门管护机构或文物保护小组。2003年，按照国家文物局要求，甘肃省重新制作并整理报送了前四批全国重点文物保护单位记录档案。从2004年开始，省文物局组织编制了本省第五批全国重点文物保护单位记录档案，累计完成档案22套共1004卷。

前六批省级文物保护单位基本落实了"四有"中的标志说明和管护机构，启动了保护范围划定工作。截至2010年底，甘肃省共设立本省全国重点文物保护单位及省级文物保护单位文物管护机构61个，省级文物保护小组419个，能够基本满足管护需要。2003年7月，省文物局制定实施《甘肃省文物保护员管理暂行办法》，将文物保护员每人每年的补助标准提高至600元；对优秀文物保护员进行了表彰。全省前五批省级文物保护单位和大部分第六批省级文物保护单位均建立了记录档案。但是由于过去缺乏统一的规范和要求，这些记录档案的质量和水平，以及详尽、准确程度尚有待于进一步提高和规范。

全省市、县级文物保护单位"四有"工作是全省文物保护单位管理工作的薄弱环节。截至2010年底，部分市（县、区）长期未公布新的文物保护单位；已经公布的市、县级文物保护单位，只有个别建立了初步的记录档案并树立了标志说明，大部分市、县级文物保护单位只有简单的普查资料和基本情况一览表，缺乏必要的标志说明，保护范围界限模糊不清，未建立管护机构。

第三节　文物保护维修

文物保护与维修工程是指为保护文物本体所必需的结构加固处理和维修，包括结合结构加固而进行的局部复原工程。国家文物局负责全国文物保护工程的管理；省文物局依据国家文物局相关规定负责全省文物保护工程的管理，并组织制定文物保护工程的相关规范、标准和定额；市（县、区）文物行政主管部门负责本辖区文物保护工程的管理。文物保护工程的业主单位为具有法人资格的文物管理或使用单位，承担文物保护工程的勘察设计、施工、监理单位必须具备国家文物局认定的文物保护工程资质。

一、文物保护维修历程

（一）1949~1979 年

1950 年 1 月，西北军政委员会发出《重视文物的保护与管理的通知》，这是中华人民共和国成立后人民政府就加强西北地区文物保护工作发出的第一个文件。

1951 年 6 月，文化部文物局派专家对莫高窟进行首次勘察设计，提出保护维修方案，并拨款维修唐、宋木构窟檐 5 处，对大面积脱落的壁画作抢救性边缘加固，至 9 月结束。该工程是中华人民共和国成立以来甘肃省首次由国家拨款实施的文物保护维修工程。

1951 年 12 月，西北军政委员会发出《关于贯彻保护文物古迹的法令暨筹设西北历史博物馆和西北革命文物陈列馆的指示》，指出目前各地都在进行建设工程，为保护古文化遗址及工程中可能发现的文物，应按以下规定办理：（1）各种建设工程的主管部门，在工程计划核定之后，应即特将计划兴工的地点和动工时间，告知该地区人民政府或文教部门；（2）各地文教部门应随时配合该地区正在进行的新建工程，切实调查保护地面和地下的文物古迹，并将情形逐级上报；（3）各地建

设工程中偶然发现古文物时，该工程的主持人应立即报告当地人民政府或文教部门，迅速加以妥善处置，并将处置情形逐级上报。甘肃省人民政府全文转发该指示，并要求各地区及有关部门贯彻执行。

1956 年 10 月，文化部古代建筑修整所（原北京市文物管理委员会）派员对莫高窟第 248~259 窟岩体加固工程进行测量设计，后由中央人民政府拨专款，文化部古代建筑修整所和敦煌文物研究所历时 3 个月对上述洞窟进行了加固维修。

1957 年，夏河拉卜楞寺喜金刚学院失火焚毁，省人民委员会拨款 7 万元予以重建。

1958 年 3 月，文化部文物管理局拨专款 15 万元，由酒泉县对万里长城——嘉峪关进行了首次加固维修。

1962 年测绘莫高窟九层楼建筑

1963年，国务院批准并拨专款100万元实施莫高窟第一期加固维修工程，共加固洞窟354个，施工长度576米。工程于1965年完工，是中华人民共和国建国以来对莫高窟最大规模的一次加固。

1965年5月，国务院批准文化部和水利电力部关于炳灵寺石窟防护工程设计方案，并投资123.5万元，同意将第1、16、90、133窟封闭在防护堤之内。工程于1967年4月开工，在炳灵寺石窟前修筑了一条长200余、高16、顶宽2.3米的防护堤坝，1968年7月竣工。

1973年6月，国家文物事业管理局致函甘肃省革命委员会，同意由国家拨款、分年分期对麦积山石窟进行加固维修。1976年，麦积山石窟加固维修工程正式开工，1984年竣工，工程投资350万元。

1979年，国家拨款141万元用于夏

1963年莫高窟第一期加固维修工程现场

1977年麦积山石窟维修加固工程施工现场

河拉卜楞寺保护维修。

（二）1980~2000年

这一时期，全省文物保护与维修工作以《中华人民共和国文物保护法》为依据，坚持"保护为主、抢救第一、合理利用、加强管理"的工作方针，一方面加大文物保护与维修力度，切实改善文物保存状况；另一方面逐步加强文物保护工程管理，将招标投标制、工程监理制逐渐引入文物保护工程，为后续的文物保护工作积累了宝贵经验。这一时期全省共保护维修各级文物保护单位330余处，主要项目有：

1980 年，省市县财政筹款 51.5 万元对武威文庙、雷台、海藏寺、灞陵桥、拉稍寺等文物保护单位进行了保护维修。

1983 年，省市县财政筹款 33 万元对鲁土司衙门旧址等文物保护单位进行了保护维修。

1984 年 12 月，国家文物局拨款 157 万元实施莫高窟南区南段洞窟加固工程。

1985 年 3~9 月，省市财政共投资 30 万元用于兰州白衣寺大殿维修工程和塔门维修工程。

1985 年 4 月 7 日，夏河拉卜楞寺大经堂失火焚毁。同年 7 月 20 日，经中央批准，成立大经堂修复委员会，拨专款实施重建工程。大经堂修复工程中，尤为重视消防设施建设，设计修建了消防蓄水池、加压泵房以及消火栓，屋顶金瓦下敷设了避雷带。1990 年 7 月竣工开光。

1985 年 7 月，嘉峪关市成立嘉峪关市文物保护旅游开发委员会，全面启动嘉峪关长城保护维修工作，至 1989 年初，相继完成了关城加固、嘉峪关关楼恢复、光华楼彩绘等近 20 项文物保护维修工程。同年，国家文物局拨款 12 万元实施莫高

1985 年至 1987 年实施的西千佛洞加固工程

20 世纪 80 年代嘉峪关关城角楼修前后对比

窟第96窟七八九层窟檐部分落架维修和窟内大佛双手重塑工程。

1985年10月，国家文物局拨款50万元修建秦安大地湾遗址F901房址保护大厅。

1990年，总投资760万元的榆林窟加固工程开工实施，工程分为岩体锚固工程、裂隙灌浆工程、栈道修建等6部分，1995年完工，1998年通过验收。

1990年安西榆林窟加固工程现场

1995年，甘肃省文物局拨专款20万元用于金塔寺石窟防渗水加固维修工程。

1995年10月，武威天梯山石窟大佛窟维修工程开工，1999年完工。

1997年9月，炳灵寺石窟岩体加固与渗水治理工程开工，工程主要包括第169窟加固、窟区崖面渗水治理等，总投资460万元，1999年11月完工，2003年10月通过验收，是为"九五"期间全国最大的石窟加固工程。

1997~1998年，国家文物局和甘肃省文物局争取资金70万元，对马蹄寺石窟

炳灵寺石窟崖体加固工程开工仪式

群千佛洞1、2、3、4号窟进行了岩体锚固、防渗水加固、混凝土支梁等维修工程，并安装了铁质防盗门。

1999年，全国重点文物保护单位拉卜楞寺宗喀巴佛殿维修工程、金塔大湾城遗址和安西锁阳城遗址防洪工程开工实施。

1999年9月，全国重点文物保护单位兴国寺古建筑维修工程开工，总投资280万元。

1999年12月，全国重点文物保护单位玉门关及长城烽燧遗址加固工程开工，总投资180万元，为中华人民共和国成立以来甘肃省首个大型土遗址保护工程。

（三）2001~2010年

"十五"和"十一五"期间，全省文物保护工程管理逐步纳入法制化、规范化轨道。2003年3月，文化部部务会议颁布《文物保护工程管理办法》，为文物保护工程的有效管理提供了依据。国家

和省上对甘肃省文物保护的投入力度不断加大，结合工程本身需求及地域特点，有计划、有步骤地对前四批全国重点文物保护单位和重要省级文物保护单位进行相对全面的保护与维修，陆续开展了武威白塔寺遗址保护加固工程、骆驼城遗址防洪工程、北石窟寺危岩体抢险加固及渗水治理工程、鲁土司衙门旧址古建筑群维修工程、山丹县明长城新河段抢险加固工程等一大批文物保护工程，涵盖了古文化遗址古墓葬、古建筑、石窟寺和石刻等文物保护单位类别。与此同时，引入文物保护工程资质管理制度，要求文物保护工程的勘察设计、施工、监理单位均需具备相应资质，逐步锻炼出一支比较专业化的文物保护工程队伍。

2000~2001年，国家文物局拨款47万元，对马蹄寺石窟群千佛洞第6、8号窟进行了危岩体加固、危石清理工程。

2001年，全国重点文物保护单位武威白塔寺遗址保护加固工程、麦积山石窟瑞应寺修缮工程开工实施。

2002年9月，全国重点文物保护单位骆驼城遗址防洪工程开工实施。同年，甘肃省启动了中小石窟安全保护工作规划，至2006年10月，共投入近600万元，对武山木梯寺石窟、庄浪云崖寺石窟、肃北五个庙石窟、玉门昌马石窟等11座中小石窟进行了岩体加固、塑像壁画修复

和安全防护设施建设。

2003年7月，全国重点文物保护单位鲁土司衙门旧址古建筑群维修工程开工，总投资600余万元，2006年完工。

2004年4月，炳灵寺石窟景区基础设施建设工程开工。

2004~2005年，马蹄寺石窟群金塔寺石窟塑像壁画保护工程完工，共修复保护东、西两窟内起甲壁画235平方米、酥碱壁画120平方米、空鼓壁画160平方米、颜料层粉化120平方米、污泥清除9平方米、残损彩塑37身。

2005~2006年，马蹄寺石窟北寺岩体加固病害治理工程完工。

2006年12月，国家发改委批复同意莫高窟保护利用工程可行性研究报告，批准该项目立项实施，总投资2.61亿元，是中华人民共和国成立以来甘肃省投入最多、规模最大的文物保护工程。

二、文物保护维修措施

在各级人民政府的支持下，从全省不可移动文物保存现状的客观实际出发，省文物局组织协调全省文物保护力量积极实践、及时总结、逐步提高，在经费较为紧张、技术力量相对薄弱的情况下，按照"先救命，后治病"的统筹原则，深刻理解文物保护的紧迫性，积极贯彻文物工作方针，把"抢救"放在突出位置，合

理规划，统一部署，抓住重点，急事先办，调配有限的文物保护工程经费，相继完成了450余项文物保护工程，在探索和发展中积累并总结了一些符合甘肃省情的科学管理经验和行之有效的方法。

（一）秉持"最小干预"、"不改变文物原状"的文物保护原则，适时更新文物保护理念

在文物保护工程的具体实践中，省文物局本着"保护为主，抢救第一，合理利用，加强管理"的文物工作方针，时刻秉持文物保护原则，与时俱进，适时更新文物保护理念，引进先进的技术水平，在充分调查研究的基础上对症下药，取得了显著实效。

20世纪60年代进行的莫高窟加固工程，受限于当时的技术条件，采用了重力式挡墙、梁柱支顶的办法，对文物本体和环境有较大改变；80年代开展的麦积山石窟加固工程采用了"喷、锚、粘、托"的方法，对文物本体和环境的影响程度显著降低；90年代以后实施榆林窟加固和炳灵寺石窟岩体加固工程时，国内岩土工程技术有了很大发展，相关工程所采用的锚索锚杆加固方式基本未改变文物原状和周围环境，工程观感较好。

甘肃省绝大部分文物保护单位位于荒郊野外，自然条件恶劣，一些较大石窟的加固工程和遗址的防洪工程、治沙工程和环境治理工程是文物保护工程中的主要内容。在这些工程中，始终将恢复历史状态和防止建设性破坏放在重要位置，起到了防止外力损伤、展示文物原状、保障合理利用的综合效果。

（二）政府主导，社会参与，广辟文物保护经费来源

甘肃省属经济欠发达省份，文物保护经费投入长期不足，全国重点文物保护单位保护经费基本依靠国家支持，省级文物保护单位保护经费明显不足。改革开放以来，随着全省社会经济的发展和文物保护观念日益深入人心，各级人民政府逐年加大文物保护资金投入，使大批濒危文物得到及时抢救和保护修缮。

在各级财政部门加大文物保护资金投入的同时，省文物局按照文物保护"五纳入"要求，在完善"四有"工作等日常管理的同时，积极组织有关单位通过多种渠道争取文物保护经费，想方设法扩大经费来源，加大文物保护维修力度。1996年以来，甘肃省各级文物部门通过各种形式争取社会资金和国外捐助5079万元，极大拓宽了文物保护维修资金投入渠道，莫高窟、嘉峪关等文物保护单位为个中翘楚。

自2001年开始，从保护全省文物的大局出发，省文物局动员敦煌研究院、麦积山石窟艺术研究所等省直文博单位每年从门票收入中列支300万元，帮助省内其他文物保护单位开展抢险加固工程和

安全防护设施建设。

（三）建立健全规章制度，加强文物保护维修过程管理

建立健全工程方案省级审核论证制度。甘肃省是较早推广文物保护工程方案审核论证制度的地方之一，省文物局于1992年组建了甘肃省文物保护专家组，吸纳工程地质、水文地质、环境工程、材料等多方面专家，并根据全省文物保护实际及文物保护工程的具体情况，积极组织召开文物保护方案省级论证会，有效提高了方案通过率。

加强文物保护工程施工过程管理，狠抓工程检查、验收工作。根据国家文物局有关规定，省文物局加强了文物保护工程的规范管理，在强调重要工程的初步设计、施工图设计必须符合每一个阶段的技术规范要求的同时，狠抓工程检查、验收工作，加大工程实施过程中的检查力度，尤其提高了对隐蔽工程的检查、勘验的重视程度；严格组织工程验收，把好工程质量关，对质量达不到要求、未按图纸施工、施工程序混乱、工程资料不完备的工程，一律要求改正。

严格控制经费预算。20世纪80年代及此前更早一段时期，由于缺乏经验，简单的实报实销制度使文物保护工程突破预算的情况屡有发生。近年来，省文物局对工程经费使用进行了严格管理和规范

要求，一是从源头上把关，严格审查预算编制单位及个人资质；二是强调工程预算的编制要有定额依据，杜绝各种额外附加费用；三是坚持双方结算以经审核后的施工图预算为准，避免节外生枝；四是双方发生争执后由工程造价编制单位仲裁，防止漫天要价，基本实现了对工程经费的有效控制。

为保证全省不可移动文物保护工作科学有效，省文物局还依据《中华人民共和国文物保护法》《纪念建筑、古建筑、石窟寺等修缮工程管理办法》有关规定，根据本省实际情况制定了《甘肃省文物建筑修缮工程管理办法》，使全省文物保护与维修工作更具有针对性和可操作性。

（四）发挥科技支撑作用，走科技保护之路

文物科技保护是甘肃省文物工作的主要优势和特色，敦煌研究院采用植物固沙、工程固沙、化学固沙等多管齐下的办法，在莫高窟周围建起沙生植物带、尼龙沙障、化学药剂带三道防沙屏障，使窟区落沙量减少70%；在洞窟内采用灌浆粘贴、铆钉加固、药液清洗等技术，使酥碱、脱落、空鼓、霉变、烟熏、起甲的壁画、塑像病害得到了妥善修复和有效控制。

以敦煌研究院为代表的省内文博单位先后承担了32项国家和省级文物保护科研项目，其中2项被列为国家"九五"

重点科研攻关课题，13项获得科技部、文化部和国家文物局颁发的科技进步奖，有的达到国际先进水平。石窟塑像和壁画病害处理、岩体加固、裂隙灌浆、风沙治理、土遗址保护、古墓葬搬迁和潮湿环境下壁画保护等科研成果及部分新技术、新工艺、新材料在省内外得到推广和应用。

（五）加强行业管理，不断提高文物保护维修专业化水准

1997年，甘肃省在炳灵寺石窟岩体加固和渗水治理工程管理中首次引进工程建设监理制度，随后在规模较大的文物保护工程中沿用，促使施工单位严格按照批准的施工图设计施工，对工程质量、经费、进度进行科学管理，监理单位亦可及时发现并纠正工程中存在的问题，有效避免了文物工程质量事故的发生。自1997年始，招投标制也被引入文物保护工程中，通过招投标，提高了文物保护工程的社会效益，增强了文物保护工程从业单位的企业竞争力，规范了文物保护工程市场行为。

甘肃省十分注重文物保护工程从业人员的培养，历来重视对参与文物保护工程勘察、设计、施工的单位及个人的资质、能力的审查，培育了一批专业过硬、能力较强的文物保护工程从业队伍。2003年，国家文物局颁布《文物保护工程勘察设计资质管理办法（试行）》和《文物保护工程施工资质管理办法（试行）》，并颁发了第一批文物保护工程勘察设计资质和施工资质，甘肃省3家单位获得4项资质，敦煌研究院获得勘察设计甲级资质和施工一级资质，甘肃铁科地灾防治工程公司（中铁西北科学研究院）获得施工一级资质，甘肃永靖古典建筑工程公司获得施工一级资质。此后，甘肃省文物保护工程资质单位队伍逐渐壮大，成为甘肃省文物保护工程的中坚力量，为甘肃省文物保护事业做出了卓越贡献。

三、主要文物保护维修工程

（一）莫高窟加固工程

莫高窟于1961年被国务院公布为第一批全国重点文物保护单位，1987年被列为世界文化遗产，位于酒泉市敦煌市。莫高窟由于开凿在钙泥质胶结的砾岩崖体上，受地质条件及历代人为因素影响，洞窟所在的岩体存在裂隙及多危岩体等病害，窟内珍贵的壁画彩塑存在严重安全隐患。莫高窟加固工程于1961年开工，1965年完工，工程范围涉及358个洞窟的加固，共加固崖面576.12米。受当时工程技术和国家经济状况等条件所限，工程主要采取重力式挡墙、梁柱支顶和清除危岩等措施，并利用挡墙结构和挑出的悬臂梁搭设混凝土栈道。该工程设计单位为铁道部第一勘测设计院，施工单位为铁道部铁路工程局，共投资 100 万元。该工程是甘肃省开展的第一个重大文物保护工程，也是中华人民共和国石窟寺保护加固工程的首例。

（二）麦积山石窟加固工程

麦积山石窟于 1961 年被国务院公布为第一批全国重点文物保护单位，位于天水市麦积区。麦积山石窟由于开凿在泥质胶结的砾岩崖体上，岩体受工程地质环境以及开凿洞窟后应力重新分布和地震、雨蚀、风化等影响，存在岩体多裂隙、多危岩及岩体表层严重风化的病害，严重威胁文物本体安全。麦积山石窟加固工程于 1977 年开工，历时 8 年，于 1984年完工，主要措施包括锚杆锚固危岩体，挂钢筋网喷射混凝土罩面防风化，裂隙灌浆和修建栈道等，简称"喷、锚、粘、托"。由于情况复杂，施工难度很大，为使加固措施万无一失，工程实施过程中多次变更设计。工程设计单位为甘肃省建筑设计研究院和甘肃省建筑科学研究所，施工单位为甘肃省第五建筑工程公司，工程投资 350 万元。该工程是砂砾岩石窟危岩体加固工程的代表，是甘肃省首次针对石窟山体的裂隙和巨大危岩进行的一项文物保护工程，在国内首次将"喷锚粘托"技术应用于石窟加固维修，设计项目于 1985 年获国家科技进步二等奖。

值得注意的是，由于保护理念偏差和抢险工程性质等原因，施工时在风化岩面挂钢筋网喷射混凝土罩面，改变了石窟原有的自然风貌及山体水分运移通道，使后来开展的石窟渗水治理工程变得更为复杂。

（三）榆林窟岩体加固渗水治理及栈道工程

榆林窟于 1961 年被国务院公布为第一批全国重点文物保护单位，位于酒泉市瓜州县城西南 76 千米踏实河两岸。由于自然及人为因素的影响，榆林窟存在岩体裂隙发育、多危岩体、岩体崩塌、窟顶剥落等病害，严重危及文物本体安全。榆林窟加固工程于 1990 年开工，历时 6年，1995 年完工，主要工程措施包括岩体锚固工程、裂隙灌浆工程、风化岩面的加固处理、崖顶防渗层铺设、冲沟的整治与西崖坡脚的防护和修建栈道。工程设计单位及施工单位均为中铁西北科学研究院，工程投资 760 万元。该工程汲取了麦积山石窟加固工程的经验，经过了多次现场试验、反复论证和方案比选，最终确定了比较恰当的方案，施工过程中解决了许多技术难题，很好地贯彻了"不改变文物原状"的文物保护原则，是中国首次将锚索锚固技术应用于文物保护的尝试之举，也是 20 世纪 90 年代砂砾岩石窟加固工程的代表之作，为后续开展的石窟岩体加固积累了宝贵经验。

该工程施工单位原为甘肃省第五建筑公司，由于无法解决施工技术问题，且在工程进展中发生损害文物的事故，故工程的施工最终由中铁西北科学研究院承担。

（四）炳灵寺石窟岩体加固和渗水治理工程

炳灵寺石窟于 1961 年被国务院公布为第一批全国重点文物保护单位，位于临夏回族自治州永靖县小积石山大寺沟中。由于自然及人为因素的影响，炳灵寺石窟岩体裂隙发育充分，形成的危岩体直接威胁洞窟安全，特别是重点洞窟第 169 窟顶部岩体破碎，有坍塌危险；石窟岩体渗水严重、岩体风化。炳灵寺石窟岩体加固和渗水治理工程于 1997 年 9 月开工，1999 年 11 月完工，主要工程措施包括石窟危岩体加固、裂隙灌浆封闭处理、清除危石、窟区崖面渗水治理、工程表面复旧等。工程建设单位由省文物局下属事业单位甘肃省文物保护维修工程管理办公室担任，设计和施工单位均为中铁西北科学研究院，监理单位为兰州冶金工程建设监理公司，工程投资 460 万元。该工程是甘肃省文物博物馆事业发展"九五"规划中的重点项目，病害情况复杂，施工难度大，工程治理措施简捷，效果明显，对其他石窟渗水治理具有较高的参考价值。

该工程首次将工程监理引入文物保护工程，在文物保护工程管理领域进行了有益尝试，实践证明效果良好。

（五）莫高窟北区石窟加固工程

莫高窟北区石窟是整个敦煌莫高窟佛教文化遗产不可分割的重要组成部分，在 1988~1996 年进行的考古发掘后，更加引起了管理部门和社会各界的高度重视。由于自然及人为等因素的影响，北区石窟存在多处大块危岩体，崖面陡立、局部反倾及坡脚被掏蚀使坡体悬空，风蚀破坏比较严重，大气降水冲刷崖面，沿裂隙下渗加速了崖面和洞窟风化，洞窟坍塌 197 个，占北区洞窟总数 77.5%。莫高窟北区石窟加固工程于 2004 年 10 月开工，2005 年 8 月完工，主要工程措施包括窟区危岩体锚固和坡脚局部支顶、岩体裂隙注浆及崖面防风化浆液（PS）渗透加固、窟区崖顶截排水等。工程初步设计由铁道部第一勘测设计院完成，施工图设计由中铁西北科学研究院完成，施工单位为甘肃铁科地灾防治工程公司，监理单位为甘肃经纬工程建设监理公司，工程投资 700 万元。

（六）北石窟寺危岩体抢险加固及渗水治理工程

北石窟寺于 1988 年被国务院公布为第三批全国重点文物保护单位，位于庆阳市西峰区。由于自然及人为等因素的影响，北石窟寺存在卸荷裂隙发育、多危岩体、窟顶多次塌落等病害，严重威胁文物本体安全。北石窟寺危岩体抢险加固及渗水治理工程于 2004 年 8 月开工，2005 年 11 月完工，主要工程措施包括危岩体锚固、支顶、窟区崖顶截排水等，应用了国内外最先进的单孔复合锚固技术。设计单位为中铁西北科学研究院，施工单位为甘肃铁科地灾防治工程公司，监理单位为甘肃经纬工程建设监理公司，工程投资 328 万元。

（七）兴国寺古建筑维修工程

兴国寺于 1996 年被国务院公布为第四批全国重点文物保护单位，位于天水市秦安县城北街。由于年久失修和人为改建，兴国寺建筑群面貌遭到不同程度的破坏，急需进行保护维修。兴国寺古建筑维修工程于 1999 年 9 月开工，2000 年 11 月完工，主要工程措施包括落架维修金刚殿、天王殿，半落架维修主体建筑般若殿、韦驮殿、鼓楼，复建伽蓝殿、钟楼及院落环境整治等。工程设计及监理单位均为河北省古代建筑保护研究所，施工单位为永靖古典建筑工程公司，工程投资 280 万元。由于国家文物局从 1999 年开始在秦安县定点扶贫，该工程作为带有扶贫性质的文物保护项目，受到国家文物局的高度重视。

（八）鲁土司衙门旧址修缮工程

鲁土司衙门旧址于 1996 年被国务院公布为第四批全国重点文物保护单位，位

于兰州市永登县连城镇。由于自然和人为等因素的影响，鲁土司衙门旧址的建筑除妙因寺保存较好外，其他建筑均存在较为严重的病害，急需进行保护维修。鲁土司衙门旧址修缮工程于 2003 年 7 月开工，2006 年完工，主要工程措施包括对官园、衙署等建筑进行保护维修。工程设计单位为天津大学建筑学院，施工单位为永靖古典建筑工程公司，监理单位为河北省古建研究所，工程总投资 600 余万元。

（九）伏羲庙保护维修工程

伏羲庙于 2001 年被国务院公布为第五批全国重点文物保护单位，位于天水市秦州区。由于自然和人为等因素的影响，伏羲庙存在木构件损坏、屋面损坏漏雨、彩绘脱落、院落排水不畅、后期维修不当等病害。伏羲庙保护维修工程于 2004 年 4 月开工，2006 年 4 月完工，重点解决伏羲庙文物建筑安全问题，改善文物周边环境，尽可能地保留了现存文物建筑的基本特征和构件以及传统做法，并对历次修缮不当的部分做法予以纠正。该工程设计单位为中国文物研究所，施工单位为陕西省文物保护中心，监理单位为北京市古建所，工程投资 240 万元。

（十）玉门关及长城烽燧遗址加固工程

玉门关及长城烽燧遗址于 1988 年被

国务院公布为第三批全国重点文物保护单位，位于酒泉市敦煌市西北90千米的戈壁滩上。由于自然和人为等因素的影响，受戈壁上严重的风蚀作用和雨水冲刷以及可溶盐的腐蚀，玉门关及长城烽燧遗址存在墙体开裂、坍塌、基础掏空等病害。玉门关及长城烽燧遗址加固工程于1999年开工，2001年完工，设计单位为敦煌研究院，施工单位为敦煌市博物馆和敦煌研究院，工程投资180万元。该工程是新中国成立以来甘肃省首个大型土遗址保护工程。

（十一）白塔寺遗址保护工程

白塔寺遗址于2001年被国务院公布为第五批全国重点文物保护单位，位于武威市武南镇白塔村。由于自然和人为等因素的影响，白塔寺遗址存在较为严重的病害。白塔寺遗址保护工程于2001年开工，当年完成，主要工程内容包括萨班灵骨塔塔基、基座及残存塔身加固，修建萨班灵骨塔周围围栏和植物绿化等。该工程设计单位为河南省古代建筑保护研究所，施工单位为敦煌文物保护技术服务中心及武威市第五建筑工程公司十八工程处，工程投资155万元。

（十二）骆驼城遗址防洪工程

骆驼城遗址于1996年被国务院公布为第四批全国重点文物保护单位，位于张掖市高台县骆驼城乡。由于骆驼城遗址坐落在山水河、白水河两条河道交汇处，受到两河洪水的破坏，对城址造成较为严重的破坏。骆驼城遗址防洪工程于2002年9月开工，2003年5月完工，工程设计和监理单位为甘肃省甘兰水利水电建筑设计院，施工单位为张掖地区水电工程处和高台县水利工程公司，工程投资280万元。2003年6月9日，骆驼城地区发生了50年一遇的特大洪水，刚刚建成的防洪工程发挥了重要作用，骆驼城遗址及防洪堤坝均安然无恙。

第四节　文物保护规划

文物保护单位保护规划是依法实施文物保护单位保护工作的法定依据，是各级人民政府指导、管理文物保护单位保护工作的基本手段。编制文物保护总体规划的根本目的，是通过科学的和适当的保护与管理手段，使文物保护单位的文化价值和文化载体得到有效保护。文物保护单位保护规划的理念最早借鉴城市规划、环境规划等而来，早期的规划仅限于对文物保护单位景区、景点的旅游线路设置、基础设施建设与环境保护等内容，规划的手段、术语和形式基本参照城市、环境规划。20世纪90年代中期以后，文物保护规划内容逐渐涉及文物本体保护、维修和管理。

文物保护规划主要由规划文本、规划图纸、规划说明及基础资料汇编四部分组成。规划文本内容包括各类专项评估、规划原则与目标、保护区划与措施、若干专项规划、分期与估算五部分基本内容；规模特大、情况复杂的文物保护单位规划文本还应包括土地利用协调、居民社会调控、生态环境保护等相关内容。规划图纸包括区位图、环境图、现状图、评估图、保护规划总图、保护区划图、保护措施图、环境规划图、展示规划图、管理规划图、基础设施图等。规划说明用于论证规划意图、解释规划文本，由保护对象说明、专项评估报告、专项规划说明、规划实施保障建议等内容组成。基础资料一般包括符合国家勘察、测量规定的测绘图，历史文献资料和相关的地理、地震、气候、环境、水文等资料，文物调查、勘探、发掘的相关资料和报告，历年保护措施的实施情况与监测记录，文物保护单位及其周边环境的现状图文资料，文物保护单位所在地当前的社会、文化、经济、交通、人口、地理、气候、水文、地质等基础资料和城乡建设发展的相关规划文件，文物展示、服务设施情况，历年游客人数与收费统计等，机构、经费、人员编制、政府管理文件等。

按照有关法规，全国重点文物保护单位保护规划应在省级文物行政部门指导下，由所在地县级以上人民政府组织编制。保护规划编制完成后，应由规划编制组织单位报省级文物行政部门会同建设规划等部门组织评审，并由省级人民政府批准公布。省级人民政府在批准公布全国重点文物保护单位保护规划前，应征得国家文物局同意。

一、文物保护规划编制

1995年，甘肃省文物局启动实施全省大遗址保护规划试点工作，秦安大地湾遗址、敦煌悬泉置遗址、高台骆驼城遗址、安西锁阳城遗址为首批试点，2003年以后陆续公布实施。这一时期的文物保护规划内容相对侧重于保护维修工程，措施相对具体，基本属于工作计划的列举。

2004年7月，国家文物局印发实施《全国重点文物保护单位保护规划编制审批办法》和《全国重点文物保护单位保护规划编制要求》，此后，规划先行、通过规划统筹协调和整体推进文物保护、管理、研究和利用各方面工作逐渐成为加强全省文物保护单位管理的通行做法。

2003年7月，甘肃省人民政府印发《关于进一步加强文物保护工作的意见》，特别强调要"做好文物保护单位的基础工作，对大型的古遗址、古墓葬和古建筑群要逐步制定保护规划，分步组织实施"。截至2010年底，甘肃省文物局指导有关单位继续编制完成并报请甘肃省人民政府公布了《大地湾遗址保护规划》、《敦煌莫高窟保护总体规划》、《拉卜楞寺文物保护规划》、《炳灵寺石窟文物保护规划》、《麦积山石窟保护规划》、《骆驼城遗址及墓群保护总体规划》、《许三湾城遗址及墓群保护总体规划》和《水帘洞石窟群保护规划》，同时启动开展了《万里长城——嘉峪关文物保护规划》、《玉门关及长城烽燧遗址文物保护规划》、《武康王庙文物保

护规划》、《马蹄寺石窟群文物保护规划》、《天梯山石窟文物保护规划》、《木梯寺石窟文物保护规划》、《北石窟寺文物保护规划》等一批全国重点文物保护单位和重要省级文物保护单位保护规划编制工作，涉及世界文化遗产、古文化遗址、古城址、古墓葬等。在文物保护规划编制过程中，文物部门和规划编制单位注重加强与当地城乡、环境等规划的衔接，从宏观层面对一段时期内的文物保护工作进行综合性统筹安排，更加注重规划的纲领性和科学性。

二、全国重点文物保护单位保护规划

（一）大地湾遗址保护规划

为正确处理文物保护利用与经济建设的关系，使大地湾遗址获得有效保护

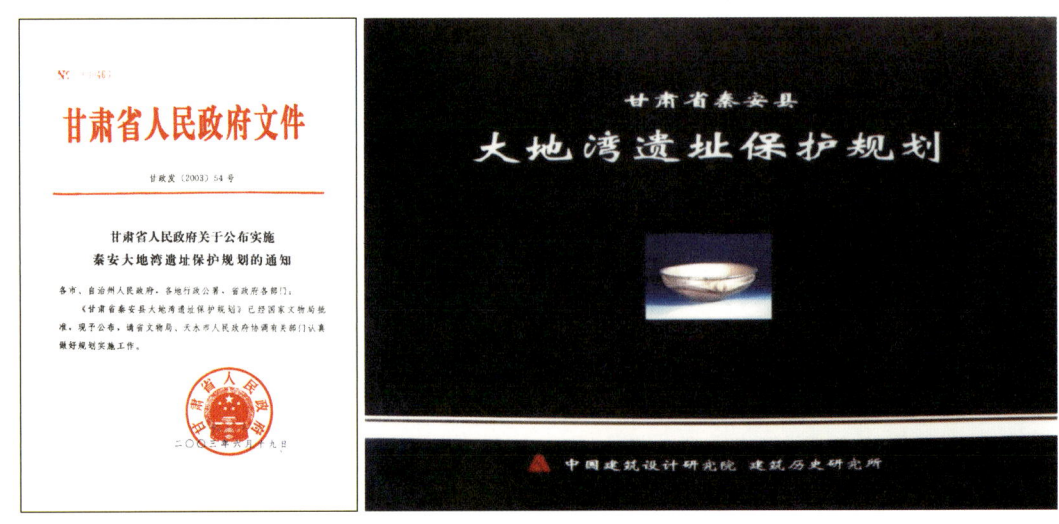

省政府公布实施全省首个文物保护规划——大地湾遗址保护规划

与合理利用，进而促成秦安地区经济、文化与生态系统的整体可持续发展，在甘肃省文物局协调下，地方政府从1999年开始，委托中国建筑设计研究院建筑历史研究所历时四年、七易其稿编制完成《大地湾遗址保护规划》，2002年获得国家文物局批准，2003年由甘肃省人民政府公布实施。规划内容包括重新界定保护范围与建设控制地带、制定遗存保护对策及措施、编制以防止水土流失为重点的生物保护措施、编制以居民搬迁为重点的环境整治措施、与不同考古文化期遗存展示相对应的环境考古内容展示设计等，规划期限为2001~2020年。该规划是国家文物局首批批准的大遗址保护规划，也是甘肃省第一部由省人民政府依法公布实施的全国重点文物保护单位保护规划，对大地湾遗址的保护、管理、研究、利用工作具有重要意义。截至2010年底，地方政府及文物部门在规划指导下，进一步完善大地湾遗址"四有"工作，实施了大地湾F901遗址保护工程等重要文物保护项目，为大地湾考古遗址公园的建设奠定了坚实基础。

（二）敦煌莫高窟保护总体规划

自1997年始，国家文物局与美国盖蒂保护研究所、澳大利亚遗产委员会合作编撰《中国文物古迹保护准则》。为验证《中国文物古迹保护准则》的权威性与可行性，1999年，敦煌研究院、美国盖蒂保护研究所、澳大利亚遗产委员会三方以敦煌莫高窟为例，以《中国文物古迹保护准则》规定的保护程序、原则作为指导，合作编制了《敦煌莫高窟保护与管理总体规划》。2003~2004年，中国建筑设计研究院建筑历史研究所与敦煌研究院、美国盖蒂保护研究所、澳大利亚遗产委员会共同对1999年起草的总体规划初稿作了全面修改，最终形成《敦煌莫高窟保护总体规划》，该规划获得国家文物局批准后，2010年12月31日由甘肃省人民政府公布实施（甘政发〔2010〕111号）。该规划内容包括遗产构成、遗产价值评估、遗产保护与保存现状评估、遗产利用与管理现状评估、规划原则与目标、遗产保护规划、遗产利用规划、遗产管理规划、学术研究规划和具体的规划措施等，规划期限为2006~2025年。该规划包含了大量的考古调查、保护管理和科技应用成果，基础数据翔实；在国际合作的优势下，吸收了国外文物保护的先进理念和规划编制的特点，提出了真实、全面保存并延续莫高窟的历史信息、全部价值及发挥相应社会效益的总目标，规划成果技术含量高，对规划期内各项工作有较高的指导性，为莫高窟今后20年的保护、管理、利用、研究工作绘制了蓝图，是中华人民共和国首个符合《中国文物古迹保护准则》的大遗址保护规划，为甘肃省文物保护规划编制和实施工作提供了范例。

（三）拉卜楞寺文物保护规划

为有效保护拉卜楞寺丰富的文化遗产，传承和延续独特的藏传佛教文化，科学、合理、适度地发挥文化遗产在现代化建设中的积极作用，2006年9月，甘肃省成立了拉卜楞寺文物保护规划编制领导小组，由省发展改革委牵头，省文物行政部门协助指导，委托北京清华城市规划设计研究院文化遗产保护研究所编制了《甘肃省夏河县拉卜楞寺文物保护规划》；该规划于2008年11月获国家文物局批准，2009年由甘肃省人民政府公布实施（甘政发〔2009〕102号），规划期限为2008~2025年。该规划编制环境较为复杂，规划对象拉卜楞寺处于少数民族地区，由宗教部门管理，且存在较多历史遗留问题，规划编制的牵头部门为省发展与改革委员会。规划不仅关注寺院精美的藏式建筑群，也关注寺院内传承的宗教文化和组织体系，对于面临不同危害的文化遗产，规划分别制定了相应的保护措施。对于有形的古建筑群，依据文物保护工程管理办法分别制定保养维护工程、现状修整工程、重点修复工程、抢险加固工程四类保护工程；对于无形遗产，规划确定了必须按照国家宗教管理条例继续传承寺院的佛学教育体系，

继续开展传统宗教活动的措施。在涉及寺院建设和发展的方面，规划强调，一方面政府要指导寺院遵照国家文物保护要求做好文物登记，提高文物保护意识，另一方面也明确作为寺院管理者和使用者的寺院管理委员会和僧侣具有最终选择权。政府必须与寺院建立良好的沟通和决策机制，推进寺院在不断变化的环境中可持续地得到保护、传承和发展。

（四）炳灵寺石窟文物保护规划

20世纪60年代末，刘家峡水库建成蓄水，处在窟尾地区的炳灵寺石窟保存环境发生极大改变，炳灵寺石窟遭受到日益严重的影响。随着经济与文化快速发展，炳灵寺石窟文物保护、管理、利用问题日渐突出。为有效保护炳灵寺石窟文物的真实性、完整性，加强炳灵寺石窟文物管理工作，科学、合理、适度地发挥其在建设社会主义精神文明和物质文明中的积极作用，炳灵寺文物保护研究所委托清华大学建筑设计研究院文化遗产保护研究所编制完成了《甘肃炳灵寺石窟文物保护规划》，获得国家文物局批准后，2009年由甘肃省人民政府公布实施（甘政发〔2009〕103号），规划期限为2008~2027年。该规划为真实、全面地保存并延续炳灵寺石窟实物遗存、历史环境的历史信息及全部价值，合理、有效地利用及管理炳灵寺石窟珍贵的文物资源指出了方向，

促使其在国家经济文化建设的历史进程中发挥应有作用。

（五）麦积山石窟保护规划

麦积山石窟自1984年正式对外开放以来，以其为核心的麦积山景区游客激增，管理用房、基础设施、民居建筑无序发展，加上景区实行多头行政管理体制，权责不清，窟区文物安全、周边环境承受着巨大压力。鉴于申报世界文化遗产的迫切要求，2006年，麦积山石窟艺术研究所委托天津大学建筑设计研究院编制完成《麦积山石窟保护规划》，获得国家文物局批准后，2010年由甘肃省人民政府公布实施（甘政发〔2010〕38号），规划期限为2005~2020年。该规划考虑到麦积山石窟在丝路文化方面的重要载体地位，以保存文物本体的真实性、文物本体及其环境的完整性和延续性为核心目标，在文物本体保护的同时兼顾周边景观环境保护，使其达到世界文化遗产的保护标准，努力实现文物保护与文化旅游可持续发展的目标，成为麦积山石窟未来10年发展的指导性纲领文件。

（六）骆驼城遗址及墓群保护总体规划

2006年，高台县文化局委托中国建筑设计研究院建筑历史研究所编制完成了《甘肃省高台县骆驼城遗址及墓群保护总体规划》，获得国家文物局批准后，2010年12月31日由甘肃省人民政府公布实施（甘政发〔2010〕111号），规划期限为2006~2025年，规划目标为真实、完整地保存、保护骆驼城遗址及墓群的全部历史信息和文化价值、合理利用和充分展示其文化价值与内涵、谋求遗产地保护与地方社会经济文化可持续发展的和谐关系。

（七）许三湾城及墓群保护总体规划

2006年，高台县文化局委托中国建筑设计研究院建筑历史研究所编制完成了《甘肃省高台县许三湾城及墓群保护总体规划》，获得国家文物局批准后，2010年12月31日由甘肃省人民政府公布实施（甘政发〔2010〕111号），规划期限为2006~2025年。该规划以许三湾城及墓群的整体保护为主，在遗址研究、利用和管理方面提出了基本策略，包括全面深入进行历史研究，正确认识遗址及其价值，重视社会效益及环境优化，科学、适度、持续、合理地开展利用工作，完善遗址管理内容、加强管理队伍建设、改善管理设备、提高管理水平等内容。

（八）水帘洞石窟群保护规划

由于水帘洞石窟群长期遭受自然力作用和人为因素影响，壁画和塑像受到严重损坏，石窟所在区域存在较为严重的地质灾害现象，为将水帘洞石窟群的保护纳入科学、合理的管理轨道，2007年，武山县水帘洞石窟保护研究所委托中国

文物研究所编制完成了《武山县水帘洞石窟群文物保护规划》，获得国家文物局批准后，2010年12月31日由甘肃省人民政府公布实施（甘政发〔2010〕111号），规划期限为2007~2020年。该规划以保护文物本体为核心，同时注重景观环境保护，明确了水帘洞石窟群后续的保护管理工作思路，对于全面展示水帘洞石窟群价值，妥善处理文物保护与宗教活动、生产生活之间的关系有重要意义。

第五节　大遗址保护与国家考古遗址公园

2008年10月，国家文物局、财政部《关于印发"十一五"期间大遗址保护总体规划的通知》明确大遗址概念为：反映中国古代历史各个发展阶段涉及政治、宗教、军事、科技、工业、农业、建筑、交通、水利等方面历史文化信息，具有规模宏大、价值重大、影响深远的大型聚落、城址、宫室、陵寝、墓葬等遗址、遗址群，同时公布了"十一五"期间国家重要大遗址名单（100处），甘肃省大地湾遗址、许三湾城及墓群、居延遗址（甘肃部分）、长城、秦直道名列其中。

一、大遗址概况

（一）大地湾遗址

大地湾遗址位于天水市秦安县五营乡邵店村，是一处新石器时期的大型聚落遗址，分布范围275万平方米，距今约7800~4800年。该遗址包含五个文化期，原始先民在这里建造了中国最早的原始宫殿建筑、生产了中国最早的彩陶、种植生产了中国第一批旱作粮食品种、发明了世界上最早的混凝土地面、创造了中国文字最早的雏形和最早的绘画，在建立中华民族文化谱系和史前文明研究等方面具有独一无二的价值，备受世界瞩目，被评为中国20世纪百项重大考古发现之一。

（二）许三湾城及墓群

许三湾城及墓群位于张掖市高台县新坝乡许三湾村，是西北地区一处大型的汉唐古文化遗址，分布范围约120平方千米。该遗址包括古城、墓葬群、防护工程、烽燧、农耕区等遗迹，呈现出以古城为中心，以周围墓群为重点的分布格局。该遗址出土文物填补了国内十六国时期的史料空白，是研究河西历史文化不可多得的实物资料。许三湾城及墓群具有保存完整、分布密集、区域广泛、文化内涵丰富的特征，集中地反映了古代丝绸之路沿线经济开发、文化交流、民族融合的历史事实，对研究汉唐时期地方历史及十六国时期割据政权具有重要的历史价值。

（三）长城

甘肃境内长城总长 3654 千米，居全国第二；其中明长城 1738 千米，居全国之首，主要包括战国秦、汉、明长城。三代长城的西端起点均位于甘肃境内。甘肃长城分布在 11 个市州 38 个县市区，类型包括墙体、河险、壕堑、关堡、单体建筑及相关遗存，构筑方式以黄土夯筑为主，夹杂沙土堆砌、砖石砌筑、沙石夹杂红柳、芦苇等。甘肃境内长城规模宏大，建筑形式多样，出土文物丰富，为研究西北地区历史、地理、政治、经济、军事、文化等提供了宝贵的实物资料。

（四）秦直道

秦直道是秦帝国于公元前 212 至公元前 210 年修建的一条南起咸阳、北达九原（今内蒙古包头）的战略交通线，纵贯陕西、甘肃和内蒙古 3 省区，总长 700 多千米，被誉为"中国最早的高速公路"，展现了秦代中国公共道路建设取得的成就，是一处时代、地域特色鲜明的线性文化遗产。甘肃境内秦直道长约 300 千米，分布在庆阳市正宁、宁县、合水、华池 4 县，沿子午岭山脉分水岭顺势而筑，南北分别与陕西省旬邑县、定边县境内直道相接，整体以黄土夯实铺就，路面宽 4~10 米，遗迹现象明显，保存状况较好，

沿线尚存有秦汉时期城障、关隘、烽燧等遗迹 126 处。

（五）居延遗址（甘肃部分）

居延遗址分布在内蒙古自治区额济纳旗和甘肃省金塔县境内，是汉代张掖郡居延、肩水两都尉所辖边塞上的烽燧、塞墙等遗迹在内的遗址群，全长约 280 千米，分布范围约 1.9 平方千米。居延遗址包括烽燧、塞墙、城址、墓葬、绿城遗址群、寺庙、佛塔、古代房址等遗迹，最主要的是西汉时期长城防御体系中的烽燧亭障遗址。居延遗址（甘肃部分）位于金塔县城东北 120 千米处的黑河两岸，包括东大湾城、西大湾城、地湾城、肩水金关等遗址。研究表明，大湾城是汉代肩水都尉府所在地，地湾城是汉代肩水候官所在地，肩水金关是汉代居延塞防线上仅有的一道重要军事关隘。20 世纪 70 年代，甘肃考古机构在该遗址先后发现 2 万余枚简牍，大部分是汉代居延边塞的屯戍档案，是研究汉代边塞屯戍制度、社会经济、文书簿籍、语言、书法等的重要史料。居延遗址是汉通西域的交通要道和河西走廊的屏障，对于汉代防御匈奴具有特殊的战略意义。

二、大遗址保护

（一）大地湾遗址

1978~1984 年，甘肃省文物工作队对

大地湾遗址进行了历时七年的考古发掘，1995年进行了补充发掘，共揭露遗址面积1.4万平方米，发现房址等各类文化遗迹700余处，出土各类文物近万件。1985年，国家文物局下拨50万元修建了F901遗址保护大棚。1986年，由甘肃省文物局管理的大地湾文物保管所成立。1988年，国务院公布大地湾遗址为第三批全国重点文物保护单位。1999年，大地湾文物保管所更名为甘肃大地湾文物保护研究所。同年，甘肃省政府公布了大地湾遗址的保护范围。2003年，甘肃省内第一个文物保护规划《大地湾遗址文物保护规划》公布实施。2007年大地湾遗址博物馆开工建设。

（二）居延遗址（甘肃部分）

1972~1976年，甘肃省居延考古队对居延遗址进行了复查，同时发掘了破城子甲渠侯官遗址、甲渠第四燧遗址和肩水金关遗址，新获汉简2万余枚，为研究汉代历史提供了珍贵文献资料。1988年，国务院公布居延遗址为第三批全国重点文物保护单位。1999年，甘肃省政府公布了居延遗址（甘肃部分）的保护范围。

（三）许三湾城及墓群

2001年，国务院公布许三湾城及墓群为第五批全国重点文物保护单位。2005年，甘肃省政府公布了许三湾城及墓群

的保护范围。2008年，开展了许三湾城及墓群防洪工程。2010年，甘肃省政府公布实施了《许三湾城及墓群文物保护规划》。规划从专项评估、规划目标、保护区划、管理规定、保护与展示等方面提出要求，为该遗址保护利用提供了科学遵循。

（四）长城

1958年，文化部文物管理局拨专款15万元，对万里长城——嘉峪关进行了首次加固维修。1961年，国务院公布万里长城——嘉峪关为第一批全国重点文物保护单位。1985年，全面启动嘉峪关长城保护维修工作，至1989年初，相继完成了关城加固、嘉峪关楼恢复、光华楼彩绘等近20项文物保护维修工程。1988年，国务院公布玉门关及长城烽燧遗址（包括大方盘、小方盘）为第三批全国重点文物保护单位。1999年，甘肃省政府公布了万里长城——嘉峪关、玉门关及长城烽燧遗址的保护范围。同年，玉门关及长城烽燧遗址加固工程开工，总投资180万元，是新中国成立以来甘肃省首个大型土遗址保护工程；同年，甘肃省政府公布了万里长城——嘉峪关的保护范围。2008至2009年，实施了山丹县新河段长城抢险加固和防洪工程。

（五）秦直道

1993年，甘肃省政府公布秦直道遗

址庆阳段为第五批省级文物保护单位。1996年，甘肃省文物局编写出版《秦直道考察》一书，为秦直道保护研究提供了翔实资料。

三、国家考古遗址公园建设

将大型考古遗址纳入国家公园管理体系的模式源于美国。20世纪80年代以来，中国文物保护工作逐步与国际接轨并逐步引入了"遗址公园"在内的文化遗产保护理念。2009年，大遗址保护良渚论坛发表《关于建设考古遗址公园的良渚共识》，标志着中国国家考古遗址公园建设由理念转入实践。同年12月17日，国家文物局印发《国家考古遗址公园管理办法（试行）》，明确了国家考古遗址公园的概念是指"以重要考古遗址及其背景环境为主体，具有科研、教育、游憩等功能，在考古遗址保护和展示方面具有全国性示范意义的特定公共空间"。2010年10月，国家文物局公布第一批国家考古遗址公园名单和立项名单，12家考古遗址公园挂牌、23家考古遗址公园立项，甘肃省锁阳城考古遗址公园被列入立项名单。

截至2010年底，配合丝绸之路申报世界文化遗产工作，在各级政府的重视和文物部门的努力下，甘肃省严格按照《国家考古遗址公园管理办法（试行）》有关规定，积极开展锁阳城考古遗址公园建设工作。成立了遗址保护管理机构，开展了遗址加固、防洪堤建设等本体保护项目和围栏设置、管护用房修建、水管敷设、电路架设等保护设施建设项目。

锁阳城遗址

第三章　博物馆与可移动文物管理

GAN SU SHENG ZHI WEN WU ZHI

　　甘肃省博物馆事业始于20世纪20年代末期。中华人民共和国成立后，特别是改革开放以来，全省博物馆事业获得长足发展，截至2010年底，甘肃省初步建成具有甘肃特色的丝绸之路博物馆体系，藏品管理、文物修复、陈列展览水平显著提升；2008年以来，在国家博物馆免费开放政策支持下，全省博物馆公共文化服务能力显著增强。可移动文物是甘肃省重要的文物资源，也是公众认知度和社会关注度较高的文化遗产。甘肃省国有可移动文物多系考古发掘出土，少量来自社会征集。可移动文物保护管理涉及文物征集、鉴定定级、收藏保管、保护修复、陈列展览等各方面，大部分工作依托各级各类博物馆和纪念馆开展。

第一节　博物馆、纪念馆建设

1950年，国立甘肃科学教育馆划属西北军政委员会文化部领导，改名西北人民科学教育馆。1953年归属甘肃省文化局，并成立甘肃省博物馆筹备处，同年，甘肃省立人民文化馆将全部馆藏文物移交甘肃省博物馆筹备处。1956年2月12日，在西北人民科学教育馆基础上成立甘肃省博物馆，隶属于甘肃省文化局。1957~1959年，甘肃省委和省人民委员会拨出专款250万元，建设了建筑面积18000平方米，展览面积15000平方米的甘肃省博物馆新馆，落成之时举办了"甘肃省十年建设成就展"。地区和县级博物馆发展比较缓慢，至1978年全省博物馆、纪念馆仅有6个，大多因陋就简，依托古建筑、老房子开展工作，馆舍功能区划不甚明确，内部职能划分受苏联模式影响较深。"文化大革命"时期，甘肃博物馆事业遭受到一场劫难，各博物馆领导机构和业务工作普遍受到冲击，几乎陷于瘫痪。

1976年，甘肃省博物馆界重新整顿机构和队伍，各项工作逐步恢复。十一届三中全会后，随着改革开放的深入和第二次全国文物普查的开展，甘肃省博物馆建设和发展步伐明显加快。1979~1990年，文物收藏较多的地、县相继成立了博物馆，全省博物馆、纪念馆总数发展为61个；但馆舍建筑严重滞后，基础设施建设薄弱，影响了功能的发挥。从1989年开始，甘肃省文化厅和甘肃省计划委员会联合启动全省标准化文物库房建设计划，历时六年，相继为69个文物收藏单位统一修建了标准化文物库房，对改善保管条件，保障藏品安全起到了重要作用。

20世纪90年代以后，甘肃省博物馆事业进入全面发展阶段，博物馆数量持续增加，博物馆品类日渐丰富，博物馆藏品保管和陈列展示条件显著改善。2000年的全省文物（文化）局长会议提出了建设有甘肃特色的丝绸之路博物馆体系的发展构想，即紧密把握丝绸之路文化特色，在丝绸之路沿线，构建以省博物馆为龙头，市州级博物馆为骨干，县区级博物馆为支撑，行业和民办博物馆为补充的博物馆发展框架，明确了甘肃省博物馆事业的发展方向和工作重点。1999年，投资1.5亿元的甘肃省博物馆展览大楼改扩建工程开工，2006年12月落成开放，建筑总面积2.85万平方米。这一时期，兰州市博物馆、西夏博物馆、甘南州博物馆、平凉市博物馆、陇东民

第三章

博物馆与可移动文物管理

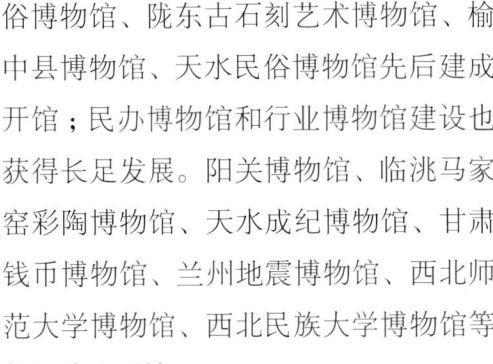

俗博物馆、陇东古石刻艺术博物馆、榆中县博物馆、天水民俗博物馆先后建成开馆；民办博物馆和行业博物馆建设也获得长足发展。阳关博物馆、临洮马家窑彩陶博物馆、天水成纪博物馆、甘肃钱币博物馆、兰州地震博物馆、西北师范大学博物馆、西北民族大学博物馆等相继建成开放。

2006年，甘肃省文物局印发《甘肃省各级博物馆建设方案论证审核暂行办法》，此后组织专家对临夏州博物馆、灵台县博物馆、会宁县博物馆、敦煌市博物馆、甘南州博物馆等十余个博物馆的新馆建设初设方案进行审核论证和指导把关。"十一五"期间，甘肃省共新建各级各类博物馆13座。博物馆新增建筑面积近4万平方米，其中文物库房增加5100平方米，展厅增加27000平方米，维修博物馆文物库房1300平方米，展厅3400平方米，博物馆基础设施得到显著改善。部分博物馆因其独特的文化内涵和优美典雅的风格，而成为当地的著名景观和城市地标。

2008年，国家文物局启动博物馆定级评估工作。2009年5月，甘肃省兰州市博物馆、天水市博物馆、平凉市博物馆、张掖市甘州区博物馆等4个博物馆被评定公布为国家二级博物馆；临夏回族自治州博物馆、嘉峪关长城博物馆、和

政古动物化石博物馆、陇东民俗博物馆、秦安县博物馆、环县博物馆、山丹县艾黎捐赠文物陈列馆、灵台县博物馆、会宁红军长征胜利纪念馆等9个博物馆被评定公布为国家三级博物馆。

2008年初，甘肃省被中宣部、财政部、文化部、国家文物局确定为全国博物馆纪念馆免费开放的七个试点省之一，按照中央统一部署，经过周密组织，免费开放工作顺利推进，2008年及2009年，甘肃省共有60个博物馆纪念馆列入中央财政补助的免费开放名单并向社会免费开放。自实施免费开放以来，甘肃省博物馆工作取得了显著成效，在惠及广大群众的同时博物馆自身建设也得到了加强。一是参观人数大幅增加。实施免费开放后，各博物馆纪念馆参观人数急剧增加，特别是节假日，博物馆纪念馆已成为社会公众活动的首选场所。观众结构也呈现多元化趋势，其中未成年人、低收入群体、农民工、村镇居民、老人和儿童的参观人数较免费开放前有了大幅度提高。二是博物馆基础设施得到显著改善。甘肃省各级博物馆基础设施尤其是服务设施相对滞后，特别是市县级博物馆由于历史欠账较多，为了达到免费开放的工作要求，各博物馆均不同程度地进行了基础设施改造。如改扩建展厅，增设停车场、观众休息区、无障碍通道、服务台、行李

寄存处、电教室等，添置观众休闲椅、轮椅、婴儿车、雨伞等服务设备，编印向观众免费提供的宣传资料。据不完全统计，2008～2010年，甘肃省博物馆纪念馆投入基础设施改造方面的经费约2000余万元。三是博物馆展示服务水平得到提升。针对免费开放后观众数量和结构发生的变化，各博物馆纪念馆认真研究，积极探索，推出了一系列新展览，或对原有展览进行改造提升，增强了展览的知识性、趣味性、观赏性和观众参与性。四是博物馆社会影响日益扩大。在免费开放工作过程中，甘肃省除利用"5·18国际博物馆日"、"中国文化遗产日"等大型活动对博物馆纪念馆免费开放工作进行广泛宣传外，省内各大媒体对免费开放工作也进行了广泛深入的宣传报道，并制作了各类专题节目，使博物馆纪念馆免费开放成为公众关注的焦点，极大地促进了博物馆与广大观众的联系和交流，形成了全社会共同参与博物馆建设的良好氛围。

截至2010年底，甘肃省博物馆总数达142个，其中归口文物（文化）系统管理的博物馆（纪念馆）126个，归口宣传部门管理的纪念馆5个（均为全国爱国主义教育基地），行业博物馆8个，民办博物馆3个。初步形成以省博物馆为龙头、以市州级博物馆为骨干、县区级博物馆为支撑、行业和民办博物馆为补充的具有甘肃特色的丝绸之路博物馆体系。

一、省级博物馆、纪念馆

甘肃省博物馆

甘肃省博物馆位于兰州市七里河区西津西路3号，是国内最早成立的综合性地志博物馆之一，隶属于甘肃省文物局。现内设办公室、人事教育处、保卫处、历史部、自然部、文物保护修复中心、社会教育部、开放管理部、信息资料中心、陈列设计部、研究部、工程设备部、产

甘肃省博物馆

业经营处、网络中心等 14 个部门，在编职工 147 人，其中，专业技术人员 117 人，高级职称 29 人，中级 51 人。在学历构成方面，博士 2 人，硕士 15 人，本科 96 人，本科以上学历占总人数的 77%。

甘肃省博物馆前身是 1939 年 1 月成立的"中英庚款董事会立甘肃科学教育馆"，为中国西北地区创办的唯一的科学教育馆。1943 年划归民国政府教育部，改称"国立甘肃科学教育馆"，工作重点为自然科学研究与普及教育，主要从事化验与生物研究工作。中华人民共和国成立后，隶属西北军政委员会文化部，"国立甘肃科学教育馆"更名为"西北人民科学教育馆"，工作的主要任务是科学普及，先后举办了《从猿到人》《农业科学》、《卫生》、《天文展览》、《电影世界展览》、《生产力展览》、《动物进化展览》等展览。1953 年成立了"甘肃省博物馆筹备处"。1956 年，甘肃省博物馆在西北人民科学教育馆的基础上正式成立，下设历史部、自然部、社会主义建设部等，举办了《甘肃历史文物》、《甘肃自然富源》、《祖国的西北》、《甘肃美展》等展览。1958 年，甘肃省文物管理委员会与省博物馆合并，机构调整为历史部、自然部、社会主义建设部、群工部、文物工作队和办公室，省政府选址在兰州市七里河区西津西路 3 号投资建馆。1959 年 10 月，甘肃省博物馆新展览大楼落成。1971 年，郭沫若参观甘肃省博物馆并题写馆名。1984 年 8 月，内设机构调整为历史部、自然部、社会主义建设部、技术部、群工部、文物复制厂等部门。1994 年，为适应业务工作与管理改革，调整部分机构，内设机构分别是办公室、科技干部处、保卫处、经营办公室、基建处（临时）、历史考古部、自然部、群众教育部、技术部、资料信息中心，同年举办《丝绸之路——甘肃文物精华展》《明、清、近代书画珍品展》。1996 年，国家文物局鉴定委员会专家组来甘肃省鉴定文物，确认甘肃省博物馆一级文物 574 件（含国宝 16 件）。1999 年经省政府立项，投资 1.5 亿元对原展览大楼进行改扩建工程，馆舍占地 108 亩，新展览大楼建筑总面积 2.85 万平方米，展厅 18 个，院内还有文物库房、文物保护实验室等设施。2006 年 12 月 26 日新展览大楼正式对外开放。

甘肃省博物馆依托丰富的馆藏文物资源，吸收甘肃历史、文物、考古及相关学科的研究成果，借鉴国内外博物馆的成功经验，2006 年新馆开馆之际，向社会推出了《甘肃丝绸之路文明展》《甘肃彩陶展》、《甘肃古生物化石展》等三个基本陈列，于 2007 年荣获"第七届（2005~2006 年度）全国博物馆十大陈列精品奖"。2010 年举办的基本陈列《庄严妙相——甘肃佛教艺术展》再度荣获"第九届（2009~2010年度）全国博物馆十大陈列展览精品奖"。先后举办了《"鲲鹏之动"——新中国成立六十年甘肃考古发现成果展巡礼》、《甘肃省博物馆新征集文物展》、《张改琴书画展》、《王天一捐赠画展》、《张邦彦书法作品展》等专题展览。不定期引进张大千、齐白石、吴昌硕、李自健、星云大师等名家大师的书法、绘画作品展，引进《造化神秀——津巴布韦石雕艺术展》（2010年）等外展及《天山南北·古道遗珍——新疆丝绸之路文物精华展》（2009年）、《江西新干大洋洲文物精品展》（2009年）等国内其他博物馆的精品展览。馆藏文物远赴美国、韩国、日本、台湾等国家和地区以及北京、上海、浙江、江西、宁夏、陕西、新疆、河南、辽宁、福建、江苏、广西、内蒙古等地展出。《甘肃佛教艺术》、《甘肃木雕艺术》、《甘肃彩陶》、《甘肃丝绸之路文物精华展》等已成为特色品牌，深受国内外观众欢迎。

甘肃省博物馆馆藏各类历史文物、自然标本8万余件（套），国宝级文物16件（套），国家一级文物721件（套），二级文物2637件（套），三级文物48241件（套），汇集了甘肃从远古时期到近现代的大量文化珍宝，尤以新石器时代之冠的甘肃彩陶、汉代简牍文书、汉唐丝绸之路珍品、佛教艺术萃宝、古生物化石等珍贵文物独具特色。

该馆建馆以来，出版专著、各类馆藏文物图录、论文集、发掘报告等20余种，在国内外学术期刊上发表论文千余篇，承担实施了一批国家社科基金特别委托项目及国家清史编撰委员会重点项目、教育部人文社会科学重点研究基地项目等国家级、省级重点科研项目，在古生物与古人类、彩陶、长城与中西交通、简牍学、佛教艺术、西夏学等研究领域都取得了丰硕的成果。1996年，创办了面向全国文博考古专业的综合性学术刊物《陇右文博》，为全省博物馆学术交流搭建了平台。

甘肃省博物馆2008年列入首批享受中央财政专项补助经费的免费开放博物馆名单并向社会免费开放，2009年被中宣部命名为全国爱国主义教育示范基地，2010年牵头成立"中国博物馆协会'丝绸之路'沿线博物馆专业委员会"。

历任馆长：梅贻宝（1939~1940年，该馆前身甘肃科学教育馆首任馆长）、袁翰青（1940~1946年）、卢寿楠（1940~1946年）、金卓山（1949年11月~1950年4月，军管负责人）、卢寿楠（1950~1952年，1950年更名为西北人民科学教育馆，任馆长）、刘庆贤（1953年1月~1956年2月，甘肃省博物馆筹备处负责人）、陆

长林（1956年2月~1960年12月，1956年甘肃省博物馆正式成立，任馆长）、张德俊（1960年12月~1974年，1968年8月~1974年为馆革委会主任）、苏创夫（1974~1979年，馆革委会主任）、高有勋（1984年1月~1985年6月）、初世宾（1985年6月~2001年7月）、俄军（2001年7月~）。

二、市级博物馆、纪念馆

兰州市博物馆

兰州市博物馆位于兰州市城关区庆阳路240号，1981年成立兰州市文物管理处，1984年正式建馆，隶属于兰州市文化出版局。该馆内设办公室、保管部、陈展部（观众接待部）、陈列策划部、信息资料部、保卫科六个机构。现有工作人员33人，其中专业技术人员24人，副研究馆员5人，馆员9人。

该馆建筑面积4400平方米。其中展

兰州市博物馆

厅面积2178平方米，文物库房面积439平方米。举办有《兰州历史文物陈列》和《翰墨遗珍——馆藏书画作品展》等2个基本陈列，馆藏文物12586件（套），其中一级文物52件（套），二级文物82件（套），三级文物702件（套）。特别是马家窑文化马厂类型彩陶鼓，其口可蒙以皮革，叩而有声，为国内已知最早的打击乐器之一。出土于兰州市红古区的马家窑类型彩陶瓮，高63、肩宽56厘米，是迄今发现，名副其实的"彩陶王"。西周兽面纹青铜簋、东汉墨迹纸、明白瓷造像、明代印花丝绸等文物也为其馆藏特色。

该馆2008年列入首批享受中央财政专项补助经费的免费开放博物馆名单并向社会免费开放。2009年被评定公布为国家二级博物馆。

八路军兰州办事处纪念馆

八路军兰州办事处纪念馆位于兰州市城关区酒泉路314号、甘南路700号，筹建于1978年，1981年正式对外开放，隶属于兰州市文化出版局。该馆现有兰州市城关区酒泉路314号（原孝友街32号）和兰州市城关区甘南路700号（原南滩街54号）两处旧址，旧址之间相距约220米。内设办公室和群工部2个机构，现有工作人员21人，其中，副研究员2人，馆员2人。

该馆前身是中国共产党1937年5月

八路军兰州办事处纪念馆

在兰州市南滩街 54 号（今互助巷 2 号）设立的半公开机构红军联络处，当时对外称彭公馆，谢觉哉任党代表，彭加伦任处长。1937 年 8 月正式成立，称为"八路军驻甘办事处"，1937 年 9 月正式挂牌为国民革命军第十八集团军驻甘办事处，后被人们俗称为"八路军驻甘办事处"和"八路军驻兰办事处"。1938 年 2 月，迁至孝友街 32 号（今酒泉路 314 号），由伍修权接任处长。1943 年 11 月撤回延安，历时六年。在此期间，在党代表谢觉哉、处长彭加伦（任办事处第一任处长）、伍修权（任办事处第二任处长）、赵芝瑞（1941年以后为办事处负责人）等同志领导下，在开展营救被俘流落的红军西路军将士、推进抗日民族统一战线、加强同苏联外交代表处和军事代表处的联系、接待我党往返苏联人员、转运抗战物资、输送进步青年到延安、指导中共甘肃工委开展工作等方面发挥了重要作用，被周恩来亲切

地誉为"革命的接待站，战斗的指挥所"。

兰州市政府分别于 1998 年和 2001 年斥资对八路军驻兰州办事处旧址进行了加固维修。酒泉路旧址由一座砖木结构的单坡水角楼和两个四合院组成，里进三院，新建围墙东西 29、南北 46 米，占地面积 1334 平方米，建筑面积 1776 平方米，其中展厅面积 845 平方米，文物库房 8 平方米。甘南路旧址占地面积 1380 平方米，建筑面积 710 平方米，东西两院。举办有《中国工农红军西路军事迹展》1 个基本陈列，曾举办过《旧址原状陈列》、《八路军驻甘办事处与甘肃抗战》、《兰州空战》等展览，该馆现有馆藏文物 56 件（套），其中一级文物 13 件（套），二级文物 10 件（套），三级文物 18 件（套），各类历史资料照片 1782 张。

该馆 1994 年被甘肃省委宣传部命名为甘肃省爱国主义教育基地，1996 年 1 月荣获"1995 年度全国文物系统优秀爱国主义教育基地"称号。2008 年列入首批享受中央财政专项补助经费的免费开放博物馆名单并向社会免费开放。

天水市博物馆

天水市博物馆位于天水市秦州区伏羲路 110 号，隶属天水市文化文物出版局。前身为筹建于 1958 年的天水专区博物馆，1979 年 11 月成立天水地区博物馆，1985 年天水地区撤地设市后，正式更名

天水市博物馆

为天水市博物馆。1986 年 4 月由天水城隍庙迁入天水伏羲庙内，形成"馆庙合一"的格局。天水市博物馆内设机构为办公室、文物保管修复室、陈展宣传部、接待服务部、保卫科、历史文化研究部、古建筑保护与园林部、胡氏古民居建筑文物保护管理所（天水市博物馆民俗分馆）、物业管理部和伏羲学院、甘肃省文物商店天水分店、天博艺术品交流中心等 9 个部室和 3 个经营实体。现有职工 157 人（正式职工 64 人，临时招聘人员 93 人），其中专业技术人员 54 人，副研究馆员 3 人，馆员 9 人，专业技术人员占比 61%。

该馆占地面积 35000 平方米，建筑面积 11413 平方米，其中展厅 7000 平方米，文物库房 280 平方米。举办有《天水市博物馆历史文物陈列展》1 个基本陈列，分为走进天水——序厅、文化天水——通史陈列、翰墨集萃——天水名人书法陈列、地杰人灵——天水历史名人简介陈列、甄陶天工——馆藏彩陶陈列、范

金琢玉——馆藏瓷器陈列、铜华泛美——馆藏青铜器陈列、丝路瑰宝——隋代贴金彩绘围屏石榻特展等 8 个单元，展出文物 1000 余件，充分体现了馆藏文物和天水文化特色。曾举办过《至尊国礼——中华人民共和国国际礼品展》《吴昌硕书画展》《郭克教授捐赠天水市博物馆美术作品展》《鲁迅的艺术世界：鲁迅博物馆馆藏文物展》等展览。现有馆藏历史文物 29131 件（套），其中一级文物 45 件（套），二级文物 168 件（套），三级文物 672 件（套）。另有 3000 多件革命文物，2819 件民俗文物。

2008 年获得可移动文物修复二级资质，与陕西师范大学历史文化学院、天水师范学院等签订了战略合作协议，与西安文保中心、兵马俑博物馆等开展了多项合作交流，同时，成立了伏羲学院，开设伏羲讲堂，邀请外聘专家举办学术讲座 20 多场次，出版专著、文物图录 20 多本，职工在省级以上刊物发表论文上百篇。成立了甘肃省文物商店天水分店、天水市天博艺术品交流中心。自主研发文化产品近 30 种，文化特色产品 14 种，文物复制品 8 种，民俗文化特色产品 6 种，另外，代销文化书籍 50 余种。

天水市博物馆先后获得国家、省市各类奖项 30 余项。2006 年荣获国家文物局"郑振铎—王冶秋文物保护奖"先进集

体荣誉称号，2009 年列入享受中央财政专项补助经费的免费开放博物馆名单并向社会免费开放，同年被评定公布为国家二级博物馆，2010 年获得"全省文化遗产保护先进单位"称号和甘肃省公祭中华人文始祖伏羲大典活动"先进集体"称号。

嘉峪关长城博物馆

嘉峪关长城博物馆位于嘉峪关市峪泉镇关城文物景区，成立于 1988 年，隶属于嘉峪关文物景区管委会。2000 年由嘉峪关市新华南路迁至现址，新馆于 2003 年 5 月建成并正式对外开放。内设办公室、接待部、保卫部、藏品保管部等 4 个部门，编制 22 人，其中馆员 3 人。

该馆占地面积 4523 平方米，建筑面积 3499 平方米，其中陈列展厅 2700 平方米，文物库房 120 平方米。举办有《中华之魂——长城历史文化陈列展》1 个基本陈列，分为四个单元展出。曾举办过《伟大的长城》、《冷兵器展》、《长城书画展》、

嘉峪关长城博物馆

《武威西夏文物展》、《魏晋墓出土文物展》等展览。馆藏文物 2187 件（套），其中一级文物 44 件（套），二级文物 79 件（套），三级文物 114 件（套）。长城工牌、永乐铜炮和嘉峪关关照印版等都是研究长城历史和长城文化的珍贵资料。

该馆 2000 年 5 月被甘肃省国防教育委员会命名为甘肃省国防教育基地，2004 年被甘肃省委宣传部命名为甘肃省爱国主义教育基地，2009 年列入享受中央财政专项补助经费的免费开放博物馆名单并向社会免费开放，同年被评定公布为国家三级博物馆。

武威市博物馆

武威市博物馆位于武威市凉州区崇文街 172 号，成立于 1982 年 9 月 21 日，隶属于武威市文化局。其前身为武威县博物馆，1986 年武威县博物馆更名为武威市博物馆，但仍为县级馆。2001 年，武威地区撤地设市后，将武威市博物馆升级为市级馆，并将原成立于 1979 年 12 月的武威地区博物馆改为武威市文物考古研究所，藏品全部移交武威市博物馆。该馆内设党政办公室、保管研究部、宣传教育部、保卫部、西夏博物馆、大云寺管理处等机构。现有职工 57 人，其中副研究馆员 1 人，馆员 11 人。

该馆建筑面积 13218 平方米，其中展厅面积 4166 平方米，文物库房面积 502

平方米。举办有《武威活字印刷专题展》、《西夏历史文物陈列》、《历代石刻陈列展》等3个基本陈列,曾举办了《武威馆藏水陆画展》、《武威馆藏佛教造像展》、《武威馆藏清代屏风展》、《石刻陈列》、《书画陈列》、《武威历代文物精品展》、《武威馆藏名人书画展》《明清家具展》等展览。现有各类馆藏文物46111件(套),其中一级文物170件(套),二级文物274件(套),三级文物592件(套)。馆藏文物种类齐全,内涵丰富,以木雕、墓志石刻为代表的汉唐文物,以西夏碑、西夏木缘塔、木板画、金碗、瓷器、西夏文泥活字版本为代表的西夏文物,以凉造泉、西夏银锭为代表的货币文物,以明版大藏经、明清瓷器、牌匾、水陆画为代表的明清文物等为其馆藏特色。

该馆1994年1月荣获国家文物局1993年全国优秀地县博物馆称号,1994年被甘肃省委宣传部命名为甘肃省爱国主义教育基地。

庆阳市博物馆

庆阳市博物馆位于庆阳市西峰区北大街15号,成立于1976年1月,隶属于庆阳市文化局。其前身为庆阳地区博物馆,2002年庆阳地区撤地设市后,正式更名为庆阳市博物馆。该馆内设办公室、陈列部、保管部、保卫部、财务部6个机构,现有职工21人,其中专业技术人员

17人,副研究馆员1人,馆员6人。

该馆建筑面积1142平方米,其中展厅面积564平方米,文物库房面积42平方米。举办有《史前文化展》、《历史文物展》和《革命文物展》等3个基本陈列。现有馆藏文物7072件(套),其中一级文物60件(套),二级文物234件(套),三级文物1545件(套)。以史前陶器、商周玉器、汉唐铜镜、宋金瓷器和佛教造像为馆藏特色,以商代"作册吾"玉戈、汉代"彭阳"铜鼎和宋代玉壶春瓶最为著名。

该馆2003年7月被甘肃省人事厅、甘肃省文物局评为"全省文物工作先进集体"。2008年列入首批享受中央财政专项补助经费的免费开放博物馆名单并向社会免费开放。

平凉市博物馆

平凉市博物馆位于平凉市东郊明代韩王紫金城延恩寺旧址宝塔梁院内,成立于1983年,隶属于平凉市文化局。该馆前身为平凉地区博物馆,1984年5月平

平凉市博物馆

凉地区博物馆从平凉地区群众艺术馆分出由中山街搬至现址。2002年平凉地区撤地设市后，正式更名为平凉市博物馆。内设办公室、业务部、保卫部、信息中心、养护中心5个机构。1983年成立时编制11名，2000~2005年增加5名编制，目前共有16名编制。现有专业技术人员7名，其中副研究馆员1名，馆员3名。

该馆占地面积66000平方米，建筑面积5000平方米，其中展厅面积2200平方米，文物库房面积1600平方米。举办有《文华物宝——平凉历史文物精品展》和《丝路遗珍——平凉佛道教文物艺术展》等2个基本陈列，曾举办过《中国通史展》《历代碑刻展》《历代书画展》《陇东皮影艺术展》《平凉文物陶瓷器精品展》等展览。现有馆藏文物11076件（套），其中一级文物31件（套），二级文物221件（套），三级文物583件（套）。史前玉器、西周青铜器、北朝造像、元代道教壁画、陇东皮影、明清瓷器以及民族文物等为其馆藏特色。

该馆2004年作为财政部、国家文物局馆藏文物保存环境达标建设试点单位完成了博物馆标准化文物库房和文物陈列室设备设施、博物馆空调系统和恒温湿度远程控制系统、文物信息管理系统和文物科技养护中心设施设备等6大项15个子项目的建设任务。2006年被甘肃省委宣传部命名为甘肃省爱国主义教育基地，2008年列入首批享受中央财政专项补助经费的免费开放博物馆名单并向社会免费开放。2009年被评定公布为国家二级博物馆。

定西市博物馆

定西市博物馆位于定西市安定区中华路23号，成立于1988年，隶属于定西市文化局。其前身为定西地区群众艺术馆文物工作组，1988年由定西地区编制委员会批准成立定西地区博物馆，隶属于定西地区文化处。2004年定西地区撤地设市后，正式更名为定西市博物馆。现有编制5名，其中副研究馆员1人，馆员2人。

该馆建筑面积960平方米，其中展厅面积630平方米，文物库房面积120平方米，举办有《定西历史文物陈列展》1个基本陈列。现有馆藏文物1105件（套），其中一级文物7件（套），二级文物47件（套），三级文物175件（套），以史前时期彩陶为馆藏特色。馆内业务人员先后发表《定西地区战国秦长城遗迹考察记》《秦长城西端遗迹的调查》《定西地区出土陶质乐器》《金代会州城遗址试掘简报》《古成纪地望与成纪地名的两度南迁》《定西巉口出土汉代石磨考述》等论文30余篇。

该馆2009年列入享受中央财政专项补助经费的免费开放博物馆名单并向社会免费开放。

临夏回族自治州博物馆

临夏回族自治州博物馆位于临夏市红园新村5号，成立于1979年1月，隶属临夏回族自治州文化出版局。内设办公室、保管研究部、陈列宣传部、服务部、保卫部5个机构。1988年由临夏回族自治州编委核定人员编制为20人，2008年1月，经州机构编制委员会批准，升格为副县级事业单位，核定事业编制42名，现有职工21人，其中专业技术人员10人。

该馆建筑面积1589平方米，其中展厅面积785平方米，文物库房200平方米。举办有《临夏彩陶艺术》和《临夏民族文物》共2个基本陈列，曾举办过《临夏出土文物展》、《临夏彩陶》、《临夏古代文化》、《临夏古动物化石》、《金代砖雕》等展览。共有馆藏文物3678件（套），其中一级文物66件（套），二级文物228件（套），三级文物642件（套），馆藏文物中以陶器居多，其彩陶品类繁多，图案丰富，主要为马家窑、齐家、辛店、寺洼等

临夏回族自治州博物馆

文化类型，集中体现了地方古文化遗存的特点，是研究黄河流域西北地区新石器时代晚期以马家窑文化为代表的史前文化的重要实物依据。此外，还收藏有书画、玉器、瓷器、石器、骨器、铜器、钱币、砖雕、石碑等类文物。

该馆2006年被甘肃省委宣传部命名为甘肃省爱国主义教育基地。2008年列入首批享受中央财政专项补助经费的免费开放博物馆名单并向社会免费开放。2009年被评定公布为国家三级博物馆。

甘南藏族自治州博物馆

甘南藏族自治州博物馆位于合作市舟曲东路20号文博大厦，成立于1986年5月17日，隶属于甘南州文化局。其前身为1976年夏成立的甘南藏族自治州阶级教育展览馆内设的文物组（后更名为甘南藏族自治州群众艺术馆）。现有工作人员18人，副研究馆员1人，馆员11人。

该馆建筑面积2298平方米，其中展厅面积601平方米，文物库房87平方米。举办有《甘南历史文物展览》和《民俗文物展》等2个基本陈列。馆藏文物2316件（套），其中一级文物7件（套），二级文物63件（套），三级文物115件（套）。以彩陶、民族文物和革命文物为馆藏特色。

该馆2008年列入首批享受中央财政专项补助经费的免费开放博物馆名单并向社会免费开放。

三、县级博物馆、纪念馆

榆中县博物馆

榆中县博物馆位于榆中县城关镇兴隆路307号，成立于1987年9月，隶属于榆中县文化和体育局。内设办公室、财务室、社会教育部、库房保管部、综合业务部和安全保卫部等6个机构。编制12人，现有工作人员11人。

该馆建筑面积1600平方米，其中展厅面积800平方米，文物库房面积200平方米。举办有《榆中历史文物陈列展》和《馆藏书画展》等2个基本陈列。现有馆藏文物3375件（套），其中一级文物31件，二级文物87件，三级文物338件。以马家窑文化彩陶、金属器、古生物化石等为馆藏特色。

该馆2008年列入首批享受中央财政专项补助经费的免费开放博物馆名单并向社会免费开放。

秦安县博物馆

秦安县博物馆位于秦安县兴国镇新华街42号，成立于1989年，隶属于秦安县文物局。其前身为秦安县文化馆文物组。馆址初设在秦安文庙内，2002年博物馆新馆建成后迁至现址。内设办公室、文物陈列部、保管部3个机构。现有编制13人，其中副研究馆员1人，馆员4人。

秦安县博物馆紧邻全国重点文物保护单位秦安兴国寺，馆舍占地面积1700

平方米，建筑面积760平方米，其中展厅面积385平方米，文物库房面积108平方米。举办有《成纪八千年——秦安历史文物精品陈列》和《秦安县馆藏书画精品展》等2个基本陈列，曾举办过《天水市优秀书画作品展》、《秦安民间民俗艺术展》、《馆藏文物精品图片展》、《伏泽清书法作品邀请展》等展览。现有馆藏文物5360件（套），其中一级文物19件（套）、二级文物72件（套）、三级文物385件（套）。以新石器时代的人面器口彩陶瓶、马家窑文化旋纹四鋬彩陶瓮、齐家文化玉琮、唐代瑞兽葡萄纹铜镜、北朝至唐代的佛教石刻等为馆藏特色。

该馆2008年列入首批享受中央财政专项补助经费的免费开放博物馆名单并向社会免费开放。2009年被评定公布为国家三级博物馆。

天祝藏族自治县博物馆

天祝藏族自治县博物馆位于天祝藏族自治县华藏寺镇天堂路25号，成立于1991年，与文化馆、图书馆合署办公，隶属于天祝藏族自治县文化局。文化馆内设文物保护室，专人管护。1997年博物馆设文物工作部、文物复制部。2010年内设办公室、文博部、展览接待部、保卫部4个职能部门。现有职工14人，其中专业技术人员8人。

2000年三馆综合大厦落成，博物馆

有办公用房 500 平方米，其中展厅面积 400 平方米，文物库房面积 50 平方米。举办有《天祝县文物精品展》《青铜牦牛展》和《华锐民族服饰展》等 3 个基本陈列。现有馆藏文物 863 件（套），其中一级文物 5 件（套），二级文物 28 件（套），三级文物 55 件（套），以元代铜牦牛、马家窑文化彩陶、绢本绘画、藏族服饰等为馆藏特色。

该馆 2008 年列入首批享受中央财政专项补助经费的免费开放博物馆名单并向社会免费开放。

敦煌市博物馆

敦煌市博物馆位于敦煌市阳关东路 8 号，成立于 1979 年，与敦煌县文化馆合署办公，隶属于敦煌县文化局。1988 年分设，新建博物馆馆舍。2007 年经市政府批准成立敦煌市文物管理局，与博物馆两块牌子、一套人马，核定编制 25 人，内设办公室、田野文物考古股、接待讲解股、安全保卫股等机构。

该馆建筑面积 2000 平方米，其中展厅面积 1000 平方米，文物库房面积 300 平方米。举办有《敦煌历史文物展览》《敦煌汉代长城展》等 2 个基本陈列，曾举办了《丝绸之路与敦煌之夏》《新疆哈密地区文物精品展》等展览。现有馆藏文物 14000 件（套），其中一级文物 95 件（套），二级文物 141 件（套），三级文

物 101 件（套）。以出自于莫高窟藏经洞文献，阳关、玉门关遗址和汉长城烽燧、驿站出土文物，敦煌汉简，魏晋画像砖和石刻造像为馆藏特色。编辑出版了《中国敦煌文物展》《敦煌文物》《玉门关与汉长城》《敦煌历史与出土文物》等专著，馆内业务人员撰写论文 40 余篇。

敦煌市 2005 年被文化部和国家文物局评为 2005 年度全国文物工作先进县，该馆 2004 年被甘肃省委宣传部命名为甘肃省爱国主义教育基地，2005 年被国家文物局评为"全国文物工作先进集体"，2008 年列入首批享受中央财政专项补助经费的免费开放博物馆名单并向社会免费开放。

瓜州县博物馆

瓜州县博物馆位于瓜州县县府街 52 号，成立于 1988 年 4 月，隶属于瓜州县文化体育局。其前身为安西县博物馆，1993 年 9 月建成新馆。2006 年 8 月安西县复名为瓜州县，随更名为瓜州县博物馆。2008 年成立瓜州县文物局，实行局馆合署办公，一套人马，两块牌子。内设办公室、文物股、博物馆股、安全保卫股、锁阳城遗址（东千佛洞石窟）文管所，玄奘之路文化研究所，蘑菇台子红西路军军事会议纪念馆等部门。现有编制 44 人，实有在编工作人员 41 人。

该馆占地面积 5400 平方米，建筑面

积 3750 平方米，其中展厅面积 810 平方米，文物库房面积 675 平方米。举办有《瓜州文物展》和《东千佛洞西夏壁画展》等 2 个基本陈列。现有馆藏文物 2064 件（套），其中一级文物 13 件（套），二级文物 54 件（套），三级文物 107 件（套），以佛教造像、唐三彩、魏晋画像砖等为馆藏特色。

该馆 2008 年列入首批享受中央财政专项补助经费的免费开放博物馆名单并向社会免费开放。

张掖市甘州区博物馆

张掖市甘州区博物馆位于全国重点文物保护单位张掖大佛寺内，成立于 1986 年 12 月，隶属于甘州区文化委员会。内设办公室、保卫部、业务部、财务室、物业办、接待部和宣教部等 7 个职能部室，现有工作人员 68 人。

该馆建筑面积 6957 平方米，其中展厅面积 1626 平方米，文物库房面积 1160 平方米。举办有《佛教艺术陈列》和《馆藏佛经展》等 2 个基本陈列。现有馆藏文物 1783 件（套），其中一级文物 34 件（套），二级文物 34 件（套），三级文物 98 件（套）。以佛教造像、经卷等位馆藏特色。

高台县博物馆

高台县博物馆位于高台县城关镇解放北路 285 号，成立于 1991 年 3 月。2006 年 10 月建成新馆，隶属高台县文化委员会管理。现有工作人员 8 人，其中馆

员 1 人。

该馆建筑面积 1359 平方米，其中展厅面积 450 平方米，文物库房面积 220 平方米。举办有《高台文物精品展》和《魏晋壁画砖陈列》等 2 个基本陈列。现有馆藏文物 4161 件（套），其中一级文物 132 件（套），二级文物 151 件（套），三级文物 292 件（套），以骆驼城、许三湾魏晋墓葬出土的简牍、彩绘木版画、彩绘木质车马器、丝绸、画像砖等为馆藏特色。

高台县 2004 年被文化部和国家文物局评为 2004 年度全国文物工作先进县，该馆 2008 年 10 月荣获国家文物局 2008 年度"郑振铎—王冶秋文物保护奖"先进集体荣誉称号，2008 年列入首批享受中央财政专项补助经费的免费开放博物馆名单并向社会免费开放。

山丹县艾黎捐赠文物陈列馆

山丹县艾黎捐赠文物陈列馆位于张掖市山丹县文化街 3 号，成立于 1982 年 6 月，隶属于山丹县文化局。现有工作人员 9 人，其中专业技术人员 2 人。该馆是甘肃省人民政府为了珍藏和展示伟大的国际主义战士、中国人民的老朋友、新西兰著名社会活动家路易·艾黎（后附传）生前捐赠给他曾经工作、生活了 10 年之久的"第二故乡"——山丹人民的数千件珍贵文物而修建的。该馆于 1982 年 6 月拨专款建成并正式对中外观众开放，馆

舍建筑面积 1400 平方米，其中展厅面积 1000 平方米，文物库房面积 120 平方米。举办有《艾黎生平事迹展》《馆藏精品文物展》《山丹出土文物展》等 3 个基本陈列。现有馆藏文物 5300 件（套），其中一级文物 27 件（套），二级文物 219 件（套），三级文物 1178 件（套）。以唐代胡腾舞铜人、元代罗斯腰牌、明代白釉瓷壶、吴梅村山水画、乾隆南巡图等为馆藏特色。

该馆 2009 年列入享受中央财政专项补助经费的免费开放博物馆名单并向社会免费开放。2009 年被评定公布为国家三级博物馆。

肃南裕固族自治县民族博物馆

肃南裕固族自治县民族博物馆位于肃南县红湾寺镇祈丰路 35 号，成立于 1996 年 10 月，隶属于肃南县文化委员会。现有工作人员 8 人，其中专业技术人员 3 人。

该馆建筑面积 1035 平方米，其中展厅面积 588 平方米，文物库房面积 133 平方米。举办有《尧熬尔——中国裕固族专题展》和《历史文物精品展》等 2 个基本陈列。现有馆藏文物 2800 件（套），其中一级文物 33 件（套），二级文物 118 件（套），三级文物 84 件（套），以裕固族服饰、生产生活用具、西夏黑釉剔花缸、唐吐蕃单耳带盖镶珠金壶、乾隆皇帝御赐龙袍、重修文殊寺碑铭等为馆藏特色。

肃南裕固族自治县 2007 年被文化部和国家文物局评为 2007 年度全国文物工作先进县，该馆 2008 年列入首批享受中央财政专项补助经费的免费开放博物馆名单并向社会免费开放。

陇东民俗博物馆

陇东民俗博物馆位于西峰区小崆峒农耕民俗文化村，成立于 1986 年，隶属于庆阳市西峰区文化局。内设办公室、财务室、业务部、保卫部和游客服务中心等机构，现有职工 13 人。

馆舍为陇东民居窑洞式样，占地面

肃南裕固族自治县民族博物馆

陇东民俗博物馆

积 13000 平方米，建筑面积 1260 平方米，其中展厅面积 780 平方米，文物库房面积 80 平方米。举办有《民俗文物展》1 个基本陈列，分为心灵的吟唱、远古的呼唤、文明的根基、永恒的记忆四部分，形成刺绣、剪纸、皮影、木偶、历史文物、古代石刻、庆阳民居、农耕器具等八个专题。现有馆藏文物 2458 件（套），其中历史文物 1058 件（套），民俗精品 1200 件（套），农耕器具 200 件（套）。

该馆 2008 年列入首批享受中央财政专项补助经费的免费开放博物馆名单并向社会免费开放。2009 年被评定公布为国家三级博物馆。

庆城县博物馆

庆城县博物馆位于庆城县普照寺巷 1 号，成立于 1984 年 7 月，隶属于庆城县文化局。其前身为 1979 年成立的庆阳县文化馆，1984 年文化馆、图书馆、博物馆三馆分设，2002 年庆阳地区撤地设市后，正式更名为庆城县博物馆。内设办公室、保管部、陈列部、社教部、保卫部、财务室等机构，现有工作人员 20 人，其中馆员 2 人。2008 年 9 月新馆建成开放。

该馆建筑面积 4276 平方米，其中展厅面积 2693 平方米，文物库房面积 500 平方米。举办有《馆藏文物展》1 个基本陈列，分为庆城历史沿

革、石雕石刻、古生物史前史、岐黄文化、周祖农耕文化、历代文物精华、唐代彩绘陶俑、革命烽火、书画、经济社会发展等 10 个部分。现有馆藏文物 2199 件（套），其中一级文物 24 件（套），二级文物 53 件（套），三级文物 283 件（套）。以唐代彩绘陶俑、瓷器、石刻、碑碣及革命文物为馆藏特色。

该馆 2008 年列入首批享受中央财政专项补助经费的免费开放博物馆名单并向社会免费开放。

环县博物馆

环县博物馆位于环县环江新区大道 102 号，始建于 1952 年。其前身为环县文化馆，1991 年起独立办公，隶属环县文化局。现有工作人员 20 人，其中专业技术人员 6 人。

该馆建筑面积 1360 平方米，其中展厅面积 1020 平方米，文物库房面积 120 平方米。举办有《环县精品皮影艺术陈列》

环县博物馆

和《环县历史文物展》等2个基本陈列。现有馆藏文物4770件（套），其中一级文物15件（套），二级文物48件（套），三级文物605件（套）。以秦汉金属器、宋代瓷器和明清皮影为馆藏特色。

该馆2008年列入首批享受中央财政专项补助经费的免费开放博物馆名单并向社会免费开放。2009年被评定公布为国家三级博物馆。

陇东古石刻艺术博物馆

陇东古石刻艺术博物馆位于合水县西华北街乐蟠西路，是全省首家以古石刻展览为主题的专题博物馆，成立于1988年8月，隶属于合水县文化局。其前身为合水县博物馆，2004年10月，合水县编制委员会批准其更名为陇东古石刻艺术博物馆。同年，新馆建成并对外开放，内设办公室、展览接待股、文物管理股、安全保卫股等4个机构，现有编制11人，其中专业技术人员3人。

该馆建筑面积4611平方米，其中展厅面积3400平方米，文物库房面积404平方米。举办有《陇东古石刻造像艺术展》和《黄河象化石展》等2个基本陈列。现有馆藏文物3291件（套），其中一级文物23件（套），二级文物135件（套），三级文物573件（套），以石刻造像、古生物

化石、革命文物等为馆藏特色。

该馆2008年列入首批享受中央财政专项补助经费的免费开放博物馆名单并向社会免费开放。

镇原县博物馆

镇原县博物馆位于镇原县城文化广场东侧，成立于1986年，隶属于镇原县文化局。其前身为镇原县文化馆文物室，自1950年开始收藏和管护文物。1986年10月，经镇原县人民政府批准，正式成立镇原县博物馆。内设办公室、保管部、陈列部、社教部、保卫部、财务室等机构，现有工作人员20人，其中副研究馆员1人，馆员1人。

该馆建筑面积2000平方米，其中展厅面积800平方米，文物库房面积200平方米。举办有《茹水文明——镇原历史文物展》和《红色记忆——镇原革命历史文物展》等2个基本陈列，曾举办了《古钱

镇原县博物馆

币展》、《馆藏文物精品展》、《古铜镜展》、《古字画展》、《毛泽东像章展》、《赝品展》等专题和临时展览。现有馆藏文物 3912 件（套），其中一级文物 46 件（套），二级文物 56 件（套），三级文物 669 件（套），以常山下层文化陶器、秦汉青铜器、佛教石刻造像、宋元明清瓷器及近现代革命文物为馆藏特色。

该馆 2008 年列入首批享受中央财政专项补助经费的免费开放博物馆名单并向社会免费开放。

灵台县博物馆

灵台县博物馆位于平凉市灵台县县城荆山公园内，成立于 1986 年。其前身为 1935 年设立的灵台县民众教育馆。中华人民共和国成立后，灵台县民众教育馆更名为灵台县文化馆，1986 年 8 月分设，隶属于灵台县文化局。内设办公室、历史考古部、宣传展览部、藏品保管部、

灵台县博物馆

安全保卫股、旅游纪念品商店 6 个机构，现有编制 5 名。

灵台县博物馆主体建筑为仿秦汉风格大楼，占地面积 3335 平方米，建筑面积 1600 平方米，其中展厅面积 764 平方米，文物库房面积 200 平方米。举办有《灵台文物陈列》1 个基本陈列，分陶瓷艺术、金华物萃、西周瑰宝、佛国遗珍、丹青堆绣五个专题展出。曾举办了《灵台文物展》、《灵台历史文化巡礼——通史文物陈列》、《灵台县文物普查成果汇报展》、《灵台佛教文物展》、《灵台县民间工艺品展》、《灵台县书法、绘画、篆刻展》、《灵台县馆藏书画精品特展》、《王锡龄先生捐献文物展》等展览。该馆现有馆藏文物 7453 件（套），其中一级文物 49 件（套），二级文物 442 件（套），三级文物 1219 件（套）。以西周、秦汉青铜器为馆藏特色。

灵台县 2006 年被文化部和国家文物局评为 2006 年度全国文物工作先进县，该馆 2008 年列入首批享受中央财政专项补助经费的免费开放博物馆名单并向社会免费开放，2009 年被评定公布为国家三级博物馆。

静宁县博物馆

静宁县博物馆位于平凉市静宁县成纪文化城，成立

于 1985 年，隶属于静宁县文化局。据《静宁县志》记载，该馆前身为民国十年（1921 年）的"民众教育馆"，负责文物保管，开展图书阅览等工作。民国二十二年（1933 年），更名为"静宁县通俗图书馆"。1949 年 8 月静宁解放后，静宁县人民政府接收该馆，改名为"静宁县文化馆"，继续负责文物保管，图书报刊借阅、全县文化辅导等工作，在静宁县城隍庙旧址办公。1985 年 6 月从文化馆分出，正式成立静宁县博物馆，主要职能为收藏、研究和保护文物，举办文物陈列展览等。1993 年迁至静宁县人民巷文化局院内办公，2000 年元月升格为副科级建制，同年 7 月迁入成纪文化城新馆。内设办公室、保管部、陈展部等部门，现有编制 5 人。

该馆建筑面积 1581 平方米，其中展厅面积 530 平方米，文物库房面积 300 平方米。举办有《陇风长歌——静宁历史文物展》和《瑰宝天珍——静宁古代精品玉器展》等 2 个基本陈列。现有馆藏文物 2392 件（套），其中一级文物 24 件（套），二级文物 193 件（套），三级文物 818 件（套）。以齐家文化玉器、陶瓷器、书画为馆藏特色。

该馆 2008 年列入首批享受中央财政专项补助经费的免费开放博物馆名单并向社会免费开放。

庄浪县博物馆

庄浪县博物馆位于庄浪县水洛镇文化巷 10 号，成立于 1984 年 5 月 9 日，隶属于庄浪县文化局。其前身为民国时期的庄浪县民众教育馆，建国后归属庄浪县人民文化教育馆。1953 年庄浪县文化馆内设文物组，1958 年 12 月，庄浪并入静宁县，改称静宁县文化馆水洛分馆。1970 年 9 月恢复庄浪县文化馆。1984 年，成立庄浪县博物馆，馆址设在原县委党校院内。1991 年，搬迁至庄浪县紫荆广场。2009 年 3 月，启动新馆建设。现有工作人员 18 人。

该馆旧馆建筑面积 1541 平方米，其中文物库房面积 120 平方米，内设一级文物库房、二、三级文物库房和一般文物库房及资料库，无文物展厅。现有馆藏文物 4727 件（套），其中一级文物 43 件（套），二级文物 188 件（套），三级文物 659 件（套）。以史前陶器、齐家文化玉器、先秦青铜器、宋金瓷器等为馆藏特色。

靖远县博物馆

靖远县博物馆位于靖远县鹿鸣园内，成立于 1978 年，隶属于靖远县文化局。1996 年建成博物馆新馆。内设办公室、文物保管部、社教宣传部、保卫部等 4 个部室。现有工作人员 10 人，其中专业技术人员 5 人。

该馆建筑面积约 1200 平方米，其中展厅面积 552 平方米、文物库房面积 36

平方米。举办有《靖远历史文物展》1个基本陈列，分为陶艺彩韵、瓷玉辉映、佛宝遗珍、翰墨飘香四个单元。现有馆藏文物1778件（套），其中一级文物1件（套），二级文物13件（套），三级文物313件（套）。以马家窑文化彩陶、佛教造像、书画为馆藏特色。

会宁县博物馆

会宁县博物馆位于会宁县会师镇会师路7号，成立于1990年10月，隶属于会宁县文化局。内设办公室、保卫部、业务部、宣教部、后勤部5个职能部门。现有职工15人（临时聘用8人），其中专业技术人员4人。

该馆建筑面积1500平方米，其中展厅面积840平方米，文物库房面积300平方米。举办有《会宁县博物馆馆藏书画精品展》和《会宁史前文物精品展》等2个基本陈列。现有馆藏文物10776件（套），其中一级文物12件（套），二级文物72件（套），三级文物658件（套）。以马家窑文化彩陶、清代宫廷和地方名人书画、早期猛犸象头骨化石等为馆藏特色。

该馆2008年列入首批享受中央财政专项补助经费的免费开放博物馆名单并向社会免费开放。

会宁红军长征胜利纪念馆

会宁红军长征胜利纪念馆位于白银市会宁县会师镇会师北路7号，其前身为1990年成立的三大主力红军会宁会师纪念馆，2005年11月更名为会宁红军长征胜利纪念馆，2006年10月新馆建成开放，隶属于会宁县红军会宁会师旧址管理委员会。现有工作人员14人。

该馆依托坐落在会宁县城中心占地4.3万平方米的会宁红军会师旧址，红军三大主力会宁会师是长征胜利结束的标志，是革命力量大团结的典范，是中国革命走向胜利的转折点和里程碑。现保存的会师遗址和纪念建筑群主要有：始建于明代洪武六年的历史古建筑红军会师楼（会宁西城门楼，原名西津门，1958年甘肃省人民政府将其更名为会师楼）、红军会师联欢会会址——文庙大成殿及保存较完整的红军领导人朱德、徐向前、贺龙、任弼时、聂荣臻、徐海东、陈赓等当年在会宁生活战斗过的历史遗址等，还有1986年后兴建的红军会师纪念塔、将帅

会宁红军长征胜利纪念馆

碑林等纪念建筑。

该馆是一座集文物陈列和现代化多媒体展示为一体的纪念性展馆，建筑面积3310平方米，其中展厅面积2800平方米，文物库房面积40平方米。举办有《红军长征胜利展》和《会宁红军长征胜利廉政教育展》等2个基本陈列。该馆现有馆藏文物1370件（套），其中一级文物5件（套），二级文物22件（套），三级文物80件（套）。主要是红军三大主力在会宁会师期间红军将士的战斗用品和生活用具，真实再现了红军当年会宁会师的历史事实。

1996年，国务院将以会师楼为主体的红军会宁会师旧址列为第四批全国重点文物保护单位。1997年，中宣部将红军会宁会师旧址列为"全国首批百个爱国主义教育示范基地"之一。红军会宁会师旧址，也是国家4A级旅游景区、新中国60大地标、全国廉政教育基地、全国30条红色旅游精品线路和100个红色旅游经典景区之一。该馆2008年列入首批享受中央财政专项补助经费的免费开放博物馆名单并向社会免费开放。2009年被评定公布为国家三级博物馆。

哈达铺红军长征纪念馆

哈达铺红军长征纪念馆位于陇南市宕昌县哈达铺镇，筹建于1978年9月，1985年10月正式建馆，2006年新馆建成开放，隶属于宕昌县文化体育局。内设办公室、接待宣传组、安全保卫组和财务组4个机构，工作人员8人，其中副研究馆员1人。

哈达铺南距宕昌县城35千米，北距岷县县城35千米，西距迭部腊子口70千米，中国工农红军第一、二、四方面军三大主力长征都经过此地。1935年9月18日，党中央率领红一方面军突破天险腊子口，占领哈达铺。20日下午，毛泽东、周恩来等中央领导到达哈达铺，从当地邮政代办所国民党报纸上获得陕北有红军和根据地的消息，做出了把红军长征的落脚点放在陕北的重大决策。9月23日，中央率陕甘支队离开哈达铺北上。1936年8月9日红四方面军第30军通过腊子口后占领哈达铺，25日红二方面军第6军进驻哈达铺。9月1日，红二方面军总指挥部及第2军到达哈达铺，到10月4日，相继北上。2001年6月，在国务院公布全国重点文物保护单位时称"哈达铺是决定中国工农红军长征命运的重要决策地"。

该馆共由五处红军长征旧址组成，其中红一方面军司令部及周恩来同志住室（同善社）占地面积374平方米，建筑面积380.5平方米。毛泽东、张闻天同志住室（义和昌药铺）占地面积1400平方米，建筑面积527平方米。红军干部会议会址（关帝庙）占地面积 2331 平方米，建筑面积 517 平方米。红二方面军总指挥部及贺龙、任弼石、刘伯承、肖克、关向应、李达同志住室（张家大院）占地面积 735 平方米，建筑面积 352 平方米。纪念馆建筑面积 4903 平方米，其中展厅面积 2400 平方米，文物库房面积 100 平方米。举办有《更喜岷山千里雪——红军长征在哈达铺系列展》、《哈达铺红军长征百将墨迹展》、《哈达铺游击队烈士生平展》等 3 个基本陈列。现有馆藏革命文物 317 件（套），其中一级文物 1 件（套），二级文物 12 件（套），三级文物 26 件（套）。并收藏有胡耀邦及张震、肖克、杨成武、杨得志、张爱萍等 7 位上将、22 位中将、77 位少将为纪念馆题词手迹 116 幅，省军级领导题词 30 余幅，国内知名人士题词 100 余幅，将军简历 106 篇，照片 80 余幅，哈达铺游击烈士生平简历 20 余篇。

该馆 1994 年被甘肃省委宣传部命名为甘肃省爱国主义教育基地。2000 年 5 月被甘肃省国防教育委员会命名为甘肃省国防教育基地，2001 年 6 月被中共中央宣传部命名为全国爱国主义教育示范基地，2001 年 6 月被国务院公布为全国重点文物保护单位。2004 年 12 月被甘肃省委党史研究室命名为全省党史教育基地。2008 年列入首批享受中央财政专项补助经费的免费开放博物馆名单并向社会免费开放。

礼县博物馆

礼县博物馆位于陇南市礼县大西街 28 号王府院内，成立于 1991 年 6 月 22 日，隶属于礼县文化体育局。其前身为 1952 年成立的礼县文化馆文物组，1986 年，礼县文化馆进行内设机构调整，成立文物组，从事文物的收藏、保护、陈列展览和管理工作，此时展厅设在礼县文庙大殿内。直至 1991 年 6 月，文物组从文化馆中分离出来，正式成立礼县博物馆。内设行政财务组、采集编辑组、讲解宣教组和保护管理组 4 个机构。现有编制 10 人，其中副研究馆员 1 人，馆员 2 人。

该馆建筑面积 530 平方米，其中展厅面积 278 平方米，文物库房面积 139 平方米。举办有《礼县博物馆馆藏文物展》1 个基本陈列。现有馆藏文物 3096 件（套），其中一级文物 75 件（套），二级文物 90 件（套），三级文物 241 件（套），以礼县大堡子山出土的先秦青铜器为馆藏特色。

广河县齐家文化博物馆

广河县齐家文化博物馆位于广河县城关镇西街 29 号，成立于 2007 年，隶属于广河县文化体育局。内设办公室、宣教部、业务研究部、保管部和保卫部，现有在职工作人员 17 人，其中专业技术人员 6 人。

该馆建筑面积 1850 平方米，其中展厅面积 850 平方米。文物库房面积 200 平方米。举办有《齐家文化展》《穆斯林民俗展》等 2 个基本陈列。现有馆藏文物 1600 件（套），其中一级文物 5 件（套），二级文物 42 件（套），三级文物 123 件（套）。以齐家文化陶器、玉器、民族民俗文物为馆藏特色。

该馆 2008 年列入首批享受中央财政专项补助经费的免费开放博物馆名单并向社会免费开放。

和政古动物化石博物馆

和政古动物化石博物馆位于和政县城关镇梁家庄新村，成立于 2003 年 9 月，隶属于和政县文化局。2009 年 1 月经临夏回族自治州编委核定为副县级事业单位，人员编制 25 人，内设办公室、业务科、安全保卫科 3 个职能科室。现有工作人员 62 人，其中专业技术人员 8 人。

博物馆共有两个展馆，其中一号展馆占地 19.2 亩，约 12787 平方米，建筑面积 3850 平方米，其中展厅面积 1600 平方米，库房面积 1900 平方米。二号馆占地面积 44 亩，建筑面积 4235 平方米，其中展厅面积 3176 平方米。举办有《和政四大古动物群生态复原展》1 个基本陈列。现馆藏各类古动物化石标本 30045 件，分属三纲八目 150 多个属种，其中一级重点保护古生物化石标本 43 件，二级重点保护古生物化石标本 176 件，三级重点保护古生物化石标本 804 件。和政羊、铲齿象、三趾马、披毛犀、埃氏马、巨鬣狗占据了六项世界之最，具有极高的展示、科研和科普价值。

该馆 2004 年被甘肃省委宣传部命名为甘肃省爱国主义教育基地，2008 年列入首批享受中央财政专项补助经费的免费开放博物馆名单并向社会免费开放。2009 年被评定公布为国家三级博物馆。

和政古动物化石博物馆

2010 年度甘肃省博物馆名录

属地	序号	名称	性质	地址
省直	1	甘肃省博物馆	文物	甘肃省兰州市七里河区西津西路 3 号
兰州市	2	大地湾博物馆	文物	甘肃省天水市秦安县五营乡
	3	兰州市博物馆	文物	甘肃省兰州市城关区庆阳路 240 号
	4	榆中县博物馆	文物	甘肃省榆中县城关镇兴隆路 307 号
	5	永登县博物馆	文物	甘肃省永登县城关镇体育三馆一中心
	6	皋兰县博物馆	文物	甘肃省皋兰县北辰路 168 号
	7	秦腔博物馆	文物	甘肃省兰州市城关区北滨河路金城关风情区
	8	兰州市非物质文化遗产陈列馆	文物	甘肃省兰州市城关区北滨河路金城关风情区
	9	永登鲁土司衙门博物馆	文物	甘肃省永登县连城镇连城村
	10	张一悟纪念馆	文物	甘肃省榆中县兴隆路 277 号
	11	八路军兰州办事处纪念馆	文物	甘肃省兰州市城关区酒泉路 314 号（甘南路 700 号）
天水市	12	天水市博物馆	文物	甘肃省天水市秦州区伏羲路 110 号
	13	天水市麦积区博物馆	文物	甘肃省天水市麦积区前进南路 7 号
	14	天水民俗博物馆	文物	甘肃省天水市秦州区民主西路 117 号
	15	秦安县博物馆	文物	甘肃省秦安县兴国镇新华街 42 号
	16	武山县博物馆	文物	甘肃省武山县城关镇宁远大道 21 号
	17	清水县博物馆	文物	甘肃省清水县永清镇永清路 97 号
	18	张家川回族自治县博物馆	文物	甘肃省张家川县滨河西路 6 号
	19	甘谷县博物馆	文物	甘肃省甘谷县大像山镇北大街 28 号
白银市	20	白银市博物馆	文物	甘肃省白银市白银区长安路 16 号
	21	靖远县博物馆	文物	甘肃省靖远县钟鼓楼北鹿鸣园戏台西侧
	22	景泰县博物馆	文物	甘肃省景泰县一条山镇西街 32 号
	23	红军西征胜利纪念馆	文物	甘肃省白银市平川区会展中心二楼
	24	会宁县博物馆	文物	甘肃省会宁县会师路 9 号（会师园内）
	25	会宁红军长征胜利纪念馆	文物	甘肃省会宁县会师路 7 号
武威市	26	武威市博物馆	文物	甘肃省武威市凉州区崇文街文庙内
	27	西夏博物馆	文物	甘肃省武威市凉州区崇文街 43 号
	28	武威市雷台汉文化博物馆	文物	甘肃省武威市凉州区北关中路 257 号
	29	民勤县博物馆	文物	甘肃省民勤县南大街大寺庙巷 14 号
	30	古浪县博物馆	文物	甘肃省古浪县昌松路文化大厦
	31	天祝藏族自治县博物馆	文物	甘肃省天祝县华藏寺镇天堂路 25 号
	32	凉州会谈纪念馆	文物	甘肃省武威市凉州区武南镇白塔村白塔寺内
	33	古浪战役纪念馆	文物	甘肃省古浪县公园路
	34	凉州四十里堡战役纪念馆	文物	甘肃省武威市凉州区永丰镇
	35	民勤防沙治沙纪念馆	文物	甘肃省民勤县薛百乡宋和村

属地	序号	名称	性质	地址
金昌市	36	金昌市博物馆	文物	甘肃省金昌市金川区公园路
	37	金昌市金川区镍都开拓者纪念馆	文物	甘肃省金昌市金川区金川公园内
	38	永昌保卫战纪念馆	文物	甘肃省永昌县
	39	永昌县博物馆	文物	甘肃省永昌县东街阁老府院内
张掖市	40	张掖市博物馆	文物	甘肃省张掖市县府街 86 号
	41	甘州区博物馆	文物	甘肃省张掖市甘州区民主西街大佛寺巷 6 号
	42	民乐县博物馆	文物	甘肃省民乐县府东街 6 号
	43	高台县博物馆	文物	甘肃省高台县城关镇解放北路 2 号
	44	高台县中国工农红军西路军纪念馆	文物	甘肃省高台县城关镇人民东路 47 号
	45	肃南裕固族自治县民族博物馆	文物	甘肃省肃南裕固族自治县红湾寺镇祁丰路 9 号
	46	临泽县博物馆	文物	甘肃省临泽县滨河南路
	47	山丹县艾黎捐赠文物陈列馆	文物	甘肃省山丹县清泉镇文化街 3 号
	48	张掖市甘州区西路军烈士纪念馆	文物	甘肃省张掖市甘州区大衙门街解放巷 14 号
	49	石窝会议纪念馆	文物	甘肃省肃南裕固族自治县红湾镇
	50	临泽梨园口战役纪念馆	文物	甘肃省临泽县滨河南路
酒泉市	51	酒泉市肃州区博物馆	文物	甘肃省酒泉市肃州区雄关路 177 号
	52	敦煌市博物馆	文物	甘肃省敦煌市阳关路 8 号
	53	玉门市博物馆	文物	甘肃省玉门市玉苑路 4 号
	54	瓜州县博物馆	文物	甘肃省瓜州县政府街 55 号
	55	金塔县博物馆	文物	甘肃省金塔县民主西路 12 号
	56	阿克塞县哈萨克族民俗博物馆	文物	甘肃省阿克塞县红柳湾镇团结南路风情园
	57	肃北蒙古族自治县民族博物馆	文物	甘肃省肃北县东大街 2 号
	58	安西战役纪念馆	文物	甘肃省瓜州县锁阳镇蘑菇台
	59	玉门市"铁人"王进喜纪念馆	文物	甘肃省玉门市赤金镇甘店子
嘉峪关市	60	嘉峪关长城博物馆	文物	甘肃省嘉峪关市峪泉镇文物景区内
	61	嘉峪关城市博物馆	文物	甘肃省嘉峪关市五一南路 1379 号
	62	嘉峪关新城魏晋壁画墓博物馆	文物	甘肃省嘉峪关市新城镇
平凉市	63	平凉市博物馆	文物	甘肃省平凉市东郊宝塔梁
	64	平凉市崆峒区博物馆	文物	甘肃省平凉市崆峒区东大街隍庙巷 5 号
	65	灵台县博物馆	文物	甘肃省灵台县荆山公园
	66	华亭县博物馆	文物	甘肃省华亭县文化街中段
	67	静宁县博物馆	文物	甘肃省静宁县人民巷成纪文化城院内
	68	界石铺毛泽东旧居纪念馆	文物	甘肃省静宁县界石铺镇继红村
	69	泾川县博物馆	文物	甘肃省泾川县城关镇安定街 5 号
	70	崇信县博物馆	文物	甘肃省崇信县新西街团结路 12 号
	71	庄浪县博物馆	文物	甘肃省庄浪县文化巷 10 号

属地	序号	名称	性质	地址
庆阳市	72	庆阳市博物馆	文物	甘肃省庆阳市西峰区北大街 15 号
	73	庆城县博物馆	文物	甘肃省庆城县中街普照寺巷 1 号
	74	华池县博物馆	文物	甘肃省华池县东山双塔森林公园
	75	正宁县博物馆	文物	甘肃省正宁县南街 7 号
	76	镇原县博物馆	文物	甘肃省镇原县文化广场
	77	环县博物馆	文物	甘肃省环县环江新区环江大道 102 号
	78	陇东民俗博物馆	文物	甘肃省庆阳市西峰区民俗文化村小崆峒风景区内
	79	陇东古石刻艺术博物馆	文物	甘肃省合水县西华北街乐蟠西路
	80	宁县博物馆	文物	甘肃省宁县新宁镇辑宁南路 16 号
	81	山城堡战役纪念馆	文物	甘肃省环县山城乡
	82	寺村塬革命纪念馆	文物	甘肃省正宁县五顷塬乡南邑村
	83	宁县革命历史纪念馆	文物	甘肃省宁县新宁镇庙嘴路
	84	屯子镇战役纪念馆	文物	甘肃省镇原县屯子镇东街
	85	包家寨革命纪念馆	文物	甘肃省合水县嵩嘴铺乡张举塬村
临夏回族自治州	86	临夏回族自治州博物馆	文物	甘肃省临夏市红园 5 号
	87	临夏市博物馆	文物	甘肃省临夏市环城东路 35 号
	88	临夏县博物馆	文物	甘肃省临夏县韩集镇前街 28 号
	89	和政古动物化石博物馆	文物	甘肃省和政县城关镇梁家庄新村
	90	积石山保安族东乡族撒拉族自治县博物馆	文物	甘肃省积石山县吹麻滩镇二环西路
	91	康乐县博物馆	文物	甘肃省康乐县城胭脂路一支路
	92	永靖县博物馆	文物	甘肃省永靖县黄河文化广场
	93	东乡族自治县民族博物馆	文物	甘肃省东乡县锁南镇东西大街 71 号
	94	广河县齐家文化博物馆	文物	甘肃省广河县城关镇西街 29 号
	95	康乐县革命纪念馆	文物	甘肃省康乐县胭脂路
	96	和政县肋巴佛纪念馆	文物	甘肃省和政县松鸣镇松鸣岩景区
甘南藏族自治州	97	甘南藏族自治州博物馆	文物	甘肃省甘南州合作市人民街 111 号文博大厦 3 楼
	98	合作市民俗博物馆	文物	甘肃省甘南州合作市人民街文宣大楼三楼
	99	洮州民俗博物馆	文物	甘肃省临潭县冶力关镇
	100	迭部腊子口战役纪念馆	文物	甘肃省迭部县腊子口镇
	101	舟曲县民俗博物馆	文物	甘肃省舟曲县城关镇
	102	临潭县革命纪念馆	文物	甘肃省临潭县新城镇
	103	碌曲县民俗博物馆	文物	甘肃省碌曲县玛艾镇
	104	玛曲县民俗博物馆	文物	甘肃省玛曲县尼玛镇
	105	夏河县民俗博物馆	文物	甘肃省夏河县拉卜楞镇
	106	卓尼县博物馆	文物	甘肃省卓尼县柳林镇
	107	杨积庆烈士纪念馆	文物	甘肃省卓尼县城关镇

属地	序号	名称	性质	地址
定西市	108	定西市博物馆	文物	甘肃省定西市安定区城关中华路 23 号
	109	定西市安定区博物馆	文物	甘肃省定西市解放路 63 号
	110	陇西县博物馆	文物	甘肃省陇西县巩昌镇文化广场 11 号
	111	临洮县博物馆	文物	甘肃省临洮县洮阳镇东大街 6 号
	112	通渭县博物馆	文物	甘肃省通渭县平襄镇西街 2 号县城中心文化广场
	113	渭源县博物馆	文物	甘肃省渭源县清源镇新街 19 号
	114	漳县博物馆	文物	甘肃省漳县城关镇武阳路中心街 4 号
	115	岷县博物馆	文物	甘肃省岷县和平街 102 号
	116	扶贫精神纪念馆	文物	甘肃省定西市安定区小北街
	117	陇右革命纪念馆	文物	甘肃省临洮县岳麓山公园内
	118	红军盐井纪念馆	文物	甘肃省漳县盐井乡盐井村
陇南市	119	陇南市武都区博物馆	文物	甘肃省陇南市武都区城关镇人民路莲湖公园内
	120	西和县博物馆	文物	甘肃省西和县中山北路
	121	礼县博物馆	文物	甘肃省礼县城关镇大西街 28 号
	122	两当县博物馆	文物	甘肃省两当县城关镇东街 25 号
	123	康县博物馆	文物	甘肃省康县城关中街 14 号
	124	徽县博物馆	文物	甘肃省徽县城关和平路中段（文化馆院内）
	125	成县博物馆	文物	甘肃省成县西大街莲湖边 2 号
	126	哈达铺红军长征纪念馆	文物	甘肃省宕昌县哈达铺镇上街村
行业民办	127	兰州战役纪念馆	行业	甘肃省兰州市华林路 529 号
	128	岷州会议纪念馆	行业	甘肃省岷县十里镇三十里铺村 135 号
	129	榜罗镇红军长征纪念馆	行业	甘肃省通渭县榜罗镇文峰村大背社 15 号
	130	两当兵变纪念馆	行业	甘肃省两当县城关镇
	131	南梁革命纪念馆	行业	甘肃省华池县南梁红色景区
	132	西北民族大学博物馆	行业	甘肃省兰州市城关区西北新村 1 号
	133	西北师范大学博物馆	行业	甘肃省兰州市安宁区安宁东路 967 号
	134	兰州大学博物馆	行业	甘肃省榆中县兰州大学校区
	135	甘肃中医学院中医药文化博物馆	行业	甘肃省兰州市城关区定西东路 35 号
	136	甘肃省钱币博物馆	行业	甘肃省兰州市东岗西路 698 号
	137	甘肃地质博物馆	行业	甘肃省兰州市城关区团结路 6 号
	138	兰州市地震博物馆	行业	甘肃省兰州市安宁区安宁西路 348 号
	139	永靖刘家峡恐龙博物馆	行业	甘肃省临夏州甘肃刘家峡恐龙国家地质公园
	140	天水成纪博物馆	民办	甘肃省天水市秦州区南郭寺山门后
	141	甘肃临洮马家窑彩陶博物馆	民办	甘肃省临洮县南关 1 号
	142	敦煌阳关博物馆	民办	甘肃省敦煌市阳关镇

第二节 藏品管理与文物鉴定

一、藏品管理

博物馆藏品包括历史上各时代重要实物、艺术品、文献、手稿、图书资料、代表性实物，以及具有科学价值的古脊椎动物化石和古人类化石等。藏品是国家的宝贵文化财产，是博物馆开展各项业务工作的物质基础。藏品管理工作在博物馆日常业务活动中具有举足轻重的地位，做好博物馆藏品管理工作，不仅要有必要的库房、设备和科学的保护方法，而且要有科学的管理方法，藏品管理包括用科学的方法管理库房和对藏品进行科学的鉴选、分类、登记、鉴定、分级、编目、建档等项工作。

中华人民共和国成立后，甘肃省各级党委政府及文物行政管理部门非常重视馆藏文物的保护与管理工作，相继颁布印发了一系列文件与法规。早在 1950 年 1 月，西北军政委员会就发出了《重视文物的保护与管理的通知》，这是新中国成立后人民政权在西北地区发出的第一个关于文物工作的通知，为甘肃省的文物藏品管理工作打下了良好的基础。1956 年 7 月，甘肃省人民委员会转发国务院《关于贯彻在工农业建设中保护文物的通知》，要求各地在工农业建设中做好文物

保护。后又根据国务院通知精神，发布《关于注意保护古文物的通知》，要求各地对辖区内文物进行一次普查，并分期分批公布文物保护单位。1959 年 3 月，兰州市人民委员会批转兰州市文化局《兰州市文物古迹保护办法》，这是甘肃省出台的首个地方性文物保护法规。1961 年，甘肃省人民委员会发出了《关于贯彻执行国务院进一步加强文物保护和管理工作指示的通知》。1962 年 12 月，甘肃省人民委员会批转了省文化局《关于当前文物保护管理工作的意见》。1964 年 9 月，甘肃省文化局向文化部呈报《甘肃省历史文物一级藏品简目》，详列甘肃省历史文物一级藏品 152 件。1971 年 9 月 24 日，甘肃省革命委员会发出《关于加强文物保护工作的通知》。1980 年 11 月，甘肃省人民政府发出了《关于保护历史文物的通告》。1981 年 11 月，甘肃省文化厅发出《关于认真贯彻落实省人民政府（81）266 号文件精神加强文物保护和管理工作的通知》。1988 年 7 月，甘肃省人民政府颁布《甘肃省馆藏珍贵文物安全管理暂行办法》。1997 年 10 月，甘肃省文物局发出《关于调查全省馆藏文物保护情况的通知》，决定对全省珍贵文物藏品的保管

现状进行调查并制定修复保护计划。1997年12月，甘肃省文物局发出《关于调查少数民族文物的通知》，开始对全省少数民族文物进行调查。

改革开放以来，国家文物行政管理部门根据国际文物管理工作的发展形势相继制定了一系列涉及藏品管理的政策法规。1978年1月20日，国家文物事业管理局颁发《博物馆藏品保管试行办法》和《博物馆一级藏品鉴选标准》（试行）。1981年，国家文物局部署了《全国一级文物藏品登记表》的填报工作。1986年6月19日，文化部颁布了《博物馆藏品管理办法》，明确规定了保管工作必须做到总制度健全、账目清楚、鉴定确切、编目详明、保管妥善、查用方便，为文物藏品的保管提出了总的要求。1987年2月3日，文化部又颁布了《文物藏品定级标准》，将馆藏文物定为国家一级、二级、三级、一般文物和文物资料等5个标准。1989年2月，文化部颁布《文物出口鉴定管理办法》。1998年，国家文物局颁布《文物复制暂行管理办法》。2003年5月，国家文物局印发《近现代文物征集参考范围》和《近现代一级文物藏品定级标准（试行）》。2005年10月，国家文物局印发《关于加强和改进馆藏文物保护管理工作的意见》。2006年1月，文化部颁布《博物馆管理办法》。2006年8月，文化部颁布《古人类化石和古脊椎动物化石保护管理办法》。2007年6月，国家文物局颁布《文物出境审核标准》。2007年7月，文化部颁布《文物进出境审核管理办法》。2009年10月，《文物认定管理暂行办法》正式施行。

2000年4月7日，甘肃省文物局印发《甘肃省各级博物馆藏品管理规章（试行）》，在馆藏文物的接收、鉴定、上账、编目、建档、库房管理、提用、注销、统计、保养、修复、复仿制等方面正式提出了严格规范的要求。统一印制了藏品总账、分类账、编目卡、出入库凭证，并于2000~2001年举办了三期全省藏品保管员培训班，对150名藏品保管员进行了藏品保管工作各环节的系统培训，为全省各级博物馆的藏品管理工作奠定了坚实的基础。

2001年，财政部和国家文物局启动"全国文物调查及数据库管理系统建设"项目。2002年6月，甘肃省被财政部、国家文物局确定为"全国文物调查及数据库管理系统建设"项目试点省之一。2003年3月，全省馆藏珍贵文物调查及数据采集工作全面展开，8月采集工作顺利结束，12月完成数据审核合成并按要求上报国家文物局。共调查全省111家文物收藏单位的110985件三级以上珍贵文物，采集馆藏文物文字数据108311条，二维影像图片141465幅，视频文件450个。建成

了省级文物数据中心，并实现与国家文物数据中心及省内二级节点——敦煌研究院的连通，开通了"甘肃文物"网站。通过此次信息化调查工作，基本摸清了全省国有文物收藏单位家底。

2004年7月，根据国家文物局《关于完善全国馆藏一级文物档案备案工作的通知》，组织完成了全省3240件一级文物纸质档案的备案任务。2007年，甘肃省文物局启动全省二、三级文物的建档备案工作，截止2010年底，已完成3万余件二、三级文物的建档备案工作。

2004~2005年，按照国家文物局统一部署，甘肃省组织开展了馆藏文物腐蚀损失调查项目，共调查了全省100家国有文物收藏单位馆藏文物中的金属、石质、陶瓷、纸质、纺织品、竹木漆器、其他（象牙、馆藏壁画、皮革、骨器等）七大类文物。并研究确定藏品数量较多、种类较齐全、基础工作较好的省博物馆、酒泉市博物馆和灵台县博物馆分别代表省、市、县三级博物馆作为重点调查单位，具体调查工作由省博物馆承担完成。通过调查，全面了解甘肃省馆藏文物，特别是一、二级文物的腐蚀程度及其保存管理现状，为"十一五"期间采取更有效的馆藏文物保护对策及进一步推广先进的文物防腐蚀措施，提供了科学依据和技术支持。

2004~2005年，平凉市博物馆被确定为全国博物馆保存环境标准化建设试点单位，先后完成博物馆标准化文物库房和文物陈列室设备设施、博物馆空调系统和恒温湿度远程控制系统、文物信息管理系统和文物科技养护中心设施设备等6大项15个子项目的建设任务，其中保存环境达标建设试点工作为全国馆藏文物保存环境建设积累了宝贵经验。

2007年，甘肃省文物局组织开展了全省革命文物收藏保护与利用情况专题调研，通过填写调查表和实地调研相结合的方法，摸清了甘肃省馆藏革命文物的数量、分布情况、保存现状以及利用等情况，为科学制定革命文物保护利用规划提供了可靠依据。

同时，甘肃省把加强馆藏文物保存环境建设纳入博物馆藏品管理工作的总体规划，积极探索馆藏文物保存环境建设新方法和新形式，分别在博物馆建筑、陈列展览、保存设施改造和预防性保护等方面取得了明显成效，促进了馆藏文物保护管理的科学性和高效性。在博物馆建筑上，甘肃省于2006年颁布了《甘肃省各级博物馆建设方案论证审核暂行办法》，相继对14个博物馆的新建、改扩建初设方案进行了论证审核，促进了文物库房、陈列展厅等的标准化和科学化建设，改变了以往"大展厅小库房"和综合库房的认识误区，注重加大文物库房面积，按照馆藏文物质地和类别设立文物分库房进行分库存放，在建筑上达到文物避光、防尘、通风、排湿等初步保护要求，把好馆藏文物保护的第一道关；在陈列展览方面，甘肃省于2007年颁布了《甘肃省各级博物馆陈列展览方案论证审核暂行办法》，在审核设计方案时注重对展柜制作工艺及使用材料、照明灯具选用等方面进行把关，既改善了文物展陈环境，又有效减轻了展出文物的自然损坏；在馆藏文物保存设施方面，自2006年起，甘肃省一方面积极协调省财政共投入700余万元，为15个博物馆的文物库房配备了保存柜架，为9个博物馆300余件一级文物配备了保险柜，为4260件珍贵文物配备了囊匣盒套等保管装具。另一方面组织各博物馆积极争取地方财政、多渠道筹措资金自行配备密集柜、木质柜、囊匣等保存设施。在馆藏文物预防性保护上，甘肃省在平凉市博物馆国家文物局馆藏文物保存环境达标试点项目取得的成功经验基础之上，编制了《馆藏文物保存环境试行规范》和《甘肃省各级博物馆藏品保存环境参考标准》，并根据其标准在省财政的支持下，为张掖市甘州区博物馆等文物库房安装了温湿度控制系统和有害气体检测系统。同时还编译了《博物馆环境》与《博物馆藏品保护和展览》两书，通过借鉴国外成熟的研究成果，在普及和提高中国博物馆馆藏文物预防性保护的知识和水平，快速推动中国博物馆馆藏文物预防性保护工作等方面做出了应有贡献。

二、馆藏文物鉴定定级

（一）甘肃省文物鉴定委员会

甘肃省文物鉴定委员会成立于1987年，是由甘肃省文物局设立的文物鉴定专业学术组织，其主要职责是负责对全省馆藏文物、社会流散文物、依法罚没查扣文物进行鉴定，为文物保护管理工作提供依据，为民间收藏提供鉴定咨询服务，协助各级文物收藏单位建立文物档案、依法实施馆藏文物的分级分类保护管理。鉴定委员会成立20多年来在全省馆藏文物、社会流散文物、涉案文物、文物艺术品拍卖标的鉴定以及学术研究、专业人才培养等方面做了大量工作。

2003年9月19日，甘肃省文物鉴定委员会召开全体鉴定委员会议。讨论修改了《甘肃省文物鉴定委员会章程》和鉴定委员成员名单。同时决定成立省文物鉴定委员会常务机构——文物鉴定站，其工作内容有：1.为地县博物馆及系统外的文物收藏单位鉴选珍贵文物和提供提供业务咨询服务。2.为公安、司法等部门涉案文物进行鉴定，并建立涉案文物鉴定档案。即设计制作统一的涉案文物鉴定档

甘肃省志

文物志

案，对每一批涉案文物的案由、文物详细情况等进行登记，拍照留存。在掌握全省涉案文物情况的同时，为今后涉案文物的移交做好基础工作。3. 为社会上的文物爱好者提供私人文物鉴定、咨询服务，并对民间收藏的珍贵文物拍照留存，以便于掌握了解民间收藏文物的基本情况。4.邀请省内或省外的专家举行文物鉴定知识等专题的培训讲座，为文博单位培养业务人员，提供智力学术支持。

甘肃省文物鉴定委员会鉴定站是省文物鉴定委员会日常工作机构，隶属于甘肃省文物局管理，并由甘肃省文物局于2009年3月起委托甘肃省文物商店进行日常管理。鉴定站办公地点位于兰州市西津西路3号甘肃省博物馆院内，除国家法定节假日及双休日外，鉴定站全年面向社会正常开展工作，鉴定站设工作人员2名，省财政每年安排5万元专项经费用于鉴定站工作支出。甘肃省文物鉴定委员会委员均为文物鉴定站鉴定专家，依据《甘肃省文物鉴定委员会章程》开展工作。

甘肃省文物鉴定委员会自成立以来，按照甘肃省文物局统一安排部署，积极参与全省文物系统馆藏文物鉴定定级工作，为藏品规范化管理奠定了坚实基础。省文物鉴定委员会分别在1996年配合国家文物鉴定委员会开展了全省馆藏一级文物的鉴定确认工作，在2000年配合开展了全省馆藏一级革命文物的鉴定工作。为配合馆藏珍贵文物调查及数据库管理系统建设试点项目又于2002年开展了全省馆藏二、三级文物的鉴定定级及新增一级文物的确认等工作。同时，积极参与完成全省流散文物征集方案评审、基层博物馆拟征集文物鉴定和民办博物馆藏品鉴定等工作，并配合司法部门开展涉案文物的鉴定工作和文物艺术品拍卖标的的审核，为甘肃省文物保护管理工作做出了重要贡献。2005年以来共鉴定评估各级博物馆纪念馆拟征集社会流散文物7653件、鉴定涉案文物4748件、鉴定文物拍卖标的8922件。

根据全省文化遗产工作发展的实际需要，于2009年对省文物鉴定委员会委员进行了调整。调整后，共有鉴定委员16人。

甘肃省文物鉴定委员会成员名单
（2009年3月）

主　　任：杨惠福

副主任：张正兴　白　坚

委　　员：初世宾　郎树德　赵之祥

　　　　　董玉祥　贾建威　张东辉

　　　　　尹德生　张　行　王　辉

　　　　　颉光普　王　勇　赵雪野

　　　　　王　琦　周广济　李天铭

　　　　　王南南

第三章

博物馆与可移动文物管理

（二）馆藏文物鉴定定级

博物馆工作中，馆藏文物的管理工作是基础，而文物的鉴定又是馆藏文物管理工作的一个重要组成部分，它直接影响到博物馆丰富藏品的征集工作开展得如何，直接影响着其他各项业务工作的进行，成为衡量博物馆工作成绩的一个重要尺度。

1996年，国家文物局组织国家鉴定委员会专家组对甘肃省一级文物进行了鉴定确认，当时确认甘肃省一级文物数量为1754件。2000年8月，国家文物局又组织专家对甘肃省一级革命文物进行了确认，共遴选一级革命文物106件。

2002年，为配合馆藏珍贵文物调查及数据库管理系统建设试点项目，甘肃省文物局组织省文物鉴定委员会专家对全省111家文物收藏单位的馆藏文物进行了统一鉴定，同时对各地新增一级文物进行了鉴定确认。共鉴定确认全省文博系统的99家文物收藏单位三级以上珍贵文物11万余件，为馆藏文物的调查和数据采集奠定了基础。此次新增一级文物1486件，使甘肃省一级文物总数达到3240件，位居全国前列。

三、社会流散文物征集

社会流散文物又称传世文物，是指除国家文物收藏机构馆藏文物之外广泛流传于社会民间的文物。社会流散文物征集是博物馆的重要职能，也是充实博物馆馆藏的主要途径之一。

为了加强对社会流散文物的保护和管理，1950年5月24日，中央人民政府政务院颁布《禁止珍贵文物图书出口暂行办法》。1960年9月24日，国务院发布《关于改变文物商业的性质和管理体制的方案》的批复，实施文物商业归口经营。1973年11月16日，外贸部、商业部、国家文物事业管理局发布《关于加强从杂铜中拣选文物的通知》。1974年12月16日，国务院批转了外贸部、商业局、国家文物事业管理局《关于加强文物商业管理和贯彻执行文物保护政策的意见》。1982年11月，《中华人民共和国文物保护法》颁布，对私人收藏文物列专章作了政策规定，1991年6月全国人大常委会审议通过《全国人民代表大会常务委员会关于惩治盗掘文化遗址古墓葬犯罪的补充规定》，加强了社会流散文物管理的执法力度。1987年11月27日，最高人民检察院、最高人民法院《关于办理盗窃、盗掘，非法经营和走私文物的案件具体应用法律的若干问题的解释》，明确了查处文物犯罪活动的量刑标准。1987年6月，文化部发布《文物商店向国内群众销售文物的试行办法》。1987年4月1日，财政部发布《关于执法机关依法没收的国家禁止出口的文物无偿交由专管机关处理的通知》，处理罚没文物移交工作有了规定。1989年2月27日，文化部发布《文物出口鉴定管理办法》，明确出境文物标准。1992年5月3日，国家文物局、国家工商行政管理局、公安部、海关总署发布《关于加强文物市场管理的通知》，明确规定1911~1949年间制作、生产、出版的文物监管物品经批准后可以在旧货市场销售。1993年10月，国家文物局印发《关于制止古生物化石走私的通知》。2001年9月，国家文物局印发《关于整顿和规范文物市场秩序的通知》。

甘肃省历来重视社会流散文物的征集工作，依据1960年国务院文物商业归口经营的相关规定和要求，1978年9月成立了甘肃省文物商店，按照"归口经营、统一收购、统一价格、加强管理"的原则，实行归口管理和直管专营，负责征集社会流散文物，并有计划地为国有博物馆、科研单位提供藏品和资料。自成立以来，先后向国有文物收藏单位提供藏品400余件（套），为抢救保护珍贵文物、充实国有博物馆馆藏做出了积极贡献。

1985年起省级文物保护专项经费中设立流散文物征集省级补助经费，从最初的每年5万元，增至每年80万元，增长了15倍。为确保征集文物质量，甘肃省实行流散文物征集专家把关制度，从1997年起，每年度组织专家对全省博物馆纪念馆的流散文物征集方案进行审核评估，对珍贵文物、能填补馆藏空白或缺环文物、能上展览的文物，给予适当的经费补助。

如果征集文物价值较高、数量较多又成体系，则由甘肃省文物局从国家文物局或省财政申请专项补助经费。同时，各级文物收藏单位也多渠道筹措资金，积极开展社会流散文物征集工作，逐步充实馆藏。

据不完全统计，1997~2010年，甘肃省各级文物收藏单位共征集文物10000余件。其中，甘肃省博物馆征集的战国时期青铜兵器、金银饰件，灵台县博物馆征集的先周青铜器，岷县博物馆征集的明代象牙印，天祝藏族自治县博物馆征集的明清佛教造像，崆峒区博物馆征集的元代青铜狻猊，都是不可多得的珍品。尤其是新征集的东乡族、保安族、撒拉族、裕固族等人口较少民族的民族民俗文物，对抢救和弘扬少数民族文化、保存文化的多样性、巩固和增进民族团结具有重要意义。各级博物馆还通过文物移交、接受捐赠、拣选等方式抢救保护了一大批珍贵文物，补充了馆藏，有效防止了文物流失。

第三章

博物馆与可移动文物管理

第三节　陈列展览

中华民国时期，甘肃省文物陈列展览不多，社会影响力也不大。兰州及省内部分地区的科学教育馆、民众教育馆、古物陈列室等具有博物馆性质的文物陈列机构，部分承担文物展览的职能。民国二十八年（1939年），中英庚子赔款董事会在甘成立甘肃省科学教育馆。民国二十五年（1936年），永登县成立民众教育馆，设有体育场、游艺室、茶园、阅览室等，并存有《四库备要》等书刊。民国十年（1921年），静宁县成立民众教育馆，负责文物保管，开展图书阅览等工作。泾川县、灵台县亦分别成立古物陈列所和民众教育馆。其中，灵台县民众教育馆古物陈列室曾将馆藏文物34件集中展示，供观众参观。甘肃真正意义上的博物馆陈列展览工作迄自中华人民共和国成立。

一、中华人民共和国成立至"文化大革命"前

中华人民共和国成立后，掀起了博物馆建设高潮，博物馆数量迅速增长，陈列展览数量相应增加，展览质量也有了较大提升。1950年4月，原国立甘肃科学教育馆更名为西北人民科学馆，并举办了《从猿到人》、《农业科学》和《卫生》等展览，为甘肃建国后首次举办展览。1952年，为加强文物的保护与管理，成立了甘肃省文物管理委员会。为庆祝中华人民共和国成立三周年暨天兰铁路通车，1952年10月，甘肃省文物管理委员会在兰州五泉山第一次举办文物展，共展出各类珍贵文物1800余件。1953年3月，甘肃省文物管理委员会与西北历史文物陈列馆在西安市联合举办《麦积山石窟与炳灵寺石窟艺术展览》。同年，甘肃省博物馆筹备处相继举办《党的过渡时期的总路线》、《甘肃历史文物》、《甘肃自然富源》、《甘肃革命文物》等展览。1954年2月15日，甘肃省博物馆筹备处举办了《社会主义总路线展览》。为配合兰新铁路建设，甘肃省文物管理委员会组织专业人员对古浪、武威、永昌沿线的古墓葬群进行了清理发掘，共发掘出土文物1073件，并以此为基础于1954年在武威举行了文物展览，参观人数达13500余人。同年，甘肃省博物馆筹备处举办《古代生产工具发展史》和《老虎》展。1955年2月7日，甘肃省博物馆筹备处举办的《矿产资源展览会》开展。1959年9月，甘肃省博物馆新馆建成，并举办《甘肃省十年建设成

《甘肃省十年建设成就展览》在甘肃省博物馆开幕

所在北京故宫弘义阁举办《庆祝建国十周年敦煌莫高窟安西榆林窟艺术展览》，共展出壁画临摹品及照片 313 件。1960 年，敦煌文物研究所在故宫博物院举办《敦煌艺术展览》，展出展品 420 件。1961 年 9 月，敦煌文物研究所在北京故宫举办《敦煌飞天、供养人专题展览》。1962 年 2 月，敦煌文

就展览》，展览面积 1500 平方米；全国人大常委会副委员长班禅额尔德尼确吉坚赞莅临参观。

这一时期，敦煌文化宣传弘扬是甘肃省文博单位举办的文物展览的亮点和特色。1951 年 4 月 10 日，敦煌文物研究所（敦煌研究院前身）与中央历史博物馆联合在北京天安门内午门前举办《敦煌文物展览会》，共展出莫高窟壁画摹本 900 余幅以及彩塑等各种文物共 1119 件，这是敦煌文物研究所成立以来举办的首次展览。1952 年 9 月，敦煌文物研究所在兰州举办《敦煌壁画临摹作品展》。1955 年 9 月，敦煌文物研究所与故宫博物院联合在北京故宫奉先殿举办第二届《敦煌艺术展览》，其中展出了莫高窟第 285 窟原人的整窟壁画模型及一批莫高窟壁画摹本。1959 年 10 月，敦煌文物研究

1951 年 8 月，《敦煌文物展览》在北京故宫午门楼展出，这是敦煌文物研究所成立以来举办的第一次展览。图为该所工作人员合影

物研究所在上海与中国美术家协会上海分会、上海博物馆联合举办《敦煌艺术展览》、《敦煌服饰》、《敦煌图案》三个专题展览。

二、"文化大革命"时期

"文化大革命"时期，甘肃省各级博物馆文物陈列展览工作受到了一定的冲击。因当时的政治宣传形势需要，这一时期的陈列展览主题主要为政治题材，虽然展览主题的手段单一但时代特征明显。1966年，甘肃省博物馆举办《毛主席的好工人——尉凤英》、《抗大校史》、《毛主席思想万人宣传队》等展览。1968年8月，甘肃省博物馆革命委员会举办了《毛泽东思想照亮了安源工人》和《白求恩大夫》展览。1969年，甘肃省博物馆举办《打到新沙皇展》。1970年，甘肃省博物馆举办《甘肃省增产节约新成就展览》。1971年，甘肃省博物馆举办《纪念巴黎公社一百周年》展览。1972年冬天，嘉峪关市在嘉峪关关城举办《魏晋墓出土文物展览》。为展示居延考古新成果，1973年，甘肃省革命委员会政治部举办了《居延遗址考古调查成果汇报展览》。同年，甘肃省博物馆首次选调文物参加国家文物事业管理局组织的《中华人民共和国出土文物展览》，先后赴欧洲、美洲、亚洲等多个国家展出。1975年，甘肃、青海两省联合在甘肃省博物馆举办《阶级起源展览》。1976年，甘肃省博物馆举办《毛主席在我们心中》图片展览。1976年9月，甘肃省革命委员会政治部及省文化局抽调人员组成革命文物调查组，对红军长征在甘肃境内遗存的文物进行了首次全面调查、征集工作，并在此基础上举办了《红军长征过甘肃革命文物展览》。1977年8月，甘肃省博物馆举办《红军长征过甘肃四十周年革命文物展》。

工农兵参观《长征》展览

三、改革开放后

改革开放后，甘肃省各级博物馆根据自身馆藏文物的特点，逐步建立起特色陈列展览体系，不断推出具有不同地域特点的文物陈列展览，在社会主义两个文明建设中发挥了重要作用。1981年，甘肃省博物馆举办《馆藏书画展览》。同年5月，甘肃省博物馆与新疆维吾尔族自治区博物馆在兰州联合举办《新疆古尸展览》。1983年3月，甘肃省博物馆举办《马克思生平事迹展》。1984年8月，文化部文物事业管理局在兰州召开全国博物馆整顿改革工作座谈会，期间，甘肃省博物馆举办《甘肃历史文物展览》、《甘肃文物精品展》、《黄河古象专题展览》。同年10月，为庆祝中华人民共和国成立35周年，甘肃省博物馆与敦煌研究院联合举办《敦煌壁画展览》。1985年9月，兰州市博物馆举办《中国历代货币展览》，展出各种货币2700余枚。1985年12月，中共甘肃省委宣传部、省文化厅、省公安厅在兰州联合召开全省文物工作会议；会议期间，甘肃省博物馆举办《全省各地文物珍品汇报展览》、《打击文物走私犯罪展》、《长城》等展览。1986年8月，全国最早的地质博物馆之一——甘肃地质博物馆复馆开放，举办《甘肃地质》、《甘肃矿藏》、《宇宙与地球》等专题展览，展出标本1655件。同年，甘肃省博物馆举办《于右任书法真迹展览》、《红军长征胜利会师50周年六省（江西、湖南、贵州、四川、甘肃、

陕西）文物资料联展》和《馆藏历代书画展览》3个展览。1988年5月，甘肃省博物馆与青海省博物馆联合举办《藏族与内地关系史文物展》；8月，甘肃省博物馆举办《甘肃省首届民间、民俗美术展》。9月，甘肃省博物馆与中国历史博物馆在北京联合举办《甘肃丝绸之路文物展》。

进入20世纪90年代后，随着全省博物馆事业的蓬勃发展，各级各类博物馆陈列展览数量持续增加，影响日益扩大。1991年7月1日，中共甘肃省委组织部、宣传部、党史研究室、省文化厅、省博物馆联合举办《中国共产党甘肃新民主主义革命史展览》。1992年9月，首届"丝绸之路节"在兰州举行，甘肃省博物馆适时推出《丝绸之路甘肃文物精华展》、《甘肃省民间民俗艺术展》、《甘肃省美术、书法、摄影展》、《武威、古浪明清水陆画展》、《麦积山雕塑艺术展》，共陈列馆藏历史文物精品1200件，在社会上产生了

甘肃省博物馆《黄河古象展》

《敦煌壁画展》《甘肃自然富源展》《甘肃美展》开幕式

较大的反响。兰州市博物馆举办《丝路重镇兰州历史文物展览》。1994年9月，第四届中国艺术节在兰州举办，期间甘肃省博物馆共主办和联办39个展览，计有《丝绸之路甘肃文物精华展》《甘肃美术摄影雕塑展》《馆藏明清近代书画珍品展》《丝绸古道寻梦画展》《天王一周画展》《甘肃十年社会事业发展成就展》《甘肃自然资源展》《嘉峪关魏晋壁画展》等，接待30余位领导和国外来兰州参加艺术节的贵宾，观众达6万人次；同年8月，甘肃省博物馆举办《纪念抗日战争和世界反法西斯战争胜利五十周年图片展》；同年10月，甘肃省博物馆与哈达铺红军长征纪念馆联合举办《红军长征百将墨迹展》。1997年5月，由中共甘肃省委宣传部主办，省科委、四川歌乐山革命纪念馆和甘肃省博物馆承办的《红岩魂——白公

甘肃省博物馆举办纪念《抗日战争和世界反法西斯战争，胜利五十周年》图片展

馆渣滓洞革命烈士斗争史展览》在甘肃省博物馆开幕，展览期间观众达7.5万人次；8月，甘肃省博物馆与北京民族文化宫合作举办《历代达赖、班禅敬献中央礼品展》交流展；9月25日，八路军驻兰州办事处纪念馆举办《祁连魂——红西路军征战史展览》开展，省市主要领导出席开幕仪式。9月28日，中共甘肃省委宣传部与省文物局联合举办《庆祝建国50周年甘肃新发现文物精品展》共调集全省14个地、州、市有关博物馆的文物精品500余件参展。

进入21世纪后，甘肃省各级博物馆改变思路，除了继续办好本地本单位展览外，积极采取"引进来"和"走出去"两种手段，一方面把国内外优秀展览引进甘肃，另一方面组织特色文物专题展览。推向省外和国（境）外，提升甘肃文物在国内外影响力。2008年博物馆免费开放政策实行后，地方博物馆办展积极性高涨，推出一系列具有地域特色的文物展览。2000年，为庆祝敦煌藏经洞发现100周年，甘肃省在北京和省内举办了一系列展览活动，产生了较大的影响。2000年7月4日，由国家文物局、甘肃省人民政府主办的《敦煌艺术大展》在中国历史博物

馆（现国家博物馆）开幕，后获 2000 年度全国博物馆十大陈列展览精品奖和全国十大陈列展览精品最佳综合效益奖。7 月 15 日，甘肃省人民政府主办的《敦煌藏经洞发现百年特别展》在甘肃省博物馆开幕。展览共展出历代壁画临本 20 幅、彩塑临品 5 件、绢画摹本 47 幅、写经真迹 40 余幅。7 月 30 日，甘肃省文物局在莫高窟举行敦煌藏经洞陈列馆陈列展揭幕仪式，展览作为常设陈列向游客开放。2001 年 6 月，甘肃省文物局主办的《光辉的历程——纪念中国共产党成立八十周年特别展》和《纪念建党八十周年甘肃文博系统书画摄影展》在省博物馆开幕；8 月，甘肃省博物馆举办《台北故宫博物院珍藏书画展》；12 月，甘肃省博物馆在

纪念敦煌藏经洞发现 100 年特别展开幕

甘肃省博物馆彩陶展

广州市博物馆举办《丝绸之路奇珍——甘肃省文物精品展》。2004年8月12日，甘肃省文物局和兰州市文化出版局联合主办的《人民之子——邓小平诞辰100周年图片展》在兰州市博物馆开幕。8月15日，甘肃省人民政府和国家文物局在敦煌莫高窟举办"敦煌研究院成立60周年暨常书鸿先生诞辰100周年纪念活动"，敦煌研究院院史陈列馆开馆。2006年12月，甘肃省博物馆新展览大楼落成暨开馆庆典活动在省博物馆举行，《甘肃丝绸之路文明展》、《甘肃彩陶展》、《甘肃古生物化石展》等3个基本陈列对社会开放；这三个展览后获第七届（2005~2006年度）全国博物馆十大陈列展览精品奖。

2007年8月12日，中共甘肃省委宣传部、省文联、省文物局、中国书法家协会和兰州市人民政府联合主办的《守望敦煌——甘肃书法展》在北京中国美术馆开幕，展品包括8组99枚汉简书法作品和敦煌藏经洞出土的写经真迹15卷；8月23日，作为段文杰先生从事敦煌文物和艺术保护研究60周年纪念活动内容之一的《敦煌之梦——段文杰先生从事敦煌艺术保护研究60年纪念展》在敦煌研究院兰州分院敦煌艺术馆开幕；10月，甘肃省文物局主办、省文物商店承办的《清代百名进士墨迹展》在省文物商店开幕；同年，甘肃省博物馆赴广州博物馆举办

《瀚海驼铃——甘肃绿洲文明展》并引进广州市博物馆《清代广州外销艺术品展》浙江省博物馆《黄宾虹书画精品展》、《红山玉韵——甘肃特展》。2008年1月11日，甘肃省文物局在省博物馆举办《移动的壁画——甘肃水陆画精品展》，展出从河西地区民乐、山丹、武威、庄浪等5个博物馆已修复的水陆画中遴选出的54幅水陆画；同年8月，甘南藏族自治州博物馆新馆开馆，举办有《甘南州历史文物展》、《民俗文物展》和《非物质文化遗产成果展》等展览；同年，甘肃省博物馆赴广州艺术博物院举办《甘肃雕刻艺术文物展》。同年6月，甘肃省文物局在省博物馆举办《甘肃省明长城资源调查成果展》。2009年，甘肃省博物馆联合西北五省(区)六家博物馆举办《丝绸之路——大西北遗珍》展，引进新疆维吾尔自治区博物馆《天山南北古道遗珍——新疆丝绸之路文物精华展》江西省博物馆《新干大洋洲文物精品展》吉林博物院《张大千书画精品》展云南民族博物馆《彩云之南》展，并在江西省博物馆举办《甘肃佛教艺术展》。2010年，甘肃省博物馆在"非洲文化聚焦·津巴布韦文化周"期间举办《造化神秀——津巴布韦石雕艺术展》；同年，甘肃省博物馆《庄严妙相——甘肃佛教艺术展》获第九届（2009~2010年度）全国博物馆十大陈列展览精品奖。

甘肃省志

文物志

附表　甘肃省各级博物馆举办陈列展览一览表

(截至 2010 年 12 月)

名　称	陈列展览
甘肃省博物馆	《从猿到人》(1950 年 4 月)、《农业科学》(1950 年 4 月)、《卫生》(1950 年 4 月)、《总路线展览》(1954 年 2 月)、《甘肃历史文物展览》(1956 年)、《甘肃省十年建设成就展览》(1959 年 10 月)、《甘肃省阶级教育展》(1965 年 9 月)、《毛泽东思想照亮了安源工人》(1968 年 8 月)、《白求恩大夫》(1968 年 8 月)、《黄河古象展》(1974 年)、《红军长征过甘肃革命文物展览》(1976 年 9 月)、《红军长征过甘肃四十周年革命文物展》(1977 年 8 月)、《甘肃历史文物展览》(1979 年)、《新疆古尸展览》(1982 年 5 月,与新疆维吾尔族自治区博物馆联办)、《马克思生平事迹展》(1983 年 3 月)、《敦煌壁画展览》(1985 年 10 月,与敦煌研究院联办)、《于右任书法真迹展览》(1986 年 9 月)、《红军长征胜利会师 50 周年六省文物资料联展》(1986 年 10 月)、《馆藏历代书画展览》(1986 年 10 月)、《藏族与内地关系史文物展》(1988 年 5 月,与青海省博物馆联办)、《丝绸之路——甘肃文物珍品展》(1988 年 9 月,与中国历史博物馆在北京联办)、《甘肃省首届民间、民俗美术展》(1989 年 8 月)、《甘肃丝绸之路文物展》(1989 年 9 月,与中国历史博物馆在北京联办)、《全省文物普查成果展》(1990 年)、《日本秋田中国兰州水墨画联展》(1990 年)、《中国共产党甘肃新民主主义革命事史展览》(1991 年 7 月)、《馆藏历年征集文物展》(1991 年)、《丝绸之路——甘肃文物精华展》(1992 年)、《麦积山雕塑艺术展》(1992 年)、《甘肃省民间民俗艺术展》(1992 年)、《兰州环境保护展》(1993 年)、《兰州科技成果展》(1993 年)、《嘉峪关魏晋壁画展》(1994 年 9 月)、《甘肃自然资源展》(1994 年 9 月)、《甘肃十年社会事业发展成就展》(1994 年 9 月)、《丝绸古道寻梦画展》(1994 年 9 月)、《馆藏明清近代书画珍品展》(1994 年 9 月)、《甘肃美术摄影雕塑展》(1994 年 9 月)、《纪念红军长征胜利暨会宁会师 60 周年百名将军书题(名)展》(1996 年)、《故宫清代宫廷文物展》(1997 年)、《历代达赖班禅敬献中央礼品展》(1997 年)、《红岩魂——白公馆渣滓洞革命烈士斗争史展》(1997 年)、《甘藏历代陶瓷精品展》(1998 年)、《周恩来百年诞辰纪念书画展》(1998 年)、《庆祝建国 50 周年甘肃新发现文物精品展》(1999 年 9 月)、《敦煌藏经洞发现百年特别展》(2000 年)、《光辉的历程——纪念中国共产党成立八十周年特别展》(2001 年)、《台北故宫博物院珍藏书画展》(2001 年)、《甘肃彩陶艺术展》(2006 年)、《古丝绸之路文明展》(2006 年)、《甘肃古生物化石展》(2006 年)、《馆藏金铜佛像展》(2006 年)、《馆藏书画精品展》(2006 年)、《黄宾虹书画艺术展》(2007 年)、《甘肃精神展览》(2007 年)、《海外遗珍——红山玉韵甘肃特展》(2007 年)、《众志成城——抗震救灾图片展》(2008 年)、

名　称	陈列展览
甘肃省博物馆	《江西新干大洋州文物精品展》（2009年）、《天山南北·古道遗珍——新疆丝绸之路文物精华展》（2009年）、《中国档案珍品展》（2009年）、《丝绸之路——大西北遗珍展》（2009年）、《张大千书画精品展》（2009年）、《彩云之南展》（2009年）、《造化神秀——津巴布韦石雕艺术展》（2010年）、《庄严妙相——甘肃佛教艺术展》（2010年）
敦煌研究院	《敦煌文物展览》（1951年4月，与中央历史博物馆联展）、《敦煌壁画临摹作品展》（1952年9月）、《敦煌艺术展览》（1955年9月）、《庆祝建国十周年敦煌莫高窟安西榆林窟艺术展览》（1959年10月）、《敦煌飞天、供养人专题展览》（1961年9月）、《敦煌艺术展览》（1962年2月，与中国美术家协会上海分会、上海博物馆联展）、《敦煌服饰》（1962年2月，与中国美术家协会上海分会、上海博物馆联展）、《敦煌图案》（1962年2月，与中国美术家协会上海分会、上海博物馆联展）、《敦煌艺术大展》（2000年）、《敦煌研究院院史陈列展》（2004年）、《敦煌之梦——段文杰先生从事敦煌艺术保护研究60年纪念展》（2007年）、《盛世和光——敦煌艺术大展》（2008年1月）
兰州市博物馆	《兰州历史文物陈列》
榆中县博物馆	《榆中县馆藏古字画展》
天水市博物馆	《汉唐丝绸之路文物展》、《馆藏明清名人书画展》(1993年)、《天水市历史文物展》(1995年)、《天水市近年出土文物展》、《馆藏文物精品展》
秦安县博物馆	《成纪八千年——秦安历史文物精品陈列》、《秦安民间民俗艺术展》、《馆藏文物精品图片展》、《国家文物局帮扶成果展》、《馆藏文物精品图片展》
麦积区博物馆	《羲皇故里风情展》
张家川回族自治县博物馆	《爱我家乡历史文物展》、《迎香港回归馆藏书画精品展》、《馆藏碑拓展》、《五十年县庆历史文物展》
靖远县博物馆	《靖远历史文物陈列展》
会宁县博物馆	《会宁县文物精品展》、《笔墨丹青400年——会宁县馆藏书画展》
永昌县博物馆	《西路军在永昌革命文物展》
嘉峪关市长城博物馆	《中华之魂——长城历史文化陈列展》、《伟大的长城》、《冷兵器展》、《长城书画展》、《武威西夏文物展》、《魏晋墓出土文物展》、《嘉峪关出土文物巡回展》
平凉市博物馆	《文华物宝——平凉历史文物精品展》《丝路遗珍——平凉佛道教文物艺术展》、《中国通史展》、《历代碑刻展》、《历代书画展》、《陇东皮影艺术展》、《平凉文物陶瓷器精品展》

名　称	陈列展览
灵台县博物馆	《灵台文物陈列》、《灵台文物展》、《灵台历史文化巡礼——通史文物陈列》、《灵台县文物普查成果汇报展》(1988年)、《灵台佛教文物展》(1989年)、《灵台县民间工艺品展》(1992年)、《灵台县书法、绘画、篆刻展》(1995年)、《灵台县馆藏书画精品特展》(1998年)、《灵台县个人收藏艺术品展》(2000年)、《王锡龄先生捐献文物展》(2002年)
华亭县博物馆	《珍贵铜像展》
泾川县博物馆	《泾川县馆藏珍贵文物展》
崇信县博物馆	《崇信历史文物展》、《馆藏名人书画展》
庆阳市博物馆	《庆阳历史文物展》、《庆阳历史文物展》、《古钱币展览》(1993年)、《皮影艺术展》(1993年)、《齐万祥先生收藏书画展》(1996年)、《全区馆藏古字画展》(1996年)、《昆虫、蝴蝶标本临时科普展》(2005年)
西峰区博物馆	《庆阳农耕文化史展览》、《庆阳民居展览》、《农耕器具展览》、《民艺精品展览》、《历史文物展览》
华池县博物馆	《华池历史文物展览》、《双塔寺出土文物展览》
镇原县博物馆	《镇原历史文物展》、《古钱币展》（1993年）、《文物精品展》（1994年）、《古铜镜展》（1995年）、《新石器时代文物展》（1996年）、《古字画展》（1997年）、《毛泽东像章展》（1998年）、《赝品展》
陇东古石刻艺术博物馆	《陇东古石刻造像艺术展》
宁县博物馆	《宁县历代综合文物展》、《唐俑精品展》、《古幽文物展》
武都区博物馆	《武都文物精品展》、《武都历史文化展》
武威市博物馆	《西夏文物精品展》、《武威馆藏水陆画展》、《武威馆藏佛教造像展》、《武威馆藏清代屏风展》、《武威简史陈列》、《石刻陈列》、《书画陈列》、《武威历代文物精品展》、《武威馆藏名人书画展》
酒泉市博物馆	《酒泉文物精品展》
敦煌市博物馆	《敦煌历史文物展览》、《敦煌汉代长城展》
甘南藏族自治州博物馆	《甘南历史文物展览》、《红军长征过甘南》
临夏回族自治州博物馆	《临夏彩陶艺术》、《临夏民族文物》、《临夏出土文物展》、《临夏彩陶》、《临夏古代文化》、《临夏古动物化石》、《金代砖雕》
东乡县县博物馆	《东乡历史文物展》、《东乡民族文物展》、《东乡古动物化石展》、《东乡民族服饰展》
积石山县博物馆	《民族民俗文物展览》、《历史文物展览》
八路军驻兰办事处纪念馆	《旧址原状陈列》、《八路军驻甘办事处与甘肃抗战》、《兰州空战》、《中国工农红军西路军征战史》
会宁红军长征胜利纪念馆	《红军长征胜利》

第四节　可移动文物保护修复

一、可移动文物保护科技机构

甘肃省可移动文物科技修复工作自民国时期即已发轫。时任国立甘肃科学教育馆馆长袁瀚青即为中央大学化学系教授，在该馆创建文物化学实验室。20世纪60年代，甘肃省博物馆组建文物保护实验室，不仅承担本馆馆藏文物的保养、修复和保护研究工作，亦对各地、县级博物馆文物保护修复工作进行业务指导。1994年，甘肃省博物馆将文物保护实验室扩建为技术部，后更名为文物保护中心。

1989年，甘肃省文物考古研究所组建技术保护室，是为国内成立较早的开展考古发掘出土文物保护修复工作的机构，曾承担过许多重要出土文物的抢救性修复保护工作。

20世纪90年代以来，兰州、天水等市级博物馆亦组建文物保护实验室。

2008年，国家文物局授予敦煌研究院、甘肃省博物馆可移动文物技术保护设计甲级资质和乙级资质，授予敦煌研究院可移动文物修复一级资质和甘肃省博物馆、天水市博物馆可移动文物修复二级资质。

二、可移动文物科技保护

甘肃省可移动文物科技保护工作在改革开放前相对零星分散。改革开放后，随着技术和人员交流合作的日益增多，可移动文物科技保护工作逐渐规范化、科学化。进入21世纪后，可移动文物科技保护得到较快发展，取得较好成效。据不完全统计，"十一五"时期，甘肃省文博单位与国内科研机构先后合作开展河西画像砖修复、水陆画保护、馆藏木器修复、馆藏青铜器和古书画修复保护工作，保护修复馆藏文物2700余件。甘肃省博物馆新馆改造工程竣工后，馆藏文物保护实验室的工作环境得到显著改善，该馆在此基础上组建了文物保护中心，内设文物保护实验室、文物修复室和古字画装裱室；在承担本馆藏品保护修复任务的同时，还为基层博物馆提供馆藏文物技术保护服务。截至2010年底，该中心保护修复各类材质馆藏文物8000余件。

（一）改革开放前可移动文物科技保护工作举要

1962年，文化部文物保护修复专家胡继高曾带队对甘肃省博物馆馆藏一级文物东汉织锦针黹盒进行修复加固，配置有机玻璃盒封装，充装氩气保护。

1965年，甘肃省博物馆采取去锈、复原、封护等手段完成泾川县大云寺遗址出土舍利金棺保护修复工作；同年，甘肃省博物馆以玻璃管抽真空方式对未封装的数百支汉简进行保护，免除了病虫危害。

1971年，受甘肃省博物馆委托，故宫博物院完成甘肃武威雷台汉墓出土"马踏飞燕"等20余件铜质文物修复工作。

（二）改革开放后的可移动文物科技保护项目

1. 青铜器

1995年，甘肃省博物馆完成灵台县博物馆馆藏80件青铜器修复保护工作。修复过程中首次采用在六偏磷酸钠稀溶液中用超声波清洗青铜器，同时改进了锌粉转化封闭有害锈方法。

2001年，受甘肃省文物部门委托，中国历史博物馆采用清洗、去除有害锈、补缺等技术手段完成甘肃礼县大堡子山遗址出土32件青铜器修复保护工作。

2003年，甘肃省文物局委托国家博物馆文物科技保护中心制订"甘肃省馆藏青铜器保护修复项目方案"；2004年，该项目经国家文物局批准立项。项目实施过程中，甘肃省文物局组织省内部分博物馆20多名文物保护修复人员参与学习培训。2006年，完成平凉、庆阳两市9个博物馆馆藏200余件（套）青铜器保护修复工作；2007年，完成兰州、天水、定西三市馆藏80余件青铜器保护修复工作。

纳入保护修复范围的馆藏青铜器均为馆藏一、二级珍贵文物。

2005年，甘肃省博物馆完成安西县博物馆藏12件受损青铜器保护修复工作。

2. 画像砖

2004~2008年，敦煌研究院完成"河西地区馆藏画像砖保护修复研究"项目。期间，课题组对敦煌、嘉峪关、酒泉、高台、山丹五个市（县）博物馆馆藏画像砖病害进行调查，选择明胶作为颜料层脱落加固材料，选择环氧树脂作为断裂画像砖粘接材料。共完成敦煌市博物馆馆藏画像砖135块、高台县博物馆馆藏画像砖80块的颜料层脱落或断裂画像砖修复工作，并对318块盐害画像砖进行了去污、除盐、粘接和加固。

2005年，甘肃省博物馆对安西县博物馆馆藏61块受损画像砖进行抢救保护，对颜料层起翘、空鼓、粉化、脱落及画像砖霉斑、泛碱等病害进行了处理。

3. 其他类文物

1990年，甘肃省博物馆对漳县博物馆馆藏汪氏家族墓出土的8件元代糟朽丝织衣饰珍品进行清洗、凉板、覆膜、密封、防尘保护处理。同年，甘肃省博物馆对本馆馆藏1000余件清代皮影采用去除霉菌、加固连接、回软、展平等技术进行保护。

1998~2002年，甘肃省博物馆和兰州大学化学化工学院合作完成国家文物局

"中国北方干燥地区出土糟朽漆器保护研究"项目。该成果曾应用于静宁县博物馆馆藏糟朽漆器碎漆皮及无编号糟朽漆器残块回软和粘接加固修复保护项目,回软与加固修复后的漆器残块与漆皮色泽良好,强度增加,保护效果显著。

1998年和2002年,甘肃省文物局分别实施全省馆藏水陆画摸底调查工作;在此基础上委托中华佛教出版社制定保护修复方案。经国家文物局审核批准,于2005年正式启动全省馆藏纸质、丝绸类水陆画修复保护工作,委托北京停云馆文化有限公司对破损严重的馆藏水陆画进行画心清洗、去污、补全、上色、装裱。项目历时两年,保护修复水陆画360余幅。

2010年,天水市博物馆与陕西省文物保护研究院合作完成该馆馆藏一级文物隋唐贴金彩绘围屏石榻的保护修复工作。

4. 馆藏文物调查与保存环境标准化改造

2001年,甘肃省被确定为全国博物馆藏品保存环境标准化改造项目试点省。财政部、国家文物局、甘肃省人民政府共同拨款用于全省55座博物馆藏品保存环境标准化改造项目;改造项目主要包括文物库房、陈列室、文物保护实验室的保存、陈列展览、安防消防及对藏品科技保护等设备。2004年,平凉市博物馆被确定为全国第一批试点单位。2005年,国家试点工作圆满结束;甘肃省试点单位平凉市博物馆新馆开馆,安防消防等六大子系统通过省级验收和国家文物局与财政部组织的中期验收。与试点工作相配套的"馆藏文物保存环境标准规范"制订和"馆藏文物保存环境'十一五'规划"编制两项目课题同步实施。

2004~2005年,甘肃省博物馆完成国家文物局委托的"全国馆藏文物腐蚀损失调查"子项目"甘肃省馆藏文物腐蚀损失调查",为全省相关品类馆藏文物修复提供了重要依据。

附表　甘肃省重要馆藏文物保护项目

（截至 2010 年 12 月）

序号	项目名称	完成时间	文物情况			承担单位
			类别	级别	数量	
1	兰州市上西园明代尚书彭泽夫妇合葬墓及出土珍贵文物清理和修复保护	1955	金银器、瓷器、钱币	三级以上	141 件	甘肃省博物馆
2	陇西人寿山南宋李泽夫妇合葬墓清理保护	1957	陶器	三级	3 件	甘肃省博物馆

序号	项目名称	完成时间	文物情况			承担单位
			类别	级别	数量	
3	武威磨咀子出土汉代织锦盒等修复保护	1962	纺织品	三级以上	73件	甘肃省博物馆
4	武威磨咀子出土礼仪汉简真空保护	1964	简牍	一级	398个	甘肃省博物馆
5	秦安杨家沟唐墓出土三彩文物清理和修复保护	1965	陶器	三级	180余件	甘肃省博物馆
6	平凉泾川唐代大云寺出土舍利石函清理和修复保护	1966	石质	一级	1个	甘肃省博物馆
7	灵台白草坡西周墓出土青铜器清理和修复保护	1971	青铜器	三级以上	400余件	甘肃省博物馆
8	漳县徐家坪元代汪世显家族墓出土文物修复保护	1972	金银器、瓷器、铜器、纺织品	三级以上	120余件	甘肃省博物馆
9	嘉峪关五号魏晋壁画墓搬迁保护	1974	壁画	未定级	97件	甘肃省博物馆
10	漳县汪氏家族墓出土元代糟朽丝织品保护	1990.3~1990.5	丝织品	二级	8件	甘肃省博物馆
11	甘肃省博物馆馆藏清代皮影保护	1990.7~1990.8	皮影	三级	1000余件	甘肃省博物馆
12	灵台县博物馆馆藏青铜器修复保护	1995	青铜器	二级以上	80件	甘肃省博物馆
13	武威出土马胸勒的化学处理保护	1996.6~1996.7	皮质	三级	1件	甘肃省博物馆
14	武威市博物馆馆藏匾额保护修复	2000.5~2000.6	木器	三级以上	104件	甘肃省博物馆
15	张家川县、会宁县、靖远县博物馆馆藏古旧字画保护修复	2000~2001	纸质	未定级	24幅	甘肃省博物馆
16	礼县大堡子山出土青铜器修复保护	2001	青铜器	三级以上	32件	中国革命历史博物馆
17	甘肃省博物馆馆藏天梯山石窟塑像、壁画抢救修复保护	2002.3~2006.4	塑像、壁画	二级以上	塑像14尊 壁画6㎡	甘肃省博物馆
18	甘肃省博物馆馆藏糟朽丝织品修复保护	2002.6~2002.8	丝织品	二级	12件	甘肃省博物馆
19	甘肃玉门花海西晋墓群出土木牍保护	2004.6~2004.9	木器	未定级	28件	甘肃省博物馆
20	甘肃省水陆画修复保护	2005.8~2007.10	纸质、丝绸	三级以上	362件	北京停云馆文化有限公司

序号	项目名称	完成时间	文物情况			承担单位
			类别	级别	数量	
21	安西县博物馆馆藏受损文物抢救保护	2005.11	画像砖	三级以上	61件	甘肃省博物馆
22	安西县博物馆馆藏受损文物抢救保护	2005.11	青铜器等	三级以上	12件	甘肃省博物馆
23	甘肃省馆藏一、二级青铜器修复保护	2006.7~2008.8	青铜器	一、二级	332件	国家博物馆
24	甘肃省河西画像砖修复保护	2006.8~2008.7	画像砖	三级以上	318件	敦煌研究院
25	甘肃省木质文物修复保护	2008.8~2009.9	木质	三级以上	296件	甘肃省博物馆
26	甘肃全省馆藏木质文物保护修复	2008.3~2009.12	木质	三级以上	296件	甘肃省博物馆

第五节　社会文物管理

中华人民共和国成立后，甘肃省的社会文物管理工作主要依据1950年5月政务院颁布的《禁止珍贵文物图书出口暂行办法》、1960年7月文化部和对外贸易部印发的《文物出口鉴定标准的几点意见》、1965年文化部颁发的《对外国人、华侨、港澳同胞携带、邮寄文物出口暂行管理办法》等法规。

改革开放后，按照"归口经营、统一收购、统一价格、加强管理"的原则，国家对社会文物实行归口管理和直管专营，任何个人都不得私自收购和销售文物。1978年9月，甘肃省文物商店成立；统一征集全省社会流散文物。文物商店对

外销售文物的年限则按照不同价值和种类划分为乾隆六十年（1795年）、1911年和1949年等三个时间界限进行。

20世纪80年代后，随着市场经济的发展，民间文物的收藏和交易日益活跃。1982年，《中华人民共和国文物保护法》颁布后，对文物出境实行许可凭证管理，社会文物的保护和管理被纳入法制化轨道。1980年1月，甘肃省人民政府发布《关于加强历史文物保护的通告》。1982年，甘肃省人民政府发布《关于加强文物市场管理的通知》。按照这两个文件精神，这一时期，甘肃省文化厅、省公安厅、省工商局多次开展联合执法行动，开展

文物市场的检查整顿，遏制文物非法交易。1986 年 12 月，甘肃省文化厅、省公安厅、省工商局在临夏联合召开打击文物走私和加强文物市场管理工作会议，部署在全省范围内开展文物古玩、旧货市场的检查、整顿工作。经过整顿，取缔了部分非法经营文物的商点，净化了全省文物市场，规范了经营秩序。

1989 年 2 月，文化部颁发《文物出境鉴定管理办法》，就文物购销经营单位申报出境文物鉴定、私人所有文物出境鉴定和临时进出境文物鉴定、火漆印章和文物出境许可证、文物出境鉴定机构和鉴定人员等内容做出明确的规定，成为甘肃省进行文物出入境管理的法理依据。

1992 年 8 月，甘肃省文化厅、省公安厅、省工商局、兰州海关联合印发《关于加强文物市场管理的通知》，针对各地出现的文物古玩市场和旧货市场提出明确的规范管理意见；同年 9 月，甘肃省文物局成立，社会文物管理工作得到了进一步加强。

1993 年 7 月，国家文物局召开《关于加强和改善文物市场工作的意见》的座谈会，形成了"逐步把文物销售的重点移向国内市场"意见，成为中国文物政策由外销换汇转为内销的一个转折点。依据国家文物管理政策的调整变化，甘肃省文物商店将经营思路由外销换汇向内销逐步

转变，扩大经营规模，成立了多家分店。1995 年 1 月，甘肃省文物局、省公安厅、省工商局及兰州海关联合发出《关于进一步加强文物市场管理的通知》。1996 年 5 月，甘肃省文物局决定成立甘肃省文物市场管理协调小组，由文物、公安、海关、工商等职能部门负责人组成，进行全省文物市场的管理工作。按照甘肃省文物市场管理协调小组的要求，全省各地取缔零摊散点，实行监管物品的集中统一管理，并对文物监管物品的管理做出了明确的规定。同年临夏和兰州将两市文物经营商户进行集中，经甘肃省文物局批准成立了两个文物监管物品市场，后于 2005 年又成立了兰州金城珠宝艺术品文物监管物品市场。兰州和临夏相继成立了文物监管物品市场管理小组和文物监管物品鉴定小组，对市场进行审批和监管。1997 年，甘肃省文物局对全省文物市场实施文物鉴定加贴标识管理。2000 年，甘肃省文物局联合省公安厅、省工商局、兰州海关对兰州和临夏文物监管物品市场进行检查。

2002 年 1 月，甘肃省文物局组织省文物市场管理协调小组成员单位会同省经贸委和省文化厅对兰州、临夏两个文物监管物品市场清理整顿情况进行了联合检查，查处了部分非法经营文物的商户，规范了文物市场。2002 年，修订后的《中

华人民共和国文物保护法》及《中华人民共和国文物保护法实施条例》颁布实施。该法设立"民间收藏文物"专章，明确规定了"文物收藏单位以外的公民、法人和其他组织，可以依法收藏文物，其依法收藏的文物的所有权受法律保护"；明确允许"设立文物商店"和"依法设立拍卖企业"，实行文物拍卖许可证制度。2003年6月，国家文物局颁布《文物拍卖管理暂行规定》，成为甘肃省文物管理、审核文物拍卖企业的基础。至2010年底，经国家文物局批准，甘肃省先后成立三家文物拍卖企业。2005年12月22日，文化部第35号令发布《博物馆管理办法》，规定了非国有博物馆准入制度。至2010年，甘肃省批准成立3家民办博物馆。

一、甘肃省文物商店

甘肃省文物商店是经国家文物局批准成立的甘肃省唯一一家具有文物经营资格的国有文物商店。1961年6月，甘肃省人民委员会发出《关于建立文物商店的批复》，"同意在兰州建立文物商店一处，名称为'甘肃省文物商店'，由省文物管理委员会具体领导，专门负责收集、采购、监造、整理、处理、管理等工作，其他各地暂不设分支机构"。1978年9月，正式成立省文物商店，人员编制6人，最初隶属甘肃省文化局管理。1981年甘肃

省文化厅成立时划归省文化厅管理。1983年，国家拨款20万元在兰州市七里河区西津西路3号建设580平方米甘肃省文物商店业务用房。1986年12月，甘肃省编制委员会批准甘肃省文物商店为县级事业单位，核定编制20人，实行企业管理，自负盈亏。1992年甘肃省文物局成立时，甘肃省商店划归省文物局管理。

甘肃省文物商店内设有办公室和经营部、征集鉴定部、收藏保管部、掬宝阁等业务部室，共有营业用房580平方米，办公室及文物库房面积470平方米。主要经营1795年（清乾隆60年）以后的瓷器、银器、铜器、玉器、刺绣、砚台、翡翠、玛瑙、名人字画、竹木牙雕等各类文物和景泰蓝、陶器、玉器、刻葫芦、铜奔马、夜光杯等复仿制品、新工艺品。甘肃省文物商店成立初期，按照国家文物流通领域实行归口管理和直管专营，遵循细水长流，少出多进的原则，进行全省社会流散文物的收购及销售工作，主

甘肃省文物商店

要目的是为国家换取外汇。改革开放后，随着国家文物政策的调整，省文物商店的销售重心逐步由境外人士向国内普通民众转移，业务快速扩展。1988年，省文物商店在武威和敦煌设立分店，后又在陕西省、青海省和甘肃省境内设分店、经销部、委托代销点11个，形成了以门市销售、网络销售及参加文物艺术品展销会、拍卖会等共同运作的多元化销售方式。

2000年左右，受市场经济冲击和经营策略失误影响，甘肃省文物商店销售业绩急剧下滑，经营难以为继，到2003年时基本停业，随后进行停业整顿。2006年12月，甘肃省文化厅、甘肃省文物局重新配备省文物商店领导班子，对文物商店进行整顿，撤销包括敦煌和武威在内的所有分销点；减少内设部室，保留了办公室、门市部、业务部；扩大经营规模，建成包装厂，为文博单位、企业和个人制作文物囊匣。整顿后甘肃省文物商店重新步入正轨。2007年，甘肃省文物局批准设立甘肃省文物商店天水分店。

甘肃省文物商店成立四十多年来共征集字画、碑帖、玉器、铜器、竹木器、骨漆器、陶瓷器、丝织物等30大类、1000多个品种的文物93000多件，旧货8600余件，共有藏品33000余件。其中，属珍贵文物220多件，以齐家文化鸮形陶鬲、战国青铜豆、秦代青铜甗、秦代青铜剑、汉代木器、魏晋壁画砖、西夏酱釉剔花瓷缸等最具代表。甘肃省文物商店先后向故宫博物院、甘肃省博物馆和其他省、市博物馆提供文物藏品和资料400余件，其中一级文物6件，二、三级文物120余件，同其他文物商店调剂商品文物、旧货3.3万余件，累计上缴国家利润218万元，创汇近40万元。

2007年10月28日，甘肃省文物局主办、省文物商店承办的《清代百名进士墨迹展》在省文物商店开幕，以此为起点，甘肃省文物商店利用藏品优势，逐步向社会开放。2008年9月28日，为纪念建店30周年举办《甘肃省文物商店藏精品文物展》，共展出文物70余件，其中一级文物2件、二级文物7件。商店画廊定期举办书画展览，向社会展出店藏精品，为广大文物爱好者提供了一个沟通交流的平台。

二、文物监管物品市场

20世纪90年代以后，随着市场经济的发展，民间收藏活动日益繁荣，文物市场经营渠道日益多元化，逐渐形成相互竞争的局面。为适应新形势下文物管理工作的需要，国务院颁布《中华人民共和国文物保护法实施条例》，对文物流通的范围、方法等作出明确规定。为加强对全省古玩和旧货市场的管理工作，依据《中

华人民共和国文物保护法实施条例》，甘肃省文物局于 1996 年、2005 年相继批准成立临夏文物监管物品市场、兰州城隍庙文物监管物品市场、兰州金城珠宝艺术品文物临管物品市场。文物监管物品市场的设立和与之配套的监管，为有遏节制了文物非法交易，规范了全省文物市场经营秩序。

（一）临夏文物监管物品市场

临夏文物监管物品市场位于临夏市北大街旧货市场一条街，1996 年经甘肃省文物局批准成立。20 世纪 90 年代临夏市区北大街一带逐步形成较为集中的旧货市场，为加强文物市场管理，实行集中经营，规范管理，促进全州文物经营活动的健康发展，同年 8 月，临夏州政府成立了州、市两级政府分管领导及文化、公安、工商等部门负责人为成员的市场监管小组和临夏州部分文博专家为成员的文物监管物品鉴定小组，全面负责临夏市文物监管物品市场管理的领导、组织、协调工作，研究处理市场管理中的重大问题和临夏市文物监管物品鉴定审核和贴标识工作。

1997 年 9 月，临夏州政府印发《关于规范管理全州文物市场的通知》和《临夏州文物监管物品经营暂行规定》，逐步把市场内零星旧货经营摊点向北大街进行集中，统一审核发放《文物监管物品

经营许可证》和《营业执照》，实行"相对集中，固定经营，统一管理"。

截至 2000 年底，该市场共有 47 家商铺获准经营文物监管物品。2000 年 1 月 29~31 日，甘肃省文物局组织省文物市场管理协调小组成员单位对临夏文物监管物品市场进行检查整顿。2002 年，临夏文物监管物品市场由州文化出版局管理改为市文化局管理，监管小组和鉴定小组亦作了相应调整。同年，临夏市对市场内经营商铺重新审核登记，吊销了 5 家经营商铺的经营许可证和营业执照。2002 年底，临夏文物监管物品市场进一步发展，扩展至与北大街相邻的花市，并新增商户 40 余家。2004 年后，取消了文化经营许可证的行政审批事项，不再向市场内经营商店发放文物临管物品经营许可证和临时经营许可证，对文物市场的临管主要由临夏州文化稽查队和临夏市文化稽查队进行文物行政执法检查和管理。

（二）兰州城隍庙文物监管物品市场

兰州城隍庙文物监管物品市场即兰州城隍庙古玩市场，位于兰州市城关区张掖路 202 号商业步行街中段兰州城隍庙（兰州市第一工人俱乐部）内。兰州城隍庙即兰州府城隍庙，始建于宋代，现存古建筑为明、清四进式宫殿式木结构园林古建筑群，坐北朝南，占地 12 亩，建筑面积 12870 平方米。1956 年辟作兰州市

兰州城隍庙文物监管物品市场

第一工人俱乐部，由兰州市总工会管理。改革开放后，此处逐渐形成古玩市场。

1996年，经甘肃省文物局批准成立兰州城隍庙文物监管市场，由兰州市文化出版局负责监管。1998年，兰州市总工会多方集资800多万元，重建修葺城隍庙，时有经营古玩的商户100多户，经营种类有书画、瓷器、奇石、铜器、玉器、钱币、邮品、木器近百个品种。至1999年，初具规模，有文物监管品商户近200户。

兰州市文化出版局为强化文物监管物品市场管理职能，先后制订了《兰州市文物市场管理办法》、《文物监管品经营许可证申办条件》、《兰州市文物市场管理工作程序》等规章制度，成立了兰州市文物监管物品鉴定小组。与市工商行政管理局、市公安局联合印发《关于规范管理全市文物市场的通告》，与市文化稽查队联合开展监督检查，为具有资质的经营者办理文物监管品经营许可证，对经鉴定

的文物监管物品进行鉴定贴标。2000年，甘肃省文物局组织省文物市场管理协调小组成员单位对兰州市城隍庙文物监管物品市场进行检查整顿，对19家经营户的985件文物监管物品进行了鉴定贴标。至2004年，兰州市文化出版局共审核发放许可证和临时经营许可证285户。2004年后，取消文化经营许可证的行政审批事项，不再向市场内经营商店发放文物临管物品经营许可证和临时经营许可证，对文物市场的临管主要由兰州市文化稽查队进行文物行政执法检查和日常管理。

（三）兰州金城珠宝艺术品文物监管物品市场

兰州金城珠宝艺术品文物监管物品市场即兰州金城珠宝艺术品古玩城位于兰州市张掖路大众市场金城大剧院院内，成立于2005年。该市场属2005年兰州市商贸委招商引资项目，由甘肃万博金城珠宝古玩城有限公司进行市场运作管理。市场建筑面积8000平方米，经营面积7800平方米，设有拍卖预览区、拍卖大厅、信息交易网站、市场局域网络平台、收藏展览区等设施，集展示、拍卖、学术研讨功能于一体的综合古玩市场。

2005年经甘肃省文物局批准成立兰州金城珠宝艺术品文物监管物品市场，对古玩城内经营文物的店铺由兰州市文化出版局进行统一监管。2006年，甘肃省

文化厅将甘肃万博金城珠宝古玩城有限公司列为文化产业支持推广单位，同时经中华全国工商联合会古玩业总商会考察，兰州金城珠宝艺术品古玩城正式成为其理事单位。

兰州金城珠宝艺术品文物临管物品市场现有兰州马家窑彩陶博物馆、兰州马家窑彩陶研究会、甘肃省收藏协会古玉器研究委员会、兰州玉文化研究院、福建寿山石兰州分会、古玩城"和器"艺术馆等组织机构，经营商户200余家。自文物监管物品市场成立以来，兰州市文化出版局会同兰州市工商行政管理局、兰州市公安局、兰州市文化稽查队联合对市场内进行文物经营的商铺进行了多次检查，对没有文物监管品经营许可证而结营文物的店铺进行了整顿，对有文物监管品经营许可证店铺内文物监管物品进行了鉴定贴标。随着管理的加强，市场内文物监管物品管理逐渐走上了规范化。

兰州金城珠宝艺术品市场成立后，至2010年开展的主要活动有：2005年10月，与甘肃省收藏协会、中央电视台《鉴宝》栏目组联合举办的"全国首届民间藏宝展"甘肃赛区征集活动及展示。2006年5月，与甘肃省广电厅、故宫博物院文物专家团联合举办"甘肃首届民间鉴宝大会"。2007年8月，与北京电视台《天下收藏》栏目组联合举办"天下收藏——

走进兰州"活动；10月，与中国人民银行甘肃省分行、甘肃省钱币学会联办举办"甘肃首届民间钱币交流展"。2008年3月，与兰州市委宣传部、甘肃省广电厅、中央电视台《寻宝》节目组联合举办"寻宝——走进兰州"活动。2010年4月，与中国工商银行甘肃分行联合举办"工行杯"2010年甘肃民间收藏赛宝大会及"工银财富"工行VIP客户收藏知识交流会。

三、文物拍卖企业

随着文物收藏热的持续发展，为满足社会需求，2000年经国家文物局批准，博乐文物拍卖有限公司成了甘肃省第一家取得文物拍卖资质的企业。至2003年，甘肃省文物局严格按照《文物保护法》、《拍卖法》及国家相关政策，三年间共审核通过4场涉及文物拍卖活动，制止了2场违规文物拍卖会，依据国家文物局2003年6月颁布的《文物拍卖管理暂行规定》，甘肃文物拍卖活动的申报、审核工作更加规范。2003年甘肃瀚珑拍卖有限公司和甘肃四方拍卖有限公司取得文物拍卖资质，全省文物拍卖公司增加到3家。至2008年底，甘肃省文物局共审核文物拍卖活动13场，与北京、云南等省市文物行政管理部门联合审核文物拍卖活动3场。同年，为进一步规范文物拍卖活动，国家文物局推行文物拍卖企业拍卖资质年审制度，甘肃博乐拍卖有限公司和甘肃瀚珑拍卖有限公司未能通过国家文物局文物拍卖许可证年审，被国家文物局取消文物拍卖资质。至2010年底，仅甘肃四方拍卖有限公司通过国家文物局资质年审，成为全省唯一一家文物拍卖企业。甘肃文物拍卖事业，仍处于发展初期阶段，文物拍卖企业少、规模小、效益低，管理和规模有待整体提高。

（一）甘肃博乐拍卖有限责任公司

甘肃博乐拍卖有限责任公司位于兰州市七里河区安西路60号，成立于1998年，注册资本1000万元。公司内设办公室、业务部、艺术部、网络部，有国家注册拍卖师3人，国家国有土地使用权招标拍卖主持人4人，文物鉴定师8人，国家注册经纪人1人及其相关专业人员和一批特聘专家顾问。该公司是甘肃省人民政府指定的公物拍卖企业和四大金融资产管理公司指定的拍卖企业，也是中国拍卖行业协会授予的A级资质资格拍卖企业和甘肃省高级人民法院指定的一级拍卖备案企业。

2000年5月，经国家文物局批准，该公司取得一、二、三类文物拍卖资格。截止2008年底，该公司共举行大型文物拍卖会5场，小型拍卖会10余场，成交额2000余万元。

2008年，甘肃博乐拍卖有限责任公司未能通过国家文物局文物拍卖许可证年审，被国家文物局取消文物拍卖资质。

（二）甘肃瀚珑拍卖公司

甘肃瀚珑拍卖公司地处兰州市通渭路，成立于2002年，注册资金1000万元人民币。现具有多功能拍卖大厅和展厅经营场所986平方米，并建有独立网站。该公司现有员工25名，其中注册拍卖师3人、评估师2人、典当及艺术品鉴定专业人员12名，取得拍卖从业人员资格证者11人，并有8名特聘专家。业务范围包括文物、艺术品、企业产权、房地产、知识产权、罚没抵押闲置物品拍卖等。

2003年5月，经国家文物局批准，该公司获得二、三类文物的拍卖资质。截止2009年共举行过大型文物拍卖会6场，成交额近亿元。在举办文物艺术品拍卖的同时，该公司还依托甘肃省收藏协会，面向社会举办了30余场艺术品收藏讲座。

2009年，甘肃瀚珑拍卖公司未能通过国家文物局文物拍卖许可证资质年审，被国家文物局取消文物拍卖资质。

（三）未来四方集团拍卖有限公司

甘肃四方拍卖有限责任公司位于兰州市张掖路202号，后迁至城关区广武门后街4号邓家花园内，成立于2001年，注册资金1000万元人民币。2008年，更名为甘肃未来四方集团拍卖有限责任公司。企业现拥有具备现代化的拍卖大厅

的经营场所 5000 余平方米，适合举行各种类型的拍卖会。该公司拥有国家注册拍卖师 3 人，注册策划师 2 名，注册会计师 2 名、旧机动车估价师 4 名、房地产估价师 2 名，土地拍卖主持人 5 名、典当及字画鉴定专业人员 10 名、拍卖职业资格人员 26 人。根据甘肃省人民政府 2001 年第 193 号文件，公司具有甘肃省政府指定公物拍卖资格、甘肃省国有资产监督管理委员会授予的国有产权交易资格、甘肃省国土资源厅指定的拍卖中介机构资格、甘肃省高级人民法院执行资产拍卖入围机构资格、机动车辆拍卖及其办理过户、入户手续资格。

2003 年 8 月，该公司获得国家文物局颁发的一、二、三类文物拍卖资质。2008 年，通过了国家文物局文物拍卖资质年审，现成为甘肃省唯一一家取得国家文物局颁发的一、二、三类文物拍卖资质的企业。公司拍卖范围包括生产、生活资料、房地产、机动车、机械设备、罚没物资、无形资产、国有资产、文物艺术品等。

截至 2010 年，公司共举办大型文物拍卖会场 11 场，成交额超 7000 万元。

未来四方集团拍卖有限公司是全国唯一一家实现集团化经营的拍卖企业，获得中国拍卖行业最高"AAA"级资质。2004 年被甘肃省工商局、省私营企业协会评为"先进私营企业"；被甘肃省消费者协会评为"信得过单位"；被评为"中国最具有竞争力中国拍卖公司 50 强"。2005 年 3 月，被甘肃省妇女联合会评为"甘肃省三八红旗集体"；同年 8 月被中国拍卖行业协会评为"中国拍卖百强企业"。2006 年 3 月，被评为"全国三八红旗集体"；同年被中共兰州市委、兰州市政府评为"2006 年度明星企业"。2009 年被评为本年度"兰州十佳行业之星"。2010 年 1 月，被评为"甘肃商业名牌企业"。

四、民办博物馆

个人民间文物收藏与鉴赏。在中国具有悠久的历史。中华人民共和国成立后至改革开放前，民间文物的收购和销售由国有文物商店统一进行。改革开放后，民间文物收藏萌芽，并随着市场经济发展日益活跃。2002 年 10 月，修订后的《中华人民共和国文物保护法》颁布实施。该法设立"民间收藏文物"专章，进一步明确了民间收藏的合法地位和文物流通的合法渠道。与此同时，随着部分个人、团体和企业收藏文物数量和质量的提升，甘肃省开始出现民办博物馆。2005 年 12 月文化部颁布实施《博物馆管理办法》，对包括非国有博物馆在内的各类博物馆的设立、年检和终止等做出了统一和明确的规定。针对新形势下的新情况，甘肃省文物局根据《博物馆管理办法》有关规定，依法审批民办博物馆。至 2010 年底，共审批成立阳关博物馆、成纪博物馆和甘肃临洮马家窑彩陶博物馆 3 家民办博物馆。

（一）阳关博物馆

敦煌市阳关博物馆位于敦煌市区西南 70 千米处的阳关镇阳关景区，坐落在汉代阳关烽燧北侧 800 米处的一块台地上，成立于 2003 年 8 月。博物馆为仿汉城堡式建筑群，占地面积 10 万平方米，建筑面积 1.6 万平方米。依托阳关周边丰富的文化文物遗产，系统展现丝绸之路、两关长城和中国西北地区的历史风貌与文化特色，揭示其丰厚的历史文化内涵，是集保护、研究、旅游等功能于一体的甘肃第一家民办博物馆，业务隶属酒泉市文化出版局管理。

现有馆藏文物近 4000 件（套），其中一级文物 21 件（套）、二级文物 142 件（套）、三级文物 487 件（套）。馆藏文物与周边的田野文物遗址、遗迹，为研究敦煌文化、古代军事文化和丝绸之路边塞地区多民族文化提供了实物佐证，具有较高的历史、科学和文化艺术价值。

阳关博物馆现办有《两关汉塞》和《丝绸之路》两个基本陈列。《两关汉塞》陈列分四个单元展示阳关、玉门关和河西汉长城的悠久历史文化。《丝绸之路》陈列分四个单元系统全面地展示丝绸之路的历史变迁和兴衰。

（二）天水成纪博物馆

天水成纪博物馆位于天水市秦州区南郭寺风景区内，2007 年建成开放，业务隶属天水市文化出版局管理。占地面积 5600 平方米，建筑面积 3200 平方米，展厅面积 2400 平方米。现有馆藏文物 5916 件（套），其中一级文物 19 件（套）、二级文物 63 件（套）、三级文物 263 件（套）；以青铜器和唐三彩最具特色。举办有《馆藏历史文物展》(基本陈列)，展厅分彩陶、青铜器、书画、玉器四个展区。至 2010 年与中国收藏家协会、北京保利艺术博物

阳关博物馆

天水成纪博物馆

馆、西安尚真集艺术品有限公司、甘肃省收藏协会、天水市收藏协会等组织合作举办《海外回流文物精品展》、《丝绸之路——世界杰出华人艺术家郭迪康艺术作品展》、《天水收藏艺术精品展》、《红色收藏展》等多个临时展览。

天水成纪博物馆自 2008 年 8 月始免费向社会开放，全年平均开放天数为 300 天，年接待观众 10 余万人次。2008 年 1 月被中共天水市委、天水市政府确定为"天水市爱国主义教育基地"。

（三）甘肃临洮马家窑彩陶文化博物馆

甘肃临洮马家窑彩陶文化博物馆位于临洮县洮阳镇南关一号临宝斋文化大楼，成立于 2003 年，业务隶属于定西市文化出版局。内设有学术部、对外文化宣传部、讲解部等部门，共有工作人员 6 名。

该馆建筑面积 800 平方米，展厅面积 400 平方米。至 2010 年底，收藏有彩陶、石器、玉器、青铜器等类藏品 2500 余件，其中以马家窑文化的彩陶为主要藏品。举办有《马家窑文化彩陶展》（基本陈列），展出马家窑文化彩陶精品文物 400 余件。自 2003 年 12 月开馆以来，接待观众 35 万余人次。2009 年 9 月主办"2009 中国·定西临洮马家窑文化研讨会"。

甘肃临洮马家窑彩陶文化博物馆

第四章　历史文化名城、名镇

GAN SU SHENG ZHI WEN WU ZHI

《中华人民共和国文物保护法》对历史文化名城、名镇的定义是：保存文物特别丰富并且具有重大历史价值或者革命纪念意义的城市、城镇。历史文化名城、名镇是一个地区文物资源丰富、历史底蕴深厚的集中体现。截至 2010 年底，甘肃省共有国家历史文化名城 4 座，省级历史文化名城 8 座，中国历史文化名镇 7 座。历史文化名城、名镇的公布与保护管理由建设部门牵头负责。文物行政部门主要负责各级历史文化名城、名镇范围内不可移动文物的保护管理，通过落实各级文物保护单位"四有"工作、编制文物保护规划、开展文物保护工程，确保文物本体安全，加强对文物风貌及其赋存环境的保护，有效留存城镇历史信息，确保历史文化名城、名镇的价值和内涵完整。甘肃省的历史文化名城、名镇体现了甘肃厚重的历史文化和光荣的革命传统，是文物资源的富集区，其整体特征是历史悠久、古迹众多，风景秀丽、名胜众多，人文荟萃、资源丰富，开放较早、交流频繁。相关历史文化名城、名镇大多是所在地区以至全省的政治、经济和文化中心。

第一节 公布与管理

一、历史文化名城、名镇的公布

（一）国家历史文化名城

1986年12月，国务院公布第二批国家历史文化名城，甘肃省敦煌市、张掖市和武威市入选。1994年1月，国务院公布第三批国家历史文化名城，甘肃省天水市入选。

（二）省级历史文化名城

1996年6月，甘肃省人民政府公布酒泉市、临夏市、灵台县、庆阳县（今庆城县）、夏河县、陇西县和会宁县为省级历史文化名城。2008年7月，甘肃省人民政府公布兰州市为省级历史文化名城。

（三）中国历史文化名镇

2005年11月，建设部和国家文物局公布第二批中国历史文化名镇，甘肃省宕昌县哈达铺镇入选。2007年5月，建设部和国家文物局公布第三批中国历史文化名镇，甘肃省榆中县青城镇、永登县连城镇、古浪县大靖镇入选。2008年10月，建设部和国家文物局公布第四批中国历史文化名镇，甘肃省秦安县陇城镇、临潭县新城镇入选。2010年7月，建设部和国家文物局公布第五批中国历史文化名镇，甘肃省榆中县金崖镇入选。

二、历史文化名城、名镇的管理

《甘肃省文物保护条例》对于历史文化名城、街区和村镇保护提出了明确要求，为全省历史文化名城、名镇的保护管理提供了法律依据。截至2010年底，全省各级历史文化名城、名镇所在地政府均成立了历史文化名城保护委员会或管理委员会，通常由党委、人大、政协主要领导为顾问，政府负责人为主任，驻地建设、规划、文化（文物）、计划（发展改革）、财政等相关部门为成员单位；办公室设在建设部门，作为历史文化名城、名镇保护管理的协调机构，具体负责历史文化名城、名镇保护规划和保护办法的制定实施与监督检查。

文物行政部门在历史文化名城、名镇保护管理方面的主要职责是：历史文化名城、名镇公布后，督促指导相关名城、名镇文物保护工作由单体文物转向历史文物的群体保护，从静止的文物保护转向城镇整体历史风貌的保护，从单纯的保护转向保护管理和利用弘扬相结合。近年来，全省各级文物行政部门立足本职，持续完善历史文化名城、名镇范围内的不可移动文物保护基础工作，编制不可移动文物保护规划，组织实施各类文物保护工程，确保了历史文化名城、名镇范围内文物本体安全及其周围环境风貌完整。

第二节　国家历史文化名城

一、敦煌市

敦煌市位于甘肃省河西走廊最西端，地处甘肃、青海、新疆三省（区）交汇处，党河和疏勒河下游最大的绿洲上，为"丝绸之路"西出玉门关和阳关的主要门户。

春秋时，月氏、乌孙驻牧。西汉初为匈奴所占。汉武帝时设敦煌郡，为河西四郡之一。西晋时为沙州州治。400~405年，为西凉政权首府。北魏初，置敦煌镇，后置瓜州，均以敦煌为治所。北周改为鸣沙县。隋复置敦煌郡。唐武德初改为西沙州，贞观七年（633年）改成瓜州，建中二年（781年）陷于吐蕃。大中五年（851年），敦煌人张议潮收复瓜、沙二州，自此，敦煌在归义军统治下，至宋仁宗年间（1022~1063年）。宋至清雍正年间一直称沙州。清乾隆二十五年（1760年）改名敦煌县。1987年撤县设县级市。今为酒泉市辖市。

敦煌市拥有世界文化遗产地莫高窟、玉门关遗址、悬泉置遗址、长城以及国家级风景名胜区鸣沙山——月牙泉。境内还有寿昌城故址、祁家湾遗址及墓葬、佛爷庙——新店台墓群和敦煌南仓等省级文物保护单位80余处，石窟寺、遗址、墓葬、长城和烽燧等各类文物点近300处。

二、张掖市（今甘州区）

张掖，别称甘州，原张掖地区行署所在地，现张掖市所辖甘州区。位于甘肃省河西走廊中部，古"丝绸之路"要道。黑河横穿全境，灌溉万顷良田，形成了闻名遐迩的张掖绿洲，素有"塞上江南"及"金张掖"之美誉。

沙州城城市遗址公园

国家历史文化名城——张掖大佛寺殿前牌坊

春秋时月氏、乌孙驻牧。西汉初为匈奴属地。汉武帝时设张掖郡，取"张中国之掖，断匈奴右臂，以通西域"之意，为河西四郡之一，郡治觻得。因黑河改道东移，晋代迁郡治于黑河东岸的今张掖城，改名为永平县。前凉、前秦、后凉和北凉均曾建都于此。西魏因城西甘浚山麓泉味甘洌改名甘州。唐为甘州张掖郡治。元为甘肃省会。明置甘州左、右卫，属陕西行都司。清置张掖县，为甘州府治。1913年废府留县。中华人民共和国成立后，相继隶属武威专区和张掖专区。1985年，撤县设市，属张掖地区（今张掖市）。2002年3月，张掖地区撤地设市，原张掖市随之改为甘州区。

甘州区内有以全国最大的室内卧佛（身长34.5米）与明代金经而著名的张掖大佛寺和黑水国遗址、西来寺、张掖会馆、长城等全国重点文物保护单位以及万寿寺、张掖鼓楼、甘州古城墙和甲子墩墓群等9处省级文物保护单位，共有遗址、墓葬、建筑、长城和烽燧等各类文物点近300处。

三、武威市（今凉州区）

武威地处甘肃省西部河西走廊东端，是河西走廊开发最早、人口最密、经济最繁荣的地区，有"银武威"之称。

武威历史悠久，距今4000多年前的武威一带已有人类繁衍、生息，并进行农牧业活动。春秋时，月氏、乌孙来此驻牧。西汉初为匈奴所占。汉武帝时设武威郡，郡治姑臧（今武威市），辖10县，时武威县在今民勤县东北。从西汉至宋，今武威市凉州区除北魏时改为林中县外，均为姑臧县治或武威郡治或凉州治。十六国时，前凉、后凉、南凉、北凉都先后以此为都。西夏设西凉府，元改府为州，属永昌路。明置凉州卫，属陕西行都司。清设武威县，为凉州府及甘凉道治所。辛亥革命后废府存县。1985年改设县级市，属武威地区。2002年3月，武威地区撤地为市，原武威市随之改为凉州区。

凉州是兰州西行到河西走廊的第一大站，文化文物资源丰富多彩。有包括中国旅游标志铜奔马出土地的雷台汉墓、号称"陇右学宫之冠"且馆藏文物十分丰富的武威文庙、开凿于北凉时期的天梯山石窟、西夏文与汉文合璧的重修护国寺感应塔碑、见证了"凉州会谈"的白塔寺遗址等6处全国重点文物保护单位。有皇娘娘台遗址、磨嘴子墓群、旱滩坡墓群等32处省级文物保护单位。武威有遗址、墓葬、石窟、建筑、民居和石刻等各类文物点近300处。

四、天水市

天水市位于甘肃东南部，地跨长江、

黄河两大流域，陇山渭水与西秦岭西汉水环抱，被誉为"陇上江南"。这里幅员广阔，气候宜人，以其特殊的地理区位和独有的文化魅力，在历史长河中写下了辉煌的篇章。天水是中华民族的重要发祥地之一，是人文始祖伏羲和女娲的故里，是秦国早期都城地、丝绸之路重镇和中外经贸文化交流的黄金通道。也是甘肃东南部政治、经济、文化和交通中心，

天水古称秦州，历来为州、郡治所。天水之名，源于汉武帝时"天河注水"的美丽传说。这里西周时为西戎少数民族聚居地，春秋战国时期秦民族再次兴起，建国立郡。公元前 688 年，秦武公在此设置中国最早的县治邽县、冀县。秦始皇嬴政三十七年（前 210 年），邽县改称上邽县，属陇西郡。西汉时属天水郡。公元 286 年，西晋太康七年始设秦州。秦州、天水之名从此作为固定地名历代延用。据公元 512 年郦道元《水经注》记载，秦州城"五城相接，北城中有湖水"。

从那时起，天水城便形成了沿袭至民国的五城相衔的规模。天水一度在中唐时设天雄军，北宋设雄武军，明设陇古道，清设巩秦阶道。1912 年（民国元年）设甘肃临时军政府。1943 年（民国二十三年）设立天水行政督察区。1938 年 10 月抗战期间曾设天水行营（相当于军政一体的战区机构）。1949 年中华人民共和国成立后设天水分区行政督察区，后称天水专区，天水地区，所在地天水市（1950年成立）。1985 年撤销天水地区，实行市管县体制，总面积 1.43 万平方千米，人口 348 万，民族 26 个，辖秦州、麦积两区、秦安、甘谷、武山、清水、张川五县。成为省辖地级市、正式进入全国中等城市的行列。

天水历史悠久，文物资源丰富，有麦积山石窟、伏羲庙、胡氏民居、玉泉观、后街清真寺、放马滩墓群等 6 处全国重点文物保护单位及 18 处省级文物保护单位。

第三节 省级历史文化名城

一、酒泉市（今肃州区）

酒泉肃州区，城内有泉，《汉书·地理志》引东汉应劭"城下有金泉，其水若酒，故曰酒泉"，酒泉市由此得名。位于甘肃河西走廊西部中段，是古丝绸之路上重要的历史文化名城，是连接新疆、内蒙古、青海等省区的通衢重镇。

汉以前，相继为月氏、匈奴地。汉

置禄福县，为汉河西四郡之一的酒泉郡治，三国魏因之。晋改福禄。北魏初置酒泉军，属敦煌镇，复曰福禄。北周因之，属张掖郡。隋改肃州，唐曰酒泉县。五代属回鹘，宋属西夏，皆曰肃州。元置肃州路，明置肃州卫，清置肃州直隶州，领高台县。民国改酒泉县。1985年，撤县设县级市，为酒泉地区行署所在地。2002年9月，酒泉地区撤地为市，原酒泉市改为肃州区。

肃州区有果园—新城墓群、西河滩遗址等3处全国重点文物保护单位及14处省级文物保护单位，境内共有遗址、墓葬、建筑和烽燧等各类文物点250余处。

二、临夏市

临夏市，古称枹罕、河州。因地处黄河支流大夏河畔而得名。是丝绸之路南道之要冲，唐蕃古道之重镇，茶马互市之中心，明代四大茶马司之一——河州茶马司，历史上就是西北的军事重镇和商贸中心，有"河湟雄镇"之称。秦置枹罕县，属陇西郡；晋代属河州，始有"河州"之名。此后至唐代，或称枹罕郡，或称河州郡。宋沿袭为枹罕县，属陕西路河州郡。元为河州路，属吐蕃宣慰司。明初相继为河州府、河州卫，后为河州，属河州府。清初沿袭明制，后属狄道州。民国初年，沿用清制。1913年，甘肃改道、

县行政制。河州改为导河县，属兰山道。1929年，同政部决定改导河县为临夏县。1956年11月成立临夏回族自治州，设立县级临夏市，为州府所在地。

临夏市是黄河上游古文化发祥地之一。有众多距今5000~3000年左右的马家窑文化、齐家文化、辛店文化和寺洼文化等遗址。现出土的文物有陶器、石器、玉器、骨器，已发现的马家窑文化时期彩陶，是彩陶发展鼎盛时期的产物，在甘肃和国内同类文物中占有重要地位。临夏市境内现有省级文物保护单位3处；汉、唐、宋、金各代墓葬分布相对密集，近百座墓中出土有精美砖雕。

三、灵台县

灵台县位于甘肃东部，属西北黄土高原地区，东南与陕西省长武、彬县、麟游、千阳、陇县接壤，北靠泾川，西与崇信毗连，是古丝绸之路的重要通途。

商为密须国。秦置鹑觚、阴密县，属北地郡。西汉时，今县境分属阴盘、阴密、爰得和鹑觚四县，分隶安定、北地两郡。东汉时分属鹑觚、三水县。魏晋南北朝时，分属阴密、鹑觚两县。隋时置良原县，分鹑觚县置灵台县，取文王伐密筑"灵台"之意。唐时县境内相继置有灵台、安定、鹑觚、良原、潘原、宜禄等县，并屡有分合。明为灵台县，隶泾州，属平凉

府。灵台县辖境接近现代规模。清沿明制，仍为灵台县。建国后，灵台县隶属甘肃省平凉专员公署。1958年并入泾川县，1962年1月复置灵台县，属平凉地区行政公署，现属平凉市。

灵台县历史源远流长，商周文化积淀深厚。境内已发现有从旧石器时代到近现代包括遗址、墓葬、建筑、石刻等各类文物点近400处，其中有包括草脉殿遗址、西山遗址、告王河墓群、晋代名医皇甫谧墓和唐代宰相牛僧孺墓等在内的15处省级文物保护单位。

四、庆阳县（今庆城县）

庆城县位于甘肃东部，泾河上游，属黄土高原边缘沟壑区。庆城县历史悠久，传周先祖不窋率族人在此拓荒垦田，教民稼穑，肇创华夏民族农耕文化。后历代均在此地设置郡县，秦属北地郡，宋、元、明、清均为庆阳府治。县城所在凤城，相传为周祖不窋所筑，其形似凤，故名凤城。

2002年6月，庆阳地区撤地设市，庆阳县更名为庆城县。县境内从新石器时代到近现代包括遗址、墓葬、建筑、石刻、民居、革命旧址等各类文物点计100余处，其中包括吴家岭遗址和陇东中学礼堂等11处省级文物保护单位。另外，世界瞩目的"环江翼龙"化石也发现于县境内。

五、夏河县

夏河县位于甘肃省西南部，因濒临大夏河而得名，是一个多民族聚居的地区。春秋至秦，地属西羌。汉曾于境内置白石县。晋改为永固。南北朝时为吐谷浑所据。唐属安乡郡，后属吐蕃。至宋为河州所属。金归积石州，元为宣政院辖地，明时分属河州卫、洮州卫，清属循化厅。民国初辖于青海省循化县。1927年划归甘肃，设拉卜楞设治局。1928年设夏河县，1953年改属甘南藏族自治州。

夏河县境内有拉卜楞寺、八角城遗址两处全国重点文物保护单位和省级文物保护单位桑科古城。

六、陇西县

陇西县位于甘肃中部，渭河上游。陇西县历史悠久，秦昭襄王二十八年（前279年）置陇西郡（治狄道，今临洮），即有此名，因地处陇山以西而得名，为天下三十六郡之一。汉初置襄武县，汉末移金城、陇西二郡治襄武，从此成为历代郡、州、府、治所在地。唐时初为武阳县，宋为陇西县，县名遂沿用至今。金设巩昌府。元明清三代，多派大员，坐镇陇西。清为巩昌府治，康熙三年（1664年），陕西省右布政司移设巩昌，陕西按察司增设一按察使驻巩昌。陇西一度成为甘肃中部地区重要的文化中心。在近代，红四方面军长征经过陇西，曾长期为陇右地下党进行革命活动的主要根据地。今属定西市。

陇西境内秦长城、陇西堂、文峰塔等各类文物点 150 余处。其中省级文物保护单位 7 处。

七、会宁县

会宁县位于甘肃中部。是古丝绸之路上的重要通道，素有"秦陇锁钥"之称。城郭形如凤凰展翅，故别称"凤城"。汉武帝元鼎三年设祖厉县（前 114 年），属安定郡。隋为凉川县，唐武德二年（619年），改为会宁县，属会州会宁郡。此后一直沿用。中华人民共和国成立后，属定西地区。1985 年，划归白银市。

1936 年 10 月，中国工农红军第一、二、四方面军三大主力胜利会师于此，红军二万五千里长征胜利结束。当时，中央领导曾在明会宁城西津门楼上开过会，故 1958 年将西津楼改建为"会师楼"。会宁红军会师旧址是全国重点文物保护单位和全国百个爱国主义教育示范基地之一，除会师楼及会师门外，还包括始建于明代的红军会师联欢会会址——文庙大成殿；由邓小平同志题写塔名的"中国工农红军第一、二、四方面军会师纪念塔"建于 1986 年，高 28.78 米，共 11 层，下九层三塔环抱，象征红军三大主力会师；由徐向前元帅题写馆名的"红军会宁会

师革命文物陈列馆"和李先念同志题名的"红军烈士纪念堂"等。另外，还有会师期间朱德总司令的住址——邢家台子，红军总政治部旧址，红四方面军总指挥部旧址，青江驿红二、四方面军会师旧址，老君坡红一、二、四方面军会师旧址，侯家川红二方面军总指挥部旧址以及大墩梁、慢牛坡、张家堡等多处战斗遗迹。

会宁境内共有古遗址、古墓葬、近现代文物等各类文物点近 200 处，其中包括会宁红军会师旧址、牛门洞遗址 2 处全国重点文物保护单位和 6 处省级文物保护单位。

八、兰州市

兰州市是甘肃省的省会，位于中国陆域版图的几何中心，在大西北处于"座中四连"的独特位置。市区南北群山对峙，东西黄河穿城而过，蜿蜒百余里，是黄河上游经济区重要的经济中心和西陇海兰新经济带重要的支撑点和辐射源，是中国

兰州黄河铁桥

东中部地区联系西部地区的桥梁和纽带，是大西北的交通通信枢纽。陇海、兰新、兰青、包兰四大铁路干线交汇于此，是西北地区最大的货运站和新亚欧大陆桥上重要的集配箱转运中心，也是西部地区通信枢纽和信息网络中心。

兰州是古丝绸之路上的重镇。早在5000年前，人类就在这里繁衍生息。西汉设立县治，取"金城汤池"之意而称金城。隋初改置兰州总管府，始称兰州。自汉至唐、宋时期，随着丝绸之路的开通，出现了丝绸西去、天马东来的盛况，兰州逐渐成为丝绸之路重要的交通要道和商埠重镇，联系西域少数民族的重要都会和纽带，在沟通和促进中西经济文化交流中发挥了重要作用。古丝绸之路也在这里留下了众多名胜古迹和灿烂文化，吸引了大批中外游客前来观光旅游，使兰州成为横跨2000千米，连接敦煌莫高窟、天水麦积山、张掖大佛寺、永靖炳灵寺、夏河拉卜楞寺等著名景点的丝绸之路大旅游区的中心。随着新欧亚大陆桥的开通特别是西部大开发战略的实施，重新构筑起现代丝绸之路，兰州作为中国东西合作交流和通往中亚、西亚、中东、欧洲的重要通道，战略地位更加突出，正发挥着承东启西、联南济北的重要作用。

兰州市境内共有古遗址、古墓葬、古建筑等各类文物点共计230余处，其中包括全国重点文物保护单位2处，省级文物保护单位23处。

第四节　中国历史文化名镇

一、宕昌县哈达铺镇

哈达铺镇位于甘肃省陇南市宕昌县境内岷山脚下，因中国工农红军一、二、四方面军三大主力长征，都经过此地，并作出重要决策而成为红色小镇。哈达铺，原名哈塔川，后称为哈达川，历史上长期属于岷县。因明代在哈达川设铺，故称哈达铺，清朝沿用。民国二十二年（1933年）设哈达铺乡。民国二十九年（1940年），设白龙镇。1949年，设岷县第五中心区。1954年，宕昌县成立后，划归管辖。1964年恢复哈达铺原名。

哈达铺自古以来就是军事战略要冲，是西北南下入川的交通要道和隘口，地理位置重要。哈达铺还是中国中药材当归的主要产地，中医药文化历史悠久。1935年9月18日，党中央率领红一方面军突破天险腊子口，占领哈达铺。20日下午，毛泽东、周恩来等中央领导到达哈达铺。从当地邮政代办所国民党报纸上获得陕北有红军和根据地的消息，做出了把红军长征的落脚点放在陕北的重大决策。9月23日，中央率陕甘支队离开哈达铺北上。1936年8月9日，红四方面军第30军通过腊子口后占领哈达铺；25日红二方面军六军进驻哈达铺。9月1日，红二方面军总指挥部及二军到达哈达铺。到10月4日，相继北上。哈达铺会议旧址为全国重点文物保护单位。

二、榆中县青城镇

青城镇位于甘肃省兰州市榆中县北部，黄河南岸，距兰州90、白银23千米，总面积138平方千米。青城镇城河村土地肥沃、气候温和、依山傍水，环境秀美，是古丝绸之路上的水旱码头，唐宋元明时期的军事重镇，也是黄土高原上的鱼米之乡、水烟之乡。

青城镇高家祠堂

青城镇历史上是黄河沿线重要的渡口和商品集散地，而城河村则因其独特的地理位置，成为整个青城镇的商业中心。村落街巷为棋盘格式，整齐有序，主次分明。主街东西走向，宽阔通畅，小街巷相对窄小，顺主街对称分布。村内现存建筑多为明清时期各地商人所建院落，建筑风格汲取了山西、天津、北京等地式样做法，形成了青城古民居独有的建筑特色，其院落有四合院、三合院、带子上朝等形式。建筑规模主要有五堂五厦，三堂五厦。砖木或土木结构。青城镇特色生产、民俗活动类型丰富，目前传承下来的非物质文化遗产有：青城小调、铁芯子（抬子）、道台狮子、英雄武鼓、剪纸、刺绣、水烟制作工艺、陈醋制作工艺、船馍馍制作工艺、酸烂肉等，其中青城小调、水烟制作工艺、道台狮子列为甘肃省级非物质文化遗产名录。

三、永登县连城镇

连城镇位于甘肃省兰州市永登县城西南60千米的大通河腹地。东接民乐、通远乡，南邻河桥镇，北连青海省互助县，西接青海省乐都县和甘肃省天祝县，位于两省三县交界地带。连城历史文化悠久，早在新石器时期，大通河两岸就有人居住，辛勤劳作，繁衍生息。《汉书·地理志》：汉昭帝始元六年（前81年），置

鲁土司衙门牌坊正立面

金城郡，领县 13，连城属浩门县管辖。北宋政和六年（1116 年），"建筑古骨龙城，赐名震武城，未几，改为震武军"。震武城即今连城古城，震武军辖永登县部分地区。明洪武三年，元宗室脱欢率部投诚，安置在连城。脱欢之孙失伽以军功升土司都指挥使，赐姓鲁，准世袭。自明初至民国改土归流，鲁氏家族一直统治连城一带。镇域内旅游资源得天独厚。有国家 AAAA 级森林公园吐鲁沟，全国重点文物保护单位——鲁土司衙门旧址。鲁土司衙门旧址始建于明洪武十一年（1378 年），是全国仅存四处土司衙门中历史最悠久、规模最庞大、保存最完整的土司庄园建筑群，具有很高的科学、历史和艺术价值。2006 年

5 月，与鲁土司衙门相邻、与鲁土司衙门有着密切联系的明代建筑显教寺和雷坛并入鲁土司衙门旧址中，一并被国务院公布为第六批全国重点文物保护单位。2007 年连城镇被住房和城乡建设部、国家文物局列入第三批"中国历史文化名镇"。

四、古浪县大靖镇

位于甘肃省武威市古浪县，地理位置优越，是河西走廊区域交通网络上重要的交通节点。大靖镇历史悠久，文化底蕴丰厚，曾为丝绸北路、河西走廊东线重镇，是该地区重要的商品集散地。汉武帝时期称为"朴环"，商贸活动最为活跃。陕西、山西一带的商人确有"要想挣银子，走一趟大靖土门子"之说。因此，文人

中国历史文化名镇古浪县大靖镇省级文物保护单位大靖古建筑群——火庙大殿

墨客称大靖为峻极天市，白天商贾云集，人来车往，万头攒动；晚间万家灯火，星星点点，闪闪烁烁，好像天上的街市一样。明万历二十七年（1599年），甘肃巡抚田乐，总兵达云等集兵万人，打败阿赤兔收复其地，取安定统一之意改为大靖。据史料记载："民户多于县城，地极膏腴，商务较县城为盛"，鼎盛时期，城郭完整，民舍稠密，商旅行栈，店铺林立，寺庙宫观，鳞次栉比，商贾云集，络绎不绝，形成重要的商贸古镇。

2001年大靖镇被甘肃省发展改革委列为全省小城镇综合改革试点镇；2008年被省发展改革委列为全省第二批小城镇建设试点镇。

五、秦安县陇城镇

陇城镇位于甘肃省天水市秦安县，地处张家川、清水、秦安三县的交界地带，距秦安县城45千米。陇城镇历史悠久，旅游资源丰富，是传说中人类始祖女娲的出生地，也称"娲皇故里"。陇城地处古"丝绸之路"上，三国古战场街亭就在境内，历来是兵家必争之地，是商贾云集、交通便利的通衢要道和驿站，是秦安四大集镇之一，自汉代以来一直都是郡、县、道置所在地。镇区有传说中女娲出生的风沟、生长的风台、埋葬的风茔等古迹，有女娲祠、三国街亭古战场遗

址、汉略阳古城（八卦城）、街泉古城遗址，以及西番寺、野战坡、龙泉、明清街等名胜古迹。以女娲文化、大地湾文化、秦汉文化和三国文化四大历史文化为主线，构成了陇城镇丰富的历史文化渊源。

六、临潭县新城镇

新城镇位于甘肃省甘南藏族自治州临潭县，距县城35千米，东接本县店子乡，南接流顺乡，北通冶力关国家AAAA级风景名胜区，总面积113.8平方千米。新城镇自古是通往边远藏区的通道，称为"汉藏走廊"，也是藏族传统文化和汉文化的交汇处。具有汉、回、藏等民族聚居、杂居的民族特点。

新城镇古称洪和城、洮州城，早在新石器时期就有人居住，夏商周时为古雍州辖地，春秋战国时期为羌人所居。早在秦汉时，在今旧城已置洮阳城。北魏太和五年（487年）在此筑城，为水池县城，原城已毁。明洪武十二年（1379年），西征侯、征西大将军沐英在原城基础上修筑新城，为洮州卫城。民国二年（1913年）更名为临潭县。1949年，临潭县和平解放，同年9月27日，在新城成立了人民政府，先后属岷县、临夏专区辖，1953年划归甘南藏族自治州，隶属至今。民国时，新城仍为临潭县政府所在地，也是长征中的中国工农红军在甘南第一个苏维埃政

省级文物保护单位金崖古建筑群——三圣庙戏楼

权的诞生地。遗留着许多有价值的历史文物、革命文物和人文景观。

1992年，临潭县人民政府公布明代洮州卫城为县级重点文物保护单位。1993年3月，新城苏维埃旧址被公布为甘南藏族自治州爱国主义教育基地。2003年，甘肃省人民政府公布洮州卫城为省级文物保护单位。

七、榆中县金崖镇

金崖镇位于甘肃省兰州市榆中县西部，黄河中下游，距兰州市区18千米。区域地势东北高、西南低，由南部苑川河流域川塬区、西部黄河峡谷川塬区和北部黄土高原丘陵区构成。境内陇海铁路、兰渝铁路、巉柳高速横贯东西，交通便利。

金崖镇是丝路古道上货通东西的旱码头。明清时期，金崖逐渐成为兰州水烟的主产区和贸易集散地。水烟业的兴盛，使金崖成为苑川河流域集政治、经济、文化为中心的农、工、商业中心，一大批祠堂、庙宇、驿站、会馆等建筑和民居四合院随之诞生。金崖文化遗产呈现出保存完整、分布集中、形式多样、内涵丰富、历史文化价值较高的特点。主要文化遗产有：桑园峡秦长城及烽燧遗址全国重点文物保护单位明肃王墓、省级文物保护单位金崖古建筑群、省级非物质文化遗产保护项目"苑川七月官神"等。

金崖历史文化遗产在甘肃省历史文化遗产中地位独特，较为全面地体现了千年丝路古镇所特有的地域文化、宗族文化、商旅文化、民俗文化、水烟文化和建筑文化，内涵丰富、特色鲜明，具有较高的艺术价值、科研价值和观赏价值。

附表　甘肃省历史文化名城、名镇一览表

类别	地名	所在市（州）	批准或公布部门	批准公布时间
国家历史 文化名城	敦煌市	酒泉市	国务院	1986 年
	张掖市	张掖市	国务院	1986 年
	武威市	武威市	国务院	1986 年
	天水市	天水市	国务院	1994 年
省级历史 文化名城	酒泉市	酒泉市	甘肃省人民政府	1996 年
	临夏市	临夏回族自治州	甘肃省人民政府	1996 年
	灵台县	平凉市	甘肃省人民政府	1996 年
	庆城县	庆阳市	甘肃省人民政府	1996 年
	夏河县	甘南藏族自治州	甘肃省人民政府	1996 年
	陇西县	定西市	甘肃省人民政府	1996 年
	会宁县	白银市	甘肃省人民政府	1996 年
	兰州市	兰州市	甘肃省人民政府	2008 年
中国历史 文化名镇	哈达铺镇	陇南市	住房和城乡建设部 国家文物局	2005 年
	青城镇	兰州市	住房和城乡建设部 国家文物局	2007 年
	连城镇	兰州市	住房和城乡建设部 国家文物局	2007 年
	大靖镇	武威市	住房和城乡建设部 国家文物局	2007 年
	陇城镇	天水市	住房和城乡建设部 国家文物局	2008 年
	新城镇	甘南藏族自治州	住房和城乡建设部 国家文物局	2008 年
	金崖镇	兰州市	住房和城乡建设部 国家文物局	2010 年

第五章　文物考古

甘肃历史悠久，是中国远古人类的主要聚居地和古代农业的主要起源地，是华夏文明重要发祥地之一。陇原先民创造了黄河流域灿烂厚重的历史文化，仅就以在甘肃境内首次发现的典型遗址所在地命名的考古学文化而言，新石器时代文化即有大地湾文化、石岭下文化、马家窑文化、常山下层文化、齐家文化；商周时期青铜文化有辛店文化、寺洼文化、沙井文化。甘肃境内已经发掘的旧石器时代遗址相对集中于陇东黄土高原，以环县楼房子、刘家岔、巨家塬遗址为代表；新石器时代遗址几乎遍及全省，其中以秦安大地湾遗址最为著名。商周之际，周秦部族先后在今甘肃东部崛起并向东发展，对中国历史进程和封建国家政治生活产生了重大而深远的影响；甘肃境内特别是平凉、庆阳、天水境内发现的西周时期特别是早期秦文化遗存具有重大的历史价值和学术意义。秦汉时期郡县制之创立和长城之创修皆与甘肃颇有渊源。古丝绸之路的开通，使得甘肃逐渐融入东西方经济文化交流的洪流之中；汉代河西地区农业经济的发展、魏晋南北朝时期的民族大融合、隋唐时期的国际贸易，成就了“天下称富庶者无如陇右”的局面。宋夏金元之际，甘肃经济社会发展相对迟滞，至明清时期有所恢复。总体而言，甘肃境内漫长而完整的史前文化和丝绸之路文化以及经济社会变迁所遗留的极其丰厚的文化遗产，奠定了甘肃作为中国考古学富矿地带的地位。特别需要指出的是，由于甘肃地处西北，是古代中西交通要道，佛教东传入玉门关后首先到达河西四郡，十六国和北朝时期的陇右相对安定，统治者出于巩固政权的需要大力弘扬宗教，如阎文儒所言："甘肃便成为佛教中心，作为宗教艺术的石窟，也就居全国之冠了"；甘肃因此素有"石窟艺术之乡"的美誉，石窟考古亦为甘肃考古工作之重点。

甘肃是中国最早开展田野考古工作的地区之一，在中国考古学史特别是史前考古学史上占有重要位置。19世纪末特别是民国时期，中外学者在甘肃境内陆续开展了目的各异、规模不等的考古调查与发掘活动，主要涉及史前文化遗址、长城及烽燧、石窟寺等。敦煌遗书和石窟艺术的发现与传播和敦煌汉简、居延汉简的出土、寺洼文化和沙井文化等考古学文化的陆续发现与命名，是这一时期甘肃考古的主要成绩。安特生提出的甘青史前文化"六期说"在考古学史上影响深远。20世纪三四十年代，中国学者在甘肃境内开展的一系列考古调查与发掘工作，丰富了考古学资料、填补了相关领域的缺环或空白，在一定程度上促进了起步阶段的中国考古学的发展；夏鼐等人在甘肃的史前考古工作，根据地层关系证明马家窑文化早于齐家文化，纠正了安特生"六期说"的错误。

中华人民共和国成立后特别是改革开放以后，甘肃考古调查与发掘工作进入新的发展阶段。一方面配合国家经济建设和工农业生产进行抢救性考古调查与发掘，一方面又带有明确的学术目的，通过田野工作努力建立甘肃古代文化的框架和谱系。20世纪90年代以来，随着国家西部大开发战略的全面实施，甘肃境内配合交通、能源等重大建设项目的抢救性考古调查与发掘项目激增；与此同时，以华夏文明探源为目的、以早期周秦文化调查研究为代表的主动性、学术性考古项目亦日益引起国内外学界瞩目。经过半个多世纪的努力，甘肃考古工作以古人类化石及旧石器、新石器—青铜时代文化、周秦文化、秦汉墓葬、长城及烽燧遗址、石窟寺、魏晋十六国时期墓葬、西夏文化等领域的成果最为丰硕和具有代表性。围绕这些领域，甘肃考古工作者深入研究，发表和出版了一批较有影响的考古发掘报告和研究论著，据不完全统计，近20年来，敦煌研究院、甘肃省博物馆、甘肃省文物考古研究所等文博单位发表考古发掘简报200多篇，出版考古报告与研究著作50余部。围绕重大考古发现，甘肃省还举办了多次考古学术会议，在国内外考古界产生了较大影响。整体而言，中华人民共和国成立后的甘肃考古调查与发掘工作及主要成果，大致可从史前考古、商周考古和早期秦文化考古、两汉魏晋考古、隋唐五代至宋夏金元明考古、石窟考古和岩画调查五个方面得到体现。

第一节　史前考古

一、旧石器时代考古

甘肃境内新生代地层发育良好，为古代动物和人类繁衍生息提供了较为适宜的环境，哺乳动物和文化遗物埋藏相对丰富。甘肃境内的旧石器时代考古工作可追溯到民国九年（1920年）6月法国神甫、古生物学家桑志华在庆阳县城北（今华池县）发现赵家岔、辛家沟地点，采集到有明显人为加工痕迹的石英岩质石核及石片，是为中国境内最早发现的有明确地层关系的旧石器。20世纪六七十年代，甘肃境内的旧石器时代考古工作主要集中于庆阳、平凉、天水等地；庆阳地区的旧石器时代考古概况参见谢骏义、张鲁章（《甘肃庆阳地区旧时器》，《古脊椎动物与古人类》1977年第3期），平凉地区"泾川人"化石、天水地区"武山人"化石的发现亦在中国史前考古学史上占有重要地位。20世纪80年代以后，甘肃境内旧石器时代考古则以田野调查为主。

（一）环县楼房子遗址

1963年，西北大学地质系在陇东地区进行野外考察时，于环县曲子公社楼房子大队发现楼房子遗址并进行发掘，甘肃省博物馆派员参与发掘。发掘显示该遗址是一处石器、骨器共存的哺乳动物化石地点，出土的文化遗物属于旧石器时代晚期，并有明显用火遗迹，出土有加工精致的三棱尖状器和尖状刮削器。

（二）庆阳县巨家塬遗址和镇原县姜家湾遗址

1963年5~7月，在庆阳地区文化馆协助下，中国科学院地质研究所和华北地理研究所在庆阳地区发现若干第四纪哺乳动物化石地点。其中位于庆阳县温泉公社的巨家塬遗址除包含较多的动物化石及旧石器文化遗迹外，还有完整的地层剖面，为晚更新世黄土和河湖相沉积关系的研究提供了重要资料。该遗址出土的石器包括尖状器、砍砸器、石锤和刮削器等。发现的古动物化石包括原始牛、水牛、披毛犀、赤鹿、蒙古野马、纳玛象、野驴、河套大角鹿和羚羊等。1974年10月，中国科学院古脊椎动物与古人类研究所的贾兰坡对该遗址再次进行考察并采集了旧石器标本。随后，该所与甘肃省博物馆组成联合考古调查组对镇原县姜家湾遗址、庆阳县巨家塬遗址、环县楼房子遗址进行复查。复查姜家湾遗址时发现寺沟口遗址，采集石制品46件、哺乳动物化石6种，是为甘肃省内首次发现旧石器时代中期文化遗存。

（三）"泾川人"化石

1974 年 5 月，平凉地区博物馆在泾川县泾明公社牛角沟首次发现旧石器时代晚期智人头骨化石，经鉴定，泾川发现的人类头盖骨化石代表一个 20 岁左右的女性青年个体，在人类进化系统上处于晚期智人阶段，所显示的人种特征与蒙古人种相符，后被命名为"泾川人"。

（四）平凉南峪沟遗址和桃山嘴遗址

1976 年 6 月，在平凉地区发现南峪沟遗址和桃山嘴遗址。1980 年 10 月，甘肃省博物馆和平凉地区博物馆对两个遗址进行复查，采集到一批石器标本和伴生的古脊椎动物化石，从而确定这两处遗址同属旧石器时代晚期。这是首次在庆阳地区以外的甘肃境内发现旧石器遗址。

（五）泾川县大岭上遗址

1976 年秋，在泾川县太平乡梅家洼岭背后村发现大岭上旧石器地点；1980 年，经甘肃省博物馆专家核实地层，确认属于旧石器时代早期。调查采集石制品 41 件，包括砍砸器、刮削器、尖状器、石核、石片等；打制方法以砸击法和锤击法为主，存在二者并用现象。大岭上旧石器地点的发现，为在甘肃境内寻找更古老人类文化遗迹提供了重要线索。

（六）庆阳刘家岔遗址和黑土梁遗址

1976~1978 年，甘肃省文物工作队组织开展庆阳地区古脊椎动物化石与旧石器考古调查工作，期间发现刘家岔和黑土梁遗址。刘家岔旧石器时代遗址出土化石 9 箱和 500 余件石制品及少量烧骨和灰烬，遗物中除有加工痕迹的鹿角外，主要是石制品。该遗址是目前已知的甘肃境内出土石器数量最多、最重要的一处旧石器时代遗址，证明刘家岔遗址是远古人类的一个聚居地。黑土梁遗址发现披毛犀、马、鹿等动物化石、石灰岩石球 1 枚、石英岩石核 3 件、石片 2 件；遗址地层可与巨家塬遗址对比，属旧石器时代晚期。

（七）平凉东部和临夏盆地田野调查与发掘

1980 年，甘肃省文物工作队在平凉地区东部四县进行古脊椎动物化石与旧石器田野调查；1981 年，发掘华亭县石庙子三趾马动物群化石地点，获得各类动物化石 10 多箱；1982 年，对临夏盆地晚新生代地层及古脊椎动物、古生物化石进行田野调查。

（八）"武山人"化石

1984 年夏，核工业部西北地勘局 219 大队 5 分队在武山县普查找矿时，于该县鸳鸯镇西南 2 千米处大沟骨头沟采集到一块人类头盖骨化石及数十件石器。1985 年 3 月和 11 月，甘肃省博物馆勘察该化石出土地点，测制地层剖面，采集化石所在层位黏土进行年代测定。经测定证明，该颅骨化石为一年龄 20 岁左右男性个体，属于晚期智人（新人）化石，年代测定结果为距今 38400 年左右。"武山人"是甘肃境内继"泾川人"之后又一次发现的古人类化石，是甘肃境内发现的年代较早的古人类遗骸，代表着比周口店山顶洞人更原始的早期蒙古人种类型，证明六盘山以西仍有古人类活动，为中华民族体质特征研究增添了重要依据。

（九）庄浪县赵家滑沟沟口地点

1988 年，甘肃省文物考古研究所和庄浪县博物馆在庄浪县进行古生物化石和旧石器调查时发现赵家滑沟沟口地点。该地点包含古生物化石和石制品，通过分析所采集的 10 件石制品，确认该地点的地质时代属于晚更新世。

二、新石器时代考古

20 世纪 80 年代前的甘肃新石器时代考古工作多以配合国民经济建设为主；80 年代后，为解决史前文化研究相关问题尤其是填补仰韶文化研究在甘肃的空白，甘肃省考古工作者重点开展了甘肃东部地区考古调查与发掘工作，收获颇丰；尤以秦安大地湾遗址为重要。

（一）局部普查及发掘

1. 兰州地区

1956 年 8 月，甘肃省文物管理委员会普查组对兰州市黄河南岸东起东岗镇、西至大柳沟坪的 30 多千米台地进行普查，发现遗址和墓葬 10 余处。遗存内涵包括马家窑文化马家窑类型、马厂类型和齐家文化，并首次发现白陶片。

2. 渭河、洮河和西汉水流域

1956 年 10~12 月和 1957 年春，甘肃省文物管理委员会派员先后赴渭河上游的天水、甘谷和渭源、陇西、武山等县进行普查。在天水和甘谷县发现古代文化遗址 90 处，其中新石器时代遗址 78 处，包括仰韶文化 37 处、齐家文化 37 处及不能确定文化属性遗址 4 处。此次调查确认了西山坪遗址、柴家坪遗址和七里墩遗址等 3 处仰韶文化早于齐家文化的重要证据。同时对裴文中提出的"陇南史前文化三期说"进行了修正，得出"彩陶不只是仰韶文化才有，其他考古学文化也有彩陶"的论断。在渭源、陇西、武山县发现古遗址 69 处，以新石器时代遗址居多，包括仰韶文化 16 处、甘肃仰韶文化 2 处、齐家文化 39 处和新遗存 4 处。通过调查进一步确认仰韶文化和甘肃仰韶文化属于两个独立系统，且仰韶文化早于甘肃仰韶文化，明确了新遗存的性质整体上属于齐家文化系统，但在某些方面受到甘肃仰韶文化马厂期的影响而导致性质有所变异。

1957 年 7~10 月，甘肃省文物管理委员对临洮县辛店以南至寺洼山一带的洮河流域、临夏县大夏河流域开展调查。

共发现或确认古遗址 44 处，包括甘肃仰韶文化 12 处、齐家文化 23 处、寺洼文化 6 处。通过调查确认了甘肃仰韶文化马家窑期的分布范围，并在马家窑—瓦家坪遗址发现甘肃仰韶文化马家窑期晚于仰韶文化的地层顺序线索和齐家文化层叠压在马家窑期之上的地层证据。

1958 年 5 月，甘肃省博物馆对渭河上游主流区域内古遗址进行重点复查，对渭河支流的南河、榜沙河和漳河进行了考古调查。发现古遗址 22 处，其中仰韶文化 8 处、齐家文化 13 处、寺洼文化 1 处。

1958 年 9~11 月，甘肃省博物馆对西礼县（今西和县、礼县）境内西汉水流域进行考古调查。发现古遗址 43 处，其中仰韶文化 17 处、齐家文化 12 处。调查显示该流域仰韶文化遗存极为丰富，而齐家文化遗存呈现衰落现象。

1962 年 4 月，甘肃省博物馆在泾河流域进行考古复查时，于庄浪县柳家村遗址发现并清理 2 座墓葬。确认该遗址属于寺洼文化，纠正了寺洼文化仅分布于洮河流域的传统认知。

1978~1979 年，中国社会科学院考古研究所泾渭工作队在泾河、渭河流域开展考古调查，调查重点是寻找周人迁岐以前的先周文化居址和墓地。庆阳地区博物馆、平凉地区博物馆和庄浪县文化馆派员参加调查。调查过程中相继发现镇原县常山遗址和庄浪县徐家碾墓地。1979 年 5 月、9 月两次调查镇原县常山遗址，同年 10~11 月对常山遗址进行发掘，揭露面积约 600 平方米。发掘过程中发现少量西周和先周文化遗存，最重要的发现是在先周文化层下叠压的常山下层文化遗存，从而首次揭示了常山下层文化的面貌。

1980 年 5~7 月，中国社会科学院考古研究所泾渭工作队对庄浪县徐家碾寺洼文化墓地进行发掘。共清理墓葬 104 座，出土各类器物 2000 余件，这批资料对于探讨寺洼文化面貌、葬制及其与辛店文化、周文化的关系提供了重要依据。

3. 刘家峡库区

1956 年 5 月，文化部和中国科学院联合组建黄河水库考古队，对刘家峡库区进行调查，并发掘了一批马家窑文化、齐家文化及部分青铜时代遗址。自 1959 年始，对刘家峡至八盘峡之间区域进行补充调查，发现古文化遗址 31 处，其中马家窑文化马厂类型 17 处、齐家文化 8 处、辛店文化 6 处，填补了该区域考古学上的空白。与此同时，对重要遗址进行复查和重点发掘。较具代表性的有：

（1）张家咀遗址和姬家川遗址。两个遗址均包含齐家文化和辛店文化遗存，以辛店文化遗存为主。1958 年 10~11 月，对张家咀遗址进行复查并进行第一次发掘，发现窖穴 92 座（其中辛店文化 86 座、齐家文化 6 座）、灰沟 3 条、墓葬 1 座，出土大量陶器、石器、骨器和铜渣等遗物。1959 年 4~7 月进行第二次发掘。两次发掘揭露面积 995 平方米。1960 年春，对姬家川遗址进行复查，同年夏进行发掘，揭露面积 675 平方米，发现并确认辛店文化层叠压于齐家文化层之上，为两个文化相对年代的早晚关系提供了重要的地层证据。（2）大何庄遗址和莲花台遗址。对大何庄遗址的两次发掘发现窖穴、墓葬、房址并首次发现"石圆圈"遗迹现象；莲花台遗址发掘面积共 889.5 平方米，清理半地穴式房址 1 座、窖穴 219 个、墓葬 3 座，出土大量陶器、石器及骨角器，不仅进一步加深了对张家咀类型和姬家川类型文化面貌的认识，而且为两个文化类型关系的研究提供了新资料。

4. 甘南地区

1980~1981 年，甘南藏族自治州文化馆组织临潭、卓尼两县文化部门组成调查小组，对临潭、卓尼两县下辖的 7 个公社进行第一次考古普查，发现古代文化遗址 80 余处，其中新石器时代至青铜时代遗址 45 处，这是首次对洮河中上游地区古文化遗存进行全面梳理。

5. 天水地区

1981 年 5~7 月，中国社会科学院考古研究所甘肃工作队在天水地区 10 个市县进行原始文化考古调查，天水市文化局派员协助调查。此次调查除复查已知的部分遗址外，新发现清水泰山庙和小塬、天水石马坪、武山杜家楞、西和凤山和栏桥、礼县高寺头、徽县甘沟、两当水沟口等 9 处原始文化遗址。通过调查，对甘肃东部地区原始文化不同类型的相对年代序列进行了基本梳理。

6. 岷县地区

1983 年，岷县文化馆组织开展全县考古调查，在城北洮河一带调查了 10 多处古文化遗址，重点考察了红崖、白塔山、王铁嘴和姚庄等 4 处寺洼文化遗址，为寺洼文化的研究提供了新资料。

7. 河西走廊地区

1986 年 9~12 月，北京大学考古系和甘肃省文物考古研究所联合对河西走廊全境进行了一次大范围史前考古调查，调查范围涉及除阿克塞哈萨克自治县外的 19 个市、县。联合调查队同时收集了河西各市、县博物馆和文化馆旧藏史前文物资料。通过此次调查，基本构建了河西走廊史前考古学文化发展序列。

8. 张家川地区

1987 年，在甘肃省博物馆和天水市文化局协助下，张家川县文化局、县文化馆组织人员，在全县境内进行田野调查，主要目的是摸清县域内古文化遗址基本面貌和保存情况。共调查古文化遗址 120 处，文化类型包括仰韶文化、齐家文化、

周文化及战国、秦汉文化。其中仰韶文化遗址 25 处，齐家文化遗址 16 处，为该区域史前文化研究提供了新材料。

9. 白龙江流域

1987~1988 年，甘肃省文物考古研究所在陇南地区有关单位配合下，对白龙江流域进行了一次全面考古调查。系统调查了大李家坪、寺背坪、任家坪、后村东坪等重要遗址，基本掌握了白龙江流域的古文化面貌和考古学文化序列。

10. 葫芦河流域

1990 年 8 月，北京大学考古系和甘肃省文物考古研究所历时一个多月，对甘肃中部葫芦河流域进行了一次考古学与地理学综合考察。此次调查的主要目标是研究全新世气候环境变迁，同时研究古文化演变的环境背景。调查时间跨度上迄新石器时代，下至春秋战国时期或略有推迟。调查组除了解有关市县文物藏品和文物普查资料外，还有目的地选择若干重要遗址进行实地考察并采集考古和土壤标本。通过考察基本确认了葫芦河流域的考古学文化序列，同时获得大量反映古文化和古环境演变的实物标本。

（二）重要遗址

1. 武威皇娘娘台遗址

1957 年 8 月，武威县文化馆在皇娘娘台发现并采集到一批出土石器和陶器。同年 9 月，甘肃省文物管理委员会派员

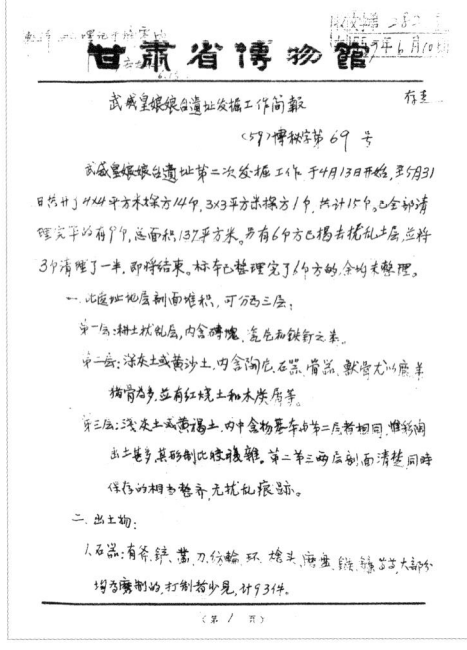

1959 年武威皇娘娘台遗址发掘工作简报

前往调查并进行第一次发掘，收获 11 件铜器及大量陶、石、骨器等。由于发掘面积有限，对窖穴、墓葬和房址等遗迹关系和文化内涵了解不够深入。1959 年夏，甘肃省文物管理委员会对该遗址进行第二次发掘，出土铜器 9 件、卜骨 30 余片。同年冬，甘肃省首届文物博物馆训练班选择皇娘娘台遗址作为实习地点，对该遗址进行第三次发掘，除发现铜器、卜骨外，还发现一男二女合葬墓，引起学术界关注。皇娘娘台遗址前三次发掘总面积 750 平方米，初步揭示该遗址是一处内涵丰富的齐家文化遗址，出土的实物资料对于深入研究齐家文化内涵具

有重要意义。1975 年 4~7 月，为配合农田水利工程建设，甘肃省博物馆在武威地区文教局和武威县文物管理委员会配合下，对皇娘娘台遗址进行第四次发掘；布探方 22 个，发掘总面积 560 平方米，清理齐家文化墓葬 62 座、房址 4 座和窖穴 23 个，出土遗物 700 余件，包括卜骨、装饰品及大量玉璧、石璧。确认皇娘娘台是单纯的齐家文化遗址，该遗址出土文物表明齐家文化时期贫富分化已趋明显，社会发展阶段由母系氏族社会进入父系氏族社会。

2. 兰州青岗岔遗址

1959 年，上海博物馆马承源等在甘肃省博物馆协助下调查兰州市青岗岔遗址。夏鼐曾于抗日战争后期对青岗岔遗址进行过调查，根据所采集的陶片判断该遗址属于马家窑文化马厂类型。马承源经过再次调查，确认该遗址主要遗存属于马家窑文化半山类型，并未发现马厂类型彩陶片，修正了夏鼐的观点。1963 年秋，在甘肃省博物馆协助下，北京大学历史系考古专业师生对青岗岔遗址进行了试掘，开掘探沟 4 条，揭露面积 80 余平方米，发现半山类型、马厂类型和齐家文化遗迹。半山类型住地的发现是试掘的主要收获，纠正了安特生"半山葬地说"和"马家窑住地说"。该遗址双室房子的发现不仅为齐家文化增添了新资料，而

且为探讨齐家文化与客省庄二期文化的关系提供了重要线索。

3. 兰州西果园西坡坬遗址

1960 年 3 月，甘肃省博物馆对兰州市西果园陆家沟村南的西坡坬遗址进行发掘，清理灰坑 14 个、窑址 2 座、灶址 3 个及硬面痕迹，出土大量马家窑类型彩陶片等遗物。该遗址出土的彩陶具有较为明显的早晚演变特征，早期彩陶纹饰繁复，晚期则呈逐渐简化趋势。

4. 兰州王保保城遗址

1966 年 9 月，甘肃省博物馆文物工作队在兰州市黄河北岸元代王保保城址内发掘 1 座马家窑类型墓葬。该墓为长方形竖穴土坑墓，单人仰身直肢葬，头东脚西。随葬器物置于头部附近，出土夹砂粗陶和细泥彩陶器 12 件及绿松石珠等。马家窑类型墓葬的发现，进一步纠正了安特生"半山葬地说"和"马家窑住地说"，同时确认了马家窑类型住地和葬地出土的彩陶在陶质、器形、施彩和纹饰等方面的特征完全相同。

5. 广河县地巴坪遗址

1973 年，甘肃省博物馆文物工作队和广河县文化馆联合对地巴坪遗址进行了两次调查和发掘，清理半山类型墓葬 66 座，均为竖穴土坑墓，多为圆角长方形，少数为圆角方形，出土各类遗物 756 件，其中生产工具和生活用器占较大比

例，彩陶器比较丰富，占出土陶器总数90%以上；彩陶器以大型小口直颈彩陶壶和短颈侈口彩陶瓮较为普遍。地巴坪遗址是国内首次对半山类型遗址进行的大面积科学发掘，也是目前已知的半山类型最典型、最丰富的遗址之一。

6. 永昌县鸳鸯池墓地

1973~1974年，甘肃省博物馆文物工作队和武威地区文物普查队对永昌县鸳鸯池墓地进行两次发掘，清理墓葬189座。墓葬结构包括竖穴土坑墓和竖穴偏室墓两类，根据墓葬打破关系、陶器型制和纹饰变化，划分为早、中、晚三期。鸳鸯池墓地发掘的重要意义在于获得了半山、马厂类型演变的重要证据，明确了马厂类型是半山类型的继续和发展。

7. 景泰县张家台遗址

1974年，景泰县芦阳公社城关大队第四生产队社员在农田基本建设时发现张家台遗址。1975年4~5月，甘肃省博物馆文物工作队和景泰县文化馆共同对该遗址进行调查与发掘。清理半山类型墓葬22座，包括石棺墓11座、木棺墓1座、土坑墓10座，均为单人葬。石棺墓的发现是此次发掘最主要收获，在西北地区的新石器时代遗存中尚属首次。

8. 广河县齐家坪遗址

1975年，甘肃省博物馆文物工作队对广河县齐家坪遗址进行了两次较大规模的科学发掘，揭露面积592.75平方米，清理墓葬118座、房址4座、灰坑17个、红烧土墙基4处、硬土路面1条、卵石堆1处，出土各类器物2400件及少量石料和细石器。出土器物中以铜斧和青铜牌（镜）最为精美。研究表明齐家坪墓地属于齐家文化公共墓地，葬法多样、葬式复杂，其中二次扰乱葬比例超过90%；M42合葬墓体现了墓主的特殊地位和高贵身份。

9. 玉门火烧沟遗址

1976年，甘肃省博物馆文物工作队在玉门市清泉中学及周围的火烧沟遗址发掘一批四坝文化墓葬，清理墓葬312座，出土大量陶器、铜器、石器及骨器等，其中出土铜器的墓葬达106座，占墓葬总数的三分之一强，比例之高前所未见。1990年第二次发掘过程中有4座墓葬出土铜器。种类包括工具、武器和装饰品等，器类有斧、刀、矛、镞、锥、针、泡、管、镜形饰、权杖首、蝴蝶带饰、牌饰、耳环及鼻饮。火烧沟墓地的发掘，为深入研究四坝文化葬俗和社会生活提供了新资料，特别是大量铜器的出土为研究中国早期铜器及冶炼技术的起源提供了新线索。

10. 东乡县崖头遗址

1977年9月，甘肃省博物馆文物工作队在东乡县崖头生产队调查并清理4座辛店文化墓葬。确认该墓葬群为辛店文化

遗址，与张家咀遗址内涵基本相同，两遗址均存在唐汪式陶器，为研究唐汪式陶器和张家咀类型的相互关系提供了新依据。

11. 兰州红古土谷台遗址

1977年秋，兰州市城建局农场在红古区平安公社西约2千米的土谷台原上进行农田基本建设时发现彩陶器。甘肃省博物馆派员前往调查，确认该遗址是一处新石器时代墓地。甘肃省博物馆和兰州市文化馆于1977~1978年对该墓地进行两次发掘，共清理墓葬84座，出土大量陶器、骨器和石器等遗物。该遗址是一处比较重要的新石器时代晚期氏族公共墓地，包括半山、马厂两个类型，特别是同墓伴出两者典型器物的墓葬，为揭示半山

和马厂类型的关系提供了重要资料。

12. 兰州花寨子遗址

1977年12月，兰州市七里河区花寨子公社花寨子大队在农田基本建设中发现花寨子遗址。甘肃省博物馆、兰州市文化馆和七里河区文化馆联合对该遗址进行发掘，清理半山类型墓葬49座，其中多数为木棺墓，个别为竖穴土坑墓。随葬品分为早、晚两期，早期陶器与马家窑晚期陶器存在密切关系，晚期陶器体现出明显的半山类型特征，体现了马家窑类型向半山类型发展演变的连续性特征。

13. 秦安县大地湾遗址

1978~1984年，甘肃省博物馆文物工作队对大地湾遗址进行了7个年度共7次

1978年秦安大地湾遗址发掘现场

大规模科学发掘。

1978 年，大地湾遗址第一次发掘。主要发掘 I 至 IV 区，清理仰韶文化各期遗存，在仰韶文化地层中发现少量陶质松脆、印有交叉绳纹的陶片和 1 件筒形三足器。

1979 年，大地湾遗址第二次发掘。继续发掘 I 、III 、IV 区，确认了早于仰韶文化的单一文化层，遂将其称为大地湾一期文化。经测年确认，大地湾一期文化与新石器时代早期的磁山、裴李岗文化大体相当。

1980 年，大地湾遗址第三次发掘。继续发掘 I 至 IV 区，并在山上新开 V 区，发现第四期大型房址 F400、F405，VI 区仅清理 H500 便告结束。

1981 年，大地湾遗址第四次发掘。继续发掘 I 、III 、IV 和 V 区，当年夏季结束 I 、III 、IV 区发掘，秋季在河边阶地新开 VII 、VIII 区。

1982 年，大地湾遗址第五次发掘。在 II 区新开 T109，在山上新开 IX 和 TG1，重点发掘四期遗存，VII 、VIII 区继续发掘，VIII 区发掘工作于当年结束。

1983 年，大地湾遗址第六次发掘。在 II 区 T109 继续发掘，当年结束。V 区继续发掘并发现 F411 地画。在山上新开 X 区，重点揭露四期大型殿堂式建筑 F901。

1984 年，大地湾遗址第七次发掘。继续进行 X 区发掘，于当年结束。

1995 年，为进一步确定大地湾遗址内仰韶文化早期村落围沟走向，又对该遗址进行补充发掘，开 TG2、TG3、TG4、TG5、TG6 及 T220、T221，于当年结束。前后 8 次发掘总面积达 14752 平方米。共清理房址 240 座、灰坑和窖穴 325 个、墓葬 71 座、窑址 35 座、沟渠 12 段，出土陶器 4147 件、石器 1931 件、骨角器和蚌器 2227 件。

大地湾遗址的发掘，历经了全面而完整的大范围揭露，房址、墓葬、窑址和地画等各类重要遗迹的发现，不仅充分揭示了大地湾一期文化、仰韶文化至青铜时代文化的连续性演变过程，更为中国田野考古工作提供了一个成功范例，同时培养了一批甘肃考古发掘和研究的中坚力量。

14. 永昌县西岗和柴湾岗墓地

1979 年 7 月，甘肃省博物馆文物工作队启动对永昌县西岗墓地的发掘工作。先后跨越 3 个年度，前后 5 次发掘，至 1981 年 11 月结束田野工作。共清理沙井文化墓葬 452 座，出土陶器、铜器、铁器、金器、皮刀鞘、腰带和纺织物等 1300 余件。1981 年 10~11 月，又开展柴湾岗墓地发掘工作，清理沙井文化墓葬 113 座，出土陶器、铜器、铁器、金器、玛瑙、麻毛织品和皮革共计 682 件。两处墓地均在永昌三角城沙井文化遗址东面数百米处，文化内涵基本一致，出土的资料进一步充实和丰富了沙井文化内涵。

15. 康乐县边家林墓地

1981 年 4 月，临夏回族自治州博物馆会同康乐县文化馆组成清理小组，在甘肃省文物工作队专家指导下，对边家林墓地进行发掘。发掘面积 425 平方米，清理墓葬 17 座、灰坑 1 个。此次发掘的最大收获是发现了介于马家窑类型和半山类型之间的边家林类型。

16. 宁县阳坬遗址

1981 年 10 月，庆阳地区博物馆对宁县阳坬遗址进行试掘，在遗址中、南部布设探方，揭露面积 390 平方米，清理房址 12 处、陶窑 3 处、墓葬 5 座，出土各类遗物 50 余件。该遗址的时代与半坡晚期相当或稍晚，类窑洞式建筑是该遗址的重要特点。

17. 天水师赵村遗址

1981 年秋，中国社会科学院考古研究所甘青工作队开展天水市师赵村遗址考古发掘工作。截至 1989 年，该遗址前后经历 8 个年度共 13 次不同规模的发掘，揭露总面积 5370 平方米，清理房址 36 座、窖穴 49 个、墓葬 19 座，出土各类遗物 1000 余件。通过发掘确认了大地湾一期文化、师赵村一期文化至第七期文化发展序列。

18. 甘谷县毛家坪遗址

1982~1983 年，甘肃省文物工作队和北京大学考古系联合对甘谷县毛家坪遗址进行两次发掘，宁夏固原博物馆亦派员参加发掘和资料整理。共清理房基 4 处、灰坑 39 个、墓葬 37 座、鬲棺葬 12 组。发掘显示毛家坪遗址主要包括三种文化遗存，即以彩陶为特征的石岭下类型遗存、以绳纹灰陶为代表的"A 组遗存"和以夹砂红褐陶为特征的"B 组遗存"。居址区发掘的一座圆角长方形墓葬内出土的 1 件彩陶双耳圜底钵可能属于一种新遗存。

19. 合水县九站遗址

1983 年夏秋，北京大学考古系商周组和甘肃省文物工作队在庆阳地区博物馆协助下，合作对九站遗址进行小规模发掘。1984 年 5~6 月，联合考古队对九站遗址进行了正式发掘，揭露面积 75 平方米，清理墓葬 82 座，出土遗物 900 余件。所获聚落和墓葬材料为深入研究寺洼文化聚落、葬俗和社会形态及其与周文化的关系提供了重要依据。

20. 庆阳南佐遗址

1984~1986 年，甘肃省文物工作队和北京大学考古系联合对庆阳南佐遗址进行了前后 5 次发掘，揭露面积 1300 平方米。该遗址于 1964 年文物普查时被发现，是一处仰韶文化晚期向龙山文化过渡时期的内涵极其丰富的遗址。发掘揭露了 1 座大型殿堂式建筑房址 F1 和 9 处大型夯土台基，出土陶、石、骨等各类遗物数千件，还发现少量彩陶。其中 F1 室内面积达 630 平方米，结构宏伟、造型独特，是国内目前史前考古发现面积最大的一处建筑遗迹。

21. 酒泉干骨崖墓地

1986 年 5~6 月，甘肃省文物考古研究所和北京大学考古系组成联合考古队，对酒泉干骨崖墓地进行发掘，清理墓葬 107 座，出土一批玉石器、陶器、铜器和蚌器等遗物。该墓地属于青铜时代早期阶段四坝文化，文化面貌与山丹四坝滩遗址、玉门火烧沟墓地及民乐东灰山遗址基本相同。部分墓葬填土中发现少量文化面貌接近马厂类型的陶片和彩陶片，为探讨四坝文化与马厂类型、齐家文化的关系提供了重要线索。

22. 酒泉县照壁滩遗址和高苜蓿地遗址

1986 年 6 月，甘肃省文物考古研究所和北京大学考古系组成联合考古队，对酒泉县丰乐乡照壁滩遗址和高苜蓿地遗址进行小范围试掘，揭露面积约 20 平方米，出土若干陶、石、骨器。照壁滩遗址文化层较薄、堆积物很少，主要为马家窑类型和马厂类型遗存，且二者混杂共出。高苜蓿地遗址在照壁滩遗址以东，以旧河道相隔。遗址破坏较严重，文化层堆积较薄，包含物较少，主要为马厂类型遗存。通过对两处遗址的试掘，第一次在酒泉地区确认了马家窑类型的存在。

23. 天水西山坪遗址

1986~1987 年，中国社会科学院考古研究所甘肃工作队对天水市西山坪遗址进行两次发掘。揭露总面积 1525 平方米，共清理房址 3 座、窖穴 22 个、墓葬 4 座、秦汉墓 4 座。根据地貌和出土文物，该遗址文化遗存可分为八期：一期与大地湾一期文化相似，二至八期分别与师赵村一至七期相似。根据地貌和文化内涵，该遗址可分为三个区：北部发掘区以大地湾一期和师赵村一期文化遗存为主，中部发掘区以六、七期文化遗存为主，南部发掘区以七期文化遗存为主。西山坪遗址新石器文化遗存内涵丰富，延续时间长，首次发现大地湾一期文化与北首岭类型的地层叠压关系，为研究渭河流域新石器文化的渊源和发展提供了重要材料。

24. 民乐县东灰山遗址

1987 年 4~5 月，甘肃省文物考古研究所与吉林大学考古系合作，对民乐县东灰山遗址进行了保护性发掘，发掘总面积 380 平方米，清理墓葬 249 座、夯土墙 1 段，发掘及采集各类遗物近千件。该墓地是一处四坝文化公共墓地，所发掘墓葬均为土坑竖穴墓，大部分墓葬为二次葬。

另外，发掘中获得了16件铜器，并采集到碳化麦粒，这些发现为四坝文化社会结构和生活形态的研究提供了重要材料。

25. 东乡县唐汪川山神遗址

1989年10月，为深入研究唐汪式遗存基本内涵，甘肃省文物考古研究所在临夏回族自治州博物馆配合下，对东乡县唐汪川山神遗址进行了继1956年后的第二次考察。通过研究所采集的标本，表明该遗址内涵包括了齐家文化、辛店文化姬家川类型和张家咀类型遗存，以辛店文化张家咀类型为主，为唐汪式陶器归属于辛店文化张家咀类型的论点提供了支持。

26. 武山县傅家门遗址

1991~1993年，中国社会科学院考古研究所甘肃工作队对武山县傅家门遗址进行了3个年度共5次考古发掘。揭露总面积1200平方米，清理房址11座、窖穴14个、墓葬2座、祭祀坑1座，出土陶、石、骨等各类遗物近千件。该遗址是一处以马家窑文化石岭下类型为主要内涵的遗址，长方形祭祀坑的发现在石岭下类型中尚属首次；同时出土一批以鸟纹为主的彩陶器，其特征与武山石岭下遗址出土彩陶器基本一致，其中带刻画符号卜骨的出土，不仅填补了马家窑文化的空白，亦为探讨中国文字起源提供了新材料。

27. 武威地区马家窑文化遗址

1984年，甘肃省文物考古研究所在发掘武威县五坝山汉魏晋时期墓葬时，清理了1座被魏晋墓打破的马家窑文化墓葬，出土若干马家窑类型彩陶器等陪葬品。1992~1993年，在武威市塔尔湾遗址抢救性发掘过程中，于西夏遗址下层发现少量马家窑文化遗迹遗物，清理马家窑类型房址2座、灰坑3个，半山和马厂类型残房址各1座，出土少量马家窑文化彩陶器和素面陶器。两个遗址所获马家窑文化遗物均具有独特的地方特征，尤其是马家窑类型房子呈现出"吕"字形双间房屋的独特结构，体现出河西地区马家窑文化有别于河湟地区的类型特征。

28. 敦煌西土沟遗址

2001年8月，西北大学考古系、甘肃省文物考古研究所和敦煌市博物馆合作对敦煌市西土沟遗址进行调查和试掘。一方面对西土沟西岸进行大范围地表勘察，另一方面对遗址石结构遗迹群进行试掘，试掘面积30平方米，对10座椭圆形丘状砾石堆积遗迹中的1座进行了清理，对另外9座进行了地表堆积测绘。通过在地表设置采集点，采集大量彩陶片和素面陶片。该遗址所见陶器类型主要为罐、盆、钵，与河西走廊过渡类型器物基本一致，为探讨半山、马厂类型与四坝文化的关系提供了新材料。

29. 兰州红古下海石遗址

1982年8月，兰州市红古区海石湾

下海石出土一批陶器，甘肃省文物工作队调查确认为一处马厂类型遗址，调查中采集陶器6件，清理1座残墓，出土陶器12件；确认该遗址东部为马厂类型墓葬区，西部为半山类型墓葬区。2005年3~5月，甘肃省文物考古研究所会同兰州市博物馆和红古区文化体育局、红古区文化馆对该遗址进行科学发掘。发掘面积4500平方米，清理灰坑5个，解剖排水沟1条，清理马厂类型墓葬33座、辛店文化墓葬1座，探明被盗而未发掘墓葬6座，出土各类遗物400余件（组）。在若干出土陶器中发现粮食作物残留。该遗址文化内涵以马厂类型中、晚期为主，同时包含少量辛店文化遗存。

30.临潭磨沟遗址及墓群

2008~2012年，为配合九甸峡水库建设工程，甘肃省文物考古研究所与西北大学文化遗产与考古学研究中心合作对甘南藏族自治州临潭县陈旗乡磨沟遗址及墓群进行了5个年度共8次考古发掘，获得一批以仰韶晚期至马家窑类型早期、齐家文化、寺洼文化及过渡性遗存等为主的重要实物资料。该遗址总面积近40万平方米，其中齐家至寺洼文化墓地面积超过12000平方米。清理齐家至寺洼文化墓葬1720座，出土金、铜、陶、石、骨、贝蚌等各类遗物近万件。该墓地多人多次合葬现象，对于研究黄河上游史前时

2009年临潭陈旗磨沟遗址考古现场

期墓葬形制、主要内涵和文化特征具有重要意义。该墓地是迄今为止国内发掘规模最大的齐家文化墓地，有助于齐家文化经济形态、埋葬制度和社会发展阶段等方面的深入研究。

31.张掖西城驿遗址

2007~2009年，甘肃省文物考古研究所与北京科技大学组成河西走廊早期冶金遗址调查队，先后3次对张掖市永明乡下崖村西北3千米处的西城驿遗址进行调查，初步确认该遗址与早期冶金密切相关。为进一步揭示河西走廊早期冶金业面貌、探讨中国早期冶金技术，同时开展河西走廊早期聚落研究，经国家文物局批准，自2010年始，甘肃省文物考古研究所、中国社会科学院考古研究所、北京科技大学冶金与材料史研究所、西北大学文化遗产学院联合对西城驿遗址进行了持续多年的发掘。2010年6~11月，第一次发掘揭露面积150平方

米，确认两期文化遗存。第一期包含齐家文化、马厂晚期和四坝早期等因素，年代介于马厂晚期至四坝早期之间；第二期属于四坝文化。此次发掘为探讨四坝文化来源及其与马厂、齐家诸文化的关系提供了新资料。该遗址出土的碳化作物包括小麦、大麦、小米等，地面式土坯房屋的发现在河西走廊尚属首次。铜器、炉渣、矿石、炉壁、鼓风管等与冶炼相关的遗物，是甘肃地区首次通过科学发掘获取的层位明确的冶金遗物，为中国冶金技术研究提供了新依据。

第二节　商周考古和早期秦文化考古

一、2003年前的商周考古和早期秦文化考古

（一）灵台县白草坡西周墓

1967年和1972年，甘肃省博物馆先后两次对灵台县白草坡西周墓进行发掘，清理墓葬9座、车马坑1座，出土文物1200余件，其中青铜器34件。其中1号潶伯墓和2号□伯墓的发现，为研究陇东地区西周时期封国等问题提供了实物证据。

（二）灵台县洞山西周墓

1972~1973年，甘肃省博物馆文物队和灵台县文化馆联合在灵台县什字公社姚家河、百里公社洞山、独店公社西岭等地发掘西周墓葬7座，出土文物177件，其中铜鼎、铜簋均发现铭文。甘肃省博物馆文物队在洞山西周墓周围进行了考古勘探，发现46座东周墓葬，并发掘其中8座。这批墓葬形制均为长方形土圹竖穴墓，葬具皆用木棺椁，人骨架皆为仰卧屈肢。出土随葬器物61件，以陶器为主，其次是石器、玉器和蚌器。墓葬年代在西周晚期至东周早期，推测与"古密须国"有密切关系。

（三）平凉县四十里铺西周墓

1975~1976年，平凉地区博物馆配合甘肃省博物馆在平凉县四十里铺公社进行抢救性发掘，共清理先周和西周墓葬5座、车马坑1座，其中M1、M2两座墓发现殉人现象。此次发掘获随葬品百余件，其中分档袋足鬲具有典型的先周特点。

（四）灵台县景家庄春秋墓

1978年3月，灵台县文化馆在梁原公社景家庄大队清理发掘4座春秋墓，其中包括奴隶葬坑、马坑各1座。出土一批铜鼎、铜甗、铜柄铁剑、铜矛、铜戈、铜车饰及大量陶、石、贝蚌等各类遗物。

尤其铜柄铁剑的发现，反映了当时的冶炼和铸造水平已达到相当高水平。这批墓葬中出土器物的造型特点与陕西户县出土的春秋秦墓器物基本一致，但墓葬结构却与白草坡西周墓基本一致，仍然保留了这一地区西周时期墓葬结构特点。为研究泾河上游地区秦文化的分布与内涵提供了条件。

（五）庆阳县韩家滩西周墓

1981年8月，庆阳地区博物馆在庆阳县温泉公社温泉大队西庄生产队韩家滩清理发掘1座被破坏的西周墓，群众在挖窑时曾挖出鼎、甗、爵各1件。该墓位于一处寺洼和周代遗址内，为长方形竖穴土坑墓，有棺无椁，清理出土铜鼎、铜甗、铜爵、铜戈、铜镞、铜胄泡、贝及蛤蜊壳等各类遗物46件。该墓形制、葬俗等与白草坡西周墓基本一致，属于西周早期墓葬。

（六）崇信县于家湾周墓

1982年、1984年和1986年，甘肃省文物工作队先后三次对崇信县于家湾周代墓地沟东区进行发掘，共清理先周、西周墓葬138座、马坑6座，出土文物3700余件。墓地内周代墓葬延续时间长，墓葬形制、葬式、人骨架上撒朱砂涂红，以及随葬器物组合，均系周人传统葬俗，自先周至西周中晚期一脉相承。该墓地先周墓葬的发现，对于研究先周文化在甘肃东部地区分布及周人早期聚落遗址提供了重要线索。

（七）甘谷县毛家坪遗址

1982~1983年，甘肃省文物工作队和北京大学考古系联合对甘谷县毛家坪遗址进行两次发掘。在遗址沟西墓葬区发掘土坑墓22座；在沟西居址区布方发掘200平方米，发掘出灰坑、房基、土坑墓、鬲棺葬等遗迹。首次发掘到西周时期秦文化遗存，同时发掘到东周时期秦文化和西戎文化遗存，将秦文化编年推前至西周时期，在学术史上具有里程碑意义。

（八）灵台县崖湾西周墓

1983年，灵台县文化馆在新集公社崖湾清理发掘西周墓1座，出土文物26件，其中铜甗腹内壁铭"并伯作宝彝"5字，这是灵台县继"㵲伯"墓和"□伯"墓之后又一座西周伯侯墓。

（九）崇信县刘家沟秦墓

1987年12月，甘肃省文物考古研究所在崇信县城西约3千米的汭河西岸刘家沟黄土台地上发掘战国晚期秦墓9座、仰韶文化灰坑1个。墓葬形制包括双墓圹竖穴土坑墓和带二层台的竖穴墓道洞室墓两类，墓葬出土随葬品53件，以实用器为主。这批遗物是研究晚期秦文化的重要资料。

（十）礼县大堡子山墓地

20世纪90年代以来，大堡子山墓地

2007年礼县大堡子山遗址发掘现场

因被盗先后出土一批秦国铜器和金、玉器，引起学术界广泛关注，被认定为秦国早期墓地。1994年3~11月，甘肃省文物考古研究所对大堡子山被盗中字形大墓（编号M2、M3）、瓦刀形车马坑（编号M1）和9座中小型墓葬进行抢救性发掘。该墓地出土的"秦公"铭文铜器，引发考古学界热烈讨论。1998年，甘肃省文物考古研究所和礼县博物馆联合，于2~6月对该墓地进行抢救性发掘。2000年5月，该墓地再次被盗，礼县博物馆进行第二次抢救性发掘，清理墓葬1座。两次抢救性发掘共清理春秋秦墓4座、车马坑1座，编号依次为98LDM1、98LDM2、98LDM3、98LDK1、2000LDM4。墓葬均为长方形土坑竖穴墓、坐东朝西、依次同向排列。4座墓内出土随葬器物244件（组），分为铜器、陶器、玉石器、骨贝

清理后的大堡子山遗址"乐器坑"及出土文物

器和料器五大类，其中铜器有鼎、簋、壶、盉、盘、匜、鋬、尊、盒、戈、剑、铃等器形。车马坑内随葬车马5乘，因埋藏较浅，仅1号车未被盗扰，出土部分车马器、车马饰、铜镞和铁剑、陶器、漆器残片等。此次发掘的墓葬和车马坑从形制、器物组合来看属于春秋中期；墓葬、车马坑均有殉人现象，这与两周时期宗周(姬周)贵族墓葬基本不用殉人形成强烈对比，说明春秋时期奴隶制在秦国仍相当盛行。

二、2003年后的商周考古和早期秦文化考古

进入21世纪后，早期秦文化、秦与西戎文化的研究取得重大阶段性成果。集中反映在甘肃境内早期秦文化的调查、发掘与研究方面。

2003年11月，在国家文物局、甘肃省文物局支持下，甘肃省文物考古研究所、陕西省考古研究院、北京大学考古文博学院、国家博物馆、西北大学文化遗产学院五家单位联合组成课题组，启动早期秦文化调查、发掘与研究项目。

(一)礼县地区

2004年3~4月，早期秦文化联合考古队在西汉水上游干流及其支流漾水河、红河、燕子河、永坪河流域，东起天水市天水乡、西至礼县江口乡长约60千米范围内进行了详细调查，新发现汉以前各类遗址98处。其中仰韶文化遗址61处、龙山文化遗址51处、周代遗址47处。通过调查，不仅确认了该流域仰韶中晚期、常山下层文化和齐家文化的新石器至青铜时代的完整考古学文化序列，同时明确了该流域商周时期的主要考古学文化遗存，即刘家文化、寺洼文化和周秦文化的发展演变脉络。

2004年9~12月，早期秦文化联合考古队对礼县鸾亭山遗址进行抢救性发掘。该遗址由山顶祭祀遗址和山腰夯土台与墓葬区两大部分组成。此次主要发掘位于山顶的祭天遗址，发掘面积约600平方米，清理夯土墙1段、房址4处、灰坑19个、灰沟4条、祭祀坑1个、柱洞22个。出土50余件圭、璧、玉人等祭祀用玉以及长乐未央瓦当等。鸾亭山祭祀遗址所在山头自西周时期始就有人类居住和活动；至汉代此处成为专门祭祀场所。至王莽时期，该遗址被彻底废弃。这些新发现为寻找早期秦人祭天遗址"西畤"提供了重要线索。

2005年3~7月，早期秦文化联合考古队对西山遗址进行发掘，西北大学考古系师生参加发掘。发掘总面积近3000平方米，发掘的西周时期遗迹主要有6座墓葬和少量灰坑，其中M2003为西周晚期铜三鼎墓，是目前年代最早的秦贵族墓葬。东周时期遗迹有灰坑170余座、墓葬

28座、动物坑10座、房屋基址5座。该遗址还发现周代城址，面积近10万平方米，城址内有夯土基址和陶排水管道。

2005~2006年，早期秦文化联合考古队在西汉水流域有针对性地进行了两次小规模调查，在此前工作基础上，发现西山、大堡子山、山坪等3座周代城址。调查过程中采集的标本年代确定为不晚于春秋早期，并以此为依据对3座城址的年代、性质进行了推测。

2006~2007年，早期秦文化联合考古队重点调查、钻探和发掘了礼县大堡子山遗址。首先对该遗址进行全面钻探，发现一座面积较大的早期秦文化城址、26处夯土建筑基址、400余座中小型墓葬及较丰富的文化层堆积等。在此基础上进行较大规模发掘，发掘面积3000余平方米。其中，发掘大型建筑基址1处（21号建筑基址），中小型墓葬7座，祭祀遗迹5处（包括"乐器坑"1座，"人祭坑"4座）。城址面积约55万平方米，建筑基址长度超过百米，推测为大型府库。乐器坑出土8件甬钟和3件镈钟，镈钟有铭文："秦子作宝龢钟"，"秦子"推测为春秋早期某位秦国国君或"太子静公"。

（二）其他地区

1. 牛头河流域

2005年和2008年，早期秦文化联合考古队两次调查渭河上游支流牛头河流域（行政区划属张家川回族自治县、清水县），发现各类遗址117处，其中含周代遗存的遗址31处，基本摸清了该流域古代遗址分布情况。2008年4~5月，又调查清水县、张家川县牛头河干、支流两岸及清水河流域，调查遗址151处，发现的周秦遗址和墓地有李崖遗址、坪桃塬遗址、长沟墓地、高崖墓地和疙瘩川墓地。

2. 张家川县马家塬战国墓地

2006年8月，甘肃省文物考古研究所对张家川县桃园乡马家塬战国墓地进行首次发掘。清理被盗墓葬3座，均为带台阶的竖穴偏洞墓，其中大型墓葬墓道中随葬有装饰华丽的漆车四乘，车毂和车厢上饰镂空铜饰、铜大角鹿、金箔虎及银饰等。随葬品中发现的鎏金铜鼎、鎏金铜壶及银杯、琉璃杯、铜茧形壶、铲足鬲、陶片等文物对于研究战国时期西北冶金工艺、中西文化交流、北方草原文化以及秦戎关系等具有重要价值。2007年，早期秦文化联合考古队继续对该墓地进行全面勘探，勘探面积约2万平方米，确认墓地由59座墓葬和祭祀坑组成，墓地布局以M6为中心，其余墓葬呈半月形分布在其北部和东西两侧。2007~2010年期间，共发掘墓葬18座，出土装饰精美的车辆和一批珍贵文物，进一步丰富了马家塬墓地的文化内涵。

张家川马家塬战国墓地发掘现场

相同，器物形制亦非常相似，与马家塬战国墓地一样，王家洼墓地同属战国时代的西戎文化。

4. 清水县李崖遗址

2010 年 7~10 月，早期秦文化联合考古队对清水县城北樊河和牛头河交汇处樊河西岸台地上的李崖遗址进行考古勘探和发掘。李崖遗址二级台地西南部有一座地面可见残段城墙的古城，被称为白土崖古城，属县级文物保护单位。为搞清该古城年代、性质和走向，发掘之前联合考古队对古城进行了勘探，城内外钻探面积 20 万平方米，确认古城中不存在西周时期遗迹后，遂将钻探重点移至一级台地中部，钻探面积 5 万平方米，确认了 10 多座竖穴土坑墓和数十个灰坑，遂布方发掘 4 座墓葬和 20 余个灰坑，发掘面积 1000 平方米。墓葬均为竖穴土坑，有棺有椁或有棺无椁，墓内均带腰坑，坑内殉狗。出土器物有鬲、簋、盆、罐等，均为西周时期，部分器物具有明显商代风格。

3. 秦安县五营乡王家洼墓群

2009 年，秦安县五营乡王家洼村北老爷头山南坡台地上的王家洼墓群屡遭盗掘，地表随处可见盗洞和骸骨。同年 8~11 月，为防止墓地再度遭盗扰，甘肃省文物考古研究所对该墓群进行勘探和抢救性发掘。勘探发现墓葬 30 座，其中 26 座被盗。发掘清理战国墓葬 3 座，出土器物包括金银器、铜器和陶器三大类，其中绝大多数为车马器，其次为容器、装饰品。墓葬均为竖穴偏洞室墓，由墓道和墓室两部分组成，西端为阶梯式墓道，阶梯数为二级、三级或五级。墓道内随葬马车并殉葬马头骨。就形制和葬俗来看，与张家川县马家塬墓地的次中型墓基本

甘肃省志 文物志

第三节 两汉魏晋考古

一、两汉考古

（一）20世纪50年代中前期考古发现

1953年，甘肃省文物管理委员会在古浪县、永登县发掘22处古遗址，出土石、铁、铜、陶器等各类器物200余件。在古浪县陈家河台子汉代遗址出土有石权和圆形铜制平斛。石权重39.45千克；平斛两旁有柄，容量9.8千克，上刻"大司农平斛，建武十一年正月造"字样。

1955年秋，甘肃省文物管理委员会在兰州市七里河区兰工坪清理发掘1座东汉墓。墓室结构为前、后室，前室顶已塌陷，前、后室前壁均有早年盗洞。前室残棺内出土1枚残骨尺，对于研究汉代度量衡制度具有重要意义。

1956年4~6月，甘肃省文物管理委员会兰新铁路工程地区文物清理组配合

肩水金关遗址发掘现场

酒泉县下河清地方国营农场开荒平地工作过程中，清理发掘汉墓24座、汉代窑址5座，其中砖室墓21座、瓮罐葬1座、土坑墓1座。这批墓葬和窑址时代上限不早于汉代中期，整体上属于东汉时期。

（二）居延地区考古发掘

1973~1974年，甘肃省博物馆文物队成立居延考古队，酒泉、金塔、敦煌、安西、玉门、额济纳旗文物部门亦派员参加。考古队先后对汉代张掖郡居延、肩水两都尉烽燧遗址进行考古调查和发掘，发掘面积1000余平方米，出土汉简11577枚。对额济纳旗破城子、汉代甲渠侯官治所和第四烽燧进行发掘，出土汉简8800余枚及其他文物2000余件。这是居延汉简的又一次重大发现，出土的完整或基本完整册书有70多件。最早的纪年简为昭帝始元二年（前85年），最晚为东汉安帝永初五年（111年），前后跨越200多年，是研究这一时期西北地区社会政治和历史文化的第一手资料。

（三）武威县磨咀子汉墓群

1956年和1959年，甘肃省文物管理委员会和甘肃省博物馆先后对武威磨县咀子汉墓群进行发掘。发现西汉晚期抄写的《仪礼》简三本九篇共469枚，这是

2004年武威磨咀子遗址发掘现场

当时所见《仪礼》的最早写本，后被定为国宝级文物。18号墓出土的王仗十简，是研究汉代养老制度的实物例证。

根据甘肃省和日本秋田县文化交流协定，经国家文物局批准，2003~2005年，甘肃省文物考古研究所和日本秋田县文化财埋藏中心组成中日联合考古队，历时3年对武威磨咀子汉墓群进行考古调查、勘探和发掘，调查、勘探总面积70万平方米，测绘面积40余万平方米；发掘总面积625平方米，清理墓葬25座，出土陶器、木器、串珠和衣物等随葬品200余件。此次发掘始末详见本编第九章第二节有关内容。

（四）武威县雷台东汉砖室墓

1969年，甘肃省博物馆对武威县雷台东汉晚期砖室墓进行发掘。该墓曾出土铜车马仪仗俑等一批珍贵文物，其中铜质"马踏飞燕"为罕见之艺术珍品，1983年2月被国家旅游局确定为中国旅游标志。

（五）武威县旱滩坡墓群

1972年11月，甘肃省博物馆和武威县文化馆联合对武威县旱滩坡墓群进行发掘，出土一批医药汉代简牍，包括简78枚、牍14枚，共计30多个医方，涉及内科、外科、妇科、五官科、针灸科等，总共用药100多种；其中见于《神农本草经》者69种，见于《名医别录》者11种，两书未经记载者20多种，是为中国传统医学重要遗产。

1985年7~8月，甘肃省文物工作队和武威市文物管理委员会联合发掘旱滩坡墓群。清理西晋至前凉时期墓葬28座，出土各类遗物70余件。其中较重要者有朱书纪年罐，纪年木牍、铜镜、彩绘木马、连枝灯、屏风、俑、绣花披巾及毛笔等，对研究河西地区汉晋墓分期断代和前凉历史具有重要价值。1989年，武威地区博物馆在旱滩坡墓群抢救性发掘1座东汉墓。形制为土圹单室墓，墓门前有斜坡墓道，墓门和墓室均为平顶，墓室内东西并列柏木棺2具。随葬品置墓室前部左右两侧，未被扰动。木简1束置于棺盖之上。鸠杖1件，置于棺前部。壶、罐、仓、灶、井、盘、豆等陶器，置于棺首两侧。铜镜及五铢钱、货泉等出自棺内墓主骸骨下。出土木简中有1枚简文有"建武十九年"纪年，建武为东汉光武帝刘秀年号，建武十九年为公元43年。综合其他出土器物特征，该墓葬年代应为东汉中晚期。

（六）秦安县陇城镇西汉墓

1967年秋，秦安县陇城镇上袁家村村民在兴修水利平梯田时发现1座积炭墓（M1），墓中出土1件镌刻秦诏版的铜权。1972年，甘肃省文物工作队对该墓地进行钻探，又发现6座墓葬（M2至M7）。1976年7~9月，甘肃省文物工作队对这批墓葬进行发掘，出土一批铜鼎、铜镜、铁器、陶器、玉器等遗物。经发掘确认M6、M7为秦墓，年代在秦统一至秦二世时期；M2至M5为西汉墓，年代初步确定为汉武帝至宣帝时期。该墓群及出土文物为研究秦汉时期度量衡制度、社会结构和经济生活提供了重要材料。

（七）嘉峪关新城东汉晚期砖室墓

1972年4月，嘉峪关市文物清理小组在甘肃省博物馆协助下，对嘉峪关市新城公社以西5千米处的4座东汉晚期砖室墓进行发掘。4座墓葬均为砖砌多室墓，由墓道、墓门、前室甬道、前室、左右耳室、或中室甬道、中室、后室甬道、后室等部分组成。墓葬内器物因遭盗掘而留存很少，但墓葬内完整保存了二、三百幅画像砖和壁画，其中画像砖和小幅壁画共存现象在甘肃境内属首次发现。

（八）敦煌马圈湾汉代烽燧遗址

1979~1985年，甘肃省博物馆文物队和敦煌县文化馆组成汉代长城调查小组，对河西走廊汉长城起讫地点、走向、结构、城障烽燧布局等进行调查；在敦煌马圈湾汉代烽燧遗址进行试掘，出土汉简

1979年敦煌马圈湾汉代烽燧发掘现场

1217 枚、其他各类遗物 300 余件。出土汉简的最早年代为宣帝本始三年（前 71年），最晚为王莽始建国地皇二年（21 年）。这批汉简对于深入探讨汉代边塞防御制度、汉族与少数民族关系具有重要意义。

（九）庆阳县董志汉墓

1982 年，庆阳地区博物馆在庆阳县董志公社野林大队清理发掘 1 座汉墓。墓室为券顶土洞式，平面呈长方形，棺木、人骨均腐朽严重。出土带铭文铜鼎、铜蒜头壶、铁釜、铁刀及灰陶罐共 12 件；其中带"彭阳"铭文的铜鼎与陕西茂陵出土的武帝时期"阳信家"鼎相似，属于西汉前期遗物。

（十）武威县韩佐五坝山汉墓群

1984 年 8~12 月，甘肃省文物工作队和武威县文物管理委员会联合发掘武威县韩佐五坝山汉墓群。清理墓葬 60 座，时代上起西汉王莽末期，下至东汉晚期，以东汉初期为最多。其中彩绘壁画墓 1 座，壁画内容为生活宴饮、舞蹈、狩猎场面。该墓群为研究汉代河西历史、地理、农业、风俗、葬制及美术史提供了重要材料。1985 年 6~9 月，对该墓群进行第二次发掘，清理墓葬 36 座，包括马家窑文化墓葬 1 座、西汉墓 34 座及魏晋墓 1 座，进一步丰富了两汉时期墓葬材料，更将该墓群时代上下限拓展至马家窑文化和魏晋时期。

（十一）天水市放马滩战国晚期至西汉初年墓地

1986 年 6 月，甘肃省文物考古研究所对天水市放马滩战国晚期至西汉初年墓地进行发掘。出土文物中包括 4 块共 7 幅木版地图和绘有地图的西汉纸张，为国内首次发现。木版地图是中国目前发现最早的地图，西汉纸的出土将中国使用纸张的历史提前 200 余年。该墓地同时出土的一批秦代竹简，为甘肃境内首次发现，为研究秦人在天水的历史活动提供了重要实物资料。

（十二）天水市西山坪遗址

1986~1987 年，中国社会科学院考古研究所甘肃工作队对天水市西山坪遗址进行两次发掘。确认了早期新石器时代、马家窑文化、齐家文化和秦汉墓等不同时期的遗迹与墓葬，同时对其中 3 座秦汉墓进行发掘。其中包括竖穴墓道土洞墓 2 座，人骨皆 1 具；长方形土坑墓 1 座，墓主为蹲坐式屈肢葬，出土铜器、陶器共 20 件。1989 年，该遗址南区萤家坟地 T51 隔梁内又发掘 1 座汉墓，长方形竖穴土坑墓，无木质葬具，人骨呈侧身屈肢。出土随葬陶器 7 件，除侈口双耳夹砂绳纹罐 1 件外，余为泥质灰陶绳纹罐、壶等，器形风格属于秦至西汉初期。

（十三）敦煌悬泉置遗址

1990~1992 年，甘肃省文物考古研究

所对敦煌汉代悬泉置遗址进行历时3年的发掘。揭露总面积3800平方米，出土各种器物7万余件，出土简牍35000余枚，其中有字者23000余枚，内容以中亚西域、邮驿交通、民族关系、丝绸之路、河西地区的历史地理和经济发展为特色。其中用墨书写于泥墙上的《使者和中所督察诏书四时月令五十条》(即《月令诏条》)极为珍贵，后被定为国宝级文物。该遗址发掘项目被评为1991年全国十大考古新发现和"八五"期间全国十大考古发现。

（十四）环县刘家湾汉墓

1991年8月，环县博物馆在县城刘家湾台地发掘2座汉墓。墓葬呈南北并列分布，均为长方形竖穴砖室墓，但均已被盗扰。出土随葬器物86件，包括陶器、铜器、铁器、玉石器及钱币等。据出土器物判断，2座墓葬时代为新莽至东汉时期。刘家湾汉墓中陪葬铁器数量达53件，在陇东地区比较罕见，为研究汉代的铁

器生产和使用状况提供了新资料。

（十五）高台县骆驼城汉墓

2003年6月，为配合骆驼城遗址防洪大坝建设，敦煌研究院考古研究所和高台县博物馆联合对高台县骆驼城乡城南墓群的7座东汉中、晚期墓进行抢救性清理。墓葬均为砖室木撑墓，长斜坡墓道，个别有简单照墙，长方形券顶主室，个别有方形前室，随葬陶器以罐、瓮、壶、盆、碗、盘、蹲、鼎、耳杯、灯等生活用具及案、灶、釜、颧、仓、井、香炉等模型明器的组合为主，为研究河西地区丧葬习俗提供了新资料。

（十六）配合国家重大建设项目的抢救性考古发掘

1.2003年6~9月，为配合西气东输二线工程，甘肃省文物考古研究所对高台县南华镇南的13座东汉晚期至西晋早期墓葬进行清理发掘。除M9被施工单位破坏外，其他墓葬形制结构均比较清楚，

国家文物局专家调研悬泉置遗址考古工作

悬泉置遗址发掘现场鸟瞰

有砖室墓和土洞墓两类，单室墓、双室墓和三室墓等三种类型，出土器物包括陶器、铜器和木器3大类，陶器有罐、壶、瓿、仓、盘、鼎、灯、灶、豆、井、碟、钵及耳杯等，铜器有镜、弩机、刀、叉和五铢钱等，木器有梳、辟邪及棺板画等。

2.2003年7月，为配合西气东输管道工程项目实施，甘肃省文物考古研究所对管线涉及范围内的玉门镇蚂蟥河墓群进行抢救性发掘。清理墓葬3座，出土各类器物24件。其中M1与沙井文化同时或稍晚，M2、M3分别为东汉晚期和魏晋时期。

3.2003年7月，为配合西气东输二线工程，甘肃省文物考古研究所对管线涉及范围内的玉门镇白土良墓群进行发掘。共清理汉晋墓9座，其中偏洞室墓1座、竖穴土坑墓2座、洞室墓6座，有3座洞室墓被盗。出土随葬品39件，包括陶器和五铢钱等；陶器器形有罐、瓿、盘、奁、仓、瓶、灶及耳杯等。这批墓葬年代在东汉晚期至魏晋时期，为研究河西地区汉至魏晋墓葬提供了新资料。

4.2004年6月，为配合清嘉高速建设，甘肃省文物考古研究所对工程涉及的崔家南湾墓群进行抢救性发掘。清理2座汉晋砖室墓，均为双室墓，由墓道、墓门、甬道、前室、后甬道及后室六部分组成。随葬器物主要出土于前、后室，包括陶

器、铜器和金器3类。陶器有罐、碗、盘、瓿、壶、灶，风格属于东汉晚期至魏晋时期；铜器有刀、簪和钱币；金器有耳坠1个。墓葬结构与孙家石滩M2、安西旱湖脑M5、M8基本相同。

5.2008年8~10月，为配合西气东输二线工程，甘肃省文物考古研究所对永昌县水泉子汉墓群进行抢救性发掘，清理墓葬15座，出土陶器、铜器、木器、漆器等各类器物123件。此次发掘出土约1430枚/段木简，相对完整的有678枚/段；内容包括《日书》《字书》及职官等，其中发现"本始二年"简1枚；为了解当地历史文化提供了新资料，再次显现了汉王朝开拓西北地区的历史和汉文化及其葬俗对当地的影响。

6.2010年7~8月，为配合新建兰新铁路第二线双线工程（甘肃酒泉段），甘肃省文物考古研究所对工程涉及的玉门白土良墓群进行发掘，发掘汉代墓葬16座，发掘面积400余平方米，出土陶器、铜器、漆器、丝织品和泥制品共127件。进一步丰富了河西走廊汉墓资料，为研究河西汉代丧葬习俗提供了重要实例。

7.2010年8~9月，为配合兰新铁路客运二线工程，甘肃省文物考古研究所对酒泉市肃州区上坝镇上坝村东侧野猪沟墓群进行抢救性发掘。清理汉代砖券洞室墓3座，出土一批陶壶、陶罐、陶仓、

甘肃省志 文物志

陶井、陶盒和铜带饰等遗物。

8.2010年10~12月，为配合兰新铁路客运二线工程，甘肃省文物考古研究所对民乐县八卦营墓群进行抢救性发掘，发掘墓葬98座，其中汉代墓葬71座，出土各类随葬品425件（组）。其中40座墓葬含四坝文化、辛店文化因素，并有殉人现象。八卦营墓群包含比较浓厚的原始少数民族特色，对于深入研究该地区汉代民族生活、风土人情和民族成份等具有重要意义。

二、魏晋考古

（一）嘉峪关新城魏晋墓

1972年，甘肃省博物馆和嘉峪关市文物清理小组先后4次在嘉峪关市新城镇南戈壁滩发掘魏晋墓葬8座，其中6座为

1972年嘉峪关魏晋墓发掘现场

壁画砖墓，共保存壁画600余幅，内容包括经济、政治、军事、文化和阶级关系、民族关系各方面，是魏晋时期河西地区社会生活、民族关系的真实写照。

1979年11月，嘉峪关市文物管理所在新城古墓区发掘2座魏晋墓，敦煌文物研究所和武威地区文化馆参加发掘。两座墓形制大体相同，都有较大的坟冢，均由墓道、墓门、照墙和墓室组成，均为前后双室，前室均为穹窿顶并设有"庭堂"，后室为拱形小砖券顶。两座墓早期被盗，随葬品凌乱且破碎不堪，尸骨散置。两座墓均为画像砖墓，画像砖主要分布于前室四壁和后室后壁上，共有画砖108块，一砖一画。画面内容主要反映当时的社会生活，构图生动，内容丰富，是魏晋墓室壁画中的优秀代表作。两座墓葬与中原地区及酒泉东汉末期至魏晋时期墓葬形制基本相同。两座墓出土大量丝织品残片和木器、铜尺等，具有重要研究价值；特别是100余块画像砖反映了当时的社会生活状况，为研究魏晋南北朝时期政治、经济和文化艺术提供了有价值的资料。

（二）酒泉县崔家南湾晋墓

1973年，甘肃省博物馆在酒泉县崔家南湾发掘1座晋墓，是酒泉地区发现的墓葬中照墙最具规模的1座。照墙上嵌有一批珍贵的彩绘与砖雕，包括彩绘翼虎、彩绘朱雀和蚩廉、彩绘守门吏、砖雕守

门卒等，形象生动、栩栩如生。

（三）酒泉县果园丁家闸晋墓

1977 年秋，甘肃省博物馆发掘酒泉县果园公社丁家闸晋墓 8 座。其中 5 号墓为壁画墓，壁画内容丰富，是河西地区首次发现十六国时期大型壁画，真实反映了十六国时期河西地区社会生活诸多方面，为研究这一时期社会生活、政治制度、阶级关系、民族关系和文化思想等方面提供了珍贵资料，在中国文化史和美术史上具有重要地位。

（四）敦煌县西晋墓

1984 年秋，甘肃省文物工作队在敦煌县发掘西晋至五凉时期墓葬 260 座，出土随葬品 3000 余件。其中 1 座西晋末年壁画墓有画像砖 57 幅，绘有佛教和道教故事等内容，为研究佛教传入和与莫高窟的关系提供了重要资料。

（五）敦煌祁家湾西晋十六国墓

1985 年 8~11 月，甘肃省文物工作队在敦煌祁家湾发掘西晋十六国墓葬 117 座，出土随葬品 1269 件。此次发掘规模大，出土器物丰富，墓葬纪年清楚，为研究敦煌及河西地区西晋、十六国时期历史提供了重要资料。

（六）酒泉果园西沟魏晋墓

1993 年 8~10 月，甘肃省文物考古研究所在酒泉果园乡西沟村发掘魏晋时期墓葬 7 座，出土遗物 70 余件。其中画像砖墓 2 座，墓室内画像砖内容多描绘农耕、畜牧、炊厨、宴乐及游牧民族生活，为进一步认识和研究魏晋时期社会生活提供了珍贵资料。

（七）高台骆驼城遗址及墓群

2001 年 6~7 月，甘肃省文物考古研究所对高台骆驼城遗址和墓葬进行调查和发掘。骆驼城古城坐北朝南，面积约 30 万平方米，分南、北两城。此次发掘主要在北城进行，揭露面积 1200 平方米，清理墓葬 6 座，其中 M3、M6 因塌陷无法完整清理。墓葬结构包括单室洞室墓、双室砖室墓、四室砖室墓 3 类，出土器物有陶器、木器等，其中 M1 墓室有若干画像砖，均为一砖一画。这批墓葬是河西地区魏晋时期常见类型，木质明器和泥质陶器的大量出现，反映了埋葬制度的逐渐衰落。此次发掘对进一步研究魏晋至十六国时期的历史、经济、军事和绘画艺术具有重要意义。

（八）玉门市花海毕家滩墓地

2002 年 6 月，甘肃省文物考古研究所对玉门市花海毕家滩墓地进行抢救性发掘。清理五凉时期墓葬 53 座，出土一批具有较高研究价值的衣物疏、写有《晋律》文字的棺板、以及衣物丝织品等。此次发掘为研究五凉文化、河西地区自然环境变迁、历史地理、民族迁徙和融合等问题提供了重要信息。

（九）嘉峪关市毛庄子魏晋墓

2002 年 9 月，嘉峪关市魏晋墓文物管理所发现管区内有人为盗掘古墓现象，经请示相关部门后，对被盗掘的 1 座魏晋墓进行抢救性清理，因该墓未与保护区内其他墓葬连续编号，位置又处于毛庄子村南约 2 千米处，故称为毛庄子魏晋墓。墓内出土丝绸、陶器、木板画和漆器等 113 件。其中棺板画和推测原为奁盒的木质散片绘画是继 20 世纪 70 年代该地区出土大量彩绘砖之后绘画类文物的重要发现。

（十）高台县地埂坡魏晋墓

2007 年 8~11 月，甘肃省文物考古研究所和高台县博物馆联合对高台地埂坡墓葬进行发掘。发掘墓葬 5 座，其中壁画墓 3 座，出土陶器、铁器、金器、石器、丝织品等 117 件。此次发掘的墓葬与以往河西地区魏晋墓不同，多座墓葬出土以生土做成的仿木结构，显示出中原传统文化的影响。

（十一）临泽县黄家湾滩墓群

2010 年，甘肃省文物考古研究所对临泽县黄家湾滩墓群进行发掘，清理墓葬 90 座，时代从汉代至魏晋，出土器物有陶器、木器、铜器、四神纹砖等。未被盗掘的 3 座墓内存放有棺木、随葬品及衣物疏遣策等，为研究汉魏时期河西走廊历史提供了新的资料。

（十二）配合国家重大建设项目的抢救性考古发掘

1. 为配合敦煌机场改扩建工程，甘肃省文物考古研究所于 1987 年、1995 年和 2000 年先后三次对敦煌佛爷庙—新店台墓群进行较大规模的考古发掘。1987 年 5~8 月，清理墓葬 116 座，包括西晋、前凉、隋唐四个时期，出土遗物千余件。其中画像砖墓 1 座，保存画像砖 36 块。1995 年 6~11 月，甘肃省文物考古研究所与敦煌市博物馆联合进行发掘，清理西晋、十六国及唐代墓葬 600 余座，包括 5 座西晋画像砖墓。这批画像砖墓具有强烈的地方特色，为深入认识敦煌地区画像砖墓特点及其与莫高窟壁画艺术的渊源关系提供了重要资料。2000 年 4~11 月，清理晋墓 259 座、北凉墓 2 座、唐墓 63 座。出土各类随葬品 1900 余件，以陶器为主。此次发掘以西晋、唐墓为多，出土器物为这一时期墓葬分期断代提供了重要参考。

2. 2001 年 7~9 月，为配合疏勒河流域土地开发及移民安置工程，甘肃省文物考古研究所对安西县旱湖垴遗址土地开发范围内所涉及的墓葬和窑址进行发掘，清理魏晋时期墓葬 21 座、窑址 2 座。墓葬分为土洞墓和砖室墓两类，土洞墓均为长方形单室券顶，由长斜坡墓道和洞室组成；砖室墓由长斜坡墓道和墓室组成，有单室、双室及前室为砖室后室为土洞等 3 种形制。出土随葬器物 103 件，陶器为大宗，余为铜、铁、银、石器等，另有钱币 277 枚。窑址为砖窑筑法，推测是为该墓地内墓葬用砖所设。

3. 2003 年，为配合西气东输二线工程，甘肃省文物考古研究所对管线涉及范围内的酒泉丰乐乡三坝湾 10 座魏晋墓进行发掘。其中 M10 保存完好，为长台阶墓道的双室雕砖墓，双室均为穹窿顶，平面呈方形，前后甬道相连接。该墓早期被盗，墓室内仅出土陶碗 3 件，铜簪、铜币各 1 件。

4. 2003 年，为配合西气东输二线工程，甘肃省文物考古研究所对管线涉及范围内的酒泉东洞乡西 7 千米处孙家石滩墓群进行发掘。清理魏晋墓 3 座，其中砖室墓 2 座、土洞墓 1 座。出土器物包括陶器、木器和少量铜器，木器有木马、木牛，风格与武威磨咀子东汉墓出土同类器组合相似。2 座砖室墓属于魏晋时期筑墓式样，出土陶器在河西地区西晋墓较常见。

5. 2003 年，为配合西气东输二线工程，甘肃省文物考古研究所对管线涉及范围内的玉门镇官庄墓群北部边缘地带进行发掘。清理魏晋时期墓葬 5 座，出土陶、铜、铁、木器等 30 余件。墓葬年代在西晋晚期至十六国时期。其中 M1 内出土的棺板纸画是甘肃境内迄今发掘的年代最早的纸画，其绘画技法承袭秦汉风格。

6. 2009 年，为配合西气东输二线工程，甘肃省文物考古研究所对管线经过的玉门市清泉乡金鸡梁魏晋十六国墓群进行抢救性发掘。清理墓葬 24 座，其中砖室墓 10 座，土洞墓 11 座、土砖混合结构墓 3 座。出土陶器、铜镜等 300 余件。

第四节　隋唐五代至宋夏金元明考古

一、隋唐五代考古

（一）泾川县大云寺遗址

1964 年 12 月，甘肃省文物工作队发掘泾川县唐代大云寺塔基地宫遗址。出土舍利石函，内有铜函、银廓、金棺、舍利瓶及舍利 14 粒，反映了唐代舍利瘗埋制度的划时代变革。

（二）秦安县杨家沟唐墓

1965~1966 年，甘肃省博物馆文物队在秦安县叶堡公社杨家沟生产队发掘唐代墓葬 6 座。为进一步厘清该地区古墓葬分布状况，又进行了详细勘探。除 1 号墓外，其余墓葬几乎被盗空。1 号墓出土器物 180 余件，多为三彩俑和陶俑，均为盛

甘肃省志 文物志

唐时期佳品。

（三）天水石马坪砖室墓

1982年6月，天水市上水工程指挥部在市区石马坪施工时发现1座古墓葬。天水市博物馆对该墓进行抢救性清理。该墓为竖井单砖室墓，墓室平面呈正方形，四壁略向外弧，在壁高2米时开始向内斗合叠砌为穹窿顶。墓室正中放置一屏风式石棺床，棺床上残留木棺和人骨痕迹。棺床由大小不等的17方画像石和8方素面石条组成床座、床板和屏风。出土有坐部乐伎俑、鸡首瓶、烛台、金钗、石枕、铜镜及墓志等文物。石马坪带屏风石棺床在国内考古发现中较为罕见，屏风画以山水花草、亭榭楼阁为主要背景，主人的出行、狩猎、宴饮、泛舟等生活场面都围绕这一背景展开，这种形式的绘画是隋唐绘画艺术的重要特征。屏风画中的男女人物和乐伎俑的服装均为紧身圆领，窄袖束腰左衽长袍。根据屏风画内容、绘画风格、建筑艺术人物造型和乐器组合等方面综合考证，该墓年代上限约在隋代，下限约为初唐。该墓出土的屏风石棺床是研究中国古代建筑、绘画艺术、民族音乐、服饰特色和生活习俗的宝贵资料。

（四）敦煌佛爷庙—新店台唐墓群

1995年7~11月，甘肃省博物馆在敦煌佛爷庙—新店台墓群清理唐代墓葬6座，出土各种题材模印砖212块、辅助花纹砖470余块。模印砖图案内容主要为四神、怪兽、植物花纹、辅助性陪衬花纹等。2000年4~11月，为配合敦煌机场扩建工程，甘肃省文物考古研究所对佛爷庙—新店台墓群进行两次抢救性发掘。清理晋墓259座、北凉墓2座、唐墓63座。晋墓均为长条形带台阶斜坡墓道土洞墓，唐墓均为条形斜坡墓道土洞墓或砖室墓。砖室墓出土有莲花方砖和宝相纹砖。出土器物1900余件，以陶器为主，兼有少量木器、骨器、铜器等，对研究当时敦煌地区社会状况和经济生活具有较高参考价值。

（五）合水县肖咀村唐墓

2010年6月，甘肃省文物考古研究所和陇东古石刻艺术博物馆组成联合考古队，对合水县肖咀乡肖咀村1座唐墓进行抢救性发掘。据出土墓志铭记载，墓主人为唐右监门卫将军魏哲。该墓为长斜坡墓道单砖室墓，坐北朝南，由墓道、天井、过洞、甬道和墓室五部分组成。墓室壁为屏风式，四壁均有壁画。出土随葬品99件，包括陶器、玻璃器、漆器、蚌器和料器等，其中玻璃器数量较多。甬道口放置墓志1合，墓门两侧各1陶罐，右侧出土陶俑1件。其他遗物集中置于墓室东部。该墓有明确纪年，为研究陇东地区唐墓分期提供了新材料。

（六）肃州区西峰乡侯家沟墓群

2010 年 9~10 月，为配合兰新高铁二线工程，甘肃省文物考古研究所对工程沿线的肃州区西峰乡侯家沟墓群进行抢救性发掘。清理十六国前凉时期墓葬 9 座，但早期均被盗掘。按墓室结构分为砖室墓、砖土混合墓及土洞墓三大类，其中砖室墓有单砖室墓和前后砖室墓两种。出土随葬品包括陶器、铜器、木器及画像砖等。墓葬排列呈现一定规律性，与敦煌等地世家大族墓地相似。

二、宋夏金考古

（一）兰州市中山林金墓

1954 年 5 月，甘肃省文物管理委员会在兰州市中山林发掘 1 座金代砖室墓，包括竖穴墓道、墓室和左右耳室，墓室结构复杂，室内各壁有砖雕花卉、鹿、马、人物以及假门、假窗灯等。

（二）陇西县仁寿山南宋李泽夫妇合葬墓

1956 年，甘肃省博物馆在陇西县仁寿山发现并清理南宋建炎二年（1128 年）李泽夫妇合葬墓。该墓为仿木结构壁画墓，为研究宋代社会生活和建筑史提供了重要资料。

（三）静宁县张家湾金墓

1983 年，平凉地区博物馆在静宁县贾河公社山庄大队张家湾生产队发掘 1 座金代砖室墓。该墓由墓道、甬道、墓室和壁龛组成。墓室保存基本完好，墓室内未发现器物，仅在翻动过的积土中采集 1 块黑釉瓷片。墓室内发现画像砖和模制浮雕砖 91 块，包括生活场景、义妇故事、孝子故事、象征吉祥的画面和花卉装饰画等。根据墓葬结构、画像风格及内容推测，该墓为金代初期，为研究金代建筑、绘画、雕刻、社会生活等提供了重要资料。

（四）天水市秦城区新窑村宋墓

1990 年 10~11 月，甘肃省文物考古研究所对天水市秦城区藉口乡新窑村 1 座宋代砖室墓进行发掘。该墓为长方形彩绘雕砖墓，坐东朝西，由墓门和墓室组成。墓室内四壁均为彩绘雕砖，墓室由须弥基座、上下两层仿木结构的楼阁式建筑组成。下层建筑主体为版门、格子福扇及妇人启门图等；上层建筑主要表现墓主开芳宴、散乐图和妇人启门图等雕砖题材，以及歇山顶仿木结构建筑等。墓室内未发现人骨和葬具，随葬品已被扰动而位置不清。出土遗物包括纪年文字砖、瓷注壶、瓷碗、灰陶罐、铜镜、铜钱等。据纪年文字砖和墓门题记可知，该墓建于北宋大观四年（1110 年），墓主人为王帷习之母，王宝柱之祖母。这是目前所知在甘肃发现的唯一宋代纪年墓，是北宋末年陇右宋墓的重要实例，对于研究该地区宋墓提供了重要标尺。

（五）武威塔儿湾西夏遗址

1992~1993 年，甘肃省文物考古研究所两次对武威塔儿湾西夏遗址进行发掘，发掘总面积 700 平方米，发现西夏至元代建筑遗迹 10 座，出土西夏瓷器近 200 件，部分瓷器上发现西夏文及汉文墨书题记，对于研究西夏至元代党项族在西北地区的活动具有重要意义。

（六）会宁县莲花山宋墓

1996 年 4 月，甘肃省文物考古研究所在会宁县城北莲花山下发掘 1 座宋代砖室墓。该墓为青砖砌筑，单室，四角攒尖式叠涩覆斗顶，仿木建筑结构，平面呈方形，墓道长度不明。墓门券顶，拱券处已毁，墓室完好，采用条形砖砌成。墓室分上下两部分，四壁上部均绘有"二十四孝"题材壁画；下部为五层模印画像砖，以砖雕刻的仿木屋檐隔开。由于盗扰严重，随葬器物放置凌乱，墓室内葬具不详，人骨架已朽。该墓壁画采用大幅画面绘制，完全脱离早期墓葬的简笔画风格，而受同时期文人画风影响，以山水和人物相结合的形式来表现故事内容。一砖一画模印砖画和大幅面壁画山水人物画两种形式同时出现在一个墓室中的现象在甘肃地区比较少见。

（七）清水县董湾村金墓

1997 年 5 月，清水县贾川乡董湾村村民在宅院前挖井时发现 1 座金代仿木结构砖雕壁画墓。清水县博物馆对其进行清理和保护。2000 年 9 月，对该墓进行抢救性迁建，将其整体搬移至董湾村赵充国陵园区内进行保护。该墓为仿木结构方形单室砖墓，竖穴土坑墓道大部已毁。墓内保留甬道、主室、棺龛三部分。墓室四壁砖雕左右对称，分为上下两大层。墓壁装饰采用砖雕和彩绘相结合的装饰手法，砖雕为单砖雕刻并施彩绘。墓内土葬 2 人，无棺椁痕迹，壁龛内随葬黑釉刻花瓷罐、黑釉瓷碗、灰陶瓶各 1 件。墓壁装饰的彩绘砖雕保存相对完整，为研究西北地区宋金时期墓葬风格和丧葬制度提供了重要资料。

（八）张家川县南川宋墓

2008 年，甘肃省文物考古研究所和张家川回族自治县博物馆联合对该县张家川镇南川村因铺设输油管线而发现的 1 座宋墓进行发掘。该墓为方形单室仿木建筑结构砖砌墓，由墓道、甬道和墓室三部分组成。墓室四壁均为模印画像砖立砌而成，模印画砖内容分图案、人物和动物 3 类，图案以花卉为主。出土器物共 7 件，包括瓷碗、灰陶兽头各 2 件，双鱼纹灰陶盆、灰陶罐和铜镜各 1 件，还发现铁器残片。该墓继承了河西地区魏晋墓画像砖的一砖一画模式，模印画砖内容和形式与庆阳北石窟寺第 165 窟宋代坛基上的模印花砖相近。该墓所具有的八角形仿木结构，为北宋中、晚期中原北方地区民间墓葬具有时代性特征的墓室形制。

三、元明考古

（一）兰州上西园明代彭泽夫妇合葬墓

1955年12月，甘肃省文物管理委员会在兰州市上西园发现并清理明代嘉靖年间兵部尚书彭泽夫妇合葬墓。该墓室系用大块石板构成正方形，并列石椁2具，石椁内有木椁、木棺。彭泽的木棺内套有锡棺1具。出土有唐代瓷棺和菱花铜镜、玉带、折扇、绣服、凤冠、镶嵌金银和宝石的饰品以及"嘉峪石砚"、七炫瑶琴等一批文物。

1955年兰州七里河区上西园彭泽夫妇墓发掘现场

（二）漳县汪世显家族墓

1972～1979年，为配合农田基本建设，甘肃省博物馆与漳县文化馆联合在漳县徐家坪发掘汪世显家族元至明代墓葬27座；包括元代墓葬25座、明代墓葬2座。该墓群元明两代墓葬相同之处是形制均为竖穴墓道单砖室墓，墓室顶部均悬挂铜镜一面。不同之处是元墓门顶上部无照壁，室内无棺床，均铺地砖，墓室以砖雕装饰为主，辅以少量壁画装饰；明代墓葬室内均未铺地砖，四壁及甬道均有壁画装饰。汪世显家族墓是目前国内考古发掘最集中且最完整的元代家族墓地之一，墓葬规格较高、保存较好，遗迹遗物丰富，为研究汪世显家族族属、家族迁徙流变、家族世系及其姻亲关系等问题提供了重要实物依据。

（三）陇西县西河滩元墓

1984年，甘肃省文物工作队在陇西县西河滩遗址发掘元墓8座。该墓群为家族茔域，分三代排次，墓室多为正方形，墓顶为八角形，墓室四壁有仿木构件的斗拱、屋檐、门窗、角柱，镶嵌于壁的孝子故事、童子闹莲、花卉纹饰均为模制雕刻。

（四）兰州市七里河区兰工坪明代戴廷仁将军夫妇合葬墓

1988 年 9 月，甘肃省文物考古研究所在兰州市七里河区兰工坪发掘 1 座明代墓葬。该墓未被盗扰，墓向正南北，长方形竖穴土坑砖圹墓；砖圹高 0.9 米，以长方形砖干垒围砌，圹顶用 14 根直径约 28 厘米的圆木覆盖，圆木东西向排列，相互挨挤紧密，向下一面全部抛平；圹内双棺，棺外彩绘。男墓主居西，女墓主居东，均头南足北、仰身直肢。墓志与买地砖置于圹顶之上的填土中。墓内出土器物多属男女墓主人随身装饰品，主要为金、银、铜、玉饰、玛瑙珠和料珠等。据买地券上朱书文字和墓志篆书记载，该墓为明代戴廷仁将军夫妇合葬墓。墓志还记载了明代后期西北地区防御蒙古鞑靼部袭扰的历史。该墓的发现为研究明代历史，特别是兰州的历史人物、地名沿革等提供了新的实物资料。

（五）武威市白塔寺遗址

1999 年 8~11 月，中国社会科学院考古研究所和甘肃省文物考古研究所组成联合考古队，对武威市白塔寺遗址进行全面勘探、调查与发掘。发掘面积 1000 余平方米，清理殿堂房屋遗迹 4 座、柱洞 35 个、排水沟 10 条及各类灰坑 60 个，出土各类建筑脊饰、构件、瓷器及陶器残片 190 余件；出土遗物以元代为主，亦有西夏、明及清代遗物。

第五节　石窟考古和岩画调查

一、石窟考古

甘肃省境内石窟考古始于清末。光绪三十四年（1908 年），伯希和、努埃特、瓦扬等外国学者曾对莫高窟进行勘察并对其中 182 座石窟进行编号、拍照并绘制个别石窟平面草图。伯希和还辨识和抄录了部分洞窟洞壁上尚可辨认的汉文、西夏文、八思巴文、藏文、回鹘文和婆罗米文题识和游人题记。民国三年（1914 年）8 月~四年（1915 年）1 月，奥登堡考察队在敦煌测绘了莫高窟全部石窟的总立面图和总平面图，影描石窟壁画 260 余幅，临摹壁画 120 幅（彩色），拍摄石窟照片 800 余张，并切割了第 263 窟部分壁画；在莫高窟挖掘洞窟砂质地面时，还发现了包括写本碎片、钱币和日常生活用品等文物。20 世纪 20 年代，美国福格艺术博物馆中国考察队两次赴敦煌莫高窟考察。民国十四年（1925 年）的考察还涉及甘肃东南地区的石窟寺。20 世纪三四十年代，中国学者对莫高窟及甘肃境内其他重要石窟的考察研究工作亦未间断，详见本编第一章有关内容。

中华人民共和国成立后，甘肃境内石窟考古工作全面展开。新洞窟的发现、对现有洞窟的编号、石窟考古发掘和保护研究均各有建树。

（一）永靖炳灵寺石窟

1951 年，中共甘肃省委副书记孙作宾和甘肃籍学者冯国瑞对炳灵寺石窟进行初步考察。

1952 年，中央文化部、西北局文化部联合组团对炳灵寺石窟进行勘察，新发现洞窟 35 个，石龛 87 个。考察结果后经整理，出版《炳灵寺石窟》一书。

1963 年，甘肃省文物工作队和炳灵寺文物保护管理所对炳灵寺石窟进行第二次考察，在第 169 窟内发现西秦建弘元年（420 年）墨书题记，是为中国境内发现的最早石窟题记。

1966 年 5 月，为配合刘家峡水库蓄水，国务院批准文化部和水利电力部联合提出的炳灵寺石窟防护工程设计方案，同意将炳灵寺石窟第 1、16、90、133 窟封闭于防护堤内。

（二）天水市麦积山石窟

1952 年，西北局文化部组团，对麦积山石窟进行考察；对 157 个洞窟进行编号。

1953 年，中央文化部组团对麦积山石窟进行考察，新发现洞窟 37 个并编号；主要成果为《麦积山石窟勘察报告》及工作日记。

（三）武威市天梯山石窟

1952 年，冯国瑞对天梯山石窟作短期考察，考察成果见《记武威境北凉创始石窟及西夏文草书墨迹和各种刻本》一文，提出天梯山石窟即为历史上著名的凉州石窟的论点。1954 年，美术史学家史岩对天梯山石窟进行详细勘察，并发表题为《凉州天梯山石窟的现存状况和保存问题》的勘察报告。为配合黄羊河水库建设工程，1959 年 7 月，甘肃省文化局指派甘肃省博物馆派员赴黄羊河水库区调查将淹没石窟具体情况；同年 9 月，责成武威县文教科提出保护方案。同年 10 月，正式启动天梯山石窟勘察和搬迁准备工作。同年 11 月，经文化部同意、甘肃省人民委员会批准，天梯山石窟现场勘察清理和搬迁工作开始，经文字记录、摄影记录、现场测绘及壁画临摹等前期工作和现场发掘后，于 1960 年 1 月 14 日正式启动搬迁工作，石窟造像和壁画搬迁至甘肃省博物馆保管收藏，全部工作至 1961 年结束。

（四）河西走廊地区其他石窟

1954 年，史岩对酒泉文殊山、张掖马蹄寺诸石窟群进行初步调查，并发表了较为系统的调查资料。确认文殊山石窟包括千佛洞、万佛洞、太子寺、古佛洞、观音洞等，并介绍了洞窟中出土的经塔及铭文；在民乐县境内的祁连山区初步调查了金塔寺、千佛洞、南北两马蹄寺和上、中、下观音洞等7个石窟群。1963年7月，甘肃省文物工作队对酒泉文殊山石窟、玉门昌马石窟和祁连山区的马蹄寺、金塔寺、千佛洞等石窟进行全面系统考察，发现了早期造像和壁画，初步确认了河西走廊地区主要石窟的开创年代大多为十六国北凉时期。

（五）综合性石窟调查

1961~1965年，考古学家阎文儒率全国石窟调查组先后三次对全国石窟进行系统调查，其中包括甘肃省敦煌莫高窟、天水麦积山石窟、永靖炳灵寺石窟和庆阳北石窟寺。

自2003年9月始，甘肃省文物局启动全省中小石窟调查与数据采集工作。省文物局制订了调查工作计划及相关规范，

1988年莫高窟北区发掘现场

1979年莫高窟第130窟前殿堂遗址发掘现场

成立了由敦煌研究院负责的河西调查组和麦积山石窟艺术研究所负责的河东调查组。野外调查工作至2006年底结束，共对省内20余座中小石窟进行了系统调查和记录。

（六）石窟考古发掘

1979年，敦煌文物研究所对莫高窟第130窟前殿堂遗址进行发掘。自1988年始，敦煌研究院考古研究所开始发掘莫高窟北区的僧房窟、禅窟。至1995年，历时7年的莫高窟北区洞窟考古发掘工作全部结束。根据发掘成果，查明莫高窟北区现存洞窟248个，并新发现前室和双后室等形制的洞窟，填补了莫高窟已知洞窟类型空白。出土藏文、梵文、西夏文、回鹘文、叙利亚文文献以及西夏和波斯萨珊朝钱币、铜器、木器、铁器、陶器和棉麻毛丝织品等文物。

二、岩画调查

（一）第三次文物普查前的主要调查活动

1. 河西地区

1965年3~5月，甘肃省文物工作队对嘉峪关黑山岩画进行调查。

20世纪70年代以后，河西走廊祁连山、马鬃山地区陆续发现多处岩画地点，系统性的野外调查和研究随之展开。

1972年5月，嘉峪关市文物清理小组在嘉峪关市西北黑山湖附近山沟中发现崖壁石面上散乱分布有石刻画像，经初步勘察，发现30余处。石刻画像呈茶黄色，琢刻极浅，艺术技法虽简单粗糙，但画境古拙、形象生动、人物粗犷有力，具有独特的艺术风格，属于游牧民族纪事画。

1978年10~11月，甘肃省博物馆、嘉峪关市文教局、嘉峪关市文物管理所和当地驻军共同组成调查队，第二次对黑山岩画进行全面考察。以前发现的黑山岩画都出自四道鼓心沟内的崖壁上，此次考察中，除在此沟及其各支沟新发现一批岩画外，还在黑山的其他两个主要沟道——红柳沟和磨子沟——也发现了岩画遗存。研究表明，这些岩画可能属于羌族、大月氏或匈奴族的早期文化遗物，在甘肃尚属首次发现，对于研究甘肃古代少数民族的社会生活和历史文化具有重要意义。

1989年9~11月，甘肃省文物考古研究所先后对肃北蒙古族自治县祁连山境内大黑沟、石堡乡、湾子、七个驴沟、盐池湾等7处岩画点和马鬃山境内上、下哈然扎德盖等5处岩画点以及嘉峪关市黑山岩画点进行调查，共涉及120余组画面，主要为畜牧、狩猎、放牧和舞蹈等场面。就岩画风格来看，上限至新石器时代，下限至秦汉之际。

2002年6月，甘肃省文物考古研究

所和永昌县博物馆联合对永昌县新城子镇赵定庄村南湾西南约 1.5 千米处的牛娃山岩画进行全面调查。该岩画主要散布于牛娃山山梁及东、北坡避风阳面，岩画面积约 2 平方千米，共 200 余幅；画面因势依时而做，大多清晰可辨，保存较完整。依据岩画的刻痕，石垢颜色、刻画主题、技法等，可分为早期和晚期两个阶段，岩画创作的相对年代在春秋战国至秦汉时期，可能为活动在这一带的西戎和月氏人首创，其后匈奴人和汉人有所增补。牛娃山岩画是祁连山岩画的重要组成部分，在题材内容、构图形式、表现手法上都充分体现了北方游牧民族草原文化的独特风格。

2004 年 7~8 月，西北大学文化遗产与考古学研究中心和甘肃省文物考古研究所合作对肃北蒙古族自治县马鬃山镇所属范围内的岩画资料进行记录和拓描，同时对与岩画密切相关的墓葬及古代居住遗址进行了调查记录。调查发现岩画点 35 处，有岩画的岩石 301 块；墓葬点20 处，墓葬 53 座；古代居址点 13 处，居址 20 座；汉代城址 1 座；特殊石筑遗迹点 19 处，遗迹 50 座。此次调查是迄今为止在马鬃山地区进行的规模最大、时间最长的一次较为全面详细的考古调查，基本掌握了该区域各种遗迹的分布状况和特点。

2. 陇中地区

1976 年春，甘肃省博物馆派员对靖远县吴家川以北山崖上的岩画进行全面调查。山崖整体特征为红砂岩上覆盖黄土，岩画集中刻画在两个红砂岩石崖面上，崖面比较平整，未发现人工修整痕迹。岩画用金属或其他坚硬的钝器刻凿而成，内容包括鹿、石羊、马、狗等动物形象，特别是马上乘人形象较为独特；岩画刻凿手法虽简单粗糙，但能掌握动物的主要特征，相比黑山岩画更为原始，时代亦略早。

（二）第三次文物普查复查和新发现的主要岩画点

第三次文物普查查明，全省共有不同类型岩画点 78 处，时代以新石器时代至秦汉居多，亦有晚至清代者。以河西走廊祁连山、马鬃山地区分布较多。张掖市境内有 29 处，其中绝大多数分布于肃南裕固族自治县境内；酒泉市境内各县区有 24 处；白银市景泰县、靖远县、平川区境内有 10 处；嘉峪关市境内有 6 处；金昌市境内有 5 处；武威市凉州区境内有2 处；陇南市成县和甘南藏族自治州玛曲县境内各 1 处。

附表 甘肃省重大考古发现一览表

(至 2010 年 12 月)

序号	项目名称	发掘单位	年度
1	武威县皇娘娘台遗址考古发掘	甘肃省博物馆	1957、1975
2	永靖县张家咀与姬家川遗址考古发掘	中国社会科学院考古研究所甘肃工作队	1958~1960
3	永靖县大何庄遗址考古发掘	中国科学院考古研究所甘肃工作队	1959
4	永靖县秦魏家齐家文化墓地考古发掘	中国科学院考古研究所甘肃工作队	1959~1960
5	武威县磨咀子汉墓考古发掘	甘肃省博物馆	1959、1971
6	敦煌佛爷庙—新店台墓群考古发掘	敦煌文物研究所考古组	1960
7	兰州市青岗岔遗址考古发掘	甘肃省博物馆	1963
8	泾川县唐代舍利石函考古发掘	甘肃省文物工作队	1964
9	环县楼房子旧石器遗址考古发掘	西北大学地质系、甘肃省博物馆	1963
10	灵台县白草坡西周墓地考古发掘	甘肃省博物馆文物队	1967、1972
11	武威县旱滩坡汉墓群考古发掘	甘肃省博物馆、武威县文化馆	1972、1974
12	广河县地巴坪"半山类型"墓地考古发掘	甘肃省博物馆文物工作队	1973
13	广河县齐家坪遗址考古发掘	甘肃省博物馆文物队	1975
14	"泾川人"头骨化石	平凉博物馆	1976
15	环县刘家岔旧石器遗址考古发掘	甘肃省博物馆	1978
16	秦安县大地湾遗址考古发掘	甘肃省文物考古研究所	1978~1984
17	永昌县三角城与蛤蟆墩沙井文化遗址考古发掘	甘肃省文物考古研究所	1979
18	镇原县常山遗址考古发掘	中国社会科学院考古研究所泾渭工作队	1979
19	庄浪县徐家碾寺洼文化墓地考古发掘	中国社会科学院考古研究所泾渭工作队	1980

序号	项目名称	发掘单位	年度
20	天水市师赵村新石器时代遗址考古发掘	中国社会科学院考古研究所甘青工作队	1981
21	天水市西山坪新石器时代遗址考古发掘	中国社会科学院考古研究所甘肃工作队	1981
22	甘谷县毛家坪遗址考古发掘	甘肃省文物工作队、北京大学考古学系	1982~1983
23	"武山人"头骨化石	甘肃省博物馆	1984
24	敦煌祁家湾西晋十六国墓群考古发掘	甘肃省文物考古研究所	1985
25	敦煌汉代悬泉置遗址考古发掘	甘肃省文物考古研究所	1990~1992
26	礼县圆顶山春秋秦墓考古发掘	甘肃省文物考古研究所、礼县博物馆	1998、2000
27	陇南市礼县鸾亭山遗址考古发掘	早期秦文化联合考古队	2004
28	陇南市礼县西山遗址考古发掘	早期秦文化联合考古队	2005
29	陇南市礼县大堡子山遗址考古发掘	早期秦文化联合考古队	2006
30	天水市张家川县马家塬战国墓地发掘	甘肃省文物考古研究所、张家川回族自治县博物馆	2006
31	甘南藏族自治州临潭县磨沟遗址及墓群考古发掘	甘肃省文物考古研究所、西北大学文化遗产与考古学研究中心	2008
32	庄浪县徐家城旧石器遗址考古发掘	甘肃省文物考古研究所、中国科学院古脊椎动物与古人类研究所	2009
33	张掖市西城驿遗址考古发掘	甘肃省文物考古研究所、北京科技大学冶金与材料史研究所、中国社会科学院考古研究所、西北大学文化遗产学院	2010

第六章　文物保护科学技术

GAN SU SHENG ZHI WEN WU ZHI

中华人民共和国成立后，甘肃省文物保护科学技术事业从无到有，文物保护科技机构和人才由少到多，文物保护科技水平不断提高。特别是改革开放以来，科学技术在文物保护维修、土遗址加固、馆藏文物修复、考古发掘以及文物保护标准制订、大遗址保护规划编制等方面的支撑作用日益凸显。以敦煌研究院为龙头的省内文博单位先后与日本东京国立文化财研究所、美国盖蒂保护研究所、美国西北大学、日本大阪大学、英国伦敦大学等国外科研机构和国内数十家科研院所与高等院校建立起长期稳定的交流合作关系，引入先进理念和技术，在石窟寺、壁画、土遗址保护和文物修复、遗产地监测、文物数字化等方面取得国内外瞩目的成绩。依托敦煌研究院先后建成古代壁画保护国家文物局重点科研

基地、甘肃省古代壁画土遗址保护科技中心、国家古代壁画保护工程研究中心。甘肃省逐渐由文物资源大省发展为文物保护科技强省，在石窟造像与病害处理、岩体加固和裂隙灌浆技术、潮湿环境下墓葬壁画保护、土遗址保护加固技术等文化遗产科技保护与研究领域都有技术创新和突破，有的科研成果在国内外达到领先水平。特别是古代壁画保护国家文物局重点科研基地和国家古代壁画保护工程研究中心的建立，以古代壁画和土遗址保护方面的国内领先或国际先进科研成果与技术为基础，以高素质科研队伍为载体，以相关领域关键技术创新与集成创新为目标，充分发挥了科技对甘肃文物保护工作的支撑与引领作用。

可移动文物科技保护工作情况详见本编第四章第四节有关内容。

第一节　文物保护科技机构队伍

一、不可移动文物科技保护机构

（一）敦煌研究院保护研究所

1980年，敦煌文物研究所将各业务组改为研究室，其中保护组改为保护研究室。1984年敦煌研究院成立后，保护研究室更名为保护研究所，是为中国最早从事石窟科技保护与研究的专门机构。截至2010年底，该所内设石窟环境研究室、壁画和土遗址制作材料与病害分析研究室、修复材料与工艺研究室、壁画图像数字化研究室、石窟档案和资料室、文物保护技术服务中心等业务部门。配有微区X衍射、X荧光、傅立叶红外、偏光显微镜、全自动环境监测仪等一批先进的分析及环境监测仪器设备。拥有一支具备化学、物理、工程地质、计算机、林学、建筑、测绘、摄影、气象等多学科背景，具有高、中、初级专业职称的研究和文物修复队伍。该所具有文物保护工程勘察设计甲级资质和文物保护工程施工一级资质。

（二）敦煌研究院文物保护技术服务中心

1999年，敦煌研究院保护研究所注册成立敦煌文物保护技术服务中心，实行独立核算、自负盈亏，在无偿开展敦煌石窟保护工作的基础上，同时开展对外文物保护技术有偿服务工作。2009年4月，该中心被中共甘肃省委宣传部、甘肃省文化厅、甘肃省广播电影电视局、甘肃省新闻出版局评审公布为全省文化产业示范基地。

（三）古代壁画保护国家文物局重点科研基地

2004年9月，经严格遴选审核，国家文物局批准在敦煌研究院保护研究所基础上成立古代壁画保护国家文物局重点科研基地，是为国内唯一一家专门从事古代壁画保护研究和修复的专业机构。

（四）甘肃省古代壁画和土遗址保护工程技术研究中心

2006年，敦煌研究院联合兰州大学土木工程与力学学院提出组建甘肃省古代壁画和土遗址保护工程技术研究中心的申请，经甘肃省科技厅评审，同意依托敦煌研究院组建该中心，运行期间取得一定经验和成果。

（五）国家古代壁画保护工程技术研究中心

2008年，敦煌研究院联合中国科学院上海硅酸盐研究所、兰州大学、浙江大学等单位联合申请在甘肃省古代壁画和土遗址保护工程技术研究中心基础上

组建国家古代壁画保护工程技术研究中心。2009年7月，经科技部批准，"国家古代壁画保护工程技术研究中心"正式在敦煌研究院挂牌成立，是为中国文化遗产保护领域首个国家级工程技术研究中心。该中心是敦煌研究院相对独立的科研开发实体，与敦煌研究院共享法人资格；参照现代企业制度，利用敦煌研究院和合作单位的技术源头优势，形成工程技术研发基地、成果推广应用辐射基地、人才培养基地、向行业企业辐射技术成果，培养和培训工程技术人才。截至2010年底，该中心陆续在西藏、河南、内蒙古、宁夏、新疆等省（区）设立面向壁画和土遗址保护等领域的技术推广工作站。

（六）其他文物保护科技机构

2003年，兰州大学成立文物保护研究中心；由敦煌研究院和兰州大学资源环境学院、化学化工学院、物理科学与技术学院等单位共同发起组建，挂靠单位为兰州大学资源环境学院。涉及学科领域包括岩土工程、地质工程、化学、环境科学、材料科学、计算机科学、生物学等。是为中国首个高校和文物保护研究机构合办的文物科技保护教学科研机构。

2006年，中铁西北科学研究院有限公司成立文物保护技术研究中心。

二、文物保护科技队伍

甘肃省文物保护任务艰巨而复杂，改革开放以来特别是进入21世纪后，文物行政部门及有关文博单位高度重视文物保护科技队伍建设，逐渐培养造就了一支学术思想活跃、年龄和知识结构合理、勇于创新的高素质文物保护科技专业队伍。主要做法是：在职教育培训和学历教育、引进国内高校毕业生、国际合作培养高层次人才；委托国内高校、科研院所培养人才；通过科研课题和工程项目培养专门人才。以敦煌古代壁画保护国家文物局重点科研基地为例，"十一五"时期该科研基地招收高校毕业生14人，其中博士2人，硕士4人；专业方向涉及有机化学、地质工程、环境科学等方面。敦煌研究院与盖蒂保护所、英国伦敦大学考陶尔德艺术学院、兰州大学等联合举办的壁画保护高级研究生班迄今已举办两届，有3位科研基地技术人员毕业，6位在读。通过承担和实施一批国家重点文物保护科技课题，不仅使高层次人才脱颖而出，而且也培养、带动了省内相关文博单位专业人员的成长。相关文物保护科技教育培训情况详见本编第二章第二节有关内容。

第二节　文物保护科技实践与研究

20世纪五六十年代，甘肃省有关文博单位即已开始尝试以技术手段科学保护文物。1957年，中国文化部邀请捷克斯洛伐克壁画修复专家约瑟夫·格拉尔（Joseph Gcrald）访华。参观莫高窟时，应敦煌文物研究所请求，其用医用注射针管对第474窟起甲壁画作现场修复试验示范。1962年，文化部派遣曾在波兰学习文物保护技术的胡继高，在国内率先采用聚乙烯醇、聚醋酸乙烯乳液等有机高分子粘合剂水溶液修复莫高窟壁画。经多次试验，配制了适合修复壁画的浓度配方。改革开放以来，甘肃省文物保护科技实践与研究取得较为丰硕的成果。据不完全统计，全省文博系统以敦煌研究院为龙头，共承担国家及省级文物博物馆科研课题100余项，其中20余项获得国家及省部级奖励。石窟加固"喷锚粘固"技术、应用"PS-C"材料加固风化砂岩石雕技术、起甲壁画修复技术等成果在省内外得到广泛应用。甘肃省文物保护科技人员在国内外刊物上发表论文400余篇，出版专著10余部。

一、文物科技保护基础研究

（一）地质

1988年，中国科学院兰州冰川冻土研究所和日本北海道大学低温科学研究所合作完成"敦煌莫高窟遗迹构成砾岩的冻结——融解实验"项目。

1991~1992年，中国科学院兰州沙漠研究所和敦煌研究院保护研究所合作，受甘肃省自然科学基金、中国科学院冰川冻土研究所冻土工程国家重点实验室基金资助，完成"敦煌莫高窟岩体风蚀机理及防护对策研究"项目。

1992年，中国科学院冰川冻土研究所、日本北海道大学低温科学研究所和中国科学院沙漠研究所合作完成"论莫高窟沙砾岩的干湿——冻融影响"项目。

1993年，兰州大学地质系水资源环境研究室受甘肃省文物局委托，完成"永靖炳灵寺水文地质工程地质调查研究"项目。

2001年，中国科学院寒区旱区环境与工程研究所冻土工程国家重点实验室、风沙物理与工程实验室完成中科院特别经费支持领域冰冻圈动态变化研究（三期）项目资助（K）和冻土工程国家重点实验室基金项目"西北地区古代生土建筑物冻融风蚀机理的实验研究"。

2003~2005年，敦煌研究院和兰州大学文物保护中心合作完成"秦长城工程

地质现状与保护研究"、"汉长城工程地质现状与保护研究"、"明清长城工程地质现状与保护研究"项目。

（二）文物摄影与测绘

1986~1989年，敦煌研究院考古研究所先后同武汉测绘科技大学航空摄影测绘系、陕西省测绘局合作，以莫高窟第296窟和第390窟为对象，开展近景摄影测量敦煌石窟洞窟试验。

1987~1990年，依托文化部课题"敦煌洞窟壁画复制工程"的实施，敦煌研究院购置珂珞版印刷设备，开展近景摄影法拍摄底片，应用珂珞版印刷作为色彩近景摄影还原研究项目。

1987年，铁道部第一勘测设计院完成"近景摄影测量在马蹄寺石窟群文物保护中的应用"项目。

1992年，铁道部第一勘测设计院航测队采用近景摄影测量技术，完成《马蹄寺石窟群地形测绘图》。同年，甘肃省测绘局完成天梯山石窟立体近景摄影项目。

1993~1995年，敦煌研究院结合莫高窟石窟图录编辑出版工作，与建设部北京遥感测量与制图中心合作，对莫高窟北朝时期的30余个洞窟进行近景摄影测量。

1994年，甘肃省测绘局完成炳灵寺石窟18个窟龛立体近景摄影和石窟正面立体近景摄影。

1994年，敦煌研究院保护研究所与地质矿产部遥感测量中心合作，采用遥感探测技术在敦煌莫高窟石窟群进行探测暗洞试验。

1996年，中国科学院计算技术所与敦煌研究院合作完成国家重点科技攻关项目"国土资源管理及相关信息管理系统研究"子专题"莫高窟第220窟近景立体摄影图像再现及数据库研究"。

1998年，甘肃省测绘局完成兰州市烈士陵园纪念碑纠偏加固近景摄影测量。

2000年，甘肃省基础地理信息中心兰州市白塔山明代白塔进行纠偏加固近景摄影测量。

2000年，中国科学院武汉岩土力学研究所在敦煌研究院、铁道部第一勘测设计院配合下，开展利用超声波确定敦煌莫高窟洞壁力学特性的研究。

2001年，中国科学院武汉岩土力学研究所、长江科学院与敦煌研究院合作，采用加拿大SENSORS AND SOFTWARES公司生产的高频探地雷达对敦煌莫高窟第130和138窟重层壁画各层厚度进行探测研究。

2001~2005年，敦煌研究院和甘肃省基础地理信息中心合作完成国家文物局科研课题"全数字摄影测量在敦煌莫高窟文物保护中的应用研究"。

2005~2007年，南京大学地理与海洋科学学院完成国家自然科学基金课题"数

字近景摄影测量和计算机图像处理技术恢复敦煌壁画三维信息研究"。

2005~2007 年，北京戴世达数码技术有限公司与敦煌研究院考古所合作完成"三维激光扫描技术在敦煌石窟考古测绘中的应用"项目。

（三）文物防震

1991 年，受甘肃省建设委员会委托，总参工程兵科研三所完成"敦煌机场飞机起落对莫高窟影响的测试"项目并提交了分析报告。

1991~1995 年，兰州大学地质系与敦煌研究院合作完成甘肃省科学技术委员会"敦煌莫高窟崖体及附加构筑物抗震稳定性研究"项目；后获 1996 年度国家文物局文物科技进步奖四等奖。

1992 年，国家地震局兰州地震研究所和敦煌研究院合作完成"爆破振动对莫高窟的影响"研究项目。

1992~1995 年，国家地震局兰州地震研究所和敦煌研究院合作开展"敦煌莫高窟文物保护区地震安全性评价"，分为"地震危险性分析"和"地震小区划"两个子项目。1996 年 5 月通过甘肃省地震烈度评定委员会评审。

1993~1995 年，国家地震局兰州地震研究所和敦煌研究院合作完成甘肃省科学技术委员会课题"敦煌莫高窟地震防灾文物保护基础研究"。后获 1996 年度国家文物局文物科技进步奖四等奖

1997~2001 年，国家地震局兰州地震研究所完成国家自然科学基金项目"石窟文物保护中的地震安全评估及防灾对策研究"。2002 年获中国地震局防震减灾优秀成果奖三等奖。

2003~2006 年，敦煌研究院和中国地震局地震预测研究所兰州创新基地、中国地震局兰州地震研究所、中国地震局黄土地震工程开放实验室、兰州交通大学、重庆交通大学等单位合作完成科技部社会公益研究专项课题"石窟文物抗震防护技术对策研究"。

2007 年，中国地震局兰州地震研究所与敦煌研究院合作完成甘肃省科技厅"十一五"甘肃省科技支撑计划"甘肃河西地区典型土遗址地震破坏机理与抗震安全性研究"项目。

（四）风沙防治

以敦煌莫高窟风沙防治工程为主要代表。自 1989 年始，敦煌研究院和中国科学院沙漠研究所、美国盖蒂保护研究所合作实施"莫高窟窟顶流沙治理研究"项目。项目前期阶段，绘制了试验研究区千分之一比例尺地形图，基于莫高窟顶风沙活动特征与活动强度的研究，提出采用工程阻沙、生物治沙、化学固沙相结合，阻沙为主、固沙为辅，阻固结合的综合防治方案。项目中后期，在窟顶戈壁

区设置 3600 平方米"A"字型尼纶网栅栏，同时分别选用美方提供的有机高分子乳液和敦煌研究院自研的 PS 材料在窟顶进行化学固沙材料筛选对比试验，筛选出以 PS 为主的化学固沙材料，在防沙障东侧设立化学固沙试验场用以固定流沙。引进具有国际先进水平的滴灌技术，解决了生物固沙用水问题，在莫高窟窟顶西侧风沙的源头鸣沙山脚下选择定植乡土沙生植物红柳、梭梭、花棒、沙拐枣、柠条等，栽种长 2000 米、宽 10 余米的固沙林带，成活率超过 95%。1998 年，敦煌研究院牵头的"敦煌莫高窟窟顶生物固沙研究"以国家计划委员会和水利部"莫高窟地区节水灌溉示范"项目名义正式立项；在国家资金支持下，投资扩大生物固沙面积，至 1999 年累计形成长 2 千米，宽分别为 12、14 米的防风固沙林带两条，植物生长旺盛、固沙效果显著。1999~2003 年，敦煌研究院和西北大学文博学院合作完成国家文物局课题"新型植物生长剂的研制及其在莫高窟窟顶植物固沙中的应用研究"。

1999~2004 年，中国科学院寒区旱区环境与工程研究所与敦煌研究院合作完成国家自然科学基金、国家基础研究发展规划、国家重点基础研究发展计划（973 计划）沙漠化项目"中国北方沙漠化过程及其防治研究"课题，对莫高窟风沙危害

综合防护体系的建立进行了多方面研究。

2000 年，甘肃省基础地理信息中心完成莫高窟内圈大地控制网 GPS 镜片测量，针对鸣沙山前沿沙丘移动布设控制监测点，进行定位监测。

2001 年，敦煌研究院和中国科学院寒区旱区环境与工程研究所、日本国立农业环境研究所、日本物理化学研究所、日本九州大学合作开展"风送沙尘的形成、输送机制及其对气候与环境影响（ADEC）的研究"项目。日方提供设备在莫高窟崖顶设置自动气象站。

2002 年，敦煌研究院在敦煌香港佛迹功德林计划"莫高窟崖顶治沙工程"项目资助下，建立以草方格沙障为主的机械防沙工程体系，同时开展砾石防护及其不同防护措施效益观测工作。2002 年底至 2003 年初，敦煌研究院在莫高窟顶部鸣沙山脚下建立总面积 211404 平方米的工程治沙实验区，包括麦草方格沙障、棉花杆方格沙障、立式棉花杆沙障、遮阳网方格沙障、砾石压沙等。

2003 年，樊锦诗等 25 位代表在全国政协十届一次会议期间联署"关于敦煌莫高窟保护利用设施建设的提案"，被列为当年全国政协重点提案，引起党和国家高度重视。作为该工程子项目——风沙危害综合防护体系建设的前期工作内容，2003 年，敦煌研究院和中国科学院寒区

旱区环境与工程研究所、甘肃省治沙研究所合作编制"敦煌莫高窟风沙危害综合防护体系规划"和"敦煌莫高窟风沙危害治理可行性及治理方案"。2006年，敦煌研究院和中国科学院寒区旱区环境与工程研究所合作完成"敦煌莫高窟风沙危害综合防护体系防护工程"方案并获国家文物局批准。2007年，敦煌研究院会同甘肃省林业调查规划院、中国科学院寒区旱区环境与工程研究所共同开展铺设砾石压沙试验区、试验区内风速及输沙量观测等工作。2008年，敦煌莫高窟保护利用工程风沙防护初步设计方案获国家文物局批复，同年底正式开工。

二、石窟和古建筑科技保护

1979年，敦煌文物研究所和化工部涂料工业研究所共同完成"敦煌莫高窟木质结构保护涂层研究"课题；课题成果有机高分子醇酸树脂清漆应用于莫高窟4座宋代窟檐和1座唐代窟檐涂刷。实验证明，此种涂料成膜性能好、防自然老化性强、耐磨强度高，涂刷后窟檐更为古朴，保护效果明显。该成果于1981年通过省级鉴定。

1979年，国家文物事业管理局委托麦积山石窟加固工程办公室，对嘉峪关关城城墙进行保护维修喷浆试验。

自1981年始，文化部文物事业管理局先后三次拨款17万元，进行嘉峪关城墙夯打试验工程和关城局部维修。在化工部涂料研究所协助下，对楼阁明柱进行油漆及保持色彩试验。

1996年，国家科学技术委员会将"石窟文物保护技术措施的综合研究——麦积山石窟渗水成因分析及治理"列为国家重点科技攻关项目，由铁道部西北勘察设计院和麦积山石窟艺术研究所共同承担。2001年通过结项验收。

1998~2002年，铁道部科学研究院西北分院完成"古塔及塔式建筑物可控精确纠偏加固技术"研究项目；后获甘肃省2004年度科技进步一等奖。

2000~2007年，敦煌研究院与浙江大学化学系合作完成国家文物局"潮湿环境下古代土建筑遗址保护加固研究"项目。

2004~2007年，敦煌研究院和兰州大学合作完成"甘肃省长城加固保护综合实验研究"项目。

三、古代壁画和土遗址科技保护
（一）敦煌研究院
1. 20世纪90年代前

1964~1965年，敦煌研究院前身敦煌文物研究所对莫高窟第130窟空鼓脱落壁画进行边沿加固及锚杆夹板固定。自20世纪70年代末起，敦煌文物研究所和敦煌研究院逐步运用现代分析技术对莫高

窟壁画颜料进行科学分析，在壁画病害机理分析与研究、壁画修复材料的开发筛选、风沙治理、窟区环境和窟内微环境监测、土遗址加固等方面取得了一系列重要科研成果和科技保护实绩。"莫高窟壁画保护"项目获 1978 年全国科学大会奖。1979 年，敦煌文物研究所和化工部工业涂料研究所共同完成"敦煌文物保护研究"课题；经对莫高窟、西千佛洞十个朝代的 44 个代表洞窟中应用的红、黄、蓝、绿、白、棕褐色颜料样品进行 X 射线衍射和荧光分析。分析出壁画中变成棕黑色的颜料主要成分是二氧化铅（PbO_2）；1981 年，该课题获化工部科技成果三等奖。莫高窟壁画主要病害是壁画起甲，敦煌文物研究所曾采用动物胶和天然树脂水溶液进行保护修复试验；"敦煌莫高窟起甲壁画修复技术"获文化部 1985~1986 年度科技成果一等奖。1980 年，敦煌文

物研究所在总结多年来清洗烟熏壁画试验的基础上，采用碳酸钠水溶液清洗莫高窟第 71 窟烟熏壁画，效果良好。20 世纪 80 年代，敦煌研究院专业人员将莫高窟第 220 窟重层甬道表层甬道壁画剥离分割后向外推出，完整推移至甬道口新位置重新固定；后又用同一方法搬迁第 335 窟重层甬道，为重层甬道壁画的搬迁积累了经验。该项技术获文化部 1985~1986 年度科技成果四等奖。

2. 20 世纪 90 年代后

20 世纪 90 年代后，敦煌研究院主要依托本院保护研究所和附设该院的古代壁画保护国家文物局重点科研基地、国家古代壁画保护工程技术研究中心开展壁画和土遗址科技保护相关工作。

（1）敦煌研究院保护研究所

敦煌研究院保护研究所自组建以来，先后完成敦煌莫高窟、安西榆林窟、敦煌

"敦煌莫高窟起甲壁画修复技术"获文化部 1985 至 1986 年度科技成果一等奖

"应用 PS-C 加固风化砂岩石雕的研究"获文化部 1988 年度科技进步二等奖

西千佛洞崖体加固工程，并对石窟壁画进行了大规模抢救性修复加固。20世纪90年代末期以来，该所应用现代科技手段针对壁画和土遗址制作材料、壁画病害、洞窟微环境、风沙等开展多项研究，取得一批成果。截至2010年底，完成和实施科技部、国家文物局、甘肃省科技厅等部门立项的科研课题（项目）80多项；其中获国家及省部级奖14项，取得国家发明专利1项、新型实用技术专利2项。西藏萨迦寺壁画保护修复方案》入选"2004年度全国十佳文物保护工程设计及规划方案"，交河故城抢险加固工程入选第二届"全国十佳文物保护工程勘察设计方案及保护规划"。在国内外重要刊物发表论文300余篇，出版专著5部。承办两届丝绸之路石窟遗址保护国际学术讨论会。除完成本院赋予的文物科技保护研究任务外，该所还承担了新疆、青海、甘肃、西藏、宁夏、河南、内蒙古、浙江、陕西、山西等10余个省（区）的壁画、彩塑修复及土遗址加固等数十项重大文物保护维修项目。

（2）古代壁画保护国家文物局重点科研基地

截至2010年底，古代壁画保护国家文物局重点科研基地承担各级课题21项，其中国家级3项，省部级8项，开展国际合作4项，承担20余项文物保护工程咨询和技术支撑项目。承办国际及全国性学术会议3次，在核心期刊发表论文73篇，出版专著5部。获得专利2项，另有4项专利国家知识产权专利局已经受理。在成果转化方面，古代壁画修复技术应用于超过2900平方米的病害壁画修复；西藏空鼓病害壁画灌浆加固研究成果在西藏壁画保护修复工程中得到应用，楠竹复合加筋锚杆在新疆交河故城抢险加固工程中得到应用，石窟崖体加固和风沙防治及数字化研究方面的成果在敦煌莫高窟保护利用设施项目中得到应用。科研基地承担的国家科技支撑项目"土遗址保护关键技术研究"部分研究成果为交河故城加固工程提供了技术支撑，古代壁画脱盐关键技术研究课题的部分研究成果在莫高窟壁画修复中得到初步应用。科研基地牵头编制的敦煌石窟壁画保护方案、新疆交河故城抢险加固工程一、二期保护方案、西藏阿里古格王国遗址和夏鲁寺壁画保护方案、甘肃武山

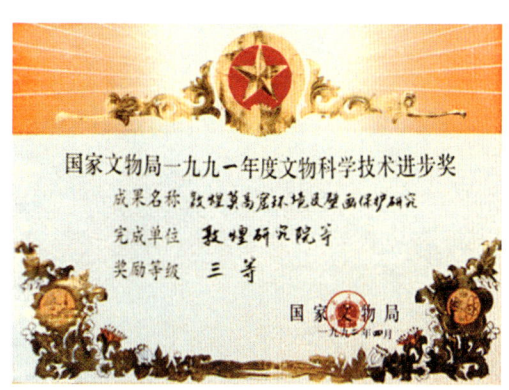

"敦煌莫高窟环境壁画保护研究"获国家文物局1991年度文物科技进步三等奖

水帘洞石窟壁画彩塑保护修复方案、新疆柏孜克里克石窟抢险加固工程勘察及保护方案、宁夏银川西夏陵4号陵和6号陵保护加固方案、山西省介休寺后土庙塑像保护方案等一批文物科技保护方案获得国家文物局批准。科研基地承担的"文物保护单位标志"、"开放文物保护单位服务标准"、"古代壁画现状调查规范"、"古代壁画病害与图示"等文物保护国家标准通过验收并颁布实施。

（3）国家古代壁画保护工程技术研究中心

国家古代壁画保护工程研究中心主要研究方向包括以下6个方面：①古代壁画和土遗址保护材料与保护技术的科学化；②古代壁画和土遗址保护材料与保护技术的工程化；③古代壁画支撑体与土遗址保护加固技术的工程化研发；④古代壁画保存环境监测、控制技术集成与研发；⑤古代壁画信息的数字化与展示技术研发；⑥古代壁画及土遗址保护标

古代壁画保护国家文物局重点科研基地挂牌仪式

敦煌研究院研发的文物出土现场移动实验室

准、规范的编制。2009~2012年为该中心组建试运行阶段，截至2010年底，该中心已初具规模并取得了一定科研成果。国家科技支撑项目土遗址保护关键技术研究中的"出土文物现场保护移动实验室"和"古代壁画脱盐关键技术研究"项目分获2009年度国家文物局文物保护科学和技术创新奖一、二等奖。土遗址关键技术研究获2010年度甘肃科技进步奖二等奖。该中心形成了一支由85名固定人员、82名流动人员组成的研发团队，2010年获"'十一五'国家科技支撑计划执行优秀团队奖"。

（二）甘肃省博物馆

1973年，甘肃省博物馆在嘉峪关市文物部门和驻军协助下，将嘉峪关新城5号魏晋壁画墓搬迁至兰州；解决了防湿和通风问题，采用半地下方式复原展示，是为甘肃省内首例古墓葬搬迁复原工程。此后该馆基于此项工程完成文化部部级课题"嘉峪关魏晋壁画墓五号墓搬迁与

半地下复原研究"。

1987~1996 年，甘肃省博物馆和化工部兰州涂料研究所、兰州大学生物系合作完成文化部部级课题"潮湿环境下壁画画面加固保护与霉菌防治研究"。

1996~2002 年，甘肃省博物馆完成国家文物局课题"潮湿环境下壁画地仗加固保护材料与技术研究"。后获 2004 年度国家文物局文物保护科学和技术创新奖二等奖。

第三节　文物数字化

受自然和人为等多种因素影响，文物的消亡是无法回避的现实。数字技术的发展为文物的有效保护和长期保存提供了必要技术手段，利用数字化技术进行文物保护、利用和传播已经成为一门新兴学科。文物数字化涉及文物本体数字化采集、信息加工与描述处理，数字资源存储与管理等多方面，具有记录、保存、阅览、检索、共享、复原、仿真、再现等特点，是一种革命性的文化遗产永久保存和永续利用方式。甘肃省的文物数字化工作以石窟类文物数字化为主。

一、敦煌石窟数字化

敦煌石窟包括莫高窟、榆林窟和西千佛洞三大石窟群，是中国现存规模最大的石窟寺遗址，是世界上历史延续最悠久、保存最完整的佛教艺术宝库。敦煌研究院经过多年研究及实践，积累了石窟文物数字化的丰富经验。先后开展了

壁画数字化研究，壁画高精度拍摄、拼接及数字化存贮，建立专题图像数据库，对传统档案底片进行数字化处理以及壁画图像高精度仿真打印，逐步形成莫高窟壁画高精度影像数字化档案。

20 世纪 80 年代末，时任敦煌研究院副院长樊锦诗首次提出"数字敦煌"概念，即利用计算机数字化技术永久性、高保真保存敦煌壁画彩塑珍贵资料。1993~1996 年，甘肃省科学技术委员会批准敦煌研究院与相关单位共同实施"敦煌壁画计算机存贮与管理系统研究"课题。1994 年，国际敦煌项目（IDP）成立；自 1997 年始，开展国内外敦煌文献数字化工作并逐步实现网络检索阅读。1996 年，"濒危珍贵文物的计算机存贮与再现系统研究"被列为国家"九五"科技攻关课题;同年，国家"曙光天演 Power PC 工作站在文物保护中的应用"被列为国家"863"项目。1997 年，国家自然科学基金委员会立项

"多媒体与智能技术集成及艺术复原"项目；自 1998 年始，由浙江大学和敦煌研究院合作开展研究，研究内容涉及洞窟壁画图像高精度存储与处理、石窟三维虚拟漫游等，并开展了敦煌风格图案创作以及图像处理与探索技术用于艺术的辅助探索等深层次研究课题。1998 年，敦煌研究院与美国梅隆基金会、美国西北大学共同开展"数字化敦煌壁画合作研究"项目。

进入 21 世纪后，敦煌石窟文物数字化进程显著加快。2006 年，敦煌研究院在本院摄录部和保护研究所图像室基础上成立数字中心，主要承担敦煌石窟及相关文物的数字化技术研究与应用工作。数字中心内设摄影工作室、图像处理室、虚拟现实工作室、录影工作室、档案室 5 个专业工作室，有数据采集与图像处理人员 40 人，可独立完成石窟寺、殿堂的数字化方案设计、摄影采集、图像处理拼接、虚拟现实制作等作业项目。2009 年，敦煌研究院数字中心实施新疆克孜尔石窟第 38 窟壁画数字化工程，这是敦煌石窟数字化技术首次对国内文博单位进行技术支持，取得良好的社会效益和经济效益。2010 年，浙江大学与敦煌研究院签署合作协议，双方商定在共建敦煌石窟壁画数字资源库和文化遗产数字保护技术联合实验室等方面开展合作。根据协议，

双方将共同筹资 2000 万元，先期启动敦煌石窟 60 个洞窟壁画数字化资源库建设，包括平面和立体展示敦煌石窟壁画艺术的数据库；同时依托国家古代壁画保护工程技术研究中心，共建浙江大学—敦煌研究院文化遗产数字保护技术联合实验室。2010 年，敦煌壁画数字化图像精度由 75dpi 提高至 300dpi，标志着敦煌石窟文物数字化取得实质性突破。中美合作完成敦煌石窟典型洞窟（包括莫高窟和榆林窟）共 22 个洞窟整窟数字化档案和 42 个基于 QuickTime VR 技术的虚拟漫游洞窟。这些成果为莫高窟保护利用工程中的数字化展示和虚拟漫游子项目建设提供了坚实的技术支撑。

二、麦积山石窟数字化

麦积山石窟现存 194 个洞窟，历代塑像 7200 余尊，壁画 1300 余平方米；素有"东方雕塑陈列馆"美誉。麦积山石窟文物数字化工作始于 2008 年，在国家文物局专项资金支持下，麦积山石窟艺术研究所与北京凸版科技有限公司合作开展洞窟数字化采集工作。截至 2010 年底，采用三维激光扫描技术对麦积山石窟第 123 窟进行全面数字化采集，完成该窟全景虚拟展示制作，依托专用展示平台，首次实现麦积山石窟整窟数字化展示。

第四节　文物保护科技国际交流合作

文物有自己的祖国，但文物科技保护无国界。早在20世纪50年代，敦煌研究院就曾邀请来访的捷克斯洛伐克专家进行洞窟壁画修复演示。改革开放以后，甘肃省文博界逐步放眼世界、走出国门，秉承"以我为主、对我有利"原则，不断加大国际交流合作力度，科研水平和创新能力不断提升。

一、敦煌石窟保护利用国际交流合作

（一）中美交流合作

1988年12月，经联合国教科文组织驻华代表见证，中国国家文物局和美国盖蒂保护研究所签订关于莫高窟和云冈石窟的合作保护协议书、技术计划及实施细则。中美合作开展敦煌石窟保护利用项目自此开端。双方合作内容主要包括：洞窟环境监测、壁画和彩塑颜色监测、莫高窟窟顶流沙治理、石窟崖壁裂隙位移观测、薄顶洞窟加固方法及其材料研究。1989年6月，敦煌研究院与美国盖蒂保护研究所签订合作研究保护敦煌文物协议书。敦煌研究院与美国盖蒂保护所长达15年的交流合作被业界公认为文物保护国际合作领域最成功的典范；2000年，为表彰该机构专家内维尔·阿格纽在甘肃

文物保护事业方面作出的突出贡献，甘肃省人民政府授予其甘肃省外国专家"敦煌奖"荣誉称号，是为获此殊荣的首位外国文物保护专家。2005年，内维尔·阿格纽被授予中华人民共和国国际科学技术合作奖。2010年，美国盖蒂保护研究所专家玛莎·蒂玛斯被授予中华人民共和国外国专家友谊奖。中美双方合作开展的代表性项目有：

1. 莫高窟环境监测

自20世纪90年代初至2007年，美方先后派遣专家并提供相关设备，在莫高窟窟区设置自动气象站，安装监测仪器，与敦煌研究院合作对莫高窟30多个重点洞窟进行包括气象和温湿度在内的综合性环境监测，为进一步保护和研究工作提供了真实可靠的基础数据。

2. 莫高窟第85窟壁画保护研究

1997年，经国家文物局批准，敦煌研究院与美国盖蒂保护研究所协商确定开展"莫高窟壁画保护研究"合作项目，将治理莫高窟第85窟壁画酥碱、空鼓病害作为项目主要研究内容。通过大量的系统实验，筛选出最佳灌浆材料和最有效的吸水脱盐材料。通过试验研究，总结出治理和修复壁画空鼓病害的灌浆、脱盐新方

法和工艺。该项目是按照《中国文物古迹保护准则》基本原则和程序开展的国际合作项目，解决了长期困扰敦煌石窟壁画保护的若干难题，研究成果得到广泛应用，获"2004年度国家文物局文物保护科学和技术创新奖"二等奖。

3. 莫高窟洞窟游客承载量研究

自2001年始，敦煌研究院与美国盖蒂保护研究所合作启动莫高窟洞窟游客承载量研究项目。该项目旨在研究并解决莫高窟开放与保护关系的矛盾，将游客参观时对壁画的影响程度降至最低，是一个集石窟管理、游客参观环境、洞窟壁画变化损害评估在内的综合性研究项目。项目内容主要包括：（1）观众对洞窟环境影响实验；（2）洞窟游客承载量实验；（3）在指定洞窟中对典型壁画定期拍照记录；（4）游客管理与对策调研。截至2010年底，项目组进行了大量室内和洞窟现场实验，收集了与壁画变化相关的环境和游客数据；同时对收集到的各种数据与洞窟壁画、壁画模拟试块之间进行综合分析研究，以探讨游客参观与壁画或壁画病害变化程度之间的相关性。

（二）中日交流合作

1. 与日本东京国立文化财研究所的交流合作

1990年12月，敦煌研究院与日本东京国立文化财研究所签订中日合作保护敦煌莫高窟第53窟、194窟协议书和合作计划及实施细则，是为中日文物保护最早的合作项目。双方于1996年、1999年、2002年又签订了第二、三、四期合作项目协议。2004年以来，双方主要进行了莫高窟第53窟壁画颜料和技法的光学调查、壁画修复档案管理系统的研发，编撰中日壁画修复用语集等合作项目。特别是针对莫高窟第53窟的壁画病害开展了一系列调查和修复材料实验研究，于2006年完成该窟壁画修复工作。合作期间，双方专家学者进行了20余次互访和学术交流活动。2004年，东京国立文化财研究所专家青木繁夫获甘肃省外国专家敦煌奖。

2. 与日本东京艺术大学的交流合作

受日本文化财保护振兴财团资助，自20世纪80年代中期始，敦煌研究院和东京艺术大学开展了广泛的合作与学术交流。1985~2004年，敦煌研究院有35人、65次赴东京艺术大学研修文物保护科学、美术和美术史。东京艺术大学亦多次派专家、教授赴莫高窟考察和进行学术交流，并派遣研究生赴敦煌研究院实习。

3. 与日本大阪大学的交流合作

1999年9月，敦煌研究院与日本大阪大学大学院土木工程系合作在莫高窟第72窟前安装WS气象自动记录系统，开始对窟区内风速、风向、温度、相对湿度、气压、地温等气象要素进行监测。

2000 年 1 月，经甘肃省文物局批准，敦煌研究院和日本大阪大学联合启动实施"莫高窟地质与水环境研究"第一期合作项目，为期 5 年；2005 年，双方签订第二期合作项目协议。该项目侧重于对莫高窟地质环境尤其是水环境开展调查研究，探寻莫高窟水气运移规律，为石窟及壁画保护提供科学依据。

（三）多国交流合作

1998 年，在《中国文物古迹保护准则》起草修改过程中，为验证该《准则》的权威性与可行性，敦煌研究院和中国建筑设计研究院历史研究所以及美国盖蒂保护研究所、澳大利亚遗产委员会"三国四方"达成共识，决定以敦煌莫高窟为例，以《准则》规定的保护程序、原则作为指导，合作编制《敦煌莫高窟保护与管理总体规划》（后更名为《敦煌莫高窟保护总体规划》）。2005 年 6 月，该《规划》通过中国国家文物局组织的论证评审，是为中国首个依据《中国文物古迹保护准则》编制的大遗址保护管理规划。该《规划》是中国首次与国际合作，多单位、多学科参与的文物保护总体规划，被业界公认为具有前瞻性的规划，成为中国今后编制类似规划的范本。

二、其他国际交流合作项目

1999~2002 年，甘肃省博物馆与日本奈良文化财研究所合作开展"古代彩塑的修复研究"保护修复研究项目，重点围绕馆藏天梯山石窟壁画、塑像保护修复问题，围绕加固材料筛选、样品制作、饱和容重、饱和崩解、失水速率、干容重、抗压、抗拉、收缩率、可逆性等进行一系列试验，对文物本体进行扫描电镜、X 荧光等测试，完成了前期试验工作。

2001~2002 年，根据甘肃省文物局安排，炳灵寺文物保护研究所会同敦煌研究院、日本奈良文化财研究所、河北金枋工作室等国内外单位文物保护技术人员，共同制定保护修复方案，对炳灵寺石窟第 16 窟卧佛（1967 年分割为 9 段装箱存放于 3 个洞窟）进行复原修复。

2005 年 12 月，经甘肃省文物局批准，麦积山石窟艺术研究所与日本筑波大学签署"麦积山石窟周边环境调查"合作研究协议；2006 年 6 月，双方商定扩大合作研究范围。该项目主要内容包括：完成麦积山石窟保存环境和洞窟造像及壁画病害调查工作，合作对麦积山石窟部分洞窟进行调查并制作三维数字影像资料。截至 2010 年底，相关项目进展顺利并取得阶段性成果。

甘肃省参与的国际或地区间文物科技保护教育培训情况详见本编第八章第三节有关内容。

第六章 文物保护科学技术

附表一　甘肃省文物保护科研项目一览表

石窟寺、石质文物				
序号	课题名称	课题来源	主要承担单位	周期（年）
1	麦积山石窟加固技术的试验研究（西崖部分）	文化部国家文物事业管理局	甘肃省建工局建筑科学研究所	1976~1979
2	敦煌莫高窟木质结构的保护涂层的研究	甘肃省科委	化工部工业涂料研究所、敦煌文物研究所	1879~1981
3	敦煌莫高窟古代花砖的保护研究	文化部国家文物事业管理局	文化部文物保护科学技术研究所、敦煌文物研究所	1979~1981
4	甘肃石窟砂岩风化及其保护材料	文化部国家文物事业管理局	甘肃省博物馆、炳灵寺文物管理所、北石窟寺文物管理所	1978~1984
5	麦积山五工段喷、锚、粘、托综合加固技术和应用研究	文化部国家文物事业管理局	甘肃省建工局建筑科学研究所	1981~1984
6	CPS 用于麦积山砂砾岩裂隙灌浆可能性研究	文化部国家文物事业管理局	甘肃省博物馆、甘肃省建工局建筑科学研究所	1983~1984
7	应用 PS-C 加固风化砂岩石雕的研究		敦煌研究院	1985~1987
8	敦煌研究院和美国盖蒂保护研究所合作保护莫高窟	国家文物局	敦煌研究院、美国盖蒂保护研究所、文化部文物保护科学技术研究所	1988~1993
9	莫高窟窟顶流沙治理研究	国家文物局	中国科学院兰州沙漠研究所、敦煌研究院、美国盖蒂保护研究所	1989~1993
10	敦煌莫高窟崖体及附加构筑物抗震稳定性研究	国家文物局	敦煌研究院、兰州大学地质系	1991~1995
11	敦煌莫高窟岩体风蚀机理及其防护对策的研究	甘肃省自然科学基金委	中国科学院兰州沙漠研究所、敦煌研究院	1991~1992
12	敦煌莫高窟洞窟地层研究	甘肃省科委	兰州大学地质系、敦煌研究院	1991~1992
13	用 PS 渗透加固土建筑的研究	国家文物局	敦煌研究院	1992~1993
14	砂砾岩石窟崖体裂隙灌浆研究	国家文物局	敦煌研究院、甘肃省建筑科学研究院、兰州大学地质系	1992~1994
15	敦煌莫高窟岩体盐风化过程的初步研究	甘肃省自然科学基金委	中国科学院兰州沙漠研究所、兰州大学地质系	1993~1995
16	敦煌研究院和美国盖蒂保护研究所合作保护莫高窟（2）	国家文物局	敦煌研究院、美国盖蒂保护研究所、中国文物研究所	1993~1994
17	敦煌莫高窟地震防灾文物保护基础研究	甘肃省科委	敦煌研究院、国家地震局兰州地震研究所	1993~1994
18	敦煌莫高窟窟顶沙丘移动的初步研究	甘肃省自然科学基金	中国科学院兰州沙漠研究所	1993~1995

石窟寺、石质文物				
序号	课题名称	课题来源	主要承担单位	周期（年）
19	永靖炳灵寺水文地质工程地质调查研究	甘肃省文物局	兰州大学地质系	1993
20	武威天梯山石窟水文地质工程地质调查研究	甘肃省文物局	兰州大学地质系	1994
21	靖远寺儿湾石窟保护工程勘察与初步设计	甘肃省文物局	兰州大学地质系	1994
22	应用地面立体摄影测量研究金字塔沙丘形成发育的动态过程	国家自然科学基金委	中国科学院兰州沙漠研究所、敦煌研究院	1995~1998
23	《中国文物古迹保护准则》示范——敦煌莫高窟	国家文物局	敦煌研究院、美国盖蒂保护所、澳大利亚遗产委员会	1997~2002
24	敦煌莫高窟环境演变与石窟保护研究	国家文物局	敦煌研究院	1997~2000
25	敦煌莫高窟及周边地区环境演变科普教育	国家文物局	敦煌研究院	1997~2000
26	石窟文物保护中的地震安全评估及防灾对策研究	国家自然科学基金	中国地震局兰州地震研究所、敦煌研究院	1997~2001
27	石窟文物保护技术措施的综合研究——麦积山石窟渗水成因分析及治理方案	科技部	铁道部第一勘测设计院	1997~2001
28	敦煌莫高窟保护总体规划	国家文物局	中国建筑设计院建筑史所、美国盖蒂保护所、澳大利亚遗产委员会、敦煌研究院、	1998~2005
29	西北地区古代生土建筑物冻融风蚀机理的实验研究（中国科学院特别经费支持领域冰冻圈动态变化研究（三期）项目资助(K)）	中国科学院	中科院沙漠所、敦煌研究院	1998~2000
30	敦煌莫高窟地震防灾文物保护（国家攻关课题：中国西部黄土地震灾害预测子课题）	科技部	中国地震局兰州地震研究所、敦煌研究院（王兰民（黄土地区地震灾害预测预防技术研究））	1998~2001
31	新型植物生长剂的研制及其在莫高窟窟顶植物固沙中的应用研究	国家文物局	敦煌研究院、西北大学	1999~2000
32	丝绸之路古遗址环境地质特征及保护研究	国家文物局	敦煌研究院	1999~2000

第六章 文物保护科学技术

石窟寺、石质文物				
序号	课题名称	课题来源	主要承担单位	周期（年）
33	敦煌莫高窟生物固沙研究	国家计委	敦煌研究院	1999~2002
34	敦煌莫高窟风沙危害综合防护体系	国家基础研究发展规划	中科院寒旱环境与工程研究所	1999~200
35	敦煌研究院—日本大阪大学保护敦煌莫高窟合作项目(第一期)	甘肃省文物局	敦煌研究院、日本大阪大学	2000~2004
36	风沙运动机理及防沙治沙工程原理研究		中科院寒旱环境与工程研究所、敦煌研究院	2000~2004
37	中国北方沙漠化过程及其防治研究	国家重点基础研究发展规划	中科院寒旱所、敦煌研究院	2000~2005
38	利用超声波确定敦煌莫高窟洞壁力学特性	国家重点工程资助项目	中国科学院武汉岩土力学研究所	2000
39	风送沙尘的形成、输送机制及其对气候与环境影响（ADEC）的研究	日本农业环境研究所	敦煌研究院、日本农业环境研究所	2001~2003
40	敦煌石窟的保护与利用	国家文物局	敦煌研究院	2002~2005
41	敦煌莫高窟游客承载量研究	国家文物局	敦煌研究院、美国盖蒂保护所、澳大利亚遗产委员会	2002~2005
42	敦煌莫高窟地震危险性研究——敦煌莫高窟地区断裂新活动特征及其对石窟的影响	国家自然科学基金	敦煌研究院	2002
43	PS加固土质石质文物"机理"研究	甘肃省文物局	敦煌研究院	2002~2003
44	石窟文物抗震防护技术对策研究	科技部（社会公益研究专项）	中国地震局地震预测研究所兰州创新基地、兰州地震研究所、中国地震局黄土地震工程开放实验室、敦煌研究院、兰州交通大学、重庆交通大学土木建筑学院	2002~2006
45	国家文化遗产保护中长期科学和技术发展规划的研究	国家文物局	敦煌研究院、中国社会科学院环境与发展研究中心、复旦大学文化遗产研究中心、北京大学文博学院、中国建筑设计研究院建筑历史研究所	2003~2003
46	敦煌莫高窟水资源利用对策研究	中国敦煌石窟保护研究基金会	敦煌研究院、兰州大学资源环境学院	2003~2006
47	敦煌文物资源对当地经济发展的贡献	国家文物局	敦煌研究院、兰州大学经济学院	2004~2005

		石窟寺、石质文物		
序号	课题名称	课题来源	主要承担单位	周期（年）
48	河西地区石窟病害综合防治对策调研	国家文物局	敦煌研究院	2005
49	敦煌研究院—日本大阪大学保护敦煌莫高窟合作项目(第二期)	甘肃省文物局	敦煌研究院、日本大阪大学	2006~2008
50	敦煌莫高窟南区崖体加固工程地质勘察	国家文物局	兰州大学	2006~2007
51	敦煌莫高窟南区崖体加固工程设计	国家文物局	兰州大学	2006~2009
52	世界文化遗产地敦煌莫高窟游客管理的探索和实践	国家文物局	敦煌研究院	2008~2010
53	莫高窟无线环境监测系统		敦煌研究院、浙江大学	2008~2009
54	敦煌莫高窟窟区空气微生物生态学研究	古代壁画保护国家文物局重点科研基地	兰州大学文物保护中心	2008~2010
55	复合床面蚀积量变化与风沙流结构互馈机制研究	国家自然科学基金	中科院寒旱所、敦煌研究院	2008~2009
56	"库木塔格沙漠综合考察"中"库木塔格沙漠及其周边地区防沙治沙模式考察"	国家科技基础性工作专项	中科院寒旱所、敦煌研究院	2008~2009
57	文化遗产保护领域科技发展总体战略研究	国家文物局	敦煌研究院	2009~2010
58	不可移动文物保护领域的科技问题研究	国家文物局	敦煌研究院	2009~2010
59	世界文化遗产保护的科技问题研究	国家文物局	敦煌研究院	2009~2010
60	敦煌研究院—日本财团法人国际高等研究所、大阪大学保护敦煌莫高窟合作研究（第三期）	甘肃省文物局	敦煌研究院、日本财团法人国际高等研究所、日本大阪大学	2009~2010
61	莫高窟栈道混凝土耐久性研究	古代壁画保护国家文物局重点科研基地	兰州大学文物保护中心	2009~2010
62	不同床面蚀积量的变化过程与风沙流结构的互馈机制	古代壁画保护国家文物局重点科研基地	中科院寒旱所	2009~2010
63	物联网在敦煌莫高窟保护和开放利用中的应用研究与示范	国家文物局	敦煌研究院	2010~2011

第六章 文物保护科学技术

		壁画、彩塑		
序号	课题名称	课题来源	主要承担单位	周期（年）
1	敦煌壁画颜色变色、褪色研究	文化部社会文化事业管理局	北京师范大学	1960~1961
2	敦煌莫高窟起甲壁画修复技术	文化部国家文物事业管理局	文物博物馆研究所、敦煌文物研究所	1962~1963
3	嘉峪关魏晋壁画墓五号墓搬迁与半地下复原研究	文化部国家文物事业管理局	甘肃省博物馆	1973
4	莫高窟第 220 窟甬道重层壁画的揭取技术		敦煌文物研究所	1975
5	敦煌莫高窟壁画、泥塑用彩色颜料的剖析研究	甘肃省科委	化工部工业涂料研究所、敦煌文物研究所	1979~1981
6	中国古代颜料史	甘肃省科委	化工部工业涂料研究所、敦煌文物研究所	1979~1981
7	敦煌莫高窟壁画修复粘结剂的研究	甘肃省科委	化工部工业涂料研究所、敦煌文物研究所	1979~1981
8	莫高窟环境质量评价及文物保护措施的研究	甘肃省文化厅、甘肃省科委	敦煌研究院、兰州化学工业公司化工研究院	1986~1990
9	潮湿环境下壁画画面加固保护与霉菌防治研究	国家文物局	甘肃省博物馆、化学工业部涂料工业研究所、兰州大学生物系	1987~1996
10	敦煌石窟文物中紫外线的监测和防护	甘肃省科委	敦煌研究院	1987~1989
11	敦煌研究院—日本东京国立文化财研究所文物保护合作项目（前期）	甘肃省文化厅	敦煌研究院、日本东京国立文化财研究所	1988~1990
12	敦煌研究院—日本东京艺术大学文物保护合作项目	甘肃省文化厅	敦煌研究院、日本东京艺术大学	1987~1990
13	敦煌莫高窟大气环境质量及壁画保护	文化部	敦煌研究院、兰州化学工业公司化工研究院	1988~1990
14	敦煌壁画中各种病害与环境诸因素的关系	甘肃省自然科学基金	敦煌研究院	1988~1991
15	敦煌壁画颜料的变色研究	日本东京艺术大学	敦煌研究院	1988~1990
16	敦煌壁画中胶结材料的老化对颜料变色的影响	甘肃省科委	敦煌研究院	1989~1991

壁画、彩塑				
序号	课题名称	课题来源	主要承担单位	周期（年）
17	中国古代青金石颜料的来源及其生产技术研究	文化部	敦煌研究院、复旦大学分析测试中心	1989~1993
18	中日合作研究保护敦煌莫高窟第194窟、53窟（第一期）	甘肃省文化厅	敦煌研究院、日本东京国立文化财研究所	1990~1995
19	敦煌壁画修复、加固材料的筛选研究	甘肃省科委	敦煌研究院	1990~1991
20	敦煌壁画保护研究	国家科委	敦煌研究院、	1990~1992
21	敦煌壁画风化、酥碱、起甲病害的修复材料和工艺研究	国家文物局	敦煌研究院	1990~1993
22	敦煌壁画颜料褪色、变色原因的探讨及防治	国家文物局	敦煌研究院、兰州大学分析测试中心	1990~1993
23	敦煌壁画起甲病害机理和保护材料的研究	甘肃省科委	敦煌研究院	1991~1994
24	影响壁画保护的环境因素及环境质量标准	国家文物局	敦煌研究院、甘肃省博物馆、兰州大学生物系、甘肃省科学院生物所	1994~1998
25	敦煌壁画色变中微生物因素的影响	国家自然科学基金	兰州大学生物系、敦煌研究院	1995~1996
26	中日合作研究保护敦煌莫高窟第194窟、53窟（第二期）	甘肃省文物局	敦煌研究院、日本东京国立文化财研究所	1996~1999
27	中国古代壁画和彩塑及其保护的研究	国家计委、国家文物局	中国文物研究所、四川省文物考古研究所、故宫博物院、敦煌研究院	1996~2003
28	中国古代寺观壁画和彩塑及其保护的研究	国家计委、国家文物局	故宫博物院、敦煌研究院	1996~2003
29	中国古代墓室壁画保护研究	国家计委、国家文物局	四川省文物考古研究所、敦煌研究院	1996~20031
30	中国古代石窟寺壁画和彩塑及其保护的研究	国家计委、国家文物局	敦煌研究院、甘肃省博物馆、	1996~2003
31	潮湿环境下壁画地仗加固保护材料与技术研究	国家文物局	甘肃省博物馆	19961~1999
32	莫高窟壁画保护研究（第85窟壁画保护研究）	国家文物局	敦煌研究院、美国盖蒂保护所、中国文物研究所	1997~2004

第六章　文物保护科学技术

壁画、彩塑				
序号	课题名称	课题来源	主要承担单位	周期（年）
33	《中国传统工艺全集》子项目：《文物修复和辨伪》	中国科学院、国家新闻出版总署	中国科学院	1997~2006
34	古代彩塑的修复研究	甘肃省文物局	甘肃省博物馆、日本奈良国立文化财研究所、敦煌研究院	1999~2000
35	修复加固材料对壁画颜料的影响	国家文物局	敦煌研究院	1999~2001
36	高速液相色谱仪在壁画颜料、粘合剂分析中的应用研究	国家文物局	敦煌研究院、西北师范大学化学系	1999~2001
37	中日合作研究保护敦煌莫高窟第194窟、53窟（第三期）	甘肃省文物局	敦煌研究院、日本东京国立文化财研究所	1999~2002
38	敦煌莫高窟壁画酥碱病害机理研究	国家自然科学基金、上海市自然科学基金	敦煌研究院、复旦大学分析测试中心	1999~2000
39	采用地质雷达探测莫高窟壁画厚度的试验研究	国家重点工程资助项目	中国科学院武汉岩土力学研究所、长江科学院	2000
40	西藏萨迦寺、布达拉宫和罗布林卡壁画修复研究	国家文物局	敦煌研究院	2001~2002
41	中日合作研究保护敦煌莫高窟第194窟、53窟（第四期）	甘肃省文物局	敦煌研究院、日本东京国立文化财研究所	2002~2005
42	河西地区馆藏画像砖保护修复研究	甘肃省文物局、国家文物局	敦煌研究院	2004~2008
43	浙江省博物馆藏白象塔北宋彩塑材料、工艺和病害研究及修复加固	浙江省博物馆	敦煌研究院、浙江省博物馆	2004~2005
44	古代壁画保护规范研究	国家文物局	敦煌研究院	2005~2007
45	文物修复资格认证标准	国家文物局	中国文物学会文物修复委员会、中国文物信息咨询中心	2005~2006
46	古代壁画保护国家文物局重点科研基地申报	甘肃省文物局	敦煌研究院	2005
47	敦煌石窟壁画病害分类及现状调查方法研究	甘肃省文物局	敦煌研究院	2006~2007
48	敦煌石窟元代壁画制作材料及工艺分析研究	甘肃省文物局	敦煌研究院	2006~2007

壁画、彩塑			
序号	课题名称	课题来源	主要承担单位	周期（年）
---	---	---	---	---
49	中日合作研究保护敦煌莫高窟（第五期）	甘肃省文物局	敦煌研究院、日本名古屋大学	2006~2011
50	古代壁画现状调查记录规范	国家文物局	敦煌研究院	2006~2008
51	古代壁画病害分类标识规范	国家文物局	敦煌研究院	2006~2008
52	古代壁画脱盐关键技术研究（国家科技支撑计划）	国家科技部	敦煌研究院、兰州大学化学化工学院、中科院兰州化物所、西安文物保护修复中心	2006~2009
53	多光谱无损分析技术在敦煌壁画中的应用研究	国家文物局	古代壁画保护国家文物局重点科研基地（敦煌研究院）	2006~2010
54	山西省介休市后土庙彩塑病害修复材料的筛选研究	古代壁画保护国家文物局重点科研基地	兰州大学土木工程与力学学院文物保护中心、敦煌研究院	2007~2009
55	莫高窟起甲壁画病害机理初步研究	古代壁画保护国家文物局重点科研基地	北京科技大学、敦煌研究院	2007~2009
56	壁画地仗吸湿潮解过程研究	古代壁画保护国家文物局重点科研基地	兰州大学文物保护中心	2007~2009
57	昆虫对壁画的损坏机理与防治研究	国家文物局	古代壁画保护国家文物局重点科研基地（敦煌研究院）	2008~2010
58	敦煌壁画损害的微生物学机制及防护研究	中国博士后科学基金	敦煌研究院	2008~2010
59	古代壁画脱盐技术规范	国家文物局	敦煌研究院	2008~2009
60	古代壁画地仗可溶盐分析取样与测定	国家文物局	敦煌研究院	2008~2009
61	正硅酸乙酯为主剂的潮湿环境下壁画修复材料的研究	国家文物局	古代壁画保护国家文物局重点科研基地（敦煌研究院）、兰州知本化工科技有限公司	2008~2010
62	四川大足石刻千手千眼观音保护子课题：修复材料的筛选以及现场修复工艺试验研究	国家文物局（重点文物保护工程项目）	中国文化遗产研究院、敦煌研究院	2008~2010
63	龙门石窟彩绘颜料的调查研究	古代壁画保护国家文物局重点科研基地	龙门石窟研究院	2008~2010

壁画、彩塑			
序号	课题名称	课题来源	主要承担单位	周期（年）
64	云冈石窟彩塑壁画颜料分析研究	古代壁画保护国家文物局重点科研基地	云冈石窟研究院	2008~2010
65	壁画地仗热力性质研究	古代壁画保护国家文物局重点科研基地	兰州大学文物保护中心	2008~2010
66	适用于空鼓壁画的探地雷达数据处理算法研究	古代壁画保护国家文物局重点科研基地	兰州大学文物保护中心	2008~2010
67	莫高窟水–盐运移的环境动力过程及对壁画影响研究	国家自然科学基金	敦煌研究院	
68	瓜州榆林窟第3窟壁画保护研究	中国敦煌石窟保护研究基金会	敦煌研究院	2009~2011
69	莫高窟第3窟壁画病害特征及机理研究	古代壁画保护国家文物局重点科研基地	兰州大学文物保护中心	2009~2010
70	便携式光纤拉曼光谱对敦煌壁画颜料的无损数据采集	古代壁画保护国家文物局重点科研基地	吉林大学	2009~2010
71	霉菌对敦煌壁画的损害防治研究	古代壁画保护国家文物局重点科研基地	兰州大学	2009~2010
72	甘肃省博物馆馆藏嘉峪关新城魏晋墓壁画的环境影响分析及病害修复研究	古代壁画保护国家文物局重点科研基地	甘肃省博物馆	2009~2010
73	（嘉峪关）魏晋墓砖壁画保护研究和（永登）鲁土司衙门妙音寺壁画保护研究	甘肃省发改委（世界银行贷款项目）	敦煌研究院	2010~2011
74	莫高窟第3窟壁画保护研究	中国敦煌石窟保护研究基金会	敦煌研究院	2010~2012

古遗址、古建筑				
序号	课题名称	课题来源	承担单位	周期（年）
1	用 PS 渗透加固土建筑遗址的研究	国家文物局	敦煌研究院、兰州大学地质系、甘肃省建筑科研所、新疆自治区博物馆	1992~1997
2	中国古代土遗址保护研究	陕西省文物局	秦始皇兵马俑博物馆、西安半坡博物馆、敦煌研究院	1993~1999
3	古塔及塔式建筑物可控精确纠偏加固技术		铁科院西北分院	1998~2002
4	潮湿环境下古代土建筑遗址保护加固研究	国家文物局	敦煌研究院、浙江大学	2000~2003
5	宁夏银川西夏陵现状调查研究	宁夏回族自治区文物局	敦煌研究院、兰州大学地质系	2001~2003
6	甘肃境内部分战国秦长城及汉长城的保护调查	甘肃省文物局	敦煌研究院、兰州大学资源环境学院	2003~2004
7	秦长城工程地质现状与保护	甘肃省文物局	敦煌研究院、兰州大学资源环境学院	2003~2004
8	汉长城工程地质现状与保护	甘肃省文物局	敦煌研究院、兰州大学资源环境学院	2004~2004
9	永纪古城文物保护研究	甘肃省文物局	兰州大学资源环境学院	2004~2004
10	明清长城工程地质现状与保护	甘肃省文物局	敦煌研究院、兰州大学资源环境学院	2004~2005
11	甘肃长城加固保护综合实验研究	国家文物局	敦煌研究院、兰州大学资源环境学院	2004~2007
12	交河故城古遗址保护综合研究	国家文物局	敦煌研究院、兰州大学资源环境学院	2005~2009
13	新疆吐鲁番交河故城、高昌故城抢险加固勘察设计研究	国家文物局	敦煌研究院、兰州大学	2005~2006
14	交河故城抢险加固工程勘察与设计	国家文物局	敦煌研究院、兰州大学	2005~2008
15	陇东地区古城址现状调查与保护	甘肃省文物局	庆阳市博物馆	2005~2007
16	甘肃古民居建筑保护研究	甘肃省文物局	甘肃省文保维修所	2005~2007
17	北庭故城遗址抢险加固工程研究	国家文物局	敦煌研究院、兰州大学土木工程与力学学院、	2006~2007
18	土遗址保护关键技术研究（国家科技支撑计划）重点项目	国家科技部	敦煌研究院、兰州大学文保中心、资环学院，西北大学文化遗产保护科学系、清华大学、中科院地质与地球物理研究所、北京大学文博学院、浙江大学化学系、中科院上海硅酸盐研究所	2006~2009

古遗址、古建筑				
序号	课题名称	课题来源	承担单位	周期（年）
19	出土文物现场保护移动实验室研发（"十一五"国家科技支撑计划）	国家科技部	敦煌研究院、国家博物馆、中国社会科学院考古研究所、清华大学	2006~2009
20	甘肃河西地区典型土遗址地震破坏机理与抗震安全性研究	甘肃省科技厅（"十一五"科技支撑计划）	敦煌研究院、甘肃省地震局	2007~2009
21	交河故城崖体加固过程中崖体变形规律与稳定性分析	古代壁画保护国家文物局重点科研基地	兰州大学文物保护中心	2007~2009
22	岩土锚固新技术在西北地区土遗址保护加固中的应用研究	中国中铁股份有限公司	中国中铁股份有限公司——中铁西北科学研究院有限公司	2007~2010
23	西北地区土遗址裂隙灌浆材料 PS-(C+F) 与遗址土体性能耦合初步研究	古代壁画保护国家文物局重点科研基地	兰州大学文物保护中心	2008~2010
24	PS 材料纳米化研制与开发	古代壁画保护国家文物局重点科研基地	杭州师范大学	2008~2010
25	《南京大报恩寺遗址地宫及出土文物保护技术研究》（南京博物院主持）子课题："南京报恩寺地宫、塔基保护技术研究"	科技部（国家科技支撑计划项目）	敦煌研究院、兰州大学文物保护中心	2009~2010
26	非饱和土理论对 PS 加固不同含水率遗址土的适应性（机理）研究	古代壁画保护国家文物局重点科研基地	中国科学院地质与地球物理研究所	2009~2011
27	西北地区古遗址工程地质环境区划研究	古代壁画保护国家文物局重点科研基地	天津城市建设学院	2009~2011
28	遗址土加固前后耐风蚀颗粒元模拟研究	古代壁画保护国家文物局重点科研基地	中科院地质与地球物理所	2009~2011
29	植物保护潮湿环境土遗址初步研究	古代壁画保护国家文物局重点科研基地	西北大学	2009~2011
30	楠竹加筋复合锚杆制作与测试标准化研究）	古代壁画保护国家文物局重点科研基地	兰州大学文物保护中心	2009~2011

甘肃省志 文物志

古遗址、古建筑				
序号	课题名称	课题来源	承担单位	周期（年）
31	不同床面蚀积量的变化过程与风沙流结构的互馈机制	古代壁画保护国家文物局重点科研基地	中科院寒旱所	2009~2011
32	文物移动实验室在考古发掘现场应用研究	科技部（国家科技支撑计划项目）	敦煌研究院、浙江大学、陕西省考古研究院、中国文化遗产研究院、西安元智系统技术有限责任公司	2010~2012
33	"中华文明探源及其相关文物保护技术研究"子项目"潮湿环境下考古现场史前土遗址保护关键技术研究"	科技部（国家科技支撑计划项目）	敦煌研究院、中国科学院地质与地球物理研究所、兰州大学文物保护中心、浙江大学、西北大学、北京大学、中国科学院上海硅酸盐研究所	2010~2012
34	文物出土现场保护移动实验室推广应用示范	国家文物局	敦煌研究院、浙江大学、陕西省考古研究院、中国文化遗产研究院、西安元智系统技术有限责任公司	2010~2013

可移动文物				
序号	课题名称	课题来源	主要承担单位	周期（年）
1	彩陶的保护研究	国家文物局	青海省考古研究所、敦煌研究院	1997~1999
2	中国北方干燥地区出土糟朽漆器保护研究	国家文物局	甘肃省博物馆	1998~2002
3	中国北方干燥地区丝织类文物的保护研究	国家文物局	甘肃省博物馆	1998~2002
4	甘肃博物馆藏品保存环境标准	财政部、国家文物局、甘肃省政府	甘肃省博物馆	
5	平凉市博物馆馆藏文物保存环境标准化（国家文物局文物保护科技专项	财政部、国家文物局	甘肃省博物馆、平凉市博物馆	2004~2005
6	甘肃省馆藏文物腐蚀损失调查（由中国文物研究所承担《全国馆藏文物腐蚀损失调查》子项目）	财政部、国家文物局	甘肃省博物馆	2004~2005
7	甘肃出土糟朽木器腐蚀机理分析与研究	甘肃省文物局	甘肃省博物馆	2005~2007

文物数字化及信息技术				
序号	课题名称	课题来源	主要承担单位	周期（年）
1	敦煌壁画的计算机存贮与管理系统的研究	甘肃省科委	敦煌研究院、中科院兰州冰川所、中国科学院长春精密光学机械研究所	1993~1995
2	濒危珍贵文物信息的计算机存贮与再现系统	国家科委	敦煌研究院、中科院兰州冰川所、南京大学城市与资源学系GIS与遥感研究所、中科院长春光机所、中科院计算技术研究所	1996~2000
3	曙光天演Power工作站在文物保护中的应用	国家科委（863项目）	敦煌研究院、中科院兰州冰川所、南京大学城市与资源学系GIS与遥感研究所、中科院长春光机所、中科院计算技术研究所	1996~1999
4	敦煌壁画计算机存贮与管理信息系统中的图像处理（国家测绘局测绘科技发展基金）	国家测绘局	中国科学院兰州冰川冻土研究所、中国科学院长春	1996~1997
5	莫高窟第220窟近景立体摄影图像再现及数据库的研究	国家重点科技攻关项目	中科院计算技术所、敦煌研究院，《国土资源管理及相关信息管理系统研究》的子专题	1996~1998
6	敦煌莫高窟壁画修复档案管理系统	日本	日本国际航业（航空摄影）株式会社	1997~2003
7	多媒体与智能技术集成及艺术复原	国家自然科学基金委	浙江大学人工智能研究所、敦煌研究院	1997~2002
8	佛教寺院财富和世俗的供养	甘肃省文物局	敦煌研究院、美国西北大学	1998~2000
9	敦煌壁画计算机存贮与再现关键技术攻关项目	国家文物局	敦煌研究院、美国西北大学	1999~2001
10	梅隆国际敦煌档案	美国梅隆基金会	美国梅隆基金会、敦煌研究院	1999~2001
11	敦煌学数据库的研究与建设（教育部中国高等教育文献保障系统（CALIS）（A级项目））	教育部	兰州大学信息科学与工程学院、兰州大学图书馆	1999~2002

文物数字化及信息技术				
序号	课题名称	课题来源	主要承担单位	周期（年）
12	全数字摄影测量在敦煌莫高窟文物保护中的应用研究	国家文物局	敦煌研究院、甘肃省基础地理信息中心	2001~2003
13	文物调查及数据库管理系统建设（项目试点省）	国家文物局、财政部	甘肃省文物局、甘肃省财政厅	2002~2005
14	古代珍贵壁画数字化保护与临摹技术研究	科技部（国家863项目）	浙江大学计算机学院、敦煌研究院	2003~2005
15	文物保护关键技术研究（第四子课题：古文化遗存的数字化工程示范研究）	国家科技部"十五"科技攻关计划	浙江大学计算机学院、敦煌研究院、中科院计算技术所	2004~2006
16	遗址文物数字化关键技术研究工程示范研究及其应用	浙江省科技厅（重点科技攻关项目）	浙江大学计算机学院、良渚文化博物馆、敦煌研究院、中科院计算技术所	2004~2006
17	敦煌洞窟三维数字化及沉浸式展示技术	国家发展改革委员会	中科院计算技术所	2004
18	《敦煌莫高窟保护利用设施》数字展示技术	国家发展改革委员会		2004~2005
19	研究用数字近景摄影测量和计算机图像处理技术来恢复敦煌壁画三维信息	国家自然科学基金	南京大学地理与海洋科学学院	2005~2007
20	文物数字化获取与虚拟展示系统（国家"十五"项目、211项目）	科技部	浙江大学网络与媒体实验室、敦煌研究院	2005~2006
21	文物数字化获取与虚拟展示系统（国家"十五"项目、211项目）		浙江大学网络与媒体实验室、敦煌研究院	2005~2006
22	运用三维激光扫描技术测绘莫高窟洞窟		北京戴世达数码技术有限公司、敦煌研究院	2005~2008
23	国际敦煌项目（IDP）敦煌研究院项目		英国、敦煌研究院	2006~2010
24	敦煌学数字化问题研究	国家社会科学基金项目（西部项目）	兰州大学图书馆	2006~2008

文物数字化及信息技术				
序号	课题名称	课题来源	主要承担单位	周期（年）
25	敦煌莫高窟数字化工程		武汉大学测绘遥感信息工程国家重点实验室	2007~2010
26	智能建筑信息集成系统研发与应用	国家文物局	兰州交通大学、甘肃省博物馆	2007~2008
27	莫高窟第254窟图像研究与数字动画展示	国家文物局	敦煌研究院	2008~2010
28	麦积山石窟数字化技术应用研究	国家文物局	麦积山石窟艺术研究所	2008~2009
29	古代壁画的数字化表达与表现技术研究	古代壁画保护国家文物局重点科研基地	浙江大学人工智能研究所	2008~2010
30	结合多尺度分解的敦煌壁画图像修复研究	国家自然科学基金项目	西北民族大学电气工程学院	2008~2009
31	敦煌壁画数字 inpainting 技术与软件（甘肃省科技攻关项目	甘肃省科技厅	西北民族大学电气工程学院	2008~2009
32	敦煌壁画数字图像智能拼接系统	国家文物局	敦煌研究院、西北工业大学电子信息学院	2009~2011
33	敦煌壁画数字不显示技术（教育部"春晖计划"项目）	教育部	西北民族大学电气工程学院	2009~2010
34	基于三维和沉浸式展示文物数字展示关键技术研究	科技部（国家科技支撑计划项目）	浙江大学、敦煌研究院、武汉大学	2010~2012
35	敦煌壁画色变图像的化妆与换装		西北民族大学电气工程学院	2010~2012

附表二　甘肃省文物保护科技成果获奖情况一览表

序号	成果名称	起止年限	主要完成人	获奖单位	获奖名目、时间、等级
1	敦煌莫高窟壁画保护	1962~1978		敦煌文物研究所	1978 年全国科学大会奖
2	敦煌文物保护研究（四项课题）	1979~1980	化工部涂料工业研究所	徐位业	1981 年度化工部科技成果三等奖
3	麦积山石窟加固技术的试验研究（西崖部分）	1976~1980	甘肃省建筑工程局建筑科学研究所	易武志	1981 年甘肃省科技成果二等奖
4	麦积山五工段喷、锚、粘、托综合加固技术和应用研究	1981~1984	甘肃省建筑工程局建筑科学研究所	易武志	1985 年国家科技进步三等奖
5	敦煌莫高窟起甲壁画修复技术	1962~1963	敦煌文物研究所	胡继高	文化部 1985-1986 年度科技成果一等奖（1987-02）
6	莫高窟第 220 窟甬道重层壁画的揭取迁移技术	1975	敦煌文物研究所	李云鹤	文化部 1985-1986 年度科技成果四等奖
7	应用 PS-C 加固风化砂岩石雕的研究	1978~1987	敦煌研究院	李最雄	文化部 1988 年度科技进步二等奖（1988-11）
8	莫高窟环境质量评价及文物保护措施的研究	1988~1990	敦煌研究院	孙儒僩	1989 年度甘肃省环境科学技术进步三等奖
9	敦煌莫高窟环境及壁画保护研究	1988~1990	敦煌研究院	孙儒僩	国家文物局 1991 年度文物科学技术进步三等奖（1992-04）
10	应用 PS-C 加固风化砂岩石雕的研究	1985~1987	敦煌研究院	李最雄	1995 年国家科技进步二等奖（1995-12）
11	砂砾岩石窟岩体裂隙灌浆研究	1991~1994	敦煌研究院	李最雄	1995 年度国家文物局文物科学技术进步二等奖（1995-12）
12	敦煌莫高窟崖体及附加构筑物抗震稳定性研究	1991~1995	敦煌研究院	张明泉	国家文物局 1996 年度科学技术进步四等奖
13	敦煌莫高窟地震防灾文物保护基础研究	1993~1994	敦煌研究院	李最雄	国家文物局 1996 年度文物科学技术进步四等奖
14	潮湿环境下壁画画面加固保护与霉菌防治研究	1987~1996	甘肃省博物馆	初世宾	甘肃省文物局 1996 年度文物科学技术进步一等奖

第六章　文物保护科学技术

序号	成果名称	起止年限	主要完成人	获奖单位	获奖名目、时间、等级
15	潮湿环境下壁画画面加固保护与霉菌防治研究	1987~1996	甘肃省博物馆	初世宾	1996年度国家文物局文物科学技术进步二等奖
16	嘉峪关魏晋壁画墓五号墓的搬迁与半地下复原研究	1973	甘肃省博物馆	薛俊彦	甘肃省文物局1996年度文物保护科学技术进步二等奖
17	嘉峪关魏晋壁画墓五号墓的搬迁与半地下复原研究	1973	甘肃省博物馆	薛俊彦	1996年度国家文物局文物科学技术进步三等奖
18	砂砾岩石窟崖体裂隙灌浆研究	1992~1994	敦煌研究院	李最雄	1997年国家发明四等奖
19	古代土建筑遗址的加固研究	1992~1997	敦煌研究院	李最雄	国家文物局1999年度文物科学技术进步二等奖
20	敦煌文物保护研究	1950~2000	敦煌研究院		甘肃省人民政府、国家文物局"敦煌文物保护研究特殊贡献奖"
21	敦煌文物保护研究	1989~2000	美国盖蒂保护研究所		甘肃省人民政府、国家文物局"敦煌文物保护研究特殊贡献奖"
22	敦煌文物保护研究	1988~2000	日本东京国立文化财研究所		甘肃省人民政府、国家文物局"敦煌文物保护研究特殊贡献奖"
23	敦煌莫高窟保护研究	1989~2000	内维尔·阿格纽（美国盖蒂保护研究所）		甘肃省2000年外国专家敦煌奖
24	石窟文物保护中的地震安全评估及防灾对策研究	1997~2000	中国地震局兰州地震研究所	石玉成	2002年中国地震局防震减灾优秀成果奖三等奖
25	敦煌莫高窟第85窟保护修复研究	1997~2004	敦煌研究院	李最雄	2004年度国家文物局文物保护科学和技术创新奖二等奖
26	潮湿环境下壁画地仗加固保护材料与技术研究	1999~2000	甘肃省博物馆	马清林	2004年度国家文物局文物保护科学和技术创新奖二等奖
27	古塔及塔式建筑物可控精确纠偏加固技术	1998~2002	中铁西北科学研究院	王桢	2004年度甘肃省科技进步一等奖

甘肃省志 文物志

序号	成果名称	起止年限	主要完成人	获奖单位	获奖名目、时间、等级
28	敦煌莫高窟北区危岩体加固治理工程施工图设计、施工图预算	–	铁道部科学研究院西北分院	王逢睿	2004年度甘肃省地质灾害防治成果二等奖
29	敦煌莫高窟壁画保护研究	1995~2004	青木繁夫（日本独立行政法人文化财研究所东京文化财研究所）		甘肃省外国专家敦煌奖
30	敦煌莫高窟保护研究	1988~2005	内维尔·阿格纽（美国盖蒂保护研究所）		中华人民共和国国际科学技术合作奖
31	风沙运动机理及防沙治沙工程原理研究	2000~2005	中科院寒旱所	王涛	2005年度甘肃省科技进步二等奖
32	中国北方沙漠化过程及其防治研究	2000~2005	中科院寒旱所	王涛	2006年度甘肃省科技进步一等奖
33	中国北方沙漠化过程及其防治研究	2000~2005	中科院寒旱所	王涛	2007年度国家科技进步二等奖
34	基于博物馆类的智能建筑信息集成系统研发与应用	2007~2008	兰州交通大学	徐岩	2008年度兰州市科学技术奖三等奖
35	文物出土现场保护移动实验室研发	–	敦煌研究院、	苏伯民	2009年度（国家文物局）文物保护科学和技术创新奖一等奖
36	古代壁画脱盐关键技术研究	–	敦煌研究院、	陈港泉	2009年度国家文物局文物保护科学和技术创新奖二等奖
37	智能建筑信息集成系统研发与应用	2007~2008	兰州交通大学	徐岩	2009年度甘肃省科学技术三等奖
38	土遗址保护关键技术研究	2006~2009	敦煌研究院	王旭东	2010年度甘肃省科学技术进步二等奖
39	岩土锚固新技术在西北地区土遗址保护加固中的应用研究	2007~2010	中国中铁股份有限公司	王逢睿	2010年中国铁路工程总公司科学技术奖三等奖

第七章 学术研究

GAN SU SHENG ZHI WEN WU ZHI

　　甘肃文物资源博大精深，是开展历史文化研究的学术富矿。经过长期发展，已经形成了以敦煌学、简牍学等国际显学为主导，以史前文化、彩陶文化、早期秦文化、丝绸之路文化、长城文化、黄河文化、伏羲文化、石窟文化、革命历史文化、民族民俗文化为特色的文物学术研究体系。其中传承较久、底蕴较深、成果较多、国内外影响力较强的当属敦煌学、简牍学和史前考古研究。

　　清光绪二十六年（1900年）5月，敦煌莫高窟藏经洞（即莫高窟第17窟）重现天日。藏经洞中发现的写卷文书很快引起外国探险家和学者们的关注，诸如英国的斯坦因、法国的伯希和、日本的橘瑞超、俄罗斯的鄂登堡、美国的华尔纳等人，通过各种手段将敦煌遗书带至英、法、日、俄、美等国并保存至今。以英

法日等国学者对敦煌藏经洞文物与敦煌石窟壁画塑像等艺术的研究为发轫，中国学者亦迎头赶上，逐步在全世界兴起一股研究热潮。"敦煌学"一词最早由陈寅恪先生在陈垣著《敦煌劫余录》序中提出："敦煌学者，今日世界学术之新潮流也。自发见以来，二十余年间，东起日本，西迄法英，诸国学人，各就其治学范围，先后咸有所贡献。"经过百余年发展，敦煌学研究范围逐步扩展，包含敦煌遗书、敦煌石窟艺术、敦煌建筑、敦煌史地、敦煌文学以至敦煌学学术史等诸多方面，国际显学之称实至名归。

　　20世纪初以降的百余年间，在甘肃省境内的敦煌、酒泉、武威、天水等地，陆续自古遗址、古墓葬中发掘出土大量简牍文献，总数达62000余枚；内容涵盖战国、秦、两汉、魏晋等时代，其中以

两汉简牍数量最多，居全国之首。这些简牍数量多、保存好、资料新、内容广，且具有很强的真实性和完整性，是重要的文化遗产和新史料，在中国考古学史上占有重要地位。随着简牍资料的陆续发表，引起国内外学者重视。根据甘肃省文物考古研究所和甘肃简牍保护研究中心合编《甘肃简牍百年论著目录》约略统计，国内外与甘肃简牍有关的各种专著达到200余部，论文2400余篇。极大地拓展了甘肃简牍研究的广度和深度，奠定了简牍学作为国际显学的学术地位。

甘肃和中国许多地区一样，在远古时期就有人类生存。甘肃是国内较早开展旧石器时代考古工作的地区之一，近百年来陆续发现的旧石器时代遗址及研究成果，无可争辩地证明了甘肃旧石器时代文化的悠久和源远流长。

第一节　史前考古研究

一、旧石器时代考古

1920 年 6 月，法国天主教神甫、古生物学家桑志华（Emile Licent）在甘肃庆阳县城北约 25 千米处辛家沟（今属华池县）含沙质的黄土层中，发现一件多面体石核，石英岩质，有明显的人为加工痕迹。两个月后，他又在庆阳城北约 35 千米处赵家岔（今属华池县）的黄土底部砾石中，发现了两件有人工痕迹的石英岩片。虽然石器的数量很少，但却是在中国境内首次发现有明确地层关系的旧石器，这也是中国发现的第一批旧石器。自此，开启了中国旧石器时代考古研究。经研究，上述发现的旧石器，属于旧石器时代中期。

中华人民共和国成立之后，直到 20 世纪 60 年代，甘肃旧石器时代考古因人才缺乏一度停滞沉寂的局面出现了重大改变。六七十年代，中国科学院地质研究所、西北大学地质系、中国科学院古脊椎动物与古人类研究所、甘肃省博物馆、北石窟寺保护所，相继发现庆阳巨家塬、环县楼房子刘家岔、黑土梁、镇原姜家湾、寺沟口、泾川南峪沟、桃山嘴、牛角沟、合子沟等旧石器地点。1978 年，甘肃省博物馆在环县刘家岔发掘出土了大量脊椎动物化石与石器，标本达 1000 余件，这是甘肃省历年来发现的含文化遗物极为丰富的地点，经对地层与出土物的研究，确认姜家湾和寺沟口遗址为旧石器时代中期遗址，其他均为旧石器时代晚期遗址，刘家岔属于旧石器时代晚期偏早阶段。1976 年，平凉市博物馆在泾川发现了大岭上遗址，在上下两个地点采集石器 29 件。发现者认为"这是甘肃境内首次发现的旧石器时代早期遗址"，说明甘肃最迟在 10 万年前就有人类繁衍生息。同时还发现泾川县牛角沟地点，采集的石器有尖状器、砍砸器、刮削器、石球等，更重要的是出土了一件破裂的晚期智人化石头盖骨，可能是 20 岁上下的青年女性，属地质时代晚更新世，被命名为"平凉人"。这是甘肃首次发现的人骨化石。这一系列的发现包括旧石器时代的早中晚期，不仅有成批的石器、动物化石，而且还有人骨化石，基本建立了甘肃旧石器时代考古学文化的框架与序列。

20 世纪 80 年代以后，旧石器时代的考古工作从陇东地区，扩展到甘肃中西部。考古工作者就第二次全国文物普查提供的线索，不畏艰辛，努力寻找新的发现。1986年，先后在六盘山以西的庄浪县发现双堡子和长尾沟门遗址、甘肃中部东乡族自治县发现王家遗址。均属旧石器时代晚期遗存。尤其是1989年在甘肃西北端的肃北蒙古族自治县马鬃山区明水乡的霍勒扎德盖，也发现了一批打制石器，把甘肃旧石器文化遗存的分布范围扩大到了省境西北部，填补了河西走廊旧石器时代文化的空白。东乡王家的年代经兰州大学碳-14实验室测定为距今14490±150年，长尾沟门的年代为距今27100±600年。更为可喜的是，1984年前后，在武山县鸳鸯镇西南2千米的大沟中部的骨头沟，发现了甘肃境内第二批属于晚期智人阶段的人骨化石标本。"武山人"化石为一较完整的头盖骨，地质时代属晚更新世，包括基本完整的额骨、顶骨及一小部分颞骨，可能属于20岁左右的男性青年。经测定，其绝对年代大约为距今38400±150年。1988年，在庄浪长尾沟门，发现了1件人类头骨化石。2009年在庄浪徐家城遗址又发现了一件人类头骨化石。这些发现，改变了以往甘肃旧石器时代考古只见器物不见人的缺憾局面，丰富了甘肃旧石器时代的文化内涵，将旧石器时代考古研究推向了新的高度。

2009年7~8月，中国科学院古脊椎动物与古人类研究所与省文物考古研究所在庄浪徐家城遗址进行发掘，出土标本6000余件，其中石质品5500余件、动物化石近600件。这是甘肃旧石器时代考古收获最丰的一次科学发掘。该遗址的发掘，为深入研究甘肃东部的旧石器文化序列，为解决旧石器时代向新石器时代过渡及农业起源提供了新鲜资料。

据统计，20世纪20年代以来，甘肃境内发现的旧石器时代遗址和地点，仅正式发表的即有20余处，包括了早、中、晚三期，分布地域遍及甘肃的东部、中部和西部。发现人骨化石4处，为史前人类在甘肃的活动提供了有力的证据，也为人类体质变化的研究增添了可贵资料。

二、新石器时代考古

大约在距今1万年前后，人类社会开始进入新石器时代。甘肃新石器时代的考古学文化主要有大地湾文化、仰韶文化、马家窑文化和常山下层文化。从最早的大地湾文化到最晚的马家窑文化马厂类型，延续了四千年左右的时间。

（一）开拓创业阶段

甘肃是中国最早开展新石器时代考古工作的省区之一。中国现代考古学发端于1921年对河南渑池县仰韶村的发掘。1923~1924年，瑞典学者安特生为了找寻仰韶文化的源头，溯黄河而上，

在甘青地区首次进行调查与发掘。他在兰州市场发现并收购了洮河流域出土的一些陶器，多数为彩陶。2014年4~7月，据此线索，在洮河谷地调查发掘。他先后发现并发掘了临洮辛店、马家窑、寺洼山及广河半山、齐家坪等史前遗址。随后，安特生又发掘了青海民和马厂塬及甘肃民勤沙井等著名古文化遗址。由于上述发现，甘肃成为当时新石器时代考古学文化发现最多的省区。他在发掘和整理研究中，采用了地层学和类型学的理论与方法。1925年，安特生发表了《甘肃考古记》一书，"此次甘肃考古为期两年（一九二三至一九二四年），足迹所涉，几至甘省大部，所得结果颇出意料所及。盖不仅器物丰盈之仰韶遗址为吾人所获，而多数前古未闻之重要藏地亦竟发现，其中完整之彩色陶瓷多件，类皆精美绝伦，可为欧亚大陆新石器时代末叶陶器之冠。"该书将上述发现划分为六期：即齐家期、仰韶期（马家窑、半山）、马厂期、辛店期、寺洼期、沙井期，虽然囿于资料所限，他误将出土素面陶的齐家文化作为最早的文化，其他彩陶文化排列其后，但是在20世纪20年代的历史条件下，能较为准确地划分六期，并且年代序列大体不错，仍然是对中国考古的重大贡献。六期文化的发现第一次从考古学上证实了甘肃具有悠久的历史，并且指明，彩陶发达是甘肃远古文化的鲜明特征。甘肃史前研究自此步入了学术界的论坛，引起各国学者的关注和兴趣。

甘肃地处黄河上游，是中华文化和文明的发祥地之一。从20世纪40年代起，中国老一辈考古学家开始取代外国学者，成为甘肃考古的主角。伦敦大学考古学博士、任职于中央研究院历史语言研究所的夏鼐，巴黎大学考古学博士、任职于中国地质调查所的裴文中不顾当时交通、生活的诸多困难，多次来到甘肃从事田野考古工作。1944年春，夏鼐考察了兰州地区的中山林、十里店、曹家嘴、青岗岔等多处遗址，并认定其文化性质属齐家、甘肃仰韶、马厂三种文化。1945年4~5月，夏鼐在洮河流域进行考古调查及发掘，在宁定阳洼湾齐家文化墓葬填土中发现甘肃仰韶的2片典型彩陶，据此认定：甘肃仰韶应早于齐家文化。这个结论纠正了安特生关于两者之间的错误排序，推动了甘肃新石器时代及彩陶文化的研究。夏先生依据墓葬填土中的陶片与墓葬本身的地层关系，建立了正确的年代序列，也是成功运用地层学原理进行考古研究的范例。1949年，夏鼐在《临洮寺洼山发掘记》中认为："马家窑文化便是安特生所谓'甘肃仰韶文化'，但是它与河南的仰韶文化颇多不同，所以我以为不若将临洮的马家窑遗址作为代表，另定一名称"，他首次提出，过去所称的"甘肃仰韶文化"，应单独命名为马家窑文化。

仰韶文化在甘肃的发现始于1947年中国学者的田野调查。1947年7~10月，裴文中先生在渭河、西汉水、洮河、大夏河以及兰州附近从事考古调查，详细记录了93处遗址的地形地貌、发现的遗迹遗物，并做了部分试掘。尤其是渭河流域的37处遗址、西汉水流域的24处遗址、临洮、临夏附近的15处遗址均为首次发现，其中渭河、西汉水流域的许多遗址发现了仰韶文化遗存。他在《甘肃史前考古报告》中认为："将来作史前人类之研究时，此亦为绝好之地区"。如裴先生发现的天水西山坪遗址在1986~1990年的发掘中证实，不仅有丰富的仰韶文化遗存，而且还发现了早于仰韶文化的大地湾一期遗存。1948年5~8月，裴先生参加了西北地质调查队，由杨钟健任队长、裴文中任副队长，刘东生、贾兰坡等先生均参加，对河西走廊、兰州市附近、湟水流域又一次展开了大规模的调查。这是中国学者第一次在甘肃进行的几乎涉及全省的史前遗址调查，许多遗址成为中华人民共和国成立后考古发掘的对象，许多珍贵线索直至今日仍极富参考价值。从1923~1949

年的20多年，在中外著名学者的共同努力下，甘肃的考古发现令人瞩目，新石器时代文化研究独树一帜，其前进的步伐走在考古学科发展的最前列。

（二）初步发展阶段

中华人民共和国成立以后，甘肃的新石器时代考古则进入了初步发展的阶段。首先，由政府组织、以本省文博工作者为主对全省进行了较全面的文物普查，这比中华人民共和国成立前的少数学者带队进行的考古调查范围更为广泛、效果更为显著、工作更为深入。在临洮马家窑、武山石岭下、天水罗家沟相继发现马家窑文化迭压仰韶文化的地层关系，确凿无疑地表明仰韶文化不能混同于马家窑文化，而是早于马家窑文化的另一大文化系统。20世纪50~60年代，为配合国家基本建设，开展了大量的考古调查与发掘工作。如为配合包兰铁路工程，在兰州白道沟坪遗址，清理了马厂类型陶窑12座，首次发现了大型制陶场所及制陶泥条、研磨颜料用的研磨盘和颜料碟等。1960年发掘了永靖马家湾遗址，首次发现了马厂类型的房址，证实了马厂类型也有自己的住地，否定了"马厂期葬地说"观点。1963年兰州青岗岔的发掘中，首次发现了半山类型的房址、窖穴以及窑址，那种认为半山陶器是随葬品、半山红黑复彩、锯齿纹是"丧纹"的片面认识被彻底推翻。1960

年，张学正先生发表了《甘肃古文化遗存》一文，较全面地总结了这一时期文物普查及甘肃本省考古机构所取得的诸多收获，较系统地论述了各支古文化的分布状况以及发展脉络。该报告列表公布了甘肃全境804处遗址的简况，为后来者开展工作和深入研究提供了极大的便利。20世纪70年代初、中期，考古工作主要集中在中部地区马家窑文化的发掘和研究。1974年兰州王保保城墓地首次发现马家窑类型的墓葬。1974~1975年，甘肃省文物工作队与北京大学考古系联合在永登蒋家坪遗址发掘，发现马厂类型墓葬打破马家窑类型的地层关系，同时发现陶窑及分间房址，重要的是发现了一件青铜刀。1977年东乡林家遗址的发掘是马家窑类型考古收获最丰的一次，不仅全面搞清了早、中、晚期的文化特征和面貌，而且发现了中国时代最早的一把青铜刀。该遗址还出土了成捆的带杆带穗的碳化稷及大麻籽等，为研究当时的农业发展状况、先民的食物构成提供了极好的资料。半山、马厂类型的发掘大多为墓地，主要有：1973年永昌鸳鸯池、1977年兰州花寨子、1977~1978年红古土谷台等。甘肃新石器时代文化素以彩陶发达著称，尤其马家窑文化的彩陶绚丽，达到了史前彩陶艺术的顶峰。1978年10月，著名学者严文明发表了《甘肃彩陶的源流》一文，全面论述了甘肃彩陶由东向西的发展历程。1979年，甘肃学者张学正、郭德勇、张朋川三人合著了《谈马家窑、半山、马厂类型的分期和相互关系》的论文，提交中国考古学会第一次年会大会交流。1979年12月，《甘肃彩陶》一书正式出版。论文与图集将马家窑文化划分为马家窑、半山、马厂三个一脉相承的类型，并且利用类型学的方法，又将每个类型划分为早、中、晚三期；在关注主要陶器器形变化的同时，也探讨了彩陶纹饰演变的轨迹；在注重陶制容器的同时，又重视对石、骨器等生产工具以及房址、墓葬的研究。总之，20世纪70年代末期，甘肃新石器时代研究，围绕马家窑文化，建立了马家窑、半山、马厂类型的发展序列，使马家窑文化及甘肃彩陶的研究达到前所未有的高度。

（三）成熟阶段

20世纪70年代后期，中国步入改革开放的历史新时期，从那时起至2010年，甘肃新石器时代考古逐步走向成熟阶段，也是不断取得突破性成果的重要时期。1987年、2007年先后开始的第二、三次全国文物普查为研究工作奠定了良好的基础。

随着考古学理论的发展和现代科学技术在考古学中的运用以及各学科之间的互相渗透，进一步扩展了考古学研究的思路和领域。80年代初期，著名考古学家苏秉琦先生提出了考古学文化的区系类型学说，将中国分为几大区域，进而探讨各区的文化发展历程以及各文化的交流、碰撞、融合。在此基础上，提出了中国文明起源多元论，即"满天星斗"说。在这些理论和学说的影响下，研究者们重新审视甘肃50多年的考古工作，发现亟待解决的学术问题是：甘肃的仰韶文化是什么面貌？甘肃东部邻近陕西，两者是否属于同一个文化区？仰韶文化与马家窑文化是什么关系？为了解决上述问题，1978~1984年，甘肃省文物工作队对秦安大地湾遗址进行了大面积的发掘，1995年又进行了补充发掘。持续8年的大地湾发掘在2001年被学术界评为中国20世纪百项考古重大发现之一。与此同时，中国社会科学院考古研究所在天水师赵村和西山坪遗址的发掘中，也发现了前仰韶文化以及大量的仰韶文化遗存。

在此之前，甘肃东部地区的考古工作相对薄弱，仰韶文化仅有零星的发现，距今5000年前的历史基本上属于空白。大地湾的发现和研究改变了甘肃新石器时代的研究局面，不仅在仰韶文化的研究上取得了颇为显赫的成果，而且将甘肃古文化历史向前扩展到距今8000年前，同时为西北地区考古学区系类型的研究、中华文明的起源研究等重大课题提供了弥足珍贵的资料。

大地湾一期文化遗存是迄今为止渭河流域考古发现中最早的新石器文化，碳-14年代约为距今7800~7300年。其后则为西山坪二期、师赵村一期等遗存，年代约为距今7300~7000年。它们共同的属性是均早于仰韶文化。有的学者称之为前仰韶文化、老官台文化等，本文中我们称其为大地湾文化。此项发现解决了困扰学术界多年的彩陶起源问题，为西北地区新石器文化的发生、发展提供了一批前所未有的新鲜资料，它同河北磁山、河南裴李岗、山东北辛等发现一起被学术界认为是中国黄河流域考古的重大突破。继大地湾之后，渭河流域以及邻近地区相继发现了一批同类遗存，仅甘肃目前就已发现8处，集中在天水、陇南地区，最南端是嘉陵江流域的徽县柳林，最西端则在武山西旱坪，还有西和宁家庄、礼县赵坪、盐关等遗址。这些发现进一步丰富了大地湾文化的内涵，无疑表明，甘肃东部、南部是研究中国农业起源和早期彩陶的重要地区。

大地湾的主要遗存是仰韶文化遗存，即二、三、四期，大地湾考古全面掀开了甘肃东部仰韶文化延续近二千年的历史面貌。大地湾考古提供了聚落形态在一个遗址内历经3000年的发展轨迹，揭示了史前聚落从小到大、从河边阶地到山地、从低海拔到高海拔、从单一到复杂的演进

过程，因此具有重要的研究价值。仰韶早期为环壕向心式聚落，位于河边台地，约3万平方米的面积，仰韶晚期发展到半山，主体部分面积达50万平方米，比早期规模扩大10多倍，达到了大地湾史前聚落的鼎盛阶段。以F901会堂式建筑为中心，周边至少有3个氏族居住区。形成众星捧月的独特格局。实际上，在甘肃东部及邻近地区，在每条史前遗址较集中的河流谷地，大多都会有大地湾一类的中心遗址，如秦安寺嘴坪、西和宁家庄、礼县高寺头及庆阳南佐等。1986年，甘肃省文物考古研究所在高寺头遗址所在的山坡中部，曾清理出一座至少400平方米的仰韶晚期大型建筑。1984~1986年，又对庆阳南佐遗址进行了发掘，发现仰韶文化晚期面积630平方米的大型建筑及碳化稻米。仰韶文化晚期这类中心遗址的出现不仅表明聚落的分化，而且标志着距今约5000年前史前社会正处在向文明社会大步迈进的重要阶段。

这一时期，各级考古工作者还发掘了武山傅家门、平凉侯家台、武都大李家坪、宁县董庄等仰韶文化遗址。将发掘区域扩展到平凉、庆阳、陇南地区。它们的文化面貌大体相同，但有各自的区域性特征，而且随着时间的推移，地方性特点日益突出。这些地方性特点的形成为后来的甘肃青铜文化的多元化发展奠定了基础。

过去认为的石岭下类型实际上就是仰韶文化晚期遗存，应归属仰韶文化系统。

与此同时，河西走廊的马家窑文化研究有了显著的进展。武威五坝山发掘出土了马家窑类型的精美彩陶。2003~2005年，甘肃省文物考古研究所、甘肃省博物馆及日本秋田县埋藏文化财联合发掘武威磨嘴子墓地，发现一批马厂类型墓葬。2009年，甘肃省文物考古研究所在民乐五坝村清理了半山、马厂和齐家文化墓葬53座。2010年在张掖西城驿遗址发现马厂遗存。与甘肃中部地区相比，这里的马家窑文化有显著的地方特征，线条疏朗，风格粗犷。2005年，红古下海石遗址不仅发现了马厂墓地，而且还发现了同一时期的灰坑、排水沟及陶罐里的食盐，这是甘肃史前考古中首次发现盐的遗存。1998年，李水城先生的《半山与马厂彩陶研究》出版，该书使用类型学的方法，将彩陶器形与纹饰结合探讨马家窑文化彩陶演变的轨迹，为彩陶研究提供了成功的范例。

仰韶文化之后，甘肃东部地区出现的是以镇原常山遗址为代表的常山下层文化。这是1979年中国社会科学院考古研究所在镇原常山遗址发现的新的考古学文化。它介于仰韶文化向齐家文化的过渡阶段，有的学者认为它属于仰韶文化的末期。其分布范围大致在兰州以东的广大区域。经济仍以农业为主。房址有平地起建以及窑洞式建筑。泥质陶多饰横行篮纹，夹砂陶多饰绳纹、附加堆纹，有零星彩陶。大地湾五期即归属常山下层文化，在镇原、秦安、静宁、庄浪等地有密集的遗址和丰富的遗物。

在考古学区系类型学说的影响下，学术界对甘肃古文化进行了文化分区的研究。那种认为古文化仅有独立的生长点，并且单线发展的观念早已被有识之士所抛弃，在甘肃境内，东部的文化面貌与中、西部不同，即使同一阶段，社会经济文化发展程度也存在相当的差距；中西部相比也有较大的差异，所以，依照不同地区的文化内涵进行归纳，可将甘肃的东部、中部、西部视为3个相对独立的文化区。东部和南部地区，可简称为泾渭区（包括西汉水流域），是新石器时代遗址发现最多，时代最早的地区。文化序列主要为大地湾文化、仰韶文化、常山下层文化。中部地区，可简称为（黄）河、湟（水）区。该区目前发现的最早遗存是距今6000年以内的仰韶中期文化，比东部地区最早的遗存晚了2000多年。距今5000年以后，马家窑、半山、马厂类型共同构成的马家窑文化，一脉相传、自成体系，繁盛的彩陶，构成了中部地区特有的文化传统。大约在距今4100年前后齐家文化与马厂类型短暂并行发展一段之后逐渐占据该区。西部地区即河西走廊，该区最早的新石器文化是马家窑文化，从武威到酒泉均有分布。

自然科学的介入使考古学逐渐成为一门交叉学科，如碳-14年代测定方法、彩陶颜料的X-射线衍射分析、各类出土物的物理化学性能检测、动植物标本的鉴定分析等，提高了研究成果的科学性，使得结论更为可信、准确。大地湾发掘中，考古工作者采集了17000多件动物骨骼以及大量的炭化植物标本，为复原古代环境、探索史前经济形态提供了弥足珍贵的资料。动物骨骼由中国科学院古脊椎动物与古人类研究所动物考古学专家进行了鉴定和综合研究。保留解剖特征较显著的711件骨角牙蚌器，交由兰州大学生物系比较解剖学专家进行了种属和所属部位的鉴定。炭化植物标本，由中国材业科学院木材工业研究所进行电镜扫描分析鉴定。动植物遗存鉴定分析结果以大量的事实和数据充分地说明，大地湾新石器时代古环境与今天截然不同。在距今五～八千年前，当地气候温暖湿润，既有茂密的森林，又有肥沃的草原。动植物种类繁多、生态环境良好，适宜人类居住和早期农业的发育。几千年来，自然生态环境发生了巨变。20世纪80年代末90年代初，北京大学考古系和甘肃省文物考古研究所在葫芦河开展了首次环境考古，取得了丰硕成果。

三、青铜时代考古

甘肃的青铜时代文化有齐家文化、四坝文化、辛店文化、寺洼文化及沙井文化。其中的齐家文化过去是列入铜石并用时代，根据齐家文化中晚期遗址出土青铜器较多的现实，学术界开始质疑中国是否存在铜石并用时代，近年来逐渐将齐家文化归属于青铜时代。从早期的齐家文化起，到最晚的沙井文化结束，大约延续了1600年左右。

前已述及，1924年，瑞典学者安特生在洮河流域率先发现了齐家、辛店、寺洼文化，在民勤发现了沙井遗存，并提出了"六期说"。当时安特生认为齐家文化没有彩陶，应早于其他彩陶文化，故列于六期之首。1945年，夏鼐在宁定（今广河县）阳洼湾发掘两座齐家文化墓葬，墓内填土中出现马家窑文化彩陶片，证明齐家文化晚于马家窑文化。1947~1948年，裴文中先后在渭河、洮河、西汉水流域及河西走廊开展史前遗存的调查，在临洮瓦家坪、广和齐家坪等遗址发现齐家文化的白灰面房屋遗迹。裴先生在调查与试掘的基础之上，认为大量的齐家、沙井遗存的发现表明它们各自应属于单独的文化系统，可独立命名，不再使用安特生的"期"的概念。1948年，山丹培黎学校师生在四坝滩农场修筑水渠时发现一种从未见到的古文化遗存，有陶器、石器、铜器和金耳环等。1956年黄河水库考古队对遗址进行了调查，并采集了一批遗物，著名学者安志敏先生提出应以四坝文化命名。

中华人民共和国成立以后，在历次文物普查的基础之上，各级考古部门配合国家基本建设开展了一系列的发掘工作，有时为了解决学术问题也组织一些必要的主动发掘，对青铜时代文化展开了较全面深入的研究。

在齐家文化的研究中，重要和规模较大的发掘有：1957~1959年甘肃省文物工作队对武威皇娘娘台进行了三次发掘，1975年进行了第四次发掘；1959~1960年，中国科学院考古研究所甘肃工作队对永靖大何庄遗址、秦魏家墓地的发掘；1975年甘肃省文物考古队对齐家坪遗址的发掘。皇娘娘台发现成年男女合葬墓，700余件玉、石璧，30多件红铜制作的小型工具。大何庄遗址发现5处用天然扁平砾石排列的圆圈状祭祀遗迹。秦魏家是保存较好的一处氏族公共墓地，出土铜器有红铜和青铜两类，器形有铜环、铜锥、小铜斧和铜饰。齐家坪清理了墓葬118座、房址、灰坑、红烧土墙基多处、该遗址既是齐家文化的命名地，也是齐家文化的典型遗址之一，出土物除陶器和石器外，还有铜刀、铜锥、铜斧、铜镜和玉璧、玉琮等器物。其中的铜镜是中国迄今发现最早的铜镜之一，青铜斧长15厘米，有长方形錾，刃部锋利。这些发掘成果，基本揭示了甘肃中部、西部齐家文化的特征和面貌，纠正了过去误以为齐家文化不含彩陶的错误看法，1981~1990 年，中国社会科学院考古研究所先后在天水师赵村、西山坪遗址进行发掘，发现齐家文化房址 29 座、窖穴 26 个、陶窑 3 座、墓葬 3 座、祭祀遗迹 1 处；出土石、玉、骨、陶器等 659 件。师赵村的房址排列有序，是一处较完整的聚落。

在积累了丰富资料的基础上，学术界对齐家文化展开了多角度的专题研究。在分期与类型的划分问题，学者一般将齐家文化划分为早、中、晚三期，分东、中、西三个区。根据目前的研究情况看，东区为甘肃东部地区的泾、渭流域及西汉水上游，以师赵村遗存为代表；中区为甘肃中部地区的黄河上游及其支流洮河、大夏河流域，以永靖秦魏家遗存为代表；西区为河西走廊，以皇娘娘台遗存为代表。早期多出土红铜，中晚期多青铜。甘肃东部、中部地区齐家文化的彩陶以红彩居多，数量较少，图案简洁；河西走廊的彩陶以黑彩为主，图案较繁，两者存在显著的区别。有的学者认为，皇娘娘台遗存包括两类遗存，一类是东部传播过来的齐家文化本源遗存，其彩陶为红色；另一类是马厂类型向河西走廊发展过程中而生成的遗存，称作"过渡类型"，其彩陶为黑彩，后来演变成为四坝文化。"过渡类型"与齐家文化是共存的。成年男女合葬的出现，随葬品种类和数量存在明显的差别，说明当时已出现较严重的贫富分化，社会形态正在急剧变化，即将跨入文明社会。

2008~2012 年，由甘肃省文物考古研究所、西北大学文化遗产学院合作，对临潭磨沟遗址进行发掘，其主体遗存为齐家文化。截止 2012 年 7 月，墓葬区发掘面积约 12000 平方米，被评为"2008 年度全国十大考古新发现"之一。清理墓葬 1680 余座，已发掘清理齐家文化墓葬共计 29 排。墓地中约六分之一的墓葬出有铜器，多为青铜制品。另外，还发现 4 件金耳饰，是西北地区已知最早的金器，经检测含金量约达 94%。为研究齐家文化的埋葬习俗、婚姻家庭形态以及社会组织结构等提供了十分重要的新资料。

山丹四坝滩遗址是 1948 年发现的，1953 年发现者新西兰籍路易·艾黎先生要求考古部门调查或发掘。甘肃省文物管理委员会、黄河水库考古队先后进行田野调查，采集了标本，并发表了调查报告。1956 年，著名学者安志敏先生在《甘肃远古文化及其有关的几个问题》一文中提出了四坝文化的命名。之后，陆续发现了酒泉下河清、民乐东灰山、西灰山、山丹山羊堡滩等遗址。1976 年，甘肃文物工作队开始了对玉门火烧沟墓地的发掘，发现墓葬312座，出土了陶、铜、金、银、石、玉等大批文物。其中，出土铜器200余件，有红铜和青铜，以青铜居多，也发现了砷铜。铜器大部分为铸造而成，出土的一件四羊铜杖首为分铸制造，这是中国目前发现最早的分铸铜器。从出土的铜器看，当时的冶铜专业人员已掌握了采矿、冶炼、制造和铸造成型等生产工艺。这是四坝文化器物发现最多、甘肃早期铜器出土最多的地点，为河西走廊青铜文化的发展以及彩陶西进新疆的研究奠定了坚实的基础。因此，有人也将四坝文化称作火烧沟文化。1987年，甘肃省文物考古研究所与北京大学、吉林大学合作，对酒泉干骨崖、民乐东灰山遗址进行了发掘，1990年对火烧沟墓地的第二次发掘，获取了丰富的新资料，对四坝文化的内涵和分布有了新的认识。1993年，北京大学学者李水城发表《四坝文化研究》论文，讨论了干骨崖墓地的分期，提出四坝文化可分为五期，探讨了四坝文化的源流。该文着重指出，四坝文化来源于与齐家文化共存的"过渡类型"。

2006~2009年，甘肃省文物考古研究所在张掖西城驿聚落遗址开展考古调查，2010年与中国社会科学院考古研究所、北京科技大学、西北大学联合进行发掘。西城驿遗存可分三期，一期是马厂晚期，二期为过渡类型和齐家文化，三期是四坝文化。出土的碳化作物包括小麦、大麦、小米等，地面式土坯房屋的发现在河西走廊尚属首次，证明河西走廊早在4000年前就已与西方发生了频繁接触，带来了中西文化的交流与融合。西城驿的冶铜活动从马厂晚期出现至四坝早段一直在进行，出土的铜器、炉渣、矿石、炉壁、鼓风官等与冶炼相关的遗物，属于甘肃地区首次通过科学发掘获取的层位明确的冶金遗物，为中国冶金技术研究提供了新资料。西城驿遗址发掘的大量房屋基址还全面展示了河西走廊古代居民的生活场景和建筑风格，可清晰看到房屋建筑经历了半地穴式到地面立柱建筑，再发展到地面土坯建筑的演变过程。目前，发掘资料正在整理研究，总之，西城驿遗址的发掘必将甘肃青铜时代考古的研究提升到新的高度。

辛店文化虽然发现很早，但囿于资料的限制，研究工作开展的较迟。1956年，黄河水库考古队甘肃分队，在刘家峡水库区及周边进行考古调查，发现了许多古遗址，并征集陶罐数百件，其中以东乡唐汪川山神遗址出土的一批陶器较为特殊，有红色陶衣，黑彩，以螺旋形的涡纹为主。1957年，著名学者安志敏论述了这类陶器与辛店文化的密切联系及两者的差异，称它为"唐汪式"陶器。1958~1959年，黄河水库考古队甘肃分队对永靖张家嘴遗址进行发掘，发现窖穴165个，出土大量的陶、石、骨、铜器等。发掘者认为：这是一种新的文化类型，将其命名为辛店文化"张家嘴类型"。接着又发掘了永靖莲花台遗址。1960年，对永靖姬家川遗址的发掘，所揭示的遗存面貌与张家嘴类型不同，因此，又提出辛店文化"姬家川类型"。姬家川类型与张家嘴类型孰早孰晚，学术界多有争论。1984年，省文物工作队与北京大学考古系合作，共同发掘了永靖马路塬遗址、临夏莲花台墓地。1989年，北京大学南玉泉提出了辛店文化的发展序列，分为7期。目前，多数学者认为，辛店文化由山家头类型发展为姬家川类型，最后演化为张家嘴类型，而唐汪式陶器只是张家嘴类型中的一部分陶器，并不是独立存在的文化类型。辛店文化是西北地区一支重要的文化遗存，其经济生活以畜牧业为主，兼营农业。铸铜业有较大的发展，器形有锥、矛、匕、凿和铜泡等。彩陶的数量较多，纹饰别具一格，以似羊角的大双勾纹、S形纹、太阳纹、三角纹为主，还有少量的动物纹——犬纹、羊纹、鹿纹、蜥蜴纹等，反映出畜牧生活的特色。辛店文化还流行随葬动物的习俗，有牛、羊等，但不是完整的随葬，而是动物躯体的某一部分，摆放在人的头部上方。辛店文化还发现有殉葬墓，这种现象说明辛店文化已进入不平等的阶级社会。值得注意的是，在甘肃东部也发现了少量的辛店文化遗存，它与寺洼文化、周文化存在一定关联。

1949年，著名学者夏鼐先生发表了《临洮寺洼山发掘记》一文，正式将安特生定名"寺洼期"的遗存命名为寺洼文化。中华人民共和国成立以后，考古工作者在甘肃中部、东部不断发现这类遗址并有少量的清理。1958年，甘肃省博物馆在平凉安国镇清理了一座墓葬，出土20多件陶器，因其形制不同于洮河流域的寺洼文化，故称之为"安国式陶器"。80年代，对寺洼文化有3次重要的发掘：1980年5~7月，中国社会科学院考古研究所泾渭工作队，发掘徐家碾寺洼文化墓葬104座，内有两座车马坑。这是甘肃东部首次大规模发掘的寺洼文化遗存，在西北地区青铜文化的研究，及寺洼与周文化的关系等方面取得了突破性的进展。1982年，甘肃省文物工作队与北京大学考古系联合在西和栏桥发掘了9座墓葬。1984年，又在合水九站遗址发掘了78座墓葬和75平方米遗址。由于庄浪徐家碾、西和栏桥的发掘，较全面地揭露了陇东陇南地区的寺洼文化面貌，学术界得以展开对寺洼文化的深入研究。庄浪徐家碾的发掘，不仅发现了一批刻划符号，还发现了绘有类似羊角的双勾纹马鞍口彩陶罐，纠正了之前以为寺洼文化没有彩陶的错误认识。合水九站发现了以单耳乳状袋足鬲等器形为代表的寺洼文化的地方类型,遗址中周文化的典型陶器与寺洼文化陶器共存,否定了寺洼文化是先周文化来源的可能性。1989年,北京大学学者赵化成发表《甘肃东部秦和姜戎文化的考古学探索》一文,提出甘肃东部寺洼文化可暂分为徐家碾—栏桥类型和九站类型,它们均晚于寺洼山遗存。关于族属问题,夏鼐先生根据寺洼山火葬墓结合古代文献,推论为古代氐羌族。有的学者认为是戎狄文化,赵化成则认为寺洼文化是犬戎的遗留,但还可能包含其他支系的戎人。寺洼文化与周、秦文化在甘肃东部处于一种繁杂交错的状态,因此,必然受到较先进的周、秦文化的感染与影响,与周、秦文化也在不断地发生碰撞与融合。

沙井文化是河西走廊青铜时代晚期至铁器时代早期遗存。1979~1981年,甘肃省文物工作队,先后对永昌三角城、蛤蟆墩墓地、东西岗墓地、柴湾岗墓地进行了发掘。清理了600余座墓葬,这是沙井文化自发现以来,规模最大的考古发掘,首次全面地揭露了沙井文化的聚落和墓地。铜器器形丰富,有铜刀、铜斧、铜镞、铜牌饰、铜坠、铜泡和铜铃等,带有强烈的北方草原文化的特色。

出土了少量铁器,有农业工具锸和铲,武器有刀、剑。含有彩陶的沙井文化是甘肃彩陶中时代最晚的文化,彩陶以紫红色绘制图案,纹饰有三角纹、菱形纹、网纹、鸟纹等,纹饰多饰于器物的颈部和肩部,下部基本不绘彩。从出土物的器形和墓葬中殉牲的牛、马、羊骨看,强烈地反映出这一时期的社会经济以畜牧业为主,农业不占主导地位。沙井文化的族属问题,学术界尚未统一,有月氏与乌孙两说。沙井文化的消亡可能与匈奴的崛起有关。1994年,北京大学学者李水城发表了《沙井文化研究》一文,探讨了沙井文化特征、分期及分布、源流等问题。着重指出:沙井文化分布区未能越出民勤、金昌、永昌一带,之前认为的山丹四坝滩、永登榆树沟有沙井文化遗存,经分析被一一排除。20世纪50年代,在天祝县董家台遗址发现一批圜底陶器。彩陶为红彩,纹饰为悬针纹,素陶为细绳纹。此类陶器在甘肃东部屡有发现。李水城认为,这类遗存可能早于沙井文化,应独立命名为“董家台文化”。

20世纪50年代,在玉门骟马城发现一组特殊的陶器,典型器为双大耳夹砂罐,素面,器耳有刻划纹,该类遗存被命名为“骟马文化”。在火烧沟墓地发现四坝文化叠压在骟马文化层之下,因此骟马文化应晚于四坝文化。经调查，骟马文化主要分布于张掖、酒泉一带。骟马文化有铁器出土，使用陶鬲，推测其年代在距今 3000 年左右。

第二节　敦煌学

一、中国国内的敦煌研究

百余年中国敦煌学的发展历程，大致可划分为三个阶段：1909~1924 年为初创期，1925~1979 年为稳步发展期，1980年至今为蓬勃发展期。

（一）初创期（1909~1924 年）

清宣统元年秋（1909 年），法国人伯希和在北京六国饭店，将他从敦煌拿走的若干写卷照片，以及英人斯坦因拿走的部分写卷照片，向罗振玉、蒋斧、王国维等国内学者展示，并送给罗振玉其中一些敦煌写卷照片。罗振玉根据照片内容，编著《敦煌石室遗书》，后又撰写《鸣沙山石室秘录》，是为中国学者对敦煌遗书开展学术研究开端。此后，国内学者整理刊布的关于敦煌石窟遗书的图书和论文陆续问世，主要有：王仁俊的《敦煌石室真迹录》，此书是中国第一部敦煌石窟文献资料集；罗振玉的《鸣沙石室佚书》（1913年）、《鸣沙石室佚书续编》（1917 年）、《鸣沙石室古籍丛残》（1917 年）、罗福葆的《敦煌零拾》（1924 年），罗福苌的《伦敦博物馆所藏敦煌书目》、《巴黎图书馆所藏敦煌书目》和《沙州文录补》（1924 年），李翊灼的《敦煌石室经卷中未入藏经论著述目录》，王国维的《敦煌发见唐朝之通俗诗及通俗小说》、《韦庄的秦妇吟》；刘师培的《敦煌新出唐写本提要》等。1924年，刘复在巴黎将法国国家图书馆藏部分敦煌写卷选辑抄录，编成《敦煌掇琐》出版，为国内敦煌学研究提供了大量的第一手研究资料，标志着国内的敦煌学研究进入一个新的发展时期。

对唐后期、五代、宋初西北历史资料的整理和研究。王仁俊在《敦煌石室真迹录》考订了张议朝的卒年和白衣天子，检出了《旧五代史》和《新五代史》纪传中有关曹议金的材料。蒋斧根据《敦煌石室遗书》结合史书，考定了曹氏归义军历任节度使次序。罗振玉根据敦煌文献考证了张氏归义军节度使世次，奠定了以后的研究基础。1924 年，王国维《于阗公主绘地藏菩萨题记》跋（载《沙州文录补》），判定《续资治通鉴长编》有关曹元忠卒于太平兴国五年和卒后由其子曹延禄继任的记载是错误的。敦煌文

献研究更正了许多 8~10 世纪的官修史书中对吐蕃管辖的西北地区和归义军政权，以及周边少数民族政权的记载不准确的地方。

对宗教文献的整理和研究。佛教方面，《敦煌石室真迹录》和《敦煌石室遗书》、《沙州文录补》公布了包括碑文、窟铭、牒、戒牒、遗书等与佛教寺院有关的文书，但未及时研究。道教方面，《敦煌石室遗书》刊布了《老子化胡经》卷一、卷十的录文，《鸣沙石室佚书续编》影印了这两件文书。罗振玉指出元代所传《老子化胡经》已与唐代所传之本不同，并已认识到有关《化胡经》的文献有《化胡经》和"化胡经类"文献的区别。罗振玉还对《化胡经》写卷的文字进行了校订。摩尼教和景教方面，分别公布了《摩尼经》和《景教三威蒙度赞》的录文、图版。王仁俊、蒋斧、罗振玉、王国维、陈垣等人对此有研究。

对历史典籍的整理和研究。受到清代经学影响，中国学者对敦煌遗书中的历史典籍十分重视。罗振玉对《鸣沙石室佚书》收录的《春秋后秦语》、《春秋后国语》、《晋纪》、《春秋后魏语》、《阃外春秋》等目录提要，分别据传世文献考证出以上史籍的名称，并说明其对研治各时期历史的价值。《鸣沙石室古籍丛残》则影印了《略出簠金》和包含有历

史佚籍片段的《古类书》三种。《沙州文录补》公布了《开元天宝残史书》。

对唐代法律文献的整理和研究。最早从事这方面工作的也是王仁俊，罗振玉、王国维亦有研究。

对地志类文献的整理和研究。《敦煌石室遗书》公布了《沙州图经》和《西州图经》等地志的录文，罗振玉和刘师培考订写作年份和补正正史中的一些记载。

对有关社会经济文献的整理和研究。这方面的工作起步较晚。直到 1924 年《沙州文录补》才刊布了数件户籍、手实和户状等户籍类文书。王国维开启了运用户籍文书研究唐代均田制的先河。

在国内敦煌学研究的初创期，大多以公布敦煌遗书为主，多以跋、提要为主要形式的研究，理论上的分析和研究稍显不足，尚未涉及敦煌石窟艺术，但涌现出了以王国维、罗振玉、蒋斧、王仁俊、陈垣等为代表的第一代敦煌学者。中国敦煌学研究从一开始便显示出了其厚重辉煌的一面。

（二）稳步发展期（1925~1979 年）

这一时期敦煌学的发展，以中华人民共和国成立为标志，可分为两个阶段：1925~1949 年第一阶段和 1950~1979 年第二阶段。

1. 1925~1949 年

在此期间，中国敦煌学研究有了进

一步发展，并形成了一定的体系。老一辈学者如叶昌炽有《缘督庐日记》（1933 年），罗振玉有《贞松堂藏西陲秘籍丛残》（1939 年）、《贞松老人遗稿》，等等。新敦煌学家的大量涌现，特别是中国学者在许多方面赶超外国学者，是这一时期中国敦煌学研究的重要特点。继刘复之后，向达、王重民、于道泉、姜亮夫、王庆菽等人，专程前往英国和法国，对敦煌文献进行考察、抄录、拍照与转录，从而得到了一大批敦煌资料。目前存放在中国国家图书馆敦煌吐鲁番学资料中心的 1.3 万余张敦煌遗书照片，其主体部分就是王重民拍摄的。1935 年，王重民写成《柏林访书记》、《金山国坠事零拾》、《敦煌本历日研究》等论著；向达《伦敦所藏敦煌卷子经眼目录》，使国内学者对英、法所藏的敦煌文书有了深入了解，带回的录文、照片，更给国内研究者提供了第一手研究资料。北京图书馆藏卷被许国霖辑录成《敦煌石室写经题记》与《敦煌杂录》两书，为敦煌学研究提供了重要研究资料。

随着国内敦煌学者逐渐接触到大部分国外收藏的敦煌文献，研究成果便逐渐体系化。1930 年，陈寅恪在《敦煌劫余录序》首度提出"敦煌学"一词，标志着敦煌学地位的确立。

历史地理方面。归义军和金山国资料的整理和研究有新进展，主要有王重民《金山国坠事零拾》（1935 年），孙楷第《敦煌写本〈张义潮变文〉跋》（1936 年），初步探索了归义军政权周边的吐浑、吐蕃、回鹘等少数民族政权的情况。唐长孺《白衣天子试释》（1948 年）等，对史籍记载模糊的金山国史事进行了开创性研究。向达《玉门关阳关杂考》、《记敦煌石室出晋天福十年写本寿昌县地境》（1944 年），开辟了结合敦煌文书、考古发掘、文献记载与洞窟壁画进行敦煌历史地理研究的新途径。

历史典籍的介绍和研究方面。王重民的《巴黎敦煌残卷叙录》（1936 年和 1942 年）以介绍新发现的古代典籍为主，也包含了对新发现的古代典籍进行考证、研究或与传世本对勘的研究成果。潘重规的《敦煌唐写本尚书释文残卷跋》（1941 年），考察了宋人删改《尚书释文》的情况。

宗教方面。史岩《敦煌石室画像题识》"自序"利用敦煌文献结合莫高窟供养人题记，考证出了 15 所寺院的名称，并对这些寺院的寺址与兴建存废等情况进行了初步探讨。胡适《神会和尚遗集》（1930 年）开整理敦煌禅籍之先河。陈寅恪《武曌与佛教》（1935 年）据敦煌本《大云经疏》推翻了旧史所记武则天时期有沙门伪撰《大云经》的说法，并依据敦煌写本题记考证出了吐蕃译经大师法成的一些史迹。道教文献的研究仍是围绕《老子化胡经》

进行，有王维诚《老子化胡说考证》(1934年)、刘国钧《老子神化考略》(1935年)。朱维之《大秦景教三威蒙度赞及尊经考》(1946年)、《景教经典一神论》(1947年)，结合史籍探讨了敦煌景教文书。

法律文献的整理和研究方面。金毓黻《敦煌写本唐天宝官品令考释》(1943年)最早对P.2504号文书进行了校录和研究。

社会经济方面。陶希圣《小序》(1936年)，曾了若《隋唐之均田》(1936年)是最早尝试利用敦煌户籍研究均田制的专题论文。

2. 1950~1979年

中华人民共和国成立后，中国敦煌学研究步入快车道。1956年和1962年，国家拨出巨款修复和保护敦煌文物。1957年，通过国际交流，得到了伦敦所藏的敦煌遗书微缩胶卷。商务印书馆于1962年出版了由王重民、刘铭恕编纂的《敦煌遗书总目索引》该目录著录了北图藏、英藏、法藏和散藏的共两万多件敦煌文献。敦煌石窟艺术的研究、临摹、保护和敦煌学的研究，走在了世界的前列。向达、周一良、阎文儒、宿白、常任侠、史岩、段文杰、史苇湘、阴法鲁等敦煌学者对敦煌艺术展开了多角度、多方面的研究。

敦煌艺术研究方面。从1952年到1966年十余年间，共临摹了通史性代表作、专题资料和原大整窟模型等共1014幅、30多身彩塑。校补《石窟内容总录》、《供养人题记》;编辑出版《敦煌壁画》《敦煌彩塑》、《敦煌唐代图案》《敦煌壁画临本选集》(1957年)等图册。谢稚柳《敦

常书鸿临摹莫高窟第369窟壁画

段文杰临摹莫高窟第285窟壁画

煌艺术叙录》（1955年）、潘絜兹《敦煌莫高窟艺术》（1957年）等系统性论著出版。这些研究作品先后在国内、国外展览，促进了中外文化交流。

写卷目录方面。《敦煌遗书总目索引》除著录了北京图书馆藏、英藏、法藏和散藏的两万多件敦煌文书外，并附篇题笔画索引，是编纂较为完全的敦煌写卷目录。总论方面，王重民《敦煌古籍叙录》，是国人整理和研究敦煌四部书成果的总结。

西北地区历史与民族问题研究方面。代表性著述有：金启综《唐末沙州敦煌张议潮起义》（1954年）、苏莹辉《论唐时敦煌陷蕃的年代》（1961年）、《再论唐时敦煌陷蕃的年代》（1962年）、唐长孺《关于归义军节度使的几种资料跋》（1962年）。

莫高窟史研究方面。有学者开始探索利用敦煌文献结合其他材料考察莫高窟史。宿白《莫高窟记跋》（1955年），考证了莫高窟的始建年代、窟数及一些窟像的建造年代。金维诺《敦煌窟龛名数考》（1959年），依据敦煌文书《十二月八日夜□□□社人遍窟燃灯分配窟龛名数》对部分洞窟的名称和建造年代进行了考证。

法制文书方面。学者们以马克思主义为指导，利用敦煌文书研究土地制度、租佃关系、徭役制度与农民的生活状况等问题。代表性著述有：邓广铭《唐代租庸调法研究》（1954年）、韩国磐《唐代的均田制与租庸调》（1955年）、胡如雷《唐代均田制研究》（1955年）、田野《关于唐代均田实施的几个问题》（1959年）、唐长孺《关于武则天统治末年的浮图户》（1961年）、韩国磐《根据敦煌吐鲁番发现的文件略谈有关唐代田制的问题》、《历史研究》（1962年）、唐耕耦《从敦煌吐鲁番资料看唐代均田令的实施》（1963年）、韩国磐《唐天宝时农民生活之一瞥——敦煌吐鲁番资料阅读札记之一》（1963年）等。

历史典籍方面。王重民《敦煌古籍叙录》（1958年）对以往有关敦煌古籍的研究成果进行了整理和汇编，为研究者了解、利用这些成果提供了方便。

宗教方面。代表性著述有：饶宗颐《敦煌六朝写本张天师道陵著老子想尔注校笺》（1956年）、陈世骧《"想尔"老子道经敦煌残卷论证》（1957年）、饶宗颐《想尔九戒与三合义》（1964年）、梁子涵《敦煌景教之文献》（上）《敦煌景教之文献》（下）（1957年）、《唐代景教译经考》（1963年）。

文学方面。代表性著述有：朱介凡《敦煌变文目录及〈孔子项托相问书〉之传承》（1961年）、巴宙的《敦煌韵文集》（1965年）、尉天聪《唐代的俗讲与变文》（1966年）、邱镇京《敦煌佛经变文述论》（1967

年）、《变文述论》（1968 年）。潘重规的《唐写文心雕龙残本合校》（1970 年）、《敦煌诗经卷子研究论文集》（1970 年）、《瀛涯敦煌韵辑新编》（1972 年）、《变言语双恩记试论》（1973 年）、《敦煌云谣集新书》（1977 年）。罗宗涛《敦煌变文社会风俗事物考》（1974 年），又有《敦煌变文成立时代新探》（1976 年）、《敦煌变文体裁述略》（1977 年）、《敦煌赋校录》（1978 年）、《敦煌变文新论》（1979 年）。

敦煌石窟研究保护方面。1950 年抢修了唐宋时期木构窟檐，1956 年起对早期洞窟进行加固，1963 年加固工程正式开工，1966 年秋完成了第一、二、三期石窟加固工程。20 世纪 70 年代末，进入到新技术新材料及综合性保护的新时期。对窟内壁画和塑像也进行了抢修，并进行大规模的临摹壁画工作。

20 世纪 60 年代末至 70 年代末，敦煌学研究的成果香港和台湾地区比较突出，台湾地区出版了《敦煌论集》、《榆林窟壁画研究报告》、《敦煌讲经文研究》等著作。香港新亚研究所敦煌学会编刊《敦煌学》。这一时期还成立了专门的管理与学术研究机构敦煌艺术研究所。此外还在国内、国际上多次举行敦煌艺术、文物展览。

（三）全面发展期（1980 年至今）

1980 年，《兰州大学学报》第 2 期（敦煌研究专刊）出版；1981 年，兰州大学历史系创办《敦煌学辑刊》；1983 年，敦煌文物研究所创办《敦煌研究》，标志着中国敦煌学有了自己的学术阵地，进入全面发展时期。继 20 世纪 70 年代末，国家通过交换获得法国巴黎国立图书馆所藏全部敦煌汉文文献缩微胶片后，台湾黄永武博士主编的《敦煌宝藏》（1981 至 1986 年），将英、法及北京图书馆藏的微卷影印成书。20 世纪 90 年代以来，《英藏敦煌文献》、《上海博物馆藏敦煌吐鲁番文献》、《北京大学图书馆藏敦煌文献》、《俄藏敦煌文献》、《法藏敦煌西域文献》、《天津艺术博物馆藏敦煌文献》陆续出版。《中国石窟·敦煌莫高窟》（5 册）、《敦煌石窟艺术》（35 册）、《敦煌石窟全集》（28 卷）等大型图录亦相继出版，以高清影像技术全面呈现石窟壁画图像，有力促进了敦煌石窟艺术研究。这一时期，各学科、各领域的研究者均注意利用敦煌学相关资料，研究领域的广度和深度均超以往。主要成果举要如下：

西北地区历史与民族问题研究。齐陈骏《敦煌沿革与人口》（1980 年）和《敦煌沿革与人口续》（1981 年），高明士《唐代敦煌的教育》和李正宇《唐宋时代敦煌的学校》、郑阿财《敦煌蒙书析论》（1986 年）、李正宇《敦煌学郎题记辑注》（1987 年），探讨了历史上敦煌地区教育问题。

这一阶段中国学者还对吐蕃统治敦煌时期沙州的政治、军事、经济和社会矛盾进行了比较深入的研究。姜伯勤《唐敦煌书仪写本所见沙州玉关驿户起义》（1981年），姜伯勤《沙州道门亲表部落释证》（1986年）、杨铭《吐蕃时期敦煌部落设置考》（1987年）、张广达《吐蕃飞鸟使与吐蕃驿传制度》（1982年）、荣新江《通颊考》（1991年）、邵文实《沙州节儿考及其引申出来的问题》（1992年）等。

归义军史研究。贺世哲、孙修身《瓜沙曹氏年表补正之补正》（1980年）、孙修身《张淮深之死再议》（1982年）、王冀青《有关金山国史的几个问题》（1983年）、李永宁《竖牛作孽 君主见欺——谈张淮深之死及唐末归义军执权者之更迭》（1986年）、唐耕耦《曹仁贵节度沙州归义军始末》（1987年）、谭蝉雪《曹元德曹元深卒年考》（1988年）、荣新江《晚唐归义军李氏家族执政史探微》（1989年）、卢向前《金山国立国之我见》（1990年）、苏莹辉《瓜沙史事概述》（1995年）、杨秀清《晚唐归义军与中央关系述论》（1996年）等。

莫高窟史研究。史苇湘《丝绸之路上的敦煌与莫高窟》、《世族与石窟》（1982年），贺世哲《敦煌莫高窟供养人题记校勘》（1980年），贺世哲、孙修身《瓜沙曹氏与莫高窟》，马德对这一课题进行了专题研究，陆续发表了一系列论文，并完成了专著《敦煌莫高窟史研究》（1996年）。

西北民族关系研究。敦煌文献中保存的有关唐宋之际西北民族的资料十分丰富，涉及归义军政权控制地区的少数民族、归义军政权与周边少数民族的关系、西北各少数民族的情况、西北少数民族政权与中原王朝的关系和西北各民族之间的关系等诸多方面。这一时期中国学者在以上各方面取得了很多有价值的研究成果。马明达《对五代宋初河西若干民族问题的探讨》（1983年），钱伯泉《回鹘在敦煌的历史》（1989年），周伟洲《试论隋唐时期西北民族融合的趋势和特点》和《吐蕃对河西的统治及归义军前期的河西诸族》（1990年），陆庆夫《略论敦煌民族资料的价值》（1991年）、郑炳林《唐五代敦煌粟特人与归义军政权》（1996年）、陆庆夫《唐宋间敦煌粟特人之汉化》（1996年）。施萍婷、黄盛璋、邵文实等对"南山"部族进行了探讨。荣新江的研究最有特色，有关研究成果多被收入其《归义军史研究》（1996年）。

唐代官制研究。利用敦煌文献研究唐代官制在这一阶段也取得了重要成果。王永兴《唐勾检制研究》）（1991年），全面考察了唐代上自中央、下到地方的勾检制及其实行情况，填补了唐官制研究的一项空白。薄小莹、马小红亦曾对唐代勾检制进行过讨论。

军事史研究。王冀青《唐交通通讯用马的管理》、《唐前期西北地区用于交通的驿马、传马与长行马》（1986年）依据敦煌、吐鲁番有关文书结合史籍记载对唐前期交通通讯所用驿马、传马的异同及其管理措施进行了探讨。王永兴《唐代前期西北军事研究》（1994年）利用了相关敦煌文书。卢向前《伯希和3714号背面传马坊文书研究》考察了沙州的传马坊。

经济文书整理和研究。代表性著述有：唐耕耦、陆宏基《敦煌社会经济文献真迹释录》1~5辑（1986~1990）、王永兴《敦煌经济文书导论》（1994年）。

敦煌契约文书整理和研究。陈国灿《敦煌所出诸借契年代考》（1984年）、唐耕耦《唐五代时期的高利贷》（1986年）、《敦煌写本便物历初探》、杨际平《敦煌吐鲁番出土雇工契研究》、胡如雷《两件敦煌出土判牒文书所反映的社会经济状况》、李天石《唐宋时期典身性质的变化及其意义》（1993年）。沙知《敦煌契约文书辑校》（1998年）等。

宗教史研究。张弓《唐五代敦煌寺院的牧羊人》（1984年）、姜伯勤《唐五代敦煌寺户制度》（1987年）、李正宇《敦煌地区古代祠庙寺观简志》（1988年）、谢重光《吐蕃占领期与归义军时期的敦煌僧官制度》（1991年）、郝春文《唐后期五代宋初沙州僧尼的特点》、《唐后期五代宋初沙州的方等道场与方等道场司》（1996年）、唐耕耦《敦煌寺院会计文书研究》（1997年）；方广锠、郭朋、杨曾文、潘重规、杜斗城对敦煌佛教文献进行了研究。道教方面，代表性学者有姜伯勤、刘屹等。摩尼教方面，以林悟殊取得的成就最大。

敦煌藏文文献研究。黄文焕《河西吐蕃经卷目录跋》（1980年）、《河西吐蕃卷式写经目录并后记》（1982年）两篇文章，引起了中国学界对敦煌藏文文献的广泛重视。随后，陈庆英、端智嘉先生的《一份敦煌吐蕃驿递文书》（1981年）和张广达先生的《吐蕃飞鸟使与吐蕃驿传制度——兼论敦煌行人部落》（1982年）对吐蕃时期的驿站制度进行了研究。介绍敦煌藏文文献的收藏及学术价值和意义的藏族学者有：旺堆次仁、群培次仁、卡岗·扎西才让和聂孔·贡觉次旦等；堪措吉和隆英忠《甘肃藏敦煌藏文文献概述》（2009年）。宗教方面，从1986~2010年间，佛教研究有南卡诺布、班班多杰、周拉、恰日·嘎藏陀美、杨本加、吉加本、黄明信、东主才让等人；苯教方面有阿旺加错。历史地理方面，有郭须·扎巴军乃、道吉草、巴尔卡·阿贵、卡岗·扎西才让、勘措吉、道帏·角巴鲁加、高瑞和贡保草、三羊切旦等人的研究。藏文语言文字方面有：郭须·扎巴军乃、堆拉布琼、多布旦、卡岗·扎西才让、索南才让、塔哇·扎西当知等人的研究。文学方面，有祁正贤、夏吾·才让、琼宝·索南多加等人的研究。

敦煌学总论。主要有荣新江《话说敦煌》（1991年）、刘进宝《敦煌学述论》（1991年）、胡同庆、罗华庆《敦煌学入门》（1998年）、胡戟《敦煌史话》（1995年）、姜亮夫《敦煌学概要》（1999年）等概要的介绍敦煌遗书的发现、内容与价值等。季羡林主编的《敦煌学大辞典》，则是敦煌学方面较完备的工具书，也是深具总论性质的参考书。

二、国外的敦煌研究

（一）英国

继斯坦因之后，1957年，翟林奈对英国藏敦煌遗书编目《英国博物馆藏敦煌汉文写本注记目录》。1963年，格林斯泰德出版《英国博物馆藏敦煌汉文写本注记目录题名索引》，对翟林奈所编之"目录"逐条题名按照拉丁字母顺序重新排列。长期研究斯坦因所获敦煌藏文文献的代表是托马斯，编写了斯坦因第三次中亚探险所获的藏文文献目录草稿，并参与撰写《敦煌发现的吐蕃历史文书》。麦肯基在敦煌粟特文文献研究方面有《粟特语〈佛说善恶因果经〉》、《英国图书馆所

藏粟特语佛教文献》，为该领域奠基之作。在敦煌艺术方面，魏礼《斯坦因敦煌所获绘画品目录》一书共录500余件，是研究敦煌绢纸绘画的重要工具书；韦陀《西域美术》精选斯坦因所获绘画、丝织品等，是研究敦煌艺术的主要资料集。崔维泽是翟林奈和魏礼之后的英国研究敦煌的代表人物，主攻方向是隋唐史，发表《敦煌发现唐水部式残卷》、《敦煌唐格残卷札记》。

20世纪70年代以后，英国的敦煌学研究逐渐衰弱。20世纪80年代后半期又重新得到重视，与中国合编《英藏敦煌文献》，邀请各国学者去英国研究敦煌文献并讲学。

（二）法国

法国的敦煌学研究始于邦宁（1865~1929年）。1901年，他将自己的游记《从北京到土耳其斯坦旅行记》在法国《地理》杂志上发表，公布了他获得的敦煌碑石拓片。此后，法国汉学家沙畹（1865~1918年）考释整理成《中亚十种汉文碑铭》一书。沙畹是最早研究敦煌的学者，他的徒弟伯希和在斯坦因之后，拿走了敦煌大量精美的写本。他的研究成果均收入《西域南海史地考证译丛》1~9编。马伯乐（1883~1954年）也有一些于敦煌有关的研究，但数量不多。第二次世界大战以后，法国敦煌学研究主要代表人物是：戴密

微、谢和耐、苏远鸣、童丕、吴其昱等。戴密微侧重于研究敦煌佛教，还涉及敦煌变文俗讲。谢和耐是戴密微的弟子，现代法国研究中国的代表人物，其代表作《中国5~10世纪的寺院经济》一书，是法国主要研究敦煌经济文书的重要著作。苏远鸣对敦煌文书的释读、编目、字体演变和断代有深入的研究，另外其对敦煌的道教和佛教亦有研究。童丕是目前活跃在国际敦煌学界的学者，以研究敦煌经济文书而著名。吴其昱著作颇多，常把法国学者敦煌学研究成果翻译成汉语在《敦煌学》上发表，促进了敦煌学界国际交流。

（三）日本

1909年以后，日本学者以京都为中心，开始了敦煌学研究。是年11月28~29日，在京都大学史学会第二届总会上，内藤南湖和狩野直喜展出了从北京获得的敦煌遗书、雕刻和绘画的照片，羽田亨、藤田丰八等人介绍了各自对敦煌研究的情况。大谷探险队所获的文物也陆续运到东京，进一步促成京都敦煌学的发展。1911年，内藤南湖等3位日本学者来北京参观劫余的敦煌残卷并拍照。1912~1933年间，日本学者先后赴英国、法国、德国搜访敦煌文书，搜集了大量的资料。其研究成果主要在佛教文献和历史方面、唐代社会寺院经济及绘画等方面。

第二次世界大战以后，日本通过各种方式，取得了大量的微缩胶卷，敦煌莫高窟对外开放后，日本学者亲临洞窟考察渐成常态，使得日本的敦煌学研究得以飞速发展。松本荣一《敦煌画》的研究是日本学者最早系统研究敦煌绘画研究的著作。1953年成立了"西域文化研究会"，1958~1962年出版了《西域文化研究》，代表人物有铃木俊、池田温、土肥义和、金刚照光等。此时期日本敦煌学研究内容发生了变化，不仅仅研究敦煌遗书，而且把研究视角伸向了敦煌石窟艺术方面。此外，福田敏男、水野清一等日本学者还对敦煌石窟进行了编年研究。川口久雄将敦煌文学与日本文学加以比较研究，成就斐然。

近30年来，日本敦煌学研究向两个方向发展，即综合研究和专一化研究。主要成果有：1979年大渊忍尔《敦煌道经·目录编》，池田温《中国古代籍帐研究》，1982年竺沙雅章《中国佛教社会史研究》，1990年池田温《中国古代写本识语集录》，2001年尾史郎主持的《敦煌文献的综合研究》，2009年土肥义和主编《敦煌吐鲁番出土汉文文书的新研究》等。

（四）前苏联和俄罗斯

前苏联从1957年开始敦煌研究工作。最初有孟列夫、司皮林等人，出版了两卷

《苏联亚洲民族研究所藏敦煌汉文写本注记目录》、《俄藏敦煌汉文写卷序录》、《俄藏敦煌文献》及一些论文。丘古耶夫斯基从1963年开始研究敦煌世俗文书。有《敦煌所出借贷文书》、《敦煌寺院经济文书》、《敦煌寺院社邑》、《8~10世纪的敦煌》等。

（五）美国

美国收藏的敦煌遗书不多，其研究工作相对较少。1926年华尔纳《在中国漫长的古道上》披露了剥去敦煌壁画和切走塑像的过程。1938年《万佛峡——一个九世纪佛教壁画洞窟的研究》是为首部研究万佛峡的专著，并附珍贵照片。1965年，巴宙《敦煌韵文集》收录了《敦煌变文集》和《敦煌曲校录》未收的敦煌诗词即佛曲俚词。1967年，阎波尔斯基出版《敦煌写本六组坛经》一书。1994年，太史文出版《十王经与中世纪中国佛教的炼狱观念之形成》一书，对敦煌本《十王经》与中世纪中国炼狱观念深入研究。1995年至今，美国学者对于敦煌学研究逐渐热衷起来，代表人物是梅维恒，其长期致力于敦煌变文研究，成果较多。

（六）其他国家

韩国敦煌学研究起步较晚，1986年，李秀雄组建韩国敦煌学会。此外，德国、印度、丹麦、挪威、瑞典、加拿大、匈牙利、比利时、澳大利亚、新加坡等国对于敦煌学都有不同程度研究。

三、甘肃省的敦煌研究

（一）敦煌研究院

敦煌研究院的前身是1944年成立的国立敦煌艺术研究所，常书鸿、史岩、李浴、董希文、苏莹辉、段文杰、孙儒僩、史苇湘、李承仙、霍熙亮等对敦煌石窟进行了基础性的保护，对壁画、雕塑等进行了调查、研究和临摹。总体而言，研究成果较少。主要有：1946年，李浴《莫高窟各窟内容之调查》（未刊布）。1946年，阎文儒《安西榆林窟调查报告》，对榆林窟的内容作了调查。同时还有一批研究和介绍敦煌石窟的文章，如李浴《莫高窟艺术志》属于敦煌艺术的总论文章，较为全面地探讨了敦煌绘画、彩塑、建筑、音乐以及各时期的艺术风格等方面。

1950年，国立敦煌艺术研究所改组为敦煌文物研究所。此后二十年间，主要是对敦煌石窟和石窟艺术的形成、发展、流变等进行探讨，产生了一批有关敦煌艺术的较为系统而又带有通俗介绍性的研究成果。如常书鸿的《敦煌艺术之渊源及内容》，敦煌文物研究所的《敦煌壁画选》（第一至三辑）、《敦煌彩塑》、《唐代图案》等画册以及各自的前言。20世纪60年代初，敦煌文物研究所的研究范围逐渐扩大，对敦煌遗书进行研究，撰写了一批论文，未能刊布。

1978年以后，敦煌学研究得到快速

《敦煌研究》试刊号第一期

发展。敦煌文物研究所研究人员猛增，于1984年10月扩建为敦煌研究院。微观实证和宏观理论研究全面展开。

石窟考古方面。樊锦诗、马世长、关友惠的《敦煌莫高窟北朝石窟的分期》、施萍婷的《建平公与莫高窟》等，将莫高窟和榆林窟原断代分期的重新补正。刘玉权的《敦煌莫高窟、安西榆林窟西夏洞窟分期》、贺世哲、孙修身的《瓜沙曹氏与敦煌莫高窟》，对分期、大致年代考证。纠正了过去的误定。樊锦诗、赵青兰《吐蕃占领时期莫高窟洞窟分期研究》，樊锦诗、关友惠、刘玉权《莫高窟隋代石窟分期》，刘玉权《关于沙州回鹘洞窟的划分》，霍熙亮《莫高窟回鹘和西夏窟的新划分》等专题论文的研究成果基本解决了

莫高窟洞窟的年代序列问题。2000~2010年，敦煌研究院组织开展莫高窟考古报告编写工作，出版《莫高窟第266~272窟考古报告》。

石窟艺术研究方面。段文杰的《十六国、北朝时期的敦煌石窟艺术》等多篇文章和史苇湘的《丝绸之路上的敦煌与莫高窟》、《敦煌佛教艺术产生的历史依据》，比较全面、系统地阐述了敦煌石窟艺术产生和发展的历史过程。贺世哲的《敦煌莫高窟第249窟窟顶西坡壁画》和段文杰的《略论莫高窟第249窟壁画的内容和艺术》，对第249窟壁画中汉族传统的神仙思想和道教题材形象、的出现进行了讨论。李永宁的《报恩经和莫高窟塑画中的〈报恩经变〉》，贺世哲的《敦煌莫高窟壁画中的〈维摩洁经变〉》，樊锦诗、马世长的《莫高窟第290窟的佛传故事画》等，着重结合社会历史背景，揭示这些经变画在产生和发展中与儒家思想的关系以及在特定社会历史和地区条件下所具有的消极或积极作用，比过去单纯调查或仅仅从佛教角度研究经变画前进了一步。1981年开始，敦煌文物研究所编《中国石窟·敦煌莫高窟》第1~5卷、《中国石窟·安西榆林窟》1卷，先后由文物出版社和日本平凡社联合出版。1995~1999年，敦煌研究院编敦煌石窟分窟选集30卷，由江苏美术出版社

出版；2000~2005 年，敦煌研究院编《敦煌石窟全集》之走进敦煌、尊像画卷、本生因缘故事画卷、佛传故事画卷、阿弥陀经画卷、弥勒经画卷、法华经画卷、塑像卷、报恩经画卷、密教画卷、楞伽经画卷、佛教东传故事画卷、图案卷(上、下)、飞天画卷、音乐画卷、舞蹈画卷、山水画卷、动物画卷、藏经洞珍品卷、建筑画卷、石窟建筑卷、科学技术画卷、服饰画卷、民俗画卷、交通画卷等 26 卷本，为敦煌石窟艺术的百年研究的集大成者。

敦煌遗书整理研究方面。敦煌研究院从国立艺术研究所时代开始，就对随时出土和不断搜集的敦煌遗书进行整理研究，20 世纪 40 年代就刊布过莫高窟土地庙出土遗书，1977 年发表《敦煌文物研究所藏敦煌遗书目录》，1980 年专门设立敦煌遗书研究机构，2000 年出版《敦煌遗书总目索引新编》，同时致力于世界各地收藏的敦煌遗书的全面调查，开启敦煌遗书数据库建设工程项目。

敦煌史地和科技研究方面。史苇湘的《河西节度使覆灭的前夕》、刘玉权的《西夏时期的瓜、沙二州》，对敦煌历史地理深入论述探讨。在敦煌科技研究方面，施萍婷的《敦煌历日研究》，推算出了较前人更为准确的敦煌历日和制历规律。李正宇《敦煌历史地理导论》(1997

年)、杨秀清《八十年代以来金山国史研究综述》(1995 年)、《敦煌西汉金山国史》(1999 年)等成果，多利用敦煌文献对敦煌历史进行专门研究。

宗教史方面。马德从 1998 年开始，以"敦煌佛教社会史研究"为题，陆续发表了《十世纪敦煌寺历所记三窟活动》(《敦煌研究》1998 年第 2 期)、《敦煌版画的社会功能和背景意义浅述》(《觉群》学术年刊 2004 年总第三辑)、《敦煌石窟社会化佛教浅论》,(《中国佛学院学报(法源)》2005 年总第 23 期)等论文，并于 2011 年初出版了《中古敦煌佛教社会化论略》(中国社会科学出版社 2010 年版)。李正宇从 1999 年到 2005 年，陆续发表《唐宋敦煌世俗佛教的经典及其功用》、《唐宋时期的敦煌佛教》、《晚唐至宋敦煌僧人听食"净肉"》、《晚唐至宋敦煌僧尼普听饮酒》、《晚唐至宋敦煌听许僧人娶妻生子》、《8 至 11 世纪敦煌僧人从政从军》、《重新认识 8 至 11 世纪的敦煌佛教》等系列论文。殷光明《敦煌壁画艺术与疑伪经》《敦煌卢舍那法界图像研究》(之一、二)《从释迦三尊到华严三圣的图像转变看大乘菩萨思想的发展》、《初说法图与法身信仰——初说法从释迦到卢舍那的转变》等论文。密教方面有：彭金章《解读敦煌·神秘的密教》华东师范大学出版社，2010 年。

敦煌学史研究方面。樊锦诗的《守护敦煌艺术宝藏，传承人类文化遗产——敦煌研究院七十年》（《敦煌研究》2014年第3期）回顾了敦煌研究院从国立敦煌艺术研究所、敦煌文物研究所、敦煌研究院三个历史时期、七十年来的艰辛历程，重点回顾并总结了敦煌研究院建院以来在敦煌石窟的保护、研究、弘扬事业中取得的举世瞩目的成就。

敦煌石窟营建史研究方面。金维诺、贺世哲等先后对莫高窟建窟的起源、洞窟的营建、崖面的使用、一些洞窟建造的具体年代和窟主等问题，以及各个时期莫高窟营建的历史背景和营建活动等都进行过分析和探讨。马德对敦煌石窟4～11世纪的营建历史进行了全面考察，系统地叙述了莫高窟的创建、营造和发展的历史过程，出版专著《敦煌莫高窟史研究》（1996年），整理编辑出版《敦煌工匠史料》（1997年），出版专著《敦煌石窟营造史导论》（2002年）。

敦煌藏文文献研究方面。主要成果有：敦煌研究院院级课题"甘肃各地藏敦煌藏文文献整理研究"（2005年立项）。马德的《甘肃藏敦煌藏文文献概述》（2006年）对甘肃各地收藏的敦煌藏文文献作了介绍，着重对敦煌市博物馆藏梵夹式经页《十万般若颂》进行了分类叙述，将其分为报废经叶、原标明部类和页码之经叶、无部类和有页码经叶等三类；就甘肃藏敦煌藏文文献的价值、意义作出初步判断。马德主编的《甘肃藏敦煌藏文文献叙录》（甘肃民族出版社，2011年），以目录形式记录了甘肃省内19家单位和一家私人所藏的6672号敦煌藏文遗书。这是国内出版的首部敦煌藏文文献录，也继《敦煌遗书总索引》后国内出版的又一部大型敦煌文献录。目前，对国内藏敦煌藏文文献研究最多的是敦煌研究院的张延清，主要论著有：《敦煌藏文写经生结构分析》（2005年）、《简析敦煌古藏文经卷的抄写年代》（2007年）、《翻译家校阅大师法成及其校经目录》（2008年）、《吐蕃王妃贝吉昂楚及其敦煌校经题记》（2009年）、《敦煌古藏文佛经中的报废经页》（2009年）。

敦煌吐蕃历史文化综合研究方面。2008年和2010年敦煌研究院先后举办了敦煌吐蕃文化研讨会和敦煌石窟研讨会，敦煌研究院专家发表论文二十多篇，主要有马德《论敦煌在吐蕃历史发展中的地位》，沙武田《吐蕃石窟》、赵晓星莫高窟第361窟研究系列等；2010年又举办了敦煌吐蕃石窟专题学术研讨会，两次会议均出版有论文集。

1982年初，敦煌文物研究所编辑出版《敦煌研究文集》，开启了敦煌研究院集体成果编辑出版的先河；到2000年敦煌莫高窟藏经洞开启100周年之际，敦煌研究院陆续编辑出版了敦煌研究文集系列之《石窟经变篇》《石窟考古篇》《院藏敦煌文献研究篇》（甘肃民族出版社2000年）等，对敦煌研究院半个多世纪的研究工作进行了总结。从1983年开始，敦煌研究院先后于1987、1990、1994、2000、2004、2007、2010年举办了敦煌研究国际讨论会并出版会议集。对确立敦煌研究院在国际敦煌学界的地位发挥了重要作用。1994~2010年，敦煌研究院先后编辑出版了常书鸿、段文杰、史苇湘、孙儒僩、李其琼、欧阳琳、贺世哲、施萍婷、郑汝中、孙修身等一批老辈专家学者的论文集、图录等。

（二）兰州大学

1995年，兰州大学敦煌学研究所成立。其前身是兰州大学历史研究所敦煌学研究室（创办于1983年）；1984年获硕士学位授予权，1998年获历史文献学（含敦煌学、古文字学）博士学位授予权，成为全国唯一敦煌学博士学位授予权。目前历史文献学（含敦煌学、古文字学）专业已经建立了比较完善的学位体系，拥有硕士、博士学位授权点。与敦煌研究院联合共建之后，在1999年成为首批教育部人文社会科学重点研究基地。经过二十多年的建设发展，兰州大学敦煌学研究所成为国内外知名的敦煌学的科学研究、人才培养、资料信息的中心。

至20世纪90年代末，该所的主要学术成果有：齐陈骏、陆庆夫、郭锋《五凉史略》（1988年），郑炳林《敦煌地理文书汇辑校注》（1989年），陆庆夫、郭锋、王冀青《中外著名敦煌学家评传》（1989年），齐陈骏《河西史研究》（1989年），杜斗城《敦煌本〈佛说十王经〉校录研究》（1989年），约翰·马歇儿著，王冀青译《犍陀罗佛教艺术》（1989年），杜斗城《敦煌本五台山文献校录研究》（1991年），郑炳林《敦煌碑铭赞辑释》（1992年）等。

进入21世纪后，该所的重点研究方向有三个：敦煌文献整理研究、敦煌石窟佛教艺术研究、敦煌史地与敦煌社会研究。

1.敦煌文献整理研究方面的主要成果

（1）非佛经整理研究。郑炳林、王晶波《敦煌写本相书校录研究》（民族出版社，2004年版）。郑炳林《敦煌写本解梦书校录研究》（民族出版社，2005年版）。金身佳《敦煌写本宅经葬书校注》（民族出版社，2007年版）。陈于柱《敦煌写本宅经校录研究》（民族出版社，2007年版）。屈直敏《敦煌写本类书〈励忠节钞〉研究》（民族出版社，2007年版）。李应存、史正刚《敦煌佛儒道相关医书释要》（民族出版社，2006年版）。

（2）敦煌占卜文献整理研究。王祥

伟《敦煌五兆卜法文献校录研究》（民族出版社，2011 年版）。

（3）甘肃藏藏文文献编目与研究。黄维忠《8~9 世纪藏文发愿文题记——以敦煌藏文发愿文为中心》（民族出版社，2007 年版）。

（4）敦煌佛教文献整理与研究。魏迎春《晚唐五代敦煌佛教教团戒律清规研究》（上海古籍出版社，2015 年版）。

（5）敦煌道教文献整理与研究。陈于柱《区域社会史视野下的敦煌禄命书研究》（民族出版社，2012 年版）。

2. 敦煌石窟艺术研究方面的主要成果

（1）佛教图像学研究。杨森《敦煌壁画家具图像研究》（民族出版社，2010 年版）。沙武田《敦煌画稿研究》（民族出版社，2005 年版）。殷光明《敦煌壁画艺术与疑伪经》（民族出版社，2006 年版）。梁晓鹏《敦煌莫高窟千佛图像研究》（民族出版社，2006 年版）。

（2）洞窟个案研究。代表作有：公维章《涅槃、净土的殿堂——敦煌莫高窟第 148 窟研究》。米德昉《莫高窟第 100 窟研究》。郭俊叶《莫高窟第 454 窟研究》（均为甘肃教育出版社，2006 年版）。

3. 敦煌史地与敦煌社会研究方面的主要成果

（1）晚唐五代敦煌佛教史研究。杨明芬（释觉曼）《唐代西方净土礼忏法研究——以敦煌莫高窟西方净土信仰为中心》（民族出版社，2007 年版）。

（2）敦煌社会生活史研究。高启安《唐五代敦煌饮食文化研究》（民族出版社，2004 年版）。陆离《吐蕃统治河陇西域时期制度研究》（民族出版社，2011 年版）。

（3）归义军史专题研究。郑炳林主编《敦煌归义军史专题研究续编》（兰州大学出版社，2003 年版）。《敦煌归义军史专题研究三编》（甘肃文化出版社，2005 年版）。《敦煌归义军史专题研究四编》（三秦出版社，2009 年版）。

（4）敦煌民族研究。郑炳林、杨富学《回鹘文献与回鹘文化》（民族出版社，2003 年版）。

（三）甘肃省社会科学院

1979 年 10 月，甘肃省社会科学院成立，其文学研究所是国内敦煌文学研究的重要阵地。甘肃省社会科学院在敦煌学方面的研究主要集中在三个方面：敦煌文学、敦煌文化、敦煌美学。

1. 敦煌文学

1980 年以后，颜廷亮陆续发表《敦煌遗书中的甘肃文学作品》、《关于"敦煌文学"概念的几个问题》、《〈白雀歌〉新校井序》等数十篇论文，与人合编有《敦煌文学作品选》、《〈秦妇吟〉研究汇录》等作品集、资料集。他筹办主持了首次"敦煌文学研究座谈会"；主编了国内外唯一的敦煌语言文学研究刊物《敦煌语言文学研究通讯》；主编了国内第一本研究敦煌文学的专集《关陇文学论丛·敦煌文学专集》；主编了国内外迄今为止最为全面系统地介绍、研究敦煌文学作品的专著《敦煌文学》（甘肃人民出版社，1989年版）和《敦煌文学概论》（甘肃人民出版社，1993年版）。

2. 敦煌文化

颜廷亮受季羡林先生委托为其主编的国家社科基金项目《东方文化集成》丛书独立撰写了《敦煌文化》一书（光明日报出版社，2000年版）。其他论著有：颜廷亮《敦煌学研究的一个重要分支学科——敦煌文化研究漫议》（《敦煌研究》2000年第2期）。

3. 敦煌美学

穆纪光从1979年至今，在甘肃省社会科学院从事哲学、美学研究。近期从事理论美学研究，他将美学运用于敦煌艺术哲学研究，主要成果有：《艺术、艺术哲学、敦煌艺术哲学》（《甘肃社会科学》1996年第6期）；《宗白华与敦煌艺术研究——兼议敦煌艺术研究的哲学方法》（《敦煌研究》1996年第4期）；《阿芙洛蒂忒·药叉女·敦煌菩萨——对三种美神文化内涵的解释》（《美学与艺术学研究》第三集，江苏美术出版社，1997

年版）以及《感悟敦煌艺术》、《敦煌艺术史要论》、《艺术再生：敦煌艺术史研究中一个重要命题》等专题论文。

（四）西北师范大学

1983年，西北师范大学敦煌学研究所成立，是我国最早从事敦煌学研究和培养敦煌学人才的高校之一。1996年获得历史文献学（敦煌学）硕士学位授权点，2003年又获得专门史（西北史）博士点学位。西北师范大学敦煌学研究所为中国敦煌吐鲁番学会的发起单位，现已成为国内外颇有声名的敦煌学专业研究机构。至2010年，该所学者已出版专著20余部，发表论文300余篇。主要研究领域为敦煌历史地理、敦煌文学、敦煌美术三个方面。

1. 敦煌历史地理

1983年，陈守忠《公元八世纪后期至十一世纪前期河西历史述论》（《西北师院学报》1983年第4期）；曹怀玉《西北师院历史系文物室藏敦煌经卷录》（《西北师院学报》1983年第4期）。李并成《对河西一些古地名的历史地理研究》（《西北师院学报增刊·敦煌学研究》1984年）。刘再聪、陈正桃《胡适与敦煌学》（《敦煌学辑刊》1996年第1期）。刘再聪《隋唐时期河西地区内迁的回鹘——兼论甘州回鹘的渊源》（《敦煌研究》1998年第3期）。李并成《西北师范大学敦煌学研究所藏敦煌经卷录》（《敦煌研究》1993 年第 1 期）。

刘进宝著有《敦煌学述论》（甘肃教育出版社，1991 年版，后在台湾地区出版繁体字版，在韩国出版朝鲜文版）以及《藏经洞之谜——敦煌文物流散记》（甘肃人民出版社，1997 年版）、《敦煌学通论》（甘肃人民出版社，2002 年版）。李并成著有《河西走廊历史地理》（甘肃人民出版社，1995 年版）、《瓜沙史地研究》（甘肃文化出版社，1996 年版）、《大漠中的历史丰碑——敦煌境内的长城和古遗址》（甘肃人民出版社，1997 年版）。

2. 敦煌文学

1983 年，李鼎文著《敦煌文学作品选注》由西北师范学院油印出版。视为国内第一部敦煌文学教材。相关领域的代表性著述有：李鼎文《读佚名〈敦煌廿咏〉》、匡扶《王梵志诗社会内容浅析》、郑文《〈王昭君变文〉创作时间臆测》、刘进宝《敦煌学论著目录》、匡扶《王梵志诗与宋诗的散文化、议论化》、伍德煦《敦煌唐写本〈二圣序〉校记》等（以上均载于 1983 至 1984 年期间的《西北师院学报》及其敦煌学增刊）。专著主要有：吴福熙《敦煌残卷古文尚书校注》（甘肃人民出版社，1992 年版）；伏俊琏《敦煌赋校注》（甘肃人民出版社，1994 年版）；

汪泛舟《敦煌僧诗校辑》（甘肃人民出版社，1994 年版）；伏俊琏《石室齐谐——敦煌小说选析》（甘肃人民出版社，2000 年版）；伏俊琏《俗情雅韵——敦煌赋选析》（甘肃人民出版社，2000 年版）。张锡厚、伏俊琏、汪泛舟等合编《全敦煌诗》（共 20 册，作家出版社，2006 年版）。

3. 敦煌美术

1980 年，马化龙《中国美术简史》初稿完成。此外，发表了《丝绸之路东段的几处佛教石窟》《莫高窟 220 窟"维摩诘经变"与长安画风初探》等专题论文。2000 年，《中国美术简史》作为内部教材正式付印。

（五）其他

甘肃省图书馆周丕显为甘肃省较早从事敦煌研究的专家，著有《敦煌文献论丛》（甘肃文化出版社，1989 年版）；兰州财经大学（原兰州商学院）艺术学院敦煌商业文化研究所（高启安、王祥伟、徐晓卉），甘肃工业大学丝路文史研究所（李重申、路志俊、马德福、李金梅），甘肃省文物考古研究所（董玉祥、张宝玺），西北民族大学（高金荣），河西学院（王克孝、陈兴祝），天水师范学院（张鸿勋、陈于柱），甘肃省图书馆（曾雪梅、李芬林）均在各自的领域内对敦煌研究有所贡献。

第三节　简牍学

一、近代甘肃简牍的发现与研究

（一）敦煌汉简

20世纪初期，英国学者斯坦因三度赴中亚地区考察。其中1906~1908年、1913~1915年曾两度在甘肃省河西疏勒河流域对汉长城遗址进行考察和发掘，先后获得简牍文书3000余枚（件）。其于此后出版的《塞林提亚——中亚和中国西域考古记》详述了第二次考察情况；《亚洲腹地——中亚、甘肃和伊朗东部考古记》介绍了第三次考察情况。斯坦因将两次考察所获汉简委托法国汉学家沙畹进行研究。1913年，沙畹出版《斯坦因东土耳其斯坦沙漠发现的汉文文书》，发表了第二次考察资料和研究成果。中国学者罗振玉和王国维见到该书后，作释文和考证，合著《流沙坠简》（日本东山学社1914年版），对敦煌汉简进行了分类考释和研究，开敦煌汉简研究之先河。1917年，沙畹去世，斯坦因第三次中亚考察资料由其学生马伯乐接续整理研究（后于1953年著成《斯坦因第三次中亚考察所获汉文文书》出版）。中国留法学者张凤自马伯乐处获得斯坦因第三次中亚考察有关资料后，连同沙氏发表的第二次考察资料，著成《汉晋西陲木简汇编》于1931年在国内率先刊布。

中国和日本学者曾就敦煌汉简研究发表过一系列论著。中国学者代表作有：罗振玉《敦煌〈仓颉篇〉残简考释》（《学术丛编》第1册，1909年）；王国维《苍颉篇残简跋》（《学术丛编》第23册，1917年））；王国维《流沙坠简补正》和《流沙坠简考释补正》（《学术丛编》第一册，1916年）；容肇祖《田章故事考补》（《民俗周刊》第113期，1933年）；贺昌群《流沙坠简校补》（《国立北平图书馆季刊》第8卷第5期）；劳干《两关遗址考》（《中央研究院历史语言研究所集刊》11，1944年9月，以下简称《集刊》）；夏鼐《太初二年以前的玉门关位置考》（《中央时报》1947年12月1日）；劳干《敦煌汉简释文》（收入《居延汉简考释》，商务印书馆，1949年）。此外，1944年，西北科学考察团历史考古组赴河西考察，团员夏鼐和阎文儒在玉门关（小方盘城）以东烽燧遗址中获得汉简40余枚（原简现藏台湾"中央研究院"）。夏鼐《新获之敦煌汉简》一文发表了释文和研究成果（《集刊》第19本，商务印书馆，1948年）。日本学者代表作有：后藤朝太郎《论中亚细亚出土的汉代木简》（《书画骨董杂志》第129、130号，1919年）和《汉晋木简真迹》（《书画全集》第 3 册，1931 年）；泷川政次郎《流沙坠简所见汉代法制的研究》（《满洲学报》第 6 期，1941 年 6 月）。

（二）居延汉简

1930 年，中国和瑞典合组之西北科学考察团在中国新疆、甘肃、内蒙古地区进行科学考察。瑞方团员福克·贝格曼考察额济纳河两岸时，在 30 余个遗址中发掘出土汉简 10200 枚，其中以额济纳旗、地湾城、大湾城肩水金关等处遗址出土简牍最多。因出土地属汉代张掖郡居延县辖地，故取名"居延汉简"，其内容主要为汉代驻居延地区居延都尉府和肩水都尉府所属军队的屯戍文档。发掘结束后，出土文物运至北京，于 1931~1935 年期间进行整理与考释，具体工作由马衡、向达、贺昌群、余逊、劳干、沈仲章等负责。全面抗战爆发后，居延汉简整理研究工作被迫中断；原简自北京运出后，先藏香港大学图书馆。1941 年太平洋战争爆发，香港沦陷，原整理资料大都毁于战火，原简辗转运至美国，藏美国国会图书馆。1949 年从美国运至台湾，藏"中央研究院"历史语言研究所。居延汉简命运多舛，历经战火洗礼，整理出版异常艰难。1943 至 1944 年，劳干的石印本释文及考证出版；1949 年商务印书馆出版铅印本释文。

国内外学者关于居延汉简的研究主要分为以下领域：

1. 综论类

代表作有：王国维《最近二三十年中国新发现之学问》（1925 年清华国学院讲演稿，后刊于《女师大学术季刊》第 1 卷第 4 期，1941 年 12 月）；方诗铭《"汉简"与"晋简"——西北地下的宝藏》（《西北通讯》1 卷 3 期，1947 年）。

2. 文字考释类

居延汉简时代跨度长，文书种类繁多，书写者众，字体多变，通假字、俗体字、错别字屡现，给释文造成了许多难题。所以文字考释便成为居延汉简研究最基础的问题，大多数学者均致力于考释、校正、补正等。代表作有：马衡《汉代的木简》（《西北文物展览会特刊》1~3，1936 年）；劳干《居延汉简考释·释文之部》（四川南溪石印本，线装 4 册，1943 年）和《居延汉简考释》（商务印书馆，1949 年）。

3. 简牍形制类

代表作有：傅振伦《简册说》（《考古社刊》1937 年第 6 期）；黄盛璋《简牍以长短别尊卑考》（《东南日报》1948 年 4 月 7 日）。

4. 政治制度类

代表作有：劳干《汉代奴隶制度辑略》（《集刊》5-1，1935 年 10 月）、《从汉简所见之边郡制度》（《集刊》8-2，1939 年 9 月）、《两汉刺史制度考》（《集刊》11，

1944 年 9 月）、《论汉代的内朝与外朝》
（《集刊》13，1948 年 9 月）、《汉代察举
制度考》（《集刊》17，1948 年 4 月）；严
耕望《两汉郡县属吏考》及《补考》（《中
国文化研究汇刊》2、3 卷，1942、1943 年）。

5. 经济、军事、屯戍类

代表作有：贺昌群《烽燧考》（《国
学季刊》6-3，1940 年）；张维华《汉置
边塞考略》（《齐鲁学报》1940 年第 1 期）；
劳干《汉代兵制及汉简中的兵制》（《集刊》
10，1943 年 5 月）；劳干《汉简中的河西
经济生活》（《集刊》11，1944 年 9 月）。

6. 史地研究类

代表作有：张维华《汉河西四郡建
置年代考疑》（《中国文化研究汇刊》2，
1942 年 9 月）；劳干《秦汉帝国的领域及
其边界》（《现代学报》第 1 卷第 4、5 期，
1947 年 5 月）；徐规《汉河西四郡建置年
代辩证》（《浙江学报》2-2，1948 年 6 月）。

二、当代学者关于敦煌汉简和居延汉简的研究

（一）敦煌汉简

20 世纪 50 年代以后，围绕斯坦因所
获汉简，中国大陆、台湾地区及日本学者
从文字考释、书法艺术、历史地理、政
治制度、语言文学、历术、医药学等各方
面进行了多视角研究，特别是对玉门关、
阳关有关问题开展了广泛深入地研究。

中国大陆学者代表作有：向达《两
关杂考》（《唐代长安与西域文明》，三联
书店，1957 年）；劳干《论汉代玉门关的
迁徙问题》（《清华学报》2-1，1960 年 5
月）；陈梦家《玉门关与玉门县》（《考古》
1965 年第 9 期）；陈直《敦煌汉简释文平议》
（《摹庐丛著七种》，齐鲁书社，1981 年）；
马雍《西汉时期玉门关和敦煌郡的西境》
（《中国史研究》1981 年第 1 期）；李均明
《〈流沙坠简〉释文校正》（《文史》第 12 辑，
中华书局，1981 年）；何双全《敦煌汉简
释文补正》（《汉简研究文集》，甘肃人民
出版社，1984 年）；赵友琴《流沙坠简
中敦煌医方简初探》（《上海中医药杂志》
1986 年第 11 期）；何双全《汉代敦煌史
概论》（《1990 年敦煌学国际研讨会文集》，
辽宁美术出版社，1995 年）；何双全《敦
煌汉简研究》（《国际简牍学会会刊》第 2
号，台湾兰台出版社，1996 年）；李均明、
刘军《出土简牍与汉晋敦煌》（《简帛研究》
第二辑，法律出版社，1996 年）；何双全
《论西汉敦煌玉门关的三次变迁》（《简牍
学研究》第三辑，2002 年，及《国际简
牍学会会刊》第五号，2008 年）；李岩云、
傅立诚《汉代玉门关址考》（《敦煌研究》
2006 年第 4 期）。

台湾地区学者代表作有：劳干《敦
煌及敦煌的新史料》（《大陆杂志》第 1 卷
第 3 期，1950 年）；严耕望《流沙坠简中

所见之诸掾属》(《集刊》第 45 本第 3 册，1963 年)；邢义田《大庭修著〈大英图书馆藏敦煌汉简〉校记》(《汉学研究》第 10 卷第 1 期，1992 年)。

日本学者代表作有：高村濑次《论斯坦因所得敦煌木简》(《日本学士院通报》(英文版) 第 30 卷第 10 期，1954 年)；日比野丈夫《论汉代向西扩展与两关的建立》(《东方学报》27，1957 年)；大庭修《敦煌汉简释文私考》(《关西大学论文集》第 23 卷 1 号，1973 年)；玉井是博《敦煌户籍残简考》(《东洋学报》16 卷第 2 期，1987 年 7 月)；富谷至《汉代边境的关所——玉门关所在考》(《东洋史研究》48-4，1990 年 3 月)。

资料发掘整理刊布方面。1983 年，林梅村、李均明著《疏勒河流域出土汉简》(文物出版社，1984 年)，著录斯坦因中亚考察所获得敦煌汉简千余枚。20 世纪 70 年代以来，日本学者大庭修、富谷至和中国学者汪涛、胡平生等前往英国调查，查看大英图书馆藏斯坦因所获原简。主要成果有：大庭修《大英图书馆藏敦煌汉简》(日本同朋社，1990 年)；富谷至《大英图书馆所藏的敦煌汉简》(《简帛研究译丛》第一辑，中国社会科学出版社，1996 年)；汪涛、胡平生、吴芳思《英国国家图书馆藏斯坦因所获未刊汉文简牍》(上海辞书出版社，2007 年)。1989 年，兰州

大学郭锋受学校委派前往英国参与调查整理敦煌文献，期间查阅了斯坦因所获资料，著成《斯坦因第三次中亚探险所获：甘肃新疆出土汉文文书——未经马斯伯乐刊布的部分》(甘肃人民出版社，1993 年)，指出原其编号 1733~3326 号文书中仍有 1593 枚汉简未曾整理发表，但大都是残碎断简。由此可知斯坦因两次探险，从敦煌地区获得的简牍文书应是近 3000 枚 (件)，这些资料发表后，掀起了敦煌汉简研究热，开创了甘肃汉简研究新纪元。

20 世纪 70 年代末以后，敦煌地区陆续出土一批汉简，进一步丰富了敦煌汉简内容，拓展了相关研究领域。主要有：

1. 马圈湾汉简

1979 年，甘肃省博物馆发掘敦煌玉门关 (小方盘城) 以西 12 千米处马圈湾汉代长城烽燧遗址，出土汉简 1217 枚。皆屯戍文档。其中纪年简 63 枚，最早者为西汉宣帝刘询元康元年 (前 65 年)，最晚者为王莽地皇三年 (22 年)。文书内容有诏书、奏书及各种屯戍簿籍。其中以王莽时期的奏书最为重要，资料新，可证可补《汉书·王莽传》相关记载之史实，同时对研究玉门关的位置提供了新线索。1981 年发表发掘简报 (甘肃省博物馆《敦煌马圈湾汉代烽燧遗址发掘简报》，《文物》1981 年第 10 期)。1991 年出版汉简

释文简装本（吴礽骧、李永良、马建华《敦煌汉简释文》，甘肃人民出版社，1991年）；同时出版了图版本和发掘报告（甘肃省文物考古研究所《敦煌汉简》，中华书局，1991年）。这批资料发表后，引起学界注意，主要论著有：吴礽骧《新获敦煌马圈湾汉简中的西域资料》（《西北史地》1991年第1期）；张俊民《新获敦煌马圈湾汉简中的西域资料之三》（《西北史地》1991年第2期）；李永良、张德芳《关于敦煌汉简中西域史料的几个问题》，胡平生《敦煌马圈湾简中关于西域史料的辩证》（均收入日本关西大学《1992年汉简研究国际讨论会报告书——汉简研究的现状与展望》，1993年12月）；孙占宇《马圈湾汉简所见一次发生在车师的战争》（《敦煌学辑刊》2006年第3期，兰州大学）；罗见今《敦煌马圈湾汉简年代考释》（《敦煌研究》2008年第1期）。

2. 敦煌市博物馆馆藏汉简

1979~1989年，敦煌市博物馆在进行长城烽燧遗址保护巡察和专项调查时，从盐池湾（8）（该数为获简数，下同）、后坑（14）、马圈湾（3）、小方盘城南一燧（5）、酥油土（76）、玉门关（2）、臭墩子（2）、芦草井沟（8）、小月牙湖东墩（19）、后坑墩（3）、人头疙瘩（10）、条湖坡（4）、甜水井（69）（即悬泉置）等13处遗址中采集汉简223枚，皆西汉简。1984年发表酥油土的资料和研究成果（敦煌市文化馆《敦煌酥油土汉代烽燧遗址出土的木简》，收入甘肃省博物馆等编《汉简研究文集》）。1991年甘肃省文物考古研究所编《敦煌汉简》收录发表上述全部图版和释文，1993年何双全加以校正（何双全《敦煌新出简牍辑录》，《简帛研究》第一辑）。

3. 清水沟汉简

1990年4月，敦煌市博物馆进行长城巡查时，在玉门关西北马迷兔清水沟东墩烽燧遗址中获得木简41枚及其他文物，其中《历谱》一册27枚，残简14枚，藏敦煌市博物馆。纪年有西汉昭帝元凤四年（前77年）。经研究断定历谱简为西汉宣帝地节元年（前69年）之历谱。1996年发表资料和研究文章。主要有：敦煌市博物馆《敦煌清水沟汉代烽燧遗址出土文物调查及汉简考释》；殷光明《敦煌清水沟汉代烽燧遗址出土〈历谱〉考述》（《简帛研究》第二辑）；罗见今《敦煌汉简中历谱年代之再研究》（《敦煌研究》1999年第3期）。

4. 玉门关汉简

1998年，为配合玉门关（小方盘）遗址维修工程，敦煌市博物馆对关城下外围四周进行清理，发现汉简340余枚。其中纪年简19枚，时代最早者为西汉宣帝甘露二年（前52年），最晚者为成帝绥和二年（前7年），未整理发表，部分简在敦煌市博物馆展出。

20世纪80年代以后至第三次全国文物普查期间，敦煌地区有关地点又陆续发现部分汉晋时期简牍。主要有悬泉汉简和一棵树晋简。

1990年10月~1992年12月，甘肃省文物考古研究所发掘敦煌市五墩乡（今莫高镇）甜水井汉代悬泉置遗址，发掘面积3000余平方米，出土竹木简牍25000余枚（件），其他器物万余件。1993~2001年进行全面整理，完成出土器物分类、编号、发掘记录整理以及简牍清洗、编号、建档、记录、拍照、初步释文、释文校对及二次审稿、定稿等工作。考古发掘简报等资料于2000年发表（甘肃省文物考古研究所《甘肃敦煌汉代悬泉置遗址发掘简报》《敦煌悬泉汉简概述》《敦煌悬泉汉简释文选》（《文物》2000年第5期）。自20世纪90年代以来，学界围绕悬泉汉简陆续出版和发表的主要论著有：何双全《敦煌悬泉置和汉简文书的特征》（《1992年汉简研究国际讨论会报告书》，1993年1月）；吴礽骧《丝绸之路上的又一重大考古发现——敦煌悬泉遗址》（《长城国际学术研讨会论文集》，吉林人民出版社，1995年）；张俊民《〈悬泉置元康四年正月尽十二月丁卯鸡出入簿〉辨析》（《敦煌研究》1995年第2期）；吴昌廉《悬泉通考》（《国际简牍学会会刊》

第二号，1996年）；何双全《汉代西北驿道与传置——甲渠侯官、悬泉汉简〈传置道里簿〉考述》、王冠英《汉悬泉置遗址出土元与子方帛书信札考释》（《中国历史博物馆馆刊》1998年第1期）；甘肃省文物考古研究所《敦煌悬泉月令诏条》（中华书局，2001年）；胡平生、张德芳《敦煌悬泉汉简释粹》（上海古籍出版社，2001年）；王子今《〈长罗侯费用簿〉应为〈过长罗侯费用簿〉》（《文物》2001年第6期）；张德芳《从悬泉汉简看两汉两域屯田及其意义》（《敦煌研究》2001年第3期）；林梅村《尼雅汉简与汉代文化在西域的初传——兼论悬泉汉简中的相关史料》（《中国学术》第六辑，2001年）；何双全《新出土元始五年〈诏书四时月令五十条〉考述》、《汉与楼兰（鄯善）、车师交涉史新证》、《西汉与乌孙交涉史新证》（《国际简牍学会会刊》第三号〈2001〉、第四号〈2002〉，台湾兰台出版社）；张德芳《悬泉汉简羌族资料辑考》（《简帛研究》，2001年9月）；殷晴《悬泉汉简和西域史事》（《西域研究》，2002年第3期）；于振波《从悬泉置壁书看〈月令〉对汉代法律的影响》（《湖南大学学报》（社科版），2002年第5期）；侯丕勋《悬泉和悬泉历史地理考述》（《简牍学研究》第三辑，2002年4月）；何海龙《从悬泉汉简谈西汉与乌孙的关系》（《求索》，2006年第 3 期）；王栋梁《从悬泉汉简看汉代的邮驿制度》（《社科纵横》，2007 年第 6 期）。

2008 年，敦煌市博物馆进行第三次文物普查时，在玉门关以西马迷兔一棵树烽燧遗址中发现木简 1 枚。简长 44.30 厘米，正面有封泥孔，是封简中最长者。并有元康四年纪年。杨俊《敦煌一棵树汉代烽燧遗址出土的简牍》（《敦煌研究》2010 年第 4 期）发表释文及研究成果。后经研究认定，该简非西汉简，而是西晋惠帝司马衷元康四年（294 年）文书，对于研究敦煌西晋时期长城防御建置系统的历史有重大价值。

（二）居延汉简

20 世纪 50 年代以后，随着资料的陆续整理和刊布，掀起了居延汉简研究高潮。研究队伍逐渐形成，研究课题不断深入，涉及领域不断扩大，研究成果连篇累牍，主要有：综论、文字考释、简牍形制、政治制度、军事屯戍、经济研究、法律、律令、历史地理等方面。

1. 综论

（日）石田干之助《支那西陲出土的简牍》（《定本书道全集》3，河出书房，1954 年）；中国科学院考古研究所《居延汉简甲编》（科学出版社，1959 年）；（日）森鹿三《居延汉简集成》（《东方学报》29 册，1959 年 3 月）；陈梦家《汉简考述》（《考古学报》1963 年第 1 期）；（日）大庭脩

《论中国出土的简牍》（《第一次木简研究会记录》，1976 年）；马先醒《简牍通考》（台湾《简牍学报》第 4 期，1976 年 12 月）；中国科学院考古研究所整理出版《居延汉简甲乙编》，同时出版根据贝格曼发掘记录而编写的《额济纳河流域障燧述要》（中华书局，1980 年）；陈直《居延汉简研究》（天津古籍出版社，1986 年）；薛英群《居延汉简通论》（甘肃教育出版社，1991 年）；（日）富谷至《汉简》（东京大学出版会，1993 年 2 月）；《居延汉简补编》（台湾“中央研究院”历史语言研究所，1998 年）；（日）永田英正《居延汉简研究》（上下册，张学锋译，广西师范大学出版社，2007 年）。（日）大庭脩《汉简研究》（徐世虹译，广西师范大学出版社，2001 年）。

2. 文字考释

专著有：中国科学院考古研究所编著《居延汉简甲编》（科学出版社，1959 年）、《居延汉简甲乙编》（中华书局，1980 年）；谢桂华、李均明、朱国炤著《居延汉简释文合校》（文物出版社，1987 年）；贺昌群《汉简释文初稿》（北京图书馆出版社，2005 年 6 月）。代表性论文有：1957 年，马衡遗著《居延汉简考释两种》发表（《考古通讯》1957 年第 1 期）；于豪亮《居延汉简校释》（《考古》，1964 年第 3 期）；钱玄《秦汉帛书简牍中的通假字》（《南京师院学报》（社会科学版）

1980 年第 3 期）；（日）江村治树《战国秦汉简牍文字的变迁》（《东方学报》53，京都大学人文科学研究所，1981 年 3 月）；（日）池田温《中国简牍研究的位相》（《木简研究》第 3 号，1981 年）；初世宾《〈居延汉简甲编〉释文校疑》（《考古与文物丛刊——古文字论集》1983 年第 2 号）；徐富昌《汉简文字研究》（台湾政治大学硕士论文，1984 年）；陈雍《〈居延汉简甲乙编〉释文校字》（《史学集刊》1985 年第 1 期）；于豪亮《居延汉简丛释》（《文史》第 12、17 辑，中华书局 1981、1983 年）；张显成《论简帛文献的语言研究价值》（《简帛语言文字研究》第一辑，巴蜀书社，2002 年）；曾宪通《秦至汉初简帛篆隶的整理和研究》（《中国文字研究》2002 年第 3 期）；方孝坤《简牍文字发展研究》（《国际简牍学会会刊》第 4 号，台湾兰台出版社，2002 年 5 月）。李玉《简帛文献中异文别字的同源相通研究》（《汕头大学学报》（人文版）2006 年第 5 期）。

3. 简牍形制

陈槃《先秦两汉简牍考——"篇""卷"附考》（《学术季刊》1 卷 4 期，1953 年）；（日）原田淑人《东与西（九）——论中国古代木简中的"觚"》（《圣心女子大学论丛》27，1966 年 10 月）；马先醒《简牍形制》（《简牍学报》第 7 期，1980 年）；傅振伦《西汉始元七年出入六寸符券》

（《文史》第 10 期，中华书局，1980 年 10 月）；李均明《汉简"过书刺"解》（《文史》第 28 期，中华书局，1987 年 3 月）；（日）籾山明《刻齿简牍初探》（《木简研究》第 17 号，1995 年）。

4. 政治制度

劳干《汉代的雇佣制度》（《集刊》23（上），1951 年 12 月）；严耕望《汉代地方行政制度》（《集刊》25，1954 年 6 月）；饶宗颐《新莽职官考》（《东方学报》1-1，1954 年）；王毓铨《汉代亭与乡、里不同性质不同行政系统说》（《历史研究》1954 年第 2 期）；（日）米田贤次郎《论由账簿所见汉代官僚组织》（《东洋史研究》14-1-2，1955 年 7 月）；（英）鲁惟一《中国汉代的爵制》（《通报》第 48 卷，1960 年）；（日）尾形勇《汉代的姓与身份——关于中国古代奴婢制的考察》（《历史学研究》第 298 号，青木书店，1965 年）；（美）张春树《汉代边地上乡和里的结构》（《大陆杂志》32-3，1966 年）；陈梦家《汉简所见太守、都尉二府属吏》和《西汉都尉考》（《汉简缀述》（中华书局，1980 年）；（日）藤枝晃《汉简职官表》（《简牍研究译丛》第一辑，中国社会科学出版社，1983 年）；熊铁基《十里一乡和十里一亭——秦汉乡、亭、里关系的决断》（《江汉论坛》1983 年 11 期）；朱绍侯《西汉的功劳阀阅制度》（《史学月刊》1984 年第 3 期);(日) 大庭修《论汉代的论功升进》（《简牍研究译丛》第二辑，中国社会科学出版社，1987 年);(日) 永田英正《从简牍看汉代边郡的统治制度》（《简牍研究译丛》第二辑，中国社会科学出版社，1987 年)；李振宏《居延汉简中的劳绩制度》（《中国史研究》1988 年第 2 期)；何双全《〈汉简·乡里志〉及其研究》（《秦汉简牍论文集》，甘肃人民出版社，1989 年)；谢桂华《汉简和汉代的取庸代戍制度》（《秦汉简牍论文集》，甘肃人民出版社，1989 年)；何双全《两汉时期西北邮政蠡测》（《西北史地》1990 年第 1 期)；林剑鸣《中国古代官吏的休假制度与婚姻家庭》（《学术月刊》1991 年第 2 期)；田昌五《就秦汉奴隶制度谈古史分期问题》（《文史哲》1991 年第 6 期)；杨际平《秦汉户籍管理制度研究》（《中华文史论丛》2007 年第 1 期)。

5. 军事和屯戍

（日）藤枝晃《长城的防御》（《游牧民族的研究》，1953 年)；(日) 伊藤道治《汉代居延战线的展开》和《居延烽燧表》（《东洋史研究》12-3，1953 年 3 月)；劳干《汉代的西域都护与戊己校尉》（《集刊》28，1956 年 12 月)；陈直《西汉屯戍研究》（《两汉经济史料论丛》，陕西人民出版社，1958 年)；(英) 鲁惟一《汉代的军政》（《中国学会专刊》12，1961 年)；于豪亮《居

延汉简中的"省卒"》（《文物》1963 年第 11 期)；陈梦家《汉简所见居延边塞与防御组织》、《汉代烽燧制度》、《汉武边塞考略》（《汉简缀述》，中华书局，1980 年)；刘光华《汉武帝对河西的开发及其意义》（《敦煌学辑刊》1980 年第 1 期)；张荣芳《西汉屯田与丝绸之路》（《中国史研究》1983 年第 4 期)；初世宾《汉边塞守御器备考略》（《汉简研究文集》，甘肃人民出版社，1984 年)；徐元邦、曹正尊《居延汉简中所见的骑士》（《中国考古学研究》1986 年 8 月)；(日) 永田英正《再论汉代边郡的候官》（《滋贺大学教育学部纪要》，1986 年)；(日) 米田贤次郎《秦汉帝国的军事组织》（《简牍研究译丛》第二辑，中国社会科学出版社，1987 年)；邢义田《从居延汉简看汉代军队的若干人事制度》（《新史学》3-1，1992 年 3 月)；贾丽英《从居延汉简看汉代随军下层妇女生活》（《石家庄师范专科学校学报》，2004 年第 1 期)。

6. 经济研究

贺昌群《论西汉的土地占有形态》（《历史研究》，1955 年第 2 期)；陈直《两汉经济史料论丛》（陕西人民出版社，1958 年 4 月)；朱楠《汉简中之河西物价》（《简牍学报》第 5 期，1977 年 1 月，台北)；赵俪生《试论西汉的土地所有制和社会经济结构》（《文史哲》1982 年第 5

期）；黄今言《汉代的赀算》（《中国社会经济史研究》1984 年第 1 期）；田泽滨《汉代的"更赋"、"赀算"与"户赋"》（《东北师大学报》1984 年第 6 期）；林甘泉《中国古代土地私有化的具体途径》（《文物与考古论集》，文物出版社，1986 年）；李孝林《从汉代简牍研究粮食经济史》（《粮食经济研究》1991 年第 2 期）；倪根金《汉简所见西北垦区农业——兼论汉代居延垦区衰落之原因》（《中国农史》1993 年第 4 期）；高维刚《从汉简窥管河西四郡市场》（《四川大学学报》（哲社版）1994 年第 2 期）；朱德贵《汉简与财税管理若干问题考述》（《九江师专学报》2001 年第 4 期）；王利《西汉西北边郡官厅会计研究》（《国际简牍学会会刊》第四号，台湾兰台出版社，2002 年 5 月）；王子今《汉代丝路贸易的一种特殊形式——论"戍卒行道赍卖衣财物"》（简帛研究汇刊第 1 辑，2003 年 5 月）。

7. 法律和法令研究

（日）大庭修《论汉代的迁徙刑》（日本《史泉》6，1957 年 6 月）和《爰书考》（《简牍研究译丛》第一辑，中国社会科学出版社，1983 年）；（日）崛敏一《中国的律令与农民支配》（《历史学研究》，1978 年）；刘海年《秦汉诉讼中的爰书》（《法学研究》1980 年第 1 期）；陈连庆《汉律的主要内容及其阶级实质》（《秦汉史

论丛》第 1 辑，陕西人民出版社，1981 年）；林剑鸣《隶臣妾辩》（《中国史研究》1980 年第 2 期）；张鹤泉《略论汉代的驰刑徒》（《东北师大学报》1984 年第 4 期）；刘海年《中国古代监狱及有关制度》（《中国警察制度简论》，群众出版社，1985 年）；陈直《居延汉简所见的汉律》（《居延汉简研究》，1986 年 5 月）；徐世虹《汉简与汉代法制研究》（《内蒙古大学学报》1992 年第 2 期）；吴荣曾《汉简中所见的刑徒制》（《北京大学学报》1992 年第 2 期）；高恒《汉简中所见法律论考》（《简帛研究》第二辑，1996 年 9 月）；何双全、陈玲《汉简所见刑徒的输送与管理》（《秦汉史论丛》第八辑，云南大学出版社，2001 年）。

8. 历史与地理研究

施之勉《河西四郡建置考》（《大陆杂志》3-5，1951 年 9 月）；（日）日比野丈夫《论河西四郡的建立》（《东方学报》

首届中国简牍国际学术研讨会

25，1954 年）；（美）张春树《汉代河西四郡的建置与开拓过程的推测》（《集刊》37（下），1967 年 6 月）；张寿仁《居延汉简中之昌邑王国简及其有关问题》（《简牍学报》第 5 期，1977 年 1 月）；陈梦家《河西四郡的建置年代》（《汉简缀述》，中华书局，1980 年）；黄文弼《河西四郡建置年代考》（《西北史地论丛》，上海人民出版社，1981 年）；于豪亮《居延汉简释地》（《考古与文物》1981 年第 4 期）；刘光华《建郡后的汉代河西》（《敦煌学辑刊》1982 年第 2 期）；周振鹏《西汉河西四郡建置年代考》（《西北史地》1985 年第 1 期）；王宗维《汉代河西四郡始设年代问题》（《西北史地》1986 年第 3 期）；陈直《汉书赵充国传与居延汉简的关系》、《居延简所见地名通考》（《居延汉简研究》，中华书局，2009 年）。

9. 学术史

沈仲章口述、霍伟记录、胡绣枫整理《抢救居延汉简历险记》（《团结报》1986 年 1 月 25 日、2 月 1 日、2 月 8 日第 3 版；《中国文物报》1986 年 6 月 22 日、7 月 11 日、8 月 8 日第 4 版；《新华文摘》1986 年第 4 期）；邢义田《傅斯年、胡适与居延汉简的运美及返台》（《集刊》66-3，1995 年）；何双全《甘肃简牍的发现与整理》（《中国典籍与文化》1997 年第 3 期）。

20 世纪 70 年代，由甘肃省文化局、甘肃省博物馆、酒泉地区文教处等单位组成居延考古调查队，对额济纳河（黑水）流域汉代长城及烽燧遗址进行考古调查。随后由甘肃省博物馆主持、酒泉地区各文博单位及当地驻军参加，对破城子（A8）、第四燧（P1）、金关（A32）三处遗址进行考古发掘，共获木简 19700 余枚。为区别于 1930 年之发现，故命名为“居延新简”。居延新简发现后，于 1975~1978 年期间在甘肃省博物馆进行资料整理，完成了出土器物清洗、保护、编号、记录、建档、拍照等工作，同时撰写了发掘简报（居延考古队《居延汉代遗址的发掘和新出土简册文物》,《文物》1978 年第 1 期）。1978 年 10 月~1984 年 12 月，居延新简的整理与考释由甘肃省博物馆、中国社会科学院历史研究所、国家文物局古文献研究室等单位共同组建的整理小组承担，并被列为“六五”期间全国哲学社会科学历史学科古代史重点项目。主要成果有:《居延新简》释文简体本（《居延新简》,文物出版社，1990 年）；《居延新简·甲渠侯官》（中华书局，1994 年）；同时陆续发表破城子（A8）和第四燧出土的全部汉简资料，完成了金关汉简的整理和初步释文稿。这批资料公布后，再度掀起居延汉简研究热。国内外学界主要成果有：甘肃居延考古队《《建武三年候粟君所责寇恩事〉释文》，徐苹芳《"粟君所责寇恩事"简册考略》、肖亢达《〈粟君所责寇恩事〉简册略考》（《文物》1978年第1期）；许倬云《跋居延出土的寇恩爰书》（《陶希胜先生八秩荣庆论文集》，台北食货出版社，1979年）；甘肃居延考古队《居延汉简〈候史广德坐罪行罚檄〉》（《文物》1979年第1期）；甘肃居延考古队《"塞上烽火品约"释文》；薛英群《居延〈塞上烽火品约〉册》（《考古》1979年第4期）；徐苹芳《居延、敦煌发现的〈塞上烽火品约〉——兼释汉代的烽火制度》（《考古》1979年第5期）；伍德煦《居延出土〈甘露二年丞相御史律令〉简牍考释》（《甘肃师大学报》（哲社版），1979年第4期）；初仕宾《居延简册〈甘露二年丞相御史律令〉考述》（《考古》1980年第2期），裘锡圭《关于新出甘露二年御史书》（《考古与文物》1981年第1期）；（日）大庭修《居延新出土的候粟君所责寇恩事册——"爰书考"补》（《东洋史研究》40-1，1981年）；初世宾、肖亢达《居延汉简〈责寇恩事〉的几个问题》（《考古与文物》1981年第3期）；朱绍侯《对居延简册〈甘露二年丞相御史律令〉考述的商榷》（《河南师大学报》（社科版），1982年第4期）；初世宾、任步云《建武三年河西大将军府居延都尉吏奉例略考》（《敦煌学辑刊》1983年第3期）；林剑鸣《秦汉时代的丞相与御史

史——居延汉简解读笔记》（《兰州大学学报》（社科版），1983年第3期）；甘肃省博物馆《〈永始三年诏书〉简册释文》（《西北师院学报》1983年第4期，《敦煌学辑刊》，1984年第2期）；伍德煦《新发现的一份西汉诏书——〈永始三年诏书简册〉考释和有关问题》（《西北师范学院学报》1983年第4期、《中国古代史》1983年第11期）；初世宾《秦人·秦胡蠡测》（《考古》1983年第3期）；（日）大庭修《论肩水金关出土的〈永始三年诏书〉简册》（《关西大学文学论集》33-2，1984年1月，姜镇庆译，《敦煌学辑刊》1984年第2期）；初师宾、伍德煦《居延甘露二年御史书册考述补》（《考古与文物》1984年第4期）；初世宾、肖亢达《居延汉简所见汉代〈囚律〉佚文考》（《考古与文物》，1984年第2期）；吴礽骧《汉代烽火制度探索》（《汉简研究文集》，甘肃人民出版社，1984年）；陈祚龙《关于居延甲渠候粟君与"客民"寇恩之辨讼及其"具狱"文书》（《简牍学报》11，1985年9月）；何双全《〈塞上烽火品约〉诠释》（《考古》1985年第9期）；杨剑虹《从居延汉简〈建武三年候粟君所责寇恩事〉看东汉的雇佣劳动》（《西北史地》1986年第2期）；薛英群《居延新简〈永始三年诏书〉册初探》（《秦汉史论丛》第三辑，陕西人民出版社，1986年7月）；裘锡圭《再谈甘露二年御史书》

（《考古与文物》1987 年第 1 期）；薛英群、何双全、李永良《居延新简释粹》（兰州大学出版社，1988 年 1 月）；何双全《窦融在河西》（《西北史地》1988 年第 3 期）；刘海年《东汉初年的一宗诉讼案卷》（《中国法律史国际学术论文集》，1990 年 9 月）；（日）永田英正《"候史广德坐罪行罚檄"考》（《简帛研究》第一辑，1993 年 10 月）；张建国《居延汉简"粟君债寇恩"民事诉讼个案研究》（《中外法学》1996 年第 5 期）；何双全《居延甲渠候官简牍文书分类与文档制度》（《简牍学研究》第 1 辑，1997 年）；李均明《居延新简编年——居延篇》（香港新文丰出版公司，2004 年）。

1986 年，甘肃省文物考古研究所发掘地湾（A33）城遗址，发掘面积 500 余平方米，出土汉简千余枚。据 1930 年出土汉简资料看，地湾城应为肩水候官署所。这批汉简自出土后未整理，亦未发表任何资料。

三、甘肃其他地区秦汉晋各时代简牍的发现与研究

（一）武威汉晋简

1957~1991 年，在武威县（今凉州区，下同）境内先后多发掘出土或征集到汉晋时期简牍，总数 618 枚，随着资料的发表，引起学界重视，相关领域研究不断拓展。举要如下：

1. 磨咀子汉墓群出土汉简

1957 年和 1959 年，甘肃省博物馆两次发掘武威县新华公社磨咀子汉墓群共计 37 座；于 1960 年发表发掘简报（《考古》1960 年第 5、9 期）。其中 M4、M15、M22、M23 出土帛书柩铭各 1 件。M6 出土《仪礼》竹木简 460 枚，日忌杂占木简 11 枚，王杖简 10 枚。原简现存甘肃省博

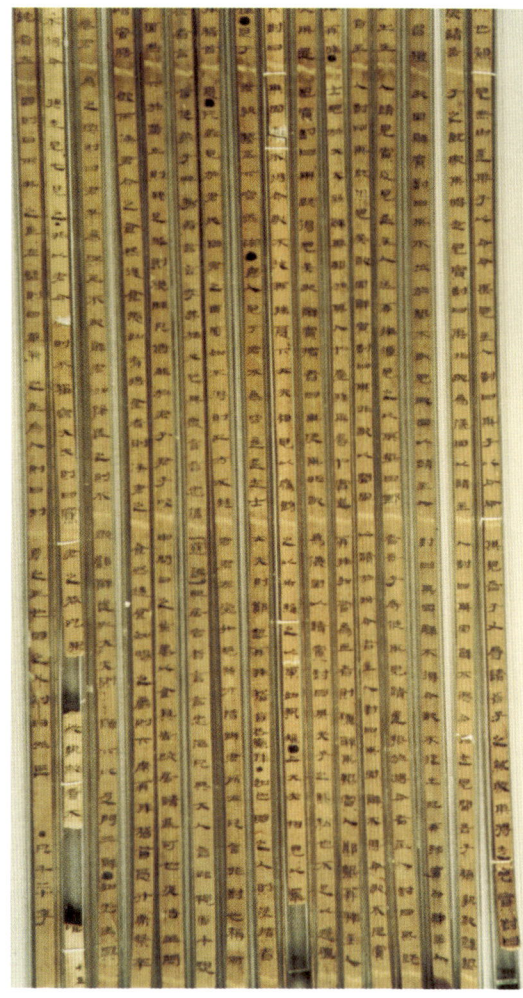

1957 年武威磨咀子汉墓出土的东汉《仪礼》简

物馆。甘肃省博物馆与中国科学院考古研究所合作进行资料整理，合著《武威汉简》（文物出版社，1964年），发表了全部资料及研究成果（照片、释文、摹本、发掘报告、考证）。20世纪60年代以后，国内外学者就此发表了一批研究成果，主要有：礼堂《王杖十简补释》（《考古》1961年第5期）；陈直《甘肃武威磨咀子汉墓出土"王杖十简"通考》（《考古》1961年第3期）；郭沫若《甘肃"王杖十简"商兑》（《考古学报》1965年第2期）；陈邦怀《读〈武威汉简〉》（《考古》1965年第11期）；（英）鲁惟一《磨咀子汉墓（甘肃）发现的竹木简》（《皇家亚洲学会杂志》，1967年）；王关仕《仪礼汉简本考证》（《台湾省立师范大学国文研究所集刊》11，1967年6月）；利瓦伊菜《武威汉简文字考释》（台湾《辅仁大学学报》1号，1970年9月）；李维菜《武威汉简文字考辨》（《人文学报》1号，1970年9月）；陈梦家《武威汉简补述》《汉简缀述》，中华书局，1980年）；沈文倬《汉简〈服传〉考》（《文史》24、25辑，1985年）、《〈仪礼〉汉简异文释》（《文史》33、34、35、36辑，1985年）；（日）大庭修《汉代的决事比——王杖十简排列一案》（《简牍研究译丛》第二辑，中国社会科学出版社，1987年）；李解民《〈武威汉简〉丙本〈丧服〉简缀合》（《文

史》34，1992年）；何双全《武威简本〈仪礼〉再辩》（甘肃省博物馆编《学术论文集》，三秦出版社，2006年）。

2.武威旱滩坡汉墓出土简牍

1972年11月，甘肃省博物馆发掘武威县柏树公社下五畦村旱滩坡东汉墓1座，出土简牍92枚；原简现存甘肃省博物馆。1973年发表发掘简报及研究文章（《文物》1973年第12期）。其后甘肃省博物馆、武威县文化馆合编《武威汉代医简》（文物出版社，1975年），发表全部资料（图版、摹本、考释、发掘报告）。国内外学界主要研究成果有：中国中医研究院医史文献研究室《武威汉代医药简牍在医学史上的重要意义》（《文物》1973年第12期）；（日）赤堀昭《论武威汉代医简》（《东方学报》50，1978年）；柴中

陈梦家编著之《武威汉简》

元《〈武威汉代医简·瘀方〉的临床应用》（《中医药学报》1981 年第 4 期）；何双全《武威汉代医简释文补正》（《文物》1986 年第 10 期）；刘纲《〈武威汉代医简〉的药物炮制》（《中华医史杂志》17-1，中华医学会，1987 年）；陈国清《〈武威汉代医简〉释文再补正》（《考古与文物》1991 年第 3 期）；张延昌《武威汉代医简中的外治疗法》、《武威汉代医简痹证方药考》（《甘肃中医》1991 年第 2、4 期）；朱久育、朱久珍《略论武威汉代医简中耳鼻喉科成就》（《甘肃中医学院学报》1991 年第 2 期）；张定华《武威汉简中的中医男科学成就》（《甘肃中医》1992 年第 2 期）；张延昌《〈武威汉代医简〉最早提出了"活血化瘀"治法》（《中国中医药报》1992 年 7 月 17 日）；丁铭等《〈武威汉代医简〉骨伤方药探析》（《中国中医骨伤科》，1994 年第 1 期）；张延昌《略谈武威汉代医简中的针灸特色》（《吉林中医药》1995 年第 10 期）；张延昌《武威汉代医简中的食疗内容》（《中国中医药报》，1995 年 1 月 9 日）；张显成《简牍药名研究》（西南师范大学出版社，1997 年）；蓝寿梅《〈武威汉代医简〉的辨证论治》（《中华医史杂志》27 卷第 4 期，1997 年）；张剑峰《〈武威汉代医简〉的五官病治疗特点》（《甘肃中医》1998 年第 6 期）；赵光树、余国友《〈武威汉代医简〉与

〈五十二病方〉的药物学比较研究》（《中国医史杂志》2000 年第 11 期）；台湾张寿仁《医简论集·武威汉代医简》（台湾兰台出版社，2000 年）；孙其斌《〈武威汉代医简〉中的推拿手法》（《兰州医学院学报》，2002 年第 2 期）；张延昌等《〈武威汉代医简〉方药注解》（一）至（六）（《甘肃中医》2004 年第 11、12，2005 年第 1~4 期）；何茂活、程建功《武威汉代医简中的古字和异体字》（《河西学院学报》2003 年第 6 期）；张显成《〈武威医简〉异体字初探》（《中国文字研究》第六辑，广西教育出版社，2005 年）。

1985 年 8 月，甘肃省博物馆发掘旱滩坡晋墓群，M19 号墓出土木牍 5 枚，内容为"随葬衣物疏"和"墓主名刺"。有咸康四年和建兴四十三年、四十四、四十八及升平十三年等纪年。这些纪年皆为晋愍帝和成帝年号的延用，实为十六国前凉张骏、张玄靓、张天锡时期纪年。是为甘肃境内首次发现有明确纪年的前凉时期墓葬，对于研究河西地区汉晋墓断代和前凉史有重大价值。释文收录于李均明、何双全编《散见简牍合辑》和田建《甘肃武威旱滩坡出土前凉文物》（《文博》1990 年第 3 期）。其他成果有张俊民《武威旱滩坡十九号前凉墓出土木牍考》（《考古与文物》2005 年 3 期）。

1989 年 8 月，武威地区博物馆抢救

清理旱滩坡东汉墓 1 座，出土木简 17 枚，内容为“王杖诏令”，有建武十九年纪年。1993 年发表资料。学界主要研究成果有：李均明、刘军《武威旱滩坡出土汉简考述——论“挈令”》（《文物》，1993 年第 10 期）；（日）大庭修《武威旱滩坡出土的王杖简》（《史泉》第 82 号，1995 年 7 月。后由徐世虹、郿仲平译，收录于《简帛研究译丛》第一辑，1996 年 6 月）。

3. 磨咀子汉墓出土“王杖诏书令”简

1981 年 9 月，武威县文物管理委员会进行文物调查时，自新华公社缠山村农民手中征集到磨咀子汉墓出土木简 26 枚，即“王杖诏书令”，俗称“王杖二十六简”，为一册完整册书。1984 年发表图版、释文和研究成果（《汉简研究文集》，甘肃人民出版社，1984 年）。此后研究成果屡见，主要有：李均明《关于武威新出土〈王杖诏书令〉一处简文的解释》（《文史》第 26 辑，中华书局，1986 年）；王书翰《中国最早的敬老法令》（《人口学刊》1988 年第 3 期）；张鹤泉《西汉养老制度简论》（《学习与探索》1992 年第 6 期）；劳诸《汉时提问今时答：兼论出土的王杖诏书全册》（《中国文物报》1993 年 1 月 10 日）；李并成《武威王杖简与汉代尊老扶弱制度》（《人民政协报》2000 年 10 月 13 日）；臧知非《“王杖诏书”与汉代养老制度》（《史林》2002 年第 2 期）；郝树声《武威

“王杖”简新考》、魏燕利《“王杖”考辩》（《简牍学研究》第四辑，甘肃人民出版社，2004 年 4 月）。

4. 五坝山汉墓群出土汉简

1984 年 5 月，甘肃省博物馆发掘韩佐乡宏化村五坝山汉墓群，M3 号墓出土木牍 1 枚。内容为随葬“冥间过所”。李均明、何双全编《散见简牍合辑》（文物出版社，1990 年 7 月）收录并发表释文。

5. 新华乡魏晋墓出土简牍

1991 年，武威市博物馆抢救清理新华乡魏晋墓 2 座，出土简牍 5 枚，内容为“随葬衣物疏”，有魏明帝青龙四年（233 年）和东晋穆帝升平十二年（368 年）、十三年（369 年）纪年。学界主要研究成果有：黎大祥《武威发现三国墓》（《中国文物报》1991 年 9 月 22 日）；梁继红《武威出土的汉代衣物疏木牍》（《陇右文博》1997 年第 2 期）。

（二）甘谷汉简

1971 年 12 月，甘肃省博物馆抢救清理甘谷县渭阳公社十字道大队汉墓 1 座，出土汉简 23 枚。残损者多，较完整者 12 枚。内容为转发的诏书，有东汉桓帝延熹元年（158 年）纪年。张学正《甘谷汉简考释》（《汉简研究文集》，甘肃人民出版社，1984 年）发表照片、释文及考证成果。（日）山田胜芳《关于甘谷汉简的考察》（《东北大学教养部纪要》56，1991

年）亦有研究。

（三）玉门花海汉简

1977 年 8 月，嘉峪关市文物管理所在玉门市花海公社东北约 30 千米处汉代烽燧遗址中，抢救清理出土汉简 91 枚。经整理，于 1984 年发表资料（《玉门花海汉代烽燧遗址出土的简牍》（《汉简研究文集》，甘肃人民出版社，1984 年）；这批简大都残碎，纪年有西汉昭帝元平元年（前 74 年）。其中西汉武帝遗诏觚 1 枚，《苍颉篇》木简 5 枚。学界研究成果有：方诗铭《西汉武帝晚年的巫蛊之祸及其前后——兼论玉门汉简〈汉武帝遗诏〉》（《上海博物馆集刊》4，上海古籍出版社，1987 年）。

（四）天水放马滩秦简

1986 年 3 月，甘肃省文物考古研究所发掘天水市北道区（今麦积区）党川乡放马滩战国秦汉墓地，M1 号秦墓出土竹简 460 枚。内容为甲种《日书》、乙种《日书》和《墓主记》（又名《志怪故事》），与湖北睡虎地秦简《日书》遥相呼应。1989 年发表资料（甘肃省文物考古研究所、天水市北道区文化馆《甘肃天水放马滩战国秦汉墓群的发掘》和何双全《天水放马滩秦简综述》，载《文物》1989 年 2 期）。1989 年 12 月发表甲种《日书》释文（《秦汉简牍论文集》，甘肃人民出版社，1989 年）。2009 年发表全部资料及发掘报告（甘肃省文物考古研究

所编、何双全著《天水放马滩秦简》，中华书局，2009 年）。随着放马滩秦简资料的陆续公布，学界涌现许多研究成果。主要有：何双全《天水放马滩秦简甲种〈日书〉考述》（《秦汉简牍论文集》，甘肃人民出版社，1989 年）；李学勤《放马滩简中的志怪故事》（《文物》1990 年第 4 期）；刘信芳《〈天水放马滩秦简综述〉质疑》和邓文宽《天水放马滩秦简〈月建〉应名〈建除〉》（《文物》1990 年第 9 期）；饶宗颐《论天水秦简中"耳鸣"、"后鸣"与古代以音律配合时刻制度》（1991 年首届中国简牍学国际学术研讨会论文）；林剑鸣《秦简〈日书〉校补》（《文博》1992 年第 1 期）、《〈睡〉简与〈放〉简〈日书〉比较研究》（《文博》1993 年第 5 期）；林剑鸣《从放马滩〈日书〉（甲种）再论秦文化的特点》（《简帛研究》第一辑，法律出版社，1993 年 10 月）；张宁《放马滩〈墓主记〉的文学价值》（《秦汉史论丛》第七辑，中国社会科学出版社，1998 年 6 月）；谷杰《从放马滩秦简〈律书〉再论〈吕氏春秋〉生律次序》（《音乐研究》2005 年第 3 期）；陈应时《再谈〈吕氏春秋〉的生律法，兼评〈从放马滩秦简〈律书〉再论〈吕氏春秋〉生律次序〉》（《音乐研究》2005 年第 4 期）。

（五）高台晋代木牍

1986 年，甘肃省文物考古研究所在

高台县罗城乡常封村调查时，从当地农民手中征集到数枚残简，出土于附近古墓。经缀合，为一枚木牍，书写众多人名，从字体特征看当为晋代木牍。李均明、何双全《散见简牍合辑》（文物出版社，1990年）收录并发表释文。2000年1月，高台县博物馆抢救清理骆驼城南墓葬，获得十六国前秦时期木牍3枚，内容为"告地下书"。2000年6月，高台县博物馆再次清理骆驼城南墓葬，获得十六国前凉时期木牍2枚，内容为"随葬衣物疏"。对于研究十六国时期河西地区墓葬特征和丧葬文化具有重要价值。

（六）永昌水泉子汉简

2008年，甘肃省文物考古研究所发掘清理永昌县红山窑乡水泉子村汉墓，获汉简700余枚(段)，完整简少，内容为《日书》和《七言苍颉篇》。主要研究成果有：张存良、吴荭《水泉子汉简初识》(《文物》，2009年第10期)，对于研究汉代文化典籍《苍颉篇》具有重要价值。

20世纪80年代以来，中外学者逐渐将简牍学作为一门学科进行整体研究，陆续出版或发表的通论性质论著有：马先醒《简牍学要义》（台湾简牍学会，1980年）；（日）大庭修《木简学入门》（讲谈社，1984年）；林剑鸣《简牍概述》（陕西人民出版社，1984年）；郑有国《中国简牍学综论》（华东师范大学出版社，1989年）；高敏《简牍研究入门》（广西人民出版社，1989年）；张显成《简帛文献学通论》（中华书局，2004年）；李宝通、黄兆宏《简牍学教程》（甘肃人民出版社，2010年）等。何兹全、初世宾、何双全、魏德胜等亦发表了相关论文，对于简牍学的性质、历史和研究对象等问题进行了探讨。

第四节　重要学术活动 *

20世纪五六十年代，甘肃省文物保护研究和博物馆事业处于起步阶段，本省文博系统主办的重要学术活动不多。这一时期，国内一些专家学者对甘肃境内史前遗存、石窟寺、简牍等特色文物资源进行了考察和研究，并与甘肃文博界进行了交流。改革开放以后，随着全省文博事业的快速发展，文博系统机构队伍日益加强、

---

* 根据地方志编纂"不越境而书"原则，主办单位和举办地皆在甘肃省外的相关学术活动本节概不收录。凡主办单位或举办地其中之一在甘肃省内的重要学术活动本节尽量收录。

学术研究力量不断壮大、与国内外学术界交流合作逐步深化，甘肃逐渐成为敦煌学以及简牍学和丝绸之路文化研究的重镇，以敦煌学为代表的重要学术活动的数量和质量都有较大提升。

一、改革开放前学术活动举要

1954 年 7 月，中央美术学院华东分院教授史岩对武威天梯山石窟进行全面考察并编写了调查报告。

1956 年，中国科学院考古研究所研究员安志敏应甘肃省文物管理委员会邀请，在兰州作了题为《甘肃远古文化》的学术报告。

1957 年 4 月，文化部副部长郑振铎赴甘肃考察并在兰州发表了文物考古和古建筑维修方面的讲话。

1957 年，考古学家夏鼐赴甘肃考察。

1958 年，北京大学教授阎文儒在兰州作了关于石窟寺的专题学术报告。

1960 年，考古学家陈梦家到甘肃省博物馆协助整理研究武威出土的《仪礼》简，中华书局于 1964 年出版了其编著的《武威汉简》。

1962 年 8 月，文化部副部长徐平羽率专家组赴甘肃调研莫高窟加固和甘肃省博物馆馆藏文物科技保护工作。

1962 年 9~10 月，北京大学教授宿白到敦煌文物研究所做学术讲座，讲稿后由敦煌文物研究所李永宁、施娉婷、潘玉闪记录整理为《敦煌七讲》，以《敦煌学讲座丛刊》（第一集）名义油印成册。七讲内容分别为：敦煌两千年；石窟寺考古学简介；石窟寺研究业务基础知识；索靖题壁问题；从乐僔法良所联想到的问题；试论敦煌魏隋窟的性质；佛像实测和《造像量度经》。这些讲座是宿白将考古学理论与方法应用于石窟寺考古与研究的典型实例。

1963 年 8 月，阎文儒一行考察炳灵寺石窟。

1964 年 12 月，中国科学院民族研究所和敦煌文物研究所共同开展敦煌石窟中西夏史料整理研究工作。

二、改革开放后的重要学术活动

单位或举办地其中之一在甘肃省内的重要学术活动本节尽量收录。）

（一）敦煌学

1. 中国敦煌吐鲁番学会成立大会暨 1983 年全国敦煌学术讨论会

1983 年 8 月 15~22 日，中国敦煌吐鲁番学会成立大会暨 1983 年全国敦煌学术讨论会在兰州、敦煌两地举行。国内外学者 150 余人与会，宣读论文 116 篇。会议分为六个小组，围绕历史、敦煌遗书、考古、语言文学、美术、音乐舞蹈等专题进行了分组研讨。会议讨论通过了中国敦

中国敦煌吐鲁番学会成立大会暨 1983 年全国
敦煌学学术讨论会

1987 年首届敦煌石窟研究国际讨论会

煌吐鲁番学会章程，选举 60 位专家学者组成学会理事会，聘请 27 位专家学者为学会顾问。会议期间，学会理事会第一次会议推举季羡林为中国敦煌吐鲁番学会会长，唐长孺、段文杰等五人为副会长。中共中央书记处书记、中央宣传部部长邓力群，全国政协副主席、兰州军区政委肖华及中共甘肃省委书记李子奇、省长陈光毅等出席会议开幕式并讲话。会议由教育部组织协调，敦煌文物研究所、兰州大学、西北师范学院、甘肃省社会科学院联合承办。《1983 年全国敦煌学术讨论会文集》（石窟·艺术编上）由甘肃人民出版社于 1985 年出版，收录论文 12篇；《1983 年全国敦煌学术讨论会文集》（石窟·艺术编下）由甘肃人民出版社于1987 年出版，收录论文 19 篇。

2. 首届敦煌石窟研究国际讨论会

1987 年 9 月 18~27 日，经文化部批准，

敦煌研究院在莫高窟主办首届敦煌石窟研究国际讨论会，是为国内第一次举行国际性的敦煌石窟专题学术讨论会。来自美国、英国、法国、加拿大、日本、印度、联邦德国、新加坡及香港地区的近百位专家学者参会，提交论文 56 篇。会议围绕敦煌石窟考古、石窟艺术等专题进行了专题研讨，进一步促进了敦煌学的深入研究和国际文化交流。《敦煌石窟研究国际讨论会文集》（分为石窟考古编和石窟艺术编）由辽宁美术出版社于 1990 年出版。

3. 1988 年敦煌吐鲁番国际学术讨论会

1988 年 8 月 20~25 日，中国敦煌吐鲁番学会在北京主办"1988 年敦煌吐鲁番国际学术讨论会"。来自美、英、法、日等国和中国大陆及台港地区的近 200 位专家学者参会，提交论文 147 篇，内容涉及历史、语言文学、敦煌艺术、宗教、考古等多个方面。《文史知识》杂志 1988 年

第 8 期为此出版了"敦煌学专号"。

4. 全国石窟保护座谈会暨《敦煌文物保护科研规划》论证会

1989 年 9 月 1~5 日，中国文物保护技术学会和敦煌研究院联合在莫高窟召开全国石窟保护座谈会暨《敦煌文物保护科研规划》论证会。国家科委、文化部科技办、国家文物局以及青海省文化厅、甘肃省文化厅、甘肃省科委、甘肃省科协、敦煌市政府等部门负责同志出席会议。会议论证通过了《敦煌文物保护科研规划》，该《规划》后被列入《甘肃省"八五"科技发展规划》。

5. 第二届敦煌学国际学术研讨会

1990 年 10 月 8~14 日，第二届敦煌学国际学术讨论会暨藏经洞发现 90 周年纪念座谈会在莫高窟举行，来自中国大陆及台湾地区和美、英、日、德、印（度）等国的专家学者 200 余人参会，提交论文近百篇，内容涵盖敦煌石窟营建、敦煌石窟分期、敦煌石窟艺术、佛教思想、敦煌文学、敦煌遗书研究以及中西文化交流等诸多方面。《1990 敦煌学国际研讨会文集》（分为石窟考古编、石窟艺术编、石窟史地及语文编）由辽宁美术出版社于 1995 年出版。

6. 1994 敦煌学国际学术研讨会

1994 年 8 月 9~14 日，敦煌研究院在莫高窟举行敦煌学国际学术研讨会，纪念建院 50 周年。来自美国、德国、印度、日本、中国大陆及台湾地区的专家学者共提交论文及论文提要 160 余篇，其中 60 余篇在会议期间宣读，内容涉及敦煌艺术、石窟考古、敦煌史地、敦煌文献、宗教、语言文学等各个领域。《1994 敦煌学国际研讨会文集——纪念敦煌研究院成立 50 周年》（分为石窟考古卷、石窟艺术卷、宗教文史卷）由甘肃民族出版社

1990 年敦煌学国际学术讨论会

1990 年敦煌学国际研讨会文集

于 2000 年出版。

7. 1996 年中国敦煌吐鲁番学术讨论会

1996 年 9 月 25~27 日，中国敦煌吐鲁番学会在兰州主办 1996 年中国敦煌吐鲁番学术讨论会。国内外 80 余位专家学者参会，提交论文 30 余篇，内容涉及宗教史、民族史、经济史、历史地理、石窟艺术、舞蹈、服饰、医学等多方面。会议分为历史、艺术和医学、语言文学三个组进行交流讨论。敦煌研究院文献研究所编印有研讨会论文集。

8. 海峡两岸敦煌学丝绸之路学术考察研讨会

2000 年 7 月 21 日，兰州大学敦煌学研究所在兰州主办"海峡两岸敦煌学丝绸之路学术考察研讨会"。来自中国大陆及台湾地区的 60 余位专家学者参会。甘肃省博物馆馆长初世宾、兰州大学敦煌学研究所副所长陆庆夫、台湾逢甲大学教授林聪明、甘肃省社会科学院文学研究所所长颜廷亮等先后做专题学术报告。与会代表在甘肃进行了为期 8 天的学术考察。

9. 2000 年敦煌学国际学术研讨会

2000 年 7 月 29 日 ~8 月 3 日，敦煌研究院和中国敦煌吐鲁番学会在莫高窟共同主办"2000 年敦煌学国际学术研讨会"。国内外近 300 位专家学者参会。会议主旨是展示国际敦煌学最新成果，纪念

2000 年敦煌学国际学术讨论会

敦煌藏经洞发现 100 周年，总结 20 世纪敦煌学的研究成果和历史经验，探讨 21 世纪敦煌学的发展趋势、面临问题及其对策，促进敦煌学在新世纪的更大发展。与会专家学者围绕敦煌藏经洞的性质、功能、封闭原因及其被发现的价值和意义，敦煌藏经洞出土文物的流散、保存、整理、研究、出版，国际敦煌学及其分支学科研究的回顾与展望，敦煌石窟和其他石窟考古研究、艺术研究以及石窟比较研究等四个方面的主题进行了研讨。《2000 年敦煌学国际学术讨论会文集》（三卷四册）由甘肃民族出版社于 2003 年出版。《文集》分为"历史文化卷"（上下册），收录论文 52 篇；"石窟考古卷"，收录论文 23 篇；"石窟艺术卷"，收录论文 16 篇。

10. 敦煌佛教艺术与文化国际学术研讨会

2001 年 7 月 12~15 日，兰州大学敦煌学研究所与台湾南华大学、美国密歇根

大学在兰州共同主办"敦煌佛教艺术与文化国际学术研讨会"。来自中国大陆及台湾地区和美国的100位专家学者参会，参会专家学者提交论文41篇，主要围绕佛教历史、佛教文献、语言文学等专题进行了研讨。《敦煌佛教艺术文化论文集》由兰州大学出版社于2002年出版。

11. 敦煌写本研究、遗书修复及数字化国际研讨会

2003年9月17～19日，中国国家图书馆、兰州大学敦煌学研究所、中国敦煌吐鲁番学会在北京共同主办敦煌写本研究、遗书修复及数字化国际研讨会。国内外60余位专家学者参会，提交论文53篇和纪念王重民先生文章9篇，围绕敦煌遗书保护修复和数字化、敦煌遗书研究等主题进行了研讨。

12. 2004年敦煌石窟保护国际学术会议

2004年8月19～20日，作为敦煌研究院成立60周年暨常书鸿诞辰100周年纪念活动内容之一的敦煌石窟保护国际学术会议在莫高窟举行。会议收到国内外专家学者120余篇论文，其中30余位专家学者宣读论文。《2004石窟研究国际学术会议论文集》（上下册）由上海古籍出版社于2006年出版。

13. 中国服饰史研究与敦煌学论坛

2005年8月13～15日，敦煌研究院、东华大学等单位联合在敦煌主办"中国服饰史研究与敦煌学"论坛。国内相关高校、科研机构及企业代表40余人参会。参会专家学者在论坛上宣读的论文主要有：《敦煌壁画中的回鹘贵族供养人服饰研究》《论褒衣博带佛衣》《敦煌石窟北朝菩萨的裙饰》《敦煌石窟中的吐蕃族服饰研究》等。《敦煌研究》杂志出版了论坛特刊，集中刊发了提交论坛的论文。

14. 敦煌壁画艺术继承与创新国际学术研讨会

2007年8月24～27日，作为段文杰先生从事敦煌文物和艺术保护研究60周年纪念活动内容之一的"敦煌壁画艺术继承与创新国际学术研讨会"在莫高窟举行。来自国内外的100余位专家学者参会，提交论文74篇。研讨会期间举办了5场学术报告会，围绕段文杰先生从事敦煌文物和艺术保护研究60周年、敦煌壁画临摹的实践与理论、古代壁画艺术史、古代壁画艺术的继承与创新等主题进行了研讨。敦煌研究院同时举办了《千载凝华——敦煌壁画临本展》。《敦煌壁画艺术继承与创新国际学术研讨会论文集》由上海辞书出版社于2008年出版。

15. 敦煌吐蕃文化学术研讨会

2008年8月2～5日，敦煌研究院在莫高窟主办"敦煌吐蕃文化学术研讨会"。来自大陆及台湾地区的50余位专家学者

参会，提交论文41篇，内容涉及敦煌藏族早期历史及原始宗教、敦煌与吐蕃历史研究、敦煌吐蕃文献研究等方面。《敦煌吐蕃文化学术研讨会论文集》由甘肃民族出版社于2009年出版。

16. 百年敦煌学术史学术研讨会暨2009年全国博士生学生论坛

2009年8月3~5日，由兰州大学主办、兰州大学敦煌学研究所承办的"百年敦煌学术史学术研讨会暨2009年全国博士生学生论坛"在兰州举行。国内外敦煌学专家学者及相关高校博士研究生120余人参会，提交论文120余篇，内容涉及敦煌学研究各个领域。研讨会分为敦煌文献与历史、文献与文学、考古与艺术、敦煌学学术史四个分会场进行了专题讨论，宣读了29篇论文。17名博士研究生提交的论文分获一、二等奖。

17. 百年敦煌文献整理研究国际学术讨论会

2010年4月10~12日，由中国敦煌吐鲁番学会、浙江省社会科学界联合会主办，兰州大学敦煌学研究所、浙江省敦煌学研究会等单位承办的"百年敦煌文献整理研究国际学术讨论会"在杭州市举办。来自美国、俄罗斯、日本和中国大陆及台湾地区的100余位专家学者参会，提交论文81篇，内容涉及历史、艺术、宗教、经济、地理、语言文学等敦煌学各领域。

会议期间，分语言文学、文献史地、宗教艺术三组进行了六场学术报告，宣读论文61篇。主办单位编印了《百年敦煌文献整理研究国际学术讨论会论文集》（上下册）。

18. 敦煌文献·考古·艺术综合研究——纪念向达教授诞辰110周年国际学术研讨会

2010年6月16~17日，敦煌研究院、国家图书馆、北京大学历史学系暨中国古代史研究中心在北京共同主办"敦煌文献·考古·艺术综合研究——纪念向达教授诞辰110周年国际学术研讨会"。国内外40余位专家学者参会。参会专家学者围绕丝绸之路历史与中外关系、图像与考古、信仰与习俗、历史与文献、佛教与美术、学术史六个专题进行了大会发言和学术交流。《敦煌文献·考古·艺术综合研究——纪念向达教授诞辰110周年国际学术研讨会论文集》由中华书局于2011年出版，收录论文44篇。

19. 2010敦煌论坛：吐蕃时期敦煌石窟艺术研究国际研讨会

2010年7月21~24日，敦煌研究院在莫高窟主办"2010敦煌论坛：吐蕃时期敦煌石窟艺术研究国际研讨会"。来自国内外30多个高校和科研机构的50余位专家学者参会，提交论文45篇。会议先后举行了8场学术报告，参会专家学者围绕洞窟藏文题记、吐蕃文献文物研究、西藏考古与艺术、莫高窟第465窟研究等十个专题进行了研讨。敦煌研究院编印了研讨会论文集。

20.庆贺饶宗颐先生九十五华诞敦煌学国际学术研讨会

2010年8月8~11日，中央文史研究馆、敦煌研究院、香港大学饶宗颐学术馆在莫高窟共同主办"庆贺饶宗颐先生九十五华诞敦煌学国际学术研讨会"。参会的国内外专家学者围绕佛教考古与艺术、历史文献、社会历史与文化、敦煌学史等领域进行了学术交流。《庆贺饶宗颐先生九十五华诞敦煌学国际学术研讨会论文集》由中华书局于2012年出版，收录论文81篇。

21."中国岩彩画20年与中国当代绘画"研讨会

2010年9月10日，敦煌研究院和广州美术学院在广州共同主办"中国岩彩画20年与中国当代绘画"研讨会。来自敦煌研究院、中国国家画院、中央美术学院、甘肃画院、四川美术学院、湖北美术学院和清华大学、厦门大学等高校的20位专家学者先后做专题发言。

（二）简牍学和丝绸之路研究

1.首届中国简牍国际学术研讨会

1991年7月29日~8月2日，为纪念敦煌汉简发现85周年和居延汉简发现60周年，中国文物研究所、中国社会科学院历史研究所、甘肃省博物馆、甘肃省文物考古研究所在兰州共同主办首届中国简牍国际学术研讨会。来自美国、日本和中国大陆及台湾、香港地区的近150位专家学者参会，提交论文85篇，内容涉及简牍学综述、古文字研究、简牍学与秦汉史等方面。主办方编印有会议论文提要。期间在甘肃省博物馆举办了《汉代边塞屯戍遗址与出土简牍专题展览》。

2.首届伏羲历史文化研讨会

1992年10月10~13日，天水市对外文化交流协会等单位在天水主办首届伏羲历史文化研讨会。大陆及台湾地区专家学者60余人参会，交流论文42篇，研讨主题涉及伏羲历史文化及生平功绩、秦文化、天水史地、麦积山石窟艺术等方面。

3.第二届伏羲文化研讨会

2005年7月2日，由中华伏羲文化研究会和天水市人民政府共同主办的第二届伏羲文化研讨会在天水市举行。研讨会主题是多学科、广视角、深层次探讨太昊伏羲氏为首的"三皇五帝"与中国远古文化的关系，科学阐释论证有关神话传说反映的真实历史。来自美、英、法等国和国内学术机构的70余位专家学者参会，提交论文70余篇，其中40余篇在会上进行了交流。

4. 丝绸之路文化国际学术研讨会

2009 年 8 月 1~3 日，甘肃省博物馆和兰州大学敦煌学研究所在兰州共同主办丝绸之路文化国际学术研讨会。国内外 80 余位专家学者参会。会议期间举办了四场学术报告，11 位专家学者围绕丝绸之路交通、丝绸之路考古、简牍与丝绸之路、丝绸之路上的佛教艺术等专题分别进行了交流发言。会议成果《2009 丝绸之路国际学术研讨会论文集》由三秦出版社于 2010 年出版。

5. 2010 丝绸之路与西北历史文化学术研讨会

2010 年 7 月 31 日~8 月 2 日，由西北民族大学主办、兰州大学敦煌学研究所、西北民族大学历史文化学院承办的"2010 丝绸之路与西北历史文化学术研讨会"在兰州举行。来自国内及澳门地区近 20 所高校和学术机构的 70 余名专家学者参会，提交论文 35 篇，内容涉及丝绸之路史研究、西域研究、西北史地、敦煌学等多个领域。《2010 丝绸之路与西北历史文化学术研讨会论文集》由甘肃人民出版社于 2013 年出版。

6. 高台魏晋墓与河西历史文化国际学术研讨会

2010 年 8 月 13~15 日，高台县委、县政府和河西学院、甘肃省敦煌学会、敦煌研究院文献所在高台县共同主办"高台魏晋墓与河西历史文化国际学术研讨会"。来自中国大陆及香港地区与韩、日等国 40 余所高校与学术机构的 70 余位专家学者参会，提交论文 64 篇，内容涉及河西史地、河西魏晋墓、中西文化交流、石窟艺术等领域。会议论文集《高台魏晋墓与河西历史文化研究》由甘肃教育出版社于 2012 年出版。

（三）石窟寺研究

1. 麦积山石窟与丝绸之路佛教文化国际学术研讨会

2002 年 7 月 15~20 日，兰州大学敦煌学研究所和麦积山石窟艺术研究所在兰州共同主办麦积山石窟与丝绸之路佛教文化国际学术研讨会。国内外专家学者 120 余人参会并提交论文 66 篇，内容涉及麦积山石窟专题研究、丝绸之路及陇右文化研究、佛教考古研究等 7 个方面。会议期间举办学术报告 6 场，24 名专家学者做专题发言。会议成果《麦积山石窟艺术文化论文集》（上下册）由兰州大

2002 年麦积山与丝绸之路国际学术研讨会大会现场

学出版社 2004 年出版。

2. 北石窟佛教艺术与文化国际学术研讨会

2002 年 7 月 21 日,由兰州大学敦煌学研究所和庆阳师范专科学校共同主办的"北石窟佛教艺术与文化国际学术研讨会"在庆阳市开幕。国内外 100 余位专家学者参会,进行了学术交流,考察了北石窟寺和合水石刻造像博物馆。会议期间,北石窟寺文物保护研究所所长宋文玉、北京大学教授荣新江、洛阳龙门石窟研究所研究员温玉成、四川大足石刻研究会会长宋朗秋、美国宾夕法尼亚大学博物馆周秀琴、台湾佛教图像文献研究中心赖鹏举等先后做专题发言。

3. 首届炳灵寺石窟学术研讨会

2002 年 9 月 22~25 日,甘肃省敦煌学学会和炳灵寺文物保护研究所在永靖县共同主办"炳灵寺石窟学术研讨会",

是为历史上首届关于炳灵寺石窟的专题学术研讨会。来自国内及台湾地区和日本等国的 60 余位佛教艺术与石窟考古领域的专家学者参会,提交论文(或论文提要)40 余篇。《炳灵寺石窟学术研讨会论文集》由甘肃人民出版社 2003 年出版,收录论文 34 篇。

4. 第二届炳灵寺石窟学术研讨会

2006 年 9 月 19 日,炳灵寺文物保护研究所在兰州主办第二届炳灵寺石窟学术研讨会。国内外有关学术机构的 70 余位专家学者参会,提交论文 20 余篇。2011 年 6 月,该所与兰州大学敦煌学研究所共同编辑出版《永靖炳灵寺石窟研究文集》(上下册,甘肃文化出版社 2011 年版),收录此次研讨会论文 10 余篇。

(四)考古学

1. 大地湾文化考古学术研讨会

1986 年 8 月 4 日,甘肃省博物馆、

首届炳灵寺石窟学术研讨会

《炳灵寺石窟学术研讨会论文集》

甘肃省文物考古研究所共同在兰州主办"大地湾文化考古学术研讨会"。中国社会科学院考古研究所、北京大学、吉林大学、西北大学等单位的专家学者围绕大地湾文化的内涵和分期等主题进行了研讨；一致认为大地湾遗址的发现，对于建立渭河上游史前文化序列，研究黄河流域新石器文化和探索中华文明起源都具有重要意义。著名考古学家苏秉琦在研讨会上将大地湾遗址誉为"中国原始社会的小太阳"，并明确提出中华文明起源问题是当前中国考古学两大中心课题之一。研讨会期间，相关专家还赴大地湾遗址实地考察。

2. 首届西部地区跨省区协作考古座谈会

2003年12月26~27日，由甘肃省文物局及甘肃省文物考古研究所倡议的首届西部地区跨省区协作考古座谈会在兰州召开。来自北京大学考古文博学院、西北大学文博学院、国家博物馆考古部和陕西、青海、宁夏、新疆、成都等省（区、市）文物行政部门与考古研究所的专家学者参会。会议就跨省区协作考古的合作方式和研究方法达成了共识，同意于2004年启动西北草原地区古代游牧文化研究、秦早期都城和陵墓调查及早期秦文化研究、环青藏高原东部地区古代民族迁徙和文化交流三个协作考古研究项目。

3. 早期秦文化联合考古工作汇报会

2006年7月10日，甘肃省文物局在礼县召开早期秦文化联合考古工作汇报会。北京大学考古文博学院、国家博物馆田野考古部、陕西省考古研究院、甘肃省文物考古研究所等单位负责人参会，先后介绍了2004年以来早期秦文化联合考古工作成果并对下一步工作提出了意见和建议。

4. 关中—天水经济区秦文化学术研讨会

2010年10月18~19日，陕西省考古研究院、甘肃省文物考古研究所、中国文物报社在西安共同主办"关中—天水经济区秦文化学术研讨会"。来自国内高校和学术机构的40余位专家学者参会，围绕早期秦文化考古发现与研究、秦都城考古发现与研究、秦帝陵考古发现与研究、文物保护与科技考古、大遗址保护规划等主题进行了研讨。

（五）文物保护科学

1. 首届丝绸之路古遗址保护国际学术会议

1993年10月3日，敦煌研究院与美国盖蒂保护研究所、中国文物研究所共同主办的首届丝绸之路古遗址保护国际学术会议在敦煌莫高窟开幕。来自中、美等10多个国家的文物保护科学领域的专家学者参会并宣读论文。是为中国首次举办文物保护科学领域的国际研讨会。会议论文集（英文版）由美国盖蒂保护研究所于 1997 年在美国出版。

2. 丝绸之路古遗址保护——第二届石窟遗址国际学术讨论会

2004 年 6 月 28 日~7 月 2 日，敦煌研究院和美国盖蒂保护研究所在敦煌莫高窟共同主办"丝绸之路古遗址保护——第二届石窟遗址国际学术讨论会"。美、英、法、德、中等国的 200 余位专家学者参会。会议主题包括壁画保护、遗址和游客管理、艺术史等，参会专家学者提交论文 100 余篇，其中 81 位专家学者宣读论文。

3. 2008 古遗址保护国际学术讨论会暨国际岩石力学学会区域研讨会

2008 年 9 月 22~24 日，国际岩石力学学会、中国岩石力学与工程学会、兰州大学和敦煌研究院在敦煌莫高窟共同主办"2008 古遗址保护国际学术讨论会暨国际岩石力学学会区域研讨会"。国际岩石力学学会主席约翰·哈德森，中国科学院和中国工程院院士钱七虎、王思敬、顾金才、李焯芬以及国内外 170 余位相关领域专家学者参会。与会专家学者提交论文 79 篇，内容涉及古遗址保护环境研究、古遗址风化与稳定性研究、古遗址保护材料实验研究、古遗址保护加固研究与工程实例等方面；其中 39 篇论文在会议期间进行了宣读。会议论文集（英文版，共两集）由科学出版社于 2010 年出版。

4. 文化和自然遗产地旅游可持续发展国际研讨会

2009 年 9 月 26~27 日，国家文物局、甘肃省人民政府、澳大利亚环境遗产部在敦煌莫高窟共同主办"文化和自然遗产地旅游可持续发展国际研讨会"。来自 40 多个国家和国际组织的 67 位专家学者参会。研讨会主题为"保护遗产地价值和发展旅游业经济"，与会专家学者围绕可持

2004 年"丝绸之路古遗址保护——第二届石窟遗址保护国际学术讨论会"

2008 年国际岩石力学会议

续发展的旅游业、文化遗址游客体验管理、社区利益最大化等主题开展了深入研讨。研讨会由甘肃省文物局、敦煌研究院、美国盖蒂保护研究所、中国古迹遗址保护协会承办。

5. "纸之路"——第四届东亚纸张保护国际学术研讨会

2010年12月6~8日，由联合国教科文组织驻华代表处、中国文化遗产研究院、甘肃省博物馆、甘肃省文物考古研究所主办的"纸之路"——第四届东亚纸张保护国际学术研讨会在兰州举行。来自中国、日本、韩国、朝鲜、蒙古等国的180余位专家学者参会。朝鲜和蒙古两国系首次派代表参会，英国、美国、意大利等西方国家亦有代表参会。研讨会主题是"丝绸之路纸张研究与保护"和"传统造纸技术保护与传承"。会议期间，在甘肃省博物馆举办了"丝绸之路出土纸质文物展"。

（六）博物馆

1. 中国西部博物馆论坛

2007年8月19日，由中国博物馆协会主办、甘肃省博物馆承办的首届中国西部博物馆论坛在兰州开幕。来自中国国家博物馆、中国人民革命军事博物馆以及各省（区、市）博物馆与部分行业博物馆的100余位博物馆馆长、相关

省博物馆建馆70周年学术研讨会

领域专家学者参会，提交论文55篇，收入《中国西部博物馆论坛文集》（三秦出版社2007年版），内容主要涵盖了博物馆建设与发展、博物馆管理与服务、博物馆陈列与展示、博物馆藏品鉴赏与研究、博物馆藏品征集与保护、文化遗产与保护六个方面。

2. 中国博物馆协会丝绸之路沿线博物馆专业委员会成立大会暨首届合作与发展高峰论坛

2010年9月4日，中国博物馆协会丝绸之路沿线博物馆专业委员会在甘肃省博物馆举行成立大会。该专委会由甘肃省博物馆发起、国内23座博物馆为成员。来自全国相关博物馆和文博单位的107位代表参会。会议讨论通过了专委会章程和第一届工作规划。会议期间同时举办"合作与发展高峰论坛"，形成了《兰州共识》。

改革开放后甘肃省重要文博学术活动概览

序号	名称	时间	地点
※ 敦煌学			
1	中国敦煌吐鲁番学会成立大会暨 1983 年全国敦煌学术讨论会	1983.8	兰州
2	首届敦煌石窟研究国际讨论会	1987.9	敦煌
3	1988 敦煌吐鲁番国际学术讨论会	1988.8	北京
4	全国石窟保护座谈会暨《敦煌文物保护科研规划》论证会	1989.9	敦煌
5	第二届敦煌学国际学术研讨会	1990.10	敦煌
6	1994 敦煌学国际学术研讨会	1994.8	敦煌
7	1996 中国敦煌吐鲁番学术讨论会	1996.9	兰州
8	海峡两岸敦煌学丝绸之路学术考察研讨会	2000.7	兰州
9	2000 年敦煌学国际学术研讨会	2000.7	敦煌
10	敦煌佛教艺术与文化国际学术研讨会	2001.7	兰州
11	敦煌写本研究、遗书修复及数字化国际研讨会	2003.9	北京
12	2004 敦煌石窟保护国际学术会议	2004.8	敦煌
13	中国服饰史研究与敦煌学论坛	2005.8	敦煌
14	敦煌壁画艺术继承与创新国际学术研讨会	2007.8	敦煌
15	敦煌吐蕃文化学术研讨会	2008.8	敦煌
16	百年敦煌学术史学术研讨会暨 2009 年全国博士生学生论坛	2009.8	兰州
17	百年敦煌文献整理研究国际学术讨论会	2010.4	杭州
18	敦煌文献·考古·艺术综合研究 ——纪念向达教授诞辰 110 周年国际学术研讨会	2010.6	北京
19	2010 敦煌论坛：吐蕃时期敦煌石窟艺术研究国际研讨会	2010.7	敦煌
20	庆贺饶宗颐先生九十五华诞敦煌学国际学术研讨会	2010.8	敦煌
21	"中国岩彩画 20 年与中国当代绘画"研讨会	2010.9	广州
※ 简牍学和丝绸之路研究			
22	首届中国简牍国际学术研讨会	1991.7	兰州

序号	名称	时间	地点
23	首届伏羲历史文化研讨会	1992.10	天水
24	第二届伏羲文化研讨会	2005.7	天水
25	丝绸之路文化国际学术研讨会	2009.8	兰州
26	2010 丝绸之路与西北历史文化学术研讨会	2010.7	兰州
27	高台魏晋墓与河西历史文化国际学术研讨会	2010.8	高台
※ 石窟寺研究			
28	麦积山石窟与丝绸之路佛教文化国际学术研讨会	2002.7	兰州
29	北石窟佛教艺术与文化国际学术研讨会	2002.7	庆阳
30	首届炳灵寺石窟学术研讨会	2002.9	永靖
31	第二届炳灵寺石窟学术研讨会	2006.9	兰州
※ 考古学			
32	大地湾文化考古学术研讨会	1986.8	兰州
33	首届西部地区跨省区协作考古座谈会	2003.12	兰州
34	早期秦文化联合考古工作汇报会	2006.7	礼县
35	关中—天水经济区秦文化学术研讨会	2010.10	西安
※ 文物保护科学			
36	首届丝绸之路古遗址保护国际学术会议	1993.10	敦煌
37	丝绸之路古遗址保护——第二届石窟遗址国际学术讨论会	2004.6	敦煌
38	2008 古遗址保护国际学术讨论会暨国际岩石力学学会区域研讨会	2008.9	敦煌
39	文化和自然遗产地旅游可持续发展国际研讨会	2009.9	敦煌
40	"纸之路"——第四届东亚纸张保护国际学术研讨会	2010.12	兰州
※ 博物馆			
41	中国西部博物馆论坛	2007.8	兰州
42	中国博物馆协会丝绸之路沿线博物馆专业委员会成立大会暨首届合作与发展高峰论坛	2010.9	兰州

第八章　学术交流与合作

GAN SU SHENG ZHI WEN WU ZHI

　　甘肃省文物资源优势突出、特色鲜明，近代以来即已引起国内外关注。中华人民共和国成立后，在国家和省上的关心重视下，以丝绸之路和敦煌文化为代表的甘肃文物逐步走出国门，为国家文化外交作出了应有贡献。改革开放以后，文物外展数量和质量均有显著增长和提升，较好地服务了国家文化外交大局、有力提升了甘肃在国内外的文化影响力。与此同时，在省委、省政府和国家文物行政部门指导和支持下，甘肃省文物行政部门和有关文博单位在文物保护管理国际合作、文化遗产教育培训等领域亦开展了相应工作，充分吸收国内外文化遗产事业先进经验和优秀成果为我所用。

第一节 文物外展

据不完全统计，截至 2010 年底，甘肃省独立举办或与兄弟省（区、市）及有关单位合作举办的文物外展达 50 余次，遍及美国、英国、法国、日本等 10 多个国家及台湾、香港等地区。外展多以敦煌文化、甘肃石窟艺术、丝绸之路文物等为主题。

一、改革开放前的主要文物外展

1951 年 10 月，敦煌文物研究所《敦煌艺术展》随中国文化代表团赴印度和缅甸展出，至 1952 年 1 月结束。

1956 年 10 月，为纪念释迦摩尼诞辰 2500 年，敦煌文物研究所应邀赴印度和缅甸举办《敦煌艺术展》。

1957 年 1 月，根据中波文化合作协定，《中华人民共和国敦煌艺术展》在波兰华沙文化科学宫开幕，展品包括壁画摹本 73 件，照片 27 幅。同年 2~3 月，《中华人民共和国敦煌艺术展》先后在捷克斯洛伐克首都布拉格和俄斯特拉发两地展出。

1958 年 1 月，由敦煌文物研究所主办、日本每日新闻社日中友好交流协会承办的《中国敦煌艺术展》在日本东京高岛屋、京都高岛屋展出。

1973~1975 年，《中国人民共和国出土文物展览》在欧美展出，此次展览是"文化大革命"期间首次在国外举办的中国出土文物展览。甘肃武威雷台汉墓出土的包括铜奔马在内的铜车马等文物入选展览。铜奔马作为中国出土文物代表被用于展品选集封面和中英友好纪念章主图案。

1957 年 1 月，《敦煌艺术大展》在波兰华沙举办

1958 年 1 月，《中国敦煌艺术展》在日本东京、京都等地举办

二、改革开放后的主要文物外展

1. 1979~1989年期间（5次）

1979年3~7月，甘肃、陕西、新疆三省（区）博物馆联合在日本东京国立博物馆、大阪市立美术馆举办《中华人民共和国——陕西·甘肃·新疆出土汉—唐シルクロード文物展》。

美国总统尼克松参观《中华人民共和国出土文物展览》中的甘肃省文物

1983年2月，《中国敦煌壁画展》在法国巴黎自然历史博物馆举办

1982年4~10月，为纪念中日邦交正常化10周年，敦煌文物研究所应邀在日本东京、大阪、京都、秋田、名古屋、仙台、札幌等八个城市举办《中国敦煌壁画展览》，展出壁画临品63件，观众43万人次。

1983年2~3月，敦煌文物研究所在法国巴黎自然历史博物馆举办《敦煌壁画展览》，展出壁画临品56件，观众12万人次。期间还举办了中法敦煌学术讨论会。

1985年10月~次年3月，敦煌研究院和敦煌县博物馆联合在日本东京举办《中国敦煌展》。后赴福冈、长野、奈良、静冈等城市展出，观众50余万人次。

1988年1月，甘肃、宁夏、内蒙古等省（区）文博单位联合举办的《中国敦煌·西夏王国展》在日本下关、大阪、名古屋、东京等10个城市进行为期9个月的巡展。甘肃省参展文物84件（组）。

2. 1990~1999年期间（16次）

1990年9月，甘肃省文化厅主办、甘肃省博物馆承办，日本秋田县、新泻县教育委员会协办的《中国·甘肃省文物展》在日本秋田、新泻两地举办，展出文物120件。

1992年1~4月，为庆祝中日邦

《中国甘肃省文物展》在日本秋田举办

交正常化 20 周年，国家文物局组团出访日本，《中国麦积山石窟展》随团赴日本东京、大阪、京都、横滨等城市巡展。参展文物包括麦积山石窟泥塑 36 件，石雕 8 件，壁画残片 2 块，经卷 2 本，雕塑复制品 12 件，壁画临摹品 7 幅；此外还有平凉、庆阳、天水等地以及甘肃省博物馆共 24 件藏品。观众 14 万人次，日本经济新闻社编辑出版了《中国麦积山石窟展大型图册》。

1992 年 3 月，甘肃省博物馆选调部分文物参加赴新加坡《中国唐代文物展》。

1992 年 12 月，敦煌研究院《中国敦煌古代科学技术展览》在台湾地区高雄和台北两市展出。

1992 年 12 月，敦煌研究院《敦煌艺术及古代科技展》在台湾地区高雄和台北两地展出。

1994 年 2 月，甘肃省博物馆主办的《长安秘宝和万里长城展》赴日本东京展出，参展文物 95 件（套）。

1994 年 10~11 月，甘肃省文物考古研究所应邀在日本大阪、东京等城市举办《中国甘肃简牍暨古墓文物展》，展出文物 70 件（组）及文物临摹复制品 2 件（组）。

1995 年 4 月，甘肃省博物馆馆藏文物参加赴美国田纳西州孟菲斯市《中国帝王陵墓展》，展期 5 个月，观众 40 万人次。

1995 年 7 月，香港文化艺术基金会、中国对外文化交流协会和甘肃省文化厅联合举办的《敦煌艺术展》在香港中国文物展览馆开幕。展期 20 天，观众 3 万余人次。

1996 年 9~12 月，甘肃、宁夏两省区联合在克罗地亚首都萨格勒布举办《丝绸之路——中国古代艺术展》，甘肃省参展 80 件（组）文物。

1996 年 10 月~次年 4 月，敦煌研究院、日本东京都美术馆、朝日新闻社、朝日电视台联合举办的《沙漠中的美术馆——永恒的敦煌》展览在日本东京都美术馆开幕，后又在神户、福冈等地展出。

1997 年 7 月，敦煌研究院和日本东映广告公司联合在日本长崎县、大分县举办《中国敦煌艺术展》，展期六个月，参展文物 16 件（组）、壁画临摹品和文物复制品 24 件。

1998 年，甘肃省博物馆参加国家文物局文物交流中心组织的赴日《中国古

1997 年 7 月，《敦煌艺术展》在日本长崎举办

1999 年 4 月，《敦煌石窟特展》在台湾地区开幕

代帝王陵墓展》，参展文物 10 件（组）。

1999 年 4~6 月，《中国敦煌艺术展》在韩国汉城举办，参展文物 86 件（组）。

1999 年 4~10 月，敦煌研究院与台湾地区自然科学博物馆文教基金会共同在台湾地区台中市自然科学博物馆举办《敦煌石窟特展》。

1999 年 4~12 月，甘肃省博物馆与中国历史博物馆、陕西省历史博物馆、内蒙古自治区文物考古研究所联合在日本札幌、千叶、奈良、岗崎四城市举办《シルクロードの煌き・美の至宝》展览，甘肃省参展文物 31 件（组）。

3. 2000~2010 年期间（28 次）

2000 年，甘肃省文博单位选调文物参加赴美国《中国考古黄金时代展》。

2000 年 5~8 月，甘肃省博物馆《黄河文明——甘肃远古彩陶特展》在台湾地区台北市展出，参展文物 120 件（组）。

2001 年 9 月~2002 年 3 月，《敦煌美术展》在日本举办。

2001 年 11 月~次年 3 月，甘肃省博物馆与首都博物馆在香港共同举办《中国长城文物展》，甘肃省参展文物 13 件（组）。

2001 年 11 月~次年 5 月，由甘肃和宁夏两省（区）共同主办，甘肃省博物馆、美国纽约亚洲协会博物馆和佛罗里达州诺顿博物馆（Norton Museum of Art, West Palm Beach）承办的《僧侣·商旅与丝绸之路——4 至 7 世纪丝绸之路珍宝展》在美国纽约开幕，甘肃省参展文物 81 件（组）。

2003 年 5 月，甘肃省博物馆、甘肃省文物考古研究所与国家博物馆合作在美国举办《辉煌的丝绸之路——中国古代艺术展》，甘肃省参展文物 14 件（组）。

2004 年 5 月，甘肃、陕西、新疆三省（区）联合在英国伦敦举办《丝绸之路：贸易、旅游、战争和信仰展》，敦煌莫高窟第45窟复制洞窟参展。

2004年6月，配合中法文化年活动，敦煌研究院在法国尼斯市亚洲艺术馆举办《中国敦煌艺术展》，展期4个月，参展文物22件（其中文物10件，复制品12件）。

2004年4~12月，甘肃省博物馆与国家博物馆合作在日本石川县立博物馆举办《中国历代王朝展》，参展文物100件（套），其中一级文物20件（套）。

2004年9月，甘肃省博物馆6件（组）文物参加国家文物局与国家博物馆在日本东京举办的《中国国宝展》，展期6个月，参观人数5万人次。

2004年10月，甘肃省博物馆参加由中国文物交流中心主办、美国纽约大都会艺术博物馆协办的《走向盛唐展：公元3~8世纪的中国艺术和中外文化交流》，甘肃省参展文物27件（组）。

2005年3月~次年2月，甘肃省博物馆参加由中国文物交流中心主办、日本外务省文化厅、日本中国文化交流协会协办的《中国帝王展》。展览在日本熊本、大分、京都、鹿儿岛、福冈等县展出，甘肃省参展文物26件（组）。

2005年3~5月，甘肃省文博单位选调文物参加赴香港《走向盛唐：公元3~8世纪的中国艺术和中外文化交流展》。

2005年4~9月，敦煌研究院《荒漠传奇·璀璨再现——敦煌艺术大展》先后在台湾地区和泰国展出，展品67件（组）。

2005年，由敦煌研究院和台湾台南艺术大学共同举办的《敦煌艺术大展》在台北、高雄两地展出。

2005年10月~次年5月，甘肃省博物馆参加中国文化交流中心在意大利特拉维索市卡萨德·卡拉雷兹博物馆主办的《丝路遗宝展》，甘肃省参展文物15件（组）。观众20万人次。

2007年11月，《追寻那烂陀的足迹——佛教展》在新加坡举行，甘肃省参展文物4件（组）。

2008年3~6月，《中国：从汉风到唐韵文物展》在意大利佛罗伦萨斯特罗奇宫举办，甘肃省参展文物43件（组），其中一级文物19件（组）。同年7~11月，该展览移至都灵国家考古博物馆继续展出。

2008年3月，敦煌研究院参加日本谦慎书道会在日本举办的《书法之演变展》，参展文物包括敦煌藏经洞文献13件。

2008年5月~次年4月，《大三国文物展》在日本东京富士美术馆、北海道、神户、福港、香川、名古屋等地举办，甘肃省参展文物18件（组），观众逾100万人次。

2008 年 6~9 月，甘肃省博物馆参加由中国文物交流中心在香港历史博物馆举办的《中国马文化展》，甘肃省参展文物 15 件（组），观众 4 万余人次。

2008 年 11 月~次年 2 月，敦煌研究院、敦煌市人民政府与法国中国文化中心联合在法国巴黎中国文化中心举办《敦煌花雨文化展》，展品包括莫高窟第 275 窟和榆林窟第 25 窟复制模型窟、张大千敦煌壁画临品真迹共 50 余件。

2009 年 4~6 月，敦煌研究院在德国柏林中国文化中心举办《敦煌花雨文物展》。

2009 年 10 月~次年 2 月，甘肃省博物馆参加在比利时布鲁塞尔皇家艺术和历史博物馆举办的《丝绸之路展》，参展文物 29 件（组）。

2010 年 2~11 月，《秦汉—罗马文明展》在意大利举办，甘肃省参展文物 27 件（组）。

2010 年 11~12 月，《移动的壁画——甘肃明清水陆画展》在台湾地区台南艺术大学博物馆举办，展品 100 件。

2010 年 12 月，甘肃省博物馆选调文物参加赴韩国《丝绸之路大文明展》。

第二节　交流合作

一、友好访问与捐赠

（一）友好访问

1976 年，瑞典中国友好协会主席杨米尔·达参观麦积山石窟。

1979 年冬，日本考古代表团参观甘肃省博物馆并进行学术交流。

1981 年 8 月，以日本经济新闻社顾问、日中文化交流协会顾问园城寺次郎为首的日本文物访华团参观访问甘肃省博物馆、敦煌莫高窟。

1982 年 8 月，尼泊尔国王比兰德拉及王后参观甘肃省博物馆。

1984 年 10 月，哥伦比亚前总统洛佩斯夫妇与前驻华大使多明哥夫妇一行参

1982 年，尼泊尔国王比兰德拉及王后参观甘肃省博物馆

观敦煌莫高窟。

1985 年，日本博物馆代表团访问甘肃省博物馆。

1986 年 6 月，马里总统穆萨·特拉奥雷参观甘肃省博物馆。

1986 年 9 月，应中国外交部邀请，美国、意大利、保加利亚等 70 多个国家的驻华大使及夫人参观敦煌莫高窟。

1986 年 10 月，新西兰总理戴维·朗伊参观甘肃省博物馆。

1986 年 11 月，应中国文化部邀请，以文化财保护部长内田弘保为首的日本文化厅代表团访华，期间参观考察了敦煌莫高窟，代表团中的日方地质专家建议在莫高窟窟顶设置防沙屏障以解决风沙侵袭问题。

1986 年 9 月，73 个国家和地区驻华使节参观莫高窟

1987 年 4 月，甘肃省文物保护考察团一行七人，应日中友好协会副会长平山郁夫邀请，赴日本东京、奈良、大阪、福冈等地考察日本文物保护管理工作。

1988 年 8 月，64 个国家驻华大使及有关人员组成的外国大使参观团 90 余人参观甘肃省博物馆。

1990 年 4 月，泰国公主诗琳通参观敦煌莫高窟、敦煌市博物馆和甘肃省博物馆，并与甘肃省文博界专家进行座谈。

1990 年 6 月，乍得共和国总统哈吉·哈布雷参观甘肃省博物馆。

1990 年 7 月，联合国科教文组织丝绸之路国际考察团到甘肃考察，并在甘肃省博物馆举办中国丝绸之路 2100 年纪念活动。

1990 年 10 月，新加坡政府总理李光耀参观敦煌莫高窟、敦煌市博物馆。

1991 年 10 月，美国纽约大都会艺术博物馆等国际著名博物馆丝绸之路考察团参观访问甘肃省博物馆并进行学术交流。

1993 年 5 月，日本政府副首相兼法务大臣后藤田正晴参观访问敦煌莫高窟和甘肃省博物馆。

2001 年 7 月，中华青少年历史文化教育基金（香港）组织《中华历史文化教育交流团》到甘肃参观考察。

2001 年 9 月，柬埔寨王国文物保护局副局长 BUN_NARITH 一行 3 人在甘肃考察访问。

2002 年 10 月，以国际古迹遗址理事会世界遗产协调员 Henny·Cleer 博士为首的世界遗产专家组考察麦积山石窟申报世界文化遗产准备工作，期间还考察了大地湾遗址。

2003 年 10 月，日本国秋田县教育长小野寺清一行来甘肃参加武威磨嘴子遗址中日联合考古发掘开工典礼。

2007 年 8 月，日中友好协会会长、联合国教科文组织亲善大使平山郁夫先生赴甘参加段文杰先生从事敦煌文物和艺术保护研究 60 周年纪念活动。

2009 年夏，台湾地区十大杰出青年基金会工作参观访问团、台湾地区青年学生交流团、台湾地区台南艺术大学学生考察团、台湾地区慈济基金会丝路文化参观访问团等多个团体先后参观考察敦煌莫高窟。

（二）捐赠

1984 年，香港爱国人士邵逸夫捐赠 1000 万元港币，为莫高窟 100 个洞窟近 4000 平方米壁画安装玻璃屏风，并安装 398 个铝合金窟门。

1988 年 8 月，来华访问的日本国首相竹下登参观敦煌莫高窟，宣布由日本政府无偿援建敦煌石窟文物保护陈列中心，日方投资 9.75 亿日元，甘肃省自筹 250 万元。

1988 年 9 月，日中友好协会副会长、日本著名画家平山郁夫向敦煌研究院捐款 2 亿日元。甘肃省人民政府将此款命名

竹下登参观莫高窟

为平山郁夫敦煌学术研究基金。

1997 年，日本友好人士青山庆示向敦煌研究院捐赠其收藏的 8 件莫高窟藏经洞文献。

2005 年 5 月，日本学者东山健吾捐助 100 万日元用于麦积山石窟研究论文集编辑出版事宜。2009 年 10 月，该论文集由文物出版社出版。

二、双边合作

1989 年 6 月，敦煌研究院与美国盖蒂保护研究所签订合作研究保护敦煌莫高窟文物协议书。

1990 年 12 月，敦煌研究院与日本东京国立文化财研究所签订中日合作保护莫高窟第 53、194 窟协议书。

1991 年 3 月，敦煌研究院与日本东京国立文化财研究所联合启动实施中日合作保护莫高窟第一期合作项目（1991 年 4 月~1996 年 4 月）。

1994 年 8 月，敦煌石窟文物保护研究陈列中心
竣工典礼

1994 年，包括敦煌研究院在内的国内外多个知名敦煌文献收藏机构共同发起成立国际敦煌项目（IDP），早期工作主要是文献修复与编目，自 1997 年始启动敦煌文献数字化工作。IDP 网站于 1998 年 10 月开通，用户可以通过数据库免费检索高质量的敦煌文献写本及其他资料信息。

1999 年 8 月，甘肃省与日本秋田县签署《中华人民共和国甘肃省和日本国秋田县关于进一步发展两省县友好关系的备忘录》。《备忘录》中文化交流部分提出双方可就联合发掘武威磨嘴子汉墓群的可能性进行协商。2000 年 10 月，日本秋田县教育委员会代表团访问甘肃省，就相关事宜进行了专题商讨。2001 年 8 月，甘肃省文物局向国家文物局上报《甘肃省文物局关于与日本秋田县埋藏文化财中心合作进行武威磨嘴子遗址考古调查和发掘项目的可行性报告》。征得国家文物局同意后，2002 年 1 月，甘肃省文物考古研究所与日本秋田县埋藏文化财中心签订合作发掘意向书，日方同时向国家文物局提出书面申请。同年 2 月，国家文物局在征求多方意见后，上报文化部并经国务院批准，批复同意甘肃省文物考古研究所与日本秋田县埋藏文化财中心组成中日联合考古队，对武威磨嘴子遗址进行考古发掘。考古发掘工作自 2003 年 10 月始，至 2005 年 7 月结束，间断发掘共计 180 天，发掘遗址面积 800 平方米，发现遗迹 208 个；其中带斜坡墓道土洞墓 32 座、竖穴土坑墓 26 座、灰坑 71 个、窑址 8 个；出土文物有陶器、青铜器、木器、丝织物等 1000 余件。参加发掘的中方人员有：王辉、赵雪野、王琦、王勇、李永宁、魏美丽、李明华、韩小丰等；日方人员有：大野宪司、樱田隆、新海和广、村尚义直、武藤祐浩、加腾龙、谷地熏、藤田贤哉等。

2005 年 11 月，甘肃省文物局授权欧洲保护中华艺术协会（A.P.A.C.E）主席、法国中国文物专家贝纳德·高美斯（Bernard Gomez）代表甘肃省在国际艺术品市场寻找甘肃省流失国外的出土文物，及时提供有关文物信息并通过法律途径和各种手段进行追索。2015 年 7 月，在中法两国友好合作及相关人士努力下，甘肃省礼县大堡子山遗址出土的 32 件文物（均为金饰片）在流失海外 20 余年后重归故里，入藏甘肃省博物馆，法国驻华大使和甘肃省领导共同出席文物返还仪式。

三、学术交流与学习考察

（一）学术交流

1998年，受国际博物馆协会漆器与木器保护分会邀请与资助，甘肃省博物馆马清林赴法国参加国际文物保护会议并进行学术交流。同年，赴香港参加国际华裔学者分析化学国际会议。1999年12月~次年1月，受香港城市大学邀请与资助，马清林在该校材料物理系以交流学者身份从事中国新石器时代陶器微量元素与热释光年代测定研究工作。2001年，受美国盖蒂保护研究所邀请与资助，马清林赴美从事中国古代镀锡青铜器与铁器研究工作。

2005年11月，甘肃省文物工作代表团应邀赴日本秋田县与秋田县文化财保护室商谈继续合作事宜并参观考古发掘工地、进行学术演讲。

2008年9~11月，敦煌研究院研究员赵生良应邀赴台湾地区台南艺术大学讲学。

2009年5月，敦煌研究院副院长王旭东、研究员李最雄、高级工程师张鲁、馆员郭青林赴香港参加香港大学举办的

"SINDROCK2009——国际岩石力学研讨会"。

2009年10~11月，敦煌研究院研究员赵生良赴香港参加"丝绸之路艺术节"并作学术报告。

（二）学习考察

2004年3月、11月，甘肃省文物工作考察团分赴法国、意大利、德国和丹麦、瑞士、芬兰进行学习考察。

2004年8月，日本秋田县县民丝路文化探访团赴甘考察甘肃省文物考古研究所、武威磨嘴子遗址日中联合考古发掘现场。

2005年9月和2006年4月，甘肃省文物管理委员会部分成员分赴南非、埃及、希腊、土耳其学习考察。

2007年6~7月，甘肃省文物工作代表团赴新西兰参加新西兰文化遗产大会并赴澳大利亚堪培拉博物馆和艺术馆学习考察。

甘肃省和秋田县文化交流协议书签字仪式

2007 年 10 月和 12 月，甘肃省文物工作考察团分赴德国、法国和埃及、希腊学习考察。

2008 年 9 月，敦煌研究院党委书记、副院长纪新民等 3 人赴日本考察日本文化产品开发情况。

2008 年 9~10 月，应美国盖蒂保护研究所邀请，敦煌研究院院长樊锦诗等 3 人赴美考察文物保护工作。

2008 年 10 月，敦煌研究院美术研究所工作人员 10 余人赴英国、法国、意大利等国考察文物保护工作。

第三节　教育培训

一、中日互派研修生

根据《中华人民共和国甘肃省和日本国秋田县关于进一步发展两省县友好关系的备忘录》，2001 年 5 月，甘肃省人民政府与日本秋田县教育委员会签定《中国甘肃省与日本秋田县关于开展文化交流的协议书》，规定 2001~2010 年期间，中日双方每年互派 2 名交流员进行文化遗产保护技术及方法的研修学习。2002 年 3 月，甘肃省文物局印发《甘肃省文物局赴日研修生派遣管理暂行规定》。截至 2010 年，互派交流员计划圆满完成，双方先后互派交流员各 20 人。根据双方协商，2011 年之后不再互派交流员，合作项目转以文化交流和互办文物展览为主。

二、其他教育培训

1991 年 5 月，敦煌研究院文物保护研究所所长李最雄获日本东京艺术大学博士学位是为中国首位文物保护专业博士。

2003 年 3~7 月，甘肃省博物馆马清林赴瑞士苏黎世大学无机化学研究所以"中国战国时期人工合成中国紫与中国蓝研究"为题从事博士后研究。

2005 年 1~2 月，甘肃省博物馆选派专业技术人员赴意大利参加中意合作文物保护修复培训班。

2006~2008 年，敦煌研究院、麦积山石窟艺术研究所分别选派专业技术人员赴日本东京文化财保护研究所、东京艺术大学学习进修。

自 2008 年始，敦煌研究院与英国伦敦考陶尔德艺术学院合作开展研究生培养工作，为中方培养壁画保护专门人才。

2010 年 4 月，甘肃省博物馆选派专业技术人员赴英国参加博物馆管理与文物保护技术培训。

人 物

中国宋代，出现了一批以研究传世金石为主的"金石学"人物如吕大临、欧阳修、李公麟、王黼、赵明诚等，清代又产生了一批"古物学"人物，代表有钱大昕、毕沅、孙星衍等人。而在更早的北魏时期，已有关于古代遗迹记载的著作和人物，如郦道元《水经注》即有一些古代遗存的记载，如著名的云冈石窟、炳灵寺石窟等就出现在其中。严格来说，宋代以来的金石学研究虽然与现代意义上的考古学有明显的区别，但对于"古物"的着意著录尤其是金石文物的著录显然属于文物研究的范畴。清代随着方志编纂事业的繁荣，编撰者对于"古迹"的记录成为不可缺少的内容。清末民国初，随着甲骨、西北简牍、敦煌石室等的发现，以及近代考古学的传入，西方及日本探险家、中国学者开始了大规模的中国出土文物及古代遗存的研究和主动考察，斯坦因（英）、伯希和（法）、华尔纳（美）、安特生（瑞典）、桑志华（法）等以及中国的梁启超、王国维等为代表人物。

清代以来对于甘肃文物的考察与研究，首推张澍。因偶然的机会，张澍发现了著名的"西夏碑"，并开启了近现代西夏学研究的先河。而随着敦煌藏经洞的发现，对于敦煌石窟以及甘肃地区的文物考察活动逐渐转热，斯坦因、伯希和等对敦煌藏经洞文物的劫掠以及安特生在甘肃的考古活动，客观上使得甘肃文物考古得到发展。西北科学考察团的活动，黄文弼、夏鼐、向达、阎文儒等在甘肃及西北地区的考察与考古工作，促进了甘肃文物考古工作的兴盛。张维对甘肃所见金石文物的调查与著录，成为甘肃在民国时期全面著录金石文物的人物。敦煌文物研究所的成立，集聚了一批从事敦煌石窟美术临摹、研究及考古的人才，如常书鸿、段文杰等。甘肃地方学者冯国瑞等对麦积山、炳灵寺等石窟考察，对于石窟寺考古起到了极大的推动作用。1949年之后，随着甘肃省博物馆的建设，一批文物保护管理机构的成立，以及多次全国性文物普查和配合基本建设开展的考古发掘工作，培养了一批从事文物考古、研究与保护的管理与研究型人才队伍，研究的领域几乎涉及甘肃文物考古的各个时期及诸多方面，尤其是在新石器彩陶、敦煌学、简牍学、长城学、魏晋墓葬壁画、石窟寺考古以及石窟寺保护、土遗址保护、文物数字化等领域成绩尤为突出，涌现出了一些为甘肃文物考古事业奋斗的优秀人才，如樊锦诗、张学正、初世宾、陈炳应、孙修身、贺世哲、史苇湘、王旭东等，对甘肃的文物考古事业做出了极大的贡献。根据统计，1987~2010年，甘肃省文博系统获得文博副高级以上职称的人员有190多人，其中具有研究馆员资格的60余人，主要集中在敦煌研究院、甘肃省博物馆、甘肃省文物考古研究所和麦积山石窟艺术研究所几个省直事业单位。同时也出现了国际友人路易·艾黎，将大量的文物捐赠给他曾经工作过的山丹，也为甘肃的文物事业做出了巨大的贡献。

传记人物

何士骥

何士骥（1893~1984 年）号乐夫，浙江诸暨人。浙江绍兴师范学校毕业，曾在北平孔德学校执教。1925 年考入清华大学国学研究院，为该院首届新生，师从梁启超、王国维、陈寅恪等先生，主攻古文字学与考古学。毕业后在北平研究院史学研究所从事考古研究工作，兼任北平大学、北平师范大学等校文字学及文史考古诸课讲师。抗日战争爆发后，他应聘在西北师范学院（原北平师范大学）、西北大学等校任教。1934 年成为陕西考古会成员，同年开始任宝鸡斗鸡台发掘工作组秘书，参加三次斗鸡台发掘及关中渭河流域的古遗址调查工作。1938 年国立西安临时大学（1937年 9 月由国立北平大学、国立北平师范大学、国立北洋工学院等组建于西安）迁往汉中，改名为国立西北联合大学（简称"西北联大"），何乐夫为校"历史系考古委员会"成员，参与张骞墓的发掘与保护工作（《发掘张骞墓前石刻报告书》，《西北联大校刊》1938 年第 1 期；《修理张骞墓工作报告》，《说文学刊》1943 年第10 期）。对该墓的发掘，何乐夫提出了非常关键的"纸上之材料，必待地下实物之明证"的求真务实的考古学作风。西北师范学院迁兰后，来兰任教。1943 年参加西北科学考察团，在甘肃兰州、临洮等地作了考古调查与发掘工作。1944 年冬，西北师院举行校庆活动期间，他举办了一次历史文物展览活动，展出石器、陶器、铜器、历代货币、玉器、玉简册（部分）等，及历代文物拓片、碑帖、汉画像石、秦砖汉瓦等。抗日战争胜利后，继续在西北师院任教，又兼任兰州大学中文系的文字学与历史系的考古学教授。1947 年夏，何乐夫在西北师院东北角明代墩台处，发现了一件明万历十年的"深沟儿墩碑"，并撰文《十里店新发见之墩军碑》予以介绍。这块碑记录明代长城的管理制度，为人们研究陇上历

史、研究长城提供了重要证据。

1949年以后，参加民主同盟，曾任兰州市人民代表，甘肃省政协第一、二届委员、第四届常务委员等职务。1952年主持甘肃兰州上西园明彭泽墓发掘。任甘肃省文物管理委员会委员兼办公室主任，负责筹建甘肃省博物馆。1958~1968年任甘肃省博物馆馆长，是甘肃博物馆事业的开创者，精金石考古，擅长书画鉴赏与文字考释。1959年武威磨咀子汉墓群发掘，出土仪礼简牍500余枚，中国科学院考古研究所派陈梦家与何乐夫等人参加整理工作。

一生论著颇多，散见于国内各报刊。其《部曲考》（《国学论丛》第一卷第一号，商务印书馆，1927年）在学术界有盛名。参加多次考古发掘活动，1955年，时任兰州大学教授的何乐夫参加发掘山丹四坝滩遗址。与裴文中等人还调查发掘了兰州十里店、西果园、中山林等地的史前遗址和古墓葬多处。有《南北响堂寺及其附近石刻目录》、《唐大明兴庆及太极宫图残石发掘报告》（《国立北平研究院院务汇报》5:4，1934年）及《石刻唐太极宫即府寺坊市残图、大明宫残图与兴庆宫之研究》（《考古专报》1，国立北平研究院，1935年）、《西北考古记略》（《读书通讯》1942年第52期）、《中国文化起源于西北》（《新西北》1944年7月12日）、《兰州新石器时代的文化遗存》（《考古学报》1957年第1期）等。

何乐夫长期在西北地区从事文博工作，参与多次考古调查与发掘工作，并在西北师院、西北大学、国立西北联合大学、兰州大学等高线任教，参与甘肃省博物馆创办，对于西北尤其是甘肃地区的文博工作做出了重要贡献。

冯国瑞（1901~1963年）字仲翔，号牛翁，一号渔翁，别号麦积山樵。甘肃省天水县人（今秦城区人），后定居兰州，七岁入私塾，十一岁考入天水私立亦渭小学（现称解一小学），十五岁其父母即请由清前进士任承允、翰林哈锐为之讲习古文。民国

冯国瑞

十年（1921 年），冯国瑞考入南京东南大学，得到著名学者吴梅、罗振玉、商承祚、胡小玉指导，于金石、考据、词曲皆有师承。后考入北京清华大学国学研究院深造，受业于梁启超、王国维、陈寅恪、赵元任、吴宓等大师门下，从而积淀了深厚的国学功底。

1927 年，清华毕业，因时局动荡，意欲归里。梁启超爱其才，又知不可留，乃函荐于当时甘肃省长薛笃弼，誉冯国瑞为"奇才"、"美才"，认为"此才在今日，求诸中原，亦不可多见。百年以来，甘凉学者，武威二酉堂（按：即张澍）之外，迨未或能先也"。遂受聘于甘肃省通志局，任分纂。民国二十~二十四年(1931~1935年)，任西宁县长，青海省政府秘书长、代理省主席职务，并被张学良和邵力子聘为西北问题研究会委员和陕西省政府顾问。民国二十八年（1939 年）后，历任东北大学、西北师范大学、兰州大学等校教授、西北图书馆编纂。中华人民共和国成立后，先后担任甘肃省文化教育委员会委员，甘肃文物管理委员会委员、省政协委员、省文史研究馆馆员等职。

冯国瑞天资颖悟，博闻强记，在文化艺术上造诣颇深，他率先发掘考证甘肃石窟艺术。1941 年农历四月初八，冯国瑞与地方好友 6 人相约，首次考察麦积山石窟，获得麦积山石窟至为珍贵的第一手资料。考察后三个月内即撰写《麦积山石窟志》，由陇南丛书编印社油印发行。此为麦积山石窟的首部著作，内容丰富，对麦积山石窟历史沿革、造像、壁画、建筑及有关碑刻铭文均有介绍和考证，尤涉及甘陕其他如莫高、凉州、炳灵及泾州南石窟、彬县大佛寺等石窟由于他的调查研究工作，使麦积山石窟为学界所重视。之后至 1953 年，先后六次考察麦积山石窟，并多次呼吁天水地方政府、官员加强对麦积山石窟的保护。为麦积山石窟的保护、研究与弘扬做出了重要的贡献。

冯国瑞博学多才，其学术研究领域十分广阔，在文学、历史、训诂、考古、书画等诸方面均取得令人瞩目的成就。尤其是在对天水麦积山、永靖炳灵寺、武威天梯山等石窟的调查和研究上，冯国瑞做出了开拓性贡献。撰写《麦积山石窟志》、《麦积山大事年表》、《炳灵寺石窟考察记》、《永靖发现西晋创始炳灵寺石窟》、《记武威北凉创始石窟及西夏文草书墨迹与各种刻本》等。在天水地方史研究方面，他是利用考古文物探索秦人早期历史的第一人，并先后编著了《秦州记》、《天水出土秦器汇考》等专著，明确提出天水是秦人发祥地的观点。民国二十六年（1937年），时任国民党中央宣传部长得邵子力欲将自己私人收藏的5万余册珍贵图书捐赠陕甘两省。冯国瑞与邵子力过从甚密，力劝邵子力将书捐给天水，并于火炮威胁中从西安亲自护送其书安全抵达天水，在天水图书馆专辟"邵子力先生纪念室"珍藏。

在授课、考证之余，冯国瑞进行乾嘉时甘肃"二澍"（凉州张澍、阶州邢澍）遗著整理评介工作，编写了《张介侯先生年谱》、《守雅堂稿辑存》；善于吟咏，创作了大量诗词，结集为《北游草》、《绛花楼诗集》。

冯国瑞一生喜收藏古物、名画，亦善临摹字画。1960年冯国瑞命儿孙将家藏的各类文物及书画、拓片共10余箱，悉数捐赠给麦积山文物保管所收藏，极大地丰富了麦积山石窟的藏品。捐赠的143件拓片中，有晋1件，十六国前秦1件，南朝（梁）2件，北魏16件，隋1件，唐28种，北宋9种，南宋6种，西夏1种，元2种，明6种，清27种，民国13种，龙门二十品中17种，汉摩崖9种，这些拓片大多为精品甚至是孤品。如清咸丰二年拓本"爨宝子碑"，又如前秦"广武将军口产碑"、南朝（梁）"瘗鹤铭摩崖"、北魏"口遐残碑"和"姚伯多道教造像碑"、西魏"权丑仁造像记"、北周"建崇寺宇文崇造像记"等早期拓片，为研究麦积山及周边历史提供了重要的史料参考文献。

1963年冯国瑞病逝于兰州。

常书鸿（1904~1994年）满族，浙江杭州人。敦煌学家。1918年考入浙江省立甲种工业学校染织科，1923年毕业并留校

甘肃省志

文
物
志

常书鸿

任教。1927 年自费留学法国。1932 年以油画第一名的成绩毕业于里昂国立美术学校，并于 1933 年考入巴黎高等美术学校，师从新古典主义大师劳朗斯。1934 年常书鸿在法国发起成立"中国艺术家协会"。他的油画作品如《梳妆》《裸女》《病妇》《葡萄》等多次参加法国国家沙龙展，先后获得金质、银质奖章等多种荣誉，并成为法国美术家协会、法国肖像画家协会会员。

1935 年秋天的一个下午，常先生在赛纳河畔的一个旧书摊上偶然看到了伯希和编写的《敦煌图录》，对敦煌心生向往。1936 年，常书鸿回国后被聘为国立北平艺术专科学校西画系主任兼教授。1937 年由于"七七事变"随学校南下重庆，于 1938 年任国立艺专校务委员会副主任兼教授，后任国民政府教育部美术教育委员会委员兼主任秘书。

1942 年，在梁思成、徐悲鸿、于右任等人的鼓励下，常书鸿接受并筹备组建了"国立敦煌艺术研究所"。1943 年 2 月，常书鸿来到敦煌，在艰难的环境中开展了对石窟的保护等工作，如清理洞窟、修建保护墙等。1944 年元旦，国立敦煌艺术研究所正式成立，由常书鸿任第一任所长。1945 年，国民党教育部宣布撤销"国立敦煌艺术研究所"的建制，经费中断，导致大部分专业人员流失，常书鸿不得已去重庆寻求社会各界的援助。在时任中央研究院院长的傅斯年的帮助下，1946 年常书鸿返回敦煌开始第二次创业，同时在四川等地招来一批新人，包括段文杰、霍熙亮、孙儒僩、史苇湘、欧阳琳、李承仙等，充实了人才队伍。在他的领导下，研究所的工作逐渐恢复并走向正轨，同时壁画临摹也大规模地开展起来。1948 年，常先生带着各专题五百多幅临本在南京和上海举办了敦煌艺术展览，受到社会各界的欢迎。此时期常书鸿的壁画临摹作品有第 257 窟《鹿王本生》、第 285 窟《作战图》、第 249 窟《狩猎图》、第 156 窟《张议潮、宋国夫人出行图》、第 428 窟《萨埵那本生》、《须达拏太子本生》、《四飞天》、第 254 窟《萨埵那本生》等。油画创作有《莫高窟下寺外滑冰》、《野

人物

鸡》、《古瓜州之瓜》、《雪后莫高窟风景》、《南疆公路》、《敦煌中寺后院》、《三危山的傍晚》、《敦煌农民》、《古汉桥前》等作品。

1949 年，敦煌地区宣告解放。1951 年，"敦煌艺术研究所"更名为"敦煌文物研究所"，仍由常书鸿任所长。在新的历史时期下，常书鸿组织研究所以更大规模对北魏隋唐五代宋元的壁画进行临摹，作画面积计达 1300 多平方米，在北京、上海、兰州等地举办多次展览。敦煌艺展还走出了国门，在日本尤其反响巨大。1952 年 9 月到 1953 年 12 月，常书鸿等人勘察了甘肃境内的炳灵寺、麦积山石窟以及新疆境内的龟兹、焉晋、高昌等地的 13 处石窟群。在此基础上完成了《新疆石窟艺术》初稿。1958 年夏，在常书鸿的建议下，铁道部门参与到敦煌石窟群的保护。从 1963 至 1965 年组织了对莫高窟南段窟区崖壁、栈道加固工程，至"文化大革命"前共加固了 195 个石窟，为莫高窟的保护打下了永久性基础。

"文化大革命"期间，常书鸿被开除党籍和公职，至 1977 年才恢复工作。1982 年常书鸿调往中央，任国家文物局顾问，并担任敦煌文物研究所名誉所长。至 1993 年，常书鸿撰写和发表了《敦煌艺术的源流与内容》、《敦煌壁画艺术》、《敦煌艺术》、《从敦煌艺术看中华民族艺术风格及其发展特点》、《新疆石窟艺术》等文章。编辑和组织出版了《敦煌彩塑》、《敦煌唐代图案》、《敦煌艺术小丛书》《常书鸿油画集》等。敦煌壁画临本有第 217 窟的《幻城喻品》、第 285 窟及榆林窟第 25 窟全窟壁画的组织合作临摹等。油画作品有《哈萨克妇女》、《新疆维吾尔姑娘》、《雪后大佛殿》、《榆林窟风景》、《林荫道》、《水仙花》、《印度晚霞》、《兰州白兰瓜》、《鱼》、《刘家峡水库》、《丁香花》、《万紫千红》、《珠峰在云海中》等。其中 1978 年创作的《献给敢于攀登科学高峰的人》获全国科普美展荣誉奖，1984 年创作油画静物《大理花和葡萄》参加第六届全国美展获荣誉奖。1989 年为日本法隆寺创作《敦煌乐舞和飞天》。

1959~1962 年，常书鸿筹建了兰州艺术学院，并任院长。

1961 年任甘肃省政协常务委员。1962 年任甘肃省文联主席、省美协主席。1963 年当选中国共产党甘肃省代表大会代表。1964 年当选第三届全国人大代表。1978 年当选第五届全国人大代表。1979 年任第四届全国文艺代表大会理事、甘肃省文化局副局长、甘肃省人大常委会委员。1983 年任东京艺大客座教授。1985 年任敦煌研究院名誉院长。1987 年任浙江大学校友会名誉会长并举办了"常书鸿画展"。1988 年任第七届全国政协委员。1990 年赴日本国举办画展，被授予创价大学名誉博士学位。1991 年享受国务院颁发政府特殊津贴。1992 年获富士美术馆最高荣誉奖并任名誉馆长。

1994 年 6 月 23 日，常书鸿病逝于北京，享年 90 岁。常书鸿为敦煌的保护、研究做出了巨大贡献，被誉为"敦煌艺术守护神"。

乔国庆

乔国庆（1914~2010 年）河南安阳人，1938 年毕业于北平大学农学院农业生物学专业，1938~1939 年先后在西安临时大学、陕西农学院、四川农业技术学院任教，1939 年 7 月到兰州，协助筹建"甘肃科学教育馆"（甘肃省博物馆前身），1945 年 10 月任研究员职务。1949~1952 年间兼任兰州大学及西北师大生物系教授。1953 年任西北人民科学馆生物组主任，1956 年任甘肃省科普委员会常务委员及业务部副部长，1953 年 4 月~1954 年 1 月任甘肃省博物馆筹备处副处长，1956~1983 年任副馆长。1981 年 4 月任兰州档案学会理事。研究方向为昆虫学及古钱币。工作以来共采集 4000 多种昆虫标本，发表论著及文章有《甘肃蝶类初步报告》、《甘肃蜻蜓类初步报告》、《博物馆学概论》等 35 篇。退休后将个人珍藏的纪念币、专业书籍、著作等全数捐献。

吕思齐（1916~2006 年）河南宁陵人，1941 年毕业于河南大学化学系。1943 年受聘到"甘肃科学教育馆"（甘肃省博物馆前身）工作，在数理化股化学实验室从事化学分析，对西北地质调

人
物

甘肃省志 文物志

吕思齐

查所采集的西北五省矿产标本、兰州市黄河水及井水等进行了分析研究，并参与对工矿企业产品检查和对兰州市等各中等学校化学实验室教学的辅导工作。1949 年 8 月兰州解放后留任参加革命工作，"甘肃科学教育馆"更名为"西北人民科学馆"，任研究员职务，重点进行科学普及工作，任理化组主任，积极组织筹办展览等工作，向群众进行唯物主义和爱国主义教育。除展览外，他曾对天水至兰州沿线十几个水样进行了分析化验。1953 年成立"甘肃省博物馆筹备处"，吕思齐同志任征集研究组主任，协同在陇东革命根据地征集革命文物，赴老君庙玉门石油管理局征集展品，筹办了《甘肃革命文物展览》。1956 年甘肃省博物馆正式成立，任保管部主任，为迎接博物馆开馆筹办"甘肃自然富源展览"。1957 年被错划为"右派"，多年在馆内参加劳动，期间，他不计较个人得失，积极参加文物修复和实验工作，对博物馆的部分文物如铜奔马和搬迁至博物馆的魏晋壁画墓进行了较好的保护处理。1979 年被平反，恢复职务，继续从事文物保护修复工作。曾多次参加全国性的文物保护和修复工作研讨会，为"文物保护与修复"培训班授课，并有不少文物保护方面的著述。1981~1983年指导完成了炳灵寺老君洞（第 184 窟）北魏壁画清洗与保护工作（张宝玺、李现、王万青《炳灵寺石窟老君洞北魏壁画清理简报》、李现《炳灵寺石窟老君洞早期壁画的清理和科学保护》，《考古》1986 年第 8 期）。1986 年光荣退休。

段文杰

段文杰（1917~2011 年）四川绵阳人。敦煌学家。1936 至1938 年，中学时代的段文杰积极参加抗日宣传运动。1938 至1940 年先后在蓬溪、遂宁县的小学任美术教师。1940 年考入迁至重庆的国立艺术专科学校，师从吕凤子、潘天寿、李可染等国画大师。1944 年段文杰参加了王子云、张大千在重庆举办的《敦煌壁画临摹展》和《西北风情写生展》，从此与敦煌结缘。1945年毕业后在甘肃省兰州社会服务处职业介绍组工作。1946 年 7 月调入国立敦煌艺术研究所任考古组代组长，助理研究员。

来到敦煌后，段文杰完全被敦煌壁画吸引住了，在他的回忆录《敦煌之梦》中说道"我好像一头饿牛闯进了菜园子，精神上饱餐了一顿。接连几天，都在洞窟中度过，有时甚至忘记了吃饭"。

中华人民共和国成立后，从 1950 年起，段文杰出任敦煌文物研究所美术组组长，并在常书鸿外出期间任研究所代理所长。他组织人员继续开展洞窟临摹和保护工作。其临品形神兼备，达到了敦煌壁画临摹的一流水平。为继承民族传统，推陈出新，倡导美术工作者进行写生活动，1953 年领导莫高窟西魏第 285 窟整窟原大壁画临摹。1954 年参加莫高窟唐代图案的临摹，并被聘为副研究员。1955 年完成莫高窟第 130 窟《都督夫人礼佛图》的研究性复原临摹和 194 窟《帝王图》等壁画的临摹。1956 年主持参加榆林第 25 窟整窟壁画的临摹工作。对临摹工作进行初步总结，撰写《谈临摹敦煌壁画的一点体会》(《文物参考资料》1956 年第 9 期)。

1958 年，在反右运动中段先生也受到了冲击，被撤销了一切职务和副研究员职称。1969 年在"文化大革命"中又被下放到敦煌农村劳动，于 1972 年回到所里工作。段先生非常重视学术研究，他认为，虽然敦煌文物研究所在"文化大革命"前做了大量的工作，但在科学研究上还远远落后于国外。当时外界流传"敦煌在中国、研究在国外"的说法，在爱国主义精神的激励下，段文杰鼓励大家把科研继续搞下去。1977 年为甘肃省歌舞团创作舞剧《丝路花雨》提供学术指导。主持编撰《敦煌彩塑》画册(文物出版社出版，1978 年)，撰写《敦煌彩塑艺术》。1979 年担任兰州大学客座教授，讲授敦煌石窟艺术。为《兰州大学学报》组织敦煌学研究专号，撰写《形象的历史——谈敦煌壁画的历史价值》(《兰州大学学报》1980 年第 2 期)。

1980 年任敦煌文物研究所第一副所长。1981 年任甘肃省文

人物

联理事、省美协副主席，参加由中国文物出版社和日本平凡社合作出版《中国石窟·敦煌莫高窟》五卷本的编撰工作。1981年倡导、创办《敦煌研究》并任主编，于1983年创刊号。1982年策划、参与了敦煌文物研究所编、甘肃人民出版社出版的《敦煌研究文集》一书的编辑工作，并为此撰写《十六国、北魏时期的敦煌石窟》《敦煌壁画中的衣冠服饰》，该文集是中国敦煌学界沉寂10多年后的第一部学术专著。同年4月任敦煌文物研究所所长、研究员、全国美协会员。1983年发起并筹备召开了第一次全国敦煌学术讨论会，另外还分别于1987、1990、1994年组织了三届敦煌学大型国际学术会议。1983至1993年担任第六、七届全国政协委员、"中国敦煌吐鲁番学会"第一副会长。1984年，在段文杰的提议下，敦煌文物研究所被批准升格为敦煌研究院，由段先生任院长。1985年任甘肃省社科联副主席，被评为全国文物工作先进工作者。1986年任甘肃省对外文化交流协会名誉主席，同年被聘为东京艺术大学名誉教授。1993年被日本创价大学授予名誉博士学位。1995年获得文化部、人事部授予的"全国文化系统先进工作者"称号。

1962年前主要从事敦煌石窟壁画临摹，共临摹壁画380余幅，约150平方米。其中有莫高窟第254窟《尸毗王本生》、第158窟《各国王子举哀图》等大幅作品。1962年后主要从事敦煌艺术研究，主要论著有《莫高窟早期壁画的民族风格和外来影响》《道教题材是如何进入佛教石窟的——莫高窟第249窟窟顶壁画内容探讨》《试论敦煌壁画的传神艺术》《敦煌早期壁画的风格特点和艺术成就》《十六国、北朝时期的敦煌石窟》《唐代前期的敦煌艺术》《唐代后期的莫高窟艺术》《张议潮时期的敦煌石窟艺术》《莫高窟晚期的艺术》《莫高窟唐代艺术中的服饰》《榆林窟第25窟壁画艺术》《飞天——乾达婆与紧那罗——再谈敦煌飞天》《榆林窟党项、蒙古政权时期的壁画艺术》《漫谈敦煌艺术和学习敦煌艺术遗产问题》等一系列论著。主持编写的《中国美术分类全集·敦煌壁画》十卷本获首届中国优秀美术图书金奖；《敦煌石窟研究国际讨论会论文集》获首届中国优秀美术图书铜奖；《敦煌石窟艺术》丛书获首届中国优秀美术图书铜奖；《敦煌壁画故事》少儿连环画获"冰心儿童文学提名奖"、甘肃省优秀图书奖；《敦煌石窟艺术》丛书三十卷获美术出版物特别奖。论著有《段文杰敦煌石窟艺术论文集》（甘肃人民出版社，1994年）、《段文杰临摹敦煌壁画》（日本见闻社，1994年）、英文版《Dunhuang Art:Through the Eyes of DuanWenjie》（《段文杰眼中的敦煌艺术》，印度英迪拉·甘地国立艺术中心编译出版，1994年）、论文集《敦煌石窟艺术研究》（甘肃人民出版社，2007年）等。任《敦煌学大辞典》（上海辞书出版社，1998年）副主编、《中国美术全集·敦煌壁画》（上、下）和《中国美术全集·敦煌彩塑》（上海人民美术出版社，1985年）主编等。

除了学术之外，段文杰也很重视敦煌石窟的保护与弘扬工作，提出"保护是我院的首要任务"、"没有保护就没有一切"，积极培养科学技术保护人才，并与美国、日本等国外研究机构合作，引进先进技术，制定科学的保护规划。重视延揽和培养人才，先后派遣了60余人赴日本、意大利、加拿大、美国等国家深造学习，为地处边陲的敦煌锻造了一支高水平的专业队伍。组织多次中国敦煌艺术的出国展览，主要有"中国敦煌展"（1985年，日本）、"敦煌艺术展"（1991年，印度）、"敦煌艺术及古代科技展"（1992年，台湾）、"敦煌艺术展"（1995年，香港）等。

1998年，段文杰退居二线，任敦煌研究院名誉院长。2000年荣获甘肃省人民政府、国家文物局颁发的"敦煌石窟保护研究特殊贡献奖"。2006年获"中国造型表演艺术成就奖"。2007年获"敦煌文物和艺术保护研究终身成就奖"。2009年被国家文物局授予"中国文物、博物馆事业杰出人物"称号。2011年1月，段先生在兰州去世，享年95岁。段文杰一生挚爱敦煌，为改变"敦煌在中国，研究在国外"的历史局面做出了突出贡献。

乔今同

乔今同（1920~2003 年）河南嵩县人。1941 年河南省立开封师范学校毕业，毕业后任嵩县嵩英国文教研，1945 年 7 月毕业于国立西北师范学院，国文专修科，毕业后在甘肃灵台县立中学任国文教研员，兰州市国立西北师范学院国文系助教，1952 年 4 月~1952 年 4 月在甘肃省文物管理委员会工作，从事文物考古工作。1956 年 4 月~1976 年 10 月在甘肃省博物馆工作，从事田野文物考古调查工作，任资料研究员。1958 年，全省文物普查时，乔今同与张鲁章发现了水帘洞石窟群、云崖寺石窟等，并由其口述发表了《武山洛门镇的古代石窟》（《文物参考资料》1957 年第 11 期）。在对平凉进行文物调查后，撰文发表《平凉县发现石器时代遗址》（《文物参考资料》1956 年第 2 期）。1976~1983 年在甘肃省文物商店从事文物鉴定工作。在何乐夫的指导下，调查发现兰州数十处新石器时代遗址，完成了《兰州市墩坪华林山史前遗址》（民国日报《史学》副刊）。在甘肃省文管会工作期间，参加宝兰铁路建设等清理发掘出土文物的整理编录、刘家峡水库兴建前的田野考古调查、陇东地区革命根据地革命文物的调查征集、炳灵寺石窟的勘察等工作。期间积极进行文物研究，1980 年《社会科学》发表《元代石刻〈万卷楼记〉考》。在《文物》《考古》《敦煌学辑刊》等刊物撰文发表《元代的符牌》、《新发现的兰州庄严寺元代法旨》、《元代的铜印》等。先后参加广河地巴坪、漳县汪进显家族墓的发掘清理工作（乔今同执笔《甘肃漳县元代汪世显家族墓葬的清理简报》，《文物》1982 年第 2 期）。参与武威汉代医简、居延汉简整理工作。由于在考古调查工作中得到曾任甘肃省博物馆馆长何乐夫的指导，后撰文发表《何乐夫与甘肃考古工作》，对何乐夫对甘肃考古工作的贡献进行介绍。

史苇湘（1924~2000 年）四川绵阳人。敦煌学家。1944 年参加远征军奔赴中缅抗日前线，1948 年毕于四川省立艺术专科学校应用油画科，同年 8 月到敦煌艺术研究所任职。1954 年为助理研

史苇湘

究员，1982年任研究员，长期担任敦煌研究院资料中心主任。

史苇湘到敦煌莫高窟后一直从事敦煌壁画临摹、敦煌石窟内容调查、敦煌历史、敦煌佛教艺术史、敦煌艺术理论的研究。先后临摹敦煌壁画300多幅，多次在国内外展出，并形成了关于临摹的理论体系。

发表学术论文共计60余篇，主要有《丝绸之路上的敦煌与莫高窟》、《吐蕃王朝管辖沙州前后——敦煌遗书S1438背〈书仪〉残卷的研究》、《产生敦煌佛教艺术审美的社会因素》、《再论产生敦煌佛教艺术审美的社会因素》（《敦煌研究》1989年第1期、《微妙比丘尼变初探》（敦煌学辑刊）第一辑，1980年）等。发表及未发表的专著及各类画册、图录、资料辑录、论文集共有10多种，如《史苇湘、欧阳琳临摹敦煌壁画选集》、《敦煌历史和莫高窟艺术研究》等。主持编纂的《敦煌莫高窟内容总录》（文物出版社，1982年），经过数十年艰苦的调查整理，在前人研究的基础上较为全面、准确地记录了敦煌莫高窟492个洞窟的主要内容。1985年被收入黄永武编著《敦煌丛刊初集》（台湾新文丰出版，1985年）。同时查阅大量史籍和佛教经典，辑成《敦煌莫高窟大事年表》，后被收入季羡林主编的《敦煌学大辞典》附录（上海辞书出版社，1998年）及氏著《敦煌历史与莫高窟艺术研究》。《年表》辑录从公元前121年汉武带遣霍去病击匈奴于河西走廊收月氏故地始，1900年敦煌藏经洞发现至，与敦煌莫高窟有关的敦煌历史大事。《敦煌莫高窟内容总录》和《敦煌莫高窟大事年表》成为研究敦煌石窟研究的必备参考书。在壁画临摹和资料调查的基础上，对敦煌石窟的内容极为熟悉，加上深厚的文史哲功底，这些都为他的学术研究奠定了坚实的基础。

史苇湘提出了敦煌本土文化论、石窟皆史、敦煌社会艺术学等理论，在敦煌学领域具有重要的学术价值和指导意义。他在许多重大问题上取得了突出成就，为后世学人树立了典范。研究内容十分广泛，涉及历史、艺术和宗教三大领域的方方面面，如人

人物

文、地理、石窟考古、中外交通、雕塑、绘画、文献、社会经济、政治制度、民俗民情、文化教育等，与他钟爱一世并毕生为之奋斗的敦煌石窟的博大精深一样，是一本读不完的书。其重要成果被编辑成《敦煌历史与莫高窟艺术研究》作为"纪念敦煌莫高窟藏经洞发现一百周年"纪念及"敦煌研究文集"系列之一于2002年由甘肃教育出版社出版。

张学正

张学正（1930~2002年）甘肃景泰人，中国考古学家。1951年7月毕业于兰州师范学校师范科，1952年8月参加工作，是甘肃省第一批参加国家文物局委托北京大学创办的中国文物考古培训班的文物考古工作者，结业后开始从事文物考古工作。历任甘肃省文物管理委员会文物组成员、甘肃省文物工作队副队长、甘肃省文物考古研究所副所长，研究馆员。曾担任甘肃省政协委员、中国考古学会第三届理事会理事，并被国务院授予享受政府特殊津贴有突出贡献的专家。

在长达40年的职业生涯中，他踏遍了甘肃地区的山山水水，对甘肃文物考古事业的开创和发展做出了重要的贡献。20世纪50~60年代，参与全省文物普查、甘肃第一批重点文物保护单位的选拔、配合工农业生产建设清理发掘工作，对甘肃境内文物的分布情况、保存现状都有非常熟悉的掌握和了解。同时发现了许多古文化遗址，清理了大批墓葬，抢救了大量珍贵文物，为以后的文物保护、科学研究工作奠定了良好的基础。20世纪80年代，主持、指导甘肃省第二次全国文物普查。1969年武威雷台汉墓被偶然发现，甘肃省文化厅派张学正、魏怀珩等前往配合清理。

曾先后主持玉门火烧沟四坝文化墓葬、永登县连城铝厂等遗址的发掘工作。在临洮县马家窑—瓦家坪遗址首先发现马家窑文化叠压于仰韶文化庙底沟类型之上的地层关系。其代表性成果《甘肃古文化遗存》（《考古学报》1960年第2期）是在1953年以来尤其是1956年开展的第一次全国文物普查之后，对甘肃省史前时期古代文化遗存基本掌握的情况下，以及陆续公布的考古发掘及调查简报的基础上，通过对甘肃省文物普查和发掘的大量资料进行了仔细认真的研究完成的，对于甘肃新石器至周代的文化遗存进行了系统的概括，梳理了甘肃古文化从仰韶文化、甘肃仰韶文化（马家窑期、马厂期）、齐家文化到辛店文化、寺洼文化、沙井文化以及四坝式、骟马式、安国式诸遗存的时空范围，基本厘清了甘肃史前文化的时空序列，在夏鼐等先生的基础上，进一步纠正了中华人民共和国成立前安特生对甘肃古文化认识上的一些谬误，引起学术界的瞩目。1969 年 10 月武威雷台汉墓被偶然发现，甘肃省文化厅派张学正、魏怀珩等前往配合清理，之后以甘肃省博物馆的名义于 1974 年发表了著名的《武威雷台汉墓》(《考古学报》1974 年第 2 期）清理发掘报告，对该墓葬的墓主人及年代进行了初步的探讨。1993 年撰写发表的《辛店文化研究》(《考古学文化论集 3》，文物出版社，1993 年）是继谢端琚于 1985 年发表《略论辛店文化》之后关于辛店文化最为全面的论述，对辛店文化的分布、类型、特征、来源、与其他文化如卡约文化、寺洼文化、先周文化的关系等均有深入的探讨。20 世纪 90 年代初组织发掘了敦煌汉代悬泉置遗址，并荣列 "1991 年全国考古十大发现之一"。

主要研究成果有《甘肃古文化遗存》、《武威雷台汉墓》、《从马家窑类型驳瓦西里耶夫的 "中国文化西来说"》、《谈马家窑、半山、马厂类型的分期与相互关系》、《辛店文化研究》、《略论陕甘青地区几种主要文化的源流》、《兰州新石器时代的文化遗存》、《渭河上游天水、甘谷两县考古调查简报》、《甘肃临洮、临夏两县考古调查简报》、《甘谷汉简考释》、《甘肃文物考古工作三十年》等。合著的《甘肃彩陶》一书，第一次对甘肃出土的史前时期彩陶精品进行系统的著录，是研究甘肃彩陶最早的基础性图录。

吴礽骧（1934~2004 年）湖北天门人。1961 年毕业于北京大

吴礽骧

学历史系，曾任甘肃省文物考古研究所汉简研究室主任、研究员、中国长城学会理事、中国中亚文化研究协会理事。长期从事田野考古工作，主持和参加了灵台百里两周墓、酒泉和嘉峪关魏晋墓、敦煌马圈湾汉代烽燧遗址、金塔地湾汉代城障遗址、敦煌悬泉汉代邮驿遗址等处的考古发掘。

主要从事汉简、汉长城、河西历史地理以及丝绸之路等的调查和研究，著述甚丰，发表《汉代蓬火制度探索》《河西汉塞》《汉代玉门关及其入西域路线之变迁》、《汉代出入关制度考略》等论文数十篇。主持编写《敦煌马圈湾汉代烽燧遗址发掘报告》，对敦煌汉简释文，并编著《敦煌汉简》、《敦煌汉简释文》等著作。主持敦煌悬泉汉简释文初稿与建档工作，并发表《敦煌悬泉汉代邮驿遗址的发掘与整理情况简介》。为了进一步摸清河西汉长城情况，深入沙漠、戈壁，连续十余年进行河西汉长城遗址调查，完成了专著《河西汉塞调查与研究》。该书是一部关于河西地区汉代长城遗址较为全面的调查报告，对河西汉塞的烽燧遗址逐一翔实记录，利用文献和简牍资料，研究河西汉塞修建的自然环境与历史背景，汉塞的形制、走向和沿途所有长城，并在全面分析诸烽燧遗址的基础上做出了合理的推论，是对河西汉塞调查、研究的全面总结，具有极高的学术研究价值。

孙修身

孙修身（1935~2000 年）河南荥阳人。敦煌学家。1955~1959年就读于西北大学历史系考古学专业。1959~1962 年分配到西北民族学院历史教研室任教。1962 年因受迫害而被调到甘肃省张掖地区临泽县水利局从事基层工作。1963 年，调入敦煌文物研究所工作。从此全身心地投入了学术研究之中。1992 年任敦煌市政协委员，1993 年被聘为东京艺术大学客座教授，1997 年起被聘为西北大学、兰州大学兼职教授。1993 年被评为文博研究馆员。1999年参与香港编辑出版的敦煌石窟全集之《佛教东传故事画卷》，参加香港创价学会，获香港 SGI 奖。至逝世为止在敦煌工作了长达 37 年，为敦煌学的研究发展及敦煌文物保护事业做出了重要贡献，数十年如一日，勤奋努力，孜孜以求，非常注重收集敦煌学基础资料，他知识面宽广丰富，学识渊博，被称为"敦煌的活词典"，治学勤勉，文史功底深厚，其研究范围包括历史、地理、考古、文献、民族、宗教、艺术、中外佛教关系等诸多学科，不断地提出了一些新观点，研究成果逐渐得到了国内外同行的肯定，为敦煌文物的保护与敦煌学的发展作出了重要贡献。并应邀多次参加国内外的学术会议及讲座。

发表学术论文 90 余篇。重视史料与遗物的综合研究，完成了有关敦煌石窟佛教史迹画方面的重要论文，如《从〈张骞出使西域图〉谈佛教的东渐》、《莫高窟佛教史迹故事画介绍》、《〈凉州御山石佛瑞像因缘记〉考释》、《莫高窟佛教史迹画内容考释》、《刘萨诃和尚事迹考》，在此基础上撰写《敦煌石窟全集·佛教东传故事画卷》。敦煌地区自古以来就是一个多民族杂居地方，各民族对敦煌莫高窟的开凿有着直接关系。在敦煌文献及河西史研究方面，他选择了归义军后期政权与甘州回鹘及中原交通为目标，发表了《瓜沙曹氏年表之补正》（合著）《瓜沙曹氏与敦煌莫高窟》（合著）、《张淮深之死再议》、《谈与瓜州曹氏世谱有关的几个问题》、《斯 2614 号卷写作年代的考定》、《唐代瓜州晋昌郡郡治及其有关问题考》《瓜、沙曹氏卒立世次考》、《敦煌遗书伯三〇一六号卷背第二件文书有关问题考》、《敦煌遗书吐蕃文书 P.t1284 号第三件书信有关问题考》、《五代时期甘州回鹘和中原王朝的交通》、《五代时期甘州回鹘可汗世系考》、《试论瓜沙曹氏和甘州回鹘之关系》、《伯 4640 号卷背归义军〈布、纸破历〉的研究》、《伯3718〈李府君邈真赞〉有关问题考》、《伯 2155〈曹元忠致甘州回鹘可汗状〉时代考》、《跋伯 3931 号卷甘州回鹘致中原王朝两〈表本〉》、《西夏占据沙州时间之我见》、《试论甘州回鹘和北宋王朝的交通》等，纠正了前人研究的误点，提出新的论据，成为敦煌历史、甘州回鹘史研究的代表作品。石窟艺术与考古方面，有《敦

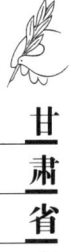

煌佛教艺术和古代于阗》、《莫高窟第76窟〈八塔变相〉中现存四塔考》、《敦煌石窟中的〈观无量寿经变相〉》、《敦煌莫高窟第296窟〈须阇提故事〉的研究》、《大足宝顶与敦煌莫高窟佛说父母恩重经变相的比较研究》、《陕西延安市清凉山万佛寺第2窟内容考》、《肃北县一个庙石窟考察简记》、《河南省巩义市慈云寺调查记述》。对于佛教经典中的《佛说报父母恩重经》的研究，他以敦煌藏经洞的写本为基础，与其他版本、金石铭文、各大石窟的佛说报父母恩重经变画进行比较研究，从中探讨佛教中国化的源流及变化，其成果引起了研究者注目。佛教艺术方面的研究包括《从观音造型谈佛教的中国化》、《四川地区文殊菩萨信仰述论》、《中国新样文殊与日本文殊三尊五尊像之比较研究》等。他重视实地考察，以石窟图像资料、遗迹、遗物资料、史书、文献等资料，并进行综合研究，不断提出新观点，补证前人研究的不足，开拓自己的学术视野，其结果已引起同行的注目。在中外关系史方面，包括《从莫高窟的文物资料看中尼人民的传统友谊》、《唐朝杰出外交活动家王玄策史迹研究》、《唐敕使王玄策使印度路线再考》、《唐初中国和尼泊尔王国的交通》、《唐初中尼交通四题》、《王玄策事迹钩沉》等，实属中印文化交流研究的先行者。2000年逝世，留下遗著《敦煌与丝绸之路交通研究》。

陈炳应

陈炳应（1939~2008年）福建诏安人。1961年毕业于山东大学历史系，先后在甘肃省博物馆历史部、陈展部、保管部、群工部、资料信息中心等部室担任副主任、主任职务。兼任中国社会科学院西夏文化研究中心学术委员、宁夏大学西夏学研究中心兼职教授，中国民族科技史研究会常务理事，中国民族古文字研究会理事，中国钱币学会理事、学术委员。退休后被聘为甘肃省文史研究馆馆员，连任中国钱币学会学术委员。担任甘肃省博物馆许多展览的文字计划或主持施工；在馆内外征集鉴定文物；创办、主编甘肃省唯一的文博杂志《陇右文博》，发起、组织一年一度的博物馆学术研讨会，组织编写、刊印全馆的学术信息资料。自学西夏文，长期致力于西夏文史、民族史、科技史、丝绸之路史和文物研究，论著多次荣获国家级和省级奖励。曾出访台湾、日本、克罗地亚等地区和国家进行学术交流。出版西夏学学术著作有《西夏文物研究》（宁夏人民出版社，1985 年版）、《西夏谚语》、《贞观玉镜将研究》（宁夏人民出版社，1995 年版）、《西夏探古》（甘肃文化出版社，2002 年版），合著《中国少数民族科学技术史丛书》、《敦煌·西夏王国展》、《中国民族古文字图录》、《西夏通史》等著作。其中《西夏文物研究》是国内西夏学界第一部较为全面研究西夏出土文物、考古遗迹和西夏文献的著作，尤其对西夏宗教遗存、城址堡寨、墓葬窑址、碑刻资料、金银器皿等内容进行了专门探讨，不但注重田野西夏文文物的挖掘和考证，而且参以汉文文献予以补充论述，是西夏学史的重要论著，具有较高的价值。《贞观玉镜将》西夏贞观年间（1102~1114 年），由西夏政权组织修订、用西夏文字雕版印刷的兵书《贞观玉镜将》，是 20 世纪初俄国皇家地理学会科兹洛夫探险队在中国今内蒙古自治区阿拉善盟额济纳旗的黑城遗址附近挖掘的，今藏俄罗斯科学院东方学研究所彼得堡分所，苏联学者曾经作过局部的、简单的介绍。对研究西夏的兵制、军律、兵书、经济和印刷术等都有非常重要的价值。在《文物》、《考古与文物》、《敦煌研究》、《宁夏社会科学》、《国家图书馆学刊》、《宁夏大学学报》、《西夏学》等刊物上发表论文 100 多篇，内容涉及西夏文献、文物考古、民族关系与西夏社会、经济与科技、军事等诸多方面，对西夏学的研究起到了积极的推动作用。

谢生保（1945~2007 年）甘肃酒泉人。1969 年毕业于西北师范大学中文系。敦煌研究院文博馆员。中国民间文艺家协会、中国敦煌吐鲁番学会、中国民俗学会、中国俗文学会、中国通俗文艺研究会、中国寓言文学会会员。中国宝卷研究会理事，甘肃民

人物

谢生保

俗学会理事，敦煌民俗学会秘书长。从事敦煌民俗学、敦煌俗文学、敦煌壁画艺术、佛教通俗文化研究。已出版的主要编著有《佛教寓言故事选》、《佛经童话故事选》、《印度古童话选》、《敦煌佛教故事选》《敦煌艺术之最》、《酒泉宝卷选》（合作）。主编有《敦煌民俗研究》、《敦煌壁画白描精荟》（1~10辑）、《敦煌古名胜画册》。参与编写《中外寓言鉴赏辞典》和《甘肃古迹名胜辞典》。其中《佛经童话故事选》和《印度古童话选》获1991年甘肃少儿优秀读物奖。《敦煌艺术之最》获中宣部1993年度"五个一工程"奖和全国第五届美术图书黄河金牛奖。

简介人物

霍熙亮

霍熙亮（1915~2005年）山东青州人。1936年上海新华艺术专科学校肄业，1939年国立艺术专科学校毕业。1946年到敦煌艺术研究所任助理研究员兼总务主任，担任考古组组长，1988年任副研究员。主要从事壁画临摹工作，临摹壁画个人完成三十九幅，与人合作完成一百二十幅，属个人完成总面积近百平方米。1961年随甘肃省文物工作队调查北石窟寺，完成《庆阳北石窟寺简介》、《庆阳寺沟石窟勘察记录》、《庆阳北石窟寺有关题名及石窟文字的首次抄录原稿》等三种记录，为北石窟寺最早的文字记录。先后参与炳灵寺石窟、天梯山石窟、库木吐喇石窟的搬迁保护工作。1979年参与西藏佛教文物的拣选工作及之后的保护工作。论著有《敦煌石窟的〈梵网经变〉》、《安西榆林窟第32窟的〈梵网经变〉》、《安西榆林窟内容总录》、《莫高窟第72窟及其南壁刘萨诃与凉州圣容佛瑞像史迹变》、《庆阳北石窟寺内容总录》等。

欧阳琳

欧阳琳（1924~ ）四川彭县人。1947 年毕业于四川省立艺术专科学校后赴莫高窟工作，从事敦煌艺术临摹、研究工作。1986年退休后，一直坚持敦煌壁画的临摹、研究工作。

在敦煌壁画临摹方面取得了突出的成就。个人独立完成壁画临摹色稿 180 幅、白描稿 131 幅，共计 65 平方米；合作完成壁画临摹色稿 45 幅、白描稿 24 幅，共计 87 平方米。与同事合作临摹的莫高窟隋代第 420 窟《涅槃变》、盛唐第 217 窟《西方净土变》，她独立临摹的北魏第 244 窟《阿修罗》、宋代第 55 窟《萨埵那本生》、第 61 窟女供养人等都是敦煌临本中的精品。

对敦煌壁画中繁华似锦的图案艺术有很精深的研究，临摹了敦煌壁画中的藻井、服饰、佛光、边饰等大量精美的敦煌图案，其中许多为上乘之作，许多临品曾随《敦煌艺术展》赴日本、法国、印度等国展出。许多临本已成为国内美术工作者进行轻工产品设计时不可多得的参考资料，被称誉为"敦煌图案专家"。一生临摹敦煌艺术的佳作被精选收集在《史苇湘·欧阳琳临摹敦煌壁画选集》中，由上海古籍出版社于 2004 年出版。

在长期积累揣摩、临摹敦煌壁画经验的基础上，撰写、发表了一批研究敦煌艺术特别是敦煌图案艺术的论著，在敦煌艺术的研究、弘扬方面做出了显著贡献。参与撰写《中国石窟·敦煌莫高窟》（五卷本）图版说明，发表了《谈谈隋唐时代的敦煌图案》（《敦煌学辑刊》第 1 辑，1980 年）、《敦煌壁画中的莲花图案》（《敦煌学辑刊》第 2 辑，1980 年）、《敦煌图案简论》（《1983 年全国敦煌学术讨论会文集》石窟·艺术编（下），甘肃人民出版社，1987 年）、《敦煌壁画中的凤属禽鸟类纹样》（《石窟艺术》，陕西人民出版社，1990 年）、《论敦煌石窟图案》（《工笔画》2002 年第 1 期）、《敦煌白画》（《敦煌研究》2009 年第 4 期）等敦煌图案艺术研究论文。独立编撰《敦煌图案》（敦煌艺术画库第 3 种，中国古典艺术出版社，1957 年）、《敦煌纹样零拾》（天津杨柳青画社，1986 年）、《莫高窟壁画图案》（甘肃人民出版社，1986 年），合作编撰《敦煌图

人物

案线描集》（上海书店出版社出版，1995 年）、《敦煌壁画线描集》（上海书店出版社，1995 年）、《敦煌舞乐集》（甘肃文化出版社，2010 年）等画集，为敦煌艺术的传播、弘扬做出了显著的成就。

2004 年以后，以 80 岁的高龄开始总结自己 60 余年临摹、研究敦煌艺术的心得，编撰出版了《感悟敦煌》（甘肃人民美术出版社，2005 年）、《敦煌壁画解读》（甘肃文化出版社，2006 年）、《敦煌图案解析》（甘肃文化出版社，2007 年）等 3 本专著，内容是介绍敦煌周边环境与佛教艺术，解读敦煌艺术的各种题材内容及其内涵，探寻敦煌图案艺术形式美的奥秘，图文并茂。

李承仙

李承仙（1924~2003 年）祖籍江西临川，出生于上海。1946 年毕业于国立艺术专科学校西画系，任四川省立艺术专科学校助教。1947 年任国立敦煌艺术研究所助理研究员。1982 年任国家文物局研究员、中国敦煌吐鲁番学会顾问。主要从事壁画临摹事业，共计临摹敦煌北魏至元朝各时代壁画 340 余平方米，其临品多次参加国内外的展览。参与编写《敦煌艺术画库》、《敦煌艺术小丛书》，与常书鸿合著《敦煌飞天》，协助常书鸿整理出版《九十春秋：敦煌五十年》、《新疆石窟艺术》。除了壁画临摹与研究之外，与常书鸿合作的油画《珠穆朗玛峰——献给勇于攀登科学高峰的人们》获全国科普美展荣誉奖；独立创作的中国画《姑娘追》参加国庆 10 周年美展。依据敦煌壁画还与常书鸿一起创作了《丝绸之路飞天组画》赠予日本法隆寺，以及《天上人间共婵娟》《敦煌舞乐和飞天》等作品。1997 年，李承仙获得日本富士美术馆最高荣誉奖。

孙儒僩

孙儒僩（1925~）四川新津人。1946 年毕业于四川省艺术专科学校建筑专业。1947 年到敦煌艺术研究所工作。1949 年以后继续留在敦煌，历任助理研究员、副研究员、研究员。1986 年任敦煌研究院保护研究所第一任所长、曾任院学术委员会委员、《敦煌研究》编委，甘肃省文物鉴定委员会委员。1993年退休。

主要从事敦煌石窟壁画建筑资料的临摹、唐宋窟檐的测绘等古建研究的基础工作以及石窟保护工程。20世纪50年代参加了炳灵寺石窟、麦积山石窟、榆林窟、天梯山石窟的首次考察。先后负责莫高窟1~4期石窟保护加固工程监理。榆林窟、敦煌西千佛洞加固工程的方案设计与施工、张掖马蹄寺加固工程设计。青海民乐瞿昙寺保护工程监理。组织领导了多项石窟维修项目，工程质量经受了长期考验，对石窟的安全保护具有明显的效果。承担的"敦煌莫高窟环境及壁画保护研究"项目，获得国家文物局1992年度科技进步三等奖，1988年甘肃省环保局科技成果三等奖。主要著述有《甘肃渭源灞陵桥》《莫高窟壁画保护若干问题》《我经历的敦煌石窟保护工作》《敦煌壁画中塔的形象》《莫高窟石窟加固工程的回顾》《安西榆林窟的病害及治理》《莫高窟壁画中的古建筑》《关于日本古建筑的保护》等论文。参与编写《敦煌学大辞典》，编著《敦煌石窟全集·建筑画卷》《敦煌石窟全集·石窟建筑卷》、回忆录《走向敦煌》等。

李其琼

李其琼（1925~2012年）四川三台人。1949年毕业于四川重庆西南美术专科学校西画科，同年加入中国人民解放军，继续从事美术创作。1952年到敦煌文物研究所工作，1982年任副研究员，1987年任研究员。长期从事敦煌壁画临摹与研究工作，临摹壁画百余幅，达120多平方米，如莫高窟第309窟《逾城出家》、第220窟《帝王图》、第159窟《吐蕃赞普礼佛图》、第98窟《于阗王后供养像》、第254窟《萨埵饲虎图》等，其中不少作品被国内外重要研究机构收藏。2004年，《李其琼临摹敦煌壁画选集》出版，这是她绘画作品的结晶。在学术研究方面，撰有《奇思驰骋为"皈依"——敦煌、新疆所见〈须摩提女因缘〉故事画介绍》（合著）、《莫高窟的隋代艺术》《论吐蕃时期的敦煌壁画艺术》《敦煌唐代壁画技法试探》《莫高窟的壁画研究》《敦煌壁画的临摹与研究》等。2009年，被甘肃省委、省政府授予"甘肃省文艺终身成就奖"荣誉称号。

施萍婷

施萍婷（1932~）浙江永康人，敦煌研究院研究员。原敦煌研究院文献研究所所长，兰州大学敦煌学博士生导师。主要从事敦煌石窟和敦煌文献研究。1949年5月参加革命工作，1951年春赴朝参战，1954年5月回国，转业到浙江石油公司工作。1956年考入兰州大学历史系，1959年转甘肃师范大学（今西北师范大学）历史系，旋又到兰州艺术学院工作。1961年调到敦煌文物研究所工作。主要从事敦煌文献研究，发表论文60余篇，代表作有《敦煌历日研究》、《本所藏〈酒帐〉研究》等，主要研究成果收录在《敦煌习学集》上、下册（甘肃民族出版社，2004年）。

李永宁

李永宁（1933~）重庆人。1950年参加中国人民解放军。1956年考入兰州大学中文学习，1960年毕业后留校任教。后调入兰州艺术学院，1962年调入敦煌文物研究所工作。退休前任敦煌研究院学术委员会秘书长兼科研处长，中国敦煌石窟保护研究基金会秘书长、副理事长，中国敦煌吐鲁番学会理事、甘肃敦煌学学会副会长等职务。主要从事敦煌学研究，曾赴法国、日本、香港等地进行学术交流、讲学，任东京艺术大学客座研究员。编辑出版《敦煌研究文集》、编辑《敦煌研究》（试刊）第1期。

参与《敦煌学大辞典》编撰工作。组织、筹备、举办1984年国内敦煌学学术讨论会及1987年、1991年两次国际敦煌学学术讨论会。发表《报恩经和壁画中的报恩经变》、《敦煌莫高窟碑文及有关问题》、《"降魔变文"与壁画中的"劳度叉斗圣变"》、《"竖牛作孽、君主见欺"——谈张淮深之死及唐末归义军执权者之更迭》、《敦煌文物研究所藏"说苑 反质篇"残卷校刊》、《敦煌壁画中的"弥勒经变"》、《莫高窟壁画艺术（晚唐）》、《也谈敦煌陷蕃年代》、《归义军时期（晚唐、五代、宋）的敦煌》（译文）

等学术论文 20 多篇。编著《敦煌石窟全集·本生因缘卷》、《解读敦煌·佛陀的本生因缘故事》等著作。整理王重民敦煌遗书卡片、手稿六千余号，约九十万字，对其中有少数卷子重新定名，重新归类和对敦煌遗书裂分残卷缀合等。

李正宇

李正宇（1934~）河南正阳人，1958 年毕业于武汉大学中文系。历任敦煌研究院助理研究员、副研究员、研究员；文献研究室副主任、文献研究所副所长、所长；兼任西北师范大学教授、西北师范大学敦煌学研究所硕士生导师；中国敦煌吐鲁番学会理事，甘肃敦煌学会副会长，甘肃省文史馆馆员。国务院特殊津贴获得者。在敦煌学、敦煌历史地理、书法研究方面成就斐然。发表敦煌文学、语言、文字、书法、乐舞、历史、地理、佛教、教育、考古、文献等方面论文、札记、评论、序跋等 230 多篇，300 多万字。不少篇章成为敦煌学名篇。个人专著，已出版的有《敦煌历史地理导论》、《古本敦煌乡土志八种笺证》、《敦煌史地新论》、《敦煌遗书硬笔书法研究》（以上均为台湾新文丰出版公司出版）、《中国唐宋硬笔书法》（上海文艺出版社出版）、《敦煌古代硬笔书法》、《古本敦煌乡土志八种笺证（增订本）》、《敦煌学导论》（以上为甘肃人民出版社出版）。合编合著《敦煌文学》、《敦煌文学概论》等。获奖论文九篇，分别获甘肃省社会科学优秀成果二、三等奖，全国硬笔书法理论研究特等奖，甘肃省戏剧理论研究一等奖，甘肃省地方史志优秀成果一等奖；获奖专著两种，分别获甘肃省社会科学兴陇奖二等奖及佳作奖。敦煌学方面，涉及面较广，在敦煌历史、敦煌地理、敦煌佛教、敦煌文学、敦煌曲艺、戏剧，敦煌古代硬笔书法、敦煌社会经济文化、及敦煌学理论与方法，都取得了突出成绩，推动了各该领域研究的进展，被季羡林先生誉为"开后学之先路，作中流之砥柱；俯不怍于后，仰不愧于前"的敦煌学家之一。

人物

刘玉权

　　刘玉权（1937～）四川简阳人。1958 年毕业于西北师范学院艺术系绘画科。1959 年到敦煌文物研究所工作，原敦煌研究院考古所所长，敦煌研究院研究员。主要从事敦煌石窟考古研究和壁画临摹。1959 至 1964 年间，与人合作临摹数十幅敦煌及新疆石窟壁画、莫高窟部分洞窟的考古实测图。1961～1962 年，受单位派遣协助北京大学阎文儒教授进行全国主要石窟寺考古调查及在北京的资料整理工作。1991 年 4 月～1993 年 4 月赴日本东京艺术大学作客员研究员。1998 年 4 月被聘"中国社会科学院西夏文化研究中心"学术委员。参与多部有关敦煌图书图版说明的撰写。已出版的编著主要有《莫高窟壁画艺术·西夏》《敦煌石窟全集·动物画卷》，专著有《中世纪动物画》。撰有多篇学术论文，在敦煌石窟隋代、西夏及回鹘洞窟的年代学研究方面成果突出，主要有《莫高窟隋代石窟分期》、《敦煌莫高窟、安西榆林窟西夏洞窟分期》、《沙州回鹘的石窟艺术》、《玄奘图像之滥觞及早期玄奘图像——玄奘图像学考察》、《略论西夏壁画艺术》、《敦煌彩塑的特点与风格》等。临摹敦煌及新疆石窟壁画 60 余幅，其中一部分作品曾多次在国内外展览和出版。

彭金章

　　彭金章（1937～）河北肃宁人。1963 年毕业于北京大学历史系考古专业。1963～1986 年，武汉大学历史系任教，创办考古专业，任历史系副主任兼考古教研室主任。1986 年调敦煌研究院工作至今。曾任敦煌石窟文物保护研究陈列中心主任，现任敦煌研究院研究员、中国考古学会理事、甘肃省文物鉴定委员会委员。具有田野考古发掘领队资格。从事考古学、敦煌密教研究，主持多项考古发掘，主要有莫高窟北区考古发掘、莫高窟 96 窟等遗址发掘、锁阳城址、骆驼城墓群等发掘。主持多项全国科研项目，任国家"九五"社科重点科研项目"敦煌莫高窟北区洞窟考古学研究"和教育部人文社会科学重点研究基地 2002 年度重大项目"敦煌石窟个案研究"课题组负责人。已出版的著作有《敦煌莫高窟北区石窟》（三卷）、《神秘的密教》、《敦煌石窟全集·密教画卷》、《敦煌考古大揭秘》，主编有《敦煌莫高窟北区石窟研究》（上、下），发表有《安阳小屯非盘庚始都辨》、《殷墟为武丁以来殷之旧都说》、《敦煌莫高窟考古新发现》、《莫高窟北区考古纪略》、《莫高窟第 14 窟十一面观音经变》、《莫高窟第 76 窟十一面观音经变》等多篇学术论文。

樊锦诗

樊锦诗（1938~ ）浙江杭州人。1963 年毕业于北京大学历史系考古学专业，毕业后分配至敦煌文物研究所工作。历任敦煌文物研究所副所长、敦煌研究院副院长、院长，研究员。兰州大学兼职教授、敦煌学专业博士生导师。1992 年享受国务院政府特殊津贴。2007 年被国务院聘为中央文史研究馆馆员。曾兼任中国敦煌吐鲁番学会副会长、国际古迹遗址理事会中国国家委员会副主席、中国敦煌石窟保护研究基金会副理事长、中国古迹遗址保护协会副主席等职务。1987 年当选为中国共产党第十三次全国代表大会代表。1993 年起历任全国政协第八、九、十、十一、十二届委员。2007 年起任甘肃省丝绸之路申报世界文化遗产专家组副组长。

樊锦诗 40 多年致力于石窟考古、石窟科学保护和管理研究工作，贡献卓著，著述丰富，尤其在敦煌石窟分期研究方面成就斐然。承担教育部人文社科基地重大项目"敦煌石窟专题研究"、国家文物局项目"敦煌石窟全集"、"敦煌莫高窟环境演变与石窟保护研究"等。出版《敦煌石窟》、《敦煌石窟全集·佛传故事画卷》、《中国壁画全集·敦煌·3·北周卷》、《安西榆林窟》等 10 多部敦煌石窟考古美术专著。发表《莫高窟北朝洞窟分期》、《莫高窟隋代洞窟分期》、《莫高窟唐代前期洞窟分期》、《莫高窟唐后期洞窟分期》、《玄奘译经和敦煌壁画》、《P.3317 号敦煌文书及其与莫高窟第 61 窟佛传故事画关系之研究》等 20 多篇有关石窟考古与艺术的论文，对敦煌石窟的分期断代研究颇有建树，在国内

人物

外产生一定影响。参与主编的《中国美术分类全集·中国壁画全集》（敦煌壁画部分），主编《敦煌石窟全集》（26卷），均为敦煌石窟艺术研究必备的重要大型参考丛书。在敦煌石窟保护、敦煌石窟数字化领域做出了杰出的贡献，主持完成了一些敦煌石窟保护的重大项目，主持完成了《敦煌莫高窟保护总体规划》《榆林窟文物保护规划》等，并主持完成了《敦煌莫高窟保护条例》，是甘肃省第一部由政府制定颁布的专门针对世界文化遗产莫高窟的地方性法规。主持并组织建设的敦煌数字中心项目，对于缓解敦煌莫高窟游客压力、敦煌石窟数字化建设起到了积极的作用。主持完成《莫高窟崖顶风沙危害的研究》《敦煌莫高窟环境演化与石窟保护研究》《敦煌莫高窟及周边地区环境演化科普教育》《濒危珍贵文物信息的计算机存贮与再现系统》《全数字摄影测量在莫高窟文物保护中的应用研究》《敦煌文物资源对当地经济发展的国内贡献》等近30多项运用现代科学技术保护文物的研究课题。发表《敦煌莫高窟及其保护、研究工作》《敦煌莫高窟开放的对策》《敦煌莫高窟的保护与管理》《敦煌莫高窟保护与管理总体规划的制定与收获》《建设世界一流的遗址博物馆》《数字化时代的敦煌——探索保存和利用敦煌文化遗产的新途径》《敦煌莫高窟旅游开放的效益、挑战与对策》等近30篇探索古遗址科学保护及管理的论文。

由于在敦煌石窟的保护与研究中取得的杰出贡献，获得了众多的荣誉。1985年荣获全国优秀边陲儿女银质奖章，1991年获全国文化系统先进工作者称号，2002年被中共中央组织部、中共中央宣传部、人事部、科学技术部四部委联合授予"全国杰出专业技术人才"称号，2004年被评为"科学中国人（2004）年度人物"，2005年被国务院授予"全国先进工作者"荣誉称号。2009年，在中央宣传部、中央组织部等11个部门联合组织评选中，被评为"100位新中国成立以来感动中国人物"。

李振甫（1940~）安徽涡阳人，原敦煌研究院美术所所长，研究员。1964年毕业于北京中央工艺美术学院装饰绘画系专业，同年到敦煌文物研究所工作至今。中国美术家协会会员。主要从事敦煌艺术的临摹、研究与创新工作，其作品曾随敦煌艺术展到日本、法国、美国、印度、台湾等地展出。创作"丝路组画"50余幅，其中"穿越河西走廊"、"春风吹度玉门关"赴美国参加巡回展出，"穿越河西走廊"被中国美术馆收藏。为日本日中友好会馆绘制的"飞天颂"和敦煌研究院办公区室外烧制陶瓷壁画"日月同辉"参加第七届全国美术展并获甘肃省参展作品一等奖。其中第254窟的尸毗王本生临本被日本富士美术馆长期收藏。创作的变体壁画"飞天颂"被陈列于日本东京日中友好会馆，九色鹿为人民大会堂甘肃馆收藏陈列。设计创作以敦煌为题材的作品有敦煌宾馆水刷石壁画"丝绸之路上的敦煌"、水刷石壁画"雅丹地貌"、"引路菩萨"、兰州火车站大厅室内天井飞天图案壁画、内蒙古和林格尔县南山公园佛教壁画等。

编著有《敦煌手姿》（湖南美术出版社，1985年，1993年日本文化交流会将"敦煌の手"分为上、中、下三册再版发行）、《敦煌壁画及彩塑像的手姿》、《敦煌艺术丛书（盛唐分册）》、《莫高窟壁画艺术》等。个人画集《敦煌艺术——李振甫绘画选》（1996年）等。在《敦煌研究》发表《敦煌佛像画造型艺术初探》（1997年第4期）、《论香港志莲净苑佛教传统新壁画的艺术成就》（2001年第2期）等论文。

李最雄（1941~）甘肃兰州人。1964年毕业于西北师范大学化学系，1991年获日本东京艺术大学保存科学博士学位。历任敦煌研究院保护所所长、敦煌研究院副院长等职，研究员。中国敦煌石窟保护研究基金会理事长、国际岩石力学学会遗址保护专业委员会委员。兼任兰州大学教授、博士生导师、中国古遗址保护协会执行理事、中国岩石力学与工程学会古遗址保护与加固工程专业委员会主任委员、国际石质文物保护委员会委员等。获文化部优秀专家荣誉、"全国文物保护工作先进个人"荣誉称号，享受国务院有突出贡献专家津贴。主要研究领域为丝绸之路石窟壁画颜料稳定性及变色问题、砂砾岩石刻风化机理及防风化加固材料、砂砾岩石窟岩体裂隙灌浆材料、古代建筑土遗址保护加固等。主要成果："应用 PS-C 加固风化砂岩石雕的研究"，1988 年获文化部科技成果二等奖，1995 年获国家科技进步二等奖；"砂砾岩石窟岩体裂隙灌浆研究"，1996 年获国家文物局（部级）科技进步二等奖，1997 年获国家发明四等奖；"古代土建筑遗址的加固研究"，1999 年获国家文物局科技进步二等奖；"敦煌莫高窟第85 窟保护修复研究"，2004 年获国家文物局文物保护科学和技术创新二等奖；获国家专利六项。已出版的主要编著有《中国敦煌学百年文库·石窟保护卷》《丝绸之路古遗址保护》《丝绸之路石窟壁画彩塑保护》，参与编写的有《张掖金塔寺石窟防渗试验研究》《中国文物分析鉴别与科学保护》《土遗址保护初论》《交河故城保护加固技术研究》《西藏布达拉宫壁画保护修复工程报告》《西藏罗布林卡壁画保护修复工程报告》等，梁尉英编《李最雄石窟保护论文集》。发表学术论文有《敦煌壁画加固材料的选择试验》《PS-F 系列灌浆材料的强度特性》《PS 对非饱和重塑黏土的土——水特征曲线的影响》《丝绸之路石窟壁画保护》《布达拉宫壁画的保护研究》160 余篇。

梁尉英　　　　梁尉英（1941~）内蒙古凉城人。1968 年毕业于内蒙古师范学院中文系。1968~1981 年在内蒙古苏立特右旗第一中学任高中语文老师。1982 年进入敦煌文物研究所从事编辑工作和敦煌学研究工作。敦煌研究院学术委员会委员，研究员。甘肃省出版工作者协会第五届、第六届常务理事，甘肃省敦煌学会常务理事。主要从事编辑工作和敦煌学研究工作。1991 年任《敦煌研究》编辑部主任。1999 年被评为"甘肃省新闻出版先进工作者"称号，同时荣获"甘肃省十佳期刊工作者"称号。2003 年 11 月退休。主编《1983 年全国敦煌学术讨论会文集》、《1987 年敦煌石窟研究国际讨论会文集》、《1990 年敦煌学国际讨论会文集》、《1994 年敦煌学国际研讨会文集》、《2000 年敦煌学国际学术讨论会文集》、《敦煌研究文集》、《敦煌图史》、《敦煌石窟艺术》、《敦煌壁画故事全集·姻缘故事》、《敦煌壁画故事》、《敦煌连环壁画精品》，著有《本生故事》。发表《莫高窟第 464 窟善财五十三参变》、《卢舍那示现三重本末成道——莫高窟第 36 窟三幅说法图新解》、《敦煌壁画中的药叉》等多篇论文。

刘永增

刘永增（1954~）河北清苑人。1972 年到敦煌研究院参加工作。1977~1980 年于吉林大学外语系学习日语。1990~1992 年于东京艺术大学研修雕塑史，获艺术学硕士。2009 年获高野山大学密教学博士。敦煌研究院考古研究所所长，研究员。主要从事敦煌石窟艺术、密教方面研究。承担敦煌研究院院级课题《榆林窟第 3 窟密教壁画研究》。已出版的主要编著有《敦煌鉴赏精选 50 窟——莫高窟·榆林窟·西千佛洞》（合编）、《日本宁乐美术馆藏吐鲁番文书》（合编）、《敦煌石窟全集 8 塑像卷》、《敦煌石窟艺术·莫高窟第一五八窟·中唐》、《敦煌石窟艺术精品》（撰稿），著作有《敦煌彩塑》。发表论文有《回鹘文写本与莫高窟第二藏经洞》、《苏藏一幅敦煌壁画内容异议》、《敦煌石窟摩利支天曼荼罗图像解说》、《瓜州榆林窟第 3 窟五守护佛母曼荼罗图像解说》等多篇。

马　德

马德（1955~）甘肃会宁人。1978 年毕业于兰州大学历史系，随即入敦煌文物研究所（敦煌研究院前身），从事敦煌石窟、敦煌文献及敦煌历史的研究工作。1995 年获中山大学历史学博士学位，师从著名敦煌学家姜伯勤教授。任敦煌研究院研究员，院学术委员会委员，《敦煌研究》杂志编委，长期担任敦煌研究院敦煌文献研究所副所长、所长；教育部人文社科重点研究基地兰州大学敦煌研究所兼职教授，博士研究生导师，国家社会科学基金重大招标项目"敦煌遗书数据库建设"首席专家。入选甘肃省"333科技人才工程"省级学术技术带头人；曾任日本东京艺术大学美术学部客员研究员、英国伦敦大学东方与非洲研究学院博士后研究员。主持完成国家社会科学基金西部项目2项、教育部人文社科重点基地重大项目1项、院级科研项目3项，参与完成国家及省部级重大科研项目5项；在国内外学术书刊上发表论文150余篇，出版专著《敦煌莫高窟史研究》（1996年）《敦煌石窟全集·交通画卷》（2001年）、《敦煌工匠史料》（1997年）、《中古敦煌佛教社会化论略》（2010年）等10部。研究方向涉及敦煌历史地理研究、敦煌石窟研究、敦煌文献研究、敦煌石窟与敦煌文献的结合研究、敦煌佛教文化研究、敦煌吐蕃文化研究及历史文化遗产与社会发展关系研究等学术领域，形成自己独特的人文科学方法体系。研究成果多次获得国家和省部、院级奖励。

殷光明

殷光明（1957～）甘肃敦煌人，1974年高中毕业后到敦煌农村插队，1979年开始在敦煌市博物馆，从事文博工作。后调至敦煌研究院考古所工作，主要从事敦煌学及考古学的研究。1996年获兰州大学历史学硕士学位。2008年毕业于兰州大学敦煌学研究所，获历史文献学（含敦煌学）博士学位。一直致力于敦煌学及文物考古研究工作，对敦煌学的发展作出了重要贡献。主要著作：《敦煌画像砖》（1990年）、《北凉石塔》（2000年）、《敦煌石窟全集·报恩经画卷》（2001年），《敦煌壁画艺术与疑伪经》（2006年）等专著。其博士论文《北凉石塔》是北凉石塔研究的里程碑之作。以河西酒泉、敦煌、武威及吐鲁番地等地发现的北凉石塔为研究对象，对北凉石塔的时代、造型、题材内涵等问题进行了集中的探究，是研究早期佛教艺术和佛教思想流派的重要标本，也为学界提供了极具价值的北凉石塔全部资料，对研究早期河西早期的石窟具有启发意义。对敦煌壁画中的经变及佛教思想进行了研究。

敦煌石窟壁画艺术中保存了极为丰富的疑伪经图像及相关资料。尤其是以传统文化为中心，将敦煌石窟中的疑伪经图像及相关资料，作了系统、综合的研究，让读者认识到疑伪经及图像在佛教中国化、世俗化过程中的重要作用。先后在《文物》《简帛研究》、《敦煌研究》《考古与文物》《佛教艺术》（日本）、《奈良美术研究》（日本）、《艺术学》（台湾）等国内外刊物发表学术论文 40 余篇，主要有《敦煌市博物馆藏三件北凉石塔》、《敦煌清水沟汉代烽燧遗址出土（历谱）述考》、《北凉石塔分期试论》、《敦煌卢舍那法界图像研究》、《从释迦三尊到华严三圣的图像转变看大乘菩萨思想的发展》、《初说法图与法身信仰——初说法从释迦到卢舍那的转变》、《敦煌卢舍那法界图像研究》、《敦煌疑伪经与图像》、《敦煌西晋墓出土の墨书题记画像墓をめぐる考察》等。

侯黎明

侯黎明（1957~ ）山西屯留人。1982 年毕业于西安美术学院油画系。擅长油画、壁画。历任地区文化馆美术组组长；1989 年入日本东京艺术大学美术学部日本画科平山郁夫工作室学习，获硕士学位。敦煌研究院美术所所长，研究员。主要从事敦煌壁画的临摹与研究。文化部中国岩彩画学会副主任，中央美术学院丝绸之路艺术研究协同创新中心特聘研究员、壁画系客座教授。负责"敦煌艺术展"的设计布展。主要临摹作品有：莫高窟第 220 窟初唐壁画《乐舞》（敦煌研究院藏），榆林窟第 3 窟元代壁画《曼陀罗》（敦煌研究院藏），日本高松冢墓室壁画局部、法隆寺金堂 6 号壁壁画，敦煌第 45 窟唐代壁画《地藏菩萨》（敦煌研究院藏）。1992 年岩彩画《新月》入选第八届全国美术作品展，获甘肃美术作品展二等奖及第二届甘肃省政府敦煌文艺奖。油画《黄河春晓》入选全国青年美展；《芨芨草》（二人合作）入选第六届全国美展；壁画《创造、求索、奉献》（三人合作）入选第七届全国美展。已出版的编著有《敦煌意象·中日岩彩》。发表论文有《敦煌壁画临摹法要述》等。

张先堂

张先堂（1961~）山西静乐人。1982年毕业于西北师大中文系。1987年毕业于山西师大中文系，获文学硕士学位。敦煌研究院副院长，研究员，中国敦煌吐鲁番学会副会长、常务理事，甘肃省敦煌学学会常务副会长、常务理事。主要从事敦煌文学、敦煌历史和敦煌艺术研究。合作撰写、出版《敦煌文学》、《敦煌文学概论》、《甘肃历代文学概览》等3部专著，分别获得甘肃省社会科学优秀成果奖一等奖2项、二等奖1项；主编《全唐文补遗敦煌文献卷》专著1部；作为主要合作者完成国家社会科学基金项目《唐宋敦煌世俗佛教研究》；作为课题负责人主持教育部人文社科基地重大项目《敦煌石窟供养人研究》。发表有关敦煌文学、敦煌佛教史研究论文《敦煌文学与周边民族文学、域外文学关系述论》、《敦煌本唐代净土五会赞文与佛教文学》、《晚唐至宋初净土五会念佛法门在敦煌的流传》、《古代佛教法供养与敦煌莫高窟藏经》等40余篇。

王惠民

王惠民（1961~）浙江杭州人。1984年毕业于杭州大学历史学系，2000年中山大学历史学博士毕业。2005年3~4月法国远东学院访问学者，2009年9月~2010年6月哈佛大学访问学者，敦煌研究院考古研究所研究员、学术委员会委员、中国敦煌吐鲁番学会理事。主要从事佛教图像学、佛教文化、敦煌文献学、敦煌石窟考古研究，涉猎广泛，兼及敦煌学、中国其他石窟寺。在敦煌经变画、石窟营建、佛教图像研究方面成果尤为卓著，对《楞伽经变》、《药师经变》、《弥勒经变》、《十轮经变》、《净土经变》等及其他图像考证方面贡献显著。已出版的主要著作有《敦煌净土图像研究》、《三危佛光：莫高窟的营建》、《千年凿击而成的顶尖神话:莫高窟》、《敦煌佛教图像研究》、《敦煌佛教与石窟营建》、《弥勒佛与药师佛》《敦煌石窟全集》6"弥勒经画卷"《敦煌宝藏》、《解读敦煌》（全11册）。在《敦煌研究》《唐研究》《艺术史研究》、《敦煌学辑刊》等国内外知名学术期刊及各种学术会议上发表《敦煌水月观音像》、《安西东千佛洞石窟内容总录》、《日本白鹤美术馆藏两件敦煌绢画》、《古代印度宾头卢信仰的产生及其东传》、《国图 B.D.09092 观经变榜题底稿校考》等相关论文近百篇。

娄 婕

娄婕（1961~）浙江余姚人。1979 年考入西安美术学院油画系。1983~1985 年在西北民族学院美术系任教。敦煌研究院敦煌石窟保护研究陈列中心主任，研究员。主要从事敦煌壁画的临摹与研究、博物馆展陈。主要临摹作品有：莫高窟第 220 窟初唐北壁壁画《乐舞》（敦煌研究院藏）、榆林窟第 3 窟元代壁画《曼陀罗》（敦煌研究院藏），整窟复制敦煌第 3 窟元代壁画（独立完成南半窟壁画复制）（敦煌研究院藏），法隆寺金堂 5 号壁壁画，榆林窟第 29 窟西夏壁画《文殊变》（敦煌研究院藏）。1995 年岩彩画《初夏》入选在日本东京都美术馆举办的"第 27 届亚细亚美术作品展"，获优秀作品奖;2004 年岩彩画《悠远——丝绸之路遗迹之一》入选美国地平线画廊举办的中国丝绸之路绘画作品展在美巡回展出;《青铜系列》获得第四届中国重彩岩彩画展作品银奖;壁画《创造、求索、奉献》（合作）入选第七届全国美展。已出版的编著有《走进敦煌·相知敦煌守望敦煌》。发表论文有《试论敦煌石窟艺术的空间构成》、《从"凹凸画法"看佛教美术对中国绘画的影响》、《回归遗忘的色彩世界》等。

罗华庆

罗华庆（1962~）四川成都人。1983 年毕业于四川省重庆师范学院历史系。同年 7 月，来敦煌研究院工作至今。先后在石窟考古所、陈列中心任职，历任石窟管理科科长、陈列中心副主任、主任、办公室主任、副院长，研究馆员。2002 年当选为敦煌市、酒泉市人大代表，2005 年获甘肃省先进工作者。主要从事石窟考古、佛像图像学、博物馆学研究。已出版的主要编著有《敦煌石窟全集·尊像画》、《解读敦煌·发现藏经洞》、《佛国尊像》、《敦煌石窟全集·藏经洞珍品》、《中国敦煌学史》（合著）、《敦煌石窟全集·再现敦煌》(合著)。在博物馆学和博物馆陈列艺术上成绩突出，主持和设计多项展览，主持了敦煌研究院院内的基本陈列，主持完成的多项关于敦煌石窟、美术及丝绸之路的国内外展览。其中《敦煌艺术大展——纪念敦煌藏经洞发现既敦煌学百年》(中国历史博物馆)荣获国家文物局 2000 年全国十大陈列精品奖、最佳综合效益奖，《世界遗产在中国敦煌莫高窟》(北京中国国家博物馆) 2003 年荣获建设部、国家文物局、世界遗产中国委员会颁发的三等奖。发表论文有《敦煌艺术中的〈观音普门品变〉和〈观音经变〉》、《9 至 11 世纪敦煌的行像和浴佛活动》、《莫高窟第 444 窟龛南后柱题记考辨》、《藏经洞的发现与失落：再现敦煌旧影的历史吊诡》等等。

吴　健

吴健（1963~）陕西韩城人。毕业于鲁迅美术学院摄影系，1981 年进入敦煌研究院工作至今。任敦煌研究院文物数字化研究所所长，甘肃省古代壁画与古遗址重点实验室副主任，国家文物局古代壁画重点科研基地数字研究室主任，国家古代壁画保护工程技术研究中心副主任，研究员。甘肃摄影家协会主席，中国摄影家协会理事，中国文艺评论家协会会员，入选甘肃省领军人才。浙江大学文化遗产研究院兼职教授，北京摄影函授学院兼职教授，兰州理工大学兼职教授、硕士生导师。主要从事文物摄影与石窟数字化研究。多年从事敦煌石窟与古遗址的摄影艺术创作和视觉研究，形成了独特的学术理念与艺术风格，有机地将人文与自然相结合，以摄影这种独特的视觉造型艺术形式进行发掘探索和研究创新。摄影作品和研究论文多次发表于国内外核心期刊并获奖，出版三十余部摄影著作。2004 年 10 月，列入中央电视台"东方时空—东方之子"。承担科技部"十二五"国家科技支撑计划项目，主持"数字敦煌"项目的研究、实施和技术成果推广，对国内多处文化遗产地的数字化项目工程实施提供技术支撑和学术指导。

杨秀清 　　杨秀清（1963~）甘肃皋兰人。1984 年毕业于西北师范大学历史系，获历史学硕士学位。毕业后在甘肃省社会科学院《甘肃社会科学》编辑部工作，1995 年调入敦煌研究院工作。2002~2004 年受敦煌研究院派遣，以留学生身份在日本成城大学学习东洋美术史。《敦煌研究》编辑部副主任，研究员。中国敦煌石窟保护研究基金会理事长，甘肃敦煌学学会副会长。主要从事隋唐史、西北史和敦煌文学研究。已出版《敦煌西汉金山国史》、《西北开发决策思想史》（古代卷，合著）等学术专著，《华戎交会的都市——敦煌与丝绸之路》、《风雨敦煌话沧桑》等通俗读物。有关论著曾获得甘肃省社会科学成果最高奖。2006 年 3 月入选甘肃省 "555 创新人才工程" 第二层次人选，2010 年入选 "甘肃省领军人才第二层次人选"。发表研究论文《晚唐归义军与中央关系述论》、《试论金山国的有关政治制度》、《论唐宋时期敦煌文化的大众化特征》、《敦煌石窟中的儿童图像考察简报》等多篇。

赵声良 　　赵声良（1964~）云南昭通人。1984 年毕业于北京师范大学中文系，同年到敦煌研究院工作。1996~1998 年受聘为东京艺术大学美术学部客座研究员。2000 年、2003 年先后获日本成城大学文学硕士、博士学位。《敦煌研究》编辑部主任，研究员，甘肃省 "领军人才"。受聘为台南艺术大学客座教授、美国普林斯顿大学艺术与考古系研究员、师范大学历史学院兼职教授，兼任中国敦煌吐鲁番学会理事、中国敦煌石窟保护研究基金会理事、甘肃省敦煌学会常务理事、甘肃省出版工作者协会常务理事。主要从事敦煌艺术与中国美术史研究。主持日本鹿岛美术财团 "美术调查研究" 项目 "榆林窟第 3 窟山水画研究"（1999 年）、国家社科基金西部项目 "敦煌北朝石窟美术史研究"（2004 年），甘肃省哲学社会科学规划项目 "敦煌北朝彩塑造像艺术研究"（2005 年）等课题。独著有《敦煌石窟艺术·第 61 窟》、《敦煌石窟艺术·第 57、322 窟》、《敦煌石窟全集·山水画卷》、《中国敦煌壁画全集·敦

人
物

煌北凉北魏卷》、《敦煌壁画风景研究》、《敦煌艺术十讲》、《艺苑瑰宝——敦煌壁画与彩塑》、《飞天艺术——从印度到中国》、《莫高窟的守望者》,合著有《莫高窟》、《飞天史话》、《灿烂佛宫——敦煌考古大发现》、《飞天花雨下的佛陀微笑》、《莫高窟史话》、《敦煌与隋唐城市文明》,译著有《敦煌石窟》。在《敦煌研究》、《西域研究》、《艺术史研究》等刊物发表论文有《试论莫高窟唐代前期的山水画》、《隋代敦煌写本的书法艺术》、《成都南朝浮雕弥勒经变与法华经变考论》《十六国北朝的敦煌石窟艺术》等60余篇。

苏伯民

　　苏伯民(1964~)甘肃白银人。1985年毕业于兰州大学化学系,1996和2004年分别获得该系硕士、博士学位。现任敦煌研究院保护研究所所长,古代壁画保护国家文物局重点科研基地常务副主任,研究员。主要从事敦煌石窟壁画保护、颜料分析等研究,在从事敦煌壁画保护的相关研究工作的10多年里,主持和参加了10多项壁画研究项目和壁画保护工程。如"用PS渗透加固土建筑的研究"、"莫高窟壁画保护研究"、"高速液相色谱仪在壁画颜料、粘合剂分析中的应用研究",西藏布达拉宫、罗布林卡和萨迦寺三大文物保护工程等。参加的"古代土建筑遗址的加固研究"、"敦煌莫高窟第85窟保护修复研究"分别获得1999年度国家文物局文物科技进步奖二等奖、2004年度国家文物局文物保护科学和技术创新奖二等奖。2006年荣获第九届中国青年科技奖,是入选者中唯一的文博系统青年科技工作者。发表有《克孜尔石窟壁画颜料研究》、《敦煌壁画中混合红色颜料的稳定性研究》、《春秋时期镀锡青铜器镀层结构和耐腐蚀机理研究》、《三种加固材料对壁画颜色的影响》、《甘肃玉门火烧沟遗址出土颜料分析》等论文,合著《中国文物分析鉴别与科学保护》。

刘　刚

　　刘刚(1964~)天津人。1984年毕业于西北农业农学院(现西北农林科技大学)。1984年7月~1995年5月在甘肃农业大学从教。敦煌研究院文物数字化研究所，研究员。任中国博物馆学会博物馆数字化专业委员会常务理事和中国文物学会文物信息化专业委员会副主任委员，国际数字地球学会中国国家委员会数字遗产与考古专业委员会委员和中国建筑协会智能建筑分会专家。主要从事石窟文物数字保护和文物数字与信息技术应用研究，先后参与承担完成了包括甘肃省科委八五攻关、国家科委九五攻关、国家863项目以及国家自然科学基金委员会等有关敦煌壁画数字化与计算机应用的项目，参与同国际合作开展的壁画文物数字化与资源建设项目Artstor和IDP等。2000年12月任副研究馆员职称，2006年参与组建敦煌研究院数字中心，2008年10月起任数字中心副主任。在敦煌莫高窟三维数字化技术、保护数字敦煌壁画知识产权的技术方面成果显著，发表相关论文主要有《使用MSEXCEL做石窟环境气象监测的数据处理》《敦煌壁画计算机存贮处理中的图像颜色管理》《敦煌莫高窟石窟三维数字化技术研究》《敦煌石窟壁画大型数字展示技术选择》《基于结构光的文物三维重建》等。

杨富学

杨富学（1965~）河南邓州人。1986年毕业于兰州大学历史系，获新疆大学历史学硕士，1991~1993年赴印度德里大学和英迪拉·甘地国立艺术中心学习梵语与佛教文化；2002年获兰州大学敦煌学研究所博士学位，北京大学东方学研究院博士后。敦煌研究院民族宗教文化研究所所长、研究员，西北民族大学兼职教授、硕士生导师，兰州大学敦煌学教授、博士生导师，甘肃省领军人才。兼任中国钱币学会学术委员、中国中外关系史常务理事兼副秘书长、中国维吾尔历史文化研究会常务理事、中国敦煌吐鲁番学会、中国宗教学会、中国民族古文字研究会、中国蒙古史学会理事、甘肃省钱币学会常务理事兼副秘书长等职。主要从事敦煌学与回鹘历史文化研究，在回鹘历史文化研究领域成果卓著。先后承担了国家级社科基金项目7项；先后应邀出访俄罗斯、蒙

古、韩国、意大利、荷兰、梵蒂冈、希腊、土耳其、以色列、伊朗、乌兹别克斯坦、吉尔吉斯斯坦、哈萨克斯坦、印度、尼泊尔、斯里兰卡、泰国、法国、新加坡及台湾、香港、澳门等国家和地区从事学术活动。独著或合著有《沙州回鹘及其文献》、《西域敦煌宗教论稿》、《回鹘之佛教》(获甘肃省第七次社会科学优秀成果三等奖)、《西域敦煌回鹘文献语言研究》、《庄浪石窟》、《敦煌汉文吐蕃史料辑校》第1辑、《中国北方民族历史文化论稿》、《元代西夏遗民文献〈述善集〉校注》、《回鹘文献与回鹘文化》(获甘肃省第九次社会科学优秀成果一等奖)、《印度宗教文化与回鹘民间文学》(获甘肃省第十一次社会科学优秀成果二等奖)、《敦煌佛教与禅宗研究论集》等10余部专著及译著《佛教与回鹘社会》,主编《中国敦煌学百年文库》等大型丛书。在国内外用中、英文发表论文300余篇,450万字,其中《黑水城出土夏金榷场贸易文书研究》获甘肃省第十二次社会科学优秀成果二等奖,并有译文100余篇,150万字。

汪万福

汪万福(1966~)甘肃甘谷人。1989年毕业于甘肃农业大学林学系,1992年调入敦煌研究院保护研究所工作。2003年考入中国科学院研究生院,获自然地理学博士学位。中国科学院西北生态环境资源研究院兼职研究员、博士生导师,兰州大学生命科学学院兼职教授、博士生导师。任敦煌研究院党委委员、学术委员会委员、保护研究所副所长,研究员,国家古代壁画与土遗址保护工程技术研究中心副主任、古代壁画保护国家文物局重点科研基地副主任,中国古迹遗址协会石窟专业委员会副主任、中国文物学会文物保护技术与修复材料专业委员会副主任等职。长期从事干旱区环境与文物保护修复等方面的教学培训、文物科技保护、研究及项目管理工作。在古代壁画保护修复、文化遗产的生物退化与防护、敦煌莫高窟区域风沙环境综合治理以及文化遗产保护工程管理等领域取得重要成果。先后主持国家自然科学基金等项目10项，主持全国重点文物保护工程勘察设计与施工20余项，其中5项获全国十佳文物维修工程奖。主要有"中国北方沙漠化过程及其防治研究"、"敦煌莫高窟生物固沙研究"、"敦煌莫高窟风沙危害综合防护体系设计研究"、"新型植物生长剂的研制及在植物固沙中的应用研究"、"古代壁画保护规范研究"、"西藏布达拉宫、罗布林卡及萨迦寺壁画保护修复工程"、"青海塔尔寺弥勒佛殿壁画保护修复工程"、"敦煌莫高窟、西千佛洞及安西榆林窟部分洞窟壁画彩塑保护修复工程"等。发表学术论文100余篇，国家专利10多项，合作出版专著6部，其中2部获全国文化遗产十佳图书奖。获甘肃省科技进步一等奖1项、国家文物局文物保护科学和技术创新奖二等奖2项，获文化部文化产业先进个人、第五届甘肃青年科技奖、全国优秀科技工作者等荣誉称号，入选甘肃省领军人才、甘肃省宣传文化系统"四个一批"文化专门技术界人才。获国家文物局2005年度文物保护科学与技术创新奖二等奖，中国古迹遗址保护协会、中国文物信息咨询中心2004年度全国十佳文物保护工程勘察设计方案及文物保护规划1项、国家实用新型技术专利2项。发表论文近50篇，有《仿爱夜蛾成虫对敦煌莫高窟模拟洞窟壁画的选择趋性》、《古代敦煌文物保护述略》、《空鼓病害壁画灌浆加固技术研究》等。

王旭东

　　王旭东（1967~　）甘肃山丹人。敦煌研究院研究馆员，历任敦煌研究院副院长、常务副院长。1986年9月~1990年7月兰州大学地质系水文地质与工程地质专业学习，获学士学位，1990年7月~1991年6月在甘肃省张掖地区水电处工作。1991年6月调入敦煌研究院工作。1995年考入兰州大学地质系攻读硕士学位，1999年考入兰州大学资源环境学院攻读地质工程博士学位，2003年获工学博士学位。兼任国家古代壁画与土遗址保护工程技术研究中心主任、古代壁画保护国家文物局重点科研基地主任，兰州大学兼职教授、博士生导师，西北大学兼职教授、博士生导师，

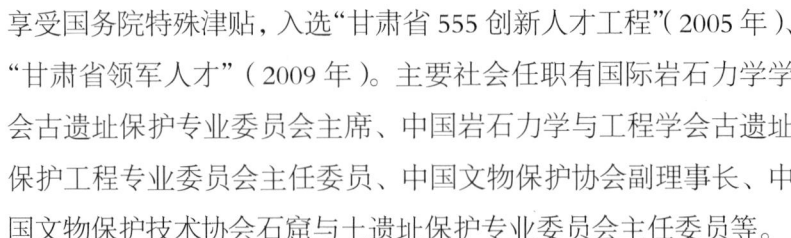

享受国务院特殊津贴，入选"甘肃省 555 创新人才工程"（2005 年）、"甘肃省领军人才"（2009 年）。主要社会任职有国际岩石力学学会古遗址保护专业委员会主席、中国岩石力学与工程学会古遗址保护工程专业委员会主任委员、中国文物保护协会副理事长、中国文物保护技术协会石窟与土遗址保护专业委员会主任委员等。

主要从事石窟保护、古代壁画保护、土遗址保护、文化遗产监测预警与预防性保护等单位壁画及土遗址保护加固的勘察设计和现场施工，承担国家文物局和科技部下达的文物保护重点研究项目 20 多项，承担国家及省部级课题 20 余项，主持或参加国际合作 4 项。在《敦煌研究》、《兰州大学学报（自然科学版）》、《中国地质灾害与防治学报》、《干旱区资源与环境》、《岩石力学与工程学报》、《岩土力学》、《文物保护与考古科学》、《中国科学院研究生院学报》等刊物及各种学术研讨会上发表学术论文 80 余篇，合作出版《交河故城保护加固技术研究》（科学出版社，2008 年）、《西藏布达拉宫壁画保护修复工程报告》（文物出版社，2008 年）等著作。参与或主持的文物保护研究项目或成果获国家及省部级奖励 15 项，主要有"敦煌莫高窟地震防灾文物保护研究"获国家文物局科技进步奖二等奖（第四，1996 年）、"敦煌莫高窟崖体及附加构筑物抗震稳定性研究"获国家文物局科技进步奖四等奖（第二，1997 年）、"砂砾岩石窟岩体裂隙灌浆研究"获国家发明奖四等奖（第二，1997 年）、"古代土建筑遗址的加固研究"或国家文物局科技进步二等奖（第二，2000 年）、"西藏空鼓病害壁画灌浆加固研究"获国家文物局科技创新二等奖（第三，2005 年）、"交河故城抢险加固工程设计方案"获"2005 年度全国十佳文物保护工程勘察设计及文物保护规划"（第二，2006 年）、"土遗址保护关键技术研究"，获得甘肃省科技进步二等奖（第一，2010 年）、"文物出土现场保护移动试验室研发"获得 2009 年度国家文物局科技进步与创新奖一等奖（第八，2010 年）等，技术专利 10 余件，主持完成国家及行业技术标准 5 项。获"全国优秀科技工作者"

（2001 年）、"甘肃省优秀专家"荣誉称号（2004 年）、"宣传文化系统拔尖创新人才"（2005 年）、"2008 年度文化部优秀专家"（2009年）等荣誉称号。

张元林

张元林（1966~）甘肃武威人。1989 年毕业于上海复旦大学，获历史学学士学位。2009 年毕业于兰州大学敦煌学研究所，获历史学博士学位。1997~1999 年间赴日本东京艺术大学进修佛教艺术。任敦煌研究院资料中心主任，研究员。主要从事敦煌石窟艺术和石窟考古研究、丝绸之路交流史研究。已出版的主要编著有《敦煌石窟艺术 254 窟、260 窟分卷》、《中国美术分类全集敦煌壁画全集西魏卷》、《敦煌文化探微》，译著《弥勒净土论》。发表论文有《从阿弥陀来迎图看西夏的往生信仰》、《莫高窟第 275 窟故事画与主尊造像关系新探》、《论莫高窟第 285 窟日天图像的粟特艺术源流》等多篇。

人物

陈港泉

陈港泉（1967~）山东蓬莱人。1990 年毕业于中国地质大学大学应用化学系工业分析专业，2016 年于兰州大学地质资源与地质工程专业毕业，获博士学位。敦煌研究院监测中心主任，研究员。从事壁画保护修复研究。参加十二五国家科技支撑计划项目"干旱环境下古代壁画保护成套技术集成与应用示范"、甘肃省发改委世界银行贷款甘肃文化自然遗产保护与开发项目"魏晋墓砖壁画保护研究和鲁土司衙门妙音寺壁画保护研究"等众多项目。参与多项重要文物保护工程方案设计和保护规划编制，主持编制"全国重点文物保护单位敦煌西千佛洞空鼓壁画抢修方案"、"世界文化遗产地天水麦积山监测预警体系方案设计"、"世界文化遗产永靖炳灵寺石窟何灌摩崖石刻保护修复与展示设计方案"、"敦煌市博物馆陶制彩绘文物保护修复方案"、"庆城县博物馆馆藏珍贵文物预防性保护方案"等。参与《中国古代壁画保护规范研究》的编著，发表论文有《莫高窟第 351 窟壁画疱疹和壁画地仗可溶盐分析》、《甘肃河西地区馆藏画像砖现状调查研究》、《莫高窟壁画疱疹病害调查研究》等。

初世宾

初世宾（1937~）山东烟台人。又名仕宾、师宾。1961年毕业于山东大学历史系。1961~1985年在甘肃省博物馆文物队、省文物工作队（甘肃省文物考古研究所前身）工作并任副队长，从事文物管理、田野考古调查与发掘、文物保护和基层业务人员培训工作。1985~2000年，任甘肃省博物馆馆长，负责全馆的业务工作，偏重文物收藏、鉴定、陈列展览策划、文博专业干部培训等工作，文博研究馆员。2003年退休，正厅级待遇。兼任甘肃省文管会委员、文物鉴定委员会副主任、丝绸之路申遗专家组组长、文博专业高级职务评委会委员及甘肃省丝绸之路协会常务理事、中国敦煌石窟保护研究基金会副理事长兼秘书长、中国博物馆协会理事等职。兼任西北师范大学兼职教授、古文献简牍硕士学位导师。

长期进行甘肃文物考古调查与研究、保护工作。在文物保护领域的贡献，主要有："文化大革命"初期，印发中央抢救文物指令，组织群众挽救一批文物幸免于难；刘家峡水库建设前，带领保护组抢在工程实施前完成炳灵寺石窟窟前遗址清理和第16窟涅槃像搬迁；1974年奉肖华同志指示两次赴拉卜楞寺调查并汇报，制止了破坏占用行为，实施保护。参与或主持秦安大地湾遗址、灵台白草坡西周墓葬及车马坑、平凉四十里铺中国车马坑、武威汉墓、居延汉简等的发掘，以及黑山岩画、额济纳旗汉塞、甘肃石窟等的调查。研究方向及专长主要为考古学研究、古文字、古文献和汉代简牍文书研究，尤以居延汉简、敦煌汉简、丝绸之路史地和佛教艺术见长，并具有开创性。著述主要在汉简论述方面，合著《居延新简甲渠侯官》、主编《中国简牍集成》等，发表《居延烽火考述》等论文40余篇。石窟寺考古方面，参与炳灵寺石窟的考察，并冒险进入第169窟，发现了著名的西秦建弘元年题记。对麦积山石窟的考察与研究，发表了《石窟外貌与石窟研究之关系——以麦积山为例略谈石窟寺艺术断代的一种辅助方法》、《麦积崖的开创年代与相关问题》两篇文章，开创了关于石窟外貌与崖面利用对于洞窟断代研究的新方法。

任甘肃省博物馆馆长期间，主（协）办各类展览130余次。筹办的"丝绸之路甘肃文物精华展"被联合国教科文组织列为"国际丝路十年活动计划"。在文博干部的培训方面，参与策划组织四次全省及多次区域性文博培训班，讲授考古导论、商周至魏晋及石窟寺考古、先秦甘肃民族、秦汉史、考古测量等课程。

1986年获国家人事部有突出贡献中青年专家称号。1990年享受国务院特殊津贴。1999年获郭沫若史学成就三等奖（集体），主编的《中国简牍集成》获全国优秀图书二等奖。

秦明智

秦明智（1926~）四川蓬安人。1946年南充师范学校毕业，任小学教师数年。1952年考入兰州大学历史系，1956年毕业后分配到甘肃省博物馆工作，1988年评为副研究员，1990年退休。曾任兰州市七里河区政协委员、甘肃省历史学会理事、甘肃省文物鉴定委员会委员，1996年聘为甘肃省文史研究馆馆员。主要从事历史文物的保管、征集、鉴定和研究工作。在征集文物方面，为甘肃省博物馆征集书画、碑帖、敦煌遗书、陶瓷、金石、印章、佛像等不下二千件，其中有王铎、左宗棠、康有为、张大千等名家书画多件。在文物保管中，除大量日常工作外，还主持一级文物的鉴选、建档和保护工作。多次主持或参与甘肃省博物馆举行的历史文物展览。研究涉及敦煌遗书、碑刻、绘画、书法等，许多为第一次公布的材料，弥足珍贵。在《文物》、《西北史地》、《敦煌学辑刊》等刊物发表《北宋〈报父母恩重经变〉画》、《隋开皇元年李阿昌造像碑》、《北魏泾州二碑考》、《灵台舍利石棺》、《甘肃省博物馆藏清顺治〈长江江防图〉》、《关于甘肃省博物馆藏敦煌遗书之浅考和目录》、《前凉写本〈法句经〉及其有关问题》等，另在《陇右文博》等刊物上发表《明遗民张怡及其绘画艺术》《陇原著名书画家唐琏及其艺术成就》、《明兵部尚书彭泽述评》、《阶州之战——清军将领书札记要》等文章50多篇。与徐祖蕃等合编的《汉简书法选》、《敦煌遗书书法选》等在书法及敦煌学、简牍学领域具有一定的影响。其中肃府本《淳化阁帖选》在"淳化阁帖"研究领域影响较大。

吴怡如

吴怡如（1929~ ）河北泊头人。1949年参加工作，1952年由宁夏文化局选送参加第一届全国考古人员训练班的学习，结业后借调到西北文化部西北文物勘察队工作。期间参加了西安灞桥电厂考古发掘、陕西阎良、咸阳机场考古勘察发掘工作。1956年调至甘肃省文物管理委员会，任秘书。参加兰新、兰宝铁路沿线文物清理发掘工作。1958年甘肃省文物管理委员会与甘肃省博物馆合并，后任甘肃省博物馆副馆长、副研究员，中国考古学会、中国博物馆学会第一至三届理事。

1959年组织筹划了《甘肃历史文物展》、《甘肃革命文物展》和《甘肃省十年建设成就展》。主持举办甘肃省第一届文物、博物馆培训班，并讲授《文物法令》、《古代建筑》等科目。1964年任甘肃省文化局文物科副科长，组织全省第一次文物普查，筛选第一批重点文物保护单位。负责组织敦煌莫高窟加固工程和炳灵寺石窟大坝施工组织工作、天梯山石窟搬迁。积极组织开展考古调查与发掘工作，如居延汉代遗存、武威皇娘娘台遗址、广河齐家坪墓地、广河地巴坪墓地、东乡林家墓地、景泰鲁阳墓地、嘉峪关壁画墓、清泉四坝墓地、永昌电厂马厂墓群等。还组织参与了秦长城调查、红军经过甘肃遗址调查等工作。参加全省各级博物馆一级文物鉴定工作。曾为甘肃联合大学、西北师范大学文博班讲授博物馆学。参与编写《天梯山石窟》一书，合编《武威汉代木雕》。在《文物》杂志发表《北周王令猥造像碑》等文章。

薛俊彦

薛俊彦（1929~）山西稷山县人。1950 年毕业于国立兰州大学理学院物理系，分配至甘肃科学教育馆（1956 年改为甘肃省博物馆）工作。1953 年开始任征集保管组副主任、自然部主任职务，1976 年任革命文物组长，1982 年任展览部主任，1983 年任副馆长，分管社建部和技术部工作。曾利用真空保护技术对武威磨嘴子汉墓群发掘出土的 480 枚木简进行保护，这些简中包括国家一级文物《仪礼》简。1982 年任文博研究馆员，1994 年退休。曾为博物馆的发展作过大量的工作。其文章有《甘肃酒泉、嘉峪关壁画墓颜料鉴定》（《考古》1995 年第 3 期）、《嘉峪关魏晋壁画墓五号墓的搬迁与半地下式复原研究》（《文物保护与考古科学》1997 年第 1 期）、《甘肃省博物馆的历史、现状及展望》、《装配式陈列柜的设计及制作》、《拼装式自然展览柜的设计与制作》等。

人物

徐祖蕃

徐祖蕃（1935~）字椒升，号务本。著名书法家。祖籍山西五台县，出生于北京。甘肃省博物馆研究员、甘肃省文物鉴定委员会委员，享有国务院特殊津贴及甘肃省优秀专家待遇。擅书法、篆刻，中国书法家协会会员。1952 年 4 月兰州师范文艺科就读，同年参加工作，1956~1958 年先后在兰州二营村小学、甘肃省美术服务社就职。1959 年调入甘肃省博物馆工作，专职于文物陈列设计 40 余年，创立了以"揭示文物的性格特征为设计的最高准则"等一整套陈列设计理论。主持并完成大型陈列展览多项，1984 年 4 月担任《甘肃历史文物展览》总设计、总施工。1989 年设计中国历史博物馆的《甘肃丝绸之路文物展》。2000 年在甘肃省博物馆举办的《丝绸之路·甘肃文物精品展》展览中初步试探性的将"丝路"的室外自然环境引进到此展览中。在陈列艺术设计、绘画、书法、篆刻、工艺美术设计、宋体字及书法理论、古文字、古文献方面有深入研究。其书法成就在于将汉简书法艺术融入其中，创作了许多书法精品。1965 年春其汉简书法作品入选中国现代书道展览在日本东京等四城市展

出，受到了书法界权威人士的高度赞许。1989 年为嘉峪关城楼所书"天下第一雄关"巨匾入录《中华名匾》。1995 年后，为兰州五泉山等寺院书匾、联达百件以上。编著的《敦煌遗书书法选》、《汉简书法选·武威汉简专辑》1983 年和 1986 年分获甘肃省优秀图书奖，另编著有《淳化阁帖选》《肃府本淳化阁帖（上、下册）》。与秦明智先生共同发现了肃府本"阁帖"的子本《溧阳本淳化阁帖》和肃府本的摹勒者温如玉等三跋。1988 年以来，相继参加《甘肃藏敦煌文献》的文物鉴定与卷四、卷五叙录的撰写和其余四卷有关文字学和书法艺术方面的叙录文稿。

孙纪元

孙纪元（1932~）陕西西安人。雕塑艺术家。1953 年毕业于西北艺术学院美术系，1963 年毕业于中央美术学院雕塑研究生班，得到刘开渠、傅天仇、钱绍武、王朝闻等先生的教导。1953~1984 年在敦煌文物研究所从事古代雕塑临摹研究及雕塑创作，任美术研究室主任。1987 年获全国城市雕塑创作设计资格证书。1984~1991 年任麦积山石窟艺术研究所所长，研究员。1991 年调入甘肃省博物馆。甘肃省第五、六届政协委员、中国美术家协会甘肃分会理事、西安美术学院名誉教授、甘肃省城市雕塑艺术委员会副主任。甘肃省联合国教科文组织协会文化艺术专业委员会委员、纪元文化艺术有限公司艺术总监。历年来临摹敦煌彩塑 40 余种，并多次参加国际国内敦煌艺术展。雕塑创作《瑞雪》、《草原民兵》、《青春》由中国美术馆收藏；《青春》被中国驻法国大使馆收藏；创作敦煌市城市雕塑《反弹琵琶》、《飞天》、《思维》、《妙音轻舞》及昆明世博园敦煌园《反弹琵琶》（人民大会堂收藏）等。主编《中国美术全集·麦积山石窟雕塑》，《中国石窟·敦煌莫高窟》（三）及《中国石窟·天水麦积山》著者之一，分别撰写《略论敦煌彩塑及制作》、《麦积山雕塑艺术的成就》论文。

颉光普

颉光普（1951~）甘肃甘谷人。1982 年毕业于兰州大学地质学专业。1982~1989年在甘肃地矿局区域地质调查队工作，任工程师，1989年调入甘肃省博物馆工作，曾任自然部、基建办副主任，研究馆员。兼任中国古脊椎动物学会常务理事，中国博物馆学会、中国自然科学博物馆学会会员。主要研究方向为地质学、新生代古生物地层学及旧石器时代考古。参与国家自然科学基金项目《中国兰州盆地咸水河组的地质学、生物地层学和古地磁学研究》(1990~1997年)、《甘肃西部党河地区的第三纪哺乳动物群及其与青藏高原隆升的关系》(2001年起)研究工作。在《古脊椎动物学报》《植物分类学报》、美国《古脊椎动物》等刊物发表《哺乳动物的牙齿与研究方法》、《甘肃兰州盆地的第三系及其中的哺乳动物》、《甘肃党河地区的新生代地层和青藏高原隆生》、《兰州盆地永登剖面记录的第三纪沉积环境》、《兰州盆地早第三纪植物及古气候意义》、《兰州盆地第三系磁性地层年代与古环境》、《甘肃兰州盆地更新世气候环境变迁》、《现代水系通过东亚镜象反映中轴带时的发育特征》、《兰州崔家崖的纳玛古菱齿象化石》、《广西新希瓦格蜓科动物群研究》、《甘肃榆中晚更新世的几种哺乳动物化石》等论文30余篇。

张　行

张行（1950~　）北京人。1968年12月参加工作，1979年北京大学地质学系古生物专业毕业，甘肃省博物馆研究馆员，曾任自然部主任，兼任中国自热科学博物馆协会理事、甘肃生态学会理事。主要从事古生物化石与旧石器时代考古。出版专著三部:《甘肃古生物化石与旧石器时代考古》、《甘肃恐龙》、《古生物与古环境》。其中《甘肃古生物化石与旧石器时代考古》获得甘肃省历史学会科技进步二等奖，《古生物与古环境》获得甘肃省社会科学成果三等奖。发表专业论文《马鹿爪兽化石在兰州的发现及其意义》、《甘肃古生物化石的埋藏环境》、《甘肃旧石器文化与陕西窑头沟遗址的对比研究》、《古文物中所见动物之考略》、《遗址博物馆与环境关系的探讨》等二十余篇。《甘肃古生物化石的埋藏环境》一文依据对甘肃化石埋藏环境的研究，提出了埋藏学是研究古生物学和古生态学等学科的重要前提和基础，只有对生物死亡后历史的全面正确认识，才能更好地理解化石群的完备性和传真性。其中《遗址博物馆与环境关系的探讨》获中国自然科学博物馆协会优秀论文奖，《浅议入世后博物馆与旅游业的关系》获中国西部经济社会发展研究院第二届特邀研究员学术成果交流会一等奖。

尹德生

尹德生（1940~）甘肃兰州人。1963年4月毕业于西北师范学院音乐专业。毕业后先后在西安、兰州从事文化宣传工作，1977年调入甘肃省博物馆工作。任甘肃省博物馆历史部副主任、研究馆员。长期从事博物馆的陈列、文物编目、文物保管工作，主要研究方向为近现代文物与音乐文物研究。在《西北师大学报》、《敦煌研究》、《考古与文物》等刊物发表《抗战时期陕甘宁边区国民教育刍议》、《甘肃早期共产党人的革命情怀——张一悟题词折扇赏析》、《陕甘宁边区国民教育诌议》、《宣侠父手稿"甘边藏民请愿书"浅识》及《原始社会晚期的旋律乐器——甘肃玉门火烧沟陶埙初探》、《甘肃新发现的几件史前陶铃》、《酒泉丁家闸壁画"燕居行乐图"浅识——兼论河西十六国时期的表演艺术》《甘肃新发现史前陶鼓研究》、《建国以来发现于河西的音乐文物》、《甘肃出土的几件原始社会打击乐器》等论文。编撰《甘肃革命文物撷粹》（甘肃省博物馆建馆六十周年纪念印刷，1999年）大型图书一部。

俄　军

俄军（1957~）甘肃平凉人。1994~1997年在兰州大学历史系近现代史专业研究生结业，2004年南开大学历史学院与博物馆学专业研究生结业；2007年甘肃省委党校法学理论研究生毕业。历任中共平凉地委宣传部科长、共青团平凉地委副书记、书记、甘肃省文化厅办公室主任；2001年起任甘肃省博物馆馆长至今，研究员。兰州大学历史文化学院兼职教授，西北师范大学文史学院兼职教授、文物与博物馆学专业硕士导师。兼任中国博物馆协会常务理事、中国博协丝绸之路沿线博物馆专业委员会主任委员等职。甘肃省科技领军人才。

主持完成国家重点科研课题《清史·甘肃清代文物、文献、建筑遗迹图录普查整理汇总》项目、国家文物局重点课题《陕甘宁边区文化建设理论实践研究》、教育部人文社科"十五"规划项目《中国馆藏西夏文献·甘肃编》。主持国家社会科学基金特别委托项目重大子课题《西夏文物·甘肃编》。出版专著有《文物法学》、《博物馆学通论》（合著）；担任国家"十五"规划重点图书《中国民俗大全·甘肃卷》、《中国馆藏西夏文献》副主编，《孔子圣迹图》、《甘肃省博物馆文物精品图录》、《甘肃省博物馆学术论文集》、《甘肃出土魏晋唐墓壁画》、《中国西部博物馆论坛文集》、《甘肃省博物馆学术论文集》、《丝绸之路——西北大遗珍》、《庄严妙相——甘肃佛教艺术展》主编。在《敦煌研究》《考古与文物》等学术期刊发表学术论文 20 多篇。《一种可用于保护纸质文件的复合材料的制备方法及其应用》获得国家专利。

多次获得各种荣誉称号或奖项，主要有"甘肃省新长征突击手"（1992 年）；主编的《陕甘宁根据地革命文化大事记》获文化部优秀成果奖（1999 年）、《中国馆藏西夏文献·甘肃卷》（第 16 卷）获甘肃省第十届社会科学优秀成果一等奖（2006 年）、《甘肃省博物馆馆藏文物精品图录》获"首届中国政府出版奖·印刷复制奖"（2007）；主持完成的甘肃省博物馆基本陈列展览《古丝绸之路的文明》、《甘肃彩陶》、《甘肃古生物化石》、《庄严妙相——甘肃佛教艺术》获"全国博物馆十大陈列展览精品奖"。

王　琦

王琦（1962~）北京人。毕业于吉林大学考古专业，1980 年起先后在甘肃省博物馆文物保护技术中心、历史考古部、办公室工作，任办公室副主任，研究员。中国博物馆学会会员、甘肃省

人
物

文物鉴定委员会委员、兰州大学历史文化学院兼职教授。从事考古调查与发掘、征集、文物鉴定、文物研究等工作。主要研究成果有《甘肃临夏盐场遗址发现的辛店文化陶器》、《甘肃积石山县新庄坪齐家文化遗址调查》、《秦权》、《佛教东传与炳灵寺》、《日本秋田县的田野考古》、《浅谈现代博物馆的定位、经营理念与对策》、《从出土文物看丝绸之路东西方物质文化交流》、《从新疆、甘肃发现的佛教造像看佛教艺术东传》、《铜奔马发现追述》等。与林健合编的《文物鉴定基础》是针对考古及博物馆学专业本科生学习而编写的教材，在总结前人研究成果的基础上，结合近年来社会中蓬勃发展的文物收藏热潮与文物鉴定活动，将历史研究与文物鉴定相结合的一种尝试。参加并承担《CP-S石窟砂岩石雕防风化研究》、《甘肃音乐文物大系》、《西夏文物·甘肃卷》等课题的研究。其中"运用PS-C加固风化砂岩石雕的研究"项目分获1988年国家文化部"科技进步奖"二等奖和1995年国家科委"科技进步奖"二等奖。

林　健

林健（1963~）上海人。1986年毕业于南开大学历史系博物馆学专业，就职于甘肃省博物馆历史部。2004年南开大学历史学院与博物馆学专业研究生结业。历任甘肃省博物馆历史部副主任，2001年起任副馆长，研究馆员。2007年10月调常州博物馆工作，任副馆长、馆长。国家文物局专家库专家，中国博物馆协会理事，美国梅隆基金会访问学者。主要研究方向为文物、博物馆学。编著《明代肃王研究》、《文物鉴定基础》等多部著作，在《文物》、《丝绸之路》、《陇右文博》等刊物发表有《甘肃省博物馆新藏的唐代丝绸鉴定研究》、《试谈宋代至明初毗陵草虫画及在东亚的影响》、《甘肃出土的隋唐胡人俑》、《明岷州喇嘛班丹领占象牙印考》、《肃府本〈淳化阁帖〉的价值与鉴别》、《甘肃省博物馆藏明肃王家族墓志考略》、《北宋〈报父母恩重经变〉图轴》等数十篇论文。

马清林

马清林（1965~）甘肃华亭人。1986 年毕业于兰州大学化学系有机化学专业，1997、2000 年分别获得兰州大学化学系分析化学专业分析化学与文物保护技术方向理学硕士、博士学位。2000~2001 年北京大学文博考古学院博士后。2001 年美国盖蒂保护研究所访问科学家，2003 年瑞士苏黎世大学博士后。九届甘肃省政协委员（2003~2007 年），中国文物学会文物修复专业委员会副会长、中国文物保护技术协会副理事长、中国博物馆学会藏品保护专业委员会副理事长。2007 年入选新世纪百千万人才工程国家级人选名单。2002 年 11 月加入中国民主同盟，任民盟文化部主委、民盟中央文化委员会委员。

人物

1986~2004 年在甘肃省博物馆工作。先后任文物科学保护部副主任、主任、副馆长，负责文物科学保护。2004 年 2 月参加国家文物局直属单位副局级干部全国公选，同年 10 月进入中国文物研究所（现中国文化遗产研究院）工作，任副院长（副局级）。

主要从事文物科学分析、科学保护技术和修复技术研究，修复各类质地的文物一千多件。在专业学术刊物上发表学术论文160 余篇，其中 SCI 收录文章 20 篇。出版专著 5 部，译著 2 部，主持编著 2 部，策划译著 2 部，其中《中国文物分析鉴别与科学保护》获甘肃省历史学会 2002 年科研成果一等奖、甘肃省第八次社会科学优秀成果三等奖。《艺术品中的铜与青铜——腐蚀产物、颜料、保护》获 2009 年度全国文化遗产最佳译著奖。获得技术发明专利 5 项。在甘肃省博物馆工作期间，作为第一完成人和负责人，前后承担国家文物局科研项目 3 项，两项参加评奖分别获得国家文物局科技进步奖和科技创新奖。2004 年进入中国文化遗产研究院工作后，负责全院科研工作和多项重要科研项目与重大文物保护工程项目，如山东定陶王墓地（王陵）M2 汉墓原址保护工程项目，高句丽墓葬壁画及原址保护工程设计，中国南海华光礁出水文物保护项目，国家科技支撑计划项目"石质文物保护关键技术课题研究""南京报恩寺遗址地宫及出土文物保护

技术研究"课题，濒危馆藏壁画抢救性保护工程——馆藏壁画保护综合研究，"十一五"国家科技支撑计划"文化遗产保护关键技术研究"项目"铁质文物综合保护技术研究"课题等。

受聘为国务院教育督导委员会办公室抽检博士学位论文通讯评议专家，教育部学位中心博士学位论文抽检通讯评议专家，全国文物与博物馆专业学位研究生教育指导委员会委员。多年担任国家科技进步奖评委；多年担任文化部、国家文物局职称评定委员会高评委；担任中组部"青年拔尖人才"评委。多年担任国家文物局标准化委员会委员，纺织品文物保护国家文物局重点科研基地（中国丝绸博物馆）学术委员会委员，北京科技大学科学技术与文明研究中心学术委员会委员，中国科学院研究生院人文学院科技史与科技考古系学术委员会委员，陶质彩绘文物保护国家文物局重点科研基地（秦俑博物馆）学术委员会委员，古代壁画保护国家文物局重点科研基地（敦煌研究院）学术委员会委员等。

担任《文物保护与考古科学》编委，《Heritage Science》编委。长期为《Studies in Conservation》、《Heritage Science》、《Microscopy and Microanalysis》、《Microscopy Research and Technique》、《Spectroscopy Letters》、《Spectrochimica Acta Part A》等刊物审稿。

李永平

李永平（1965~）山西新绛人。1986 年毕业于兰州大学历史系，现为甘肃省博物馆研究员，研究部主任。甘肃省历史学会理事，甘肃敦煌学会理事，中国博物馆协会"丝绸之路"沿线博物馆专业委员会常务副秘书长。西北师范大学文博专业硕士生导师。研究工作以甘肃出土汉代—魏晋简牍帛书文献、甘肃古代历史文物（秦汉—隋唐时期与丝绸之路相关文物）为主，兼及博物馆学、近现代文物。主持国家文物局 2002 年度课题《陕甘宁边区文化建设的理论和实践研究》，国家清史编纂委员会图录组课题《甘肃清代历史文物、遗址、建筑图录》课题负责人之一。在《文物》、《考古与文物》、《敦煌研究》、《敦煌学辑刊》等重要刊物上发表《肃南大长岭唐墓及相关问题研究》、《大堡子山秦公墓出土青铜器》、《丝绸之路上的西方神祇》等论文数十篇。

岳邦湖

岳邦湖（1929~ ）河南温县人。1954年参加北京大学考古学习班，1957年参加北京古脊椎动物学习班。1958年甘肃省文物管理委员会与甘肃省博物馆合署办公，同年成立甘肃省博物馆文物队，岳邦湖任队长，1983年甘肃省博物馆文物队从甘肃省博物馆分出，成立甘肃省文物工作队，隶属甘肃省文化局，岳邦湖任首任队长，1986年甘肃省文物考古研究所成立，岳邦湖为首任所长、书记，研究馆员，并任中国长城学会理事、中国中亚文化研究协会理事等职。

岳邦湖先生在长达近60年的考古生涯中，为甘肃文博事业尤其是甘肃长城学、简牍学、石窟寺、岩画等考古的发展做出了重要贡献。参与并组织了一系列重要的考古调查与发掘工作，如炳灵寺石窟、麦积山石窟、河西石窟、河西岩画、居延考古、悬泉置遗址、秦直道、疏勒河流域汉长城、甘肃音乐文物等，涉猎广泛。1963年在炳灵寺石窟的调查中，冒险进入第169窟，发现了中国现存最早的石窟寺造像纪年即西秦建弘元年（420年）发愿文，成为判断十六国时期佛教艺术的重要标尺，为20世纪中国石窟寺考古的重大发现。1953年随中央人民政府文化部社会文化事业管理局组织的麦积山石窟勘察团对麦积山石窟进行调查，冒险坠绳进行洞窟调查，成为麦积山石窟考察史的佳话。1973年2月，甘肃省革命委员会政治部组建居延考古队，岳邦湖任队长，对额济纳河流域的汉长城进行了全面调查，并先后主持、参与发掘了肩水金关、破城子和地湾城等汉代遗址，获汉简23000枚，其中《甘露二年御史书》、《塞上蓬火品约》等简牍后被鉴定确认为一级文物。20世纪80年代大地湾遗址归甘肃省文物考古研究所代管期间，积极组织实施大地湾遗址的保护工作。

擅长文物摄影，经过多年的考古调查与实践，积累、保留了

大量珍贵的第一手图像资料。主要研究及摄影成果体现在其参与或独立完成的《敦煌汉简》、《居延新简——甲渠侯官》、《中国音乐文物大系·甘肃卷》、《中国岩画全集甘肃岩画》、《遥望星宿：甘肃考古文化丛书》之《岩画及墓葬壁画》、《秦直道考察》、《疏勒河流域汉代长城考察报告》、《甘肃永昌牛娃山岩画调查与研究》《中国发现的西夏文字典〈音同〉残篇的整理复原与考释》《马蹄寺、文殊山、昌马诸石窟调查简报》、《河西石窟》、《拉卜楞寺》、《炳灵寺一六九窟》等专著和图录中。

薛英群

薛英群（1934～）山西河津人。甘肃省文物考古研究所研究员。长期从事文物考古工作，主要研究方向为简牍学，在对大量汉简资料进行排比、归纳后，将简牍文书分作中央文书、地方文书、律令与规章制度、经史子集四类。20世纪70年代，2万余枚居延新简出土以后，他即参加了整理和研究，结合对旧简的研究，陆续撰写论文数十篇发表在《文物》《考古》《西北师院学报》、《敦煌学辑刊》、《西北史地》等刊物上，主要有《晋归义羌侯印与晋归义氐王印》（1964年）、《居延〈塞上烽火品约〉册》（1979年）、《汉代符信考述——居延汉简研究》（1983年）、《汉简史籍参证举例》（1983年）、《汉代的符与传》（1983年）、《谈几条简文的诠释——与赵俪生先生商榷》（1983年）、《甘肃汉简学术史料价值概述》（1983年）、《居延汉简中的雇佣劳动者试析》（1986年）、《汉代西北屯田组织试探》（1989年）、《居延汉简职官考》（1989年）、《简牍制度概述》（1990年）、《说驰刑简》（1992年）、《略谈敦煌地志文书中的公廨本钱》（1980年）、《唐写本地志残卷浅考》等重要简牍学、敦煌学研究论文。完成并出版《居延汉简通论》（1991年）一书。《通论》在广泛吸收前辈和当代专家研究成果的基础上，结合个人的研究心得，比较系统、全面地阐述了居延地区的自然环境、历史变迁、遗址分布、简牍出土概况、居延简制、文书学价值和史料价值。对居延简史料价值的阐述，几乎包括了居延简所涉及的主要问题如汉代官方文书、西北边境屯田管理制度、窦融事迹等各个方面，内容相当丰富。主编《中国西北文献丛书续编》之《西北考古文献卷》（1999年），合著《居延新简释粹》（1988年）。

魏怀珩　　　　魏怀珩（1935~　）甘肃皋兰人。甘肃省文物考古研究所研究馆员。1958年进入西北大学考古专业学习，1962年9月分配到陕西省新华书店工作，1964年调入甘肃省文物工作队工作。1986年进入甘肃省文物考古研究所工作，后任历史研究室主任。在甘肃从事考古工作期间，主持了一系列重要考古发掘项目，主要有灵台白草坡西周墓地、武威皇娘娘台遗址、平凉庙庄战国墓、秦安上袁家秦汉墓葬、兰州土谷台半山—马厂文化墓地等重要遗址的发掘。1969年，对武威雷台汉墓进了清理，成组的铜车马武士仪仗俑和国宝铜奔马的出土成为汉代考古的重大发现。一生专注于学术研究，整理发表了《崇信于家湾周墓》、《灵台白草坡西周墓》、《武威皇娘娘台遗址第四次发掘》、《甘肃平凉庙庄的两座战国墓》、《兰州土谷台半山—马厂文化墓地》、《甘肃秦安上袁家秦汉墓葬发掘》、《甘肃东部地区的先周文化》等。其成果对研究西周至汉文化墓葬的特征及分期等方面有重要的贡献。

张宝玺　　　　张宝玺（1935~　）甘肃庆阳人。甘肃省文物考古研究所研究馆员、敦煌研究院兼职研究员、中国文物学会摄影委员会理事。

　　　　1954年8月参加工作，在庆阳县西峰小学任教，1958年在西北师范学院（现西北师范大学）艺术系进修学习。1959年先后在甘肃省博物馆文物工作队、甘肃省文物考古研究所工作。长期从事佛教石窟考古、佛教艺术研究。对于甘肃早期石窟的编年及河西地区早期石窟的年代、部分石窟寺的造像题材的考证方面，有独到的见解。发表的《甘肃泾川南石窟调查报告》、《甘肃泾川王母宫石窟调查报告》、《炳灵寺石窟老君洞北魏壁画清理简报》、《炳灵寺的西秦石窟》、《建弘题记及有关问题的考释》、《炳灵寺

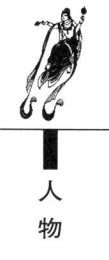

人
物

石窟大佛的创建年代及甘肃十座大佛》、《从"六国共修"看麦积山石窟的历史》、《麦积山石窟壁画叙要》、《河西北朝石窟编年》、《河西北朝中心柱窟》、《安西东千佛洞西夏石窟艺术》、《文殊山万佛洞西夏壁画内容》、《龙门北魏石窟二弟子造像的定型化》、《青海境内丝绸之路及唐蕃故道上的石窟》等。编著出版有《炳灵寺石窟》、《陇东石窟》、《甘肃石窟艺术雕塑篇》、《甘肃石窟艺术壁画篇》、《甘肃佛教石刻造像》、《昔日炳灵寺》、《北凉石塔艺术》等。墓室壁画方面有《嘉峪关酒泉魏晋十六国墓壁画》。应邀拍摄出版的大型图录有《中国石窟永靖炳灵寺》《中国石窟天水麦积山》。文物摄影作品《铜奔马》及《丹青饰岫的西秦洞窟》分别入选全国第一、二届文物摄影艺术展,均获三等奖。

董玉祥

董玉祥(1935~)甘肃兰州人。甘肃省文物考古研究所研究员。1960年毕业于西北师范大学历史系,先后在中国科学院兰州分院、甘肃省博物馆文物考古队、甘肃省文物考古研究所工作。曾任甘肃省文物考古研究所历史研究室主任,兼任中国敦煌吐鲁番学会理事,甘肃敦煌学会副会长等职。现为甘肃省文物鉴定委员会委员。

长期从事甘肃及甘肃以外石窟寺的调查与研究,做了大量基础性的工作。1963年,随甘肃省博物馆文物工作队在对炳灵寺石窟进行调查时,发现国内石窟中现存的最早有纪年的西秦建弘元年(420年)墨书发愿文及大量西秦时期的造像与壁画,在对河西地区天梯山、马蹄寺石窟群、文殊山石窟、昌马等石窟的考察后,编著出版《河西石窟》,并撰写《北凉佛教与河西诸石窟的关系》等多篇论文,提出凉州石窟多为北凉时期创建,该说长期影响了后来诸多对凉州系统石窟的认识。对天水麦积山、永靖炳灵寺、庆阳北石窟寺及河西诸石窟寺等进行的分期断代研究,至今仍有着重要的参考价值。

在国内外学术刊物上发表论文数十篇,主要有《调查炳灵寺石窟的新收获——第二次调查（1963）简报》、《云冈第五〇窟的造像艺术》、《甘肃武山水帘洞石窟群》、《仙人崖石窟》、《龙门石窟北魏型造像风格的形成与发展》、《甘肃其他石窟与敦煌莫高窟十六国时期的窟龛之比较》、《炳灵寺石窟的分期》、《麦积山石窟的分期》、《张掖马蹄寺石窟群》、《唐代佛教造像“长安模式”的形成与发展》等。著有《梵宫艺苑——甘肃石窟寺》、《从印度到中国——石窟艺术的产生与东传》等，主编或执笔《庆阳北石窟寺》、《中国美术全集·麦积山等石窟壁画》、《中国美术全集·炳灵寺等石窟雕塑》、《炳灵寺一六九窟》、《武山水帘洞石窟群》等。

谢骏义

谢骏义（1938~）甘肃甘谷人。1961 年毕业于西北大学地理系自然地理专业。在甘肃文博单位工作达 40 年。先后担任甘肃省博物馆副馆长兼自然部主任、副研究馆员，甘肃省文物考古研究所所长、党支部书记、研究馆员。曾任甘肃省地质学会地层及古生物委员会委员、科普委员会委员，中国古脊椎动物学会理事。

1973~1975 年，在中国科学院古脊椎动物与古人类研究所参加黄河象研究工作，并进修古脊椎动物学及旧石器时代考古。长期从事地方旧石器时代考古、古脊椎动物及新生代地层的调查、研究。主持合水黄河象化石勘察、发掘与研究。开创甘肃地区学者对旧石器时代考古和古脊椎动物的调查、研究，发现了环县刘家岔、镇原黑土梁、庄浪长尾沟、东乡王家、马鬃山霍勒扎德盖等一批旧石器时代遗存和环县耿家沟、华池柔远、华亭石庙子、皋兰张家坪与对亭沟、东乡结沟、和政大深沟等脊椎动物化石地点，发掘、采集、征集了一大批脊椎动物化石，创建了甘肃省博物馆古生物与古人类专业库房。1987~2000 年，先后负责甘肃省博物馆、甘肃省文物考古研究所参加中科院古脊椎所邱占祥院士等对临夏盆地、兰州地区和党河流域的合作研究项目，其成果在国内外学术界有很大影响。在《古脊椎动物与古人类》、《考古学报》、《考古》、《地层学杂志》、《人类学学报》等刊物发表《甘肃庆阳地区的旧石器》、《甘肃环县刘家岔旧石器时代遗址》、《甘肃镇原黑土梁发现的晚期旧石器》、《甘肃东北部早更新世黄土地层及其哺乳动物群》、《甘肃西部和中部旧石器考古的新发现及其展望》、《甘肃晚第三纪地层及哺乳动物化石》、《渭河上游旧石器时代遗存和新旧石器时代过渡问题》等多篇关于甘肃地区古化石、旧石器考古方面的论著。

郎树德

郎树德（1945~）北京人。1967年毕业于北京大学历史系考古专业。曾任甘肃省文物考古研究所史前研究室主任，研究员。甘肃省人民政府参事、省文物鉴定委员会委员。多年来从事史前考古研究和文物鉴定工作，主要研究方向为史前文化和彩陶文化。1980年起主持大地湾遗址的发掘、保护和研究工作，主持的秦安大地湾遗址的发掘被评为中国20世纪100项考古大发现之一，并创中国考古的多项之最（《大地湾考古创6项中国之最》，《收藏界》2003年第1期）。在持续多年的发掘过程中，不断在《文物》等刊物撰写发表一系列发掘简报和研究论文，主要有《甘肃秦安大地湾遗址1978至1982年发掘的主要收获》、《甘肃秦安大地湾901号房址发掘简报》、《甘肃秦安大地湾第九区发掘简报》、《试论大地湾仰韶晚期遗存》（《文物》1983年第11期）、《大地湾遗址的发现和初步研究》（《甘肃社会科学》2002年第5期）、《甘肃秦安大地湾遗址聚落形态及其演变》（《考古》2003年第6期）、《大地湾遗址房屋遗存的初步研究》（《考古与文物》2002年第5期）、《甘肃秦安大地湾一期制陶工艺研究》（《考古与文物》1996年第2期）等。大地湾遗址的发现与发掘，将甘肃的历史提前到了8000年，它为甘肃史学考古树立了距今7800~4800年的断代标尺，同时为甘肃东部及南部地区建立起了较为完整的史学文化发展序列，从而以无可辩驳的事实说明，甘肃东部及南部地区是中华文明的发祥地之一，也是先民们最早开发的地区之一。经过20年的发掘与整理，最终于2006年完成了《秦安大地湾——新石器时代遗址发掘报告》。多年的田野考古实践以及室内整理奠定了从事彩陶鉴定工作的良好基础，从出土的碎陶片摸起，过手数万，熟悉掌握各地区各文化的特征；同时考察鉴定了数千件全省馆藏彩陶，积累了丰富的彩陶鉴定经验。对西北地区古文化、彩陶有比较全面深入的研究。主要著作有《大地湾遗址发掘报告》、《甘肃彩陶》（合著）以及学术论文 20 余篇。

杨惠福

杨惠福（1953~）甘肃嘉峪关人。1974 年毕业于北京大学考古专业。历任嘉峪关市文物管理所所长、嘉峪关长城博物馆馆长（文物管理处副主任）、嘉峪关市文化广播电视局副局长等职。2004 年 4 月调任甘肃省文物考古研究所所长，2008 年 5 月任甘肃省文物局副局长、局长。2008 年 12 月获得研究馆员职称。中国长城学会理事、中国考古学会理事、中国岩画学会副会长、甘肃钱币学会副会长。

在嘉峪关文博系统工作期间，调查嘉峪关市境内岩画、长城古墓葬发掘等工作，参与嘉峪关长城维修，筹建嘉峪关长城博物馆。

2004~2008 年，主持甘肃早期秦文化调查与研究课题项目。任甘肃省文物局局长期间，主持丝绸之路申报世界文化遗产工作、甘肃省第三次全国文物普查工作等重要工作。主要从事长城及嘉峪关岩画的调查与研究，编著《嘉峪关黑山岩画》（甘肃人民出版社，2000 年）、《临洮秦长城·山丹汉明长城调查报告》（甘肃人民出版社，2005 年）等，发表《嘉峪关新城 12、13 年壁画墓发掘简报》（《文物》1981 年第 8 期）、《玉门花海汉代烽燧遗址出土的简牍》（收入《汉简研究文集》，甘肃人民出版社，1984 年）、《也谈两汉古纸的发现与研究》（《考古与文物》2007 年第 5 期）、《礼县大堡子山秦公墓主之管见》（《考古与文物》2007 年第 11 期）、《汉代的纸与造纸》（收入《中国考古学（秦汉卷）》，中国社会科学出版社，2010 年）、《嘉峪关黑山岩画中的塔形图及其相

人
物

关问题》(《考古与文物》2009 年第 4 期）等论文。

何双全

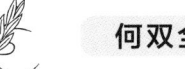

何双全（1952~）甘肃天水人。1973 年毕业于四川大学历史系考古专业。1976 年至今，先后在甘肃省博物馆、甘肃省文物考古研究所、甘肃省文物保护研究所工作，曾任甘肃省文物保护维修研究所副所长，研究员。西北师范大学、四川大学、台湾文化大学兼职教授，日本京都大学中国人文科学研究所研究员。主要从事对考古发掘与调查、甘肃汉简的整理与研究、秦汉史的研究以及古建筑保护方案编制、全国重点文物保护单位保护规划的评审等工作。2007 年起任甘肃省申报丝绸之路专家组成员，甘肃省第三次全国文物普查专家组成员。曾参加和主持的重要田野考古发掘有玉门火烧沟青铜时代墓群、天水放马滩秦汉墓群，武威五坝山、旱滩坡两晋墓群、敦煌机场晋唐墓群、敦煌悬泉置遗址等。曾主持和参加悬泉和居延新简的整理与考释。曾主持拉卜楞寺、崆峒山、玉泉观、静宁文庙、酒泉鼓楼、嘉峪关城楼等重要古建筑保护设计方案的编制。主持敦煌市不可移动文物保护与利用规划的编制。曾发表论文 80 余篇，主要有《新出简牍文书的整理与研究》(《中国史研究动态》1986 年第 2 期）、《烽火品约诠释》(《考古》1985 年第 6 期）、《天水秦简综述》、《天水放马滩出土地图初探》(《文物》1989 年第 2 期）、《窦融在河西》(《西北史地》1989 年第 4 期）等。出版专著或合著著作多部，主要有《汉简研究文集》(甘肃人民出版社,1984 年)、《居延新简释粹》(合著,兰州大学出版社，1989 年)、《秦汉简牍论文集》(合著, 甘肃人民出版社，1990 年)、《居延新简》(合著, 文物出版社，1990 年)、《散见简牍合辑》(合著，文物出版社，1991 年);《双玉兰堂》上集、下集 (个人简牍研究集，2001 年)、《简牍》(敦煌文艺出版社，2004 年)、《天水放马滩秦简》(中华书局，2009 年) 等。

张德芳

张德芳（1955~）甘肃永昌人。1971 年在永昌县公安局参加工作。1978 年毕业于兰州大学历史系。1978~1993 年 8 月，在甘肃省社会科学院历史研究所从事甘肃地方历史的研究，从 1985 年起负责历史所工作。1993 年 9 月调甘肃省文物考古研究所从事西北汉简的整理与研究。2001 年评为研究馆员并任考古研究所副所长，2007 年改任甘肃简牍保护研究中心主任兼考古所副所长。西北师范大学特聘教授，博士生导师；甘肃省宣传文化系统拔尖创新人才，甘肃省第一层次领军人才。长期担任甘肃省历史学会副会长、甘肃敦煌学会副会长。兼任武汉大学简帛研究中心客座教授、出土文献与古代文明研究协同创新中心中国人民大学中心特聘研究员。

　　长期从事考古、历史、简牍学和丝绸之路文化的研究，在海内外学术界有一定影响。曾多次出访英、美、澳、韩及欧洲、非洲等相关国家和港、台地区进行学术交流。

　　对甘肃文物工作的主要贡献，一是推动专门机构的设立，全面加强对甘肃简牍的保护整理研究和展示宣传工作。争取省委、省政府和主管部门的支持，成立了甘肃省简牍保护研究中心。二是从 2003 年以来指导和培养了一批简牍学硕士、博士和博士后人员，为简牍学研究人才的培养积蓄了后发优势。三是制定方案，争取经费，加强科技保护，使甘肃出土简牍的保护工作，上了一个新台阶。四是加强整理工作，使延滞近半个世纪的出土汉简得以出版发表，《肩水金关汉简》（五卷十五册）、《甘肃秦汉简牍集释》（十卷）为学术界提供了期待已久的珍贵资料，成为学术研究新的增长点。五是加强学术研究，曾出版《敦煌悬泉汉简释粹》、《悬泉汉简研究》等专著，发表论文 70 多篇。领导下的学术团队，申报并承担了多个国家社科基金项目。目前正承担国家社科基金重大招标项目《悬泉汉简整理与研究》。六是同国内外研究机构、大专院校、文博单位及相关人员建立了广泛交流与合作，会议、刊物、信息、资料的交流及人员的往来，为甘肃简牍学的繁荣发展及甘肃历史文化的弘扬，起到了积极的推动作用。

人物

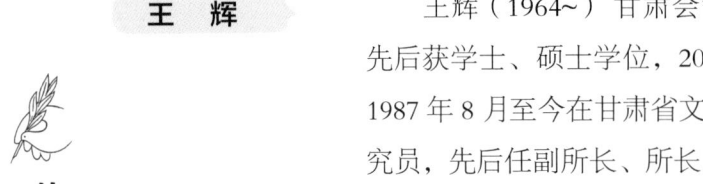

王辉（1964~）甘肃会宁人。1980年考入北京大学考古系，先后获学士、硕士学位，2006年获日本神户大学文学博士学位。1987年8月至今在甘肃省文物考古研究所从事文物考古工作，研究员，先后任副所长、所长。1991年获国家文物局考古发掘领队资格。兰州大学兼职教授、甘肃省博物馆特聘研究员。2010年被聘为甘肃省领军人才。

自1987年在甘肃文物考古研究所参加工作以来，一直从事田野考古和研究工作，主持和参与了一系列重要的考古发掘和研究工作，取得了一系列重要成果，如早期丝绸之路、西戎文化、早期秦文化等，受到国内外考古界和社会各界广泛关注。主要有武威塔儿湾西夏磁窑址、武威白塔寺遗址、张家川马家塬战国墓地、清水李崖遗址、张掖西城驿遗址等重要发掘，其中西城驿遗址的发掘获国家文物局田野考古三等奖。组织实施由甘肃省文物考古研究所、陕西省考古研究院、中国国家博物馆考古部、北京大学考古文博学院考古系联合的"早期秦都城、陵墓调查发掘及早期秦文化研究"课题，担任课题组常务副组长和总领队。负责国家文物局边疆考古课题"河西走廊早期冶金遗址调查与研究"项目。参与国家自然科学基金《河湟谷地齐家文化前后人地关系演变的过程与机制》项目、"齐家文化铜器的科学分析研究：以甘肃磨沟及其邻近地区为例"、《湟水、洮河流域与渭河上游马家窑和齐家文化时空演变过程与环境动力学研究》、国家文物局保护与技术重点课题《河西走廊早期冶金技术研究》、教育部人文社会科学基地重点项目《河西十六国魏晋墓的考古学研究——以敦煌佛爷庙湾为中心》等多项科研项目。

参与编写《敦煌佛爷庙湾魏晋十六国墓葬发掘报告（4册）》、《中国出土玉器全集·第15卷（甘青宁新卷）》等，参与编著的《敦煌佛爷庙湾——西晋画像砖墓》荣获第六次甘肃社会科学"兴陇奖"三等奖。在《文物》、《考古》、《考古与文物》等刊物发表考古发掘报告、论文《张家川马家塬战国墓地2008~2009年发掘简报》、《张家川马家塬墓地相关问题初探》、《发现西戎——甘肃张家川马家塬墓地》等多篇。

赵雪野

赵雪野（1963~）吉林梨树人。1986 年西北大学考古专业毕业，任甘肃省文物考古研究所历史研究室主任，研究馆员，具有田野考古发掘个人领队资格，甘肃省文物鉴定委员会委员，西北大学文化遗产学院硕士研究生导师。主要从事田野考古调查与发掘工作，主要研究方向为新石器~秦汉考古。参与甘肃省第二次全国文物普查工作，负责陇南片区，之后发表《甘肃白龙江流域古文化遗址调查简报》。任《中国文物地图集·甘肃分册》副主编（1999~2010 年）。1995 年起主持西峰南佐遗址、高台骆驼城遗址魏晋墓葬及城址、酒泉崔家南湾墓葬、玉门白土良汉晋墓等发掘项目，发表《西峰市南佐疙瘩渠仰韶文化大型建筑遗址》、《甘肃酒泉崔家南湾墓葬发掘简报》、《甘肃玉门白土良汉晋墓发掘简报》等发掘简报及《从画像砖看河西魏晋社会生活》、《甘肃高台魏晋墓墓券及所涉及的神祇和卜宅图》等论文。2003 年参与与日本秋田县埋藏文化财合作的武威磨嘴子汉墓的发掘。主持发掘的"甘肃秦安王家洼战国西戎贵族墓地"入围"2010 年度全国十大考古新发现"。

人
物

胡承祖

胡承祖（1941~）甘肃天水人。1962~1966 年就读于兰州大学中文系，1968~1980 年任教于白银公司一中，1980~1984 年先后担任天水市教师进修学校副校长、校长，1984~1992 年，担任天水二中校长，1992~2001 年先后任麦积山石窟艺术研究所副所长、所长、书记、名誉所长。甘肃省天水市社会科学联合会名誉顾问、天水市科技顾问团顾问，曾任政协甘肃省八届委员会委员、中国国内旅游协会景点专业委员会理事、《丝绸之路》杂志编委等职。长期从事文史教学工作。曾主持麦积山申报世界文化遗产文本的编纂工作，并受聘担任天水师范学院生化学院兼职副院长、文博系兼职研究员、陇右文化研究中心兼职研究员等职，为本科生开设《文物学概论》等专业课程；主持"麦积山石窟渗水治理工程方案"的制定和论证。编辑出版《天水胡氏民居》等，并参与主持编撰《中国石窟雕塑全集》第二卷，任副主编，并为该卷执笔撰写专论《麦积山石窟雕塑艺术论略》；主持编纂《麦积山石窟志》；担任大型图书《佛国麦积山》副主编和《天水历史文化丛书》编委。先后发表《麦积山石窟雕塑艺术概论》、《麦积山馆藏文物精品掇英》、《天水的旅游资源与外事旅游》、《胡忻和他的〈欲梵草〉》等20余篇文物专题论文和《千古麦积情无限》等10余篇散文。

夏朗云

夏朗云（1965~）（曾用名夏阳）安徽宿县人。1987年毕业于北京大学考古系考古专业，获学士学位，同年7月进入麦积山石窟艺术研究所工作。先后在该研究所资料研究室、考古研究室工作。任资料研究室副主任、考古研究室主任、麦积山石窟艺术研究所学术委员会秘书长，研究馆员。兼任天水市社会科学界联合会委员、甘肃省历史学会副秘书长。具有国家文物局颁发的田野考古发掘个人领队资格。主要从事天水历史地理、佛教考古、美术史研究。任麦积山石窟洞窟"四有"档案勘察组组长。在《文物》、《敦煌研究》等刊物及各种学术研讨会上发表《天水名考》、《嶓冢山名考——嶓冢山、蝌蚪山、麦积山》、《麦积山石窟第4窟庑殿顶上方悬崖建筑遗迹新发现—附：麦积山中区悬崖坍塌3窟龛建筑遗迹初步清理》、《麦积山瑞应寺藏清代小型佛教水陆画纸像牌初步整理》、《莼菜条陁子头道子脚的历史形态和创新—从古文献、出土文物、石窟、传世品的有关因素和图像谈起》、《后秦长安佛教界亦存在"当今弘道人主即当今佛"思想并在麦积山实践》、《楼底村1号窟与王母宫石窟中的稍细密并行线装饰性衣纹的考察—北朝陇东石窟和石刻中的关中及道教因素蠡测》、《麦积山第133窟与西魏乙弗皇后寂陵》、《麦积山第4窟是北周皇家洞窟》等论文20余篇。出版专著《麦积山石窟考古断代研究——

后秦开窟新证》，编辑出版《麦积山石窟论文集》、《瑞应寺遗珍》。

魏文斌　　　　魏文斌（1965~）甘肃定西人。1988年北京大学考古系毕业。2009年获兰州大学敦煌学博士学位。1988~2001年在甘肃省文物考古研究所工作，获国家文物局颁发的田野考古发掘领队资格。2002年以来在麦积山石窟艺术研究所工作，任副所长，研究馆员。兼任甘肃敦煌学会常务理事、甘肃历史学会副秘书长，甘肃省领军人才。主要从事石窟寺考古与佛教艺术、丝绸之路考古、文化遗产保护研究，参与或主持武威塔儿湾西夏~元瓷窑遗址、西峰南佐遗址、武威白塔寺遗址、高台骆驼城城址等遗址的发掘以及甘肃中小石窟的调查项目。甘肃省第三次全国文物普查工作专家组副组长，甘肃省丝绸之路申报世界文化遗产专家组成员。在《考古》、《敦煌研究》、《世界宗教研究》、《考古与文物》、《华夏考古》、《中原文物》等刊物以及国际学术讨论会上发表论文数十篇。著有《甘肃佛教石窟考古论集》。主编《天水麦积山石窟研究论文集》。任《麦积山石窟研究》《麦积山石窟环境与保护调查报告书》、《中国文物地图集甘肃分册》等副主编。主持国家社科基金项目《天水麦积山石窟北朝佛教艺术研究》。其中《炳灵寺石窟唐蕃史料》与《甘肃武威白塔寺遗址1999年的发掘》分别获甘肃省第八、九次社会科学优秀成果三等奖，《麦积山石窟研究》被评为2010年度全国文化遗产优秀图书。

人
物

大事记

● 明

永乐年间（1402~1424）

△成祖朱棣敕令保护崆峒山寺刹。

万历三十一年（1603）

△神宗朱翊敕令严加保护朝廷颁赐崆峒山所藏全套三藏佛经。

● 清

嘉庆十五年（1810）

△甘肃籍学者张澍发现武威西夏碑（即《重修护国寺感应塔碑》），西夏历史文化研究进入学界视野。

光绪五年（1879）

△匈牙利人洛克齐考察敦煌莫高窟。

光绪二十六年（1900）

△莫高窟藏经洞被发现。

光绪三十一年至宣统二年（1905~1910）

△英国、法国、俄罗斯、日本等国学者或探险家相继赴莫高窟考察，以不同方式获取大批藏经洞文献和石窟文物。

光绪三十三年（1907）

△英籍匈牙利人斯坦因发掘敦煌西北汉代烽燧，获简牍 700 余枚。

宣统三年（1911）

△为庆贺奥匈帝国皇帝八旬万寿，根据清政府内阁学部要求，京师图书馆从所接收之敦煌写经中检选出羽字第 48 卷等 4 卷写经，由学部转运维也纳实业手工艺博物院展览。

● 中华民国

△民国初年至 20 世纪 20 年代中期，英、美、俄等国学者或探险家继续赴莫高窟考察并猎宝。

民国九年（1920）

△甘肃省教育厅派员会同敦煌县政府清理莫高窟藏经洞文献。
△法国传教士、天津北疆博物院负责人桑志华在今甘肃华池县赵家岔洞洞沟的黄土层中首次发掘出中国旧石器时代的石英制品。

民国十二年至十四年（1923~1925）

△瑞典地质学家和考古学家、北京政府农商部矿政顾问安特生在今甘肃青海相关地区开展考古调查与发掘工作。后出版《甘肃考古记》，提出著名的甘青史前文化"六期说"。

民国十四年（1925）

△北京大学国学门陈万里随美国哈佛大学考察队赴中国西北考察，期间对包括王母宫、南石窟寺、等莫高窟在内的甘肃境内石窟寺等文物古迹进行了调查和记录，相关情况见其所著《西行日记》。

民国十六年（1927）

△中国学术团体协会与瑞典人斯文·赫定合组中瑞西北科学考察团，在额济纳河流域和居延地区调查汉代烽燧遗址并采集近万枚汉代简牍。

民国二十六年至二十七年（1937~1938）

△著名学者顾颉刚在兰州、临洮、渭源等地调查秦代长城，后著有《甘肃秦长城遗迹》。

民国二十七年至三十年（1938~1941）

△张大千两度赴敦煌临摹莫高窟壁画，并在成都举办画展。

民国二十七年（1938）

△夏，中英庚子赔款董事会委派燕京大学文学院院长梅贻宝、燕京大学教授顾颉刚等赴兰州筹办甘肃科学教育馆。次年元旦正式开馆。

民国二十九年（1940）

△国民政府教育部组建艺术文物考察团赴甘肃开展工作，重点调查记录了莫高窟。

民国三十年（1941）

△甘肃省政府成立甘肃省古物保管委员会，同时制定《甘肃省古物保管办法》。

民国三十年至民国三十三年（1941~1944）

△天水籍学者冯国瑞考察麦积山石窟，著《麦积山石窟志》。甘肃省政府命天水中学勘察绘图，提出麦积山石窟保护办法。冯国瑞、刘文炳对麦积山石窟进行编号绘图，著《调查麦积山石窟报告书》。

民国三十二年至民国三十三年（1943~1944）

△西北师范学院和甘肃学院史地系相继开设考古课程，何乐夫任教，结合教学在兰州周边地区进行考古调查与发掘实习。

民国三十一年（1942）

△国立中央研究院历史语言研究所、国立中央博物院筹备处等共同发起西北史地考察团，考察了敦煌附近额济纳河流域的黑城子、汉长城及烽燧遗迹。

民国三十二年至三十四年（1943~1945）

△夏鼐、吴良才等在兰州市中山林、十里店、西果园等处开展考古调查与发掘活动。

民国三十三年（1944）

△国立敦煌艺术研究所成立，常书鸿为首任所长。

民国三十三年至三十四年（1944~1945）

△国立中央研究院历史语言研究所、国立中央博物院筹备处、北京大学文科研究所、中国地理研究所等共同发起西北科学考察团，在河西地区开展了比较全面系统的考古调查与发掘活动。

民国三十六年（1947）

△裴文中、米泰恒、辛树帜等在甘肃境内渭河上游、西汉水流域和兰州、临夏、临洮周边地区开展考古调查并做部分试掘。

民国三十七年（1948）

△国民政府经济部中央地质调查所南京总所、北平分所和兰州分所组成西北地质调查队，在河西走廊、甘青交界享堂峡和青海境内湟水流域的史前遗址进行田野调查。

△山丹培黎工艺学校师生在山丹县四坝滩开渠时挖出文物，是为"四坝文化"发现之始。

● 中华人民共和国

1950 年

2月

21日，中央人民政府政务院致电甘肃省委、省人民政府，称"敦煌文物甚为宝贵，中央文物局有人在该处管理。据他们报告，该地区秩序未靖，时常有遭土匪特务袭击之虞，请注意加以保护"。

5月

△原国立敦煌艺术研究所更名为敦煌文物研究所，隶属中央人民政府文化部文物局，常书鸿任所长，是为中华人民共和国成立后甘肃省设立的首个文物保护事业单位。

1951 年

4月

13日，敦煌文物研究所在国立北京历史博物馆举办《敦煌文物展览会》，展出莫高窟壁画摹本900余幅，彩塑临品及各种文物1119件。政务院副总理郭沫若参观并题词。

6月

△文化部文物局组织莫宗江、赵正之、宿白等对莫高窟进行全面勘察，提出了保护维修方案，并拨款维修唐、宋木结构窟檐五处，对大面积行将脱落的壁画作了抢救性边缘加固，至9月结束。是为中华人民共和国成立后甘肃省首次由国家拨款实施的文物保护

维修工程。

7 月

△政务院文化教育委员会在中国科学院举行嘉奖典礼，表彰敦煌文物研究所工作人员在艰苦条件下为莫高窟保护研究及壁画临摹等工作做出的贡献。

1952 年

3 月

△甘肃省人民政府批准成立甘肃省文物管理委员会，省委（省政府）秘书长陈成义兼任主任委员，下设办公室、文物调查组和文物保护组，组长分别由何乐夫、冯国瑞担任，何乐夫兼任办公室主任。马济川、水梓、范振绪、裴建准、魏自愚等为委员。办公地点设在志果中学（今兰州市第二中学）。

9 月

18 日至 29 日，文化部、西北军政委员会文化部及敦煌文物研究所组成以赵望云为团长，吴作人、常书鸿为副团长的炳灵寺石窟勘察团对炳灵寺石窟进行了为期 10 天的勘察，查明窟龛 124 个，其中洞窟 36 个，石龛 88 个，并发现"延昌二年"石刻题记。后编辑出版《炳灵寺石窟》一书，文化部社会文化事业管理局局长郑振铎为此书撰写《炳灵寺石窟概述》。

11 月

△中共中央西北局文化部组织勘察团对麦积山石窟进行考察，至 12 月结束，对 157 个洞窟进行编号。

1953 年

2 月

△甘肃省文物管理委员会成立文物调查组，配合兰新、天成铁路建设工程，调查清理工程涉及区域文物古迹。

1954 年

2 月

△甘肃省文物管理委员会配合兰新铁路建设对古浪、武威、永昌等地工程涉及区域进行考古发掘，出土文物 1073 件，并在武威县举办文物展览。

1955 年

2 月

17 日，文化部致函甘肃省文化局，称应新西兰坎特伯雷博物馆请求，希望甘肃省将现有富余之新石器时代文物寄文化部转赠该馆。同年 11 月，甘肃省文化局将石斧、石刀等 5 件文物寄文化部。

1956 年

2 月

△甘肃省人民委员会主席邓宝珊向甘肃省博物馆捐献包括孙中山、毛泽东亲笔信在内的一批重要文物。

5 月

△文化部、中国科学院组建黄河水库考古工作队，对刘家峡库区进行调查，发掘一批新石器时代、青铜时代马家窑、齐家、辛店、寺洼和卡约文化遗址。

7 月

△甘肃省人民委员会转发国务院《关于贯彻在工农业建设中保护文物的通知》，要求各地在工农业建设中做好文物保护。后又根据国务院通知精神，发布《关于注意保护古文物的通知》，要求各地对辖区内文物进行一次普查，并分期分批公布文物保护单位。

1957 年

1 月

△根据中波文化合作协定，《中华人民共和国敦煌艺术展览会》

在波兰华沙开幕。

2 月

△根据中捷文化合作协定,《中华人民共和国敦煌艺术展览会》在捷克斯洛伐克首都布拉格开幕,共展出壁画摹本 73 件,照片 27 幅。后又在该国俄斯特拉发市展出。

4 月

13 日,甘肃省人民委员会公布第一批省级重点文物古迹保护单位 278 处。

1958 年

1 月

5 日,《中国敦煌艺术展》在日本东京开幕,后在大阪展出。

3 月

△文化部文物管理局拨专款 15 万元,由酒泉县负责对嘉峪关关城实施中华人民共和国成立后的首次加固维修。

4 月

△甘肃省人民委员会按照国务院《关于在工农业生产建设中保护文物的通知》精神,分地区组织实施文物普查,是为中华人民共和国成立以来第一次全省性文物普查,由甘肃省博物馆牵头组织实施。此次普查历时两年,发现各类文物点 1000 余处。

8 月

△甘肃省文化局发出《关于在收集废铜废铁中注意保护重要文物的通知》,提出六项工作要求。

1959 年

3 月

△兰州市人民委员会批转兰州市文化局《兰州市文物古迹保护办法》,是为甘肃省出台的首个地方性文物保护法规。

1960 年

1 月

△甘肃省人民委员会公布第二批省级重点文物古迹保护单位共182 处。

4 月

△国务院发出《关于保护敦煌西千佛洞艺术问题的批示》，要求有关地方政府立即纠正在兴修水利、整治党河河道过程中存在的危害文物安全的问题。

△甘肃省人民委员会批复甘肃省文化局和甘肃省计划委员会，同意在兰州修建天梯山石窟博物馆。

6 月

△甘肃省文化局和甘肃省公安厅联合印发《关于加强文物保护工作的意见》，就加强全省文物安全保卫工作提出了四点意见：建立健全文物机构，加强同有关单位的协作；清理人员，纯洁内部；建立健全文物管理制度，堵塞漏洞；加强防护工作，改善保管设备。

1961 年

3 月

4 日，国务院公布第一批全国重点文物保护单位共 180 处，甘肃省敦煌莫高窟、安西榆林窟、天水麦积山石窟、永靖炳灵寺石窟、万里长城嘉峪关和武威重修护国寺感应塔碑 6 处文物保护单位入选。

11 月

△甘肃省文化局为全省首批 6 处全国重点文物保护单位划定保护范围。

1962 年

10 月

26 日，国务院批转文化部《关于第一批全国重点文物保护单位保管和破坏情况及今后意见的报告》。《报告》指出，甘肃敦煌莫高窟、安西榆林窟、麦积山石窟崖壁发生裂缝，有崩塌危险，莫高窟壁画存在脱落变色问题，要求加强日常检查督促和防火防盗工作，对病险文物进行必要的维修和保养。

11 月

△文化部根据是年 8 月赴莫高窟考察工作组的汇报，提出关于《加强敦煌保护工作、出版工作和充实敦煌文物研究所的意见》。

12 月

△甘肃省人民委员会批转甘肃省文化局《关于当前文物保护管理工作的意见》。

1963 年

2 月

11 日，甘肃省人民委员会重新公布省级文物保护单位共 136 处。

是年

△经国务院批准并拨专款 100 万元，开展莫高窟第一期加固维修工程，至 1965 年结束，共加固洞窟 354 个，施工总长度 576 米。

1966 年

10 月

△国务院考虑战备因素，决定将文溯阁《四库全书》自辽宁沈阳故宫调往甘肃，由甘肃省图书馆收藏保管。

△为避免"文化大革命"破坏，省级文物保护单位明肃王府本《淳化阁帖》碑石 141 块自兰州府文庙移交甘肃省博物馆保存。

1967 年

3 月

26 日，国务院发出《关于炳灵寺石窟防护的通知》，为解除刘家峡水库蓄水对炳灵寺石窟的危害，国家拨款 123 万元在窟前修建长 250 余米、高 16 米、顶宽 2.3 米的防护堤。

1969 年

9 月

△武威县农民在北关雷台挖掘防空洞时，发现一座东汉晚期多室砖券墓，挖出一批随葬铜器。随后甘肃省博物馆对该墓进行清理，出土随葬器物 230 余件，其中铜车马仪仗俑后被鉴定确认为一级文物。

1971 年

9 月

24 日，甘肃省革命委员会发出《关于加强文物保护工作的通知》。

1972 年

2 月

△甘肃省革命委员会政治部文化组组织调查红军长征经过甘肃的路线并征集革命文物。

8 月

△甘肃省革命委员会政治部派遣王勤台、吴怡如、赵之祥、胡守兰四人协助酒泉地区开展文物普查，普查重点是居延地区汉代遗址。至 11 月底结束，共勘察汉代城障、关隘 60 余座，采集文物千余件，其中汉简 800 余枚。1973 年，省革命委员会政治部举办《居延遗址考古调查成果汇报展览》。

11 月

10 日，甘肃省文化局在庆阳北石窟寺召开全省文物保护与"四有"现场会议，会议代表 40 余人。

是年

△甘肃省文化局组织开展全省文物普查，是为中华人民共和国成立后甘肃省组织开展的第二次全省性文物普查。

△甘肃省博物馆展厅丢失玉凿 2 件。

1973 年

2 月

21 日，国务院批准甘肃省革命委员会政治部关于发掘居延地区汉代遗址的申请。省革命委员会政治部组建居延考古队，对汉代居延地区的城障烽塞进行全面考察和重点发掘，至 1976 年结束。先后发掘肩水金关、甲渠侯官等遗址，共出土简牍 23000 余枚，其中《甘露二年御史书》、《塞上蓬火品约》等简牍被鉴定确认为一级文物。

3 月

△甘肃省革命委员会政治部文化组发出《关于全面检查石窟保护情况的通知》。

6 月

△甘肃省革命委员会政治部、甘肃省文化局在兰州市召开全省文物工作会议，落实党中央关于保护文物的方针政策，动员恢复全省文物工作。

△甘肃省文化局设立文物处，负责全省文物行政管理工作。

是年

△甘肃省博物馆选调文物参加国家文物事业管理局组织的《中华人民共和国出土文物展览》，先后赴欧洲、美洲、亚洲多个国家展出。

1974 年

11 月

15 日至 19 日，甘肃省文化局在兰州市召开全省部分地县革命文物工作座谈会。

大事记

1975 年

6 月

4 日，甘肃省文化局向甘肃省革命委员会上报《关于进一步开展文物工作的报告》，提出无产阶级专政理论统帅文物工作、大力开展群众性的革命文物工作、加强文物保护的宣传工作、健全管理机构、保障文物保护经费五条意见。

10 月

6 日，甘肃省革命委员会发出《关于加强文物保护工作的通知》。

1976 年

2 月

19 日，甘肃省文化局发出《关于文物破坏情况的通报》。《通报》指出，全省已经普查的 8 个地（州、市）的 80 处省级文物保护单位中，"文化大革命"期间有 21 处遭受较为严重破坏，其中 11 处已灭失。

7 月

5 日，甘肃省革命委员会批转甘肃省文化局《关于文物保护工作中一些问题的报告》，要求各地和各有关部门引起重视，加强不可移动文物保护单位管护、在基本建设中注意保护出土文物、严厉打击文物犯罪、配备文物专职干部、开展文物普查。

9 月

△甘肃省革命委员会政治部、甘肃省文化局组成革命文物调查组，首次对红军长征在甘肃境内的文物遗迹开展调查及革命文物征集工作，确认长征时期毛泽东在静宁界石铺、通渭榜罗镇、宕昌哈达铺等地住址。

1977 年

△国家文物事业管理局批准并安排专项经费的麦积山石窟加固维修工程开工，是为甘肃省首次针对石窟山体裂隙和危岩进行的文

物保护工程。该工程在国内首次将"喷锚粘托"技术应用于石窟加固维修，历时八年，总投资 300 万元，1984 年竣工，1985 年获国家科技进步二等奖。

1978 年

3 月

△敦煌文物研究所与其他单位合作完成的古代壁画及革命标语保护项目获全国科学大会科技成果奖。

8 月

△甘肃省博物馆文物队开始发掘秦安大地湾遗址，至 1984 年底结束。揭露面积 13700 余平方米，出土各类文物 8000 余件，各类兽骨标本 17000 余件，发现房址 260 余座，灰坑和窖穴 342 个，墓葬 79 座，窖址 38 个。

△甘肃省革命委员会批准复原毛泽东率红军长征途经甘肃时的旧居和纪念地，所需经费由省财政统一解决。

9 月

△国家文物局批准成立甘肃省文物商店，是为甘肃省内唯一从事社会流散文物征集及销售的专营单位。

1979 年

6 月

20 日，国家文物事业管理局根据中宣部召开的关于敦煌文化保护工作座谈会意见，提出关于加强敦煌莫高窟保护研究工作的报告，由中宣部批转甘肃省委宣传部，请甘肃省革命委员会提出落实方案。

是年

△敦煌莫高窟正式对外开放。敦煌文物研究所恢复因"文化大革命"中断的莫高窟南区南段窟前殿堂遗址发掘工作，发现第 130 窟窟前遗址和第 493 窟，其中第 130 窟窟前遗址是莫高窟发现的

规模最大的铺砖殿堂建筑遗址。

△甘肃省博物馆丢失 1 件借展甘谷县文化馆的宋代瓷碗。

1980 年

3 月

△国际主义战士、新西兰著名社会活动家路易·艾黎将自己收藏的文物全部捐赠给山丹县。至 1982 年 4 月，先后四次共捐赠文物 3702 件，其中唐"胡腾舞"铜人像、宋三彩观音像等后被鉴定确认为一级文物。

8 月

22 日，《甘肃日报》记者马天云在人民日报《情况汇编》第 408 期发表题为《敦煌文物亟须采取措施加以保护》的文章。省委书记宋平批示："敦煌文物所的管理和保护需要很好研究，尤其研究工作也要开展起来，领导问题初步解决后，这些问题应当很快起步，各级政府、文化局提出意见并经常检查研究。"

11 月

13 日，甘肃省人民政府发出《关于保护历史文物的通告》。

1981 年

8 月

8 日，邓小平视察敦煌莫高窟，做出重要指示："敦煌文物天下闻名，是祖国的文化遗产，一定要想方设法保护好。"并要求有关部门解决敦煌文物研究所办公楼、宿舍楼建设经费问题。当年，经国务院批准，国家文物局拨款 300 万元启动上述工程。

9 月

10 日，甘肃省人民政府重新公布省级文物保护单位共 228 处。

11 月

△甘肃省文化厅发出《关于认真贯彻落实省人民政府（81）266 号文件精神加强文物保护和管理工作的通知》。

△陇西县文化馆 11 件馆藏文物被盗。

是年

△由敦煌文物研究所主办的《敦煌研究》季刊试刊第一期出版。

1982 年

2 月

23 日，国务院公布第二批全国重点文物保护单位 62 处，甘肃省夏河拉卜楞寺入选。

25 日，甘肃省政协考察组对包括泾川南石窟寺、昌马石窟群、玉门关遗址等省内重点文物保护情况进行了历时 50 天的考察并向省政府报送考察报告，分析了甘肃文物保护工作中存在的主要问题，提出适当增加文物保护经费、健全文物保护组织、加强文物保护宣传、恢复重要文物古迹、协调各方关系尊重文物保护等建议。

4 月

1 日至 12 日，甘肃省文化厅在临夏市召开全省文物保护"四有"工作座谈会。

△甘肃省人民政府印发《关于加强文物市场管理的通知》。

8 月

△国务院批准国家宗教事务局、文化部《关于处理封存在甘肃等地的西藏铜佛法器的请示报告》，明确封存在甘肃等省（区、市）的西藏铜佛和法器全部移交西藏自治区宗教事务局。

△尼泊尔国王比兰德拉及王后参观甘肃省博物馆。

12 月

△国家物价局、文化部、国家旅游局联合下发《关于确定第一批特殊文物参观点甲种门票价格的通知》，甘肃敦煌莫高窟等五处文物点被列为第一批特殊文物参观点，其门票分为甲、乙两种。

是年

△武威县文物管理委员会为人民大会堂甘肃厅复制一尊高 61.4 厘

米、长 80 厘米的铜奔马进行陈列。复制所采用的"铜奔马仿古着色工艺试验"技术于 1984 年获甘肃省科学技术进步三等奖。

△甘肃省博物馆在归还各地文物时发现丢失 1 件 1979 年借展环县文化馆的明代青花瓷碟。

1983 年

2 月

18 日,《中国敦煌壁画展》在法国巴黎开幕,展期半年。期间举办中法敦煌学术讨论会。

7 月

△庆阳市博物馆历史文物展厅 19 件文物被盗。未破案。

8 月

15 日至 22 日,中国敦煌吐鲁番学会成立大会暨 1983 年全国敦煌学术讨论会在兰州召开。

12 月

△武威雷台汉墓出土的"铜奔马"被国家旅游局确定为中国旅游标志。

是年

△中共中央总书记胡耀邦视察麦积山石窟和炳灵寺石窟。

1984 年

1 月

5 日,中共甘肃省委常委会研究决定,在原敦煌文物研究所基础上建立敦煌研究院,为地级建制学术单位,分别在兰州和敦煌两地办公。

8 月

26 日,文化部文物事业管理局在兰州市召开全国博物馆整顿改革工作座谈会,全国 29 个省区市 100 余位博物馆馆长参加会议。会议期间,甘肃省博物馆举办《甘肃历史文物展览》、《甘肃文物

精品展》、《黄河古象专题展览》。

31 日，中共甘肃省委常委会第 26 次会议研究决定，甘肃省博物馆由县级建制升格为副地级建制。

△敦煌研究院正式成立。

9 月

△全国人大常委会副委员长班禅额尔德尼·确吉坚赞视察莫高窟。

1985 年

9 月

4 日，甘肃省文化厅通知各地、县博物馆在首个教师节期间向优秀教师、骨干教师和老教师颁发《博物馆之友》证书，以示对人民教师的尊重。

是年

△麦积山石窟维修加固工程"喷锚粘托"技术获国家科技进步三等奖。

△香港爱国人士邵逸夫捐款 1000 万港币，用于敦煌莫高窟文物保护。

△为有效保护大地湾 F901 原始宫殿建筑遗址，国家拨专款修建了面积约 1100 平方米的钢架结构砖混墙体保护大厅。

1986 年

3 月

25 日，甘肃省人民政府恢复甘肃省文物管理委员会。

4 月

7 日，国家主席李先念为会宁红军会师纪念馆题写"红军烈士纪念堂"匾额。

5 月

13 日，邓小平为会宁红军会师纪念塔题写"中国工农红军第一、二、四方面军会师纪念塔"塔名。

6月

23 日，马里总统穆萨特拉奥雷参观甘肃省博物馆。

8月

20 日，甘肃地质博物馆复馆开放，陈列分专业与科普两部分，包括《甘肃地质》、《甘肃矿藏》、《宇宙与地球》等专题展览，展出标本 1655 件。该馆前身为 1943 年成立的中央地质调查所西北分所地质陈列室，为全国最早的地质博物馆之一。

9月

5 日，应外交部邀请，美国、保加利亚等 30 余个国家的驻华使节及夫人参观访问敦煌莫高窟。

10月

15 日，甘肃省博物馆举办《红军长征胜利会师 50 周年六省（江西、湖南、贵州、四川、甘肃、陕西）文物资料联展》。

△甘肃省人民政府发布《关于加强文物保护管理工作严厉打击盗挖倒卖走私文物活动的通告》。

△新西兰总理戴维·朗伊参观甘肃省博物馆。

12月

8 日，国务院公布第二批国家级历史文化名城共 38 处，甘肃省武威市、张掖市、敦煌市入选。

25 日至 28 日，甘肃省文化厅、甘肃省公安厅、甘肃省工商局在临夏市联合召开打击文物走私加强文物管理工作会议。

是年

△敦煌研究院"敦煌莫高窟起甲壁画修复技术"获文化部 1985 至 1986 年度科技成果一等奖，"莫高窟第 220 甬道重层壁画整体揭取迁移技术"获四等奖。

△岷县文化馆 3 件文物被盗。平凉市博物馆一尊明代铜火神像被盗。庆阳市博物馆 12 件文物被盗。均未破案。

1987 年

1 月

△中共甘肃省委政法委发出《关于打击盗窃、倒卖、走私文物犯罪活动的通知》。

5 月

△甘肃省司法厅、甘肃省公安厅、甘肃省工商局、甘肃省文化厅联合发出《关于在全省普法教育中安排学习〈中华人民共和国文物保护法〉的通知》。

10 月

△甘肃省文物鉴定委员会成立。

△敦煌研究院在莫高窟召开首届敦煌石窟研究国际学术讨论会，国内外专家学者近百人与会。

12 月

10 日，甘肃省文化厅、甘肃省公安厅联合发出《关于禁止随意发布考古发掘和新发现文物点的消息的通知》，要求对考古发掘和文物普查所发现情况，未经省文化行政主管部门批准，一律不作新闻报道，以确保文物安全。

11 日，世界遗产委员会第 11 次会议审议同意中国五处文化遗产列入世界遗产名录，其中甘肃敦煌莫高窟、嘉峪关（和长城其他关隘共同以"万里长城"名义）入选。是为中国首批世界文化遗产。

是年

△静宁县博物馆 4 件文物被盗，其中二级文物 1 件、三级文物 3 件。合水县文化馆 6 件文物被盗。酒泉市博物馆 11 件文物被盗。均未破。

1988 年

1 月

13 日，国务院公布第三批全国重点文物保护单位，甘肃省庆阳北石窟寺、泾川南石窟寺、秦安大地湾遗址、临洮马家窑遗址、敦煌玉门关及长城烽燧遗址（含大、小方盘城）、居延遗址（甘肃部分）6处文物保护单位入选。

2月

11日，华池县文化馆被盗，丢失文物4件；破案后追回被盗文物2件。

7月

25日，甘肃省人民政府颁布《甘肃省馆藏珍贵文物安全管理暂行办法》。

8月

27日，日本国首相竹下登参观敦煌莫高窟，宣布由日本政府无偿援建敦煌石窟文物保护陈列中心。

△应外交部邀请，64个国家驻华使节组成的外国大使参观团参观甘肃省博物馆。

11月

△敦煌研究院"应用PS—C加固风化砂岩石雕的研究"获1988年度文化部科技进步二等奖。

12月

△兰州市公安局向兰州市博物馆移交查获的走私文物45件。

是年

△永登县连城鲁土司衙门清代景泰蓝铜鸽（三级文物，一对）被盗。高台县文化馆5件书画拓片被盗。甘肃省博物馆于1979年借展甘谷县文化馆的东汉摇钱树（二级文物）被盗。均未破案。

1989年

1月

13日，敦煌莫高窟第465窟内后室元代藏传佛教密宗壁画约1平方米被盗割。同年6月该案告破，两名罪犯被判处死刑，被盗壁画全部追回。

20日，甘肃省第七届人民代表大会常务委员会第六次会议审议通过《甘肃省实施〈中华人民共和国文物保护法〉办法》。

26日，国家文物局致函甘肃省人民政府，就敦煌莫高窟上中下寺、麦积山瑞应寺两处文物单位管理体制问题提出意见。

6月

15日，华亭县省级文物保护单位建沟石佛群3尊石佛造像头部被盗割；该案于1991年4月30日告破，3名案犯被判刑。

7月

25日，甘肃省文化厅发出《关于禁止各级钱币学会收购古钱币的通知》。

12月

13日，甘肃省人民政府办公厅发出《关于在全省进行文物安全大检查的通知》，自是年起建立起每年一次的全省文物安全大检查制度。

△国家文物局、公安部在北京表彰全国文物安全保卫工作先进集体和先进工作者。甘肃省孙同伦、丁广学、杨万华、荣恩奇、薛仰敬、陈良毅、徐学文、赵玺、王铁军、张万英10人被评为先进工作者。

是年

△榆中县公安局向县博物馆移交新石器时代文物373件。

△高台县文化馆47件文物被盗，其中一、二级文物各1件，三级文物23件。未破案。

1990年

5月

14日至16日，甘肃省人民政府在兰州召开全省文物工作会议。会议明确了加强文物安全工作的十条规定，公布了历时三年的全省文物普查成果。

6月

△《敦煌研究》在甘肃省首届社科类优秀期刊评选中被评为"甘

肃省优秀期刊"。

10月

21 日，新加坡总理李光耀参观访问敦煌莫高窟和敦煌市博物馆。

是年

△瓜州县博物馆复制象牙佛和人皮鼓被盗。华亭县省级文物保护单位石拱寺石窟第 11 窟 6 尊菩萨头像被盗。静宁县博物馆被盗文物 33 件，均为三级文物。均未破案。

1991 年

5月

△敦煌研究院文物保护所所长李最雄获日本东京艺术大学博士学位，是中国首位文物保护专业博士。

7月

29 日，中国文物研究所、中国社会科学院历史研究所、甘肃省博物馆、甘肃省文物考古研究所在兰州联合召开首届中国简牍国际学术研讨会。期间在省博物馆举办《汉代边塞屯戍遗址与出土简牍专题展览》。

11月

△甘肃省人民政府印发《关于进一步做好文物保护单位"四有"工作的通知》。

是年

△甘肃省文物考古研究所承担的敦煌悬泉置遗址考古项目被评为 1991 年度全国十大考古新发现。敦煌研究院和兰州化学工业公司化工研究院共同承担的"敦煌莫高窟环境及壁画保护"项目获 1991 年度国家文物局文物科技进步三等奖。敦煌研究院编著的《中国石窟敦煌莫高窟》获全国首届美术图书奖特别奖。

△礼县文化馆 3 件文物被盗。武威文庙尊经阁清代五彩瓷屏风被盗。均未破案。

1992 年

5 月

19 日，甘肃省人民政府办公厅转发甘肃省文化厅《关于在土地资源开发利用中应重视文物保护的意见》，要求各地各部门在开发利用土地资源时，保护好各种文物资源。

11 日至 13 日，中共中央政治局常委、全国政协主席李瑞环视察敦煌莫高窟和西千佛洞，期间指示陪同考察的甘肃省委、省政府负责同志要重视文物保护工作，加强文物行政管理机构建设。

8 月

△中共中央总书记江泽民在甘肃视察工作期间，考察莫高窟、嘉峪关关城、马蹄寺石窟、麦积山石窟。

9 月

16 日，根据中共甘肃省委常委会第 176 次会议纪要精神，甘肃省机构编制委员会批准成立甘肃省文物局，为省文化厅管理的二级局，核定领导职数 2 名，局长由省文化厅副厅长兼任。

是年

△武威地区公安处向地区博物馆移交涉案文物 140 余件，古钱币 100 余枚。

△瓜州县踏实乡县级文物保护单位旱峡石窟南窟中壁西夏彩绘《千佛图》8 身计 1.44 平方米被盗。山丹艾黎捐赠文物陈列馆 9 件展品被盗。张掖市博物馆文物展厅一般文物汉代铜马被盗。均未破案。

1993 年

3 月

△甘肃省人民政府公布第五批省级文物保护单位共 217 处。全省省级文物保护单位增至 445 处。

5 月

△甘肃省博物馆张朋川著《中国彩陶图谱》获甘肃省社会科学优

秀成果奖一等奖。

△全国重点文物保护单位北石窟寺北 1 号窟一尊北魏时期造像佛头被盗。未破案。

10 月

△敦煌研究院与美国盖蒂保护研究所、中国文物研究所在莫高窟联合主办丝绸之路古遗址保护研讨会，是为中国首次举办的文物保护科学国际研讨会。

是年

△礼县大堡子山遗址发生大规模群体性盗掘事件，大量出土文物流失海外。

1994 年

1 月

△国务院公布第三批国家级历史文化名城，甘肃省天水市入选。

△敦煌研究院编著的《中国石窟·敦煌莫高窟》（全五集）获首届国家图书奖。

5 月

7 日，武威市博物馆展厅中明宣德四灵三足铜熏炉、明代八卦铜钟、明代菩萨铜像、西夏接引铜佛像、明宣德宝莲铜鼎 5 件文物被盗。未破案。

△甘肃省文物局、敦煌研究院、甘肃省博物馆、甘肃省文物考古研究所、兰州市教育局、甘肃电视台、《兰州晚报》社联合举办首届"爱我甘肃历史文物知识大奖赛"。

8 月

3 日，中共甘肃省委、甘肃省人民政府在兰州市召开纪念敦煌研究院建院 50 周年大会。对段文杰等 19 位在莫高窟工作 30 年以上、成绩卓著的文物工作者进行表彰。

21 日，日本政府援建的敦煌石窟文物保护研究陈列中心在莫高窟建成开放。

1995 年

1 月

△甘肃省文物局、甘肃省公安厅、甘肃省工商局和兰州海关联合发出《关于进一步加强文物市场管理的通知》。

△兰州市宁卧庄宾馆职工杨鸿森将个人收藏的 220 件文物无偿捐献给国家。甘肃省文物局批准该批文物由宁卧庄宾馆收藏，并决定奖励杨鸿森人民币 1 万元。

11 月

9 日，甘肃省人民政府印发《甘肃省文物局职能配置、内设机构和人员编制方案》。

是年

△敦煌研究院、兰州大学地质系和甘肃省建筑科学研究院共同完成的"砂砾岩石窟岩体裂隙灌浆研究"项目获国家文物局 1995 年度文物科技进步二等奖。敦煌研究院"应用 PS—C 加固风砂岩石雕的研究"获国家科技进步二等奖，是为中华人民共和国成立以来甘肃省文物科技领域所获最高奖项。

△高台县文化馆狮盖铜鼎（一般文物）被盗。未破案。

1996 年

1 月

△甘肃省人民政府第 26 次常务会议决定成立甘肃省文物保护基金会，恢复甘肃省文物管理委员会，以省政府名义召开全省文物工作会议。

2 月

△敦煌悬泉置遗址被国家文物局评为"八五"期间全国十大考古新发现。

5 月

30 日，甘肃省机构编制委员会批准恢复甘肃省文物管理委员会，作为省政府对全省文物事业进行领导、管理的议事协调机构。分管副省长兼任主任，省委宣传部、省计委等 19 个部门负责人为成员，省文物局局长兼任办公室主任。

6月

10 日至 11 日，甘肃省人民政府在成县召开全省文物工作会议，研究全省文物工作面临的新形势、新问题，探索新时期文物工作的新思路、新体制、新措施。

8月

27 日，永昌县博物馆发生杀人抢劫文物案，15 件馆藏文物被抢，含三级文物 12 件，是为中华人民共和国成立后甘肃省首起杀人抢劫馆藏文物案。

10月

14 日，国家教委、团中央等六部委联合发出《关于命名和向全国中小学推荐百个爱国主义教育基地的通知》，甘肃省敦煌莫高窟和嘉峪关关城入选。

11月

20 日，国务院公布第四批全国重点文物保护单位，甘肃省广河齐家坪遗址、高台骆驼城遗址、安西锁阳城遗址、张掖大佛寺、秦安兴国寺、武威文庙、永登鲁土司衙门、肃南马蹄寺石窟群、会宁红军会师旧址、安西东千佛洞石窟（归入榆林窟）10 处文物保护单位入选。

是年

△甘肃省博物馆、化工部涂料研究所、兰州大学化学系合作完成的"潮湿环境下壁画画面加固保护与霉菌防治研究"课题获国家文物局 1996 年度文物科技进步二等奖。省博物馆承担的"嘉峪关魏晋壁画墓五号墓搬迁与半地下复原研究"课题获 1996 年度国家文物局文物科技进步三等奖。敦煌研究院和国家地震局兰州地震研究所完成的"敦煌莫高窟地震防灾文物保护研究"课题、敦煌研究院和兰州大学地质系完成的"敦煌莫高窟崖体及附加构筑物抗震稳定性研究"课题获 1996 年度国家文物局文物科技进

步四等奖。

△平凉市博物馆两尊清代铜像被盗。未破案。

1997 年

1 月

7 日，甘肃省人民政府召开会议，就河西走廊疏勒河项目开发建设中文物保护问题进行研究。会后印发《关于疏勒河项目开发建设中文物保护问题的会议纪要》。

7 月

△为庆祝香港回归祖国，甘肃省文物局要求全省各级各类博物馆、纪念馆和对外开放的文物保护单位自本月 1 日至 8 月 1 日，对持有香港特别行政区证件的香港同胞实行免费接待和义务讲解。

12 月

1 日，甘肃省人民政府印发《关于全省文物出国（境）展览有关问题的通知》，就全省文物出国（境）展览有关问题做出具体规定。

△炳灵寺石窟第 11 窟天王造像、第 10 窟北壁菩萨像被盗割；天王造像被犯罪分子遗弃于窟区。未破案。

1998 年

3 月

△甘肃省文物局印发《甘肃省文物局目标管理实施办法（试行）》。

5 月

△敦煌研究院被建设部、国家文物局、中国联合国教科文组织全国委员会授予"中国世界遗产保护管理先进单位"称号。

7 月

△人事部、国家文物局授予张掖地区文物管理办公室全国文博系统先进集体称号，北石窟寺文物保管所宋文玉先进工作者称号。

10 月

26 日，国家文物局在北京召开 1997—1998 年度"郑振铎—王冶秋文物保护奖"颁奖会，武威市文物管理委员和合水县博物馆寇正勤、安西县博物馆李宏伟分别作为先进集体和先进个人获得表彰。

是年

△张掖市博物馆馆藏书画1件（一般文物）被盗。未破案。

1999 年

2 月

24日，甘肃省人民政府公布全省23处全国重点文物保护单位保护范围。

4 月

2日，肃南裕固族自治县文物管理局成立，是为甘肃省首个单独建制的县级文物行政管理机构。

5 月

△甘肃省文物局在兰州市举办全省首届文博系统讲解员大赛，8位选手分获一、二、三等奖。

6 月

△敦煌研究院承担的国家文物局重点科研项目《古代土建筑遗址保护加固研究》通过专家鉴定，获国家文物局1999年度文物科技进步二等奖。

△甘肃省文物局和日本放送协会（NHK）联合在敦煌莫高窟通过卫星现场直播《丝绸之路·敦煌》节目。

9 月

28日，中共甘肃省委宣传部、甘肃省文物局联合举办的《庆祝建国五十周年全省新发现文物精品展》在省博物馆开幕，全省各级文博单位参展文物500余件，展览至11月30日结束。

是年

△全国重点文物保护单位玉门关及长城烽燧遗址加固工程开工，是为中华人民共和国成立以来甘肃省首个大型土遗址保护工程，总投资180万元。2001年竣工，2003年通过验收。

△华亭县省级文物保护单位石拱寺石窟6尊佛头被盗。未破案。宁县博物馆1尊明代白衣送子观音铜像被盗，同年12月该案告破，但被盗文物未追回。

2000年

3月

8日，甘肃省人民政府和国家文物局在北京就举办"敦煌藏经洞发现暨敦煌学百年纪念活动"召开联席工作会议，明确了纪念活动名称、宗旨、主要内容及各方职责。

5月

12日，国家文物局、甘肃省人民政府印发《关于表彰敦煌文物保护和研究工作中做出特殊贡献的集体和个人的决定》，决定授予常书鸿（已故）、段文杰、季羡林、饶宗颐、邵逸夫、潘重规、平山郁夫（日本）和中国敦煌研究院、日本东京国立文化财研究所、美国盖蒂基金会"敦煌文物保护研究特殊贡献奖"。

31日，宕昌县发生特大洪灾，哈达铺红军长征旧址中的红一方面军司令部旧址、红军干部会议旧址、毛泽东和张闻天旧居不同程度受灾。

7月

4日，国家文物局、甘肃省人民政府主办的《敦煌艺术大展》在中国历史博物馆开幕。展览至8月底结束，接待观众约20万人次，后荣获2000年度全国博物馆十大陈列展览精品奖和全国十大陈列展览精品最佳综合效益奖。

6日，文化部、甘肃省人民政府、国家文物局在人民大会堂召开"敦煌藏经洞发现暨敦煌学百年纪念大会"。国务院副总理李岚清发来贺信。

15日，《敦煌藏经洞发现百年特别展》在甘肃省博物馆开幕，展出历代壁画临本20幅、彩塑临品5件、绢画摹本47幅、写经真迹40余幅。

29日晚，国家文物局和甘肃省人民政府在敦煌莫高窟召开"敦煌文物保护研究特殊贡献奖"颁奖大会。

8月

6日至16日，国家文物局副局长董保华率30余名中央新闻媒体记者赴甘肃省开展第二届"文物保护世纪行"采访活动。记者团先后赴天水、兰州、武威、张掖、嘉峪关、酒泉等地进行采访并集体采访了省委、省政府主要领导。

△省委书记孙英就《甘肃省今日重要信息》上反映的敦煌壁画病害问题做出批示："对敦煌莫高窟的文物，防治病害、加强保护应是第一位的、根本的，一切研究、开发、利用都应在此前提下科学、适度进行。我赞成多搞复制洞窟，以供游人参观，尽量减少有害影响，包括旅游部门在内的各方面，都要为此而努力。"

10月

7日，中共中央政治局委员、中国社会科学院院长李铁映对武威白塔寺遗址修复工作做出批示："'凉州会谈'是历史纪念碑，应用园林方式，先把遗址保护起来，逐步恢复旧貌。"

11月

17日，中共甘肃省委、甘肃省人民政府在兰州市召开敦煌学专家座谈会。

是年

△ 3月24日和5月4日，华池县省级文物保护单位宋代双塔寺遗址1号石造像塔两次被盗。同年该案告破，被盗文物自台湾追回。2010年3月，主犯周东明归案。

△肃北县五个庙石窟1号窟被盗，被盗壁画面积约1.5平方米。未破案。

2001年

2月

8日，肃南裕固族自治县全国重点文物保护单位马蹄寺石窟群金塔寺石窟被盗，丢失高肉雕彩塑飞天、胁侍菩萨、坐佛等 6 身塑像和壁画（约 1 平方米）等文物。该案于 2002 年 5 月告破，5 名案犯归案，主犯塔洛被判处死刑。被盗文物追回后于当年 10 月修复。

26 日，甘肃省人民政府办公厅印发《甘肃省文物局职能配置、内设机构和人员编制规定》。

3 月

△甘肃省博物馆馆长初世宾等主编的《中国简牍集成》开始出版。该丛书于 2003 年获第四届全国古籍整理图书奖二等奖。

5 月

10 日，甘肃省人民政府与日本秋田县教育委员会签订《中国甘肃省与日本秋田县关于开展文化交流的协议书》。双方商定 2001 年至 2010 年期间，每年互派 2 名交流员进行文化遗产保护技术研修。

14 日，甘肃省文物局、甘肃省公安厅公布麦积山石窟艺术研究所等 6 个单位为文物系统二级风险单位，敦煌市博物馆等 69 个单位为三级风险单位。

6 月

25 日，国务院公布第五批全国重点文物保护单位，甘肃省 21 处文物保护单位入选，全省全国重点文物保护单位增至 43 处。

7 月

△中华青少年历史文化教育基金（香港）组织"中华历史文化教育交流团"赴甘肃参观考察。

是年

△庄浪县云崖寺石窟 7 号窟明万历年间菩萨像佛头 3 尊、悬像 1 尊被盗。该案至 2010 年底仍未破。

2002 年

2 月

23 日，全国重点文物保护单位漳县汪氏家族墓地 3 座墓葬被盗。次月该案告破，抓获 4 名案犯。

6月

2日，天水市北道区县级文物保护单位仙人崖石窟第11窟2尊宋代泥塑佛像被盗。17日凌晨，犯罪分子在该石窟第9窟试图再次作案时被当场抓获，后追回被盗佛像1尊。

12月

7日，甘肃省第九届人民代表大会常务委员会第31次会议经过二审审议，表决通过《甘肃敦煌莫高窟保护条例》，自2003年3月1日起施行。

是年

△宁县省级文物保护单位宋代湘乐砖塔塔基被爆炸破坏。合水县省级文物保护单位宋代塔儿湾石造像塔塔基被炸，塔体受损。古浪县博物馆在检查文物库房时发现库房被犯罪分子从房顶揭瓦、挖洞入室，存放文物的两个木箱被撬开，后经清点核实，共被盗文物79件，其中二级文物3件、三级文物50件、一般文物4件、参考资料品22件。甘谷县县级文物保护单位华盖寺石窟第8窟清代灵官头像被盗。民乐县全国重点文物保护单位圆通寺塔明清时期2尊铜像、2尊铁像被盗。上述案件至2010年底仍未破。

2003年

3月

31日，甘肃省人民政府召开全省文物安全工作电视电话会议。

△全国政协十届一次会议期间，樊锦诗等25位委员联署《关于敦煌莫高窟保护利用设施建设的提案》，被列为全国政协2003年重点提案。是年8月，全国政协组织国家发展改革委、国家旅游局、国家文物局等有关部门负责人赴莫高窟实地调研，调研报告上报中共中央办公厅和国务院办公厅后，国务院总理温家宝、国务委员陈至立分别做出重要批示。

6月

19日，甘肃省人民政府公布实施《大地湾遗址保护规划》，这是甘肃省以省政府名义公布实施的首个文物保护规划。

7月

5日，甘肃省人民政府公布第六批省级文物保护单位共80处，全省省级文物保护单位增至526处。

16日，甘肃省文物管理委员会召开全体会议，讨论通过《甘肃省文物管理委员会工作制度》和《甘肃省文物管理委员会成员单位主要职责》。

31日，甘肃省人民政府印发《甘肃省人民政府关于进一步加强文物保护工作的意见》。

8月

4日至5日，甘肃省人民政府在兰州市召开全省文物工作会议。

28日，甘肃省首家民营博物馆——敦煌阳关博物馆正式开馆。

9月

△甘肃省文物局启动全省中小石窟调查与基础数据采集工作。野外调查工作至2006年底全部结束，共对20余座中小石窟进行了系统调查记录。

10月

25日，张掖市山丹县、民乐县发生里氏6.1级地震，3处全国重点文物保护单位、6处省级文物保护单位和13处县级文物保护单位不同程度受损。

11月

23日，武威市省级文物保护单位大云寺明代两尊铜佛像被盗，均为二级文物。该案至2010年底仍未破。

12月

3日，甘肃省文物局、甘肃省发展计划委员会、甘肃省国土资源厅、甘肃省建设厅、甘肃省交通厅、甘肃省水利厅联合印发《关于工程建设中进一步做好文物保护工作的意见》。

26日至27日，甘肃省文物局在兰州市举办首届西部地区跨省区协作考古座谈会。决定由甘肃省文物考古研究所、国家博物馆、陕西省考古研究院、北京大学、西北大学组成早期秦文化联合考古队，对甘肃东南部新石器时期至汉代的古文化遗址进行全面调查。

是年

△夏，甘肃省境内山洪、泥石流等自然灾害频繁，麦积山石窟、炳灵寺石窟、水帘洞—大像山石窟不同程度受灾。

2004 年

1月

12 日，永靖县三条岘乡青和村小叭咪山古墓葬遭盗掘破坏。破案后追缴涉案文物 73 件，经鉴定，含三级文物 17 件、一般文物 56 件。

6月

10 日至 11 日，甘肃省文物局和甘肃省公安厅在兰州市联合召开全省文物安全工作会议，印发《甘肃省文物局甘肃省公安厅防范和打击文物犯罪联席会议制度》。

8月

15 日至 20 日，甘肃省人民政府和国家文物局在敦煌莫高窟举办敦煌研究院成立 60 周年暨常书鸿诞辰 100 周年纪念活动。

9月

24 日至 26 日，国家文物局在北京召开首届全国文物保护科技工作会议。敦煌研究院承担的"敦煌莫高窟第 85 窟保护修复研究"项目和省博物馆承担的"潮湿环境下壁画地仗和加固保护材料与技术研究"项目获文物保护科学和技术创新二等奖。

11月

△甘肃省文物局启动开展全省馆藏文物腐蚀损失情况调查。

12月

30 日，"甘肃文物"网站正式开通。

△敦煌研究院被国家文物局确定为全国重点文物科研基地。

2005 年

1 月

△秦安县陇城镇发生盗掘汉代古墓葬案件，被盗出土铜质、陶质文物 77 件，次月案件告破，抓获犯罪嫌疑人 7 名，被盗文物全部追回。

2 月

25 日，秦安县陇城镇上袁村姚官坪古墓葬被盗掘。破案后追缴铜镜、铜鼎、铜勺、铜钫、铜币等 70 多件出土文物。

△国家发展改革委、国家文物局等十三部委联合印发《全国红色旅游精品线名录》和《全国红色旅游经典景区名录》。甘肃省腊子口战役遗址等 6 处文物保护单位入选红色旅游精品线；红军长征红色旅游系列景区、八路军驻兰州办事处旧址、华池县陕甘边区苏维埃政府旧址和高台烈士陵园入选红色旅游经典景区。

3 月

7 日，甘肃省人民政府公布全省第五批 21 处全国重点文物保护单位保护范围及建设控制地带。

5 月

△华亭县省级文物保护单位河西村飞凤山建沟石佛群元代 12 尊石雕罗汉像被盗。未破案。

6 月

26 日至 27 日，甘肃省文物局在敦煌莫高窟召开《敦煌莫高窟保护总体规划》论证评审会。《敦煌莫高窟保护总体规划》是中国首个依据《中国文物古迹保护准则》编制的大遗址保护管理总体规划，由中国建筑设计院历史研究所、美国盖蒂保护研究所、澳大利亚遗产委员会和敦煌研究院等"三国四方"共同参与编制。

8 月

7 日至 14 日，国家文物局在兰州市举办全国馆藏文物保存环境达标建设培训班。全体学员实地考察了全国馆藏文物保存环境达标试点单位平凉市博物馆。

9月

23 日，甘肃省第十届人民代表大会常务委员会第十八次会议审议通过《甘肃省文物保护条例》，自 2005 年 12 月 1 日起施行。

11月

4 日至 5 日，甘肃省文物局在天水市召开全省文物保护单位"四有"工作会议。会议期间，为首批 18 个基层文博单位配发文物安全督察车。

30 日，古代壁画保护国家文物局重点科研基地挂牌仪式在敦煌莫高窟举行。

2006 年

1月

△甘肃省文物局和甘肃省公安厅做出决定，对近年来在打击文物犯罪活动和涉案文物移交工作中做出突出贡献的天水市公安局和庄浪县公安局予以表彰奖励。

△甘肃省被国家文物局确定为全国长城资源调查工作试点省。甘肃省文物局成立了领导小组，制定了《甘肃省长城资源调查试点工作方案》及相关标准规范，确定临洮境内战国秦长城、玉门境内汉长城和山丹境内明长城为试点工作对象。

3月

9 日，甘肃省文化厅、甘肃省文物局报请省政府同意，联合印发《甘肃省文物安全突发事件应急预案》，是为全国文物系统首个文物安全突发事件应急预案。《预案》印发后，国务委员、国务院秘书长华建敏做出重要批示。

20 日，甘肃省文物局和甘肃省建设厅联合印发《甘肃省文物保护单位保护范围和建设控制地带划定办法（试行）》。

5月

25 日，国务院公布第六批全国重点文物保护单位，甘肃省 29 处文物保护单位入选，全省全国重点文物保护单位增至 72 处。

6月

10 日，全省各地隆重举行首个文化遗产日宣传庆祝活动，甘肃省文化厅和甘肃省文物局在兰州市东方红广场举办主会场宣传活动。

△甘肃省人民政府重新公布前五批省级文物保护单位共 435 处。

△甘肃省人民政府印发《关于进一步加强文化遗产保护工作的意见》。

7月

2 日，全国重点文物保护单位庆阳北石窟寺遭受特大暴雨袭击，第 267 窟雨棚塌落，窟院北段护坡被冲塌。

△兰州市启动工业遗产专项调查工作。

8月

13 日，武山县遭受特大暴雨袭击，全国重点文物保护单位水帘洞石窟群保护管理设施损毁严重。

24 日，全国部分省市文物行政执法与安全督察工作交流研讨会在兰州市召开，14 个省市区文物行政部门负责同志参加会议。

9月

7 日，国家文物局在兰州市召开 2006 年度"郑振铎—王冶秋文物保护奖"表彰会。天水市博物馆和灵台县博物馆王忠学、肃南县博物馆唐延青、甘肃省博物馆贾建威分别作为先进集体和先进个人受到表彰。

25 日至 26 日，甘肃省文物局在兰州市召开全省博物馆工作座谈会。

10月

20 日，甘肃省文物局、甘肃省公安厅和甘肃省宗教事务局联合启动全省文物建筑消防安全专项治理工作，历时两个月。

11月

20 日至 25 日，甘肃省文物局在兰州市举办全省首期文物局长培训班，各市州文物（文化）局局长和部分县市区文物（文化）局局长 50 余人参加培训。

12 月

1 日，甘肃省文物局、甘肃省公安厅决定自即日起至 2007 年 3 月 31 日，在全省范围开展野外文物安全专项整治行动。

4 日，国家发展改革委批复同意敦煌莫高窟保护利用工程可行性研究报告，批准该项目立项实施。该项目总投资为 2.61 亿元，是中华人民共和国成立以来甘肃省投入最多、规模最大的文物保护工程。

25 日，甘肃省人民政府公布酒泉卫星发射中心导弹卫星发射场旧址和烈士陵园为甘肃省省级文物保护单位。

26 日，甘肃省博物馆新展览大楼落成并开馆。省博物馆新展览大楼总建筑面积 2.85 万平方米，《甘肃丝绸之路文明展》、《甘肃彩陶展》、《甘肃古生物化石展》于开馆当日开幕。

△甘肃省文物局为 19 个基层文博单位配发第二批文物安全督察车。

2007 年

2 月

17 日，中共中央总书记、国家主席、中央军委主席胡锦涛视察会宁红军长征胜利纪念馆。

3 月

△甘肃省文物考古研究所编写的《秦安大地湾新石器时代遗址发掘报告》获甘肃省第十届社会科学优秀成果三等奖。

4 月

△甘肃省文物考古研究所承担的张家川县马家塬战国墓地和礼县大堡子山遗址两个考古项目入选 2006 年度全国十大考古新发现。

5 月

18 日，甘肃省博物馆基本陈列荣获第七届（2005 — 2006 年度）全国博物馆十大陈列展览精品奖。

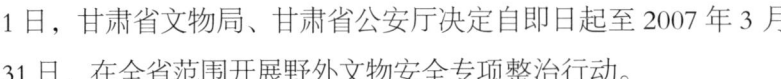

7 月

23 日，宁县博物馆文物库房发现被盗，失窃 1 座宋代水月观音石坐像（二级文物）。未破案。

8 月

3 日至 13 日，国家文物局委派中国世界文化遗产委员会专家对丝绸之路甘肃段申报世界文化遗产备选点进行实地考察。麦积山石窟、水帘洞石窟—拉稍寺、炳灵寺石窟—下寺、玉门关及河仓城遗址、锁阳城遗址及墓群、骆驼城遗址及墓群、果园—新城墓群、张掖大佛寺、马蹄寺石窟群—金塔寺和千佛洞、榆林窟、悬泉置遗址 11 处被确定列入申遗预备名单。

4 日，甘肃省人民政府成立甘肃省第三次全国文物普查领导小组。

△段文杰先生从事敦煌文物和艺术保护研究 60 周年纪念活动在兰州、敦煌两地举办。甘肃省人民政府和国家文物局联合授予段文杰先生敦煌文物和艺术保护研究终身成就奖并在兰州市召开颁奖大会。

△中国西部博物馆论坛在甘肃省博物馆举办。

9 月

17 日，甘肃省人民政府召开全省第三次文物普查电视电话会议，对普查工作进行全面部署。

21 日，甘肃省文物局和景泰县人民政府在该县芦阳镇共同举办长城徒步考察活动。

29 日，甘肃省人民政府成立甘肃省丝绸之路申报世界文化遗产领导小组。

10 月

11 日，甘肃省丝绸之路申报世界文化遗产领导小组召开第一次全体会议，审议丝绸之路甘肃段申遗工作总体方案，研究部署申遗工作。

19 日，大地湾史前遗址博物馆开工建设。

11月

14日，国家文物局在敦煌莫高窟召开中国世界文化遗产监测工作会议。

29日，甘肃省文物局印发《甘肃省各级博物馆陈列展览方案论证审核暂行办法（试行）》。

△早期秦文化调查组联合考古队承担的礼县大堡子山遗址发掘和甘肃省文物考古研究所承担的张家川马家塬墓地发掘项目获2006—2007年度国家文物局田野考古三等奖。

12月

28日至29日，国家文物局丝绸之路申报世界文化遗产工作协调会议在兰州召开，承担申遗任务的六省区文物部门负责人及48个申遗备选点所在地政府分管领导参会。

2008年

1月

22日，中国美术馆和敦煌研究院联合主办的迎奥运重要文化项目《盛世和光——敦煌艺术大展》在中国美术馆开幕，至3月21日结束，刷新中国美术馆建馆以来日参观量、月参观量和个展观众量最多等纪录。

2月

△敦煌莫高窟保护利用设施建设项目获国家发展改革委批准立项。

3月

28日，甘肃省文物局在甘肃省博物馆举行全省博物馆免费开放启动仪式。自即日起，全省首批19座博物馆纪念馆正式向社会免费开放。至年底，全省共有39座博物馆纪念馆向社会免费开放。

4月

18日，甘肃省人民政府第45号令颁布《甘肃省重大文物安全事故行政责任追究规定》，自同年8月1日起施行。

甘肃省志 文物志

2190

5月

12日，四川汶川发生特大地震，甘肃省陇南、天水、平凉、庆阳、甘南、临夏、定西、武威、白银等市州普遍受灾，共有49处不可移动文物受损，其中全国重点文物保护单位19处，省级文物保护单位14处，市县级文物保护单位16处；博物馆馆舍受损16座，各级各类文物收藏单位受损文物607件，其中一级文物4件（含国宝级文物1件），二级文物6件，三级文物51件，一般文物及未定级文物546件。

14日，甘肃省文物局发出《关于做好震后文物保护工作的紧急通知》，对震后文物保护工作进行安排部署。

24日，国家文物局在兰州召开抗震救灾甘肃现场会。

29日至6月2日，国家文物局专家组赴甘肃省地震受灾严重的陇南、天水等7个县区，对文物受损情况进行调研评估，对保护修复工作进行指导和安排部署。

△甘肃省文物局向地震灾区捐款5万元，局机关干部职工捐款6500元，捐献衣物88件（套），局机关全体党员自愿交纳"特殊党费"14600元。

△甘肃省文物商店举办书画赈灾义卖活动，筹得善款13705元捐献地震灾区。

6月

12日，日本秋田县教育厅文化财保护室主干高桥忠彦、秋田县立博物馆主事丸谷仁美受秋田县教育长委托，到甘肃省文物局向地震灾区文物保护工作捐款18万日元。

7月

5日至7日，北京奥运圣火依次在世界文化遗产地敦煌莫高窟、嘉峪关关城和全国重点文物保护单位兰州黄河铁桥传递。

8月

24日，敦煌市博物馆展厅4枚铜镜发现被盗，其中一级文物1件，一般文物3件。未破案。

9月

6日至8日，国家文物局调研组到平凉、白银、兰州调研博物馆免费开放工作，并在兰州市召开博物馆免费开放工作座谈会。

10月

7日，甘肃省人民政府办公厅印发《麦积山石窟保护管理办法》、《炳灵寺石窟保护管理办法》、《榆林窟保护管理办法》。

7日至9日，甘肃省人大常委会对定西、天水两市《中华人民共和国文物保护法》及《甘肃省文物保护条例》实施情况进行执法检查。

12月

19日，甘肃省人民政府办公厅印发《汶川地震甘肃省灾后恢复重建公共服务设施建设实施规划》，其中包含47个灾区文物保护修复和文物基础设施恢复重建项目，总投资1.336亿元。

29日，莫高窟保护利用工程奠基仪式在敦煌举行。

30日，张掖市政府办公室印发《张掖大佛寺保护管理办法》、《高台骆驼城、许三湾遗址及墓群保护管理办法》、《肃南马蹄寺石窟群保护管理办法》。

2009年

2月

25日，甘肃省人民政府召开会议，专题研究张家川马家塬战国墓地考古发掘与文物保护工作相关事宜，甘肃省文化厅、甘肃省文物局、甘肃省文物考古研究所和天水市、张家川县政府及有关部门负责人参加会议。会后印发《关于张家川马家塬战国墓地考古发掘与文物保护工作协调会议纪要》。

3月

31日，甘肃省文物考古研究所承担的临潭县磨沟齐家文化墓地考古发掘项目入选2008年度全国十大考古新发现。

△国家古代壁画保护工程技术研究中心在甘肃组建，该中心以敦

煌研究院为依托，兰州大学、浙江大学、中科院上海硅酸盐研究所等单位共同参与建设。

4月

9日，世界银行贷款兰州文化自然遗产保护与开发项目开工仪式在全国重点文物保护单位永登鲁土司衙门举行。该项目包括永登鲁土司衙门旅游景区和榆中县青城镇古民居文化保护项目，总贷款额645万美元。

10日，山丹县人民政府公布实施《山丹县长城保护管理办法》，是为甘肃省首个由县级人民政府出台的长城保护管理办法。

18日，国家文物局和国家测绘局联合公布明长城资源调查结果：明长城东起辽宁虎山，西至甘肃嘉峪关，行经10个省市区，总长8851.8千米，其中甘肃省长度1738.3千米，居全国首位。

5月

19日，国家文物局公布国家二、三级博物馆名单，甘肃省国家二级博物馆为：兰州市博物馆、天水市博物馆、平凉市博物馆、张掖市甘州区博物馆；国家三级博物馆为：临夏回族自治州博物馆、嘉峪关长城博物馆、和政古动物化石博物馆、庆阳市陇东民俗博物馆、秦安县博物馆、环县博物馆、山丹县博物馆、灵台县博物馆、会宁红军长征胜利纪念馆。

6月

4日，由敦煌研究院主持的"十一五"国家科技支撑计划课题"文物出土现场移动实验室研发"通过国家文物局验收。该移动实验室是中国首台功能全面、机动灵活的文物出土现场保护移动实验室（车）。

△中共中央政治局常委、中央书记处书记、国家副主席习近平在甘肃调研期间，视察华池县南梁革命纪念馆和原陕甘边区列宁小学旧址。

△在国家文物局开展的新中国成立60周年表彰活动中，敦煌研究院原院长段文杰获"中国文物、博物馆事业杰出人物"称号，

白新中等 84 人获颁"文物、博物馆工作 30 年"荣誉证书。

7 月

30 日，国家古代壁画保护工程技术研究中心正式成立并在敦煌研究院举行揭牌仪式，这是中国文化遗产保护领域首个国家工程技术研究中心，也是甘肃省社会发展领域首个国家级工程技术研究中心。

8 月

1 日，甘肃省博物馆举行建馆 70 周年庆典活动，甘肃省博物馆馆史展和丝绸之路文化国际学术研讨会同时开幕。

17 日，甘肃省文物局印发《甘肃省免费开放博物馆（纪念馆）管理办法（试行）》。

21 日，武威市凉州区人民政府印发《武威市凉州区长城保护管理办法》。

26 日，中共兰州市委、兰州市人民政府在全国重点文物保护单位兰州黄河铁桥举办中山铁桥百年庆典活动。

2010 年

2 月

21 日至 22 日，国家文物局党组书记、局长单霁翔到甘肃调研文物工作并召开甘肃文物工作座谈会。

5 月

4 日至 7 日，财政部、国家文物局第七调研组到甘肃省调研博物馆纪念馆免费开放工作。

6 日，国务院办公厅印发《关于进一步支持甘肃经济社会发展的若干意见》，明确提出要加强甘肃省市级博物馆、文物大县和重点遗址博物馆建设。支持丝绸之路整体申遗及沿线重要遗址保护，加大重点文物保护和少数民族文化遗产抢救力度。

8 月

7 日夜，甘南藏族自治州舟曲县发生特大山洪泥石流灾害，造成全县 17 处不可移动文物受损，保存在县文化馆的可移动文物 7 件（石碑、石狮等）被泥石流掩埋。

△入夏以来，平凉、天水、庆阳、陇南、甘南等市州相继遭受暴雨洪水侵袭，截止 18 日 18 时，据不完全统计，造成 6 市州 40 余处文物保护单位受损，其中全国重点文物保护单位 4 处，省级文物保护单位 8 处，县级文物保护单位及文物点 30 余处。

9 月

3 日，全国政协提案委员会贯彻落实拉卜楞寺文物保护总体规划提案办理协商会在夏河县召开。

4 日，国内 23 家博物馆共同发起的中国博物馆协会丝绸之路沿线博物馆专业委员会在甘肃省博物馆举行成立大会，首届"合作与发展高峰论坛"同时举行。

10 月

25 日，甘肃省人民政府办公厅印发甘肃省文物局主要职责内设机构和人员编制规定。

△甘肃省文物局启动全省首届博物馆陈列展览精品奖评选活动。

11 月

14 日，国家文物局和甘肃省人民政府在兰州签署《国家文物局甘肃省人民政府合作加强甘肃文化遗产工作框架协议》。

15 日，全国重点文物保护单位兰州黄河铁桥维修加固工程开工。

△敦煌研究院承担的"十一五"国家科技支撑计划课题"文物出土现场保护移动实验室研发"和"古代壁画脱盐关键技术研究"分获 2009 年度国家文物局文物保护科学和技术创新奖一、二等奖。

12 月

6 日至 8 日，"纸之路"第四届东亚纸张保护国际学术研讨会在兰州举行。来自中国、日本、韩国、朝鲜、蒙古等国的 180 余位专家、学者与会。其中，朝鲜和蒙古两国首次派代表参会；英国、美国、意大利等西方国家亦有代表参会。

附 录

附录一　法规辑存

甘肃省文物保护条例

（2005 年 9 月 23 日省十届人大常委会第十八次会议通过）

第一条　根据《中华人民共和国文物保护法》《中华人民共和国文物保护法实施条例》和有关法律法规，结合本省实际，制定本条例。

第二条　本省行政区域内文物和具有科学价值的古脊椎动物化石、古人类化石的保护、利用和管理，适用本条例。

第三条　各级人民政府负责本行政区域内的文物保护工作。

县级以上人民政府承担文物保护工作的行政部门（以下简称文物行政部门）对本行政区域的文物保护工作实施监督

和管理。其他有关部门在各自职责范围内依法做好文物保护工作。

第四条　县级以上人民政府应当将文物保护事业纳入本级国民经济和社会发展规划，将文物保护所需经费列入同级财政预算。

政府的财政拨款应当保障国有文物保护单位的修缮、保养，考古发掘，国有文物的安全保护，以及国有博物馆和文物收藏单位收藏、展示文物的基本经费需求。

第五条　各级人民政府应当合理利用文物资源，鼓励和支持社会各方面参与文物的保护和利用。

各级人民政府应当加强对近现代文

物、少数民族文物和宗教文物的搜集、整理、研究、保护和利用工作。

各级文物行政部门应当会同教育、科技、新闻出版、广播电视等部门，做好文物保护的宣传教育工作。

第六条　各级人民政府应当对下列文物实行重点保护：

（一）长城、石窟寺、大型古文化遗址和古墓葬、古建筑；

（二）彩陶、简牍等馆藏文物；

（三）有重大纪念意义的革命历史文物；

（四）其他需要重点保护的文物。

第七条　依法核定公布的历史文化名城、街区和村镇，所在地人民政府应当按照国家和省有关规定制定保护规划和具体保护措施。

在历史文化名城、街区和村镇内进行工程建设，应当符合文物保护规划，其建设单位应当事先征求文物行政部门的意见，制定保护方案。

第八条　省文物行政部门负责组织制定省级以上文物保护单位的具体保护措施，并公告施行。

市（州）、县级文物行政部门负责组织制定本级文物保护单位的具体保护措施，并公告施行。

第九条　尚未核定公布为文物保护单位的不可移动文物，由县级文物行政部门组织调查，对其名称、类别、位置、范围等予以登记和公布，报上一级文物行政部门备案，并建立记录档案，制定保护管理措施。

第十条　未经文物行政部门同意，不得在文物保护单位的保护范围和建设控制地带内修建建筑物和构筑物，确需修建的，其形式、高度、体量、色调等应当符合文物保护单位的环境风貌。

第十一条　使用、管理不可移动文物的公民、法人和其他组织应当保持文物原有的整体性，对其附属物不得随意进行彩绘、添建、改建、迁建、拆毁，不得改变文物的结构和原状，并与当地文物行政部门签订保护协议，接受文物部门的业务指导和监督。

第十二条　不可移动文物经批准迁移异地保护的，建设单位应当制定迁移保护方案，落实移建地址和经费，做好测绘、文字记录和摄像等档案工作。移建工程应当与不可移动文物的迁移同步进行，并由文物行政部门组织专家进行指导和验收。

第十三条　国有不可移动文物不得转让、抵押，不得作为企业资产经营。改变国有文物保护单位的管理体制，应当由核定公布该文物保护单位的人民政府征得上一级文物行政部门的意见后批准。

第十四条　在古建筑内安装电器设

附　录

备和设置生产用火，应当按照文物保护单位的级别报相关的文物行政部门和所在地公安消防机构批准。

第十五条　市（州）、县级人民政府可以组织文物等行政部门对本行政区域内有可能集中埋藏文物的地区进行勘察，经核实后划定公布为地下文物埋藏区。

任何单位和个人未经文物行政部门批准，不得在划定的地下文物埋藏区域内擅自挖掘和进行工程建设。

第十六条　因自然原因发现地下文物，当地文物行政部门在接到发现人报告后应当立即保护现场，组织有关单位进行清理，并向省文物行政部门报告，必要时可以由省文物行政部门组织进行考古发掘。

第十七条　因自然或者人为原因构成文物灭失或者损毁危险的，当地人民政府应当及时组织有关部门进行抢救。

第十八条　考古发掘中的重要发现如需对外公布，考古发掘单位应当向省文物行政部门报告。

第十九条　国有博物馆和文物收藏单位收藏、陈列、展出文物应当具备下列条件：

（一）有固定的场所、库房；

（二）有必要的经费保障；

（三）有相应的文物保存柜架，一级文物和经济价值贵重的藏品，要设有专柜；

（四）有与文物收藏、陈列、展出等活动相适应的专业技术人员和安全保卫人员；

（五）有符合规定的安全、消防设施；

（六）法律、法规规定的其他条件。

第二十条　国有博物馆和文物收藏单位应当按照国家有关规定确认风险等级，并达到安全防护级别要求。没有达到安全防护要求的，不得陈列、展出文物，其收藏的珍贵文物由省文物行政部门指定具备条件的单位代为保管。

第二十一条　国有博物馆和文物收藏单位应当建立文物的总账、分类账、编目卡片等档案，并建立馆藏文物核查制度，定期进行检查。

第二十二条　馆藏文物的级别由文物行政部门组织专家鉴定。一、二级文物由省文物行政部门组织专家确认；三级文物由省文物行政部门或者受其委托的市（州）文物行政部门组织专家确认。

第二十三条　国有博物馆和文物收藏单位申请交换馆藏二级以下文物的，交换双方应当向省文物行政部门提出书面申请，经省文物行政部门审核批准后方可交换。

馆藏文物交换双方应当对文物交换情况予以记录，对文物档案作相应变更。

第二十四条　非国有文物收藏单位

举办展览借用国有馆藏二级以下文物的，应当提供不低于所借文物估价的相应担保。出借方应当向主管的文物行政部门提出书面申请，获准后方可借出。

第二十五条　国有博物馆和文物收藏单位的新建、改建和扩建设计方案，应当符合城市建设规划和国家或者行业有关标准。

第二十六条　国有博物馆和文物收藏单位应当将其收藏的文物或者图片资料尽可能向社会开放，对展示的文物应当采取保护措施。

第二十七条　国有博物馆和文物收藏单位公开展出的文物，参观者可以拍摄留念。不能拍摄的，应当设置明显标识。

第二十八条　国有博物馆和文物收藏单位处置不够入藏标准的文物和标本，应当经省文物行政部门审批。

第二十九条　鼓励公民、法人和其他组织设立博物馆，依法收藏文物。

依照前款规定设立的博物馆应当将其文物收藏清单报主管的文物行政部门备案；其中珍贵文物收藏情况如有变动，应当及时报告原备案的文物行政部门。

第三十条　文物商店不得剥除、更换、挪用、损毁或者伪造省文物行政部门粘贴在允许销售的文物上的标识，不得买卖国家禁止买卖的文物或者销售未经省文物行政部门审核的文物。

第三十一条　文物商店应当对购买、销售的文物作出记录，并于购买、销售之日起 60 日内向省文物行政部门备案。

第三十二条　拍卖企业拍卖的文物，在拍卖前应当经省文物行政部门审核，对拍卖的文物作出记录，并于拍卖活动结束之日起 60 日内向省文物行政部门备案。

第三十三条　有文物保护单位的参观游览场所，应当从门票收入中提取一定的比例用于文物保护单位的修缮、保养和安全管理。其经费应当在财政部门的监管下，由该文物保护单位的管理机构使用。

附录

第三十四条　拓印内容涉及中国疆域、外交、民族关系的古代石刻，应当报省文物行政部门批准。

第三十五条　利用文物保护单位拍摄电影、电视和其他资料以及举办大型活动的，拍摄单位或者举办者应当按照审批权限报相应的人民政府文物行政部门批准。更改拍摄计划或者活动计划的，应当报原批准的文物行政部门重新批准。

拍摄单位和举办者应当制定文物保护预案，落实保护措施。文物行政部门应当对拍摄单位和举办者的活动进行监督。

利用文物保护单位拍摄电影、电视和其他资料以及举办大型活动的，文物保护单位的管理机构所得收益应当用于文物保护。

第三十六条　违反本条例第十一条

规定，使用、管理不可移动文物的公民、法人和其他组织对文物擅自进行彩绘、添建、改建、迁建、拆毁，改变文物的结构和原状的，由县级以上文物行政部门责令改正，限期恢复原状，造成严重后果的，处五万元以上五十万元以下的罚款。

第三十七条　违反本条例第十五条第二款规定，在划定的地下文物埋藏区域内擅自挖掘和进行工程建设，由县级以上文物行政部门责令其立即停止挖掘和工程施工，限期恢复原状。

第三十八条　违反本条例第三十条规定，文物商店剥除、更换、挪用、损毁或者伪造省文物行政部门粘贴在允许销售的文物上的标识，销售未经审核文物的，由省文物行政部门责令改正，并通报工商行政管理部门依法处理；买卖国家禁止买卖的文物的，由县级以上文物行政部门依照国家有关规定处理。

第三十九条　违反本条例第三十五条规定，拍摄单位擅自拍摄电影、电视和其他资料或者更改拍摄计划的，由省文物行政部门予以警告，并收缴非法摄、录制品；造成严重后果的，并处二千元以上二万元以下的罚款；对负有责任的主管人员和其他直接责任人员依法给予行政处分。举办大型活动造成文物损坏的，依法承担相应的民事责任。

第四十条　地方各级人民政府及有关部门不履行文物保护和管理职责的，由上级人民政府责令改正，并予以通报批评；对直接负责的主管人员和其他直接责任人员依法给予行政处分。

第四十一条　文物行政部门和其他有关部门的工作人员玩忽职守、滥用职权、徇私舞弊的，由其所在单位或者上级主管机关给予行政处分；构成犯罪的，依法追究刑事责任。

第四十二条　违反本条例规定，法律、法规已有处罚规定的，从其规定。

第四十三条　本条例自 2005 年 12 月 1 日起施行。

1989 年 1 月 20 日甘肃省第七届人民代表大会常务委员会第六次会议通过、1997 年 9 月 29 日甘肃省第八届人民代表大会常务委员会第二十九次会议修改的《甘肃省实施〈中华人民共和国文物保护法〉办法》同时废止。

甘肃敦煌莫高窟保护条例

（2002 年 12 月 7 日省九届人大常委会第三十一次会议通过 2002 年 12 月 7 日甘肃省人民代表大会常务委员会公告第 60 号公布）

第一章　总　则

第一条　为了加强对敦煌莫高窟的保护、管理和利用，弘扬中华民族优秀的历史文化，根据《中华人民共和国文物保护法》和有关法律、法规，制定本条例。

第二条　敦煌莫高窟是世界文化遗产和全国重点文物保护单位。对敦煌莫高窟的保护以及在敦煌莫高窟保护范围内游览、考察或者进行其他活动的机关、组织和个人，应当遵守本条例。

第三条　敦煌莫高窟的保护，应当坚持"保护为主、抢救第一、合理利用、加强管理"的方针，正确处理经济建设、社会发展与文物保护的关系，确保敦煌莫高窟及其历史风貌和自然环境的真实性、完整性。

敦煌莫高窟保护范围内的基本建设、旅游发展必须遵守文物保护工作的方针，其活动不得对文物及其环境造成损害。

第四条　省人民政府应当加强对敦煌莫高窟的保护工作，并实行统一领导。省文物行政部门是敦煌莫高窟保护工作的主管部门。

敦煌市人民政府在城乡建设、旅游发展、环境保护、灾害防治、治安保卫等方面，做好敦煌莫高窟及其环境风貌的保护工作。

其他有关的人民政府文化、文物、公安、城乡建设、工商、环境保护、旅游、海关等行政部门在各自的职责范围内，做好敦煌莫高窟的保护工作。

第五条　敦煌莫高窟保护管理机构具体负责敦煌莫高窟保护范围内的保护和管理工作，并接受省人民政府及其有关行政部门和当地人民政府的监督管理。

第六条　敦煌莫高窟的保护应当纳入全省国民经济和社会发展计划及敦煌市城乡建设总体规划。

敦煌莫高窟保护管理机构应当为经济建设和社会发展服务。

第七条　敦煌莫高窟保护和管理工作所需经费主要由国家和省财政拨款予以保障。各级人民政府鼓励、支持敦煌莫高窟保护管理机构发展文化产业和吸纳捐赠、赞助等。

用于敦煌莫高窟保护和管理的拨款、事业性收入资金以及有关基金会的基金和其他捐赠、赞助的财物，应当依法管理，专款专用，任何单位或者个人不得侵占、挪用。

第八条　各级人民政府应当鼓励社会力量参与敦煌莫高窟的保护，支持国内国际间的合作与交流。

第九条　各级人民政府及其文物行政部门、敦煌莫高窟保护管理机构，应当积极采取措施收集流失的敦煌莫高窟文物；鼓励、支持国内外单位和个人，归还或者协助收集流失的敦煌莫高窟文物。

附录

第二章　保护对象与保护范围

第十条　本条例对敦煌莫高窟保护的对象包括：

（一）敦煌莫高窟保护范围内的石窟建筑、窟前木构建筑、窟前寺院遗址、古塔；

（二）敦煌莫高窟洞窟内壁画、塑像以及构成洞窟整体的其他部分；

（三）由敦煌莫高窟保护管理机构收藏、保管、登记注册的文物藏品和重要资料；

（四）敦煌莫高窟保护范围内的地下文物；

（五）构成敦煌莫高窟整体的历史风貌和自然环境；

（六）其他依法应当保护的文物。

第十一条　敦煌莫高窟保护范围分为重点保护区和一般保护区。

重点保护区：东以大泉河东岸为界；南至成城湾起向南延伸500米；西以石窟崖沿起向西延伸2000米；北至省道217线11000米里程碑处。

一般保护区：东至三危山西麓；南至整个大泉河流域，包括大泉、条湖子、大拉牌、小拉牌、苦沟泉等水域；西至鸣沙山分水岭向西2000米；北至省道217线1000米里程碑处，并以公路为中心向东西两侧各延伸3500米。

第十二条　省人民政府应当依照本条例第十一条的规定，设置保护标志和保护范围界桩，其他单位和个人不得擅自移动和损毁。

第十三条　在敦煌莫高窟保护范围之外可以划定建设控制地带，其范围由省人民政府确定并公布。

第三章　保护管理与利用

第十四条　省文物行政部门应当组织编制敦煌莫高窟保护规划，经依法批准后实施。

第十五条　敦煌莫高窟重点保护区内不得新建永久性建筑物、构筑物；一般保护区内不得进行与文物保护无关的建设工程。在敦煌莫高窟重点保护区和一般保护区内均不得进行爆破、钻探、挖掘等作业，不得建设污染文物及其环境的设施，不得进行可能影响文物安全及其环境的活动。因特殊需要进行的建设工程，必须事先征得国务院文物行政部门同意，由省人民政府批准。

第十六条　敦煌莫高窟重点保护区和一般保护区内禁止下列活动：

（一）在文物、建筑物、构筑物、保护设施上张贴、涂写、刻划、攀登、翻越；

（二）在设有禁止拍摄标志区域内进行拍摄活动；

（三）擅自测绘文物、建筑物、构筑物；

（四）采沙、采石、取水、开荒、放牧、

焚烧、野炊；

（五）设置广告、修坟、乱倒垃圾；

（六）擅自占用或者破坏植被、河流水系和道路；

（七）射击、狩猎；

（八）运输或者存放易爆、易燃、剧毒、放射性物品；

（九）其他可能损毁或者破坏文物、建筑物、构筑物以及环境风貌的活动。

第十七条　在敦煌莫高窟保护范围和建设控制地带内已有的污染文物及其环境的设施，应当限期治理；危害文物安全及破坏其历史风貌的建筑物、构筑物，应当依法调查处理，必要时，对该建筑物、构筑物予以拆迁。

第十八条　在敦煌莫高窟保护范围和建设控制地带内进行的建设工程，事先应当依法进行考古调查、勘探。在考古调查、勘探中发现文物的，应当按照文物保护的要求制定文物保护方案；在工程建设中发现文物的，建设单位应当立即停工，保护现场和文物安全，及时通知敦煌莫高窟保护管理机构或者敦煌市人民政府文物行政部门。

因建设工程而进行的考古调查、勘探、发掘费用，由建设单位列入建设工程预算。

第十九条　在敦煌莫高窟保护范围和建设控制地带内，禁止任何单位或者个人私自发掘文物。确需进行的考古发掘，应当依法办理批准手续，由省文物行政部门组织已经取得考古发掘许可证书的单位实施。

第二十条　在敦煌莫高窟建设控制地带内不得进行影响文物安全及其环境的活动；进行建设工程，必须事先征得国务院文物行政部门同意，由省城乡建设规划部门批准，其形式、高度、体量、色调等应当与敦煌莫高窟的环境风貌相协调。

第二十一条　敦煌莫高窟保护管理机构应当科学确定莫高窟旅游环境容量，对开放洞窟采取分区轮休制度或者限制游客数量。

第二十二条　敦煌莫高窟保护管理机构应当按照国家有关规定，建立健全管理制度，配备防火、防盗、防虫、防自然损坏等设施，确保文物安全，保护其历史风貌和自然环境不受损害；采用先进的科学技术，加强对敦煌莫高窟文物和科学保护技术的研究、应用。

第二十三条　敦煌莫高窟保护管理机构应当按照不改变文物原状的原则，及时对敦煌莫高窟文物进行修缮、保养。对文物进行修缮时，应当依法办理批准手续，其设计、施工、监理等必须由取得文物保护工程资质证书的单位承担。

第二十四条　敦煌莫高窟保护管理

机构应当建立文物记录档案并依法备案。文物的出入库、提取使用、调拨、交换和借用必须按照法律、法规或者有关规定办理手续。

第二十五条 敦煌莫高窟保护管理机构对敦煌莫高窟文物和科学保护技术的研究成果，以及由其提供资料制作的出版物、音像制品等，享有法律、法规规定的知识产权。

第二十六条 制作出版物、电影、电视剧（片）以及专业录像和专业摄影需拍摄敦煌莫高窟文物的单位和个人，应当经国家文物行政部门批准，按照规定缴纳费用后，在敦煌莫高窟保护管理机构工作人员的监督下进行拍摄。

第二十七条 因特殊情况需要复制敦煌莫高窟文物的，应当根据文物的级别，经国家文物行政部门或者省文物行政部门批准，并由敦煌莫高窟保护管理机构监制。

第二十八条 敦煌莫高窟文物及敦煌莫高窟保护范围内的土地不得转让、抵押或者赠与、出租、出售，不得作为企业资产经营，不得用于不利于文物保护的活动。改变敦煌莫高窟使用人或者用途的，应当由省人民政府报国务院审批。

第二十九条 申请在敦煌莫高窟保护范围内从事经营活动的单位和个人，应当事先征得敦煌莫高窟保护管理机构的

同意后，由敦煌市人民政府有关部门办理相关手续。

第四章 奖励与处罚

第三十条 有下列事迹的单位和个人，由各级人民政府及其文物行政部门或者敦煌莫高窟保护管理机构给予表彰奖励：

（一）长期从事敦煌莫高窟保护管理工作成绩突出的；

（二）在敦煌莫高窟文物和科学保护技术的研究、应用中成绩突出的；

（三）与损毁、破坏、盗窃敦煌莫高窟文物等违法犯罪行为作坚决斗争的；

（四）在自然灾害和突发事件中抢救、保护敦煌莫高窟文物有功的；

（五）将敦煌莫高窟文物捐献给国家，或者在敦煌莫高窟文物归还国家的过程中成绩突出的。

第三十一条 在敦煌莫高窟保护和管理工作中有下列行为之一的，由所在单位或者上级主管部门对负有责任的人员和其他直接责任人员依法给予行政处分，情节严重的依法开除公职；构成犯罪的，依法追究刑事责任：

（一）滥用审批权限，不履行职责或者发现违法行为不予查处，造成严重后果或者谋取私利的；

（二）造成敦煌莫高窟文物及重要资

甘肃省志 文物志

料损毁或者流失的；

（三）借用或者非法侵占国有的敦煌莫高窟文物的；

（四）贪污、挪用文物保护经费的。

违反前款被开除公职的人员，自开除公职之日起 10 年内不得从事文物管理工作。

第三十二条　违反本条例第十二条、第十六条第（一）、（二）、（三）项规定，情节轻微的，由敦煌莫高窟保护管理机构予以警告、责令改正或者限期恢复原状、赔偿损失，并可处以 50 元以上 500 元以下的罚款；情节严重的，可以并处 500 元以上 5000 元以下的罚款。

第三十三条　违反本条例第十六条第（四）、（五）、（六）项规定的，由敦煌市人民政府有关行政部门或者由其根据敦煌莫高窟保护管理机构的意见予以警告、责令改正或者限期恢复原状、赔偿损失，并可依法予以罚款。

第三十四条　在敦煌莫高窟保护范围和建设控制地带内，有下列行为之一的，由省文物行政部门或者由敦煌市人民政府文物行政部门根据省文物行政部门的意见，依照《中华人民共和国文物保护法》的有关规定予以处罚：

（一）未经批准，进行建设工程或者爆破、钻探、挖掘等作业；

（二）进行建设工程，其工程设计方案未经依法批准，对敦煌莫高窟的历史风貌造成破坏的；

（三）擅自修缮文物，明显改变文物原状的；

（四）施工单位未取得文物保护工程资质证书，擅自从事文物修缮工程的；

（五）擅自进行文物考古发掘、调查、勘探的；

（六）发现文物未及时上报，造成文物损毁的。

第三十五条　违反本条例第十六条第（七）（八）项规定及其他构成违反治安管理行为的，由敦煌市公安机关依法给予处罚。

第三十六条　违反本条例规定，造成敦煌莫高窟文物及其环境污染的，由敦煌市人民政府环境保护行政部门责令限期治理并依照有关法律、法规的规定给予处罚。

第三十七条　违反本条例第二十六条规定的，由敦煌莫高窟保护管理机构责令停止拍摄，没收拍摄所得全部文物资料，情节严重的，移送公安机关处理。

第三十八条　违反本条例第二十七条规定的，由省文物行政部门责令停止复制，没收复制品，并按照国务院有关规定予以处罚；情节严重的，按照国家知识产权保护的有关规定追究其法律责任。

第三十九条　其他对敦煌莫高窟文

物、建筑物、构筑物及其环境风貌造成损毁、破坏或者污染的行为，有关法律、法规已有处罚规定的，从其规定。

第五章 附 则

第四十条 本条例实施中的具体应用问题，由省文物行政部门负责解释。

第四十一条 本条例自 2003 年 3 月 1 日起施行。

甘肃省馆藏珍贵文物安全管理暂行办法

甘肃省人民政府办公厅 1988 年 7 月 28 日印发

为了加强馆藏珍贵文物的管理，确保安全，根据国家有关政策规定和甘肃省实际情况，特制定本暂行办法。

第一条 珍贵文物是指按照《文物藏品定级标准》划分的一、二、三级文物。

第二条 珍贵文物必须设专库，专柜保管，做好防潮、防水、防蛀、防腐、防尘、防震、防污染、防紫外线等技术预防工作，安装防盗报警设备。

第三条 珍贵文物必须由专人保管。保管人员要具备一定的业务知识和技能，严守机密，忠于职守，严格执行岗位责任制。

第四条 各地、县博物馆及文物收藏单位具备保管条件的，当地政府（行署）负责人要与上一级政府负责人签订安全保证责任书，确保珍贵文物的安全。

各地、县博物馆及文物收藏单位不具备保管条件的，从本办法公布之日起，将一级文物造册登记后送交省博物馆代管；二、三级文物由上一级文化行政管理部门指定具备保管条件的文物收藏单位代管。待保管设施改善，具备保管条件并由上级文化行政管理部门验收合格后，由代管单位将代管的文物交原收藏单位保管。

第五条 文物收藏单位，必须建立珍贵文物档案和目录，并报省文化厅和当地公安部门备案。

第六条 珍贵文物陈列展出，必须具备安全条件，责任到人，确保文物安全。凡展出一、二级文物，要由省文化厅批准。

第七条 珍贵文物提用，馆内提用须经馆长批准，馆外提用须经省文化厅批准。提用珍贵文物，由馆长指定保管人员承办，负责文物的安全，用后及时归库。

第八条 珍贵文物的调拨和交换，一级文物报国家文物事业管理局批准。二、三级文物省内调拨和交换报省文化厅批准，并报国家文物事业管理局；跨省或跨部门调拨和交换，报国家文物事业管理局批准。

第九条 违反本办法，造成丢失或损坏文物的，要按照文化部《博物馆藏品管理办法》第六章规定，追究当地政府负责人、部门领导和直接责任者的责任。

甘肃省志 文物志

第十条 本暂行办法由省文化厅负责解释。

第十一条 本暂行办法自颁发之日起施行。

甘肃省文物重大安全事故行政责任追究规定

甘肃省人民政府令第 45 号 2008 年 4 月 18 日

第一条 为有效防范文物重大安全事故发生，严肃追究文物重大安全事故的行政责任，根据《中华人民共和国文物保护法》和有关法律法规的规定，结合本省实际，制定本规定。

第二条 本规定所称文物重大安全事故是指：

（一）省内全国重点文物保护单位发生被盗、火灾、水毁、倒塌或者人为损毁的；

（二）省级、市县级文物保护单位发生严重被盗、重大火灾、大面积水毁、倒塌或者大范围人为损毁的；

（三）文物收藏单位发生一级文物、2 件以上二级文物或者 5 件以上三级文物被盗、损毁、灭失的；

（四）未经国务院文物行政主管部门批准，违法进行考古勘探、发掘，或者虽经批准但不按规定程序发掘，缺乏安全措施，致使古墓葬、古文化遗址遭受

重大破坏或者 5 件以上文物被盗的；

（五）公安、工商、海关等行政部门对依法没收的文物，在办案中保管不善，结案后未及时移交文物行政主管部门，致使发生调换或者造成损毁、流失的；

（六）未经政府文物行政主管部门同意，城市规划部门擅自调整、变更规划，造成县级以上文物保护单位文物本体严重损毁，或者批准在其建设控制地带内构建建筑物，严重损坏文物保护单位风貌或原生环境的；

（七）未经批准，擅自改变文物保护单位管理体制，造成文物保护单位重大损毁、破坏的；

（八）其他人为原因造成文物严重损毁或者流失的。

第三条 各级人民政府应当建立文物安全责任制，并组织有关部门对文物安全事故防范措施的落实情况监督检查。

各级政府有关部门在各自职责范围内，做好文物安全事故的防范和处理工作。

第四条 县级以上文物行政主管部门应当建立定期检查和报告制度，实行文物安全目标管理责任制，建立健全群众性文物保护组织，及时消除文物安全事故隐患。

文物收藏单位应当建立文物安全事故防范制度，采取有效措施防火灾、防

水毁、防盗窃、防破坏，确保文物安全。

列为风险单位的文物收藏单位和文物保护单位，有关机构应当制定重大文物安全事故防范预案，报上一级文物行政主管部门备案。一级风险单位的文物安全事故防范预案应当报省文物行政主管部门备案。

第五条　文物重大安全事故发生后，当地人民政府应当迅速组织力量保护事故现场，开展抢救、抢险工作，并按照规定程序和时限上报，同时发布事故消息，不得隐瞒、谎报或者拖延报告。

第六条　文物重大安全事故发生后，当地人民政府应当迅速组织文物、公安、监察等有关部门成立事故调查组进行事故调查。

事故调查工作应当自事故发生之日起60日内完成，并由调查组提出调查报告；遇到特殊情况时经调查组提出意见，报上一级政府批准后可以适当延长时间。调查报告应当包括依照本规定对有关责任人员追究行政责任的具体意见。

本级人民政府应当自调查报告提交之日起30日内，对有关责任人员作出处理决定。

第七条　市州、县市区、乡镇人民政府依照本规定应当履行职责而未履行，或者未按照规定的职责和程序履行，致使本行政区域内发生文物重大安全事故的，对

政府主要领导、分管领导和行政主管部门主要负责人以及对文物重大安全事故的发生负有直接责任的主管人员和其他人员，视其情节轻重，给予警告、记过、记大过、降级、撤职直至开除的行政处分。

第八条　公安、工商、海关等行政部门对依法没收的文物，在办案中保管不善，结案后未及时移交致使发生调换或者造成损毁、流失的，对单位负责人和直接责任人给予警告、记过、记大过、降级、撤职直至开除的行政处分。

第九条　县级以上人民政府有关部门未按照规定职责做好文物安全事故防范工作，造成文物重大安全事故的，对部门负责人和直接责任人给予警告、记过、记大过、降级直至撤职的行政处分。

第十条　负责行政审批的有关部门或者单位，未依照法律规定履行审批职责，导致发生文物重大安全事故的，对部门或者单位的负责人和直接责任人，给予警告、记过、记大过、降级直至撤职行政处分。

第十一条　有下列行为之一，造成文物重大安全事故的，对文物行政主管部门的主要负责人给予警告、记过、记大过、降级、撤职直至开除的行政处分：

（一）未制定重大安全事故的防范预案或者对防范预案组织落实不力的；

（二）未建立定期检查和定期报告制

度的；

（三）未落实文物安全责任制和建立群众性文物保护组织的。

第十二条　未达到安全防护要求的国有文物收藏单位，不按规定将其收藏的珍贵文物交由省文物行政主管部门指定具备条件的单位代为保管，造成文物重大安全事故的，对单位主要负责人和直接责任人给予警告、记过、记大过、降级、撤职直至开除的行政处分。

第十三条　文物保护单位的管理使用单位和国有文物收藏单位未按规定建立安全事故防范制度，或者落实安全事故防范措施不力，造成文物重大安全事故的，对单位主要负责人和直接责任人给予警告、记过、记大过、降级、撤职直至开除的行政处分。

第十四条　考古单位及其他单位擅自进行考古勘探、发掘，或者虽经批准但不按规定程序发掘，造成文物重大安全事故的，对单位主要负责人和直接责任人，给予警告、记过、记大过、降级、撤职直至开除的行政处分。

第十五条　发生文物重大安全事故，有关部门或者单位不按规定上报，或者隐瞒、谎报、拖延报告，阻碍、干涉事故调查处理的，对单位负责人和直接责任人根据情节轻重给予警告、记过、记大过、降级的行政处分。

第十六条　本规定自 2008 年 8 月 1 日起施行。

麦积山石窟保护管理办法

甘肃省人民政府办公厅　2008 年 10 月 7 日印发

第一条　为了加强对麦积山石窟的保护和管理，根据《中华人民共和国文物保护法》和有关法律、法规，结合麦积山石窟保护工作实际，制定本办法。

第二条　在麦积山石窟保护范围和建设控制地带内进行文物保护、生产活动、参观考察、经营服务或者进行其他活动的单位和个人，应当遵守本办法。

第三条　麦积山石窟的保护管理，坚持"保护为主、抢救第一、合理利用、加强管理"的方针，正确处理文物保护与经济发展、人民群众生产生活的关系。

在保护范围和建设控制地带内进行基本建设、旅游发展等活动不得对文物及其环境造成损害。

第四条　省文物局是麦积山石窟保护管理工作的主管部门。麦积山石窟艺术研究所是麦积山石窟的保护管理机构，负责麦积山石窟文物的勘探调查、保护维修、科学研究、陈列展示、对外开放、安全保卫等工作。

天水市、麦积区政府及小陇山林业局协助做好麦积山的保护和监督管理工

附录

作，把麦积山石窟的保护管理纳入本地区国民经济、社会发展及城乡建设的总体规划。

第五条　麦积山石窟保护管理所需经费和维修、建设资金，主要由国家和省财政拨款予以保障，各级政府鼓励、支持发展文化产业和吸纳社会捐赠、赞助等。

用于麦积山石窟的保护和维修、建设资金以及事业性收入、社会捐赠、赞助的财物，应当依法管理，专款专用，任何单位和个人不得侵占、挪用。

第六条　麦积山石窟的保护对象包括：

（一）保护范围内的洞窟建筑、洞窟崖面，寺院建筑及遗址、古塔；

（二）窟内造像、壁画、摩崖碑刻以及构成洞窟整体的其他部分；

（三）保护范围内的地下文物；

（四）构成麦积山石窟整体的历史风貌和自然环境；

（五）由麦积山石窟艺术研究所收藏、保管的具有历史、艺术、科学价值的文物藏品和其他重要资料等。

第七条　麦积山石窟保护范围按照省政府划定公布的范围执行。重点保护区（核心区）：东至后崖沟（约500米），西至上河沟（约500米），南至小沟门（约700米），北至小献山（约500米）；一般保护区（缓冲区）：东至天池坪到三扇崖（约2500米），西至四坡梁、豆积山、油笼山（约2500米），南至香积山（约2500米），北至四沟河、天河桥（约2500米）。

第八条　为保护麦积山石窟的自然环境、历史风貌，可以在其保护范围之外划定建设控制地带，对某些建设项目加以限制。其范围由省政府确定并公布。

省文物局会同省国土资源厅、省建设厅根据省政府划定的保护范围和建设控制地带，设置保护标志和界碑，其他单位和个人不得擅自移动和损毁。

第九条　省文物局组织编制麦积山石窟保护规划，经国家文物局批准后，由省政府公布实施。

编制麦积山石窟保护规划应与当地土地利用总体规划、城乡建设规划相衔接。

第十条　麦积山石窟重点保护区（核心区）内不得新建永久性建筑物、构筑物；一般保护区（缓冲区）内不得进行与文物保护无关的建设工程。在保护范围内不得进行爆破、钻探、挖掘等作业，不得建设污染文物、破坏环境的设施。因特殊需要进行的建设工程，必须事先征得国家文物局同意，由省政府批准。

第十一条　在保护范围和建设控制地带内已有的危害文物安全、破坏历史风貌和自然环境的建筑物、构筑物，由

省文物局责令建筑物、构筑物所有人限期治理，逾期仍达不到治理要求的，应当依法拆除或迁移。

第十二条　麦积山石窟保护范围内禁止下列活动：

（一）挖沙、采石、取土、开荒、修坟、伐木、放牧、焚烧、野炊；

（二）在文物和保护设施、标志、界碑上张贴、涂写、刻划和攀登；

（三）在禁止拍摄区域内进行拍摄活动；

（四）运输、遗弃或者存放易燃、易爆、剧毒、放射性物品；

（五）空中作业，射击、狩猎；

（六）擅自占用或者破坏植被、河流水系、道路和乱倒垃圾；

（七）擅自测绘文物、建筑物、构筑物；

（八）私设路障，设卡收费；

（九）乱设摊点，非法经营；

（十）其他可能损毁或者破坏文物、建筑物、构成物以及环境风貌的活动。

第十三条　在保护范围和建设控制地带内进行工程建设，应当依法进行考古调查、勘探。由省文物局组织有考古发掘证照的单位实施。

配合工程建设进行的考古调查、勘探和发掘费用，由建设单位列入工程预算。

第十四条　在建设控制地带内进行工程建设，应当事先进行环境影响评估。建设工程设计方案应由国家文物局同意后，报建设规划行政主管部门批准，其形式、高度、体量、色调等应当与麦积山石窟的历史风貌和自然环境相协调。

第十五条　省文物局应组织、邀请相关专业机构及专家，对麦积山石窟的地质环境进行详尽的勘察，做出全面的地质、地貌环境评估报告，并制定可能出现的百年一遇的自然灾害（地震、暴风雪、暴雨、山洪、冰凌等等）防治应急预案。

天水市、麦积区、麦积山石窟艺术研究所各尽其责，组织做好防灾的人力、物资储备等各项工作，以保证防灾应急预案的实施。

第十六条　麦积山石窟艺术研究所应当根据文物保护的需要，科学核定和控制游客承载量，对开放洞窟采取分区轮休或限制游客数量等措施，确保文物与游客安全。

第十七条　麦积山石窟艺术研究所应建立健全保护管理制度，配备防火、防盗、防虫、防自然损坏等设施设备，确保文物安全，保护其历史风貌和自然环境不受损害。

第十八条　麦积山石窟艺术研究所应当加强文物保护技术的科学研究、合作与应用。按照不改变文物原状的原则，及时对文物进行修缮、保养。对文物进行修缮时，应当依法办理审批手续，设计、施工、监理等单位必须有相应级别的文物保护资质。

第十九条　麦积山石窟文物及保护范围内的土地不得非法占有、抵押、承包、转让或者赠与、出租、出售，不得作为企业资产经营，不得用于不利于文物保护的活动。

改变麦积山石窟管理体制或用途，应由省政府报国务院审批。

第二十条　麦积山石窟艺术研究所负责建立和健全麦积山石窟文物记录档案。凡新发现的文物遗迹应当实行原址保护；发掘出土的文物由麦积山石窟艺术研究所收藏。馆藏文物的出入库、提取使用、调拨、交换、借用和对外展出应当按照法律、法规办理手续。

第二十一条　麦积山石窟艺术研究所对麦积山石窟文物和科学保护技术的研究成果以及由其提供资料制作的出版物、音像制品等，享有法律、法规规定的知识产权。

第二十二条　制作出版物、电影、电视剧（片）以及专业录像和专业摄影需拍摄麦积山石窟文物的单位和个人，应当经省文物局批准，按照规定缴纳有关费用，并在麦积山石窟艺术研究所工作人员的监督下进行拍摄。

第二十三条　因特殊情况需要临摹、复制麦积山石窟文物，应当根据文物级别，经国家文物局或省文物局批准，并由麦积山石窟艺术研究所监制。

第二十四条　申请在保护范围内从事经营活动的单位和个人，应当事先征得麦积山石窟艺术研究所同意，到天水市政府有关部门办理相关手续，并在指定场地经营。

第二十五条　任何单位和个人都有保护麦积山石窟文物的义务，对损害、破坏文物和历史风貌、自然环境的行为有权阻止、举报。

在麦积山石窟保护工作中做出突出贡献的单位和个人，由省政府或省文物局予以表彰奖励。

第二十六条　违反本办法规定的行为，法律、法规有处罚规定的，从其规定。

对违反本办法应当受到处罚的其他行为，由省文物局依照有关法律、法规做出处罚规定，可以依法委托麦积山石窟艺术研究所或当地政府有关部门按照委托的权限实施处罚。

第二十七条　国家工作人员在麦积山石窟保护管理工作中滥用职权、玩忽职守、徇私舞弊的，由其所在单位或者上级主管部门给予行政处分；构成犯罪的，依法追究刑事责任。

第二十八条　本办法自印发之日起

施行。

炳灵寺石窟保护管理办法

甘肃省人民政府办公厅 2008 年 10 月 7 日印发

第一条 为了加强对炳灵寺石窟的保护和管理，根据《中华人民共和国文物保护法》和有关法律、法规，结合炳灵寺石窟保护工作实际，制定本办法。

第二条 在炳灵寺石窟保护范围和建设控制地带内进行文物保护、生产活动、参观考察、经营服务或者进行其他活动的单位和个人，应当遵守本办法。

第三条 炳灵寺石窟的保护管理，坚持"保护为主、抢救第一、合理利用、加强管理"的方针，正确处理文物保护与经济发展、人民群众生产生活的关系。

在保护范围和建设控制地带内进行基本建设、旅游发展等活动不得对文物及其环境造成损害。

第四条 省文物局是炳灵寺石窟保护管理工作的主管部门。炳灵寺文物保护研究所是炳灵寺石窟的保护管理机构，负责炳灵寺石窟文物勘探调查、保护维修、科学研究、陈列展示、对外开放、安全保卫等工作。

临夏州、永靖县政府协助做好炳灵寺石窟的保护和监督管理工作，把炳灵寺石窟的保护管理纳入本地区经济、社会发展及城乡建设的总体规划。

第五条 炳灵寺石窟保护管理所需经费和维修、建设资金，主要由国家和省财政拨款予以保障，各级政府鼓励、支持发展文化产业和吸纳捐赠、赞助等。

用于炳灵寺石窟的保护管理经费和维修、建设资金以及事业性收入、社会捐赠、赞助的财物，应当依法管理，专款专用，任何单位和个人不得侵占、挪用。

第六条 炳灵寺石窟的保护对象包括：

（一）保护范围内的石窟建筑、窟前木构建筑、寺院遗址；

（二）洞窟内造像、壁画、题记以及构成洞窟整体的其他部分；

（三）保护范围内的地下文物；

（四）构成炳灵寺石窟整体的历史风貌和自然环境；

（五）由炳灵寺文物保护研究所收藏、保管的具有历史、艺术、科学价值的文物藏品和其他重要资料等。

第七条 炳灵寺石窟保护范围按照省政府划定公布的范围执行。重点保护区（核心区）：东至静宁沟（约1500米），南至下寺（约300米），北至上寺（约2500米），西至棠春沟（约1500米）；一般保护区（缓冲区）：西至塔坪（约3000米），东至鸳鸯洞（约3000米），南至黄河（约500米），北至宋家城（约5000米）。

第八条 为保护炳灵寺石窟的自然环境、历史风貌，可以在其保护范围之外划定建设控制地带，对建设项目加以限制。其范围由省政府确定并公布。

省文物局会同省国土资源厅、省建设厅根据省政府划定的保护范围、建设控制地带，设置保护标志和界碑，其他单位和个人不得擅自移动和损毁。

第九条 炳灵寺各区域之间的交通及炳灵寺与外界的交通应当保障畅通，任何单位和个人不得随意阻断。

第十条 省文物局组织编制炳灵寺石窟保护规划，经报国家文物局批准后，由省政府公布实施。

编制炳灵寺石窟保护规划应与当地土地利用总体规划、城乡建设规划相衔接。

第十一条 炳灵寺石窟重点保护区（核心区）内不得新建永久性建筑物、构筑物；一般保护区（缓冲区）内不得进行与文物保护无关的建设工程。在保护范围内不得进行爆破、钻探、挖掘等作业，不得建设污染文物、破坏环境的设施。因特殊需要进行的建设工程，必须事先征得国家文物局同意，由省政府批准。

第十二条 在保护范围和建设控制地带内已有的危害文物安全、破坏历史风貌和自然环境的建筑物、构筑物，由省文物局责令建筑物、构筑物所有人限期治理，逾期仍达不到治理要求的，应

当依法拆除或迁移。

第十三条 炳灵寺石窟保护范围内禁止下列活动：

（一）挖沙、采石、取土、开荒、修坟、伐木、放牧、焚烧、野炊；

（二）在文物和保护设施、标志、界碑上张贴、涂写、刻划和攀登；

（三）在禁止拍摄区域内进行拍摄活动；

（四）运输、遗弃或者存放易燃、易爆、剧毒、放射性物品；

（五）空中作业，射击、狩猎；

（六）擅自占用或者破坏植被、河流水系、道路和乱倒垃圾；

（七）擅自测绘文物、建筑物、构筑物；

（八）私设路障，设卡收费；

（九）乱设摊点，非法经营；

（十）其他可能损毁或者破坏文物、建筑物、构成物以及环境风貌的活动。

第十四条 在保护范围和建设控制地带内进行工程建设，应当依法进行考古调查、勘探。由省文物局组织有考古发掘证照的单位实施。

配合工程建设进行的考古调查、勘探和发掘费用，由建设单位列入工程预算。

第十五条 在建设控制地带内进行工程建设，应当事先进行环境影响评估。建设工程设计方案应当由国家文物局同

意后，报建设规划主管部门批准，其形式、高度、体量、色调等应与炳灵寺石窟的历史风貌和自然环境相协调。

第十六条　省文物局应组织、邀请相关专业机构及专家，对炳灵寺石窟的地质环境进行详尽的勘察，做出全面的地质、地貌环境评估报告，并制定可能出现的百年一遇的自然灾害（地震、暴风雪、暴雨、山洪、冰凌等等）防治应急预案。

临夏州、永靖县、炳灵寺文物保护研究所应各尽其责，组织做好防灾的人力、物资储备等各项工作，以保证防灾应急预案的实施。

第十七条　炳灵寺文物保护研究所应当根据文物保护需要，科学核定和控制游客承载量，对开放洞窟采取分区轮休或限制游客数量等措施，确保文物与游客安全。

第十八条　炳灵寺文物保护研究所应建立健全保护管理制度，配备防火、防盗、防虫、防自然损坏等设施设备，确保文物安全，保护其历史风貌和自然环境不受损害。

第十九条　炳灵寺文物保护研究所应当加强文物保护技术的科学研究、合作与应用。按照不改变文物原状的原则，及时对文物进行修缮、保养。对文物进行修缮时，应当依法办理审批手续，设计、施工、监理等单位必须有相应级别的文物保护资质。

第二十条　炳灵寺石窟文物及其保护范围内的土地不得非法占有、抵押、承包、转让或者赠与、出租、出售，不得作为企业资产经营，不得用于不利于文物保护的活动。

改变炳灵寺石窟管理体制或用途，应由省政府报国务院审批。

第二十一条　炳灵寺文物保护研究所负责建立、健全炳灵寺石窟文物记录档案。凡新发现的文物遗迹应当实行原址保护；发掘出土的文物由炳灵寺文物保护研究所收藏。馆藏文物的出入库、提取使用、调拨、交换、借用和对外展出应当按照法律、法规办理手续。

第二十二条　炳灵寺文物保护研究所对炳灵寺石窟文物和科学保护技术的研究成果以及由其提供资料制作的出版物、音像制品等，享有法律、法规规定的知识产权。

第二十三条　制作出版物、电影、电视剧（片）以及专业录像和专业摄影需拍摄炳灵寺石窟文物的单位和个人，应当经省文物局批准，按照规定缴纳有关费用，并在炳灵寺文物保护研究所工作人员的监督下进行拍摄。

第二十四条　因特殊情况需要临摹、复制炳灵寺石窟文物，应当根据文物级别，经国家文物局或省文物局批准，并

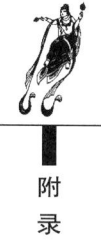

附录

由炳灵寺文物保护研究所监制。

第二十五条　申请在保护范围内从事经营活动的单位和个人，应当事先征得炳灵寺文物保护研究所同意，到永靖县政府有关部门办理相关手续，并在指定场地经营。

第二十六条　宗教部门不得在保护范围内批准设立新的宗教场所，已在保护范围内驻留的喇嘛或僧人必须服从炳灵寺文物保护研究所管理，并对所住区域的文物安全负责。

第二十七条　任何单位和个人都有保护炳灵寺石窟文物的义务，对损害、破坏文物和历史风貌、自然环境的行为有权阻止、举报。

在炳灵寺石窟保护工作中做出突出贡献的单位和个人，由省政府或省文物局予以表彰奖励。

第二十八条　违反本办法规定的行为，法律、法规有处罚规定的，从其规定。

对违反本办法应当受到处罚的其他行为，由省文物局依照有关法律、法规做出处罚规定，可以依法委托炳灵寺文物保护研究所或当地政府有关部门，按照委托的权限实施处罚。

第二十九条　国家工作人员在炳灵寺石窟保护管理工作中滥用职权、玩忽职守、徇私舞弊的，由其所在单位或上级主管部门给予行政处分；构成犯罪的，依法追究刑事责任。

第三十条　本办法自印发之日起施行。

榆林窟保护管理办法

甘肃省人民政府办公厅　2008 年 10 月 7 日印发

第一条　为了加强对榆林窟的保护和管理，根据《中华人民共和国文物保护法》和有关法律、法规，结合榆林窟保护工作实际，制定本办法。

第二条　在榆林窟保护范围和建设控制地带内进行文物保护、生产生活、参观考察、经营服务或其他活动的单位和个人，应当遵守本办法。

第三条　榆林窟的保护管理，坚持"保护为主，抢救第一，合理利用，加强管理"的方针，正确处理文物保护与经济发展、人民群众生产生活的关系。

在保护范围和建设控制地带内进行基本建设、旅游发展等活动不得对文物及其环境造成损害。

第四条　省文物局是榆林窟保护管理工作的主管部门。敦煌研究院是榆林窟的保护管理机构，负责榆林窟文物的勘探调查、保护维修、科学研究、陈列展示、对外开放、安全保卫等工作。

酒泉市、瓜州县政府协助做好榆林窟的保护和监督管理工作，把榆林窟的保护管理纳入本地区国民经济、社会发展及城乡建设的总体规划。

第五条　榆林窟保护管理所需经费和维修、建设资金，主要由国家和省财政拨款予以保障，各级政府鼓励、支持发展文化产业和吸纳社会捐赠、赞助等。

用于榆林窟的保护管理经费和维修、建设资金，以及事业性收入、社会捐赠、赞助的财物，应当依法管理，专款专用，任何单位和个人不得侵占、挪用。

第六条　榆林窟的保护对象包括：

（一）保护范围内的石窟建筑、窟前木构建筑、窟前寺院遗址、古塔；

（二）窟内壁画、塑像以及构成洞窟整体的其他部分；

（三）保护范围内的地下文物；

（四）构成榆林窟整体的历史风貌和自然环境；

（五）由敦煌研究院收藏、保管的具有历史、艺术、科学价值的文物藏品和其他重要资料等。

第七条　榆林窟保护范围按照省政府划定公布的范围执行。重点保护区（核心区）：东至驴尾巴梁（约500米），西至土墩子梁（约500米），南至上野狐洞（约1000米），北至下野狐洞（约500米）；一般保护区（缓冲区）：东至驴尾巴梁再延伸3000米，西至土墩子梁再延伸3000米，南至路口湾子（10000米），北至蘑菇台子（4000米）。

第八条　为保护榆林窟的自然环境、历史风貌，可以在其保护范围之外划定建设控制地带，对建设项目加以限制。其范围由省政府确定并公布。

省文物局会同省国土资源厅、省建设厅根据省政府划定的保护范围、建设控制地带，设置保护标志和界碑，其他单位和个人不得擅自移动和损毁。

第九条　省文物局组织编制榆林窟的保护规划，经国家文物局批准后，由省政府公布实施。

编制榆林窟保护规划应与当地土地利用总体规划、城乡建设规划相衔接。

第十条　榆林窟重点保护区（核心区）内不得新建永久性建筑物、构筑物；一般保护区（缓冲区）内不得进行与文物保护无关的建设工程。在保护范围内不得进行爆破、钻探、挖掘等作业，不得建设污染文物、破坏环境的设施。因特殊需要进行的建设工程，必须事先征得国家文物局同意，由省政府批准。

第十一条　在保护范围和建设控制地带内已有的危害文物安全、破坏历史风貌和自然环境的建筑物、构筑物，由省文物局责令建筑物、构筑物的所有人限期治理，逾期仍达不到治理要求的，应当依法拆除或迁移。

第十二条　瓜州县有关部门、单位和敦煌研究院应当采取措施对保护范围

内的地表、地貌进行保护，对保护范围和建设控制地带内榆林河两岸的生态环境进行治理，加强污染防治和监督管理。

第十三条 榆林窟保护范围内禁止下列活动：

（一）挖沙、采石、取土、开荒、修坟、伐木、放牧、焚烧、野炊；

（二）在文物和保护设施、标志、界碑上张贴、涂写、刻划和攀登；

（三）在禁止拍摄区域内进行拍摄活动；

（四）运输、遗弃或者存放易燃、易爆、剧毒、放射性物品；

（五）空中作业，射击、狩猎；

（六）擅自占用或者破坏植被、河流水系、道路和乱倒垃圾；

（七）擅自测绘文物、建筑物、构筑物；

（八）私设路障，设卡收费；

（九）乱设摊点，非法经营；

（十）其他可能损毁或者破坏文物、建筑物、构成物以及环境风貌的活动。

第十四条 在保护范围和建设控制地带内进行工程建设，应当依法进行考古调查、勘探。由省文物局组织有考古发掘证照的单位实施。

配合工程建设进行的考古调查、勘探和发掘费用，由建设单位列入工程预算。

第十五条 在建设控制地带内进行工程建设，应当事先进行环境影响评估。

建设工程设计方案应由国家文物局同意后，报建设规划行政主管部门批准，其形式、高度、体量、色调等应当与榆林窟的历史风貌和自然环境相协调。

第十六条 省文物局应组织、邀请相关专业机构及专家，对榆林窟的地质环境进行详尽的勘察，做出全面的地质、地貌环境评估报告，并制定可能出现的百年一遇的自然灾害（地震、暴风雪、强沙尘暴、暴雨、山洪、冰凌等）防治应急预案。

酒泉市、瓜州县、敦煌研究院各尽其责，组织做好防灾的人力、物资储备等各项工作，以保证防灾应急预案的实施。

第十七条 敦煌研究院应当根据文物保护需要，科学核定和控制游客容量，对开放洞窟采取分区轮休或限制游客数量等措施，确保文物与游客安全。

第十八条 敦煌研究院应建立健全保护管理制度，配备防火、防盗、防虫、防自然损坏等设施设备，确保文物安全，保护其历史风貌和自然环境不受损害。

第十九条 敦煌研究院应当加强文物保护技术的科学研究、合作与应用。按照不改变文物原状的原则，及时对文物进行修缮、保养。对文物进行修缮时，应当依法办理审批手续，设计、施工、监理等单位必须有相应级别的文物保护资质。

第二十条 榆林窟文物及保护范围内的土地不得非法占有、抵押、承包、转让或者赠与、出租、出售，不得作为企业资产经营，不得用于不利于文物保护的活动。

改变榆林窟管理体制或用途，应由省政府报国务院审批。

第二十一条　敦煌研究院建立和健全榆林窟文物记录档案。凡新发现的文物遗迹应当实行原址保护；发掘出土的文物由敦煌研究院收藏。馆藏文物的出入库、提取、使用、调拨、交换、借用和对外展出应当按照法律、法规办理手续。

第二十二条　敦煌研究院对榆林窟文物和科学保护技术的研究成果以及由其提供资料制作的出版物、音像制品等，享有法律、法规规定的知识产权。

第二十三条　制作出版物、电影、电视剧（片）以及专业录像和专业摄影需拍摄榆林窟文物的单位和个人，应当经省文物局批准，按照规定缴纳有关费用，并在敦煌研究院专业人员监督下进行拍摄。

第二十四条　因特殊情况需要临摹、复制榆林窟文物，应当根据文物级别，经国家文物局或省文物局批准，并由敦煌研究院监制。

第二十五条　申请在保护范围内从事经营活动的单位和个人，应当事先征得敦煌研究院同意，到瓜州县政府有关部门办理相关手续，并在指定场地经营。

第二十六条　任何单位和个人都有保护榆林窟文物的义务，对损害、破坏文物和历史风貌、自然环境的行为有权阻止、举报。

在榆林窟保护工作中做出突出贡献的单位和个人，由省政府或省文物局予以表彰奖励。

第二十七条　违反本办法规定的行为，法律、法规有处罚规定的，从其规定。

对违反本办法应当受到处罚的其他行为，由省文物局依照有关法律、法规做出处罚规定，可以依法委托敦煌研究院或当地政府的有关部门，按照委托的权限实施处罚。

第二十八条　国家工作人员在榆林窟保护管理工作中滥用职权、玩忽职守、徇私舞弊的，由其所在单位或上级主管部门给予行政处分；构成犯罪的，依法追究刑事责任。

第二十九条　本办法自印发之日起施行。

甘肃省文物保护单位保护范围和建设控制地带划定办法（试行）

甘肃省文物局　甘肃省建设厅　2006年3月

第一条　各级文物保护单位保护范围和建设控制地带的划定，应当遵守《文物保护法》《文物保护法实施条例》《甘肃省文物保护条例》和《全国重点文物保护单位保护范围、标志说明、记录档案和保管机构工作规范（试行）》所确立的原则和程序和景观的需要合理划定，确保文物保护单位相关环境的完整性、独特性、和谐性。

古建筑、古遗址划定建设控制地带时还应考虑保护文物的景观视线，保证在视觉和空间上不被影响。

第三条　经划定公布的保护范围和建设控制地带，是对文物保护单位进行保护管理的重要依据，具有法律效力。对已划定公布的保护范围和建设控制地带进行调整或修订，应按原报批程序进行。

第四条　全国重点文物保护单位和省级文物保护单位的保护范围，由文物保护单位所在地市级文物行政部门会同建设、国土资源行政部门划定，报省文物局商省建设厅、国土资源厅审核后，由省人民政府公布。

市级和县级文物保护单位的保护范围，由市（州）文物行政部门组织县（市、区）文物行政部门会同建设、国土资源行政部门划定后，分别由市级或县级人民政府核定公布，并报省文物局备案。

第五条　全国重点文物保护单位和省级文物保护单位的建设控制地带，根据该文物保护单位的实际情况，由省文物局会同省建设厅和省国土资源厅划定，报经省政府批准后公布。

市级和县级文物保护单位的建设控制地带，由核定公布该文物保护单位的人民政府文物行政部门会同建设、国土资源部门划定，报经同级人民政府批准后公布。

第六条　保护范围和建设控制地带的四至要根据现场实际情况确定，四至界线根据地形应使用地理坐标标注，并在坐标点树立永久性界桩。

保护范围和建设控制地带的文字表达应规范、准确、肯定、含义清楚，所需的各类图纸和资料应符合相关部门的规定和质量要求，图例统一，图纸表达内容与文物保护单位的情况一致。

第七条　古墓葬类文物保护单位保护范围和建设控制地带最小范围为：

墓群：以现已掌握的资料确定的墓葬分布范围划定保护范围，保护范围外100~500米划定建设地带。

有封土的单体墓葬：以封土四周底边外延50~100米划定保护范围，保护范围外100~200米划定建设控制地带；有墓道的古墓葬应按墓道顶端外延与封土外延实际距离划定。

无封土的单体墓葬：以已经探明的墓葬范围外延50~100米划定保护范围，保护范围外50~100米划定建设控制地带。

第八条　古遗址类文物保护单位保护范围和建设控制地带最小范围为：

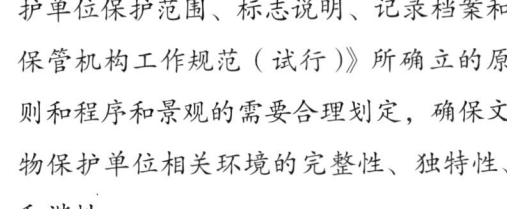

以现已掌握的资料确定的遗迹、遗物分布范围划定保护范围，保护范围外100~500米划定建设控制地带。在建设控制地带附近新发现的遗址，若经研究证明与该遗址有关，可单独重新划定保护范围和建设控制地带，其保护级别与保护要求与该遗址一致。

第九条 古建筑、纪念性建筑、革命旧址、旧居类文物保护单位保护范围和建设控制地带最小范围为：

建筑群或成组的建筑：以现在围墙（或其他界线）以外10~20米划定保护范围，保护范围外50~200米划定建设控制地带。

单体古建筑：以该建筑基座底边外延20~30米划定保护范围，保护范围外50~100米划定建设控制地带。

塔类建筑：以塔基四周底边为基准，外延以塔高度的2倍数值划定保护范围，保护范围外50~100米划定建设控制地带。

第十条 石窟寺类文物保护单位保护范围和建设控制地带最小范围为：

石窟群：以现已掌握的洞窟分布范围为界线外延500~1000米划定保护范围，保护范围外延1000~2000米划定建设控制地带。

单体石窟：以该石窟边沿外延500~1000米划定保护范围，保护范围外延500~1000米划定建设控制地带。

敦煌莫高窟保护范围和建设控制地带的划定公布，按照《甘肃敦煌莫高窟保护管理条例》的有关规定办理。

第十一条 石刻、碑碣等其他类文物保护单位保护范围和建设控制地带，应根据文物所在地的具体情况，合理划定保护范围和建设控制地带。

第十二条 本办法由省文物局负责解释。

山丹县长城保护管理办法

山丹县人民政府 2009年4月10日印发

第一条 为了加强本县境内长城及其环境风貌的保护工作，确保长城的真实性、完整性和延续性，根据《中华人民共和国文物保护法》《长城保护条例》及相关法律、法规、规章，并结合本县文物保护的实际情况，特制定本办法。

第二条 本办法所称长城，是指长城的墙体、墙体遗址、壕堑、烽火台和与长城主体有关的城堡、关隘、列障等附属建筑、构筑及其他相关文物。

第三条 坚持"保护为主，抢救第一，合理利用，加强管理"的方针和"属地管理，科学规划"的原则，将长城保护纳入山丹县国民经济和社会发展计划、土地利用总体规划、城乡建设总体规划、旅游开发总体规划和新农村建设总体规划。

第四条　县文物行政主管部门负责对境内长城的保护、监督和管理工作，并负责制定县境内长城保护总体规划和阶段性保护方案。

第五条　城建、规划、国土、公安、环保、工商、旅游、农业、林业、水利、畜牧等行政部门应当在各自的职责范围内，协同做好境内长城保护管理工作。

第六条　鼓励社会力量加强长城的保护，支持国内、国际间的合作与交流，积极发展文物旅游，促进文物交流和文物保护工作。

第七条　长城属全国重点文物保护单位，县文物行政主管部门要积极争取国家长城保护经费，加强对长城保护经费的使用管理，做到专款专用，切实做好境内长城的保护工作。

第八条　县文物行政主管部门制定长城安全突发事件应急预案，配备必要的设施设备，负责长城日常巡视检查和维护、修缮、抢险等保护工作，确保长城的历史风貌和周边环境不受损害。

第九条　对长城进行维修抢险加固时，应依法逐级办理报批手续，其维修方案设计、工程施工、工程监理等必须由取得相应文物保护工程设计和施工资质的单位承担。

第十条　城建、规划、国土、公安、环保、工商、旅游、农业、林业、水利、畜牧等行政部门和有关乡镇人民政府应当按照各自的职能范围，以保护整体风貌和保留完整体系为原则，配合县文物行政主管部门划定落实长城的保护范围和建设控制地带。

在荒滩戈壁地段，以长城两侧各50~100米为保护范围，长城两侧各200米为建设控制地带。

长城两侧有耕地的，以长城两侧各10~20米为重点保护范围，以长城两侧各50米为建设控制地带。

在人口居住区，以长城中轴线两侧各5米为重点保护范围，以中轴线两侧各10米为建设控制地带。

根据本县实际，长城沿线东乐、清泉、位奇、陈户、老军5个乡镇人民政府配合县文物行政主管部门做好本辖区内耕地和人口居住区的退耕退地工作，未经文物行政主管部门批准，严禁在长城两侧建设控制地带内修建永久性或临时性建筑物、构筑物。

第十一条　县文物行政主管部门对县境内的长城进行普查登记，建立普查档案。根据实际情况，有计划地分段设置标志界碑和防护栏。

长城保护档案应包括历史文献和保存现状，历史文献资料包括修筑长城的文字记载及绘画、图片、诗文等。保存现状包括，现状文字记录、现状实测图、现状照片影像、碑刻拓片、长城维修设计、施工方案资料记录、长城研究成果等。档案资料由县文物行政主管部门和乡镇文化站分别备案。

第十二条　县人民政府，县文物管理局，有关乡镇人民政府、部门、单位和村民委员会逐级签订长城保护责任书，共同做好本辖区内的长城保护管理工作。

第十三条　任何单位或者个人不得将长城转让、抵押或者折股作为企业资产经营。未经批准，任何单位或个人不得利用长城开辟参观游览场所。

第十四条　未经批准任何单位和个人均不得在长城保护范围和建设控制地带内从事下列活动：

（一）开矿采石、挖沙取土、开荒种地、打井修渠、修建新的建筑物等破坏地形地貌和生态环境的活动；

（二）电力通讯、农田水利、道路设施和从事种植、养殖及其他生产、生活活动；

（三）在长城保护范围和建设控制地带内非法设置影响长城赋存环境的商业广告等标志、标牌。

第十五条　严格控制利用长城拍摄电影、电视和举办大型活动。

利用长城拍摄电影、电视或者举办大型活动的，应当依法履行报批手续，其搭设的临时设施、活动规模等不得危及长城安全。

第十六条　禁止从事下列危及长城安全的活动：

（一）在长城主体上架设各种高压电缆及通讯设施；

（二）在长城墙体上做广告宣传和其他宣传标语；

（三）非法移动、拆除、污损、破坏长城保护标志；

（四）在长城上架梯、挖坑、竖杆、堆积垃圾；

（五）在长城保护范围内建圈牧羊，搭建各种临时窝棚；

（六）擅自利用长城设卡收费或者从事其他非法活动；

（七）刻划、涂污、损坏、损毁长城。

第十七条　各乡镇、各部门、各单位和公民都有义务对破坏长城及其环境风貌的行为予以制止和举报。文物行政主管部门接到举报后，应当及时依法处理。

第十八条　对依照本办法负有长城保护管理职责的乡镇、部门及其有关工作人员，未依法履行保护管理长城的责任，发生危及长城安全、影响长城环境风貌后果的，由县人民政府追究乡镇、部门和有关责任人的责任。

第十九条　违反本办法的，由县文物行政主管部门依照《中华人民共和国

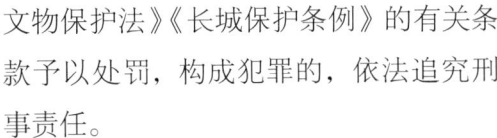
文物保护法》《长城保护条例》的有关条款予以处罚，构成犯罪的，依法追究刑事责任。

第二十条 对保护长城成绩显著的单位和公民由县人民政府或县文物行政主管部门给予精神鼓励或物质奖励。

第二十一条 本办法由县文物管理局负责解释。

第二十二条 本办法自颁布之日起实施。

武威市凉州区长城保护管理办法

凉州区人民政府 2009 年 8 月 21 日印发

第一条 为了加强本区内长城及其环境风貌的保护工作，确保长城的真实性、完整性和延续性，根据《中华人民共和国文物保护法》《长城保护条例》及相关法律、法规、规章，并结合本区文物保护的实际情况，特制定本办法。

第二条 本办法所称长城，是指长城的墙体、墙体遗址、壕堑、烽火台和与长城主体有关的城堡、关隘、列障等附属建筑、构筑及其他相关文物。

第三条 坚持"保护为主，抢救第一，合理利用，加强管理"的方针和"属地管理，科学规划"的原则，将长城保护纳入凉州区国民经济和社会发展规划、土地利用总体规划、城乡建设总体规划、旅游开发总体规划和新农村建设总体规划。

第四条 区文物行政主管部门负责对境内长城的保护、监督和管理工作，并负责制定区内长城保护总体规划和阶段性保护方案。

第五条 城建、国土、旅游、农业、林业、水务、农牧、公安、环保、工商等行政部门应当在各自的职责范围内，协同做好境内长城保护管理工作。

第六条 鼓励社会力量加强长城的保护，支持国内、国际间的合作与交流，积极发展文物旅游，促进文物交流和文物保护工作。

第七条 长城属国家级文物保护单位，区文物行政主管部门要积极争取国家长城保护经费，加强对长城保护经费的使用管理，做到专款专用，切实做好境内长城的保护工作。

第八条 区文物行政主管部门制定长城安全突发事件应急预案，配备必要的设施设备，负责长城日常巡视检查和维护、修缮、抢险等保护工作，确保长城的历史风貌和周边环境不受损害。

第九条 对长城进行维修抢险加固时，应依法逐级办理报批手续，其维修方案设计、工程施工、工程监理等必须由取得相应文物保护工程设计和施工资质的单位承担。

第十条 城建、国土、旅游、农业、林业、水利、农牧、公安、工商等行政部门和有关乡镇人民政府应当按照各自的职则范围，以保护整体风貌和保留完整体系为原则，配合区文物行政主管部门划定落实长城的保护范围和建设控制地带。

在荒滩戈壁地段，以长城两侧各 50 米为保护范围，长城两侧各 100 米为建设控制地带。长城两侧有耕地的，以长城两侧各 10 米为重点保护范围，以长城两侧各 50 米为建设控制地带。在人口居住区，以长城中轴线两侧各 5 米为重点保护范围，以中轴线两侧各 10 米为建设控制地带。历史形成在长城保护范围和建设控制地带内居住的群众对辖地内的长城负有保护责任，不得人为再造成新的破坏。长城沿线黄羊镇、清源镇、长城乡、吴家井乡、九墩滩指挥部、东河乡、下双乡、九墩乡 8 个乡（镇）人民政府配合区文物行政主管部门做好辖区内长城建设控制地带和人口居住区的退耕退地工作。

第十一条 区文物行政主管部门对区境内的长城进行普查登记，建立普查档案。根据实际情况，有计划地分段设置标志界碑和防护栏。长城保护档案应包括历史文献和保存现状，历史文献资料包括修筑长城的文字记载及绘画、图片、诗文等。保存现状包括，现状文字记录、现状实测图、现状照片影像、碑刻拓片、长城维修设计、施工方案资料记录、长城研究成果等。档案资料由区文物行政主管部门和乡镇文化站分别备案。

第十二条 区人民政府，区文化体育局，有关乡镇人民政府、部门、单位和村民委员会逐级签订长城保护责任书，共同做好本辖区内的长城保护管理工作。

第十三条 任何单位或者个人不得将长城转让、抵押或者折股作为企业资产经营。未经批准，任何单位或个人不得利用长城开辟参观游览场所。

第十四条 未经批准任何单位和个人均不得在长城保护范围和建设控制地带内从事下列活动：

（一）开矿采石、挖沙取土、开荒种地、打井修渠、修建新的建筑物等破坏地形地貌和生态环境的活动；

（二）电力通讯、农田水利、道路设施和从事种植、养殖及其他生产、生活活动；

（三）在长城保护范围和建设控制地带内非法设置影响长城赋存环境的商业广告等标志、标牌。

第十五条 严格控制利用长城拍摄电影、电视和举办大型活动。利用长城拍摄电影、电视或者举办大型活动的，应当依法履行报批手续，其搭设的临时设施、活动规模等不得危及长城安全。

第十六条　禁止从事下列危及长城安全的活动：

（一）在长城主体上架设各种高压电缆及通讯设施；

（二）在长城墙体上做广告宣传和其他宣传标语；

（三）非法移动、拆除、污损、破坏长城保护标志；

（四）在长城上架梯、挖坑、竖杆、堆积垃圾；

（五）在长城保护范围内建圈牧羊，搭建各种临时窝棚；

（六）擅自利用长城设卡收费或者从事其他非法活动；

（七）刻划、涂污、损坏、损毁长城。

第十七条　各乡镇、各部门、各单位和公民都有义务对破坏长城及其环境风貌的行为予以制止和举报。文物行政主管部门接到举报后，应当及时依法处理。

第十八条　对依照本办法负有长城保护管理职责的乡镇、部门及其有关工作人员，未依法履行保护管理长城的责任，发生危及长城安全、影响长城环境风貌后果的，由区人民政府追究乡镇、部门和有关责任人的责任。

第十九条　违反本办法的，由区文物行政主管部门依照《中华人民共和国文物保护法》《长城保护条例》的有关条款予以处罚，构成犯罪的，依法追究刑事责任。

第二十条　对保护长城成绩显著的单位和公民由区人民政府或区文物行政主管部门给予精神鼓励或物质奖励。

第二十一条　本办法由区文化体育局负责解释。

第二十二条　本办法自颁布之日起实施。

附录二　文献辑存

甘肃省人民委员会关于注意保护古文物的通知

1956 年 6 月 7 日

各自治州、市、县人民委员会，农林厅、工业厅、农林厅水利局、城市建设局、文化局、交通厅：

　　甘肃是中国古代文化注意发祥地之一，历代各族人民所创造的文物建筑遍及全省，其中并有很大部分埋藏地下尚未发掘。中华人民共和国成立后随着社会主义建设事业的发展，在全省各地业已发现了不少的文物古迹。截至目前已在兰州、皋兰、榆中、永登、古浪、武威、民勤、永昌、山丹、民乐、张掖、高台、酒泉、玉门、安西、敦煌、临洮、广通、甘谷、天水、徽县等地，发现了新石器时代遗迹 40 余处，汉代遗迹、墓葬 30 余处；在天水、庆阳、灵台、宁县也出土过秦汉时代的铜器；在武威、敦煌、天水、陇西、和政等地，也发现有唐代以后的遗物。还有敦煌千佛寺，天水麦积山，永靖的炳灵寺，安西、玉门、固原、泾川、崇信、中卫等地石窟，庆阳、兰州、永登、武威、陇西等地的古建筑，庆阳、环县等地保存的革命遗迹与文物，随着农业合作化、工业建设和城市建设的发展，必然还会发现更多的文物遗迹和革命遗迹。所有这些文物遗迹，都是研究中国历史与历代人民生活文化的最可靠的实物例证，如果不向广大人民进行爱国主义教育，并采取有效措施，就会使文物古迹遭到损毁。事实上有些地区已经发生了损毁事故。为此，根据国务院 1956 年 4 月 2 日（58）国二文字习字第 6 号"关于在农业生产建设中保护文物的通知"精神，作如下通知：

　　一、首先各级人民委员会必须加强对此项工作的领导，做好宣传教育工作。由于甘肃省生产建设范围空前广阔，文物保护工作，已非少数文化工作干部所能胜任，因而必须发挥广大群众所固有的爱护乡土革命遗迹和历史文物的积极性，使文物保护成为广泛的群众性工作。各级人民委员会应责成文化部门切实负责，充分利用各种宣传工具，采用多样化的形式，如黑板报、快板、剧本、漫画、幻灯放映、麦克风、展览、陈列工作等，抓紧一切可能利用的机会，广泛的宣传文物保护政策法令，普及文物知识，向群众讲清什么是文物古迹，为什么要保护，怎样保护；尤其是在建设工

程开工前，更应向全体职工和农民把这些常识和道理讲清楚，使此项工作建立在群众自觉行动的基础上。在进行宣传工作的时候，应该充分利用社会力量，通过各级工会、青年团、妇联会组织，积极参加保护文物的宣传工作，还可以根据情况，动员工人、青年、妇女组织保护文物小组。只有这样，才能达到保护文物的目的。

二、各级人民委员会在部署工作的时候，应该把保护文物古迹作一个项目列入，对一切已知的革命遗迹、古代文化遗址、古墓葬、古建筑、碑碣等，如果同生产建设没有妨碍，就应该坚决保护。如果有碍生产建设，但是本身价值重大，也应该尽可能纳入农村绿化或其他建设规划之内，加以保存和利用。如果确实有妨碍，此项文物又是一般性的古代文化遗址、古墓葬、古建筑、碑碣等，应经县人民委员会批准，进行清理，发掘或者拆除、迁移，对于具有重大价值的文物，应报告省文化局处理。

三、各市、县人民委员会应责成有关部门对境内文物古迹进行一次普遍调查工作，在7月底以前将境内已知的重要古文物遗址、古墓葬地区和重要革命遗迹、纪念建筑物、古建筑、碑碣等，提出保护单位名单，报告本会批准公布，由县、乡作出标志加以保护，并报中央颁

发由当地人民委员会负责保管的执照。

四、地下蕴藏文物都是国家的文化遗产，为全民所有，凡在进行工农业建设中，如经发现，即应及时报告当地市、县人民委员会，其中出土文物即交县文化馆保管。国家机关工作人员，各地工农业生产组织和个人，由于及时报告情况或者作出努力而使重要的文化以及或文物得以保护保存者，当地政府应给予表扬或奖励；不论任何人，凡对于文化遗迹和文物采取粗暴态度，以致造成不可弥补的损失者，应该给以适当处分，其中严重破坏的或者故意破坏古物者，应给予法律制裁。

甘肃省人民委员会关于贯彻执行国务院进一步加强文物保护管理工作指示的通知

1961年4月4日

各专员公署，各自治州、市、县、自治县人民委员会，各厅、局，各委员会，各直属机构：

现将国务院"关于进一步加强文物保护和管理工作的指示"和国务院"关于公布第一批全国重点文物保护单位名单的通知"（附：在甘肃地区的保护单位名单），转发给你们，请遵照执行。并作通知如下：

一、国务院公布的第一批全国重点文物保护单位中，在甘肃地区的敦煌莫

高窟（包括西千佛洞）、天水麦积山石窟、安西榆林窟、临夏炳灵寺石窟、酒泉万里长城——嘉峪关、武威西夏碑等六个石窟寺、古建筑物和石刻，所长地的县、市人民委员会应当督促有关部门，严格执行国务院指示和文物保护管理暂行条例，认真做好保护和管理工作。万里长城——嘉峪关的保护范围，由省文化局协同酒泉市人民委员会派员勘察确定；安西榆林窟附近存放的易燃品，应当迅速搬离，确保石窟的安全；西夏碑由武威县人民委员会制定有关机构或专人负责保护和管理。

二、省人民委员会过去公布的两批全省重点文物保护单位，各地亦应切实加强管理，认真把它保护好，并确定保护范围，作出标志说明，逐步建立科学记录档案。除了全国和全省的重点文物保护单位以外，各县、市对当地的历史、革命文物，继续进行调查了解，经过选择，公布为县、市级的文物保护单位，加强保护工作。其中价值重大者，应上报核定为全省或全国重点文物保护单位。

三、文物保护工作是一项重要工作，各级人民委员会应当加强对这一工作的领导，定期检查文物保护管理工作，对现有的文物保管机构进行整顿。同时，教育群众，依靠群众，保护好祖国宝贵的文化财产。

甘肃省人民政府关于加强文物市场管理的通知

甘政发〔1982〕123 号

各地行政公署，各市、自治州人民政府，各县、市、区人民政府，省政府各有关部门，中央在甘各单位：

为了整顿和严格管理文物市场，解决当前存在的管理混乱，挖盗古墓，倒卖文物，私设文物销售点和文物外流，特作如下规定：

一、整顿文物市场。要认真落实国务院关于文物归口经营、统一收购的政策，文物只准向国营文物商店及其代购门市部出售。对于未经文物部门同意和工商行政管理部门批准的文物购销点，应立即停止购销文物。

二、改善和加强对文物的保管。由各级文化局牵头组织有关部门对文物保管单位的文物管理进行一次严格整顿，建立健全各项规章制度，整顿职工队伍，建立岗位责任制，严禁文物外流、遗失、损坏事件的发生。省上下拨的修建文物库房经费，专款专用，不得挪作它用。

三、要坚决打击文物走私和投机倒把活动。对利用职权，监守自盗，盗窃文物，进行文物走私的犯罪分子，必须依法惩处。

一九八二年四月一日

甘肃省人民政府办公厅关于加强全国重点文物保护单位保护管理工作的通知

甘政办发〔2001〕114号

各地行政公署，各市、自治州人民政府，省政府各部门：

目前，甘肃省共有全国重点文物保护单位43处，其中古遗址13处、古墓葬3处、古建筑13处、石窟寺及石刻12处、近现代重要史迹及代表性建筑2处。由于特殊的地理环境、气候条件和历史沿革，文物遗存有着鲜明的地方特色和突出的资源优势，对宣传甘肃，发展旅游业，带动甘肃经济发展都将具有积极的促进作用。多年来，各级政府和文物部门，严格执行《文物保护法》和有关法规，为保护文物做了大量行之有效的工作。但还存在不少问题，特别是在处理文物保护和开发利用的问题上，保护为主的原则坚持得不够，影响了文物保护和管理。为进一步做好文物保护管理工作，将甘肃省文物保护和开发利用逐步引上科学、健康发展的轨道，现作如下通知：

一、切实加强领导，做好"四有"工作

加强文物保护是各级政府和社会各界义不容辞的责任。各级政府要切实加强对文物保护管理工作的领导，认真宣传文物保护政策、法规，教育干部群众提高文物保护意识，依据省政府关于实施文物保护"五纳入"的原则，进一步做好"四有"工作，即文物保护单位要有保护范围、有保护标志、有记录档案、有专门的保管机构或专人负责管理。要抓紧落实国务院新公布的甘肃省22处全国重点文物保护单位的"四有"工作。凡保护范围界限不明确、缺少固定参照物，保护标志碑没有更换，记录档案不完善的，各级政府和文化文物行政管理部门要按照《全国重点文物保护单位保护范围、标志说明、记录档案和保管机构工作规范（试行）》的要求，尽快提出修改意见，不断补充和完善规范管理标准。

文物保护单位的保护范围是对文物本体及周围环境进行保护划出的范围，建设控制地带指对保护范围外需要保护的环境和对建设项目加以控制的区域。根据《文物保护法》规定，全国重点文物保护单位的保护范围和建设控制地带，由省级人民政府批准划定。因此，未经省人民政府批准，不得在保护范围和建设控制地带范围内乱挖、乱建，不得安排影响文物本体及周围环境的项目。

现已公布的全国重点文物保护单位，都应尽快更换保护标志碑。标志碑为石质横匾式，从左至右书写，内容须标明文物保护单位的级别、名称、公布机关和日期、树立机关等，立于明显处，数量不限。标志碑的比例为横三竖二，最大为150厘

米×100厘米，最小为60厘米×40厘米。标志碑的文字，除文物保护单位的名称可用行、楷、隶等字体外，其余字体一律用仿宋体字。少数民族地区还应同时树立用当地通行少数民族文字书写的标志碑。标志牌可以另立，也可以在标志碑背面刻该保护单位的说明。说明文字为该文物保护单位的名称、时代、性质、内容和保护范围及建设控制地带等。

要不断补充、完善各级文物保护单位的记录档案。记录档案的格式应符合有关规范要求，补充和完善工作务必于2002年上半年完成。省文物局要与有关地、州、市做好组织协调工作，认真制定计划，确定时间，尽快落实并划定文物保护范围和标志，确保完成"四有"建设任务。届时，省政府将组成工作组赴有关地、州、市进行实地检查。

省级文物保护单位的"四有"工作，也要按上述要求进行。

二、加强文博队伍自身建设，合理开发利用文物资源

文物是历史的、民族的文化遗产，是社会文明和民族精神的物化载体。加强文物保护和管理，首先必须加强文博队伍自身建设，不断提高文物管理工作水平和全社会的文物保护认识。各级政府和广大文博工作者要把文物保护这项公益事业作为一项重要工作来抓，坚持

国家保护与社会保护相结合，坚持"有效保护、合理利用、加强管理"的文物保护工作方针，正确处理文物保护和经济建设的关系。要认真贯彻落实《甘肃省人民政府关于实施文物保护"五纳入"的通知》（甘政发〔1996〕53号）精神，选择有资质的规划设计单位，制定保护规划，按程序上报省政府和文物主管部门，经批准后，纳入当地城乡建设规划。秦安大地湾、敦煌玉门关、高台骆驼城、安西锁阳城等被当地政府列为开发利用重点项目的全国重点文物保护单位，应尽快完成保护和利用的总体规划，制定相应的保护管理规定，防止在开发利用中产生新的破坏。对不具备开放条件和观赏价值的，如西峰南佐、临洮马家窑、广河齐家坪等遗址，当地政府和文化行政管理部门应将保护作为首要工作，建立健全三级保护网络，落实责任制。要在保护好文物及其环境的前提下合理开发利用文物资源。

各级政府对本行政区域内的文物保护单位要妥善保护，防止破坏。凡涉及到文物保护单位的开发利用和基础建设项目，都必须先行制定保护规划，按程序报批。未经批准，不得擅自动工。

各级历史文化名城的保护和开发利用，也必须制订相应的保护规划，经批准后实施。

三、加强文物保护单位的管理，进一步完善监管机制

根据《文物保护法》和《文物保护法实施细则》规定，各级文化文物行政管理部门代表各级人民政府行使文物行政管理职能。要严格执行文化部、国家文物局《关于禁止擅自改变文物保护单位管理体制的通知》（文物发〔2001〕24号）精神，不得擅自改变文物保护单位的管理体制或隶属关系，已经改变的，必须纠正。因擅自改变管理体制或隶属关系使文物或其环境受到损坏的，要追究有关人员的责任。由于历史原因，管理使用文物保护单位的其他部门和单位，对所管理使用的文物要承担保护和日常维修的义务，接受文化文物行政管理部门的指导、监督和管理。文物保护单位管理部门的社会公益性质不得擅自改变。禁止将本应由政府实施保护管理的文物保护单位转移给企业开发经营或在国内外招标承包或与旅游部门捆绑上市。

2001年9月27日

甘肃省人民政府关于进一步加强文物保护工作的意见

甘政发〔2003〕72号

各市、自治州人民政府，各地行政公署，省政府各部门：

《中华人民共和国文物保护法》（以下简称《文物保护法》）和《中华人民共和国文物保护法实施条例》（以下简称《文物保护法实施条例》），进一步加强甘肃省文物保护工作，现提出以下意见：

一、切实加强对文物保护工作的领导

甘肃省历史悠久，拥有丰富的历史文化遗产。保护、管理和利用好这些文物，对于继承中国优秀的历史文化遗产，增强民族凝聚力和自尊心，满足人民群众精神文化需求，提高全民素质，扩大甘肃在国内外的影响，都具有重要作用。

各级政府必须认真履行法律赋予的职责，切实加强对文物保护工作的领导，全面贯彻"保护为主，抢救第一，合理利用，加强管理"的文物工作方针，将文物保护工作列入重要议事日程，认真进行研究、部署和落实。要严格按照国务院的要求，将文物保护纳入当地经济和社会发展计划，纳入城乡建设规划，纳入财政预算，纳入体制改革，纳入领导责任制。要加大宣传、教育力度，引导、动员和组织社会力量，共同支持和参与文物保护事业，为文物保护事业发展创造良好的社会氛围。

政府各有关部门在各自的职责范围内，要加强协调与配合，共同做好文物保护工作。建设、规划、国土资源管理部门在制定城乡建设规划时应征求文物部门的意见，审批建设工程涉及文物保护的

应依法征得文物部门的批准。公安、海关、工商等部门要与文物部门密切协作，加强文物保护执法。计划、财政、机构编制等部门要根据文物保护工作的需要，帮助文物部门解决文物保护工作中的困难。其他有关部门要在各自职责范围内，大力支持和配合文物部门做好文物保护工作。

各级文物管理部门要认真分析和把握新时期文物工作面临的形势，积极探索发展甘肃省文物事业的新思路、新举措，充分发挥文物资源优势，推动文物保护工作，促进博物馆建设，为全省经济和社会全面发展作出贡献。

二、建立和完善文物保护管理的保障机制

（一）加强法制建设，依法保护文物。《文物保护法》和《文物保护法实施条例》是做好文物保护工作的法律保障。各级政府要深入学习、宣传、贯彻《文物保护法》和《文物保护法实施条例》，加强对文物行政执法工作的领导和协调。有关部门要根据国家法律、法规和甘肃省实际，对现行文物保护方面的法规、规章进行修订和完善，使甘肃省文物保护工作真正做到有法可依、有法必依、执法必严、违法必究，保障文物工作健康有序发展。

（二）发挥政府主导作用，落实文物保护"五纳入"要求。"五纳入"要求是中国文物保护工作基本方针和法律原则的具体体现，是国家保护文物、发展博物馆事业的基本措施，是各级政府履行保护文物职责的重要内容。各级政府要继续贯彻执行省政府《关于实施文物保护"五纳入"的通知》（甘政发〔1996〕53号），认真落实文物保护"五纳入"的要求。

要把文物保护纳入当地经济和社会发展计划。各级政府必须确定本地区文物保护和事业发展的近、中、远期目标及基本任务，编制本地区文物事业发展计划，并将其纳入当地国民经济和社会发展计划，积极组织实施。文物比较丰富的地方要分别提出文物维修项目、文物保护单位建设、博物馆建设、爱国主义教育基地建设、人才培养和队伍建设等工作的具体目标，制定切实可行的保障措施，确保这些目标顺利实现。

要把文物保护纳入城乡建设规划。各地在编制和调整城乡建设规划时，要吸收文物部门和有关文物专家参加，将文物保护的具体内容和办法纳入城乡建设规划。要特别加强对历史文化名城、街区和村镇的保护，制订专项保护规划，划定历史文化街区、地下文物埋藏密集区、文物保护单位的保护范围和建设控制地带或风貌协调区，并纳入当地城乡建设的总体规划。

要把文物保护纳入财政预算。各级政府应按照《文物保护法》和现行财政体制的规定，根据"分级管理、分级负担"

的原则,将文物保护工作所需经费纳入本级财政预算,为文物事业的发展提供经费保障。各级财政部门应根据本地文物保护工作的实际,设立文物保护专项补助经费,主要用于本行政区域内的重点文物保护维修、流散文物征集、馆藏珍贵文物保护修复和重要文物保护单位的安全防护、消防设施建设等,并随着当地财政收入的增长而增加。对于国家和省财政补助的文物保护专项经费,各地要专款专用,保证足额划拨到位。

要把文物保护纳入各级政府的体制改革中。各级政府要落实文物保护职责,理顺工作关系,建立健全各项工作制度,加强对文物保护工作的领导。要建立健全各级文物管理委员会,明确各委员单位的职责,加强文物保护工作的部门协调和配合。要健全文物保护管理机构,强化其社会管理职能和行业管理职能,逐步改革、清除现有体制中不利于文物保护、管理和利用的弊端。对国有不可移动文物的管理体制不得擅自改变,特别是不能将文物保护单位交给企业去经营,已经发生的必须采取措施坚决予以纠正。

要把文物保护纳入领导责任制。各级政府应根据当地文物事业发展计划,确定任期内文物保护和文物事业发展的工作目标及任务。要对文物保护实行目标管理,除指定专人负责外,还应与下一级

政府签订文物保护责任书,并作为考核领导班子和领导干部工作业绩和评选先进的依据之一。对出现严重毁损文物事件及发生重大文物犯罪案件的地方和单位,不得被评为精神文明建设和社会治安综合治理先进,对情节严重的给予黄牌警告直至实施"一票否决"。要逐步建立和落实文物保护重大责任追究制度,对因工作失误造成文物严重毁损的,除追究相关责任人员的法律责任外,还要追究政府主要负责人或分管负责人的领导责任。

(三)严厉打击文物犯罪,确保文物安全。各级政府要把严厉打击文物犯罪活动作为社会治安综合治理的重要内容,在政策、经费、机构、人员和设施建设等方面提供支持,确保本辖区内的文物安全。文物密集地区和文物犯罪多发区,要层层建立和实行文物安全责任制,将责任和各项措施落到实处。

各级文物部门要加强对野外和馆藏文物的安全保护工作,落实、完善文物安全保卫的各项制度和措施,对影响文物安全的隐患,要做到早发现、早报告、早处理。

各级公安部门要适时组织打击文物违法犯罪的专项斗争,对涉及文物的大案、要案,应集中力量进行侦破。工商、海关等部门要充分发挥各自的职能,把保护国家文物、严厉查处涉及文物的违法

活动作为本部门的一项重要工作。依法没收、追缴的文物，属于国家所有，结案后应及时移交文物行政部门指定的收藏单位妥善保管，有关办案单位和人员不得擅自扣留。

三、正确处理文物保护同经济建设的关系

各级政府及有关部门要按照既有利于文物保护、又有利于经济建设的原则，正确处理文物保护与经济建设的关系。

（一）做好工程建设中的文物保护工作。各类建设工程选址应当尽可能避开不可移动文物。在文物保护单位的保护范围内不得进行与文物保护无关的建设工程，如有特殊需要进行建设或者实施爆破、钻探和挖掘等作业的，必须按《文物保护法》规定程序报批。凡在文物保护单位的保护范围、建设控制地带内和已经普查登记的文物古迹点范围内的基本建设，立项前要征求文物行政部门的意见，由文物行政部门参与建设项目选址等有关文物保护设计方案的审批。大型建设项目要按照《文物保护法》的规定，做好建设用地范围内的文物调查和勘探工作，落实文物保护措施。对文物保护和考古调查、勘探、发掘经费，要列入建设工程施工预算，由建设单位承担，其区域内遗存的文物归国家所有。

（二）做好历史文化名城的保护工作。各级政府和城建、规划、文物等部门在历史文化名城建设中，特别是在旧城改造和房地产开发中，要切实加强规划管理，注意保留原有风貌，保护历史文化环境，突出名城特色和文化品位，把一些具有传统风貌和地域特色的街区成片保存下来，划出一定范围的建设控制地带或禁建区域。要加强对名城标志性建筑及其周围环境的保护。省政府将根据文物保护的需要，陆续公布一些保存文物特别丰富、具有重大历史价值或革命意义的历史文化街区、城镇和村庄。

（三）做好文物保护的基础性工作。各级政府要组织有关部门，在3至5年内完成辖区内省级文物保护单位保护范围的划定工作，报省政府批准后予以公布。各级文物行政部门对本辖区内不可移动文物的数量、分布和保护状况要建立健全档案，并向有关建设单位及时提供资料，加强信息交流，以增强文物保护工作的科学性和有效性。对大型的古遗址、古墓葬和古建筑群要逐步制定保护规划，分步组织实施。

（四）做好重要文物古迹的保护工作。各级文物行政部门要加强对重要文物古迹的抢救维修与保护，按照"统筹规划，集中资金，保证重点，讲求效益"的要求，在确保省内全国重点文物保护单位基本得到维修、省级重点文物保护单位基本无险情的基础上，要将抢救维修的重点放在古丝绸之路沿线具有丰富文化内涵、

交通便利、利用潜力大的文物上，做到维修一处、保护一处、利用一处，使甘肃省文物保护工作走上良性循环的道路。

四、加强博物馆建设，充分发挥文物的社会教育和宣传作用

（一）加强博物馆基本建设工作。博物馆建设是文物工作的重要内容，是社会主义精神文明建设的重要标志。省政府决定在"十五"期间完成省博物馆、四库全书藏书楼等一批大型设施建设项目。各级政府也应根据自身的实际，确定一批重点博物馆、纪念馆进行投资建设。

允许和鼓励社会力量兴建各类博物馆和纪念馆。各级文物行政部门对文物系统之外的部门、企事业单位或个人兴办的博物馆和纪念馆，要纳入行业管理，在业务上给予必要的指导和帮助。省文物行政部门对各市（州、地），县（市、区）的博物馆、纪念馆建设要给予协调和指导，合理布局，优化结构，逐步建成以省博物馆为龙头，地市级博物馆和各类专题博物馆为骨干，县级博物馆为补充，具有丝绸之路特色的甘肃博物馆体系。

（二）加强馆藏文物的安全保卫工作。博物馆、纪念馆等文物收藏单位，要切实加强文物安全保卫和修复保护工作，建立健全安全防范工作责任制，确保馆藏文物的安全。各级政府和文物主管部门要帮助国有文物收藏单位不断改善收藏、

陈列条件和安全保卫设施，使藏品的保存环境和安防、消防条件达到国家规定的标准。对不具备安全条件的收藏单位所收藏的珍贵文物，文物行政部门有权将其调运到指定单位保管，对拒绝调运代管以及由于保管不善而造成珍贵文物毁损、丢失或酿成重大事故的，要依法追究当地政府和主要责任者的责任。

（三）加强馆藏文物资源的开发和利用。文物利用要坚持把社会效益放在首位，防止因单纯追求经济效益而损害文物的行为发生，实现社会效益和经济效益的统一。在科学保护、加强管理的前提下，合理利用各类文物，充分发挥其社会教育、历史借鉴和科学研究作用。各级政府对公益性博物馆的发展在资金上要给予必要的保证，在政策上要给予支持。

各级文物行政部门要加强对甘肃省文物资源优势、文化内涵和利用方式的科学研究，对馆藏珍贵文物资源进行科学整合，合理配置，打破地域、馆际界限，在全省范围内统一调剂使用。要精心策划和组织一系列体现甘肃文物优势，具有丝绸之路特色，达到国内一流水平的精品展和专题展，使其形成规模优势，成为享誉国内外的文化品牌。

五、加强机构队伍建设，保证文物保护事业全面发展

（一）继续坚持和完善专业管护和群

众管护相结合的文物保护工作体制。各级政府和有关部门要加强对文物保护工作的指导、规划和监督。文物较多的地区及国家级历史文化名城，可根据需要设置文物行政管理部门。其他市（州、地）、县（市、区）政府（行署）要发挥文化部门的管理职能，确定专人负责文物保护工作。要加强文物保护行政执法工作和行政执法队伍建设，逐步推行综合行政执法，依法履行职能。已设置管理机构的全国重点文物保护单位和重要的省级文物保护单位必须充分发挥职能作用。其他级别的文物保护单位也应建立群众性保护组织。在文物分布密集的乡（镇）、村，要建立众业余文物保护网络，形成群防群治的机制。

（二）加强文博专业队伍素质建设。文博单位对从业人员的思想、业务素质和身体素质要求较高，各级政府和有关部门要高度重视文博专业队伍建设，采取多种方式加强人才培养。要在全省文博系统内实行专业人员上岗资格证制度，对进入文博单位的工作人员，必须进行基础知识考试和技能考核，合格后签订聘用合同，方可上岗。通过岗前培训、岗位继续教育等方式，不断提高文博工作人员的业务水平，使全省文博从业人员具备本岗位所需的基本知识和技能。对急需引进的文博专业人才，人事部门要采取特事特办的方式，简化手续，及时引进。

2003 年 7 月 31 日

关于在工程建设中进一步做好文物保护工作的意见

甘文局联发〔2003〕4 号

甘肃省文物局、甘肃省发展计划委员会、甘肃省国土资源厅、甘肃省建设厅、甘肃省交通厅、甘肃省水利厅 2003 年 12 月 3 日印发

为了进一步做好工程建设中的文物保护工作，根据《中华人民共和国文物保护法》和《中华人民共和国文物保护法实施条例》的有关规定，按照既有利于经济建设，又有利于文物保护的原则，提出如下意见：

一、在铁路、民航、公路、水利、能源、通讯、环境保护、城市建设和改造等基础设施建设及其他工程建设中，各级人民政府应加强对文物保护工作的领导，依法保护工程建设涉及的不可移动文物和出土文物。在工程建设中出土的文物属于国家所有，应当依法移交省级文物行政主管部门指定的文物收藏单位收藏，任何单位或个人不得哄抢、私分和藏匿，违者由当地文物行政主管部门会同公安部门依法处理。

二、各级文物行政主管部门依法监督建设单位和施工单位在工程建设中落

实文物保护措施，会同有关部门依法查处工程建设中违反文物保护法律法规的行为。计划、建设、规划、国土资源、水利、交通、铁路、环境保护、能源、通讯等部门应配合文物部门做好工程建设中的文物保护工作。

三、建设工程选址应当避开不可移动文物，因特殊情况不能避开的应当尽可能实行原址保护。实行原址保护的，建设单位应当事先确定保护措施，根据文物保护单位的级别报相应的文物行政主管部门批准，并将保护措施列入可行性报告或者设计任务书。无法实施原址保护，必须迁移异地保护或者拆除的，应当报请省政府批准；迁移或者拆除省级文物保护单位，批准前须征得国务院文物行政主管部门同意；全国重点文物保护单位不得拆除，需要迁移的，须由省政府报国务院批准。

四、在文物保护单位的保护范围内不得进行与文物保护无关的工程建设或者爆破、钻探、挖掘等作业。因特殊情况需要在文物保护单位保护范围内进行其他工程建设或者爆破、钻探、挖掘等作业的，必须保证文物保护单位的安全，并经原核定公布该文物保护单位的人民政府批准，在批准前应征得上一级人民政府文物行政主管部门同意。

在文物保护单位的建设控制地带内进行建设工程，不得破坏文物保护单位的历史风貌；工程设计方案应当根据文物保护单位的级别，经相应的文物行政主管部门同意后，报计划部门和城乡建设规划部门批准。在文物保护单位的建设控制地带内修建的建筑物、构筑物，其风格、高度、体量、色调等应与文物保护单位的历史风貌相协调。现有危害文物保护单位安全、破坏文物保护单位历史风貌的建筑物、构筑物，应当加以改造或拆除。

五、在历史文化名城和历史文化街区、村镇中进行各项基本建设，必须严格按照城市规划和历史文化名城（街区、村镇）保护规划进行，未制定规划或规划尚未获得批准的地方，进行工程建设必须征得省建设行政主管部门和文物行政主管部门同意。

六、进行大、中型工程建设，建设单位应自取得建设项目选址意见书之日起20日内向省文物行政主管部门申请对工程范围内（包括取土区）进行考古调查或者勘探。省文物行政主管部门应自接到建设单位申请之日起20日内组织有关单位进行考古调查、勘探。承担考古调查、勘探任务的单位应在45日内向建设单位提供工程范围内已知文物分布情况。

在文物分布集中区内进行其他工程建设，建设单位应当指定专人负责工程建设中的文物保护工作，并将责任人名单报告建设工程所在地的县级文物行政主管部门。

经考古调查或者勘探，确认建设工程范围内（包括取土区）无文物埋藏或按规定发掘清理后，省文物行政主管部门应当出具相关的书面材料。建设单位取得省文物行政主管部门的书面材料后，有关部门可批准工程开工建设。

建设单位将工程发包给承包单位、施工单位，签订的合同中应有文物保护的专门条款，明确工程建设中文物保护的责任。

七、配合工程建设进行的考古调查、勘探工作，由省文物行政主管部门组织国家认可的具有相应资质的单位承担。考古调查、勘探单位在配合工程建设进行考古调查、勘探中如发现文物，应及时报告省文物行政主管部门。省文物行政主管部门根据考古调查、勘探报告会同建设单位共同商定文物保护方案。

需要配合工程建设进行考古发掘的，由省文物行政主管部门提出发掘计划，经国家文物局批准后组织具有相应资质的单位承担。确因工程建设紧迫或者有其他特殊情况急需进行抢救发掘的，由省文物行政主管部门在及时组织发掘的同时，按照有关规定补办审批手续。

八、在施工过程中发现文物，施工单位应当立即停止作业，保护现场，报

告当地文物行政主管部门。当地文物行政主管部门在接到报告 24 小时内派人赶赴现场，采取措施保护文物，同时向省文物行政主管部门报告。必要时应通知当地公安机关协助保护现场和文物安全。

在工程建设中发现古文化遗址、古墓葬，建设单位应根据考古发掘需要，调整工程设计和施工方案或允许施工单位顺延工期。如发现特别重要的文物，经省以上文物行政主管部门认定需要实行就地保护的，已批准的工程用地对文物保护有影响的部分应另行选址。

附录

配合工程建设进行考古发掘出土的文物，发掘单位应当登记造册，妥善保管，按照国家有关规定移交给省文物行政主管部门指定的收藏单位。

配合工程建设进行的考古发掘工作，应按规定的时间完成结项报告和考古发掘报告。省文物行政主管部门应将结项报告提交工程建设单位。

九、配合工程建设进行的文物调查、勘探、考古发掘和实行原址保护、迁移、重建所需费用由建设单位承担，列入工程预算。预算的定额标准按国家规定执行。

建设单位在配合工程建设进行文物调查、勘探、考古发掘时，向具体承担这项工作的单位支付合理费用，其合同应向有关主管部门备案。需迁移、重建的，必须在选定新址、确定迁建方案和迁建资

金足额到位后方可进行。选定新址、迁建所产生的经费由建设单位承担。

十、在配合基础设施建设的文物保护工作中，要坚持依法行政、依法管理、依法办事，加大执法力度，杜绝和纠正有法不依、执法不严、违法不究和法人违法的现象。对基础设施建设中不重视文物保护工作，造成重要文物损毁或流失的，要依法追究有关人员的法律责任。

甘肃省文物安全突发事件应急预案

甘肃省文化厅　甘肃省文物局

2003 年 12 月 3 日印发

一、总则

为了加强对文物的保护，预防和及时控制各类危及文物安全的突发事件的发生，最大限度地避免和减少突发事件的发生及其危害和影响，依据国家和省上有关规定、要求，制定本预案。

本预案适用于全省各级文物行政主管部门管理的文物保护单位和文物收藏保管单位（以下简称"文博单位"）发生突发事件的预防、预警、应急准备和应急响应等工作。

本预案所指文物安全突发事件，是指全省各级文物行政主管部门管理的博物馆、纪念馆和古文化遗址、古墓葬、古建筑、石窟寺、石刻、壁画、近代现代重要史迹和代表性建筑遭盗窃、盗掘、损毁、破坏、丢失的事件。因自然灾害、事故灾难、公共卫生和社会安全等引发的突发公共事件，其处置遵照当地人民政府的有关规定执行，其中造成文物损毁的，启动本预案。非文物行政主管部门管理的文物保护单位和文物收藏保管单位，文物安全突发事件的预防、预警、应急准备和应急响应等工作，参照本预案执行。其主管部门应要求文物使用管理机构和收藏保管单位，制定各自的突发事件应急预案。

二、工作原则

（一）预防为主：要始终把预防突发事件发生放在各项工作的首位，细致排查各类文物突发事件的隐患，采取有效的预防和控制措施，减少突发事件发生的机率。

（二）依法管理：文物突发事件预防、控制的管理及应急处置工作，要严格执行《文物保护法》及国家有关法律、法规。

（三）属地负责：处置文物突发事件实行条块结合、以块为主、属地管理。各级人民政府对本行政区域发生涉及文物的突发事件负总责；当地文物行政主管部门在政府的统一领导下处置文物突发事件；省文物局指导协调全省文物突发事件应急处置工作。

（四）快速反应：各文博单位应相应建立预警和处置快速反应机制，在突发事件发生时，立即进入应急状态，启动各级预案，在当地人民政府统一领导下，果断采取措施，在最短时间内控制事态，将危害与损失降到最低程度。

三、应急组织及职责

应急指挥部是文物突发事件发生后及时成立的、负责事件处置的决策机构。省文物局设立应急指挥部及办公室，应急指挥部总指挥由省文物局局长担任，应急指挥部办公室的职责由省文物局安全督察处承担。

（一）省文物局应急指挥部主要职责

1. 组织、指挥、协调系统内外各有关部门参与应急响应活动，下达应急处置任务。

2. 及时向国家文物局、省政府上报有关情况和信息，加强同相关部门的联系、沟通。

3. 按照国家和省上有关突发事件信息发布工作指导方针，确定或与有关部门共同研究信息发布的内容、时间、方式等，并实施发布。

4. 研究解决突发事件处置过程中的重大问题。

（二）省文物局应急指挥部办公室主要职责

处理应急指挥部的日常事务，负责突发事件发生时应急工作的组织协调、应急方案的具体执行及联络、信息沟通等

工作。

（三）省文物局各处室工作职责

1. 文物保护处负责研究处置不可移动文物发生的突发事件。

2. 博物馆处负责研究处置馆藏文物发生的突发事件。

3. 办公室负责突发事件应急指挥和处理中的后勤服务工作及协调信息发布等工作。

4. 政策法规处负责做好处置突发事件过程中的法律咨询和协调省直属文博单位责任人员的追究处理。

（四）省直文博单位和文物系统地方应急指挥部

各省直文博单位和市、县文物系统及各文博单位，比照省文物局应急指挥机构的组成、职责，结合本地、本单位实际情况，成立本地、本单位应急指挥部。

四、预防和预警机制

（一）预防预警信息

按照早发现、早报告、早处置的要求，各文博单位应做好应对突发事件的思想准备和组织准备，加强日常管理和监测，注意日常信息的收集与传报，对可能发生的涉及文物安全的预警信息进行全面评估和预测，制定有效的监督管理责任制和预防应急控制措施。

（二）预防预警行动

1. 各文博单位应制定各种突发事件

应急预案，建立必要的预警和快速反应机制，对本地本单位文物安全工作加强事前的监督检查。定期演练各种应急预案，磨合、协调运行机制，增强对突发事件的应对处理能力。

2. 各文博单位应制定安全责任制度，明确日常安全工作措施。强化日常人力、物力、财力储备。

3. 对外开放的文博单位，尤其是旅游旺季，要提前制定相应的安全工作方案和应急预案，报上级文物行政主管部门和当地公安部门备案。

4. 各级公安部门依照有关法律、法规，负责文博单位的治安管理工作。

（三）预警支持系统

确保安全工作人员数量，明确其岗位职责和识别标志；安装必要的消防、安全防范技术设备，配备预警通讯和广播设备，预留公安、消防、救护及人员疏散的场地和通道；对外开放的文博单位应严格核定人员容量，加强对现场人员流动的监控，在售票处、出口和主要通道要设专人负责疏导工作。

五、突发事件等级划分

（一）重大突发事件（Ⅰ级）

1. 全国重点文物保护单位发生火灾、被盗、损毁、文物建筑坍塌的。

2. 省级文物保护单位发生重大火灾、严重被盗、大面积损毁、重要文物建筑

坍塌的。

3. 馆藏一级文物丢失、损毁的，或馆藏二级文物丢失、损毁5件（含5件）以上的，或馆藏三级文物丢失、损毁10件（含10件）以上的，或馆藏文物丢失、损毁20件（含20件）以上的。

（二）较大突发事件（Ⅱ级）

1. 省级文物保护单位发生火灾、被盗、损毁、文物建筑坍塌的。

2. 市级和县级文物保护单位发生重大火灾、严重被盗、大面积损毁、重要文物建筑坍塌的。

3. 馆藏二级文物丢失、损毁5件（不含5件）以下的，或馆藏三级文物丢失、损毁5件（含5件）以上的，或馆藏文物丢失、损毁10件（含10件）以上的。

（三）一般突发事件（Ⅲ级）

1. 市级和县级文物保护单位发生火灾、被盗、损毁、文物建筑坍塌的。

2. 馆藏文物丢失、损毁的。

六、应急响应

（一）应急预案启动

1. Ⅰ级突发事件发生后，省文物局启动本预案，领导应急处置工作。在参与应急处置的同时，将事件情况核实后及时上报国家文物局和省人民政府。

2. Ⅱ级突发事件发生后，依照属地管理的原则，由事发地市（州）级文物行政主管部门成立应急指挥部，启动应

急预案，在当地人民政府的统一领导下，负责本行政区域的应急处置工作。市（州）级文物行政主管部门在参与应急处置的同时，将事件情况及时上报省文物局，省文物局在迅速核实情况后，视情况启动应急预案，在及时将情况上报国家文物局的同时，积极指导协调应急处置工作。

甘肃省人民政府关于进一步加强文化遗产保护工作的意见

甘政发〔2006〕48号

各市、自治州人民政府，省政府各部门：

为认真贯彻落实《国务院关于加强文化遗产保护的通知》（国发〔2005〕42号）精神，继承和弘扬中华民族优秀传统文化，推动社会主义先进文化建设，现就加强甘肃省文化遗产保护工作提出如下意见。

一、充分认识保护文化遗产的重要性和紧迫性

文化遗产包括物质文化遗产和非物质文化遗产。物质文化遗产是具有历史、艺术和科学价值的文物，包括古遗址、古墓葬、古建筑、石窟寺、石刻、壁画、近代现代重要史迹及代表性建筑等不可移动文物，历史上各时代的重要实物、艺术品、文献、手稿、图书资料等可移动文物以及在建筑式样、分布均匀或与环境景色结合方面具有突出普遍价值的历史文化名城（街区、村镇）。非物质文化遗产是指各种以非物质形态存在的与群众生活密切相关、世代相承的传统文化表现形式，包括口头传统、传统表演艺术、民俗活动和礼仪与节庆、有关自然界和宇宙的民间传统知识和实践、传统手工艺技能等以及与上述传统文化表现形式相关的文化空间。

甘肃历史悠久，文化底蕴深厚，文物遗存较多，千百年来，各族人民在长期的生产生活实践中，共同创造出了大量丰富多彩、弥足珍贵的文化遗产，这不仅是甘肃省各民族智慧的结晶，也是中华民族文明的瑰宝。

文化遗产是不可再生的珍贵资源。当前，由于文化生态正在发生巨大变化，甘肃省文化遗产及其生存环境也受到严重威胁，许多文化遗存，特别是古建筑、古遗址、墓葬、石窟寺、历史文化村（镇）及风景名胜区受自然和人为因素影响，整体风貌遭到破坏。文物非法交易、盗窃和盗掘古遗址古墓葬等违法犯罪活动还时有发生。在文化遗存相对丰富的少数民族地区和农村，由于人们生活环境和条件的变迁，民族或区域文化特色消失加快，许多传统技能和民间艺术后继乏人，濒临灭绝。过度开发和不合理利

用文化遗产的现象在一些地方比较突出。同时，观念滞后、体制障碍等问题仍然在不少地方束缚着文化遗产保护事业的发展。加强文化遗产保护，保持民族文化的传承，是连结民族情感、增进民族团结和维护国家统一及社会稳定的重要文化基础，也是积极开展对外文化交流的重要载体，对于建设社会主义先进文化，落实科学发展观，实现甘肃省经济社会的全面、协调、可持续发展具有重要意义。全省各级政府和有关部门要以对中华民族负责、对历史负责的态度，从贯彻落实"三个代表"重要思想、维护国家文化安全的高度，充分认识保护文化遗产的重要性，进一步增强责任感和紧迫感，切实做好甘肃省文化遗产保护工作。

二、进一步明确文化遗产保护工作的基本思路和总体目标

基本思路是：以邓小平理论和"三个代表"重要思想为指导，全面贯彻和落实科学发展观，以改革创新为动力，以项目管理、建设为载体，坚持保护文化遗产的真实性和完整性，坚持依法和科学保护，正确处理经济社会发展与文化遗产保护的关系，坚持政府主导、统筹规划、突出重点、分类指导、分步实施、分级负责的原则，不断加大文化遗产保护力度，充分发挥文化遗产在传承中华文化、提高人民文化素质、增强民族凝聚力、促进社会主义先进文化建设、构建社会主义和谐社会中的重要作用。

总体目标是：物质文化遗产保护要贯彻落实《中华人民共和国文物保护法》《〈中华人民共和国文物保护法〉实施条例》和《甘肃省文物保护条例》，坚持"保护为主、抢救第一、合理利用、加强管理"的方针，进一步加强文物保护研究和行政执法力量，通过采取各种有效措施，到2010年，全省各级文物保护单位基本完成有保护标志、有记录档案、有专门管护机构、有保护范围和建设控制地带的"四有"工作；基本建成全省文物资源信息数据库；初步建成门类齐全、布局合理、管理有序的富有甘肃特色的丝绸之路博物馆体系。到2015年，基本消除全省重要文物保护单位险情，使市县博物馆文物展示和保存条件有较大改观，基本形成以国家保护为主，动员全社会共同参与的文物保护新体制。非物质文化遗产保护要贯彻落实"保护为主、抢救第一、合理利用、传承发展"的方针，认真组织实施《甘肃省民族民间文化保护工程实施方案》，到2010年，初步建立比较完备的非物质文化遗产保护制度，到2015年，基本形成比较完备的、符合甘肃省情的非物质文化遗产保护体系，使甘肃省珍贵、濒危并具有历史、文化和科学价值的非

物质文化遗产得到全面有效保护，并得以传承和发扬。

三、完善文化遗产保护体制，创新文化遗产保护机制

（一）加强文化遗产保护管理工作。各级文物保护单位、国有博物馆和文物收藏单位要通过整合资源、优化结构，不断发挥在文物保护中的主体作用，文物遗存较多的市州、县区市要加强文物行政管理工作，大力鼓励、扶持民营博物馆和专题性博物馆建设，形成多形式、多渠道办馆的格局。各级政府要加大对非物质文化遗产保护工作的力度，建立非物质文化遗产保护制度，加强对非物质文化遗产的保护及精品实物和资料的征集、保藏、展示、研究工作。

（二）深化文化遗产保护事业单位改革。国有文化遗产保护事业单位要按照中共中央、国务院关于深化文化体制改革的要求，积极推进劳动、人事、分配和社会保障制度改革，建立有利于文化遗产保护、有利于人才有序流动、充满生机和活力的单位内部工作机制、用人机制。

（三）努力探索全社会参与文化遗产保护工作的机制。充分发挥各级文化馆、图书馆、博物馆、科技馆、文物保护研究院所等现有公共文化机构专业人才的优势，借助省内大专院校、科研机构和专家学者、社会团体及民间艺人的力量，

对省内文化遗产保护的重大理论和实践问题进行研究。各级政府要研究制定有关社会捐赠和赞助文化遗产保护事业的政策措施，调动社会团体、企事业单位、个人参与文化遗产保护的积极性，努力探索全社会保护文化遗产的新机制，形成政府、社会、个人多渠道投资保护文化遗产的新格局。

四、不断提高文物保护工作水平

（一）掌握文物资源家底，夯实文物保护基础。甘肃省是文物资源大省，准确、全面地掌握文物资源家底有利于文物的有效保护和合理利用，实现由文物资源大省向文物保护强省转变。在馆藏珍贵文物调查及数据库建设工作的基础上，要总结经验，结合即将开展的第三次全国文物普查，逐步组织开展全省馆藏一般文物和野外文物的调查和数据库建设，建立和完善全省文物资源数据库。制定重要文物保护单位保护规划，认真组织实施。

（二）加大对重点文物保护单位的保护力度。统筹规划，集中资金，抓紧实施一批文物保护重点工程，排除重大文物险情，使甘肃省全国重点文物保护单位和重点省级文物保护单位得到有效保护。要严格工程管理，把好工程队伍资质关，建立健全各类技术规范，确保文物保护重点工程质量。

（三）加强历史文化名城（名镇、街区）

保护。甘肃省现有4座国家级历史文化名城、7座省级历史文化名城和1个国家级历史文化名镇，所在地政府要将历史文化名城（名镇、街区）的保护纳入城市建设总体规划，对文物古迹、代表性建筑等历史文化名城的物质载体进行调查、认定和抢救性保护。省级建设行政部门要与历史文化名城所在地政府签订工作责任书，落实和明确所在地政府在历史文化名城保护方面的义务和责任，切实将其纳入政府工作的考核内容。

（四）完善有甘肃省特色的丝绸之路博物馆体系。本着实事求是、量力而为的原则，在现有基础上，通过资源整合、优势互补，有选择、有重点地建设一批基础较好、特色明显的重点博物馆和专题博物馆。要加强基础设施建设，提高陈列展览水平，改善藏品保存环境，真正按照"三贴近"要求，满足人民群众的精神文化需求，服务于经济社会和谐发展。

（五）做好基本建设中的文物保护工作。重大建设工程要严格执行项目审批、核准和备案制度，涉及文物保护事项的基本建设项目，必须征求文物行政部门的意见，并进行必要的考古调查，落实各项保护措施。文物、交通、水利等部门要加强沟通和协调，配合做好工程建设中的文物保护工作。

（六）整顿规范文物流通领域秩序。文化、文物、公安、工商、海关等相关执法部门要加强协调合作，严厉打击文物走私等犯罪活动，整顿文物流通市场；积极探索符合社会主义市场经济规律，满足人民群众精神文化需求的文物流通机制；加强国际合作，依法追索流失境外的甘肃省珍贵文物。

五、进一步加大非物质文化遗产保护力度

（一）认真开展非物质文化遗产普查。各级政府和文化行政主管部门要将普查摸底作为非物质文化遗产保护的基础性工作来抓，统一部署，分级实施。各地要在充分利用已有研究成果的基础上，根据非物质文化遗产资源现状和濒危程度，参照中国民族民间文化保护工程《普查工作手册》和《甘肃省民族民间文化保护工作指南》，分级、分类制定普查工作方案，全面了解和掌握当地非物质文化遗产资源的种类、数量、分布状况、生存环境、保护现状及存在的问题，及时向社会公布普查结果。要运用文字、音像、数字化等多种方式对非物质文化遗产进行真实、系统和全面的记录，分级建立档案和数据库，2008年底前基本完成全省非物质文化遗产普查工作。

（二）制定非物质文化遗产保护规划。各市州要在科学论证的基础上，根据《甘肃省民族民间文化保护工程实施方案》，抓紧制定本地区非物质文化遗产保护规划，明确保护范围和保护措施，提出长远目标和近期工作任务，分步实施。

（三）分级建立非物质文化遗产保护名录。严格按照国家和甘肃省非物质文化遗产评审标准，经过科学论证和认定，建立省、市、县三级非物质文化遗产代表作名录。省级非物质文化遗产代表作名录由省文化行政主管部门组织论证筛选，经省民族民间文化保护工程部门联席会议审核同意后，由省政府批准、公布。市州、县区市非物质文化遗产代表作名录可参照省级代表名录论证筛选办法进行确定，由同级政府批准、公布，并报上一级政府备案。

（四）建立科学有效的非物质文化遗产传承机制。对列入各级名录的非物质文化遗产代表作，同级政府要制定科学的保护计划，明确保护的责任主体，进行切实有效的保护，并采取命名、授予称号、表彰奖励、资助扶持等方式，鼓励传承民间艺术、技艺。对年事已高、生活困难的代表作传承人给予适当的经济补助，资助他们开办"讲习所"或授徒，通过社会教育和学校教育，使非物质文化遗产代表作后继有人。在非物质文化形态保存较为完整、特色鲜明，并具有特殊历史、文化价值的村落或特定区域，要分级建立文化生态保护区，变单一保护为全面保护。要积极组织开展民间艺术之乡的

创建活动和民间艺术师、民间艺术大师的评选命名活动。

六、加强对文化遗产保护工作的领导

（一）加强组织领导，落实工作责任。充分发挥省文物管理委员会和省民族民间文化保护工程部门联席会议的作用，定期研究文化遗产保护工作中的重大问题，统一协调文化遗产保护工作。市州、县区市政府也要建立相应的文化遗产保护议事协调机构，统一协调当地文化遗产保护工作。要将文化遗产保护工作纳入当地国民经济和社会发展整体规划，纳入城乡建设规划，纳入财政预算，纳入各级政府重要工作议程，纳入各级领导责任制。要建立健全文化遗产保护责任制度和责任追究制度，建立文化遗产保护定期通报制度、专家咨询制度以及公众和舆论监督机制，推进文化遗产保护工作的科学化、民主化。

（二）加快文化遗产保护法制建设，加大执法力度。积极推进甘肃省文化遗产保护立法进程，制定与文化遗产保护法律法规相配套的规章、制度。各级文化、文物行政执法部门要配合公安机关严厉打击破坏文化遗产的各类违法犯罪活动，重点追究因决策失误、玩忽职守，造成文化遗产破坏、被盗或流失的单位或个人的法律责任。要充实文化遗产保护执法力量，不断加大行政执法力度，做到

附录

执法必严，违法必究。

（三）加大文化遗产保护工作的经费投入。省上将逐年加大对文化遗产保护的经费投入，各地政府要将文化遗产保护经费纳入财政预算，保障重点文化遗产保护经费投入到位。

（四）培养文化遗产保护和管理专门人才。进一步创造良好的用人机制和环境，采取灵活多样的措施，积极引进各类文化遗产保护管理专业人才。积极拓宽培养渠道，通过派出去、请进来和举办培训班等办法，加大对在职人员的培养力度，逐步建立一支具有较高素质的文化遗产保护和管理队伍。

（五）营造保护文化遗产的良好社会氛围。通过"文化遗产日"系列宣传活动，增强全社会的文化遗产保护意识。要充分发挥各类文化遗产对未成年人进行传统文化教育和爱国主义教育的重要作用。各级文化馆、图书馆、博物馆、科技馆和专门的文化遗产保护、展示机构，要通过举办形式多样的文化遗产展览展示、论坛、讲座等活动，宣传和展示优秀文化遗产。教育部门和各级各类学校，特别是甘肃省少数民族地区学校，要逐步将优秀的、体现本民族精神与民间特色的非物质文化遗产内容编入有关教材，开展教学活动。要鼓励和支持新闻出版、广播电视、互联网等媒体通过开设专题、专栏等方式，

对文化遗产及其保护工作进行宣传展示，普及保护知识，培养保护意识，大力宣传保护文化遗产的先进典型，及时曝光破坏文化遗产的违法行为及事件，发挥舆论监督作用，在全社会形成保护文化遗产的良好氛围。

2006 年 6 月 7 日

甘肃省各级博物馆陈列展览方案论证审核暂行办法（试行）

甘肃省文物局　2007 年 11 月 29 日印发

第一章　总　则

第一条　为进一步加强甘肃省各级博物馆陈列展览工作，强化精品意识，不断推出符合时代要求的高质量陈列展览，根据《中华人民共和国文物保护法》及其实施条例和《博物馆管理办法》的有关规定，结合甘肃省实际，制定本办法。

第二条　陈列展览方案论证审核应坚持文物工作方针，遵循博物馆事业发展规律，着力推出精品展览，提升展示水平，更好地整合和发挥文物藏品资源的社会效益。

第三条　本办法所指陈列展览为甘肃省各级文物收藏单位举办的基本陈列。

第四条　本办法所指陈列展览方案为文物收藏单位陈列内容设计方案和形式设计方案。

第五条　本办法适用于甘肃省文物

系统各级文物收藏单位。其他文物收藏单位可参照执行。

第六条　甘肃省文物系统各级文物收藏单位陈列展览方案均应报省文物局论证审核。

第二章　论证审核组织

第七条　各级文物收藏单位陈列展览方案由省文物局组织的专家小组论证审核。

第八条　省文物局建立专家库，由省内文物系统专家组成。每个论证会参加的专家为3~5人。专家小组成员从专家库中随机抽取。

第九条　专家库应包括博物馆学、艺术设计、历史学、考古学、建筑、美术等方面的专家。

第十条　进入专家库的专家应具备良好的职业素养和道德操守，具有较丰富的陈展工作经验，恪守公平、公正的原则。

第三章　论证审核内容

第十一条　陈列展览设计方案应包括：

（一）内容设计

1.展览主题、定位；

2.展览的结构划分和单元设置；

3.文字内容，包括展名、前言、结语、单元说明、重点展品说明等；

4.展品遴选及其组合；

5.辅助展品，包括复制品、标本、绘画、雕塑、照片、图表、沙盘与模型、景观箱、声像多媒体、演示和观众参与项目等。

（二）形式设计

1.建设方出具的委托设计任务书；

2.设计方的设计资质证书及相关资质证书；

3.设计方案，包括艺术设计指导思想、设计说明、图纸（平面图、效果图、展品位置图、参观路线图）、施工制作图、工程概算。

第十二条　专家审核内容应包括：

（一）内容设计

1.主题定位是否准确；

2.展览结构划分及单元设置是否科学合理；

3.文字内容是否全面、科学、准确；

4.遴选展品是否反映了当地文化及馆藏文物特色，是否具有代表性；

5.辅助展品是否根据陈列主题的需要和展览形象化的要求，服务展览主体，能够弥补实物展品的局限性，完善布局结构，烘托、渲染主题，是否比列适当，主次分明。

（二）形式设计

1.委托设计任务书内容是否齐全；

2.设计报告是否全面、真实；

3.设计方的设计资质证书及相关资质证书是否真实、有效；

4.设计方是否有设计文物艺术品或相关展览的实践与经历；

5.设计方承担设计的展览，尤其在制作施工方面是否出现过安全问题；

6.设计方案

（1）总体设计是否突出体现了当地馆藏文物特色、地域特点和文化优势；

（2）单元设计是否结合展品数量、类型、时代、特点及展厅结构、功能区划分等对文物进行了有效展示；

（3）陈列效果（图）的风格、色彩、照明、布局等是否真实反映了展览的现场效果，并与展览主题相协调；

（4）参观的路线设置是否合理；

（5）展品位置的空间设计、视觉距离是否科学、合理；

（6）陈列设备，如陈列柜、假墙、展架、展板、标牌、台座、镜框、屏风等是否具有实用功能和审美功能；

（7）是否考虑了安全因素；

（8）设计图纸是否规范、齐备；

（9）工程造价是否合理。

7.使用材料是否环保、节能。

第四章 论证审核程序

第十三条 内容设计原则上由各文物收藏单位自行组织编制。形式设计方案在内容设计通过省级专家论证审核后由各文物收藏单位自行或者委托其他单位编制。

第十四条 召开论证会前，设计单位应提供足够数量设计方案文本供专家组审阅，一般为3~5套。形式设计除提供纸质文本外，应有电子文本，以幻灯片方式讲解。

第十五条 论证会开始前，专家组应通过民主选举的方式推选1名组长主持论证会，也可推选1名副组长协助组长工作。

第十六条 论证会一般以质询、答辩的方式按以下步骤进行：

（一）内容设计

1.设计方介绍博物馆建筑结构、面积、风格，展品数量、类型、特色及内容设计指导思想、原则、依据等基本情况；

2.专家组质询，设计方答辩；

3.专家分别陈述审核意见；

4.专家组合议，得出结论。

（二）形式设计

1.委托方宣读委托设计任务书；

2.设计方讲解设计的指导思想和方案；

3.专家组质询，设计方答辩；

4.专家组合议，得出结论。

第十七条 论证会结束后，专家组应出具书面论证结论，并由所有参加论证会的专家签字认可。

第十八条 专家组认为形式设计方案质量相当，而无法区分优劣的，应详细列出待选方案的优缺点，供建设单位实地考察后确定。建设单位考察后应提供考察报告，并将确定的结果报省文物局备案。

第十九条　设计方案经专家小组论证通过的，建设方应责成设计方尽快按照专家小组的意见修改完善。修改后的方案应报省文物局备案。

第二十条　设计方案经专家小组论证否决的，建设方应责成设计方依据专家意见重新设计或由建设方另行委托设计。新设计方案亦应报省文物局论证审核。

第二十一条　形式设计需进行招标的，按《中华人民共和国招投标法》实施。

第五章　附　则

第二十二条　形式设计单位资质管理办法由省文物局另行制定。

第二十三条　本办法由甘肃省文物局负责解释。

第二十四条　本办法自发布之日起施行。

甘肃省文物局主要职责内设机构和人员编制规定

甘政办发〔2010〕181号

甘肃省人民政府办公厅　2010年10月25日印发

为了加强全省文物保护和管理，经省委、省政府研究同意，设立甘肃省文物局，副厅级建制，由省文化厅管理。

一、职责调整

（一）取消已由国务院和省人民政府公布取消的行政审批事项。

（二）加强全省文物行政执法督察职责。

二、主要职责

（一）研究起草全省文物、博物馆事业发展规划，组织全省文物资源调查，起草全省文物保护法规并负责督促检查。

（二）协调和指导全省文物保护工作，履行全省文物行政执法督察职责，依法组织查处省内文物违法的重大案件，协同有关部门查处文物犯罪的重大案件。

（三）审核、申报省级文物保护单位，推荐、申报全国重点文物保护单位和世界文化遗产；负责全省世界文化遗产保护和监督管理工作，协同有关部门开展历史文化名城（镇、村）保护、监督管理和审核申报工作；指导监督省内各级文物保护单位的保护管理工作。

（四）负责管理和指导全省考古工作，组织、协调全省重大文物考古项目的实施；负责全国重点文物保护单位保护维修方案、规划的审核及省级文物保护单位保护维修方案的审批工作。

（五）负责推动完善全省文物和博物馆公共服务体系建设，拟订全省文物和博物馆公共资源共享规划并推动实施，指导全省文物和博物馆的业务工作，组织协调馆际间的协作交流。

（六）负责全省区域内国家和省上重大项目建设和基本建设工程中的文物保护工作。

（七）督促、检查、指导、协调全省文物安全保卫和消防技防工作。

（八）对社会文物进行宏观管理；审批全省文物商店的设立、撤销工作。

（九）协调、指导、管理全省文物学术、科研和科技保护工作。

（十）按规定编制全省文物事业经费预算，审核、安排并监督经费使用情况。

（十一）管理和指导文物、博物馆外事工作，开展对外和港澳台地区文物合作与交流；受国家文物局委托，负责文物进出境审核管理工作。

（十二）承办省委、省政府、省文化厅和国家文物局交办的其他事项。

三、内设机构

甘肃省文物局设 5 个内设机构：

（一）办公室（计划财务处）

协助局领导组织安排、督促检查政务、事务等综合性工作；组织起草有关重要文稿；负责文秘、信访、宣传、信息、保密和提案、建议办复等工作；负责管理直属文博单位的行政经费、事业经费和专项经费；负责管理直属文博单位国有资产及基本建设工作；草拟全省文物

合理利用的相关经济政策，并监督实施；协调、指导、监督文博系统的文物产业和多种经营工作。

（二）政策法规处

拟订文物工作方针政策，起草文物保护有关的地方性法规、政府规章草案和管理制度；统筹协调重要文物保护政策调研工作；负责局机关规范性文件的审核工作；调查研究有关法律、法规和规章的执行情况；承办局机关法律事务；协调、组织文物法制宣传、普及工作；在管理权限内负责局机关和直属文博单位的人事、机构编制管理等工作；组织和指导全省文博系统教育培训工作；承担全省文物对外和港澳台地区的交流工作。

（三）文物保护与考古处（重大项目建设文物保护办公室）

指导、管理全省文物保护工作；管理考古发掘工作；组织文物普查工作；申报推荐文物保护单位和世界文化遗产单位；负责编制全省文物保护维修规划和年度计划；承担全省文物保护有关审核审批事务及相关资质、资格认定工作；负责全省区域内国家和省上重大项目建设和基本建设工程中的文物保护工作。

（四）博物馆与社会文物处

指导博物馆工作，负责编制、审核全省博物馆、纪念馆发展规划和年度建设

计划；负责全省博物馆、纪念馆收藏文物的鉴定和科学保管工作；负责藏品交换、调拨、借展和复仿制工作；负责文物学术研究和科研工作；管理全省行业博物馆和社会博物馆；管理文博系统的学术团体；指导抢救、征集社会上珍贵流散文物；承办审批全省文物商店的有关工作；审核申报全省文物出入境展览的管理工作。

（五）安全督查处

拟订全省文物行政执法督察和案件查处的有关规定；组织开展全省文物行政执法、文物和博物馆安全保卫督察工作；组织查处省内文物违法重大案件，协助配合有关部门查处省内文物犯罪重大案件。

四、人员编制

省文物局机关行政编制 28 名。其中：局长 1 名（副厅级，由 1 名省文化厅副厅长兼），副局长 2 名（正处级），处级领导职数 10 名。

五、其他事项

（一）核定机关后勤事业编制 6 名。

（二）所属事业单位的设置、职责和编制事项另行规定。

六、附则

本规定由甘肃省机构编制委员会办公室负责解释，其调整由甘肃省机构编制委员会办公室按规定程序办理。

附录三　民国以来甘肃省文物考古博物馆书目辑录

（截至 2010 年 12 月）*

甘肃省志
文
物
志

一、古遗址

1. 张学正、张朋川、郭德勇：《谈谈马家窑、半山、马厂类型的分期和相互关系》，甘肃省博物馆文物工作队，油印本，1979 年。

2. 钟长发：《河西东端汉明长城与烽燧》，内部刊行，1991 年。

3. 甘肃文物局编《秦直道考察》，兰州大学出版社，1996 年。

4. 中国社会科学院考古研究所编著《师赵村与西山坪》，中国大百科全书出版社，1999 年。

5. 李并成：《大漠中的历史丰碑：敦煌境内的长城和古城遗址》，甘肃人民出版社，2000 年。

6. 甘肃省文物局编，岳邦湖、钟圣祖：《疏勒河流域汉代长城考察报告》，文物出版社，2001 年。

7. 谢端琚：《甘青地区史前考古》，文物出版社，2002 年。

8. 纪忠元、纪永元主编《敦煌阳关玉门关论文选萃》，甘肃人民出版社，2003 年。

9. 马建华、张力华：《长城》（"遥望星宿——甘肃考古文化丛书"），敦煌文艺出版社，2004 年。

10. 礼县博物馆、礼县秦西垂文化研究会编《秦西垂陵区》，文物出版社，2004 年。

11. 康世荣主编《秦西垂文化论集》，文物出版社，2005 年。

12. 甘肃省文物考古研究所编著《秦安大地湾——新石器时期遗址发掘报告》，文物出版社，2006 年。

13. 甘肃省文物局、甘肃省文物考古研究所编《临洮战国秦长城、山丹汉明长城调查报告》，甘肃人民出版社，2007 年。

14. 甘肃省文物考古研究所、中国国家博物馆、北京大学考古文博学院、西北大学文博学院合编《西汉水上游考古调查报告》，文物出版社，2008 年。

15. 甘肃省文物考古研究所编《兰州红古下海石：新石器时代遗址发掘报告》，科学出版社，2008 年。

16. 吴礽骧：《河西汉塞调查与研究》，文物出版社，2005 年。

17. 双塔寺考古发掘队、庆阳市博物馆编《庆阳古寺名山（上）·双塔寺》，甘

---

* 书目辑录以甘肃文博系统著述为主，不包括各种期刊发表的文章。

肃文化出版社，2003 年。

18. 敦煌市博物馆编《敦煌汉代玉门关》，甘肃人民美术出版社，2001 年。

19. 程晓钟主编《大地湾考古研究文集》，甘肃文化出版社，2002 年。

二、古墓葬

1. 甘肃省文物队等编《嘉峪关壁画墓发掘报告》，文物出版社，1985 年。

2. 张朋川、张宝玺编著《嘉峪关魏晋墓室壁画》，人民美术出版社，1985 年。

3. 甘肃省文物考古研究所编《酒泉十六国墓壁画》，文物出版社，1989 年。

4. 甘肃省文物考古研究所编，戴春阳、张珑：《敦煌祁家湾：西晋十六国墓葬发掘报告》，文物出版社，1994 年。

5. 戴春阳编《敦煌佛爷庙湾：西晋画像砖墓》，文物出版社，1998 年。

6. 甘肃省文物考古研究所、吉林大学北方考古研究室编著《民乐东灰山考古：四坝文化墓地的揭示与研究》，科学出版社，1998 年。

7. 南宝生：《绚丽的地下艺术宝库：清水宋金砖雕彩绘墓》，甘肃人民出版社，2005 年。

8. 甘肃省文物考古研究所编《永昌西岗柴湾岗：沙井文化墓葬发掘报告》，甘肃人民出版社，2001 年。

9. 甘肃省文物考古研究所编著《崇信于家湾周墓》，文物出版社，2009 年。

10. 岳邦湖、田晓、杜思平、张军武：《岩画及墓葬壁画》（"遥望星宿——甘肃考古文化丛书"），敦煌文艺出版社，2004 年。

11. 中国社会科学院考古研究所编著《徐家碾寺洼文化墓地》，科学出版社，2006 年。

三、古建筑

1. 高凤山：《万里长城——嘉峪关》，文物出版社，1982 年。

2. 罗发西等：《拉卜楞寺概况》，甘肃民族出版社，1987 年。

3. 甘肃省文物考古研究所、拉卜楞寺文物管理委员会《拉卜楞寺》，文物出版社，1989 年。

4. 高凤山、张军武合撰：《嘉峪关及明长城》，文物出版社，1989 年。

5. 萧默：《敦煌建筑研究》，文物出版社，1989 年。

6. 蒲文成主编《甘青藏传佛教寺院》，青海人民出版社，1990 年。

7. 李焰平：《甘肃窟塔寺庙》，甘肃教育出版社，1999 年。

8. 杨惠福等主编《天下第一雄关：嘉峪关》，中国大百科全书出版社，1999 年。

9. 天水市地方志办公室编《玉泉观志》，甘肃文化出版社，2002 年。

10. 兴隆山考古调查队、庆阳市博物馆编《庆阳古寺名山（下）·兴隆山》，甘

肃人民出版社，2003年。

11. 唐晓军：《古代建筑》，敦煌文艺出版社，2004年。

12. 吴正科：《大佛寺史探》，甘肃人民出版社，2004年。

13. 南喜涛：《天水古民居》，甘肃人民出版社，2007年。

四、石窟寺及石刻

1. 冯国瑞：《麦积山石窟志》，陇南丛书编印社，1941年。

2. 张维《陇右金石录》，甘肃省文献征集委员会，1943年。

3. 国立敦煌艺术研究所与华西大学合刊《敦煌石窟供养人画像概况》，1947年。

4. 敦煌文物研究所《敦煌壁画选》（三辑），荣宝斋木刻水印，1952~1954年。

5. 文化部社会文化事业管理局《麦积山石窟》，文物出版社，1954年。

6. 敦煌文物研究所编《敦煌壁画集》，文物出版社，1957年。

7. 敦煌文物研究所编《敦煌彩塑》，文物出版社，1978年。

8. 麦积山石窟艺术研究所编《麦积山石窟资料汇编（初集）》，1980年。

9. 敦煌研究院编《敦煌莫高窟供养人画像题识校勘记》油印本，1981年。

10. 麦积山文管所编《麦积山石窟》（图册），甘肃人民美术出版社，1981年。

11. 敦煌文物研究所编《敦煌莫高窟内容总录》，文物出版社，1982年。

12. 敦煌文物研究所编《敦煌研究文集》，甘肃人民出版社，1982年。

13. 甘肃省博物馆、炳灵寺文物保管所编《炳灵寺石窟》，文物出版社，1982年。

14. 敦煌文物研究所编《中国石窟·敦煌莫高窟》（第一卷），文物出版社，1982年。

15. 敦煌文物研究所编《中国石窟·敦煌莫高窟》（第二卷），文物出版社，1984年。

16. 敦煌文物研究所编《中国石窟·敦煌莫高窟》（第三、四、五卷），文物出版社，1987年。

17. 甘肃省博物馆、庆阳北石窟文物保管所编《庆阳北石窟·泾川南石窟》，文物出版社，1984年。

18. 阎文儒主编《麦积山石窟》，甘肃人民出版社，1984年。

19. 敦煌文物研究所编《莫高窟窟前殿堂遗址》，文物出版社，1985年。

20. 敦煌文物研究所编《1983年全国敦煌学术讨论会文集》（上、下），甘肃人民出版社，1985年。

21. 甘肃省文物工作队、庆阳北石窟寺文管所编《庆阳北石窟寺》，文物出版社，1985年。

22. 中国美术全集编辑委员会编，段文杰主编《中国美术全集·绘画编14、

15·敦煌壁画》，上海人民美术出版社，1985年。

23. 中国美术全集编辑委员会编，段文杰主编《中国美术全集·雕塑编7·敦煌彩塑》，上海人民美术出版社，1987年。

24. 中国美术全集编辑委员会变，董玉祥主编《中国美术全集·绘画编17·麦积山等石窟壁画》，人民美术出版社，1987年。

25. 中国美术全集编辑委员会编，孙纪元主编《中国美术全集·雕塑编8·麦积山石窟雕塑》，人民美术出版社，1988年。

26. 中国美术全集编辑委员会编，董玉祥主编《中国美术全集·雕塑编·9·炳灵寺等石窟雕塑》，人民美术出版社，1988年。

27. 敦煌研究院编《敦煌莫高窟供养人题记》，文物出版社，1986年。

28. 敦煌研究院编《敦煌艺术小丛书》（16册），甘肃人民出版社，1986年。

29. 甘肃省文物考古研究所编《河西石窟》，文物出版社，1987年。

30. 甘肃省文物工作队、庆阳北石窟寺文物保管所编《陇东石窟》，文物出版社，1987年。

31. 段文杰：《敦煌石窟艺术论集》，甘肃人民出版社，1988年。

32. 萧默：《敦煌建筑研究》，文物出版社，1989年。

33. 甘肃省文物工作队、炳灵寺文物保管所编《中国石窟·永靖炳灵寺石窟》，文物出版社，1989年。

34. 敦煌研究院编《敦煌壁画临本选集》，上海人民美术出版社，1989年。

35. 张思温编著《积石录》，甘肃民族出版社，1989年。

36. 麦积山石窟艺术研究所编《石窟艺术》，陕西人民出版社，1990年。

37. 林家平、宁强、罗华庆：《中国敦煌学史》，北京语言学院出版社，1992年。

38. 谢生保：《敦煌仏教物语》，甘肃少年儿童出版社，1992年。

39.《中国麦积山石窟展（日文版）》，日本经济新闻社，1992年。

40. 敦煌研究院编《敦煌石窟鉴赏丛书》（第一辑），甘肃人民美术出版社，1990年。

41. 敦煌研究院编《敦煌石窟鉴赏丛书》（第二辑），甘肃人民美术出版社，1992年。

42. 敦煌研究院编《敦煌石窟鉴赏丛书》（第三辑），甘肃人民美术出版社，1995年。

43. 谢生保、凌元编著《敦煌艺术之最》，甘肃人民美术出版社，1993年。

44. 敦煌研究院编《1990敦煌学国际研讨会文集》，辽宁美术出版社，1995年。

45. 中国敦煌壁画全集编辑委员会编

附录

《中国美术分类全集·中国敦煌壁画全集01·敦煌·北凉·北魏》，天津人民美术出版社，2006年。

46. 中国敦煌壁画全集编辑委员会编《中国美术分类全集·中国敦煌壁画全集02·敦煌·西魏》，天津人民美术出版社，2002年。

47. 中国敦煌壁画全集编辑委员会编《中国美术分类全集·中国敦煌壁画全集03·敦煌·北周》，天津人民美术出版社，2006年。

48. 中国敦煌壁画全集编辑委员会编《中国美术分类全集·中国敦煌壁画全集04·敦煌·隋》，天津人民美术出版社，1991年。

49. 中国敦煌壁画全集编辑委员会编《中国美术分类全集·中国敦煌壁画全集05·敦煌·初唐》，天津人民美术出版社，2006年。

50.《中国美术分类全集·中国敦煌壁画全集06·敦煌·盛唐》，天津人民美术出版社，1989年。

51. 中国敦煌壁画全集编辑委员会编《中国美术分类全集·中国敦煌壁画全集07·敦煌·中唐》，天津人民美术出版社，2006年。

52. 中国敦煌壁画全集编辑委员会编《中国美术分类全集·中国敦煌壁画全集08·敦煌·晚唐》，天津人民美术出版社，2001年。

53. 中国敦煌壁画全集编辑委员会编《中国美术分类全集·中国敦煌壁画全集09·敦煌·五代·宋》，天津人民美术出版社，2006年。

54. 中国敦煌壁画全集编辑委员会编《中国美术分类全集·中国敦煌壁画全集10·敦煌·西夏·元》，天津人民美术出版社，1996年。

55. 中国敦煌壁画全集编辑委员会编《中国美术分类全集·中国敦煌壁画全集11·麦积山·炳灵寺》，天津人民美术出版社，2006年。

56. 谢生保、凌元编著《敦煌艺术之最》，甘肃人民美术出版社，1993年。

57. 阎文儒、王万青编《炳灵寺石窟》，甘肃人民出版社，1993年。

58. 董玉祥主编《炳灵寺一六九窟》，海天出版社，1994年。

59. 胡同庆、罗华庆：《敦煌学入门》，甘肃人民出版社，1994年。

60. 敦煌研究院、江苏美术出版社编《敦煌石窟艺术》系列，江苏美术出版社，1993~2005年。

榆林窟第二五窟 附第一五窟（中唐）（1993年）

莫高窟第四五窟 附第四六窟（盛唐）（1993年）

莫高窟第二九〇窟（北周）（1994年）

莫高窟第一五四窟 附第二三一窟（中唐）（1994年）

莫高窟第九窟、第一二窟（晚唐）（1994年）

莫高窟第二四九窟 附第四三一窟（北魏、西魏）（1995年）

莫高窟第六一窟（五代）（1995年）

莫高窟第二五四窟 附第二六〇窟（北魏）（1995年）

莫高窟第二八五窟（西魏）（1995年）

莫高窟第四六五窟（元）（1996年）

莫高窟第一四窟（晚唐）（1996年）

莫高窟第三〇三、三〇四、三〇五窟（隋）（1996年）

莫高窟第三二一、三二九、三三五窟（初唐）（1996年）

莫高窟第五七、三二二窟（初唐）（1996年）

莫高窟第四二〇窟、第四一九窟（隋）（1996年）

莫高窟第四六四、三、九五、一四九窟（元）（1997年）

莫高窟第一五八窟（中唐）（1998年）

莫高窟第八五窟 附第一九六窟（晚唐）（1998年）

莫高窟第二九六窟（北周）（1998年）

莫高窟第四二八窟（北周）（1998年）

莫高窟第一一二窟（中唐）（1998年）

莫高窟第一五六窟 附第一六一窟（晚唐）（2005年）

61. 敦煌研究院编著《敦煌石窟》（日文版，10卷），日本文化学园文化出版局，2002年

62. 段文杰：《段文杰敦煌石窟艺术论文集》，甘肃人民出版社，1994年。

63. 赵俊荣绘《敦煌壁画白描精粹·敦煌供养人》，甘肃人民出版社，1995年。

64. 马玉华绘《敦煌壁画白描精粹·敦煌乐伎》，甘肃人民美术出版社，1995年。

65. 吴荣鉴绘《敦煌壁画白描精粹·敦煌飞天》，甘肃人民美术出版社，1995年。

66. 马玉华绘《敦煌壁画白描精粹·敦煌菩萨》，甘肃人民美术出版社，1996年。

67. 谢稚柳：《敦煌艺术叙录》，上海古籍出版社，1996年。

68. 马德：《敦煌莫高窟史研究》，甘肃教育出版社，1996年。

69. 敦煌研究院编《敦煌石窟内容总录》，文物出版社，1996年。

70. 敦煌研究院编《中国石窟·安西榆林窟》，文物出版社，1997年。

71. 张宝玺编著《甘肃石窟艺术壁画编》，甘肃人民美术出版社，1997年。

72. 何静珍、陈玉英《麦积山石窟艺术丛书》第一辑，甘肃人民美术出版社，1997年。

73. 胡开儒：《安西榆林窟》，新疆大学出版社，1997年。

74. 甘谷县文化局编，王来全：《大像山》，1997年。

75. 李亚太编《大像山志》，甘肃人民出版社，1998年。

76. 王万青、王亨通编《炳灵寺历代诗词选》，兰州大学出版社，1998年。

77. 《中国石窟雕塑精华：炳灵寺石窟》，重庆出版社，1998年。

78. 《中国石窟壁画精华：炳灵寺石窟》，重庆出版社，1999年。

79. 樊锦诗主编《敦煌石窟》，甘肃文化出版社，1998年。

80. 麦积山石窟艺术研究所编《中国石窟·天水麦积山》，文物出版社，1998年。

81. 谢成水：《谢成水敦煌壁画线描集》，甘肃人民美术出版社，1998年。

82. 董玉祥：《梵宫艺苑：甘肃石窟寺》，甘肃教育出版社，1999年。

83. 程晓钟、杨富学：《庄浪石窟》，甘肃文化出版社，1999年。

84. 李红雄、宋文玉主编《北石窟寺》，甘肃文化出版社，1999年。

85. 李焰平主编《甘肃塔窟寺庙》，甘肃教育出版社，1999年。

86. 敦煌研究院编《敦煌石窟全集》（26卷），上海人民出版社，1999~2005年。

87. 敦煌研究院编《敦煌莫高窟北区石窟》，文物出版社，2000年。

88. 敦煌研究院编《敦煌研究文集》，甘肃民族出版社，2000年。

89. 敦煌研究院编《1994敦煌学国际研讨会文集》（石窟艺术卷、石窟考古卷、宗教文史卷上、下），甘肃民族出版社，2000年。

90. 敦煌研究院编《纪念敦煌莫高窟藏经洞发现一百周年·敦煌研究文集·石窟考古篇》，甘肃民族出版社，2000年。

91. 敦煌研究院、甘肃省博物馆编著《武威天梯山石窟》，文物出版社，2000年。

92. 王伯敏：《敦煌壁画山水研究》，浙江人民美术出版社，2000年。

93. 殷光明《北凉石塔研究》，觉风佛教艺术基金会，2000年。

94. 敦煌研究院编《敦煌图史》，上海古籍出版社，2000年。

95. 敦煌研究院编《敦煌遗书总目索引新编》，中华书局，2000年。

96. 花平宁主编《中国古代壁画精华丛书·甘肃天水麦积山石窟壁画》，重庆出版社，2000年。

97. 彭金章、王建军：《敦煌莫高窟北区石窟》第1卷，文物出版社，2000年。

98. 彭金章、王建军：《敦煌莫高窟北区石窟》第2、3卷，文物出版社，2004年。

99. 张宝玺编著《甘肃佛教石刻造像》，甘肃人民美术出版社，2001年。

100. 王其英主编《武威金石录》，兰

州大学出版社，2001年。

101. 杨惠福、张军武：《嘉峪关黑山岩画》，甘肃人民出版社，2001年。

102. 麦积山石窟志编撰委员会编《麦积山石窟志》，甘肃人民出版社，2002年。

103. 史苇湘：《敦煌历史与莫高窟艺术研究》，甘肃教育出版社，2002年。

104. 郑汝中：《敦煌壁画乐舞研究》，甘肃教育出版社，2002年。

105. 敦煌研究院编，罗华庆主编《敦煌石窟全集2·尊像画卷》，商务印书馆（香港）有限公司，2002年

106. 卢秀文：《中国石窟图文志》，敦煌文艺出版社，2002年。

107. 中国佛教协会佛教文化研究所、麦积山石窟艺术研究所编《佛国麦积山》（图录），上海辞书出版社，2003年。

108. 颜廷亮、王亨通主编《炳灵寺石窟学术研讨会论文集》，甘肃人民出版社，2003年。

109. 胡同庆：《佛教艺术》，敦煌文艺出版社，2004年。

110. 董广强：《绝壁上的佛国》，甘肃地质印刷厂，2004年。

111. 《中国石窟雕塑精华：麦积山石窟》，重庆出版社，2007年。

112. 李正宇：《敦煌学导论》，甘肃人民出版社，2008年。

113. 郑炳林、花平宁主编《麦积山石窟艺术文化论文集》，兰州大学出版社，2004年。

114. 王书庆、杜斗城：《敦煌与丝绸之路（日文版）》，海天出版社，2004年。

115. 敦煌研究院编《2000年敦煌学国际学术讨论会文集——纪念敦煌藏经洞发现暨敦煌学百年》（历史文化卷、石窟考古卷、石窟艺术卷），甘肃民族出版社，2003年。

116. 岳邦湖、田晓、杜思平、张军武：《岩画及墓葬壁画》（"遥望星宿——甘肃考古文化丛书"），敦煌文艺出版社，2004年。

117. 张宝玺、王亨通主编《昔日炳灵寺》，科学出版社，2004年。

118. 唐冲编绘《麦积山石窟线描集》，人民美术出版社，2004年。

119. 施萍婷：《敦煌习学集》，甘肃民族出版社，2004年。

120. 贺世哲：《敦煌石窟论稿》，甘肃民族出版社，2004年。

121. 赵声良：《敦煌壁画风景研究》，中华书局，2005年。

122. 李最雄编著《丝绸之路石窟壁画彩塑保护》，科学出版社，2005年。

123. 郑炳林、沙武田：《敦煌石窟艺术概论》，甘肃文化出版社，2005年。

124. 敦煌研究院编《2004年石窟研究国际学术会议论文集》（上、下），上

附录

海古籍出版社，2006年。

125. 张宝玺编著《北凉石塔艺术》，上海辞书出版社，2006年。

126. 张掖市文物保护研究所 姚桂兰主编《张掖石窟研究文集》，甘肃人民出版社，2006年。

127. 敦煌研究院编《讲解莫高窟》，浙江文艺出版社，2006年。

128. 贺世哲：《敦煌图像研究·十六国北朝卷》，甘肃教育出版社，2006年。

129. 殷光明：《敦煌壁画艺术与疑伪经》，民族出版社，2006年。

130. 杜斗城、王亨通主编《炳灵寺石窟内容总录》，兰州大学出版社，2006年。

131. 炳灵寺文物保护研究所编《炳灵寺石窟艺术》，甘肃人民美术出版社，2006年。

132. 杨惠福、张军武：《嘉峪关黑山岩画》，甘肃人民出版社，2006年。

133. 沙武田：《敦煌画稿研究》，中央编译出版社，2007年。

134. 王惠民：《三危佛光——莫高窟的营建》，甘肃教育出版社，2007年。

135. 郑炳林、魏文斌主编《天水麦积山石窟研究文集》，甘肃文化出版社，2007年。

136. 孙儒僩：《敦煌石窟建筑与保护》，甘肃人民出版社，2007年。

137. 段文杰：《敦煌石窟艺术研究》，甘肃人民出版社，2007年。

138. 陈钰编著《敦煌壁画故事大观》，甘肃人民出版社，2007年。

139. 赵声良：《敦煌艺术十讲》，上海古籍出版社，2007年。

140. 唐晓军：《甘肃古代石刻艺术》，民族出版社，2007年。

141.《中国美术分类全集》编委会编著《中国岩画全集2：西部岩画（一）》，辽宁美术出版社，2008年。

142. 甘肃省文物考古研究所、麦积山石窟艺术研究所等编《水帘洞石窟群》，科学出版社，2009年。

143. 魏文斌、吴荭：《甘肃佛教石窟考古论文集》，民族出版社，2009年。

144. 甘肃北石窟寺文物保护研究所宋文玉主编《北石窟寺论文集》，内部资料，2009年。

145. 赵声良：《敦煌石窟艺术总论》，甘肃教育出版社，2010年。

146. 关友惠：《敦煌装饰图案》，华东师范大学出版社，2010年。

147. 王惠民：《解读敦煌·弥勒佛与药师佛》，华东师范大学出版社，2010年。

148. 麦积山石窟艺术研究所编《麦积山石窟研究》，文物出版社，2010年。

149. 夏朗云：《麦积山石窟考古断代研究——后秦开窟新证》，甘肃人民出版社，2010年。

150. 陇东古石刻艺术博物馆，贾延廉主编《陇东石刻初探》，庆阳市瑜华印务公司印内部资料，2010 年。

151. 胡同庆、罗华庆：《解密敦煌》，甘肃人民美术出版社，2010 年。

五、馆藏文物

1. 中国科学院考古研究所、甘肃省博物馆编《武威汉简》，考古学专刊乙种第二十号，文物出版社，1964 年。

2. 甘肃省博物馆、武威县文化馆编《武威汉代医简》，文物出版社，1975 年。

3. 甘肃省博物馆编《甘肃彩陶》，文物出版社，1979 年。

4. 秦明智编《甘肃省博物馆藏敦煌遗书》，油印本，1983 年。

5. 秦明智、徐祖蕃编选《淳化阁贴选——明拓肃府本》，甘肃人民出版社，1984 年。

6. 甘肃省博物馆编《淳化阁帖》（上、下），甘肃人民出版社，1988 年。

7. 甘肃省文物考古研究所、甘肃省博物馆、文化部古文献研究室、中国社会科学院历史语言研究所编《居延新简——甲渠侯官与第四燧》，文物出版社，1990 年。

8. 甘肃省文物考古研究所、甘肃省博物馆、中国文物研究所、中国社会科学院历史研究所编《居延新简——甲渠侯官》（上、下），文物出版社，1990 年。

9. 甘肃省文物考古研究所编《敦煌汉简》（全二册），中华书局，1991 年。

10. 甘肃省博物馆编《丝绸之路甘肃文物精华》，1994 年。

11.《中国甘肃新出土木简选》编辑委员会编，中国甘肃省文物局、甘肃省文物考古研究所协编《中国甘肃新出土木简选》，每日新闻社、（财）每日书道会，1994 年。

12. 大阪府立近つ飛鳥博物館編《シルクロードのまもり：中国・木簡古墓文物展》，每日新闻社，1994 年。

13.《居延新出土木简选》，每日新闻社，1996 年。

14. 山丹县艾黎捐赠文物陈列馆，甘肃省文物考古研究所编《艾黎捐赠文物精粹》，文物出版社，1997 年。

15. 田晓主编《酒泉文物精萃》，中国青年出版社，1998 年。

16. 甘肃省博物馆编"甘肃省博物馆建馆六十周年纪念"《甘肃革命文物撷粹》，内部资料，1999 年。

17. 汪保全：《瑰宝遗珍——天水馆藏文物精粹》，甘肃人民出版社，2000 年。

18. 中国文物研究所、甘肃省文物考古研究所《敦煌悬泉月令诏条》，中华书局，2001 年。

19. 中国简牍集成编委会编，初师宾主编《中国简牍集成》（1~12 册），敦煌文艺出版社，2001年。

20. 张朋川、张晶：《瓷绘霓裳：民国早期时装人物画瓷器》，文物出版社，2002年。

21. 秦安县博物馆编《娲乡遗珍——秦安县文物精品集粹》，2002年。

22. 马建华编著《甘肃彩陶》，重庆出版社，2003年。

23. 郎树德、贾建威：《彩陶》（"遥望星宿——甘肃考古文化丛书"），敦煌文艺出版社，2004年。

24. 祝中熹、李永平：《青铜器》（"遥望星宿——甘肃考古文化丛书"），敦煌文艺出版社，2004年。

25. 彭燕凝、仁厚：《齐家古玉》，天地出版社，2005年。

26. 甘肃省博物馆编《武威汉简》，中华书局，2005年。

27. 甘肃省文物局编《馆藏一级文物·甘肃卷》（上、下），内部刊行，2005年。

28. 中国藏西夏文献编辑委员会编，史金波、陈育宁总主编《中国藏西夏文献》（22卷，甘肃编包括敦煌研究院藏卷、甘肃博物馆藏卷和定西文化馆藏卷、武威博物馆藏卷），甘肃人民出版社、敦煌文艺出版社，2006年。

29. 祝中熹：《物华史影——陇原文物赏萃》，三秦出版社，2006年。

30. 甘肃省博物馆编《甘肃省博物馆文物精品图集》，三秦出版社，2006年。

31. 甘肃省文物局编《甘肃文物菁华》，文物出版社，2006年。

32. 平凉精品文物图鉴编写组《平凉精品文物》，平凉市挣到文化艺术发展有限公司印，2007年。

33. 韩博文主编《甘肃彩陶》，科学出版社，2008年。

34. 甘肃省庆城博物馆编《庆城博物馆文物精品图集》，2008年。

35. 甘肃省博物馆编《博物馆之旅》（全3册，《甘肃丝绸之路文明》《甘肃古生物化石》、《甘肃彩陶》），甘肃人民美术出版社，2008年。

36. 麦积山石窟艺术研究所编《瑞应寺遗珍》，甘肃人民出版社，2008年。

37. 王维亲主编《甘肃通渭博物馆藏珍》，中国国际美术出版社，2009年。

38. 甘肃省文物考古研究所编《天水放马滩秦简》，中华书局，2009年。

六、文物工作

1. 酒泉地区文化教育局《酒泉地区文物分布概况》，内部刊行，1972年。

2. 定西地区文化局编《定西文物概况》，内部刊行，1975年。

3. 宁笃学编《武威地区文物概况》，内部刊行，1979年。

4. 庆阳地区博物馆编《庆阳地区文物概况》，内部刊行，1979年。

5. 嘉峪关市文物管理所编《嘉峪关市文物概况》，内部刊行，1980年。

6. 甘肃省武都地区文化教育局编《武都地区文物概况》，内部刊行，1982年。

7. 政协景泰县宣教文史委员会编《景泰文史》第一辑（文物），内部刊行，2003年。

8. 天水县文物志编写委员会编印《天水县文物志》，内部刊行，1984年。

9. 甘肃省天水地区博物馆编《天水名胜》，内部资料，1984年。

10. 永登县文化馆编印《永登文物概况》，内部刊行，1989年。

11. 敦煌研究院编《敦煌研究文集——石窟保护篇》（上下），甘肃民族出版社，1993年。

12. 靖远县文化局、博物馆编《靖远县文物志》，内部刊行，1994年。

13. 李最雄：《李最雄石窟保护论文集》，甘肃民族出版社，1994年。

14. 李红雄、刘得祯编《庆阳文物》，兰州大学出版社，1995年。

15.《兰州文物》编辑委员会编《兰州文物》，甘肃人民美术出版社，1996年。

16. 天水市文化出版局编，左峰、王彦俊主编《天水市文物志》，内部刊行，1998年。

17. 张掖地区地方史志学会 张志纯等编《张掖地情丛书》第三辑《张掖文物古迹荟萃》，内部刊行，1998年。

18. 董彦文主编《甘肃文物》，甘肃文化出版社，1998年。

19. 甘肃省文物局编《甘肃文物工作五十年》，甘肃文化出版社，1999年。

20. 李最雄主编《中国敦煌学百年文库·石窟保护卷》，甘肃文化出版社，1999年。

21. 杨益民、唐晓军等：《甘肃文物保护研究文集》，甘肃文化出版社，2001年。

22. 马清林、苏伯民、胡之德、李最雄：《中国文物分析鉴别与科学保护》，科学出版社，2001年。

23. 党寿山编著《武威文物考述》，武威市光明印刷物资有限公司，2001年。

24. 中共临洮县委宣传部编《临洮：中国西部历史文化名城》，甘肃文化出版社，2002年。

25. 李最雄编著《丝绸之路古遗址保护》，科学出版社，2003年。

26. 马文治：《文物理念与文物工作》，甘肃人民出版社，2004年。

27. 李最雄编著《丝绸之路石窟壁画彩塑保护》，科学出版社，2005年。

28. 甘肃省博物馆编《甘肃省博物馆》，三秦出版社，2006年。

29. 俄军主编《甘肃省博物馆学术论文集》，三秦出版社，2006年。

附录

30. 马琦明主编《兰州市志·文物志》，兰州大学出版社，2006年。

31. 王琦、林健编著《文物鉴定基础》，兰州大学出版社，2008年。

32. 兰州市文物局编《兰州工业遗产图录》，2008年。

33. 甘肃省博物馆编《甘肃丝绸之路文明》，科学出版社，2008年。

34. 李最雄、王旭东、孙满利：《交河故城保护加固技术研究》，科学出版社，2008年。

35. 李最雄、汪万福、王旭东：《西藏布达拉宫壁画保护修复工程报告》，文物出版社，2008年。

36. 俄军、韩博文主编《栉风沐雨七十春——甘肃省博物馆建馆七十周年图录·1939~2009》，甘肃省博物馆，2009年。

37. 甘肃文物局编《甘肃文物事业六十年纪事》（1949~2009），三秦出版社，2009年。

38. 张掖市文物管理局《张掖文物》，甘肃人民出版社，2009年。

39. 史勇：《中国近代文物事业简史》，甘肃人民出版社，2009年。

40. 金塔文物志编委会编《金塔文物志》，内部刊行，2009年。

41. 兰州市文物局编印《兰州市文物工作指南》，内部刊行，2009年。

七、其他

1. 李纪贤编著《马家窑文化的彩陶艺术》，人民美术出版社，1982年。

2. 甘肃省文物工作队、甘肃省博物馆编《汉简研究文集》，甘肃人民出版社，1984年。

3. 陈炳应：《西夏文物研究》，宁夏人民出版社，1985年。

4. 徐祖蕃编选《汉简书法选》，甘肃人民出版社，1985年。

5. 徐祖蕃、秦明智、荣恩奇编选《敦煌遗书书法选》，甘肃人民出版社，1985年。

6. 谭蝉雪：《敦煌岁时文化导论》，台北新文丰出版社，1987年。

7. 甘肃省文物考古研究所编，薛英群、何双全、李永良校《居延新简释粹》，兰州大学出版社，1988年。

8. 李正宇、谭蝉雪、汪泛舟、张先堂合：《敦煌文学》，甘肃人民出版社，1989年。

9. 甘肃文物考古研究所编《秦汉简牍论文集》，甘肃人民出版社，1989年。

10. 薛英群：《居延汉简通论》，甘肃教育出版社，1991年。

11. 甘肃省文物考古研究所编，吴礽骧、李永良、马建华释校《敦煌汉简释文》，甘肃人民出版社，1991年。

12. 赵正：《汉简书法论集》，甘肃人民美术出版社，1991年。

甘肃省志

文物志

13. 李正宇选编，李新编次《中国唐宋硬笔书法——敦煌古代硬笔书法写卷》，上海文化出版社，1993年。

14. 谭蝉雪：《敦煌婚姻文化》，甘肃人民出版社，1993年。

15. 陈炳应：《贞观玉镜将研究》，宁夏人民出版社，1995年。

16. 马建华、赵吴城：《敦煌汉简书法精选》，甘肃人民美术出版社，1995年。

17. 李正宇：《敦煌史地新论》，台北新文丰出版公司，1996年。

18. 敦煌研究院编《敦煌书法库》，甘肃人民美术出版社，1996年。

19. 李并成、李春元：《瓜沙史地研究》，甘肃文化出版社，1996年。

20. 季羡林主编《敦煌学大辞典》，上海辞书出版社，1998年。

21. 郑汝中、董玉祥主编《中国音乐文物大系·甘肃卷》，大象出版社，1998年。

22. 李永良主编《河陇文化》，甘肃人民出版社、商务印书馆(香港),1998年。

23. 杨富学：《回鹘之佛教》，新疆人民出版社，1998年。

24. 杨富学：《西域敦煌宗教论稿》，甘肃文化出版社，1998年。

25. 杨富学：《回鹘之佛教》，新疆人民出版社，1998年。

26. 杨富学：《西域敦煌回鹘文献语言研究》，甘肃文化出版社，1999年。

27. 杨秀清：《敦煌西汉金山国史》，甘肃人民出版社，1999年。

28. 杨富学、李吉和辑校《敦煌汉文吐蕃史料辑校》，甘肃人民出版社，1999年。

29. 甘肃藏敦煌文献编委会，段文杰、施萍婷主编《甘肃藏敦煌文献》，甘肃人民出版社，1999年。

30. 高世华：《文明曙光——大地湾遗址与天水远古文化》，甘肃人民出版社，2000年。

31. 王彦俊：《魏蜀兵戈——天水三国文化纵横》，甘肃人民出版社，2000年。

32. 施萍婷主撰稿，邰惠莉助编《敦煌遗书总目索引新编》，中华书局，2000年。

33. 乔楠等编著《甘肃革命文物史料选萃》，甘肃文化出版社，2000年。

34. 李振翼：《甘南藏区考古集萃》，民族出版社，2001年。

35. 胡平生、张德芳编撰《郭煌悬泉汉简释粹》，上海古籍出版社，2001年。

36. 张行：《甘肃古生物化石与旧石器时代考古》，甘肃文化出版社，2001年。

37. 何双全：《双玉兰堂文集》，台湾兰台出版社，2001年。

38. 赵永红：《武威历史文化丛书·西夏探古》，甘肃文化出版社，2002年。

39. 张朋川主编《中国汉代木雕艺

附录

术》，辽宁美术出版社，2003年。

40. 马建华：《河西汉简》，重庆出版社，2003年。

41. 西北师范大学文学院历史系、甘肃省文物考古研究所编《简牍学研究》(第1辑)，甘肃人民出版社，1997年。

42. 西北师范大学文学院历史系、甘肃省文物考古研究所编《简牍学研究》(第2辑)，甘肃人民出版社，1998年。

43. 西北师范大学文学院历史系、甘肃省文物考古研究所编《简牍学研究》(第3辑)，甘肃人民出版社，2002年。

44. 西北师范大学文学院历史系、甘肃省文物考古研究所编《简牍学研究》(第4辑)，甘肃人民出版社，2004年。

45. 杨富学：《回鹘文献与回鹘文化》，民族出版社，2003年。

46. 何双全：《简牍》("遥望星宿——甘肃考古文化丛书")，敦煌文艺出版社，2004年。

47. 张行：《古生物与古环境》，敦煌文艺出版社，2004年。

48. 甘肃省博物馆、定西市安定区博物馆合编，俄军主编《孔子圣迹图》，敦煌文艺出版社，2004年。

49. 周佩珠：《传拓技艺概说》，人民美术出版社，2004年。

50. 张朋川：《中国彩陶图谱》，文物出版社，2005年。

51. 林健：《明代肃王研究》，甘肃文化出版社，2005年。

52. 李正宇：《敦煌遗书硬笔书法研究》，新文丰出版有限股份公司，2005年。

53. 甘肃省博物馆编，俄军主编《甘肃省博物馆学术论文集》，三秦出版社，2006年。

54. 谭蝉雪：《敦煌民俗——丝路明珠传风情》，甘肃教育出版社，2006年。

55. 杨富学：《印度宗教文化与回鹘民间文学》，民族出版社，2007年。

56. 甘肃省博物馆编，俄军主编《中国西部博物馆论坛文集》，三秦出版社，2007年。

57. 甘肃省博物馆编《甘肃丝绸之路文明》，科学出版社，2008年。

58. 甘肃省文物考古研究所编《甘肃简牍百年论著目录》，甘肃文化出版社，2008年。

59. 李正宇：《古本敦煌乡土志八种笺证》，甘肃人民出版社，2008年。

60. 李春元：《瓜州文物考古总录》，香港天马出版有限公司，2008年。

61. 李宁民：《人祖伏羲与宗庙》，作家出版社，2008年。

62. 周秀兰编著《中华始祖太昊伏羲氏》，2009年编印。

63. 郝树声、张德芳：《悬泉汉简研究》，甘肃文化出版社，2009年。

附录四　甘肃省全国重点文物保护单位名录

（截至 2010 年 12 月）

序号	名称	时代	地址	备注
第一批（1961 年 3 月）				
1	莫高窟	北魏至元	敦煌市	包括西千佛洞
2	榆林窟	北魏至元	瓜州县	
3	麦积山石窟	北魏至明	天水市麦积区	
4	炳灵寺石窟	西秦至明	永靖县	
5	万里长城—嘉峪关	明代	嘉峪关市	
6	重修护国寺感应塔碑（西夏碑）	西夏（1032~1227）	武威市凉州区	
第二批（1982 年 11 月）				
1	拉卜楞寺	清代	夏河县	
第三批（1988 年 1 月）				
1	北石窟寺	北魏至宋	庆阳市西峰区	
2	南石窟寺	北魏至唐	泾川县	
3	大地湾遗址	新石器时代	秦安县	
4	马家窑遗址	新石器时代	临洮县	
5	居延遗址（甘肃部分）	汉代	金塔县	
6	玉门关及长城烽燧遗址（包括大方盘、小方盘）	汉代	敦煌市	
第四批（1996 年 11 月）				
1	齐家坪遗址	新石器时代	广河县	
2	骆驼城遗址	汉至唐	高台县	
3	锁阳城遗址	隋、唐	瓜州县	
4	张掖大佛寺	西夏、清	张掖市甘州区	
5	兴国寺	元代	秦安县	
6	武威文庙	明代	武威市凉州区	
7	鲁土司衙门旧址	明、清	永登县	
8	马蹄寺石窟群	十六国至清	肃南裕固族自治县	
9	会宁红军会师旧址	1936 年	会宁县	
10	东千佛洞石窟	北魏至西夏	瓜州县	归入榆林窟
第五批（2001 年 6 月）				
1	南佐遗址	新石器时代	庆阳市西峰区	
2	大堡子山遗址及墓群	西周至春秋	礼县	

附
录

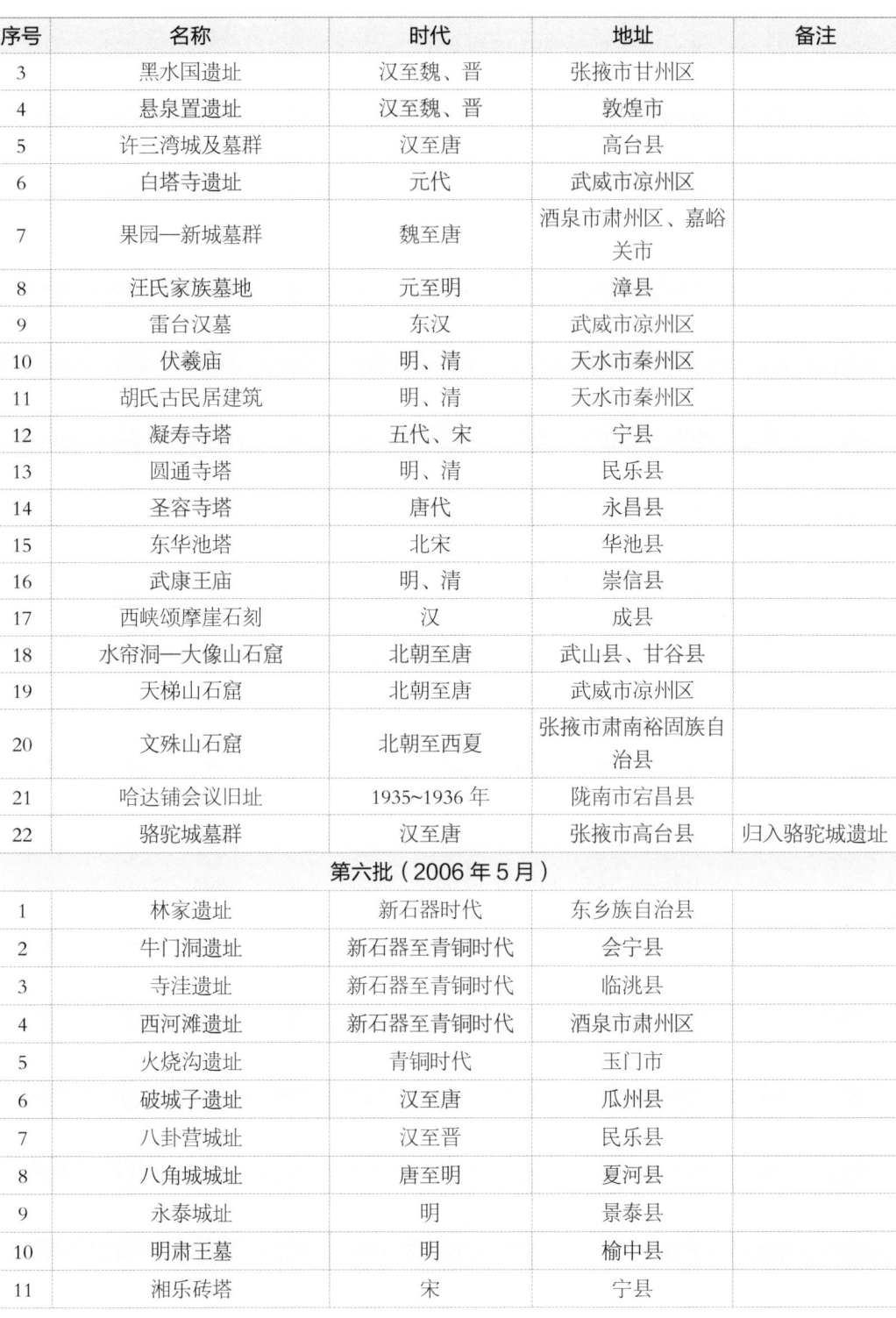

序号	名称	时代	地址	备注
3	黑水国遗址	汉至魏、晋	张掖市甘州区	
4	悬泉置遗址	汉至魏、晋	敦煌市	
5	许三湾城及墓群	汉至唐	高台县	
6	白塔寺遗址	元代	武威市凉州区	
7	果园—新城墓群	魏至唐	酒泉市肃州区、嘉峪关市	
8	汪氏家族墓地	元至明	漳县	
9	雷台汉墓	东汉	武威市凉州区	
10	伏羲庙	明、清	天水市秦州区	
11	胡氏古民居建筑	明、清	天水市秦州区	
12	凝寿寺塔	五代、宋	宁县	
13	圆通寺塔	明、清	民乐县	
14	圣容寺塔	唐代	永昌县	
15	东华池塔	北宋	华池县	
16	武康王庙	明、清	崇信县	
17	西峡颂摩崖石刻	汉	成县	
18	水帘洞—大像山石窟	北朝至唐	武山县、甘谷县	
19	天梯山石窟	北朝至唐	武威市凉州区	
20	文殊山石窟	北朝至西夏	张掖市肃南裕固族自治县	
21	哈达铺会议旧址	1935~1936 年	陇南市宕昌县	
22	骆驼城墓群	汉至唐	张掖市高台县	归入骆驼城遗址
第六批（2006 年 5 月）				
1	林家遗址	新石器时代	东乡族自治县	
2	牛门洞遗址	新石器至青铜时代	会宁县	
3	寺洼遗址	新石器至青铜时代	临洮县	
4	西河滩遗址	新石器至青铜时代	酒泉市肃州区	
5	火烧沟遗址	青铜时代	玉门市	
6	破城子遗址	汉至唐	瓜州县	
7	八卦营城址	汉至晋	民乐县	
8	八角城城址	唐至明	夏河县	
9	永泰城址	明	景泰县	
10	明肃王墓	明	榆中县	
11	湘乐砖塔	宋	宁县	

序号	名称	时代	地址	备注
12	玉泉观	元至清	天水市秦州区	
13	后街清真寺	明至清	天水市秦州区	
14	红城感恩寺	明至清	永登县	
15	秦安文庙	明至清	秦安县	
16	张掖鼓楼	明至清	张掖市甘州区	
17	西来寺	明至清	张掖市甘州区	
18	罗川赵氏石坊	明	正宁县	
19	永昌钟鼓楼	明	永昌县	
20	延恩寺塔	明	平凉市崆峒区	
21	张掖会馆	清	张掖市甘州区	
22	云崖寺和陈家洞石窟	南北朝至明	庄浪县	
23	木梯寺石窟	南北朝至元	武山县	
24	王母宫石窟	南北朝	泾川县	
25	《新修白水路记》摩崖	宋	徽县	
26	兰州黄河铁桥	清	兰州市城关区	
27	瑞安堡	民国	民勤县	
28	灞陵桥	民国	渭源县	
29	俄界会议旧址	1935 年	迭部县	
30	锁阳城墓群	汉至唐	瓜州县	归入锁阳城遗址
31	显教寺和雷坛	明	永登县	归入鲁土司衙门旧址
32	仙人崖石窟	南北朝至清	天水市麦积区	归入麦积山石窟
33	鲁恭姬造像碑	南北朝	清水县	归入麦积山石窟
34	长城	战国至明	临洮、渭源、陇西、通渭、静宁、镇原、环县、华池、敦煌、瓜州、玉门、金塔、酒泉市肃州区、嘉峪关、高台、临泽、张掖市甘州区、山丹、永昌、民勤、武威市凉州区、古浪、天祝、永登、兰州、靖远、景泰等县、市、区	归入长城

附录五　甘肃省省级文物保护单位名录

（截至 2012 年 12 月）

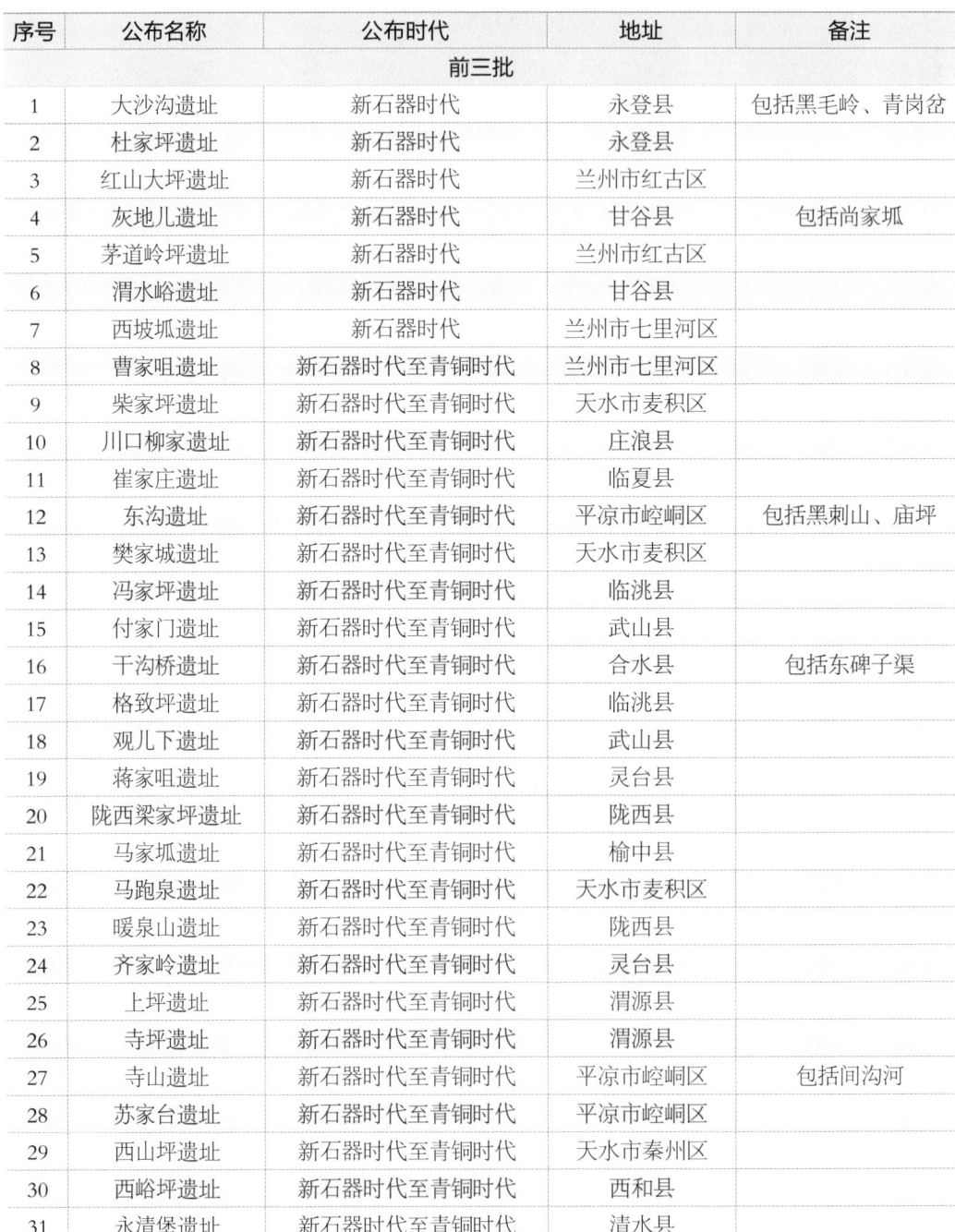

序号	公布名称	公布时代	地址	备注
		前三批		
1	大沙沟遗址	新石器时代	永登县	包括黑毛岭、青岗岔
2	杜家坪遗址	新石器时代	永登县	
3	红山大坪遗址	新石器时代	兰州市红古区	
4	灰地儿遗址	新石器时代	甘谷县	包括尚家坬
5	茅道岭坪遗址	新石器时代	兰州市红古区	
6	渭水峪遗址	新石器时代	甘谷县	
7	西坡坬遗址	新石器时代	兰州市七里河区	
8	曹家咀遗址	新石器时代至青铜时代	兰州市七里河区	
9	柴家坪遗址	新石器时代至青铜时代	天水市麦积区	
10	川口柳家遗址	新石器时代至青铜时代	庄浪县	
11	崔家庄遗址	新石器时代至青铜时代	临夏县	
12	东沟遗址	新石器时代至青铜时代	平凉市崆峒区	包括黑刺山、庙坪
13	樊家城遗址	新石器时代至青铜时代	天水市麦积区	
14	冯家坪遗址	新石器时代至青铜时代	临洮县	
15	付家门遗址	新石器时代至青铜时代	武山县	
16	干沟桥遗址	新石器时代至青铜时代	合水县	包括东碑子渠
17	格致坪遗址	新石器时代至青铜时代	临洮县	
18	观儿下遗址	新石器时代至青铜时代	武山县	
19	蒋家咀遗址	新石器时代至青铜时代	灵台县	
20	陇西梁家坪遗址	新石器时代至青铜时代	陇西县	
21	马家坬遗址	新石器时代至青铜时代	榆中县	
22	马跑泉遗址	新石器时代至青铜时代	天水市麦积区	
23	暖泉山遗址	新石器时代至青铜时代	陇西县	
24	齐家岭遗址	新石器时代至青铜时代	灵台县	
25	上坪遗址	新石器时代至青铜时代	渭源县	
26	寺坪遗址	新石器时代至青铜时代	渭源县	
27	寺山遗址	新石器时代至青铜时代	平凉市崆峒区	包括间沟河
28	苏家台遗址	新石器时代至青铜时代	平凉市崆峒区	
29	西山坪遗址	新石器时代至青铜时代	天水市秦州区	
30	西峪坪遗址	新石器时代至青铜时代	西和县	
31	永清堡遗址	新石器时代至青铜时代	清水县	
32	赵家水磨遗址	新石器时代至青铜时代	酒泉市肃州区	

甘肃省志 文物志

序号	公布名称	公布时代	地址	备注
33	张罗遗址	新石器时代至青铜时代	天水市麦积区	
34	高寺头遗址	新石器时代至青铜时代、周	礼县	
35	毛家坪遗址	新石器时代至青铜时代、周	甘谷县	
36	庙嘴坪遗址	新石器时代至青铜时代、周、汉	宁县	
37	西旱坪遗址	新石器时代至青铜时代、战国、汉	武山县	
38	皇娘娘台遗址	青铜时代	武威市凉州区	
39	灰咀坬遗址	青铜时代	临洮县	包括祁家坪、石家坪
40	四坝滩遗址	青铜时代	山丹县	
41	柳湖墩遗址	青铜时代	民勤县	
42	陇西西河滩遗址	周	陇西县	
43	阳关遗址	汉、晋	敦煌市	包括古董滩和墩墩山烽燧
44	巉口村墓群（包括遗址）	汉	定西市安定区	
45	东二十里铺墓群	汉	临洮县	
46	乱墩子墓群	汉	永昌县	
47	王景寨墓群	汉	武威市凉州区	
48	西沙滩墓群	汉	武威市凉州区	
49	赵充国墓	汉	清水县	
50	朱家庄墓群	汉	定西市安定区	
51	南湖、西土沟、山水沟墓群	汉至魏、晋	敦煌市	
52	下河清墓群	汉至魏、晋	酒泉市肃州区	
53	佛爷庙—新店台墓群	汉至唐	敦煌市	
54	祁家湾墓群	汉至唐	敦煌市	
55	东关外墓群	汉、魏、晋、明、清	酒泉市肃州区	
56	别家沟墓群	汉、元	平凉市崆峒区	
57	皇甫谧墓	晋	灵台县	
58	牛僧孺墓	唐	灵台县	
59	徽县吴玠墓及墓碑	南宋	徽县	
60	吴挺墓及吴挺碑	南宋	成县	包括华表和石瓮仲等
61	白衣寺塔及白衣菩萨殿	明、清	兰州市城关区	
62	海德寺	明	永登县	

序号	公布名称	公布时代	地址	备注
63	大云寺及唐钟	清	武威市凉州区	
64	昌马石窟	北魏至宋	玉门市	
65	哥舒翰纪功碑	唐	临洮县	
66	天庆观老子道德经幢	北宋	庆城县	
67	赵孟頫书赵世延家庙碑	元	礼县	
68	河连湾陕甘宁省苏维埃政府旧址	1936 年	环县	
69	山城堡战役旧址	1936 年	环县	
70	抗日军政大学第七分校校部旧址	抗日战争时期	华池县	
71	兰州战役旧址	1949 年	兰州市城关区、七里河区	中国人民解放军解放大西北最后一次决定性战役纪念地,其中如沈家岭、营盘岭、狗娃山等
72	高台红西路军烈士陵园	1956 年	高台县	
73	华林坪革命烈士纪念塔	1959 年	兰州市七里河区	
74	灵台明昌铁钟	金代	灵台县	
75	治平寺天圣铜钟	北宋	平凉市崆峒区	
76	慈云寺女真文铁钟	金	庆城县	
77	普照寺贞元铜钟	金	宁县	
第四批				
1	巨家塬遗址	旧石器时代	庆阳市西峰区	
2	刘家岔遗址	旧石器时代	环县	
3	楼房子遗址	旧石器时代	环县	
4	大李家坪—庙坪遗址	新石器时代	陇南市武都区	
5	店子沟遗址	新石器时代	宁县	
6	汉子遗址	新石器时代	正宁县	
7	葩地坪遗址	新石器时代	岷县	
8	山那树扎遗址	新石器时代	岷县	
9	团庄遗址	新石器时代	永登县	
10	小茨遗址	新石器时代	永靖县	
11	杨家河遗址	新石器时代	临夏县	
12	冯家崖—任家坪遗址及墓葬	新石器时代至青铜时代	陇南市武都区	

序号	公布名称	公布时代	地址	备注
13	高庄遗址	新石器时代至青铜时代	镇原县	
14	王坪遗址	新石器时代至青铜时代	临夏市	
15	杏树台遗址	新石器时代至青铜时代	永靖县	
16	徐李碾遗址	新石器时代至青铜时代	庄浪县	包括堡子坪和狮子山
17	姚李遗址	新石器时代至青铜时代	灵台县	
18	赵家遗址	新石器时代至青铜时代	广河县	
19	康家岭遗址	新石器时代至青铜时代、周	宁县	
20	小坡遗址	新石器时代至青铜时代、周、汉	宁县	
21	礼辛镇遗址	新石器时代至青铜时代、汉	甘谷县	
22	苟仁遗址	新石器时代、周	正宁县	
23	九站遗址	青铜时代	合水县	
24	西灰山遗址	青铜时代	民乐县	
25	王家遗址	青铜时代	康乐县	
26	遇村遗址	周	宁县	
27	寿昌城遗址	汉	敦煌市	
28	仇池国故址	汉至隋	西和县	
29	酒泉皇城城址	汉至唐	酒泉市肃州区	
30	鸾鸟城城址	汉至唐	永昌县	
31	党城遗址	晋至宋	肃北蒙古族自治县	
32	石包城遗址	晋至宋	肃北蒙古族自治县	
33	长武城	隋至元	泾川县	包括城址、仰韶、齐家和周文化遗址
34	北城滩城址	唐	靖远县	
35	明海城遗址	唐	肃南裕固族自治县	
36	沙州城遗址	唐	敦煌市	
37	二将城城址	宋	华池县	
38	肃南皇城城址	元	肃南裕固族自治县	
39	狼洞子滩墓群	汉	武威市凉州区	
40	崔家南湾墓群	魏、晋	酒泉市肃州区	
41	青咀喇嘛湾墓群	唐	武威市凉州区	
42	李元谅墓	唐	崇信县	
43	武山官寺	元、明	武山县	
44	北海子塔	明	永昌县	
45	兰州府文庙大成殿	明、清	兰州市城关区	
46	兴隆山卧桥	清	榆中县	
47	白马塔	清、民国	敦煌市	

序号	公布名称	公布时代	地址	备注
48	保全寺—张家沟门石窟	北魏	合水县	
49	修筑新子州州墙及署衙记碑（牛公碑）	五代（梁）	宁县	
50	李将军碑	唐	合作市	原在临潭与卓尼两县交界处，现存甘南藏族自治州博物馆院内
51	莲花寺石窟	唐、宋	合水县	
52	寺儿湾石窟	唐、清	靖远县	
53	承天观之碑	北宋	正宁县	
54	重建宋范韩二公祠堂记碑	明	庆城县	
55	明摹刻黄庭坚云亭宴集诗碑	明	庆城县	
第五批				
1	双堡子沟遗址	旧石器时代	庄浪县	
2	下王家遗址	旧石器时代	东乡族自治县	
3	把家坪遗址	新石器时代	永登县	
4	白马原遗址	新石器时代	庆阳市西峰区	
5	程家川遗址	新石器时代	合水县	
6	川口遗址	新石器时代	镇原县	
7	东关遗址	新石器时代	合水县	
8	朵家梁遗址	新石器时代	古浪县	
9	方家沟遗址	新石器时代	榆中县	
10	郭家湾遗址	新石器时代	榆中县	
11	蒋家坪遗址	新石器时代	永登县	
12	兰沟门遗址	新石器时代	华池县	
13	老城遗址	新石器时代	古浪县	
14	李家坪遗址	新石器时代	永登县	
15	岭儿坝遗址	新石器时代	舟曲县	
16	鲁家原遗址	新石器时代	崇信县	
17	罗家湾遗址	新石器时代	天祝藏族自治县	
18	麻家暖泉遗址	新石器时代	庆城县	
19	茂林山遗址	新石器时代	武威市凉州区	
20	苗圃园遗址	新石器时代	张家川回族自治县	
21	碾子塘遗址	新石器时代	华池县	

序号	公布名称	公布时代	地址	备注
22	三家山遗址	新石器时代	兰州市西固区	
23	三塬遗址	新石器时代	东乡族自治县	
24	寺门遗址	新石器时代	临洮县	
25	山城台遗址	新石器时代	兰州市红古区	
26	瓦罐滩遗址	新石器时代	武威市凉州区	
27	周家遗址	新石器时代	正宁县	
28	北山坪遗址	新石器时代至青铜时代	舟曲县	
29	卜家岘子遗址	新石器时代至青铜时代	合水县	
30	草脉殿遗址	新石器时代至青铜时代	灵台县	
31	大族坪遗址	新石器时代至青铜时代	卓尼县	
32	碉堡梁遗址	新石器时代至青铜时代	张家川回族自治县	
33	段家坪遗址	新石器时代至青铜时代	镇原县	
34	古洞门遗址	新石器时代至青铜时代	庄浪县	
35	红寺遗址	新石器时代至青铜时代	榆中县	
36	晋家坪遗址	新石器时代至青铜时代	漳县	
37	老庄沟遗址	新石器时代至青铜时代	宁县	
38	罗家尕塬遗址	新石器时代至青铜时代	临夏市	
39	吕家坪遗址	新石器时代至青铜时代	陇西县	
40	庙儿坪遗址	新石器时代至青铜时代	静宁县	包括史前遗址和汉墓
41	任家崖遗址	新石器时代至青铜时代	临夏县	
42	尚西坪遗址	新石器时代至青铜时代	环县	
43	石岭子遗址	新石器时代至青铜时代	宁县	
44	水家窑遗址	新石器时代至青铜时代	渭源县	
45	瓦岗川遗址	新石器时代至青铜时代	合水县	
46	王家咀遗址	新石器时代至青铜时代	渭源县	
47	温家坪遗址	新石器时代至青铜时代	通渭县	
48	西堡子山遗址	新石器时代至青铜时代	灵台县	
49	向明西坪遗址	新石器时代至青铜时代	泾川县	
50	徐家坪－岳家坪遗址	新石器时代至青铜时代	漳县	
51	阳面岭遗址	新石器时代至青铜时代	灵台县	
52	叶儿遗址	新石器时代至青铜时代	卓尼县	
53	余家塬遗址	新石器时代至青铜时代	庄浪县	
54	枣林子遗址	新石器时代至青铜时代	泾川县	
55	张堡遗址	新石器时代至青铜时代	宁县	
56	朱家坪遗址	新石器时代至青铜时代	临洮县	
57	安塬坪遗址	新石器时代至青铜时代、周	平凉市崆峒区	

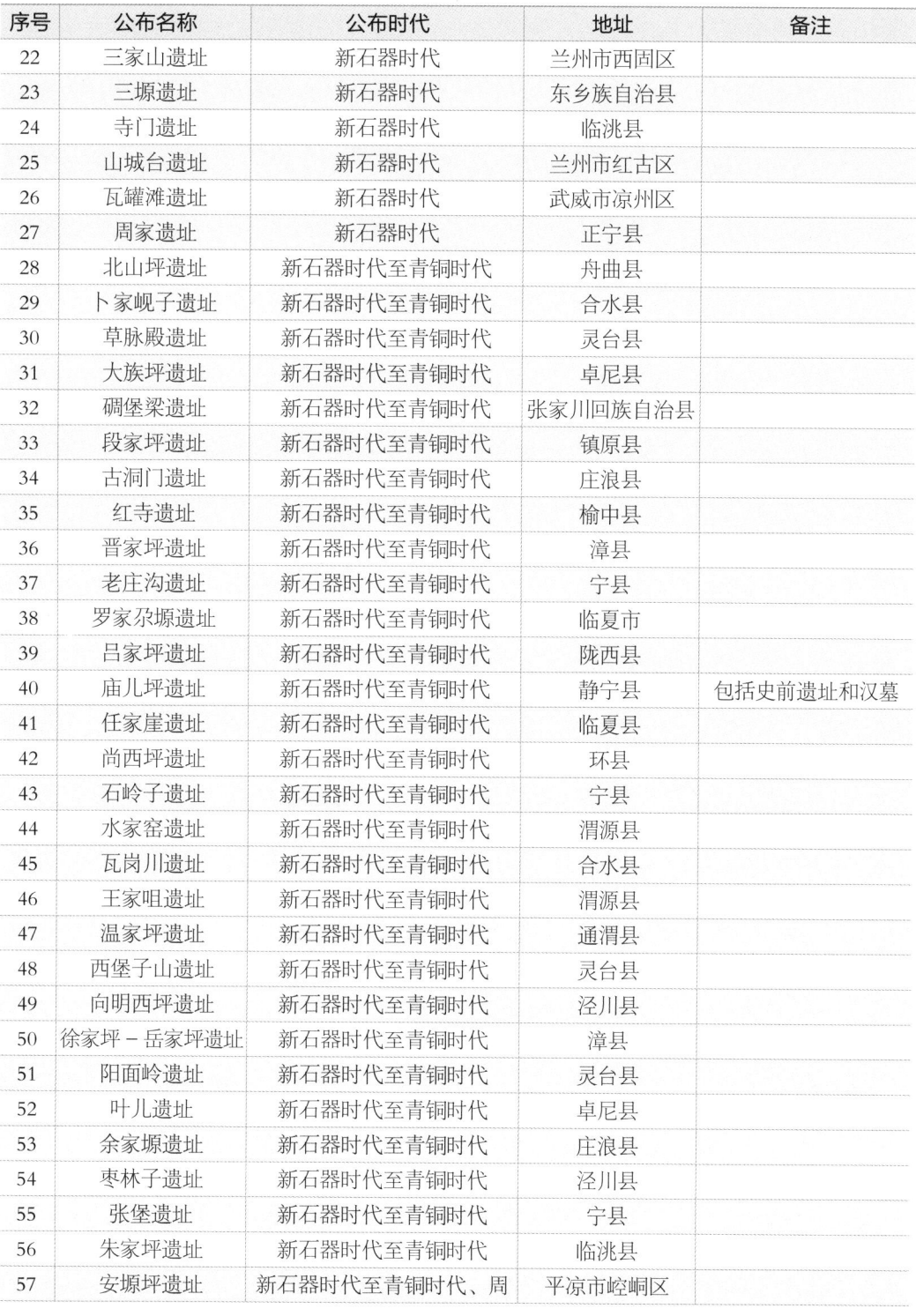

序号	公布名称	公布时代	地址	备注
58	梁坡遗址	新石器时代至青铜时代、周	崇信县	
59	瓦窑山遗址	新石器时代至青铜时代、周	平凉市崆峒区	
60	圆嘴山遗址	新石器时代至青铜时代、周	泾川县	
61	壕北滩遗址及墓群	青铜时代、汉	山丹县	
62	干骨崖遗址及墓群	青铜时代、汉、晋	酒泉市肃州区	
63	端字号柴湾城址	汉	民勤县	
64	华年城址	汉	舟曲县	
65	三个墩遗址及墓群	汉	玉门市	
66	王景寨城址	汉	武威市凉州区	
67	武威锁阳城城址	汉	武威市凉州区	
68	西三角城遗址	汉	金塔县	包括城址和窑址
69	古浪三角城遗址	汉至唐	古浪县	
70	潘原故城	汉至唐	平凉市崆峒区	
71	彭阳古城	汉至宋	镇原县	
72	下城子城址	汉至宋	张家川回族自治县	
73	羊蹄沟城址	汉、明	高台县	
74	张义堡城址	汉、明	武威市凉州区	
75	大庙城城址	魏、晋至唐	金昌市金川区	
76	沙城城址	晋	永昌县	
77	晋昌郡城址	晋至唐	瓜州县	
78	牛头城遗址	唐	临潭县	
79	阳坝城址	唐	卓尼县	
80	黑城子	唐至宋	靖远县	
81	郭蛤蟆城	宋	会宁县	
82	环县故城	宋	环县	
83	桑科城址	宋	夏河县	
84	夏官营城址	宋	榆中县	
85	铜场沟铜矿址	宋至明	华亭县	
86	安口杨家沟瓷窑址	宋至清	华亭县	
87	西武当瓷窑址	西夏	张掖市甘州区	
88	红沙渠遗址	明	临泽县	
89	南城子遗址	明	肃南裕固族自治县	
90	水泉堡城址	明	永昌县	
91	武威满城	清	武威市凉州区	
92	双豁路滩墓群	新石器时代、汉	永昌县	
93	东庄墓群	西周	灵台县	

甘肃省志

文物志

序号	公布名称	公布时代	地址	备注
94	景村墓群	西周	灵台县	
95	刘家沟墓群	西周至汉	崇信县	
96	于家湾墓群	西周、十六国、宋至元	崇信县	
97	北新墓群	汉	民勤县	
98	傅介子墓	汉	庆城县	
99	告王河墓群	汉	灵台县	
100	棺材疙瘩墓群	汉	民勤县	包括棺材疙瘩墓群和霸王湖墓群
101	韩庄墓群	汉	民乐县	
102	洪祥滩墓群	汉	武威市凉州区	
103	将军山墓群	汉	永登县	
104	靳寺墓群	汉	静宁县	
105	刘正沟墓群	汉	永昌县	
106	山羊堡滩墓群	汉	山丹县	
107	上深沟堡墓群	汉	肃南裕固族自治县	
108	双墩滩墓群	汉	张掖市甘州区	
109	石阳墓群	汉	庄浪县	
110	王符墓	汉	镇原县	
111	汪家湾墓群	汉	永登县	
112	王什寨墓群	汉	民乐县	
113	魏家庄墓群	汉	皋兰县	
114	西柳沟墓群	汉	临泽县	
115	永固城墓群	汉	民乐县	
116	砖包墩墓群	汉	民乐县	
117	长沙岭墓群	汉至魏、晋	瓜州县	
118	乱古堆墓群	汉至魏、晋	酒泉市肃州区	
119	冥水墓群	汉至魏、晋	瓜州县	
120	潘家嘴墓群	汉、唐	古浪县	
121	青石湾墓群	汉、唐	古浪县	
122	东山坡墓群	魏、晋	武威市凉州区	
123	旧南干渠北石滩墓群	魏、晋	酒泉市肃州区	
124	泉子墓群	晋	玉门市	
125	胡国珍墓	北魏	镇原县	
126	吴玠墓	南宋	庄浪县	包括石像生
127	燕氏家族墓地	元	正宁县	
128	李氏家族墓地	明	临潭县	

附 录

序号	公布名称	公布时代	地址	备注
129	福津广严院	宋、清	陇南市武都区	
130	华亭盘龙寺塔	明代	华亭县	
131	平凉隍庙	明	平凉市崆峒区	
132	普照寺大殿	明	庆城县	
133	三义殿	明	古浪县	
134	泾川隍庙	明至清	泾川县	
135	静宁文庙	明、清	静宁县	
136	梓潼文昌帝君庙	明、清	宕昌县	
137	保昌楼	清	陇西县	
138	财神阁	清	古浪县	
139	东大寺	清	天祝藏族自治县	
140	东镇大庙	清	民勤县	
141	二分大庙双楼	清	民勤县	
142	辑宁楼	清	宁县	
143	天堂寺	清	天祝藏族自治县	
144	下双大庙及魁星阁	清	武威市凉州区	
145	镇国塔	清	民勤县	
146	万寿寺	清、民国	张掖市甘州区	包括木塔和藏经楼
147	北山岩画	战国至汉	永昌县	
148	法泉寺石窟	北魏至明	靖远县	
149	万象洞石刻题记	北周至清	陇南市武都区	
150	王仁裕神道碑	北宋	礼县	
151	玉山寺石窟	宋	镇原县	
152	建沟石佛群	金至明	华亭县	
153	红山寺石窟	元至清	白银市平川区	
154	首阳山辨碑	明	渭源县	
155	丈地均粮碑	明	舟曲县	
156	昌马岩画	待考	玉门市	包括鹿子沟、香毛山两处
157	灰湾子岩画	待考	肃北蒙古族自治县	
158	七个驴岩画	待考	肃北蒙古族自治县	
159	榆木山岩画	待考	肃南裕固族自治县	包括黑石头沟、寡妇房地子、灰房地子、老虎沟、大滩沟、石炭沟、木头沟、象牙台子和雷山等处
160	靖远钟鼓楼	民国	靖远县	

序号	公布名称	公布时代	地址	备注
161	雷台观	民国	武威市凉州区	
162	罗什寺塔	民国	武威市凉州区	
163	福音堂医院旧址	近代	张掖市甘州区	
164	艾黎与何柯陵园	现代	山丹县	
165	临泽红西路军烈士陵园	现代	临泽县	
166	王孝锡烈士墓	现代	宁县	
167	肋巴佛烈士纪念碑	1987 年	卓尼县	
第六批				
1	长尾沟门遗址	旧石器时代至新石器时代	庄浪县	
2	大坪头遗址	新石器时代	武山县	
3	定西堡子坪遗址	新石器时代	定西市安定区	
4	卦台山遗址	新石器时代	天水市麦积区	
5	郭家山遗址	新石器时代	武威市凉州区	包括汉墓
6	吴家岭遗址	新石器时代	庆城县	
7	三坪遗址	新石器时代至青铜时代	积石山保安族东乡族撒拉族自治县	
8	西坪遗址	新石器时代至青铜时代	广河县	
9	西堡子遗址	新石器时代至汉	漳县	
10	东旱坪遗址	新石器时代至明	武山县	
11	浪柴沟遗址	汉	瓜州县	
12	冥安县城遗址	汉	瓜州县	
13	四方墩遗址	汉至魏、晋	民勤县	包括墩台
14	巴州古城	汉至晋	瓜州县	
15	旱湖脑遗址	汉、晋	瓜州县	
16	泾州古城	汉至元	泾川县	
17	古城遗址	汉至明	民勤县	
18	南廓寺遗址	唐、宋	天水市秦州区	包括建筑（清）
19	西宁城遗址	北宋	会宁县	
20	安西古城址	宋、元	定西市安定区	
21	平西古城址	宋、元	定西市安定区	
22	亥母寺遗址	西夏	武威市凉州区	
23	酒泉古城门	明	酒泉市肃州区	
24	塔儿湾遗址	西夏	武威市凉州区	
25	甘州古城墙	明	张掖市甘州区	
26	白马关城址	清	康县	

附录

序号	公布名称	公布时代	地址	备注
27	旱台子墓群	新石器时代、汉	武威市凉州区	
28	西五个疙瘩墓群	汉	肃南裕固族自治县	
29	大坡梁—天泉寺墓群	汉、晋	金塔县	
30	南沙滩墓群	魏、晋	武威市凉州区	
31	清水宋墓	宋	清水县	
32	潘育龙墓	清	靖远县	
33	东古城城楼	明	张掖市甘州区	
34	甘谷文庙大成殿	明	甘谷县	包括殿前四株古柏
35	纪信祠	明	天水市秦州区	
36	两当文庙大殿	明	两当县	
37	平洛龙凤桥	明	康县	
38	红山魁星楼	明、清	高台县	
39	静宁清真寺	明、清	静宁县	
40	连腾霄宅院	明、清	天水市秦州区	
41	上花园戏台	明、清	民乐县	
42	塔院寺金塔	明、清	金塔县	
43	张庆麟宅院	明、清	天水市秦州区	
44	张掖东仓	明、清	张掖市甘州区	
45	蔡家寺	清	甘谷县	
46	敦煌南仓	清	敦煌市	
47	甘肃举院	清	兰州市城关区	即"至公堂"
48	高总兵宅院	清	张掖市甘州区	
49	哈锐宅院	清	天水市秦州区	
50	兰州禅院	清	兰州市城关区	
51	石作瑞宅院	清	天水市秦州区	
52	四家魁星楼	清	民乐县	
53	文县文昌楼	清	文县	
54	政平书房	清	宁县	
55	阿尔格力太岩画	春秋至汉	肃北蒙古族自治县	
56	华盖寺石窟	明、清	甘谷县	
57	陇东中学礼堂	1940 年	庆城县	
58	二郎山明代铜钟	明	岷县	
59	下川水车	清	兰州市西固区	
60	酒泉卫星发射中心导弹卫星发射场旧址和烈士陵园	现代	东风航天城	

甘肃省不可移动文物统计表

文物类别	数量
古遗址	10550
古墓葬	2130
古建筑	1432
石窟寺及石刻	730
近现代重要史迹及代表性建筑	1879
其他	174
合计	16895

不可移动文物示意图

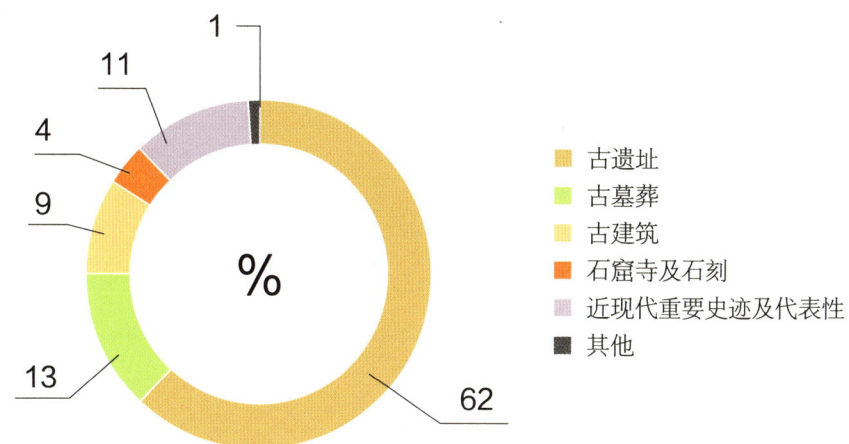

古遗址
古墓葬
古建筑
石窟寺及石刻
近现代重要史迹及代表性
其他

甘肃省志

文 物 志

附录六 甘肃省文物保护、管理及科研机构名录

（截至 2010 年 12 月）

序号	机构名称	机构性质	级别	成立时间	主管部门	详细地址
1	甘肃省文物局	行政机关	副厅级	1992 年 9 月	甘肃省文化厅	兰州市城关区南滨河东路 522 号
2	敦煌研究院	事业单位	正地级	1950 年 5 月	甘肃省文物局	敦煌市莫高窟
3	甘肃省博物馆	事业单位	副地级	1956 年 2 月	甘肃省文物局	兰州市七里河区西津西路 3 号
4	甘肃省文物考古研究所	事业单位	正县级	1986 年 3 月	甘肃省文物局	兰州市城关区和平路 165 号
5	甘肃省文物保护维修研究所	事业单位	正县级	1984 年 11 月	甘肃省文物局	兰州市城关区东郊巷 17 号
6	甘肃省文物资料信息中心	事业单位	正县级	1995 年 8 月	甘肃省文物局	兰州市城关区南滨河东路 522 号
7	甘肃省文物商店	事业单位	正县级	1978 年 9 月	甘肃省文物局	兰州市七里河区西津西路 3 号
8	麦积山石窟艺术研究所	事业单位	正县级	1953 年 9 月	甘肃省文物局	天水市麦积区麦积镇
9	甘肃炳灵寺文物保护研究所	事业单位	科级	1955 年 5 月	甘肃省文物局	临夏回族自治州永靖县炳灵寺
10	甘肃北石窟寺文物保护研究所	事业单位	科级	1963 年 2 月	甘肃省文物局	庆阳市西峰区董志镇
11	甘肃大地湾文物保护研究所	事业单位	科级	1985 年 12 月	甘肃省文物局	天水市秦安县五营乡
12	兰州市文物局	行政机关	正县级	2005 年 7 月	兰州市文化出版局	兰州市城关区五泉西路 29 号
13	兰州市博物馆	事业单位	副县级	1984 年 3 月	兰州市文物局	兰州市城关区庆阳路 240 号
14	八路军兰州办事处纪念馆	事业单位	科级	1981 年 2 月	兰州市文物局	兰州市城关区酒泉路 314 号
15	城关区文化局	行政机关	科级	2010 年（机构改革）	城关区人民政府	兰州市城关区庆阳路 132 号
16	七里河区文化体育广播影视局	行政机关	科级	2010 年（机构改革）	七里河区人民政府	兰州市七里河区小西湖东路 38 号
17	安宁区文化体育局	行政机关	科级	2009 年（机构改革）	安宁区人民政府	兰州市安宁区健康路 38 号
18	西固区文化广播影视局	行政机关	科级	2010 年（机构改革）	西固区人民政府	兰州市西固区山丹街 33 号
19	红古区文化体育广播影视局	行政机关	科级	2009 年（机构改革）	红古区人民政府	兰州市红古区海石湾镇平安路 583 号
20	榆中县文化体育广播影视局	行政机关	科级	2010 年（机构改革）	榆中县人民政府	兰州市榆中县兴隆路 307 号
21	永登县文化和体育局	行政机关	科级	2009 年（机构改革）	永登县人民政府	兰州市永登县城关镇体育场路三馆一中心

序号	机构名称	机构性质	级别	成立时间	主管部门	详细地址
22	皋兰县文化体育广播影视局	行政机关	科级	2010年（机构改革）	皋兰县人民政府	兰州市皋兰县中心路101号
23	榆中县博物馆	事业单位	科级	1987年10月	榆中县人民政府	兰州市榆中县兴隆路307号
24	永登县博物馆	事业单位	科级	1990年12月	永登县人民政府	兰州市永登县城关镇体育场路三馆一中心
25	甘肃永登土司衙门博物馆	事业单位	科级	2005年7月	永登县人民政府	兰州市永登县连城镇连城村
26	兰州战役纪念馆	事业单位	副县级	2009年9月	兰州市民政局	兰州市七里河区华林路529号
27	张一悟纪念馆	事业单位	科级	2007年7月	榆中县党委办	兰州市榆中县城关镇兴隆路277号
28	嘉峪关市文物局	行政单位	正县级	2010年2月	嘉峪关市人民政府	嘉峪关市胜利南路1599−8号
29	嘉峪关市文物管理所	事业单位	科级	1973年3月	嘉峪关市文物局	嘉峪关市峪泉镇
30	新城魏晋墓文物管理所	事业单位	科级	1988年	嘉峪关市文物局	嘉峪关市新城镇
31	嘉峪关新城魏晋墓壁画博物馆	事业单位	科级	1988年	嘉峪关市文物局	嘉峪关市新城镇
32	嘉峪关长城博物馆	事业单位	科级	1989年	嘉峪关市文物局	嘉峪关市新华街
33	嘉峪关景区管理委员会	事业单位	副县级	2003年1月	嘉峪关市文物局	嘉峪关市峪泉镇
34	长城第一墩文物管理所	事业单位	科级	2004年4月	嘉峪关市文物局	嘉峪关市嘉文路
35	悬壁长城文物管理所	事业单位	科级	2007年6月	嘉峪关市文物局	嘉峪关市峪泉镇
36	金昌市文化出版局	行政机关	正县级	1997年4月	金昌市人民政府	金昌市金川县延安西路6号
37	永昌县文化广播影视局	行政机关	科级	2010年12月	永昌县文化广播影视局	金昌市永昌县县东大街06号
38	永昌县博物馆	事业单位	科级	1995年2月	永昌县人民政府	金昌市永昌县东大街05号（阁老府院内）
39	永昌县文物管理所	事业单位	科级	2004年3月	永昌县文化广播影视局	金昌市永昌县西大街05号（阁老府院内）
40	金川区文化广播影视局	行政机关	科级	2010年12月	金川区文化广播影视局	金昌市金川区政府统办二号楼
41	金川区文物管理所	事业单位	科级	2010年12月	金川区文化广播影视局	金昌市金川区双湾镇三角城村
42	金川区博物馆	事业单位	科级	2010年12月	金川区文化广播影视局	金昌市金川区双湾镇三角城村

序号	机构名称	机构性质	级别	成立时间	主管部门	详细地址
43	白银市文化出版局	行政机关	正科级	1985 年	白银市人民政府	白银区白银市兰州路 156 号
44	白银市平川区文化体育和广播影视局	行政	正科级	1985 年	白银市平川区人民政府	白银市平川区育才路 8 号
45	景泰县文化体育局	行政机关	科级	2000 年	景泰县人民政府	景泰县一条山镇振兴路 18 号
46	会宁县文化体育和广播影视局	行政机关	科级	1975 年	会宁县人民政府	白银市会宁县枝阳街 1-1 号（文广大楼三楼）
47	靖远县文化体育和广播影视局	行政机关	科级	1977 年	靖远县人民政府	白银市靖远县象征 2 号统办楼 1101
48	靖远县文物局	事业单位	科级	2010 年 12 月	靖远县文化体育和广播影视局	白银市靖远县象征 2 号统办楼 1101
49	白银区文化体育局	行政机关	科级	2002 年	白银市委宣传部	白银市白银区红星街 150 号
50	白银市博物馆筹备处	事业单位	科级	2008 年 8 月	白银区出版局	白银市白银区长安路 56 号
51	白银市国家矿山精神纪念馆	事业单位	副县级	2005 年	白银市国土资源局	白银市白银区四龙路冶炼厂十字矿山公园
52	景泰县博物馆	事业单位	股级	2009 年	景泰县文化体育局	白银市景泰县文化馆二楼
53	景泰县一条山战役纪念馆	事业单位	副县级	2009 年	景泰县委宣传部	白银市景泰县人民公园内
54	平川区红军西征胜利纪念馆	事业单位	副县级	2009 年	白银市平川区人民政府	白银市平川区会展中心二楼
55	会宁县博物馆	事业单位	科级	1990 年	会宁县文化体育和广播影视局	白银市会宁县会师镇会师北路
56	会宁县红军会宁会师旧址管委会	事业单位	正县级	2006 年	会宁县人民政府	白银市会宁县会师镇会师南路 7 号
57	会宁红军长征胜利纪念馆	事业单位	科级	2006 年	会宁县红军会宁会师旧址管委会	白银市会宁县会师镇会师南路 7 号
58	靖远县博物馆	事业单位	科级	1978 年 8 月	靖远县文化体育和广播影视局	白银市靖远县鹿鸣园戏台西侧
59	天水市文化文物出版局	行政机关	正县级	2002 年	天水市人民政府	天水市秦州区环城西路 1 号

序号	机构名称	机构性质	级别	成立时间	主管部门	详细地址
60	秦州区文化广播影视局	行政机关	科级	2010年	秦州区人民政府	天水市秦州区精表路安民1号楼
61	麦积区文化体育局	行政机关	科级	1990年	麦积区人民政府	天水市麦积区前进南路7号
62	甘谷县文化文物旅游局	行政机关	科级	2002年	甘谷县人民政府	天水市甘谷县北大街28号
63	秦安县文物局	参公单位	科级	2004年	秦安县人民政府	天水市秦安县兴国文化广城北
64	武山县文物局	参公单位	科级	2007年	武山县文化局	天水市武山县宁远大道21号
65	清水县文物局	事业单位	科级	2008年	清水县文化广播影视局	天水市清水县永清路97号
66	张家川回族自治县文物局	事业单位	科级	1992年	张家川回族自治县文化旅游局	天水市张家川回族自治县滨河西路6号
67	武山县文物稽查大队	事业单位	科级	2007年	武山县文物局	天水市武山县宁远大道21号
68	天水市博物馆	事业单位	正县级	1979年	天水市文化文物出版局	天水市秦州区伏羲路110号
69	天水市文化馆（省级文物保护单位信信祠）	事业单位	副县级	1985年	天水市文化文物出版局	天水市秦州区民主东路116号
70	天水美术馆（市级文物保护单位万寿宫）	事业单位	副县级	2003年	天水市文化文物出版局	天水市秦州区建设路180号
71	天水民俗博物馆	事业单位	科级	2006年	天水市博物馆	天水市秦州区民主西路117号
72	麦积区博物馆	事业单位	科级	2002年	麦积区文化体育局	天水市麦积区前进南路7号
73	清水县博物馆	事业单位	科级	1999年	清水县文物局	天水市清水县永清路97号
74	甘谷县博物馆	事业单位	科级	2000年	甘谷县文化文物旅游局	天水市甘谷县北大街28号
75	秦安县博物馆	事业单位	科级	1989年	秦安县文物局	天水市秦安县兴国文化广城北
76	武山县博物馆	事业单位	科级	1991年	武山县文物局	天水市武山县宁远大道21号
77	张家川回族自治县博物馆	事业单位	科级	1992年	张家川回族自治县文化旅游局	天水市张家川回族自治县滨河西路6号
78	水帘洞石窟文物保护研究所	事业单位	科级	1984年	武山县文物局	天水洛门镇改口村

附录

序号	机构名称	机构性质	级别	成立时间	主管部门	详细地址
79	秦安县文庙管理所	事业单位	科级	2006 年	秦安县文物局	天水市秦安县兴国路学巷
80	木梯寺石窟文物保护管理所	事业单位	科级	2001 年	武山县文物局	天水市武山县马力镇杨坪村
81	玉泉观文物保护研究所	事业单位	股级	2006 年	秦州区建设局	天水市秦州区上庵沟 51 号
82	仙人崖文物管理所	事业单位	股级	1982 年	麦积区文化体育局	天水市麦积区麦积镇后川村
83	大像山文物管理所	事业单位	股级	1981 年	甘谷县文化文物旅游局	天水市甘谷县大像山镇五里铺村
84	马家塬文物管理所	事业单位	股级	2007 年	张家川回族自治县文物局	天水市张家川回族自治县木河乡桃源村
85	石门文物管理所	事业单位	股级	1982 年	麦积区文化体育局	天水市麦积区伯阳镇石门村
86	后街清真寺文物保护管理所	社会团体	无	2007 年	秦州区文化广播影视局	天水市秦州区人民西路路 25 号
87	武威市文物局	参公单位	副县级	2002 年 4 月	武威市文化广播影视新闻出版局	武威市凉州区崇文街 43 号西夏博物馆二楼
88	凉州区文化体育局	行政机关	科级	2001 年	凉州区人民政府	武威市凉州区东大街南关东路 51 号
89	民勤县文化体育局	行政机关	科级	2003 年 4 月	民勤县人民政府	武威市民勤县三雷镇北内环路
90	古浪县文化体育局	行政机关	科级	1998 年 1 月	古浪县人民政府	武威市古浪县昌松路文化中心
91	天祝藏族自治县文化体育局	行政机关	科级	2003 年 1 月	天祝藏族自治县人民政府	武威市天祝县滨河路体育馆内
92	武威市雷台汉文化博物馆	事业单位	科级	1986 年 1 月	武威市文化广播影视新闻出版局	武威市凉州区北关中路 257 号
93	武威市博物馆	事业单位	科级	1982 年 9 月	武威市文化广播影视新闻出版局	武威市凉州区崇文街 43 号
94	武威市考古研究所	事业单位	科级	2002 年 4 月	武威市文化广播影视新闻出版局	武威市北关西路 35 号
95	武威天梯山石窟管理处	事业单位	科级	1999 年 9 月	凉州区文化体育广播影视局	武威市凉州区张义镇灯山村七组

序号	机构名称	机构性质	级别	成立时间	主管部门	详细地址
96	武威市凉州区文物管理委员会办公室	事业单位		1972 年 10 月	凉州区人民政府	
97	凉州区百塔寺管理处	事业单位	科级	2003 年 6 月	凉州区文化体育广播影视局	武威市凉州区武南镇百塔村七组
98	民勤县博物馆	事业单位	科级	1987 年 4 月	民勤县文化体育广播影视局	武威市民勤县三雷镇南大街大寺庙巷 14 号
99	古浪县博物馆	事业单位	科级	1990 年 4 月	古浪县文化体育广播影视局	武威市古浪县松路文化中心四楼
100	天祝藏族自治县博物馆	事业单位	科级	1991 年	天祝县文化体育广播影视局	武威市天祝县华藏寺镇天堂路 25 号
101	张掖市文物局	参公单位	正县级	2005 年 3 月	张掖市文化广播影视新闻出版局	张掖市甘州区玉关路 268 号
102	甘州区文物管理局	参公单位	科级	2007 年 5 月	甘州区文化广播影视新闻出版局	张掖市甘州区滨河新区
103	临泽县文物局	参公单位	科级	2010 年 4 月	临泽县文化广播影视新闻出版局	张掖市临泽县政府统办 2 号楼 408 室
104	高台县文物局	参公单位	科级	2006 年 1 月	高台县文化广播影视新闻出版局	张掖市高台县城关镇湿地新区
105	山丹县文物管理局	行政机关	科级	2006 年 1 月	山丹县文化广播影视新闻出版局	张掖市山丹县文化街 17 号
106	民乐县文物局	行政机关	科级	2006 年 5 月	民乐县文广新局	张掖市民乐县县府东街 6 号
107	肃南裕固族自治县文物管理局	参公单位	科级	1999 年	肃南县人民政府	张掖市肃南裕固族自治县红湾寺镇红湾巷 3 号
108	张掖市文物保护研究所	事业单位	科级	1992 年 9 月	张掖市文化广播影视新闻出版局	张掖市甘州区南环路 679 号

序号	机构名称	机构性质	级别	成立时间	主管部门	详细地址
109	甘州区博物馆	事业单位	科级	1986年8月	甘州区文化广播影视新闻出版局	张掖市甘州区民主西街大佛寺巷6号
110	甘州区西路军烈士纪念馆	事业单位	科级	2009月	甘州区文化广播影视新闻出版局	张掖市甘州区大街门解放巷14号
111	黑水国遗址保护管理所	事业单位	科级	2001年12月	甘州区文化广播影视新闻出版局	张掖市甘州区民主西街大佛寺巷6号
112	临泽县博物馆	事业单位	科级	2004年11月	临泽县文化广播影视新闻出版局	张掖市临泽县滨河南路
113	高台县博物馆	事业单位	科级	1991年3月	高台县文化广播影视新闻出版局	张掖市高台县城关镇湿地新区
114	高台县骆驼城文物管理所	事业单位	股级	1998年12月	高台县文物局	张掖市高台县骆驼城镇西滩村一社
115	山丹县博物馆（山丹县艾黎捐赠文物陈列馆）	事业单位	科级	1982年6月	山丹县文化广播影视新闻出版局	张掖市山丹县文化街13号
116	山丹县长城文物陈列馆（山丹县长城文物管理所）	事业单位	科级	1997年4月	山丹县文化广播影视新闻出版局	张掖市山丹县陈户镇新河驿
117	民乐县博物馆	事业单位	科级	1989年1月	民乐县文物局	张掖市民乐县府东街6号
118	肃南裕固族自治县文殊山石窟群文物保护管理所	事业单位	科级	1999年	肃南县文物局	张掖市肃南裕固族自治县祁丰乡
119	肃南裕固族自治县马蹄寺石窟群文物保护管理所	事业单位	科级	2001年	肃南县文物局	张掖市肃南裕固族自治县马蹄乡
120	肃南裕固族自治县明花文物保护管理所	事业单位	科级	2005年	肃南县文物局	张掖市肃南裕固族自治县明花乡
121	肃南裕固族自治县民族博物馆	事业单位	科级	1996年	肃南县文物局	张掖市肃南裕固族自治县红湾寺镇
122	酒泉市文物管理局	参公单位	正县级	2000年4月	酒泉市文化广播新闻出版局	酒泉市政府综合楼

序号	机构名称	机构性质	级别	成立时间	主管部门	详细地址
123	肃州区文物局	事业单位	科级	2007年11月	肃州区文化体育和广播影视局	酒泉市肃州区雄关路177号
124	金塔县文物局（与金塔县文化体育和广播影视局合署办公）	事业单位	科级	1994年	金塔县文化体育和广播影视局	酒泉市金塔县民主路12号
125	瓜州县文物局	事业单位	科级	1993年3月	瓜州县文化体育和广播影视局	酒泉市瓜州县县府街街博物馆
126	敦煌市文物管理局	事业单位	科级	2007年6月	敦煌市文化体育和广播影视局	敦煌市鸣山北路1390号
127	肃州区博物馆	事业单位	科级	1978年12月	肃州区文化体育和广播影视局	酒泉市肃州区雄关路177号
128	肃州区文物管理所	事业单位	科级	2004年3月	肃州区文化体育和广播影视局	酒泉市肃州区雄关路177号
129	金塔县博物馆	事业单位	科级	1990年	金塔县文化体育和广播影视局	酒泉市金塔县民主路12号
130	玉门市博物馆	事业单位	科级	1990年6月	玉门市文化体育和广播影视局	玉门市新市区铁人路文化三馆大楼
131	玉门市文物保护管理所	事业单位	科级	2007年12月	玉门市文化体育和广播影视局	玉门市新市区铁人路文化三馆大楼
132	瓜州县博物馆	事业单位	科级	1988年4月	瓜州县文化体育局	酒泉市瓜州县县府街街文化馆
133	瓜州县文物保护管理所	事业单位	科级	2003年11月	瓜州县文化体育局	酒泉市瓜州县县府街街博物馆
134	敦煌市博物馆	事业单位	科级	1975年	敦煌市文物管理局	敦煌市鸣山北路1390号
135	玉门关管理所	事业单位	科级	1991年7月	敦煌市文物管理局	酒泉市玉门关遗址
136	肃北蒙古族自治县博物馆	事业单位	科级	1985年8月	肃北蒙古族自治县文化体育局	酒泉市肃北蒙古族自治县党城湾镇梦柯路3号楼
137	阿克塞哈萨克族自治县哈萨克民族博物馆	事业单位	科级	2009年6月	阿克塞哈萨克族自治县文化体育局	酒泉市阿克塞风情园南路

序号	机构名称	机构性质	级别	成立时间	主管部门	详细地址
138	平凉市文物管理局	行政机关	正县级	2005 年 7 月	平凉市文化广播影视新闻出版局	平凉市绿地广场广电大厦
139	泾川县文体广电局	行政机关	科级	2010 年 11 月	平凉市文化广播影视新闻出版局	平凉市泾川县安定街一号
140	灵台县文体广电局	行政机关	科级	2010 年	平凉市文化广播影视新闻出版局	平凉市灵台县广场街 129 号
141	崇信县文体广电局	行政机关	科级	2010 年 6 月	平凉市文化广播影视新闻出版局	平凉市崇信县锦屏镇团结路 15 号
142	华亭县文体广电局	行政机关	科级	2010 年 12 月	平凉市文化广播影视新闻出版局	平凉市华亭县人民广场四馆两中心
143	静宁县文体广电局	行政机关	科级	2010 年 6 月	平凉市文化广播影视新闻出版局	平凉市静宁县成纪文化城院内
144	平凉市博物馆	事业单位	科级	1979 年 3 月	平凉市文化广播影视新闻出版局	平凉市崆峒区宝塔路
145	平凉市延恩寺塔文物保护管理所	事业单位	科级	2003 年 4 月	平凉市文化广播影视新闻出版局	平凉市崆峒区宝塔路
146	崆峒区博物馆	事业单位	科级	1984 年 11 月	平凉市崆峒区文广局	平凉市南山公园玄鹤楼院内
147	崆峒山文物管理所	事业单位	科级	1993 年 4 月	平凉市崆峒山管理局	平凉市崆峒山景区
148	泾川县博物馆	事业单位	科级	1984 年 8 月	泾川县文体广电局	平凉市泾川县安定街五号
149	泾川县王母宫石窟寺文物管理所	事业单位	科级	1991 年 5 月	泾川县文体广电局	平凉市泾川县城关镇延风村
150	泾川县南石窟寺文物管理所	事业单位	科级	1990 年 5 月	泾川县文体广电局	平凉市泾川县温泉区蒋家村
151	灵台县博物馆	事业单位	科级	1986 年	灵台县文体广电局	平凉市灵台县中学路 6 号
152	灵台县文物保护管理所	事业单位	科级	2014 年	灵台县文体广电局	平凉市灵台县广场街 129 号

序号	机构名称	机构性质	级别	成立时间	主管部门	详细地址
153	崇信县博物馆	事业单位	科级	2006年1月	崇信县文体广电局	平凉市崇信县锦屏镇梁坡村龙泉寺景区西侧
154	崇信县武康王庙文物管理所	事业单位	科级	2004年4月	崇信县文体广电局	平凉市崇信县锦屏镇东街6号
155	华亭县博物馆	事业单位	科级	1990年	华亭县文体广电局	平凉市华亭县人民广场四馆两中心
156	庄浪县博物馆	事业单位	科级	1984年5月	庄浪县文化体育管理中心	平凉市庄浪县水洛镇文化巷10号
157	静宁县博物馆	事业单位	科级	1984年	静宁县文体广电局	平凉市静宁县人民巷5号
158	界石铺红军长征纪念馆	事业单位	县级	1996年	静宁县人民政府	平凉市静宁县界石铺街道
159	庆阳市文化广播影视新闻出版局（文物局）	行政机关	县级	2012年5月	庆阳市人民政府	庆阳市西峰区长庆大道40号
160	庆阳市博物馆	事业单位	科级	1976年6月	庆阳市文化广播影视新闻出版局（文物局）	庆阳市西峰区弘化西路4号
161	庆阳市西峰区文化广播影视局	行政机关	科级	1985年12月	庆阳市西峰区人民政府	庆阳市西峰区九龙路29号
162	陇东民俗博物馆	事业单位	科级	1986年10月	庆阳市西峰区文化广播影视（旅游）局	庆阳市西峰区董志镇北门村
163	庆城县文化广播影视局	行政机关	科级	2012年5月	庆城县人民政府	庆阳市庆城县北大街37号
164	庆城县博物馆	事业单位	科级	1984年	庆城县文化广播影视局	庆阳市庆城县中街普照寺巷1号
165	庆城县文管所	事业单位	科级	2006年	庆城县文化广播影视局	庆阳市庆城县中街普照寺巷1号
166	宁县文化广播影视局	行政机关	科级	1983年1月	宁县人民政府	庆阳市宁县新宁镇宁南路17号
167	宁县博物馆	事业单位	科级	1983年8月	宁县文化广播影视剧	庆阳市宁县新宁镇宁路16号
168	正宁县文化广播影视局	行政机关	科级	2012年5月	正宁县人民政府	庆阳市正宁县南街04号

序号	机构名称	机构性质	级别	成立时间	主管部门	详细地址
169	正宁县博物馆	事业单位	科级	1989 年 8 月	正宁县文化广播影视局	庆阳市正宁县南街 07 号
170	合水县文化广播影视局	行政机关	科级	2011 年 11 月	合水县人民政府	庆阳市合水县文化东路
171	合水县陇东古石刻艺术博物馆（合水县文管所）	事业单位	科级	1988 年 8 月	合水县文化广播影视局	庆阳市合水县乐蟠西路 01 号
172	华池县文化广播影视局	行政机关	科级	1993 年 11 月	华池县人民政府	庆阳市华池县双塔森林公园世纪文化广场
173	华池县文物管理所	事业单位	股级	2000 年 6 月	华池县文化广播影视局	庆阳市华池县双塔森林公园世纪文化广场
174	华池县博物馆	事业单位	科级	1992 年 12 月	华池县文化广播影视局	庆阳市华池县双塔森林公园世纪文化广场
175	环县文化广播影视局	行政机关	科级	2012 年 12 月	环县人民政府	庆阳市环县环江大道 102 号
176	环县博物馆	事业单位	科级	1991 年 4 月	环县文化广播影视局	庆阳市环县环江大道 102 号
177	环县文管所	事业单位	股级	2006 年 3 月	环县文化广播影视局	庆阳市环县环江大道 102 号
178	镇原县文化广播影视局	行政机关	科级	2010 年 10 月	镇原县人民政府	庆阳市镇原县文化广场东路教体大厦 5 楼
179	镇原县博物馆	事业单位	科级	1986 年 10 月	镇原县文化广播影视局	庆阳市镇原县文化广场
180	定西市文物局	参公单位	正县级	2012 年	定西市文化广播影视新闻出版局	定西市安定区中华路 23 号
181	安定区博物馆	事业单位	科级	1998 年	安定区文化广播影视局	定西市安定区解放路 56 号
182	中共中央政治局榜罗会议纪念馆	事业单位	正县级	2009 年	中共通渭县委宣传部	定西市通渭县榜罗镇文峰村

序号	机构名称	机构性质	级别	成立时间	主管部门	详细地址
183	岷县博物馆	事业单位	科级	2004 年	岷县文化广播影视局	定西市岷县岷州西路财政大楼六楼
184	漳县文管所	事业单位		2002 年	漳县文化广播影视局	定西市漳县武阳路建兴街 1 号
185	渭源县博物馆	事业单位	科级	1997 年	渭源县文化广播影视局	定西市渭源县清源镇清源路君山广场西侧
186	漳县博物馆	事业单位	科级	1991 年	漳县文化广播影视局	定西市漳县武阳镇陈庄正路
187	陇西县博物馆	事业单位	科级	1996 年	陇西县文化广播影视局	定西市陇西县巩昌镇李家龙宫东侧
188	定西市博物馆	事业单位	副县级	1988 年	定西市文化广播影视新闻出版局	定西市安定区中华路 23 号
189	临洮县博物馆	事业单位	科级	1957 年	临洮县文化广播影视局	定西市临洮县洮阳镇东大街 6 号
190	陇南市文化出版局	行政机关	正县级	1997 年 5 月	陇南市人民政府	陇南市武都区东江新区广电大厦
191	陇南市博物馆	事业单位	副县级	1997 年 5 月	陇南市文化出版局	陇南市武都区东江新区市政广场西路南口
192	陇南市西和县文化局	行政机关	科级	1990 年 5 月	西和县人民政府	西和县城南广电大厦 5 楼
193	西和县博物馆	事业单位	科级	1997 年 3 月	西和县文化体育广播影视局	西和县城南文化大厦 3 楼
194	文县文化体育局	行政机关	科级	2003 年 11 月	文县人民政府	文县城关镇韩家坝新区文广大厦
195	礼县文物局	参公单位	科级	2007 年 5 月	礼县人民政府	城关镇秦汉大道广电大厦 6 楼
196	陇南市宕昌县文化体育局	行政机关	科级	2002 年 12 月	宕昌县人民政府	宕昌县城关镇新城区滨河路
197	陇南市武都区文化体育局	行政机关	科级	2003 年 12 月	武都区人民政府	武都区钟楼滩（经三路）文广大厦 10 楼
198	陇南市武都区博物馆	事业单位	科级	1990 年 5 月	武都区文化体育局	武都区城关镇新街莲湖公园内

序号	机构名称	机构性质	级别	成立时间	主管部门	详细地址
199	礼县博物馆	事业单位	科级	1991年6月	礼县文广新局	礼县东新南路案人广场
200	陇南市两当县文化体育局	行政机关	科级	2007年11月	两当县人民政府	两当县城关镇广香西路
201	两当县博物馆	事业单位	科级	2007年7月	两当县	两当县城关镇西坡路
202	陇南市康县文化体育局	行政机关	科级	2002年11月	康县人民政府	陇南市康县城关镇西街方家坝新区文化大厦六楼
203	康县博物馆	事业单位	科级	2008年8月	康县文化广播影视局	陇南市康县城关镇西街方家坝新区文化大厦二楼
204	陇南市徽县文化体育局	行政机关	科级	1982年	徽县人民政府	徽县城关镇和平路2号
205	徽县博物馆	事业单位	科级	1995年11月	徽县文化体育局	徽县城关镇和平路2号
206	成县文化体育局	行政机关	科级	2003年2月	成县人民政府	成县城关镇成州体育馆
207	成县博物馆	事业单位	科级	2000年	成县文化体育局	成县城关镇成州体育馆
208	临夏回族自治州文化出版局	行政机关	正县级	1976年1月	临夏回族自治州人民政府	临夏回族自治州临夏市新华街统办综合力楼7楼
209	临夏市文化广播影视局	行政机关	科级	2010年9月	临夏市人民政府	临夏回族自治州临夏市环城东路35号
210	临夏县文化体育局	事业单位	科级	2005年3月	临夏县人民政府	临夏回族自治州临夏县韩集前街28号
211	和政县文化广播影视局	事业单位	科级	2006年12月	和政县人民政府	临夏回族自治州和政县梁家庄新村
212	积石山保安族东乡族撒拉族自治县文化体育局	事业单位	科级	1998年6月	积石山保安族东乡族撒拉族自治县人民政府	临夏回族自治州积石山县二环西路
213	广河县文化体育局	行政机关	科级	2010年10月	广河县人民政府	临夏回族自治州广河县城关镇西街
214	永靖县文化体育局	事业单位	科级	2007年2月	永靖县人民政府	临夏回族自治州永靖县刘家峡镇大极文化广场南
215	康乐县文化体育局	事业单位	科级	2001年8月	康乐县人民政府	临夏回族自治州康乐县胭脂路三馆一中心

序号	机构名称	机构性质	级别	成立时间	主管部门	详细地址
216	东乡族自治县文化局	事业单位	科级	2006年8月	东乡族自治县人民政府	临夏回族自治州东乡县锁南镇东西大街71号
217	临夏回族自治州博物馆	事业单位	副县级	1979年1月	临夏回族自治州文化出版局	临夏回族自治州临夏市红园路8号
218	临夏市东公馆文物管理所	事业单位	科级	2010年9月	临夏市文化广播影视局	临夏回族自治州临夏市环城东路35号
219	临夏市博物馆	事业单位	科级	1996年3月	临夏市文化广播影视局	临夏回族自治州临夏市环城东路35号
220	临夏县博物馆	事业单位	科级	2008年3月	临夏县文化体育局	临夏回族自治州临夏县韩集镇前街28号
221	和政县助巴佛革命纪念馆	事业单位	副县级	2009年3月	和政县文化广播影视局	临夏回族自治州和政县三馆一中心六楼
222	和政古动物化石博物馆	事业单位	副县级	2003年9月	和政县文化广播影视局	临夏回族自治州和政县城关镇梁家庄新村
223	积石山保安族东乡族撒拉族自治县野外文物保护管理所	事业单位	股级	2008年5月	积石山保安族东乡族撒拉族自治县文化体育局	临夏回族自治州积石山县二环西路
224	积石山保安族东乡族撒拉族自治县博物馆	事业单位	股级	1998年6月	积石山保安族东乡族撒拉族自治县文化体育局	临夏回族自治州积石山县二环西路
225	广河县齐家文化博物馆	事业单位	科级	2007年10月	广河县文化体育局	临夏回族自治州广河县城关镇西街
226	广河县齐家坪遗址管理所	事业单位	股级	2006年6月	广河县文化体育局	临夏回族自治州广河县齐家镇齐家坪村
227	广河县文物管理所	事业单位	股级	2003年7月	广河县文化体育局	临夏回族自治州广河县城关镇西街
228	永靖县文物保护管理所	事业单位	股级	1985年6月	永靖县文化体育局	临夏回族自治州永靖县刘家峡镇太极文化广场南

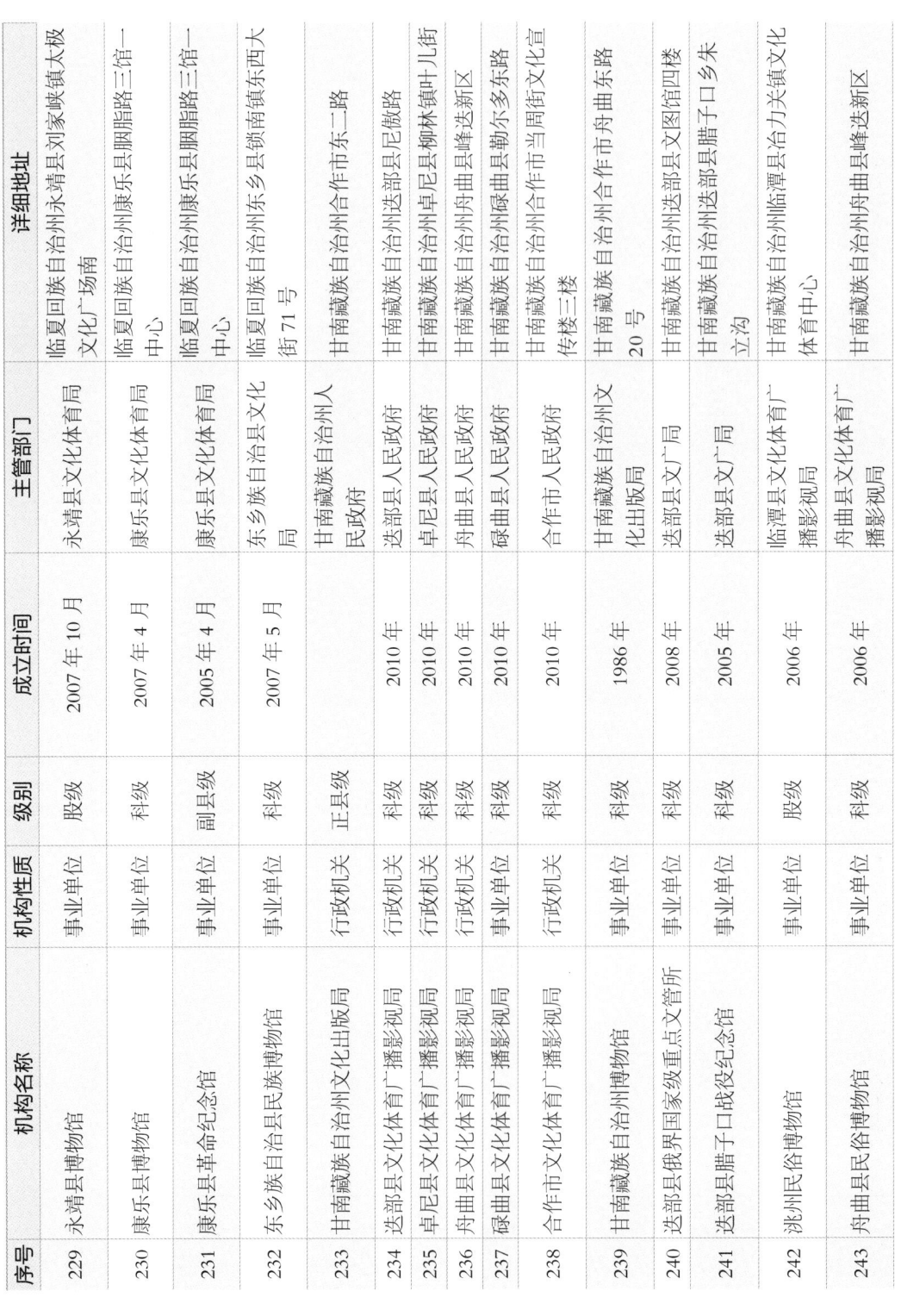

序号	机构名称	机构性质	级别	成立时间	主管部门	详细地址
229	永靖县博物馆	事业单位	股级	2007年10月	永靖县文化体育局	临夏回族自治州永靖县刘家峡镇太极文化广场南
230	康乐县博物馆	事业单位	科级	2007年4月	康乐县文化体育局	临夏回族自治州康乐县胭脂路三馆一中心
231	康乐县革命纪念馆	事业单位	副县级	2005年4月	康乐县文化体育局	临夏回族自治州康乐县胭脂路三馆一中心
232	东乡族自治县民族博物馆	事业单位	科级	2007年5月	东乡族自治县文化局	临夏回族自治州东乡族自治县锁南镇东西大街71号
233	甘南藏族自治州文化出版局	行政机关	正县级		甘南藏族自治州人民政府	甘南藏族自治州合作市东二路
234	迭部县文化体育广播影视局	行政机关	科级	2010年	迭部县人民政府	甘南藏族自治州迭部县尼傲路
235	卓尼县文化体育广播影视局	行政机关	科级	2010年	卓尼县人民政府	甘南藏族自治州卓尼县柳林镇中儿街
236	舟曲县文化体育广播影视局	行政机关	科级	2010年	舟曲县人民政府	甘南藏族自治州舟曲县峰迭新区
237	碌曲县文化体育广播影视局	事业单位	科级	2010年	碌曲县人民政府	甘南藏族自治州碌曲县勒尔多东路
238	合作市文化体育广播影视局	行政机关	科级	2010年	合作市人民政府	甘南藏族自治州合作市当周街文化宣传楼三楼
239	甘南藏族自治州博物馆	事业单位	科级	1986年	甘南藏族自治州文化出版局	甘南藏族自治州合作市舟曲东路20号
240	迭部县俄界国家级重点文管所	事业单位	科级	2008年	迭部县文广局	甘南藏族自治州迭部县图书馆四楼
241	迭部县腊子口战役纪念馆	事业单位	科级	2005年	迭部县文广局	甘南藏族自治州迭部县腊子口乡未立沟
242	洮州民俗博物馆	事业单位	股级	2006年	临潭县文化体育广播影视局	甘南藏族自治州临潭县冶力关文化体育中心
243	舟曲县民俗博物馆	事业单位	科级	2006年	舟曲县文化体育广播影视局	甘南藏族自治州舟曲县峰迭新区

附录七　甘肃省文博系统高级职称人员名录

（截至 2010 年 12 月）

序号	姓名	性别	籍贯	生卒年月	工作单位	职称	任职年月
1	杨惠福	男	甘肃省嘉峪关市	1953.04 ～	甘肃省文物局	研究馆员	2008.08
2	孙儒僩	男	四川新津	1925.10 ～	敦煌研究院	研究馆员	1988.01
3	李正宇	男	河南	1934.01 ～	敦煌研究院	研究馆员	1993.04
4	李最雄	男	甘肃兰州	1941.10 ～	敦煌研究院	研究馆员	1993.04
5	李永宁	男	四川重庆	1932.10 ～	敦煌研究院	副研究馆员（正研资格）	1987.01（1993.04）
6	赵崇民	男	河北抚宁	1935.10 ～	敦煌研究院	副研究馆员（正研资格）	1987.01（1993.04）
7	樊锦诗	女	浙江杭州	1938.07 ～	敦煌研究院	研究馆员	1994.11
8	彭金章	男	河北肃宁	1937.11 ～	敦煌研究院	研究馆员	1996.02
9	刘玉权	男	四川简阳	1938.02 ～	敦煌研究院	研究馆员	1997.01
10	张　鲁	男	山东济南	1948.01 ～	敦煌研究院	高级工程师	1999.01
11	李振甫	男	安徽涡阳	1940.05 ～	敦煌研究院	研究馆员	1999.04
12	梁尉英	男	内蒙古	1941.03 ～	敦煌研究院	研究馆员	2000.02
13	马　德	男	甘肃会宁	1955.11 ～	敦煌研究院	研究馆员	2002.04
14	张先堂	男	山西静乐	1961.04 ～	敦煌研究院	研究馆员	2004.03
15	王旭东	男	甘肃山丹	1967.02 ～	敦煌研究院	研究馆员	2005.02
16	杨秀清	男	甘肃皋兰	1963.11 ～	敦煌研究院	研究馆员	2005.03
17	杨富学	男	河南邓州	1965.05 ～	敦煌研究院	研究馆员	2005.03
18	苏伯民	男	甘肃定西	1964.12 ～	敦煌研究院	研究馆员	2006.06
19	侯黎明	男	山西屯留	1957.05 ～	敦煌研究院	研究馆员	2006.06
20	刘永增	男	河北青苑	1954.04 ～	敦煌研究院	研究馆员	2007.07
21	刘　刚	男	天津市	1964.07 ～	敦煌研究院	研究馆员	2007.10
22	汪万福	男	甘肃甘谷	1966.09 ～	敦煌研究院	研究馆员	2007.10
23	刘永增	男	河北青苑	1954.04 ～	敦煌研究院	研究馆员	2007.10
24	娄　健	女	浙江余姚	1961.05 ～	敦煌研究院	研究馆员	2007.10
25	殷光明	男	甘肃敦煌	1957.10 ～ 2013.03	敦煌研究院	研究馆员	2008.10
26	王惠民	男	浙江临安	1961.12 ～	敦煌研究院	研究馆员	2008.10
27	吴　健	男	陕西韩城	1963.06 ～	敦煌研究院	研究馆员	2008.10
28	赵声良	男	云南昭通	1964.08 ～	敦煌研究院	研究馆员	2008.10
29	张元林	男	甘肃武威	1966.08 ～	敦煌研究院	研究馆员	2008.10
30	罗华庆	男	四川新都	1962.09 ～	敦煌研究院	研究馆员	2008.11

序号	姓名	性别	籍贯	生卒年月	工作单位	职称	任职年月
31	陈港泉	男	山东蓬莱	1967.11 ~	敦煌研究院	研究馆员	2009.12
32	万庚育	女	湖北黄石	1922.01 ~	敦煌研究院	副研究馆员	1987.01
33	冯志文	男	四川南充	1933.06 ~	敦煌研究院	副研究馆员	1987.01
34	李云鹤	男	山东益都	1933.09 ~	敦煌研究院	副研究馆员	1987.01
35	欧阳琳	女	四川	1925.10 ~ 2016.02	敦煌研究院	副研究馆员	1987.01
36	戴春阳	男	辽宁清原	1954.03 ~	敦煌研究院	副研究馆员	1993.03
37	谭蝉雪	女	广东开平	1934.06 ~	敦煌研究院	副研究馆员	1993.04
38	汪泛舟	男	安微	1934.12 ~	敦煌研究院	副研究馆员	1993.04
39	台建群	女	安徽六安	1945.08 ~	敦煌研究院	副研究馆员	1993.04
40	张伯元	男	四川阆中	1939.11 ~	敦煌研究院	副研究馆员	1993.04
41	谭真	男	黑龙江	1942.01 ~	敦煌研究院	副研究馆员	1993.04
42	李鸿恩	男	河南尉氏	1947.06 ~	敦煌研究院	副研究馆员	1994.05
43	王进玉	男	甘肃临泽	1954.03 ~	敦煌研究院	副研究馆员	2000.06
44	李月伯	男	甘肃天水	1952.08 ~	敦煌研究院	副研究馆员	2003.04
45	卢秀文	女	甘肃永昌	1955.12 ~	敦煌研究院	副研究馆员	2004.06
46	孙毅华	女	四川新津	1954.03 ~	敦煌研究院	副研究馆员	2004.06
47	胡同庆	男	四川乐山	1954.01 ~	敦煌研究院	副研究馆员	2004.06
48	段修业	男	河南滑县	1954.08 ~	敦煌研究院	副研究馆员	2006.06
49	杨森	男	河南上蔡	1962.01 ~	敦煌研究院	副研究馆员	2006.10
50	樊再轩	男	河南辉县	1961.06 ~	敦煌研究院	副研究馆员	2007.10
51	蔡伟堂	男	甘肃景泰	1957.02 ~	敦煌研究院	副研究馆员	2007.10
52	王平先	女	湖北仙桃	1972.07 ~	敦煌研究院	副研究馆员	2008.09
53	吴荣鉴	男	河南南召	1957.07 ~	敦煌研究院	副研究馆员	2008.10
54	盛癸海	男	甘肃酒泉	1965.05 ~	敦煌研究院	副研究馆员	2008.10
55	陈菊霞	女	甘肃民乐	1972.08 ~	敦煌研究院	副研究馆员	2008.10
56	孙志军	男	甘肃金昌	1965.06 ~	敦煌研究院	副研究馆员	2008.10
57	赵晓星	女	吉林梅河口	1980.11 ~	敦煌研究院	副研究馆员	2009.07
58	魏文捷	女	甘肃皋兰	1967.04 ~	敦煌研究院	副研究馆员	2009.12
59	张清涛	男	山东阳谷	1963.02 ~	敦煌研究院	副研究馆员	2009.12
60	郭青林	男	甘肃榆中	1976.04 ~	敦煌研究院	副研究馆员	2010.02
61	乔国庆	男	河南安阳	1915.04 ~ 2010.10	甘肃省博物馆	研究馆员	
62	吕思奇	男	河南宁陵	1916.03 ~ 2006.03	甘肃省博物馆	研究馆员	
63	初世宾	男	山东烟台	1937.09 ~	甘肃省博物馆	研究馆员	1987.01
64	孙纪元	男	江苏无锡	1932.12 ~	甘肃省博物馆	研究馆员	1987.01

序号	姓名	性别	籍贯	生卒年月	工作单位	职称	任职年月
65	薛俊彦	男	山西	1929.04 ~ 2013.02	甘肃省博物馆	研究馆员	1987.01
66	郭培勉	女	河南孟津	1921.04 ~ 2008.07	甘肃省博物馆	高级会计师	1987.01
67	徐祖蕃	男	山西五台	1935.10 ~ 2013.10	甘肃省博物馆	研究馆员	1993.06
68	陈炳应	男	福建诏安	1939.06 ~ 2008.12	甘肃省博物馆	研究馆员	1993.06
69	尹德生	男	甘肃兰州	1940.12 ~	甘肃省博物馆	研究馆员	2001.04
70	颉光普	男	甘肃甘谷	1951.12 ~	甘肃省博物馆	研究馆员	2001.05
71	张 行	男	北京	1950.05 ~	甘肃省博物馆	研究馆员	2003.05
72	俄 军	男	甘肃平凉	1957.09 ~	甘肃省博物馆	研究馆员	2008.10
73	王 琦	男	北京	1962.07 ~	甘肃省博物馆	研究馆员	2008.11
74	张立胜	男	甘肃武威	1952.09 ~	甘肃省博物馆	研究馆员	2009.12
75	韩博文	男	甘肃文县	1952.08.19	甘肃省博物馆	研究馆员	2009.12
76	李永平	男	山西新绛	1965.09 ~	甘肃省博物馆	研究馆员	2010.06
77	吴怡如	男	河北泊头	1929.12 ~	甘肃省博物馆	副研究馆员	1987.01
78	蔡义选	男	广东普宁	1933.12 ~	甘肃省博物馆	副研究馆员	1987.01
79	韩集寿	男	甘肃民勤	1935.12 ~	甘肃省博物馆	副研究馆员	1987.01
80	龙绪理	男	四川宜宾	1941.11 ~	甘肃省博物馆	副研究馆员	1987.01
81	徐乐尧	男	浙江萧山	1931.08. ~	甘肃省博物馆	副研究馆员	1987.01
82	杨映华	女	甘肃兰州	1924.08 ~ 2007.05	甘肃省博物馆	副研究馆员	1987.01
83	张季容	女	甘肃临洮	1926.11 ~ 2005.07	甘肃省博物馆	副研究馆员	1987.01
84	翟广炜	男	河南郑州	1933.12 ~ 2014.12	甘肃省博物馆	副研究馆员	1987.01
85	赵之祥	男	甘肃兰州	1934.10 ~ 2016.03	甘肃省博物馆	副研究馆员	1987.01
86	秦明智	男	四川蓬安	1926.01 ~ 2008.11	甘肃省博物馆	副研究馆员	1987.01
87	杨永清	男	河南温县	1912.03 ~ 1998.09	甘肃省博物馆	副研究馆员	1987.01
88	祝中熹	男	山东诸城	1938.01 ~	甘肃省博物馆	副研究馆员	1987.12
89	杨德安	男	甘肃兰州	1933.06 ~	甘肃省博物馆	副研究馆员	1993.07
90	黄志强	男	甘肃甘谷	1936.09 ~	甘肃省博物馆	副研究馆员	1997.01
91	赵广田	男	山东东阿	1954.12 ~	甘肃省博物馆	副研究馆员	1997.01
92	田世利	男	四川中江	1943.04 ~ 2016.01	甘肃省博物馆	副研究馆员	1997.01

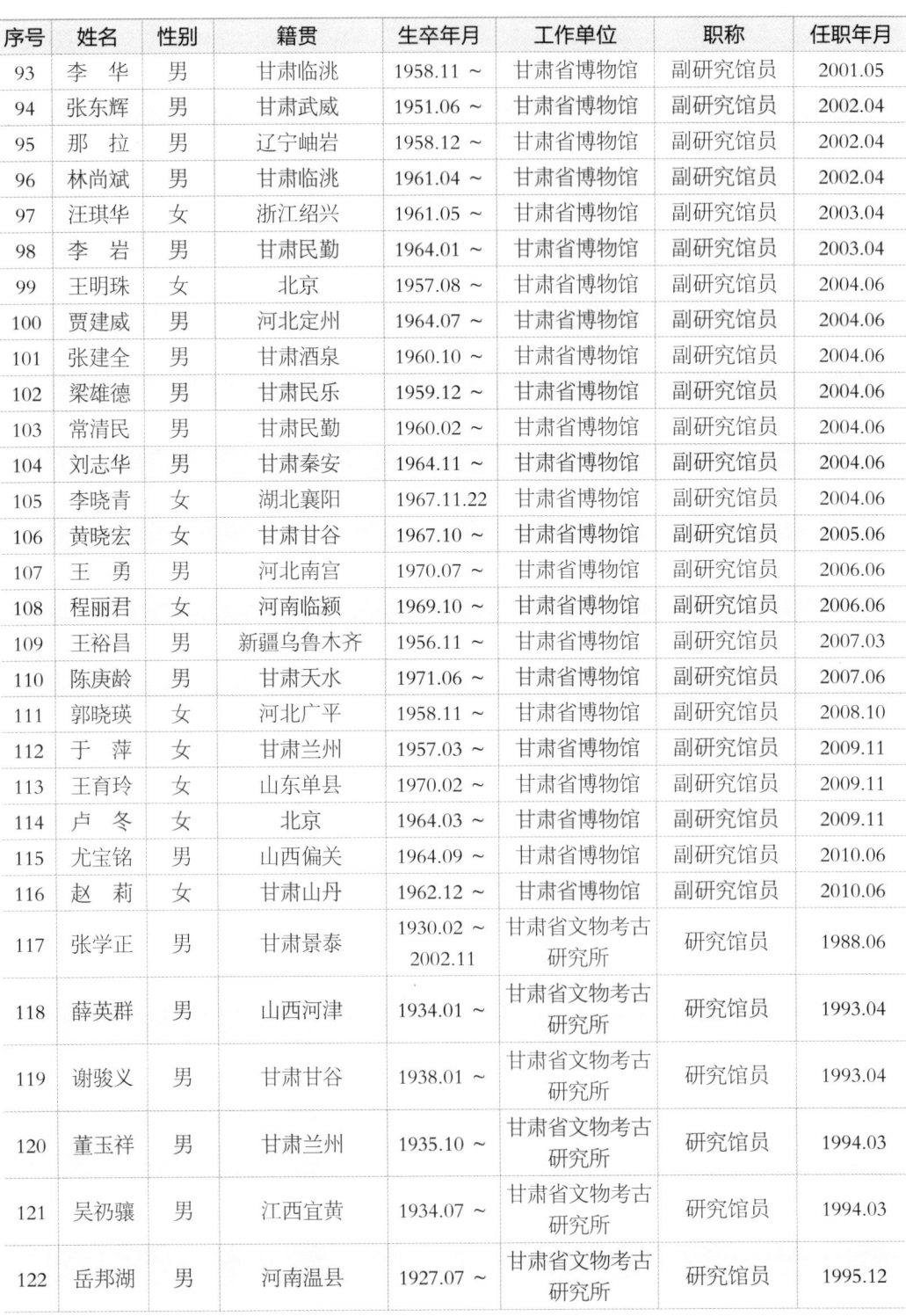

序号	姓名	性别	籍贯	生卒年月	工作单位	职称	任职年月
93	李 华	男	甘肃临洮	1958.11 ~	甘肃省博物馆	副研究馆员	2001.05
94	张东辉	男	甘肃武威	1951.06 ~	甘肃省博物馆	副研究馆员	2002.04
95	那 拉	男	辽宁岫岩	1958.12 ~	甘肃省博物馆	副研究馆员	2002.04
96	林尚斌	男	甘肃临洮	1961.04 ~	甘肃省博物馆	副研究馆员	2002.04
97	汪琪华	女	浙江绍兴	1961.05 ~	甘肃省博物馆	副研究馆员	2003.04
98	李 岩	男	甘肃民勤	1964.01 ~	甘肃省博物馆	副研究馆员	2003.04
99	王明珠	女	北京	1957.08 ~	甘肃省博物馆	副研究馆员	2004.06
100	贾建威	男	河北定州	1964.07 ~	甘肃省博物馆	副研究馆员	2004.06
101	张建全	男	甘肃酒泉	1960.10 ~	甘肃省博物馆	副研究馆员	2004.06
102	梁雄德	男	甘肃民乐	1959.12 ~	甘肃省博物馆	副研究馆员	2004.06
103	常清民	男	甘肃民勤	1960.02 ~	甘肃省博物馆	副研究馆员	2004.06
104	刘志华	男	甘肃秦安	1964.11 ~	甘肃省博物馆	副研究馆员	2004.06
105	李晓青	女	湖北襄阳	1967.11.22	甘肃省博物馆	副研究馆员	2004.06
106	黄晓宏	女	甘肃甘谷	1967.10 ~	甘肃省博物馆	副研究馆员	2005.06
107	王 勇	男	河北南宫	1970.07 ~	甘肃省博物馆	副研究馆员	2006.06
108	程丽君	女	河南临颍	1969.10 ~	甘肃省博物馆	副研究馆员	2006.06
109	王裕昌	男	新疆乌鲁木齐	1956.11 ~	甘肃省博物馆	副研究馆员	2007.03
110	陈庚龄	男	甘肃天水	1971.06 ~	甘肃省博物馆	副研究馆员	2007.06
111	郭晓瑛	女	河北广平	1958.11 ~	甘肃省博物馆	副研究馆员	2008.10
112	于 萍	女	甘肃兰州	1957.03 ~	甘肃省博物馆	副研究馆员	2009.11
113	王育玲	女	山东单县	1970.02 ~	甘肃省博物馆	副研究馆员	2009.11
114	卢 冬	女	北京	1964.03 ~	甘肃省博物馆	副研究馆员	2009.11
115	尤宝铭	男	山西偏关	1964.09 ~	甘肃省博物馆	副研究馆员	2010.06
116	赵 莉	女	甘肃山丹	1962.12 ~	甘肃省博物馆	副研究馆员	2010.06
117	张学正	男	甘肃景泰	1930.02 ~ 2002.11	甘肃省文物考古研究所	研究馆员	1988.06
118	薛英群	男	山西河津	1934.01 ~	甘肃省文物考古研究所	研究馆员	1993.04
119	谢骏义	男	甘肃甘谷	1938.01 ~	甘肃省文物考古研究所	研究馆员	1993.04
120	董玉祥	男	甘肃兰州	1935.10 ~	甘肃省文物考古研究所	研究馆员	1994.03
121	吴礽骧	男	江西宜黄	1934.07 ~	甘肃省文物考古研究所	研究馆员	1994.03
122	岳邦湖	男	河南温县	1927.07 ~	甘肃省文物考古研究所	研究馆员	1995.12

序号	姓名	性别	籍贯	生卒年月	工作单位	职称	任职年月
123	张宝玺	男	甘肃庆阳	1935.06 ～	甘肃省文物考古研究所	研究馆员	1995.12
124	魏怀珩	男	甘肃皋兰	2017.06	甘肃省文物考古研究所	研究馆员	1995.12
125	张德芳	男	甘肃永昌	1954.02 ～	甘肃省文物考古研究所	研究馆员	2002.04
126	郎树德	男	北京市	1945.10 ～	甘肃省文物考古研究所	研究馆员	2004.02
127	王　辉	男	甘肃会宁	1964.11 ～	甘肃省文物考古研究所	研究馆员	2004.03
128	杨惠福	男	甘肃嘉峪关	1953.04 ～	甘肃省文物考古研究所	研究馆员	2008.08
129	赵雪野	男	吉林梨树	1963.10 ～	甘肃省文物考古研究所	研究馆员	2009.12
130	蒲朝绂	男	甘肃永登	1924.11 ～ 2008.03	甘肃省文物考古研究所	副研究馆员	1988.06
131	任步云	男	甘肃陇西	1923.11 ～ 1990.12	甘肃省文物考古研究所	副研究馆员	1988.06
132	赵建龙	男	甘肃金昌	1954.12 ～	甘肃省文物考古研究所	副研究馆员	1995.12
133	阎渭清	男	甘肃渭源	1956.01 ～	甘肃省文物考古研究所	副研究馆员	1995.12
134	田毓璋	男	北京市	1938.03 ～	甘肃省文物考古研究所	副研究馆员	1997.01
135	张俊民	男	河南兰考	1965.02 ～	甘肃省文物考古研究所	副研究馆员	2002.04
136	吴　荭	女	河北泊头	1967.08 ～	甘肃省文物考古研究所	副研究馆员	2003.04
137	毛瑞林	男	甘肃渭源	1965.05 ～	甘肃省文物考古研究所	副研究馆员	2005.01
138	庞耀先	男	甘肃天水	1955.02 ～	甘肃省文物考古研究所	副研究馆员	2005.01
139	周广济	男	甘肃天水	1955.10 ～ 2009.05	甘肃省文物考古研究所	副研究馆员	2007.08
140	赵吴成	男	河南郑州	1963.02 ～	甘肃省文物考古研究所	副研究馆员	2010.01
141	何双全	男	甘肃天水	1952.06 ～	甘肃省文物保护维修研究所	研究馆员	2008.10

序号	姓名	性别	籍贯	生卒年月	工作单位	职称	任职年月
142	唐晓军	男	甘肃会宁	1966.03 ~	甘肃省文物保护维修研究所	副研究馆员	2005.12
143	杨益民	男	甘肃岷县	1953.07 ~	甘肃省文物资料信息中心	副研究馆员	2003.05
144	王克伟	男	河北	1949.09 ~	甘肃省文物商店	副研究馆员	
145	花平宁	男	甘肃天水	1957.02 ~	麦积山石窟艺术研究所	副研究馆员	1999.04
146	胡承祖	男	甘肃天水	1941.07 ~	麦积山石窟艺术研究所	研究馆员	2001.07
147	夏朗云	男	安徽宿州	1965.03 ~	麦积山石窟艺术研究所	研究馆员	2009.09
148	李西民	男	陕西户县	1938.02 ~	麦积山石窟艺术研究所	副研究馆员	1991.08
149	张锦秀	男	甘肃西河	1940.11 ~	麦积山石窟艺术研究所	副研究馆员	1997.08
150	刘俊琪	男	甘肃天水	1951.02 ~	麦积山石窟艺术研究所	副研究馆员	2000.12
151	孙晓峰	男	辽宁清原	1969.05 ~	麦积山石窟艺术研究所	副研究馆员	2004.06
152	魏文斌	男	甘肃定西	1965.04 ~	麦积山石窟艺术研究所	研究馆员	2007.09
153	唐冲	男	甘肃徽县	1972.04 ~	麦积山石窟艺术研究所	副研究馆员	2007.09
154	王万青	男	甘肃永靖	1928.12 ~ 2000.06	甘肃炳灵寺文物保护研究所	副研究馆员	1988.06
155	王亨通	男	甘肃永靖	1961.11 ~ 2004.09	甘肃炳灵寺文物保护研究所	副研究馆员	2000.07
156	宋文玉	男	甘肃宁县	1952.02 ~	甘肃北石窟寺文物保护研究所	副研究馆员	1998.12
157	程晓钟	男	甘肃庄浪	1967.9.1	甘肃大地湾文物保护研究所	副研究员	38139
158	汪国富	男	甘肃秦安	1955.03 ~	甘肃大地湾文物保护研究所	副研究馆员	1993.07
159	曾爱	男	甘肃皋兰	1939.01 ~	兰州市博物馆	副研究馆员	2005.12
160	马德璞	男	甘肃兰州	1933.06 ~	兰州市博物馆	副研究馆员	2005.12
161	杨忠勇	男	甘肃静宁	1955.05 ~	兰州市博物馆	副研究馆员	2005.12
162	叶削坚	男	甘肃西和	1964.01 ~	兰州市博物馆	副研究馆员	2009.11
163	王伟	男	甘肃临泽	1970.10 ~	兰州市博物馆	副研究馆员	2010.12

序号	姓名	性别	籍贯	生卒年月	工作单位	职称	任职年月
164	李铁雁	男	山西汾阳	1957.12 ~	兰州市博物馆	副研究馆员	2005.01
165	陈 虹	女	甘肃张掖	1965.06 ~	兰州市博物馆	副研究馆员	2005.12
166	朱永光	男	陕西定边	1957.04 ~	八路军兰州办事处纪念馆	副研究馆员	1997.02
167	杨志刚	男	宁夏	1956.01 ~	八路军兰州办事处纪念馆	副研究馆员	1997.02
168	熊国尧	男	江西向荣	1942.07 ~	天水市博物馆	副研究馆员	2006.03
169	王彦俊	男	甘肃甘谷	1945.08 ~	天水市博物馆	副研究馆员	2006.03
170	李宁民	男	甘肃宁县	1963.08 ~	天水市博物馆	副研究馆员	2006.03
171	高世华	男	山东单县	1966.04 ~	天水市博物馆	副研究馆员	2008.08
172	汪保全	男	甘肃武山	1965.01 ~	天水市博物馆	副研究馆员	2005.12
173	南宝生	男	甘肃清水	1955.08 ~	清水县博物馆	副研究馆员	1993.12
174	刘国英	女	秦安兴国	1954.02 ~	秦安县博物馆	副研究馆员	2006.12
175	党寿山	男	甘肃武威	1937.06 ~	武威市博物馆	副研究馆员	2009.12
176	杨 福	男	甘肃武威	1954.03 ~	武威市博物馆	副研究馆员	2010.12
177	黎大祥	男	甘肃武威	1955.08 ~	武威市博物馆	副研究馆员	2009.04
178	梁继红	女	甘肃武威	1967.10 ~	武威市博物馆	副研究馆员	1998.06
179	王 奎	男	甘肃武威	1956.12 ~	武威天梯山石窟管理处	副研究馆员	2006.08
180	荣恩奇	男	甘肃敦煌	1938.10 ~	敦煌市博物馆	副研究馆员	1987.06
181	付立诚	男	甘肃敦煌	1950.12 ~	敦煌市博物馆	副研究馆员	1987.06
182	刘兴义	男	甘肃肃州	1927.08 ~ 2007.05	肃州区博物馆	副研究馆员	1996.12
183	冯明义	男	甘肃肃州	1929.03 ~ 2012.03	肃州区博物馆	副研究馆员	2010.08
184	田 晓	女	甘肃敦煌	1946.07 ~	肃州区博物馆	副研究馆员	1988.05
185	赵建平	男	甘肃肃州	1959.09 ~	肃州区博物馆	副研究馆员	1994.05
186	刘玉林	男	甘肃泾川	1940.11 ~	平凉市博物馆	副研究馆员	2001.03
187	徐俊臣	男	陕西	1930.07 ~	庆阳市博物馆	副研究馆员	2008.12
188	李红雄	男	甘肃镇原	1948.03 ~	庆阳市博物馆	副研究馆员	1998.12
189	张克仁	男	甘肃会宁	1965.10 ~	安定区博物馆	副研究馆员	1994.08
190	杨万华	男	甘肃武都	1939.12 ~	武都区博物馆	副研究馆员	1996.06
191	毛文秀	女	甘肃临夏	1943.02 ~	临夏州博物馆	副研究馆员	2008.12
192	马 珑	男	甘肃临夏	1961.09 ~	临夏州博物馆	副研究馆员	2010.12
193	马 玲	女	甘肃临夏	1969.05 ~	临夏州博物馆	副研究馆员	2007.01
194	张有财	男	甘肃临夏	1967.07 ~	临夏州博物馆	副研究馆员	
195	王 军	男	甘肃临潭	1960.05 ~	甘南州博物馆	副研究馆员	

附录八 甘肃省文博系统荣誉统计表

(截至 2010 年底)

一、国家级

(一)学术成果

名称	奖项及等级	获奖单位/个人	获奖时间
《敦煌石窟研究国际讨论会文集》	首届中国优秀美术图书铜奖	敦煌研究院	1991 年
《中国壁画全集·敦煌》(五、六、九卷)	首届中国优秀美术图书金奖	敦煌研究院	1991 年
《中国美术分类全集·敦煌壁画》(10 册)	首届中国优秀图书金奖	敦煌研究院	1991 年
《中国石窟·敦煌莫高窟》(五卷)	首届中国优秀美术图书出版特别奖	敦煌研究院编	1991 年
《敦煌石窟鉴赏丛书第一辑》(10 册)	首届中国优秀美术图书铜奖	敦煌研究院	1991 年
《敦煌艺术之最》	1993 年中宣部"五个一工程奖"	敦煌研究院 谢生保、林云	1993 年
《敦煌石窟艺术》(30 卷)	全国美术出版物特别奖	敦煌研究院	1997 年
《居延新简》(专著)	首届郭沫若中国历史学奖三等奖	甘肃省博物馆 初世宾	1999 年
《甘肃藏敦煌文献》	中宣部第八届"五个一工程"图书奖	敦煌研究院 段文杰、施萍婷	2001 年

（二）荣誉称号（单位）

名称	获奖单位	获奖时间
全国文博系统先进集体	酒泉县博物馆	1985 年
全国文物系统先进集体荣誉称号	甘肃大地湾文物保护研究所	2002 年
全国文物工作先进县	甘肃省高台县	2004 年
全国优秀文物档案备案单位	天水市博物馆	2005 年
全国文物先进县市	敦煌市	2006 年
"郑振铎—王冶秋"文物保护奖（先进集体）	天水市博物馆	2006 年
全国文物工作先进县	肃南县人民政府	2007 年
全国文化遗产保护工作先进集体	甘肃省文物考古研究所	2007 年
"郑振铎—王冶秋"文物保护奖（先进集体）	甘肃省高台县博物馆	2008 年
文化遗产日活动组织奖先进集体	酒泉文物管理局	2010 年
全国文物普查突出贡献集体	金塔县第三次文物普查工作队	2010 年

（三）荣誉称号（个人）

名称	获奖人员及所在单位	获奖时间
全国文物博物馆系统先进个人	庆阳市博物馆 徐俊臣	1985 年
全国文物安全保卫先进工作者	哈达铺红军长征纪念馆馆长 韩尔明	1995 年
全国文物博物馆系统先进工作者	北石窟文物保护研究所 宋文玉	1998 年
"郑振铎—王冶秋"文物保护奖（先进个人）	清水县博物馆 南宝生	2001 年
"郑振铎—王冶秋"文物保护奖（先进个人）	甘肃省合县博物馆 曹国新	2002 年
全国文物系统先进工作者	清水县博物馆 南宝生	2002 年
全国文物档案备案工作先进个人	庆阳市博物馆 吕华	2005 年
全国文化系统先进工作者	天水市文化局 苏定武	2005 年
全国文物档案备案先进个人	天水市博物馆 李宁民	2005 年
"郑振铎—王冶秋"文物保护奖（先进个人）	陇南县文物局 唐延青	2006 年
全国文物保护工作先进个人	哈达铺红军长征纪念馆馆长 韩尔明	2006 年
"郑振铎—王冶秋"文物保护奖（先进个人）	甘肃省博物馆 贾建威	2006 年
全国文化遗产保护先进个人	张掖市文物管理局 施爱民	2007 年
全国文化遗产保护先进个人	会宁县文化文物出版局 王士忠	2007 年
全国文化遗产保护先进个人	定西市博物馆 杨万荣	
"郑振铎—王冶秋"文物保护奖（先进个人）	会宁县博物馆 杜永强	2008 年
全国导游演讲大赛优秀奖	天水市博物馆 许凤	2010 年
第三次全国文物普查实地调查阶段突出贡献个人奖	华池县文物管理所 张文钦	2010 年
第三次文物普查实地调查突出贡献奖	陇南县文物局 杨永贤	2010 年
第三次全国文物普查先进个人	永登县博物馆 范鹏程	2010 年

（四）其他

名称	奖项名称及等级	获奖单位	获奖时间
《敦煌研究》（学术季刊）	全国优秀社科科学术理论期刊奖金 1998~1999年全百种重点社科期刊	敦煌研究院	1999年
甘肃省博物馆《古丝绸之路文明》、《甘肃彩陶》、《甘肃古生物化石》展览	2007年第七届全国博物馆十大陈列展览精品奖	甘肃省博物馆	2007年
甘肃省博物馆《庄严妙相——甘肃佛教艺术》展览	2009年第九届全国博物馆十大陈列展览精品奖	甘肃省博物馆	2009年
甘肃敦煌慈泉置西汉一魏晋时代邮驿遗址考古发掘项目	1991年度全国十大考古新发现	甘肃省文物考古研究所	1991年
甘肃礼县大堡子山遗址考古发掘项目	2006年全国十大考古新发现	甘肃省文物考古研究所	2007年
甘肃张家川马家塬墓地考古发掘项目	2006年全国十大考古新发现	甘肃省文物考古研究所	2007年
甘肃礼县大堡子山遗址考古发掘项目	2006~2007年度国家文物局田野考古三等奖	甘肃省文物考古研究所	2007年
甘肃张家川马家塬墓地考古发掘项目	2006~2007年度国家文物局田野考古三等奖	甘肃省文物考古研究所	2007年
甘肃临潭磨沟齐家文化墓地考古发掘项目	2008年度全国十大考古新发现	甘肃省文物考古研究所	2009年
甘肃临潭陈旗磨沟遗址考古发掘项目	2007~2008年度国家文物局田野考古三等奖	甘肃省文物考古研究所	2009年

附 录

二、省级

（一）学术成果

名称	奖项及等级	获奖单位/个人	获奖时间
《敦煌曲子词中民族爱国词篇考析》	甘肃省第一届社会科学成果评奖三等奖	敦煌研究院 汪泛舟	1987 年
《瓜州晋昌郡治及有关问题考》	甘肃省第一届社会科学成果评奖三等奖	敦煌研究院 孙修身	1987 年
《唐宋时代敦煌县河渠泉泽简志》	甘肃省第二届社会科学成果评奖三等奖	敦煌研究院 李正宇	1991 年
《晚唐敦煌本释加因缘剧理论文一等奖》	甘肃省第一届戏剧理论论文一等奖	敦煌研究院 李正宇	1991 年
《敦煌莫高窟供养人题记》（专著）	甘肃省第一届社会科学成果评奖一等奖	敦煌研究院 贺世哲	1991 年
《敦煌文字》	甘肃省第二届社会科学成果评奖一等奖	敦煌研究院 李正宇、谭蝉雪、汪泛舟，张先堂合著	1993 年
《敦煌文学概论》	甘肃省第三届社会科学成果一等奖	敦煌研究院 宁 强	1995 年
《敦煌婚姻文化》（专著）	甘肃省第三届社会科学成果一等奖	敦煌研究院 谭蝉雪	1995 年
《敦煌石窟艺术莫高窟第 45 窟》	甘肃省第三届社会科学成果二等奖	敦煌研究院 杨 雄	1995 年
《论敦煌古塞城》	甘肃省第三届社会科学成果二等奖	敦煌研究院 李正宇	1995 年
《敦煌史地新论》（论文集）	甘肃省第五届社会科学"兴陇奖" 二等奖	敦煌研究院 李正宇	1997 年
《敦煌佛爷庙湾西晋画像砖墓》	甘肃省第六次社科"兴陇奖" 三等奖	甘肃省文物考古研究所	1999 年
《敦煌莫高窟史研究》（专著）	甘肃省第六届社会科学"兴陇奖" 二等奖	敦煌研究院 马 德	1999 年
《敦煌乡时文化导论》	甘肃省第七届社会科学优秀成果奖	敦煌研究院 谭蝉雪	2001 年
《古本敦煌乡土志儿种笺证》	甘肃省第七次社会科学优秀成果奖三等奖	敦煌研究院 李正宇	2001 年
《敦煌西汉金山国史》	甘肃省第七次社会科学优秀成果奖三等奖	敦煌研究院 杨秀清	2001 年
《回鹘之佛教》	甘肃省第七次社会科学优秀成果奖三等奖	敦煌研究院 杨富学	2001 年
《敦煌边塞诗歌校注》	甘肃省第七次社会科学优秀成果奖	敦煌研究院 胡大浚、王志鹏	2001 年
《敦煌遗书总目索引新编》	甘肃省第八届社会科学成果评奖三等奖	敦煌研究院 谭蝉雪、郗惠莉	2002 年
《敦煌莫高窟北区石窟》（第一卷）	甘肃省第八届社会科学成果优秀成果一等奖	敦煌研究院 彭金章、王建军	2002 年
《敦煌莫高窟第 72~76 窟前殿堂遗址清理发掘报告》	甘肃省第九届社会科学成果评奖三等奖	敦煌研究院 沙武田	2005 年

名称	奖项及等级	获奖单位/个人	获奖时间
《仰模神影仿佛真容——云冈鹿野苑石窟造像揭密》	甘肃省第九届社会科学成果评奖三等奖	敦煌研究院 梅林	2005年
《回鹘文献与回鹘文化》	甘肃省第九次社会科学优秀成果一等奖	敦煌研究院 杨富学	2005年
《敦煌石窟全集》（26卷）	甘肃省第十届社会科学优秀成果奖一等奖	敦煌研究院 段文杰、樊锦诗	2006年
《敦煌壁画风景研究》	甘肃省第十届社会科学优秀成果奖三等奖	敦煌研究院 赵声良	2007年
《观相念佛：盛唐至北宋一度流行的净土教行仪——敦煌写本〈佛说相好经〉新探》	甘肃省第十届社会科学优秀成果奖三等奖	敦煌研究院 张先堂	2007年
《秦安大地湾——新石器时代遗址发掘报告》	甘肃省第十届社会科学优秀成果奖三等奖	甘肃省文物考古研究所	2007年
《敦煌艺术十讲》	甘肃省第十一届社会科学优秀成果奖三等奖	敦煌研究院 赵声良	2008年
《敦煌壁画艺术与疑伪经》	甘肃省第十一届社会科学优秀成果奖三等奖	敦煌研究院 殷光明	2008年
《社会生活的学识，经验与规则及其思想史意义》	甘肃省第十一届社会科学优秀成果奖三等奖	敦煌研究院 杨秀清	2008年
《敦煌画稿研究》	甘肃省第十一届社会科学优秀成果奖一等奖	敦煌研究院 沙武田	2009年
《印度宗教文化与回鹘民间文学》	甘肃省第十一届社会科学优秀成果奖二等奖	敦煌研究院 杨富学	2009年
《中国近代文物事业简史》	甘肃省地方史志优秀成果文史类一等奖	甘肃省文物局 史勇	2010年
《兰州红古下海石——新石器时代遗址发掘报告》	甘肃省地方史志优秀成果文史类一等奖	甘肃省文物考古研究所	2010年

（二）荣誉称号

名称	获奖单位/人员	获奖时间
国家旅游局、国家风景名胜协会：全国优秀导游讲解员	武威市博物馆 程爱民	1996年
国家文物局 "优秀爱国主义教育基地"	天水市张家川县博物馆	1997年
甘肃省委、省政府省国防教育委员会，省军区：甘肃省国防教育十佳教员	哈达铺红军长征纪念馆馆长 韩尔明	2001年
中共甘肃省委宣传部 "爱国主义教育工作先进集体"	天水市博物馆	2009年
甘肃省爱国主义教育工作先进个人	甘肃省博物馆 谭永梅	2009年

（三）其他

名称	奖项及等级	获奖单位/个人	获奖时间
《芨芨草》（创作油画）	甘肃省美术作品展览一等奖	敦煌研究院侯黎明、娄婕	1984 年
《1993 年全国敦煌学术讨论会文集》（4 册）	西北五省优秀图书奖	敦煌研究院编	1988 年
《日月同辉》（创作壁画）	甘肃省美术作品展览一等奖	敦煌研究院李振甫	1989 年
《创造·奉献·求索》（创作壁画）	甘肃省美术作品展览一等奖	敦煌研究院侯黎明、娄婕	1989 年
《敦煌研究》（学术季刊）	甘肃省第二届社科科类期刊评为 "一级名牌期刊" 首届中国期刊奖	敦煌研究院编辑部	1999 年
《酥油花藏绘金珠玛》（创作歌曲）	甘肃省剧作歌曲二等奖	敦煌研究院庄壮	1990 年
《敦煌研究》（学术季刊）	甘肃省优秀社科期刊获甘肃省一级期刊	敦煌研究院编辑部	1990 — 1995 年
《敦煌石窟鉴赏丛书第一辑》（10 册）	甘肃省第二届优秀图书奖西北五省第四届美术读物黄河金牛奖二等奖	敦煌研究院编	1991 年
《敦煌》（美术图册）	甘肃省第二届优秀图书奖西北五省第四届美术读物黄河金牛奖二等奖	敦煌研究院编	1991 年
《佛经童话故事选》（通俗读物）	甘肃省少儿优秀图书奖	敦煌研究院谢生保	1992 年
《回族阿姑笑颜开》（创作歌曲）	甘肃省届敦煌文艺奖二等奖	敦煌研究院庄壮	1993 年
《雪野》（创作画）	甘肃省美术作品展览二等奖	敦煌研究院关晋文	1994 年
《小鸟您早》（创作画）	甘肃省青年美术作品展览三等奖	敦煌研究院吴荣鉴	1994 年
《印度古童话选》（通俗读物）	甘肃省少儿优秀图书奖	敦煌研究院谢生保	1994 年
《敦煌艺术之最》（通俗读物）	西北五省第五届美术读物黄河金牛奖一等奖 甘肃省第一届优秀图书奖	敦煌研究院谢生保	1994 年，1995 年
《新月》（胶彩画）	甘肃省美术作品展览二等奖	敦煌研究院侯黎明	1995 年
《敦煌壁画故事》（少儿连环画）	甘肃省第五届优秀图书奖	敦煌研究院	1995 年
《敦煌供养人》（白描图）	甘肃省第六届优秀图书奖西北五省第五届美术读物黄河金牛奖一等奖	敦煌研究院赵俊荣	1996 年

名称	奖项及等级	获奖单位/个人	获奖时间
《敦煌乐伎》（白描图）	甘肃省第六届优秀图书奖 西北五省第五届美术读物黄河金牛奖一等奖	敦煌研究院 马玉华	1996年
《敦煌飞天》（白描画）	甘肃省第六届优秀图书奖、西北五省第五届美术读物黄河金牛奖一等奖	敦煌研究院 吴荣鉴	1996年
《秋》（创作画）	甘肃省美术作品展览优秀奖	敦煌研究院 马玉华	1996年
《新月》（胶彩画）	甘肃省"敦煌文艺奖"三等奖	敦煌研究院 侯黎明	1997年
《敦煌菩萨》（白描图）	甘肃省第七届优秀图书奖 西北五省第六届美术读物黄河金牛奖一等奖	敦煌研究院 马玉华	1997年
《敦煌图案》（白描图）	甘肃省第七届优秀图书奖 西北五省第六届美术读物黄河金牛奖一等奖	敦煌研究院 关友惠、关晋文	1997年
《格萨尔王传·门岭大战》（插图4幅）	甘肃省美术作品展览二等奖	敦煌研究院 娄婕	1998年
《骆驼草》（水粉画）	第九届甘肃省美术作品展览	敦煌研究院 王峰	1999年
《呈现》（综合材料）	第九届甘肃省美术作品展览二等奖	敦煌研究院 娄婕	1999年
《白桦林》（水彩画）	第九届甘肃省美术作品展览二等奖	敦煌研究院 侯黎明	1999年
《西山之冬》（胶彩画）	第九届甘肃省美术作品展览二等奖	敦煌研究院 高山	1999年
《午后》（油画）	第九届甘肃省美术作品展览三等奖	敦煌研究院 侯黎明	1999年
《敦煌研究》（学术季刊）	甘肃省第二届社科类期刊"一级名牌期刊"，首届中国期刊奖	敦煌研究院 编辑部	1999年
2000年北京《敦煌艺术大展》	国家文物局、中国博物馆学会、中国文物报社"2000年度全国十大陈列精品"精品奖、最佳综合效益奖（集体）	敦煌研究院	2001年
《神州风采——世界遗产在中国》大型展览，参展"敦煌莫高窟"展区的展览设计	国家文物局、建设部、中国教科文全委会展区的展览设计获得三等奖	敦煌研究院	2003年
《艺术的敦煌》	甘肃省第四届敦煌文艺奖一等奖	敦煌研究院 吴健	2004年
《张掖大佛及众弟子》（摄影）	甘肃省第五届"敦煌文艺奖"三等奖	敦煌研究院 吴健	2006年

甘肃省志 文物志

索引

GAN SU SHENG ZHI WEN WU ZHI

索引

C

索引

甘肃省志 文物志

甘肃省志 文物志

索
引

甘肃省志

文物志

J

甘肃省志

文物志

M

N

甘肃省志 文物志

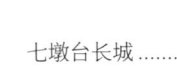

甘肃省志

文

物

志

R

S

甘肃省志 文物志

索
引

T

索
引

X

索引

Y

索引

2355

甘肃省志
文
物
志

甘肃省志 文物志

全志撰（审）稿人及分工

概　述　马玉萍

上册	中册
审稿人：何双全　唐晓军　魏文斌	审稿人：贾建威　李永平　魏文斌
撰稿人：	撰稿人：
第一章　张　行　魏文斌	第一章　李　岩
第二章　郎树德　杨惠福　何双全	第二章　郎树德
第三章　赵雪野	第三章　程丽君
第四章　梁建宏	第四章　贾建威
第五章　魏文斌　郑国穆　赵声良	第五章　王科社
第六章　杨益民　唐晓军	第六章　李永平　张东辉
第七章　唐晓军	第七章　李晓青　白　雪
第八章　唐晓军　李永平	第八章　张德芳
	第九章　魏文斌　唐晓军　李红雄
	第十章　吴荭　白　雪
	第十一章　马　德
	第十二章　王南南　张东辉
	第十三章　王南南　张东辉
	第十四章　王南南　张东辉
	第十五章　李永平　林尚斌

甘肃省志

文物志

下册

审稿人： 史 勇 杜永强 魏文斌

撰稿人：

第一章 史 勇

第二章 史 勇 梁建宏 戴子佳

第三章 张 顺 杨行健 刘春艳 左五元

第四章 朱军科 班 睿 张瑞军 杜永强

第五章 杨行健

第六章 周 静 史 勇

第七章 王进玉 吴 健 史 勇

第八章 马 德 何双全 史 勇

第九章 蔡迎辉

人 物 魏文斌

大事记 史 勇

附 录 魏文斌 杨 芳 刘木子 李璧辰

甘肃省地方史志编纂委员会文件

甘志委发〔2018〕4号

**甘肃省地方史志编纂委员会
关于《甘肃省志·文物志（远古—2010)》
出版的批复**

省文物局：

你局 2018 年 3 月 2 日《关于送审〈甘肃省志·文物志（远古—2010）〉的报告》及志稿收悉。经省地方史志编纂委员会 2018 年 6 月 6 日主任会议终审，批准该志出版，公开发行。

此复。

甘肃省地方史志编纂委员会
2018 年 7 月 13 日

甘肃省地方史志编纂委员会　　　　　　2018 年 7 月 13 日印

后 记

GAN SU SHENG ZHI WEN WU ZHI

编修史志在中国有着悠久的历史传统。无论古代私家编修的金石志，还是历代官方编修的地方通志，无不对本地区文物古迹的分布与保存状况悉心搜集、精心考订，以求传诸后世。习近平总书记在首都博物馆视察时明确要求："要在展览的同时高度重视修史修志，让文物说话，把历史智慧告诉人们，激发我们的民族自豪感和自信心，坚定全体人民振兴中华、实现中国梦的信心和决心。"李克强总理对国务院第五次全国地方志工作会议做出重要批示："地方志是传承中华文明、发掘历史智慧的重要载体，存史、育人、资政，做好编修工作十分重要。"中华人民共和国成立后，甘肃省地方史志编修工作于 1984 年 2 月正式启动，首轮修志工作于 1986~1990 年期间开展。《甘肃省志》由概述、大事记、专志各卷、人物、附录共 73 卷组成。

盛世修志，惠泽千秋。修志问道，以启未来。《甘肃省志·文物志》既能展现甘肃省深厚的文物资源，又能体现全省文物事业发展的历史脉络，更是反映文物工作促进经济社会发展的重要窗口。由于种种原因，《甘肃省志·文物志》编纂工作于 2002 年方正式启动，当时交由省博物馆承担。2004 年 12 月，经甘肃省文物局局长办公会议研究，决定省文物局直接组织开展编纂工作，由局博物馆处牵头负责。2006年以后，因岗位调整及人员变动，该项工作转由局机关党委负责，先后召开了编纂工作会议，并向各地各单位发函要求报送相关资料。2007年，编委会办公室对各章节初稿进行了内部审核，之后因客观原因，编纂工作基本陷于停顿。《甘肃省志·文物志》编纂工作历时十多年，时跨两轮修志，始终未能付梓，对于日新月异的甘肃文物事业来说，殊为憾事。

2017年元月，在"政府重视、社会关注、业内倒逼、时不我待"的情势下，《甘肃省志·文物志》编纂工作重新启动。就政府重视而言，2015年7月，时任分管副省长亲自致信省文物局负责人，就《甘肃省志·文物志》编纂工作提出了明确要求。《甘肃省志·文物志》被省地方史志办挂牌督办。2017年，省地方史志办第四督办小组于4月和8月两次到省文物局，就编纂进展情况召开专项会议，落实督办工作。就社会关注而言，地方志是基础性的地情资料，《文物志》是体现一个地区历史底蕴和文化软实力的重要载体，历来在学术研究、对外宣传等方面发挥着独特作用；甘肃是全国知名的文物大省之一，国内外期盼一部全面、权威的《甘肃省志·文物志》已有很长时间。就业内倒逼而言，截至2016年底，国内已经有20多个省区市出版了《文物志》，其中大部分属于二轮续修；《中国文物志》编纂工作也已全面启动，进展顺利；形势倒逼我们必须加快《甘肃省志·文物志》编纂工作进度。就时不我待而言，二轮省志是省直70多个部门单位编纂的大型丛书，缺哪一卷都不完整；确保《甘肃省志·文物志》按照省政府及省地方史志办要求于2018年底如期出版，是存史资政的硬性任务。

在两轮修志合并开展的情势下，《甘肃省志·文物志》编纂工作既面临着时间紧、任务重、要求高的考验，同时也具备相应的有利条件。一是此前几次修志工作中，部分志书初稿已经完成；近年来开展的第三次文物普查和第一次可移动文物普查

积累了大量经过审核的文物影像及文字资料，都为此次修志工作奠定了必要的资料基础。二是参与此次修志工作的许多同志都曾经不同程度地介入过此前几次编纂工作，积累了一定修志经验；省文物局确定兰州大学魏文斌教授担任主编，省内相关领域专家学者分任各编副主编，老中青三代文物工作者齐上阵，既包括对甘肃文物资源具有深入研究和扎实功底的专家学者，也包括对全省文物事业发展有着全面了解和准确把握的管理者，形成了相对高质量的作者和编审队伍。三是组织领导力度进一步加大，省文物局将《甘肃省志·文物志》编纂工作纳入全省文物事业发展"十三五"规划和省文物局年度工作要点，各市州文物部门负责人、省直各文博单位负责人和局机关各处室负责人为编委会成员，进一步明确各自职责，全力支持编纂工作。四是建立完善了工作责任制，编委会、主编（副主编）、作者逐级签订工作责任书，明确任务内容和完成时限；严把志书质量关，确保志书观点正确、资料翔实、体例严谨、文词规范、校对准确，做到思想性、科学性和资料性相统一。五是局领导高度重视，定期组织召开编委会或编辑部会议，协调解决编纂工作中的各种问题，亲自督办催稿，确保编纂工作顺利开展。

此次《甘肃省志·文物志》编纂工作面临着前所未有的压力，参与修志人员倍感责任重大，亦有时间不敷使用之感。部分章节难免进度缓慢、质量参差不齐，个别经过反复修改仍不达标的章节甚至由主编、副主编重新撰写。全体编纂人员相互支持和鼓励，所幸不辱使命。2017年11月中旬，经《甘肃省志·文物志》编委会初审后，志书送审稿完成，并通过了省史志办的复审。全志实行三审制。各编副主编负责各章节初审，主编负责二审并审核副主编撰写之稿件，形成送审稿后报省地方史志办复审、终审；送审稿同时分送文博系统老领导、资深专家和有关方面人士征求意见。全志由魏文斌统稿，刘木子、齐然同志先后担任编纂工作联络员并承担相应的资料图片收集整理工作。全志凡三编三十三章，160余万字，图版3000余幅。2018年6月6日，甘肃省副省长、甘肃省地方史志编纂委员会主任何伟主持召开省地方史志编纂委员会主任会议对志稿进行终审。省人大副秘书长、省地方史志编纂委员会副主任马森，省政协副秘书长、省地方史志编纂委员会副主任张永贤，省政府副秘书长、省地方史志编纂委员会副主任石培文，省地方史志编纂委员会副主任、省地方史志办公室主任张军利，省委办公厅副主任赵有宁，省地方史志办公室副主任郝宗维、李振宇、张正龙，副巡视员石为怀出席会议。会议要求对复审、终审中所提出的意见认真研究，修改完善，原则通过本志终审，批准出版，公开发行。2018年7月13日，省地方史志编纂委员会批准本志出版，公开发行。

《甘肃省志·文物志》编纂工作，自1987年文物普查结束后即已提出，至最终问世，前后历经三十余年，期间甘肃文物事业发生了翻天覆地的变化，文博系统人事几多变迁，编纂工作亦多有存废。值此付梓之际，谨向历年来为编纂工作付出心血和辛勤劳动的领导和同志们特别是历次参与编纂工作的人员致以衷心感谢！除本次参与编撰的人员外，他们是岳邦湖、董彦文、刘自福、杨惠福、李红雄、张行、杨益民、张东辉、赵声良、胡同庆、张元林、马玉华、孙晓峰等。本次编撰特由各市州、省直文博单位专设联络员一名，负责资料收集、报送工作，麦积山石窟艺术研究所的李晓红、张萍、炳灵寺文物保护研究所的赵雪芬、合水县博物馆的胡庆红等撰写了部分条目的初稿，为他们的积极帮助也表示真挚的感谢！

全志由魏文斌统稿。第一、二编配图主要来自基于第三次文物普查和第一次可移动文物普查建设的甘肃省文物资料数据库；第三编配图主要来自甘肃省文物局编印之《甘肃文物事业六十年纪事（1949~2009）》。有关市州文物部门和省直文博单位亦提供了部分配图。全志另有若干配图采自甘肃省档案馆原始

后记

甘肃省志 文物志

档案及其他已发表资料。甘肃省测绘局编绘了全志前面的文物分布图。谨向原作者及有关单位致谢！

文物出版社为本志书的出版付出了艰苦的劳动，特别是责任编辑在数次校稿中，对图片质量及文字错讹之处细心处理，表现出了高度负责的敬业精神，在此表示诚挚的感谢。

《甘肃省志·文物志》是中华人民共和国成立以后，甘肃省首部关于文博工作的专门志书。由于此次编纂工作紧迫，错讹难免，诚恳期望各界人士提出中肯意见，以便下一轮续修加以完善。

《甘肃省志·文物志》编委会

2018 年 6 月 20 日